开工动员大会在铜陵召开

施工中的安庆长江大桥

施工中的江宁特大桥

施工中的芜湖站

无砟轨道首件工程通过验收

党旗在安庆长江大桥施工现场飘扬

路基试验段现场观摩推进会

隧道施工应急演练

安庆长江大桥铺轨

信息化管理

池州维修工区

质量安全现场会

现场观摩活动

管理人员踊跃参与
签名承诺活动

中国路桥青年突击队

中铁大桥局“全国工人先锋号”授牌仪式

中铁17局“奉献青春 建功宁安”主题演讲比赛

中铁十二局向架梁队颁奖

安庆长江大桥钢梁实现零误差精确合龙贯通

安庆长江大桥中跨顺利合龙

宁安铁路铺轨任务顺利完成

冷滑试验成功

严村隧道

学习党的十八大精神

宁安公司员工重温入党誓词

中铁 17 局为困难职工捐款

宁安铁路工程总结

（上　册）

宁安铁路有限责任公司　编著

中国铁道出版社有限公司

2020年·北　京

图书在版编目(CIP)数据

宁安铁路工程总结:上、下/宁安铁路有限责任公司编著.—北京:中国铁道出版社有限公司,2020.9
ISBN 978-7-113-26929-6

Ⅰ.①宁… Ⅱ.①宁… Ⅲ.①铁路工程-总结-华东地区 Ⅳ.①U21

中国版本图书馆CIP数据核字(2020)第090048号

书　　名:**宁安铁路工程总结(上册)**
作　　者:宁安铁路有限责任公司

策　　划:张卫晓
责任编辑:梁　雪　冯海燕　张　瑜　　　**编辑部电话**:(010)51873193
封面设计:郑春鹏
责任校对:苗　丹
责任印制:高春晓

出版发行:中国铁道出版社有限公司(100054,北京市西城区右安门西街8号)
网　　址:http://www.tdpress.com
印　　刷:北京建宏印刷有限公司
版　　次:2020年9月第1版　2020年9月第1次印刷
开　　本:880 mm×1 230 mm 1/16　印张:62.5　插页:6　字数:2 012千
书　　号:ISBN 978-7-113-26929-6
定　　价:560.00元(上、下册)

编 委 会

序　言

宁安铁路东起江苏省南京南站，西至安徽省安庆站，途经马鞍山、芜湖、铜陵、池州等地市，线路全长258.479 km，最高速度为250 km/h。全线共有桥梁117座，隧道13座，设有南京南、江宁西、马鞍山东、当涂东、芜湖、弋江、繁昌西、铜陵、池州和安庆共10个车站，正线主要采用CRTS Ⅰ型板式无砟轨道结构。

宁安铁路东接京沪高速铁路、沪宁城际铁路、宁杭客专，西至安庆与合九铁路、规划合安九客专相连，在芜湖枢纽、铜陵地区、池州地区分别与宁铜铁路、皖赣铁路、商合杭铁路、合福铁路、铜九铁路交汇，建成后成为长三角地区与皖南、皖西地区沟通的捷径，形成运力强大、便捷高效、节能环保的快速铁路客运网，对完善地区交通运输结构，密切加强城市间及对外交流合作，引导地区城市合理布局、协调发展，加快区域经济一体化进程，扩大长三角地区区位优势和辐射范围，对促进长江经济带沿线和苏皖区域经济持续快速发展具有重要意义。宁安铁路建成通车后，安庆至南京、上海旅行时间可分别缩短至1.5 h和3 h，大大缩短沿线与长三角各中心城市间的时空距离。

线路沿线地形条件复杂，岩溶和软土路基分布广，地基处理难度大；既有线改造或邻近既有线施工区段长，施工安全风险高，建设协调工作量大。全线桥梁比例高，其中安庆长江大桥主桥采用钢桁梁斜拉桥结构，主跨580 m，为当时世界铁路桥梁最大跨度，2 600 t重的64 m跨双线铁路箱梁为当时国内铁路简支箱梁跨径和重量之最，施工技术复杂，施工难度大。

在近7年的建设过程中，共有近30家设计、施工、监理、咨询等单位直接参与了工程的建设工作。各参建单位认真贯彻铁道部和中国铁路总公司提出的铁路建设新理念，统筹落实质量、安全、工期、投资、环境保护管理要求，依托科技创新打造精品工程，实施"一图四表"风险管理打造安全工程，融入人文环境打造生态工程，运用现代化手段打造信息化工程，强化廉政建设打造阳光工程，为项目的顺利建成付出了不懈的努力，展现了良好的精神风貌和精湛高超的技术水平。

《宁安铁路工程总结》对该项目建设管理、勘察设计、工程施工、科研与技术创新等方面进行了全面深入的阐述，客观全面地总结了建设过程中取得的成功经验，并实事求是地反映了建设过程中存在的问题和教训。该工程总结记载内容全面翔实，数据准确完整，是宁安铁路全体建设者智慧与力量的集中体现，对于我国铁路的建设与发展具有重要的参考和借鉴意义。

编　者

2020年6月

目　　录

（上　册）

第一篇　综　　述

第二篇　建 设 管 理

第三篇　勘 察 设 计

(下 册)

第四篇 工 程 施 工

第五篇　科研与技术创新

第一篇　综　　述

第一章 概　　述

宁安铁路东起江苏省南京南站，西至安徽省安庆站，途经马鞍山、芜湖、铜陵、池州等地市，线路全长258.479 km，其中江苏境内35.588 km，安徽境内222.891 km。沿线设有南京南、江宁西、马鞍山东、当涂东、芜湖、弋江、繁昌西、铜陵、池州和安庆共10个车站，预留板桥、钟鸣北、马衙和长风4个车站，其中南京南为既有站，其余为新建、改建车站。同步建设南京南动车所配套设施，芜湖枢纽、安庆地区相关工程，铜陵站铜九改线工程，池州铜九客车联络线工程。另建设铜陵北联络线连接合福高铁与宁安铁路。

第一节　建设目的和意义

宁安铁路东接京沪高速铁路、沪宁城际铁路、宁杭客专，西至安庆与合九铁路、规划合安九客专相连，在芜湖枢纽、铜陵地区、池州地区分别与宁铜铁路、皖赣铁路、商合杭铁路、合福铁路、铜九铁路交汇。宁安铁路建成后将成为长三角地区与皖南、皖西地区沟通的捷径，与既有路网共同形成运力强大、便捷高效、节能环保的快速铁路客运网。宁安铁路的建设，对完善地区交通运输结构，密切加强城市间及对外交流合作，引导地区城市合理布局、协调发展，加快区域经济一体化进程，扩大长三角地区区位优势和辐射范围，促进长江经济带沿线和苏皖区域经济持续快速发展具有重要意义。宁安铁路建成通车后，安庆至南京、上海旅行时间可分别缩短至1.5 h和3 h，可大大缩短沿线与长三角各中心城市间的时空距离。

(1)宁安铁路是增强江苏经济辐射能力，促进皖江经济带发展，落实中部崛起战略的需要。

江苏是我国经济最发达的东部沿海省区之一，南京是江苏省省会，经济活跃，发展迅猛。长江流经安徽境内段被称为皖江，沿江的马鞍山、芜湖、铜陵、池州、安庆等地被称为皖江经济带。毗邻南京市的安徽省马鞍山、芜湖、铜陵、池州、安庆等皖江地区矿产、旅游、劳动力资源丰富，与华东沿江、沿海地区联系紧密，经济增长迅速、潜力巨大，是安徽省的经济腹心地带。随着区域经济一体化发展，安徽、江苏长江经济带逐步形成；特别是皖江城市群的确立，为皖江经济带融入长江三角洲经济圈带来了契机。经济现代化需要有现代化交通的支持，宁安铁路的建设能够为皖江地区提供大容量、快速的客货运通道，缩短皖江地区与长江三角洲的时空距离，承接长江三角洲的辐射作用，促进安徽、江苏区域经济的协调发展。

宁安铁路沿长江连接东部、中部，地缘优势明显。宁安铁路的建设有利于地区间优化经济结构、提升产业层次；有利于强化经济中心城市对走廊内部人流、物流、资金流、信息流、技术流的聚集功能，提升中心城市对区域经济发展的影响力、带动力和辐射力，推进建设皖江城市群的发展进程。东部经济的带动效应、示范效应和传递效应通过宁安铁路的建设得以完成，从而带动中部地区"共同崛起"。

(2)宁安铁路是缓解既有线能力紧张，提高沿江铁路通道客货运输质量的需要。

宁安铁路通道内矿山连绵、工厂林立，既是华东钢铁工业的重要原料基地，又是我国重要的钢铁生产基地，马钢、梅钢等均有相当规模。同时，通道内电厂众多，各工矿企业大多沿铁路而建，企业大宗生产原料和成品均经铁路运输；通道内旅游资源丰富，黄山、九华山驰名中外，有大量旅游需求；沿线人口密度大，存在大量富余劳动力，据不完全统计，安徽省皖江地区外出务工人员有70%前往苏浙沪地区，旅客运输需求量大。可见通道内客货需求旺盛，但既有宁芜铁路区段能力紧张，线路条件差，其中铜陵至安庆段暂无铁路，而芜铜段部分为Ⅱ级，部分为Ⅲ级铁路，主要技术设备标准低，且损坏老化严重，不能满足人们对客货运输的需要。

宁安铁路的建设，将极大地增强通道内客货运输能力，打通沿江通道运输的"瓶颈"，提高客货运输质量，实现货物运输的快速化奠定基础。同时，由于宁安铁路最高目标速度为250 km/h，列车运行速度为200 km/h及以上，线路建成后，安庆至南京及上海旅行时间可缩短至1.5 h和3 h，可极大地方便人们出行，满足人们生活水平日益增长的需要。

(3)宁安铁路是构建完善综合运输体系,落实科学发展观,建设和谐社会的需要。

皖江地区是安徽省经济发展最快地区之一,也是其发展的重点。南京至安庆通道是安徽与苏沪间交通运输最繁忙的通道。目前该通道旅客运输主要由公路、铁路、航空等运输方式承担;长途大宗货物运输主要由既有铁路、长江水道共同承担,中短途货物运输主要由公路承担。运输能力紧张,急需修建大容量、快速、安全、符合可持续发展要求的交通方式来满足未来城际客流出行的需求,解决供需矛盾。

同时,宁安铁路的建设能够将京沪高速铁路、沪宁城际轨道交通、武九线、昌九城际轨道交通、杭长客运专线连接成网,一同构成苏皖地区通往中南、西南地区的大能力、快速通道;适应铁路网结构调整、完善华东地区铁路网结构。达到综合交通网络的优化和完善,满足建设社会主义和谐社会及社会主义新农村建设的需要。

(4)宁安铁路是完善地区路网结构,强化沿江通道的需要。

本线是国家骨架路网"八纵八横"主通道的组成部分,东接南京枢纽,与京沪铁路以及规划的京沪高速铁路、沪宁城际轨道交通等相连,中途穿越芜湖枢纽,并与淮南铁路、皖赣铁路、芜铜铁路衔接,向西可延伸至九江枢纽,与京九、武九等铁路干线衔接。本项目衔接京沪通道、华东二通道以及京九通道三大南北干线,是华东路网的主要干线,是长江三角洲城际轨道交通的延伸,同时也是沪汉蓉通道沿江段的组成部分。

宁安铁路的建设,与京沪高速铁路、沪宁城际轨道交通、武九线、昌九城际轨道交通、杭长客运专线一起构成了苏皖地区往中南、西南地区的快速客运通道;在上海、南京、芜湖至南昌、武汉、九江之间形成了较为便捷的通道。宁安铁路的修建,可强化沿江通道,对加强东、中、西部的经济联系,推动沿江经济发展,促进西部大开发,缩小东西部差距等方面,都具有深远的意义。因而,宁安铁路作为联系南北、承接东西的重要线路,将对形成区域快速客运网起到重要的作用,是适应我国路网结构调整、完善华东地区路网结构的需要。

综上所述,建设宁安铁路是加快皖江经济快速发展,促进安徽在中部率先崛起,进而实现中部崛起战略的迫切需要;宁安铁路建成后,可在通道能力最为紧张的区段实现客货分线运输,可极大地增强通道运输能力;可完善我国华东地区路网结构,构建南京至安庆通道内分工明确、功能合理的综合运输体系;同时,宁安铁路的建设符合国家可持续发展的要求,是落实科学发展观、建设和谐社会的需要。因此,建设宁安铁路是必需的,也是紧迫的。

第二节 建设项目总体目标

以系统理论为指导,以安全生产为生命,以工程质量为根本,以控制工程为重点,以科学先进为保障,以经济合理为基准,统筹协调、有序组织,实现优质高效和均衡生产;坚持设计高标准、工程高质量的要求,实现科技创新、管理创新、制度创新,达到"一流的设计、一流的工程、一流的技术装备、一流的运营管理"的建设目标。

一、工期目标

总工期 54 个月。

二、投资目标

努力降低建设成本,节约资源,总投资控制在国家和铁道部批准的范围之内。

三、质量目标

1. 全线创精品工程,安庆长江大桥创国优工程,扁担河特大桥、漳河、白浪湖特大桥创部(省)优质工程。
2. 勘测、设计质量优良,监理程序符合规定,质量管理达标,内业资料规范。
3. 工程实体质量必须符合国家和铁道部、铁路总公司有关标准、规定及设计文件要求,施工过程或实体工程质量必须满足以下要求:

(1)按照验收标准要求,各检验批、分项、分部工程施工质量检验合格率达到 100%;

(2)单位工程一次验收合格率达到 100%;

(3)开通验收速度满足设计速度目标值；

(4)在合理使用和正常维护条件下，路基、桥梁、隧道等工程结构的施工质量，满足设计使用寿命期内正常运营要求。

4. 杜绝工程质量等级事故。

四、安全目标

杜绝生产安全一般及以上事故，杜绝因建设引起的铁路交通一般C类及以上事故，控制和减少铁路交通一般D类事故，控制重大安全风险。

五、环保目标

环境污染控制有效，土地资源节约利用，工程绿化完善美观，节能、节材和水保措施落实到位，环境保护、水土保持设施与主体工程“同步设计、同步施工、同步投入使用”，努力建成一流的资源节约型、环境友好型高速铁路。

六、科技创新目标

结合宁安铁路的工程特点，以技术创新为先导，在充分利用我国现有技术成果和经验的基础上，通过原始创新、集成创新、引进消化吸收再创新，以新技术、新结构、新材料的开发与应用为重点，开展科技攻关和自主创新，在解决工程建设的关键技术问题基础上，取得系统性的、具有自主知识产权的创新性成果，促进我国高速铁路建造技术的发展与进步。

第三节 建设程序与决策

一、立 项

2006年，安徽省、江苏省人民政府和铁道部以《关于报送新建南京至安庆铁路项目建议书的函》(铁计函〔2006〕840号)，向国家发展和改革委员会报送了项目建议书。

2007年8月14日，国家发展和改革委员会以《国家发展和改革委员会关于新建南京至安庆铁路项目建议书的批复》(发改交运〔2007〕349号)批复了项目建议书，同意建设南京至安庆铁路，项目投资估算总额167亿元，其中工程静态投资142亿元，动车组购置费20亿元。项目资本金占总投资的50%，其余资金利用中国工商银行贷款。

二、可行性研究

2008年11月14日，国家发展和改革委员会以《国家发展和改革委员会关于新建南京至安庆铁路可行性研究报告的批复》(发改基础〔2008〕3072号)批复了可行性研究报告。

2008年7月4日，中国地震局以《对南京至安庆铁路(安徽段)工程场地地震安全性评价报告的批复》(中震安评〔2008〕67号)批复了安徽段地震安全性评价报告；同年，中国地震局以《对南京至安庆铁路(江苏段)工程场地地震安全性评价报告的批复》(苏震安评〔2008〕16号)批复了江苏段地震安全性评价报告。2008年9月25日，环境保护部以《关于新建南京至安庆铁路环境影响报告书的批复》(环审〔2008〕362号)批复了环境影响报告书；2009年2月23日，水利部以《关于新建南京至安庆铁路水土保持方案的复函》(水保函〔2009〕29号)批复了水土保持方案。

2009年9月24日，国土资源部办公厅以《国土资源部办公厅关于新建南京至安庆铁路工程控制工期的单体工程先行用地的批复》(国土资厅函〔2009〕871号)批复了控制工期的单体工程先行用地；2011年12月3日，国土资源部以《国土资源部关于新建南京至安庆铁路安庆段工程建设用地的批复》(国土资函〔2011〕928号)批复了安庆段建设用地；2012年4月19日，国土资源部以《国土资源部关于新建南京至安庆铁路南京段工程建设用地的批复》(国土资函〔2012〕302号)批复了南京段建设用地；2012年5月21日，国土资源部以《国土资源部关于新建南京至安庆铁路池州段工程建设用地的批复》(国土资函〔2012〕380 号)批复了池州段建设用地,以《国土资源部关于新建南京至安庆铁路铜陵段工程建设用地的批复》(国土资函〔2012〕382 号)批复了铜陵段建设用地;2012 年 6 月 11 日,国土资源部以《国土资源部关于新建南京至安庆铁路芜湖段工程建设用地的批复》(国土资函〔2012〕405 号)批复了芜湖段建设用地;2012 年 7 月 24 日,国土资源部以《国土资源部关于新建南京至安庆铁路马鞍山段工程建设用地的批复》(国土资函〔2012〕596 号)批复了马鞍山段建设用地。

2015 年 6 月 17 日,环境保护部以《关于新建南京至安庆铁路工程变更补充环境影响报告书的批复》(环审〔2015〕144 号)批复了变更补充环境影响报告书。

三、初步设计

2008 年 12 月 21 日,铁道部以《关于新建南京至安庆铁路铜陵东至池州段及安庆长江大桥初步设计的批复》(铁鉴函〔2008〕1547 号)批复了铜陵东至池州段及安庆长江大桥设计。2009 年 10 月 19 日,铁道部以《关于新建南京至安庆铁路南京南至铜陵东池州至安庆段初步设计及全线总概算的批复》(铁鉴函〔2009〕1401 号)批复了全线初步设计。新建南京至安庆铁路初步设计总概算(不含皖赣铁路芜湖至弋江段)按 288.54 亿元控制,其中静态投资 255.04 亿元,建设期贷款利息 14.02 亿元,铺底流动资金 0.3 亿元,机车车辆购置费 20 亿元。

四、工程施工

2008 年 7 月 21 日～25 日,宁安铁路初步设计预评审会在合肥召开。11 月 14 日,宁安铁路可行性研究报告获国家发改委批复(发改基础〔2008〕3072 号)。12 月 18 日,铁道部、江苏省、安徽省联合在铜陵召开南京至安庆铁路开工动员大会。

2009 年 3 月 14 日、15 日,铜陵东至池州段及安庆长江大桥工程的施工与监理招标结果公布。2009 年 3 月 20 日,全线重点控制工程安庆长江大桥先行开工建设。

2009 年 11 月 13 日,铁道部以《关于开工建设宁安铁路铜陵至池州段及安庆长江大桥控制工期的铜陵南特大桥铜九改线等 4 处单体工程的批复》(铁计函〔2009〕1548 号)批复了 4 处单体工程开工。2009 年 12 月 27 日,南京至铜陵段、池州至安庆段工程施工与监理招标结果公布。2010 年 1 月,全线路基、桥涵、隧道、轨道工程开工建设。

2010 年 1 月 11 日,宁安公司在芜湖举行南京南至铜陵东池州至安庆段施工监理合同签字仪式。8 月 28 日,中铁大桥局安庆长江大桥工程指挥部在工地隆重举行全桥桩基施工全面完成暨主墩承台灌注仪式。9 月 9 日,宁安铁路第一孔箱梁、铜陵南特大桥第一孔 32 m 箱梁精确落位。

2011 年 3 月 30 日,宁芜还建线的开通,为又好又快推进宁安铁路建设创造了条件。4 月 28 日,池州站过渡工程按期竣工投入使用。5 月 16 日、18 日和 5 月 27 日,经封锁施工,湾里站改及芜湖、铜陵站过渡工程分别于 5 月 18 日、27 日安全顺利开通,标志着涉及宁安铁路全线建设的控制性工程得以顺利完成,为宁安铁路宁安站场创造了施工条件。8 月 15 日,铁道部以《关于开工建设新建南京至安庆铁路控制工期的白浪湖特大桥等 9 处单体工程的批复》(铁计函〔2011〕556 号)批复了 9 处单体工程开工。

2012 年 12 月 1 日,随着安庆长江大桥中跨合龙段最后一根杆件对接完成,标志着安庆长江大桥中跨胜利合龙。12 月 2 日,中国路桥宁安五标天井湖特大桥道岔梁简支段第四片梁浇筑完成,标志着宁安铁路与京福高铁的联络线道岔梁线下工程全部顺利完工。12 月 19 日,安庆长江大桥边跨合龙段最后一根杆件顺利对接,这标志着世界最大跨度的四线铁路斜拉桥——宁安铁路安庆长江大桥实现全桥精确合龙。12 月 28 日 9:40～16:00,宁安铁路芜湖东 V 场信号楼搬迁微机联锁设备改造Ⅱ级施工顺利完成,较计划提前 10 min 开通启用了新的微机联锁设备。

2013 年 1 月 26 日,安庆桥钢梁桥面压重混凝土开始浇筑。4 月 11 日,50 根 500 m 的长钢轨运抵中铁十二局宁安一标铜陵铺轨基地,为落实 7 月 1 日开始铺轨的施工计划提供了先决条件。5 月 16 日,天井湖特大桥 4 号墩～5 号墩简支梁架设完成,为合福线的下一步施工创造了有利条件。5 月 30 日,在安庆市成功组立起了接触网的“第一杆”,标志着宁安铁路四电工程建设正式拉开序幕。7 月 18 日,由中国路桥宁安五标施工的钟鸣一号隧道顺利贯通。8月18日，青弋江特大桥主桥中跨合龙段顺利完成混凝土浇筑，标志着主桥完成了主体结构施工，为该桥的后续架梁提供了时间保证。9月29日青弋江特大桥主桥和芜湖仓津路跨青弋江公路桥主桥全面合龙，转入桥面、挡墙等附属设施施工阶段。10月20日，芜南路右线特大桥连续梁桥合龙段顺利完工。12月2日下午14:00，还建芜湖站存车线、牵出线安全正点开通，实现了节点目标，同时为芜湖站改造工程顺利施工开辟了通道。

2014年4月14日，中国路桥宁安五标指挥部赭山路框构桥顶板混凝土施工顺利结束，这标志着赭山路框构桥节点工期顺利完成，同时也为后续九华中路桥拆除创造了有利条件。5月21日，随着运架一体机将最后一榀760多吨的箱梁稳稳地放落在定坊特大桥26号、27号桥墩上，宣告南京南动车所架梁取得圆满成功。10月30日18:00，芜湖站站房工程第一榀钢桁架安全顺利吊装就位，标志站房施工正式进入屋面钢桁架吊装施工阶段。11月25日，安庆站站改新建4道、5道及3号高站台启用，安庆站站改工程顺利转场。12月25日，由中铁十二局宁安铁路一标承担施工的池州站铜九场改造工程顺利开通。

2015年1月8日，铜陵站新建铜九场工程顺利开通。1月20日，随着最后一榀钢桁架吊装就位，芜湖站一期东站房及高架主体钢结构安全顺利封顶，提前10 d实现节点工期目标，为芜湖站一期施工全面转入装饰装修及室内设备安装阶段创造了有利条件。5月9日，通信干线光缆顺利引入南京南站，该工程的顺利完成保证了传输通道的畅通，为6月份实现静态验收目标，以及为下一步如期联调联式奠定了坚实基础。5月25日，宁安铁路铺轨任务全部完成。6月26日，安庆站站改工程顺利开通。7月28日，宁安铁路全线接触网送电。8月26日，宁安铁路联调联试正式启动。

五、验交投产

2015年6月30日，原上海铁路局召开宁安铁路静态验收工作部署会。2015年7月28日，宁安铁路全线接触网送电；8月26日，启动联调联试；9月30日，组织全线拉通试验；10月15日，组织开通前运行试验。2015年11月22日～24日，铁路总公司组织了初步验收；11月27日～30日，进行了安全评估。

2015年12月6日，全线开通运行。

第二章　工程概况

第一节　主要自然特征和地质概况

一、主要自然特征

线路所经地区地貌主要为剥蚀丘陵、岗地、河流一级阶地及冲积平原区。丘陵区主要分布于繁昌至池州段，呈带状分布，其余地段零星分布，呈圆弧形孤岛，地形起伏较大，自然坡度大多在15°～30°之间，地面标高20～200 m，植被发育，树木茂盛；丘间谷地一般呈狭长状，但地形较平坦，谷地区一般宽50～200 m，两侧谷坡陡缓不一，地面标高一般为8～20 m；岗地主要分布于南京至马鞍山、繁昌至安庆有零星分布，地形略有起伏，自然坡度15°左右，地面标高12～60 m；坳谷区地形平坦，地面标高8～20 m左右；沿江冲积平原与河流阶地相连，地形平坦、开阔，平原和阶地区地面标高5～12 m，沟渠、湖塘密布。平原、阶地及谷地区一般均辟为农田。

二、地质概况

(1)南京地区大地构造属下扬子凹陷，这个凹陷从震旦纪以来长期交替沉积了各时代的海相、陆相和海陆相地层，下三叠系青龙群沉积以后，经印支运动、燕山运动发生断裂及岩浆活动，并在相邻凹陷区及山前山间盆地堆积了白垩纪及第三纪红色岩系及侏罗～白垩纪的火山岩系。

(2)南京至繁昌段属新华夏北北东向构造形成的断陷盆地，盆地内出露地层，从三叠纪开始，皆为陆相沉积，经燕山运动发生强烈褶皱断裂，并伴随岩浆活动及火山喷发。第四纪时因地壳下降，向斜为松散沉积物覆盖，构成宽广的冲积平原。

(3)繁昌至安庆段大地构造单元隶属于扬子准地台之淮阳山字形构造东翼及郯城庐江深断裂，这两大构造体系控制了该地区地质构造行迹的生成及展布，历经印支～燕山运动的长期扭动，又导致了一系列次级构造形式的生成。由于第四系掩盖及水系的分隔，各构造形式间的关系不清，但其形成都受淮阳山字形东翼及郯庐断裂统一应力场的控制并与长江、江南深断裂有联系。以褶皱、断裂为主，褶皱主要发生于印支期，燕山期则以岩浆活动及断裂变动为主，燕山运动奠定了本线各种构造形式的基本形态，北东向断裂构成本线主要构造方向线。

三、地震参数

根据中华人民共和国《中国地震动峰值加速度区划图》(GB 18306—2001)1/400万划分，确定沿线地震动峰值加速度如下：起点～DK36＋000段地震动峰值加速度为0.1g；DK36＋000～DK230＋000段地震动峰值加速度为0.05g；DK230＋000～终点段地震动峰值加速度为0.1g。

四、河流水系

宁安铁路从南京至安庆经过剥蚀丘陵、岗地和长江冲积平原区、河流阶地等不同的地貌单元，其水文地质特征差异大。本区地下水主要为松散土层孔隙水、基岩裂隙水、碳酸盐岩岩溶水。

1. 孔隙潜水

本线长江冲积平原，各长江支流河流阶地及上、中更新统高阶地，为孔隙水的主要赋存场所。平原区及河流一级阶地孔隙潜水埋藏较浅，一般为0.5～2.0 m，补给来源主要为大气降水和地表水的垂直补给。蒸发和人工开采为其主要排泄方式，地下水径流条件较好。水位受季节性降雨影响，但升降幅度不大，在砂类土和卵砾石土中地下水较发育，为主要富水地层。高阶地坳谷区及丘陵谷地区地下水埋藏深度一般为1～2 m，较发育，其主要接受大气降水和上游地下水的补给，蒸发和人工开采为其主要排泄方式，地下水径流条件较好；水位随季节变化幅度较大。岗地区地下水为孔隙水、裂隙水，埋深 2 m 以上，大部分地区不发育。剥蚀丘陵区孔隙水不发育。

2. 基岩裂隙水

沿线分布岩石种类较多，岩石中地下水一般以基岩裂隙水以及构造裂隙水存在。基岩裂隙水储存于基岩风化带，一般水量较小，不具承压性，仅在采石河桥砂岩风化带中见到承压水，承压水头高 1.9 m，水量 41.73 m^3/d。构造裂隙水储存于断层破碎带和节理裂隙中，富水程度差异较大，其主要受大气降水和上游地下水的补给，基岩裂隙水的分布受裂隙发育程度及裂隙连通程度控制。

3. 碳酸盐岩岩溶水

岩溶水的分布受岩溶发育程度控制，沿线石炭系、二叠系、三叠系地层中，石灰岩、泥质灰岩等的岩溶现象较发育，赋有较多岩溶水，主要接受大气降水及上游地下水补给，向下游地下水排泄，地下水径流条件较好。

五、气象条件

1. 南京～芜湖地区

该地区地处长江下游，属亚热带湿润气候，季风显著，气候温和，梅雨集中，阳光充足，无霜期长，降雨丰沛集中。

区内降水季节性强，5～9 月份占年降雨的 60%以上，多年平均降雨量 1 053 mm，年最大降雨 1 895.5 mm，最大日降雨量 316 mm，每年 6 月下旬～7 月上旬都会出现一段降水量大、降水日数多的梅雨天气，梅雨期一般持续 23 d，最长达 43 d。

多年平均气温 15.6 ℃，年极端最高、最低气温分别为 41.1 ℃、−13.0 ℃；一年中最热为 7 月，平均气温 28.2 ℃，最冷为 1 月，平均气温 2.7 ℃。

历年平均初霜日为 11 月 11 日，平均末霜日为 3 月 23 日，平均无霜期 233 d，无霜期年际变化大，最长期 266 d，最短期 202 d。

季风气候明显，常年主导风向为东风，夏季多偏南风，冬季多偏北风，春秋两季多偏东风，年平均风速 3.3 m/s，年最大风速 24.3 m/s。

2. 铜陵～安庆地区

该地区地处长江下游，属亚热带季风气候区，具有阳光充足，四季分明，降雨丰沛集中，梅雨显著，无霜期长，寒雪期短等特征。

多年平均降雨量 1 500 mm，降雨主要集中在汛期 4～8 月，占年降雨的 65%左右，全年最大降雨达 2 294 mm，日最大降雨量 262.3 mm。梅雨期一般在 6 月中旬～7 月下旬。

多年平均气温 16.5 ℃，年极端最高、最低气温分别为 40.6 ℃、−15.6 ℃，平均无霜期 240 d，平均相对湿度 77%。

常年主导风向为东北风，夏季多南风，冬季多北风，春夏两季风向多变，汛期多年平均最大风速 14 m/s，最大瞬时风速 22 m/s。

第二节 主要技术标准

一、正线主要技术标准

(1)铁路等级：客运专线。

(2)正线数目：双线。

(3)最大坡度：20‰。

(4)速度目标值：200 km/h 以上[线路允许速度为 250 km/h，无砟地段列控顶棚速度按 250 km/h 设置、有砟地段列控顶棚速度按 210 km/h 设置；安庆长江大桥(主桥)线路允许速度暂定为 200 km/h]。

(5)最小曲线半径：3 500 m(引入芜湖站 550 m)。

(6)线间距：4.6 m。

(7)牵引种类:电力。
(8)机车类型:动车组。
(9)到发线有效长度:650 m。
(10)列车运行控制方式:自动控制。
(11)行车指挥方式:综合调度。

二、其他线路主要技术标准

铁路改线、客车疏解联络线等,采用与既有铁路一致的技术标准。
(1)池州铜九客车上行疏解线:速度目标值 120 km/h;
(2)淮南线、宁芜线改建工程:速度目标值 120 km/h;
(3)铜陵铜九改线工程:速度目标值 120 km/h。

第三节 主要工程特点和工程数量

一、主要工程特点

1. 既有线或邻近既有线施工安全难度大

全线既有线(邻近)施工 90 余公里,涉及淮南、宁芜、皖赣、芜铜、铜九、合九 6 线,地形特殊、条件复杂,建设协调工作量大、施工安全风险高、施工管理难度大。

2. 桥梁比例高,施工难度大

全线桥梁 173.613 km/117 座,占比约为 67%。其中安庆长江大桥主桥采用(101.5+188.5+580+217.5+159.5+117.3)m 钢桁梁斜拉桥结构,主跨 580 m,为当时世界铁路桥梁最大跨度,2 600 t 重的 64 m 跨双线铁路箱梁为当时国内铁路简支箱梁跨径和重量之最。该桥主桥施工水域地形复杂,水流湍急,航道繁忙,水上交通安全压力极大;施工技术复杂,大型和特种设备投入多,施工安全控制难度极大。主要体现在以下几点:直径 51 m 的主墩承台尺寸为当时国内深水桥梁之最,汛期主墩基础施工、围堰接高施工作业环境恶劣,围堰下沉、着床、定位难度极大,安全风险高;首次采用 ϕ3.4 m/ϕ3.0 m 大直径变径钻孔桩基础,水下近 100 m 的钻泥岩深度为国内同类桥梁之最,且 ϕ3.4 m/ϕ3.0 m 大直径变径超深嵌岩钻孔桩施工垂直度控制难、要求高;主塔墩高达 210 m,斜拉索锚固区位于水面以上 130 m,塔柱线形及索道管定位测量技术要求高,施工控制难度极大。

3. 路基工点分散,岩溶和软土路基分布广,处理难度大

全线路基工点分散,岩溶路基分布广,覆盖软土、松软土和膨胀土等地质情况复杂,为满足轨道工后沉降控制技术要求,基底处理工程量大、预压工期长,施工控制难度大。

二、主要工程亮点

1. 依托科技创新打造精品工程

按照《宁安公司科技规划》和《宁安铁路科技创新管理办法》,宁安铁路以安庆长江大桥施工、复杂地质施工、隧道施工、信息化建设为重点,遴选出 37 个课题,凝聚大专院校和参建队伍的科技力量全力开展攻关,并取得显著成果。《时速 350 km 及以上高速铁路深水基础长大跨度桥梁建造技术》课题获得上海市科技进步三等奖;《高速铁路建设工程质量安全"一图四表"风险管理研究》课题获得了中国铁道学会科技进步二等奖;《安庆桥关键基础施工技术研究》课题获得安徽省科技进步三等奖;公司《基于集成信息化平台的高铁建设全方位远程管理》创新成果获得上海市创新成果二等奖;《宁安铁路繁昌特大桥跨 321 省道设计方案优化》获得原上海铁路局一等奖;编写并出版了《宁安铁路安庆长江大桥建造技术与安全管理》《高铁建设信息化管理》《高速铁路轨道板制造与铺设》《铁路路基岩溶与注浆技术》等专著;8 项专利获得国家专利局授权。

2. 实施"一图四表"风险管理,打造安全工程

宁安公司相继制定《宁安铁路建设工程安全风险管理实施细则(试行)》《宁安铁路工程质量关键点管理

实施细则(试行)》等四个风险管理办法，动态制定公布了《宁安铁路安全风险指导手册》《宁安铁路质量风险指导手册》等四个风险防控手册在宁安全线全面、全过程、全员开展风险管理。根据路局要求、结合项目建设实际情况，公司及时制定并完善了《关于实施"一图四表"法，深化宁安铁路施工安全质量风险管理的通知》《关于宁安铁路进一步规范运用"一图四表"法深化工程安全质量风险管理的实施意见》。实施"一图四表"("一图"是指安全风险公示图；"四表"是指安全质量风险识别分析登记表、风险应对计划责任展开表、风险动态管理监控表及风险处置结果评价表)，使风险管理更科学、更准确，更加有效地规避和控制了工程项目的安全质量风险。项目建设中，强化风险源监控，绘制了宁安铁路工程重大安全质量风险源监控图，现场竖牌明示应对计划责任展开表和动态监控表，动态开展风险管理，建立风险管理台账；对Ⅰ类风险源全部实行有线或无线 24 h 视频监控，建设、监理和施工单位多层监控，发现问题进行抓拍、录像、反馈、考核和整改存档；公司安装了两块大屏幕，调度每天查看问题建立台账，实现了对关键项目、关键工种、关键作业的实时监控；落实《干部安全风险控制表》《质量安全风险管理岗位提示卡》，推进风险管理机制的常态运作，从源头上和过程中把好质量安全关，最大限度地降低、转移和减少质量安全风险，从而确保了施工安全。

3. 融入人文环境、打造生态工程

宁安铁路建设过程中，严格按照铁路总公司"依法建设"要求，秉承"图写绿色长廊，建设美丽宁安"的理念，成立了环境保护领导小组。环境保护领导小组依据国家环境保护法律及管理条例，制定了单位工程验收管理办法、绿色防护工程管理办法，建立了环境保护工作体系，做到"四坚持"，实现了环保工作贯穿铁路建设项目的全过程。"四坚持"即：坚持"绿色通道是国土绿化的重要组成部分，是建设美丽中国的形象工程"的观念；坚持"防护工程与主体工程同等重要，生态防护与工程防护相结合"的原则；坚持"绿色通道建设与主体工程同步设计、同步施工、持续改进、不断补强"的安排；坚持"专项方案设计，专业队伍施工、专门费用保障和早种植早见效"的方法，体现"一站一景、一洞一景；内灌外乔、草灌结合；三季有花、四季常绿"，初步形成"车在景中行，人在画中游"的景观效果。

4. 运用现代化手段打造信息化工程

针对建设技术标准高、参与人员多、管理跨度大，传统的管理办法及信息传输工具已远远不能满足现代建设管理要求的情况，根据总公司统一领导、统一规划、统一标准、统一资源、统一管理的"五统一"要求，开展了宁安铁路信息化建设。信息化建设以"先进、实用、简便、全覆盖"为原则，以建设调度为龙头，以信息管理系统为平台，以远程视频监控为手段，努力实施办公管理信息化、看板管理集成化、隐蔽工程影像化与现场监控视频化。

信息化工程按照"健全一个体系，用好两个平台，建立三级网络，达到'四化'要求，发挥五大功能，实现'六位一体'目标"的思路建设，健全一个体系即完善各级信息化管理组织体系；用好两个平台即用好基于互联网的铁路总公司工程信息平台和基于局域网的宁安公司 OA 办公网平台；建立三级网络，即建立公司、施工单位指挥部、分部三级网络；达到"四化"要求，即实现隐蔽工程影像化、现场监控视频化、办公管理信息化、看板管理智能化；发挥五大功能，即协同办公功能，集成看板功能，远程监控功能，视频会议功能，建设管理功能；实现"六位一体"目标，即实现安全、质量、进度、投资、环保、科技创新六项控制目标。从而运用现代化条件下的"千里眼"和"顺风耳"做到"管理不松懈、重点有保障、责任真落实、过程留痕迹、问题有闭合"，从而提升了工程标准化建设水平。

5. 强化廉政建设打造阳光工程

深化创"双优"工作，健全完善的活动制度，做到月有自查、季有检查、年中有考评、年末有总结，切实做到创"双优"活动与工程建设同部署、同检查、同落实、同考核。实施廉政风险动态管理，结合"三整治一提高"活动，加强风险辨识，全面深入排查铁路工程招标投标、质量安全、投资控制和资金管理、监督检查等方面存在的问题，梳理制定廉政风险动态控制展开表，制定对策防范措施，同时增强党员、群众的民主意识，提高参与监督的积极性，使之成为监督的主要力量。深化廉政协调互控机制建设，建立以"岗位为点、程序为线、制度为面"的廉政风险防控机制，突出抓好"三个三"，即：抓好公司与施工、监理单位"三方协议"的签订；抓好协调互控会议制度、协调互控教育制度、协调互控联合检查制度"三项制度"的完善；优化公司机关，施工、监理单位办公地点"三个廉政环境"。加强廉政文化建设，坚持开展"每月一案"教育，组织全体员工签订个人廉洁承诺书，不断推进廉政文化进公司、进部门、进家庭，近一步营造浓厚的廉政文化氛围，继而打造宁安铁路阳光工程。宁安铁路廉政建设工作多次受到路局纪委表彰，并组织全局建设系统召开现场会。

三、主要工程数量

全线主要工程数量见表 1-2-1。

表 1-2-1　宁安铁路主要工程数量汇总表

<table>
<tr><th colspan="3">工　程　项　目</th><th>单　位</th><th>合　　计</th></tr>
<tr><td colspan="3">线路长度</td><td>正线公里</td><td>258.479</td></tr>
<tr><td colspan="3">联络线及疏解线</td><td>km</td><td>7.916</td></tr>
<tr><td colspan="3">改建线</td><td>km</td><td>21.322</td></tr>
<tr><td colspan="3">桥梁长度</td><td>km</td><td>173.404</td></tr>
<tr><td colspan="3">隧道长度</td><td>km</td><td>6.344</td></tr>
<tr><td colspan="3">路基长度</td><td>km</td><td>78.731</td></tr>
<tr><td rowspan="33">路基</td><td rowspan="7">区间</td><td>区间路基土石方</td><td>万 m^3</td><td>1 568.680</td></tr>
<tr><td>土方</td><td>万 m^3</td><td>668.000</td></tr>
<tr><td>石方</td><td>万 m^3</td><td>205.860</td></tr>
<tr><td>渗水土</td><td>万 m^3</td><td>41.620</td></tr>
<tr><td>级配碎石</td><td>万 m^3</td><td>128.750</td></tr>
<tr><td>改良土</td><td>万 m^3</td><td>231.600</td></tr>
<tr><td>AB 组填料</td><td>万 m^3</td><td>292.310</td></tr>
<tr><td rowspan="7">站场</td><td>站场土石方</td><td>万 m^3</td><td>550.130</td></tr>
<tr><td>土方</td><td>万 m^3</td><td>289.870</td></tr>
<tr><td>石方</td><td>万 m^3</td><td>29.600</td></tr>
<tr><td>渗水土</td><td>万 m^3</td><td>11.990</td></tr>
<tr><td>级配碎石</td><td>万 m^3</td><td>43.800</td></tr>
<tr><td>改良土</td><td>万 m^3</td><td>99.350</td></tr>
<tr><td>AB 组填料</td><td>万 m^3</td><td>75.520</td></tr>
<tr><td rowspan="19">路基
加固
防护</td><td>浆砌片石</td><td>万 m^3</td><td>85.246</td></tr>
<tr><td>混凝土</td><td>万 m^3</td><td>8.310</td></tr>
<tr><td>喷混植生</td><td>万 m^2</td><td>8.440</td></tr>
<tr><td>植树</td><td>千株</td><td>266.260</td></tr>
<tr><td>植草</td><td>万 m^2</td><td>54.374</td></tr>
<tr><td>灌木及花草</td><td>千株</td><td>2 944.925</td></tr>
<tr><td>土工合成材料</td><td>万 m^2</td><td>525.546</td></tr>
<tr><td>碎石、砂垫层</td><td>万 m^3</td><td>56.464</td></tr>
<tr><td>旋喷桩</td><td>万 m</td><td>253.055</td></tr>
<tr><td>水泥搅拌桩</td><td>万 m</td><td>328.822</td></tr>
<tr><td>CFG 桩</td><td>万 m</td><td>13.400</td></tr>
<tr><td>水泥土挤密桩</td><td>万 m</td><td>19.999</td></tr>
<tr><td>弃土场防护圬工</td><td>万 m^3</td><td>17.890</td></tr>
<tr><td>弃土绿化及复垦</td><td>万 m^2</td><td>267.450</td></tr>
<tr><td>区间防护栅栏</td><td>单侧公里</td><td>237.721</td></tr>
<tr><td>声屏障与隔声窗</td><td>万 m^2</td><td>10.515</td></tr>
<tr><td>挡土墙</td><td>万 m^3</td><td>5.772</td></tr>
<tr><td>锚固桩</td><td>万 m^3</td><td>0.780</td></tr>
<tr><td>预应力锚索</td><td>万 m</td><td>18.138</td></tr>
</table>

续上表

工 程 项 目			单 位	合 计
桥涵	特大桥		延长米/座	305 189.0/46
	大桥		延长米/座	5 693.9/23
	一般中桥		延长米/座	470.2/7
	框架中桥		延长米/座	1 094.3/19
	小桥		延长米/座	282.2/24
	涵洞		横延米/座	11 765.7/411
	其中:改建		横延米/座	656.2/41
隧道	隧道		延长米/座	5 012.0/11
	明洞		延长米/座	196.0/1
	U 型槽		延长米/座	474.0/1
轨道	正线	铺轨	铺轨公里	535.076
		铺砟	m^3	1 294 815
	站线	铺轨	铺轨公里	72.367
		铺岔	组	213
		铺砟	m^3	207 990
通信	通信光缆		条公里	860
	通信电缆		条公里	136.4
信号	联锁道岔		组	248
电力	高压电缆线路		km	1 939.9
	低压电缆线路		km	216.8
	电源电缆线路		km	52
	10 kV 配电所		座	6
	10 kV 变电所		座	18
	区间箱变		座	73
牵引	接触网		条公里	760
	供电线		条公里	54
	回流线		条公里	527
供电	牵引变电所		处	6
	分区所		处	5
	AT 所		处	10
	开关站		处	11
房屋	生产房屋		m^2	67 406
	生活房屋		m^2	3 200
临时工程	箱梁制梁场		处	8
	铺轨基地		处	2
	临时材料厂		处	10
	存砟场		处	12
	改良土及级配碎石拌和站		处	19
	铁路岔线		处	1
	电力线		km	81.2
	便道		km	147.6
征地			亩	14 014.5
拆迁建筑物			万 m^2	96.90
取弃土用地			亩	3 230.10

第三章　建设概况

一、建设单位

宁安铁路建设单位为原上海铁路局，其管理机构为宁安铁路有限责任公司。

二、参建单位

1. 勘察设计单位

共有 6 家设计单位参与了宁安铁路的勘察设计，其中，中铁第四勘察设计院集团有限公司为总体设计单位。各设计单位及其负责的设计任务详见表 1-3-1。

表 1-3-1　勘察设计单位及任务划分一览表

项　　目	勘察设计单位名称	设计范围
站前及“四电”工程	铁道第三勘察设计院集团有限公司（现更名为“中国铁路设计集团有限公司”）	K155＋791～K215＋838 段
	中铁大桥勘测设计院集团有限公司	K237＋701～K240＋698（安庆长江大桥）
	中铁第四勘察设计院集团有限公司	K2＋269～K155＋791、K215＋838～K237＋701、K240＋698～K258＋479 段
站房工程	悉地（北京）国际建筑设计顾问有限公司	江宁西、马鞍山东、当涂东及芜湖站
	深圳市建筑设计研究总院有限公司	弋江和繁昌西站
	中南建筑设计院股份有限公司	安庆站

2. 施工单位

9 家施工单位参与了宁安铁路的施工，各施工单位及其负责的施工任务详见表 1-3-2。

表 1-3-2　施工单位及任务划分一览表

施工单位名称	施工标段	施工任务
中铁十二局集团有限公司	NASZ-1 标	K155＋791～K215＋838 站前（含铺轨）、四电及维修工区用房
	NASZ-6 标	K215＋838～K258＋479（不含长江大桥，含 K81＋151～K258＋479 铺轨）、四电及维修工区用房
	NASZ-9 标	江宁西、马鞍山东、当涂东、弋江、繁昌西站房工程
中铁大桥局股份公司	NASZ-2 标	K237＋701～K240＋698（安庆长江大桥，不含铺轨）
中铁十七局集团有限公司	NASZ-3 标	K4＋458～K40＋618（含 K2＋269～K81＋151 铺轨）、四电及维修工区用房
中国安能公司	NASZ-4 标	K40＋618～K81＋151（不含本段铺轨）
中国路桥集团有限公司	NASZ-5 标	K81＋151～K155＋791（不含本段铺轨）、四电及维修工区用房
中铁十一、十二局集团有限公司联合体	NASZ-7 标	全线电力、牵引、供电、通信、信号
中铁电气化局集团有限公司	NASZ-8 标	芜湖站房工程
中铁航空港集团有限公司	NASZ-10 标	安庆站房工程
通号通信信息集团有限公司	NASZ-11 标	全线信息工程

3. 监理单位

共有 5 家监理单位参与了宁安铁路施工监理工作，各监理单位任务划分详见表 1-3-3。

表 1-3-3 监理单位及任务划分一览表

监理单位名称	监理标段	监理范围
上海先行监理公司	NAJZ-1 标	K155+791～K215+838 站前(含铺轨)
中铁第四勘察设计院集团有限公司(湖北)工程监理咨询有限公司	NAJZ-2 标	K237+701～K240+698(安庆长江大桥主桥工程,不含铺轨)
北京瑞特监理公司	NAJZ-3 标	K2+269～K81+151 段站前、站后工程
北京铁城监理公司	NAJZ-4 标	K81+151～K155+791(不含本段铺轨)站前、站后工程
上海华东铁路建设监理有限公司	NAJZ-5 标	K215+838～K258+479(不含长江大桥,含 K81+151～K258+479 铺轨)站前工程,K155+791～K258+479 站后工程

4. 咨询及第三方检测单位

共有 2 家咨询单位、2 家评估单位和 5 家第三方检测单位参与了宁安铁路的设计咨询、评估和第三方检测工作。参与单位名称及任务详见表 1-3-4。

表 1-3-4 咨询及第三方检测单位一览表

单位名称	任务划分
中铁第一勘察设计院集团有限公司	K2+269～K155+791、K215+838～K258+479 段施工图审核
中铁第四勘察设计院集团有限公司	K155+791～K215+838 段施工图审核
中铁第二勘察设计院集团有限公司	轨道 CP Ⅲ技术评估、沉降变形评估
上海功大建设工程检测有限公司、中铁上海勘察设计院有限公司	路基第三方检测
上海功大建设工程检测有限公司	桥梁桩基第三方检测
武汉金目检测工程技术有限公司	钢梁焊缝第三方检测
武汉武桥检测工程有限公司	提篮拱混凝土超声波第三方检测
北京中铁瑞威工程检测有限责任公司	隧道衬砌第三方检测

三、主要建设过程

2007 年 11 月 6 日,宁安铁路建设工作协商会议在原上海铁路局召开,决定联合成立宁安铁路有限公司筹备组,着手开展宁安铁路建设前期工作。

2008 年 7 月 21 日～25 日,宁安铁路初步设计预评审会在合肥召开。11 月 14 日,宁安铁路可行性研究报告获国家发改委批复(发改基础〔2008〕3072 号)。12 月 18 日,铁道部、江苏省、安徽省联合在铜陵召开宁安铁路开工动员大会。

2009 年 3 月 14 日～15 日,宁安铁路铜陵东至池州段及安庆长江大桥工程的施工与监理在铁道部招标中心开标。6 月 1 日～2 日,宁安铁路修改初步设计审查会再次在北京召开。6 月 5 日,安庆长江大桥主墩围堰全部顺利下水。2009 年 9 月 30 日,新建站房暨广场落成典礼在铜陵东站举行。10 月 19 日,铁道部、安徽省、江苏省批复宁安铁路全线初步设计和总概算。12 月 27 日,宁铜段、池安段工程在北京开标。

2010 年 1 月 11 日,宁安公司在芜湖举行"南京南至铜陵东 池州至安庆段"施工监理合同签字仪式。8 月 28 日,中铁大桥局安庆长江大桥工程指挥部在工地隆重举行全桥桩基施工全面完成暨主墩承台灌注仪式。9 月 9 日,宁安铁路第一孔箱梁、铜陵南特大桥第一孔 32 m 箱梁精确落位。

2011 年 3 月 30 日,宁芜还建线开通。4 月 28 日,池州站过渡工程按期竣工投入使用。5 月 16、18 日和 5 月 27 日,经封锁施工,湾里站改及芜湖、铜陵站过渡工程分别于 5 月 18 日、27 日顺利开通,标志着涉及宁安铁路全线建设的控制性工程得以顺利完成,为宁安站场施工创造了条件。

2012 年 12 月 1 日,世界最大跨度的四线铁路斜拉桥——安庆长江大桥中跨胜利合龙;12 月 19 日,全桥精确合龙。12 月 2 日,宁安铁路与京福高铁的联络线道岔梁线下工程全部顺利完工。12 月 28 日 9:40～16:00,宁安铁路芜湖东 V 场信号楼搬迁微机联锁设备改造Ⅱ级施工顺利完成,较计划提前 10 min 开通启用了新的微机联锁设备。

2013 年 1 月 26 日,安庆长江桥钢梁桥面压重混凝土开始浇筑。4 月 11 日,50 根 500 m 的长钢轨运抵中铁十二局宁安一标铜陵铺轨基地，为落实7月1日开始铺轨的施工计划提供了先决条件。5月16日，天井湖特大桥4号墩～5号墩简支梁架设完成，为合福线的下一步施工创造了有利条件。5月30日，由中铁十一、十二局联合体宁安铁路工程七标指挥部负责施工的四电集成工程，在安庆市成功组立起了接触网的“第一杆”，标志着四电工程建设正式拉开序幕。5月30、31日，中铁十二局宁安一标指挥部首件无砟高速道岔率先通过铁路总公司工管中心评估。7月3日，公司在芜湖举行宁安铁路站房NAS2-8/9标段合同签订仪式。7月18日，钟鸣一号隧道顺利贯通。8月18日，当时国内最大跨度的四线铁路混凝土连续梁大桥——青弋江特大桥主桥中跨合龙段顺利完成混凝土浇筑，标志着主桥完成了主体结构施工，为该桥的后续架梁提供了时间保证。9月29日，青弋江特大桥主桥和芜湖仓津路跨青弋江公路桥主桥全面合龙，转入桥面、挡墙等附属设施施工阶段。10月20日，芜南路右线特大桥连续梁桥合龙段顺利完工。12月2日下午14:00点，还建芜湖站存车线、牵出线安全正点开通，实现了节点目标，同时为芜湖站改造工程顺利施工开辟了通道。

2014年2月11日，宁安铁路站房及相关工程NASZ-10标段合同在芜湖签订。4月14日，中国路桥宁安五标指挥部赭山路框构桥顶板混凝土施工顺利结束，这标志着赭山路框构桥节点工期顺利完成，同时也为后续九华中路桥拆除创造了有利条件。4月30日，宁安铁路信息系统工程NASZ-11标合同在公司签订。5月21日，随着运架一体机将最后一榀760多吨的箱梁稳稳地放落在定坊特大桥26号、27号桥墩上，宣告上跨南京南动车所架梁取得圆满成功。7月21、22日，宁安铁路站后四电专业首件工程评估会在池州召开，宣布站后四电专业首件工程一次性顺利通过评估。10月30日18时，芜湖站站房工程第一榀钢桁架安全顺利吊装就位，标志站房施工正式进入屋面钢桁架吊装施工阶段。11月25日，安庆站站改新建4道、5道及3号高站台启用，安庆站站改工程顺利转场。12月25日，池州站铜九场改造工程顺利开通。

2015年1月8日，铜陵站新建铜九场工程顺利开通。1月20日，随着最后一榀钢桁架吊装就位，由芜湖站一期东站房及高架主体钢结构安全顺利封顶，提前10 d实现节点工期目标，为芜湖站一期施工全面转入装饰装修及室内设备安装阶段创造了有利条件。5月9日，通信干线光缆顺利引入南京南站，该工程的顺利完成保证了传输通道的畅通，为6月份实现静态验收目标以及为下一步如期联调联式奠定了坚实基础。5月25日，铺轨任务全部完成。6月26日，安庆站站改工程顺利开通。7月28日，全线接触网送电。8月26日，原上海铁路局在南京召开宁安铁路联调联试第一次工作例会，标志着宁安铁路联调联试正式启动。9月30日，宁安铁路全线拉通试验顺利完成。10月15日，宁安铁路运行试验顺利进行。11月22～24日，中国铁路总公司对宁安铁路工程进行初步验收。11月27日，芜湖新客站(一期)正式投入使用。11月27～30日，中国铁路总公司安全评估组对宁安铁路工程进行全线检查和安全评估。

2015年12月6日，宁安铁路正式开通运营。

第四章　综 合 评 价

宁安铁路东接京沪高速铁路、沪宁城际铁路、宁杭客专，西至安庆与合九铁路、规划合安九客专相连，在芜湖枢纽、铜陵地区、池州地区分别与宁铜铁路、皖赣铁路、商合杭铁路、合福铁路、铜九铁路交汇。宁安铁路建成后，将成为长三角地区与皖南、皖西地区沟通的捷径，形成运力强大、便捷高效、节能环保的快速铁路客运网，对完善地区交通运输结构，密切城市间及对外交流合作，引导地区城市合理布局、协调发展，加快区域经济一体化进程，扩大长三角地区区位优势和辐射范围，促进长江经济带沿线和苏皖区域经济持续快速发展具有重要意义。建设宁安铁路，是增强江苏经济辐射能力、促进皖江经济带发展、落实中部崛起战略的需要，是缓解既有线能力紧张、提高通道客货运输质量、构建完善的综合运输体系的需要，是落实科学发展观、建设和谐社会的需要，也是完善地区路网结构、强化沿江通道的需要。

宁安公司秉承“不给工程留缺陷、不给安全留隐患、不给股东留坏账、不给用户留遗憾、不给环境留污染、不给沿线留麻烦”的宁安理念，构筑“创新发展、追求卓越”的宁安精神，弘扬“忠于职守、勤于学习、勇于攻坚、敢于创新、善于协作、精于管理、严于律己、乐于奉献”的宁安品质，塑造“学习型、创新型、自控型；标准化、专业化、信息化”的宁安团队，丰富“宁献身心，不留遗憾，安全和谐，勇创一流”的宁安文化。在施工单位、监理单位、设计单位协调配合和共同努力下，宁安铁路公司认真执行铁道部（中国铁路总公司）原上海铁路局以及地方有关政策、规程、规范和强制性标准，按设计建成线下、线上，站前、站后，附属、绿化等工程，劳动卫生、安全防护、消防等设施；按环评报告、水保方案及批复的要求实施环境保护及水土保持措施。建设项目档案收集、整理及编制质量符合要求。工程满足设计标准、质量合格。

第二篇　建设管理

第一章　建设管理模式

一、建设管理模式

在铁道部、江苏省和安徽省的领导下，组建宁安铁路有限责任公司，对建设管理负总责。

项目管理采用施工总承包制、设计咨询制、工程监理制。结合和谐铁路建设的要求，树立全新的建设管理理念，积极落实和完善“小业主、大咨询”的建设管理模式。建立以铁道部、铁路总公司为指导，建设单位为核心，参建单位为主体，各方各负其责、协同推进的建设标准化管理体系，形成建设项目各项工作闭环管理、有序可控的管理模式。

二、建设组织

在铁道部、江苏省和安徽省的领导下，组建宁安铁路有限责任公司，构建结构清晰、职责分明、内容稳定、体现“六位一体”的管理要求，实施有规范、操作有程序、过程有控制、结果有考核的建设管理机构，具体负责项目建设管理工作。公司下设综合管理部、计划财务部、工程管理部、安全质量部和物资设备部。公司机构职责分工详见表 2-1-1。

表 2-1-1　建设管理机构职责分工表

建设管理工作		工程部	安质部	物设部	计财部	综合部
勘察设计管理	勘察设计管理	●	○	○	○	
	科研和技术引进	●	○		○	
	施工图审核	●				
	变更设计	●			●	
工程管理	工程技术管理	●		○		
	工程质量及安全	○	●	○		
	施工组织管理	●	●	○	○计划	○
	材料设备管理	○	○	●	○	
	工程调度	●				
工程投资管理	合同管理			●物资设备	●合同管理	○
	投资控制	○	○	○	●	○
	计量计价	●	○	○	●	
建设管理	征地拆迁	○		●		○
	水保环保	●	○	○		○
	财务管理	○			●	

三、设计、咨询、监理及施工等参建单位

设计、咨询、监理及施工各参建单位按照《质量管理体系　要求》(GB/T 19001—2000)、《环境管理体系　要求及使用指南》(GB/T 24001—2004)、《职业健康安全管理体系　规范》(GB/T 28001—2001)标准的要求监理健全质量、环境、职业健康安全管理体系，履行相应的管理职责，承担相应责任。

(1)各设计单位成立宁安铁路工程指挥部。在指挥长和总体的领导下，分段设立现场设计组，配合各专业人员及时处理施工现场设计配合工作。按照“先批准后变更”的原则，做到变更设计合理、程序到位、发图及时。

(2)咨询单位组织机构

全线咨询内容包括施工图优化及审核,各项技术咨询。咨询单位设立咨询总体组,负责本项目设计咨询工作。

(3)监理现场机构

监理单位按照相关要求,设立现场监理项目部(监理站),总监理工程师负责,下设监理分站(组)、实验室、综合办公室,配备各类检测及试验、办公、交通和通信设备,对本项目工程施工阶段的工程质量、建设工期、施工安全、建设投资和环境保护等按照监理合同代表建设单位实施监督管理。

(4)施工现场机构

施工单位采取扁平化管理模式设立施工项目经理部,设置工程管理部、安全质量环保部、物资设备部、计划财务和综合管理部、中心试验室,下设工区及作业队。作业队实行架子队管理模式。

第二章　建设管理机构

第一节　建设管理机构的设置

宁安铁路项目建设管理机构为宁安铁路有限责任公司。宁安铁路有限责任公司（以下简称宁安公司或公司）由原上海铁路局（现更名为中国铁路上海集团有限公司）、安徽省投资集团有限责任公司、江苏交通控股有限公司分别作为铁道部、安徽省、江苏省人民政府的出资者代表出资，按照《公司法》《合同法》等设立，依法登记注册，具有企业法人资格。

公司实行董事会领导下的总经理负责制。根据公司章程，公司管理机构设总经理 1 名，副总经理 4 名，总工程师 1 名，总会计师 1 名。根据工程项目实际并经原上海铁路局审批同意，公司成立了工程管理部（含征迁办）、安全质量部、物资设备部、计划财务部和综合管理部五个内设机构。

公司秉承"不给工程留缺陷、不给安全留隐患、不给股东留坏账、不给用户留遗憾、不给环境留污染、不给沿线留麻烦"的宁安理念，构筑"创新发展、追求卓越"的宁安精神，弘扬"忠于职守、勤于学习、勇于攻坚、敢于创新、善于协作、精于管理、严于律己、乐于奉献"的宁安品质，塑造"学习型、创新型、自控型；标准化、专业化、信息化"的宁安团队，丰富"宁献身心，不留遗憾，安全和谐，勇创一流"的宁安文化。在各参建单位协调配合和支持下，公司通过对廉政协调互控机制的有效探索和实践，以实现"工程优质、干部优秀"为目标，涌现出一批铁总"火车头"奖杯先进集体和"火车头"奖章先进个人，被安徽省环境保护协会授予"安徽省环境保护优秀施工管理单位"，公司连续荣获原上海铁路局年度"标准化指挥部""标杆指挥部""科技创新"和"建人民满意工程"先进单位等荣誉称号。

第二节　部 门 职 能

一、公司职责

1. 建设管理职责

（1）执行国家法律法规和铁路总公司规章制度，按照批准的建设规模、技术标准、建设工期和投资组织建设，组织编制本项目的具体实施细则、办法和补充规定，就工程安全、质量、工期、投资效益、环境保护、科技创新等全过程对委托方负责，积极推行标准化管理，实现建设目标。

（2）根据铁路总公司要求和建设项目情况，编制工程项目建设实施计划，报铁路总公司核备后组织实施。

（3）依法组织招标，选择勘察设计、施工、监理单位等；择优选择工程地质勘察监理、工程咨询和第三方检测单位；依法签订合同，严格履行合同。负责质量信用评价的日常检查和勘察设计单位季度考核的组织工作。

（4）组织勘察工作，审查勘察大纲，验收勘察资料；组织初步设计、施工图设计，初审初步设计文件，审核施工图文件；对勘察设计工作进行监督，对设计单位现场配合工作进行管理；按时将初步设计初审意见及设计文件报路局、铁路总公司审查。

（5）严格执行铁路技术政策和工程建设强制性标准，加强技术管理；组织开展科技创新和技术攻关活动。

（6）组织优化施工组织方案，组织编制施工组织设计，制定营业线施工实施方案和安全措施，组织施工单位实行架子队管理模式，组织设计单位进行技术交底，负责开工准备，办理批准单项工程开工手续。

（7）执行铁路总公司与有关方面签订的协议，及时办理用地预审和审批的报批手续，及时完成征地拆迁工作，组织落实好环保、水保、地质灾害评估、压矿评估、防洪影响评估、地震评估、通航论证、林业评估、立交安全评估等相关工作。

(8)按照国家和铁路总公司统一规划,完成项目信息化建设及管理工作。

(9)建立质量管理机构和工程质量保证体系,健全质量管理制度,有效控制工程质量。

(10)申报工程质量安全监督,接受工程质量安全监督机构的监督。

(11)按规定向原上海铁路局(股东方)报送工程建设年度建议计划和年度资金预算建议,细化施工计划和落实措施,严格执行批准的投资计划和资金预算。

(12)及时协调解决工程建设中出现的问题,按规定处理变更设计。

(13)严格执行路局安全管理新机制,加强施工安全管理,按规定组织协调检查营业线施工安全,强化大型施工机械管理。

(14)负责建设期项目综合开发工作。

(15)组织建设项目的综合调试和检测评估工作,配合运营管理部门开展试运营工作。

(16)负责建设工程项目的财务管理工作,严格执行国家和铁路总公司基本建设财务管理及会计核算的有关规定,加强建设资金使用的管理,监管建设项目资金流向,依法接受审计和监督检查。

(17)按规定向股东方、原上海铁路局报告工程进度,报送统计报表。

(18)按规定报告工程质量、安全和行车等事故,组织或参与事故调查和处理。

(19)按规定与施工承包单位签订工程质量保修协议(合同),工程正式验收时移交使用单位。

(20)负责工程竣工验收前期工作,组织编制工程竣工文件和竣工财务决算,组织编写工程总结。负责工程项目技术资料、设计文件、图纸的归档、保管工作。

(21)在股东方、原上海铁路局指导下,负责建设项目筹融资工作。

(22)组织开展业务培训,努力提高队伍建设管理水平。

(23)加强党建和思想政治工作,建立健全党风廉政建设责任制,积极开展创“工程优质、干部优秀”活动。

(24)完成股东方委托的其他工作。

2. 运营管理职责

(1)执行国家法律法规和各股东的相关规定,履行公司管内铁路资产经营管理责任,不断提高企业效益。

(2)建立健全管内铁路资产监管制度,建立沟通协调机制,根据委托管理协议,行使监管权力,履行委托义务。

(3)掌握委托单位对管内铁路管理的各项制度、细则、规定,并提出建议和修改意见。

(4)负责对管内铁路的设施、设备及土地使用等管理情况进行监督检查,确保资产完整。

(5)负责对管内铁路日常生产情况进行监督检查,定期向股东报告生产经营情况。

(6)掌握设备设施运行状况,协助处理管内铁路设备质量和使用方面存在的问题,确保管内铁路高品质运营。

(7)负责审核管内铁路设备重点病害整治、大中修、更新改造、灾害复旧和防治、专项整治以及安全技术设备投入、备品备件补充,设备软件版本升级等费用。

(8)组织编制、拟订管内铁路年度经营预(决)算、资金预算、投(融)资方案和弥补亏损方案,督促、检查和掌握各项预算和计划的执行情况,建立运营财务清算和成本管理体系,适应管内铁路运营和资产管理的需要。

(9)制定管内铁路增收节支计划,掌握车站能耗使用情况,督促委托管理单位努力节支降耗,杜绝虚糜浪费;同步做好各项综合开发工作。

(10)参与制定委托运输管理年度考核办法,并协助做好考核兑现工作。

(11)做好运营管理各项数据统计分析工作。定期组织经济活动分析。

(12)负责向属地地方政府报送统计报表及信息。

(13)组织开展业务培训,努力提高公司队伍运营管理水平。

(14)加强党建和思想政治工作,建立健全党风廉政建设责任制。

二、部门职责

1. 综合部职责

综合部负责行政事务、党群事务、人事劳资、社会保险、教育培训、公文处理、机要保密、企业管理、法律事务、档案管理、会务接待、生活后勤、劳保福利、办公设备和用品、汽车管理、人武、信访接待、反恐、计划总结、网页管理。

(1)承担日常行政管理事务,负责政务信息的收集和上传下达,统筹协调各部门工作,催办和督查重要事项的执行情况。

(2)承担党工委、纪工委、工会工委日常事务工作。负责党的组织建设、党员发展、党风廉政建设、思想宣传教育、精神文明建设、文体活动、厂务公开等工作。

(3)负责编写大事记,做好史志管理工作。

(4)负责人事管理日常工作。做好人员的考察、调配和日常考核、奖惩、培训以及专业技术职务评聘、退休人员管理等工作。

(5)负责劳动工资管理和社会保险等日常工作。做好职工的工资、福利、社会保险和住房公积金管理等工作。受企业法人委托负责劳动合同的日常管理工作。负责劳资报表的统计与报送工作。

(6)负责公文处理工作。做好公文、文档的收发、登记、呈批、传阅、催办、缮印和发文的审核工作,文件分类、立卷、归档工作。

(7)负责文秘工作。组织或参与有关文电的起草工作;做好机要、保密、印鉴使用管理及档案管理工作。

(8)承担公司企业管理和公司法律事务工作。负责制度建设,参与规范性文件的制定、审查;负责证照管理、法律纠纷处理、外聘法律顾问等。

(9)负责会务组织和接待工作。组织或指导其他部门做好会议筹备、会议记录以及相关文件整理等工作;做好公务接待工作。

(10)负责公司年度、季度、月度工作计划、总结工作。

(11)负责劳动保护用品、低值易耗品、办公用品及设备的购置、发放、日常维护工作。

(12)负责职工生活后勤保障工作。做好职工食堂管理、办公用房管理、职工驻地管理,协调物业管理等工作。

(13)负责做好机动车日常管理工作。

(14)负责来信来访登记接待工作。

(15)负责反恐、人武、内保、综合治理等工作。

2. 计划财务部职责

计划财务部负责公司资产经营管理、财务管理、投(融)资计划、运输收入、运输统计、合同管理、运营期经营开发、经济活动分析、税收管理、大修及更改计划和审计监管等工作。

(1)负责建设项目建设资金管理工作。负责项目建设的筹、融资工作,制定建设资金筹、融资方案,督促资本金落实到位。

(2)负责招标工作。牵头组织相关部门编制招标文件,完成标段划分、标底编制与审查、招标评标工作;指导其他部门组织招投标活动。

(3)负责全面预算管理,组织相关部门编制、拟订公司年度经营预(决)算、建设单位管理费预算、资金预算、投(融)资方案、利润分配和弥补亏损方案,督促、检查和掌握各项预算和计划的执行情况。

(4)负责计划统计管理工作。

(5)组织编制建设项目年度建议计划,下达年、季、月度计划,检查、考核计划执行情况。

(6)组织编制公司经营、基建、更改、大修计划,办理立项、批复并组织实施,提出年度调整计划建议,做好计划执行过程的监督、分析、考核工作。负责建设项目统计信息工作,建立统计台账,编制统计分析,报送工程统计报表。负责统计工作,按统计周期反映生产、经营进度,及时编报各种生产经营、环保节能报表。

(7)负责合同管理工作。负责配合相关部门完成各类经济合同的商务文件审核、签订、登记、立卷归档及合同备案工作。参与有关合同的商务洽谈,负责组织检查、督促合同履行。配合相关部门完成对参建的施工、监理单位投标承诺兑现及合同履行情况的评议。

(8)负责概预算管理及计价工作,负责建设过程中验工计价的计价、清算工作,审核设计变更费用,组织概算调整清理,归口掌握项目投资控制情况。及时组织完成鉴修概算,并上报铁路总公司核备。

(9)负责财务管理工作。建立健全各项财务管理制度。

(10)严格执行《会计法》,及时、真实、准确地反映各项经济业务。

(11)负责建设资金的日常管理工作,监督检查建设资金的使用情况。

(12)负责做好上级财务、审计部门检查的配合工作。负责内部财务督察工作。

(13)负责对建设管理费预算使用的实施监控;办理费用报销、工资发放和计提各项福利费用等工作,负责职工社保、医保、住房公积金的交缴工作。

(14)负责组织相关部门完成竣工决算、组固及固定资产移交工作。制定固定资产管理办法,定期进行固定资产清查,做好固定资产会计核算工作。

(15)及时核对运输收入,做好运输清算工作。

(16)负责运营期经营开发工作,定期组织公司经济活动分析,提供对应时期的经营情况相关资料,提出加强经营管理措施。

(17)负责税务管理,做好税款申报缴纳、增值税进项税的认证、税务报表编报和税务登记、换证及年审工作。

(18)负责票据管理,按规定做好税务发票、运输收入票据及内部收据的请领、使用和缴销工作。

3. 工程部职责

工程部负责公司管辖建设项目的设计与咨询、施工组织、环水保、征地拆迁、建设管理等工作,负责工程调度和日常管理工作。

(1)负责工程勘察设计与咨询的管理工作。组织初步设计初审、施工图设计审核和施工图投资检算审查等工作。参与工程咨询、勘察设计合同、工程咨询合同的签订工作,监督勘察设计合同和工程咨询合同(技术咨询)的执行情况,对设计费、工程咨询费的支付进行签认。

(2)负责监督检查勘察设计进度和设计单位执行鉴定意见情况,督促设计单位做好优化设计工作。对勘察设计和技术咨询进行日常管理和考核,组织施工图设计考核工作,制定有关技术管理办法、技术管理程序和相关考核制度。

(3)负责组织建设项目环保、水保、地质灾害评估、压矿评估、防洪影响评估等资料汇总和报批工作;负责组织施工期间环境保护和水土保持措施的落实工作及运营期环境保护和水土保持相关管理工作。

(4)负责工作量核实及有关协议签订(包括三电迁改、沿线立交、取弃土场地、地下管线、通航等协议)。

(5)参与施工监理和施工总承包招标评标工作。参加施工监理和施工总承包合同的签订工作。

(6)负责组织编制指导性施工组织设计,审批施工单位申报的实施性施工组织设计。

(7)负责办理建设项目开工审批手续。

(8)组织工程技术管理工作

①组织重大技术方案、重大施工方案审查和科研项目审查。根据技术标准和规范,组织制定或审查施工细则、相关施工工艺、工序。

②组织施工前的技术交底工作,负责重大技术问题、主要设备及系统选型的研究和审查工作。

③负责技术文件、技术资料管理,做好设计文件、图纸和技术资料的分发登记、保管和移交归档工作。

④负责组织新技术、新工艺、新材料、新设备的推广和应用。

⑤负责牵头组织编制工程竣工文件和工程总结,负责牵头组织建设项目竣工验收交接。

(9)负责建设项目的组织实施工作,检查施组计划兑现情况,及时协调处理工程建设中的有关问题。

(10)检查建设项目现场管理工作,检查工程施工进度和施工质量。组织召开现场例会,掌握施工进度情况并定期组织分析总结,对存在的进度、质量和安全方面的问题提出整改措施和建议并按部门职责划分组织落实。

(11)负责变更设计管理工作。牵头组织Ⅰ类变更设计方案初审、报批工作;负责办理Ⅱ类变更设计。

(12)负责组织工程验工。

(13)组织编制和审核联调联试大纲,参与联调联试等。

(14)负责运营期设备设施大修、重点病害整治、更改等工程项目的现场复核和项目实施监督。

(15)负责对公司管内铁路运营设备设施(除电梯、空调等设备)进行监督管理。掌握设备设施运营状态,协助处理存在问题。

(16)负责公司信息化管理工作。

(17)负责工程调度工作

①及时收发各类工程信息,编制工程快报。

②负责节假日期间各类信息、通知通报收发、传递工作。

③定期对建设情况分析总结。

④负责电视电话会议分机日常使用管理。

(18)负责征地拆迁工作。

4. 安全质量部职责

安全质量部负责执行国家、铁路总公司、原上海铁路局安全质量管理制度,推行路局安全管理新机制;负责标准化管理、信誉评价、架子队管理、监理管理、应急机制、安全和质量事故调查处理、安全教育培训等。负责管内铁路建设项目安全质量管理、既有铁路运营安全监管。根据公司年度工作总要求和安全目标,组织实施安全管理的各项具体工作。

(1)负责监督、检查各参建单位落实国家、铁路总公司、原上海铁路局安全生产及质量管理的有关规定,制定有关管理制度,建立健全质量和安全管理体系。

(2)负责办理工程质量安全监督手续,配合质量安全监督机构的质量安全监督检查。

(3)定期组织工程安全质量检查,及时通报和处理工程质量和安全工作中存在的问题。

(4)制定工程质量创优规划并监督实施,负责样板示范工程管理工作。

(5)负责工程监理的管理工作,检查落实建设进度、质量、安全和文明施工的各项措施,组织建设项目检查和评比工作。

(6)负责组织参建施工、监理单位质量信用评价工作。

(7)负责组织或参与工程质量和安全事故的调查处理工作。根据上级要求和规定参加铁路交通事故的调查、处理。

(8)建立突发事件应急管理机制,组织突发事件处理工作。

(9)负责营业线施工安全管理和运输协调工作。

(10)负责公司员工在铁路运输生产过程中的人身安全监督管理工作。

(11)负责标准化管理工作,督促施工单位落实架子队管理制度。

(12)负责消防安全工作,落实消防管理制度和措施。

(13)负责机械设备、自轮运转设备安全管理工作。

(14)负责安全信息管理工作,及时掌握公司管辖范围内安全生产、运输管理的动态信息。

5. 物资设备部职责

物资设备部负责建设项目甲供物资设备采购、供应、管理,供应商管理和运营设备监管工作。

(1)负责建设项目物资设备管理工作,建立物资设备采购供应管理体系和质量控制管理体系,降低采购供应成本,确保物资设备质量。

(2)负责编制物资设备管理的有关制度和办法,指导、检查有关参建单位的物资设备管理工作。

(3)负责物资设备招标采购及合同执行,对主要材料和设备款的支付进行签认。监控物资设备质量,协调资源分配和采购各方关系。

(4)负责甲供物资设备管理工作。及时上报物资采购计划,按时完成物资采购相关工作;组织物资设备的供货、调剂。

(5)负责建设项目施工单位自购物资设备的监管工作。监督、检查自购物资设备程序是否规范,质量是否达标。

(6)负责外资采购材料、设备归口管理工作。负责外资采购物资设备计划的申报和物资设备的接运、验收工作。对外资采购物资设备的计价、结算进行签认。

(7)深入施工现场,调查了解物资设备使用方向、供求进度、供应质量、存在问题和现场物资管理情况,加强和改进物资管理供应工作。

(8)配合做好建设项目原材料第三方检测工作,发现质量问题,及时反馈、处理,督促相关单位整改。

(9)负责设备管理工作,按照委托管理协议要求对运营电梯、空调等设备进行监督管理;参与设备采购、招标工作,办理固定资产组固、报废手续。

(10)建立动态运营设备技术台账。对委托管理协议履行情况进行监督检查,协调处理设备管理方面存在的具体矛盾和问题。

(11)对施工单位进场大型设备进行监管,检查其是否符合国家和铁路规定的准入条件,并进行备案。

(12)负责供应商管理,建立供应商档案,落实供应商信用评价机制,认定不良行为,并对不合格供应商予以清退。

第三章　标准化管理体系

宁安公司严格按照铁道部、中国铁路总公司标准化管理的要求，坚持以开展标准化活动为主线，积极推行标准化管理模式，以深化标准化工作带动和促进安全质量各方面工作的有序展开，实现安全稳定、质量精品、工期合理、投资受控、环境和谐和技术创新的目标。根据铁道部和铁路总公司《铁路建设管理办法》等有关建设管理的规章、规范性文件以及《铁路建设项目管理指南（试行）》，结合项目实际制定了公司管理一系列管理制度、目标，从综合管理、工程管理、安全质量管理、计划财务管理、物资设备管理等五个方面进行规范，实现管理制度标准化、人员配备标准化、现场管理标准化、过程控制标准化。具体表现为“五有”“六到位”“五定”“四体系”。“五有”指管理制度五个有，即工作有目标、实施有规范、操作有程序、过程有控制、结果有考核；“六到位”是指人员配备六到位，即安全、质量、工期、投资效益、环境保护、技术创新六个方面做到事事有人管，件件有人抓；“五定”指现场管理五确定，即定人、定时、定岗、定责、定点；“四体系”指过程控制四体系，即目标体系、责任体系、分级控制体系、评价评估体系。

项目建设坚持“高起点、高标准、高质量”的理念，牢固树立“事事有标准，人人讲标准”的思想。公司提出了“第一次就做对”的管理目标，标准化管理是支撑手段，两者相辅相成。只有把标准化管理工作扎扎实实贯彻落实好，才能实现“第一次就做对”。只有牢固推行“第一次就做对”这种理念，才能积极主动地推行标准化管理工作。在标准化建设管理工作中，以“示范段建设”和“首件负责制”为抓手，以“机械化、工厂化、专业化、信息化”为支撑，采取多样式、多措施全面推进标准化管理。

公司和各参建单位多次开展了标准化工地观摩会，组织了隧道、路基、连续梁、客站、绿化标准化工地、无砟轨道施工等观摩会，委托监理单位组织了路基、桥墩施工标准化工地等观摩会；通过多种形式、多种层次的标准化观摩会，不断提高标准化管理水平。以首件负责制的措施落实样板先行，组织了无砟轨道先导段、首件道岔、接触网支柱、站房装修工程等的首件负责制。深入开展了标准化工地和示范段评比工作，在规划的标准化示范段中，通过创建、初验和复验等程序进行评选，有效地促进了全线标准化管理工作的落实，不断提高标准化管理水平。

第一节　管理制度

一、标准化管理的总体要求

在推行标准化管理中，必须注重抓源头、抓过程、抓细节。抓源头，就是要从基础抓起，重点是健全建设标准体系和管理制度，确保工程建设管理有完善的标准和规章制度，实现管理的规范化；抓过程，就是强化建设管理过程控制，加大现场检查监督力度，抓好工程建设的动态监控和验收考核，严格落实建设单位和参建单位的质量安全管理责任，确保每一个环节、每一道工序、每一项作业都实现闭环管理；抓细节，就是在工程建设过程中突出细节控制，注重细节管理，以细节的可靠确保整个工程的质量和安全。

二、标准化管理的指导思想

按照建设项目标准化管理总体目标要求和“镜头不换、纵深发展”的工作思路，以工程质量安全为核心，依据项目管理理论和系统工程理论，按照先进性、系统性、统一性、文化性的要求，以建设单位为核心，以参建单位为主体，以严格考核为保障，以机械化、工厂化、专业化、信息化等现代化管理手段为支撑，以管理制度标准化为基础，全面落实人员配备、现场管理和过程控制标准化，全面形成建设、施工、监理和设计现场配合单位标准化管理体系，确保铁路建设项目标准化管理总体目标落到实处。

牢固树立“事事有标准、人人讲标准、处处达标准”的理念，以贯彻执行标准化公司和参建单位、标准化架子队、标准化工地、标准化作业为主线，突出工作重点，切实抓好学习、试点、推进、验收四个阶段，全面提升宁安铁路标准化管理新水平。

三、标准化管理的总体目标

在推行标准化管理中，必须以工程质量安全为核心，牢固树立“安全第一、质量至上”的理念，切实增强工程质量和安全的责任意识、优患意识，以对国家、对人民、对历史高度负责的使命感和责任感，精心组织、精心设计、精心施工、精心管理，确保工程质量安全万无一失。形成建设项目各项工作闭环管理、有序可控，全面落实“六位一体”管理要求，把宁安铁路建成精品工程、安全工程、节约工程、环保工程，使建设的每一项工程都能经得起运营的检验、社会的检验和历史的检验。

四、标准化管理制度

推进建设项目标准化管理按照“镜头不换、纵深发展”的原则和建设项目标准化管理体系框架要求，进一步健全建设标准体系和管理制度，实现管理制度标准化，进而实现人员配备、现场管理和过程控制标准化。

建设单位严格执行铁道部和铁路总公司颁布的管理办法和技术标准，结合项目实际，以《铁路建设项目管理指南》为蓝本，完善各项管理制度，细化各项管理工作流程，完善工作标准。

勘察设计单位要细化量化铁路建设项目勘察设计管理办法及相关规定，依据《铁路建设项目施工现场设计配合管理暂行办法》，完善项目管理制度，制订配合施工管理实施办法、变更设计实施细则、配合人员责任和工作守则、配合施工考核办法等规章制度。

施工单位要细化量化铁路建设项目施工管理规定及施工技术标准，组织项目部按照铁道部和铁路总公司规定和建设项目要求，建立起全过程、全方位、全覆盖的施工现场管理、技术管理、质量管理、安全管理、物资设备管理等管理制度，编制作业指导书、施工作业要点卡片，制订考核标准。

监理单位要细化量化铁路建设项目监理管理规定，组织编制监理实施细则。监理机构要根据铁道部和铁路总公司规定、建设项目特点、建设单位管理制度和企业内部管理制度等，明确现场监理机构的工作内容、工作权限和岗位职责。

(一)工程建设管理制度

(1)《宁安铁路工程建设开工报告审批管理办法》；

(2)《宁安铁路工程调度管理办法》；

(3)《宁安铁路竣工文件编制管理(暂行)办法》；

(4)《宁安铁路路外穿(跨)越铁路工程建设管理办法》；

(5)《宁安铁路施工图纸管理办法》；

(6)《宁安铁路激励约束考核管理办法(修订版)》；

(7)《宁安铁路施工组织设计编制管理办法》；

(8)《宁安铁路征地拆迁劳动竞赛考评办法》；

(9)《宁安铁路建设质量、安全管理有效性评价办法》；

(10)《宁安铁路水土保持管理办法》；

(11)《宁安铁路环境保护管理办法》；

(12)《宁安铁路招标投标管理办法》；

(13)《宁安铁路公司工程工期考核管理办法》；

(14)《宁安铁路铁路临近既有线桥梁基础施工方案编制细则》；

(15)《宁安铁路工程建设责任追究办法》；

(16)《宁安铁路年度工作考核办法(试行)》；

(17)《宁安铁路施工生产进度月度分析评比管理办法》。

(二)设计咨询管理制度

(1)《宁安铁路施工图审核管理办法》；

(2)《宁安铁路工程咨询管理办法》；

(3)《宁安铁路桥涵基桩第三方检测实施细则》；
(4)《宁安铁路施工阶段地质核实工作细则》；
(5)《宁安铁路变更设计管理办法》；
(6)《宁安铁路工程建设初步设计初审管理办法》；
(7)《宁安铁路线下工程沉降变形观测及评估管理办法》。

(三)安全质量管理制度

1. 质量管理制度

(1)《宁安铁路工程质量管理办法》；
(2)《宁安铁路首件工程实施细则》；
(3)《宁安铁路关于加强宁安客专站房钢结构质量安全管理程序的规定》；
(4)《宁安铁路工程建设专项劳动竞赛实施计划》；
(5)《宁安铁路标准化管理专项劳动竞赛的通知》；
(6)《宁安铁路首件负责制管理办法》；
(7)《宁安铁路现场试验室混凝土拌和站验收办法》；
(8)《宁安铁路水泥乳化沥青砂浆充填层夏季施工温度有关规定》；
(9)《宁安铁路无砟轨道梁面质量验收管理实施办法》；
(10)《宁安铁路工程测量管理办法》；
(11)《宁安铁路站前"四电"预留接口施工质量管控办法》；
(12)《宁安铁路工程质量检测试验管理办法》；
(13)《宁安铁路工程建设质量创优规划》；
(14)《宁安铁路铁路建设项目施工作业指导书编制暂行办法》；
(15)《宁安铁路工程建设安全质量风险抵押金考核办法》。

2. 安全管理制度

(1)《宁安铁路安全生产管理办法》；
(2)《宁安铁路工程线运输管理办法》；
(3)《宁安铁路站房工程施工安全质量管理办法》；
(4)《宁安铁路安全质量风险管理办法》；
(5)《宁安铁路突发事件应急管理办法》；
(6)《宁安铁路营业线施工防护员(驻站联络员)安全管理办法》；
(7)《宁安铁路营业线和邻近营业线施工专项方案编制和报审程序的通知》；
(8)《宁安铁路安全质量月度考核评比办法》。

3. 监理管理制度

(1)《宁安铁路工程建设监理管理办法》；
(2)《铁路建设工程监理企业与监理人员不良行为记录管理暂行办法》；
(3)《宁安铁路监理单位劳动竞赛(暂行)办法》；
(4)《铁路建设工程监理规划编制指南》。

(四)计划财务管理制度

(1)《宁安铁路建设资金管理办法》；
(2)《宁安铁路合同管理办法》；
(3)《宁安铁路建设项目验工计价管理办法》；
(4)《宁安铁路建设项目征地拆迁验工计价管理办法》；
(5)《宁安铁路工程价款结算办法》；
(6)《宁安铁路统计管理办法》；
(7)《宁安铁路计划管理办法》；
(8)《宁安铁路投资控制管理办法》；

(9)《宁安铁路农民工、职工工资发放管理暂行办法》;

(10)《宁安铁路防治"小金库"实施办法》;

(11)《宁安铁路建管费支出管理办法》。

(五)物资设备管理制度

(1)《宁安铁路物资设备管理办法》;

(2)《宁安铁路大型施工机械安全管理实施细则》;

(3)《宁安铁路化学危险物品安全管理制度》。

第二节 人员配备

建设单位管理机构设置和人员配置是决定项目建设水平的关键。为全面贯彻落实铁道部、中国铁路总公司"六位一体"的管理要求,实现把宁安铁路建设为平安工程、优质工程、节约工程的目标,根据铁路总公司、原上海铁路局对人员配备上的要求,宁安公司认真落实人员配备标准,优化人力资源。根据铁路总公司批复意见,宁安公司定员 41 人。公司领导 5 人,其中总经理 1 人,副总经理(含总工程师)4 人;综合管理部 6 人,计划财务部 6 人,工程管理部 13 人,物资设备部 3 人,安全质量部 8 人;其中高级工程师 14 人,中级职称 15 人,初级职称 5 人。

宁安公司结合项目建设实际,充分考虑项目特点,多方吸纳建设管理人才,选择有责任心、懂业务的建设管理人员,加强人员的技术管理等培训工作,按计划组织公司相关业务部门开展业务培训及考核,不断提高管理人员的业务能力,强化业务人员责任心。

公司督促各参建单位严格按照投标承诺和合同约定设置现场管理机构,配齐配强现场管理人员。公司要求勘察设计单位按规定及时组建设计现场设计配合机构,选派主持或参与该项目施工图设计的主要技术人员常驻现场配合施工,通过岗前培训提高设计配合人员素质,对配合人员的工作成效进行考核;要求施工单位认真落实施工管理标准化实施方案,根据工程类型、规模、特点和施工难易程度等,按照精干高效原则和扁平化管理要求设置项目部、配备管理人员,按照架子队模式组建作业队,对技术人员、作业人员进行上岗培训,按照考核办法对员工进行考核;要求监理单位按照监理管理标准化实施方案和监理合同约定设置现场监理机构,配备具有良好的职业道德和专业技术水平、具备一定的组织协调能力、能独立解决现场问题的专业监理工程师及其他监理人员,并根据工作需要适时调整。

第三节 现场管理

建设单位组织确定项目总体生产布局,审查制(存)梁场、铺轨基地、轨道板(枕)场、拌和站、施工便道等大临设施并检查落实情况;加强与地方及有关部门的协调,落实资金到位、征地拆迁、外部配套电源等问题;编制指导性施工组织设计,审查实施性施工组织设计、大临工程设计和重大施工方案,审查监理规划和设计配合细则;监督检查大型机械设备配备、使用、维修、保养工作,组织甲供材料供应,监督检查甲控材料自购材料质量;提出现场管理和文明工地的管理要求,对勘察设计单位的现场配合工作、施工单位现场管理工作进行检查,对施工作业指导书进行审查,同时督促监理单位按检查标准实施检查并验证各项问题的整改情况,保证现场管理标准化的实现。

勘察设计单位要按合同约定完成勘察设计工作,按照设计图纸供应协议约定的时间和批次交付施工图,做好施工图技术交底、现场地质资料核对确认、测量控制网维护等工作;根据现场变化及时完善勘察设计工作;按照变更设计管理规定及时完成变更设计;协助建设单位落实外部协议签订,做好征地拆迁、管线迁改、交叉跨越等外部协调工作。

施工单位要将现场管理标准化作为标准化管理的核心,按照《铁路建设项目现场管理规范》,按照以人为本、因地制宜、节约用地、满足施工需要,做好施工现场布置工作;做好现场安全防护设施、警示标志的设置,安全防护用品的配备,确保现场用电安全、危险爆破品使用安全;做到现场各种质量数据、原始记录真实完整,对质量现状进行分析;加强现场环境保护工作,合理设置取弃土场地,及时处理现场废物垃圾,整治道路污染；规范管理机械设备，按照生产需要配置机械设备，加强机械设备维护，使机械设备处于良好状态；加强物资材料管理，严把物资材料进场质量关，规范物资材料保管工作；加强技术管理，组织做好施工图现场核对，做好施工技术交底和工程测量工作；按照《工地试验室建设标准》和施工需要，建立工地试验室，规范试验程序，实现专业化管理，保证抽样的规范性和试验结果的准确性；完善文明施工管理制度，建立文明施工的行为标准，实现文明施工目标。

监理单位要按照监理管理标准化实施方案，以现场监理作为监理工作的核心，按规定建立监理试验室，做好原材料、构配件、设备进场质量检验、验收，按规定频次数量进行质量检测；加强对大临工程和施工单位试验室的检查，监督检查施工现场及文明工地建设，并督促整改；按照《监理规划》《监理细则》实施巡查和旁站监理工作；根据批准的实施性施工组织和施工作业指导书，将监理工作内容按标准化的要求进行分解，使现场检查内容、检查方法、检查程序具体化、定量化，并纳入监理人员工作手册。

第四节　过 程 控 制

过程控制是建设单位实现建设目标的重要管理内容。公司以指导性施工组织为基础，将“六位一体”管理要求分解为具体要求，通过合同转化为参建单位的实施目标；对监理规划、设计配合工作细则进行审查并监督检查实施情况；对参建单位的目标实施过程进行检查，加强变更设计管理，加强实施性施工组织、施工方案和施工工艺调整的审查工作。

勘察设计单位将勘察设计合同的质量目标、安全目标等过程控制目标贯彻到勘察设计工作中。按照勘察设计程序，组织地质勘探、现场调查资料的检验、审核，对设计方案进行比选论证、复核，要规范现场设计配合工作流程，实现设计配合工作程序标准化、规范化；参加指导性施工组织设计的编制和调整，参与重大施工技术方案研究，协助解决有关问题，提出优化建议，并根据确定的施工组织方案优化施工图设计；参与或配合质量、安全事故调查，参加工程质量中间验收和竣工验收。

施工单位将施工合同的质量目标、安全目标等过程控制目标进行细化，贯彻到每项工作、工序和整个施工过程。切实做好施工图核对，编制实施性施工组织设计，编制现场施工组织进度计划和施工作业计划，优化资源配置，组织计划实施，落实质量责任制和程序性文件，实现全员质量管理，对影响质量的要素实行重点管理；落实安全管理责任制和应急预案，分析影响安全的要素，做好预防工作，配备足够的安全设施，严格执行安全作业程序；严格按照施工图和作业标准进行施工，推广符合现场实际、作业人员易记好用的应知应会卡片，真正将各种管理要求和措施融入到作业标准中，落实到作业人员的操作中；严格施工过程考核、评定工作，做好工程自验，做好工艺工法的过程控制创新等工作。

监理单位将施工合同的质量目标、安全目标等过程控制目标进行细化，分解到各个监理工作阶段、各个监理环节和每个监理人员，按照持续改进和闭环管理的方式进行管理，实现每一项监理工作、每一个监理程序的标准化。对施工复测进行监督审核，审核实施性施组，监督工艺试验；审核关键施工技术方案和专项施工安全技术方案，对验工计价工程数量进行审核，组织检验批、分项、分部、单位工程质量检查验收；以质量、安全监理为重点，监督、检查施工单位质量、安全保证体系运行情况，对施工行为进行监控、督导和评价，对工程实体质量实施监控，使施工行为符合规程规范，工程质量符合验收标准。

第四章　设 计 管 理

第一节　预可研和可研阶段

2005 年 5 月，中铁第四勘察设计院集团有限公司（以下简称铁四院）根据铁道部计划司《关于委托开展宁芜城际铁路项目预可行性研究工作的通知》（计长函〔2005〕16 号）文件安排，完成了《新建铁路南京至芜湖城际铁路预可行性研究》；同年 8 月，铁四院根据铁道部和安徽省人民政府《关于加快安徽铁路建设有关问题的会议纪要》的要求，完成了《新建铁路南京至安庆城际铁路规划研究》；11 月，根据《铁道部与安徽省、江苏省关于加快铁路建设有关问题纪要》及铁道部计划司《关于开展南京安庆城际轨道交通预可行性研究工作的函》（计长函〔2005〕359 号）文要求，铁四院和铁道第三勘察设计院集团有限公司（现更名为中国铁路设计集团有限公司，以后简称铁三院）共同完成了《新建铁路南京至安庆城际轨道交通预可行性研究》（送审稿）；12 月 7 日，铁道部计划司进行了审查；此后，根据预可研审查会议精神，完成了《新建铁路南京至安庆城际轨道交通预可行性研究补充材料》。

2006 年 10 月，铁道部和江苏省、安徽省联合上报《关于报送新建南京至安庆铁路项目建议书的函》（铁计函〔2006〕840 号）；11 月完成《南京至安庆城际轨道交通预可行性研究报告》；12 月，国家发改委委托中国国际工程咨询公司组织专家对“新建南京至安庆铁路项目建议书”进行了评估咨询。

2007 年 2 月，国家发展改革委下发了《国家发展改革委关于新建南京至安庆铁路项目建议书的批复》（发改交运〔2007〕349 号）；4 月，完成了项目可行性研究；5 月，铁道部、安徽省、江苏省对可行性研究进行了联合审查；11 月，完成了《新建铁路南京至安庆铁路可行性研究》（修改版）；11 月 28 日～12 月 1 日，中国国际工程咨询公司受国家发展改革委委托，组织专家对《新建南京至安庆铁路可行性研究报告》进行了评估咨询。

2008 年 8 月，铁道部下达了《关于新建南京至安庆铁路可行性研究的审查意见》（铁计函〔2008〕689 号）；11 月 14 日，国家发展改革委批复了《关于新建南京至安庆铁路可行性研究报告的批复》（发改基础〔2008〕3072 号）。

第二节　初步设计和施工图设计阶段

一、设计管理

宁安铁路设计采用设计招标管理。根据项目进展，公司及时与设计单位签订供图合同，并根据协议要求开展施工图设计，保证了图纸顺利供应。

站前工程实行初步设计招标。宁安公司分别与铁三院、铁四院、中铁大桥勘察设计院集团有限公司签订供图合同，根据指导性施组明确了供图目录及其对应的供图时间，并结合实际情况及特殊情况予以动态调整。

站后工程实行施工图招标。宁安铁路公司分别与铁三院、铁四院、悉地（北京）国际建筑设计顾问有限公司（悉地院）、深圳市建筑设计研究总院有限公司（深圳院）、中南建筑设计院股份有限公司（中南院）签订供图合同，根据指导性施组明确供图目录及其对应的供图时间，并结合实际情况及特殊情况予以动态调整。

施工图设计过程中，要求勘察设计单位加强过程质量控制，注重对施工图优化设计的管理，提高工程勘察资料准确性和施工图文件质量、减少差错漏碰，对实施中存在的问题进行研究并及时处理；加强施工现场设计配合，及时研究解决现场重大勘察设计问题；建立快速研究解决一般勘察设计问题的工作机制，以弥补勘察设计缺陷，完善和优化施工图设计，不断提高勘察设计及服务质量。

2008年4月组织完成了勘测工作，6月完成了初步设计工作；2009年6月组织完成了《新建铁路南京至安庆铁路南京南至铜陵东 池州至安庆段初步设计》。

二、初步设计初审管理

2008年12月，铁道部下达了《关于新建南京至安庆铁路铜陵东至池州段及安庆长江大桥初步设计的批复》(铁鉴函〔2008〕1547号)，批复总概算为67.41亿元，批准全线施工总工期54个月。2009年7月23日，铁道部、江苏省政府、安徽省政府联合下达了《关于新建南京至安庆铁路南京南至铜陵东 池州至安庆段初步设计及全线总概算的批复》(铁鉴函〔2009〕1401号)批复新建南京至安庆铁路初步设计总概算(含铁鉴函〔2008〕1547号文件批复概算、不含新建皖赣铁路芜湖站至弋江段工程投资)按288.54亿元控制。芜湖站至弋江段(DK84＋950～DK100＋200)新建皖赣铁路与宁安铁路同步实施工程静态投资按16.8亿元控制。批准全线施工总工期54个月。

为提高和完善初步设计质量，加强铁路建设项目初步设计管理，公司依据《铁路建设工程勘察设计管理办法》(铁道部令第26号)、《关于做好铁路建设项目初步设计文件初审工作的通知》(铁建设函〔2004〕380号)，制定了《宁安铁路初步设计初审管理办法》，对初审的依据、初审的内容、初审的组织、初审的程序及质量负责作出了详细规定。

1. 初审的依据

(1)国家有关法律、法规；

(2)铁道部有关规章、规范性文件；

(3)国家和铁路有关规程规范、铁路主要技术政策及技术暂规；

(4)工程建设强制性标准；

(5)可行性研究报告及其批复意见；

(6)工程咨询报告(如果有)；

(7)批准的建设用地预审、环境保护、水土保持、文物保护等方面的审查意见及相关标准和规范。

2. 初审的内容

(1)可行性研究报告及其批复意见的执行情况；

(2)各专业设计原则；

(3)部设计方案比选；

(4)运营设备的配备、生产力布局情况；

(5)执行工程建设强制性标准和有关规程、规范情况；

(6)主要工程数量；

(7)施工组织设计和施工过渡措施；

(8)环保、水保、防火、节能、消防、建筑抗震措施；

(9)地质灾害防治措施；

(10)总概算及建设投资与运用成本统筹考虑情况；

(11)初步设计的范围、深度和质量情况；

(12)初步设计文件的组成内容；

(13)执行有关安全规定的情况。

3. 初审的组织

公司技术负责人全面负责初审的组织工作。收到初步设计文件之后，公司技术负责人组织各部门学习和熟悉初步设计文件，按专业进行分工，布置初审工作；组织对各部门提出的预审意见进行研究、汇总并上报路局总工程师室，牵头配合路局总工程师室等部门进行初步设计初审工作，认真提出初审意见。

勘察设计单位应按要求提交完整的初步设计文件及初审所需的必要图纸和资料，认真对待初审工作和初审意见。

4. 初审的程序

原上海铁路局总工程师室、公司在验收设计单位完成的初步设计文件后，10个工作日内组织对初步设计文件初审并形成初审意见(包括修改意见和建议),连同初步设计文件一起上报部初步设计文件审批单位,同时抄报部工管中心。

5. 质量负责

勘察设计单位对初步设计的设计质量负责。原上海铁路局、公司对初步设计的初审,不免除勘察设计单位对初步设计的质量责任。

二、施工图咨询(审核)管理

为保证施工图设计质量,公司制定了施工图审核管理办法,委托咨询单位对施工图进行咨询(审核),适时组织设计、咨询(审核)、施工、监理单位对现场进行调研和核对。

1. 咨询单位

(1)委托中铁第一勘察设计院集团有限公司(以下简称铁一院)对南京南(不含)至铜陵(不含)、池州(不含)至安庆(不含安庆长江大桥主体工程)站前工程和四电工程施工图,以及江宁西、马鞍山东、当涂东、芜湖、弋江、繁昌西、安庆站房工程及客服信息工程施工图进行咨询(审核)。

(2)委托铁四院(湖北)工程监理咨询有限公司对铜陵至池州、安庆长江大桥主体工程(不含四电)的站前工程和四电工程施工图,以及铜陵、池州站房工程及客服信息工程施工图进行咨询(审核)。

2. 制定施工图审核管理办法

为规范铁路建设工程施工图审核和投资检算审查工作,依据《铁路建设工程勘察设计管理办法》(铁道部令第 26 号)、《铁路建设项目施工图审核管理办法》(铁建设〔2010〕36 号)、《铁路建设项目施工图审核考核实施暂行办法》(铁建设〔2010〕179 号)和《铁路建设项目施工图投资检算管理暂行办法》(铁建设〔2007〕110 号),制定了《宁安铁路施工图审核管理办法》,对审核的依据、审核的重点内容、审核的程序、审核原则、施工图投资检算审查等作出了具体规定。

施工图审核(包括施工图投资检算审查)工作由宁安公司总工程师(或分管领导)负责,工程管理部按照批准的建设规模、技术标准、工程投资、建设工期组织施工图审核和施工图投资检算审查工作。施工图投资检算审查工作,应与施工图审核同步完成。施工图审核和施工图投资检算审查要贯彻"以人为本、服务运输、强本简末、系统优化、着眼发展"的建设理念,提高设计文件质量,消灭差、错、碰、漏等质量问题,有效控制投资。

(1)审核的重点内容

审核的重点内容包括初步设计批复意见的执行情况;是否满足运营安全和正常运行要求;工程建设强制性标准的执行情况;施工图文件编制内容、深度和质量是否达到《铁路基本建设项目预可行性研究、可行性研究和设计文件编制办法》规定和有关规范、规程要求;工程措施、工点技术措施、施工过渡措施、安全措施、施工组织方案;防火、节能、环保、水保、消防、建筑抗震措施;地质灾害防治措施;工程数量、设备和材料数量、用地数量,审核拆迁数量,并与初步设计数量进行对比;投资检算编制,并与初步设计概算进行对比,以审核工程投资控制效果;标准图及通用参考图选用;设计文件的总体性和专业间的衔接。

(2)施工图审核的原则

施工图设计对初步设计批准的设计内容需要做较大修改的,经由宁安铁路公司报初步设计审批单位批准后方可修改;需要调整已批准初步设计概算的,按规定程序报批。任何单位或者个人不得擅自修改、变更审核通过的施工图。若需要变更的,按宁安公司下发的变更设计管理规定办理。

宁安公司对施工图的审核质量负责。由于审核原因造成工程质量、安全、投资、工期等问题的,追究相关部门和人员责任。勘察设计单位对施工图的勘察设计质量负责。宁安公司对施工图的审核,不免除勘察设计单位对施工图的质量责任。

3. 施工图审核大纲的制定与审核

根据《铁路建设项目施工图审核管理办法》(铁建设〔2010〕36 号)和《铁路建设项目施工图审核管理指南(试行)》(工管审〔2010〕76 号)的有关要求和规定,2010 年 9 月 20 日、22 日,宁安公司分别组织专家对铁一院和铁四院编制的《宁安铁路施工图审核大纲》进行了审查。

4. 施工图咨询(审核)过程管理

施工图咨询(审核)按照如下流程进行:

(1)铁一院咨询和铁四院咨询分别根据《宁安铁路施工图审核大纲》和《宁安铁路施工图审核管理办法》对各设计院设计的施工图进行咨询(审核),按照设计分工分别向各设计院提出咨询(审核)意见并抄送宁安公司。

(2)设计院收到咨询(审核)意见后给予设计回复,铁一院咨询和铁四院咨询收到设计回复后与设计沟通互动,最终形成《新建南京至安庆铁路施工图审核报告》[含施工图咨询(审核)意见和设计回复意见]报宁安公司。

(3)审核完毕的施工图加盖设计、咨询(审核)和宁安铁路施工图专用章后发至施工、监理单位。

第三节　项目实施阶段

宁安公司加强对施工现场设计配合的管理工作,及时将实施过程中发现的勘察设计问题反馈勘察设计单位,并督促勘察设计单位及时解决。

勘察设计单位在施工图交付后至验收期间,积极及时配合建设单位处理涉及勘察设计的有关事宜,说明施工图设计意图并指导实施,解答和解决实施过程中的问题,参与重大施工方案和指导性施工组织方案研究,参加现场确认、安全质量问题调查处理、工程验收等工作。勘察设计单位建立及时研究解决现场重大勘察设计问题和现场快速研究解决一般勘察设计问题的工作机制,以弥补勘察设计缺陷、完善和优化施工图设计、全过程履行勘察设计责任和义务、提高勘察设计及服务质量。

一、施工现场设计配合组织工作

勘察设计单位加强对施工现场设计配合工作的领导。初步设计批复后,成立由主管领导负责、相关处室及专业负责人参加的项目现场设计配合领导小组,建立项目定期巡查制度,定期深入现场了解情况,及时解决设计图纸供应和设计配合中存在的问题,处理施工现场设计配合过程中的重大事项。

初步设计审批后,勘察设计单位及时成立了施工现场设计配合组织,代表勘察设计单位履行施工现场设计配合职责,该组织的设置方案及地点由宁安公司与勘察设计单位根据项目情况商定。

现场设计配合人员数量、专业配置根据工程进展情况和设计配合工作量考虑。现场设计配合人员由参与该项目施工图设计的主要人员及具有现场配合经验的勘察设计人员组成。开工前,现场设计配合人员报宁安公司核备。现场设计配合人员由具有良好的职业道德和专业技术水平、具备一定的组织协调能力、能独立解决现场出现的一般性专业技术问题的人员担任。现场设计配合负责人在项目开工前到达并常驻现场,专职负责现场设计配合工作;现场设计配合负责人临时离开现场需事先征得宁安公司领导同意,并指定临时负责人。站前工程施工时,地质、路基、站场、桥梁、隧道、轨道等专业人员常驻现场;站后工程施工时,站场、房建及四电等站后相关专业人员常驻现场,其他专业人员应根据现场需要及时到达现场。

现场设计配合人员须保持相对稳定,其中,返聘人员不得超过人员总数的30%。现场设计配合负责人一般不得调换,确因工作需要或其他特殊原因更换的,须提前征得宁安公司同意,并按照先派后撤原则进行更换,确保设计配合工作的连续性;其他人员更换也须经宁安公司同意,且更换后人员工作能力及水平不得低于更换前人员。宁安公司认为必要时,可要求勘察设计单位增派或调换设计配合人员。

勘察设计单位须按照方便施工现场设计配合工作的原则为现场设计配合人员安排生活、办公场所,配置办公设备、交通、通信工具等;现场设计配合人员不得使用施工单位的办公场所、办公设备等资源。

二、施工现场设计配合主要任务

按照宁安铁路建设项目标准化管理要求,勘察设计单位建立和完善施工现场设计配合管理制度,明确施工现场设计配合的工作内容、工作要求和工作流程,落实现场设计配合人员工作职责;按照设计图纸供应协议约定的时间和批次交付施工图,按照施工图审核意见修改完善并及时提供设计文件,满足施工现场需要。

勘察设计单位的现场设计配合任务主要包括:

(1)工程开工前,按建设单位要求做好施工图技术交底工作,说明设计意图,提出建设、监理和施工注意事项,解答建设、施工、监理等单位提出的相关问题,对重难点、高风险和采用新技术的工程项目专门组织技术交底。

(2)参加宁安铁路指导性施工组织设计的编制和调整,参与重大施工技术方案研究,协助解决有关问题,提出优化建议,并根据确定的施工组织方案优化施工图,测算投资变化。

(3)积极协助宁安公司落实外部协议签订,做好征地拆迁、管线迁改、交叉跨越等外部协调工作,根据现场变化及时完善勘察设计工作。

(4)涉及营业线施工的项目,应对设计文件涉及的运输设备组织现场核对,确认设计满足运输安全要求;参与宁安公司组织的营业线重大施工方案审查、营业线施工现场监控把关和验收等工作。营业线Ⅱ级以上封锁施工,现场设计配合人员必须到现场参与解决相关问题。

(5)工程实施中需进行变更设计时,在宁安公司组织下提供设计方案,按照变更设计规定程序及时完成变更设计;同时应完善变更设计登记制度,对变更设计进行分类登记。

(6)做好工程测量控制网CP 0、CPⅠ、CPⅡ及相应高程控制网建设期间的维护管理工作,在建设单位组织下进行复测,为测设CPⅢ及变形观测网建立提供基础资料,根据建设单位委托做好技术指导。

(7)按规定参与竣工验收工作,确认项目达到设计要求和条件,满足使用功能要求。

(8)建立突发事件应急机制,出现质量安全事故或其他突发事件时,及时到达现场并全力参与抢险,提出工程处理意见,完成相关勘察和变更设计工作,按规定参与事故调查分析。

(9)及时完成其他施工现场设计配合工作,满足现场施工的需要。

三、施工现场设计配合工作要求

勘察设计单位组织现场设计配合人员根据铁道部、中国铁路总公司规定、宁安铁路工程特点和单位内部管理制度,制订施工现场设计配合工作细则,明确现场设计配合人员的工作内容、岗位职责和工作权限。勘察设计单位在初步设计批复后30 d内将工作细则送宁安公司征求意见,修改完善后报公司备案。

现场设计配合人员工作要求如下:

(1)作为勘察设计单位的现场代表,配合做好施工图交付和现场重大事项处理工作,将宁安公司对勘察设计工作的要求、现场对设计文件的需求等于24 h内反馈到勘察设计单位,将勘察设计单位的设计安排、供图计划在收到24 h内报告宁安公司。

(2)做好重要工点现场技术交底工作,对重大、复杂或采用新技术、新标准、新结构、新工艺的工程,联系有关专业设计负责人在开工前到施工现场进行专题技术交底,解释设计意图,说明工程实施的具体方案、方法以及技术措施。

(3)对施工图使用中的问题进行解释;对勘察设计过程中因外界条件不能准确确定的工程地质特征及其他需要现场确定事宜,通过现场核对确定,需变更设计的应及时向宁安公司提出变更设计建议。需要勘察设计单位组织解释和确定的,立即向单位汇报请求解决。

(4)及时参与配合征地拆迁和外部协调工作,对特殊拆迁项目应提出具体拆迁方案并参加商谈。

(5)建立与建设、施工、监理单位定期沟通机制,定期深入施工现场,主动了解施工、试验、检测及科研情况,检查施工工艺是否满足设计要求,及时发现、解决施工过程中存在的设计问题,指导施工单位完善施工方案和安全、环境、水土保持措施,确保设计配合工作有序推进。

(6)涉及营业线施工的项目,参与涉及运输设备的现场核对,参与宁安公司组织的营业线重大施工方案审查、营业线施工现场监控把关和验收等工作。

(7)地质、隧道等专业现场设计配合人员对隧道超前地质预报工作进行指导,参与TSP等物探预报,定期收集包括TSP、超前钻孔、红外探水、地质素描等超前预报资料,并根据各种预报成果对前方围岩变化趋势做出综合性预报。

(8)Ⅰ类变更设计一般在会审纪要下发后20 d内完成变更设计,在接到审批意见7 d内完成修改设计并提交施工图。Ⅱ类变更设计一般应在现场完成,在会审纪要下发后10 d内完成设计,在接到审查意见5 d内完成修改设计并提交施工图。因突发事件、危及工程安全需要立即处理的变更设计,现场设计配合人员应立即赶赴现场,参与制定应急措施,按照会审纪要及时完成变更设计。

(9)按照验收标准规定参与检验批、分项、分部、单位工程的验收,特别是参加明挖基础地基以及沉入桩、打入桩、CFG桩承载力试验等现场确认工作。参加宁安公司组织的桩基工艺性试验方案审查以及评估验收工作。

(10)完善设计配合过程管理,对设计文件的执行情况进行跟踪,按规定参加工程检查。落实突发事件应急机制,配合做好突发事件应急处理工作。

四、施工现场设计配合管理

勘察设计单位要提高对施工现场设计配合工作重要性的认识,将施工现场设计配合作为建设项目标准化管理的重要内容,加强对施工现场设计配合工作的管理。宁安公司在勘察设计合同中细化设计配合条款,明确对施工现场设计配合工作的考核内容,并与勘察设计费挂钩。

宁安公司对施工现场设计配合的管理主要体现在以下几个方面:

(1)可对现场设计配合人员组成方案和专业结构是否适应建设项目需要提出建议,对施工现场设计配合工作细则、人员组成等进行审查,对不能满足建设需要的可以要求勘察设计单位进行调整。

(2)加强对施工现场设计配合工作的监督、检查,对施工现场设计配合中存在的问题责成勘察设计单位整改,并将配合工作纳入设计单位施工图考核范围。

(3)组织施工、监理单位协助做好施工现场设计配合工作,及时组织设计文件现场核对,将现场核对和实施过程中发现的问题及时通知勘察设计单位。

(4)为勘察设计单位实施施工现场设计配合提供便利,及时向勘察设计单位通报有关信息,为现场设计配合人员开展工作提供必要的条件。

(5)对设计配合工作成绩突出的,提请勘察设计单位对现场设计配合人员进行奖励;对于施工现场设计配合人员不到位、处理问题不及时、影响工程建设的,依据勘察设计合同进行处理。

第五章　质量与安全

宁安铁路自开工建设以来，严格执行国家颁布的法律法规，落实铁路总公司安全质量管理要求，按照“不留遗憾、不当罪人、建不朽工程”的要求，始终以“如履薄冰、如临深渊、如坐针毡”的忧患意识积极落实安全质量管理工作。为了保证工程质量，确保施工安全，公司制定了各种行之有效的安全质量管理制度，采取了切实可行的安全质量管理措施。

1. 注重安全质量保障体系建设

公司按照标准化管理的要求，组织建立了以施工单位自检互检、监理单位随工旁站和平行抽检、建设单位随机抽检的基本安全质量管控模式，不断健全完善制度体系建设，初步形成了一套以建设单位监控为主导，设计、施工单位自控为根本，监理单位他控为约束的全面、高效质量安全保证体系。

2. 严格安全质量生产责任制，严格质量控制

公司成立了工程建设安全质量管理领导小组，严格执行安全质量责任追究办法，明确了设计、施工、监理、建设单位的安全质量职责，制定了各项施工方案和逐级责任制的落实措施。

公司制定了质量管理办法及各项控制要点，明确质量程序管理。牢固树立“百年大计”和“质量是工程的生命”的质量安全观念，严格履行建设程序和建设标准，切实从源头上把好开工关、材料关、工艺关、检测关和验收关，充分发挥了监理和外方质量代表作用以优质工程确保生产安全。

3. 规范安全质量管理行为

始终把安全质量管理作为建设管理工作的核心，将铁路建设安全质量摆在重中之重的位置，深入贯彻“三点共识”和“三个重中之重”的工作要求。公司着力不断提高参建各方的安全质量意识，狠抓各方的建设行为管理，将铁路总公司安全质量管理“八条红线”和路局颁布的相关安全质量管理红线作为抓安全质量管理的工作底线。2009 年 11 月，公司制定、实施了《宁安铁路建设工程施工安全红线管理办法》；2012 年对该办法进行了细化修订，于 3 月和 6 月公布实施了《宁安铁路安全生产“红线”管理办法》和《宁安铁路建设工程质量“红线”管理办法》；2016 年 5 月，根据原上海铁路局新的红线管理规定，公司又及时修订并实施了《宁安公司安全“黄线”管理规定》。

第一节　质量体系的建立与运行

公司将质量管理“五条红线”作为抓质量管理的工作底线，在项目建设中，始终把质量管理作为建设管理工作的核心，为适应宁安铁路建设发展的需求，不断优化完善质量管理体系，及时修正质量管理制度办法，形成了一整套较为全面、高效的质量管理体系。质量管理体系的有序运行，对保证整个工程质量发挥了良好的作用。

一、项目质量总目标

宁安铁路建设项目质量总目标为：工程质量符合国家、行业和总公司有关标准、规范及设计文件要求，各检验批、分项、分部工程施工质量检验合格率达到 100%，单位工程一次验收合格率达到 100%，工程质量合格。

(1)全线创精品工程，安庆长江大桥创国优工程，扁担河特大桥、漳河、白浪湖特大桥、四电集成、芜湖站房创部(省)优质工程。

(2)勘测、设计质量优良，监理程序符合规定，质量管理达标、内业资料规范。

(3)开通验收速度满足设计速度目标值。

(4)杜绝工程质量等级事故。

二、工程质量管理体系

宁安铁路工程质量管理体系组织机构框图及宁安铁路工程质量管理体系工作流程及措施框图如图 2-5-1 和图 2-5-2 所示。

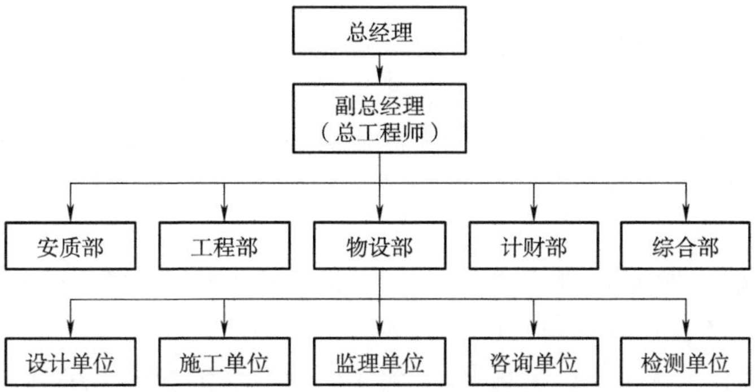

图 2-5-1　宁安铁路工程质量管理体系组织机构框图

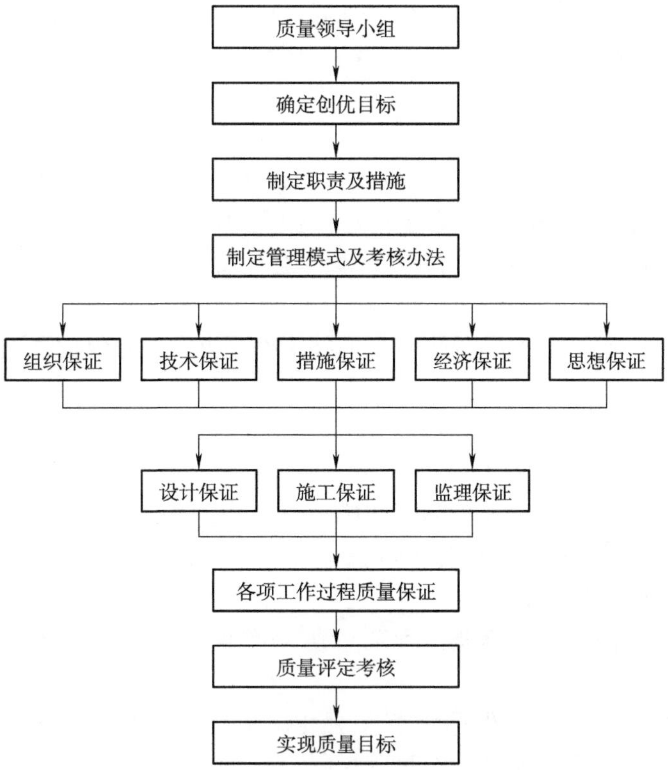

图 2-5-2　宁安铁路工程质量保证体工作流程及措施框图

1. 宁安公司职责

宁安公司严格执行有关法律、法规、规章和工程建设标准，依据批准的设计文件组织工程建设，对宁安铁路工程质量管理负责。公司成立工程质量管理暨质量创优工作领导小组，负责工程质量管理暨质量创优的总体筹划、审查、检查和监督。组长由宁安公司总经理担任，副组长由公司分管生产、质量的副总经理、总工程师、总会计师担任，组员包括公司工程、安质、物设、计财部负责人及各施工单位总工程师、监理单位分管工程质量的副总监、各设计单位宁安配合指挥部指挥长。领导小组下设办公室，负责宁安铁路质量创优的规划、推进、检查、评比和考核工作，办公室设在公司安质部。

(1)组织勘察设计、施工、监理等单位，建立以质量目标、责任、制度、方法和控制体系为主要内容的宁安铁路建设工程质量管理体系。

(2)督促勘察设计、施工、监理等参建单位按国家、行业、总公司、路局相关规定和合同约定履行相应的职责。

(3)组织对参建各方单位依据承担的建设任务所建立的质量管理体系进行审查。

(4)根据国家、行业和总公司、路局的有关规定,结合铁路建设项目实际,制定各项管理制度,开展技术标准宣贯培训,对作业标准提出统一要求。

(5)设置工程质量管理部门,配备质量管理人员,将质量管理责任分解落实到具体部门和岗位。

(6)督促勘察设计、施工、监理等参建各方按照合同约定设置相应的机构,制定管理办法,并对各参建单位质量管理进行全过程督促、检查和考核,确保创优目标实现。督促各参建单位设置现场机构,配备相应的管理、技术和作业人员,将质量责任落实到具体管理岗位、作业单元和作业人员。

2. 勘察设计单位职责

勘察设计单位按照勘察设计规程、规范、标准和审查批复意见进行勘察设计,对勘察设计质量负责。公司、咨询、监理单位的审查并不免除设计单位应承担的责任。

(1)贯彻执行国家和总公司颁布的技术政策、工程建设强制性标准和国家有关部门关于项目建议书、可行性研究报告和初步设计审查批复意见。

(2)科学合理选用技术标准,确保铁路建设项目采用的工程措施安全可靠、经济适用。

(3)提供的工程地质勘察资料和成果必须真实、准确、可靠;设计文件必须达到规定的设计深度,勘察设计单位应加强总体工作,认真搞好站前、站后各专业的协调和配合。

(4)按规定对审核合格的施工图进行技术交底,对特殊工程、关键工程、新技术、新工艺设计要做出详细说明。

(5)建设工程施工阶段应设置强有力的现场设计代表机构,积极配合宁安公司、咨询、监理、施工单位工作,及时解决有关勘察、设计技术问题,处理现场问题,并做到原因分析准确,处理方案经济合理。

(6)按规定参加工程检查和检验批以及分项、分部、单位工程的验收。发现违反设计文件进行施工的,应及时通知建设、施工、监理单位。

(7)参加铁路建设工程质量事故分析,提出相应的技术处理方案。对因勘察设计原因造成的工程质量事故承担相应责任。

(8)按规定做好质量技术资料的整理、归档。

3. 施工单位职责

按照有关规程、规范、标准和审核合格的施工图施工,对施工质量负责。

(1)严格执行国家有关质量、安全、环境保护等法律、法规,严格落实总公司、路局和宁安公司等相关规定。接受相关部门依法进行的监督、检查。

(2)根据技术标准、管理制度等制定各类工程工艺流程、作业标准,开展标准化作业,确保现场作业有序可控、工序质量全面达标。

(3)建立健全质量检验制度,加强工程质量管理,强化施工过程的质量自控,严格工序管理,按规定做好隐蔽工程的检查、记录和签认,做到工程质量全过程控制。

(4)按照投标承诺和合同约定,设置现场施工管理机构,配备合格的项目经理、技术负责人和质量负责人并明确其质量责任。项目经理、技术负责人和质量负责人未经宁安公司审查同意不得随意更换。

(5)按照投标承诺和合同约定,设置符合规定和满足施工需要的工地试验室,并配备一定数量有相应资格的试验人员和相应的试验、检验和检测仪器设备等。

(6)对工程的关键岗位、关键工种,严格执行先培训后上岗制度。未经教育培训或者考核不合格的人员,不得上岗作业。特种作业人员必须持证上岗。

(7)严格按照审核后的施工图和铁路建设工程施工技术标准施工。开工前和施工中应组织进行施工图现场核对,发现勘察设计与现场情况不符时,必须及时以书面形式通知设计、监理和公司相关部门。

(8)严格按照验收标准和设计要求,对用于本工程的原材料、构配件、设备等进行试验检验。未经试验检验或试验检验不合格的,禁止使用。

(9)发生工程质量事故后,施工单位必须按规定及时报告,并立即采取有效措施,防止事故扩大,保护事故现场,协助事故调查。对因施工原因造成的工程质量事故承担相应责任。

(10)竣工验收时应落实工程保修责任,并对铁路建设工程合理使用年限内的施工质量负责。

(11)按规定做好质量技术资料的收集、整理和归档,保证竣工文件真实、完整。

4. 监理单位职责

监理单位按照工程建设标准和监理规范实施监理,对施工质量承担监理责任。

(1)根据监理委托合同,依照工程建设标准、《铁路建设工程监理管理暂行规定》《铁路建设工程监理规范》(TB 10402—2007)及有关技术标准、批准的设计文件、施工承包合同,对工程实施监理。

(2)按照投标承诺和监理合同约定,设置项目监理机构。项目监理机构应建立总监理工程师、监理工程师、监理员各负其责的工程监理体系,监理人员的配置必须满足监理工作需要,并配备与工程质量要求相匹配的试验室、检验(测)、办公设备及交通、通信工具。总监理工程师、副总监理工程师及监理工程师变动应征得宁安公司同意。

(3)建立健全各项管理制度、质量保证体系和工作流程,明确各级质量责任,依据管理制度和技术标准要求,加强对铁路建设项目实施过程的检查和监控。

(4)督促检查施工单位创优规划的制定和实施,加大监理力度,强化质量的事前预控,严格事中控制,做好事后检查。

(5)对涉及工程结构安全的关键工序和隐蔽工程必须实行旁站监理。

(6)开工前和施工中应核对施工图,依据设计文件和施工组织设计实施监理,发现差错或与现场实际情况不符,必须及时书面通知建设、设计、施工单位。

(7)按规定对施工单位的施工组织设计、开工报告、分包单位资质、进场机械数量及性能、投标承诺的主要管理人员及资质、质量保证体系、主要技术措施等进行审查,提出意见和要求,并检查整改落实情况。

(8)按规定组织或参加对检验批、分项、分部、单位工程验收。

(9)按有关规定参与工程质量事故调查处理,对因监理原因造成的工程质量事故承担相应责任。

(10)监理单位应按规定做好监理资料的整理、归档。

5. 第三方检测单位职责

第三方检测单位对其检测数据和检测报告的真实性和准确性负责,咨询单位对咨询结果负责。

(1)根据委托检测、咨询合同,依照批准的设计文件、施工承包合同及工程建设相关技术标准、规定,切实开展质量检测和工程咨询工作。

(2)制定完善相关的质量管理工作制度、流程和标准,并严格执行。

(3)按照投标承诺和合同约定,设置项目现场工作机构。现场管理和工作人员的配置必须满足工作需要,并配备与承担任务要求相匹配的试验、检验(测)、办公设备及交通、通信工具。派驻现场管理和工作人员应相对固定,变动应征得宁安公司同意。

(4)按规定或要求参加相关工程的验收。

(5)按有关规定或要求参与工程质量事故调查处理,对因开展的检测、咨询原因造成的工程质量事故承担相应责任。

(6)按规定做好相关资料的整理、归档。

6. 其他

参建各方单位应按国家、行业、总公司、路局相关规定和合同约定履行相应的职责,设置现场质量管理机构,落实质量管理人员,建立健全以质量意识、质量行为、实体工程质量为主要内容的质量管理、质量控制体系,将质量控制体系进行分解细化,统筹兼顾,突出重点,抓好每一项任务的落实,提高工程质量管理的绩效水平。质量管理岗位的从业人员应具备相应的执业资格。

参建各方应以确保质量安全为核心,深入推进建设项目标准化管理,积极运用全面质量管理、科技创新等方法,不断提高工程质量管理水平。

参建各方应加强培训、检查及考核,落实工作责任,严格执行各项管理制度,保证宁安铁路工程质量管理体系有效运行,实现宁安铁路工程质量全过程管理。

三、强化质量意识

铁路建设项目工程质量管理，是铁路建设项目标准化管理的核心内容之一，应贯彻执行“百年大计、质量第一”的方针，牢固树立“不留遗憾、不当罪人、建不朽工程”的质量观念，落实质量终身负责制。

宁安公司制定质量教育培训计划，采用集中办班、现场培训等多种方式，对建设管理人员进行质量培训；督促勘察设计、施工、监理等参建单位组织开展质量培训，并对其培训情况进行检查，不断提高现场管理和作业人员质量意识和质量管理水平。

(1)宁安公司全面贯彻落实建设管理标准化，以铁路建设对参建队伍的能力素质要求为导向，以提高培训质量为重点，全面提升参建人员的技术业务素质；建立“全员、全面、全过程”的教育培训体系，营造有效激励和调动参建人员学习积极性，有利于人才成长的良好氛围。

(2)宁安公司建立新技术、新标准，重大技术方案和科技攻关课题等专题培训制度，参建各方单位要针对建设管理、设计方案优化、施工组织、质量安全控制等建立相应培训制度。

(3)按照“人员全覆盖、专业全覆盖、过程全覆盖”的培训要求，自项目筹备到工程竣工，从决策层到作业层，参建各方应结合工程实际，适时开展各项培训工作。

(4)教育培训采用课堂讲授、计算机辅助教学、案例研讨、现场学习、集体讨论等多种方式进行。参建各方单位要根据培训内容，结合工程实际，选择适合自身特点的培训方式。

(5)根据项目筹备、项目实施、工程竣工等不同阶段，参建各方单位要在对员工培训需求进行调查、分析和预测的基础上，结合本单位的实际情况制定可操作性强的培训计划。

(6)严格落实培训考核制度，坚持“每培必考”的原则，对培训效果进行考核和评估。参建各方单位要建立相应的培训试题库，并指定专人管理。培训考核结果计入个人培训档案，作为个人业务素质考核评估的重要依据。

参建各方单位应组织开展宁安铁路质量文化建设，广泛开展工程质量主题活动，综合运用宣传教育、典型示范、达标竞赛等形式，鼓励参建单位结合各自优势开展企业质量文化建设，不断提高从业人员遵守质量管理规定的自觉性，为宁安铁路质量控制提供动力和保证。

四、工程质量控制

(一)开工前期质量控制

1. 公司自身工程质量控制

宁安公司加强建设项目前期工作，按规定逐项落实工程招标条件和开工条件，为确保工程质量奠定坚实基础。

(1)强化勘察设计管理，组织做好地质勘察大纲审查、勘察成果验收、初步设计文件初审、施工图审核与优化以及与运营单位对接等工作；不得使用未经审核或审核不合格的施工图。

(2)项目具备工程招标条件后，通过招标选择施工、监理单位，并在招标文件中明确质量要求、质量责任、质量违约处理方式、质量保修、质量回访等内容。

(3)组织参建单位和相关专家对重大设计方案进行论证，对参建单位资源配备履约和人员培训情况进行检查。

(4)在建设项目指导性施工组织设计中明确项目质量目标和工程质量保证措施，并对施工单位编制的实施性施工组织设计进行审查，对重大施工方案组织论证。

(5)督促施工、监理单位在开工前开展施工图核对，组织勘察设计单位开展设计技术交底工作，将设计文件中存在的问题在开工之前解决。

(6)指导或组织编制重难点工点或工序的施工作业指导书，并对施工单位推行架子队管理模式进行指导和检查。

(7)按规定到政府部门指定的监督机构办理铁路建设项目工程质量监督手续，并向路局内部监督机构工程质量安全监督站备案。未办理铁路建设项目工程质量监督手续的，不得开工。

2. 勘察设计单位工程质量控制

要求勘察设计单位认真落实标准化管理要求和中国铁路总公司、铁路局相关规定，按照规范规程和审查批复意见开展勘察设计工作，确保勘察设计工作质量，并重点做好以下工作：

(1)保证勘察工作达到规定的深度，勘察成果齐全、真实、准确，满足设计要求；根据勘察成果进行设计，加强专业间协调，不得简化程序和工序；设计文件应明确工艺工序及质量要求，注明施工、运营注意事项和工程合理使用年限。

(2)设计文件中选用的建筑材料、构配件和设备，应注明标准、规格、性能、使用注意事项等，其质量要求必须符合国家、行业、总公司有关标准和规范。设计中采用的新技术、新工艺、新设备、新材料应在设计文件中作出详细说明。属于依法实行许可或认证的，应在设计文件中注明。

(3)按照工程地质勘察监理、设计咨询、施工图审核意见等优化完善勘察设计，并就采纳情况向建设单位报告。

(4)在初步设计审批后及时成立施工现场设计配合机构，现场设计配合人员应由参与该项目施工图设计的主要人员及具有现场配合经验的勘察设计人员组成，并保持相对稳定。

(5)依据审核合格的施工图设计文件进行设计技术交底，说明工程实施方案、方法、技术措施及注意事项。对重点、特殊、高风险工程等应进行现场技术交底；对采用新技术、新材料、新工艺、新设备的进行专项交底，说明新设备的专业分工。

(6)对建设、施工、监理单位核对施工图中发现的问题进行答疑，对出现的差错应及时更改并以书面形式送相关单位。

3. 施工单位工程质量控制

要求施工单位认真做好资源配置、架子队组建、实施性施工组织设计和施工作业指导书编制等开工前施工准备工作，并重点做好以下工作：

(1)按投标承诺和合同约定，组建现场管理机构并设置专门质量管理部门，配备相应的管理、技术、施工人员和机械设备；未经建设单位同意，不得更换现场主要管理、技术人员。

(2)开工前核对施工图，发现有差错或与现场实际情况不符的，及时书面通知监理、勘察设计和建设单位，不得擅自修改设计。

(3)根据指导性施工组织设计编制实施性施工组织设计，明确施工总体方案和工程质量控制要点，实施性施工组织设计经监理单位审核通过后报建设单位审批。

(4)按照管理有效、监控有力、运作高效的原则，分专业组建架子队，每个架子队总人数与所承担的工程任务相适应。

(5)结合工程特点和实际情况，对分部、分项工程以及工艺复杂或技术难度大的工程，编制施工作业指导书，明确工程准备、人机料配置、工艺工法、现场布置、质量控制要点等内容，并严格按照施工作业指导书组织施工。

(6)加强从业人员的教育培训，提高从业人员的质量意识和业务能力，未经教育培训或者考核不合格的人员，不得上岗作业。特种作业人员必须持证上岗。

4. 监理单位工程质量控制

要求监理单位认真履行职责，做好施工图核对、实施性施工组织设计审查等工作，并重点做好以下工作：

(1)按照投标承诺和合同约定，设置现场监理机构，配置现场监理人员，配备必需的试验、检测、办公设备及交通、通信工具等。未经建设单位同意，不得更换总监理工程师及监理工程师。

(2)根据规范规程和项目实际情况，编制《监理规划》和《监理实施细则》，提出加强质量控制措施。

(3)在开工前应核对施工图，发现差错或与现场实际情况不符时，及时书面通知建设、设计、施工单位。

(4)按规定对施工单位的实施性施工组织设计、分包单位资质、进场机械数量及性能、投标承诺的主要管理人员及资质、质量保证体系、主要技术措施等进行审查，提出意见和要求，并检查整改落实情况。

(二)工程实施阶段质量控制

1. 公司自身工程质量控制

宁安公司加强工程实施阶段质量管理工作，强化源头管理、过程控制和闭环管理，确保工程质量稳定受控，并重点做好以下工作：

(1)完善现场质量管理流程和工作标准,对流程中的关键风险点,应制定防控措施,实施重点控制,并加强流程检查,适时调整优化,实施动态管理;督促设计、施工、监理单位建立完善质量工作流程并认真执行。

(2)组织制定建设项目单位工程(单体工程)开工条件及检查验收标准,并做好单位工程(单体工程)开工条件检查验收工作,达到条件才能批准开工,实现开工阶段标准化管理。

(3)按照合同约定,由建设单位采购建筑材料、构配件和设备的,应保证其质量符合国家、行业、总公司标准和设计文件要求。不得明示或者暗示施工单位使用不合格的建筑材料、构配件和设备,不得指定、推荐、介绍建筑材料、构配件和设备的生产厂、供应商。加强设备器材上道前的检测、验收,严禁不合格产品上道使用。

(4)组织做好精密测量工作,对全线精密测量控制网进行统一管理,组织编制项目精密测量实施细则,规范基桩测设、评估验收、交桩及复测工作,建立统一的精密测量数据库。

(5)组织做好路基、无砟轨道、高速道岔、连续梁、四电工程及高风险隧道施工等首件评估工作,依据首件评估结果对作业指导书进行调整完善,改进相关工艺工法后在全线推广应用。

(6)加强变更设计管理,建设项目涉及质量、安全需要变更的,必须及时按程序进行变更设计。

(7)加强施工过程质量检查和资源配备履约情况检查,开展质量专项治理工作,制作检查记录留存备查。按规定对隧道衬砌、桥梁基桩等开展第三方检测工作,对检测不合格、不达标的,按程序和标准组织整改。

(8)落实质量"红线"管理要求,将结构物沉降评估达标、桥梁收缩徐变达标、锁定轨温达标、联调联试达标、工序达标等作为质量"红线",从严进行管理,突破"红线"的要坚决停工,严肃处理。严格执行工序交接检查制度,组织对工序质量进行验收,存在质量缺陷的,应责成施工单位进行整改,整改完成后再进入下一工序施工。

(9)组织单位工程验收工作,督促监理单位做好检验批、分项、分部工程验收,对检查、验收发现的问题建立质量问题库,落实整改责任和时限,组织对整改情况进行复查,确保每个检查出的问题都得到整改,实现闭环管理。

(10)定期组织分析项目质量现状,及时总结推广好的经验做法;对暴露出的质量问题进行研究分析,提出改进措施,避免重复发生。对质量管理制度、作业标准等实施动态管理,持续改进质量管理工作。

(11)组织参建单位和相关科研单位开展技术创新工作,鼓励参建单位将技术创新成果纳入施工技术方案、作业指导书中,指导现场施工,不断提高铁路建设项目施工技术水平。铁路建设项目所涉及的新技术、新工艺、新材料、新设备,应按规定通过技术鉴定(或评审)或审批,并制定相应质量验收标准。未经鉴定(或评审)、批准或无质量验收标准的,不得采用。

2. 勘察设计单位工程质量控制

要求勘察设计单位做好施工现场配合工作,及时解决现场出现的勘察设计问题,并重点做好以下工作:

(1)制定现场配合工作细则,配合建设单位处理涉及勘察设计的有关事宜,说明施工图设计意图并指导实施,对现场地质情况进行确认,及时解决施工过程中涉及勘察设计的问题。

(2)参加建设单位指导性施工组织设计的编制和调整,参与重大施工技术方案研究,协助解决有关问题,提出优化建议,并根据确定的施工组织方案做好施工图优化工作。

(3)及时掌握工程实施情况,需要变更设计的应按规定及时履行变更设计手续,完成变更设计文件。

(4)按规定参加工程质量检查,发现违反设计文件施工的,应及时通知建设、施工、监理单位,需设计提供解决方案的应及时提供。

(5)依据规范做好设计速度 200 km/h 及以上铁路项目精测网 CPⅠ、CPⅡ测设工作和建设期间的维护管理工作,指导施工单位做好 CP Ⅲ设置。

(6)按规定参加检验批、分项、分部和单位工程验收工作。

3. 施工单位工程质量控制

要求施工单位严格按照规程规范和设计文件组织施工,开展标准化作业,强化质量自控措施,确保施工质量,并重点做好以下工作:

(1)依据设计文件和设计技术交底纪要,在作业前进行施工技术交底,将施工方案及施工工艺、施工进度计划、过程控制及质量标准、作业标准、材料设备及工装配置、安全措施及施工注意事项等向参与施工的技术管理人员和作业人员进行传达。

(2)按照合同约定，采购的建筑材料、构配件和设备质量应符合国家、行业、总公司标准和设计文件要求，并按规定对建筑材料、构配件、设备等进行检验。对涉及结构安全的试件、试块和建筑材料，必须按规定在建设单位或者监理单位监督下现场取样，并送具有相应资质等级的质量检测单位进行检测。不得使用未经试验、检测或试验、检测不合格的建筑材料、建筑构配件、设备，不得使用未经许可或认证的属于依法依规实行许可或认证的建筑材料、建筑构配件和设备。

(3)按规定及合同约定加强混凝土拌和站、工地试验室标准化建设，推广应用拌和站和试验室管理信息系统，实现数据实时采集和在线传输与监控，确保实验数据真实，切实控制原材料和混凝土质量，对质量问题进行追溯。

(4)加强对改良土和级配碎石拌和站、预制梁场、轨道板场、构件加工场、钢筋加工场等重要施工场所的管理，能进行工厂生产的混凝土制品、加工件等应实行工厂化生产，出厂成品、半成品应附质量合格证明。

(5)对交桩资料、桩位进行核对和复测，在勘察设计单位指导下做好设计速度 200 km/h 及以上铁路项目 CPⅢ测设、轨道施工控制网加密及维护工作，并按照复核后的资料和精度要求进行构筑物精准定位，严格控制构筑物施工测量精度。

(6)施工中应核对施工图，发现有差错或与现场实际情况不符的，应及时书面通知监理、勘察设计和建设单位，不得擅自修改设计和继续施工。需要进行变更设计处理的，应及时提出建议，并根据变更设计文件做好施工技术方案调整工作。

(7)落实标准化作业要求，严格工序管理，上一道工序检查发现的质量问题未完全整改到位，不得进入下一道工序施工，确保工序质量全面达标。

(8)在施工过程中应强化质量自控，建立健全质量检验检测制度，按规定做好施工过程的检查、记录和签认，及时处理自检发现的质量问题，建立自检问题及处理情况台账，对重点隐蔽工程应留存影像资料，确保质量记录真实可追溯。

(9)对各类检查、检测发现的质量问题要按照时限要求认真组织整改，并建立质量问题库，全面实现闭环管理。

(10)在自检合格的基础上，参加检验批、分项、分部、单位工程验收，并做好质量问题整改工作。

(11)加强工艺工法管理，开展工程首件评估工作，依据首件认可结果对施工技术方案和施工作业指导书进行调整完善，严格按作业指导书组织实施。开展技术创新工作，进行工艺工法总结，成熟后及时推广。

(12)按规定做好质量技术资料的收集、整理和归档，保证质量技术资料真实、完整。

4. 监理单位工程质量控制

要求监理单位严格按照设计文件和监理规范实施监理，落实监理责任，并重点做好以下工作。

(1)按规定对单位工程(单体工程)开工条件进行检查。

(2)按规定及合同约定建立工地试验室，做好原材料、构配件、设备进场验收工作，确保进场原材料、构配件、设备满足质量标准要求。

(3)加强过程检查，落实关键工序旁站制度，按规定进行平行检验和见证检验，认真核对现场实体和检验批记录后及时签认；对存在的质量问题，应留存影像资料，及时下达监理指令，并检查整改情况。

(4)做好隐蔽工程质量检查及影像留存工作，隐蔽工程未经监理工程师现场签认，不得进入下一道工序施工。

(5)按规定组织检验批、分项、分部工程质量验收，参加单位工程验收。

(6)做好施工图纸核对，检查施工单位是否按照审核合格的施工图纸施工。

(7)按规定参加施工技术方案研究、变更设计现场签认与方案研究等工作，并做好监理资料的收集、整理和归档。

(三)施工工序签认管理

铁路建设项目施工的工序质量是全项目工程质量的前提和基础。要求各参建单位不断强化施工工序质量管理，强化对参与工序施工的责任主体的管理，全面进行施工工序活动条件和施工工序活动效果的控制。参建各方要建立健全施工工序质量各项管理措施，完善工序质量管理制度，落实工序质量责任，重点将作业层人员全面纳入质量保障体系。

参建各方要认真做好建设工程主体施工质量终身制的宣传、贯彻落实,切实增强参建各方各岗位人员质量责任意识,强化落实施工作业现场作业人员的责任意识,杜绝施工现场盲目、无责任施工作业。严格贯彻落实质量责任追溯制度,施工、监理单位各岗位人员要采用实名制记录到各施工工序,按照相关规定严肃执行质量责任考核和追究制度。

建立施工工序质量监控警示牌制度,制定质量控制警示标志实施细则,对实体工程和各项原材料的质量控制进行实名制挂牌公示,公布建设、施工及监理单位现场控制人员名单,强化质量责任意识。施工单位架子队工(班)长对工程施工工序质量负直接责任,对各施工工序质量进行签认,并组织班组落实“三检”制,组织对质量问题的整改,及时向上级报告施工中出现的质量问题。监理单位监理员(旁站监理)对各工序施工质量进行检查签认。

(四)竣工验收质量控制

铁路建设项目按批准的设计文件建成后,应按规定开展竣工验收工作,未按规定验收或验收不合格的,不得交付使用。

1. 公司自身竣工验收质量控制工作重点

(1)组织或参与建设项目静态验收、动态验收、初步验收和安全评估工作,对验收中发现的质量问题,组织参建单位认真进行整改并进行复查。

(2)按照国家、总公司、路局档案管理的有关规定,在合同中明确竣工文件的范围、份数及整理归档责任,督促勘察设计、施工、监理等单位编制铁路建设项目竣工文件,并做好项目档案移交工作。

(3)组织勘察设计、施工等单位向运营单位移交精密测量控制网及建网、复测等相关资料和结构物变形(基础沉降、桥梁徐变等)观测、评估等相关资料。

(4)督促参建单位按照合同约定履行工程质量保修责任和开展工程质量回访工作,及时发现并处理运营中暴露出的工程质量问题。

(5)按规定组织编制工程总结,全面记录建设过程中质量管理的成功经验和存在问题,为其他项目建设提供借鉴。

2. 勘察设计单位竣工验收质量控制工作重点

(1)按规定参加验收工作,对发现的质量问题提出处理意见。

(2)按规定参加质量回访工作,对运营中发现的质量问题提出解决方案。

(3)对工程中所使用的新技术、新工艺、新设备、新材料和特殊结构,向运营单位提交使用说明书和养护维修要点,对沿线主要地质灾害类型和地点(段)进行说明。

3. 施工单位竣工验收质量控制工作重点

(1)按照施工图和合同约定完成工程施工和设备安装、调试并自检合格,经监理单位同意后,向建设单位申请静态验收。

(2)按规定参加竣工验收工作,及时整改验收中发现的质量问题。静态验收中发现的质量问题应在动态验收前整改完毕,动态验收中发现的质量问题应在初步验收前整改完毕,初步验收和安全评估中发现的影响行车安全的质量问题必须在开通前整改完毕。

(3)铁路建设项目交付运营后,施工单位应对合理使用年限内的施工质量负责,对保修范围和保修期限内发生的质量问题履行保修义务,并对造成的损失承担赔偿责任;按规定参加质量回访工作,及时解决运营中发现的质量问题。

4. 监理单位竣工验收质量控制工作重点

(1)对施工单位自检情况进行现场检查,确认达到验收要求。

(2)按规定参加竣工验收,对验收发现的质量问题,督促施工单位及时完成整改。

(3)按规定参加质量回访工作,配合解决运营中发现的质量问题。

五、质量管理制度

(1)质量工作月度例会制度。每月上旬召开质量工作月度例会,分析总结上月质量管理情况,部署下月重点工作。

(2)工程质量监督制度。开工前,宁安公司负责向工程质量监督机构申请办理质量安全监督手续,接受质量安全监督部门的监督。

(3)施工组织设计编制与审核制度。宁安公司组织编制项目指导性施工组织设计,并报铁路局或总公司工程管理中心审核;对施工单位编制上报的实施性施工组织设计进行审批。

(4)施工图审核制度。开工前,宁安公司负责组织对施工图设计文件进行审核。未经审核或审核不合格的施工图,不得交付施工。

(5)技术交底制度。施工图设计完成后,宁安公司组织设计、施工、咨询和监理各方召开技术(设计)交底会议,以明确工程的设计目的,了解设计内容和技术要求。

(6)施工图现场核对制度。接到施工图后,监理单位、施工单位负责施工图现场核对,发现差错或与现场实际情况不符,及时书面通知建设、设计、施工单位。

(7)工程地质核实制度。施工、监理、勘察设计单位对已揭示的工程地质情况,与原设计文件进行核实,不符时,由勘察设计单位负责处理。

(8)工程质量试验检测制度。施工单位、监理单位、咨询单位按合同约定设立现场试验室,并经国家技术监督部门认可,按有关规定开展试验检测工作。宁安公司按规定组织第三方检测和进场原材料质量抽检工作。

(9)施工测量复核制度。由宁安公司明确贯通测量、控制测量、施工放样的各项具体要求、规定、责任等,实行施工测量复核制度。

(10)施工质量验收制度。参建各方单位按照铁路施工质量验收标准,严格执行隐蔽工程检查签认制度,检验批、分项、分部和单位工程质量验收制度,竣工验收制度。

(11)工程质量事故报告和调查处理制度。参建各方单位应严格执行国家和总公司有关工程质量事故的报告制度,公司组织或参加质量事故调查、分析、处理,督促、检查施工单位按批准的事故处理方案进行整改和质量验收,确保工程质量。

(12)质量责任追究制度。参建各方单位应建立质量责任追究制度,层层落实责任到人。

六、工程质量检查与考核

宁安公司有关部门履行各自的建设管理职责,做好有关质量管理工作,加强对各参建单位质量管理工作的指导、检查、考核,强化日常工程质量管理的考核与追究。

按照中国铁路总公司、原上海铁路局有关规定和合同约定,将有关检查发现的实体质量问题、质量违规行为和质量事故,及时记录有关单位和个人的不良行为,纳入勘察设计、施工、监理、施工图审核单位和物资设备供应商等信用评价,并进行责任追究。

发生一起工程质量一般事故,事故发生五日内,施工、监理单位宁安项目的主要领导向宁安公司提出书面检查并主动提出处分请求,分管领导主动向宁安公司提交辞职报告;宁安公司主要领导、分管领导向路局提出书面检查并接受路局处理;相关施工、监理单位六个月内不得进入原上海铁路局负责建设管理的项目。

发生一起工程质量大事故及以上等级事故,事故发生五日内,施工、监理单位宁安项目的主要领导和分管领导向宁安公司提交辞职报告;宁安公司主要领导和分管领导向路局提交辞职报告;相关施工、监理单位十二个月内不得进入原上海铁路局负责建设管理的项目。

一年内发生两起及以上的工程质量一般事故,比照大事故及以上等级事故办理。

第二节　质量事故的处理与闭合

发生工程质量事故后,事故发生单位及相关监理单位应按国家、行业和中国铁路总公司、原上海铁路局有关规定及时报告,并做好事故调查配合工作。

发生工程质量问题后,施工、监理单位应及时向宁安公司报告,并采取有效整治措施。对于严重工程质量问题或存在偷工减料、弄虚作假等行为的,宁安公司及时上报路局建设处、工程质量安全监督站,路局接到报告后应及时向总公司建设部、工管中心、工程监督总站报告。属中国铁路总公司、铁路局检查发现的工程质量问题,责任单位应及时组织整改,并向宁安公司反馈问题整治情况和结果。

铁路建设项目工程质量问题调查处理实行分级管理制度。中国铁路总公司、铁路局认为有必要调查处理的工程质量问题,由中国铁路总公司或总公司授权有关部门、铁路局组织调查;其他质量问题一般由宁安公司调查处理。

一、工程质量问题调查处理基本程序

(1)现场查看质量问题情况,调阅设计文件、监理记录、施工记录及建设、咨询等相关文件,对问题原因进行调查,必要时组织技术鉴定;

(2)认定责任单位和责任人;

(3)提出处理建议和整改、预防措施;

(4)提交调查报告。

二、工程质量缺陷的处理

1. 施工过程发现工程存在质量缺陷,除根据其性质和严重程度,按规定对责任单位项目经理风险抵押金、单位激励约束费及对标进行经济处罚和记录不良行为等处罚外,按如下方式处理:

(1)当因施工引起的质量缺陷处在萌芽状态时,及时制止,并根据质量缺陷产生原因采取根除措施。

(2)当因施工引起的质量缺陷已出现时,立即停工,施工单位立即采取足以保证质量的有效措施,并对质量缺陷进行处理,经监理工程师认可后,方可复工。

(3)当质量缺陷发生在某道工序或单项工程完工后,且质量缺陷的存在将对下道工序或分项工程产生严重影响时,对质量缺陷产生的原因及责任做出判定并确定补救方案后,再进行质量缺陷的处理和下道工序或分项工程的施工。

2. 开通运营后在质量保修期内发现质量缺陷时,应按质量保修书规定,公司及时发出保修通知,由施工单位进行整改,并按规定向责任单位进行经济索赔。

3. 工程质量缺陷的修补或加固不应降低质量验收标准,并在技术规范所允许的范围内。

三、质量缺陷责任的判定及责任追究

对质量缺陷责任进行判定时,应全面审查有关施工、设计及水文地质资料,必要时还应进行现场检测、钻孔等。在分清责任的同时,按规定明确质量缺陷处理的费用。有争议的质量缺陷责任,按照合同纠纷的解决方式处理。

经调查认定发生工程质量问题的,根据质量问题性质和责任,对相关责任单位及责任人员进行考核和责任追究,上报原上海铁路局;根据事故性质和责任,在一定时间内不向责任单位发售招标文件,在一定时间内不接受责任单位的投标,限制质量事故主要责任人进入原上海铁路局负责建设管理的铁路建设项目从事建设活动;并按规定及时记录相关责任单位和个人的不良行为,检查确认质量问题整治情况。宁安公司接受上海铁路局的考核和责任追究。

勘察、设计、施工、监理等单位违反本办法需要实施行政处罚的,由宁安公司上报原上海铁路局,由原上海铁路局向中国铁路总公司提出建议,中国铁路总公司主管部门向铁路监管部门提出处罚建议。

被清退的项目经理或总监1年以内不得在原上海铁路局管内从事建设项目施工管理工作。宁安公司及人员在工程质量管理中发生违规违纪行为,以及由此引起不良后果的,由原上海铁路局、宁安公司依据有关规定追究责任。

凡对质量事故隐瞒不报,一经查实升级处理。拖延处理或处理不当或未经监理工程师同意擅自处理的,对事故部分及受影响部分视为不合格,不予验工计价。

第三节　安全体系的建立与运行

安全生产管理是宁安铁路建设项目标准化管理的重要组成部分,宁安公司坚持以人为本、安全发展的理

念，贯彻“安全第一、预防为主、综合治理”的方针，坚持管生产必须管安全和分层管理、逐级负责的原则，落实总公司党组提出的“安全工作无小事、安全第一、影响安全问题必须立即解决”的“三点共识”要求，将客车安全、加强安全管理、抓落实作为安全管理工作的“三个重中之重”，实施安全风险管理，推行安全生产标准化管理，建立健全安全保证体系并确保有效运转。

依据《中华人民共和国安全生产法》《中华人民共和国建筑法》《建设工程安全生产管理条例》《铁路安全管理条例》等有关法律、法规，中国铁路总公司、原上海铁路局《铁路建设项目安全生产管理办法》，以及中国铁路总公司、上海铁路局颁发的其他有关安全管理规定，公司制定了《宁安铁路工程建设安全生产管理办法》，完善安全管理体系，逐级逐层落实安全生产责任。

一、安全管理的总体要求

(1)宁安铁路相关建设、勘察设计、咨询、施工、监理等单位(以下简称参建各方单位)，应执行相关法律、法规和工程建设强制性标准，建立健全安全生产管理制度和保障体系，落实安全生产责任制，按规定设置现场安全管理机构并配备安全管理人员，依法承担安全生产责任。

(2)安全管理目标

宁安铁路安全生产管理总目标为：杜绝生产安全一般及以上事故，杜绝因建设引起的铁路交通一般C类及以上事故，控制和减少铁路交通一般D类事故，控制重大安全风险。参建各方单位须根据宁安铁路实际情况，制定本单位、本项目总体和年度安全生产目标。

(3)宁安铁路安全设施应与主体工程同时设计、同时施工、同时投入生产和使用。

(4)参建各方单位应接受国家、行业和总公司、路局依法进行的安全监督和检查。

(5)宁安公司鼓励参建各方单位在宁安铁路中开展建设安全生产科学技术研究，推广应用先进适用的生产技术、装备，加强和改进安全生产管理。

(6)工程竣工时，按照国家、行业及总公司有关规定组织验收、安全评估。经验收、安全评估合格，符合运营安全要求的，方可投入运营。

二、安全管理组织

为建立健全安全生产组织保证体系，构建安全屏障工程，进一步加强对宁安铁路安全生产管理的组织领导，严格落实各项安全措施和安全逐级责任制，成立宁安铁路建设项目安全生产管理工作领导小组。组长为宁安公司总经理，副组长为公司分管生产、安全副总经理，公司各部门负责人，施工、监理、设计单位项目负责人为组员。领导小组下设办公室，设在公司安质部。宁安公司安质部是宁安公司安全生产的主管部门，负责安全生产管理的日常工作，对宁安铁路的安全生产负有监督、检查及管理责任。定期组织安全生产检查，组织或筹备并参加有关安全生产专题会议，依照国家有关安全生产法律法规的规定，及时上报安全生产事故情况，积极配合安全生产事故的调查。其他各职能部门，按安全生产责任制，承担相应安全生产职责。

参建各方单位必须成立建设项目安全管理工作领导小组。各单位的安管部是本单位安全生产的主管部门，负责安全生产的日常管理工作，对本单位的安全生产负有监督、牵头检查及管理责任。其他各职能部门，按安全生产责任制，承担相应安全生产职责。

宁安铁路工程安全管理体系组织机构图与宁安铁路工程质量管理体系组织机构框图相同，如图2-5-1所示；宁安铁路工程安全管理体系工作流程及措施框图如图2-5-3所示。

三、安全管理责任

宁安公司对项目的安全管理负责，根据总公司、路局规定，设置安全管理部门，配备安全管理人员，结合实际制定项目安全管理办法和制度，在合同中与勘察设计、施工、监理等单位约定安全生产管理的权利、义务和责任，并加强合同履约情况的检查。

勘察设计单位对勘察设计质量负责，按照法律、法规和工程建设强制性标准进行勘察设计，应达到规定深度，符合相关规定，满足宁安铁路安全生产需要。

施工单位按照国家、总公司、路局相关规定和合同约定切实履行安全职责，保证宁安铁路安全生产，对工

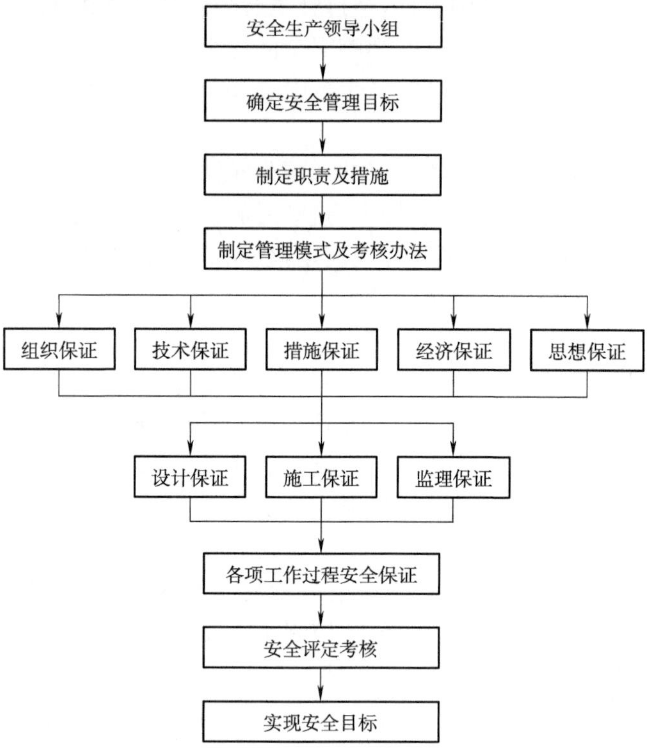

图 2-5-3 宁安铁路工程建设安全管理体系工作流程及措施框图

程施工安全生产负责。

监理单位应按照国家法律、法规、工程建设强制标准和监理规范实施监理,对宁安铁路安全监理负责。

施工图审核、咨询单位按照国家有关法律法规、工程建设强制性标准、规范规程、总公司相关规定和合同约定,对涉及结构设计安全性、设计安全技术措施以及安全设施进行审核,提出审核、咨询意见。施工图审核、咨询单位对审核质量、咨询结果负责。

四、安全生产管理制度

项目建设过程中制定并实施了多项安全生产管理制度,保证了工程质量。

1. 安全生产管理制度

各参建单位建立和完善安全生产管理制度,定期组织召开安委会和月度安全例会。

2. 施工方案专家论证审查制度

达到一定规模、危险性较大的分部分项工程(如深基坑、地下暗挖工程、高大模板、重点隧道、大跨度桥梁、深厚软基和岩溶处理工程等),施工单位必须根据项目施工实际编制专项施工方案,及时组织专家进行方案的论证、审查,经施工单位(局集团公司)技术负责人、监理单位总监理工程师审查后实施;必要时,公司组织专家进行论证、审查后实施。

营业线、邻近营业线施工项目,施工单位必须编制专项施工方案,按照中国铁路总公司、路局相关规定履行审查审批手续后方可实施。

3. 安全施工许可证制度

施工单位必须是依法取得安全生产许可证、具备安全生产保证能力的企业。对施工安全风险高等特殊、关键工序的施工实行施工许可,严格检查落实施工许可条件,确保施工安全。

4. 施工安全教育培训制度

各参建单位要建立健全安全生产教育培训制度,加强对职工安全生产的教育培训,未经安全生产教育培训的人员不得上岗。

5. 施工安全技术交底制度

施工单位建立逐级施工安全技术交底制度,项目或工点开工、重要工序转换施工前,应逐级记名组织开展施工安全技术交底，监理单位应重点抽查施工单位各级交底的安全技术措施，定期不定期地检查施工单位的各级交底记录，确保施工安全。

6. 特种作业人员持证上岗制度

从事地下作业、高处作业、铺架作业、爆破作业等特种作业人员，必须按照国家有关规定经过专门的安全作业培训，并取得特种作业操作资格证书后，方可上岗作业。从事营业线、邻近营业线施工的带班员、防护员等，必须接受路局指定培训机构的营业线施工安全管理的相关培训、考试，并取得上岗证书后，方可上岗作业。

7. 起重机械、提升脚手架、模板等自升式架设设施由有资质单位装拆及检测、验收登记制度

在施工现场安装、拆卸施工起重机械和整体提升脚手架、模板等自升式架设设施，必须由具有相应资质的单位承担。施工起重机械和整体提升脚手架、模板等自升式架设设施达到国家规定的检验检测期限的，必须经具有专业资质的检验检测机构检测。经检测不合格的，不得继续使用。

8. 危险岗位的操作规程和书面告知制度

施工单位应当向作业人员提供安全防护用具和安全防护服装，并书面告知危险岗位的操作规程和违章操作的危害。

五、安全风险管理

项目管理中，宁安公司积极推进安全风险管理，采取有效措施控制和规避安全风险，降低和减少风险灾害及风险损失，并高度重视突发性和灾难性风险。

为适应铁路科学发展、安全发展的形势和要求，贯彻中国铁路总公司全面推行安全风险管理的工作部署，进一步强化全员安全意识、提升安全管理理念、优化安全工作思路和方法，切实加强安全生产超前防范和过程控制，推进安全风险标准化管理，最大程度地降低安全风险，确保宁安铁路建设的安全稳定，依据《铁路建设工程安全风险管理暂行办法》(铁建设〔2010〕162 号)、《关于印发〈上海铁路局安全风险管理办法(试行)〉的通知》(上铁安发〔2012〕101 号)和国家、铁道部和中国铁路总公司有关法律、法规及铁路局、宁安公司有关规定，结合本项目特点制定了安全风险管理制度。

(一)总体要求

坚持“安全第一、预防为主、综合治理”的方针，牢固树立“三点共识”，落实“三个重中之重”要求，以确保营业线(临近)施工(特别是旅客列车)安全和风险隧道、高处作业、大型机械、深基坑、高边坡、特殊结构桥梁及其他高风险工点安全为重点，以推进标准化管理为载体，以落实安全生产责任制为保证，把风险管理与既有安全管理有机融合，构建宁安铁路安全风险控制体系，切实强化安全生产超前防范和过程控制，最大限度地消除和降低安全风险，从而达到预防、减少事故的发生和降低事故后果的目的。

(二)工作目标

运用安全风险管理的理念和方法，全面识别、评价安全风险，制定控制措施，将安全风险管理和控制要求落实到每个施工环节和施工管理与作业岗位，实现风险管理与既有安全管理的有效融合，逐步建立程序清晰、职责明确、适用有效的安全风险管理运行机制，形成机制健全、管理规范、覆盖全项目、全过程、全员的安全风险控制体系，实现安全风险全面受控、管理水平全面提升，确保宁安铁路建设持续安全稳定。

(三)基本原则

(1)结合实际、有效融合原则。推行安全风险管理，必须尊重铁路建设和铁路安全工作规律，坚持长期以来行之有效的做法，用安全风险的理念和方法对既有安全管理加以规范，促进现有安全管理更加理性和科学。

(2)坚持分层分级、上下结合的原则。推行安全风险管理是一项系统工程，必须坚持逐级负责，发动各单位、各级管理干部和工程技术人员自下而上全面识别安全风险，自上而下明确安全风险控制措施，把安全风险的管控责任落实到各层级、各岗位，实现全项目、全员、全过程管理。

(3)坚持突出重点、有序推进的原则。推行安全风险管理要抓住当前影响营业线运输安全和施工作业安全的主要矛盾，围绕旅客列车安全和高风险环节、关键岗位，实施系统管理、过程控制。要按照循序渐进的要求，在实践中持续改进、不断完善，逐步实现全面覆盖，不断提高风险防控能力。

(4)坚持专业负责、综合保障的原则。公司及各单位的工程部、安质部、物设部及各专业技术主管工程师要坚持管生产必须管安全,认真履行安全风险管理的主管责任,切实发挥牵头、指导、协调作用。公司及各单位的综合部(办公室)、计财部等综合保障部门必须承担安全风险管理的保障协调责任,保证监督检查、安全投入、资源配置等控制措施的有效落实。

(5)坚持实用有效、持之以恒的原则。推行安全风险管理要紧密结合实际,注重预防和控制措施的针对性、实效性和可操作性。要把安全风险管理作为铁路安全管理体系的重要组成部分,纳入常态管理,坚持常抓不懈。

(四)主要流程和方法

1. 全面识别安全风险

各单位成立风险管理技术工作小组,针对各自安全生产特点,结合历年来典型事故、设备故障和检测监控、维修检查等信息,按专业负责、自下而上、上下结合的原则,基于确保不发生列车冲突、脱轨等铁路交通事故、人员伤亡事故等顶上事件,从施工方案、技术安全措施、设备装备、劳动保护、岗位作业、人员素质、管理制度、外部环境等方面,采取分析原因或分析作业流程的方法,分专业项目排查识别可能导致顶上事件的各类安全风险事件或风险因素(以下简称风险事件)。

2. 分析评价安全风险

各单位、各部门对识别出的安全风险事件,逐一分析评价导致事件发生的原因、影响范围和潜在后果等,按照各类风险事件可能发生的频度(可能性)和后果严重程度,逐项(个)确定风险事件等级。宁安铁路安全风险事件分为A、B、C、D四个等级。其等级划分标准为:

A级风险:指风险程度很高,具有突发性、源头性、系统性的特征,可能直接导致旅客列车冲突、脱轨、火灾、爆炸、相撞、旅客伤亡事故等后果极其严重的风险事件。

B级风险:指风险程度高,具有易发性、阶段性、子系统性的特征,可能导致列车冲突、脱轨、火灾、爆炸、相撞、多人伤亡事故等后果非常严重的风险事件。

C级风险:指风险程度一般,具有局部性的特征,可能导致其他事故等后果较为严重的风险事件。

D级风险:指风险程度较低,具有个别性的特征,可能导致后果较小的风险事件。

3. 制定预防控制措施

针对可能导致风险事件发生的原因和等级,按照科学、简明、实用、有效的原则,与规章制度、操作规程、标准体系有序衔接,按风险消除、事件预防、后果降低、事故应急的策略,逐项制定预防和控制措施,形成《专业系统安全风险指导手册》。预防控制措施主要分为以下四类:

Ⅰ. 风险消除措施:指针对导致风险事件的各类原因,采取工程改造、设备更新等各类根治措施以消除、规避风险,达到本质安全的效果。

Ⅱ. 事件预防措施:针对风险事件的原因采取预防措施,尽管不能完全消除风险但可以降低事故发生的频度。

Ⅲ. 后果降低措施:在不可避免地发生事故的情况下,采取措施消除事故后果或降低事故严重程度。

Ⅳ. 事故应急措施:既不能减少事故频率,也不能消除或降低事故危害,但能减轻发生事故后进一步扩大影响范围的措施。

各单位根据《宁安铁路安全风险指导手册》,参照路局公布的相关《专业系统安全风险指导手册》,结合本单位实际,进一步分析风险事件,根据管理需要对本单位风险事件的分布进行具体分解,细化风险事件控制措施,将控制措施、管控责任分解细化到有关部门、分部和岗位,形成《单位安全风险控制手册》(施工单位指挥部和项目分部分别编制,监理单位由监理站编制)和《岗位安全风险提示卡》(施工单位编制)。

4. 开展工点风险过程控制

施工工点是开展风险管理的基本单元,实施风险过程控制的落脚点,工点中存在或潜在的风险事件是风险控制的对象。依据工点可能存在的风险事件等级,宁安铁路施工工点安全风险等级分为Ⅰ级(包含A级或B级风险事件)、Ⅱ级(包含C级风险事件)、Ⅲ级(包含D级风险事件)三个等级。

宁安铁路施工工点风险控制与管理实行宁安公司、施工单位局指挥部(监理单位监理站)、项目分部(监理组)三级管理模式。其中,宁安公司重点监控Ⅰ级风险工点中A级、B级风险事件,各指挥部(监理站)重点管理和监控合同范围内Ⅱ级及以上风险工点中C级及以上的风险事件，分项目部（监理组）全过程管理和控制管段内全部风险工点。

施工单位在安排施工计划的同时，依据《单位安全风险控制手册》，对拟开工的工点或重要的施工环节开展工点风险梳理，制定并现场明示《工点风险控制展开表》，汇总上报单位《安全风险源控制展开表》，并根据工程进展和现场实际及时动态更新（每月至少更新一次，实行零更新制定）。《工点风险控制展开表》和汇总的单位《安全风险源控制展开表》由相关监理单位负责审核。

5. 加强对风险控制措施落实情况的检查

各单位对安全风险管理涉及的相关制度与现有管理制度办法、考评体系进行修订完善，有效衔接。各单位、各部门围绕各类安全风险及控制措施，制定《干部安全风险控制表》，开展日常的检查指导，通过落实干部包保、现场量化检查、干部带班等管理制度，强化安全风险的过程管理与控制，确保安全风险控制措施落到实处。

6. 定期检查评估安全风险事件

各单位、各部门依据《宁安铁路统安全风险指导手册》《单位安全风险控制手册》《干部安全风险控制表》《岗位安全风险提示卡》，定期组织对风险事件进行检查评估，确定风险事件的受控状态。安全风险事件的检查评估（即风险状态评价）结论分"受控""基本受控""不受控"三种。对管控措施失效和长期不落实的，要及时组织分析，查找管理原因，迅速采取措施，实现安全风险的有效控制。

安全风险事件检查评估分风险工点评估和单位安全风险管理评估两个层面，按照分层分级管理的原则，自下而上进行。宁安公司重点负责A级、B级风险事件的检查评估，各单位指挥部（监理站）负责本单位C级及以上风险事件的检查评估，各项目分部负责本单位各类安全风险事件的检查评估。宁安公司每月对A、B级风险事件组织不少于一次的抽查评估，每季对C级风险事件组织不少于一次的抽查评估，检查结果纳入对该单位的季度安全评估和当月月度考核；每季A、B级风险事件抽查覆盖面达到100%，对各单位做出全面评估。各单位每月组织不少于一次的全面评估。

风险工点评估以单个的独立风险工点为评估单元，施工单位按照上述频次要求，逐个风险工点自下而上分级自评，并在此基础上对单位安全风险管理状况做出综合自评；监理分级组织风险工点和单位的风险管理情况的检查评价，形成并逐级上报评价报告。各级检查评价资料存档备查。

公司在施工单位自评、监理单位验收做出评价的基础上，根据日常抽查的情况，季度末月的安全质量例会上对各施工单位安全风险管理状况进行全面综合评价，必要时公司组织专项检查评估。

各单位所有风险工点评估结果，是衡量和评估单位安全风险管理状态的重要基础。风险工点安全风险事件的管理出现重大失控或较大风险事件时，按事件的性质和严重程度，直接判定相应单位（或相应级别单位）的安全风险管理评估为不受控，实行一票否决。

7. 坚持持续改进

安全风险管理必须适应发展变化要求，不断改进完善。要针对设备设施、人员队伍、规章制度、生产组织等变化，以及出现的新情况、新问题，及时分析安全风险，完善控制措施。要结合分析日常发生的事故、设备故障及重要安全信息，及时评价安全风险措施有效性和适用性，补充遗漏和新认知的风险事件，调整完善安全风险控制措施，使安全风险管理得到持续改进。

公司每半年不少于一次组织对《宁安铁路安全风险指导手册》进行动态调整、修订完善。各单位同步对《单位安全风险控制手册》进行动态调整、修订完善，及时修订完善相关《岗位安全风险提示卡》。

（五）管理职责和责任追究

各级安委会应履行安全风险管理的决策、组织、监督和考核职责，研究制定风险策略和重大安全风险控制措施。公司各部门、各单位主要负责人对本单位安全风险管理全面负责，组织推进和落实风险管理，研究解决突出问题；其他负责人对分管范围内的安全风险管理工作负直接管理或领导责任，全过程组织风险识别、措施制定、责任落实等工作。

公司安质部负责宁安铁路安全风险管理的综合协调，组织推进、检查监督和评估，动态掌握宁安铁路安全风险管理情况，有序推进宁安铁路安全风险管理工作。

公司工程部、物设部为宁安铁路安全风险管理的职能部门，各专业工程师为分管专业安全风险管理的主管人员,负责组织全面识别分析系统安全风险,制定管控措施。开展安全风险管理过程检查监督,指导督促各单位对安全风险实施有效管理,定期评价各单位安全风险管理有效性和效果,组织对安全风险管理工作动态持续改进。

公司综合、计财部等综合部门要围绕安全风险管理做好宣传引导、教育培训、规章完善、防火及交通安全、维稳等工作,强化合同管理,监督各单位人力资源、安全投入到位,强化安全综合保障。党政工团各级组织要围绕推进安全风险管理,充分发挥各自优势,合力共为,确保取得实效。

各单位制定本单位安全风险管理实施细则,开展全员安全风险培训教育,组织干部职工全面识别分析本单位安全风险,细化预防和控制措施,将各项风险控制措施落实到岗位,加强检查考核,实现对安全风险有效管控。

落实风险管控责任。各部门、各单位把安全标准化建设作为实现安全风险过程控制的重要载体,把落实责任作为实现安全风险控制的有力保障,按照"领导负责、分工负责、专业负责、岗位负责"的要求,明晰每个部门、岗位的安全职责,将安全风险管理责任纳入各级管理人员岗位安全管理职责和作业人员岗位安全生产责任制,把控制风险责任和措施落实到具体工作环节。

极高度风险工点实行项目部主要领导安全包保制度,高风险工点实行项目部负责人和部门负责人跟班作业制度,随时协调和处理过程中的问题。

对重大安全风险工程部位、施工工序安全专人进行旁站监理。

宁安公司对安全风险管理实行责任追究,对遗漏应能识别的重大风险事件、防控措施缺失或无效、管理失控等管理失职行为,要追究相关单位、部门和人员的责任;造成事故的,按照《上海铁路局基层单位和专业部门负责人铁路交通事故和生产安全事故责任追究办法》《上海铁路局安全奖惩办法》严肃追究责任。

六、安全信息管理

为及时准确地掌握宁安铁路施工安全情况,快捷有效地处置铁路施工安全隐患、事故或设备故障,减少事故损失,迅速恢复施工秩序,公司制定了安全信息管理制度。

凡发生的铁路交通事故或行车设备故障耽误列车的安全信息,必须严格按照《铁路交通事故调查处理规则》《铁路行车设备故障调查处理办法》等规定上报。

凡发生施工人员伤亡或特种设备、化学危险品、道路交通、火灾爆炸等事故,必须在报告公司和相关领导的同时,报告上海铁路安全监管办(安监室、安全生产指挥中心)、公安和业务主管部门和事故发生地和单位所在地的安全监管派驻机构(安全监察分室)。

信息上报,应如实、及时逐级上报,对铁路施工安全信息及影响较大、危害严重的重要信息要迅速报告。信息报告主要内容包括:发生的时间、地点、概况、人员伤亡、现场处置、初步原因等,发生变化后要及时续报。

紧急安全信息和重要安全信息,必须在事发后 30 min 内上报,4 h 内形成书面初步情况材料上报,报告后出现新情况的应及时补报。一般安全信息必须在事发后 1 h 内上报,当日 6 时至 18 时发生的,于当日 24 时前形成书面初步情况材料上报;当日 18 时至次日 6 时发生的,于次日 12 时前形成书面初步情况材料上报。

公司接报后,调度要准确记录和收集上报的信息,并按信息报告处理的流程,及时报告本部门主要负责人和相关部门负责人,同时要继续了解和报告现场处置情况;必要时由向原上海铁路局、铁道部相关部门和相关省、市安全监督管理部门报告。

第四节　安全事故的调查与处理

宁安公司组织制定宁安铁路安全事故综合应急救援预案。综合应急救援预案应包括公司的应急组织机构及其职责、预案体系及响应程序、事故预防及应急保障、应急培训及预案演练等主要内容。同时应针对重大危险源和可能发生的事故类型制定相应的专项应急预案。

施工单位应根据所承担铁路建设工程的危险源状况、风险类型和等级、可能发生的事故等,有针对性地制定综合应急预案和专项应急预案,以及危险性较大的重点工作岗位的现场处置方案。现场处置方案应包括危险性分析、可能发生的事故特征、应急处置程序、应急处置要点和注意事项等内容。

勘察设计、施工、监理等单位应采取多种形式对从业人员进行救援预案的教育培训，并组织检查施工现场救援预案落实情况，重点检查现场应急物品配置、逃生应急措施落实、应急设备物资储备以及应急培训演练情况等。

发生生产安全事故或人员被困涉险事故后，参建各方单位应立即启动应急预案，按程序实施抢险救援。组织施工单位做好先期处置，在确保安全的前提下采取有效措施抢救人员和财产，控制危险源，封锁危险场所，防止事故扩大；需要移动现场物件时，应作出标志并做好书面记录，现场重要痕迹应拍照或录像，妥善保管好有关物证。

发生生产安全事故后，参建各方应按规定及时报告，任何单位和个人不得迟报、漏报、谎报或者瞒报事故。事故发生单位应按照规定及时向宁安公司、事故发生地县级以上人民政府安全生产监督管理部门和铁路监管部门报告，宁安公司及时向路局建设处、工程质量安全监督站报告，路局按规定及时向总公司建设部、工管中心、监督总站报告。发生铁路交通事故的，同时执行铁路交通事故应急救援和调查处理有关规定。

发生生产安全事故后，参建各方应服从当地政府事故应急处置现场指挥部的指挥，参与事故抢险救援，按规定参与事故调查分析，切实落实事故整改措施。

对生产安全事故和铁路交通事故的调查，对事故责任单位和责任人的处罚与处理，严格按照国家有关法律、法规规定执行，同时按照总公司、路局有关规定、合同约定进行责任追究。

发生生产安全事故和铁路交通事故的，根据事故性质和责任，在一定时间内不向责任单位发售宁安公司管理项目的招标文件，并限制安全事故主要责任人进入宁安公司负责管理的铁路建设项目从事建设活动。

对安全管理中的违法违规行为、滥用职权和失职渎职行为，以及由此引起不良后果的，公司依据有关规定追究有关人员责任。

第六章　施 工 组 织

第一节　施工组织设计管理

施工组织设计是以工程项目为对象进行编制，并用以指导其建设全过程施工活动的技术、经济、组织、协调和控制的综合性文件。施工组织设计和重大施工方案的管理是工程项目“六位一体”管理最根本的环节。施工组织设计必须在工程项目开工前进行编制，严禁边施工边编制或施工完毕后补编。施工组织设计一经批准，就应作为指导施工准备和组织施工的纲领性技术经济文件。

一、施工组织设计编制、审批

勘察设计单位应按有关规定编制概略施工组织方案意见、施工组织方案意见和施工组织设计意见，并按规定程序报批(核备)。

宁安公司根据批准的施工图设计文件和批复意见编制指导性施工组织设计，并报中国铁路总公司工程管理中心审批。

施工单位根据施工合同、指导性施工组织设计和本标段的实际情况编制实施性施工组织设计，经监理单位审核通过后报宁安公司审批。

宁安公司拟定的控制工程、重难点工程，由施工单位编制实施性施工组织设计，经监理单位审核通过后报宁安公司审批。其他工程按规定由施工单位编制，监理单位审批。施工组织设计应以正式文件的形式报批。

二、施工组织设计的编制原则

(1)必须满足建设工期和工程质量目标，符合施工安全、环境保护、水土保持和地质灾害防治等要求。

(2)要体现科学性和合理性，管理目标明确，指标量化、措施具体、针对性强。

(3)积极采用新技术、新材料、新工艺、新设备，保证施工质量和安全，加快施工进度，降低工程成本。

(4)充分考虑节约资源和可持续发展要求，少占土地，保护农田。

(5)要注意站前、站后工程以及各相关专业的衔接。

(6)内容要重点突出、简繁得当、表述清楚、语言简练，保证措施部分，不写空话、套话。

三、施工工艺设计

各标段提前开展路基、桥梁、隧道、无砟轨道试验段施工，通过试验段探索完善标准化的工艺工法，制定和颁布相应的作业标准和工艺流程，以点带线、以线带面，在全线推广，进而编制路基、隧道、桥梁、无砟轨道等施工技术实施细则，编制各阶段、各专业的质量控制要点，规范施工管理，促进标准化施工。组织专业化、机械化、工厂(场)化施工。

四、施工方案审核、审查、核备制度

宁安公司组织对重大技术的设计方案、重大施工方案的审查，特别重大方案报上级管理部门核备；组织监理单位对主体工程施工方案的审核和重大施工方案的审查；检查、督促施工单位落实施工方案的分级自审，重大施工方案应由施工单位集团公司审查。

五、施组实施情况的检查、考核

宁安公司要求施工单位严格按施组安排配足人员设备，落实技术方案，开展现场管理，将大部分问题解

决在现场、解决在基层。建设、监理和施工单位应对施工组织设计实施情况进行定期检查、考核、评估。在建设过程中，实行动态管理，根据现场实际，科学分析形势，进行方案优化，及时采取调整和修正措施，确保主要阶段工期和总工期。

六、施工组织设计的调整

发生下列情况时，各类施工组织及时做出调整：国家和中国铁路总公司建设计划有较大调整时；不可抗力造成的自然及地质灾害发生变化时；颁布新的技术标准或虽未颁布新标准但已明确在本项目中采用新的有关标准、规定时；其他引起施工组织设计需做调整的情况。

各类施工组织设计的调整由原编制单位负责，并报原审批单位审批，未经审批不得实施。施工组织设计的调整内容应及时更换、补充到原施工组织设计中。

第二节　指导性施工组织设计的特点与重大调整

一、指导性施组特点

（一）重难点工程多

安庆长江大桥、宁芜还建线及宁安铁路青弋江特大桥工程是本线最关键的控制工程，芜湖枢纽改造、特殊土路基处理、特殊结构桥梁制架、无砟轨道铺设是控制工程，征地拆迁是影响顺利建设的关键因素。

1. 安庆长江大桥

安庆长江大桥是本线控制性工程。安庆长江大桥全长 2 996.8 m，跨越长江主航道采用(103＋188.5＋580＋217.5＋159.5＋117.5)m 钢桁斜拉桥和钢桁梁四线桥桥式方案。桥梁主跨 580 m，在同类型铁路桥梁中跨度最大；塔柱高度大，承台以上塔高 210 m；主塔墩基础尺寸大，3 号、4 号墩承台直径达 57 m，围堰制造、浮运、定位技术难度大；主墩基础的大直径超深度钻孔桩，其施工质量保证、位置精度控制难度大；钢桁梁安装中的精度控制和斜拉桥主索索力控制的技术含量很高。另外施工条件复杂，正桥桥位处水流速度大，3 号墩覆盖层浅，长江水位变化大、长江汛期对桥梁基础施工影响大。

由于要进行钻孔平台、围堰制安等大量辅助工作，主塔 3 号、4 号墩钻孔桩、承台、主塔施工及钢梁安装时间长，必须确保 2012 年 8 月份全线铺轨通过本桥，才能满足轨道精调子系统调试 3 个月和联调联试与试运行 6 个月、实现全线 2013 年 5 月 31 日试运行完成的工期目标。

2. 宁芜还建线及宁安铁路青弋江特大桥工程

芜湖地区城市快速发展，有皖赣线、宁芜线等既有铁路，宁安铁路的引入涉及芜湖铁路枢纽多个站的改建，过渡工程复杂。芜湖铁路枢纽的湾里站、芜湖站均要过渡，拆除原站场量较大。需要按以下步骤进行施工过渡：第一步还建湾里站及其专用线改建；第二步还建芜湖站至芜湖南站间宁芜上行线；第三步进行芜湖站改建；第四步新建宁安线。

既有宁芜还线芜湖站至芜湖南站区间上、下行线是分开的，现宁安铁路线位占用既有宁芜线上行线位，须先还建宁芜线上行线至原宁芜线下行线并行，再拆除原宁芜上行线，新建宁安铁路线。该区间线路跨青弋江，所以必须先还建宁芜线青弋江特大桥，拆除原宁芜上行线青弋江特大桥，在该位置新建宁安铁路青弋江特大桥。由于芜湖市要求对青弋江航道等级的提升，地方提出对原宁芜线下行线青弋江特大桥同时进行改建，这样宁芜线青弋江特大桥为复线桥，地方的投资和方案等均需落实。由于新皖赣线引入并与宁安铁路并线，还建的宁安线青弋江特大桥部分为四线桥。

先期还建宁芜线青弋江桥（双线两孔 88 m 钢管拱）特大桥并开通使用，拆除宁芜上行线青弋江桥、信件宁安[和商杭客专四线(64＋136＋64) m 连续梁拱]青弋江特大桥，即属复杂且工期紧、要求高，也是宁安铁路的控制性工程。

在既有线运输对施工及过渡安全要求高，站后系统安装调试密集，是全线顺利开通的安全重点。

由于涉及商杭等线的引入，方案等待尽快确定，并要求设计院在施工图设计中按照初步设计批复意见进行过渡设计，确保既有线运输安全、减少运输干扰以及保证宁安线正常有序施工。

3. 特殊路基处理

全线特殊路基种类较多,软土分布广泛。软土路基地段采用搅拌桩、旋喷桩、CFG 桩、管桩等加固处理措施,要求路基填筑期时间长(受填筑速率及沉降控制)。重点路基工程主要为:

(1)DK63+345～DK63+670 段深路堑

本路段线路左侧为深路堑,地面横坡较陡且岩石破碎,需设支挡工程加固收坡。

(2)DK98+210～DK98+460 段软土地基

本路段采用搅拌桩加固,桩径 0.5 m,桩长 4～12.3 m。桩间距 1.2 m,按三角形布置,桩顶设 0.6 m 碎石垫层,内设一层土工格栅。

(3)DK123+371～DK123+696 段岩溶、采空区

本段路基不良地质为:下伏基岩为三叠系灰岩,溶洞发育,节理裂隙发育;同时,线路右侧有小煤窑采空区。本段路基堤堑相间,最大填高约 5.6 m,最大中心挖深约 23 m。岩溶路基一般注浆厚度不小于 30 m,路堤地段注浆孔采用间距 5.0 m 的梅花形布置,路堑地段采用间距 5.0 m 的正方形布置;路堤加固范围至路堤坡脚外 5.0 m,路堑加固范围至侧沟平台外边缘。采空区竖井、斜井采用片石回填;深部空洞采用粉煤灰、中粗砂填充加注浆处理。

(4)DK145+910～DK146+150 段膨胀土路堑

本路段基础表层换填 0.6 m 厚级配碎石以及 0.1 m 中粗砂并夹铺一层两布一膜;基床底层挖除换填厚 1.0 m 的 A、B 组填料,并于换填底部地基采用膨胀土改性剂(CMA)进行改良处理。

4. 桥梁下部及特殊结构工程

桥梁工程具有工程量大、数量多、比重大且长大桥量多、新技术含量高、施工工艺复杂等特点,部分特殊结构桥梁工点技术新、质量标准要求高、施工工期长、跨河跨路施工难度大、资源投入多,因此长大桥梁和部分特殊结构梁是全线的重点工程。除安庆长江大桥外,桥长≥10 km 的桥梁有 4 座,扁担河特大桥 13.594 km,漳河特大桥 19.709 km,顺安河特大桥 12.907 km,秋浦河特大桥 13.305 km。采用新技术的主桥主要有青弋江特大桥(64+136+64)m 连续梁拱、江宁特大桥 128 m 钢管混凝土提篮拱。此外,跨度 100 m 及以上的特殊结构有 7 处,因工期紧,施工难度大,受外界环境干扰等因素影响列为重点工程。

5. 钟鸣二号隧道

钟鸣二号隧道为全线重点控制隧道。该隧道全长 753 m,处在 9.5‰下坡段及处在浅埋地段,地质条件较差,分布岩溶和多断裂带地质,均为Ⅳ、Ⅴ级围岩(Ⅴ级围岩 456 m),可能影响轨道工程及下道工序,工期相对较紧。

6. 湾里 U 形槽

湾里 U 形槽全长 474 m,纵坡依次为 20‰及 7.1‰,位于直线上。U 形槽段线路右侧为改建后的宁芜货线,货线走向与宁安线基本一致,宁安左线距货线距离为 19.1～30.7 m。U 形槽位于湾里机场附近属冲积平原区,地质条件较差,与既有线距离较小,施工难度较大,为全线施工安全控制的重点。在施工过程中,必须严格控制基坑开挖长度,边坡采用喷锚网防护或重力式挡土墙加固,应避开雨季施工,并做好截排水措施,及时回填基坑。

7. 架梁工程

桥梁上部结构制作、运输是施工组织的关键。梁体以简支箱梁为主,截面大、刚度大、整体性能好、自重重,施工采取以现场集中预制、架桥机架设为主。对于桥群密集区,根据梁型数量及分布,结合架梁工期要求设置制梁场,配备大型运、架梁设备进行施工。施工采取以现场集中预制、架桥机架设为主。综合考虑本线桥梁分布、孔跨类型、孔数、箱梁的运输以及控制工程地点等情况后,在沿线箱梁集中地段设置 9 处箱梁预制场,承担制架梁任务。梁场的按时建设,制梁、架梁设备的完好直接关系到桥梁建设工期。漳河特大桥为全线最长的桥梁,为架梁重点控制项目。

8. 铺轨工程

铺轨工程,尤其是无砟轨道铺设是本线控制工期工程之一。在芜湖东站设置铺轨口(仅设存车线,直接利用芜湖北焊轨厂运输长轨条至作业面铺轨),铜陵东站设置存轨、铺轨基地。轨道板供应是制约无砟轨道铺设进度的主要因素,在芜湖、铜陵东、安庆站设置轨道板预制场,并在沿线设置轨道板临时存储场。无砟轨

道铺设铺轨进度按 5.0 铺轨公里/d 考虑，有砟轨道铺设铺轨进度按 1.0 铺轨公里/d 考虑。有砟轨道铺设采用换铺法施工。

为尽早建成存轨基地与既有铁路的连接岔线，充分利用临时岔线，周密协调正、站线铺轨进度，加速空、重铺轨列车交会，并及时开设前方站，缩短至铺轨工地的距离，以增加有效工作时间。

9. 电气化工程

接触网专业采用高强度铜合金接触线，接触线架设必须采用恒张力放线工艺，各主要工序均需利用专用的轨行车辆进行施工，并紧随轨道专业流水作业，施工全过程受轨道专业进展制约，因此接触网专业为重点工程。

10. 联合调试

综合调度各子系统的匹配整合、列控系统调试、轨道和牵引供电系统与动车之间的性能测试是联合调试的主要内容，联合调试对象技术新、结构新、装备新，组织与调试方法暂无成熟经验可借鉴，不可预见因素较多，是重难点工程。

（二）特殊征迁项目多

全线征地 14 014.50 亩（其中：江苏省 1 711.20 亩、安徽省 12 303.30 亩）。拆迁房屋总量 96.90 万 m^2：正线工程 90.56 万 m^2（其中：江苏省 11.73 万 m^2、安徽省 78.83 万 m^2）、配套工程安徽省 6.35 万 m^2。本线建设的迁改工程包括电力线迁改；通信、广播及有关设施的迁改；信号电缆的迁改；易燃、易爆品库及油、气管道的电磁干扰防护及迁改；给水、排水管路的迁改；改移道路；改河改沟；建筑物迁改。其中，特殊拆迁项目如下：

1. 铜陵县棉花科学研究所

铜陵县棉花科学研究所隶属铜陵县农委，主要开发研究棉、麻等农作物，并在周边开辟养猪场、养鸭场和种鸭孵化，建设房屋面积共计 3 800 m^2，本次设计与线路有干扰的房屋有二层办公楼 500 m^2，加工厂房 300 m^2，考种室 200 m^2，车库 80 m^2，围墙 140 m，水井 2 眼，其他房屋均不干扰。

2. 环球园林绿化工程有限公司

该单位在铜九线右侧私人承包土地，分块状分布种各类苗木，主要多为观赏性树木、花卉等，需赔偿主要为树木、花卉的移栽费用和占地费。

3. 池州市江南绿化有限公司

该公司主要种植十几种观赏树、果树树种。

4. 刚毅新型建材有限公司

该公司于 2006 年 4 月由个人投资 200 多万元建成，主要生产混凝土涵管，现有员工 9 人，日产值约 8 000～9 000 元，厂区内主要设备有龙门吊 3 台、涵管机、地磅等。

5. 里山中心小学

小学占地 8 亩、房屋 1 200 m^2，其中三层楼房面积 900 m^2。学校现有学生 250 人，教师 16 人，该校区在池州市站前区规划范围内，已经规划迁移，但因新校区未建成，故仍在老校区内教学。

6. 混凝土军控点

该军控点为某部队在 2004 年埋设，混凝土点位距线位 40 m，经与该部队现场勘查后，军方要求按照迁移办理。

7. 芜湖市 DK81＋960 处道路改移

线路在 DK81＋960 处下穿合芜宣高速公路立交桥，该桥由一座老桥和一座新桥并排形成一座双向四车道桥梁，跨越既有宁芜铁路和淮南线。南京安庆铁路从该公路桥下穿过，因桥墩错位布置，桥下不满足本线通过条件，需对该公路桥进行升高改建。该段高速公路的改移（建）按原标准实施。

8. 安徽省天然气开发有限责任公司所属的安徽省天然气支线管道与本工程线位在芜湖境内多次产生交越，中油西气东输管道公司苏浙沪管理处所属的以输送纯净天然气为主的西气东输管道与本工程线位在当涂县姑溪河附近产生交越。以上重点区域天然气管道距离较近，考虑实施相关防护工程。

9. 繁昌物华民爆器材有限公司所属的炸药库位于大学山隧道出口处，须对该炸药库进行搬迁。

二、指导性施组重大调整

由于征地拆迁滞后、资金不足、个别单位施工经验不足等原因,指导性施组共进行了 5 次重大工期调整。

1. 2011 年 2 月工期调整

鉴于江苏省交地落后,江宁特大桥 1-128 m 提篮拱开工比原计划滞后 5 个月;四电及站房工程初步设计滞后、施工图招标滞后,按原计划 2011 年 6 月开工困难;考虑到同步开通更有利于建设管理以及工程质量、投资控制,南京至芜湖段由原计划 2012 年 12 月开通调整至 2013 年 6 月 1 日开通,即与芜湖至安庆段同步开通。

2. 2012 年 5 月工期调整

由于资金严重短缺,2011 年下半年以来大部分工点已基本停工。经 2012 年初现场调研梳理,按照原计划 2013 年 6 月开通已不现实,根据 2012 年投资计划 68 亿结合现场实际复工情况,特别是 DK40～DK80 段工程实施严重滞后,确定 2013 年 10 月底完成除站房以外的全部工程;2013 年 11 月～2014 年 6 月 30 日完成静态、动态、初验、安全评估以及试运行;2014 年 7 月 1 日正式开通。

3. 2013 年 8 月调整

DK0＋122～DK40＋000 段(江苏南京地区)至 2013 年 7 月份仍有 1 处计 550 m 范围受征拆影响不能施工,影响马家店特大桥 39 个墩身施工。若按 2013 年 8 月份解决征拆问题并进场施工,则 2013 年 11 月完成路基填筑,并于 2014 年 1 月完成架梁任务。2014 年 8 月完成 19 个工点计 13.165 km 路基预压(受征拆影响,采取先架梁后预压工程措施),11 月完成无砟轨道板施工,12 月完成铺轨,2015 年 1 月完成轨道精调和四电调试;2015 年 2 月～2015 年 6 月底完成静态、动态、联调联试、运行试验和初步验收、安全评估工作,2015 年 6 月 30 日正式开通运营。

此外,中国安能指挥部隶属中国武警水电部队,因缺乏铁路工程建设经验和人员变更频繁,导致项目严重亏损,工程进度严重滞后,更为严重的是自 2012 年 1 月 1 日起中国安能已改制为纯部队属性,不再承揽工程,投标承诺不兑现,存在边干边亏损的情况,资金完全依赖公司,无法满足批复施组工期要求,总工期滞后 10 个月。虽然公司已采取了跟踪审价、资金超拨等多项措施,但后期仍然面临随时停工的局面,工期存在较大风险。

4. 2014 年 3 月调整

施工四标范围(DK40＋000～DK80＋500)段施工单位为中国安能总公司,因经验不足,资金短缺,导致工程进展迟缓,制约全线工期的关键。为保证全线按期完成,根据工管中心及上海局相关要求,宁安公司于 2014 年 5 月 19 日召开了关于加快中国安能宁安指挥部施工进度推进会议,明确了除桥梁、隧道工程由中国安能指挥部负责实施并负责缺陷整治,其余剩余工程均委托中铁十七局、中铁十二局施工,工期进行相应调整。

5. 2014 年 7 月调整

施工四标范围(DK40＋000～DK80＋500)因施工单位中国安能总公司经验不足,经营亏损,资金短缺,导致工程进展迟缓,严重制约全线工期的关键。根据工管中心及上海局指示,宁安公司将桥梁、隧道工程以外的剩余工程委托中铁十七、十二局施工,工期进行相应调整。

第三节 工期控制与节点工期

一、工期控制

围绕总工期和阶段工期目标,以施工进度管理为核心,以控制工程为重点,尽快稳定和落实芜湖枢纽等重大影响工程的设计方案;高度重视、优先处理对工程影响大的征地拆迁、重大迁改、施工过渡和图纸供应等几大外在因素,创造工期保证的良好外部环境;抓住实施性施组动态调控、施工合同硬化监管、工程进度信息化管理和进度管理激励制度四项保障措施,确保工期节点可控;依靠科技进步和技术创新,大力推广“四新”技术应用,提高施工效率,为全线工期的实现提供保障。

（一）组织措施

成立专门征地拆迁机构，实行领导挂帅，建设、设计和施工单位专人负责建设协调和征地拆迁工作，发挥部省合建优势，优先处理征地拆迁、大临用地和三电、管线迁改、施工过渡等控制主体工程展开的外在因素。

全线征地拆迁量大、重难点多，对工程的全面展开和顺利推进制约性强。首先，充分利用部省（市）合资建设、地方土地及拆迁入股的有利条件，加大铁路建设部门与地方各级政府协同工作力度，建立与地方政府高层领导定期汇报制度，与地方政府成立建设协调联合领导小组，定期召开会议研究解决征地拆迁过程中的问题，形成推动全线征地拆迁工作的合力；其次，抓住地方征地拆迁中管理体制建立、筹资方案落实等关键环节和全线拆迁重点及三电、管线迁改难点，重点推进有关影响征地拆迁全面展开的地方管理体制和资金问题的尽快解决，提前研究确定重大迁改工程的工作方案，为开展征地拆迁和迁改工作创造有利的工作环境，提供可行的实施方案，提前启动征地拆迁工作；第三，在施工准备阶段，创造条件优先展开拆迁重点和大口径管线、超高压输电线路的迁改，提前施工大临工程，为全线顺利开展征地拆迁和迁改工作、解决难点问题，先行一步，争取有效时间；力争实现拆迁体制早建立、补偿资金早落实、迁改难点早施工的局面，确保先期工程和大临工程早用地、重点工程顺利开工、征地拆迁工作能够满足全线工程分期开工、分批用地的需要，为保证主体工程工期创造条件；第四，要求施工单位积极配合征地拆迁工作，协议一旦签订落实，必须及时组织设备进场推进。

（二）技术措施

采用网络化计算机技术，实现工程进度信息化管理。根据总体网络计划，采用工程计划管理软件，通过关键线路网络监控法、形象进度监控法、单项进度指标监控法等方法，对工程实施动态、实时监控；各个阶段结束后，保持经常性对比分析，评定项目进度状况，尤其是关键线路上的工程进度，对下期工作做出安排，建立新的网络计划。根据形象进度拟定出单项进度指标，确保总工期目标的实现。

在过程控制中，加强调度管理，实行施工进度报告（日报、周报）制度，掌控工程进展情况，及时比对重点工程的实际进度和计划进度的偏差，分析成因，采取相应的对策措施。

（三）合同措施

硬化合同管理，确保各种生产资源的有效投入，为保证工期提供物质基础。

根据施组要求，在招标阶段对强制性施工设备提出要求，要求中标单位承诺装备、人力和资金投入。在工程建设中以合同为依据，硬化合同管理，要求施工单位兑现投标承诺，保证各种生产资源的有效投入，为工程进度按期开展提供物质基础保障。

（四）经济措施

严格执行铁道部〔2008〕247 号《关于铁路建设项目施工及监理考核的指导意见》的规定，按批准的施工组织设计的工期考核，如果工期按期或提前完成，工期、质量及安全等平时考订、项目考核均为甲级时，按合同约定支付全额合同价款。在全线建立进度管理激励制度，奖优罚劣，促进各建设管段进度平衡建设伊始，在全线组织开展建设客运专线重要意义的宣传教育，增强所有参建人员的荣誉感、责任感、使命感、成就感，凝聚合力、为保证工期目标夯实思想基础。

建设中，适时组织多种形式的劳动生产竞赛，将行政监督检查和思想动员工作有机结合，加强相互观摩评比，结合奖罚措施，确保参建全体人员始终保持旺盛的活力，达到掀起施工高潮，加快施工进度的效果。

（五）工作机制

建立建设工作周例会、月度推进会、季度检查评比现场会、年度工作会议等工作制度。

每周一上午，由宁安公司组织召开各部门参加的周工程例会，总结一周工作，解决存在问题，研究布置本周工作安排；下午召开全部项目部和监理站、设计现场配合组参加的周例会，通报上周完成情况，部署本周完成任务，解决存在的问题。

每月初，宁安公司结合周例会，重点传达上级要求，通报月度任务完成情况，集中梳理建设推进中存在的突出问题，制定对策措施和责任展开表，落实相关部门的责任，部署推进下一步工作。

每季组织召开季度工作检查评比会，有关设计院、工程局、监理公司分管局（院）领导、项目经理参加，主要是通过现场观摩和点评，倡导先进，推广典型经验和好的做法，更好地落实建设新理念要求。对于工程进度严重滞后施工组织的单位，要求项目经理公司交班，集团公司主管领导参加的施工专题会，来推进工程项目的建设。

每年组织召开一次全线建设工作会议,主要是总结上年度建设工作,隆重表彰建设、设计、施工、监理单位的先进集体和先进个人,大力弘扬先进典型,全面深入细致地贯彻落实总体部署,对全年建设工作做出系统安排。

(六)工期控制要点

(1)积极努力,做好项目开工准备工作。建设、设计和施工单位专人负责,采取切实可行的措施,及时完成环境保护、水土保持、地质灾害和压覆矿床、用地等的评估报批,及早签订立交、航道等协议,搞好建设协调和征地拆迁工作。

(2)强化设计管理,及时交付施工图,保障全线工程按施组要求连续展开。在前期准备工作比较充分的基础上,进一步加强对设计、咨询工作的管理,开工后创造条件及时开展补勘工作,加快推进特殊工点的施工图设计,抓好施工图的咨询优化,确保施工图供应满足先期工程、重点工程和分步展开工程的施工需要,为全线工程正常、连续推进提供设计保证。

(3)组织监理单位审核实施性施工组织设计,施工进度计划,对照合同落实资源配置。分解编制标段工程和重点工程实施性施组,贯彻重点先行的原则,强化关键线路的专业管理和过程控制,落实节点工期,在实施中及时优化调整,保证总工期目标的有序实现。

(4)做好物资供应。根据施组安排,及时组织甲供物资招标,提高物资供应计划性和超前性,积极做好物资调剂,保证工程急需。

(5)采用新技术、新设备、新工艺加快施工进度,实时跟踪工程科研攻关项目的进展,做好消化吸收、转化应用。开展首段首件示范,快速形成成果,积极推广,保证科技生产力效益、效率最大化。科学制定施工方案,合理安排施工顺序,组织平行流水作业,缩短作业时间。

(6)组织监理单位监督、检查施工进度计划的落实情况,进行工期风险分析,督促施工单位及时调整进度计划,根据工程进展,实行施组动态管理,及时调整施组以适应施工情况发生的变化,纠正进度偏差。

(7)保证资金供应。建设单位将加强建设资金的统一筹措和调剂,加大与地方的协调力度,督促地方资金尽早到位,保证工程建设资金足额到位。

二、节点工期

(一)总体进度目标

开工日期2009年6月1日,竣工日期2013年5月31日,总工期48个月。安庆长江大桥力争2009年4月1日开工,2013年5月31日完成,总工期50个月(后期工期多次调整,详见本章第二节)。

施工准备期:3个月。

路基工程填筑工期:8～16个月。

隧道综合进度:根据围岩级别不同分别按单口月成洞60～150 m考虑,8～15个月完成。

桥梁下部工程及现场现浇梁(含连续梁跨)工期:11～20个月;箱梁在制梁台座的脱模时间为4.5 d,箱梁占用存梁台座时间按38 d计算。综合运、架简支箱梁平均架梁进度1.5孔/d,12～18个月完成。具体进度如下:每台架梁机架梁长度$L\leqslant 8$ km时,2孔/d;每台架梁机架梁长度8 km$<L\leqslant$12 km时,1.5孔/d;每台架梁机架梁长度$L>12$ km时,1孔/d。

轨道铺轨综合进度:1.0 km/d;10～12个月。

站后配套、四电工程综合工期:3～12个月。

(二)各专业工程节点工期

1. 路基工程

沿线软土分布广泛,为保证路基工后沉降量及稳定安全系数在允许范围之内,软土路基地段采用搅拌桩、CFG桩加固、管桩等加固处理措施。为满足路基填筑工期及质量要求,路基工程施工流水区段划分应根据所配备的施工机械的能力及数量确定,并满足填筑工艺要求。路基工程流水区段一般应大于200 m或以构造物为界。

除路基工程本身施工和沉降外,考虑运架梁通过,如果考虑到雨季施工的影响及软土路基地段的工后沉降要求，全线路基施工计划安排 8～15.5 个月，2010 年 1 月 1 日～2011 年 8 月 15 日(最终调整为 2015 年 3 月 31 日)，其中：

(1)地基处理：2010 年 1 月 1 日～2010 年 6 月 15 日。

(2)路基填筑至基床底层施工：2010 年 3 月 1 日～2010 年 12 月 31 日。路堤填筑尽可能避开雨季施工，软土或松软土地段路基根据设计要求考虑自然沉降期。

(3)软基地段预压期考虑 6 个月，工后沉降评估 1 个月。

(4)每小段基床表层级配碎石施工按 20 d 考虑。2010 年 9 月 1 日开始施工，全线路基主体 2011 年 7 月 15 日前基本完成。架梁先期通过地段确保在 2010 年 10 月 31 日前完成。

路基填筑过程中，一定要注意抢抓涵洞和小框架桥的施工，保证过渡段的填筑时间和质量保证。接触网基础、声屏障基础、水沟电缆槽过轨管线与路基本体同步施工。

2. 桥梁工程

桥梁主要控制工程为安庆长江大桥，主体工程必须在 2012 年 4 月底完成，以确保至安庆方向的铺轨能顺利通过本桥。除长江大桥外，扁担河、漳河、顺安河、秋浦河等特大桥均为 10 km 以上特大桥，青弋江特大桥为(32＋136＋32)m 连续梁拱，桥梁工程较为艰巨，全线桥梁工程的施工工期能否保证是整个工程总工期的关键，而特殊结构部分的施工又是单位桥梁工程的重点，合理安排施工工序是保证桥梁工程的关键。

(1)桥梁下部及连续梁施工

桥梁下部工程根据其各自情况，合理划分施工段落，组织流水作业。对于有岩溶的桥梁基础等必须提前补充地质资料，保证工期和质量要求。

连续梁的挂篮施工工期是整个桥梁施工组织的重点。连续梁施工进度综合指标如下：0 号块施工 45 d；挂蓝安装调试 15 d；节段悬浇 9 d/块；合龙段施工 10 d。

对控制全线总的施工工期的桥梁工程，尤其是水上施工的连续梁结构部分，作为整座桥梁工程的重点部分优先考虑，力争在一年中可连续施工的季节完成，以确保该重点部分工程两端的简支梁的架设工作顺利进行。桥梁下部及连续梁工程施工工期按 11～20.5 个月考虑。制梁场先架梁的桥梁必须在 2010 年 10 月完成，满足 2010 年 11 月开始架梁的总体安排。其余桥梁下部及特殊孔跨结构工程于 2011 年 7 月中旬前完成(青弋江桥连续梁拱 2012 年 2 月 28 日完成)。

(2)架梁施工

梁场建设和箱梁生产是桥梁施工的另一个重点，力争尽早开工。2010 年 12 月完成取证，2010 年 12 月开始批量制梁，2012 年 4 月基本完成制梁。综合考虑桥梁分布、孔跨类型、孔数、箱梁的运输以及控制工程地点等情况后，在沿线箱梁集中地段设置 10 处箱梁预制场，承担制架梁任务。各架梁区段施工工期按 9～13 个月考虑，总架梁工期控制在 21 个月，工期为 2010 年 12 月 16 日～2012 年 4 月 15 日(最终调整为 2015 年 1 月 31 日)，弋江站制梁场由于受青弋江特大桥的制约，宁安线青弋江桥 2012 年 5 月 15 日架完，新皖赣线青弋江桥 2012 年 9 月 26 日完成。

3. 隧道工程

隧道施工工期按 8～15.5 个月考虑，工期为 2010 年 3 月 1 日～2011 年 7 月 15 日(最终调整为 2013 年 9 月 30 日)。

隧道施工区段一般以每座隧道为一个基本的施工单元，设一个作业面。隧道工程作业进度综合指标如下：施工准备 90 d；单口掘进 85 m/月；设备安装 60 d/座；整修验收 15 d。

钟鸣二号隧道全长 753 m，全隧道处在 9.5‰下坡段及处在浅埋地段，地质条件较差，为本线重点隧道。

4. 轨道工程

正线一次铺设无缝线路，采用厂焊长钢轨铺轨机铺设，在铜井、铜陵东各设置 1 处铺轨基地。铜井、铜陵东站铺轨基地，分别各自向南京、安庆双向铺轨。无砟轨道铺轨进度按 5.0 铺轨公里/d 考虑，有砟轨道铺轨进度按 1.0 单线公里/d 考虑。施工期间做好提前备料工作，确保工程用料要求。

铺轨工程是本线控制工期工程之一，无砟轨道板铺设具体工期为 2011 年 2 月 10 日～2012 年 5 月 20 日(最终调整为 2014 年 4 月 30 日)。路基在完成预压和基床表层填筑后留 1 个月进行路基附属及 CP Ⅲ的测设，然后铺无砟轨道板；桥梁在简支梁架设完成后预留不少于 2 个月的沉降评估、桥面系施工和 CP Ⅲ测设时间,连续梁、刚构梁、系杆拱、钢箱拱等特殊结构在完成后留 6 个月的徐变观测时间,之后进行无砟轨道板的铺设;隧道在二衬完成后留一个月进行 CPⅢ测设和水沟等附属工程施工,之后进行无砟轨道板的铺设。

2012 年 6 月完成长轨铺设。各工作面开工时间结合架梁和路基预压要求具体考虑,原则上在铺轨到达之前一个月前完成。

铺轨半个月后,开始逐段长轨锁定,长轨锁定按 3～4 km/(d·班)进行。长轨锁定和精调安排在 2012 年2 月 1 日～2012 年 6 月 30 日进行。

无砟轨道施工作业指标见表 2-6-1,轨道工程施工作业指标见表 2-6-2。

表 2-6-1 无砟轨道施工作业指标(双班制)

序 号	工序名称	指 标
1	沉降评估、控制基桩测设	30 d
2	底座板混凝土浇筑	160 m/d(双线)
3	底座张拉及后浇带施工	8 d
4	轨道板铺设及精调、灌注	130 m/d(双线)
5	轨道板张拉	10 d

注:每月按 25 d 考虑。

表 2-6-2 轨道工程施工作业指标

序 号	工序名称	指 标
1	无砟道床长轨铺设	5 km/(d·台)
2	有砟道床铺设	1 km/(d·台)
3	道岔铺设	1 组/(40 d)
4	应力放散、锁定	3～4 km/(d·班)

5. 站后配套工程

通信基站建设、光缆铺设,信号电缆铺设,接触网基础及电力电缆铺设均与土建同步施工。后期以设备安装为主,施工工期相对较短,设备的订货、购置应提前安排。由于受路基、桥梁、轨道等工程施工制约,通信、信号特别是电气化工程可与铺轨工程并行施工,并在子系统调试开始前达标电气化,站后配套工程施工工期按 3～12 个月考虑。2012 年 11 月 30 日(最终调整为 2015 年 6 月 30 日)前完成并满足开通运营要求。

6. 轨道静态精调及子系统调试

铺轨完成进行轨道静态精调,轨道静态精细调整分就位、粗调和精调。首先要确定中线位置,再进行轨面高程、线间距等精调,最后进行轨距、轨向、高低、水平(超高)及相关变化率精调。同时四电各子系统进行单项调试和网络优化。2012 年 3 月开始,2012 年 6 月完成(最终调整为 2015 年 6 月 30 日)。

7. 联合调试及试运行

各系统要进行联合调试,依据轨道、接触网等设计资料,对轨道几何状态、道岔状态、接触网悬挂参数、弓网受流性能等测试数据进行认真分析研究,提出精调方案并认真实施;要对应答器报文、列控系统和 GSM-R 参数进行修正,并对 GSM-R 网络进行优化等。

采用实际运营列车或检测列车,对客运专线各系统的状态、性能和系统间匹配进行综合测试、验证、调整、优化,使客运专线整体系统达到设计要求。在试运行中,要对客运专线整体系统在正常条件或非正常条件下运行调度指挥、行车组织和应急救援等能力进行全面演练,认真验证是否具备开通运营条件。

8. 正式开通

全线 2013 年 1 月 1 日正式开通(最终调整为 2015 年 10 月 1 日)。

第四节 重点控制工程工期控制

安庆长江大桥为本项目重点控制工程。

一、工程概况

安庆铁路长江大桥全长 2 996.8 m,其中主桥采用跨度为(102.29+188.5+580+217.5+159.5+117.5) m的钢桁梁斜拉桥;非通航孔正桥采用 6 孔跨径 64 m 预应力混凝土简支箱梁;池州安庆侧引桥采用 16 孔梁长 32.6 m 预应力混凝土简支箱梁;跨大堤桥采用(48.9+86+48.8)m 预应力混凝土连续箱梁;安庆侧引桥采用 15 孔梁长 32.6 m 预应力混凝土简支梁及 2 孔梁长 24.6 m 预应力混凝土简支梁,其中宁安线采用箱梁,阜景线采用 T 梁,本阶段引桥 T 梁暂不架设。全桥立面布置如图 2-6-1 所示。

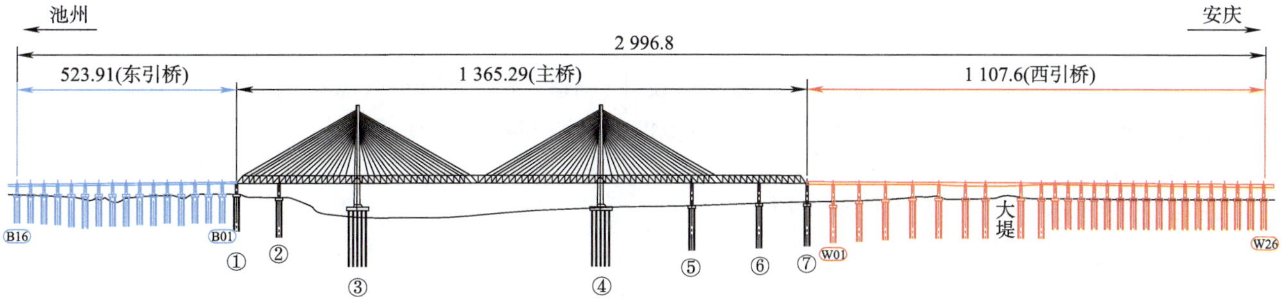

图 2-6-1 全桥立面布置图(单位:m)

主桥布置如图 2-6-2 所示。主梁为三片主桁钢桁梁,桁间距 2×14 m,节间长 14.5 m,桁高 15 m。主塔为钢筋混凝土结构,塔顶高程+204.00 m,塔底高程−6.00 m,斜拉索为空间三索面,立面上每塔两侧共 18 对索,全桥 216 根斜拉索。

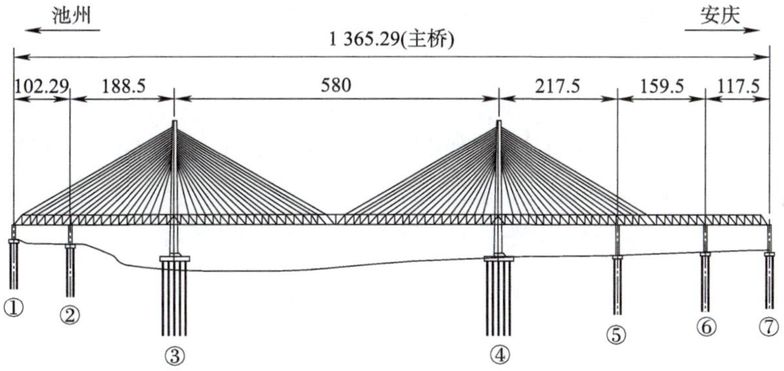

图 2-6-2 主桥立面布置图(单位:m)

主桥基础:1 号、2 号墩为陆地墩,采用矩形空心墩,矩形承台,采用陆地法施工;承台基础为 14 根 ϕ1.5 m 钻孔桩,行列式布置,1 号墩桩长为 28 m,2 号墩桩长 39 m。3 号主塔基础采用 37 根 ϕ3.0 m 钻孔桩基础,桩长 108 m,梅花形布置,桩间距 7.6 m;圆形承台,直径 51 m,采用双壁钢围堰法施工。4 号主塔基础采用 37 根 ϕ3.0 m 钻孔桩基础,桩长 113 m,梅花形布置,桩间距 7.6 m;圆形承台,直径 51 m,采用双壁钢套箱围堰法施工。5 号、6 号、7 号墩采用实心墩,矩形高桩承台,5 号墩承台采用双壁钢套箱围堰法施工,6 号、7 号墩承台采用钢板桩围堰法施工;5 号墩承台基础为 15 根 ϕ2.5 m 钻孔桩基础,桩长为 51 m,行列式布置;6 号、7 号墩承台基础各为 12 根 ϕ2.5 m 钻孔桩基础,行列式布置,6 号墩桩长为 75 m,7 号墩桩长为 70 m。

主塔:3 号、4 号主塔结构尺寸相同。塔柱采用钢筋混凝土结构,桥面以上为倒"Y"形,桥面以下塔柱内收为钻石形。

主梁:主梁为"N"字形桁式,横向采用三片桁结构,主桁的横向中心距各为 14 m,桁高 15 m,节间距 14.5 m。

斜拉索:斜拉索采用三索面扇形布置,梁上间距为 14.5 m,锚点设在上弦杆上。斜拉索一端锚固在主塔箱体内,一端锚固在主梁的锚箱上。在主塔塔柱内张拉。

二、工程特点、重点及难点

1. 主要工程特点

(1)跨度大,主跨 580 m,在同类型铁路桥梁中跨度最大。

(2)塔柱高度大,承台以上塔高 210 m。

(3)主塔墩基础尺寸大,地质条件复杂。3 号、4 号墩承台直径达 57 m,3 号墩覆盖层浅,且需在汛期施工,正桥桥位处水流速度大、水位变化大、水流冲刷对桥梁基础施工影响大,围堰制造、浮运、定位技术难度大,施工技术含量高。

2. 工程施工的重点

(1)水中主塔墩基础工程:包括大体积基础围堰设计、制造、浮运、定位;大型护筒制造、吊装、下沉,大直径深孔钻孔桩施工,承台大体积混凝土供应、浇筑,墩位处的冲刷防护等内容。

(2)主塔工程。

(3)钢桁梁与斜拉索的制造与安装工程。

3. 工程难点

(1)池州岸电力供应距离远。

(2)工程主桥施工区域水深、流速大,航道繁忙,特别对主墩基础施工采用双壁钢套箱围堰,制作、下河、浮运、定位施工难度大。

(3)钻孔桩为大直径超深度钻孔桩,长桩数量多,需在深水中插打钢护筒,桩位精度控制难度大。

(4)主墩围堰封底及大体积承台混凝土施工质量控制及混凝土施工组织难度较大。

(5)安庆侧无索区钢梁架设困难。

(6)钢桁梁安装中的精度控制和斜拉桥主索索力控制难度大。

三、总体施工组织安排

计划开工日期 2009 年 4 月 1 日,完工日期为 2013 年 5 月 31 日,总工期 50 个月。其中:桥上铺轨 2012 年 8 月 1 日～8 月 30 日,轨道精调、四电、子系统调试 2012 年 9 月 1 日～11 月 30 日,联调联试与试运行 2012 年 12 月 1 日～2013 年 5 月 31 日(最终工期随全线工期进行调整)。

四、工期控制措施

(一)合理布设大临设施

分别在池州侧和安庆侧布设施工便道、供电及码头、栈桥等大临设施。

1. 池州侧

在桥梁上游侧设置宽度为 8 m 的施工便道,从引桥 E16 号墩～2 号墩江岸边,并与水上浮桥连接。在 1 号墩与 2 号墩之间穿过桥位经池州侧生产区与池州侧栈桥、码头连接。现场设 4 个变压器,总功率 2 715 kVA。在桥位 DK244+910 下游侧约 272 m 处设置栈桥码头,作为原材料水上运输通道。从岸边到码头采用栈桥连接。码头下游设 20 t 桅杆吊机作为码头吊机。吊机基础采用打入钢管桩。

2. 安庆侧

由防洪堤堤顶放坡修建施工便道通往桥位。在 4 号墩～W26 号墩共布置 9 台变压器,总功率为 5 790 kVA。为保证电网停电时施工能正常进行,另配设备用电源。桥位主桥边墩 6 号墩～W03 号墩修建双侧栈桥。栈桥基础采用钢管桩,栈桥主梁采用贝雷桁组拼而成的多跨连续梁。双侧栈桥上均设 70 t 龙门吊机走道。上游侧栈桥上设置平板车轨道、桥头设起重码头,下游侧栈桥桥头设砂石码头。在桥位下游侧距桥轴线约 228 m 处修建一栈桥,栈桥前端设码头,作为主桥 3 号墩施工材料和机具设备、钢梁、钢筋笼、钢护筒、斜拉索等的水上运输通道。

(二)主塔墩基础施工

主桥施工区域水深、流急,基础施工围堰及护筒的精确定位是主塔墩施工重点。3 号、4 号墩钢围堰在洪水位期间进行施工,施工难度大,安全风险高。

1. 总体施工方案

针对主墩基础规模大，航道繁忙、水深，3 号墩基础无覆盖层、岩面倾斜，4 号墩桩基河床有覆盖层，但岩面高低不平，表部岩层风化、松散等情况。经研究，3 号墩、4 号墩墩基础施工采用先围堰、后平台、先封底、后钻孔，最后围堰抽水施工承台的施工方案。

2. 围堰施工

围堰采用与承台形状相同的圆形钢套箱围堰，考虑到围堰尺寸巨大，在覆盖层中下沉较深，又是在汛期施工，围堰平面位置偏差及垂直度较难控制，因此，采用比承台直径大 1 m 的围堰内径(围堰内壁与承台外缘留 0.5 m间距)。围堰外径 56 m、壁厚 2 m，3 号墩围堰高度 42.88 m，4 号墩围堰高度最初设计为 37.4 m，后因河床冲刷超过预期，为确保围堰能安全着床并进入足够河床深度，保持稳定，决定加高 4 m，即将围堰高度调整为 41.4 m。

围堰块件钢结构加工厂加工制造，然后船运至现场安装。围堰分节组装、吊装、定位。

3 号墩围堰底节组拼在江边进行，围堰下河采用圆柱状长形橡胶充气耐高压气囊滚动体辅助。

4 号墩围堰因隔仓后装，缺少气囊法下河所需的平行边井壁(仓)结构，故底节围堰采用整体起吊下河方案。围堰在由铁驳组成的浮式平台上组拼，底节围堰组拼完成后浮吊整体起吊放入水中自浮，完成下水。

中、上节围堰在墩位处采用水上拼装，采用散拼法逐块、逐节拼装的接高方案。

3 号墩围堰着床前，采用高压射水配合吸泥的办法进行河床清吸，以切削和破坏胶结较好的风化岩层，保证围堰顺利着床就位。

4 号墩着床后需继续下沉，围堰理论穿过的覆盖层厚度达 13 m 以上。为减少围堰在覆盖层中的下沉深度，缩短下沉所需时间，在不具备众多起吊设备的情况下实现多台吸泥机围堰内同步快速抽吸泥沙，确保围堰均匀下沉，不出现大的偏斜，是施工难点。经过研究，充分利用河床自然冲刷这一原理，在接高下沉过程中通过适时移动位置，使墩位围堰范围河床覆盖层完成自然冲刷，有效减少了围堰在覆盖层中的下沉深度。4 号墩围堰着床后在覆盖层中下沉采用吸泥机吸泥下沉方案。共布置吸泥机 12 台(ϕ273)，沿围堰内壁周圈均匀布置。

围堰封底面积与混凝土灌注量巨大，采用在平面上设置隔舱将围堰分成多个封底区域，分区进行，减小了单次封底面积和混凝土数量，又降低原材料和混凝土供应压力，提高了封底质量。封底混凝土采用垂直导管法灌注，由低处向高处进行，最先灌注最低处导管。

井壁混凝土填充在围堰下沉到位后进行，采用水下导管拨球法灌注。井壁隔仓混凝土采取对称台阶图法方式灌注，逐仓进行。

3. 钻孔平台搭设

钻孔平台采用焊接工字钢梁，共布置 7 组(P1～P7)，每组由 2 根工字钢梁组成，各组工字钢梁相互间通过间断设置的翼缘平联和腹板间竖向横联联结成整体。围堰平台上除桩孔外满铺花纹钢板。未钻孔桩位或已成桩孔位洞孔兜挂安全网，并设安全围栏。平台梁的上游面和下游面的外侧，设置三角托架悬挑平台，用于布置变压器、压风机、现场值班房等设备。

4. 钻孔施工

3 号墩河床无覆盖层，围堰内彻底清基后岩面与围堰、封底混凝土结合成整体，桩孔与外界彻底隔离，具备清水钻孔条件，采用清水钻孔工艺成孔。4 号墩桩基比 3 号墩长 2 m，且河床有覆盖层，虽然钢护筒打入岩中，但因岩面高低不平，表部岩层风化、松散，情况相比 3 号墩要复杂，因此采用保水头钻进的清水钻工艺方法钻孔方案，即钻孔时始终维持孔内水位比孔外(围堰)水位高 2～3 m，使桩孔水头压力大于护筒底覆盖层的压力，设法防止孔口处坍塌现象发生。

每墩采用 8 台 KTY4000 型动力头钻机进行钻孔，分批次进行。钻机顺平台主梁方向摆放，先钻 ϕ3.4 m 桩孔，然后更换为 ϕ3.0 m 钻头钻进其余 ϕ3.0 m 桩孔，钻孔时采用楔齿滚刀钻头。钻孔桩施工起重设备采用 250 t 和 150 t 浮吊各 1 台，用于钻机移位、钻杆接长、下放钢筋笼等起重作业，另在围堰顶布置 1 台 TC7035B 塔吊，用于小重量物件吊运。

5. 护筒施工

3 号墩无覆盖层，钢护筒下口无法牢固定位，为避免封底时桩位钢护筒位移，确保桩位准确，将各桩位钢护筒分成五大群组，每个群组的钢护筒相互联结成整体。护筒及连接系在钢结构车间制造，然后运至栈桥前方码头上按吊装顺序拼装成各群组。护筒群组拼装完成后用运输铁驳浮运至墩位进行吊装。护筒各群组的外侧设有限位撑杆，在护筒群组顺导轨(事先在围堰及围堰隔舱顶的钻孔平台支承立柱安装时完成)下放到位后将撑杆与围堰壁、底隔舱顶紧，防止其在平面发生位移。

4号墩钢护筒在安庆侧生产区钢结构工厂分节加工制作，单节卷制长度2.0 m，采用整长钢板卷制。单节卷制完成后再在台架上组拼成8 m长标准节段存放，在开始护筒插打前运至栈桥前端码头平台的长组装台架上再组焊成单根长48 m钢护筒。接长完成的钢护筒下河后用船舶运输至墩位进行插打。采用2台并联的APE-400型振动打桩锤进行插打，护筒插打的起吊设备为1台400 t全回转浮吊和1台260 t固定扒杆浮吊。护筒插打时在平台梁顶面和底面设有定位导向框，确保护筒插打时平面位置和垂直度符合要求。护筒插打时遵循先外圈后内圈、先插打承重钢护筒(设支承环支点的护筒)后插打普通钢护筒的原则，当全部护筒吊装就位后再开始进行插打工作。

6. 承台施工

3号墩基础封底混凝土顶面至承台底面间空腔层较小，该空腔层采用粗砂回填，以便作为承台浇筑时的承重支承层。承台分2次浇筑完成，第1次浇筑3.0 m，第2次浇筑5.0 m，施工缝处凿毛处理。承台施工步骤如下：平台拆除，围堰抽水→清淤→布设虑水设施→填砂、压实处理→浇筑钢筋混凝土垫层→凿桩头→立模→钢筋绑扎→第1次承台浇筑→绑扎中顶层钢筋及塔座、下塔柱预埋筋→承台底2次浇筑。

4号墩承台直接在封底混凝土顶面上进行，采用50 cm厚硬泡沫板做侧模(与混凝土接触面一侧贴有彩钢皮)；承台分层灌注，第1层3.5 m，第2层4.5 m。

(三)主塔塔座、下塔柱、横梁施工

3号、4号墩主塔座采用一次整体浇筑，按大体积混凝土进行施工，塔座内部设置有冷却水管。

下塔柱施工划分七段完成，顶部浇筑至与横梁下倒角位置处(标高＋31.5 m)，各段分界面水平设置。为靠模方便，确保下塔柱与塔柱结合良好，与塔座结合部的一段下塔柱(起始定位段)与塔座同步施工。

横梁为空腔结构，钢筋、管道密集，混凝土方量大，横梁高度上分两次浇筑完成，支架法施工。第1次浇筑高度4.5 m，第二次浇筑3.5 m。

横梁两端的第七、八节段塔柱模板采用爬模系统。横梁底模、侧模、内模采用木模，根据浇筑高度分上下两次立模。横梁设有预应力钢束，横梁首次混凝土浇筑后，待混凝土强度达到设计要求，张拉10根底板预应力束N1。待第二层横梁混凝土浇筑完毕且混凝土强度及弹性模量均达到设计值100%后张拉除N4、N5外所有预应力束，中塔柱施工至标高＋71.5 m后张拉N4、N5预应力束。

(四)主桥大跨度钢桁梁架设

主塔3号、4号墩墩顶4个节间的钢梁杆件由船运至墩位处，用浮吊直接起吊架设，其余杆件由架梁吊机架设。为便于钢梁安装，架设前在预拼场将部分可整体吊装零散杆件组拼成大部件。

安庆侧无索区钢梁架设：安庆侧无索区钢梁共12个节间，采用膺架施工，散拼法安装，自7号墩向5号墩方向架设，吊装设备为200 t浮吊。墩顶4个节间采用200 t浮吊散拼架设，并逐节间滑移安装就位的方法施工。

有索区普通节间钢梁架设：当桥塔墩横梁顶4个节间钢梁安装完成后进行主塔墩有索区钢梁安装架设，架设时以墩中心为对称轴，分别同时对称地向两侧进行，每架一个节间，挂设张拉一对斜拉索，逐节间进行。

4号墩前期超重钢梁架设：4号墩部分节间钢梁超重，吊机只吊装其站位处前方一个节间的钢梁，架设一个节间前移一个节间，直至这部分超重节间钢梁架设完成。

4号墩大悬臂架梁状态下的塔梁同步施工：为满足同步架梁要求，减少钢梁长时间大悬臂等待的安全风险，4号墩实施多节段塔梁同步施工，同步施工的塔柱节段数为6个节段(第30～第35节段)，钢梁架设10个节间(主跨E46～E56节间，边跨E64～E74)，节约工期多达120 d，效果显著，实现两岸钢梁按期合龙。

中跨合龙：中跨合龙具有钢桁梁刚度大、合龙点多(9处，其中弦杆6根，斜杆3根)、合龙点空间坐标影响因素多等特点，施工难度大。利用大型有限元软件对合龙口进行敏感性分析，计算不同工况下边桁上弦、边桁下弦、中桁上弦和中桁下弦的位移，根据计算结果分析合龙口调整方法。

中跨合龙后，边跨钢梁利用架梁吊机继续架设E80～E81节间后，即开始进行边跨合龙段E81～E82节间的架设。边跨合龙具有合龙口处转角大、合龙对位、调整手段有限、调整范围有限等困难，合龙前对边跨合龙口进行敏感性分析，计算不同工况下合龙口的变形，并根据计算结果分析合龙调整与控制措施。合龙时，先合龙下弦杆，再合龙上弦杆，最后合龙斜杆，所有主桁杆件闭合后，安装桥面板、上平联。

（五）主桥斜拉索安装

全桥共六种规格、216 根斜拉索。

3 号墩 1～4 号斜拉索（自重小于 122 kN）利用塔吊上桥，5～18 号斜拉索（自重 133～372 kN）利用钢梁提升站上桥；4 号墩 1～4 号斜拉索（自重小于 122 kN）利用塔吊上桥；5～18 号斜拉索（自重 133～372 kN）利用安庆侧架梁吊机上桥。

首先进行斜拉索塔端挂设施工，施工顺序为短索 1～4 号斜拉索→中索 5～10 号斜拉索→长索 11～18 号斜拉索。挂设完毕，进行梁面展索，钢梁上桁面上三桁各设置 3 m 宽通长的展索平台，使斜拉索锚杯能顺利牵引至钢梁锚箱处。然后进行梁端安装，中、短索（1～10 号）、长索（11～18 号）分组安装。同一索号 6 根斜拉索梁端安装到位之后，塔端 6 根斜拉索开始同步、对称进行硬性牵引，牵引的过程中控制好六套张拉机具的同步性。然后按照设计院分析计算的实际所需监控索力进行张拉，斜拉索张拉分索力张拉和调索两部分，张拉时，根据监控领导小组下达的张拉指令分级同步对称张拉，调索遵循的原则为调整后索力满足设计或规范要求，调索前做好索力检测和其他各种观测的准备工作。斜拉索二恒调索完成后，安装减振器、管口密封件、防水罩锚杯保护罩及索导管内聚氨酯发泡等配套材料。

第七章　投 资 控 制

第一节　项目资金筹措

2007 年 8 月 14 日，国家发展和改革委员会批复了项目建议书，根据《国家发展和改革委员会关于新建南京至安庆铁路项目建议书的批复》(发改交运〔2007〕349 号)，项目投资估算总额 167 亿元，其中工程静态投资 142 亿元，动车组购置费 20 亿元。项目资本金占总投资的 50%，其余资金利用中国工商银行贷款。

2008 年 11 月 14 日，国家发展和改革委员会批复了项目可行性研究报告，根据《国家发展和改革委员会关于新建南京至安庆铁路可行性研究报告的批复》(发改基础〔2008〕3072 号)，全线总投资为 257 亿元，其中工程投资 237 亿元，机车车辆购置费 20 亿元。项目由铁道部与江苏省、安徽省合资建设。项目资本金为 126 亿元，其中铁道部安排铁路建设基金 63 亿元，江苏省、安徽省分别出资 9 亿元和 54 亿元。资本金以外的资金利用中国工商银行等贷款解决。

2009 年 7 月 23 日，铁道部、江苏省政府、安徽省政府联合下达了《关于新建南京至安庆铁路南京南至铜陵东池州至安庆段初步设计及全线总概算的批复》(铁鉴函〔2009〕1401 号)，批复全线初步设计总概算按 288.54 亿元控制(含铁鉴函〔2008〕1547 号文件批复概算、不含新建皖赣铁路芜湖站至弋江段工程投资)。芜湖站至弋江段(DK84＋950～DK100＋200)新建皖赣铁路与宁安铁路同步实施工程静态投资按 16.8 亿元控制。后因芜湖、马鞍山东站、当涂东站、弋江站、繁昌站和安庆站站房建设规模扩大，根据《铁道部关于新建南京至安庆铁路芜湖等 6 座车站站房修改初步设计的批复》(铁鉴函〔2012〕1060 号)和《中国铁路总公司关于新建南京至安庆铁路安庆站站房及相关工程修改初步设计的批复》(铁路总公司办函〔2013〕239 号)，地方政府增加出资 4.72 亿元。

建设期间，根据铁道部发展计划司与安徽省发改委《关于安徽省铁路建设项目出资有关问题的协议》，南京至安庆铁路安徽省所出资本金由 54 亿元调整为 46 亿元，铁道部出资由 63 亿元调整为 71 亿元。

第二节　技术标准与规模的确定

南京至安庆铁路东起江苏省南京市，经安徽省马鞍山、芜湖、铜陵、池州等长江南岸沿江地带，跨长江后至安庆，全长 257 km。项目直接吸引区内经济活跃，人口密集，土地资源宝贵，客货运输需求潜力巨大。南京至安庆铁路是皖苏沪间交通运输较繁忙的通道，产业结构互补性强，目前通道内主要由宁芜铜铁路以及铜九铁路，国道 G205、G318 和宁马高速公路，以及长江航运组成。2005 年沿线全社会共完成客运量约 28 723 万人，其中铁路完成量占 5.5%，公路完成量占 93.1%；全社会完成货运量为 30 757 万 t，其中铁路完成量占 6.4%，公路完成量占 64.6%，水运完成量占 29.0%。区域交通运输结构不合理。现有宁芜线为单线铁路，技术标准低、运输能力小、客车旅行速度低，不能满足运输需要。预计到 2020、2030 年铁路通道最大区段客流密度分别为 1 760 万人/年、2 643 万人/年，货流密度 2 750 万 t/年、3 580 万 t/年，因此，迫切需要扩大通道运输能力。

南京至安庆铁路建设将扩大长江三角洲地区经济辐射范围，促进安徽沿江地区经济社会发展，提高铁路运输能力和服务质量，完善综合交通运输结构，促进沿线乃至苏皖区域经济持续快速发展具有重要意义。

根据国家发展和改革委员会《关于新建南京至安庆铁路可行性研究报告的批复》(发改基础〔2008〕3072 号)批复，确定新建南京至安庆铁路双线铁路长度为 257 km，技术标准如下：

(1)铁路等级：客运专线；

(2)正线数目：双线；

(3)速度目标值：200 km/h；

(4)最小曲线半径:3 500 m;

(5)线间距:4.6 m;

(6)限制坡度:12‰,局部经检算可不大于 20‰;

(7)牵引种类:电力;

(8)到发线有效长度:650 m;

(9)列车运行控制方式:自动控制;

(10)规划运输能力:客车 125 对/d。

第三节　合 同 管 理

一、建章立制,有效降低合同风险

工程建设项目的各类合同是建设活动中科学管理的重要依据,是贯穿于工程项目全过程的技术经济性文件,合同编制的好坏直接影响到工程项目的造价控制。合同是控制项目投资的关键和根本,为此宁安铁路有限责任公司制定了《宁安公司合同管理办法》(宁安计发〔2009〕58 号)。宁安公司在合同条款里充分体现风险合理共担的原则,明确双方责任和义务。在实施过程中,按合同内容建立分标施工预算,以此作为工程计价和已计价材料调差的依据,并做到用合同内概预算章节控制各标相应章节的计价总额。在实施中需逐步完善和硬化合同价款的补充条款,使各项费用的支出都纳入投资控制中。

为了确保投资可控、依法合规,结合路局、铁路总公司、审计署对宁安铁路项目的执法检查和各方审计意见,对部分标段需完善的合同进行了规范,并对公司批准的分包工程的合同进行核备。公司各合同经办部门一起积极主动地以审计的思路来强化合同条款,完善合同条款细节,将其细化纳入招标文件,成为未来验工计价和合同履约的主要法律文件,极大地降低了合同风险。

对经济合同的签订实行联签审核制度和“三重一大”的决策原则。合同经牵头部门、经办部门、合同管理人员审查后,提交分管领导审核,形成意见后将上述内容提交总经理办公会进行集体研究和决策,总经理办公会讨论通过后由经办部门按合同管理联签单规定的相关部门进行联签、主要领导进行批准。每年度形成的合同进行汇总提交董事会进行讨论通过。对于金额较大的合同必要时聘请法律顾问对合同条款进行把关,重点审核其是否符合法律规定,能否有效规避法律风险;审核是否为概算内项目;审核付款方式,明确资金的支付方式、时间、单价、金额等要素。

二、全过程监控合同履约情况

全过程监控施工、监理等单位的合同履约情况,严格重要岗位履约人员的变更标准和审批程序;检查关键设备的到场情况并督促及时补充;杜绝违规分包、转包行为。

根据项目建设的实际情况,在主合同的基础上,依法签订各项补充合同,努力解决现场实际问题,确保建设施工的顺利推进。计财部根据合同的签订情况,不断建立、完善合同管理台账,对合同管理台账进行实时动态更新,做到资金拨付合同依据充分,杜绝了无合同拨付以及超合同拨付资金的情况发生。

三、严格控制合同变更程序,合理使用变更资金

合同变更的管理是合同实施过程中成本控制的关键。对照合同实施过程中的实际情况与合同条款,由计划财务部组织其他部门进行会审,必要时与承包人、监理进行协商、谈判。专业部门重点从承包人所提出的变更申请的工程现场情况与技术方面,提出会审意见。计划财务部按照相关办法和合同,对变更金额进行审定,考虑同类合同变更情况的处理,最终提出合同变更处理意见,参与变更会审会议,审定合同变更金额。同时,对计量支付申请中完成工作的价格进行审核,并进行相关扣款处理。

四、规避合同纠纷,提高抗风险能力

认真解读、细化合同条款,针对合同执行过程中存在的问题,解决好合同争端和合同变更等问题。强化

风险管理,提高风险管理意识,制定防范风险措施,通过科学、合理的运作,增加内部抵抗风险能力,有效合理化解合同各种风险。

第四节　验工计价管理

验工计价工作是控制工程造价的核心环节,是进行质量控制的主要手段,是进度控制的基础,也是保障宁安公司和约束承包人履行合同义务的重要途径。

一、严格验工计价程序,明确各部门职责

为了明确各方职责,宁安公司制定了《宁安公司验工计价管理办法》(宁安计发〔2009〕58 号)、《宁安铁路建设工程监理验工计价管理办法(试行)》(宁安计发〔2010〕171 号),明确验工计价管理实行统一领导、归口管理,计划财务部负责牵头组织,工程管理部、安全质量部共同参与,分级审核。

验工计价是过程投资控制的一个重要行为。宁安公司成立验工计价领导小组,由总经理为总负责,分管总会计师为组长,主管部门为工程部、计财部,协管部门为安质部、综合部,配合部门为监理单位,计财部负责牵头协调各部门之间关系。验工计价周期为季度,验工计价的依据为合同、中国铁路总公司(或铁道部)关于宁安铁路有关费用批复文件、设计院报宁安公司核备的有关概算文件。工程部对主体工程数量、征迁工程数负责,安质部对安全生产措施组成负责,综合部对建设过程中各项激励约束费考核标准负责。公司在建设过程中形成以合同为依据、以事实为准绳,对各施工单位提出的验工数量各部门按职责分工进行层层把关、逐项复核,以保证验工数量的真实性、计价金额的准确性。计价控制的原则是各施工单位提出的项目计价额不得突破合同相应金额,超出部分原则上公司不予计价。对于政策性调整的计价项目,宁安公司在按铁路总公司(或原铁道部)、上海局相关规定进行计价外,通过第三方审价重点为核查材料价差的费用、岩溶处理工程、变更设计、三电迁改补偿等费用。通过计价行为真实、准确性以达到控制投资的目的。

验工计价的流程为:施工承包商上报现场已完且经检验合格的单位或分部工程→监理单位根据检验资料情况对验工项目的量、价进行确认→工程部会同安质部各专业工程师对验工项目和数量进行审核→第三方审价公司进行核价→计财部根据审价公司确认的量、价进行把关、审核→计算后的计价上报公司总经理进行批准→批准后的计价单(4 份)返还给各承包方,公司相关部门建立台账。

二、据实验工计价,严防超验、虚验

宁安公司要求监理单位应熟悉施工承包合同和设计文件,在开工前和施工中认真核对施工图,发现差错或与现场实际情况不符时,及时书面上报宁安公司,并明确监理工程师是工程计量的第一核查人,要求其认真检查现场提交的计量资料,包括形象进度、验收报告、验工计价表格签证是否齐全、有效,工程质量是否合格、是否达到计量要求等,杜绝不合理计量。公司工程管理部、安全质量部进一步核实经监理单位审核验工计价资料,严格按实际完成工程数量进行验工计价,计量支付的工程数量全部控制在工程量清单及项目范围内,超出工程量清单及工程项目范围的全部按变更设计办理相应手续。确保据实验工计价,严禁超验、虚验、预验。

严格计价审核,审核的内容及方法包括:

(1)核对各施工单位投标子目及单价与验工计价子目及单价是否一致,并核对各子目合价;

(2)核对经施工单位、监理、宁安公司专业工程师和部门负责人签字确认已完成的工程量与计价工程量是否吻合;

(3)检查各方签字手续是否齐全;

(4)严格核对各标段安全生产费的计价,严格控制安全生产费比例,施工单位应附安全生产费支出明细(或附相关凭证),由监理及宁安公司安质部专业工程师签字确认;

(5)风险费的计量应附合同规定内容支出的明细,并以合同内的费率进行控制;

(6)考核费按累计计价总额的百分比进行控制,并计列历次公司对考核单位的奖罚费用,按其最终结算总额来调整合同价款中的激励约束费;

(7)在审核中如有变化,对审核后调整的计价重新打印附后;

(8)监理等咨询单位的计价按月报表及结合监理日志、监理考勤确认;

(9)跟踪审计项目部每月 25 日向宁安公司出具跟踪审计月报。

三、引进第三方审价机构,加强计价控制

项目管理机构受制于人员定员、项目所处的外部环境、内部管理等各种因素,对建设过程中投资控制往往显得有点“力不从心”,这种“无力感”在对地方征迁计价中显得尤其明显。引进第三方审价来从事项目建设过程中变更、验工计价、结算等工作就显得尤为重要。宁安铁路有限责任公司委托北京中迪信众华工程造价咨询有限公司就宁安铁路项目全过程投资控制管理,按职责分工对全过程投资控制进行审批和监管。

四、验工计价形成抽查复核制度

基于初步设计招标的项目,在计价期往往因为设计各种原因,施工图预算尚未出全,项目管理机构在计价时存在着清单数量与实施数量不匹配的情况。施工单位往往在提报计价资料时采取“就高不就低”或者提报施工图较初步设计增加部分工程量的策略,对施工图较初步设计减少的工程项目,往往是有意无意地选择“漏报”;监理在审核过程中因时间、人员等或主观或客观的因素却不能予以核减。这就需要项目管理机构组织审价进行抽查复核,核查相关工程、监理日志,核查相关工程检验批,材料入账记录等内容。

宁安铁路复查制度重点是帮促“非传统铁路企业”建设管理走上正轨。六年来,公司对非传统铁路企业检查进行年度抽查全覆盖,重点抽查隐蔽工程如钻孔桩、搅拌桩、管桩、水泥土挤密桩、CFG 桩、水泥砂浆桩等地基处理工程,核减率较大,到了工程中期随着惩罚力度的加大,非传统铁路施工企业在验工计价上也逐渐走上正轨。

公司不定期组织审价单位对全线参建单位的工程及财务进行巡检,其主要内容包括:检查施工单位资金流向;检查施工单位的财务资料、工程资料,督促施工单位对其资料的真实性和完整性予以高度重视;检查施工单位材料购销合同及劳务合同,督促其规范操作;及时发现施工单位工程及财务资料中的不规范行为,督促施工单位及时整改。

五、坚持按验工计价进行资金拨付

基于计价基础上的拨款是投资控制管理的一个重点。根据合同双方签订的合同条款内容,合同一经签订即由项目管理机构拨付工程首付款(又称“启动资金”)。工程建设期间,项目管理机构严格按照批准的验工计价金额比例进行季度拨款,现行拨款额度一般不超过 90%,当单位工程验收后,该单位工程计价的拨款可达到此单位工程合同价的 95%。

建设期间,公司严格控制月份预支工程款的比例和额度。对于月份预支工程款的合同约定一般规定为:乙方应按甲方下达的施工计划和施工组织设计,提出月份用款计划;甲方审核后,按不高于下达的月份施工计划的 70%预支工程款。公司在审核月度用款计划时,及时在季度计价款予以冲回,确保资金的合理使用。

第五节　财 务 管 理

根据财政部关于印发《基本建设财务管理规定》的通知(财建〔2002〕394 号)、《关于解释〈基本建设财务管理规定〉执行中有关问题的通知》(财建〔2003〕724 号)及财政部、建设部《建设工程价款结算暂行办法》(财建〔2004〕369 号)的规定,结合铁道部、中国铁路总公司、原上海铁路局相关制度、办法的要求,宁安公司制订了《财务管理办法》等多项管理办法,规范铁路建设投资控制行为,提高建设项目财务管理水平,努力节约工程投资。

一、建立健全财务制度,规范财务管理

为规范财务管理,不断加强建设资金管理,使建设资金管理制度化,确保建设资金安全、完整和资金使用合法、合规,验工计价行为科学、规范,投资控制有章可循,根据国家、铁道部、中国铁路总公司、原上海铁路局和有关法律、法规、规章制度及相关办法的规定,结合宁安公司的实际情况,制定了《财务管理办法》《招投标管理办法》《投资控制管理办法》《建设期计划统计管理办法》《工程价款结算管理办法》《代征税款手续费使用管理办法》《合同管理办法》《验工计价管理办法》《大额资金联签管理办法》《财务会计管理信息系统管理实施办法》《监理验工计价管理试行办法》《全过程投资控制实施细则》《建设资金监管办法》和《建设工程竞争性谈判采购办法》等一系列管理办法和相关制度,从制度上保证了建设资金的合理使用,规范了建设资金拨付程序,严格控制了各项费用的支出,确保了工程建设的顺利推进。为明确计财部及各岗位职责,制定了《计划财务部工作职责》和《计划财务部岗位职责》,明确了工作流程、工作标准及责任人,做到了人人有指标、事事有人管。

二、强化资金源头控制,规范建设资金使用

确保工程建设顺利推进,防范资金风险,管好并用好建设资金。

1. 规范账户管理,确保专款专用

指挥部严格按照铁道部、中国铁路总公司和原上海铁路局有关银行账户管理办法的规定,规范银行账户开户手续,在工行芜湖长江路支行开设了基本户,并按照原上海铁路局要求挂接路局结算中心。同时要求各参建单位规范银行账户管理,所开设银行账户报公司备案,并禁止多头开户,分散建设资金;严禁挪用、抽逃建设资金,确保资金仅使用于工程建设;严禁对外投资、拆借、担保或其他违规等行为,从根本上规范建设资金使用管理。

2. 实行预算管理,满足项目需求

公司对资金实行预算管理,编制科学合理的资金预算,主要体现在两个层面。一方面是编制公司的资金需求预算,根据年度投资计划、施组方案、工程进度和节点工期安排,并考虑甲供料、工程质保金,上年资金结余和本年预计资金结余状况行款等各项因素,编制本年资金预算。由于征地拆迁、设计变更等诸多影响工程进展的因素多变,根据变化的情况及时调整资金预算。另一方面是审批施工单位的资金预算,根据月度投资计划、施工进度、甲供材料等情况审批次月资金使用预算。如果有的施工单位当月完不成施工计划,次月资金安排扣除未完成因素,实行月度资金预算动态管理。做到不超拨、不欠拨,基本实现了资金拨付和现场资金的实际需求相匹配。

3. 规范大额资金使用,有效防范资金风险

为规范公司大额资金运用,促进决策科学化、民主化和制度化,根据公司《大额资金联签管理办法》,对公司重大财务支付事项严格执行大额资金使用联签制度。公司主要负责人、总会计师、财务负责人以及经办部门负责人为大额资金使用联签制度责任人。

明确联签程序。由经办部门审查填制大额资金使用联签单,再由联签责任人在大额资金使用联签单上分别签署是否支付大额资金的意见。大额资金使用联签单正式件作为计财部支付的依据,并作为记账凭证附件。

明确联签过程中各承办部门和经办人员必须对提交资料及决策结果的真实、合法、合规性负责。

4. 加大资金流向监管,确保资金合理使用

明确规定资金流向的监管,施工单位按月编制资金支出预算,经公司签署意见后,方可使用。

三、加强合同管理,规范资金拨付依据

公司成立了以总经理为组长的合同管理领导小组,负责合同管理中的重大决策和部门协调工作,计财部作为合同归口管理部门,监督和规范合同的承办、谈判、审查、签订的程序,既避免了合同可能出现的漏洞,又从费用角度控制降低了投资,从而规范了资金拨付依据。

另外,根据项目建设的实际情况,在主合同的基础上,依法签订各项补充合同,努力解决现场实际问题,确保建设施工的顺利推进。计财部根据合同的签订情况,不断建立、完善合同管理台账,对合同管理台账进行实时动态更新,做到资金拨付合同依据充分,杜绝了无合同拨付以及超合同拨付资金的情况发生。

第六节　变更设计管理

变更设计的原则是“先批准、后变更、先设计、后施工”。

一、Ⅰ类变更设计程序

Ⅰ类变更设计严格按照《铁路建设项目变更设计管理办法》(铁建设〔2005〕146号)的规定执行。

(1)宁安公司组织有关单位研究,提出处理意见,勘察设计单位按处理意见完成变更设计;

(2)宁安公司会同审价单位对变更设计文件初审后,费用处理方案报原概算批复部门审批;

(3)变更设计文件应附工程数量和费用增减对照表;

(4)Ⅱ类变更设计文件按要求报宁安公司工程部、计财部备案。

二、Ⅰ类变更审核依据

(1)经批复的变更设计文件;

(2)收集整理变更设计签证;

(3)重点关注岩溶注浆,三电迁改,征地拆迁的变更;

(4)变更部位工程量增减对比分析;

(5)出具变更设计审核报告。

宁安铁路项目共发生变更近50项,计11.70亿元,详见表2-7-1所示。

表2-7-1　设计变更一览表

序　号	项目名称	批复金额(万元)	批复文号
一	铁路总公司(铁道部)批复	46 008	
1	关于新建南京至安庆铁路相邻正线到发线有砟轨道改无砟轨道等Ⅰ类变更设计的批复	5 294	铁鉴函〔2011〕967号
2	合福接入增设道岔	−677	铁鉴函〔2012〕776号
3	接触网电动开关	504	铁鉴函〔2012〕927号
4	宁芜铁路改线下穿宁安铁路同步实施隧道工程	2 375	铁路总公司办函〔2013〕267号
5	桥梁范围内声屏障变更	565	铁路总公司办函〔2013〕162号
6	宁安铁路DK1+320～DK3+408.5轨道工程	−1 273	铁路总公司办函〔2013〕42号
7	宁安警务区及值勤岗亭变更	1 533	铁路总公司办函〔2013〕378号
8	铜陵东至池州段铜九线通行普速列车Ⅰ类变更设计	6 793	铁路总公司办函〔2014〕367号
9	宁安铁路防护栅栏	5 968	铁路总公司办函〔2014〕378号
10	维修工区、保养点Ⅰ类变更	7 678	铁路总公司办函〔2014〕1259号
11	生产生活房屋补强Ⅰ类变更设计	2 092	铁路总公司办函〔2014〕1259号
12	DK82+400～DK83+700无砟改有砟	−1 239	铁路总公司办函〔2015〕58号
13	芜湖站宁安场8道到发线改由宁芜场控制Ⅰ类变更	−195	铁路总公司办函〔2015〕442号
14	芜湖地区涉铁生产房屋还建Ⅰ类变更	7 988	铁路总公司鉴函〔2015〕595号
15	弋江站电源线Ⅰ类变更设计	221	铁路总公司鉴函〔2015〕644号
16	桥下防护栅栏一类变更	5 011	铁路总公司鉴函〔2015〕934号
17	通信系统主干光缆调整一类变更	114	铁路总公司鉴函〔2016〕216号批复
18	南京南动车镟轮装置	3 256	铁路总公司鉴函〔2016〕853号
二	原上海铁路局批复	57 323	
1	关于新建南京至安庆铁路路改桥等变更设计的批复	1 559	上铁建函〔2012〕90号

续上表

序　号	项目名称	批复金额(万元)	批复文号
2	关于宁安铁路铜陵至池州段岩溶路基整治等Ⅰ类变更设计的批复	7 440	上铁建函〔2012〕829 号
3	宁安铁路与沪汉蓉铁路并行地段Ⅰ类变更设计的批复	603	上铁建函〔2012〕534 号
4	安庆长江大桥 W01、W02 号墩岸上变水上Ⅰ类变更设计的批复	326	上铁建函〔2012〕954 号
5	铜陵东站无站台柱雨棚基础Ⅱ类变更设计	541	上铁建函〔2013〕1352 号
6	铜池段桥梁岩溶处理工程Ⅱ类变更设计	5 766	上铁建函〔2013〕1447 号
7	池州站排水Ⅱ类变更设计	523	上铁建函〔2013〕1801 号
8	宁安铁路池州到发线轨枕类型Ⅱ类变更设计	−45	上铁建函〔2013〕1352 号
9	隧道扩孔Ⅱ类变更设计	580	上铁建函〔2014〕1856 号
10	当涂东站路堑开挖方法变更Ⅱ类变更设计	1 298	上铁建函〔2014〕1952 号
11	南京南增加人工清洗线Ⅱ类变更设计	300	上铁建函〔2014〕1948 号
12	扁担河特大桥钢板桩基础施工等变更	5 062	上铁建函〔2014〕2182 号
13	姑溪河特大桥基础相关工程施工等变更	614	上铁建函〔2014〕2182 号
14	NASZ-4 标段梁场及混凝土拌和站变更设计	3 322	上铁建函〔2014〕2182 号
15	DK214＋550～DK215＋030 段地基处理Ⅱ类变更设计	474	上铁建函〔2014〕2188 号
16	铜池段取土场及填料变化Ⅱ类变更设计	3 675	上铁建函〔2014〕2188 号
17	四院范围取土源点调整Ⅱ类变更设计	12 562	上铁建函〔2014〕2188 号
18	四院范围岩溶变更	5 451	上铁建函〔2015〕801 号
19	安庆北存车线独立供电单元二类变更设计	319	上铁建函〔2015〕809 号
20	宁安铁路芜湖等 7 座站房钢结构涂装二类变更	754	上铁建函〔2015〕851 号
21	接触网加装防鸟害装置二类变更	125	上铁建函〔2015〕809 号
22	牵引变电所信息采集二类变更	450	上铁建函〔2015〕809 号
23	宁安铁路芜湖等 7 座车站站房 LED 灯Ⅱ类变更	664	铁建函〔2015〕851 号
24	安庆长江大桥引桥放坡变钢板桩	597	上铁建函〔2015〕1601 号
25	江宁南等 3 站雨棚桩基础变更二类变更设计	452	上铁建函〔2016〕643 号批复
26	芜湖站站房结构与基坑回填	451	上铁建函〔2016〕643 号批复
27	铜池段绿色通道补强二类变更	3 460	上铁建函〔2016〕997 号批复
三	经原上海铁路局授权项目管理机构批复	13 693	
1	王府山隧道等五项变更设计	10 653	铁建函〔2014〕1856 号、宁安计发〔2015〕50 号
2	隧道扩孔前已实施工程等 2 项变更设计	1 417	上铁建函〔2014〕1856 号、宁安计〔2015〕194 号
3	NASZ-4 标段雨山梁场地基换填等项目变更设计	1 623	上铁建函〔2014〕2182 号、宁安计〔2015〕257 号
以上合计		117 024	

第八章 征地拆迁

建设项目用地征迁工作是政策性极强的一项工作，是工程建设能否顺利进行的先决条件之一。各参建单位严格遵守国家的法律、法规和铁道部(中国铁路总公司)和地方省(市)人民政府的有关规定，更新建设理念，统一认识，明确责任，规范程序，共同为工程施工创造了良好的外部环境。

征地拆迁工作按省部会谈纪要精神，在安徽、江苏省政府的部署下，在省铁路办、省国土厅、省林业厅及省相关部门的协调、指导下，在沿线各地政府及铁路建设指挥部(铁办)、国土等主管部门的具体实施下，在沿线人民群众的大力支持配合下，在施工、设计、监理、审价咨询等单位的密切参与下，坚持"依法建设、和谐发展"的原则，坚定不移地依靠当地政府，紧紧把握施工组织设计工期对征迁进度的要求，倒排工期、责任到人、广借外力、攻坚破难、克服了重重困难，全力推动征地拆迁工作。在实施征迁、申报手续、调整概算等方面取得可喜成绩。

第一节 管理方式

征地拆迁根据安徽省发展和改革委员会、国土资源厅(发改交通〔2009〕36号)《关于认真做好南京至安庆城际铁路(安徽段)征地拆迁工作的通知》及安徽省铁路建设协调领导小组办公室与宁安铁路有限公司筹备组签订的《南京至安庆城际铁路(安徽段)征地拆迁协议》、江苏省政府(苏政办发〔2011〕40号)(江苏省人民政府第93号令)等文件精神组织实施，公司制定了《宁安铁路工程征地拆迁实施细则》。

一、工作依据

(1)《中华人民共和国土地管理法》和国家、铁道部(中国铁路总公司)安徽省有关工程项目建设土地征用有关法规、规定等。

(2)铁道部与安徽省人民政府签署的《关于加快安徽铁路建设有关问题的会谈纪要》(铁计函〔2004〕694号)、《关于明确铁路基建大中型项目征地拆迁有关问题的通知》(铁计电〔100〕号)、《关于明确铁路基建大中型项目征地拆迁有关问题的通知》(铁计电〔2009〕100号)。

(3)国家环保总局《关于公跌、铁路(合轻轨)等建设项目环境影响评价中环境噪声有关问题的通知》(环发〔2003〕94号)。

(4)安徽省发展和改革委员会、国土资源厅《关于认真做好南京至安庆城际铁路(安徽段)征地拆迁工作的通知》(发改交运〔2009〕36号)、江苏省铁路办公室《关于宁杭铁路、宁安铁路江苏段征地拆迁有关政策的通知》(苏铁办〔2009〕29号)。

(5)安徽省铁路建设协调领导小组办公室与宁安铁路有限公司筹备组商定的《南京至安庆城际铁路(安徽段)征地拆迁协议》、江苏省铁路办公室与宁安铁路有限责任公司商定的《宁安铁路江苏段征地拆迁实施协议》。

(6)铁道部、中国铁路总公司批准的施工设计文件及设计院与地方政府商定的有关附件。

(7)宁安铁路有限责任公司(筹备组)与地方各级政府商定的会谈纪要及有关文件。

二、建设用地征用程序

建设用地征地拆迁工作分土地预审、正式用地报批、征地拆迁具体实施、竣工验收四个阶段。

1. 土地预审阶段程序

(1)公司(筹备组)根据国家发改委的立项批文、可行性研究报告批复委托有资质的单位到有关部门办理环评、水保、地震安全性、地质灾害危险性、压覆矿产资源、防洪、通航、文物保护等相关项目的论证评估。

(2)公司(筹备组)委托有资质的中介机构进行征用土地的预审工作。

(3)公司(筹备组)根据建设项目有关批准文件,向城市规划部门申请办理“选址意见书”“建设用地许可证”及规划红线图。

2. 正式用地报批阶段

(1)初步设计批复后,对部分影响工程整体进度的桥梁、隧道等控制工期的单体工程用地,报省国土厅、国土资源部办理先行用地手续,并在国土部对先行用地批复后的6个月内办理正式用地报批。

(2)根据设计部门提供的施工征地图和相关项目批文,委托省土地勘测和林业调查规划部门进行项目用地的勘测定界和林业调查评估。

(3)根据勘测定界成果报告书及勘测定界图,市(县)国土部门完成“一书四方案”(建设用地项目呈报说明书、农用地转用方案、补充耕地方案、征收土地方案、供地方案)等征地报批材料。

(4)省(市)国土部门汇总申报材料,上报国土资源部审核批准。

3. 征地拆迁实施阶段

(1)公司根据省部纪要与省市人民政府商定征地拆迁实施协议,明确双方的责任和义务;并按省、部纪要精神明确征地拆迁补偿标准、办法。

(2)设计单位现场交桩,施工单位根据设计单位提供的征地红线图开挖地界沟,配合地方政府部门对红线内征地拆迁的范围、数量进行复核。

(3)由建设、施工、监理、设计单位会同地方政府及所有权人参与现场清点丈量建(构)筑物和征用土地交地等工作,办理会签手续。

(4)对征地红线外环评范围内的学校、医院(疗养院、敬老院、居民区)等特殊敏感建筑物,原则上采取工程措施和功能置换的处理措施;若以上两项措施无法满足环评要求时,可报请主管铁路总公司和省主管部门批准后纳入拆迁范围。

4. 竣工验收阶段

(1)施工单位受公司委托复核绘制实际用地图,填写用地界桩表,整理工程征地拆迁资料。办理征地界址和范围的签认手续、埋设地界桩。

(2)市(县)国土部门核发铁路用地国有土地使用证。

(3)整理工程竣工征地资料并向铁路设备管理单位办理移交。

三、组织机构与职责分工

1. 征地拆迁工作领导小组

成立征地拆迁工作领导小组,公司总经理任组长,公司分管征地拆迁的副总经理为副组长,设计现场组和施工、监理单位的负责同志为成员。领导小组下设对外协调办公室,工程部副部长为办公室主任,并设有专职征地拆迁人员,施工、监理、设计单位需配专兼职征地拆迁人员。

领导小组负责与地方省(市)人民政府及有关部门协调全局性、政策性事宜,认真执行项目所在省已公布的征地拆迁政策,合理确定征地拆迁实施协议补偿标准,超概算的补偿标准报铁道部批准后,方可签订实施协议。

2. 公司对外协调办公室

公司对外协调办公室具体负责与省(市)铁路办、国土资源部门及政府有关部门协调解决建设用地征迁工作的日常事务,对铁路全线征地拆迁工作进行组织、协调和管理,具体事项如下:

(1)负责办理宁安铁路前期相关的各项评估工作并协助设计部门做好线位的优化。

(2)根据国家有关规定,及时办理土地预审、环评、水保等报批工作。

(3)根据安徽、江苏省政府的规定,及时到地方政府有关部门办理建设项目选址意见书、规划用地许可证及规划红线图等批准手续。

(4)根据施工组织安排,按照施工图(含变更设计)确定用地数量,及时向江苏、安徽省铁办提交永久用地计划,并附具体设计用地图和数量表。

(5)及时向两省林业调查规划院和省土地勘测规划院提供征地图及相关数据,配合现场土地勘测定界和林地调查评估工作。

(6)负责依照国家和两省人民政府有关法律法规向省、市国土资源、城市规划等行政主管部门提出重点工程先行用地及正式用地申请,配合地方政府相关部门做好土地报批工作。

(7)组织设计、施工、监理等单位配合沿线地方政府征地拆迁部门,负责现场清点丈量拆迁建(构)筑物的种类和数量,并按照不同权属人现场办理各方签章确认手续。

(8)组织设计单位编制征地拆迁概算,及时办理征地拆迁概算变更。当铁道部批准的征地拆迁实施协议单价高出初设单价时,根据实施协议单价和设计数量及时组织设计单位编制征地拆迁费用调整文件,按变更程序报部审批。

(9)按有关规定验工计价、确认征地拆迁投资完成。按季(或月)由地方政府承办部门根据六方已确认的征地拆迁数量和实施协议确定的费用计算原则计算费用,报相关部门及时验工计价。

(10)根据征地拆迁实际进度,及时进行阶段性清理征地拆迁费用。对实际征地拆迁数量超出初步设计概算数量时,根据工程进度、资金情况及时进行阶段性清理征地拆迁数量和费用,增加费用经公司董事会批准后报铁道部审批。

(11)按照征地拆迁数量和对应的补偿标准及其他与征地拆迁相关的费用,核实并及时向两省铁办办理支付实际发生的征地拆迁费用手续。

(12)与地方政府共同委托的第三方对征地拆迁费用支出实施全过程监管,落实资金运作动态控制。

(13)组织有关单位编制宁安铁路征地拆迁竣工文件。

(14)组织、督促施工单位依法规范用地,完善有关审批手续,组织施工单位填写用地桩表。

(15)负责委托有资质的单位按国土部的要求做好临时用地复垦方案,并督促施工单位及时做好临时用地复垦工作。

(16)按《关于印发〈铁路建设项目竣工建设用地验收交接办法〉的通知》(铁运〔2008〕158 号)要求,组织办理组固工作。

3. 施工单位职责

施工单位协助公司与沿线市(县、区)政府征地拆迁部门办理征地拆迁事宜。

(1)根据设计院提供的征地图和控制桩等资料进行复核,如地方政府因工程需要,委托测量部门先行放完征地界线,施工单位要与其沟通、对接,消除误差。

(2)配合公司做好开挖地界沟的工作。

(3)配合省土地、林业部门做好勘测定界和评估工作。

(4)受公司委托做好清点丈量用地界范围内和经路地共同确认的建(构)筑物种类、数量及权属,并现场办理签章手续,按照统一的表格和要求进行填写并组卷。

(5)确认征地拆迁数量的完成情况并按附表统计、上报。

(6)对本单位负责的征(租)地拆迁,根据工程进度,与其他工程一并验工计价。根据征地拆迁验工计价据实上报投资完成情况。

(7)根据公司与省铁办签订的协议内容,办理临时用地、利用道路用地的手续,并按复垦方案的要求做好临时用地的复垦工作。

(8)按铁道部《关于印发〈铁路建设项目竣工建设用地验收交接办法〉的通知》(铁运〔2009〕158 号)要求,收集、整理征地拆迁的有关资料,填写用地界桩表并同征地图一起送地方村及以上各级政府签章,编制建设用地竣工文件并办理移交。

(9)详细调查铁路用地范围内的沟渠、道路、管线、水塘等,核对设计处理方案,形成原始资料。

4. 设计单位职责

(1)做好应做的前期工作。

(2)配合公司办理建设用地预审、报批,提供符合要求的《铁路建设项目用地审查表》,经审查认定的《压覆重要矿床评估报告》《地质灾害危险性评估报告》《使用林地可行性报告》及国家有关部门要求的各类批准建设文件。

(3)尽早提供施工用地图和拆迁数量表及说明。

(4)配合公司办理征地拆迁有关事宜。

(5)参加拆迁建(构)筑物的现场清点丈量,并在房屋拆迁调查表和地面附着物调查表上签字确认。

(6)对特殊拆迁项目提出拆迁方案并参加商定协议。

(7)按变更程序办理用地拆迁变更。

5. 监理单位责任

(1)受公司委托做好清点丈量用地界范围内和经路地共同确认的建(构)筑物种类、数量及权属工作,并现场办理签章手续,按照统一的表格(附后)和要求进行填写。

(2)确认征地拆迁数量的完成情况。

(3)参加拆迁建(构)筑物的现场清点丈量,并在房屋拆迁调查表和地面附着物调查表上签字确认,监督并协助完成被拆迁户一户一卷,登记造册工作。

(4)对特殊拆迁项目的拆迁方案参加商定协议。

(5)确认征地拆迁的变更并在变更单上签章确认。

第二节 用 地 报 批

宁安公司按照依法建设的要求,严格遵守建设程序,抓好项目的前期报批工作。

2007 年 12 月取得江苏省国土资源厅《关于宁安铁路(江苏段)工程项目压覆矿产资源情况的复函》(苏国土资函〔2007〕1041 号)。2008 年 4 月 1 日宁安公司向国土资源部报送了《关于申请办理新建南京至安庆铁路建设项目用地预审的函》(宁安筹办发〔2008〕18 号);9 月 18 日国土资源部以《关于南京至安庆铁路建设用地预审意见的复函》(国土预审字〔2008〕315 号)同意通过用地预审。

宁安公司严格按照国土部用地预审意见的复函要求完成了用地报批工作,保证了征地拆迁工作的合法有序推进,为工程建设的顺利推进创造了有利条件。

2008 年 1 月 22 日取得安徽省地质调查与环境监测中心《宁安铁路工程地质灾害危险性评估报告》(皖地调环函〔2008〕6 号);9 月 25 日取得国家环保部《关于新建铁路南京至安庆铁路环境影响报告书的批复》(环审〔2008〕362 号);11 月 14 日取得国家发改委《国家发展改革委关于新建南京至安庆铁路可行性研究报告的批复》(发改基础〔2008〕3072 号);12 月 21 日取得铁道部《关于新建南京至安庆铁路铜陵东至池州段及安庆长江大桥初步的批复》(铁鉴函〔2008〕1547 号)。

2009 年 2 月取得水利部《关于新建南京至安庆铁路水土保持方案的复函》(水保函〔2009〕29 号);7 月 23 号取得铁道部、江苏省政府、安徽省政府《关于新建南京至安庆铁路南京南至铜陵东池州至安庆段初步设计及全线总概算的批复》(铁鉴函〔2009〕1401 号);8 月取得安徽省国土资源厅《安徽段压覆矿产资源调查评估报告评审意见书的复函》(皖国土资函〔2009〕1343 号);9 月 24 日取得国土资源部《国土资源部办公厅关于新建南京至安庆铁路控制工期的单体工程先行用地的复函》(国土资厅〔2009〕871 号)。

2010 年 5 月 14 日取得安徽省国土资源厅《关于新建南京至安庆铁路安庆段工程建设用地的批复》(皖政地〔2012〕99 号);7 月 21 日取得安徽省国土资源厅《关于新建南京至安庆铁路(安徽省段)土地复垦方案审核意见的函》(皖国土资函〔2010〕1381 号);11 月 12 日取得江苏省国土资源厅《江苏段土地复垦方案评审表》。

2011 年 3 月 15 日取得江苏省林业局《使用林地审核同意书》(苏林林地审字〔2011〕010 号);5 月 31 日取得国家林业局《使用林地审核同意书》(林资许准〔2011〕106 号)、《关于批准新建南京至安庆铁路项目临时占用林地的行政许可决定》(林资许准〔2011〕107 号)。

2011 年 6 月 3 日取得国土资源部《国土资源部办公厅关于南京至安庆铁路(南京段)控制工期单体工程先行用地的复函》(国土资厅〔2011〕468 号);2011 年 12 月～2012 年 7 月,国土资源部陆续下发了《国土资源部关于新建南京至安庆铁路安庆段工程建设用地的批复》(国土资函〔2011〕928 号)、《国土资源部关于新建南京至安庆铁路芜湖段工程建设用地的批复》(国土资函〔2012〕154 号)、《国土资源部关于新建南京至安庆铁路南京段工程建设用地的批复》(国土资函〔2012〕302 号)、《国土资源部关于新建南京至安庆铁路池州段工程建设用地的批复》(国土资函〔2012〕380 号)、《国土资源部关于新建南京至安庆铁路铜陵段工程建设用地的批复》(国土资函〔2012〕382 号)、《国土资源部关于新建南京至安庆铁路马鞍山段工程建设用地的批复》(国土资函〔2012〕596 号)。

2012 年 5 月,取得《安徽省国土资源厅关于新建南京至安庆铁路安庆段工程建设用地的批复》(皖政地〔2012〕99 号);6 月 11 日取得安徽省国土资源厅《关于新建南京至安庆铁路池州段工程建设用地的批复》(皖政地〔2012〕153 号)、《关于新建南京至安庆铁路芜湖段工程建设用地的批复》(皖政地〔2012〕154 号);6 月 14 日取得安徽省国土资源厅《关于新建南京至安庆铁路铜陵段工程建设用地的批复》(皖政地〔2012〕156 号);8 月 20 日取得安徽省国土资源厅《关于新建南京至安庆铁路马鞍山段工程建设用地的批复》(皖政地〔2012〕422 号);9 月 4 日取得安徽省林业厅《使用林地审核同意书》(皖林地审〔2012〕280 号)。

2014 年 3 月 20 日取得江苏省国土资源厅《转发〈国土资源部关于新建南京至安庆铁路南京段工程建设用地的批复〉的通知》(苏国土资函〔2014〕217 号),2015 年 4 月 1 日取得安徽省林业厅《使用林地审核同意书》(皖林地审〔2015〕30 号)。因设计不尽完善,牵引变电所、AT 所、分区所、通信基站等“四电”工程用地在主线用地报批后才提供用地图,又均为零星地块,补充用地报批手续办理的较晚。

宁安公司严格遵循“十分珍惜、合理利用土地和切实保护耕地”的基本国策,按照节约用地、少占用耕地和基本农田的原则,控制征地边界,采取加固和防护工程减少路基占用宽度,适度提高桥隧比例,最大限度地节约用地。严格控制临时用地数量,尽量利用既有道路、场地,制梁场等大临设施设置尽量考虑永临结合,以节省用地。严格按照经两省国土厅组织评审后的土地复垦方案办理土地复垦工作和交验手续,较好地实现节约用地目标。

第三节 征地拆迁实施

一、征地拆迁工作概况

2009 年,宁安铁路征地拆迁工作启动,征迁范围按项目初步设计批复意见和用地红线规定执行(包括设计变更),征迁数量依据现场联合调查实际发生量进行补偿,补偿政策和标准按照国家和地方政府现行公布的有关政策规定执行。

拆迁工作费用及不可预见费依据发改交通〔2009〕36 号标准计取,由省铁办依据相关文件分割并拨付到各市政府的拆迁负责部门;征地管理费依据中国铁路总公司与省铁路办在征地拆迁概算清理中形成的一致意见,按实际发生额计列。

2014 年年底,征地拆迁工作基本完成(不含地方拆迁安置工作)。其中安徽段征用红线内永久性用地 653.405 3 公顷(9 801.08 亩),站后、“四电”及设计变更用地 116.049 6 公顷(1 740.743 8 亩,不含边角地夹心地);拆迁房屋及建(构)筑物 127.539 3 万 m^2;江苏段征用永久性用地 89.4 公顷(1 341 亩),站后、“四电”及设计变更用地 7.333 3 公顷(110 亩);拆迁房屋及建(构)筑物 24.79 万 m^2。

二、经验总结

(一)加强自身建设,全面夯实工作基础

征地拆迁工作与政治、经济、文化、环境、宗教等因素有密切关系,涉及国家、地方、企业及百姓个人的切身利益;关系到社会和谐稳定大局,是一项艰巨、复杂的系统工程,尤其是宁安铁路地处长江沿岸地区、人口密集、经济发达、拆迁量极大的状况,必须强调征迁实施主体自身的建设,在良性秩序下依法、据实、和谐征迁。公司在各施工、设计、监理单位的大力配合下,在各审价咨询单位全过程跟踪下,通过采取一系列的措施逐步加强基础工作,以较快较好的组织工作确保了征迁工作的顺利实施。

1. 抓制度建设,抓组织建设,确保征迁依法合规

公司根据项目实际情况,制定了《宁安铁路征地拆迁实施工作细则》《征地拆迁验工计价管理办法》《关于做好宁安铁路征地拆迁组卷工作的通知》等一系列办法规章;成立了征地拆迁工作领导小组,定期召开征地拆迁领导小组专题会议。2009 年 9 月在工程部内设置了对外协调办公室。

根据施组工期对征迁进度要求,制定了征迁计划。公司领导带领征迁人员及各施工单位与沿线各地市

政府、铁指(铁办)就征迁工作的实施问题进行了对接、沟通、协商。督促沿线各级政府抽派精干力量成立了组织机构铁指(铁办),专门负责征地拆迁、建设协调有关工作,从而使征地拆迁工作步入了制度化、规范化。

2. 抓素质建设,提高征迁实施能力

组织参建单位征迁主管领导及征迁人员学习了《宁安铁路征地拆迁实施工作细则》《国有土地上房屋征收与补偿条例》《土地复垦条例》和省部纪要等相关文件。组织设计、施工、监理、审价咨询单位和沿线各地政府征迁专兼职人员进行了征地拆迁验工计价、竣工结算、土地竣工复测及征迁竣工资料整理等业务培训,大力提高从事征迁人员的专业素质。

(二)加强沟通协调,依法合规推进征迁工作

按照"施组"计划工期要求,严格控制征迁进展的时间节点,为项目的顺利建设创造较好的基础条件,公司主要从以下几点开展工作:

1. 建立沟通机制,争取各级政府支持

沿线地方各级政府支持是征地拆迁工作的必要条件。为此,公司领导亲力亲为,亲自组织,亲自公关,采用上下贯通的攻关思路积极向省委、省政府及省发改委、省重点办、省国土厅、省统征办、省林业厅等有关部门汇报;组织参建单位与沿线各地政府主要领导、分管领导进行对接;公司征迁人员,深入现场,工作靠前,主动出击,积极与沿线各地铁路建设指挥部(铁办)沟通协调强力推进了征地拆迁工作。为了及时传递征地拆迁信息,公司每月编发一期《宁安铁路征地拆迁专报》让部、省、市主管领导亲自掌握征迁的一手资料。对征迁中的重(难)点问题公司领导利用各种渠道向部省主要领导进行专题汇报,请部省从政策层面支持解决,为各级政府寻找强有力的支撑点。特别是注重发挥省发改委、重点办、省统征办的协调作用,为及时解决重(难)点问题,加快工程建设创造了有利条件。

2. 建立组织体系,充分发挥参建单位的作用

2009 年 3 月安徽省政府召开了征地拆迁动员大会,全面启动了征地拆迁工作;随后沿线各市也相继召开了征地拆迁动员推进大会。征地拆迁过程中,安徽省铁路办多次组织召开了现场协调会。2010 年 2 月 24 日,安徽省铁路办在芜湖市召开了宁安铁路(安徽段)征地拆迁协调推进会;2010 年 12 月 24 日,安徽省铁路办在马鞍山市召开了宁安铁路(安徽段)征地拆迁协调推进会;2013 年 3 月 30 日安徽省铁路办在池州市召开宁安铁路征地拆迁数量及费用清理、组卷的专题会议。

公司组织参建单位与沿线各地政府召开施工进场衔接会;召集参建单位研究征迁工作制度、操作流程,编制征地拆迁计划。组织施工、设计、监理、审价咨询单位及时参与地方政府开展现场联合调查,为征迁提供了第一手资料。在公司设多名专职征迁工作人员,负责与各地铁指(办)、国土部门联系、沟通、协调;负责协调施工、设计、监理、审价单位与地方政府组织的现场联合调查、征迁数量核实、确认;负责征地拆迁资料的收集、整理、建档、保存;负责办理征地拆迁相关手续。为推进征迁工作,建立了每周一次的征地拆迁协调例会制度。为妥善解决拆迁中重大、特殊问题及时召开征地拆迁领导小组专题会议。

各施工单位积极主动向各级政府汇报有关项目建设情况,努力争取各地各级部门的支持、理解,切实维护和处理好工程建设和征地拆迁的关系。为创建良好的施工环境,施工单位主动请各地政府领导到建设现场了解施工生产、生活情况;在力所能及的范围内为当地修"便民路",为地方群众做好事;配合属地政府召开联欢会。通过多渠道,多侧面展开感情交流和宣传发动为征迁和建设创造了和谐的氛围,推动了各项工作的进展。设计、审价单位设专职人员配合征地拆迁。

按部省会谈纪要及省政府相关文件精神,各级地方政府是开展征迁工作的实施主体。公司充分相信依靠地方政府,遇事与之沟通、协调取得其支持理解。为调动各方积极性、激励先进、鼓舞斗志、攻坚克难、加快征地拆迁进度及征迁收尾阶段相关工作。在征迁中紧紧依靠地方政府及各职能部门,路地互动,密切沟通,为征迁工作的顺利进行提供了强有力的现场保障,为及时解决征迁中存在的问题发挥了积极作用。

3. 实事求是、依法据实、合法合规,严格把握征迁的原则

在推进征迁工作中,公司始终坚持此原则。严格按铁道部、国家环保部、省发改委、国土资源厅发改交通等文件精神,以部、省及地方政府现行政策、标准及设计提供的征地红线和拆迁数量为依据,采取联合调查及审价咨询单位全过程参与的方式,确认拆迁范围及数量,杜绝人为放大范围、人为增加数量,如实反映征迁实际。对特殊重大拆迁事宜公司及时通过各种方法、渠道向中国铁路总公司、安徽省政府、上海路局主要领导

报告，向部计划司、建设司、政策法规司、工管中心、省发改委、省重点办及各级市人民政府请示，坚守政策、法律的“底线”。

（三）实事求是，依法合规解决征迁重难点问题

宁安铁路全线涉及南京、马鞍山、芜湖、铜陵、池州、安庆市，范围广，情况复杂。公司在征迁中坚持原则，面对矛盾不回避、面对困难不绕道，时刻把握“施组”计划工期节点，实事求是、依法合规的维护国家、公司、个人的合法权益，以下是较为典型的几个征迁个案：

1. 江宁区江宁街道盛江社区窑山建材厂整体搬迁问题

宁安铁路江苏段征地红线穿过江宁区江宁街道盛江社区窑山建材厂的主要厂房和生活区，涉及房屋拆迁 4 340 m^2，房屋拆迁后该企业将无法继续生产经营，尤其是该厂高达 62 m 的主窑距红线过近，在施工过程中和铁路通车后均会造成安全隐患。江宁街道提出要求整体搬迁的意见。从 2010 年 1 月开始历时 5 个多月，经公司与江苏省铁路办、南京市铁路办、南京市铁投、南京市国土局、江宁区交通局、设计院、监理单位、审价单位多次协商后，问题才基本得以解决。

2. 两省交界处的企业和居民拆迁问题

宁安铁路苏皖交界地段需拆迁 6 户企业共 14 331 m^2，12 户居民共 3 380 m^2，该地段经勘界土地权属归马鞍山市原金家庄区所有，但经营企业注册地均在南京市境内，12 户居民也都为江苏籍，被拆迁人一致要求按照江苏现行政策补偿，并且居民房屋拆迁需进行安置。2010 年 11 月江苏省铁路办明确尽快会同安徽省铁路办共同会商，制定切实可行的实施方案，保证尽快启动征地拆迁工作。公司、江苏省铁路办、南京市铁路办、南京市铁投、江宁区交通局、江宁区国土局、安徽省铁路办、马鞍山市铁路办、金家庄区征迁局多次协商苏皖交界地段征迁问题。经公司分别给江苏省铁路办和安徽省铁路办去函后，安徽省铁路办牵头各相关单位明确了拆迁方案、补偿标准等问题。从开始协商至相关问题得以明确协调会将近 20 余次，历时 7 个多月时间。因问题特殊，两省交界地段拆迁补偿问题还需两省有关部门、江宁区政府、原金家庄区政府及相关单位通力合作协调才能彻底给予解决。

3. 雨花台区民兵训练基地武器库和弹药库异地重建问题

宁安铁路江苏段建设红线内需征用人武部土地 3.82 亩，房屋 2 808 m^2，人武部要求对涉及的训练基地和弹药库进行异地还建。2010 年 8 月江苏省铁路办及相关部门共同会商后，为确保军事重地的安全原则同意训练基地和弹药库异地重建。2010 年 9 月江苏省铁路办和相关部门要求公司和雨花台区政府就人武部迁建事宜，提出建议方案。公司随即多次会同南京市铁路办、南京市铁投、雨花台区政府、设计院、监理单位、跟踪审计、审价单位协商迁建方案等问题。2011 年 7 月市铁路办会同市国土局、市规划局、市农委、市铁投公司、宁安公司、投资监理、雨花台区人武部共同达成关于土地置换以及军事设施搬迁相关方案实施意见。2012 年 2 月，省铁路办会同相关部门会商后同意雨花台区武装部置换用地指标纳入宁安铁路征地范围，至此解决了用地指标问题。2012 年 7 月，省铁路办会同相关部门会商后同意雨花台区武装部置换用地上防火通道纳入迁建范围。2013 年 3 月，省铁路办会同相关部门会商后明确了置换地块征地预存款及规费缴纳问题。2013 年 10 月，省铁路办会同相关部门会商后明确了人武部拆迁补偿问题。2010 年 8 月～2013 年 10 月历时 3 年，人武部拆迁补偿及异地迁建问题才得以基本解决。

4. 江宁区谷里街道有机蔬菜基地补偿问题

宁安铁路江苏段红线穿越谷里街有机蔬菜基地占地 40 亩，江宁区谷里街道办事处要求对占用 40 亩土地上附属物补偿的同时需对基地内建设完善的排水设施。2012 年 2 月，江苏省铁路办、南京市铁路办、南京市铁投、江宁区铁路办共同会商后达成意见，宁安公司尽快落实修建排水、排污管道工程。2013 年 10 月，江苏省铁路办会同有关单位认真研究后议定，原则同意江苏省农科院下属的江苏宁益科技开发公司对谷里农业园进行评估，作为补偿依据。此后，跟踪审计单位对江苏宁益科技开发公司提供的评估结果进行了审核，审计认为该公司的资质及评估成果存在相关瑕疵。2014 年 9 月份，省铁路办会同相关部门会办议定，同意第三方咨询单位“省农村经济服务指导中心”出具的评估意见，结论独立权威可靠。历史两年多，该问题经过省、市各级政府相关部门和相关单位的通力配合才得以基本解决。

（四）积极推动征迁后续工作

宁安铁路主线征地拆迁工作基本完成后，后期主要针对“四电”、站后、“三改”工程用地补征，环评线拆迁

安置用地核算,安全保护区范围内违章建(构)筑物、堆弃土清理、广告牌拆迁,临时用地复垦,土地竣工测量,征地拆迁费用清理等问题展开工作。

1. 站后、"四电""三改"工程补征用地

因设计不尽完善,牵引变电所、AT所、分区所、通信基站等"四电"工程用地在主线用地报批后才提供用地图,隧道口、路基边坡、门式墩扩征、"三改"工程、变更设计等附属配套设施工程需补征用地约58.35公顷。此部分用地点多线长又均为很小的零星用地,经与各地多次协商提供了建设用地,补充了用地报批手续。

2. 环境敏感区拆迁安置用地

根据省发改委相关文件规定用地报批中安置用地数量按1∶1控制,环境敏感房屋拆迁安置用地指标问题未落实,各地反映强烈。公司多次向有关部门汇报,经省发改委协调各地后明确了补偿标准,省统征办至各地调研后召开专题协调会议,明确了补偿数量核算数量,为加快推进征迁政策处理的扫尾工作创造了条件。

3. 临时用地复垦

宁安铁路安徽段需要复垦的临时用地有328.34公顷(4 295.1亩),主要用于制梁场、板场、钢筋加工场、混凝土拌和站和施工便道。2010年6月公司委托铁四院设计完成全线临时用地复垦方案并获得省国土厅组织的专家评审,并获得省国土厅批复。公司召开了临时用地复垦工作推进会,专题部署了复垦工作,设计、施工、审价单位的负责人参加了会议。目前,各标段正在积极与沿线政府对接中。

4. 征地拆迁费用清理

征地拆迁工作收尾阶段,为做好征迁费用的清理、结算工作,公司加强组织领导,建立层级负责制,指导征迁费用清理、结算工作有序开展。

公司给各地方铁指(办)去函,要求各地对现行的征迁政策、补偿标准(含会议纪要)进行梳理;对政策不尽明确的当地政府必须补充完善;对发生征迁数量完善的进行五方确认工作,房屋拆迁评估资料(阶段性)收集齐全,一户一档,其他评估资料一事一档(阶段性)收集齐全;签订的征迁协议收集齐全;一事一议事项会议纪要收集齐全。及时做好验工计价,各地铁路建设指挥部(铁办)负责填报验工计价报表,审价单位对管内的验工计价报表进行审核工作。重申拨付征迁款项必须有资料支撑,由审价审核提出意见后,方可拨付。

(五)几点体会

征地拆迁工作要想顺利实施,必须依靠地方政府,明确相关政策,建立互动机制,分工负责,端正指导思想,改进工作作风。

依靠政府、明确政策,才能做到行动有指挥、工作有指南、有依据,才能避免少走弯路。只有建立互动机制,才能凝心聚力,形成合力,破解难题,充分发挥机制链条作用。只有分工负责,明确职责,各负其责,才能防止推诿扯皮,才能把工作落到实处。只有端正指导思想,才能服务到位,防止简单的事情复杂化,做到快稳结合,快字当头,不等不靠不拖。只有改进工作作风,提高责任心,才能做到议而有决,重要会议形成纪要,各方遵照执行,才能取得应有的效果。

第四节 "三电"迁改

由于设计调查遗漏(特别是地下管线)、已调查迁改项目实际状况发生变化、调查期至迁改实施期发生的新增量、迁改标准的变化等原因,致使实际迁改量与设计调查迁改量发生较大改变,为确保三电及管线迁改工程顺利进行、有效控制投资、避免二次迁改、保证迁改工程质量和工期要求,宁安公司制定了《宁安铁路三电及管线迁改办法》。

一、成立三电及管线迁改组织机构

三电及管线迁改直接影响工程实施进度,为确保顺利推进,公司成立三电及管线迁改领导小组。总经理任组长,分管拆迁工作副总经理、总会计师任副组长,成员由各设计院驻工地指挥长、各监理站总监、各施工单位指挥长、造价咨询公司驻现场负责人及公司工程部、计财部相关人员组成。

二、三电及管线迁改要求

(1)在各施工单位完成本项目前期三电及管线迁改调查的基础上，宁安公司组织设计、施工、监理、第三方审价等单位进行现场迁改方案的确定，对迁改工作量进行现场核对并签认[包括宁安铁路电力迁改工程数量调查统计表、通信(信号)线路迁改数量调查统计表、NASZ-标(给水/排水/天然气)管道迁改工程数量调查表等文件]，并形成有关会议纪要。由监理、设计和第三方审价单位共同审核三电及管线迁改的造价。迁改后的造价经宁安公司审定后可组卷成册报中国铁路总公司相关主管部门批准，批复后的迁改费用作为标段施工单位与公司清算的依据。组卷成册的迁改资料中应包括迁改前、后的现场影像资料，会议纪要，五方签认的工程量确认单及与产权单位签订的迁改协议，第三方审价资料等。

(2)涉及路内迁改部分(含四电及给排水管线)应由设计部门提供迁改指导方案，经产权单位确认后，由监理、设计和第三方审价单位共同对现场数量确认及费用审核。

(3)凡涉及本项目及既有宁芜铁路、铜九铁路、合九铁路行车设备范围内的所有迁改工程施工，在施工前施工单位必须与相关产权单位、运营单位签订安全配合协议方可进行施工。凡涉及地方电力、通信，油、气、水管道等设备范围内的所有施工，施工前施工单位必须与相关产权单位取得联系，商定迁改、配合方案经宁安公司认可后方可进行施工。

(4)各施工单位要加强本标段范围内的沿线巡视工作，对发现红线范围内及红线外 30 m 范围内的新立杆塔(尤其是超高压铁塔)及新敷设电缆施工，要及时与对方产权单位进行协商，对不满足有关技术标准的要立即予以阻止，并报告宁安公司。

(5)管线迁改工程进度实行周报制度，每周五各施工单位将本周迁改完成情况报监理单位，由监理单位汇总后报宁安公司。

三、迁改原则及技术要求

(一)电力线路

1. 总体原则

(1)本线桥梁地段所占比例高，架空线路必须考虑对架桥机施工的影响。与其他铁路并行且距离较近的地段，电力拆迁方案应统筹考虑，一次拆迁到位。

(2)根据路基施工工艺和要求，过轨埋设管道时必须和相关的路基施工单位密切配合，不得影响路基的沉降和稳定；宁安铁路是全封闭的线路，路外产权单位的电缆井、杆(塔)、电缆标识桩等有关设施，不得设置在铁路用地界内。

(3)沿线沟槽管线多，在实施电力迁改时一定要根据正式工程的有关要求，密切和设计单位、施工单位配合，避开正式工程的沟槽管线的位置。

(4)所有迁改后的电力线路均应满足现行国家、中国铁路公司及电力行业颁布的有关规程、规范要求和高速铁路技术要求。

(5)宁安铁路为一次修建电气化铁路，所有电力线路必须按电气化铁路运行要求一次迁改完成，所有在宁安铁路路基、站场上交叉跨越的 10 kV 及以下电力线路，必须采用地埋方式过轨，严禁采用架空方式过轨。

(6)由于路基形成并夯实后不能二次开挖或埋管，在路基地段为保障路基施工质量，必须做好与路基工程施工单位的配合工作，并按照路基设计埋管要求提前做好交叉跨越架空改地埋过轨保护管的预埋工作。

(7)在桥梁地段 10 kV 电力及以下电力线路与铁路线发生交叉跨越时，采用电缆沿桥下路埂敷设穿越铁路的施工方案。

(8)对站、段、场、所范围内的电力线路作地埋过轨处理时，一般不在站、段、场、所内作地埋过轨处理，尽可能改为绕行。

(9)在制定迁改方案时，应注意立交、改移道路等配套工程，以便综合考虑迁改方案，一次迁改到位。

(10)路内电力线路迁改：根据设计院的迁改设计文件，原则上按照既有的技术标准进行迁移。

2. 电力线路迁改实施原则

(1)沿线不符合国家、铁道部及中国铁路总公司颁发的有关规程、规范要求,影响宁安铁路土建及电气化铁路工程实施及运行安全的交叉跨越或平行的电力线路均需进行迁改。

(2)原则上按电力线路现状技术条件进行迁改,所有迁改后的电力线路原则上不提高技术标准和线路等级,但 10 kV 及以下线路应符合当地电力部门电网发展规划要求。

(3)迁改后电力线路所采用的导线、电缆、电杆等主要材料和电力设备应符合国家现行的有关标准,尽可能采用定型产品,并有设备、材料出厂检验合格证明。

(4)对影响宁安铁路土建及电气化的电力线路须一次迁改到位。

(5)35 kV 及以上架空电力线路与宁安铁路交叉跨越不满足跨越高度要求、跨越杆(塔)位于铁路用地界内时,原则上采用自立型铁塔升高、外移方式迁改;升高、外移后的电力线路跨越档导线支持方式应采用双挂点、双固定或耐张型方式,跨越档内的导线不允许有接头;迁改后的电力线路导线对轨顶高度采用标高控制方式;导线最大弧垂按导线温度为 70 ℃计算。

制定 35 kV 及以上电力线路架空跨越高速铁路方案时,充分考虑沿线连续桥梁地段较多,迁改后与宁安铁路交叉跨越的电力线路必须满足宁安铁路架梁机作业、通过的要求。如果杆塔形式或绝缘子形式不满足相关规范,原则上要加以改造,以满足规范要求。

35 kV 及以上架空电力线路不宜在出站信号机内跨越。确因升高条件受限制,35 kV 可采用电缆过轨。

(6)10 kV 及以下电力线路与高速铁路交叉跨越。

10 kV 及以下电力线路与高速铁路交叉跨越时采用电力电缆穿保护管(热镀锌直缝钢管)用地埋方式过轨。电力线路迁改采用电缆方式过轨时,应满足下列要求:

电缆采用交联聚乙烯绝缘钢带铠装铜芯电力电缆。电缆截面应留有发展裕量或符合当地电网发展要求。

电缆过轨应穿管保护,为便于维修和事故抢修,减少其对路基的影响,每处穿管采用两根钢管保护管(一根穿缆,一根备用),并在保护管两端、宁安铁路用地界外各设电缆井一处。保护管采用热镀锌直缝钢管,内径应不小于管内电缆外径的 1.5 倍,管壁厚度≥4 mm,路基以下不应设置电缆接头。过轨钢管敷设长度超过 40 m 时,钢管应做防涡流处理(顺钢管开槽)。穿越旱桥时可在桥下采用直埋。

路基下钢管埋深距路基底面不得小于 1.0 m(或按路基专业要求),若需同时穿越排水沟,其埋深不得小于沟底面 0.5 m;路基外电缆直埋部分其电缆外皮距地面的深度一般地段不得小于 0.7 m,耕地不得小于 1.0 m。城市道路边的电缆径路和敷设方式应符合规划部门要求。电缆从高挡墙上引下及从电杆引下入地(地下 0.3 m 至地上 2.0 m 范围)处应加热镀锌直缝钢管保护。直埋电缆的上、下面应铺垫不少于 100 mm 厚的砂或软土,并加盖混凝土板或砖,覆盖宽度应超出电缆两侧各 50 mm。

保护管延长不得小于线路中心外 5.0 m,有排水沟时应延至沟边外大于 2.0 m 处;当需同时穿越有机械车辆通过的道路时应延至道路外侧大于 3.0 m。电缆应预留一定的裕量,两个端头处预留一定的备用电缆。

在电缆穿过宁安铁路的地点(用地界外)应埋设电缆标识桩,电缆终端杆上金具应全部更换,并加装拉线,电杆应直立,电缆引线部分及钢管应在电杆上固定牢固。城市道路边的电缆径路和敷设方式应符合规划部门要求。

(7)平行外移的电力线路应满足的要求。

平行接近宁安铁路的电力线路均作外移,平行外移的电力线路,原则上按原线路标准根据地形地貌采用架空方式进行迁改,无径路条件时可采用电缆方式进行迁改。

(8)电力线路迁改完毕后,既有的电线路应及时拆除,电杆拔除后的洞穴及时回填夯实,以确保安全。

(9)迁改技术要求

根据现行《10 kV 及以下架空配电线路设计技术规程》(DL/T 5220—2005)、《(110~500) kV 架空送电线路设计技术规程》(DL/T 5092—1999)、《66 kV 及以下架空送电线路设计技术规程》(GB 50061—1997)、《铁路电力设计规范》(TB 10008—2007)中有关要求,结合本段高速铁路电气化技术条件,同时考虑架桥机施工时的高度(根据桥梁专业所提资料,架桥机架桥施工时高度为距顶 13.8 m,对架桥地段的迁改还应考虑架桥机施工时的高度的因素),对电力线路迁改工程拟定主要技术要求。

3. 路内电力线路迁改

路内电力线路迁改原则上按照既有的技术标准进行迁移，在与高速铁路交叉跨越，需改由电力电缆穿保护钢管过轨；影响主体工程施工、与电气化铁路安全距离不够的平行电力线路均应进行平移迁改。电力线路与既有铁路交叉跨越需穿管保护时，应尽量采用顶管法施工，特殊条件下要明挖路基时，必须与铁路工务等有关部门配合，突击开挖，快速放线，立即回填。特别注意行车干扰对需迁改线路施工进度造成的不利影响。

(二)路内通信、广播及其他设施的迁改或防护

1. 迁改原则

本工程沿线多为平原丘陵地区，对受铁路土建施工影响的通信、广播线路的拆迁基本要求如下：

(1)与铁路交越的架空通信线路采用地埋方式进行处理，从铁路路基穿过，穿越铁路时采用钢管等进行防护；在铁路桥梁区段，可根据现场情况采用降低架空线路高度方式进行处理。

(2)与铁路平行的通信线路的拆迁采用远迁方式进行处理，将其移出本工程铁路路基以外。

(3)与铁路交越的直埋或管道通信线路，根据其受影响程度进行改移、深埋或包封处理，穿越铁路时采用钢管、水泥包封等措施进行防护。

2. 迁改方案

本工程范围内路内(含铁通)通信线路为架空、直埋和管道光电缆线路，其径路与本工程新建铁路平行或交越。

对于与宁安铁路交越的通信线路，主要是受铁路桥梁(架空线路)和墩台(直埋和架空)影响，应尽量采取防护措施，减少割接通信线路次数。受桥梁墩台影响的直埋通信线路进行平行迁移出墩台范围；受桥梁墩台影响的架空通信线路，可平行迁移出墩台范围，也可改为直埋；受桥梁影响的架空通信线路，根据梁底高度，可改为直埋或降低架空通信线路高度进行拆迁。

对于平行宁安铁路的通信线路，可向远离宁安铁路外侧平移，移出本工程铁路路基以外。

(三)路外通信、广播及其他设施的迁改或防护

1. 沿线可能受影响情况

南京至安庆铁路途经南京、马鞍山、芜湖、铜陵、池州、安庆等地市，沿线多为平原丘陵地形，除南京外均位于安徽省规划的沿江经济带。沿线地区的电信、广电等产业近年来发展较迅速，项目的土建工程势必引起较多通信线路的拆迁改造，同时电气化铁路也将对通信电缆和无线敏感设施造成一定的电磁干扰。因此在工程建设的同时，必须合理解决路外通信、广播及其他设施的迁改及电磁兼容问题。

2. 防护迁改原则及方案

(1)对于受影响的电信、移动、联通、网通等各大路外通信运营商的通信设施，按照国家有关规定，采取据实赔偿，不提高线路等级和规模。

(2)对于在铁路地界范围内与铁路平行、重叠的通信线路、通信交接箱及移动基站等设施一律迁出铁路地界范围以外。对与本工程交叉的电信线路尽量改走附近的桥涵下通过，在无桥涵地段则必须改为地埋从路基下通过，过轨部分用钢管防护，两头的终端杆必须立于铁路防护栏栅以外且距离铁路最近轨道中心大于1.5 倍杆高。一般不在站、段、场、所内作地埋过轨处理，宜改为绕行。

(3)对其他有线电信线路的迁改必须依据影响多少迁改多少的原则，尽量一次到位，减少重复迁改，使迁改方案更趋合理、投资尽量节省。

(4)虽然光缆不受电气化铁路的电磁影响，但由于土建工程或上跨铁路需要改迁时，对不同等级的光缆应采取不同的迁改方式。一般本地网线路按改迁 500～1 000 m、增加 1～2 个接头考虑；而部队及各电信公司所属长途网光缆，由于传输质量要求严格则按整盘换缆改迁 2 000 m、不增加接头设计。

(四)信号电缆及信号楼迁改

1. 信号电缆沿线可能受影响的情况

(1)安庆站由于站场外扩，占用原信号干线电缆槽，在站前工程实施前需要迁改干线电缆。

(2)芜湖客站由于 VG 拨道，新建工务维修段、机务折返段，需要迁改站内信号电缆及回楼的区间电缆。

(3)芜湖南站站改，涉及宁芜上行线拆还建，需要迁改回楼的区间信号电缆。

(4)芜湖东 VI 场西移，路基帮宽涉及芜湖东 VI 场部分信号电缆迁改，芜湖东 VI 场西移让出宁安正线

施工,涉及芜湖东Ⅴ场信号电缆迁改。

(5)宁安铁路跨越宁芜、芜铜线,涉及信号电缆(含闭塞电缆)迁改或防护。

(6)铜陵东铜九改线及站场改造、池州站场改造以及修建疏解线等在站前工程实施前需要迁改干线电缆。

本线与既有宁安铁路并行地段约 90 km,沿线的信号电缆都可能受到影响。

2. 信号电缆防护原则及迁改方案

(1)电缆原设在既有线坡脚的,若由于设计线位需要填埋的,电缆需要迁改,受影响电缆终端盒或分向盒间移设于线路另一侧。

(2)原设于路肩的电缆,不需移设的,采用钢管防护。受桥梁桩基影响的电缆,从电缆终端盒或分向盒新设电缆绕行。

3. 芜湖西站信号楼拆迁

芜湖西站信号楼拆迁,其区间电缆及站内干线电缆从原信号楼进行接续新设。既有线信号楼拆迁还建。

(五)易燃、易爆品库及油、气管道的电磁干扰防护

1. 沿线可能受影响的设施概况

本项目线位与沿线西气东输管道及部分地方输油、输气管道产生数次交越。此外由于本线为电气化铁路,对于与本线长距离平行的油、气管道,需要同时考虑电磁感应的影响。

安徽省天然气开发有限责任公司所属的安徽省天然气支线管道与本工程线位在芜湖境内多次产生交越;中油西气东输管道公司苏浙沪管理处所属的以输送纯净天然气为主的西气东输管道与本工程线位在当涂县姑溪河附近产生交越(以及宁安铁路施工红线范围内涉及有关市、县城市天然气供气管道与设计线位多次交越等),以上重点区域天然气管道距离(设计线位)较近和桥墩(路基)占压城市供气管道设施,考虑实施相关防护工程和管道迁改。

繁昌物华民爆器材有限公司所属的炸药库位于大学山隧道出口处,须对该炸药库进行搬迁。

2. 防护原则及方案

(1)油气管道按照《交流电气化铁路对油(气)管道(含油库)的影响容许值及防护措施》《原油、天然气长输管道与铁路相互关系的若干规定》[石油部(87)油建第 505 号文、铁道部铁基(1987)780 号文]、《城镇燃气设计规范》(GB 50028—2006)、《铁路工程设计防火规范》(TB 10063—1999)、《建筑设计防火规范》(GB 50016—2006)等标准中的相关内容执行。

(2)对与铁路长距离平行,受铁路电气化工程电磁影响的油、气管道,可采用加强外防腐层或采用塑料涂层,增加接地极或缘法兰等各种有效措施,将相关电磁影响减小到最低。

3. 迁改及防护主要工程数量

炸药库迁改 1 处,油、气管道防护 7 处。

(六)给水排水管路迁改

1. 路外给排水管线迁改调查及要求

经初步设计阶段管线调查、管线物探确定与宁安铁路相交的给排水管线共有 203 处,管径 $D \geqslant 200$ mm 的管线有 87 处,其中与桥墩相交需要迁改、支护的管线有 67 处。对因初步设计阶段至工程实施时,现场施工条件和环境情况已发生较大变化而影响桥梁、路基施工需要迁改的各类给排水管线设施,经四方确认后实施迁改。

2. 路内给排水管线迁改要求

本工程范围内路内给排水管道其径路基本与本工程新建铁路平行或交越。对于与宁安铁路(含既有线)交越的给排水管道,主要是受铁路路基和墩台占压影响。对于平行宁安铁路影响施工的给排水管路,可向远离宁安铁路外侧平移,移出本工程铁路路基以外、红线以内。路内给排水管线迁改原则上按照既有的技术标准进行迁移。给排水管道与既有铁路交叉跨越需穿管保护时,应尽量采用顶管法施工。

3. 迁改原则及要求

(1)管线迁改以满足使用功能为原则,尽量减少迁改工程量。

(2)管线迁改应兼顾永临结合的原则,尽量减少过渡工程,以避免二次迁改。

(3)管线迁改应以与既有标准等同的原则进行设计,其管径、管材尽量与既有一致。

(4)输水方式尽量与既有一致。

(5)管线迁改应结合主体工程考虑,尽量减少对居民的影响。

4. 迁改的技术要求

给、排水管线的迁改执行现行国家有关技术标准。

第九章　环 境 保 护

宁安铁路在建设过程中严格按照铁路总公司“依法建设”要求，秉承“图写绿色长廊，建设美丽宁安”的理念，成立了环境保护领导小组，依据国家环境保护法律及管理条例，制定站前单位工程验收管理办法、绿色防护工程管理办法，建立环境保护工作体系，做到环保工作贯穿铁路建设项目的全过程，做到“四坚持”，即：坚持“绿色通道是国土绿化的重要组成部分，是建设美丽中国的形象工程”的观念；坚持“防护工程与主体工程同等重要，生态防护与工程防护相结合”的原则；坚持“绿色通道建设与主体工程同步设计、同步施工、持续改进，不断补强”的安排；坚持“专项方案设计，专业队伍施工、专门费用保障和早种植早见效”的方法，体现“一站一景、一洞一景；内灌外乔、草灌结合；三季有花、四季常绿”，初步形成了“车在景中行，人在画中游”的景观效果。

第一节　环保水保批复

一、环评批复

2008 年 7 月，中铁四院、铁三院编制完成《新建铁路南京至安庆铁路环境影响报告书》。2008 年 9 月 25 日，环境保护部以《关于新建铁路南京至安庆铁路环境影响报告书的批复》(环审〔2008〕362 号)对环境影响报告书进行了批复。

二、变更环评批复

初步设计阶段，部分线路发生了调整优化，轨道形式由有砟变为无砟。按照环境保护部、铁道部办公厅环办〔2012〕13 号文《关于铁路建设项目变更环境影响评价有关问题的通知》要求，本工程发生重大变动，须进行补充环境影响评价。

2015 年 4 月，中铁四院、铁三院编制完成《新建铁路南京至安庆铁路工程变更环境影响报告书》。2015 年 6 月 17 日，环境保护部以《关于新建铁路南京至安庆铁路工程变更补充环境影响报告书的批复》(环审〔2015〕144 号)对变更补充环境影响报告书进行了批复。

三、水保批复

2008 年 4 月，中铁四院、铁三院编制完成了《新建南京至安庆铁路水土保持方案》并报送水利部。2009 年 2 月，水利部以《关于新建南京至安庆铁路水土保持方案的复函》(水保函〔2009〕29 号)对项目水土保持方案进行了批复。

第二节　环保水保实施

一、环保水保管理措施

为加强铁路建设项目的环境保护和水土保持管理，依据《中华人民共和国环境保护法》《中华人民共和国环境影响评价法》《中华人民共和国水土保持法》《中华人民共和国水土保持法实施条例》《铁路建设项目水土保持工作规定》《建设项目环境保护管理条例》等国家有关环境保护、水土保持的法律、法规和《关于转发铁道部严格执行建设项目环境保护三同时制度的通知》(上铁计函〔2009〕103 号)的有关规定，制定了《宁安铁路环境保护及水土保持管理办法》。

（一）环保工作体系

宁安公司成立环境保护管理领导小组，组长由总经理担任，其他领导任副组长，各部门负责人、施工单位项目经理、总监理工程师及设计总体任成员，由工程管理部负责日常工作。施工单位应成立施工环境保护管理小组，设计单位和监理单位应指定专人负责此项工作。

1. 环境保护管理领导小组的主要职责

（1）委托具备甲级环境影响评价资质的机构编制《环境影响报告书》，及时向国家环保行政主管部门办理报批手续。

（2）将环保工程与主体工程的质量、工期同时作为合同的重要内容纳入工程施工承发包合同中。

（3）在施工过程中，及时掌握工程施工环保动态，定期检查和总结工程环保措施实施情况。

（4）协调施工单位、设计单位、监理单位、地方环保行政主管部门等相关各方的关系，解决环保漏缺问题，完善各项措施。

2. 设计单位的环境保护职责

（1）对环境保护的设计负责，在设计中要全面贯彻落实《环境保护方案报告书》及其批复意见明确的环境保护措施和费用，特别是取（弃）土场、施工场地、施工便道的环境保护措施和费用。

（2）在设计中认真贯彻"统一规划、合理布局、综合利用、化害为利"的方针，积极推行清洁工艺和技术，保护生态环境，节约土地，做到建设利用与保护增值并重。

（3）及时提供《环境影响报告书》报国家有关部（委）批复，并在施工过程中不断完善环保工程设计，参与环保工程验收评定。

3. 监理单位的环境保护管理职责

（1）根据施工期环保措施和方案，负责对施工单位的环保施工内容及其工程质量进行日常监理，在监理月报中按期向指挥部反映环境保护情况，参与环保工程验收评定。

（2）审查施工组织设计时，应对施工单位在施工过程中的环境保护方案、措施、实施办法进行审核，提出审查修改意见。

4. 施工单位环境保护管理小组主要职责

（1）加强对进场施工人员的环保宣传和教育，提高全员环保的意识，增强法制观念。

（2）严格执行本项目《环境影响报告书》的设计要求，严格按照批准的施工组织设计组织施工，将环保措施落实到施工全过程。

（3）负责做好环保措施实施记录、工作总结及文档管理，做好竣工验收准备工作。

5. 咨询单位（施工图审核单位）的环境保护管理职责

（1）对环境保护设计方案和措施进行审查。

（2）审核施工图设计时，应对环境保护方案、措施进行审核，对不符合规定和技术要求的，提出修改意见。

（二）水保工作体系

公司成立水土保持管理领导小组，组长由公司总经理担任，其他领导任副组长，各部门负责人、施工单位项目经理、总监理工程师及设计总体任成员，由工程管理部负责日常工作。施工单位应成立施工水土保持管理小组，设计单位和监理单位指定专人负责此项工作。

1. 水土保持管理领导小组宁安公司主要职责

组织编制《水土保持方案报告书》并及时向国家水保行政主管部门办理报批手续；负责水土保持工作的协调管理；对于施工中发生的重大水土保持事件，负责组织咨询、设计、监理和施工等单位，根据具体情况会同当地水保主管部门，及时研究解决处理方案。

2. 设计单位的主要职责

设计单位对水土保持的设计负责。在设计中全面贯彻落实《水土保持方案报告书》及其批复意见明确的水土保持措施和费用；设计配合人员要经常深入施工现场，指导实施水土保持措施，发现设计存在问题及时完善处理。

3. 监理单位的主要职责

监理单位负责对施工单位水土保持措施、方案的落实情况进行监督检查。

在审查施工组织设计时,应对施工单位在施工过程中的水土保持措施、方案、实施办法进行审核,提出审查修改意见;在编制监理规划时,应专门列出水土保持监理工作内容。编制监理实施细则时应包括水土保持的有关内容;施工过程中对施工单位的水土保持措施落实情况进行跟踪检查,对水土保持工程项目进行检查验收。

4. 施工单位的主要职责

施工单位负责具体水土保持方案和措施的制定和实施。

施工前,施工单位在编制实施性施工组织设计时,要根据《水土保持方案报告书》制定施工期间详细的水土保持措施,按规定报批;严格按施工图设计中的水土保持工程措施及要求组织实施。

5. 咨询单位(施工图审核单位)的主要职责

咨询单位负责对水土保持设计方案和措施进行审查。审核施工图时,应对水土保持措施、方案进行审核,提出审核意见。

二、环保控制措施

为控制施工期水土流失,减少污水、噪声污染,建设单位、施工单位采取了一系列管理措施保护当地环境,并委托安徽长之源环境工程有限公司开展本项目现场环境监理工作。

(一)施工期环境管理

1. 健全环境管理体系

宁安公司十分重视环境保护工作,工程开工建设前,建立了由政府(主管部门)、业主、咨询、设计、施工、监理等单位组成的环境管理体系,从制度设计上保证环保工作的落实。各单位制定了环境管理制度,实行以主要领导牵头负责的环保责任制,有效避免了施工期环境事故的发生。

2. 环保工作纳入合同管理

工程开工建设前,建设单位在工程施工、监理合同中对环保工作提出了明确要求,并制定了严格的奖惩措施。将环保工作纳入合同管理,保证了环保工作落到实处。施工期间建设单位、监理单位和施工单位分别设立了专职的环保责任人,负责落实施工期的各项环保措施。施工单位还将环保公约、环保责任人在环保宣传牌上进行公示,便于当地群众监督、联络,促进了环保工作。自开工以来,每年组织对施工单位合同管理,特别是工程分包转包情况的专项检查。检查以《建设工程质量管理条例》对违法分包、转包的界定原则为依据,对施工单位签订的经济合同、验工计价、技术管理、质量记录等方面的资料进行全面检查,经常抽查施工单位内业资料和暗访,对发现的问题进行了严肃整改和复查,使工程转包、违法分包、挂靠和无证、越级承包工程等问题得到有效防治。

3. 开展施工期环保培训教育

施工单位进场后,环境监理单位组织了施工期环保专题培训。培训对象主要是建设单位、施工单位、监理单位负责人、专职和兼职环保管理人员。培训内容包括:建设项目环保法律法规要求,施工期水土保持措施、施工期环保措施落实,施工期环保应急事故处理,施工期水污染、噪声污染、固体废弃物污染预防措施等。通过邀请环保专家讲课,强化了施工管理人员的环保意识、法律意识。

施工期间,积极开展施工人员的环保教育,提高环境意识,避免施工过程中发生环境污染事故;积极开展环保宣传,制作环保宣传牌,既宣传了环保又强化了社会监督;制定相关环保管理条例,规范施工行为,例如日常生活垃圾集中处理、便道行车、渣土指定地点堆放等,效果显著。

4. 开展全过程工程环境监理工作

宁安公司根据环境保护部的批复要求,在工程监理中设置环境监理,环保监理利用工程监理的平台,以"保护水土资源、生态环境和污染控制与治理"为任务目标开展环境监理工作,分别按照月度、季度、年度完成施工期的环境监理报告,使环保工作在施工全过程得到有效监管。

环境监理工作的主要内容包括对环境影响评价指出的工程建设对自然环境和社会环境的潜在影响进行监理。施工期环境监理的主要工作包括施工机械和运输车辆的噪声、施工车辆扬尘、跨河桥梁施工对水流的扰动、临时施工便道、施工营地、废弃物处置、施工时土壤表面的侵蚀、对文物古迹的破坏等问题的监理;运营期环境监理的主要工作包括噪声防护措施(绿化、声屏障、隔声窗等)、污水处理设施等的监理。

通过施工期环境管理，使本工程的污染治理设施满足与主体工程“同时设计、同时施工、同时投产”的三同时要求，使宁安铁路工程建设环保工作取得了明显的效果，为环保措施的落实及监督、项目环境保护审批及环境保护竣工验收提供了保证。

5. 施工期严格执行环境保护“三同时”制度

环境保护工程与主体工程同时施工，根据主体工程施工进度，合理安排环保工程施工。路基、路堑边坡防护工程，边沟、天沟等排水工程与主体工程同步施工，及时防护。线路、站场绿化在土石方工程结束后及时安排进行。为尽可能减少施工对环境的影响，建设单位、施工单位合理安排工期，例如桥梁桩基施工中尽量避开丰水期，以减少泥浆对河水的污染。

（二）环境监理工作方法

1. 工作方法

采取文件核对与巡视检查评估相结合的方式，重点工程旁站监理，辅以现场监理工程师监督。监督检查单位的环保保证体系、施工中环保、水保措施落实情况。遇到特殊情况，提出监测计划，由建设单位委托有资质的环境监测单位进行监测，把监测结果作为环境监理的依据。

根据现场需要组织召开环保专题会议分析解决施工过程中的环保问题。

2. 工作制度

环境监理工作开展过程中建立了一系列工作制度，以保证环保监理工作规范、有序地进行。环境监理作为工程监理的组成部分之一，按照监理项目部的工作程序开展环境监理工作，其主要制度依照项目部工作制度开展，第一次工地会议及常规监理例会必须有环境监理参加，并根据工作需要召开环境监理专题会议。会议讨论和研究的问题及情况应完整地记录下来，形成文字材料，成为约束履约各方行为的依据。会议决定执行的有关事项，仍应按规定的程序办理必要的手续。

(1)环保问题的等级划分

为保证宁安铁路施工期各项环保措施的落实，在环境监理工作中，应对发现的环保问题进行分类，并建立相应的处理制度。环保问题按其对生态环境的破坏程度及污染防治措施得当与否分为重大环保问题和一般环保问题。

(2)重大环境问题

以下问题属于重大环境问题：不符合施组方案审查要求的，施工组织设计方案无明确和切实有效的环保措施，未经监理部审批的；临时设施开工前未填报“环境保护措施报审单”的，如未经批准擅自设置取、弃土(渣)场，施工营地，施工场地及施工便道；施工中造成严重危及环境的事件。

(3)一般环境问题

以下问题属于一般环境问题：未按设计要求和批准的范围、距离、位置设置制梁场、混凝土拌和站、取弃土场、砂石料场、施工营地、施工场地及施工便道等临时设施的；临时弃渣场、弃土场未设临时支挡结构，对地表径流影响较大的；批准的弃渣场和弃土场未按设计要求设置支挡结构；桥梁施工钻孔桩基泥浆水未按要求处理的；施工营地建设及施工营地和场地的固体废弃物和污水的处置未按施工期环境保护措施执行的；其他对生态环境和敏感水体有破坏行为的。

(4)环境保护问题的报告制度

对重大环保问题，项目监理部应迅速上报业主，并及时处理，防止事态的扩大；对一般环保问题，按相关要求在环保监理报告中予以反映。

（三）运营期环境管理

宁安铁路竣工后，宁安公司将运营管理按照属地原则委托给原上海铁路局统一管理。原上海铁路局具有完整的环境管理体系，对全路局的环境保护工作进行管理。原上海铁路局的环境保护和节能减排工作由计划统计处下设置节能环保办(科级)专项管理，并配足配齐专职管理人员。

（四）环境风险事故防范及应急措施

环境风险应急措施对建设项目建设期和运营期间发生的可预测突发性事故(一般不包括人为破坏和自然灾害)引起的有毒有害、易燃易爆等物质泄漏，或突发事件产生新的有毒有害物质所造成的对人体安全与环境的影响及损害程度进行评估，提出防范、应急与减缓措施。

根据《国家突发环境事件应急预案》、铁道部《关于实施铁路突发公共事件应急预案的决定》、《关于铁路突发公共事件应急预案编制修订工作的通知》(铁办函〔2007〕882 号文)的要求,原上海铁路局结合本局实际情况,编制了《宁安铁路环境风险应急预案》。

(五)生态敏感区保护

宁安铁路环评阶段线路穿越牛首祖堂风景区、西善桥古墓葬群区、当涂县二水厂饮用水源保护区、十八索省级自然保护区。线路在南京牛首祖堂风景区、南京西善桥古墓葬区 2 处敏感目标保护范围内及靠近池州十八索省级自然保护区的线位及工程内容与环评阶段一致;涉及饮用水源保护区的工程稍有变化,线位向远离取水口方向偏移 200 m。现场实际情况如下:

1. 牛首祖堂风景区

王府山隧道采用控制性微爆破工艺,减少了对周边围岩的扰动,并采用环保式洞口对洞口进行了加固防护、绿化;景区内的路基桥梁两侧已进行绿化防护,采用了内灌外乔式等绿化措施,减少了本工程对景区景观类型的破坏及对游客视觉景观的影响;工程活动严格控制在批准的红线内进行,未在景区管理范围内设置取、弃土场。施工期加强了环保管理,有效的落实了各项环评措施。建设单位积极与地方政府及相关部门沟通协调,结合景区规划和铁路建设的具体情况,抓住铁路修建带来的发展机遇,促进风景区旅游发展。

2. 西善桥古墓葬群区

南京市文物局已委托南京市博物馆对铁路沿线设计区域进行地下文物调查和勘探工作。考古勘探和发掘工作已在工程建设前进行,该区段未发现文物。

3. 十八索自然保护区

在保护区内未设材料厂、制梁场、级配碎石拌和站、取土场、弃渣场等临时工程设施。施工过程中均已按环评及批复要求落实了各项环保措施。

4. 当涂县二水厂二级水源保护区

施工污水经沉淀池沉淀处理后,回收用于清洗车辆、道路洒水,废水未排入水源保护区,施工结束后,已将沉淀池覆土、平整;生活污水、生活垃圾集中收集,未排入水源保护区范围内;施工机械冲洗产生的油污废水,经隔油池处理后,回用于洗车,废水未排入水源保护区范围内;开展环保专项监理,定期对水源保护区及水厂饮用水源保护区水质进行监测,要求施工单位采取措施确保水源保护区的水质,施工过程中,未发现水质异常。

(六)噪　　声

1. 声屏障措施

环评要求设置声屏障 56 处 32 260 延米(2.5 m 高声屏障 1 250 延米,2.78 m 高声屏障 21 490 延米,2.95 m 高声屏障 8 870 延米)。

设计阶段共设置声屏障 68 处 37 413 延米(2.15 m 高声屏障 2 495 延米,2.78 m 高声屏障 24 473 延米,2.95 m 高声屏障 10 445 延米)。

实际设置声屏障比补充环评要求增加 5 153 m,增加原因主要由于居民区规模扩大,声屏障长度增加及敏感点按原环评批复设置声屏障。

2. 隔声窗措施

环评要求设置隔声窗 100 处,共 32 650 m^2。初步设计安装隔声窗 42 300 m^2。工程试运营阶段,根据测试结果,依据达标情况进行隔声窗设计安装。

3. 房屋置换、拆迁

对 1 所学校进行了功能置换,置换房屋面积 1 800 m^2;对 397 户居民房屋进行功能置换。

4. 施工噪声控制

制定完善的环境保护计划和管理办法等规章制度,明确施工工艺、施工工序、环境管理措施、防治责任范围等,合理安排施工场地,高噪声施工机械远离敏感区布置;合理安排施工时间,夜间尽量不进行施工或安排低噪声施工作业,若因特殊需要连续施工的,事先得到有关部门的批准,并同时做好民众的沟通工作;城镇区段夜间运输采取减速缓行、禁止鸣笛等措施;加强施工期环境噪声监测,发现超标及时采取措施。

5. 振动控制

针对振动预测值超标的 1 处敏感点 5 户居民已进行了功能置换。

采用了先进的轨道弹性支承系统与提高轨道刚性相结合的减振型轨道结构，即采用了 60 kg/m 的重型钢轨、正线轨道一次铺设跨区间无缝线路、弹性扣件等轨道减振措施；桥梁采用箱型梁、盆式橡胶支座；路基下采用 CFG 桩的复合基础。以上工程措施大大降低了振动影响程度，其源强较环评采用的源强低 5～10 dB。

（七）电磁治理

1. 通信

GSM-R 铁路移动通信系统的基站布置在城区内间距大约为 3 km，在郊区和野外大约为 5 km；基站铁塔高度在 30～50 m 之间；在城区用户密集地区单基站配置 3 载波，其他地区单基站配置 2 载波，基站的发射功率单载波控制在 20 W 以内。各基站的电磁辐射值均控制在国家要求的标准值以下，对人体不会产生有害影响；其余通信设备也均要求满足国标对电磁辐射的要求。

2. 信号

所有的设备均满足电磁兼容的相关要求，避免对周围环境的电磁干扰。

3. 电力

高压架空供电线路尽可能远离居民区，否则采用电缆方式使人员密集场所工频电、磁场满足规范要求；变电所内变压器选用 D，yn_{11} 接线组别，低压电容补偿柜选用带滤波型，有效减少谐波电流产生的电压畸变；给产生谐波严重的通信、信息和信号设备供电的导线采用穿金属保护管敷设。

环评报告及批复未对电磁敏感点提出特殊防护措施，通车测试后，视情况采取措施。

（八）节能措施

1. 车站

站内正线上方设计为敞开式，引入自然光；站内雨水尽量依靠自身重力就近排入地面沟渠或城市雨水管道，以减少抽排，节约能源。

2. 通信

通信设备主要采用数字化产品，耗电量小；通信设备供电电源馈线的截面经耗电量计算后确定，配电设备至通信设备间的电源馈线敷设尽量顺直保证距离最短；通信电源设备用智能化电源系列；换流设备用高频开关型模块化电源；中间站通信设备采用集中供电方式，其直流电源采用在线充电方式以全浮充制运行，蓄电池采用阀控式密封铅酸蓄电池组。

3. 信号

采用高效节能的信号设备；电路设计中，在满足故障安全原则的前提下尽量让继电器平时处于失电状态，对经常吸起的继电器尽量采用高阻继电器；信号设备采用综合智能电源屏供电，以满足提高供电效率，减少电源屏种类和数量及信号设备增容的要求；各站电源屏容量经计算确定，电源屏供给各种负荷的容量力求合理分配，使三相用电平衡。

4. 电力

变电所尽可能靠近用电负荷中心；在车站站房、综合楼等大型建筑物，设机电设备监控系统节约能源；对于随季节变化大且容量较大的空调负荷设置专用空调变压器供电，以避免因综合变压器容量选择过大而造成供电过程中电力能源不必要的损耗；选择合理的电缆径路及截面；选用节能型干式调压器、变压器；变电所集中设低压无功自动补偿装置、10 kV 贯通线合理设置并联补偿电抗器补偿电缆线路电容电流，以降低电能损耗；大面积的照明场所采用高压钠灯或金属卤化物灯等电光源。

（九）水环境保护

1. 跨江河桥梁水环境保护

跨水桥梁都已按照桥涵设计要求充分考虑洪水影响，在设计、施工过程中根据地形设置涵管，确保农灌沟、渠原有功能；施工未对水利水保设施产生损害。跨水桥梁岸坡防护措施全部实施完毕，水中墩围堰已拆除。

2. 站、段、所、工区污水处理

江宁南站、马鞍山东站、当涂东站、弋江站、繁昌西站、安庆站采用化粪池处理后排入市政管网进入城市污水处理厂;铜陵东站、池州站采用既有厌氧池处理工艺后排入市政管网进入城市污水处理厂;芜湖站经隔油池、化粪池处理后排入市政管网进入城市污水处理厂;南京南动车运用所经厌氧池、隔油池、化粪池处理后经市政管网排入污水处理厂;安庆动车存车站经厌氧池、化粪池处理后经市政管网排入污水处理厂。

(十)节约用地

经对设计进行优化,全线的桥隧比达到69.6%,以桥(隧)代路,大幅减少用地面积。工程实际未单独设置取土场和取料场,所需土石方均商购于合法料场,因此相应占地减少。

集中设置沿线配套设施。对沿线分布的牵引变电所、电力变电所、桥梁工区、守护房和通信信号基站场地能共用的尽量合并设置,不能共用的尽量集中设置,共用进出场道路和减少边角用地,达到集约用地的目的。

(十一)其　　他

(1)路基工程:集中设置改良土拌和场,并对拌和材料的运输、堆置、调配、污水处理等严格控制,尽可能地减少对周围环境的污染;地基加固处理措施禁止或避免采用对自然生态环境和地下水有害的化学浆液、外加剂等;废弃的加固料不任意排放,要及时回收处理。注浆充填、封闭等措施选择路基工程有限范围进行浅层封堵,避免浆液扩散过远,影响区域生态环境、地下水径流和排泄系统。

(2)桥梁工程:跨越河流时,桥梁布置一般不压缩河道,对施工造成的河岸破坏进行恢复和护砌;对农田排灌的沟渠,逢沟渠设桥涵,保证排灌系统的畅通;对于基坑开挖产生的弃土及钻孔桩的泥浆、钻渣等,均进行外运处理;及时清除施工围堰,保证水流及航道的畅通。

(3)隧道工程:隧道工程施工中,根据以堵为主限量排放的原则,采取相应措施预防地下水的流失。

(4)固体废物处置:施工驻地生活垃圾应集中堆置,定期清运交由当地环卫部门处置。房屋建筑拆迁产生的建筑垃圾,首先考虑用于施工场地的回填,必须废弃时处置场所应事先征得当地环保、水利和环卫等部门许可,并做好必要的防护措施和弃置后的恢复工作。

(5)施工期排水:施工驻地生活污水、车辆冲洗废水应该有组织的排放,生活污水中的粪便污水经化粪池处理,车辆冲洗集中在施工驻地进行,冲洗水经沉淀处理后与生活污水一同排出,不得排入当地河流、灌渠等水体。

(6)站场投光灯灯具投射方向与角度尽可能不产生光污染。

(7)配电所内采用干式调压器,变电所、箱式变电站内采用干式变压器,避免采用油浸式调压器、变压器可能产生的污染。

(8)车站运营后,产生的生活污水和生产废水经处理后,达标排放,不会对车站及周边环境产生影响;旅客垃圾用垃圾袋封装后在起、终站进行投放,可减少对环境的影响;沿线其他一般中间站区职工生活和办公垃圾以及旅客候车垃圾定点收集、储存后,交由当地环卫部门统一处理,将减轻对周围环境造成影响。

(9)区间干线电缆槽在土建工程中预制,避免挖电缆沟引起环境污染。

(10)埋设或敷设于地下的电缆电线(包括贯通地线)均为环保型材料,避免造成环境污染。

(11)严格控制对铜等有色金属的使用量,通信工程长途通信线路采用光缆,地区及站场通信线路也较多的采用光缆,减少铜芯电缆的使用。既有线改造时尽量利旧,节省设备材料,减少自然资源的消耗。

三、水土保持措施

(1)施工期水土保持采取分区防治,防止弃渣流失和弃渣场边坡侵蚀,防止取土场边坡冲刷和塌陷,防止路基边坡、隧道进出口仰坡及桥台边坡的土壤侵蚀,防止临时工程弃渣的流失和裸露坡面的土壤侵蚀。

(2)弃渣防护:严格按照设计或变更设计选择的位置弃渣,采取措施进行防护,渣场上游修建截水沟疏导地面径流,防止渣体冲刷,平整渣顶和坡面,种植草籽和植树绿化。

(3)取土防护:严格按照设计或变更设计确定的位置取土,取土完毕,及时平整场地,做好排水设施,结合地形和土质条件,种草植树恢复植被。路堑形成的边坡采取相应的边坡加固防护措施。

(4)设计和施工应结合工程实际情况,因地制宜,采取坡区防护、大桥防护、隧道防护、路基防护、各类挡墙防等防护措施,防治水土流失。

(5)挡墙防护设计时,一般采用重力式路堑挡土墙,对不良地质地段视其地质条件采用挡墙、护墙、锚索、锚固桩、土钉墙等措施，确保边坡稳定，防止滑坡、崩塌产生，对顺层路段可结合附近填料短缺的具体情况采取顺层刷坡处理。

(6)大临工程中的施工便道施工，应力求少占良田耕地，尽量保护铁路用地范围之外的既有林、草植被。对不良地质地段进行绕避，防止诱发滑坡和大面积的边坡坍塌，对填挖不平衡地段产生的弃渣，应有必要的支挡防护措施，修筑好便道两侧的排水系统，保证地面径流的畅通。若因修临时工程等原因对铁路用地范围之外的既有林、草植被造成了破坏，应在拆除临时工程时负责予以恢复。

(7)施工现场生产、生活房屋的修建，料具、石料的堆放和材料加工场地等临时设施的布置，应避免随意多占土地和破坏水土保持功能，施工场地范围内要做好给水、排水工作，不阻塞地面径流自然通道，防止壅水和场地冲刷。特别是沿江、沿河地段施工场地的布设，应满足水土保持要求和具备相应的防洪功能，采取合理的防护措施，防止施工中产生的渣、土流入江河，防止汛期江、河水冲毁施工场地。

(8)在土石方工程施工结束后，对工程永久性用地范围内适合绿化的地带，应进行绿化处理，改善铁路沿线生态环境，对取弃土场进行渣顶及坡面平整，种草或植树绿化。

(9)在施工中应尽量控制或减少对土地资源的破坏，做到土地复垦与建设统一规划、同步设计、同步施工。

(10)未经批准，不得占压、干扰河道、水道及既有灌溉、排水系统。必须占压的，应事先征求主管部门同意，并采取必要的防护、替代措施。由于施工单位的过失、疏忽，未及时按设计文件要求和监理工程师指示完成水土保持措施(永久性或临时性)，导致需要另外采取保护措施而发生的费用由施工单位承担。

本工程范围内路基、桥梁、隧道等主体工程的生态防护与水土保持工程已全部完成。工程范围内永久占地面积 678.47 hm^2，工程土石方总量 2 006.7 万 m^3。

跨水桥梁都已按照桥涵设计要求充分考虑洪水影响，在设计、施工过程中根据地形设置涵管，确保农灌沟、渠原有功能；施工未对水利水保设施产生损害。跨水桥梁岸坡防护措施全部实施完毕，水中墩围堰已拆除。沿线旱桥桥下全部平整、绿化。

路基以填方路堤为主，路基工点主要有路基边坡防护工点、深路堑工点、特殊地质路基工点、不良地质路基工点、浸水路堤、陡坡路堤等类型。路基坡面采用植播草籽进行防护，共完成绿化防护 320.5 万 m^2。路基边坡多采用植草防护及骨架护坡结合植物防护措施，特殊地段采用混凝土和片石圬工防护措施，防护状况良好，目前坡面已基本稳定，未见水土流失现象，防治效果比较明显。

隧道洞口边仰坡防护措施按“安全、可靠、绿化”的原则设计，对土质边仰坡采用骨架护坡、喷播植草，对岩质边坡采用喷混植生。隧道洞口及边坡防护、洞顶的排水沟均已完成。

第三节　环保水保验收

一、环保验收

根据《宁安铁路环境保护及水土保持管理办法》，设计单位、监理(咨询)单位设专人负责环境保护方面的管理、协调工作。

环境保护管理人员要经常到施工现场进行巡视与检查，了解环境保护措施的落实情况；对重点工序和重点施工地段进行重点检查，了解环境保护工程的进展情况。设计文件中的环境保护项目要严格按设计要求进行验收，且环境保护工程与主体工程要同步验收，环境保护工程不达标的不予验收，不予验工计价。宁安公司工程管理部应切实落实环境保护工作，加强日常环境保护监督检查。对环境保护工作不重视或采取措施不力的单位，给予通报批评，并责令限期整改。

环境保护设施的竣工验收，由环保审批机关组织。环保设施未经验收或者经验收不合格的，不得投产使用。根据环评批复文件要求，宁安公司委托中国铁道科学研究院承担本项目工程竣工环境保护验收调查任务。接受委托后，调查单位立即成立了“宁安铁路竣工环保验收调查组”。

调查组在宁安公司及相关单位的大力配合下，收集工程建设相关资料，并组织技术人员对铁路沿线环境及重点设施进行了多次详细的现场调查，编制了验收调查实施方案及监测方案，并对存在的生态恢复及污染防治问题提出了整改意见;调查单位委托谱尼测试集团股份有限公司于 2016 年 2 月～4 月对宁安铁路的噪声、振动、污水、牵引变电所和基站的电磁辐射进行了现状监测,并在沿线受影响居民中开展了公众意见调查,对项目沿线的环保行政管理机关和环境保护目标管理机构进行了走访;在上述工作的基础上,最终编制形成了《新建南京至安庆铁路工程竣工环境保护验收调查报告》,并顺利通过验收。

二、水保验收

根据《宁安铁路环境保护及水土保持管理办法》,设计单位和监理单位应指派专人负责水土保持方面的管理、协调工作。水土保持管理人员要经常到施工现场进行巡视与检查,了解水土保持措施的落实情况,对重点施工地段和重点工序进行检查,掌握水土保持工程进展情况。设计文件中的水土保持项目按设计要求进行验收,且水土保持工程应与主体工程同步验收,水土保持工程不达标的不予验收,不予验工计价。宁安公司工程管理部应切实加强对各有关单位水土保持工作的日常监督检查。对水土保持工作不重视或采取措施不力的单位,给予通报批评,并责令限期整改。

2015 年 4 月,公司通过招标形式确定北京水保生态工程咨询有限公司为水保工作评估单位。2015 年～2016 年,北京水保生态工程咨询有限公司对宁安铁路环水保工程进行了现场检查,提出了问题和整改要求,各施工单位及时对现场检查发现的问题进行整改,评估合格。

第十章　工 程 监 理

第一节　监理工作制度

监理工作制度的建立是规范监理工作行为的前提和保障。宁安公司和各监理站结合宁安铁路工程项目特点制定了结构清晰、职责明确、内容稳定的监理管理制度，并在实施过程中不断查找管理缺陷、堵塞管理漏洞，及时修订管理制度，形成“执行→检查→改进→提高”的封闭循环链，形成制度不断完善、工作不断细化、程序不断优化的持续改进机制，体现了“六位一体”管理要求，做到了实施有规范、操作有程序、过程有控制、结果有考核。通过各项监理工作制度的建立及有效实施，做到了监理工作程序化、监理方法科学化、监理手段规范化。

一、监理工作依据

(1)国家有关法律、法规和铁道部有关规章、制度；

(2)国家和铁道部有关标准、规范、规程；

(3)国家和铁道部对建设项目的批复文件；

(4)审核合格的施工图；

(5)建设项目的委托监理合同、承包合同和材料供应合同；

(6)经批准的建设项目指导性施工组织设计、季度和年度建设计划、变更设计、环保等全部技术管理文件；

(7)宁安公司有关建设项目的文件、规定，宁安公司、设计、施工和监理单位各方参加的联席会议纪要等。

二、监理机构与职责

宁安公司安全质量部在分管领导负责下对监理工作进行管理，其他部门对项目监理机构进行业务上的指导。

监理企业在管段现场设置项目监理机构，实行总监负责制，对管段内监理工作负总责。各监理机构应根据监理委托合同，内设测量监理室、环保监理室、质量安全监理室等部门，下设若干监理组；监理人员的配备必须满足合同承诺和现场监理工作的需要。

1. 宁安公司安全质量部主要监理管理职责

(1)审查现场监理机构、总监理工程师和监理人员的资格。

(2)审查现场监理机构《监理规划》和《监理实施细则》等文件。

(3)监督检查委托监理合同的履行情况。

(4)检查项目监理机构的现场监理工作。

(5)负责对项目监理机构进行考评。

宁安公司对监理工作管理，采用直接管理的工作方式，一般通过总监理工程师下达指令的形式实施。

2. 监理单位的主要职责

(1)按照投标承诺建立项目监理机构，代表监理单位履行合同职责。

(2)按招标文件、投标承诺、合同和宁安公司的有关要求配足上场监理人员，在满足现场工作需要的基础上应有一定的储备。

(3)按招标文件、监理合同及投标承诺的要求，配备现场检验检测设备和交通通信工程，仪器设备的数量和型号要满足现场工作需要。

(4)根据批复的《监理规划》，编写《监理实施细则》，并组织实施，认真开展现场监理工作，切实履行监理合同和投标承诺。

(5)现场监理人员必须做到年龄结构合理、专业配套、素质较高,并接受岗前培训,经考核合格后方可上岗。

三、监理管理制度

宁安公司对项目监理机构管理建立下列制度:

(1)监理报告检查制度。按合同约定的监理报告的时限和内容,检查和处理各项监理报告。

(2)例会制度。为加强信息交流与互通,建立宁安公司负责人与总监的每月例会制度,由宁安公司、监理单位有关人员参加,交流工程和监理情况,交换意见,部署监理工作。

(3)检查制度。依据委托监理合同,对项目监理机构履约情况和工作的定期检查制度。

(4)考评及奖惩制度。宁安公司建立监理工作考核办法和考评标准,定期组织考评。

(5)监理信息及资料的管理制度。宁安公司建立监理信息及资料管理制度。

(6)监理人员“警示”制度。对违纪、违规、失职的监理人员按规定给予黄牌警告直至红牌清退出场的惩罚制度。

四、监理工作要求

1. 建设工程监理工作应遵守相关法律、法规、规章和铁路建设工程监理规范,依据审核合格的施工图,执行工程建设技术规范和施工质量验收标准,按照委托监理合同、工程承包合同及其他相关文件实施监理工作。

2. 现场监理机构应对建设项目的质量、进度、投资控制,合同及信息管理,现场施工安全管理和环保水保监督等实施监理,履行监理职责。

3. 对现场监理机构的行为要求

(1)确保工作独立、生活自理,不依附现场施工单位及其他利益相关单位。

(2)监理人员的出勤率不得低于95%。其中总监理工程师离开现场1 d及以上,应提前将离开理由和其临时代理负责人报宁安公司,经批准后方可离开。

(3)监理人员在施工现场应严格规范管理,佩戴铁路工程监理证和具有明显标志的安全帽。

(4)严禁项目监理机构委托承包单位代行隐蔽工程检查。

(5)不得向其他单位转让监理业务。

4. 对现场监理机构的业务要求

(1)认真编制《监理规划》和《监理实施细则》,并报宁安公司审批后实施。

(2)监理工作要具有可追溯性,以文字为凭、数字为据。书面材料一律以中文为准。

5. 根据需要,宁安公司可要求监理单位依据监理合同或相关协议派遣监理人员到建设单位协助相关工作。

五、监理人员的管理

监理人员开展监理工作,应遵循以下守则:

(1)维护国家的利益,按照“守法、诚信、公正、科学”的准则执业。

(2)认真贯彻、执行国家、铁道部(中国铁路总公司)有关工程建设的政策、法规、规范和标准,严格履行监理合同规定的责任、权利和义务。

(3)努力学习,不断提高自身的专业水平和综合素质。

(4)不得同时在两个以上监理单位注册和从事监理活动。

(5)不能在施工、材料、设备生产供应单位兼职。严禁向所监理标段介绍施工队伍,严禁指定建筑构配件、设备、材料的生产厂家。

(6)不泄露所监理工程各方认为需要保密的事项。

(7)严格监理,热情服务;秉公办事、平等待人。不收受施工单位礼品、礼金。

宁安公司对全线监理人员严格实行“监理人员违纪、违规、失职警示”制度。

第二节 现场监理工作的实施

一、监理机构的设置及其监理工作范围

宁安铁路工程建设中，按照国家及中国铁路总公司相关法律、法规及规定通过公开招标，全线分为五个监理标段实施施工监理工作，监理机构的设置及其监理工作范围具体见表 2-10-1。此外，根据中国铁路总公司的要求，于 2010 年 4 月引入了外方质量代表——赛思达(上海)技术咨询有限公司。

表 2-10-1 监理机构的设置及其监理工作范围

标段名称	监理单位	正线长度(km)	监理工作范围
NAJL-1 标	上海先行建设监理有限公司	66.4	K155+791～K215+838 站前(含铺轨)
NAJL-2 标	铁四院(湖北)工程监理咨询公司	2.997	K237+701～K240+698(安庆长江大桥主桥工程，不含铺轨)
NAJL-3 标	北京瑞特工程建设监理有限责任公司	80.5	(1)站前工程：K01+049.891～K81+150.757(DK0+000～DK80+500)(不含南京南)段线下工程、K01+049.891～K81+150.757(DK0+000～DK80+500)(不含南京南)段轨道工程及 K01+049.891～K81+150.757(DK0+000～DK80+500)(不含南京南)段铺轨工程。 (2)四电工程：K01+049.891～K81+150.757(DK0+000～DK80+500)(不含南京南)段范围内的四电工程，含自然灾害及异物侵限监测系统工程。 (3)房建工程：江宁西站、马鞍山东站、当涂东站站房工程；K01+049.891～K81+150.757(DK0+000～DK80+500)(不含南京南)段生产生活房屋工程。 (4)客服信息工程：K01+049.891～K81+150.757(DK0+000～DK80+500)(不含南京南)范围内的客服信息工程
NAJL-4 标	北京铁城建设监理有限责任公司	75.5	DK80+500～DK156+000(计 75.5 正线公里)范围内站前及站后全部工程(不含 DK80+500～DK156+000 铺轨工程)；宁芜上行线改建线下工程和既有宁芜线改建线下工程(不含铺轨及 T 形梁架设)；新建皖赣铁路与宁安同步实施线下工程(芜湖站至弋江站段 DK84+950～DK100+200)
NAJL-5 标	上海华东铁路建设监理有限公司	42.7	DK222+400～DK265+100(不含 DK244+263.3～DK247+260.1 段安庆长江大桥主桥桥梁工程，含主桥线上工程)全部工程，含宁芜上行线改建线上工程、既有宁芜线改建线上工程、安庆动车存车场及走行线工程、DK80+500～DK156+000 铺轨和 T 梁架设工程、铜陵东至池州段(DK156+000～DK222+400)的“四电工程”

二、监理机构的组织结构与人员配置

根据宁安铁路工程建设工期长、标准高、科研项目多、地形复杂、工程类别繁多、工程难易程度变化大等特点，结合招、投标文件的要求及现场工作的需要，为保证监理工作的有效开展，确保实现宁安铁路工程的各项建设目标，各监理单位在现场采用直线职能制监理组织形式设置监理站，按照监理站、监理组模式设置二级监理机构。

项目监理机构实行总监理工程师负责制，总监理工程师接受监理单位法定代表人的授权委托，全权代表监理单位履行委托监理合同赋予的权力和义务，全面负责监理项目管理、协调工作，总监理工程师对本项目监理工作的质量负总责。监理站划分与施工标段、重点工程位置等相结合，根据管辖范围适中、跨度合理、满足监理工作需要的原则设置，并考虑方便工作，交通便捷，且有利于监理管理和监理控制。

NAJZ-1 标监理站设置总监 1 人、副总监 4 人、监理分站长 3 人和四电监理组长 1 人；工程高峰期在岗监理人数达 132 人。NAJZ-2 标监理站设置总监 1 人、副总监 3 人、监理组长 3 人；工程高峰期在岗监理人数达 55 人。NAJZ-3 标监理站设置总监 1 人、副总监 3 人、监理组长 9 人；工程高峰期在岗监理人数达到 226 人。NAJZ-4 标监理站设置总监 1 人、副总监 3 人、监理组长 6 人；工程高峰期在岗监理人数达 127 人。NAJZ-5 标监理站设置总监 1 人、副总监 3 人、监理组长 7 人；高峰期在岗监理人数达 96 人。以 NAJZ-3 标监理站为例，其监理组织机构设置如图 2-10-1 所示；监理人员专业结构见表 2-10-2。

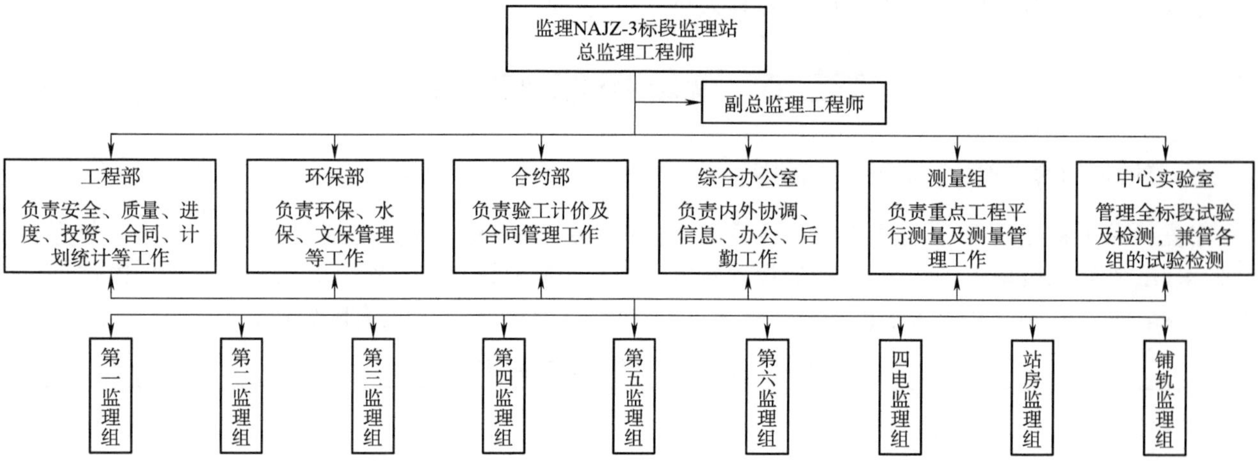

图 2-10-1 北京瑞特监理公司宁安铁路监理站(NAJZ-3 标)组织机构图

表 2-10-2 北京瑞特监理公司宁安铁路监理站(NAJZ-3 标)人员专业结构一览表

序 号	项 目		情况说明	
1	上岗监理人员总数		161 人	
2	持证情况	高级专业技术职称证书	人数	15
			占监理工程师人数比例	13.5%
		专业监理工程师岗位(资格)证书(含试验检测)	人数	111
			占监理总人数比例	68.9%
		助理工程师及监理员证书(含试验员)	人数	50
			占监理总人数比例	31%
3	专业结构情况	路基专业	人数	20
			占监理总人数比例	12.4%
		桥梁专业	人数	68
			占监理总人数比例	42.23%
		轨道专业	人数	6
			占监理总人数比例	3.7%
		测量专业	人数	6
			占监理总人数比例	3.7%
		试验专业	人数	17
			占监理总人数比例	10.55%
		安全、环保、地质专业	人数	6
			占监理总人数比例	3.7%
		通信、信号、信息专业	人数	6
			占监理总人数比例	3.7%
		电力及电力牵引	人数	6
			占监理总人数比例	3.7%
		站场	人数	5
			占监理总人数比例	3.1%
		房建、给排水、设备专业	人数	17
			占监理总人数比例	10.5%
		计量、合同管理工程师	人数	4
			占监理总人数比例	2.4%

三、监理工作程序

监理工作流程及过程监理工作程序如图 2-10-2 和图 2-10-3 所示。

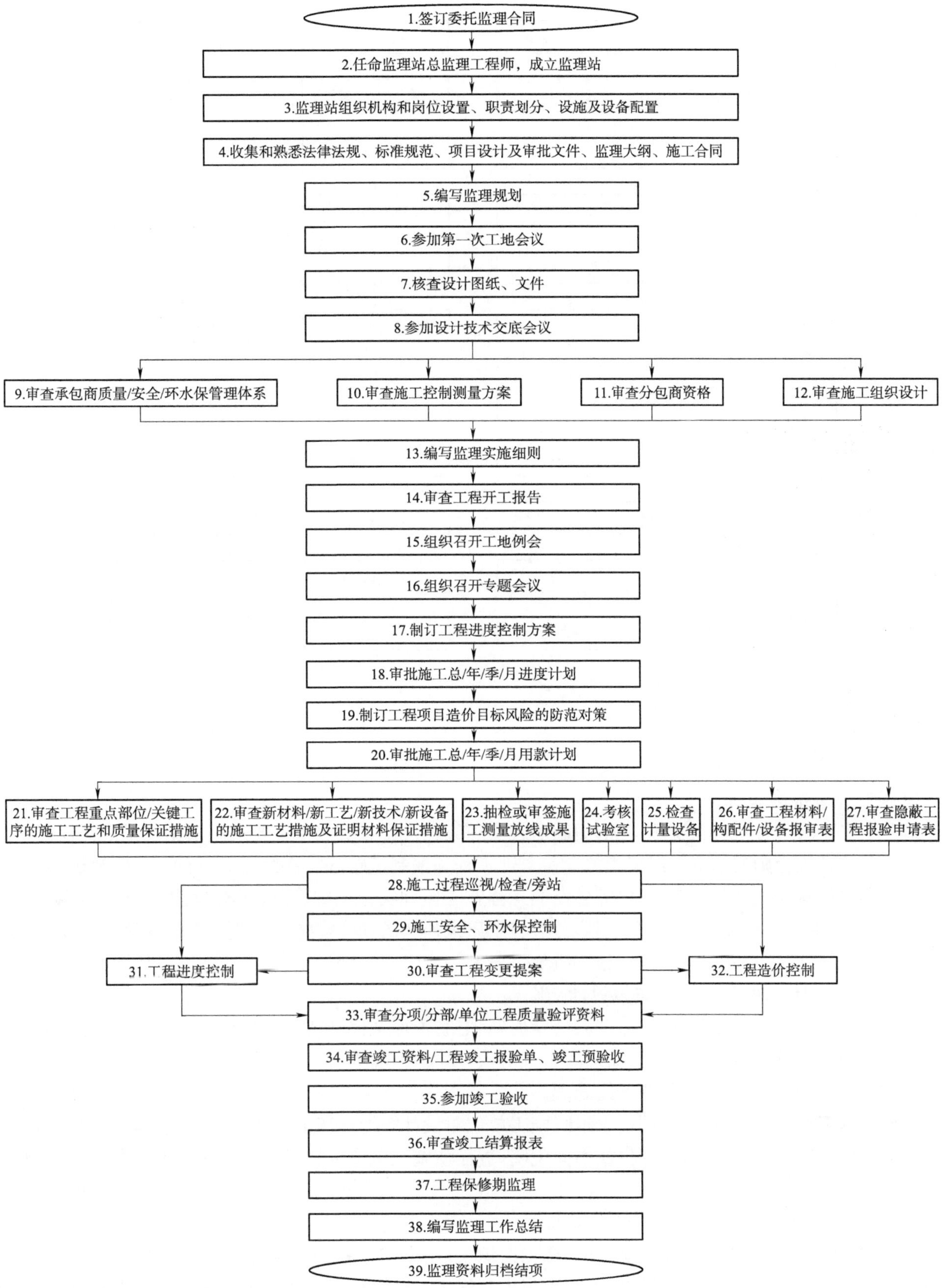

图 2-10-2　监理控制总流程

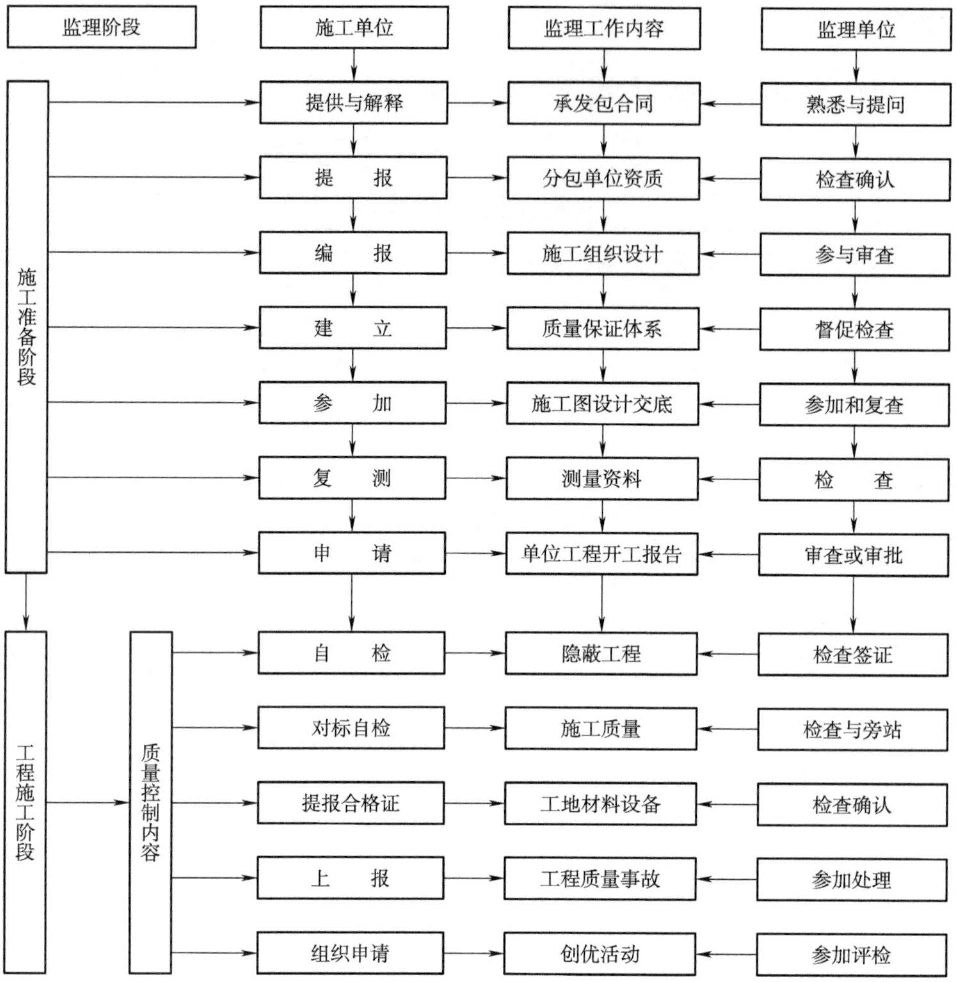

图 2-10-3 过程监理工作程序

四、主要工作内容

1. 编制监理细则

结合宁安铁路工程特点及实际情况,编制监理实施细则及质量安全卡控要点。根据已批准的监理规划,监理站在总监理工程师的主持下组织相关专业监理工程师编制了路基、桥梁、隧道、轨道、无砟轨道、通信、信号、电力、牵引供电、接触网、站房、房建等各专业工程施工监理实施细则,完成了对危险源辨识、风险源评估工作,并制定监理应急预案、质量安全控制要点、施工质量通病的预防措施以及监理工作程序、方法。对现场监理人员下发了《监理控制要点卡片》《施工质量手册》等。

2. 组织对设计文件、图纸的审查及设计交底

监理站成立后,立即组织了所有监理人员全面熟悉招、投标文件,工程承包合同及监理服务协议书、设计图纸和说明,开展环境调查,掌握所要监理的工程对象,对文件、资料、图纸中存在的差错、遗漏、含糊不清等问题,报告委托人及相关部门进行解释或处理。

图纸到达现场后,各监理站会同甲方组织施工单位对设计图纸进行了审查,并将审查出的问题书面呈交设计单位,再由设计单位出具设计变更或书面说明,进而使施工单位更加明确图纸的技术要求、质量标准、施工方法,减少了图纸的差错。

3. 抓好开工前的技术准备,严格开工审批

开工前,监理站应审查施工单位实施性《施工组织设计(方案)》并提出意见;同时,现场核对是否具备开工条件,签认施工单位提交的《主要进场人员申报表》《施工组织设计报审表》《进场施工机械报验单》《进场材料报验单》和《施工测量放线报验单》;审核图纸会审及施工技术交底资料,审查施工单位提报的合同标段内

隧道、特大桥、铺轨、既有线(邻近)施工等重、难点关键工程的开工报告,完成审查后签发开工报告,并报告建设单位。

(1)协助委托人和承包人协调征地、拆迁、交通疏解,完成四通一平,合理布置施工场地。

(2)参加宁安公司组织的设计交桩,并见证监督复测、控制测量工作。

①按照要求组织进行平行测量。审核承包人的测量设计,组织测量控制点、中线桩的交桩工作,由设计方现场提交资料、核实桩点位置。督促承包人进行控制点复测和相邻标段控制点联测复核。测量专业监理工程师旁站复测和联测过程,审核测量记录和测量成果。当复测和联测精度满足相应等级导线点和水准点测量精度后,采用交桩资料。否则,会同设计、委托人、各方进行重测,再由设计方进行修正。

②对施工单位的复测资料进行检查,特别是两个相邻施工单位之间的测量资料、桩橛等是否交接清楚,手续是否完善,质量有无问题,并对贯通情况、中线及水准桩设置、固桩进行审查。对重点部位高程、中线进行复测,发现问题及时通知施工单位纠正,并做好监理记录。

③根据复核后的控制点设置趋近导线和临时水准点,进行中线、高程放样,监理工程师抽查放样点,审核认可测量放线成果,据以施工。

④审查、签认施工单位提交的"贯通测量成果工程报验申请表",对测量精度、平差结果等内容进行审查,合格后进行签认。

⑤施工过程中,结合工程实施进展情况,会同桥梁、路基、隧道、轨道等专业监理工程师对重点工程的中线测量放样、高程测量工作进行监督或平行测量。

(3)审核承包人授权的常驻现场代表的资质和现场的组织机构,审查分包合同和分包人的资质,符合合同要求者,予以认可;否则,要求整改或调换。

(4)督促承包人建立质保体系、编制安全方案,审查现场的主要技术管理人员的资质,要求质检工程师必须具有相应施工经验和专业技术资质,能够独立完成质量自检工作。在工程投标书中所报技术负责人中,必须持资质证明,常驻现场进行质量控制;制定完善的质量控制程序和可行、可靠的技术及组织保证措施。

(5)组织施工图纸的技术交底和资料的交接,使承包人全面掌握设计意图、设计文件要求和设计图纸,澄清图纸的疑问、遗漏和差错,以便组织施工。

(6)督促承包人按图纸要求,合同约定和规范规定,编制和提交施工组织设计。其中至少包括:编制依据、施工平面总布置图、主体工程的施工方法、技术措施、工艺流程和附图、工程重点和难点的对策、施工监测计划、材料及设备投入计划、人员配备及劳力组织、质量检验手段和安全保证措施、进度及投资计划、进度横道图及网络图等。对于承包人上报的施组设计,监理单位从内容的完整性、技术措施和保证条件的可靠性和可操作性、施工方法的科学性上,认真进行审核,同意或经整改后同意上报委托人审批后实施。

(7)检验进场设备和材料的合格证、出厂实验报告及外观,签认材料、设备进场报验单,允许合格者进场;否则,退回。

(8)检查、验收工地试验室,批准具备试验资质的人员负责试验室工作,并督促承包人按规范要求的频率和数量,对进场材料进行取样试验,合格后方准予使用,并要求提供试验资质证书及试验报告资料。要求所有资料有序登记,长期保存。

(9)参加业主组织召开的第一次工地会议,检查施工单位履行合同及开工前准备工作情况,进行监理程序和方法的交底。

(10)审核承包人单位工程"开工报告"及"分项工程开工报告"。开工报告中应附有测量复核、放样成果、图纸交底会议纪要、材料及设备进场报验单及检验报告、工点优化单、四通一平情况报告等。

当施工单位的主要施工准备工作已完成时,监理站再认真审核施工方案,按照设计及规范要求检查进场材料的数量、规格和质量标准,符合要求后同意施工单位的开工请求,签署《工程开工报告》。

4. 施工材料、构件检验及复验

监督施工单位严格按规范和设计图纸施工。对主要部位和环节、关键工序的施工及设备安装、调试,按国家和铁路总公司有关质量检测标准、规定进行检查签证。监督施工单位按规定进行各类试验,同时进行规定频次的平行抽检试验,并对施工单位试验结果进行抽样检查。

检查工程材料、成品、半成品、设备等出厂合格证,检查施工单位的各种试验和试验记录;如有疑义,监理人员将在项目管理机构指定的试验室,对有疑义的原材料、试件等进行取样抽检复查。对不合格的材料和设备,坚决禁止进入工地和投入使用,已进场的不合格材料坚决要求施工单位限期清出现场。检查进场材料、设备、构配件的原始凭证、检测报告等质量证明文件及其质量情况;对进场材料、设备、构配件进行见证试验或平行检验,合格时予以签认。对不合格材料、设备、构配件拒绝进场和使用。严格控制不合格建筑材料、构配件及设备进场及使用,坚决禁止先用后检。

工程施工前和施工过程中,监理站审阅各项进场材料的出厂证明、材料证明、试验报告。对钢材、水泥、砂石料、防水板、外加剂等材料,按照规范要求材料复验的数量和批量督促、见证施工单位及时取样,送达检测单位对有关材料进行复验。对于有疑问的主要材料会同甲方进行现场复检,决不允许在工程中使用不合格材料。

5. 变更设计把关

严格按铁路总公司颁发的有关规定进行变更设计控制把关,因设计图错漏,或在施工中发现图纸有不合理情况时,会同施工各方一起研究优化设计方案,经设计单位同意后进行变更设计。按规定程序严格审查、复核申报的设计变更,参加设计单位组织的有关会议,并按批准的变更设计文件实施。确保数量准确、变更合理,并对其提出预审意见,坚持"先批准,后施工"的原则,无变更设计图纸,不得自行施工。未经相关单位或部门审查同意而实施的变更设计和超变更设计范围的工程量不予验工。

6. 隐蔽工程检查

督促施工单位编制报送隐蔽工程施工进度计划。隐蔽工程在隐蔽前,要求施工单位按相关专业"验收标准"的规定,先行组织自检;自检合格后,按规定填好各类隐蔽工程检查表;签认手续完备后,报监理站组织验收。按施工程序严把隐蔽工程质量关,严格按规范对每道工序、每个部位进行规定的质量抽检和现场监督,对重点工程、重点部位进行全面旁站监理。对不符合质量要求的工程,要求承包人返工或采取其他经审核批准的补救措施,以达到合同及设计文件规定的技术标准和质量要求,并适时实施质量评定,合格后方进行签认。

对于检查不合格的工程或检验批所填内容与实际不符的,监理工程师在工程报验申请表上签署检查不合格及整改意见;严重的,签发监理工程师通知单,责令施工单位限期对不合格工程进行整改,自检合格后,向监理站重新报验,检验批、分项、分部工程质量经验收合格并经监理工程师签认相关资料后方可进入下道工序施工。未经签认的工序,不允许进行下道工序施工。

7. 工程质量监理和旁站监理

监理单位对施工单位的施工质量有监督管理责任。监理工程师在检查工作中发现工程质量缺陷时,及时向施工单位指明质量缺陷部位、问题及整改意见,要求纠正复验。对较严重的质量问题或已形成隐患的问题,责令施工单位返工或暂停施工、整改克服质量缺陷。在工程施工过程中,监理人员每天大部分时间均要求在施工现场进行巡检,旁站重要工程部位施工工序,通过旁站监理减少施工中的质量缺陷和返工。

8. 工程质量检验

工程质量检验分为原材料及半成品检验、检验批检验、分项工程检验、隐蔽工程检验、分部工程检验、工程验收等。检验批、分部、分项工程完工后,经施工方自检合格,填写各种工程检验单,经监理工程师现场查验后,签发《检验批及分项、分部工程质量验收记录表》。各种验收记录表均需经监理工程师签署。

9. 施工进度监督

审查施工单位编制的实施性施工方案及施工计划,并检查、督促其实施情况。审查时注意突出重点,并使各单位、各工序进度密切衔接。开工初期,审核施工单位编制的工程进度网络计划,协助、督促施工方优化施工资源;施工过程中,积极协调、监控各施工单位的进度,及时帮助施工单位解决一些技术上、关系上、资源调配上、过程组织上的问题。

10. 工程竣工预验收

单位工程完工后,依据经批准的设计文件、施工图纸及相应的技术说明书、招投标文件和合同文件、有关工程质量验收的标准、规程、规范等对已完工程进行验收。对施工单位提交的竣工资料进行检查和签字,按照建设单位要求组织施工单位完成工程自验和监理评定验收,为建设单位组织下一步工程验收工作打下良好的基础。

在工程竣工验收前，督促施工单位及时整理、编制竣工文件和验收所需资料，对已竣工的单位工程进行自检。自检通过后，向监理站提交监理验收评定书面申请及按规定编制的全部竣工文件，申请工程验收。

对施工单位提交全部竣工文件进行审查，总监理工程师组织专业监理工程师会同施工单位到现场对单位工程实物进行检查，对检查中发现的问题，要求施工单位限期整改。整改完毕后由总监组织复查，认可后签发验收评定意见报宁安公司。

五、过程控制方法及措施

过程控制贯穿于整个建设项目。过程控制标准化是对建设项目从开工到竣工进行全程监控，将过程控制具体化、定量化、系统化，形成过程管理工作标准，按照工作标准实施过程管理，实现“六位一体”的管理目标。监理站根据制订的监理工作流程，按照目标管理、分级管理、持续改进和闭环管理的方式，依据工作标准和程序实施管理，真正做到了对建设过程实施有效控制。

1. 施工安全控制

(1)监理站成立后，根据工程施工特点，编制施工安全监理实施细则，包括施工阶段中的安全监理计划和安全预控措施，在施工中按安全监理实施细则开展工作。

(2)在工程施工准备阶段，检查施工单位施工现场安全管理体系、专职安全员人数；审查特种作业人员资格；审查施工承包单位编制的施工组织设计中的安全技术措施、对重大危险源制定的应急预案等。

(3)在工程施工阶段，督促施工承包单位做好逐级安全技术交底工作，核实现场安全防护员、特殊工种人员、大型机械操作人员是否满足施工要求。督促施工承包单位按照工程建设强制性标准和施工组织设计、专项施工方案组织施工，检查专项施工安全方案的执行与落实。

(4)根据工程施工特点，对工程进行安全风险分析，建立风险清单，进行危险源和重大危险源辨识，编制《安全监理控制重点及预控措施》《安全监理职责》等各种监理卡控措施。

(5)注重对特种大型机械设备的安全监理，要求特种设备进场前进行审查资料报审，对进场的机械设备进行定期检查。

(6)对施工各个环节安全把控。要求施工单位在施工中严格执行安全防护措施，合理布置机械位置。基坑周边设置防护栏杆，钢围堰支护稳定，挂篮拼拆及行走安全可靠，临边作业栏杆护网到位，规范模板安装及脚手架搭设等，防范安全事故的发生。

(7)组织对特种机械设备使用、深基坑支护、连续梁施工安全、挂篮拼装、电焊工持证上岗、冬期消防安全等专项安全检查，对检查出的安全问题及时通知施工单位进行整改，监理组进行跟踪复查，确保安全工作不留隐患。通过专项安全检查，消除安全隐患，防范安全事故的发生。

(8)对施工过程中的高危作业等进行巡视检查，发现严重违规施工和存在安全事故隐患的部位，立即要求施工承包单位现场整改。对工程安全重点部位和工序实施过程安全监理。对涉及安全施工的重要部位和关键工序，例如跨公路和整体方式施工的现浇梁施工、连续梁的挂篮拼装及移动和拆除、危险深基坑的支护及支护拆除、有电光缆的承台和高压线下的桥墩施工等均实施全过程旁站监理。旁站过程中发现安全隐患，立即要求施工单位整改并及时汇报监理组或监理站。

2. 工程安全质量控制

(1)在总监理工程的主持下编制监理规划和各专业工程监理实施细则，制定监理工作流程、监理工作制度及监理旁站计划，为顺利有效开展监理工作提供指导性监理文件，并对施工单位进行交底，使施工单位明确了监理工作程序、监理控制依据和方法。

(2)组织各专业监理人员学习施工技术标准、规范规程，熟悉设计文件和施工图纸，按照委托施工监理合同、监理规程、规划、细则，依据施工图设计文件、相关规范、规程、铁路工程验收标准、施工合同书，规范开展监理工作。

(3)组织监理人员对设计文件、图纸的审查，提出审图的意见。使监理人员明确图纸的技术要求、质量标准、施工方法和所使用的新材料、新工艺，对施工中的技术及质量难点心中有数，并在监理工作中加以重视和控制。

(4)组建监理站中心试验室，有计划地开展工程试验检测工作。检查、验收施工单位工地试验室，督促施工单位按规范要求的频率和数量,对进场材料进行取样试验,合格者方准予使用。

(5)做好开工前的技术准备,严格开工审批,审查施工单位申报的实施性施工组织设计(方案),并提出审查意见。审查施工单位提报的合同标段内隧道、特大桥、轨道工程、四电工程、站房、既有线(邻近)施工等重、难点关键工程的开工报告,完成审查后签发开工报告,并报告建设单位。

(6)参加建设单位组织的设计交桩,并见证监督复测、控制测量工作。按照要求组织进行平行测量。组织测量监理人员复查管段内导线复测及加密点埋设,开展施工放样测量复测监理工作。施工过程中,结合工程实施进展情况,会同桥梁、路基、轨道等专业监理工程师对重点工程的中线测量放样、高程测量工作进行监督或平行测量。使得测量放样质量得以保证,测量数据具有可追溯性。整体测量工作规范有序开展。

(7)参加建设单位组织召开的第一次工地会议,检查施工单位履行合同及开工前准备工作情况,进行监理程序和监理方法的交底。

(8)审查进场分包合同和分包人的资质,督促检查施工单位建立质保体系和安全方案,审查现场的主要技术管理人员的资质,督促施工单位制定完善的质量控制程序和可行、可靠的技术及组织保证措施。

(9)注重施工组织设计或方案以及作业指导书的审查,严格要求施工单位按经批准的施工方案和作业指导书组织施工,跟踪实施效果,发现偏差及时要求施工单位对施工方案加以修正和完善,提高施工方案的可操作性,以技术方案指导施工,并对方案实施过程跟踪。

(10)根据工程质量目标、安全目标等过程控制目标进行细化,分解到各个监理工作阶段、各个监理环节和每个监理人员,做到每一项监理工作程序的标准化。对施工测量进行复测审核,组织检验批、分项、分部工程质量检查验收,对进场原材料进行见证取样及检测。以质量安全监理为重点,监督、检查施工质量、安全保证体系运行情况;对工程实体质量实施监控,使施工行为符合规程规范,工程质量符合验收标准。

(11)做好原材料、构配件、设备进场质量检验、验收,按规范频次数量进行材料质量检测;注重原材料质量把关,严格执行业主主材准入制度,见证工程使用的原材料、半成品的检测,检测合格后方准许投入使用。对目测和检测出的不合格材料及时要求施工单位清除出场,严防用于工程实体。在对进场材料的监理中,是以见证施工单位自检和监理抽检试验相结合,核查进场原材料的型号、规格、出厂日期、质保证明等内容,拒绝不合格材料进入施工现场,一旦发现不合格原材立即清理出场,从源头上把好工程质量关。通过对进场原材料的严格把关控制,从根本上保证了工程实体质量。

(12)做好工程质量检验,组织对原材料及半成品检验、检验批检验、分项工程检验、隐蔽工程检验、分部工程检验、工程验收等监理工作。督促要求施工单位严格按现行规范、规程、验收标准和设计要求施工。检查工程施工质量,组织验收工序检验批。检验批、分项、分部工程质量经验收合格并经监理工程师签认相关资料后方可进入下道工序施工。未经签认的工序,不允许进行下道工序施工。

(13)重视隐蔽工程检查,按施工程序严把隐蔽工程质量关,严格按规范对每道工序、各个部位进行规定的质量抽检和现场监督,对隐蔽工程进行验收、复核签证,并留下影像记录。

(14)对桩基水下混凝土灌注、过渡段填筑、大积体混凝土浇筑、无砟轨道板CA砂浆灌注等重点工程、重要部位、关键工序施工实施全过程旁站监理。对在旁站过程中发现的安全质量问题及时要求施工单位进行整改。通过旁站监理预防和减少了施工中的质量缺陷和返工,确保重要工程、重要部位和关键工序施工质量可控。

(15)监理站根据工程需要,定期召开监理例会和工地例会。通过监理例会和工地例会,强调施工中重要部位及关键工序的监理要点和施工注意事项,达到事先控制,预防为主;对已发生的偏差指出纠偏措施,达到对预期质量控制效果。

(16)监理站组织对桥梁桩基及路基地基处理、墩身施工质量、连续梁施工质量、隧道施工、箱梁预制、桥面系防护墙、轨道板预制、无砟轨道底座板质量、轨道板CA砂浆施工质量等的专项检查,通过专项检查针对性地采取预防和纠偏措施,有效地控制工程施工质量。对在检查中发现的工程质量问题,及时向施工单位指明质量问题部位及整改意见,对较严重的质量问题或已形成隐患的问题,监理工程师以书面监理指令形式要求施工单位返工或暂停施工,要求施工单位纠正、整改问题,监理工程师进行复验至合格。

(17)在监理过程中,严格按照施工程序和验收程序监控和组织验收。对工程施工中的重要部位和关键工序实施跟踪监理和过程旁站监理。监理站按照上海路局重要工序施工许可制度,严格执行了隧道开挖施工许可证、墩身模板施工许可证、营业线施工许可证、连续梁施工许可证、临近营业线基坑开挖施工许可证，并对五大施工许可证执行情况严格检查，定期进行收集、统一管理。确保了工程重要部位安全质量性能符合要求。

(18)无砟轨道施工作为高速铁路核心技术之一，其施工质量和精度非常关键。宁安公司要求各标段均设立了无砟轨道施工先导段，对于CA砂浆施工必须进行线外揭板试验，经公司、设计、咨询、监理、施工等各方共同验收评估通过后方准许正式施工。监理站将轨道板铺设和CA砂浆灌注作为关键工序控制，测量监理对轨道板铺设精调层层把关，试验监理严格控制CA砂浆配比及原材料质量，现场监理严格验收板腔厚度在4～6 cm内，灌板前认真检查各项准备工作是否满足灌浆要求。监理人员对灌浆全过程旁站监理，对每块板的灌注质量进行检查，确保每块板的砂浆连续灌注且灌注饱满。监理站按宁安公司规定频率对线上灌注的CA砂浆进行揭板检查，确保了无砟轨道施工质量。

(19)根据工程施工特点明确质量控制要点，监理站制定了监理预控措施，以事前事中控制为主，加强施工过程控制，采取审核、巡视、见证、旁站、平行检验、工序检查、检验批验收等有效监理手段及监理方法，使工程施工质量处于受控。按期组织安全、质量检查，总监理工程师、副总监理工程师定期巡视工地，工程师每天巡视施工现场，在施工现场发现的安全、质量等问题立即要求施工单位进行整改，并下发书面监理工程师通知单，施工单位对监理通知单所提出的问题均进行了整改并以书面回复整改情况。

(20)重视内业管理，经常督促施工单位及时申报各种安全技术资料，对上报的各种施工方案及时组织审查，及时填写、收集、整理、分类、归档监理资料，建立了各种记录台账，使监理资料清晰、准确、完整，真实记录监理工作的控制过程，做到监理工作内外同步。

3. 工程进度控制

依据合同和宁安公司的要求，审核施工单位的进场人员、设备及工程分包等情况，加强并细化进度计划过程监督管理，重视施工进度的记录、信息收集、统计、分析预测和报告工作，从而实现监理进度控制工作目标。

严格审核施工单位编制的施工进度计划，督促施工单位在工程进度方面采用编制总工期、细化月进度计划、周进度计划甚至日进度计划的方法，通过对关键线路的控制较好地完成了对工程进度的控制。

监督施工单位严格按照施工承包合同规定的工期和宁安公司下达的季、年度施工计划组织施工。通过每月定时召开工地例会和不定时的进度专题会议，对施工进度计划与实际完成情况进行比对，提出偏差原因。分析人员关系、是否机械不到位、是否因气候影响等，督促施工单位进行针对性的调整，以保证施工进度满足公司要求。监理站每月召开工地例会前先对工程实体的形象进度进行调查，将实际进度与计划相比较，分析计划与实际进度的偏差，初步分析产生偏差的原因。在工地例会上，把工程进度纠偏在会议上进行点评，要求施工单位采取措施进行整改完善。加强对施工单位的纠偏实施进行跟踪，督促其根据会议要求予以落实。

在现场的检查过程中，随时对施工单位工程实施情况进行监督，掌握各工程项目的施工进展情况，对控制工期的重点工程，准确了解工程进度，发现进度滞后，及时分析原因，要求施工单位提出相应措施进行赶工。施工单位整改不力或无具体的改进措施时，监理站及时下发“监理工程师通知单”要求施工单位采取措施。定期编制进度分析报告，建立工程进度台账，核对工程形象进度。对各个施工工点存在的进度偏差进行统计和分析，明确进度超前或滞后的具体偏差，分析产生的原因。

4. 工程投资控制

严格把控管段内工程计量与支付的审核签证工作，按铁路总公司及宁安公司现行文件规定办理验工计价签证，保证所验工签证的各项工程质量合格、数量准确。加强合同变更、设计变更等审核控制。在合同工程总量控制的前提下，加强分析预测，提高审核工作准确性、可靠性和原则性，有效实现投资控制目标。

认真审核施工单位申报季(月)度验工报表的工程数量，确保验工计价项目不超验，不漏验。对不符合质量标准的工程，整改未达标的坚决不予验工计价。对承包人每月上报的计量支付申请，监理站按合同清单以实际出发，按已完工的合格分项工程予以审批，做到公开、公平、公正。建立验工计价台账，详细统计投资变化情况。

5. 环保水保控制

监理站成立后，配备了专业环保监理工程师并及时安排进场，在认真学习有关法规和设计提出的环境保护影响文件以及开展环保调查工作的基础上编写了《环水保监理实施细则》。

在审批施工单位提交的《施工组织设计(方案)》时,把环境保护、水土保持的内容作为重点内容进行审查。在交底会议上,对环水保的工作要求进行交底。施工前重点审查施工单位建立环境保护与水土保持体系,并在工程实施过程中监督其运行情况。

定期组织对施工单位环保水保现场控制情况进行检查和随机抽查。根据检查情况,对存在问题的单位发出整改通知,责令进行整改。对不认真进行整改的,报请总监理工程师同意,下发“工程暂停令”进行停工整改。

施工期间,没有发生一起环保投诉事件,确保了环保目标的实现。

6. 工程信息

及时收集施工阶段各方面的信息,掌握投资、进度、质量、安全计划目标和实际执行情况,并加以整理分析处理,用以对投资、进度、质量、安全目标实施最优控制,指导监理工作的开展,做出科学、合理的监理决策。与工程项目建设所涉及的各方建立有机的联系,妥善协调各方之间的关系。

监理站设置了专门机构处理与施工、设计以及宁安公司等的相关单位的来往文件,及时整理汇总各项签证、计划、计量支付等资料,并归档管理。督促和检查施工单位内业资料的质量及完成情况,填写“质量保证资料检查记录表”,用于指导监理工作。督促施工单位及时收集整理各类原始技术资料,建立档案。组织编写“监理月报”“季报”“年报”、质量评价以及各种专题报告,并将工程信息及时报宁安公司。按规定填写“监理工作联系单”“监理工程师通知单”“工程质量问题通知单”“专题报告”,并按《文件控制程序》进行标识后,向建设各方传递有关信息。

根据工程特点,按照文档资料管理的规定列清单分类建立文件夹,存放文件资料。在得到总监理工程师批准认可的前提下对外发布有关信息,防止发出错误信息。

7. 合同管理

严格按合同条件对合同执行进行监督管理,从合同条件的拟定、协商、签署、执行情况的检查和分析等环节的管理工作,通过合同管理工作体现进度、投资、质量、安全四大控制(管理)任务要求,维护好各方正当权益不受侵害。

开工前,认真收集施工承包合同和委托监理合同,并了解有关内容。及时编写《合同管理监理实施细则》,组织专业监理工程师对施工单位资质、施工单位投标文件、工程合同进行审阅,并提出针对性的工作建议,将审阅意见分别制成“施工单位资质审核表”“施工单位投标文件审核表”和“工程合同评价表”。对施工承包合同中的人员、设备进场情况与合同条件进行比对,要求施工单位必须做到确保一致或条件等同。

建立施工人员和设备台账,加强对现场人员、设备的动态管理。按照合同工期批复施工进度计划,并按照进度管理有关要求进行监督。发现重大拖延偏差,及时要求施工单位完善。

8. 工程质量验收

宁安公司安质部把质量验收工作融入日常施工、监理工作中,提出“验收资料是工程质量不可缺少的组成部分”的要求,在广泛培训指导的基础上,做到了全线检验批质量验收资料与工程施工同步,改变了过去施工、验收、资料脱节的不良状况。

(1)基本规定

①施工现场质量管理应有相应的施工技术标准、健全的质量管理体系和施工质量检验制度。施工现场质量管理检查记录由施工单位在施工前按相关工程施工质量验收标准填写,总监理工程师进行检查,并做出检查结论。

②施工质量控制

工程采用的主要材料、构配件和设备,施工单位对其外观、规格、型号和质量证明文件等进行验收,并经监理工程师检查认可。凡涉及结构安全和使用功能的,施工单位应进行检验,监理单位按规定进行平行检验或见证取样检测。

各工序应按施工技术标准进行质量控制,每道工序完成后,施工单位进行检查,并形成记录。

工序之间应进行交接检验,上道工序应满足下道工序的施工条件和技术要求。相关专业工序之间的交接检验经监理工程师检查认可,未经检查或经检查不合格的不得进行下道工序施工。

③施工质量验收

工程施工质量符合本标准和相关专业验收标准的规定；工程施工质量符合设计文件的要求；参加工程施工质量验收的各方人员应具备规定的资格，各种检查记录签证人员报建设单位确认、备案；工程施工质量的验收均在施工单位自行检查评定合格的基础上进行；涉及结构安全的试块、试件和现场检验项目，监理单位按规定进行平行检验、见证取样检测或见证检测；检验批的质量按主控项目和一般项目进行验收；对涉及结构安全和使用功能的分部工程进行抽样检测；承担见证取样检测及有关结构安全检测的单位具有相应的资质；单位工程的综合质量由验收人员通过检查共同确认。

(2)工程施工质量验收单元的划分

工程施工质量验收单元划分为单位工程、分部工程、分项工程和检验批，具体如下：

①单位工程按一个完整工程或一个相当规模的施工范围来划分。各项验收标准都遵循了这一原则，并给出了推荐的单位工程划分原则。

②分部工程按一个单位工程中的完整部位、主要结构、施工阶段或功能相对独立的组成部分来划分的。

③分项工程按工种、工序、材料、设备和施工工艺等划分。

④检验批根据施工质量控制和验收的需要，把一个分项工程划分成若干个检验批，检验批验收是施工质量验收的基本单元。

(3)施工质量验收

①检验批的质量验收

检验批的质量验收包括实物检查和资料检查。

实物检查：对原材料、构配件和设备等的检验，按进场的批次和本标准规定的抽样检验方案执行；对混凝土性能指标的检验，按国家现行有关标准和本标准规定的抽样检验方案执行；对本标准中采用计数检验的项目，按抽查点数符合本标准规定的百分率进行检查。

资料检查：包括原材料、构配件和设备等的质量证明文件(质量合格证、规格、型号及性能检测报告等)和检验报告、施工过程中重要工序的自检和交接检验记录、平行检验报告、见证取样检测报告等。

②检验批合格质量符合下列规定：主控项目的质量经抽样检验全部合格；一般项目的质量经抽样检验全部合格，其中，有允许偏差的抽查点，除有专门要求外，80%及以上的抽查点控制在规定允许偏差内，最大偏差不得大于规定允许偏差的1.5倍；具有完整的施工操作依据、质量检查记录。

③分项工程质量验收符合下列规定：分项工程所含的检验批应符合合格质量的规定；分项工程所含检验批的质量验收记录应完整。

④分部工程质量验收合格符合下列规定：分部工程所含分项工程的质量均验收合格；质量控制资料完整；分部工程中涉及安全及功能的项目检验和抽样检测结果符合有关规定；观感质量验收符合要求。

⑤单位工程质量验收合格符合下列规定：单位工程所含分部工程的质量均验收合格；质量控制资料完整；单位工程所含分部工程有关安全和功能的检测资料完整；实体质量和主要功能项目符合相关标准、规范的规定和设计要求。

⑥当工程质量不符合要求时，按以下规定进行处理：经返工重做的或更换构配件、设备的检验批，重新进行验收；当对试块试件的试验结果有怀疑时，或因试块试件丢失损坏、试验资料丢失等无法判断实体质量时，由有资质的法定检测单位对实体质量进行检测鉴定，凡达到设计要求的检验批可予以验收。

⑦通过返修或加固处理仍不能满足安全使用要求的分部工程、单位工程，严禁验收。

(4)施工质量验收程序和组织

①检验批由施工单位自检合格后，报监理单位，由监理工程师组织施工单位专职质量检查员等进行验收。监理单位对全部主控项目进行检查，对一般项目的检查内容和数量可根据具体情况确定。检验批质量验收记录按相关工程施工质量验收标准填写。

②分项工程由监理工程师组织施工单位分项工程技术负责人等进行验收，分项工程质量验收记录按相关工程施工质量验收标准填写。

③分部工程由监理工程师组织施工单位项目负责人和技术、质量负责人等进行验收，线路基桩分部工程进行验收时，勘察设计单位项目负责人参加。分部工程质量验收记录按相关工程施工质量验收标准填写。

④单位工程完工后,施工单位自行组织有关人员进行检查评定,并向建设单位提交单位工程验收报告。

⑤建设单位收到单位工程验收报告后,由建设单位项目负责人组织施工、设计、监理单位项目负责人进行单位工程验收,并按相关工程施工质量验收标准填写记录。单位工程验收包含综合质量验收的内容,综合质量验收符合相关工程施工质量验收标准的有关规定。

第三节 监 理 结 论

监理人员在现场监理过程中,始终秉着“守法、诚信、公正、科学”执业准则,以贯彻落实有关政策、严格履行《建设工程委托监理合同》、认真执行有关技术标准、规范和各项法规为原则,以事前指导、事中检查、事后验收等为工作方法,认真、细致做好质量、进度、投资、安全的控制工作,信息与合同的管理工作以及协调工作,全面完成了质量、投资、进度、安全、环水保控制目标。同时,在工作中,各专业监理工程师严格行使《建设监理委托合同》中赋予监理工程师的权利,以过硬的业务知识、实事求是的敬业精神、一丝不苟的科学态度和公正廉洁的工作作风,从严、依法监理,在工作中不断加强监理内部组织管理,积极探索总结工作经验,使监理工作真正体现出它的科学性、公正性。

一、工务工程专业

1. 单位工程质量评价

工务工程包含的路基、桥涵、轨道、隧道、声屏障工程,所属各检验批、分项工程、分部工程的施工质量符合设计及施工质量验收标准的要求,质量控制资料齐全,安全和主要使用功能满足要求,观感质量合格,各单位工程质量评定为合格。

2. 总体质量评价

经对宁安铁路全线范围内轨道、路基、桥涵、隧道、声屏障工程及精密工程测量专业分项工程、分部工程、单位工程验收评定,认为该工程达到了合同约定的工程质量要求,总体工程质量评定为合格。

二、通信工程专业

1. 单位工程质量评价

通信工程所属各检验批、分项工程、分部工程的施工质量符合设计及施工质量验收标准的要求,质量控制资料齐全,安全和主要使用功能满足要求,观感质量合格,工程总体质量评定为合格。

2. 总体质量评价

经对全线范围内通信工程分项工程、分部工程、单位工程验收评定,认为该工程质量符合设计、规范、验收标准和合同约定要求,满足安全和使用功能,总体工程质量评定为合格。

三、信号工程专业

1. 单位工程质量评价

信号工程所属各检验批、分项工程、分部工程的施工质量符合设计及施工质量验收标准的要求,质量控制资料齐全,安全和主要使用功能满足要求,观感质量合格,各单位工程质量评定为合格。

2. 总体质量评价

经对全线范围内信号工程分项工程、分部工程、单位工程验收评定,认为该工程质量符合设计、规范、验收标准和合同约定要求,满足安全和使用功能,总体工程质量评定为合格。

四、电力工程专业

1. 单位工程质量评价

宁安铁路电力工程所属各检验批、分项工程、分部工程的施工质量符合设计及施工质量验收标准的要求,质量控制资料齐全,安全和主要使用功能满足要求,观感质量合格,各单位工程质量评定为合格。

2. 总体质量评价

经对全线范围内电力工程分项工程、分部工程、单位工程验收评定，认为该工程质量符合设计、规范、验收标准和合同约定要求，满足安全和使用功能，总体工程质量评定为合格。

五、电力牵引供电工程专业

1. 单位工程质量评价

电力牵引供电工程所属各检验批、分项工程、分部工程的施工质量符合设计及施工质量验收标准的要求，质量控制资料齐全，安全和主要使用功能满足要求，观感质量合格，工程总体质量评定为合格。

2. 总体质量评价

经对全线范围内电力牵引供电工程分项工程、分部工程、单位工程验收评定，认为该工程质量符合设计、规范、验收标准和合同约定要求，满足安全和使用功能，总体工程质量评定为合格。

六、自然灾害及异物侵限监测系统工程专业

经对全线范围内自然灾害及异物侵限监测系统工程分项工程、分部工程、单位工程验收评定，认为该工程质量符合设计、规范、验收标准和合同约定要求，满足安全和使用功能，总体工程质量评定为合格。

七、房建工程专业

经对全线范围内房建工程分项工程、分部工程、单位工程验收评定，认为该工程质量符合设计、规范、验收标准，满足结构安全和使用功能，工程质量总体评定为合格。

八、客服信息工程专业

1. 单位工程质量评价

客服信息工程所属各检验批、分项工程、分部工程的施工质量符合设计及施工质量验收标准的要求，质量控制资料齐全，安全和主要使用功能满足要求，观感质量合格，工程总体质量评定为合格。

2. 总体质量评价

经对全线范围内客服信息工程分项工程、分部工程、单位工程验收评定，认为该工程达到了合同约定的工程质量要求，总体工程质量评定为合格。

第十一章　工 程 咨 询

第一节　咨 询 方 式

一、咨询依据

(1)国家有关法律、法规。

(2)铁道部《铁路建设项目施工图审核管理办法》(铁建设〔2010〕36 号)。

(3)铁道部《铁路建设项目施工图审核管理指南》(工管审〔2010〕76 号)。

(4)国家、铁道部和铁路总公司现行有关技术政策,设计规范、规程、标准。

(5)工程建设强制性标准及主要技术标准。

(6)铁道部《关于新建南京至安庆铁路南京至铜陵东、池州至安庆段初步设计及全线总概算的批复》(铁鉴函〔2009〕1401 号)。

(7)施工图文件及图纸。

(8)施工图审核合同书(宁安计咨〔2010〕1 号)。

(9)《关于客运专线铁路客运服务及四电系统集成施工图审核有关事宜的通知》(工管审〔2010〕301 号)文及附件《客运专线铁路客运服务及四电系统集成实施技术方案编制大纲及施工图审核图纸目录》。

(10)《客运专线铁路牵引供电及电力供电系统集成若干问题的指导意见》(铁集成〔2010〕258 号)文。

二、重点咨询内容

(1)工程系统设计、技术标准、使用功能;

(2)设计采用的标准图、通用图及参考图;

(3)总体设计原则、专业设计细则及专业接口设计原则;

(4)重点难点工程;

(5)重大施工方案、施工措施及施工工艺;

(6)其他有必要的工程项目。

三、咨询机构设置

根据《铁路建设项目施工图审核管理办法》(铁建设〔2010〕36 号)文、《铁路建设项目施工图审核管理指南》(工管审 76 号)的要求,结合宁安铁路的工程特点和宁安公司的要求,铁一院成立宁安铁路咨询项目部,咨询项目部实行项目经理负责制。项目部主要管理人员包括项目经理、总咨询师和副总咨询师。咨询项目部下设现场核对部(常驻芜湖)、图纸及投资检算审核部(西安)、综合管理部,同时设技术专家组为施工图审核提供技术支持。施工图审核组织机构如图 2-11-1 所示。

四、保证工程咨询质量的对策与措施

宁安铁路工程技术复杂,把好工程设计咨询质量是创建优质工程的保证。咨询项目部配合宁安公司,采取了以下措施进行质量控制:

1. 思想上高度重视

要求各级管理者和审核人员在思想上高度重视审核成果的质量,认真学习铁道部铁建设〔2009〕76 号文;明确审核单位各岗位的职责,制订岗位责任。

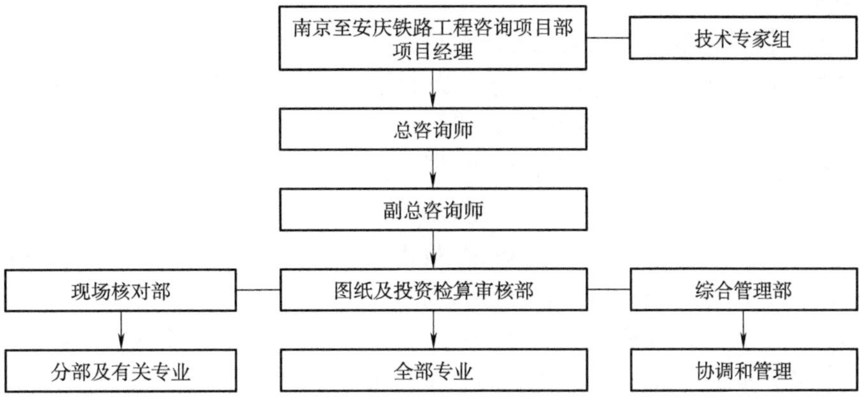

图 2-11-1　施工图审核组织机构图

2. 超前谋划

施工图审核人员提前介入设计，了解工程概况，详细研读初步设计文件、各阶段设计审查意见，熟悉项目总体设计原则和专业设计细则。咨询项目部与宁安公司、设计院共同拟定技术咨询进度计划，咨询项目部采取措施，根据施工图供图计划做好施工图审核计划，根据咨询工作量和完成咨询的时间要求，及时调配高素质、高水平的咨询人员，确保咨询任务保质保量按时完成。

3. 强化管理

通过项目管理信息系统，加强对项目审核机构的技术支撑。严格执行质量管理体系，制定《施工图审核计划》《施工图审核资料管理规定》《施工图审核流程》《专业施工图审核要点》《施工图审核技术接口》《施工图审核意见分类标准》等管理文件，通过强化管理提高审核质量。

4. 加强沟通

咨询项目部重视与业主、设计单位的沟通，及时向施工图审核管理单位(工管中心)汇报，施工图审核单位内部各专业之间、审核方与设计方、审核方与公司(业主)的沟通交流形成沟通机制，根据审核进展情况，及时组织必要的交流、讨论，提高交流效率。对施工图审核过程中存在的问题及时进行信息反馈。

5. 重视设计接口审核

在归纳总结相关项目经验的基础上，编制《施工图审核技术接口》文件，审核工作中严格按制定的《施工图审核技术接口》文件审核施工图文件。

6. 准确的信息输入

工作质量取决于一些特定的设计参数，咨询工程师要仔细检查审核这些设计输入数据，加强工程数量复核，对控制投资和受现场情况变化影响投资较大的重要工程量进行重点审核。组织专门队伍进行现场核实调查，做好现场核对工作。

7. 突出重点

即根据项目特点明确各专业重点审核内容和重点审核的代表性工点，关键技术问题重点研究，充分发挥集团公司专家组的作用。建立技术会议制度，复杂技术问题必要时召开专题技术会议。

五、咨询主要工作方法和程序

1. 审核工作方法

施工图图纸审核的方法主要有图纸审核、计算核对、对比分析、数据检查等。

图纸审核：通过对图纸的审核，来检查设计是否满足相关法规及规程的要求。

计算核对：通过计算分析，审核专业设计是否合理、安全。工程是否安全、经济合理，是否与周围环境相协调，有无优化的可能；根据设计单位提供的资料，工程数量的核对等。

对比分析：通过对条件相同或接近的同类结构的对比分析，来判断工程设计是否合理、安全。另外对比初步设计数量，当施工图设计与初步设计变化不大时，其数量应基本相同或接近。

数据检查：对设计单位的设计数据进行检查核对，核查其设计数据是否正确、合理。

2. 审核工作程序

(1)勘察设计单位严格按初步设计批复意见进行施工图设计，按施工图工程数量和投资检算编制规定分别编制站前、站后和项目施工图投资检算，并与初步设计批准概算进行比较。施工图必须达到规定的深度。除经原初步设计审查部门批复同意的建设方案、建设标准、建设规模、建设工期等调整引起投资变化外，施工图投资检算的静态投资应控制在批准初步设计概算的静态投资范围内。

(2)勘察设计单位按照供图协议向建设单位提交施工图设计文件，并提供下列资料，做好配合审核工作：初步设计批复意见、地质勘察报告、施工图设计原则、技术复杂结构工程的计算书、征地拆迁数量详表、投资检算及其与鉴定后修改概算对照分析表及相关说明资料。

(3)施工图审核按照先进行现场核对，再进行施工图图纸审核，最后进行投资检算审核的程序进行。施工图审核合同签订后，审核单位要根据项目特点编制审核大纲，送建设单位审定；建设单位应将审查后审核大纲报工管中心或鉴定中心(站房)核备。

(4)建设单位收到勘察设计单位提交的施工图后，及时送交施工图审核单位。其中工管中心指定审核的技术复杂的桥梁、隧道等重点工程施工图送工管中心，省会城市和副省级及重点城市的车站站房施工图送鉴定中心。

(5)施工图审核单位收到施工图文件后，检查文件是否齐全、完整，如有缺失应通告建设和勘察设计单位补齐；在设计单位及相关单位的配合下，尽快开展现场核对和图纸审核工作。

(6)施工图审核单位向建设单位、设计单位分批提交审核报告和审核总报告，审核报告包括基本情况、存在问题和建议等内容，审核报告需经单位技术负责人签字并加盖公章；对已实行执业注册制度的专业，由注册工程师签字并加盖执业印章。

(7)勘察设计单位应认真研究审核报告，逐条分析报告中提出的意见和建议，补充勘察，修改设计，并将审核意见落实情况及时反馈给建设单位及施工图审核单位。

(8)建设单位、施工图审核单位对设计单位落实审核意见情况进行确认，建设单位对分歧意见应组织设计和审核单位进行研究和确定，重大分歧意见应及时上报部工管中心或鉴定中心(站房)确定。属于建设条件发生变化引起的建设规模、主要技术标准、重大方案变化，比照变更设计程序报初步设计审查部门批准确定。

(9)建设单位对施工图审核单位审核合格的施工图加盖施工图审核专用印章后交付施工。交付施工的施工图不得擅自修改，确需修改的，按照变更设计管理规定办理。审核工作程序如图 2-11-2 所示。

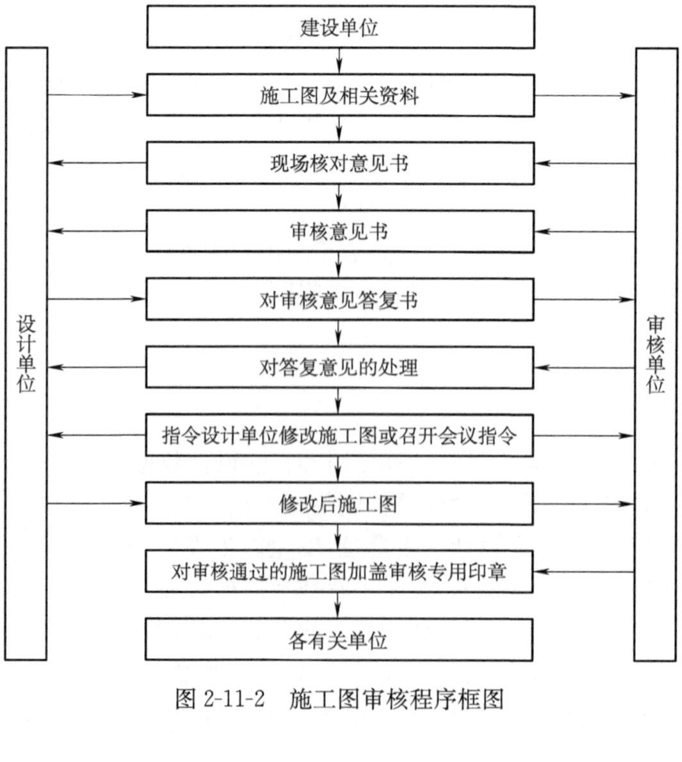

图 2-11-2 施工图审核程序框图

六、工程咨询的沟通与协调

对工程咨询的过程中发现的技术问题，工程咨询单位及时、主动地与宁安公司和设计等单位进行沟通，并建立工作例会制度，将问题消灭在过程之中。

在形成阶段性咨询报告和阶段性咨询补充报告的过程中，对设计存在的问题由咨询单位与设计单位及相关专业人员加强过程沟通，邀请公司有关人员参加，及时解决问题。阶段咨询报告完成后，由工程咨询单位组织召开阶段咨询技术沟通协调会。设计单位分管总工、项目总体及相关专业人员、项目总监、公司总工及相关人员参加会议。

工程咨询单位和设计单位应就工程咨询和回复过程中遗留的问题进行说明，重大技术问题应出具书面文件。同时应备齐相关的规范、标准、图纸和计算数据等资料。

工程咨询技术沟通协调会议结束时，及时签署会议纪要。纪要应明确达成共识的问题，遗留问题的解决途径和方法，需要提供资料、补充计算或修改设计的时限，进行再次沟通的时间等。工程咨询单位根据会议达成的共识及同意遗留问题解决的途径和方法，以补充工程咨询报告的形式予以确认。

工程咨询单位对所有的工程咨询意见进行跟踪咨询，每一条工程咨询意见必须有最终的处理结果。对跟踪咨询的结论，工程咨询单位以补充报告的形式予以确认，并发公司和设计单位。

对工程咨询技术沟通协调会中未形成一致意见的技术问题，工程咨询单位和设计单位各自完成补充工作并报公司。公司主持召开设计、咨询、监理参加的技术协调会议，必要时邀请专家参加，进行专题研究并形成会议纪要。对会议纪要中未取得一致意见的重大技术问题，由公司报铁路局（或部工程管理中心），同时附专家论证评审意见和公司初步处理意见。待批复后，按照批复意见处理。

第二节　主要咨询成果

一、咨询的主要内容

宁安公司主要依据铁道部下发的《铁路建设项目施工图审核管理办法》（铁建设〔2010〕36 号）、《铁路建设项目施工图审核管理指南》（工管审〔2010〕76 号）开展施工图审核工作，组织对铁一院编制的《施工图审核大纲》进行了审查，确定了施工图审核咨询的工作程序与重点。施工图咨询管理由工程管理部负责组织。

1. 施工图审核的内容主要为：

（1）现场核对迁改情况：三电拆迁、地下管线拆迁等各类拆迁。

（2）详细调查专业工点情况：落实设计文件、图纸和工程措施与现场实际情况的符合性，落实工程措施的可行性和可操作性，落实设计施工方案、安全措施、工程辅助措施的安全可靠性、合理性等。

（3）核实大临工程和实施性施工组织方案情况：落实实施性施工组织方案的合理性，为满足工期要求采取的工程加强措施的合理性；落实大临工程设计与现场实际的符合性，铺轨基地、制梁场、板厂、大型便桥等的布局和设计规模等；核对土源、沙石料等的来源和运距情况。

（4）特殊结构计算复核：跨越大江大河，主跨大于 120 m，墩高大于 50 m，水深大于 10 m 等新结构或其他施工安全风险大的复杂桥梁工程。

（5）地质勘察成果应用情况审核：对勘察成果是否满足工程需要进行判断，设计是否按验收后的工程地质勘察资料进行设计，各专业设计参数是否与地质勘察成果一致。

（6）工程数量审核：全面审核各专业工程数量计量规则和工程数量是否与设计图纸和现场实际情况相符。

（7）投资检算审核，投资检算与概算对比审核：投资检算的工程数量是否与施工图纸工程数量和计量规则相符。重点大临工程概算编制是否准确，征地拆迁工程数量是否符合实际。对投资检算与初步设计批准概算进行对比审核，分析投资增减原因和其他费用计列合理性，分析控制工程、重点工程的工程数量和造价指标是否匹配等。

2. 施工图主要咨询内容

(1)对总体设计原则和各专业设计原则进行咨询。

(2)进行施工图优化设计、变更设计审核,对Ⅰ类变更进行预审和对Ⅱa类变更设计进行审查,对变更设计理由、技术经济比较和变更设计引起其他工程的变化提出审核意见。

(3)工程数量、设备及材料数量、用地数量、拆迁数量,计算与工程量计量规则是否相符,工程数量是否准确。

(4)路基形式是否合理,断面面积是否准确,填料是否符合要求,填料土石比例、调配、运距和基底处理方法是否合理;路基挡护工程、防排水设计、过渡段设计是否合理;站场平纵面布置、综合管线布置是否合理;绿化方案是否符合国家和铁道部有关要求;无砟轨道结构设计、选型是否合理,无缝线路和无缝道岔设计是否合理。

(5)桥梁墩台形式设置是否合理,是否与上部结构协调,技术条件相同的工点或标段墩台类型是否一致,工程措施是否合理,基坑开挖(围堰)防护是否安全合理,工程数量是否匹配,桥渡方案是否满足防洪、通航、净空等要求。对重点特殊复杂桥梁结构进行检算。

(6)隧道工程措施,特别是不良地质地段的工程措施是否与地质条件和风险评估等级对应,施工组织措施是否合理,排水设施、防水措施是否与水文情况对应,防灾疏散及安全预案是否完善;弃砟场设置是否合理,环保措施是否符合要求。

(7)牵引供电电源是否与实际需要匹配,变压器接线方式、变电所(亭)平面布置方案是否合理,电杆和接触网立柱、各类线材规格、型号及参数的选择是否合理,接触网构件是否匹配、合理,车站接触网支柱布置是否符合景观要求。

(8)审核给水站、生活供水站点分布,审核旅客列车卸污点分布及卸污方式。

(9)通信信号系统是否与相邻线互连互通,设计方案是否合理,设备配置是否满足运营需求,是否安全可靠,地面设备与车载设备是否配套、兼容等。

(10)技术复杂结构工程的计算原则、模型、程序以及参数选用是否合适,是否符合规范要求,输入数据是否准确;对结构设计的合理性、安全性进行审核,形成结论性意见,必要时进行复核验算。

(11)第一章征地拆迁、第十章大型临时设施和过渡工程、第十一章其他费是否提供费用明细表和计算依据。重点审核三电迁改、油气管、水管、道路的数量、协议和投资;临时工程和过渡工程的方案、数量和投资;其他费用。

(12)设计文件站前站后、专业之间、子系统之间的衔接是否合理,如接触网基础预留、沟槽管线预留、综合接地、电缆过轨预埋等;设计采用的新技术、新材料、新工艺、新设备是否通过正式技术鉴定。

(13)指导排水设计和实施性排水设计,重点排水系统和隧道、桥梁、涵洞等结合部分,排水沟排水能力检算,排水设计的完整性和现场的地形、地物的匹配性、可实施性,排水设施、结构的合理性、耐久性,排水出路的落实。

(14)审核动车所检修设施、工装设备能否满足设计能力要求,检测工艺是否流畅、合理、先进。

(15)防火、节能、环保、水保、消防、建筑抗震、地质灾害防治等方案及措施是否与相关主管部门批复意见一致;重点审查景观保护与恢复,植被保护与恢复,自然保护区的保护,特殊保护项目,水、空气、噪声等污染防治等。

(16)审核信息系统总体构成、功能要求及网络架构。审核综合调度系统设计方案、列车运行控制系统方案。审核列控、联锁、调度集中系统的逻辑关系。审核综合调度与既有调度系统的分工及接口方案。审核防灾、报警及安全监控方案。

(17)主要工程的施工方案、施工过渡措施是否合理;铺轨基地、制梁场、轨枕板(块)预制场等重点大临工程设置方案是否合理,设计是否达到规定深度。

(18)审核综合调度系统及各子系统的设计方案。

(19)审核动车所运用检修信息管理系统的设置,审核信息管理系统网络主要构成、传输通道要求、与有关设备的接口等,审核动车所、动车交路及动车整备设施、检修设备的分布、规模选型是否合理,审查动车所轮对诊断系统、数控不落轮旋床、转向架更换装置、列车自动控制装置检测设备、材料编码系统、真空卸污系统等,动车所的现场施工工艺,并对各种设备的采购及安装提供指导性意见报告。

(20)审核站房建筑、立面设计及装修设计与周边环境的协调性。审核旅客流向和引导系统，站前广场交通与公共交通设施的衔接，以及建筑功能的实用性和合理性。审核房屋结构设计的可靠性、经济性。审核主要结构参数，检算结构抗风抗震的可靠度。

(21)施工安全措施是否完善，既有线施工过渡及安全措施是否可行并达到规定深度。

(22)大临工程(铺轨基地、制梁场、板厂、大型便桥等)的布局和设计规模等。

(23)施工图投资检算的编制原则，采用的定额和人工、材料价格是否与初步设计批准原则一致；施工图投资检算文件编制内容、深度是否达到规定要求。

(24)投资检算审核，投资检算与概算对比审核。投资检算的工程数量是否与施工图纸工程数量和计量规则相符。重点大临工程概算编制是否准确，征地拆迁工程数量是否符合实际。对投资检算与初步设计批准概算对比进行审核，分析投资增减原因和其他费用计列合理性，主要分析控制工程、重点工程的工程数量和造价指标是否匹配等。

(25)地质勘察成果应用审核：对勘察成果是否满足工程需要进行判断，设计是否按验收后的工程地质勘察资料进行设计，各专业设计参数是否与地质勘察成果一致。

二、主要咨询成果

咨询项目部对所有施工图纸进行了咨询。主要按照我国现行规范、规程、暂行规定等对施工设计文件和图纸等的完整性、技术方案的合理性，以及设计文件和图纸的差、错、漏、缺等进行审核工作。站前专业由于采用初步设计审核，审核意见按阶段成册；四电集成与站房审核为施工图审核。审核主要工作量汇总见表2-11-1，主要咨询成果统计见表2-11-2。

表 2-11-1　审核主要工作量汇总表

序号	专业	文件(册)	图纸(册/张)	通用图(册)	专题审核(个)	审核意见单(份)
1	总体	1				
2	线路	1	8			8
3	轨道	1	9			9
4	站场	1	9			9
5	桥涵	1	109	35	1	90
6	隧道	1	4			4
7	路基	1	11			11
8	建筑	1	50			46
9	结构	1	51			35
10	暖通	1	50			26
11	机械	1	3			3
12	车辆	1				1
13	给排水	1	30			10
14	环保	1	5			3
15	通信	1	15			16
16	信号	1	46			26
17	信息	1	10			10
18	接触网	1	105			65
19	电力	1	55			36
20	牵引变	1	54			29
21	公路	1	6			6
合计		21	630	35	1	443

表 2-11-2 主要咨询成果统计表

序 号	咨询成果	提交时间
1	施工图审核大纲	2010 年 10 月
2	设计原则审核报告	2010 年 11 月
3	现场核对报告	2010 年 12 月
4	施工图各专业审核意见 4 册(站前专业)	2010 年 10 月～2012 年 10 月
5	施工图各专业审核意见(站后专业)	2012 年 11 月
6	施工图各专业审核意见(四电专业)	2012 年 11 月
7	站房施工图审核报告	2013 年 3 月
8	四电集成施工图审核报告	2012 年 5 月
9	四电集成现场核对报告	2011 年 11 月
10	站房施工图审核报告	2013 年 11 月
11	客服系统施工图审核报告	2015 年 8 月
12	施工图审核工作总结报告	2015 年 10 月

三、主要咨询意见和落实情况

审核单位共收到铁四院站前各专业施工图 630 册，提出审核意见 14 654 条，设计单位采纳 10 482 条，占总数的 72%。从审核总体情况来看，设计文件质量符合《关于发布〈铁路建设项目预可行性研究、可行性和设计文件编制办法〉的通知》(铁建设〔2007〕152 号)的要求。

铁四院对审核意见进行了认真研究并回复，对所有设计有不同意见的审核意见，审核人员与设计人员进行充分的沟通，并最终达成一致意见，设计均按达成的一致意见对设计进行了修改。对于有分歧的重要审核意见，宁安公司牵头进行协调，达成一致意见后执行。各专业审核意见及执行情况统计见表 2-11-3。

表 2-11-3 各专业审核意见及执行情况统计表

序号	专业	设计文件册(张)数	咨询意见分类	咨询意见(条)	采纳(条)	不采纳(条)	不采纳的原因	处理结果
1	线路	8	施工图咨询	48	34	14	设计习惯等原因	维持原设计
2	路基	11	施工图咨询	45	31	14	设计习惯等原因	意见协商后维持原设计
3	桥梁	109	方案优化、图面问题等	1 626	1 122	504	召开设计、咨询专题会及专家会议，取得一致意见	维持原设计
			部分设计细节需完善及其他	840	580	260	两单位习惯设计方法不同，但效果相同	协商后维持原设计
			结构强度、刚度及结构布置	2 210	1 525	685	审核中提出的诸如钢束弯起角度支座预偏量及箱梁预拱度、桩径桩长等与结构安全有关的审核意见	设计与审核方进行了详细沟通，交换了设计意图，协商后维持原设计
			缺少钻孔应补充钻探资料	1 235	852	383	在审核中，部分桥梁工点需进行补勘工作，审核意见已提出	设计回复需待拆迁征地完成后，完善地质资料
			小计	5 911	4 079	1 832		
4	隧道	4	外部接口、防排水措施	6	4	2	设计习惯等原因	经协商，在保证使用功能、安全、合理的前提下，维持原设计
			支护措施、施工安全事项、附属设施	5	4	1	意见分歧	经过沟通，维持原设计
			图面问题、其他	8	6	2	专业分工	维持原设计
			小计	19	14	5		

续上表

序号	专业	设计文件册（张）数	咨询意见分类	咨询意见（条）	采纳（条）	不采纳（条）	不采纳的原因	处理结果
5	轨道	9	道岔不宜设在过渡段上	29	20	9	受车站布置所限	维持原设计
			隧道内沉降缝处轨道结构设计方案	17	12	5	设计认为可避免下部结构产生裂纹后，将裂纹反射到砂浆垫层及轨道板上	维持原设计
			小计	46	32	14		
6	站场	9	图面问题、方案优化等	231	160	71	经进一步探讨，认为原设计更符合实际情况	维持原设计
7	房建	101	施工图咨询建筑，结构布置	1 348	1 122	226	经进一步探讨，认为原设计更符合实际情况	维持原设计
8	暖通	50	施工图咨询	120	118	2	设计习惯等原因	维持原设计
9	机械	3	施工图咨询	16	15	1	设计习惯等原因	维持原设计
10	车辆			3	2	1		
11	给排水	30	施工图咨询	75	65	10	经进一步探讨，认为原设计更符合实际	维持原设计
12	环保	5	施工图咨询	12	8	4		维持原设计
13	通信	15	施工图咨询	45	36	9	经进一步探讨，认为原设计更符合实际	经协商，在保证使用功能、安全、合理的前提下，维持原设计
14	信号	46	施工图咨询	150	125	25	意见分歧	经过沟通，维持原设计
15	信息	10	施工图咨询	55	45	10	设计习惯等原因	维持原设计
16	接触网	105	施工图咨询	450	389	61	设计习惯等原因	维持原设计
17	电力	55	施工图咨询	48	37	11	经进一步探讨，认为原设计更符合实际	维持原设计
18	牵引变	54	施工图咨询	40	35	5	经进一步探讨，认为原设计更符合实际情况	维持原设计
19	公路	6	施工图咨询	16	10	6		
20	总计	630		14 654	10 482	4 172		

第十二章　物 资 管 理

宁安铁路物资管理以依法合规、服务建设为宗旨，以保工期、保质量、保安全、保效益、保廉洁、保稳定为重点，严格按照铁道部、中国铁路总公司、原上海铁路局及宁安公司相关管理规章和制度的要求，实施物资采购、供应、质量控制等工作。建立了以宁安公司为核心，设计、施工、监理、第三方检测、供应商为主体的宁安铁路物资管理体系，宁安公司、施工单位物资设备部为物资管理的职能部门。按照甲供、甲控、自购物资进行分类分级管理，其中甲供物资分为铁总管（部管）和建管，铁总管（部管）物资实施物资代理服务。

严格按照相关管理规定实施物资招投标和分类管理工作。铁总管（部管）甲供物资，由铁总（铁道部）组织在北京市建设工程发包承包交易中心（铁道工程交易中心）开评标；建管甲供物资由原上海铁路局组织在南京市色共资源交易中心开评标；甲控物资在铁道工程交易中心上海分中心开评标。2012 年以前，站前物资按照甲供、甲控、自购物资进行分类管理，并执行铁道部《铁路建设项目甲供甲控物资设备目录》（铁建设〔2008〕179 号）；2012 年以后，站前及站后物资按照甲供、自购物资进行分类管理，执行铁道部《铁路建设项目物资设备管理办法》（铁建设〔2012〕216 号）；四电集成物资设备按自购物资管理。

在建设过程中，物资管理工作紧贴工程建设实际，坚持依法合规，通过公开招投标及时组织实施并完成了桥梁防水材料，隧道用防水板、止水带，钢轨、道岔、扣件、无砟轨道材料，桥梁支座、伸缩缝、综合接地电缆 9 类铁总管（部管）甲供物资及电梯、中央空调主机、多联机 3 类建管甲供物资的采购供应工作。共完成铁总管（部管）甲供物资公开招标 8 个批次（计 11.4 余亿元）、建管甲供 3 个批次（计 0.7 余亿元）；督促施工单位组织实施并完成了钢筋、水泥、钢绞线、混凝土添加剂、锚具等站前甲控物资 9 个批次（计 56 亿余元）公开招标采购及供应工作。

第一节　物资采购供应

根据《工程建设项目货物招标投标办法》（国家发展改革委等七部委第 27 号令）、铁道部《铁路建设项目物资设备管理办法》（铁建设〔2006〕83 号）等管理办法，甲供物资设备采购单项合同估算价在 50 万元人民币以上、甲控物资设备采购单项合同估算在 100 万元人民币以上的必须进行招标，其中单项合同估算价在 1 000 万元以上的在铁道部工程交易机构进行，其他在二级交易机构进行。

施工单位必须严格按分类管理的权限进行物资设备采购，确需调整采购方式的，必须报公司批准后进行，否则不予以计价，造成的一切损失和后果由施工单位自行承担。监理单位应加强监督，确保进场物资设备符合公司管理要求。

一、部管物资设备管理

（1）在铁道部、中国铁路总公司物资管理办组织下，公司物资设备部按照相关规定与铁道部、中国铁路总公司选定的物资代理公司签订物资设备招标采购和供应的服务合同，并参与对物资代理公司采购、供应等服务工作的考核。

（2）招标采购

①招标文件由物资代理公司统一汇总编制，物资设备部负责组织招标物资设备技术规格书的编制，并对招标文件进行审核。

②部物资办组织公司在铁道工程交易中心对部管物资设备进行招标采购。招标交易手续（包括招标公告、交易表格、评标结果公示等）统一委托物资代理公司办理。

③部物资办组织公司依法组建评标委员会，评标委员会负责评标工作，推荐中标候选人。

（3）组织供应

①评标报告核准后，公司发出中(未)标通知书，与中标人签订采购合同，并负责接收、保管和退还履约保证金。合同签订后10 d内报部物资办。

②物资设备部负责本项目部管物资设备的调剂工作。

③物资设备部负责部管物资设备的组织验收。物资设备到达现场后，组织监理及施工单位相关人员共同到现场，按合同约定及相关标准进行检查验收，包括物资设备的规格、型号、数量、品种、检测报告、合格证书、设备装箱清单、设备说明书、外观质量等，对发现的问题须及时解决，并按规定填写验收签认单(宁安公司、物资代理公司、施工单位、监理单位、供应商各执一份)。

④存在数量、质量差异或与所签合同不符等问题时，由物资设备部组织物资代理公司与供应商协商解决。不合格物资设备禁止进入现场，由供应商自行处置，并承担由此造成的损失。

⑤物资设备部负责组织部管物资设备索赔事宜，并参与部物资管理办组织的部管物资合格供应商评审工作。

⑥部管物资设备验收合格后，由施工单位保管，施工单位要正确合理使用，建立管理台账，并按物资设备品种、属性，合理仓储堆放，统一标识。发生丢失、损坏等由施工单位负责。

二、建管物资设备管理

(1)公司物资设备部在相关部门配合下，对建管物资实施归口管理。

(2)组织供应

①建管物资由物资设备部负责组织供应。

②建管物资设备到达现场后，监理及施工单位相关人员须共同到现场，按有关规定进行检查验收，及时解决发现的问题。

③存在数量、质量差异或与所签合同不符等问题时，由物资设备部与供应商协商解决。不合格物资设备禁止进入现场，由供应商自行处置，并承担由此造成的损失。

④物资设备部负责组织建管物资设备索赔事宜。

⑤建管物资设备验收合格后，由施工单位保管，发生丢失、损坏等由施工单位负责。

三、甲控及自购物资设备管理

(1)甲控物资设备在公司监督下由施工单位组织招标采购，公司负责制定合格供应商资格条件并负责供应商资格审查。

(2)施工单位按国家、铁道部及中国铁路总公司关于招标的相关规定组织甲控物资招标采购，与中标人签订合同，并将合同复印件报监理单位、公司物资设备部备案。

(3)自购物资设备由施工单位按有关规定自行确定采购方式，组织采购，确保采购物资设备优质、可靠。

(4)甲控及自购物资设备到达现场后，监理单位要按相关技术标准和规定，及时进行检查验收，做好原始记录，并按有关规定对物资设备质量进行抽检；属于行政许可或强制认证的，应检查行政许可或强制认证证书，检查结果送公司备案。检验不合格的物资设备由施工单位负责处理。

(5)甲控及自购物资设备验收合格后，由施工单位保管。施工单位应做好甲控及自购物资设备保管工作，保证甲控及自购物资设备供应，发生丢失、损坏等由施工单位负责。

第二节　物资质量控制

物资设备质量的有效控制，是工程建设质量的重要保证手段。宁安公司一直将物资设备的质量控制作为重点工作之一，通过加强物资招标采购组织，严肃物资设备进场验收和使用过程检测的纪律和程序，以及严格的质量追究和供应商信用评价考核等措施，有效保证了宁安铁路工程物资的合格率。

(1)物资设备质量管理实施质量责任制，物资设备采购供应管理中各环节责任人和责任单位按物资设备分类管理规定执行。

(2)建立健全物资设备质量跟踪、追溯制度。各相关单位在物资设备接转过程中必须填制物资设备质量记录单,全过程记录物资设备从厂家到最终使用的质量状况。

(3)物资设备采购单位针对不同物资设备建立质量监测系统,特别是做好技术引进的新产品、新设备、新系统的质量监测。

(4)坚决杜绝不合格物资设备进入施工现场。施工单位只能使用经检验合格的物资设备,未经检验或检验不合格的禁止使用。监理单位要按照铁道部及中国铁路总公司有关验收标准对进场物资设备进行见证取样或平行检验。

供应商对监理单位、施工单位的质量检查结果有不同意见时,由公司选定的第三方质量检测机构做出最终裁定。

(5)施工单位要按照铁道部有关物资设备保管规定,加强进场物资设备的储存保管工作。

(6)重要物资设备实行驻厂监造制度。

(7)工程建设物资设备如在工程使用过程中,经任何一方检验、检查机构发现存在质量问题时,施工单位应立即停止使用,并不得进行下一道工序的施工,同时将有关情况报公司物资设备部。

(8)公司物资设备部加强物资设备质量的管理和检查监督,定期对物资设备质量状况进行评估、总结。

第十三章 队伍管理

第一节 对专业队伍要求

一、对投标人资格审查

宁安铁路有限责任公司《公司招投标管理办法》规定，对投标人资格审查分为资格预审和资格后审。资格审查的具体内容和要求应符合《关于发布铁路建设项目施工招标文件示范文本的通知》(铁建设〔2007〕107号)的相关规定。

二、对承包人基本要求

通过合同通用条件和专用条件中对承包人的义务与责任等的要求，表达了铁路有限责任公司对承包人的明确要求。关于承包人的义务和责任的条款如下：

(一)通用条件

承包人应按合同文件规定的时间和内容履行一般义务，并完成下列工作：

(1)承包人在履行合同过程中应遵守法律，并保证发包人免于承担因承包人违反法律而引起的任何责任。

(2)承包人应按有关法律规定纳税，应缴纳的税金包括在合同价格内。

(3)承包人应按合同约定以及监理人根据合同条款作出的指示，实施、完成全部工程，并修补工程中的任何缺陷。除专用合同条款另有约定外，承包人应提供为完成合同工作所需的劳务、材料、施工设备、工程设备和其他物品，并按合同约定负责临时设施的设计、建造、运行、维护、管理和拆除。

(4)承包人应按合同约定的工作内容和施工进度要求，编制施工组织设计和施工措施计划，并对所有施工作业和施工方法的完备性和安全可靠性负责。

(5)承包人应按约定采取安全措施，确保工程及其人员、材料、设备和设施的安全，防止因工程施工造成的人身伤害和财产损失。

(6)承包人应约定负责施工场地及其周边环境与生态的保护工作。

(7)承包人在进行合同约定的各项工作时，不得侵害发包人与他人使用公用道路、水源、市政管网等公共设施的权利，避免对邻近的公共设施产生干扰。承包人占用或使用他人的施工场地，影响他人作业或生活的，应承担相应责任。

(8)承包人应按监理人的指示为他人在施工场地或附近实施与工程有关的其他各项工作提供可能的条件。除合同另有约定外，提供有关条件的内容和可能发生的费用，由监理人按相关条款商定或确定。

(9)工程接收证书颁发前，承包人应负责照管和维护工程。工程接收证书颁发时尚有未竣工工程的，承包人还应负责该未竣工工程的照管和维护工作，直至竣工后移交给发包人为止。

(10)承包人应履行合同约定的其他义务。

(二)专用条件补充条款

(1)甲供材料设备，由发包人提供。

(2)上述通用条件中第(8)条是指承包人应按监理人的指示为他人在施工场地或附近实施与工程有关的其他各项工作提供可能的条件，由此引起的相关费用，由承包人自行解决。

(3)其他义务

上述通用条件中承包人应履行的其他义务包括：

①承包人应设立银行专项账户，预存农民工工资保证金，并保证及时兑现农民工工资。

②接受发包人对本建设项目建设资金和农民工工资保证金账户资金使用情况的监督。

③按国家及铁路总公司现行规定提供完整的竣工文件及资料,工程初验后一年内要完成工程总结。

④当承包人在查阅、核对合同文件或在本合同工程实施过程中,发现有关的工程勘察、设计、标准和规范、图纸或其他资料中的任何差错、遗漏或缺陷后,应及时书面通知监理工程师。

⑤承包人应接受发包人按照铁路总公司现行铁路建设项目考核办法对承包人实行考核,考核分为平时考核和项目考核。

⑥承包人应执行发包人建立的项目管理制度。

⑦按规定接受相关审计和资金监管。

⑧承包人应按照发包人的要求组建和管理"架子队"、设置劳务管理机构和人员、培训使用劳务作业人员。

⑨承包人应按照规定的范围及合同约定使用安全生产费用,并接受发包人或监理人对安全生产设施和费用使用情况进行的检查,按检查意见完善安全生产措施,保证安全生产需要。

⑩承包人应严格按照国家劳动、卫生等有关规定,为劳务人员提供符合卫生、安全要求的食宿条件。

承包人的其他义务:另行约定。

三、对承包人员工要求

通过细化合同条款,明确公司对承包人员工资格、雇佣、撤换、合法权益、无序行为等要求。

(一)通用条件

1. 承包人项目经理

(1)承包人应按合同约定指派项目经理,并在约定的时期内到职。承包人更换项目经理应事先征得发包人同意,并应在更换 14 d 前通知发包人和监理人。承包人项目经理短期离开施工场地,应事先征得监理人同意,并委派代表代行其职责。

(2)承包人项目经理应按合同约定以及监理人按合同条款做出的指示,负责组织合同工程的实施。在情况紧急且无法与监理人取得联系时,可采取保证工程和人员生命财产安全的紧急措施,并在采取措施后 24 h 内向监理人提交书面报告。

(3)承包人为履行合同发出的一切函件均应有承包人授权的施工场地管理机构章,并有承包人项目经理或其授权代表签字。

(4)承包人项目经理可以授权其下属人员履行其某项职责,但事先应将这些人员的姓名和授权范围通知监理人。

2. 承包人人员的管理

(1)承包人应在接到开工通知 28 d 内,向监理人提交承包人在施工场地的管理机构以及人员安排的报告,其内容应包括管理机构的设置、各主要岗位的技术和管理人员名单及其资格,以及各工种技术工人的安排状况。承包人应向监理人提交施工场地人员变动情况的报告。

(2)作为完成合同约定的各项工作,承包人应向施工场地派遣或雇佣足够数量的下列人员:具有相应资格的专业技工和合格的普工;具有相应施工经验的技术人员;具有相应岗位资格的各级管理人员。

承包人安排在施工场地的主要管理人员和技术骨干应相对稳定。承包人更换主要管理人员和技术骨干时,应取得监理人的同意。

特殊岗位的工作人员均应持有相应的资格证明,监理人有权随时检查。监理人认为有必要时,可以进行现场考核。

3. 撤换承包人项目经理和其他人员

承包人应对其项目经理和其他人员进行有效管理。监理人要求撤换不能胜任本职工作、行为不端或玩忽职守的承包人项目经理和其他人员的,承包人应予以撤换。

4. 保障承包人人员的合法权益

(1)承包人应与其雇佣的人员签订劳动合同,并按时发放工资。

(2)承包人应按劳动法的规定安排工作时间,保证其雇佣人员享有休息和休假的权利。因工程施工的特殊需要占用休假日或延长工作时间,应不超过法律规定的限度,并按法律规定给予补休或付酬。

(3)承包人应为其雇佣人员提供必要的食宿条件,以及符合环境保护和卫生要求的生活环境,在远离城镇的施工场地,还应配备必要的伤病防治和急救的医务人员和医疗设施。

(4)承包人应按国家有关劳动保护的规定,采取有效的防止粉尘、降低噪声、控制有害气体和保障高温、高寒、高处作业安全等劳动保护措施。其雇佣人员在施工中受到伤害的,承包人应立即采取有效措施进行抢救和治疗。

(5)承包人应按有关法律规定和合同约定,为其雇用人员办理保险。

(6)承包人应负责处理其雇佣人员因工伤亡事故的善后事宜。

(二)专用条件补充条款

1.“承包人项目经理”补充条款

对项目经理的其他约定,按铁路总公司现行有关规定执行。

2.“承包人人员的管理”补充条款

(1)投标文件中承诺人员应按时到位,其他各主要岗位的技术和管理人员及各工种技术工人的资格不低于招标文件最低要求及投标时承诺的人员及能力要求。

(2)投标文件中承诺人员一般不得调整,承包人安排在施工场地的主要管理人员和技术骨干应相对稳定。承包人更换主要管理人员和技术骨干时,应先由监理人审核并报发包人同意后方可进行。

第二节 岗位培训

为认真贯彻落实铁路总公司“管理制度标准化、人员配备标准化、现场管理标准化、过程控制专门化”的铁路建设标准化管理和“六位一体”要求,推进“全员、全面、全过程”的技术培训,不断提高全体参建人员的职业素养和业务技能,宁安公司印发了《公司人事培训管理办法》和《公司年度培训计划》等相关文件,明确了培训的指导思想、工作总体目标、组织领导、总体意见、培训教材和师资队伍、培训考核、工作要求等,着力培养一支高素质的建设管理和技术人才队伍,为打造精品工程、安全工程,高质量地全面完成铁路建设任务提供人力支撑。

一、培训范围

实行分层分类分专业培训,做到专业全覆盖、人员全覆盖。从决策层到管理层(执行层)直至作业层,自项目筹备到工程竣工,结合工程实际,适时开展培训工作,务求使培训工作做到“纵向到底、横向到边”,实现“全员、全面、全过程”培训目标。

二、培训内容和分工

1. 公司

公司管理人员除及时参加了铁路总公司、原上海铁路局有关部门组织的培训外,同时根据工程实际情况,适时开展了各类行之有效的培训。培训重点包含《安全生产法》《建设工程质量管理条例》《建设工程安全生产管理条例》《铁路建设工程质量管理规定》《铁路建设工程安全生产管理办法》等法律、法规和规范性文件,各类工程建设强制性标准、规范、验标,铁路总公司和原上海铁路局下发的各类管理文件、规定,工程建设领域“四新”成果等。

2. 施工项目部

施工项目部以满足现场需要为重点,积极组织技术人员参加了上级部门组织的培训,并认真做好企业内部培训工作。组织施工人员认真学习《建设工程质量管理条例》《建设工程安全生产管理条例》《铁路建设工程质量管理规定》《铁路建设工程安全生产管理办法》等管理规定,提高依法组织施工的自觉性,落实质量安全管理责任。

施工安全培训。按照国家有关规定做好安全“三类”人员培训和认证工作,取得安全生产考核合格证书后担任相应职务。对既有线和特种施工等作业人员,进行了上岗前的技术、安全培训,考试合格后持证上岗。

施工技术培训。组织开展了对施工技术、工艺、规范和验收标准的学习，使得现场技术人员和作业人员熟悉规范、掌握验标，提高了技术水平。

作业人员培训。施工企业建立了“架子队”人员培训和持证上岗制度，培训合格后上岗，培训情况如实记录在教育培训档案中。从事技术工种的，上岗前取得相关职业资格证书；从事特殊工种的，上岗前取得特种岗位作业证书。

3. 监理站

监理站积极组织监理人员参加铁路有关部门、行业协会组织的铁路工程监理专业培训，并结合项目实际情况自行组织开展经常性培训工作。

培训内容主要包含《安全生产法》《建设工程质量管理条例》《铁路建设工程质量管理规定》《铁路建设工程安全生产管理办法》《铁路建设工程监理规范》(TB 10402—2007)、《铁路建设工程监理管理暂行规定》等法律、法规和规范性文件，各种工程建设强制性标准、规范，铁路总公司、原上海铁路局以及宁安公司下发的各类管理文件、规定，工程建设领域“四新”成果等。

三、培训教材和师资队伍

根据前述培训内容，培训教材选用前述的法律、法规、文件、规定。

公司、施工项目部和监理站根据上级要求和本单位的培训规划，建立完善本项目专、兼职教师师资库。对某些专业性强、技术含量高的培训，采取了“走出去、请进来”的方式，聘请了本单位外的专家进行讲授。

四、培训考核

培训考核由培训教师设置考题，职能部门组织考核，员工的培训考核结果计入员工培训档案，作为员工用工、晋升、调薪的重要依据。

五、培训工作成果

各施工、监理单位建立了长效机制，把铁路建设培训工作贯穿宁安铁路建设始终，针对宁安铁路建设进度推进计划，有计划、有针对性、有目标地开展了培训教育工作，施工、监理单位认真编制了培训规划和培训计划，建立健全相关安全培训台账，宁安公司结合施工、监理单位上报的培训规划，每月定期组织对各参建单位的培训工作情况进行检查，发现未按要求认真贯彻落实培训工作内容的，公司严格按照相关管理办法及考核文件，对责任单位进行考核，情节严重者，纳入施工、监理单位信用评价考核。

第三节 劳 务 使 用

一、劳务分包模式

劳务分包采用架子队管理模式。架子队是铁路工程建设项目施工现场的基层施工作业队伍，是以施工企业管理、技术人员和生产骨干为施工作业管理与监控层，以劳务企业的劳务人员和与施工企业签订劳动合同的其他社会劳动者(统称劳务作业人员)为主要作业人员的工程队。

采用架子队管理模式，能够充分利用社会劳动力资源，实现施工企业施工现场管理层与作业层的有机衔接和有效运作，防止施工现场质量安全保证体系流于形式，有利于铁路工程建设质量、安全、工期等目标的顺利实现；有利于施工企业强化对作业层的管理和控制，确保施工现场的质量、安全保证体系有效运行；有利于提高职工技术素质。对确保建设工程质量和施工安全具有重大意义。

二、劳务分包管理

为规范铁路建设项目施工用工行为，确保宁安铁路建设工程质量和施工安全，实现建设“精品工程、安全工程、速度与效益并举”的目标，按照铁路总公司《关于推进建设单位标准化管理工作的指导意见》(铁建设〔2008〕45 号)、《关于积极倡导架子队管理模式的指导意见》(铁建设〔2008〕51 号)，以及铁路总公司安全、质量、工期、投资、环保、稳定“六位一体”的建设管理目标和“不留遗憾、不当罪人、建不朽工程”的建设管理要求，贯彻公司“六干、四不”的建设工作理念，公司制定了《公司架子队管理办法》，该办法明确了架子队管理原则、作业队编制与定员、管理人员配置、操作工人配置要求及工作职责。

公司开展了自控型标准化架子队创建工作，严格落实有关架子队管理方面的规定要求，充分发挥架子队优势，配齐配强安全、技术、质检等关键岗位“九大员”，建立完善教育、管理、考核等基本管理制度。坚持培训教育和持证上岗，保障劳务作业人员工资及时支付，加大月度架子队检查与考核力度，努力规范架子队用工行为，并将施工单位架子队建设工作纳入信誉评价当中，努力提高架子队的建设和管理水平。

1. 管理机构和职责

公司成立架子队管理领导小组，负责宁安铁路建设项目架子队管理的组织领导工作。其主要职责是：组织制定架子队管理方针、目标，督促建立架子队管理体系；建立架子队管理责任制，检查、考核项目管理机构内各级领导、各部门架子队管理责任制落实情况；审定有关架子队管理办法；定期组织架子队管理检查，组织架子队管理专题会议，协调布置架子队管理工作。

2. 制度建设

明确要求施工企业按照“管理规范化、作业标准化、施工专业化、工班自控化、行为市场化”的五化目标，全面开展架子队制度建设工作，制定架子队管理制度和办法，健全架子队管理体系，落实架子队管理责任制。其中主要包括架子队管理制度、内部管理制度、上岗管理制度、安全制度和质量制度。

3. 资格审查和人员配备

为落实宁安铁路建设项目承包投标承诺，规范各用工行为，保证进场架子队质量，确保铁路建设工程质量和施工安全，实现建设“精品工程、安全工程、打造世界一流客运专线”的目标，按照建设管理程序，对各承包单位进场架子队等进行资格审查。

各施工单位工程指挥部将架子队情况编制成册，对照投标承诺内容逐项填报审批表并对报表真实性负责。经监理审查后报公司安质部审批备案，达不到承诺条件的，不得进场施工。确需变更的，各承包单位必须履行变更程序报公司批准，未经批准或不符合条件的架子队一律不准进场施工；已经进场的，经宁安公司确认后，给予清退。实施动态管理，及时审核、建档、上报。

架子队主要人员基本配置：按照“管理有效，监控有力，运作高效”的原则，遵循“1152”基本要求配置，即配备一个专职队长和一个技术负责人。设置技术、质量、安全、试验、材料五大关键人员。要求必须具备领工员和工班长两个领班负责人等主要人员。架子队主要人员岗位要求明确职责，落实责任。

4. 考核

为全面推行架子队“9521”管理模式，进一步规范宁安铁路建设项目施工用工行为，确保宁安铁路建设工程质量和施工安全，实现建设“安全工程”和“精品工程”的目标，结合宁安铁路工程建设实际，公司制定了《公司架子队管理办法》。

此外，公司特制定了架子队考核评比奖惩办法。除对施工企业架子队的日常检查外，还定期对架子队进行检查考核和评比奖惩，同时将架子队考核纳入施工企业质量信誉评价考核范围。公司建立架子队信用评价制度，将施工企业组建和管理架子队、配置架子队主要人员及使用劳务作业人员等检查评价情况，记入该施工企业信用档案。

三、开展创建自控型架子队活动

自控型架子队建设是维护铁路建设市场秩序，取缔“包工头”，强化廉政建设的一项重大举措，是目前规范组织施工现场的重要方式，直接关系和制约铁路建设的质量安全控制。为进一步规范宁安铁路建设项目施工单位用工行为，确保宁安铁路建设工程质量和施工安全，实现建设“精品工程、安全工程、打造世界一流客运专线”的目标，根据铁道部《关于积极倡导架子队管理模式的指导意见》（铁建设〔2008〕51 号）和《上海铁路局建设项目架子队标准化管理办法》（上铁建设〔2008〕646 号）、《宁安铁路架子队管理办法》（宁安安发〔2009〕94 号）精神，结合宁安铁路建设工程架子队管理运作实际，在宁安全线各施工单位开展自控型架子队创建活动，推动架子队规范管理，满足建设工程质量安全要求。

公司成立自控型架子队创建活动领导小组，公司总经理任组长，公司分管副总经理、总会计师任副组长，小组成员由各施工标段指挥长、公司部门领导组成。领导小组下设自控型架子队创建活动办公室(活动办),分管副总经理任主任,公司工程、安质部部门领导任副主任,专业工程师为成员。负责创建活动日常工作和活动评比、考核的实施,协调解决创建活动中的有关问题。

自控型架子队建设的指导思想是以科学发展观为指导,按照“管理有效,监控有力,运作高效”的原则,以实现质量、安全、环境、管理四个一流为目标,突出安全质量效率,规范管理制度,完善自控机制,提高人员综合素质,实现施工队伍素质全面达标、自控能力全面提高、安全质量全面受控,适应东部铁路率先实现现代化战略目标的新要求。

自控型架子队创建的目标是在满足架子队班组自控建设基本要求的基础上,针对安全和质量控制的特殊要求,建立岗位自控、作业互控、人机联控机制的自控型架子队,实现架子队管理规范化、操作程序化、作业标准化、用工合法化。具体为:

(1)安全管理受控。自控型架子队严格落实安全“自控、互控、联控”制度,安全责任制度健全,严格按审批的施工计划实施,施工安全预想、控制措施全面到位,强化施工配合和现场防护,加强机具路料管理和施工现场监督,无违反“红线”管理办法行为,架子队无责任质量事故,无劳动安全、火灾险情。

(2)施工质量达标。严格执行标准化作业和工序转序程序,严格执行工序签认制度,落实工程质量终身负责制,工作质量、施工质量符合验标规定和设计标准要求。

(3)生产任务完成。严格按照工期计划组织生产,按时、保质保量地完成各项生产任务和其他配合任务。

(4)队伍素质良好。架子队管理人员经过各级培训,具备高能力、高素质,在架子队的民主管理中核心作用发挥突出;员工文化程度、作业技能符合岗位标准要求。

(5)管理规范。架子队各项管理制度健全,班子成员分工明确,工作责任落实到位;管理台账完整、规范;思想建设、民主管理、文化建设有序推进,岗位学技练功、科技创新广泛开展。

(6)环境保护。施工现场符合文明施工标准,生产、生活环境符合标准化工地标准,环境绿化、卫生达标。

为确保自控型架子队创建活动取得实效,公司对各施工单位自控型架子队创建结果组织评比对标考核,考核结果纳入施工、监理单位的风险考核、验工计价、月度考评和企业信用评价。为此,公司制定了详细的自控型架子队考核内容、考评程序、评比办法、挂钩考核措施等。要求各施工单位根据自控型架子队考核内容和业务部门的要求制订细化标准,对标创建,及时上报自评结果和创建计划。各监理单位认真落实管理责任,把创建活动作为施工过程控制和质量安全管理的抓手,及时督促施工单位创建活动计划实施和检查问题整改,确保活动取得实效。

第十四章　文 明 施 工

第一节　优化工作环境

施工单位负责铁路建设工程施工现场管理工作，应结合施工环境、条件，按照批准的施工组织设计，认真进行施工现场文明形象管理的总体策划、设计、布置、使用和管理，做到布局合理，文明施工、安全有序、整洁卫生、不扰民、不损害公众利益。

文明工地建设标准参照《铁路建设项目现场管理规范》(TB 10441—2008)要求。总体要求如下：

1. 进场前要求

在施工方案确定前，施工单位应在宁安公司的组织下会同设计、监理单位和有关部门对可能造成周围建筑物、构筑物、道路、地下管线损坏或堵塞的施工现场进行检查，并制定相应的技术措施，纳入施工组织设计，保证施工安全、文明进行。

2. 现场封闭要求

施工现场宜采用封闭式管理，非工程相关人员严禁入内。出入口要设置醒目的施工标牌，并配备警卫室。

3. 现场标牌要求

施工现场要设置以下标牌：工程概况管理人员名单牌、安全生产纪律牌、文明施工管理牌、安全技术措施牌、工地消防保卫管理牌、工程质量责任公示牌和施工总平面布置图、现场安全标志平面图、宣传栏、读报栏、黑板报。以及其他按照现行《工作场所职业病危害警示标识》(GBZ 158—2003)要求设置禁止标志、警示标志、指令标志，并配以相应的警示语。

4. 施工场地要求

(1)设置连续、畅通的排水设施和沉淀设施，防止泥浆、污水、废水外流或堵塞下水道和河流。

(2)施工区域与非施工区域严格分割。

(3)施工区域内的沟、井、坎、穴等危险地形旁，应有醒目的警示标志，并采取安全防护措施。

(4)建筑材料、机具设备按工地总平面图的布置在固定场地整齐堆放，不得侵占场内道路及安全防护等设施。

(5)施工现场道路畅通、场地平整，无大面积积水。

(6)临街、跨越道路或人口密集区的建筑物，应设置防止物体坠落的防护措施。

5. 施工人员要求

所有施工人员均应佩戴上岗证上岗，上岗证应由项目部规定统一样式，或统一制作；提倡有条件的施工单位实行施工人员统一着装，工作服应美观整洁，并符合安全要求；施工人员进入施工现场一律要求戴安全帽，管理人员、工人、特种工应戴不同颜色的安全帽；隧道及高处作业等施工人员应按规定配备相应的防护装备；施工人员应文明驾驶、文明作业；特种作业人员应持证上岗，杜绝“三违”现象。

6. 环境卫生要求

(1)按照卫生标准和环境卫生作业要求设置相应的厕所、化粪池和生活垃圾容器，并落实专人管理，按时间清除；厕所应有冲洗设备，便池应贴瓷砖，并保持清洁卫生。

(2)按照卫生、通风和照明要求设置更衣室、简易浴室等必要的生活设施，并建立定期清扫制度。

(3)落实各项除“四害”措施，控制“四害”滋生。

7. 现场防火要求

(1)施工现场要制定消防措施和制度，合理配置灭火器材，现场库房易燃易爆危险场所及宿舍等地方均应按需配置灭火器材。

(2)火工品库除按规定放置足够的灭火器外,还要有专门的消防水源和消防用具,并应远离施工现场、居民区和既有设施。

(3)易燃材料的仓库应设置在拟建工程的下方。

(4)现场消防出入口、紧急疏散通道应符合消防设置要求,并设置明显标志。

(5)施工现场用明火要有审批手续,动用明火处经批准后应设专人负责监护并有记录。

8. 治安综合治理要求

(1)治安保卫工作直接影响到施工现场的安全及社会所需,现场要建立治安保卫制度并将责任分解到人。

(2)施工现场的职工、劳务工、临时工要有花名册,做到"三证"(身份证、劳务许可证或技术等级证、暂住证)齐全,并建立用工档案。

(3)生活区要有职工学习和娱乐的场所。

9. 保健急救要求

(1)较大工地必要时设医务室,有专职医生值班,巡回医疗,一般工地应设有保健急救器材、医药箱及一般常用药品,满足急救。

(2)现场必须开展卫生防病宣传教育工作,制定急救措施,培训急救人员,便于及时抢救,减少不必要损失。

同时,各施工单位应遵照《环境管理体系　要求及使用指南》(GB/T 240001—2004)的要求,建立环境管理体系,指定相应的保护措施,维持良好的生活和作业环境,有效减少施工对环境造成的影响。还应满足以下要求:

(1)现场施工中应有防止大气、噪声(振动)污染,水土保持和其他环境卫生的有效措施。

(2)夜间施工必须办理夜间施工许可证,做好周边居民的解释和安抚工作。

(3)现场严禁焚烧有毒有害物品,遇有实际按有关规定进行处理。

(4)在水源保护区内不得取土、弃土、破坏植被,不得设置搅拌站、洗车台、充电房等,并不得堆放任何含有有害物质的材料或废弃物。

(5)大型临时设施的场地、弃渣场坡面应按设计进行复垦或绿化。坡脚应进行防护,防止水土流失。

(6)不得随意占用或破坏与施工现场周围相邻的土地、道路、绿化以及各种公共设施。

第二节　安全防护

施工现场的木工、钢筋、混凝土、卷扬机械、空气压缩机应搭设防砸、防雨的操作棚。

施工现场施工类别和机械设备易发事故等危险作业区域必须按规定做好设置网、架、栏、罩等安全防护设施,并设置醒目的"禁止""警示"或"提示"类别标准规格的安全标志牌。

在铁路建设工程施工现场安装、使用临时用电线路和用电设施的,必须符合《施工现场临时用电安全技术规范(附条文说明)》(JGJ 46—2005)和安全操作规程的要求,必须由专业技术人员负责管理,配电箱、开关箱等设施必须确定检修和维护责任人。施工现场配电箱必须规范达标,要有明显标识和警示标志,并严禁乱接乱拉,线路不得有裸露、破皮接地等情况。

第十五章　建设协调

1. 抓好征地拆迁工作，加大与地方政府的协调力度，创造良好的外部建设环境

宁安公司始终把征地拆迁工作视为加快工程建设顺利进行的重要前提条件，努力营造和谐的征迁环境和良好的建设氛围。为此，公司积极向铁路总公司、安徽省和江苏省政府汇报工作，加强与两省相关部门的沟通，争取沿线地方政府的支持、人民群众的理解以及各参建单位的配合，为合法合规、快速推进征地拆迁工作，创造了良好的外部建设环境。

完成了主线的永久用地手续批复。经过多方努力，国土资源部于2011年12月～2012年7月陆续下发了《国土资源部关于新建南京至安庆铁路安庆段工程建设用地的批复》(国土资函〔2011〕928号)、《国土资源部关于新建南京至安庆铁路池州段工程建设用地的批复》(国土资函〔2012〕380号)、《国土资源部关于新建南京至安庆铁路铜陵段工程建设用地的批复》(国土资函〔2012〕382号)、《国土资源部关于新建南京至安庆铁路芜湖段工程建设用地的批复》(国土资函〔2012〕154号)、《国土资源部关于新建南京至安庆铁路马鞍山段工程建设用地的批复》(国土资函〔2012〕596号)、《国土资源部关于新建南京至安庆铁路南京段工程建设用地的批复》(国土资函〔2012〕302号)。2012年5月～8月，安徽省国土资源厅向沿线安庆、池州、铜陵、芜湖、马鞍山五市分别下发了《安徽省国土资源厅关于新建南京至安庆铁路安庆段工程建设用地的批复》(皖政地〔2012〕99号)、《安徽省国土资源厅关于新建南京至安庆铁路池州段工程建设用地的批复》(皖政地〔2012〕153号)、《安徽省国土资源厅关于新建南京至安庆铁路铜陵段工程建设用地的批复》(皖政地〔2012〕156号)、《安徽省国土资源厅关于新建南京至安庆铁路芜湖段工程建设用地的批复》(皖政地〔2012〕154号)、《安徽省国土资源厅关于新建南京至安庆铁路马鞍山段工程建设用地的批复》(皖政地〔2012〕422号)。2014年3月，江苏省国土资源厅下发《江苏省国土资源厅转发〈国土资源部关于新建南京至安庆铁路南京段工程建设用地的批复〉的通知》(苏国土资函〔2012〕217号)。

搞好外部协调，营造全方位支持的良好环境。公司自上而下、全员动员，以不相推诿、不善不休的工作方法，积极促成安徽省、江苏省铁办多次召开专题协调会议，圆满解决了征迁过程中遇到的一些特殊难题。征迁工作人员及时抓住时机，与沿线各地政府及各市县区铁办建立了良好的工作关系，解决了施工过程中出现的各种问题，极大促进了地方各级部门在征迁等方面工作的推进，为工程建设提供了良好的外部环境。

随着国家经济和社会的发展，铁路建设外部环境发了很大变化。在建设过程中，依法合规，确保沿线群众的利益和权益，是社会发展的必然要求，是社会进步的体现，却也加大了征地拆迁、三电迁改等工作的难度。此外，沿线政府纷纷要求增大站房规模，以期美化城市形象，如此一来便与投资控制产生了矛盾。公司正视现实、审时度势，本着依法依规、实事求是、不回避、不激化矛盾的原则妥善处理好了这些问题。一是及时办理了征迁概算清理工作。铁路总公司、江苏省、安徽省关于宁安铁路初步设计批复征地拆迁费用为13.88亿元。根据征迁现实情况，公司及时办理了征地拆迁补偿费用阶段清理工作，经铁路总公司《关于新建南京至安庆铁路安徽段征地拆迁费用阶段调整的批复》(铁鉴函〔2010〕190号)批准后，征迁费用调整增加21.63亿元。后经《中国铁路总公司关于新建南京至安庆铁路截至2014年9月征地拆迁补偿费用阶段调整的批复》(铁路总公司办函〔2015〕93号)批复，宁安铁路第二阶段征迁拆迁费用调整增加费用18.610 6亿元。二是在拆迁范围、数量，道路改移和连续梁桥跨方案确定，边角地、夹心地及“三改”工程等问题的处理上，公司组织相关单位多次与地方政府及有关部门协商，认真审查设计方案，协商建设费用分摊问题。先后与各市、县、区就道路改移、站房变更增加面积、下穿立交等签订了投资分摊协议。三是努力争取了各级地方政府的支持，充分发挥各级地方政府及行政部门资源优势，积极沟通。通过主动与地方交通、电力等部门沟通协调，反复协商，最终妥善解决了长期困扰的交叉工程施工问题。

2. 紧抓参建单位，做好各项工作

宁安公司要求各参建单位必须按照“纪要”“协议”有关精神，进行有关建设协调工作，加强自身管理，尽

量就地协商解决问题。文明施工,遵纪守法,加强施工队伍管理,确保施工顺利进行。加强联系、主动沟通,建立起多方面、多渠道的信息通道,确保各参建单位间、与地方有关部门间的信息畅通,确保将有关问题解决在初期状态中。与地方建立起了定期、不定期联合召开会议的机制,互通工作进展情况,确保对存在或可能发生的问题取得共识。自觉尊重当地民俗、民风、生活习惯,紧紧依靠各级地方人民政府和铁办,积极开展路地共建活动。

要求各施工单位及时办理各种行政手续,实行依法管理。开工之前督促施工单位办理了临时用地手续、跨高速公路行政许可手续等,在取得地方主管部门同意书后再进行施工,并自觉接受管段内各级地方行政主管部门的检查、指导和监督。根据设计单位提供的设计施工用地图进行勘测定界、编制使用林地可行性报告等工作,确保永久建设用地申报手续按时完成。要求设计、施工、审价咨询等单位参加征迁联合调查,各审价咨询单位全过程参与地方具体征迁工作,确保了征迁费用合法合规。

第十六章　工 程 验 收

第一节　验 收 方 式

项目验收方式严格按照铁路建设项目管理要求，采用先期验收、专家检查、政府验收的组织方式。先期验收包括原上海铁路局和宁安公司组织的静态验收和动态验收；专家检查包括对静态验收、动态验收结果进行评审，为初步验收、正式验收提供专家意见；政府验收包括初步验收和正式验收。竣工验收分五个阶段进行，即静态验收、动态验收、初步验收、安全评估和正式验收。安全评估通过后可开通初期运营；正式验收合格后投入正式运营。

静态验收由原上海铁路局组织，宁安公司配合，在施工单位自检合格、监理单位确认的基础上进行。原上海铁路局牵头成立由原上海铁路局负责人为组长，宁安公司负责人为副组长，原上海铁路局和宁安公司处室（部门）负责人、监理、勘察设计、施工单位负责人参加的静态验收领导小组，负责静态验收工作。静态验收领导小组下设专业验收组；专业验收组由原上海铁路局处室负责人任组长，宁安公司部门负责人为副组长，铁路局处室人员以及勘察设计、施工、监理单位现场或专业负责人参加。

动态验收由原上海铁路局组织、宁安公司配合，在静态验收合格后进行。原上海铁路局牵头成立由原上海铁路局负责人为组长，宁安公司、检测单位负责人为副组长，原上海铁路局和宁安处室（部门）负责人、检测单位部门负责人参加的动态验收领导小组，负责动态验收工作。

初步验收由中国铁路总公司初步验收委员会组织，在动态验收合格后进行。初步验收委员会由中国铁路总公司领导、有关业务部门负责人、质量监督机构负责人、验收专家组及专业验收组正副组长，宁安公司、原上海铁路局负责人以及其他专家组成。

安全评估总公司成立安全评估组，在初步验收合格后进行。安全评估组由安监局副局长任组长，上海特派办特派员和安监局相关负责人任副组长，成员由总公司、建设部、运输局、安监局、铁路公安局以及上海特派办和部分铁路局专业人员组成。安全评估组设13个专业评估小组。

正式验收由正式验收委员会组织，在初期运营一年后进行；正式验收委员会由国家主管部门或中国铁路总公司按相关规定成立。

第二节　静 态 验 收

一、验收组织机构

静态验收由原上海铁路局牵头成立静态验收领导小组，下设专业验收组。

（一）静态验收领导小组

原上海铁路局牵头成立静态验收领导小组，负责静态验收的组织与领导工作。

静态验收领导小组的职责为：认真贯彻执行国家、铁道部和中国铁路总公司的建设方针、政策、法律、法规、验收标准和有关规定，审查工程是否符合静态验收条件；制定静态验收工作计划和进度安排；对静态验收过程中存在的问题及时协调处理，并对专业组验收情况进行检查督促；按照批准的设计文件和国家、铁道部和中国铁路总公司颁发的竣工验收交接办法和质量验收评定标准，负责对验收工程项目设计、施工质量、建设工期、投资控制等综合评定；根据静态验收情况提出并上报静态验收报告和问题整改报告。

静态验收领导小组由原上海铁路局副局长任组长，宁安公司总经理、原上海铁路局建设处处长任副组长，成员由原上海铁路局办公、总师、安监室，运输、客运、机务、车辆、工务、电务、供电、信息化、建设、土房、经开、劳卫、计统、财务处，调度所，信息技术所，工程质量安全监督站，上铁公安局，宁安公司，以及有关施工、设计、监理单位负责人组成。

(二)专业验收组

静态验收领导组下设工务工程、信号工程、通信工程、信息工程、客服设施工程、房屋建筑工程、自然灾害及异物侵限监测系统工程、环境保护与水土保持工程与电力、牵引供电工程专业组。各专业验收组的职责为:组织对本专业工程内业资料的完整性、全面性进行检查,并对有关内业资料进行重点抽查;组织对本专业工程进行观感质量检查,以及主要功能和实体质量抽查;提出检查发现的问题,并督促有关单位整改,组织复查销号;对重大质量安全问题及时向验收领导小组报告;组织对本专业范围的内业、外业检查结果进行评定,提交本专业静态验收报告,配合做好总公司对静态验收报告的专家组审查,并根据审查意见督促问题整改,编写问题整改报告,组织审定有关单位提交的开通资料,做好联调联试和动态检测的配合准备工作。

1. 工务工程组

工务工程专业组组长由原上海铁路局工务处处长担任;副组长由宁安公司副总经理兼总工程师担任;成员包括原上海铁路局工务处,合肥、芜湖工务段,南京桥工段,南京、合肥铁路公安处,宁安公司及有关施工、设计、监理单位相关人员。

2. 信号工程组

信号工程专业组组长由原上海铁路局电务处处长担任;副组长由宁安铁路公司副总工担任;成员包括原上海铁路局电务处、南京电务段、合肥电务段、上海电务段,宁安铁路公司以及有关设计、监理、施工单位相关负责人。原上海铁路局电务处、南京电务段、合肥电务段、上海电务段分别成立各处/段静态验收领导小组,组长由各处/段处长担任,副组长由各处/段副处长及相关所长担任,各科科长、副所长为组员。

3. 通信工程组

通信工程组组长由原上海铁路局电务处处长担任;副组长由宁安公司副总工程师担任;成员包括原上海铁路局电务处,上海通信段,宁安公司及通信信号各施工、设计、监理单位等相关人员。

4. 信息工程组

信息工程专业组组长由原上海铁路局信息化处处长担任;副组长由宁安公司副总工程师担任;成员包括信息化处、客运处、宁安公司、信息技术所、合肥车务段、南京站、芜湖车务段、申铁杰能公司、铁三院、铁四院、华东监理等相关人员。

5. 客服设施工程组

客服设施专业组组长由原上海铁路局客运处处长担任;副组长由宁安公司副总经理担任;成员包括原上海铁路局客运、电务、信息化、经开处,南京站,芜湖、合肥车务段,上海通信段,申铁杰能公司,宁安铁路公司及有关设计、监理、施工单位相关人员。

6. 房屋建筑工程组

房屋建筑工程专业验收组由原上海铁路局土房处处长任组长,宁安公司副总经理任副组长,验收组成员为原上海铁路局安监室,客运、工务、电务、供电、信息化、土房、经开处,合肥、南京铁路公安处,南京站,芜湖车务、工务段,合肥车务、工务、电务、供电、房建段,南京桥工、电务、供电、房建段,上海通信段,合肥、南京给水公司,申铁杰能公司,宁安公司及有关设计、施工、监理单位相关人员。

7. 自然灾害及异物侵限监测系统工程组

自然灾害及异物侵限监测系统工程组组长由原上海铁路局工务处处长担任;副组长由宁安公司副总经理担任;成员包括原上海铁路局工务、电务、供电、信息化处,信息技术所,合肥、芜湖工务段,南京桥工段,合肥、南京电务段,合肥、南京供电段,上海通信段,宁安公司及有关施工、设计、监理单位相关人员。

8. 环境保护与水土保持工程组

环境保护与水土保持工程组组长由原上海铁路局计统处处长担任;副组长由宁安公司副总经理担任;成员包括原上海铁路局计统、工务处,南京站,芜湖车务、工务段,合肥工务段,蚌埠、南京疾控所,宁安公司及有关施工、设计、监理单位相关人员。

9. 电力、牵引供电组

电力、牵引供电组组长由原上海铁路局供电处处长担任;副组长由宁安公司副总经理担任;成员包括原上海铁路局供电、电务、信息化处,调度、信息技术所,合肥、南京供电段,上海通信段,宁安公司及有关施工、设计、监理单位相关人员。

二、验收依据及标准

(1)国家有关法律、法规、条例以及国家颁布的建设标准,地方环境保护法律法规。

(2)国家和铁道部、中国铁路总公司、建设部颁布的相关设计规范,工程施工质量验收标准,技术条件,相关规章制度、文件、通知、会议纪要、指导意见等。

(3)工程设计文件、批复文件、审核合格的施工图纸及经批准的变更设计图纸及文件。

(4)《中国铁路总公司工程管理中心关于开始新建宁安铁路工程静态验收的通知》(工管技函〔2015〕127号)。

(5)《中国铁路总公司运输局关于新建南京至安庆铁路线名、里程体系及线路允许速度的复函》(运工综技函〔2015〕175号)。

(6)静态验收相关会议纪要。

(7)设备技术说明书(从国外引进新技术或成套设备的,还应包括外方提供的设计文件和新技术或成套设备的国家标准等)。

三、各专业验收情况

(一)工务工程

1. 验收范围及内容

新建南京至安庆铁路K0+000(南京南站302号道岔尖轨尖)～K258+479(安庆站2号道岔尖轨尖);南京南宁安场23～28道;南京南动走D、F线;南京南动车所宁安存车线;以及同步建设的芜湖枢纽、安庆地区相关工程;铜陵站铜九改线工程;池州铜九客车联络线工程。以上范围内的轨道工程、路基工程、桥涵工程、隧道工程、声屏障工程、精密工程测量。

轨道工程:轨道几何尺寸、钢轨及连接零件、道岔、轨枕、道床、线路标志标记等。

路基工程:地基处理、路基本体、路基支挡、边坡防护、路基防排水、沉降观测及封闭设施等。

桥涵工程:墩台、支座、梁体、桥面系、涵洞、防抛网、综合接地(工务)、限高架、附属设施等。

隧道工程:隧道(明洞)洞门、洞口支挡设施、衬砌、洞室、防排水、照明设施、疏散通道及其防护门等。

声屏障工程:声屏障基础、立柱、单元板等。

精密工程测量:精密工程控制网CP 0、CP Ⅰ、CP Ⅱ及水准基点点位观感质量和埋设位置尺寸;轨道控制网CP Ⅲ的精度指标、点位标识、埋设位置及保护措施。

2. 验收经过

(1)第一阶段(提前介入):2013年10月25日,原上海铁路局工务处、宁安公司组织召开了工务系统对接会,明确由公司牵头,成立工务、设计、监理、施工等单位参加的工程质量联合检查组,开始对工务工程设备进行全项目、全覆盖的联合检查。实行专业检查、专业负责,分专业建立问题库;对检查发现的问题,及时明确整改方案、整改期限、整改负责人;对于重大技术方案坚持论证、报批、实施流程,由公司组织相关专家论证,制定方案,由施工单位负责整改;对于施工单位已整改的问题必须经工务段现场检查确认后,方可销号。

钢轨锁定焊接:按照无缝线路锁定方案,原上海铁路局工务部门安排监控小组,对宁安铁路的无缝线路拉伸锁定以及现场焊接、焊缝探伤进行全过程盯控,督促施工单位按标准进行施工,对检查发现的问题及时进行处理,同时对监控过程保存了原始资料,并建立了相关台账。

轨道精调:公司委托原上海铁路局工务部门实施轨道精调,工务处组织了7个工务段,作业前明确目标、健全组织;作业中优化流程、卡控细节;作业后总结完善、科学评价;自2015年4月1日至2015年7月30日,完成了线路、道岔精测精调,达到了验收标准要求。

钢轨打磨:2015年7月28日～2015年8月21日,完成钢轨预打磨。

(2)第二阶段(静态验收):2015年6月30日,原上海铁路局和宁安公司召开了宁安铁路静态验收部署会。2015年7月1日,原上海铁路局工务处组织京沪高速铁路股份有限公司、宁安公司、原上海铁路局南京铁路枢纽工程建设指挥部及相关设计、施工、监理单位召开了宁安铁路工务专业静态验收对接会,明确了静态验收轨道、路基、桥涵、隧道、精密工程测量、声屏障专业小组分工、验收计划及相关要求。2015 年 7 月 2 日～2015 年 7 月 20 日进行了内业、外业验收。

(3)第三阶段(静态验收复验):2015 年 7 月 21 日～8 月 17 日进行了静态复验。验收期间,原上海铁路局建设、工务处、京沪高速铁路股份有限公司、宁安公司、原上海铁路局南京铁路枢纽工程建设指挥部,多次组织召开了静态验收协调对接会,对检查发现的问题落实了整改责任单位和整改期限,并对整改问题及时进行了复验确认。

3. 验收方法

采用内业资料抽查与外业现场检查相结合的方法。内业资料检查主要对内业资料的完整性、全面性进行检查,并对有关内业资料进行重点抽查;现场对观感质量、主要功能和实体质量等按静态验收技术规范进行检查验收。

4. 验收结论

新建南京至安庆铁路轨道、路基、桥涵、隧道、声屏障工程,精密工程测量及其专业接口满足设计要求和验收标准,工程总体质量合格,具备动态验收条件。

5. 专家组审查意见

同意上海铁路局关于新建南京至安庆铁路工务工程静态验收结论。工程满足设计要求和验收标准,工程总体质量合格,具备动态验收条件,同意通过静态验收。

(二)信号工程

1. 验收范围及内容

新建南京至安庆铁路正线工程、安庆北站改造工程及接入南京南宁安场引起的新启用设备。新建南京至安庆铁路沿线各车站依次为南京南宁安场(不含)、中继站 1、江宁西站、马鞍山东站、当涂东站、中继 2、芜湖站(宁安场)、弋江站、中继 3、繁昌西、铜陵北线路所、铜陵站(宁安场)、中继 4、中继 5、池州站(宁安场)、中继 6、中继 7、安庆站、安庆北站共 10 个车站、7 个中继站和 1 个线路所。主要包括全线各站新设的计算机联锁、CTC、列控中心、临时限速服务器、集中监测等室内信号设备;室外已安装调试完成的信号设备;以上工程范围内的防雷和综合接地系统(信号)。

2. 验收经过

2015 年 6 月电务处根据路局总体工作部署制定并下发《上海铁路局电务处关于开展宁安铁路工程静态验收工作的通知》(电信函〔2015〕155 号),明确了宁安铁路信号工程静态验收要求与安排。2014 年 4 月合肥电务段成立宁安铁路工程配合组,主要对综合地线、电缆的埋设,室内外设备安装进行配合和检查。

2014 年 11 月,为做好宁安铁路前期施工配合工作,南京电务段成立铜陵筹备组,负责宁安铁路前期施工配合工作。

2014 年 7 月～2015 年 5 月,南京电务段完成各项设备入所检测工作;2015 年 1 月～2015 年 5 月,合肥电务段完成各项设备入所检测工作;2015 年 3 月,南京电务段成立弋江筹备组,全面介入宁安铁路施工配合工作。

2015 年 5 月 1 日,合肥电务段启动了各项信号软件仿真试验工作;5 月 19 日完成宁安铁路引入安庆地区、安庆北站新计算机联锁开通工作;6 月 26 日完成宁安铁路引入安庆地区、安庆站新计算机联锁开通工作。

2015 年 6 月 3 日,南京电务段启动了各项信号软件仿真试验工作;6 月 25 日正式开始宁安铁路静态验收工作;6 月 26 日～7 月 6 日,完成全线相关设备的第一次平推检查验收工作。

2015 年 7 月 2 日,南京电务段启动了各项信号软件现场试验工作。

2015 年 7 月 3 日,原上海铁路局电务处与宁安公司组织召开宁安铁路信号工程静态验收对接会,全面布置宁安铁路信号设备静态验收工作。

2015 年 7 月 5 日～7 月 15 日,合肥电务段开始组织对管内新建线路部分进行静态验收。

2015 年 7 月 8 日,原上海铁路局电务处与宁安公司组织召开宁安铁路信号静态验收进度安排及检查验收问题整改协调会,对第一次平推检查存在问题进行对接。

2015 年 7 月 10 日～7 月 20 日,南京电务段完成全线相关设备的第二次平推检查验收工作。

2015 年 7 月 18 日～7 月 20 日合肥电务段进行了设备第一轮平推整治工作。

2015 年 7 月 23 日，原上海铁路局组织召开宁安铁路工程静态验收协调会，要求对存在的缺点按照时间节点计划进行整改，确保存在问题在静态验收报告评审前全部完成。

2015 年 7 月 24 日，南京电务段完成全线信号设备缺点复验工作。

2015 年 7 月 25 日，南京电务段与施工单位对剩余工程、设备缺点克缺情况逐条核对，并对主要问题制定整改时间。

2015 年 8 月 2 日，南京电务段完成全线信号设备缺点第二次复验工作。

2015 年 8 月 4 日，原上海铁路局电务处与宁安公司组织召开宁安铁路信号静态验收进度安排及检查验收问题整改协调会，对剩余工程及剩余设备缺点进行对接，制定完成时间和整改时间。

2015 年 8 月 5 日，形成信号工程静态验收报告并上报。

3. 验收结论

新建宁安铁路信号工程总体质量合格，满足设计要求和验收标准。列控中心、TSRS、LEU、应答器及安全信息网络设备已按照相关规定完成单体调试，轨道电路码序测试工作已完成，载频、码序和信号显示符合设计要求；联锁子系统已按相关规定完成联锁试验，联锁关系正确，符合设计要求；信号集中监测子系统满足使用条件；CTC 车站子系统已按设计完成静态调试；防雷和综合接地（信号）验收合格；新建宁安铁路具备动态验收条件。

4. 专家审查意见

上海局、宁安铁路公司共同组织的新建南京至安庆铁路电务工程静态验收工作，其程序及报告内容符合铁建设〔2012〕107 号和铁建设〔2013〕44 号文件要求，同意静态验收报告的结论意见，新建南京至安庆铁路的信号工程（含综合接地信号部分）及专业接口满足设计要求和验收标准，工程总体质量合格，具备动态验收条件。

（三）通信工程

1. 验收范围及内容

新建南京至安庆铁路（DK1＋220～DK265＋100 范围内 10 个车站，1 个线路所，51 个区间通信基站，13 个直放站，7 个信号中继站，20 个电力牵引节点，4 个综合维修工区）、芜湖枢纽相关工程（包括宁芜线芜湖至芜湖南还建上行线工程、还建湾里站工程、还建芜湖宁芜场工程、还建芜湖存车线工程）、铜陵站铜九改线工程、池州铜九客车联络线工程、安庆地区相关工程（包括安庆北站改工程）以及铜陵北联络线等工程范围内的通信设备及光电缆工程。

2. 验收经过

2015 年 6 月初，召开宁安铁路静态验收推进会，对通信工程静态验收工作进行了总体部署。

2015 年 6 月 9 日～6 月 23 日，组织上海通信段芜湖高铁车间筹备组完成宁安铁路全线线路平推检查工作。

2015 年 6 月 15 日，会同宁安公司组织召开了宁安铁路第三方测试协调会，对于第三方测试（含铁塔）做了相应的安排；6 月 16 日～7 月 7 日，上海通号测试中心完成线路及部分设备、铁塔测试工作。

2015 年 7 月 1 日、2 日，路局电务处组织现场查看了芜湖站、弋江站及沿线基站建设施工情况，并对下一步宁安铁路施工和静态验收进行布置。

2015 年 7 月 2 日，开始通信设备设施的静态验收工作；7 月 17 日，电务处会同安公司组织召开了静态验收第一阶段小结会，会议明确发现问题责任单位、解决措施及解决时间，并督促责任单位按照时间节点要求整改到位；7 月 21 日，召开通信设备设施静态验收协调会，上海通信段会同宁安公司组织施工、监理、相关厂家等单位参加会议，对静态验收存在问题及施工进度进行了协调，要求施工单位按照时间节点要求抓好施工进度，对于未完工作量及问题整改制定详细的实施计划，明确责任人，在联调联试之前基本将问题整改完毕；7 月 23 日，全线通信工程静态验收完成。

7 月 30 日，电务处分管领导组织上海通信段、施工及监理单位等召开通信专业静态验收推进会，要求上海通信段按照时间节点督促施工单位及时做好问题整治及未完工程的实施，抓好整改问题的确认销号工作，确保宁安铁路联调联试的顺利开展。

8月4日,上海通信段会同宁安公司及相关施工单位共同对未完工作量及问题库进行了梳理,要求施工单位重点抓好视频、动环未完工作量实施,对于问题整改销号拟定整治计划在联调联试前整改完成。

3. 验收结论

经过对宁安铁路工程通信系统静态验收和发现问题的督促整改及复查,结合第三方静态测试情况,宁安铁路通信系统满足设计要求和验收标准,工程质量验收合格,待第三方测试问题解决后具备动态验收条件。

4. 专家组审查意见

上海局、宁安铁路公司共同组织的新建南京至安庆铁路电务工程静态验收工作,其程序及报告内容符合相关文件要求,同意静态验收报告的结论意见,通信工程通信线路、传输系统、接入网系统、调度通信系统、GSM-R专用移动通信系统、数据网系统、应急通信系统、同步及时间分配系统、会议电视系统、通信电源系统具备动态验收条件。

(四)信息工程

1. 验收范围及内容

江宁西、马鞍山东、当涂东、弋江、安庆、池州、铜陵、繁昌西、芜湖站9个新建车站票务系统、旅服系统、行包管理系统、办公自动化系统、公安管理信息系统、综合布线系统及电源系统等。

2. 验收方法

采取现场检查的方法。着重检查项目资料和工程完成情况,每个现场抽查重点项目、观感质量、主要功能和资料对照,填写检查记录。

资料核查包括施工方案与现场核对情况;经批准的变更设计与现场实际情况;隐蔽工程验收记录,施工记录和接地电阻验收记录;施工现场质量检查记录,新材料、新工艺施工记录,各系统测试记录;监理相关记录等。

重点项目包括综合布线和网络检验及测试记录;电源设备功能检验与性能检测记录;客票、旅服系统功能检验与性能检测记录;办公系统功能检验与性能检测记录;公安管理系统功能检验与性能检测记录;信息安全功能检验与性能检测记录;隐蔽工程验收记录;防雷及接地检测记录。

观感质量和主要功能核查包括设备基础;管线(包括管洞、路径等);线槽、桥架;光、电缆(弱电)线路;供电(强电)配线(包括进出户、进出柜等处);室内外配线;电源;防雷及接地;机房装修、静电地板;环境监控;空调等。

3. 验收过程

2015年7月7日~9日,信息化处会同客运处组织宁安公司,南京直属站、芜湖、合肥车务段及设计、施工、监理等单位开展宁安铁路客服信息系统现场平推检查,先后检查江宁西、马鞍山东、当涂东、芜湖、弋江、繁昌西、铜陵、池州、安庆等车站,对车站信息机房、电源间、信息设备配线间、自动售票厅设备间、综合布线等信息基础设施进行现场检查。

2015年7月9日、7月16日、7月23日组织召开了宁安铁路工程静态验收协调会。

2015年7月17日,原上海铁路局信息化处、客运处发布对客服设施、信息工程静态验收通知。

2015年7月19日~21日,对工程项目内业资料、机房环境及布线、客服信息系统、办公系统、公安信息系统方面进行静态验收工作,现场验收后召开静态验收小结会,对静态验收存在的问题逐一落实整改完成时间及措施要求。

4. 验收结论

宁安铁路信息工程符合设计要求和验收标准,工程质量总体合格,具备联调联试条件。

5. 专家审查意见

同意上海铁路局上报的静态验收报告意见,新建南京至安庆铁路信息工程具备动态验收条件。

(五)客服设施

1. 验收范围及内容

依据有关程序和标准,对客服系统及其他客服设施的安装情况、综合布线情况、单体调试及各子系统调试情况进行检查验收。

2. 验收方法

对各车站内业资料采取集中地点查看、各车站客服设施设备安装调试情况现场检查的方式进行，发现问题纳入问题库。

内业资料审核主要检查设计单位、施工单位和监理部门提供的内业资料，重点抽查施工图现场核对情况、设计变更；原材料出厂合格证及进场检验报告；施工试验报告；施工记录；隐蔽工程记录；工程质量及事故调查处理资料；施工现场质量管理记录；检验批、分项工程质量验收记录；监理报告及监理相关记录；各系统测试记录等。

3. 验收过程

2015 年 7 月 19 日、20 日，按照设计文件对设备规格及型号、设备数量、施工材料、施工标准、感观质量等要求，对客服设施安装情况进行现场核查。2015 年 7 月 21 日，对内业资料进行了审核。

4. 验收结论

新建南京至安庆铁路客服设施相关工程及其接口满足设计要求和验收标准，工程总体质量基本合格，具备动态验收条件。

5. 专家审查意见

同意静态验收意见，客服设施具备动态验收条件。

（六）房屋建筑工程（站房、地道及沿线生产、生活用房工程）

1. 验收范围

新建江宁西、马鞍山东、当涂东、芜湖（一期）、弋江、繁昌西、安庆 7 座站房及旅客地道；新建弋江综合维修车间，马鞍山东、铜陵、池州综合维修工区，安庆长江大桥维修车间等生产生活房屋；新建江宁西、马鞍山东、当涂东、芜湖、弋江、繁昌西、铜陵、池州、安庆站车站单身宿舍；新建王府山、江宁西、葛羊山、当涂东、湾里、弋江、繁昌西、钟鸣、铜陵南、马衙、十里、安庆警务区；沿线治安岗亭；新建安庆乘警队、安庆站公寓，南京南接触网区补强。

2. 验收过程

（1）验收准备

2015 年 8 月 28 日，原上海铁路局土房处和宁安公司，组织路局相关运营管理单位和房建工程参建单位，召开了房建工程静态验收对接会。对验收范围和管界分工、验收计划、静态验收报告编制、站房钥匙交接等有关事项进行了对接和布置。督促相关施工、监理单位提前做好竣工（施工）图纸、内业评验资料、屋面登高机具、专业人员配合等有关验收准备工作。

（2）验收方法

验收过程中划分为内业资料、建筑与结构、给排水、建筑电气、暖通空调等专业进行检查。每个施工标段或单位工程验收结束后，组织设计、施工、监理等单位召开验收情况总结会，对验收发现的问题进行汇总、分析，明确整改措施和时间。对具体单项问题建立问题库，反馈建设、监理和施工单位。

（3）验收过程

2015 年 8 月 31 日～9 月 30 日，房建验收组分为江南、江北两个小组对管内的房屋建筑内业资料质量、现场观感质量及主要功能进行了检查审核，并形成了问题库。各施工单位对静态验收提出的问题，按照问题库逐项进行梳理、整改，验收组对各标段同步进行复验销号。

（4）静态验收结论

新建宁安铁路站房、地道及生产、生活用房工程，房建专业及其接口符合设计要求和验收标准，工程总体质量合格，具备动态验收条件。

（5）专家审查意见

同意静态验收意见，房建工程具备动态验收条件。

（七）自然灾害及异物侵限监测系统工程

1. 验收范围及内容

新建南京至安庆铁路 K0＋000～K258＋479 段范围内的自然灾害及异物侵限监测系统风监测子系统、雨量监测子系统、异物侵限监控子系统的现场监测设备，监控单元，监控数据处理中心设备，原上海铁路局调度所(行车调度、工务调度)监测终端,工务段监测终端等设备。

2. 验收方法

验收工作采用室内资料抽查、现场逐点检查的方法,检查工程数量、安装位置及施工质量,填写每日的验收记录,各方签字确认。

3. 验收经过

2015 年 7 月 9 日原上海铁路局工务处会同相关业务处、宁安公司组织召开了宁安铁路自然灾害及异物侵限监测系统专业静态验收对接协调会,确定 7 月 10 日～7 月 25 日进行自然灾害及异物侵限监测系统工程静态验收,并成立自然灾害及异物侵限监测系统专业验收组。

2015 年 7 月 10 日～25 日,进行了内业、外业验收。

2015 年 7 月 26 日～8 月 15 日进行了复验。

4. 验收结论

新建南京至安庆铁路 K0＋000～K258＋479 段自然灾害及异物侵限监测系统(原防灾安全监控系统)风监测子系统、雨量监测子系统、异物侵限监测子系统及专业接口满足设计要求,工程质量合格,具备动态验收条件。

5. 专家组审查意见

灾害监测系统工程静态验收报告内容完整,功能正常,系统工程及其专业接口满足设计要求及验收标准,工程总体质量合格,具备动态验收条件。

(八)环境保护与水土保持工程

1. 验收范围与内容

新建南京至安庆铁路南京南站至安庆站(K2＋269～K258＋479)正线工程和芜湖枢纽相关工程,南京南站宁安铁路相关工程,铜陵站铜九改线工程,池州铜九客车联络线工程,安庆地区相关工程等。

核查上述验收范围内环水保工程内容与方案设计变更情况;环境敏感目标基本情况及变更情况;环境影响评价、水土保持制度及其他环境保护规章制度执行情况;环境保护设计文件、环境影响评价文件及环境影响评价审批文件提出的环保措施落实情况;水土保持设计文件、水土保持批复文件及批复文件中提出的环保措施落实情况;公众反映强烈的环境问题。

2. 验收程序和方法

验收程序分集中开会布置、工作梳理、现场自查和总结,形成书面自查报告,问题整改,组织现场复查,针对环水保自查存在的问题逐个验收,形成静态验收报告等几个阶段进行。

现场检查验收采用内业检查、现场检查和重点抽查相结合的方式进行。

内业检查:对工程建设情况包括工程立项时间、部门、文号;工程可研、初步设计、修改初步、施工图等设计文件及批复资料;工程环保及水保文件及相关附件;施工单位、建设单位与各部门签订的协议;工程检查验收记录(包括影像资料),施工日志,环保监理报告等资料进行检查验收。

现场检查:对验收范围内所有环境保护、水土保持设施进行全面的检查。

重点抽查:根据内业资料验收和现场验收情况,对重点工程或重要检查项点进行主要功能和质量抽查。

3. 验收过程

2015 年 6 月 1 日～6 月 30 日,宁安公司邀请竣工环保、水保验收调查单位对全线的环水保工程进行了自查,针对存在的问题提出了整改建议和时间要求。

2015 年 7 月 13 日～7 月 17 日,原上海铁路局计统处牵头组织,对环水保工程进行了现场检查,提出了问题和整改要求,各施工单位及时对现场检查发现的问题进行整改,并最终形成静态验收报告。

4. 验收结论

新建南京至安庆铁路工程落实了设计文件、变更补充环境影响报告书、水土保持方案及其批复意见中确定的环境保护和水土保持措施,满足环水保静态验收有关规定,环水保工程静态验收合格,具备开展动态验收条件,可按程序开展下一步工作。

5. 专家组审查意见

上海铁路局编制的《新建南京至安庆铁路环境保护与水土保持工程静态验收报告》基本上反映了本项目

环水保工作的主要内容，原则同意报告的主要结论，可按项目建设程序进行下一步工作。

（九）电力、牵引供电工程

1. 验收范围及内容

新建南京至安庆铁路南京南站（不含）至安庆站（含）电力及牵引供电工程（DK1＋220～DK265＋100）；京沪高铁南京南宁安场及南京南动车所配套的电力、牵引供电工程；芜湖枢纽相关工程配套的电力工程，包括宁芜线芜湖至芜湖南还建上行线工程、还建湾里站工程、还建芜湖宁芜场工程、还建芜湖存车线工程；铜陵站铜九改线工程；铜陵北联络线工程；池州铜九客车联络线工程；安庆地区相关工程，包括安庆北站改工程配套的电力、牵引供电工程；宁安存车线工程配套的电力、牵引供电工程。

牵引供电专业验收内容包括：全线牵引变电所、分区所和 AT 所主要设备的安装、调试情况；全线接触网的安装、架设和调整情况；全线供电电缆、各种附加导线及相关设备的安装、调试情况；牵引供电远动控制 SCADA 系统的安装、调试情况；牵引供电等专业竣工文件验收资料和内业资料审查等。

电力专业验收内容包括：全线电力变配电所、箱变、车站综合所和信号所设备的安装、调试情况；全线接地系统的安装、制作情况；全线电力电缆、电缆接头及相关设备的安装、调试情况；站场灯塔、站内配电箱等设备安装、调试情况；电力远动控制 SCADA 系统的安装、调试情况；电力专业竣工文件、验收资料和内业资料审查等。

2. 验收方法

采取以内业资料、实体工程相结合的验收方法。分牵引供电专业验收组和电力专业验收组两个小组进行。专业验收组根据内业检查、现场检查、抽样验收测试和重点抽查情况，编写专业验收质量问题汇总表，明确整改责任单位和整改期限。

内业资料验收：对材料、半成品、配件、设备的合格证或进场质量检验报告，室内试验、工艺性试验报告，检验批、分项、分部、单位工程质量验收检查记录，施工记录（包括影像资料）、施工日志，监理与咨询评估报告等资料进行检查验收。

实体工程验收：在验收范围内工程进行观感质量检查的基础上，对电子设备指标进行抽样验收测试；对重点工程或重要检查项目进行主要功能和实体质量的必要抽查。

3. 验收过程

2015 年 6 月 25 日～8 月 5 日对新建宁安铁路牵引供电、电力专业工程的内业资料、观感质量、主要功能和实体质量进行了静态验收。

4. 静态验收结论

新建南京至安庆铁路电力及牵引供电工程及其专业接口满足设计要求和验收标准，工程总体质量合格，具备动态验收条件。

5. 专家组意见

同意电力牵引供电和电力工程专业验收结论，具备动态验收条件。

第三节　动 态 验 收

一、验收依据及标准

（1）《高速铁路竣工验收办法》（铁建设〔2012〕107 号）。

（2）《高速铁路工程动态验收技术规范》（TB 10761—2013）。

（3）《中国铁路总公司关于宁安铁路联调联试、动态检测及运行试验大纲的批复》（铁路总公司工管函〔2015〕624 号）。

（4）铁科院编制的《宁安铁路联调联试、动态检测及运行试验大纲》。

（5）动态验收相关会议纪要。

（6）工程设计文件、批复文件、审核合格的施工图纸及经批准的变更设计图纸及文件。

（7）《中国铁路总公司运输局关于新建南京至安庆铁路线名、里程体系及线路允许速度的复函》（运工综技函〔2015〕175 号)。

(8)国家和铁道部、中国铁路总公司、建设部颁布的相关设计规范,工程施工质量验收标准,技术条件,相关规章制度、文件、通知、会议纪要、指导意见等。

(9)国家有关法律、法规、条例以及国家颁布的建设标准,地方环境保护法律法规。

二、验收组织机构

依据竣工验收办法,2015 年 7 月 31 日,原上海铁路局公布了《宁安客专联调联试及运行试验实施方案》(上铁师〔2015〕388 号),明确了动态验收组织领导,联调联试动态检测及运行试验组织机构及各专业组职责分工。

(一)联调联试及运行试验领导小组

联调联试及运行试验领导小组负责组织领导宁安铁路联调联试、动态检测和运行试验的总体工作,协调解决现场试验过程中的重大问题。

领导小组设组长 1 人,由原上海铁路局局长担任;副组长 4 人,由原上海铁路局常务副局长(2 人)、宁安公司总经理(1 人)和铁科院常务副院长(1 人)担任。组员包括:路局局办(档案)、总师、安监室,运输、客运、货运、机务、车辆、工务、电务、供电、建设、劳卫、计统、财务、土房、信息化处,调度所,信息技术所,上铁公安局,南京、合肥办事处;宁安公司、南京枢纽指挥部、京沪高铁公司、京福客专安徽公司、杭黄公司相关负责人,铁科院负责人;路局各相关设备管理单位、行车组织单位负责人。

(二)联调联试及运行试验现场指挥部

1. 组织机构

联调联试及运行试验现场指挥部设总指挥 1 人,由原上海铁路局常务副局长担任;常务副总指挥 1 人,由原上海铁路局副总工程师兼总师室主任;运行试验总指挥 1 人,由原上海铁路局副局长担任;联调联试及运行试验副总指挥人,由宁安公司总经理、铁科院常务副院长担任。

成员组成:路局局办(档案)、总师、安监室,运输、客运、机务、车辆、供电、工务、电务、建设、计统、财务、劳卫、土房、信息化处,调度所,信息技术所,上铁公安局,南京、合肥办事处;宁安公司、南京枢纽指挥部、京沪高铁公司、京福客专安徽公司、杭黄公司相关负责人,铁科院现场负责人;路局各相关设备管理单位、行车组织单位负责人。

2. 职责

按照批复的《宁安铁路联调联试、动态检测及运行试验大纲》组织联调联试、动态检测和运行试验工作;及时组织召开联调联试协调会,全面负责落实联调联试联、动态检测和运行试验工作;按程序进行联调联试、动态检测和运行试验,对联调联试、动态检测和运行试验中发现的问题提出整改意见,督促建设单位建立问题库并进行动态管理,对已完成整改并验收、复测合格的问题及时销号;负责编写《联调联试、动态检测和运行试验报告》。

(三)联调联试及运行试验专业工作组

联调联试及运行试验专业工作组包括运输组织组,试验检测组,工务保障组,电务保障组,电力、牵引供电保障组,安全保障组,客服设施保障组,信息工程保障组,安全保卫组,后勤保障组等。

1. 运输组织组

运输组织组设组长 1 人,由运输处副处长担任;副组长 1 人,由调度所副主任担任;组员包括调度所,运输、机务、车辆、客运、电务、工务、供电、建设处,路局各相关设备管理单位、行车组织单位负责人及相关人员。

运输组织组职责:负责运行组织、施工组织及试验列车编组、停放、列检等工作;按试验大纲要求编制试验列车运行图,并根据试验情况及时调整;制定非正常行车应急预案;负责试验列车的运行指挥和协调工作,并且负责本系统各项安全措施的落实。

2. 试验检测组

试验检测组设组长 1 人,由铁科院科研处负责人担任;副组长 2 人,由运输处副处长和宁安公司副总经理担任;成员包括铁科院相关人员,原上海铁路局相关处室、设备管理单位人员,宁安公司、南京枢纽指挥部、京沪高铁公司、京福客专安徽公司、杭黄公司及相关设计、监理、施工单位负责人。

试验检测组职责：按照总公司批复的大纲，负责组织并完成全部测试工作；在测试过程中，负责对检测设备的工作状态进行检查，确保运用状态良好和设备安全，根据检测情况提出行车要求；根据检测结果提出整改和优化方案，指导问题整改和系统优化；进行相关测试数据的整理分析、编写报告。

3. 工务保障组

工务保障组设组长 1 人，由工务处副处长担任；副组长 1 人，由宁安公司副总经理担任；成员包括工务处，芜湖、合肥工务段，南京桥工段，各相关精调单位，宁安公司、南京枢纽指挥部、京沪高铁公司、京福客专安徽公司、杭黄公司及相关设计、监理、施工单位负责人及有关人员。

工务保障组职责：负责试验过程中工务设备精调达标工作；调集人员设备进行线路设备加强，确保试验列车按各级试验速度安全平稳运行；负责本系统作业人员和机具安全；及时提供试验所需技术资料。

4. 电务保障组

电务保障组设组长 1 人，由电务处副处长兼总工程师担任；副组长 1 人，由宁安公司副总经理担任；成员包括电务处，合肥、南京、上海电务段，上海通信段，宁安公司、南京枢纽指挥部、京沪高铁公司、京福客专安徽公司、杭黄公司及相关设计、监理、施工单位负责人及有关人员。

电务保障组职责：负责试验过程中电务设备调试、故障处理，确保试验期间设备正常稳定，并负责本系统作业人员和机具安全，提供试验所需技术资料。

5. 电力、牵引供电保障组

电力、牵引供电保障组设组长 1 人，由供电处副处长担任；副组长 1 人，由宁安公司副总经理担任；成员包括供电处，南京、合肥供电段，宁安公司、南京枢纽指挥部、京沪高铁公司、京福客专安徽公司、杭黄公司及相关设计、监理、施工单位负责人及有关人员。

电力、牵引供电保障组职责：负责试验过程中供电设备精调达标、故障应急处理，确保试验期间设备正常稳定，并负责本系统作业人员和机具安全，及时提供试验所需技术资料。

6. 安全保障组

安全保障组设组长 1 人，由安监室副主任担任；副组长 3 人，由合肥办事处安监室主任、南京办事处安监室主任、宁安公司副总经理担任；成员包括原上海铁路局相关处室，合肥、南京办事处安监室、行车组织和设备管理单位人员，宁安公司、南京枢纽指挥部、京沪高铁公司、京福客专安徽公司、杭黄公司及设计、施工、监理单位负责人。

安全保障组职责：负责试验全程相关安全监督检查；制定安全控制措施，按照“行车不施工、施工不行车”的规定组织试验、施工安全把控；每次确认列车出发前，组织作业人员和机具撤离签认工作；每日对试验过程中的安全问题进行梳理汇总，并在日例会进行通报。

7. 客服设施保障组

客服设施保障组设组长 1 人，由客运处副处长担任；副组长 1 人，由宁安公司副总经理担任；成员包括客运处、调度所，合肥、南京房建段，南京站，合肥、芜湖车务段，申铁杰能公司，宁安公司、南京枢纽指挥部、京沪高铁公司、京福客专安徽公司及相关设计、监理、施工单位负责人及有关人员。

客服设施保障组职责：负责试验过程中客服设备精调达标，确保试验期间设备正常稳定，并负责本系统作业人员和机具安全，及时提供试验所需技术资料。

8. 信息工程保障组

信息工程保障组设组长 1 人，由信息化处副处长担任；副组长 1 人，由宁安公司副总工程师担任；成员包括信息化处，信息技术所，南京站，合肥、芜湖车务段，宁安公司、南京枢纽指挥部、京沪高铁公司、京福客专安徽公司及相关设计、监理、施工单位负责人及有关人员。

信息工程保障组职责：负责试验过程中信息设备精调达标，确保试验期间设备正常稳定，并负责本系统作业人员和机具安全，及时提供试验所需技术资料。

9. 安全保卫组

安全保卫组设组长 1 人，由宁安公司副总经理担任；副组长 1 人，由上铁公安局治安处副处长担任；成员包括合肥、南京公安处，宁安公司、南京枢纽指挥部、京沪高铁公司、京福客专安徽公司、杭黄公司及相关设计、监理、施工单位负责人及有关人员。

安全保卫组职责:负责指导、督促公司制定并落实联调联试验期间的安全防范工作方案,督促落实安全防护物防设施和安全巡守人员;负责治安安全的日常检查监督,督促相关责任单位落实各自安全责任和安保工作措施,确保试验线路安全。

10. 后勤保障组

后勤保障组设组长1人,由宁安公司副总工程师担任;副组长1人,由宁安公司综合部部长担任;成员包括宁安公司,南京客运段、华铁旅服公司及相关设计、监理、施工单位负责人及有关人员。

后勤保障组职责:负责参试人员的吃、住、行、医疗及往返乘车票等后勤工作;制定试验列车登乘证编号发放,并把守试验列车车门,防止无证人员上车;做好试验列车运行时试验车登乘人员和试验人员的后勤服务;负责试验列车的保洁工作。

(四)安全责任包保组

设置三个安全责任包保组,按专业职责分工,实行24 h值守,对试验期间站区及两端站间区间中心范围内(工务、电务以实际责任区为分界)的试验安全、设备状态、行车组织、应急处理等负总责。

1. 安庆包保片区

安庆包保片区负责包保安庆站区。

安庆包保片区设组长1人,由合肥车务段副段长担任;副组长5人,由合肥工务段副段长、合肥电务段副段长、合肥供电段段长助理、上海通信段副段长、合肥公安处治安副支队长组成。

2. 芜湖包保片区

芜湖包保片区负责包保马鞍山东、当涂东、芜湖、弋江、繁昌西、铜陵、池州站共7个站区。

芜湖包保片设组长1人,由芜湖车务段副段长担任;副组长5人,由芜湖工务段副段长、南京电务段副段长、南京供电段副段长、上海通信段副段长兼总工程师、合肥公安处治安支队长担任。

3. 南京包保片区

负责包保南京南、江宁西共2个站区。

南京包保片区设组长1人,由南京站副站长担任;副组长5人,由南京桥工段副段长、南京电务段副段长、南京供电段副段长、上海通信段副段长、南京公安处治安副支队长担任。

(五)检测单位

委托中国铁道科学研究院(以下简称"铁科院")进行动态检测。

三、验收范围及内容

(一)验收范围

新建南京至安庆铁路K0+000(南京南站302号道岔尖轨尖)~K258+479(安庆站2号道岔尖轨尖)工程,铜陵北联络线工程。

(二)验收内容

1. 动态检测

根据中国铁路总公司批复的联调联试、动态检测及运行试验大纲,宁安铁路动态检测内容包括轨道(含轨道几何状态、动车组动力学响应、轨道结构动力性能、道岔动力性能)、路基、桥梁、电力牵引供电、通信、信号、客运服务系统、自然灾害及异物侵限监测系统、综合接地、电磁环境、振动噪声,共11项测试内容。

2. 运行试验

根据中国铁路总公司批复的联调联试、动态检测及运行试验大纲,运行试验内容包括列车运行图参数测试、故障模拟、应急救援演练、按图行车试验共4项内容。

(三)验收方法

采用综合检测列车、轨道检查车及相关检测设备在规定测试速度下对全线各系统的功能、性能、状态、和系统间匹配关系进行综合测试,评价和验证防灾等系统的功能,验证路基、轨道、道岔、桥梁等结构工程和振动噪声、声屏障、电磁兼容、综合接地及适用性;检验相关系统间接口关系;对全线各子系统和整体系统进行调试、优化,使各子系统和整体系统功能达到设计要求。

动态检测是采用测试动车组和综合检测列车,根据设计和相关技术标准在规定速度范围内对系统功能、动态性能和系统状态进行检测。运行试验主要通过按图运行试验、故障模拟和应急救援演练,验证列车运行图时间标尺的可靠性;检验各系统在正常与非正常条件下运输组织的适应性,验证行车组织方式能否满足运营要求;检验设备故障和自然灾害条件下的应急处理能力。

(四)动态检测过程

联调联试及动态检测工作主要包括以下几个阶段:

1. 大纲编制

受宁安公司委托,铁科院于2015年4月15日编制完成了《宁安铁路联调联试、动态检测及运行试验大纲》(以下简称"大纲")初稿。2015年4月29日,上海局牵头组织召开了《宁安铁路联调联试、动态检测及运行试验大纲》初步审查会,会上就测试内容、检测范围、时间计划安排、地面测点选择原则、现场工作条件等进行了协商;会后进行了现场踏勘。根据会议审查意见及现场踏勘情况,铁科院编制完成《宁安铁路联调联试、动态检测及运行试验大纲》送审稿;2015年5月18日,中国铁路总公司组织召开了大纲审查会,2015年6月11日中国铁路总公司以《中国铁路总公司关于宁安铁路联调联试、动态检测及运行试验大纲的批复》(铁路总公司工管函〔2015〕624号)文批复了大纲。

2. 准备工作

(1)地面测点布置

铁科院于2015年8月18日~8月26日完成了地面测点布置、设备调试工作。

(2)道岔转换阻力及夹异物试验

2015年8月22日进行了池州站202、204、206号岔位18号道岔转换阻力及夹异物试验。

(3)检测列车上线检测

宁安铁路于2015年8月27日开始采用检测列车上线检测。

3. 联调联试及动态检测过程

(1)单列动车组逐级提速

2015年8月28日~9月2日,采用CRH2C-2061和CRH2C-2068综合检测列车进行了宁安铁路上、下行正线单列动车组逐级提速联调联试。单列动车组逐级提速各速度等级为180 km/h(及以下)、200 km/h、220 km/h、230 km/h、240 km/h、250 km/h、260 km/h、270 km/h、275 km/h,共9个速度等级,见表2-16-1。

表2-16-1 单列动车组逐级提速速度级及检测次数统计

序号	速度级(km/h)	检测次数	
		上行线	下行线
1	180及以下	2	2
2	200	3	3
3	220	4	4
4	230	3	3
5	240	3	3
6	250	3	3
7	260	3	3
8	270	3	3
9	275	3	3

(2)重联动车组逐级提速

2015年9月6日、9月7日,采用CRH2C-2061+CRH2C-2068重联动车组进行了宁安铁路上、下行正线重联动车组逐级提速联调联试。重联动车组逐级提速各速度等级为200 km/h、230 km/h、250 km/h,共3个速度等级。重联动车组逐级提速具体运行速度级及通过次数统计见表2-16-2。

表 2-16-2 重联动车组逐级提速速度级及检测次数统计

序号	速度级(km/h)	检测次数	
		上行线	下行线
1	200	3	3
2	230	2	2
3	250	3	3

(3)道岔侧向通过测试

2015 年 8 月 28 日采用 CRH2C-2068 综合检测列车完成了池州站 202、204、206 号岔位 18 号道岔侧向通过性能测试,70 km/h、80 km/h、90 km/h 各 3 个往返。

(4)全线拉通

2015 年 9 月 19 日、9 月 20 日、9 月 30 日采用 CRH2C-2061 综合检测列车和分别配备 200H、200C、300T、300H 列控设备动车组各 1 列进行了南京南至安庆全线拉通测试。

截至 2015 年 10 月 10 日,宁安铁路共计开行检测列车 66 列次,检测里程 11 814 km;开行 CRH2C-2061 综合检测列车 48 列次,检测里程 12 295 km;开行 CRH2C-2068 综合检测列车 28 列次,检测里程 6 692 km;开行重联动车组 16 列次,检测里程 4 128 km;开行信号试验动车组 402 列次,检测里程 18 954 km;总计开行各类试验列车 560 列次,检测里程 53 883 km。

(5)其他

①2015 年 8 月 28 日采用 CRH2C-2061 综合检测列车进行了宁安铁路上、下行正线接触网非接触式测量,9 月 10 日、9 月 30 日采用 CRH2C-2061 综合检测列车进行了该区段接触网非接触式复测。

②2015 年 9 月 15 日～9 月 18 日,完成了宁安铁路综合视频监控系统联调联试初测工作,10 月 12 日～10 月 13 日对初测中发现的问题及初测中不具备测试条件的内容进行了复测和补测。

③2015 年 9 月 17 日～9 月 21 日,完成了宁安铁路远动系统联调联试测试工作。

④2015 年 9 月 16 日～9 月 25 日完成了对宁安铁路自然灾害及异物侵限监测系统风监测、雨量监测、异物侵限监测子系统的初测工作,10 月 11 日～16 日完成了第一阶段的复测工作,累计完成风监测点 7 处、雨量监测点 4 处、异物侵限监测点 2 处、监控单元 11 处、监控数据处理设备 1 处、列车调度终端 1 处、工务调度终端 1 处、工务段终端 2 处的测试工作。

四、各专业验收经过及结论

(一)工务工程

1. 动态检测结论

根据铁科院《宁安铁路动态检测报告》,宁安铁路正线轨道、路基、桥梁各项测试指标满足动车组以 250 km/h 及以下速度运行时的安全性、平稳性相关标准要求,其中安庆长江特大桥主桥及其有砟区段满足动车组以 200 km/h 及以下速度运行时的安全性及平稳性相关标准要求。铜陵北联络线轨道几何状态测试指标满足动车组以 120 km/h 及以下速度运行时的相关标准要求。

2. 原上海铁路局动态验收结论

根据铁科院《宁安铁路动态检测报告》的结论和静态验收遗留问题整改情况,新建南京至安庆铁路轨道、路基、桥梁、隧道、声屏障各专业主要功能和实体质量符合设计要求,宁安铁路南京南至安庆区段正线轨道、路基、桥梁、声屏障各项测试指标满足动车组以 250 km/h 及以下速度运行时的安全性、平稳性要求,其中安庆长江特大桥主桥及其有砟区段满足动车组以 200 km/h 及以下速度运行时的安全性及平稳性要求。铜陵北联络线轨道、路基、桥梁、隧道各专业主要功能和实体质量符合设计要求,满足动车组以 120 km/h 及以下速度运行时的安全性、平稳性要求。同意通过动态验收,具备初步验收条件。

3. 专家组审查意见

同意铁科院的动态检测结论。同意上海铁路局动态验收结论。宁安铁路南京南至安庆区段及铜陵北联络线总体工程质量合格。同意通过动态验收,具备初步验收条件。

（二）信号工程

1. 检测经过

2015 年 9 月 11 日～9 月 13 日，对信号系统集成商进行了测试；2015 年 9 月 7 日～10 月 10 日，对全线进行信号系统联调联试和动态检测，内容包括轨旁信号设备状态和综合接地（信号）测试，南京南宁安场至安庆北站（含）各站所有股道及区间正线等动态检测。

先后运用了 200H、200C、300T、300S 等动车组进行动态检测，共计完成了 20 个 C3 测试序列、388 个 C2 测试序列的测试。

2. 动态检测结论

依据试验大纲和相关规范完成了宁安铁路信号系统全部测试项目的动态检测，联调联试及动态检测大纲中的测试项目通过测试，满足相关标准和规范的要求。

3. 动态验收结论

试验过程中，铜陵北联络线 CTCS-3 级列控系统注册和启动、注销、行车许可、临时限速、自动过分相、RBC 切换、级间转换等运营场景下的功能正常。

铜陵北联络线 CTCS-3 级列控系统后备模式、跨线 CTCS-3 级列控系统兼容性、跨线 CTCS-2 级列控系统兼容性等功能正常，可以按照规定的模式和速度监督曲线监督列车运行，满足列车运行条件下控车需求。

宁安铁路 CTCS-2 级列控系统的应答器报文及链接关系、行车许可、载频切换与自动锁频、临时限速、自动过分相及区间占用逻辑检查等功能正常，可以按照规定的模式和速度监督曲线监督列车运行，满足列车运行条件下控车需求。

车站联锁系统站内联锁关系及其与区间、站间及站场的联锁关系正确，并符合设计和相关标准要求。

CTC 系统具备中心控制和车站控制两级控制功能，系统控制功能、监督功能和管理功能等符合设计和相关标准要求。

综合接地（信号）通过大纲规定的项目测试，符合设计和相关标准要求。

试验结果表明，铜陵北联络线 CTCS-3 级列控系统功能、CTCS-3 级列控系统后备模式、跨线 CTCS-3 级列控系统兼容性、跨线 CTCS-2 级列控系统兼容性、宁安铁路 CTCS-2 级列控系统功能以及联锁和 CTC 系统功能正常，实体质量符合设计要求，符合设计速度下列车运行的安全性、平稳性要求，动态验收合格，具备初步验收条件。

4. 专家组审查意见

上海铁路局、宁安公司完成了新建南京至安庆铁路电务工程动态验收工作，提交了动态验收报告，动态验收程序和内容符合《高速铁路竣工验收办法》（铁建设〔2012〕107 号）和《高速铁路工程动态验收技术规范》（铁建设〔2013〕45 号）的相关规定，同意上海铁路局、宁安公司通信系统、信号系统、综合接地（信号）“动态验收合格，具备初步验收条件”的结论。

（三）电力及牵引供电工程

1. 检测经过

2015 年 8 月 28 日采用 CRH2C-2061 综合检测列车对测试区段上、下行线正线接触网几何参数进行了第一次检测；2015 年 9 月 10 日进行了测试区段第二次检测；2015 年 9 月 30 日进行了测试区段第三次检测；2015 年 10 月 9 日对遗留问题进行了现场复测检测。

2015 年 8 月 28 日～8 月 30 日、9 月 1 日～9 月 2 日、9 月 6 日～9 月 7 日、9 月 10 日，使用 CRH2C-2061、CRH2C-2068 综合检测列车对上下行正线接触网进行检测，最高检测速度 275 km/h。上行线正向、下行线反向为受电弓开口方向运行，下行线正向、上行线反向为受电弓闭口方向运行。

2015 年 9 月 6 日～9 月 7 日，使用 CRH2C-2061＋CRH2C-2068 重联动车组对上下行正线接触网进行检测，最高检测速度 250 km/h，受电弓开口方向运行。

2015 年 9 月 30 日，使用 CRH2C-2061 综合检测列车对上下行正线接触网进行全线拉通检测，最高检测速度 250 km/h。上行线正向、下行线反向为受电弓开口方向运行，下行线正向、上行线反向为受电弓闭口方向运行。

2015 年 9 月 8 日完成了弋江牵引变电所至繁昌分区所上、下行供电臂接触网人工短路测试。

2015 年 8 月 30 日、9 月 1 日，使用 CRH2C-2061、CRH2C-2068 综合检测车对上下行线进行地面磁感应器自动过分相检测。

2015 年 9 月 2 日，弋江牵引变电所至繁昌西分区所上下行分开供电，测试供电臂上下行分开供电方式下的运行参数。2015 年 9 月 1 日，由铜陵东牵引变电所越过繁昌西分区所供电至弋江牵引变电所 27.5 kV 母线。

2. 动态检测结论

宁安铁路南京南至安庆区段牵引供电系统满足设计和相关标准要求；正线接触网满足单弓受流及双弓受流动车组以 250 km/h 及以下速度运行时的相关标准要求，接触网几何参数满足开行动车组列车的相关标准要求；铜陵北联络线接触网几何参数满足开行动车组列车的相关标准要求；磁感应器自动过分相装置满足相关标准要求；抽样检测的远动系统遥控(调)、遥信、遥测项目功能正常。

3. 专家组审查意见

同意上海铁路局提交的《关于报送〈新建南京至安庆铁路工程动态验收报告〉的函》(上铁建函〔2015〕1555 号)中供电工程及相关部分的动态验收结论，具备初步验收条件。

新建南京至安庆铁路工程的联调联试、动态检测及运行试验工作按《高速铁路竣工验收办法》《高速铁路工程动态验收技术规范》(TB 10761—2013)、《高速铁路联调联试及运行试验实施细则》(铁路总公司办〔2013〕107 号)和《关于宁安铁路联调联试、动态检测及运行试验大纲的批复》(铁路总公司工管函〔2015〕624 号)等文件要求进行，牵引供电及相关检测试验项目和内容完整。

(四)通信工程

1. 检测经过

2015 年 8 月 28 日～9 月 2 日采用综合检测车对全线进行了 GSM-R 电磁环境、GSM-R 系统场强覆盖、GSM-R 网络服务质量、应用业务(调度通信、调度命令信息无线传送和列车无线车次号校核信息传送等)等项目的动态检测。

2015 年 9 月 1 日在上海局核心网机房、上海局调度大楼、安庆通信机房对传输通道保护功能进行了测试。

2015 年 9 月 1 日在安庆站通信机房对数据网系统的功能和性能进行了测试。

2015 年 9 月 1 日在基站 DTD-WH05 和基站 DTD-WH04 之间，距基站 DTD-WH05 约 1.5 km 处进行了应急通信系统测试。

2015 年 9 月 15 日～18 日，在原上海铁路局客专调度楼进行了综合视频监控系统测试，10 月 12 日～13 日进行综合视频监控系统复测。

2. 动态检测结论

(1)宁安铁路 GSM-R 系统场强覆盖、GSM-R 系统网络服务质量满足相关标准要求。

(2)宁安铁路调度通信系统、调度命令信息无线传送系统和列车无线车次号校核信息传送系统功能实现正常，调度命令信息传送成功率、列车无线车次号校核信息传送成功率满足相关标准要求；数据网实测链路性能和 VPN 功能满足相关标准要求；应急通信系统功能满足相关标准要求。

(3)宁安铁路传输系统通道保护功能正常，保护倒换过程对 GSM-R 系统、调度通信系统业务无影响；GSM-R 系统基站环通道保护功能正常，基站环倒换过程对 GSM-R 系统业务无影响；调度通信系统数字环保护功能正常，保护倒换过程对调度通信系统业务无影响。

(4)宁安铁路综合视频监控系统(ZNV4.0.008)的视频核心节点功能、视频区域节点功能、视频接入节点功能、与客服系统互联及与动环监控系统联动基本满足设计及相关标准要求。

3. 动态验收结论

宁安铁路工程通信系统工程动态验收检测工作是按照《高速铁路竣工验收办法》(铁建设〔2012〕107 号)、《高速铁路工程动态验收技术规范》(TB 10761—2013)、《高速铁路联调联试及运行试验实施细则》(铁路总公司办〔2013〕107 号)等文件，在中国铁道科学研究院、原上海铁路局、宁安公司共同编制《宁安铁路联调联试、动态检测及运行试验大纲》的要求下，根据静态验收问题整改落实情况进行的。

宁安铁路南京南至安庆区段 GSM-R 场强覆盖、GSM-R 网络服务质量、通信系统应用业务(含调度通信、调度命令信息无线传送、列车无线车次号校核信息传送）、数据网、应急通信、传输通道保护等功能和性能满足相关标准和设计要求。综合视频监控系统（ZNV4.0.008）所测功能及性能基本符合设计及相关标准要求。

宁安铁路通信系统工程符合设计文件要求，动态验收合格，具备初步验收条件。

4. 专家组审查意见

原上海铁路局、宁安公司完成了新建南京至安庆铁路电务工程动态验收工作，提交了动态验收报告，动态验收程序和内容符合《高速铁路竣工验收办法》（铁建设〔2012〕107 号）和《高速铁路工程动态验收技术规范》（铁建设〔2013〕45 号）的相关规定，同意上海铁路局、宁安公司通信系统、信号系统、综合接地（信号）"动态验收合格，具备初步验收条件"的结论。

（五）信息工程

1. 检测经过

2015 年 9 月 14 日在南京召开宁安铁路客服信息工程联调联试启动会，在 2015 年 9 月 18 日～24 日期间，对宁安铁路客运服务系统联调联试小组开展了动态测试工作，共检测 1 486 个系统功能测试点、726 个网络信息点，并对通信网络性能等内容进行了整体验证。

2015 年 10 月 12 日～14 日，路局信息化、客运处，信息技术所，南京站，芜湖、合肥车务段，宁安公司，对新建南京至安庆铁路 10 个站房信息工程进行了动态验收，并召开总结会对现场检查发现问题进行分析，对联调联试期间问题整改及系统功能调试情况进行了确认。下发了"关于下发宁安铁路客服设施、信息工程动态验收总结会会议纪要的通知"（客管函〔2015〕231 号）。

2. 动态验收结论

南京至安庆铁路客运服务系统动态检测方案的大纲工作是按照《关于发布〈高速铁路竣工验收办法〉的通知》（铁建设〔2012〕107 号）的要求，并依据静态验收问题整改落实情况组织进行的。信息系统设备到位，已完成主要功能和性能通过测试，符合设计文件和《铁路技术管理规程》《铁路客运专线技术管理办法（试行）》《铁路旅客车站客运信息系统设计规范》（TB 10074—2007）、《客运专线客运服务系统（PDSS）总体技术方案》《高速铁路设计规范》（TB 10621）、《铁路客运专线竣工验收暂行办法》的要求，动态验收合格，具备初步验收条件。

（1）宁安铁路售票系统可在沿线各站开展正常情况及应急情况下磁介质车票的售票、退票、废票、改签、换票、电子票取票、结账、统计等业务；自动售票系统的自助购票、电子票取票及数据管理功能正常，自动检票系统具备正常及应急情况下磁质车票进出站检票、电子票进出站检票功能及数据管理功能；到站补票系统具备各种事由的补票功能；实名制验票系统可以实现对旅客持有车票与身份证件的一致性检查。宁安铁路各站票务系统功能符合设计要求。

（2）宁安铁路旅服集成管理平台在路局集中管理模式下的到发管理、广播、引导、设备监控等业务功能正常，能够管控各站的广播、引导业务；在应急业务模式下各站应急旅服集成管理平台能够接管本站广播、引导业务。宁安铁路旅服集成管理平台符合设计要求。各站实现时钟同步功能、实现客服系统与 FAS 系统接口功能、实现 TDMS 与旅服集成管理平台的接口功能。各站视频监控终端可以查看本站站前广场、售票厅、候车室、站台、进出站通道、出站口等区域的视频图像。

（3）各站票务系统广域网主、备用链路的带宽符合设计要求，吞吐率、丢包率、时延等指标符合《高速铁路工程动态验收技术规范》（TB 10761—2013）标准要求；各站局域网综合布线信息点指标符合《综合布线系统工程验收规范》（GB/T 50312—2007）标准要求。

（4）对当涂东站开展客票系统安全保障功能测试，被测车站安全设备的策略配置、身份鉴别、访问控制功能正常生效；安全管理与控制平台的管理、监控、审计功能正常。

3. 专家组审查意见

原上海铁路局、宁安铁路有限责任公司依据《高速铁路工程动态验收技术规范》（铁建设〔2013〕45 号）等文件，认真组织了信息工程动态验收，提报了动态验收报告。经专家组审议，同意上海铁路局上报的动态验收报告意见，新建南京至安庆铁路信息工程具备初步验收条件。

(六)灾害监测系统工程

1. 验收经过

2015 年 9 月 16 日～9 月 25 日完成了对宁安铁路自然灾害及异物侵限监测系统风监测、雨量监测、异物侵限监测子系统的初测工作,10 月 11 日～10 月 25 日完成了复测工作,累计完成风监测点 7 处、雨量监测点 4 处、异物侵限监测点 2 处、监控单元 11 处、监控数据处理设备 1 处、列车调度终端 1 处、工务调度终端 1 处、工务段终端 2 处、通信段终端 1 处的测试工作。

2. 动态检测结论

宁安铁路自然灾害及异物侵限监测系统在模拟大风、雨量、异物侵限条件下,按照《高速铁路竣工验收办法》(铁建设〔2012〕107 号)、《高速铁路工程动态验收技术规范》(TB 10761—2013)、《高速铁路联调联试及运行试验实施细则》(铁路总公司办〔2013〕107 号)等文件,以及原上海铁路局、宁安公司、中国铁道科学研究院共同编制《合福客运专线联调联试、动态检测及运行试验大纲》要求,通过对宁安铁路自然灾害及异物侵限监测系统初测和复测的数据进行分析,风监测、雨量监测、异物侵限监测、设备冗余、设备状态、辅助功能测试结果符合设计要求,动态验收合格,具备初步验收条件。

3. 原上海铁路局动态验收结论

根据铁科院《宁安铁路自然灾害及异物侵限监测系统动态检测报告(V1.0)》结论和静态验收问题整改情况宁安铁路自然灾害及异物侵限监测系统风监测、雨量监测、异物侵限监测、设备冗余、设备状态、辅助功能符合设计要求,动态验收合格,具备初步验收条件。

4. 专家组审查意见

动态验收报告内容完整,系统风监测、雨量监测、异物侵限监测、设备冗余、设备状态、辅助功能测试结果符合设计及相关文件要求,通过动态验收,具备初步验收条件。

(七)环水保工程

1. 验收经过

2015 年 9 月 10 日～9 月 18 日,建设单位邀请竣工环保、水保验收调查单位对全线的环水保工程进行了自查,针对存在的问题提出了整改建议和时间要求。

2015 年 9 月 21 日～9 月 25 日,原上海铁路局计统处牵头组织,对宁安铁路环水保工程进行了现场检查,提出了问题和整改要求,各施工单位及时对现场检查发现的问题进行整改,并最终形成动态验收报告。

2. 验收结论

新建铁路南京至安庆线工程在设计、施工阶段已经采取了行之有效的生态保护和污染防治措施,环水保批复中提出的要求基本得到落实;静态验收检查及专家评审提出的问题整改基本完成;环水保措施实施进度基本满足铁道部《关于发布高速铁路竣工验收办法的通知》(铁建设〔2012〕107 号)环水保动态验收有关规定,满足环水保动态验收要求,具备初步验收条件。

3. 专家组审查意见

上海铁路局编制的《新建南京至安庆铁路环境保护与水土保持工程动态验收报告》基本反映了本项目环水保工作的主要内容,原则同意报告的主要结论,可按项目建设程序进行下一步工作。

(八)客服设施工程

1. 客服系统联调联试

(1)测试经过

2015 年 9 月 18 日～26 日,铁科院电子所对宁安铁路客服设施、信息工程进行了测试,检测项目包括客运服务系统主要功能测试、客运服务系统应急功能测试、关键管理业务测试、客服系统与外部系统接口测试、通信网络测试、信息安全系统功能测试、视频监控功能测 7 个方面的测试,共对 1 486 个系统功能测试点、726 个网络信息点进行了检测。

(2)联调联试结论

宁安铁路售票系统可在沿线各站开展正常情况及应急情况下磁介质车票的售票、退票、废票、改签、换票、电子票取票、结账、统计等业务;自动售票系统的自助购票、电子票取票及数据管理功能正常,自动检票系统具备正常及应急情况下磁质车票进出站检票、电子票进出站检票功能及数据管理功能;到站补票系统具备各种事由的补票功能；实名制验票系统可以实现对旅客持有车票与身份证件的一致性检查。宁安铁路各站票务系统功能符合设计要求。

宁安铁路旅服集成管理平台在路局集中管理模式下的到发管理、广播、引导、设备监控等业务功能正常，能够管控各站的广播、引导业务；在应急业务模式下各站应急旅服集成管理平台能够接管本站广播、引导业务。宁安铁路旅服集成管理平台符合设计要求。

各站实现时钟同步功能、实现客服系统与FAS系统接口功能、实现TDMS与旅服集成管理平台的接口功能。

各站视频监控终端可以查看本站站前广场、售票厅、候车室、站台、进出站通道、出站口等区域的视频图像。

各站票务系统广域网主、备用链路的带宽符合设计要求，吞吐率、丢包率、时延等指标符合《高速铁路工程动态验收技术规范》(TB 10761—2013)标准要求；各站局域网综合布线信息点指标符合《综合布线系统工程验收规范》(GB/T 50312—2007)标准要求。

选取当涂东站开展客票系统安全保障功能测试，被测车站安全设备的策略配置、身份鉴别、访问控制功能正常生效；安全管理与控制平台的管理、监控、审计功能正常。

2. 客服系统动态验收

(1)验收经过

2015年10月12日～14日，路局客运、信息化、经开处，宁安公司组织相关施工、设计、监理单位对宁安铁路各站客服设施进行动态验收。采取对客服系统中各子系统进行现场检查和测试的方式，编制客运服务系统业务功能的运行场景，分别在旅服系统集成管理平台局控、站控和应急模式下对引导、广播子系统进行测试；现场检查人工售票机、自动售票机、自动检票闸机、到站补票机等设备软件安装调试情况等；检查视频监控调试情况、图像的清晰度等。

(2)验收结论

南京至安庆铁路各站客服设施整体系统及各子系统的主要功能和实体质量满足设计要求和验收标准，系统总体合格，通过动态验收，具备初步验收条件。

(3)专家组审查意见

上海铁路局对新建南京至安庆铁路客服设施工程进行了动态验收，提交了动态验收报告。根据《高速铁路工程动态验收技术规范》(铁建设〔2013〕45号)等文件精神，经专家组审议，同意其动态验收意见，新建南京至安庆铁路客服设施工程具备初步验收条件。

第四节 初步验收

一、验收范围

验收范围为南京南站宁安场K0＋000至安庆站K258＋479，正线长258.479 km，其中南京南站宁安场(23/28道)K0＋000～K4＋458段(不含K2＋269～K4＋458轨道工程)属“新建南京枢纽大雄关长江大桥南京南站及相关工程”项目，于2011年配合京沪高速铁路已完成静态验收，因宁安铁路正线未建成，未进行动态验收，本次与宁安铁路一并联调联试、动态验收、初步验收。另包括南京南动走D和F线、南京南动车所新增宁安存车线、池州铜九客车联络线工程。

芜湖枢纽相关工程(宁芜线芜湖至芜湖南还建上行线，还建湾里站、芜湖站宁芜场、芜湖存车线等)、铜陵站铜九改线和安庆地区相关工程(安庆电厂专用线改造、安庆北站改造等)已陆续建成并开通，由原上海铁路局组织初步验收。铜陵地区合福宁安联络线属合福铁路项目，本次与宁安铁路一并联调联试，由原上海铁路局组织初步验收。

二、验收经过

2015年11月16日，原上海铁路局工程质量安全监督站提交了铁路建设工程质量监督报告，同意进行初步验收。

2015年11月17日,原上海铁路局报送了《关于申请新建南京至安庆铁路工程初步验收的函》(上铁建函〔2015〕1684号)、京沪高速铁路公司会同原上海铁路局报送了《关于申请南京至安庆铁路与京沪高速铁路同期建设部分工程初步验收的函》(京沪高速设函〔2015〕178号),提出工程已具备初步验收条件,申请初步验收。

2015年11月19日,中国铁路总公司各相关部门对原上海铁路局、京沪高速铁路公司上报的初步验收申请进行了研究,认为宁安铁路工程具备初步验收条件,同意启动初步验收。

2015年11月22日~24日,中国铁路总公司组成初步验收委员会对宁安铁路工程进行现场检查并召开初步验收会议。

三、验收结论

新建南京至安庆铁路、南京南站宁安场工程建设过程中执行了国家、铁道部和中国铁路总公司有关政策、规程、规范和强制性标准。劳动卫生、安全、消防等设施已按标准的设计建成,消防相关工程已取得消防验收合格意见书;环境保护、水土保持设施按环评报告书、水土保持方案及批复要求基本建成,安徽省范围已获环保试运营许可批复,江苏省范围经江苏省环保厅检查认可(已取消试运营许可),水土保持设施经水利部门检查认可。建设用地依法获得批准。建设项目档案收集、整理及编制质量基本符合初步验收条件。根据上海铁路局静态、动态验收报告,中国铁路总公司各专业专家组评审意见及整改报告,铁科院动态检测和运行试验报告,上海铁路局工程质量安全监督站铁路建设工程质量监督报告等,动态验收速度达到了250 km/h(安庆长江大桥主桥及其有砟区段达到200 km/h),新建南京至安庆铁路、南京南站宁安场工程满足设计标准,工程质量合格,工程验收程序符合规定,同意通过初步验收。

第五节 安全评估

根据2015年新建铁路开通运营总体安排,总公司成立安全评估组,于2015年11月28日~30日对新建南京至安庆铁路进行了安全评估。

一、评估工作组织

安全评估组由安监局副局长吴新红任组长,上海特派办特派员孙汉武和安监局李子华、赵树安任副组长,成员由总公司科技部、劳卫部、建设部、运输局、安监局、铁路公安局以及上海特派办和部分铁路局专业人员组成。安全评估组设安全管理(含路外安全环境)、规章制度、车务、客运、机务、供电、车辆、工务(含房建)、电务(通信、信号)、信息、治安消防、劳动安全、综合13个评估小组。

二、评估过程

2015年11月27日,安全评估组在南京召开会议,听取了原上海铁路局及宁安铁路有限责任公司(以下简称宁安公司)关于工程建设、验收及开通运营准备工作情况的汇报,对安全评估工作进行了部署。11月28日~30日,各评估小组采取现场检查、查阅资料和现场抽考等方式,对宁安公司和上海局有关处室、站段,以及上海铁路公安局等单位的运营准备工作进行了检查评估。期间,开行动车组路用列车对宁安铁路进行了全线添乘检查,并依次停车检查了马鞍山东站、严村隧道、安庆长江大桥和安庆站。11月30日,安全评估组在南京召开总结会,与宁安公司、上海局交换了评估意见。吴新红副局长对抓好问题整改及保障开通运营安全提出了要求。

三、开通运营准备工作情况

上海局、宁安公司对宁安铁路建设和开通运营准备工作高度重视,做了大量工作,各项运营准备工作基本就绪。

(1)安全管理方面。宁安铁路采用委托运输管理模式,宁安公司与上海局已签订《委托运输管理协议》,明确上海局负责宁安铁路受托范围内日常运输安全管理,宁安铁路所有设备和运营管理职能交由上海局既有运输站段承担。

(2)规章制度方面。上海局修订了《高速铁路行车组织细则》;路局相关专业处室、站段细化完善专业技术规章 28 个,应急处置预案、安全控制措施和管理办法 89 个,作业指导书 35 个,基本满足宁安铁路开通运营需要。

(3)人员配备、培训方面。上海局 13 个既有运输站段受托管理宁安铁路,运营初期配备主要生产人员 607 人。培训完成 655 人,其中 491 名新进高铁人员完成了岗前资格性培训,164 名从既有高铁调入人员进行了"四新"知识培训。机构设置和生产人员配备基本能够满足开通运营需要。

(4)设备质量方面。宁安公司认真履行工程建设管理职责,严格施工质量监管。上海局设备管理部门和设备接管单位提前介入,认真开展静态、动态验收,集中力量开展设备精调精整和质量缺陷整治,配合建设、施工单位解决了大量工程质量问题。总公司安监局提前检查和上海局安全预评估发现的问题基本整改到位,主要行车设备质量和客服设施基本满足开通初期运营需要。

(5)路外安全环境方面。上海局联合上铁公安局全面加强站车线安全防范,有效开展了沿线违法犯罪活动打击、治安环境整治及路外安全法制专题宣传等工作,沿线受教育人员达 33 万余人次,为宁安铁路开通运营营造了良好的外部环境。

(6)应急处置方面。上海局重新修订公布了受电弓滑板损伤、动车组故障应急处置办法、突发事件应急通信保障预案等文件,进一步完善了路局应急管理体系。10 月 21 日～23 日,组织了宁安铁路故障模拟和应急处置等 34 种非正常情况下 27 个场景的应急演练,提高了干部职工非正常情况下的应急处置能力。

四、综合检测和初步验收情况

1. 综合检测情况

根据铁科院《宁安铁路安全评估综合检测报告》,进行轨道检测:检测正线上下行 516 km,无Ⅱ级及以上偏差,上行线 TQI 均值 2.3,下行线 TQI 均值 2.2。动力学检测:正线上下行的最大脱轨系数 0.30、最大轮重减载率 0.87、最大轮轴横向力 16.88 kN,脱轨系数、轮重减载率、轮轴横向力均符合安全性评价要求。接触网检测:正线全线弓网动态接触力、燃弧、硬点和接触线动态高差均满足标准要求,动车组弓网受流正常。信号检测:检测正线上下行 1 032 km,轨道电路 1274 处(次),没有发现轨道电路、补偿电容和应答器问题。通信检测:沿线 GSM-R 系统场强覆盖、全基站覆盖下切换中断时间和切换成功率满足标准要求。

综合检测结论:宁安铁路正线轨道、接触网、信号、通信设备动态状态满足相关标准要求。

2. 初步验收情况

2015 年 11 月 22 日～24 日,铁路总公司组织对宁安铁路工程进行了初验。验收结论:根据上海铁路局静态、动态验收报告,中国铁路总公司各专业专家组评审意见及整改报告,铁科院动态检测和运行试验报告,上海铁路局工程质量安全监督站铁路建设工程质量监督报告等,动态验收速度达到了 250 km/h(安庆长江大桥主桥及其有砟区段达到 200 km/h),新建南京至安庆铁路、南京南站宁安场工程满足设计标准,工程质量合格,工程验收程序符合规定,同意通过初步验收。

2015 年 11 月 24 日,原上海铁路局组织对铜陵北联络线工程进行了初验。验收结论:根据工程静态、动态验收报告,各专业专家组评审意见及整改报告,铁科院动态检测和运行试验报告,铁道部工程质量安全监督总站上海监督站(原上海铁路局工程质量安全监督站)工程质量安全监督报告等,初验委员会一致认为铜陵北联络线工程验收程序符合规定,工程满足设计标准,工程质量合格,能够满足运营要求,同意通过初步验收。

五、安全评估意见

根据各安全评估小组分报告的评估意见,安全评估组一致认为:宁安铁路的安全管理、规章制度、作业标准、应急预案、安全保障措施、人员配备和培训、劳动安全、路外安全、治安消防等工作和移动设备配备已基本到位,满足运营要求,具备动车组最高以 250 km/h 速度开通运营条件。铜陵地区合福宁安联络线具备动车组最高以 120 km/h 速度开通运营条件。

第十七章　竣 工 决 算

工程竣工结算是正确核定新增固定资产价值，考核分析投资效果，建立健全经济责任制的依据，也是反映建设项目实际造价和投资效果的文件。

一、竣工结算审核依据

(1)可行性研究报告、批复的初步设计、修正概算及其批复文件。

(2)招投标文件及合同文件，补充协议及工程结算资料。

(3)变更设计文件及变更资料。

(4)历年基建计划、历年财务决算及批复文件。

(5)材料价差调整文件。

(6)三电迁改调概批复文件。

(7)征地拆迁明细(附：付款明细及合同协议)。

(8)设备凭证复印件。

(9)安全生产费使用明细。

(10)包干费使用明细。

(11)竣工财务决算报表。

(12)基本建设项目交付使用资产总表。

(13)基本建设项目交付使用资产明细。

(14)其他有关资料。

二、竣工结算审核办法

(1)结合招投标文件、原施工承包合同和补充合同及协议，确定合同内价款。

(2)核对各标段所有的一类变更概算批复报告，确认各标段的工程变更价款；依据变更内容及批复文件，重点检查定额套用、费率取定是否准确，变更预算内容和结算内容是否吻合等。

(3)检查和核对三电迁改、征地拆迁、青苗赔偿、安全生产费用明细、农用小三改等，对佐证资料和计算依据不齐全者一概予以核减。

(4)依据《关于铁路建设项目实施阶段材料价差调整的指导意见》(铁建设〔2009〕46 号)文件规定的材料种类，审查和核对主要材料价差的计算依据，对所有材料价格的调整统一标准，逐一核实，对各标段所提供的资料如有不实之处应予以调整。

(5)对影响工程造价的其他问题，依据相关协议条款和补充资料逐项核对，合理确定其工程决算造价。

三、竣工财务决算及资产移交

铁路基本建设项目竣工财务决算，并办理竣工项目资产移交，尽早发挥投资效益，是铁路基本建设成果的最终反映，是确定新增资产价值的依据，是进行建设项目投入产出分析测算及成本支出情况分析的重要基础。宁安铁路竣工财务决算及资产移交程序如下：

(1)竣工项目资产交付工作由宁安公司组织，在竣工项目办理初验前，施工单位应按宁安公司的要求填写“竣工项目资产初验记录表”。

(2)宁安公司按照有关基本建设财务管理的规定，将需分摊的费用向资产项目进行合理分摊，准确反映建设项目实物及价值构成情况，调整“铁路项目竣工资产移交表”中的资产价值。

(3)宁安公司按照分摊费用后的“铁路项目竣工交付资产明细表”，对于新增固定资产组织填写“新建(购置)固定资产验收交接记录”,交资产接收单位办理签认。

(4)经营性项目为项目配套的专用设施投资,施工单位按宁安公司要求填写“竣工项目资产初验记录表”,经接收单位签章,编制“铁路项目竣工交付资产移交表”,一并交宁安公司,作为资产移交的依据。

(5)宁安公司与资产接收单位应在初验合格和项目最终概算批准后6个月内办理完成资产交付。

(6)初验合格的建设项目,按初验时间移交实物资产,接管单位财务部门根据资产分布情况将“竣工验收项目资产估价入账明细表”转至资产接收单位,资产接收单位及时办理估价入账并按规定提取折旧。

(7)建设项目竣工后,宁安公司需对各项账务、物资以及债权债务进行清理,做到工完账清,国铁竣工项目的概算结余资金全额上交中国铁路总公司。合资铁路项目概算结余资金作为公司的资产进行管理。

(8)竣工财务决算由宁安公司组织并负责编制,宁安公司在项目初验合格和最终批准的概算后3个月内完成竣工财务决算报表及分析工作,宁安公司及中国铁路总公司出资者代表对项目管理机构和合资铁路公司编制的竣工决算审核后报中国铁路总公司,并另附国家有关部门、部审计中心及铁道部委托的社会中介机构对项目建设期间历次审计决定和审核报告。审核报告内容包括工程概况、资金来源、审核说明、审核依据、审核结果、意见和建议,并附项目竣工决(结)算审核汇总表、待摊投资明细表。合资铁路项目,铁路控股或与其他股东共同控股(共同控股指两个或两个以上的铁路出资者代表共同控制或与其他股东持股比例相同)的项目需向中国铁路总公司报送竣工财务决算,合资铁路项目竣工财务决算需经产权出资者代表签章确认后上报。

(9)编制竣工项目财务决算报告,具体包括:竣工财务决算报表、竣工财务决算分析、铁路项目竣工资产移交表。

(10)宁安公司将经有关部门审核的竣工财务决算报告装订成册报中国铁路总公司两份、其他投资方主管单位各一份。中国铁路总公司对报送的竣工财务决算审核后报财政部审批。

(11)按照铁道部办公厅《铁路建设项目竣工文件编制移交办法》(办档〔2002〕8号),项目有关的会计档案、竣工财务决算、工程明细资料等按规定移交管理。

第十八章　经验体会与问题探讨

宁安铁路建设以“打造世界一流客专品牌”为己任，牢记“不留遗憾、不当罪人、建不朽工程”使命，以“依法建设、标准化管理、保质量、保安全”的主基调，以“四三一”工作法为本，走信息化管理之路，弘扬“创新发展、追求卓越”的宁安精神，践行“六个不留”的宁安理念，谱写“工程优质、干部优秀”新篇章，在纵深推进标准化管理的道路上迈出坚定的步伐。

一、主要经验

（一）以“零缺陷”理念抓“四个环节”推进，促标准化管理纵深发展

铁路建设要想经得起历史检验、运营检验、社会检验，就必须牢固树立“零缺陷”理念，牢牢抓住技术储备、工艺试验、工序管理和标准化评定“四个环节”。

1. 高标定位，持续培训，推进技术储备

(1)借鉴先进经验，提升管理水平防止决策失误

在思想上增强认识。建设伊始，公司针对从普速到高铁、从有砟改无砟设计的新变化，召开“捍卫质量、保卫安全”现场会、座谈会，充分认识高可靠性、高平顺性、高稳定性的特殊要求，做到意识早转变，思想早融入。

在学习中增长经验。采取“听、看、摸、想、问、说”的方式“洗脑子”“理路子”“跑步子”，从大临正规化、生产自动化、加工精密化、管理科学化、环境园林化、员工人性化等方面学习客专建设的宝贵经验。

在讨论后明确方向。开展了“树立赶超一流客专信念，打造宁安世界客专品牌”等大讨论，培育“创新发展，追求卓越”的宁安精神，凝聚“同一个目标、同一个方向、同一种态度、同一种精神”的团队力量。

公司先后编辑《部局领导论建设》《铁路建设经验荟萃》《客运专线与普速铁路主要区别》等书籍，印发全体参建单位并上网共享，做到贯彻上级要求不走样、打造精品不懈怠，避免走弯路和决策失误。

(2)引入专家治理，提升技术含量防止程序失误

主攻质量安全重点难题。针对安庆长江大桥科技含量高、全线岩溶地质范围广、风险隧道难度大和连续梁桥施工多等特点，成立科技攻关领导小组，对科技规划中 37 项课题进行全过程跟踪管理，实行网上看板管理。

主攻安庆长江大桥科研创新。开展了大跨度铁路斜拉桥抗风抗震性能等多项专题研究，采用了直径 56 m 巨型围堰和 64 m 简支箱梁施工等新技术、亚洲最大旋挖钻等新设备、Q420qE 等新材料、深水大直径变径超深嵌岩钻孔桩施工等新工艺。

主攻全线精测网布设。针对设计和施工接口多的特点，我们以路局设备维管单位需求为导向，坚持整网复测、整网平差的原则，统一委托专业队伍进行 CPⅠ、CPⅡ复测、评估、验收、加密和 CPⅢ、GRP 布设工作，探索建网新思路。

(3)注重能力建设，提升作业技能防止操作失误

公司每季制订“集中学习计划”，每周安排学习内容，采取邀请专家授课、公司管理干部轮流讲课、走出去专题学习拜访等多种形式，深入学习高铁建设法规等知识并进行考试，全面提升技术业务素质和综合管理水平。

公司先后举办了既有线施工安全管理与标准化建设、隧道施工安全质量管理、沉降变形观测技术等 32 期培训班，培训人员 3 400 人次。中铁十七局还成立了“宁安农民工培训基地”，开创了自控型架子队素质建设的新路。

2. 探索创新，首件认可，推进工艺试验

(1)带着问题搞试验，从失败的教训中求达标

带着路、桥、隧沉降控制，站前与站后工程衔接等一系列疑问，学沪宁，形成了解决宁安铁路路桥与四电接口问题的会议纪要；学哈大，达成了Ⅰ型轨道板施工“采用新型张拉设备，改进预埋套管定位装置，建立自动温控系统、自动张拉系统和自动信息化管理系统”的共识。坚持试验先行、样板引路的原则，公司将所有工艺试验进行网上监控。

(2)发现问题查工艺，从通病的防治中求规范

针对墩台表面蜂窝、麻面、沙线、色差、错台等质量通病，从施工组织设计、技术交底、作业指导书入手，查找配合比调整、优化的及时性，模板整修、保护的经常性，混凝土搅拌、振捣时间的合理性，提高工艺设计、优化的控制水平。总结其他线路旅客地道渗水的教训，我们在设计前期就从设计措施、施工工艺、成品保护等方面进行专题研究，防患未然。

(3)解决问题定工法，从成功的经验中求创新

成立岩溶路基地基加固处理课题组，召开了5次现场会专题推进，按照“一方干、三方看”的原则，四方签认资料当日上传公司管理系统，生成不可修改文档，形成了岩溶路基地基处理“工厂化施工、标准化作业、科学化计量、程序化确认”的先进工艺和管理办法。

3. 把握重点，签认许可，推进工序管理

(1)强力推行工厂化生产，从施工源头上保质量

公司视大临设施为正式工程，在大临建设中把住规划设计资质、场地布局要求、监理跟踪验收“三道关”。梁场、板厂、铺轨基地、混凝土拌和站等大型设施全部按照规划预审、设计审批、工程验收“三步走”要求建成。

(2)强力推行许可证制度，从方案审查上保安全

公司视既有线施工为“老虎口”，编印了《既有线施工手册》，严格按照“六从严、八禁止、四不准”的规定，推行路局、公司“双命令”“一许可”制度，采取网上看板、视频监控、干部包保的方式，落实“硬隔断”“软隔离”措施，安全顺利地完成了五个车站站改和9.5 km宁芜正线的还建任务。

(3)强力推行签留名制度，从责任追究上保寿命

公司视隧道施工为“火山口”，建立“五本账”，落实安全进洞“五要素”，严把掘进“八要点”，严控作业“九条红线”，实行施工许可、视频监控、领导包保、干部跟班、职工带班、进洞签名、工序签认、责任追究制度。

将隧道、连续梁等重点工程的施工许可和工序签认单每天传到专业工程师存档，刻成光盘作为验交资料备存；利用刻挂铭牌标志的方法，将主要工序负责人姓名落实到每一个墩、每一片梁和每一块板。

4. 掌握标准，抓好结合，推进标准化评定

(1)实行内业实体佐证，做到标准化评定与过程管理相结合

内业资料、工程实体的检查是评定标准化的基本要求，缺一不可。公司检查人员每周上交问题照片，现场签发问题整改和处罚通知单，分析原因，制定对策，跟踪落实，次周进行复查、拍照对比，记录问题处理的全过程。监理单位及时进行隐蔽工程照片的采集、整理、保存和归档，并上传至公司信息管理系统。

(2)实行制度组织保障，做到标准化评定与“三全”检查相结合

在制度上保证三全检查的严肃性，坚持每月展开，把“三全”检查与标准化评定、各种竞赛评比有机结合。在组织上保证三全检查的可靠性，每月实行公司领导分组带队、交叉检查。在分工上保证三全检查的合理性，现场检查分材料设备、作业现场、综合管理三个小组，做到全方面、全覆盖、逐公里、逐项平推检查。在效果上保证三全检查的目的性，对每一个工点进行标准化评定并通报全线；对每一个项目部、监理站进行对标检查点评并纳入考核。

(3)实行典型示范引路，做到标准化评定与阶段性工作相结合

坚持分阶段实施和典型引路的原则，在大临工程建设阶段召开现场会推广十二局一标标准化大临工程的做法；在工程实施阶段，对桥梁、隧道和路基施工示范段和站房示范点组织现场观摩，学习交流，全线推广。

(二)以“零距离”思路抓“三化机制”落实，促标准化管理纵深发展

高铁建设要想立于不败之地，就必须创新工作思路，按照“事事有标准、事事有程序、事事有责任人”的要求落实工作制度化、管理程序化、责任具体化“三化机制”。

1. 用目标上“零距离”落实工作制度化

(1)目标凝聚，文化引领，达成一个共识

立足“思想早准备、行动早布置、困难早预测、全程早服务”的思路，在合同签订之日就用同一个目标凝聚全体参建单位的力量。

(2)例会布置，定期交流，形成一个步调

坚持每周一上午召开由公司中层以上干部参加的周例会，并形成《备忘录》；每周一下午召开全体参建单位负责人参加的施工协调会，形成《会议纪要》下发各单位贯彻执行。同时坚持定期交流制度，推广典型经验和好的做法。运用“会上教、现场帮、典型带、奖惩促”多种手段，“动员会、协调会、办公会、现场会”多种形式，“文件、纪要、快讯、手册”多种途径，统一了各参建单位“干就达标准、建就成精品”的步调。

(3)制度规范，标准操作，养成一个习惯

公司成立初期就制定了87项管理制度，编印了《宁安铁路管理制度汇编》，根据部局新的要求和宁安工程推进情况，公司又相继制定完善了一系列文件，形成了116项管理制度的修订版汇编，并将公司编印的《营业线施工手册》《宁安铁路检查手册》和《宁安铁路考核评价手册》等书籍分发至各参建单位组织学习贯彻，做到以制度管人，以制度建好宁安工程。

按照路局纵深推进标准化管理要求，专门组织下发了路局编印的《标准化指挥部》等系列丛书，制定创建规划，抓好日常落实，全面推进宁安铁路建设标准化管理。紧盯质量安全检查活动的有效推进、队伍素质的有效提升、安全关键的有效卡控、现场问题的有效整改和防范措施的有效落实，处处努力让标准成为习惯。

2. 用服务上“零距离”落实管理程序化

(1)抓征迁政策导向，在用地难题上依法合规

坚持“依靠政府、贴近群众、服务施工”的工作思路，建立运行了纵向贯通、横向覆盖、目标同向、任务共担、责任共负、利益共享的铁路建设协调工作机制，落实建设、设计、监理、施工单位和地方铁办及被征迁人“六方”签认的原则，做到“土地征用签认到村，房屋拆迁签认到户”。结合城市建设规划，创造了“施工便道永临结合、临时用地先征后租”的成功经验。

(2)抓方案协调优化，在供图难题上主动上手

坚持建设新理念，持续动态优化设计、稳定方案、确保供图。采用门式墩跨越既有铁路和西气东输天然气干线管道、40 m简支梁跨越既有道路，减少了投资大、风险高、周期长的连续梁结构；采用异型刚构跨越S321省道，避免了投资多、工期长、维修难的钢桁梁结构；通过改路、改桥的方式将初步设计批复的22座上跨立交桥减至8座；通过方案比选、评审优化了既有线湾里站改造和芜湖站过渡工程等设计，减少和规避了施工安全风险，提高了运营安全可靠度。

(3)抓资金筹措使用，在用钱难题上千方百计

资金是推进铁路建设的最大“拦路虎”。在资金筹措上发挥三个积极性：争取股东的关心和支持，加大资本金投入；争取银行的协助与支持，倾斜公司贷款、拓宽合作方式；争取施工单位的理解和支持，发挥集团优势自筹资金投入。在资金使用上做到三方面确保：保障农民工工资及时发放，确保队伍稳定心不散；突出关键，梳理节点，确保关键工点不停工；急事急办，特事特办，确保防汛等专项资金不挪用。

3. 用手段上“零距离”落实责任具体化

(1)事事落实责任人，做到责任包保全覆盖

在信息管理平台上明确责任具体化。按照领导上手、专业负责、模块到人的要求，对32项共计101个模块分工负责到人，实行动态信息维护和看板管理。坚持创新管理手段，以“先进、实用、简便、全覆盖”为原则，以建设调度为龙头，以远程视频监控为手段，健全一个组织体系；用好互联网、局域网两个平台；建立公司、项目部、分部三级网络；实现隐蔽工程影像化、现场监控视频化、办公管理信息化、看板管理智能化“四化”要求。

在现场关键控制上落实责任具体化。公司对大检查活动的责任段、质量安全的风险点、大型设备的关键人实行领导干部分级包保，对钟鸣1、2号高风险隧道和安庆长江大桥特殊结构桥梁由公司主要领导包保。采取人防、物防、技防、联防，甚至“人盯人”的非常手段，盯紧营业线施工、隧道和连续梁施工安全。

在安质效考核上体现责任具体化。根据公司制订的安质效考核办法，对部门领导、管理人员和汽车司机进行月度无记名网上测评；将路局季度考核的扣分项目、扣分分值，按比例扣除责任部门和责任人的季度奖金。

(2)人人配备检查包，做到信息掌控全球通

为便于现场质量安全信息的及时掌控,公司对所有管理人员都配备了检查专用包,配有安全帽、数码相机、钢卷尺、《检查手册》《考核评价手册》和处罚单等;每人配备了笔记本电脑和3G无线上网设备,随时随地掌握现场质量安全情况和工程形象进度,为建设管理安上了“即时通”“千里眼”。

(3)处处盯牢关键点,做到现场监控全天候

公司对全线36处一级、41处二级和289处三级安全风险源,绘制了宁安铁路工程重大安全风险源监控图,实施上墙看板管理,现场竖牌明示,并运用网络平台实施动态管理。对77处一、二级风险源全部实行有线或无线24 h视频监控,建设、监理和施工单位多层监控,发现问题进行抓拍、录像、反馈、考核和整改存档;公司调度安装了两块大屏幕,调度每天查看问题建立台账,增强对关键项目、关键工种、关键作业的可控度。

(三)以“零容忍”态度抓“一个手段”运用,促标准化管理纵深发展

一条高铁的建成,无疑将所有参建单位的荣辱牢牢联系在一起。建设的成功与否,都必然要求各参建单位以极其认真、极为用心、极端负责的态度,把诚信体系、企业形象、员工素养、清廉团队建设视为企业的生命。

1. 抓素质提升,打造安全工程

(1)严把入口关,让承诺人员进场

严格机构设置。参建单位进场之初,公司统一施工、监理和设计单位的机构设置方案和标准,统一规范各级管理机构的名称,统一部门编制和人员配置要求。

严格人员素质。严把施工、监理队伍的人员数量和素质入口关,严格按照合同承诺,及时、足额、专业资质相符的调配技术管理、架子队和监理人员。

严格动态管理。利用信息化平台建立了施工、监理单位进场人员的动态管理台账,在月度“三全”检查时核对人员工资单并纳入考核,拒绝不合格人员、清退不称职人员。

满足特殊要求。为满足隧道施工安全和技术管理的需要,我们督促施工、监理单位增配了熟悉隧道施工管理的分管领导、隧道专业技术管理人员和监理人员,加强现场安全质量风险管理。

(2)严把培训关,让合格人员上岗

把好既有线施工培训关。及时组织举办既有线施工安全管理与标准化建设、“四员一长”、大型机械设备使用、月度施工与监督计划管理等培训班,917名同志通过既有线施工培训考试合格后持证上岗,并在公司信息网页上动态管理。

把好关键项目培训关。举办隧道施工和沉降变形观测技术培训班,邀请专家现场授课讲解;结合实际,抓住工序工艺流程和质量安全控制要点,举办了连续梁标准化施工培训班。

把好监理培训关。充分发挥外方质量代表参与建设监理的优势,与赛思达(SYSTRA)公司分5期对178名监理进行了轮训和考试,把培训内容制成光盘发给每个施工、监理单位安排自学。

(3)严把使用关,让优秀人员受奖

以荣誉激励进取。通过月度竞赛奖、季度评比奖、年度评先奖,奖出激情;安全质量奖、标准化奖、节点工期奖,奖出干劲;施工组织设计奖、作业指导书奖、监理细则奖,奖出智慧;环保奖、创新奖、廉政建设奖,奖出和谐。

2. 抓投标承诺,打造精品工程

(1)强力推行架子队,整治施工单位职工不到位

掌握质量安全控制权。公司在全线开展了自控型架子队创建、评比活动,坚决取缔“包工头”。网上建立架子队“九大员”信息库并动态抽查考核,每个工序和作业面有领工员、技术员、安全员和质量员跟班作业。

掌握队伍稳定主动权。公司在全线全面建立、动态管理劳务作业人员工资基金账户,保证资金到位。做到生活上关心、工作上关注、情感上关爱,使广大农民工工作受尊重、成才有环境、发展有舞台,让他们心系宁安,真正成为宁安团队不可或缺的一员。

(2)建设标准监理站,整治监理单位工作不独立

标准化建站:从“四室四小”入手,防止“凑合”思想,消除“短期”行为,达到办公独立、试验规范、办公住宿分离、伙食交通自理的要求,两家不符要求的监理站被要求重新建站,验收合格后方投入使用。

标准化管理:通过信息化手段贯彻原上海铁路局建设项目监理管理工作规定,同时,公司根据工作量对

监理工作实行验工计价，保证人员、设备、投入到位，让监理真正充当建设单位的耳目、手脚和口舌，发挥建设单位职能延伸的作用。

违章行为查处：作风上廉洁，才能手不短。公司及时通报处罚了个别单位占用施工单位交通工具、办公设施、办公用品的情况。辞退了极少数在监理工作中人为设置障碍，借故吃拿卡要，借机谋取私利的监理人员，并对监理单位扣罚履约保证金，坚决制止“潜规则”，狠抓“乱作为”，做到廉洁监理。

(3)严格考核设计组，防止设计单位配合不尽责

以竞赛评比引导创建热情。公司坚持在站前三个设计配合单位间开展季度劳动竞赛，结果通报设计院。坚持开展半年施工图考核和年度总结评比，不吃“大锅饭”，考核、评比排名次，年度总结大会邀请院领导参加。

以现场办公面向服务重点。公司坚持组织现场办公，进行设计交底、答疑、核查，针对桥梁地形变化、隧道地质变化、岩溶路基钻探情况，“四方”共同研究调整方案、动态设计，形成会议纪要。通过现场办公将芜湖铺轨基地优化调整到宁芜线铜井站。

以方案优化贯彻设计理念。公司坚持与人方便，自己方便的原则，在涉及路内外重大方案的协调中，主动争取地方政府领导支持，主动思考双方协商切入点，寻求双方最佳结合点，在方案研究的深度、广度、水平上做文章，在设计成果的功能性、系统性、先进性、文化性和经济性上赢尊重，掌握涉铁、涉河、涉路方案稳定、工程推进和成本控制的主动权。

3. 抓“六乱”治理，打造环保工程

(1)盯住一个“乱”字，用统一的标准养成良好习惯

建设伊始公司就向蛮干下手，向“六乱”开刀，抓规范，促文明，坚决扭转施工现场“浆乱排、料乱放、土乱弃、路乱修、机乱停、电乱接”现象，强力推行浆池统一规划、临边统一防护、弃土统一安排、道路统一标准、机械统一标识、电线统一架空的“六统一”规定。

(2)克服一个“难”字，用共同的追求树立建设品牌

共同弘扬“创新发展、追求卓越”的宁安精神，从质量上挑战有砟轨道改无砟轨道之“难”，从安全上挑战既有线、隧道、高处作业“两口一边”之“难”，从队伍稳定上挑战资金紧、任务重之“难”，凝聚参建各方智慧、形成团队整体合力，塑造宁安铁路品牌。

(3)抓住一个“狠”字，用严厉的考核维护高铁形象

公司高度重视局领导检查发现的问题，迅速组织召开反面典型现场会，坚定打造宁安品牌的决心。做到不换思想就换人，撤换了分部经理和监理组长，从而砸掉粗制滥造、不求精品的恶习；砸掉粗放管理、不求完美的惰性；砸掉粗枝大叶、不尽职责的行为。

(四)以精心打磨创造工程“亮点”，确保建成“人民满意工程”

1. 世界同类型最大跨度四线铁路桥

安庆长江大桥于2009年3月20日开工建设，2015年5月31日完工。大桥全长6 858 m，为三片主桁结构的钢桁梁斜拉桥，主跨580 m为目前世界铁路桥梁最大跨度。主塔为钢筋混凝土结构，倒“Y”形，塔高210 m，斜拉索为空间三索面，每塔每索面共18对索，全桥共216根斜拉索。

(1)该桥创造四项国内外之最：主跨580 m为目前世界同类铁路桥梁最大跨度；首次采用ϕ3.4 m/ϕ3.0 m大直径变径钻孔桩基础，水下近100 m的钻泥岩深度为国内同类桥梁之最；直径51 m的主墩承台尺寸为当时国内深水桥梁之最；2 600 t重的64 m跨双线铁路箱梁为目前国内铁路简支箱梁跨径和重量之最。

(2)该桥有五项设计创新点：首次采用ϕ3.4/ϕ3.0 m大直径变径钻孔桩基础；首次采用上弦杆顶面栓焊组合式双幅拉板接头式索梁锚固结构；首次采用1 000 mm大位移轨道温度调节器；首次采用64 m跨度、单片重达2 600 t的单箱单室、铁路双线预应力钢筋混凝土现浇简支箱梁结构；首次采用固定支座加纵向阻尼器的结构支承体系。

(3)该桥采用了十大施工新技术：巨型圆形围堰快速整体下河技术；活动插板自动封堵围堰底与河床间缺口技术；围堰防渗漏技术；深水环境下大直径变径超深嵌岩钻孔桩清水法钻孔技术；无导向船围堰水上接高时边锚收放方法及大直径锚绳转向装置；超深钻孔桩桩孔水下灌注导管成像检测技术；散拼法安装的大跨度三桁整体桥面结构斜拉桥施工技术及多合龙口多点快速精确合龙技术；高塔多节段塔梁同步施工技术；高

墩 64 m 跨双线简支箱梁现浇施工技术;墩旁桁内开启式钢梁提升上桥装置。

(4)该桥攻克了五大施工难点:汛期进行主墩基础施工,围堰接高施工作业环境恶劣,围堰下沉、着床、定位难度极大,安全风险高;ϕ3.4 m/ϕ3.0 m 大直径变径超深嵌岩钻孔桩,垂直度控制难、要求高,施工难度极大;主塔墩高达 210 m,斜拉索锚固区位于水面以上 130 m,塔柱线形及索道管定位测量技术要求高,施工控制难度极大;该桥施工技术复杂,大型和特种设备投入多,施工安全控制难度极大;主桥施工水域地形复杂,水流湍急,航道繁忙,水上交通安全压力极大。

2. 生态环保

宁安铁路在建设过程中严格按照铁路总公司"依法建设"要求,秉承"图写绿色长廊,建设美丽宁安"的理念,成立了环境保护领导小组,依据国家环境保护法律及管理条例,制定站前单位工程验收管理办法、绿色防护工程管理办法,建立环境保护工作体系,做到环保工作贯穿铁路建设项目的全过程,做到"四坚持",即坚持"绿色通道是国土绿化的重要组成部分,是建设美丽中国的形象工程"的观念;坚持"防护工程与主体工程同等重要,生态防护与工程防护相结合"的原则;坚持"绿色通道建设与主体工程同步设计、同步施工、持续改进,不断补强"的安排;坚持"专项方案设计,专业队伍施工、专门费用保障和早种植早见效"的方法,体现"一站一景、一洞一景;内灌外乔、草灌结合;三季有花、四季常绿",初步形成了"车在景中行,人在画中游"的景观效果。

以《铁路工程绿色通道建设指南》《上海铁路局铁路沿线绿化造林技术规程》和宁安铁路绿色通道设计文件为行动纲领,统一管理要求和工作标准,做到学标、对标、做标、达标,确保了附属工程的有序、平衡推进。做到了"六个统一",即统一的岗前培训,统一的组织管理,统一的技术指导,统一的质量标准,统一的监督控制,统一的检查考核。明确实施性施工组织设计、施工方案、作业指导书、技术交底等审查程序和管理制度,积极进行方案预控,确保了施工方案变为优美的工程实体。

3. 依托科技创新打造精品工程

按照《宁安公司科技规划》和《宁安公司科技创新管理办法》,宁安铁路以安庆长江大桥施工、复杂地质施工、隧道施工、信息化建设为重点,遴选出 37 个课题,凝聚大专院校、参建队伍的科技力量全力开展攻关,并取得显著成果。

科研成果:《时速 350 公里及以上高速铁路深水基础长大跨度桥梁建造技术》课题获得上海市科技进步三等奖;《高速铁路建设工程质量安全"一图四表"风险管理研究》课题获得了中国铁道学会科技进步二等奖;《安庆桥关键基础施工技术研究》课题获得安徽省科技进步三等奖。

创新成果:《基于集成信息化平台的客专建设全方位远程管理》创新成果获得上海市创新成果二等奖。

合理化建议成果:《宁安高铁繁昌特大桥跨 321 省道设计方案优化》等获得原上海铁路局一等奖。

专著成果:编写并出版《宁安高铁安庆长江大桥建造技术与安全管理》《铁路过程建设信息化管理》《高速铁路轨道板制造与铺设》《铁路路基岩溶与注浆技术》等专著。

专利成果:8 项专利获得国家专利局授权。

4. 运用现代化手段打造信息化工程

针对建设技术标准高、参与人员多、管理跨度大,沿用传统的管理办法及信息传输工具,已远远满足不了现代建设管理要求的情况,宁安铁路信息化建设以"先进、实用、简便、全覆盖"为原则,以建设调度为龙头,以信息管理系统为平台,以远程视频监控为手段,运用现代化手段打造信息化工程。

(1)信息化系统基本构成

信息化系统实现了"健全一个体系、用好两个平台、建立三级网络、达到'四化'要求、发挥五大功能、实现'六位一体'目标"的总体目标。

健全一个体系:指完善各级信息化管理组织体系。

用好两个平台:指基于互联网的铁道部工程信息平台和基于局域网的宁安公司 OA 办公网平台。

建立三级网络:指建立公司、施工单位指挥部(监理站)、分项目部三级网络。

达到"四化"要求:指实现隐蔽工程影像化、现场监控视频化、办公管理信息化、看板管理智能化。

发挥五大功能:指协同办公功能、集成看板功能、远程监控功能、视频会议功能、建设管理功能。

实现"六位一体"目标:指实现安全、质量、进度、投资、环保、科技创新六项控制目标。

(2)组织运作和人员培训

成立了建设管理信息化推进的领导小组，制订了建设管理信息化的工作制度，建立了信息化管理员的网络，明确了各级组织和管理员的职责，定期组织培训和研讨。

宁安公司举办了建设管理信息系统培训班6期，规范日常管理工作；指导、培训现场对新启用问题及整改图片、人员系统进行试用，并全面推广应用；落实专人负责，施工高潮期，每天对70余个关键施工点进行视频远程监控。

(3)信息平台具体运行模式

①安全看板管理。由宁安公司将Ⅰ类安全风险源(既有线改扩建工程、风险隧道、跨既有线铁路、跨高速公路、跨通航河流的桥梁、箱梁制造及运架梁施工)填报到安全看板管理系统中，由系统自动发短信通知有关负责人，督促对安全风险源采取有效的措施。

②质量看板管理。由宁安公司将Ⅰ类质量风险源填报到安全看板管理系统中，系统将自动发短信通知有关负责人，督促对质量风险采取有效的措施。

③工期看板管理。由公司将关键工期节点上报到工期看板管理中，系统将工期临近程度按蓝、黄橙、红色预警，并自动发短信通知有关负责人，督促对工期风险采取有效的措施。

④投资看板管理。由公司将投资控制风险点上报到投资看板管理系统中，系统将投资风险临近程度分黄、红色预警，并自动发短信通知有关负责人，督促对投资风险采取有效的措施。

⑤形象进度看板管理。利用建设调度信息平台，在电子大屏幕每天实时显示桥梁、路基、隧道的形象进度，自动显示控制工程的进度与计划进度的对比，自动提醒控制工程进度滞后，做到实时监控。

运用现代化条件下的“千里眼”和“顺风耳”，做到“管理不松懈、重点有保障、责任真落实、过程留痕迹、问题有闭合”，提升了工程标准化建设的水平。

5. 一站一景尽显沿江文化气息

沉浸商贾繁华人文气息的南京、安庆襟江带湖，落下了建设者庄重的手笔，镶接起皖江马鞍山、芜湖、铜陵、池州一串城市明珠。沿途车站站房设计结合沿江文化特色，一站一景，站站各异，与周边人文环境融为一体，整体简洁大气，典雅清新，风格鲜明，体现人文关怀和地域建筑的风格特征，形成具有浓郁沿江味道又现代感十足的序列空间。

(1)坚持“四工”做法

工序紧凑：在编制指导性施组时按照客观的技术、经济规律，科学的编制网络计划图、合理分配投入资源数量、抓关键工序及各专业各工序搭接流水施工。

工艺精湛：突出芜湖站房的柔和之美，站房外立面采用波浪形双曲造型及流淌的线条，需采用铝板、部分位置采用双曲石材来达到这种效果，保证了墙面、地面、天花对缝、椭圆天窗铝板密拼的工艺和室外双曲铝单板安装工艺等的顺利完成。

工法先进：按照标准化的施工工艺流程，落实严密的操作措施，形成了有实用价值、带有规律性的新的先进施工工艺技术。

工装实用：采用先进适用的工装设备、设施，提高工作效率，保证质量安全，推进机械化、专业化施工。

(2)坚持方案先行

针对芜湖站(二期)站房的特点，对站房内装修、外装修、室内外照明、综合管线布置、消防、商业、广告、暖通空调、客服和静态标识等组织设计、监理、施工单位施工前先行方案编制，通过征求意见，咨询审核并实施施工方案。

(3)坚持深化设计

以总公司《铁路旅客车站细部设计》为指南，对各相关环节进行综合思考和协调，保证整个站房及装饰工程中的承上启下和完整完美，使每个环节都能有效地控制和保障，促进时间、成本、质量等各环节之间的协调、有序和高效。

(4)坚持细节优化

细节决定成败，细节体现品质，工程未完，优化不止。通过设计方案的优化解决设计问题，从方案上把控，提出更好的优化选择方案，保证方案优化达到最佳效果。会同地方、路内和参建部门、单位共同研究接口管理,确保站房装修与广场、社会通廊、站前平台、匝道桥等市政配套工程同步实施。

(5)坚持接口管理

大型站房在装饰装修阶段是一项复杂的系统工程,接口规定了站房装修工程和各专业系统之间的相互关系,具有层次性和阶段性等特征。要继续抓好供电系统、自动检票系统、通信系统、防灾报警系统、环境与设备监控系统、综合监控系统、信号系统、通风空调系统、给排水及消防系统、动力照明系统、垂直电梯和电扶梯系统、自动感应门系统等与装饰装修专业有效衔接,高效完成接口对接工作,同时会同地方、路内和参建部门、单位共同研究接口管理,确保站房装修与广场、社会通廊、站前平台、匝道桥等市政配套工程同步实施。

(6)坚持科技创新

按照《宁安公司科技规划》和《宁安铁路科技创新管理办法》,以"互联网+铁路建设"的思路为指导,贯彻原上海铁路局建设项目 BIM 技术应用行动方案,联合施工、设计、监理单位和高校专家,深入提炼总结建设经验,有组织、有计划地开展站房建设科技攻关和技术创新课题研究,并在 11 月形成宁安铁路芜湖站房 BIM 技术应用成果。

二、四点体会

1. 必须始终坚持以最先进的理念抓质量安全,发挥建设文化的引领作用

作为一支具有优良传统的管理团队,一个鲜明的特征就是观念新、标准高,在思路上富有前瞻性,始终把经得起历史与运营检验作为抓工程质量的最大责任、最高目标和最根本的任务。公司曾在铜九铁路建设中创造过不凡的业绩,并倡导了"不给工程留缺陷、不给安全留隐患、不给用户留麻烦、不给沿线留遗憾"为己任的铜九精神,在宁安铁路建设过程中,继承发扬了这一精神并赋予了新的时代内涵,把高铁建设质量文化融入其中,从工程一开始就确立了"四零"的建设理念,把大力实施"431"工作法作为管理的着力点,促进了工程质量外美内实,实现了施工安全有序可控,在建设文化、质量管理、科技创新三个方面彰显出宁安特色。

经验启示:理念决定高度,文化决定品质。必须坚持用先进的建设文化为理念引领,把最高标准、最高目标作为广大建设者的思想境界、行为准则和事业追求,融入工作标准、管理要求和活动载体之中,逐步成为每一名建设者的自觉行为。

2. 必须始终坚持以最现代的管理手段抓质量安全,发挥科技创新的先导作用

要在质量创优方面取得良好成绩,关键在于坚持"零距离"的管理思想,运用先进的信息化管理手段,实现过程控制全覆盖,这也是推行"四化"支撑中的一大特点。在信息系统建设中,宁安公司按照"领导上手、专业负责、模块到人"的要求,以"先进、实用、简便、全覆盖"为原则,以建设调度为龙头,以远程视频监控为手段,实现隐蔽工程影像化、现场监控视频化、办公管理信息化、看板管理智能化的"四化"目标,发挥协同办公、集成看板、远程监控、视频会议、建设管理"五大"功能,做到现场关键有效控制、管理信息快捷有效,进一步提升了标准化管理水平,为打造精品工程提供了强有力保障。

经验启示:科技是第一生产力。必须树立科技先行的思想,紧紧围绕工程建设需求,敢于并善于把科技创新成果和先进的技术管理手段运用到工程建设各环节、各领域,实现过程控制全覆盖,确保每一项工程达标创优。

3. 必须始终坚持用最严格的管理抓质量安全,发挥责任考核的杠杆作用

严格考核是实施"431"工作法的重要环节,也是落实现场质量安全管理的重要手段,缺少或弱化这一环节,就不能形成有效的闭环管理。公司始终坚持以"零容忍"的态度,用最严格的管理作为卡控质量安全着力点,认真落实《上海铁路局建设项目评比办法》《上海铁路局建设工程项目经理和总监安全风险抵押金考核办法》等,并结合宁安铁路建设实际,不断完善考核机制。同时,以合同管理为主要手段,严格设计、施工、监理单位的责任考核,并采用经济奖罚、红黄牌警告、清理辞退、调整建设任务和限制投标等手段,加大考核权重,真正做到执法必严,违法必究,坚决用法律和制度约束建设行为。

经验启示:没有严格考核的管理必定是无效的管理。必须依靠严格的管理,要求各参建单位以极其认真、极为用心、极端负责的态度,把诚信体系、企业形象、员工素养、廉洁团队建设视为企业生存发展的生命,让每一名建设者真正成为质量安全的责任者、捍卫者和保卫者。

4. 必须始终坚持用最高的标准抓质量安全,发挥精品示范的保证作用

标准决定行为，行为决定结果。坚持用最高标准是打造精品工程、安全工程的根本保证。公司按照“事事有流程，事事有标准，事事有责任人”的要求，做到坚持“零缺陷”的工作理念，把最高标准的意识贯彻到每一个参建人员；坚持“零容忍”的管理要求，把最高标准的措施落实到每一处工点；坚持“431”工作方法，把最高标准的追求融入每一项工程。

经验启示：只有标准高，才能认识高；只有认识高，才能决心大。坚持用最高标，实质就是最大限度地消除管理上的缺陷，形成严密规范的制度保障体系，确保铁路工程质量有序可控。

三、问题探讨

1. 关于军产征迁问题

征地拆迁工作是一项棘手的工作，宁安公司在铁路总公司和原上海铁路局正确领导下，在江苏、安徽两省、市政府和各级铁路办的高度重视和大力支持下，认真贯彻执行“依法征迁，和谐征迁”的原则，积极主动，迎难而上，较好地完成了路产、地产征迁工作，但军产征迁直接引发工期风险。公司依靠地方政府做了大量工作，耗费了大量精力，2015 年 5 月 25 日，克服用地阻工困难，宁安铁路铺轨任务才全部完成。芜湖海军干休所（上级部门是东海舰队）从 2010 年～2014 年 12 月，经多次协商，芜湖市政府同东海舰队后勤部达成初步框架协议，但到现在还没有实质性进展。该问题已经拖了几年未解决，造成皖赣线该部分征迁启功困难。因此，在今后的铁路建设中，从设计源头上尽量避开军产、加强高层的协调沟通显得十分重要。

2. 关于安能四标问题

安能四标以中国安能建设总公司名义自 2010 年进场以来，由于部队人员流动频繁、施工管理经验不足等原因，造成了巨额亏损，导致维护稳定、信誉缺失等一系列问题。自 2012 年 1 月 1 日起，安能四标实行体制改革，不再通过招投标参与市场工程建设，其全部国有产权无偿划转给中国人民武装警察部队，相应注销武警水电部队的中国安能建设总公司。从 2012 年开始，安能公司不允许参加投标和贷款，失去市场融资能力，国家财政预算资金只能用于军事建设，无法再投入工程建设。因此，加强非中铁单位的资质审核，严格招投标程序，确保履行中标合同显得非常重要。

3. 关于适新应变问题

2011 年，由于受国家政策性宏观调控等因素影响，宁安铁路建设资金日趋紧张，建设基本停滞，维稳压力空前。公司及时调整思路，动员组织宁安铁路参建者，做到在确保质量安全的同时，控制了突发性群体性事件，化解消除了诸多不稳定因素，为宁安铁路建设创造了较为安定和谐的环境。

（1）保持维护稳定的紧迫意识，认真执行政策规定才能保和谐环境。维护稳定关系国家、铁路的形象，必须在思想上形成“稳定即政治”，在态度上“不回避、不赖账、不激化、不埋怨、不推诿”，在行动上“缺钱不缺精神、降速不降标准、点少不松管理、停工不停学习”，积极执行部、局部署及政策规定才能保和谐环境。

（2）保持科学规范的进取意识，全面落实部、局要求才能适新应变稳中求进。国家从宏观经济角度对铁路建设投资、标准、工期重新做出调整。我们只有审时度势，加强研判，根据建设形势及资金到位情况，针对工程情况和季节特点，分清轻重缓急，在工程建设的投资控制、工期进度、施组变更等方面进行梳理和调整，做到适新应变、稳中求进。

（3）保持凝聚力量的人文意识，加强沟通协调才能赢得各方的支持。增强参建各方同甘共苦、荣辱与共、同舟共济的大局意识，树立“以人为本”的理念，增强“来访是信任、接访是疏通”观念，全面落实参建各方维稳责任，坚决维护农民工、职工、供应商合法权益，赢得各方的理解和支持，才能为工程建设创造和谐氛围。

（4）保持质量终身负责的意识，加强暂停工点管理，积极维稳打造品牌工程。必须正确处理好安全、质量、稳定三者之间的关系，正确对待暂时性困难和永久性工程的关系，确立“稳定压倒一切”的地位，为安全保驾，为质量护航，积极打造“百年不朽工程”。

第三篇　勘察设计

第一章 地质勘查

全线地质勘察工作由三个单位共同完成。其中，南京南(不含)至铜陵(不含)DK0＋000～DK156＋000、池州(不含)至安庆(含)DK222＋400～DK265＋100(不含安庆长江大桥)由铁四院承担；安庆长江大桥DK244＋250.800～DK247＋260.100段由大桥院承担；铜陵(含)至池州(含)段DK156＋000～DK222＋400由铁三院承担。

按照《铁路工程地质勘察规范》(TB 10012—2007)、《铁路工程不良地质勘察规程》(TB 10027—2012)、《铁路工程特殊岩土勘察规程》(TB 10038—2012)、《岩土工程勘察规范》(GB 50021—2001)、《铁路工程抗震设计规范》(GB 50111—2006)等主要规范、规程，以及部发文、批复等有关要求，编制了项目《工程地质勘察大纲》，并于2008年1月报送宁安铁路有限公司筹备组审批。在勘察过程中严格执行《工程地质勘察大纲》有关技术规定、铁道部可研评审、初设批复的有关意见，以及工程勘察强制性条文。

一、主要勘察过程

1. 南京南(不含)至铜陵(不含)、池州(不含)至安庆(含)段

2007年1月7日～31日，依据《关于下达南京至安庆铁路初测工作的通知》(四设计〔2007〕4号)，开展了本段初测工作。

本段定测工作分两阶段完成，分别为2007年9月20日～11月20日[依据《关于下达南京至安庆铁路新芜湖南(不含)至安庆定测工作的通知》(四设计〔2007〕317号)]和2007年11月28日～2008年1月25日[依据《关于下达南京至安庆铁路南京南至新芜湖南(含)段定测工作的通知》(四设计〔2007〕415号)]。

2. 铜陵(含)至池州(含)段

2007年1月4日～30日，依据《关于下达南京至安庆铁路(铜陵至池州段)初测任务书的通知》(三设计经〔2007〕1号)，开展了本段初测工作。

2007年10月28日～12月31日，依据《关于下达南京至安庆铁路(铜陵至池州段)定测任务书的通知》(三设计经〔2007〕128号)，开展了本段定测工作。

2008年12月1日～2009年1月20日，依据《关于下达南京至安庆城际铁路铜陵至池州段补定测任务书的通知》(三设计经〔2008〕150号)，开展了本段补定测工作。

2009年6月10日～2009年6月30日，依据《关于安排宁安铁路轨道标准变化补充测量、勘探工作的通知》(三设计经〔2009〕号)，开展了本段补定测工作。

施工期间，陆续完成了受鱼塘、房屋等征拆控制的遗留勘探。

二、勘探原则

(一)路基工程

路基工程勘探依据原则合理确定补钻孔的位置，详细查清各类路基工程的工程地质条件及水文地质条件，尤其是要详细查清路基基底的地基条件，压缩层厚度以及满足变形计算的各层岩土的物理力学指标。

1. 路堤

(1)一般防护路基工程

一般防护路基地段勘察以工程地质测绘为主，辅以浅孔钻探、挖探等手段，详细查明地层岩性、地质构造、水文地质特征、填料来源及性质，确定边坡坡率、岩土施工工程分级、挖方弃土的填料类别，评价山体及地基稳定性。

路堤地段主要了解基底的稳定性、地下水类型和水位等。勘探点一般沿线路中心布置，勘探点纵向间距：岗地、丘坡间距一般为100～150 m；岗地坳谷及丘间谷地、阶地、冲积平原区，纵向间距50～100 m。山

间及丘间谷地勘探手段以静力触探、螺钻为主,局部地段辅以少量机动钻探;阶地及冲积平原区静力触探为主,机动钻探为辅,机动钻探与静力触探交错布置。工点长度大于 200 m 时,机动钻不少于 1 孔。

路堑地段主要了解土石成分、岩层风化破碎程度及节理发育情况,详细查明地基条件,并提供边坡处理意见。位于隧道进出口地段和桥隧间路堑的勘探点布置应与隧道进出口和桥梁的勘探综合考虑,勘探点纵向间距一般不大于 200 m;地形起伏、地层变化大或不均匀风化明显时,应布置不少于一个勘探横断面,勘探点横向间距为 20～50 m。相邻两桥之间路基长度较短时(<150 m 时),也应布置勘探孔。

低填浅挖地段应布置勘探点查明其基底地质条件,基床范围内的地基不能满足路基基床技术条件要求时,应按软土或松软土路基进行勘察。

桥路、涵路、堤堑、堑隧过渡段工程与桥涵、路基勘探相结合进行布置,一般应有勘探点,地形、地质条件变化较大时应布置勘探断面。

勘探深度一般应至基底持力层、基岩风化层或路基面以下 3～5 m,当有软弱结构面时应穿过软弱结构面并进入稳定层 3～5 m。

(2)高路堤、陡坡路基

高路堤、陡坡路基重点查明地层结构、岩土工程性质、覆盖层与基岩接触面的形态、不利侵向软弱夹层以及不良地质、特殊岩土的分布与性质等,并对地基稳定性进行评价,必要时应视填料情况、地基沉降情况、地质复杂程度等因素,考虑进行桥路比较。地下水发育地段应作简易水文地质试验,查明地下水类型、水位及地层渗透性。

高路堤、陡坡路基工点须进行横断面勘探,工点的控制断面为 1～3 个;勘探点纵向间距一般为 100～200 m,一般纵向每隔 200 m 左右布置一个勘探横断面,地形地质条件变化较大时勘探点及勘探断面适当加密;每个代表性地质横断面上不应少于 2 个勘探测试点,勘探点横向间距为 20～50 m。勘探手段以机动钻探为主,静力触探、挖探为辅。

钻孔深度应穿过软弱层至基底持力层以下 5 m,或预计滑动面(土层、岩土分界面或岩体不利结构面)以下 5 m。

(3)软土、松软土路堤

软土、松软土路基勘察以查明软土、松软土路基工点的工程地质条件、水文地质条件为目的,重点查明路基横向范围内硬壳、软土层性质、成因类型、厚度、深度变化及软土底面横坡,确定工点起讫里程。

软土、松软土地基工点勘探以静力触探和标贯试验为主,钻探为辅;并按不同的工程地质地貌单元选择代表性工点进行其他手段原位测试,包括孔压静力触探、十字板剪切等;同时,进行地质横断面勘察,勘探点间距不大于 50 m。地质横断面间距为 50～100 m。

勘探断面及孔位布置,应结合涵洞、桥路过渡段等综合考虑。

勘探孔深度:当软土、松软土较薄时,孔深至下卧硬底层 5～10 m 或下伏基岩内;当软土、松软土很厚时,孔深为附加应力相当于自重应力的 10%处的深度,且孔深不小于 35 m。考虑方案变化的可能性,接桥梁工点的软土工点起讫里程附近的勘探孔应结合桥梁桩基设计适当加深。

取样及土工试验要求:硬壳、硬底层、软土层等主要压缩层每层每种试验项目的试样不少于 6 组(包括土的物性指标、快剪、固结快剪、渗透、压缩、固结、无侧限抗压强度、灵敏度等),固结、压缩试验时所采用的荷载等级,宜根据实际荷载确定,一般在深度 15 m 内最大试验荷载采用 200～300 kPa,15 m 以下采用 300～400 kPa,并着重加强压缩层内渗透固结指标及变形指标测试。要求软土层内连续取样,并可利用桥台及 1 号墩取样试验。对同一种软土类型,应选择一定数量的代表性工点,对地基压缩层分层按深度进行高压固结试验,试样不少于 6 组;对含水率高、强度低的软土层,可根据工程需要进行少量的三轴试验(不固结不排水剪、固结不排水剪);对有机质含量较高的软土按软土成因类型选取代表性工点进行次固结试验。

(4)液化土地基

通过调查测绘,辅以静力触探、标贯试验等手段,重点查明地震动峰值加速度为 $0.1g$ 及以上地区的地形地貌(特别是微地貌)特征,地层岩性,成因类型,特别是可液化土层的性质、埋深、厚度、分布范围,地下水位埋深,上部非液化土层的厚度及结构组成。

勘探测试点间距不超过 50 m,勘探点位置和深度可以结合涵洞、软土及松软土地基同时进行。勘探方法以机动钻探和静力触探为主，在机动钻孔内进行标贯试验，标准贯入测试点间距 1.0～2.0 m。

(5)岩溶路基

可溶岩地段应通过地质测绘、调查访问等方法，查明覆盖层的厚度、岩性、物理力学性质；地下水埋藏深度、地下水与地表水的关系、地下水开采量；地面塌陷的位置、形态、塌陷发生时间；地面塌陷与地下水开采、采矿、地表水、大气降水的关系；分析岩溶塌陷的成因机理、分布规律以及已有的工程措施及其效果。根据勘探资料，评价岩溶路基的工程地质及水文地质条件，并采用线岩溶率、面岩溶率等指标评价岩溶发育程度和采用类比法、经验公式法等计算、分析岩溶顶板的稳定性。

在工程地质调绘的基础上，采用物探手段(直流电法、地质雷达、孔内无线电波或声波透视、综合测井法等)，对影响路基稳定的范围进行勘察。对物探发现的异常地段，再采用横测线进一步勘察。当物探圈定异常范围后，再根据实际情况采用适当数量的钻孔验证。

根据现场地质条件布置测网，一般沿线路纵向布置 3 条物探测线，站场范围内岩溶路基应根据站场宽度增加测线。测线间距一般为 20 m。在物探异常区以纵向 30～50 m 间距进行物探横剖面测试。一般每公里验证孔按 5 孔左右考虑，每个工点不少于 3 个验证性机动钻孔。

路堑地段路基面以下完整灰岩钻探深度不小于 10 m；路堤地段覆盖层较薄时，一般应钻穿覆盖层且完整基岩钻探深度累计不少于 8～10 m 或钻至溶洞底板内不少于 2 m；路堤地段覆盖层较厚时，孔深不少于 30 m；若为特殊地质地段，按相应的勘探原则执行。

分层、分区取地表和地下水、土、岩样进行分析。地表、地下水样除进行一般项目试验外，应增加游离 CO_2 和侵蚀性 CO_2 含量分析；覆盖层土样应作物理力学性质、膨胀性、渗透性试验，必要时进行矿物与化学成分分析；溶洞充填物样应作物理力学性质试验，必要时作为黏土矿物成分分析；代表性岩样应作物理力学性质试验，必要时选作镜下鉴定、化学分析。

(6)人工杂填土路基

重点查明填土的类型、物质成分、分布范围、厚度以及弃填年代、堆积方式、物质来源、原地面坡度，并进行代表性地质横断面勘探，断面间距为 30～50 m，每个断面勘探孔不少于 2 孔；对可能有暗埋的塘、浜、沟、坑地段，勘探孔适当加密。勘探深度应至原地面以下不小于 3 m。进行原位测试或取样的坑、孔数占勘探孔总数的 2/3，且每个场地不得少于 2 孔。填土基底为软土、松软土或填土本身软弱时，应按软土、松软土要求进行勘探测试。

(7)地基不良低路堤

地基不良低路堤系指路堤填高小于 3.0 m，在基床范围内夹有 $p_s \leqslant 1.5$ MPa 或 $[\sigma_0] < 0.18$ MPa 的土层的路堤，全段零星分布。重点核查在路肩以下 3.0 m 范围内夹有 $p_s \leqslant 1.5$ MPa 或 $[\sigma_0] < 0.18$ MPa 的土层的分布范围、厚度等。勘探点间距不大于 50 m。

2. 路堑

(1)深路堑及地质复杂的路堑

应查明山坡地貌植被情况、自然斜坡的稳定性，覆盖层的厚度、成因类型、密实程度等；查明岩性、层序、产状、岩体破碎程度及风化程度、地质构造、节理裂隙等。对覆盖层厚度大、岩体风化破碎严重或有软弱夹层的顺层地段等工程地质条件复杂的深路堑工点可适当布置机动钻探或物探，查明工点工程地质、水文地质条件及土石等级。

①深路堑、地质复杂及不良地质地段的路堑，应着重调查研究、预测其可能产生的变形，并拟定加固处理方案及提供设计所需的物理力学指标。对陡坡地段，尤其是软岩陡坡和软岩顺层地段，线位应尽量绕避；难以实现时，应尽量降低边坡高度。

②软硬岩互层或软弱夹层地段的顺层路堑，要详细查明岩层产状、软弱夹层的分布特征、物理力学指标及地下水发育情况，必要时选择 1～2 处有代表的工点，采用声波测井等形式查明软弱夹层的分布特征及物理力学参数。

③勘探点纵向一般间距为 100 m 左右，地质复杂的路堑勘探点间距一般为 50 m 左右；纵向一般每隔 200～300 m 布置一个勘探横断面，每个工点的勘探横断面为 1～3 个，每个勘探横断面应有 1～2 孔机动钻孔，勘探点横向间距为 30～80 m。

④勘探深度一般应至基岩弱风化层或路基面以下 3～5 m,当有软弱结构面时应穿过软弱结构面并进入稳定层 3～5 m;可溶岩地区钻孔应达到路肩设计高程以下至少 10 m,在此范围内遇溶洞时钻探深度另行研究;需做特殊支挡结构物的路堑工点,勘探深度应至基岩弱风化层或结构物基底以下不小于 5 m。

(2)下蜀黏土和网纹红土路堑

下蜀黏土属第四系上更新统(Q_3),该黏性土工程特性较为特殊,工程地质勘测中以测绘为主,查明沿线膨胀岩土的分布范围、厚度、岩性(颜色、结构、含有物、裂隙发育状况),以及其地形地貌特征,尤其是微地貌特征,包括斜坡自然坡度、高度、冲沟、坡面冲刷、剥落、地表植被生长状况等。收集既有建筑物变形和破坏情况,基础类型和埋深,人工边坡高度、坡率以及防治病害的经验。结合填料设计进行挖探取样,取样深度在地表以下不小于 1.5 m,获取土质物理力学指标。试验项目包括天然含水率、液塑限、黏粒含量、粉粒含量,试验若为膨胀土尚应进行蒙脱石、阳离子交换量及自由膨胀率试验。同一地貌单元、性质类似以及挖方深度大于 6 m 的工点代表性布置机动钻探。勘探深度至路基面以下 5 m。

勘探点一般沿线带状布置,以挖探、槽探为主,辅以机动钻孔、静力触探。勘探点纵向间距一般为 200～300 m。勘探深度应钻至路基面以下不少于 3 m,且钻孔深度不应小于 8 m。膨胀岩(土)地段应采用干钻或泥浆钻进,取样必须采用干钻或挖探,原状样应从地面以下 1.0 m 开始取样,每 1～2 m 取 1 个样;遇有灰绿色、灰白色土层应增加取样数量。

(3)支挡建筑物

以工程地质测绘结合相应的勘探手段,查明支挡地段的地形地貌、地层结构、地质构造、岩土界面、岩土工程性质、软弱面的分布范围和特征,获取土层、岩土界面或不利结构面的抗滑、抗剪或固结等物理力学指标。

路堤支挡工点应根据支挡结构物的类型、位置进行地基条件勘探,勘探点间距按地质条件的复杂性确定,一般为 30～100 m,支挡基底纵断面上钻孔数不应少于 2 孔。线路两侧均设支挡时,若地基存在软弱夹层,应考虑两侧均进行勘探。土层及强风化层应钻至支挡建筑物基础下不小于 5 m,岩层应钻至支挡建筑物基底下不小于 5 m 或穿过不利结构面以下不小于 5 m。

3. 采空区和人为坑洞

(1)地质调绘:人为坑洞(采空区等)地区地质调绘前应搜集各种地质图、矿床分布图,矿区规划图,地表变形和有关变形的观测、计算资料,地表最大下沉值、最大倾斜值、最小曲率半径、移动角等资料;了解加固处理效果。人为坑洞地区调绘按照《铁路工程不良地质勘察规程》(TB 10027—2001)进行。繁昌大学山地段小煤窑较多,地质测绘中加强调查工作,查清煤窑的分布、规模以及对工程的影响程度。

(2)勘探与测试:在人为坑洞分布无规律、地面痕迹不明显,无法进入坑洞内进行调查和验证的地区,应采用电法、地震及地质雷达等综合物探,并用物探结果指导钻探,必要时进行综合测井;使各种方法的勘探结果得到相互补充和验证。人为坑洞地区勘探点应根据线路纵、横断面方向,并结合工程建筑物类型、坑洞埋藏深度、延伸方向进行布置,数量和深度应满足各类建筑物与防护加固、治理工程设计的要求。一般沿线路以 50～100 m 左右间距布置机动钻钻孔,100 m 左右布置勘探横断面,每个横断面 2～3 孔。同时采用物探对可能的影响范围进行勘察,一般沿线路纵向布置三条物探测线,横向 50～100 m 布置横向测线。对物探异常区根据实际情况增加探测线和钻孔。

对采空区情况复杂地段,必要时,提出开展专项补充勘探工作的建议,以便进一步通过综合勘探查明采空区情况。

测试应包括下列内容:对上覆不同性质的岩、土层应分别取代表性试样进行物理力学性质试验,提供稳定性检算及工程设计所需参数;分别取地下水和地表水样进行水质分析;对煤层或可能储气部位,必要时应进行有害气体含量、压力的现场测试。

(二)桥涵工程

1. 小桥涵工程地质勘察

勘察重点:查明地貌特征、天然沟岸的稳定状态,涵洞基础处地基的地层岩性、地质构造、隐伏的基岩斜坡及其他不良地质现象。

(1)涵洞勘探以静力触探为主,丘陵岗地区以地质测绘结合机动钻探进行勘探,地质条件简单,地层单一或地形平坦的涵洞布置1个勘探点;涵洞较长,地形地质条件复杂时,应在涵洞轴线上布置勘探测试点不少于2个。

(2)涵洞勘探应与路堤勘探紧密结合,资料相互利用。

(3)勘探深度:勘探孔深应结合涵洞孔跨和地层情况布置,第四系土层勘探孔深按3倍孔跨考虑,考虑路基工程的需要,孔深一般为25 m。对软土层和软弱层时应钻至持力层不小于5 m并满足软弱下卧层验算的要求;对基岩风化层,可类比第四系地层,一般应钻至全风化层5～10 m;可溶岩地段,当第四系覆盖层厚度不足时,需钻至基础以下完整基岩内10～15 m。

2. 大中桥、特大桥工程地质勘察

桥基工程地质勘测需要查明桥渡地区地貌、河谷的类型和岸坡稳定性等;查明桥址的地层岩性、地质构造、基岩的风化与构造破碎程度;软弱夹层情况和基岩面形态以及地下水状态;不良地质、特殊岩土的分布及工程地质特征及危害程度。勘探、测试孔布置应针对不同的地貌单元,充分利用既有资料,结合桥梁结构类型、桥式布置、基础类型综合考虑布置。

(1)勘探孔布置

勘探、测试孔布置应针对不同的地貌单元,充分利用既有资料,结合桥梁墩台位置、结构类型、桥式布置、基础类型综合考虑布置,勘探点应布置在基础轮廓线的中心或周边。

①一般地区,地层简单时,桥梁采用摩擦桩或采用柱桩,基岩面稳定地段,可采用机动钻与静力触探交错布置逐墩勘探,否则,每个墩台布置1个机动钻孔。当桥梁结构复杂或跨度在64～80 m时,每个墩台基础布置2个机动钻孔。当桥梁结构复杂或跨度大于80 m时,每个墩台基础布置2～4个机动钻孔。

②下伏基岩变化大、风化差异明显时,每个墩台应增加1个机动钻孔。对陡坡地段墩台,加强测绘,若需要可进行横断面勘探。

③位于地震区的桥梁,布孔原则同一般地段桥梁工程,对地面以下20 m内需要液化判别的土层应加强标准贯入试验或静力触探测试;结构复杂或跨度≥64 m的桥梁以桥为单位进行孔内剪切波速测试。

④岩溶地段桥梁墩台先按每墩台一孔布置,再根据岩溶发育严重情况按对角布置、墩台四角钻探,岩溶发育较大时逐桩勘探。

采用柱桩的浅覆盖型岩溶场地,微弱发育～弱发育(即沿线路分布密度每200 m少于1个、钻孔遇洞率小于10%且洞径小于0.5 m)的岩溶有足够厚度的完整基岩时每墩钻3～5孔;中等发育～强烈发育(即沿线路分布密度每200 m大于1个、钻孔遇洞率大于10%且洞径大于0.5 m)的岩溶场地逐桩钻探。

采用摩擦桩的埋藏型岩溶场地,微弱发育～弱发育(即沿线路分布密度每200 m少于1个、钻孔遇洞率小于10%且洞径小于0.5 m)岩溶每墩钻2孔;当岩溶为中等发育以上时每墩钻4～5孔或逐桩钻探。同时布置适量弹性波孔间透射,微弱发育～弱发育岩溶场地每墩台布置1对孔透,中等发育以上岩溶场地每墩台布置2～4对孔透。

对于土洞发育、基岩面处土岩混杂且基岩面起伏较大的墩台,逐桩钻探。

对于桥址处地质构造复杂,可溶岩和岩溶分布杂乱且无明显规律的场地,应根据钻探揭示岩溶发育和分布情况区别对待,并及时与桥梁专业联系,根据设计需要进一步查明实际地质情况。

大中桥、特大桥每一桥址区至少有2个钻孔进行剪切波速测试。低山丘陵区地形变化较大,每个地貌单元至少应有1个钻孔进行剪切波速测试,地形平坦时按1.0～2.0 km间距布置。

(2)勘探深度

勘探孔深度主要依据上部荷载和地基地质情况及基础类型和设计要求确定,并满足软弱下卧层及稳定和变形验算的要求。

①一般基岩地基勘探深度

一般沉积岩钻至桩尖以下5～10 m,或钻入弱风化层(或微风化层)3～8 m;极软岩钻至弱风化层5～10 m;火山岩地区应钻至弱风化层(或微风化层)5～10 m;灰岩地区钻至桩尖以下完整基岩不小于10 m,遇溶洞时结合工程需要适当加深;桥基础为扩大基础时,一般孔深20～30 m,但不得小于基础底面宽度的4～5倍。

②漂(块)石地基勘探深度

遇有大漂(块)石时,钻至基础底以下的深度应超过当地漂(块)石的最大粒径的2倍,且不少于10 m。

③第四系土层地基勘探深度

一般应钻至桩底以下 5～10 m。当无桩基资料时,对于黏性土、粉土、粉砂、细砂地层,一般性钻孔孔深 50～70 m,控制性钻孔孔深 60～80 m;对于中砂、粗砂、砾砂及碎石类土,一般性钻孔孔深 30～40 m,控制性钻孔孔深 40～50 m;当桥结构复杂或跨度≥64 m,墩高≥50 m,地基为流塑状态的黏性土、饱和粉土,粉砂、软土时,勘探深度需与桥梁专业研究计列。

④可溶岩地段勘探深度

采用柱桩的浅覆盖型岩溶场地,钻孔孔深应满足桩尖下有 10～15 m 完整基岩;采用摩擦桩的埋藏型岩溶场地,勘探深度根据桩尖下岩性、持力层厚度和溶洞顶板岩石厚度综合确定。

⑤遇不良地质或特殊岩土时,勘探深度应同时满足桥基场地评价和地基强度要求。

(3)测试

①原位测试

原位测试一般按土质特性、工程要求和使用经验选用静力触探、动力触探、标准贯入试验等原位测试方法。

②土工试验

地基为黏性土或粉土时,应分层采取原状土样作物理力学试验,每层试件数量不应少于 6 组,并加强桩尖以下地层变形指标测试。勘探中应加强孔内标贯试验,原位测试及土工试验。地基为砂类土、碎石类土时,应分层取样进行颗粒分析试验,每项试验项目的试件数量不应少于 6 组;地基为基岩时,分别取代表性岩样做物理性质和岩石力学性质试验。每座桥不少于 1 组地表水及地下水水样,特大桥按不同地貌单元或每 200～500 m 取 1 组地表水及地下水水样,进行侵蚀性试验。

(三)隧道工程

隧道勘察应根据地质复杂程度,结合物探、钻探、挖探等综合勘探手段,查明隧道通过地区地貌特征,分析地貌形态与地质构造的关系,岩层的层序、年代、成因、产状、层厚、褶皱断层的性质、破碎带宽度、隧道不良地质的性质、分布范围、地下水类型、埋藏深度、流量、地下水补给及循环条件;查明不良地质、特殊岩土的分布及对隧道的影响,特别是对洞口及边仰坡的影响;查明隧道通过地段的井、泉分布,含水层、隔水层性质,分析水文地质条件,判明地下水类型、补给、径流、排泄的条件以及水质、侵蚀性,预测洞身分段涌水量。在岩溶区,应分析突水、突泥的危险性,预测隧道施工诱发地面塌陷和地表水漏失等破坏环境条件的问题,并提出相应措施。

物探布置的原则:在第四系覆盖层或在沉积碎屑岩风化层厚度较大,不良地质发育的隧道进、出口和浅埋地段应进行物探剖面勘探,以查明隧道以上地段的土石分界面和进行隧道围岩分级;隧道洞身的断裂破碎带、裂隙密集带、各种岩体接触带、不同期次侵入岩接触带均应布置物探测线查明其位置、规模、产状;岩溶发育区隧道应对不同含水段及断裂破碎带布置物探测线,查明岩溶洞穴和岩溶水的发育程度。

通过地质测绘及物探资料的综合分析,对重要的地质界线、对隧道工程影响较大的断裂构造及岩溶发育带采用钻探验证。钻探过程中遇地下水,应做好水位记录和观测,必要时综合利用钻孔进行物探、水文地质试验和地下水动态观测。

当隧道洞口位置覆盖层(或风化层)较厚时,可布置机动钻探,查明洞口地质条件,以确定洞口边、仰坡坡率及限高。

机动钻孔应布置在隧道中心左、右侧不少于 10 m;钻孔深度应达到路肩高程以下 3～5 m,遇溶洞及其他不良地质时,应适当加深。钻探完毕后应采用水泥砂浆回填封孔。

(四)站场及房屋建筑工程

1. 地质调绘

地质调绘应查明以下内容:站场范围各类厂房建筑物场地的地形地貌、地层岩性、地质构造等工程地质条件,判明场地的稳定性并提供地基承载力、挖方边坡坡率、岩土工程施工分级和工程措施意见;站场范围内不良地质和特殊岩土的分布范围、性质、稳定程度及其对建筑物的影响,提出工程措施意见;站场及各类建筑物基底的地下水类型、分布、埋深、水质、水位变化幅度、侵蚀性等水文地质条件。

2. 勘探与测试

(1)根据场地的工程地质条件布置控制性勘探点和一般性勘探点;勘探的范围数量、深度及间距根据建筑物的基础类型、建筑面积和场地地质复杂程度确定。每个地貌单元应有控制性钻孔;有条件时,应采用钻探物探和原位测试等综合勘探手段。

(2)建筑物场地的勘探点间距根据地质条件复杂程度确定:简单场地 50～75 m,中等场地 20～50 m,复杂场地小于 20 m。

(3)对于区段站以上的大型站场应布置代表性工程地质横断面,或根据建筑物设置布置控制代表性地质剖面,剖面间距一般为 50～100 m。对站台雨篷、无柱雨篷结合站场进行横断面勘探。

(4)勘探、测试深度

控制性钻孔的勘探深度应至压缩层深度以下 1～2 m,一般性钻孔应至基底或桩尖以下不小于 5 m。

对于需要变形验算的地基,部分钻孔应达到地基压缩层的计算深度,一般土层压缩层下限为附加应力的 0.2 倍自重应力处,软土为附加应力的 0.1 倍自重应力处;特殊岩土场地的勘探深度不仅应满足地基的强度要求,还应满足特殊岩土场地评价的要求。

(五)供水工程

供水工程勘探以地质调绘为主,查明供水建筑物场地和管道的地形地貌、地层岩性、地质构造、地下水埋深等工程地质、水文地质条件以及不良地质和特殊岩土的性质、范围和稳定程度,为确定供水建筑物的基础类型提供工程地质资料,如地基承载力、挖方边坡坡率和岩土施工工程分级。

勘探点的布置根据供水建筑物的具体的位置、基础类型确定。大型供水建筑物(水塔等)1～2 孔,小型供水建筑物(供水池等)1 孔,供水建筑物面积较大,地质条件复杂时采用地质剖面控制。采用管道供水时,应沿管线布孔,间距视地质条件确定。

供水建筑物的勘探深度可比照《铁路工程地质勘察规范》(TB 10012—2007)中的要求执行。供水管道的勘探深度视土质情况而定,一般至管底埋深以下 1～2 m,特殊岩土适当加深。

供水工程的一般建筑物可取代表性土样进行物理力学试验;水塔等高大建筑物应分层取样作物理力学性质试验,有条件时应进行原测试试验及地脉动测试。

三、勘察方法及手段

综合采用工程地质调绘(1∶1 万大面积工程地质及岩溶水文调查、1∶2 000 带状工程地质调绘)、物探(电法、震法、EH-4、管道探测等)、机动钻探(浅孔、深孔,深孔主要应用于复杂桥梁、采空区)、原位测试(静力触探、应力铲、钻孔内标贯、动探等)、挖探、水文地质试验、室内试验等相结合的综合地质勘察方法。

1. 地质调绘

采用远观近察,按由面至点、点面结合的工作方法,对重要的地质界线采用穿越法与追索法相结合的方法进行工程地质调绘。

2. 地质钻探

采用取芯回转钻进法,土层、基岩全风化带采用(风压)干钻。饱和砂层可采用跟管钻进、套管护壁或泥浆钻进等有效方法。断层破碎带和滑动面(带)必须采用双层单动岩芯管钻探。

3. 工程物探

针对沿线不同的地质条件,采用了电测深、地震反射、瑞利面波法、充电法、EH-4 等多种工程物探方法。

4. 原位测试

采用标准贯入试验、动力触探、静力触探(双桥为主,部分采用单桥)、十字板剪切(每次应包括原状与重塑土剪)、平板荷载试验、剪切试验、岩土波速测试、视电阻率测试等原位测试手段。

5. 室内试验

室内试验根据岩性、工程类别的不同而有针对性地选择试验项目。

(1)试验项目

黏性土试验项目:比重、天然含水率、天然密度、天然孔隙比、饱和度、液限、塑限、塑性指数、液性指数、压缩系数、压缩模量、固结系数(水平、垂直)、各级压力下的孔隙比、直接快剪(包括快剪 q、固结快剪 Cq 的 c、ϕ 值)、无侧限抗压强度、渗透系数,自由膨胀率(膨胀性黏土选择性作蒙脱石含量及阳离子交换量试验)。

软土试验项目:在黏性土试验项目基础上增加灵敏度、有机质含量。在软土较厚的路基段,选择部分软土样做三轴剪切试验[包括不固结不排水剪(UU)(c、ϕ 值)、固结不排水剪测孔隙水压力(CU)(c、ϕ 值)]、高压固结试验,高压固结试验成果提供 e-lg$p$ 曲线,确定先期固结压力并计算压缩指数和回弹指数。

膨胀土试验项目:对于膨胀土路堑,取样进行膨胀性试验,对于初判为膨胀土的地段(自由膨胀率大于35%),应进行详判,测定自由膨胀率、蒙脱石含量、阳离子交换量等指标。

为满足桥梁沉降计算,对于桥梁孔 30 m 以下所有土层和全风化层,应进行在不同压力下(分别按 0、50 kPa、100 kPa、200 kPa、300 kPa、400 kPa、600 kPa、800 kPa、1 000 kPa)的压缩试验,并提供不同压力下的孔隙比、压缩模量、压缩系数、渗透系数。

岩石试验项目:比重、密度(天然、风干、饱和)、吸水率、饱和吸水率、孔隙率、单轴极限抗压强度(天然、饱和、风干)、软化系数。当直接测定岩石强度指标难以满足需要时,可进行点荷载试验。

砂土、粉土样品应做颗粒级配(粒度分析),提供不均匀系数、曲率系数等参数。

(2)填料试验

①细粒土、砂、砾石、卵石土、碎石土、风化岩石、改良土等填料试验主要按《铁路工程土工试验规程》(TB 10102—2004)进行操作,承载比试验(CBR)主要参照《公路土工试验规程》(JTG E40—2007)试验。掺合物(水泥、砂)性能试验主要参照相关现行国家标准进行。

②级配碎石、级配砂砾石试验按《铁路碎石道床底碴》(TB/T 2897—1998)和《铁路碎石道砟试验方法》(TB/T 2328.1～18—1992)进行操作。

6. 专题研究

进行了采空区及压覆矿产评估专项研究,建设用地地质灾害危险性评估,工程场地地震安全性评价。

四、专项地质评价

根据有关规定,宁安公司筹备组组织有关单位对全线进行了地质灾害评估、压覆矿产资源情况评估及工程地震安全性评价。

(一)地质灾害危险性评估

经过地质灾害危险性评估认为,总体上线位通过地区适宜宁安铁路建设。

1. 江苏省段

(1)评估主要结论

评估区地貌形态包括低山丘陵、岗地和岗间坳沟,地形有一定的起伏,水文地质条件简单,工程地质条件总体较好,人为工程活动一般,地质灾害局部发育,根据部及省有关技术要求,确定其地质环境复杂程度属于中等类型;根据国土资源部国土资发〔2004〕69 号文件中的有关规定,确定该工程的地质灾害危险性评估级别为一级,评估区内地质灾害类型主要为滑坡、崩塌及特殊岩土(膨胀土、软土)。现场评估认为评估区内滑坡、崩塌及特殊岩土(膨胀土、软土)灾害危险性小。预测评估认为工程在韩府山段(桩号 CK2＋700～CK4＋100)、岱山段(桩号 CK6＋550～CK10＋700)引发及遭受滑坡、崩塌灾害危险性中等,其他地段危险性小。综合评估认为评估区韩府山段(桩号 CK2＋700～CK4＋100)、岱山段(桩号 CK6＋550～CK10＋700)地质灾害危险性中等,土地适宜性为基本适宜;其他区段地质灾害危险性小,土地适宜性为适宜。

(2)评估建议

加强工程地质勘察,查清软土的分布位置、埋深,并对软土进行必要的处理,为工程设计、施工提供保障;设计时应确定合理的站点基础结构,选择合理的持力层及稳妥的基坑开挖方案;在隧道穿越地段要查清穿越岩体的工程地质特性,选择合适的隧洞衬砌方案,并设计安全的施工工艺,保证隧道工程安全;在填方段重视填土质量和工程施工质量,尤其是在软硬路基交接部位,要采取相应的措施,预防不均匀沉降对铁路路基造成危害;在挖方路段,要重视开挖后边坡的支挡和防护,当坡高较大时应自上而下分级开挖,设置马道,并修建排水系统。

2. 安徽省段

(1)评估主要结论

评估区内地质环境条件为复杂类型;地质灾害危险性评估级别为一级。

现状评估结论：评估区内崩塌灾害 9 处，危险性等级为小级；岩溶塌陷灾害计 1 处 6 个塌陷坑，危险性等级为大级；采空塌陷灾害 2 处，危险性等级为大级；沿线 4 个新建车站、33 座特大桥、10 座大桥、6 座中桥、3 座立交桥在现状条件下无地质灾害的产生。

预测评估结论：铁路沿线工程建设引发地质灾害类型为崩塌、滑坡灾害，危险性等级均为小级；工程建设可能遭受的地质灾害类型为崩塌、滑坡、软土、砂土液化、膨胀土、岩溶崩塌、采空崩塌、不均匀沉陷灾害，其中软土灾害危险性等级为小级、中等、大级，岩溶塌陷灾害危险性等级为中等、大级，采空塌陷灾害危险性等级为大级，崩塌、滑坡、砂土液化、膨胀土、不均匀沉陷灾害危险性等级为小级。铁路沿线 4 个新建车站工程建设引发地质灾害类型为崩塌灾害，危险性等级为小级；工程建设可能遭受的地质灾害类型为软土、膨胀土、崩塌灾害，其中软土灾害危险性等级为小级、大级，膨胀土、崩塌灾害危险性等级均为小级。沿线 33 座特大桥、10 座大桥、6 座中桥、3 座立交桥工程建设不存在引发地质灾害的危险性；工程建设可能遭受的地质灾害类型为软土、砂土液化、膨胀土，岩溶塌陷灾害危险性等级为中等、大级，砂土液化、膨胀土灾害危险性等级为小级。

综合分区评估结论：铁路沿线 CK34＋290～CK264＋600 段中 CK53＋700～CK92＋650、CK92＋650～CK104＋550、CK104＋550～CK117＋100、CK117＋100～K127＋800、CK156＋550～CK′15＋800、15＋800～CK′39＋700、CK249＋050～CK250＋950 段，工程建设存在引发及遭受软土、岩溶塌陷、采空塌陷、膨胀土、崩塌、滑坡灾害的危险性，危险性等级为大级，建设场地适宜性为适宜性差，防止难度大。CK44＋900～CK53＋700、CK127＋800～CK156＋550、CK224＋500～CK244＋650、CK244＋650～CK249＋050 段，工程建设存在引发及遭受软土、砂土液化、膨胀土、崩塌、滑坡灾害的危险性，危险性等级为中等，建设场地适宜性为基本适宜，但可采取措施予以处理；CK34＋290～CK44＋900、CK′39＋700～CK224＋500、CK250＋950～CK264＋600 段，工程建设存在引发及遭受崩塌、滑坡、软土、膨胀土灾害的危险性，危险性等级均为小级，建设场地适宜性为适宜，易于处理。铁路沿线 4 个新建车站中新马鞍山工程建设存在遭受软土灾害的危险性，危险性等级为小级，建设场地适宜性为适宜，易于处理；新当涂站工程建设存在遭受软土灾害的危险性，危险性等级为大级，建设场地适宜性为适宜性差，防治难度大；新芜湖南站工程建设存在引发及遭受崩塌灾害的危险性，危险性等级为小级，建设场地适宜性为适宜，易于处理；新繁昌站工程建设存在引发及遭受崩塌、膨胀土灾害的危险性，危险性等级均为小级，建设场地适宜性为适宜，易于处理。

(2)评估建议

①铁路沿线软土分布面积和厚度均较大，建议堤段应注意路基的强度，并采取措施预防软土灾害的危害。

②切坡段应注意边坡的稳定问题，对于切坡较高、较长的边坡，尤其是断裂、裂隙发育的地段，应采取有效的防治措施，以避免危坡、危岩的存在。

③岩土工程地质详勘中应重点查明碳酸盐岩分布区岩溶的发育、分布、规模、埋深及其充填情况；应对开口性溶洞、溶槽、溶沟进行预先处理，防治因人为或天然因素引发岩溶塌陷灾害的产生。

④铁路沿线及周围灰岩分布区应严格控制岩溶地下水的开采；如需开采，必须进行相应的评价论证工作。

⑤铁路沿线通过的二叠系上统龙潭组(P_2l)煤系地层应引起高度重视，应采用物探、钻探等手段，查明是否存在采空区，以防对工程建设及运行产生危害。

⑥切坡段及隧道进出口，建议采用混凝土及片石坡面进行浆砌，实施全坡面防护措施。

⑦切坡及隧道开挖所产生的废弃土石方，应选择适宜的地形进行堆放，并设置永久性支挡工程，以防引发新的地质灾害隐患。

⑧桥梁通过的地段，应进行详细的岩土工程地质勘察工作，并考虑洪水对桥梁的危害。

⑨填方段按设计要求，预留沉降高度；且应分层夯实、压密并对填方边坡进行护砌。

⑩工程建设及运营过程中，应进行长期检测工作，以便及时发现地质灾害隐患进行防治、治理。

(二)压覆矿产资源评估

1. 江苏省段

(1)评估主要结论

江苏段路线选址未压覆已发现具工业价值的重要矿产资源，但路线安全保护带内(以路线两侧各 1 000 m 划定)分布有泰山铁磷矿、卧儿岗铁矿(设置有采矿权)、牛首山铁矿、铜井金矿(设置有采矿权)4 个矿区。

(2)评估建议

路线勘察设计阶段应加强实地勘察，论证路线安全保护带内分布的泰山铁磷矿、卧儿岗铁矿、牛首山铁矿、铜井金矿对路线建设的影响，并按国家规定处理好相关事宜。

2. 安徽省段

(1)评估主要结论

安徽段沿线 4 km 宽评估区范围内有铜矿、铁矿、锰矿、石灰岩矿、膨润土矿及砖瓦用黏土矿六种矿产资源，113 个矿产地，涉及采矿权 115 家，62 个探矿权。区内大型规模矿权 5 个，中型规模矿权 14 个，其均余为小型以下规模。

拟建工程共压覆 10 个矿产地，分别为芜湖市凤凰山石灰岩矿(G65)、芜湖市鲁港冶金石矿(G72)、芜湖市白马山水泥用灰岩矿(G73)、当涂县太白镇青峰轮窑厂砖瓦用黏土矿(G91)、花山北砖瓦用黏土矿(G93)、当涂县太白九井立窑厂黏土矿(G94)、当涂县龙山西坡建筑石料用砂岩矿(G101)、当涂县龙山铁矿(G107)、芜湖县施家山杨日山砂岩矿(109)、芜湖县韩家山水泥配料用黏土矿(G111)。

微调线路共压覆 8 个矿产地，分别为芜湖市凤凰山石灰岩矿(G65)、芜湖市鲁港冶金石矿(G72)、芜湖市白马山水泥用灰岩矿(G73)、当涂县太白镇青峰轮窑厂砖瓦用黏土矿(G91)、花山北砖瓦用黏土矿(G93)、当涂县太白九井立窑厂黏土矿(G94)、当涂县龙山西坡建筑石料用砂岩矿(G101)、当涂县龙山铁矿(G107)。

拟建工程共压覆 16 个探矿权，分别为安徽省池州市墩上地区物探异常查证(T03)、安徽省贵池区龙王洞锰多金属矿普查(T07)、安徽省铜陵县金鸡涝铜多金属矿普查(T13)、安徽省铜陵县万牛山铜多金属矿普查(T24)、安徽省铜陵县鲢鱼山铜多金属矿普查(T27)、安徽省铜陵县顺安镇河湾铜多金属矿普查(T28)、安徽省铜陵县索山铜多金属矿普查(T31)、安徽省繁昌县库山矿区水泥石灰岩矿普查(T37)、安徽省繁昌县薛岭铁矿点普查(T43)、安徽省马鞍山市当涂县陈家村铁矿普查(T47)、安徽省当涂县永宁地区铁矿普查(T48,省级项目)、安徽省马鞍山市当涂县云楼地区铁矿普查(T51)、安徽省当涂县端庄汤家楼铁矿普查(T52)、安徽省马鞍山市超山绿松石矿详查(T54)、安徽省马鞍山市小庄地区铁矿普查(T55)、安徽省马鞍山市三官塘铁矿普查(T61)。其中马鞍山市三官塘铁矿普查压覆铁矿预估(333 类)资源储量 800 万 t，但未提交正式报告。

(2)评估建议

建议 CK50～CK55、CK61＋600～CK65、CK91～CK107 地段线路进行调整。

(三)地震安全性评价

江苏省地震工程研究院受筹备组委托，对江苏省段宁安铁路工程进行了地震安全性评价，并形成了《地震安全性评价报告》，其结论如下：

(1)区域分布属华北断块区的鲁苏断块、徐淮断块，扬子断块区的下扬子断块以及秦岭—大别山断褶带，各断块间均以岩石圈断裂或地壳断裂为界，本工程场地位于下扬子断块内。区域断裂构造较为发育，共涉及 26 条主要断裂，按其走向可分为北东向、北北东向、北西向和近东西向 4 组。北西向、北北东向及近东西向断裂第四纪中、晚期以来仍具明显活动。区内强震多数沿这三组方向的断裂分布或丛集在它们与另一组方向断裂的交汇区内。

(2)区域位于华北地震区东南部，涉及长江下游—黄海地震和郯庐地震带，区域主体位于长江下游—黄海地震带内。历史上共记载到 $M \geq 43/4$ 级地震 33 次，其中 5～5.9 级地震 22 次，6～6.9 级地震 2 次，即 1624 年 2 月 10 日江苏扬州 6 级地震和 1979 年 7 月 9 日江苏溧阳 6.0 级地震。南黄海海域、茅山断裂带及其附近地区、昆山附近以及长江口是本区中强震活动的丛集区。现代地震则主要分布在苏北沿海地区、茅山断裂带的溧阳地区以及安徽固镇等地。

(3)近场区规模较大的主要断裂有 5 条，即滁河断裂、江浦—六合断裂、方山—小丹阳断裂，南京—湖熟断裂和幕府山—焦山断裂。这些断裂虽在第四纪早、中期曾有活动表线，但它们自晚更新世以来没有表现出明显的新活动迹象，因此不会对工程场地的稳定性造成直接影响。4 条规模较小的一般断裂，包括与线路较近或相交的西善桥—雨花台断裂和板桥—谷里断裂，均为基岩中的老断裂，不会对工程场地稳定性产生直接影响。其余主要早第四纪断裂均分布在距工程场地大于 2 km 以外的周边地区，更不会对工程场地的稳定性造成直接影响。

(4)近场区历史上发生在近场区范围内的破坏性地震有 3 次，分别为 499 年 8 月 4 日南京 43/4 级地震(震中烈度为Ⅵ度)、548 年 10 月 27 日南京 51/4 级地震(震中烈度为Ⅶ度)和 1712 年 12 月 22 日江苏仪征 43/4 级地震。区域内所发生的中强震及远场大震对南京的最大影响烈度为Ⅵ度。1970 年 1 月～2007 年 6 月，近场区内共记录到 $M_1 \geqslant 1.0$ 级地震 113 次(含六合瓜埠小震群)，其中 2.0～2.9 级地震 39 次，3.0 级以上地震 4 次，最大地震为 1991 年 9 月 12 日 ML3.7 级地震。

(5)根据地震性质、地球物理场、地壳深部构造及地震活动特征等成果的综合分析，区域范围内共划分出 20 个潜在震源区，对工程场地地震危险性影响较大的潜在震源区有南京潜在震源区、马鞍山潜在震源区、扬州潜在震源区、溧阳潜在震源区、合肥潜在震源区和天长潜在震源区。

(6)采用地震危险性分析的概率方法，选择并确定适合本地区的基岩地震动衰减关系，对本工程场地进行了地震危险性分析计算，经不确定性校正后，得到本工程场地 9 个主要工点 50 年超越概率 63%、10%和 2%的基岩地震水平向峰值加速度值，见表 3-1-1。

表 3-1-1 工程场地地震危险性分析计算结果表

编 号	主要工点	计算点坐标(度)		基岩地震动水平向峰值加速度(*g*)		
				50 年 63%	50 年 10%	50 年 2%
1	起点(南京南站)	118.973	31.971	23.93	80.25	147.87
2	秦淮新河特大桥	118.772	31.960	23.57	79.40	146.59
3	板桥车站	118.731	31.930	22.47	76.66	142.12
4	马家店 2 号特大桥	118.730	31.932	22.53	76.81	142.38
5	板桥河特大桥	118.671	31.884	20.83	72.38	134.55
6	江宁河特大桥	118.612	31.858	19.90	70.27	131.24
7	新江宁车站	118.595	31.832	19.38	69.00	129.38
8	牧龙河特大桥	118.575	31.808	18.96	68.04	128.08
9	终点(苏皖边界)	118.582	31.741	18.03	66.17	125.82

(7)经工程场地 5 个重要工点土层地震反应及地震动效应分析，综合研究确定 50 年超越概率 63%、10%和 2%三个概率水准下，各特大桥及车站工点处的地表地震动水平向峰值加速度值及场地地表加速度反应谱参数(阻尼比 0.05)分别见表 3-1-2 和表 3-1-3。

表 3-1-2 桥梁设计地震动参数表(阻尼比 0.05)

桥梁名称	特征参数	50 年 63%	50 年 10%	50 年 2%
秦淮新河特大桥(DZ1 孔)	$A_{max}(g)$	0.038	0.120	0.196
	α_{max}	2.40	2.50	2.55
	T_g(s)	0.44	0.48	0.54
	k	0.90	0.90	0.90
板桥河特大桥(DZ3 号孔)	$A_{max}(g)$	0.035	0.100	0.175
	α_{max}	2.35	2.40	2.45
	T_g(s)	0.50	0.54	0.62
	k	0.90	0.90	0.90
牧龙河特大桥(DZ5 号孔)	$A_{max}(g)$	0.031	0.097	0.184
	α_{max}	2.35	2.40	2.45
	T_g(s)	0.30	0.35	0.38
	k	0.90	0.90	0.90

表 3-1-3 车站设计地震动参数表(阻尼比 0.05)

站点名称	特征参数	50 年 63%	50 年 10%	50 年 2%
板桥车站(DZ2 孔)	$A_{max}(g)$	0.034	0.108	0.196
	α_{max}	0.08	0.27	0.50
	$T_g(s)$	0.32	0.36	0.36
	γ	0.90	0.90	0.90
新江宁车站(DZ4 号孔)	$A_{max}(g)$	0.030	0.089	0.158
	α_{max}	0.07	0.21	0.38
	$T_g(s)$	0.30	0.33	0.35
	γ	0.90	0.90	0.90

(8)经地震地质灾害初步评价,在地震烈度为 7 度的地震影响下,南京至安庆铁路(江苏段)工程 5 个重要工点场地砂土液化与软土震陷初步评价结果见表 3-1-4。

表 3-1-4 南京至安庆铁路(江苏段)重要场点砂土液化与软土震陷初步评价结果

序 号	场 点	钻孔编号	可液化土层	液化判别	软土分布	软土震陷
1	秦淮新河特大桥	DZ1	粉土	不液化	淤泥质粉质黏土	考虑
2	板桥车站	DZ2	无	不考虑	无	不考虑
3	板桥河特大桥	DZ3	无	不考虑	淤泥质粉质黏土	考虑
4	新江宁车站	DZ4	无	不考虑	无	不考虑
5	牧龙河特大桥	DZ5	无	不考虑	无	不考虑

(9)根据本工程场地及周边其他工程开展的断裂勘查和钻探结果,南京至安庆铁路(江苏段)拟建工程场地无活动断裂通过。场地所在的宁芜差异隆起区差异升降运动不大,地震活动水平不高,历史上未发生过破坏性地震,现代地震活动震级小、频率低。所以,南京至安庆铁路(江苏段)工程场地是相对稳定场地,在此场地拟建设南京至安庆(江苏段)工程是适宜的、可行的。

第二章　线 路 设 计

第一节　线路走向与重大方案比选

一、铜陵南段线路方案

根据地方建议和土地利用情况，结合设计审查的初步意见，在铜九线铜陵南站段补充并沿新公路方案。

(一)路桥分界高度比较

按照可研审查意见补充铜陵南靠公路方案和并铜九线方案。由于该地区处在可溶岩较发育地带且表层覆盖松软土，在补充方案前先研究确定了该地区的路桥分界高度。选取该地区同等地质条件下的 500 m 单位长度，路基、桥梁进行工程经济比较(含可溶岩处理费用)详见表 3-2-1。由表 3-2-1 可知，8 m 高度投资相近，但考虑到设桥有利于节省土地，桥梁基础处理岩溶较路基相对可控，另外本段靠近铜陵市区，考虑城市景观要求，路桥分界高度设在 6～7 m 相对合理，故本段落设桥高度定为 6～7 m。

(二)铜陵南站段方案研究

1. 并行铜九线高架方案

为了节省工程用地，紧凑布置城际线在铜陵南站的线路走向，线路采用并行铜九线上跨站内股道的方案，由于铜陵南有铜陵市地方专用线的接轨，货场布置在铜九线右侧，则宁安铁路需 5 次采用 48 m 连续梁，上跨该专用线及货场股道，同时恶化了城际线的纵断面，增加了工程投资。比较范围内线路长度 8.0 km，其中桥梁长度 7.903 km。

根据设计审查意见(草稿)及该段路桥研究结果，补充研究了并行铜九线路基方案和靠公路方案。

2. 并行铜九线路基方案

为节省工程投资，减少对地方土地的分割，减少宁安线与铜九线货场的交叉，考虑将铜九南站规划货场位置由右侧改为线路左侧，宁安线尽量靠近既有铜九线通过。

线路比较起点 CK8＋000，铜陵南站内宁安线与既有铜九线并行，铜九线距预留铜陵市地方专用线 18 m，专用线距宁安线 13.3 m，出站后由于铜九线二线换侧，专用线距铜九线 13 m，距宁安线 13.3 m 保持不变，至 CK14＋000 处为地方专用线上跨预留条件，随后宁安线跨海螺传送带，与可研线路相接。线路长度 8.0 km，其中桥梁长度 3.824 km，路基长度 4.176 km。

3. 靠公路方案

为了节省工程投资，减少宁安线对铜陵南货场的干扰，同时预留地方专用线在铜陵南站办理交接的条件，在宁安线满足沿新公路安全距离的前提下，补充研究了靠公路方案。

线路比较起点 CK8＋000，而后靠近沿新公路，尽量与公路并行，预留铜陵南设货场、交接的条件，采用 3 个 R-5 500 m 的曲线连接，在 CK14＋000 处为地方专用线上跨本线预留条件，随后跨海螺传送带，与可研线路相接。线路长度 8.004 km，其中桥梁长度 4.153 km，路基长度 3.851 km。

4. 方案优缺点分析及推荐意见

各方案比较工程数量及投资详见表 3-2-2；方案优、缺点详见表 3-2-3。

综上所述，为了方便铜九线的货物运输，同时预留地方专用线办理交接作业的条件，减少对货场的干扰，故推荐靠公路方案。

二、桐梓山至池州段线路走向方案

(一)九华山机场设站方案

安徽省发改委交通处提出补充研究九华山旅游机场设站，且宁安线不经铜九线九华山站的线路方案。

该方案自 CIK28＋500 引出后，转向西南，在距机场征地边界 1.5 km 外设机场站(机场平面布置不确定)，而后顺沿江高速公路北侧行进并尽量与其靠近，为了减少对 318 国道、池州东外环线的影响，在下钻 318 国道前，与可研线路衔接处采用 R-4 000 m 半径，至方案比较终点 CIK49＋184。该线路长度 20.684 km，其中桥梁长度 7.628 km，路基长度 11.256 km，如图 3-2-1 所示。

表 3-2-1 铜陵南段线路方案比较表(路桥分界高度比较)

章号	项目名称	单位	工程数量										投资(万元)									
			路基方案 5 m	路基方案 6 m	路基方案 7 m	路基方案 8 m	路基方案 9 m	桥方案 5 m	桥方案 6 m	桥方案 7 m	桥方案 8 m	桥方案 9 m	路基方案 5 m	路基方案 6 m	路基方案 7 m	路基方案 8 m	路基方案 9 m	桥方案 5 m	桥方案 6 m	桥方案 7 m	桥方案 8 m	桥方案 9 m
	线路长度	km	0.500	0.500	0.500	0.500	0.500	0.500	0.500	0.500	0.500	0.500										
一	征地拆迁费用	万元											112.0	119.0	126.0	136.5	154.0	54.0	54.0	54.0	54.0	54.0
二	路基土石方 区间 土方	10^4m^3	6.2	7.9	9.7	11.6	13.9						204.6	257.6	315.6	378.5	451.3					
	路基土石方 区间 级配碎石	10^4m^3	0.5	0.5	0.5	0.5	0.5						76.5	76.5	76.5	76.5	76.5					
	路基土石方 浆砌片石	圬工方	2 011	2 209	2 407	2 605	2 803						46.3	50.8	55.4	59.9	64.5					
	路基土石方 土工格栅	m^2	35 640	38 940	42 240	45 540	53 240						57	62	68	73	85					
	路基土石方 桥岩溶	万元																340	340	340	340	340
	路基土石方 路基岩溶	m	18 012	19 418	20 824	22 230	25 517						576	621	666	711	817					
	路基土石方 填筑砂石	m^3	8 520	9 420	10 320	11 220	13 320						64	71	77	84	100					
	路基土石方 CFG 桩	m	66 260	73 250	80 260	87 260	103 590						663	733	803	873	1 036					
	路基土石方 其他路基附属工程	万元											38.7	46.0	54.0	62.6	72.7					
	路基土石方 小计	万元											1 726.0	1 917.8	2 115.4	2 318.5	2 702.4	339.7	339.7	339.7	339.7	339.7
三	桥涵 特大桥	延长米/座	0/0	0/0	0/0	0/0	0/0	500/1	500/1	500/1	500/1	500/1						2 575.0	2 600.0	2 625.0	2 650.0	2 675.0
	桥涵 涵洞	横延米/座	63/2	69/2	75/2	81/2	87/2	0/0	0/0	0/0	0/0	0/0	186.9	204.9	222.9	240.9	258.9					
	桥涵 小计	万元											186.9	204.9	222.9	240.9	258.9	2 575.0	2 600.0	2 625.0	2 650.0	2 675.0
十	大临及过渡工程	万元											57.4	63.7	70.1	76.8	88.8	87.4	88.2	88.9	89.7	90.4
十一	其他费用	万元											191.6	212.6	234.2	256.4	296.6	291.6	294.1	296.6	299.1	301.6
十二	基本预备费	万元											341.1	377.7	415.3	454.4	525.1	502.2	506.4	510.6	514.9	519.1
	工程费合计	万元											2 615.0	2 895.7	3 183.9	3 483.4	4 025.9	3 850.0	3 882.5	3 915.0	3 947.4	3 979.9

表 3-2-2　铜陵南站段方案比较

章号	项目名称			单　位	数　量			金额(万元)		
					原可研方案	并铜九线方案	靠公路方案	原可研方案	并铜九线方案	靠公路方案
	线路长度			km	8.000	8.000	8.004			
一	征地拆迁费用			万元				2 122.8	2 488.5	2 390.8
二	路基土石方	区间	土方	10^4m^3	0.6	30.8	30.4	23.8	691.5	857.0
			石方	10^4m^3		17.7	11.0		319.1	198.9
			级配	10^4m^3	0.1	5.3	4.2	14.3	797.0	626.4
		干砌片石		圬工方	49	2 469	2 127	0.9	45.7	39.3
		浆砌片石		圬工方	768	47 178	39 667	17.7	1 085.1	912.3
		土工格栅		m^2	95 779	516 384	465 247	153	826	744
		桥岩溶		万元				4 653	1 848	2 518
		路基岩溶		m	3 348	158 894	138 921	107	5 085	4 445
		填筑砂石		m^3	1 934	88 590	77 632	15	698	610
		CFG 桩		m	9 928	475 019	428 121	99	4 750	4 281
		挡土墙		圬工方		8 400	4 200		252.0	126.0
		其他路基附属工程		万元				15.8	906.8	762.7
		小计		万元				5 099.9	17 304.5	16 121.9
三	桥涵	特大桥		延长米/座	7 903/1	1 700/1	3 850/2	41 095.6	8 840.0	20 020.0
		大桥		延长米/座	0/0	1 460/4	160/1		7 738.0	848.0
		框构中桥		m^2/座	0/0	143/1	143/1		50.1	50.1
		涵洞		横延米/座	0/0	560/16	490/14		2 072.0	1 813.0
		小计		万元				41 095.6	18 700.1	22 731.1
五	轨道	正线	铺轨	km	16.000	16.000	16.008	2 064.0	2 064.0	2 065.0
			铺砟	m^3	21 280	21 280	21 291	453.3	453.3	453.5
		线路有关工程		万元				61.9	61.9	62.0
		小计		万元				2 579.2	2 579.2	2 580.5
十	大临及过渡工程			万元				1 463.2	1 157.5	1 243.0
十一	其他费用			万元				4 880.1	4 283.3	4 360.7
十二	基本预备费			万元				8 586.1	6 977.0	7 414.2
工程费合计				万元				65 827.0	53 490.0	56 841.7

表 3-2-3　铜陵南站段方案优缺点一览表

方案名称	优　　点	缺　　点
可研方案	铜九铁路的货场布置在铜九线的右侧,货场临靠沿新公路,公路运输方便;铜陵南站预留了设置交接场的条件;宁安线设桥通过铜陵南站,对铜陵南站干扰小,对车站远期的发展影响小	采用大跨连续梁跨越车站咽喉区、货场、机待线等线路,工程投资大
靠公路方案	铜九铁路的货场布置在铜九线的右侧,货物公路运输需要下穿宁安线;铜陵南站预留了设置交接场的条件,有利于地方货运发展;取消大跨连续梁,较可研方案节省工程投资 8 985.3 万元	两线造成土地分割,线间占地较多;铜九线和宁安线之间布置货场,货场场地比较小,远景铜陵南站发展受限
并铜九线路基方案	铁路整体布局紧凑,线间占地少;取消大跨连续梁,较可研方案节省工程投资 12 337 万元	铜陵南站货场布置在铜九线左侧,货物公路运输需要下穿宁安线、铜九线,公路运输不便;铜陵南站没有设置交接场的条件,不能办理交接作业;地方南环线工程投资大,且建设中将对宁安线、铜九线干扰大

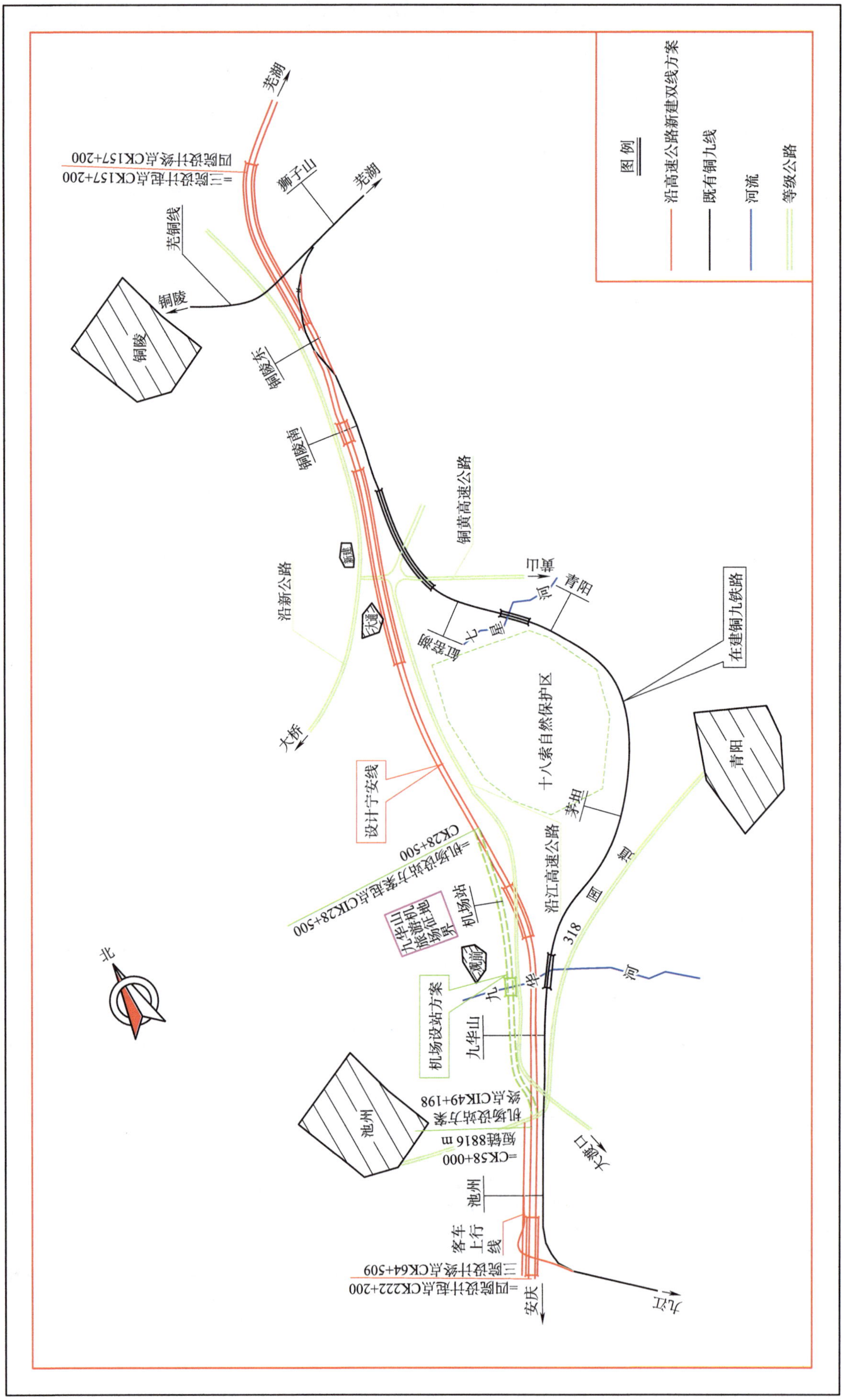

图3-2-1 九华山机场设站方案示意图

（二）与铜九线并站方案

方案比较起点 CK28＋000，后上跨沿江高速公路，并行铜九线右侧 27.5 m 引入九华山站，站房设在左侧，比较终点 CK58＋000，线路长度 22.398 km，其中桥梁长度 9.53 km，隧道长度 1.435 km，路基长度 9.633 km。该方案线路走向与可研方案相同，结合规划机场位置，在九华山旅游机场以东 2.5 km 处，调整原可研线路纵断面，预留设置机场站的条件。

（三）方案优缺点分析及推荐意见

1. 方案工程数量

与铜九线并站方案比较见表 3-2-4。

表 3-2-4　与铜九线并站方案比较表

章号	项目名称			单位	数量		金额（万元）	
					九华山机场设站方案	与铜九线并站方案	九华山机场设站方案	与铜九线并站方案
	线路长度			km	20.684	22.398		
一	征地拆迁费用			万元			8 298.8	8 160.3
二	路基土石方	区间	土方	10^4 m^3	95.6	115.3	1 485.6	1 483.1
			石方	10^4 m^3	71.8	73.7	1 292.3	1 457.6
			渗水土	10^4 m^3	16.5	14.1	1 273.5	1 083.3
			级配碎石	10^4 m^3	19.8	16.9	2 973.9	2 529.8
		站场	土方	10^4 m^3	24.1	10.3	832.6	248.8
			石方	10^4 m^3	39.9	20.1	1 001.5	554.6
			级配碎石	10^4 m^3	2.6	2.3	306.8	271.1
		干砌片石		圬工方	5 628	4 873	104.1	90.2
		浆砌片石		圬工方	118 584	99 453	2 727.4	2 287.4
		土工格栅		m^2	310 133	297 197	496	476
		填筑砂石		m^3	46 945	37 935	441	357
		灰土挤密桩		m	7 045	6 751	23	22
		挡土墙		圬工方	14 531	11 024	1 876.9	1 423.9
		其他路基附属工程		万元			3 610.1	2 977.5
		小计		万元			18 444.8	15 261.1
三	桥涵	特大桥		延长米/座	6 029/11	7 920/6	29 494.8	41 186.1
		大桥		延长米/座	2 750/11	1 413/4	14 575.0	7 488.9
		中桥		延长米/座	50/1	197/2	278.3	1 096.3
		涵洞		横延米/座	2 173/46	2 173/50	8 040.1	8 039.4
		小计		万元			52 388.2	57 810.6
四	隧道			m		1 435.000		10 231.3
五	轨道	正线	铺轨	km	41.368	44.796	5 336.5	5 778.7
			铺砟	m^3	55 020	59 579	1 171.9	1 269.0
		站线	铺轨	km	1.769	1.881	228.2	242.6
			铺道岔	组	8	8	480.0	480.0
			铺砟	m^3	8 248	8 946	175.7	190.5
		小计		万元			7 552.4	8 134.3
六～九	运营建筑及设备			万元			1 544.5	1 441.4
十	大临及过渡工程			万元			2 397.9	2 936.4

续上表

章号	项目名称	单　位	数　量		金额(万元)	
			九华山机场设站方案	与铜九线并站方案	九华山机场设站方案	与铜九线并站方案
十一	其他费用	万元			8 385.5	9 679.2
十二	基本预备费	万元			14 851.8	17 048.2
工程费合计		万元			113 863.8	130 702.8

2. 关于在九华山机场设站的分析

(1)九华山机场的定位分析及机场客流与南安城际铁路交流分析

池州市规划建设的九华山机场在《全国民用机场布局规划》中安排在2010年前完成前期工作,并适时开工建设。新建机场工程的前期工作一般分为机场选址报告、预可行性研究、可行性研究及机场总体规划四个阶段。2006年10月,池州市政府正式委托上海民航新时代机场设计研究院,对九华山机场进行方案设计,于11月底完成《池州九华山机场选址报告》。报告中,九华山机场定性为国内小型机场和地方旅游支线机场,考虑到C类旅游专、包机的安全起降,飞行区等级和机场用地规模可按4C级进行控制和规划建设,近期以起降B类飞机为主,远期以起降C类飞机为主。2007年3月29日池州九华山机场选址报告评审会在池州举行,根据评审会意见该机场选址定在池州市梅龙镇境内,场址距池州市区16 km,距九华山风景区20 km,距铜陵市区21 km。机场初步设计目标年旅客吞吐量30万人次,飞行区等级为4C级,跑道长2 400 m,宽45 m,可以起降波音737等客机。

结合周边机场布局及九华山机场设计情况,九华山机场应定位为国内小型机场和地方旅游支线机场,主要服务于黄山、九华山等皖南地区旅游客流,兼顾池州市、铜陵市地方客流。

机场客流的主要去向为九华山、黄山及皖南旅游区,其次有少部分去往池州市、铜陵市。在机场附近设机场站,旅游的民航客流换乘到城际铁路运量可能性不大。少部分去往池州市、铜陵市的客流可换乘城际铁路,由于还将有机场大巴、私家车等其他运输方式的竞争,该部分客流比较小。

(2)机场站与原设计的九华山站优缺点分析

1)对九华山景区铁路旅游客流的适应性分析

机场站设站后距九华山景区20 km左右,而原设计的九华山站距九华山站10 km左右,从运距上分析机场站对九华山景区旅游客流的适用性较原设计九华山站差。运距增加及便捷程度的下降,可能会有部分旅游客流通过公路到达景区,另外民航旅游客流再换乘城际铁路的可能性不大。因此从对旅游客流方面,原设计的九华山站具有更好的适应性。

2)对池州市、铜陵市民航客流的适应性分析

根据上述对九华山机场的定位分析,九华山机场还将承担部分池州市、铜陵市的地方客流,机场站将更好地吸引该部分客流,但该部分客流不大。因此从吸引地方民航客流方面,机场站具有更好的适应性,但考虑到该部分运量不大,这方面的影响可以在其他交通运输方式的接驳上考虑解决。

综上分析,从吸引客流的角度出发,推荐与铜九线并站方案,即原可研方案。

3. 优缺点分析及推荐意见

机场站与原设计的九华山站方案优缺点详见表3-2-5。

表3-2-5　机场站与原设计的九华山站方案优缺点一览表

方案名称	优　点	缺　点
与铜九线并站方案(可研推荐方案)	符合池州市地方规划要求,能够促进该地区的城市建设; 距九华山景区较近,车站能与既有道路衔接,方便旅客出行; 能够充分利用铜九线既有设备;与铜九铁路共通道,有利于地方建设	不能兼顾机场客流;线路较长,工程投资大
九华山机场设站方案	线路短直,较可研方案短1.714 km;与既有铜九线干扰小;较可研方案节省工程投资16 838.9万元	与池州市规划不符;旅客出行不便捷

综上所述,为了结合池州市对九华山站的意见,满足地方规划要求,方便至九华山的旅客出行,推荐与铜

九线并站方案。但考虑到尽可能方便机场客流来去池州或铜陵，在原与铜九线并站方案的基础上，在西岔闸附近预留设站条件。如果将来客流发生重大变化，可加设车站。

三、其他区段线路走向比选

(1)南京至芜湖段(江宁镇至芜湖东)，研究了沿既有宁芜铁路和沿宁马高速公路两大线路走向方案。因沿宁马高速公路方案工程地质条件好、线路长度短、投资小、吸引客流效果好、拆迁工程少、符合城市规划、施工干扰小、工程实施容易，故推荐采用沿宁马高速公路方案。

(2)引入芜湖枢纽，研究了沿既有宁芜铁路引入芜湖站方案和在芜湖市东侧新建客运站方案。芜湖市东侧新建客运站方案，新芜湖站远离市区，吸引客流条件差，枢纽还将形成“客在外、货在内”的运输格局，与城市总体规划不符，也不符合宁安铁路的功能定位要求，故推荐采用沿既有宁芜铁路引入芜湖站方案。

(3)繁昌段线路走向研究了繁昌西侧方案、繁昌东侧方案和沿既有芜铜铁路方案。繁昌西侧方案线型好、线路长度短、投资省、工程实施难度小，且符合城市规划要求，故推荐采用繁昌西侧方案。

(4)钟鸣至铜陵东段线路走向研究了沿规划的环城北路南侧方案和沿既有芜铜铁路方案。沿环城北路南侧方案线型好，线路顺直，建筑物拆迁量少，符合城市总体规划，工程造价较低；沿既有芜铜铁路方案部分地段利用既有线通道，但线路长，线路切割顺安镇，工程造价高。故推荐采用环城北路南侧方案。

(5)江宁沿高速公路西方案和沿高速公路东方案比选。江宁沿高速公路东方案线型好、线路长度短、投资省，但不符合江宁区滨江新城规划要求，南京市政府明确提出反对意见。沿高速公路西方案虽然投资大，但是它靠近规划区，对滨江新城的发展促进作用大，且有利于吸引客流，故推荐采用沿高速公路西方案。

(6)马鞍山段沿高速公路东方案和沿高速公路西方案比选。沿高速公路西方案，马鞍山站位于高速公路西侧，距离城区近(较东方案近 2 km，距离城区约 3 km)，旅客出行方便，考虑本线为城际客运专线，站点设置应尽量靠近城区，方便旅客出行。马鞍山作为沿线较大的经济据点，站址宜选择在高速公路西侧。故推荐马鞍山段沿宁马高速公路西侧方案。

第二节　重大设计原则的确定

一、主要技术标准的确定

(一)铁路等级

宁安铁路是皖江地区重要的客运通道，是长江三角洲城际铁路网的延伸，同时也是联系沪苏地区与皖南、赣北、鄂东地区的快速客运通道，仅承担旅客运输，因此，本线铁路等级采用客运专线。

(二)正线数目

本线为客运专线。根据客运量预测，近期客车对数 85 对，远期客车对数 125 对，为满足能力要求及保证旅客运输速度，正线数目应为双线。

(三)速度目标值

1. 客流分析

宁安铁路东起南京，西至安庆，是皖江地区重要的客运通道，本线在南京枢纽与沪宁城际铁路相衔接，是长江三角洲城际铁路网的延伸，同时也是联系沪苏地区与皖南、赣北、鄂东地区的快速客运通道。南京至安庆铁路客流主要由三部分构成，即本线客流、跨线客流和长途跨线客流。

本线客流主要为南京至安庆沿线各城市、城镇间的旅客交流，约本线客流总量 62%。该部分客流以南京南、马鞍山、芜湖、铜陵东、池州、安庆六个大站间的直达客流为主。

跨线客流主要为南京至安庆沿线各城市与苏南、上海地区间的旅客交流，旅客以商务、公务、旅游客流居多，客观上对速度有较高的要求。其客流量约占全线总客流的 8%。

长途跨线客流主要为苏沪地区及本线与中南华中、华南等地区部分旅客交流，约占全线客流的 30%。

2. 时间目标值的选择

由上述客流分析可知，南京至安庆铁路客流构成以本线客流为主。目前该类旅客主要由公路承担，宁芜高速公路已开通运营，芜湖至安庆高速公路也在建设之中，未来高速公路将是城际铁路最主要的竞争对手。高速公路的目标速度一般为 120 km/h，由于汽车进出市区速度低，小汽车的旅行速度按 100 km/h 计算，高速大巴按 80 km/h 计算，则可计算的高速公路旅行时间为 2 h 34 min(小汽车)或 3 h 12 min(高速大巴)。

由于公路运输具有方便灵活、门到门(小汽车)的特点，铁路只有在旅行时间上保持较高的优势，才能够有效吸引客流，在通道综合交通体系中发挥骨干作用。铁路旅客出行附加时间按 30 min 考虑，则南京至安庆直达列车纯运行时间应不大于 2 h。

根据南京都市圈交通发展规划，安徽马芜滁巢宣 5 市和江苏宁镇扬 3 市将共同构建以南京为中心，涵盖苏皖八城市的"一小时交通圈"，而长三角城际轨道交通也将形成以上海、南京、杭州为中心的"1～2 h 交通圈"。因此，为有效缩短皖江地区与长三角时空距，满足旅客快速出行要求，以加速推进设建设皖江城市群的发展进程，促进地皖江经济带更快更好地融入长三角经济圈，南京至安庆直达列车时间目标值也应控制在 2 h 以内。

综上所述，南京至安庆直达列车时间目标值采用 2 h。

3. 基础设施速度目标值的选择

(1)研究原则与方案构成

基础设施速度目标值是铁路线路的核心指标，是列车运行最高速度的基础。根据线路的特点，基础设施速度目标值的选择要以适应客流的需求、与区域其他交通运输方式相协调、与沿线社会经济发展相适应为原则，体现有利于吸引客流、有利于减少工程投资和运营成本的效益最大化原则。

根据铁路主要技术政策，新建客运专线设计速度目标值为 200～350 km/h。结合本线的功能定位、客流特点、列车构成及对速度需求、相邻客运专线网及沪宁城际线情况，基础速度目标值主要研究 200 km/h、200 km/h 平纵面条件预留 250 km/h、250 km/h 三个方案。

(2)速度目标值方案

200 km/h 方案：线上线下工程按 200 km/h 速度目标值要求建设。

200 km/h 平纵面条件预留 250 km/h 方案：除工后沉降按 200 km/h 标准执行外，其他均满足 250 km/h 标准。

250 km/h 方案：线上线下工程按 250 km/h 速度目标值要求建设。

(3)不同速度目标值方案综合分析及推荐意见

1)投资影响分析

①不同速度目标值对工程投资影响分析

不同速度目标值对工程投资的影响，主要体现在采用设计标准的差异而导致工程数量不同、单价指标不同、站后部分设备选型不同等方面。

a. 速度目标值越高，要求的最小曲线半径越大，选线的灵活性越小，势必增加桥隧及路基工程。就本线而言，南京至铜陵、池州至安庆段由于地形较平坦，加大曲线半径增加工程不多，对线路平面设计影响不大，各方案线位基本一致。铜陵至池州段因受铜九线和沿江高速公路的影响，线路走向基本一致，只有局部半径的不同，两个方案工程投资相差不大。

b. 速度目标值不同，线间距、路基宽度、基床厚度、路基压实标准、轨道设计标准、路基基底处理、桥梁结构参数及结构形式(速度目标值 200 km/h 桥梁可采用 T 梁，250 km/h 及以上需采用箱梁)、隧道内净空面积及隧道衬砌厚度等有差异，影响工程数量及价格分析单价指标。

c. 速度目标值越高，环保要求越高，降噪、减振及环保拆迁等环保工程相应增加。

d. 速度目标值不同，牵引变压器容量、接触网导线、信号设备(列控、行车指挥系统)、移动通信设备等站后工程也有区别，随速度目标值的提高而提高标准，从而增加工程投资。

②不同速度目标值方案工程投资比较

结合本线工程地质条件，经分析计算，200 km/h 预留 250 km/h 方案较 200 km/h 方案投资增加了 10.515 亿元，投资增幅 8.75%；250 km/h 方案较 200 km/h 方案投资增加了 13.10 亿元，投资增幅 10.91%。可见，250 km/h 方案较 200 km/h 方案投资增加不多，且与 200 km/h 预留 250 km/h 方案投资相差较少。

2)不同速度目标值与路网发展的协调性分析

根据长三角地区路网规划，长三角地区将形成以沪宁、沪杭、杭甬为主轴，沪、宁、杭、甬为中心，向整个长江三角洲地区辐射的网络结构。为满足区域的规划目标、适应未来发展要求、体现“以人为本”的指导思想，沪宁、沪杭、杭甬三大主轴线规划为快速城际线，沪宁城际速度目标值为 250 km/h，沪杭甬客专速度目标值不低于 300 km/h。本线于南京枢纽与沪宁城际相衔接，与沪宁城际组织开行跨线城际列车近期 15 对，远期 22 对；宁杭铁路基础设施速度目标值为 300 km/h，客车运行速度在 200 km/h 及以上，与本线也存在潜在的旅客交流。随着皖江地区经济的发展及长三角城际铁路网的形成完善，本线运行的跨线城际列车将会有较大增长，因此对本线运行速度有较高要求。本线基础设施采用 250 km/h 速度目标值，与长三角主轴线之一的沪宁城际线采用相同标准，可较好地适应跨线运输组织的需要及路网发展的需要。

根据以上分析，250 km/h 方案较 200 km/h 方案工程投资增加不多，且 250 km/h 速度目标值可以更好地与相邻线相匹配，适应运输发展的长远需求。因此本线基础设施速度目标值推荐采用 250 km/h。

(四)最大坡度

宁安铁路为客运专线，线路只运行动车组及其他跨线旅客列车，不运行货物列车，因此最大坡度的选择主要从适应各种旅客列车运行、适应自然地形条件和节省工程投资等因素。考虑本线运营特点和沿线地形条件，选取 6‰、12‰两个方案进行研究比选。

通过对机车牵引客车对坡度的适应性分析，各种坡度下机车牵引客车在本线的旅行时间相差甚微；经过技术经济比较，12‰方案比 6‰方案工程投资少 45 539 万元，换算工程运营费少 33 891 万元。

综合分析，6‰方案虽能适应各种旅客列车运行，但工程投资相对较大；12‰方案工程投资及换算工程运营费较 6‰方案节省较多，且能适应机车牵引的跨线旅客列车运行。故推荐最大坡度 12‰方案。个别地段受控制，采用了大于 12‰的坡度。

(五)轨道类型

客运专线具有高速度、高密度、高安全性和高舒适性的特点，必然要求轨道结构必须具备高平顺性、高稳定性及更好的耐久性。有砟轨道结构具有建设费用低、振动和噪声传播范围小、维修方便、几何状态易调整等优点；但是随着列车运营速度的提高，有砟轨道道床稳定性降低、维修工作量大、道砟飞溅及特级道砟资源稀少等问题日益突出。经过京津城际的实际和运行考验证明无砟轨道具有保持几何状态能力强、高平顺、稳定性好、维修工作量少、使用寿命长、环保、建设运营综合成本省等优点，成为客运专线轨道结构的发展趋势。

宁安铁路是长三角城际客运网的延伸，是国家骨架网“八纵八横”沿江通道的组成部分。目前与本项目相衔接的沪宁城际、宁杭铁路、京沪高速铁路、京福高速铁路等高标准铁路均采用无砟轨道结构形式，宁安铁路也采用无砟轨道结构形式，可与区域内路网标准保持统一，解决跨线列车运营密集维修时间不足的问题，进一步促进皖江经济带融入长三角经济圈；同时，采用无砟轨道，还可解决沿线道砟资源缺乏难题，避免道砟开采对环境影响和有砟轨道维修期间的扬尘、噪声等环保问题。

综上所述，宁安铁路建议采用无砟轨道结构。

二、主要技术标准的推荐意见

(1)铁路等级：客运专线。

(2)正线数目：双线。

(3)最大坡度：12‰，局部困难地段经行车检算可不大于 20‰。

(4)速度目标值：200 km/h 以上。

(5)最小曲线半径：3 500 m。引入南京、芜湖枢纽及安庆地区等根据运行速度选定。

(6)线间距：4.6 m。

(7)牵引种类：电力。

(8)机车类型：动车组、SS 系列。

(9)到发线有效长度：650 m。

(10)列车运行控制方式：自动控制。

(11)行车指挥方式：调度集中。

三、线路平面及纵断面设计原则

宁安正线线路平面及纵断面设计，按不同段落分别按照《新建时速 200～250 公里客运专线铁路设计暂行规定(上、下)》(以下简称《200～250 暂规》)、《铁路线路设计规范》(GB 50090—2006)(以下简称《线规》)执行。

(一)车站分布、车站性质、到发线有效长度及站坪长度和坡度

1. 车站分布及车站性质

南京至安庆之间近期共设置车站 10 个，分别为南京南、江宁西、马鞍山东、当涂东、芜湖、弋江、繁昌西、铜陵、池州和安庆，预留板桥、钟鸣北、马衙和长风共 4 个车站。车站分布见表 3-2-6。

表 3-2-6 车站分布一览表

序 号	车站名称	车站性质	站房位置	中心里程
1	南京南	客运站	右	WDK0+000
2	江宁西	中间站	右	DK25+400
3	马鞍山东	中间站	右	DK42+433
4	当涂东	中间站	右	DK57+300
5	芜湖	客运站	右	DK85+727
6	弋江	中间站	右	DK98+350
7	繁昌西	中间站	右	DK127+485
8	铜陵	中间站	右	DK163+650
9	池州	中间站	右	DK213+950
10	安庆	客运站	左	DK264+472.69

2. 车站到发线有效长度、站坪长度和坡度

近期平均站间距 25.69 km，最大站间距 45.86 km(池州～安庆)，最小站间距 11.95 km(芜湖～弋江)。芜湖站和安庆站为既有站改扩建，其余为新建中间站，各站均为地面站。

南京南站、芜湖站位于曲线上，其余车站位于直线上。车站到发线有效长度为 650 m。

南京南站、江宁南站、马鞍山东站、芜湖站、弋江站位于平坡道上，当涂东站、铜陵东站、池州站、安庆站均位于 1‰的坡道上，繁昌西站位于 1‰和 0.5‰的坡道上。

(二)平面设计

1. 平面圆曲线半径

正线线路的平面圆曲线半径应因地制宜、合理选用。圆曲线半径一般采用下列数值：12 000 m、11 000 m、10 000 m、9 000 m、8 000 m、7 000 m、6 000 m、5 500 m、5 000 m、4 500 m、4 000 m。设计中常用圆曲线半径为 5 500～8 000 m，采用的最大曲线半径为 12 000 m(两处)。

区间线路平面最小圆曲线半径，南京南至江宁西段 4 500 m，马鞍山段 4 000 m，马鞍山至芜湖段 5 500 m，芜湖(弋江)至繁昌段 5 500 m，繁昌段 4 500 m，繁昌至安庆 5 500 m(其中铜陵 5 000 m)。引入南京南站地段 2 500 m，引入既有芜湖站段 550 m，引入安庆地区最小曲线半径 1 600 m。小半径曲线集中使用。位于车站前后范围的线路平面曲线，尽量采用较大半径、较长的缓和曲线。其他疏解联络线及宁芜、铜九铁路改建，维持既有线路平纵断面标准。

2. 缓和曲线

直线与圆曲线间采用缓和曲线连接，缓和曲线采用三次抛物线形。

(1)一般地段

一般地段缓和曲线长度根据圆曲线半径按《200～250 暂规》表 3.2.5 中速度 200 km/h$<v<$250 km/h 对应的一般缓和曲线长度采用。

(2)限速地段

引入南京南站地段(最小圆曲线半径 2 500 m)，引入既有芜湖站段(最小圆曲线半径 550 m)，引入安庆

地区地段(最小圆曲线半径 1 600 m)为限速地段,缓和曲线按《线规》表 3.1.5-1、表 3.1.5-2 采用。

3. 正线线间距

(1)区间正线

区间正线按线间距不变的并行双线设计,曲线地段以左线(下行线)为基准,右线设计为左线的同心圆。区间及站内正线按 4.6 m 线间距设计(安庆站正线线间距为 5.0 m),曲线地段线间距不加宽。

(2)芜湖枢纽新建皖赣铁路与宁安铁路线间距

DK88+000～DK90+500 段新建皖赣铁路与宁安铁路按线路并行,两线均设计为桥梁且同步建设,线路平面曲线半径小于 2 000 m,不能采用架桥机架梁,采用现浇梁,线间距按 6.0 m 设计。DK90+500～DK92+500 段并行直线地段,线间距按 6.0 m 设计。弋江站芜湖方向进站端,与新建皖赣铁路并行等高地段线间距为 5.3 m。

(3)安庆站进站前方,宁安铁路和改建的安庆电厂专用线并行下穿合安高速公路高架桥,并行地段宁安正线与改建电厂专用线线间距为 5.3 m。

4. 夹直线和圆曲线最小长度

两相邻曲线间的夹直线长度和两缓和曲线间的圆曲线长度根据设计最高行车速度和工程条件确定,不应小于表 3-2-7 规定的数值。

表 3-2-7　夹直线和圆曲线最小长度

设计最高行车速度(km/h)			$v=300$	$200<v\leqslant 250$	$v=200$
夹直线和圆曲线最小长度(m)	工程条件	一般	240	200	160
		困难	180	150	120

芜湖枢纽小半径曲线地段,夹直线和圆曲线最小长度不小于《线规》表 3.1.6 规定的数值。

5. 其他地段线路平面

(1)一般桥梁及高架线路的平面与路基上线路平面相同。受江宁西站设站条件的影响及与宁马高速公路交叉角度的控制,跨越高速公路的大跨度桥梁(1-128 m 提篮拱)位于半径 *R*-4 500 m 的曲线上;受地形条件影响,跨越姑溪河的大跨度连续梁(60+100+100+60)m 位于半径 *R*-5 500 m 的曲线上;跨越秋浦河的大跨度连续梁(60+100+60)m 位于曲线半径 *R*-5 500 m 的缓和曲线上。

(2)全线隧道长度均较短,受地形及地质条件的影响,除湾里明洞(U 型槽)位于直线上外,其余均位于曲线上。

(3)咽喉区范围内的车站正线全部设在直线上。

(三)纵断面设计

1. 线路最大坡度

区间正线地段最大坡度 12‰,局部地段经行车检算不大于 20‰。最大坡度不考虑平面曲线阻力和隧道阻力折减。设计除跨越大型公道路立交和能明显减少桥梁长度、降低桥梁高度地段采用了 4 处大于 12‰的坡段外,其他地段采用 12‰及以下的坡度能很好地适应地形和公(道)路立交等要求。线路引入芜湖枢纽内,在湾里机场附近,为满足机场飞行端飞行净空要求,该处采用了一处 20‰的坡度。

2. 车站站坪坡度

站坪一般设在平坡道上,到发线有效长度范围内一般采用一个坡段。困难条件下,可设在不大于 1‰的坡道上。特别困难条件下,可设在不大于 2.5‰的坡道上。

车站咽喉区的正线坡度宜与站坪坡度一致,困难条件下不宜大于 2.5‰,特别困难条件下不应大于 6‰。

南京南站咽喉区采用了 2.5‰的坡度。为跨越湖南东路,马鞍山东站安庆端咽喉区采用了 4‰的坡度。为降低填土高度,弋江站南京端咽喉区采用了 3.2‰的坡度。为跨越宁芜铁路,芜湖站安庆端咽喉区采用了 5‰的坡度。

3. 最小坡段长度

区间正线设计为较长的坡段,一般地段不小于 900 m,困难地段不小于 600 m。坡长小于 900 m 的坡段主要集中在芜湖枢纽内,最小坡段长度为 600 m。

4. 相邻坡段最大坡度差

相邻坡段的坡度可不受限制。

5. 竖曲线的设置

(1)区间正线均采用圆曲线型竖曲线连接。设计速度为 160 km/h 以上的区段,当相邻坡段的坡度差大于或等于 1‰时设置竖曲线;设计速度小于 160 km/h 的区段,当相邻坡段的坡度差大于 3‰时设置竖曲线。最小竖曲线半径根据所处区段远期设计最高速度按不低于表 3-2-8 的标准选用。

表 3-2-8 竖曲线半径采用标准表

设计最高行车速度(km/h)	350,300	250	250 以下 160 及以上	160 以下
R_{sh}(m)	25 000	20 000	15 000	10 000

正线竖曲线半径除因车站咽喉区布置、避免与大跨度桥上温度伸缩调节器的重叠和竖缓重合等困难因素外,采用与最高设计速度低一档的曲线半径。如安庆长江大桥主桥池州端,为避免竖曲线与桥上温度伸缩调节器的重叠和竖缓重合,竖曲线半径采用了 20 000 m 值。安庆站进站前方,宁安正线与改建的电厂专用线并行地段,竖曲线半径采用了 20 000 m 值。

芜湖枢纽及其他限速地段,采用了与设计速度相一致的竖曲线半径 15 000 m、10 000 m。

(2)竖曲线与竖曲线、缓和曲线、道岔均不得重叠设置。竖曲线与平面圆曲线不宜重叠设置,困难条件下,应满足表 3-2-9 要求。

表 3-2-9 竖曲线与平面圆曲线重叠设置的曲线半径最小值

设计最高行车速度(km/h)		250
平面最小圆曲线半径(m)	有砟轨道	3 500
	无砟轨道	3 000
最小竖曲线半径(m)		20 000

(3)竖曲线与桥上无缝线路设置的钢轨温度伸缩调节器不得重叠设置。

6. 其他地段纵断面设计

(1)隧道内的坡道设置为单面坡或人字坡,地下水发育的长隧道采用人字坡,其坡度不小于 3‰;路堑地段线路纵坡一般不小于 2‰。

(2)一般桥梁及高架线路上纵断面标准同一般线路标准。采用连续梁、钢梁及较大跨度桥梁的桥上线路纵断面设计满足桥梁设计技术要求。跨越通航河流的桥梁地段纵断面设计除满足水文条件、桥梁结构要求外,同时满足通航净空的要求。

(3)跨越排洪河道的特大桥和大中桥的桥头路基,水库和滨河地段,行洪、滞洪区的浸水路堤,其路肩高程按现行设计规范结合国家防洪标准设计。

(4)正线两线并行在共同路基上时,两线轨面高程按等高(曲线地段的内轨面等高)设计,区间渡线范围内必须按等高设计。

(5)正线与跨线列车联络线、动车组走行线和既有铁路并行时,在区间一般不修筑在同一路基上。特殊情况下必须修筑在共同路基上时,两线轨面高程可按不等高设计。

7. 线路沿线高程控制

纵断面设计高程主要受以下因素控制:

(1)路肩设计高程一般距地面 4～6 m,以利灌溉、交通涵的设置。

(2)跨越既有铁路、重要的等级公路和有通航要求的河流,按相应的规范规定的铁路、公路净空及河道的通航要求来控制设计高程。

(3)跨越排洪河道的特大桥和大中桥的桥头路基,水库和滨河地段,行洪、滞洪区的浸水路堤,其路肩高程按现行设计规范结合国家防洪标准设计,防护高程为:设计洪水位+波浪侵袭高+壅水高+0.5 m(安全高)。

四、改建线设计

(1)宁芜线湾里站改线

宁安铁路在既有宁芜线湾里站附近通过时，受湾里机场飞行端净空的限制及两条专用线的影响，需改建湾里站前后的既有线，湾里站随改建的宁芜线西移新建，改建宁芜正线长度 2.803 km。

(2)改建宁芜上行线

在芜湖站出站至芜湖南站前方马饮立交桥处，宁安铁路占用既有宁芜线上行线线位。为了改建宁芜上行线，在既有宁芜线下行线旁增建第二线。改建宁芜上行线长度 9.50 km。

既有宁芜下行线和改建的上行线跨越青弋江时，青弋江规划为Ⅲ级航道。设计时，宁芜线跨越青弋江时按双线同时满足青弋江通航净空的要求进行改建。

(3)改建安庆电厂专用线

在安庆站进站前方，受安庆电厂专用线、合安高速公路大桥等影响，线路引入安庆时需改建既有的安庆电厂专用线，改建长度 2.397 km。

受合安高速公路大桥、文苑路的控制，专用线以桥梁形式从合安高速公路桥下穿过，上跨文苑路后，以15‰的超限坡(重车方向)下坡接上既有专用线。

五、改移道路、立交道设计和拆迁建筑物

本线与铁路、道路交叉均设计为立交。结合地形条件或经过技术经济比较采用铁路、道路上跨或下穿本线形式。

本线跨越其他铁路、道路时立交净空按有关规定设计。跨既有宁芜铁路、芜铜铁路等干线铁路净高满足7.56 m，跨越铁路专用线净高满足电气化要求。上跨本线的铁路或公(路)道，南京南至晏塘段净高不应小于 7.25 m。利用既有立交桥(本线下穿)时，经技术经济比选，可采用较低净高。跨越高速公路、国道、城市主干道和其他繁忙公路及干线铁路时应考虑施工净空要求。

对密集的公(道)路考虑适当改移、合并后设置立交，以减少桥路、涵路过渡。不满足立交条件的地方，改移公(道)路实现公(道)路上跨或下穿铁路，并尽可能减少公路上跨铁路立交。

铁路建设引起的建筑物拆迁按照工程影响范围确定，并考虑了改移道路、改河改沟和站后配套工程引起的拆迁。

六、线路防护栅栏设计

为保证列车安全运行，区间线路贯通封闭。路基地段采用防护栅栏与桥梁桥台、隧道进出口及交通涵相连，从而实现全线贯通封闭。防护栅栏采用铁道部通用图《铁路线路防护栅栏图集》(通线〔2008〕8001)。防护栅栏一般设在用地界以内 0.5 m 处。在保养点及车站等处，防护栅栏设置维修养护车辆进出口，在区间地段根据交通情况及其他维修养护要求，设置维修用进出口。防护栅栏在维修人员进出口及每隔 200 m 处左右设置警示标志。

铁路线路两侧安全保护区边界均设置安全保护区标桩，标桩的设置应符合《铁路运输运输安全保护条例》的有关规定。

公路和铁路并行而高程高于铁路或低于铁路但在 1.5 m 以内时，在邻近铁路一侧沿公路路肩设置刚性防护网和防撞墩；当公路跨越铁路时，在跨线桥上铁路限界范围内设置刚性防护网，并在两端设置延长防护网。

既有线改建地段，在施工过程中，对原有防护栅栏进行拆除地段，在施工完毕后，按照原来的标准，对防护栅栏进行恢复。

第三章　大型临时设施设计

大型临时设施工程主要是为主体工程施工服务。全线需设置的大型临时工程主要有铺轨基地、制(存)梁场、无砟轨道板预制场、混凝土集中搅拌站、汽车运输便道、改良土和级配碎石拌和站等。

一、大型临时设施的设置原则

大型临时设施工程根据《铁路大型临时工程和过渡工程设计暂行规定》(铁建设〔2008〕189 号),并结合工程实际情况和施工需要根据以下原则确定。

(1)方便施工管理

大型临时设施本着因地制宜、永临结合、方便施工、有利于管理来进行统一规划设计。应与施工组织设计统筹考虑,全面考虑工程布局、工期、运架设备类型等,避免工程间的交叉和干扰,确保施工安全、工程质量和施工进度。

(2)节约用地

在满足工期和生产存放的前提下,尽量少占田地,减少拆迁,减少租地,尽量避开各种设备和构筑物。场址选择应优先选择在建设项目的用地界内。有条件时,宜选择在需要转变功能或闲置的既有铁路用地范围内。需临时用地时,宜与地方待开发建设的项目相结合。

(3)节省投资

选址尽量选在地质条件较好、场坪工程量小的地势开阔地区,尽量减少土石方数量和地基加固工程量,按实际需求规划,力求经济适用。应根据工期要求,结合工程量、供料情况、运输条件、地形条件等因素,按宜大不宜小,宜少不宜多的原则,经技术经济比选后合理确定配置方案、建设标准和规模。

(4)交通方便、运距短

尽量靠近既有道路,以利于设备和材料的运输。需与既有铁路接轨时,应设置运料的铁路岔线。

(5)环保和文明施工

按照安全生产、文明施工的要求,满足环保和创建标准文明工地的要求。

(6)考虑防洪排涝,确保雨季施工安全。

二、当地可资利用的交通、能源、建材等情况

1. 交通运输

(1)铁路

线路走向基本与既有铁路宁芜线同向。宁芜线为单线Ⅰ级国铁,限制坡度 6‰～12.7‰,最小曲线半径 360 m。宁芜线沿线设有车站 22 个,其中马鞍山站为区段站,芜湖东站为编组站,芜湖站为客运站,沧波门站、安江站、塔桥站为会让站,其余为中间站。铜陵至安庆段线路沿线铁路有既有芜铜铁路及正在修建的铜九铁路,芜铜铁路的狮子山站与正在修建的铜九铁路已经接轨,铜九铁路可以通过铜陵东站以及池州站与宁安铁路铜陵至池州段接轨。芜铜铁路可以用来部分材料的运输,如 T 梁、接触网混凝土电杆、铁塔及道砟等。铁路施工的钢轨、道岔、桥梁支座等材料通过既有线运输,并在货运站倒运至本线铺轨基地或材料厂。

(2)公路

南京至铜陵段沿线公路交通发达,国道、省道、县道基本成网,沿线路走向主要有南京的 G055 线,安徽的 G205 线、G318 线、G324 线、芜大高速、S321、S320 线、宁芜高速公路等。

铜陵至池州段沿线所经过的地区公路交通网络密度较低,县乡级公路标准较低。与本段线路并行或交叉的主要公路有沿新公路、103 省道、318 国道、321 省道、青通河沿堤路、观前至茅坦公路、观前至九华山公路及正在修建或准备修建的铜黄高速、芜大(沿江)高速等。

沿线可利用的既有公路中，只有两条与拟建线路部分区段并行(沿新公路与铜陵东站～铜陵南站间区段；318 国道与九华山站～池州站间区段)，其余地段基本没有可以直接利用的既有公路与线位并行。重点工程施工需要修建一定数量的汽车运输便道。

(3)水路

线路毗邻长江，长江及其大支流均可通航。本线沿长江南岸依次跨过新秦淮河、板桥河、江宁河、牧龙河、铜井河、慈湖河、采石河、襄城河、菇溪河、青山河、扁担河、青弋江、漳河、黄浒河、九华河、秋浦河等长江支流，砂、石等材料主要由各河流运输至码头再倒运。

2. 沿线水源、电源、燃料等可资利用的情况

(1)施工用水

本段线路所经地区河网较密，湖泊较多，水系较发达。部分地段水质对混凝土有侵蚀性，施工用水采取利用地表水(或打井取水)和与地方供水企业供水相结合的方式。

(2)施工用电

沿线城乡用电来源于华东电网，电力资源较丰富。地方 3.5 kV、10 kV、35 kV 等高压电力线或交错或平行铁路线路分布，施工用电可就近引入。

(3)施工用燃料

线路沿线燃料供应比较充足，施工机械使用的燃料可就近购买。

3. 当地建筑材料的分布情况

(1)砂

南京至铜陵段线路经过地区工程用砂缺乏，沿线工程用砂主要来源为长江上游的湖北、安徽及江西等地，通过长江及其支流等航道运至南京、马鞍山、芜湖繁昌、铜陵、安庆各码头，再通过水路或公路运至各工地。本线工程用砂可在岸边砂石码头或砂石集散地就近购买，汽车运输至工地。

铜陵至安庆段内砂场较多，分布在长江、青通河、九华河、秋蒲河等河流附近，产量较大可满足本线施工需要。本工程用砂来源见表 3-3-1。

表 3-3-1　临时砂场一览表

序　号	名　　称	各砂场供应范围	供应距离(km)
1	秦淮河边陆氏砂场	DK1＋220～DK11＋250	10
2	西善桥砂场	DK11＋250～DK12＋000	0.8
3	三山码头砂场	DK12＋000～DK20＋000	8
4	江宁镇长江码头砂场	DK20＋000～DK34＋960	15
5	马鞍山港 1 号码头砂场	DK34＋960～DK56＋475	21.5
6	当涂姑溪河码头砂场	DK56＋475～DK60＋900	4.4
7	当涂龙山桥沿河供砂点	DK60＋900～DK64＋175	3.3
8	芜湖湾里镇朱家桥长江沿岸供砂点	DK64＋175～DK69＋750	5.6
9	芜湖市长江沿岸供砂点	DK69＋750～DK76＋000	6.3
10	芜湖开发区长江沿岸供砂点	DK76＋000～DK74＋750	－1.3
11	大河桂村砂场	DK74＋750～DK74＋750	0
12	孙村镇砂料供应点	DK74＋750～DK83＋250	8.5
13	获港江边砂场	DK83＋250～DK87＋250	4
14	顺安佘守龙砂场	DK87＋250～DK156＋000	68.8
15	秋浦河砂场	DK222＋400～DK241＋750	19.4
16	长江东岸边砂料供应点	DK241＋750～DK245＋000	3.3
17	长江西岸边砂料供应点	DK245＋000～DK265＋100	20.1

(2)石料

沿线石料资源较为丰富，主要为石英砂岩、花岗岩、石灰岩等。线路附近分布有采石场，除南京地区运距

较远外,其他地段可就近购买、可利用部分隧道弃渣或自行开采。铜陵至池州段地处低山丘陵地带,石料较为丰富,石料大部分以石灰岩为主,少部分为花岗岩。沿线分布有大量的石场,开采点较多,一般开采规模较小,均具备扩大生产的条件。本线路石料来源见表3-3-2。

表 3-3-2 临时石场一览表

序 号	名 称	各石场供应范围	供应距离(km)
1	江宁区泉水采石场	DK0+000～DK13+000	13
2	雨花区马家店采石场	DK13+000～DK15+000	2
3	江宁区谷里第二石场	DK15+000～DK17+500	2.5
4	江宁区谷里梁塘村采石场	DK17+500～DK34+960	17.5
5	铜井采石场	DK34+960～DK39+050	4.1
6	铜井天然村天然采石场	DK39+050～DK47+000	8
7	马鞍山采石河采石场	DK47+000～DK54+683	7.7
8	当涂龙山桥朝阳采石场	DK54+683～DK60+683	6
9	湾里镇采石场	DK60+683～DK69+250	8.6
10	八里湾白马采石场	DK69+250～DK76+250	7
11	凤凰山采石场	DK76+250～DK85+400	9.2
12	芜湖市三江区峨桥镇远征采石场	DK85+400～DK94+900	9.5
13	戴家店村大姓冲石场	DK94+900～DK99+500	4.6
14	芜湖市繁昌红花山集团上蒋采石场	DK99+500～DK109+500	10
15	铜陵市铜陵县钟鸣镇清泉村第二石料场(独山)	DK109+500～DK122+750	13.3
16	顺安镇陶山村长龙山采石场	DK122+750～DK156+000	33.3
17	池州市贵池区大团山矿业	DK222+400～DK265+000	42.6
18	安庆市大龙山镇桃园采石有限公司	DK265+000～DK265+100	0.1

(3)道砟

本段道砟由上海局南京石榴园(特级)、妙西(一级)、淮南线桥头集站浮搓山道砟厂及地方石场金山石场等既有道砟场供应。

(4)砖

沿线各县、市郊、乡镇均设有砖厂,生产的标准砖可以满足高铁车站房屋等建设需要。

(5)土源情况

本线路江苏境内为岗地、洼地及湖沼积平原区,地形平坦、开阔,路基地段基本为填方,填土需求量大,需设集中取土场取土。安徽境内多为低山丘陵区,尽量考虑移挖作填或利用隧道弃渣。

三、主要大型临时设施和过渡工程的设置

1. 制(存)梁场

全线根据制梁及架梁要求共设制梁场10处,占地面积83 hm^2,制梁场设置情况见表3-3-3。制梁场设置在地形、地质条件较好、材料运输方便的地点。为不影响路基施工,一般采用提梁方案,在制梁场均设置提升设备,直接提梁到运梁台车上,配合架桥机进行架梁作业。

表 3-3-3 制梁场设置情况一览表

序 号	名 称	位 置	占地面积(hm^2)
1	江宁制梁场	DK23+00 右侧	11.7
2	雨山制梁场	DK49+500 右侧	10.2
3	当涂制梁场	DK68+000 左侧	8.4
4	弋江制梁场	DK98+154 左侧	9.9

续上表

序 号	名 称	位 置	占地面积(hm^2)
5	顺安制梁场	DK112+104 右侧	8.8
6	三山制梁场	DK133+909 右侧	10.3
7	铜陵南制梁场	DK171+500 左侧	2.0
8	贵池制梁场	DK200+400 右侧	5.3
9	杏花制梁场	DK222+609.5～DK244+263.3 两侧	7.9
10	迎江制梁场	DK253+730 右侧	8.5

2. 铺轨基地

由于总工期控制、站后工程与站前工程交叉施工时间长，铺轨基地采用临时租地与永久用地相结合的方式考虑。全线共设置铺轨基地 2 处，分别为铜井铺轨基地和铜陵铺轨基地。其中，铜井铺轨基地位于 DK28+500 右侧，占地 10.5 hm^2，负责南京至铜陵段铺轨工作；铜陵铺轨基地位于铜陵东站，利用铜陵维修工区用地，负责铜陵东至池州段铺轨工作。

3. 无砟轨道构件预制场

全线设预制轨道板厂 3 处，负责全线轨道板的预制和供应，每处占地约 116 亩(长 485 m，宽 160 m)，分为生产车间、产品养护区、原材料存放区、成品存放区四部分，其中产品养护区、成品存放区占用大部分面积。

4. 汽车运输便道

尽可能利用既有公路交通，对施工车辆通行困难的路段加以改建。全线共设置通往重点工程及大临工程的施工临时便道 215.12 km，其中新建便道 158.64 km，改建既有道路 56.48 km。

施工便道主要为引入线，按平原微丘区单车道标准设置，路基宽度 4.5 m，路面宽度 3.5 m；错车道间距 200 m，长度 10 m，路面宽度 6 m。便道采用路槽式断面，泥结碎石路面，厚度 20 cm，路基强度比照四级公路的标准设计。

5. 拌和站

改良土、级配碎石集中拌和场设置地点尽量靠近填筑施工现场，设于远离村落、交通便利的地方。土源点离施工现场较近时，拌和场设置于取土场或附近；级配碎石拌和站尽量利用改良土拌和站的既有设施，必要时独立设置。混凝土集中搅拌站结合全线桥梁布置、砂石料源点及交通运输情况设置。拌和场供应的经济半径宜控制在 15～20 km 范围之内，施工区段长不宜超过 30 km。

全线共设拌和站 25 处，占用临时用地面积 34.3 hm^2，具体情况见表 3-3-4。

表 3-3-4 拌和站设置情况一览表

序 号	位 置	里 程	占地面积(hm^2)
1	DK9+500 拌和站	DK9+500 左侧	2.2
2	DK22+800 拌和站	DK22+800 左侧	2.9
3	DK26+200 集料拌和站	DK26+200 左侧	1.6
4	DK37+600 混凝土拌和站	DK37+600 右侧	2.3
5	湖南东路拌和站	DK43+300 右侧	1.0
6	采石河拌和站	DK49+800 右侧	2.5
7	当涂东拌和站	DK58+000 左侧	1.9
8	青山河搅拌站	DK65+800 左侧	1.8
9	当涂制梁场搅拌站	DK68+100 右侧	1.2
10	五标一分部拌和站	DK81+190 左侧	0.8
11	五标二分部拌和站	DK92+110 左侧	1.3
12	弋江梁场拌和站	DK98+154 左侧	1.7
13	五标三分部拌和站	DK120+000 右侧	2.0

续上表

序 号	位 置	里 程	占地面积(hm²)
14	改良土拌和站	DK128＋200 右侧	3.1
15	五标四分部拌和站	DK130＋200 右侧	5.5
16	三山梁场拌和站	DK133＋909 右侧	1.7
17	铜陵南拌和站	DK171＋500 左侧	1.7
18	青通河拌和站	DK182＋800 右侧	0.8
19	马衙拌和站	DK200＋500 左侧	2.0
20	尹村拌和站	DK206＋800 右侧	3.7
21	天堂湖拌和站	DK215＋400 左侧	3.0
22	6 标 1 号拌和站	DK226＋026 左侧	3.7
23	6 标 2 号拌和站	DK238＋750 左侧	3.1
24	6 标 3 号拌和站	DK247＋400 右侧	1.8
25	6 标 4 号拌和站	DK262＋152 右侧	2.7

6. 施工营地

全线设施工营地 20 处，占地面积 7.4 hm^2，详见表 3-3-5。

表 3-3-5 施工营地情况一览表

序 号	名 称	里程或位置	占地面积(hm²)
1	霍里钢筋场施工营地	DK43＋365	0.4
2	黄梅山钢筋场施工营地	DK50＋552	1.0
3	金山钢筋场施工营地	DK53＋350	0.4
4	当涂东钢筋场施工营地	DK58＋600	0.6
5	DK67＋480 钢筋场施工营地	DK67＋480	0.4
6	DK69＋400 钢筋场施工营地	DK69＋400	0.5
7	YWDK9＋100 钢筋场施工营地	YWDK9＋100	0.4
8	DK99＋800 钢筋场施工营地	DK99＋800	0.2
9	DK105＋500 钢筋场施工营地	DK105＋500	0.6
10	DK109＋233 钢筋场施工营地	DK109＋233	0.6

7. 弃土(渣)场

全线设置弃土(渣)场 33 个，占地面积 60.6 hm^2。全线弃土(渣)场情况见表 3-3-6。

表 3-3-6 弃土(渣)场情况一览表

序 号	弃土(渣)场名称	里 程	弃土(渣)数量(10⁴m³)	占地面积(hm²)
1	DK8＋650 弃土场	DK8＋650 左侧	20.3	3.0
2	DK13＋600 弃土场	DK13＋600 右侧	15.6	1.8
3	DK25＋400 弃土场	DK25＋100 左侧	45.2	5.2
4	DK30＋250 弃土场	DK30＋500 左侧	27.8	3.1
5	DK32＋900 弃土场	DK32＋900 左侧	23.6	3.1
6	DK36＋200 弃土场	DK36＋200 右侧	23.3	2.4
7	DK38＋000 弃土场	DK38＋000 右侧	13.5	1.3
8	银塘阳光弃渣场	DK45＋500 左侧	12.9	1.2
9	黄梅山弃土场	DK52＋000 左侧	25.4	2.5
10	白纻山隧道出口弃土场	DK60＋000 右侧	32.5	3.9

续上表

序　号	弃土(渣)场名称	里　　程	弃土(渣)数量($10^4 m^3$)	占地面积(hm^2)
11	红旗隧道出口弃渣场	DK63+900 右侧	12.0	1.2
12	新力拌和站弃土场	DK124+000 右侧	16.8	1.5
13	DK125+700 弃土场	DK125+700 弃土场	20.3	2.0
14	孙村镇梨山村弃土场	DK136+100 右侧 2 km	23.4	2.2
15	钟鸣一、二号隧道之间	DK140+800 右侧	40.0	4.6
16	钟鸣二号隧道出口	DK141+600 右侧	20.0	2.1
17	通衔弃土场	DK188+400 左侧	2.5	0.8
18	双湖村弃土场	DK189+900 左侧	15.0	1.6
19	桐梅村弃土场	DK190+300 左侧	25.0	2.0
20	岱岭 1 号隧道进口弃土场	DK192+700 右侧	4.2	1.1
21	岱岭 1 号隧道出口弃土场	DK193+100 左侧	3.9	1.2
22	岱岭水库大桥弃土场	DK193+100 右侧	0.8	0.3
23	岱岭 2 号隧道进口弃土场	DK193+400 左侧	0.5	0.3
24	岱岭 2 号隧道出口弃土场	DK193+700 左侧	6.1	1.1
25	小岭村弃土场	DK194+440 右侧	5.2	1.0
26	九华隧道出口弃土场	DK197+400 右侧	4.1	0.9
27	金山弃土场	DK201+300 右侧	7.4	1.3
28	马衙隧道出口弃土场	DK205+600 右侧	6.8	1.4
29	严村隧道进口弃土场	DK207+500 左侧	9.0	1.5
30	严村隧道出口弃土场	DK208+300 左侧	4.5	1.2
31	DK208+950 弃土场	DK208+950 右侧	11.0	1.5
32	江口街道办查村弃土场	DK215+200 左侧	8.0	1.3
33	DK226+500 弃土场	DK226+500 右侧	5.0	1.0
合　　计			491.6	60.6

8. 其他大临设施工程

(1)临时材料厂:全线共设置临时材料厂 11 处,材料厂平均租地 30 亩。

(2)施工供水方案:沿线水系发育,河流众多,地表水、地下水储量丰富。城市范围内工程可利用城市自来水水源;其余区间工程可利用县城自来水,或利用农田灌溉水井,或就地打井供水,沿线水源能满足工程施工用水需要。

(3)施工供电方案:沿线电网密布,工程施工临时用电可直接从附近的地方电源引入,共设置通往重点桥梁及大临工程的临时电力干线 126.7 km。

第四章　路 基 设 计

第一节　路基工程概况与特点

一、路基工程概况

全线路基主要位于软土～松软土地区，正线路基工点 182 处/80.363 km；改建、还建既有宁芜线和安庆电厂专用线、铜九改线、池州疏解线、新建安庆北存车库及维修工区 16 处/16.413 km；详见表 3-4-1。深路堑 19 处/3 345.82 m、岩溶路基 33 处/16 657.21 m。软土、松软土路基主要分布于沿线长江冲积平原区和阶地区，深路堑路基分布于沿线低山丘陵区。岩溶路基主要分布于芜湖、繁昌、铜陵、安庆地区。

表 3-4-1　路基工程一览表

顺　号	起讫里程		长度(m)	工点类型	备　　注
1	DK03＋408.50	DK03＋925.81	517.31	松软土路基	
2	DK05＋465.55	DK06＋407.60	942.05	松软土路基	
3	DK08＋522.95	DK08＋620.00	97.05	边坡防护路基	
4	DK08＋990.00	DK09＋058.55	68.55	边坡防护路基	
5	DK09＋692.47	DK10＋240.24	373.97	松软土路基	
6	DK10＋481.75	DK10＋730.55	248.8	边坡防护路基	
7	DK12＋188.74	DK14＋473.79	2 267.65	软土路基	
8	DK17＋112.15	DK17＋624.81	499.26	松软土路基	
9	DK17＋702.81	DK18＋113.75	410.94	松软土路基	
10	DK18＋421.13	DK19＋180.55	759.42	松软土路基	
11	DK19＋913.83	DK20＋290.92	377.09	松软土路基	
12	DK24＋617.48	DK26＋100.00	1 427.59	松软土路基	
13	DK26＋100.00	DK26＋509.03	409.03	松软土路基	
14	DK26＋553.17	DK26＋815.64	262.47	松软土路基	
15	DK28＋939.30	DK30＋138.76	941.81	松软土路基	
16	DK31＋156.22	DK31＋470.80	314.58	松软土路基	
17	DK31＋810.66	DK32＋403.75	593.09	软土路基	
18	DK32＋972.27	DK34＋713.75	1 727.48	松软土路基	
19	DK34＋988.06	DK35＋611.96	623.9	松软土路基	
20	DK35＋868.67	DK36＋293.27	424.6	松软土路基	
21	DK37＋868.37	DK38＋145.40	277.03	松软土路基	
22	DK38＋173.60	DK39＋163.55	989.95	松软土路基	
23	DK39＋894.89	DK40＋000.00	105.11	深路堑	
24	DK40＋000.00	DK40＋069.32	69.32	深路堑	
25	DK41＋568.32	DK44＋250.00	2 556.48	软土路基	
26	DK48＋364.07	DK48＋556.43	192.36	边坡防护路基	
27	DK50＋098.63	DK50＋348.11	249.48	边坡防护路基	
28	DK52＋481.88	DK52＋525.00	43.12	边坡防护路基	

续上表

顺 号	起讫里程		长度(m)	工点类型	备 注
29	DK52+995.00	DK53+092.30	97.3	边坡防护路基	
30	DK56+794.09	DK57+536.75	742.66	边坡防护路基	
31	DK58+192.45	DK58+412.00	219.55	边坡防护路基	
32	DK59+405.00	DK59+478.45	73.45	边坡防护路基	
33	DK63+097.23	DK63+180.00	115.09	边坡防护路基	
34	DK63+880.00	DK63+938.75	58.75	边坡防护路基	
35	DK64+082.24	DK64+313.96	231.72	边坡防护路基	
36	DK65+943.20	DK66+190.96	247.76	深路堑	
37	DK66+580.42	DK66+815.05	234.63	深路堑	
38	GK80+408.89	GK80+500.00	91.11	软土路基	
39	DK80+500.00	DK80+662.00	162	软土路基	
40	DK104+387.50	DK106+452.11	2 064.61	软土路基	
41	GK106+452.11	GK107+003.12	551.01	松软土路基	
42	DK81+136.00	DK81+580.00	444	松软土路基	
43	DK81+580.00	DK82+000.00	420	松软土路基	
44	DK82+000.00	DK82+969.29	969.29	松软土路基	
45	DK83+020.95	DK83+780.00	759.05	松软土路基	
46	DK83+780.00	DK87+194.36	3 414.36	松软土路基	
47	K113+000.00	DK113+618.00	618	松软土路基	
48	YGK113+622.93	YGK113+740.95	118.02	松软土路基	
49	YGK114+373.26	YGK114+708.85	335.59	松软土路基	
50	YGK116+926.57	YGK119+080.00	2 153.43	松软土路基	
51	GK119+080.00	GK122+212.50	3 132.5	松软土路基	
52	WDK01+526.80	WDK01+849.21	322.41	松软土路基	
53	DK96+616.43	DK99+714.59	3 056.8	岩溶、软土路基	
54	DK118+792.70	DK119+115.02	322.32	松软土路基	
55	DK122+094.84	DK122+870.00	775.16	岩溶路基	
56	DK123+156.00	DK123+241.00	85	岩溶路基	
57	DK123+383.85	DK123+696.56	312.71	岩溶路基	
58	DK125+404.97	DK126+361.06	956.09	边坡防护路基	
59	DK126+733.37	DK128+350.00	1 616.63	松软土路基	
60	DK128+350.00	DK128+635.80	285.8	松软土路基	
61	DK129+008.00	DK130+011.30	1 003.3	松软土路基	
62	DK131+193.50	DK131+241.50	48	松软土路基	
63	DK131+241.53	DK131+550.00	308.47	松软土路基	
64	DK131+550.00	DK133+909.35	2 249.74	松软土路基	
65	DK139+896.45	DK139+970.00	73.55	边坡防护路基	
66	DK140+716.00	DK140+830.00	114	边坡防护路基	
67	DK141+628.00	DK141+653.75	25.75	边坡防护路基	
68	DK141+797.29	DK142+429.27	631.98	边坡防护路基	
69	DK144+964.50	DK145+550.00	585.5	软土路基	
70	DK145+550.00	DK146+825.00	1 275	软土路基	

续上表

顺　号	起讫里程		长度(m)	工点类型	备　　注
71	DK146+825.00	DK147+770.00	945	软土路基	
72	DK147+770.00	DK147+915.73	145.725	松软土路基	
73	DK160+788.61	DK162+500.00	144.45	浸水路堤(岩溶)	
74	DK162+500.00	DK162+700.00	200.00	浸水路堤(岩溶)	
75	DK162+700.00	DK163+600.00	900.00	浸水路堤(岩溶)	
76	DK163+600.00	DK164+095.00	495.00	软土路基(岩溶)	
77	DK164+095.00	DK164+650.00	555.00	软土路基(岩溶)	
78	DK164+650.00	DK164+800.00	150.00	软土路基(岩溶)	
79	DK164+800.00	DK164+963.80	163.80	松软、岩溶、浸水路基(长江倒灌)	
80	DK165+099.74	DK166+600.00	1 500.26	松软土路基(岩溶)	
81	DK166+600.00	DK167+150.00	550.00	松软土路基(岩溶)	
82	DK167+150.00	DK167+305.00	155.00	堑坡防护(岩溶)	
83	DK168+405.90	DK168+500.00	94.10	松软土路基(岩溶)	
84	DK168+500.00	DK169+460.00	960.00	松软土路基(岩溶)	
85	DK169+460.00	DK170+400.00	937.89	膨胀土路堑(岩溶)	
86	DK170+400.00	DK170+555.00	155.00	松软土路基(岩溶)	
87	DK170+555.00	DK170+648.08	93.08	松软土路基(岩溶)	
88	DK172+713.93	DK173+050.00	336.07	松软土路基(岩溶)	
89	DK173+050.00	DK173+250.00	200.00	松软土路基(岩溶)	
90	DK173+250.00	DK173+646.00	396.00	松软土路基(岩溶)	
91	DK173+945.40	DK174+393.05	447.65	松软土路基(岩溶)	
92	DK178+666.88	DK178+760.00	93.12	堑坡防护	
93	DK178+760.00	DK178+820.00	60.00	路堤坡面防护	
94	DK178+820.00	DK179+160.00	340.00	深路堑	
95	DK179+160.00	DK179+230.00	70.00	路堤坡面防护	
96	DK179+230.00	DK179+540.00	310.00	深路堑	
97	DK179+540.00	DK179+610.00	70.00	路堤坡面防护	
98	DK179+610.00	DK179+710.00	100.00	堑坡防护	
99	DK179+710.00	DK179+770.00	60.00	路堤坡面防护	
100	DK179+770.00	DK180+027.20	257.20	深路堑	
101	DK180+106.48	DK180+370.00	263.52	深路堑	
102	DK180+370.00	DK180+480.00	110.00	路堤坡面防护	
103	DK180+480.00	DK180+670.00	190.00	堑坡防护	
104	DK180+670.00	DK180+800.00	130.00	浸水路堤(长江倒灌)	
105	DK180+800.00	DK180+850.00	50.00	堑坡防护	
106	DK180+850.00	DK181+000.00	32.923	路堤坡面防护	
107	DK181+000.00	DK181+240.18	240.18	深路堑	
108	DK185+687.80	DK185+815.00	127.20	膨胀土路堑	
109	DK185+918.20	DK186+025.00	106.80	堑坡防护	
110	DK186+128.20	DK186+235.50	107.30	堑坡防护	
111	DK186+436.92	DK186+600.00	163.08	浸水路堤(长江倒灌)	
112	DK186+600.00	DK186+770.00	170.00	深路堑	

续上表

顺　号	起讫里程		长度(m)	工点类型	备　注
113	DK186+770.00	DK186+812.50	42.50	路堤坡面防护	
114	DK186+891.70	DK186+940.00	48.30	浸水路堤(长江倒灌)	
115	DK186+940.00	DK187+075.00	135.00	堑坡防护	
116	DK187+210.90	DK187+330.00	119.10	堑坡防护	
117	DK187+330.00	DK187+370.00	40.00	堑坡防护	
118	DK187+370.00	DK187+450.00	80.00	浸水路堤(长江倒灌)	
119	DK187+450.00	DK187+500.00	50.00	堑坡防护	
120	DK187+500.00	DK187+700.00	200.00	浸水路堤(岩溶)	
121	DK187+700.00	DK187+900.00	200.00	堑坡防护(岩溶)	
122	DK187+900.00	DK188+110.00	210.00	路堤坡面防护	
123	DK188+932.60	DK189+330.00	397.40	路堤坡面防护(岩溶)	
124	DK189+330.00	DK189+420.00	90.00	膨胀土路堑(岩溶)	
125	DK189+420.00	DK189+502.30	82.30	路堤坡面防护	
126	DK189+834.45	DK189+910.00	75.55	堑坡防护(岩溶)	
127	DK189+910.00	DK190+047.95	137.95	路堤坡面防护	
128	DK192+662.99	DK192+730.00	67.01	路堤坡面防护(岩溶)	
129	DK192+730.00	DK192+744.00	14.00	堑坡防护	
130	DK193+010.00	DK193+037.30	27.30	深路堑	
131	DK193+205.05	DK193+350.00	144.95	深路堑	
132	DK193+350.00	DK193+400.00	50.00	堑坡防护	
133	DK193+400.00	DK193+435.00	35.00	深路堑	
134	DK193+720.00	DK193+800.00	80.00	深路堑	
135	DK193+800.00	DK194+460.00	660.00	路堤坡面防护	
136	DK194+460.00	DK194+600.00	140.00	深路堑	
137	DK194+600.00	DK194+820.00	220.00	路堤坡面防护	
138	DK194+820.00	DK194+930.00	110.00	堑坡防护	
139	DK194+930.00	DK195+050.00	120.00	路堤坡面防护	
140	DK195+050.00	DK195+160.00	110.00	堑坡防护	
141	DK195+160.00	DK195+260.00	100.00	浸水路堤(坑塘)	
142	DK195+260.00	DK195+360.10	100.10	路堤坡面防护	
143	DK197+166.47	DK197+195.00	28.53	深路堑	
144	DK197+341.00	DK197+365.61	24.61	堑坡防护	
145	DK199+545.41	DK200+100.00	553.50	路堤坡面防护	
146	DK200+100.00	DK200+800.00	700.00	堑坡防护	
147	DK200+800.00	DK200+910.00	110.00	堑坡防护	
148	DK200+910.00	DK201+060.00	150.00	堑坡防护	
149	DK201+060.00	DK201+200.00	140.00	堑坡防护	
150	DK201+200.00	DK201+380.00	180.00	路堤坡面防护	
151	DK201+380.00	DK201+430.00	50.00	堑坡防护	
152	DK201+430.00	DK201+660.00	230.00	路堤坡面防护	
153	DK201+660.00	DK201+880.00	220.00	深路堑	
154	DK201+880.00	DK202+970.00	1 090.00	路堤坡面防护	

续上表

顺　号	起讫里程		长度(m)	工点类型	备　注
155	DK202+970.00	DK203+130.00	160.00	堑坡防护	
156	DK203+130.00	DK204+263.48	1 133.48	松软土路基	
157	DK204+342.70	DK204+813.95	471.25	路堤坡面防护	
158	DK205+236.43	DK205+249.00	12.57	堑坡防护	
159	DK205+566.00	DK205+629.48	63.48	堑坡防护	
160	DK206+844.82	DK207+113.52	268.70	深路堑	
161	DK207+314.85	DK207+370.00	55.15	路堤坡面防护	
162	DK207+370.00	DK207+534.00	164.00	深路堑	
163	DK208+146.00	DK208+180.00	34.00	堑坡防护	
164	DK208+180.00	DK208+369.07	189.07	路堤坡面防护	
165	DK208+794.10	DK209+089.07	294.97	堑坡防护	
166	DK209+355.90	DK209+650.00	294.10	堑坡防护	
167	DK209+650.00	DK210+450.00	800.94	路堤坡面防护	
168	DK210+450.00	DK210+887.50	437.50	堑坡防护	
169	DK212+537.62	DK212+750.00	212.53	路堤坡面防护	
170	DK212+750.00	DK212+870.00	120.00	路堤坡面防护	
171	DK212+870.00	DK213+300.00	430.00	堑坡防护	
172	DK213+300.00	DK215+039.39	1 739.39	路堤坡面防护	
173	DK217+684.34	DK217+733.38	49.04	浸水路堤(长江倒灌、坑塘)	
174	DK1+600.00	TDK1+860.00	260.00	软土路基(长江倒灌)	铜九改线
175	TDK1+860.00	TDK2+299.18	439.69	软土路基(长江倒灌)	铜九改线
176	SDK215+204.17	SDK215+662.18	458.01	路堤坡面防护(长江倒灌)	池州疏解线
177	SDK216+331.10	SDK217+678.64	1 347.54	路堤坡面防护(长江倒灌)	池州疏解线
178	DK222+400.00	DK222+601.57	201.57	边坡防护路基	
179	DK224+773.64	DK225+296.35	522.71	边坡防护路基	
180	DK225+636.22	DK225+804.9	168.68	边坡防护路基	
181	DK226+290.4	DK227+974.8	1 684.4	边坡防护路基	
182	DK241+284.32	DK242+496.12	1 211.8	边坡防护路基	
183	DK242+967.89	DK243+315.32	347.43	边坡防护路基	
184	DK249+286.35	DK250+870.00	1 583.65	岩溶路基	
185	DK250+870.00	DK251+110.00	240	岩溶路基	
186	DK251+110.00	DK251+911.28	801.28	岩溶路基	
187	DK253+723.32	DK254+062.93	339.61	岩溶路基	
188	DK254+115.95	DK254+921.75	805.8	边坡防护路基	
189	DK255+686.45	DK255+988.08	301.63	边坡防护路基	
190	DK256+041.12	DK257+329.6	1 288.48	边坡防护路基	
191	ZDK1+574.75	ZDK2+397.1	822.35	边坡防护路基	
192	DK262+156.76	DK262+618.87	462.11	边坡防护路基	
193	ZDK1+044.43	ZDK1+505.25	460.82	边坡防护路基	
194	DK262+654.47	DK263+314.25	659.78	边坡防护路基	
195	ZDK1+009.35	ZDK0+317.64	691.71	边坡防护路基	
196	DK263+396.05	DK265+100.	1 703.95	边坡防护路基	

续上表

顺　号	起讫里程		长度(m)	工点类型	备　　注
197	K33+050.00	K33+600.00	550	边坡防护路基	
198	K34+750.00	K35+380.00	630	边坡防护路基	

二、路基工程特点

1. 工后沉降控制标准高

宁安铁路正线设计时速 200 km/h 及以上，铺设无砟轨道，对路基工程基床、本体及工后沉降控制均提出了严格的要求。特别是工后沉降控制标准，一般地段要求不大于 15 mm，桥路、隧路过渡段差异沉降不大于 5 mm。

2. 软土和松软土路基分布广泛，需进行地基加固

线路大部分经行于长江冲积平原及阶地上，软土、松软土分布广泛，厚度一般为 10～45 m，局部地段大于 50 m。软土具有天然含水率大、孔隙比大、高压缩性、高灵敏度、低强度的特点，工程地质条件差。路基地段软土、松软土加固措施的选择是本线路基设计工作的重点。

3. 部分区段为岩溶及采空区，需进行地基处理

正线路基在芜湖、繁昌和安庆地区分布灰岩及采空区，岩溶较发育。岩溶路基工点 7 个，采空区路基工点 1 个。岩溶路基加固采用"探灌结合，先探后灌"的原则进行加固处理，采用注浆加固，对岩溶空洞发育区则要同时灌砂砾石、粉煤灰处理。

4. 部分区段为顺层深路堑，需注重路基稳定性设计

沿线有两处顺层深路堑，路堑边坡高度超过 30 m。堑坡岩层为强风化，岩体较破碎，保证路堑边坡在施工和运营期间不发生顺层滑动、保证路基稳定安全是设计的重点。

第二节　设计原则与采用的主要技术标准

一、路基设计标准

宁安铁路正线为双线，按一次铺设跨区间无缝线路设计，速度目标值为 200 km/h，DK1+320～DK156+000、DK222+400～DK244+563 铺设无砟轨道，DK244+563～DK265+100 铺设有砟轨道。动车走行线、宁芜还建线等线路按时速 120 km 设计；铜九改线、池州疏解线按时速 160 km 设计；均采用有砟轨道结构。

铺设无砟轨道的地段路基，执行铁道部《客运专线无砟轨道铁路设计指南》(铁建设函〔2005〕74 号)要求。与正线隔断的站线路基按Ⅰ级铁路标准设计。其余有砟轨道路基，按设计行车速度分别执行相应规范或《新建时速 200～250 公里客运专线铁路设计暂行规定》要求。

二、路基设计原则

对正线路基利用既有线地段，尽早布置代表性断面对路基沉降变形情况等进行观测，根据观测结果及通过对沉降的趋势分析，评价是否具备铺设无砟轨道条件后确定是否采用无砟轨道。

基床底层改良土采用场拌法、基床以下改良土采用集中路拌法施工，环境影响敏感地段均采用场拌法施工。

浅层松软土地基采用挖除换填、强夯及挤密桩等措施进行处理，深厚层软弱地基采用复合地基法进行加固。局部深厚层软弱地基或软弱地基与岩溶发育共生地段采用桥梁方案通过。

线路以路基形式下穿既有公路桥时，应根据地基工程地质条件采取相应工程措施，防止影响公路的基础。

涵洞地基加固应与涵洞两段的路基统一设计。路基土石方计算时应扣除垫层、过渡段、小桥涵等土方量。

铁路用地范围内绿色防护执行内灌外乔原则。路堤边坡采用植灌木、图纸路堑边坡采用植草与植矮灌木或掺矮灌木籽相结合的绿色防护措施；不影响行车和设备安全条件下，路堤坡脚及路堑顶种植乔木或灌木。原则上取消喷混植生。

天沟、排水沟采用混凝土预制板铺砌。路基地段采用防护栅栏封闭，防护栅栏采用铁道部通用图《铁路

线路防护栅栏图集》(通线〔2008〕8001)。

三、路基设计执行的主要技术规范和通用图集

(1)《高速铁路设计规范》(试行)(TB 10621—2009);

(2)《客运专线无砟轨道铁路设计指南》(铁建设函〔2005〕754 号);

(3)《关于新建南京至安庆铁路南京南至铜陵东、池州至安庆段初步设计及全线总概算的批复》(铁鉴函〔2009〕(1401)号);

(4)《关于新建南京至安庆铁路铜陵东至池州段及安庆长江大桥初步的批复》(铁鉴函〔2008〕1547 号);

(5)对设计时速低于 200 km 的线路,如车站联络线及各种走行线,执行《铁路路基设计规范》(TB 10001—2005)中的标准设计。

当上述规定、指南未做专门要求时,按国家及铁道部颁布的下列规范、规定办理。

(1)《铁路特殊路基设计规范》(TB 10035—2006);

(2)《铁路路基支挡结构设计规范》(TB 10025—2006);

(3)《铁路路基土工合成材料应用技术规范》(TB 10118—2006);

(4)《铁路工程环境保护设计规范》(TB 10501—1998);

(5)《铁路工程抗震设计规范》(GB 50111—2006);

(6)《铁路混凝土及砌体工程施工规范》(TB 10210—2001);

(7)《建筑地基基础设计规范》(GB 50007—2002);

(8)《建筑抗震设计规范》(GB 50011—2001)(2008 年版);

(9)《建筑地基处理技术规范》(JGJ 79—2002);

(10)《预应力混凝土管桩基础技术规程》(DBJ/T 15-22-98);

(11)《铁路工程结构混凝土强度检测规程》(TB 10426—2004);

(12)《客运专线铁路无砟轨道铺设条件评估技术指南》(铁建设〔2006〕158 号);

(13)《客运专线铁路路基工程施工技术指南》(TZ 212—2005);

(14)《铁路混凝土结构耐久性设计暂行规定》(铁建设〔2004〕157 号);

(15)《客运专线铁路路基工程施工质量验收暂行标准》(铁建设〔2005〕160 号);

(16)《客运专线无砟轨道铁路工程施工质量验收暂行标准》(铁建设〔2007〕85 号);

(17)《提高铁路路基工程设计、施工质量补充规定》通知(铁建设〔2003〕97 号);

(18)《关于印发〈铁路绿色通道建设实施指导意见〉的通知》(铁鉴函〔2007〕472 号);

(19)《关于调整在建及新建铁路绿色通道设计有关问题的通知》(铁鉴函〔2007〕544 号);

(20)《铁路路基电缆槽》(通路〔2008〕8401);

(21)《铁路综合接地系统》(通号〔2009〕9301);

(22)《预应力混凝土管桩》(国家建筑标准设计图集 03SG409);

(23)《铁路线路防护栅栏图集》(通线〔2008〕8001)。

第三节　地基处理设计

一、填土高度小于基床厚度的低路堤

(1)无砟轨道地段基床底层范围内土层均满足 $P_s \geqslant 1.8$ MPa 或 $\sigma_0 \geqslant 0.2$ MPa;或有砟轨道地段基床底层范围内的土层均满足 $P_s \geqslant 1.5$ MPa 或 $\sigma_0 \geqslant 0.18$ MPa 时,基床表层填筑级配碎石。

(2)无砟轨道地段基床底层范围内的地基存在 $P_s < 1.8$ MPa 或 $\sigma_0 < 0.2$ MPa 的土层;或有砟轨道地段基床底层范围内的地基存在 $P_s < 1.5$ MPa 或 $\sigma_0 < 0.18$ MPa 的土层时,应根据土质、地下水位、降雨和气候特点等,一般采取挖除并换填一定厚度符合基床要求的填料或地基加固处理等措施。换填层的压实应满足相应基床部位标准,挖除层的基底应整平、碾压密实,压实应满足以下要求:

1)当地基为黏性土时，在基床表层下换填A、B组填料，厚2.3 m，并将地基整平碾压密实至基床底层相应部位要求。换填底面应满足K_{30}≥90 MPa/m。

2)当地基为砂类土(粉、细砂除外)时，土质符合基床底层要求时将地基整平碾压至K_{30}≥130 MPa/m；土质不符合基床底层要求时挖除不小于2.3 m，将地基整平碾压至K_{30}≥130 MPa/m，换填A、B组土。

3)当地基为砾卵石(碎石)类土时，土质符合基床底层要求时将地基整平碾压至K_{30}≥150 MPa/m；土质不符合基床底层要求时挖除不小于1.0 m，将地基整平碾压至K_{30}≥150 MPa/m，换填A、B组土。

4)当地基为岩石时，视其风化程度分别按上述要求处理，坚硬岩石可不处理，直接在其上施作支撑层或底座，开挖不平整处以C25混凝土嵌补。

二、填土高度大于基床厚度的路堤

填土高度大于基床厚度的路堤基底按以下原则处理：

1. 地基不需深层处理时

(1)岗地及丘坡区路堤根据地表植被情况，清除种植土0.3～0.5 m后整平碾压至K≥0.92(有砟0.90)。

(2)水田、雨季滞水或地下水位高(地下水位距地表不大于0.5 m)的低洼谷地路堤地段清除表层种植土(一般0.5 m左右)，换填A、B组渗水性填料(如碎石土)，挖除的种植土可用于边坡培土植草。需深层处理地段，回填中粗砂并结合深层处理水平垫层设计一并考虑。

(3)水塘地段路堤采取排水疏干或围堰抽水后，清除塘底淤泥再填筑路堤，塘埂标高以下填筑A、B组渗水性填料(如碎石土)。

(4)当地基表层分布浅层(小于3 m)人工填土、松软土等不良土层时，挖除换填A、B组填料。

(5)路堤基底处于斜坡地段(包括路堑与路堤衔接处、路基横断面、桥路过渡段纵向及横向坡度大于1∶10等)，当地面横坡为(1∶10)～(1∶2.5)时，路堤基底挖台阶，台阶高度不大于0.6 m，台阶宽度不得小于1.0 m，台阶底设2%～4%向内倾斜的坡度；当地面横坡等于或陡于1∶2.5的地段时按陡坡路堤进行处理。原地面尽量整平，以保证路基纵横断面的沉降均匀。

(6)所有不需深层处理的路堤基底，开挖至换填底面时，均应进行填筑前压实。

2. 当地基需深层处理时

当路堤基底存在压缩性较大的地基土，经沉降估算分析，当工后沉降不满足设计要求时，采取挖除换填、堆载预压、CFG桩、预应力管桩或其他地基处理措施进行地基加固。地基加固措施按照“安全可靠、经济合理、技术先进成熟”的原则，从工后沉降的控制效果、工程经济性、施工工期、施工工艺及质量检验难易程度、环境保护以及工点工程地质条件等方面综合考虑确定。

(1)一般土质路基

位于一般土质地基上的路堤及浅路堑，经工后沉降分析，需要加固时，可采取CFG桩加固，桩径0.5 m，桩间距1.6～1.8 m。填土较高及桥路过渡段适当提高置换率及桩长。桩顶设厚0.5 m碎石垫层，垫层内铺设一层高强土工格栅。高强土工格栅设计抗拉强度不小于300 kN/m。

(2)软土路基

对浅层软土(软土厚小于2.0 m时)，一般采用挖除换填渗水土处理。

厚度大于2.0 m的软土地基，处理措施结合工程地质条件综合分析确定。一般采用CFG桩、管桩(或＋筏板结构)加固。CFG桩桩径0.5 m，间距按1.6～1.8 m；桩顶设厚0.5 m碎石垫层，垫层内铺设一层高强土工格栅，高强土工格栅设计抗拉强度不小于300 kN/m；管桩桩径0.5 m，间距按2.2～2.4 m设计，正方形布置。桩顶铺设C30钢筋混凝土板，板厚0.5 m。

对下穿既有公路桥、铁路桥时，考虑施工机具高度，一般采用钻孔桩＋筏板结构处理或钻孔桩＋薄板结构处理。

(3)人工杂填土路基

①对弃土等土质较为均匀地基，厚度小于3.0 m时，挖除换填并按路基相应部位要求分层填筑压实。对厚度较大，挖除困难时，通过沉降分析，采用CFG桩加固处理。

②对于有机质含量较多的生活垃圾、侵蚀性的工业废料杂填土，均需全部挖除换填符合要求的填料。对

厚度较大难以挖除时,考虑以桥代路。

③对由建筑垃圾或山体开挖弃渣组成的不均匀地基,挖除换填处理;对厚度较大、地基土很不均匀且难以处理时,考虑以桥代路。

第四节 路基基床设计

路基基床采用双层结构,由基床表层和底层组成。基床底层的顶面和基床以下填料的顶面设 4%的人字排水坡。

一、一般路堤基床

(一)宁安正线

1. 基床厚度

正线无砟轨道地段路基基床表层和底层厚度分别为 0.7 m 和 2.3 m;有砟轨道地段路基基床表层和底层厚度分别为 0.4 m 和 2.3 m。

2. 基床填料

(1)基床表层

正线基床表层填料采用级配碎石或级配碎石掺水泥。级配碎石的材质、粒径等性能指标满足《客运专线基床表层级配碎石暂行技术条件》的要求,压实标准满足表 3-4-2 要求。

表 3-4-2 正线基床表层填料压实标准

填料类型	轨道类型	压实标准			
		地基系数 K_{30}	动态变形模量 E_{vd} (MPa)	孔隙率 n	变形模量 E_{v2} (MPa)
级配碎石	无砟轨道	190	55	<18%	120
	有砟轨道	190	55	18%	

注:有砟轨道基床表层的 K_{30}、E_{vd}、n 三项指标要求同时检测,均必须满足压实标准。无砟轨道基床表层的 K_{30}、E_{vd}、E_{v2} 三项指标检测中,必须有两项满足要求。

无砟轨道混凝土支承层外至电缆槽内侧设 0.1 m 厚 C25 混凝土防渗层。

(2)基床底层

基床底层填料采用 A、B 组填料或改良土,无砟轨道地段路堤填料宜优先考虑 A、B 组填料。当基床底层采用 C 组填料或黏性土改良后填筑时,基床底层表面铺设一层两布一膜。基床底层填料压实标准应满足表 3-4-3 要求。

表 3-4-3 正线基床底层填料压实标准

填料类型	适用地段	压实标准	改良细粒土	砂类土及细粒土	碎石类及粗粒土
A、B 组填料	时速>200 km 有砟轨道	地基系数 K_{30}(MPa/m)	≥110	≥130	≥150
		动态变形模量 E_{vd}(MPa)	≥40	≥40	≥40
		压实系数 K	≥0.95		
		孔隙率 n		<28%	<28%
	时速 250 km 无砟轨道	地基系数 K_{30}(MPa/m)	≥110	≥130	≥150
		压实系数 K	≥0.95		
		孔隙率 n		<28%	<28%
		变形模量 E_{v2}(MPa)	≥60	≥60	≥60
		动态变形模量 E_{vd}(MPa)	≥35	≥35	≥35

注:压实系数 K 为重型击实标准。改良土压实标准为当采用物理方法改良时,应符合本表规定;当采用化学方法改良时,除符合本表规定外,还应满足设计提出的技术要求;无砟轨道路基尽量采用 A、B 组填料。当不可避免采用改良土填筑时,要经过工程适应性检验才能使用。

基床表层与底层填料之间应满足 $D_{15}<4d_{85}$ 的要求，当不能满足此项要求时，在基床底层表面铺设一层复合土工膜(底层为改良土除外)。

(二)铜九改线及池州疏解线

1. 基床厚度

路基基床表层厚度为 0.6 m，底层厚度为 1.9 m，总厚度 2.5 m。

2. 基床填料

基床表层填料选用 A 组填料(砂类土除外)，颗粒粒径不得大于 150 mm；基床底层选用 A、B 组填料或改良土。基床填料压实标准按《铁路路基设计规范》(TB 10001—2005)中的标准执行，详见表 3-4-4。

表 3-4-4　其他线路基床填料压实标准

层　位	压实标准	改良细粒土	砂类土(粉砂除外)	砾石类	碎石类	块石类
基床表层	压实系数 K	≥0.93				
	地基系数 K_{30} (MPa/m)	≥100		≥150	≥150	
	相对密度 D_r					
	孔隙率 n(%)			<28	<28	
基床底层	压实系数 K					
	地基系数 K_{30}(MPa/m)		≥100	≥120	≥130	≥150
	相对密度 D_r		≥0.75			
	孔隙率 n(%)			<31	<31	

基床底层厚度范围内天然地基土的静力触探比贯入阻力 P_s 值不得小于 1.2 MPa 或天然地基容许承载力[σ]不小于 0.15 MPa，否则进行加固处理。

二、低矮路堤基床

路堤填高小于基床厚度的低矮路基，有砟轨道基床范围内不得夹有 P_s<1.5 MPa 或 σ_0<180 kPa 的土层，无砟轨道基床及以下 1 m 范围内不得夹有 P_s<1.8 MPa 或 σ_0<200 kPa 的土层，否则采取相应措施进行改良或加固处理。对需深层处理的地段，结合深层处理水平垫层一并考虑基床加固措施。垫层内铺设一层高强度不小于 300 kN/m 双向土工格栅，并要求筋材延伸率<10%。

对不需深层处理的地段，低矮路基基床处理措施见表 3-4-5。

表 3-4-5　低矮路堤基床处理措施一览表

时　速	路堤填高	地基条件	处理措施	要　求
200～250 km/h	有砟轨道<0.7 m；无砟轨道<0.4 m	一般土质、全风化呈土状岩层	换填 A、B 组填料(当地基土土质或改良后可满足基床底层填料要求时，可就地翻挖回填或改良后回填)	基床底层换填厚度≥2.0 m
		碎石类土、砂类土、强风化硬质岩以及弱风化软质岩	换填 A、B 组填料(当地基土土质满足相应要求时，可就地翻挖压实)	基床底层换填厚度≥1.5 m
		坚硬岩石特别是灰岩等易磨耗岩石	清除凹凸不平处，在其上直接填筑级配碎石	基床底层不换填，基床表层换填厚度不小于 0.2 m
	0.7 m≤有砟轨道<3.0 m；0.4 m≤无砟轨道<2.7 m	一般土质、全风化呈土状岩层	挖除换填 A、B 组填料(下蜀黏土可就地翻挖改良后回填)	挖除换填厚度≥1 m，且保证基床底层换填厚度≥2.0 m
		碎石类土、砂类土、强风化岩层以及弱风化软质岩	换填 A、B 组填料(当地基土土质满足相应要求时，可就地翻挖压实)	挖除换填厚度≥0.5 m，且保证基床底层换填厚度≥1.0 m
		坚硬岩石	清除凹凸不平处，其上直接填筑	

注：挖除换填部分分层压实，压实标准满足路堤相应部位的要求。

三、路堑基床

为保证基床有良好的工作性状，正线路基路堑地段均采用“路堤式”路堑结构(含挖方车站正线部分)。

正线基床表层填级配碎石，其他线路基床表层厚度范围内的土质及天然密实度应符合上述基床表层标准，否则应采取换填、压实等措施。土质路堑其地层土质不满足基床底层填料条件时，换填A、B组土或改良土，厚度不小于基床底层厚度。强风化硬质岩、软质岩及土质基床底层顶部设置0.1 m厚中粗砂夹一层两布一膜复合土工布。

自路肩以下有砟轨道基床范围不得夹有 P_s<1.5 MPa或 σ_0<180 kPa、无砟轨道基床及以下1 m内不得夹有 P_s<1.8 MPa或 σ_0<200 kPa的土层，且满足基床底层填料土质要求，否则采取相应措施进行改良或加固处理。对需深层处理的地段，结合深层处理一并考虑基床加固措施，垫层内铺设一层高强度不小于300 kN/m双向土工格栅，并要求筋材延伸率<10%。对不需深层处理的地段基床底层挖除换填厚度见表3-4-6。

表3-4-6 路堑地段基床底层处理措施一览表

路基地质条件	处理措施	换填厚度		附注
		250 km/h有砟	250 km/h无砟	
不易风化的硬质岩路堑	凹凸不平处以C25混凝土填平后修筑混凝土支承层			
易磨耗的硬质岩(如灰岩)	换填级配碎石，C25混凝土嵌补凹坑、溶沟、溶槽及溶蚀裂隙等	表层换填厚0.2 m，底层不换填	表层换填厚0.2 m，底层不换填	灰岩路堑至开挖面，需采用物探等手段检测岩溶发育程度
强～弱风化软质岩、强风化硬质岩	换填A、B组填料，底部为0.2 m厚的中粗砂，内铺设一层排水土工格栅	底层换填厚0.5 m	底层换填厚1.0 m	软质岩路堑采用取样试验、动力触探及载荷试验检测基底土质和强度
一般土质路堑、全风化呈土状岩层	换填A、B组填料或改良土，底部为0.2 m厚的中粗砂，内铺设一层排水土工格栅	底层换填厚1.5 m	底层换填厚2.0 m	采用取样试验、动力触探及载荷试验检测基底土质和强度

地下水发育地段路堑需进行防排水处理。采用铺设排水垫层与侧沟相结合的方法排除地下水，并使轨面距潜水浸润线的距离大于1.5 m。

四、堑堤过渡段基床处理

路堤与路堑交界位置除按一般要求设置堑堤过渡段外，对堑堤基床结构突变的地段设基床渐变式过渡段，过渡梯度不大于0.5 m/10 m。

第五节 一般路基设计

一、标准路基横断面

正线路基标准横断面如图3-4-1～图3-4-6所示。

二、路基面形状及宽度

(一)路基面形状

(1)有砟轨道地段

有砟轨道路基面形状为三角形，由路基面中心向两侧设4%的横向排水坡。路基面加宽时，仍保持三角形形状。基床底层顶面、基床以下路基面自中心向两侧设4%排水坡。

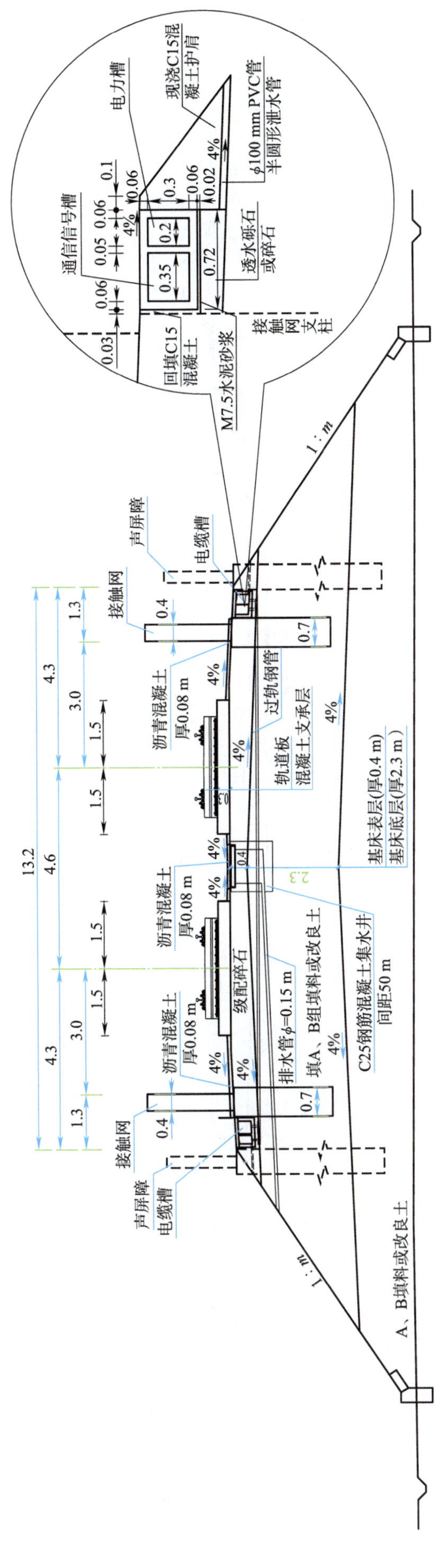

图3-4-1 双线无砟轨道路堤标准横断面图（单位：m）

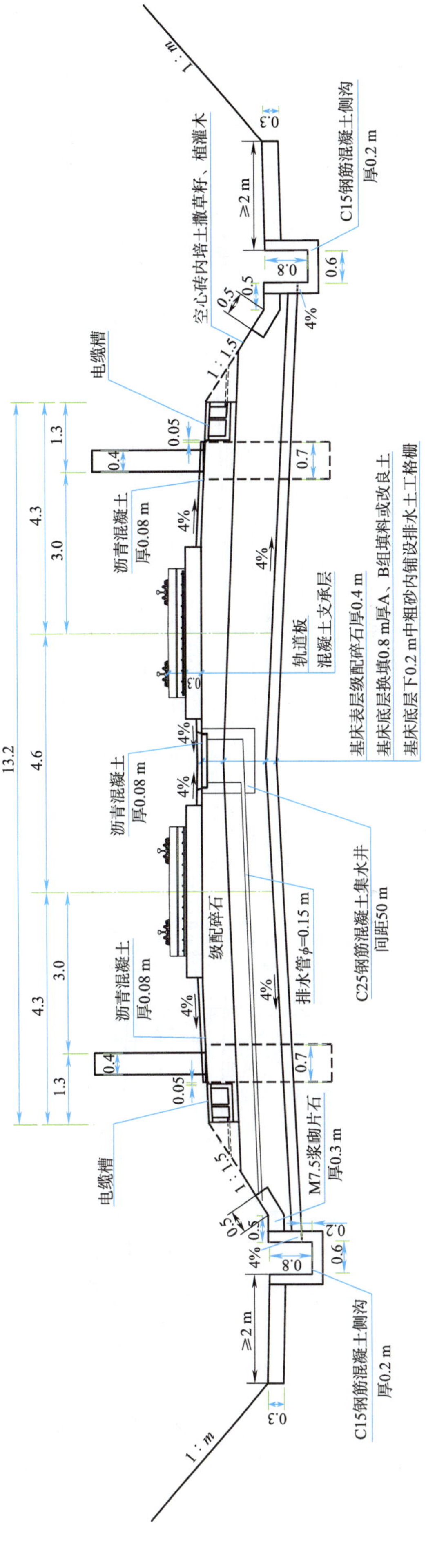

图3-4-2 双线无砟轨道路堑标准横断面图（强～弱风化软质岩、强风化硬质岩）（单位：m）

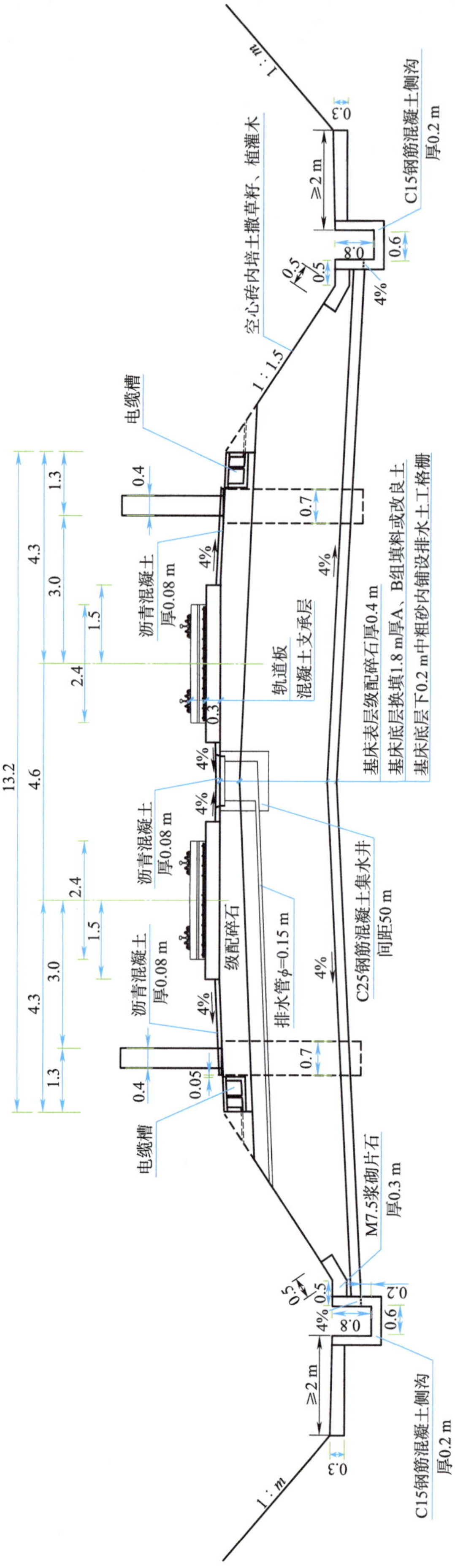

图3-4-3 双线无砟轨道路堑标准横断面图(一般土质、全风化岩石、强风化软质岩)(单位:m)

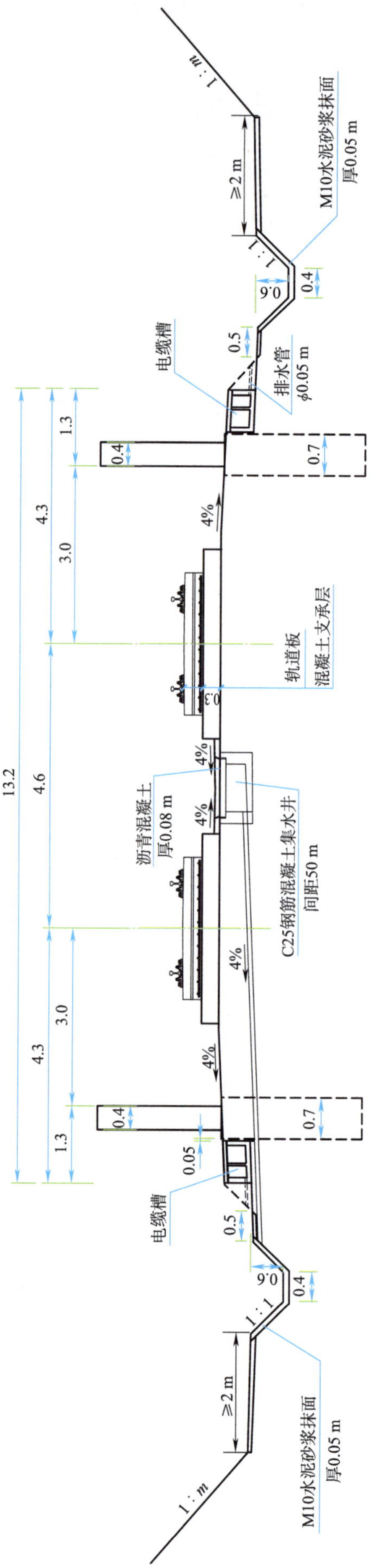

图3-4-4 双线无砟轨道路堑标准横断面图(弱~微风化硬质岩)(单位:m)

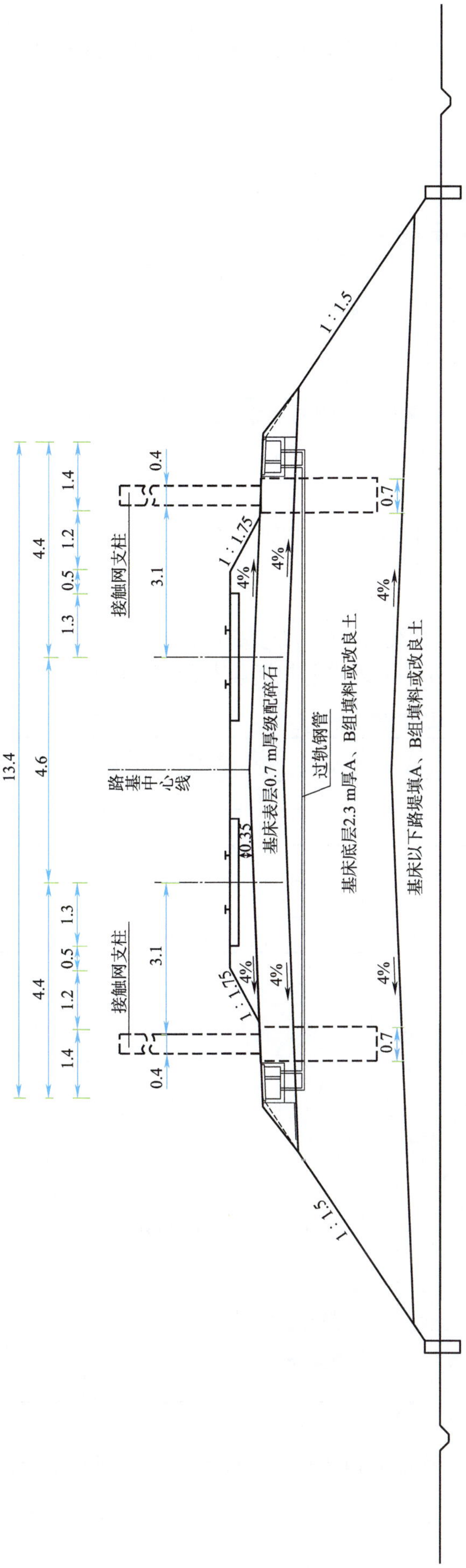

图 3-4-5　双线有砟轨道路堤标准横断面图（单位：m）

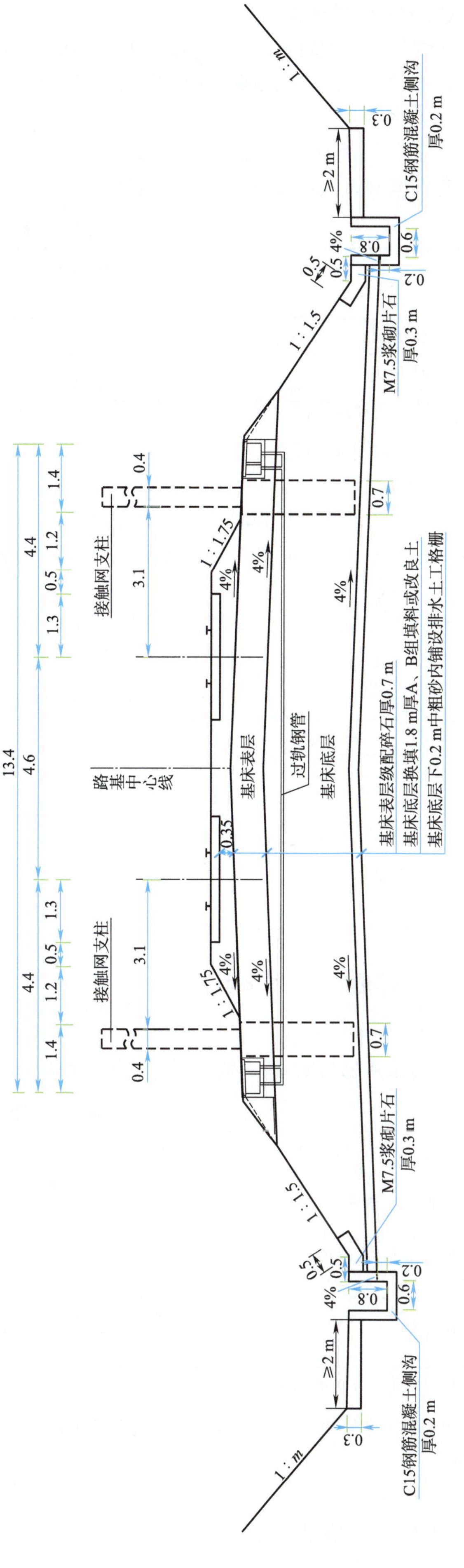

图 3-4-6　双线有砟轨道路堑标准横断面图（一般土质、全风化岩石、强风化软质岩）（单位：m）

(2)无砟轨道地段

直线地段无砟轨道路基面形状为梯形,轨道的混凝土底座范围为平面,边缘以外设向两侧不小于4%的横向排水坡。基床底层顶面、基床以下路基面自中心向两侧设4%排水坡。

(二)路基面宽度

1. 正线区间直线地段路基面宽度

正线区间直线地段路基面宽度见表3-4-7。

表3-4-7 正线区间路基面宽度一览表

路基面宽 \ 线别	有砟轨道		无砟轨道	
	路基面宽	线间距	路基面宽	线间距
路堤(m)	13.4	4.6	13.2	4.6
路堑(m)	13.4	4.6	13.2	4.6

注:路肩范围内设整体电缆槽(含通信、信号电缆,电力电缆);接触网支柱基础内侧距轨道中心距离,有砟轨道3.1 m;无砟轨道3.0 m。

2. 正线区间地段路基面加宽

(1)工后沉降加宽

有砟轨道软土路堤地段路基面加宽值根据地基工后沉降量确定,但每侧加宽量不应小于0.2 m。无砟轨道地段不考虑预留填料沉落加宽及地基工后沉降加宽。

(2)曲线地段加宽

有砟轨道曲线地段路基面宽度按表3-4-8进行加宽,曲线加宽在缓和曲线内渐变完成。无砟轨道路基地段原则上不考虑曲线加宽,当轨道结构和接触网立柱等设施的设置有特殊要求时,根据具体情况计算确定。

表3-4-8 正线曲线地段路基面加宽值

轨道类型	曲线半径(m)	路基面外侧加宽值(m)
250 km/h有砟轨道	≥10 000	0.2
	10 000~60 00	0.3
	6 000~4 500	0.4
	4 500~4 000	0.5
	<4 000	0.6

三、路基边坡形式及坡率

1. 路堤

路堤采用梯形断面,一般情况下路堤边坡坡率见表3-4-9。

表3-4-9 路堤边坡坡率一览表

填料种类	边坡高度(m)	边坡坡度	边坡形式
一般细粒土、改良土	0~8	1∶1.5	超过8 m于8 m处设边坡平台,宽2 m
	8~12	1∶1.75	
粗粒土(细砂、粉砂除外)、漂石土、碎石土、卵石土	0~12	1∶1.5	超过12 m于12 m处设边坡平台,宽2 m,平台以下边坡坡度为1∶1.75
硬块石土	0~8	1∶1.3	折线形
	8~12	1∶1.5	

注:浸水路堤边坡坡率放缓一级。

路堤地段原则上按"桥路分界高度"对边坡高度加以限制。路堤坡脚外侧设排水沟,并应满足排水设计原则。

2. 路堑

路堑设计详见本章第七节。

第六节 特殊路基设计

本线特殊路基主要包括浸水路基、岩溶路基、松软土路基、膨胀土路基、采空区路基及陡坡路基等。

一、浸水路基

浸水路基防护高程按照设计水位($H_1/100$)+波浪侵袭高+壅水高度+0.5 m考虑,并于防护高程处设护道。水深小于3 m时设宽为1.0 m的护道,水深大于3 m时设宽为2.0 m的护道。防护高程以下填筑渗水土,护道及护道以下采用M7.5浆砌片石护坡防护,浆砌片石护坡厚0.3 m,下设0.15 m厚的碎石垫层,基础采用勺型基础(底宽0.6 m,深1.0 m)。

1. 水塘路堤

线路跨越水塘地段的路堤,若工程修建后仍保留蓄水时(坡脚距塘埂宽大于30 m,长度大于50 m),一般采用围堰后抽水疏干清淤,围堰标高平塘埂,然后填筑路堤,塘埂标高以下填筑渗水土。软土地段的水塘路基在围堰抽水疏干清淤后,先填筑渗水土至塘埂标高,再按软土路基加固处理。路堤边坡采用浆砌片石防护,塘埂标高处设2.0 m宽边坡平台,坡脚设墁石基础。

2. 水塘路堑

线路跨越水塘(或水库)地段的路堑,原则上应废弃。若难以废弃时,于堑顶外6~8 m设置挡水埝,挡水埝顶面标高平塘(或水库)埂,堑坡加强防护,采用浆砌片石或C25混凝土骨架护坡,以确保堑坡稳定。

3. 内涝浸水路基

内涝区浸水路基边坡易受冲刷和在内涝期受水的长时间浸泡,容易失稳,应加强防护。内涝区浸水路基防护高程应大于设计水位+0.5 m(安全高)。防护标高以下边坡放缓一级,并于防护标高处留2.0 m宽的边坡平台,防护措施一般采取干砌片石或浆砌片石防护,并设置反滤层,或采用三维排水生态防护。浸水部分填渗水土,重型碾压机械加强碾压。

二、岩溶路基

岩溶地基根据岩溶发育、溶洞充填情况,结合地表、地下水及地质构造等情况,采用充填、岩溶注浆处理。

(1)原则上对可溶岩埋深小于等于30 m的岩溶地基进行处理,水文地质条件变化较大、对稳定产生影响或曾出现塌陷的地段加固至稳定深度范围。

(2)浅埋型岩溶路基

为防止岩溶地面塌陷及变形,并使覆盖层工后沉降能满足设计要求,采用注浆帷幕和地基处理相结合的处理方案。岩溶注浆帷幕用于封闭土石分界面溶蚀发育带,注浆层厚度一般为8.0 m,伸入岩层不小于5 m,若5 m内遇溶洞,则加固至溶洞底以下完整基岩不小于1.0 m。若土层内发育土洞也需注浆回填。同时对覆盖层工后沉降进行分析,根据分析结果确定是否需地基处理。

(3)裸露型岩溶路基

注浆深度不小于10 m。若10 m内遇溶洞,则加固至溶洞底以下完整基岩不小于1.0 m。

(4)岩溶路堑

开挖至路基面时进行物探探测、钻孔验证,查明岩溶发育程度,对路基面溶洞、溶沟、溶槽采用C25混凝土回填(换填)处理,对不(欠)稳定地段进行注浆处理,处理深度同"裸露型"岩溶。

(5)岩溶加固范围

路堤地段加固范围至路堤坡脚外约5.0 m,路堑地段加固范围至侧沟平台外边缘。路堤地段注浆孔布置采用梅花形,路堑地段为正方形布置,注浆孔间距5.0 m。

(6)岩溶地基处理完成后,采用物探、注水试验结合抽芯检验加固效果。

三、松软土地段路基

黏性土松软层厚度小于3 m,表层无硬壳时,采用挖除松软层,基底换填渗水土;大于3 m时采用水泥搅拌桩、水泥砂浆桩、旋喷桩、CFG 桩等进行地基加固,桩长一般应穿透软土或松软土层到达硬层不小于 1.0 m,桩间距、布置形式根据计算确定。

复合地基桩顶设 0.5 m 厚碎石垫层,并夹铺 1 层土工格栅。

松软土地段路基处理范围原则上向非松软或软土地段延长不小于 10 m。

四、膨胀土路堑

根据膨胀土的膨胀性及堑坡高度,采用(1∶1.5)～(1∶2.5)边坡。堑坡 6 m 一级,并在分级处设不小于 2.0 m 宽的平台,平台处设截水沟。

堑坡高度 $H \leqslant 4$ m 地段边坡采用浆砌片石肋及种植紫穗槐防护;堑坡高度 $H>4$ m 地段边坡采用拱形骨架内种植紫穗槐、支撑渗沟或框架锚杆等形式防护。堑坡高度 3 m$\leqslant H \leqslant$10 m 时坡脚设挡土墙稳定坡脚;堑坡高度 $H>10$ m 时,中等膨胀土堑坡设挡土墙及锚固桩稳定坡脚。

五、采空区路基

原则上采空区应绕避。难以绕避时,应根据其位置、顶板厚度、坚固程度、坑道的走向、位置、形状、大小等确定加固方法。

(1)埋藏较浅的采空区,宜采用明挖回填处理。

(2)埋藏较深、无法进入的采空区,采用钻孔灌注结合砂砾石、粉煤灰填充后再注浆处理。

六、陡坡路堤

陡坡路堤地面挖 2.0 m 宽台阶,于填土界面处铺设土工格栅(25 kN/m),提高路堤整体稳定性。需收坡地段采用重力式路堤挡土墙收坡,采用 C25 片石混凝土浇筑,墙顶至路肩不宜小于 2 m。

第七节 路 堑 设 计

路堑地段路基标准横断面图详见本章第五节。当路堑挖深大于 3.0 m 以上时,原则上不进行地基加固。但当路基换填底面以下分布下卧软层或发育岩溶时应作加固处理。

一、路堑边坡形式及坡率

路堑边坡一般采用缓边坡宽平台边坡形式。

全线路堑地段在侧沟与堑坡坡脚之间设置不小于 2.0 m 宽的侧沟平台。侧沟平台采用 C25 混凝土封闭。由不同地层组成的较深路堑,在边坡中部、不同地层分界处(特别是土石分界、透水与不透水层交界处)以及支挡结构物顶部等设置宽不小于 2.0 m 的边坡平台。岩质边坡宜 8 m 一级,土质边坡 6 m 一级,平台处设截水沟。

路堑边坡坡率根据地质情况分析及地质专业提供的堑坡意见确定,一般情况下可参照表 3-4-10 执行。

表 3-4-10 路堑边坡坡率及防护形式表

岩 性		坡 率	一般防护形式
黏性土、砂类土、角砾土、圆砾土、碎石土、卵石土		(1∶1.5)～(1∶2.0)	拱形骨架,骨架内种植紫穗槐
泥岩、页岩、粉砂岩、泥质砂岩	W_2	1∶1.25	框架锚杆(索)内铺浆砌片石或预制块、浆砌片石护墙、护坡等
	W_3	1∶1.50	
砂岩、砾岩、花岗岩	W_2	1∶0.75	框架锚杆(索)内铺空心块植草、浆砌片石护墙、护坡等
	W_3	1∶1	
	W_4	1∶1.25	
石灰岩、白云质灰岩、白云岩泥质灰岩	岩溶发育	(1∶1)～(1∶1.25)	浆砌片石护墙
	岩溶不发育	1∶0.75	

二、路堑防护设计

根据工点工程地质条件，路堑边坡防护采用绿色防护与工程防护相结合的原则，一般避免采用高挡墙类支挡结构。

(1)一般路堑防护形式见表 3-4-10。

(2)膨胀土路堑边坡坡脚设置矮挡墙，墙高一般小于 3 m。

(3)对挖方较大、工程地质条件较差的路堑工点，根据具体工点情况进行特别设计，采用分级、分层稳定及坡脚预加固措施。

(4)陡坡地段挡土墙能起到明显收坡效果时应设挡土墙，挡土墙高度：岩质地段不宜超过 8 m，土质地段不宜超过 6 m。

(5)顺层地段路堑，根据岩层岩性、构造，堑坡采用顺层开挖或锚索、钢筋混凝土框架与锚索、桩板墙或锚固桩(桩间设挡土墙)等形式进行防护。

(6)不存在顺层的软质岩(泥岩、页岩、粉砂岩等)、强风化的硬质岩及土质路堑，堑坡高度≥15 m 时，最下一级设路堑挡土墙稳定坡脚，挡土墙高度 4～6 m；堑坡高度≥8 m 时，分别于路肩以上 1.0 m、3.0 m 设 1 排水平排水孔，排水孔沿线路方向间距 2.0 m，深 5.0 m，排水孔采用 ϕ100 mm 塑料渗水盲管。

(7)当堑坡采用浆砌片石护坡或浆砌片石护墙时，侧沟平台上通长设种植池，高 0.5 m，底宽 0.5 m，内种爬山虎。种植池采用 C15 混凝土砌筑。

(8)路堑支挡防护设计参数一般按照表 3-4-11 进行设计。

表 3-4-11 路堑边坡设计参数一览表

地层岩性	风化程度	岩土施工工程分级	路堑边坡控制高度(m)	边坡坡率	力学指标
坡残积黏性土		Ⅱ、Ⅲ	6	(1∶1.5)～(1∶1.75)	γ=18～19 kN/m^3，φ=30°～35°，σ_0=150～250 kPa，f=0.3
膨胀土		Ⅲ	6	(1∶1.5)～(1∶2)	γ=18～19 kN/m^3，φ=26°～35°，σ_0=180～220 kPa，f=0.3
		Ⅲ	6	(1∶1.5)～(1∶1.75)	γ=18～19 kN/m^3，f=30°～35°，σ_0=200～250 kPa，f=0.3～0.4
泥质砂岩、粉砂岩、泥岩，页岩等极软岩和软岩	全风化	Ⅲ	6	(1∶1.5)～(1∶1.75)	γ=19 kN/m^3，φ=30°～35°，σ_0=200 kPa，f=0.3
	强风化	Ⅳ	8	(1∶1.25)～(1∶1.5)	γ=20 kN/m^3，φ=35°～40°，σ_0=300 kPa，f=0.35～0.4
	弱风化	Ⅳ	10	(1∶1)～(1∶1.25)	γ=20 kN/m^3，φ=40°～45°，σ_0=400～450 kPa，f=0.4
长石砂岩、含砾砂岩、砂岩、凝灰岩等较软岩	全风化	Ⅲ	8	(1∶1.5)～(1∶1.75)	γ=20 kN/m^3，φ=35°，σ_0=250 kPa，f=0.35～0.4
	强风化	Ⅳ	10	(1∶1)～(1∶1.25)	γ=20 kN/m^3，φ=40°～45°，σ_0=350～400 kPa，f=0.4
	弱风化	Ⅳ	12	(1∶0.75)～(1∶1)	γ=21 kN/m^3，φ=45°～50°，σ_0=500～600 kPa，f=0.4～0.5
灰岩、白云岩、石英砂岩、硅质岩及钙铁质胶结的砾岩、凝灰岩、凝灰角砾岩、安山岩等硬质岩	全风化	Ⅲ	8	(1∶1.5)～(1∶1.75)	γ=20 kN/m^3，φ=35°，σ_0=300 kPa，f=0.35～0.4
	强风化	Ⅳ	12	(1∶1)～(1∶1.25)	γ=21 kN/m^3，φ=40°～45°，σ_0=500 kPa，f=0.5
	弱风化	Ⅴ	15	(1∶0.3)～(1∶1)	γ=22 kN/m^3，φ=45°～55°，σ_0=800～1 000 kPa，f=0.5～0.6

注：1. 土层、全风化岩层及泥质软岩，当地下水发育时，坡率及 φ 值应降低一级或选用低限值；一般岩层，当节理较发育，岩层较破碎时，选用低限值。

2. 土质(特别是下蜀黏土)、软岩全～强风化层及花岗岩全风化层地段，工程指标的选取应考虑最不利情况，如墙后土体由于长期浸水可能达到饱和状态，致使力学参数降低的不利情况。

3. 抗滑桩、锚索等支挡参数应结合工点地层岩性、地下水、挖方深度等特征，参照《铁路路基支挡技术规范》选取。

4. 顺层工点软弱层强度等设计参数应结合试验、反演分析，参照《铁路工程地质手册》选取。

第八节 填 料 设 计

本节主要对基床以下路堤填料设计进行总结,基床部分详见本章第一节。

一、基床以下路堤填料及压实标准

原则上铺设无砟轨道地段路堤中心填高均小于 8 m,路堤基床以下部分填料及压实标准应满足规范规定,见表 3-4-12。填高大于 8 m 的路堤地段,基床以下部分采用 A、B 组填料,压实标准同基床底层要求。

表 3-4-12 路堤基床以下填料及压实标准

线路等级	填　　料	压实标准	改良细粒土	砂类土及细砾土	碎石类及粗砾土
250 km/h 无砟轨道	A、B 和 C 组填料(不含细粒土、粉砂、易风化软质岩)或改良土	地基系数 K_{30}(MPa)	≥90	≥110	≥130
		压实系数 K	≥0.92		
		孔隙率 n		<31%	<31%
200～250 km/h 有砟轨道		变形模量 E_{v2}	≥45	≥45	≥45
		地基系数 K_{30}(MPa)	≥90	≥110	≥130
		压实系数 K	≥0.90		
		孔隙率 n		<31%	<31%
160 km/h 及以下	A、B 和 C 组填料或改良土	地基系数 K_{30}(MPa)	≥80	≥110	≥120
		压实系数 K	≥0.90		
		孔隙率 n		<32	<32

注:1. 压实系数 K 为重型击实标准;
2. 改良土压实标准:当采用物理方法改良时,应符合本表规定;当采用化学方法改良时,除符合本表规定外,还应满足设计提出的技术要求;
3. 无砟轨道地段路堤填料宜优先考虑 A、B 组填料和 C 组块石、碎石、砾石类填料;
4. 地震区路堤填料选用抗震稳定性较好的填料,浸水部分采用渗水性填料;
5. 路基填筑时应分层摊铺、分层压实。

二、填料利用(改良)设计原则

根据沿线填料分布、土质特征以及本线对填料质量的要求,填料设计原则如下:

(1)第四系上更新统黏土(下蜀黏土)为 C 组填料,具有弱～中膨胀性,用于基床底层及基床以下路堤填筑均需改良。改良方法为掺入不小于 6%的石灰,采用场拌法施工。

(2)本线软质岩均为易风化岩。软质岩及其风化物填料,可分为 C、D 组填料。C 组填料通过级配、最大粒径、摊铺厚度等过程质量控制,严格的工艺流程,确保其压实强度和密实度符合设计要求时,可用于正线路基基床以下部分填筑,但不能用作过渡段路基及浸水地段路基填料。

(3)硬质岩(硬质岩岩块、弃渣,强风化硬质岩及构造影响呈碎块石土状的填料),属 A、B 组填料。可通过加强施工控制作为基床以下路堤填料分层填筑,作为基床底层填料需满足最大粒径及相关检测标准。

无论采用何种填料,在全面填筑开始前,应首先进行取土场取样试验、改良试验及填筑试验,验证设计方案及参数的合理性,并获取满足高速铁路技术标准的填筑施工工艺、流程、关键技术参数及过程质量控制手段,指导实施性施工组织设计和现场施工。

第九节 过渡段设计

一、宁安正线

正线路堤与桥台连接处、路堤与横向结构物连接处(立交框构、箱涵)、路堤与路堑连接处、隧道和路基连接处和半挖半填路基横向设置过渡段。

（一）路基与桥梁过渡段设计

路基与填方桥台连接设计一般按以下原则办理：

1. 路基本体及基床结构过渡

(1)过渡段采用倒梯形过渡，如图 3-4-7 和图 3-4-8 所示，过渡段长度 $L=a+n(H-h_1)$（a 为常数，不小于 5 m；H 为填高，h_1为基床表层厚度，$n=2\sim5$）。

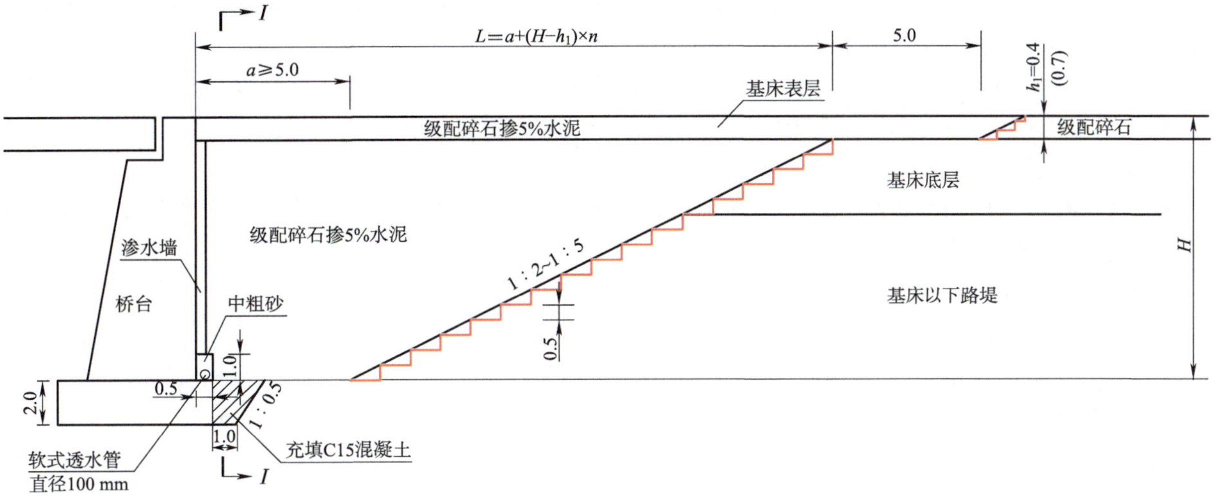

图 3-4-7　桥路过渡段形式（单位：m）

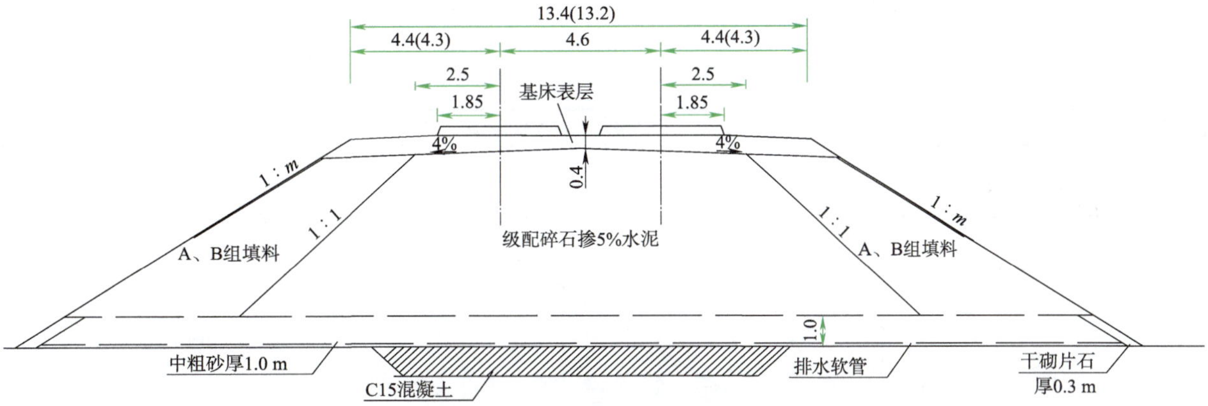

图 3-4-8　I—I 断面图（单位：m）

(2)过渡段采用掺入 5%普通硅酸盐水泥的级配碎石分层填筑（注意与过渡段后部路基填料的衔接过渡），级配碎石范围及材质要求满足《新建时速 200～250 公里客运专线铁路设计暂行规定》及《客运专线无砟轨道铁路设计指南》（铁建设函〔2005〕754 号）的要求，压实标准见表 3-4-13 规定。

表 3-4-13　桥路过渡段填料压实标准

轨道类型	填　料	压实标准			
		地基系数 K_{30} (MPa)	变形模量 E_{v2} (MPa)	动态变形模量 E_{vd} (MPa)	孔隙率 n
无砟轨道	级配碎石+5%水泥	150	80	50	<28%
有砟轨道	级配碎石+5%水泥	150		50	<28%

注：以上 K_{30}、E_{v2}、E_{vd}中必须有两项满足要求。

(3)在路基与桥台结合部位设带排水槽的渗水墙，渗水墙采用无砂混凝土块砌筑，长 30 cm、宽 15 cm、厚 10 cm。在渗水墙底部设直径 $\phi=100$ mm(TS-100)透水软管将渗流水排出路基以外。

(4)过渡段桥台基坑范围以 C15 混凝土回填或级配碎石填筑，并采用小型平板振动机分层压实。路堤基底原地面平整后，采用重型机械振动冲击碾压，并使 $K_{30}\geqslant 60$ MPa/m。

(5)过渡段路堤基床表层满足前述基床表层的有关要求，并在 $L=a+(H-h_1)\times n+5$ 长度范围内掺入 5%水泥。

2. 地基沉降过渡

对于不良地基，为保证纵向地基沉降的均匀和控制沉降差，原则上采用强于正线路基的处理方案，由过渡段至正线路基逐渐过渡，其长度不宜小于过渡段长度且不小于 30 m。对不需深层处理的良好地基，加强浅层置换处理，必要时考虑采用超载预压方案。

3. 当挖方桥台或填方空间较小难以采用大型机械施工，以及两桥或桥隧之间间距较小时的过渡段设置，在参照以上原则的基础上，可适当调整过渡段几何尺寸(全断面长度、坡率)，或单独研究确定。

(二)路基与横向构筑物过渡段设计

路基与所有横向构筑物连接处均需设置过渡段，填方地段过渡段设置方案按以下原则办理；对需特殊设置的过渡段单独研究确定。

1. 路基本体及基床结构过渡

(1)过渡形式及长度

路基本体及基床结构采用倒梯形过渡，如图 3-4-9～图 3-4-12 所示。涵顶距路肩高度小于 2.0 m 时，$L_1=2+n(H-h)$(h 为基床表层厚度，$n=2\sim5$)；涵顶距路肩高度大于 2.0 m 时，$L_1=2+nh_2$(h_2 为涵顶距地面高度，$n=2\sim5$)。

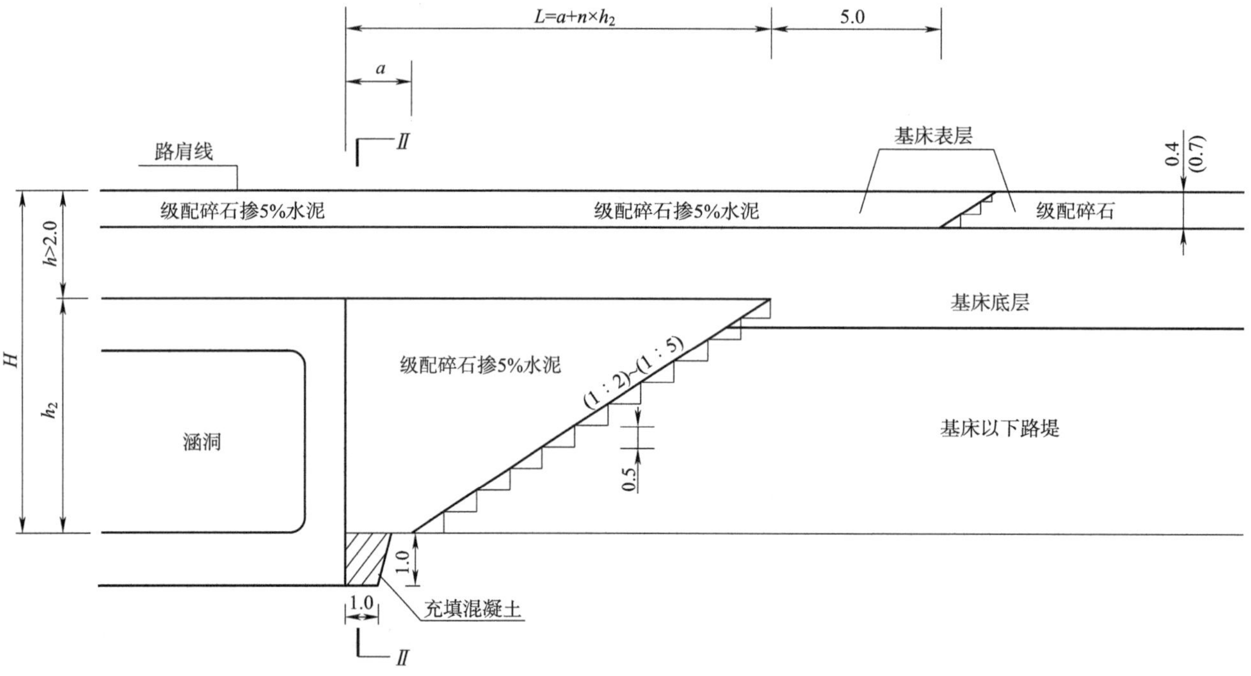

图 3-4-9 路堤与横向结构物过渡段($h>2.0$ m,单位:m)

(2)材料要求

过渡段范围内采用级配碎石掺入 5%水泥分层填筑，基床表层满足前述基床表层的有关要求。当涵顶距路肩高度小于 2.0 m 时，结构物以上部分及两侧各 20 m 长度范围内基床表层级配碎石掺入 5%水泥。采用级配碎石掺入 5%水泥填筑，级配碎石的级配、材质及压实标准同桥路过渡段。过渡段的基坑回填 C15 混凝土。路堤基底原地面平整后，用振动碾压机械碾压密实，并使 $K_{30}\geqslant 60$ MPa/m。

当构筑物轴线与线路中线斜交时，首先采用级配碎石填筑斜交部分，然后再设置过渡段，以减小路基与涵洞横向刚度的差异。

2. 地基处理过渡

对于不良地基原则上采用强于正线路基的处理方案，由过渡段至正线路基逐渐过渡，其长度不宜小于过渡段长度且不小于 30 m。深厚层第四系非软土、松软土地基一般采用堆(超)载预压处理。

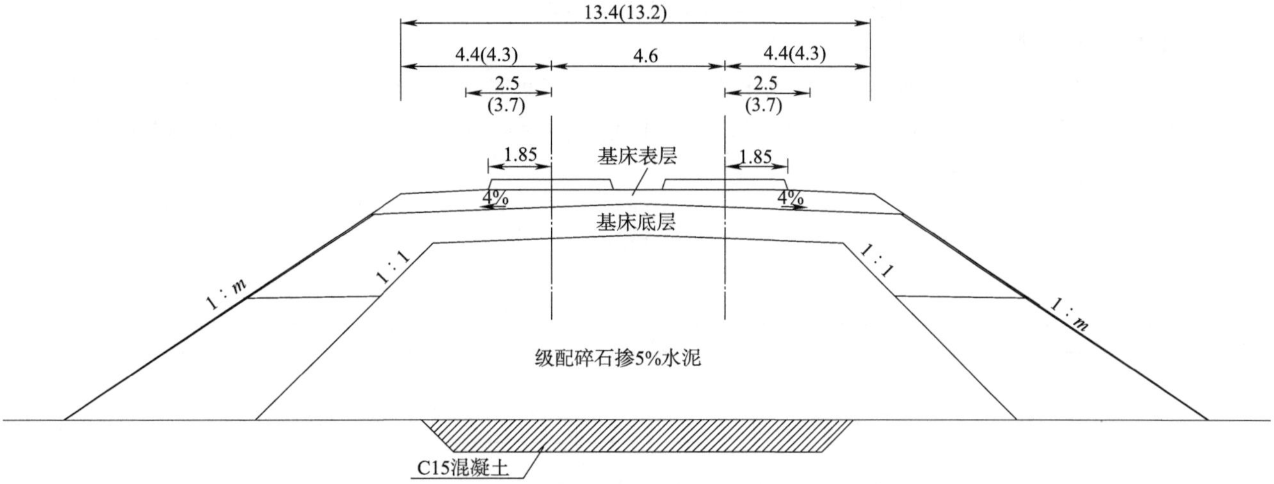

图 3-4-10　路堤与横向结构物过渡段 I—I 断面图($h>2.0$ m,单位:m)

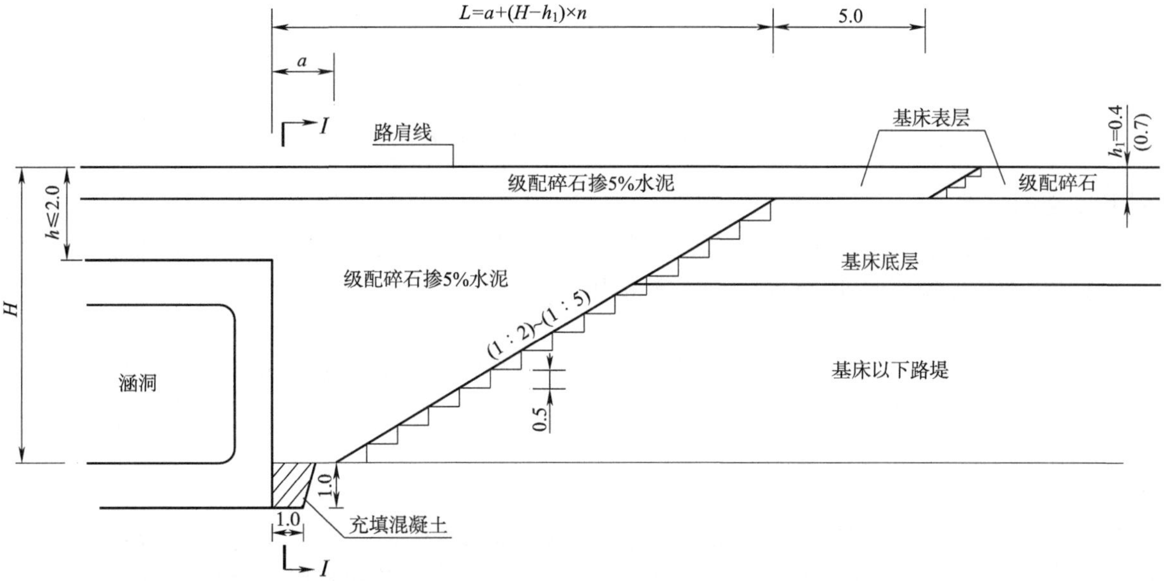

图 3-4-11　路堤与横向结构物过渡段($h\leqslant2.0$ m,单位:m)

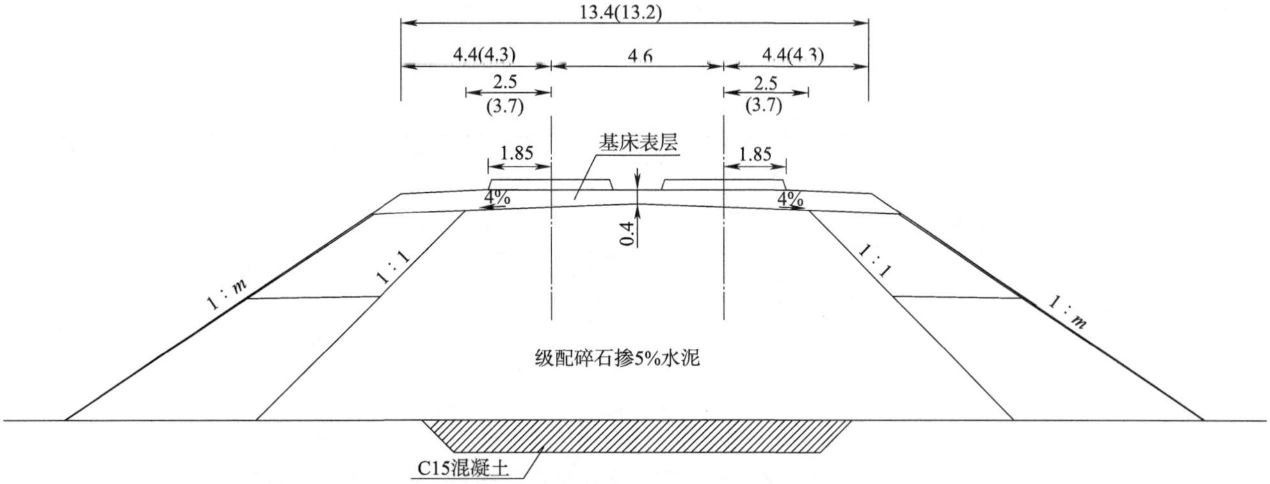

图 3-4-12　路堤与横向结构物过渡段 I—I 断面图($h\leqslant2.0$ m,单位:m)

(三)路堤与路堑过渡段设计

1. 路堤与土质、强风化软质岩及全风化硬质岩路堑过渡段。

(1)路基本体过渡

当路堤与路堑连接处为软质岩石、全风化硬质岩或土质路堑时,顺原地面纵向挖成 1∶2 的坡面,坡面上开挖台阶,台阶高度 0.6 m。在堑堤过渡分界处路堑侧基床表层以下设置横向排水砂沟内置软式排水管,直径 100 mm,如图 3-4-13 所示。

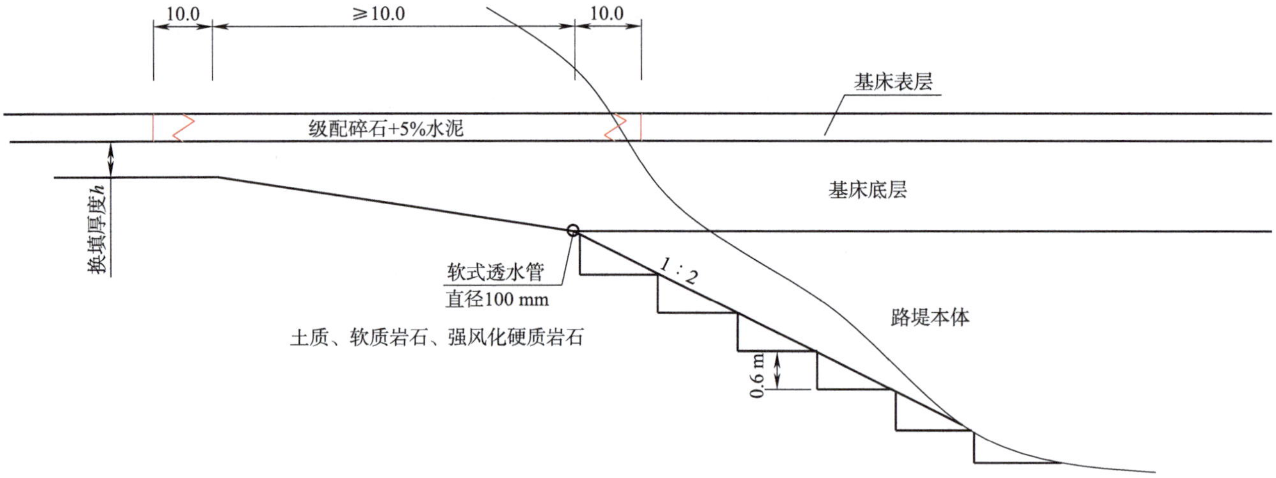

图 3-4-13 路堤与土质、强风化软质岩石、全风化硬质岩石路堑过渡段(单位:m)

(2)基床结构过渡

过渡段路堤基床表层满足前述基床表层的有关要求,并在衔接处两侧各不小于 20 m 的范围内掺入 5%水泥。注意路堑侧基床换填厚度与路堤侧的过渡衔接。

(3)地基处理过渡

对于不良地基(谷地相软土)一般采用挖除换填、复合地基实现过渡,并应与正线路基地基加固措施合理衔接;良好地基时加强表层换填处理。

2. 路堤与强风化及以下硬质岩、弱风化软质岩路堑过渡段

(1)路基本体过渡

当路堤与路堑连接处为坚硬岩石路堑时,在路堑一侧顺原地面纵向开挖台阶,台阶高度 0.6 m。在路堤一侧设置过渡段,填筑级配碎石掺入 5%水泥,坡率(1∶2)~(1∶5),并在堑堤过渡分界处路堑侧基床表层以下设置横向排水砂沟内置软式排水管,直径 100 mm,如图 3-4-14 所示。

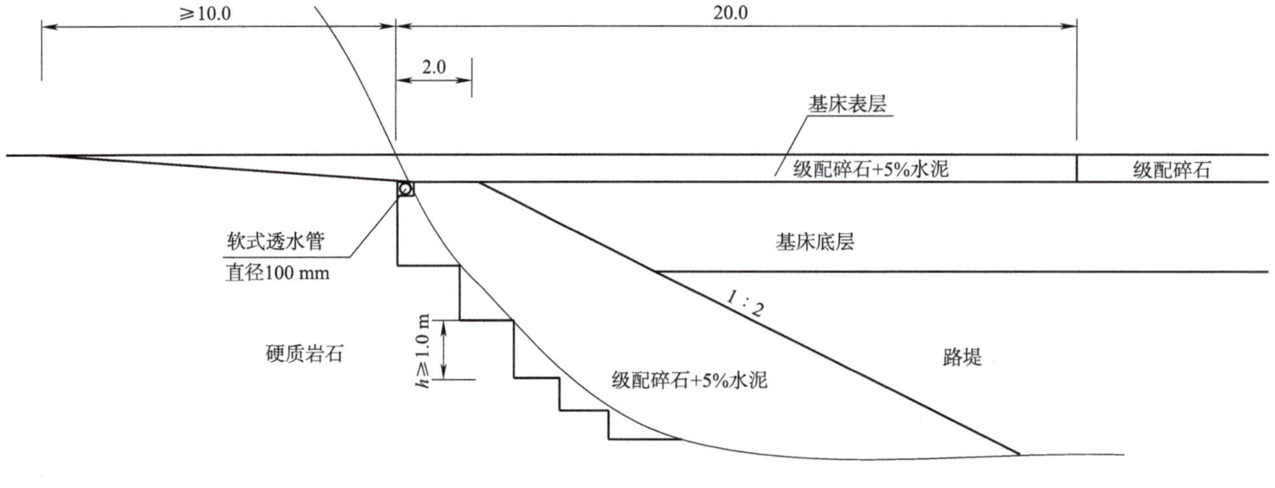

图 3-4-14 路堤与强风化及以下硬质岩、弱风化软质岩路堑连接方式(单位:m)

(2)基床结构过渡

过渡段路堤基床表层满足前述基床表层的有关要求,并在不小于 20 m 的范围内掺入 5%水泥。设计时注意路堑侧基床表层换填厚度与路堤侧的过渡衔接。

(3)地基处理过渡

对于不良地基(谷地相软土)一般采用挖除换填、复合地基实现过渡,并与正线路基地基加固措施合理衔接;良好地基时加强表层换填处理和压实。

3. 横向半堤半堑及不同岩土组合

陡坡地段的半填半挖路基或横向不同岩土组合时,为保证路基横向刚度均匀,路基面以下最小挖除换填厚度由以下两条件确定:保证轨道受力(左、右线中心外侧无砟轨道 2.5 m,有砟轨道 3.7 m,其下按 45°扩散)均匀;动荷载主要影响深度范围内的填料一致,且满足基床材质和压实要求。

当换填地段为硬质岩或按硬质岩路基处理地段,则均采用级配碎石换填;为土质、软质岩或按软质岩路基处理地段,则采用符合基床条件要求的填料进行换填。换填底部应设 4%的向外排水坡。两侧侧沟分别同软质岩或硬质岩地段的侧沟处理。不同岩土地段路基横断面设计图如图 3-4-15～图 3-4-18 所示。

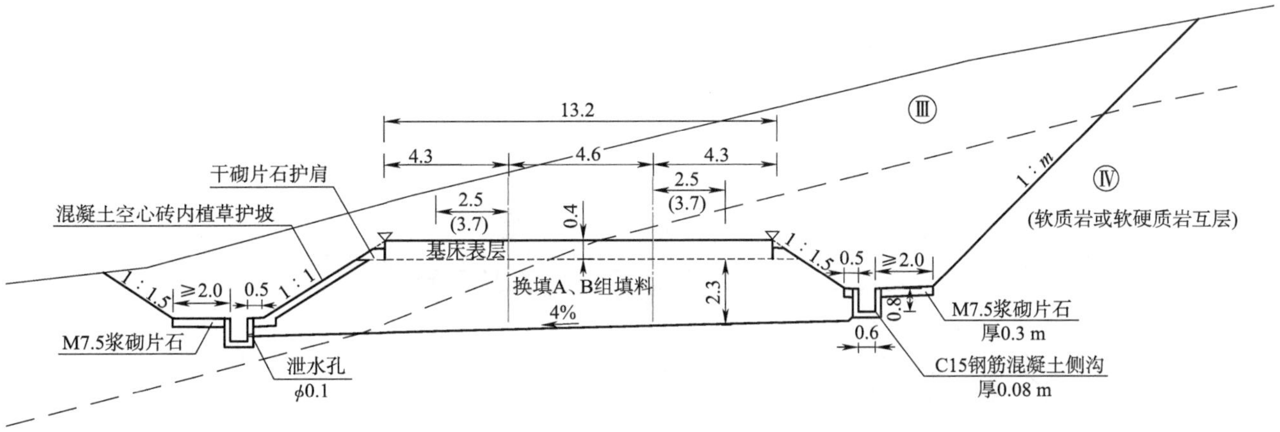

图 3-4-15　土质路基基床设计横断面(单位:m)

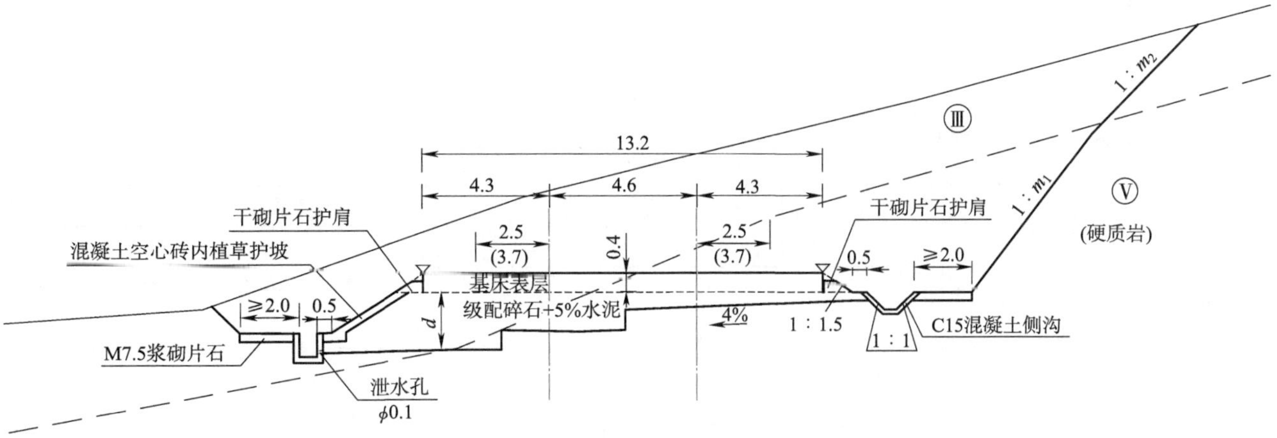

图 3-4-16　硬质岩石路基基床设计横断面(单位:m)

各类半堤半堑设计时,充分注意前后断面的衔接,尤其是当挖方前后均为填方路基时,加强纵向堑堤过渡段填料、基床结构、地基处理的过渡设计。

(四)路基与隧道过渡段

土质、软质岩及强风化硬质岩路堑与隧道连接地段,在路堑基床范围内设置过渡段,采取级配碎石掺入 5%水泥厚度渐变过渡,过渡段长度不小于 20 m。过渡段布置形式如图 3-4-19 所示。

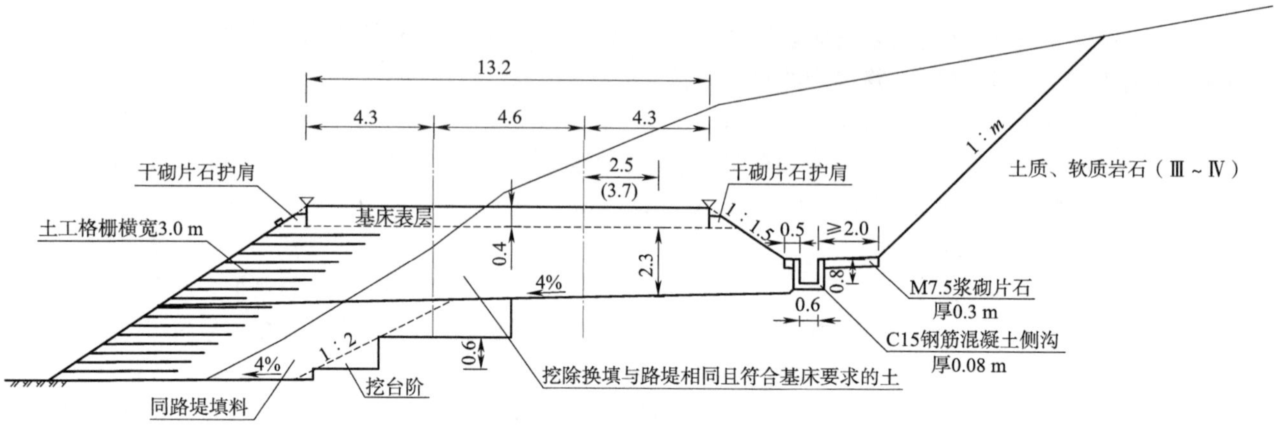

图 3-4-17 半填半挖地段路基设计横断面(土质、软质岩地段,单位:m)

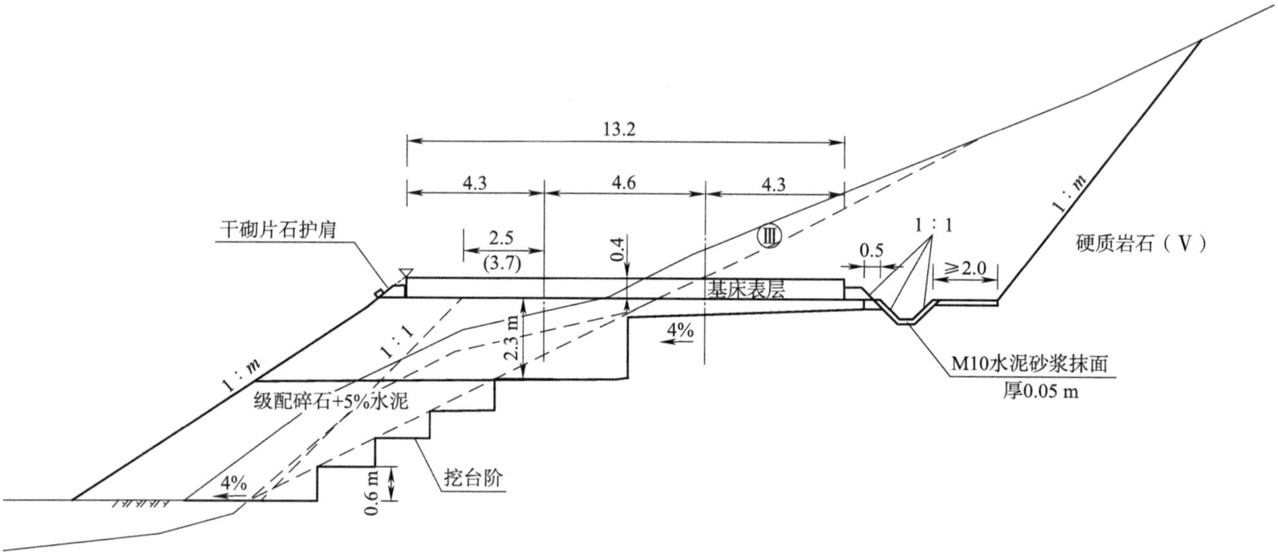

图 3-4-18 半填半挖地段路基设计横断面(硬质岩地段,单位:m)

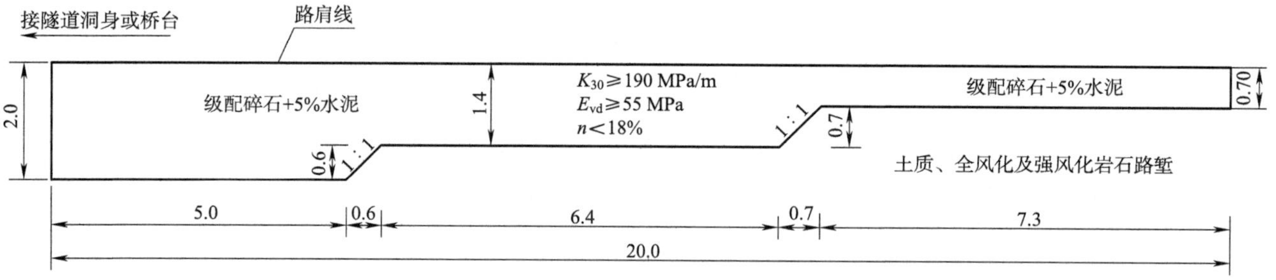

图 3-4-19 路隧过渡段过渡形式(单位:m)

二、铜九改线及池州疏解线

(一)路桥过渡段

改建及联络线等其他线路路桥过渡段采用倒梯形,路桥过渡段长度 $L=2h+A$[L 为过渡段长度(m);h 为路堤高度(m);A 为常数,可取 3~5 m],如图 3-4-20 所示。

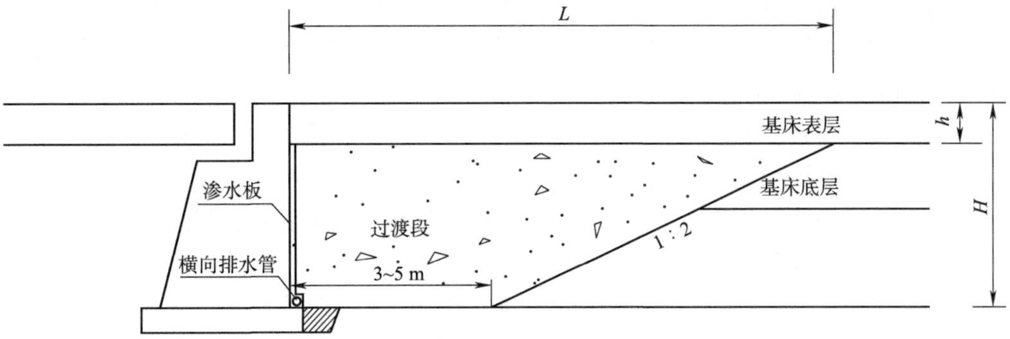

图 3-4-20 路桥过渡段

过渡段以 A 组土分层填筑(砂类土除外),基床表层以下压实度符合基床底层压实标准。台后基坑应以混凝土回填或以碎石分层填筑压实,并做好横向排水。过渡段应与其相连的路堤按一体同时施工。台背不宜碾压的 2 m 范围内应掺 3%~5%(重量比)的水泥。

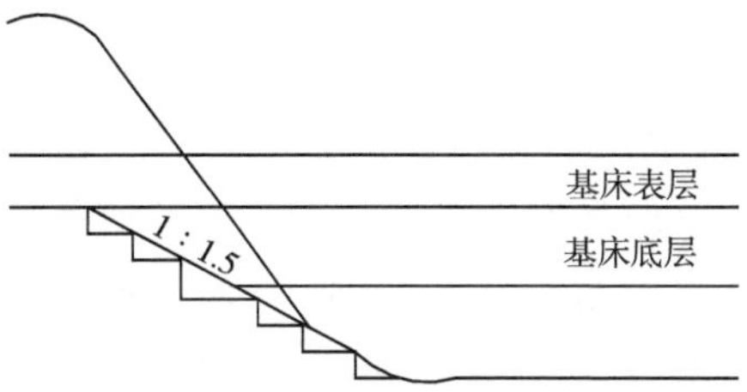

图 3-4-21 路堤与软质岩石或土质路堑过渡段

(二)路堤与软质岩石或土质路堑过渡段

路堤与软质岩石或土质路堑连接处设过渡段,沿原地面纵向挖成 1∶1.5 的坡面后,再在 1∶1.5 坡面上设置台阶,高 0.6 m 左右,开挖部分的填料及压实标准与路堤相同,如图 3-4-21 所示。

第十节 路基防排水设计

路基防排水设备与桥涵、隧道、车站等防排水设备衔接配合,特别注意路基面排水、边坡排水和附属排水系统的衔接,并与水土保持及农田水利的综合利用相结合,保证水流畅通,避免各行其是、互相脱节的现象。路基排水设备应有足够的过水能力。排水设施过水截面尺寸根据流量计算,设计流量按 1/50 频率计算。

一、地表排水设计

对路基有危害的地面水,设置侧沟、天沟、排水沟及边坡平台截水沟,将水拦截引排至路基范围以外,防止水流冲刷路基。

(1)地面排水设施的纵坡不应小于 2‰,地面平坦或反坡排水地段,仅在特殊困难情况下,可减小至 1‰。单面排水坡长度不大于 400 m。必要时增设横向排水设施引入自然沟渠。

(2)侧沟、天沟、排水沟应采用混凝土浇筑或预制拼装,不得采用浆砌片石。侧沟、天沟、排水沟应进行基础、接缝和防渗设计。

(3)天沟、排水沟横断面一般采用 0.6 m(底宽)×0.8 m(深)的梯形沟,最小尺寸为 0.4 m(底宽)×0.6 m(深),边坡坡率 1∶1。

(4)侧沟、天沟、排水沟、急流槽应避免在虚填土上设置,砌筑前应夯实原地面(压实系数 $K \geqslant 0.9$),开挖水沟后沟壁及沟底应先夯实整平,然后砌筑加固坡面。

(5)地面排水设施转弯处应尽量圆顺,地形困难地段转弯半径不小于 5 m。沟底宽度变化时应设置过渡段,过渡段长度不小于沟底宽度差的 5 倍。

(6)在路堤天然护道外,根据地面横坡情况设置单侧或双侧排水沟。排水沟采用厚度 0.08 m 的 C25 混凝土预制块,并用 M10 水泥砂浆铺砌。

(7)路堑于路肩两侧设置侧沟。路堑侧沟的水流,不宜经隧道排出。路堑顶外 5 m 设置单侧或双侧天沟。

①不易风化的硬质岩石路堑采用梯形侧沟,底宽 0.4 m,深不小于 0.6 m,表面采用 M10 水泥砂浆抹面,

厚 0.05 m,局部用 C25 混凝土镶补;堑顶天沟采用 M10 水泥砂浆抹面,厚 0.05 m,局部用 C25 混凝土镶补。

②软质岩、强风化或构造破碎的硬质岩路堑及土质路堑侧沟一般采用 C25 钢筋混凝土加固,侧沟底宽 0.6 m、深 0.8~0.9 m 矩形沟,厚 0.2 m。

③在深长路堑和反坡排水困难的地段,当侧沟深超过 1.50 m、宽超过 0.80 m,以及谷地路堑地段,应增设涵洞或专用排水沟,将侧沟水尽快引排至路基外。

④部分堑坡地质不良、单面坡汇水面积大或存在明显的水害(如顺层路堑等),为防止表水的下渗,路堑堑顶至天沟间宜采用 M7.5 浆砌片石封闭。

⑤路堑顶部无弃土堆时,天沟内边缘至堑顶距离不宜小于 5 m。地面横坡明显地段,天沟可在上方一侧设置。若地面横坡不明显,在路基两侧设置。天沟采用厚度 0.08 m 的 C25 混凝土预制块,并用 M10 水泥砂浆铺砌。

⑥天沟不应向路堑侧沟排水。当受地形限制需修建急流槽向侧沟排水时,应在急流槽的进口处进行加固,出口处设置消能设施及防止水流冲刷道床的挡水墙,急流槽下游的侧沟应加大断面,按 1/50 洪水频率流量确定。

(8)采用空心砖+种草防护地段设顺边坡向的横向排水槽,间距 3~5 m,采用 C25 混凝土预制构件。

(9)站场排水:车站、段所的排水自成系统。动车段(所)、综合维修段(工区)、大型养路机械段内路基排水设计均按普速铁路现行设计规范有关规定办理。

(10)横向通过防护栅栏的水沟在与防护栅栏交叉处下方沟内设置 10 cm×10 cm 的钢筋网,避免人畜进入,确保水流通畅。

(11)与桥台衔接处的水沟应与天然沟槽衔接,避免水流冲刷桥台锥体。

二、地下水防排水设施

对路基有危害的地下水,根据其性质和特征设置明沟、边坡支撑渗沟、渗水盲沟或排水斜孔等排水设施,特别是顺层路堑、地下水发育路堑加强引排水措施。

三、无砟轨道间防排水设计

无砟轨道混凝土支承层外至电缆槽内侧设 0.08 m 厚 C25 混凝土防渗层;无砟轨道板基础间原则上每隔 50 m 左右设置一个集水井,集水井内水通过横向排水管排入路基坡面排水槽或侧沟内。集水井在路堤级配碎石填筑完成后开挖,并与横向排水管(采用 ϕ150 mm PVC 排水管)连接;横向排水管在路基填筑过程中预埋。路堑换填地段底部铺设复合排水网,线路两侧设渗水盲管或排水渗沟排除基床底层积水。

四、改河、改沟设计

由路基、桥梁墩台占压的河、沟和水渠,为保证路基与桥梁的稳定,保持沟渠水流畅通和过水能力,必须对有干扰的河、沟(渠)进行改移。

改河设计平面力求顺应河势,使新河槽符合自然河流特征,不致使水流重归故道,同时注意与农田水利工程相配合,力求达到技术上可靠,经济上合理。新河道的纵坡,要优先采用原河道稳定河段不冲不淤的纵坡,避免因纵坡不当造成河道淤积或冲刷影响河道稳定和泄洪畅通。改移河道的横断面尺寸按设计洪水频率的流量和原河道横断面情况经计算确定,一般采用简单的梯形截面,河道边坡坡率需满足稳定过水边坡要求,断面形式变化过渡时缓变平顺。改移范围及与既有河道衔接段根据河道边坡、河床稳定和防冲刷要求并结合既有标准采取合适的加固防护措施。

一般小型的改移沟渠,断面尺寸和沟底纵坡需满足相应计算流量过水能力要求,改移段的断面尺寸、过水能力和防护标准不得小于或低于原沟渠,边坡根据地层条件和水流情况采用满足过水要求的稳定坡率,改移沟渠平面满足平顺性和顺应自然要求,纵坡满足过水能力和避免冲刷、淤积要求。改移段沟渠做到与两端既有沟渠平面、高程、断面形式衔接平顺,改移后的沟渠位置、过水能力和防护措施还需满足铁路安全稳定和排水畅通要求。

第十一节　路基防护工程设计

路基边坡均应设置坡面防护工程，防护工程优先采用绿色植物防护或绿色植物防护与工程防护相结合的防范措施，不得采用全坡面混凝土或浆砌片石防护。护坡骨架应采用混凝土浇筑或预制混凝土构件拼装。护坡骨架必须嵌入坡面，确保坡面排水畅通。

一、路堤边坡防护

(1)全线路堤边坡均需防护，路堤边坡应优先考虑采用绿色防护。

(2)路堤边坡高小于 3 m 时，边坡采用空心砖内培土撒草籽、种植灌木防护；每隔 3～5 m 设平行于坡面的横向排水槽，并在路肩下部设拦水坎与横向排水槽衔接；路堤边坡高大于等于 3 m 时，一般采用拱形截水骨架内撒草籽、种植适宜当地生长的、易于成活的灌木防护，灌木窝距 0.6 m，每窝 2 株。骨架净间距 3.0 m，主骨架厚 0.6 m，顶面留截水槽，骨架采用 C25 混凝土浇筑，截水槽采用 C25 混凝土砌筑。路堤采用细粒土(含改良土)填筑时，当填高大于 6 m 时，在路堤填筑过程中边坡不小于 3 m 宽度范围内铺设双向土工格栅，层间距 0.5 m。双向土工格栅抗拉强度不小于 25 kN/m，延伸率＜10％。

(3)边坡骨架或框架梁护坡的排水槽与路堤坡脚排水沟之间应设置连接排水槽，避免边坡集中水流冲刷路堤坡脚。

(4)坡脚设 C25 混凝土基础，并于坡脚外 2 m 设置预制 C15 混凝土排水沟或 M7.5 浆砌片石排水沟。

(5)坡脚至排水沟间撒草籽，并种植适宜当地生长的、易于成活的灌木、矮乔木各一列，纵向株距 2 m。

(6)既有线帮宽时，拆除既有边坡防护，边坡挖台阶，并于填土界面处铺设土工格栅，线间设排水沟排除线间水。

(7)浸水路堤地段，防护高程以下填筑渗水土，护道及护道以下采用 M7.5 浆砌片石护坡防护，浆砌片石护坡厚 0.3 m，下设 0.15 m 厚的碎石垫层，基础采用勺型基础(底宽 0.6 m，深 1.0 m)。

二、路堑边坡防护

路堑边坡防护采用绿色防护与工程防护相结合的原则，一般避免采用高挡墙类支挡结构。土质、全风化岩层路堑边坡一般采用 C25 混凝土截水骨架内种植灌木结合撒播草籽防护；各类岩石路堑一般采用 C25 混凝土窗结合三维排水生态防护。

1. 膨胀土路堑

(1)路堑边坡高小于 3 m 时，坡面采用植草和掺矮灌木籽防护，沿线路每隔 3～5 m 设横向排水槽，并在路堑顶部设拦水坎与横向排水槽衔接。

(2)路堑边坡大于 3 m 时，采用 C25 混凝土拱形截水骨架内植草和掺矮灌木籽防护。骨架净间距 3.0 m，主骨架厚 0.8 m，顶面留截水槽。

(3)当堑坡高大于 6 m 时，在 6 m 处设 2 m 宽边坡平台，采用 C25 混凝土拱形截水骨架内植草和掺矮灌木籽加固防护。当边坡较高时，可在路堑下部设矮挡墙，墙高一般不大于 4.0 m。

(4)侧沟平台上设置盛土槽，间距 2 m，内种植常绿低矮花灌木。

2. 一般土质及软质岩石路堑

(1)一般土质及全风化岩层路堑边坡，边坡高度小于 3 m 可采用植草和掺矮灌木籽防护，并沿线路每隔 3～5 m 设横向排水槽，堑顶设截水槽。边坡高度大于等于 3 m 时，采用 C25 混凝土骨架内植草和掺矮灌木籽护坡。

(2)强风化～弱风化软质岩石应根据岩性、堑坡高度采用 C25 混凝土窗结合三维排水生态防护。

(3)路堑边坡较高时，一般应采用台阶式边坡形式，平台宽 2～5 m。困难地段确须设支挡工程时，挡土墙采用 C20 片石混凝土砌筑，挡墙墙高一般不大于 6 m。

(4)对挖方大、顺层及其他工程地质较差的路堑工点，根据具体情况单独研究，当采用支挡工程时，可考虑采用预应力锚索、先桩后墙等加固措施，必要时边坡采用框架锚索(杆)内喷播植草(客土植草)，确保施工开挖及运营期间路堑边坡的稳定。

(5)侧沟平台上设置盛土槽,间距 2 m,内种植常绿低矮花灌木。

3. 硬质岩石路堑

(1)硬质岩石路堑边坡开挖坡率根据岩层的岩性、风化程度、层面、地质构造、地下水及土石方调配需要等条件确定。

(2)强风化岩层一般采用 C25 混凝土窗结合三维排水生态防护。

(3)对弱~微风化硬质岩石路堑,当边坡高小于 10 m,且节理裂隙不发育时,可不采取防护加固。其他边坡一般采用 C25 混凝土窗结合三维排水生态防护或 M7.5 浆砌片石窗式护墙防护。对于高边坡,一般采用台阶式边坡,分级高度按 8~10 m 控制。

(4)侧沟平台上设置盛土槽,间距 2 m,内种植常绿低矮花灌木。

4. 水塘路堑

线路跨越水塘(或水库)地段的路堑,原则上应废弃。若难以废弃时,于堑顶外 6~8 m 设置挡水埝,挡水埝顶面标高平塘(或水库)埂,堑坡加强防护,采用浆砌片石或 C25 混凝土骨架护坡,以确保堑坡稳定。

5. 内涝浸水路基

内涝区浸水路基边坡易受冲刷和在内涝期受水的长时间浸泡,易失稳,应加强防护。内涝区浸水路基防护高程应大于设计水位+0.5 m(安全高)。防护标高以下边坡放缓一级,并于防护标高处留 2.0 m 宽的边坡平台,防护措施一般采取干砌片石或浆砌片石防护,并设置反滤层,或采用三维排水生态防护。浸水部分填渗水土,重型碾压机械加强碾压。

三、边坡绿色防护

边坡绿色防护设计的主要措施有栽植灌木结合撒播草籽或采用三维排水生态防护。

(1)栽植灌木结合撒播草籽:灌木选取适合当地生长的灌木,栽植间距 0.6 m×0.6 m,交错布置,每穴两株。草籽选取适合当地生长的、易于成活的草种,如有可靠的经验,可根据现场情况选择适合当地的草种,最好选用根深且根系发达的品种。

(2)三维排水生态防护:对于岩石路基边坡或浸水路基,种植草籽难以成活,可以选用此措施进行边坡防护。这是一种土工合成材料结合植物防护的综合措施,是由三维排水生态袋内盛装种植土,掺拌复合肥以及草木种籽等,码砌于路基边坡上进行边坡防护和绿化的综合措施。

四、路基支挡加固

路基采用的支挡工程的主要类型有重力式挡土墙、衡重式挡墙、扶壁式挡土墙及桩板墙等。

1. 重力式挡土墙(路堑、路堤挡墙)

主要应用于膨胀土路堑,或由于场地限制,需要设置挡墙收坡的填方地段。挡墙墙身均采用 C20 片石混凝土浇筑,设计墙高不大于 6.0 m。挡土墙抗滑动稳定系数 K_c 不小于 1.3,抗倾覆稳定系数 K_0 不小于 1.6。

墙趾埋置须满足支挡规范中的埋入深度和距地面水平距离的要求,且满足防冲刷要求;斜基底不得改缓或改陡;圬工不应有水平通缝。

2. 衡重式挡土墙

主要应用于弋江车站站房侧路堤边坡收坡。挡墙墙身采用 C20 混凝土浇筑,墙高 5~6 m。地基采用管桩加固。

3. 扶壁式挡土墙

主要应用于江宁车站,马鞍山东车站站房侧路堤边坡收坡。墙高 10.0 m 左右。挡墙面垂直。挡墙墙身采用 C30 钢筋混凝土浇筑。地基采用 CFG 桩或钻孔桩加固。

4. 桩板墙

主要应用于 DK65~DK66 处顺层深路堑工点和当涂东车站站房侧路基边坡加固。

桩板墙采用 C30 钢筋混凝土现浇桩,桩孔采用人工挖孔,桩板墙桩间设置挡土板,挡土板采用预制 C30

钢筋混凝土板，高 0.5 m。

挖孔护壁采用 C15 钢筋混凝土现场分节浇筑，分节长度一般为 1.0 m，地层较差或孔内产生塌孔时，可缩短分节长度。

五、用于路基加固与防护的土工合成材料

当路堤填高大于 6 m 时，在路堤填筑过程中边坡不小于 3 m 宽度范围内铺设双向土工格栅，层间距 0.5 m。双向土工格栅抗拉强度不小于 25 kN/m，延伸率<10%。铺设土工格栅时，土层表面应平整，不容许有褶皱，应尽量拉紧，并用竹钉固定，不得有坚硬凸出物，严禁碾压机械直接在土工格栅表面上进行碾压。铺设多层土工格栅时，其上、下层接缝应交替错开，错开距离不宜小于 0.5 m。

第十二节 路基沉降控制设计

一、路堤地基条件

无砟轨道土质地基原则上均应进行工后沉降分析；有砟轨道当路堤基底以下压缩层范围内（一般为 25 m）地基土不符合表 3-4-14 地基条件要求时，须作路基工后沉降分析。

表 3-4-14 有砟轨道路基基底技术条件一览表

地层	地基条件	附注
基岩	无	全风化层根据性质，参照砂类土、黏土判定
碎、卵、砾石类	无	
砂类土	$P_s \geqslant 5$ MPa 或 $N_{63.5} \geqslant 10$，且无地震液化可能	无砟轨道均需进行横断面工后沉降分析
黏性土	$P_s \geqslant 1.2$ MPa 或 $[\sigma] \geqslant 150$ kPa	

二、稳定及沉降控制标准

1. 稳定安全系数

考虑列车荷载时大于 1.25，考虑架桥荷载时大于 1.05，考虑预压荷载时大于 1.15。

2. 工后沉降控制标准

(1)无砟轨道

无砟轨道铺设完成后的工后沉降应满足扣件调整和线路竖曲线圆顺的要求。工后沉降一般不得超过扣件允许的沉降调高量 15 mm；长度大于 20 m 的路基，允许的最大工后沉降量为 30 mm，并且调整轨面高程后的竖曲线半径能满足下列要求：

$$R_{sh} \geqslant 0.4V_{sj}^2$$

式中 R_{sh}——轨面圆顺的竖曲线半径，m；

V_{sj}——设计最高速度，km/h；

(2)有砟轨道

有砟轨道工后沉降控制标准见表 3-4-15。

表 3-4-15 不同速度线路工后沉降控制标准

设计速度(km/h)	一般地段工后沉降(mm)	路桥过渡段工后沉降(mm)	沉降速率(mm/年)
v=250 km/h	100	50	30
v=200 km/h	150	80	40
v=120～160 km/h	200	100	50
Ⅱ级铁路	300		

(3)过渡段

路桥或路隧交界处的差异沉降不大于 5 mm，过渡段沉降造成的路基与桥梁或隧道的折角不大于 1/1 000。

(4)沉降观测期要求

有砟轨道路基填筑施工完成后,需 6～12 个月的沉降观测和调整期,无砟轨道路基填筑施工完成后,需 6～18 个月的沉降观测和调整期,根据沉降观测资料经系统分析评估,沉降稳定且工后沉降满足要求后方可铺设轨道结构。

三、路基变形监控

路基变形监控测试项目包括路堤基底沉降监测、路基面沉降监测、软土松软土地段路堤填筑过程中水平位移监测等。路基变形监控执行《客运专线铁路无砟轨道铺设条件评估技术指南》铁建设〔2006〕158 号的规定。

在路堤填筑过程中,根据沉降观测资料进行综合分析,指导控制填土速率,及时调整设计使地基处理达到预定的控制要求;推算路基的最终沉降量,作为竣工验交时控制工后沉降量的依据。沉降观测资料也是线路运营期间指导轨道参数调整和养护维修,确保列车高速、平顺、安全舒适运营的重要依据。

(1)基底沉降监测:每 100～150 m 设一个监测断面,每个监测断面预埋 1 个沉降板。路堤填筑前,于线路路堤基底地面预埋沉降板进行监测。桥路过渡段必须设置,且应加密。

(2)路基面沉降监测:路堤地段一般每 5～50 m 设一个监测断面,共 3 个监测点,分别于路基中心、两侧路肩各设一个监测桩,路基成形后设置。桥涵路过渡段必须设置,且应加密。

(3)松、软土路堤填筑施工过程中选择代表性地段,两侧坡脚外约 2.0 m、10 m 处设位移观测桩;同时对并行既有线地段相邻的既有线路轨顶及路肩设观测桩,间距 20 m。

(4)控制填土速率的标准为:路堤中心地面沉降每昼夜不大于 1.0 cm,坡脚水平位移每昼夜不大于 0.5 cm。

(5)测量精度及频度:测量精度一般需达到二级水准测量标准(特别是在路堤基床底层填筑完成后)。测量频度,在路堤填筑期间,每天观测一次,各种原因暂时停工期间,前 2 d 每天观测一次,以后每 3 d 测试一次;施工完成后,前 15 d 内每 3 d 观测一次,第 15～30 d 每星期观测一次,第 30～90 d 每 15 d 观测一次,以后每个月观测一次。

(6)动态分析:对沉降观测资料要及时整理分析,指导路堤填筑施工,必要时根据分析结果调整设计,判断分析沉降稳定的时间,以达到有效控制工后沉降的目的。对与既有线并行地段确保既有线的稳定。

四、过渡段沉降变形观测

路桥或路隧交界处的差异沉降不应大于 5 mm,沉降造成的路基与桥梁或隧道的折角不应大于 1/1 000。

(1)桥涵两端的过渡段、路隧过渡段及堑堤过渡段均需进行沉降观测。

(2)过渡段工后沉降的分析评估应沿线路方向考虑各观测断面和各种结构物之间的关系综合进行。

(3)对线路不同下部基础结构物之间以及不同地基条件或不同地基处理方法之间形成的各种过渡段,应重点分析评估其差异沉降。

第十三节 设计优化与变更

一、设计标准变化情况

铁道部颁布的《铁路边坡防护及防排水工程设计补充规定》(铁建设〔2009〕172 号)导致路基工程设计标准发生变化,边坡防护工程由原设计采用浆砌片石改为采用混凝土。

《铁路边坡防护及防排水工程设计补充规定》有关条文如下:

第十五条:客运专线及时速 200 km 客货共线Ⅰ级铁路的侧沟、天沟、排水沟应采用混凝土浇筑或预制拼装,不得采用浆砌片石。侧沟、天沟、排水沟应进行基础、接缝和防渗设计。

第十九条第 1～3 款:反滤层结构形式及材料应结合墙背填料和岩土性质合理选用,宜采用袋装砂夹卵石或土工合成材料;泄水孔可采用 PVC 管材预埋,其向外的排水坡度不应小于 4%,进水口应采用透水土工布包裹;反滤层最低处应设隔水层,隔水层应采用混凝土与挡土墙墙身同时浇筑。

第二十一条:边坡防护设计不得采用全坡面混凝土或浆砌片石防护。

第二十三条:客运专线铁路的护坡骨架应采用混凝土浇筑或预制混凝土构件拼装。护坡骨架必须嵌入坡面,确保坡面排水畅通。

第二十五条第 5 款:边坡骨架或框架梁护坡的排水槽与路堤坡脚排水沟之间应设置连接排水槽,避免边坡集中水流冲刷路堤坡脚。

二、设计变更

1. 路基变更设计

(1)DK5+465.55～DK6+596.08 变更设计

DK5+465.55～DK6+596.08 段路基紧邻沪汉蓉高速铁路,为帮填路基。其地层主要为:表层局部为厚约 3 m 软塑～流塑黏性土;其下为硬塑粉质黏土,最大厚度约 12 m;下伏基岩为凝灰岩。路基地基加固处理原设计采用 CFG 桩加固。在路基即将施工时,沪汉蓉高速铁路就要开通运营。为了加快施工进度,减少对沪汉蓉高速铁路的影响,根据宁安铁路有限公司《关于宁安铁路与沪汉蓉铁路并行地段两段路基进行变更的函》(宁安工发〔2010〕385 号),将 DK5+465.55～DK6+407.6 原设计的 CFG 桩改为管桩加固处理;DK6+407.6～+596.08 变更为桥梁通过。

(2)芜湖车站无砟变更为有砟轨道

芜湖车站(DK83+780～DK87+150)原设计为宁安铁路正线和合杭铁路正线按无砟轨道标准进行路基沉降控制和设计。根据宁安铁路有限公司《关于宁安铁路芜湖站正线无砟轨道变更为有砟轨道的函》宁安工发〔2011〕268 号,宁安场两端咽喉区地段正线曲线半径较小(550～800 m),行车速度较慢。函文要求将宁安铁路正线和合杭铁路正线路基按有砟轨道进行设计。

(3)DK208+920.00～DK209+089.07 变更设计

DK208+920.00～DK209+089.07 段路基地面高程约 45.0～52.3 m,下伏花岗岩风化层(全风化层厚度 5～15 m),原设计以路堑通过,堑坡最大高约 16 m,大里程方向为石岭大桥安庆端。施工期间经现场踏勘、施工地质核查和加密勘探揭示,发现此段路基位于利用山谷做的弃土场上,表覆较厚素填土,素填土在沟谷处最大厚度达 12.9 m,下伏花岗岩风化层(一般厚度 5～7 m),原沟谷处和坡脚地带分布透镜状黏性土。由于纵、横向素填土厚度变化大,弃土面以下地形极不规则,原地形已无法准确判定,同时花岗岩风化不均匀,全风化层力学性质变化较大,局部灰色条带状或透镜状全风化层(呈土状)对路基沉降控制有影响,需考虑地基处理。

为保证该段路基横向、纵向不均匀沉降控制满足无砟轨道要求,保证既有线安全,降低施工难度,加快施工进度,根据 2010 年 12 月 12 日现场调查分析,确定该段路基采用桩板结构处理。

2. 路改桥变更设计

(1) DK241+402.86～DK241+710.18 段路基改为桥梁

本段线路跨越一水塘,路堤最大填高 10.2 m。由于该水塘与四周农田排灌关系密切,若线路以路基通过,该水塘的排灌功能将基本丧失,对农田排灌影响很大,当地农民反响强烈。另外,本段路基填高较高,在无砟轨道标准下,不利于路基变形控制。根据宁安铁路有限公司 2010 年 8 月 9 日《关于 DK241+283.92～DK241+700 路改桥的会议纪要》〔116〕号,将 DK241+402.86～DK241+710.18 段路基改为桥梁通过。

(2)DK170+620～DK171+040.48

铜陵南特大桥向小里程延长,长 420.48 m(含过渡段)。本段线路位于原设计铜陵南特大桥南京端,路堤最大填高 7.32 m。线路两侧为山,线路通过地段地势低洼,五桂河洪水位高程 26.1 m,地面高程 24 m。线路右侧为沿新公路,左线距公路路肩约 25～48 m,本段线路轨面高程等于或略高于线路右侧沿新公路路面高程,DK170+853 右侧沿新公路设有 1 孔 4 m×3 m 过水涵,为线路右侧三座山汇集于此唯一过水通道。据当地居民介绍,降雨量较大时,公路涵洞排水能力不足,经常发生地面汇水漫过公路路面情况。由于宁安线距沿新公路较近且其轨面基本与公路面高程等高，线路以路基形式通过时，路基排水困难，地面汇水可能会冲刷铁路路基，危害路基安全稳定。根据《铁路边坡防护及防排水工程设计补充规定》(铁建设〔2009〕172 号)文中关于加强铁路防排水设计的有关要求，为使城际铁路不受沿新公路涵洞排水不畅的影响，保证运营安全，本段变更将铜陵南特大桥南京端延长至 DK170＋648.08，路基改为以桥梁形式通过。

(3)DK172＋452.28～DK172＋740

铜陵南特大桥向大里程延长，长 287.72 m(含过渡段)。本段线路位于原铜陵南特大桥安庆端，路堤最大填高 7 m。线路两侧为山，线路通过地段地势低洼。本段线路左侧为铜九线，铜九线以桥梁通过，两线间为五桂河，宁安左线距五桂河约 28 m，五桂河自 DK172＋560 以近 90°转向铜九线左侧，河水流向大里程方向。由于该地区汇水量较大，地势低洼，五桂河处地表较高，地面积水只能漫入五桂河；DK172＋560 坡脚距五桂河拐弯处约 10 m，五桂河河槽边坡长期受水冲刷及河槽壅水易影响铁路边坡稳定。线路以路基形式通过时，雨季路基如常时间被水浸泡，可能影响路基沉降及边坡稳定。根据《铁路边坡防护及防排水工程设计补充规定》(铁建设〔2009〕172 号)文中关于加强铁路防排水设计的有关要求，为保证铁路运营安全，本段线路需变更为桥梁形式通过，铜陵南特大桥向大里程方向延长至 DK172＋713.93，与铜九线五桂河中桥对孔设置，保证排水通畅。

(4)DK185＋790～DK186＋150

本段线路位于西岔湖附近，属长江倒灌区，倒灌水位 15.24 m，DK185＋750.00～DK185＋940.00、DK186＋010.00～DK186＋140.00 段路基以填方通过，路堤最大填高约 10.5 m，浸水深度约 7 m。根据《铁路边坡防护及防排水工程设计补充规定》(铁建设〔2009〕172 号)文中关于加强铁路边坡防护和防排水设计的有关要求，为避免路基受长江倒灌水位浸泡造成路基变形影响无砟轨道平顺性、降低路基安全稳定性等问题出现，保证铁路运营安全，DK185＋815.00～DK185＋918.20 长 103.2 m、DK186＋025.00～DK186＋128.20 长 103.2 m 两段路基共 206.4 m 改以桥梁形式通过。

(5) DK187＋050～DK187＋240

本段线路位于西岔湖附近，属长江倒灌区，倒灌水位 15.24 m，最大路堤边坡高度 11 m，边坡最大浸水深约 7 m。根据《铁路边坡防护及防排水工程设计补充规定》(铁建设〔2009〕172 号)文中关于加强铁路边坡防护和防排水设计的有关要求，为避免路基受长江倒灌水位浸泡造成路基变形影响无砟轨道平顺性、降低路基安全稳定性等问题出现，保证铁路运营安全，DK187＋075.00～DK187＋210.90 段长 135.90 m 线路以桥梁形式通过。

(6)DK189＋736.30～DK189＋860

本段线路位于原蛇家冲大桥安庆端，最大路堤边坡高约 8 m。上部粉质黏土层厚 0～15 m，需要地基加固处理；沿路基纵、横断面方向下部基岩倾伏较大，且岩溶中等发育，最大溶洞高度 8.0 m；根据其他岩溶地区路基基底处理的教训，且易出现沿倾斜基岩面失稳、路基变形控制困难等问题，为确保无砟轨道状态稳定，将蛇家冲大桥安庆端延长 98.15 m，DK189＋736.30～DK189＋834.45 段长线路以桥梁形式通过。

(7)DK195＋330～DK195＋654.40

里四房大桥向小里程延长，长 324.4 m(含过渡段)。本段线路位于原里四房特大桥南京端，最大路堤边坡高约 13 m，边坡较高，DK195＋400 处线路左侧坡脚有一水塘，面积 3 500 m^2，DK195＋600 处线路中心有一水塘，面积 3 900 m^2，DK195＋401.47 涵及 DK195＋601.08 涵流水均排入水塘内，因水塘用于农田灌溉，水塘废弃困难，造成路基排水不畅。根据《铁路边坡防护及防排水工程设计补充规定》(铁建设〔2009〕172 号)文中关于加强铁路边坡防护和防排水设计的有关要求，为确保无砟轨道状态稳定，综合上述因素，DK195＋360.10～DK195＋654.40 段线路以桥梁形式通过。

3. DK214＋550～DK215＋030 变更设计

本段路基从完成地质勘探至施工单位进场间隔约 15 个月，施工单位进场后，发现 DK214＋550～DK215＋030 段因地方建设在线位附近无规律取、弃土，造成地形地貌变化较大，地表常年积水。DK214＋550～DK214＋950 段路基开挖至基床底层，下部为花岗岩全风化层，呈砂土状，因地表积水造成该层含水率较高，呈松散状态，部分地段基床底层以下为杂填土，主要成分由花岗岩强风化碎块及黏性土组成，夹杂植物根等。DK214＋550～DK214＋950 段施工图设计基床底层以下地基采用冲击碾压处理，通过冲击碾压试验，处理后的地基条件不能满足设计要求。为保证路基沉降满足无砟轨道要求，避免花岗岩差异风化引起路基不均匀沉降，经四方共同研究确定，DK214＋550～DK214＋950 段基床以下地基采用 CFG 桩加固。

第五章　桥涵设计

第一节　桥涵工程概况与特点

一、桥涵工程概况

全线桥梁总长 173 613 m/117 座，占比约为 67%。其中特大桥 49 座/54 714 延米，大桥 29 座/7 229 延米，中桥 26 座/1 277 延米，框架小桥 13 座/156 延米，涵洞 34 座/9 004.1 横延米。全线正线 3 km 以上桥梁 13 座，总长 110.237 km，占正线桥梁的 63.5%。全线最长的桥为漳河特大桥，桥长 19 078 m。

正线桥梁一般采用双线预应力混凝土箱形简支梁和连续梁，局部采用了钢管混凝土拱桥、钢桁梁斜拉桥、刚构连续梁桥和钢筋混凝土框架桥等。部分路基地段布置有少量涵洞，采用钢筋混凝土矩形框架箱涵。简支箱梁均采用梁场集中预制，大吨位架桥机和运架一体机为主的架设施工方法。

桥梁基础主要采用钻孔灌注桩和明挖基础两种形式，以钻孔桩居多。正线双线梁桥墩以流线形圆端形实体桥墩、一字形桥台为主；单线简支箱梁采用圆端形桥墩桥、矩形空心桥台；既有线改建地段墩台结构形式与既有线桥相同，采用圆端形桥墩、T 形桥台。

桥梁重点工程包括：安庆长江大桥跨长江主航道(101.5＋188.5＋580＋217.5＋159.5＋117.3)m 钢桁梁斜拉桥、江宁特大桥跨宁马高速 1-128 m 提篮拱、姑溪河特大桥跨主航道 1—(60＋100＋100＋60)m 连续梁、定坊特大桥跨大周路 1—(40＋64＋64＋40)m 连续梁、青山河特大桥跨主航道 1—(48＋88＋48)m 连续梁、青弋江特大桥跨主航道 1—(72＋136＋72)m 连续梁、漳河特大桥跨漳河主航道及峨溪河 1—(60＋100＋60)m 与 1—(48＋80＋80＋48)m 连续梁、顺安河特大桥跨主航道 1—(48＋80＋80＋48)m 连续梁、青通河特大桥跨主航道 1—(40＋4×60＋40)m 连续梁、秋浦河特大桥跨主航道 1—(60＋100＋60)m 连续梁等。

二、桥梁工程特点

1. 建设标准高

宁安正线速度目标值 200 km/h 及以上，桥上采用 CRTSⅠ型板式无砟轨道，一次铺设跨区间无缝线路。为保证轨道的平顺和稳定，桥梁设计必须考虑梁轨共同作用，尽量减小桥梁的位移与变形，以限制桥上钢轨的附加应力，保证桥上无缝线路的稳定和行车安全，桥梁墩台的设计必须满足纵向水平线刚度限值要求。

高速铁路必须保证高速运行的列车有很好的旅客乘坐舒适度及行车的安全性，要求桥梁在车桥耦合动力响应有较好的性能，即在高速列车通过桥梁时，旅客乘坐舒适性指标，车体的竖向、横向振动加速度，脱轨系数、轮重减载率、轮对横向水平力等均应满足相应的要求，桥梁需要有较大的竖向、横向及抗扭刚度。简支箱梁与分片简支 T 梁相比，在跨度及梁高相同条件下不仅竖向刚度大，而且箱形截面梁横向刚度及扭转刚度明显大于 T 型截面梁。为此本线正线桥梁的梁跨结构全部采用箱形梁。

桥涵主体混凝土结构的设计使用年限为 100 年，按照结构部件所处环境类别及作用等级对混凝土材料、结构构造措施、有关施工控制等进行相应的设计，采取墩台设置护面钢筋、适当加大钢筋保护层厚度、重视结构构造细节及防排水设计等措施，以确保桥涵结构具有足够的耐久性。

2. 桥梁比重高

宁安铁路连接着长三角经济较发达的城市，沿线道路、航道、河流、管线纵横交错，软土分布广泛，需要设置大量的桥梁跨越。全线桥梁 117 座，约占线路长度的 67%。

3. 特殊结构占比高

全线多次跨越高等级道路、河流、航道、管线等，受地面条件要求控制，需采用较大跨度的连续梁、拱桥及异型框架等特殊桥跨结构，其中 48～136 m 连续梁 53 处，总长 8 344 m，占全线桥长 6.2%。

4. 沿线岩溶和软土分布广泛，桥梁路基础处理要求高

可溶岩主要分布于芜湖、铜陵、池州、安庆一带，特别是三叠系中、下统、二叠系和石炭系的可溶岩中，岩溶现象发育，且具有不均一性。为保证桥梁安全，岩溶区域的桥梁采用钻孔桩基础，对各桩位逐桩钻探，查明桥基下岩溶分布情况，根据岩面标高的具体情况采用不等长桩设计，桩基持力层置于稳定的岩层上。为了保证桩基施工成桩质量，对于空溶洞，采用钢护筒跟进或抛填片石、岩溶注浆处理等措施。

部分桥梁穿越芜湖冲积平原、平原河网化地区，区内广布沉积的淤泥、淤泥质黏性土及黏性土等软土层，层厚 10～25 m。软土层具有强度低、压缩性高、低渗透性等特点，为保证桥梁结构良好和正常使用，桥梁墩台刚度、承载力和沉降值严格按照规范要求进行设计。

5. 桥涵设计理念新，注重景观设计

桥涵设计理念新，做到以人文本，首次提出最美高铁概念、桥梁景观理念，优化了桥梁外形，使桥梁整体赋有时代气息。在桥梁设计中，不仅仅局限于结构设计，还引进了建筑设计的理念和方法，使宁安铁路不仅成为一条现代化的便捷交通线路，更成为一条具有时代感的风景线。

6. 重视桥梁耐久性和接口设计

重视桥梁耐久性要求，确保百年使用寿命；重视接口设计，协调桥梁与轨道、接触网、通信、信号、电力、信息、综合接地等各专业之间接口关系，综合考虑专业之间的系统集成技术，满足养护维修作业需要。

第二节　设计原则与采用的主要技术标准

一、采用的主要技术标准

1. 设计行车速度

宁安正线桥梁设计行车速度目标值 250 km/h；铜九改线桥梁设计行车速度目标值 120 km/h；池州铜九客车上行疏解线桥梁设计行车速度目标值 100 km/h。

2. 设计采用的洪水频率

桥涵设计采用的洪水频率 1/100，技术复杂、修复困难或重要桥梁按 1/300 校核。

3. 设计活载

宁安正线及代建的皖赣线采用 ZK 活载；改建宁芜线采用中—活载。

4. 建筑限界与净空

(1)宁安铁路和代建的皖赣铁路的建筑接近限界按《高速铁路设计规范(试行)》(TB 10621—2009)执行，净空高度采用 7.25 m。

(2)改建宁芜铁路的建筑限界按《铁路技术管理规程》(1999 年)“建限—1”办理，并预留开行双层集装箱条件，净空高度采用 7.56 m。

(3)跨越通航河流时，根据地方航道部门对各通航河流意见，结合《内河通航标准》(GB 50139—2004)相关规定，对各通航河流采取相应的通航净空。

(4)道路立交

铁路跨越城市道路及等级公路时，原则上按《城市道路设计规范》(CJJ 37-90)、《公路工程技术标准》(JTG B01—2003)规定及有关单位协商意见确定。铁路跨越二级及以上标准的公路时，其桥下净高不应小于 5.0 m；三级及以下等级公路，其桥下净高一般不应小于 4.5 m。同时根据道路等级，适当考虑预留 0.2 m 的富余量；乡村道路、机耕道、人行立交等净宽≥4.0 m，净高≥2.5 m，有条件时可预留通行汽车的条件或适当提高标准。

(5)铜陵东铜九改线、池州站铜九上行客车疏解线，采用中—活载。

二、主要设计原则

1. 设计采用规范

(1)《高速铁路设计规范(试行)》(TB 10621—2009)；

(2)《铁路桥涵设计基本规范》(TB 10002.1—2005);

(3)《铁路桥涵钢筋混凝土和预应力混凝土结构设计规范》(TB 10002.3—2005);

(4)《铁路桥涵混凝土和砌体结构设计规范》(TB 10002.4—2005);

(5)《铁路桥梁钢结构设计规范》(TBJ 10002.2—2005);

(6)《铁路桥涵地基和基础设计规范》(TB 10002.5—2005);

(7)《铁路工程水文勘测设计规范》(TB 10017—99);

(8)《铁路工程抗震设计规范(2009 年版)》(GB 50111—2006);

(9)《铁路混凝土结构耐久性设计规范》(TB 10005—2010);

(10)《新建铁路桥上无缝线路设计暂行规定》(铁建设函〔2003〕205 号);

(11)《公路桥涵设计通用规范》(JTG D60—2004);

(12)《公路钢筋混凝土及预应力混凝土桥涵设计规范》(JTG D62—2004);

(13)《城市道路工程设计规范》(CJJ 37—2012);

(14)《城市桥梁设计荷载标准》(CJJ 77—1998);

(15)《公路工程技术标准》(JTG B01—2003);

(16)《内河通航标准》(GB 50139—2004);

(17)《防洪标准》(GB 50201—1994);

(18)双层集装箱限界(铁科技函〔2004〕157 号)。

2. 新建桥涵的设计原则

(1)桥梁工程本着结构安全、制造标准化、具有足够的刚度、良好的动力性能并满足耐久性要求进行设计。

(2)正线跨度≤100 m 常用跨度桥梁,结合地形地貌、河流水文、工程地质、跨越功能、经济性、工期、施工机械、施工方法等条件,综合比选布置简支箱梁、连续梁、连续刚构等桥梁结构形式。

(3)正线常用跨度桥梁的桥跨布置优先采用 24 m、32 m 整孔简支箱梁,24 m 以下小跨度可考虑采用连续刚构、框架或其他结构形式。

(4)布置桥孔时,除大跨度桥梁外,如果没有其他特殊要求,桥跨一般按等跨布设。在各控制点间,尽量用标准孔跨调节。

(5)跨越河堤的桥孔,一般采用一孔跨过;确有困难时,桥墩设在背水坡,满足堤身抗渗及稳定的要求;在桥位上下游各一定范围进行护岸,护岸范围根据防洪评估确定。

(6)对于跨越道路、航道、铁路等桥跨,当采用 32 m、24 m 简支梁不能满足净空要求时,一般采用常用跨度连续梁,如(32+48+32) m、(40+64+40) m、(48+80+48) m、(60+100+60) m 等连续梁,必要时采用大跨度特殊结构。

(7)铁路与道路(铁路、管线)斜交位置,若桥梁控制线路高程、不宜改移道路(铁路、管线)时,考虑采用小跨度斜交斜做的连续刚构的桥式方案(斜交角不大于 30°)。

(8)道岔布置在桥上时,道岔区桥梁按《京沪高速铁路高架桥车站无缝线路设计原则》及轨道专业的要求执行,道岔一般布置在 32 m 等跨连续梁上。

(9)相邻两桥台尾之间的距离如果小于 150 m 且为路基时,设桥通过;如有路堑,则与地路专业共同研究确定是否以桥通过。

(10)桥台尾与涵之间以及两涵之间的净距不宜小于 30 m,可采用延长桥孔或改路、沟等至桥下的办法取消涵洞,以免影响行车的平顺性。

(11)桥路分界高度确定原则

①低山丘陵地区:地基条件良好时,桥路分界高度采用 8~10 m。

②一般平原区:地质条件良好时,为 6~8 m。

③软土地区:桥路分界高度宜为 4~6 m。对厚度大于 12 m 的深厚层软土原则上应以桥梁通过。

(12)涵洞

①涵洞一般优先采用整体性较好的框架涵、钢筋混凝土圆涵、钢筋混凝土倒虹吸,涵洞孔径不小于

1.0 m。

②宁芜还建线与既有线并行，在既有涵洞使用状态良好时，原式利用或接长使用，接长部分按“桥规”相关要求确定孔径。

③涵洞的设置以尽量不改变原有交通、灌溉及排水系统为原则，适当考虑远期发展。一般情况下经常有流水的排洪涵和交通涵不合并设置。

④山丘区排洪涵根据流量确定，平原地区涵洞水面坡度缓、流速小，其孔径按沟形大小及河沟主要功能来确定。

(13)公路桥

①公路桥一般采用预应力混凝土空心板梁或T梁；跨线公路桥在有运梁车通过的地段其有效净跨应大于14 m，便于运梁车运梁通过。

②路堑地段立交的桥墩在侧沟外侧；桥台设在路堑边坡外侧。

③在较平坦地段设公跨铁立交时，桥长由经济技术比较确定，一般不应少于3孔，一般桥路分界高度不大于8.0 m；位于城镇附近时适当降低路桥分界高度。

④跨越宁安铁路、皖赣铁路的桥梁两侧采用SS级防护栏布置，设置防抛网，防落物监控电网。

3. 既有桥涵利用、加固及改建的原则

(1)改建宁芜线采用设计速度160 km/h客货共线T梁。

(2)结构良好的涵洞接长利用，接长涵洞孔径一般与既有涵对应相同，既有涵洞净高小于1.0 m的，加大接长涵洞的净高或扩大孔径；接长涵洞采用框架涵。

第三节　基础工程设计

全线桥梁基础形式主要有钻孔桩基础、扩大基础、管桩基础及复合地基基础等，以钻孔桩基础为主，少部分地质、地形条件适宜的墩台采用扩大基础，部分小桥涵采用了管桩基础或水泥搅拌桩复合地基。

一、扩大基础

(1)当开挖深度在不大于5.0 m、有条件开挖且基底基本承载力及计算沉降量满足设计要求时，采用扩大基础。

(2)基础底面埋入持力层(岩石层)的深度不小于1.0 m。

(3)扩大基础的层厚一般采用1.0 m，每层基础襟边宽度不大于0.7 m(按35°的刚性角控制)。

(4)除位于岩石上的扩大基础外，基础设计均需进行工后沉降量计算，墩台基础的沉降量按恒载计算，并满足设计规范的要求。

(5)基础底部位于较完整的新鲜岩石层时，底层基础施工时可不立模，满坑灌注混凝土。

(6)基础的顶、基底面各设一层钢筋网，钢筋直径20 mm，间距20 cm。基础底层钢筋还作桥墩的综合接地钢筋使用。

二、钻孔桩基础

1. 承台埋深

(1)一般地形条件下，承台顶面低于地面0.50 m左右。

(2)桥墩位于水塘内时承台可适当提高，并以承台底面不露出地面、承台顶面不露出常水位为宜。

(3)位于河道(渠道)内的桥墩，基础顶面一般不高出规划河道(渠道)断面。

2. 桩基础设计

(1)根据不同桥跨、墩高、地质条件选用ϕ1.0 m、ϕ1.25 m、ϕ1.5 m、ϕ2.0～2.5 m直径的钻孔桩基础。

(2)桩基承台厚度根据刚性角确定。一般情况下，ϕ1.0 m桩承台厚度为2 m；ϕ1.25 m、ϕ1.5 m的桩承台厚度为2.5～3.0 m。当刚性角不满足时，优先采用加台的方法解决。

(3)桩基础桩底进入W_2风化岩层者且岩石极限抗压强度满足柱桩设计要求时按柱桩设计，否则按摩擦桩设计。

(4)为减少沉降,桩底置于承载力较好、压缩模量较高的持力层。

(5)陡坡地段考虑山坡的不稳定性,墩台基础计算侧向土压力,桩身外侧至山坡坡面线水平净距小于8 m的(土质),桩身按自由长度计。

(6)陡坡上柱桩嵌岩深度按距岩面线水平距离3.0 m处桩身截面起算。

(7)岩溶地基根据岩面标高情况按不等长桩设计,桩基持力层置于稳定的岩层上,岩层厚度不小于3.0 m。为了保证桩基施工成桩质量,对于空溶洞,采用钢护筒跟进或抛填片石、岩溶注浆处理等措施。

(8)桩基础布置根据墩台纵、横向刚度,承载力,基础沉降,承台刚性角综合确定,在满足刚度、承载力、沉降的前提下,优先采用桩数少、圬工省的桩基布置。

(9)岩石的抗压极限强度 R 值根据地质专业提供资料取用,如缺少资料时,一般极软岩可取 $6\sigma_0$,软质岩按 $8\sigma_0$ 取值,硬质岩按 $10\sigma_0 \sim 12\sigma_0$ 取值,C_0 值可由 R 值内插计算。

(10)建于软土地基上的桥台,除计算桥台的附加竖向力外,还需考虑路基填土引起的附加水平力的影响。锥体及台前进行地基加固处理方法与路基相同。

3. 桩基配筋原则

桥墩与承台(含加台)、承台与桩的连接处为重点部位,采取措施予以加强。

(1)加强墩身与承台的连接。墩身的竖向钢筋伸入承台长度要满足受拉钢筋的锚固长度。

(2)承台采用六面配筋,顶面钢筋采用 ϕ16 mm(HRB335 钢筋)、间距 15 cm;承台底面的钢筋设置根据受力需要确定,满足刚性角时,采用直径不小于 ϕ20 mm(HRB335 钢筋),配筋率按不小于0.15%控制,承台侧面配置 ϕ12 mm(HRB335 钢筋)、间距 20 cm。

(3)桩身纵向配筋量根据计算确定,钢筋直径不小于 ϕ16 mm,配筋率不小于0.5%。

(4)加强承台与桩的连接。钻孔桩桩头3.0倍桩径长度范围内加密箍筋,其间距不大于10 cm,直径不小于10 mm。

(5)当基础按摩擦桩设计,但桩身深入风化岩、卵石层,桩身接近柱桩的受力状态时,桩基通长配筋。

4. 桩基检测

所有桩均需进行检测,直径 $D \geqslant 2.0$ m或长度 >40 m或复杂地质条件下的桩基采用声波透射法进行检测,其余桩采用低应变反射波法检测。

5. 岩溶桥梁基础设计

(1)扩大基础

当条件允许时尽量采用明挖扩大基础。当岩溶埋藏较深且覆盖层稳定时,充分利用上覆性能较好的土层作为持力层,持力层为岩石时,基底与溶洞体间应有相当厚度的完好岩体。对利用上覆土层作为持力层的基础,应充分考虑当岩溶岩面起伏较大,基底土层厚度不等而产生的土质地基压缩变形不均的问题。

岩溶明挖扩大基础设计应注意地下水位的不利影响。扩大基础底面为中密砂砾,且在地下水位以下时,明挖基坑时涌水量可能较大,特别是其下有空溶洞,不宜采用扩大基础。

(2)桩基础

①容许承载力

桩的容许承载力按柱桩设计,根据式(3-5-1)确定。

$$[P]=R(C_1A+C_2Uh) \tag{3-5-1}$$

式中 R——岩石单轴抗压强度;

A——桩底支承面积(m^2),按设计桩径计算;

U——岩石层内的桩的钻孔周长;

h——自新鲜岩面算起的嵌入深度(m);

C_1、C_2——系数,其值根据岩石层的破坏程度和清底情况决定。

R 取值根据经验和地质提供的岩石饱和极限抗压强度综合确定,对于石灰岩来说,R 值一般较大。$R>10$ MPa后,对嵌岩深度的影响较小。嵌岩深度主要根据构造确定,铁路相关设计规范规定不小于0.5 m;一般情况下,嵌岩深度按不小于一倍桩径设计。对于短桩,综合考虑桩底承受的弯矩,宜适当加大嵌岩深度。

岩溶区嵌岩桩的嵌岩深度确定时，一般来说入岩不应看成嵌岩，只有在桩孔四周全部入岩，其最低点才算嵌岩起点。桩的嵌岩深度除串珠状溶洞外，一般应满足桩底以下 3 倍桩径范围内无软弱夹层、断裂带、洞隙分布；桩端的应力扩散范围内无岩体临空面，方可认为安全。

②桩底基岩完整性

岩溶桩基础机挖工艺有两种，一是冲孔，二是钻孔。经比较，在岩溶发育复杂地区，钻孔进度太慢，平均每天进尺不足 10 cm，而冲孔每天可达 100 cm；但冲孔对孔底岩石完整性会带来一些问题，设计应考虑其不利因素的影响。

③桩基或岩体的临空面

临空面是指桩基或岩体与变形空间相邻的面。桩顶加荷后，有可能发生较大的压缩变形或岩石破碎而松动。如桩底周围有临空面且距桩身较近，由于岩体风化、岩溶发育及层理、层面分不清楚，一旦有软弱夹层或不稳定裂隙，将会引起滑动而失稳。

④桩周土的流失

部分桩孔在施工中，桩周土随涌水大量流失，形成空洞，以及造成地面塌陷，虽然不一定影响桩身的稳定，但对地基整体稳定会有影响，特别是部分工程桩的岩基由于裂隙或溶洞、溶槽中的充填物的流失，造成岩层整体稳定性差。岩溶桥桩周土应不计摩阻力。

(3)岩溶地区桥梁钻孔桩的设计原则

①岩溶地区穿过溶洞的钻孔桩，桩尖必须置于岩层顶板上(图 3-5-1)。

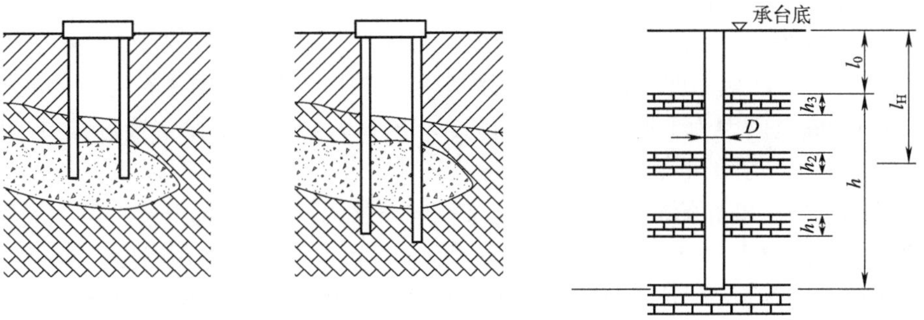

图 3-5-1　桩基计算长度示意图

②当桩径为 1.0 m 时，岩层顶板厚度一般要求大于等于 6 m(此时要注意邻近桩孔的情况)，桩尖按结构要求设置；桩径大于 1.0 m 时，适当加厚。

③对于特殊复杂工点，如地面以下 40～50 m 深的范围内找不到 6 m 以上厚度的顶板，而此时已穿过多层岩板，应根据实际情况并经理论分析，桩径为 1.0 m 时，可依据桩侧壁累计穿过溶洞顶板厚度为 5 m 以上时、桩尖支承溶洞顶板厚度一般可不少于 3 m 进行设计控制；桩径大于 1.0 m 时，适当加厚(考虑岩溶地区钻孔桩使用机具大多采用冲击钻，故厚度小于 1 m 的岩层顶板不予计入)，且桩尖置于下层岩层上，支承顶板厚度要求不小于 3 m，嵌入岩层 0.5 m。

④桩基计算中将受压长度 L_N 与受挠长度 L_M 分别计算，假定第一层顶板即起到钳制作用，故承台底至第一层顶板距 $L_0+(D/3)$ 为受挠长度(D 为设计桩径)，受压长度 L_N 近似地取 $L_0+(h/2)$，如图 3-5-1 所示。

⑤在累计岩层顶板厚度时，要考虑邻近钻孔的岩层情况。

⑥在同一桩基中，桩的长度可相差悬殊。

⑦在同一桩基中容许支承于厚顶板的桩与桩侧有一定累计厚度岩壁、桩尖有适当岩层顶板厚度支承的桩同时并用。因配合设计要求，特对地质钻探明确规定：为了摸清桩底支承情况，必须按桩位进行钻探；岩层完整，顶板厚度有 8 m 就可终孔；多层溶洞，厚度 1 m 及以上的岩层，其累计厚度等于 5 m(大孔径桩适当加厚)，再往下层的顶板有 3 m 厚度时就可终孔；邻近钻孔若岩层厚度相差太大或发现有扁平溶洞时需进行补钻，便于确定桩的设计长度。

(4)岩溶桥梁基础施工注意事项

①进行必要的水文、工程地质调查，研究墩台处岩溶发育情况，根据不同的地质条件遵循相应的处理原

则,做好溶洞处理的准备工作,在施工中不可盲目完全依赖地质资料。

②每个墩台最好只用一台钻机施工

如果在施工中发生坍孔事故,这些桩孔可能要报废回填重钻,损失很大,又延误工期。如为了缩短工期加快进度,在每个墩台用多台钻机同时施工,由于桩孔设计间距在同一个墩台都很近,很难避免相互间不发生振动影响,这种强烈的打桩振动,对本来就很薄弱的溶洞范围的泥浆护壁,是一个很不利的破坏因素,所以今后如无特殊原因应尽量避免在同一个墩台布置多台钻机。

③合理规定施工顺序

先安排外围桩而后中间桩,先安排含有较深、较大、较多溶洞的桩孔施工。先外后内,小洞处先开孔,长桩处先开孔,桩位之间交叉开孔,步步包围,采用隔开和封闭的原则。

按这种顺序施工,在中间桩冲击成孔时,漏浆现象明显减少、减弱,使得工效得以提高。

在岩溶发育的地区,在同一个墩台内,每根桩因所含岩溶程度不同,其桩长往往十分悬殊。要先施工基岩面较低、桩较长的桩。如先施工较短的桩,再施工较长桩时,一旦发生塌孔,容易使已完成的较浅桩周围土层松动,桩底岩面变动,造成桩体沉陷报废或降低承载力。如果钻孔施工顺序安排不当,将极易发生坍孔、断桩等事故。

岩溶复杂、溶洞变化大的基础,可能有溶洞使桩孔相互间连通。因此很难避免地下的相互干扰和影响。施工宜根据所含溶洞的情况,由深到浅、由多到少、由大到小的原则安排钻孔桩的钻孔顺序。这样做可以及时封闭和堵塞各桩孔间的岩溶孔洞和通道,使施工顺利进行。

④应重视溶洞的钻孔护壁方法

按照常规,钻孔是采用黏土泥浆护壁,对于较大的溶洞,也可采用"草袋黏土包"抛填的方法进行护壁。建议:凡溶洞大小超过 1 m、埋藏深度超过 5 m 的溶洞地段,桩孔护壁应改用片石与黏土混填的方法,向溶洞地段大量抛填片石和干黏土。因为干抛片石的比重为 1.8~1.9,与混凝土比重接近,这样处理后,桩孔护壁就不容易被挤破,容易保证施工的顺利进行。

⑤冲击成孔终孔后,冲击破碎的冲渣,部分和泥浆一起被挤入孔壁,大部分经掏渣筒或管锤取出,当冲渣太厚,泥浆不能将其全部悬浮上来,沉淀于孔底易形成沉渣。沉渣是桩基工程严格控制指标之一,桩底沉渣的厚度,直接关系到桩基沉降量大小的问题,而且影响混凝土与桩底胶结程度。因此,必须对孔内冲渣进行清除。

桩基成孔后的清孔过程中,既要注意清孔的质量,保证孔底沉渣厚度在规范和设计图允许范围之内,又不能拖延时间,要及时灌注混凝土,以防在换浆清孔过程中,溶洞内的填充物再次涌入孔内,特别有水流动的溶洞区。对较深的桩,从冲孔到灌注混凝土时间间隔较长的桩沉淀较厚,清孔方法一般应采用掏渣法、换浆法、喷射法 3 种方法配合清孔。首先,用掏渣法粗略清孔,然后,用换浆法清孔,钢筋笼下放完毕再用喷射法清孔。对较浅的桩,钢筋笼下放的间隔时间短,仅用换浆法清孔就可以了。检验清孔效果的简易方法是采用测绳下拴钢筋头放到孔底试探。如拉测绳比较重,表明清孔不太彻底,直到拉测绳下部与上部感觉一样为止,并且能清楚地感觉到钢筋头碰桩底岩石。

⑥地质资料不详的柱桩,桩孔在达到设计标高后,仍需用地质钻从桩底再钻入基岩 3~5 m 确认没有溶洞后才进行最后清孔,下钢筋笼,灌注水下混凝土。如发现桩底以下还有溶洞,就必须穿过溶洞,使桩底到达稳定岩面。

⑦在岩溶极发育、地下水极丰富的地区,第一层护筒都应穿过砂卵石等透水层,以防突遇溶洞漏浆,造成孔口坍塌。

⑧终孔清渣后灌注水下混凝土,除注意混凝土配合比、灌注时间及拌和机械外,针对岩溶地区特点,还要注意混凝土原材料的备料要充足,保证灌注桩的混凝土用量。孔壁周围或孔底都可能有土洞、溶槽、裂隙,成孔时这些空间被泥浆充填,而在灌注水下混凝土时,容重较大的混凝土将容重较小的泥浆从土洞、溶槽、裂隙中置换出来,占据了这些空间,从而增加了混凝土体积,有时溶洞中的填充物密度比混凝土小,也被混凝土进入置换破坏了原来的平衡,使得成孔时并未发现的溶洞在灌注混凝土时却多用成倍的混凝土。由于这些原因,在灌注混凝土前备料一定要留有余地,防止发生因无料停工而断桩。

⑨嵌岩桩桩底高程的确定与终孔判断

由于桩尖必须嵌入坚实的岩盘，且嵌岩深度 0.5～3.0 m，桩径越大，嵌岩越深，对岩盘的整体性与规模性要求也越高。由于岩溶洞隙发育，石笋、溶洞、溶潭、“鹰咀岩”“乌龟壳”“半边岩”都有，这就很难保证基础完全达到设计要求。因此在施工中应特别注意桩底岩面是否平整，主要依靠观测，回转钻进时凭手感判断。冲击钻进时，则以观察冲击锤的工作状态，岩面平整时，一般不产生倒锤现象，倒锤说明岩面是不平整的斜面，并有部分是松散层，这就不可能保证嵌岩深度。

由于灰岩质地坚硬致密，在重锤的冲击下由井底可传出“咚、咚”的碰撞声，吊索呈反弹状态，如果是软基则声音嘶哑甚至无声，吊索更无反弹现象。这样综合终孔现象与设计标高结合可较准确判断是否达到设计要求。终孔标高的确定，还要根据具体的岩面坡度与岩溶形态结合每桩一孔的钻探资料综合判断。

第四节　墩台设计

正线沿线城市密集，人口多，桥墩设计在满足桥梁结构强度、刚度、墩顶位移的条件下，力求外形美观，双线桥墩身采用流线形圆端实体桥墩，一字形桥台；单线简支箱梁采用圆端形桥墩桥、矩形空心桥台。改建(还建)宁芜铁路、铜九改线、池州疏解线墩台结构形式与既有线桥相同，采用圆端形桥墩、T 形桥台。

桥梁基础主要采用钻孔灌注桩和明挖基础两种形式，以钻孔桩居多。正线双线梁桥墩以流线形圆端形实体桥墩、一字形桥台为主；单线简支箱梁采用圆端形桥墩桥、矩形空心桥台；既有线改建地段墩台结构形式与既有线桥相同，采用圆端形桥墩，T 形桥台。

一、桥墩设计

(一)类型选择

桥墩造型选择按照尊重自然环境、减少人工行为对自然的破坏、与自然和谐共处的设计原则，选用与梁部协调统一、适当艺术造型的桥墩外观，并考虑安全、经济、结构合理、施工方便、易于养护维修等原则。根据上述原则，结合全线地形、水文、立交等具体情况，正线选用了双线流线形圆端实体桥墩。桥墩呈现流线形，截面的拐点均采用圆弧连接展示出桥墩外形的优美曲线，一改以往棱角分明、中规中矩、粗线条的形象，给人以舒畅的感觉体现时代特征与魅力，如图 3-5-2 所示。

(二)结构设计

1. 设计荷载

(1)恒载

恒载包括梁部结构自重、二期恒载及基础变位等。

(2)设计列车活载

正线设计列车活载采用“ZK 活载”图式；铜九改线和池州疏解线采用“中—活载”。

设计加载时，活载图式可任意截取，ZK 活载分别作用于每一条线，选定产生基底最大压应力及最大偏心时的最不利荷载位置，双线荷载作用时按 100%计，不予折减；中—活载按换算均布静活载和《铁路桥涵设计基本规范》(TB 10002.1—2005)附录 C 之规定加载。

顶帽和钢筋混凝土墩身结构考虑列车活载的动力作用。

桥梁在曲线上时，应考虑列车竖向静活载产生的离心力，离心力按水平向外作用于轨顶以上 1.8 m 处(高速铁路)或 2.0 m 处(普速铁路)。

列车横向摇摆力为活载主力，取值为 100 kN 作为一个集中荷载取最不利位置，以水平方向垂直线路中线作用于钢轨顶面，且只计任一线上的横向摇摆力。

制动力或牵引力：作用于桥墩顶的制动力或牵引力按梁轨共同作用进行计算，按列车竖向静活载的 10%计算，但当与离心力或列车的竖向动力作用同时计算时，则按竖向静活载的 7%计算。双线桥采用一线的制动力或牵引力。

2. 无缝线路作用于墩台顶的纵向水平力

无缝线路长钢轨伸缩力、挠曲力和断轨力引起的墩台顶纵向水平力，按梁轨共同作用进行计算，并作用于墩台上的支座中心处。断轨力为特殊荷载，均只计一根钢轨的断轨力。

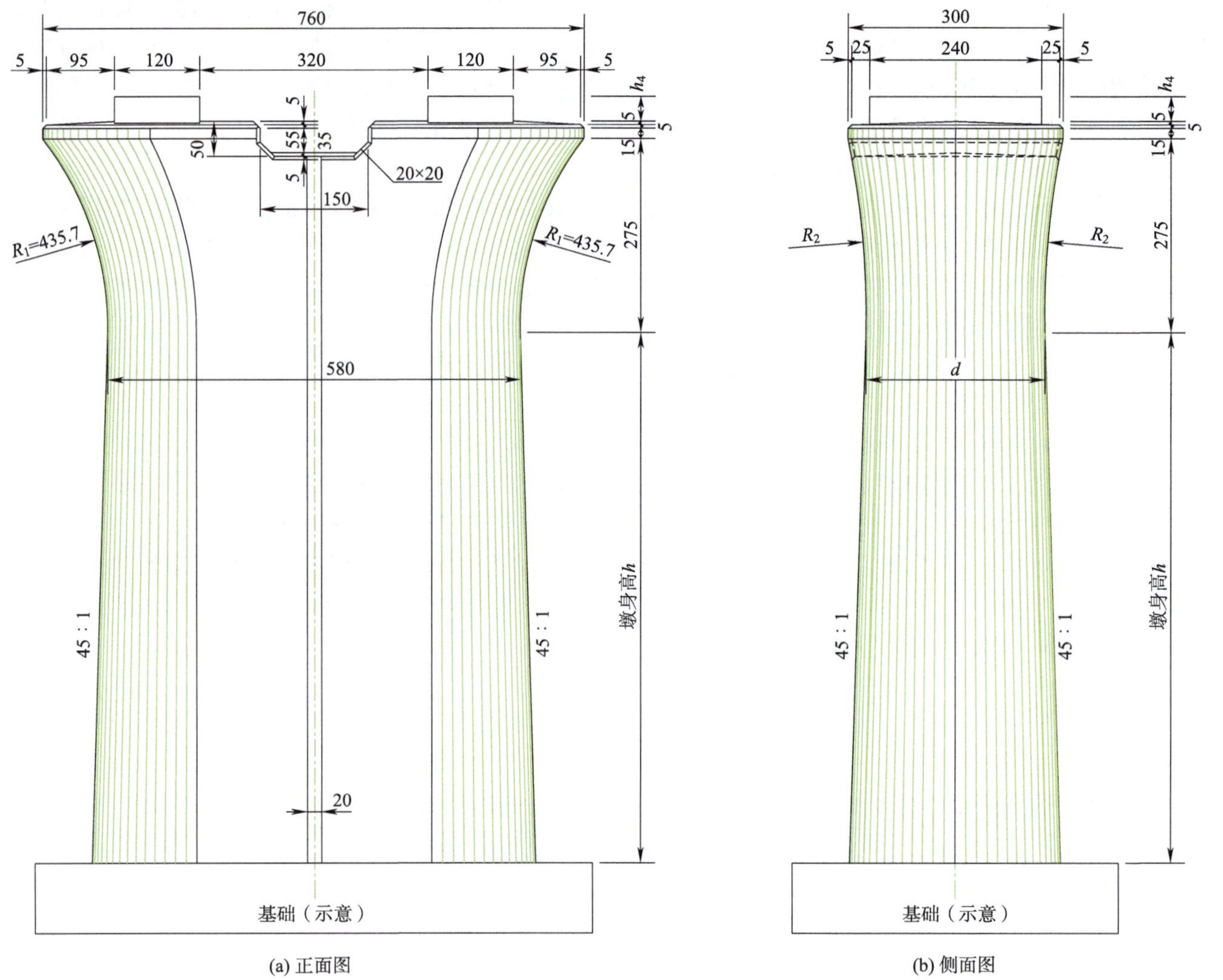

图 3-5-2 正线典型简支梁桥墩示意图(单位:cm)

(1)无缝线路作用于桥墩顶的纵向力组合原则

同一股钢轨作用于墩顶的伸缩力、挠曲力和断轨力相互独立,不做叠加;伸缩力、挠曲力和断轨力不与同线的竖向活载、离心力、牵引力或制动力组合;伸缩力、挠曲力按主力考虑,断轨力按特殊荷载考虑。

(2)考虑无缝线路作用而增加的力的组合

主力(双线无车):恒载+4 股钢轨作用于墩顶的伸缩力或车前挠曲力。

主力+纵向附加力(一线有车、一线无车):恒载+活载+一线列车制动力或牵引力+另一线两股钢轨作用于墩顶的伸缩力或车前挠曲力+其他纵向附加力。

主力+特殊荷载(双线无车):恒载+一线一股钢轨作用于墩顶的断轨力+另一股钢轨作用于墩顶的伸缩力+另一线两股钢轨作用在桥梁上的伸缩力或车前挠曲力。

主力+特殊荷载(一线有车,一线无车):恒载+一线活载+另一线一股钢轨断轨力+另一线一股钢轨伸缩力。

3. 风荷载强度 W

桥上有车时采用 W=1 100 Pa;桥上无车时采用 W=1 900 Pa;施工安装时采用 W=500 kPa。设计时考虑设置声屏障,声屏障按高出轨顶 3.0 m 计。设计时采用上述最不利者。

4. 桥墩纵向水平刚度

为满足无缝线路轨道的受力要求,提出墩顶纵向水平线刚度限值。足够的横向刚度,可以保证列车运行的安全性和舒适性,保证桥上轨道结构的稳定性,保证桥上不出现过大的横向振动,从而减少桥上轨道的养护维修。

按照《新建铁路桥上无缝线路设计暂行规定》，设计时简支梁墩顶最小纵向水平线刚度 K[kN/(cm·双线)]最小必须满足表 3-5-1 要求。

表 3-5-1　墩顶最小水平线刚度限值

梁　型	设计跨度 L(m)	纵向水平刚度[kN/(cm·双线)]限值
简支梁	24	270
	32	350

墩顶水平线刚度需满足要求，即当墩顶作用单位水平力(1 kN)时，墩顶水平总位移不得大于 $1/K_{最小}$(cm)。墩顶水平总位移为墩身弹性水平位移、基础转动引起的墩顶水平位移及与基础位移三者之和。规范对于桥墩的横向刚度没有明确规定，在设计时按荷载作用下的桥墩横向水平位移差引起的相邻结构物桥面处轴线间的水平折角不超过 1‰来控制。

5. 桥墩构造

桥墩墩身截面按照与梁部协调统一、实用性好、施工简便、易于养护维修等原则，直、曲线上采用相同的截面尺寸和形式(圆端形)。

(1)实体混凝土桥墩按混凝土偏心受压构件计算。

(2)钢筋混凝土桥墩按钢筋混凝土偏心受压构件计算。墩身裂缝宽度除按现行《铁路桥涵设计规范》(TB 10002—2017)办理外，还需满足耐久性规范的要求。

(3)桥墩顶帽面弹性水平位移 Δ 检算原则

顺桥方向：除满足纵向刚度要求外，还须满足 $\Delta \leqslant 5\sqrt{L}$(mm)要求。$L$ 为桥梁跨度(m)，当 $L \leqslant 24$ m 时，L 按 24 m 计算，当不等跨时，用相邻跨度中的小跨。Δ 为对应桥墩位置的桥面处横向水平位移(mm)，包括由于墩身和基础弹性变形以及基底土弹性变形的影响。

横桥方向：按《京沪高速铁路设计暂行规定》，墩顶横向水平位移引起的桥面处梁端水平折角应不大于 1.0‰。按表 3-5-2 的要求控制对应桥墩位置的桥面处横向位移，即满足规范要求。

表 3-5-2　横向位移限值

跨度组合(m)	20+20	24+24	32+32
[Δ](cm)	1.035	1.235	1.635

6. 附属设施

为便于梁部及支座的检查及维修工作，在墩顶设置吊篮及墩顶凹槽。吊篮采用角钢支架形式，吊篮的人行步板采用钢板，能够及时拆卸、更换。另外，在墩顶凹槽上设置了与梁端部底板连接的爬梯，爬梯置于活动支座一方，便于养护维修人员的检查及维修工作，体现以人为本的原则。

7. 地震力计算

按照《铁路工程抗震设计规范》(GB 50111—2006)，采用反应谱理论对下部结构地震力加以计算，计算时把墩身简化为多质点体系，基础简化为弹簧作用在基底。计算顺桥向地震力时，简支梁将一孔梁作为一个质点作用于墩顶；计算横向地震力时考虑各墩共同分担梁体质量，梁体的地震力作用于梁高 1/2 处，计入 50%活载引起的地震力，作用于轨顶以上 2 m 处；同时考虑桥上无车时的情况。

通过计算表明，无车+纵向地震力控制墩身配筋，单线行车+横向地震力控制基础。在抗震构造措施上考虑适当的加强措施：混凝土实体桥墩配置护面钢筋，在连接部位加强箍筋设计；钢筋混凝土桥墩塑性铰区域加强箍筋配置，间距不大于 10 cm；墩身竖向钢筋伸入基础长度适当加长。桥墩配筋时，按不同的地震烈度、场地类别、地震动参数区划分分别设置钢筋满足强度及构造上的要求。

8. 运架梁检算

内容包括运架梁检算墩台顶帽局部承压强度检算；墩台顶帽局部抗剪强度检算；墩台顶帽整体抗弯、抗剪强度检算；墩身整体抗弯强度检算；墩身整体纵向稳定性检算等，均需满足架桥机通过要求。

9. 动力分析

桥墩设计均进行车桥耦合动力响应分析。

二、桥台设计

(一)类型选择

随着我国高速铁路客运专线的大规模建设,其采用的“ZK 活载”较“中—活载”小,单从结构受力方面看桥台力学指标不控制桥台设计,因此完全没有必要采用大体积重力式桥台。在目前开展的客运专线桥梁设计中,广泛采用了一种新的桥台形式——一字形桥台。它是在原来老的耳墙式桥台的基础上,依据现行的规范优选出的一种介于耳台与 T 台之间的新台型。为了缩短不必要的台长节省圬工,避免锥体过多进入桥孔,以混凝土砌块代替耳墙部分与路基相连;为提高桥台整体线刚度,适当增加台身长度;为便于台后施工,保证台后填料振捣压实密实,台身后坡采用直墙式;为满足客运专线大吨位梁体自重及架桥机运架梁引起桥台前端更为控制情况,台身前墙采用斜坡式并适当加大前墙伸入桥孔的长度以利于结构受力。

一字形桥台身截面采用矩形截面,从平面看台身纵向尺寸较横向小很多,形状类似一字形,该桥台无论从结构受力方面,还是从施工方面都较原耳墙式桥台、T 型桥台有着显著的优越性,广泛适宜在中等高度的桥上使用,在深基础或双线桥上使用时经济效益更好,正线无砟段箱梁均采用一字形桥台。

(二)一字形桥台主体结构尺寸设计

1. 支承垫石及顶帽设计

支承垫石及顶帽、托盘尺寸应满足规范的构造要求,“桥规”的构造要求拟定垫石及顶帽尺寸,即:垫石纵向尺寸 a=墩台梁缝值+梁端至支座中心的纵向距离+(支座下座板纵向尺寸/2)+(0.15～0.2) m;垫石横向尺寸 b=支座下座板横向尺寸+2×(0.15～0.2) m,曲线时还考虑曲线弯道布置引起的垫石横、纵向加宽。

由于客运专线桥台一端均设置两个支座,不像以前双线 T 梁一样,一端需设置四个支座,因此顶帽横向尺寸可以大大减小。为满足从地面进出入梁部的需要,客运专线梁端部横向中心底板设有检查口,考虑检查人员从顶帽处进出通道的高度不能低于 1.6 m,因此梁底至顶帽顶的高度采用 60 cm,顶帽下挖 1.0 m 深的凹槽。相应支承垫石高度为 60 cm－支座高度－(2～3) cm 厚干硬性砂浆垫层。

2. 台身及基础设计

决定台身尺寸的因素很多,如梁型、填土高、建筑材料、直曲线等,确定台身及基础尺寸时重点从以下几个方面考虑:

(1)桥台横向尺寸:客运专线箱梁梁底部宽度较小(6 m 左右),考虑景观要求桥台横向尺寸不宜宽出梁底过多才能与桥梁上部结构从视觉上产生和谐的美感,拟定桥台顶帽及台身横纵向尺寸时,在满足台顶的构造要求的情况下应尽量缩小桥台的横向尺寸。

(2)刚度要求:客运专线铁路要求墩台必须具有足够的刚度,根据“无缝线路设计暂行规定”的要求,桥台纵向水平线刚度必须满足单线[K]≥1 500 kN/cm;双线[K]≥3 000 kN/cm 的要求,桥台台身及基础尺寸除了按力学指标控制外,还必须结合地基土的情况进行水平线刚度控制。客运专线桥台胸墙与梁端相接处的台身纵向需设置 50 cm 的进人洞,该进人洞削弱了整个胸墙截面,因此胸墙厚度适当加厚至 2.5 m。

(3)地质情况的要求:一字形桥台设计时考虑尽量多的适用于各种地质条件,桥梁处覆盖层多数为软土地基,基础大多采用桩基,所以在台身尺寸拟定时还必须结合基础的配置情况统筹考虑。

(4)施工要求:驮运及架设整孔箱梁均采用 900 t 吨位架桥机,设计借鉴其他线在台后耳墙范围内设置混凝土块以利于支腿放置及运梁车平稳上台的经验,用混凝土块替代耳墙,使混凝土块既作为施工中必不可少的附属结构又起到了连接路基和桥台这一软一硬的过渡段的作用。

(三)一字形桥台附属结构设计

1. 台后混凝土块

为避免锥体过多进入桥孔、减小台后路基过渡段与桥台主体刚度相差悬殊对行车的不利影响,同时解决架桥机运架梁的支腿放置位置的问题,一字台设计时自台身尾部起依据锥体护坡线距离顶帽后缘≥30 cm 和台尾伸入路肩最少 75 cm 的原则,确定台后混凝土块纵向长度 3 m,高度自台顶以下 3 m,混凝土块横向与路基宽度相同,混凝土块材料采用 C20 混凝土,其下部及两侧填料采用级配碎石+5%的水泥填筑。

2. 空心砖隔离层设置

参照国外高速铁路的做法,在台背尾部与台后混凝土块之间紧贴台身砌筑空心砖墙至桥台顶面;其他与填料相接触的三面同样从基顶起砌筑空心砖墙至锥体护坡面,基础襟边上及四面均设置空心砖,空心砖作为桥台主体与附属结构的隔离层使桥台主辅结构受力明确。

3. 检查设备

当托盘底至地面高度较高时利用台前锥体做一段检查台阶,检查台阶以上采用检查梯(在台身前墙预埋U形钢筋)至顶帽检查口,在台阶顶部桥台三侧设置围栏。为便于养护维修人员自梁内下到顶帽上检查维修支座,在顶帽横向中心 1.5 m 宽,自顶帽顶向下 1.0 m,顶帽纵向长度范围内挖凹槽,凹槽纵向深入胸墙 0.5 m,自顶帽顶向上一定高度。胸墙内侧正对梁端检查口的墙面设爬梯,以便于从梁端进出。

(四)一字形桥台检算

1. 计算的原则和要求

(1)桥台计算荷载有主力、附加力及特殊荷载。位于透水地基上的桥台做稳定性检算时应考虑水浮力。

(2)桥台应检算台身的合力偏心、材料强度、基底压应力及合力偏心、桥台倾覆稳定和滑走稳定性等。对于较高的桥台,还应检算垫石顶处的弹性水平位移。近年来,随着《无缝线路设计暂行规定》《铁路桥涵设计规范》(TB 10002—2017)、《铁路工程抗震设计规范》(GB 50111—2006)等一系列新规范的执行实施,桥台设计必须进行纵向水平线刚度、基础沉降量、抗震等设计。

(3)在最不利的荷载组合作用下,台身各截面的合力偏心距 e 应满足《铁路桥涵设计规范》(TB 10002—2017)的要求,即:主力 $e \leqslant 0.5s$;主力+附加力 $e \leqslant 0.6s$;主力+特殊荷载 $e \leqslant 0.7s$。式中 s 为沿截面重心与合力作用点的连线上量取,为自截面重心至该连线与截面外包轮廓线的交点的距离。

(4)台身截面求得的最小应力为负值时不考虑混凝土承受拉应力,而应进行应力重分布计算。重分布计算的最大压应力值不大于混凝土材料的允许压应力。根据《铁路混凝土结构耐久性设计暂行规定》的要求,一般情况下,实体墩台混凝土强度等级不低于 C30,所以台身各控制截面应力基本上不控制设计,只要偏心满足规范要求即可。

2. 设计荷载

(1)恒载

桥台承受的恒载主要有桥台自重、梁重+梁上二期恒载传来的支点反力、台顶线路设备重、台后恒载土压力及襟边土柱重等。

(2)活载

活载采用“ZK—活载”。

(3)离心力

当设计速度大于 120 km/h 时,离心力和竖向活载组合时应考虑以下三种情况:不折减的 ZK 活载和按 120 km/h 速度计算的离心力($f=1.0$);折减的 ZK 活载($f \cdot N$,$f \cdot q$)和按设计速度计算的离心力($f<1.0$);曲线桥梁还应考虑没有离心力时列车活载作用的情况。

(4)制动力(支座摩阻力)

简支梁桥台固定端制动力按竖向静活载的 10%计算,离心力与制动力同时计时按 7%,计算双线桥采用一线的制动力或牵引力。连续梁桥台纵向水平力采用支座摩阻力,按支点恒载反力×支座摩阻力系数 u(一般 u 取 0.05)计算。

(5)土压力

桥台土压力按库仑楔体极限平衡理论推导的土压力计算,按《铁路桥涵设计规范》(TB 10002—2017)附录 A、B 公式计算。客运专线台后一般采用级配碎石过渡段与路基相连,土压力计算时内摩擦角 $\varphi=40°$;填料与桥台表面的外摩擦角 $\delta=\varphi/2$。检算台身截面时,台背土压力的作用面按土与台背的实际接触面计算,基础按假想的斜墙背计算。

(6)无缝线路纵向力

伸缩力、挠曲力和断轨力按《无缝线路设计暂行规定》计算。对于简支梁桥,桥台按固定区取值。对于连续梁桥,桥台按线路专业提供的长钢轨纵向力取值。无缝线路作用于桥台顶的纵向力组合原则以及考虑无缝线路作用而增加的荷载组合按照《无缝线路设计暂行规定》办理。

(7)风荷载强度 W

有车时 $W=1\ 100$ Pa;无车时 $W=1\ 900$ Pa;施工时 $W=500$ Pa。

(8)台顶水平线刚度

简支梁台顶最小纵向水平线刚度 K,单线必须满足 $K\geqslant 1\ 500$ kN/cm 要求,双线必须满足 $K\geqslant 3\ 000$ kN/cm 要求。连续梁桥台可比照简支梁桥台取值。

(五)总　　结

客运专线铁路一般路基填土较低,一字形桥台正好适用在中等及以下填土高的客专桥梁。但由于桥台主体截面尺寸相对较小,纵向整体线刚度随着填土高的增加而变小,因此对于填土高度超过 10 m 的桥台不再适用。一般桥台设计思路是重主体轻附属,而一字形桥台通过对台后附属结构设计的加强,使主体结构受荷载作用减弱大大减少了不必要的主体圬工,是一种值得推荐采用的桥台形式。

三、单线墩台设计

预制单线 32 m(24 m)简支箱梁桥台采用单线矩形空心桥台,台顶宽 7.6 m,纵向长度 6.25 m,台身宽 4.4 m,纵向长度 8.55 m,台内空腔尺寸 3.2 m×4.95 m。台身采用 C35 混凝土,并设置护面钢筋;垫石采用 C50 钢筋混凝土。台帽顶设进人洞,台身内设检查梯及安全栏杆。

预制单线 32 m(24 m)简支梁桥墩采用圆端形桥墩,桥墩顶帽和墩身均为圆端形,顶帽横向宽 5.8 m,纵向宽 3.0 m;墩高 3.0 m$\leqslant H\leqslant$14.0 m 时,墩身为直坡,墩身横向宽 4.4 m,纵向宽 2.0 m;墩高 14.0 m$<H\leqslant$24.0 m 时,墩身坡率为 45∶1,墩身顶部横向宽 4.4 m,纵向宽 2.3 m;从顶帽到墩身为流线形渐变。墩身采用 C35 混凝土,并设置护面钢筋;垫石采用 C50 钢筋混凝土。

第五节　常用跨度桥梁设计

本线常用跨度桥梁梁部包括简支箱梁(跨度不大于 40 m)、主跨 100 m 及以下预应力混凝土连续梁、钢筋混凝土连续刚构及钢筋混凝土框架等结构。为便于铁路设计、施工的标准化,加快施工进度,节省投资,桥梁总体布置时,对简支箱梁、连续梁及连续刚构,在满足使用功能及景观要求的前提下,均优先采用常用跨度桥梁及部颁通用参考图纸。

一、简支梁桥

(一)部颁双线简支箱梁

宁安铁路正线(4.6 m 线间距)双线简支箱梁均采用部颁通用图,图号为"通桥〔2009〕2229",跨度为 31.5 m 和 23.5 m 的无砟轨道预制双线简支箱梁及 31.5 m 和 23.5 m 的有砟轨道预制双线简支箱梁。铜九改线、池州疏解线采用《通桥〔2005〕2101》预制后张法系列简支 T 梁。

(二)24 m、32 m 单线简支箱梁

代建皖赣线单线桥采用了跨度为 23.5 m、31.5 m 的无砟轨道预制单线简支箱梁。

1. 适用条件

(1)设计速度:旅客列车最高运行速度 250 km/h。

(2)设计活载:ZK 活载。

(3)线路情况:CRTSⅠ型板式无砟轨道,轨道结构高度(轨面至梁顶)687 mm,单线。直、曲线,最小曲线半径 2 500 m。

(4)环境类别及作用等级:一般大气条件下无防护措施的地面结构,环境类别为碳化环境,作用等级为 T1、T2。

(5)设计使用年限:正常使用条件下梁体结构设计使用寿命为 100 年。

(6)施工方法:本图适用于工地集中预制、架桥机架设施工。

(7)地震烈度:本结构适用于地震动峰值加速度 $A_g\leqslant 0.2g$ 地区。

(8)养护维修方式：桥上不设置人行道检查车。

2. 结构形式

(1)截面类型为单箱单室等高度简支箱梁，梁端顶板、底板及腹板局部向内侧加厚。

(2)桥面宽度：防护墙内侧净宽 4.4 m，桥上人行道栏杆内侧净宽 7.5 m，桥梁宽 7.6 m，桥梁建筑总宽 7.88 m。

(3)24 m 跨度梁全长 24.6 m，计算跨度 23.5 m；32 m 跨度梁全长 32.6 m，计算跨度 31.5 m；截面中心梁高 2.650 m，线路中心梁高 2.650 m，横桥向支座中心距均为 2.3 m。

二、常用跨度连续梁

全线大量采用的常用跨度连续梁包括(32＋48＋32)m、(40＋56＋40)m、(40＋64＋40)m、(48＋80＋48)m 等，均为无砟轨道预应力混凝土连续梁(双线)，悬灌梁法施工。

(一)适用范围

(1)设计速度：250 km/h。

(2)设计活载：ZK 活载。

(3)线路情况：CRTS Ⅰ型板式无砟轨道，轨道结构高度(轨面至梁顶)687 mm，双线。直、曲线梁，线间距 4.6 m，最小曲线半径 4 000 m。

(4)环境类别及作用等级：一般大气条件下无防护措施的地面结构，环境类别为碳化环境，作用等级 T2。

(5)设计使用年限：正常使用条件下梁体结构设计使用寿命为 100 年。

(6)施工方法：适用于桥位处挂篮悬臂浇筑施工。

(7)地震动参数：地震设防烈度≤7 度，动峰值加速度≤0.1g，动反应谱特征周期 0.35 s。

(8)养护维修方式：桥上不设人行道检查车。

(二)结构设计

1. (32＋48＋32)m 双线连续梁

(1)桥跨布置：(32＋48＋32)m 预应力混凝土连续梁，全长 113.1 m(含两侧梁端至边支座中心各 0.55 m)。

(2)桥面宽度：防护墙内侧净宽 9.0 m，桥上人行道栏杆内侧净宽 12.1 m，梁顶面宽 12.2 m。

(3)曲线桥梁布置方法：按曲梁布置，梁体沿工点设计的线路左线中心线布置，相应的梁体轮廓图均为沿线路左线中心线的展开尺寸。位于曲线段的梁体轮廓、普通钢筋、预应力钢束及管道均以线路左线中心线为基准线沿径向依据曲率进行相应的调整，支座亦按径向布置。

(4)梁体构造：边跨直线段及中跨跨中截面特征点处梁高为 2.6 m，中支点截面特征点处梁高为 3.4 m，梁高按圆曲线变化，圆曲线半径 R＝289.306 m；桥面组成为防护墙内侧宽度 9.0 m，防护墙外翼缘板宽度各 1.4 m。全桥箱梁顶宽 12.2 m；边支点处箱梁底宽 5.3 m，中支点处箱梁底宽 4.843 m。箱梁横截面为单箱单室斜腹板，腹板斜率为 1∶3.5。顶板厚 37 cm，腹板厚分别为 45 cm、70 cm、90 cm，底板厚由跨中的 30 cm 按圆曲线变化至中支点梁根部的 70 cm，中支点处加厚到 100 cm。全桥共设 5 道横隔梁，分别设于中支点、端支点和中间跨跨中截面。中支点处设置厚 1.5 m 的横隔梁，边支点处设置厚 1.1 m 的端隔梁，跨中合龙段设置厚 0.6 m 的中横隔梁。隔板设有孔洞，供检查人员通过。

2. (40＋64＋40)m 双线连续梁

(1)桥跨布置：(40＋64＋40)m 预应力混凝土连续梁，全长 145.2 m(含两侧梁端至边支座中心各 0.6 m)。

(2)桥面宽度：防护墙内侧净宽 9.0 m，桥上人行道栏杆内侧净宽 12.1 m，梁顶面宽 12.2 m。

(3)曲线桥梁布置方法：按曲梁布置，梁体沿工点设计的线路左线中心线布置，相应的梁体轮廓图均为沿线路左线中心线的展开尺寸。位于曲线段的梁体轮廓、普通钢筋、预应力钢束及管道均以线路左线中心线为基准线沿径向依据曲率进行相应的调整，支座亦按径向布置。

(4)边跨直线段及中跨中支点处梁高为 5.2 m，梁高按圆曲线变化，圆曲线半径 R＝182.502 m；桥面组成为防护墙内侧宽度 9.0 m，防护墙外翼缘板宽度各 1.35 m。全桥箱梁顶宽 12.2 m，底宽 6 m。箱梁横截面为单箱单室直腹板。顶板厚 37 cm，腹板厚分别为 45 cm、70 cm、90 cm，底板厚由跨中的 44 cm 按圆曲线变化至零号块最外端的 73 cm，中支点处加厚到 100 cm。全桥共设 5 道横隔梁，分别设于中支点、端支点和中间跨跨中截面。中支点处设置厚 2 m 的横隔梁,边支点处设置厚 1.2 m 的端隔梁,跨中合龙段设置厚 0.6 m 的中横隔梁。隔板设有孔洞,供检查人员通过。

3.(48+80+48)m 双线连续梁

(1)桥跨布置:(48+80+48)m 预应力混凝土连续梁,全长 177.3 m(含两侧梁端至边支座中心各 0.65 m)。

(2)桥面宽度:防护墙内侧净宽 9.0 m,桥上人行道栏杆内侧净宽 12.1 m,梁顶面宽 12.2 m。

(3)曲线桥梁布置方法:按曲梁布置,梁体沿工点设计的线路左线中心线布置,相应的梁体轮廓图均为沿线路左线中心线的展开尺寸。位于曲线段的梁体轮廓、普通钢筋、预应力钢束及管道均以线路左线中心线为基准线沿径向依据曲率进行相应的调整,支座亦按径向布置。

(4)梁体构造:端支座处及边跨直线段和跨中截面中心处梁高为 3.835 m,中支点截面中心处梁高 6.435 m,梁高按圆曲线变化,圆曲线半径 R=269.57 m;桥面组成为防护墙内侧宽度 9.0 m,防护墙外翼缘板宽度各 1.35 m。全桥箱梁顶宽 12.2 m,箱梁底宽 6.00 m。箱梁横截面为单箱单室直腹板。顶板厚 40 cm(未计梁顶横向坡度),腹板厚分别为 45 cm、65 cm、80 cm,底板厚由跨中的 46 cm 按圆曲线变化至中支点梁根部的 80.3 cm,中支点处加厚到 150 cm。全桥共设 5 道横隔梁,分别设于中支点、端支点和中间跨跨中截面。中支点处设置厚 2.6 m 的横隔梁,边支点处设置厚 1.3 m 的端隔梁,中跨跨中合龙段设置厚 0.6 m 的中横隔梁。隔板设有孔洞,供检查人员通过。

三、钢筋混凝土连续刚架

跨越道路、航道、铁路、管线等桥跨,当采用箱梁不能满足净高要求时,采用多跨钢筋混凝土连续刚构或刚构连续梁桥式方案,主跨最大 28 m,墩身一般斜交斜做,本线采用的连续刚构类型主要包括(13.4+24+13.4)m 钢筋混凝土连续刚构、(18+24+18)m 钢筋混凝土连续刚构、(16+2×20+16)m 钢筋混凝土连续刚构、(17+2×25+17)m 钢筋混凝土连续刚构和(20+28+20)m 预应力混凝土连续刚构。

第六节 大跨度桥梁设计

线路跨越有通航要求的主要河流及大河的堤坝,跨越既有铁路、国道、省道及等级路时常用跨度不能满足跨越要求时,采用大跨度预应力混凝土连续梁结构,主要包括(40+4×60+40)m、(48+80+80+48)m,(60+100+60)m 等结构形式;宁安铁路与皖赣铁路并行跨越青弋江时,采用(72+136+72)m 四线预应力混凝土连续梁;个别困难地段采用钢桁斜拉桥和双线系杆拱方案。

大跨度预应力混凝土连续梁一般采用悬臂灌注或支架现浇施工。

本节主要以连续梁为例进行总结,钢桁斜拉桥详见本章第七节。

一、(60+100+60)m 双线连续梁

1. 适用范围

同常用跨度连续梁,见本章第五节。

2. 结构设计

(1)桥跨布置:(60+100+60)m 预应力混凝土连续梁,全长 221.5 m(含两侧梁端至边支座中心各 0.75 m)。

(2)桥面宽度:防护墙内侧净宽 9.0 m,桥上人行道栏杆内侧净宽 12.1 m,梁顶面宽 12.2 m。

(3)曲线桥梁布置方法:按曲梁布置,梁体沿工点设计的线路左线中心线布置,相应的梁体轮廓图均为沿线路左线中心线的展开尺寸。位于曲线段的梁体轮廓、普通钢筋、预应力钢束及管道均以线路左线中心线为基准线沿径向依据曲率进行相应的调整,支座亦按径向布置。

(4)梁体构造:端支座处及边跨直线段和跨中截面特征点处梁高为 4.5 m,中支点截面特征点处梁高为 7.0 m,梁高按圆曲线变化,圆曲线半径 R=449.654 m;桥面组成为防护墙内侧宽度 9.0 m,防护墙外翼缘板宽度各 1.4 m。全桥箱梁顶宽 12.2 m,箱梁底宽 6.0 m。箱梁横截面为单箱单室直腹板。顶板厚 48 cm,腹板厚分别为 45 cm、60 cm、90 cm,底板厚由跨中的 46 cm 按圆曲线变化至中支点梁根部的 100 cm,中支点处加厚到 140 cm。全桥共设 5 道横隔梁,分别设于中支点、端支点和中间跨跨中截面。中支点处设置厚 2.5 m

的横隔梁，边支点处设置厚1.45 m的端隔梁，跨中合龙段设置厚0.4 m的中横隔梁。隔板设有孔洞，供检查人员通过。

二、(72+136+72)m四线连续梁

1. 适用范围

设计速度为120 km/h；线路位于四线区段，部分梁段位于缓和曲线，线间距(4.6+6+4.6)m。其他同常用跨度连续梁，见本章第五节。

2. 结构设计

(1)桥跨布置：(72+136+72)m预应力混凝土连续梁，全长281.4 m(含两侧梁端至边支座中心各0.7 m)。

(2)桥面宽度：防护墙内侧净宽19.6 m，梁顶面宽22.8 m。

(3)曲线布置方法：按曲梁布置，梁体沿宁安线左线中心线布置，相应的梁体轮廓图均为沿线路左线中心线的展开尺寸。位于曲线段的梁体轮廓、普通钢筋、预应力钢束及管道均以宁安线左线中心线为基准线沿径向依据曲率进行相应的调整，支座亦按径向布置。

(4)梁体构造：端支座处及边跨直线段和跨中截面特征点处梁高为5.5 m，中支点截面特征点处梁高为11.0 m，梁高按圆曲线变化，圆曲线半径R=386.840 9 m；桥面组成为防护墙内侧宽度19.6 m，防护墙外翼缘板宽度各1.4 m。全桥箱梁顶宽22.8 m，箱梁底宽16.5 m。箱梁横截面为单箱三室直腹板。顶板厚55 cm、45 cm，腹板厚分别为45 cm、75 cm、95 cm，底板厚由跨中的50 cm按圆曲线变化至中支点梁根部的125 cm，中支点处加厚到155 cm。全桥共设5道横隔梁，分别设于中支点、端支点和中间跨跨中截面。中支点处设置厚4.0 m的横隔梁，边支点处设置厚1.40 m的端隔梁，跨中合龙段设置厚0.8 m的中横隔梁。隔板设有孔洞，供检查人员通过。

三、(48+80+80+48)m连续梁

1. 工程概况

顺安河特大桥位于区间双线无砟地段，线间距4.6 m，平面位于R=5 000 m的左偏曲线上。在DK159+372.66处跨越铜都互通D、E匝道，立交要求25×5.5 m，线位与其交角111°53′20″，桥梁采用(48+80+80+48)m双线连续箱梁边跨跨越；在DK159+439.35处跨越铜都互通N匝道，立交要求36×5.5 m，线位与其交角91°50′21″，桥梁采用(48+80+80+48)m双线连续箱梁第一中跨跨越；在DK159+490.55处跨越铜都互通F、I匝道，立交要求18×5.5 m，线位与其交角分别为75°00′37"和74°55′50"；在DK159+514.60处跨越320省道，立交要求24.5×5 m，线位与其交角76°01′，桥梁采用(48+80+80+48)m双线连续箱梁第二中跨跨越。

2. 结构设计

连续梁采用挂篮悬臂浇筑法施工，除三个0号块、两个边跨合龙段、2个中跨合龙段外，全梁共计60个悬浇T字段，桥墩采用双线圆端形实体墩，连续梁基础采用钻孔桩基础。

(1)梁部

①截面采用单箱单室、变高度、变截面直腹板形式。箱梁顶宽12.2 m，底宽6.7 m。顶板厚度除梁端附近外均为400 mm；腹板厚480～900 mm，按折线变化；底板厚由跨中的400 mm变化至根部的1 000 mm。全联在端支点、中跨中及中支点处共设置7个横隔板。隔板厚度边支座处1.45 m，中跨中0.8 m，中支点处2.4 m。横隔板设有孔洞，供检查人员通过。箱梁两侧腹板与顶底板相交处外侧均采用圆弧倒角过渡。

②桥面宽度：防护墙内侧净宽9.0 m，桥上人行道栏杆内侧净宽12.1 m，桥面板宽12.2 m，桥梁建筑总宽12.48 m。

③梁全长为257.5 m，计算跨度为(48+80+80+48) m，中支点处梁高6.65 m，跨中9 m等高段及边跨13.25 m等高段，截面中心处梁高为3.85 m，线路中心线及底座板范围梁高3.90 m。梁底下缘按二次抛物线变化，边支座中心线至梁端0.75 m。

④曲线上梁按曲梁曲做布置，梁体沿线路左线中心线布置，相应的梁体轮廓及附属构造尺寸均为沿线路左线中心线的展开尺寸，梁体轮廓、普通钢筋、预应力钢束及管道等均以线路左线中心线为基准线沿径向依

据曲率进行相应的调整,支座亦按径向布置。

(2)桥墩

连续梁桥墩均采用圆端形实体墩,连续梁主墩墩高分别为 15 m、10 m、13.5 m,边墩墩高分别为 20.5 m、13.5 m。

(3)基础

连续梁主墩承台长 15.8 m、宽 12.5 m、厚度 3.0 m,加台长 11 m、宽 7.2 m、厚 2.5 m;次主墩承台长 13.4 m、宽 12.5 m、厚度 3.0 m,加台长 11 m、宽 7.2 m、厚 2.5 m;主墩桩基为 20 根直径 1.5 m 的钻孔桩,每个次主墩桩基为 16 根直径 1.5 m 的钻孔桩。连续梁边墩承台长 12.5 m、宽 9.2 m、厚度 3.0 m;加台长 8.8 m、宽 4.6 m、厚 1.0 m,每个边墩桩根数均为 12 根,桩径 1.5 m。

第七节 特殊结构桥梁设计

本线特殊结构桥梁主要包括钢桁斜拉桥和系杆拱桥等结构形式。本节重点以安庆长江大桥主桥钢桁斜拉桥和宁安铁路跨越宁马高速公路处系杆拱桥为例进行总结。

一、钢桁斜拉桥

(一)概　　述

安庆铁路长江大桥主桥采用(101.5+188.5+580+217.5+159.5+116.0)m 双塔钢桁斜拉桥方案,全长 1 363 m,如图 3-5-3 所示。主梁为三片主桁的钢桁架结构,主桁中心距 2×14.0 m,桁高 15.0 m。主塔为钢筋混凝土结构,塔顶高程+204.00 m,塔底高程−6.00 m,斜拉索为空间三索面,立面上每塔两侧共 18 对索,全桥 216 根斜拉索。主梁在所有桥墩上均设竖向和横向约束,4 号塔与主梁之间设纵向水平约束,3 号塔与梁间使用带限位功能的黏滞阻尼器。

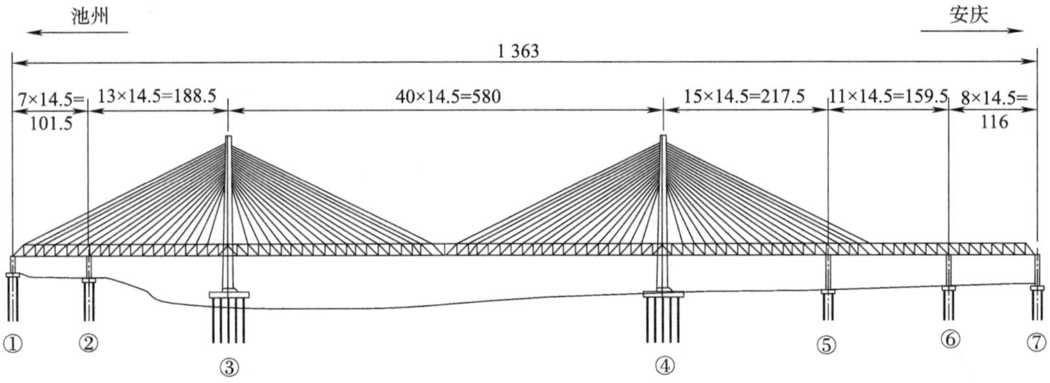

图 3-5-3　主桥总布置图(单位:m)

(二)主　　梁

主桁采用等桁间距 2×14.0 m 的空间三片桁架结构(图 3-5-4),全联桁架为平弦 N 型桁架,桁高 15.0 m,节间长 14.503 m,斜杆倾角 45.965°,全桥共 94 个节间。节间长 14.503 m 是钢梁的制造长度,在名义长度 14.5 m 的基础上,考虑了斜拉桥主梁的纵向压缩量之后,设置了预增量,以减小主梁支座的纵向偏移值,当全部恒载上桥后,钢梁基准温度状态下的实际长度将接近名义长度。

1. 主桁杆件及节点

由于部分中主桁与边主桁内力存在差异,在主桁杆件的设计中,中桁和边桁杆件分别按其内力选择不同板厚板件所构成的截面,部分范围内中桁杆件截面稍大于边桁。同一主桁截面处的两边主桁杆件采用相同截面,结构对称布置。

主桁杆件采用焊接整体节点,在节点以外用高强度螺栓拼接的构造形式,在工厂内将杆件和节点板、各连接件接头板焊成一体,运到工地架设时,在节点之外用高强度螺栓和拼接板拼接,弦杆采用四面等强对接

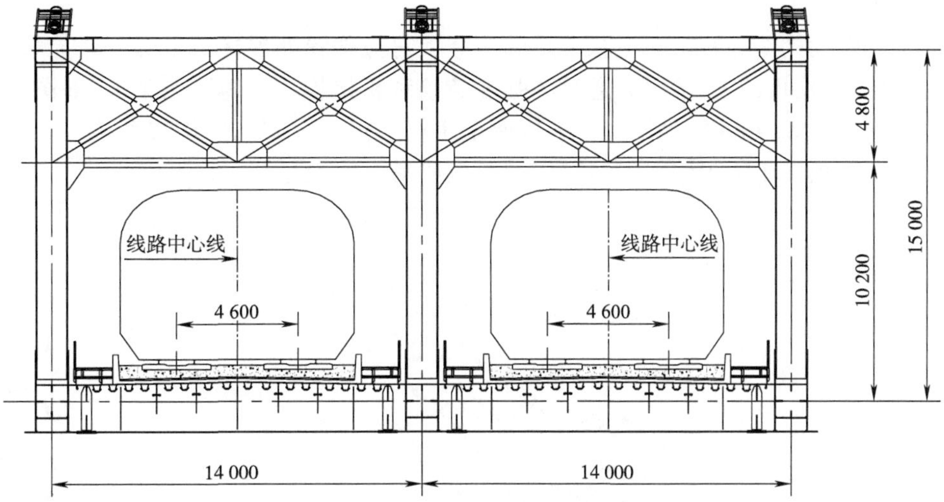

图 3-5-4　主梁横断面图(单位:mm)

拼装形式,H 型腹杆采用插入式连接形式,主桁拼接采用 M30 高强螺栓。大部分主桁结构和桥面系构件采用 Q370qE 材质的钢板,靠近支点处内力较大的下弦杆及相应的桥面系构件采用了 Q420qE 钢板,杆件最大板厚 56 mm,节点板最大厚度 64 mm。

主桁弦杆件内宽均为 1 200 mm。上、下弦杆为箱形带 4 条加劲肋截面,上弦杆件内高 1 000 mm,板厚 20～48 mm;下弦杆件内高 1 400 mm,板厚 20～56 mm。为了便于和整体桥面板焊接,下弦杆顶板向桁内侧加宽 700 mm。上、下弦杆均采用高强度螺栓四面等强的对拼连接方式。最大单根杆件重约 70 t。

腹杆有箱形和 H 型两种截面形式。在支点附近和压重区段,由于杆件内力大,采用箱型腹板带肋截面,截面内高 800 mm,板厚 24～48 mm,与节点板及节点内的隔板四面对拼连接,杆件控制内宽 1 200 mm,与节点一致;杆力较小的腹杆为 H 型腹板带肋截面,高 720 mm 和 760 mm,板厚 20～48 mm。杆件控制外宽 1 200 mm,插入节点板间两面连接。

2. 联结系

上平面纵向联结系分两幅设置交叉式斜杆和横向撑杆。斜杆为工字形截面,截面高 500 mm,宽 460 mm,板厚分别为 20 mm 和 28 mm。横撑杆为箱形截面,高 500 mm,宽 540 mm,板厚 14 mm。上平联与主桁连接是通过在主桁上弦节点处弦杆件顶板和焊连于上弦中心线处两块平联节点板连接,平联的横向撑杆均插入平联节点板间连接,斜杆采用对拼式连接,即采用高强度螺栓和拼接板对拼连接。

每个节间均设横向联结系,为双交叉形。横联杆件截面都是 H 形,高 500 mm,宽 400 mm,板厚 14 mm。在钢梁的梁端设置了斜桥门架,为了便于和主桁上弦节点连接,端横撑杆的截面加宽至 766 mm。支点处设置竖桥门架,桥门楣杆截面外形尺寸与横联相同,板厚加至 16～20 mm。

3. 桥面结构

桥面采用整体性好、刚度大的正交异形板整体道砟桥面结构,由面板、纵肋、小纵梁、横梁、横肋组成。桥面结构的面板和主桁的下弦杆焊接在一起组成板桁组合结构。

桥面板厚 16 mm,板顶设 2.0%的双向排水坡;为承载道砟等桥面设施恒载,其下部设置间距 600 mm 的 U 形纵肋。U 形纵肋板厚 8 mm,顶宽 300 mm、底宽 184 mm、高度 260 mm。在每条线路的轨道之下设置高 500 mm 的倒 T 形纵梁,以增强轨下的线路刚度。U 肋和纵梁的跨距都是 2.9 m,并且全桥连续,遇横梁、横肋的腹板时开孔穿越。

顺桥向每隔 2.9 m 设置一道倒 T 形横肋,横肋的高度 1.4 m 与主桁下弦杆等高,翼、腹板均和弦杆焊连。在主桁节点处横端高 2.2 m。横梁的腹板与主桁的节点板采用焊接连接,腹板上缘与桥面板焊连。由于在节点处横梁的端弯矩较大,弦杆顶面与桥面板平齐,主桁节点板采用适应横梁的高度而向下加高。

桥面板分块制造和安装。每节间的桥面板横桥向分为五块,由三片主桁的下弦杆焊连桥面板端头,以及在其间的两块桥面板组成。受力大的区段与下弦杆的材质相适应,采用 Q420qE;其余桥面系结构采用 Q370qE 材质的钢材。

4. 索梁锚固结构

斜拉索主梁上的锚固构造为在主桁上弦节点的两竖板对应位置处焊接下半部分锚拉板，上半部分拉板与锚箱结构焊为一体，锚拉板的上、下部分通过高强度螺栓和拼接板在工地连为整体，如图 3-5-5 和图 3-5-6 所示。斜拉索拉力通过厚 32 mm 的锚箱主拉板传递至主桁节点。锚固结构构造简洁、传力直接、便于制造和拉索的安装，上、下拉板在工地未连接安装时能便于架梁吊机的走行及吊装工作。

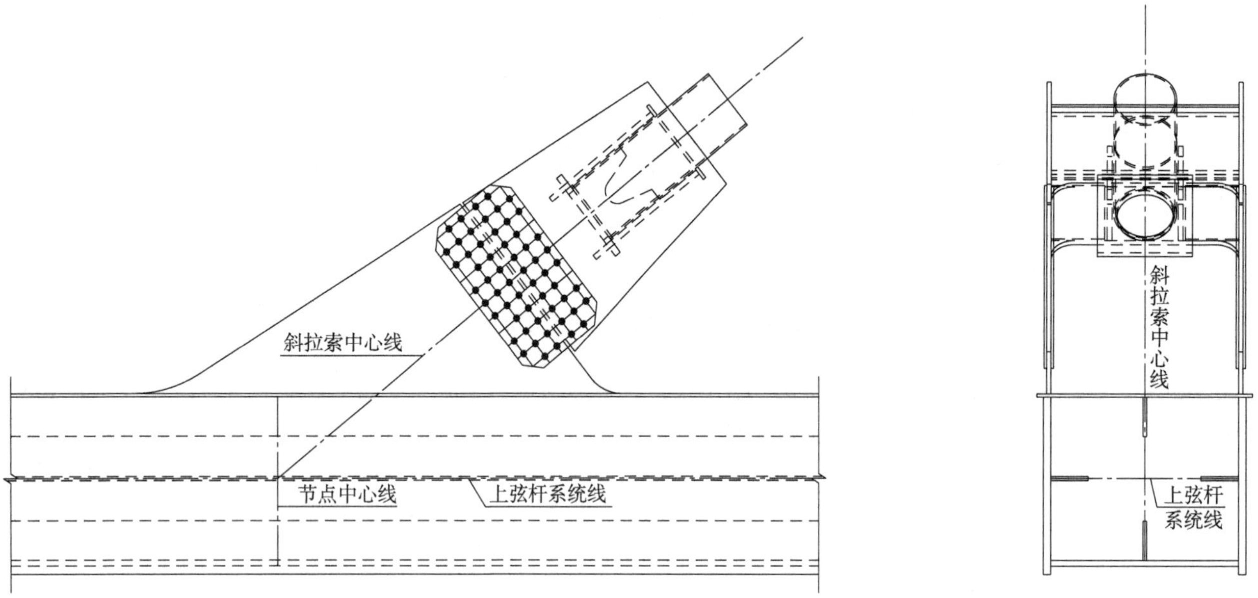

图 3-5-5 中桁斜拉索锚固构造

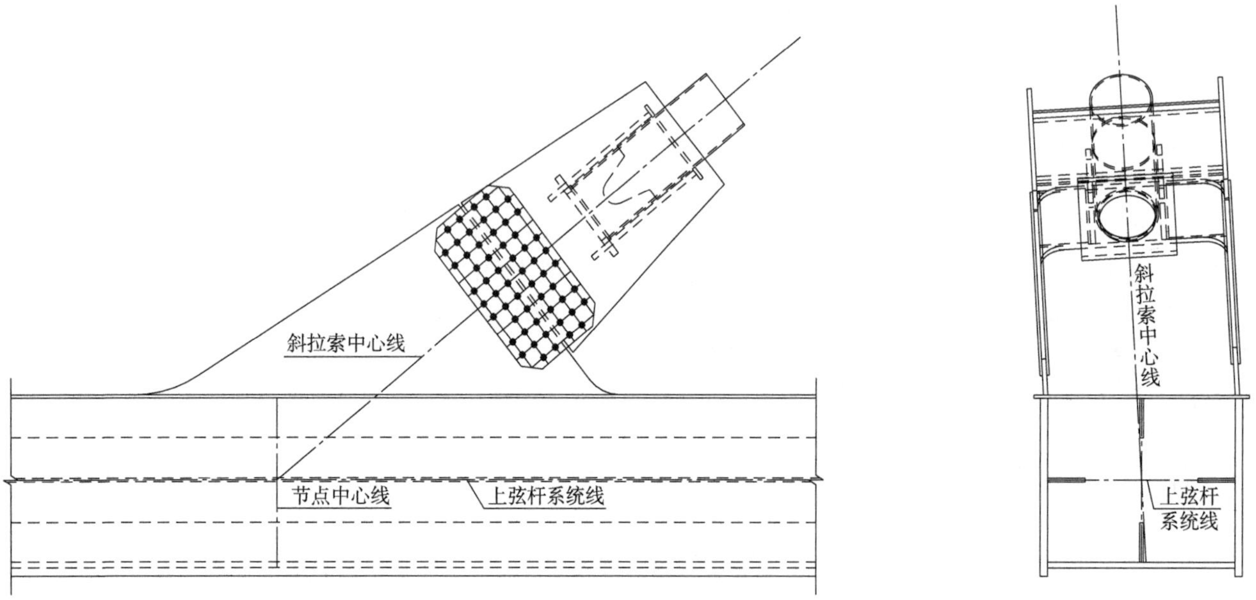

图 3-5-6 边桁斜拉索锚固构造

主桥钢梁节点采用焊接的整体节点，节点外拼接。根据结构受力及构造需要，节点板厚度略大于杆件竖板厚度，节点板与板件竖板以 1∶8 的坡度对焊连接。节点板竖向以 1∶1 坡度加高与横梁下翼缘对齐，下弦节点构造如图 3-5-7 所示。

5. 压重段

斜拉桥压重段钢箱在钢梁 E0～E4、E6～E8、E74～E76 节间范围设压重段，压重荷载为 640～840 kN/m。压重的方法是在主桁的横梁之间焊接钢板底板，使其成为封闭的钢箱。为此将该区段横肋腹板做了与横梁

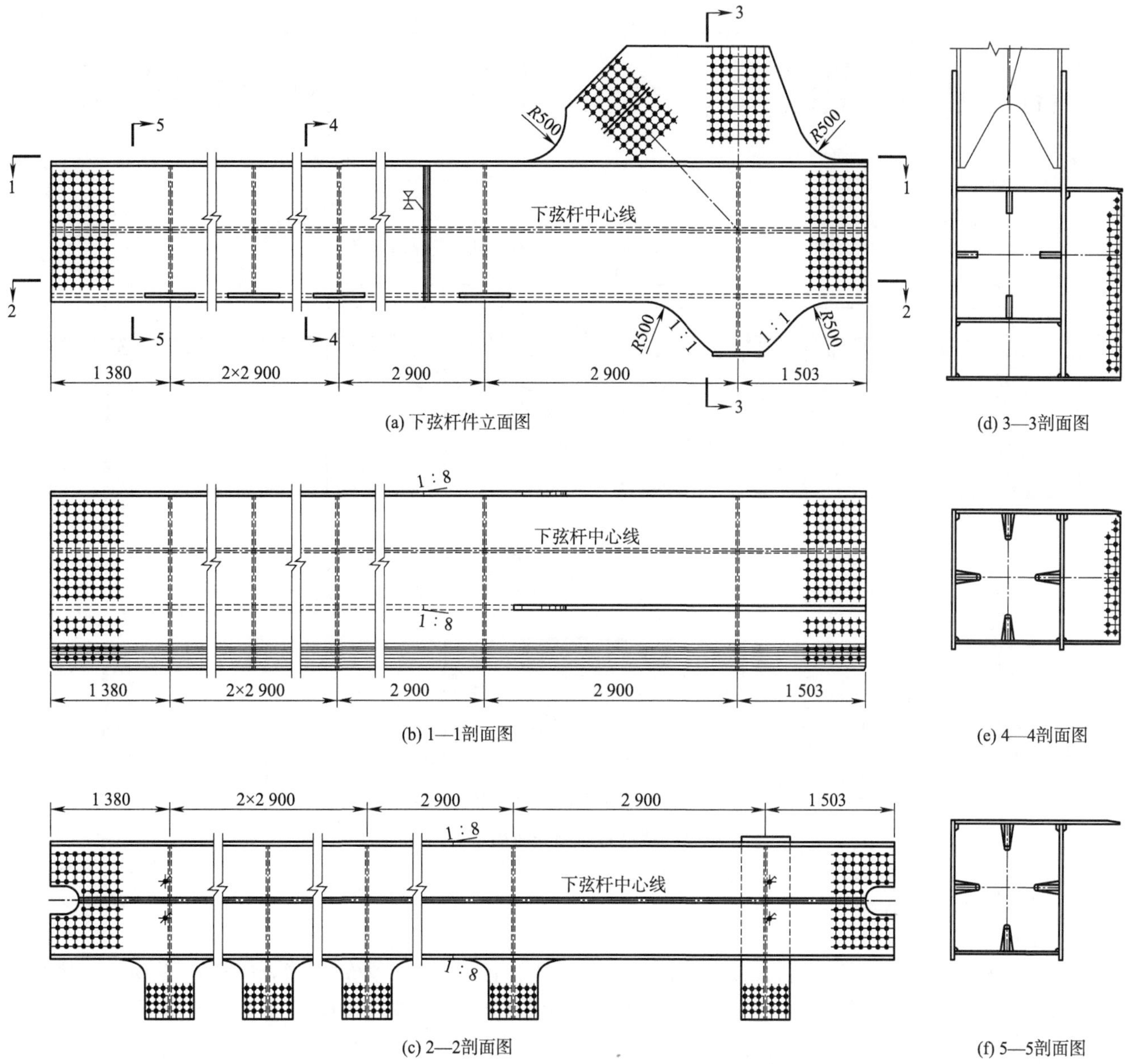

图 3-5-7　主桁下弦节点构造图(单位:mm)

等高的变高设计,横梁和横肋的腹板也作了相应加强。钢箱的底板和侧板通过纵向和横向加劲肋进行加固。

压重采用在钢箱内灌注高容重混凝土的方法。在桥面顶板开混凝土灌注用孔,高容重混凝土的容重应控制在 36 kN/m³,灌注完后焊接封闭施工用孔,使钢箱内部达到气密防腐的效果。为了避免边墩及辅助墩在活载最不利加载时出现负反力,在 1 号边墩附近 4 个节间钢梁 E0～E4 压重 800 kN/m-桥、在 2 号辅助墩墩顶左右各一个节间钢梁 E6～E8 压重 640 kN/m-桥、在 5 号墩墩顶左右各一个节间钢梁 E74～E76 压重 840 kN/m-桥,如图 3-5-8 所示。

6. 预拱度

主桥线路纵断面设计为平坡。主桥钢桁梁设置了拱度,拱度是由调整斜拉索的索力和桁梁起拱两部分共同实现的。其中,主跨钢梁仅通过调整斜拉索的索力来实现桥面的拱度;其余各边跨通过桁梁起拱和调整斜拉索的索力共同实现。

钢桁梁结构的起拱,采用下弦节间长度不变,加长或缩短上弦节间长度的传统方法。杆件的伸长值包括 +25 mm、+8 mm、+19 mm、+23 mm 四种;缩短值包括 −19 mm、−10 mm、−28 mm 三种。

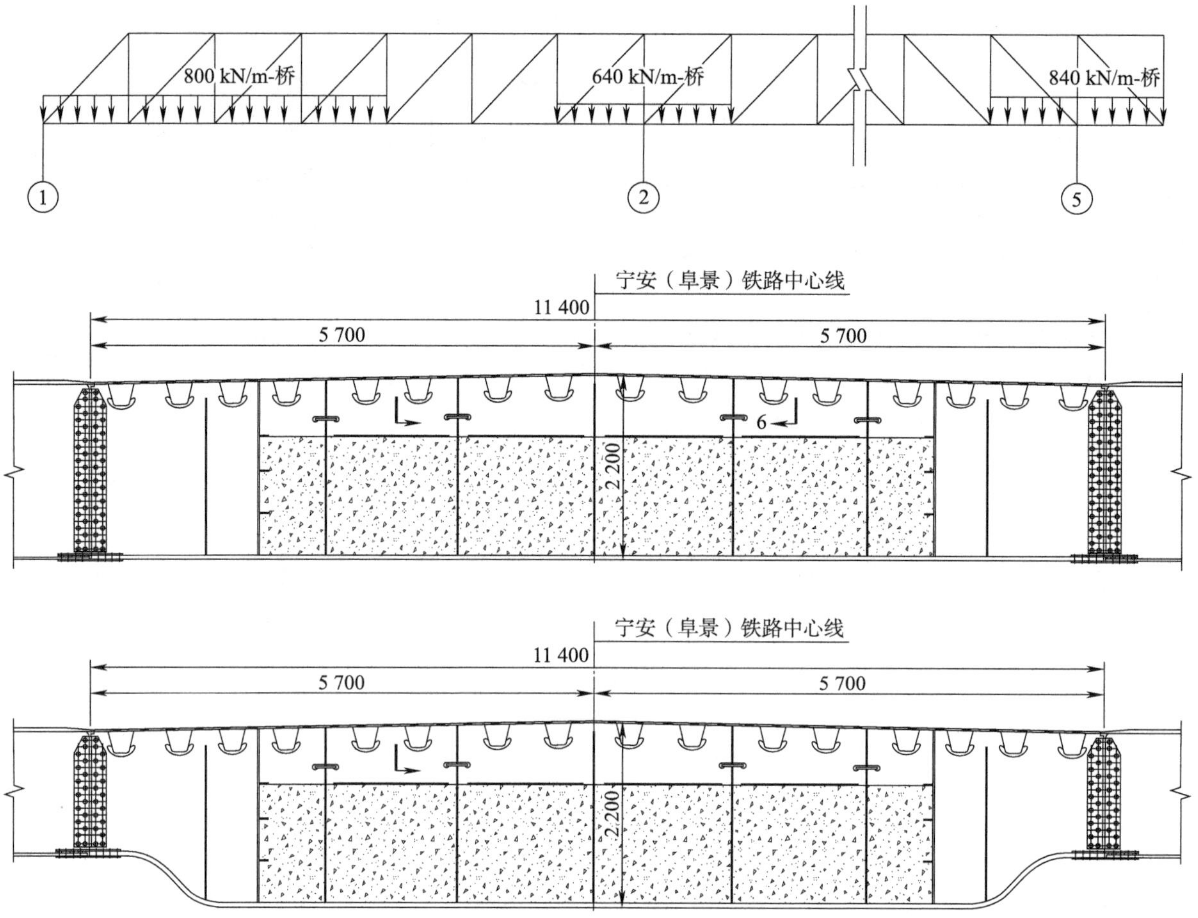

图 3-5-8 横肋处压重布置图(单位:mm)

(三)主塔及斜拉索

1. 主塔

主塔采用钢筋混凝土结构,桥面以上为倒 Y 形,桥面以下塔柱内收为钻石形,如图 3-5-9 所示。塔顶高程+204.0 m,塔根(承台顶)高程−6.0 m,承台以上塔高 210 m。塔柱顺桥向尺寸 9～18 m,上塔柱标准段横桥向尺寸为 9 m,中塔柱和下塔柱横向尺寸为 7～10 m。

下塔柱高 43.5 m,采用空心矩形截面,顺桥向边长 16.5～18 m,壁厚 1.5 m;横桥向边长 7.65～10 m,壁厚 1.5 m。底部设基座,下塔柱与中塔柱交界处设横梁。横梁为预应力混凝土结构,采用双室空心矩形结构,高 8.0 m,宽 14.0 m,顶、底板厚 0.8 m,腹板厚 1.0 m,支座处设有横隔板。横梁以上至塔柱合并段为中塔柱,高 87.22 m,采用空心矩形截面,顺桥向边长 12.2～16.0 m,壁厚 1.2 m;横桥向边长 7 m,壁厚 1.2 m。

上塔柱高 71.28 m,为单箱三室截面,顺桥向边长 9～12.2 m,壁厚 1.5 m;横桥向边长 9 m,壁厚 0.7 m,隔板厚 0.8 m,塔柱内壁设外凸的锯齿块作为斜拉索的锚点。塔柱均按照普通钢筋混凝土构件设计,竖向主筋采用直径 32 mm 钢筋,基本间距为 15 cm,横向钢筋采用直径 20 mm 钢筋,间距为 10～15 cm,拉筋采用直径 16 mm 钢筋。横梁设计为预应力混凝土构件,每塔布置 184 束 19ϕS15.2 预应力钢绞线。上塔柱斜拉索锚固区设计为预应力混凝土构件,锚固塔壁内采用井字形布置 ϕ32 预应力粗钢筋。

2. 斜拉索

斜拉索采用三索面扇形布置,立面上每塔两侧共 18 对索,全桥 216 根斜拉索。斜拉索采用 ϕ7 mm 平行钢丝索,σ_b=1 670 MPa,分 367ϕ7、349ϕ7、313ϕ7、283ϕ7、241ϕ7、211ϕ7 六种规格。锚具为冷铸锚,采用塔端张拉的方式。

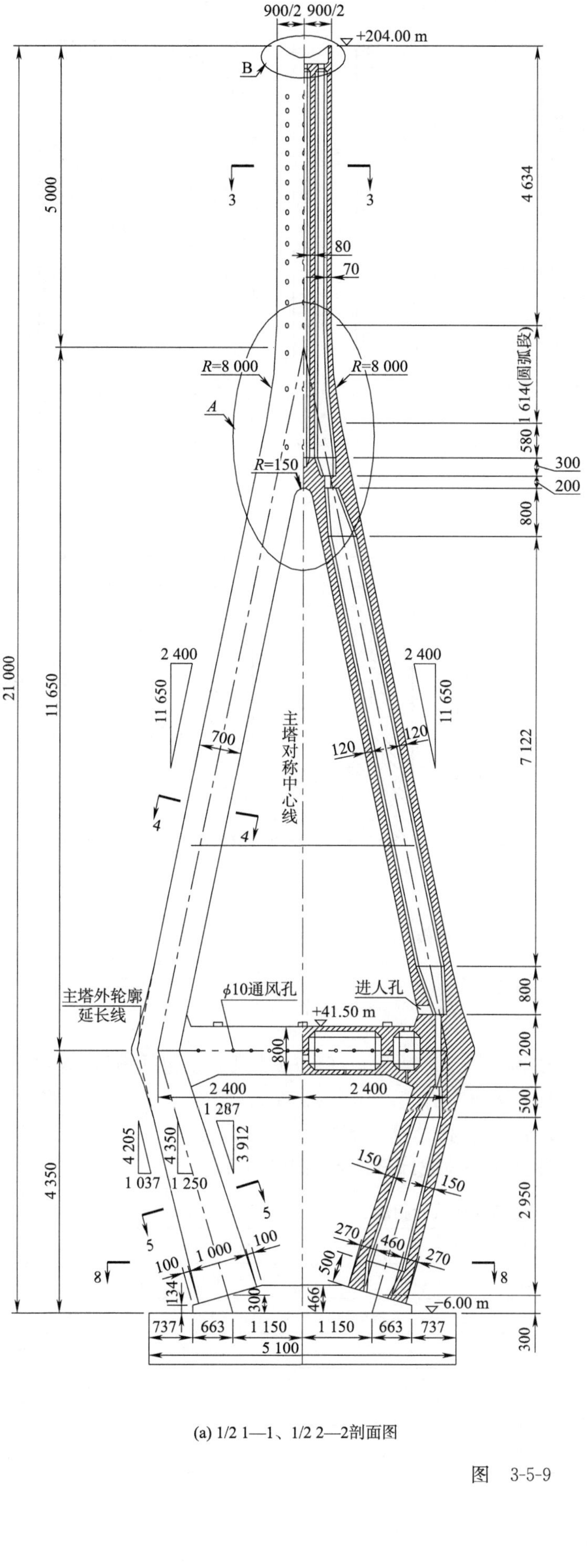

(a) 1/2 1—1、1/2 2—2剖面图

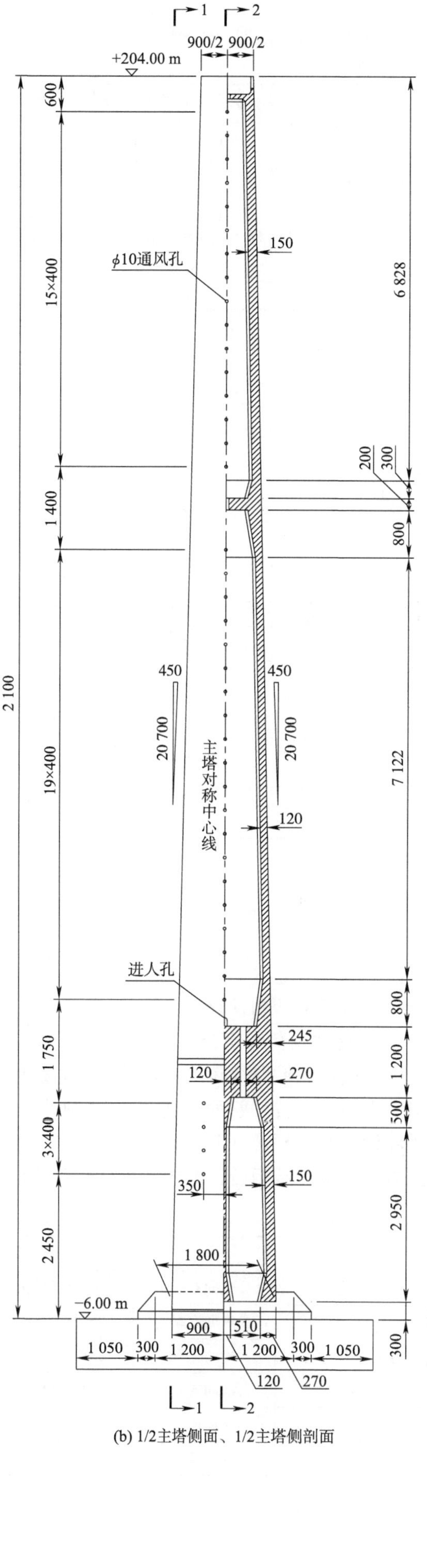

(b) 1/2主塔侧面、1/2主塔侧剖面

图　3-5-9

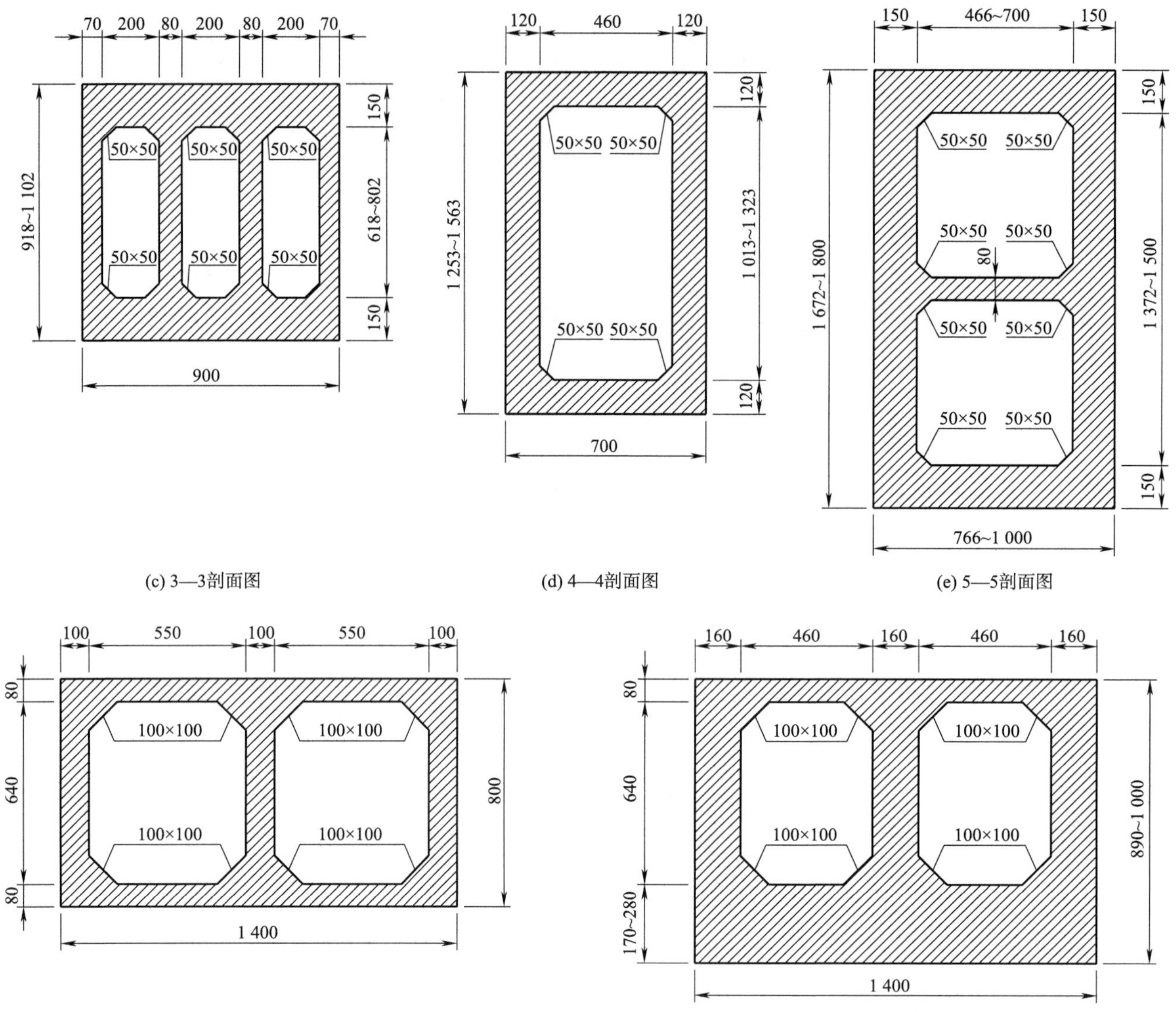

(c) 3—3剖面图　(d) 4—4剖面图　(e) 5—5剖面图

(f) 6—6剖面图　(g) 7—7剖面图

图 3-5-9　主塔结构图(单位:cm)

(四)下部结构设计

1. 荷载及荷载组合

安庆长江铁路大桥的设计活载为双线中—活载和双线 ZK 活载。基础的计算荷载包括恒载、长钢轨纵向水平力、竖向活载、列车竖向动力、制动力、横向摇摆力、风力、流水压力、温度力、船撞力、地震力。按《铁路桥涵设计基本规范》(TB 10002.1—2005)第 4.1.1 条组合,将计算荷载按照主力组合,主力+附加力组合,主力+特殊荷载组合。其中 3 号墩承台底的外力计算控制荷载计算结果见表 3-5-3。

表 3-5-3　3 号墩承台底设计荷载

组合		N(kN)	H纵(kN)	M纵(kN·m)	H横(kN)	M横(kN·m)
主力	纵向有车	1 711 735.6	16 610	2 607 950	100	314 570
主力+附加力	纵向有车	1 708 735.6	25 560	4 220 730	100	314 570
	横向无车	1 717 185.6	3 070	216 280	30 631.2	2 406 011.5
	横向有车	1 709 285.6	21 990	3 639 150	14 631.2	1 145 031.5
主力+船撞力	纵向船撞	1 711 735.6	33 610	3 109 535	100	314 570
	横向船撞	1 711 735.6	16 610	2 607 950	35 100	1 347 245

续上表

组合		N(kN)	H纵(kN)	M纵(kN·m)	H横(kN)	M横(kN·m)
恒载+静活载+地震力	纵向地震效应	1 273 115	35 450	2 165 725	100	314 570
	横向地震效应	1 274 915	9 840	1 412 115	24 380	1 242 730

注：其中N为竖向力，H纵、M纵为纵桥向水平力和弯矩，H横、M横为横桥向水平力和弯矩。

2. 主塔下部结构设计

(1)岩土工程地质特征

桥址区大部分覆盖第四系全新统冲积层，包括粉质黏土、淤泥质粉质黏土、粉细砂等，东岸垄岗区覆盖第四系更新统黏性土，基岩为白垩系宣南组泥质粉砂岩夹砾岩、泥岩。全新统地层(Q_4^{al+l})主要为第四系全新统冲湖积层，局部覆盖新近人工堆积土，分布于长江河床、西岸平原及东岸阶地，最大层厚43.6 m。

(2)土体设计参数建议值

根据土工试验及现场标准贯入试验的结果，按照《铁路桥涵地基和基础设计规范》(TB 10002.5—2005)，结合邻近工程的勘测经验，提出了各土层设计参数建议值，详见表3-5-4。

表3-5-4　工程岩土设计参数建议值

层　号	岩土名称	状　态	基本承载力[σ_0](kPa)	钻孔桩桩周土极限摩阻力f_i(kPa)	建议极限抗压强度R_a(MPa)
②$_1$	粉砂	松散			
②$_3$	淤泥质粉质黏土	流塑	90	20	
②$_4$	粉砂	松散～稍密	90	22	
③$_1$	粉质黏土	流塑～软塑	120	35	
③$_2$	细砂	中密	210	40	
③$_3$	细砂	密实	300	60	
③$_4$	卵石土	稍密	500	150	
④$_1$	粉质黏土	硬塑	350	75	
⑤$_1$$W_2$	弱风化泥质粉砂岩		300	100	
⑤$_1$$W_1$	微风化泥质粉砂岩		400	160	3.5
⑤$_{1\text{-}1}$W	微风化泥质粉砂岩		450	180	3.5
⑤$_2$W	微胶结砾岩		1 000	250	3.0
⑤$_3$	疏松砂岩		300	80	0.4

(3)水文地质

桥址区地表水主要为长江水，水位主要受季节性影响。勘察期间水面宽1.1～1.4 km，水位高程为3.00～5.00 m。桥址区地表基本上为第四系土层覆盖，含水层主要为第四系冲洪积砂类土，地下水位埋深在3～6 m之间。桥址区江水及地下水对混凝土无侵蚀性。

(4)地震

由武汉地震工程研究院、安徽省地震工程研究院《南京至安庆城际铁路安庆长江大桥工程场地地震安全性评价报告》(2007年01月)得本桥场地50年超越概率63.2%、50年超越概率10%、50年超越概率2%，100年超越概率63.2%、100年超越概率10%、100年超越概率3%六种概率水准的地震动参数，取值见表3-5-5。

表3-5-5　不同概率水平的设计地震动参数

概率水平	基岩波峰值(g)	β_{max}	T_g	T_c	α_{max}	A_{max}(或K)(g)
50年63.2%	0.022 5	2.30	0.55	2.81	0.068 3	0.029 7
50年10%	0.079 4	2.32	0.57	2.91	0.243 6	0.105 0
50年2%	0.162 2	2.40	0.63	3.33	0.526 6	0.219 4

续上表

概率水平	基岩波峰值(g)	β_{max}	T_g	T_c	α_{max}	A_{max}(或 K)(g)
100 年 63.2%	0.031 0	2.33	0.58	3.02	0.100 5	0.043 1
100 年 10%	0.109 4	2.35	0.60	3.13	0.358 4	0.152 5
100 年 3%	0.180 4	2.45	0.65	3.54	0.561 5	0.229 2

(5)结构设计

3 号墩、4 号墩主塔基础均采用 37 根 ϕ3.0 m 钻孔摩擦桩基础,持力层为微风化泥质粉砂岩,其中 3 号墩桩长 108 m,4 号墩桩长 110 m。基桩采用梅花形布置,桩间距 7.6 m。采用圆形承台,直径 51 m,厚度为 8 m,承台封底混凝土 7 m。承台顶高程为-6.0 m,其结构示意如图 3-5-10 所示。

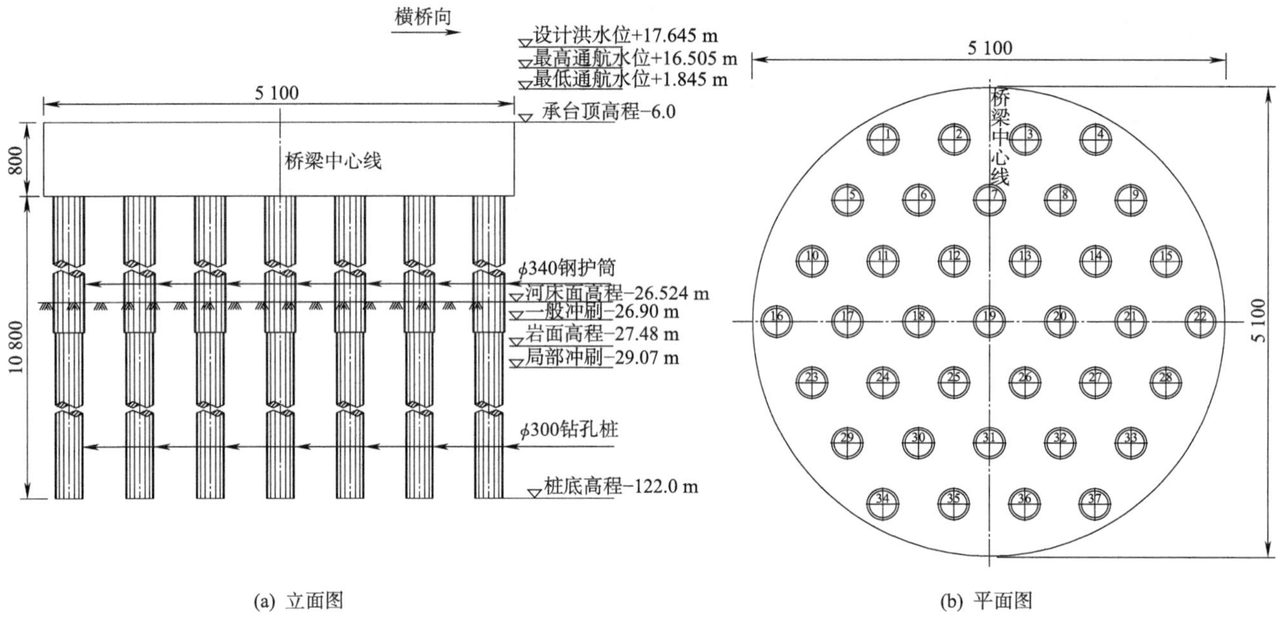

图 3-5-10 主塔基础结构示意图(单位:cm)

3. 边墩辅助墩下部结构设计

(1)岩土工程地质和水文特征

主桥 1 号墩位于池州岸垄岗区,地表覆盖④$_1$硬塑状粉质黏土,厚约 11 m;2 号墩位于长江阶地区,地表覆盖④$_1$硬塑状粉质黏土及人工填土,层厚 5.5 m;3 号墩位于主河槽中,勘测期间水深 29~31 m,表部覆盖 0.5~0.85 m 卵石土;4 号墩位于河床中,勘测期间水深 12 m,表部覆盖厚约 18 m 粉细砂;5 号墩与 6 号墩位于西侧河床中,勘测期间水深 5.5~7.5 m,表部覆盖厚约 25 m 粉细砂;下伏基岩均为泥质粉砂岩夹砾岩。

1、2 号墩处④$_1$层粉质黏土压缩性较低,承载力较高,工程性能较好,但 2 号墩处④$_1$层粉质黏土层厚较薄;下伏泥质粉砂岩等,岩面埋深浅,属软质岩,工程性能较好。微风化基岩是较好的基础持力层。3、4、5、6、7 号墩处于长江河床中,上覆第四系地层呈松散~中密状,承载力低,不能作为大桥的基础持力层,下伏泥质粉砂岩等,岩面埋深适中,工程性能较好。微风化基岩是主桥较好的基础持力层。

(2)结构设计

1、2 号墩墩身为矩形,宽 28 m,长 4.5 m;墩帽宽 33 m,长 5.0 m。1、2 号墩位于陆地上,采用空心墩,壁厚 80 cm,空心墩内部设置 70 cm 厚的竖向隔板。承台为矩形,长 29.5 m,宽 6.5 m,高 3 m。基础采用行列式布置的 14 根 ϕ1.5 m 钻孔桩基础,桩基按摩擦桩设计,持力层为微风化泥质粉砂岩,1 号墩桩长为 28 m,2 号墩桩长 39 m,2 号墩结构如图 3-5-11 所示。

5、6、7 号墩处于河道内,由于有防船撞的要求故采用实心墩,墩身宽 28 m,长 4.5 m;墩帽宽 33 m,长 5.0 m。5、6 号墩承台为矩形,长 38.7 m,宽 17.7 m,高 6 m。7 号墩承台长 34.7 m,宽 17.7 m,高 5.5 m。5、6 号墩基础采用行列式布置,为 15 根 ϕ2.5 m 钻孔桩基础,7 号墩采用 12 根 ϕ2.5 m 钻孔桩基,高桩承台基础，按摩擦桩设计，持力层为微风化泥质粉砂岩，5、6、7 号墩桩长分别为 56 m、69 m 和 75 m。6 号墩的结构如图 3-5-12 所示。

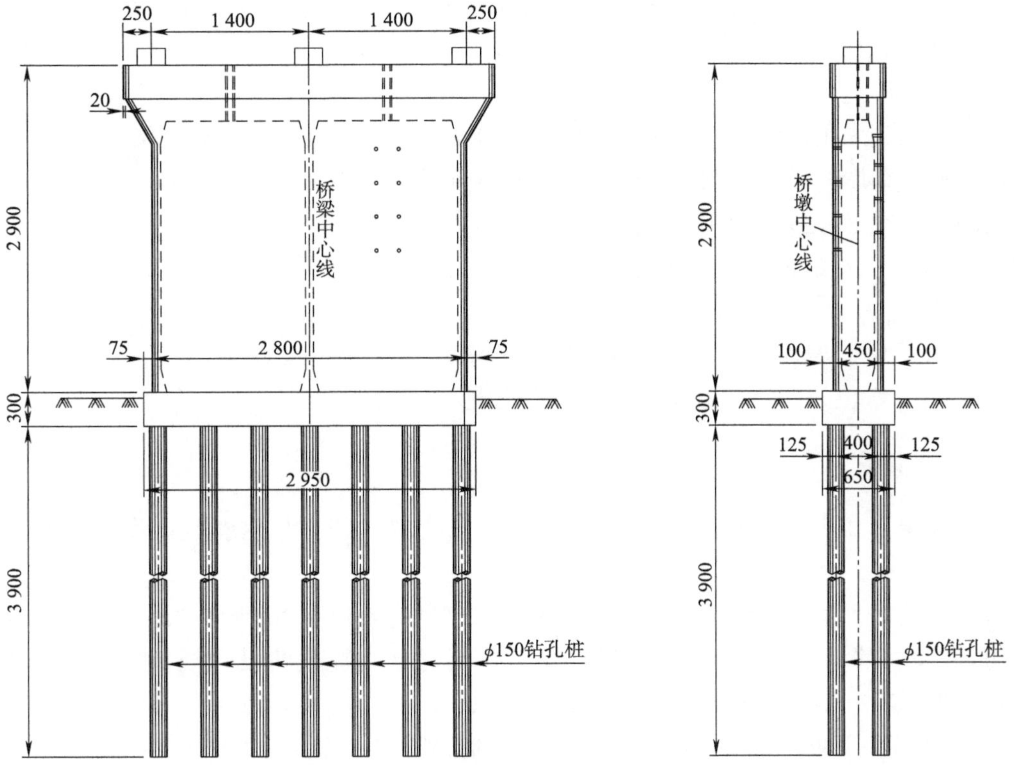

(a) 立面图 (b) 侧面图

图 3-5-11 2 号墩结构图(单位:cm)

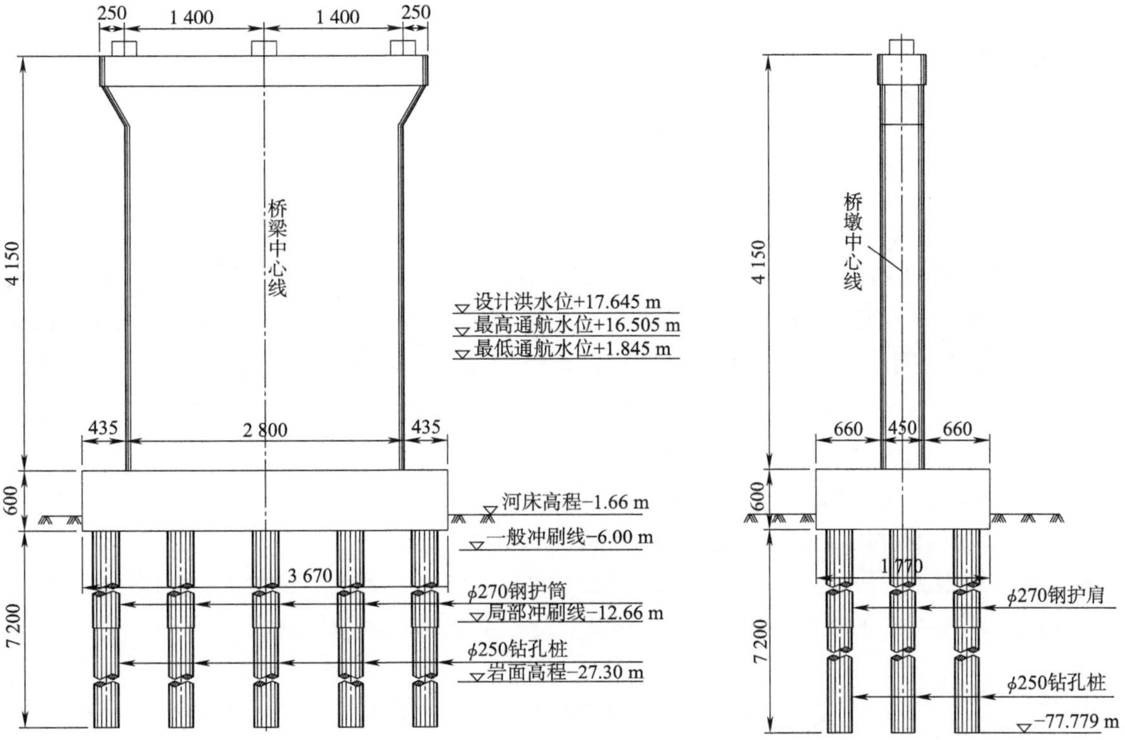

(a) 立面图 (b) 侧面图

图 3-5-12 6 号墩结构图(单位:cm)

4. 桥墩防船撞研究

无防撞装置时,船队墩的水平正撞力,可按铁路规范公式采用计算的结果为 53.41 m·N。为确保桥墩在船舶撞击时的安全及减小工程规模,必须对主塔墩设置防撞装置以减小船撞力。通过研究后采用了浮式防撞装置,可以始终相对于水位浮动。

5. 施工方法

主塔 3、4 号墩基础采用双壁钢套箱围堰施工方案,围堰采用无导向船的前后定位船锚定系统定位方式。双壁钢套箱围堰底节在岸边拼装,其中 3 号墩采用气囊法下水,4 号墩用 1 200 t 浮吊整体起吊下水,然后由拖轮组浮运至墩位,依靠锚定系统定位,先在墩位处利用浮吊分段接高中节和顶节后,下沉至岩面,再下放钢护筒群,安装钻孔平台,封底,最后进行钻孔桩施工。钻孔桩完成后围堰内抽水,安装承台施工牛腿和底模板,进行承台、塔座施工。

主桥 5 号墩、6 号墩、7 号墩均采用定位桩平台+双壁钢套箱围堰方案施工。

主桥 1 号、2 号墩墩位处于岸边无水区,基础采用陆地法施工。

二、128 m 系杆拱桥

宁安铁路跨越宁马高速公路处采用了 128 m 双线系杆拱,为下承式尼尔森提篮拱,桥全长 132 m。

1. 设计荷载

设计荷载包括结构自重;桥面二期恒载(120 kN/m);制动力或牵引力(为竖向静活载的 10%;当与冲击力同时计算时,按竖向静活载的 7%计算);活载动力作用,按《高速铁路设计规范》(TB 10621—2014)第 7.2.7 条规定考虑;离心力,按《高速铁路设计规范》(TB 10621—2014)第 7.2.8 条考虑;横向摇摆力,只计任一线上的摇摆力,取 100 kN(一个集中荷载作用在最不利位置,以水平方向垂直线路中线作用于钢轨顶面);风力 W_0=500 Pa;长钢轨作用,按《新建铁路桥上无缝线路设计暂行规定》(铁建设函〔2003〕205 号)办理;列车脱轨荷载,按《高速铁路设计规范》(TB 10621—2014)第 7.2.12 条办理。均匀升温采用 20 ℃;均匀降温采用−20 ℃;拱肋升、降温为±10 ℃,吊杆升、降温为±15 ℃;系梁顶板非均匀按升温 10 ℃考虑;合龙温度采用年平均温度(15±3) ℃;地震力动峰值加速度 $A_g=0.1g$。

主要荷载组合:

(1)主力组合:结构自重(含二期恒载)+活载+混凝土收缩、徐变+横向摇摆力+离心力;

(2)主+纵附组合:主力组合+制动力+风力+均匀升(降)温+非均匀升温。

2. 结构设计

(1)拱肋

计算跨度为 128 m,矢跨比为 $f/l=1/5$,拱肋平面内矢高 25.6 m,拱肋采用悬链线线型。拱肋横截面采用哑铃形钢管混凝土截面,截面高度 $h=3.4$ m,沿程等高布置,钢管直径为 1 200 mm,由厚 18 mm 的钢板卷制而成,每根拱肋的两钢管之间用 $\delta=16$ mm 的腹板连接。每隔一段距离,在圆形钢管内设加劲环、在两腹板中焊接拉筋。拱肋在横桥向内倾 9°,形成提篮式,拱顶处两拱肋中心距 8.190 m,拱脚处两拱肋中心距 16.20 m。

(2)系梁

系梁全长 132 m,按整体箱形梁布置,采用单箱三室预应力混凝土箱形截面,桥面箱宽 17.8 m,梁高 2.5 m。底板厚度为 30 cm,顶板厚度为 30 cm,边腹板厚度为 35 cm,中腹板厚度为 30 cm。底板在 3.0 m 范围内上抬 0.50 m 以减小风阻力。吊点处设横梁,横梁厚度为 0.4~0.6 m。系梁纵向设 74 束 12-7ϕ5 预应力筋,横向在底板上设 3-7ϕ5、4-7ϕ5 的横向预应力筋,横隔板上设 4 束 9-7ϕ5 预应力筋。

(3)拱脚

拱脚顺桥向 8.0 m 范围内设成实体段,横桥向宽度由 17.8 m 增至 18.8 m,截面渐变处设倒角或过渡段。实体段内设 9-7ϕ5 的横向预应力筋,分上下两排布置分批张拉完成。

拱脚混凝土分两次现浇,在现浇第一次混凝土前,应将拱肋钢管、加劲钢材等安放到位,二期恒载施工完成后,浇筑二次混凝土。

(4)吊杆

吊杆布置采用尼尔森体系。在吊杆平面内，吊杆水平夹角在52.39°～71.18°之间；横桥向水平夹角为81°。吊杆间距为8 m，两交叉吊杆之间的横向中心距为341 mm。吊杆均采用127根ϕ7高强低松弛镀锌平行钢丝束，冷铸镦头锚，索体采用PES(FD)低应力防腐索体，并外包不锈钢防护。吊杆张拉端设置于拱肋端。吊杆内设磁通量传感器以便对施工过程及后期吊杆应力进行长期监测。吊杆在主＋附作用下的最大应力幅值为147.1 MPa。

(5)横撑

两拱肋之间共设五道横撑，拱顶处设X形撑，拱顶至两拱脚间设4道K形横撑。横撑由ϕ600、ϕ500和ϕ360 mm的圆形钢管组成，钢管内部不填混凝土，内外表面均需作防腐处理。

(6)支座

拱桥设四个GTQZ-Ⅱ-40 000 kN的球形钢支座。由一个固定支座、两个单向活动支座和一个多向活动支座组成，固定支座设在下坡端。

(7)桥面系及检查设备

拱肋上部设检查人行步梯和护栏。系梁在靠近拱脚的箱梁中室底板设80 cm×80 cm进人孔，在中腹板上设ϕ80 cm检查孔、在横梁中部设80 cm×100 cm检查孔并贯通主梁，系梁底板采用活动检查设备检查。

3. 建筑材料

(1)混凝土

钢管内采用C55无收缩混凝土填充，系梁采用C50混凝土。混凝土工程应满足《铁路混凝土工程施工技术指南》(TZ 210—2005)有关要求。C55混凝土弹性模量$E_c=3.60\times10^4$ MPa，混凝土容许应力$[\sigma_c]=14.8$ MPa，$[\sigma_b]=18.5$ MPa，$[\sigma_{tp-1}]=2.97$ MPa；C50混凝土弹性模量$E_c=3.55\times10^4$ MPa，混凝土极限强度$f_c=33.5$ MPa，$f_{ct}=3.10$ MPa。

(2)钢材

拱肋钢管、腹板等采用Q345q-D钢，其余钢材采用Q235q-D钢，钢材材质应符合《桥梁用结构钢》(GB/T 714—2000)的要求。普通钢筋采用HPB235和HRB335钢筋，其技术条件应符合国标《钢筋混凝土用热轧光圆钢筋》(GB 13013—1991)和《钢筋混凝土用热轧带肋钢筋》(GB 1499—1998)的规定。

(3)吊杆

吊杆采用OVMLZM(k)7-I型吊杆系统，产品应符合国家对该类产品相关规定，采用厂家提供的成套产品。吊杆索体采用PES(FD)低应力防腐索体，其高强低松弛镀锌钢丝抗拉强度$f_{pk}=1\ 670$ MPa、弹性模量$E_p=2.05\times105$ MPa，材质应符合《桥梁缆索用热镀锌钢丝》(GB/T 17101—1997)标准。吊杆锚具采用冷铸镦头锚，锚头、高强螺栓的垫圈、螺母所用的45号钢材应符合国标《优质碳素结构钢钢号和一般技术条件》(GB 699—88)的标准要求。

(4)钢绞线及锚具

钢绞线及锚具强度级别$f_{pk}=1\ 860$ MPa，$E_p=1.95\times105$ MPa；公称直径15.20 mm(7ϕ5钢绞线)，公称金属断面积139.00 mm^2。材质应符合《预应力混凝土用钢绞线》(GB 5224—2003)标准，锚下张拉控制力1 280 MPa。锚具应符合《预应力筋用锚具、夹具和连接器》(GB/T 14370—2000)要求。

4. 施工辅助设施

提篮拱桥施工采用先梁后拱的施工方法。系梁采用支架施工，拱肋钢管在系梁上搭设支架安装。系梁满布支架需根据现场条件对地面做硬化处理；跨越高速公路部分支架可在其中央隔离带上设临时支墩。

系梁支架由施工方设计施工，需具有足够的刚度。其支架形式、安全措施、预留净空等需取得公路部门的同意。

系梁支架在进行地基处理前作好充分的相关工作，摸清其道路及两侧的管、线等情况，避免盲目施工造成损失。支架施工完成后，需对支架进行预压，以保证支架的承载能力，消除非弹性变形，其预压重量不小于梁体混凝土重量的1.2倍。

第八节　桥面系工程设计

一、桥面附属设施

(一)设计原则

由于在桥面上通过和安装的设施较多,且涉及诸多专业,桥面附属设施与桥梁结构的耐久性和养护维修密切关联,因此,桥面附属设施设计的总体原则为经济、实用、耐久和美观。

(1)桥面布置按照桥面通行列车时不允许人员上桥考虑,接触网支柱外侧不设检查车通道。

(2)接触网支柱设在桥面板外缘,内侧距离线路中心不小于 3.0 m。

(3)无砟轨道防护墙满足建筑限界要求。

(4)桥面两侧设置电缆槽,通信信号电缆槽槽道净宽 350 mm,电力槽净宽不小于 200 mm。

(5)桥梁遮板、栏杆,在考虑使用功能的同时,还须根据环境的需要配置。同时,在遮板及栏杆的选型上,注重美学方面的效果,与桥梁整体及外界环境相协调。

(6)声屏障与桥梁的连接考虑列车通过时脉动力的影响。

(二)无砟桥面附属设施设计

1. 防护墙(挡砟墙)

由于桥上不设护轮轨,防护墙(挡砟墙)采用高挡墙结构,防护墙(挡砟墙)的高度与相邻轨道顶面高度一致。防护墙(挡砟墙)每 2 m 设 10 mm 挡砟墙断缝,防护墙(挡砟墙)下端设泄水孔并进行防水处理。防护墙(挡砟墙)的配筋计算主要考虑脱轨荷载。直线上无砟轨道桥面布置如图 3-5-13 所示。

2. 竖墙

竖墙分为设置声屏障竖墙(竖墙 A)和普通竖墙(竖墙 B)两种结构形式。采用强度等级为 C40 的混凝土浇筑。

竖墙 A 用来固定遮板并固定声屏障,梁体预制时应准确预埋相关构件,梁体就位后现场浇筑;竖墙 B 用来分隔通信信号和电力电缆槽。在竖墙 B 的根部,对应防护墙过水孔位置设置 150 mm×200 mm 的过水孔。竖墙按 2 m 一段设置,在设置接触网立柱基础时,竖墙长度可适当调整,对长度较短的竖墙可适当进行合并。在竖墙施工时应注意各竖墙顶面高度一致,以保证电缆槽盖板受力均匀。

3. 电缆槽

电缆槽在梁体防护墙与竖墙 A 之间、人行道下方设置。通信、信号槽道合并设置,位于线路一侧,电力槽道位于外侧。电缆槽由竖墙和盖板组成。通信、信号槽道统一按照净宽×净高为 350 mm×300 mm 设置,电力电缆槽一般情况下净宽为 600 mm 或者 450 mm,接触网立柱基础处局部最小净宽为 200 mm。

电缆槽盖板采用活性粉末混凝土(RPC)预制,竖墙在桥面进行现场灌注。制梁时应在电缆槽竖墙相应部位预埋钢筋,使竖墙与梁体连接为一体,以保证电缆槽竖墙在桥面上的稳定性。在桥面设置接触网支柱基础及下锚拉环基础时,为保证通信电缆的通过,应注意在基础相应部位预留通信电缆通过的孔道。为便于通信信号电缆槽蛇行敷设,在每孔梁梁端的电缆槽竖墙处预留槽口。

4. 接触网支柱

接触网支柱跨距一般为 50 m 左右,对 20 m、24 m 的简支梁和小跨度连续梁可在梁跨的 1/2 处设置,对 32 m 梁可在梁跨的 1/4 或 3/4 处设置,实际设置根据总体布置设置。接触网支柱基础的荷载较大,根据荷载情况进行结构加强设计。

5. 遮板

梁体遮板为预制构件,在桥面与梁体竖墙连接为一个整体,遮板和竖墙预埋件共同组成栏杆及声屏障的基础。设置接触网立柱基础及下锚拉线基础时,遮板及声屏障的连接钢筋应与支柱基础钢筋绑扎。

6. 栏杆

采用混凝土栏杆,工厂化集中预制,现场安装。立柱、扶手、栏片、柱帽均采用无机复合型混凝土基材,混凝土强度等级不低于 C50。栏杆采用的混凝土耐久性指标,应符合《铁路混凝土结构耐久性设计规范》(TB 10005—2010),栏杆设计使用年限 30 年。栏杆生产应选用具有该新型材料施工经验的专业生产队伍,工厂化作业,确保制造、安装的准确和外观的一致性。

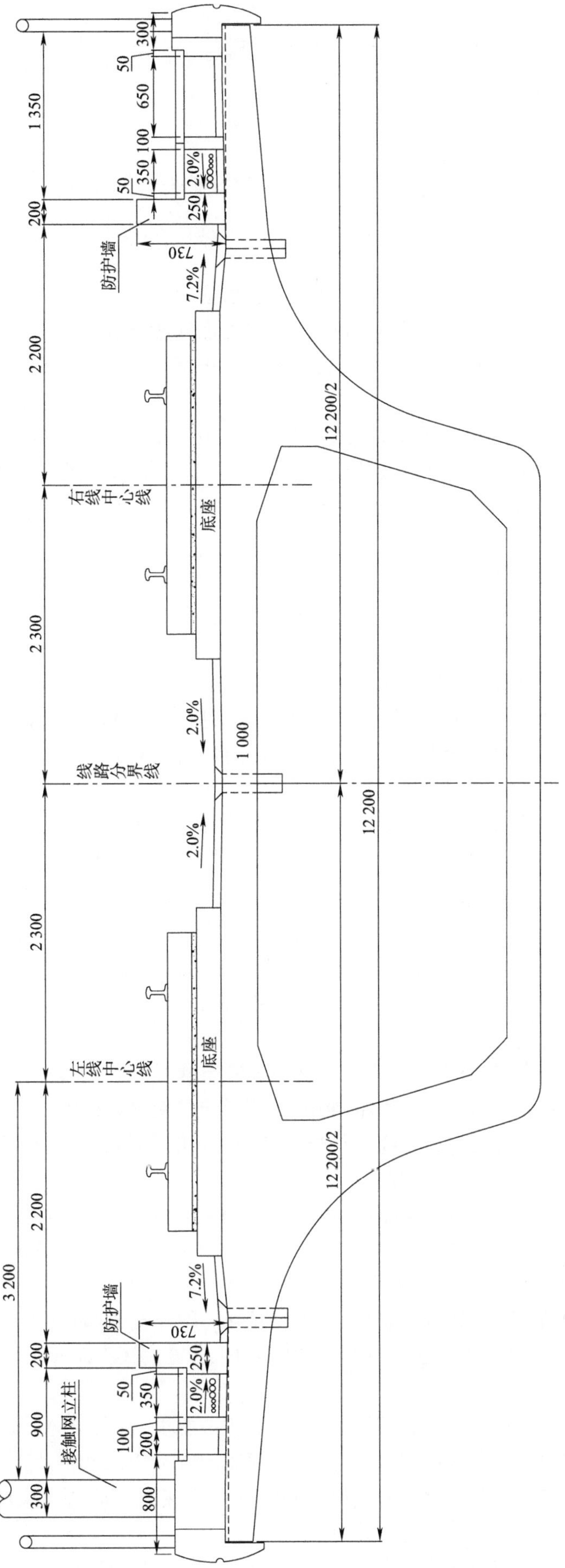

图3-5-13 直线上无砟轨道桥面布置图(单位：mm)

7. 桥梁伸缩缝

为使桥面排水系统在桥面接缝处连续,梁体就位后在梁端接缝处设置伸缩装置,伸缩缝沿整个梁宽布置。

8. 桥上排水系统

为保证桥梁结构的耐久性,桥梁顶面设置密闭有效的防排水系统。防排水系统根据轨道形式、暴雨强度、环境要求等因素,选择分散排水、中间排水方式。设计遵循“以防为主,防排结合”的原则,达到防水可靠,排水畅通,经济合理,不留后患的目的。

(1)排水体系

排水体系由桥面排水坡、桥面排水管、集水篦子、管盖及泄水管构成。

无砟轨道箱梁采用桥面三列分区排水方式(连续的无砟轨道底座板将桥面分为独立的三部分),两线无砟轨道底座板间积水通过梁端中间泄水管排到桥下,底座板与防护墙间及电缆槽间积水通过防护墙内侧泄水管排出。

相对防护墙间与电缆槽间泄水管位置,在竖墙上埋设一个 150 mm×200 mm 的排水孔,使电缆槽内水通过防撞墙流到防撞墙内侧泄水孔。轨道纵坡在梁处于平坡或小于 1‰时,轨道间防水层、保护层应沿纵向由跨中向两端设置 1‰的纵向流水坡;当轨道纵坡大于 1‰时,不需设置。轨道底座板之间的积水通过梁端泄水管引到梁底,与泄水管顺接。

泄水管、管盖、集水管均采用 PVC 管材及管件,管壁厚度 8 mm,应符合《无压埋地排污、排水用硬聚氯乙烯(PVC-U)管材》(GB/T 20221—2006)的要求,颜色应与混凝土颜色相近。

(2)防水系统

采用聚氨酯防水涂料及高聚物改性沥青防水卷材作为防水层材料。防水涂料采用聚氨酯防水涂料,应符合《聚氨酯防水涂料》(GB/T 19250—2003)及《客运专线桥梁混凝土桥面防水层暂行技术条件(修订版)》(科技基〔2007〕56 号)的有关规定。防水卷材采用高聚物改性沥青防水卷材,厚度为 3.5 mm。配以高聚物改性沥青基层处理剂,厚度 1.0 mm。

防撞墙外侧的电缆槽中采用防水涂料类防水层,在电缆槽中涂刷聚氨酯防水涂料,防撞墙内侧(除轨道底座板外)采用防水卷材类防水层;保护层与防撞墙及电缆槽竖墙接缝处采用聚氨酯防水涂料封边,封边高度不小于 10 cm。混凝土基层面检查及处理、聚氨酯防水涂料施工、高聚物改性沥青防水卷材防水层施工、保护层的施工依据《通桥〔2008〕8388A》要求进行。防水涂料及高聚物改性沥青基层处理剂在运输和保存中,防止日晒雨淋,严禁接近火源。五级以上强风天气不宜进行防水体系施工。

聚氨酯防水涂料防水层:直接用于防水层的防水涂料采用聚氨酯防水涂料,符合《聚氨酯防水涂料》(GB/T 19250—2003)的要求。

高聚物改性沥青防水卷材防水层:防水卷材内的胎基为长纤聚酯纤维毡,胎基应置于卷材下表面的 2/3 厚度位置,胎基应浸透,不应有未被浸渍的条文,高聚物改性沥青防水卷材双面附砂,细砂的颜色和粒度应均匀一致,并紧密的黏附于卷材表面,每卷卷材应连续整长,不得有接头,卷材采用厚度 3.5 mm。铺设高聚物改性沥青防水卷材用高聚物改性沥青继承处理剂。

保护层:保护层采用 C40 细石混凝土,应符合《客运专线桥梁混凝土桥面防水层暂行技术条件(修订版)》(科技基〔2007〕56 号)的有关规定及本设计要求。水泥采用强度等级 42.5 低碱普通硅酸盐水泥。细骨料采用中砂,粒径小于 1 mm,级配符合《普通混凝土用砂、石质量及检验方法标准》(JGJ 52—2006)的规定。粗骨料采用最大粒径为 10 mm 的碎石,其质量应符合《普通混凝土用碎石或卵石质量标准及检验方法》(JGJ 53—1992)中的规定。拌制和养护混凝土用水应符合《混凝土用水标准》(JGJ 63—2006)的要求。

9. 综合接地系统

为满足客运专线电子、电气设备安全可靠运行和人身安全防护要求,桥梁结构应设置有效的综合接地系统。无砟轨道桥梁在梁体上表面设纵向接地钢筋,纵向接地钢筋距混凝土表面的距离应小于 100 mm,并与两端的横向接地钢筋连接。有砟轨道利用梁端的横向结构钢筋作为接地钢筋并与梁底的接地端子连接,道砟厚度小于 0.3 m 的梁体上表面适当位置处应设纵向接地钢筋。

桥梁上预留的接触网支柱基础应与梁体上表面的纵向或横向接地钢筋连接。

桥面以上的人行道栏杆、防撞墙(挡砟墙)、电缆槽内应预留与接地钢筋相连的接地端子。

10. 通信信号电缆过轨预留孔

为保证通信、信号电缆过轨需要,在每孔梁的一端电缆槽内设置直径为 100 mm 的预留孔,预留孔可兼作电缆槽的排水孔。施工时应注意预留孔处 PVC 管的防水处理。

11. 中继站电缆上桥措施

由于中继站电缆上下桥时需要的空间较大,施工时根据相关专业要求,在电缆上桥的相邻二孔梁的梁端设置开槽,开槽尺寸与电缆槽宽度一致。

根据牵引变电缆的上桥需要,在接触网支柱基础附近预留上桥孔道,孔道的设置结合桥面板结构确定。

(三)有砟桥面附属设施设计

1. 人行道及挡砟墙

人行道采用角钢支架并与挡砟墙连接,当桥下有立交时挡砟墙上面设置混凝土挡砟块,线路中心至挡砟墙净距为 2.2 m。

2. 电缆槽

通信、信号、电力电缆合槽,设在加长的人行道支架角钢上,电缆槽支架利用人行道 N1 支架角钢,锚固及连接方式参照《通桥〔2005〕2201》或《通桥〔2005〕2101》人行道支架布置图,桥梁两侧对称设置通信、信号、电力电缆槽。

电缆槽为玻纤聚酯制成,全桥电缆槽由若干段连接而成,槽内设置隔板,避免电缆间相互干扰,便于养护检修。电缆槽与支架用 ϕ12 六角螺栓连接。槽身至少放在两个支架上,两个支架最大间距不超过 1.5 m。电缆槽与梁等长,若为曲线桥,电缆槽在两孔梁间的缝隙也应调整为如同直线桥梁缝,方法为调整悬臂长。

3. 避车台

避车台设计时考虑存放小型养路机械的要求,支撑在桥墩上,固定在一孔梁上,利用梁端部预埋的 T 型钢作为在梁上的支撑点,设计活载按均布活载 4.0 kPa 计算,步板按 1.5 kN 集中荷载检算,栏杆采用角钢方案。

4. 接触网支柱

接触网支柱基础与避车台分别设于桥墩顶帽的大、小里程侧,同时置于栏杆的外侧。

5. T 梁桥面栏杆采用钢栏杆,通过角钢支架与梁部外缘挡砟墙相连。桥面两侧均设人行道,人行道宽分 0.8 m 和 1.05 m 两种,人行道栏杆内侧至线路中心线分别为 3.25 m 和 3.5 m。人行道角钢支架与预埋在挡砟墙处 T 形钢栓接。

6. 桥面排水

T 梁桥面板上横向设 2.0%的排水坡。边梁外侧悬臂板下缘设置滴水槽。桥面铺设防水层和保护层。桥面排水通过在挡砟墙内侧及两中梁湿接缝处设置泄水管,单线仅在挡砟墙内侧设置泄水管,挡砟墙内测泄水管加一个 45°弯头。泄水管采用外径 125 mm,壁厚 8 mm 的 PVC 管。

二、检查维修设施

(1)简支箱梁每孔梁端底板设置 0.25 m×1.5 m 的槽口,以供人员进入梁内。

(2)桥墩顶对应梁端槽口位置,设置在纵桥方向贯通顶帽的弧形检修通道。墩顶不设围栏,在墩纵向两侧距墩顶 1.0 m 高度处设置吊篮。

(3)长度大于 3 km 以上桥梁每 3 km 左右设置救援疏散通道,可兼作检修人员上下桥通道。

第九节 涵洞工程设计

一、正线涵洞设计

正线涵洞全部采用钢筋混凝土框架涵,一般采用单孔框架箱涵。路堑地段采用混凝土倒虹吸管。250 km/h 区段框架箱涵采用图号《叁桥〔2005〕5201》设计。

(1)框架箱涵法向角小于5°按正交设计;当河流、道路与铁路斜交时,框架涵顺河沟或顺路斜做,但法向角不得大于45°,出入口按实际角度设计。

(2)涵洞的位置、孔径按与沿线各镇的协议或根据河沟流量、既有道路宽度等因素来确定。灌溉涵洞孔径不小于2.0 m。

(3)涵节布置时,在左、右线线间距中心设沉降缝,开始向上下游布置涵节,涵节长度一般情况下按涵洞通用图涵节长度范围考虑;如果涵节布置特别困难而不能满足通用图要求,则涵节长度最小可按2 m考虑,最大按通用图涵节长度加2 m且每节长度不大于9 m考虑。

(4)排洪涵洞、线间排水涵设计为无压涵洞。

(5)涵洞顶至轨底的填方厚度不宜小于1.5 m。对于立交涵洞,涵洞顶至轨底的填方厚度按最小填土高控制,在满足协议的前提下使涵内净高最大化。

(6)涵洞由于受高速标准图限制,无论是立交还是排洪涵只能采用标准图上的结构尺寸,没有高、低边墙之分。对于下挖的涵洞采用涵内回填。

(7)排洪涵洞按《叁桥〔2005〕5201》标准铺砌。

(8)立交涵内应根据具体情况分别回填碎石垫层及回填20 cm厚的C25混凝土硬化路面。对于排洪涵洞,洞内回填土至原流水面。

(9)涵洞工后沉降限值与相邻路基工后沉降限值一致。

(10)接长涵洞按与既有涵洞相同净空的原则相顺接,并加强新旧结构沉降缝的防水处理。

(11)排、灌、立交涵洞设计流水面应低于实测沟底0.3~0.5 m。

(12)对出入口有沟形的涵洞考虑沟槽铺砌。

(13)尽量避免挖沟设涵,如必需挖沟,考虑顺沟,顺沟范围内根据地质情况确定是否采用浆砌片石防护。

(14)正线涵洞地基处理采用非桩板形式的,设置沉降预拱度,一般涵中心预拱度值为5 cm。

(15)对立交兼灌溉涵洞,有沟形横断面的按要求设置,其长度至上、下游垂裙末端。对无沟形横断面的考虑洞内流水槽,流水槽位置根据现场确定。

(16)涵洞基坑回填至原地面,涵洞两侧路基影响范围回填级配碎石。

(17)对净空不足5 m、通行机动车的立交道路设置限高防护架,每个立交工点设置2处。

二、其他线有砟涵洞设计

(1)铜九改线、池州疏解线等其他速度不大于160 km/h的线路以盖板涵为主,跨越道路或沟河的斜交涵洞,顺道路或沟河斜向设置,涵内净空满足协议要求。

(2)对于既有涵为梯形盖板的涵洞,二线接长时保留既有梯形盖板节,拆除既有翼墙及基础,并采用《叁桥〔2006〕5202》盖板涵予以接长。

(3)排灌涵洞设计流水面应低于实测沟底0.3~0.5 m。

(4)涵洞出入口铺砌参照《叁桥〔2007〕8011》通用图办理。立交涵铺砌按照通用图中最小铺砌办理。

(5)新建盖板涵均采用《叁桥〔2006〕5202》通用图。

(6)新建盖板涵、圆涵板顶至轨底按不小于1.2 m,困难条件下涵顶可与路肩平齐;既有涵洞填土高不满足此要求,技术状态良好时,新涵洞参照既有涵洞采用。

(7)位于加设护道的路堤段内的涵洞,当护道低于涵洞翼墙顶时,不考虑其影响;当护道高于翼墙顶时,则需采用加长翼墙或涵长的方法解决。

(8)接长涵顶板底不低于既有涵顶板底。

三、基础处理

涵洞基础采用整体基础,地基除满足承载力要求外,还需要满足工后沉降量的要求。基础处理措施同该地段路基处理方法,其主要方法有钻孔桩、高压旋喷桩及预应力管桩等。

第十节　沉降变形设计

一、工后沉降变形设计

(1)正线无砟轨道桥梁基础的工后沉降量控制值:墩台均匀沉降量不大于 20 mm,相邻墩台沉降量之差不大于 5 mm。

(2)正线有砟轨道桥梁基础的工后沉降量控制值:墩台均匀沉降量不大于 30 mm,相邻墩台沉降量之差不大于 15 mm。

(3)对于超静定结构,除满足以上规定外,还需考虑沉降差对结构产生的附加力的影响。

(4)无砟轨道涵洞基础与相邻路基基础保持一致,其工后沉降变形一致。

二、徐变变形设计

根据《高速铁路设计规范(试行)》(TB 10621—2009)规范,轨道铺设完成后,预应力混凝土梁的竖向残余徐变变形应满足以下要求:

(1)有砟桥面梁体的竖向变形不大于 20 mm。

(2)区间正线上预应力混凝土梁的竖向残余徐变变形符合下列规定:$L\leqslant 50$ m 时,竖向变形不大于 10 mm;$L>50$ m 时,竖向变形不大于 $L/5\ 000$ 且不大于 20 mm。

三、沉降变形观测设计

(一)观测依据

桥涵沉降变形观测依据主要包括《客运专线铁路无砟轨道铺设条件评估技术指南》(铁建设〔2006〕158 号)、《高速铁路工程测量规范》(TB 10601—2009)、《国家一、二等水准测量规范》(GB 12897—2006)、《建筑沉降变形测量规程》(JGJ/T 8—2007)、《工程测量规范》(GB 50026—2007)、《新建宁安铁路客运专线下工程沉降变形观测及评估实施细则》等。

(二)观测方案

沉降变形观测工作实施前,制定沉降变形观测实施技术方案,并报监理单位和沉降评估单位审核通过后实施监测工作。桥梁的沉降变形观测以构筑物的垂直位移观测为主,水平位移监测根据工程的具体要求确定。

(三)测量等级及精度要求

桥梁沉降变形监测按变形监测三等规定执行,沉降变形测量等级及精度要求按表 3-5-6 规定执行。

表 3-5-6　沉降变形测量等级及精度要求表

沉降变形测量等级	垂直位移观测		水平位移观测
	沉降变形点的高程中误差(mm)	相邻沉降变形点的高程中误差(mm)	沉降变形点点位中误差(mm)
三等	±1.0	±0.5	±6.0

(四)变形监测网建立及技术要求

1. 垂直位移监测网建网方式

线下工程垂直位移监测按高速铁路构筑物变形测量三等的要求(国家二等水准测量)施测,垂直位移监测网布设为附合水准线路,水准基点埋设在变形区以外的基岩或者原状土层上。

在进行垂直位移监测的过程中,按照表 3-5-7 垂直位移监测网技术要求实施。

表 3-5-7　垂直位移监测网技术要求

等级	相邻基准点高差中误差(mm)	每站高差中误差(mm)	往返较差、附合或环线闭合差(mm)	检测已测高差较差(mm)	使用仪器、观测方法及要求
三等	1.0	0.3	$0.6\sqrt{n}$	$0.8\sqrt{n}$	DS05 或 DS1 型仪器,按《客运专线铁路无砟轨道测量技术暂行规定》二等水准测量的技术要求施测

注:n 为测段的测站数。

2. 水平位移监测网建网方式

水平位移监测网采用与线下工程一致的 WGS-84 椭球高斯投影工程独立坐标系统，实现与精测网和施工控制网进行联测。控制点采用有强制归心装置的观测墩。

线下工程水平位移监测按高速铁路构筑物变形测量三等的要求(国家二等水准测量)施测，见表 3-5-8。

表 3-5-8 水平位移监测网技术要求

等级	相邻基准点的点位中误差(mm)	平均边长(m)	测角中误差(″)	最弱边相对中误差	作业要求
三等	±6.0	<350	±1.8	≤1/70 000	按国家三等平面控制测量要求观测
		<200	±2.5	≤1/40 000	按国家四等平面控制测量要求观测

(五)测点布设

沉降变形观测点分为基准点、工作基点和沉降变形观测点三类。其布设按如下要求进行：

1. 基准点

每个独立的监测网设置不少于 3 个稳固可靠的基准点。基准点选设在沉降变形影响范围以外便于长期保存的稳定位置。基准点使用全线的基岩点、深埋水准点、CPⅠ、CPⅡ和二等水准点，增设时按国家二等水准测量的相关要求执行。基准点标石埋设规格符合设计要求，如图 3-5-14 所示。

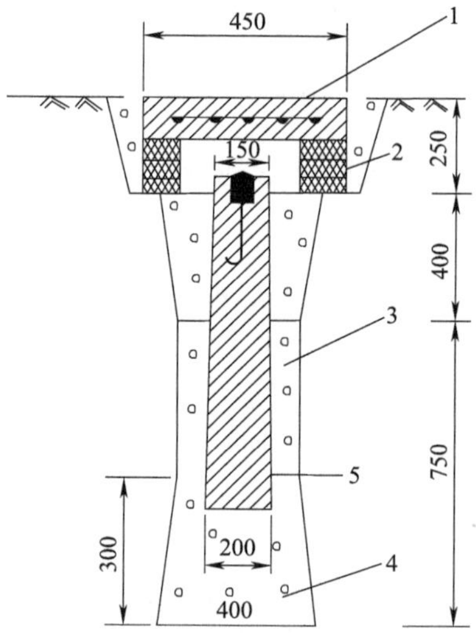

图 3-5-14 基准点标石埋设图
(单位：mm)
1—盖；2—砖；3—素土；
4—贫混凝土；5—冻土线

2. 工作基点

工作基点埋设在稳定区域，在观测期间稳定不变，测定沉降变形点时作为高程和坐标的传递点。工作基点除使用普通水准点外，按照国家二等水准测量的技术要求进一步加密水准基点或设置工作基点至满足工点垂直位移监测需要。加密后的水准基点(含工作基点)间距 200 m 左右时，可基本保证线下工程垂直位移监测需要。

3. 沉降变形点

沉降变形点直接埋设在要测定的沉降变形体上。点位设立在能反映沉降变形体沉降变形的特征部位，设置牢固，便于观测，形式美观，结构合理，且不破坏沉降变形体的外观和使用。沉降变形点按路基、桥涵、隧道等各专业布点要求进行。

4. 测量点的检测

监测网基准点和工作基点由于自然条件的变化，人为破坏等原因，不可避免的有个别点位会发生变化。为了验证监测网基准点和工作基点的稳定性，对其进行定期检测。垂直位移监测网的观测分为首次观测和施工过程中的定期复测，定期复测按每半年进行一次，做到结合精测网复测进行。

在区域沉降地区每季度进行一次复测。如果在两次复测期间，发现工作基点变形超出两倍中误差应及时通知建设单位和评估单位，并提交观测资料。经核实后应对工作基点和变形监测点的各期实测高程进行修正。

(六)观测点设置及观测元件埋设

在每个桥墩均设置承台观测标、墩身观测标。

1. 承台观测标

(1)观测点设置

设置两个观测标，观测标-1 设置于底层承台左侧小里程角上，观测标-2 设置于底层承台右侧大里程角上。承台观测标为临时观测标，当墩身观测标正常使用后，承台观测标随基坑回填将不再使用。

(2)观测标元件埋设

选择 ϕ20 mm 钢筋，顶部磨圆并刻画十字线，埋置深度不小于 0.1 m，高出埋设表面 3 mm，表面做好防锈处理。完成埋设后测量桩顶标高作为初始读数，如图 3-5-15 所示。

2. 墩身观测标

(1)观测点设置

观测点数量每墩不少于 2 处，位于墩身两侧，如图 3-5-16 所示。桥墩标一般设置在墩底高出地面或水位 0.5 m 左右。当墩身较矮立尺困难时，桥墩观测标可设置在对应墩身埋标位置的顶帽上埋设。特殊情况可按照确保观测精度、观测方便、利于测点保护的原则，确定相应的位置。

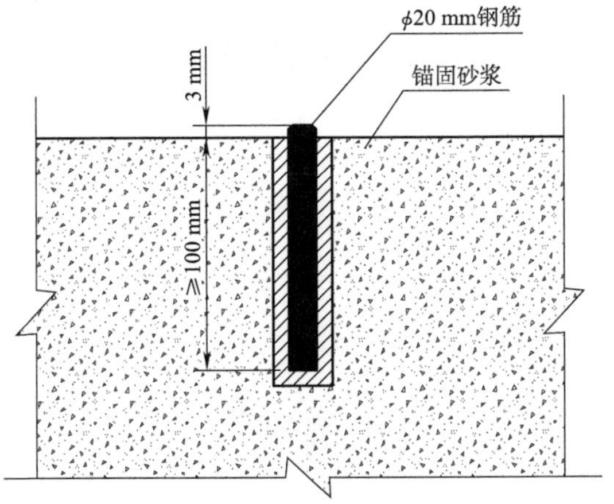

图 3-5-15　承台观测标设置

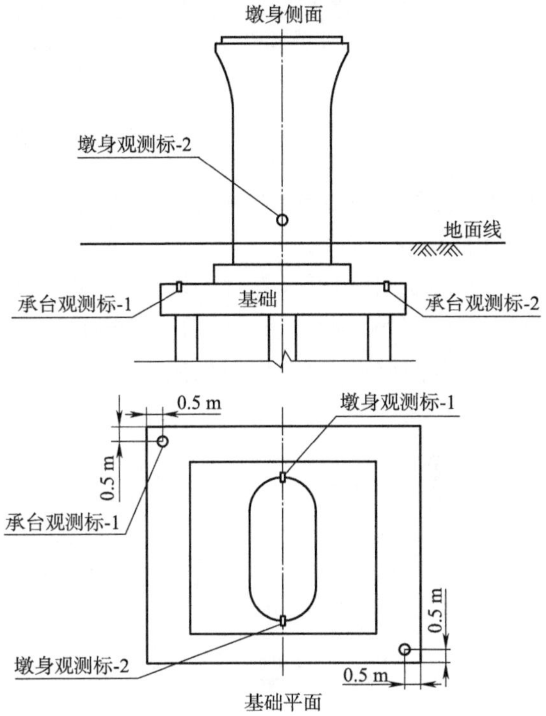

图 3-5-16　承台与墩身观测标设置

(2)观测标元件埋设

观测标元件埋设采用 ϕ14 mm 不锈钢螺栓，如图 3-5-17 所示。

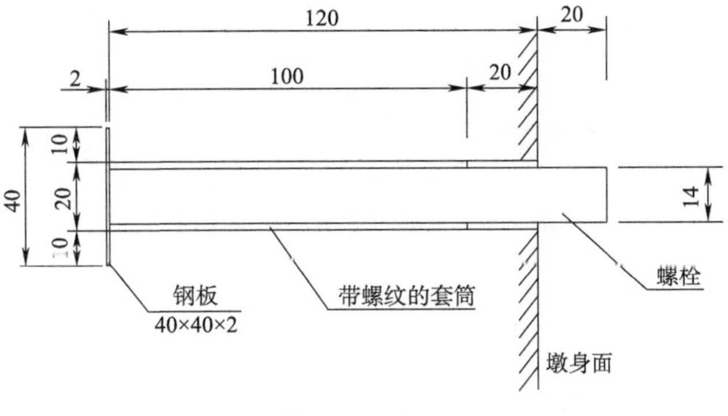

图 3-5-17　墩身观测标元件埋设(单位:mm)

3. 桥台(涵洞)观测标

桥台(涵洞)观测标设置在台顶(台帽及背墙顶)，测点数量不少于 4 处，分别设在台帽两侧及背墙两侧(横桥向)。

4. 预制梁及连续梁观测点设置

对原材料变化不大、预制工艺稳定、批量生产的预应力混凝土预制梁，每 30 孔选择 1 孔设置观测标，当实测弹性上拱度大于设计值时，前后未观测的梁应补充观测标，逐孔进行观测；其余现浇简支梁及连续梁逐孔设置观测标。

观测点布置：简支梁每孔梁设置观测标 6 个，分别位于两侧支点及跨中；连续梁上的观测标，根据不同跨度，分别在支点、中跨跨中及边跨 1/4 跨中附近设置，3 跨以上连续梁中跨布置点相同，如图 3-5-18 所示。

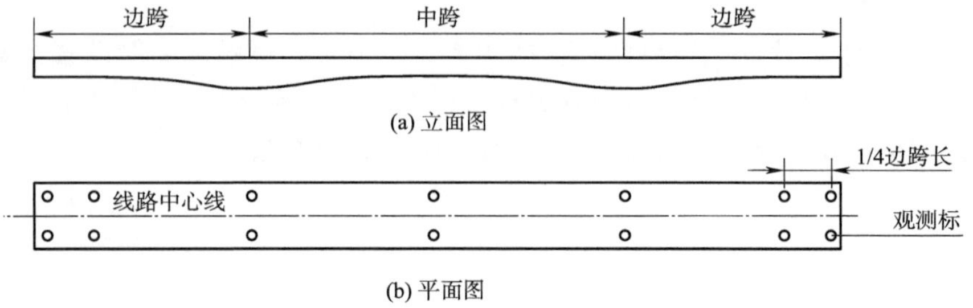

图 3-5-18 连续梁观测点纵向布置示意图

对大跨度桥梁等特殊结构由设计单位单独制定变形观测方案，施工单位按照设计方案进行观测。

5. 元件保护

成立专门小组，进行元器件的埋设、测量和保护工作。小组人员分工明确，责任到人。元件埋设时根据现场情况进行编号。制定稳妥的保护措施并认真执行，确保元器件不因人为、自然等因素而破坏，元器件埋设后，制作相应的标识旗或保护架插在上方。

(七)沉降变形观测

1. 测量阶段工作流程

测量阶段工作流程如图 3-5-19 所示。

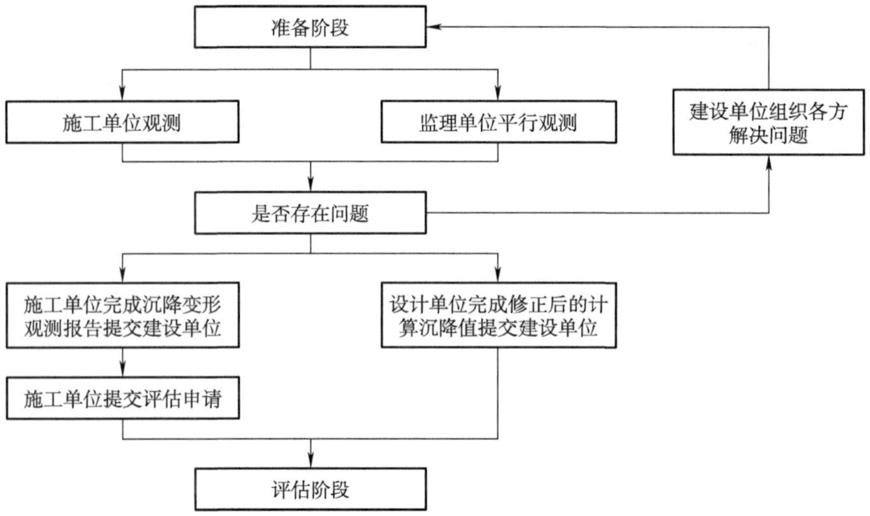

图 3-5-19 测量阶段工作流程图

2. 观测技术要求

(1)水准路线

桥梁梁部水准路线观测按二等水准测量精度要求形成闭合水准路线，沉降观测点位布设及水准路线观测见下图，其中测点 1，2，3，4 构成第一个闭合环，测点 3，4，5，6 构成第二个闭合环，如图 3-5-20 所示。

桥梁墩台水准路线观测按二等水准测量精度要求形成闭合水准路线，沉降观测点位布设于墩台两侧，水准路线观测如图 3-5-21 所示。

(2)观测精度要求

桥涵基础沉降和梁体徐变沉降变形的观测精度为±1 mm，读数取位至 0.01 mm。

(3)观测频次要求

墩台基础沉降观测根据表 3-5-9 墩台基础沉降观测频次要求进行，梁体徐变观测据表 3-5-10 要求的时间间隔进行。

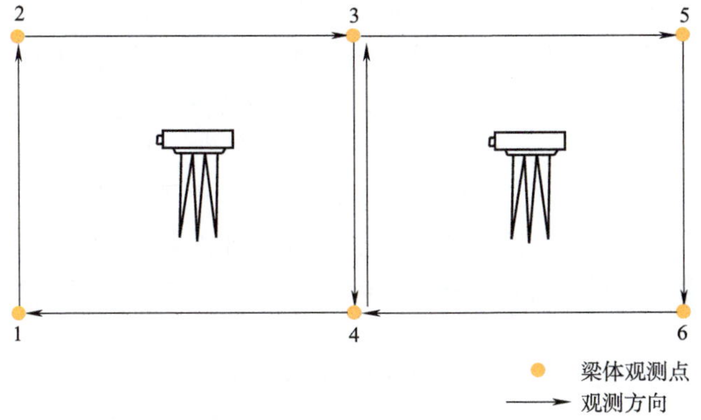

图 3-5-20　桥梁梁部沉降观测水准路线示意图

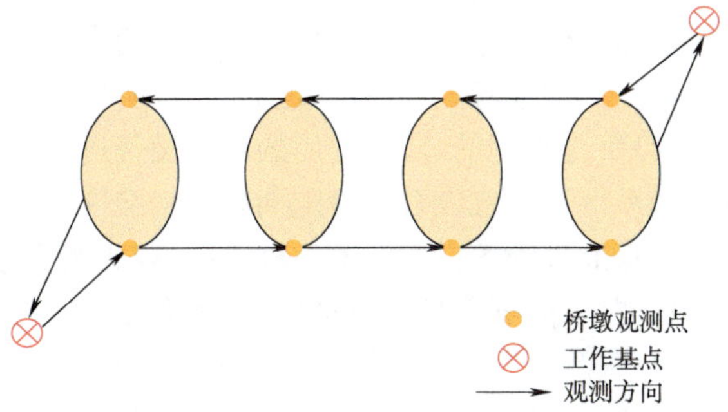

图 3-5-21　桥梁墩台沉降观测水准路线示意图

表 3-5-9　基础沉降观测频次要求

观测阶段		观测频次			备　注
		观测期限		观测周期	
墩台基础施工完成					设置观测点，进行首次观测
墩台混凝土施工		全程		荷载变化前后各 1 次或 1 次/周	承台回填时，测点应移至墩身或墩顶
预制梁桥	架梁前	全程		1 次/周	
	预制梁架设	全程		前后各 1 次	
	附属设施施工	全程		荷载变化前后各 1 次或 1 次/周	
桥位施工桥梁	制梁前	全程		1 次/周	
	上部结构施工中	全程		荷载变化前后各 1 次或 1 次/周	
	附属设施施工	全程		荷载变化前后各 1 次或 1 次/周	
架桥机(运梁车)通过		全程		前后各一次	至少进行 2 次通过前后的观测
桥梁主体工程完工～无砟轨道铺设前		≥6 个月		1 次/周	岩石地基的桥梁，一般不宜少于 2 个月
无砟轨道铺设期间		全程		1 次/d	
无砟轨道铺设完成后		24 个月	0～3 个月	1 次/月	工后沉降长期观测
			4～12 个月	1 次/3 个月	

注：1. 观测墩台沉降时，应同时记录结构荷载状态、环境温度及天气日照情况。
2. 架桥机(运梁车)通过时观测要求：第一次通过和第二次通过前后均需要观测，其后每 1 次 1 d，连续 2 次；其后每 1 次/3 d，连续 3 次，以后 1 次/1 周。

表 3-5-10　梁体徐变观测频次表

观测阶段	观测周期
预应力张拉期间	张拉前、后各 1 次
桥梁附属设施安装	安装前、后各 1 次
预应力张拉完成～无砟轨道铺设前	张拉完成后第 1 d
	张拉完成后第 3 d
	张拉完成后第 5 d
	张拉完成后 1～3 月，每 7 d 为一测量周期
无砟轨道铺设期间	每天 1 次
无砟轨道铺设完成后	第 0～3 个月，每 1 个月为一测量周期
	第 4～24 个月，每 3 个月为一测量周期

3. 沉降变形观测注意事项

(1)从承台施工完成后，就开始进行沉降首次观测，承台观测标为临时观测标，当墩身观测标正常使用后,承台观测标随基坑回填将不再使用。随施工的逐步进行依次进行墩身、桥台、梁体的变形观测。

(2)水准网的观测按照国家二等水准施测,对线下工程变形点的观测采用闭合或附和水准路线,水准路线经过的工作基点或基准点数量不少于两个。水准基点使用时作稳定性检验,并以稳定或相对稳定的点作为沉降变形的参考点,并有一定数量稳固可靠的点以资校核。

(3)每次观测前,对所使用的仪器设备进行检验校正,并保留检验记录。沉降观测采用电子水准仪,仪器及配套水准尺在有效合格检定期内。水准仪与水准尺在使用前及使用过程中,做到定期常规检校,水准仪视准轴与水准管轴的夹角均不超过15″。仪器各种设置正确,其中有限差要求的项目按规范要求在仪器中进行设置,并在数据采集时自动控制,不满足要求的在现场进行重测。

(4)观测过程中为保证水准尺的稳定性,选用2.5 kg以上的尺垫,水准观测路线必须路面硬实,观测过程中尺垫踩实以避免尺垫下沉。同时观测过程中避免仪器安置在容易振动的地方,如果临时有振动,确认振动源造成的振动消失后,再激发测量键。水准尺均借助尺撑整平扶直,确保水准尺垂直。针对低矮桥墩、异型桥墩,空间小,尺子不能直立的情况,在测量厂家定制短尺进行测量。

(5)每次沉降变形观测时严格按水准测量规范的要求施测。首次(即零周期)观测进行往返观测,并取观测结果的中数,经严密平差处理后的高程值,作为变形测量初始值。参与观测的人员经过培训上岗,并固定观测人员。为了将观测中的系统误差减到最小,达到提高精度的目的,各次观测使用同一台仪器和设备,前后视观测用同一水准尺,必须按照固定的观测路线和观测方法进行,观测路线形成闭合或附和路线,使用固定的工作基点对沉降变形观测点进行观测。实行"五固定"即"固定水准基点、工作基点,固定人,固定测量仪器,固定监测环境条件,固定测量路线和方法",以提高观测数据的准确性。观测时避免阳光直射,且在基本相同的环境和观测条件下工作。成像清晰、稳定时再读数。随时观测,随时检核计算,观测时一次完成,中途不中断。

(6)观测前30 min,将仪器置于露天阴影处,使仪器与外界气温趋于一致;对于电子水准仪,进行不少于20次单次测量,达到仪器预热的目的。测量中避免望远镜直接对着太阳;避免视线被遮挡,遮挡不超过标尺在望远镜中截长的20%。观测时用测伞遮蔽阳光,对于电子水准仪,施测时均装遮光罩。外业测量一条路线的往返测使用同一类型仪器和转点尺垫,沿同一路线进行。观测成果的重测和取舍按《国家一、二等水准测量规范》(GB/T 12897—2006)二等水准有关要求执行。其中,对于位于桥梁墩身上的观测标,其水准观测的视线高度按实际高度进行控制,不按读数控制。

观测时,对于有变换奇偶站功能的电子水准仪,按以下顺序进行,奇数站:后—前—前—后;偶数站:前—后—后—前。每一测段均为偶数测站。晴天观测时给仪器打伞,避免阳光直射;扶尺时借助尺撑,使标尺上的气泡居中,标尺垂直。在观测过程中,做好一些重点信息的记录,如对架梁、运梁车通过施工荷载的记录,天气情况,地下水影响情况的记录,利于对结构变形特性的分析和异常数据的分析。

(7)测段观测完成后,及时整理观测数据。当发现沉降监测数据出现异常时首先自查,重测并分析工作基点的稳定性,必要时联测基准点进行检测,并提交自查分析报告。数据处理时,闭合差、中误差等均满足要求后进行平差计算,水准路线进行严密平差,选用经鉴定合格的软件进行。数据成果按统一格式录入线下工程沉降变形观测和评估数据库。

(8)当相邻观测周期的沉降量超过限差或出现反弹时,重测并分析工作基点的稳定性,必要时联测基准点进行检测。

第六章　隧 道 设 计

第一节　隧道工程概况与特点

一、隧道工程概况

全线共有13座隧道，总长6 344 m，约占新建正线线路总长度的3.65%，其中，最长的隧道为白纻山隧道，位于安徽省当涂县境内，全长993 m；最短隧道为九华隧道，长度为146 m，见表3-6-1。

表3-6-1　隧道工程一览表

序　号	隧道名称	中心里程	长度(m)
1	韩府山3号隧道	K4＋281	355
2	王府山隧道	K9＋857	375
3	大金山隧道	K53＋378	470
4	白纻山隧道	K59＋527	993
5	红旗隧道	K64＋173	715
6	大学山隧道	K122＋913	286
7	钟鸣1号隧道	K140＋134	746
8	钟鸣2号隧道	K141＋020	798
9	岱岭1号隧道	K190＋976	256
10	岱岭2号隧道	K191＋687	275
11	九华隧道	K195＋372	146
12	马衙隧道	K203＋511	317
13	严村隧道	K205＋943	612

1. 王府山隧道

王府山隧道进出口起止里程为DK8＋620～DK8＋995，全长375 m。隧道暗洞洞身最大埋深约57.5 m、最小埋深2.2 m。全隧进口段明挖17 m，出口段明挖22 m，暗洞336 m。围岩分级：Ⅴ级围岩300 m，Ⅳ级围岩75 m。

2. 大金山隧道

大金山隧道进出口起止里程为DK52＋525～DK52＋995，全长470 m。隧道暗洞洞身最大埋深约60.6 m、最小埋深2.1 m。全隧进口段明挖23 m，出口段明挖40 m，暗洞407 m。围岩分级：Ⅴ级围岩300 m，Ⅳ级围岩110 m，Ⅲ级围岩60 m。

3. 白纻山隧道

白纻山隧道进出口起止里程为DK58＋412～DK59＋405，全长993 m。隧道暗洞洞身最大埋深约47 m、最小埋深3 m。全隧进口段明挖17 m，出口段明挖216 m，暗洞760 m。围岩分级：Ⅴ级围岩756 m，Ⅳ级围岩170 m，Ⅲ级围岩67 m。

4. 红旗隧道

红旗隧道进出口起止里程为DK63＋165～DK52＋63＋880，全长715 m。隧道暗洞洞身最大埋深约59 m、最小埋深3.9 m。全隧进口段明挖66 m，出口段明挖130 m，暗洞519 m。围岩分级：Ⅴ级围岩490 m，Ⅳ级围岩110 m，Ⅲ级围岩115 m。

5. 大学山隧道

大学山隧道进出口起止里程为DK122+870~DK123+156,全长286 m。隧道全部为明挖。围岩分级:Ⅴ级围岩286 m。

6. 钟鸣1号隧道

钟鸣1号隧道进出口起止里程为DK139+970~DK140+716,全长746 m。隧道暗洞洞身最大埋深约26.6 m、最小埋深4.7 m。全隧进口段明挖35 m,出口段明挖78 m,暗洞633 m。围岩分级:Ⅴ级围岩746 m。

7. 钟鸣2号隧道

钟鸣2号隧道进出口起止里程为DK140+830~DK141+628,全长798 m。隧道暗洞洞身最大埋深约21.4 m、最小埋深6.9 m。全隧进口段明挖65 m,出口段明挖53 m,暗洞680 m。围岩分级:Ⅴ级围岩798 m。

8. 岱岭1号隧道

岱岭1号隧道进出口起止里程为DK192+744~DK193+000,全长256 m。隧道暗洞洞身最大埋深约30 m、最小埋深2.6 m。全隧进口段明挖17 m,出口段明挖45 m,暗洞194 m。围岩分级:Ⅴ级围岩211 m,Ⅳ级围岩45 m。

9. 岱岭2号隧道

岱岭2号隧道进出口起止里程为DK193+445~DK193+720,全长275 m。隧道暗洞洞身最大埋深约50.4 m、最小埋深0.4 m。全隧出口段明挖80 m,暗洞195 m。围岩分级:Ⅴ级围岩153 m,Ⅳ级围岩75 m,Ⅲ级围岩47 m。

10. 九华隧道

九华隧道进出口起止里程为DK197+195~DK197+341,全长146 m。隧道暗洞洞身最大埋深约16 m、最小埋深3.8 m。全隧进口段明挖26 m,出口段明挖17 m,暗洞103 m。围岩分级:Ⅴ级围岩146 m。

11. 马衙隧道

马衙隧道进出口起止里程为DK205+249~DK205+566,全长317 m。隧道暗洞洞身最大埋深约50 m、最小埋深3.7 m。全隧进口段明挖17 m,出口段明挖17 m,暗洞283 m。围岩分级:Ⅴ级围岩46 m,Ⅳ级围岩271 m。

12. 严村隧道

严村隧道进出口起止里程为DK207+534~DK208+146,全长612 m。隧道暗洞洞身最大埋深约116 m、最小埋深0.9 m。全隧进口段明挖17 m,出口段明挖17 m,暗洞578 m。围岩分级:Ⅴ级围岩90 m,Ⅳ级围岩263 m,Ⅲ级围岩259 m。

二、隧道工程技术特点

(1)隧道长度较短,13座隧道长度均小于1 km。

(2)隧道开挖断面大,隧道内轮廓均设计采用单洞双线断面,开挖断面约150 m^2(Ⅴ级围岩),有效净空面积不小于100 m^2。

(3)隧道通过地层岩性主要为凝灰岩、砂岩、花岗斑岩、泥质砂岩。各隧道洞身大部分处于浅埋、偏压段,地质条件较差,施工过程中容易出现塌方冒顶现象。

第二节 设计原则与采用的主要技术标准

一、隧道建筑限界及内轮廓

宁安铁路施工图设计隧道轨面以上净空面积为90.02 m^2,按照提供的运架一体机的尺寸,无法满足桥梁铺架过程中运架一体机顺利通过隧道。为满足运架一体机通过隧道的要求,隧道轨面以上净空面积调整为100 m^2。

隧道建筑限界采用《高速铁路设计规范》(试行)(TB 10621—2009)规定的“建筑限界”,隧道内线间距为

4.6 m(曲线地段线间距不加宽)。隧道内轮廓尺寸参照“通隧〔2005〕0301”图拟定:隧道(轨面以上)断面有效面积为 100 m²;隧道内设双侧救援通道,救援通道宽 1.5 m(自线路中线外 2.5 m 起算)、净高 2.2 m,救援通道走行面高于轨面 30 cm;隧道内设置双侧电缆槽,外侧电缆槽结构外缘距同侧线路中线距离为 2.4 m;隧道底部 30 cm 工程技术作业空间融入救援通道;曲线地段及下锚段衬砌内轮廓不考虑加宽。隧道内轮廓如图 3-6-1 所示。

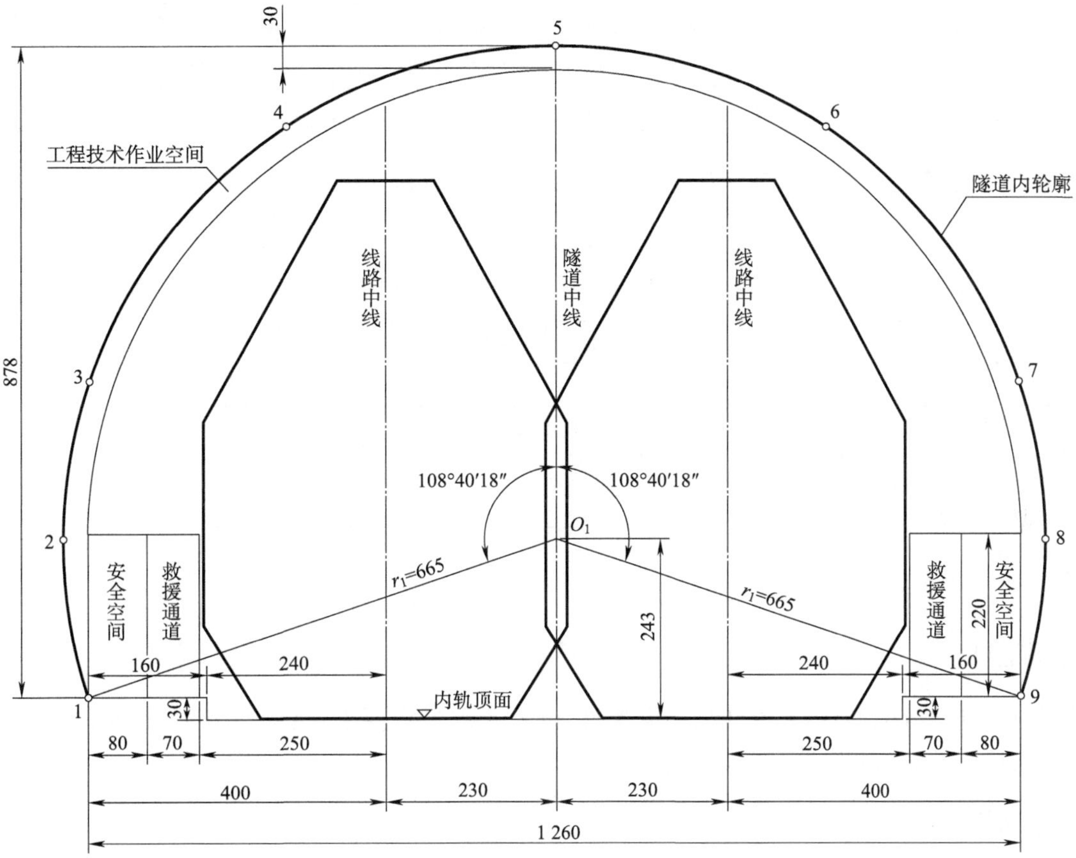

图 3-6-1　隧道内轮廓(单位:cm)

二、隧道结构

隧道支护结构耐久性按 100 年设计,衬砌混凝土采用高性能混凝土。

暗洞隧道支护采用复合式衬砌。设置明洞地段明洞长度不小于 5 m,采用路堑式或偏压路堑式结构,采用整体式衬砌。系统锚杆边墙采用全长黏结砂浆锚杆,拱部采用带排气装置的中空锚杆。采用曲墙带仰拱结构形式。洞口抗震设防段、浅埋、偏压、Ⅳ级、Ⅴ级及加强段,二次衬砌采用钢筋混凝土。

复合式衬砌不考虑水压力作用。Ⅲ～Ⅴ级围岩结构断面为曲墙带仰拱形式;Ⅱ级围岩结构断面为曲墙带底板形式。隧道初期支护喷射混凝土采用湿喷工艺。二次衬砌Ⅳ、Ⅴ级围岩地段采用现浇钢筋混凝土,Ⅱ、Ⅲ级围岩地段二次衬砌拱墙采用三肢钢架与单层钢筋网片相结合护面的现浇钢筋混凝土结构。隧道复合式衬砌支护参数见表 3-6-2。

表 3-6-2　双线隧道复合式衬砌支护参数表

衬砌类型		Ⅲa 型	Ⅲb 型	Ⅲc 型	Ⅳa 型	Ⅳb 型	Ⅳc 型	Ⅴa 型	Ⅴb 型	Ⅴc 型
预留变形量(cm)		5～8			8～10			10～15		
二次衬砌	拱墙厚度(cm)	40(混凝土)		45(钢筋混凝土)	45(钢筋混凝土)			50(钢筋混凝土)		
	仰拱厚度(cm)	50(钢筋混凝土)		55(钢筋混凝土)	55(钢筋混凝土)			60(钢筋混凝土)		

续上表

衬砌类型			Ⅲa 型	Ⅲb 型	Ⅲc 型	Ⅳa 型	Ⅳb 型	Ⅳc 型	Ⅴa 型	Ⅴb 型	Ⅴc 型
初期支护	C25 喷混凝土	设置部位及厚度(cm)	拱墙:15	拱部:23 边墙:15	拱墙:23 仰拱:10	拱墙:25 仰拱:10	拱墙:25 仰拱:25	拱墙:25 仰拱:25	拱墙:28 仰拱:28	拱墙:28 仰拱:28	拱墙:28 仰拱:28
	钢筋网	钢筋规格(HPB235)	$\phi6$	$\phi6$	$\phi6$	$\phi6$	$\phi6$	$\phi6$	$\phi6$	$\phi6$	$\phi6$
		设置部位	拱部	拱部	拱墙	拱墙	拱墙	拱墙	拱墙	拱墙	拱墙
		网格间距(cm)	25×25	25×25	25×25	20×20	20×20	20×20	20×20	20×20	20×20
	锚杆	设置部位	拱墙	拱墙	拱墙	拱墙	拱墙	拱墙	拱墙	拱墙	拱墙
		长度(m)	3	3	3	3.5	3.5	3.5	4	4	4
		间距(m)(环向×纵向)	1.2×1.5	1.2×1.5	1.2×1.5	1.2×1.2	1.2×1.2	1.2×1.2	1.2×1.0	1.2×1.0	1.2×1.0
	钢架	规格(mm)		130 格栅	I16 型钢	150 格栅	I18 型钢	HW150 型钢	I20a 型钢	HW175 型钢	HW175 型钢
		设置部位		拱墙	拱墙	拱墙	全环	全环	全环	全环	全环
		纵向间距(m)		1.2	1	1	1	0.8	0.8	0.8	0.6

注:1. 拱部锚杆采用 $\phi22$ 组合中空锚杆或 $\phi25\times7$ 普通中空锚杆,边墙锚杆采用 $\phi22$ 砂浆锚杆。
2. Ⅳ、Ⅴ级围岩地段拱墙初期支护喷混凝土中掺纤维素纤维,掺量为 0.9～1 kg/m^3。
3. Ⅴ级加强段适用于洞口、洞身浅埋段、偏压段、地震设防段。
4. Ⅳ级、Ⅳ级加强段,Ⅴ级、Ⅴ级加强段地段拱部超前小导管注浆,水平成层地段根据隧道具体地质情况设置。小导管采用 $\phi42$ 热轧无缝钢管,t=3.5 mm。
5. Ⅳ级加强及以上隧道进出口各设置一排 30 m 长大管棚(可根据实际适当增加)。管棚采用 $\phi108$ 热轧无缝钢管。

三、隧道洞口

隧道洞口设计结合地形、地质条件和环境条件,综合考虑景观要求,贯彻执行“早进晚出”的设计原则。隧道洞门优先选用斜切式和帽檐式结构形式。

四、隧道防排水

隧道防水遵循“防、排、截、堵结合,因地制宜,综合治理”的原则。隧道防水等级满足现行国家标准《地下工程防水技术规范》(GB 50108—2008)规定的一级防水标准,即二次衬砌不允许渗水、二次衬砌表面无湿渍。

二次衬砌采用防水混凝土,抗渗等级不小于 P8。初期支护与二次衬砌间设置分离式防水板,厚度 1.5 mm,土工布重量≥400 g/m^2;施工缝、变形缝的防水措施按有关规范办理。地下水发育且长度较短的隧道可取消中心水沟。

五、建筑材料

建筑材料标准见表 3-6-3。

表 3-6-3 建筑材料标准

项 目		材 料
二次衬砌	拱墙、仰拱	C30 防水混凝土或 C35 防水钢筋混凝土
初期支护	喷混凝土	C25 网喷混凝土(Ⅳ、Ⅴ级围岩衬砌地段掺用合成纤维)
	系统锚杆	拱部采用 $\phi25$ 中空注浆锚杆(带排气装置),边墙 $\phi22$ 砂浆锚杆(全长黏结型)
	钢筋网	HPB235 钢筋,钢筋直径为 $\phi8$、$\phi6$
	格栅钢架	HPB235、HRB335 格栅钢架或 I20 型钢钢架
	超前小导管	热轧无缝钢管,$\phi42$ mm,t=3.5 mm
	管棚	热轧无缝钢管,直径 $\phi108$

续上表

项目		材料
明洞	拱墙、仰拱	C35 钢筋混凝土
水沟电缆槽	水沟、电缆槽	C30 防水混凝土
	水沟、电缆槽盖板	C35 钢筋混凝土
仰拱填充		C20 混凝土
防排水		EVA 防水板，自粘式卷材
		ϕ80 mm 波纹管、ϕ50 mm 波纹管
		中埋式钢边橡胶止水带
		中埋式橡胶止水带
		ϕ100 mm PVC 导水管
截水天沟		C25 钢筋混凝土
洞门	洞门材料	C35 钢筋混凝土

六、地震设防

地震动峰值加速度≥0.1g 地段的隧道洞口及浅埋段按抗震设防设计。

七、专用洞室

隧道内设置存放维修、工具等用途的专用洞室，洞室的间距单侧 500 m，双侧交错设置，洞室尺寸可参照现行《铁路隧道设计规范》(TB 10003—2016)大避车洞设计，并满足有关专业的技术要求。

八、防灾救援及照明

隧道内两侧设置宽 1.5 m 的救援通道，距线路中线距离 2.3 m。

长度大于 100 m 的隧道设置固定照明；长度大于 500 m 的隧道设置固定照明及应急照明；专用洞室设置固定照明；应急照明设备性能应满足相关要求。救援通道内按规定设图像文字标记，指示两个方向分别到洞口的整百米数，并配备灯光显示方向。

九、施工方法

本线隧道埋深均较小，埋深、地形条件适宜明挖的隧道应比较明暗挖法后确定。暗挖法施工的隧道，工法和辅助施工措施应根据围岩地质情况、地形环境情况、隧道埋置深度等因素确定。工法选择时应保证施工安全和质量，并尽量减少工法频繁转换。

十、弃渣及环保

隧道弃渣应根据环保要求妥善处置。满足路基和站场填料要求、符合圬工材料指标的弃渣应充分利用。剩余部分应合理选择弃渣场地，落实相关协议，并做好相应的防护工程，满足环保要求。

第三节　一般隧道设计

隧道内采用无砟轨道，无砟轨道的结构高度为 724 mm。隧道洞门、洞内设施、防排水及运营通风等详见本章相关内容。

一、隧道支护结构

1. 明洞

明洞结构采用偏压式明洞或深挖路堑式明洞(回填土 2～6 m)，采用整体式衬砌。明洞临时边坡采用

ϕ22 砂浆锚杆加固,锚杆长 $L=4.0$ m,间距 1.5 m×1.5 m。坡面喷 10 cm 厚 C20 混凝土,内设 25 cm×25 cm 钢筋网。为便于洞顶排水,洞顶回填土设 5%～10%横向坡排水。明洞施工完毕后在开挖的坡面及回填面上喷播植草,并与周边环境协调。

2. 暗洞

暗洞围岩级别为Ⅲ～Ⅴ级围岩,均采用曲墙加仰拱的复合式衬砌结构形式。初期支护采用喷射混凝土,内设格栅钢架或型钢钢架。二次衬砌采用模筑钢筋混凝土。暗洞进口处设置 ϕ108 长管棚进行超前支护,洞身段采用 ϕ42 单层超前小导管进行超前支护。

二、超前地质预测预报

本线隧道地质情况较差,在隧道施工过程中应开展超前地质预测预报工作,以获取开挖面前方的地质信息,并根据预报结果及时报送相关单位,以调整隧道设计、施工方案,实行信息化设计、信息化施工,指导隧道安全施工,避免发生地质灾害。采用的超前地质预测预报措施:全隧道实施全断面地质素描、超前水平钻探等措施。

三、监控量测

隧道监控量测参照《铁路隧道监控量测技术规程》(TB 10121—2007)执行,监控量测计划根据隧道规模、地形地质条件、支护类型和参数、开挖方式等制定,并将监测结果定期报相关单位。

隧道主体工程完工后,变形观测期不少于 3 个月。

四、附属构筑物

1. 电缆槽

隧道内设置双侧电缆槽,电缆槽结构外缘距同侧线路中线的距离为 2.4 m。

2. 综合洞室

长度大于 500 m 的隧道内设置综合洞室,综合洞室间距单侧为 500 m 左右,双侧错开设置,综合洞室内底部设置余长电缆腔。

五、接地与过轨

1. 综合接地及电气化接地

隧道内综合接地及电气化接地按《客运专线综合接地技术实施办法》(铁集成〔2006〕220 号)及相关专业要求办理。

2. 过轨

每个综合洞室及进、出口附近设置电力过轨管四根;通信过轨管两根,均布设于每个综合洞室及进、出口附近;信号过轨管两根,均布设于每个综合洞室及进、出口附近。

所有管材均采用镀锌钢管,过轨管直径 ϕ100 mm,两端弯起半径不小于 1 000 mm。强、弱电过轨管间应保证一定间距(不小于 60 cm)。

六、施工方法

暗洞按新奥法组织施工,Ⅲ级围岩采用台阶法开挖,Ⅳ级围岩采用三台阶法或三台阶临时仰拱法开挖,Ⅴ级围岩采用三台阶临时仰拱法开挖;明洞采用明挖法施工。

第四节　洞口设计

一、洞口位置的选择

隧道进、出口位置的确定贯彻“早进晚出”的原则,洞口位置应尽量避开不良地质体,尽量减少对地表的破坏,洞口边、仰坡不开挖或少开挖。洞门形式应综合考虑地形、地貌、洞口地质条件、周边自然环境等因素。

(1)线路中线与等高线基本正交的情况下,隧道洞口里程按拱顶与地面标高等高点里程外延(斜切段长度+2 m)。

(2)线路中线与等高线斜交的情况下,按隧道低侧基础不露空并有足够的承载力及稳定性、高侧边坡挖方高度不超过 15 m 确定洞口里程。

二、洞门形式的确定

(1)隧道洞口位置线路中线与等高线基本正交情况下,隧道洞口里程按拱顶与地面标高等高点里程外延(斜切段长度+2 m),全线除岱岭 1 号出口、岱岭 2 号进口采用挡翼墙式洞门外,其余隧道洞门均采用斜切帽檐式洞门。

(2)隧道洞口位置线路中线与等高线斜交情况下,采用接长明洞方式,洞门形式采用斜切帽檐式洞门。

三、洞门设计

(1)斜切帽檐式洞门结构总长度为 17 m 时,斜切面的坡率为 1∶1.25;斜切帽檐式洞门结构总长度为 14 m 时,斜切面的坡率为 1∶1。洞门结构系在洞口衬砌斜切面加设一斜切椭圆台(环)面帽檐构筑而成,该椭圆台面以衬砌斜切椭圆面为底面,其轴线通过底面椭圆中心并与之垂直。

(2)洞门结构外露段与埋入段结构用同种材料灌注,洞门结构与后续结构之间设 2 cm 变形缝一道。结构明挖施工段拱部和边墙外铺设 EVA 防水板,在防水板外施作 30 mm 厚水泥砂浆保护层后回填。

(3)主要建筑材料:帽檐、拱墙及仰拱采用 C35 钢筋混凝土;隧底填充采用 C25 混凝土;基础垫层采用 C20 混凝土。

四、洞口防护及绿化设计

洞口边仰坡应采取防护措施按“安全、可靠、绿化”的原则设计,当边仰坡高度小于 12 m 时,对土质边仰坡采用骨架内液压喷播植草防护,对岩质边坡采用挂网喷混凝土植生防护;边坡刷方高度超过 12 m 时,采用挡墙结构防护,以达到收坡效果,挡墙顶部边坡防护同上,边仰坡绿化的植物种类应适应当地的环境条件,并与所连接路基段绿化协调一致。隧道洞口边仰坡刷方线外 5 m 采用防护栅栏隔离措施。

第五节 洞内设施设计

一、隧道照明

全线长度≥100 m 的隧道设置固定的电力照明;长度≥500 m 的隧道设置应急照明设备,应急照明灯具安装间隔不大于 50 m,该设备必须在断电时能自动接通并连续工作 2 h 以上。

专用洞室及紧急出入口处设置固定照明并配备灯光显示方向,紧急出口通道内设应急照明设备。

二、隧道内综合洞室设置

隧道内不设置供维修人员使用的避车洞,设置存放维修工具和其他业务部门需要的综合洞室,洞室间距单侧为 500 m 左右,双侧错开设置。洞室尺寸按大避车洞断面设计,洞室深 5 m。综合洞室内底部设置余长电缆腔;洞室内预留通信及电力等相关专业设备安装空间。

三、电缆槽设置

隧道内设置双侧电缆槽,且电缆槽结构外缘距同侧轨道中线的距离不小于 2.4 m;电缆槽设盖板,能开启维护。隧道内电力电缆沟尺寸宽×深为 300 mm×300 mm,槽道内用粗砂填实。通信、信号电缆沟尺寸为净宽 350 mm,深 300 mm,槽道中间以 $\phi16$ 插筋分隔,槽内用粗砂填实。

第六节 运营通风及防灾救援设计

一、运营通风设计

本线隧道长度均小于 1 km,不考虑设置机械运营通风。

二、防灾救援设计

1. 防灾救援设计原则

(1)隧道防灾救援疏散设计贯彻“以人为本,应急有备,方便自救,安全疏散”的工作方针。健全防灾救援疏散系统,预防灾害发生,将列车发生灾害事故后所产生的影响减少到最低程度。

(2)采取经济、可靠的防火措施和消防手段,做到安全可靠、经济合理、使用维修方便。

(3)一旦列车失去动力不能运行或因隧道太长无法及时拉出洞外时,必须考虑在洞内实施快速疏散和消防救援。

(4)隧道内应设置贯通的救援通道和必要的紧急出口。

2. 防灾救援通道设计

(1)隧道内双侧设置贯通整个隧道的救援通道。

(2)救援通道设在安全空间一侧,距线路中线的距离为 2.5 m。

(3)救援通道走行面高于轨面 30 cm,位于水沟电缆槽顶面。

(4)救援通道的宽度为 1.5 m,在装设专业设施处,宽度适当减少;净高不小于 2.2 m。

3. 防灾救援疏散标识

救援通道每隔 200 m 设图像、文字标记,指示两个方向分别到下一个洞口或紧急出口的整百米数,并配备灯光显示方向。

第七节 防排水设计

防水等级满足《地下工程防水技术规范》(GB 50108—2008)规定的一级防水标准,衬砌表面无湿渍。

隧道的防排水设计遵循“防、排、堵、截结合,因地制宜,综合治理”的原则;对于隧道穿过断裂破碎带,预计地下水较大,当采用以排为主可能影响生态环境时,根据实际情况采用“以堵为主,限量排放”的原则,达到堵水有效、防水可靠、经济合理的目的。

一、暗洞防排水设计

1. 截堵水措施设计

地下水发育、地下水无控制排放影响生态环境情况下采用开挖前预注浆或开挖后围岩注浆等措施对地下水进行截堵,在隧道开挖线外围一定范围内截断地下水与隧道之间的水流通路,达到限制地下水排放量的目的。当在一般地段裂隙水较发育、围岩涌水量超过允许排放量、施工中围岩可自稳时,采用开挖后围岩径向注浆等形式,对围岩自稳能力较好、局部面状淋水或局部渗流、渗水量超过允许排放量等状况,采用上述注浆方式进行局部注浆。注浆材料包括普通水泥、超细水泥、无收缩多液固堵剂、发泡注浆抢堵剂,慎用水玻璃,提高浆液材料的耐久性。

2. 防水措施设计

隧道防水措施主要通过防水板及模筑衬砌防水混凝土的双重作用避免地下水从混凝土表面渗入。

一般地段拱墙敷设防水板,防水板厚度 1.5 mm,土工布重量≥400 g/m^2。

隧道衬砌要求混凝土抗渗等级不小于 P8,二次衬砌采用防水混凝土,二次衬砌混凝土掺加防水剂。防水混凝土结构的衬砌厚度不应小于 30 cm。在铺设防水板之前,应对初期支护的渗漏水情况进行检查,并采取有效措施(如径向压浆等)进行处理。

3. 疏排水措施设计

(1)洞内水沟

洞内采用双侧水沟,地下水发育隧道设中心排水管,纵向间距 30 m 设置一处中心管沟检查井。

(2)排水盲管

拱墙初期支护与防水板之间环向设置 HDPE50 打孔波纹管排水盲管,平均每 10 m 一环,地下水发育地段根据实际情况进行适当调整;在隧道两侧边墙脚外侧防水板底端纵向设置 HDPEϕ110/96 双壁打孔波纹管排水盲管,平均每 10 m 为一段。

环向盲管与纵向盲管均直接与隧道侧沟连通,纵向盲管中部设置 ϕ100 PVC 泄水孔连通侧沟,以便必要时进行维护。洞内盲管施工期间与运营期间应定时进行清洗,确保管道畅通,以免管道阻塞引起衬砌背后水压升高造成二次衬砌隧道结构破坏。

4. 施工缝及变形缝(宽 2 cm)防排水设计

施工缝及变形缝是隧道防排水的薄弱环节,隧道内主要存在施工缝及沉降缝,施工缝分为环向及纵向两种。

环向与纵向施工缝设置中埋式橡胶止水带及遇水膨胀止水条。

变形缝拱墙部位防水采用钢边橡胶止水带、背贴式橡胶止水带、遇水膨胀止水胶、沥青木丝板塞缝、聚硫密封胶及镀锌钢板接水盒等措施;仰拱部位采用钢边橡胶止水带、背贴式橡胶止水带、遇水膨胀止水胶、沥青木丝板塞缝并环向设置双层抗剪钢筋等措施。拱墙变形缝处衬砌内缘设置钢板接水盒、内缘 3 cm 范围内以聚硫密封胶封堵,其余空隙采用填缝料填塞密实。为减少仰拱变形缝两侧沉降,仰拱部位二次衬砌内设 ϕ50 双层抗剪钢筋,钢筋环向间距 50 cm,仰拱变形缝空隙采用填缝料填塞。

5. 回填注浆措施

隧道拱顶纵向预埋注浆管,每幅模板衬砌预留两处 ϕ20 镀锌钢管,在衬砌施工完成并变形稳定后,进行衬砌背后回填注浆。

二、明洞防排水

明洞衬砌采用防水混凝土,衬砌背后铺设防水卷材,在明洞衬砌拱脚(或边墙脚)背后设置纵向坡度不小于 2‰的纵向 HDPE110/96 双壁打孔波纹管,边墙衬砌背后每隔 5～10 m 设置竖向 HDPE50 打孔波纹管,墙底设泄水管,衬砌外汇水通过竖向盲沟和与之相接的纵向盲沟,由泄水管引入洞内侧沟。如有条件可横向拉槽设置排水管将水引出洞外。如线路出洞方向为上坡时,反坡排水坡度不得小于 2‰。路堑式明洞顶填土应有倾向洞口不小于 2%的坡度,洞顶铺设 0.5 m 厚黏土隔水层,上部填土厚度最薄处不小于 2 m。

三、洞口防排水

隧道洞口排水包括洞口截水沟、洞内外沟槽连接和洞顶截排水。

(1)隧道内侧沟或中心管沟与路堑侧沟顺接。

(2)隧道洞顶设置截水天沟,拦截地表汇水,并优先引入自然排水系统,如自然或人工沟渠等。边仰坡刷坡面积大,考虑增设截水沟。截水天沟中线距边、仰坡开挖线边缘不小于 5 m,其坡度根据地形设置,但不小于 3‰,以免淤积。

第八节　沉降变形设计

一、隧道沉降变形控制措施

(1)隧道结构的基底承载力小于 0.2 MPa 或基底岩层遇水易软化时对隧道基础进行加固,采用换填、地层注浆、CFG 桩、钢管桩、旋喷桩等加固措施,确保基底稳定。

(2)隧道洞门结构与明洞结构连接处、明洞结构与暗洞结构连接处及施工中遇到基底软硬不均或软硬分界处设置环向贯通的变形缝。

(3)变形缝处的混凝土结构的厚度不小于 30 cm,变形缝的宽度为 2 cm。

(4)为减少仰拱变形缝两侧沉降差异,仰拱部位二次衬砌内设 ϕ50 双层抗剪钢筋,钢筋环向间距 50 cm,仰拱变形缝空隙采用填缝料填塞。

二、隧道沉降变形观测

1. 沉降观测的内容

隧道工程沉降观测是指隧道内线路基础的沉降观测,即隧道的仰拱部分。其他如洞顶地表沉降、拱顶下沉、断面收敛沉降变形等不列入本沉降观测的内容。

2. 沉降观测点的布置

(1)隧道的进出口进行地基处理的地段,从洞口起每 25 m 布设一个断面。

(2)隧道内一般地段沉降观测断面的布设根据地质围岩级别确定,一般情况下Ⅲ级围岩每 400 m、Ⅳ级围岩每 300 m、Ⅴ级围岩每 200 m 布设一个观测断面。

(3)明暗交界处、围岩变化段及沉降变形缝位置应至少布设两个断面。

(4)地应力较大、断层破碎带、膨胀土等不良和复杂地质区段适当加密布设。

(5)隧道洞口至分界里程范围内应至少布设一个观测断面。路、隧两侧分别设置至少一个观测断面。

(6)施工降水范围应至少布设一个观测断面。

(7)长度大于 20 m 的明洞,每 20 m 设置一个观测断面。

(8)隧道工程完成后,每个观测断面在相应于两侧边墙处设一对沉降观测点,原则上设于高于水沟盖板 0.3 m 处。

第九节 设计阶段的安全风险评估及技术措施

一、隧道工程安全风险分析

1. 风险分析范围

施工图阶段应根据初步设计审查意见,对工程的安全、工期、投资、环境有重大影响的控制性隧道工程进行风险评估。施工阶段应在施工图阶段的风险评估结果基础上,编制实施性施工组织设计。

2. 分析风险因素

隧道工程风险因素详见表 3-6-4。

表 3-6-4 隧道风险因素核对表

序号	风险因素类别	风险因素	
		概 述	详 述
1	地质因素	区域地形、地貌、地质对隧道方案影响程度	偏压和浅埋,岩性,风化程度,构造(背斜、向斜、单斜、断层等),地下水位、水量、水质,自然、文化保护区,农田,既有建(构)筑物等
2		不良地质对隧道方案影响程度	危岩落石、顺层等
3		地质勘察的不确定性程度	勘察工期、工作量、工作深细度和工作经验等
4	隧道技术因素	工法选择	矿山法
5		结构设计	常规设计、特殊设计

3. 风险分析内容

风险分析内容主要为对需要进行风险评估隧道工点的风险进行分类,区分风险因素,判别风险事件,划分风险等级,分析风险后果,给出风险对策并评判残留风险等级。隧道安全风险分析见表 3-6-5。

表 3-6-5　隧道专业安全风险分析表

序号	与风险源关系		应对措施			分析结论
	风险类别	风险因素	依据	措施	结果	
1	内部	塌方	《铁路隧道设计规范》(TB 10003—2016)；《铁路工程设计技术手册(隧道)》	加强隧道超前支护措施；采用部分开挖法施工	满足设计规范、原则要求	符合
2	内部	隧道边仰坡挡护结构	《铁路工程设计技术手册(隧道)》；《铁路混凝土结构耐久性设计规范》(TB 10005—2010)；《铁路路基支挡结构设计规范》(TB 10025—2006)	支挡结构严格依据土压力、下滑力确定结构尺寸，混凝土强度等级符合耐久性相关要求	满足设计规范、原则要求	符合
3	外部	弃砟场	《铁路路基设计规范》(TB 10001—2005)	采用必要的挡护措施，以保证边坡的稳定，减少水土流失	满足设计规范、原则要求	符合

二、隧道工程安全风险技术措施

1. 浅埋、偏压段暗洞

对浅埋、偏压等地形、地质条件较差的隧道洞身段先预加固围岩后再开挖，视地质条件可采用地表砂浆锚杆、地面预注浆、地表旋喷桩等加固围岩，并根据具体围岩情况设置管棚、超前小导管、超前锚杆等超前支护措施。隧道初支采用型钢钢架支护，减小钢架的纵向间距，增加初支喷混凝土的厚度。开挖方法根据情况采用三台阶临时仰拱法、CRD法。

2. 洞口高陡边坡

隧道洞口设置严格执行“早进晚出”的原则，在洞口地形地质条件允许情况下，隧道洞口尽量接长明洞，确保洞口安全；洞口边坡根据实际情况进行清刷，并设置支挡等措施。

3. 明洞开挖

根据地质资料，结合地形特点，对明洞边坡采取适当的刷坡坡率，并对边坡采用了锚喷网防护，地质条件较差地段考虑减少边坡开挖高度，分级进行开挖，并设置平台。

4. 弃渣场

隧道弃渣优先考虑利用，包括路基和车站填方利用，部分弃渣可考虑作为混凝土骨料及片石等。如不能利用，应根据隧道附近地形和水文条件，认真研究弃渣方案，明确弃渣地点，依据《铁路建设项目临时用地复垦设计暂行规定》的要求，设置永久的渣场防护工程，并做好排水设施，防止水土流失，弃渣前进行清表，挖取原状土，弃渣完成后，覆土回填，恢复植被。

第七章　轨 道 设 计

第一节　轨道工程概况与设计原则

一、轨道工程概况

1. 正线

新建正线采用重型轨道标准，铺设 60 kg/m 钢轨，全线按跨区间无缝线路设计。

新建正线轨道结构除部分地段采用有砟轨道和 CRTSⅠ型双块式无砟轨道外，其他地段均采用 CRTSⅠ型板式无砟轨道；无砟轨道地段道岔区采用轨枕埋入式无砟轨道，详见表 3-7-1。

表 3-7-1　轨道结构类型一览表

序　号	设计起点	设计终点	轨道类型
1	K0+000	K4+458.391	有砟轨道
2	K4+458.391	K83+050.757	CRTSⅠ型板式无砟轨道
3	K83+050.757	K87+680.978	有砟轨道
4	K87+680.978	K90+176.642	CRTSⅠ型双块式无砟轨道
5	K90+176.642	K160+610.512	CRTSⅠ型板式无砟轨道
6	K160+610.512	K165+423.570	有砟轨道
7	K165+423.570	K237+962.856	CRTSⅠ型板式无砟轨道
8	K237+962.856	K258+478.552	有砟轨道

宁芜还建线轨道标准与既有宁芜线保持一致，铜九改建段与既有铜九线保持一致，池州客车疏解线轨道标准与铜九线一致。

2. 到发线

全线共设置南京南、江宁西、马鞍山东、当涂东、芜湖、弋江、繁昌西、铜陵、池州、安庆 10 个车站，其中南京南站单独立项，不纳入本线工程；芜湖、铜陵、池州、安庆为既有线改建车站，其余为新建车站。车站到发线轨道具体设计如下：

(1)有砟轨道

江宁西、马鞍山东、当涂东、弋江、繁昌西、池州站非邻靠正线的到发线采用有砟轨道；芜湖宁安场、铜陵宁安场、安庆站到发线均采用有砟轨道，站场安全线采用有砟轨道。

(2)无砟轨道

江宁西、马鞍山东、当涂东、弋江、繁昌西、池州站与正线相邻到发线采用 CRTSⅠ型双块式无砟轨道。

(3)道岔

宁安全线铺设道岔 205 组，其中正线道岔 90 组，其他道岔 115 组。正线道岔 90 组：其中 18 号道岔 74 组(无砟道岔 48 组，有砟道岔 26 组)；42 号道岔 2 组(无砟)；12 号道岔 14 组(有砟)。到发线道岔 33 组：其中 18 号道岔 27 组(无砟道岔 11 组，有砟道岔 16 组)；12 号道岔 6 组(有砟)。其他线路道岔 82 组。

二、设计原则

根据本线运营特点，轨道结构必须满足以下基本原则：

(1)正线及到发线轨道按一次铺设跨区间无缝线路设计。

(2)正线应根据线路速度等级和线下工程条件，经技术经济论证后合理选择轨道结构类型。

(3)无砟轨道的结构形式应根据线下工程类型、环境条件等具体情况，经技术经济比较后合理确定。

(4)轨道结构部件及所用工程材料应符合国家和行业相关标准的规定，并尽可能采用通用、技术先进的轨道零部件，方便运营期间的维修和备料。

(5)在满足功能要求的前提下，尽可能优化方案、节省投资。

(6)轨道结构采用成熟、先进的技术和施工工艺。

三、轨道铺设标准

1. 正线

正线轨道铺设精度应符合表 3-7-2～表 3-7-4 的规定。

表 3-7-2　正线无砟轨道静态铺设精度标准

序　号	项　　目	容许偏差	备　　注
1	轨距	±1 mm	相对于标准轨距 1 435 mm
		1/1 500	变化率
2	轨向	2 mm	弦长 10 m
		(1)2 mm/测点间距 8*a*(m)； (2)10 mm/测点间距 240*a*(m)	(1)基线长 48*a*(m)； (2)基线长 480*a*(m)
3	高　低	2 mm	弦长 10 m
		(1)2 mm/测点间距 8*a*(m)； (2)10 mm/测点间距 240*a*(m)	(1)基线长 48*a*(m)； (2)基线长 480*a*(m)
4	水平	2 mm	不包含曲线、缓和曲线上的超高值
5	扭曲	2 mm	基长 3 m，包含缓和曲线上由于超高顺坡所造成的扭曲量
6	与设计高程偏差	10 mm	站台处的轨面高程不应低于设计值
7	与设计中线偏差	10 mm	

注：表中 *a* 为扣件节点间距，单位 m。

表 3-7-3　正线有砟轨道静态铺设精度标准

序　号	项　　目	容许偏差	备　　注
1	轨距	±2 mm	相对于标准轨距 1 435 mm
		1/1 500	变化率
2	轨向	2 mm	弦长 10 m
		(1)2 mm/5 m； (2)10 mm/150 m	(1)基线长 30 m； (2)基线长 300 m
3	高　低	2 mm	弦长 10 m
		(1)2 mm/5 m； (2)10 mm/150 m	(1)基线长 30 m； (2)基线长 300 m
4	水平	2 mm	不包含曲线、缓和曲线上的超高值
5	扭曲	2 mm	基长 3 m，包含缓和曲线上由于超高顺坡所造成的扭曲量
6	与设计高程偏差	10 mm	站台处的轨面高程不应低于设计值
7	与设计中线偏差	10 mm	

表 3-7-4　道岔(直向)静态铺设精度标准

项　　目	高　　低	轨　　向	水　　平	扭曲(基长 3 m)	轨　　距	
幅值(mm)	2	2	2	2	±1	变化率 1/1 500
弦长(m)	10		—			

2. 铜九改线及客车疏解线

铜九改线及客车疏解线轨道平顺度铺设精度标准按《铁路轨道设计规范》(TB 10082—2005)相关要求执行。

第二节 有砟轨道结构设计

一、正 线

1. 钢轨

采用100 m定尺长60 kg/m U71MnG无螺栓孔新钢轨，其质量应符合《高速铁路用钢轨》(TB/B 3276—2011)的要求。道岔及钢轨伸缩调节器基本轨与正线钢轨同轨型、同钢种。正线绝缘接头应采用胶接绝缘接头，绝缘接头质量应符合相关技术条件的规定。

2. 轨枕

轨枕采用2.6 m Ⅲc型混凝土枕(图号：专线3451)，其中安庆长江大桥主桥钢桁梁地段采用与Ⅲc型混凝土轨枕配套的弹性轨枕，每公里铺设1 667根。电容轨枕及电气绝缘节轨枕根据信号专业要求设置。

双块式无砟轨道与有砟轨道过渡段，轨枕采用过渡段轨枕[图号：通线〔2008〕2201-2-60～61(无砟段)、通线〔2008〕2201-2-58～59(有砟段)]，25 m过渡段范围内，正线扣件采用WJ-7A型扣件，辅助轨扣件采用扣板式扣件(图号：研线0607)。

CRTSⅠ型板式无砟轨道与有砟轨道过渡段，无砟轨道端采用过渡轨道板，有砟有辅助轨过渡段采用过渡段轨枕(图号：通线〔2008〕2201-2-58～59)，25 m过渡段范围内，正线扣件采用WJ-7A型扣件，辅助轨扣件采用扣板式扣件(图号：研线0607)。

3. 扣件

路基和隧道地段采用弹条Ⅴ型常阻力扣件，岔区采用与岔枕配套的扣件。桥上根据铺设无缝线路的需要采用Ⅴ型小阻力扣件。

4. 道床

单线道床顶面宽度为3.6 m，砟肩堆高15 cm，道床边坡1∶1.75，双线道床顶面宽度分别按单线设计；道砟采用特级道砟。道床断面如图3-7-1所示。

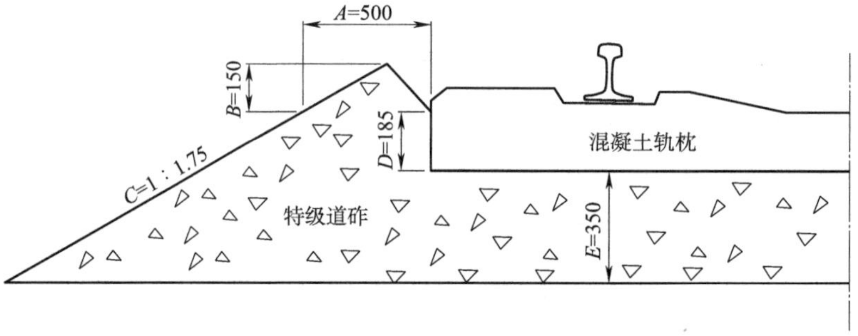

图3-7-1 道床断面示意图

(1)路基地段采用单层道床，道床厚度为35 cm；桥梁上和隧道内道床厚度为35 cm。隧道内线路中心线一侧砟肩、边坡与区间相同，砟肩与边墙(或高侧水沟)之间以道砟填平；桥上线路中心线一侧砟肩、边坡与区间相同，线路两侧的道床砟肩与挡砟墙之间以道砟填平。

(2)道床顶面低于轨枕承轨面40 mm，且高于轨枕中部顶面。铺设岔枕地段的道床顶面低于承轨面30 mm。

(3)道床分层铺设、碾压和捣固，开通前道床稳定状态不低于表3-7-5的规定值。

表3-7-5 道床稳定状态参数指标

参 数	道床横向阻力(kN/枕)	道床纵向阻力(kN/枕)	道床支承刚度(kN/mm)	枕下道床密度(g/cm^3)
测试值	≥12	≥14	≥120	≥1.75

5. 轨道结构高度

有砟轨道结构高度见表3-7-6。

表 3-7-6　有砟轨道结构高度表(mm)

正线数目	地段	钢轨	轨下垫板	轨枕	道砟厚度	轨道结构高度
正线	路基地段	176	10	230	350	766
	桥梁地段	176	10	230	350	766
	隧道地段	176	10	230	350	766
岔区、设置伸缩调节器区	路基地段	176	56	220	350	802
	桥梁地段	176	56	220	350	802

二、铜九改线及客车疏解线

铜九改线及客车疏解线采用重型轨道标准设计，铺设跨区间无缝线路，铜九改线最高设计速度 120 km/h，客车疏解线按 100 km/h 设计。

1. 钢轨

采用 100 m 定尺长、60 kg/m、无螺栓孔 U75V 全长淬火钢轨。

2. 轨枕

设有护轮轨的有砟桥面，采用新Ⅲ型混凝土桥枕；岔区铺设混凝土岔枕；其他地段采用Ⅲb 型无挡肩钢筋混凝土轨枕长度 2.6 m，铺设标准为 1 667 根/km。

根据信号专业要求设置电容枕及电气绝缘节专用枕。

3. 扣件

铺设混新Ⅲ型桥枕地段，配套采用弹条Ⅱ型扣件；铺设Ⅲb 型混凝土枕地段，配套采用弹条Ⅲ型扣件。

4. 道床

(1)道砟采用Ⅰ级碎石道砟。材料应符合国家现行标准《铁路碎石道砟》(TB/T 2140—2008)和《铁路碎石道床底砟》(TB/T 2897—1998)的规定。

(2)土质路基采用双层道床，厚 50 cm(面砟 30 cm 碎石，底砟 20 cm)；硬质岩石路堑、桥梁采用单层碎石道砟，厚度为 35 cm。道床边坡 1∶1.75，道床顶面宽 3.4 m，砟肩宽度不小于 40 cm，砟肩堆高 15 cm。当曲线半径小于 800 m 时，曲线地段外侧道床顶宽应增加 0.1 m。

(3)道床分层铺设、分层碾压和捣固。线路开通前，道床密实度不得小于 1.7 g/cm^3，支撑刚度不得小于 100 kN/mm，纵向阻力不得小于 12 kN/枕，横向阻力不得小于 10 kN/枕。

(4)轨道结构高度见表 3-7-7。

表 3-7-7　铜九改线及客车疏解线结构高度表

序　号	项　　目	类　　型	高度(m)			
			土质路基		硬质岩石路堑	桥及隧道
			路堤	路堑	路堑	轨顶至道砟底
1	路基宽度		7.8	7.4	6.8	7.8
2	钢轨	60 kg/m	0.176	0.176	0.176	0.176
3	垫板	橡胶垫板	0.01	0.01	0.01	0.01
4	轨枕	Ⅲ型无挡肩	0.230	0.230	0.230	0.230
		1 667 根/km				
5	道床	面层	0.3	0.3	0.35	0.35
		底层	0.2	0.2		
6	路拱	m	0.129	0.121	0.109	
7	上建高度	m	1.04	1.04	0.88	0.77

第三节　无砟轨道结构设计

本线无砟轨道结构形式包括 CRTSⅠ型板式无砟轨道、CRTSⅠ型双块式无砟轨道和道岔区轨枕埋入式无砟轨道等结构。

一、CRTS Ⅰ 型板式无砟轨道

(一)轨道结构组成

CRTSⅠ型板式无砟轨道结构由钢轨、扣件、预制轨道板、水泥乳化沥青砂浆调整层、混凝土底座、凸型挡台及其周围填充树脂等组成,曲线地段超高采用外轨抬高方式,桥梁及隧道地段轨道结构高度为 687 mm,路基地段轨道结构高度为 787 mm。路基、桥梁、隧道地段曲线超高均在底座上设置,如图 3-7-2～图 3-7-7 所示。

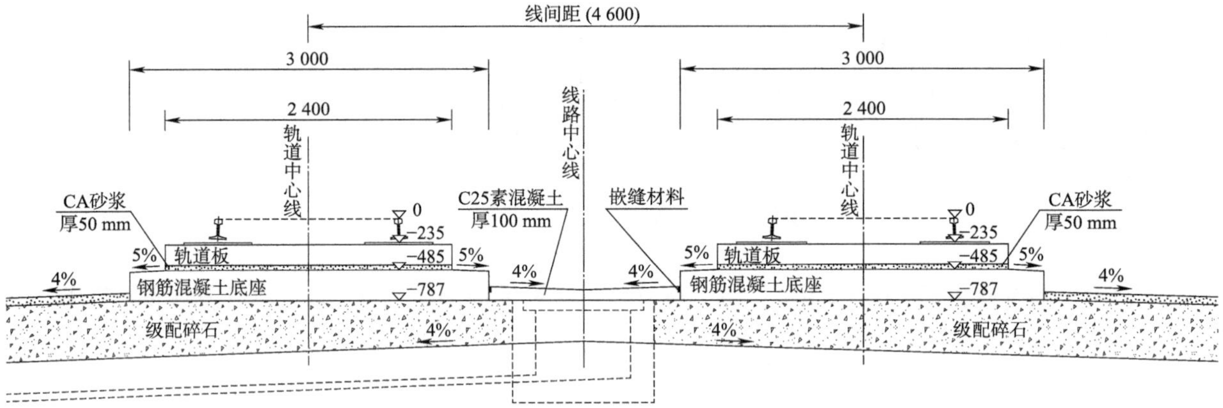

图 3-7-2 路基直线地段 CRTSⅠ型板式无砟轨道横断面图(单位:mm)

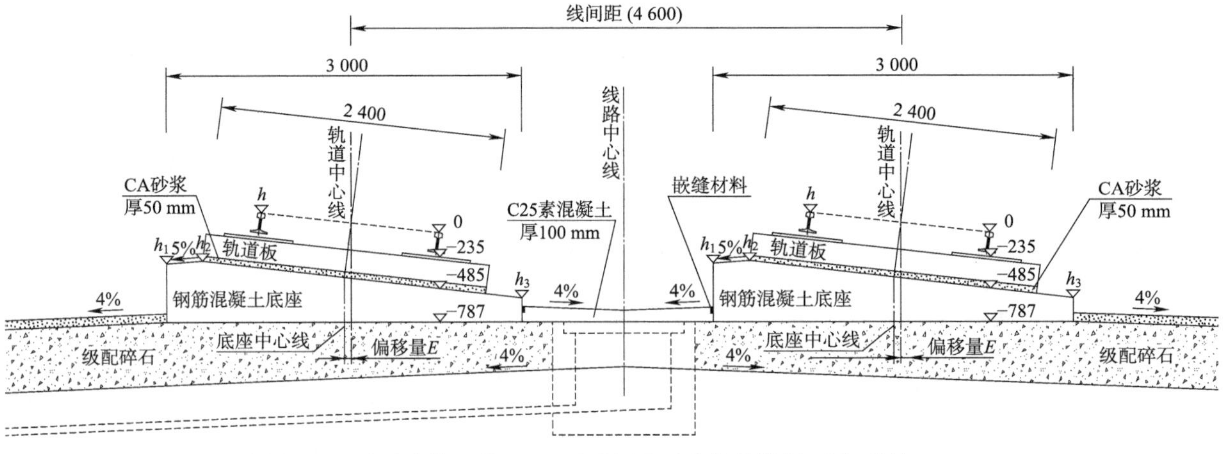

图 3-7-3 路基曲线地段 CRTSⅠ型板式无砟轨道横断面图(单位:mm)

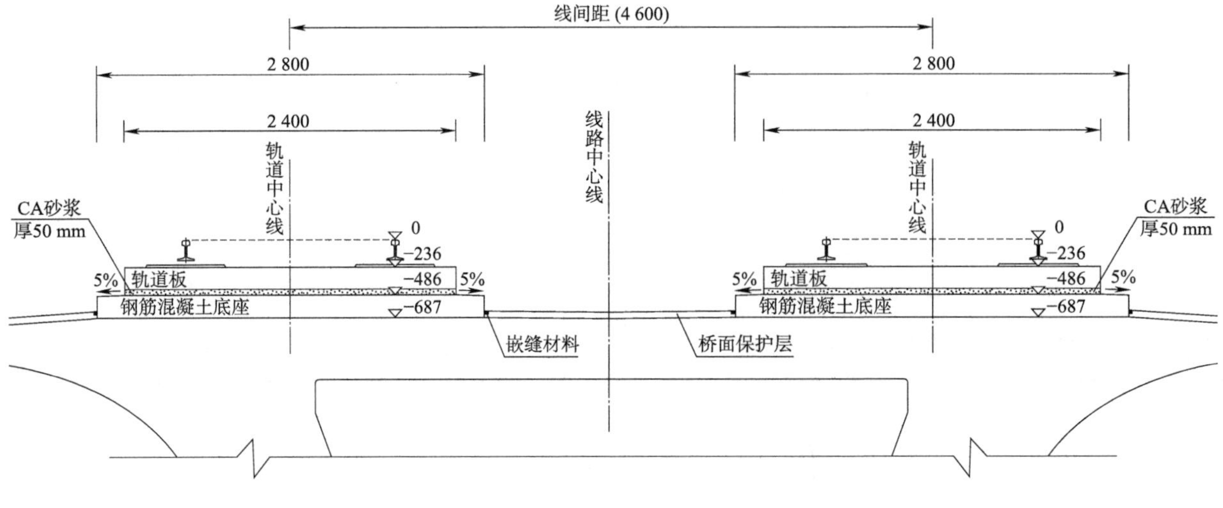

图 3-7-4 桥梁直线地段 CRTSⅠ型板式无砟轨道横断面图(单位:mm)

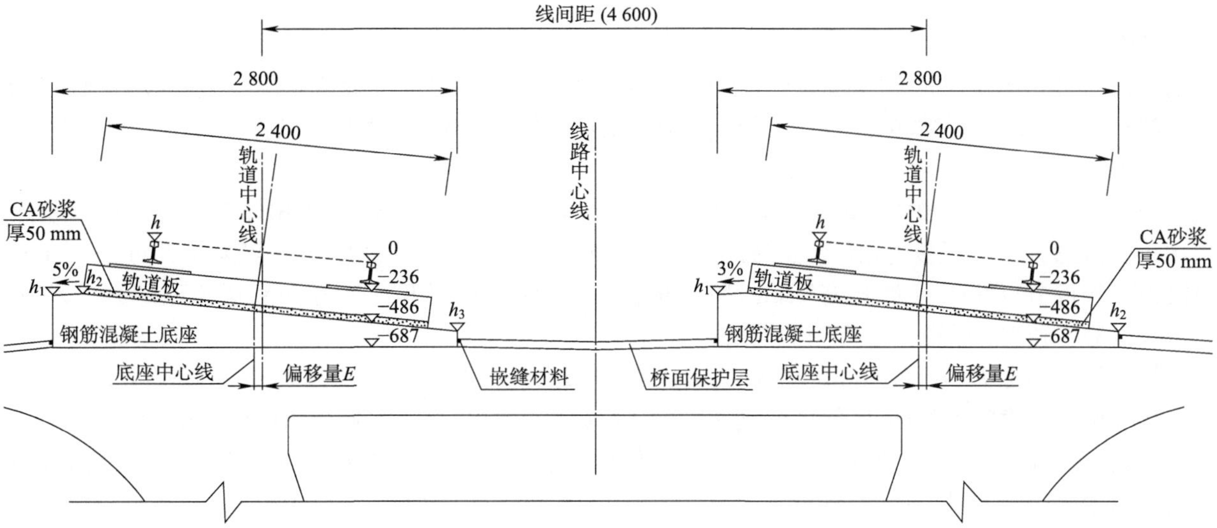

图 3-7-5　桥梁曲线地段 CRTSⅠ型板式无砟轨道横断面图(单位:mm)

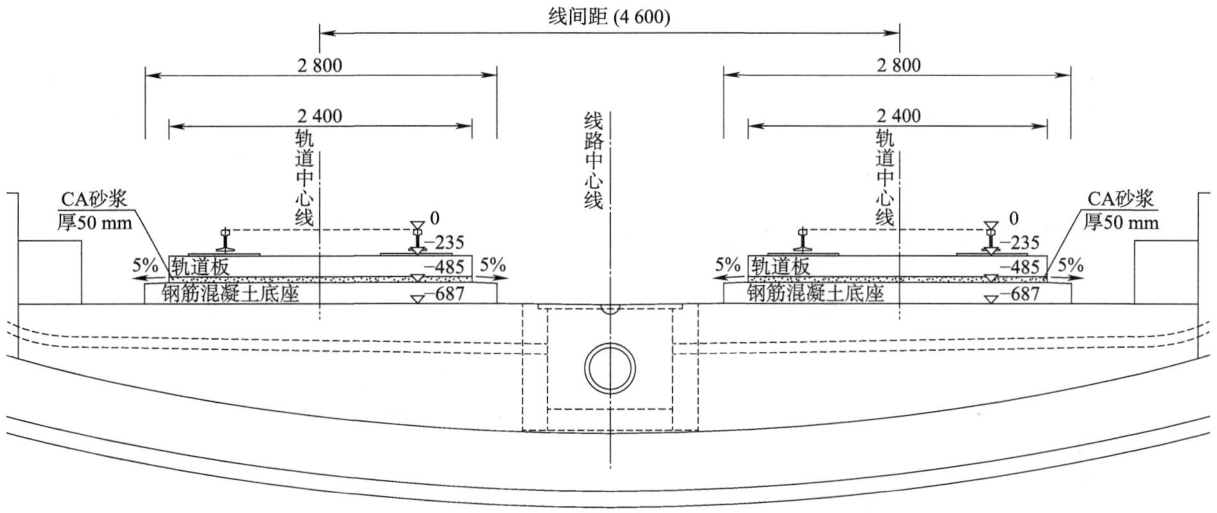

图 3-7-6　隧道直线地段 CRTSⅠ型板式无砟轨道横断面图(单位:mm)

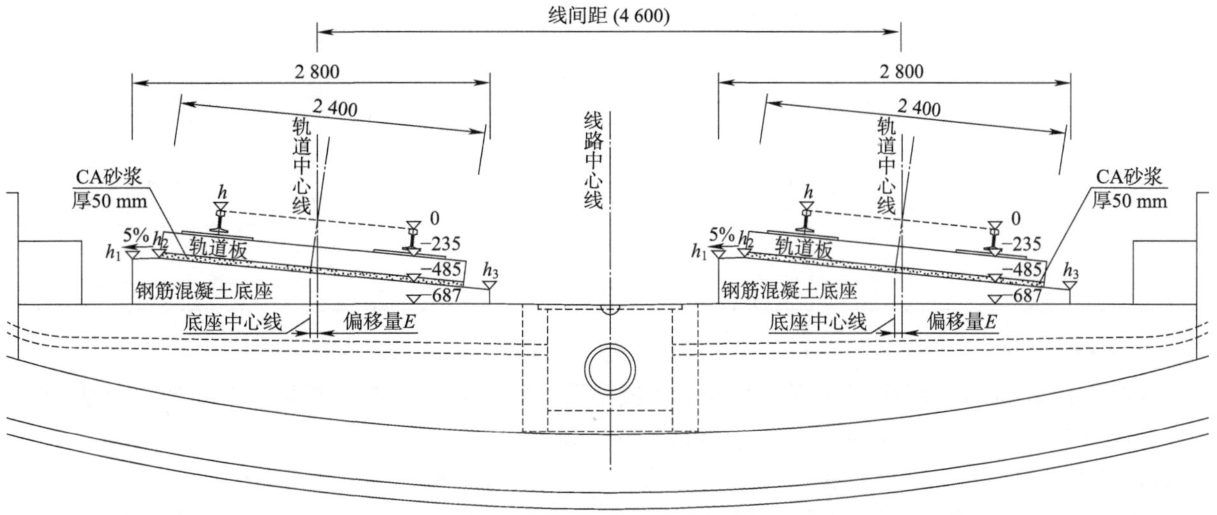

图 3-7-7　隧道曲线地段 CRTSⅠ型板式无砟轨道横断面图(单位:mm)

(二)各组成部分设计

1. 钢轨

钢轨采用100 m定尺长60 kg/m U71MnG无螺栓孔新钢轨，钢轨质量符合《高速铁路用钢轨》(TB/B 3276—2011)。正线绝缘接头采用胶接绝缘接头，绝缘接头质量应符合相关技术条件的规定。

2. 扣件

采用WJ-7A型扣件，扣件满足铁科技函〔2006〕248号《关于发布〈客运专线扣件系统暂行技术条件〉的通知》中的相关要求。轨道板内扣件节点间距根据不同类型轨道板设计尺寸确定，一般为629 mm、617 mm；一般地段板间扣件节点间距不大于650 mm，特殊地段(如大跨连续梁及小半径曲线梁跨两端)一般不大于700 mm，在最不利工况情况下不大于725 mm。

扣件垫板静刚度为35 kN/mm(±5 kN/mm)，扣件节点静刚度为50 kN/mm(±10 kN/mm)。

路基地段采用常阻力扣件；区间连续梁地段除梁端第一组扣件采用常阻力扣件外其余均采用相应的小阻力扣件，设置小阻力扣件地段采用X2型弹条并配用复合垫板；小阻力扣件铺设地段见表3-7-8，其余简支梁地段均采用常阻力扣件。

表3-7-8 简支梁上铺设小阻力扣件地段表

序号	桥名	行别	起始里程	终点里程	长度(m)
1	江宁特大桥	上行	K20+209.925	K22+532.504	2 323
		下行	K21+719.672	K22+532.504	813
		上、下行	K22+664.716	K23+025.409	361
		上、下行	K23+138.746	K25+493.594	2 355
2	牧龙河特大桥	上、下行	K27+691.741	K29+815.432	2 124
3	跨汤铜路特大桥	上、下行	K30+757.200	K31+263.113	506
4	跨314省道特大桥	上、下行	K58+423.142	K58+521.407	98
		上、下行	K58+634.450	K58+659.192	25
5	姑溪河特大桥	上、下行	K60+096.899	K60+889.962	793
		上、下行	K61+630.460	K63+715.700	2 085
6	青山河特大桥	上、下行	K64+964.724	K66+336.817	1 372
		上、下行	K66+522.277	K66+593.975	72
7	龙山大桥	上行	K66+841.719	K67+231.200	389
8	扁担河特大桥	上行	K68+347.267	K80+828.477	12 481
		下行	K69+252.885	K80+828.477	11 576
		上、下行	K80+889.732	K81+059.562	170
9	漳河特大桥	上行	K102+053.000	K111+905.000	9 285
			K112+035.000	K114+175.000	2 140
			K114+420.000	K114+865.000	445
			K115+035.000	K117+090.000	2 055
			K117+355.000	K117+485.000	130
			K118+000.000	K118+370.000	370

3. 轨道板

轨道板采用双向后张、部分预应力混凝土结构，混凝土强度等级为C60。轨道板宽2.4 m，轨道板厚200 mm，扣件位置设置20 mm厚凸台；轨道板长度根据布板设计确定。

CRTSⅠ型板式无砟轨道轨道板采用单元分块式结构，共有7种标准轨道板，分别为P4962、P4962A、P4856、P4856A、P3685、P3685A、P3685B；根据路基、桥梁和隧道布置长度设有P3345、P4311、P4457、P4652、P5980、P6230和P6480 7种非标准轨道板，轨道板的制造验收按《客运专线铁路CRTSⅠ型板式无砟轨道混凝土轨道板暂行技术条件》(科技基〔2008〕74号)执行。主要板型适用地段详见表3-7-9。

表 3-7-9 不同板型适用地段表

序 号	板 型	结构特点	适用地段
1	P4962	板端均为圆形凸形挡台	普通路桥隧地段
2	P4962A	板端一端为圆形凸形挡台，一端为半圆形凸形挡台，同时轨道板上设置辅助轨	有砟无砟轨道过渡段
3	P4856	板端均为圆形凸形挡台	普通路桥隧地段
4	P4856A	板端一端为圆形凸形挡台，一端为半圆形凸形挡台	路桥分界处及梁端
5	P3685	板端一端为圆形凸形挡台，一端为半圆形凸形挡台	路桥、路隧分界处及梁端
6	P3685A	板端均为圆形凸形挡台	普通路桥隧地段
7	P3685B	板端一端为圆形凸形挡台，一端为半圆形凸形挡台，同时扣件间距进行了调整	特殊地段处的梁端
8	P4652	板端均为圆形凸形挡台	非标梁及短路基地段

4. CA 砂浆调整层

轨道板下铺设 CA 砂浆调整层，设计厚度为 50 mm，其技术指标满足《客运专线铁路 CRTS Ⅰ型板式无砟轨道水泥乳化沥青砂浆暂行技术条件》(科技基〔2008〕74 号)的要求。CA 砂浆采用专用灌注袋施工，灌注袋技术指标满足《客运专线铁路 CRTS Ⅰ型板式无砟轨道水泥乳化沥青砂浆和凸台树脂用灌注袋暂行技术条件》(科技基〔2008〕74 号)的要求。

5. 底座及凸型挡台

底座及凸型挡台为 C40 钢筋混凝土结构。

混凝土底座宽度：桥梁和隧道地段为 2 800 mm，路基地段为 3 000 mm。

混凝土底座厚度：桥梁及隧道地段为 202 mm；路基地段为 302 mm。

混凝土底座长度：普通路基地段每 3～4 块轨道板长对应的底座长度设置一处伸缩缝，混凝土整体浇筑路基上每块轨道板对应一处伸缩缝，同时，在混凝土路基沉降缝上方底座板也对应设置伸缩缝，伸缩缝同路基沉降缝同宽，但最大不超过 20 mm。当凸型挡台遇沉降缝时，可适当调整不同板型的放置顺序使凸形挡台避开沉降缝，避开距离不应小于 2 m。

隧道地段每 2 块轨道板长对应底座设置一处伸缩缝，底座遇隧道沉降缝对应设置伸缩缝，当凸形挡台遇沉降缝时，可适当调整不同板型的放置顺序使凸型挡台避开沉降缝，避开距离不应小于 2 m。

伸缩缝处采用聚乙烯泡沫塑料板填缝，并用聚氨酯密封。伸缩缝宽 20 mm，一般伸缩缝对应凸形挡台中心并绕过凸形挡台，同时伸缩缝应结合行车方向进行设置。混凝土路基及隧道沉降缝处底座伸缩缝避开凸台不小于 2 m。

路基地段每处伸缩缝处在底座内设置 10 根直径 38 mm 的传力杆，传力杆采用间隔反向布置，混凝土浇筑路基地段底座板伸缩缝处不设传力杆。

凸形挡台分圆形及半圆形两种，其中半圆形设置在梁跨端部或结构断缝处；凸形挡台半径为 260 mm，高度为 260 mm。凸形挡台周围灌注树脂。凸形挡台填充树脂技术性能应满足《客运专线铁路 CRTS Ⅰ型板式无砟轨道凸形挡台填充聚氨酯树脂(CPU)暂行技术条件》的相关要求。施工时凸形挡台填充树脂采用袋装灌注，灌注袋外形尺寸及性能指标应满足《客运专线铁路 CRTS Ⅰ型板式无砟轨道水泥乳化沥青砂浆和凸台树脂用灌注袋暂行技术条件》(科技基〔2008〕74 号)的相关要求。

(三)轨道结构高度

CRTSⅠ型板式无砟轨道结构高度设置见表 3-7-10。

表 3-7-10 CRTSⅠ型板式无砟轨道结构高度(单位：mm)

组成 基础	钢 轨	扣 件	承 轨 台	轨 道 板	CA 砂浆层	底 座	轨道结构高度
路基	176	41	20	200	50	300	787
桥梁	176	41	20	200	50	200	687
隧道	176	41	20	200	50	200	687

(四)与线下结构连接

1. 混凝土表面拉毛

桥梁、隧道地段线路中心线 2.6 m 及混凝土浇筑路基地段线路中心线 2.8 m 范围内的混凝土结构(梁面、隧道混凝土填充层和混凝土浇路基顶面等)应进行拉毛或凿毛处理,混凝土其表面浮砟、碎片、油渍等应清除干净,无积水。

2. 设置预埋套筒(钢筋)或植筋

(1)梁面及桥台预埋套筒

桥梁地段应设置预埋套筒,其中梁内及桥台处预埋及底座内连接套筒钢筋采用直径为 16 mm 的 HRB335 端头套丝钢筋,钢筋端头螺纹采用辊轧成型,按《滚轧直螺纹钢筋连接接头》(JG 163—2004)标准执行,连接套筒采用 45 号优质碳素钢加工。

(2)隧道洞口植筋

隧道洞口 100 m 范围在隧道仰拱回填层上植入直径 14 mm 的 HRB335 级钢筋,植筋深度为 200 mm,植筋在底座宽度范围 4 根一排,且均匀分布,根据现场施工情况,可适当调整植筋位置。

(3)混凝土浇筑路基地段植筋

在混凝土浇筑路基地段底座板和路基之间通过植筋进行连接,植入直径为 16 mm 的 HRB335 级钢筋,植筋深度为 350 mm,植筋在底座宽度范围 4 根一排,且均匀分布,根据现场施工情况,可适当调整植筋位置。

(五)路桥分界处混凝土底座加强地段

对于路桥分界点处,设计对混凝土底座结构通过加强配筋进行了加强。同时在此基础上,应将混凝土底座下部做出 1∶3 的斜坡,底座内相应钢筋适当调整,并在混凝土底座与台后混凝土块之间铺设一层土工布进行隔离,如图 3-7-8 所示。

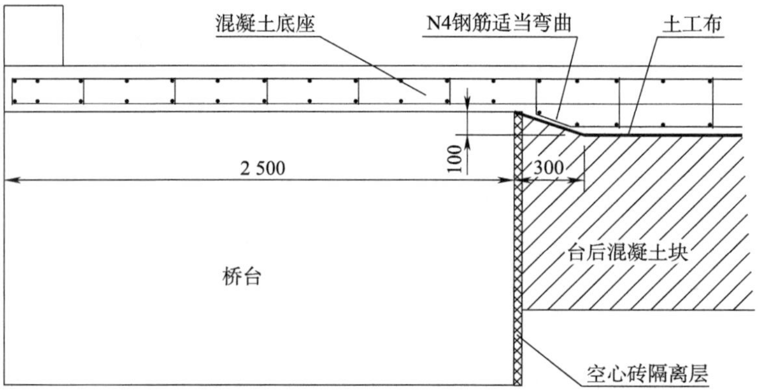

图 3-7-8 路桥过渡处底座加强图(单位:mm)

(六)轨道绝缘

轨道板、凸形挡台内钢筋进行绝缘处理,底座内钢筋不绝缘。

(七)综合接地

轨道板内设置接地钢筋和接地端子,轨道板接地端子采用接地钢缆连接,再通过接地电缆连接到桥梁或路基综合接地端子上,接地单元长度不大于 100 mm,每一单元与贯通地线单点“T”形连接一次(即接地单元的中部从接地端子处引出接地电缆连接到综合接地端子上)。

二、CRTSⅠ型双块式无砟轨道

(一)轨道结构组成

路基(桥梁)地段 CRTSⅠ型双块式无砟轨道结构组成自上而下分别为钢轨、WJ-8A 型扣件、双块式轨枕、道床板、支承层(底座)等部分,曲线地段超高采用外轨抬高方式,路基地段曲线超高在路基基床表层设置,桥梁地段曲线超高在底座上设置,如图 3-7-9～图 3-7-12 所示。

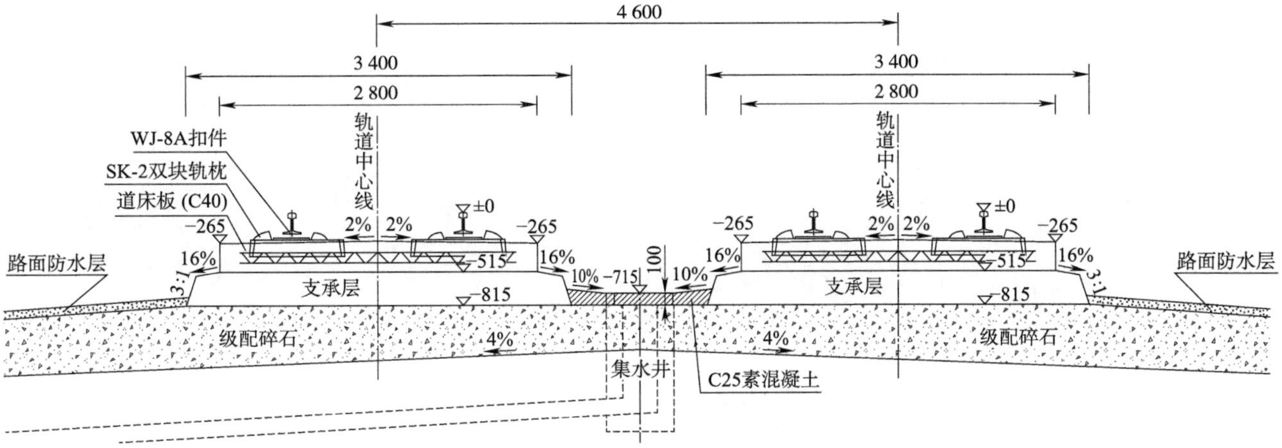

图 3-7-9　路基直线地段 CRTSⅠ型双块式无砟轨道横断面图(单位:mm)

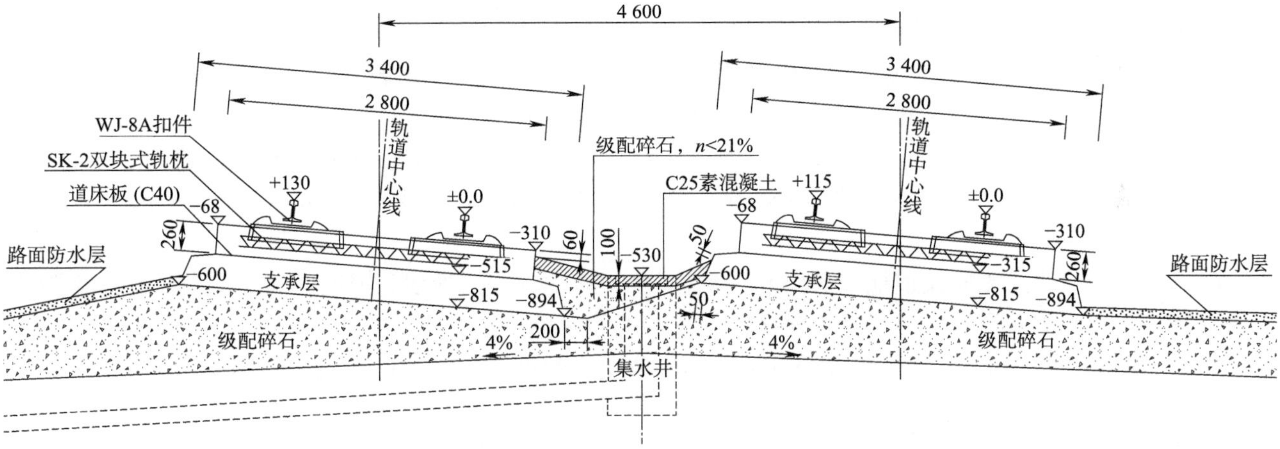

图 3-7-10　路基曲线地段 CRTSⅠ型双块式无砟轨道横断面图(单位:mm)

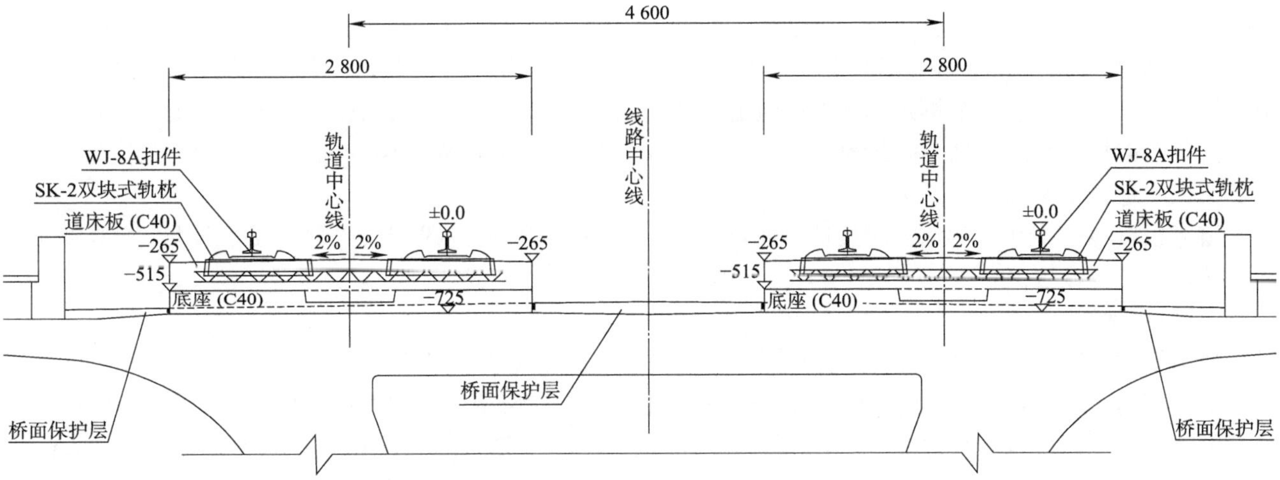

图 3-7-11　桥梁直线地段 CRTSⅠ型双块式无砟轨道横断面图(单位:mm)

(二)各组成部分设计

1. 钢轨

正线钢轨采用 100 m 定尺长 60 kg/m U71MnG 无螺栓孔新钢轨，钢轨质量符合《高速铁路用钢轨》(TB/B 3276—2011)。正线绝缘接头采用胶接绝缘接头，绝缘接头质量应符合相关技术条件的规定。

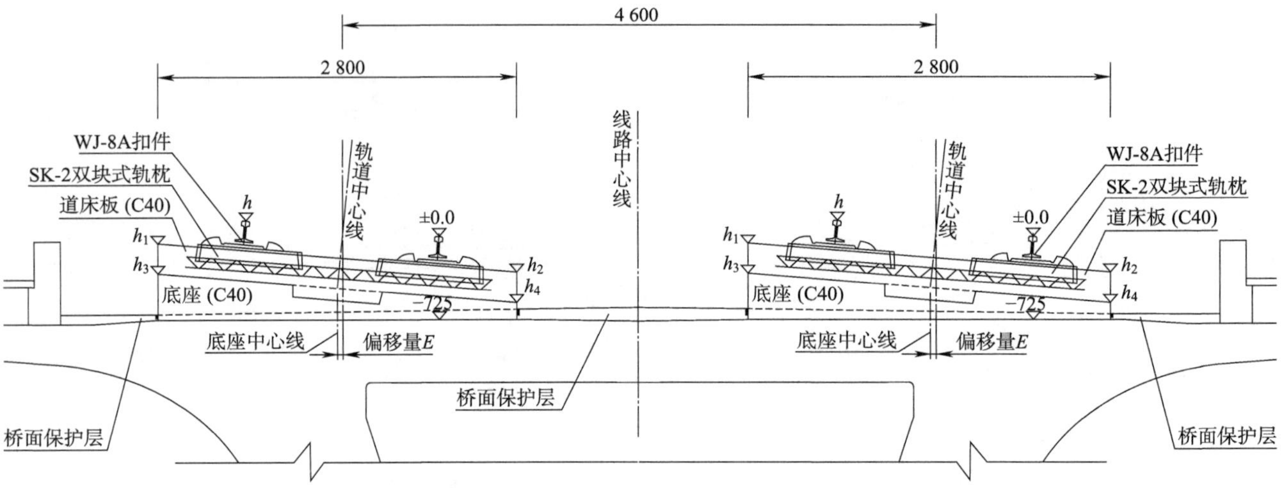

图 3-7-12 桥梁曲线地段 CRTSⅠ型双块式无砟轨道横断面图(单位:mm)

2. 扣件

宁安铁路 CRTS Ⅰ型双块式无砟地段采用与 SK-2 型双块式轨枕相配套的 WJ-8A 型扣件，扣件满足《关于发布〈客运专线扣件系统暂行技术条件〉的通知》(铁科技函〔2006〕248 号)中的相关要求。

扣件节点间距一般地段为 650 mm，最小值不宜小于 600 mm。特殊地段按岔区相关设计图纸要求执行。扣件垫板静刚度为 35 kN/mm(±5 kN/mm)，扣件节点静刚度为 50 kN/mm(±15 kN/mm)。

3. 轨枕

CRTS Ⅰ型双块式无砟轨道地段采用 SK-2 型双块式轨枕(图号：通线〔2011〕2351-I)，其质量满足《客运专线铁路双块式无砟轨道双块式混凝土轨枕暂行技术条件》(科技基〔2008〕74 号)的要求。轨枕间距一般取 650 mm，不宜小于 600 mm。桥梁上梁缝处最大扣件节点间距可按 680 mm 控制，但不连续设置。

4. 道床板

(1)路基地段

路基地段道床板采用连续浇筑，混凝土等级为 C40，道床板宽度为 2 800 mm，厚度为 260 mm，道床板顶面根据具体情况设置一定的横向排水坡。

道床板结构内纵横向钢筋节点采用绝缘卡绝缘，在道床板混凝土浇筑前进行了轨道电路传输距离的测试检查，以满足轨道电路传输距离的要求。路基地段双块式无砟轨道中的接地钢筋利用道床板内结构钢筋，道床板设三根纵向接地钢筋，即道床板上层轨道中心一根钢筋和最外侧两根钢筋。连续道床板不超过 100 m 设置一条横向接地钢筋。纵横向接地钢筋交叉点进行了焊接，接地钢筋不构成电气环路。接地钢筋与其他钢筋交叉时进行了绝缘处理。

道床板接地每 100 m 形成一个接地单元，接地单元中部与“贯通地线”单点“T”形可靠连接，接地单元之间的接地端子不连接。

(2)桥梁地段

桥梁地段道床板采用分块浇筑，混凝土等级为 C40，道床板宽度为 2 800 mm，厚度为 260 mm。道床板表面采用双向排水坡，横向排水坡度 2%。桥上每块道床板一般设两个凸向底座方向的限位凸台，限位凸台在高度方向成四棱台型，倾角为 1∶10，上下表面的尺寸分别为 1 022 mm×700 mm、1 000 mm×678 mm，高为 110 mm。

桥上双块式无砟轨道中的接地钢筋利用道床板内结构钢筋，每块道床板设三根纵向接地钢筋，即道床板上层轨道中心处一根钢筋和最外侧两根钢筋。分块道床板每块道床板内设一根横向接地钢筋。纵横向接地钢筋交叉点进行了焊接，接地钢筋不构成电气环路。接地钢筋与其他钢筋交叉时进行了绝缘处理。CRTS Ⅰ型双块式无砟轨道端梁设置如图 3-7-13 所示。

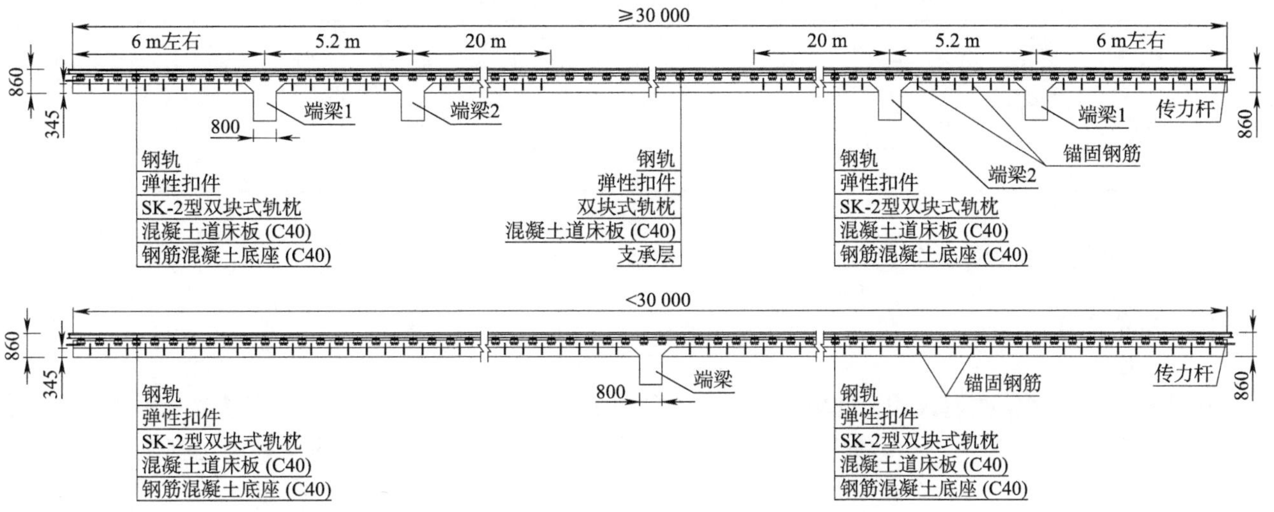

图 3-7-13 CRTSⅠ型双块式无砟轨道端梁设置图(单位:mm)

分块道床板两端设接地端子,接地端子间采用截面 200 mm^{2}不锈钢缆连接,每根不锈钢缆一般情况下长 0.4 m,遇到道床板间距离较大时,连接的不锈钢缆长度根据现场实际情况确定。

无砟轨道通过不锈钢缆纵向相连,形成一个接地单元,接地单元最大长度不超过 100 m。接地单元通过分支接地线按最短径路原则与贯通地线接地端子单点"T"形可靠连接,相邻两接地单元之间的接地端子不连接。

5. 支承层和底座

(1)支承层

路基地段 CRTSⅠ型双块式无砟轨道道床板下为支承层,支承层施工前对路基沉降进行验收,验收标准满足相应规范要求。在路基基床表层铺设水硬性支承层,困难条件下可采用 C15 低塑性混凝土支承层。支承层底面宽度为 3 400 mm,厚度 300 mm,支承层两侧边设置 3∶1 的斜坡。支承层连续摊铺并每隔 5.2 m 左右设一深度约 105 mm 的横向伸缩假缝。伸缩假缝位置在两轨枕的中间设置,避免伸缩假缝位置处于轨枕块的下方。支承层浇筑完后在其道床板宽度范围内的表面进行拉毛。支承层满足《客运专线铁路无砟轨道支承层暂行技术条件》(科技基〔2008〕74 号)的相关标准要求。

当 CRTSⅠ型双块式无砟轨道段落长度大于等于 30 m 时,在连续道床板的两端分别设置两个 C40 钢筋混凝土端梁;当段落长度小于 30 m 时,在连续道床板的中部设置一个钢筋混凝土端梁。端梁沿线路横向 3.4 m,沿线路纵向 0.8 m,端梁与道床板浇筑为一整体,端梁在路基基床表层内埋置深度为 1 m,其相邻道床板下采用钢筋混凝土底座结构,道床板与钢筋混凝土底座之间采用预埋钢筋进行锚固。端梁范围内的支承层采用钢筋混凝土结构。在端梁设置的一定范围内,道床板与支承层间采用"门"形钢筋连接。

(2)底座

桥梁地段 CRTSⅠ型双块式无砟轨道道床板下为底座,底座直接浇筑在桥面上,并与桥面预置连接钢筋连接。桥上混凝土底座采用分块式结构,底座板长度、宽度跟道床板的长度、宽度相同。

桥上每块底座板上设置两个凹槽,与道床板的限位凸台相匹配。凹槽内侧铺设弹性垫层,其技术性能满足相应技术条件的规定。

道床板与底座板之间设置中间隔离层,采用 4 mm 厚聚丙烯非织造土工布,其技术条件满足相应技术条件的规定。

(三)轨道结构高度

路基地段 CRTSⅠ型双块式无砟轨道结构高度为 815 mm,桥梁地段 CRTSⅠ型双块式无砟轨道结构高度为 725 mm,具体设置见表 3-7-11。

表 3-7-11 CRTS Ⅰ型双块式无砟轨道结构高度(单位:mm)

基础＼组成	钢轨	扣件	承轨台	轨道板	底座	轨道结构高度
路基	176	34	45	260	300	815
桥梁	176	34	45	260	210	725

三、岔区轨枕埋入式无砟轨道

(一)路基地段

1. 结构组成

路基地段道岔区轨枕埋入式无砟轨道从上到下的组成为:钢轨、扣件系统、岔枕、钢筋混凝土道床板和底座,设计轨道结构高度为 950 mm,如图 3-7-14 所示。道岔钢轨、扣件系统、轨枕及附件满足相关技术条件的要求。

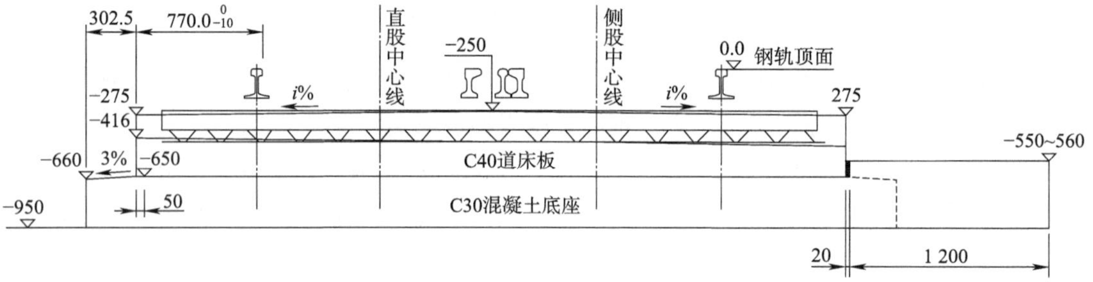

图 3-7-14 路基地段轨枕埋入式道岔横断面(单位:mm)

2. 道床板

道床板混凝土强度等级采用 C40,为钢筋混凝土结构。接地钢筋按设计图纸要求焊接,其余道床板内上、中、下层纵向钢筋与横向钢筋、岔枕桁架钢筋交点处及纵向钢筋搭接处均设置绝缘卡;直向外股轨下部位道床厚度为 382 mm,岔区道床板轨道结构高度为 650 mm。各段道床板以道床中心线向两侧设置 $i\%$的横向排水坡。

道岔范围(含渡线的两组道岔)应一次浇筑,道岔前、后的正线轨道宜与道岔一次浇筑。在连续道床板的端部分别设置端梁,端梁与道床板浇筑为一整体,端梁在路基基床表层内埋置深度为 1 m。

转辙机牵引点所在位置的道床板设置横向的拉杆槽,槽底距离钢轨底不得小于 240 mm,槽宽按照岔枕间隔控制,槽长根据道岔设备图纸要求确定,槽底由内向外设置 $i\%$的横向排水坡。

道岔道床板与双块道床板相接处设置 20 mm 厚的假缝,用 20 mm×20 mm 有机硅酮嵌缝材料封面。

3. 支承层

端梁范围内道床板下设置强度等级为 C30 的钢筋混凝土底座,并采用销钉与道床板连接,其他地段道床板下设置支承层。支承层采用 C15 低塑性混凝土,性能指标满足《客运专线铁路无砟轨道支承层暂行技术条件》(科技基〔2008〕74 号)。支承层厚 300 mm,边缘至外侧轨道中心线的距离为 1 900 mm。支承层连续铺筑,应每隔 5 m 设一深度约 105 mm 的横向伸缩假缝。切缝应在支承层硬化前进行。

4. 转辙机平台

在转辙机安装位置设计钢筋混凝土转辙机平台,转辙机平台的表面与轨面的高度可根据转辙机的安装情况进行调整。

5. 综合接地

道岔道床板内应设置接地钢筋和接地端子,接地单元长度不得大于 100 m。每一单元内接地钢筋间采用搭接焊方式进行连接,焊接长度单面焊不小于 200 mm,双面焊不小于 100 mm,焊接厚度至少 4 mm,钢筋间十字交叉时采用“L”形钢筋进行焊接。每一单元通过接地电缆与贯通地线单点“T”形连接一次。每一单元间的接地钢筋采用绝缘接头连接,转辙机及密贴检查器处综合接地按信号专业要求设置处理。

(二)桥梁地段

1. 结构组成

桥上道岔区轨枕埋入式轨道从上到下的组成为:钢轨、扣件系统、岔枕、钢筋混凝土道床板、中间分隔层和钢筋混凝土底座,设计轨道结构高度为 860 mm,如图 3-7-15 所示。道岔钢轨、扣件系统、轨枕及附件满足相关技术条件的要求。

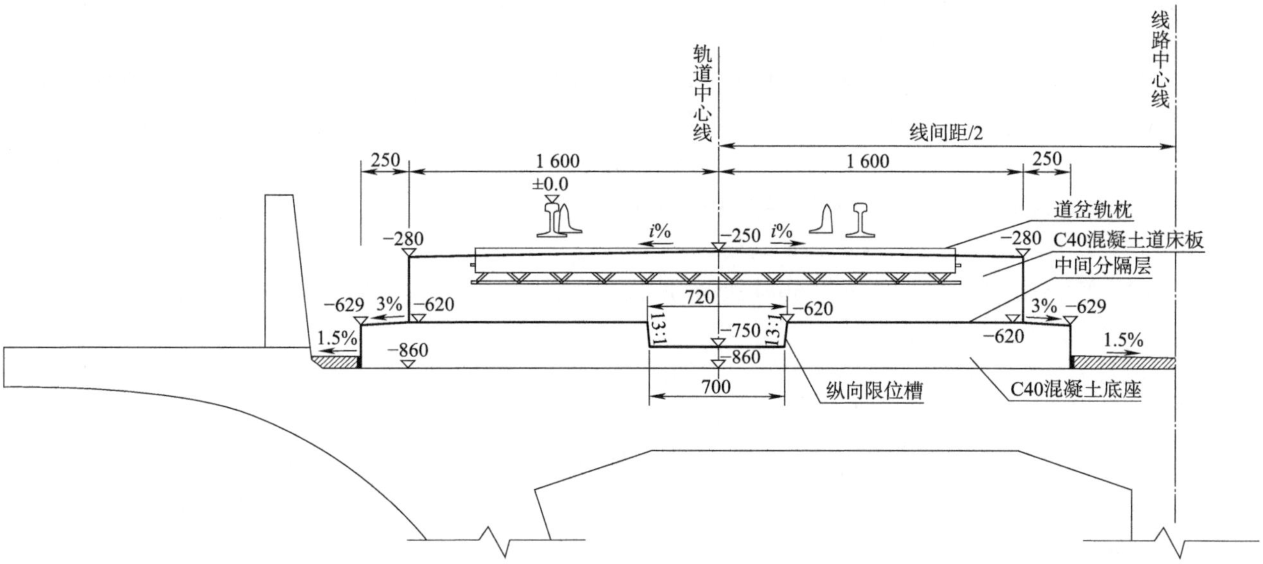

图 3-7-15　桥上轨枕埋入式道岔横断面(单位:mm)

2. 道床板

道岔道床板采用 C40 混凝土现场浇筑而成,厚 370 mm,道床板边缘至外侧轨道中心线的距离为 1 600 mm,道床板面根据具体情况设置横向排水坡。道床板内钢筋按照绝缘设计,除接地钢筋交叉、搭接采用焊接外,其余钢筋交叉、搭接处均应设置绝缘卡。

桥上道岔道床板构筑于底座上,中间设置分隔层,并通过底座的纵、横向限位凹槽固定道床板位置。道床板根据道岔轨枕的布置划分为多个单元块,长度取 25～45 m。单元块之间设横向伸缩缝,伸缩缝宽 100 mm,伸缩缝根据岔枕铺设情况垂直于直股线路中心线布置,并位于两岔枕正中位置。

转辙机牵引点所在位置的道床板设置横向的拉杆槽,槽底距离钢轨底不得小于 240 mm,槽宽按照岔枕间隔控制,槽长根据道岔设备图纸要求确定,槽底由内向外设置 1%的横向排水坡。

3. 底座

桥上道岔区底座采用 C40 混凝土在桥面现场浇筑而成,设计底座高度为 240 mm,通过预埋连接钢筋与桥面相连。底座分段长度与道床板单元一致,宽度比道床板两侧各宽 250 mm,即底座边缘至外侧轨道中心线的距离为 1 850 mm。底座顶面水平,道床板外侧 250 mm 范围设 3%的横向排水坡。底座内钢筋按照绝缘设计,所有钢筋搭接及交叉处设置绝缘卡。

道岔区道床板与底座间设置“一布”中间分隔层,土工布(厚 4 mm)其质量、技术性能指标符合相关技术条件的要求。底座顶面设置底宽 700 mm、深 130 mm 的纵、横向限位凹槽,其长度及个数根据分块布置及结构受力要求设计,限位槽四周安装弹性垫板。

4. 转辙机平台

在转辙机安装位置设计钢筋混凝土转辙机平台,平台顶面距轨顶根据道岔供货商提供的转辙机安装要求确定,平台与道床相接处设置 20 mm 的结构缝,用嵌缝板填充,并用硅酮填缝密封材料封闭。

5. 综合接地

道岔道床板内应设置接地钢筋和接地端子,道床板接地端子采用接地钢缆连接,再通过接地电缆连接到桥梁防撞墙上预埋的接地端子上,接地单元长度不大于 100 mm,每一单元与贯通地线单点“T”形连接一次。

四、无砟、有砟轨道过渡段

(一)正线无砟、有砟轨道过渡

过渡段基本轨之间设置两根 25 m 长的 60 kg/m 辅助轨,其中有砟轨道地段 20 m,无砟轨道地段 5 m,基本轨与辅助轨中心距为 500 mm。

自有砟、无砟轨道分界点开始的五块轨道板采用减振型轨道板,轨道板下粘贴 20 mm 厚橡胶弹性垫层,过渡段第一块轨道板采 P4962A 型。

过渡段在有砟轨道 45 m 范围内设置道砟胶,道砟胶按全部黏结及部分黏结方式设置。过渡段有砟轨道侧设置辅助轨范围采用 2.6 m 长过渡段轨枕(图号:通线〔2008〕2201-2-58),配套采用 WJ-7A 型扣件,垫板刚度为 45 kN/mm。过渡段有砟轨道下设置长 8 m、宽 3.0 m、厚 250 mm 钢筋混凝土搭板,搭板延伸至无砟轨道范围内 5 m,搭板范围内枕下道床厚度为 350 mm。

(二)岔区无砟轨道与到发线有砟轨道过渡

站内无砟道岔侧股与到发线有砟轨道连接时,应设置无砟、有砟轨道过渡段。根据实际情况过渡段可采取以下几种工程措施:

(1)过渡段基本轨之间设置两根 60 kg/m 辅助轨,基本轨与辅助轨中心距为 500 mm,辅助轨扣件采用扣板式扣件。

(2)过渡段在有砟轨道范围内设置道砟胶,道砟胶按全部黏结及部分黏结方式设置。

(3)过渡段有砟轨道下设置一定长度,厚 300 mm 的混凝土支承层,支承层延伸至无砟轨道范围内 2.0 m,支承层范围内枕下道床厚度为 350 mm。

五、曲线超高

曲线超高设置应优先满足本线直通列车的旅客舒适度要求,并兼顾低于本线运行速度的跨线列车和中间站进出站列车的旅客舒适度要求。曲线超高在混凝土底座上设置,采用外轨抬高方式,并在缓和曲线区段完成线性过渡。

第四节 跨区间无缝线路设计

宁安铁路正线范围内全部一次性铺设跨区间无缝线路,紧邻正线的到发线铺设跨区间无缝线路。

一、单元轨节布置

跨区间无缝线路由若干单元轨节及正线道岔焊接而成,区间单元轨节长度宜为 1 000～2 000 m,一般为 1 500 m,在单元轨节长度调整地段,单元轨节长度最短不应小于 200 m。无缝道岔中单组或相邻多组一次锁定的道岔及其间线路组成一个单元轨节;长度大于 1 000 m 的隧道、小半径曲线地段宜单独设计为一个或多个单元轨节。

在焊轨厂或焊轨基地将 100 m 定长无螺栓孔新轨焊接成 500 m 的长钢轨,运抵施工现场后再进行单元焊和锁定焊。

工地焊接接头不应设置在不同轨道结构过渡段以及不同线下基础过渡段范围内,并距离桥台边墙和桥墩不应小于 2 m。

在无缝道岔、钢轨伸缩调节器及其前后线路,长大桥梁范围内,长度超过 1 km 的隧道及小半径曲线地段按一个或多个单元轨节设计。

二、设计锁定轨温

无缝线路在设计锁定范围内锁定,且相邻单元轨节间的施工锁定轨温差不大于 5 ℃,同一单元轨节左右单元轨的施工锁定轨温差不大于 3 ℃,同一区间内的单元轨节的最高和最低的锁定轨温差不大于 10 ℃。

当隧道内外无缝线路设计锁定轨温不同时,应保证自隧道口向隧道内延伸 200 m 范围内的无缝线路设计锁定轨温与隧道外区间无缝线路设计锁定轨温一致。长大隧道内距洞口 200 m 以外的无缝线路的锁定轨温应按“相邻单元轨节间的施工锁定轨温差不大于 5 ℃”原则从洞外递减至隧道中部实际轨温。

1. 宁安铁路设计锁定轨温

根据国家气象信息中心统计资料、无缝线路的强度和稳定性检算，并满足桥上无缝线路的断缝检算要求，确定轨道设计锁定轨温见表 3-7-12。

表 3-7-12　正线设计锁定轨温范围表

车站名称	历史最高轨温(℃)	历史最低轨温(℃)	设计锁定轨温(℃)	锁定轨温变化幅度范围(℃)
江宁	61.1	−13	25(30)	±5
马鞍山东	61.1	−13	25(30)	±5
当涂	61.1	−13	25(30)	±5
芜湖	61.1	−13	25(30)	±5
弋江	60.6	−15.6	23(28)	±5
繁昌西	60.6	−15.6	23(28)	±5
安庆	60.6	−15.6	23(28)	±5

注：1. 表中括号内为有砟轨道地段无缝线路的设计锁定轨温；
2. 道岔区无缝线路锁定轨温范围±3 ℃；
3. 姑溪河特大桥主跨(40＋64＋64＋40)m＋(60＋100＋100＋60)m＋(40＋64＋64＋40)m 连续梁前后一定范围内(K60＋496.167～K62＋056.107)锁定轨温变化幅度范围为±3 ℃。

2. 上海铁路局工务处依据高铁养护维修要求，结合上述设计锁定轨温范围，对锁定轨温进一步要求如下：

正线轨道：全线无砟轨道地段均按 26 ℃±2 ℃放散锁定；全线有砟轨道地段均按 31 ℃±2 ℃放散锁定。

联络线：有砟轨道地段按 31 ℃±2 ℃放散锁定。

三、桥上无缝线路

桥上无缝线路的设计锁定轨温与两端区间无缝线路设计锁定轨温一致，并根据设计铺设钢轨伸缩调节器及小阻力扣件。

宁安铁路桥上无缝线路按《铁路无缝线路设计规范》(TB 10015—2012)进行设计，特别是针对安庆长江大桥主桥采用(102.29＋188.5＋580＋217.5＋159.5＋117.5)m 双塔钢桁斜拉桥，全长 1 363 m，主跨达 580 m 的特殊工点，专门建立了“塔—索—梁—轨一体化”非线性空间有限元计算模型，对桥上无缝线路进行了多方案计算分析和比选。根据计算，宁安铁路安庆长江大桥大跨钢桁连续梁两端各布置 2 组单向钢轨伸缩调节器，钢轨伸缩调节器型号为 SA60-1200B(桥缝结构设两根悬挂钢枕和双连杆伸缩装置)，其伸缩量为±600 mm，分别铺设于与主桥两端相邻引桥的简支梁或连续梁端部，如图 3-7-16 所示。

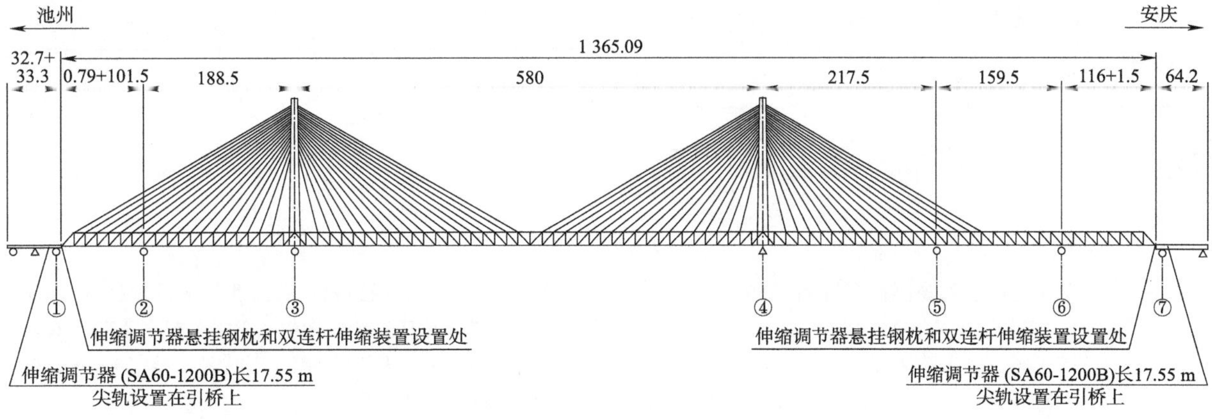

图 3-7-16　宁安铁路安庆长江大桥桥梁孔跨及伸缩调节器布置示意图(单位：m)

经检算，安庆长江大桥大跨钢桁连续梁两端各布置 2 组单向钢轨伸缩调节器后，宁安铁路区间桥上轨道强度、稳定性以及断缝检算均满足要求，桥上道岔静力检算各项指标均满足规范要求。

四、道岔区无缝线路

道岔的设计锁定轨温与两端区间无缝线路的设计锁定轨温一致，一次锁定的道岔及前后各一定范围的钢轨组成一个单元轨节。

五、位移观测桩

1. 设置原则

(1)位移观测桩按单元轨节设置，道岔区按道岔单元轨节设置，如图 3-7-17 所示。

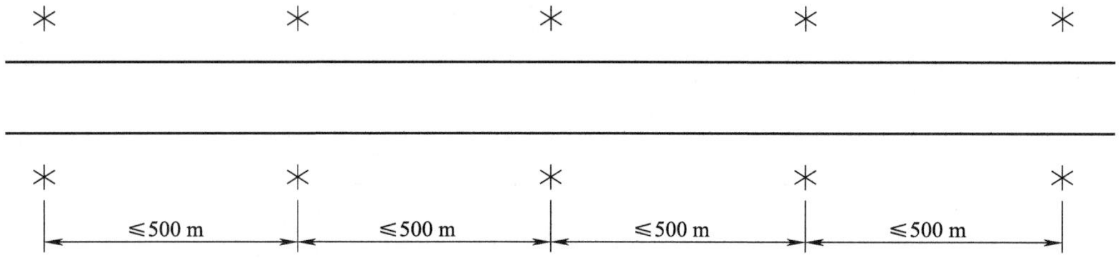

图 3-7-17 单元轨节位移观测桩布置图

(2)单元轨节起终点的位移观测桩尽量与焊接接头对应，纵向错动量不得大于 30 m，位移观测桩间相对位置应保持基本不变。位移观测桩及标尺距离钢轨焊缝不小于 0.5 m，且宜设在轨道板或道床板沿线路方向的中心位置。相邻单元轨节起点和终点处位移观测桩共用。

(3)桥梁地段，位移观测桩应设于桥梁固定支座附近。

(4)到发线无缝线路除道岔外不设位移观测桩。

(5)位移观测桩必须牢固，在单元轨节两端就位后立即进行标记，标记应明显、耐久、可靠。

(6)跨区间无缝线路、区间无缝线路按单元轨节等距离设置位移观测桩，且桩间距离不宜大于 500 m。单元轨节长度不足 500 m 整倍数时，可适当调整桩间距离。

(7)跨区间无缝线路每组道岔设置 5 对位移观测桩，即道岔前、道岔后、限位器、距离道岔前后 50 m 处各设置 1 对位移观测桩。单组道岔位移观测桩布置如图 3-7-18 所示。多组焊联道岔位移观测桩位置与单组道岔基本相同，如图 3-7-19 所示。当两组道岔之间距离大于 50 m 时应在中间设位移观测桩，小于 50 m 时可不设观测桩。42 号道岔的理论岔心处增设一处位移观测桩。

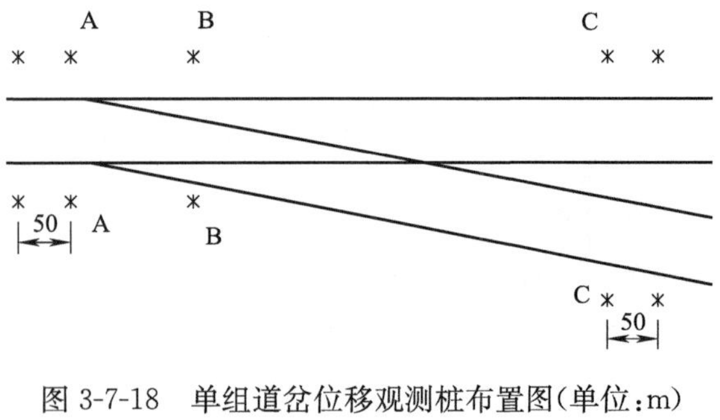

图 3-7-18 单组道岔位移观测桩布置图(单位：m)

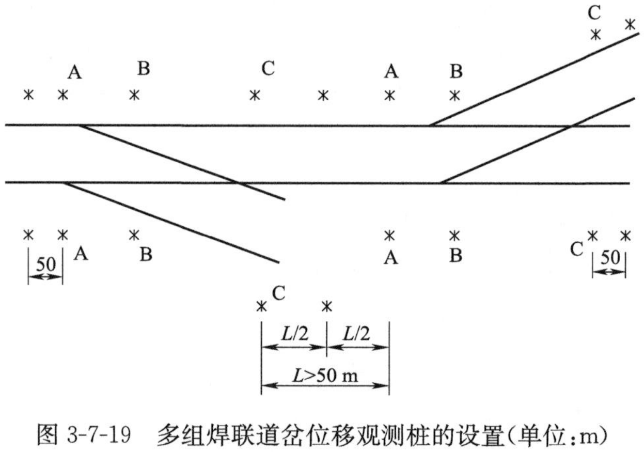

图 3-7-19 多组焊联道岔位移观测桩的设置(单位：m)

注：图中“＊”表示位移观测桩；图中 A、B、C 表示在岔头、限位器、岔尾的对应位置设置位移观测桩；当上图中 $L\leqslant 50$ m 时，可不在中间设置位移观测桩。

(8)长度大于 500 m 的桥梁两端，单跨跨度大于 100 m 的连续梁、连续刚构、提篮拱或系杆拱两端第一个固定支座处，跨区间无缝线路、区间无缝线路长轨条起、终点 100 m 处，长大隧道的洞口应增设位移观测桩。另外，伸缩调节器基本轨一侧距离基本轨接头 100～150 m 处应设置一组位移观测桩。

2. 无砟轨道位移观测桩的设置

观测桩用红白相间油漆标识，尺寸 30 mm×100 mm，红色朝大里程方向。

无砟轨道类型包括路、桥、隧等结构物上的 CRTS Ⅰ型板式、CRTS Ⅰ型双块式、道岔区轨枕埋入式等，无砟轨道地段可以位移观测标尺代替位移观测桩。

在每单元轨节和每组道岔对应的位移观测桩位置的两侧钢轨外侧轨脚斜面上与两承轨台间对应的轨道板（道床板）上设零点，贴上观测标尺，同时观测标尺上的"0"刻度对应垂直面轨道板上用红白相间油漆标识。标尺中间设零点，标尺采用铝合金材料制成，表面涂反光油漆，尺寸为 20 mm×100 mm，厚度为 0.5 mm，最小刻度为 1 mm，如图 3-7-20 所示。观测时可采用三角板或垂球读取位移量。

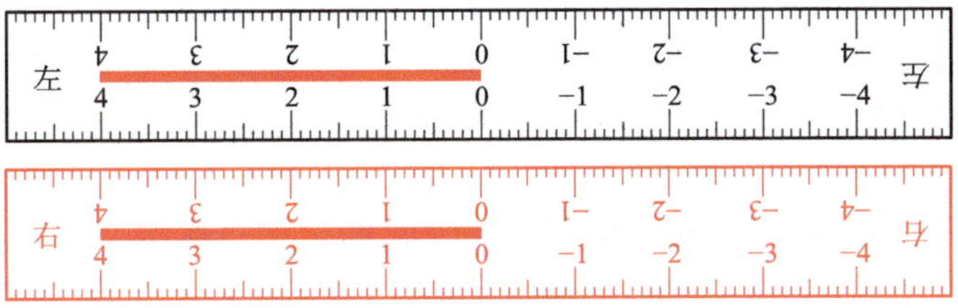

图 3-7-20　观测标尺示意图

3. 有砟轨道位移观测桩

有砟轨道包括路基、桥梁、隧道内的有砟轨道。路基上可使用准直仪进行位移观测，桥、隧地段可使用拉线法进行。

在每单元轨节和每组道岔对应位移观测桩位置的两侧钢轨上贴观测标尺，观测桩成对布置在线路两侧。标尺应贴在钢轨轨腰上或轨头外侧。

（1）路基上位移观测桩埋于距线路中心线 5 m 内的路肩上。位移观测桩采用混凝土桩。混凝土强度为 C20，截面 200 mm×20 mm，高 700 mm，其中十字支架埋于桩顶面下 20 mm，埋深在地面 650 mm，基准轴为 ϕ18 mm 圆钢（基准轴正对向钢轨），调节钢筋 ϕ12 mm 圆钢，如图 3-7-21 所示。

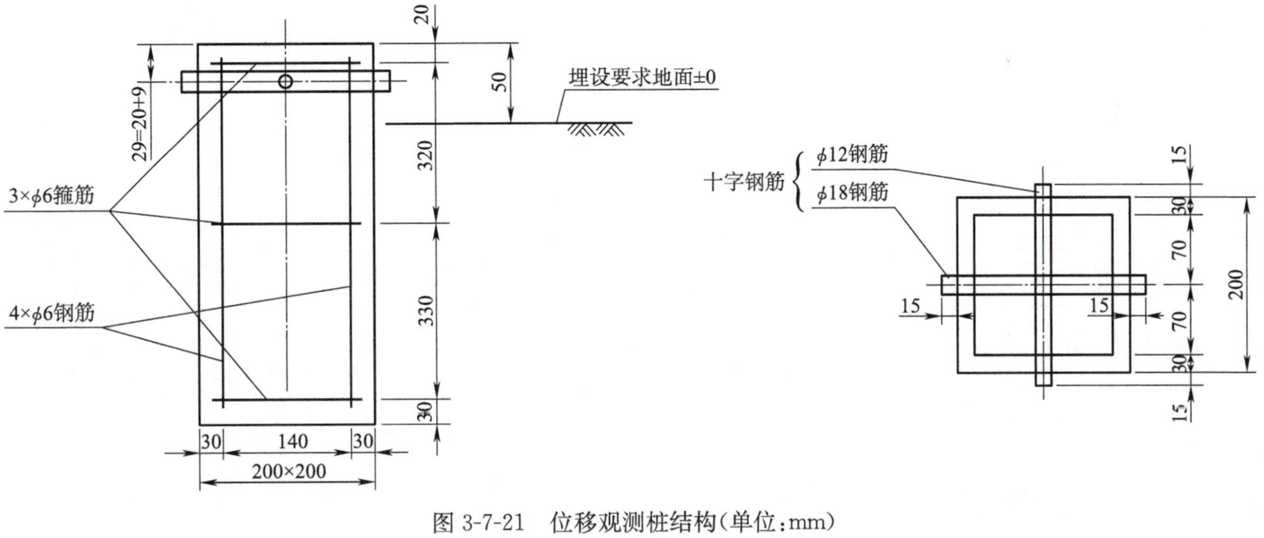

图 3-7-21　位移观测桩结构（单位：mm）

（2）桥梁上位移观测桩对称布置于桥梁固定支座附近线路两侧的防护墙上，观测桩高出最高轨面 5 cm，用红白相间油漆设置。

（3）隧道内位移观测桩对称布置于线路两侧隧道电缆槽轨道侧边墙上，观测桩高出最高轨面 5 cm，用红白相间油漆设置。

六、钢轨焊接与胶结

1. 钢轨焊接

除道岔内部焊接、道岔和钢轨伸缩调节器与区间单元轨节的焊接可采用铝热焊外，其他的工厂焊、单元焊及锁定焊均应采用闪光焊。

焊接接头质量应符合《钢轨焊接》(TB/T 1632—2014)的要求。焊接接头平直度标准应符合表3-7-13的规定。工地焊接接头不应设置在不同轨道结构过渡段以及不同线下基础过渡段范围内,并距离桥台边墙和桥墩不应小于2 m。所有焊接接头必须进行打磨处理。

表3-7-13　焊接接头平直度标准(mm/m)

部　　位	平直度标准	
	$v \leqslant 200$ km/h	$v > 200$ km/h
顶面	$^{+0.3}_{0}$	$^{+0.2}_{0}$
内侧工作面	$^{+0.3}_{0}$	$^{+0.2}_{0}$
底面(焊筋)	$^{+0.5}_{0}$	$^{+0.5}_{0}$

2. 钢轨胶结

绝缘接头采用现场胶结接头,绝缘接头的位置与焊缝间的距离严格按照规范要求进行设置。钢轨胶结绝缘接头质量应满足现行标准《铁路钢轨胶接绝缘接头技术条件》(TB/T 2975—2010)的要求,接头平顺度必须满足钢轨焊接接头的平直度标准。

第五节　道岔设计

全线道岔汇总见表3-7-14。车站正线和到发线上道岔采用无缝道岔。

表3-7-14　全线道岔汇总表

车站(车场)名称	线路类别	道岔编号	数量	道岔号码	道岔图号	备　注
江宁西	正线	1、2、3、4	4	18	客专(07)001	无砟
马鞍山东	正线	1、2、3、4、5、7、8、12、13、18	10	18	客专(07)001	无砟
	到发线	10、11、14	3	18	GLC(07)02(W)	无砟
		9、16	2	18	GLC(07)02	有砟
	其他站线	6、20、22	3	9	CZ2209A	有砟
当涂东	正线	1、2、3、4	4	18	客专(07)001	无砟
芜湖(宁安场)	正线	101、102、103、104、105、107、109、110、111、112、114、115、118、120	14	18	客专(07)004	有砟
		108	1	12	GLC(08)01	有砟
	到发线	116、117、113、122	4	18	GLC(07)02	有砟
	其他站线	106	1	9	CZ2209	有砟
弋江(宁安场)	正线	3、7、13、15、10、12、14、18	8	18	客专(07)001	无砟
	正线	4、8	2	42	客专(07)006	无砟
	到发线	16	1	18	GLC(07)02(W)	无砟
	其他站线	28、30、32、34	4	9	CZ2209A	有砟
繁昌西	正线	1、3、5、7、2、4、6、8	8	18	客专(07)001	无砟
铜陵北线路所	正线	2、4	2	18	客专(07)001	无砟
铜陵(宁安场)	正线	201、203、205、207、209、213、202、204、206、208、210、214	12	18	CN-6118AB	有砟
	到发线	211、215、217、212、216、218、220、222	8	18	GLC(07)02	有砟
	其他站线	224、226、228	3	9	CZ2209A	有砟

续上表

车站(车场)名称	线路类别	道岔编号	数量	道岔号码	道岔图号	备　注
池州（宁安场）	正线	201、203、205、207、209、213、202、204、206、208、210、214	12	18	客专(07)001	无砟
	到发线	211、215、219、212、216、218、222	7	18	GLC(07)02(W)	无砟
		217、220	2	18	GLC(07)02	有砟
	其他站线	221、223、225	3	9	CZ2209A	有砟
安庆	正线	3、5、9、11、13、15、19、25、2、4、6、10、12、14、16、20	16	12	GLC(08)01	有砟
	到发线	17、21、23、29、18	5	12	GLC(08)01	有砟
		8、27	2	12	SC330	有砟
	其他站线	7	1	12	CZ2215	有砟
		1、22	2	9	CZ2209	有砟

第八章　站场及运营设备设计

第一节　站场工程概况

全线设南京南、江宁西、马鞍山东、当涂东、芜湖、弋江、繁昌西、铜陵、池州、安庆站 10 个车站，并预留板桥、钟鸣、马衙、长风 4 处设站条件。其中新建车站 5 座，分别为江宁西、马鞍山东、当涂东、弋江和繁昌西站；既有站改建 5 座，分别为南京南(接轨站)、芜湖、铜陵、池州和安庆站(接轨站)。各站性质及规模详见表 3-8-1。

表 3-8-1　车站性质及规模

序号	车站名称	面积(m^2)	车站性质	站房位置	到发线数量	最高聚集人数	高峰小时发送量(近期)	站台形式	备　注
1	南京南		客运站	右	28				列入南京南工程
2	江宁西	3 000	中间站	右	4	500	810	2 个侧式站台	
3	马鞍山东	5 000	中间站	右	7	400	660	2 个侧式站台	
4	当涂东	12 000	中间站	右	4	1 500	3 150	1 个侧式站台，2 个岛式站台	
5	芜湖	3 000	客运站	右	8	400	410	2 个侧式站台	
6	弋江	6 000	中间站	右	6		536	2 个岛式站台	
7	繁昌西	50 000	中间站	右	4	3 000	4 740	共 8 个站台	
8	铜陵	20 000	中间站	右	7	1 200	2 870	共 3 个站台	
9	池州	20 000	中间站	右	7	1 200	2 093	共 4 个站台	
10	安庆	10 000	客运站	左	7	1 500	2 093	共 4 个站台	

铜陵站为铜九线既有中间站，本线利用铜九线位引入铜陵站，引起铜九线及车站改建。池州站为铜九线既有中间站，本线在站房侧与铜九线并行引入，高普速分场设置，修建铜九线与宁安铁路客车联络线。铜陵站、池州站均为引入既有站，引起既有站改建及施工过渡。铜陵站正线为有砟轨道，池州站正线为无砟轨道。

本线涉及相关工程有宁芜线上货运站湾里站和芜湖南站以及安庆支线上的技术作业站安庆北站的改造。

第二节　设计原则与采用的主要技术标准

一、平面设计原则

1. 车站站型

车站布置采用横列式站型。综合维修工区、保养点与车站纵列布置。新建中间站平面均采用两台夹四线的横列式图形，车站建设应与当地城市建设总体规划相协调。

2. 车站线间距

站内正线间 4.6 m，正线与相邻到发线间 5.5 m。中间有岛式站台的到发线间 14.0 m。

铜陵站还建的铜九线距离宁安线按照 8.5 m 设计，池州站宁安场到发线和铜九场到发线之间按照 6.5 m 设计。

3. 车站正线及到发线进路

站内正线及到发线进路均按双方向设置。

4. 到发线有效长度

宁安铁路到发线有效长采用650 m;铜九线到发线有效长度850 m。

5. 出站信号机类型

进站、正线出站的列车信号机,机走线、专用线、牵出线把口处的调车信号机原则上采用高柱,其余信号机采用矮型,矮型出站信号机采用双列机构,并设置发车表示器。

6. 车站渡线

铜陵站、池州站两端咽喉区正线间各设两组单渡线组成“八”字渡线。

7. 跨线列车联络线、岔线接轨方式以及安全设备

岔线、段管线在站内与到发线接轨;跨线列车联络线宜在站内与到发线接轨,均应设置安全线。当与到发线接轨时,如站内有平行进路或隔开道岔并有联锁装置时,可不设安全线。在进站信号机外制动距离内进站方向为超过6‰下坡道的车站,在接车方向末端设置安全线。安全线有效长度不小于50 m,纵坡设计为平坡道或面向车挡的上坡道,安全线上设置缓冲装置,临靠正线的安全线设置双侧护轮轨和止轮土基,有条件时,临靠正线的安全线采用曲线形布置。

8. 站线平面标准

车站一般应设在直线上,困难条件下可设在曲线上。到发线的曲线半径应与正线设计的曲线半径一致。

(1)列车到发进路上的曲线设缓和曲线,缓和曲线长度不应小于20 m。

(2)列车到发进路上的曲线设外轨超高,曲线超高值应按计算确定,并不应小于25 mm。

(3)列车到发进路上的道岔至超高顺坡终点之间的直线段长度不应小于20 m。岔后直线段还应符合道岔跟端至末根岔枕距离要求。

(4)连接车站与动车运用所、综合保养点的线路,其平面技术标准根据速度目标值按现行设计规范办理,但与站、段邻近的加、减速地段可选用与速度及地形条件相适应的较小的曲线半径,并不得小于300 m。段所内连接曲线半径不宜小于300 m。牵出线不应设在反向曲线上。

(5)列车到发进路上的道岔至其连接曲线间的直线段长度不宜小于道岔侧向允许通过速度的0.4倍,困难条件下不应小于0.2倍,但应大于道岔跟端至末根岔枕的长度与曲线超高顺坡所需长度之和。

9. 车站防护设施

全线按全封闭、全立交设计,各站线路两侧均设置防护栅栏。栅栏设于用地界内0.5 m处,当有桥涵时应绕至桥涵上,并与区间防护栅栏连通。防护栅栏在维修人员进出口及每隔200 m处左右设置警示标志。

铁路线路两侧均设立铁路线路安全保护区,安全保护区边界处按要求埋设安全保护区标桩。

二、纵断面设计原则

1. 车站纵断面

(1)站坪坡度

车站站坪设计在平坡道上,困难条件下,可设在不大于1.0‰坡道上。改建车站站坪坡度原则上维持既有不变。

(2)站线纵断面标准

车站到发线有效长范围内宜设计为一个坡段。困难条件下站台范围内的坡段长度不宜小于450 m。

维修保养点内的线路,宜设在平道上,困难条件下可设在不大于1‰的坡道上。咽喉区可设在不大于2.5‰的坡道上,困难条件下可设在不大于6‰的坡道上。

2. 坡段连接

(1)正线坡段连接

相邻坡段的坡度差大于等于1‰时应设置圆曲线形竖曲线,竖曲线与缓和曲线、道岔及钢轨伸缩调节器均不得重叠设置。竖曲线与平面曲线不宜重叠设置。竖曲线半径为20 000 m。

(2)站线坡段连接

到发线上相邻坡段的坡度差大于3‰时以竖曲线连接,竖曲线半径采用10 000 m。

(3)竖曲线设置

竖曲线与竖曲线、缓和曲线、道岔不得重叠设置,竖曲线与平面圆曲线不宜重叠设置。正线道岔两端距竖曲线起点、终点或变坡点不小于 20 m。

(4)咽喉区顺坡

到发线与相邻线间轨面高差的顺接,应根据正线最大坡度、路基横坡和道床厚度等因素确定。顺坡范围为道岔终端后普通轨枕至停车标起点,顺接坡度不宜大于 6‰,且相邻线的坡度差不宜大于 3‰,坡段长度不应小于 50 m。其他站线的顺接坡道按现行国家标准《铁路车站及枢纽设计规范》(GB 50091—2006)的有关规定办理。

三、客运设备

1. 旅客站台

站台应位于直线上,困难条件下,部分站台可设在曲线范围内。站台长度按 450 m,高度按 1.25 m 设计,基本站台宽度一般为 15.0 m,岛式站台宽度一般为 10.5 m。

旅客站台铺面采用花岗岩。站台两端设站台台阶、防护栅栏及栅栏门,并标有禁行标志。在基本站台外侧设不锈钢栅栏。在每个站台上设悬挂灯箱式站名牌 2 个。

2. 地道、天桥和雨棚

根据车流组织考虑地道与天桥的布置。站台采用无立柱的雨棚形式,雨棚长度与站台长度相同。

3. 平过道

站内不设置平过道。维修保养点段所内根据需要设置平过道。平过道采用 HY 橡胶板。

4. 围墙及围墙大门

围墙采用《铁路线路安全防护围墙》[专房设(05)4001],围墙高 2.4 m,采用混凝土基础;围墙大门采用《围墙大门》[房通 2202]。

四、站场排水

站场排水按照总体规划系统设计,并与当地的排灌系统密切配合,根据地形、地质、水文等情况,将地表水就近排走,确保站区排水畅通。

路堤地段,当地面横坡不明显时,在路基两侧护道外均设排水沟;当地面横坡明显时,仅在上方一侧设排水沟。路堑地段在路肩两侧均设侧沟。

当排水槽位于需洼垄填砟的股道间时,排水槽设计成砟顶式排水槽。

第三节 车站工程设计

一、车站工程设计概况

1. 南京南站

南京南站是南京枢纽内的在建客运站,站中心为宁安铁路的起点 DK0+000,宁安铁路接轨起点为南京南站(宁安场)上行进站信号机外方约 15 m 处。南京南站站房位于宁安铁路右侧,由北向南依次布置有京沪高速场、沪汉蓉宁杭场、宁安场,总设计规模 15 台 28 线。其中高速场到发线 10 条,沪汉蓉宁杭场到发线 12 条,宁安场 6 条。到发线有效长均为 700 m,中间站台 13 座,基本站台 2 座,站台长度 450 m;基本站台宽 22 m,邻靠正线的站台宽 12.5 m,其余站台宽 12 m。

南京南宁安与宁杭动车运用所合设于站对右,宁安存车场与检修线呈横列式布置,设动车存车线 6 条,检修线 2 条。本站仅存车线和检修线的铺轨工程为本线工程,其余均列入南京南京枢纽大胜关长江大桥南京南站及相关工程。

2. 江宁西站

江宁西站为新建车站,站中心里程 DK25+400。车站规模为 2 台 4 线(含正线),站台尺寸为 450 m×8 m×1.25 m。车站设 8.0 m 宽进出站地道 1 座。

3. 马鞍山东站

马鞍山东站为新建车站，站中心里程 DK42＋433。车站规模为 3 台 7 线(含正线)，站台尺寸分别为 450 m×8 m×1.25 m、450 m×15 m×1.25 m 和 450 m×12 m×1.25 m。车站设 8.0 m 宽进站地道和出站地道各 1 座，进出站地道兼作行包地道。

本站设综合维修工区，与车站纵列布置。

4. 当涂东站

当涂东站为新建车站，站中心里程 DK57＋300。车站规模为 2 台 4 线(含正线)，站台尺寸为 450 m×8 m×1.25 m。车站设 8.0 m 宽进出站地道 1 座。

5. 芜湖站

芜湖站为既有车站，车站中心里程 DK85＋727，采用高架站房进站。车站按照 8 台 20 线(含正线)总规模设计，其中宁安场 5 站台面、到发线 7 条(含正线)，普速场 3 站台面、到发线 5 条(含正线)，商合杭场 6 站台面、到发线 8 条(含正线)。450 m×12 m×1.25 m 站台 2 座，450 m×10.5 m×1.25 m 站台 4 座，550 m×10.5 m×1.25 m 站台 2 座；12 m 出站地道 1 座；5.2 m 行包地道 1 座。

商合杭场同步完成线下工程。结合商合杭客运专线引入，按照南京端采取小半径曲线、减少拆迁，安庆端与新建皖赣铁路按线路别并行，机务折返所、工务段管线在南京端还建，客车(或动车)存车线 5 条在安庆端还建，并连通宁安场。

6. 弋江站

弋江站为新建车站，站中心里程 DK98＋350。车站规模为 2 台 4 线(含正线)，预留皖赣 2 正线 2 到发线，站台尺寸为 450 m×10.5 m×1.25 m(岛式站台)。车站设 8.0 m 宽进出站地道 1 座。

本站设综合维修工区，与车站纵列布置。

7. 繁昌西站

繁昌西站为新建车站，站中心里程 DK127＋485。车站规模为 2 台 4 线(含正线)，站台尺寸为 450 m×8 m×1.25 m(岛式站台)。车站设 8.0 m 宽进出站地道 1 座。

8. 铜陵站

铜陵站设有宁安车场及铜九车场。车站设宽 8 m 旅客天桥及旅客地道各 1 座、宽 6 m 行包地道 1 座。采用站台上无立柱的雨棚形式，雨棚长度与站台长度相同。

宁安车场为 3 台 7 线规模(正线 2 条、到发线 5 条)，到发线有效长度 650 m，车站设基本站台 1 座，规格为 450 m×15 m×1.25 m，设 450 m×10.5 m×1.25 m 中间站台 2 座，设无站台柱雨棚。

铜九车场于铜九线外侧增加 1 条客车到发线，到发线有效长度 727 m，设 550 m×8 m×1.25 m 中间站台及站台雨棚。

综合维修工区设在车站安庆方向右侧，综合维修工区设置大机停放线 1 条，有效长度 257 m；接触网作业车停留线、确认车停留线 1 条，有效长度均为 120 m，安全线 1 条，有效长度 50 m。

9. 池州站

池州站设有宁安车场及铜九车场。车站设宽 8 m 旅客天桥及旅客地道各 1 座、宽 6 m 行包地道 1 座。站台上采用无立柱的雨棚形式，雨棚长度与站台长度相同。

宁安车场为 3 台 7 线规模(宁安正线 2 条、到发线 5 条)，到发线有效长度 650 m，车站设基本站台 1 座，规格为 450 m×15 m×1.25 m，设 450 m×10.5 m×1.25 m 中间站台 2 座，设无站台柱雨棚。新设宽 5.2 m 行包地道 1 座。

铜九客车联络线上行联络线自铜九线 18 号道岔引出后下穿宁安正线后引入 4 道，下行联络线引入 3 道。下行联络线与铜九线接轨处设安全线 1 条；有效长度 50 m。

铜九车场设正线 1 条，到发线 3 条，设 500 m×10 m×1.25 m 中间站台及站台雨棚。

保养点设置在车站南京端右侧。保养点设置大机停放线 1 条，有效长度为 292 m；接触网作业车停留线、确认车停留线及安全线各 1 条，有效长度分别为 120 m、120 m、50 m。

10. 安庆站

详见本章第四节枢纽工程设计。

二、渡线设计

马鞍山及繁昌西站在车站两端各设一条单渡线组成八字渡线;芜湖站两端各设八字渡线,江宁西及当涂东站不设渡线;弋江站考虑皖赣铁路(合杭客专)的接轨设置相应的渡线;铜陵站、池州站两端咽喉区正线间各设两组单渡线组成"八"字渡线;安庆站在车站南京端设置八字渡线。

三、相关工程车站设计

1. 湾里站

新湾里站随宁芜线改移维持原有规模,设到发线 3 条(含 1 条正线),在车站东侧与宁安铁路之间设基本站台 1 座(200 m×5.0 m×0.5 m)。湾里机场油库专用线从车站 1 道到发线上出岔(出腰岔),5720 厂专用线在油库专用线接轨。

2. 芜湖南站

芜湖南站现有正线 2 条,到发线 4 条,调车存车线 2 条,有芜湖新兴铸管有限责任公司专用线(即原芜湖钢铁厂专用线)和铁四局轨排基地等专用线接轨,主要办理客货列车的通过及货场、专用线的取送车作业。车站配调机一台,担当芜湖东至芜湖南的小运转、芜湖南至八里湾取送车及本站调车作业。

芜湖南站为既有站改造,原芜钢专用线设于宁芜上下行之间,现改为还建的宁芜上行线的右侧,因此还建的宁芜上行线应更换为 60 kg/m 钢轨,相应道岔也应更换 60 kg/m 道岔,为不影响本站的运营作业,应做好施工过渡和施工组织方案,尽量减少对运营的干扰。

本站改建维持原有规模,合肥端上行正线与新兴铸管有限责任公司专用线(即原芜湖钢铁厂专用线)位置互换,宣城端两条正线并行引出并对咽喉相应改造。

3. 安庆北站

安庆北站为安庆支线上的既有技术作业站,现有到发线 6 条(含正线 1 条、部分到发线兼作调车线使用),站房位于安庆支线线路左侧,安庆西端设客整所一处。石化专用线和宏通公司专用线分别在车站东西两端接轨。

设计按照简化东端咽喉区布置,部分到发线满足 850 m 有效长布置,利用既有客整所作为动车组存放线,正线及一条到发线和客整所相关线路进行现状电气化挂网。

第四节 引入枢纽工程设计

一、芜湖枢纽

(1)芜湖站

芜湖站为宁芜线上既有客运站,位于芜湖市内,现有 5 股道(含正线 2 条),基本站台和中间站台各 1 座;设有客机折返段、客车技术整备所等设备。

考虑宁安铁路引入芜湖站,并预留商合杭线引入条件,一次性完成宁安与合杭线引入的线下工程,共 8 台 20 线(含 6 条正线),2 台夹 4 线布置。

宁安、合杭及改造宁芜线分别设场。合杭场设于西侧紧靠既有站房,宁芜场邻靠宁安场居中设置,宁安场邻靠宁芜场设于东侧。其中宁安场 4 台 7 线(含正线 2 条),2 台夹 4 线布置,基本站台尺寸为 450 m×12 m×1.25 m,两中间站台的尺寸为 450 m×10.5 m×1.25 m;宁芜场 2 台 5 线(含正线 2 条),站台尺寸为 500 m×10.5 m×1.25 m,和合杭场共用一个站台;商合杭场 4 台 8 线(含正线 2 条),2 台夹 4 线布置,基本站台尺寸为 450 m×15 m×1.25 m,两中间站台的尺寸为 450 m×10.5 m×1.25 m。

新设宽 5.2 m 行包地道 1 座,站中心设 21 m 宽社会通道一处,邻靠社会通道两侧各设宽 12 m 旅客出站地道 1 座,其布置方式结合站房设计。

结合商合杭客运专线引入,按照南京端采取小半径曲线、减少拆迁,安庆端与新建皖赣铁路按线路别并行,机务折返所在南京端还建,客车(或动车)存车线 3 条在安庆端还建,并连通宁安场。

(2)既有湾里站改造

改建到发线 3 条(含正线),新建联络线与既有机场油库线连接,保留既有 1 道,并利用既有专用线进行调车作业。

(3)还建芜湖至芜湖南芜宣上行正线。

(4)弋江站设 450 m×10.5 m 中间站台 2 座、到发线 8 条(含正线),宽 8 m 地道 1 座,按照与合新建皖赣铁路同步修建,在车站南京端按方向疏解并减少站内两正线交叉干扰优化设计。

二、安庆地区

1. 安庆站

既有安庆站为合九线安庆支线的终点站(车站中心里程 DK264+282.50=安庆支线 K40+365.95),既有站规模为正线 1 条,到发线 3 条,既有基本站台和中间站台各 1 座。安庆电厂专用线在末端引出。

改扩建安庆站按照到发线 7 条(含 2 条正线)、旅客站台 3 座进行改建。北端咽喉原则上不做大改动,预留增建第二线、调整正线位置条件;南端咽喉尽量向南布置,其道岔按照改建车站标准选用 12 号道岔。安庆电厂专用线仍在南京端顺接。车站设基本站台 1 座和中间站台各 2 座,基本站台尺寸为 450 m×12 m×1.25 m,两中间站台尺寸分别是 450 m×10 m×1.25 m 和 450 m×10.5 m×1.25 m,并设长度 450 m 的站台雨棚;设 8 m 宽的进站天桥和 10 m 宽地道各一处。

2. 安庆北站

按照简化东端咽喉区布置,部分到发线满足 850 m 修改设计方案。按照利用既有客整所作为动车组存放,相关线路电气化挂网设计。

第五节　接轨站施工过渡设计

南京南站(宁安场)和安庆站为本线接轨站。其中,南京南站为在建客运站,宁安场列入南京枢纽大胜关长江大桥南京南站及相关工程,一次性同步建成,不需施工过渡设计;安庆站需进行施工过渡设计。

1. 安庆站第一次过渡

停用拆除既有 4、7 号道岔,停用既有 3、4、5 道线路,施工宁安Ⅰ、Ⅱ、3、4、6 道线下,轨道、四电、站房、客服信息等工程及相关改建客运设施,进行施工第一次过渡(站房、轨道、信号、客服),修改一次工、电 LKJ 数据,如图 3-8-1 所示。

运输组织及施工主要内容包括:

(1)2014 年 5 月 1 日封锁安庆站Ⅱ道 K39+831-K41+003 处线路(3 号道岔至 2 号道岔间)120 min,拆除 4 号、7 号道岔,停用(3)、(4)、(5)道线路,封锁点毕达到开通条件,开通封锁的线路。开通 3 号、2 号道岔直股、钉闭曲股。

信号:拆除 4 号、7 号道岔停用(3)、(4)、(5)道线路及相关信号设备。

设备变化:停用(3)、(4)、(5)道线路,3 号、2 号道岔开通直股、钉闭曲股。

作业设备:无。

限速条件:无。

(2)2014 年 5 月 1 日～8 月 30 日共计 3 个月,停用并部分拆除 2 号站台。保留既有(1),(2)道和基本站台,即保留既有“2 线 1 台”维持安庆站的行车和旅客乘降,旅客由基本站台乘降。施工时间为 3 个月。

(3)在 2 号站台靠南侧站台边缘 2 m 位置设置硬隔离(高度不小于 1.8 m,确保稳固),拆除靠既有(3)道侧的站台帽、站台,按设计修建 2 号站台上靠既有(3)道侧的站台墙(地道上方预留暂不施工)。同步新建 2 号～3 号站台间的旅客地道及 3 号站台。

(4)Ⅰ、Ⅱ、3 道、4 道、6 道路基填筑施工,同时配套施工综合管沟、接触网立柱基础等。

(5)同步施工既有 2 号站台以北部分同安路下穿地道。

(6)封闭原 K40+721 平过道,站场全封闭施工。

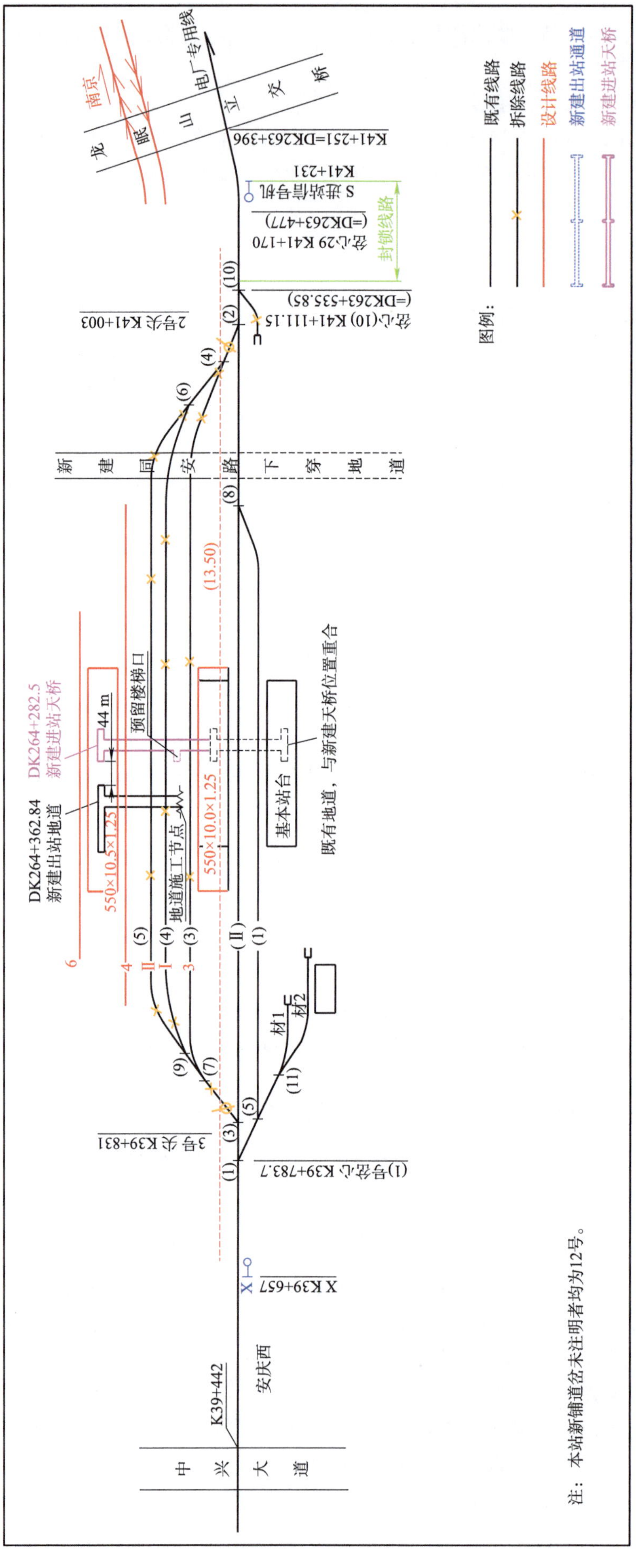

注：本站新铺道岔未注明者均为12号。

图3-8-1 安庆站施工过渡方案平面示意图(第一次过渡)(单位:m)

(7)新建 2 号站台上靠既有(3)道侧天桥基础、立柱,新建 2 号、3 号站台间天桥;在天桥安庆西方向对应Ⅰ-3 道间预留楼梯口,并修建旅客乘降楼梯,供转场后旅客乘降使用。

(8)因 2 号站台的天桥施工而影响的新建 3 道作业面在 7 月 10 日前交出,以便施工该段路基、线路及其他相关工程。

2. 安庆站第二次过渡

插铺新 2 号道岔,转场换边施工,进行施工第二次过渡(站房、轨道、信号、客服),如图 3-8-2 所示。

运输组织及施工主要内容包括:

(1)2014 年 8 月 30 日封锁安庆线 K39+657-K41+231 处线路 300 分钟施工,插铺新 2 号道岔,连接相关线路,捣固机车捣固,达到开通条件。施工点毕开通启用新建 4、6 道线路、安全线、电厂专用线及相关道岔,大机捣固车作业完毕返回电厂专用线;其中 2/4、6、8、5、9、11、13 号道岔开通曲股、直股钉闭,7、12 号道岔开通直股、曲股钉闭。新 29 号曲股岔后设车挡,同时拆除既有 1 号、10 号道岔。

信号:利用既有设备改造进行计算机联锁换装及全站轨道电路和信号设备联锁调试,点毕按新的 LKJ 数据启用安庆站新的联锁设备,开通 4、6 道线路、安全线及相关道岔轨道电路和相关信号设备及新移设的进站信号机。

设备变化:开通启用安庆站新 4 道、6 道线路、安全线、电厂专用线及相关道岔。同时停用既有Ⅰ、Ⅱ道及相关道岔。

作业设备:大机捣固车两组。

限速条件:封锁点毕线路开通后第一列限速 35 km/h,其后恢复常速 45 km/h(提报 LKJ 全站限速 45 km/h)。

(2)启用 2 号-3 号间新建天桥和 3 号站台,使用“2 线夹 1 台”维持安庆站的行车和旅客乘降;停用既有(1)、(2)道和 2 号站台。

(3)站场北侧按设计封闭完成,同时在距新 4 道中心 3 m 南侧设置物理隔离(高度不小于 1.8 m,确保稳固)。

(4)2014 年 8 月 31 日,封锁安庆线 K39+600~K39+700 处线路,进行新 2 号道岔焊接,施工点毕开通封锁的线路,电务配合施工。

设备变化:无。

作业设备:无。

限速条件:无。

电务提前 45 天上报新的 LKJ 数据。

点毕按新的 LKJ 数据启用新的 LKJ 数据,开通 4、6 道线路、相关道岔轨道电路和相关信号设备及新移设的进站信号机。

3. 安庆站第三次过渡

转场施工,如图 3-8-3 所示。安庆新站房内的四电房屋、电源等具备启用条件,结合新站场室外设备,信号实施按照宁安铁路微机联锁模式开通启用。因宁安 5、7 道及工务段管线轨道不具备开通启用,进行施工第三次过渡(站房、轨道、信号、客服),因安庆站为既有客运站客运业务不能间断,且配合宁安铁路静动态验收和联调联试。因此,新安庆站按照以合九 LKJ 数据模式开通运营,站房、客服等继续过渡。

运输组织及施工主要内容:

(1)启用新建天桥 4、6 道和 3 号站台,停用既有(1)、(2)道,改建安庆站 5、7 道及相关客运设施,如图 3-8-4 所示。

(2)继续保留基本站台和既有地道,部分保留既有 2 号站台。旅客乘降径路(绿色部分短期过渡)为:临时站房↔基本站台↔2 号站台↔旅客通道↔天桥临时楼梯入口↔天桥↔3 号站台。

(3)拆除既有(1)、(2)道及相关线路和 2 号站台可拆除部分。同时在原行包平过道位置修筑临时站房经基本站台安庆西方向尾部修筑 4 m 宽旅客平过道(进出站分离各 2 m)接入天桥临时楼梯入口,旅客通道路面为硬化路面,且两侧用彩钢瓦封闭,修筑完成后启用临时旅客通道,停用基本站台和既有地道。此后客乘降径路为:临时站房↔旅客通道↔天桥临时楼梯入口↔天桥↔3 号站台。

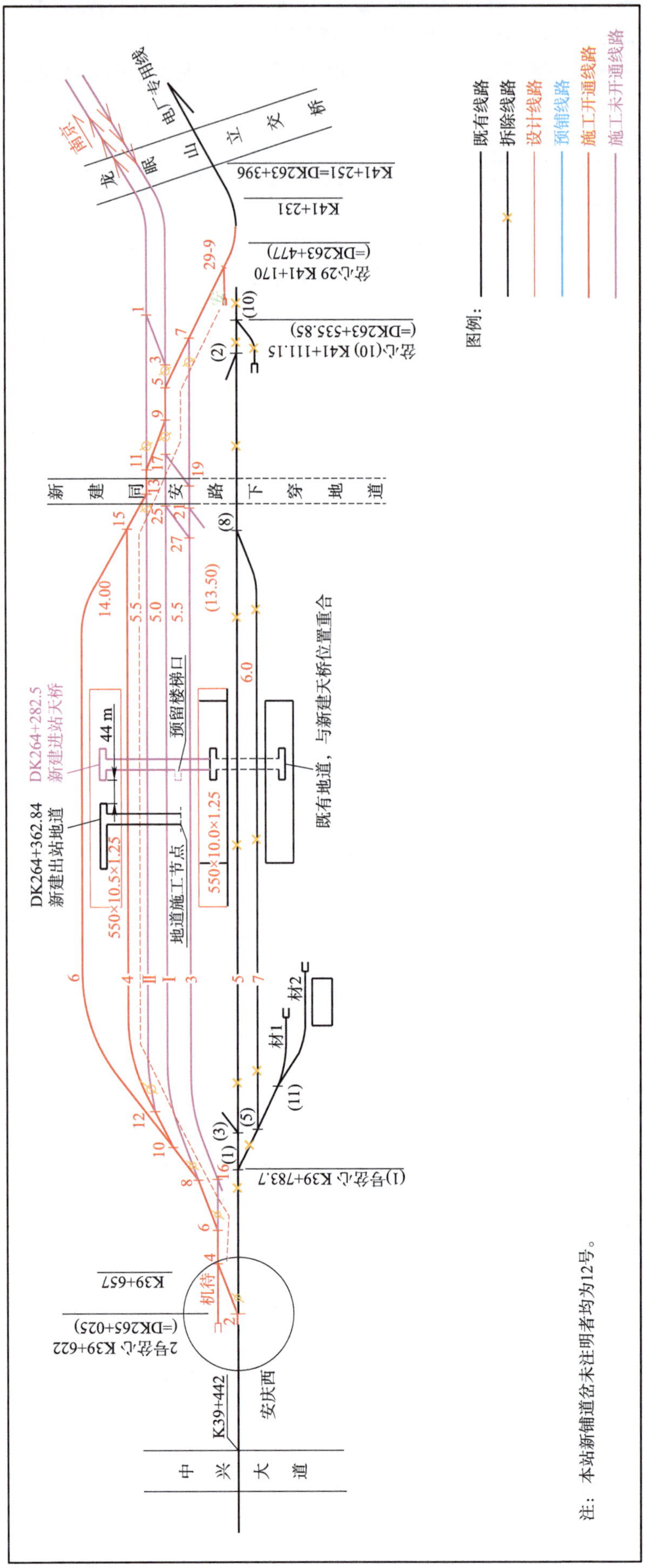

注：本站新铺道岔未注明者均为12号。

图3-8-2 安庆站施工过渡方案平面示意图(第二次过渡)(单位：m)

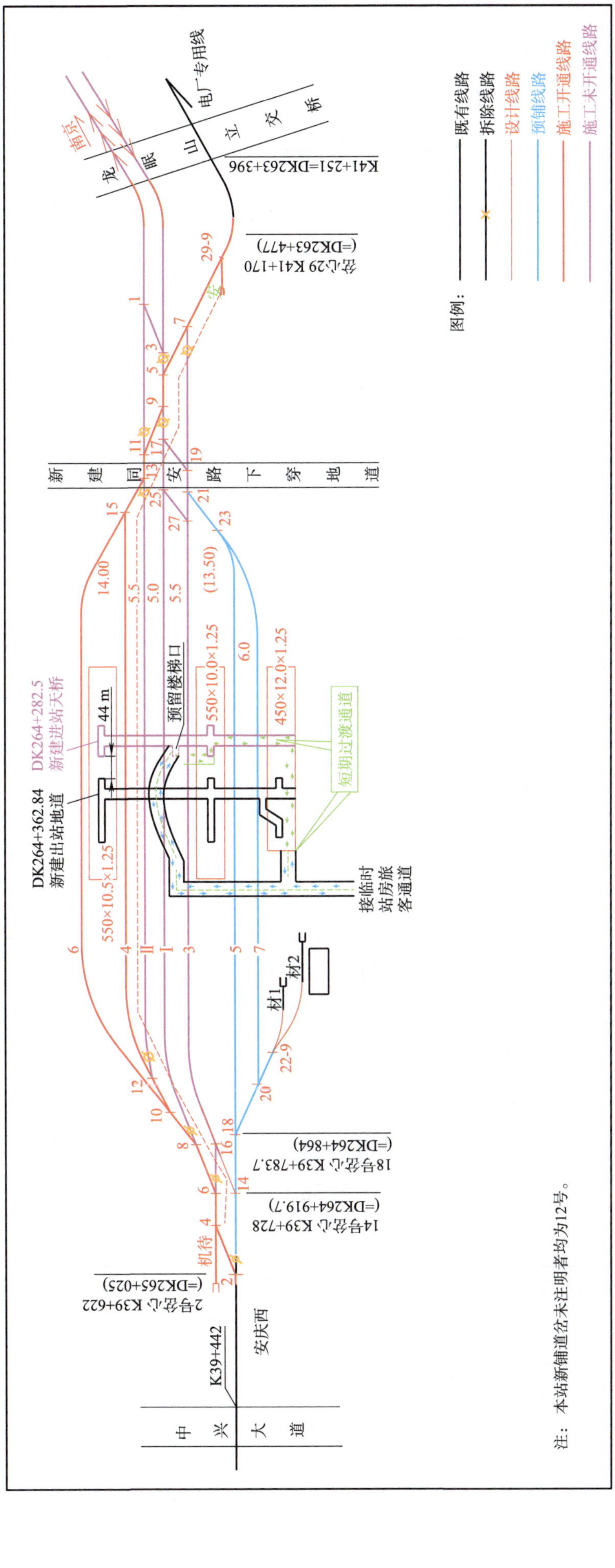

注：本站新铺道岔未注明者均为12号。

图3-8-3　安庆站施工过渡方案平面示意图(第三次过渡)(单位：m)

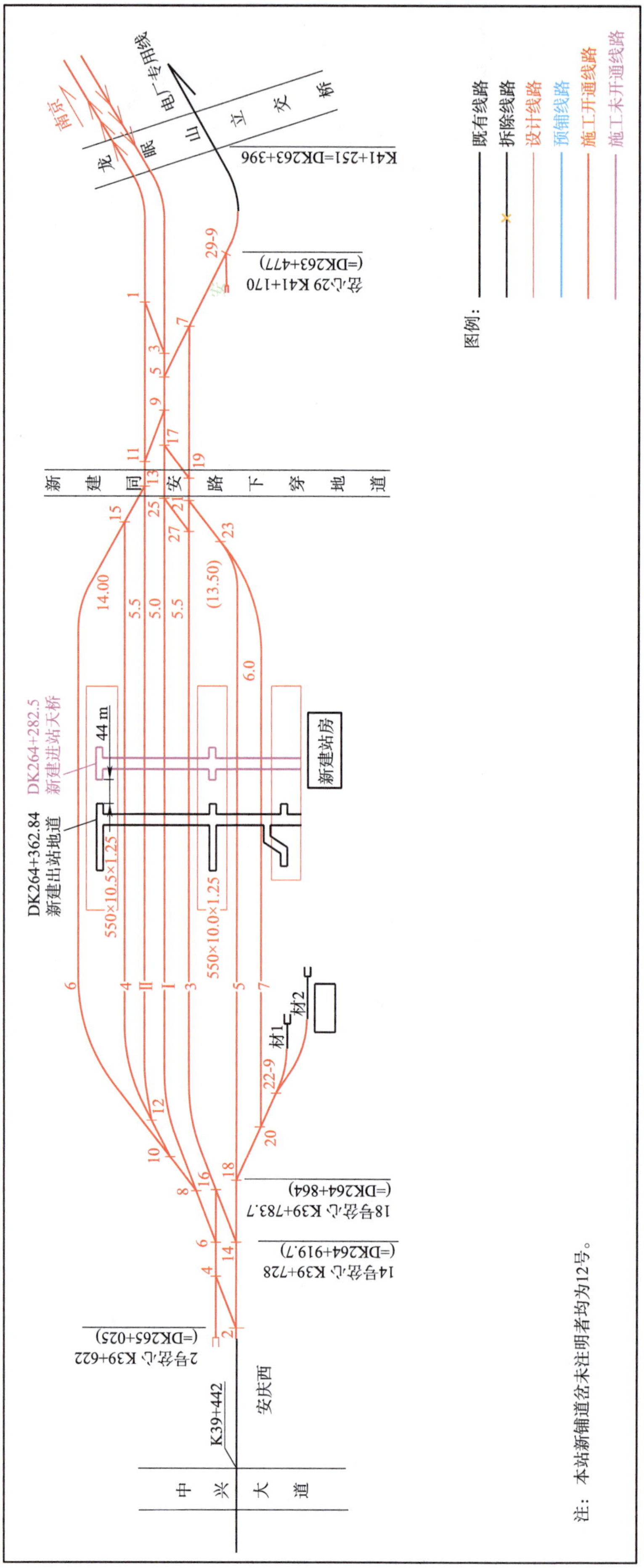

图3-8-4 安庆站施工过渡方案平面示意图(第四次过渡)

(4)全部拆除2号站台、基本站台。

(5)施工新5、7道路基;同时配套施工综合管沟、接触网立柱基础等。

(6)利用既有管道设施在新建4道为机车补充给水。

(7)同步施工同安路下穿地道(新建3道南侧防护桩防护)。

(8)就位铺设:14号、18号、20号、22号、23号道岔,并连接相关线路,小型液压捣固机捣固,并整修到开通标准;同时利用原拆除钢轨在5道、7道线位铺设线路,采用人工上砟,人工铺设枕木和钢轨,并整修到开通标准。

(9)施工新工务段管线路基、轨道及信号配套工程。

4. 安庆站第四次过渡

全站按照宁安线里程体系、LKJ及列控数据,开通启用宁安铁路安庆终点站。

运输组织及施工主要内容:启用新站房、新客运设备、设施。

(1)开通启用全站线路、道岔及信号设备;

(2)启用新建地道、天桥,基本站台,2号、3号站台;

(3)启用新站房;旅客由站房经天桥进站,地道出站;

(4)四电配套工程同步启用;

(5)按照新建宁安铁路标准,实施无缝线路换铺与锁定;

(6)同安路下穿地道施工完成。

提前45 d上报LKJ数据。点毕启用新的计算机联锁、LKJ数据、微机监测设备。

第六节　动车整备基地设计

一、设计标准与设计原则

1. 设计标准

动车组设施执行铁道部颁动车运用所建设标准,根据《铁路动车组设备设计暂行规定》《高速铁路设计规范(试行)》(TB 10621—2009)及相关规范设计,设备配备按照部相关文件执行。

2. 设计原则

按铁道部批复规模进行设计,在铁道部(鉴定中心)批复文件下达以后,运输局下发的设备配备文件,在初步设计批复概算范围内适当调整,超标部分原则上本次工程不考虑。由于条件变化确实需要增加的设备,在按照规定程序、相关文件要求完成变更设计文件报部、批复后实施;在工程条件允许的前提下适当预留。

二、南京南动车运用所

南京南动车运用所服务于京沪高速铁路、沪汉蓉快速铁路通道、宁安铁路、宁杭铁路等线路,是一个区域性功能较强的运用所,它位于新建的南京南站西端、秦淮新河以南、宁丹公路以东,距南京南站约3 km。本项目工程在设计上就已考虑和京沪高速铁路、宁杭铁路等工程一同设计、同步实施,以实现减少重复改建、提高投资效益的目的。

1. 南京南动车运用所规模

检查库线8条、存车线53条、走行部诊断线1条、外皮清洗线2条、临修库线1条、不落轮镟库线1条;占地673亩,房屋面积56 400 m^2。本项目工程内容为2线检查库、6条存车线,动车组检修工装相应配套。乘务员公寓、办公综合楼、食堂浴室等辅助设施分别按批复规模纳入上述项目,统一设计、一并实施。

2. 总平面布置

受秦淮新河、宁丹公路、京沪高速铁路正线几方向的限制,运用所存车场分为两处布置,一部分存车线(存车Ⅰ场)处在京沪高速铁路正线以北、另一部分存车线(存车Ⅱ场)及检查库在京沪正线以南。京沪高速铁路、宁安铁路等上跨前后两场的咽喉区,两场连接部分折角且距离较远。存车Ⅰ场与检查库线呈纵列式布置,存车Ⅱ场与检查库呈横列式布置。临修库、不落轮镟库设在存车Ⅱ场的东侧最外侧股道处,为尽头式线路,在此作业的动车组存在折角走行。外皮清洗设备布置在存车Ⅰ场的西北侧,采用通过式清洗方式;轮对诊断库布置在存车Ⅰ场与检查库线之间咽通通道上,列车通过时自动检测。

宁安铁路南京南动车运用所在京沪高速铁路、南京南站、宁杭铁路等相关工程基础上,新建 2 条动车检查库线和 6 条存车线,与宁杭相应工程呈横列式布置。

三、安庆北动车停放线

将既有客整所存车线 6 条改造整治作为动车组存车线,对其线路现状实施电气化挂网。

第七节　主要客运设施配置

本线主要设施配置见表 3-8-2。

表 3-8-2　主要客运设施配置表

站　名	车站规模	站台(m)	天桥、地道
南京南	15 台 28 线(宁安场 6 线)		
江宁西	2 台 4 线	450×8×1.25,2 座	8.0 m 宽进出站地道 1 座
马鞍山东	3 台 7 线	450×15×1.25、450×10.5×1.25、450×12×1.25	8.0 m 宽进出站地道各 1 座,兼作行包地道
当涂东	2 台 4 线	450×8×1.25,2 座	8.0 m 宽进出站地道 1 座
芜湖	8 台 20 线	450×12×1.25,2 座;450×10.5×1.25,4 座;550×10.5×1.25,2 座	12 m 宽出站地道 2 座,5.2 m 宽行包地道 1 座
弋江	2 台 4 线(预留皖赣 2 正线 2 到发线)	450×10.5×1.25,2 座	8.0 m 宽进出站地道 1 座
繁昌西	2 台 4 线	450×8×1.25,2 座	8.0 m 宽进出站地道 1 座
铜陵东	3 台 7 线	450×15×1.25;450×10.5×1.25,2 座	8 m 宽旅客进站天桥、地道各 1 座
池州	3 台 7 线	450×15×1.25;450×10.5×1.25,2 座	8 m 宽旅客进站天桥、地道各 1 座
安庆	3 台 7 线	450×10.5×1.25、450×10×1.25、450×12×1.25	8.0 m 宽进站天桥、10.0 m 宽出站地道各 1 座

第九章　房屋建筑及给排水设计

第一节　站房工程概况

全线新建江宁西、马鞍山东、当涂东、芜湖、弋江、繁昌西、安庆7个站房，建筑面积10.5万m^2。芜湖站设东西侧式站房与高架候车室；安庆站、繁昌西站为线平式站房；江宁西、马鞍山东、当涂东、弋江车站为线侧下式站房。

车站站房按抗震设防烈度除江宁西站和安庆站为7度外，其余均为6度。基本风压与基本雪压按荷载重现期100年设计。芜湖站站房按重点设防类进行抗震设计，其余车站通信、信息、信号、电力设备机房及下部房间按重点设防类，其他部分按标准设防类进行抗震设计。

车站设钢结构站台有柱雨棚(芜湖站与高架候车室连接处局部为无柱雨棚)。雨棚按安全等级一级、基本风压与基本雪压荷载重现期为100年、长度450 m、与站台等宽、顺股道方向的主要柱距不大于12 m、至站台面净高不大于5.5 m设计。

马鞍山东、芜湖站、安庆站冷热源采用风冷热泵机组，其他车站采用整体式风冷热泵机组。江宁西、繁昌西站设消火栓系统，其他车站设置消火栓、喷淋系统。

低压配电系统采用放射式为主的供电方式。其中消防用电负荷均在最末一级配电箱处设置自动切换装置；站房电能总计量由变电所统一计量，并在各配电小间预留商业、广告用电的安装位置，便于零星小商业广告用电计量；站房内设有火灾自动报警系统、机电设备监控系统；站房火灾报警系统的保护等级属于二级保护对象。

第二节　设计原则与采用的主要技术标准

一、设计原则

站房按照五性设计原则设计，充分体现对旅客使用性的关注，并根据实际情况，严格控制规模与标准，既体现时代性又考虑到实用与经济性。

1. 功能性

把客站的功能和效用，作为第一位的要素来考虑。全面体现以人为本、旅客为中心的理念，充分利用有限的空间、有限的环境、有限的资源，为旅客提供最快捷、最方便、最舒适的乘车环境；在广场规划、各种交通方式接驳、旅客流线、站房平面布局、空间组成及其他配套设施中，充分考虑旅客需求，最大限度地强化为旅客服务的功能；全面优化站前广场、站房、站台、天桥、地道、雨棚等旅客高度密集区域的场所和设施，使之成为一个流线顺畅、方便快捷、宽敞明亮、舒适宜人、美观大方的建筑整体，充分发挥铁路客站的功能和效用。

2. 系统性

充分体现铁路客站在铁路网中的枢纽作用，实现点线能力匹配；充分集成铁路客站基本功能，最大限度地满足旅客购票、候车、进出站、上下车、行包托运等需求；充分考虑铁路客站与既有铁路、客运专线、高速铁路、城市地铁、城市轻轨、公共汽车、航空等各种交通方式的有机衔接，成为综合交通体系的枢纽。

3. 先进性

面向世界，充分学习借鉴世界铁路客站建设的先进理念和方法，把世界一流水平作为规划和建设的目标；面向未来，充分体现经济社会发展的客观要求，满足人民群众日益增长的旅行需要，为未来发展留有空间；面向现代化，大力推进技术创新，广泛采用科学、先进的设计思想和施工工艺，充分考虑节能、环保要求，实现我国铁路客站规划建设现代化和铁路客站现代化。

4. 文化性

充分强调建筑的审美标准，力争把每一个铁路客站都建设成为一个艺术精品；充分考虑地域文化特征，力争使每一个铁路客站既融入地域文化之中，又成为反映地域文化的代表作；大力弘扬中华民族优秀建筑文化遗产，通过铁路客站传承、光大中华民族优秀文化。

5. 经济性

强调投资效益，精打细算搞建设，最大限度地降低建设成本；贯彻强本简末的方针，合理地控制和使用投资，力求用最少的投入，实现最大的建筑功能；全面落实可持续发展的要求，关注客站建筑节能，降低客站运营成本，把铁路客站建设成为资源节约型、环境友好型车站。

二、各站房采用的主要技术标准

各站房采用的主要技术标准见表 3-9-1。

表 3-9-1　站房采用的主要技术标准

<table>
<tr><th>序号</th><th>站房名称</th><th>站房形式</th><th>结构类型</th><th>建筑结构</th><th>耐火等级</th><th>防水等级</th></tr>
<tr><td>1</td><td>江宁西站</td><td>线侧下式</td><td>主体混凝土结构体系＋网架屋面</td><td>抗震设防烈度 7 度，地震动峰值加速度为 0.10g</td><td rowspan="7">地面以上二级，地下一级；站台雨棚为二级</td><td rowspan="3">一级</td></tr>
<tr><td>2</td><td>马鞍山东站</td><td>线侧下式</td><td>主体预应力钢筋混凝土框架结构＋桁架屋盖</td><td rowspan="2">安全等级二级(站台雨棚为一级)，设计基准期 50 年，设计使用年限(耐久性)50 年，抗震设防烈度 6 度，地震动峰值加速度为 0.05g</td></tr>
<tr><td>3</td><td>当涂东站</td><td>线侧下式</td><td>两侧为混凝土框架结构，中部候车厅为钢管混凝土柱＋钢网架屋面</td></tr>
<tr><td>4</td><td>芜湖站</td><td>上进下出
高架跨线式</td><td>主体钢筋混凝土框架结构＋钢桁架屋面，雨篷结构为钢管混凝土柱＋钢梁</td><td>安全等级一级；其他同当涂东站</td><td>站房一级；
雨棚二级</td></tr>
<tr><td>5</td><td>弋江站</td><td>线侧下式</td><td rowspan="2">两侧为混凝土框架结构，候车厅为型钢混凝土柱＋钢网架屋面</td><td rowspan="2">同当涂东站</td><td rowspan="2">一级</td></tr>
<tr><td>6</td><td>繁昌西站</td><td>线侧平式</td></tr>
<tr><td>7</td><td>安庆站</td><td>线侧平式</td><td>两侧为钢筋混凝土框架结构，中部候车厅为预应力钢筋混凝土结构＋钢结构网架屋面。站台雨棚及进站天桥采用钢管混凝土柱、H 型钢梁、压型钢板非组合混凝土屋面</td><td>有通信信号房屋处该房间所在范围(含范围边界处梁柱)内自基础面标高至屋面部分抗震设防类别为重点设防类；其他同江宁西站</td><td>站房二级，
地下室一级</td></tr>
</table>

第三节　一般站房设计

一、弋 江 站

弋江站为新建车站，车站位于芜湖市弋江区，由站房、站前广场和站场客运建筑组成，新建站房 5 980.2 m²。该站设到发线 8 条(含预留皖赣 4 条)，中间站台 2 座(450 m×10.5 m×1.25 m)，进出站地道 1 条。车站旅客高峰小时发送量为 762 人。

1. 站房建筑设计概况

站房主体建筑地上一层，局部设二层夹层，建筑总长度为 130 m，宽度为 36 m。站房中部为候车厅，候车厅两侧布置有公共卫生间、旅客服务用房、开水间、公安值班室、客运值班室等。候车厅右侧为售票厅、售票室、售票用房及会议室，另有行车综控室、通信信号变电所、消防控制室(设备监控室)、公众通信室等弱电设备用房；左侧主要布置车站出站通道、应急保养点和变配电所；二层夹层候车厅左侧布置有就餐间、站长室、车站办公以及间休室；二层夹层候车厅右侧布置少量办公用房，大部分房间为四电通信及信号用房间。

2. 流线组织

客流组织采取“下进下出”流线模式。

进站流线:旅客购票后通过安检进入候车厅,候车后通过自动检票机或人工检票后进站,两个中间站台的旅客全部通过地道进入一、二站台。

出站流线:一、二站台的旅客通过地道到达出站厅检票后出站。

3. 建筑造型

站房设计首先以抽象的扬帆起航造型,表达弋江区的水文化属性,象征弋江区的发展扬帆远航;继而建筑在中间GRC板下的开口及钢结构雨棚,再正立面留下徽派建筑的显著特征,"马头墙"的意向,让建筑又具有了历史文化内涵。建筑正面采用GRC幕墙及玻璃幕墙,侧面及背面主要采用真石漆。

4. 站台雨棚

雨棚长450 m、宽10.5 m,站台雨棚的檐口结构底标高为5.5 m。站台雨棚采用钢管混凝土柱、压型钢板非组合混凝土屋面。

5. 室内设计及装修标准

站房公共区吊顶主要采用铝板与铝格栅吊顶。地面采用白麻花岗石地面。公共区墙面主要为乳胶漆墙面。室内各办公用房主要采用瓷质通体抛光砖,白色乳胶漆墙面,硅钙板铝合金明架通槽龙骨吊顶。办公室门主要为成品木质门。设备用房为防火隔声门及防火门,疏散楼梯为乙级防火门。防火分区间开门为甲级防火门。分区之间大的洞口主要采用特级防火卷帘分隔。

6. 建筑无障碍设计

根据《城市道路和建筑物无障碍设计规范》(JGJ 50—2001)、《铁路旅客车站无障碍设计规范》(TB 10083—2005),车站无障碍设施实施范围为公共区的楼梯、电梯、公共卫生间、检票口、出入口、通道等。

7. 建筑结构

站房采用钢筋混凝土框架结构+钢格构柱+网架结构。站房东西侧屋盖采用钢筋混凝土结构,候车大厅屋盖采用钢网架结构形式,网架支座采用成品支座。站房基础采用钻孔灌注桩基础形式。

站台雨棚根据建筑造型的要求,采用钢管混凝土柱双侧悬挑焊接H型钢梁结构体系,雨棚柱与基础刚接,站台雨棚屋面采用压型钢板组合楼板,出站通道和雨棚采用独立基础形式。出站通道屋面采用平面钢梁结构。

二、繁昌西站

繁昌西站为新建车站,车站位于芜湖市繁昌县,由站房、站前广场和站场客运建筑组成,新建站房2 988.2 m^2。该站设到发线4条,设基本站台1座(450 m×8.0 m×1.25 m),侧式站台1座(450 m×8.0 m×1.25 m),车站设进出站地道1条。车站旅客高峰小时发送量为410人。

1. 站房建筑设计概况

站房主体建筑地上一层,局部设二层夹层,建筑总长度为84 m,宽度为27 m。站房中部为候车厅,候车厅周边布置公共卫生间、旅客服务用房、开水间、客运值班室等。候车厅左侧为售票厅、售票室及售票用房、行车综控室和消防控制室,通信信号变电所等弱电设备用房;右侧主要布置出站通道和变配电所、公众信息机械室、水泵房及应急保养点等。

2. 流线组织

客流组织采取"下进下出"流线模式。

进站流线:旅客购票后通过安检进入候车厅,候车后通过自动检票机或人工检票后进站,基本站台的旅客通过候车厅大门上到基本站台,二站台的旅客过地下通道上楼扶梯进入二站台。

出站流线:基本站台的旅客由基本站台至出站厅检票后出站,二站台的旅客通过地下通道到达出站厅检票后出站。

3. 建筑造型

站房设计从具有地域特色文化出发,吸取繁昌窑青白瓷器的特点,边角圆润、圆滑表面产生弧面光泽;以徽派建筑白墙灰瓦为基础,吸取现代抽象水墨画的表达方式,以现代建筑语言、抽象表达出依临长江南岸繁昌的水墨物景的韵味。建筑正立面采用玻璃幕墙及真石漆,侧面及背面采用真石漆。

4. 站台雨棚

站台雨棚长 450 m、宽 8.0 m,站台雨棚的檐口结构底标高为 5.5 m。站台雨棚采用钢管混凝土柱、压型钢板非组合混凝土屋面。

5. 室内设计及装修标准

站房公共区吊顶主要采用铝板与铝格栅吊顶。地面采用白麻花岗石地面。公共区墙面主要为乳胶漆墙面。室内各办公用房主要采用瓷质通体抛光砖,白色乳胶漆墙面,硅钙板铝合金明架通槽龙骨吊顶。办公室门主要为成品木质门。设备用房为防火隔声门及防火门,疏散楼梯为乙级防火门。防火分区间开门为甲级防火门。分区之间大的洞口主要采用特级防火卷帘分隔。

6. 建筑无障碍设计

根据《城市道路和建筑物无障碍设计规范》(JGJ 50—2001)、《铁路旅客车站无障碍设计规范》(TB 10083—2005),车站无障碍设施实施范围为公共区的楼梯、无障碍升降平台、公共卫生间、检票口、出入口、通道等。

7. 建筑结构

站房采用钢筋混凝土框架结构+型钢混凝土结构。站房东西侧采用钢筋混凝土框架结构,候车大厅采用型钢混凝土结构。站房基础采用天然柱下墩基础形式。

站台雨棚根据建筑造型的要求,采用钢管混凝土柱双侧悬挑焊接 H 型钢梁结构体系,站台雨棚屋面采用压型钢板组合楼板,雨棚柱与基础刚接。站台雨棚采用人工挖孔桩基础。

三、安 庆 站

本项目为拆除既有车站新扩建车站(中心里程为 DK264+472.69),车站位于安庆市城区边沿,距安庆市中心约 3 km,地处安庆经济开发区两条城市主干道迎宾大道(即站南路,红线宽度 40 m)与湖心北路(红线宽度 60 m)交叉口正北面,是以大厅为核心的分散式中型客运站,由站房、站前广场和站场客运建筑组成,新建站房 19 984 m^2。该站设到发线 7 条(含 2 条正线),设中间站台 2 座(分别为 450 m×10.0 m×1.25 m、450 m×10.5 m×1.25 m),基本站台 1 座(450 m×12.0 m×1.25 m),车站设出站地道及行包地道各 1 座,进站天桥 1 座。站房中心轨顶高程为 20.840 m。车站旅客高峰小时发送量为 2 230 人。

安庆站以城市规划设计和交通组织为基础,规划中强调车站作为交通中心、景观中心的地位,站台的南侧为安庆站站房,站房南面设置广场,广场中央为步行集散广场,东侧设置内部车停车场、出租车和社会车下客区,西侧设置公交车及车站货车停车场。南广场与站房同期设计与建设,实现了两者之间的完美对接及各种城市交通的无缝换乘。

1. 站房建筑设计特点

站房主体建筑地上 2 层、局部设 2 层夹层,建筑总长度 175 m,宽度 48 m。客运站房中部候车大厅采用预应力钢筋混凝土结构,两侧办公及设备用房采用钢筋混凝土框架结构,站房屋面采用钢结构网架。

站台层地面标高 22.15 m(黄海高程)作为建筑物相对标高±0.000。站台面标高为 22.09 m,出站通道相对标高为−8.00 m。站房地上设为二层,站台层候车厅层高 8.0 m,高架层顶部结构最高点相对标高为 21.5 m,二层层高为 13.5 m。站台层局部设夹层。高架候车层其他用房层高为 5.7 m,13.7 m 标高层层高 4.8 m,站台层售票厅层高 8.00 m,贵宾候车室层高 8.0 m。

站台层主要分为三个区。中部为进站大厅,西部为行包房、列车备品库及物流用房,东侧设置有售票大厅、贵宾厅以及设备用房,有多处楼扶梯及电梯与高架层空间相连。

(1)站台层夹层:西部为空调机房,东部为办公、空调机房及通信机房。

(2)高架候车层:中部为候车大厅,西部为办公区,东部为信息、信号用房。高架候车夹层(13.7 m 标高)西面为间休区,东面为物流办公。屋顶层平面(18.5 m 标高)东西面均为空调机房用房。

(3)出站层:出站层设有出站通道和地下出站厅,同时布置部分水泵房和消防水池。

站房主要柱网为 13 m×18 m、13 m×10 m、13 m×9 m。

2. 流线组织

站房采用“线侧式”布局,旅客采用“上进下出”流线模式。候车大厅紧邻基本站台。

(1)旅客进站流线

旅客经由站前广场直接进入站台层进站广厅，在站台层候车厅的旅客经检票后进入基本站台进站，高架候车层的旅客经检票后通过天桥进入第二和第三站台进站。

(2)旅客出站流线

各站台的出站旅客经楼扶梯下至地下出站通道，从地下出站厅检票后经广场地下空间出站，出站人流可方便的选择乘公交车、出租车或社会车辆离站。

3. 建筑造型

建筑造型提炼黄梅戏种水袖的戏剧特点，以流畅简洁的建筑形体展现水袖优美的姿态；玻璃幕墙上通过韵律变化的竖向线条形成与墙面相呼应的曲线，不仅展现黄梅戏之韵又能喻示山水倒影，从而构成舒展而又别具一格的车站形态；体现山之灵，水之秀，袖之柔，舞之美的设计内涵。在主立面上端浅色墙面上，利用具有象征意义的线条表达戏曲中人物的动态特征，形成安庆站独具特色的细部魅力。建筑主体色调为白色，顶部以深色金属收边，在大型建筑中利用墙面和屋顶的比例以及颜色体现徽派民居的构图特征。

站房候车厅顶部为灰色直立锁边铝镁锰合金板屋面且局部采用铝单板包边，站房两侧屋面为一般钢筋混凝土楼板，站房外墙采用干挂铝单板。

4. 站台雨棚

雨棚长度 450 m，宽度分为 12 m、10 m 和 10.5 m 三种，柱网 9 m。站台雨棚的檐口结构底标高为 5.5 m，天桥净宽 10 m。站台雨棚及进站天桥采用钢管混凝土柱、H 型钢梁、压型钢板非组合混凝土屋面。

5. 室内设计及装修标准

室内设计遵循整体性、地域性、舒适性和现代化原则，在建筑形式、材料、建筑技术上找到与地方特色的呼应；建筑材料的颜色、材质上让旅客感到亲切舒适；建筑技术、构造方式上体现现代技术的优势。候车厅、售票厅、出站厅、贵宾室等地面采用花岗岩，内墙面、内柱采用干挂花岗岩，外窗采用透明玻璃幕墙方式，吊顶采用银色铝板条形成室内明亮的效果。

6. 建筑无障碍设计

根据《城市道路和建筑物无障碍设计规范》(JGJ 50—2001)、《铁路旅客车站无障碍设计规范》(TB 10083—2005)，车站无障碍设施实施范围为公共区的楼梯、无障碍升降平台、公共卫生间、检票口、出入口、通道等。

7. 建筑结构

站房采用钢筋混凝土框架结构。站房东西侧屋盖采用钢筋混凝土结构，候车大厅屋盖采用钢网架结构形式，网架支座采用盆式橡胶支座。站台雨棚根据建筑造型的要求，采用双臂悬挑钢框架结构形式，雨棚柱与基础刚接。

站房基础采用钻孔灌注桩基础形式。进站天桥和雨棚采用人工挖孔桩基础形式。进站人行天桥及天桥屋面采用桁架结构形式，桥面采用压型钢板组合楼板，天桥柱与基础刚接。

第四节 采暖与通风设计

一、江宁西站、马鞍山东站、当涂东站

1. 设计计算参数

(1)室外气象参数见表 3-9-2。

表 3-9-2 室外气象参数表

计算参数	夏 季	冬 季
通风计算温度(℃)	28.5	5.6
空调计算温度(℃)	31.8	1.0
空调室外计算湿球温度(℃)	26.4	
室外计算相对湿度(%)		83

续上表

计算参数	夏　季	冬　季
室外平均风速(m/s)	1.2	0.9
风向及频率	C/NNE	C/NE
大气压力(hPa)	948.0	963.7

(2)室内设计参数见表 3-9-3。

表 3-9-3　室内设计参数值

序　号	房间名称	温度(℃)	湿度(%)	温度(℃)	新风量 [m^3/(h·人)]	室内噪声标准 [dB(A)]
		夏季	夏季	冬季		
1	候车厅	30(通风)		16	10	≤55
2	售票厅	30(通风)		16	10	≤55
3	办公	26～28	40～65	18	30	≤45
4	售票室	26～28	40～65	18	30	≤45
5	VIP 室	26～28	40～65	18	20	≤45
6	通信、信息、信号机房	18～28	30～75	18～28		
7	公共洗手间			16		
8	门厅、走道、楼梯			14		

(3)通风换气次数见表 3-9-4。

表 3-9-4　通风换气次数

序　号	房间名称	排风(次/h)	送风(次/h)
1	候车厅、售票厅	2～3	自然补风
2	消防水泵房	5～6	4～5
3	水箱间	5～6	自然补风
4	变电所	7～8	5～6
5	通信机械室、信号电源及继电器室、信号机房、信息机房	5～6	自然补风
6	配电间、配线间,强弱电间	5～6	自然补风
7	公共卫生间	10	自然补风

2. 空调系统设置

(1)站房内人员密集的公共场所(候车厅、售票厅等高大空间)采用全空气空调系统。候车厅、售票厅设置中央空调系统,夏季空调冷负荷为 920 kW。空调冷热源采用市政电力为动力的 2 台多机头风冷螺杆式热泵冷热水机组(制冷量 400 kW/台),安装在西侧站厅屋顶,制冷剂为 R134a。

(2)服务用房、办公用房、贵宾候车厅采用运行灵活、低负荷时效率较高的变制冷剂流量+全热回收新风换气机。

(3)消防控制室、微机室等设置独立空调。通信机械室、信号电源及继电器室、信号计算机房、信息机房等设机房专用空调。

3. 通风

变配电室、水泵房等设置机械通风;卫生间、配电间、弱电间、信息配线间及弱电机房采用机械排风、自然补风的通风方式;四电机房机械排风同时承担气体灭火后的排风;候车厅过渡季节按自然通风设计,通过自然开口或门窗,组织自然通风,以节约能源。

4. 防排烟设计

候车大厅采用侧高电动排烟窗自然排烟,超过 20 m 的内走道采用可开启外窗方式自然排烟。超过 20 m 的内走道无可开启外窗,采用机械排烟方式。

5. 管道材料及保温材料

(1)通风风管采用镀锌钢板制作,空调风管采风管采用镀锌钢板,厚度按《通风与空调工程施工质量验收规范》(GB 50243—2002)有关规定执行。事故排风系统风管采用钢板风管,厚度按上述规范中消防排烟系统相关规定选用。非保温材料制作的空调送、回风管及经冷热处理的新风管需采用厚 30 mm 夹筋铝箔离心玻璃棉板材保温,吊顶内排烟管道采用 40 mm 离心玻璃棉板包覆。所用离心玻璃棉板导热系数应不大于 0.036 W/(m·k),热阻不小于 0.81 m^2·kW,密度为 48 kg/m^3。

(2)空调冷热水管管径 $d \leqslant 80$,采用镀锌钢管;管径 $d \geqslant 80$,采用无缝钢管。空调冷凝水管采用 UPVC 管。冷水管根据管径采用橡塑管壳保温,橡塑保温需有国家防火建筑材料质量监督检验中心 NFTC 认证,主要技术参数符合以下要求:导热系数 10 ℃时 0.034 W/(m·K),湿阻因子 8 000,真空吸水率 3%,烟密度 75,氧指数大于 32。

6. 空调系统的防火技术措施

(1)空调系统送、回风管采用不燃材料;设备和风管的绝热材料、消声材料及其黏结剂采用不燃材料。

(2)风管穿越防火分区、空调机房的隔墙和楼板处设置防火阀,空隙处采用膨胀型防火堵料进行封堵。

(3)建筑物内防火分隔构件上贯穿孔口、风管井、板洞等,应按国家现行标准《建筑防火封堵应用技术规程》(CECS154)的有关规定采取防火封堵措施。

7. 卫生防疫

(1)变制冷剂流量多联机系统冷媒选用环保型冷媒 R410A。

(2)新风采气口与排风口水平距离保持足够的距离,以避免进风与排风的短路。

(3)卫生间设有排风系统。

(4)新风换气机及送风机入口处安装初效过滤器。

8. 节约能源措施

(1)办公用房及弱电机房均采用变制冷剂流量降温系统,满足 24 h 运行需求,方便各房间独立调节。

(2)系统与设备的合理设计与选择,可减少冷、热媒的输送能耗,减少耗电量。

(3)风机的单位风量耗功率满足规范的限值 0.32 W/(m^3/h)的要求。

(4)靠外窗的空调房间在过渡季节全部利用自然通风排走室内余热余湿,提高室内舒适性,并大大降低空调能耗。

(5)通风系统设备均选用高效率、低能耗的产品。

(6)新风换气机采用热回收技术,利用排风冷却新风以达到节能目的。

(7)空调风管绝热层的最小热阻满足规范规定的 0.74 m^2·kW 的要求。

9. 环境保护措施

(1)尽量利用既有设备、管道,节约投资,避免浪费。

(2)落地安装设备设减振垫,吊装的风机采用减振吊架。空调机、风机进出口设软接头。风管、水管穿越噪声较大的房间时,设置柔性接头及隔声措施。

二、芜 湖 站

1. 设计计算参数

(1)室外气象参数见表 3-9-5。

表 3-9-5 室外气象参数(参芜湖市)

计算参数	夏 季	冬 季
空调计算温度(℃)	35	−5
空调室外计算湿球温度(℃)	28.2	—
室外计算相对湿度(%)	80	77
通风温度(℃)	32	3
室外平均风速(m/s)	2.3	3
大气压力(hPa)	973.2	991.2

(2)室内空气设计计算参数见表 3-9-6。

表 3-9-6 室内空气设计计算参数(芜湖市)

房间名称	夏季空调		冬季空调		最小新风量 $m^3/(h \cdot 人)$	允许噪声标准 [dB(A)]
	干球温度(℃)	相对湿度(%)	温度(℃)	相对湿度(%)		
候车厅、进站集散厅	27~29	40~65	18	≥40	10	≤55
旅客服务	26~28	40~65	18	≥40	10	≤55
售票厅	26~28	40~65	18	≥40	10	≤55
售票室	26~28	40~65	18	≥40	25	≤45
贵宾候车	24~26	40~65	18	≥40	20	≤40
办公、间休	26~28	40~65	18	≥40	30	≤45
弱电机房	26~28	40~75				

2. 空调冷、热源设计

本站位于非集中采暖地区,站房均设有空调系统,冬季由空调系统提供热风。

进站集散厅、候车厅、售票厅、17.4 商业空间的冷热源采用风冷热泵空调系统,总冷负荷为 5 179 kW,总热负荷 2 523 kW。设置风冷螺杆热泵机组 4 台,每台制冷量为 1 323 kW,每台冬季制热量为 1 455 kW,每 2 台为一组,在站房的东西两侧设置,分别在站房的东西两侧设置空调水泵房,负责东西两部分制冷(加热)系统冷热水的补水及加压;热泵机组夏季提供 7/12 ℃的冷冻水,冬季提供 45/40℃的空调热水。每个空调水泵房内设循环水泵 3 台(两用一备),同时设补水定压装置。

售票室、贵宾候车室、公安用房及生产管理用房等冷热源使用时段较长及基于独立运行管理要求的区域设计采用变制冷剂流量多联机空调系统,总冷负荷为 1 102.3 kW,总热负荷为 662.9 kW。

各车站办公管理房间、VIP 室按左右进行分区设置变频多联(热泵)空调系统。旅服(预留商业)单独设置变频多联(热泵)空调系统。室外机设在站房屋面。

机房专用空调系统:宁安场机房、宁安场机械室、普速场机房、普速场机械室、通信机械室、信息机房、票据微机房等冷源采用机房专用空调系统,机房专用空调系统负荷为 265.2 kW。

3. 空调设计

(1)空调计算负荷见表 3-9-7。

表 3-9-7 空调计算负荷值

区　域	空调形式	面积(m^2)	冷负荷(kW)	冷负荷指标(W/m^2)	热负荷(kW)	热负荷指标(W/m^2)
东进站疏散大厅	全空气系统	3 442	514.2	150	295.5	86
西进站疏散大厅	全空气系统	3 442	517.6	150.3	248	72.1
东侧售票厅	全空气系统	605	181.2	299.5	93	153.7
东侧自动售票厅	全空气系统	318	99.3	311	42.8	134.6
西侧售票厅	全空气系统	605	185.2	306	88.4	146.1
西侧自动售票厅	全空气系统	318	80.1	251.9	37.7	118.6
候车室	全空气系统	17 541	2 685.9	153	881.8	50
高架层	新风加风机盘管系统	7 040	1 163.5	165.2	836.1	118
其他商业及办公部分	VRV 加新风换气系统	8 580	1 102.3	128.4	662.9	77.2

(2)空调风系统设计

①全空气系统

进站疏散、候车厅及售票厅采用一次回风全空气低速风管系统,进站疏散、候车厅气流组织采用球形喷口侧送,回风采用侧壁风口或顶回风集中方式,售票厅采用条缝或喷口侧吹,回风采用侧回或顶回的方式。

空气处理设备采用组合式空调箱进行空气处理。入口设置初效过滤器及静电杀菌除尘装置。

②变频多联机加新风系统

办公管理房间、售票室、贵宾室、VIP室按左右进行分区，设置冷暖型变频多联空调系统。多联机系统采用全热交换(显热)处理机。

③候车大厅的空调系统在过渡季节可以采用全新风运行模式，通风换气次数为2次/h。

④候车厅、售票厅与外界进出口大门处上方设置离心式空气幕。

三、弋江站、繁昌西站

两站均位于第Ⅲ建筑气候区、夏热冬冷地区，属于非集中采暖地区。设计内容为站房内的空调、通风设计。

1. 设计计算参数

(1)室外气象参数见表3-9-8。

表3-9-8 室外气象参数值

计算参数	夏　季	冬　季
空调计算温度(℃)	35	−5
空调室外计算湿球温度(℃)	28.2	
室外计算相对湿度(%)	80	77
通风温度(℃)	32	3
室外平均风速(m/s)	2.3	3
大气压力(hPa)	973.2	991.2

(2)室内设计参数见表3-9-9。

表3-9-9 室内设计参数值

名　称	温度(℃)		相对湿度(%)		新风量[m³/(h·人)]	噪声[dB(A)]
	夏季	冬季	夏季	冬季		
候车厅	26～28	18～20	<65	≥40	10	≤55
售票厅	26～28	18～20	<65	≥40	10	≤55
贵宾厅	24～26	18～20	<65	≥40	20	≤45
办公室	25～27	18～20	<65	≥40	30	≤50
票据库		10	<60	≥40		

2. 空调系统设计

(1)弋江站

①空调范围：候车室、售票厅、旅客服务、管理办公用房等设中央空调系统。

②空调负荷：夏季空调总冷负荷1 150 kW；冬季空调总热负荷612 kW。

③空调冷热源及空调方式：设计选用4台风冷屋顶式热泵型空调机组作为站房候车厅的冷热源，标准工况制冷量180 kW、标准工况制热量180 kW。选用1台风冷屋顶式热泵型空调机组作为售票厅的冷热源，标准工况制冷量72 kW、标准工况制热量74 kW。车站通信信号房及其他工艺有特殊要求的用房、办公、VIP候车等用房采用变制冷剂流量多联空调系统(VRV系统)，此部分夏季空调制冷250 kW，冬季空调采暖280 kW。

(2)繁昌西站

①空调范围：候车室、售票厅、旅客服务、管理办公用房等设中央空调系统。

②空调负荷：夏季空调总冷负荷473 kW；冬季空调总热负荷318 kW。

③空调冷热源及空调方式：设计选用两台风冷屋顶式热泵型空调机组作为站房候车厅的冷热源，标准工况制冷量104 kW、标准工况制热量68 kW。选用1台风冷屋顶式热泵型空调机组作为售票厅的冷热源，标准工况制冷量72 kW、标准工况制热量35 kW。车站通信信号房及其他工艺有特殊要求的用房、办公、VIP候车等用房采用变制冷剂流量多联空调系统(VRV系统)，此部分夏季空调制冷191 kW，冬季空调采暖

204 kW。

3. 通风及防排烟系统设计

(1)候车室厅采用自然排烟。

(2)卫生间、开水间、储藏室、清洗室等设机械排风系统。

(3)大部分房间都有足够面积的可开启外窗,火灾时自然排烟。对不具备自然排烟条件且经常有人停留的房间设机械排风兼排烟系统,平时通风换气,火灾时按防火(防烟)分区进行排烟。

4. 空调系统的自动控制

空调、通风系统采用集散型控制系统,由中央管理站、局部通信网络、现场控制器(DDC)、各种传感器、电动执行机构组成,并纳入车站楼宇智能化管理系统。

5. 卫生防疫、环保设计

(1)空调、通风系统按照卫生要求保证足够的新风量,新风入口处设置过滤装置。

(2)空调器、通风机等选用低噪声设备,其进出口接管处,均设置柔性接管,底部设置减振台座或橡胶减振垫。

(3)空调机送回风总管上均设置消声器。

(4)风机房等的内墙面及顶棚均作吸声构造,并选用隔声门。

(5)空调制冷剂选用环保冷媒。

6. 节能设计

(1)与建筑专业配合选用热工性能好的建筑材料,减少建筑物外围护结构的热传递,建筑物外围护结构的热工性能满足《公共建筑节能设计标准》对夏热冬冷地区的要求。

(2)空调冷热源采用高效率螺杆式热泵机组。

(3)选用高能效比的空调机组,提高能源利用率。

(4)站房与室外相通的出入口处设大门风幕,减少能量损失。

(5)空调风、水管采取合理的绝热保温措施。

(6)空调系统设有完备的自动控制系统,实现空调系统的智能化运行,可靠、节能。

四、安 庆 站

1. 空调冷源

(1)中央空调负担区域为候车厅、售票厅、广厅、客服。冷负荷为 2 044 kW,采用 2 台螺杆式风冷热泵机组,制冷量 570 kW/540 kW;风冷热泵机组放置在站房两侧屋面上。空调水系统均采用两管制一次泵变流量系统,水泵采用变频水泵,冷水循环水泵设置 6 台,4 用 2 备。夏季空调供回水温度 7/12 ℃,冬季空调供回水温度 45/40 ℃。

(2)办公区、VIP、售票室、对外客服、间休等房间采用热泵型变制冷剂流量分体多联式空调系统。

(3)消防控制中心、配电间等采用自带冷热源的分体空调方式。通信机械室、信号机械室、信号机房信息综合机房采用机房专用空调。

2. 空调水系统

冷水系统采用一次泵变流量系统。空调冷水管路采用两管制异程系统。空调水系统采用膨胀水箱进行定压补水,放置于空调泵房屋面。采用微晶旁流水处理器进行水处理。

3. 气流组织

(1)站内客服采用柜式空气处理机组低速单风道空调方式,气流组织一般为散流器顶送。候车厅、售票厅及进站厅采用柜式空气处理机组低速单风道空调方式,过渡季节采用全新风运行,气流组织一般为喷口侧送。

(2)办公区、VIP、售票室、对外客服、间休等房间设计 VRV 空调系统加全热新风换气机满足对新风量的卫生需求,VRV 空调系统总冷负荷为 1 104 kW,室内机采用天花板内藏风管机,设置在吊顶内,室外机按就近设置于屋顶。

(3)消防控制中心、配电间等采用自带冷热源的分体空调方式。通信机械室、信号机械室、信号机房信息综合机房采用机房专用空调。

4. 通风系统设计

(1)与建筑专业结合,充分利用建筑布局及热压和风压作用组织可控自然通风,采用下部门窗进风,电动控制的天窗进行自然排风,以达到候车厅等区域实现良好的自然通风效果。

(2)水泵房等设备用房均设机械通风以排除余热余湿。

(3)公共卫生间设置排风竖井,在屋盖下设置集中排风机集中管理运行,保持卫生间负压,自然补风;局部小卫生间在侧墙排风。

(4)变配电、电力远动房、通信机械室、信号机械室、信号机房、信息综合机房等电气设备用房结合建筑布局设置机械排风和事故排风系统,作为平时和发生火灾气体灭火后的排风。即平时排风,发生火灾时电动阀和排风机关闭,待气体灭火时间过后开启电动阀和排风机。排风机为消防供电,排风机在室内外便于操作的地点设置电气开关。

5. 防排烟设计

(1)候车厅、售票厅、客服等高大空间采取自然或机械排烟的方式进行防排烟设计。

(2)其他区域按消防规范进行防排烟设计。不符合自然排烟条件的内走道等区域根据规范要求设置机械排烟系统。

(3)空调通风系统按防火分区设置,风管穿越通风、空调机房的隔墙处、防火分区的隔墙或楼板处、变形缝的两侧等均设置防火阀(70 ℃熔断);排烟系统风管穿越防火分区的隔墙或楼板处、变形缝的两侧等均设置高温防火阀(280 ℃熔断)。排烟风机入口总管上安装 280 ℃自动关闭的防火阀。

第五节　给排水工程设计

一、设计标准与设计原则

(1)生活用水量标准按车站所在地区居民生活用水定额 220 L/(cap · d)采用;行车及其他生产用水量标准按《铁路给水排水设计规范》(TB 10010—2008)及相关专业要求确定;消防用水量标准按《建筑设计防火规范》(GB 50016—2006)及《铁路工程设计防火规范》(TB 10063—2007)确定。

(2)车站供水水质应符合国家现行的《生活饮用水卫生标准》(GB 5749—2006)的规定;生产及冷却用水水质按工艺要求确定。

(3)各站点设计水源除地方确定无法配套外原则上均采用城市自来水。

(4)对城镇自来水的水压不能满足要求的车站,设无负压供水设备。

(5)车站及各供水点排放的污水根据污水性质及受纳水体的不同,采用不同工艺处理,达到国家及地方现行排放标准后排放。

(6)室外消防设计按《铁路工程设计防火规范》(TB 10063—2007)和《建筑设计防火规范》(GB 50016—2006)等相关规范执行。

(7)给水管道:一般采用球墨铸铁管,胶圈接口。

(8)排水管道:重力排水管一般采用 FRPP 模压排水管,压力排水管采用 PE 管。

(9)给排水设备应技术先进、性能优良、可靠性高、便于安装调试和运营维护,在满足系统功能的条件下立足于国产化。

二、站房给排水工程设计

站房给排水工程设计包括室外给水排水设计和室内给水排水设计。室外给水排水设计内容主要包括为站房服务的室外雨水管、站台雨篷的雨水排水立管、站台消防给水设计、站场的给排水、站前广场室外给排水及消防等;室内给水排水内容主要包括生活给水系统、生活热水系统、饮水系统、消火栓系统、自动喷水灭火系统、灭火器配置系统、生活排水系统、屋面雨水排水系统等。

本部分以安庆站为例总结站房给排水工程设计。

1. 室外给水及室外消防系统

(1)水源

按二路市政水源设计,市政供水压力进入红线范围为 0.20 MPa,室外给水系统设总水表计量。室外消防管网与室外给水管网分开设置,室外消防管网布置成环状管网,每隔一定距离(间距不大于 120 m,保护半径不大于 150 m)设室外消火栓。室外消火栓供水由市政管网直接供给。

(2)室外排水系统

生活污水及废水合流排放,经化粪池处理后排入市政污水管网。

(3)室外雨水系统

站房屋面雨水经室外雨水管汇集后排至站前广场的室外雨水管道。站台雨篷雨水排水经管道收集后排至四院轨道间排水涵。

2. 室内给排水系统

(1)给水系统

生活总用水量:最高日 145.5 m^3/d,最大时 26.3 m^3/h。

(2)水源

市政供水压力进入红线范围为 0.20 MPa,室外给水系统设总水表计量。

(3)室内给水系统

根据建筑高度、水源条件、防二次污染、节能和供水安全原则,采用供水系统生活水箱+变频供水设备供水。

3. 生活排水系统

生活排水系统包括卫生间、饮水间、空调冷冻机房、设备机房等。卫生间排水采用伸顶通气管;站房室内地面以上污废水采用重力自流排出,地下室污水经过抽升排至室外;室内污、废水合流排至室外污水管道系统。污废水最高日排放量 131 m^3/d。

4. 雨水系统

雨水量根据安庆暴雨强度公式计算。

(1)站房网架屋面设计采用虹吸压力流系统排放屋面雨水。雨水由虹吸式雨水斗收集,经水平干管及立管排至室外雨水检查井。设计重现期 P=50 年。网架屋面设雨水溢流口,溢水至混凝土屋面。

(2)站房混凝土屋面雨水系统采用重力流雨水系统,雨水由 87 型雨水斗收集,经水平干管及立管排至室外雨水检查井。设计重现期 P=20 年。混凝土屋面设雨水溢流口,雨水排水系统和溢流总设计重现期为 50 年。

(3)站房内院屋面雨水系统采用重力流雨水系统,排水设计重现期 P=50 年。

(4)站台雨棚屋面雨水系统采用重力流雨水系统,雨水由 87 型雨水斗收集,经水平干管及立管排至站台上雨水检查井。设计重现期 P=20 年。

5. 室外消火栓系统

室外消火栓供水由市政管网直接供给。

6. 室内消火栓系统

消防用水水源为市政水源,设置消防水池(含室内外消火栓系统的消防水量);站房屋顶设有效贮水容积 18 m^3的高位消防水箱和消火栓增压设备,室外设水泵接合器。室内消火栓系统竖向不分区,设 2 台消防泵;一用一备。

消防水池容积共计 508 m^3,包括 2 h 室内消火栓用水量 166 m^3、2 h 自喷用水量 288 m^3、1 h 自动扫描射水高空水炮用水量 54 m^3。

7. 室内喷淋给水系统

站房候车厅、售票厅、客服、办公室等用房及走道设置自动喷水灭火系统,泵房设置自喷水泵 2 台(一用一备);站房屋顶设有效贮水容积 18 m^3的高位消防水箱和消火栓增压设备,室外设水泵接合器。

8. 自动扫描射水高空水炮灭火系统

(1)一层入口大厅净空高度为 17 m,设计采用自动扫描射水高空水炮灭火系统。确保一门扫描水炮的水射流到达被保护区域的任何部位，高度保证扫描水炮的射流不受上部建筑构件的影响。

(2)扫描炮系统为临时高压系统，消防水泵房内设有扫描炮给水加压泵 2 台，一用一备。在靠近消防车道处设一套 SQX-150 型消防水泵接合器与室内自喷管网相连。

(3)在标高为 18.5 m 的水箱间内设有效水容积为 18 m^3 的不锈钢消防水箱一座，消防水泵房内设置增压稳压设备一套可提供消火栓系统、自喷系统。

9. 气体灭火系统

在 4.3 m 标高的通信机械室和标高为 8.6 m 的信号机房、信号机械室、信息综合机房设置组合分配管网七氟丙烷气体灭火系统。设计灭火浓度为 8%，气体喷放时间为 8s。在 4.3 m 标高气钢瓶间内设有 ZQRP120L 钢瓶 9 个。

七氟丙烷气体灭火系统具有自动、手动及机械应急启动三种控制方式。

10. 灭火器配置

(1)候车室火灾危险等级为严重危险级，A 类固体火灾。在每个消火栓箱处设置两具手提式 MF/ABC5 型干粉灭火器。

(2)站房的高低压配电室、办公室火灾危险等级为中危险级，A 类固体火灾。在每个消火栓箱处设置两具手提式 MF/ABC3 型干粉灭火器。

(3)站房高低压配电房为中危险级 E 类火灾，在配电房内设置推车式干粉灭火器 MFT/ABC20 两具。

(4)站房配线间内设置有悬挂式自动超细干粉灭火器，灭火器规格为 5 kg。

三、给水站设计

全线设给水站 2 个，分别为芜湖站和安庆站。

1. 芜湖站

(1)室外给水系统

芜湖站为既有给水站，水源采用铁路自建水源及芜湖市自来水，给水系统分为生活给水系统及消防供水系统，利用既有设备及构筑物。车站宁芜场设客车上水栓 1 排，上水管设带电动回管功能的上水单元 20 座。

(2)室外排水系统

车站排出的污水主要为工作人员办公生活污水及厨房少量含油污水。生活粪便污水经化粪池处理，含油污水经隔油池处理，处理后的污水汇同其他污水排入站前广场市政污水管网中。

(3)室外消防系统

车站室外消防采用独立的消防管网系统。同一时间发生火灾地点按一处考虑，最大室外消防用水量为 30 L/s，火灾延续时间按 3 h 计。

车站消防采用 2 路水源，分别为铁路既有水塔 DN200 mm 管网上接管供水及站前广场既有 DN200 mm 市政给水管网上接管供水至东、西站房，且管网布置成环状。消火栓间距不大于 120 m，消火栓栓口处水压不小于 10 m 充实水柱。

基本站台按间距 100 m 设置消火栓，中间站台的两端各设置 1 个消火栓。站台上采用地下式双阀双出口消火栓，其消防秒流量为 10 L/s，水压按双栓不小于 10 m 充实水柱的要求设计。各站台设置 1 个消防器材箱，每个箱内设置 DN65 消防水龙带 4 盘(每盘长 25 m)，ϕ19 消防水枪 2 支，水枪的充实水柱不小于 10 m。

客车存放线消防水源采用芜湖市自来水，分别从赭山中路 DN500 mm 给水管、弋江南路 DN600 mm 给水管上接管供水。消防管网与生产、生活给水管网共用一个系统，消防管网呈环状网布置，且每两股道间设置消火栓，间距 50 m。

2. 安庆站

(1)室外给水系统

安庆站为既有给水站，水源采用安庆市自来水，经铁路既有加压站加压后，供水至用户。

(2)室外排水系统

车站排出的污水主要为工作人员办公生活污水及厨房少量含油污水。生活粪便污水经化粪池处理，含油污水经隔油池处理,处理后的污水汇同其他污水排入站前广场市政污水管网中。

(3)室外消防系统

车站室外消防用水采用与生产、生活用水合并的给水系统,同一时间发生火灾地点按一处考虑,最大室外消防用水量为 30 L/s,火灾延续时间按 3 h 计。

车站消防采用 2 路水源,分别在既有铁路加压站 DN200 mm 给水管网上接管及在安庆市中兴大道 DN400 mm 市政给水管道上接管供水,在站区范围内布置成环状给水管网。消火栓间距不大于 120 m,消火栓栓口处水压不小于 10 m 充实水柱。

基本站台按间距 100 m 设置消火栓,中间站台的两端各设置 1 个消火栓。站台上采用地下式双阀双出口消火栓,其消防秒流量为 10 L/s,水压按双栓不小于 10 m 充实水柱的要求设计。各站台设置 1 个消防器材箱,每个箱内设置 DN65 消防水龙带 4 盘(每盘长 25 m),ϕ19 消防水枪 2 支,水枪的充实水柱不小于 10 m。

四、沿线生活供水站、点设计说明

1. 水源类型选择

沿线生活供水站 6 个:江宁西站、马鞍山东站、当涂东站、弋江站、繁昌西站、安庆存车场。

生活供水点 15 处:马鞍山维修工区、弋江维修车间、安庆长江大桥桥梁工区,弋江牵引变电所、当涂牵引变电所、安庆牵引变电所,板桥警务区、葛羊山警务区、龙山警务区、钟鸣警务区、小冲桥警务区、长风警务区,芜湖东站、湾里站、芜湖西站宁芜还建线等工程。

生活供水站、点水源均接用城镇自来水。

2. 贮配水构筑物及给水机械、设备

(1)江宁西站:设给水设备间一处,与站房合建。设备间内设 $Q=32\ m^3/h$、$H=34\ m$($N=3\times2=6\ kW$)无负压管网自动增压设备一套。

(2)马鞍山东站:设给水设备间一处,与站房合建。设备间内设 $Q=72\ m^3/h$、$H=42\ m$($N=7.5\times2=15\ kW$)无负压管网自动增压设备一套。

(3)当涂东站:生活用水由市政自来水直供。

(4)弋江站:设给水设备间一处,与站房合建。设备间内设 $Q=36\ m^3/h$、$H=30\ m$($N=3\times2=6\ kW$)无负压管网自动增压设备一套。

(5)繁昌西站:设给水设备间一处,与站房合建。设备间内设 $Q=30\ m^3/h$、$H=40\ m$($N=4\times2=8\ kW$)无负压管网自动增压设备一套。

(6)安庆存车场:利用既有加压设备,由水塔配水至用户。

(7)马鞍山维修工区:设给水加压站一处,设备间内设 $Q=120\ m^3/h$、$H=40\ m$($N=40\ kW$)生活消防合用型变频供水设备一套。

(8)弋江维修工区:设给水加压站一处,设备间内设 $Q=140\ m^3/h$、$H=50\ m$($N=40\ kW$)生活消防合用型变频供水设备一套。

(9)安庆长江大桥桥梁工区:生活用水由市政自来水直供。

(10)板桥、葛羊山、龙山、钟鸣、小冲桥、长风警务区生活用水均由市政自来水直供。

五、消　　防

(1)当涂东站、安庆存车场、马鞍山维修工区、弋江维修工区、安庆长江大桥桥梁工区室外消防与生产、生活用水管网共用一个系统,按《建筑设计防火规范》(GB 50016—2006)、《铁路工程设计防火规范》(TB 10063—2007)设置室外消火栓。为满足室内外消防用水要求,在当涂东站设 $V=200\ m^3$ 消防水池一座,马鞍山维修工区、弋江维修工区分别设 $V=300\ m^3$ 消防水池一座。

(2)江宁西站、马鞍山东站、弋江站、繁昌西站各站室外消防均采用独立的消防管网系统,设置消防泵房,与站房合建。按《建筑设计防火规范》(GB 50016—2006)、《铁路工程设计防火规范》(TB 10063—2007)设置室外消火栓,并在各站分别设置 $V=200\ m^3$ 消防水池一座。

六、污水处理设计

(1)安庆北存车场:集便污水经高效化粪池处理后排入既有污水处理场处理后排放。

(2)安庆长江大桥桥梁工区、安庆牵引变电所、龙山警务区、钟鸣警务区、小冲桥警务区、长风警务区等各供水点排出的污水经厌氧滤池+人工湿地处理后就近排入附近沟渠。

(3)各站一般生活污水经化粪池处理,厨房少量含油污水经隔油池处理后汇同其他污水就近排入城市排水管网。

七、其他给排水设计

芜湖东站、湾里站、芜湖西站为宁芜还建线工程既有生活供水站,其各站供水水源均采用铁路自来水,新增房屋就近接管供水,排出的污水一般为生活污水,经化粪池处理后就近排入既有污水管网。

第六节 电气工程设计

站房主体工程及站房配套设施范围内的照明、动力及其他设备供电、防雷接地等设计,具体内容包括电力配电系统、照明配电系统、防雷及接地系统等。

一、江宁西站、马鞍山东站、当涂东站

1. 供、配电系统

(1)负荷分级

一级负荷:铁路通信信号系统、售票系统、安防系统、安检设备。

二级负荷:防灾报警设备、站房消防设备、应急照明、消防监控室照明、站台雨棚照明、站房候车大厅照明、售票厅照明、进出站地道照明、静态标识、为通信信号设备配备的专用空调。

三级负荷:电梯、扶梯、列车到发预告显示系统、商业、广告、给排水设备等其他一般动力。

(2)供电电源

站房内10/0.4 kV综合变电所不同低压母线段,主要为站房信息、照明、空调、商业、电梯、扶梯、冷暖风幕、风机等负荷供电;动力远动变电所主要为站房内通信、信号设备供电。

(3)备用电源和应急电源

应急电源EPS为应急照明提供应急备用电源。

不间断电源UPS:为重要弱电机房提供应急备用电源及优质供电电源(机房UPS由弱电深化设计确定)。

2. 低压配电

(1)通信、信号负荷由站房变电所专用变压器供电的两段低压母线各引一路电源供电,其中信号设备引两回低压电源至信号电源屏,通信负荷至用电设备末端经自动切换后供电。

(2)除通信、信号外一级负荷由站房变电所综合变压器供电的两段母线各引一路低压电源供电,两回低压电源至用电设备末端经自动切换后供电。

(3)站房候车室、售票厅照明及站台雨棚照明、地道、天桥、车站广场照明由引自站房变电所不同低压母线段的两路电源交叉供电,当一路电源失电时,仍保持约50%照明灯具工作。

(4)站房内其他办公房屋用电由站房变电所引一路电源供电。

(5)三级负荷采用放射式和树干式相结合方式,从站房变电所引一路低压电源供电。

(6)低压配电系统采用三级配电的方式,即总配电(变电所)、区域配电(配电间)和终端配电(商业、机房等)。三级配电系统相互之间保护开关动作具有选择性。对于单台容量较大的负荷或重要负荷采用放射式配电;对一般设备采用放射式与树干式相结合的混合方式配电;变电所到各个配电间及大容量机房的配电缆线形成二级干线配电网。配电间至终端配电设备之间形成三级支线配电网。对生活水泵、排水泵、客梯等二级负荷采用电缆由配电间沿电缆桥架敷设,引至设备控制点;对消火栓泵、喷淋泵、水炮泵、防排烟风机、消防

控制室、变电所、弱电机房等一级负荷采用专用两路电源供电并在末端互投;消防设备的过负荷保护只作用于报警信号,不作用于切断电源。接到消防控制室报警信号后自动启动消防设备。

3. 防雷、接地与安全

(1)防雷措施

本工程防雷等级为二类。建筑的防雷装置满足防直击雷、侧击雷、防雷电感应及雷电波的侵入,并设置总等电位联结。本工程电子信息系统雷电防护等级为A级。

(2)接闪器

雨棚金属屋面板做接闪器,金属屋面板与钢结构屋架做可靠电气连接。雨棚屋面板为铝镁锰金属,厚度0.9 mm,板下无易燃物,满足规范关于利用金属屋面做接闪器的要求。站房在屋面四周女儿墙上以及突出屋面的建筑构筑物顶部四周敷设25 mm×4 mm不锈钢扁钢作为防雷接闪器,信号、通信机房屋面设间隔不大于3 m×3 m的避雷带网格,其余屋面加设间隔不大于10 m×10 m(12 m×8 m)的避雷带网格,避雷带为明敷,采用25 mm×4 mm不锈钢扁钢。

(3)引下线

雨棚利用钢结构柱作为引下线,引下线上端与金属屋面板及钢结构屋架焊牢,站房利用建筑物钢结构柱体、钢筋混凝土柱子内两根ϕ16以上主钢筋通长焊接做避雷引下线,引下线间距不大于18 m,引下线上端与屋面接闪器及钢结构屋架焊牢,下端与建筑物基础底板轴线上的上下两层钢筋内的两根主筋焊接。外墙引下线在室外地坪下800 mm处引出预留与室外接地线焊接。

(4)接地极

站房接地极为结构基础板轴线上的上下两层主筋中的两根通长焊接形成的基础接地网并连接室外人工接地装置、护坡桩组成。当接地电阻不满足要求时增设室外人工接地极,室外接地极距建筑物大于3 m,距室外地面0.8 m。用40 mm×5 mm热镀锌扁钢连接成水平接地装置,垂直接体为40 mm×40 mm×5 mm镀锌角钢,长2.5 m,每5 m设一根。雨棚接地极利用结构柱内钢筋及增设人工接地极,水平接地极40 mm×4 mm镀锌扁钢,垂直接地极40 mm×40 mm×5 mm镀锌角钢,间距≤5 m。

(5)防雷电波侵入

所有进出建筑物的强弱电电缆均为埋地敷设,其金属护套和金属保护管以及其他进出建筑物的各种金属管道均与防雷接地装置可靠连接。

(6)等电位连接

凡进出建筑物或在防雷区的界面处的所有金属管道、电缆金属护套、金属保护管均应就近的总接地端子板可靠连接。强、弱电配电(线)间及各设备机房内设局部等电位端子板。

(7)通信机房、信号机房ETB接地端子排采用2根2×BV-50分别穿PVC40绝缘管与基础接地体相连。通信机房、信号机房的接地做法参见铁二院信号专业图纸,未尽事宜见铁路有关规范及文件的要求。

4. 电气火灾监控系统

(1)为了防止电气火灾,本工程设电气火灾监控系统,用于监测配电系统漏电状况,有效防止漏电火灾的发生。漏电报警信号送至本工程一层消防控制室内电气火灾监控系统控制器。

(2)本工程各层照明总配电箱进线开关处均设置防火灾漏电保护器。漏电信号仅作用于报警,不切断电路。

(3)电气火灾监控系统可检测漏电电流、过电流及温度等信号,发出声光报警信号,报出故障位置,监视故障点变化,存储各种故障信号。

(4)本系统从一层消防控制室、各配电箱及各配电箱之间的通信线路,均预留管线SC25热镀锌钢管,平面图中不做表示。

5. 智能化设计

智能化设计包括红线内的火灾自动报警系统(FAS)和机电设备监控系统(BAS)。

本工程是中小型客运专线火车站,火灾自动报警系统的保护等级按二级设置。

火灾自动报警系统由消防联动控制系统、消防专用电话系统和消防控制室组成。消防联动控制系统包括消火栓系统、自动喷水灭火系统、气体灭火系统、电动通风排烟天窗系统、火灾应急广播系统、非消防电源强切、应急照明控制系统、电梯迫降控制系统、验票闸机联动控制、智能疏散指示系统等子系统和消防专用电话系统。

消防控制室设在一层，并设有直接通往室外的出口。消防控制室的报警控制设备由火灾报警控制主机、联动控制台、CRT 显示器、打印机、应急广播设备、消防直通电话设备、电源设备等组成。消防控制室接收感烟、感温等探测器、红外光束感烟等探测器的火灾报警信号，手动报警按钮、消火栓按钮、防火阀的动作信号。消防控制室可显示消防水池水位，显示消防水泵的电源及运行状况。消防控制室可联动控制所有与消防有关的设备。消防控制室预留车站安防监控系统、门禁系统、普通广播功放的视频、控制接口条件。消防控制室应显示系统供电电源的工作状态。

二、芜 湖 站

1. 低压配电系统

(1)负荷等级

一级负荷：铁路客运信息系统、通信系统、信号系统、售票系统、安防系统、安检设备、消防系统、应急及疏散照明指示、站房公共区照明；

二级负荷：站台雨篷照明、电梯、扶梯、重要机房空调；

三级负荷：其他电力负荷、一般照明、商服、广告等。

东站房消防负荷 658 kW；一级负荷 570 kW；二级负荷 2 287 kW；三级负荷 1 605 kW；商业负荷 2 055 kW。西站房消防负荷 353 kW；一级负荷 275 kW；二级负荷 1 714 kW；三级负荷 1 612 kW；商业负荷 2 145 kW。

(2)系统供电方式

一级负荷由两路独立电源分别供电至用电设备或低压电源双电源互投装置，消防负荷在末端互投。二级负荷采用市电双回路供电并在适当位置互投；部分二级负荷，采用单回路专线供电。三级负荷采用单电源供电。

(3)应急电源系统

应急电源 EPS 为应急、备用照明提供应急备用电源，EPS 为第三电源。备用照明由两路市电供电，双电源末端自动切换。另设 EPS 作为备用照明的应急备用电源，由双电源系统配合蓄电池，保证备用照明持续工作时间不少于 180 min。

2. 动力配电系统

低压配电系统采用 220/380 V 放射式与树干式相结合的方式，对于单台容量较大的负荷或重要负荷采用放射式供电；对于一般负荷采用树干式与放射式相结合的供电方式。本工程 22 kW 及以下的电动机采用全压起动方式起动；22 kW 以上电动机采用软启动方式起动。

3. 照明配电系统

(1)售票厅、出站通道，办公室，设备用房等采用 LED 光源，所用灯具均采用Ⅰ类灯具。

(2)照度标准：依据《铁路站房照明设计细则》(鉴电〔2009〕332 号)，并参考国际同类建筑的照度指标，确定照度标准，详见表 3-9-10。

表 3-9-10　照度标准值

场所名称	照度标准值(lx)	色温(K)	计算面	眩光值(UGR)	显色指数(Ra)
进出站大厅	150	4 000	地面	22	80
售票厅	售票厅 200 lx，(售票窗口上沿加局部灯带照明)	4 000	地面	22	80
普通候车厅、进出站地道	150	4 000	地面	22	80
VIP *	300	3 000	0.75 m	19	80
商业区、餐饮区、多功能厅	300	4 000	0.75 m		80
盥洗室、卫生间	75～100	4 000	0.75 m		80
其他有棚站台、天桥	75	4 000	地面		80

续上表

场所名称	照度标准值(lx)	色温(K)	计算面	眩光值(UGR)	显色指数(Ra)
无棚站台、无棚天桥	50	4 000	地面		20
办公室	300	6 000	0.75 m	19	80
变电所	200	6 000	地面	19	80

(3)照明供电

设备机房、办公用房、各种竖井等处的照明采用就地设置照明面板开关控制;候车厅、售票厅、进出站厅、走廊等公共空间场所根据要求采用智能控制系统;应急照明平时采用就地控制或由智能照明控制系统管理,火灾时由消防控制室自动或手动控制点亮全部应急照明灯。出口标志灯、疏散指示灯等处的疏散指示由智能疏散系统主机控制。

变电所和电力远动机房照明控制与摄像头联动。智能照明控制利用信息专业的网络,通过 TCP/IP 协议授权实现远程控制。

(4)疏散照明

采用智能疏散照明系统,采用开放协议,利用通信接口电路与消防报警主机联动。可以快速准确的获得火灾的位置信息,计算机生成疏散预案,并控制消防应急标志灯指示最佳疏散路线,实现安全快速疏散。

在大空间用房、走廊、楼梯间及其前室、主要出入口等场所设置安全出口处指示标志。在走廊、疏散走道墙面设置疏散指示标志,在候车大厅地面设置疏散指示标志,在出站通道设置疏散指示标志。疏散照明最低照度不应低于 5 lx。

4. 电气火灾监控系统

设置漏电火灾报警系统一套,系统主机设在消防控制室。按一、二级负荷供电的消防用电设备,只报警,不得切断电源。漏电火灾报警系统应符合当地消防部门的要求。

5. 防雷接地系统

(1)建筑物防雷等级

建筑的防雷装置满足防直击雷、防雷电感应及雷电波侵入,并设置总等电位联结。防雷等级为二类。

(2)接闪器

站房屋顶采用铝镁锰金属屋面作为接闪器,站房四角部分为混凝土屋面采用明敷 40 mm×4 mm 热镀锌扁钢做接闪器,混凝土屋顶避雷连接线网格不大于 10 m×10 m 或 12 m×8 m。雨棚屋顶采用明敷 40 mm×4 mm 热镀锌扁钢作为接闪器,每跨混凝土屋顶引出两根 ϕ10 钢筋与扁钢可靠焊接,混凝土屋顶避雷连接线网格不大于 10 m×10 m 或 12 m×8 m。凡突出屋面的所有金属构件等均应与接闪带可靠焊接。

铁路信息、信号、通信机房屋顶天网防雷按照铁路各专业相关要求实施,采用 40 mm×4 mm 热镀锌扁钢做接闪带,避雷连接线网格不大于 3 m×3 m。

(3)防雷引下线

站房利用建筑物外侧混凝土柱子内两根 ϕ16 以上主筋通长焊接作为引下线,间距不大于 18 m,引下线上端与避雷带焊接,下端与接地极相连,接地极由建筑物基础底梁及基础底板轴线上的上下两层钢筋内的两根主筋和站房四周 40 mm×4 mm 镀锌扁钢组成。

雨棚利用雨棚柱为防雷引下线,与雨棚柱下 40 mm×4 mm 扁钢可靠连接。站台扁钢在站台两端分别引两处与站场综合接地相连。

(4)接地极

接地极采用建筑物桩基及结构地梁中主筋,通长焊接形成接地极。建筑物四角的外墙引下线在距室外地面上 0.5 m 处设测试卡子。接地装置凡焊接处均应刷沥青防腐。

(5)电磁屏蔽

信号生产房屋的防雷要求按照《铁路信号设备雷电及电磁兼容综合防护实施指导意见》(铁运〔2006〕26 号)及《铁路防雷、电磁兼容及接地工程技术暂行规定》(铁建设〔2007〕39 号)综合考虑。根据"铁建设〔2012〕29 号铁路建设标准局部修订条文"要求,"《铁路防雷、电磁兼容及接地工程技术暂行规定》(铁建设〔2007〕39

号)”4.4.3条修改为“计算机房应根据需要采用电磁屏蔽和防静电措施，通信、信号设备用房(含电源室、机械室、计算机房)应采用电磁屏蔽和防静电措施”。上述通信、信号用房均应安装法拉第笼。

通信机房的防雷要求按照《铁路通信设备雷电综合防护实施指导意见》(铁运〔2011〕144号)及《铁路防雷、电磁兼容及接地工程技术暂行规定》(铁建设〔2007〕39号)综合考虑。

(6)接地及安全

电气设备的保护接地：消防控制室、四电机房、设备机房等的接地共用统一接地体，要求接地电阻不大于1 Ω，实测不满足要求时，增设人工接地极。

电缆桥架及其支架全长应不少于两处与接地干线连接。所有强、弱电竖井内均垂直敷设一条，水平敷设一圈40 mm×4 mm热镀锌扁钢，水平与垂直接地扁钢间应可靠焊接。本工程在站房外地下3 m设置环形接地网，接地要求须满足电磁屏蔽要求，站房四周40 mm×4 mm镀锌扁钢在地面下1.5 m深，站房扁钢在两端分别引两处与站场综合接地相连。

(7)接地要求

不间断电源输出端的中性线，必须与由接地装置直接引来的接地干线相连接，做重复接地。设置电伴热装置的消防水管应可靠接地。垂直敷设的金属管道及金属物的底端及顶端应就近与接地装置连接。室内墙上水平接地干线距地0.2 m，明敷，过门处埋地暗敷，并作防腐处理。有活动地板的机房，接地参考相关国标图集做法。凡正常不带电，而当绝缘破坏有可能呈现电压的一切电气设备金属外壳均应可靠接地。

(8)等电位连接

在变电所设置总等电位连接板，总等电位板由紫铜板制成，将建筑物内保护干线、设备进线总管、建筑物金属构件进行连接；总等电位至接地极连接线采用2×40 mm×4 mm镀锌扁钢，局部等电位LEB至总等电位MEB、接地极连接线采用40 mm×4 mm镀锌扁钢。消防控制室、通信机房、信号机房、信息机房单独引下线采用2(BV-1x25 PC50)。

卫生间、淋浴间采用局部等电位联结，从地板及墙上适当的地方各引出一根大于ϕ16的结构钢筋至局部等电位箱LEB，局部等电位箱暗装，底距地0.3 m。将卫生间内所有金属管道、构件联结。机房接地的接地端子板及引下线参照国标图集或部相关文件。弱电机房、配电间、配线间及电扶梯的等电位连接具体做法参考《等电位联结安装02D501-2》。

(9)节约能源措施

根据不同使用场合和空间条件，采用适宜功率的节能、高效、长寿光源(如荧光灯、金卤灯、节能灯、LED灯等)和适宜配光要求的高效率灯具，提高光源和灯具的利用率，降低照明能耗。照明干线采用三相供电，尽量使三相照明负荷平衡，以减少电压损失，提高光源的发光效率。候车厅、售票厅、进出站厅、雨棚、公共卫生间照明等公共场所的照明设置智能照明控制装置，按需开关照明，最大限度地节约电能。

三、弋江站、繁昌西站

1. 配电系统

(1)负荷分级

站房内信号、信息和通信专用设备、应急照明、消防设备等为一级负荷；机房精密空调、站房公共照明等为二级负荷；其余为三级负荷。

(2)电力配电系统

①站房低压配电采用放射式和树干式相结合的混合式配线网络。

②站房内信号、信息和通信专用设备、应急照明、消防设备等一级负荷由不同低压母线段各引一路低压电源至设备端的电源切换箱，末端切换后供电。

③其余利用干线式供电。应急电源EPS为应急照明提供应急备用电源。不间断电源UPS为重要弱电机房提供应急备用电源及优质供电电源。

④配电线路均采用铜芯电线(ZR)BV-450/750 V或低烟无卤阻燃型交联聚乙烯绝缘电力电缆，消防负荷采用耐火型电缆，其他负荷干线采用低烟无卤阻燃型交联聚乙烯绝缘电力电缆。

⑤站房内应急照明支线采用铜芯低烟无卤耐火聚乙烯绝缘电线，其他照明支线采用铜芯低烟无卤阻燃

聚乙烯绝缘电线;照明支线全部采用 2.5 mm^2 导线。站台雨棚照明支线采用铜芯低烟无卤交联聚乙烯绝缘电缆 WDZ-YJV-0.6/1 kV 3×4 mm^2。

2. 照明系统

(1)照明光源设计以高亮度金卤灯、高光效日光灯、长寿命电子节能灯为主,有装修要求的场所根据其要求选定,以保证高效、节能、安全、可靠的使用效果。

(2)正常照明照度及功率密度值见表 3-9-11。

表 3-9-11 正常照明照度及功率密度值

房间或场所	照度值(lx)			显色指数(Ra)	
	标准值	弋江站设计值	繁昌西站设计值	标准值	设计值
候车大厅	150	146	152	80	80
售票大厅	200	187	233	80	80
VIP 候车厅	300	256	320	80	80
出站通道	150	152	154	80	80
地下通道	150	134	112	80	80
站台	75	95	94	80	80

为二次装修预留的照明功率密度值(W/m^2)及不同类型房间电器设备功率(W/m^2)参照《公共建筑节能设计标准》(GB 50189—2005)《建筑照明设计标准》(GB 50031—2004)规定值。功率密度不能大于“强条”规定值。

3. 应急照明

消防值班室、低压配电房、消防水泵房、弱电机房及火灾仍需坚持工作的场所的照明 100%为备用照明。其电源转换时间不大于 5 s,最小持续时间不小于 180 min。

楼梯间及其前室、主要出入口、公共走道地设疏散照明和疏散指示标志,其地面最低水平照度不应低于 0.5 lx,且楼梯间内的最低水平照度不低于 5.0 lx。在候车大厅、售票大厅、出站通道等人员密集的公共场所设置疏散照明和疏散指示标志,其地面最低水平照度不应低于 5.0 lx。

应急照明灯、出口标志灯、疏散指示灯采用自带蓄电池作备用电源,蓄电池初装容量的持续供电时间应大于 90 min,当蓄电池容量衰减到持续供电时间小于 30 min 时应更换蓄电池。安全出口和疏散门的正上方应采用“安全出口”作为指示标志。站房内候车大厅、售票大厅及出站通道内的应急照明设置 EPS 集中电源做备用电源。公共走廊内应急照明灯具采用自带蓄电池作备用电源。

4. 照明控制

办公室、走廊、设备房等处的照明采用就地设置照明开关控制。候车大厅、出站通道、地下通道及站台照明采用智能开关控制模块方式集中控制。楼梯间及其前室等场所平时采用红外感应开关控制,火灾时由火灾自动报警系统控制模块强制点亮。

5. 防雷、接地与安全

采用 TN-S 系统,干线采用三相五芯或单相三芯电缆。建筑的防雷装置设防直击雷、防雷电感应及雷电波的侵入,并设置总等电位联结。电子信息系统雷电防护等级为 A 级。

(1)防雷措施

本工程按二类防雷建筑设计。

防直击雷接闪器,在屋面沿女儿墙及屋面机房四周明敷接闪带(ϕ12 热镀锌圆钢),利用 ϕ12 热镀锌圆钢在屋面明敷做不大于 10 m×10 m 或 12 m×8 m 的接闪网格,屋面不同层面的接闪器之间应相互连接。沿雨棚四周明敷直径 ϕ12 热镀锌圆钢避雷带,利用 ϕ12 热镀锌圆钢在雨棚屋面明敷做不大于 10 m×10 m 或 12 m×8 m 的接闪网格。

利用金属屋面做接闪器,要求屋面钢板厚度不小于 0.5 mm。高出屋面 0.5 m 的非金属物体应装接闪器,并应与接闪带相连接。突出屋面的所有金属物体均需与屋面防雷装置连接,垂直敷设的金属管道需在其顶端和底端与防雷装置相连。所有进出建筑物的金属管道需在其进出处与防雷装置相连。

(2)引下线

利用结构柱或墙内外侧两根不小于 16 mm 的竖向主筋作防雷引下线。引下线间距不大于 18 m。

建筑物为钢结构或钢筋混凝土建筑时，构件内有箍筋连接的钢筋或成网状的钢筋，其箍筋应采用土建施工的绑扎法、螺丝、对焊或搭焊连接。单根钢筋、圆钢或外引预埋连接板、线与构件内钢筋应焊接或采用螺栓紧固的卡夹器连接。构件之间必须连接接电气通路。建筑物外围引下线总数小于 10 根时，利用结构的所有钢筋混凝土柱或钢结构柱将引下线增加至 10 根。

建筑四周的引下线(平面图指定)在首层高出地面 0.5 m 处预埋接地引出端子板，平装饰柱面，以便测量接地电阻或增补接地装置用。

(3)接地装置

优先利用室外地坪 0.5 m 以下全部柱子基础内的钢筋网作为接地装置(连接做法同引下线)，利用基础圈梁将接地装置围绕建筑形成环形。如四周无基础梁，在距室外地坪 0.5 m 以下用不少于 3ϕ12 镀锌圆钢将四周各独立基础内主筋焊连起来。

当基础的外表面有非沥青类防腐层且无桩基可利用时，需在基础防腐层下的混凝土垫层内敷设人工环形基础接地体，或采用人工接地装置，并设断接卡，其上端与引下线 0.5 m 处预埋端子板焊接。人工接地装置：水平接地体采用 40 mm×4 mm 镀锌扁钢，垂直接地体采用 50 mm×50 mm×5 mm，L=2.5 m 镀锌角钢，垂直接地体间距 5 m，接地装置距建筑物外墙入口处及人行道应不小于 3 m，埋深不小于 0.7 m。

在等电位联结箱附近、配电间、强弱电竖井内、水泵房、空调主机房等处预埋接地端子板。所有防雷装置的各种金属构件必须热镀锌(浇灌在混凝土内的除外)，焊接处应做防腐处理。防雷、重复接地、PE 及弱电系统等共用时，接地电阻≤1 Ω。

(4)防闪电电涌侵入及防反击措施

在建筑物的地下室或地面层处，下列物体应与防雷装置做防雷等电位连接：建筑物金属体、金属装置、建筑物内系统、进出建筑物的金属管线(含电缆金属外皮)。外部防雷装置与建筑物金属体、金属装置、建筑物内系统之间，尚应满足间隔距离的要求。

(5)等电位连接

在变电所靠近各进出建筑物金属管又便于安装检查之处，做总等电位联结。

凡电气设备正常时不带电的金属外壳，穿线金属管、金属接线盒、线槽、支架等应做好电气连接并接地。消防值班室、弱电机房、专用设备机房等电子设备较多的设备房内，在距地 0.3 m 的墙上设置一个局部等电位联结端子箱。带浴盆或淋浴的卫生间做局部等电位联结。将变电所的接地干线 PE 母排、进出建筑物的给排水金属总管、消防栓系统的进户总管、煤气进户总管、电梯的导轨及铁门、弱电竖井内接地干线等弱电系统，均与防接地装置可靠连接。

(6)电子信息系统，铁路信号、信息和通信设备防雷

在消防控制室、弱电机房、电脑房和向电脑供电的配电箱内装设Ⅱ级试验电涌保护器。建筑物顶上的电梯机房配电箱及广告照明和彩灯配电箱及其他用电配电箱内装设Ⅱ级试验电涌保护器。

信息用房接地要求：在信息用房(含综合机房、配线间、公安机房)室内梁内钢筋与相应柱内钢筋相互焊接，柱内钢筋相互焊接直至建筑基础钢筋，与大地相通。各室墙脚分别自柱内钢筋焊接扁钢引出至室内防静电地板下，扁钢尺寸为 5 mm×25 mm，扁钢距地面 150 mm。要求接地电阻≤1 Ω。

变电所、信号、信息和通信设备具体接地详见铁四院设计图纸，本设计仅在设备房内预留总等电位接地端子和局部等电位接地端子。

6. 电气火灾监控系统

为了防止电气火灾，设电气火灾监控系统，用于监测配电系统漏电状况，有效防止漏电火灾的发生。电气火灾监控系统可检测漏电电流、过电流及温度等信号，发出声光报警信号，报出故障位置，监视故障点变化，存储各种故障信号。

漏电报警信号送至一层消防控制室内电气火灾监控系统控制器。各层照明总配电箱进线开关处均设置防火灾漏电监测器。漏电信号仅作用于报警，不切断电路。从一层消防控制室、各配电箱及各配电箱之间的通信线路，均预留管线 SC25 热镀锌钢管。

7. 智能化设计

智能化设计包括红线内的火灾自动报警系统(FAS)、综合布线系统和机电设备监控系统(BAS)。

(1)火灾自动报警系统

本工程是二类多层交通建筑,火灾自动报警系统的保护等级按二级设置。火灾自动报警系统由消防联动控制系统、消防专用电话系统和消防控制室组成。

消防联动控制系统包括消火栓系统、自动喷水灭火系统、气体灭火系统、电动通风排烟天窗系统、火灾应急广播系统、非消防电源强切、应急照明控制系统、电梯迫降控制系统、验票闸机联动控制、智能疏散指示系统等子系统。

消防控制室设在一层,并设有直接通往室外的出口。消防控制室的报警控制设备由火灾报警控制主机、联动控制台、CRT 显示器、打印机、应急广播设备、消防直通电话设备、电源设备等组成。消防控制室接收感烟、感温等探测器、红外光束感烟等探测器的火灾报警信号,手动报警按钮、消火栓按钮、防火阀的动作信号;消防控制室可显示消防水池水位,显示消防水泵的电源及运行状况;消防控制室可联动控制所有与消防有关的设备;消防控制室预留车站安防监控系统、门禁系统、普通广播功放的视频、控制接口条件;消防控制室应显示系统供电电源的工作状态。

(2)综合布线系统

根据建筑的空间情况做合理的信息布点设置。系统的设计主要满足与建筑、装修的配合预留预埋管线实施工作,根据建筑的空间情况做合理的信息布点设置,不涉及网络设备的数量。

以一层信息配线间和一层安全监控/消防控制室为中心,将管辖范围内的信息点汇聚在一起为各方使用,两核心间利用 24 芯单模光纤连接在一起。同时设计预留了与重要功能房间的通信线槽,便于后续运营单位在上述房间内对接。系统均采用六类网线,在链路上保证网络数据到桌面以不低于 1 000 M 的速率运转。电信、电视公司的光、电缆引至一层信息配线间内,具体与车站的系统接口搭接由建设单位牵头安排与运营商对接上。

(3)机电设备监控系统(BAS)

系统根据水、电、空调专业所提条件和要求,做相应的配套。在本部分的设计中,系统本着统一管理,区域集中控制,重点部位直接挂靠的原则进行分级设置。系统核心设在站内夹层 BA 控制室内,室内设控制工作站,24 h 监视 BA 系统的运行。

本系统由服务器、监控工作站、网络交换机、现场 DDC 控制器、各种终端传感器、现场执行机构、计算机操作系统软件、系统监控软件、系统二次软件开发包、计算机查/杀毒软件、数据库软件及随机配套附件组成。

四、安 庆 站

(一)供、配电系统

1. 负荷分级

铁路通信信号系统、售票系统、安防系统、安检设备、客运信息系统、消防设备、应急照明等为一级负荷。站房室内照明、站台雨棚照明、重要机房空调为二级负荷。冷冻机组及其他一般动力、电梯、扶梯、给水设备、室外立面照明等为三级负荷。

2. 供电电源

10 kV 系统采用两路独立进线,站房变配电室电源引自既有柯桥站 10 kV 配电所。电力远动开关站的两路 10 kV 电源也由柯桥站 10 kV 配电所提供。两路 10 kV 电源的运行方式:正常时,两路电源各供 50% 负荷,各自独立运行。当任一路电源故障时,另一路均能承担 100% 负荷。

设置区域集中式应急电源系统(EPS)为应急照明提供应急备用电源。设置不间断电源 UPS 为重要弱电机房提供应急备用电源及优质供电电源(机房 UPS 由弱电深化设计确定)。

负荷计算及变压器选择:安装容量 P_e=1 959.9 kW;计算容量 P_j=1 450.06 kW;选用 2 台 1 250 kVA 变压器。

3. 变配电室

根据负荷情况,在站房一层设一个变配电室,设 2×1 250 kVA 干式变压器,变配电室高低压配电柜下及柜后设 1.4 m 深的电缆沟,10 kV 和 380 V/220 V 进出线电缆均采用下进下出的方式。由 10 kV 配电所引入的两路 10 kV 电源引至变配电室高压柜。

4. 供电系统

10 kV 侧一次接线，变配电室 10 kV 侧为单母线分段接线方式，不设母联开关。10 kV 侧开关为负荷开关。

0.4/0.23 kV 侧一次接线，变配电室内的 0.4/0.23 kV 侧一次接线采用单母线分段接线方式，变压器组间设置低压联络。平时 2 台变压器分列运行各承担 50%负荷，当 1 台变压器故障时，在切除普通动力、立面照明等三级负荷后，低压母联断路器通过自投自复、自投不自复、手动等方式合闸，由另 1 台变压器负担该变压器组的所有一、二级负荷，必要时变压器可在强制风冷下持续工作 120%负载率。

(二)低压配电

1. 三级配电方式

低压配电系统采用三级配电的方式，即总配电(变配电室)、区域配电(配电间)和终端配电(机房及各用电点)。三级配电系统相互之间要求保护开关动作具有选择性。

2. 干线、支干线配电网

对于单台容量较大的负荷或重要负荷采用放射式配电，其他负荷采用树干式和放射式结合的方式配电。变配电室到各个配电间及大容量机房的配电缆线形成二级干线配电网。配电间至终端配电设备之间形成三级支线配电网。

3. 重要负荷的配电

铁路通信信号系统、售票系统、安防系统、安检设备、消防设备、应急照明、客运信息系统等重要负荷采用双路电源末端互投的方式配电。公共场所照明配电系统由变配电室两段母线交叉供电。

(三)防雷、接地与安全

本工程属第二类防雷建筑物。

1. 防直击雷措施

由于建筑物屋面及屋檐为铝镁锰合金板，板厚为 0.7 mm，故利用该金属板作为接闪器，利用建筑物钢柱及钢筋混凝土柱子内两根 $\phi16$ 以上主钢筋通长焊接做避雷引下线，引下线间距不大于 18 m，利用基础内钢筋做接地体。雨棚金属屋面与雨棚柱连接，并引下接至地下接地装置。

2. 防雷电感应措施

(1)建筑物内的设备、管道、构架等金属物，应就近接至防雷接地装置或电气设备的保护接地装置。

(2)平行敷设的管道、构架等长金属物在其净距小于 100 mm 时应采用金属线跨接，跨接点间距小于 30 m；交叉净距小于 100 mm 处亦应跨接。

(3)防雷电波侵入措施：所有进出缆线均为埋地敷设，其金属护套和金属保护管以及其他进出建筑物的各种金属管道均与防雷接地装置可靠连接。变配电室内的高低压侧均设置避雷器。

(4)防雷电电磁脉冲措施：所有区域级配电箱(柜)以及有电子设备的终端配电箱(柜)内均设置浪涌保护装置。

3. 接地

(1)接地系统采用 TN-S 接地形式。所有电气装置及装置外露可导电部分均应通过 PE 线可靠接地。

(2)防雷接地、安全接地和功能接地采用联合接地，其接地电阻不大于 1 Ω。

(3)站房靠站台侧利用防雷引下线引出的钢筋与站台钢筋及路基下方的贯通地线可靠连接，完成站房的接地。

4. 等电位连接

(1)总等电位连接。凡进出建筑物或在防雷区的界面处的所有金属管道、电缆金属护套、金属保护管应就近与总接地端子板可靠连接。

(2)局部等电位连接。强、弱电配电(线)间及各设备机房内设局部等电位端子板。

第十章　通信设计

一、通信系统特点及工程数量

通信传输系统采用SDH 2.5 Gb/s(骨干汇聚层,南京～芜湖采用SDH 10 Gb/s)、SDH 622 Mb/s(接入层)构成,全线采用GSM-R数字移动通信系统,数据网由汇聚层设备及接入层设备构成,沿线车站设置车站调度交换机,沿铁路两侧电缆槽道各敷设1条32芯单模光缆(变更后),并设置铁路综合视频监控系统、电源及环境监控系统、通信电源系统、综合网管系统、防雷及接地系统等。

通信系统分别引入南京枢纽、上海调度所,实现了与不同通信系统的互联互通。通信系统的维护管理按属地化原则设计,实现调度区划、通信段及工程建设等相对经济合理的划分和结合,为方便运营和维管创造了条件。

全线敷设各型通信光缆756 km,敷设通信电缆43 km,车站、区间基站、所、中继站等设备安装111处。传输系统新设STM-64 ADM设备53套、STM-16 ADM设备6套,车站STM-4 ADM设备17套,区间及站内STM-4 ADM设备94套;接入网系统ONU设备43套;数据网设备12套;通信电源设备104套;GSM-R系统新设BTS设备63套、直放站近端机设备16套、远端机设备19套、通信铁塔76座等。

二、通信系统集成

(一)设计依据

(1)《关于新建南京至安庆铁路南京南至铜陵东池州至安庆段初步设计及全线总概算的批复》(铁鉴函〔2009〕1401号)。

(2)《关于新建南京至安庆铁路铜陵至池州段及安庆长江大桥初步设计的批复》(铁鉴函〔2008〕1547号)。

(3)《铁道部关于新建南京至安庆铁路芜湖等6座车站站房修改初步设计的批复》(铁鉴函〔2012〕1060号)。

(二)通信系统集成范围

1. 通信系统集成内、外划分

四电集成物资设备执行铁建设〔2012〕216号《铁路建设项目物资设备管理办法》有关规定。除甲供物资设备之外的与四电系统集成有关的物资设备均纳入四电系统集成范围。

四电各专业维修专用仪器仪表、交通工具及备品备件未纳入四电系统集成范围。

2. 通信专业集成内工程内容

(1)沿线路两侧槽道内敷设长途通信光缆线路工程;沿线各站地区和站场通信线路工程;沿线各车站、维修车间/工区、信号中继站、无线基站、光纤直放站、牵引变电所、AT所、分区所、电力变配电所等处通信各子系统(传输系统、电话交换及接入系统、数据通信系统、专用移动通信系统、调度通信系统、会议电视系统、应急通信系统、时钟及时间同步系统、通信电源、电源及环境监控系统、综合视频监控系统、通信防雷接地等)安装工程;沿线车站段(所)维修车间、维修工区等综合布线系统工程。

(2)南京枢纽新设设备及既有传输接入、交换等设备与本线新设设备的互联,既有传输、交换设备的扩容工程。

(3)本线接入上海客专调度所相关工程。

(4)既有上海虹桥GSM-R系统核心网与相关核心网节点的互联互通,与其他通信网络节点的互联互通以及核心网设备的扩容,GSM-R系统的安装调试、网络优化、联调联试及开通运营等工作;以及GSM-R系统的编号、频率申请、清频等的配合工作;协助建设单位完成设置使用的无线电发射基站(包括室外直放站)

到当地无线电管理机构办理设台审批手续，领取电台执照。

(5)南京枢纽本线与其他线路并行区段及枢纽地区基站的优化及调整、联调联试及开通运营。

(6)系统专用测试仪表及工具。

(7)本线相关通信过渡工程。

(三)通信系统设计

通信系统工程设计包括传输系统、电话交换及接入系统、数据网、专用移动通信系统、调度通信系统、会议电视系统、应急救援指挥通信系统、同步及时钟分配系统、电源系统、综合视频监控系统、综合网管系统、通信电源及环境监控系统、隧道应急系统、防雷及接地系统、通信线路、段(所)综合布线系统等。

在铁路两侧电缆槽道内分别敷设 1 条 GYTZA53 32 单模直埋式充油芯干线光缆(变更后)。

传输系统采用骨干汇聚层、接入层二层网络结构。骨干汇聚层采用 SDH 2.5 Gb/s 设备(南京～芜湖采用 SDH 10 Gb/s)，接入层采用 SDH 622 Mb/s 设备。沿线主要车站设置 SDH 10 Gb/s 或 SDH 2.5 Gb/s 设备，所有车站设 SDH 622 Mb/s 设备，在沿线区间通信节点(除直放站外)和站内通信节点设 SDH 622 Mb/s 设备。

在芜湖新设 OLT 设备一套，利用南京南既有 OLT 设备一套。按照属地化管理原则，全线自动电话用户通过接入网系统分段接入既有程控交换机。在沿线区间通信节点(除基站、直放站外)和站内通信节点设置 ONU 设备，接入 OLT 设备，构成本线的接入网系统。

在上海客专调度所设置相应的调度台，扩容上海客专调度所主备用调度所调度交换机、沿线各车站设置车站调度交换机。

利用并扩容上海客专调度所设置的既有核心层路由设备。安庆新设置汇聚节点，在沿线车站设置接入路由器和三层以太网交换机。

对上海虹桥节点既有核心网设备进行扩容，在芜湖新设基站控制器 BSC 设备、在上海虹桥新设 TRAU 设备，接入上海虹桥既有移动交换机。

本线还设有通信综合网管、综合视频监控、电视会议系统、应急通信系统、综合布线系统、电源系统、动力及环境监控、防雷接地等系统。

(四)通信集成设计方案

1. 通信传输网(分骨干层传输系统与接入层传输系统)

通信传输网主要为 GSM-R、数据网、数字调度、综合视频监控、动力环境监控系统等通信各子系统以及信号系统、牵引供电、电力供电、防灾等系统提供传输通道，并为沿线有需求的节点提供公务电话接入。

通信传输系统由基于光纤同步传输系统 SDH 的平台构建，分为骨干汇聚层、接入层二层网络结构。

(1)骨干汇聚层传输系统

南京至芜湖采用 SDH 10 Gb/s 系统，芜湖至安庆采用 SDH 2.5 Gb/s 系统，利用敷设于铁路两侧的不同物理径路的 2 条 32 芯光缆中的各两芯光纤，构成链型 1＋1 传输系统。

在南京南、马鞍山东、芜湖设 SDH 10 G 设备，在铜陵、池州、安庆设 SDH 2.5 G 设备。在南京南站与宁杭客专 10 G 传输设备采用 2.5 G 光口互联，在芜湖通信站与既有 2.5 G 传输设备采用 622 M 光口互联，在安庆通信站与既有 2.5 G 传输设备采用 622 M 光口互联。

骨干层传输系统的关键单元(交叉、时钟)按 1＋1 配置，还对 2 M 业务按 1∶N 保护配置、FE 单板 1＋1 保护配置，支持两路－48 V 外接电源接入，同时对所有单板电源支持 1∶N 保护。为预留后期发展，本次开通时通道带宽利用率不大于 50%。

骨干层传输设备采用华为公司 OSN3500 系列产品设备，该设备具有良好的可扩展性，具有大容量高低阶调度能力；满足复杂组网的要求；设备集成度高，功耗低，减小占地费用，节省能源。

(2)接入层

接入层通信系统采用 SDH 622 Mb/s 系统，在沿线各车站、区间通信节点和站内通信节点设 SDH 622 Mb/s 设备。接入层传输系统提供 2 Mb/s 通道、10 M/100 M 宽带数据的接入，兼顾区间应急通信的接入条件。

接入层传输系统车站 SDH 622 Mb/s 设备的关键单元(交叉、时钟)按 1＋1 配置，还对 2 M 业务按 1∶N 保护配置、FE 单板 1＋1 保护配置，支持两路－48 V 外接电源接入，同时对所有单板电源支持 1∶N 保护。

为预留后期发展,本次开通时通道带宽利用率不大于 50%。

车站之间组建 2 个 622 Mb/s 二纤复用段保护环;GSM-R 系统组建 1 个传输环,信号专业、牵引供电专业组建 1 个传输环。

为实现站内业务接入点(10 kV 变配电所、综合维修工区点等)处的 2 Mb/s、10 M/100 M 通道需求,在以上节点设置 SDH 622 Mb/s 设备,分别与相应各车站传输设备构成站内复用段保护环。

区间接入层传输系统提供 622 Mb/s 光口、2 Mb/s 接口、155 Mb/s 光口、FE 接口等。区间接入层传输系统为 SCADA 系统、信号 CTC 系统、信号集中监测系统、动力及环境监控系统、综合视频监控系统、数据网、网管系统等提供 FE 通道,为调度交换机系统、基站环、应急通信环、ONU 等提供 2 M 通道。区间接入层车站节点传输设备采用华为公司 OSN3500 系列产品设备,区间和站内节点传输设备采用华为公司 OSN2500 系列产品设备。

2. 电话交换网(分电话交换网系统与光纤接入网系统)

(1)电话交换网系统

按照属地化管理原则,铜陵、池州站自动电话用户通过市话电缆接入本地程控电话交换机,其余自动电话用户通过接入网系统分段接入南京、马鞍山、芜湖、安庆等处既有程控电话交换机。

(2)光纤接入网系统

芜湖新设 OLT 设备,利用南京南既有 OLT 设备,沿线各站、沿线车站、线路所、信号区间中继站、牵引变电所、分区所、AT 所等区间接入点及综合维修工区等新设 ONU 设备。车站 ONU 至 OLT 采用 2×2 M 直连,区间 ONU 至 OLT 采用 2×2 M 直连。

OLT 通过 V5.2 接入本地程控交换设备。南京通信站 OLT 汇接本线江苏省范围 ONU 设备自动电话用户,接入南京通信站既有程控电话交换机;芜湖 OLT 汇接本线安徽省范围 ONU 设备自动电话用户,按所属地区分别接入马鞍山、芜湖、安庆通信站既有程控电话交换机。

3. GSM-R 专用移动通信系统

利用上海节点既有核心网的 MSC、GPRS、智能网、接口服务器、SIM 卡管理等设备并扩容,满足本线无线子系统以及用户的接入需求。

本线在芜湖站设基站控制器(BSC)和分组控制单元(PCU)等设备,基站子系统(BSS)分别通过在上海核心网机房设置编译码和速率适配单元(TRAU)接至上海移动交换中心。

本线信号列控为 CTCS-2 系统,GSM-R 基站子系统(BSS)网络采用单层网络覆盖方案。在铁路沿线根据车站分布和场强覆盖的需要设置 GSM-R 基站及区间弱场强网络覆盖设施;基站(BTS)与 BSC 之间的连接采用 E1 环行连接方式,每 3~5 个基站组成一个 E1 环路,全部接入芜湖新设 BSC 设备。

引入南京南站与京沪高铁并行段利用京沪高铁基站。合福铁路与宁安铁路的铜陵联络线及其与宁安铁路接轨范围由合福铁路工程采用分布式基站方案覆盖。对于隧道等弱场区段可针对具体的地形条件采用光纤直放站空间波直接覆盖或光纤直放站接漏泄电缆等方式加以处理。

4. 调度行车指挥系统

在上海客专调度所设置相应的触摸屏式调度台,实现全线的调度业务。对上海客专调度所设置的相同型号的主备用调度所调度交换机进行扩容。在沿线各车站、线路所新设站段型调度交换机。新设调度交换机配置数字录音设备,数字录音设备设置单独网管。

按江宁西至芜湖、弋江至安庆北组建 2 个 2 M 数字环与上海地区主、备用调度交换机相连。车站值班员处设置触摸屏式操作台,其余不与列车司机通话的设置按键式操作台。沿线牵引变电所、分区所、AT 所、电力配电所等处的调度分机以 FXS 接口接入各牵引变电所亭的 ONU 设备,再通过车站的 ONU 设备以 FXO 接口接入车站站段型调度交换机中。

沿线车站调度交换机按属地化管理原则接入上海客专调度所既有调度系统网络管理系统。

5. 应急救援指挥系统

配置 2 套现场事故抢险设备。现场事故抢险设备按属地化管理原则接入并扩容上海应急指挥中心平台。全线为应急通信系统提供 2×2 M(2 个区间接入传输环各 1×2 M)通道至上海局的应急指挥中心系统平台,该 2×2 M 接口在车站、区间节点均分下引出,平时全部跳通,使用时在相应节点拔出 2 M 跳线即可。

6. 会议电视系统

在各车站分别配置会议电视分会场设备1套。根据属地化管理原则，会议电视分会场设备接入上海客专调度所既有会议电视中心设备。

7. 数据网系统

利用上海调度所既有核心节点、南京南站既有汇聚节点，在安庆站设置汇聚节点，实现各数据接入点的数据流量高速汇聚与转发。扩容、接入上海客专调度所设置的既有核心层路由设备。接入节点设置在沿线各车站，配置1台接入路由器，负责本地数据的接入、交换。

汇聚路由器之间通过GE光口进行直联，每台汇聚路由器以155 Mb/s(POS)上联至归属的核心路由器，通道由骨干及本地中继层传输系统提供。接入节点路由器与汇聚节点路由器之间、接入节点路由器之间通过传输系统提供的155 Mb/s通道互连构成环形网。未配置数据通信系统设备的节点(如：综合维修车间，区间基站等节点)，利用专线透传与汇聚功能，实现数据业务的综合汇聚、接入。

利用上海客专调度所网管中心既有数据网业务网管和VPN网管，对本网内的业务进行管理。

8. 综合视频监控系统

对上海客专调度所既有视频区域节点的互联互通平台进行扩容。

在芜湖设置Ⅰ类视频接入节点，配置视频管理服务器、视频存储服务器、存储设备、分发/转发服务器、视频编码设备、网管复示终端、监控终端及网络设备等，负责对辖区内视频信息进行接入、存储、分发、调用和上传等。其余车站均设置为Ⅱ类视频接入节点。

在车站、综合维修车间/工区、基站、区间中继站、线路所、电力电气化节点通信、信号机房设置视频前端采集设备，在牵引供电及电力供电机房院落、公跨铁立交桥、车站咽喉区设置视频前端采集设备。在通信基站、信号中继站、电力电气化节点通信机房设置采集点后端设备，根据需要配置编码器、网络交换机、光端机，负责进行视频采集点设备的接入、视频图像压缩编码和视频分析。

涉及旅客车站内的综合视频系统前端监控设备由信息专业负责设计，通信专业根据信息专业要求在各个视频接入节点提供接入条件。在视频Ⅰ类、Ⅱ类接入节点均设置存储设备，分别负责管辖范围内的告警视频信息及辖区内视频图像信息。视频区域节点、视频接入节点之间采用IP数据网互连，视频接入节点、视频监控局站之间采用MSTP传输系统互连。各视频监控局站采用FE接口以汇聚方式接入就近车站视频接入节点。室内半球摄像机图像分辨率为CIF，其余摄像机图像分辨率为4CIF。综合视频监控系统设备均采用UPS不间断电源设备进行供电。

9. 综合布线系统

综合布线系统提供数据、语音通道，数据、语音按1∶1考虑，水平线缆采用UTP CAT. 5e，数据配线采用插接式配线架，语音配线采用卡接式配线架。综合布线系统主干径路采用钢槽防护，在有吊顶的区域敷设在吊顶内，没有吊顶区域沿墙敷设。引入室内分支径路采用阻燃型塑料管防护，沿墙面暗埋。

站房内综合布线系统由信息专业考虑，综合维修车间/工区综合楼、单身宿舍楼等综合布线系统由通信专业考虑。

10. 时钟分配系统(支撑网)

利用既有同步及时钟传送网、南京既有BITS设备，在芜湖、安庆设BITS时钟分配设备。骨干层SDH设备从上述BITS设备引接所需的主、备用定时信号，区段传输层SDH设备分段从骨干传输层提取线路时钟信号。

利用上海调度所既有二级时间同步设备，本线在调度所设置的各业务系统服务器所需时间信号从调度所设置二级时间同步分配设备接引。芜湖站结合BITS时钟分配设备，新设三级时间同步设备。

11. 通信电源系统

(1)外供电源

各车站、线路所、信号中继站、区间基站、光纤直放站、综合工区、电力配电所等由电力专业提供二路可靠电源至通信机械室，并设置电力配电箱。牵引变电所、分区所、AT所由牵引变电专业提供二路交流电源至通信机械室，并设置电力配电箱。

(2)通信交流电源

各车站、站内和区间传输节点通信交流电源采用不间断电源 UPS 系统和 1 组后备电池组进行供电。各车站配置 20 kVA UPS 不停电电源，线路所、信号中继站、区间基站、光纤直放站、综合工区、牵引变电所、分区所、AT 所、电力配电所等配置 3 kVA UPS 不停电电源。

(3)通信直流电源

直流电源系统采用组合开关电源设备和阀控式密封铅酸蓄电池组，电源整流模块采用 N+1 方式备份，配置 2 组后备蓄电池组。蓄电池后备时间车站为 1 h，区间为 3 h。

芜湖站通信联合机械室设置－48 V/400 A 高频开关电源 1 套，并同时配备 48 V 500 Ah 蓄电池组 2 组；其余各车站通信机械室分别设置－48 V/250 A 高频开关电源 1 套，并同时配备 48 V 300 Ah 蓄电池组 2 组。

每处区间基站均设置－48 V/90 A 高频开关电源 1 套，配备 48 V 100 Ah 蓄电池组 2 组。各牵引变电所、开闭所、分区所、AT 所、综合维修工区、信号中继站、电力配电所、公安派出所等处通信机械室分别设置－48 V/60 A 高频开关电源 1 套，配备 48 V 50 Ah 蓄电池组 2 组。

本工程开关电源具备二次下电功能。外电中断时，当蓄电池两端电压降到一定值时(一般比蓄电池终止电压高)，根据需求断掉一部分次要负载，只给剩下的主要负载供电。之后当电压下降到终止电压时，则将主要负载也断掉，实现对蓄电池的保护。二次下电一般设在无人值守的车站。

12. 电源及环境监控系统

全线新设电源及环境监控系统，实现对通信交、直流电源设备工作运行状况及通信、信号机房环境的监控。

芜湖新设监控中心，对本线内现场监控站点进行统一管理。电务段、通信网管室、通信车间设网管终端，能够实现远程维护管理。

沿线各车站、线路所、综合维修车间/工区、牵引变电所、分区所、AT 所、电力配电所、区间信号中继站、区间无线基站、公安派出所等通信机械室设置监测分站 RTU 设备，配置对通信、信号机房温度、湿度、烟雾、水浸、门磁进行监测所需的传感器和协议转换设备、对机房空调进行监测所需的采集模块和协议转换设备以及对通信开关电源、UPS 设备、蓄电池组进行监测所需的采集模块和协议转换设备。

13. 防雷及接地

(1)接地

沿线车站及区间节点通信机房不单独设通信接地体，采用综合接地方式，由房建/电力专业在房屋建筑地网中统一考虑，接地电阻不大于 1 Ω。

沿线区间基站、直放站设置不大于 1 Ω 的场坪接地网，铁塔单设的接地网应与场坪接地网焊接联通。与机房地网相连的铁塔接地电阻应不大于 1 Ω；不与机房地网相连的铁塔、电杆单独设置防雷接地体的接地电阻应不大于 10 Ω。

当场坪接地网以及单独设置的铁塔、电杆接地装置距离综合接地系统的贯通地线 20 m 以内时，接入综合接地系统(两处，相距 5 m 以上)。当距离大于 20 m 时，可不与贯通地线相连。

(2)防雷

铁塔顶部安装避雷器，利用镀锌扁钢引下接地。2 路独立外电引入在通信机械室内电力配电箱处设智能电源防雷箱。

综合视频监控系统视频线、控制线和电源线进入机房，接入其他设备前分别采用视频线浪涌保护器、控制线浪涌保护器和电源线浪涌保护器进行防护。室外摄像机采用防浪涌保护器对设备进行感应雷防护。

对超过 50 m 的室内数据线进行防雷保护，在通信机械室内通信设备侧设置浪涌保护器。其他专业设备侧的浪涌保护器由相关专业考虑。

14. 系统内部接口

内部接口指通信各子系统之间的接口类型，主要包括：光传输系统为电源环境监控系统、GSM-R 光纤直放站网管、综合视频监控系统提供 FE 以太网接口；光传输系统为通信调度交换系统、GSM-R 基站子系统、光纤接入网、应急通信等系统提供 2 M 接口，为数据网提供 155 M 接口；IP 数据网为综合视频监控、会议电视等提供 100/1 000 M 以太网接口。

(五)主要外部接口

1. 通信系统与土建工程的接口

通信系统与土建工程的接口见表 3-10-1。

表 3-10-1　通信系统与土建工程接口

序　号	接　　口	需求及内容	界　　面
一	与桥梁工程		
1	光、电缆敷设	桥上双侧预留通信信号、电力电缆槽、通信信号电缆余长腔预留	桥梁专业设置
2	光、电缆上下桥	桥墩钢槽引下滑道、两梁端电缆槽锯齿口预留、上下桥梁维修通道	桥梁专业设置
二	与隧道工程		
1	光、电缆敷设	隧道双侧预留通信信号、电力电缆槽、综合洞室电缆余长腔预留	隧道专业设置
2	光、电缆过轨、分支引出	预留过轨防护管	隧道专业设置
3	隧道内洞室	通信无线设备洞室、电力综合变电所洞室、信号设备洞室、洞室内接地预留	隧道专业设置
三	与线路、路基工程		
1	光、电缆敷设	路基双侧预留通信信号、电力电缆槽	线路、地路专业设置
2	光、电缆过轨	过轨钢管、过轨处电缆井设置	线路、地路专业设置
3	路基地段引上、引下电缆防护	分支电缆槽道至防护栅栏内侧、防护栅栏维修通道开门	地路专业设置
四	与站场工程		
1	光、电缆敷设	电缆过轨管、手孔及电缆井、电缆槽、电缆管涵、站台区电缆槽	站场专业设置、站台电缆槽及维修手孔由房建专业设置
五	与房建工程		
1	四电设备用房	室内沟槽管道预留、室内接地预留	房建专业根据专业要求提供使用面积、负责预留设置
2	站台光、电缆敷设	站台电缆槽、维修手孔	房建专业设置
六	其他		
1	区间四电独立用房场坪	场坪设计，包括标高、土石方统计、排水坡度、道路等	四电专业提供区间范围所址初步位置给线路专业，各专业确认后，线路出征地图，同时线路专业负责场坪设计，包括标高、土石方统计、排水坡度、进所道路等
2	站场四电用房场坪	场坪设计，包括标高、土石方统计、排水坡度、道路等	四电专业提供站场范围所址初步位置给站场专业，各专业确认后，站场出征地图，站场专业负责场坪设计，包括标高、土石方统计、排水坡度、进所道路等

2. 通信与其他系统的接口

通信与其他系统的接口见表 3-10-2。

表 3-10-2　通信与其他系统接口

序　号	接　　口	需求及内容	界　　面
一	通信系统与信号系统		
1	传输及接入	RBC 中心至调度所双 2 M 专用数字通道；RBC 与 GSM-R 核心网传输通道(2 M)	信号机房 DDF 模块，(信号专业设)外线侧
2	传输及接入	CTC[FE(O)]	信号机房 ODF 模块，(信号专业设)外线侧
3	传输及接入	TSRS 通道(双 2 M/每套)	信号机房 DDF 模块，(信号专业设)外线侧
4	传输及接入	集中监测[FE(O)]	信号机房 ODF 模块(信号专业设)外线侧

续上表

序　号	接　　口	需求及内容	界　　面
5	传输及接入	终端(2 M)	信号机房 DDF 模块,(信号专业设)外线侧
6	GSM-R 系统	CTC(双 2 M)	GSM-R 系统的 GPRS 接口服务器 GRIS 与信号 CTC 系统连接,分工界面在信号机房传输设备接口外线侧
7	GSM-R 系统	列控(30B+D)	GSM-R 系统交换机 MSC 的 PRI 接口与列控 RBC 系统分界面在信号机房 DDF 模块(信号专业设)外线侧
8	传输及接入系统	信号安全数据网网管(2 M/FE)	电务段传输设备
9	传输及接入系统	监测系统时钟同步(2 M/FE)	电务段传输设备
10	通信线路	信号安全数据网 2×6 芯光纤	车站信号机房及信号中继站、线路所机房的 ODF 模块(信号专业设)外线侧
二	通信系统与电力供电系统		
1	通信电源设备	通信设备供电回路电源线,一级负荷	由电力专业提供二路可靠的交流供电至通信机房,并设置配电箱。配电箱出线侧至通信设备由通信专业负责
2	传输系统	电力 SCADA 系统	电力 SCADA 设备通过 FE 光口与传输系统 MSTP 设备互连,接口位于电力设备的 FE 光口处
3	通信用房防雷及综合接地	不含站房、无箱变的直放站	等电位连接段子排、地网接入综合接地系统
三	通信系统与牵引供电系统		
1	通信电源设备	所亭内通信设备供电电源,一级负荷	在电气化所亭由电化专业提供二路可靠的交流供电至通信机房,并设置配电箱。配电箱出线侧至通信设备由通信专业负责
2	传输系统	地方电力调度及信息采集	所亭内通信提供传输设备
3	传输系统	电气化 SCADA 系统	电气化 SCADA 设备通过 FE 口与传输系统 MSTP 设备互连。由变电专业提供远动通道组网要求、通信接口要求、被控站资料、通信设施配置资料,通信专业提供通信接口。
四	通信系统与暖通		
1	室内空调	通信机械室工业级空调,独立控制	暖通专业设置
2	室内、隧道洞室内消防设施	通信机械室消防设施	暖通专业设置

三、通信系统功能及评价

1. 系统功能

通信系统是铁路安全运营和高效管理的基础平台,遵循国家、铁路总公司及铁道部的有关标准进行建设,为铁路提供话音、数据、图像等多媒体通信手段,为列车控制、综合调度、信息系统等提供安全、稳定、可靠、灵活的通信手段,确保各种信息的实时、准确、可靠处理和传送,满足铁路运营信息化的功能和性能要求,满足本线运营维护管理要求,具有高可靠性、专用性以及服务对象多元化的特点。

为提高通信系统的高可靠性,全线采用不同物理径路的 2 条光缆,传输系统分段组成保护环,重要的设备、板件采用冗余配置。全线的公跨铁桥、铁路咽喉区等重点地段以及机房设置视频监控系统,保证铁路运营行车安全。全线站段等生产房屋设置综合布线系统,满足铁路信息化水平提高的要求。采用多种技术手段,提高设备维护管理水平。

采用专用调度系统实现铁路调度、车站、站场通信数字化、集成化,为铁路通信发展提供先进、高效、可靠的平台。

采用 GSM-R 专用移动通信系统解决铁路运输对综合移动话音通信、数据传输的需要。满足铁路列调、区间公务移动通信、机车通用数据等功能要求，支持地面—列车间无线移动数据传输，同时为应急指挥通信系统提供无线传输通道。

数据网设备为用户提供 10 M/100 M/GE 方式等灵活的接入手段，结合 MPLS VPN 技术，在专网专用的结构下提供面向连接的网络层专线服务和交换型数据业务互联服务。

2. 评价

通信系统设备配置标准高，主要子系统如光传输、光接入网、数据网和调度通信系统的设备重要板件（主控板、交叉板、电源板）均冗余配置，光传输 2 M 考虑了 1∶N 或 1+1 的备份机制，FE 接口板考虑了业务主、备用端口分配在不同板卡的保护机制。

通信系统的安全性强，重要业务的传输通道如信号 CTC 系统、客票系统、GSM-R 基站子系统等均考虑了迂回路由和防单板单点失效的因素。在为列控系统提供不同物理径路的光纤设计方案中，强调了光缆全程无重合径路的原则，最大程度的保障了列控系统的通信安全，保障了运输安全。

整个勘测设计过程中，严格执行设计批复意见，正确贯彻执行国家有关方针政策和铁路技术政策，设计中注意和重视各专业间协调，把握好工程总体性，积极开展技术创新，跟踪新技术的发展，推广应用了新技术、新工艺、新材料、新设备。为适应通信技术的迅猛发展，通信工程不仅能完全满足开通时铁路运输的需要，还为今后的发展预留了充分的条件。

第十一章　信号设计

信号系统主要由运输调度指挥系统、闭塞及列车运行控制系统、车站联锁系统、信号设备集中监测系统等组成。

一、运输调度指挥系统

宁安铁路运输调度指挥系统采用调度集中系统(CTC)。

调度集中系统执行《列车调度指挥(TDCS)、调度集中(CTC)组网方案和硬件配置标准》(运基信号〔2009〕676 号)、《分散自律调度集中系统技术条件(暂行)》(科技运函〔2004〕15 号)、《CTC 自律机与计算机联锁通信接口的要求》(运基信号〔2006〕312 号)、《铁路列车调度指挥系统 TDCS/调度集中系统 CTC 信息安全技术方案评审意见》(公函〔2011〕28 号)及铁路总公司的其他相关规定。

正线新建站江宁西、马鞍山东、当涂东、芜湖、弋江、繁昌西、铜陵北线路所、铜陵、池州、安庆站、安庆北站新设调度集中系统(CTC)车站分机。车站分机设有通信质量监督设备、信息 V2.0 安全防护系统。各分机与通信采用 FE 接口,车站分机回中心采用 2 M 专用数字通道。

依据上海铁路局《关于公布新建铁路路局调度所调度台设置优化调整方案的通知》(上铁运函〔2015〕193 号),宁安铁路(含安庆北站)纳入宁杭高铁台管辖,中心设备利用既有。组网情况如图 3-11-1 所示。

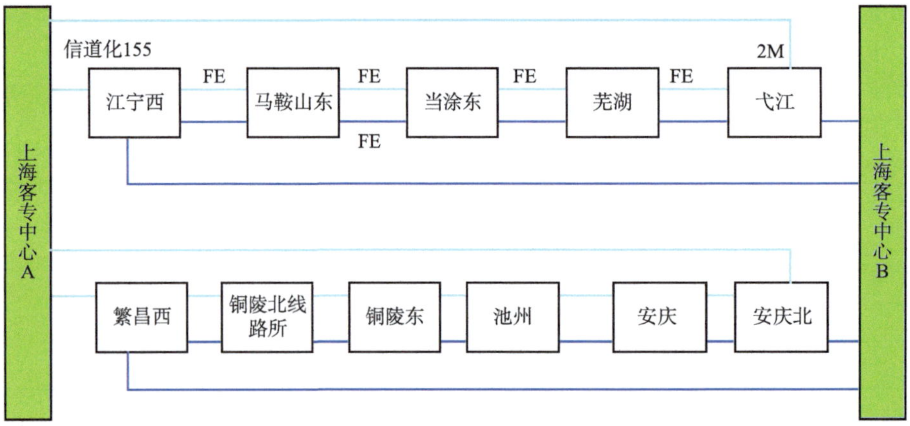

图 3-11-1　宁安铁路 CTC 系统组网图

二、闭塞系统

正线新建四显示自动闭塞,双线双方向运行,反方向行车采用自动站间闭塞方式,区间设有地面通过信号机。

区间自动闭塞轨道电路采用 ZPW-2000K 型无绝缘轨道电路,轨道电路发送设备按"1+1"、接收设备按"双机并用"冗余配置,由列控中心控制轨道电路的编码,其追踪码序为 L5-L4-L3-L2-L-LU-U-HU。不考虑转频码。

有砟区段区间轨道电路最大设计长度:路基地段不超过 1 400 m,桥梁地段不超过 1 200 m;无砟地段轨道电路极限长度为 1 000 m。弋江站与皖赣铁路并行的宁安线区间、安庆长江大桥上与近期阜六景铁路并行的宁安线区间,依照轨道电路设计说明中"多线并行区段工程设计要求",相应缩短轨道区段长度。

区间轨道电路的电缆控制长度不超过 10 km,极端情况下不超过 12 km。全线共设中继站 7 处。

安庆至安庆北站间采用自动站间闭塞,ZPW-2000A 轨道电路贯通整个区间,双向发码,满足安庆至安庆北 C2 贯通的需求。

三、列车运行控制系统

正线设计速度目标值为 250 km/h，采用 CTCS-2 级列控系统。无 C3/C2、C2/C0 级间转换点工程内容。

各站(中继站)均新设列控中心，列控中心均按照满足《列控中心技术规范(暂行)》(科技运〔2010〕138 号)、《列控中心区间占用逻辑检查暂行技术条件》(铁总运〔2015〕156 号)等文件要求，应答器满足《CTCS-2 级列控系统应答器应用原则(V2.0)》(科技运〔2010〕136 号)要求。全线共新设列控中心(TCC)18 套，全线列控设备设置组成见表 3-11-1。

表 3-11-1 宁安铁路全线列控设备设置

序 号	调 度 台	TSRS	车站名称	管辖中继站
1	宁杭台	宁安 TSRS	南京南站(宁安 TSRS 不含)	
2			江宁西站	中 1
3			马鞍山东站	
4			当涂东站	
5			芜湖站	中 2
6			弋江站	
7			繁昌西站	中 3
8			铜陵北线路所	
9			铜陵站	
10			池州站	中 4、5、6
11			安庆站	中 7

宁安铁路采用信号安全数据网络，车站联锁、列控中心设备、TSRS 均接入安全网络。安全数据网执行《高速铁路信号系统安全数据网技术规范 V3.0》(铁总运〔2014〕353 号)的相关要求。宁安与既有南京南，宁安与合福安全数据网的连接均按照不同线路安全数据网连接方式联通。全线安全数据网组网如图 3-11-2 所示。

宁安铁路南京南至安庆站纳入宁杭调度台管辖后，本线设有宁安 TSRS，与既有宁杭 TSRS 设备分界设在南京南站宁安场进站信号机 XA/XAF 处。

宁安线在芜湖站宁安场信号机房设有 1 套网管服务器，南京电务段、合肥电务段分别设有本线信号安全数据网络管理复视终端。

弋江站宁安下行线进站信号机外方设有大号码道岔应答器，适应宁安转线到皖赣铁路的需求。

四、联锁系统

江宁西、马鞍山东、当涂东、芜湖、弋江、繁昌西、铜陵北线路所、池州、安庆站、安庆北站各站新设硬件冗余型计算机联锁设备。铜陵站既有硬件冗余型计算机联锁设备利旧修改。铜陵线路所远程控制终端设在铜陵站内。

计算机联锁系统采用硬件安全冗余结构，各子系统应采用安全性软件结构。联锁系统的硬件和软件结构实现模块化、标准化。联锁系统能与 CTC、TCC、信号集中监测等系统设备接口实现信息交互，并遵循规定的接口标准和通信协议。

新建联锁的车站(线路所)、中继站新设综合型智能型电源屏并带有 UPS，为信号设备集中供电。联锁、TCC(含安全数据网络交换机)、TSRS、CTC 等主要信号设备电源屏提供两个独立的电源回路。UPS 的蓄电容量线路所、中继站的断电保护时间不小于 120 min，车站断电保护时间不小于 30 min。

江宁西、马鞍山东、当涂东、芜湖、弋江、繁昌西、铜陵北线路所、池州正线及股道采用与区间一致的有绝缘移频轨道电路，站内其余区段采用 97 型 25 Hz 电子相敏轨道电路，对不常行车的正线渡线和侧线股道进行了钢轨涂层作业。其中，具备条件的车站(江宁西、当涂东、弋江、繁昌西、铜陵北线路所)为全列车进路发码。

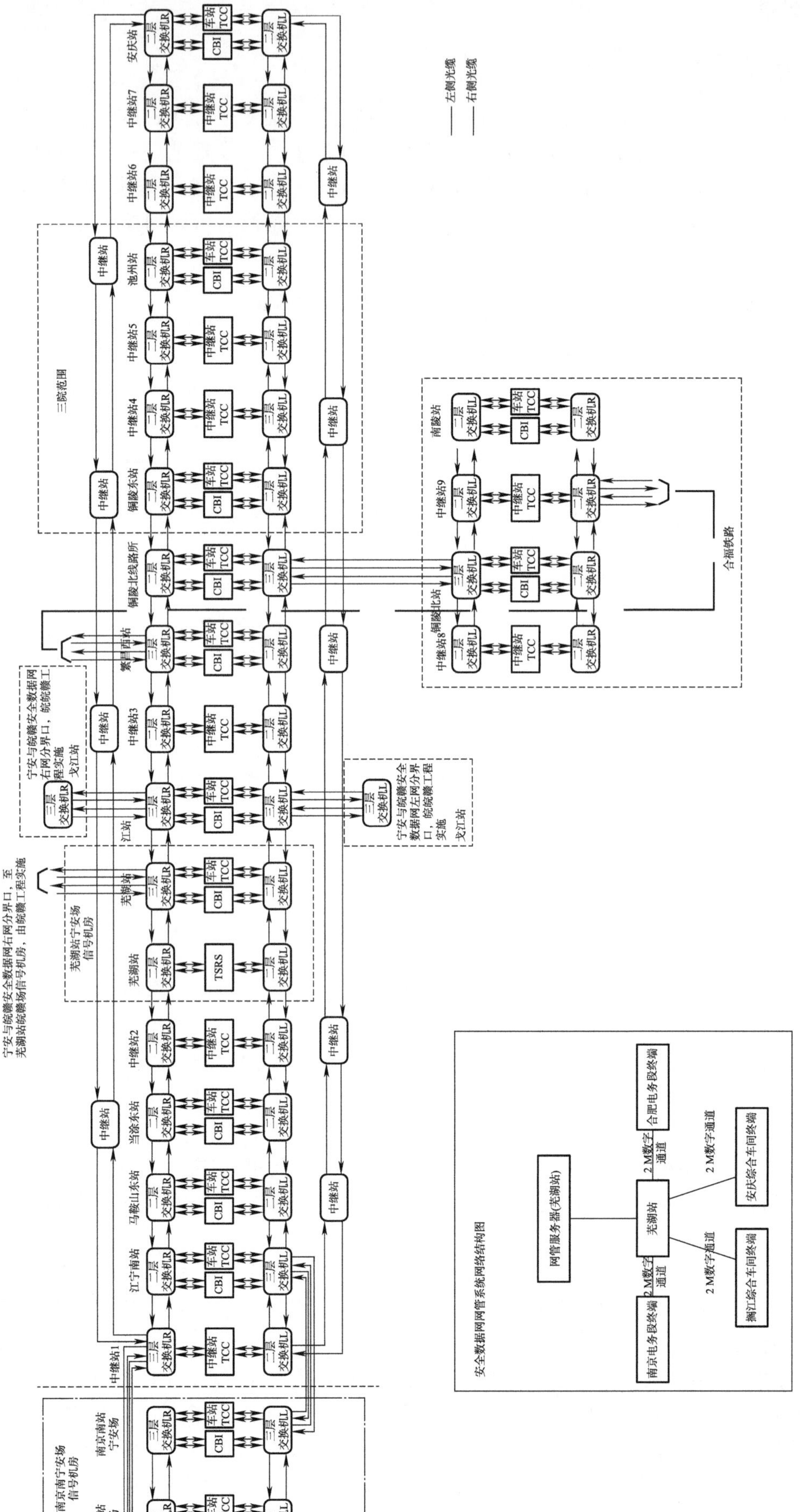

图 3-11-2 宁安铁路安全数据网网络图

安庆站、安庆北站、铜陵站站内新设 97 型 25 Hz 相敏轨道电路，站内正线及到发线设计 ZPW-2000A 电码化：正线为预叠加发码，侧线股道采用叠加发码。安庆站电码化发码设备为 1+1 备用，列控中心进行编码；安庆北站电码化发码设备为 N+1 备用，继电编码。

正线车站按照四显示的要求设有列车信号机，常态着灯。根据站场专业设计图号及电务安装图号配置转辙机，密贴检查器的设置满足《道岔转换设备安装技术条件(暂行)》(运基信号〔2010〕386 号)的要求。

站内信号电缆按用途分别设置，除 ZPW-2000A 轨道电路(或电码化区段)采用数字电缆外，其余信号电缆均采用普通信号电缆。车站回楼的信号电缆均采用无卤低烟信号电缆。

五、信号集中监测系统

新建车站、线路所、中继站均设有信号集中监测系统，对 CTC、列控和联锁设备及信号其他基础设备(如转辙机、轨道电路、电缆绝缘、电源屏、主副熔丝转换装置等)进行实时监测，通过集中维护专用广域网(2 M 通道)将有关信息传递至电务段总机系统及综合维修工区、车间的终端，构成信号集中监测系统。

对计算机联锁、CTC、列控中心及 LEU、综合智能电源屏等设备，以及 ZPW-2000A 绝缘轨道电路、道岔缺口等的监测，充分利用各自设备监测信息，各主体设备通过与信号集中监测设备的接口，实现集中监测的功能，避免监测信息的重复采集。

车站、线路所、中继站站机设备满足《铁路信号集中监测系统技术条件》(运基信号〔2010〕709 号)文和《铁路信号集中监测系统安全要求》(运基信号〔2011〕377 号)文的要求。分机设备与通信采用 FE 接口。江宁西～中 6 电务集中监测站机，并通过集中维护专用广域网，分别纳入南京电务段集中监测服务器；中 7～安庆站纳入合肥电务段集中监测服务器。正线车站道岔设置道岔缺口监测装置。宁安铁路信号集中监测网络如图 3-11-3 所示。

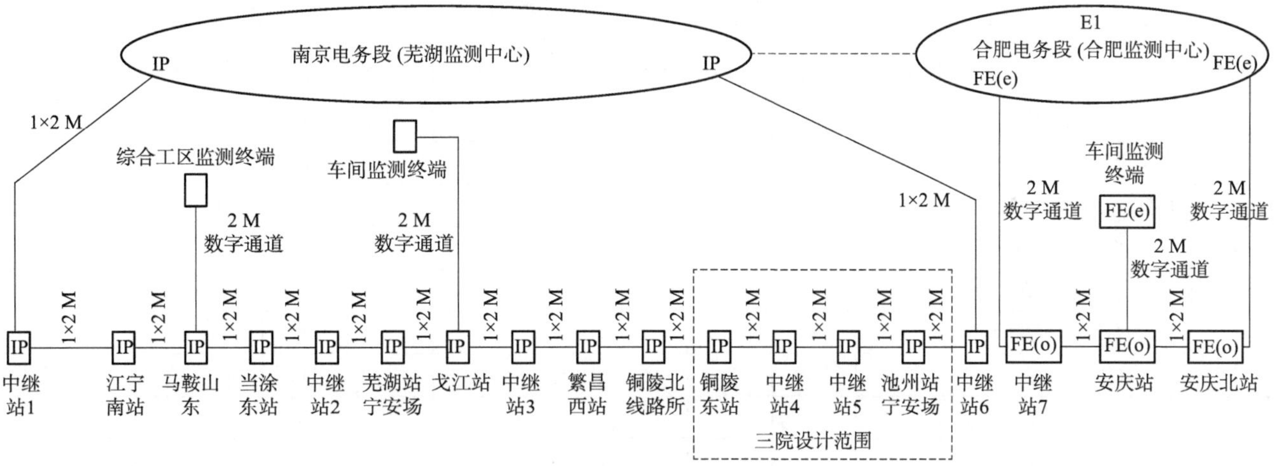

图 3-11-3　宁安铁路信号集中监测网络

六、综合接地

宁安铁路设有综合接地系统，沿线路两侧分别敷设一根综合贯通地线(截面面积 35 mm^2)，综合接地按《铁路防雷、电磁兼容及接地工程技术暂行》(铁建设〔2007〕39 号)、《铁路综合接地系统通用参考图》(通号〔2009〕9301)、《中国铁路总公司关于进一步加强客专工程桥梁地段综合贯通地线防盗工作的通知》(铁总运〔2013〕64 号)的要求。贯通地线执行《铁路贯通地线暂行技术条件》(铁运〔2012〕241 号)的要求。

第十二章 信息设计

第一节 概 述

本线纳入客运专线上海调度所统一运营调度指挥。

江宁西、当涂东、马鞍山东、弋江、芜湖、繁昌西、安庆7个新建车站设置的信息系统包括：票务系统、旅客服务信息系统、办公自动化系统、公安管理信息系统、电源与环境监控系统、综合布线系统及电源与防雷接地系统。

铜陵与池州2个既有车站改造的信息系统包括：票务系统、旅客服务信息系统、电源与环境监控系统及电源与防雷接地系统。

其他信息系统设计内容包括：马鞍山东、芜湖公安派出所、安庆乘警队及沿线10个警务区的公安管理信息系统；弋江综合维修车间、马鞍山东综合维修工区、铜陵东、池州工区、南京南综合维修工区补强及安庆长江大桥车间的配套信息系统；上海铁路局局端配合工程(包括宁安铁路信息系统接入上海铁路局中心系统的各项工作，包括但不限于网络接入、系统调试开通等内容，具体内容包括票务系统接入上海铁路局既有地区票务中心、车站旅服系统接入上海局旅服集成管理平台、车站办公自动化系统、公安管理信息系统接入上海铁路局既有相关系统网络)；安庆过渡站相关信息系统。具体信息系统设置情况见表3-12-1。

表3-12-1 信息系统设置情况一览表

序号	名称	江宁西站	当涂东站	马鞍山东站	安庆站、乘警队	繁昌西站	弋江站	芜湖站	安庆过渡站房	铜陵站	池州站	警务区
1	票务系统	1	1	1	1	1	1	1	1	1	1	
2	TMIS、办公系统				1				1	1	1	
3	旅服系统集成平台(应急)	1	1	1	1	1	1	1		1	1	
4	综合显示系统	1	1	1	1	1	1	1	1	1	1	
5	CATV系统	1	1	1	1	1	1	1				
6	客运广播系统	1	1	1	1	1	1	1	1	1	1	
7	视频监控系统	1	1	1	1	1	1	1	1	1	1	
8	入侵报警系统	1	1	1	1	1	1	1		1	1	
9	时钟系统								1	1	1	
10	安全检查系统	1	1	1	1	1	1	1	1			
11	办公自动化系统	1	1	1	1	1	1	1				
12	公安管理信息系统	1	1	1	1	1	1	1				1
13	行包管理系统				1			1				
14	电源与环境监控系统	1	1	1	1	1	1	1		1	1	
15	综合布线系统	1	1	1	1	1	1	1				
16	电源与防雷接地系统	1	1	1	1	1	1	1	1	1	1	

第二节 设计原则与采用的主要技术标准

一、主要设计原则

(1)遵循铁路信息化建设的统一规划及总体部署，覆盖客运专线运输组织、客运营销、经营管理等各个领域。

(2)系统设计按照近期客流设计,预留远期设备安装位置及条件。

(3)采用基于计算机网络技术的解决方案,实现信息的共享,强化工作的协同性,提高整体效率。

(4)强调集中监控的同时,保证分系统、分站段的独立运行能力。

(5)确保系统安全性、可靠性、可扩充性及可维护性。

二、采用的主要技术标准

(1)《铁路旅客车站客运信息系统设计规范》(TB 10074—2007);

(2)《关于印发〈铁路客运专线客运服务系统总体技术方案(暂行)〉的通知》(铁集成〔2008〕41 号文);

(3)《新建时速 200-250 公里客运专线铁路设计暂行规定》(铁建设〔2005〕140 号文);

(4)《中国铁路总公司关于明确铁路旅客车站有柱雨棚站台监控摄像机设置要求的通知》(铁总运〔2015〕7 号文);

(5)《铁路旅客车站实名制验证设施主要技术条件》(铁总运〔2014〕277 号);

(6)《关于做好实名制实施准备工作的通知》(铁运电〔2011〕57 号);

(7)《关于全路开通动车组列车互联网售票有关技术要求的通知》(铁运电〔2011〕127 号);

(8)《关于公布学生优惠卡系统与客票系统联网推进计划的通知》(运营客营电〔2009〕590 号);

(9)《关于加强铁路客站安检区域视频视频监控系统建设的通知》(计改函〔2011〕59 号);

(10)《关于印发〈客运站安检区域视频视频监控系统建设指导意见〉的通知》(铁公安〔2011〕115 号);

(11)《铁路磁介质纸质热敏车票　第一部分　制票机》(TB/T 3277.1—2011);

(12)《铁路磁介质纸质热敏车票　第二部分　自动售票机》(TB/T 3277.2—2011);

(13)《铁路磁介质纸质热敏车票　第三部分　自动检票机》(TB/T 3277.3—2011);

(14)《综合布线系统工程设计规范》(GB 50311—2007);

(15)《IP 网络技术要求——网络总体》(YD/T 1170—2001);

(16)《电子信息系统机房设计规范》(GB 50174—2008);

(17)《铁路房屋建筑设计标准》(TB 10011—2012);

(18)《建筑物电子信息系统防雷技术规范》(GB 50343—2012);

(19)《铁道部印发〈关于规范铁路专用设备产品准入管理的若干规定〉的通知》(铁政法〔2011〕202 号);

(20)《铁道部关于进一步加强铁路旅客服务系统建设管理的通知》(铁信息〔2013〕52 号);

(21)国家和行业其他相关标准、规定。

第三节　技术方案

一、票务系统

宁安铁路票务系统采用铁路总公司—上海铁路局客票中心—电算站—车站架构进行设置。

本线江宁西、马鞍山东、当涂东、繁昌西、弋江、芜湖站,既有池州、铜陵站票务系统通过南京电算站票务网络上连至上海局地区客票中心 TRS 系统及路局自动售检票系统平台;本线安庆站票务系统通过蚌埠电算站票务网络上联至上海局地区客票中心 TRS 系统及路局自动售检票系统平台。

上海铁路局客票中心完成席位集中管理、交易实时处理、基础数据维护、销售策略实施、统计、收入管理等核心功能。

车站票务系统实现有关售票、检票、订票、退票、补票的交易处理功能,完成客票发售、预订、进出站检票等相关业务交易功能,完成客票代理、代售等业务管理功能。

1. 票务系统局端接入设计

上海铁路局票务系统中心服务器、存储设备、UPS,均无需扩容。

南京电算站扩容 2 台客票系统联合站服务器(扩容 4CPU/12G 内存),新设 2 台应用服务器和 2 台模块化汇聚路由器;蚌埠电算站新设 2 台应用服务器,并对网络设备进行扩容,主要扩容为广域网的 2 M 接口板。

2. 车站设备

各车站设置 1 台应急处理服务器,在非正常情况下实现车站的检票业务服务。

车站票务系统终端设备包括窗口人工售票设备、自动售票机、补票机以及进站检票机、出站检票机、票务安全设备、维护管理终端等;在自动售票机、进站检票机和出站检票机等设备上配置二合一(二代身份证和中铁银通卡)读卡器,在窗口售票设备、自动售票设备、补票设备上配置学生证读卡器和二合一读卡器;各站配置退票扫描枪。在售票厅设置公安临时制证设备,在进站入口处设实名制验证设备。

各站终端设备数量配置按高峰小时客流量数据、设备能力、站房及站场布局、客流组织等多种因素综合考虑。

3. 票务系统安全

各站配置票务系统安全设备一套(包括安全配置管理终端、身份安全控制设备、安全管控器、访问控制设备等),并配置安全管管理软件及 USBKEY 等,设备要求满足铁道部关于票务安全的相关规定。

4. 票务系统网络方案

在各站信息机房设置 2 台核心千兆交换机组成冗余热备份核心网络,终端设备通过接入层交换机连接到 2 台核心交换机,组成二层的物理架构,以千兆为核心骨干,百兆到终端的方式组网。江宁西、马鞍山东、当涂东、繁昌西、弋江、芜湖、既有铜陵东、池州 8 站票务系统通过通信专业提供的 4 个 2 M 通道,安庆站票务系统通过通信专业提供的 4 个 2 M 通道,分别接入南京电算站和蚌埠电算站票务系统网络。

考虑到系统的可靠性以及防止单点故障因素,在部署路由器时采用了双机热备份的方式。

二、旅客服务信息系统

旅客服务信息系统按路局集中模式设置,车站客服系统接入上海局局管集成管理平台。各车站均设置车站应急管理平台。

车站旅客服务系统以集成管理平台为核心,集成综合显示、客运广播、视频监控、入侵报警、旅客行包安检设施等子系统,连接火灾报警和楼宇自控等外部系统,实现对本站旅客服务系统的集中监视和控制,完成系统间信息共享和功能联动。

1. 旅服系统局端接入设计

全线车站旅服系统接入上海局旅服平台需对既有旅服系统中心设备进行扩容,主要平台设备包括新设 2 台应用服务器、1 套磁盘阵列、2 台 SAN 交换机、1 套 TDMS 接口服务器、2 台旅服接口服务器及本线相应的旅服操作终端。

2. 旅客服务系统集成平台

各站新设应急处理平台,集成本站综合显示、客运广播、视频监控等子系统。芜湖设 12 屏监控墙,安庆、铜陵东、池州设 6 屏监控墙,其他小站设监控终端。

应急平台在各站信息机房配置应急服务器、接口服务器、网络管理终端以及维护管理终端。在芜湖站、安庆站、铜陵东站、池州站行车综控室配置双屏业务操作终端 2 台(客专),双屏业务操作终端 2 台(普速)及 1 台单屏业务操作终端;在其他站行车综控室配置双屏业务操作终端 2 台及 1 台单屏业务操作终端。繁昌西、江宁西、弋江站规模较小,根据上海铁路局客运处意见,综控室相关设备设置在服务台。各操作站应完成本站客专及普速线路旅服系统运营要求的各种管理、控制功能。

各站旅服系统通过数据网上联至铁路局局管集成平台,在正常情况下,由局管集成平台直接控制各车站旅服系统,实现统一指挥及数据共享。当局管平台故障或网络中断的情况下,各车站即刻启动车站应急管理平台,转入站控模式,保证单站的独立运行能力。

3. 综合显示、CATV 系统

各站新设综合显示系统、CATV 系统。综合显示系统由全彩屏显示、LED 显示、LCD 到发通告显示组成,接入车站旅客服务信息系统集成平台;有线电视系统为贵宾候车室、值班室、间休等区域提供有线电视节目及自办电视节目。有线电视系统由分配器、放大器、分支器以及电视插座构成。

根据车站功能区域设置进站大屏、售票大屏、售票窗口屏、候车检票屏、候车屏、编组屏、站台到发信息屏、出站信息屏等显示屏，除芜湖站进站大屏采用全彩屏，安庆站进站大屏采用双基色＋全彩＋双基色屏外，其他LED屏均采用双基色LED显示屏，站台/天桥编组屏、站台到发信息屏采用室外超高亮显示屏，进站候车检票屏、候车屏、售票大屏、售票窗口条屏、地道编组屏等室内屏采用高亮显示屏，室外或半室外环境的出站屏采用室外防水型超高亮显示屏。车站双基色LED显示屏主要采用$\phi5$显示屏，窗口条屏采用$\phi3.75$显示屏。

在售票室、客运值班员、公安值班员、补票室等处设置到发通告屏，其中售票室设置50寸LCD电视显示屏（不面对旅客），其他房屋设置42寸LCD电视屏作为到发终端，通过光纤/UTP Cat.6接入旅服接入交换机。在VIP候车室、芜湖站高架层候车室设置LCD电视显示屏（50寸），通过光纤/UTP Cat.6接入旅服接入交换机。

芜湖站预留皖赣场进出站显示屏、站台显示屏安装条件。

4. 客运广播系统

各站新设客运广播系统，接入车站旅服系统集成平台联网运行。

芜湖站采用分布式广播系统，其他车站采用集中式广播系统。广播系统接入车站旅服系统集成平台联网运行。系统具备自动广播、人工广播、应急广播等各种广播模式。当发生紧急事故（如火灾）时，可根据程序指令自动切换到紧急广播工作状态。本系统可提供任何事件的报警联动广播，手动切换的实时广播等。

各站广播负载分区按照进站集散厅、候车室、出站厅、售票厅、站台、站前广场等进行划分，原则上每个分区设置至少2个广播回路。广播分区不能与站房防火分区的分布有冲突，即同一回路广播不能跨两个防火分区。广播备用功放配置按照不大于4备1的原则，系统具备线路开路、接地、短路保护告警功能，前端扬声器线路出现短路，系统将自动关闭该分区信号输出，保障系统安全。

广播系统主要布点原则如下：

（1）在室内吊顶低于8 m的区域，安装6 W吸顶扬声器；高于8 m的安装壁挂式扬声器；在站台上及站房外均壁挂安装室外型扬声器。

（2）大开间候车室、集散厅采用120 W阵列扬声器，结合装修尽量隐蔽安装。

（3）在车站候车、检票区域的客运值班、检票员室、公安值班等处设置3 W壁挂音箱。

（4）站前广场设置30 W室外音箱；站台设置15 W壁挂音箱。

（5）在候车室、售票厅、出站厅、站台等客流聚集区域设置无线呼叫站，可实现无线话筒插播功能。

（6）客运广播系统预留与消防广播的接口，火灾情况下，由消防广播系统发送指令，中断客运广播内容，紧急切换至消防广播模式。

（7）客运广播系统与消防广播共用输出负载回路及前端扬声器，消防后台控制设备由消防专业负责设置。

（8）芜湖站预留皖赣场三个站台广播系统前端扬声器的安装条件。

5. 视频监控系统

除售票区（售票室、票据室、进款室、补票室）、安检区、行包区图像单独存储外，车站其他视频图像均纳入综合视频监控系统中，视频服务器、存储设备、视频交换机及编码设备等由通信专业考虑，本专业仅考虑前端设备（摄像机）和后台显示及其控制设备。在票据库、安检通道及重点治安防范区域的图像存储时间不应少于15 d，其他区域的图像存储时间不宜少于3 d。

车站视频监控系统接入车站旅服系统集成管理平台联网运行。

布点原则：在旅客进出站集散厅、候车区、售票区、票据库、站台、站前广场、进出站通道、安检通道附近、重点治安防范区域等处均设置摄像机。在各楼层办公区域走道、售票室、自动售票区设置固定半球摄像机（其中售票室内按售票窗口与摄像机1∶1比例配置），在信息综合机房、配线间入口设置可旋转半球摄像机，在楼梯处设置固定枪式摄像机，大空间区域（如旅客进出站集散厅、候车室、站台、站前广场等）设置一体化快球；室外摄像头同时考虑防雷。

在芜湖站、安庆站行车综控室设置监视墙，分别由12台、6台46寸LCD液晶显示屏拼接而成，可实现分屏和跨屏显示；在各站客运值班室和公安值班室设置视频监控终端。

芜湖站预留皖赣场三个站台摄像头的设备安装条件。

6. 入侵报警系统

在各站设置报警控制主机，在票据、进款室设置双鉴探头，在售票室设置紧急按钮，在客运值班室设报警警灯，在公安值班室设声光报警器。

7. 时钟系统

时钟显示利用显示屏完成，不单设子钟。各站预留站台时钟线缆。铁三院设计范围内的铜陵东、池州2站设置时钟系统，在各站台设置子钟与显示屏结合。

8. 查询系统

根据运营单位意见，取消车站查询系统，预留设备安装条件。

9. 行包安全检查设施

根据铁道部“计改函〔2011〕59号”《关于加强铁路客站安检区域视频监控系统建设的通知》以及“铁公安〔2011〕115号”《关于印发〈客运站安检区域视频监控系统建设指导意见〉的通知》的要求，在车站安检区设置视频采集、存储设备，实现对安检区域视频监控的全覆盖。新增设备独立自成系统，安检区域采集到的数字视频图像通过网络设备传输到车站信息机房、配线间进行集中存储，具备接入综合视频监控系统、公安管理系统的条件。安检区图像存储时间不应少于10 d。各站设安检区视频监控终端(芜湖站2台，其他站1台)。

系统设备主要包括安全检查仪、防爆毯、防爆罐、手持金属探测仪、安全检查门及网络设备、录像设备、显示处理终端设备等。

在每台安检仪、安检门的顶部分别设置2台高清数字摄像机，采集行李数量和特征图像信息，采集旅客正面面部特征图像和监控人工手动安全检查过程。

10. 集成平台与TDMS系统接口方案

各站旅客服务信息系统自上海铁路局TDMS接口系统获取列车运行计划信息及列车开行状态的实时到发信息。宁安铁路接入利用既有TDMS接口平台，仅考虑本线接入所需的软件修改调试费用。

11. 系统安全方案

车站旅客服务系统与车站票务系统不在车站进行互联，只在路局中心进行互联。车站旅客服务系统内部网络边界设置防火墙，实现与局管集成管理平台、综合视频监控系统的安全隔离。

12. 系统网络方案

车站级旅客服务信息系统采用专用局域网，主干双网结构。核心交换机采用2台互为冗余的千兆以太网交换机，内部配备双交换引擎、冗余电源，保证网络的可靠性。各站旅客服务信息系统通过通信专业提供的数据网通道接入上海局局管集成管理平台。

三、其他信息系统

1. 办公自动化系统

在各站新设办公自动化系统。车站办公自动化系统作为铁路办公自动化系统在车站的延伸，主要完成基层站段与上级机关公文流转的自动处理，实现公文处理流程化、电子化、网络化。车站办公自动化系统新增设备主要包括办公微机、打印机及相应的网络设备。

车站办公自动化系统采用专线通道接入上海局既有办公自动化系统平台，在南京电算站新设办公自动化系统三层交换机2台。办公自动化系统安装上海局既有办公自动化系统客户端软件及网络版防病毒软件。

2. 公安管理信息系统

本线各公安派出所、警务室、乘警队、沿线警务区新设公安管理信息系统。主要新增设备包括公安办公微机、打印机及相应的网络设备，终端设备具体安装位置由使用单位按运用需要确定。

马鞍山东派出所、芜湖公安派出所、安庆乘警队公安管理信息系统分别采用10 M专线通道接入合肥公安处公安管理系统网络，扩容8口路由器端口板4块；其余各站警务室、警务区公安管理系统分别采用2 M专线通道接入所辖派出所公安管理系统网络。

3. 综合维修管理信息系统

根据《中国铁路总公司关于新建南京至安庆铁路综合维修设施及生活设施补强Ⅰ类变更设计的批复》(铁总办函〔2015〕0159号),在弋江车间、马鞍山东、铜陵东、池州工区设综合维修管理信息系统,不单设办公自动化系统,综合维修管理信息系统应用软件具备办公自动化功能模块,车间、工区办公自动化系统与综合维修管理信息系统共享终端、网络设备及传输通道;在南京南综合工区新设的生产综合楼设维修、办公终端及网络设备,接入既有南京南综合工区维修管理信息系统;在安庆长江大桥车间(并工区)设办公自动化系统。

4. 电源与环境监控系统

根据上海局车务段管辖范围划分,分别在芜湖车务段、合肥车务段设1套电源与环境监控主系统设备、1套复示终端,对宁安全线其管辖范围内的车站信息综合机房、信息配线间的电源工作运行状况及机房环境进行监控。

在各站信息综合机房、信息配线间设置监控分站RTU设备,设置对机房温度、湿度、烟雾、水浸等进行监控所需的传感器以及对信息电源、蓄电池组、机房空调工况进行监控所需的采集模块和协议转换设备。

各站电源与环境监控系统与办公自动化系统共网,利用车站办公自动化系统的网络设备和传输通道。

5. 行包管理信息系统

移设既有芜湖站和安庆站行包管理系统设备,包括行包业务微机和行包打印机。分别新设4台行包业务微机,新设1台行包接入交换机,接入芜湖站和安庆站办公自动化网络。

6. 综合布线系统

在新建站房内设置综合布线,支持语音、数据及包含有线电视在内的多媒体传输。其他独立建筑的综合工区等的综合布线由通信专业完成,具体见通信专业相关设计。

设计参照国标《综合布线系统工程设计规范》(GB/T 50311—2007)进行配置,采用光缆及铜芯对绞电缆混合组网,满足高质量的不同带宽信号传输要求。系统水平布线采用全六类非屏蔽布线方案,信息综合机房至信息配线间之间的数据主干采用单模光缆,语音主干采用5类大对数电缆。在车站售票窗口、自动售票机、实名制验证口、安检设施、公安制证口等设施处,在车站办公用房、行政用房、客运用房、公安用房、候车室、售票厅等处根据房屋面积和布局、功能需求设置一定数量的信息点。

7. 安庆过渡站房信息系统

安庆过渡站房信息系统设计内容包括新建临时过渡站房(1 500 m^2)及第三站台的配套信息系统设计。

(1)移设既有安庆站客票发售与预订系统主要设备,包括窗口售票机、网络设备、设备机柜等,新设1台交换机。

(2)移设既有安庆站TMIS汇聚点主要设备,主要包括路由器、交换机等网络设备及设备机柜等,新设1台路由器、1台交换机。

(3)移设既有安庆站时钟。

(4)在新建临时过渡站房设置客运广播、综合显示(包括到发通告和引导显示)、视频监控等系统,系统设置本着满足需求,尽量简化原则配置。

(5)在新建的第三站台新设客运广播、综合显示、视频监控系统终端设备,过渡期间接入过渡站房各子系统主机;新站实施后,站台终端设备接入新客站旅服集成平台。

(6)移设既有安庆站行包安全检查设备至过渡站房使用。

(7)做好以上各相应系统的线缆及防护工作。

第四节 经验教训与改进建议

一、经验教训

(1)在设计过程中,应与建设单位尤其是运营接管单位做好技术方案的充分沟通,尽早稳定方案,便于后期施工图开展,努力减少反复。

(2)设计过程中,本专业的设计内容一般比较完善,应重点关注与相关专业的互提资料情况,特别是与建筑结构、电力、暖通、通信等专业的互提资料情况。如:信息用房面积、荷载要求、防静电地板设置;车站外供电源的容量;信息各类用房的暖通条件;信息各系统的广域网传输通道要求等。

(3)设计中注意细节处理,如站房内生产办公房间及贵宾室内信息出口的供电要求由电力专业提供的办公室办公用电考虑。施工图设计时,要特别明确要求施工单位参阅电力专业图纸,尽量使信息出口与供电插座相邻。

(4)在设计时应与建筑专业协商,尽量考虑自动售票机嵌入式安装条件,在自动售票机后部设置检修通道并与售票室相通,便于设备检修和钱箱票据的更新。

(5)在设计中,站房内公共候乘区域设备的选型与安装(包括 LED 显示屏、LCD 屏、时钟、扬声器等),需要配合装修方案对安装方式、安装高度、设备外形与颜色进行相应的选择,在不影响使用效果、设备散热、设备检修的前提下,尽量采用嵌入式安装;站台上设备尽量采用组合安装,减少吊杆数量。

(6)设计中对相关专业的互提资料不是一劳永逸,在建筑平面布局变化时,要主动重新与相关专业沟通,并重提相关资料,写明变化原因,对变化后的要求进行明确,确保工程实施的基础条件。

二、建 议

(1)在站房设计过程中,建筑、结构专业在考虑站房美观大方、开阔敞亮的同时,装修适当考虑相关专业终端设备的安装可能性,如显示屏、广播设备的安装,特别是进站大屏、候车屏、出站屏的安装位置。

(2)在站房设计中,应由各专业将各自的沟槽管洞和布线提供给总体专业,由总体专业汇总,明确标示各专业管、线设置位置及标高,作为站房管线统一施工依据,最大限度地避免各专业管线相互干扰现象。

(3)在站场雨棚设计中,所有安装在雨棚下的设备,如显示屏、摄像头、静态标识等的支架由建筑、结构专业统一设计,相关专业则负责位置、高度、荷载的提供以及设备的安装调试,这样便于雨棚建筑效果的展现,提高了雨棚及其附属物的整体美观性,特别是保证了二次结构的安全性。

第十三章　电 力 设 计

第一节　电力供电系统设计

一、概　　述

电力供电系统设计内容包括宁安铁路范围内的 10 kV 高压电源线路、10 kV 变配电所、铁路沿线 10 kV 综合电力贯通线及 10 kV 一级负荷贯通线、电力远动工程、站场及区间高、低压电力线路、10/0.4 kV 箱式变电站、10/0.4 kV 室内变电所(含站房综合变电所)、室外照明、生产生活房屋动力照明等设计。但不含站房及雨棚的低压配电、动力照明、FAS、BAS 等设计和站前专业及土建留预埋件和预留的沟槽管道及基础。

(1)南京南动车运用所及相关工程委托上海铁路局南京南工程建设指挥部代建,与本工程的界面为南京南动车段 35/10 kV 变(配)电所宁安铁路一级负荷、综合负荷贯通馈出高压柜的出线端子。出线端子以下部分属本工程范围。

(2)与站房电力工程界面划分

沿线各站房 10/0.4 kV 变电所、通信信号专用 10/0.4 kV 变电所及相关电源线路和低压馈出柜(含)出线端以上部分属于电力系统工程;低压馈出柜(不含)出线端以后部分的站房内低压配电、动力照明、机电设备监控系统、火灾自动报警系统属站房工程,由各站房设计单位设计。

二、供电负荷的分布及电源选择

1. 供电负荷的分布

(1)车站、车间(工区)

车站、车间(工区)负荷主要包括:通信、信号、信息系统,运营调度系统、接触网远动开关操作电源、综合维修设备、空调、通风、电(扶)梯、给排水设施、照明等。

(2)区间

区间负荷主要包括:信号中继站、无线通信基站、光纤直放站、防灾报警、电力牵引各所用电、隧道照明、防灾等设备。

2. 供电负荷等级

一级负荷主要包括:与行车密切相关的通信、信号及信息系统;为通信、信号主要设备配置的专用空调;动车组运用设施;电气化各所用电;隧道、车站及有关大型建筑应急照明防灾报警系统等。

二级负荷主要包括:人员密集场所的车站候车室及贵宾候车空调;动车组检修设施;综合维修工区;检测中心;给排水设施;大型中间站公共区照明供电负荷;站、段(所、场)接触网上电动隔离开关操作电源等。

其余负荷原则上为三级负荷。

3. 电源选择

(1)一级负荷供电

与行车密切相关的通信、信号的关键设备等,设 2 台专用变供电,其电源分别取自一级负荷贯通线、综合负荷贯通线。通信、信号等设备由主用、备用变的低压母线各引一回 380/220 V 电源供电。消防、客运信息化等一级负荷采用两路相互独立的 380/220 V 电源至用电点附近经切换箱切换后供电。应急照明采用 EPS 作为备用电源供电。

(2)二级负荷供电

有条件时提供两路高压电源供电,当两路电源供电确有困难时可为一路高压电源供电。

(3)一般采用单回路供电,当供电系统为非正常运行方式时,允许将其切除。

三、设计原则及供电方案

1. 设计原则

(1)铁路电力系统是保证调度指挥、信号、通信、旅客服务等系统安全、可靠、不间断运行的基础设施,必须满足本线铁路安全、可靠供电的要求,并满足免维护、少维修、变配电所无人值守的原则要求。

(2)为保证铁路各用电设备的可靠安全用电,铁路电力系统应保证各级供配电系统保护相互匹配,除发生大面积自然灾害(如地震、战争、电网崩溃等)或故意损坏外,其可靠性满足每天 24 h 的运输需要(含“维修天窗”时间)。

(3)铁路电力系统的主要设备标准为标准化、模数化、免维护、少维修。

(4)与行车相关的一级负荷或重要负荷,供电网络至少提供两路相互独立电源。

(5)铁路电力系统在遵守国家法规和不损害铁路部门利益的前提条件下,最大限度地满足接入当地电力系统运营商电网的要求。

(6)铁路电力系统执行国家强制性标准,认真贯彻国家能源政策,因地制宜,保护环境,节约土地,积极采取节能措施,降低电能消耗。

2. 供电方案

(1)南京南动车段 35/10 kV 变(配)电所至安庆 10 kV 配电所新建两回 10 kV 电力贯通线。两回 10 kV 电力贯通线全部采用非磁钢带铠装的单芯铜芯电力电缆 YJV62-8.7/10 1×70。

(2)新建车站设车站 10/0.4 kV 变电所给车站生产生活设施供电,有配电所的车站从配电所接引两路 10 kV 电源,没有配电所的车站从地方接引两路 10 kV 电源;车站设通信信号专用 10/0.4 kV 变电所给通信信号负荷供电,分别接取一级负荷贯通线、综合负荷贯通线 10 kV 电源。综合信息电源由车站 10/0.4 kV 变电所提供两路电源。

(3)沿线区间信号中继站、无线通信设备:在两回 10 kV 贯通线上接引 2 台变压器(双电源箱变)供电。

①中继站、基站、直放站由箱式变电站不同母线上接引两路总电源进线,在房屋内设两处电源箱,分回路为不同负荷供电,并在房屋内就地切换为一级负荷供电。

②电气化牵引各所(亭)的所用电在 10 kV 综合负荷贯通线提供一路电源,另一路电源由牵引供电系统供给。

③区间铁跨公立交桥排水设置机械排水泵站时接取地方 10 kV 电源,设单电源箱变供电。

(4)隧道照明设置长度 500 m 以上的隧道内设置固定检修照明。隧道照明和检修电源由就近通信基站或光纤直放站箱变提供。箱式变电站由综合负荷贯通线接引 10 kV 电源。从箱式变电站引两个三相回路分别对隧道两侧的照明供电。

(5)综合维修车间(工区)设 10/0.4 kV 室内变电所或箱变,10 kV 电源引自车站环馈或配电所馈出或由地方电源接引。

(6)站场、综合维修工区、综合保养点内高低压电力线路全部采用电力电缆,沿电缆沟或直埋敷设,过路、过轨时穿保护钢管敷设。

(7)贯通线全电缆线路产生的容性电流的补偿方式为:在配电所设固定投切式电抗器集中补偿和在区间箱变设置箱式电抗器分散补偿相结合方式。

四、高压贯通电缆线路

全线设置 10 kV 一级负荷贯通线和 10 kV 综合负荷贯通线各一回,导线截面均为 70 mm^2,采用交联聚乙烯绝缘非磁铠装的单芯铜芯电缆。沿两侧土建预留的电力电缆槽敷设。过轨时沿土建预埋的钢管过轨,当桥隧相连处无预埋钢管时,电缆过轨可从桥台下绕行。

电缆在站场地段可沿站场土建预留的电力电缆槽道敷设。一级负荷贯通线和综合贯通线原则上不同槽敷设,进入站场范围沿电缆沟两侧支架、不同电缆桥架或电缆排管敷设。

单芯电缆一端金属屏蔽层及金属外护层采用直接接地,另一端加装护层保护器接地,补偿电抗器采用中性点不接地运行方式。贯通线无功按电缆线路空载电流 100%进行补偿。

五、站内高、低压电力线路

新建电源架空电线路采用钢筋混凝土电杆，基本杆高 12 m、铁横担、LGJ 型钢芯铝绞线；人口密集的城区采用架空绝缘电缆或电力电缆。电力电缆采用沿电缆沟、电缆排管、穿管直埋敷设方式。站场高、低压配电线路全部采用电缆线路，主要采用沿预留电缆沟、槽敷设方式，过硬化地面时穿管保护。室内电线电缆沿吊顶和暗埋或封闭线槽方式敷设。高压电缆线路采用铜芯电力电缆，低压电缆线路采用铜芯。

六、变、配电所

1. 10 kV 配电所

新建马鞍山、芜湖、繁昌 10 kV 配电所，改造利用既有安庆站、铜陵(东)、池州站 10 kV 配电所。

(1)新建配电所电源情况

新建马鞍山东、新芜湖、繁昌西 10 kV 配电所分别由地方接引两路 10 kV 电源，其中一路为专盘专线。

(2)既有配电所电源及设备改造情况

既有安庆 10 kV 配电所为一路“T”接电源供电，配电所形式为一进五出；新建两路 10 kV 电源线，一路为专盘专线，另一路两家单位合用一个间隔，更换既有 10 kV 高压开关柜、交直流屏、微机综合自动化保护装置，新增宁安铁路部分的 10 kV 高压开关柜、调压器、电抗器保护屏等设备。池州站 10 kV 配电所既有的两路 10 kV 进线电源中，有一路电源为 T 接方式引入，本次设计新建一路 10 kV 专盘专线电源线路，电源由工业区 110/10 kV 变电站引来，另一路电源原架空进线截面为 120 mm^2，本次设计将进线截面切改为 185 mm^2；铜陵(东)和池州配电所其他进线均为专盘专线，利用既有电源。两所改造交直流屏、微机综合自动化保护装置，新增宁安铁路部分的 10 kV 高压开关柜、调压器、电抗器保护屏等设备。

(3)10 kV 配电所电气主接线

双电源 10 kV 配电所采用断路器分段的单母线接线，10 kV 贯通线经调压器调压后设置贯通母线供电；新建 10 kV 综合负荷贯通线、一级负荷贯通线采用小电阻接地运行方式。既有贯通自闭线维持既有运行方式。

(4)10 kV 配电所继电保护及自动装置

配电所采用数字继电器及通信装置，实现全所电气设备的测量、控制、保护等功能，并提供电力远动接口。变配电所继电保护及自动装置配置见表 3-13-1。

表 3-13-1　变配电所继电保护及自动装置配置

单元名称	继电保护	自动装置
电源	电流速断、定时过电流、低电压	
母联	电流速断	备用电源自投
变压器	电流速断、定时过电流、温度、过负荷	
调压器	电流速断、定时过电流、温度、过负荷、零序过电流后备保护	
一般馈出线	电流速断、定时过电流	小电流接地选线、单相接地信号
贯通馈出线	电流速断、定时过电流、失压、零序过电流、零序速断	一次自动重合闸或备用电源自投
母线电压互感器		母线绝缘监察

(5)值班方式

既有改建、扩建变、配电所维持既有工作方式，新建变、配电所采用无人值班、有人看守的工作方式。

(6)主要设备类型

10 kV 高压柜选用 KYN28 型金属铠装手车开关柜；10/0.4 kV 所用变压器采用 SC10 型低损耗干式变压器，调压器采用干式节能型有载调压电力变压器。直流柜选用高频整流免维护电池成套直流柜；交流柜及电度表柜等选用 PK 型柜；控制保护部分选用变配电所微机综合自动化装置。

既有安庆站配电所房屋面积不足，对不满足要求的设备进行更新改造，改建配电所高压开关柜采用户内 KYN 中置式开关柜。

2. 10/0.4 kV 变电所

(1)变电所的设置

各新建车站的车站10/0.4 kV变电所、通信信号专用10/0.4 kV变电所采用与站房合建形式,均为双电源供电;综合维修工区新建10/0.4 kV双电源室内变电所或箱变;机务折返段新建10/0.4 kV单电源箱变一座。

(2)变电站采用10 kV侧单母线分断,2台变压器分别运行,进线及变压器出线侧设高压负荷开关。两段低压母线分别运行。

(3)高压环网开关柜采用SF6负荷开关、变压器采用干式变压器带外罩、低压开关柜采用组合式柜型并配置分布式智能RTU。

3. 区间箱式变电站

(1)接线形式

10/0.4 kV区间箱式变电站10 kV侧进出线及变压器设高压负荷开关,环网接线,10 kV母线分段运行。箱式变电站内10 kV高压负荷开关及低压断路器均采用电动操作机构,并纳入SCADA系统,实现自动隔离故障电力线路、故障定位、非故障段自动恢复供电等功能。在10 kV电力贯通线路区间分散设置箱式电抗器,补偿贯通线电缆电容电流。

(2)设备类型及布置

采用中压预装组合箱式变电站,气体绝缘高压环网开关,操作电源采用交流并配置UPS作为备用电源,低压开关柜采用智能化、抽出式。

沿线区间供电的箱式变电站采用基本统一模式。箱变与通信基站、信号中继站或光纤直放站相邻布置。箱式电抗器与箱式变电站相邻布置。箱式变电站设气体绝缘高压环网开关间隔和变压器、低压开关、RTU间隔。所有高低压回路均纳入SCADA。

七、电力远动系统配置

(1)全线10 kV配电所采用微机综合自动化保护系统、车站通号10/0.4 kV变电所、车站站房10/0.4 kV变电所配置的监控装置、区间接于贯通线上设有RTU的箱变均纳入上海铁路局SCADA电力调度台。

(2)由SCADA统一在全线两条10 kV贯通线供电的箱变处设置RTU,负责对两条10 kV贯通线及其供电的低压回路的电流电压数据的采集、监控;当贯通线出现相间短路、单相接地、断相的情况时,迅速完成对其故障区段的定位、隔离及非故障区段的恢复供电工作。

(3)SCADA对电力被控设备处采集的模拟量数据(电流、电压)可在调度端以图形方式显示,图形中相邻点间时间间隔最小为20 ms。纳入电力远动系统的回路应满足客专运营的要求。

(4)由通信专业综合视频监控系统负责全线各站的10 kV配电所统一配置视频监视系统,负责对变配电所运行相关的场所进行监视。

(5)远动通道及组网形式按"关于印发《铁路客运专线SCADA通信通道专题会议纪要》的通知(运技装备〔2010〕697号)"执行。

(6)既有安庆配电所新增设施连同既有设施的远动全部纳入上海调度所,既有部分在合肥供电段的设施作为复视终端继续保留。

(7)新建的芜湖10 kV配电所、改造的铜陵、池州10 kV配电所既有为普速及地区供电的电力设施,在南京供电段设置复视调度终端。

八、隧道照明

全线长大于500 m的隧道设置固定电力照明和供检修用的动力插座。隧道照明采用具有防水、防尘、防腐、防振动、防电燃的以及满足客车运行时速风压值的隧道照明专用灯具,照明控制箱设于隧道进出洞口。电源取自电力贯通线。

九、防雷及接地

1. 防雷

根据建筑物的功能及规模按《建筑物防雷设计规范》(GB 50057—2010)要求设防直击雷、防感应雷措施。为防止暂态过电压的干扰，如沿电源线引入的雷电波、主开关操作、无功补偿电容器的投入或切除而产生的过电压，对信号、通信、综合调度系统及其他智能系统设备的380/220 V供电电源根据设备的重要性，分别采取不同的过电压保护措施。

2. 接地

大型建筑物如站房、综合楼等强、弱电设备较多的场所采用共用接地装置，接地电阻为各类设备接地电阻的最小值；沿线10 kV贯通线电缆金属层与沿线敷设的综合地线单点相连，以防止综合贯通地线上的牵引回流流经电缆金属护层，影响电缆使用寿命。低压配电系统采用TN-S或TN-C-S接地形式。

3. 综合接地

全线设有综合接地系统，综合接地干线沿线路两侧设置。沿线所需接地的建(构)筑、电气设施均纳入该系统，但距铁路线路20 m以外的建(构)筑、电气设施采取隔离措施后可独立设置接地装置。

十、保护环境、节约土地、节约能源的措施

(1)变压器、电抗器、断路器和交流接触器均选用低噪声产品；变配压所采用的设备均为无油产品。

(2)照明灯具采用绿色环保节能光源。

(3)站场照明设计尽可能减少光污染。

(4)电抗器等噪声较大设备尽可能远离人员聚集区。

(5)全线利用SCADA系统和BAS实现能量管理最优化。

第二节　系 统 功 能

一、系统功能

电力供电系统的设计、制造和安装具有可靠性、可用性、安全性和可维修性的系统功能。

1. 可靠性

(1)采用科学合理的设计标准和冗余措施、留有余量的系统以及高质量的产品、严格的施工验收标准以确保供电系统的可靠性。

(2)电力供电系统网络可靠灵活保证铁路各用电设备的用电，电力供电系统级间保护等匹配合理，除发生大面积自然灾害或故意损坏外，其可靠性满足每天24 h的运输需要，并满足以下要求：当供电网络中的一条外部电源线路停电时，不导致一级负荷停电；当供电网络中的一条供电线路停电时，不导致一级负荷停电；当供电网络中的1台供电设备停止供电时，不导致一级负荷停电。

(3)当电力供电系统的一级负荷发生两路供电电源同时停电时，系统内部恢复其供电的时间不大于3 min。

2. 可用性

采用以下方式提高系统的可用性：提高电力供电系统的设备和材料的可用性；提供电力供电系统的施工质量和验收标准；采用科学合理的防护措施；配备冗余配置，避免设备故障影响系统的可用性；缩短平均故障恢复时间等。

3. 安全性

采取合适的措施避免出现安全性灾难，提供合适的具有可操作性的安全管理措施，并充分考虑其他铁路系统的接口安全和可靠性要求。

二、与其他系统的功能关系

(1)与路基、桥梁、隧道以及站场系统的关系：路基区间、桥梁、隧道、站场的电力电缆槽道和过轨预埋管，由上述四专业一次性预留到位。

(2)SCADA传输网络由通信专业提供，变、配电所视频监视由通信系统完成。

(3)建筑物防雷接地网由房建专业根据本系统要求完成。

(4)沿线 20 m 范围内电力设备利用综合贯通接地网接地,综合贯通接地网由信号专业设计。

三、与外部电网运营商的功能关系

协助建设单位与外部电网运营商协商电力供电系统和外部电源工程的各项接口,为建设单位提供技术支持。

四、与相邻既有供电设备的接口功能

(1)既有芜湖站和安庆站的供电方案中,既有车场充分维持和利用既有供电模式和供电设施。宁安铁路部分按照客运专线标准进行设计。

(2)既有芜湖 10 kV 配电所拆除后,结合宁安铁路新建,既有 10 kV 电力贯通线维持既有的不接地系统供电,新建宁安 10 kV 一级负荷贯通线和综合负荷贯通线采用小电阻接地方式供电。既有铜陵、池州 10 kV 配电所改造后,既有 10 kV 电力贯通线维持既有的不接地系统供电,新建宁安 10 kV 一级负荷贯通线和综合负荷贯通线采用小电阻接地方式供电。

(3)结合宁安铁路,利用既有安庆 10 kV 配电所进行改扩建,既有 10 kV 电力贯通线维持既有的不接地系统供电,新建宁安 10 kV 一级负荷贯通线和综合负荷贯通线采用小电阻接地方式供电。由于既有土建限制,上海路局为了不对房屋进行接长扩建,将既有 10 kV 高压开关柜全部更换。10 kV 配电所纳入上海路局宁安铁路电调台,并将既有 10 kV 电力贯通线纳入合肥供电段复视终端进行监视。

五、技术特点与创新

(1)在全线两回 10 kV 电力贯通线路上一般每隔 10 km 左右分别分散设置 10 kV 箱式补偿电抗器,其补偿容量按线路电容电流选择。补偿电抗器起到了补偿接地电容电流、补偿容性无功功率、降低线路容性电流、限制线路末端电压上升的综合作用,具有如下优点:维护较方便,可与区间箱式变压器同时进行;贯通线故障隔离时,剩余段补偿仍然均匀;能有效降低线路容性电流;投资相对较小,不需设置专用房屋,可采用箱式电抗器与区间箱式变电站相邻布置。

(2)考虑到全线采用两条 10 kV 电力贯通线供电,供电可靠性较高,而且电缆线路发生瞬间故障的概率较低等原因,10 kV 电力一级负荷贯通线和综合负荷贯通线采用中性点经低电阻接地运行方式,当发生单相接地故障,继电保护装置动作,及时切断故障线路。由于采用了低电阻接地系统,中性点与大地之间用很小的电阻相连,一旦发生单相接地故障,就会产生高达几百安培的接地电流,必须设置零序电流保护,迅速可靠地将这个电流切断。低电阻接地系统中继电保护的选择性和灵敏度较好。

(3)电力贯通线电缆金属护层的接地方式采用线路一端单点直接接地,并且在线路另一端经电缆护层电压限制器接地,有效降低了贯通线电缆投资,每公里约节约 1.5 万元。

(4)全线电力工程设计中采用了一系列新设备、新材料,如电力贯通线电缆采用不锈钢铠装的单芯铜芯电缆、低压开关柜采用智能型模数化组合柜型;变压器、调压器采用干式节能型设备,区间负荷供电均采用统一模式的箱式变电站等。

第三节 经验教训与改进建议

(1)站房变电所设计

当站房设计单位与四电设计单位不同时,因为设计进度不一致,站房设计进度落后于四电设计,满足不了四电设计的要求,且沟通不便,相互提供资料难以满足要求,相互间存在配合不到位,造成反复修改及变更设计,建议站房变电所的设计由站房设计单位设计,避免相互影响提高设计质量。

(2)房屋设计对四电设计的影响

区间及站区的房屋因设计进度落后于四电设计,满足不了四电设计的要求,使供电方案无法满足用电要求,建议在四电设计前应向建设单位建议在四电设计前确定房屋设计。

(3)建议将车站基本站台上电力电缆沟改为排管敷设,在站台面封闭的情况下,更便于日后电力电缆线

路的使用维护，引入各房屋的设计。

(4)建议以后的工程建设在空调、消防、电动窗等设备招标时应根据用电资料和电力设计，明确与电力供电的接口，协调相互关系，满足供电和控制要求需求，保证工程质量。

(5)由于 10 kV 配电所高压室不设置空调系统，高压室内温度偏高，且高压室内不设置气体灭火装置，建议以后的工程建设将微机自动化保护单元在控制室内集中设置。

(6)在设计各阶段，运营部门应及早提供各车站站房内第三产业预留的用电量，以便设计合理选择变压器容量及相关供电设施。

(7)目前所有隧道内电力电缆槽均为 300 mm 宽，而实际上，长大隧道和短隧道内电力电缆根数相差悬殊，长大隧道电力电缆槽内不仅有电力贯通线高压电缆，还有隧道照明低压电缆、控制电缆、光缆等，电缆布置较混乱。建议以后的客运专线设计中，长度 5 000 m 以上的隧道内电力电缆槽宽度不应小于 600 mm，且应设电缆支架，便于不同类型的电缆分层敷设。

(8)电力配电所进出线均为电缆线路，由于电源线电缆一般为 240 mm^2 或 150 mm^2，电缆弯曲半径较大，建议配电所内电力电缆主沟沟深不小于 1 000 mm，且电缆沟内设置电缆支架，将电缆分层敷设。另外，进出配电所的电缆通道不应少于两处，这样可以将不同回路的电缆分沟敷设，在故障时可以缩小事故范围。

第十四章　电气化设计

第一节　牵引供电系统设计

牵引网供电方式采用自耦变压器供电方式(以下简称 AT 供电方式),牵引供电及电力 SCADA 系统纳入上海铁路局电调所。全线新建当涂东、弋江、安庆、铜陵东、池州 5 座 AT 牵引变电所;新建江宁西、芜湖东、繁昌西、宴塘、双岭 5 座 AT 分区所;新建板桥、马鞍山东、龙山桥、芜湖、峨桥、钟鸣北、白杨河、高松、铜陵南、马衙 10 座 AT 所;改造、利用南京南 AT 牵引变电所 1 座。

一、设计依据

(1)铁道部《关于新建南京至安庆铁路南京南至铜陵东池州至安庆段初步设计及全线总概算的批复》(铁鉴函〔2009〕1401 号)。

(2)铁道部《关于新建南京至安庆铁路铜陵东至池州段及安庆长江大桥初步设计的批复》(铁鉴函〔2008〕1547 号)。

(3)《铁道部关于新建南京至安庆铁路接触网隔离开关Ⅰ类变更设计的批复》(铁鉴函〔2012〕927 号)。

(4)《上海铁路局关于南京至安庆铁路牵引变电所信息采集等变更设计的批复》(上铁建函〔2015〕809 号)。

二、牵引供电子系统

1. 总体设计原则

(1)牵引供电系统采用单相工频 50 Hz、交流 25 kV 供电。

(2)正线接触网采用 AT 供电方式。

(3)电力牵引负荷为一级负荷,牵引变电所接引两路独立可靠的 220 kV 电源供电,两路电源互为热备用。

(4)牵引变压器采用单相结线形式,无载调压方式。每座牵引变电所设 4 台牵引变压器,每 2 台组成三相 V/X 结线形式,采用固定备用方式,一组运行一组备用。

(5)接触网的标称电压为 25 kV,长期最高电压为 27.5 kV,短时(5 min)最高电压为 29 kV,设计最低电压为 20 kV。

(6)牵引变电所一次侧采用相序轮换方式接入电力系统,以减轻对电力系统的负序影响。

(7)牵引变电所不设无功补偿装置,但预留设置高次谐波滤除装置的条件。

(8)接触网供电及运行方式采用同相单边供电,两相邻牵引变电所间设分区所,实现上下行并联供电和越区供电。

2. 牵引网供电方式

牵引网供电方式采用 AT 供电方式。

3. 牵引供电方案

新建当涂东、弋江、安庆、铜陵东、池州 5 座 AT 牵引变电所;新建江宁西、芜湖东、繁昌西、宴塘、双岭 5 座 AT 分区所;新建板桥、马鞍山东、龙山桥、芜湖、峨桥、钟鸣北、白杨河、高松、铜陵南、马衙 10 座 AT 所;改造、利用南京南 AT 牵引变电所 1 座。

既有南京南 AT 牵引变电所预留的四回 AT 馈线供电,增加馈线工程已在南京大胜关桥工程中统一实施,投资纳入"南京枢纽大胜关桥南京南站及相关工程"。

当涂东牵引变电所采用四回 AT 馈线为正线供电;弋江牵引变电所采用四回 AT 馈线为正线供电,预留皖赣四回 AT 馈线的场坪；铜陵(东)牵引变电所采用四回 AT 馈线为正线供电，预留为铜九线供电馈线的场坪；池州牵引变电所采用四回 AT 馈线为正线供电，预留为铜九线供电馈线的场坪；安庆牵引变电所采用两回 AT 馈线为正线供电，一回直供馈线为安庆北存车线供电，预留合安城际两回 AT 馈线、阜六景铁路四回直供馈线、合九铁路一回直供馈线的场坪。

分区所均为四回馈线，AT 所均为两回馈线。

4. 外部供电方案

各牵引变电所按 220 kV 电源供电，牵引变电所的电源供电方案如下：当涂东牵引变电所由阳湖变和章塘变各提供一回 220 kV 线供电；弋江牵引变电所由月桥变提供两回 220 kV 线供电；铜陵东牵引变电所由丹阳变提供两回 220 kV 线供电；池州牵引变电所由池州变和枫岭变各提供一回 220 kV 线供电；安庆牵引变电所由龙山变和泉河变各提供一回 220 kV 线供电。

5. 牵引变压器和自耦变压器

新建牵引变电所除安庆牵引变电所外，其余采用三相 V/X 接线变压器；安庆牵引变电所近期采用单相变压器，预留三相 V/X 接线条件。利用南京南牵引变电所维持原三相 V/X 接线形式不变。近、远期变压器的安装容量见表 3-14-1。

表 3-14-1　近、远期变压器的安装容量表

牵引变电所	安装容量(MVA)	
	近期	远期
孙家洼(南京南)	维持 2×(31.5+31.5)	2×(40+40)
当涂东	2×(25+25)	2×(31.5+31.5)
弋江	2×(31.5+40)	2×(40+50)
铜陵(东)	2×(25+25)	2×(31.5+31.5)
池州	2×(25+25)	2×(31.5+31.5)
安庆	2×25	2×31.5

牵引变压器按近期安装容量选取。AT 变压器按远期需求选取。为了减少 AT 变容量规格，对所有 AT 变容量整理和分析，AT 变容量分为两种，即分区所内的 AT 变和 AT 所内的 AT 变。AT 所自耦变压器安装容量为 2×12.5/25 MVA，分区所自耦变压器安装容量均为 4×10/20 MVA。

6. 无功补偿及滤波装置

本线所运行的列车均采用交—直—交动车组，其负荷特性表现为功率因数高(满负荷功率因数一般接近 1)，无需在各牵引变电所内设置无功补偿装置，仅在牵引变电所内预留滤波装置的安装场地。

牵引变压器一次侧采用相序轮换方式接入电力系统、选择系统短路容量较大的地方电力变电站供电设计等措施来降低电气化铁路对电力系统电能质量的影响。

三、牵引变电子系统

(一)主接线及运行方式

1. 牵引变电所

牵引变电所接引电力系统两回独立、可靠的外部电源供电。供电电源采用 220 kV 电压等级，并互为热备用。

主接线采用线路变压器组接线方式，主变采用固定备用方式，设置备用电源及牵引变压器故障的自投装置。安庆牵引变电所设置 2 台单相变压器；其余牵引变电所设置 4 台单相牵引变压器，分为两组，每组主变采用 2 台单相变压器外部组合成 V/X 接线。当运行的 220 kV 电源失压或牵引变压器故障时，备用电源自投装置启动(或人工操作)，将该电源回路断开，改由另一路电源及对应变压器给全所供电。

变电所采用高压侧计费方式。220 kV 电压互感器接在进线隔离开关外侧，供测量、保护及计费用，同时作为 220 kV 备用电源检压自动投入用。220 kV 进线侧设置一组电流互感器，供保护、测量及计费用。220 kV 电流互感器可设两种不同的变比，可满足计量和保护准确性的要求。主变压器低压侧设断路器。

牵引变电所设置 2 台自用变压器,1 台为 10/0.4 kV 自用电变压器,接于 10 kV 铁路电力线路上;另 1 台为 27.5/0.23 kV,接于 27.5 kV 母线上,2×27.5 kV 母线采用单母线,母线上设置 27.5 kV 电压互感器。各馈线采用断路器和上网电动隔离开关,上、下行馈线之间采用并联电动隔离开关,实现上、下行断路器间的互为备用。

2. AT 分区所

供电臂上、下行之间采用 1 台断路器和 2 台隔离开关相连,可实现并联供电和上、下行分开供电。正常运行时,断路器和隔开闭合,实现供电臂上下行并联供电。

在每个供电臂的连接母线上接有 2 台自耦变压器,每台自耦变压器通过双极断路器和双极隔离开关接于母线上,1 台运行,1 台备用。设有备自投装置。分区所两个方向供电臂之间设有电动隔离开关,实现越区供电。正常运行时,越区隔离开关分闸。27.5 kV 电压互感器设置于每条进线的首端。设置 2 台自用变压器,1 台为 10/0.4 kV 自用电变压器,接于所外 10 kV 铁路电力线路上;另 1 台为 27.5/0.23 kV 自用电变压器,接于 27.5 kV 母线上。

3. AT 所

供电臂上、下行之间采用 1 台断路器和 2 台隔离开关相连,可实现并联供电和上、下行分开供电。正常运行时,断路器和隔开闭合,实现供电臂上下行并联供电。

2 台自耦变压器接在母线上,每台自耦变压器通过双极断路器和双极隔离开关接于母线上,1 台运行,1 台备用。设有自投装置。设置 2 台自用变压器,1 台为 10/0.4 kV 自用电变压器,接于所外 10 kV 铁路电力线路上;另 1 台为 27.5/0.23 kV 自用电变压器,接于 27.5 kV 母线上。

4. 接触网开关控制站

牵引变电所、分区所、AT 所附近的接触网隔离开关原则上由所内控制,所内设置接触网开关控制屏,通过所内综合自动化系统纳入远动系统;车站内接触网电动隔离开关由车站接触网开关控制室控制,室内设置接触网开关控制屏,纳入远动系统;其他附近没有所亭、车站的接触网电动隔离开关由地面箱式控制站控制并纳入远动系统。

根据相关文件要求,已完成接触网隔离开关远动整治Ⅱ类变更设计(尚未批复、实施到位)。各所亭接触网开关监控屏不再通过所内综合自动化系统与远动通道连接,具有独立上传远动功能;对各接触网隔离开关操作机构电源回路的空气开关配置电动操作机构,并对远程监控装置(FTU)、接触网开关控制屏、调度主站及复示系统进行改造,使操作机构电源回路具有远程操作及状态信号显示的功能。

5. 既有南京南牵引变电所

既有南京南 AT 牵引变电所进线采用两回 220 kV 电源,主变压器采用线路变压器组接线方式,主变固定备用。主变压器低压侧设断路器。220 kV 高压设备采用 GIS 组合电器,27.5 kV 设备采用 GIS 开关柜。本工程利用既有南京南 AT 牵引变电所预留的四回 AT 馈线供电,其馈线间隔(含二次设备)已在南京大胜关桥工程中统一实施完成。

(二)主要设备选择

1. 变压器

牵引变压器采用单相、油浸、自冷式并预留风冷条件牵引变压器;自耦变压器采用油浸、自冷式的自耦变压器;27.5 kV 自用变压器采用户外油浸、自冷式的变压器;10 kV 自用变压器采用箱式设备,10 kV 变压器采用干式变压器。

2. 断路器

断路器采用户外柱式。220 kV 断路器采用 SF6 断路器配弹簧储能操作机构,27.5 kV 断路器采用真空断路器配弹簧操作机构。

3. 隔离开关

隔离开关采用户外柱式。改变运行方式的隔离开关采用电动操作机构,检修用的隔离开关均采用手动操作机构。

4. 电流互感器

220 kV 电流互感器采用户外柱式干式电流互感器;27.5 kV 电流互感器采用户外干式电流互感器,安装在 27.5 kV 断路器配套支架上。

5. 电压互感器

电压互感器采用户外柱式。220 kV 电压互感器采用电容式分压式设备，27.5 kV 电压互感器采用干式设备。

6. 避雷器

避雷器采用氧化锌避雷器配在线监测器。

7. 交直流电源系统

交直流电源采用微机型，交、直流进线电源开关及重要负荷开关纳入远程监控，直流蓄电池采用铅酸免维护。

8. 综合自动化系统

变电所、分区所、AT 所二次设备采用集控制、保护、监测和远动于一体的微机综合自动化装置。

9. 电力电缆、控制电缆

1 kV 以下的交流电力电缆采用 ZR-VV22-1 kV 型电力电缆。控制电缆采用具有屏蔽功能带铠装的 ZR-KVVP22 型控制电缆。

（三）总平面及生产房屋配置

新建牵引变电所配电装置除主变采用户外低式布置，10 kV 自用变压器采用户外箱式布置外，其余均采用户外单体中式布置；牵引变电所生产房屋布置均为平房，按无人值班、有人值守设计，设有控制室、检修室、通信室、值守室及卫生间等。预留抑制高次谐波装置场地。

新建分区所、AT 所配电装置除自耦变压器采用户外低式布置，10 kV 自用变压器采用户外箱式布置外，其余均采用户外单体中式布置。生产房屋布置均为平房，按无人值班、无人值守设计，设有控制室、检修室和通信室等。

各所内装设避雷针，设有与外部公路衔接的运输道路和巡视小道。四周砌 2.5 m 高砖砌围墙＋0.7 m 金属防护网或铁蒺藜，并设置激光对射防非法闯入的装置。

（四）架构类型及计算条件

1. 架构类型

220 kV 进线架构采用 H 型和 Π 型架构，支柱采用格构式钢支柱；主变架构采用 Π 型架构，支柱采用格构式钢支柱；上述 220 kV 架构横梁均采用钢桁梁结构。各牵引所亭 2×27.5 kV/27.5 kV 母线及馈线架构采用 Π 型架构，支柱采用 ϕ400 钢筋混凝土环型等径杆，上述 2×27.5 kV/27.5 kV 架构横梁均采用钢桁梁结构。其余架构及设备支架均采用 ϕ400 或 ϕ300 钢筋混凝土环型等径杆。

2. 计算条件

（1）220 kV 进线、主变架构每相导线最大拉力为 10 000 N，每根避雷线最大拉力为 5 000 N，导线最大偏角不大于 15°。

（2）2×27.5 kV 馈线架构其最大拉力为 3 000 N。

（3）结合本工程特点还应考虑的其他因素包括：大电流的动热稳定性；靠近档距中间引下线处的人荷载；土壤承载力及气象因素，如风、覆冰、雪等，其中，最高气温 40 ℃、最低气温－15 ℃、结构设计风速 35 m/s、雷暴级别为高雷区。

（五）保护配置及综合自动化系统

1. 牵引变电所

牵引变压器保护具有差动、220 kV 侧过电流、重瓦斯、电源失压、2×27.5 kV 侧过电流、2×27.5 kV 侧低电压、过电压等使断路器跳闸并作用于事故信号的保护，以及轻瓦斯、过负荷、过热等作用于预告信号的保护，同时具有备用电源自动投入功能。

变电所 2×27.5 kV/27.5 kV 馈线保护具有阻抗保护、过电流保护、电流增量、一次自动重合闸、线路故障点标定功能等。

2. AT 分区所、AT 所保护

进、馈线保护具有失压保护、检有压重合闸、线路故障点标定等功能。自耦变压器保护具有自耦变压器差动保护、本体保护、碰壳保护、备用自耦变自动投入等功能。

3. 各新建牵引变电所按无人值班有人值守方式设计，预留过渡到无人值班无人值守的条件，其他各新建所亭按无人值班无人值守设计。

各新建所亭采用综合自动化系统，该系统为网络型、模块化、分层分布式系统，采用集中式与分散式相结合结构。综合自动化系统通过专用通道完成与电调所牵引供电调度系统的数据交换，以实现牵引供电调度系统对被控站的远程调度管理。

牵引变电所、分区所、AT 所设置安全及环境监控系统，安全及环境监控设备通过综合自动化系统纳入到牵引供电调度系统。接触网开关控制站实现对接触网电动隔离开关的远动控制，网开关远程监控应采用光纤通信。各牵引变电所设置信息直采装置，直接向地方电力公司上传相关信息，满足电力系统对铁路牵引装置运行状态监视的需求。

(六)自用电系统

各所的交流自用电系统设有单相 220 V 交流母线(单相负荷)和三相 380/220 V 交流母线(三相负荷)，分别由接引 27.5 kV 的 T 母线的单相自用变压器和铁路 10 kV 线路的三相自用变压器供电。正常运行时，三相 10 kV 自用变压器向各母线供电，单相 27.5 kV 自用变压器备用。当三相 10 kV 自用变压器因故障或检修需退出运行时，单相 220 V 交流母线(单相负荷)通过自动投切装置由单相 27.5 kV 自用变压器供电，三相 380/220 V 交流母线(三相负荷)失电退出运行。

各所采用智能型铅酸免维护蓄电池的直流自用电系统，直流操作电压为 110 V，正常时由整流电流供给直流负荷，整流电源对蓄电池进行浮充电和均衡充电，当交流失压后，由蓄电池供给直流负荷。牵引变电所采用 2×100 Ah 蓄电池，AT 分区所、AT 所采用 2×50 Ah 蓄电池。

交、直流自用电系统的监控均纳入综合自动化系统，以满足远方遥控、遥测、遥信等在线监测和远方诊断及维护的要求。交、直流系统进线及控制保护回路开关采用智能开关纳入远动。

(七)防雷与接地

1. 防雷

各牵引变电所、分区所、AT 所设独立避雷针以防止直击雷对全所设备、架构及建筑物的袭击。

在牵引变电所高压进线侧、主变压器低压侧、2×27.5 kV/27.5 kV 馈线侧、分区所、AT 所进线侧及馈线侧、自耦变压器出线侧设有相应等级的氧化锌避雷器，以限制雷电波的幅值。

牵引变电所、分区所、AT 所交直流系统、交流屏至所外接触网隔离开关的电源回路及综自系统加装电涌保护器(SPD)，提高二次设备防雷击引入、抗干扰能力。

2. 接地

本次设计采用 220 kV 电源进线，系统短路容量大，牵引变电所处短路电流较大。接地设计除应满足工作接地的需要外，还应满足人身安全要求。

接地网由埋深水平接地体为主，相隔适当距离加垂直接地体为辅的复合接地网组成，均压带平均间距为 5～10 m。在变电所的进、出口处，埋设帽檐形辅助均压带，所内道路采用高电阻率的沥青路面，并在场坪空地铺设碎石以提高地表电阻。独立避雷针的接地装置接地电阻不大于 10 Ω，与所内接地网地中距离不小于 3 m。

各所亭结合土壤电阻率进行地网设计，各所接地网的接地电阻不大于 0.5 Ω。各所在施工后需实测接地电阻，不能满足要求的变电所、分区所、AT 所采用换填土、引外接地或再增加离子接地极、降阻剂处理。在接地材料的选择上，采用硬铜绞线作水平接地网，用铜棒作垂直接地极。

牵引变电所、分区所、AT 所按集中接地方式设计，设置集中接地箱。接地网回流、钢轨回流、PW 线回流、综合接地通过箱内铜母排连接，并通过铜母排与各主变回流连接及所内主地网连接。所内 27.5 kV 所用变和 27.5 kV 电压互感器工作接地也与集中接地箱铜母排相连。所有设备外壳均应可靠接地。

(八)提高可靠性措施

(1)牵引变电所设有两路独立的 220 kV 电源，可互为备用，并设有备用电源自投装置，提高了变电所进线电源的可靠性；2×27.5 kV 馈线上下行之间设置并联电动隔离开关，上下行断路器互为备用，提高了馈电的可靠性；分区所、AT 所自耦变压器均固定备用，1 台故障另 1 台自动投入，提高自耦变压器的可靠性。

(2)设备选型尽量选用成熟、可靠性高、技术先进的产品。采用变电所综合自动化系统,实时反馈变电所各种设备的状态信息,可实现无人值班,远程监控。采用安全及环境监控系统和视频监控系统,对变电所设备运行状态、安全、环境、火灾等情况进行直接监视。综合自动化系统、安全及环境监控系统均具备在线自检和自恢复功能。

(3)接地网采用耐腐蚀的铜材和热熔焊接,并与综合接地相连,提高了接地可靠性。

(九)环境保护措施

所址选择遵照国家的环保政策,尽量减少和周围环境的相互影响;自用变压器、断路器、电流互感器等变电设备采用无油或少油设备;对于主变压器等有油设备设置废油回收条件;各所按无人值班设计,减少污水排放量;选用设备满足电磁干扰防护的要求;选用低噪声设备;所内空闲地方在保证正常供电的情况下进行绿化。

(十)节约能源措施

牵引变压器等主要设备选用技术先进、成熟、可靠的节能型产品。牵引变压器采用容量利用率高的单相变压器,所用变采用低耗产品,断路器选用功率较小的弹簧操作机构。保护和控制采用全微机综合自动化系统,能有效提高供电效率。牵引变电所、分区所和 AT 所采用无人值班,可减少能源消耗。室内外照明灯采用节能型的光源和灯具。

四、SCADA 子系统

(一)电力调度所及调度区划分

本线牵引供电及电力调度纳入上海铁路局电调所。南京南牵引变电所新增馈线及接触网开关控制屏纳入上海铁路局调度所客专系统既有京沪高二台,全线其余牵引供电设施及电力供电设施纳入上海铁路局调度所客专系统既有合福台。

对上海铁路局供电处、南京供电段、合肥供电段既有复示终端进行扩容改造,满足本线的复示需求。

(二)调度所平面布置

本线接入上海铁路局电调所客专系统既有合福台和京沪高二台,其生产房屋、平面布置均由调度中心统筹考虑。

(三)远动系统及通道装置

1. 远动系统

本线 SCADA 系统由上海客专综合调度中心统筹考虑。系统采用开放式局域网结构,服务器/客户机型网络体系。该系统局域网上配置服务器、调度台、系统维护工作站、接口服务器、打印机等网络节点设备。

2. 远动通道构成

各被控站至电调所 SCADA 系统的远动通道采用专用数据通信通道独立组网,光纤进所方式,供电 SCADA 系统设备采用 FE 接口就近接入通信光传输设备。通道采用双环网结构,“T”形连接形式,通道流量为 2 Mbps。

(四)调度管理自动化系统构成

1. SCADA 系统调度端

SCADA 系统通过远程通信通道与被控站连接,主要完成牵引供电系统、电力系统运行状态的遥控、遥信、遥测及调度管理等功能,在线实时监控 220 V～220 kV 重要设备的运行状态。

2. 被控站

牵引供电系统的被控站设置于沿线牵引变电所、分区所、AT 所内及接触网开关控制站等处。电力供电系统的被控站设置于沿线电力配电所、电力变电站、通信、信号电源点。全线各牵引变电所、分区所、AT 所、接触网开关站、电力配电所、电力变电站、通信、信号电源点等作为被控站,通过综合自动化系统或专用 RTU 接入 SCADA 系统,实现远程数据采集与监控。

3. SCADA 系统主要功能配置

SCADA 系统主要功能配置为遥信监视功能、遥测监视功能、单独控制功能、自动顺序功能、自动识别判断功能、故障点参数计算调整功能、综合报表管理功能、计划管理功能、各种数据统计功能、信息交换功能、信息分析处理等功能。

4. SCADA 与其他系统接口

系统具备与综合视频监控系统接口，实现在电调台上对相关摄像头的控制，达到对无人值班场所及线路接触网运行状况的监视。

系统还具备与时钟系统、防灾安全监控系统、运行调度系统、铁道部调度系统、相邻线路电力调度系统、外电源电力调度系统等接口功能，通过网络通信与其他系统形成一个有机整体，实现系统间的信息传送与必要的联动，提高统一调度和管理水平，达到提高调度自动化水平及效率的目的。

5. 安全监控系统构成

新建的牵引变电所、分区所、AT 所均设有安全及环境监控设施，并通过各所综合自动化系统上传至 SCADA 系统。

安全及环境监控系统在各所控制室、通信室等设置感温、感烟探测器；在生产房屋室内外设置温度、湿度传感器，并在控制室内设置可网络控制的空调，以对被控站进行环境监视及控制室环境温度控制；在被控站围墙四周设置激光对射探测器，在控制室设置碎窗探测器，以防外人非法闯入。

根据消防要求，牵引变电所控制室设置气体灭火装置和火灾报警及消防控制装置。安全监控系统设置与消防系统的接口并将信息上传调度所。

第二节 接 触 网

接触网采用全补偿简单链形悬挂。

一、材料规格

采用接触网的各种线材的技术规格及张力组合见表 3-14-2，附加导线架空线材规格及张力见表 3-14-3。

表 3-14-2 接触网线材技术规格及张力组合

项目 \ 适用范围		正线	正线间渡线、安庆—安庆北支线、安庆北站及存车线	站 线
接触线	型号	CTS150	CTS120	CTS120
	额定工作张力(kN)	25	15	15
承力索	型号	JTMH120	JTMH95	JTMH95
	额定工作张力(kN)	20	15	15

表 3-14-3 附加导线架空线材规格及张力表

适用范围	附加导线类型	附加导线工作张力最大值
供电线(变电所处)	2×JL/ LB1A-250-26/7 或 3 根 27.5 kV 1×300 铠装单芯铜芯电缆(其中 1 根备用)	2×10 kN
正馈线(变电所处)	JL/ LB1A-250-26/7 或 2 根 27.5 kV 1×300 铠装单芯铜芯电缆(其中 1 根备用)	10 kN
供电线、正馈线(分区所、AT 所处)	JL/ LB1A-250-26/7 或 2 根 27.5 kV 1×300 铠装单芯铜芯电缆(其中 1 根备用)	10 kN
N 线(变电所处、分区所、AT 所处)	JL/ LB1A-125-26/7 或 3 根 1 kV 1×150 电缆	8 kN
保护线	JL/LB1A-125-26/7	8 kN
正馈线	JL/LB1A-250-26/7	10 kN
回流线	JL/LB1A-200-26/7	8 kN
架空地线	JL/LB1A-63-6/1	6.5 kN

二、主要设备选择

1. 支柱

腕臂柱采用热轧热浸镀锌 H 型钢柱；硬横跨支柱采用圆钢管柱，硬横梁采用轻型圆钢管硬横梁；软横跨钢柱采用格构式钢柱。

2. 支持装置

采用全腕臂结构。腕臂支持结构一般采用 20 号无缝钢管，外径 60 mm，壁厚不小于 5 mm。设腕臂支撑、定位管支撑、定位器防风拉线。正线工作支采用矩形铝合金限位定位装置。

3. 附加导线

区间 AF、PW 线一般设置于田野侧。车站 AF、PW 线通过硬横跨转换至股道间支柱顶部。

4. 补偿装置

全线采用棘轮补偿装置，棘轮制动方向统一采用正向制动，传动比均为 1∶3。

5. 隔离开关操作及运用方式

在正线关节式电分相分别设置 2 台单极电动开关，与两侧接触网相连，纳入远动；在车站的绝缘关节处设置双极电动隔离开关，纳入远动；站内横向分束电分段间设置单极电动隔离开关，纳入远动；在变电所、AT 所、分区所供电线上网处设置双极电动隔离开关。变电所馈线增加 AF 线分段用单级电动隔离开关，纳入远动；在 AT 所附近增设绝缘关节，设置双极电动开关纳入远动。

6. 其他零部件

全线新建工程均采用有消弧功能的分段绝缘器。腕臂绝缘子：隧外选用瓷质高强度绝缘子，隧内腕臂采用合成绝缘子。悬式绝缘子：供电线、正馈线等附加悬挂用绝缘子一般采用瓷质悬式绝缘子；下锚绝缘子、分段绝缘子采用统一色调的灰色系硅橡胶合成绝缘子。隧道内正馈线悬挂用绝缘子采用硅橡胶绝缘子。

隧内采用后置化学锚栓固定接触网吊柱。

三、技术数据

1. 接触线高度、允许车辆装载高度

本线设计时速目标值为 250 km/h。正线导线悬挂点高度一般为 5 300 mm，最低点高度不小于 5 200 mm；安庆(含)—安庆北(含)区段兼有货运，悬挂点高度一般为 6 000 mm，最低点高度不小于 5 750 mm。200 km/h 及以上区段接触线导线高度最大允许设计坡度≤1‰，坡度变化率不大于 0.5‰。

2. 结构高度

正线接触网结构高度一般为 1.6 m；隧道内结构高度一般为 1.6 m；区间跨线建筑物受限区段，结构高度可适当降低，一般结构高度不宜小于 1.1 m，以最短吊弦控制(速度在 200～250 km/h 区段，最短吊弦长度不宜小于 500 mm)。

3. 跨距

正线区段标准跨距取 50～55 m；隧道内最大跨距一般为 50 m；桥上跨距需根据桥梁孔跨的形式进行配合确定，一般为 48 m。

4. 锚段长度

(1)高速正线接触网锚段长度一般不大于 2×700 m，单边补偿的锚段长度不超过 700 m。

(2)站线最大锚段长度不宜大于 2×800 m，个别困难时不宜大于 2×900 m；单边补偿的锚段长度不超过 800 m。

(3)正线道岔处的两支接触悬挂的补偿方向一致；其余道岔处的两支接触悬挂的补偿方向尽量一致。

(4)根据以上锚段长度，验算承力索、接触线的张力差，均不大于额定张力的±10%。

(5)附加导线锚段长度一般不超过 2 000 m。

5. 中心锚结

正线采用防断式中锚，站线采用防窜式中锚。

6. 侧面限界

正线接触网支柱侧面限界一般为：有砟轨道区段应不小于 3.1 m，无砟轨道区段应不小于 3.0 m。站内正线与站线间立柱时，线间距最小为 5.5 m，支柱对正线侧面限界不小于 2.5 m。

7. 绝缘距离

空气绝缘间隙、工程设计及安装距离要求按照《铁路技术管理规程》《铁路客运专线技术管理办法》《高速铁路设计规范》(TB 10621—2009)及《铁路电力牵引供电设计规范》(TB 10009—2005)执行。

四、供电分段原则

(1)全段上、下行正线悬挂电气上分开。

(2)供电分段符合逐站逐区间的检修条件,尽量缩短事故及维修范围,在车站两端设置绝缘锚段关节。

(3)牵引变电所、分区所的出口附近设置接触网分相装置。电分相采用带中性段、空气间隙绝缘的双断口的锚段关节形式。电分相无电区或中性段的长度应满足双弓运行需要,即应使中性段的长度小于 190 m 的短分相方案。

(4)为保证供电灵活性,所有电动开关纳入运动系统控制。

(5)分段绝缘器设于上、下行正线间渡线接触网;站场分场供电的接触网区段;正线间渡线上采用具有消弧功能的分段绝缘器。

(6)分场、分束供电

为方便运营,减少站线接触网检修对正线的影响范围,对芜湖站宁安场(7 股道车站)的站线 1、2 道;7 道与上、下行正线间设分束检修开关。马鞍山站(7 股道车站)的站线 6、8 道;安庆站(7 股道车站)的站线 5、7 道单独分束,设单级电动隔离开关。铜陵东站(7 股道车站)的站线 6、8 道单独分束,设单级电动隔离开关。池州站(7 股道车站)的站线 1、2 道单独分束,设单级电动隔离开关。上述电动开关纳入远动。

五、提高可靠性措施

1. 接触网回流系统及安全接地设置

全线 AT 区段架设保护线(PW),作为钢轨回流的并联通道,工作接地兼闪络保护。区间地段保护线兼作安全接地。

区间(含桥隧):PW 线与支柱不绝缘架设,在预留过轨管及手孔处,PW 线每隔 1 500 m 通过 2 根 150 mm^2 铜缆连接至扼流变中性点,每隔 300～500 m 采用 70 mm^2 铜缆通过基础预留端子接入综合接地一次。

车站:PW 线与支柱非绝缘设置,其他成排支柱增设架空地线(GW)作为附加的闪络保护地线兼安全接地。独立支柱单独引下接基础预留端子。

27.5 kV 上网供电电缆接地保护措施:27.5 kV 电缆应采用单点直接接地方式;线路较长时划分适当的区段,且在每个区段实施电缆金属层的绝缘分隔,实现单点直接接地。

2. 防雷保护

为了加强客运专线接触网防雷电侵害能力,在以下地点设置避雷器:供电线上网处;绝缘关节、分相关节处;安庆长江大桥的两端。

3. 防护措施

采用耐张型预绞式保护条;对于绝缘子以内螺栓紧固的零部件,采用止动垫片等可靠的防松措施;隧道口 AF 线由田野侧转至线路侧安装;车站 AF 线由田野侧转至硬横梁上采用柱式绝缘子支撑安装;公路边支柱设支柱防护。

第十五章　综合接地系统设计

正线采用综合接地系，沿线路两侧各敷设一根贯通地线（截面面积 35 mm²）。桥梁地段通过结构内非预应力钢筋接地；隧道地段通过锚杆、钢拱架或隧道底板等接地；路基地段贯通地线直接埋设在路基内。

综合接地设计分工执行铁道部通用参考图的相关要求；综合接地系统的设计符合《客专综合接地实施办法》（铁集成〔2006〕220 号）、《铁路防雷、电磁兼容及接地工程技术暂行规定》（铁建设〔2007〕39 号文）相关要求；图纸设计参考《铁路综合接地系统》（通号〔2009〕9301 号）图册、《中国铁路总公司关于进一步加强客专工程桥梁地段综合贯通地线防盗工作的通知》（铁总运〔2013〕64 号）等要求。贯通地线执行《铁路贯通地线暂行技术条件》（铁运〔2012〕241 号）等要求。

综合接地工程要求与站前工程同步实施。

一、综合接地设计原则

（1）综合接地系统以沿线两侧敷设的贯通地线为主干，充分利用沿线桥梁、隧道、路基地段构筑物设施内的接地装置作为接地体，形成低阻等电位综合接地平台。

（2）距接触网带电体 5 m 范围以内的金属构件和需要接地的设施、设备接入综合接地系统，其中交流转辙机的外壳接地执行相关文件的要求。

（3）距线路两侧 20 m 范围以内的铁路设备房屋的接地装置、站台接地装置接入综合接地系统。

（4）不便与铁路综合接地系统等电位连接的第三方设施（路外公共建筑物、公共电力系统、金属管线等设施）必须采取可靠的隔离或绝缘等措施。

（5）在综合接地系统中，建筑物、构筑物及设备在贯通地线接入处的接地电阻不应大于 1 Ω。

（6）贯通地线的选用应耐腐蚀并符合环保要求，环保性能应满足国家有关规定。

（7）桥梁、隧道、无砟轨道、接触网支柱基础等结构物内的接地装置应优先利用结构物中的非预应力结构钢筋作为自然接地体；当没有结构钢筋可以利用时，增加专用的接地钢筋；当自然接地体的接地电阻达不到要求时应增加人工接地体。预应力钢筋不应接入综合接地系统。

（8）构筑物内兼有接地功能（含连接）的结构钢筋和专用接地钢筋应满足：接触网短路电流不大于 25 kA 时，钢筋截面不应小于 120 mm²或直径不小于 14 mm；接触网短路电流大于 25 kVA 时，钢筋截面不应小于 200 mm²或直径不小于 16 mm。当构筑物内兼有接地功能（含连接）的结构钢筋的截面不满足要求时，可将相邻的两根钢筋并接使用（无需改变钢筋的间距）或局部更换直径为 14 mm 或 16 mm 的钢筋。

（9）结构物内的接地钢筋之间均要求可靠焊接，保证电气连接。

（10）接地装置应通过结构物内预埋的接地端子与贯通地线可靠连接。接地端子应直接浇筑在混凝土结构内，表面与结构面齐平。

二、设计相关要求

1. 地线、分支引接线、横向连接线要求

综合接地系统由贯通地线、接地装置（或接地极）、引接线、接地端子以及接触网闪络保护接地装置等构成。综合接地系统的接地电阻应不大于 1 Ω。

正线沿线路两侧敷设上、下行两根贯通地线，贯通地线及引接线、横向连接线暂采用铜截面为 35 mm²的耐腐蚀并符合环保要求的接地铜缆。

路基地段贯通地线一般直接埋设，设于信号电缆槽下（距基床底层顶面 300～400 mm 处、石质路堑地段，将贯通地线埋设于信号电缆槽下约 200 mm 处），长度小于 20 m 的短路基地段可敷设于电缆槽内，并采取砂防护。贯通地线通过车站时，沿车站两侧电缆槽走向直接埋设于信号电缆槽下（信号电缆槽下约 300 mm

处),并采取砂防护;站台处通过接地扁钢纵向连接站台墙接地端子,并与贯通地线连通。

横向连接:长度超过 1 000 m 的路基地段,每间隔 500 m 左右将上下行贯通地线横向连接一次;长度为 500～1 000 m 的路基地段,在中间将上下行贯通地线连接一次。连接线的规格及埋设深度与贯通地线相同;桥梁地段应通过梁体内的横向结构钢筋将两侧的贯通地线作横向连接;隧道地段通过环向接地钢筋等实行两侧贯通地线的横向连接。

桥梁及隧道地段铺设在通信信号电缆槽内,采用水泥包敷的隔离防护措施。

2. 分支引接线及接地端子

(1)路基地段

以接触网支柱为间隔设置分支引接线和接地端子(接地端子设于路基电缆槽及接触网立柱基础)。为进一步提高路基地段接地性能,沿线路基地段接触网支柱基础钢筋均作为接地极使用,如图 3-15-1 所示。

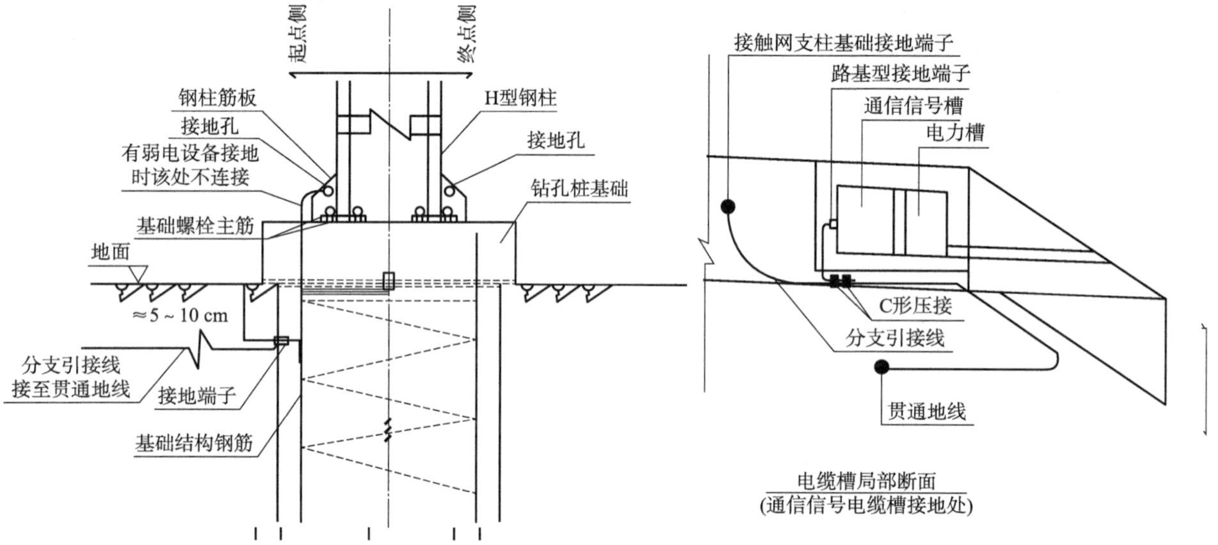

图 3-15-1 路基地段接触网支柱基础钢筋布置图

引接线同贯通地线冷压“C”形连接,与接触网基础接地端子栓接,电缆槽侧壁接地端子的尾端同贯通地线冷压“C”形连接(路基工程施工时先将分支引接线埋设于边坡防护层下,待电缆槽铺设时,再将分支引接线与接触网立柱预留的接地端子、电缆槽侧壁预埋的接地端子尾端连接)。

(2)桥梁地段

桥的每跨梁的起点侧在各通信信号电缆槽内、电力电缆槽外侧和挡砟墙靠线路侧、墩帽处、桥墩处均预留桥隧型接地端子,如图 3-15-2 所示。跨线桥、桥头电缆井等处预留接地端子,具体参考综合接地通用参考图说明。

(3)隧道地段

隧道内每间隔 100 m,在各信号电缆槽侧墙上各预埋一个接地端子;每间隔 50 m,在通信信号电缆槽靠线路侧外缘预埋 1 个接地端子,供线路两侧设备接地;每个隧道口两侧均需预埋 4 个接地端子;每个综合洞室均需预埋 2 个接地端子,供洞室内设备接地,如图 3-15-3 所示。

3. 接地装置要求

(1)桥梁地段

有砟轨道桥梁利用梁端的横向结构钢筋作为接地钢筋并与梁底的接地端子连接;梁底的接地端子和墩帽处的接地端子采用 120 mm^2 的不锈钢连接线连接。

桥梁的桩基础,在每根桩中采用一根钢筋做接地钢筋,桩中的接地钢筋在承台中环接。桥墩中设两根接地钢筋一端与承台中的环接钢筋相连,另一端与墩帽处的接地端子相连。在每个桥墩的墩帽处适当位置设两个接地端子。

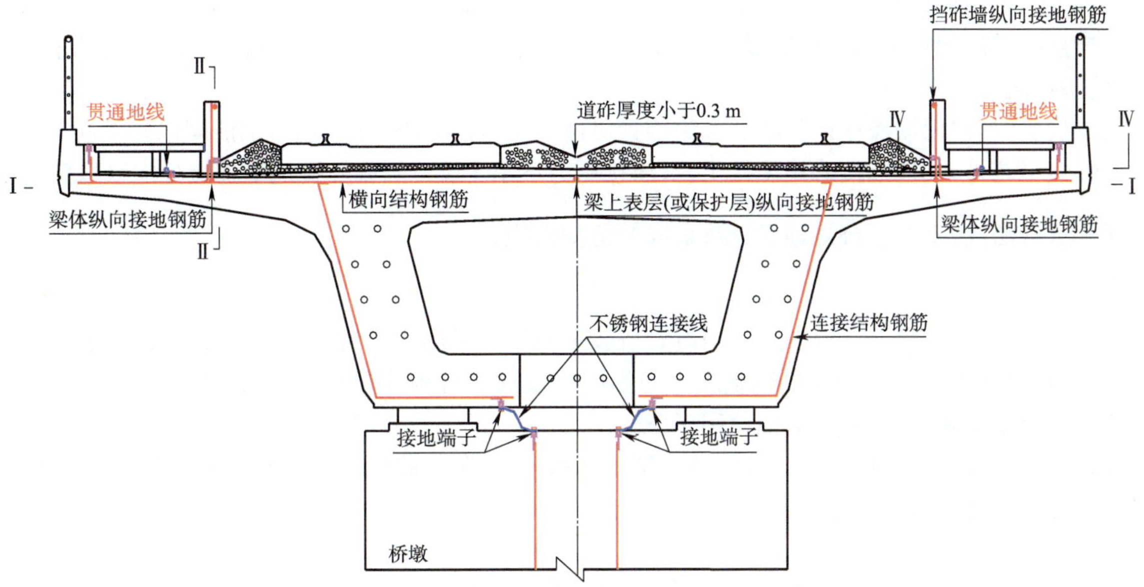

图 3-15-2　桥梁起点侧断面图

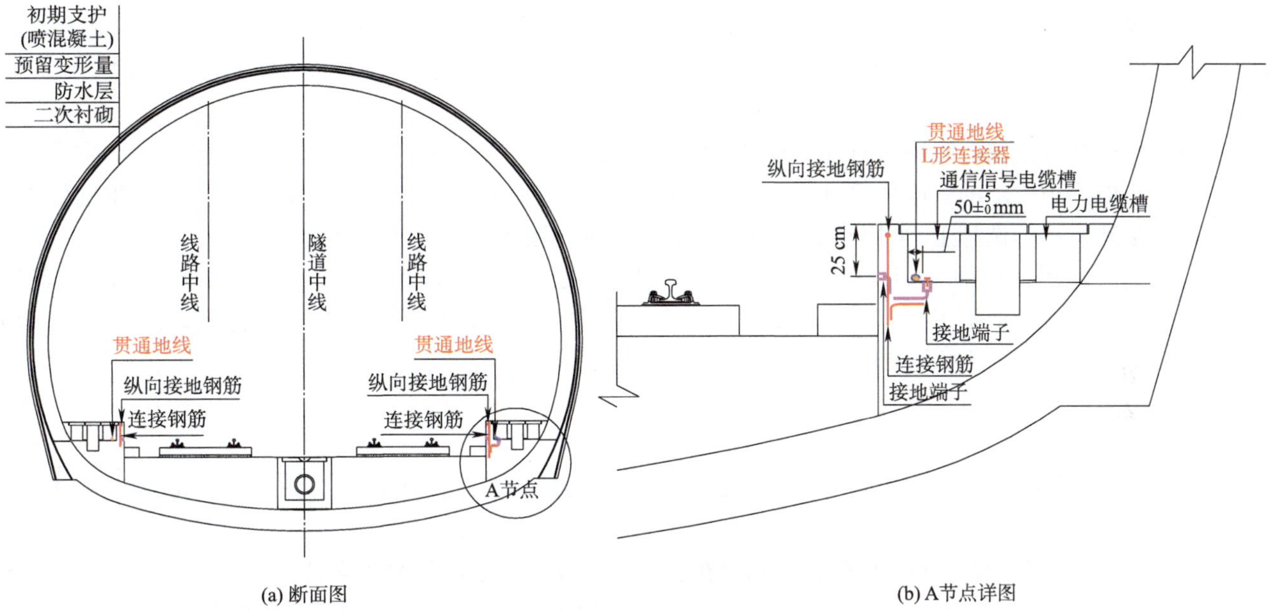

图 3-15-3　隧道地段断面图

扩大基础桥梁，利用基底钢筋网或在基底底面设一层钢筋网作为水平接地极，专设的水平接地极钢筋网格约为 1 m×1 m。桥墩中设两根接地钢筋一端与扩大基础接地钢筋网相连，另一端与墩帽处的接地端子相连，在每个桥墩的墩帽处适当位置设两个接地端子。

(2)隧道

Ⅱ级围岩利用隧道底板的下层结构钢筋作为接地极，接地极内的纵、横向钢筋采用双面点焊；Ⅲ级围岩利用初期支护中专用环向接地钢筋和系统锚杆作为接地极；Ⅳ、Ⅴ级围岩隧道利用隧道系统锚杆和钢架作为接地极，以约 2 倍锚杆间距选择锚杆作为接地锚杆，以约一个台车长度为间距选择钢架作为环向接地钢筋，用连接钢筋(ϕ16 mm)将锚杆和钢架(或专用环向接地钢筋)焊接，每 100 m 与挡砟墙内的纵向连接钢筋连接。

4. 连接线、接地端子的材料、规格和工艺

接地母排及接地端子采用不锈钢制造，按照《雷电防护—第 3 部分：建筑物的实体损害和生命危险》(IEC

62305-3)的规定,不锈钢材料的成分满足:Cr≥16%、Ni≥5%、Mo≥2%、C≤0.08%,如 GB00Cr17Ni14Mo_2。

接地连接线采用同规格的接地铜缆,线鼻采用与接地端子同材质的不锈钢或镀锡铜;接地端子均采用单孔(M16)接地端子。

为减少投资、方便现场操作以及减少人为因素对连接质量的影响,除钢筋与钢筋间以及钢筋与钢架间的连接采用焊接工艺外,其他连接采用压接工艺,压接压力不小于 120 kN,并且地下连接处应采取防腐措施。

三、四电(含防灾)专业综合接地设计及采取的防护措施

1. 电力专业

(1)大型建筑物如站房、综合楼等强、弱电设备较多的场所采用共用接地装置,接地电阻为各类设备接地电阻的最小值;沿线 10 kV 贯通线电缆金属层与沿线敷设的综合地线单点相连,以防止综合贯通地线上的牵引回流流经电缆金属护层,影响电缆使用寿命。

(2)沿线所需接地的建(构)筑、电气设施均纳入该系统,但距铁路线路 20 m 以外的建(构)筑、电气设施采取隔离措施后可独立设置接地装置。

2. 牵引变电专业

(1)采用 220 kV 电源进线,系统短路容量大,牵引变电所处短路电流较大。接地设计除应满足工作接地的需要外,还应满足人身安全要求。

(2)接地网由埋深水平接地体为主,相隔适当距离加垂直接地体为辅的复合接地网组成,均压带平均间距为 5~10 m。在变电所的进、出口处,埋设帽檐形辅助均压带,所内道路采用高电阻率的沥青路面,并在场坪空地铺设碎石以提高地表电阻。独立避雷针的接地装置接地电阻不大于 10 Ω,与所内接地网地中距离不小于 3 m。

(3)各所亭结合土壤电阻率进行地网设计,各所接地网的接地电阻不大于 0.5 Ω。各所在施工后需实测接地电阻,不能满足要求的变电所、分区所、AT 所采用换填土、引外接地或再增加离子接地极、降阻剂处理。

(4)在接地材料的选择上,采用硬铜绞线作水平接地网,用铜棒作垂直接地极。

(5)牵引变电所、分区所、AT 所按集中接地方式设计,设置集中接地箱。接地网回流、钢轨回流、PW 线回流、综合接地通过箱内铜母排连接,并通过铜母排与各主变回流连接及所内主地网连接。所内 27.5 kV 所用变和 27.5 kV 电压互感器工作接地也与集中接地箱铜母排相连。

(6)所有设备外壳均应可靠接地。

3. 接触网专业

全线 AT 区段架设保护线(PW),作为钢轨回流的并联通道,工作接地兼闪络保护。区间地段保护线兼作安全接地。

区间(含桥隧):PW 线与支柱不绝缘架设,在预留过轨管及手孔处,PW 线每隔 1 500 m 通过 2 根 150 mm^2 铜缆连接至扼流变中性点,每隔 300~500 m 采用 70 mm^2 铜缆通过基础预留端子接入综合接地一次。

车站:PW 线与支柱非绝缘设置,其他成排支柱增设架空地线(GW)作为附加的闪络保护地线兼安全接地。独立支柱单独引下接基础预留端子。

27.5 kV 上网供电电缆接地:27.5 kV 电缆应采用单点直接接地方式;线路较长时划分适当的区段,且在每个区段实施电缆金属层的绝缘分隔,实现单点直接接地。

4. 信号专业

信号专业综合接地设计图纸参考《铁路综合接地系统》(通号〔2009〕9301 号)图册、《铁路车站信号设备防雷、电磁兼容及接地》(通号〔2008〕9201 号)图册。室内信号微机房、机械室、防雷分线室等采用综合接地方式,接入车站(站房)综合接地系统。室外信号机机构(含梯子)、转辙机、轨道箱盒外壳和信号电缆铠装钢防护套、铝护套单端等就近通过接地端子与贯通地线相接。

5. 通信专业

车站、区间各通信机械室采用综合接地方式,通信不单独设置接地体,利用建筑物防雷接地装置,在通信机房预留至少两处接地端子。牵引变电所、AT 所、分区所、电力配电所采用综合接地方式时,通信设备的接地干线与电气化、电力接地干线在接地网上的引接点间距宜大于 5 m。

通信机房室外设电缆引入余留井，电缆井内设置地线排，与共用接地体实现可靠连接，室外线缆引入时金属屏蔽层接该地线排。

无线通信系统铁塔单独设置接地装置。接地装置距离综合接地系统的贯通地线 20 m 以内时，接入综合接地系统。为保证接地质量和效果，接地线布放时应尽量短直，多余的线缆应截断，严禁盘绕。

6. 防灾安全监控专业

所有相关室外防灾设备的接地均考虑与预留在路基、梁端、隧道电缆槽侧壁的接地端子相连。铁路沿线的防灾室外设备的金属箱、盒壳体、金属基础、风速仪、雨量计、监测双电网应接地；室外电缆钢带（铝护套）应采取分段单端接地方式，每段电缆长度不宜超过 1 000 m。

对通信基站防雷接地进行了相关设计，并在房屋内预留出相关接地端子，室内防灾设备的接地主要包括电源引入防雷接地、传输通道防雷与电缆钢带铝护套接地、设备机柜等电位接地三类接地，均考虑与预留的接地端子相连。

设置于室外的现场监测设备均装设防雷装置，所有区间线路两侧均做电源及通信防雷保护，所有区间线路进入设备机房之前均做防雷接地。设置于室外的现场监测设备的接地均接入综合接地系统。

第十六章　防灾安全监控设计

一、系统的总体架构

防灾安全监控系统采用统一的处理平台，由现场采集设备、防灾监控单元、监控数据处理设备、调度所设备、防灾监测终端及通信网络设备等构成。

结合宁安铁路调度指挥权限的划分及维修机构的设置情况，在上海客专调度所宁安行调台设防灾调度所设备，在芜湖站防灾机房内设一套监控数据处理设备，在上海铁路局工务调度台、南京桥工段、芜湖工务段和合肥工务段分别设置工务防灾监测终端，在沿线通信基站根据信息采集点的需要设置相应的防灾监控单元，如图 3-16-1 所示。

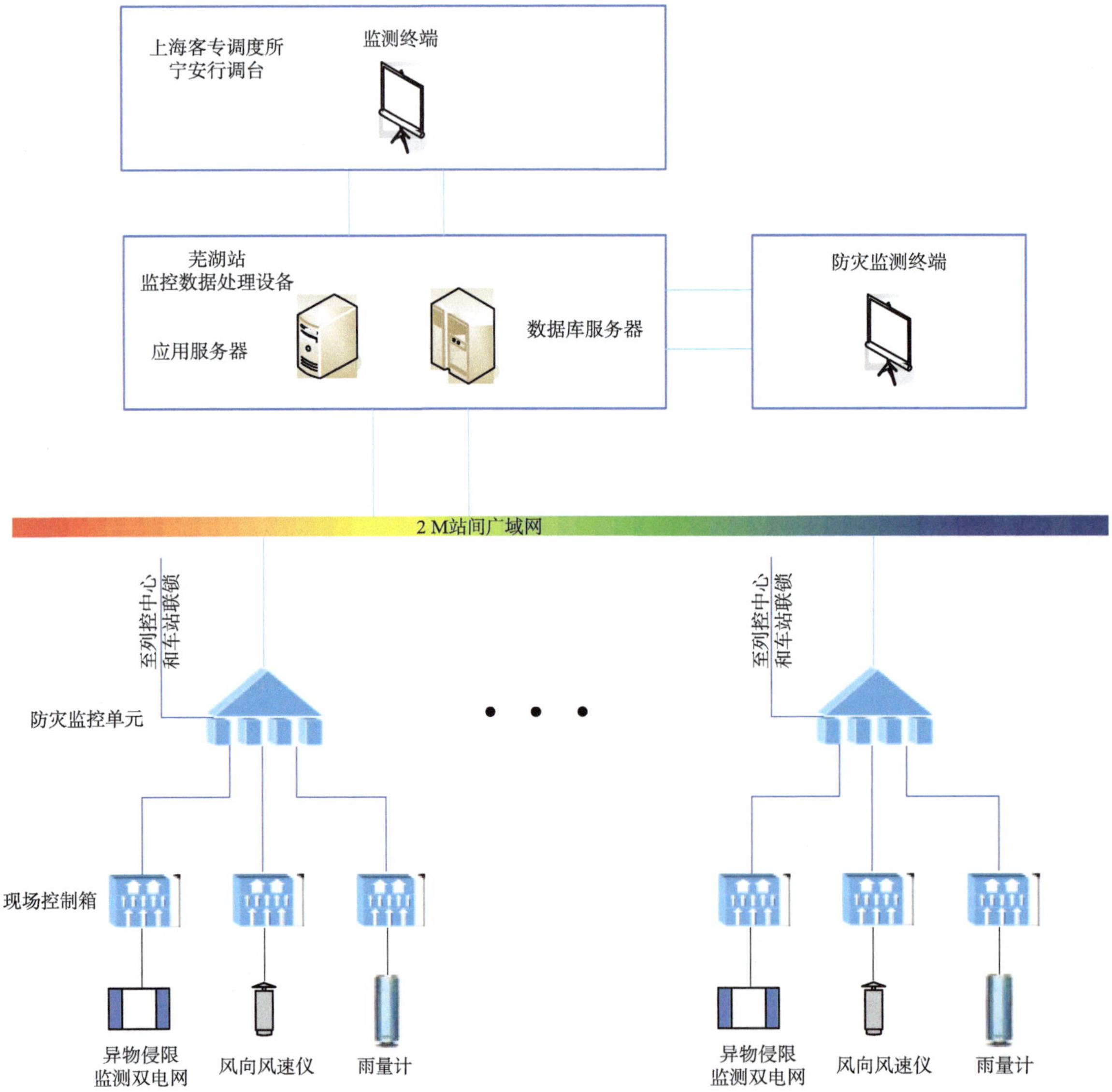

图 3-16-1　防灾系统示意图

二、监控数据处理设备

1. 设备的设置

在芜湖站防灾机房内新设一套监控数据处理设备，负责处理宁安铁路全线的防灾数据。

2. 设备组成

监控数据处理设备由数据库服务器、应用服务器、磁盘阵列、维护终端、网络交换机、对外通信接口、黑白激光打印机、防雷单元、网络安全设备、UPS电源及维护终端桌等组成。

3. 设备功能

监控数据处理设备主要负责实时接收各监控单元传送来的数据和信息，对实时数据和信息进行存储、分析、处理、显示、打印等，并提供相应级别的防灾报警、预警等信息，同时将报警及预警信息上传至调度所设备及各防灾监测终端。

三、调度所设备

结合宁安铁路调度指挥权限的划分，在上海客专调度所宁安行调台设防灾调度所设备。上海客专调度所新设防灾调度所设备，包括交换机、UPS电源、监测终端等。

监测终端通过网络交换机接收从监控数据处理设备传来的数据和报警信息。监测终端以图形、文本、音响等方式显示风、雨、异物等灾害的报警、预警信息及相应的行车管制预案。当发生异物侵限报警时，监测终端上自动弹出报警信息，并具备语音报警功能。

四、防灾监测终端

1. 设备的设置

在上海铁路局工务调度台、南京桥工段、芜湖工务段、合肥工务段、上海通信段、芜湖高铁通信车间设置防灾监测终端。

2. 设备组成

工务终端由工业控制计算机（含显示器）、黑白激光打印机、告警箱、UPS电源、计算机桌椅等组成。

3. 设备功能

防灾监测终端以图形、文本并音响报警等方式，提供风、雨、异物侵限及设备故障等报警、预警信息和相应的工作预案，并具备信息查询和报表输出功能，其中设备故障报警必须对维护有指导作用并提供必要的检修预案。

五、监控单元

1. 设备的设置

监控单元设置在沿线通信基站内，与通信设备并排放置。全线共设置29台监控单元。

2. 设备组成

监控单元由主机模块、各种监测功能模块、继电器组合模块、防雷单元、UPS电源、机柜等组成。

3. 设备功能

防灾监控单元接收由各个防灾监测点传来的数据和信息，完成风速风向、降雨量、异物侵限等监测信息的采集、初步分析和处理。在异物侵限监测双电网同时损毁时，防灾监控单元通过继电接口，将报警信息送至车站列控中心，以控制相应车站或区间的列车实施紧急制动并停止运行。

六、现场采集设备

1. 设备的设置

全线设置风监测点22处、雨量监测点12处、上跨铁路的道路桥梁异物侵限监测点11处。

风监测点设置原则：极大风速值超过15 m/s的地区应设置分速监测点。山区垭口、峡谷、河谷等区域，风速监测点的平均间距1～5 km；轨面高度10 m及以上的高架桥、5 m及以上的高路堤区段，风速仪的平均间距 5～10 km。

雨监测点设置原则:年降水量大于 200 mm 地区应设置雨量监测点;雨量计的布设位置应临近路堤、路堑等易产生塌方、水冲线路的处所;连续路基区段,无砟轨道线路,雨量计的布置间距一般为 20～25 km。

异物侵限监测点设置原则:设置于沿线公跨铁桥梁两侧。

2. 设备组成

风监测现场采集设备由风向风速仪、现场控制箱等组成;雨监测现场采集设备由雨量计、现场控制箱等组成;异物侵限监测现场采集设备由监测电网、水平承重网、支架、现场控制箱等组成,监测点双电网至现场控制箱采用设备自带的专用电缆,现场控制箱至基站间采用 PTYL23 型铝护套电缆;基站至列控中心采用 PTYL23 型铝护套电缆。车站连锁不直接采集异物侵限报警继电器,其控制范围内异物侵限报警信息由列控中心提供。

3. 设备功能

现场采集设备分别采集风速风向、降雨量、异物侵限信息,并发送至防灾监控单元。

七、经验体会与问题讨论

1. 经验体会

(1)高度集成的防灾安全监控系统

防灾安全监控系统设计采用了先进的风速风向、降雨量、异物侵限等信息采集技术、计算机网络及信息处理技术、工业控制技术、通信 SDH MSTP 传输技术等综合技术,构建了一套集成的、高安全性、高可靠性的防灾安全监控系统,实现了风监测报警及预警、雨量监测、异物侵限监测等功能,并预留扩展其他类型监测点的接口,是保障线路快速、高效、安全运输的重要基础设施之一。

防灾安全监控系统充分借鉴了国外高速铁路防灾安全监控系统建设、运营管理的先进经验,突破了目前国内在气象、水利行业构建单一的气象、水利监测系统及既有铁路建设、运营单一的风监测系统、雨量监测系统等建设模式。宁安铁路防灾安全监控系统是集风速风向、雨量、异物侵限信息采集、传输、处理、恢复于一体的高集成度的监控系统。

(2)稳定可靠的设备

现场监测点采用高精度、高分辨率、易维护的现场采集设备。防灾监控单元采用模块化的结构,易于扩展和维护。除雨量计采用单套设备外,其余现场设备及室内设备,均采用冗余配置。设备的冗余配置方案保证了在设备发生故障时,备用设备会自动投入运行,不影响整个系统的使用,保证了系统的可靠性。

(3)优化的异物侵限监控设置方案

防灾安全监控系统中的异物侵限监控子系统对上跨铁路的道路桥梁两侧的可能发生的异物侵限进行有效的监测。

根据公路上跨铁路桥下的列车运行速度、桥面至轨面高度,公跨铁桥两侧防撞墙形式、交叉角度及来车方向等因素,建立侵限物体掉落的数学模型,对异物侵限监测双电网的监测长度进行分析,得出异物侵限监测双电网监测范围,建成公跨铁桥两侧采用非对称方式、竖直形式的异物侵限监测双电网的异物侵限监控子系统。

2. 问题探讨

(1)在高速铁路经过的区域,气象部门对沿线的气象也进行了监测。将防灾系统和气象部门相应的监测系统通过网络连接起来,不仅可以将高速铁路防灾系统采集到的数据传输给气象部门,使高速铁路防灾系统采集到的监测数据得到更好的利用,也可以将气象部门的数据传送给高速铁路防灾系统,提高防灾系统监测预警和报警的准确性。

(2)各条高速铁路防灾系统均在相应的路局工务调度台、工务段和通信段设有防灾监测终端。因此,各维护管理部门防灾监测终端众多,浪费设备成本和维护成本。不同线在同一维护管理部门的防灾监测终端可以合并设置。

(3)本线的风、雨监测布点方案是通过现场勘察并结合风、雨监测布点原则得出来的。在防灾系统实际的运营中,运营维护部门需要根据监测到的风速风向、雨量数据对监测点的布点做出适当的调整。

第十七章　客运服务系统设计

全线票务系统采用铁路总公司、上海铁路局客票中心、电算站、车站架构进行设置。旅客服务信息系统按路局集中模式设置，各车站均设置车站应急管理平台。

一、票务系统

江宁西、马鞍山东、当涂东、繁昌西、弋江、芜湖站，既有铜陵东、池州站票务系统通过南京电算站票务网络上连至上海局地区客票中心TRS系统及路局自动售检票系统平台；安庆站票务系统通过蚌埠电算站票务网络上联至上海局地区客票中心TRS系统及路局自动售检票系统平台。

上海铁路局客票中心完成席位集中管理、交易实时处理、基础数据维护、销售策略实施、统计、收入管理等核心功能。车站票务系统实现有关售票、检票、订票、退票、补票的交易处理功能，完成客票发售、预订、进出站检票等相关业务交易功能，完成客票代理、代售等业务管理功能。

1. 票务系统局端接入设计

上海铁路局票务系统中心服务器、存储设备、UPS，均无需扩容。

南京电算站扩容2台客票系统联合站服务器（扩容4CPU/12G内存），新设2台应用服务器和2台模块化汇聚路由器；蚌埠电算站新设应用服务器2台，并对网络设备进行扩容，主要扩容为广域网的2 M接口板。

2. 车站设备

各车站设置1台应急处理服务器，在非正常情况下实现车站的检票业务服务。

车站票务系统终端设备包括窗口人工售票设备、自动售票机、补票机以及进站检票机、出站检票机、票务安全设备、维护管理终端等；在自动售票机、进站检票机和出站检票机等设备上配置二合一（二代身份证和中铁银通卡）读卡器，在窗口售票设备、自动售票设备、补票设备上配置学生证读卡器和二合一读卡器；各站配置退票扫描枪。在售票厅设置公安临时制证设备。

各站终端设备数量配置按高峰小时客流量数据、设备能力、站房及站场布局、客流组织等多种因素综合考虑。

3. 票务系统安全

各站配置票务系统安全设备一套（包括安全配置管理终端、身份安全控制设备、安全管控器、访问控制设备等），并配置安全管理软件及USBKEY等，设备要求满足铁道部关于票务安全的相关规定。

4. 票务系统网络方案

在各站信息机房设置2台核心千兆交换机组成冗余热备份核心网络，终端设备通过接入层交换机连接到2台核心交换机，组成二层的物理架构，以千兆为核心骨干，百兆到终端的方式组网。江宁西、马鞍山东、当涂东、繁昌西、弋江、芜湖、铜陵东、池州8站票务系统通过通信专业提供的4个2 M通道，安庆站票务系统通过通信专业提供的4个2 M通道，分别接入南京电算站和蚌埠电算站票务系统网络。

考虑到系统的可靠性以及防止单点故障因素，在部署路由器时采用了双机热备份的方式。

二、旅服系统

系统采用两级架构，即路局中心和车站级，本次施工图按路局集中管理方案设计。各站旅服系统集中接入上海局旅服中心平台，各车站设置应急管理平台。

本线接入对上海铁路局既有旅服系统中心设备进行扩容，主要平台设备包括2台应用服务器、1套磁盘阵列、2台SAN交换机、1套TDMS接口服务器、2台旅服接口服务器及本线相应的旅服操作终端。

车站旅客服务系统以集成管理平台为核心，集成综合显示、客运广播、视频监控、入侵报警、旅客行包安检设施等子系统,连接火灾报警和楼宇自控等外部系统,实现对本站旅客服务系统的集中监视和控制,完成系统间信息共享和功能联动。

旅服系统组网方案,各站旅服网络分别通过数据网通道接入上海铁路局局管集中平台。

1. 旅客服务系统集成平台

各站新设应急处理平台,集成本站综合显示、客运广播、视频监控等子系统。芜湖设12屏监控墙,安庆、铜陵东、池州设6屏监控墙,其他小站设监控终端。

应急平台在各站信息机房配置应急服务器、接口服务器、网络管理终端以及维护管理终端。在芜湖站、安庆站、铜陵东站、池州站行车综控室配置双屏业务操作终端2台(客专),双屏业务操作终端2台(普速)及1台单屏业务操作终端;在其他站行车综控室配置双屏业务操作终端2台及1台单屏业务操作终端。繁昌西、江宁西、弋江站规模较小,根据上海铁路局客运处意见,综控室相关设备设置在服务台。各操作站应完成本站客专及普速线路旅服系统运营要求的各种管理、控制功能。

各站旅服系统通过数据网上联至铁路局局管集成平台,在正常情况下,由局管集成平台直接控制各车站旅服系统,实现统一指挥及数据共享。当局管平台故障或网络中断的情况下,各车站即刻启动车站应急管理平台,转入站控模式,保证单站的独立运行能力。

2. 综合显示、CATV系统

各站新设综合显示系统、CATV系统。综合显示系统由全彩屏显示、LED显示、LCD到发通告显示组成,接入车站旅客服务信息系统集成平台;有线电视系统为贵宾候车室、值班室、间休等区域提供有线电视节目及自办电视节目。有线电视系统由分配器、放大器、分支器以及电视插座构成。

根据车站功能区域设置进站大屏、售票大屏、售票窗口屏、候车检票屏、候车屏、编组屏、站台到发信息屏、出站信息屏等显示屏,除芜湖站进站大屏采用全彩屏,安庆站进站大屏采用双基色+全彩+双基色屏外,其他LED屏均采用双基色LED显示屏,站台/天桥编组屏、站台到发信息屏采用室外超高亮显示屏,进站候车检票屏、候车屏、售票大屏、售票窗口条屏、地道编组屏等室内屏采用高亮显示屏,室外或半室外环境的出站屏采用室外防水型超高亮显示屏。车站双基色LED显示屏主要采用$\phi5$显示屏,窗口条屏采用$\phi3.75$显示屏。

在售票室、客运值班员、公安值班员、补票室等处设置到发通告屏,其中售票室设置50寸LCD电视显示屏(不面对旅客),其他房屋设置42寸LCD电视屏作为到发终端,通过光纤/UTP Cat.6接入旅服接入交换机。在VIP候车室、芜湖站高架层候车室设置LCD电视显示屏(50寸),通过光纤/UTP Cat.6接入旅服接入交换机。

芜湖站预留皖赣场进出站显示屏、站台显示屏安装条件。

3. 客运广播系统

各站新设客运广播系统,接入车站旅服系统集成平台联网运行。

芜湖站采用分布式广播系统,其他车站采用集中式广播系统。广播系统接入车站旅服系统集成平台联网运行。系统具备自动广播、人工广播、应急广播等各种广播模式。当发生紧急事故(如火灾)时,可根据程序指令自动切换到紧急广播工作状态。本系统可提供任何事件的报警联动广播,手动切换的实时广播等。

各站广播负载分区按照进站集散厅、候车室、出站厅、售票厅、站台、站前广场等进行划分,原则上每个分区设置至少2个广播回路。广播分区不能与站房防火分区的分布有冲突,即同一回路广播不能跨两个防火分区。广播备用功放配置按照不大于4备1的原则,系统具备线路开路、接地、短路保护告警功能,前端扬声器线路出现短路,系统将自动关闭该分区信号输出,保障系统安全。

广播系统主要布点原则如下:在室内吊顶低于8 m的区域,安装6 W吸顶扬声器;高于8 m的安装壁挂式扬声器;在站台上及站房外均壁挂安装室外型扬声器;大开间候车室、集散厅采用120 W阵列扬声器,结合装修尽量隐蔽安装;在车站候车、检票区域的客运值班、检票员室、公安值班等处设置3 W壁挂音箱;站前广场设置30 W室外音箱;站台设置15 W壁挂音箱;在候车室、售票厅、出站厅、站台等客流聚集区域设置无线呼叫站,可实现无线话筒插播功能;客运广播系统预留与消防广播的接口,火灾情况下,由消防广播系统发送指令,中断客运广播内容,紧急切换至消防广播模式;客运广播系统与消防广播共用输出负载回路及前端扬声器,消防后台控制设备由消防专业负责设置;芜湖站预留皖赣场三个站台广播系统前端扬声器的安装条件。

4. 视频监控系统

除售票区(售票室、票据室、进款室、补票室)、安检区、行包区图像单独存储外,车站其他视频图像均纳入综合视频监控系统中,视频服务器、存储设备、视频交换机及编码设备等由通信专业考虑,本专业仅考虑前端设备(摄像机)和后台显示及其控制设备。在票据库、安检通道及重点治安防范区域的图像存储时间不应少于 15 d,其他区域的图像存储时间不宜少于 3 d。

车站视频监控系统接入车站旅服系统集成管理平台联网运行。

布点原则:在旅客进出站集散厅、候车区、售票区、票据库、站台、站前广场、进出站通道、安检通道附近、重点治安防范区域等处均设置摄像机。在各楼层办公区域走道、售票室、自动售票区设置固定半球摄像机(其中售票室内按售票窗口与摄像机 1∶1 比例配置),在信息综合机房\配线间入口设置可旋转半球摄像机,在楼梯处设置固定枪式摄像机,大空间区域(如旅客进出站集散厅、候车室、站台、站前广场等)设置一体化快球;室外摄像头同时考虑防雷。

在芜湖站、安庆站、铜陵东站、池州站行车综控室设置监视墙,分别由 12 台、6 台 46 寸 LCD 液晶显示屏拼接而成,可实现分屏和跨屏显示;在各站客运值班室和公安值班室设置视频监控终端。

芜湖站预留皖赣场三个站台摄像头的设备安装条件。

5. 入侵报警系统

在各站设置报警控制主机,在票据、进款室设置双鉴探头,在售票室设置紧急按钮,在客运值班室设报警警灯,在公安值班室设声光报警器。

6. 时钟系统

根据初步设计审批意见,江宁西、当涂东、马鞍山东、繁昌西、弋江、芜湖、安庆站时钟显示利用显示屏完成,不单设子钟;各站预留站台时钟线缆。铜陵东、池州 2 站设置时钟系统,在各站台设置子钟与显示屏结合。

7. 查询系统

根据运营单位意见,取消车站查询系统,预留设备安装条件。

8. 行包安全检查设施

根据铁道部《关于加强铁路客站安检区域视频监控系统建设的通知》(计改函〔2011〕59 号)以及《关于印发〈客运站安检区域视频监控系统建设指导意见〉的通知》(铁公安〔2011〕115 号)的要求,在车站安检区设置视频采集、存储设备,实现对安检区域视频监控的全覆盖。新增设备独立自成系统,安检区域采集到的数字视频图像通过网络设备传输到车站信息机房/配线间进行集中存储,具备接入综合视频监控系统/公安管理系统的条件。安检区图像存储时间不应少于 10 d。各站设安检区视频监控终端(芜湖站 2 台,其他站 1 台)。

系统设备主要包括安全检查仪、防爆毯、防爆罐、手持金属探测仪、安全检查门及网络设备、录像设备、显示处理终端设备等。

在每台安检仪、安检门的顶部分别设置 2 台高清数字摄像机,采集行李数量和特征图像信息,采集旅客正面面部特征图像和监控人工手动安全检查过程。

9. 集成平台与 TDMS 系统接口方案

各站旅客服务信息系统自上海铁路局 TDMS 接口系统获取列车运行计划信息及列车开行状态的实时到发信息。宁安铁路接入利用既有 TDMS 接口平台,仅考虑本线接入所需的软件费用。

10. 系统安全方案

车站旅客服务系统与车站票务系统不在车站进行互联,只在路局中心进行互联。

车站旅客服务系统内部网络边界设置防火墙,实现与局管集成管理平台、综合视频监控系统的安全隔离。

11. 系统网络方案

车站级旅客服务信息系统采用专用局域网,主干双网结构。核心交换机采用 2 台互为冗余的千兆以太网交换机,内部配备双交换引擎、冗余电源,保证网络的可靠性。各站旅客服务信息系统通过通信专业提供的数据网通道接入上海局局管集成管理平台。

第十八章　工程接口设计

为确保高速铁路安全运营，设计阶段一定要注重专业设计接口，特别要注意不同专业的不同结构物之间的顺接，以及需要在相关专业设计中预留相关预埋件的工程，务必要确保埋设准确，并且在后续施工中妥善保护，防止损坏影响后续工程安装，使各个专业的设施和设备在运营期间均能安全正常使用。

一、桥梁与其他专业接口

1. 桥梁与轨道、路基专业接口

(1)轨道

为确保高速铁路安全运营，按规定确定不同地段无砟轨道与线下工程的连接方案并控制桥梁的变形。

基于轨道工程要求，桥梁墩台基础工后沉降量应符合墩台均匀沉降量不大于 20 mm，相邻墩台沉降量之差不大于 5 mm 的要求。对于桥梁工程，预应力混凝土桥在无砟轨道竣工后徐变与收缩出现的上拱限制在 10 mm 以内。宁安铁路采用Ⅰ型板式无砟轨道，双线整孔箱梁梁体施工时预留锚筋和连接套管；为满足无砟轨道要求，梁体做成六面坡形式，梁面进行打磨满足轨道范围平整度要求。

(2)路基

为使无砟轨道线路的竖向刚度衔接均匀、自然，需要做好路基与桥台之间的过渡段。台后路基为填土路堤时，桥路过渡段采用倒梯形。基床表层采用级配碎石掺 5%水泥，基床底层及以下路堤采用级配碎石掺 3%水泥填筑。桥台台后基坑以混凝土回填，涵洞时基坑以级配碎石回填，分层填筑并用小型机具碾压密实。

根据Ⅰ型板式无砟轨道步板要求和变形控制要求，在桥台台后预留凹槽或牛腿，用于搭设台后路基搭板，保障路桥间均匀过渡。

2. 桥梁与站后接口技术要求

(1)接触网、牵引变电

桥上接触网基础根据桥梁形式分别确定，箱梁接触网基础根据通用图设计，预留于桥梁面上，下锚拉线基础要求与锚柱同梁设置。接触网预埋螺栓应严格按照相关图纸中的尺寸进行预留，确保精度，施工完成后应采取有效措施对螺栓外露部分进行防护，避免支柱安装前损坏螺纹。

供电电缆在桥梁处上网时，需在桥梁箱体及桥墩上预留电缆爬架。电缆爬架应设置在靠近电缆预留孔所在梁端的桥墩上，并且是在面向电缆预留孔方向的桥墩侧面预留，上下行并列设置。供电电缆上网需在距桥梁上接触网上网支柱约 1.5 m 处预留电缆孔。孔内预留内径为 ϕ80 mm 的 PVC 管。上网电缆从桥墩爬上，通过电缆爬架沿梁底顺线路方向走行至预留孔，从孔中穿过上接触网支柱后接至开关。

牵引供电电缆上桥由预埋孔、加强筋及预埋钢板组成，开孔处预留内径为 ϕ80 mm 的 PVC 管，梁体顶板结构钢筋在预留孔位置断开并设标准弯钩，孔洞应布置在梁的横向筋之间，不应断开梁体横向钢筋，锚筋与预埋板焊牢，焊接长度双面焊 10 cm，焊缝厚度 8 mm，预留孔洞周边需要按相邻接触网基础加强钢筋布置进行加强，加强钢筋及梁体结构钢筋形成的封闭回路距离孔洞的距离不得小于 50 mm，并且孔洞周边钢筋交叉点处用 PE 管绝缘，以避免钢筋形成导电封闭回路产生感应电流。

(2)通信

上下桥：在通信电缆上下桥的桥墩处对称位置的相邻两孔梁的梁端设置与通信电缆槽相对的锯齿形槽口。同时在桥上光、电缆引下孔洞沿桥体至地面间安装通信电缆槽(固定在桥体、桥墩上)，电缆钢槽净尺寸为 300 mm(宽)×150 mm(深)。桥墩上预埋件为滑道形式。光缆在区间电力专业、牵引供电专业所在地下桥时，避免与电力、牵引供电电缆下桥使用同一桥墩。

过轨：过轨管设于过轨里程桥墩小里程侧一孔梁上。过轨管采用热浸塑钢管，环刚度不小于 150 kN/m^2；寿命 60 年；材料符合国家环保要求，耐腐蚀，耐低温。现场量取尺寸，截断并拼装，在梁体预埋套筒。所有钢料外露部分采用锌铬涂层防护体系。

(3)信号

桥梁地段线路两侧均预留信号电缆槽,通信信号合槽,净宽 350 mm。桥梁、路基过渡段电缆槽需平滑衔接(可用特殊尺寸电缆槽),并且保证平顺连接。

在信号电缆上桥处,桥墩上相邻两孔梁的梁端上、下行侧各设置与信号电缆槽相对的锯齿形槽口(按梁部通用图施工),在梁端设槽口沿梁体侧面下到桥墩,沿桥墩侧面下到地面,梁体及桥墩需预留相关预埋件。信号下桥槽道应与强电下槽分开,以免干扰。此外,电缆槽应平顺连接,以保证电缆以不小于 120°的折角弯曲,避免折断电缆。

梁顶至地面间安装钢制信号电缆槽,电缆钢槽净尺寸为 600 mm(宽)×150 mm(深)。在电缆引至墩台下之后,通过明挖槽道、预留电缆槽或敷设钢管的方式引入信号中继站内。

(4)电力

电力电缆上下桥须在桥墩上预设电力电缆下桥条件,从锯齿形槽口处至地面间沿桥墩架设电缆钢槽,电缆钢槽净尺寸为 300 mm(宽)×200 mm(深)。电缆钢槽通过桥墩预埋槽道与桥墩连接,桥墩须预埋滑道。

(5)接触网

①接触网支柱基础处理

接触网支柱与基础采用法兰盘连接,便于施工和支柱的更换。基础设置考虑与电缆槽距离的配合,与路基一体化施工。高架桥上支柱与基础采用法兰连接,基础由桥梁一体化施工。

②接触网与路基、桥、隧、大型高架候车室、客运站无柱雨棚、跨线桥、动车段库房、干线通信电缆等协调与配合。

接触网支柱与雨棚、高架站房股道间立柱合建原则:宁安站场正线与站线间线间距不小于 5.5 m,接触网采用在正线与站线间立 H 型钢柱两边悬挂安装。站台雨棚装饰板限界不得超出站台边缘。

接触网与干线通信信号电缆协调配合:接触网支柱基础与通信、信号及电力电缆槽间的位置关系由地路专业统一协调布置。

接触网与信号专业协调配合:接触网保护线按最大每隔 1 500 m 上下行通过扼流变中性点接钢轨并连接至综合接地,其间每隔 500 m 还需可靠综合接地一次。

二、隧道与其他专业接口

1. 路基、桥梁接口

隧道与路基、桥梁接口设计应符合下列规定:隧道洞口边坡防护与路基边坡协调设计;隧道与路基分界处设置过渡段;隧道内的电缆槽向路基、桥梁范围的电缆槽过渡时其转弯半径应满足电缆铺设要求。

2. 通信接口

(1)槽道要求

在隧道内两侧预留电缆槽[与信号合设,350 mm(宽)×300 mm(深),U 型卡子 50 m 1 处将通信信号线缆隔开],电缆槽设盖板,盖板顶面与避车洞底面平齐。

(2)通信过轨要求

在每处综合洞室处,预埋防护钢管 1 处(2 根/处、每根涂塑钢管直径为 ϕ100),钢管的一端设置于电缆槽内,一端靠近避车洞内壁,伸出地面。

(3)隧道内壁挂漏泄同轴电缆位置

在隧道内距地 4 800 mm 处预留漏泄电缆悬挂位置。漏泄电缆直径约为 50 mm,悬挂在隧道壁上。

3. 信号接口

全线新建隧道沿线路两侧须设置电缆槽,其中通信、信号电缆槽尺寸为 250 mm(宽)×300 mm(深)。

4. 隧道地段综合接地

隧道专业按《客运专线综合接地技术实施办法(暂行)》(铁集成〔2006〕220 号)及《铁路防雷、电磁兼容及接地工程技术暂行规定》(铁建设〔2007〕39 号)设置接地装置。

5. 电力接口

所有隧道两侧设置 200 mm×300 mm 的电力电缆槽。隧道进口、出口及中间位置各预埋 6 根 ϕ150 mm 过轨浸塑钢管。

6. 接触网接口

预留槽型滑道。隧道内接触网悬挂采用后植锚栓形式。

三、信号与其他专业接口

高速铁路由于站前工程的高标准严要求,使得信号设备的管线走向、绝缘设置及方案等必须与站前工程紧密结合;此外,列控控车信息需要相关专业提交更多的原本信号设计无需考虑的内容,增加信号接口设计的难度。

(1)信号专业在列控数据编制时,需要相关专业提供的线路允许速度、线路坡度、桥及隧道里程、分相区等信息以及转换后的运营里程信息。

(2)信号专业根据信号、站场、机械专业共同确定联锁道岔及非联锁道岔的范围进行联锁设计,此外信号列控系统对股道站台长度与位置有一定的要求,需要与站场专业沟通。信号系统还需要根据联锁道岔类型配套转辙设备。

(3)信号系统确定轨道电路后将有关绝缘节位置提交轨道专业,轨道专业结合该信息布置调整配轨;轨道专业根据信号专业要求对无砟轨道钢筋进行绝缘处理。

(4)桥、隧、路基、站场、房建等专业根据信号专业要求设计电缆槽道、电缆井、手孔及过轨防护钢管等。

(5)信号与房建、暖通专业接口设计要求:房建专业应根据信号系统要求设计信号设备及办公用房;暖通专业应根据信号系统要求配置信号设备、办公用房通风及空调设施。

(6)信号与通信专业接口设计要求:通信专业应根据信号系统要求配置信号专用光纤和传输通道;区间信号中继站设备尽可能与通信基站、直放站设备同室布置。

(7)电力专业根据信号系统要求配置信号设备用电等级及负荷。

(8)信号与电气化专业接口设计要求:信号系统应根据牵引供电方式、牵引电流等资料选择轨道电路扼流变压器类型;信号系统应根据电气化专业提供的分相区设置及里程设计自动过分相应答器;高柱信号机设置地点与接触网设计协调,确保信号机上方的信号机构外缘与接触网带电部分的距离不得少于规定的要求。

(9)信号与行车接口设计要求:信号系统应根据行车提供的闭塞方式、牵引计算及布点资料设计区间信号设备,应根据行车提供的调度区划分资料设计行车调度台设备。

(10)信号与防灾安全监控专业接口设计要求:信号系统以继电接口的方式与灾害监测系统的异物侵限监测接口;对于风雨雪监测采用临时限速的方法,通过列控系统保证列车运行安全。

四、信息与其他专业的接口

1. 与通信专业的接口

信息专业在车站设置视频监控摄像头,除售票室、票据、进款和安检区、行包区摄像头单独存储外,其他统一纳入到通信专业综合视频监控平台中,车站视频监控系统前端摄像头与通信专业的接口在视频编码器/视频接入交换机的输入端口处;后端视频监控终端通过旅服交换机从通信综合视频系统获取图像信息,与综合视频监控系统间通过防火墙进行安全隔离。

信息专业与通信专业线缆接口界面位于通信机械室及信息机房数字配线架和音频配线架、光纤配线架外侧。

2. 与电力专业的接口

信息专业与电力专业设备供电接口位于车站信息综合机房、信息配线间(含电源室)、公安信息机房,独立建筑(乘警队)信息机房电力配电箱,外线侧电力线缆引入及防雷设施由电力专业设计;由电力专业为信息专业在以上信息专业供电点提供Ⅰ级供电,AC380 V 两路电源以及两路电源自动切换箱,电源指标要求如下:稳态电压偏移范围±5%;稳态频率偏移范围±0.5 Hz;输入电压波形失真度≤5%。

信息专业与电力专业 BAS、FAS 设备接口在车站旅客服务信息系统集成平台预留接口条件。由电力专业在信息综合机房、信息配线间、公安机房等处预留接地端子,接地端子需与建筑钢筋可靠焊接,并与整个站房及独立建筑的建筑地网沟通。

3. 与FAS系统接口

信息专业自每组进出站闸机布放干接点信号线至消防控制室，接入FAS控制系统，用于火灾情况下的闸机紧急释放控制。各站客运广播与消防广播系统共用扬声器终端设备和负载回路，火灾时，消防广播系统能够将客运广播扬声器强切至消防广播控制，完成消防广播功能。

4. 与建筑、结构专业接口

信息专业提出机房地面及设备安装荷载要求，结构专业预留设备安装条件；信息专业提出房屋布置及预埋管线要求，建筑专业负责预留条件。

5. 与暖通专业接口

根据《铁路房屋建筑设计标准》(TB 10011—2012)，信息设备间(含机房、配线间)环境要求如下：温度18～28 ℃；相对湿度35%～75%；所有机房均要求设置消防报警与灭火装置。

暖通专业按照其专业规范在所有信息设备间(含机房、配线间等)设置空调及相关消防设施，确保信息设备全年正常运转。

五、防灾安全监控与其他专业接口

1. 与桥梁专业接口

桥梁专业在上跨铁路的道路桥梁采用加宽桥面或独立结构的方式预留异物侵限监测装置的安装基础，并预留防灾设备的维护通道。

2. 与房建、暖通专业接口

房建专业在沿线的通信基站内为防灾监控单元的安装位置，在芜湖站为防灾监控数据处理设备单独设置防灾机房。暖通专业为防灾设备机房设置空调和消防设备。

3. 与通信专业接口

防灾监控数据处理设备到各防灾监测终端采用星型组网；防灾监控数据处理设备到防灾调度所设备、各防灾监测终端，采用数字专用通道。在芜湖站为防灾安全监控系统预留时间同步接口，同步于铁路时间同步系统二级时间节点母钟，实现防灾安全监控系统管辖范围内各类现场监测设备的时间同步功能。

安装在正线桥梁上的防灾现场采集设备，电缆从桥梁引下时，防灾电缆利用通信电缆手孔和通信电缆上下桥爬架。

4. 与电力专业接口

电力专业在防灾机房(含监控数据处理设备机房和监控单元机房)为防灾专业提供两路电源，配置防灾专用配电箱(含双电源自投自复模块和B级防雷功能)，并在防灾机房内预留接地端子排。

5. 信号专业接口

防灾安全监控系统与信号系统采用继电接口，与信号专业分界面为分线盘接线端子，其中分线盘及其接线端子由信号系统负责。防灾安全监控系统防灾电缆在区间走通信号槽道。防灾系统中的设备采用铜缆接入沿线的综合接地系统的接地端子。

第十九章　高性能混凝土及耐久性设计

一、桥梁耐久性设计

1. 采用耐久性混凝土，增强混凝土的密实度，提高混凝土自身的抗破损能力

耐久性混凝土的密实度主要体现在混凝土的抗渗性(抗侵入性)，是判定混凝土抵抗环境中各种有害离子侵入性能的重要指标。《铁路混凝土结构耐久性设计规范》(TB 10005—2010)采用电通量来评价混凝土的抗渗性，从而反映混凝土的密实度。

耐久性混凝土采用的水泥一般为硅酸盐水泥或普通硅酸盐水泥，不宜采用早强水泥。由于水泥强度提高和施工进度加快，实际耐久性质量大幅度下降，早强水泥配制的混凝土，内部微结构和后期强度发展不良，易开裂，耐久性差，不能保证混凝土的密实度。

拌和耐久性混凝土的主要粗、细骨料要求级配合理、质地均匀坚硬、吸水率低，以保证混凝土空隙均匀，骨料中的有害物质对混凝土耐久性的影响较大，必须按相关规范规定进行限制；采用的水、水泥、骨料需预防碱—骨料反应。

适当添加外加剂。外加剂对混凝土具有良好的改性作用，选择适当的外加剂可有效提高混凝土的耐久性。混凝土中添加引气剂能减少混凝土的用水量，减低泌水率，增加混凝土的和易性和匀质性，有利于提高混凝土的密实度。

优化混凝土配合比，配合比设计是耐久性混凝土设计的关键环节之一，在条件许可的情况下，尽量采用较低的水胶比，减少单方混凝土的用水量和胶凝材料量，有利于提高混凝土的密实性，减低混凝土的渗透性并减少收缩，可以有效抵抗各种离子的运动，极大的延缓碳化和氯离子、硫酸根离子的侵蚀过程，阻滞钢筋的锈蚀速度。同时掺加粉煤灰等矿物掺和料，能改善混凝土浆体及其与骨料间的界面微结构，降低毛细孔隙率能降低水化热和减少拌和水，改善水化产物的微结构，并能在后期进一步改善浆体及骨料界面结构并增加混凝土后期强度与密实性，消耗薄弱的水化产物氢氧化钙。

2. 改进桥梁结构设计，加大混凝土保护层厚度，加强构造钢筋，防止裂缝发展

钢筋混凝土结构的腐蚀一般是混凝土耐久性不足，混凝土耐久性体现在抗裂、护筋、耐蚀性、抗冻性、耐磨性、碱—骨料反应等几方面。钢筋保护层不够或混凝土抗渗性不够，表面混凝土发生腐蚀，有害的离子成分渗透混凝土，到达内部钢筋，引起钢筋锈蚀，由于铁锈膨胀，使混凝土保护层沿锈蚀的钢筋形成细小裂缝，加速了钢筋的腐蚀，到混凝土表面裂缝开展到一定程度，混凝土开始剥落，最终使结构失去承载能力。所以钢筋的混凝土保护层厚度除遵守现行有关结构设计规范规定外，还应根据结构所处的环境类别及作用等级，按《铁路混凝土结构耐久性设计规范》(TB 10005—2010)的要求保证离混凝土表面最近的钢筋混凝土保护层厚度以结构保证安全。

3. 加强桥面排水和防水层设计，改善桥梁的环境作用条件

混凝土结构构造应考虑减轻环境对结构的作用，表面应设置有效的防、排水设施，有利于避免水、水汽和有害物质在结构表面的汇集，便于施工和后期养护维修、检查。梁端应采取有效构造措施，防止污水污染支座和梁端表面。

二、隧道耐久性

1. 耐久性设计标准

(1)衬砌结构设计使用年限级别为一级，设计使用年限为 100 年；

(2)隧道碳化环境作用等级为 T2，衬砌结构混凝土原材料品质、配合比参数限值以及耐久性指标要求，按《铁路混凝土结构耐久性设计规范》(TB 10005—2010)执行；

(3)衬砌结构钢筋净保护层厚度不小于 50 mm；

(4)结构初期支护采用 C25 喷射混凝土，二次衬砌采用 C30 混凝土或 C35 钢筋混凝土；

(5)衬砌施工控制要求及其监测、养护、维修均按《铁路混凝土结构耐久性设计规范》(TB 10005—2010)(铁建设〔2010〕255 号)及《高速铁路隧道工程施工质量验收标准》(铁建设〔2010〕240 号)等规范、规程的相关条款办理。

2. 结构耐久性设计措施

针对具体环境条件选用具有一定耐久性的混凝土材料。隧道拱墙采用外包防水层，隧道施工缝及变形缝均采用综合防水措施，尽量隔绝环境水土中侵蚀介质对主体结构的作用。隧道初期支护钢架的保护层厚度外侧(钢架与围岩之间)为 4 cm，内侧(临空一侧)不小于 3 cm；二次衬砌采用钢筋混凝土时，钢筋的净保护层厚度不小于 5 cm。

3. 结构检测及维护

隧道作为重点工程，其使用年限为 100 年。在设计使用年限内，应定期对隧道结构及材料的使用状态、环境条件的变化进行检测及监测，并就监测及检测结果进行综合评估，判明隧道结构维护时机。

常规检测及维护包括以下内容：洞口边仰坡冲刷、开裂等观察及坡面清理；洞门截水沟的清淤；洞门结构失稳的观察；衬砌后排水盲管的冲洗；施工缝及变形缝的清理；双侧水沟及中心管沟的清淤；水沟电缆槽的维修；二次衬砌混凝土开裂及渗漏水的观测，并绘制展示图等。

常规检测及维护要求每年至少进行一次，主要采用调查法、对比法等对二次衬砌混凝土开裂及渗漏水展示图对比情况，判断其发展情况并分析病害原因，必要时对地下水等进行化验及地质雷达、钻孔取芯等方法探明情况，在业主认可的前提下进行维修。

宁安铁路工程总结

（下　册）

宁安铁路有限责任公司　编著

中国铁道出版社有限公司

2020年·北　京

图书在版编目(CIP)数据

宁安铁路工程总结:上、下/宁安铁路有限责任公司编著.—北京:中国铁道出版社有限公司,2020.9
ISBN 978-7-113-26929-6

Ⅰ.①宁… Ⅱ.①宁… Ⅲ.①铁路工程-总结-华东地区 Ⅳ.①U21

中国版本图书馆 CIP 数据核字(2020)第 090048 号

书　　名: **宁安铁路工程总结(下册)**
作　　者: 宁安铁路有限责任公司

策　　划: 张卫晓
责任编辑: 梁　雪　冯海燕　张　瑜　　　**编辑部电话:** (010)51873017
封面设计: 郑春鹏
责任校对: 焦桂荣
责任印制: 高春晓

出版发行: 中国铁道出版社有限公司(100054,北京市西城区右安门西街 8 号)
网　　址: http://www.tdpress.com
印　　刷: 北京建宏印刷有限公司
版　　次: 2020 年 9 月第 1 版　2020 年 9 月第 1 次印刷
开　　本: 880 mm×1 230 mm 1/16　印张:62.5　插页:6　字数:2 012 千
书　　号: ISBN 978-7-113-26929-6
定　　价: 560.00 元(上、下册)

编 委 会

序　言

宁安铁路东起江苏省南京南站，西至安徽省安庆站，途经马鞍山、芜湖、铜陵、池州等地市，线路全长258.479 km，最高速度为250 km/h。全线共有桥梁117座，隧道13座，设有南京南、江宁西、马鞍山东、当涂东、芜湖、弋江、繁昌西、铜陵、池州和安庆共10个车站，正线主要采用CRTS Ⅰ型板式无砟轨道结构。

宁安铁路东接京沪高速铁路、沪宁城际铁路、宁杭客专，西至安庆与合九铁路、规划合安九客专相连，在芜湖枢纽、铜陵地区、池州地区分别与宁铜铁路、皖赣铁路、商合杭铁路、合福铁路、铜九铁路交汇，建成后成为长三角地区与皖南、皖西地区沟通的捷径，形成运力强大、便捷高效、节能环保的快速铁路客运网，对完善地区交通运输结构，密切加强城市间及对外交流合作，引导地区城市合理布局、协调发展，加快区域经济一体化进程，扩大长三角地区区位优势和辐射范围，对促进长江经济带沿线和苏皖区域经济持续快速发展具有重要意义。宁安铁路建成通车后，安庆至南京、上海旅行时间可分别缩短至1.5 h和3 h，大大缩短沿线与长三角各中心城市间的时空距离。

线路沿线地形条件复杂，岩溶和软土路基分布广，地基处理难度大；既有线改造或邻近既有线施工区段长，施工安全风险高，建设协调工作量大。全线桥梁比例高，其中安庆长江大桥主桥采用钢桁梁斜拉桥结构，主跨580 m，为当时世界铁路桥梁最大跨度，2 600 t重的64 m跨双线铁路箱梁为当时国内铁路简支箱梁跨径和重量之最，施工技术复杂，施工难度大。

在近7年的建设过程中，共有近30家设计、施工、监理、咨询等单位直接参与了工程的建设工作。各参建单位认真贯彻铁道部和中国铁路总公司提出的铁路建设新理念，统筹落实质量、安全、工期、投资、环境保护管理要求，依托科技创新打造精品工程，实施"一图四表"风险管理打造安全工程，融入人文环境打造生态工程，运用现代化手段打造信息化工程，强化廉政建设打造阳光工程，为项目的顺利建成付出了不懈的努力，展现了良好的精神风貌和精湛高超的技术水平。

《宁安铁路工程总结》对该项目建设管理、勘察设计、工程施工、科研与技术创新等方面进行了全面深入的阐述，客观全面地总结了建设过程中取得的成功经验，并实事求是地反映了建设过程中存在的问题和教训。该工程总结记载内容全面翔实，数据准确完整，是宁安铁路全体建设者智慧与力量的集中体现，对于我国铁路的建设与发展具有重要的参考和借鉴意义。

编　者

2020年6月

目　　录

（上　册）

第一篇　综　　述

第二篇　建 设 管 理

第三篇　勘察设计

(下 册)

第四篇 工 程 施 工

第五篇　科研与技术创新

第四篇　工程施工

第一章　大型临时设施工程

大型临时设施工程施工的总体原则为“综合利用、便于管理、注重环保、服务施工”，保护当地生态环境，避免季节性暴雨对临时设施的侵害，确保施工人员和机械设备的安全，满足施工需要，便于现场指挥。施工队驻地的安排，原则上是靠道路、近现场，布置紧凑，便于施工。

一、施工便道

(一)便道布置原则

结合当地地形和现有临时生活、生产设施，充分利用原有道路。结合道路周边居住群众的生活，方便当地生活，尽量减少对当地人民生活造成阻碍，减少对农田和环境的占用和破坏，保持原有水系的畅通。最大限度地满足工程施工机械、材料的进场和运输。利用当地地材，做到节约资源。

根据以上布置原则，结合现场实际情况，针对不同地段分别采用临时新建的方式，使便道与环境和原有生活、生产设施相适应、协调。

(二)便道(桥)设计

1. 便道设计

便道设在线路临近征地界内侧，部分场地不足地段，通过补征临时用地，靠近施工场地。

一般便道路面宽 6 m(部分宽 8 m)；面层采用 15 cm 厚泥结碎石，设 2%～3%横坡；面层以下填筑 65～85 cm 厚压实山坯土基层；路基边坡 1∶1.5，如图 4-1-1 所示。道路外侧设置排水沟及平台，排水沟 1 m 宽，平台 1 m 宽。便道填土前必须进行地基碾压，压实度应达到 90%以上；便道路基分层压实，压实度达到 93%。

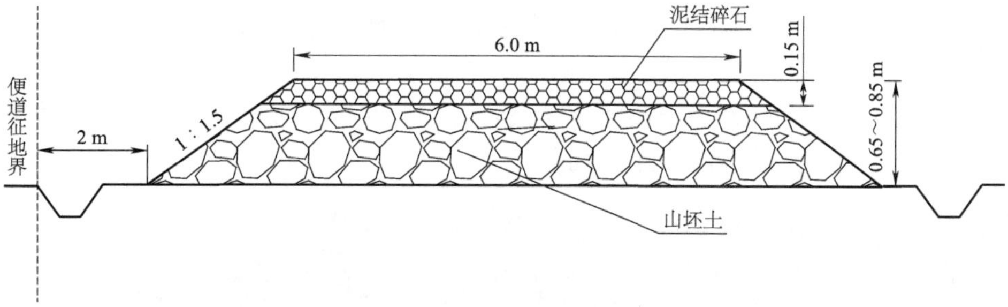

图 4-1-1　一般路基便道横断面图

软土、淤泥地段必须挖出换填后再填筑，换填深度 0.8 m，换填料采用山坯石，如图 4-1-2 所示。

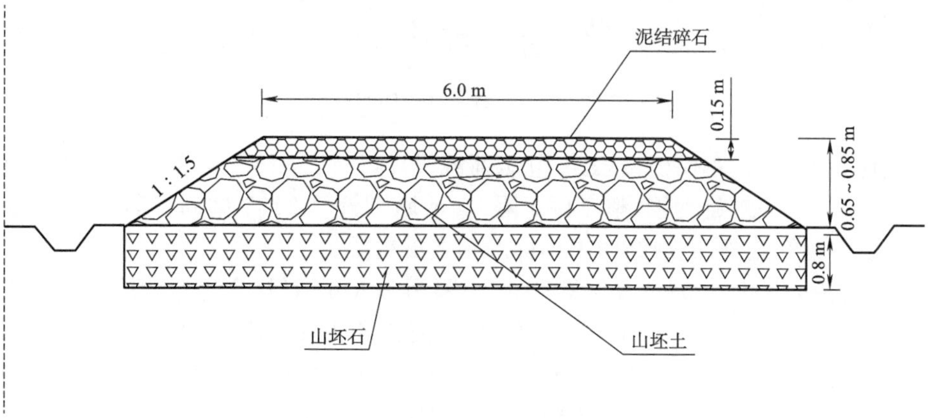

图 4-1-2　软土地基便道横断面图

水深小于等于 3 m 的浸水便道，水下部分直接利用黏土填筑，高出水面部分按正常施工便道施工，迎水面码放编织袋，如图 4-1-3 所示。水深大于 3 m 的浸水便道，做木桩围笼，木桩打入淤泥层以下 1.5～2 m，木桩之间利用 $\phi8$ 钢筋连接成整体；围笼内淤泥层抛片石，迎水面码放编织袋，宽度 1.5 m，中间部分分层换填黏土，高出水面部分按正常便道施工，如图 4-1-4 所示。考虑到浸水便道两侧水位平衡，便道位置适当增设排水涵。

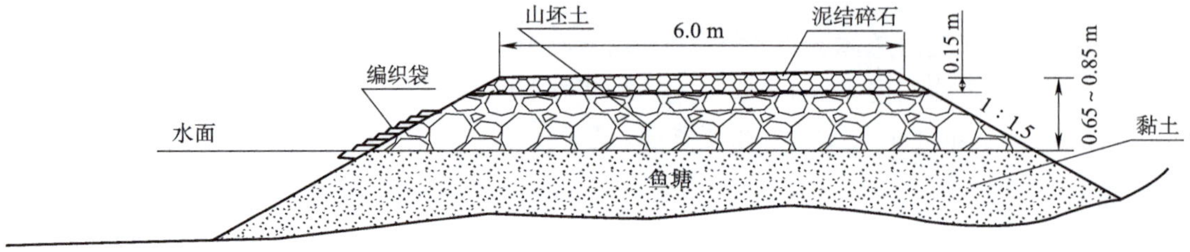

图 4-1-3　鱼塘位置便道横断面图(水深≤3 m)

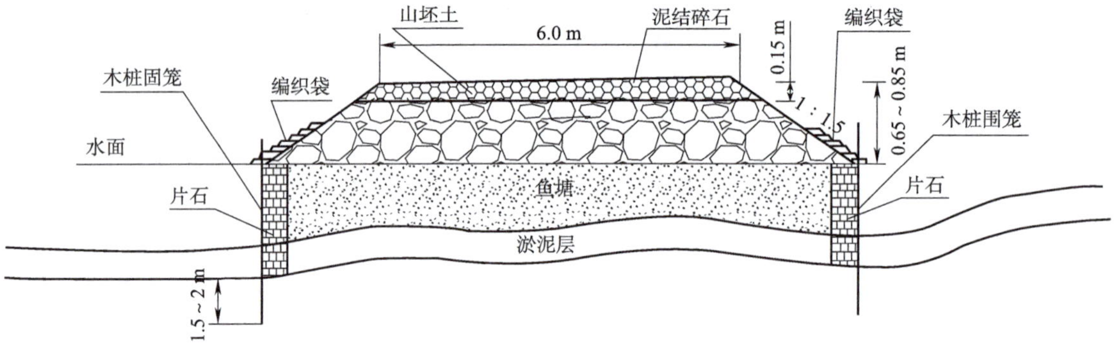

图 4-1-4　鱼塘位置便道横断面图(水深>3 m)

便道与既有等级公路相接时，自接入点向便道方 100 m 范围采用 20 cm 厚混凝土硬化路面。

2. 钢便桥

对于位于漳河内 310～319 号墩，由于漳河水位高，无法利用枯水期进行施工，采取搭设钢便桥的施工方案(图 4-1-5)，解决了水中墩及连续梁施工运输问题。

图 4-1-5　钢便桥现场照片

通过对现场实际情况分析，钢便桥按公路-Ⅱ级荷载设计，设计为 25 跨，每跨 12 m，桥面净宽度 6 m。栈桥立柱采用 $\phi529$(t=10 mm)螺旋钢管，整座桥每隔 60 m 墩钢管呈 2×3 排列，其余各墩管桩呈 1×3 排列，柱顶采用两根 I25 工字钢作盖梁，上部结构采用标准制式贝雷梁。

钢便桥结构形式：桥梁长度 300 m，净宽 5.4 m，材料为 16Mn 钢材(容许弯曲应力[σ]=273 MPa)；车行道部分为上承式形式，横梁采用 125，1 m 间距分布，另在便桥两头和中间有双排桩过度处各增加一根横梁；纵梁采用 I12，0.3 m 间距分布；桥面采用 1.5 m×6 m×0.01 m 钢板铺设；贝雷梁盖梁之间用小龙门连接，横梁与贝雷梁用 U 形螺栓连接，钢板、纵梁与横梁之间均采用焊接方式连接。

(三)便道施工

便道施工一般采用机械化作业施工，主要机械包括挖掘机、装载机、压路机、推土机、自卸车等施工机械。一般采用单层横向全宽全断面填筑方法施工，施工中注意排水，防止地表水及地下水毁坏路基，影响便道的使用功能和寿命。

填方段先用推土机对原地面进行平整及表土的清除，清除表土 20 cm。填筑土(石)方时，应均匀地把接近正常含水量的填料摊铺在路基的整个宽度上并大致平整，以保证对路堤的均匀压实。严禁将不同含水量的土进行混填。对于地面坡度陡大于 1∶5 的原地面在清除表层土质后开挖台阶；台阶宽度按满足摊铺并有利于机械施工为原则，土质路段不小于 3.0 m，石质路段不小于 1.5 m，台阶顶做成 2%～4%的内倾斜坡，砂类土上则不挖台阶，但必须将原地面以下 20～30 cm 的表土翻松。

挖方区石方部分根据施工现场岩石的实际情况及爆破前检查情况，如爆破段内有无缆线，地下有无管道，附近生产、生活设施的距离等，根据现场情况制定爆破方案，并且考虑环保措施，坡面采用光面爆破。爆破过程中设立警示标志及安排专职的安全员指挥过往车辆及行人通行；爆破后首先将堆积在坡面上的大块危石清掉，然后再采用挖掘机进行装运作业，用推土机辅助清理场地与道路，运输车辆与挖掘机组成一个机械运输班组形成流水作业。在气候条件影响下使挖出的材料无法按照相关规范的要求用于填筑路基和压实时，应停止开挖，直到气候条件转好。施工中应始终保证路基排水通畅，尽量避免破坏原有地形的排水系统，减少水土流失。

二、电力架设

(一)电力总体规划、部署

电力线设置：根据现场实际情况就近接驳高压电，低压线就近变压器接出并沿施工便道全线贯通。

变压器设置：根据工程机械功率和数量分布状况，在全线桥梁、路基施工区每隔 1 200 m 设置 1 处变压器房，每处安装 1 台 500 kW 变压器。每段路基设一台变压器同时供应近处的桥梁施工使用，连续梁、隧道附近安装变压器。拌和站、级配碎石站单独设置，每处安装 1 台 500 kW 变压器，钢筋加工厂、模板加工厂就近使用拌和站用电。

变压器及电力分布，统一分布于线路右侧。

(二)电力接驳方案

高挖方路基地段前期高压架设困难，高压不能及时贯通，采取就近接驳高压电引入并安装变压器的方式。其他段落联系地方供电部门，就近接驳当地高压电，在线路侧架设贯通高压电力线。

(三)电力架设方法

1. 埋设电力线杆

沿线路右侧每 50 m 埋设电线杆一根(高 6 m)。机械挖坑，人工配合埋设，回填压实，保证高、低压共用。

2. 高、低压接入、贯通

就近 T 接 10 kV 及以上接驳点，贯通段沿线路右侧线杆架线。拌和站用电高压另行接入拌和站变压器。

3. 变压器台座及变压器房施工

在变压器设置里程段线路右侧红线外，布置变压器台座及变压器房，变压器台座采用砖砌或混凝土现浇的形式，变压器房采用砖砌形式，同步充分考虑排水，保证变压器台座及变压器房周边无积水现象。

4. 设备安装

根据变压器设备厂家提供的安装注意事项，在厂家指导下进行变压器、配电柜的安装和调试。变压器房内需配备相关消防器材，周围设置警示牌。设备安装完成后需请地方供电部门进行验收。

5. 防雷设施

所有配电房需设置必要的防雷击设施，避免因雷雨天气对施工用电造成影响。

(四)生活用电

生活用电由各变压站单独架线接入，形成相对独立的生活供电系统。

三、钢筋加工厂

钢筋加工厂根据现场施工任务和生产需要合理规划与设置,钢筋加工厂辐射范围一般为 3～5 km,主要用于桥涵、路基工程等钢筋笼及钢筋半成品加工。钢筋加工厂施工内容主要包括场地硬化、排水系统、钢筋区、库房、办公区、行车道区、卫生间、停车区、大门、电力设施施工等。

1. 平面布置

一般钢筋加工厂平面布置如图 4-1-6 所示。

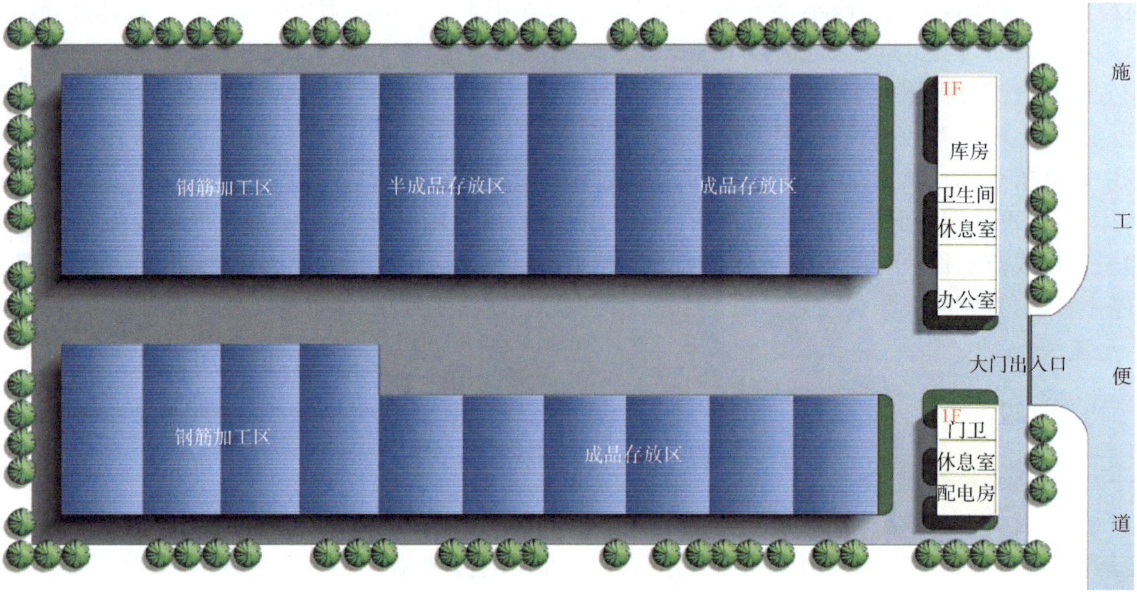

图 4-1-6 钢筋加工厂平面布置图

2. 场地硬化

整个场地松铺 25 cm 厚的山皮土,碾压密实后,采用 C15 混凝土进行硬化。硬化厚度满足表 4-1-1 的要求。场地硬化后按照 5 m×5 m 的原则设置分仓缝,分仓缝采用混凝土切缝机切割,缝深 2 cm。

表 4-1-1 硬化厚度

规划区域	硬化厚度标准(cm)
钢筋区	8
行车道区	15
办公等室内	5

3. 排水系统

场地排水系统因地制宜,设置纵横向坡度,保障场地内外排水通畅,场外排水系统应与当地排水系统相结合。排水系统采用蝶形明沟,尺寸为 40 cm×40 cm,2 cm 厚 M7.5 砂浆抹面,沿钢筋加工厂四周设置。厂区内行车道两侧采用 30 cm 宽矩形排水沟,沟底采用 2 cm 厚 M7.5 砂浆封底。

4. 钢筋加工区

钢筋加工区划分原材料存放区、钢筋加工区、钢筋半成品区、钢筋成品区、钢筋废旧材料区等(图 4-1-7、图 4-1-8)。根据钢筋场地辐射区域内工程量及钢筋种类,规划原材料存放区,原材料存放区原则上设置在进口一侧,分直条钢筋存放区、盘圆钢筋存放区。直条钢筋存放区设置 30 cm 高砖墙垛,相邻墙垛间距为 2 m。盘圆钢筋若采用冷拉,应在钢筋加工区规划冷拉区,并埋设地锚。钢筋废旧材料区与钢筋加工区采用高 2 m 砖墙隔断,其他区域采用活动栏杆隔断,以便施工中根据实际需要调整各区域大小。

图 4-1-7 钢筋分区设置(半成品存放区)

图 4-1-8 钢筋分区设置(钢筋加工区)

5. 库房、办公区、卫生间

库房主要存放钢筋加工所需材料,库房大小根据实际需要设计。办公用房、卫生间与库房相对独立分设,均采用双层夹芯板房。

6. 行车道、停车区

行车道宽 6 m,停车区根据施工车辆数量合理规划。

7. 大门设施

大门墙垛采用砖墙垛,大门采用简易镀锌铁门。门卫室采用双层夹芯板房。

8. 电力设施

设置专用配电房一间,钢筋加工厂线路应架空设置,必须从地面穿过时须采用埋管布置,严禁线路乱拉乱接。现场配电箱应有漏电保护装置,并设专人进行管理。

9. 顶棚设施

钢筋加工区用蓝色彩钢板制作成拱形加工棚,加工棚起拱高度不低于 7.5 m,主立柱采用镀锌钢管。

10. 围墙

钢筋加工厂四周采用 M7.5 浆砌砖墙进行封闭,砖墙基础为 50 cm×50 cm(视地基情况定),砖墙高 2 m,每 5 m 设置砖墙加强垛。砖墙内侧勾凹缝,外侧采用高 30 cm、厚 2 cm M7.5 砂浆抹面(防水墙裙)。

四、混凝土拌和站

以下以火龙岗拌和站为例进行总结。

(一)拌和站选址

火龙岗拌和站需为桥梁、涵洞、站场、路基附属、轨道等工程施工提供约 70 万 m^3混凝土。根据施工进度安排,平均每天需供应 1 500 m^3混凝土。经比选,该拌和站设置在施工标段中间位置、火龙岗耕地区内。该位置具有以下优点:可缩短运距,并能平衡各处施工进度;场地平整,面积较大,可节约建站时间;邻近地方道路,交通运输方便。

(二)建站规模

该拌和站占地面积约 50 亩,可以存料 22 000 m^3,每天平均生产 1 500 m^3混凝土,可以满足 15 d 生产需求。拌和站设置 3 台 HLS120 机组和 1 台 HLS90 机组,HLS90 机组为备用机组,可满足施工生产高峰期日供应混凝土 4 500 m^3的需求,但后期随着混凝土实物工程量减少,使用率低,存在场地和设备浪费现象。

(三)拌和站厂区布置

拌和站厂区布置如图 4-1-9 所示。

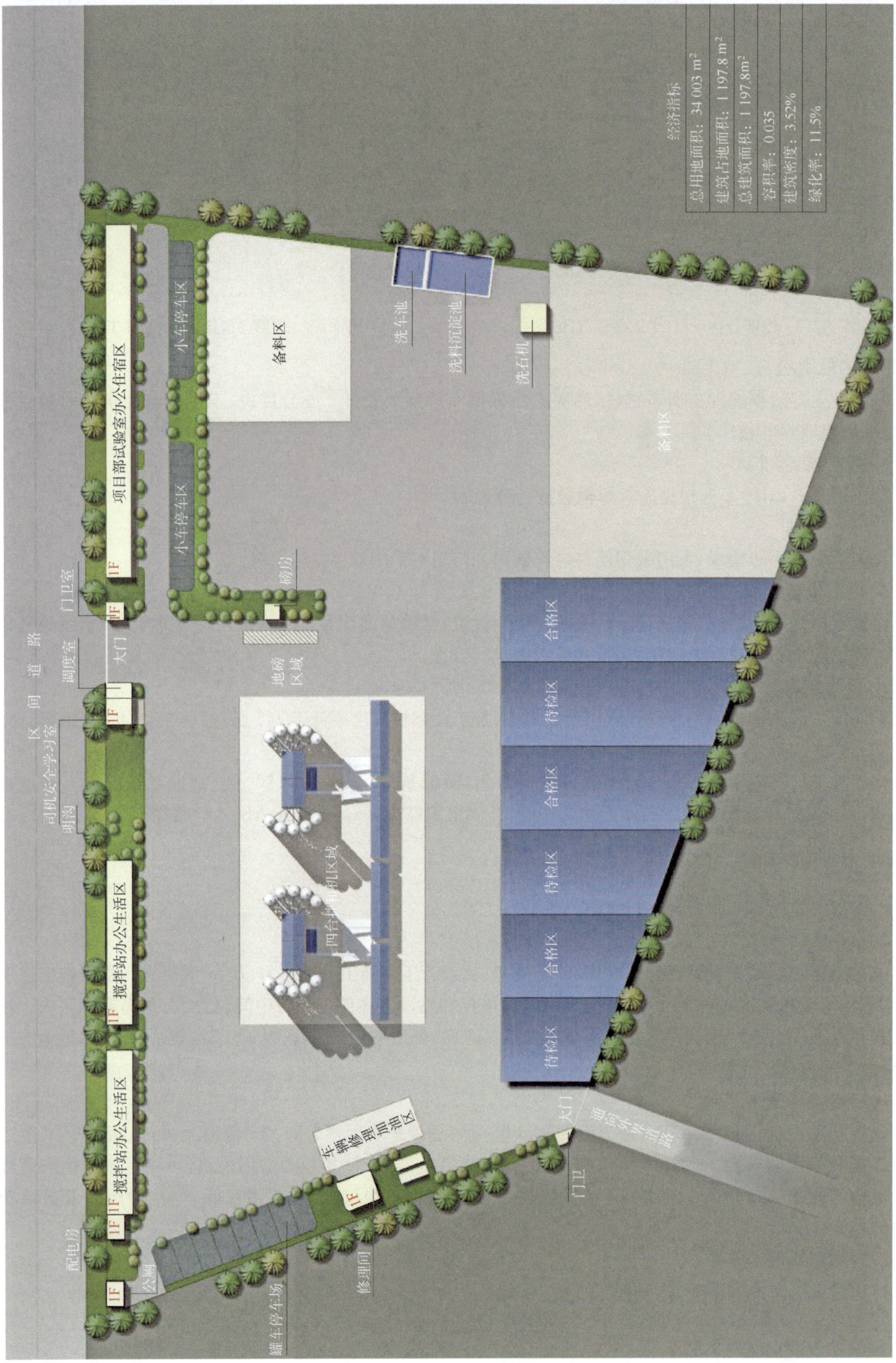

图 4-1-9 火龙岗拌和站厂区布置图

（四）拌和站功能区域设置

1. 试验室办公、住宿区

该拌和站试验室管理人员共计 20 人，经过方案、经济比选，以及实际试验办公区域面积需要，采取租赁夹芯板临时板房，以加快投入使用时间。彩钢板房面积 523.28 m^2，共 2 层，1 层为试验室办公区、试验设备工作区，2 层为管理人员住宿区。

2. 拌和站办公、生活区域

该拌和站管理人员共计 10 人，司机共计 40 人。办公、生活用房采取租赁夹芯板临时板房，面积 522.55 m^2，共 2 层，1 层为管理人员办公区、会议室及食堂，2 层为宿舍。

3. 车辆保养区

采取租赁夹芯板临时板房，1 层，建筑面积 59.65 m^2，主要功能为油料及日常保养用品存放。

4. 存料区

存料区划分为待检区（3 个），合格区（3 个）和备料区（1 个）。3 个待检区分别用于砂、细骨料、粗骨料存放；合格区分别用于已检验合格的砂、细骨料、粗骨料存放；备料区用于原材需求量较大时存放备料。

待检区及合格区采用砌筑 50 cm 厚、3.0 m 高砖墙隔断，以便材料分区存放，每个区域宽度 20 m，存放量不小于 3 d 混凝土所需材料用量。料仓顶部采用钢结构彩钢板进行防雨保温，仓内地面采用 20 cm 厚 C20 混凝土进行硬化，并设置向外 2% 排水坡度。

5. 洗车池

站内设置砖砌洗车池 1 处，供应车辆清洗。

6. 拌和站机组区域

拌和站配备 3 台 HLS120 机组。每个拌和站呈一字形布置，配有双卧轴强制式搅拌机，搅拌站配备微机程控系统及精确电子计量系统，其生产效率和混凝土搅拌质量满足要求。配备 36 辆 10 m^3 混凝土输送罐车，2 台混凝土输送泵。单台搅拌机配置 5 个灰罐，3 个 200 t 水泥罐、1 个 200 t 粉煤灰罐、1 个 200 t 矿粉罐。

7. 停车区

拌和站设置两个停车区：一个为拌和站罐车停车区；另一个为试验室房前的办公用车停车区。

（五）拌和站基础处理及场地建设

1. 场地硬化

拌和站场地硬化根据承载不同，划分为车辆重载区、非重载区及生活区。拌和站场地平整碾压完成后，根据拌和站整体平面布置图，测量人员放线定位，硬化区域放样定桩；车辆重载区垫层规划为 40 cm（压实厚度）山坯石，非重载区及生活区垫层规划为 20 cm（压实厚度）山坯土。碾压密实后，车辆重载区采用 C20 混凝土进行硬化，非重载区及生活区采用 C15 混凝土进行硬化。场地硬化后 6 m×6 m 设置分仓缝。先按区域弹好墨线后用混凝土切缝机切假缝，缝深 2 cm。

2. 给排水系统

给水系统：由室外自建的蓄水池引入给水管至室内，沿主干道路边布置。室外给水管、消防管合用一根管线，管线上设室外地上消火栓。

排水系统：场地污水及生活污水由室外污水管汇集并经沉淀池及污水处理设备处理后，达到排放标准，集中排至附近水渠。污水处理设备设置于生活绿化带处。

场地内排水：在场区内设置 15 cm×15 cm 的矩形排水明沟，并在场区内设置纵横向坡度，通过纵横向横坡把表面的雨水汇集到排水明沟内，然后通过场内排水明沟把水引到场外排水沟内。场内排水系统在进行场区内混凝土硬化时同步施工。为保证场地内外流水通畅，场内外排水系统应与当地排水系统相结合。

场地外排水：沿拌和站四周设置场外排水系统，排水系统采用蝶形沟，尺寸为 50 cm×50 cm，蝶形沟采用 2 cm 厚 M7.5 砂浆抹面。场区四周排水沟在围墙砌筑前先用小型挖掘机施工，在围墙砌筑完成后人工整形，进行砂浆抹面处理。

3. 供电设施、防雷设施及接地工程

设置配电房一间，线路一般采用架空线。必须从地面穿过时采用埋管布置，严禁线路随意接放。配电箱设有漏电保护装置，并上锁。

电气工程包括以下内容:0.4 kV 变、配电系统(此设计由供电部门统一设计);电力系统;照明系统;电话等弱电系统;防雷保护、安全措施及接地系统。

配电系统:10 kV 高压自室外引来,埋地敷设引入。变压器设置于室外变配电房内,采用 YJV22 铠电缆埋地敷设引入各用房内间电源箱或配电间电源箱,依各单体而定。变配电房内具体设计由供电部门定。本工程的高压配电电压 10 kV、低压电电压 230/400 V,照明电压 230 V。高压供电电缆采用 YJV22-10 kV 电力电缆,室外低压电配电电缆采用 YJV22-1 kV 电力电缆,消防及重要设备供电的电缆采用 NH-YJV22-1 kV 电力电缆。照明配电采用 BV 电线,照明、动力支线采用 BV-0.45 kV/0.75 kV 型铜芯聚氯乙烯塑料电线,控制电缆采用 NH-KVV 耐火电缆。

低压配电系统:采用 TN-C-S 系统形式,变电所至用电单体采用放射式与树干式相结合的配电方式,对于单体容量较大的负荷采用放射式供电,对于三级消防负荷根据需要采用独立回路放射式供电。

防雷保护、安全措施及接地系统:本工程均按第三类防雷措施,建筑的防雷装置满足防止直雷击、侧雷击、防雷电感应及雷电带连接成不大于 20 m×20 m 或 24 m×16 m 的避雷网格。利用建筑物钢柱或结构物柱内钢筋两根不小于 ϕ16 主筋通长焊接作为引线,间距不大于 25 m,引下线上端与避雷网焊接,下端与建筑物基础底梁及基础底板上的上下两层钢筋内的两根主筋焊接。为防止雷电入侵,电缆进出线在进出端将电缆的金属外皮、钢管等电气设置电阻测试箱。

建筑物引下线距室外地坪 0.5 m 处设置电阻测试箱。

拌和机区域设备采用避雷针作为接闪器,每个粉罐上设有避雷针。采用热镀锌扁钢作为引下线,沿粉料罐及柱脚敷设,上与避雷针带,下与接地装置可靠连接。采用镀锌角钢作为接地装置,共设 8 根,并利用热镀锌扁钢将各接地极可靠连接。需做接地电阻测试,如未达到要求需增设接地极,以保证雷电流感应电流顺利进入大地。

4. 围墙

四周采用 M7.5 浆砌 50 砖墙围闭,料仓处后墙高 2 m,其余位置墙高 2 m。

5. 顶棚设施

用蓝色彩钢板制作成拱形棚,棚高度为 10 m,起拱高度 12 m。

五、箱梁预制场

(一)设置原则

1. 选址原则

永临结合、征地拆迁及复垦量少;运输距离较短、交通方便;预制场地质状况好、地基处理工程量小;地理位置相对较高,利于防洪排涝,确保雨季施工安全。

2. 场地布置要求

办公区、生活区、生产区要分开设置。拌和站、锅炉房靠近制梁台座,并远离办公生活区。变压器设置的高度、安全距离要符合相关规范规定。

3. 建设技术标准

梁场办公、生活、生产区全部硬化(绿化部分除外),砖砌围墙封闭,设置专门的材料进场道路、检查道路和大门,场地硬化、道路及围墙标准按照拌和站建设的相关标准执行。

梁场内设独立拌和站,其建设标准按照区间大型拌和站建设的相关标准执行。

梁场内设排水槽(沟)、集水池、沉淀池和污水过滤池,其建设标准按照拌和站建设的相关标准执行。

为满足架设进度要求,梁场内设置足够数量的制梁台座和存梁台座。制、存梁台座和门式起重机基础必须满足地基承载力要求,设计台座混凝土强度、尺寸和配筋率;门式起重机轨道平整顺直,轨道铺设质量标准执行《铁路轨道工程施工质量验收标准》。

钢筋加工区分原材料存放区、半成品区、成品区。所有钢筋必须下垫上盖,架空高度距离地面≥20 cm,架空支架按照存放钢筋数量、规格 1.5～2.0 m 设置一个,保证钢筋存放平顺不弯折;钢筋分类整齐放置,并挂好标示牌(0.5 m×0.4 m);钢筋加工区设轻型钢结构顶棚,顶棚采用蓝色彩钢板,弧形排水坡,坡沿高度距离场地地面 6 m。

构件预制区分钢绞线存放加工区、钢构件加工区、其他构件加工区等。钢绞线、钢构件与钢筋架空高度相同；各种原材料、构件均须挂牌标示，标示牌尺寸 0.5 m×0.4 m；构件预制区设轻型钢结构顶棚，顶棚采用蓝色彩钢板，弧形排水坡，坡沿高度距离场地地面 6 m。

4. 场内部署要求

(1)梁场内设工程概况牌、平面布置图、责任划分牌、工艺流程图、安全操作规程、安全标准及保证措施、质量标准及保证措施、组织机构图、环境保护与文明施工措施牌各一块。制梁区、存梁区、钢构件加工区用醒目标牌标识。

(2)起重作业设备性能满足生产需要，门式起重机设置与高压线保持安全距离，司机岗位职责、岗位安全操作规程牌随机挂设，“施工重地，注意安全”警示牌(0.9 m×0.6 m)置于门式起重机下。

(3)张拉台座两端设防护网和安全警示标志，有专用的张拉压浆操作平台。

(4)锅炉房有安全操作规程牌和“锅炉重地，注意安全”(0.9 m×0.6 m)警示牌。

(5)养护(包括蒸汽养护和洒水养护)设施一次设置到位。

(6)箱梁模板必须是专业钢结构生产厂家制造，板面的平整度、模板的整体性、刚度、强度及结构尺寸满足组合箱梁的设计。组合箱梁的模板必须经现场监理检查验收后方可使用。

(7)修建组合箱梁底、腹板钢筋和面层的绑扎胎型，确保箱梁钢筋位置和外形尺寸准确无误；设计合理的吊架，保证预绑扎好的钢筋骨架在吊装时不变形。

(二)迎江箱梁预制场建设方案

1. 地基处理

(1)地基处理要求

根据地质勘探成果进行地基处理，地基处理应符合《客货共线铁路桥涵工程施工技术指南》和《客货共线铁路路基工程施工技术指南》及设计承载力的要求。制梁台座和存梁台座基础施工前夯实台座下垫层，为防止混凝土施工时漏浆，做适当厚度水泥砂浆垫层。桩基严格按设计确定长度并确保桩基进入持力层且不小于 3 倍桩径；在挖孔过程中应采取可靠安全措施，保证挖孔安全和桩基质量。梁场内外做好截排水工作，严禁场内积水，采取可靠防排水措施防止各种水渗漏进入地基引起微膨胀，使地基在外荷载下不均匀变形。

(2)地基处理方案

①拌和站、钢筋存料及加工区。重载车辆通行和砂石料场等区域，夯实 0.8 m 厚地基，使其满足密实度不小于 95%的要求，填筑级配碎石 30 cm，级配碎石密实度不小于 95%，承载力不小于 250 kPa，级配碎石上浇筑 20 cm 厚的 C20 混凝土基础；非重载车辆通行区域或者其他非重要区域标准相应降低，根据工程实际情况进行调整。

②制梁区(除制梁台座、钢筋绑扎台座、门式起重机轨道基础)。夯实 0.8 m 厚地基，使其满足密实度不小于 95%的要求，填筑级配碎石 30 cm，级配碎石密实度不小于 95%，承载力不小于 250 kPa，级配碎石上浇筑 30 cm 厚的 C20 混凝土基础。

③存梁区。存梁台座周边 2 m 范围内清除表层耕土和浮土后达到黏土持力层，承载力特征值 220 kPa，夯实 0.8 m 厚地基，使其满足密实度不小于 95%的要求，填筑三七灰土 20 cm。三七灰土上浇筑 10 cm 厚的 C20 混凝土基础。

④拌和站、制梁台座、存梁台座、450 t 门式起重机基础。制梁台座基础采用沉管灌注桩基础，采用 C25 混凝土，保证单桩承载力极限值不小于 120 t。桩基长度以持力在弱风化的砾岩层上为准。褥垫层采用碎石，厚度不小于 10 cm，在铺设碎石垫层之前需要将原地基进行碾压，碾压影响深度不小于 1.0 m，使其承载力能达到 100 kPa 以上。桩顶必须进入制梁台座地基板 15 cm。

2. 生产区规划

(1)制梁区

制梁区根据提梁机轨道分 3 个小区。在每个小区内，一行布置形式为制梁台座-内模存放台-钢筋绑扎台，一行为制梁台座-内模存放台-钢筋加工棚；钢筋绑扎台和制梁台座数量比为 1∶2，内模存放台与制梁台座数量比为 1∶1。内模存放台位于制梁台座一侧，使拆除内模、吊移进制梁台座时方便有序。

(2)钢筋存料及加工区

钢筋存料及加工区设在钢筋绑扎胎具外侧，沿制梁生产线布置，主要用于钢筋、钢绞线等材料的存放、下料和加工。钢筋加工区采取拱形棚架结构，彩钢瓦盖顶。钢筋存料及加工区占地 3 270 m^2。

(3)钢筋绑扎区

钢筋绑扎采取在钢筋绑扎胎具上进行，可缩短绑扎时间及绑扎时的准确定位。采用特制的多点式吊具，将钢筋骨架吊入底模，可形成平行、流水作业，加快台座的周转时间，加快施工进度，降低成本。钢筋绑扎区占地面积 1 645 m^2。

3. 生产辅助区规划

(1)混凝土拌和站

混凝土搅拌站配置：主机为 HZS120 型强制式搅拌机的二机组搅拌楼，设置 2 座拌和楼，主要设备见表 4-1-2。

表 4-1-2　混凝土搅拌站配置设备一览表

序　号	设备名称	规　　格	单　　位	数　　量
1	搅拌机组	HZS120	台	2
2	混凝土搅拌运输车	6 m^3	台	5
3	布料机	19 m	台	6
4	地泵	HBT80/60	台	4
5	铲车	ZL50	台	2
6	地磅	150 t	台	1
7	变压器	630 kVA	台	2
8	锅炉	4 t	台	1

(2)混凝土生产能力测算

①日生产能力测算：

日生产能力=2×120×40%×12=1 100 m^3；其中，40%为设备效率，高性能混凝土 2.5～3 min 搅拌一盘。

②年生产能力测算：

搅拌站年生产能力与搅拌主机速率、设备利用率、年工作天数(按 8 个月计算)、工作时间等有关，即：

年生产能力=日生产能力×240×70%=1 100×240×70%=18.5 万 m^3，其中 70%为设备的最低使用效率。

梁场制梁按 1.5 榀/d 计算，日混凝土使用量为 572 m^3，通过以上计算，混凝土搅拌站生产能力能满足要求。

(3)场地规划

根据箱梁浇筑不超过 6 h 的规范要求，迎江制梁场设置一座最大生产能力 240 m^3/h(2 台 HZS120)的拌和站，规划占地面积 60 m×155 m=9 300 m^2。

砂石料场采取拱形棚架结构，彩钢瓦盖顶，砖墙隔离堆放，全部予以围护，避免阳光直射和雨雪污染；另设袋装水泥库，以满足梁体压浆需要。

为避免其在施工高峰期间供料不及时，制梁场考虑 12 孔梁的砂储备，计划建成约 960 m^2 的砂存料场；另外派试验和物资人员进行经常性检查。

为避免其在施工高峰期间供料不及时，制梁场考虑 8 孔梁的碎石储备，计划建成约 1 280 m^2 的碎石存料场。

4. 蒸汽养生系统建设

按照制梁场的生产能力，经过热工计算，制梁场设置 1 台 4 t/h 的卧式锅炉，由供热、通风、养护罩及温控四大部分组成。

①蒸汽养护管道。蒸汽管道宽 25 cm，深 30 cm。过场内便道时，设置暗沟，过轨道基础时，设置预留孔。蒸养管道按照蒸养要求在制梁台座旁进行布置。

②电力布置。按照相对独立、减少相互影响的原则设置 6 条主电缆。同时考虑制梁场运输、起重设备来往频繁，场内及生活区内电缆采用电缆沟，过场内道路时，设置暗沟，过轨道基础时，设置预留孔。存梁区电缆采用埋地设置。

③上水管道。计划打井设泵房采水。上水管道自水泵房引出，主管道采用 60 mm 直径，支管道采用 32 mm 直径。上水管道在存梁区一般采用纵列式，沿提梁机轨道布置，同时考虑避免重复挖沟作业，尽量在水沟内布置，可在挖排水沟时，同时铺设上水管道。

④排水沟布置。在存梁区，设置纵向、横向的排水沟连通，最后汇集于梁区边缘，排出制梁场。其余区域根据水量设置排水沟，保证排水畅通，场内不积水。混凝土拌和站含污水沉淀池。

5. 场内交通及进场、运梁便道

为方便原材料及混凝土的运输，修建分别为宽 17 m×长 127 m、宽 8.6 m×长 301 m、宽 5.6 m×长 132 m 及宽 3 m×长 766 m 的场内便道。另需修建运梁便道 240 m，坡度为 3.0%，宽度 10 m。

便道采用 C25 混凝土，厚度 20 cm，并填筑 50 cm 片石和 30 cm 级配碎石。

6. 环保卫生设施

在各生产、生活区设垃圾池和污水处理池。施工中产生的废水、污水及生活污水经过净化处理达标后排放。

7. 消防设施

按照消防要求，在生活办公区、油库、材料库及其他主要作业区域内配备足够数量的灭火器、防火砂等消防器材。

8. 场地绿化

按园林化工厂进行场地绿化，生活和办公区种植灌木类树木，存梁区种植草皮。

9. 生活、办公区

生活及办公房屋为彩钢板房，共约 3 270 m^2，同时在办公区和生活区周围布置绿化带以美化环境。

制梁场所属区域内既有的通信设施比较方便，可就近入网。施工中采用宽带网络系统、程控电话和移动电话相结合的方法实现内外联络。

10. 施工用水用电

制梁场供电采取以地方电源为主、自发电为辅，并架设 1.5 km 电力干线接入制梁场。根据日用电量在制梁场内设一座 1 260 kVA 变电站并配置 2 台 250 kW 的发电机组备用，配备 1 个 10 m^3 油罐。

水质符合施工用水和生活用水标准后，施工用水采用在制梁场内打井供水，共设直径 1.5 m 生活用井 6 个，直径 2.5 m 辐射生产用井 1 个。

另外根据制梁场布置特点及施工需要，在拌和楼附近修建 60 m^3 蓄水池 1 座，配备 2 个 10 m^3 蓄水罐专供生活用水，通过上水管道引入生活及办公区使用。

11. 工装设备配置

为了确保工期和质量，配备先进的施工机械设备、模具及测量试验仪器，详见表 4-1-3、表 4-1-4。

表 4-1-3　迎江制梁场主要施工机械、模具配置

设备名称	规　格	数　量	设备名称	规　格	数　量
制梁台座/内模台座		6/6	附着式浮式起重机	ZF220	200
存梁台座		36	振动棒	ZX30/50	100/100
模板(侧/内/端/底模)		6/3/6/6	蒸汽锅炉	4 t	1
钢筋整体绑扎胎具		3	蒸养罩		3
钢筋调直机	GT4-14	2	张拉千斤顶	YC250	5
切断机	GQ40	4	张拉千斤顶	YC400	5
弯曲机	GW40	8	高压油泵	ZB4/500	10
焊接机	BX1-500	15	压浆泵	SQ45-3	2
对焊机	UN-150	2	灰浆搅拌机	JW180G	2
钢筋笼吊具		3	真空泵	MBV80	1
门式起重机	10 t	1	洗砂机	XS2900	1
门式起重机	50 t	2	洗石机	HA-XS80	1
拌和楼	HZS120	2	提梁机	450 t	2
混凝土罐车	8 m^3	5	运梁车	KSC900	1
装载机 ZL50	3.0 m^3	2	架桥机	TLJ900	1
输送泵	HBT80	4	柴油发电机组	250 kW	2
混凝土布料机	R18	6	变压器	630 kVA	2
振动整平机	GTZ71-13.4	2			

表 4-1-4 迎江制梁场主要试验仪器配备

序号	设备名称	型号或规格	精度	数量	序号	设备名称	型号或规格	精度	数量
1	数字式压力试验机	0～2 000 kN	±1%	1台	31	混凝土回弹仪	10～100 N	2 N	1台
2	承载比测力环	20～30 kN	0.1 N	1台	32	冷弯冲头			1套
3	养护室自动控制仪			1套	33	水泥抗压夹具			1套
4	水泥净浆搅拌机	120 s		1台	34	混凝土试模			30组
5	行星式胶砂搅拌机	240 s		1台	35	混凝土试模			8组
6	水泥胶砂成型振实台	14.7～15.3 mm	0.1 mm	1台	36	混凝土试模			15组
7	混凝土振实台	振幅0.3～0.6 mm	0.1 mm	1台	37	砂浆试模			10组
8	水泥标准养护箱	10～20 ℃	±1 ℃	1台	38	水泥胶砂试模			14组
9	新标准维卡仪	1～70 mm	1 mm	1台	39	玻璃器皿			10套
10	液塑限联合测定仪	0～22 mm	0.1 mm	1台	40	可调试万能电炉			2台
11	电热鼓风干燥箱	0～300 ℃	1 ℃	1台	41	雷氏夹			10个
12	雷氏沸煮箱	210 min		1台	42	重型动力触探	N63.5		1台
13	负压筛析仪			1套	43	泥浆含砂量计	0～100		2套
14	新标准方孔砂筛	75 μm～905 mm		1套	44	电动流动度跳桌			1台
15	新标准方孔石筛	2.36～90 mm		1套	45	恒温水槽			1台
16	多功能电动击实仪	锤重2.5～4.5 kg		1台	46	电动振筛机	1 100 r/min		1台
17	砂浆稠度仪	1～145 mm	1 mm	1台	47	虹吸筒			2个
18	万能材料试验机	0～600 kN	±1%	1台	48	混凝土抗折试模			3组
19	水泥电动抗折试验机	0～5 kN	±1%	1台	49	混凝土抗渗试模			2组
20	托盘式扭力天平	0～100 g	10 mg	1台	50	可调式电炉			2个
21	电子天平	1～1 200 g	0.1 g	1台	51	混凝土抗渗仪	0.1～4.0 MPa	±1%	1台
22	架盘天平	0～1 000 g	1 g	1台	52	坍落度筒			5只
23	架盘天平	0～2 000 g	2 g	1台	53	容重筒			1套
24	案秤	0～10 kg	5 g	1台	54	针片状规准仪			1台
25	台秤	0～100 kg	50 g	1台	55	强制试混凝土搅拌机	0～50 L		1台
26	数显温度计	－40～＋160 ℃	0.1 ℃	1个	56	雷氏夹测定仪			1台
27	土壤筛	0.074～60 mm		1套	57	轻型动力触探仪	N10		2台
28	石子压碎指标仪			1套	58	泥浆稠度计	200 mL、1 500 mL		2套
29	混凝土含气量测定仪	0～0.16 MPa	0.005	1台	59	泥浆比重计	0.96～3 g/cm³	0.01 g/cm³	2套
30	锚杆拉力计	0～2 000 kN	±2%	1台					

(三)雨山箱梁预制场建设方案

雨山梁场位于马鞍山市佳山乡前庄村旁，里程为DK48＋360，负责宁安铁路DK40＋000～DK60＋238范围内的七座桥梁共计440孔箱梁预制，均为无砟轨道后张法预应力混凝土简支整孔双线箱梁(单箱单室)，其中32 m整孔箱梁411孔，24 m整孔箱梁29孔。

1. 梁场平面布置

梁场布置包括生活办公区和生产区。生活办公区主要包括生活和办公用房、活动场地等；办公区分现场、经理部办公区设置，其中现场办公区设有监理室、架子队室、技术室、现场会议室等。

生产区主要包括制梁区、存梁区、提梁区、混凝土搅拌区、钢筋加工车间、工地试验室等。雨山梁场厂区布置如图4-1-10所示。

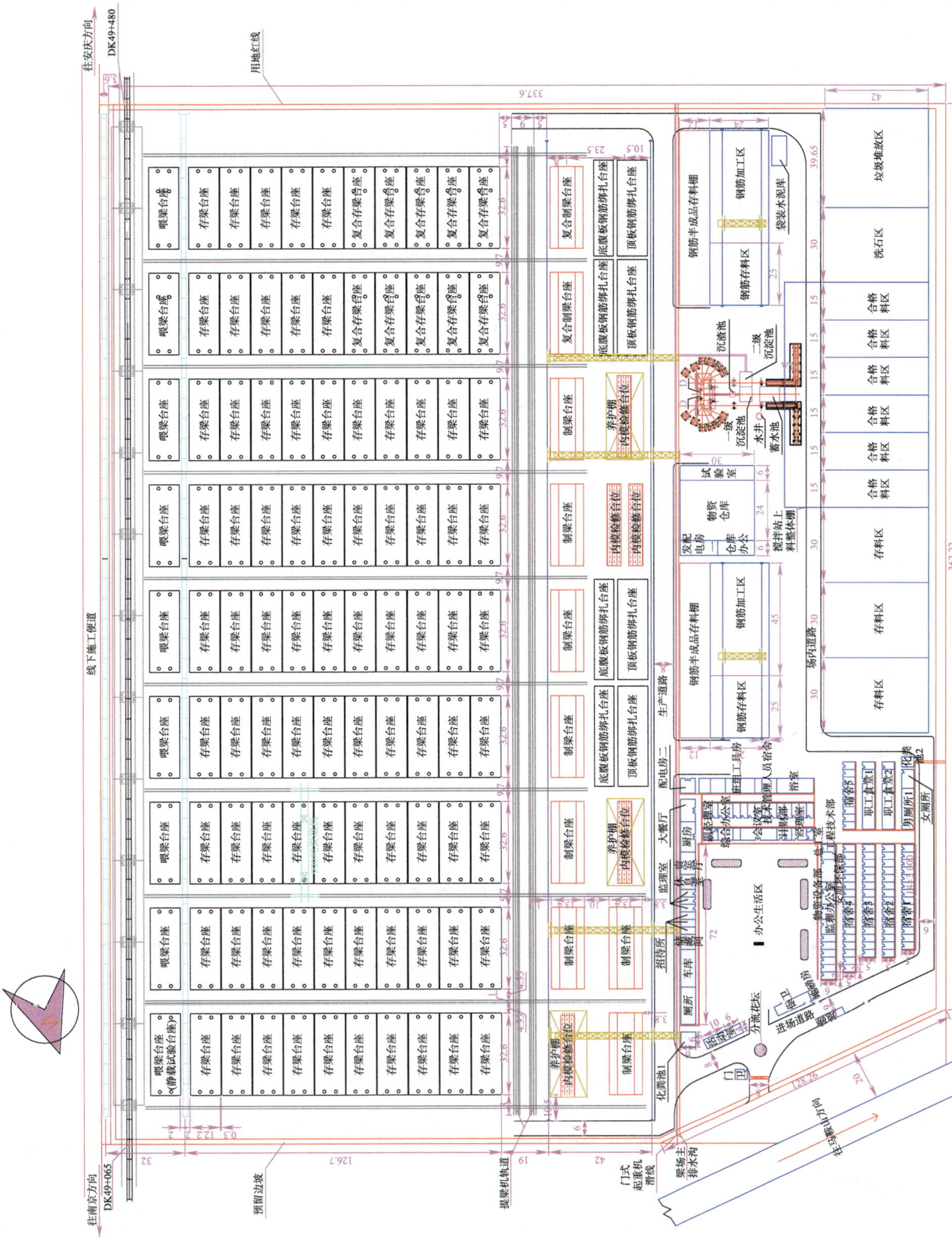

图 4-1-10 雨山制梁场平面布置图

2. 建设方案

(1)人员配备及房屋建设

梁场配备技术管理人员 30 人,现场生产人员 440 人,共计 470 人。生产人员分配如下:钢筋班 180 人;模型班 55 人;混凝土班 82 人;张拉班 32 人;起重班 17 人;压浆封锚班 20 人;机修班 8 人;机加班 8 人;司机 12 人。房屋建设时,技术管理人员及施工人员按 4 人/间、外协队伍人员按 8 人/间配备。生活区的房子全部采用活动板房,引入自来水。

(2)制梁区

制梁区主要包括制梁台座、内模拼装检修区、底腹板钢筋绑扎区、顶板钢筋绑扎区和钢绞线制作区等区域。制梁台座的设计荷载包括梁体自重和模板施工设备等重量,对 32 m 双线箱梁共计荷载不小于 1 200 t,对 24 m 双线箱梁共计荷载不小于 800 t。第一次循环两端地基沉降的残余变形控制在 4～5 mm 以内。

设置 10 座制梁台座(32 m 制梁台座 8 座、32 m/24 m 共用制梁台座 2 座),台座中心距 42 m,台座端部间距 8.7 m。制梁台座采用钢筋混凝土基础,由三道连续墙、地基板和基桩组成。制梁台座总宽 5.0 m、高 0.8 m,基础地基板与周边混凝土隔离,防止不均匀沉降(不得大于 2 mm)。基桩为桩径 500 mm 预应力管桩,桩基础施工用静力压桩。制梁台座布置如图 4-1-11 所示。

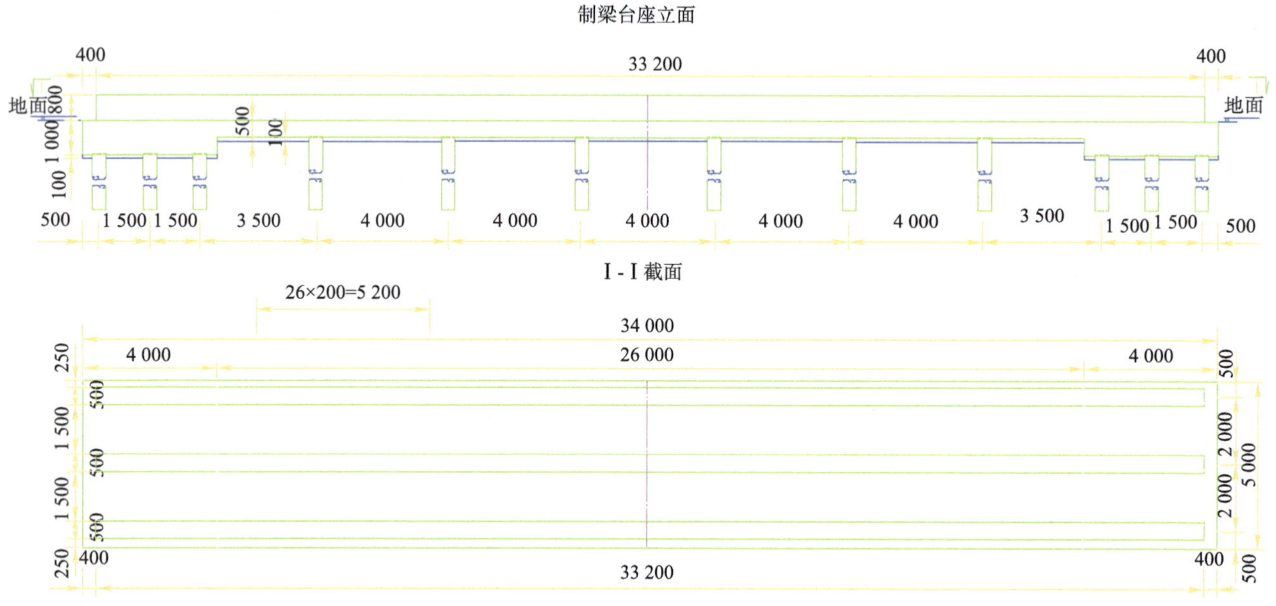

图 4-1-11 制梁台座布置图(单位:mm)

配备固定式外模 10 套,固定在制梁台座上;内膜、端模与台座均按 1∶2 配置,投入 32 m 内膜和端模 4 套,32 m/24 m 共用内模和端模型 1 套;底模与台座按 1∶1 配置,共配备底模 10 套。设置 32 m 底腹板钢筋绑扎胎具 3 个,32 m 顶板钢筋绑扎模具各 3 套,32 m/24 m 底腹板钢筋绑扎胎具 1 个。设置内模清理拼装区域 5 处,用于内模的整体拖拉及拼装调试。

模板应有足够的强度、刚度、稳定性,确保箱梁在施工过程中各部位尺寸及预埋件的准确,并具有多次反复使用不产生变形的能力,同时便于拆装。模板的支承部位必须安置于可靠的基底上,模板和支架的弹性压缩及下沉量必须满足设计要求,底模、外模、端模均采用整体钢板和钢结构支撑体系。底模和侧模要根据梁型和设计要求预留压缩量。

配备 4 台 42 m 跨度 50 t 门式起重机进行钢筋骨架、模板和其他机具的吊装作业。门式起重机采用轮轨走行方式,门架一侧固定、一侧铰接。门式起重机轨道基础的设计满足门式起重机的受力和施工要求,轨道梁基础上直接铺设门式起重机专用钢轨。门式起重机轨道基础按弹性地基梁加门式起重机移动荷载进行计算其内力和地基反力。

(3)存梁区

存梁区主要包括存梁台座、静载试验台座和移梁滑道。

设置 10 个存梁区，共 90 个存梁台座。其中 32 m 梁存梁台座 80 座，32 m/24 m 梁共用存梁台座 10 座，双层存梁，最大存梁能力为 180 孔。

存梁台座由支撑垫石、承台梁和基桩组成，顶部由板式橡胶支座支撑箱梁。存梁台座 4 个支点按相对地面标高高 600 mm 设计。存梁状态下纵向相邻梁中心间距 42 m，横向相邻 2 孔梁间距 300 mm。

存梁区地表硬化封闭做好截排水沟，严禁各种水渗漏进入地基。先施工与制梁台座相对应的存梁台座。存梁区桥梁之间道路做混凝土硬化层，方便桥梁张拉、外形检测。

静载台座考虑与已有梁场的静载试验架的通用性，采用抗拔桩设计。

(4)提梁区

采用 900 t 轮轨式提梁机和移梁滑道提梁，负责制梁区的移梁和装梁区的装梁作业，满足一天移两片梁、装两片梁的作业能力要求。

(5)混凝土搅拌区

受场地限制及混凝土的输送工艺考虑，拌和站布置在梁场东侧。

每种规格的骨料均设置 2 个料仓，1 个进场待检料仓和 1 个已检合格料仓，均按客专要求搭建钢构雨棚。

混凝土由 2 座 HZS120(120 m^3/h)型混凝土搅拌站供应，按每天两孔梁的设计考虑，拌和站中间设置一个 140 m^3的蓄水池。砂石料堆场的面积共计 5 450 m^3，尽可能满足存储料的要求。

每个拌和站呈一字形布置，配有双卧轴强制式搅拌机，搅拌站配备微机程控系统及精确电子计量系统，其生产效率和混凝土搅拌质量满足制梁要求。配备 4 辆 8 m^3混凝土输送罐车，2 台混凝土输送泵和 2 台混凝土布料机，两点同时输送混凝土。单台搅拌机配置 6 个灰罐，共分 2 个 150 t 水泥罐，2 个 100 t 粉煤灰罐，2 个 100 t 矿粉罐。

根据配合比要求，砂石料的规格有中砂、5～10 mm 碎石、10～20 mm 碎石 3 种规格。砂石料场地按每 5 d 的存量进行设计，共设置 10 个储料仓，砂石料存放区严格按照“待检区”和“合格区”进行分区存放，每个区按照不同品种和规格用隔离墙分离。料仓顶部搭设遮雨棚对砂石料进行遮盖保温。

搅拌站场地均采用 200 mm 厚 C20 混凝土进行硬化，设 3‰的排水坡度，采用自然排水，做到排水畅通，无积水和坑凹现象。

(6)钢筋加工车间

每孔 32 m 桥梁钢筋用量近 70 t(包括钢绞线)，车间内存放 20 孔桥梁钢筋时，重量已达千吨之余，加之半成品钢筋弯制的存储和各种钢筋切断机、弯制机、对焊机等机械的操作空间，传统意义上的车间已显得局促紧张。根据梁场经验和工程情况，采用 70 m×65 m 钢筋车间 2 座，并设 10 t 16 m 跨门式起重机配合钢筋吊运；防止钢筋锈蚀，钢筋加工车间安装雨棚并制作混凝土条基存放钢筋。

(7)混凝土浇筑及张拉设备配置

配备 8～9 m^3混凝土运输车 6 台，布料机 2 台，80 m^3/h 混凝土泵 2 台；箱梁预应力筋采用 1 860 MPa 钢绞线、锚具最大孔数 12 孔，单束张拉力约为 $12\times0.75\times1\ 860\times140/1\ 000=2\ 344$ kN，伸长量为 200 mm；按 1.5～2.0 倍张拉力选用，结合生产能力，选用 16 台 YCW3000 型千斤顶，其最大行程不小于 200 mm。

(8)工地试验室

按宁安铁路有限责任公司关于试验室验收的要求建设现场试验室，除抗冻、抗渗及部分化检需委外检验外，具备粗细骨料、水泥、混凝土、掺合料的常规检验，钢筋及钢绞线、锚具的力学、工艺性能试验条件，满足制梁技术条件对检验试验要求。

试验室靠着拌和站布置，工作间建筑面积约 400 m^2，设力学室、成型室、水泥室、建材室、化学室、活塞压力室、锚具检测室、标养室、办公室、资料室等，标准养护室可满足日产 2 孔箱梁的试件存放要求。

(9)原土存放区

结合土地复垦，在平整场地时将全场表层 20 cm 厚原土存放于存梁区及梁场边角处。

(10)厂区水电配置

选用一台 800 kVA 和一台 400 kVA 的变压器并配置无功补偿器，采取并联运行方式，配置一台柴油容量为 500 kVA 的发电机。电缆从变压器出来后通过埋地管道引到各用电设备处。

施工用水主要考虑地表水直接入蓄水池。夏季考虑遮蔽、冰块降温等措施。

(11)供暖设施布置

梁场采用电热蒸汽发生器给生产台位供汽,供汽管道采用 ϕ50 mm 无缝钢管敷设到制梁台座,所有蒸汽均通过埋地管道提供。

(12)场内道路布置

梁场按每天需要消耗 1.5 片梁的钢筋、砂石料、水泥等,道路交通量较大,进场便道设置宽度 8 m,场内道路分为宽度 8 m 和 6 m 两种,路面基层采用 50 cm 厚的改良土层及 30 cm 厚的砂砾石垫层,面层为 25 cm 厚的混凝土路面。

(13)排水布置

沿梁场周边设置排水主沟,在生活区、生产区分别设置排水次沟,其中生产区门式起重机内侧次沟兼作管道敷设通道。生活区、办公区厕所均设置化粪池,梁场主排水沟出场处设置三级沉淀池一座。

3. 主要大型机械设备配置

梁场主要大型机械设备配置详见表 4-1-5。

表 4-1-5 梁场主要大型机械设备

序 号	设备名称	规 格	数量(台)
1	轮轨式提梁机	900 t	1
2	跨线提梁机	450 t	2
3	门式起重机	50 t/42 m	2
4	门式起重机	10 t/18 m	2
5	拌和站		2
6	提浆整平机		1
7	混凝土输送泵		3
8	布料杆		3

六、铺轨基地

本部分以铜陵铺轨基地为例进行总结。

按照永临结合、节约投资、充分利用现有场地的原则,在铜陵站动车维修基地设置铺轨基地一处,负责铜陵东至池州段铺轨工作。铺轨基地长 650 m(K162+750~K163+400),宽 50 m,占地约 50 亩,设长轨条存放区及生活房屋等,投入 1 套铺轨设备。

该铺轨基地位于既有铜陵站南侧,通过与芜铜线、铜九线,进入铜陵东站后再进入各施工工点。铺轨基地共设 3 股道,分别作为长钢轨装卸线、调车线、机车停放及整备线等使用。

本线 500 m 长轨条由上海铁路局芜湖北裕溪口焊轨基地供应。长轨条运输进入铺轨基地运输线路:上海铁路局裕溪口焊轨基地→铜陵东站铺轨基地的存轨场。其他由铁路运输的轨料也主要通过上述通道进入铺轨基地,部分小型轨料采用汽车运输。

铺轨基地内设置一处 T 梁存梁处,并考虑存放一定数量特级道砟。

七、栈桥、码头

安庆长江铁路大桥施工中,分别在池州侧和安庆侧设置施工栈桥和码头。

1. 池州侧

池州侧码头主要用于大桥施工原材料水上运输。码头桥址设置在桥位 DK244+910 下游侧约 272 m 处,从岸边到码头采用栈桥连接,栈桥码头长度为 59.3 m。栈桥和平台上部主梁为贝雷梁,下部为钢管桩基础,如图 4-1-12、图 4-1-13 所示。码头下游设 20 t 桅杆起重机作为码头起重机。起重机基础采用打入钢管桩。

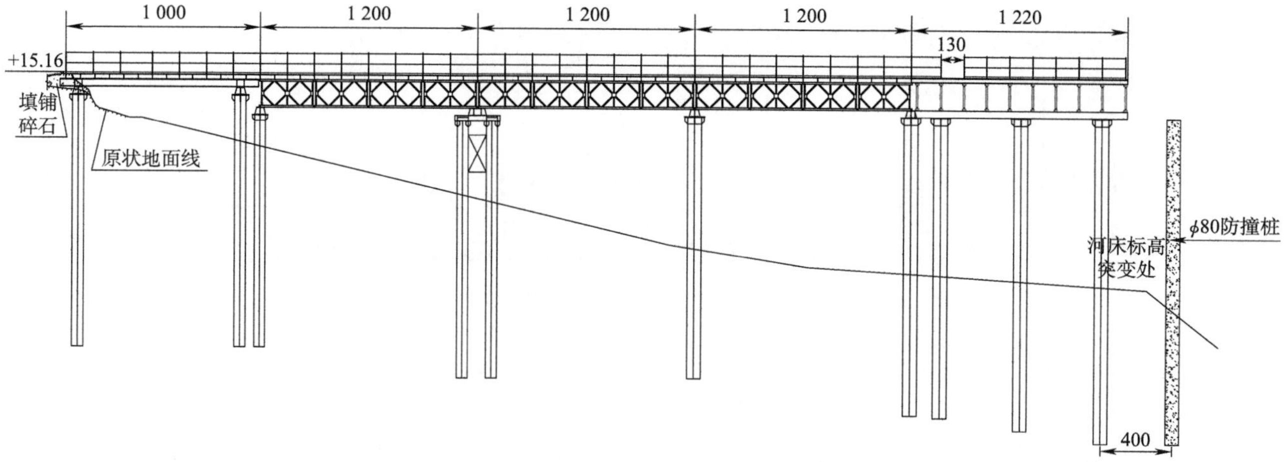

图 4-1-12　池州侧施工栈桥立面布置图(单位:cm)

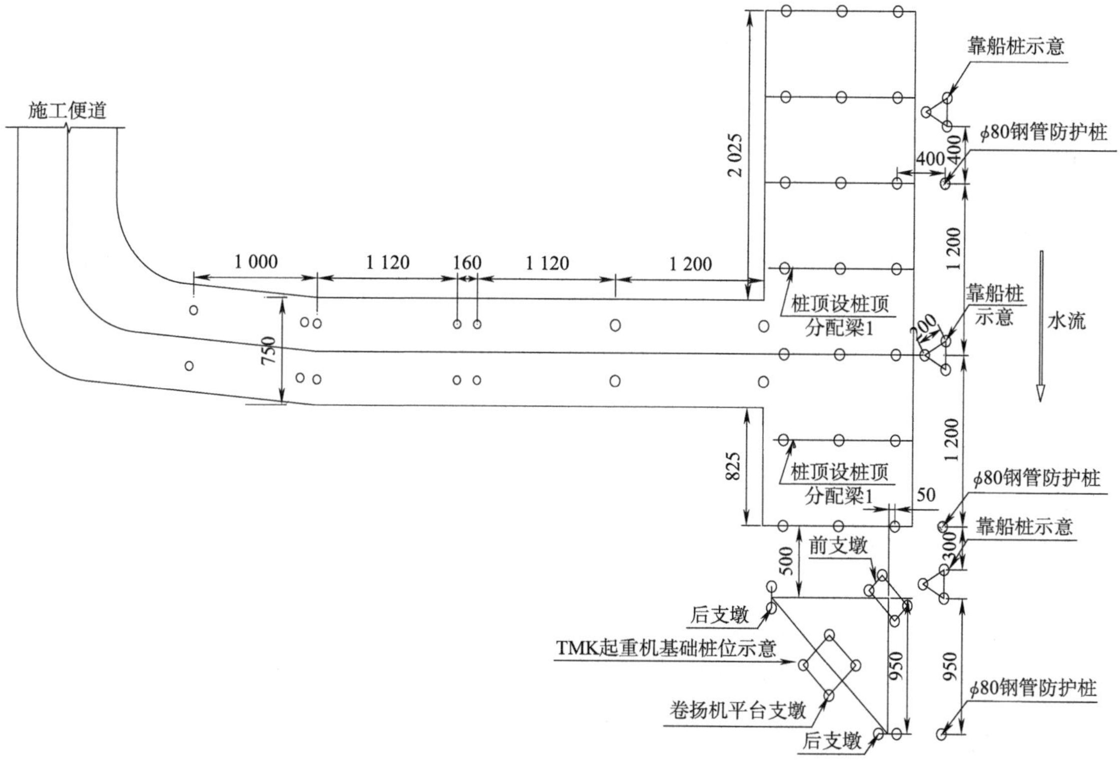

图 4-1-13　池州侧施工栈桥平面布置图(单位:cm)

2. 安庆侧

(1)桥位主桥边墩 6 号墩至 W03 号墩修建 434 m 长双侧栈桥，上、下游栈桥宽度分别为 8.5 m、5.5 m，栈桥中心线距桥梁中心线分别为 23.65 m、21.65 m，如图 4-1-14 所示。栈桥基础采用 ϕ820 mm×8 mm 和 ϕ630 mm×8 mm 钢管桩，栈桥主梁采用桁高为 1.5 m、跨度为 12 m 的贝雷桁组拼而成多跨连续梁。栈桥每跨 12 m，四跨为一联，每联之间设置 6 cm 伸缩缝。双栈桥上设 70 t 门式起重机机走道，上游侧栈桥上设置平板车轨道。上游侧栈桥桥头设起重码头，下游侧栈桥桥头设砂石码头。栈桥及码头的主要作用是主桥 4～7 号墩各墩施工材料和机具设备、钢梁、钢筋笼、钢护筒、斜拉索等的水上运输通道。70 t 门式起重机机主要用于 6 号墩～W03 号墩基础施工和 5～7 号墩边跨钢桁梁架设。

(2)在桥位下游侧距桥轴线约 228 m 修建一栈桥，栈桥前端设码头，栈桥和码头的主要作用是主桥 3 号墩施工材料和机具设备、钢梁、钢筋笼、钢护筒、斜拉索等的水上运输通道。栈桥长 312 m，宽 7.8 m，在栈桥桥头设码头。栈桥下部基础采用壁厚 8 mm、ϕ63 cm 和 ϕ80 cm 两种钢管桩，桩顶上设单根 HW414×405 横

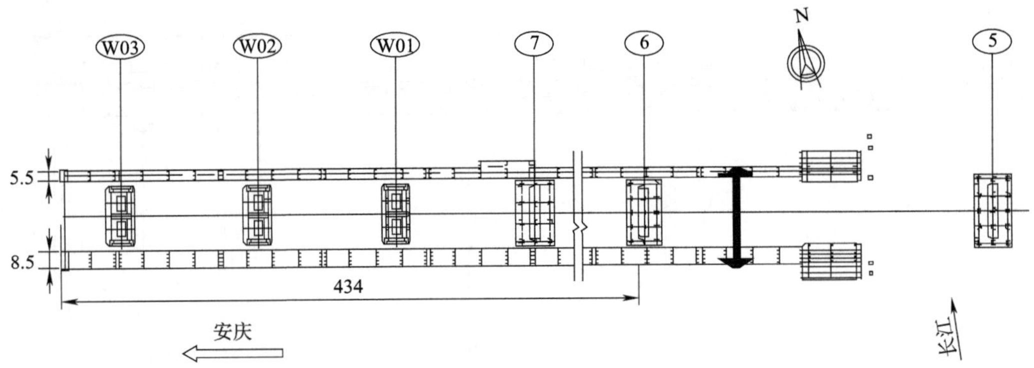

图 4-1-14 安庆侧施工栈桥平面布置图(单位:m)

梁,栈桥主梁采用贝雷梁,桁间距 0.9 m 和 0.45 m,贝雷梁顶铺设 I16 型钢,间距为 25 cm。码头尺寸为 18.2 m×24 m,下部基础采用 ϕ80 cm,壁厚 8 mm 钢管桩,桩顶上设双根 HW414×405 横梁,主梁采用贝雷梁,贝雷梁上铺 I16 分布工字钢,桥面板为 6 m 压花面板。栈桥基本跨度为 12 m,每 4 跨为一联,每联之间设置8 cm 伸缩缝,栈桥与码头之间设置 22 cm 伸缩缝。

第二章　路 基 工 程

第一节　工 艺 试 验

对于路基工程主要施工方法，在开始正式施工前进行工艺试验，以优化施工工艺流程和施工机具配置，确定施工工艺参数，为以后大面积施工开展提供指导。进行的主要工艺试验包括路基填筑工艺试验和地基处理方法工艺试验等。

一、路基填筑工艺试验

（一）试验段的选取

对设计图纸中工程地质、水文地质和环境条件进行现场核实，调查施工场地条件和施工存在的困难，收集施工范围内地下管线走向、大型机械进出通道、对既有线运营影响等情况。根据地质条件及工程施工环境，选取具有代表性的地段，能够指导工程大面积施工的地段作为试验段，并报监理工程师同意。

路基填筑试验段路堤填筑工艺试验段应选择有代表性的地段进行，试验段长度不宜小于 100 m，过渡段填筑试验段宜选择能与相邻路堤同时施工的区段。应选在填方工程数量集中、施工具有连续性或需要尽早开工填筑完成的地段。当沿线填筑的土质变化较大时，试验段应选在土质较好而且对今后施工有广泛指导作用的地段。根据上述原则，选取路基填筑试验段，对基床以下路堤填筑进行工艺试验。该段路基基床以下路堤采用 A、B 组填料和 C 组碎石、砾石类填料填筑；基床底层采用 A、B 组填料填筑，厚度为 2.3 m；基床表层采用级配碎石填筑。

（二）试验目的及意义

通过现场填筑试验，研究路基填筑施工机具配置、施工工艺流程及过程质量控制方法；研究路基压实质量检测指标动态变形模量 E_{vd}、变形模量 E_{v2}、地基系数 K_{30}、压实度 K 在不同施工工艺情况下的适用性及相关对比关系，确定合理摊铺厚度和施工含水率控制范围，确定最佳碾压工艺参数（碾压速度、遍数及激振方式组合），以便用于大面积指导路基填筑施工。

（三）施工工艺

1. 施工工艺

路基填筑应严格按照“三阶段、四区段、八流程”的工艺流程，全断面纵向水平分层填筑、分区施工的方法进行组织。

(1)测量放样

中线定位：根据设计图纸，用全站仪进行线路中线定位放样。

边线放样：根据施工图横断面中线至坡脚宽度，用全站仪根据技术交底放出中桩和左右边桩，并测出各桩高程，后计算出路基填方施工边线；为确保路基有效宽度范围内的压实度，路堤施工边线按计算边线加宽 50 cm 填筑。

用标杆（桩）挂线控制填筑厚度，用钢尺将试验填方范围划分成整车卸料（如 6 m×10 m）的方格网，并用石灰线进行标示。

(2)填料运输与卸料

采用自卸汽车装运填料，网格法上料。根据车容量提前计算出推土间距，并派专人负责指挥卸土，以保证土层厚薄均匀。为保证路堤全断面及边坡压实质量一致，边坡两侧各超宽填 50 cm。

用全站仪放出线路中线及边线，边线比设计线宽出 50 cm，场地上用白灰划出方格网，自卸汽车在方格网内顺序卸料。

(3)摊铺平整

用标杆(桩)挂线控制两边及中线松铺厚度及横坡,受设计边坡每隔 50 cm 厚铺设一层土工格栅的限制,摊铺平整先用推土机进行初平,再用平地机进行终平,基床以下路堤的底部及顶部成型 4%的路拱。在摊铺过程中对局部“集料窝”人工配合进行现场拌和。

如果填料的含水率偏高,填料运至现场,初平后晾晒,在经推土机松土器进行填料搅拌,均匀后再初平。使填料的含水率控制在施工允许的含水率范围内在进行下一道工序。

(4)碾压夯实

采用重型振动压路机碾压,距离沉降观测管周围 1 m 范围全部采用蛙式打夯机分两层夯击压实,每层松铺 15 cm,根据经验夯实 7 遍,通过检测,符合设计要求。对局部“集料窝”人工配合撒细料。

(5)检测

压实后进行 K_{30}、E_{vd}、E_{v2}、压实度 K 的检测,合格后进入下道工序。

2. 质量控制与检验

(1)填料均匀性控制

从源头控制填料离析,装载机装车时前后交叉上料,摊铺时根据运输车辆大小和摊铺厚度计算每个方格网面积,车辆在网格内卸料,确保摊铺厚度均匀。

(2)规范碾压程序

在每一层的填筑过程中,由试验技术人员确认填料质量、含水率、松铺厚度、填料表面平整度符合设计及施工控制参数后,再进行碾压。碾压设备采用重型振动压路机。先用振动压路机先静压一遍,对个别离析部位人工配合撒细料。碾压从两侧向中间纵向碾压,按照先慢后快的顺序进行,压路机行驶速度:强振 3 km/h,弱振 3.5 km/h,静压 3 km/h;碾压轮迹重叠不少于 40 cm;按工艺试验确定的参数进行碾压至压实标准。最后静压一遍进行光面处理。距离沉降板周围 1 m 范围全部采用蛙式打夯机夯实,做到无漏压,无死角,保证压实均匀。

(3)控制边坡压实及压实含水率

划分网格同时现场标清 50 cm 加宽界线,保证加宽填筑尺寸及边坡压实度。填料运至现场后,采用燃烧法及时测定填料含水率,当含水率小于允许填筑的含水率时,根据虚铺面积与厚度,计算确定洒水量;洒水车洒水,推土机松土器进行填料搅拌 2~3 遍,确保填料含水均匀,控制含水率在适宜的范围。当填料的含水率大于允许的含水率时,进行晾晒,直到符合要求方可填筑。

雨季施工时,应根据天气预报合理安排工作面进行轮流作业,不宜全面铺开。必须在下雨前将松铺的填料压实完毕,并采用防雨布进行覆盖。雨后的路基面进行晾晒、刮除表面浮土和复压处理,经抽检合格后方可继续施工。

(4)检测

沿线路纵向每 100 m 每压实层检测压实度 6 点,其中左、右距路肩边线 1 m 处各 2 点,路基中部 2 点;沿线路纵向每 100 m 检验 K_{30}、E_{v2} 和 E_{vd}(该项只是作工艺试验和基床底层压实质量检测时才选用)各 4 点,其中距路基边线 2 m 处左、右各 1 点,路基中部 2 点。

(四)填料、设备的选择与试验

1. 填料的选择与试验

填筑前,首先进行细圆砾类土填料的物理、力学性能试验,主要试验项目包括颗粒密度、颗粒分析(最大粒径、级配、细粒含量)和击实性能。

选择级配较好、母岩强度较高、细粒含量不大于 15%、最大粒径不超过 75 mm、符合《铁路工程岩土分类标准》(TB 10077—2004)和《客运专线铁路路基工程施工技术指南》(TZ212—2005)填料质量标准的 A、B 组砾石类土作为路基填料。

2. 机械设备选择及配套

采用挖掘机(或装载机)装料、自卸汽车运输,现场卸料后推土机初平,人工配合平地机精平,重型振动压路机压实。机械设备配置见表 4-2-1,结合机械设备特点,对填筑碾压工艺、效果和经济性进行比较,以选择最佳的碾压机械组合。

表 4-2-1 机械设备配备

序号	名称	型号	单位	数量	备注
1	推土机	SD22	台	2	功率:162 kW
2	平地机	GR180	台	1	刀长×弦高:3 965×610
3	振动压路机	YZ20	台	2	自重 20 t,激振力 30 t
4	振动冲击夯	HCR85	台	3	冲击能 1 300 kg
5	装载机	ZL50	台	2	
6	自卸汽车	20 t	台	20	
7	洒水车	东风 8 t	辆	2	
8	挖掘机	CAT320	台	2	

最终确定的摊铺碾压机械配套组合方案:2 台 YZ20 型振动压路机+2 台推土机+1 台平地机。

3. 试验检测方法与压实质量控制标准

(1)试验检测方法

按照《铁路工程土工试验规程》和《变形模量 E_{v2} 检测规程》,检测路基的压实度 K、地基系数 K_{30}、动态变形模量 E_{vd} 和变形模量 E_{v2} 值,直径为 300 mm 承载板的变形模量 E_{v2} 检测方法参照德国 DIN18134《平板载荷试验》。现场主要检测设备见表 4-2-2。

表 4-2-2 现场主要检测设备

序号	仪器设备名称	规格型号	单位	备注
1	E_{v2} 变形模量测试仪	JBM-1	1 台	配备直径为 300 mm 承载板和相应的处理软件
2	K_{30} 平板载荷测试仪	K-30	1 台	配备直径为 300 mm 承载板
3	E_{vd} 动态变形模量测试仪	HMPLFG-SD	1 台	配备直径为 300 mm 承载板和相应的处理软件
4	灌砂试验器具		3 套	

(2)压实质量控制标准

试验段路堤压实质量控制标准见表 4-2-3。

表 4-2-3 基床以下路堤压实质量控制标准

路基部位	土类	压实系数 K	地基系数 K_{30}(MPa/m)	变形模量 E_{v2}(MPa)	动态变形模量 E_{vd}(MPa)
基床以下路堤	细圆砾土	>92%	≥110	≥45	≥35

(五)填料的摊铺、碾压及含水率试验

1. 碾压工艺试验

选择 DK173+970~DK174+370 区段基床以下路堤本体的第一层,在松铺厚度相同的条件下,进行 YZ20 型振动压路机碾压工艺试验。

(1)场地布置与总体碾压方案

1 区 DK173+970~DK174+070,碾压 5 遍;2 区 DK174+070~DK174+170,碾压 6 遍;3 区 DK174+170~DK174+270,碾压 7 遍;4 区 DK174+27~DK174+370,碾压 8 遍。

按先两侧后中间的压实顺序进行,先静压后弱振再强振。确保纵向和横向排水坡面的平整,使平整度严格控制在验标允许范围内。通过现场检测压实度 K、K_{30}、E_{vd} 和 E_{v2},在相同松铺厚度(30 cm)条件下,确定最佳碾压工艺及碾压遍数。

(2)碾压工艺试验参数

YZ20 型压路机碾压方式:

1 区:松铺 30 cm,碾压流程:静压 1 遍→弱振 2 遍→强振 1 遍→静压 1 遍,共 5 遍。

2 区:松铺 30 cm,碾压流程:静压 1 遍→弱振 2 遍→强振 2 遍→静压 1 遍,共 6 遍。

3 区:松铺 30 cm,碾压流程:静压 1 遍→弱振 2 遍→强振 2 遍→弱振 1 遍→静压 1 遍,共 7 遍。

4 区:松铺 30 cm,碾压流程:静压 1 遍→弱振 2 遍→强振 2 遍→弱振 1 遍→强振 1 遍→静压 1 遍,共 8 遍。

对第一轮碾压后还达不到压实质量控制标准的区段进行补压(每次增加弱振和强振各 1 遍),直至各项检测指标均达到基床底层验收标准或不再增长为止。

(3)检测方法

各分区在碾压检测过程中,先检测压实度 K;当压实度 $K>92\%$时,再检测 K_{30}、E_{vd}、E_{v2}。在专用表格中详细记录各种检测数据。

(4)采用灌砂法挖坑和高程测量的方法测量各区段平均压实厚度。

(5)检测数据统计

第一轮碾压后试验检测结果统计见表 4-2-4～表 4-2-7。

表 4-2-4 碾压试验压实度 K 检测数据统计

碾压方式	松铺/压实(cm)	测　区	测　点	压实度 K
静 1 弱 2 强 1 静 1(5 遍)	30/25.3	1 区	DK173+980 中	91.3%
			DK173+995 左	90.6%
			DK174+010 右	92.4%
			DK174+025 中	92.6%
			DK174+040 左	91.9%
			DK174+055 右	91.9%
静 1 弱 2 强 2 静 1(6 遍)	30/25.2	2 区	DK174+085 中	96.5%
			DK174+100 左	95.1%
			DK174+115 右	94.7%
			DK174+130 中	96.0%
			DK174+145 左	94.2%
			DK174+160 右	95.6%
静 1 弱 2 强 2 弱 1 静 1(7 遍)	30/25.1	3 区	DK174+178 中	94.2%
			DK174+192 左	95.1%
			DK174+201 中	95.3%
			DK174+228 右	94.9%
			DK174+247 左	95.4%
			DK174+264 右	95.6%
静 1 弱 2 强 2 弱 1 强 1 静 1(8 遍)	30/25.0	4 区	DK174+290 中	97.2%
			DK174+305 左	96.9%
			DK174+320 右	97.3%
			DK174+335 中	97.3%
			DK174+350 左	96.8%
			DK174+365 右	97.5%

表 4-2-5 碾压试验 E_{vd} 检测数据统计

碾压方式	松铺/压实(cm)	测　区	测　点	E_{vd}(MPa)
静 1 弱 2 强 1 静 1(5 遍)	30/25.3	1 区	DK173+985 中	66
			DK174+016 左	65
			DK174+046 右	63
			DK174+062 中	62

续上表

碾压方式	松铺/压实(cm)	测　　区	测　　点	E_{vd}(MPa)
静1弱2强2静1 (6遍)	30/25.2	2区	DK174+092左	69
			DK174+108右	71
			DK174+135中	73
			DK174+162中	68
静1弱2强2弱1静1 (7遍)	30/25.1	3区	DK174+192中	89
			DK174+209左	84
			DK174+233右	82
			DK174+254中	87
静1弱2强2弱1强1静1 (8遍)	30/25.0	4区	DK174+292中	99
			DK174+313左	97
			DK174+334右	94
			DK174+348中	96

表 4-2-6　碾压试验 K_{30} 检测数据统计

碾压方式	松铺/压实(cm)	测　　区	测　　点	K_{30}(MPa/m)
静1弱2强1静1 (5遍)	30/25.3	1区	DK173+998中	96
			DK174+014左	96
			DK174+052右	120
			DK174+066中	128
静1弱2强2静1 (6遍)	30/25.2	2区	DK174+089中	112
			DK174+103左	120
			DK174+129右	128
			DK174+155中	128
静1弱2强2弱1静1 (7遍)	30/25.1	3区	DK174+193左	160
			DK174+2204右	160
			DK174+229中	144
			DK174+252中	160
静1弱2强2弱1强1静1 (8遍)	30/25.0	4区	DK174+289中	192
			DK174+302中	176
			DK174+341左	184
			DK174+362右	192

表 4-2-7　碾压试验 E_{v2} 检测数据统计

碾压方式	松铺/压实(cm)	测　区	测　　点	E_{v2}(MPa)	E_{v1}(MPa)	E_{v2}/E_{v1}
静1弱2强1静1 (5遍)	30/25.3	1区	DK173+995左	146.63	60.65	2.42
			DK173+045右	108.17	62.28	1.74
			DK174+010中	106.76	57.41	1.86
			DK174+995左	95.25	59.46	1.60
静1弱2强2静1 (6遍)	30/25.2	2区	DK174+090左	145.44	59.0	2.47
			DK174+150右	125.91	60.35	2.09
			DK174+105中	106.78	53.36	2.0
			DK174+160中	110.16	61.97	1.78

续上表

碾压方式	松铺/压实(cm)	测 区	测 点	E_{v2}(MPa)	E_{v1}(MPa)	E_{v2}/E_{v1}
静1弱2强2弱1静1(7遍)	30/25.1	3区	DK174+190中	121.79	60.35	2.02
			DK174+210左	139.79	65.52	2.13
			DK174+230右	131.89	59.62	2.21
			DK174+250中	130.7	64.57	2.02
静1弱2强2弱1强1静1(8遍)	30/25.0	4区	DK174+290中	136.78	62.63	2.18
			DK174+310左	132.7	61.76	2.15
			DK174+330右	138.16	63.44	2.18
			DK174+350中	148.03	68.42	2.16

(6)绘制关系曲线

根据上述碾压工艺试验的检测统计数据绘制不同碾压遍数与各种压实指标变化的关系曲线，如图4-2-1～图4-2-5所示。

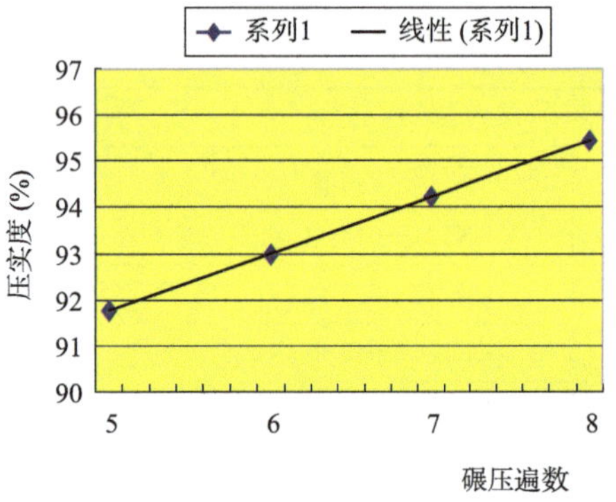

图4-2-1 碾压遍数-压实度K曲线图

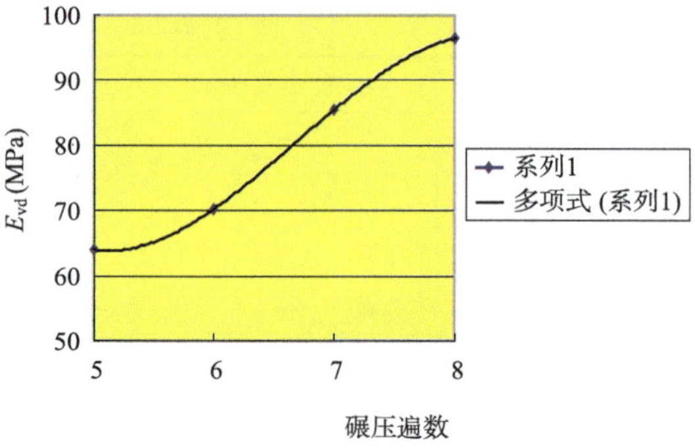

图4-2-2 碾压遍数-E_{vd}曲线图

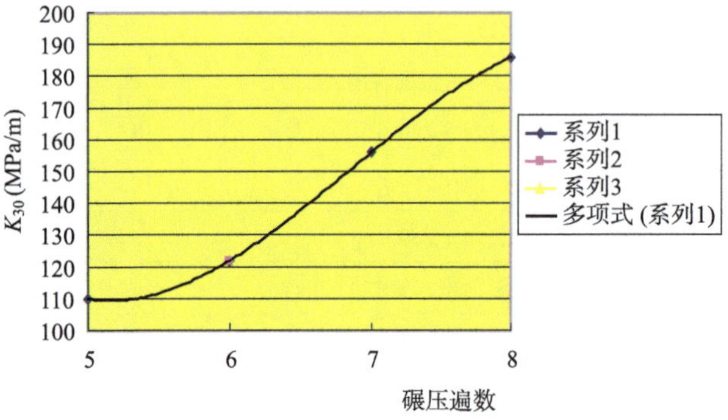

图4-2-3 碾压遍数-K_{30}曲线图

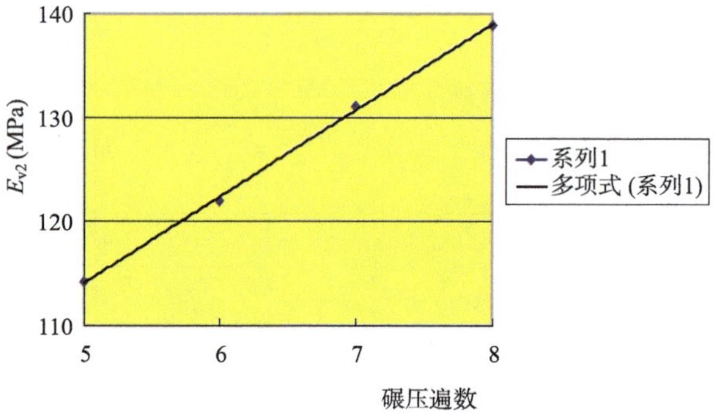

图4-2-4 碾压遍数-E_{v2}曲线图

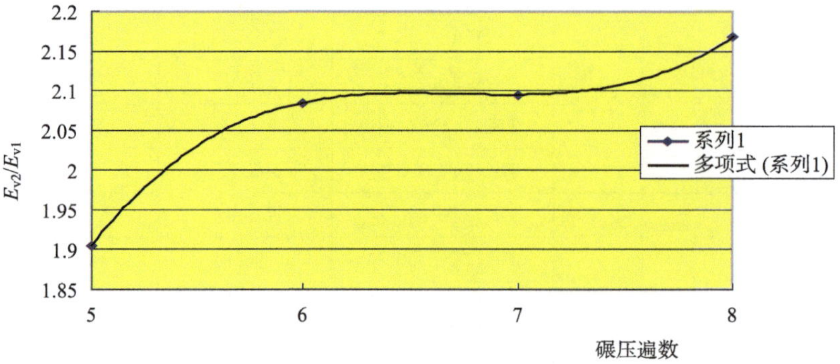

图4-2-5 碾压遍数-E_{v2}/E_{v1}曲线图

通过上述检测统计数据和不同碾压遍数与各种压实指标变化的关系图分析可知，随着碾压遍数的增加，各项指标呈上升的趋势；碾压 7 遍各项指标均能很好地满足基床以下路堤的要求。

2. 摊铺厚度工艺试验

在 DK173＋970～DK174＋370 区段基床以下路堤本体的第二层，采用 YZ20 型振动压路机进行不同摊铺厚度工艺试验。在同种填料、相同碾压工艺和相同碾压遍数的条件下，通过对比不同松铺厚度情况下压实度 K、K_{30}、E_{vd}和 E_{v2}等指标，确定合理的摊铺厚度，以解决路基施工中为调整线路纵坡、横坡，使用不同填筑厚度时所需工艺参数。

(1)场地布置及松铺厚度方案

1 区：DK173＋970～DK174＋070，松铺厚度 30 cm。

2 区：DK174＋070～DK174＋170，松铺厚度 32 cm。

3 区：DK174＋170～DK174＋270，松铺厚度 33 cm。

4 区：DK174＋270～DK174＋370，松铺厚度 35 cm。

(2)工艺参数

碾压流程：静压 1 遍→弱振 2 遍→强振 2 遍→弱振 1 遍→静压 1 遍，共计 7 遍。

(3)检测方法、数量、记录及补压方法同碾压工艺试验

(4)检测数据统计

碾压后试验检测结果统计见表 4-2-8～表 4-2-11。

表 4-2-8　松铺厚度试验压实度 *K* 检测数据统计

松铺/压实厚度(cm)	测　区	测　点	压实度 K
30/25.2	1 区	DK173＋985 中	95.6%
		DK174＋000 左	96.0%
		DK174＋015 右	96.0%
		DK174＋030 中	96.5%
		DK174＋045 左	96.0%
		DK174＋060 右	96.5%
32/26.4	2 区	DK174＋080 中	96.5%
		DK174＋095 左	96.9%
		DK174＋110 右	96.9%
		DK174＋125 中	96.5%
		DK174＋140 左	96.9%
		DK174＋155 右	96.5%
33/27.2	3 区	DK174＋185 中	96.9%
		DK174＋200 左	96.9%
		DK174＋215 右	96.5%
		DK174＋230 中	97.3%
		DK174＋245 左	96.9%
		DK174＋260 右	96.9%
35/29.2	4 区	DK174＋280 中	96.9%
		DK174＋295 左	97.3%
		DK174＋310 右	97.3%
		DK174＋325 中	96.9%
		DK174＋340 左	97.3%
		DK174＋355 右	97.3%

表 4-2-9 松铺厚度试验 E_{vd} 检测数据统计

松铺/压实厚度(cm)	测　区	测　点	E_{vd}(MPa)
30/25.2	1区	DK173+998 左	89
		DK174+042 中	86
		DK174+049 中	88
		DK174+066 左	85
32/26.4	2区	DK174+088 左	83
		DK174+099 右	80
		DK174+138 中	81
		DK174+162 中	80
33/27.2	3区	DK174+192 中	74
		DK174+209 左	75
		DK174+233 右	77
		DK174+254 中	72
35/29.2	4区	DK174+292 中	66
		DK174+313 左	68
		DK174+334 右	64
		DK174+348 中	62

表 4-2-10 松铺厚度试验 K_{30} 检测数据统计

松铺/压实厚度(cm)	测　区	测　点	K_{30}(MPa/m)
30/25.2	1区	DK173+999 右	160
		DK173+013 右	168
		DK174+042 中	160
		DK174+061 中	160
32/26.4	2区	DK174+089 中	160
		DK174+099 中	152
		DK174+121 左	144
		DK174+151 右	152
33/27.2	3区	DK174+189 右	152
		DK174+189 右	144
		DK174+211 中	144
		DK174+242 中	144
35/29.2	4区	DK174+299 中	136
		DK174+315 中	144
		DK174+344 左	160
		DK174+361 右	184

表 4-2-11 松铺厚度试验 E_{v2} 检测数据统计

松铺/压实厚度(cm)	测　区	测　点	E_{v2}(MPa)	E_{v1}(MPa)	E_{v2}/E_{v1}
30/25.2	1区	DK173+990 中	152.59	69.01	2.21
		DK174+010 中	150.8	69.14	2.21
		DK174+035 左	155.82	68.99	2.26
		DK174+060 中	150.05	66.71	2.25

续上表

松铺/压实厚度(cm)	测　　区	测　　点	E_{v2}(MPa)	E_{v1}(MPa)	E_{v2}/E_{v1}
32/26.4	2 区	DK174+090 左	152.28	68.81	2.21
		DK174+110 右	143.27	67.45	2.12
		DK174+110 中	143.68	67.48	2.13
		DK174+160 中	148.91	6748	2.21
33/27.2	3 区	DK174+190 中	148.03	70.7	2.09
		DK174+215 左	150.91	70.7	2.13
		DK174+215 右	148.37	71.26	2.08
		DK174+215 中	150.91	71.26	2.12
35/29.2	4 区	DK174+285 左	148.37	71.05	2.09
		DK174+310 左	149.9	71.05	2.11
		DK174+360 中	149.45	69.62	2.15
		DK174+340 左	147.45	69.62	2.12

(5)绘制关系曲线

根据表 4-2-8～表 4-2-11 碾压工艺试验的检测统计数据绘制不同摊铺厚度与各种压实指标变化的关系曲线，如图 4-2-6～图 4-2-10 所示。

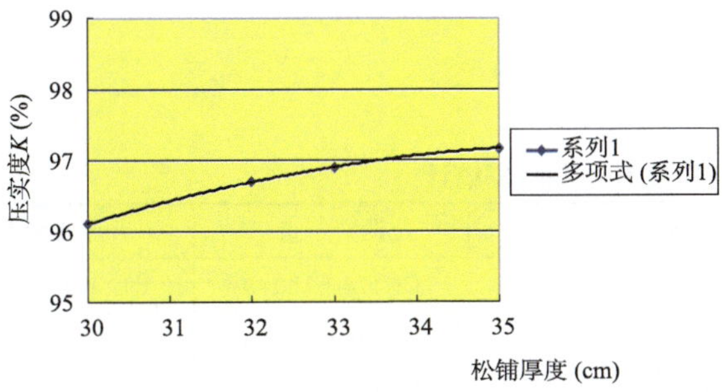

图 4-2-6　松铺厚度-压实度 K 曲线图

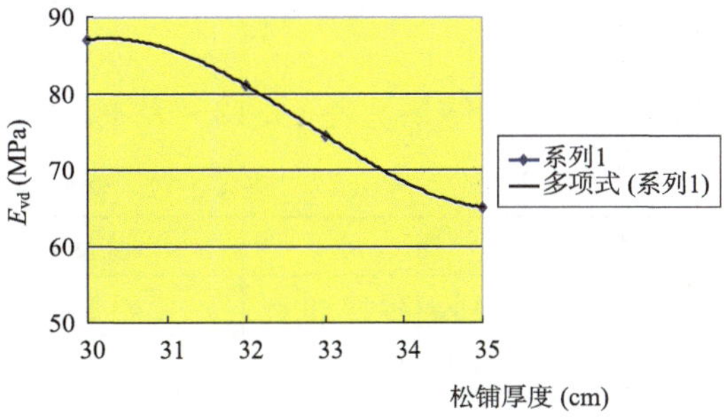

图 4-2-7　松铺厚度-E_{vd}曲线图

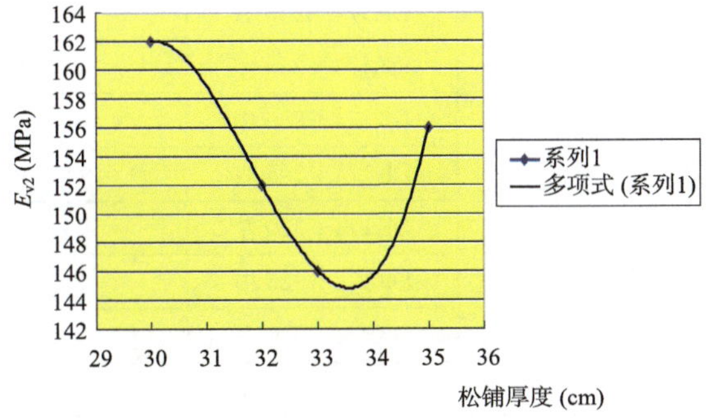

图 4-2-8　松铺厚度-E_{v2}曲线图

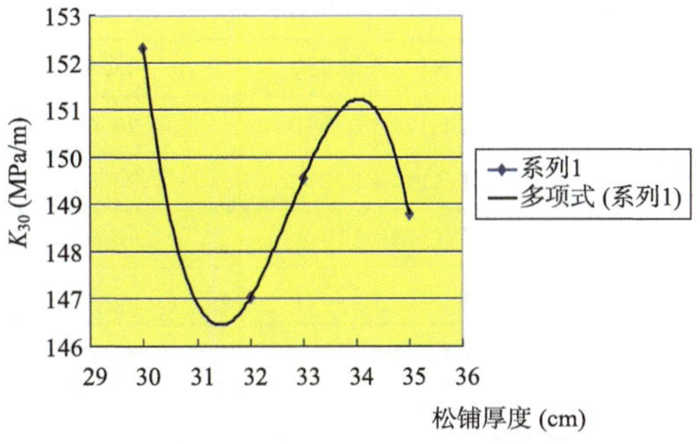

图 4-2-9　松铺厚度-K_{30}曲线图

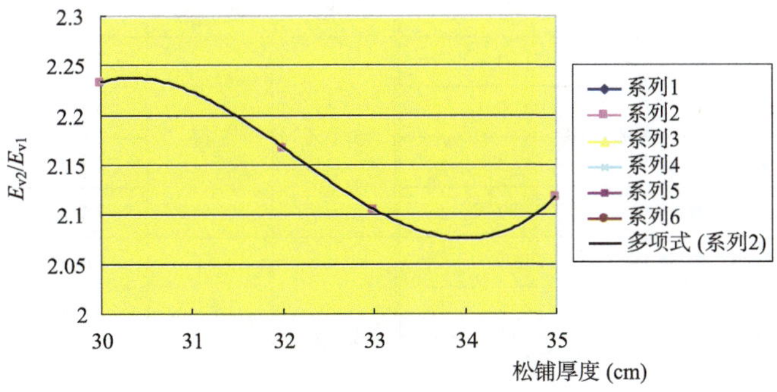

图 4-2-10　松铺厚度-E_{v2}/E_{v1}曲线图

(6)试验分析

通过检测统计数据和不同摊铺厚度与各种压实指标变化的关系图分析可知:随着摊铺厚度的增加,各项指标呈下降的趋势,但碾压 7 遍后,三种不同摊铺厚度区段的各项指标均满足基床以下路堤的要求;30 cm 和 35 cm 两种不同摊铺厚度均可作为路基施工中调整线路纵坡、横坡使用,且符合验收标准对细角砾类土松铺厚度不大于 35 cm 的要求;各区段平均压实厚度分别为 25.2 cm、26.4 cm、27.2 cm 和 29.2 cm。

3. 含水率控制试验

选择 DK173+970～DK174+370 段基床以下路堤本体的第三层,采用 YZ20 型振动压路机进行含水率工艺试验。首先,通过室内试验确定填料最佳含水量范围;然后在摊铺厚度、碾压工艺相同情况下,通过现场试验确定最佳含水率的控制范围。

(1)场地布置

1 区:DK173+970～DK174+070,含水率 5.2%。

2 区:DK174+070～DK174+170,含水率 5.7%。

3 区:DK174+170～DK174+270,含水率 6.2%。

4 区:DK174+270～DK174+370,含水率 6.7%。

(2)工艺参数

摊铺厚度均为 30 cm;碾压流程:静压 1 遍→弱振 2 遍→强振 1 遍→弱振 1 遍→强振 1 遍→静压 1 遍,共 7 遍。

(3)检测方法、数量、记录及补压方法同碾压工艺试验

(4)检测数据统计

碾压后试验检测结果见表 4-2-12～表 4-2-15。

表 4-2-12 含水率试验压实度 *K* 检测数据统计

含水率	测 区	测 点	压实度 K	含水率	测 区	测 点	压实度 K
5.2%	1 区	DK173+980 中	93.8%	6.2%	3 区	DK174+180 中	96.5%
		DK173+995 右	94.2%			DK174+195 右	96.0%
		DK174+010 左	94.2%			DK174+210 左	96.5%
		DK174+025 中	93.8%			DK174+225 中	96.5%
		DK174+040 右	94.7%			DK174+240 右	96.0%
		DK174+055 左	93.8%			DK174+255 左	96.9%
5.7%	2 区	DK174+080 中	96.0%	6.7%	4 区	DK174+280 中	94.7%
		DK174+095 右	96.5%			DK174+295 右	95.1%
		DK174+110 左	96.0%			DK174+310 左	94.7%
		DK174+125 中	96.5%			DK174+325 中	94.7%
		DK174+140 右	96.9%			DK174+340 右	95.1%
		DK174+155 左	96.0%			DK174+355 左	95.1%

表 4-2-13 含水率试验 E_{vd} 检测数据统计

含水率	测 区	测 点	E_{vd}(MPa)	含水率	测 区	测 点	E_{vd}(MPa)
5.2%	1 区	DK173+992 左	71.0	6.2%	3 区	DK174+185 右	69.7
		DK173+005 右	69.7			DK174+203 左	67.2
		DK174+031 中	73.8			DK174+231 中	70.5
		DK174+057 中	71.9			DK174+259 中	74.0
5.7%	2 区	DK174+097 中	74.5	6.7%	4 区	DK174+281 中	65.6
		DK174+112 中	75.5			DK174+305 中	66.0
		DK174+135 左	74.8			DK174+323 左	67.2
		DK174+149 右	76.8			DK174+357 右	66.8

表 4-2-14　含水率试验 K_{30} 检测数据统计

含水率	测　区	测　　点	K_{30}(MPa/m)	含水率	测区	测点	K_{30}(MPa/m)
5.2%	1 区	DK173+985 右	144	6.2%	3 区	DK174+189 右	152
		DK174+013 右	136			DK174+205 左	144
		DK174+035 中	160			DK174+239 中	152
		DK174+052 中	144			DK174+255 中	152
5.7%	2 区	DK174+099 中	160	6.7%	4 区	DK174+298 左	144
		DK174+105 中	160			DK174+307 右	136
		DK174+137 左	176			DK174+334 中	136
		DK174+162 右	168			DK174+365 中	144

表 4-2-15　含水率试验 E_{v2} 检测数据统计

含　水　率	测　　区	测　　点	E_{v2}(MPa)	E_{v1}(MPa)	E_{v2}/E_{v1}
5.2%	1 区	DK174+000 左	167.79	73.57	2.28
		DK173+020 中	169.17	76.83	2.20
		DK174+040 右	164.53	72.92	2.26
		DK174+060 左	166.3	74.37	2.24
5.7%	2 区	DK174+095 中	160.54	77.03	2.08
		DK174+115 中	151.46	75.59	2.00
		DK174+140 左	154	75.10	2.05
		DK174+160 右	150.8	74.42	2.03
6.2%	3 区	DK174+185 左	166.54	78.75	2.11
		DK174+205 右	163.58	77.17	2.12
		DK174+230 右	166.17	78.81	2.11
		DK174+260 左	163.46	78.26	2.09
6.7%	4 区	DK174+290 中	164.65	76.87	2.14
		DK174+310 左	162.51	75.91	2.14
		DK174+330 右	167.29	76.54	2.19
		DK174+330 左	161.87	75.24	2.15

(5)绘制关系曲线

根据检测统计数据绘制不同含水率与各种压实指标变化的关系曲线，如图 4-2-11～图 4-2-15 所示。

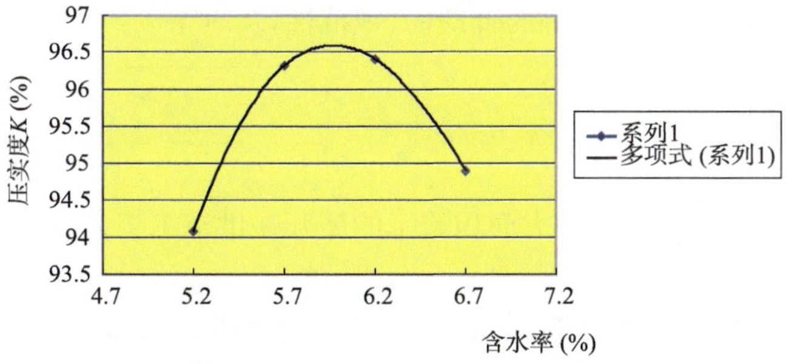

图 4-2-11　含水率-压实度 K 曲线图

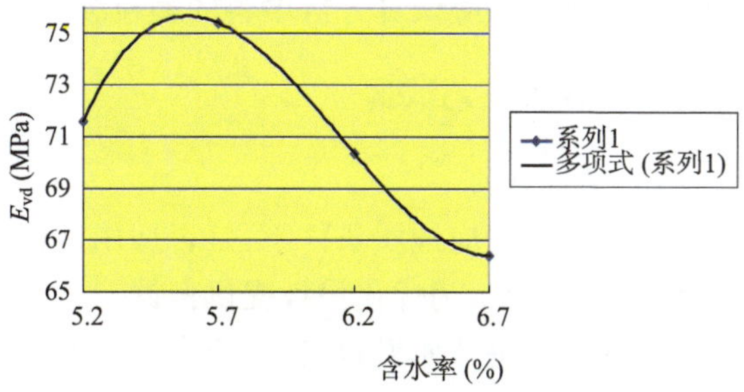

图 4-2-12　含水率-E_{vd} 曲线图

(6)试验分析

通过对检测统计数据和不同含水率与压实指标变化的关系图分析可知：施工含水率越接近最佳含水率(5.7%)，压实度越高，三种不同含水率的填料压实后各项指标压实度都能满足设计及规范要求，从而确定施工含水率在 5.2%～6.7%之间，与室内击实试验确定的最佳含水率 5.7%基本吻合。

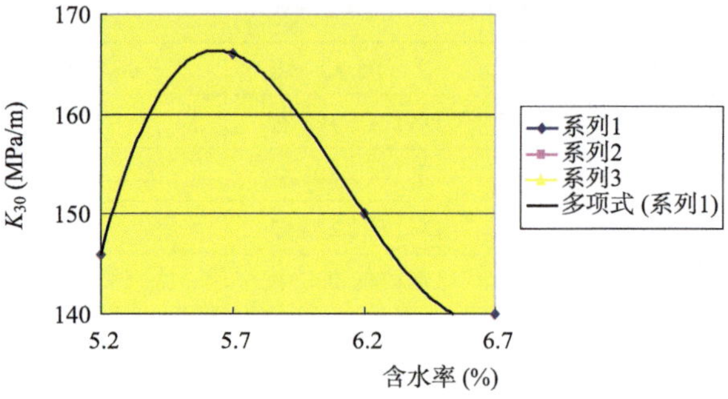

图 4-2-13　含水率-K_{30}曲线图

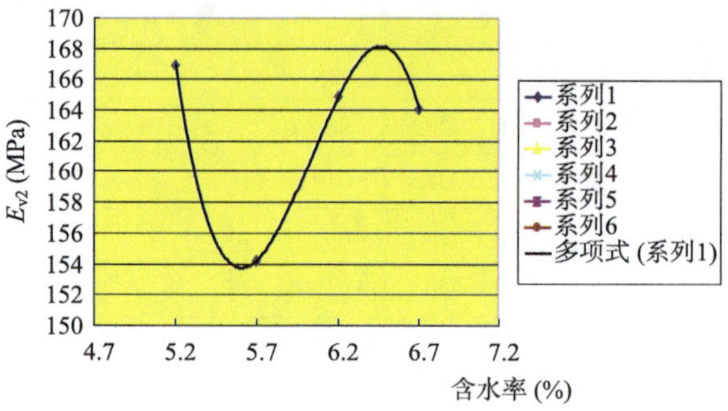

图 4-2-14　含水率-E_{v2}曲线图

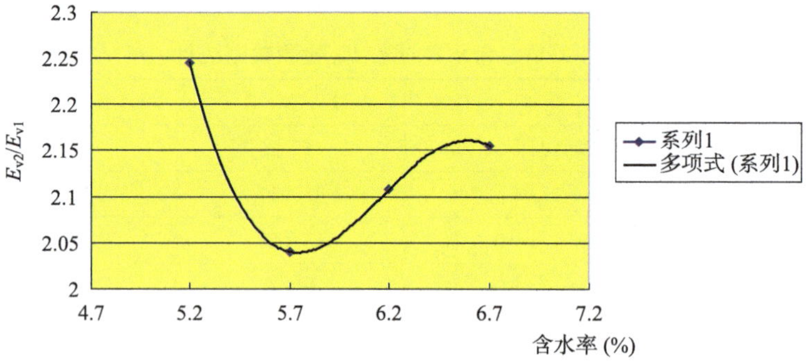

图 4-2-15　含水率-E_{v2}/E_{v1}曲线图

4. 小结

通过试验段的填筑试验可以得出以下结论：

(1)采用砾石类土填筑时，填料摊铺厚度按 35 cm 控制，通过现场试验检测均能达到设计和验标要求。

(2)细砾类 A、B 组填料，松铺厚度 35 cm 是最经济合理的，但最小压实厚度不小于 10 cm。

(3)YZ20 型压路机碾压方式：静压 1 遍→弱振 2 遍→强振 2 遍→弱振 1 遍→静压 1 遍，共 7 遍可以满足设计和验标要求。

(4)施工最佳含量含水率为 5.7%，控制范围应保持在 5.2%～6.7%之间。

(5)压路机行驶速度：强振 3 km/h，弱振 3.5 km/h，静压 3 km/h。

(6)当采用 E_{v2} 指标评价路基压实质量时，应增加 E_{v2}/E_{v1} 值这一辅助指标进行控制，尤其是目前采用压实度作为密实度指标的条件下，更有必要增加 E_{v2}/E_{v1} 值指标。即：路基填筑压实标准除应满足《客运专线无碴轨道铁路工程施工质量验收暂行标准》(铁建设〔2007〕85 号)中的有关要求外，路基基床底层的 E_{v2}/E_{v1} 值应满足以下要求：一般情况下 $E_{v2}/E_{v1} \leqslant 2.6$；当 $2.6 < E_{v2}/E_{v1} \leqslant 3.5$ 时，E_{v1} 应不小于 E_{v2} 规范规定值的 60%；若 $E_{v2}/E_{v1} > 3.5$，应认真分析填料的颗粒级配、施工工艺、检测方法等的合理性、规范性，及时予以纠正。

二、CFG 桩工艺试验

(一)试桩目的

(1)检验在相应地质条件下，是否适用该种施工工艺，为 CFG 桩大面积施工的展开提供施工工艺参数。

(2)核查资料，为优化设计提供依据。

(3)在达到桩体质量合格、承载力与变形符合设计要求，满足工期的要求下，选择合适的设备型号，确定施工配合比，优化施工工艺，验证设计与施工的实际效果。

(二)试桩位置

根据现场情况选取有代表性 DK174＋050～DK174＋100 段路基范围内进行试桩，本段地质情况依次向下：粉质黏土 0.7～9.8 m，松软质黏土 0～1.3 m，下伏石灰岩。

(三)试桩准备

(1)场地准备：在路基范围内平整出一块长 50 m，与路基同宽且能保证 CFG 桩施作的场地，清除地上、地下一切障碍物，地表较软时采取防止施工机械失稳的措施。

(2)机械设备：JZL45 型长螺旋机 1 台，混凝土输送泵 1 台，HDI-250-4 型柴油发电机 1 台。

(3)施工材料：P·O42.5 普通硅酸盐水泥、中砂、水(经试验检验合格)、碎石、外加剂等。所需的各种材料运到现场合格且充足，各项检测符合施工要求。

(四)试验参数

CFG 桩的直径为 ϕ500 mm，试桩桩底打至基岩顶面，间距 1.6 m，正方形布置。

配合比：CFG 桩采用 P·O42.5 水泥为固化剂，采用等级不低于Ⅱ级的粉煤灰，碎石粒径不大于 31.5 mm，按试验室提供的理论配合比为水泥：砂：石：水：粉煤灰＝1：4.61：5.87：0.94：1。

(五)施工组织

成立以总工程师、分管副经理、各相关主要人员参与的试桩施工领导小组。试桩方案实施的总体负责人 1 人，现场施工生产负责人 1 人，质检员 1 人，安全员 1 人，环保 1 人，测量负责人 3 人，试验员 3 人，技术 1 人，工班长 1 人。

(六)施工工艺及方法

1. 施工工艺流程

CFG 桩施工工艺流程如图 4-2-16 所示。

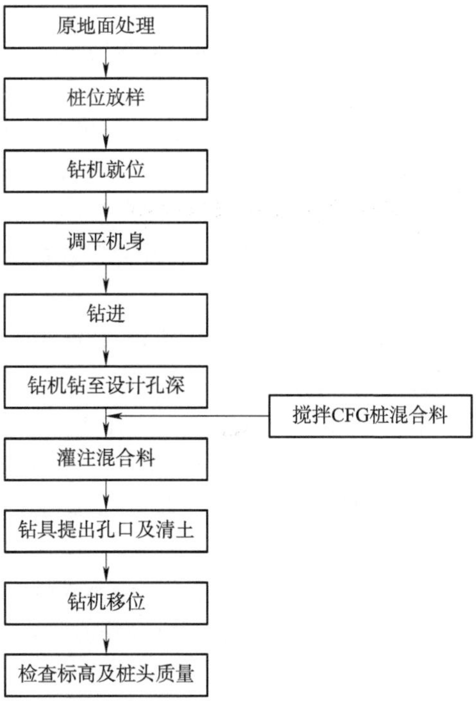

图 4-2-16　长螺旋钻机成孔 CFG 桩施工工艺流程图

2. 主要施工步骤及技术要点

(1)桩位放样

先用全站仪放出路基两侧纵向控制桩，施工前再根据桩位布置图用钢尺逐点放出桩位，并用石灰做出每个 CFG 桩标记。放样后再对其进行全面核查，确保桩的位置、数量及布设形式准确。

(2)钻机就位

钻机就位时，当钻杆垂直、钻头矛尖对准桩位点后固定钻机，调整钻机液压脚，保证钻机水平。

(3)钻机制桩

钻机就位后，启动马达，螺旋钻杆钻入地下，钻孔过程做好记录，进入地基持力层时记录钻压电流值。钻至设计标高后，停钻并开始泵送混合料，混合料充满钻杆芯管后开始均匀提钻。司钻和泵工密切配合，根据泵入混合料量控制提钻速度，保证钻头始终埋在混合料中 1 m 左右，以防断桩。

(4)移机进行下一根桩的施工

钻具提离孔口，移机进行下一根桩施工。

(5)成桩保护

成桩初凝前，严格保护好桩头。

(6)质量检测

成桩强度达到后报有关部门进行试桩检测(钻孔取芯、低应变、静载荷试验)，检验单桩及复合地基承载力是否满足要求。

3. 施工注意事项

水泥用量的误差不得大于 1%；控制混凝土拌和配合比，不选择弯头有死弯的输送管，防止堵管；注意起吊设备的平整度和导向架对地面的垂直度，垂直度偏差不得大于 1%；桩位偏差(纵横向)不大于 5 cm，桩径不小于设计值，深度误差不得大于 10 cm；长螺旋机下沉或提升的时间应有专人记录，时间误差不得大于 5 s；成桩施工的混凝土坍落度应为 16～20 cm，成桩后桩顶浮浆厚度不超过 20 cm；施工桩顶标高宜高出设计桩顶 0.5 m。桩体混合料试块标准养护 28 d 抗压强度不小于 20 MPa。

(七)试桩结论

试桩完成后，及时整理试桩资料、编写成果报告。成果报告内容包括：工程概况，试桩地质情况及设备选型,试桩采集到的工艺性参数整理分析处理。根据试桩成果报告,确定施工工艺;根据承载力检验,检测桩基承载力是否满足设计要求。

试桩结论如下:

(1)试打顺序:由一边向另一边推进。因桩距较小,不宜采用隔桩跳打。

(2)C20混凝土配合比:设计理论配合比水泥∶粉煤灰∶砂∶碎石∶水∶外加剂=1∶0.67∶3.54∶5.32∶0.7∶0.017。施工配合比水泥∶粉煤灰∶砂∶碎石∶水∶外加剂=1∶0.67∶3.63∶5.32∶0.62∶0.017。

(3)坍落度:170~180 mm(泵送混凝土)。

(4)钻进及拔管速度:钻进速度1.7~1.9 m/min,具体根据淤泥层厚调整。拔管速度1.9~2.4 m/min(根据泵送量、提管间歇停顿等情况,速度存在偏差)。

三、水泥砂浆桩工艺试验

(一)试桩目的

为保证水泥砂浆桩施工质量,确定成桩工艺和参数,并通过检测验证桩体连续性、均匀性、桩长及桩体强度是否满足设计要求,为今后水泥砂浆桩提供技术参数和参考依据。

(二)试验地点

根据现场情况,选取DK166+350~DK166+450段做水泥砂浆桩工艺试验。

(三)试桩准备

场地准备:在路基范围内平整出两块各长50 m、与路基同宽且保证水泥砂浆桩施作场地,清除地上、地下一切障碍物,地表较软时采取防止施工机械失稳的措施。

机械设备:砂浆桩机两台(自带注浆泵),120GF型柴油发电机两台。

施工材料:P·O42.5级普通硅酸盐水泥不限量,中砂不限量,水(经试验检验合格)不限量。

(四)试验参数

(1)水泥砂浆试桩的直径为ϕ500 mm,试桩长度10 m(设计长度为9.5 m,试桩加长0.5 m),正方形布置,桩间距1.1 m。

(2)按照设计要求水泥掺入比不小于18%,水泥砂浆水胶比选用水∶水泥∶砂=0.6∶1∶0.4。选取9根水泥砂浆桩做试验,其中3根水泥掺量为18%、3根水泥掺量为21%、3根水泥掺量为25%。

(3)钻杆下沉的速度为1.0~1.2 m/min,提升速度为1.5~1.8 m/min。

(4)钻机功率45 kW。

(5)喷浆量下钻不小于30 L/m,提钻不小于10 L/m。

(6)喷浆压力为0.6~1.0 MPa。

(五)施工工艺及技术要点

1. 施工工艺流程

水泥砂浆桩施工工艺流程如图4-2-17所示。

2. 主要施工步骤及技术要点

(1)砂浆桩机就位、调平,钻头对准桩位。

(2)搅拌、喷浆下沉:启动搅拌机,使其钻杆沿导向架向下搅拌切土,同时开启送浆泵向土体喷水泥砂浆,此时多轴上的叶片同时正反向旋转搅拌直到设计深度。

(3)达到预定设计深度后,在桩端就地持续喷浆搅拌10~30 s以上,使桩端水泥土充分搅拌均匀(下沉喷浆为总浆量的90%以上)。

(4)搅拌、喷浆提升:为了避免喷浆口被堵塞,同时多向多轴搅拌桩机钻杆上叶片正反向旋转,继续搅拌水泥土。

(5)搅拌完毕,搅拌、喷浆提升到地表或设计标高。

(6)进行一次全长复搅,完成水泥砂浆桩的施工。

(7)打桩弃土清运、人工开挖其下50 cm保护土层、截除桩顶设计标高以上桩头,用钢钎、手锤将桩顶从四周向中间修平至桩顶设计标高。

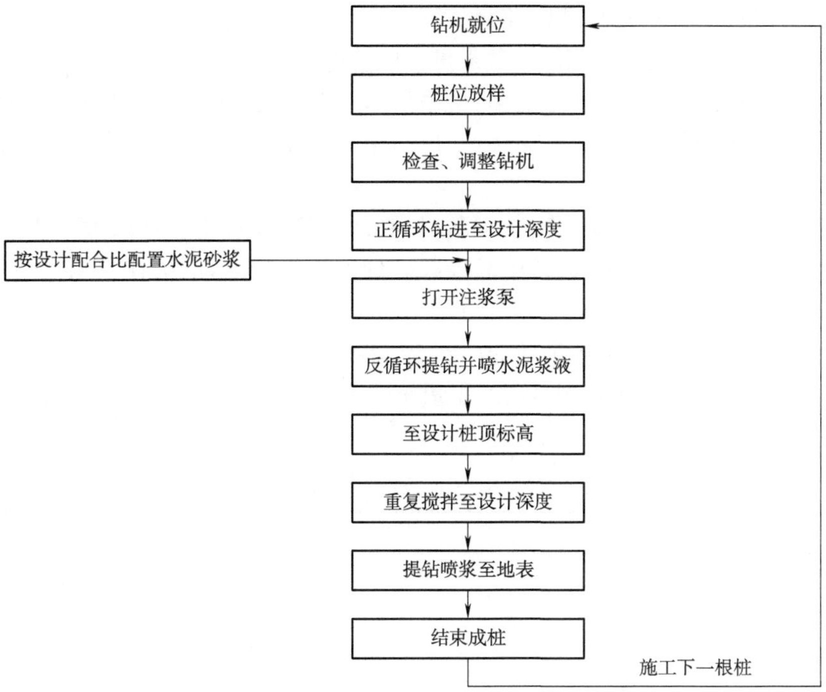

图 4-2-17　水泥砂浆桩施工工艺流程

(8)桩基检测

水泥砂浆桩施工完成 28 d 内不得有任何机械在上面行走，成桩 28 d 后进行质量检验。

采用桩长范围钻孔取芯方法进行桩身完整性、均匀性、无侧限抗压强度检验，检验数量为总桩数的 2‰且每检验批不少于 3 根。要求芯样水泥土的搅拌均匀程度较高，无断灰、夹泥，拍摄取出芯样的照片(桩基取芯按照 7 d、28 d 两种类别取样)；自桩顶 1 m 以下每隔 2 m 截取试样作无侧限抗压强度试验，其无侧限抗压强度不得小于 1.8 MPa；钻芯后的孔洞采用水泥砂浆灌注封闭；采用平板载荷试验检验单桩承载力，检验数量为总桩数 2‰，且每检验批不少于 3 根。

(六)施工质量控制

1. 严格机械设备性能检查与验收

施工机械必须经过监理工程师检查验收合格后方可允许施工。施工过程中经常对计量设备进行检查，确保出浆量的准确性、连续性和均匀性，以保证成桩质量。

2. 严格控制原材料质量

原材料的质量是保证水泥砂浆桩质量的前提，对水泥、砂的质量进行严格控制。进场水泥要具有出厂质保资料，并严格按规范规定的抽检方法进行进场复检，复检主要项目包括水泥的安定性、细度和强度，必要时对水泥的化学性能进行检测，复检合格方能使用。同时，加强对进场水泥的保管，防止水泥受潮结块。

3. 确定合理的配合比

按照试验砂浆桩配合比，分别做水泥掺量为 18%、21%、25%三组砂浆进行试验，配合比见表 4-2-16。

表 4-2-16　砂浆配合比一览表

序号	水泥掺量	配合比 湿土∶水泥∶砂∶水	每延米各材料用量(kg)
1	18%	1 461∶263∶105∶158	292∶53∶21∶32
2	21%	1 412∶296∶118∶178	282∶59∶24∶36
3	25%	1 351∶338∶135∶203	270∶68∶27∶41

4. 现场技术质量管理保障措施

(1)现场技术管理人员跟班管理，跟踪检查施工过程及加固效果，严格按设计要求及施工规范施工，并向监理、设计、建设、质检方报告工程情况,共同监督工程质量。

(2)施工中,现场作业人员随时记录压力、喷浆量、钻进速度、提升速度等有关参数的变化。钻头钻至设计深度,确认水泥砂浆桩打设至基岩面才能上提;机械操作人员时刻观察压力变化及管路的送浆情况,若发现管道漏气或堵管立即停止喷浆;时刻观察喷浆记录仪,及时记录异常情况,以利于确定补救措施,保证每根桩及每米段的喷浆量。

(3)施工中如遇停电、机械故障等原因喷浆中断时,必须复打,复打重叠孔段大于 1 m。

(4)严格控制喷浆标高和停浆标高,不得中断停浆。确保桩体长度,严禁在尚未喷浆的情况下提升钻杆。

(5)钻头直径磨损量不大于 20 mm。

(6)储灰罐容量不小于一根桩的用灰量加 50 kg,当储灰量不足时,不得对下一根桩开始施工。

(7)完工后清理桩头,对桩位全面复测,如出现遗漏及时补桩,对桩位偏差超过设计或规范要求的桩记录汇总。水泥砂浆桩检测项目及标准见表 4-2-17。

表 4-2-17 水泥砂浆桩检测项目及标准

序 号	项 目	单 位	允许偏差	检查方法和频率
1	桩距	mm	±100	抽查 2‰
2	桩径	mm	不小于设计值	抽查 2‰
3	桩长	mm	不小于设计值	钻孔取芯,成桩数 2‰
4	垂直度		1%	查施工记录
5	单桩每延米喷浆量		不小于试桩值	查施工记录
6	无侧限抗压强度	MPa	不小于 1.8	钻孔取芯,成桩数 2‰
7	单桩或复合地基承载力	kPa	不小于设计值	成桩数 2‰,且不少于 3 根

(七)试桩结论

试桩完成后,及时整理试桩成果报告。试桩结论如下:

(1)施工材料:选用 P·O42.5 级普通硅酸盐水泥、中砂或细砂、试验检验合格的水、外加剂(如石膏、三乙醇胺、木质素磺酸钙等)。

(2)水泥砂浆桩的每延米掺入量:21%~25%。

(3)砂浆桩的最佳钻进速度:1~1.5 m/min。

(4)施工工艺:采用"两喷四搅"施工工艺,即在提升时喷浆。

第二节 地 基 处 理

地基处理前首先清理地表,并在施工场地周围做好临时排水设施。

地表处理采用人工配合挖掘机或推土机按不同的要求分段作业。处理后的基底密实、平整,无草皮、树根等杂物,且无积水。原地面坡度陡于 1∶5 时,自上而下挖台阶;台阶宽度、高度满足设计及规范要求。

对沿线内地表水、地下水及施工用水水质进行取样复测,与设计不符时,及时通知有关单位进行再次复测。地下水有侵蚀性时,根据其侵蚀性选择相应的抗侵蚀性水泥。

根据设计文件对路基范围内的管线进行调查核实和迁改,对没有迁改而施工中又可能对其造成影响的管线,加强施工防护。

正式施工前先进行工艺试验,以确定满足设计要求的施工工艺和施工参数。桩基工艺试验一般不少于 2~3 根桩。

一、水泥搅拌桩施工

水泥搅拌桩是利用水泥作为固化剂,水泥搅拌桩机边钻进边向松软土中喷射浆液并进行深层搅拌,使浆液与土粒拌和均匀、发生一系列物理化学反应,在地基深处将松软土固化为具有足够的强度、变形模量和稳定性的水泥土,从而达到加固地基的目的。

(一)施工工艺流程

水泥搅拌桩施工工艺流程及主要施工步骤如图 4-2-18、图 4-2-19 所示。

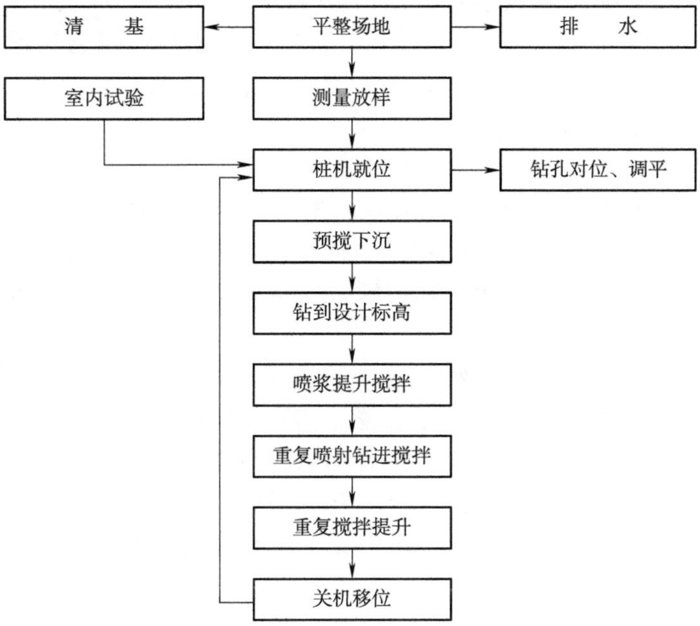

图 4-2-18　水泥搅拌桩施工工艺流程

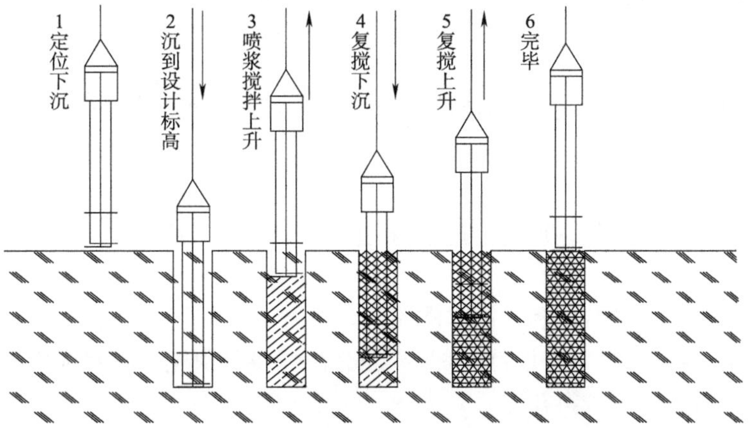

图 4-2-19　水泥搅拌桩主要施工步骤示意图

(二)主要施工步骤及工艺要点

1. 配合比设计

采集工点土样,当存在成层土时采集各层土土样,至少应采集最软弱层土样,进行室内配比试验,测定各水泥土试块不同龄期、不同水泥掺入量、不同外加剂的抗压强度,寻求满足设计要求的最佳水胶比、水泥掺入量及外加剂品种、掺量。一般情况下常采用 32.5 级以上普通硅酸盐水泥作为固化剂,掺入量根据设计要求而定,一般控制在加固体的 12%～13%或 210～220 kg/m^3 范围,水胶比一般为 0.45～0.5。外加掺入剂按设计要求可选用木质素磺酸钙、石膏。

2. 桩位定位

根据水泥搅拌桩布置范围及间距,在现场采用小木桩或竹片准确定出每个桩位置并编号,以免桩号混乱,防止偏位或漏打。定出桩位确定标高以便控制好搅拌桩的设计深度。为控制桩入土深度,在搅拌机架上划出标尺,以确保桩底标高符合设计要求。

起重机吊装搅拌机到达指定桩位对中,桩位偏差不得大于 50 mm。使搅拌机基本垂直于地面,注意平整度和导向架垂直度,偏差不得超过 1%。

3. 预搅下沉

待搅拌机的冷却水循环正常后,启动搅拌机电机。搅拌头在原地搅拌 1～3 min,待搅拌头转速正常后放松起吊钢丝绳,使搅拌机沿导向架边搅边下沉至设计深度。下沉速度由电机的电流监测表控制,工作电流不应大于额定值 70 A,一般不超过 0.5～0.6 m/min。下沉时不宜冲水,当遇到较硬土层下沉较慢时,方可适量冲水,但应考虑冲水对成桩强度的影响,此时应适当调整配合比和适当减少用水量。记录员按规定的表式填写下沉速度、深度和相关技术参数。

4. 制备水泥浆液

待搅拌机下沉到一定深度时,即开始按设计确定的配合比拌制水泥浆,待压浆前将水泥浆倒入集料斗中。地下水有侵蚀性工点采用抗侵蚀水泥,水泥掺入量拟为被加固湿土重量的 12%左右。予拌浆液前水泥过筛。砂浆稠度为 8～12 cm。记录员按规定表式填写拌制固化剂的配合比等技术参数。

5. 喷浆搅拌提升

搅拌机下沉到达设计深度后,开启灰浆泵,严格按照设计确定的提升速度边喷浆、边旋转、边提升,使浆液和土体充分拌和直至设计顶面标高加预留量。泵送距离宜小于 50 m。成桩过程中,由于电压过低或其他原因造成停机、使成桩工艺中断的,在搅拌机重新启动后,将搅拌叶再搅拌下沉 0.5 m 后再继续成桩。搅拌头喷浆提升的速度和次数必须符合施工工艺的要求。记录员按规定表式记录喷浆提升速度,深度记录误差不得大于 50 mm,时间记录误差不得大于 5 s,施工中发现的问题及处理情况均应注明。

6. 重复上下搅拌

搅拌机提升至设计加固深度的顶面标高加预留量时,关闭灰浆泵,搅拌头重复下沉或按设计要求在桩顶下局部部位重复下沉、提升、拌和一次,此时集料斗中的水泥浆应正好排空。为使松软土和水泥浆搅拌均匀,可再次将搅拌机边旋转边下沉,至设计加固深度后再将搅拌机边旋转边提升出地面。记录员按实作出记录,并注明注入的固化剂用量。

7. 清洗

向集料斗中注入适量清水,开启灰浆泵,清洗全部管路中残存的水泥浆,直至基本干净,并将粘附在搅拌头的松软土清洗干净。

8. 桩基移位

关闭搅拌机械,移动至下一桩位。重复上述步骤,进行下一根桩的施工。

(三)质量控制措施

(1)预搅:松软土完全预搅切碎,以利于同水泥浆均匀搅拌。

(2)为防止水泥浆发生离析,严格按设计的配合比配置水泥浆,预先筛除水泥中的结块,施工中在灰浆拌搅机中不断搅动,待压浆前缓慢倒入料斗中。

(3)加固强度和均匀性控制。压浆阶段不得发生断浆现象,输浆管道不能发生堵塞;成桩过程中因故停止小于 3 h,恢复供浆时在断浆面上下重复搭接不小于 0.5 m 喷浆搅拌施工;因故停机超过 3 h,拆卸管道清洗,并在原桩位旁边补桩。

严格按设计桩位、桩长、桩数、喷浆量以及试验确定的工艺参数施工,控制喷浆和搅拌提升速度,喷浆量及搅拌深度必须采用经国家计量部门认证的监测仪器进行自动记录,且仪器处于检定有效期内。

桩体搅拌要连续、均匀,控制重复搅拌时的下沉和提升速度,以保证加固范围内每一深度均得到充分搅拌,全桩长须复搅一次。机具下沉搅拌中遇有土阻力较大,增加搅拌机自重,然后启动加压装置加压或边输入浆液边搅拌钻进。

(4)垂直度控制:为使搅拌桩基本垂直于水平面,要注意搅拌桩机底盘的水平和导向架对水平面的垂直度,搅拌桩的垂直偏差不得超过 1.0%,桩位的偏差不得大于 5 cm;成桩直径和桩长不得小于设计值。

(5)确保加固体的连续性,原则上每一施工段宜连续施工。

(6)施工顺序宜按从中间向外围进行,或由一边推向另一边的方式施工。水泥土搅拌桩施工完成 28 d 内不得有任何机械在上面行走,待检测合格后方可进行上部路基施工,按设计要求埋设地面沉降、位移观测设备并进行观测。

(7)路堤填筑前,人工挖除搅拌桩顶端施工质量较差的桩段,然后填筑碎石夹土工格栅垫层。

(四)质量检验

(1)施工原始记录应详尽、完善、如实记录并及时汇总分析,发现不符要求的立即纠正。

(2)进行不少于 2 根桩的成桩工艺性试验,经钻芯取样检验桩的完整性、均匀性、无侧限抗压强度与复合地基承载力满足设计要求后,确定各项工艺参数,方可进行大面积桩施工。

(3)成桩 3 d 后,采用轻型动力触探检测桩身均匀性,抽检率为桩数的 1%;成桩 28 d 后采用复合地基载荷试验检验承载力,抽检率为桩数的 0.5%,且每一工点不少于 3 处,成桩 28 d 后检测桩身无侧限抗压强度,抽检率为桩数的 0.2%。

(4)按要求设置沉降、位移观测设备,进行沉降、位移观测,观测结果纳入竣工资料。

二、旋喷桩施工

旋喷桩是用钻机钻到预定的深度,然后用高压泵把浆液通过钻杆端头的特殊喷嘴,以高压喷射入土层,在喷射浆液时,一面缓慢旋转,一面徐徐提升,借高压浆液的水平射流不断切削土层并与切削下来的土充分搅拌混合,最后在喷射的有效射程范围内,形成一个由圆盘状混合物连续堆积成的圆柱状凝固体,从而使地基得到加固。

(一)施工工艺流程

旋喷桩施工工艺流程如图 4-2-20 所示。

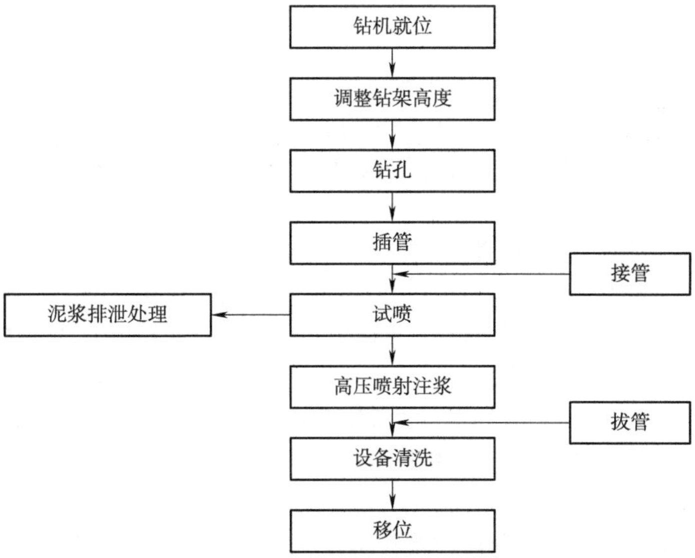

图 4-2-20　旋喷桩施工工艺流程

(二)主要施工步骤及工艺要点

1. 施工准备

平整场地,挖好排浆沟。在插入旋喷管前,先检查高压水与空气喷射情况,各部位密封圈是否封闭及各管路安装是否正常,喷嘴是否畅通等。正式施工前先进行工艺试桩,试桩数量一般为 2～3 根,查明桩径、强度,修正室内配方,确定旋喷工艺和参数。

2. 钻机就位

钻机安放在设计的孔位上,并保持垂直,施工时旋喷管的允许倾斜度不得大于 1.5%。钻机就位后,再做水平校正,使其钻杆轴线对准钻孔中心位置,钻孔的位置与设计位置的偏差不得大于 50 mm。在施工过程中,必须采用跳打法以防止孔间串浆。

3. 钻孔、插管

使用旋转钻机钻孔,将旋喷管插入地层预定的深度。插管也可与钻孔两道工序合二为一,即钻孔完成时插管作业同时完成。

钻进过程中要记录完整,对岩性、孔深、钻杆数量、长度、塌孔、掉块、漏浆的深度和时间记录详细,终孔后用砂袋塞住孔口,以防止杂物掉入孔内。

钻孔完毕后,拔出芯管,插入喷射注浆管至预定深度。在插管过程中,为防止泥砂堵塞喷嘴,可边射水、边插管,水压力一般不超过 1 MPa。

钻孔时当一根钻杆用完后,停止射水。待压力下降后,迅速接长钻杆,再继续射水、钻进,直到钻至设计桩长。桩长由钻杆上标示的刻度线来控制。

4. 制浆

钻孔的同时,即可配置浆液,浆液要严格按照试验选定的配合比配置,浆液要经过搅拌和两次过滤后方可进入高压泵。

5. 喷射注浆

下喷射管前,首先在地面进行试喷,用以检查喷嘴是否畅通,压力、流量等参数是否正常。单管法可直接用旋喷管射水面孔或用锤击、振动等法使旋喷管达到设计深度,然后再进行旋喷。

当喷管插入预定深度后,由下而上进行喷射作业,技术人员必须时刻注意检查浆液初凝时间、注浆流量、风量、压力、旋转提升速度等参数是否符合设计要求,并随时做好记录,绘制作业过程曲线。

6. 旋喷完毕

泥浆泵和高压泵应用清水冲洗,各管路内不得有残余浆液和其他杂物。损坏的部件要及时修理和更换,运转部分要涂抹凡士林以利润滑和防锈。

(三)质量控制措施

(1)加强各环节的检查工作。

施工前检查:制浆用的水泥、外掺剂、拌和用水进场前先进行质量鉴定,检验合格后才可进场。材料进场后贮存在附近专用仓库内,防止受潮或结块。浆液配方是否符合工程实际土质条件;在施工前对施工钻机、高压泥浆泵等作试机运行,检查机械设备是否正常,确保钻杆、钻头及导流器畅通无阻;检查喷射工艺是否适合地质条件。

施工中检查:检查内容包括钻杆的垂直度及钻头定位;水泥浆液配合比及材料称量;钻机转速、沉钻速度、提钻速度及旋转速度等;喷射注浆时喷浆的压力、注浆速度及注浆量;孔位处的冒浆情况;喷嘴下沉标高及注浆管分段提升时的搭接长度;施工记录是否完备等。施工记录在每提升 1 m 或土层变化交界处记录一次压力、流量数据。

施工后检查:检查内容包括固结土体的整体性、均匀性、强度、抗渗性、有效直径等。

(2)喷射过程中,要注意防止喷嘴被堵,在拆卸和安装注浆管时动作要快,水、气、浆的压力和流量必须符合设计值。

(3)钻杆旋转和提升必须连续不中断,拆卸接长钻杆后继续旋喷时要保持搭接长度不得小于 100 mm。

(4)深层旋喷时,应先喷浆后旋转和提升,以防注浆管扭断。

(5)旋喷过程中若发生故障,应停止提升和喷射以防桩体中断,同时立即进行检查排除故障;如因机械故障中断旋喷时,应重新钻至桩底设计标高后,重新旋喷。

(6)制作浆液时,水胶比要严格按配合比操作,不得随意改变。旋喷过程中,要防止浆液离析,使浆液浓度降低。

(7)喷射注浆作业后,由于浆液析水作用,固结体顶部会出现凹穴。凹穴要及时用水胶比为 0.6～1 的水泥浆进行补灌,同时预防其他钻孔排出的泥土或杂物进入。

(8)整个旋喷过程中,安排技术人员旁站监督,并做好旋喷时的压力、喷浆量、冒浆量、浆液质量的量测与控制工作,并按要求做好施工记录。如发现浆液喷射不足,影响桩体的设计直径时,应进行复喷。

(9)在旋喷过程中,往往有一定数量的土粒,随着一部分浆液沿着注浆管壁冒出地面。冒浆量小于注浆量 20%为正常,超过 20%或完全不冒浆时,应查明原因并采取相应措施处理。若系地层中有较大空隙引起的不冒浆,则可在浆液中掺入适量的速凝剂,缩短固结时间,使浆液在一定土层范围内凝固。另外,还可在空隙地段增加注浆量,填充空隙后再继续正常旋喷施工。冒浆量太大的主要原因一般是有效喷射范围与注浆量不相适应,注浆量大大超过旋喷固结所需的浆量所致。减小冒浆的措施有三种,提高喷射压力、适当缩小喷嘴直径、控制固结体形状。

(10)相邻两桩旋喷间隔时间应不小于 48 h,间距应不小于 1～2 m。

(11)旋喷结束后,施工场地的冒出浆液及施工废弃物要及时清除到指定地点,按设计要求进行处理。

(四)质量检验

1. 桩的完整性、均匀性、无侧限抗压强度检验

桩完工 28 d 后,检测桩的完整性、均匀性和无侧限抗压强度是否满足要求。抽样检验数量不少于桩总数的 2‰,且不少于 3 根。监理单位按抽样数量的 20%见证检验。在每根检测桩桩径方向 1/4 处、桩长范围内垂直钻孔取芯,观察其完整性、均匀性,拍摄取出芯样的照片,取上、中、下不同深度的三个试样做无侧限抗压强度试验。取芯后的孔洞采用水泥砂浆灌注封闭。

2. 承载力检验

采用平板荷载试验检验单桩或复合地基承载力是否满足设计要求。检验数量为总桩数的 2‰,且每工点不少于 3 根。监理单位全部见证检验,勘察设计单位现场确认。

三、CFG 桩施工

CFG 桩采用长螺旋钻机钻孔、混凝土输送泵泵送混凝土法施工。桩顶部设 0.6 m 厚碎石垫层,垫层内夹铺两层双向抗拉强度不小于 100 kN/m 的土工格栅,即每 0.2 m 厚碎石设一层土工格栅。

施工前选择具有代表性的地段进行工艺性试验,复核地质情况以及设备配置、施工工艺是否适宜,确定混合料配合比、坍落度、搅拌时间、拔管速度等工艺参数及施打顺序和相邻桩施工间隔时间。

CFG 桩路基工点必须安排提前施工,在填筑至路基基床底层顶面时进行观测,时间不少设计或规范要求,确定稳定后方可进行基床表层级配碎石施工,铺轨前必须进行沉降评估。

(一)施工工艺流程

长螺旋钻机成孔 CFG 桩施工工艺流程图如图 4-2-21 所示。

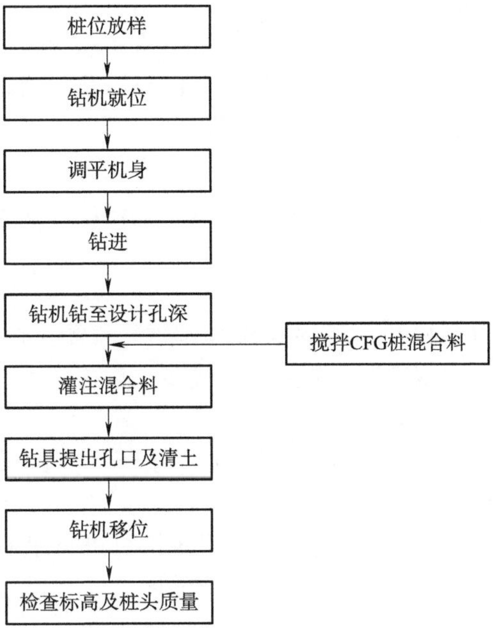

图 4-2-21　CFG 桩施工工艺流程图(长螺旋钻机成孔)

(二)主要施工步骤及工艺要点

1. 施工准备

采集工点土样进行室内配比试验,要求桩体混合料试块(边长 15 cm 立方体)标准养护 28 d 立方体无侧限抗压强度不小于 10 MPa。利用室内水泥土配比试验结果进行现场成桩试验,以确定满足设计要求的施工工艺和施工参数。

2. 桩位放样

先用全站仪放出路基两侧纵向控制桩,施工前再根据桩位布置图用钢尺逐点放出桩位,并用石灰做出每

个 CFG 桩标记。放样后再对其进行全面核查,确保桩的位置、数量及布设形式准确无误。

3. 钻机就位

钻机就位要达到钻杆垂直,钻头矛尖对准桩位点后固定钻机,调整钻机液压脚,保证钻机水平。

4. 钻孔成桩

钻机就位后,启动马达,螺旋钻杆钻入地下,钻孔过程做好记录,进入地基持力层时记录钻压电流值。钻至设计标高后,停钻并开始泵送混合料,混合料充满钻杆芯管后开始均匀提钻。应准确掌握提拔钻杆时间,混凝土泵送量应与拔管速度相配合即司钻和泵工要协调恰当,边灌注边提钻,保持连续灌注,均匀提升,根据泵入混合料量控制提钻速度,保证钻头始终埋在混合料中 1 m 左右,以防断桩。遇到饱和砂土或饱和粉土层,不得停泵待料,避免造成混合料离析、桩身缩径、断桩和夹泥等。

5. 桩机移位

钻具提离孔口,移机进行下一根桩施工。

6. 桩头保护与清理

成桩初凝前,严格保护好桩头。初凝后,人工将桩顶松散部分和浮浆清除,清理地基表面,填筑碎石垫层并碾压密实、平整后,铺设土工格栅,再填筑一层碎石垫层。

施工时严格按桩位布置图顺序施工,防止漏桩。桩施打顺序一般采取由中央向四周,由线路中心向两侧坡脚施打顺序施工。发现地下水位较高,孔隙水压较大时应采取隔桩跳打的施工方法。

(三)质量控制措施

(1)原材料进场前要检查其产品合格证及性能报告单,并根据验标规定的检验批次、数量及检验方法对其进行各项性能指标的检验,检验合格后方可进场。

(2)现场采集各种原材料送至试验室,按不同配合比制作试块,经过不同龄期的养护后,做抗压强度试验,选定最优的配合比。

(3)混合料严格按配合比搅拌,砂、石含泥量要符合要求,搅拌时间不少于 1 min,坍落度控制在 16~20 cm。泵送混合料时必须连续灌注,距桩顶标高 2 m 以内不准停泵,直至高出桩顶设计标高约 0.5 m 为止。

(4)钻孔过程中严格控制孔深进入持力层深度满足设计要求,孔深由钻杆上做出的标高刻度线来控制。设计要求桩端进入完整岩层时,改用同等孔径的取芯钻头。

(5)灌注混合料过程中,堵管桩要进行二次成孔和二次灌注处理。

(6)整个施工过程中,安排技术人员旁站监督,并做好施工原始记录,记录钻压电流值、孔深、单孔混合料灌入量、堵管及处理措施等。

(四)质量检测

CFG 桩施工完毕 28 d 后对 CFG 桩和 CFG 桩复合地基进行检测。检测内容包括低应变对桩身质量的检测和静载荷试验对承载力检测。静载荷试验采用单桩或多桩复合地基,根据试验结果评价复合地基承载力。要求复合地基承载力不小于 180 kPa。

静载荷试验数量取 CFG 桩总桩数的 0.5%~1%,但不小于 3 点。低应变动力试验检测 CFG 桩完整性,检测数量取 CFG 桩总数的 10%。

松软土地基地段设有地基加固时,应于坡脚外 2 m 设观测桩进行水平位移观测,相应的路基中心位置设沉降观测点,纵向间距 50~100 m,过渡段范围内非均质地区应加密观测剖面,填筑过程中必须进行观测,根据观测结果控制填土速率。

四、水泥砂浆桩施工

施工材料选用 P·O42.5 级普通硅酸盐水泥、中砂或细砂、试验检验合格的水、外加剂(如石膏、三乙醇胺、木质素磺酸钙等)。主要施工机械设备包括 SJB-Ⅱ(或 H-A5)深层水泥搅拌桩(自带注浆泵)、UJZ-200 型砂浆搅拌机、柴油发电机等。

(一)施工工艺流程

水泥砂浆桩施工采用“两喷四搅”施工工艺,即在提升时喷浆。施工工艺流程图如图 4-2-22 所示。

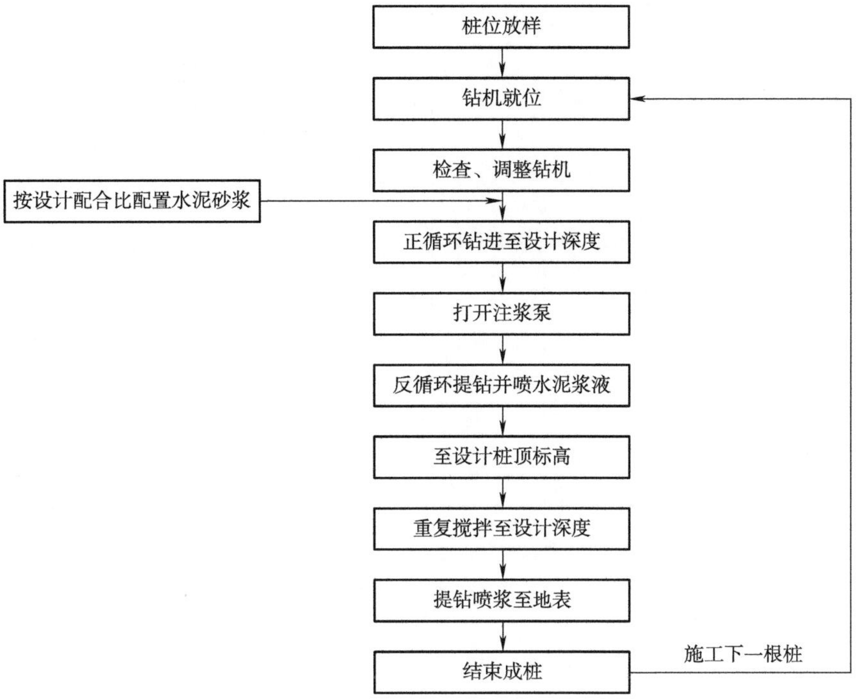

图 4-2-22　水泥砂浆桩施工工艺流程图

(二)质量检验

(1)采用桩长范围钻孔取芯方法进行桩身完整性、均匀性、无侧限抗压强度检验，自桩顶 1 m 以下每隔 2 m 截取试样作无侧限抗压强度试验，其无侧限抗压强度不得小于 1.5 MPa，钻芯后的孔洞采用水泥砂浆灌注封闭。

(2)采用平板载荷试验方法检验复合地基承载力，检验数量为总桩数 2‰且每检验批不少于 3 根，要求处理后的复合地基承载力不小于 0.15 MPa。

(3)水泥砂浆桩施工允许偏差见表 4-2-18。

表 4-2-18　水泥砂浆桩施工允许偏差

序　号	项　　目	允许偏差
1	桩位(纵横向)	50 mm
2	桩体垂直度	1%
3	桩长	不小于设计值
4	桩体有效直径	不小于设计值
5	单桩喷浆量	不小于设计规定
6	桩体无侧限抗压强度	不小于设计值

五、水泥土挤密桩施工

水泥土挤密桩加固是基于复合地基原理的一种加固方法。通过挖孔并夯入水泥土，利用水泥挤密桩的高强度和成桩过程中的挤密作用达到提高路基基床承载力。根据设计要求、现场土质和周围环境等情况，先用沉管法成孔。施工前进行成桩工艺性试验(不少于 3 根)，确定各项施工工艺参数后，进行单桩或复合地基承载力试验，确认设计参数。监理单位、勘察设计单位参与工艺性试桩，并确认试验结论后，方可进行施工。

主要施工设备包括 2.5 t 柴油打桩机、桩管(直径 240 mm)、提升式夯实机、铁锹、量斗、铁筛、手推车等。

(一)施工工艺流程

水泥土挤密桩成孔挤密采用沉管法，成孔机械采用振动沉桩机，成孔前先对桩进行编号，然后确定成孔顺序，成孔顺序原则为先外、后内间隔成孔。水泥土挤密桩施工工艺流程如图 4-2-23 所示。

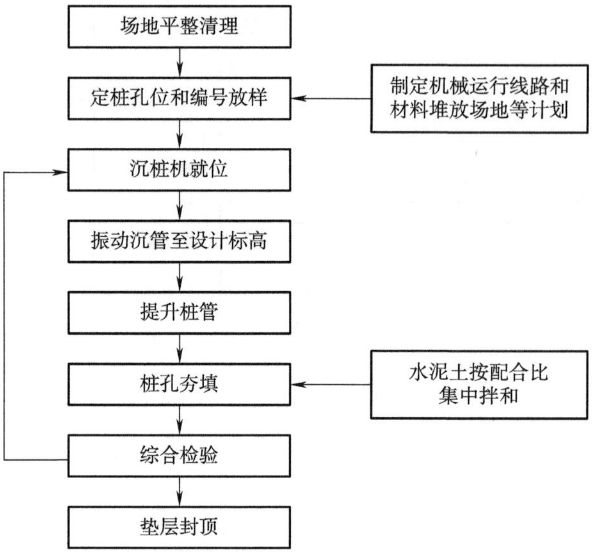

图 4-2-23 水泥土挤密桩施工工艺框图

(二)主要施工步骤及工艺要点

1. 施工准备

施工前,根据线路不同地质情况,选用N10轻型动力触探、N63.5重型动力触探、标准贯入、静力触探四种原位测试方法的一种结合室内土工试验进行补充勘察,有疑问时进行地质补钻,验证设计采用的地质资料,确保不因地质勘察原因造成路基沉降控制问题。

平整场地,基坑开挖到标高以后,按设计修整好坑壁,认真检查场地土情况,对于松软及浅层洞穴要进行处理,并对基坑底平整到设计标高。

对场地土含水率进行测定,以确定最佳含水率。

2. 施工放样与桩机就位

按照工程外控点在基坑内定出主轴线,主轴线闭合复测合格后,以主轴线为准,测放出各桩中心点,桩中心点复核合格后,桩中心点用ϕ20钢钎或木桩灰点定点。

按成孔顺序找到桩位,调整桩机,使钢制桩管尖对中桩位,调整桩管的垂直度到规定范围。

3. 沉管

桩位对中、桩管调整好后,开动机械开始沉管,一直到设计深度时立即停止沉管,然后再缓慢拔出桩管,则桩孔形成。

沉管成孔注意事项如下:桩机就位要准确平稳,桩管与桩孔应相互对中,在施工过程中桩架不应发生位移或倾斜;桩管上要设置醒目牢固的尺度标志(每0.5 m一点),沉管过程中应注意观察桩管的垂直度和贯入速度,发现反常现象时应立即分析原因并进行处理;桩管沉入设计深度后应及时拔出,不宜在土中搁置时间过长,以免摩阻力增大后拔管困难;拔管确实困难时,可采用管周少量浸水或设法转动桩管的方法减少土中阻力;拔管成孔后,由专人检查桩孔的质量,观测孔径、深度是否符合要求;如发现缩径、回淤等情况,应作出记录并及时处理。

4. 桩孔填夯

(1)填料选配

素土:素土采用就地挖出的黄土或粉质黏土,土块的粒径不大于15 mm,不得含有杂土、砖瓦块、石块、膨胀土和盐渍土。

水泥:对水泥的品种、强度等级、包装、数量、出厂日期等进行分批检查验收后方可进场。快硬水泥、早强水泥及受潮变质的水泥不得使用。

水泥土:水泥可选用P·O42.5级普通硅酸盐水泥,水泥土按设计配合比应在拌和站集中拌和,并且根据回填要求随拌随用,其对土料含水率的要求同上,也要事前经试验确定水泥土所用土料的合理含水率。

(2)填料夯实

夯实机械采用卷扬机提升式夯实机。填夯施工前先进行填夯工艺试验,以确定合理的分次填料量及夯击次数。填夯前应注意清除孔内的杂物或积水,开始填料前先将坑底夯实到发出清脆回声为止,然后开始分层夯实。

人工按规定的数量和速度均匀填料,不得盲目快填,严禁送料车直接倒料入孔。桩孔填夯高度宜超出设计桩顶标高 20～30 cm,所余顶部以上桩孔可用其他土料回填并轻夯至施工地面。

为保证填夯质量,要认真控制并记录每一桩孔的填料数量和夯实时间,同时按规定抽查一定数量桩孔的夯实质量。

(三)质量控制与检验

(1)桩位检查,据设计图的基础轴线、高程和桩孔布置,检查桩孔的位置、间距及桩顶标高等是否与设计相符,同时检查有无漏桩、漏料等情况并作出记录。

(2)桩孔检查,成孔施工结束后,应及时检查桩孔的直径、垂直度和深度是否在规定的容许偏差之内;检查桩孔有无缩径、回淤、坍土及渗水等情况,如发现问题应作出记录并应将处理结果写入记录中。

(3)挤密效果检查,挤密效果检查宜在施工前或施工中发现土质有明显变化时进行。检查应在由三个桩构成的挤密单元内,依天然土层或按每 1.0～1.5 m 分为一层,在三角区内分成边长为 10～15 cm 的小方格,在每一个水方格内用小环刀取出土样。测试其干密度并计算其压实系数,最后计算平均压实系数。

(4)填夯质量检查,采用小环刀深层取样检测法,先用洛阳铲在桩体中心部位掏孔至预定深度,然后用带有长柄的专用小环刀在孔底取出原状土样,测定其干密度和压实系数。测试点从桩顶起隔 1.0～1.5 m 取一个,掏孔与取样按预定深度依次向下。取样时要注意对土体的扰动。

六、预应力混凝土管桩施工

预应力混凝土管桩施工包括静压沉桩和打入施工两种方法。以下主要以静压沉桩为例进行详细介绍。

(一)施工工艺流程

预应力混凝土管桩施工工艺流程如图 4-2-24 所示。

(二)主要施工步骤及工艺要点

1. 施工准备

(1)管桩成品质量监控:检查管桩生产企业是否具有准予其生产预应力管桩的批准文件,检查管桩混凝土的强度、钢筋力学性能、管桩的出厂合格证及管桩结构性能检测报告。

(2)管桩现场质量检查:检查管桩的外观,有无蜂窝、露筋、裂缝;色感均匀、桩顶处无孔隙。对管桩尺寸进行检查,允许误差不得超过括号中数值:桩径(±5 mm),管壁厚度(±5 mm),桩尖中心线(<2 mm),顶面平整度(10 mm),桩体弯曲(<L/1 000)。管桩强度等级必须达到设计强度的 100%,并且要达到龄期才能施工。管桩现场堆放场地应坚实、平整,以防不均匀沉降造成损桩,并采取可靠的防滚、防滑措施。

2. 测量定位

采用经纬仪及钢尺进行测量定位,并逐一编号。单排桩桩位放样误差≤10 mm,群桩桩位放样误差≤20 mm。静力液压管桩施工如图 4-2-25 所示。

3. 压桩

压桩施工顺序应遵循减少挤土效应,避免管桩偏位的原则。一般先深后浅、先大后小。尽量避免桩机反复行走,扰动地面土层;循行线路经济合理,送桩、喂桩方便。

调平机台,准确定位、对中管桩,然后压入。压桩过程中,用经纬仪和吊线锤在互相垂直的两个方向监控桩的垂直度,其垂直度偏差不宜大于 0.5%。监理工程师督促施工方测量人员对压桩进行全程监控测量,并随时对桩身进行调整、校正,以保证桩的垂直度。

合理调配管节长度,尽量避免接桩时桩尖处于或接近硬持力层。每根桩的接头数不宜超过 4 个;同一承台桩的接头位置应相互错开。

压桩过程中,随时检查压桩压力和压入深度等参数,遇到下列情况之一时,应暂停压桩,并及时与地质、设计、业主等有关方研究处理:压力值突然下降,沉降量突然增大;桩身混凝土剥落、破碎;桩身突然倾斜、跑位、桩周涌水;地面明显隆起,邻桩上浮或位移过大;按设计图要求的桩长压桩,压桩力未达到设计值;单桩承载力已满足设计值,压桩长度未达到设计要求等。

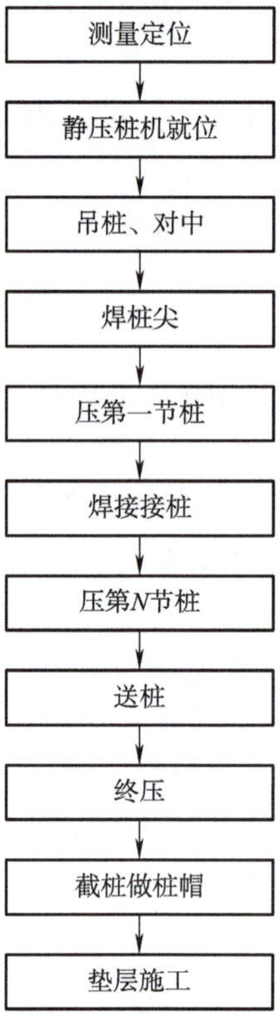

图 4-2-24 预应力管桩施工工艺流程图

图 4-2-25 静力液压管桩施工

桩压好后桩头高出地面的部分应及时截除,避免机械碰撞或将桩头用作拉锚点。截除应采用锯桩器截割,严禁用大锤横向敲击或扳拉截断。

对需要送桩的管桩,送至设计标高后,其在地面遗留的送桩孔洞,应立即回填覆盖,以免桩机行走时引起地面沉陷。预应力管桩垂直度偏差应不大于1%。

4. 接桩

接桩时上下节桩段应保持顺直,错位偏差不应大于2 mm。管桩对接前,上下端板表面应用铁刷子清刷干净,坡口处应刷至露出金属光泽。施焊时,先在坡口周边先行对称点焊4~6点,再分层施焊,施焊宜由两个焊工对称进行。

焊接层数不得小于3层,内层焊渣必须清理干净后方可在外层施焊。焊缝应饱满连续,焊接部分不得有咬边、焊瘤、夹渣、气孔、裂缝、漏焊等外观缺陷,焊缝加强层宽度及高度均应大于2 mm。应尽可能缩小接桩时间,焊好的桩接头应自然冷却后,方可继续压桩,自然冷却时间应大于8 min,焊接接桩按隐蔽工程进行验收。

5. 终压

正式压桩前,应按所选桩机型号对预应力管桩进行试压,以确定压桩的终压技术参数。终压的技术参数一般采用双控,根据设计要求,采用以标高控制为主、送桩压力控制为辅。终压后的桩顶标高,用水准仪认真控制,其偏差为±50 mm。

(三)质量检测

预应力管桩施工结束后,对桩基承载力及桩体质量(桩身完整性)进行检测。承载力检验采用大应变动力检测法,检验数量为桩总数的0.5%,且单体工程不应少于3根;桩身完整性检测采用低应变法,抽检数量不少于总桩数的0.5%。

七、桩板施工

DK208+920.00~DK209+089.07段地基处理采用桩板结构。顶板位于路肩以下1.56 m,板厚0.6 m,宽

11.8 m,顶板采用C40钢筋混凝土现浇。钢筋混凝土钻孔灌注桩桩径1.0 m,横断面方向设3根桩,桩横向间距4 m,纵向间距5 m,桩位于全风化、强风化花岗岩内约14 m。

(一)施工工艺流程

桩板施工工艺流程:场地平整→桩孔定位→埋设护筒→钻孔→检孔及清孔→下钢筋笼→灌注混凝土桩→破桩、检测→凿除桩头至桩顶设计高程→浇筑板底混凝土找平层→立模浇筑钢筋混凝土承台板→板两侧夯填5%水泥改良土、压实。

(二)主要施工步骤及工艺要点

1. 钻孔灌注桩施工

钻孔灌注桩施工过程中必须随时检查施工记录和计量记录,并对照施工工艺对每根桩进行质量评定。检查重点为水泥用量、桩长、钢筋用量等。

(1)泥浆池设置

钻孔灌注采用泥浆护壁。泥浆池设置在远离路基主体5 m的位置,泥浆池底层和四周铺设塑料布,防止泥浆渗漏。为防止泥浆外流,在泥浆池壁设警戒水位,警戒线位于池顶下50 cm处。当泥浆达到此警戒线时,及时安排泥浆车外运,如车辆安排有困难应停止向泥浆池灌浆。

施工过程中,注意检查泥浆池围护结构及四壁是否有渗漏、开裂等情况,发现问题及时采取有效措施,以保证施工质量与安全。

(2)制浆土选择

为了保证泥浆有良好的性能和技术指标,制浆黏土一般选择塑性指数>25,粒径<0.05 mm、黏粒含量>50%的黏土。肉眼目测,具有下列特征的黏土一般均可采用:自然风干后,用手不易掰开捏碎;干土破碎时,断面有坚硬的尖锐棱角;用刀切开时,切面光滑,颜色较深;水浸湿后有黏滑感,加水和成泥膏后容易搓成直径小于1 mm的细长泥条,用手指揉捻,感觉砂粒不多。

(3)埋设护筒

为了固定桩位、保护孔口不致坍塌、隔离地面水以及保证孔内泥浆面高出施工水位,钻孔时根据实际情况选用钢护筒对孔口段进行防护。

根据控制网用坐标放样法精确测放桩位。根据放出的桩位中心点,过桩位中心点拉正交十字线,在护筒外80～100 cm处设置控制桩;在桩位处挖比护筒外径大20 cm的圆坑,深度1.7 m,在坑底填筑20 cm的黏土,夯实;采用钢丝绳将护筒吊放进坑内,在护筒上找出护筒的圆心(可采用拉正交十字线法),然后通过控制桩放样,找出桩位中心,移动护筒使护筒的圆心与桩位中心重合(平面允许误差为50 mm);同时,用水平尺(或吊线锤)校验护筒竖直度,垂直线倾斜不大于1%;然后在护筒周围回填黏土,分层夯实。夯填时要防止护筒偏斜。护筒连接处要求筒内无突出物,应耐拉、压,不漏水。

(4)钻机就位

根据地质情况和现场实际情况,采用冲击钻钻孔。钻机应停放稳当,保证在钻进和运行过程中不产生位移和沉陷,钻头中心与钢护筒顶面中心对位偏差不大于5 cm。

(5)钻孔

钻孔时,起落钻头速度宜均匀,不得过猛或骤然变速,以免碰撞孔壁或套筒。

开钻时,先向孔内加入泥浆和黏土,稳而准地造浆和开孔,使初始成孔坚实、竖直、圆顺,以保证其导向作用。钻进深度超过钻头长度的0.5 m以后,可正常钻进。钻进过程中,根据不同的地质情况采取不同的钻进速度并及时排渣,并及时往孔内注入泥浆;泥浆黏度控制在16～22 s,泥浆相对密度控制在1.05～1.15以内。在钻进过程中遇到孤石或探头石时,投入片石夹黏土,再继续钻进,防止桩孔弯曲和倾斜。

钻孔作业按两班制连续进行,及时填写钻孔施工记录;交接班时,交待钻进情况及下一班应注意事项。经常对钻孔泥浆进行检验,不符合要求时及时调整。注意地质变化,在地质变化处捞取渣样,判明地层并记入记录表中,以便与地质剖面图核对。

(6)成孔检查

钻孔达到设计深度后,用钢筋加工探孔器对成孔的孔径、孔形、倾斜度及孔的中心偏差、孔深进行全面检查,探孔器的直径100 cm,长度不小于5 m(一般为4～6倍钢笼直径)。发现孔不直、孔壁不圆、孔径减小等情况,应采取措施进行处理。

成孔中心位置偏移小于 5 cm;桩径、孔深不小于设计值;倾斜度小于 1%孔深;沉渣厚度不大于 10 cm。成孔符合设计及规范要求并报监理工程师检查合格后,立即进行清孔。

(7)清孔

采用换浆法进行清孔,利用钻机的泥浆泵持续吸渣 5～15 min。清孔时,必须注意保持孔内水头,防止坍孔。清孔后泥浆的含砂率不小于 2%,相对密度不大于 1.1,黏度 17～20 s,严禁采用加深钻孔深度方法代替清孔。

(8)钢筋笼加工和安装

钢筋笼在钢筋加工场统一制作。主筋接头采用双面搭接焊,搭接长度不小于 $5d$。接头经外观检查和力学性能检测合格后,才能正式进行施工。配料时将接头互相错开,使同一截面的钢筋接头小于 50%。骨架箍筋用钢筋弯曲机弯制,均采用单面焊,焊接长度不小于 $10d$,箍筋点焊或绑扎在主筋上,采用单面搭接焊,焊接长度不小于 $10d$。

钢筋笼制作完成后,用汽车式起重机装入平板汽车运到施工现场,用汽车式起重机吊装入孔。当加工成多节吊装时,先将底节钢筋笼采用汽车式起重机提升后,垂直入孔,用两根 ϕ50 mm 钢管穿入底节钢筋笼放置在孔口钢护筒,再吊装上节钢筋笼与之对接;节与节之间用单面焊连接,焊缝长度不小于 $10d$。在钢筋笼上焊接钢筋耳环,使钢筋笼在孔内居中,保证钢筋保护层厚度达到要求。钢筋笼顶面焊接 4 根与主筋直径相同的定位钢筋,对中调整,然后将定位钢筋焊接在钢护筒上,防止钢筋笼的下沉或上浮。

钢筋笼加工和安装允许偏差如下:主筋间距±10 mm;箍筋间距±20 mm;骨架外径±10 mm;骨架倾斜度±0.5%;保护层厚度±20 mm。

(9)灌注水下混凝土

钢筋笼吊装就位后,立即安装导管检查孔底沉渣,合格后进行水下混凝土灌注,以防坍孔。

采用导管法灌注水下混凝土。

水下混凝土性流动性要满足要求、不产生分层和离析现象,坍落度控制在 16～22 cm;采用级配良好的河砂和碎石,石子的最大粒径不大于 35 mm。

钢导管内壁应光滑、圆顺,内径一致,接口严密。导管直径应与桩径及混凝土浇筑速度相适应,可为 20～30 cm。导管管节长度,中间节宜为 2 m 等长,底节可为 4 m,漏斗用 1 m 长导管。节与节之间用螺纹套筒连接并加密封圈,导管上口接上漏斗。导管的接头拧紧,不得漏气和漏水。在使用前进行密水压力试验,导管下口安装在离孔底 0.5 m 左右,上方用抱箍夹住安放在护筒口。用 16 t 汽车式起重机吊升导管。

储料斗用起重机吊于漏斗上方,考虑孔径的不均匀,漏斗容积必须大于 1.8 m^3。一切准备就绪,拔去漏斗内的堵塞漏斗口的阀门进行封底,漏斗内的混凝土即将漏完时,开始向漏斗内送混凝土,保证初始连续浇筑混凝土使导管埋入深度大于 1 m 的规范要求。

在灌注过程中随时检测并调整混凝土的坍落度,并用测锤检测孔内混凝土面的标高,保证导管插入混凝土 1～3 m。拆除导管时,必须保证导管埋入下层混凝土 2 m 以上。严防导管提出混凝土面,造成断桩。

水下混凝土连续地进行灌注,中途不得停止。当混凝土供应出现间断时,应每隔几分钟提动一下导管;导管的埋深不能过大,防止导管埋入混凝土拔不动。当导管被钢筋笼挂住时,应横向摆动导管绕开钢筋,不能强提导管,防止钢筋笼上爬。混凝土应灌注至设计的桩顶标高并高出 1.0 m 左右,以保证桩顶的混凝土强度。

在灌注水下混凝土过程中,对孔内排出的泥浆进行回收,沉淀后继续使用,多余泥浆经沉积后运到指定地点进行处理,以免造成环境污染。

(10)成桩检测

成桩 28 d 后采用低应变反射波法对全部基桩进行成桩质量检测。

2. 连续板施工

待基桩强度达到设计强度 80%以上时开挖基坑,截断桩头至设计高程,铺设 C25 混凝土垫层 0.1 m(桩顶高出垫层 0.1 m 以保证其伸入连续板 0.1 m);待垫层混凝土强度达到设计要求后,进行钢筋混凝土连续板施工。

连续板主筋钢筋接头采用双面搭接焊，搭接长度不小于 $5d$。接头经外观检查和力学性能检测合格后，才能正式进行施工，配料时将接头互相错开，使同一截面的钢筋接头小于 50%。分部钢筋均采用单面焊，焊接长度不小于 $10d$，加工和安装允许偏差如下：主筋间距±10 mm；箍筋间距±20 mm；外径±10 mm；骨架倾斜度±0.5%；保护层厚度±20 mm。

连续板施工分为先浇段和合龙段两批完成，先浇筑先浇段，然后浇筑合龙段。先浇段长 27 m，合龙段长 1 m。先浇段施工完成后并养护 1 个月，再浇筑合龙段。合龙时板体温度应控制在 15 ℃左右。合龙段施工完成后，在连续板的顶面及侧面涂沥青，并及时进行两侧及板顶填料的施工。

连续板沿纵向至箱形桥并与桥尾之间预留伸缩缝一道，缝宽 3 cm，伸缩缝内填充泡沫橡胶板。桩板结构与路基连接处，设置托梁，梁下设置 3 根桩，将桩板结构置于托梁上，并与路基预留 3 cm 的伸缩缝，伸缩缝内填充泡沫橡胶板。伸缩缝施工完成后，在连续板的顶面及侧面涂沥青，并及时进行两侧及板顶填料的施工。

3. 接地钢筋连接

每根桩内应有一根钢筋与连续板内一根纵向钢筋连接，每块连续梁顶板内与桩连接的 2 根纵向钢筋再通过 2 根横向连接成闭合圈，连接处采用搭接焊，采用单面焊长度不小于 100 mm，钢筋间十字交叉时采用 16 mm 钢筋进行焊接。桩内钢筋应距离混凝土表面不大于 70 mm，在每连续梁顶板内的闭合钢筋圈两端各有一个连接点焊接一根截面为 50 mm^2 的镀锡铜缆，长度为 2 m。

（三）质量控制要点

(1)桩位测量准确，护筒埋设中心线与桩中心线吻合，误差小于 5 cm，护筒倾斜度小于 1%。

(2)反复清孔，直到沉渣厚度符合技术要求。清孔后泥浆浓度尽量降低，以减少泥浆沉淀量。

(3)钢筋笼同一截面钢筋连接接头不超过 50%，应间隔搭接，钢筋接头采用单面焊接。安放时应设横杠卡死，防止混凝土灌注过程中钢筋笼上浮。

(4)测量混凝土面标高的测量绳必须经过长钢尺比长校核。

(5)混凝土灌注前应严格对桩底标高、沉渣厚度、钻孔垂直度、中心位置偏差自检合格后报监理工程师审核。

(6)灌注前，导管应试拼、试压，确认不漏水、连接牢固。导管的安装应密封不漏水(安装前进行水密试验)，灌注混凝土前将导管插入孔底，检查导管实际长度与所划刻度是否相符，然后将导管提离孔底 30～35 cm。

(7)混凝土灌注前，应充分准备好混凝土供应，做好一切防范措施，保证每根桩一气呵成。封底混凝土灌注时，应保证初始混凝土量能将导管底部埋入混凝土中不小于 1 m。桩身混凝土灌注时，保证孔内水位高度，以免水位较低，桩内裂隙水压力增大，影响混凝土质量。

(8)灌注过程中，随时测定混凝土灌注高度，及时调整导管埋入混凝土深度。拆除导管时，应慢慢上提，不能过猛过速，防止发生断桩，导管埋入深度控制在 1.0～3.0 m。混凝土灌注应连续不间断，万一发生混凝土灌注中断事故，应根据导管埋深，不停地少量提升导管，并及时恢复灌注。桩顶混凝土超灌控制在 1.0 m 左右。

(9)混凝土灌注过程中应认真填写原始记录。

（四）质量检测

采用低应变法对全部桩基进行成桩质量检测，做出桩身完整性判定并按要求编制检测报告。对质量有怀疑的应钻取桩芯鉴定，检查桩身强度，不允许出现不合格桩。

八、碎石垫层施工

碎石垫层适用于路堤高度小于两倍极限高度，软土表面无透水性的硬壳；或软土层不很厚，或虽稍厚但表面无排水条件的地段。在软土层顶面铺设排水碎石层，可增加排水面，使软土地基在填土荷载的作用下加速排水固结，提高其强度，满足稳定性的需要。

碎石垫层施工主要施工步骤及工艺要点如下：

(1)地表处理：排除地表水，清除地表淤泥、草皮及垃圾等杂物，用推土机大致整平后检测基底平整度、排水坡、地基承载力,确保满足设计要求。

(2)测量放样:用全站仪放出路基两侧纵向控制桩,确保垫层铺设位置、范围满足设计要求。

(3)材料检验:碎石采用未风化的干净砾石或碎石,其最大粒径不大于 50 mm,含泥量不大于 5%,且不含草根、垃圾等杂质;用作排水固结地基的砂垫层,其含泥量不大于 3%。

(4)填筑工艺:垫层采用分层填筑、摊铺平整、碾压密实的填筑工艺。填筑层数依设计厚度而定,摊铺采用人工配合机械进行,碾压采用压路机静压。砂垫层压实质量应满足设计要求。碎石垫层压实度应随垫层所处路堤部位的不同而满足不同的压实度要求。

第三节 一般路基施工

路基基床表层、过渡段和短路基采用级配碎石填筑,其中过渡段级配碎石掺水泥(普通硅酸盐水泥),所有级配碎石填料均在路基填料集中拌和站集中生产,统筹供应。基床底层及以下部分路基采用 A、B 组填料填筑。

一、级配碎石生产

级配碎石选用四种粒径大小不同的集料按一定比例混合组成粒径、级配及品质指标符合规定要求的混合料。生产路桥过渡段级配碎石时,按设计要求掺加水泥(若设计有要求)。为保证填筑压实质量,级配碎石混合料随拌随用。

(一)生产工艺流程

级配碎石的生产工艺流程如图 4-2-26 所示。

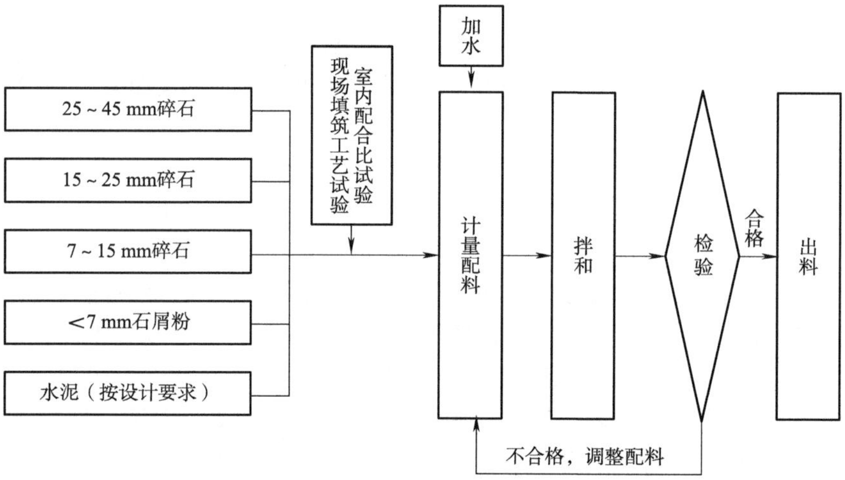

图 4-2-26 级配碎石(掺水泥)生产工艺流程图

(二)工艺要点与技术措施

(1)原材料应选用 25～45 mm、16～25 mm、7.1～16 mm、小于 7.1 mm 四种规格的碎石和石屑粉粗细集料。

(2)贮存集料时分层往高处上料,避免颗粒发生离析,各种集料隔离堆放。

(3)根据基床表层级配碎石各集料的筛分结果,按《客运专线基床表层级配碎石暂行技术条件》规定的粒径级配范围要求,分别设计出三种基床表层级配碎石配合比。根据过渡段级配碎石各集料的筛分结果,按设计规定的过渡段级配碎石的粒径级配范围要求,设计出三种过渡段级配碎石的配合比例。

(4)按设计的配合比进行室内击实试验和现场填筑工艺试验,从中分别优选出合适比例,并求得混合料颗粒密度和最优含水率。

(5)采用具有自动计量配料系统的拌和设备,按试验确定的施工配合比(加水量根据气候及运距在最优含水率基础上增加 1%～2%)进行配料和拌和,以获得颗粒级配稳定和含水率合适的基床表层级配碎石混合料和过渡段级配碎石混合料。

(6)需掺加水泥的级配碎石按设计要求在拌和过程中掺加水泥。

(7)出厂前，对混合料级配、含水率(水泥含量)进行检测，符合工艺试验确定允许范围的方可出厂。

(8)建立健全工地试验、质量检查及工序间的交接验收等项制度。试验、检验应做到原始记录齐全，数据真实可靠。若施工现场级配碎石填筑压实指标出现异常，及时回馈到生产厂，由试验人员及时调整配合比，确保填筑质量。

二、A、B组填料生产

(一)生产工艺流程

基床以下路堤A、B组填料生产工艺流程如图4-2-27所示；基床底层A、B组填料生产工艺流程如图4-2-28所示。

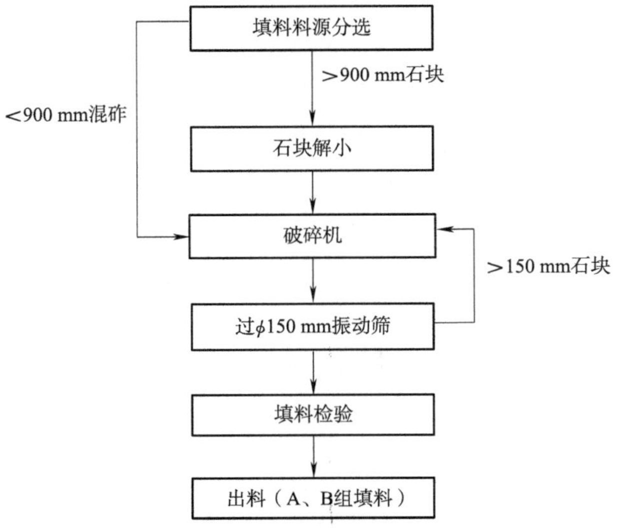

图4-2-27　基床以下路堤填料生产工艺流程图

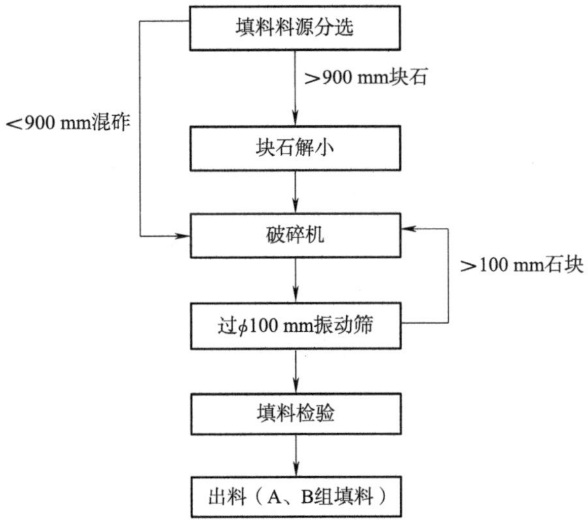

图4-2-28　基床底层A、B组填料生产工艺流程图

(二)工艺要点与技术措施

1. 料源分选

根据路基填筑的不同部位，对路堑挖方和隧道弃渣中不易风化的料源进行相应分选。选用路堑挖方与隧道弃渣中的硬质岩石加工A、B组填料；当粒径及级配不满足基床以下填料要求时，经填料集中拌和站破碎筛分后，再用于基床以下路堤的填筑。

将料源粒径大于900 mm的进行二次解小，用带式输送机将混合料输入破碎机破碎，再经孔径为150 mm(100 mm)的振动筛筛分，使其生产填料的粒径全部小于150 mm(100 mm)，振动筛下填料分别隔离堆放。

堆放料时用装载机在振动筛出料口处及时转运，分层堆放，防止形成自然坡角的料堆，避免颗粒发生离析，以保证成品填料颗粒级配的均匀性。

对破碎筛分出的集料的颗粒级配、颗粒密度等项目分批进行试验检测。

2. 质量控制与要求

正常情况下，每生产10 000 m^3抽检一次颗粒级配，以分析评价级配的波动情况，并进行颗粒密度试验，为检测填筑施工的压实质量提供标准参数。

填料生产过程中，随时目测出料级配情况，当出料级配发生明显变化时，增加抽检试验次数，将细粒含量小于15%及含量在15%～30%的集料按A、B组填料分别堆放。将细粒含量大于30%的集料重新掺加粗颗粒拌和，经检验符合A、B组填料标准后，再作为A、B组填料使用。

三、路堤填筑

场地整平至设计整平标高，并碾压至地基系数$K_{30}\geqslant 60$ MPa/m。路堤基床表层填筑级配碎石，厚

0.4 m;基床底层填筑A、B组合料或改良土,厚约2.3 m;基床以下填筑A、B、C组(除细粒土外)填料。路堤两侧边坡坡度为1∶1.5;路堤两侧边坡水平宽度3.0~4.0 m,自坡脚至基床表层下每隔0.6 m铺设一层双向抗拉强度不小于25 kN/m土工格栅。

(一)基床以下路基填筑

基床以下路基采用A、B组土填筑,大面积路基填筑前,首先做试验段,根据试验段确定的松铺厚度、碾压机械及碾压遍数等参数进行施工,施工中加强路基压实质量检测及填料指标控制,填料标准应符合施工技术指南和设计要求,确保路基压实质量。

路基地表处理合格或地基基底加固处理完毕经检测合格后,方可展开路基本体填筑作业。

路堤填土按分层施工和作业区段分段施工的方式,采用按横断面全宽纵向水平分层填筑压实方法。不同填料填筑时,各种填料要分层填筑,每一水平层的全宽采用同一种填料。

1. 施工工艺流程

基床底层及以下路堤填筑施工工艺流程如图4-2-29所示。

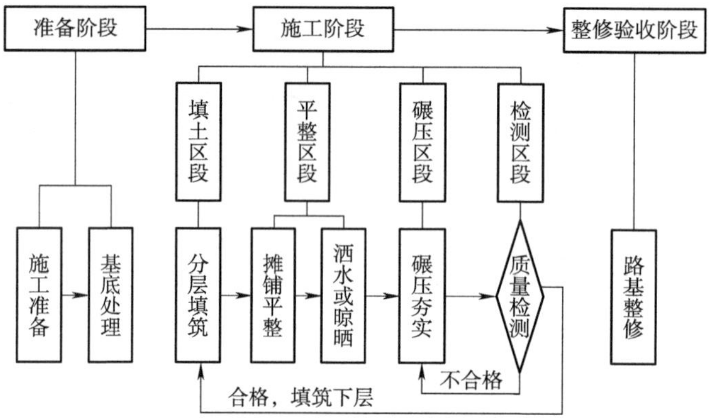

图4-2-29 基床底层及以下路堤填筑施工工艺流程图

2. 主要施工步骤及工艺要点

(1)摊铺整平

按工艺试验确定的合理摊铺层厚分层上土,松铺厚度控制采用"方格网法"和"挂线法"。当采用自卸汽车时,根据车容量提前计算出堆土间距,并派专人负责指挥卸土,以保证土层厚薄均匀。填筑时路基两侧各加宽50 cm以上,以保证边坡压实质量。填料摊铺平整使用推土机进行初平,再用平地机进行终平,摊铺厚度采用水准仪控制,保证摊铺面在纵向和横向平顺均匀,平整面要做成4%的横向排水坡。

(2)洒水或晾晒

填土时随时检测填料含水量,碾压前控制在由试验区段压实工艺确定的施工允许含水量范围内,若含水量过低,则可在路基上洒水拌和或提前在取土坑内焖湿;若含水量过高,则可将土在路基上摊开晾晒或在取土坑内翻松晾晒,并适当减少填层厚度,确保填料含水量在施工允许范围内。

(3)碾压夯实

按工艺试验确定的施工工艺及碾压遍数,选择合适的压路机进行碾压,确保压实达到设计的要求。本标段大面积填土压实作业全部采用大吨位重型振动压路机进行压实,压实顺序按先两侧后中间,先慢后快,先静压后振动压的操作程序进行碾压。各区段交接处互相重叠压实,纵向搭接长度2 m,沿线路纵向行与行之间压实重叠0.4 m。碾压过程中如发现有凹凸不平现象,采用人工配合及时补平,使碾压好的路面平整度符合要求。沉降板观测管周围采用冲击夯夯实。

(4)质量检测

每层填筑前,对下一层填土质量状况进行检测。路基本体压实质量标准严格遵循相应的规范、验标及施工指南。

(二)基床底层填筑

基床底层采用A、B组填料,厚约2.3 m;A组、B组分开使用。基床底层填筑在基床底层下承层检查验收合格后进行。路堤填筑前，通过试验段工艺试验确定施工工艺参数及试验、检测方法。

采用自卸汽车运输填料到摊铺现场，采用方格网控制填料量，推土机初平，平地机精平，压路机碾压。施工中按照"三阶段、四区段、八流程"的施工工艺组织施工。

1. 验收路基本体

对基床底层下承层表面进行整修，对中线、高程、平整度、几何尺寸及压实度等进行检查验收；对不符合标准的基床底层进行修整，使其达到基床底层标准要求。

2. 填料运输与卸料

检测A、B组填料的各性能指标，填料检测合格后，由自卸汽车运至路基填筑段；采用方格网控制填料量，根据松铺厚度和计算好的每车料的摊铺面积打好方格，按照指定线路等距离卸料堆放。

3. 摊铺碾压

用平地机和推土机根据试验段确定的最佳含水量的松铺厚度进行分层摊铺碾压。碾压遍数一般先静压一遍，再弱振一遍、强振2～3遍、弱振1遍，最后再静压2遍对表面平整收光。碾压遵循先轻后重、先慢后快的原则。直线段先边后中，由两侧路肩向路基中心碾压；曲线段由内侧路肩向外侧路肩进行碾压。碾压时沿纵向重叠40 cm，横缝衔接处搭接长度不少于2 m。碾压中如表面水分散失过多，应及时洒水碾压，对不平处及时人工补平。基床底层铺筑两侧各超宽50 cm以保证路基基床边缘碾压密实。

4. 质量检测

采用平板荷载仪测定地基系数K_{30}值，采用灌砂法检测压实系数K、孔隙率n，力学指标采用K_{30}法和E_{vd}法检测；若达不到技术标准要求，分析原因，重新整修补压，直到满足要求。基床底层压实质量标准、检测频次和取样部位等严格按照相应的规范、验标及施工指南的要求进行。

（三）基床表层填筑

基床表层由0.4～0.7 m厚(有砟轨道表层厚0.7 m，特殊地段特殊设计)的级配碎石填筑。

基床表层级配碎石由路基填料集中拌和站集中生产，统筹供应。自卸汽车运输，采用方格网布料，摊铺机进行摊铺，振动压路机碾压密实。施工时按照试验室对级配碎石填料试验结果确定的施工工艺参数，控制松铺厚度。按照"四区段、八流程"的施工工艺组织施工。

1. 施工工艺流程

路基基床表层级配碎石填筑施工工艺流程如图4-2-30所示。

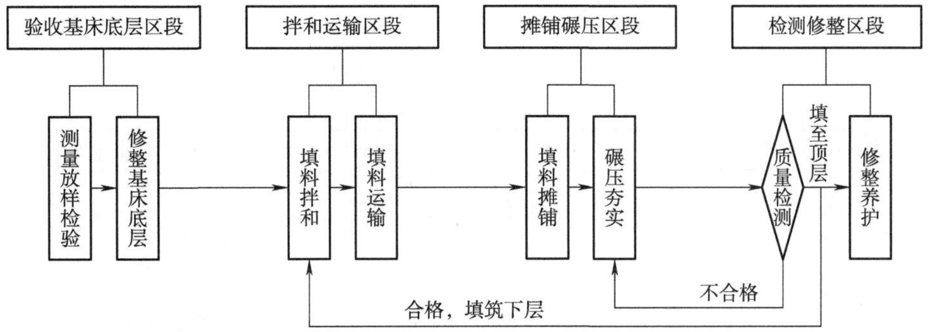

图4-2-30　基床表层级配碎石填筑施工工艺流程图

2. 主要施工步骤及工艺要点

(1)基床底层验收

基床表层级配碎石施工之前，首先进行基床底层的验收。基床底层经过不少于6个月的沉降观测(各段路基根据设计要求确定沉降观测期)，确认路基工后沉降已经基本完成并满足设计要求后，方可进行基床表层填筑。基床底层验收内容包括测量中线水平、检查几何尺寸、核对压实标准等，使其达到基床底层验收标准；对不符合标准的基床底层进行修整。

(2)填料摊铺

采用摊铺机分层填筑填料，分层层厚根据试验段成果确定。

对混合料的级配、含水量进行控制,混合料拌和均匀。摊铺时,在摊铺机后面配备施工人员及时消除粗细集料离析现象。对于粗集料"窝"和粗集料"带",应添加细集料并拌和均匀;对于细集料"窝",应添加粗集料,并拌和均匀。

(3)碾压夯实

采用振动压路机碾压,先静压、后弱振、再强振的方式,最后静压收光。

直线段由两侧路肩向路基中心碾压,即先边后中;曲线段由内侧路肩向外侧路肩进行碾压。碾压时,保证纵向搭接长度大于 2 m,纵向行与行之间的轮迹重叠大于 40 cm,上下两层接头错开不小于 3 m。

碾压要遵循先轻后重、先慢后快的原则。前两遍行驶速度为 1.5～1.7 km/h,以后行驶速度为 2.0～2.5 km/h,路面的两侧多压 2～3 遍。

(4)质量检测

路基基床表层填料及压实质量标准、检测频次和取样部位严格按照相应的规范、验标及施工指南要求进行。

(四)路基面整形、边坡整修

为保证压实质量,路堤边坡采用超填压实法施工,超填宽度 50 cm。当接近路基设计标高时,加强高程测量检查,以保证完工后的路基面宽度、高程、平整度及拱度、边坡符合规范和设计要求。路面整形时保证基床表层质量,做到路肩的肩棱明显、路拱坡面符合设计要求。边坡整修时按设计坡率刷除超填部分。

表面补填厚度小于 10 cm 时,将压实层部分翻挖,再补填同类土重新整平压实。

(五)基床表面水泥混凝土

无砟轨道混凝土支承层以外的路基表面均设有水泥混凝土防排水层。

路基混凝土封闭层采用现浇施工。施工时挂高程线施工,排水坡应满足设计要求。水泥混凝土浇筑完毕加强养生,防止开裂,如发生开裂需在稳定情况下注入防水材料进行封闭,或切槽涂刷粘胶重新浇混凝土。与轨道底座接触面和预留变形缝全部用硅硐材料填塞。

四、半挖半填路基施工

半挖半填路基施工质量的关键在于堑、堤结合部位和填方的密实程度,即过渡段控制。

(一)施工工艺流程

半填半挖施工工艺流程如图 4-2-31 所示。

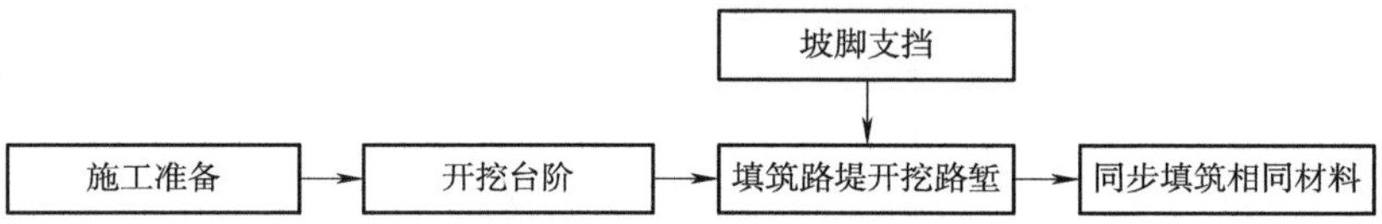

图 4-2-31 半填半挖施工工艺流程图

(二)施工技术要点

(1)开工前,将地表水引排至基底范围以外,并注意边坡的稳定性。特别注意靠山侧地面水的排除和地下水的处理;侧沟、排水沟的渗水可能危及路基稳固时,须有防渗的加固措施。

(2)陡坡地段的半填半挖路基,路基轨道下横跨挖方与填方两部分时,为使基床部分的强度一致,防止发生不均匀沉降而引起轨道病害,自线路中心向挖方部分不小于 2 m 宽和不小于 1.0 m 深范围内应挖除,换填与路堤填方相同填料,换填界面设 4%向外的横向排水坡。

(3)当路堤与路堑连接处为硬质岩路堑时,在路堑一侧顺原地面纵向开挖台阶,台阶高度符合有关要求,并且在路堤一侧设置过渡段,填筑级配碎石。

(4)当路堤与路堑连接处为软质岩石、全风化硬质岩或土质路堑时,顺原地面纵向挖成 1∶2 的坡面,地面上开挖台阶,台阶高度 0.6 m 左右。施工关键是路堑与路堤连接部分的挖台阶处理和半路堤部分的分层压实工艺,必须认真按有关施工设计和要求进行施工。

(5)施工中注意采取防滑坡措施,如改善基底条件、设置支撑建筑物(路堤坡脚部分加坡脚墙、设置侧向约束桩)等,防止路堤在陡坡基底上的滑动稳定问题产生。

五、路基施工质量保证措施

(1)地基条件评价。路堤施工前,结合初步地质勘察资料进行详细的补充地质勘查,准确评价路基地基条件。

路堤施工前,在进行地基处理和路基填筑前,根据施工图设计提供的地质资料进行现场复核,根据线路路基的不同地质情况,选用 N10 轻型动力触探、N63.5 重型动力触探、标准贯入、静力触探原位测试方法进行现场勘测,并结合室内土工试验进行地基条件评价。岩溶区采用电阻率法测定仪和探地雷达进行地下岩溶的复勘,有疑问时再进行地质补钻,重新评价地基条件、确定地基处理措施。

在路堑开挖至路基面标高时,根据施工图设计提供的地质资料现场复核,对地质不符的地段,根据开挖揭示的地质情况判断是否可能存在松软土或岩溶,对疑为松软土地段根据不同地质情况采用 N10 轻型动力触探、N63.5 重型动力触探、标准贯入、静力触探原位测试方法进行现场勘测。对石灰岩地段采用电阻率法测定仪和探地雷达进行地质复核,必要时再进行地质补钻,重新评价地基条件、确定路堑换填厚度和地基处理措施。

(2)地基处理。每种地基施工前,先进行工艺试验,取得工艺参数后,再全面铺开。充分利用全线 CFG 桩、旋喷桩、水泥砂浆桩、水泥搅拌桩等桩基试验成果,强化桩基钻孔和灌注过程工艺监控,杜绝“二次断桩”现象;采用无损检测仪器对桩基进行承载力和完整性检测,保证桩基质量。

(3)地基处理验收。每段地基处理后,组织咨询、监理、设计和施工单位进行验收评价,依据施工单位自检记录和监理检查验收记录进行评判,形成验收记录并共同签字,合格后方可进行路基填筑施工。

(4)填料质量控制

在路基沿线设置路基填料集中拌和站,随拌随用。

选用合格填料料源,通过二次解小、破碎和筛分,严格控制最大粒径,以获得颗粒级配稳定的 A、B、C 组碎(砾)石类土填料,供应优质的 A、B、C 组填料,保证路基填筑获得最大压实密度和长期稳定性。

通过外购或破碎加工选用四种不同粒径规格的粗、细集料,在级配碎石生产场采用具有自动计量装置的拌和机集中拌和,为统一供应质量优良且含水量合适、级配稳定的基床表层和过渡段用级配碎石混合料。

采用填料集中拌和站检验为主,填筑摊铺过程中再抽样复验的方式,严格控制填料质量。

(5)路基填筑施工。严格填料筛选和检验,保证材质、级配等满足要求;推行样板工程引路、工艺试验先行做法,在进行大面积填筑前,选取有代表性的填料和地段进行摊铺压实工艺试验,试验填料碾压含水量、摊铺厚度、碾压机械、碾压遍数等施工工艺参数,经检验地基系数 K_{30}、变形模量 E_{v2}、压实系数 K 和无侧限抗压强度(改良土填料)、动态变形模量 E_{vd}、孔隙率 n 均满足设计要求后,确定施工工艺参数,再进行大面积路基填筑;填筑施工严格按工艺试验确定的参数施工,路基两侧各加宽约 50 cm,保证边坡压实质量。采用网格分配摊铺方法,严格过程监控和质量检验、记录。保证填料铺摊均匀、厚度一致;采用先进的检测仪器和方法,科学评价压实指标。

过渡段路基、基床施工均应遵循上述措施进行过程控制。两结构物间路基按一个作业工区施工。

(6)基床表层防水施工。先进行铺摊工艺和渗漏性能试验,取得工艺参数后再大面积施工,保证防水层厚度达标,密实不渗不漏。

(7)在进行路基施工中,要提前规划接触网基础、电缆沟槽、声屏障、综合接地等站后工程的接口预留施工,杜绝“二次开口”施工现象。

第四节　特殊路基施工

全线特殊路基主要包括岩溶路基、松软土(软土)路基和浸水路堤等。

一、松软土、软土路基

松软土、软土路基地基处理尽早安排。填筑前按设计要求,预估路基的填土速率、固结程度、沉降变形及稳定情况。路堤填筑过程中进行沉降观测,填土速率根据观测情况确定。如地基稳定情况良好可以酌情加快,给填筑后的路基留有足够的沉降观察分析时间;反之减缓填土速率。当边桩位移每天大于 5 mm,地面沉降超过 10 mm 时,停止填土,待路基沉降稳定后再继续填土。

二、岩溶路基

全线范围内的岩溶路基分布广泛,主要采用注入水泥浆、粉煤灰、水玻璃及灌砂处理;注浆完成后,再施作各类桩体。施工前,加强地质情况核实,对施工过程及时观察和记录,发现异常情况,及时与设计单位沟通,采取地质补探等措施,防止遗漏或处理不到位。

施工中,利用 25%注浆孔进行补充勘探。补充勘探孔要求全断面取芯,岩芯要按顺序摆放整齐,每段长 1 m。终孔后,对全孔进行编录,待驻地监理、施工、设计、业主拍照后方可将岩芯处理。按照实际情况完成补充勘察报告,由施工、设计、监理、建设单位签字确认后提交设计院确定进行注浆孔设计。

施工后,采取抽样钻孔或物探等检测手段,分析地基处理效果。

以下以 K158～K173 和 K185～K190 段岩溶路基为例总结岩溶路基施工技术。

(一)工程概况

K158～K173 和 K185～K190 段岩溶路基以覆盖型岩溶为主,岩溶发育程度多为中等发育,局部地段为弱发育和强烈发育。溶洞多呈串珠状,靠近覆盖层溶洞多为全充填或部分充填,以下则以空洞为主。沿线岩溶的发育具有不均一性,受地质构造、地层岩性及组合、地下水活动强度等的控制。

(二)施工准备

施工现场从施工布局、电线布设、机械停放、施工防护、材料堆码、弃浆处理,施工排水七个方面统一规划,统一布局,使施工现场做到整齐有序。

岩溶注浆采用工厂化标准模式,浆液拌和由搅拌站集中拌和生产,运输至现场进行注浆。拌和站配备一套 S60 机组和标准电子计量设备,能够准确控制浆液的配合比,确保浆液质量。同时该机组配备 4 个水泥罐,确保满足生产需要。注浆现场设置注浆车间,注浆车间内设置泥浆池两个,分别盛放运输至现场的不同比重的浆液。

(三)计量设施

为了有效控制注浆量,防止浪费成本,采用现代化计量设施对成本进行监控。

水泥浆计量采用拌和站标准电子计量设备,对每一盘水泥浆材料用量进行准确计量,并记录出场水泥浆量。注浆设备上配备电磁流量计及台式定值控制仪,通过双仪表进行注浆计量。

(四)施工工艺及技术要点

1. 施工工艺流程

岩溶路基注浆施工工艺流程如图 4-2-32 所示。

2. 主要施工步骤及技术要点

(1)布孔:按照设计院技术交底要求布孔。按设计排距、孔距测量确定 25%先导孔孔位、标高,进行统一编号钉桩。

(2)安装钻机:平整场地、机台后,设置 GXY-1A 型或 XY-150 型钻机,调平机架、机体,然后进行孔位对正。

(3)钻孔:开孔前先了解有无地下埋藏物,确认无误后采用 $\phi110$ 岩芯管开孔钻进。在钻进的过程中每 1 m 取一次芯样,并详细记录、拍照,详细记录土岩分界面位置和溶洞起至高程,量测空洞的深度、大小、充填物的情况。钻进过程中,必须注意机械运转情况以判断地层的变化。

(4)下套管:钻至基岩 0.5 m 后,下入套管;套管出露地表 0.2～0.5 m。用 M7.5 砂浆固结套管,并将孔口套管四周捣实封闭,防止浆液从套管周围冒出,影响注浆效果。

(5)基岩钻进:待固结套管固定后,继续钻进。循环水应用清水,如遇岩层破碎或构造带使钻进困难时,可采用泥浆循环,但终孔前用清水冲洗,直至返清。钻进过程中,要根据机械运转情况初步判断岩溶发育情况;注意岩溶空洞会出现掉钻具的危险,应量测空洞的深度、大小、充填物的情况。若发现掉钻情况,必须记录起始深度。

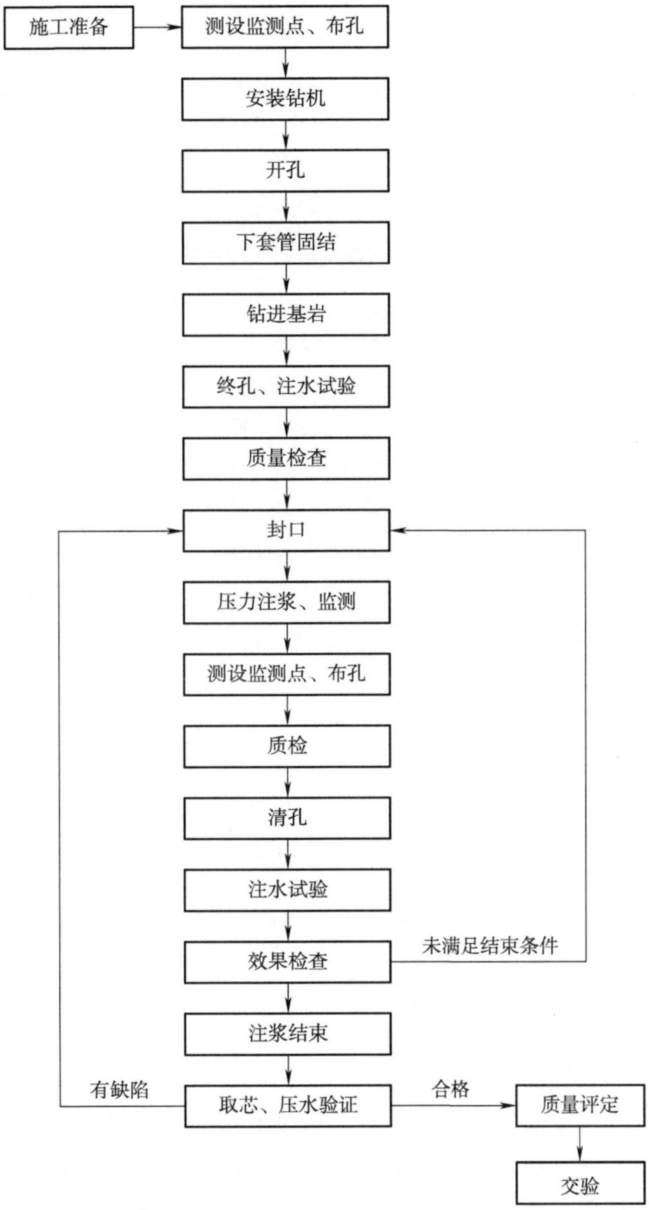

图 4-2-32　岩溶路基注浆施工工艺流程图

(6)终孔：钻至完整基岩 5.0 m 终孔，根据取出的岩芯确定岩溶发育特征，如见溶洞则钻至溶洞洞底 1.0 m。

(7)注浆：钻孔完成后进行注浆处理，注浆施工按照《注浆技术规程》有关规定与设计要求进行。注浆前先进行注水试验，确定单位长度吸水量，检验密封效果。

1)注浆工艺改进。岩溶注浆多采用花杆注浆及双管双液注浆的方法；浆液多采用(0.8∶1)～(1.2∶1)稀浆液。花杆注浆通过浆液压力喷射注浆，但是对无填充物洞易出现压力快速提高，造成注浆完成假象，无法填充满溶洞；双管双液注浆对水玻璃使用量较大，成本较高，只适合在地下水流发育情况下使用；稀浆液自身固化率很低，在环境水影响下固化率更低，形成新的空洞。为了更好地克服这些问题，结合专家会议的建议，对注浆工艺进行如下改进：

①对于无填充物或液态填充物的溶洞，采用单管单孔压力法进行注浆，将注浆管伸入溶洞底部，孔口设置排浆阀，通过置换的作用将溶蚀水及液态填充物排出洞中，然后封闭排浆阀，进行压力注浆。若溶洞无地下径流，采用单管双液注浆方法。

②对于岩溶不发育、存在小的裂隙的注浆孔和溶洞无填充物的注浆孔，钻孔清孔完成后直接注入水泥浆，水胶比控制在 0.6∶1 为宜。

③对较大空洞,采用浓砂浆填充的方法。为了降低注浆成本,在浆液中掺入粉煤灰或砂子,粉煤灰的最高掺量为35%,砂子最大掺入量为30%。

④对于溶洞有填充物的注浆孔,钻孔完成后先采用清水对孔内进行清孔;当无法继续清除填充物时,采用低浓度水泥浆再次清孔;当孔口冒出纯浆液时进行封口,将水胶比调至0.6∶1进行注浆施工。对于较大溶洞,施工时应掺入30%粉煤灰进行施工。

⑤对多层串珠状溶洞进行注浆时,按照自上而下分层多次注浆原则进行施工。多层溶洞若由下而上注浆,底部溶洞会出现压力不足而无法填充密实的情况,当孔口注浆压力满足要求后,应由上至下多次复钻对其进行注浆。

⑥对于连通性较好及裂隙发育的溶洞,在浆液中直接掺入4%的水玻璃进行快速凝固(凝固时间为1.5 h)。

2)注浆工艺。

①试泵:开泵前先将三通转芯阀调到回浆位置,待泵吸水正常时,将三通回浆口慢慢调小,泵压徐徐上升,当泵压达到预定注浆压力时,持续2~3 min不出故障,即可结束。

②安装注浆套管及射浆管:钻孔完毕,进行清孔检查,在确认没有坍孔和探头石的情况下,下注浆套管。否则,用钻机进行扫孔。在注浆管管口安装2.5 MPa的压力表。

③压水试验:压水压力由0开始逐渐增大到0.2 MPa,并持续15 min,做好记录。

④浆液配制:水泥浆液由拌和站加工运输至现场。若遇空的岩溶通道、较大溶洞和裂隙处,视具体情况先掺入粉煤灰、砂或水玻璃对溶蚀腔体进行充填。

⑤将配制好水泥浆液送入泥浆池内备用。

⑥注浆管路系统的试运转。

⑦注浆压力控制:可溶岩中为0.1~0.3 MPa,土层0.2~0.5 MPa,最大不超过1.5 MPa。

⑧停浆标准:一般孔吸浆量不大于5~10 L/min,孔口压力维持0.2 MPa左右,维持30 min。

第五节 路堑施工

一、土质、软质岩及强风化硬质岩路堑施工

路堑开挖前,首先进行排水设施施工,按照"永临结合"的原则对临时排水设施进行周密规划,避免积水冲刷边坡、浸泡边坡坡脚,并于路堑开挖施工前完成所有临时截、排水设施的施工,保持边坡的稳定。

路堑开挖采用挖掘机自上而下、分层进行。地形平缓的浅路堑采取全断面纵向开挖方法;当路堑长度较短,挖深较大时,采取横向分台阶开挖方法;路堑较长且深度较大时,采取纵向分层分台阶开挖方法;当地形起伏,且路堑长度大、开挖深,采取纵横向分台阶结合的开挖方法。

(一)施工工艺流程

土质与软质岩及强风化硬质岩路堑施工工艺流程如图4-2-33所示。

(二)施工工艺要点

(1)纵向开挖坡度不小于4%,在每一开挖层路基两侧设临时排水沟,以便及时将路堑开挖中的渗水和雨水排出开挖面,保持路基面不被水浸泡。

(2)开挖过程中及时测量,经常检查边坡位置,防止边坡部位超挖和欠挖;边坡部位预留厚度不小于20 cm土层,采用人工配合机械进行边坡修整,表面做成向外侧4%的排水坡。

(3)边坡防护、边坡平台及其上截水沟的施工与开挖紧密衔接,开挖一段,防护一段。

(4)当开挖接近路堑换填底面设计标高时,在设计换填标高以上预留30 cm,选用N10轻型动力触探、N63.5重型动力触探、标准贯入、静力触探四种原位测试方法的其中一种,并结合室内土工试验,进行基床范围内地基条件的检验,验证设计采用的地质资料。若现场地基地质条件与设计采用的地质资料一致或好于设计采用的地质资料,继续开挖至设计换填底面标高后,按设计换填厚度填筑基床底层A、B组填料和基床表层级配碎石;若地基地质条件低于设计采用的地质资料,反馈设计,根据地下水发育情况,进行详细地质补充勘探后重新进行分析,确定采取地基加固处理措施或加深换填厚度。

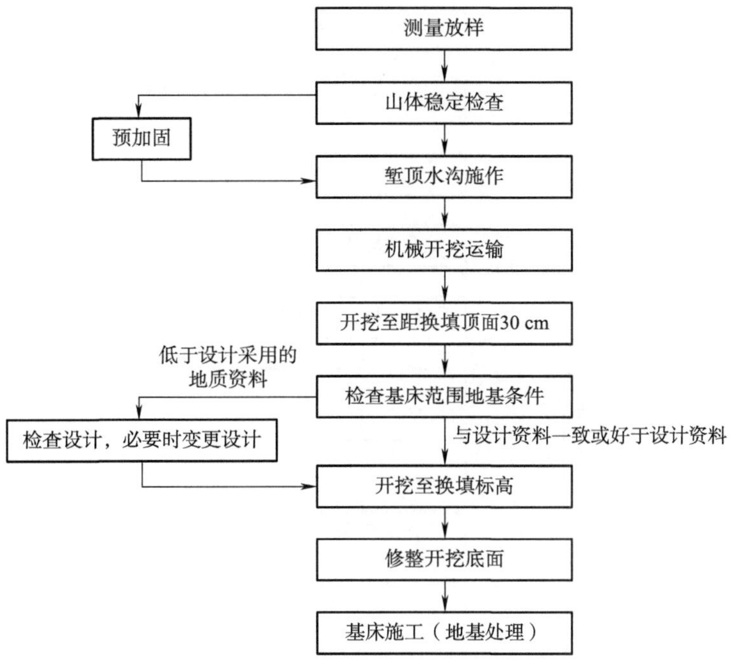

图 4-2-33 土质与软质岩及强风化硬质岩路堑施工工艺流程图

二、硬质岩路堑施工

硬质岩路堑采用梯段松动控制爆破方法施工，靠近边坡和路基面预留光爆层，实施光面爆破。路堑基床凹凸不平处以 C25 混凝土填平。

(一)施工工艺流程

硬质岩路堑开挖施工工艺流程如图 4-2-34 所示，梯段控制爆破施工工艺流程如图 4-2-35 所示；光面控制爆破施工工艺流程如图 4-2-36 所示。

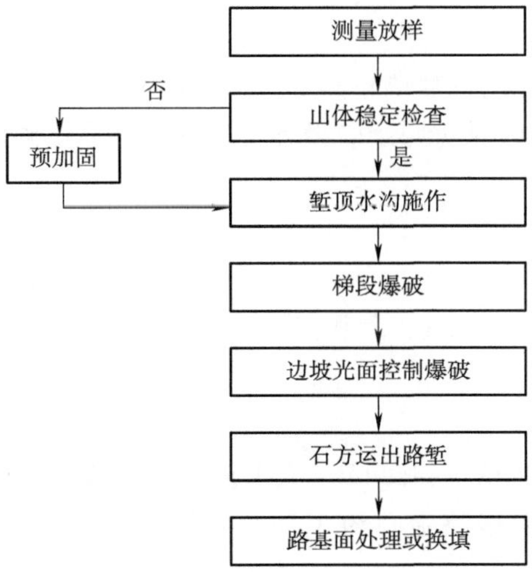

图 4-2-34 硬质岩路堑开挖施工工艺流程图

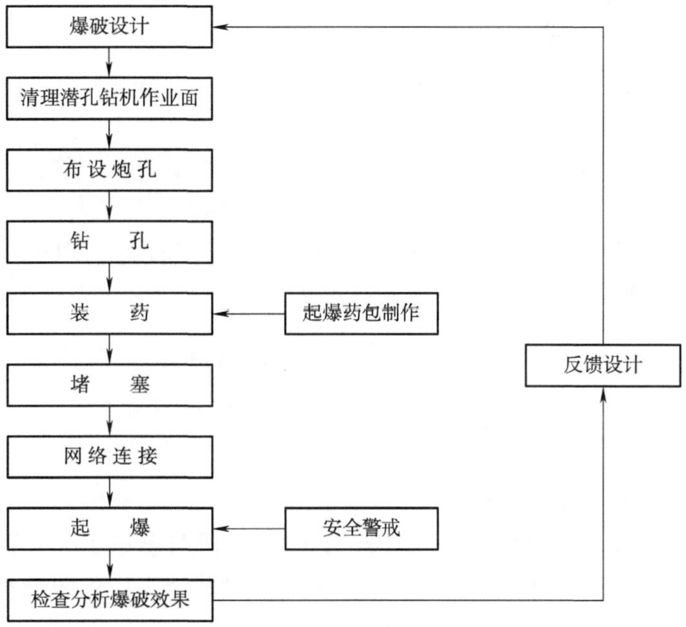

图 4-2-35 梯段控制爆破施工工艺流程图

(二)施工工艺要点

(1)开挖深度大于 6.0 m，采用潜孔钻机钻孔；开挖深度小于等于 6.0 m，采用凿岩机钻孔，实施梯段松动控制爆破。

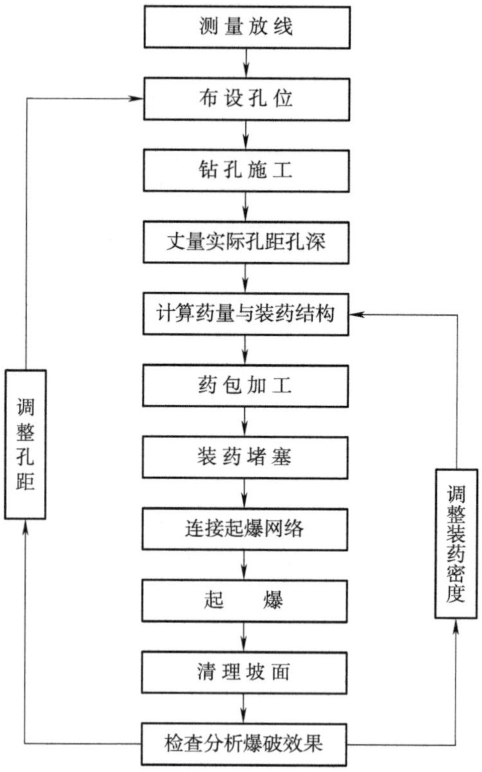

图 4-2-36 光面控制爆破施工工艺流程图

(2)为提高破碎效果,降低大块率,降低爆破振动效应,采用大孔距、小排距梅花形布孔,导爆管毫秒雷管实施逐排微差挤压爆破。

(3)为确保边坡稳定、美观,靠近边坡和路基面采用光面爆破技术,预留光爆层厚 1.5~2.0 m。如边坡设计有平台,可分平台进行光面爆破。如设计坡面无平台时,可从堑顶沿坡面钻孔,一次钻到坡脚进行光爆。采用凿岩机钻孔进行光面爆破时,因受钻孔深度限制,采用小台阶式光面爆破。

(4)为确保基底平整,不论采用潜孔钻机还是凿岩机钻孔进行爆破,到最底层 2.0 m 时,均用凿岩钻机钻孔进行爆破,并严格控制钻孔深度和孔底标高,适当缩小孔距和排距,采用逐排微差起爆方法。

(三)质量控制与要求

(1)爆破设计方案报有关部门审核批准后方可实施。

(2)装药前对炮孔孔距、排距、孔深、钻孔方向进行量测,按实测孔网参数调整药量。严格控制用药量,确保爆破不造成路堑边坡隐患和对邻近建筑物的损伤或隐患。每次爆破时对照爆破设计文件核对各项爆破参数和装药量。

三、邻近既有铁路营业线硬质岩路堑施工

全线路基邻近营业线处所较多,其中,DK206+845.11~DK207+113.52 段邻近既有铜九线,施工难度较大。

(一)工程概况

DK206+845.11~DK207+113.52 段路堑位于既有铜九铁路 K53+845.11~K54+113.52 段右侧路堑边坡上,坡度较陡,高差约 10 m。该段路堑左中线距既有铜九铁路线路中心约 35 m,左侧路堑顶位于既有铜九铁路路堑边坡的二级边坡中部,如图 4-2-37 所示。

施工中需拆除既有线右侧附属天沟、部分边坡防护等设施,如何保证路基施工期间既有线运营安全为施工控制的重难点。路堑石方爆破施工期间申请要点封锁;既有线水沟、边坡在天窗点拆除。

(二)总体施工方案

该段路基表层覆盖 1~2.0 m 厚Ⅱ类粉质黏土、1~10 m 厚的Ⅲ类花岗岩及 1~3 m 厚的Ⅳ类花岗岩,花

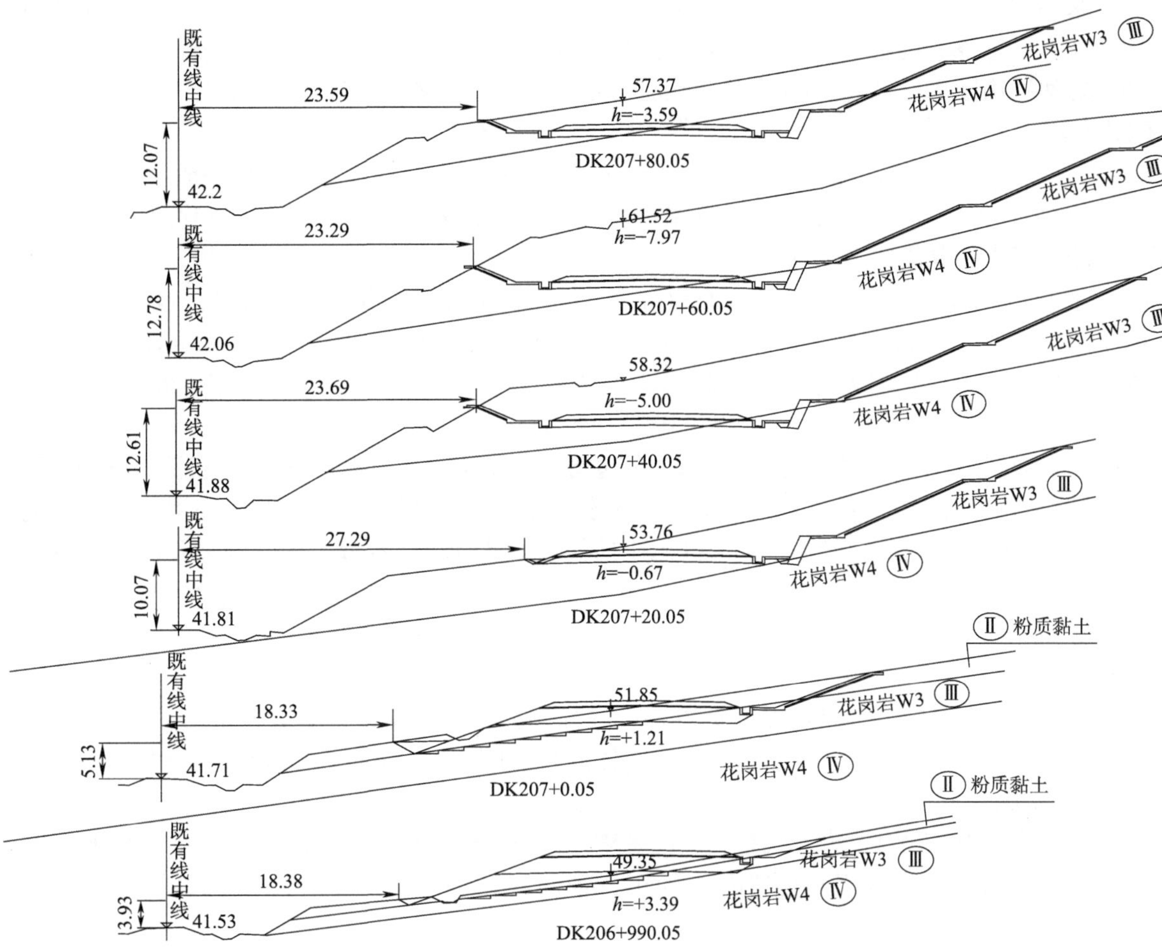

图 4-2-37 DK206+845.11～DK207+113.52 段路堑与既有铜九线位置关系图(单位:m)

岗岩完整性较好。采用纵向台阶爆破开挖法、横向从上往下及排架防护法施工。采用风动凿岩机钻眼,浅钻孔、多打眼、少装药、弱爆破并对炮孔进行覆盖,开挖完毕后采用装载机配合挖掘机装车、自卸汽车运输。施工中应及清除水沟积石,确保流水畅通;建立夜班检查制和值班制以防落石滚入既有线。

(三)爆破参数设计

根据地形与地质条件,该段路堑开挖采用纵向分台阶分层、从小里程往大里程方向进行控制爆破的开挖方法,从上往下、由外向里分层逐级开挖,概括为"纵台阶、密布孔、浅打眼、少装药、严防护"。采用浅孔、少药量的松动爆破。为缩短爆破时间,引爆采用电力起爆导爆管引爆。

台阶长度为 10 m,台阶宽度为路堑的宽度,台阶高度为 3.0 m。炮眼的部位、朝向、深度以爆后飞石不影响既有线行车安全为原则。除边坡预裂孔沿边坡坡度方向钻孔外,其余炮孔均采用垂直钻孔;炮孔深度一般为 3.1～3.4 m。装药采用接近于内部作用药包的松动爆破装药方法,药量计算原则为最大限度地减少炸药抛散作用。一般装药量不得超过炮眼长度的 1/3～1/4,装药方式为间隔装药;炮孔堵塞长度大于或等于炮孔的最小抵抗线。具体如图 4-2-38 所示。

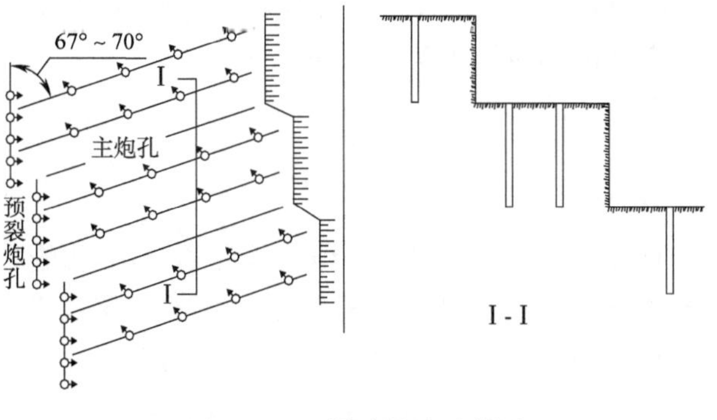

图 4-2-38 爆破设计示意图

1. 预裂孔参数

预裂孔孔距 a=0.5～0.60 m,孔深 H=3.3～3.5 m,炮孔方向按边坡设计坡度(1∶0.75)～(1∶1)。

装药量根据式 $Q=kaH$ 计算,其中,Q 为每孔装药量;k 为单位面积装药系数(kg/m²)。

装药结构:采用32 mm直径2号岩石卷装炸药,分3层间隔装药,从底层至上层装药分别为全孔装药量的50%、30%和20%;三根药包之间用一根导爆索连接,将炸药用胶布牢固地绑扎在导爆索上,并将导爆索引出孔外;药包之间不用堵塞,上层药包至孔口段用有一定湿度的黏土堵塞并轻轻捣实。

2. 主炮孔参数

主炮孔排距$b=0.8\sim1.0$ m,孔距$a=0.8\sim1.0$ m,孔深$H=3.1\sim3.2$ m,钻孔方向一般为垂直孔。

装药量$Q=kabH$;其中,严重风化层或设有浆砌片石挡护工程k取0.20~0.30,风化层k取0.30~0.35,靠近既有线边眼k的取值适当减少。

装药结构:采用32 mm直径2号岩石卷装炸药,分2层间隔装药。底层装药为全孔装药量的70%,自孔底开始装药,上层为30%,自炮孔深度的一半开始装药,同一个炮孔的上、下层药各装一发同段别的非电毫秒雷管,2层药包之间用黏土或粗砂填充,不用捣实,上层药包至孔口段用有一定湿度的黏土堵塞并捣实。

3. 起爆网络

前排普通孔采用塑料导爆管非电起爆网路,每个药包均装一发1段毫秒雷管,孔外用双发1段毫秒雷管簇联组成复式串联网路。后排预裂孔在孔外用双根导爆索将各炮孔的导爆索串联起来,并用双发3段毫秒雷管绑在主导爆索上作为引爆雷管,使后排预裂孔迟于前排普通孔50 ms起爆。最后预裂孔的引爆雷管导爆管同普通孔的主线导爆管一起用电雷管引爆。

(四)主要施工步骤及工艺要点

1. 施工准备

爆破工点应建立爆破领导小组,指定专人负责;从事爆破的人员,必须通过爆破技术培训,并持有合格证;各项爆破施工作业应分工明确,专人负责,并制定具体的岗位负责制。根据爆破设计,对参加爆破人员进行安全教育和技术交底。

爆破施工前,在全面熟悉设计文件和设计交底的基础上,进行现场核对和施工调查;向爆破作业影响范围所涉及的部门通报爆破施工概况及可能造成的影响,并征询相关部门的意见,确保施工顺利进行。

2. 爆破设计

根据地形的开挖标高,以及钻眼和挖装机械的情况确定梯段分层厚度、钻孔直径和钻孔倾斜角。根据岩石性质、临空面等情况,确定爆破参数、起爆顺序和网络设计,编制实施性的施工方案。报监理工程师、业主以及公安部门批准,并及时提出开工报告。

3. 爆破环境复查

详细调查与复查各石方爆破段空中、地面、地下构筑物类型、结构、完整程度及其距开挖界距离。重要地段施工前,实测与地质、地形有关的爆破振动参数。施工中发现问题时及时处理并提出修改意见。

4. 开凿台阶作业面

清除地表杂物和覆盖土层,施作小爆破形成台阶作业面。

5. 布孔

根据设计要求放出开挖轮廓线,各炮孔孔位,予以编号并插木牌逐孔写明孔深、孔径、倾斜角方向及大小。布孔的同时施工防护用的直立式排架。

6. 钻孔

钻孔作业应在天窗点施工,并派驻站联络员、安全员、防护员跟班作业,发现有列车行驶前提前通知停止施工,保证在行车时不施工。

钻孔前,应根据爆破设计,按编号顺序,标明炮孔位置。严格按照爆破设计的位置、方向、角度进行钻孔。钻孔深度误差不超过5%;孔口位置偏差不超过二倍炮孔直径;方向误差预裂不超过3%,其他不超过5%。钻孔过程中,必须仔细操作,严防卡钻、超钻、漏钻和错钻。孔口周围的碎石、杂物清除干净,对于孔口岩石破碎不稳固段,应进行维护,避免孔口形成喇叭状。

钻孔完毕后,应按爆破设计进行检查,对超标的炮孔,应由技术负责人调整用药量或重新钻孔;检查完毕,封盖孔口或设立标志。

7. 装药

装药前必须检查孔位、深度、倾角是否符合设计要求,孔内有无堵塞、孔壁是否有掉块以及孔内有无积水。如发现孔位和深度不符合设计要求时，及时处理，进行补孔或透孔，严禁少打眼，多装药。

对药包进行编号，并和炮孔编号相符；严格按设计的炸药品种、规格及数量进行装药，不得欠装、超装；并按设计装起爆装置。预裂炮眼为空气柱间隔装药，主炮眼用散装炸药集中装在底部。靠近预留光爆层的主炮孔适当减少装药量，根据光爆层厚度设计。

装药必须在封锁命令下达后才允许进行，且必须在定点放炮前半小时完成。

装药时，指定专人检查药量，并将检查结果报告施工负责人，发现有多装现象，应立即纠正。

8. 炮孔堵塞

现场制作炮泥或利用钻孔岩渣进行炮孔堵塞，堵塞长度满足爆破设计要求，捣固密实，杜绝不堵或用废包装纸堵塞炮孔。预裂炮孔堵塞长度一般距口部 1 m 左右，堵塞材料先采用草团堵到药串上部位置，然后用钻孔的石屑粉堵塞，主炮眼用黏土堵塞。

9. 爆破网路敷设

网路敷设前应检验起爆器材的质量、数量、段别并编号、分类，严格按设计敷设网路。网路敷设严格遵守《爆破安全规程》中有关起爆方法的规定，网路经检查确认完好，具有安全起爆条件时方可起爆。

10. 安全警戒

从开始装药即设置安全警戒(爆破点周围 200 m 范围)，防止非作业人员进入现场。网路连接后，工作人员逐渐撤离，警戒员、防护人员在指定地点就位，实行区段临时封闭，防止人、车等进入施爆区。

11. 要点封锁与既有线防护

路堑爆破开挖地段需要进行封锁施工，爆破负责人必须对爆眼部位、朝向、深度、个数进行全面检查清点，并做好封锁前的一切准备工作。

驻站联络员在每天爆破前 2 h 向车站提出“申请施工爆破表”和登销记。各项准备工作完成后，驻站联络员向车站值班员提出请求爆破时间(必须在每次施爆前一个小时完成)，按规定与车站值班员办理封锁要点手续并进行登记。双方签认后，待爆破防护人员撤离后按照调度命令进行施爆。未接到命令，一律严禁施爆。

爆破点负责人确认该工点线路封锁后，立即布置工地人员对钢轨、枕木等进行防护。

12. 起爆

在网路检测和防护工程检查无误，各方警戒正常情况下，联结起爆源、起爆。

13. 安全与爆破质量检查

爆破完成间隔规定时间后，进入场地对既有线路、设备及爆破危石进行检查、清理。检查有无瞎炮、危石、落石，既有边坡是否受到爆破振动的破坏；若确认有危及行车安全的危石、既有边坡受到破坏等情况，应立即向车站报告并采取处理措施；若需继续施爆处理，必须在线路封锁时间内处理完毕，否则需重新向车站申请。同时，检查轨距、方向、限界、通信、电力线路等是否完好。

光面爆破保证坡面完整平顺、无根坎、无安全隐患，局部凹凸差不大于 15 cm；沿线路纵向每 100 m 抽样检验 5 处。确保路堑开挖边坡坡率不偏陡，沿线路纵向每 50 m 单侧边坡抽样检验 8 点(上、下部各 4 点)。

14. 销点放行

经检查确认线路符合放行列车条件、撤除防护后，施工负责人向车站驻站联络员办理开通手续，经车站值班人员签认销点后开通线路，放行列车。

15. 总结分析

爆破后应对爆破效果、既有护坡有无受到破坏进行全面检查，综合评定各项技术指标量是否合理，进一步确认已暴露岩石结构、产状、地质构造、判断岩石物理力学性质，综合分析岩石单位耗药量做好爆破记录，并进行分析、总结，对下循环爆破作业进行优化设计。

(五)既有铁路安全防护方案

1. 作业防护信号和作业标防护

施工作业前，在既有线两端各 860 m 处，设置移动作业标、“T”字标及防护信号作业标防护，设在线路运行方向左侧的路肩上。

2. 爆破飞石、落石防护

施工爆破时对爆破体进行覆盖防护措施，对于存在飞石、落石的靠既有线侧堑坡顶设置直立式拦石网排架防护，对既有线轨道、枕木进行竹夹板覆盖防护。

(1)直立式排架防护

每隔 2 m 埋设一根木立柱，木柱埋入地面 0.75～1.0 m，设置斜撑加固，同时每隔 4 m 埋设一根钢管进行加强。排架横向用钢管(ϕ40 mm×3.5 m)与木立柱连接加固。排架内侧可采用竹排捆扎或挂绑安全网，防止爆破时石块滚落或飞石对线路建筑物破坏，以确保行车安全。具体布置如图 4-2-39 所示。

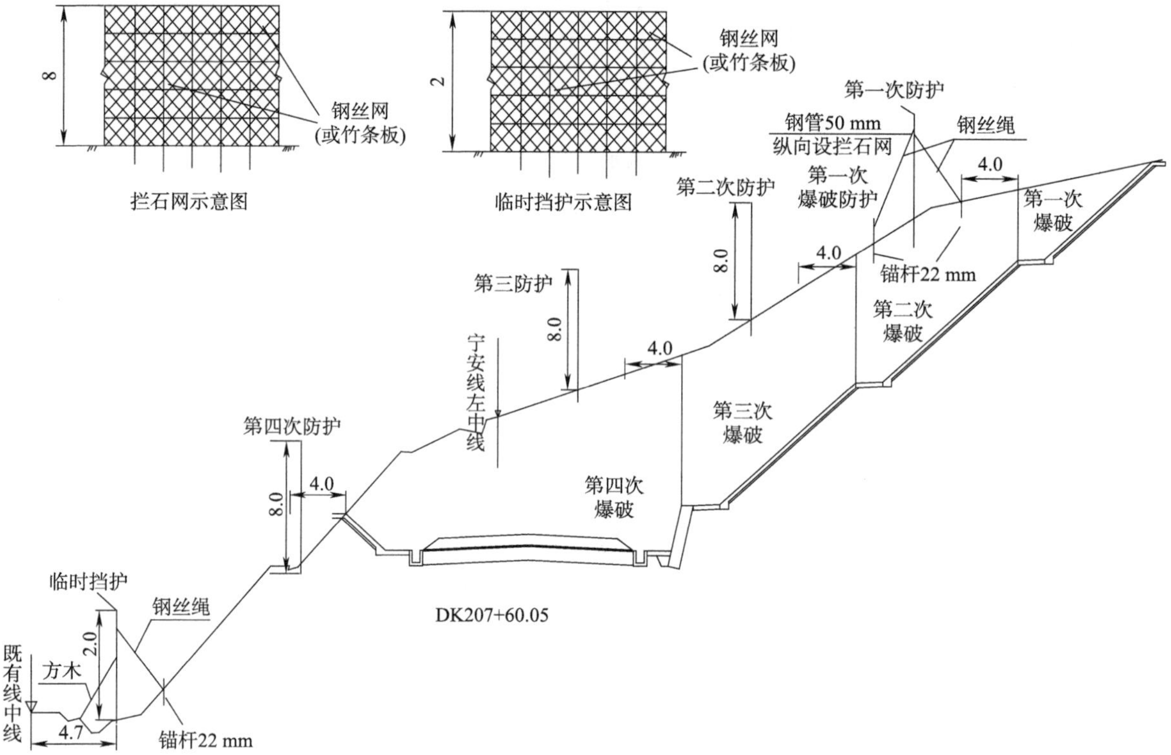

图 4-2-39 石方爆破断面示意图(单位:m)

(2)既有线钢轨、轨枕防护

接到要点封锁命令后，立即设置爆破点警戒(爆破点周围 200 m 范围)，并对既有线钢轨、轨枕进行满铺竹夹板防护，如图 4-2-40 所示。

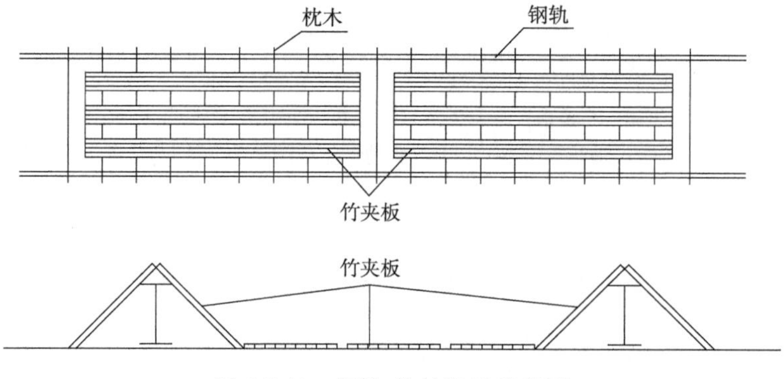

图 4-2-40 钢轨、轨枕防护示意图

(3)爆破完毕安全防护

爆破施工完毕后，对钢轨、轨枕的防护排架进行拆除，并堆放在铁路限界外 2 m(中线外 4.5 m)，堆放高度不得超过 1 m，并且堆放整齐，牢固可靠。若有落石及时清理干净，并带离线路外。

第六节　过渡段施工

全线主要有路堤与桥台、路堤与涵洞、路基与隧道、路堤与路堑等多种形式过渡段，过渡段与相邻路堤作为相同工区同步填筑。路桥、路涵、路隧过渡段结构基本相同，以下以路桥过渡段为例总结过渡段施工。

一、路桥过渡段设计

路桥过渡段采用倒梯形设置，底部长度为 5 m，沿线路纵向倒梯形坡比 1∶2；过渡段路基横截面中间部分填筑材料采用级配碎石(掺 3%～5%水泥)，两侧 A、B 料包边，桥台后基坑采用 C15 混凝土回填；级配碎石填筑横断面坡比 1∶1，包边土外侧坡比为 1∶1.5；台背侧填筑 0.1 m 厚无砂混凝土渗水墙，并在基床部位设置混凝土块；混凝土块与过渡段级配碎石间设置有无砂混凝土渗水板、无砂混凝土渗水板基础、渗排水管材(ϕ100 mm)、C20 混凝土基础四部分组成的排水系统，最终由渗水管将水引至路基以外。

路桥过渡段示意图如图 4-2-41 所示。

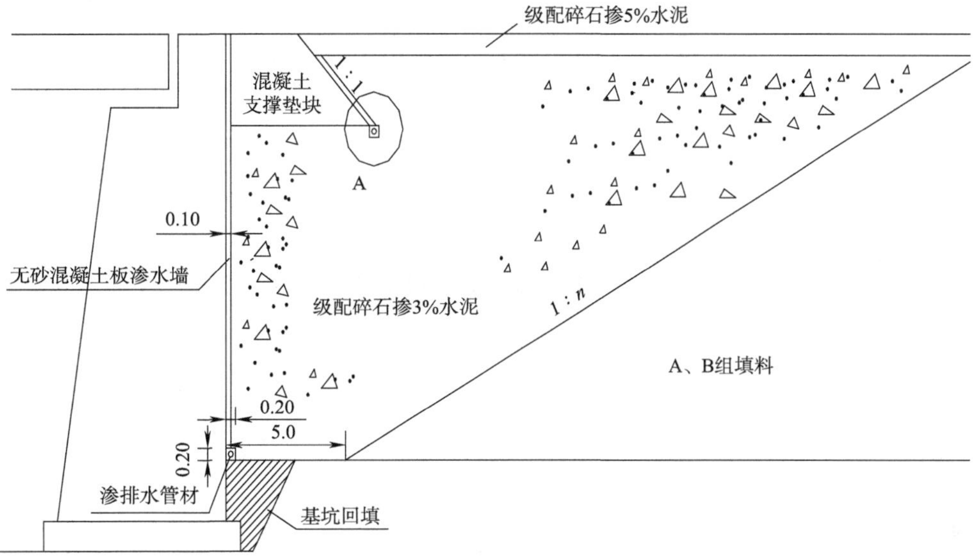

图 4-2-41　路桥过渡段示意图(单位：m)

二、路桥过渡段填筑工艺试验

(一)填料的选择

过渡段原材料选自级配碎石站拌和的级配碎石，经破碎筛分后按石粉、5～16 mm 碎石、16～31.5 mm 碎石分类存放。过渡段室内试验配合比应满足《客运专线铁路路基工程施工质量验收暂行标准》的要求。

(二)机械设备选型

按照理论计算和室内试验确定的配合比，级配碎石经自动计量拌和设备拌制后，直接装车卸料运输至工地，采用小型推土机初平，人工配合精平。为确保桥台的稳定不受影响，选用 YZ20 型振动压路机压实，靠桥台侧 2 m 范围内分层冲击夯实。具体机械设备配置见表 4-2-19。

表 4-2-19　过渡段施工机械设备配备表

序　号	名　称	型　号	单　位	数　量	备　注
1	推土机	SD22	台	2	功率：162 kW
2	平地机	GR180	台	1	刀长×弦高：3 965×610
3	振动压路机	YZ20	台	1	
4	振动冲击夯	HCR85	台	2	冲击能 1 300 kg

续上表

序 号	名 称	型 号	单 位	数 量	备 注
5	装载机	ZL50	台	1	
6	自卸汽车	20 t	台	10	
7	洒水车	东风 8 t	辆	1	
8	挖掘机	CAT320	台	1	

(三)试验检测方法与压实质量控制标准

1. 试验检测方法

按照《铁路工程土工试验规程》和《变形模量 E_{v2} 检测规程》检测路基的压实系数 K、地基系数 K_{30}、动态变形模量 E_{vd}。

主要的现场检测设备见表 4-2-20。

表 4-2-20 主要的现场检测设备表

序 号	仪器设备名称	规格型号	单 位	备 注
1	K_{30} 平板载荷测试仪	K-30	1 台	配备直径为 300 mm 承载板
2	E_{vd} 动态变形模量测试仪	HMPLFG-SD	1 台	配备直径为 300 mm 承载板和相应的处理软件
3	灌砂试验器具	ϕ200 mm	3 套	

2. 压实质量控制标准

试验段路堤压实质量控制标准见表 4-2-21。

表 4-2-21 过渡段压实质量控制标准

路基部位	填料类别	压实系数 K	地基系数 K_{30}(MPa/m)	动态变形模量 E_{vd}(MPa)
过渡段	级配碎石	≥0.95	≥150	≥50
包边土(基床以下)	A、B 填料	≥0.92	—	—
包边土(基床底层)	A、B 填料	≥0.95	—	—

(四)填料的摊铺与碾压试验

过渡段填筑按横断面全宽纵向水平分层填筑压实。自卸汽车运输时,顶面用彩条布或蓬布覆盖填料,防止水分蒸发,保证填料的最佳含水率,卸料后及时摊铺碾压。同时保证级配碎石与包边 A、B 组料同步碾压,以达到最佳碾压效果。

1. 碾压工艺试验

在过渡段松铺厚度 25 cm,采用 YZ20 振动压路机及 HCR85 振动冲击夯进行工艺试验

(1)碾压方式

压实顺序按先两侧后中间的顺序进行,压实程序按先静压后弱振再强振进行。碾压速度宜控制在 2 km/h,对台背重型机械不能碾压到的部位,采用冲击夯振动密实,通过现场检测压实系数 K、K_{30}、E_{vd},以确定在最佳含水率和松铺厚度为 25 cm 的条件下,最佳碾压的工艺及碾压遍数。

(2)碾压工艺试验参数

设计四种碾压工艺试验参数进行对比,详见表 4-2-22。

表 4-2-22 路桥过渡段填筑碾压工艺试验参数

方 案	松铺厚度	碾流程压
1-1	25 cm	静压 1 遍→弱振 1 遍→强振 1 遍→静压 1 遍,共 4 遍
1-2	25 cm	静压 1 遍→弱振 2 遍→强振 1 遍→静压 1 遍,共 5 遍
1-3	25 cm	静压 1 遍→弱振 2 遍→强振 2 遍→静压 1 遍,共 6 遍
1-4	25 cm	静压 1 遍→弱振 2 遍→强振 2 遍→弱振 1 遍→静压 1 遍,共 7 遍

(3)试验检测数据

台背级配碎石填层按照 1-1 碾压方式在 4 遍碾压结束后，检测压实系数，详细记录各种检测数据。在此基础上，再弱振 1 遍，达到 5 遍要求，检测压实系数 K、E_{vd}各 3 点，K_{30}检验 2 点，做好记录。

台背 A、B 组填料按照 1-2～1-4 的碾压方式碾压后，检测压实系数 K、E_{vd}各 3 点、K_{30} 2 点，做好记录。

对第一轮碾压后还达不到压实质量控制标准的区段进行补压(每次增加弱振和强振各 1 遍)，直至各项检测指标均达到基床底层验收标准或不再增长为止。

试验检测数据详见表 4-2-23～表 4-2-25。

表 4-2-23　碾压试验压实度 *K* 检测数据统计

项　目	碾压方式	松铺/压实(cm)	测　点	压实度 K
20 t 压实工艺试验	静压 1 遍→弱振 1 遍→强振 1 遍→静压 1 遍，共 4 遍	25/21.4(第一层)	DK173+947 中	94.1%
			DK173+948 左	94.0%
			DK173+948 右	93.9%
	静压 1 遍→弱振 2 遍→强振 1 遍→静压 1 遍，共 5 遍	25/21.0(第一层)	DK173+946 左	94.7%
			DK173+949 右	94.5%
			DK173+948 中	94.3%
	静压 1 遍→弱振 2 遍→强振 2 遍→静压 1 遍，共 6 遍	25/20.6(第一层)	DK173+947 左	95.2%
			DK173+947 右	95.1%
			DK173+949 中	95.3%
	静压 1 遍→弱振 2 遍→强振 2 遍→弱振 1 遍→静压 1 遍，共 7 遍	25/20.2(第一层)	DK173+950 中	96.9%
			DK173+949 左	96.2%
			DK173+950 右	96.6%

表 4-2-24　碾压试验 K_{30} 检测数据统计

项　目	碾压方式	松铺/压实(cm)	测点	K_{30}(MPa/m)
20 t 压实工艺试验	静压 1 遍→弱振 1 遍→强振 1 遍→静压 1 遍，共 4 遍	25/21.4(第一层)	DK173+946 中	134
			DK173+949 右	136
	静压 1 遍→弱振 2 遍→强振 1 遍→静压 1 遍，共 5 遍	25/21.0(第一层)	DK173+947 中	145
			DK173+948 右	143
	静压 1 遍→弱振 2 遍→强振 2 遍→静压 1 遍，共 6 遍	25/20.6(第一层)	DK173+948 中	152
			DK173+947 右	158
	静压 1 遍→弱振 2 遍→强振 2 遍→弱振 1 遍→静压 1 遍，共 7 遍	25/20.2(第一层)	DK173+949 中	169
			DK173+950 左	171

表 4-2-25　碾压试验 E_{vd} 检测数据统计

项　目	碾压方式	松铺/压实(cm)	测　点	E_{vd}(MPa)
20 t 压实工艺试验	静压 1 遍→弱振 1 遍→强振 1 遍→静压 1 遍，共 4 遍	25/21.4(第一层)	DK173+946 中	51
			DK173+949 右	52
	静压 1 遍→弱振 2 遍→强振 1 遍→静压 1 遍，共 5 遍	25/21.0(第一层)	DK173+947 中	54
			DK173+948 右	52
	静压 1 遍→弱振 2 遍→强振 2 遍→静压 1 遍，共 6 遍	25/20.6(第一层)	DK173+948 中	59
			DK173+947 右	58
	静压 1 遍→弱振 2 遍→强振 2 遍→弱振 1 遍→静压 1 遍，共 7 遍	25/20.2(第一层)	DK173+949 中	66
			DK173+950 左	69

(4)绘制关系曲线

根据表 4-2-23～表 4-2-25 碾压工艺试验检测统计数据绘制不同碾压遍数与各种压实指标变化的关系曲

线,如图 4-2-42～图 4-2-44 所示。

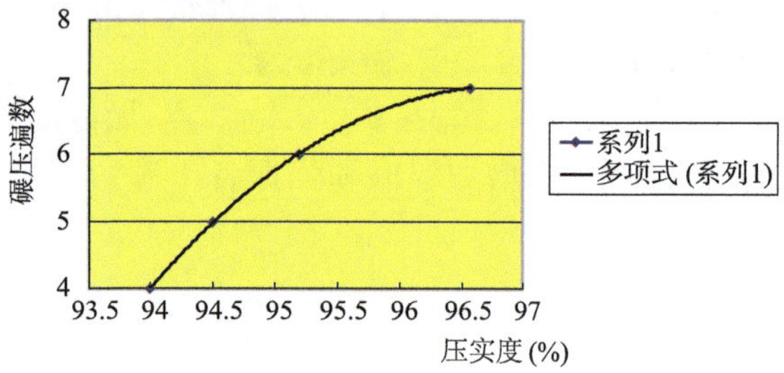

图 4-2-42 碾压遍数与压实度关系曲线

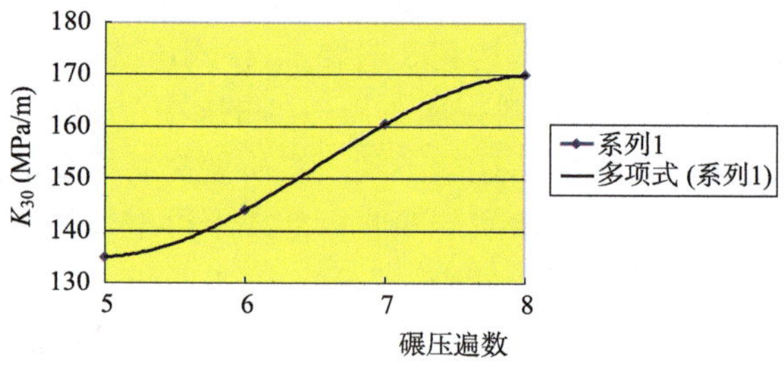

图 4-2-43 碾压遍数与地基系数 K_{30} 关系曲线

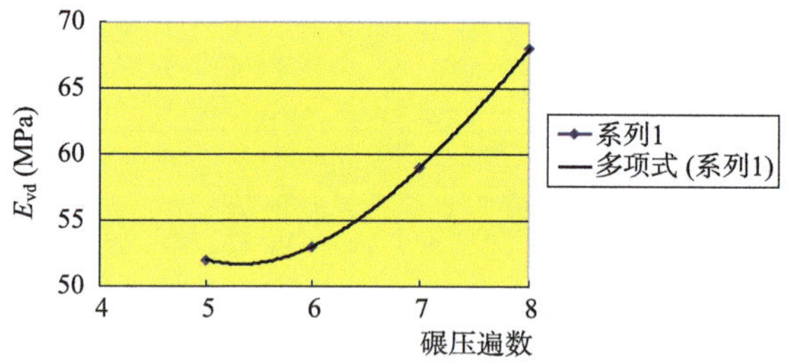

图 4-2-44 碾压遍数与 E_{vd} 关系曲线

2. 摊铺厚度工艺试验

过渡段松铺厚度 25 cm,采用 YZ20 振动压路机及 HCR85 振动冲击夯进行摊铺工艺试验,路基施工中线路纵坡、横坡及时进行调整。

(1)摊铺厚度工艺试验参数

1-1:松铺 25 cm,采用碾压流程:静压 1 遍→弱振 2 遍→强振 2 遍→弱振 1 遍→静压 1 遍,共 7 遍。

1-2:松铺 27 cm,采用碾压流程:静压 1 遍→弱振 2 遍→强振 2 遍→弱振 1 遍→静压 1 遍,共 7 遍。

1-3:松铺 29 cm,采用碾压流程:静压 1 遍→弱振 2 遍→强振 2 遍→弱振 1 遍→静压 1 遍,共 7 遍。

1-4:松铺 30 cm,采用碾压流程:静压 1 遍→弱振 2 遍→强振 2 遍→弱振 1 遍→静压 1 遍,共 7 遍。

(2)试验检测数据

级配碎石填层在碾压结束后,检测压实系数 K、E_{vd}各 3 点,K_{30} 2 点,详细记录各种检测数据,做好记录,详见表 4-2-26～表 4-2-28。

表 4-2-26 碾压试验压实度 K 检测数据统计

项　目	碾压方式	松铺/压实(cm)	测点	压实度 K
20 t 压实工艺试验	静压 1 遍→弱振 2 遍→强振 2 遍→弱振 1 遍→静压 1 遍,共 7 遍	25/20.2(第二层)	DK173+947 左	97.1%
			DK173+949 右	96.5%
			DK173+948 中	97.7%
	静压 1 遍→弱振 2 遍→强振 2 遍→弱振 1 遍→静压 1 遍,共 7 遍	27/22.0(第三层)	DK173+946 左	96.8%
			DK173+947 中	96.9%
			DK173+948 右	95.7%
	静压 1 遍→弱振 2 遍→强振 2 遍→弱振 1 遍→静压 1 遍,共 7 遍	29/23.8(第四层)	DK173+948 左	96.2%
			DK173+947 右	95.8%
			DK173+949 中	95.3%
	静压 1 遍→弱振 2 遍→强振 2 遍→弱振 1 遍→静压 1 遍,共 7 遍	30 cm/24.9 cm(第五层)	DK173+950 中	95.0%
			DK173+949 左	95.1%
			DK173+950 右	95.1%

表 4-2-27　碾压试验 K_{30} 检测数据统计

项　　目	碾压方式	松铺/压实(cm)	测　　点	K_{30}(MPa/m)
20 t 压实工艺试验	静压 1 遍→弱振 2 遍→强振 2 遍→弱振 1 遍→静压 1 遍,共 7 遍	25/20.2(第二层)	DK173+946 中	169
			DK173+949 右	166
	静压 1 遍→弱振 2 遍→强振 2 遍→弱振 1 遍→静压 1 遍,共 7 遍	27/22.0(第三层)	DK173+947 中	164
			DK173+948 右	160
	静压 1 遍→弱振 2 遍→强振 2 遍→弱振 1 遍→静压 1 遍,共 7 遍	29/23.8(第四层)	DK173+948 中	152
			DK173+947 右	158
	静压 1 遍→弱振 2 遍→强振 2 遍→弱振 1 遍→静压 1 遍,共 7 遍	30/24.9(第五层)	DK173+949 中	141
			DK173+950 左	143

表 4-2-28　碾压试验 E_{vd} 检测数据统计

项　　目	碾压方式	松铺/压实(cm)	测　　点	E_{vd}(MPa)
20 t 压实工艺试验	静压 1 遍→弱振 2 遍→强振 2 遍→弱振 1 遍→静压 1 遍,共 7 遍	25/20.2(第二层)	DK173+946 中	71
			DK173+949 右	72
	静压 1 遍→弱振 2 遍→强振 2 遍→弱振 1 遍→静压 1 遍,共 7 遍	27 cm/22.0 cm(第三层)	DK173+947 中	66
			DK173+948 右	63
	静压 1 遍→弱振 2 遍→强振 2 遍→弱振 1 遍→静压 1 遍,共 7 遍	29/23.8(第四层)	DK173+948 中	55
			DK173+947 右	57
	静压 1 遍→弱振 2 遍→强振 2 遍→弱振 1 遍→静压 1 遍,共 7 遍	30/24.9(第五层)	DK173+949 中	49
			DK173+950 左	52

(3)绘制关系曲线

根据表 4-2-26～表 4-2-28 碾压工艺试验的检测统计数据绘制不同摊铺厚度与各种压实指标变化的关系曲线,如图 4-2-45～图 4-2-47 所示。

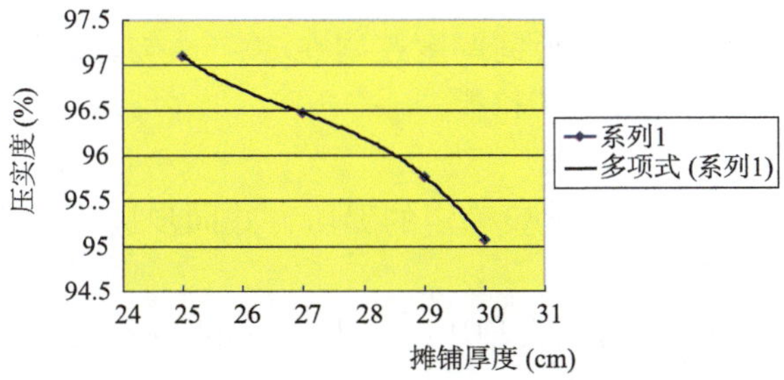

图 4-2-45　摊铺厚度与压实度关系曲线

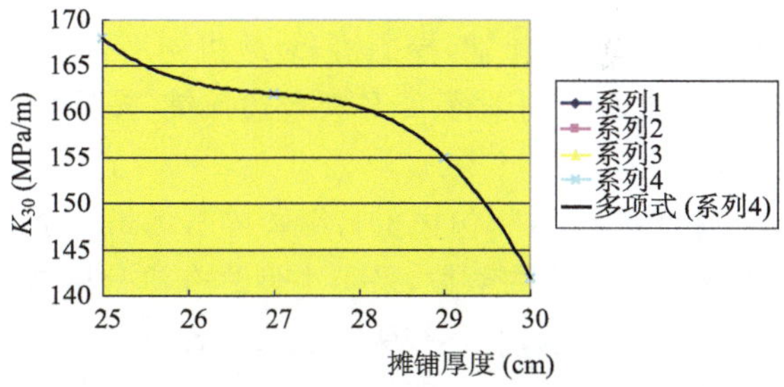

图 4-2-46　摊铺厚度与地基系数 K_{30} 关系曲线

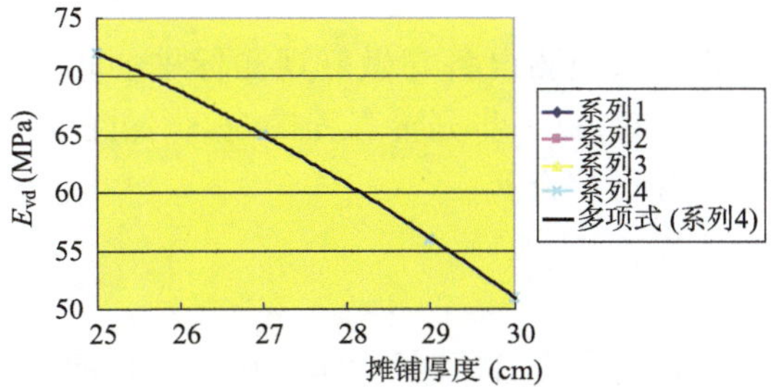

图 4-2-47　摊铺厚度与变形模量 E_{vd} 关系曲线

3. 试验总结

(1)过渡段填筑过程中,级配碎石填筑层和两侧 A、B 组料经碾压 7 遍检测后符合同层次路基压实质量要求,所以统一碾压遍数为 7 遍。

(2)通过绘制曲线可以看出当碾压遍数达到7遍时各种指标均能很好地满足压实质量要求,从而确定级配碎石填筑碾压遍数为7遍。

(3)通过绘制曲线可以看出虚铺厚度25 cm均能很好地满足压实质量要求,从而确定级配碎石填筑时松铺厚度为25 cm。

三、路桥过渡段施工

路桥过渡段施工主要步骤及工艺要点如下:

1. 测量放样

根据施工图放出过渡段施工边线(路基两侧边线、级配碎石与两侧A、B组填料分界线);用白灰线作标记,用红油漆在桥台两侧台背左中右位置,分别标示出过渡段分层填筑的压实厚度刻度线及包边A、B料1∶1坡度线,控制厚度和包边土填筑范围。为保证路基有效宽度范围内的压实度,填方路堤过渡段施工边线按设计加宽50 cm填筑。

2. 填料生产

过渡段级配碎石、A、B组填料实行工厂化生产,填料拌和均匀,其中掺水泥的级配碎石从搅拌到现场碾压结束,应控制在2 h以内。

3. 过渡段填筑

过渡段填筑采用按横断面全宽纵向水平分层填筑压实方法。卸料时根据车容量控制堆料间距,保证填料层薄厚均匀。

(1)上料

填筑级配碎石前应先根据测量队对施工现场原地面进行测量计算填筑坡脚线与包边土填筑宽度,以便控制过渡段基底的高程及平面位置。用白灰先作标记,再用红油漆在桥台两侧左中右位置分别标示出过渡段分层填筑的压实厚度刻度线及包边土1∶1坡线来控制填料厚度和每层包边土填筑范围。刻度线尺寸分15 cm和30 cm。过渡段施工时先进行级配碎石填筑,填筑前精确计算出填筑宽度及与两侧A料搭接位置,以便现场施工控制。

(2)摊铺

级配碎石挂线摊铺,挖掘机、装载机初平,人工配合平地机精平,松铺厚度控制在30 cm,与路基施工同步,摊铺完成后即刻进行A、B料包边摊铺,按照图纸要求及时铺设土工格栅。

(3)碾压

路基两侧A、B料包边土与级配碎石填筑完成后,按照碾压工艺试验确定的碾压方式同步进行碾压,在压路机碾压不到位的部位,采用小型跳夯机分层夯实。

台背2 m范围内,不得采用大型振动压路机进行碾压;其余地段,大型压路机碾压时不得影响结构物的稳定,大型压路机碾压不到的部位,应采用小型振动压实设备进行碾压。

级配碎石碾压完成后及时进行土工布覆盖、洒水养生。

4. 路基沉降观测

过渡段填筑过程中,按设计埋设沉降观测设备并做好观测标桩的防护,对路基本体及地基沉降进行全面、系统的观测。根据沉降监测反馈信息,进一步完善工程措施,确保路基沉降稳定并满足无砟轨道铺设要求,且注意沉降观测点1 m范围内采用分层夯实。

5. 质量控制与检验

(1)原材、级配控制

级配碎石粒径级配、黏土团及有机质含量、针片状含量等满足验收标准要求及设计要求。

(2)施工含水率控制

控制施工含水率,用最少的碾压遍数获得最佳的压实效果。混合料搅拌时的温度和运距会造成混合料含水率损失,进行试拌试运时,控制好最佳含水率,自卸汽车运输时,顶面用彩条布或篷布覆盖,防止水分蒸发。

(3)压实指标

过渡段级配碎石填层的压实质量应采用地基系数 K_{30}、动态变形模量 E_{vd}、压实系数 K 三项指标控制，压实质量符合验收标准。

检测数量：每压实层抽样检验压实系数 K 3 点，其中距路基两侧填筑级配碎石边线 1 m 处左、右各 1 点，路基中部 1 点；每填高约 30 cm 检验动态变形模量 E_{vd}，其中 1 点必须靠近桥台或桥台结构物边缘处；每填高约 60 cm 抽样检验地基系数 K_{30} 2 点，其中距路基两侧填筑级配碎石边线 2 m 处各 1 点，路基中部 1 点。过渡段每填高 90 cm 抽样检验水泥掺加剂量试验，其中左中右各一点。

检验方法：按《铁路工程土工试验规程》(TB 10102)及有关试验方法的规定检测。

(4)施工时间控制

加入水泥的级配碎石混合料宜在 2 h 内使用完毕。在施工中一定要做好施工机械和人员调配，确保在水泥初凝前碾压完毕。

第七节 路基排水工程施工

路基施工时一般优先安排天沟开工；平台截水沟与护坡同时施工，施工应注意在急流槽位置与吊沟连接；坡面排水槽与坡面防护同时施工；路堤坡脚外的排水沟、侧沟在路基完成后施工。天沟、排水沟、侧沟按设计断面开挖成型后，立即组织防护砌筑施工。

排水工程开工前，按设计图纸水沟的平面位置和沟底标高逐段进行测量放样，核对设计是否与现场实际相符，并绘制排水系统平、纵断面图，逐一核对涵洞进、出口标高是否与该处水沟底标高相一致，水沟出水口处是否与现场实际相符且衔接处线形是否顺直，标高是否一致，综合排水系统是否畅通。排水设施施工时做到沟基稳固，沟形整齐，沟坡、沟底平顺。沟渠相连，不能出现断沟和回流现象。

排水沟沟底尽量设在原土上，严禁设在未做处理的虚渣、弃土上。天沟、侧沟、排水沟墙顶以砂浆找平，并与自然地面衔接平顺、密贴，保证使水顺利排入沟内。湿陷性黄土地区沟底要进行严格的加固和防渗漏处理。现浇排水沟分段开挖砌筑成型；预制排水沟工程在预制场集中预制、现场安装，预制块采用砂浆砌筑，砌缝砂浆饱满，勾缝统一采用勾凹缝。

一、钢筋混凝土侧沟施工

侧沟采用梯形断面，底宽 0.6 m，净高 0.8 m，壁厚 0.2 m，采用 C30 钢筋混凝土现浇(图 4-2-48)施工。沿侧沟纵向每 10 m 设置伸缩缝一道，缝宽 0.02 m，缝内填塞沥青麻筋。

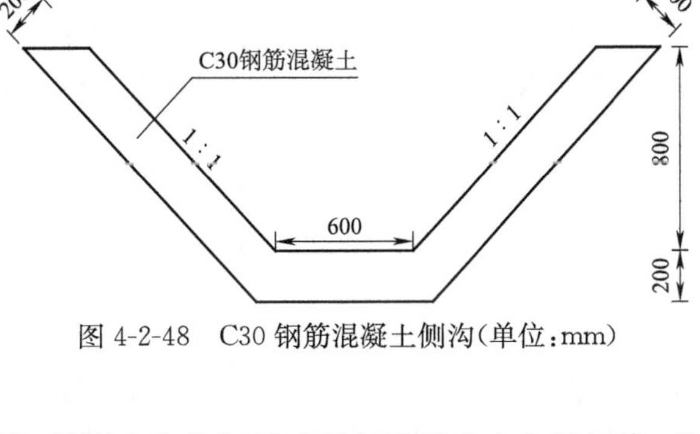

图 4-2-48 C30 钢筋混凝土侧沟(单位：mm)

1. 基础开挖

测量放线，定出侧沟中心线，根据水沟几何尺寸用灰线撒出水沟开挖线；基础开挖前做好基础临时排水，沟槽和基坑采用小型挖机开挖，两侧及沟底预留至少 5～10 cm 人工清底及修整。对基坑尺寸、标高等自检合格后，报监理工程师验收。

2. 钢筋加工

钢筋在钢筋加工场一次整体制作，为增加钢筋网片强度，主筋与箍筋结点处全部采用点焊；上下纵筋于一直线上，同一截面上的钢筋接头不超过总面积的 50%；在骨架主筋外侧，将混凝土预制块挂在骨架主筋上，以控制保护层。吊装和浇筑混凝土时注意避免钢筋网片变形。

3. 混凝土施工

钢筋骨架验收合格后,从钢筋加工场运至施工现场,放进开挖好的基础中。混凝土施工前将基坑中的杂物清理干净。混凝土输送车将混凝土运到现场,混凝土输送泵泵送入模,采用插入式浮式起重机振捣密实,确保底板混凝土的浇筑连续进行。

待沟底混凝土强度达到50%以上时支立水沟侧模,立模前由测量人员定出水沟边线,弹出墨线标识。模板采用定型钢模拼装,采用钢管架加固侧沟模板(图4-2-49),保证侧沟模板顶面、侧面一条线。模板经监理工程师验收合格后浇筑混凝土。

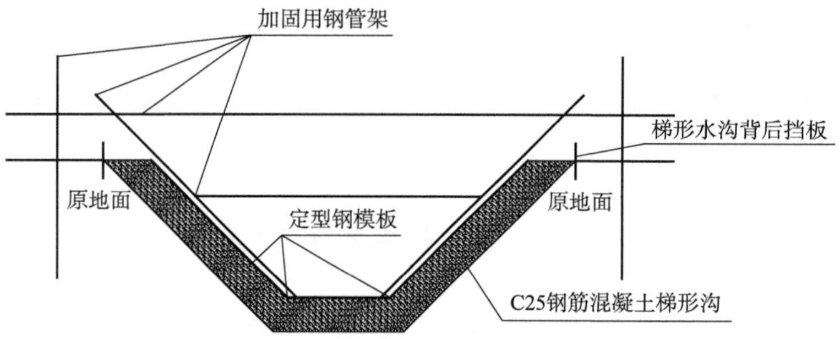

图4-2-49 钢管架加固侧沟模板示意图

4. 脱模养护

混凝土初凝后立即用白色土工布覆盖,待终凝后洒水自然养护,保持土工布湿润。侧面模板在混凝土强度达到设计的40%(3 d)以上方可拆模,拆模后用白色土工布覆盖定时洒水养护。

5. 基坑回填

基坑必须分层回填、分层夯实,层厚不得超过30 cm。成型的梯形水沟要求线形顺直、棱角分明、无积水、无蜂窝麻面。

二、路基中间集水井施工

集水井是将路基表面水汇集并排入侧沟或坡面排水槽,采用C20钢筋混凝土浇筑。施工前熟悉施工图纸,统计各个路基段集水井的数量、形式、位置。

1. 基础开挖

集水井基础在路基表层完工后,采用人工开挖,施工前按照测量出的桩位及控制轴线放出检查井的开挖尺寸。开挖过程中控制好检查井的尺寸和竖直度,施工中不允许出现超挖,对于超挖的部分采用与检查井井身同强度等级的混凝土回填。井口周围要做好防排水工作,以免雨水或施工废水流入基坑内。开挖到设计标高时应检查集水井的基底标高是否符合设计要求,并采用锤球和直尺检查井竖直度和尺寸。

2. 基础钢筋安装与混凝土浇筑

绑扎并安装集水井基础钢筋,钢筋底部用混凝土预制垫块来控制钢筋位置。检查合格后,浇筑基础混凝土,浇筑时要注意基础的混凝土顶面标高。在基础混凝土初凝后,混凝土面上用锤球定出检查井的中心位置及控制轴线,用墨线标出井身位置。

3. 井身立模、钢筋绑扎及混凝土浇筑

按照放样位置安装模板,并加固牢靠。井身钢筋采用工厂加工及现场绑扎。浇筑井身混凝土前要注意按设计要求埋设耐压PVC管。采用对路基切槽预埋管道,管道安装完成以后,切槽采用混凝土封闭。

4. 井盖安装

集水井盖设计为铸铁盖。在集水井身混凝土强度达到设计强度后安装集水井盖板。

三、渗水盲沟施工

渗水盲沟主要为垫层、透水PVC管包裹无纺布等结构。

地下排水设施应与地表排水系统相配套,保证水路畅通无隐患。渗沟的出水口应设置端墙,端墙下部留出与渗沟排水通道大小一致的排水沟，端墙排水孔底面距排水沟沟底的高度不宜小于 20 cm；端墙出口的排水沟应进行加固，防止冲刷。

盲沟开挖尺寸符合设计，沟底部清理干净，再施作垫层，后敷设盲管，预防堵塞。

四、过渡段排水施工

过渡段桥台背渗水板、横向排水沟(管)等排水设施应按设计要求及时完成，其连接方式应符合设计要求，铺设应平顺、整齐、牢固，排水畅通。

第八节　路基防护工程施工

路基边坡加固防护形式主要有土工格栅、拱形骨架护坡、浆砌片石护坡、三维立体网生态护坡、栽植紫穗槐、乔木及灌木(路基以外绿化)等。各种防护设施在地基和边坡稳定后施工。在设置路堤支挡工程、排水设施地段，先做好排水设施和支挡工程，有地下水露头时先做引排处理，再施作防护工程。防护施工前先将坡体表面浮土、石块清刷干净，填补坑凹部分，使坡面大体平整，施工时与土石坡面密贴结合，背后不留空隙，施工中加强现场监控。路堑防护工程紧跟开挖施工，路基成型一段，防护一段；松软土路堤的边坡防护待路基沉降稳定后进行。

一、路基边坡防护

(一)混凝土坡脚墙

路堤边坡采用拱形骨架护坡防护，骨架护坡坡脚设置混凝土坡脚墙。坡脚墙结构示意图如图 4-2-50 所示。墙体每隔 4 道拱架设置一道沉降缝，缝宽 2 cm，填塞沥青麻筋。

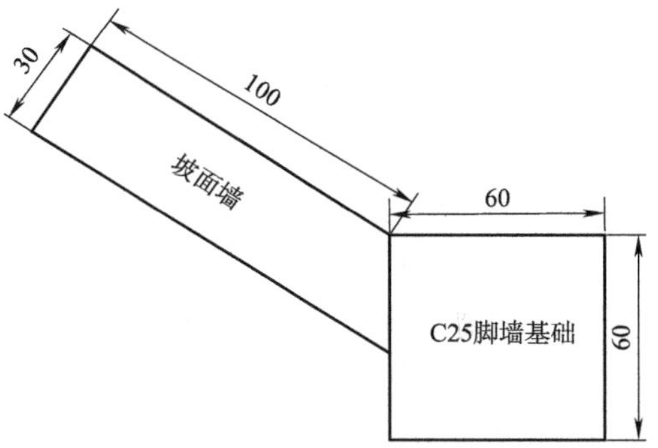

图 4-2-50　C25 混凝土坡脚墙示意图(单位：cm)

混凝土坡脚墙主要施工工艺及技术要点如下：

(1)基础开挖：坡脚墙基础开挖前做好基础的排水工作；采用小型挖机开挖，小挖机的斗宽不得超过 50 cm，开挖后人工配合修整、清理基底。开挖后采用小型夯实机对基底松软部分进行夯实。

(2)立模浇筑混凝土：基础开挖完毕后，技术人员对基础尺寸、外形等检查，确认无误后立模板、浇筑脚墙混凝土。拆模后的混凝土应线形顺直、棱角分明、无蜂窝麻面。

(3)沉降缝设置：脚墙基础浇筑时，采用 2 cm 厚的沥青木板设置沉降缝；待墙身浇筑完毕后，将沥青模板凿除，填塞 2 cm 厚沥青麻筋。

(4)基坑回填：基坑分层回填、分层夯实，层厚不得超过 30 cm。

(二)拱形骨架内喷播植草护坡

路堤边坡采用 M7.5 现浇水泥混凝土加预制块形式、带截水槽的拱形骨架护坡防护，骨架内种植紫穗槐或红叶石楠球等低矮灌木和植草防护，骨架护坡坡脚设置混凝土坡脚墙。

骨架净距 3 m×3 m，拱部骨架宽 0.4 m、厚 0.6 m，主骨架宽 0.6 m、厚 0.6 m，如图 4-2-51～图 4-2-53 所示。骨架位置结合集水井横向排水管、渗水盲管排水口位置布置，避免水流冲刷坡面。台阶位置应避开接触网杆、过轨手孔、声屏障等结构物，台阶两侧设置 20 cm 高 C25 混凝土。拱部骨架应从上往下布置，最下一拱至护脚顶面不应大于 4.9 m。

成型的拱形骨架护坡要求中线顺直不歪斜，每道骨架需平行于骨架外露棱角，线条流畅顺直，拱形骨架线形圆顺，无折角，无弯拐，棱角分明，无破损。

1. 施工工艺流程

坡面检查与修整→测量放样→挂线开挖沟槽→清理浮土→混凝土浇筑(养护)→截水槽挡水坎浇筑→养护→铺设空心六棱块→撒草籽，种植灌木。

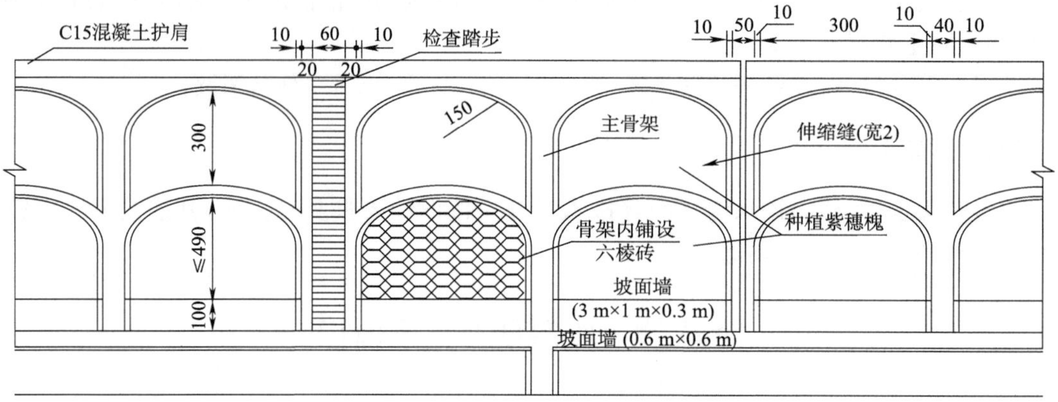

图 4-2-51 拱形骨架护坡正视图(单位:cm)

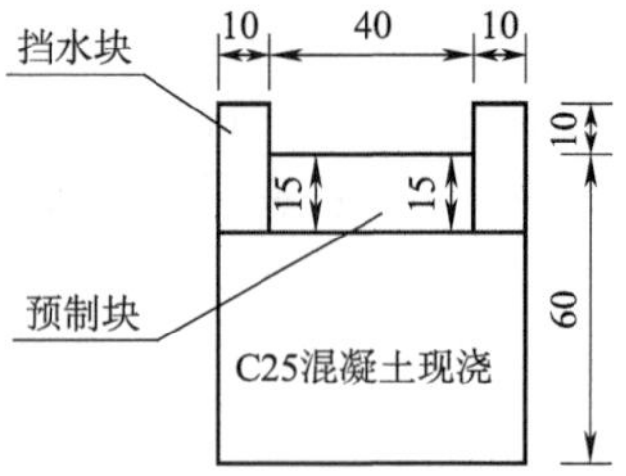

图 4-2-52 主骨架剖面图(单位:cm)

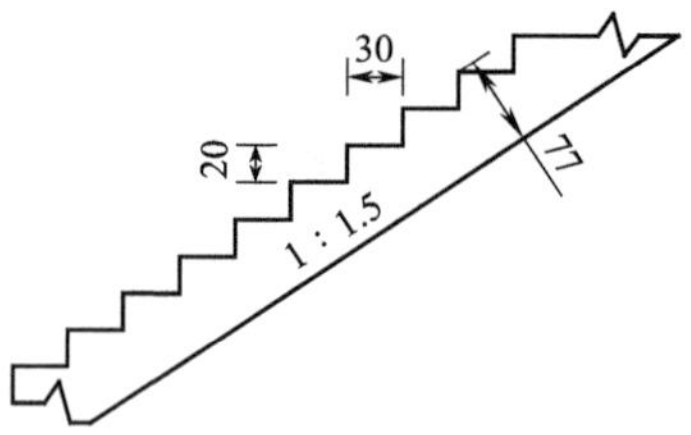

图 4-2-53 检查踏步剖面图(单位:cm)

2. 主要施工步骤及工艺要点

(1)坡面检查与修整

拱形骨架施工前,检查坡面是否合格,否则应进行修整。检查时,竖向每 10 m 按坡度挂线,每 30 m 为一检查区段,相邻两个区段搭接长度不小于 5 m。挂线后,形成检查网格,对局部有凸起点人工修整坡面,局部凹坡陷处若正好位于骨架处,须夯填土整平。严禁在边坡没有整平前施作骨架。

(2)基槽放样与开挖

坡面检修后,按路基大样图放出骨架的准确位置。在骨架中心线交点处,打设竹签作为定位点。用石灰线撒出基槽开挖边线,开口线每侧应适当比骨架放宽 2～3 cm。

人工开挖骨架沟槽土方,主骨架从上至下开挖,拱形骨架分单元开挖,随挖随施作。沟槽开挖后,经现场技术员、监理验槽后方可进入下道工序。

(3)模板安装

骨架混凝土浇筑采用钢模,模板顶面和两侧均挂线支立。为了保证主骨架的线形(垂直线路中心线的直线),模板两侧挂线应一线到顶,同一骨架不得分段挂线。模板调整就位后,外侧胚土以稳定模板,内侧采用小方木作对口撑,模板顶面每 2 m 用短钢管(钢管长 50～100 cm)做水平定位拉杆,用扣件将两侧模的相对位置固定好。

(4)混凝土浇筑

模板检查合格后浇筑混凝土。混凝土由搅拌站统一配送,为保证主骨架与拱形骨架的稳定,主骨架与拱形骨架混凝土施工宜一次浇筑;不能一次浇筑的,须在主骨架上预留不小于 20 cm 的接口与拱形骨架连接。每隔 4 个拱形骨架拱设置一道伸缩缝,缝宽 20 cm,缝内填塞沥青麻筋,深 20 cm。沥青沉降板应与主骨架同时浇筑。混凝土浇筑厚度为 43 cm,其上用 M10 砂浆找平(厚约 2 cm),上铺 15 cm 厚混凝土预制块。

(5)预制块生产

骨架预制块采用工厂化生产模式,预制块混凝土由搅拌站统一供应。

模板采用全围式塑料定型模型,平板振捣器振捣,叉车集中倒运存放。预制块达到设计强度后,由专业队伍配送至施工现场。

(6)预制块安装

现场预制块按一丁一顺进行砌筑，上下层错缝，不得有通缝，砌体底面应垂直于墙坡面。

每段砌体根据设计坡度制作出两块斜长不小于 1 m 的坡度尺，分别安放于沉降缝处，根据砌体坡面高度在坡度尺做标记，并在两块坡度尺的相应标记处拉线控制砌体的水平缝。砌体竖缝采用挂线施工。每砌完一段砌体后要用坡度尺和水准仪检测平面位置和高程，根据检测数据进行调整，以保证砌体砌筑至顶面时线形和高程满足设计及规范要求。

砌筑前先将基底表面清洗、湿润，再坐浆砌筑。砌体砂浆强度等级为 M10，统一由搅拌站配送。现场用钢模板加工器皿存放砂浆，底部平铺薄钢板，确保砂浆水分不流失。预制块安装应平稳，砌块间应砂浆饱满，粘结牢固，不得直接贴靠或脱空。砌筑时，底浆应铺满，竖缝砂浆应先在已砌预制块侧面铺放一部分，错缝间用 U 形卡具控制砌块间距(U 形卡具为直径 10 mm 圆钢)。砌筑上层砌块时，应避免振动下层砌块，砌筑工作中断后恢复砌筑时，已砌筑的砌层表面应加以清扫和湿润。

(7)骨架勾缝

勾缝材料由水泥掺水拌和。勾缝统一采用凹缝，按照 2 cm 宽、1 cm 深布置。为保证缝宽、缝深一致，统一加工勾缝工具。勾缝应横平竖直，待勾缝结束后，对已勾缝的主骨架用毛笔蘸墨汁对勾缝进行处理，涂刷过程中，墨汁不得滴抹到缝以外的预制块面上，以保证墙体外观美观。

(8)骨架内六棱砖铺设

为保证后续骨架内植草，六棱砖底部采用黏土找平，六棱砖安放要求平稳。

(9)坡面绿化

拱形骨架施工完毕后，及时对骨架内植草，栽种紫穗槐、红叶舌兰、金森女贞等草木。骨架六棱砖内换填种植土厚度不少于 15 cm，各种植草需选择适宜本地生长和根系发达的草种。及时做好洒水、病虫害防治及补种等养护工作。要求成活率不低于 85%，严禁长期暴露坡面。

(三)浆砌片石护坡

1. 施工工艺流程

坡面处理→测量放线→开挖基槽砌筑护坡→回填黏土→喷播植草→养生→勾缝。

2. 主要施工步骤及技术要点

(1)坡面修整

按照边坡坡度、基础高程等数据设固定的样板挂线，清刷表面松散土层及浮土，填补坑凹并拍实使坡面平整，土基的压实度与同层路基土压实度相同，以免下沉而使砌体产生裂缝，影响砌体的整体稳定性。

(2)测量放线

按设计图纸对拱型骨架轮廓进行放样，首先分别在边坡坡脚、坡顶部适当位置定出四个点作为方向控制线，同时也是里程控制桩。用钢尺对基槽开挖位置准确定位，弧形部分用白灰撒出弧线，并放出护桩，以便随时检查骨架的尺寸、成型位置。

(3)基槽开挖与基础砌筑

拱型骨架基槽采用人工开挖，石质地段使用风镐开凿，基槽开挖时注意几何尺寸位置的准确，开槽深度为垂直坡面以下 30 cm，土质基底必须平整夯实。对于拱圈圆弧部分基槽的开挖，选用较小的机具进行开挖，以保证弧形部分自然、平滑。

基槽开挖完毕后，放样并砌筑骨架条形基础，采用 M7.5 浆砌片石砌筑。基础砌筑后及时回填边缘，夯填密实，防止地表水浸入。骨架基础与下部浆砌片石侧沟平台连接时，应整体砌筑，灰浆饱满不留缝隙。

(4)下镶边片石砌筑

下镶边采用 M7.5 浆砌片石砌筑。各段水平砌缝大致水平，竖直砌缝相互错开，砌缝饱满，不得有通缝和空缝及松动。表面平顺整齐，与边坡嵌接牢固密贴，严禁采用灌浆施工。

(5)拱型骨架砌筑

拱型骨架采用 M7.5 浆砌片石砌筑。主骨架与拱骨架可用同步砌筑或先主骨架后拱骨架的原则，当先砌筑主骨架时，在主骨架与拱骨架连接处设置接茬石。拱骨架与拱圈的砌筑必须连续施工，先砌筑骨架下的 20 cm，然后安装拱圈预制块，最后完成拱骨架的砌筑。安装拱圈预制块时，用水泥砂浆打底，使用弧形钢筋模具,弧形钢筋上使用红白相间的油漆作为每块预制块的位置,上层钢筋定位预制块顶。拱圈预制块之间统一勾缝。

沿线路方向每隔 15～20 m 设伸缩缝一道,缝宽 2 cm,缝内填塞沥青麻筋。为便利养护,应于适当位置设置宽 1.0 m、厚 0.6 m 的阶梯形踏步,踏步应设在主骨架处。

(四)土工格栅护坡

土工格栅运到工地后,分批整齐堆放在料棚(库)内,防止日晒雨淋,保持料棚通风干燥,并逐批检查出场检验单、产品合格证及材料性能报告单,对其主要物理力学指标抽样检验,每批不少于一次。

路堤两侧边坡水平宽度 3～4 m 范围内,自坡脚至基床表层下,每隔 0.6 m 高铺设一层抗拉强度不小于 25 kN/m 的双向土工格栅加固。铺设土工格栅时,将下承层表面整平、压实清除表面坚硬凸出物后,按强度高的方向将土工格栅铺设在路堤主要受力方向。铺设时,拉紧展平后用插钉固定,消除褶皱扭曲后与路基面密贴,土工格栅需要连接时,采用 U 形钉连接。土工格栅铺设后及时填筑填料,其外缘距边坡保持 0.1 m 的距离,避免土工格栅受阳光直接曝晒时间过长。

填筑第一层填料时采用后卸式汽车沿筋材边缘卸土,并用推土机或前置式装载机摊铺。在土工格栅拉紧展平后,填料的摊铺及填筑从两侧开始,平行于路堤中心线向中心对称进行。土工格栅上填料用轻型压路机压实,达到压实标准后,再铺设下层土工格栅,填筑时为避免土工格栅受损伤,运输车辆和碾压机具不能直接在土工格栅上行走作业。

土工格栅属于隐蔽工程,每层铺设完毕后检查记录加筋铺设范围及位置。

二、路基支挡工程

路基支挡加固工程主要采用片石混凝土挡土墙、扶壁式挡土墙、框架格子梁等形式进行支挡。

(一)片石混凝土挡土墙

挡土墙施工前,首先做好上方的截、排水及防渗设施。挡土墙一般按沉降缝为界分段开挖,开挖后及时浇筑墙身。采用立模现浇法砌筑,片石采用坚硬、不易风化的片石。

1. 施工工艺流程

挡土墙施工工艺流程如图 4-2-54 所示。

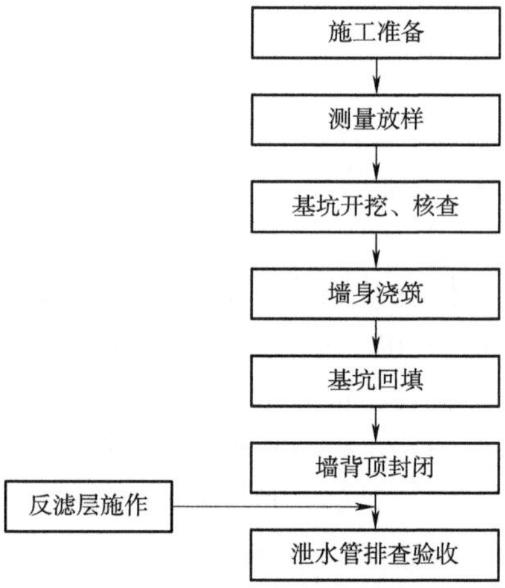

图 4-2-54 挡土墙施工工艺流程

2. 主要施工步骤及工艺要点

(1)基础开挖

挡墙基础采用分段开挖。路堤墙一般在路基填筑前进行施工,但填土面与墙体砌筑顶面高差不得超过 1.0 m。路堑墙需在地基承载力满足要求后进行施工。

路堤墙基础沿线路方向位于斜坡上时,基底纵坡应不陡于 5%,若陡于 5%时基底做成台阶式。路堑墙基础应在路肩或侧沟平台以下不小于 1.2 m,并低于侧沟砌体底面不小于 0.2 m。地质不良地段,应分段跳槽开挖,并及时浇筑墙身。临时开挖边坡一般应与墙背保持一致。挡土墙基坑为石质时基坑用混凝土找平铺砌。

基坑开挖至设计高程后,立即进行地质和基底承载力检查。

(2)现浇墙身混凝土

现浇混凝土挡土墙与基础的结合面应按施工缝处理,即先进行凿毛将松散部分的混凝土及浮浆凿除,并用水清洗干净,然后架立墙身模板。混凝土开始浇灌时,先在结合面上刷一层水泥浆或垫一层 2～3 cm 厚的 1∶2 水泥砂浆再浇灌墙身混凝土。

墙身模板采用大块钢模板拼装,一般 4 m 高之内为一次立模,超过 4 m 高的可分二次立模。当混凝土落高大于 2.0 m 时,要采用串筒输送混凝土入模,避免混凝土产生离析。

混凝土由混凝土搅拌站加工,用混凝土运输车运至现场;在墙顶搭设平台,用起重机吊送混凝土至平台进行浇灌。混凝土浇灌从低处开始分层均匀进行,分层厚度一般为 30 cm;采用插入式振捣器振捣。

墙身沿线路方向每隔 10～20 m 结合墙高或地基条件的变化设置伸缩缝或沉降缝,缝宽 0.02 m,缝内沿墙顶、内、外三边填塞沥青麻筋，深 0.2 m。

混凝土浇灌完进行收浆后及时洒水养护，养护时间最少不得小于 7 d。常温下一般 24 h 即可拆除墙身侧模板。

(3)泄水孔、反滤层铺设

按设计要求铺设泄水孔、反滤层。

(4)基坑与墙背回填

挡墙基础在施工完毕并经监理工程师检验合格后及时进行回填，墙后填料必须满足设计要求，并做到分层填筑、分层夯实，夯实时勿使墙身受到较大冲击影响。

为保证路堤墙在施工过程中的自身稳定，墙背应及时回填夯实，填土面与墙体砌筑顶面高差不得超过 1.0 m。

(二)扶壁式路堤挡土墙

马鞍山东站站房处设计为扶壁式挡土墙，采用 C40 混凝土浇筑，受力钢筋采用螺纹钢筋，分布钢筋采用光面钢筋，受力筋与分布筋用钢丝捆扎连接，使之成为一体。

扶壁式路堤挡土墙主要施工步骤与工艺要点如下：

(1)挡土墙施工前做好排水，防止地表水流入基坑，墙底埋入地面下 0.5～1.0 m，一般为 1.0 m，如果地面高程与实际情况不符，可据此调整墙高。

(2)挡土墙底铺设厚 0.1 m 的碎石垫层夯实至设计高程，整平后浇筑挡墙混凝土。先浇筑挡墙踵板，再浇筑挡墙墙身。采用混凝土输送泵送到施工面分层对称浇筑，振捣棒操作人员下到边墙底部振捣混凝土，防止施工时间过长产生人为施工缝；各板的施工分别从挡墙墙身两头向中线方向进行浇筑，以自然分层、薄层浇筑，逐渐推进、逐步到顶的施工方法。

(3)挡墙踵板凝固后，再进行扶壁混凝土灌注，立壁与底板相接处将底板凿毛且不得留下残渣。浇筑挡墙混凝土时，底板在宽度方向不应间断，必须一次浇筑完成；立壁在高度方向若有间断，新浇混凝土必须保证与已凝固混凝土的牢固粘结。

(4)混凝土浇筑到标高后及时清理表面的浮浆及泌水，到初凝后终凝前要进行二次收面(毛面)，进行二次闭合混凝土的泌水产生的毛细孔和混凝土改缩产生的微裂缝。二次收面处理后 1 h 就可以进行洒水养护，养护时要在其上覆盖麻袋或蓄水养护，墙混凝土在终凝后模板未拆除前及时蓄水养护，拆除模板后采用洒水方式，不间断养护，所有混凝土的养护均不得低于 14 d。

三、线路防护栅栏

立柱、上下槛、栏片等预制件在构件厂集中预制，采用塑钢模具和振动平台法施工。运输用苫布和毛毡支垫保护，防止磕碰掉角。栅栏立柱基础采用人工挖孔，现浇混凝土埋设；安装达到“平、直、顺、稳、美”的外观质量标准，立柱间距符合设计要求，立柱与隔离栅连接牢固。

第九节　路基沉降控制与评估

路堤填筑期间和完工后均进行沉降观测。沉降观测项目包括路堤基底沉降监测、路基面沉降监测、深厚层地段的深层沉降监测、软土和松软土地段路堤填筑过程中水平位移监测等。通过测定每一层填料填筑过程中的地基沉降和整体水平位移，以及路基成型后的地基沉降及路堤本身的沉降值，绘制“填高-时间-位移量”关系曲线图，根据计算预测其最终沉降值，确定工后沉降及不均匀沉降满足设计要求。

一、沉降观测设备的设置

(一)一般路基地段

观测断面沿线路方向按设计要求设置。施工时，对埋有沉降观测装置的周边不能碾压的部位，采用冲击夯进行夯实。

(1)基底沉降监测。每 100～150 m 设一个监测断面，每个监测断面预埋 1 个沉降板。路堤填筑前，于线路路堤基底地面预埋沉降板进行监测。桥路过渡段必须设置，且应加密。

(2)路基面沉降监测。路堤地段一般每 5～50 m 设一个监测断面,每个断面共 3 个监测点,分别于路基中心、两侧路肩各设一个监测桩,路基成型后设置,桥涵路过渡段必须设置,且应加密。

(3)深厚层地基沉降监测。深厚层地基沉降采用机动钻孔(ϕ108 mm)埋设 PVC 管(ϕ49 mm)和沉降磁环,利用深层沉降仪进行观测。观测设备分层设置,厚度大于 3 m 时,每 3 m 增设一组。

(4)松、软土路堤填筑施工过程中选择代表性地段,两侧坡脚外约 2 m、10 m 处设位移观测桩。

(二)过 渡 段

(1)过渡段应考虑线路纵向平顺性和不同结构物差异沉降的观测和评估,桥涵两端的过渡段、路隧过渡段及堑堤过渡段均需进行沉降观测。

(2)不同结构物起点处,距起点 5～10 m、20～30 m 处分别设置观测断面。每个横向结构物每侧各设置一个观测断面,沿涵洞轴线设路基观测断面,每个观测断面观测点设置参照路堤。

(3)路堤和路堑分界处设置观测断面,观测点设置参照路堤。

(4)横向结构物顶面埋设一根剖面沉降管,如图 4-2-55、图 4-2-56 所示。

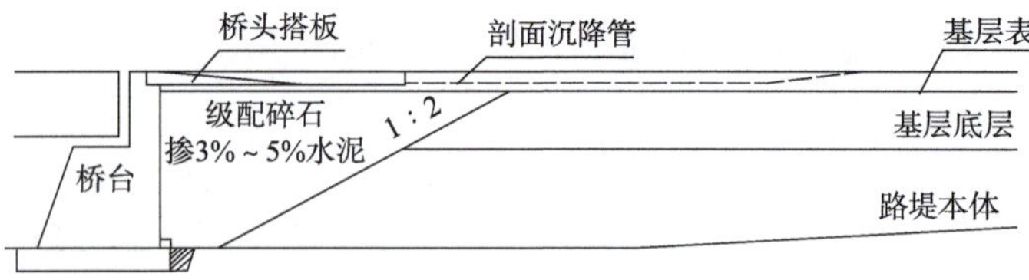

图 4-2-55 纵断面示意图

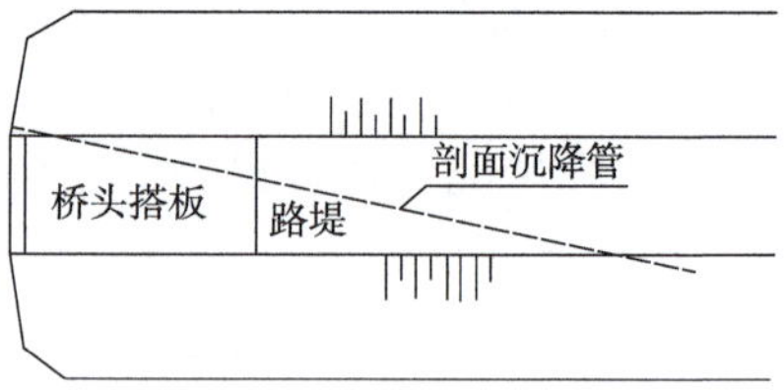

图 4-2-56 平面示意图

二、沉降观测线路

路基水准路线观测按二等水准测量精度要求形成附合水准路线,沉降观测点位布设及水准路线观测示意图如图 4-2-57 所示。

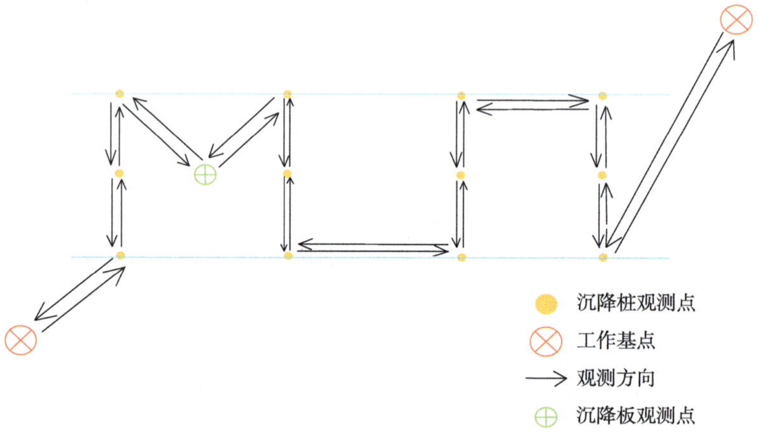

图 4-2-57 沉降观测点位布设及水准路线观测示意图

三、观测元件与埋设技术

1. 沉降观测桩

沉降观测桩采用 ϕ20 mm 钢筋制作,顶部磨圆,底部焊接弯钩,如图 4-2-58 所示。待基床表层级配碎石施工完成后,在观测断面通过测量埋置在设计位置。埋置深度不小于 0.3 m,桩周 0.15 m 用 C15 混凝土浇筑固定,埋设完成后测量桩顶标高作为初始读数。

2. 沉降板

沉降板由底板、金属测杆(ϕ40 镀锌钢管)及保护套管(ϕ80 PVC 管)组成,如图 4-2-59 所示。底板可以采用钢筋混凝土板,也可采用钢板。钢筋混凝土底板尺寸一般为 50 cm(长)×50 cm(宽)×3 cm(厚),钢底板尺寸一般为 30 cm(长)×30 cm(宽)×0.8 cm(厚)。

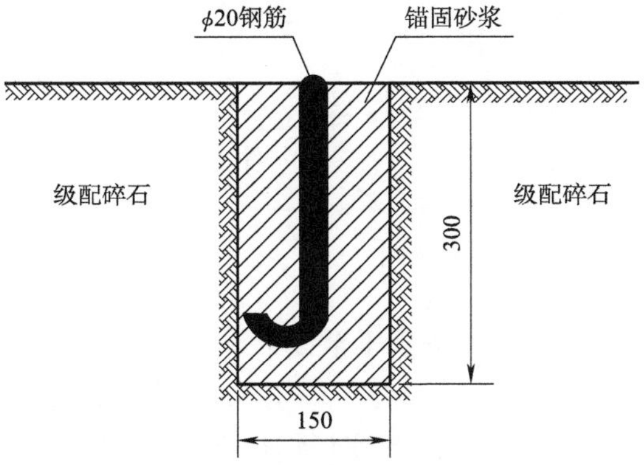

图 4-2-58　路基沉降观测桩埋设布置图(单位:mm)

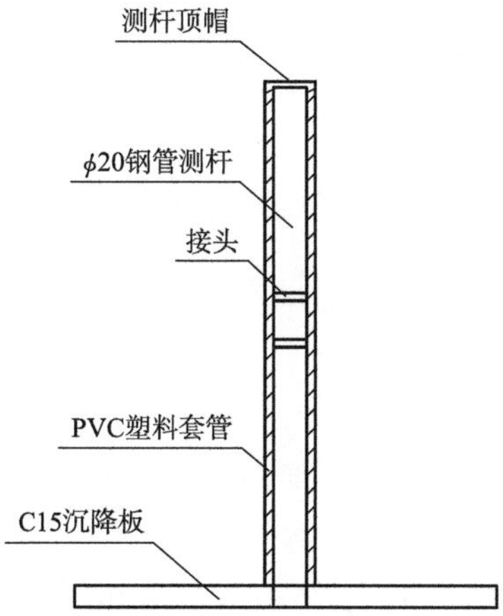

图 4-2-59　路基沉降板埋设布置图

(1)沉降板埋设位置处可垫 10 cm 砂垫层找平,埋设时确保底板的水平与垂直度,确保测杆与地面垂直。

(2)放好沉降板后,回填一定厚度的垫层,再套上保护套管;保护套管略低于沉降板测杆,上口加盖封住管口,并在其周围填筑相应填料来稳定套管。

(3)测量埋设就位的沉降板测杆杆顶标高读数作为初始读数;随着路基填筑施工,逐渐接高沉降板测杆和保护套管,每次接长高度以 0.5 m 为宜,接长前后测量杆顶标高变化量确定接高量。金属测杆用内接头连接,保护套管用 PVC 管外接头连接。

(4)接长套管时应确保垂直,避免机械施工等因素导致套管倾斜。

3. 位移边桩

位移边桩采用 C15 钢筋混凝土预制,断面采用 15 cm×15 cm 正方形,长度不小于 1.5 m。并在桩顶预埋 ϕ20 mm 钢筋,顶部磨圆并刻画十字线。

(1)边桩埋置深度在地表以下不小于 1.0 m,桩顶露出地面不应大于 10 cm。

(2)埋置方法采用洛阳铲或开挖埋设,桩周以 C15 混凝土浇筑固定,确保边桩埋置稳定。完成埋设后采用全站仪测量边桩标高及距基桩的距离作为初始读数。

4. 剖面沉降管

剖面沉降测量是将剖面沉降仪探头预埋在剖面沉降管十字导槽内,从一端按一定间距依次读数。剖面沉降管采用专用塑料硬管,其抗弯刚度应适应被测土体的竖向位移要求,导管内十字导槽应顺直,管端接口密合。

路基基底剖面沉降管在地基加固施工完毕、填土至 0.6 m 高度碾压密实后开槽埋设。开槽宽度 20～30 cm,开槽深度至地基加固表层顶面,槽底回填 0.2 m 厚的中粗砂。在槽内敷设沉降管(沉降管内穿入用于拉动测头的镀锌钢丝绳),其上夯填中粗砂至与碾压面平齐。沉降管埋设位置挡土墙处应预留孔洞。沉降管敷设完成后,两头应砌筑观测坑,并加设盖板,以方便观测及对孔口进行长期保护,并做好坑内及其周围的排水。于一侧管口处设置观测桩,观测桩采用 C15 素混凝土灌注,断面采用 0.5 m×0.5 m×1.0 m。待上部一层填料压实稳定后,连续观测数日,取稳定读数作为初始读数。

采用横剖仪和水准仪进行横剖面沉降观测。每次观测时,首先用水准仪测出横剖面管一侧的观测桩顶高程,再把横剖仪放置于观测桩顶测量初值,然后用横剖仪测量各测点。区间每 2.0 m 测量一点,车站内测点间距可为 3.0 m,如图 4-2-60 所示。

5. 单点沉降计

单点沉降计是一种埋入式电感调频类智能型位移传感器,由电测位移传感器、测杆、锚头、锚板及金属软管和塑料波纹管等组成。

采用钻孔引孔埋设,钻孔孔径 ϕ108 或 ϕ127,钻孔垂直,孔深应达到硬质稳定层(最好为基岩),并与沉降仪总长一致。孔口应平整密实。安装前先在孔底灌浆,以便固定底端锚板,安装时锚杆朝下,法兰沉降板朝

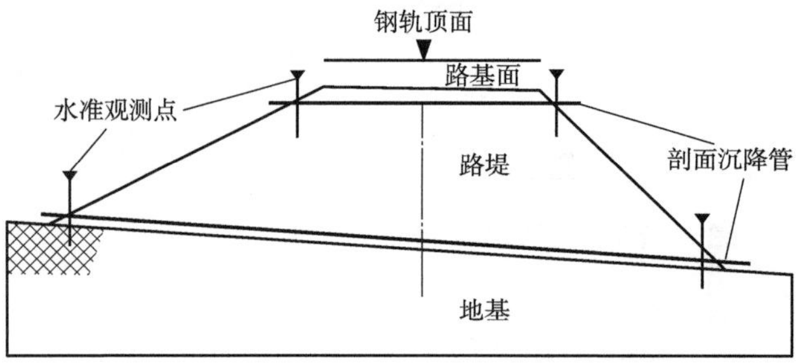

图 4-2-60 路基剖面沉降管埋设布置图

上，注意要用拉绳保护以防止元件自行掉落，采用合适方法将底端锚板压至设计深度。每个测试断面埋设完成后，位移计引出导线用钢丝波纹管进行保护，并挖槽集中从一侧引出路基，引入坡脚观测箱内。一般埋设完成后 3～5 d 待缩孔完成后测试零点。观测路堑换填基底沉降或隆起变形埋设在换填基底面，表面应平整密实；观测路基本体变形按设计断面图埋设。

四、观测技术要求

(1)路堤地段从路基填土开始进行沉降观测；路堑地段从级配碎石顶面施工完成开始观测。路基填筑完成或施加预压荷载后应有不少于 6 个月的观测和调整期。观测数据不足以评估或工后沉降评估不能满足设计要求时，应延长观测时间或采取必要的加速或控制沉降的措施。

(2)沉降观测设备的埋设是在施工过程中进行的，施工单位的填筑施工要与设备的埋设做好协调，做到互不干扰、影响。观测设施的埋设及沉降观测工作应按要求进行，不能影响路基填筑质量。

(3)路基填筑过程中应及时整理路堤中心沉降观测点的沉降与边桩的位移量，并据此确定填土速率，如地基稳定情况良好可以酌情加快，反之减缓填土速率。当中心地基处沉降观测点沉降量大于 10 mm/d 或边桩水平位移大于 5 mm/d、竖向位移大于 10 mm/d 时，应停止填筑施工，待沉降稳定后再恢复填土，必要时采用卸载措施。

(4)观测精度要求：路基沉降观测水准测量的精度为±1.0 mm，读数取位至 0.01 mm；剖面沉降观测的精度应不低于 4 mm/30 m；位移观测测距误差±3 mm；方向观测水平角误差为±2.5″。

(5)观测频次要求：路基沉降观测的频次不低于表 4-2-29 的规定。

表 4-2-29 路基沉降观测频次

观测阶段	观测频次	
填筑或堆载	一般	1 次/d
	每天填筑量超过 3 层时	1 次/填筑 3 层
	沉降量突变	2～3 次/d
	两次填筑间隔时间较长	前两天 1 次/d，以后 1 次/3 d
堆载预压或路基施工完毕	第 1～3 个月	1 次/周
	3 个月以后	1 次/2 周
无砟轨道铺设后	第 1 个月	1 次/2 周
	第 2～3 个月	1 次/月
	3 个月以后	1 次/3 月

注：架桥机(运梁车)通过时观测要求：每 1 次/3 d，连续 3 次；以后 1 次/1 周，连续 3 次；以后 1 次/2 周。

实际工作进行时，观测时间的间隔还要看地基的沉降值和沉降速率。当两次连续观测的沉降差值大于 4 mm 时应加密观测频次；当出现沉降突变、地下水变化及降雨等外部环境变化时应增加观测频次。观测应持续到工程验收交由运营管理部门继续观测。

(6)特殊情况说明：

为尽量减少轨道板施工对观测标的影响，可对观测标进行调整。两侧距左右线各 2 m 的沉降观测桩距离改为 2.7 m，中心的沉降观测桩需在两线中心的混凝土封闭层施工完成后转移至其表面，转移的观测标必须设置在原断面里程上，采用相同编号，不另行编号，并继续观测至铺设无砟轨道。

五、沉降评估

为确保线下工程工后沉降满足无砟轨道设计要求，在无砟轨道铺设前，必须对其沉降变形进行分析评估，确认工后沉降和变形符合设计要求。评估除采用曲线拟合法进行线下工程的单个测点评估外，要求相关系数不得小于 0.92。同时进行区段线下工程综合评估。

(一)沉降评估办法

1. 判定标准

(1)当路基主体工程完工后观测期不少于 6 个月时，可进行无砟轨道系统铺设条件评估。

(2)采用曲线回归方法预测工后沉降，回归预测分析结果应满足以下标准：

根据路基填筑完成(含预压土)后不少于 6 个月的实际观测数据作多种曲线的回归分析，确定沉降变形的趋势；沉降预测的可靠性应经过验证，间隔不少于 3 个月的两次预测最终沉降的差值不应大于 8 mm。

预测得到的工后沉降小于 15 mm。

路基填筑完成(含预压土)后至无砟轨道铺设前，沉降预测的时间应满足 $S(t)/S(t=\infty)\geqslant 75\%$ 的要求[$S(t)$ 为预测时的沉降观测值；$S(t=\infty)$ 为预测的最终沉降值]。

路基与不同结构物间过渡段的预测工后沉降差异不应大于 5 mm，预测沉降引起沿线路方向的折角不应大于 1/1 000。

(3)当沉降观测曲线无法进行回归预测时，同时满足以下三条标准，可判定沉降满足无砟轨道铺设条件：路基填筑完成后或堆载预压完成后观测期大于 6 个月，其沉降增量在 ±2 mm 之内；路基填筑完成后或堆载预压完成后观测期大于 6 个月，无异常波动且沉降波动幅度在 3.0 mm 之内；最后四期(且观测时间不少于 1 个月)沉降观测数据未见持续下沉。

(4)工后沉降计算中，轨道荷载产生的附加沉降量按以下原则确定：

堆(超)载预压的路基地段，可不考虑轨道荷载产生的附加沉降。

无预压路基地段，轨道系统荷载引起的附加沉降(S_{tk})可按 $S_{tk}=[S_{\triangle}/(\gamma h)]\Delta P_k$ 计算，其中，$S_{\triangle}$ 为预测的最终沉降量与路基填筑完成后的沉降差值；γ 为路基平均填土容重；h 为路基填土高度；ΔP_k 为轨道系统自重荷载，按 15 kPa 计算。

设计预测总沉降量与通过实测资料预测的总沉降量之差值不宜大于 10 mm。

2. 评估方法

采用常用的规范双曲线、修正双曲线、固结度对数配合法(三点法)、指数曲线法、遗传算法双曲线法、Verhulst 法、Asaoka 法、灰色系统 GM(1,1)算法 8 种方法进行评估。

3. 工后沉降计算

设计工后沉降量按 $S_{工后}=S_1+S_2$ 计算，其中 S_1 为路基铺轨后运营 100 年发生的沉降，采用曲线回归方法获得；S_2 为无砟轨道结构自重荷载发生的沉降，计算用压缩模量可根据观测资料反算得出。

4. 计算沉降和观测沉降的比较

(1)由于影响沉降计算的因素较多，沉降计算的精度无法达到要求，必须通过对沉降观测数据进行系统的综合分析评估，来验证和调整设计参数与措施。

(2)通过沉降观测和评估来确定路基的真实压缩模量 E_s，以确定无砟轨道结构自重产生的附加工后沉降。

(3)如观测到的沉降量超过设计沉降量计算值的 20% 时，经过排除人为错误与设备故障，可尽早检查设计，采取措施确保工后沉降满足设计要求。

5. 过渡段工程沉降评估

(1)过渡段工后沉降的分析评估应沿线路方向考虑各观测断面和各种结构物之间的关系综合进行。

(2)对线路下部不同基础结构物之间以及不同地基条件或不同地基处理方法之间形成的各种过渡段，应重点分析评估其差异沉降。

(3)判定标准:过渡段不同结构物间的预测差异沉降不应大于 5 mm,预测沉降引起沿线路方向的折角不应大于 1/1 000。

(二)综合评估要求

(1)评估区段长度的划分应根据不同结构物的分布情况,结合架梁、铺轨等的具体情况综合确定。区段长度一般不宜少于 4 km,宜包括路基、桥涵、隧道、过渡段等不同结构物,并注意评估区段之间的衔接问题。

(2)在对路基、桥梁、隧道和过渡段等不同结构物的基础沉降变形预测评估完成后,绘制区段或全线的沉降预测变形曲线,进行综合评估,确认其满足铺设无砟轨道的要求。

(3)对于结构物沉降值超过设计要求,但沉降均匀且范围较长的地段,进行专题研究确定评估标准。

(三)沉降评估结果

1. 工作基点稳定性判断

评估区段按二等水准测量精度进行了沉降变形观测,按照国家二等水准测量的技术要求加密水准点,与设计院提交的 CPⅠ、CPⅡ点间距 200 m 左右,满足变形监测网的观测要求。

沉降变形观测期间,每个评估区段对工作基点复测都不少于 2~5 次,通过对比复测前后的工作数据,工作基点(含加密工作基点)相邻点高差之差均小于限差要求,据此可判定测量期间本段工作基点处于相对稳定阶段。

2. 沉降分析统计

根据沉降变形观测数据,对路基累计沉降量进行统计,基底沉降板累计沉降范围−1.16~13.23 mm,路基面观测桩累计沉降范围−2.07~5.16 mm。符合沉降要求。

路基累计沉降具有以下特点:

(1)路基沉降板及观测桩累计沉降量普遍较小,分析原因如下:①路基段地质条件好,多为全风化~弱风化石灰岩,承载力较高;②地基处理措施采用挖除换填加固、CFG 桩、水泥搅拌桩等,设计工程措施可靠;③部分断面路基填筑完成以后方开展沉降变形观测工作,前期已发生沉降量未记入总沉降量之内,因此反映出沉降板总沉降量相对较小。典型沉降曲线如图 4-2-61、图 4-2-62 所示。

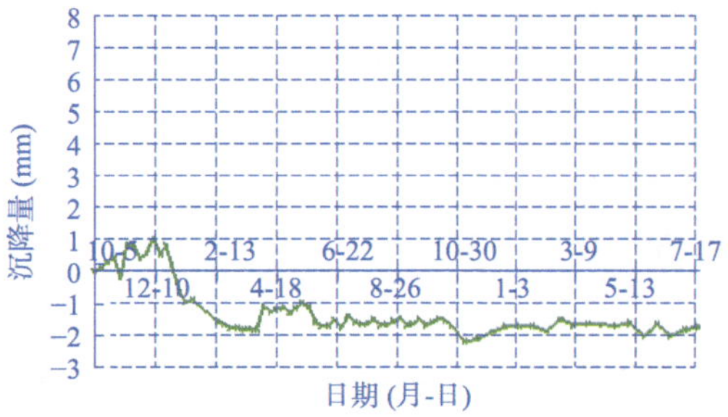

图 4-2-61 0160798L2 沉降曲线

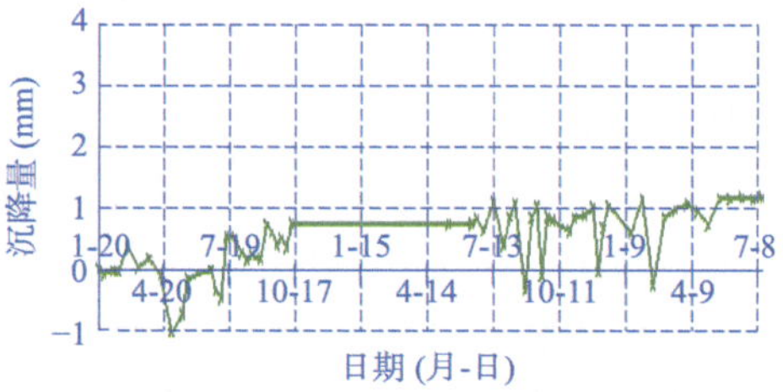

图 4-2-62 0164933L1 沉降曲线

(2)观测桩总沉降量出现"负变形"情况,如图 4-2-63 所示。这种情况主要是由测量误差引起。当变形值较小时,测量误差占的比例相对较大,会导致观测曲线围绕着"0"沉降轴线上下波动,造成部分观测数据出现上升现象。

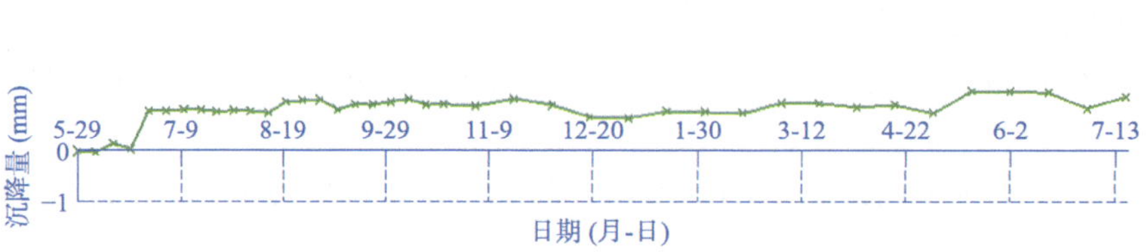

图 4-2-63 沉降变形曲线

(3)部分区段沉降板总沉降量相对较大。可能是由于本区段开展沉降变形观测时间较长,前期已发生沉降量计入总沉降量之内所致。

(4)左右观测桩差异沉降统计分析。根据沉降变形观测数据,对各区段路基左右观测桩沉降量进行了对比分析,差异沉降范围在 0~3.24 mm。全线沉降观测桩未见明显的左右侧路基沉降相差较大的连续段落;

左右侧路基观测桩后期沉降均已经趋于稳定，沉降值的差异很小，左右侧观测桩累计沉降差值显示，未发生面积性实测差异沉降。

六、工后沉降预测评估

1. 预测分析及评估

采用 Asaoka 法、GM(1,1)以及遗传算法双曲线三种方法开展预测分析，工后沉降预测最大值为 0～0.01 mm，均小于 15 mm；三种方法相关系数一般均大于 0.92，至少一种方法大于 0.92，其余相关系数均大于 0.8 且小于 0.92，满足相关规范要求，可直接判定满足无砟轨道铺设条件。虽有个别测点相关系数不满足，但观测累计沉降量数值均在 2.65～6.26 mm 之间，沉降量较小，且当前沉降量与预测的最终沉降量之比最小值为 75.25%，均大于 75%，相关系数仍然处于一个较低的水平，综合判断可以满足无砟轨道铺设条件。

综上所述，综合分析判断满足无砟轨道铺设条件。

2. 直接判定

采用路基沉降判定标准，进行沉降变形统计分析：

(1)路基(预压土填筑完成)填筑完成后，路基(含过渡段)沉降板及观测桩沉降增量统计：沉降板沉降增量在−0.85～1.98 mm 之间，路基观测桩沉降增量在−1.53～1.98 mm 之间。

(2)路基(预压土填筑完成)填筑完成后，路基(含过渡段)沉降板及观测桩波动幅度统计：沉降板沉降波动范围在 0.1～2.74 mm 之间，路基观测桩波动范围 0.1～2.88 mm 之间。

(3)最后四期(且观测时间不少于 1 个月)观测数据统计未见持续下沉，满足路基评估标准。

(4)结论：综合分析判断满足轨道铺设条件。

沉降曲线代表图形如图 4-2-64 所示。

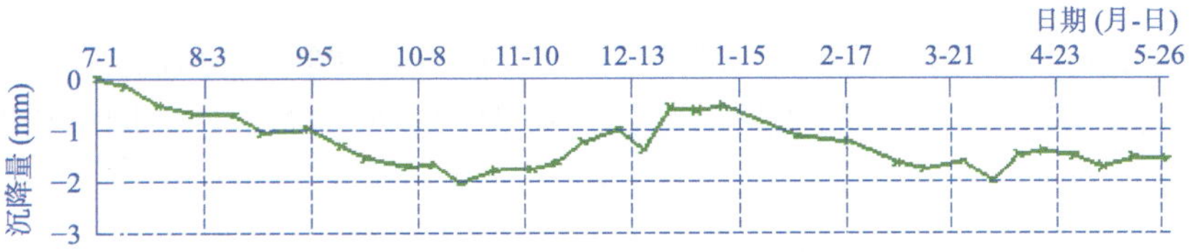

图 4-2-64　0179736G2 沉降曲线

第三章 桥涵工程

正线桥梁一般采用预应力混凝土箱形简支梁和连续梁，局部采用钢管混凝土拱桥、钢桁梁斜拉桥、刚构连续梁桥和钢筋混凝土框架桥等，部分路基地段布置有少量涵洞，采用钢筋混凝土矩形框架箱涵。简支箱梁均采用梁场集中预制，大吨位架桥机和运架一体机为主的架设施工方法；连续梁主要采用悬臂灌注法施工。

桥梁基础主要采用钻孔灌注桩和明挖基础两种形式，以钻孔桩居多。正线双线梁桥墩以流线型圆端形实体桥墩、一字形桥台为主；单线简支箱梁采用圆端形桥墩、矩形空心桥台；既有线改建地段墩台结构形式与既有线桥相同，采用圆端形桥墩，T形桥台。

桥梁工程的主要施工方案及控制点：

(1)钻孔灌注桩施工：采用旋挖钻、冲击钻成孔，水下灌注混凝土成桩。主要控制点为桩中心位置、塌孔、缩径。

(2)承台施工：针对全线范围内软土深基坑开挖，采用 9 m、12 m 及 15 m 拉森Ⅳ型钢板桩和槽钢做围檩，姑溪河特大桥水中承台采用单壁钢围堰，分层开挖支护；安庆长江大桥 4～7 号位于江中的主墩承台桩基采用钢套箱围堰施工，围堰高度达 42.88 m。主要控制点：不同开挖深度基坑维护结构安全稳定(需设计检算)、桩头凿除质量、开挖降水施工措施、墩身预埋钢筋位置准确。

(3)墩身施工：采用厂制大块钢模板施工。主要控制点：模板和拉筋的刚度、钢筋保护层和模板垂直度、胀模和养生。

(4)梁部施工：连续梁采用挂篮悬灌和满堂支架现浇；双线箱梁均在梁场预制完成，采用架桥机和运架一体机设备架设。主要控制点：支座的安装挂篮和支架灌注前检查、预应力管道坐标位置准确、运架梁设备维修保养和关键工序签认。

第一节 基础施工

桥梁基础以钻孔桩基础为主，部分采用明挖扩大基础。本节主要总结钻孔桩、水中墩钻孔平台、扩大基础及桩基承台的施工技术。

一、钻孔桩施工

(一)工艺流程

钻孔桩施工工艺流程图如图 4-3-1 所示。

(二)施工关键工序及技术要点

1. 施工准备

(1)钻孔桩开工前，进行测量放样，平整场地；设置供电、供水系统及修筑道路；安装混凝土搅拌站，材料进场试验，选定配合比；制作护筒，绑扎钢筋笼，制备泥浆以及钻机检查、导管试拼试压等。

(2)围堰筑岛，桩位有水时，用草袋围堰或钢板桩围堰。自卸汽车运土，人工夯填筑岛，岛顶面高度高于最高施工水位 0.5 m。

(3)埋设护筒。护筒用钢板加工制作，内径大于桩径 20～40 cm。深水处的护筒内径比桩径大 40 cm，护筒在旱地时，护筒顶端高出地面 0.5 m，并高出地下水位 1.5～2.0 m 以上；孔内有承压水时，高出稳定后的承压水位 2.0 m 以上。

护筒中心竖直线与桩中心线重合，平面位置偏差不大于 5 cm，倾斜度偏差不大于 1%。

护筒埋入深度：黏性土时不少于 1.0 m；砂性土时不少于 2.0 m；当表层有松软土，护筒埋置到较坚硬密实的土层中至少 0.5 m；水中筑岛时，护筒宜埋入河床面以下 1 m。岸滩上埋设护筒时，在护筒四周回填黏

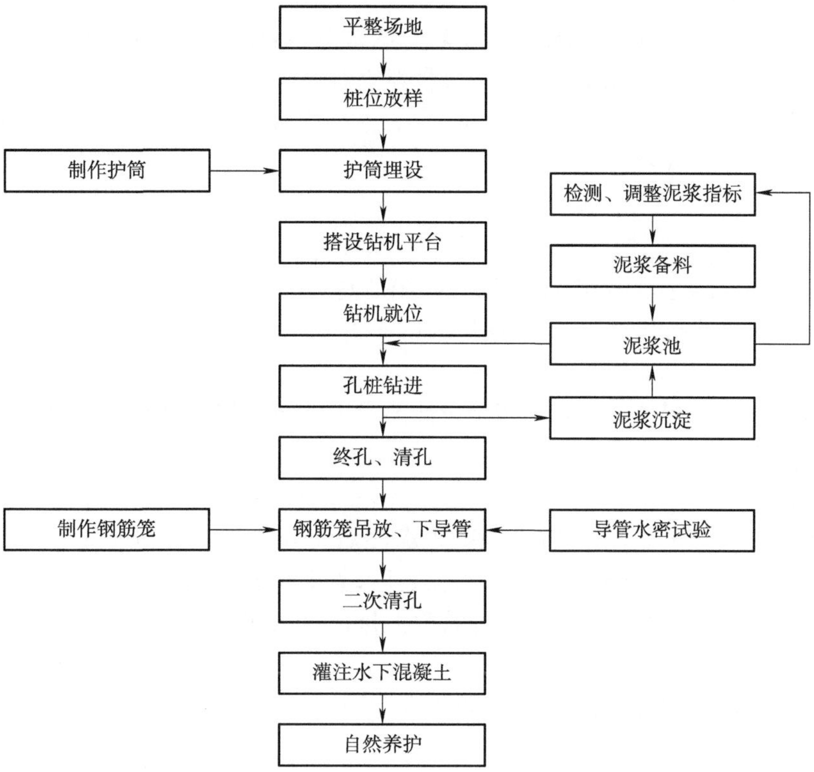

图 4-3-1　钻孔桩施工工艺流程图

土并分层夯实。

(4)开挖泥浆池，制备泥浆。采用高液限黏土用泥浆机拌制泥浆，造浆量为桩用混凝土体积的 2 倍。泥浆比重可根据钻进不同地层及时进行调整，在地质不良部位或易坍孔地段适当提高泥浆黏度及比重。

2. 钻孔

根据地质情况，选用旋转钻机和冲击钻机钻孔，泥浆护壁。

(1)钻机就位前，对钻孔各项准备工作进行检查。

(2)安装钻机时要求底部垫平并保持稳定，不得产生位移和沉陷，顶端用缆风绳对称拉紧，钻头在护筒中心偏差不得大于 50 mm。

(3)开始钻进时，进尺应适当控制，在护筒刃脚处，应短冲程钻进，使刃脚处有坚固的泥皮护壁。待钻进深度超过钻头全高加正常冲程后可按土质以正常速度钻进。如护筒外侧土质松软发现漏浆时，可提起钻锥，向孔中倒入黏土，再放下钻锥冲击，使胶泥挤入孔壁堵住漏浆孔隙，稳住泥浆继续钻进。

(4)开始前应调制足够数量的泥浆；钻进过程中，如泥浆有损耗、漏失，应予补充。经常对钻孔泥浆进行检测，随时注意地层变化。遇土层变化应增加检查次数，并适当调整泥浆指标。

(5)钻孔作业分班连续进行，填写的钻孔施工记录交接班时交待钻进情况及下一班注意事项。在中心距离 5 m 以内任何桩的混凝土浇筑完成 24 h 后，才能开始邻近桩的钻孔施工。

(6)因故停钻时，保持孔内具有足够的水位和要求的泥浆相对密度和黏度，处理孔内事故时必须将钻头提出孔外。

(7)钻孔达到要求后，用仪器对钻孔的中心位置、孔径、倾斜度、孔深进行检查，并填写质检记录表，合格后方准进入下道工序施工。

3. 清孔

钻孔检查合格后，采用换浆法清孔。清孔时必须注意保持孔内水头，防止坍孔。不得用加深孔底深度的方法代替清孔。清孔后灌注水下混凝土前，摩擦桩孔底沉渣厚度不大于 200 mm，柱桩孔底沉渣厚度不大于 50 mm。

4. 安放钢筋笼

清孔达到要求后,立即吊装钢筋笼入孔。对于较短的桩基,钢筋笼宜制作成整体,一次吊装就位。对于较长的桩基,可以分节起吊。分节起吊时,将第一节骨架临时支撑于护筒口,再起吊第二节骨架,使上下两节骨架位于同直线上进行焊接,全部接头焊好后下沉入孔,直至所有骨架安装完毕。并在孔口牢固定位,以免在灌注混凝土过程中发生浮笼现象。

5. 水下混凝土灌注

(1)灌注前准备

水下混凝土采用钢导管灌注,导管内径为25～30 cm,每节2～3 m,配1～2节1～1.5 m的短管。导管使用前应进行水密承压和接头抗拉试验,严禁用压气试压。

(2)二次清孔

浇筑水下混凝土前应检查沉渣厚度是否满足设计要求。如沉渣厚度超出规定要求,则利用导管进行二次清孔。

(3)封底混凝土浇筑

计算和控制首批封底混凝土数量,使首批混凝土灌注后将导管埋入混凝土不小于1 m且不大于3 m。打开漏斗阀门,放下封底混凝土。首批混凝土灌入孔底后,立即探测孔内混凝土面高度,计算导管被混凝土埋置深度,如符合要求,即可正常灌注。如发现导管内大量进水,表明出现灌注事故。

(4)水下混凝土浇灌

桩基混凝土采用罐车运输配合导管灌注,混凝土灌注前应进行坍落度、含气量、入模温度等检测,灌注开始后应连续地进行,严禁中途停工。

灌注过程中,应防止混凝土拌和物从漏斗顶溢出或从漏斗外掉入孔底,使泥浆内含有水泥而变稠凝结,致使测探不准确;应注意观察管内混凝土下降和孔内水位升降情况,及时测量孔内混凝土面高度,即时调整导管埋深,导管的埋置深度应控制在2～4 m;当导管内混凝土不满、含有空气时,后续混凝土要徐徐灌入,不可整斗地灌入漏斗和导管,以免在导管内形成高压气囊,挤出管节间的橡胶垫,而使导管漏水。

尽量缩短混凝土总的灌注时间,防止顶层混凝土进入钢筋骨架时混凝土的流动性过小;在导管底口距离钢筋笼底口3 m以下和1 m以上位置处开始,慢慢灌注混凝土,以减小混凝土从导管底口出来后向上的冲击力;当孔内混凝土将钢筋骨架埋入4～5 m以后,适当提升导管,减小导管埋置长度,以增加骨架在导管口以下的埋置深度,从而增加混凝土对钢筋骨架的握裹力;混凝土灌注到接近设计标高时,要计算还需要的混凝土数量(计算时应将导管内及混凝土输送泵内的混凝土数量估计在内),通知拌和站按需要数量拌制,以免造成浪费。

导管提升时应保持轴线竖直和位置居中,逐步提升。如导管法兰卡挂钢筋骨架,可转动导管,使其脱开钢筋骨架后,再移到钻孔中心。拆除导管动作要快,时间一般不宜超过15 min。要防止螺栓、橡胶垫和工具等掉入孔中。导管循环使用4～8次后应重新进行水密性试验。

因为耐久性混凝土粉煤灰掺量较大,粉煤灰可能上浮堆积在桩头,加灌高度应考虑此因素。为确保桩顶质量,在桩顶设计标高以上应加灌100 cm以上。

在灌注混凝土时,每根桩应至少留取一组试件,对于桩长较长、桩径较大、浇筑时间很长时,根据要求增加。如换工作班时,每工作班都应制取试件。试件应施加标准养护,强度测试后应填试验报告表。强度不合要求时,应及时提出报告,采取补救措施。

(5)灌注混凝土测深方法

灌注水下混凝土时,应经常探测孔内混凝土面至孔口的深度,以控制导管埋深。如探测不准确,将造成埋深过浅,导管提漏断桩,埋管过深拔不出或短桩事故。

目前测深多用重锤法。重锤的形状是锥形,底面直径不小于10 cm,质量不小于5 kg。用测绳系锤吊入孔内,使之通过泥浆沉淀层而停留在混凝土表面(或表面下10～20 cm),根据测绳所示锤的沉入深度作为混凝土灌注深度。本方法完全凭探测者手中所提测锤在接触混凝土顶面以前与接触混凝土顶面以后不同重量的感觉而判别。测锤不能太轻,而测绳又不能太重,否则,探测者手感会不明显,在较长钻孔桩混凝土灌注快要结束时,由于沉淀增加和泥浆变稠的原因,就容易发生误测。探测时必须要仔细,并以灌注混凝土的数量校对以防误测。

（6）泥浆清理

钻孔桩施工中，产生大量废弃的泥浆，为了保护当地的环境，这些废弃的泥浆，经泥浆分离器处理后，运往指定的废弃泥浆的堆放场地，并做妥善处理。

（7）质量检测

对于桩长大于 40 m 的钻孔桩，按设计要求在钢筋笼安装时预埋声测管，成桩后采用声波透射法进行检测。对于桩长少于 40 m 的钻孔桩全部采用小应变检测。对质量有问题的桩，钻取桩身混凝土鉴定检验。

二、水中墩钻孔平台施工

安庆长江大桥水上桥墩基础施工采用设水上栈桥和钻孔平台。施工平台紧连着栈桥，最大平台尺寸为 45.0 m×36.0 m。考虑后期承台钢板桩的施工，承台两边预留了工作区。大部分桥墩基础施工工作平台采用钢管桩型钢平台，平台设计考虑 2 台钻机同时作业，且满足起重机吊装工作要求；钻孔平台设置了起重机作业区和钻机钻孔作业区。

（一）钻孔平台平面结构形式

根据承台尺寸、河床地质及后序承台施工等情况，钻孔平台基础采用钢管桩，其中外侧四周钢桩直径 ϕ820 mm，壁厚 8 mm，平台中部钻孔桩之间的钢桩直径 ϕ1 000 mm，壁厚 10 mm，平台桩顶分配梁均采用 H588 型钢；平台上部承重主梁采用桁高为 1.5 m、跨度为 6～12 m 不等的贝雷桁组拼而成，贝雷梁顶面满铺 I22a 工字钢和钢桥面板，同时桥面系通过平台的分配梁 I22a 工字钢向栈桥侧伸进 30～40 cm 达到保证与栈桥的平面平稳衔接及通车要求。其中，5 号墩钻孔平台平面布置如图 4-3-2 所示。

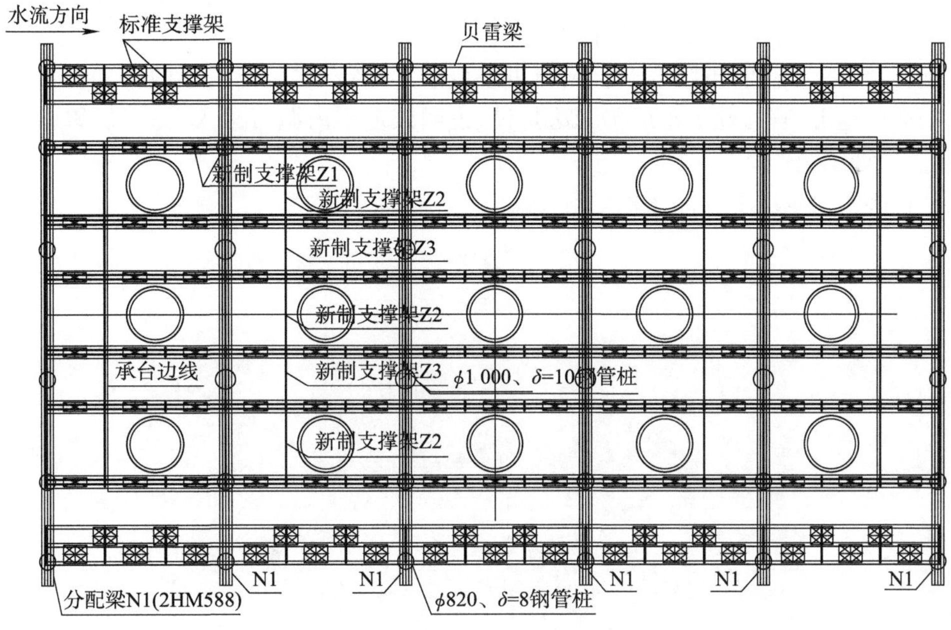

图 4-3-2　54 号墩平台平面布置示意图

（二）施工总体方案

栈桥搭设完成后开始钻孔平台的施工。在已打设好的栈桥下游搭设钻孔平台，钢管桩打设采用 70 t 履带式起重机结合 DZ90 振动锤插打，振动锤从栈桥处逐步向外推进打设；钢管桩打设完成后，70 t 履带式起重机在桥上或平台上进行钢管桩联结系的连接和进行平台梁部及平台面搭设。

（三）钢管桩施工工艺

钻孔平台钢管桩采用振动沉桩法施工，振动锤功率不小于 45 kW。振动锤的选择主要考虑锤的振动力是否能克服桩在下沉中土的动摩阻力；同时应验算振动上拔力对桩身结构的影响。

1. 施工工艺流程

准备工作→自重下沉→振动下沉→钢管桩接长→振动下沉到位。

2. 施工方法

(1)沉桩顺序一般由一端向另一端连续进行;当桩埋深有深浅时,宜先沉深后沉浅。开始沉桩时宜用自重下沉,待桩身有足够稳定性后,再采用振动下沉。钢管桩打设完毕后必须先施工部分联结系,后施工平台上部结构,但剩余联结系原则上尽快施工,一般滞后1～2跨平台的施工。

(2)测放桩位经项目部批准后方可开始下沉钢管桩。振动沉桩机、机座、桩帽应连接牢固;沉桩前,应尽可能在每根桩的一侧用油漆划上段落标记,以便于沉桩时显示桩的入土深度。

(3)在沉桩开始时,应严格控制桩位及竖桩的竖直度,沉桩机和桩中心轴应保持在同一直线上。在沉桩过程中不得采用顶、拉桩头或桩身办法来纠偏,以防桩身开裂并增加桩身附加力矩。每一根桩的沉桩作业,应一次完成,不可中途停顿过久,以免土的摩阻力恢复,继续下沉困难。认真做好沉桩记录。

(4)沉桩过程中,应注意防止桩的偏移。遇到下列情况应即暂停,待分析原因,采取适当措施后方可继续沉桩作业:贯入度发生急剧变化;桩身突然倾斜、位移或锤击时有严重回弹;桩头弯曲或桩身开裂;桩因地面有严重隆起或下沉;桩架发生倾斜或晃动;施工过程中桩有上浮;振动桩锤的振幅有异常现象。

(5)振动沉桩的停锤控制标准:设计桩尖处为淤泥质粉质黏土(水中),根据贯入度变化并对照地质资料,确认桩尖已沉入该土层,贯入度达到控制贯入度时,即可停锤。当贯入度已达到控制贯入度,而桩尖标高未达到设计标高时,应继续锤入至钢管桩达到设计长度时方可停锤。当桩尖已达设计标高,而贯入度仍较大时,应继续锤击,使其贯入度接近控制贯入度。同一群桩基础中,各桩的最大贯入度应大致接近,而沉入深度不宜相差过大,避免基础产生不均匀沉降。

(6)钢管桩接长焊接要保证管节对口保持同一轴线后再焊接,焊接点对点和施焊应对称进行。采用多层焊,每焊完一层焊缝后应及时清除焊渣,并作外观检查,层与层之间的焊缝接口应错开。每个接头用4块10 cm×10 cm厚度不小于管壁的钢板贴焊补强。

(7)靠近打设钢管桩时有可能碰到抛石,此时可改变主梁跨径,在一定范围内移动桩位,重新打设,重新设计上部结构来适应地形;若移动桩位后仍无法打设,说明该范围内抛石量大、抛石层厚,则可以下钢套箱,浇筑水下混凝土,预埋钢管作基础。

部分钻孔平台施工现场图片如图4-3-3所示。

图4-3-3 5号墩钻孔平台钢管桩插打

(四)上部结构施工

1. 施工工艺流程

调整钢管桩顶面标高→安装主梁→铺设中层横梁→铺设上层分配梁→铺设面板→焊接护栏。

2. 主要施工步骤及工艺要点

(1)安装主梁

首先在打设好的钢管桩顶测量好标高后,在钢管桩顶割槽,铺设垫板后铺设主梁(主梁为桁高1.5 m、跨度为6～12 m不等的贝雷桁架组拼而成)并焊接牢固。

(2)安装中层横梁

在铺设完成的主梁上严格按设计图纸的间距和位置铺设在岸上加工完成的横梁 HW414×405(2HW414×405)工字钢并焊接牢固。

(3)铺设上层分配梁

在铺设完成的中层横梁上按设计间距铺设 I22a 工字钢分配梁并焊接牢固。

(4)铺设面板

在铺设完成的分配梁上铺设花纹钢板后焊接,特别是接头加强焊接,防止行车后钢板变形上翘,不利于行车。

(5)焊接护栏

平台面完成后及时焊接外围护栏,护栏高度同栈桥护栏并与栈桥护栏连接在一起,形成安全保护。

三、桩基承台及扩大基础施工

(一)工艺流程

桩基承台、扩大基础施工工艺流程如图 4-3-4 所示。

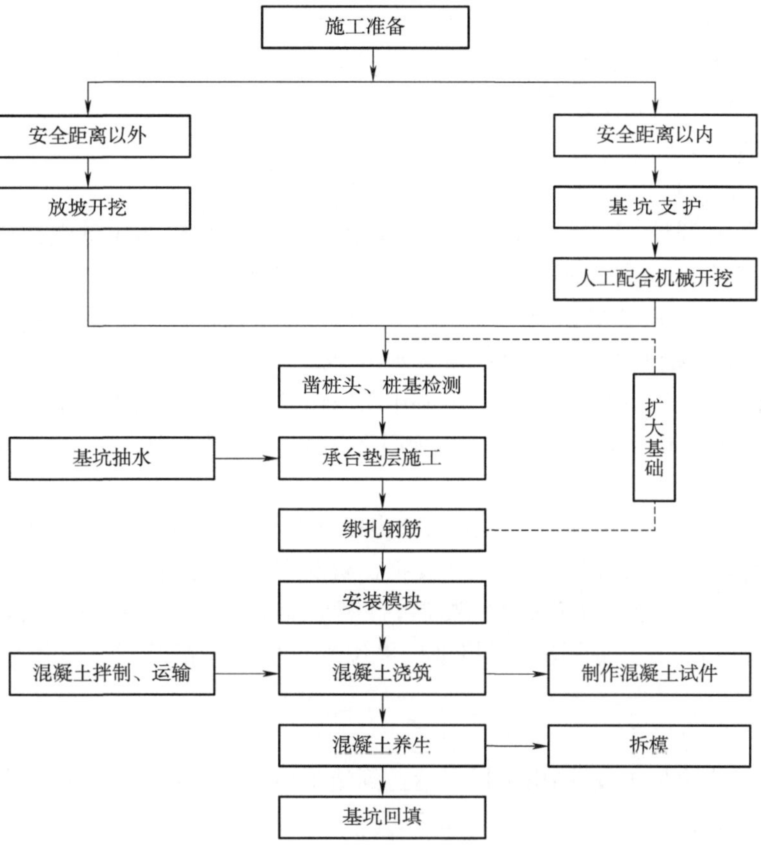

图 4-3-4　桩基承台、扩大基础施工工艺流程图

(二)施工关键工序及技术要点

1. 基坑开挖与支护

对于地质情况较好的旱地承台,基坑采用放坡开挖的施工方法进行;对埋入地下较深且地质较差的旱地承台,基坑开挖采用横、竖向挡板与钢(木)框架支撑护壁。对于水中基坑用筑岛、土袋围堰抽排河水、便桥钢板桩围堰等形式进行防护施工。

(1)筑岛:对于在河岸附近、小水塘和水沟中的承台可直接用筑岛施工,必要时插打钢板桩防护。

(2)土袋围堰:在桥址两侧打设土袋围堰(图 4-3-5)。两侧堆码土袋,堆码的土袋上下、左右层相互错开,堆码密整齐;中间打设两排木桩并回填黏土至围堰顶面。用抽水机组抽排围堰中的水,并用机械清除上层淤泥,晾晒 2～3 d 后根据现场地质情况回填不同厚度的塘渣。现场备有 20～30 mm 厚的钢板用于应急使用。

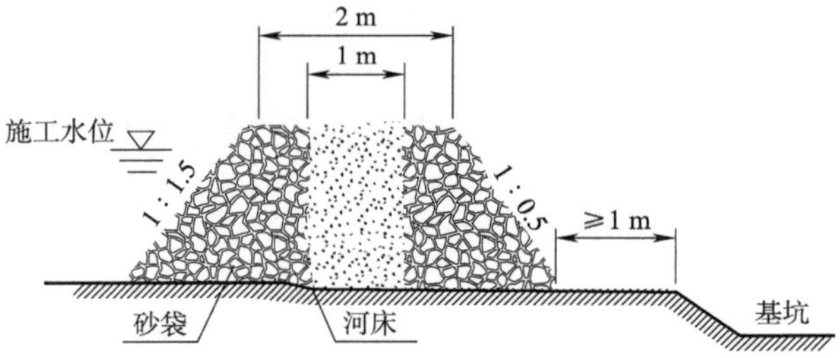

图 4-3-5 土袋围堰示意图

(3)便桥及钢板桩围堰施工平台:主要适用于流速较大的深水河床、砂类土、黏性土河床及淤泥质较深基坑。打设钢板桩前按承台设计尺寸各边加宽 1.5 m。钢板桩用定型规格的接口类型一致,并且连锁紧密。上部四周用焊接槽钢围撑,并在四个角处焊接槽钢斜撑。对于较深承台单个挖掘机无法满足开挖要求的,可用两台挖掘机或长臂挖掘机进行开挖。

2. 施工放样

根据施工图纸计算出承台四个角的坐标,然后根据坐标按照所布导线进行桩位放样。桩位放样完成后利用水准仪测出承台位置的原地面标高,然后根据实测标高和设计标高值推算出从原地面下返 H 距离为承台底面高程,则开挖深度为 H+垫层厚度。根据高度和坡度(放坡开挖时)推算出上口开挖线的位置。然后在基坑上口线的位置撒(白灰)开挖标志线。

3. 基坑开挖与垫层施工

承台基坑使用挖掘机开挖,人工配合清底,注意防止破坏钻孔桩外露主筋造成伤害。承台基坑开挖按 1∶0.5 坡度控制,坡度可以放缓,但不可以放陡。开挖至距设计基坑底 30 cm 处时,人工配合清底,允许开挖误差按－5 cm～0 控制,基底要平整、密实。开挖出来的土不可随意丢弃,要拉到指定堆放位置,现场保持整洁。坑底做环向排水沟,积水用水泵抽到指定排水沟排放。

基坑开挖后立即施作垫层,根据设计要求垫层用 10 cm 或 15 cm 厚的 C10 混凝土,为保证承台厚度,垫层标高要严格控制,绝对不允许侵入承台范围内,施工时比设计标高适当降低 1～2 cm。

4. 桩头凿除及检测

待垫层有一定的强度后可以凿除桩头。凿除桩头要平整,根据设计图纸预留桩顶伸入承台 10～15 cm 不等,具体以现场交底为准。机械凿除时注意不要损伤桩头混凝土,在凿至距桩顶设计标高 30 cm 时改为人工凿除,确保桩头混凝土不松动。凿至设计标高后,打磨低应变或超声波检测平台,桩中心打磨一点,直径 10 cm,外围 3 个点,直径 6 cm。桩头凿完后报桩检单位进行检测并报监理工程师验收,检测合格后进行下一道工序施工。

5. 承台钢筋绑扎

承台钢筋在钢筋场集中加工,成品由平板车运送到施工地点。桩基检测合格后即可绑扎承台钢筋,要严格按照施工技术交底书施作。

首先在垫层面上弹出钢筋的外围轮廓线,并用粉笔或记号笔画出每根钢筋的平面位置,再进行底层钢筋排布。底层钢筋网置于桩头之上,与桩头钢筋焊接牢固。底层钢筋焊接完成后,按设计要求焊接支撑钢筋及墩身综合接地钢筋,支撑钢筋用于支撑承台顶层钢筋。对于双层承台的,第二层承台钢筋宜在第一层模板支立后进行。根据墩身高度确定承台预埋墩身钢筋的长度,用电焊将其与承台顶层钢筋焊接在一起,形成整体骨架,并用设计尺寸大小的胎具进行固定,防止灌注混凝土时钢筋振动偏位。将墩身的两根钢筋作为综合接地钢筋,并与承台内的综合接地钢筋按通用图要求焊接好,同时做出标记。综合接地接头钢筋严格按施工技术交底书要求施工。

6. 模板拼装

承台模板用组合钢模板。模板背部用钢管背带加固保证其整体性,拉筋穿过模板伸入背带横向双根钢管中,用螺帽压住燕尾扣固定,模板顶部用钢管配合扣件锁定、对拉,模板底部用混凝土封底以防止漏浆。模板安装位置、尺寸、高程符合设计和规范要求,每竖向钢管处上下用方木支承,支承基底稳固,并用木楔塞紧。不管是多层承台还是单层承台,在承台最顶部按照模板上口尺寸控制模板的平面尺寸、轴线偏位、相邻模板高差满足设计及规范要求。

为保证承台钢筋保护层厚度,在钢筋和模板之间用预制垫块,垫块用水泥砂浆制成,强度不低于施工承台的混凝土强度,50 mm×50 mm,厚度同保护层,垫块内预埋 20～22 号绑扎线。

7. 灌注混凝土

混凝土采用泵送或滑槽灌注,插入式振捣器振捣。混凝土灌注应水平分层连续进行,分层厚度为 30 cm。浇筑间断超过混凝土初凝时间时,按灌注中断处理,且留出施工缝,并做好记录,施工缝的处理符合验标要求。混凝土灌注过程中,设专人检查模板、支撑、钢筋、预埋件和预留孔洞情况,发现问题及时处理,并做好记录。混凝土初凝前,进行混凝土面的提浆、压实、抹光工作。初凝后终凝之前,进行二次压光。

根据设计要求需埋设冷却管的承台,在混凝土浇筑前埋设冷却管,冷却管一般按承台厚度分层布设。

灌注混凝土时注意按设计要求埋设承台沉降观测标。

8. 混凝土养生

混凝土终凝后用覆盖双层麻袋片浇水进行养护。混凝土养护期间要注意保温措施,防止混凝土表面温度受环境因素影响而发生剧烈变化。派专人测温,保证混凝土芯部与表层、表层与环境之间的温差不超过 15 ℃。

9. 基坑回填

混凝土达到拆模强度后,按立模顺序逆向拆除模板。拆模养护后,及时进行基坑回填工作。基坑回填时必须排除基坑内积水及挖除淤泥及杂物,土层夯实至与承台混凝土表面齐平。待墩身施工完成后及时回填至原地面处,并做出排水坡,防止积水。

(三)钢板桩围堰施工

全部桩基施工完毕后,利用导向围笼在大于承台各边尺寸 1 m 处四周插打钢板桩形成钢板桩围堰。钢板桩一般采用振动打桩机下沉。

1. 钢板桩围堰结构

钢板桩一般采用德国拉森式(Larssen)槽型钢板桩,根据地质情况和水位与承台底的高差计算钢板桩入土深度,一般为 10～15 m,根据板桩入土深度和水深选择钢板桩长度。

为克服水压力,板桩内一般设 2 道内支撑,支撑采用 2[40 组成的栓接菱形框架式结构,如图 4-3-6 所示。外围用彩条布包裹,采用高压水枪配合砂石泵吸泥至设计标高,之后回填片石,浇筑水下封底混凝土硬化基底,然后进入围堰内进行承台及墩身施工。

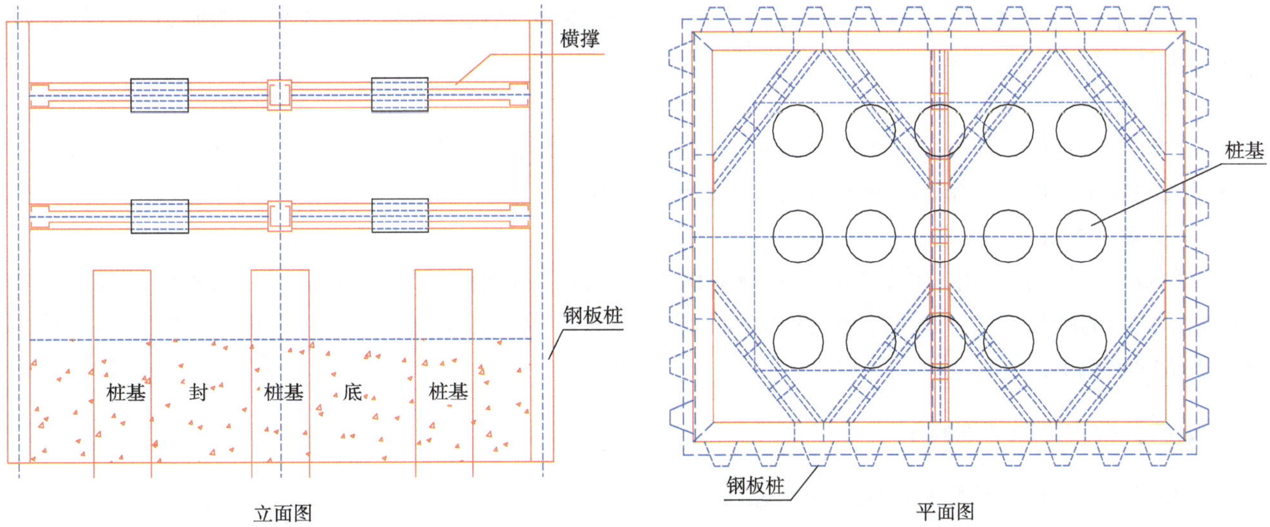

图 4-3-6 钢板桩围堰结构示意图

2. 施工工艺流程

设置导桩框架→清理钢管桩→插打钢板桩→设置内支撑→堵漏→吸泥→硬化基底→承台和墩身施工→拔除钢板桩。

3. 关键工序及技术要点

(1)钢板桩检查与运输、储存

钢板桩进入施工现场前需检查整理,只有完整平直的板桩方可运入现场。检查方法可用小平车,在其上放置一块长 1.5～2.0 m 的标准板桩,从头至尾沿被检查板桩走一次,发现缺陷随时调整。板桩整理后,在运输和堆放时要尽量不使其弯曲变形,避免碰撞,尤其不能将连续锁口碰坏。堆放场地应平整坚实,不产生大的沉陷。最下层板桩应垫木块。不同断面板桩需分开堆放,每堆板桩间要留出一定通道,便于起重机或运输车辆通行。

(2)设置导桩框架

设置导向装置是为了确保施工后的板桩轴线位置准确。导向桩或导向梁都可用木材代替,导向梁间的净距即板桩墙宽度。为保持准确距离,可在导向梁间每隔一定距离嵌一临时垫木。导向装置用完后,可拆出移至下一段继续使用。当在水上打板桩时,需用预制的金属构架导向,施工时用起重机将预制好的金属导向架搁置在水上平台上,以后板桩沿着该构架上的导向槽逐块打入。

桩帽及送桩都是板桩施工必不可少的辅助工具。在锤击法施工时,桩帽是为防止桩顶面损伤及确保锤与桩对中,避免偏心锤击。桩帽要做到与板桩的接触面尽可能的大;能承受较大的冲击力,为确保桩在桩帽中的位置,需在桩帽内设置定向块,定向块的孔隙要大小适当。为防止过大的冲击,帽内应放置缓冲料,一般用硬木,既起缓冲作用又能避免能量过多损耗,硬木厚度 200～250 mm,硬木需经常更换。在水上打板桩时,需用送桩。

(3)插打钢板桩

钢板桩先全部合龙,然后再分段、分次打到设计标高。插桩顺序,从上游中间开始分两侧对称插打至下游合龙。打桩时采用单根板桩施工法与屏风法打桩相结合。先将板桩一根根地打入土中,为防止倾斜,在一根桩打入后,把它与前一根焊牢,既防止倾斜又避免被后打的桩带入土中。将 10～20 根板桩插入土中一定深度,使桩机来回锤击,并使两端 12 根桩先打到要求深度,再将中间部分的板桩顺次打入。这样可防止板桩的倾斜与转动。

(4)堵漏

在钻孔平台上固定临时导向架,在稳定的条件下安置桩锤。首先插桩钢板桩插打到位后,可在其外侧围一圈彩条布,在布的下端绑扎钢管沉入河床,并用砂袋压住,堰内吸泥时,外侧水压可将彩条布紧贴板桩,起到一定的防水作用,在板桩侧锁口不密的漏水处用棉砂嵌塞,堵塞效果明显。较深处的渗漏,可将煤渣等沉送到漏水处堵漏。

(5)吸泥、硬化基层

采用高压水枪配合泥浆泵吸泥至设计标高,之后施作垫层,浇筑水下混凝土封闭基底,进行承台施工。水下封底混凝土厚度根据施工水位和承台底高差计算确定。

(6)拔除钢板桩

墩台施工完毕后,采用振动拔桩法逐步拔除钢管桩。拔桩从下游开始,间隔进行。拔桩时,保持内外水位相等。拔出的板桩应及时清除土砂,涂以油脂,变形较大的板桩需调直。完整的板桩要及时运出工地,堆置在平整的场地上。

四、斜拉桥主塔墩基础施工

以安庆长江大桥主塔墩基础施工为例总结。

该桥主桥采用跨度为(101.5＋188.5＋580＋217.5＋159.5＋116)m 的钢桁梁斜拉桥。3 号、4 号墩为斜拉桥主塔墩,如图 4-3-7 所示。

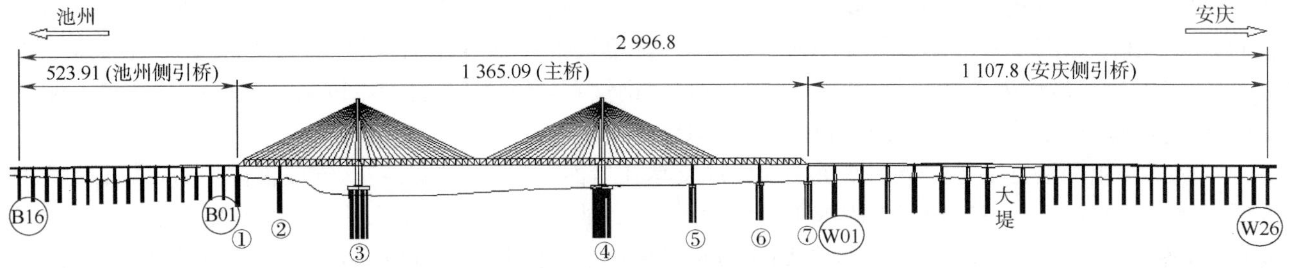

图 4-3-7　全桥立面布置图(单位:m)

(一)3 号主塔墩基础施工

1. 工程概况

(1)基础结构

3 号墩是主桥靠池州侧主塔墩,采用变径桩承台基础结构,承台直径 51 m,厚 8.0 m,承台顶标高－6.0 m,底面标高－14.0 m。基础桩基共 37 根,按摩擦桩设计,梅花形布置,桩中心距 7.6 m,桩顶标高为－14.0 m,桩底标高为－122.0 m,桩长 108 m,持力层为微风化泥质粉砂岩。其中标高－34.0～－14.0 m 段桩径为 3.4 m,标高－34.0 m 以下桩径 3.0 m。3 号墩基础结构布置如图 4-3-8 所示。

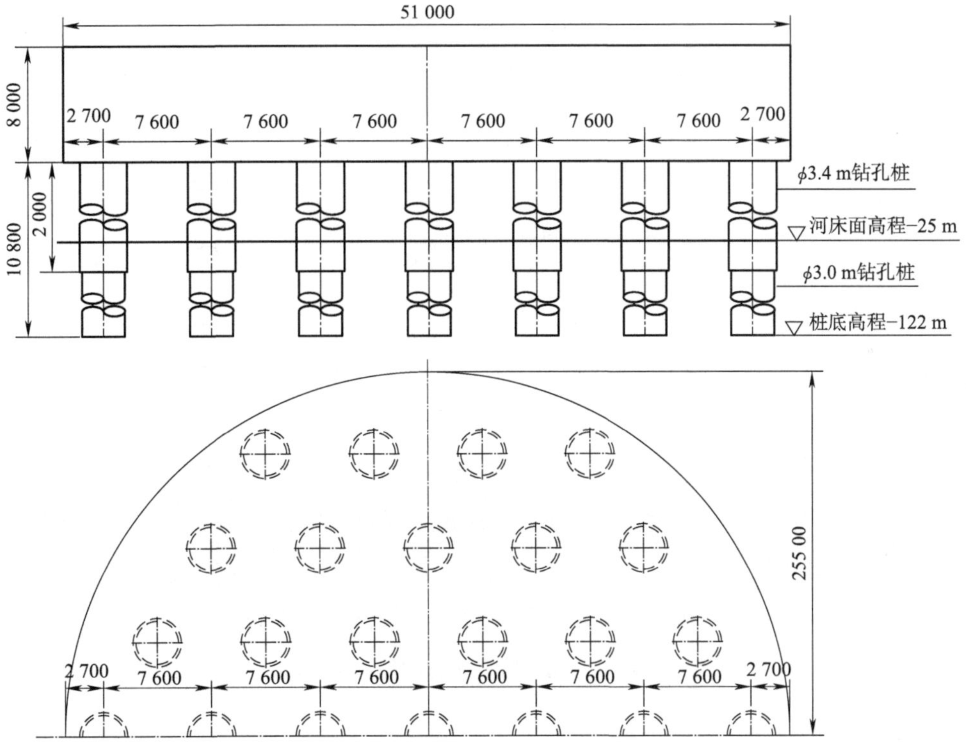

图 4-3-8　3 号墩基础结构布置图(单位:mm)

(2)墩位水文地质条件

3 号墩位于主河槽的下水航道上,距岸边约 120 m,河床覆盖层浅。覆盖层下覆微风化泥质粉砂岩,局部夹疏松砂岩和卵石层,岩面平均标高约－26.5 m,岩面高低不平,南高北低,最大岩面高差约 2 m,枯水期水深约 30 m(水位＋3.5 m 时,下同),汛期水深达 40 m。微风化泥质粉砂岩基本承载力为 400 kPa,钻孔桩桩周极限摩阻力 160 kPa。

2. 施工方案

3 号墩同时存在基础规模大、覆盖层浅、斜岩面、深水等诸多不利条件,承台面枯水期位于水下超过 10 m,承台底距河床面 11.5 m,采用何种施工方案不但直接关系到施工投入大小,更关系到施工的安全、质量和工期,必须仔细研究论证,寻求最佳施工方案。为此,施工前曾对可能用于高桩承台基础施工的先导管架平台后吊箱围堰方案、浮式吊箱围堰平台方案、浮式吊箱围堰加定位桩平台方案以及用于低桩承台基础施工的双壁钢围堰方案 4 种方案进行了深入研究分析:定位桩平台方案施工风险极高,代价极大,不是最佳选择;吊箱方案存在岩面处护筒口封堵难、结构复杂且用钢量多,此外围堰稳定用桩基难在洪水来临前完成,围堰内会积存难以彻底清除大量淤泥,给封底留下隐患。

双壁钢套箱围堰方案是先将围堰沉落河床底支承在岩面上,然后堵漏清基,安装桩位护筒,最后封底,使围堰、护筒、封底混凝土三者构成稳固施工平台后再钻孔、抽水施工承台和下塔柱。该方案克服了其他方案的缺点,各工序一步到位,转换少,一旦封底即与基岩结合成整体并与外部隔离,围堰在水流等外力作用下能够自稳,强劲的井壁既起承台施工时的隔水作用,又兼作钻孔平台的承重支承结构,一物多用,优势明显。围堰内无需设置内部桁撑、挂桩等结构,节省钢料,虽然落底的围堰比吊箱围堰在高度上增加 5 m 左右,看似围堰重量有所增加,但因没有复杂的底板及吊挂底板和封底混凝土重量的结构,总重反而减少了;护筒在静水中安装并利用静止的围堰进行定位,质量有保证;护筒与不平岩面间缺口被封底混凝土填充固定,并与外界隔离,彻底消除钻孔、封桩时流砂涌入的风险。

经对比可知:双壁钢围堰方案工序转换少,施工周期短,钢结构用量少,桩基施工质量有保证,施工难度小,风险低,安全,与其他方案相比具有较大优势,最终决定 3 号墩基础施工采用先围堰后平台的双壁钢围堰方案。围堰外径 56 m,壁厚 2 m,总高度 42.88 m。其主要施工步骤:底节围堰下河→浮运至墩位定位→水上接高、下沉→精确定位、着床→堵漏、清基→安装护筒群→围堰封底→钻孔桩施工→围堰抽水→承台施工。

3 号墩基础施工方案如图 4-3-9 所示。

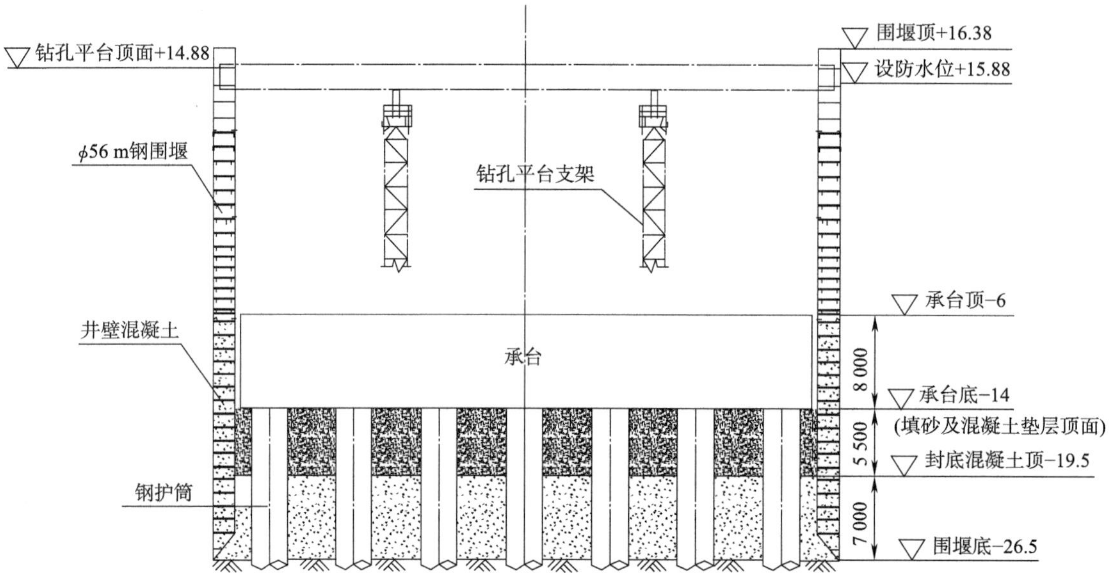

图 4-3-9 3 号墩基础施工方案图(单位:mm)

3. 围堰施工(含护筒群下放)

(1)围堰结构

双壁钢围堰由井壁、井壁隔舱、刃脚、围堰顶部支座、围堰底隔墙(舱)、其他设施(包括围堰定位用的围堰顶锚绳收放平台(无导向船时)、前后拉缆锚固座、边锚转向马口、围堰浮运顶推架、围堰靠船防撞设施)等部分组成,如图 4-3-10、图 4-3-11 所示。

1)井壁。井壁是指围堰周圈由内外两层钢壁所形成空腹结构。钢壁由钢板和沿周围均匀布置的角钢竖向加劲肋组焊成,内外钢壁上每隔一定间距设有水平环板或平竖钢板组焊的环板同壁板、竖向加劲角钢焊连,同一平面上的内、外环形板用角钢腹杆连接,形成水平环形桁架,使井壁内外壁板组合成能承受内外压力和其他外力作用的整体。底节围堰内、外壁厚 6 mm,中节围堰内、外壁厚 8 mm,顶节围堰内、外壁厚 6 mm。

围堰壁里侧竖向加劲肋采用∟75×50 不等肢角钢,外壁板竖肋间距 342 mm,内壁板竖肋间距 318 mm,内外壁的竖肋通长设置。

水平环桁架根据围堰受力大小计算确定,第一节围堰水平环间距 1 100 mm,内外水平环为“L”形,用厚

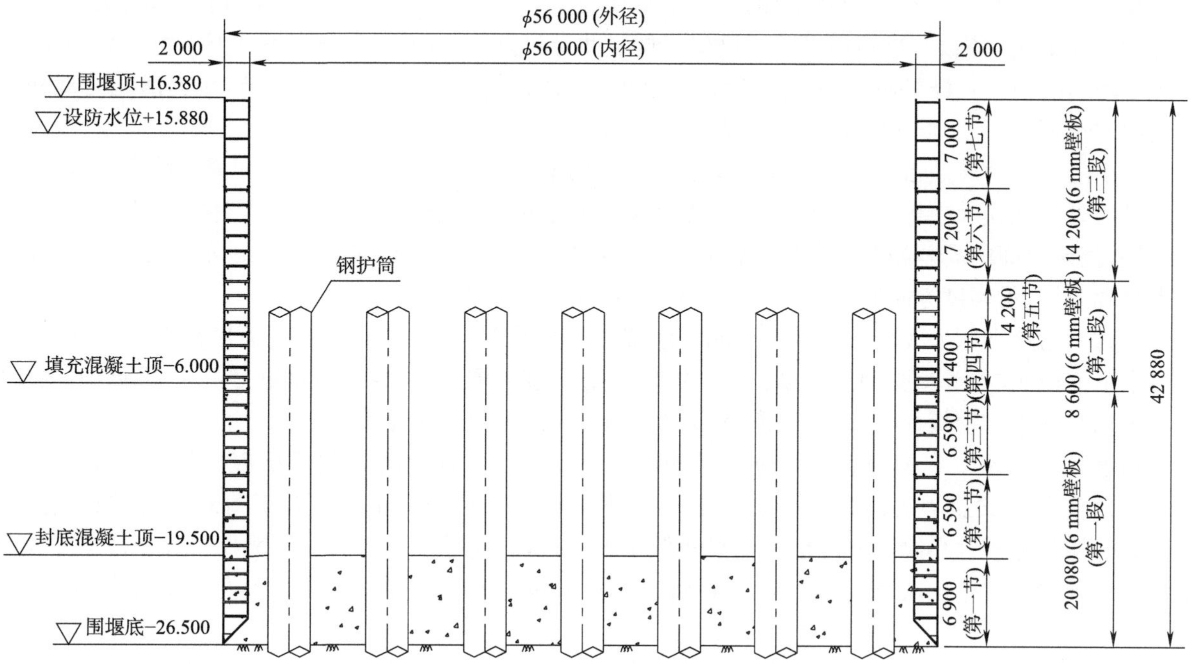

图 4-3-10　3 号墩套箱围堰立面布置图(单位:mm)

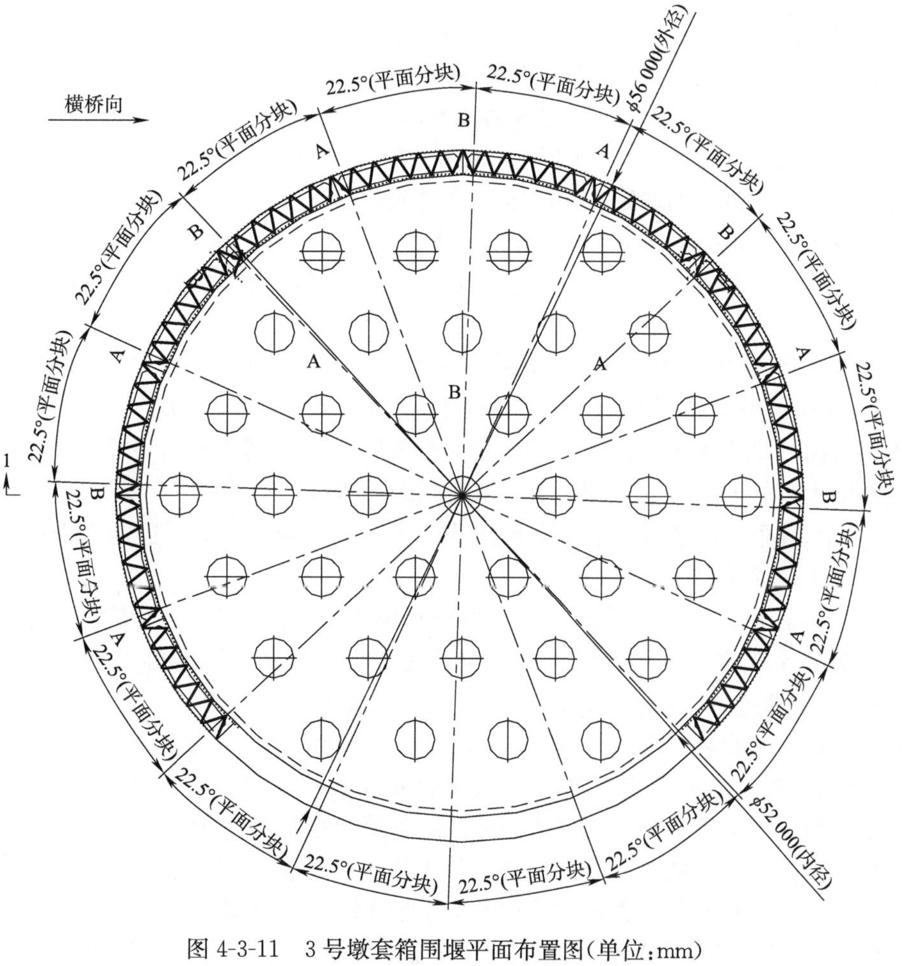

图 4-3-11　3 号墩套箱围堰平面布置图(单位:mm)

钢板组焊而成;第二节围堰水平环间距为 2×800 mm+3×900 mm+1 000 mm,第三节围堰水平环间距为 5×1 200 mm+2×1 300 mm+1 400 mm+2×1 500 mm,第四节围堰水平环间距为 1 300 mm+1 400 mm。第

一～二节及第三节的 1 200 mm 间距段的内外水平环为“L”形,用 24 mm 厚钢板组焊而成,其余为“一”字形环板,板厚 16 mm。环板在竖肋通过处开槽口以便竖肋穿过,槽口处竖肋肢背与水平环焊接。

水平环间的桁架腹杆采用角钢,规格有∟125 和∟90 两种规格,∟90 用于第四节,角钢两端与环板焊接。隔舱板加劲角钢采用∟100,角钢与隔舱板焊接。

2)井壁隔舱。隔舱是指内外壁之间用钢隔板在平面上将围堰等分成数个互不相通的舱室结构。设置隔舱板的目的是保证在水中悬浮节段于井壁内灌水下沉时围堰的稳定,以及在落河床时能分舱灌水或灌注混凝土,以适应河床面的高差和调整围堰的倾斜度。3 号墩平面上共分成 16 个隔舱。隔舱板厚 24 mm,和内外壁板全焊连接,沿高度方向通长设置,且板的一侧有水平角钢进行加劲。

3)刃脚。为使钢围堰底部与河床尽可能多地接触和支承,在围堰井壁竖向断面底部做成刃脚状。刃脚斜面与水平面成 45°。为增强刃脚刚度,刃尖约 1.46 m 高度范围内,内外壁板加贴 24 mm 厚钢板,对应壁板竖肋位置均布三角钢钢板,并在刃脚高度范围(2.04 m)用细石混凝土填实。

4)围堰顶部支座。在围堰顶部对应施工平台工字梁支点位置及塔式起重机底座设置支承座,用于支承钻孔桩施工平台梁及塔式起重机基础并锚固,使平台自重及平台上钻机等施工荷载和塔式起重机自重、吊重荷载等均匀分配并传给围堰井壁。支承座低于围堰顶,以使平台梁顶面与围堰顶平齐并稳定支撑,因此平台梁通过处的围堰壁板需开设槽口,支承座位置及围堰槽口开设部位根据平台主梁的数量及布置方向确定。

5)围堰底隔舱。围堰隔舱有 3 个作用:减小围堰封底面积和一次性封底数量,满足混凝土供应速度要求,确保封底混凝土质量;支撑围堰,增强围堰整体刚度;作为围堰气囊法下河的承重滑道,作为承重梁滑道时,隔舱与围堰壁必须焊接成整体。隔舱设置的位置兼顾三者的需要。3 号墩隔舱为顶面开口、底部呈对称封闭尖角的双壁结构,隔舱外宽 2.4 m,高 8.438 m,两壁之间通过层间桁架连接成整体。3 号墩围堰底节采用气囊法下河,隔舱先装,且隔舱两端壁板须与围堰内壁焊接,以传递巨大荷载。为满足受力要求,隔舱两端与围堰内壁连接的壁板采用 14 mm 厚,其余壁板厚 6 mm,对应隔舱壁板端部焊接位置的围堰井壁之间设置补强板,补强板与隔舱等高,厚 20 mm,宽 1 984 mm,顺围堰直径方向设置,两侧同围堰内外壁板焊接。

6)其他设施。其他设施包括围堰定位用的围堰顶锚绳收放平台(无导向船时)、前后(主尾锚)拉缆锚固座、边锚转向马口、围堰浮运顶推架、围堰靠船防撞设施等。收锚平台只设在围堰顶面,共 2 个,沿顺桥向分别布置在围堰的两边侧。收锚平台上设有收锚卷扬机及滑车组,负责收紧或放松边锚绳,以便调整围堰位置。

拉缆锚固座每侧 6 个,布置在桥轴线处的同一铅垂线上,底节 2 个,中节 1 个,顶节 3 个。围堰边锚共 12 个(每侧各 6 个),边锚转向马口分别布置在同侧主尾锚锚固点铅垂连线的左右(上、下游)两边,仅底节和中节围堰布设边锚转向马口。底节边锚转向马口前期有 2 层,每层 2 个(上、下游各 1 个,其中后期上层的一个边锚需转换成围堰中节的下层边锚),同边上下层边锚距铅垂线距离相等;中节边锚转向马口也有 2 层,每层 2 个(上下游各 1 个,其中下层边锚由底节上层边锚转来),中节同边上下层边锚距铅垂线距离不等。围堰定位马口布置参见图 4-3-12、图 4-3-13。

主尾锚拉缆锚固座由上、下座板及座板之间的圆柱短梁组成,座板与贴焊于围堰外壁的加强板焊接,圆柱短梁上下端则与座板焊接,拉缆一端绕过圆柱短梁后用夹头在锚固座附近再和该拉缆夹紧形成围堰端拉缆栓挂点,拉缆另一端则通过定位船舱面的对拉结构和主锚或尾锚连接。

围堰边锚转向马口对称安装在围堰外侧壁上,承担两个功能,即将边锚拉力传给围堰、作为边锚绳在围堰处的导向和转向装置,控制边锚绳的方向,使边锚绳收紧或放松时能自如通过在围堰处弯折点,防止接触围堰壁板磨损。最初所用边锚转向马口由座板、导缆器、连接导缆器和座板的竖梁三部分组成。环板栓销式导缆器式马口结构最大缺点是只能在锚绳共面情况下工作,在竖向外力作用下马口竖轴极难转动。由于原导缆器不能适应同一根锚绳在不同平面的自由转向,另外该结构的导缆器头部离围堰壁距离较大,刚度不足,在围堰前期接高过程中发生失效脱落及锚绳磨断现象。后将原导缆器马口全部予以更换,改进为可转动的轴承辊轴式马口结构。最初马口结构形式如图 4-3-14 所示。

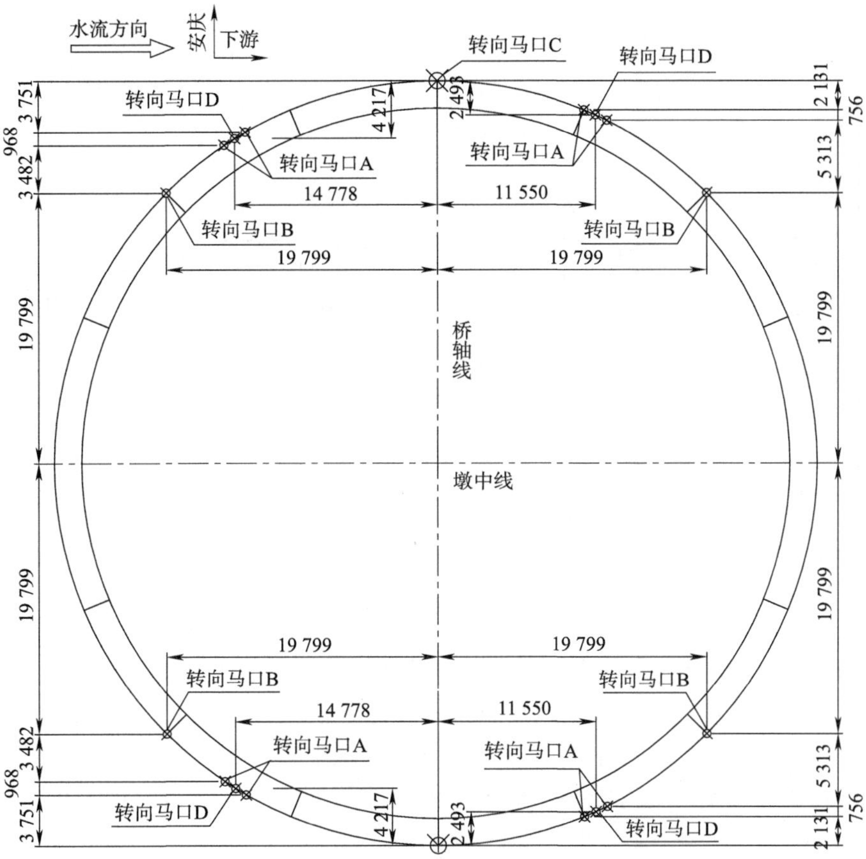

图 4-3-12　围堰定位马口平面布置图(单位:mm)

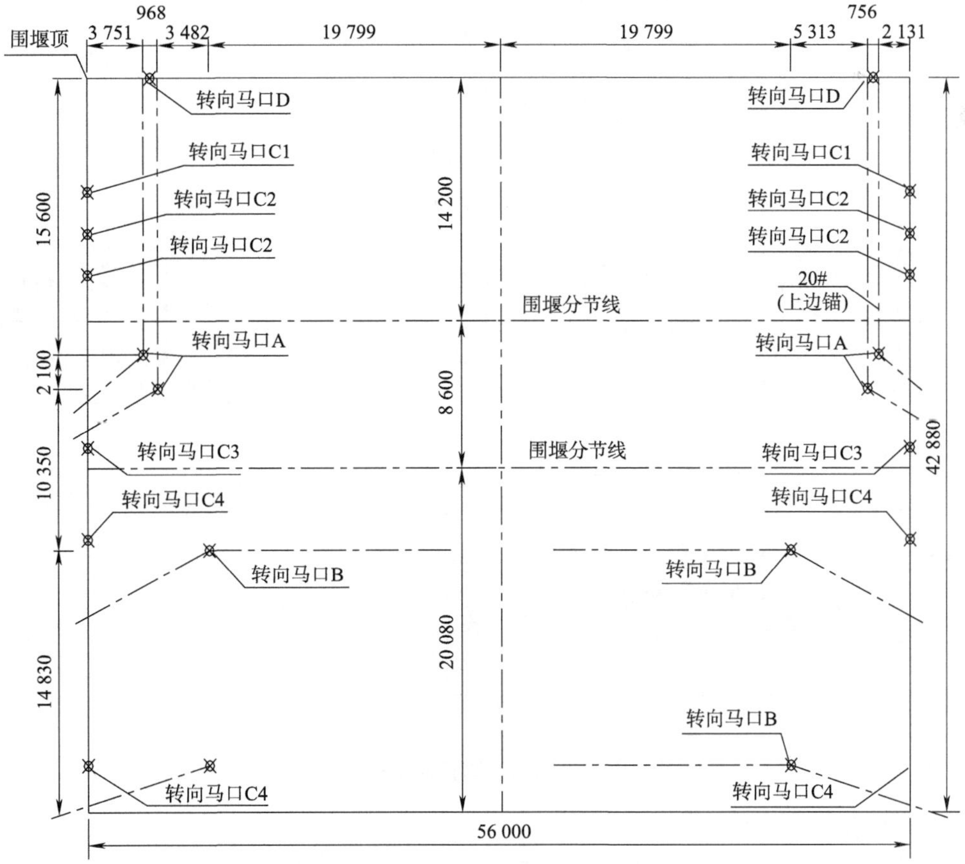

图 4-3-13　围堰定位马口立面布置图(单位:mm)

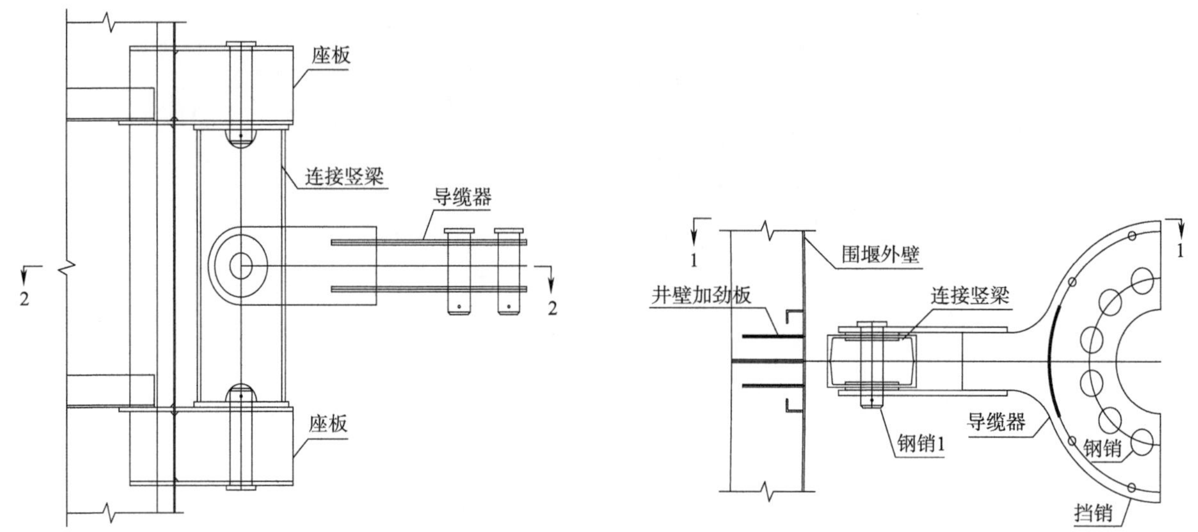

图 4-3-14 围堰最初定位马口结构图

围堰底层边锚是在定位船上进行收放，只经过 1 次转向，其改进后的马口采用竖向布置的单辊轴结构形式。除底层边锚外，其余边锚在围堰接高完成后全部是在围堰顶面收锚平台上进行收锚，锚绳需经多次转向才能与卷扬机相连，这些边锚马口采用平面纵横交叉布置的三辊轴结构形式。为防止锚绳经过时被尖锐的构件边缘切割，在马口底座下端凡有可能锚绳触碰部位全部用钢板焊成圆顺的封闭状。改进后边锚转向马口参见图 4-3-15。

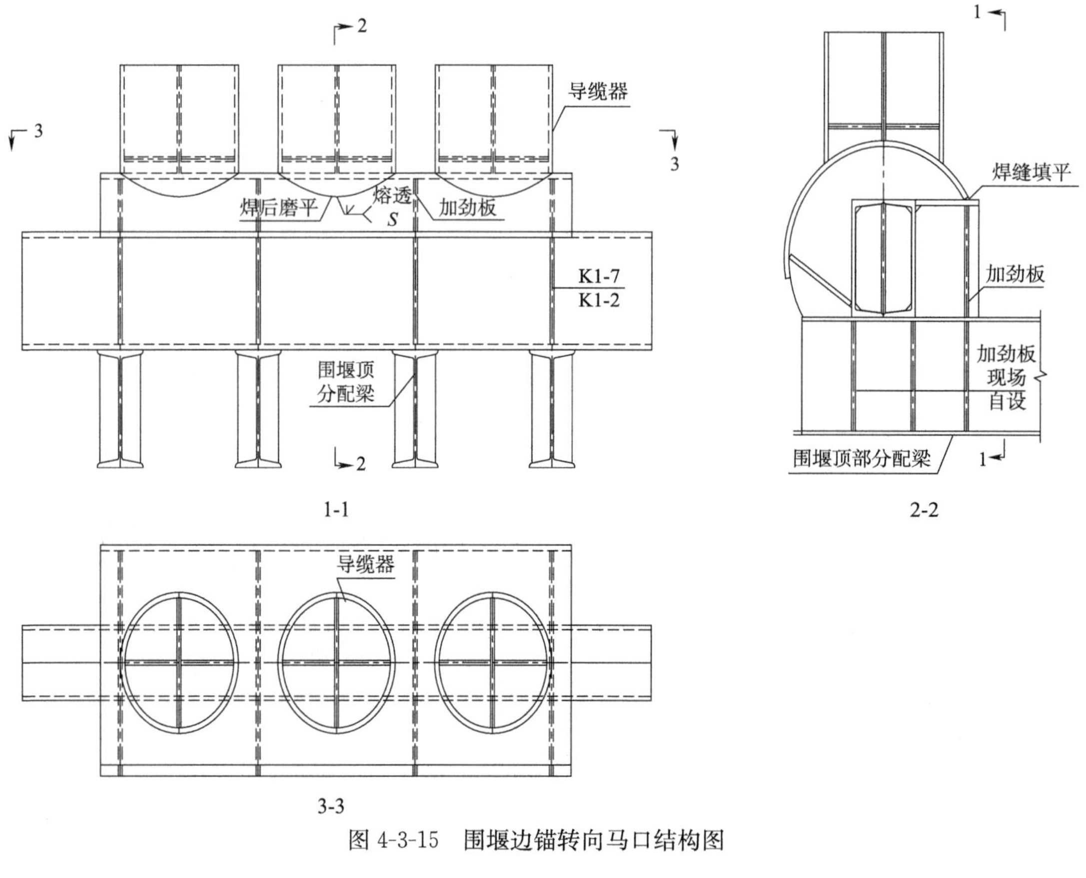

图 4-3-15 围堰边锚转向马口结构图

(2)围堰制造、下水

1)围堰加工制造。围堰块件单元在南京某钢结构加工厂加工制造，然后船运至现场安装。加工时先在胎架上进行内、外壁块件组焊(壁板、环板、竖肋)，然后再组焊成围堰壁单元块件(桁撑、隔舱板)，最后验收、出厂。单元件出厂前严格保证各部位焊缝的焊接质量，对关键受力焊缝做探伤检验，并对有水密要求的焊缝进行煤油渗透性试验，确保围堰无漏水情况出现。

2)底节围堰下河方案。由于3号墩地处光板岩，基础规模庞大，桩位护筒整体一次吊装下放时重量、吊距和吊高均超出浮式起重机作业参数要求，只能分组吊装，在围堰下沉就位后进行。因此围堰封底用隔舱须在围堰下河前安装完成，以作为护筒分组吊装下放时的导向定位结构，确保护筒下放时位置准确，并在浇筑封底混凝土时不会发生偏移。根据计算，整体起吊时因刚度需要，围堰高度需达10 m以上，重量约1 000 t，如果再加上定位护筒群用需随围堰同时下河的隔舱结构重量，总下河重量超过1 200 t，已超过能够进入长江中作业的最大浮式起重机的起重能力。经多方比较，最终决定底节围堰采用气囊法下河方案。气囊法下河的结构物重量可达数千吨，考虑到在重量允许的情况下设法做高下河围堰的高度对结构有利，还能减少水上接高或吊装工作量，因此3号墩底节围堰高度定为20.08 m。

底节围堰下河利用布置在第2至第3排桩(自小里程起算，下同)和第5至第6排桩之间相互平行的两道底隔舱(承重梁)及承托底隔舱的底托架结构作为上滑道，滑道中心间距19.746 m。两道隔舱之间设有高4.4 m的联结系桁架支撑，防止其侧向失稳。底托架为荷载分配扩散结构，围堰下河时将作用于隔舱上的围堰重量均匀分配到整个气囊上，确保满足气囊受力需要。底托架结构由数组桁片式托架架体和底托板组成，桁片式托架由型钢组焊而成，长度8 m，中部呈V字状，以与隔舱尖底匹配；隔舱中间部分托架桁片间距900 mm，靠近围堰壁范围托架桁片间距450 mm，6片桁片构成一组托架，桁片位置须与隔舱壁板上的竖向肋位置对应，每组托架的桁片纵向之间用型钢连接支撑，防止失稳。托板设在托架架体底部，与托架桁片点焊固定。托板厚20 mm，宽8 m，长度超过隔舱处围堰尺寸，托板前后端弯起上翘，四周用钢管包边，以便围堰下滑移动时前方气囊顺利喂入，并防止托架或板边毛刺扎破气囊。数组底托架及其下方托板构成隔舱支承体系，托架与隔舱尖底不焊，保持贴紧接触传力。

托架及托板在组拼隔舱前事先摆放固定，然后再进行隔舱和围堰组拼。围堰组拼完成用钢索将各组托架分别栓挂在隔舱顶部固定，待围堰下河后再解除钢索使其自动脱离隔舱，围堰移开后打捞回收。围堰隔舱托架布置示意图如图4-3-16所示。

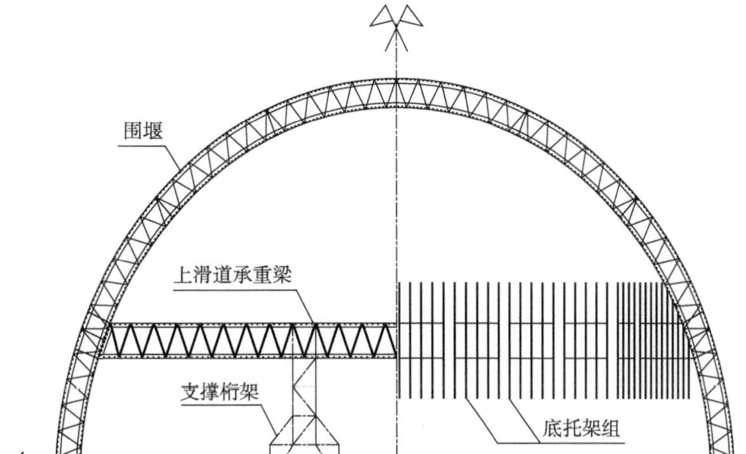

图4-3-16 围堰承重梁托架布置示意图

3)底节围堰组拼、下河。围堰底节组拼选择在桥位下游约21 km位置处的江边修船厂进行，采用2台履带式起重机进行拼装。组拼步骤：拼装胎架平台制作→套箱底部刃脚段拼装→底隔舱拼装(含连接桁架)→近河侧壁板拼装→前期6个护筒安装→余下壁板拼装→围堰外活动插板安装→辅助结构(拉缆固定座、转向马口、浮运顶架)安装。围堰组拼如图4-3-17所示。

围堰下河使用的是一种圆柱状长形橡胶充气耐高压气囊滚动体(直径1.8 m，长8 m，其中气囊有效长度为7 m)，其单个气囊的承载力技术参数如图4-3-18所示。下河时共布置36只，每条滑道下放18只，气囊之间距离3 m。

图 4-3-17　围堰底节组拼

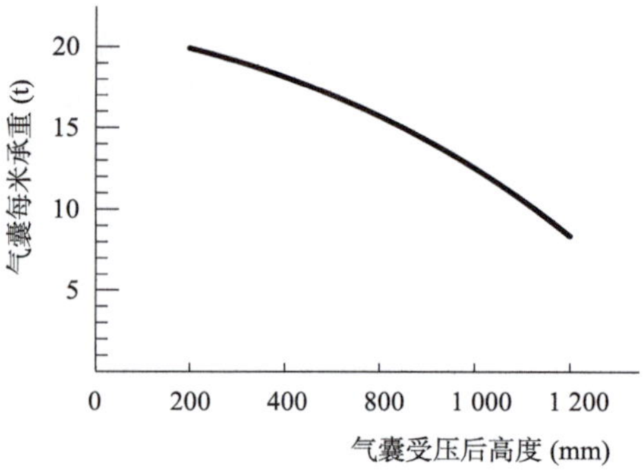

图 4-3-18　气囊承载力技术参数

围堰组拼完成、检查验收合格后下河。首先在隔舱托板下方穿入气囊准备起顶围堰，起顶时分批分次逐步进行，先顶围堰前端，后顶尾端，起顶过程中保持气囊受力均匀。待围堰脱离围堰临时支墩时撤离支墩，使围堰全部改由气囊支承，然后再放松围堰后方控制拉缆，将围堰逐步滑移至下滑坡道上。滑移过程中需不断在围堰前方的托板下方喂入气囊，直至滑至距水边规定位置。将所有承重梁下方气囊全部充气均匀，然后再在围堰前端和入水口之间的地面上再摆放数个已完全充气的气囊，最后迅速打开控制拉缆保险，让围堰快速滑入水中自浮，完成围堰下河。

围堰下河后用拖轮控制，调整为隔舱同水流平行的姿态，先解除托架的吊挂绳，将托架脱离隔舱沉入水底，然后临时锚泊在围堰入水口上方的定位船后方，做浮运编队准备。气垫布置如图 4-3-19 所示。

(3)围堰浮运

底节围堰采用 4 艘拖轮进行拖带浮运：A 轮吊拖领航，两根拖缆均为直径 100 mm、长度 80 m 的尼龙缆绳，缆绳一端和拖轮尾部连接，另一端和围堰连接；B 轮编绑于钢围堰左侧，C 轮编绑于钢围堰的右侧，D 轮顶于钢围堰的正后方。浮运编队总长度约 186.0 m，总宽度约为 76.0 m，围堰吃水 3.50 m，拖轮吃水 3.80 m。浮运过程中 A 轮为主控拖轮，围堰抵达桥址定位水域附近前，A 轮撤离编队备用，改由编绑的 B、C、D 轮操纵围堰进入定位水域并协助定位。

围堰浮运具体形式如图 4-3-20、图 4-3-21 所示。

图 4-3-19　围堰滑移下水气囊布置

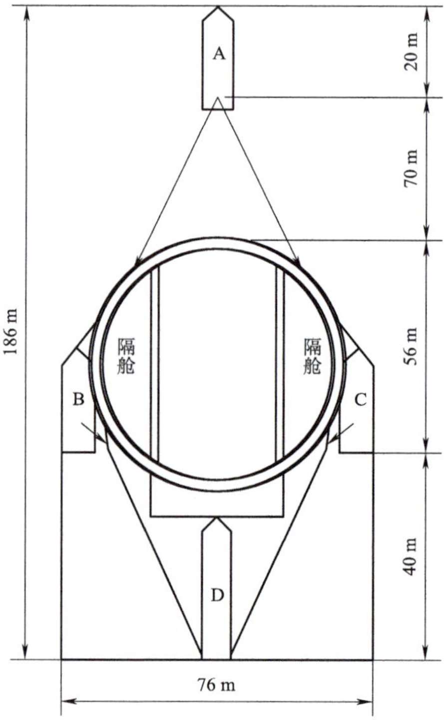

图 4-3-20　套箱围堰浮运示意图

图 4-3-21 围堰浮运实况

当围堰浮运至桥位时，先停靠在后定位船临时定位位置侧面，待临时系结于后定位船的拉缆和围堰边锚锚绳过缆至围堰绞锚设施后，再由拖轮控制溜放到墩位锚碇。

(4)围堰锚碇定位

1)锚碇体系。关于主墩围堰定位方法，总共研究过以下四种方式：前后定位船加导向船的锚碇定位系统；无导向船的前后定位船锚碇定位系统；无定位船及导向船的重锚锚碇定位系统；无定位船及导向船的前后锚墩定位系统。

考虑到 3 号墩覆盖层浅，围堰施工期间水深达 30 m 以上，锚墩方案不合适。由于 3 号墩围堰采取水上接高下沉方案，无定位船及导向船的重锚方案也不适用。因此舍弃上述方案，而前述第一、第二种方案均可采用，但由于围堰尺寸巨大，如再加上导向船，今后钻机起吊移位、钢护筒插打、钢筋笼起吊下放等工作实施起来极为困难，起重机的吊重、吊高、吊距等参数难以满足，最后决定采用无导向船的前后定位船锚碇系统定位方案。

桥位地处太子矶河道上段，河道弯曲，3 号墩墩位上、下游 400 m 范围及墩位以北 300 m 范围无覆盖层，墩位以南为陡峭岸坡，距离仅 120 m 左右。此外在墩位下游 400 m 处还设有一座码头。由于该墩地形地貌环境特殊，墩围堰锚碇系统也采取非常规做法设置。

主锚因河床覆盖层浅，不能采用铁锚，可以采用混凝土锚；但因岸坡陡峭，无法按预定锚位抛设到位且其抓地锚固情况是否与预期相符难以判定，也不可靠。后经实地勘察，发现距墩位约 1 500 m 的上游有一岸坡突出地，地形平坦，土质稳固，地锚施作时简单可靠，最后决定主锚也采用地锚形式，将其延至该突出地进行锚固，同时锚绳轴线方向逆时针旋转 2°。

经过勘查，围堰下游 500 m 处也有突出河岸，可将尾锚延长至岸坡上做成地锚形式。但考虑到池州侧有码头，基础施工时船舶需进入池州岸作业，尾锚采用地锚形式会影响施工船舶进出，给施工带来不便和危及安全，最终决定尾锚仍然采用铁锚，将尾锚合力中线左摆(与墩中心线夹角 4°63′)布置在水中。

池州侧围堰和前、后定位船的边锚均采用地锚。安庆侧围堰边锚采用大吨位混凝土梳齿锚，定位船边锚采用混凝土锚。

按照确定的锚碇形式，根据计算，3 号墩围堰锚碇数量及锚绳配置情况见表 4-3-1。

表 4-3-1 3 号墩围堰锚碇系统配置汇总

序号	项目	类型	重量(t)	数量	锚链		钢丝绳		备注
					直径(mm)	长度(m)	直径(mm)	长度(m)	
1	主锚	地锚	60	10			66	1 500	
2	尾锚	霍尔锚	12	2(2)	76	100	60	700(900)	
3	钢套箱边锚	混凝土锚	200	6	58	125	48	400(240)	安庆侧
4	钢套箱边锚	地锚	40	6			48	440(280)	池州侧
5	前定位船边锚	霍尔锚	3	2	30	50	22	160	安庆侧
6	前定位船边锚	地锚	2	2			22	230	池州侧
7	后定位船边锚	霍尔锚	3	2	30	50	22	160	安庆侧
8	后定位船边锚	地锚	2	2			22	260	池州侧
9	前拉缆	—	—	10(2)	—	—	66	230(260)	
10	后拉缆	—	—	2(4)	—	—	60	230(260)	

注：钢套箱边锚中，括号外数据为下边锚；前后拉缆中，括号外数据为上拉缆。

由于主锚数量较多,锚绳粗大,为满足布锚需要,前定位船采用 2 艘 800 t 平板驳组拼成。后定位船锚数少,采用 1 艘 400 t 平板驳。定位船上设有马口、将军柱、固定座、卷扬机、滑车组及值班房、航标警示灯等设施。每根锚缆上装有测力计,以监控锚绳受力及有无走锚情况,围堰施工期间值班人员定时检查定位船舱内情况及各锚绳受力情况,填写相关记录,发现异常及时报告以便进行调整。围堰接高过程中边锚引至前后定位船上收放调整,围堰接高完成后,边锚调整则在围堰顶上设置的收锚平台上进行。

锚碇系统布置如图 4-3-22 所示。

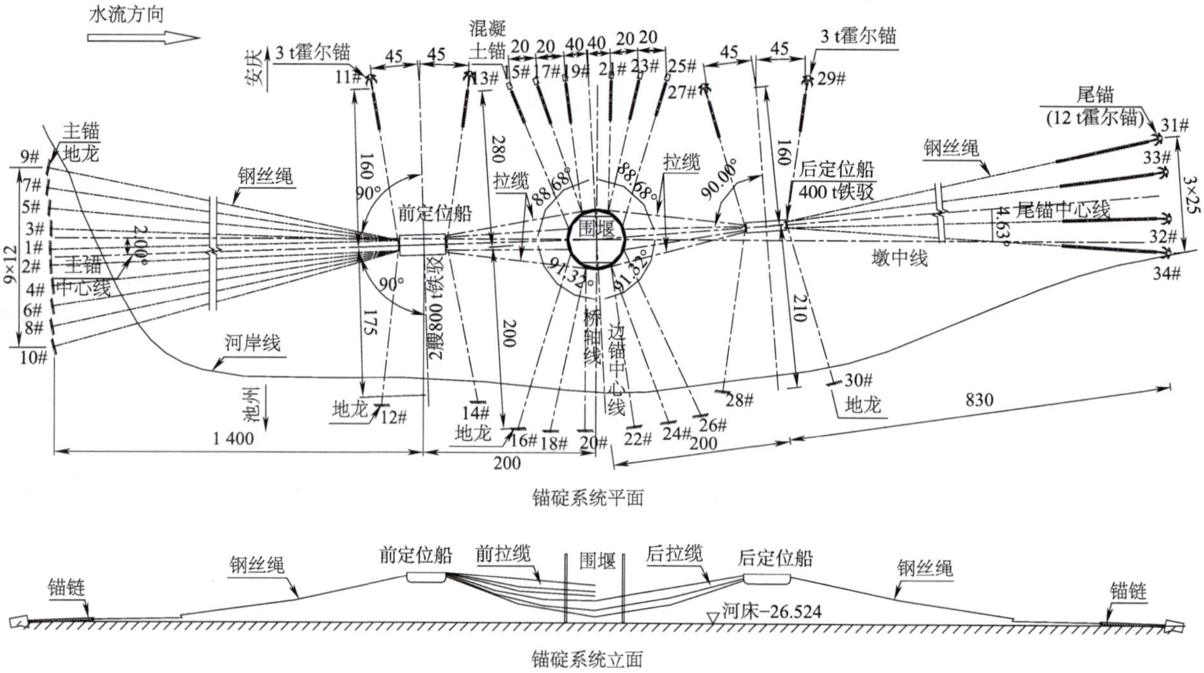

图 4-3-22 套箱围堰锚碇系统布置图(单位:m)

2)锚碇抛设。主锚、池州侧围堰边锚和定位船边锚在岸上预定位置挖坑埋设(采用铁锚时)或挖坑浇筑成型(采用混凝土锚时)。安庆侧围堰 200 t 混凝土边锚和前、后定位船共 4 个 20 t 混凝土边锚采用浮式起重机抛设,4 个 12 t 尾锚采用抛锚船抛设。200 t 混凝土锚现场抛设如图 4-3-23 所示。前定位船锚绳布置情况如图 4-3-24 所示。

图 4-3-23 200 t 混凝土锚现场抛设

图 4-3-24 套箱围堰前定位船锚绳布置

3)围堰初定位。初步定位的目的是为了保证钢围堰在接高过程中能处于一个相对平稳的状态,并保证以后的围堰接高后能够精密地定位和着床。围堰浮运到 3 号墩处进行后续的接高施工。为此,定位船的定位要求平面位置限差为±5 m,围堰自身的平面位置为±1 m,扭角为±1°,垂直度 1/500 。

初步定位的实施主要分为前、后定位船的定位以及钢围堰自身的定位。

(5)围堰接高、着床

1)围堰接高。中、上节围堰在墩位处采用水上拼装,在平板驳船上将工厂加工的两块拼装成一块后,利用水上浮式起重机依次对称拼装。

围堰中节拼装好下沉至围堰顶面与水面高差为 5.0 m 时，围堰吃水深度为 23.68 m，当围堰上节全部拼装后，中节顶面与水面高差为 3.3 m，即围堰还要下沉 1.7 m，围堰的吃水深度为 25.38 m。

为减少围堰水上拼装的工作量和缩短现场拼装的时间，利用平板驳对中、顶节单元块进行二次拼装，将原来的 2 块变成 1 块，以减少水上的拼装工作量。新的最大单元块的重量约为 45 t，现场采用 2 艘 100 t 全回转的浮式起重机进行拼装，并配备 2 艘 20 m×60 m(工作面积)的平板驳进行预拼。

围堰水上接高如图 4-3-25 所示。

图 4-3-25　中节、顶节围堰现场拼装

2)围堰下沉。围堰采用在井壁内注水加重的方法下沉，每个隔舱布置一台 24 m^3/h 水泵，同时开动均匀注水。根据围堰垂直度，可随时调整水泵注水量，保证下沉过程围堰稳定。围堰下沉前调整缆绳使围堰处于设计位置，注水下沉过程不断观测，保证围堰偏离设计位置时及时调整缆绳。

根据掌握的河床面标高情况，在围堰快要到达河床时，减缓注水，观测围堰平面位置及垂直度，调整缆绳，使着床前缆绳之间调整到位，保证缆绳有足够长度进行调整围堰水平位置，避免连接钢丝绳的卡环与马口及滑车组接触。

围堰接高完成后，安装围堰顶的收缆平台，围堰上主拉缆 L1～L12 通过前定位船上的滑车组收缆，后拉缆 L13～L18 全部转换到设计位置，并通过后定位船上的滑车组收缆，围堰下边锚 15 号、16 号通过前定位船上的滑车组牵引，25 号、26 号通过后定位船上的滑车组牵引，并将上边锚 17～24 号均通过马口 A 连接到围堰顶的收缆平台。通过主拉缆 L1～L12、后拉缆 L13～L18、上边锚 17～24 号以及下边锚 15 号、16 号、25 号、26 号进行调整，将围堰的平面位置和垂直度定位满足设计要求后注水下沉。

围堰下沉时调整各缆绳拉力，避免个别缆绳不受力的情况发生，对称缆绳的拉力控制相同，为保证各缆绳起到对围堰约束的作用，前后拉缆最小张力控制为 15 t，边锚绳最小张力控制为 10 t。

3)围堰着床就位。为准确了解围堰刃脚处的河床和岩面情况，对墩位进行了地质钻探。根据钻探结果了解，围堰刃脚处河床最高标高 −23.07 m，最低处为 −25.75 m，河床高差 2.68 m；刃脚处岩面最高处 −25.21 m，最低 −26.75 m，岩面高差 1.54 m。3 号墩钻探部位如图 4-3-26 所示，刃脚处河床及岩面标高如图 4-3-27 所示。

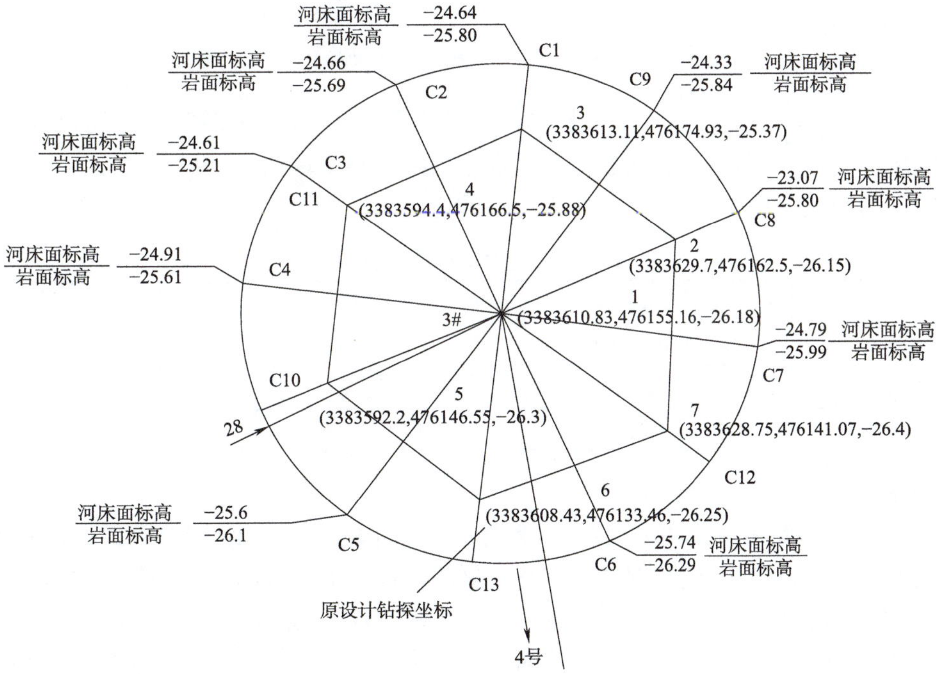

图 4-3-26　3 号墩基础围堰着床处地形图

钻探孔位编号	C1	C2	C3	C4	C10	C5	C13	C6	C12	C7	C8	C9	C11
河床标高 (m)	−24.64	−24.66	−24.61	−24.91	−24.88	−25.6	−25.75	−25.74	−25.82	−24.79	−23.07	−24.33	−24.64
岩面标高 (m)	−25.8	−25.69	−25.21	−25.61	−25.91	−26.1	−26.75	−26.29	−26.45	−25.99	−25.8	−25.84	−25.8

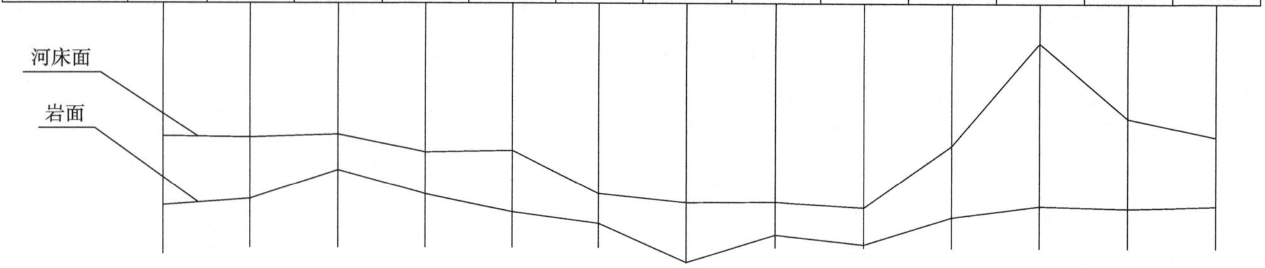

图 4-3-27　3 号墩基础围堰着床处河床断面展开图(横坐标与纵坐标比值=1∶10)

围堰第一次着床时因河床未进行整平处理,结果着床范围过少,灌水压重时围堰总是发生倾斜,无法平稳落床。经过潜水员检查,其实围堰着床区域仅 66 m 左右,而悬空部位达 115 m 长,最大悬空 1.8 m,显然不可能完成围堰平稳落床。后来决定将围堰重新浮起,待河床吸泥清基整平后再进行围堰着床。吸泥清基要求达到−25.5 m 左右标高,采用高压射水配合吸泥的办法进行河床清吸,高压射水的目的是切削和破坏胶结较好的风化岩层。吸泥前在吸泥机管壁上做好标高刻度标记,以便吸泥时依据吸泥机入水深度和吸泥机排渣口出清水还是浑水判定吸泥效果。射水吸泥时围堰先移至一边,空出吸泥作业区域,等确认河床清基符合要求后再更换吸泥位置。经过射水吸泥清基处理,效果非常明显,顺利实现围堰着床就位。围堰吸泥如图 4-3-28 所示。

图 4-3-28　3 号墩围堰清基吸泥

当围堰平面位置、扭角、垂直度三项经测量确认满足要求后,继续向围堰井壁内加水,增加围堰重量,使围堰刃脚切入河床一定深度,保持自稳状态。着床稳定后继续将围堰内松散覆盖层和淤泥彻底清理干净,以使封底混凝土能与岩面结合良好,并封闭与外界连通的通道。3 号墩围堰定位情况见表 4-3-2。

表 4-3-2　3 号墩围堰定位情况

施工工序	平面位置(mm)	垂　直　度	扭　　角
初定位	偏下游 100,偏池州 150		
精定位	偏上游 100		
着床就位	中心偏差 96	0.1%	1′46″

(6)护筒群下放

3 号墩无覆盖层,钢护筒下口无法牢固定位,为避免封底时桩位钢护筒位移,确保桩位准确,将 3 号墩各桩位钢护筒分成五大群组,每个群组的钢护筒相互连接成整体。护筒各群组的外侧设有限位撑杆,在护筒群组顺导轨(事先在围堰及围堰隔舱顶的钻孔平台支承立柱安装时完成)下放到位后将撑杆与围堰壁、底隔舱顶紧,防止其在平面发生位移。由于在底隔舱顶面设了四个立柱用于支承今后围堰顶钻孔平台梁,因此除中心一个桩位护筒采用插放方法到位而与围堰一样高外,其余护筒群组均不到顶。其底口和岩面脱空,顶端用吊杆吊挂在围堰顶分配梁上，待封底后再解除吊挂。

护筒及联结系在钢结构车间制造，然后运至栈桥前方码头上按吊装顺序拼装成各群组。护筒群组拼装完成后用运输铁驳浮运至墩位进行吊装。护筒群吊挂转换系统设在护筒群顶面，在护筒群拼装完成后安装，吊杆则在吊装下放前安装。

护筒群由水上大型浮式起重机进行吊装，先起钩将护筒群调离驳船，然后提升至围堰顶以上高度，转动吊臂将其摆至待安装位置上方，再松钩下放到围堰中顺导向下放，边下放边接长吊杆。待护筒群下放到位，将吊杆上端螺帽旋紧支承在吊挂梁(护筒群下放一定高度时已自动支承在隔舱上面的立柱顶面大梁上)顶面的支承短梁上，使护筒群转换为吊挂梁支承。最后起重机吊点脱钩，完成下放工作。护筒群的下放的顺序：池州侧护筒群 1→上游侧护筒群 2→下游侧护筒群 2→池州侧护筒群 1。护筒群组布置如图 4-3-29 所示。

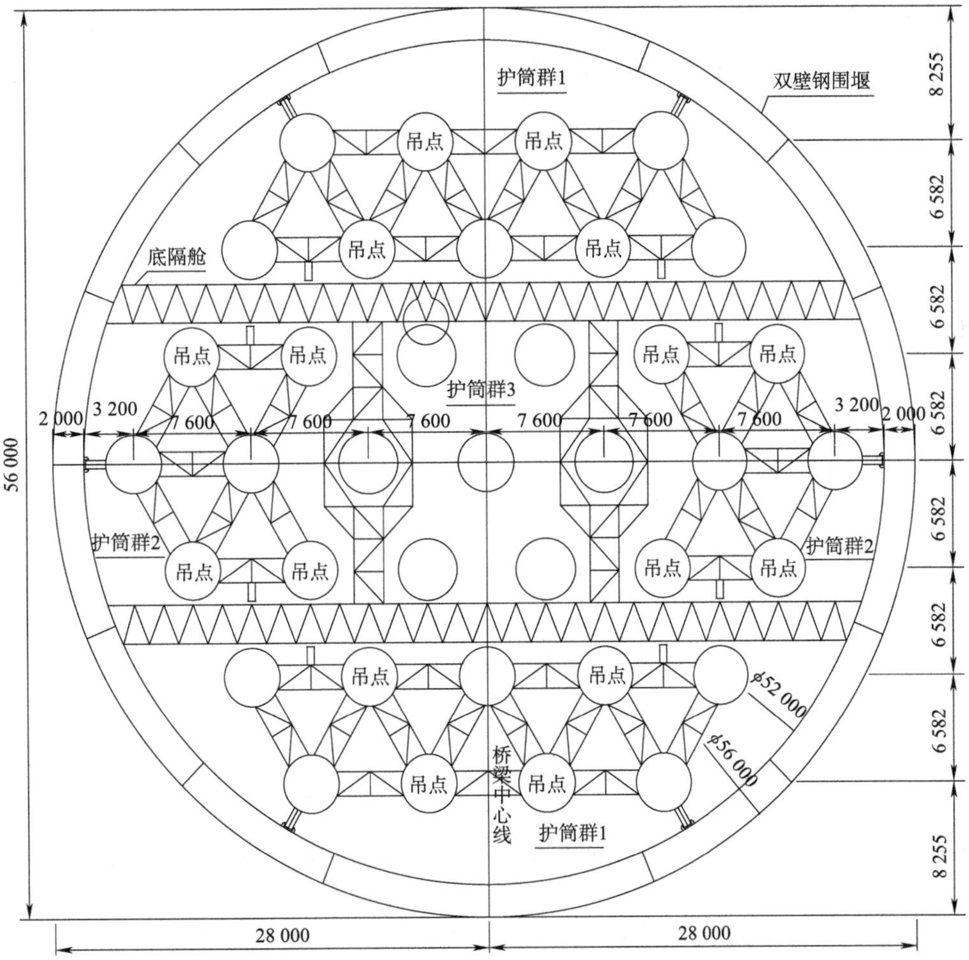

图 4-3-29　钢护筒群平面布置图(单位：mm)

护筒群码头组拼如图 4-3-30 所示，墩位处现场下放如图 4-3-31 所示。

(7)围堰封底

围堰内径 52 m，封底混凝土厚 8 m，扣除护筒后封底面积 1 756.4 m^2，混凝土总量多达 14 800 m^3，封底面积与混凝土灌注量巨大，合理的封底方案至关重要。结合围堰底节下河方案需要在平面上设置隔舱将围堰分成五个封底区域，即 2 个隔舱区和 3 个被隔舱分隔的一区及二、三区，这样也减小了单次封底面积和混凝土数量，降低原材料和混凝土供应压力，对封底质量有利。

3 号墩河床高低不平，部分较低区域刃脚悬空处由支榄和砂袋支承，此外隔舱底高出刃脚底，为确保封底安全，防止封底或后期围堰加载过程中围堰出现沉降影响封底质量，围堰封底分 2 次完成。第 1 次先封刃脚高度范围混凝土，厚度 2 m，起基底找平和着床支承及隔舱支承的作用；第 2 次封刃脚以上 6 m 高部分的混凝土。因隔舱尖底与岩面间缺口的封堵砂袋堆码在二、三区侧，第 1 次封底顺序为先二、三区后一区。第 2 次封底顺序为先封隔舱(面积 115.44 m^2)混凝土，后封一区(面积 684.6 m^2，扣除护筒部分)混凝土，最后

图 4-3-30 护筒群码头组拼

图 4-3-31 护筒群整体下放

封二、三区(面积 412.4 m^2,扣除护筒部分)混凝土。封底立面示意及平面分区如图 4-3-32 所示。

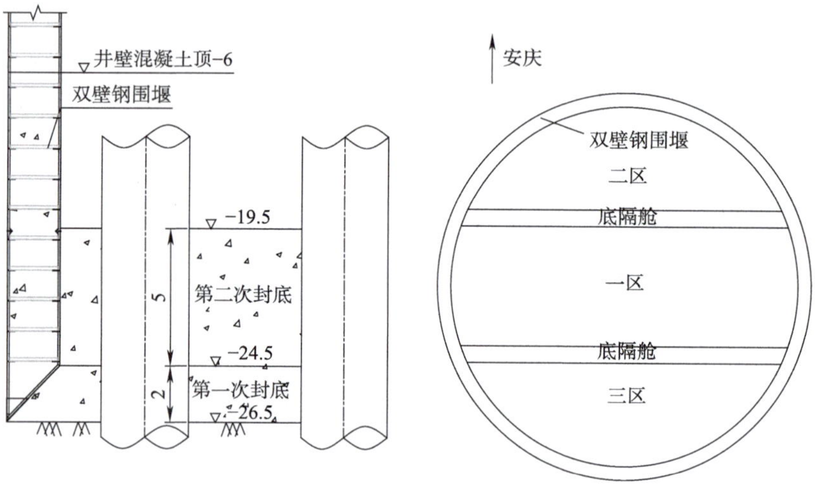

图 4-3-32 封底混凝土立面及平面分区示意图(单位:m)

封底混凝土采用垂直导管法灌注,由低处向高处进行,最先灌注最低处导管。混凝土由岸上混凝土工厂和一座大型水上混凝土拌和站供应,总产量平均 60～90 m^3/h。岸上混凝土由岸边输送泵通过布置在浮桥上的泵管输送到围堰上的布料机向灌注点输送,水上混凝土工厂生产的混凝土直接用自带布料机进行输送。封底导管首灌混凝土方量不少于 19.1 m^3,采用 21 m^3 料斗和导管顶部 5 m^3 料斗进行首批混凝土灌注。先用布料机将 21 m^3 料斗注满,然后打开斗门放出 5 m^3 至小料斗中,继续加满大料斗,待大料斗装满后,浮式起重机起钩拔球开始灌注,小料斗混凝土下降的同时 21 m^3 料斗向其供料,连续灌注,直至料斗内全部混凝土放完。确认导管无漏水说明拔球成功,之后布料机直接往导管泵送直至符合要求为止,大料斗和小料斗则移至下个灌注点进行拔球。当所有导管拔球完毕,各布料机根据各导管下料的时间先后交替补料,直至灌注到达规定标高。封底混凝土参数:混凝土级别 C25;初凝时间≥10 h;坍落度 18～20 cm。

封底设备配置情况见表 4-3-3。各舱封底导管布置如图 4-3-33 所示。

表 4-3-3 3 号墩封底设备配置

设备	拌和站(座)	地泵(台)	布料机(台)	起重设备(台)	导管(根)	砂石船(艘)	粉煤灰船(艘)	水泥船(艘)
数量	2	4	4	4	36	5	1	2

封底平台布置如图 4-3-34 所示,封底混凝土灌注情况如图 4-3-35 所示。

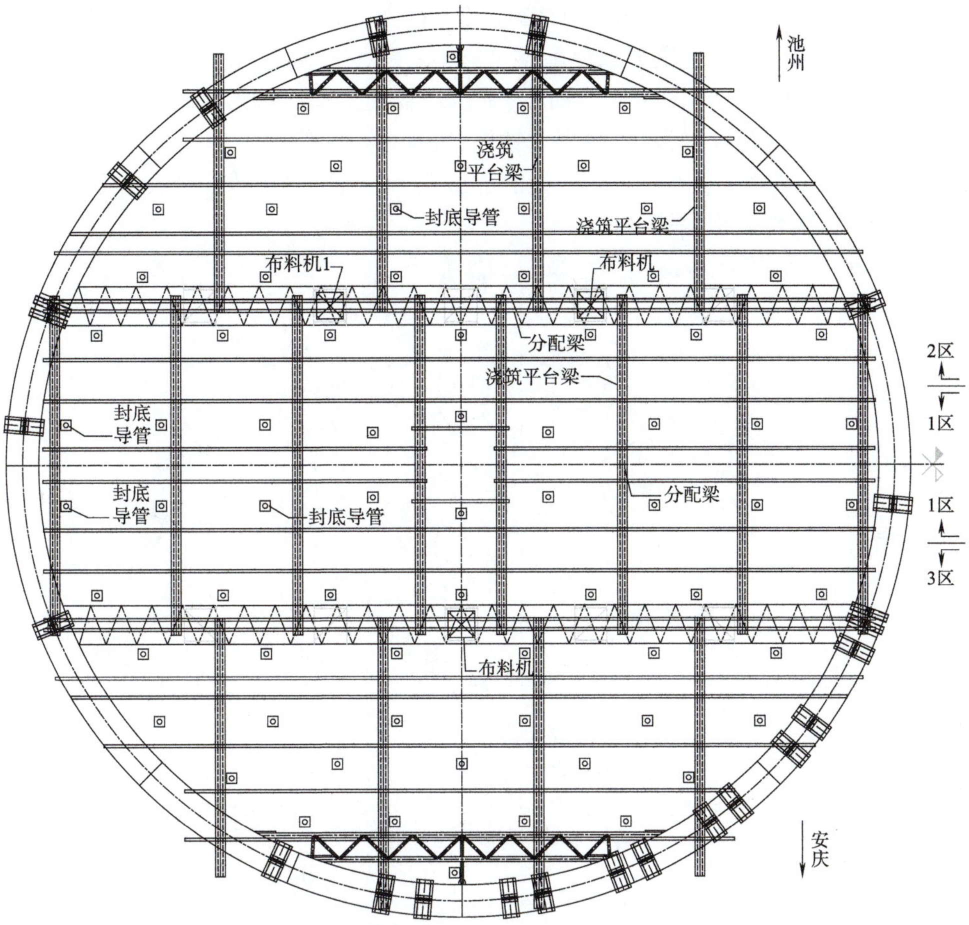

图 4-3-33 3 号墩围堰封底导管布置图

图 4-3-34 封底平台布置

图 4-3-35 封底混凝土灌注

4. 钻孔桩施工

3 号墩基础钻孔桩参数见表 4-3-4。

表 4-3-4 3 号墩钻孔桩参数

指标	设计桩径(m)	桩身混凝土(水下)	桩底标高(m)	单桩长(m)	单桩混凝土量(m^3)	数量(根)	总桩长(m)	混凝土总量(m^3)
参数	ϕ3.4/3.0	C35	−122.0	108	805.4	37	3 996	29 799.8

(1)钻孔平台及布置

3 号墩钻孔平台采用焊接工字钢梁，共布置 7 组(P1～P7)，每组由 2 根(编号由边到中依次为 P1～P2，P3～P4，P5～P6，中间组编号为 P7)中心距 4 630 mm 的工字钢梁组成，工字钢全高 2 200 mm，翼缘宽 500 mm，各组工字钢梁相互间通过间断设置的翼缘平联和腹板间竖向横联连接成整体。各片平台梁长度不等，最短

32 m(P1),最长 54.5 m(P7),平台梁轴线中心与桩排中心重合,与墩中线成 60°(逆时针)夹角的方向布置,中间支承在设于隔舱顶面的万能杆件支架顶分配梁上,两端支承在搁置于井壁的垫梁上。钻孔平台平面布置如图 4-3-36 所示、平台立面布置如图 4-3-37 所示,平台现场施工情况如图 4-3-38 所示。

围堰平台上除桩孔外满铺花纹钢板,以便存放钻杆、进水(排渣)管路及作业人员通行。未钻孔桩位或已成桩孔位洞孔兜挂安全网,并设安全围栏。平台梁的上游面和下游面的外侧,另设置了三角托架悬挑平台,用于布置变压器、压风机、现场值班房等设备。

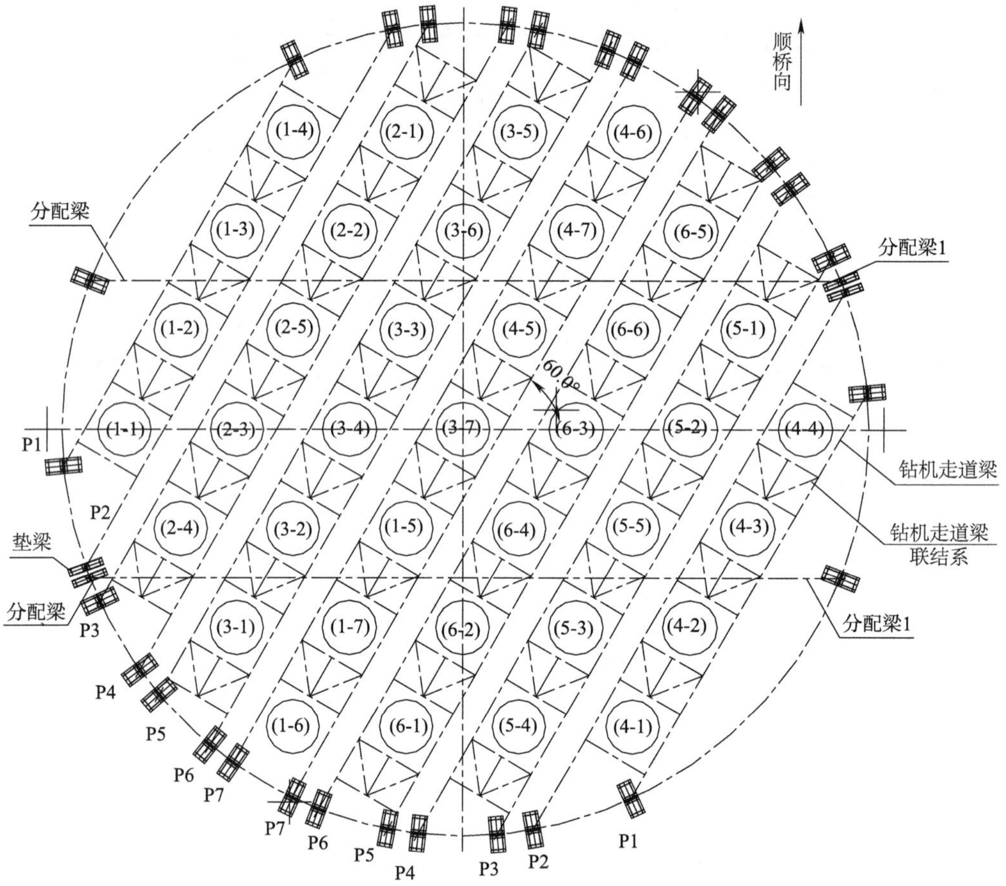

图 4-3-36　钻孔平台平面布置图

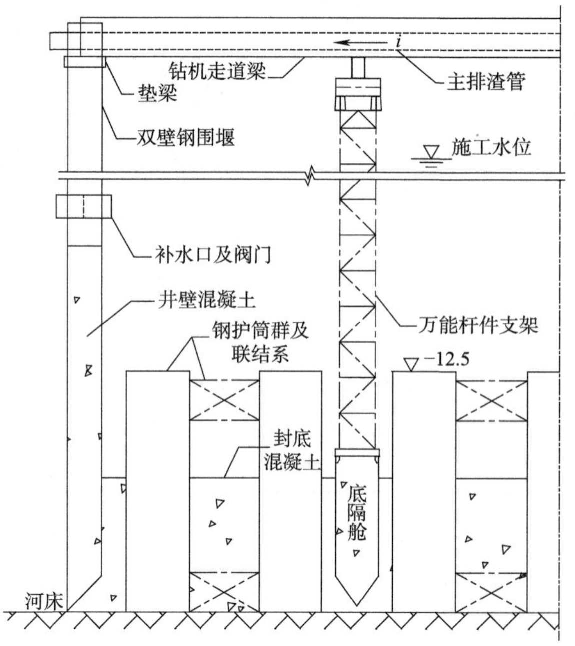

图 4-3-37　钻孔平台立面布置图

图 4-3-38　钻孔桩施工期间围堰顶现场布置

(2)钻孔

3 号墩河床无覆盖层，围堰内彻底清基后岩面与围堰、封底混凝土结合成整体，桩孔与外界彻底隔离，具备清水钻孔条件，决定采用清水钻孔工艺成孔。钻孔时围堰上连通孔打开，使围堰内外水位平衡，自动完成补水。

钻孔桩采用 8 台 KTY4000 型动力头钻机进行钻孔，分批次进行，每台钻机配备一台 40 m^3/min 的柴油或电动压风机。钻机顺平台主梁方向摆放，先钻 ϕ3.4 m 桩孔，然后更换为 ϕ3.0 m 钻头钻进其余 ϕ3.0 m 桩孔，钻孔时采用楔齿滚刀钻头。钻孔桩施工起重设备采用 250 t 和 150 大浮式起重机各 1 台，用于钻机移位、钻杆接长、下放钢筋笼等起重作业，另在围堰顶布置 1 台 TC7035B 塔式起重机，用于小重量物件吊运。钻机技术性能见表 4-3-5。

表 4-3-5　KTY4000 动力头钻机技术性能

主要项目		单　位	参　数
钻孔直径	岩层(σ_c≤120 MPa)	m	ϕ2.0～4.0
	岩层(σ_c≤200 MPa)	m	ϕ2.0～3.5
最大钻孔深度		m	130
排渣方式			气举反循环
动力头转速及扭矩	转　速	r/min	0～6
	扭　矩	kN·m	300
	转　速	r/min	0～15
	扭　矩	kN·m	120
动力头提升能力		kN	1 800

续上表

主要项目	单　位	参　数
封口盘承载力	kN	1 500
钻架倾斜角度		0°～40°
钻杆(通径×长度)	mm	ϕ300×3 000
钻杆单重	kg	1498
总功率	kW	90×3+15=285
外形尺寸	mm	7 380×7 470×8 160
主机重量(不含钻具、液压站)	t	44
液压站重量	t	8.5
钻具系统重量按 133 m 计(不含钻头)	t	130
主机单件最大质量	t	11

1)钻机对位。3 号墩护筒群位于水下,钻孔时桩孔对位采取以下方法解决:护筒群在岸上组装,相互间位置能够精确控制,且组拼后做好竣工测量及记录,护筒群下水前在各组外周四角护筒顶面设置十字标,在其入水时于十字标中心系上浮标物,当护筒群下放就位后再将浮标中心投测在平台上,由此测放出全部桩孔水下的准确位置,确保钻机正确对位。每根桩第一次钻进时,潜水员下水至护筒口核实钻头是否对中,如有偏差做适当调整,并在平台上做好标识。

钻机顺平台走道梁方向摆设,确认对位正确后与平台梁固定牢靠。钻机组装就位,其底座应水平、稳定,钻架中心与钻机转盘中心的连线应与钻盘垂直,钻头、钻杆和桩中心在一铅垂线上,以保证孔位正确,钻孔顺直。钻机安装标准:钻机对中位置以钻孔桩设计位置为准,中心允许偏差不大于 2 cm;钻头或钻杆中心与护筒顶面中心和底面中心的偏差不得大于 5 cm;钻杆倾斜率小于 1%。

2)钻进成孔。钻机用气举反循环排渣方式钻进,先用钻头护圈上加焊翼板和钢丝绳刷的 3.4 m 钻头钻至护筒底口,对护筒壁进行清理,然后提出钻头并取下翼板和钢丝绳刷,重新下放钻头钻进。先慢速钻进,以防对岩面附近岩层扰动过大,钻进护筒口以下 3 m 后转入正常钻进,当 ϕ3.4 m 桩径钻完,在提钻更换 ϕ3.0 m 钻头钻进 ϕ3.0 m 桩径。因桩身超长,规定每桩钻至一半深度时必须强制提钻检查钻具磨损及钻具连接情况,以防掉钻情况发生。另外为确保超长桩成孔合格,垂直度符合要求,钻孔时在钻头及桩孔中部配置 2～3 个钻头稳定器,确保钻进时桩孔垂直。成孔后先进行桩孔超声波检测,检测合格后方能移开钻机,如孔型异常,需对异常部位重新扫孔。

整洁、平坦、通畅的作业环境不但有利于提高施工效率,加快施工进度,还能促进安全生产,为此 3 号墩基础施工时充分利用平台结构特点,对钻渣排放管路(直径 1 m)布置进行了改革创新,将整个平台排渣管路统一规划,所有管路位于平台面以下,布置在各组平台梁之间的空挡里,每个桩孔附近的管路顶部预留进渣口,以便钻机排渣管插入其中排放。排渣管路间相互贯通且呈坡度布置,然后统一汇集到低端固定出口排放。另外,为减少灌注导管接、拆时间,实现快速安装,在平台的空闲桩孔处设置了导管垂挂架,用于垂直存挂数根几十米长的待用导管。由于减少了平台上的管路、灌注导管占据的许多空间,使得钻孔施工平台文明、整洁,开创了文明施工的典范。3 号墩钻孔施工现场如图 4-3-39 所示。

(3)钢筋笼施工

1)钢筋笼制作。单个钢筋笼总重约 80 t,在安庆侧的钢筋车间加工,采用长线法制造钢筋笼,共设 2 个台座,长度和钢筋笼等长。台座顶面定位钢筋笼支承台架座间距 2 m,顺钢筋笼长度方向通长布置。台架座用厚钢板制作,呈半圆状,顺圆周对应钢筋间距位置开设卡槽,钢筋笼制作时下半部分由台架座的卡槽定位,上半部分则用钢筋笼结构本身的内圈角钢加强环支承定位。钢筋笼以 12 m 定尺钢筋长度进行分节,即制作时钢筋笼标准节长度 12 m,各节之间用直螺纹接头连接,以尽量减少制造或下放时的对接数量,节省制作和安装的时间。桩基检测用 4 根声测管在钢筋笼制造时同步安装,接头位置和钢筋笼分节位置一致,声测管用"U"形卡箍同钢筋笼固定。

钢筋笼制作完成后,逐节拆开(将各节接头处套筒旋至一侧即可)然后按顺序摆放在生产区的存放场以便待用，解体后的钢筋笼接头丝扣套入塑料保护套保护，以防锈蚀、碰伤。钢筋笼制作及胎架布置如图 4-3-40 所示。

图 4-3-39 3 号墩钻孔施工现场

图 4-3-40 钢筋笼现场制造图

2)钢筋笼起吊及安装。由于钢筋笼在铁驳上起吊时长度太大，为快速起吊并避免起吊时弯曲变形，钢筋笼起吊时使用翻转架装置。驳船上的 24 m 长钢筋笼前端支承卡进翻转架的 2 个卡座上，卡座与钢筋笼的加劲角钢箍位置对应，以便起吊时支承钢筋笼；钢筋笼的尾端(浮式起重机起吊端)则支承在一个方形专用吊具上。钢筋笼起吊时浮式起重机吊起笼体顶端，下端则随翻转架同步转动，当笼体竖直后自动与翻转架脱离，完成由水平状态变至吊装时的竖直状态。翻身架与笼体组装如图 4-3-41 所示。

图 4-3-41 钢筋笼翻身架

钢筋笼在墩位处利用 150 t 浮式起重机吊装，单节起吊采用吊具辅助起吊，以抵抗钢丝绳水平分力造成钢筋笼变形。钢筋笼现场安装情况如图 4-3-42 所示。

钢筋笼在桩孔处接长时，已下放笼段用支承于孔口顶部平台上的打梢盘临时吊挂，然后在打梢盘上进行下一笼段钢筋笼接长。接长时待连接笼段上端由浮式起重机起吊，下端呈自由状态与挂在打梢盘上的前一笼段进行连接(先对位连接主筋，然后连接声测管，最后恢复连接箍筋)，当接长工作完成浮式起重机稍许起钩，待吊挂与打梢盘上的笼体稍许脱离吊挂支承板，抽出吊挂支承板，松钩下放钢筋笼，直至上端吊具快接近打梢盘时再插进吊挂支承板完成钢筋笼吊挂支承转换，解除吊具，进行下一节段笼体接长，依法接长钢筋笼，直至整根钢筋笼接长完成。钢筋笼临时打梢结构如图 4-3-43 所示。

钢筋笼全部接长完成最终下放到位时用 4 根吊筋吊挂在打梢盘上，防止笼底承重受力，等后期围堰抽水后承台时才与护筒一并割除，拆除临时打梢结构，钢筋笼下放完成。钢筋笼在桩孔中下放时依靠笼体四周间隔设置的能转动的轮饼导向定位，同时起保护垫块作用，使钢筋笼在孔中保持竖直并有足够的保护层厚度。钢筋笼悬挂系统结构如图 4-3-44 所示，混凝土垫块及声测管布置如图 4-3-45 所示。

图 4-3-42 钢筋笼现场起吊安装

图 4-3-43 钢筋笼现场临时打梢图

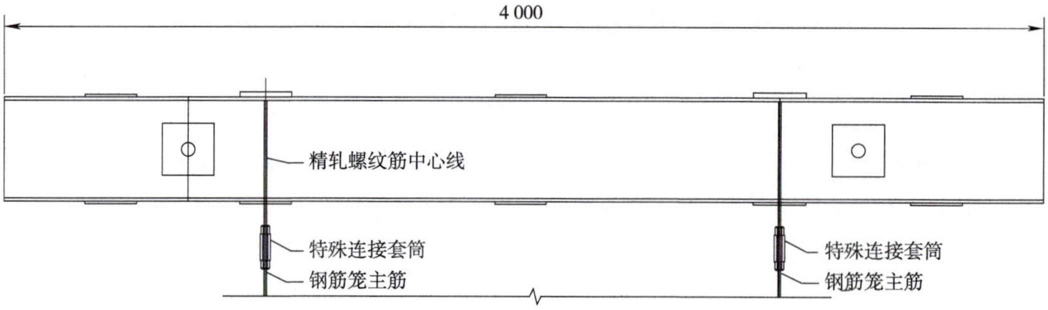

图 4-3-44 3 号墩钢筋笼吊挂系统结构示意图(单位:mm)

(4)桩身混凝土灌注

桩身混凝土采用垂直导管法灌注。混凝土由池州侧岸上混凝土工厂和水上混凝土工厂供应,其中岸上混凝土通过浮桥上管路输送到墩上布料机,再由布料机输送到灌注点料斗处进行灌注;水上拌和站混凝土直接由自带布料机输送至料斗中。灌注时导管底口距离孔底 40 cm,首批混凝土方量不少于 13 m^3,所用料斗与封底时相同。

灌注导管直径 ϕ377 mm,壁厚 δ=8 mm,管节间采用螺旋式快装卡口接头。导管使用前需进行水密试

图 4-3-45　混凝土垫块及声测管现场安装

验和接头抗拉试验，试验压力为孔底静水压力的 1.5 倍，导管试压持荷时间不少于 5 min，试压时无渗漏为合格。导管现场压力试验如图 4-3-46 所示。

导管拔球、首批混凝土灌注完成后采用影像检测仪检查导管内部有无渗漏水等异常情况，确认无漏水后方准进行继续灌注。正常灌注过程中导管埋深 3～6 m，每根桩灌注用时控制在 8～10 h 内完成。桩头混凝土超灌 0.5～1 m，且护筒在该标高处开设多个溢流孔，使桩头混凝土达到密实的同时，又不致超灌太多造成今后凿除困难。

导管内影像检测仪现场检查如图 4-3-47 所示。

图 4-3-46　导管水密试验现场操作

图 4-3-47　影像检测仪现场检查

5. 承台施工

3 号墩系高桩承台，基础采用钢围堰方案，封底混凝土顶面至承台底面间有仅 4 m 高的空腔层，该空腔层采用粗砂回填，以便作为承台浇筑时的承重支承层。承台分 2 次浇筑完成，第 1 次浇筑 3.0 m，第 2 次浇筑 5.0 m，施工缝处凿毛处理。承台施工步骤如下：平台拆除，围堰抽水→清淤→布设虑水设施→填砂、压实处理→浇筑钢筋混凝土垫层→凿桩头→立模→钢筋绑扎→第 1 次承台浇筑→绑扎中顶层钢筋及塔座、下塔柱预埋筋→承台底 2 次浇筑。

3 号墩承台与围堰、封底混凝土相对位置关系如图 4-3-48 所示。

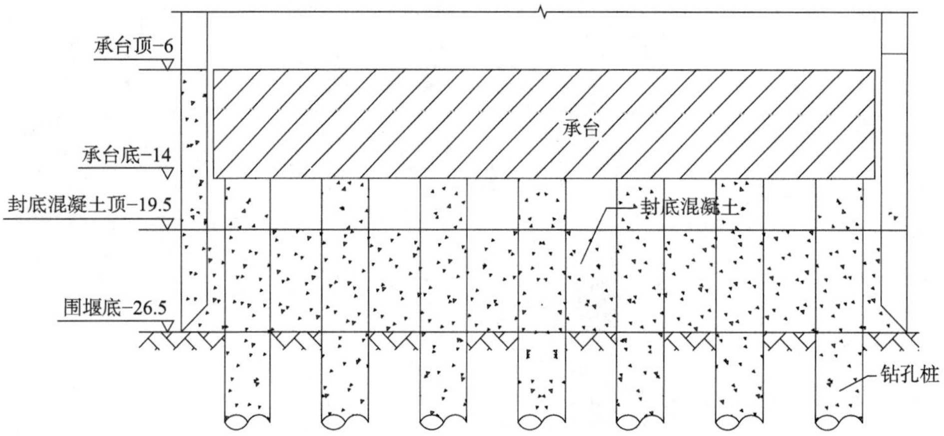

图 4-3-48 3 号墩承台与围堰、封底混凝土相对位置关系图(单位:m)

(1)准备工作

1)围堰抽水。桩基混凝土达到设计强度,关闭围堰内外连通管,进行围堰抽水。围堰采用扬程不小于 40 m 的潜水泵抽水。

2)钻孔平台拆除。钻孔桩施工完毕后,先清理钻孔平台,然后拆除平台面铺板、排渣管等,再拆除走道梁,最后拆除平台梁下方的分配梁万能杆件支架立柱。平台拆除与围堰抽水同步进行。

3)桩头凿除、检测。围堰抽水到位后,先进行围堰内淤泥清吸和吊杆、遗落钢构件等杂物清理,然后在桩位护筒群之间搭设桩头凿除作业脚手,进行桩头凿除。桩头采用人工风镐进行凿除,凿除的混凝土块用小型挖掘机清理归集,最后装在吊斗中运出围堰外指定地点倾倒。桩头凿除标高－13.8 m,凿除前需先完成桩基超声波检测工作。凿除过程中严禁破坏、弯折桩头主筋,桩头顶面要求平整,无松动、裂隙状混凝土存在,桩周轮廓完整无掉角。

4)滤水管安装。围堰抽水到位,用高压射水冲洗清理围堰、护筒群上及桩顶上淤泥,清理完毕后在封底混凝土顶面设置滤水管,以便今后过滤承台底面至封底混凝土之间砂垫层中积水,使砂垫层密实,减小后期承载时的压缩量,确保承台施工质量。滤水管为钢管,共布置 14 根,直径 820 mm,长 5.0 m,底口封闭,置于封底混凝土面上,滤水管下端 2.0 m 高范围管壁钻 ϕ10 mm 圆孔,孔间距为 10 cm×10 cm。开孔的管壁外面缠裹一层透水土工布,防止细砂从孔洞漏进管内影响滤水效果。滤水管平面布置及结构示意如图 4-3-49 所示。

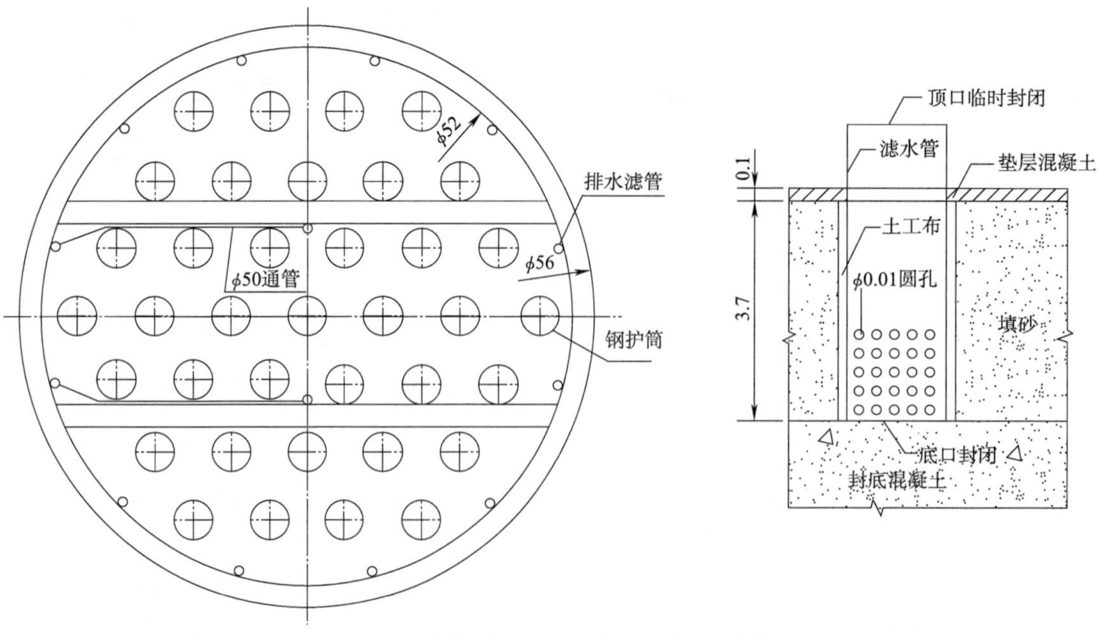

图 4-3-49 滤水管平面及立面布置示意图(单位:m)

滤水管顶口标高－13 m，填砂时顶口封盖严实，防止流入填砂。填砂完成并经压实处理后滤水管顶部切割至标高－14.10 m 并封闭。

5)砂垫层施工。运砂船停靠墩位，由墩旁的抓砂船转运至围堰中，边填边整平。当填砂完成，在砂面上注水使其完成第 1 次自然沉降，然后在每个滤水管中抽水，使砂垫层继续沉降密实。最后砂垫层顶面标高控制为－14.10 m。砂垫层施工如图 4-3-50 所示。

6)垫层混凝土浇筑。砂垫层顶面平整后，设置混凝土垫块，然后在垫块上绑扎钢筋网片，钢筋网每隔一定距离设置伸入承台内拉筋，以便今后清理砂垫层时混凝土垫层意外脱空坠落。垫层混凝土为 C30，厚度 10 cm，垫层施工如图 4-3-51 所示。

图 4-3-50　砂垫层施工

图 4-3-51　承台垫层混凝土浇筑

(2)钢筋安装

主墩承台尺寸巨大，钢筋粗大、密集，进行承台施工的同时，还要将塔座及下塔柱预埋筋、塔柱横梁支架和钢梁托架预埋件安装到位，工序繁多，交叉进行。由于承台直径达 51 m，厚度 8 m，属超大体积混凝土施工，需设置冷却水管进行降温，防止其开裂。承台钢筋有 ϕ16 mm 和 ϕ32 mm 两种规格，其中 ϕ16 mm 钢筋采用绑扎连接，主筋 ϕ32 mm 的钢筋采用滚轧直螺纹机械接头连接。

钢筋在生产区钢筋加工车间加工，汽车或平板车运输至码头后下河，再用船运输到围堰旁，利用塔式起重机或浮式起重机吊至围堰内进行安装。

承台高度范围共有 6 层纵横交叉布置的水平钢筋网，侧面为全封闭钢筋网，其中承台底部 4 层钢筋网层间间距 15 cm，除最上层钢筋网的顺桥向部分钢筋为 3 肢一束外，其余层钢筋网为双肢一束，中层、顶层钢筋网均为单根一束。承台底部 4 层钢筋网采用倒扣角钢做支撑骨架，承台中部和顶部 2 层钢筋网用角钢支架做支撑。浇筑第 1 次承台时绑扎完成底部 4 层水平钢筋网、冷却水管及全部角钢支架立柱和部分水平杆；浇筑第 2 次承台时安装中层、顶层钢筋网片，还有塔座和下塔柱预埋钢筋及其相应中、顶层角钢支架和塔座、塔柱劲性骨架。

由于桩头钢筋为双层主筋，顺桥向或横桥向中线两侧靠圆弧边缘的钢筋间距密集，且钢筋直径为 ϕ40 和 ϕ30，刚度大，也无法扳动或调整，在进行承台底部 4 层水平钢筋网安装时极为困难，靠桩边的水平网钢筋无法穿过桩头，最后这部分水平网钢筋以 4 根一束的 ϕ16 钢筋替代。根据设计要求布置钢筋架立支架，以保证钢筋安装的刚度。在平面钢筋上铺设角钢支架作为在混凝土浇筑时的施工平台。

承台钢筋架立支架布置形式如图 4-3-52 所示。

(3)冷却水管安装

根据混凝土内部温度分布特征，在主墩承台混凝土中埋设冷却水管，冷却水管采用 ϕ80 mm 的薄壁钢管，其水平间距为 1.0 m，冷却水管距混凝土表面大于 0.9 m，每根冷却水管长度不超过 200 m，冷却水管进出水口集中布置，以利于统一管理。在主墩承台混凝土中沿厚度方向共埋设 7 层冷却水管，第一层埋设 3 层冷却水管，第二层埋设 4 层冷却水管，上下层冷却管布置成横纵向交错布设。

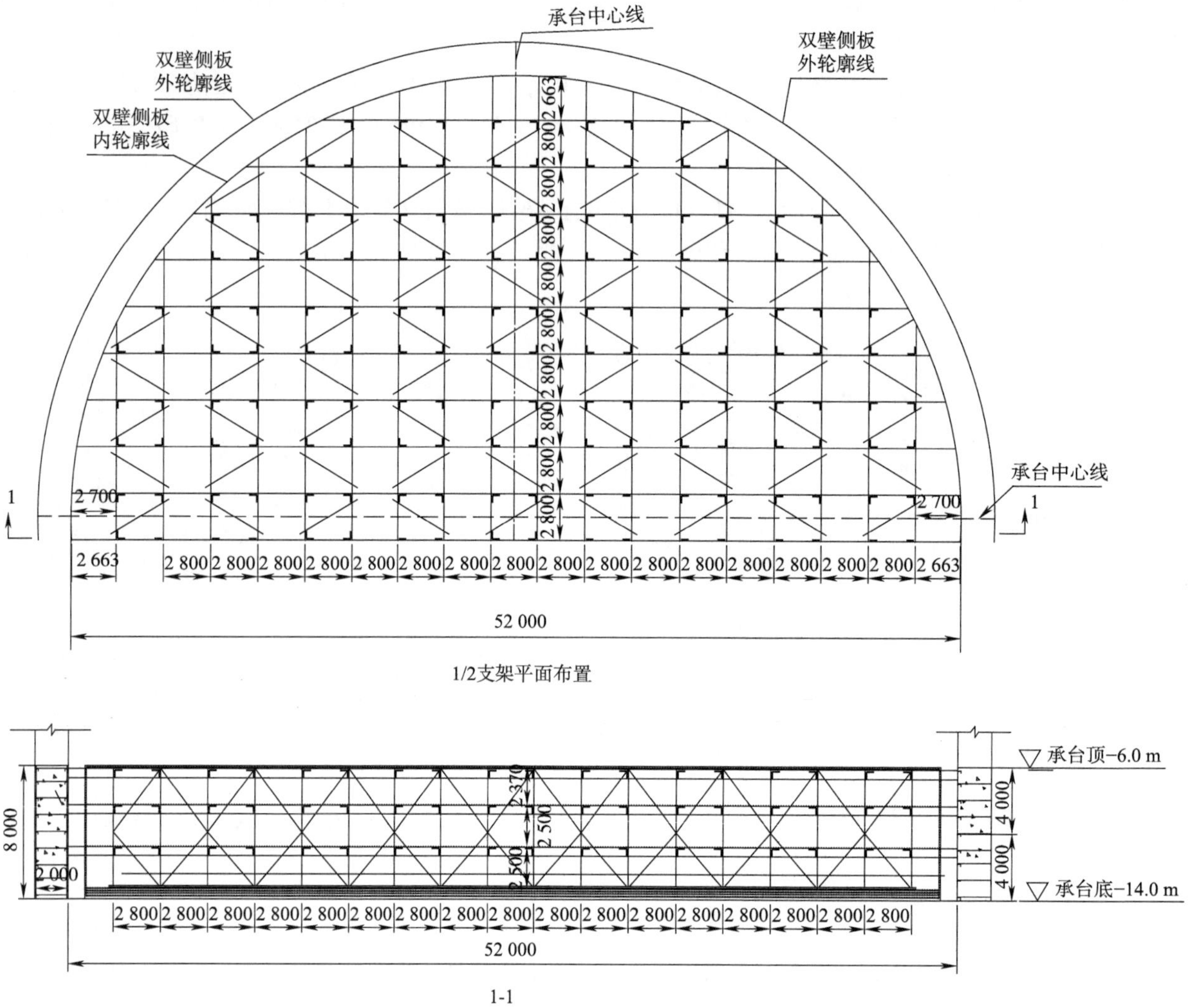

图 4-3-52 承台钢筋架立支架布置图(单位:mm)

冷却水管的布置如图 4-3-53 所示。

每层安装完毕后,在 0.1 MPa 水压下进行试验,以确保水管无渗漏;混凝土养护结束,冷却水管压注水泥浆封闭。

(4)模板施工

承台垫层混凝土浇筑完成后,在垫层顶面放出承台外边线,准备安装模板。承台侧模面板采用竹胶合板,面板后面的水平横肋为 40 mm×60 mm 方管,间距为 40 cm;竖肋为 I12,间距为 120 cm。I12 竖肋用 40 mm×60 mm 方管支撑固定在围堰内壁上,方管撑杆支点间距为 1.0 m。侧模安装顺序:40 mm×60 mm 方管撑杆与围堰焊接→I12 竖肋→横肋→面板固定。横肋与竖肋、竖肋与撑杆、撑杆与围堰间连接采用焊接。

(5)混凝土施工

承台分两次浇筑,第 1 次浇筑高度 3 m,共 6 128.6 m^3;第 2 次浇筑高度 5 m,共 10 214.2 m^3。承台采取水平分层斜向灌注方案,由围堰边向中间进行,灌注层厚 0.3 m。灌注时采用 4 台布料机直接进行灌注,其中水上拌和站 2 台自带布料机位于安庆侧靠上游位置;另外 2 台布料机 1 台设在池州侧围堰顶,另 1 台设在围堰上游收锚平台顶,这 2 台布料机由岸上混凝土拌和站供料。此外,围堰中部因布料机无法达到,采取用长钢管做输送管进行灌注,钢输送管呈斜向由围堰顶塔式起重机起吊,可任意摆动;钢管下端靠近所需灌注点,混凝土通过布料机软管从上端管口送入。灌注第 1 次承台混凝土时不设减速串筒,灌注第 2 次承台混凝土时受顶面和中间钢筋网片影响,实施定点灌注,灌注点下方挂减速串筒。

布料机平面布置如图 4-3-54 所示。

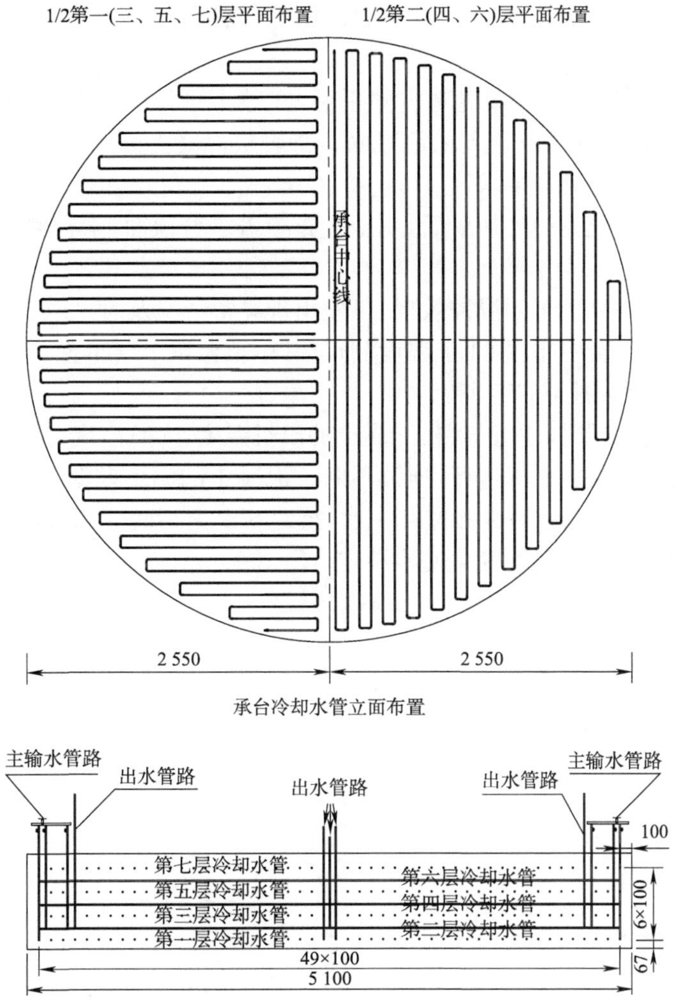

说明：本图尺寸单位以cm计。

图 4-3-53　冷却水管布置示意图

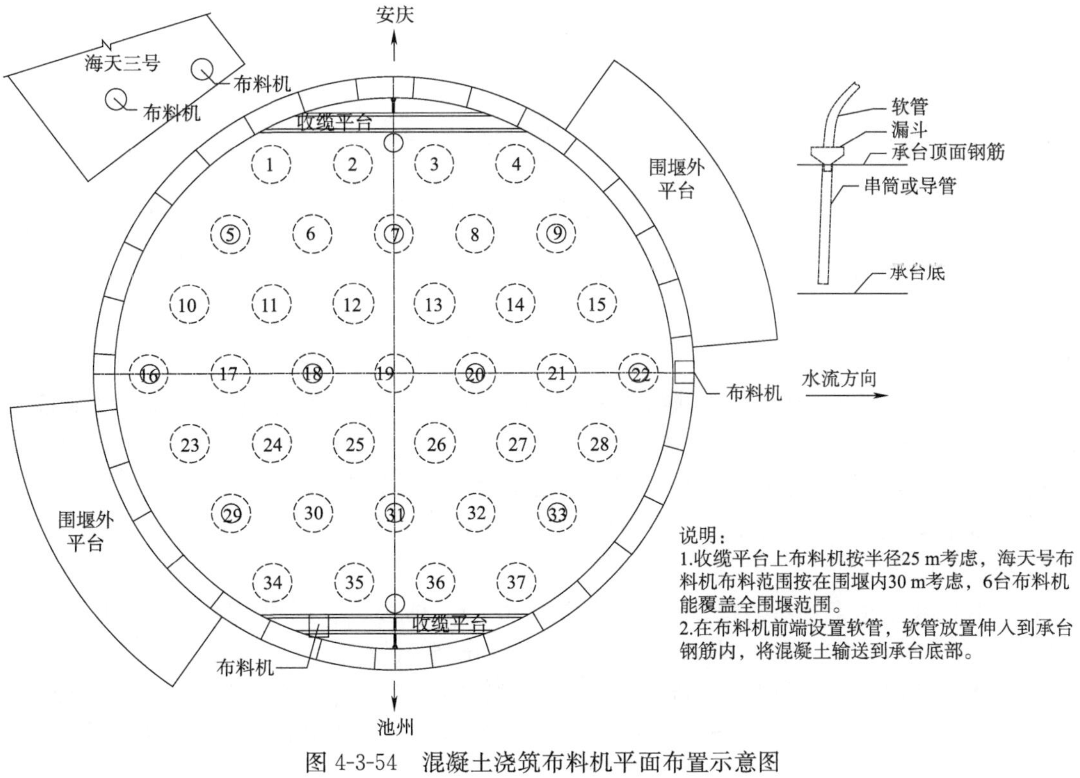

图 4-3-54　混凝土浇筑布料机平面布置示意图

1)接缝处理。第一层混凝土浇筑 24 h 后开始表面凿毛、露出新鲜粗骨料,以保证两层混凝土施工缝结合良好。

承台第一次混凝土灌注完毕,施工接缝基本整平后,在整个平面均匀撒一层缓凝剂(约 0.15 kg/m^2)。缓凝剂使表层混凝土砂浆缓凝,内部混凝土正常凝固。待表层混凝土砂浆层强度达到 0.5 MPa 时,用水冲洗凿毛,将砂浆层洗掉,达到凿毛处理要求。

2)混凝土养护。混凝土浇筑完毕且初凝后,用土工布覆盖承台顶面,承台侧面及顶面采取蓄水养护,养护时间为 14 d。

3)温度测量。为真实反映混凝土的温控效果,以便出现异常情况及时采取有效措施,在主墩承台混凝土中布设温度测点。共在主墩承台中布置 64 个温度测点(其中承台第 1 层布置 24 个温度测点,承台第 2 层布置 40 个温度测点),测点布置如图 4-3-55 所示。

在检测混凝土温度变化的同时,还对气温、混凝土的出机温度、入舱温度、浇筑温度等均进行了监测。

各项监测项目在混凝土浇筑后立即进行,连续不断。混凝土的温度监测,在升温阶段每隔 0.5～1 h 巡回监测各点温度一次。到达峰值后每隔 4 h 监测一次,持续 5 d,之后转为每天测 2 次,随着混凝土温度变化减小,逐渐延长监测间隔时间,直至温度变化基本稳定。

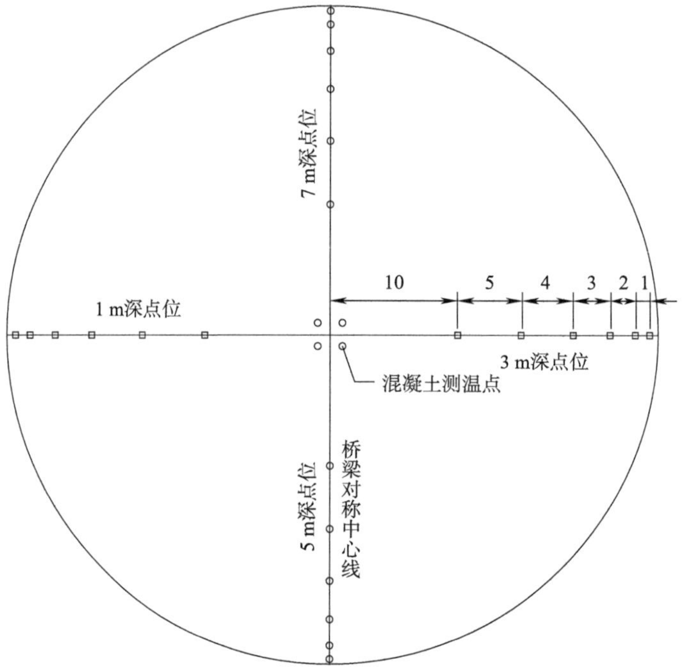

图 4-3-55　3 号墩承台测温点布置示意图(单位:m)

(二)4 号主塔墩基础施工

1. 工程概况

(1)基础结构

4 号墩是安庆长江大桥的安庆侧主塔墩,采用 $\phi3.4$ m/$\phi3.0$ m 变直径钻孔桩基础。桩基布置形式与 3 号墩一致,桩间距 7.6 m,桩长 110 m,桩底标高－124.0 m。单桩混凝土设计量为 819.5 m^3;承台为圆形,直径 51 m、厚度号 8 m,承台顶高程为－6.0 m,部分承台埋置于河床覆盖层中。

4 号墩基础布置如图 4-3-56 所示。

(2)墩位处水文地质条件

4 号墩位于长江主航道上,有覆盖层,河床面标高－8.7 m,枯水期水深约 12～14.25 m。覆盖层组成情况由上至下依次为粉砂、细砂、中砂。表面粉砂厚约 10.36 m,层底高程－19.36 m;细砂厚约 5.5 m,层底高程－24.86 m;中砂厚约 2.4 m,层底高程－27.26 m,粉细砂覆盖层总厚度约 18 m。岩面平均标高约－27.751 m,岩面高差约 0.5 m,岩层由上至下为弱风化泥质粉砂岩、微风化泥质粉砂岩,局部夹胶结砾岩。

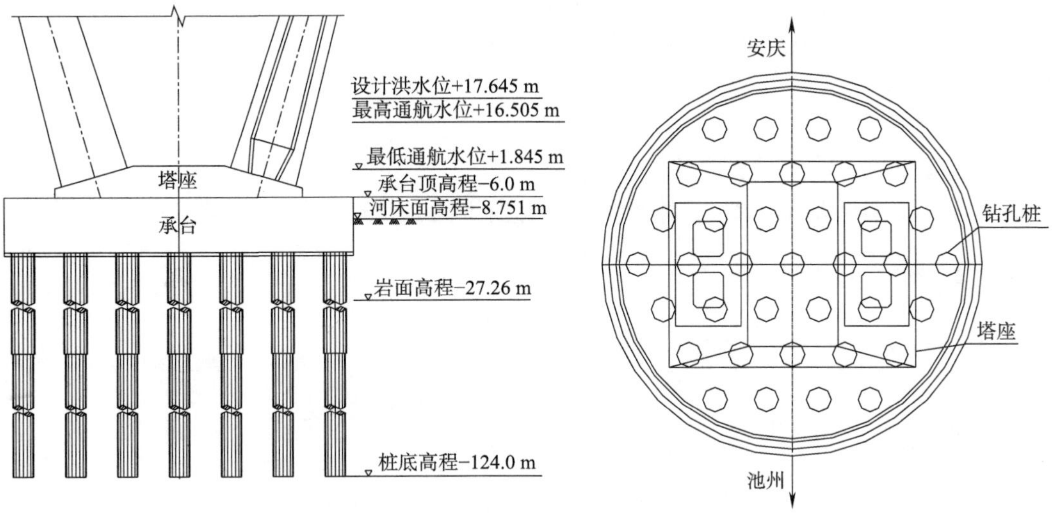

图 4-3-56　4 号墩基础布置图(单位:m)

设计水文资料提示河床一般冲刷标高为－10.49 m。

2. 施工方案

4 号墩河床有较厚的覆盖层,墩位水深(常水位和洪水位时)在 12～23 m 之间,其基础施工可由以下 4 种方案选择:①先平台后围堰的定位桩平台方案;②浮式吊箱围堰平台方案;③浮式钢围堰平台方案;④双壁钢围堰方案。双壁钢围堰方案与其他 3 种方案相比,除工序少,施工周期较短,能安全渡洪,风险小外,还具有以下优点:节省定位桩、吊挂所需桁撑及吊挂梁、底板等庞大钢结构用量;下沉围堰时没有底板、桁撑、桩位护筒等障碍物,围堰吸泥十分便利;桩位护筒是在围堰内静水中施打,质量有保证;围堰和护筒先就位,防护抛填不构成影响。经过比选,决定 4 号墩基础采用双壁钢围堰施工方案,先围堰,后平台,先封底,后钻孔,最后围堰抽水施工承台。

围堰采用与承台形状相同的圆形,考虑到围堰尺寸巨大,在覆盖层中下沉较深,又是在汛期施工,围堰平面位置偏差及垂直度较难控制,决定围堰内径比承台直径大 1 m(围堰内壁与承台外缘留 0.5 m 间距),围堰壁厚采用 2 m,围堰外直径 56 m。最初围堰总高度确定为 37.4 m(按设防施工水位＋15.88 m、封底厚度 7 m、围堰刃脚底下至－21.02 m 进行考虑),分 3 节施工,即底节 14.8 m,中节 8.4 m,顶节 14.2 m。后因河床冲刷超过预期,为确保围堰能安全着床并进入足够河床深度,保持稳定,决定围堰加高 4 m,最后 4 号墩围堰总高度 41.4 m,围堰刃脚沉至－25.02 m 标高。4 号墩围堰施工布置如图 4-3-57 所示。

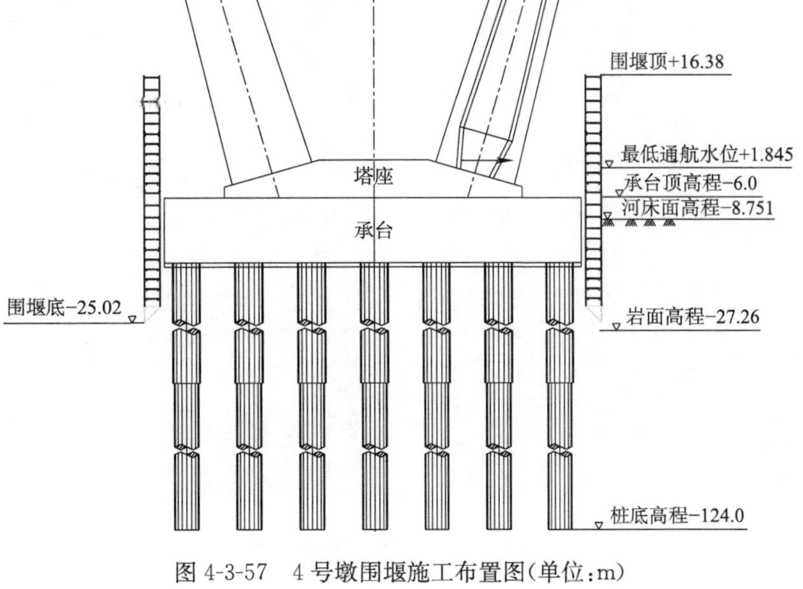

图 4-3-57　4 号墩围堰施工布置图(单位:m)

围堰施工方案的步骤:先将围堰下沉至设计标高,然后插打桩位钢护筒,之后封底,利用封底后的围堰和桩位护筒建立施工平台,进行钻孔施工,最后围堰抽水完成承台施工。

3. 围堰施工

(1)围堰结构

4 号墩双壁钢围堰结构构造同 3 号墩。

围堰锚碇系统与 3 号墩基本一致,具体布置位置有所不同,定位马口布置如图 4-3-58 所示。

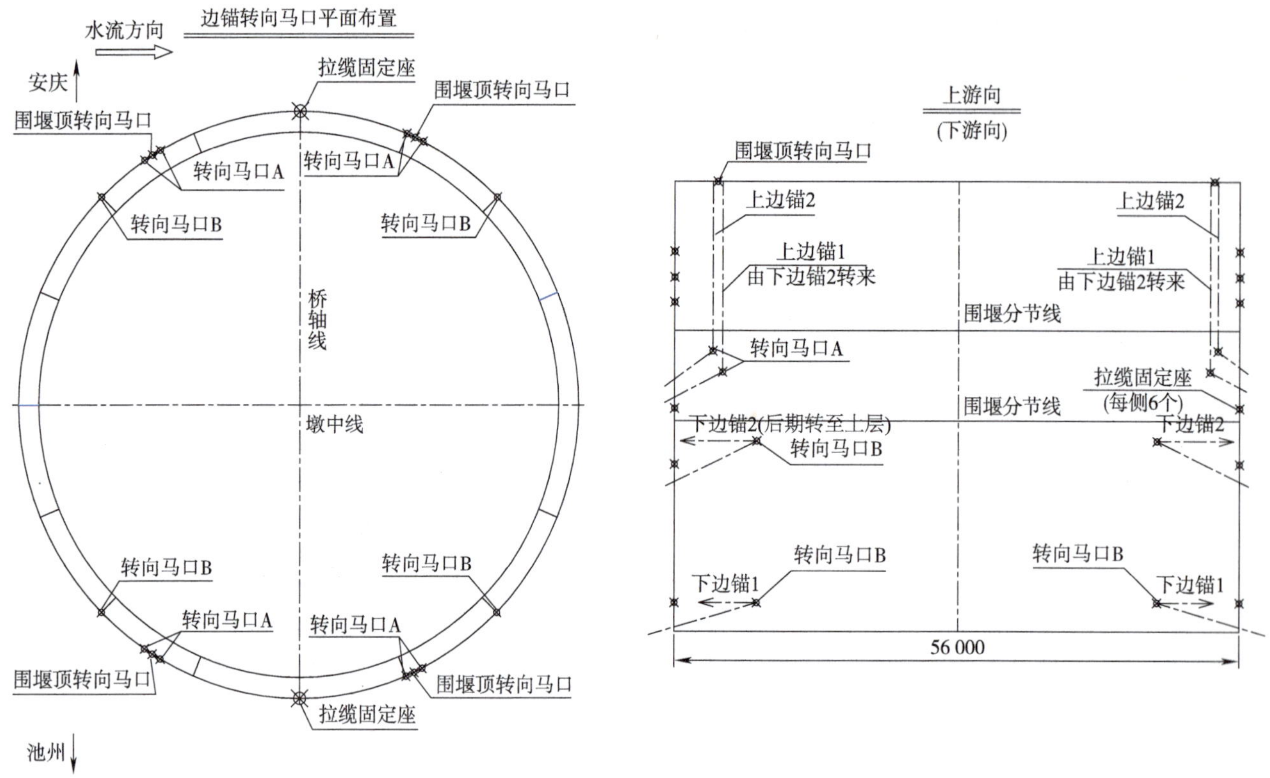

图 4-3-58 围堰固定座、边锚马口布置图(单位:mm)

围堰转向马口采用单辊轴结构形式。围堰边锚转向马口详见图 4-3-59~图 4-3-62。

图 4-3-59 边锚转向马口

图 4-3-60　上部转向马口

图 4-3-61　拉缆固定座

图 4-3-62　围堰顶收锚平台

4 号墩围堰在南通加工制造，先汽车自加工厂运至码头，然后再由码头下河水运至桥位组拼，重量、块件尺寸受到限制，因此高度上分为 3 节，底节高 14.8 m，中节 12.4 m，顶节 14.2 m；平面上分为 32 块。

4 号墩围堰结构如图 4-3-63、图 4-3-64 所示，4 号墩地质钻探柱状图如图 4-3-65 所示。

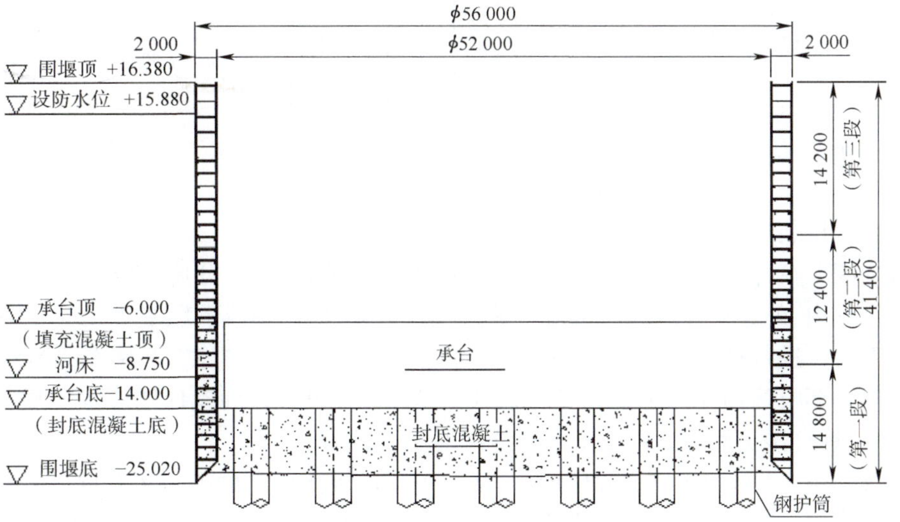

图 4-3-63　4 号墩围堰立面布置图(单位:mm)

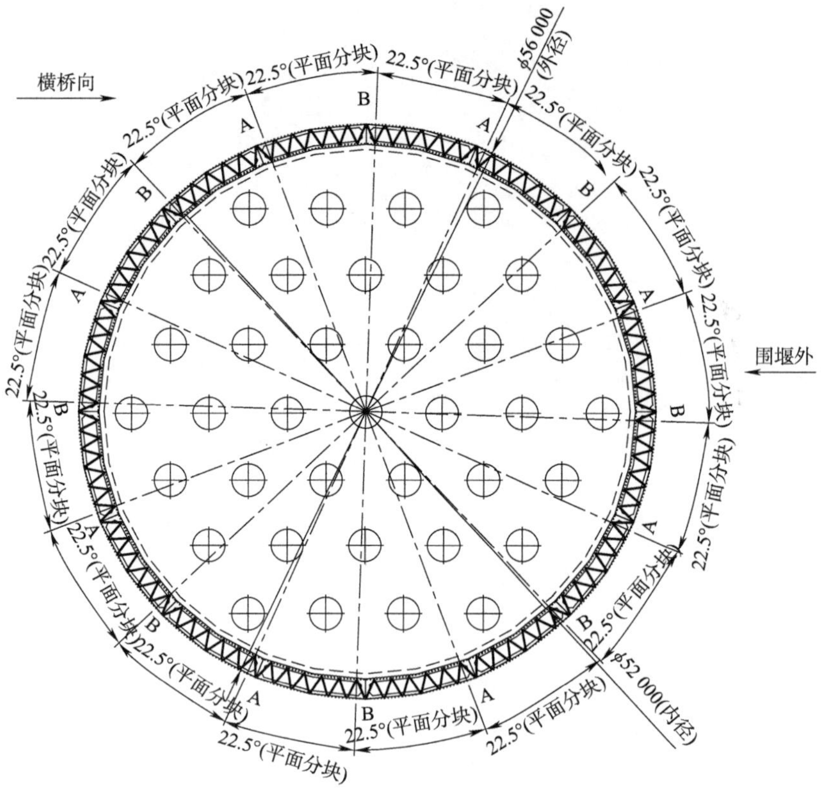

图 4-3-64 4 号墩围堰平面布置图

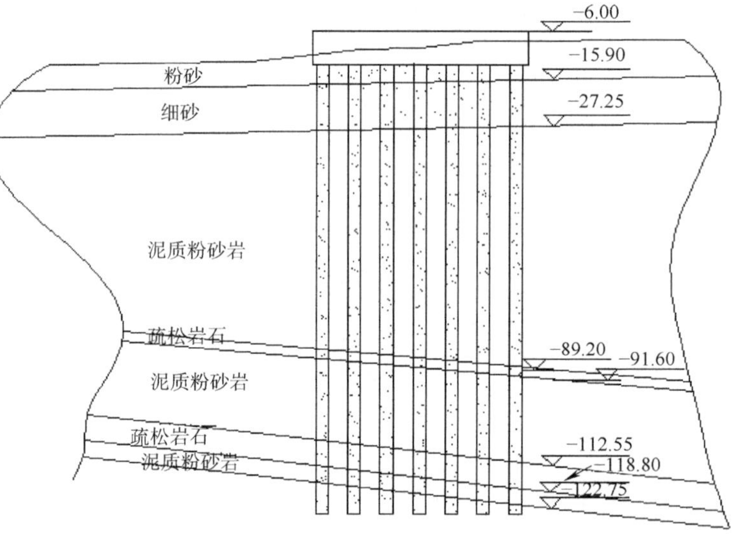

图 4-3-65 4 号墩地质钻探柱状图

(2)钢围堰制造、拼装

1)围堰制造。围堰在专门的钢结构加工厂制造,高度上分节,平面上分块,制造和拼装时分成 32 块。加工时先在胎架上进行内、外壁块件组焊(壁板、环板、竖肋),然后再组焊成围堰壁单元块件(桁撑、隔舱板),最后验收、出厂,运至桥位进行拼装。制造时统一规划加工方案尤其是制作加工好精准的胎架,壁板竖向、横向拼缝错开位置,竖肋、环板等构件的对接焊接头探伤检查并错开设置。为确保围堰加工质量,加工时进行板材原材料试验、环板焊接接头性能试验及壁板焊缝煤油渗透试验。

2)底节钢围堰拼装。4 号墩围堰因隔舱后装,缺少气囊法下河所需的平行边井壁(舱)结构,故底节围堰采用整体起吊下河方案。因该桥水上施工期间不能进行水上主墩作业,且为汛期施工,时间紧迫,为争取时间，经过协调，有关管理部门同意可在桥位下游安庆侧非主航道水域进行除主墩以外的准备性施工作业。经实地测量了解，桥位北岸 6 号墩下游 350 m 处非主航道水域河床地形平坦，水深大于 6 m，水流较为平缓，过往船只少，便于水中作业，条件理想，于是选择该处作为 4 号墩底节围堰组拼和下河施工地点。

围堰在由铁驳组成的浮式平台上组拼，底节围堰组拼完成后浮式起重机整体起吊放入水中自浮，完成下水。平台长 75 m，宽 60 m，用 3 艘长 75 m、宽 13 m 的 1 500 t 铁驳构成，铁驳之间用型钢梁和桁架焊连，型钢梁设置在铁驳顶面，竖向桁架设置在舱面以下，与铁驳龙骨位置对应，水平桁架与舱面平齐。铁驳舱面沿围堰井壁范围均匀间隔布设围堰块件单元支承跺，以便拼装围堰时支承围堰，每块围堰下设置 2 个支跺。

根据钢围堰分块情况进行顺序编号，将块件单元按安装的先后次序运输从加工厂先用汽车运至码头，然后再水运至桥位拼装位置进行组拼。围堰采用一艘 50 t 浮式起重机和一艘 260 t 浮式起重机进行拼装，同步对称进行。具体步骤如下：

①利用 50 t 浮式起重机和 260 t 浮式起重机先分别起吊 1 号和 17 号围堰块件放至在支跺上就位，拉好内外侧缆风绳。

②松钩，调整姿态，确保块件四个竖面保持垂直后，设置围堰内、外侧钢斜撑并与围堰、平台焊接定位。

③吊装与 1 号、17 号块件相邻的 2 号和 18 号，对齐围堰拼缝处的水平环后支垫牢固，拉好缆风绳临时固定，待调整姿态后，焊接内、外壁斜支撑，然后临时连接固定相邻两块围堰间水平环，再次确认围堰位置正确后进行拼缝焊接。先焊壁板，后焊水平环，之后解除水平环临时连接件。

④重复步骤③，进行下一块相邻围堰 3 号和 19 号拼装。依法对称完成其余围堰块件拼装，直至围堰合龙。吊装合龙块前，要先测量合龙口位置尺寸，根据测量结果、所加工合龙块预留余量尺寸及预留拼缝大小，进行合龙口或合龙块边端修整，满足要求后进行合龙块安装。

⑤全面施焊围堰剩余拼缝处接头焊缝，逐舱同步进行围堰焊接质量检查、整改和主要接头焊缝探伤检查及所有现场焊缝煤油渗透试验检查，检查合格后进行验收。

⑥最后安装围堰的吊点、拉缆固定座、边锚转向马口、隔舱导向滑槽、浮运靠帮架等构件，完成后穿、挂前后拉缆及边锚绳，缆绳接头临时固定于围堰顶面，待浮运就位后解开再与其同号的锚绳（拉缆）连接。

底节钢围堰拼装施工布置如图 4-3-66 所示。

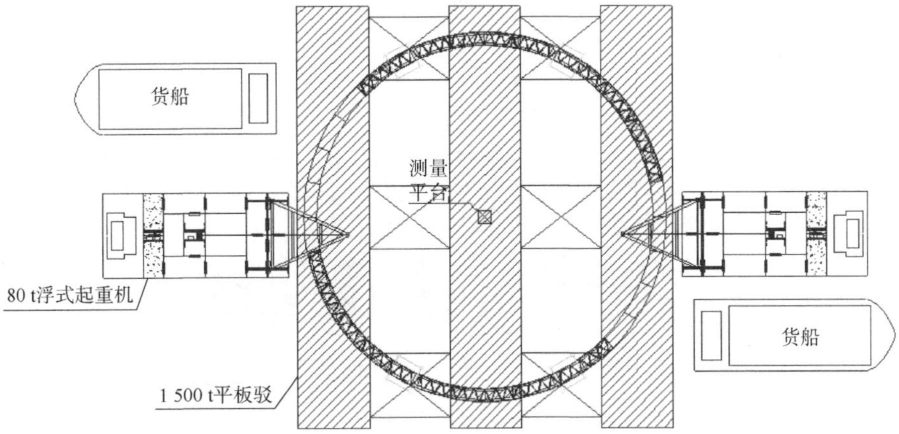

图 4-3-66 底节钢围堰拼装施工布置图

(3)底节围堰下水

底节钢围堰采用 1 200 t 浮式起重机起吊下水，浮式起重机有关参数见表 4-3-6。围堰上共设 8 个吊点，均匀布置，每个吊点的吊耳耳板焊接时需保持与其对应的起重吊索方向一致。起重吊索共 4 根，同侧 2 根吊索上端与浮式起重机的 1 个主钩相连，每根吊索下端分叉变成 2 根，与围堰顶所设吊点的吊耳连接。

表 4-3-6 浮式起重机参数

编号	船 名	主尺度(m)	航区	功率(kW)	设备	参数
1	镇航工 818	84.8×27.6×3.8	沿海			1 200 t
2	苏盐工拖 801	35.63×7.92×3.63	A	2×198	6250C	

起吊流程:浮式起重机提前进场→浮式起重机抛锚定位→调整吊臂角度→安装吊具→检查→起吊→铁驳平台和浮式起重机各自后退→下放围堰入水自浮→围堰与平台临时锚泊→松钩,解除吊具,起吊完成。

围堰起吊后,利用已安装好的围堰拼装平台临时锚固系统及 1 200 t 浮式起重机的绞锚系统,分别将围堰拼装平台和 1 200 t 浮式起重机向安庆侧及池州侧各平移 30 m,下放底节钢围堰至围堰底口接近水面位置,然后将围堰与拼装平台侧面的将军柱用缆绳连接,边下放围堰边收紧缆绳,直至围堰下放至水面呈自由漂浮状态,待围堰与拼装平台连接牢靠后,再松吊钩,将吊具吊离围堰。围堰起吊布置如图 4-3-67 所示,围堰起吊入水如图 4-3-68 所示。

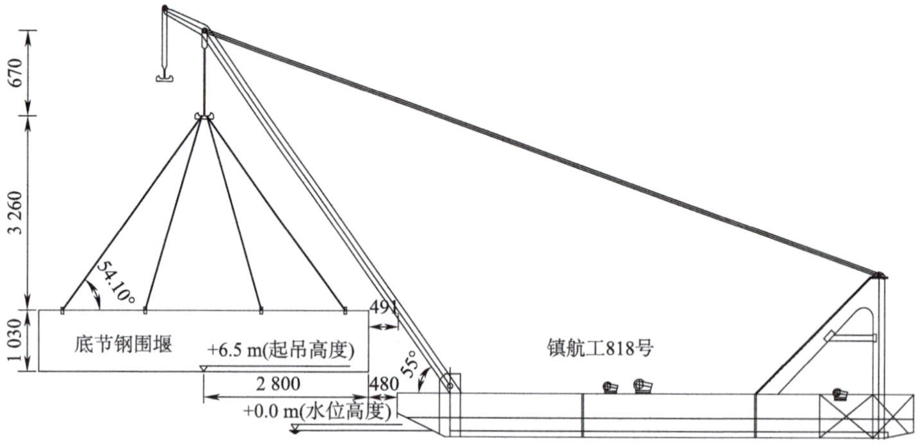

图 4-3-67 围堰起吊布置图(单位:mm)

图 4-3-68 1 200 t 浮式起重机起吊围堰下水

(4)底节钢围堰浮运

1)围堰浮运。围堰下放呈自浮状态后,将浮拖江苏海洋拖 602、江苏海洋拖 1001 在围堰的两侧对应位置与围堰进行傍拖式绑扎,稳固围堰,并对围堰漂浮位置进行调整,使围堰方位正对 4 号墩位待定位方向。拖轮型号见表 4-3-7。

表 4-3-7 拖轮型号

编号	型　　号	船长(m)	型宽(m)	吃水(m)	备注
A	江苏海洋拖 2601	33.3	9.8	3.30	主拖
B	江苏海洋拖 602	39.9	9.60	3.80	帮拖
C	江苏海洋拖 1001	39.9	9.60	3.80	帮拖
D	川维 2001	21.00	6.00	1.43	顶托

围堰调位完成后，将拖轮 D 按顶拖绑扎方式与围堰进行固定绑扎，拖轮 A 以吊拖形式在围堰艏部带八字缆。

编队完成检查正常、在海巡艇护航的情况下，编队按拟定的航路航行至指定水域。

准备工作就绪后，各作业船舶全部进入现场，围堰由编队拖轮拖航至 4 号墩墩位处后，拖轮 B 与围堰脱离并航行至后定位船的左侧与后定位船系缆，辅助后续的定位船下航施工。拖轮 B 与围堰脱离后，拖轮 A、C 将围堰顶靠于后定位船的右侧，用钢丝绳将围堰与后定位船系结，待围堰稳定后开始过锚工作。

围堰在浮运现场施工照片如图 4-3-69 所示。

图 4-3-69　围堰浮运图

2)围堰定位(就位)锚碇。围堰浮运至指定位置后，L1 号、L2 号拉缆连接；17 号～20 号边锚锚绳通过底节围堰上转向马口转至前定位船上，利用前定位船绞锚收紧；川维 2001 号拖轮靠帮后定位船，解开 L7 号、L8 号拉缆与后定位船之间的系结，利用拖轮控制溜放其到设计位置，连接 L7 号、L8 号拉缆，L9 号、L10 号拉缆；25～27 号边锚锚绳通过底节围堰上转向马口转至后定位船上，利用后定位船绞锚收紧；初步调整锚绳、拉缆，如图 4-3-70 所示。

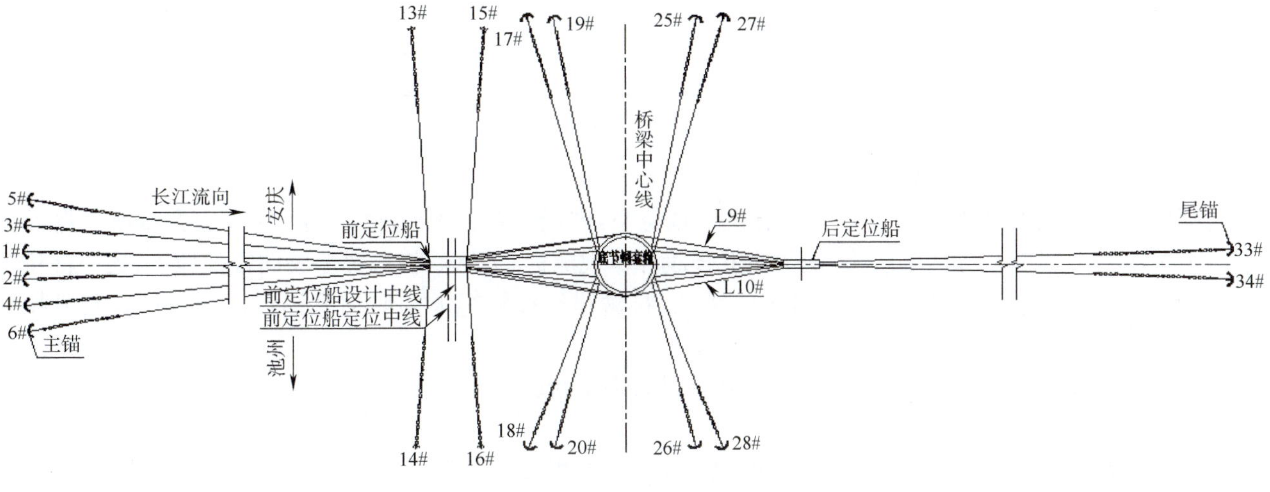

图 4-3-70　底节围堰初步锚碇图

(5)围堰定位

1)锚碇体系。4 号墩围堰采用无导向船的前、后定位船重锚定位系统，锚碇系统包括主锚、尾锚、围堰前后拉揽、围堰边锚和前后定位船边锚。锚碇全部为霍尔锚，主锚 16 个，尾锚 4 个，锚重 8 t。边锚共 12 个，每侧 6 个，锚重 5 t。前、后定位船边锚各 4 个，锚重 1 t。锚碇系统布置如图 4-3-71 所示。

由于主锚数量较多，为满足布锚需要，前定位船采用 2 艘 380 t 平板驳组拼成。后定位船锚数少，采用 1 艘 400 t 平板驳。定位船上设有马口、将军柱、固定座、卷扬机、滑车组及值班房、航标警示灯等设施。每根锚缆上装有测力计，以监控锚绳受力及有无走锚情况，围堰施工期间值班人员定时检查定位船舱内情况及各

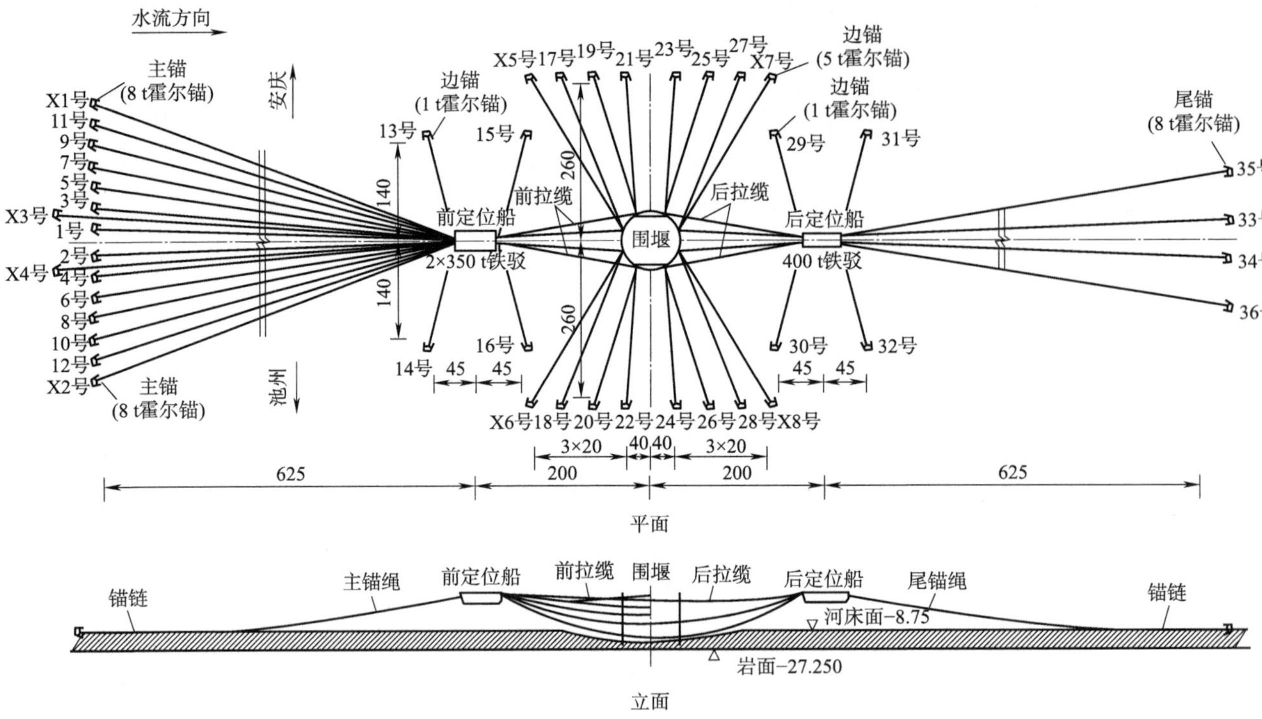

图 4-3-71　4 号墩锚碇系统布置图(单位:cm)

锚绳受力情况,填写相关记录,发现异常时需及时报告以便进行调整。围堰接高过程中边锚引至前后定位船上收放调整,围堰接高完成后,边锚调整则在围堰顶上设置的收锚平台上进行。

2)锚绳组成及规格。锚绳组成及规格见表 4-3-8。

表 4-3-8　锚绳组成及规格表

项　　目	主　　锚	尾　　锚	围堰边锚	前定位边锚	后定位边锚	拉　　缆
锚链	ϕ66 mm 有挡	ϕ66 mm 有挡	ϕ48 mm 有挡	ϕ30 mm 有挡	ϕ30 mm 有挡	
钢丝绳	6-(37)-54	6-(37)-54	6-(37)-40	6-(37)-22	6-(37)-22	6-(37)-54

3)锚碇抛设。

抛锚原则:先主锚,后边锚;先上游,后下游。

抛锚方法:采用 GPS 定位。事先按设计图将锚位坐标计算好并输入全站仪中,在岸边先将所拟抛设锚碇于抛锚船上布置好,铁锚挂于船头,铁锚边上竖旗杆作观测标志,然后将抛锚船驶向锚位地点,当坐标位置吻合时稳住船舶,迅速脱钩抛锚。待锚链沉入水底,将抛锚船按锚绳方向驶向系锚点,然后过缆,收紧拉直锚绳。

误差控制:锚位误差控制在 5 m 以内,如偏差过大则重新起锚重抛。

抛锚步骤:

①按照设计图,首先抛 1 号、2 号主锚,前定位船就位。抛 13 号、14 号边锚,33 号、34 号尾锚,后定位船临时系结于前定位船后部。

②抛设 3 号、4 号主锚,然后抛 15 号、16 号、17 号、18 号、27 号、28 号边锚。

③底节围堰浮运至后定位船处,临时系泊,连接围堰与前、后定位船的拉缆及围堰边锚绳。解开前、后定位船的临时系结,利用拖轮控制围堰和后定位船溜放至设计位置,收紧、调整各锚绳、拉缆,完成围堰初步就位。

④围堰浮运就位后,依次抛设剩余锚碇并收紧锚绳。

(6)钢围堰接高

底节围堰浮运到位并完成初定位后,灌注围堰刃脚混凝土。待刃脚混凝土强度达设计要求后在围堰隔舱内灌水调平围堰,然后开始进行围堰接高。围堰接高在墩位进行,采用散拼法逐块、逐节拼装的接高方案。

围堰接高用 1 艘 50 t 全回转浮式起重机和 1 艘 260 t 固定扒杆的浮式起重机。

各节围堰块件在钢结构工厂加工完成，用驳船运至桥址墩位进行拼装接高。接高围堰时需先完成临时作业平台焊接安装工作，然后再开始进行围堰块件吊装。平台焊在围堰外壁上，距围堰各节接缝处下方 1.5 m 处，沿围堰外壁周圈布置，平台外侧设封闭围栏，平台随各节围堰接高依次上移，拼装完成后再拆除。围堰块件吊装时同底节围堰拼装相同，按顺序编号，对称拼装，使围堰接高过程中始终保持水平。块件吊装就位、调正位置后先焊接内、外壁板的水平接缝，再焊接相邻块件拼缝处的内、外壁板竖向拼接缝，所安装块件内、外壁板水平缝焊接满足受力要求后方准起重机松钩。围堰块件吊装遵照以下原则：初步定位→测量放样→精确定位→焊接。各节围堰组焊完成及围堰上拉缆锚固座、边锚转向马口等附件安装完毕后，对水平焊缝、竖向焊缝、水平环接头焊缝、水平桁架连接焊缝及附件的焊缝质量进行检查验收，测量围堰椭圆度偏差，壁板焊缝还需进行煤油渗透试验，合格后方能进行下一节段接高。

当一节围堰接高完成，先将围堰接高用临时平台移焊至该节围堰上端距顶面 1.5 m 处，然后围堰灌水下沉一定深度，进行下一节段接高，灌水也需对称同步进行，相邻隔舱水头差不得超过设计值。围堰灌水下沉前，事先将前后拉缆连接好，边锚绳则事先用临时钢丝绳绕过转向马口，绳头系挂固定在围堰顶，以便待围堰全部接高、围堰顶面收锚平台完成后将边锚绳顺利从水下穿过转向马口并引至收锚平台上锚固。围堰接高现场施工如图 4-3-72～图 4-3-74 所示。

图 4-3-72 第 2 节围堰接高

图 4-3-73 第 3 节围堰接高

图 4-3-74 围堰拼装完成

（7）围堰下沉

1）围堰在水中下沉。围堰在接高完成，密水试验合格并经检查验收后开始正式灌水下沉。围堰在水中下沉比较简单，采取井壁隔舱灌水方法下沉，直至围堰刃脚尖快接近河床面 1 m 位置。隔舱灌水采用 8 台 50 m^3/h 的潜水泵进行，同时对称灌水，防止围堰下沉时倾斜。灌水过程中需随时测量、记录隔舱内水面高度，确保相邻隔舱的水头差不得大于 6.5 m，防止水头差过大造成隔舱破坏。锚绳在围堰下沉过程中需根据其受力情况随时调整和收紧，防止摆动。

围堰在水中下沉时，注意监测记录河床面冲刷变化情况，为围堰着床提供决策参考。

2)围堰着床。围堰着床是指围堰灌水下沉快接近河床面(一般为 2～4 m)至围堰沉落于河床面上的阶段，分为初定位、精确定位、着床 3 个步骤完成。

初定位阶段围堰平面位置偏差调整控制在 5 m 范围，在此期间观测河床高差情况及其变化规律，并对高差超过 2 m 的河床部位进行清吸。

精确定位阶段首先调整围堰平面位置，使其误差不大于 0.5 m，然后继续灌水下沉，一边下沉一边继续调整围堰的姿态，直至沉到距河床面 1 m 位置。当下沉到距河床 1 m 位置时，暂停下沉，核测围堰姿态是否满足要求(平面偏差 200 mm，垂直度 1%，扭角 28′)，如不满足，则继续收(放)锚调整，直至符合要求，然后观察一段时间看围堰位置有无异常变化。在观察期间继续对不平河床进行清吸，同时检查灌水、吸泥设备完好状态，做好着床准备。

着床阶段。围堰精确定位完成，并经确认无误后即开始开启水泵，同步对称灌水下沉进行围堰着床。围堰着床期间浮式起重机、船舶暂停作业。当围堰刃脚切入河床后暂停灌水下沉，复测围堰位置，如偏差符合要求则继续灌水下沉，如偏差超标，则隔舱抽水将围堰浮起重新定位下沉。根据河床监测结果，4 号墩河床覆盖层松散易冲刷，在围堰接高下沉过程中河床基本是下游侧和安庆侧河床淤积，其中上、下游侧高差 5～6 m，安庆侧和池州侧高差 2～3 m，为此在围堰着床时设预偏值，偏下 150～200 mm。在围堰着床时设法整平河床面，如果刃脚局部着床，则暂停井壁内注水，开动先着床区域的 2～3 台吸泥机，进行局部吸泥，将刃脚处河床大致扫平，确保围堰平稳着床，刃脚全部切入河床中。

3)围堰在覆盖层中下沉。4 号墩墩位处原始河床平均标高是－8.75 m，根据承台施工方案，围堰刃脚底标高需沉至－22.0 m 以下，围堰理论穿过的覆盖层厚度达 13 m 以上，围堰内抽吸的泥砂量多达数万方，数量巨大。超大直径围堰在覆盖层中吸泥下沉不是件容易的事，需要解决的难题：一是如何做到减少围堰在覆盖层中的下沉深度，缩短围堰下沉所需时间；其次是围堰尺寸巨大，如何做到不具备众多起吊设备的情况下实现多台吸泥机围堰内同步快速抽吸泥砂，确保围堰均匀下沉，不出现大的偏斜。

减少围堰在覆盖层中的下沉深度，既可大大加快围堰下沉速度，缩短工期，又可减少吸砂数量，可节省用电量，效益显著。4 号墩围堰下沉时充分利用了河床自然冲刷这一原理，在接高下沉过程中通过适时移动位置，使墩位围堰范围河床覆盖层完成自然冲刷，围堰着床前河床面平均标高被冲刷到－18.0 m，有效减少了围堰在覆盖层中的下沉深度。

4 号墩围堰着床后在覆盖层中下沉时曾考虑过以下 2 种吸泥方案：一是大功率吸砂船在围堰内吸砂下沉方案；二是传统的吸泥机吸泥下沉方案。吸砂船方案是在围堰着床后将吸砂船吊进围堰内，通过船体两侧下方的抽砂软管将围堰内覆盖层抽吸到围堰外实现下沉，该方案的特点是船体可在围堰内自由移动，吸砂时无需起重机配合，不受水深和吊距影响，吸砂速度快，费用较低。吸泥机方案多需起重机配合，以便吸泥机移动至所需吸泥部位并随泥面标高变化相应调整，因此其适用场合受起重机数量及起重机吊距限制，此外还需配备足够的压风机数量和布置相应的风管路。当吸泥范围很大，所需的吸泥机数量也多，需要解决吸泥机如何同步工作及多台起重机同时工作时怎样避免相互干扰的问题。对比发现，吸砂船方案优势较为明显。但因围堰接高下沉阶段河床冲刷较大，实际围堰需在覆盖层中下沉的深度约 4 m 左右，最终还是采用吸泥机吸泥下沉方案。

吸泥机共 12 台，沿围堰内壁周圈均匀布置。风管路设在围堰井壁顶面的平台上，对应吸泥机位置设有接口与吸泥机相连，接口通过闸阀控制，以便需要时进行打开或关闭。压风机安放在围堰旁驳船上。吸泥机用倒链吊挂在围堰顶内壁的三角支架上，下端能在吸泥时作一定半径幅度摆动，确保吸泥范围尽可能大，并随围堰同步吸泥下沉，省去始终用起重机吊挂吸泥的麻烦，也妥善解决了吸泥时起重机数量的问题。当围堰着床后继续灌水而围堰无明显下沉时停止灌水，着床结束，开始吸泥下沉。吸泥机根据泥面标高情况决定其先后开启工作的顺序，围堰周圈覆盖层吸泥时，一般 3～4 台吸泥机同时吸泥，对称进行，泥面高的位置处的吸泥机先吸，反复交替进行吸泥，以确保围堰均匀同步下沉。围堰中部的覆盖层则用浮式起重机悬吊 1～2 台吸泥机进行吸泥，中部吸泥时周边吸泥机暂停工作。吸泥过程中，随时跟进测量围堰内、外泥面标高及河床变化情况，根据测量结果决定吸呢部位，泥面高差控制在 1～2 m，刃脚斜面下方泥面应始终高出刃尖，确保不出现翻砂现象。

在围堰外，另外布置了一艘吸砂船，负责围堰下游和安庆侧易淤积河床面的清吸工作，当该处河床面淤积过高时，迅速进行清吸，防止围堰下沉过程中因不平衡土压力造成位移。围堰外吸砂船工作图如图 4-3-75 所示。

图 4-3-75　围堰外吸砂船吸砂作业

围堰定位及下沉到位后位置偏差见表 4-3-9。

表 4-3-9　围堰下沉过程偏差

围堰着床阶段	平面位置	垂　直　度	扭　　角
初定位	偏安庆 5 m，偏下 2 m		
精定位	偏安庆 17 mm，偏上 48 mm	0.2%	20′17″
着　床	偏安庆 213 mm，偏上 71 mm	0.96%	12′30″
下沉到位	偏池州 147 mm，偏上 38 mm	0.05%	12′04″

(8)围堰井壁混凝土灌注

根据受力计算，围堰自承台顶面标高以下的井壁需填充 C20 水下混凝土，以满足承台施工时围堰抽水后受力需要，共需填充井壁混凝土 5 893 m^3。井壁混凝土填充在围堰下沉到位后进行，采用水下导管拔球法灌注。井壁隔舱混凝土采取对称台阶图法方式灌注，逐舱进行，灌注时相邻隔舱混凝土面高差不得大于 6 m，即假定先灌注 1 号舱第一次 6 m 高混凝土(1 号-1)，然后紧接着分别灌注与 1 号舱相邻的 2 号舱和 16 号舱第一次高混凝土(2 号-1，16 号-1)，完成后再灌注 1 号舱第二次混凝土(1 号-2)，接下来则先灌与 2 号、16 号舱相邻的 3 号、15 号隔舱第一次混凝土(3 号-1，15 号-1)，在 3 号、15 号隔舱第一次混凝土灌注完成后再回头灌注 2 号、16 号舱的第二次混凝土(2 号-2，16 号-2)，之后再返回灌注 1 号舱第 3 次混凝土(1 号-3)，此时 1 号舱混凝土灌注完成。在 1 号舱完成后，接下来先依照前面类似方法，再向两侧先灌与 3 号、15 号隔舱相邻的 4 号、14 号隔舱第 1 次混凝土(4 号-1，14 号-1)，再返回灌注 3 号、15 号舱的第 2 次混凝土(3 号-2，15 号-2)。依次类推，直至将全部隔舱(井壁)混凝土灌注完成。

井壁混凝土使用 4 台布料机进行灌注，每个隔舱使用 1 根灌注导管，导管位于隔舱中间。布料机及作业平台临时利用 2 组先行安装的围堰顶后期钻孔平台梁(P5、P6)，隔舱混凝土由 2 座水上混凝土拌和船供应，流动性符合要求。

井壁混凝土填充原则上要求一次性连续灌注完成，特殊原因无法连续进行，不得已分次完成时，需待前次所灌混凝土终凝后方能进行，并将未填充完成隔舱的混凝土表面浮浆清吸干净，确保与后灌混凝土结合良好。需要注意的是，隔舱混凝土顶面标高应严格控制，既要保证灌注到−6.0 m 标高，又要保持顶面平齐，防止高低不平，避免超高，以免给今后围堰切割拆除带来困难。

隔舱混凝土灌注施工现场图如图 4-3-76 所示。

(9)底隔舱下放

4 号墩底隔舱设置位置与 3 号墩相同，所不同的是 4 号墩隔舱在围堰下沉到位后才下放安装，这样做出于以下考虑：一是为达到减轻底节围堰下河时的起吊重量，满足浮式起重机吊重要求；二是 4 号墩围堰着床后需在覆盖层中吸泥下沉，隔舱的存在给吸泥造成不便的同时，还容易在围堰出现不均匀沉降时形成隔舱受

图 4-3-76　隔舱混凝土灌注

力不均匀的情况,造成隔舱破坏。隔舱长 48.770 m,高 7.5 m,宽 2.0 m,结构与井壁类似,由内外壁板、壁板竖向加劲肋及连接内外壁板的水平桁架组成。隔舱的顶、底面及两端均为开口结构,目的是为了顺利吊装下放,以便今后灌注混凝土并使隔舱混凝土与井壁良好结合,确保两端起到止水作用。对应围堰封底高度范围的隔舱两端位置处的井壁内侧,设有与隔舱等高的竖向挡槽,挡槽上方每隔一定间距设有定位导向挡块,以便在围堰下沉到位后隔舱能顺利对位下放。底隔舱平面如图 4-3-77 所示。

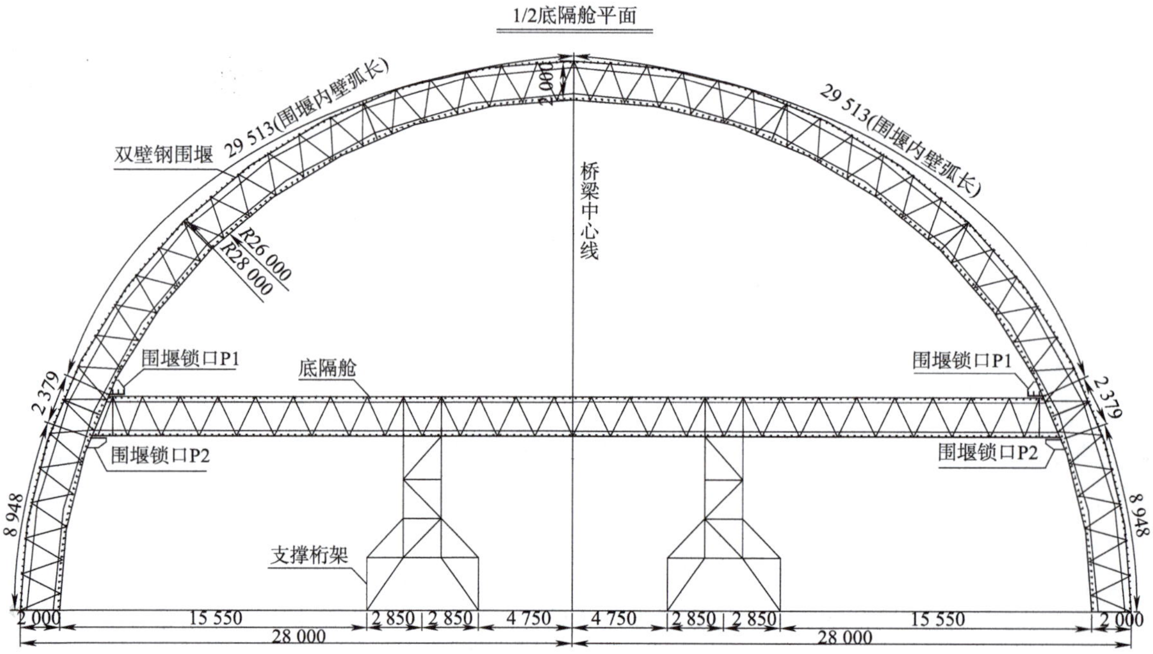

图 4-3-77　底隔舱平面图(单位:mm)

底隔舱下放步骤如下:

1)在围堰顶对应隔舱位置安装就位 2 组后期钻孔施工用平台支承梁,作为拼装隔舱的支承平台。

2)利用 200 t 浮式起重机在围堰顶支承平台上分块吊装、组拼隔舱,隔舱块件就位后用缆风和临时支撑固定,然后进行块件间接头拼缝焊接。

3)安装 2 道底隔舱之间的支撑桁架,将 2 道底隔舱连接成整体,解除缆风和临时支撑。

4)隔舱组拼连接完毕后,用 1 台 200 t 浮式起重机和 1 台 260 t 浮式起重机抬吊将隔舱吊起脱离支承平台,然后用倒链将平台梁各自滑移外侧,最后沿隔舱导向槽整体下放底隔舱到设计位置。

底隔舱吊装下放如图 4-3-78 所示。

(10)钢护筒制造、插打安装

4 号墩钢护筒内径 ϕ3 600 mm,壁厚 22 mm,共 37 根。钢护筒顶标高约为+18.88 m,底口入岩。钢护

图 4-3-78 4号墩底隔舱起吊下放

筒在安庆侧生产区钢结构工厂分节加工制作，单节卷制长度 2.0 m，采用整长钢板卷制。单节卷制完成后再在台架上组拼成 8 m 长标准节段存放，在开始护筒插打前运至栈桥前端码头平台的长组装台架上再组焊成单根长 48 m 钢护筒。钢护筒单节纵向拼缝及节段间竖向环缝均采用单面坡口焊接，焊接时加设衬垫。焊接完成后护筒内壁的焊缝需打磨平整，焊缝抽取一定数量进行探伤检测。护筒制造完成，进行直径偏差测量和验收，如直径偏差超标，需进行调整。

接长完成的钢护筒下河后用船舶运输至墩位进行插打。钢护筒采用 2 台并联的 APE-400 型振动打桩锤进行插打，护筒插打的起吊设备为 1 台 400 t 全回转浮式起重机和 1 台 260 t 固定扒杆浮式起重机。护筒插打时在平台梁顶面和底面设有定位导向框，确保护筒插打时平面位置和垂直度符合要求。护筒插打时遵循先外圈后内圈、先插打承重钢护筒（设支承环支点的护筒）后插打普通钢护筒的原则，当全部护筒吊装就位后再开始进行插打工作。护筒起吊时 2 台浮式起重机相互配合完成，即 1 台浮式起重机起吊护筒上口，另 1 台浮式起重机起吊护筒下口，先提升上口慢慢将护筒竖起，然后下口吊点稍许起吊使底口脱离船舶舱面，并随上口不断提升逐步向上口侧摆动，直至将护筒吊起呈竖直状，摘除底口吊点，改由 1 台浮式起重机提升至待插打桩位下放插入河床覆盖层中，当护筒不再沉降时摘除吊钩，然后再将桩锤吊至护筒顶部待夹持好护筒后将其振打下沉到位。围堰中部的部分钢护筒安装时对起重机有吊高和吊距要求，只能由 400 t 全回转浮式起重机完成。钢护筒插打完成需先测量其垂直度和平面偏差情况，倾斜度不大于 0.5%，平面位置偏差不大于 50 mm，如不符合要求需将护筒拔起重新插打。

钢护筒插打现场施工如图 4-3-79 所示。

图 4-3-79 插打钢护筒

(11)围堰封底

4 号墩基础采取先封底后钻孔施工方案，封底在桩位钢护筒插打完成后进行，封底前将围堰内河床面标高清吸整平至－21.0 m左右。围堰封底同3号墩一样平面上分成5个区(含底隔舱2个区)进行,厚度7 m,混凝土数量共13 092 m^3(扣除护筒后)。封底顺序:底隔舱区→底隔舱之间的中区→边区。其中底隔舱区面积96.11 m^2/个,中区面积711.1 m^2,边区面积843.7 m^2/个。封底混凝土采用C25,由两座水上拌和站进行供应总产能约120 m^3/h,封底时水上拌和站分别停靠在围堰上、下游。封底区域的划分如图4-3-80所示。

围堰封底施工工艺流程如图4-3-81所示。

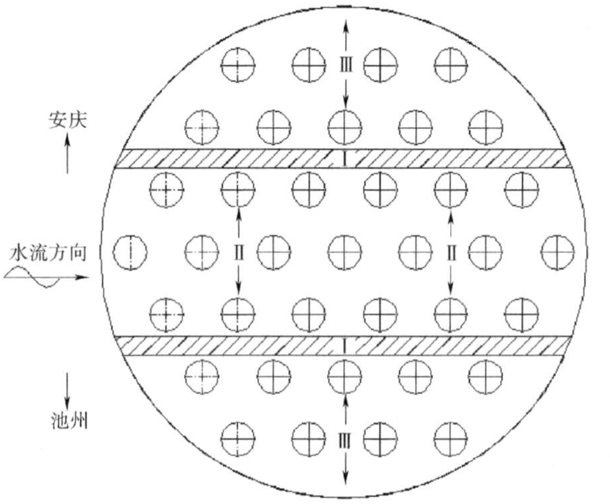

图4-3-80 封底区域划分

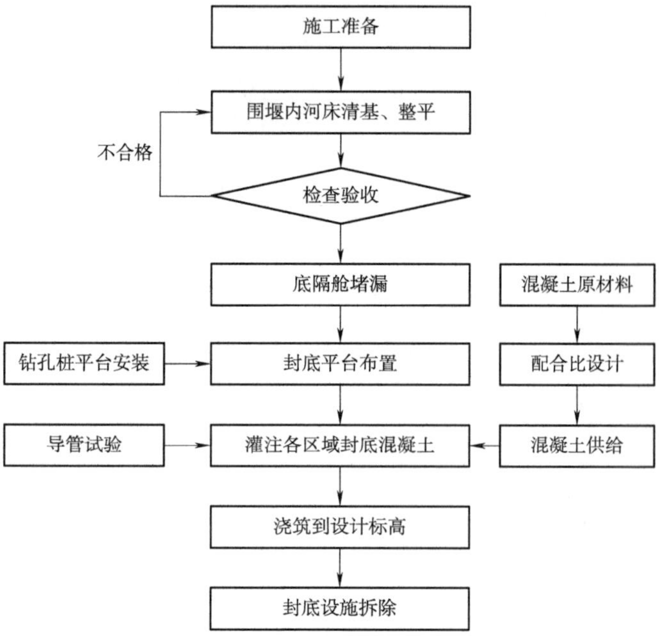

图4-3-81 围堰封底施工工艺流程图

1)清基。当围堰下沉至设计标高后,划分区格测量围堰内河床泥面标高,然后根据测量结果进行围堰内河床清基、整平(泥面高的部位用吸呢机清吸,泥面低的部位吸砂回填),清基整平后泥面标高控制在－21.0 m,误差0.2～0.3 m。

2)底隔舱堵漏。4号墩围堰底隔舱堵漏包括两部分:隔舱两端与围堰内壁板之间的间隙封堵及隔舱底面与河床泥面间缺口封堵,以防止封底时混凝土从间隙缺口处流走造成缺陷产生漏水和影响受力,其中隔舱两端位置处的间隙封堵最为关键。

端部间隙系考虑隔舱在水下能顺利下放到位所预留,设计时底隔舱端部与围堰内壁每侧留有20 cm间隙,底隔舱两侧壁板与导向槽挡块之间间距为10 cm。底隔舱两端缺口主要采用气囊法封堵,局部不能采用气囊封堵的部位采用水下砂袋封堵。首先潜水员下水探摸底隔舱两端壁板与围堰内壁之间的缝隙大小,根据潜水员探摸情况加工制造导向架和采购相应规格气囊。接着在底隔舱两端下放导向架和气囊,到位后气囊上下两端与导向架固定。最后气囊内注水,使气囊胀大完成隔舱端部间隙封堵。当封底完成后在气囊中压水泥浆填充密实。

隔舱底面与河床泥面缺口采用砂袋封堵,潜水员水下或回填碎石找平施工。

3)封底。采用垂直导管拔球法灌注水下封底混凝土,依次逐根拔球,之后数根导管按照拔球先后顺序依次同步进行灌注,一次浇筑完成。一个区封底混凝土灌注完成后才能进行另一个区的封底混凝土灌注。先封隔舱区,然后封中区,最后封边区,各区封底混凝土在灌注过程中需确保各根导管在上一次所灌注的混凝土初凝前能得到1次补灌,使同一灌注导管区域内混凝土面基本保持同步涨升。封底导管内径ϕ273 mm,其中底隔舱区布置灌注导管12根,从两端向中间浇筑,中区和边区分别布置导管22根和13根,均从两侧向中间浇筑。中区封底时设4个储料仓进行灌注,边区封底时设2个储料仓进行灌注 ,每个储料仓布设5条分料滑槽。封底时拌和站连续不断地将生产的混凝土输送到储料仓,然后通过储料仓下方的旋转斗门将混凝土从储料仓输送至各灌注导管中。封底导管、封底灌注平台布置如图4-3-82、图4-3-83所示,封底混凝土浇筑如图4-3-84所示。

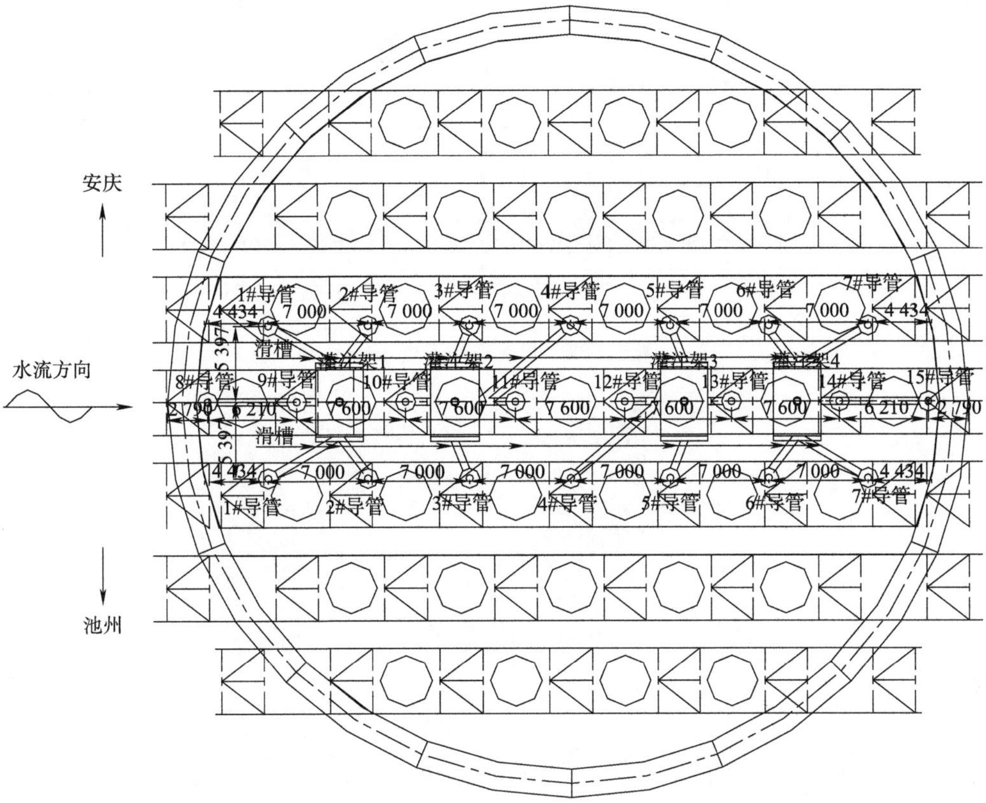

Ⅱ区导管、灌注架、滑槽平面布置

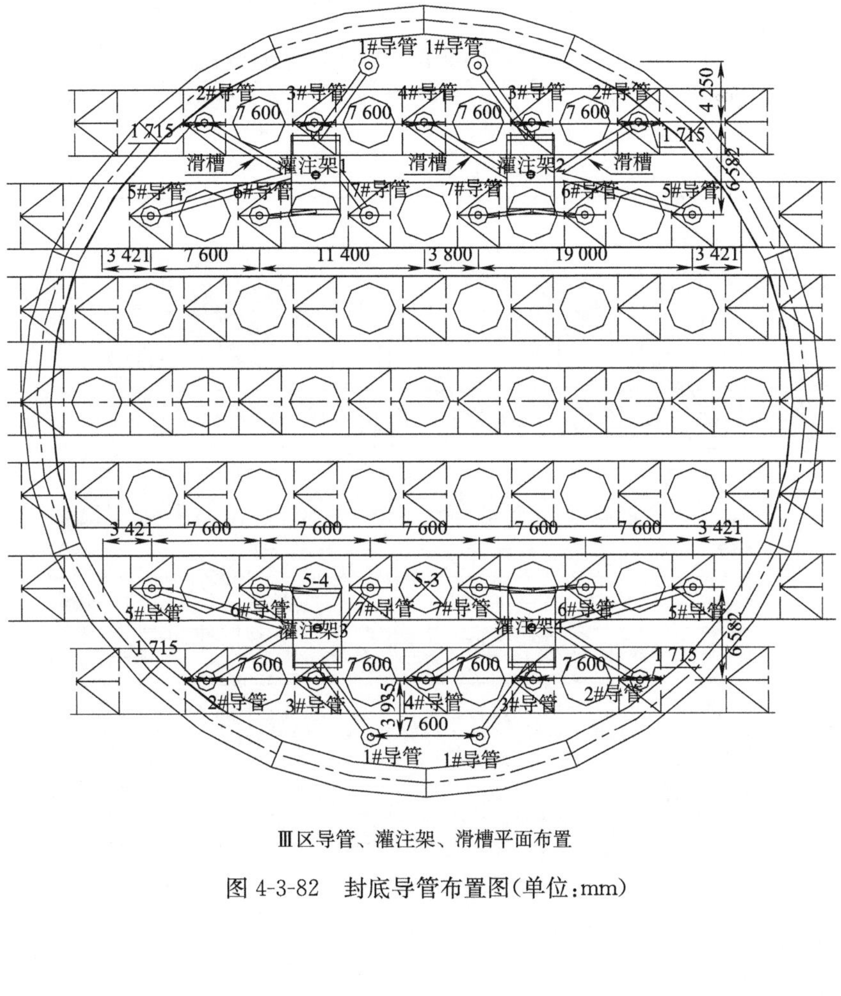

Ⅲ区导管、灌注架、滑槽平面布置

图 4-3-82 封底导管布置图(单位:mm)

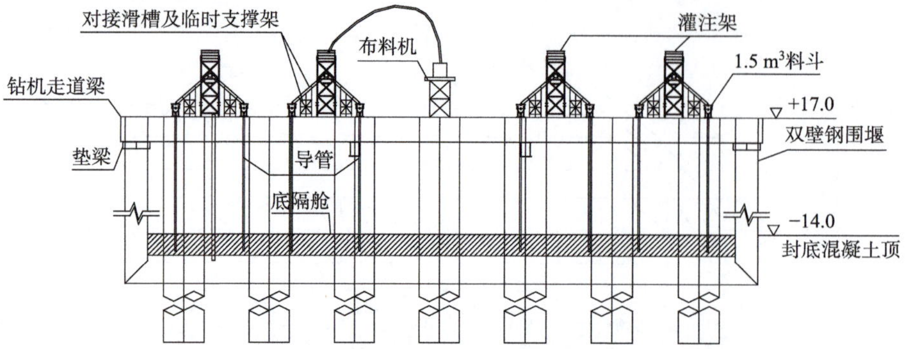

图 4-3-83　封底灌注平台布置图

图 4-3-84　封底混凝土浇筑

4. 钻孔桩施工

4 号墩基础钻孔桩工程数量见表 4-3-10,桩位编号如图 4-3-85 所示。

表 4-3-10　4 号墩钻孔桩参数

项目	设计桩径(m)	桩身混凝土(水下)	桩底标高(m)	单桩长(m)	单桩混凝土量(m^3)	数量(根)	总桩长(m)	混凝土总量(m^3)
参数	ϕ3.4/3.0	C30	−124	110	819.5	37	4 070	30 321.5

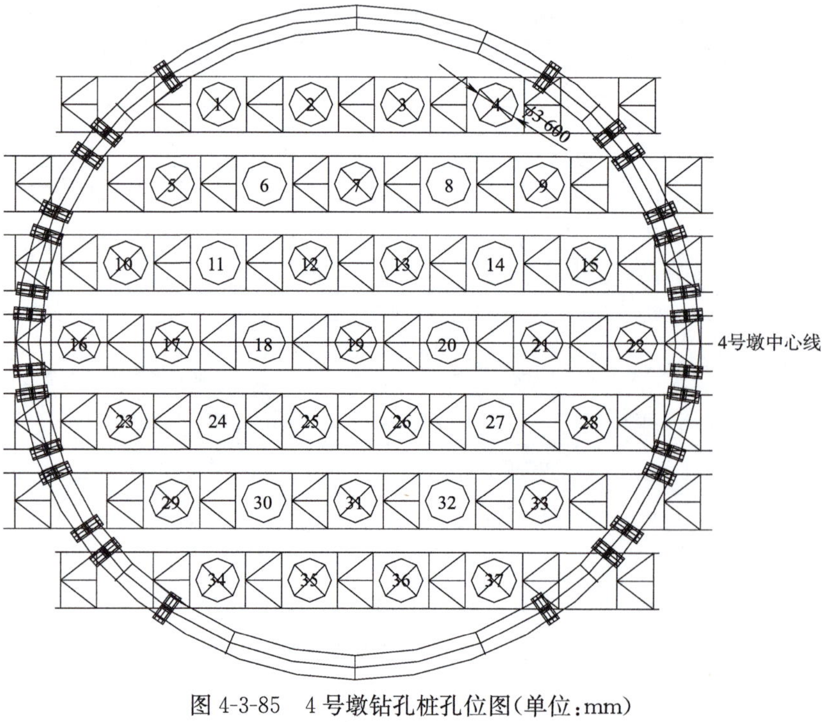

图 4-3-85　4 号墩钻孔桩孔位图(单位:mm)

(1)钻孔平台施工

4 号墩钻孔桩平台梁亦采用焊接“工”字钢梁形式,其结构与 3 号墩相同。平台梁共有 7 组,每组平台梁由 2 根焊接工字钢梁通过竖向平联和顶、底面平联连接成整体,组与组平台梁之间不设连接。平台梁在栈桥前端的码头平台上进行组拼,组拼好后下河船运至墩位再用浮式起重机调至围堰顶上,然后沿围堰顶井壁中间的滑道梁拖拉滑移就位。平台梁顺上下游方向布置,两端支承在设于围堰顶处垫梁上,中部则用焊于桩位钢护筒外周的支承环支承,平台梁支承环支点在钢护筒插打完毕后安装。钻机走道梁平面布置如图 4-3-86 所示。

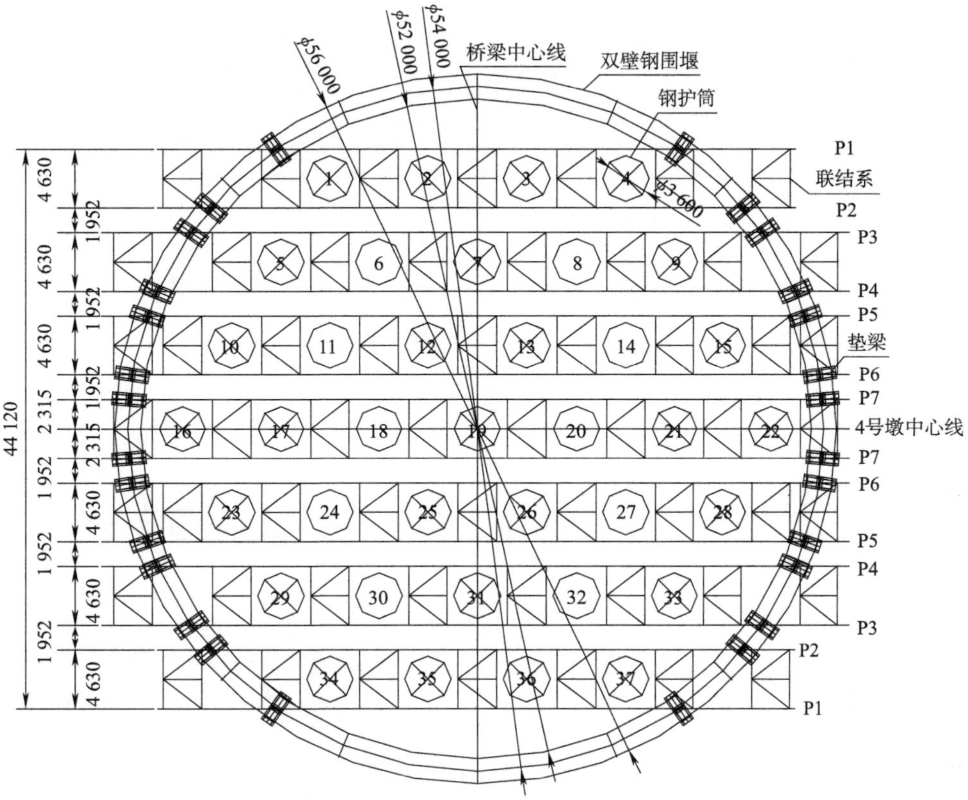

图 4-3-86　钻孔平台梁平面布置示意图(单位:mm)

(2)钻孔

4 号墩桩基比 3 号墩长 2 m,且河床有覆盖层,虽然钢护筒打入岩中,但因岩面高低不平,表部岩层风化、松散,情况相比 3 号墩要复杂,因此采用保水头钻进的清水钻工艺方法钻孔方案,即钻孔时始终维持孔内水位比孔外(围堰)水位高 2～3 m,使桩孔水头压力大于护筒底覆盖层的压力,设法防止孔口处坍塌现象发生。由于需要保水头钻进,因此在钻孔时平台上仍然设置沉渣箱设备,以便用其蓄存排渣管的出水并回输到孔中,钻渣则经出渣口的筛网分离运走。

钻孔桩采用 8 台 KTY3000 型动力头钻机进行钻孔,分批次进行。钻机顺平台主梁方向摆放,先钻 $\phi3.4$ m 桩孔,然后更换为 $\phi3.0$ m 钻头钻进其余 $\phi3.0$ m 桩孔。钻孔批次顺序如图 4-3-87 所示,钻机钻孔现场施工如图 4-3-88 所示。

(3)钢筋笼制造、安装

4 号墩单桩钢筋笼总重约 80 t。钢筋笼按长线法在安庆侧生产区钢筋加工车间的专用胎架上制作成型,各节之间用直螺纹接头连接。制造时每个钢筋笼按节(12 m)逐一顺序编号,相邻节接头两侧的钢筋笼对应做十字标记,既可避免制作完毕拆离台座存放时出错,又可确保运到墩位桩孔安装时对号顺利对接。加工车间共并排布置 2 条台座,长度 115 m,和钢筋笼等长,台座上的笼体定位支承台架座间距 2 m,顺钢筋笼长度方向通长布置。台架座用厚钢板制作,呈半圆状,顺圆周对应钢筋间距位置开设卡槽,钢筋笼制作时下半部分由台架座的卡槽定位,上半部分则用钢筋笼结构本身的内圈角钢加强环支承定位。桩基检测用 4 根

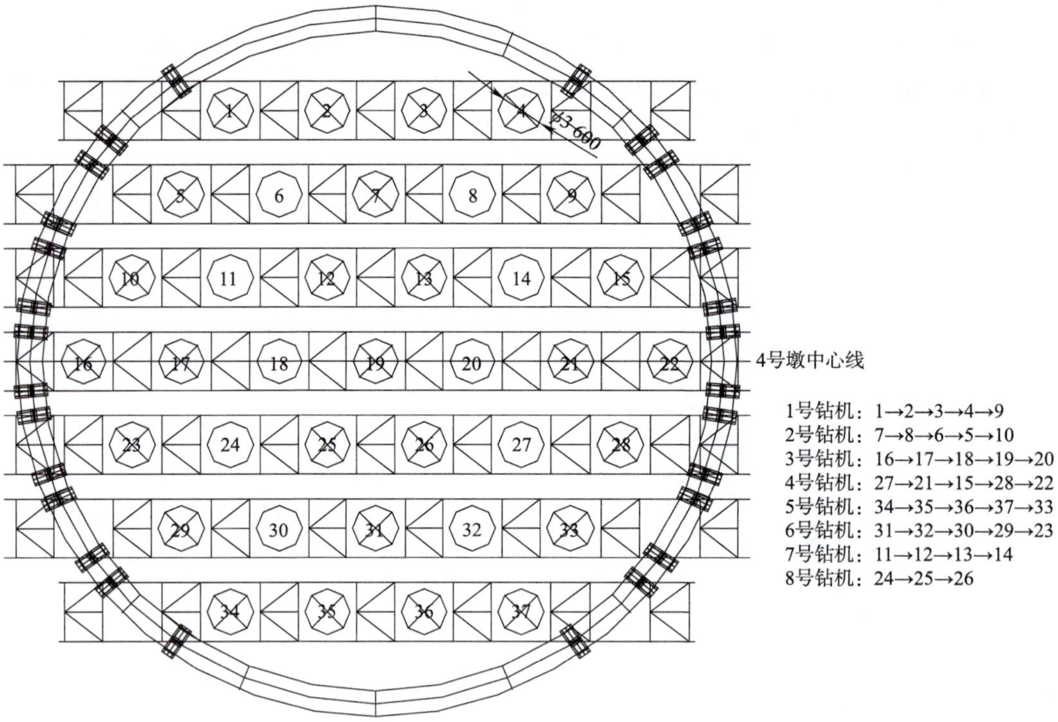

图 4-3-87 钻机钻孔顺序

声测管在钢筋笼制造时同步安装，接头位置和钢筋笼分节位置一致，声测管用"U"形卡箍同钢筋笼固定。钢筋笼制造现场如图 4-3-89 所示。

图 4-3-88 4 号墩钻孔现场施工

图 4-3-89 钢筋笼制造现场

钢筋笼制作完成后，逐节拆开(将各节接头处套筒旋至一侧即可)然后按顺序摆放在生产区的存放场以便待用，解体后的钢筋笼接头丝扣套入塑料保护套保护，以防锈蚀、碰伤。制作完成的钢筋笼视现场钻孔桩完成情况按吊装先后顺序通过轨道车运至码头下河，吊至驳船上先接长成 24 m 节段，然后再运至墩位用浮式起重机吊起至孔位安装。孔位安装钢筋笼时已下放笼段用支承于孔口顶部平台上的打梢盘临时吊挂，然后在打梢盘上进行下一笼段钢筋笼接长。接长时待连接笼段上端由浮式起重机起吊，下端呈自由状态与挂在打梢盘上的前一笼段进行连接(先对位连接主筋，然后连接声测管，最后恢复连接箍筋)，当接长工作完成浮式起重机稍许起钩，待吊挂与打梢盘上的笼体稍许脱离吊挂支承板，抽出吊挂支承板，松钩下放钢筋笼，直至上端吊具快接近打梢盘时再插进吊挂支承板完成钢筋笼吊挂支承转换，解除吊具，进行下一节段笼体接长，直至整根钢筋笼接长完成。钢筋笼全部接长完成最终下放到位时用 4 根吊筋吊挂在打梢盘上，防止笼底承重受力，等后期围堰抽水后灌注承台时才与护筒一并割除。24 m 节钢筋笼起吊时通过专用翻转架协同完成竖起，无需 2 台起重机配合起吊。钢筋笼在桩孔中下放时依靠笼体四周间隔设置的能转动的轮饼导向定位，同时起保护垫块作用，使钢筋笼在孔中保持竖直并有足够的保护层厚度。

施工现场起吊钢筋笼如图 4-3-90 所示。

(4)水下混凝土填充

桩身水下混凝土采用垂直导管法灌注，在清孔合格后进行。

每墩均配备了产量不小于 90 m^3/h 的全自动混凝土搅拌供应船，该船一次上足材料不需补料情况下能生产 800 m^3 混凝土，另配一座产量 120 m^3/h 的混凝土搅拌站，做应急备用，确保桩身混凝土生产万无一失。采用内径 370 mm 的大直径快装灌注导管。施工工艺与 3 号墩桩深混凝土灌注工艺相同。

5. 承台施工

与 3 号墩相比，4 号墩承台施工有以下几个不同点：墩位河床有覆盖层，承台埋置于河床中，承台直接在封底混凝土顶面上进行，无需施作像 3 号墩那样的填充层；承台采用 50 cm 厚硬泡沫板做侧模（与混凝土接触面一侧贴有彩钢皮），安装方便，保温性好，如图 4-3-91 所示；承台分层灌注厚度不同，第 1 层 3.5 m，第 2 层 4.5 m。承台施工其他施工工艺与 3 号墩相同。

图 4-3-90　钢筋笼起吊

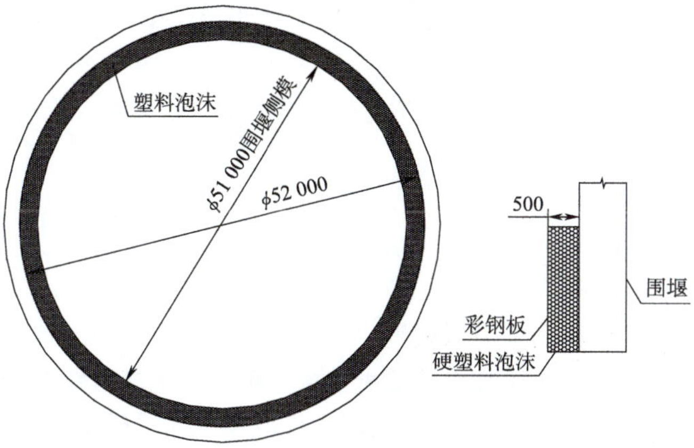

图 4-3-91　承台模板图(单位：mm)

(1)围堰抽水、清淤

进行最后一轮钻孔时，即对围堰内区域进行全面清淤，将围堰内淤泥、封底混凝土面残渣、漂浮物等杂物清出围堰外，同时切割已完桩孔水面以上部分钢护筒及吊筋。钻孔桩完成后，封闭围堰内外连通管，拆除中间 3 组平台梁，先用吸泥机抽水至－10.0 m 标高左右，继续切除露出水面以上的钢护筒，然后改用 8 台 200 m^3/h 潜水泵抽水，最后即将抽水完成时，用高压水枪冲射淤泥，边冲边抽，将围堰内淤泥杂物清除干净。

(2)桩头凿除

测量人员用红油漆在护筒外圈标记－13.8 m 标高线，然后沿－13.8 m 标高线以上的钢护筒切除，吊入 2 台小型凿岩机进行桩头凿除，最后进行桩基检测。

(3)基层找平及渗水处理

封底混凝土表面高低不平，为便于施工控制，将基层面标高确定为－14.1 m(承台底标高为－14.0 m)，对高出承台底标高的部分凿除，低于基层面标高－14.1 m 的区域回填碎石找平并用砂浆抹平。

由于围堰及护筒内外壁存在锈皮或水下沉积泥砂原因，封底混凝土与围堰、护筒外壁以及桩身混凝土与护筒内壁之间往往因结合不密贴会出现微小渗漏水情况，隔舱砂袋封堵不好的部位也有可能出现渗水情况，所有这些渗水汇集在一起时将会形成水量可观的流动水而影响承台灌注，必须加以妥善处理。具体做法：在围堰内壁与承台外边缘的 50 cm 厚空挡间的较低位置设置数个深集水井，然后根据渗水部位及水流大小情况在封底混凝土顶面开凿数条断面为 30 cm×30 cm 的汇水沟，汇水沟分别与集水井连通，再将渗水点与汇水沟之间凿槽将渗水引入汇水沟排入集水井中用水泵抽出围堰外。需要注意的是，所有明水不能露出沟(槽)面，沟、槽中要铺填干净大块碎石，上盖钢板，所有板缝应用水泥砂浆封堵严实，防止今后承台灌注时水泥浆流入沟槽造成堵塞，汇水井大小应足够放进 2 台水泵并方便更换，以便水泵出现故障时能迅速启动备用泵或更换。渗水沟、井布置如图 4-3-92 所示。

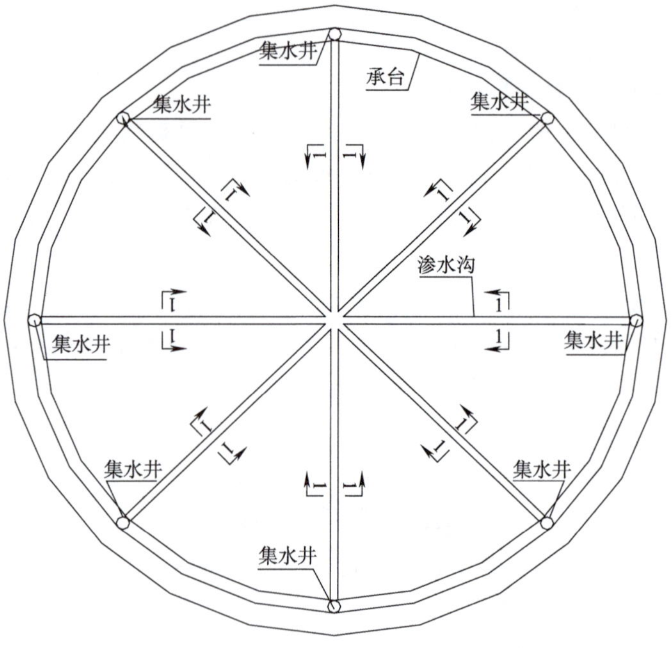

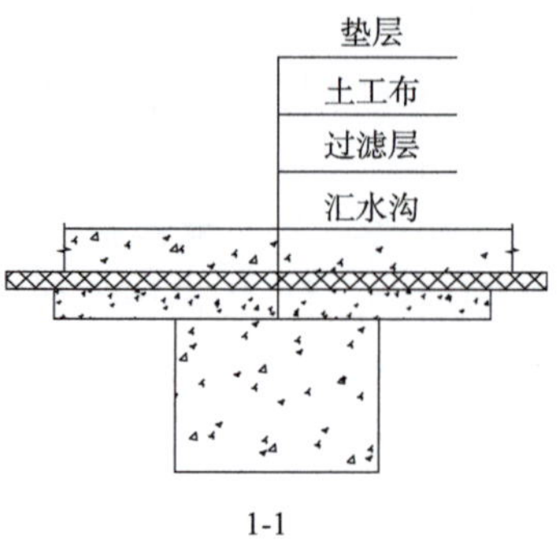

图 4-3-92　承台渗水沟、井布置图

(4)承台钢筋安装

承台钢筋均为螺纹钢,有 ϕ16 mm 和 ϕ32 mm 两种规格,ϕ16 mm 钢筋采用绑扎连接,主筋 ϕ32 mm 的钢筋采用滚轧直螺纹机械接头连接。钢筋在生产区钢筋加工车间加工,汽车或平板车运输至码头后下河,再用船运输到围堰旁,利用塔式起重机或浮式起重机吊至围堰内进行安装。

承台高度范围共有 6 层纵横交叉布置的水平钢筋网,侧面为全封闭钢筋网,其中承台底部 4 层钢筋网层间间距 15 cm,除最上层钢筋网的顺桥向部分钢筋为 3 肢一束外,其余层钢筋网为双肢一束,中层、顶层钢筋网均为单根一束。承台底部 4 层钢筋网采用倒扣角钢做支撑骨架,承台中部和顶部 2 层钢筋网用角钢支架做支撑。浇筑第 1 次承台时绑扎完成底部 4 层水平钢筋网、冷却水管及全部角钢支架立柱和部分水平杆;浇筑第 2 次承台时安装中层、顶层钢筋网片,还有塔座和下塔柱预埋钢筋及其相应中、顶层角钢支架和塔座、塔柱劲性骨架。

由于桩头钢筋为双层主筋,顺桥向或横桥向中线两侧靠圆弧边缘的钢筋间距密集,且钢筋直径为 ϕ40 mm 和 ϕ32 mm,刚度大,也无法扳动或调整,在进行承台底部 4 层水平钢筋网安装时极为困难,靠桩边的水平网钢筋无法穿过桩头,最后这部分水平网钢筋以 4 根一束的 ϕ16 mm 钢筋替代。钢筋安装参见图 4-3-93～图 4-3-95。

图 4-3-93　绑扎承台钢筋

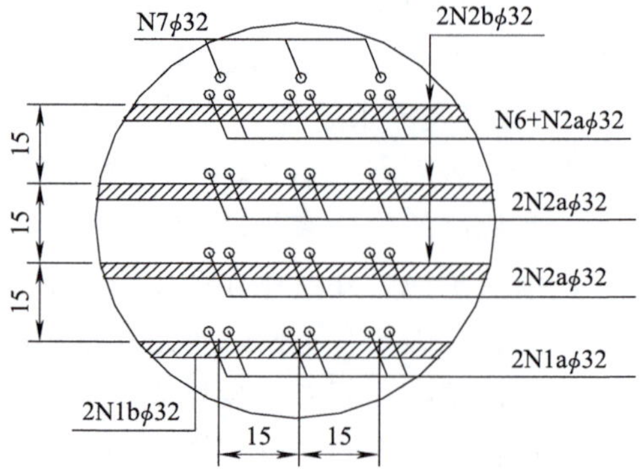

图 4-3-94　承台钢筋布置图(单位：m)

(5)冷却水管及测温元件布置

1)冷却水管布置。冷却水管布置 7 层,层间间距 1 m。冷却水管主输水管为 DN80,其他冷却水管为 DN50,壁厚 3.5 mm,管间连接采用丝扣连接。冷却水管布置如图 4-3-96 所示。

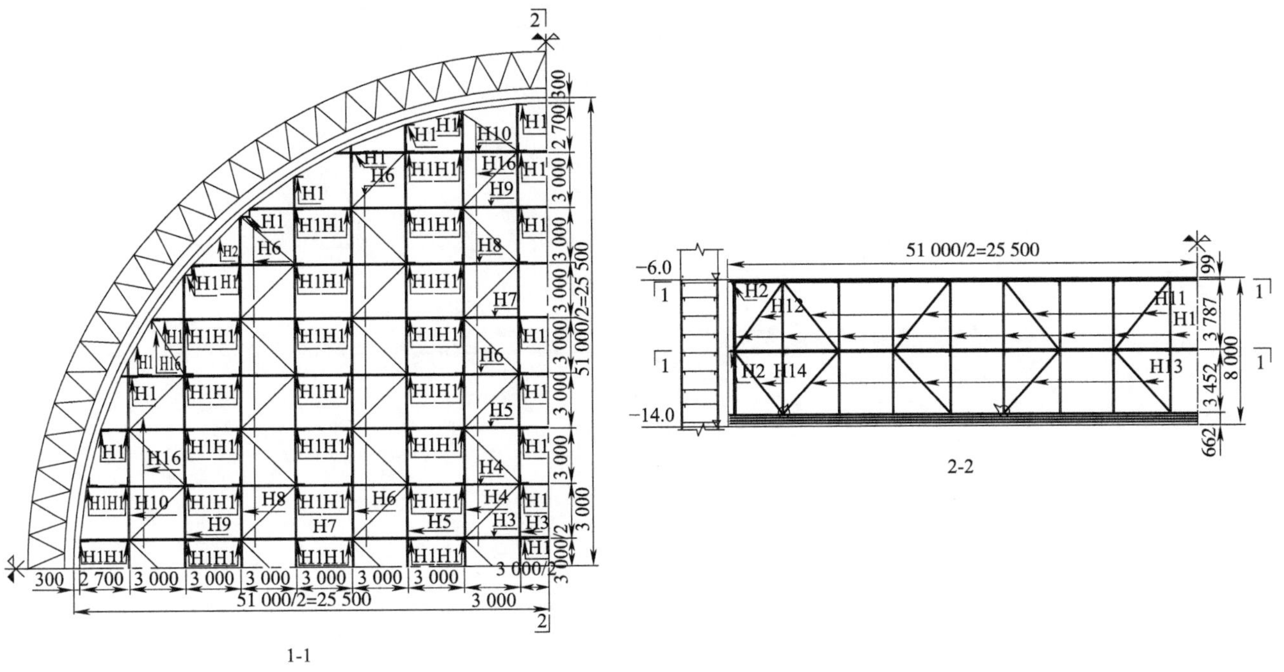

图 4-3-95 承台钢筋支架布置图(单位:mm)

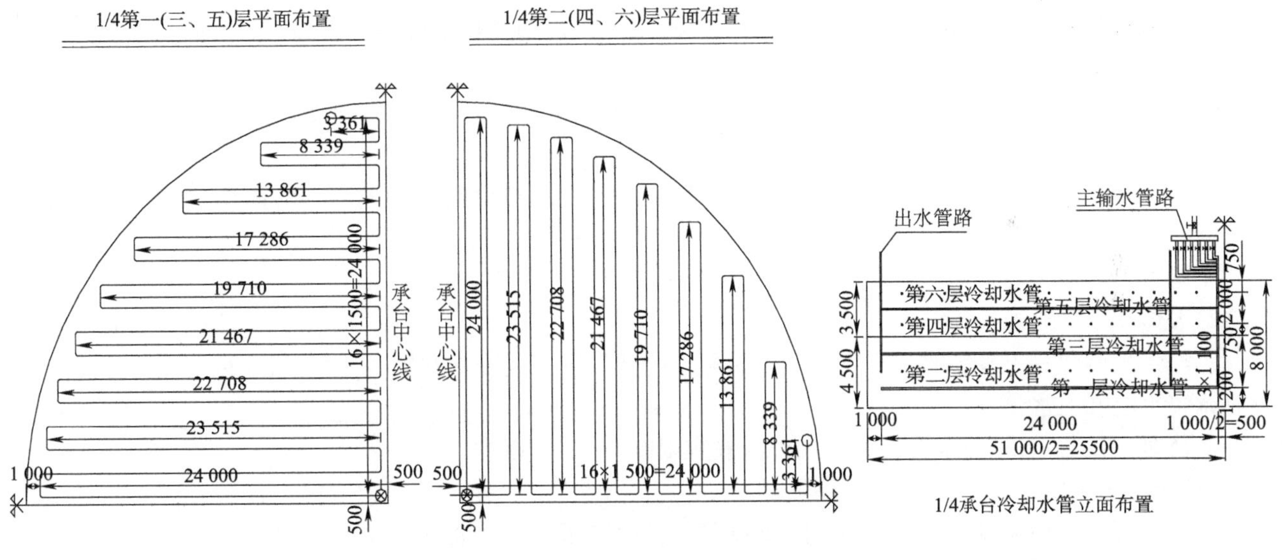

图 4-3-96 承台冷却水管布置图(单位:mm)

2)测温元件布置。测温元件在钢筋绑扎完成、承台混凝土浇筑前安装,温度传感器和数据传输线绑扎在钢筋上,并引到承台顶面以上保护。

测温点布置如图 4-3-97 所示。

(6)混凝土浇筑

4 号墩承台混凝土也分两次浇筑,第一次浇筑高度为 3.5 m,混凝土方量为 7 149.9 m^3;第二次浇筑高度为 4.5 m,混凝土方量为 9 192.7 m^3。承台采用水平分层斜向灌注方案,由围堰边向中间进行,灌注层厚 0.4～0.5 m,采用 2 台布料机直接进行灌注。灌注第 1 次承台混凝土时不设减速串筒,灌注第 2 次承台混凝土时受顶面和中间钢筋网片影响,实施定点灌注,灌注点下方挂减速串筒。由于落差较大,布料机泵送管出口处套减速帆布袋,防止灌注时混凝土散落和离析。混凝土由 2 个水上混凝土工厂供应,总产量约 120 m^3/h。第一层混凝土浇筑 24 h 后开始表面凿毛,露出新鲜粗骨料,以保证两层混凝土施工缝的结合良好。

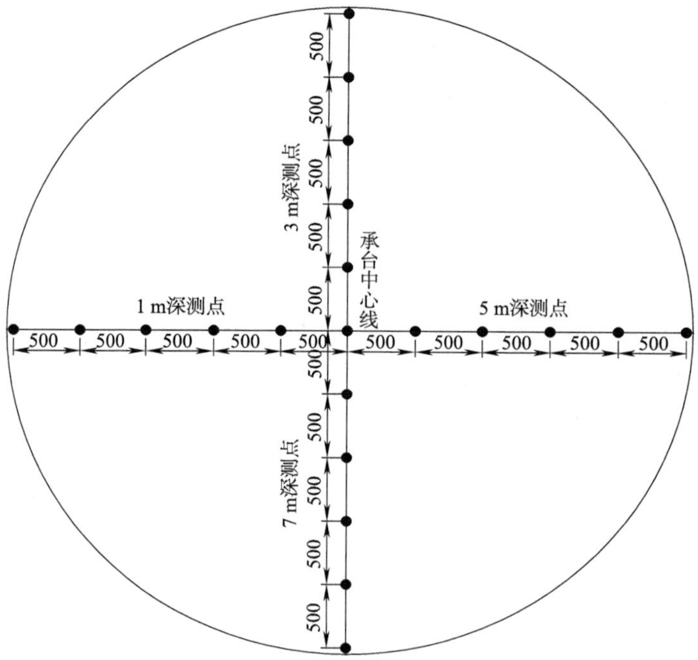

图 4-3-97 承台测温点布置图(单位:cm)

1)大体积混凝土养护措施:

①第一次混凝土:承台混凝土初凝后,洒水保湿养护,内部通循环水冷却,以控制内外温差不超过 25 ℃,防止出现裂纹。通水养护时间不少于 7 d。

②第二次混凝土:承台混凝土初凝后,表面洒水养护,内部通循环水冷却,终凝后表面蓄水养护。通水养护时间不得少于 7 d,或根据测温结果确定。

③循环冷却水供应:用水泵直接从长江抽水到围堰内,再通过分流阀向循环水管内供水,直至规定的养护时间。

④混凝土的洒水养护时间、洒水次数以混凝土表面保持湿润状态为度。

2)大体积混凝土温控措施:

①加强承台混凝土养护时的温度控制。混凝土内部设置七层冷却水管,加强混凝土内部温度测量监控,及时调整水温和通水量。

②及时调整通水量,将承台混凝土内外温差宜限制在 25 ℃以内。

(7)冷却水管压浆

承台混凝土养护完成,冷却水管停止水循环后,先用空压机将水管内残余水压出,然后用压浆机向冷却水管内压注水泥浆,以封闭管路,水泥浆的强度不低于承台混凝土的设计强度。

第二节 墩台施工

一、一般墩台施工

一般墩台采用现场绑扎钢筋、立模浇筑混凝土的施工方法。墩柱高度在 12 m 以下的一次浇筑成型,高于 12 m 的分次进行浇筑。钢筋绑扎前搭设脚手架。墩柱采用定型钢模板,桥台采用钢、木组合模板,使用前清理、打磨、涂刷脱模剂,模板接缝处贴橡胶垫片,防止漏浆。混凝土由拌和站集中搅拌,混凝土运输车运至现场,大吨位起重机提升吊斗或汽车泵浇筑,模板内设置串筒,串筒底口距混凝土浇筑面不超过 2 m。混凝土分层浇筑,插入式振捣棒捣固。混凝土拆模后采用塑料薄膜整体包裹、覆盖进行养生。

(一)施工工艺流程

一般墩台施工工艺流程如图 4-3-98 所示。

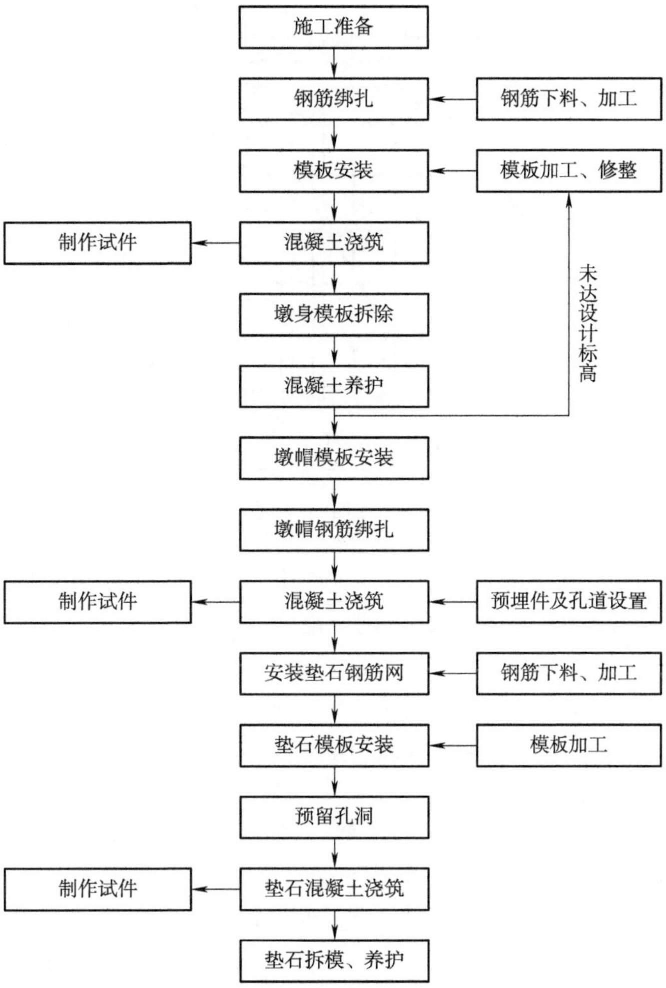

图 4-3-98　一般墩台施工工艺流程图

(二)关键工序及技术要点

1. 墩台施工放样

墩台施工前,用全站仪将墩台四边十字中心线上的四个点放样于承台表面,放样点用红油漆标注。然后用墨线将十字中心线及墩台四边边线弹在承台表面上,以确定承台表面凿毛范围及模板支立边线。放样点误差控制在 2 mm 以内,放样点要保护好,直至墩身施工完毕。

2. 承台表面凿毛

根据放样点确定墩台四边边线,边线范围内与墩台混凝土接触的部分全部凿毛。凿毛采用气镐,靠近边线位置采用人工进行,以免破坏放样点及墨线。凿毛以凿除表面浮浆,露出新鲜混凝土为标准,不得在承台混凝土初凝时以拉毛代替凿毛。凿毛完毕后,承台表面清理干净。

3. 脚手架搭设

施工脚手架采用蝶形扣件式钢管搭设,围绕墩身周圈布置,为封闭框架。脚手架支承在地面 10 cm 厚混凝土地坪上方的枕木或方木上(墩内脚手架直接支承在承台顶面上),呈双排布置,排距 1.2 m,每排立杆间距 1.5 m,水平杆层高 1.5 m,内外排按规范设置剪刀撑,脚手架外侧满布塑料密目网,防止高空杂物意外坠落伤及过往人员,如图 4-3-99 所示。脚手架每层铺设木板通道,层间设通行步梯,满足施工人员作业需要。脚手架随墩身逐段施工,分 3 次搭设完成,先搭设支架,然后绑扎钢筋、立模和浇筑混凝土。当每段墩身模板拆除,各面支架与墩身用撑杆顶紧,保证支架稳定。

4. 钢筋制作、绑扎

(1)钢筋加工制作:

①钢筋下料:依照设计图纸中各种型号钢筋的设计长度,结合弯成不同角度的钢筋伸长值进行划线下

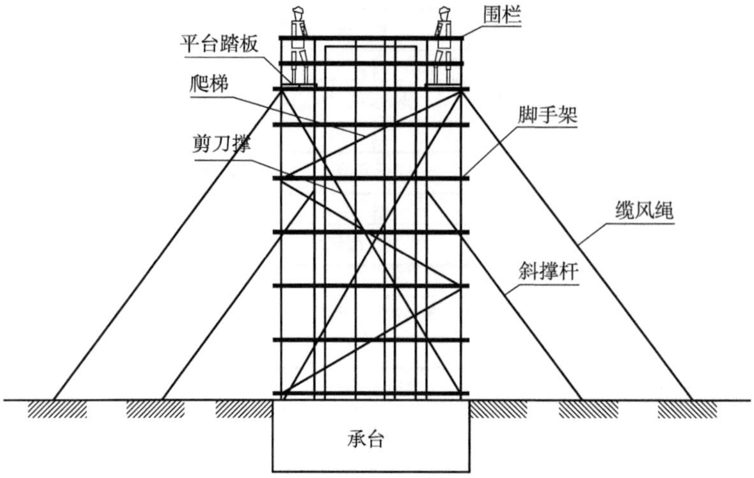

图 4-3-99 脚手架搭设示意图

料,同时需根据所进钢材的长度、同一种规格型号的钢筋设计的不同尺寸,以及钢筋连接接头宜相互错开,在受拉区纵向受力钢筋接头不超过其总面积的 50%的标准,统一考虑下料。

②钢筋弯曲成型:钢筋的弯曲在操作平台和弯曲机上进行,对所下的钢筋料在弯起点和平台上划线标志。钢筋弯曲先从中部做起,将末端弯钩作为最后一个程序。操作弯曲机时也要注意,根据钢筋弯设计图要求对芯轴直径应随钢筋大小而更换,对复杂的弯曲钢筋都应进行试弯一根,然后检查其弯曲形状、尺寸是否和设计要求相符,方可再进行成批生产。

(2)钢筋绑扎。将承台上的墩台预埋钢筋调直,然后进行钢筋焊接接长,墩台竖向主筋采用单面搭接焊(或双面搭接焊),焊缝长度不小于 $10d(5d)$,钢筋接头错开布置,同一断面的接头不超过该截面钢筋总数的 50%,接头断面距离不小于 35 倍的主筋直径,绑扎钢筋时随时检查钢筋网的尺寸,以保证模板安装顺利,并且将钢筋中上部支撑在脚手架上,防止钢筋倾斜。钢筋笼外侧放置与墩身同强度的混凝土垫块,每平米不少于 4 块,以保证钢筋保护层厚度。绑扎钢筋严格按图纸中的位置、间距及规范中规定的允许误差执行。

(3)钢筋安装允许偏差范围见表 4-3-11。

表 4-3-11 钢筋安装允许偏差范围

序 号	项 目		允许偏差(mm)
1	受力主筋间距		−5,+5
2	箍筋间距	绑扎	−20,+20
		焊接	−10,+10
3	弯起点位置		30

5. 预埋件设置

(1)墩台综合接地设置:

①设置原则。墩台身中设置两根竖向接地钢筋,桥台在道砟槽保护层中设置四根接地钢筋,分别位于防护墙下部及上下行无砟轨道板间的 1/3 和 2/3 处;接地端子采用桥隧型接地端子,设置在桥墩大里程侧立面;接地钢筋原则上利用结构物中的非预应力结构钢筋,不再增加专用的接地钢筋。

②安装要求。接地钢筋焊接采用搭接或者 L 形,单面焊缝长度不小于 10 cm,双面焊缝长度不小于 5.5 cm,焊缝厚度不小于 4 mm;墩台顶帽预埋接地端子时,与混凝土顶面平齐,接地端子内填满凡士林,且表面进行包裹,防止浇筑混凝土时,接地端子内进浆;在灌注墩台混凝土前,必须检测综合接地系统电阻且不得大于 1 Ω。

(2)电缆爬架预埋槽道设置:

①设置原则。每隔 500 m 电力电缆进入箱梁体内盘留,设置电缆从锯齿形槽口引下至箱梁的电缆爬架;牵引供电电缆在 AT 所、分区所、开闭所、牵引变电所等设置在桥下时,在桥墩设置电缆爬架;所有信号、

电气化所亭设置在区间桥梁下时，要在两孔桥梁端头相应位置设置锯齿形槽口，在相应墩身设置电缆爬架，同时设置配套的区间通信机械室引下的锯齿形槽口、电缆爬架。

②槽道设置方案及型号。在桥墩正面大小里程侧、位于桥墩直线断面范围内，各预埋两行滑型槽道，槽道间距 1.5 m。槽道型号 EHMQ-41，单根长 500 mm；螺母扣垫型号 EHMQM M16；单个螺栓最大拉应力 ≤4 kN。

(3)墩身最后一节施工时，在墩顶按设计位置预埋垫石钢筋、支座锚栓孔(钢筋间距可适当调整)、墩梁间检查梯、接地端子等预埋件。

(4)预埋槽道的安装方法：

①将槽道固定在定位钢筋上。不允许切断铆钉，可适当调整墩身钢筋。

②预埋槽道应与墩身模板一起施工。混凝土脱模后，剔除槽道内的填充泡沫；待螺栓安装完成后用高强度等级砂浆封堵外露部分槽道。

③安装螺母扣垫时，水平旋转 90°后被固定，形成咬合，标准扭矩锁紧。

④预埋槽道受力点距离槽钢端部最小长度为 10 cm。

6. 模板制作、安装

(1)墩台所用模板及支架具有足够的刚度、强度和稳定性，能够承受新浇混凝土的重力、侧压力及施工中产生的其他荷载。墩柱模板为大块拼装式定型钢模板，圆抹角部分采用特制的曲面钢模。模板框架采用型钢，加劲肋采用扁钢。模板接缝为企口接缝形式。模板由具有专业资质的厂家制作，保证加工精度；模板加工、试拼组装，检验合格后，涂油防锈。模板进场按技术质量下发的模板验收程序进行验收。

(2)墩身立模板采用搭设钢管脚手架辅助施工措施，人工配合汽车式起重机安装模板，模板由模板加工厂家分节段加工制作，施工时根据需要组合拼装。模板分 2 m 标准节和 0.5 m、1 m 调整节，托盘和顶帽为整体模板，模板采用螺栓连接。安装前试拼模板，检查模板的接缝错台等质量问题，如有误差，重新予以校准。

(3)钢筋绑扎完毕检验合格后进行模板的安装，模板拼装之前先将模板磨光并清除干净，涂抹脱模剂，采用新鲜机油，涂刷时要轻、薄、均匀，以保证混凝土表面颜色一致。模板拼装时根据墩身中心线放出立模边线，立模边线外用砂浆找平，找平层用水平尺抄平，待砂浆硬化后立模，立模采用起重机吊装人工辅助就位。脚手架不得与模板连接。

(4)模板安装后对模板进行检查，首先检查模板的接缝及错台，模板的接缝和错台控制在 1 mm 以内；用钢尺检查模板的几何尺寸，拉线检查模板的顺直度，用铅垂仪校正模板的垂直度，施工中严格控制轴线偏位在 1 cm 以内，如有不合格的情况，用手拉葫芦和千斤顶进行调整。检查高程是否符合要求，模板连接螺栓、对拉杆是否齐全、牢固，确保模板在浇筑混凝土过程中受力后不变形、无移位。自检完成并经监理检查合格后方可进行墩台混凝土浇筑。

7. 混凝土浇筑

(1)钢筋及模板安装好后，现场技术员进行自检，各个数据确认无误，综合接地电阻实测符合规定，然后报验监理，经监理工程师验收合格后浇筑混凝土。混凝土浇筑前，把模板、钢筋上的污垢清理干净。对支架、模板、钢筋和预埋件进行检查，并做好记录。

(2)施工前，根据使用的材料做好混凝土配合比设计，并做混凝土配合比试验，要求混凝土的流动性、和易性、初凝时间、缓凝早强性都能达到施工要求。配合比试验合格并经监理工程师认可后才可用于结构物中。

(3)混凝土浇筑采用拌和站集中拌制、混凝土罐车运输，配合起重机料斗施工，浇筑前充分做好准备，清除基坑中的杂物，平整清理罐车使用场地。

(4)严格按混凝土配合比拌制混凝土，混凝土搅拌完毕后，检测混凝土拌和物的坍落度；浇筑过程中要严格控制混凝土的坍落度及和易性。拌和物应拌和均匀、颜色一致，不得有离析和泌水现象。

(5)浇筑的自由倾落高度不超过 2 m，高于 2 m 时用串筒配合浇筑，以免混凝土产生离析。混凝土浇筑速度控制在 20 m^3/h 左右，水平分层浇筑，边浇筑边振捣，浇筑混凝土分层厚度为 30 cm 左右，在下层混凝土初凝前浇筑完上层混凝土，混凝土浇筑连续进行。如因非人为原因必须中断，且中断时间超过混凝土初凝时间时,经监理工程师认可,按施工缝处理。混凝土的振捣使用直径为 5 cm 的插入式振捣器,移动间距不超过振捣器作用半径的 1.5 倍;与模板应保持 5～10 cm 的距离;插入下层混凝土 5～10 cm;振捣密实后徐徐提出振捣棒,避免振捣棒碰撞模板、钢筋及其他预埋件,造成模板变形、预埋件移位等。密实的标志是混凝土面停止下沉,不再冒出气泡,表面呈平坦、泛浆。

(6)浇筑混凝土期间,设专人检查支撑、模板、钢筋和预埋件的稳固情况,当发现有松动、变形、移位时,应及时进行处理。混凝土浇筑完毕后,对混凝土面应及时进行修整、收浆抹平,待定浆后混凝土稍有硬度,再进行二次抹面。混凝土浇筑完初凝后,冷却管立即通水进行降温处理,并用麻袋或土工布进行覆盖养护,洒水养生。

(7)每批量混凝土预留两组混凝土试块(150 mm×150 mm×150 mm),在试模中养护 24 h 后,用油漆在试件表面注明制作日期、工号、部位;一组送至试验室进行标准养护,做 56 d 强度试验,一组留在施工现场,采用同墩台一样的养护方式进行养护,作为同条件养护试件。

8. 养护及拆模

(1)待混凝土初凝后,对顶部混凝土裸露面覆盖土工布洒水养生,养生期间土工布处于湿润状态;在墩身模板拆除后,四周覆盖塑料薄膜进行养生,要求塑料薄膜完好无损并将墩身完全包裹,养生时间不少于 14 d。

(2)在混凝土强度达到 2.5 MPa 以上,且其表面及棱角不因拆模受损时,拆除墩台模板。拆模时,混凝土表面温度和环境温度之差不大于 15 ℃。模板拆除采用汽车式起重机配合人工进行,遵循先支后拆、后支先拆的顺序,拆除期限应根据结构物特点、模板部位和混凝土所达到的强度来决定。拆除后,将模板表面灰浆、污垢清理干净,并维修整理,在模板上涂抹脱模剂,等待下次使用。拆除后对现场进行及时清理,模板堆放整齐。

(3)脚手架拆除顺序:顶托→剪刀撑→横向水平杆→纵向水平杆→立杆。拆除时由上而下逐层进行,严禁上下同时作业;扣件、钢管等人工传递到地面整齐堆放,再转运回场地,然后检查、整修、保养后分类码堆存放。

9. 垫石施工

(1)首先搭设墩身爬梯,并利用墩身施工时预留的钢筋焊接安全围栏,并悬挂安全网。

(2)垫石施工前,用全站仪将垫石四个角点放样于墩帽表面,放样点用红油漆标注。然后用墨线将垫石四边边线弹在墩台表面上,以确定墩台表面凿毛范围及模板支立边线。现场施工放样时,放样点误差控制在 2 mm 以内,放样点要保护好,直至垫石施工完毕。

(3)在垫石四边边线内进行凿毛,凿毛采用气镐,靠近边线位置采用人工进行,以免破坏放样点及墨线。凿毛完毕后,用高压气体将表面浮渣浮吹净。

(4)钢筋按照设计尺寸下料,偏差满足规范要求;按照设计间距、数量进行绑扎,不允许私自更改钢筋间距及数量。

(5)模板面板采用 1.5 cm 厚竹胶板,背肋采用 5 cm×10 cm 方木,间距 30 cm;用直径 5 cm 钢管将其锁定,上下设置两道。模板安装后,四周与垫石钢筋垫以保护层垫块,防止浇筑混凝土时出现偏位。

(6)按照设计位置准确安装支座预留孔,预留孔采用直径 16 cm 的 PVC 管,固定要牢固,防止上溢及被混凝土冲斜。

(7)混凝土浇筑采用汽车式起重机配合料斗进行,振捣采用直径 5 cm 的插入式振捣器。

(8)混凝土初凝前对垫石顶面进行压光抹面,混凝土凝固后,表面进行覆盖洒水养生,覆盖期间表面一直处于湿润状态;模板拆除后,垫石四周包裹塑料薄膜进行养生,养生不少于 7 d。

10. 墩台沉降变形观测

在墩台模板拆除后,在墩台下部位置设置沉降观测点,每个墩台的测点总数不少于 4 个,沉降观测点设置要牢固。沉降观测按照 1 次/周,且荷载变化前后各 1 次,清楚记录沉降观测数据。在桥梁主体完工后,沉降观测期一般不少于 6 个月,观测数据不足或工后沉降评估不能满足设计要求时,适当延长观测期。沉降观测精度为±1 mm,读书取位至 0.1 mm。

(三)墩身施工质量控制措施

1. 墩身线形控制

在承台浇筑完成后,利用护桩恢复墩中心,并从特大桥控制网对其进行复核,准确放出墩中心。施工时注意检查模板的对角线,误差控制在 5 mm 以内。在每天的 9 点之前或 16 点之后检查模板,以避免日照对墩身及测量精度的影响。

2. 混凝土顶面标高的控制

分层浇筑时,当混凝土浇筑到顶层时,混凝土面要稍高于模板顶,以便凿毛时方便清洗处理,浇筑完毕后派专人用木抹子将模板四周附近的混凝土抹平,保证混凝土面与模板面平齐,使上下两节段为一条平齐的接缝。

3. 大体积混凝土裂缝控制

(1)在大体积混凝土配合比中掺入一定量的粉煤灰,不但可以增加混凝土的密实度、提高抗渗能力、改善混凝土的工作度、降低最终收缩值、减少水泥用量,而且能够降低大体积混凝土的水化热引起的内部温升,防止结构出现温度裂缝。

(2)在骨料的选择上选取粒径大、强度高、级配好的骨料。这样可以获得较小的孔隙率及表面积,从而减少水泥的用量,降低水化热,减少干缩,减小混凝土裂缝的发展。

(3)对混凝土的钢筋保护层厚度进行严格控制,防止因为保护层的厚度愈大愈容易产生裂缝。

(4)混凝土施工在生产、运输、浇筑的过程中,注意对温度的控制及表面的保护。在温度较高的情况下进行施工时,一定要注意降低混凝土浇筑时的温度。

(5)大体积墩身中增加冷却管。

二、邻近既有线墩台施工

邻近既有线墩台施工时,应采取措施保证既有设施安全,减少对既有线运营的影响。

(一)承台及扩大基础施工安全措施

1. 基础开挖

(1)安全距离外基础开挖

安全距离以外的基坑采用 1∶1.5 放坡开挖,基坑开挖时先做好防排水设施和顺坡,将水排至红线外的便道排水沟中。基坑开挖后不得长期暴露,防止地质风化及雨水浸泡。

基础开挖完成检验合格后,快速组织钢筋及模板施工。承台或扩大基础拆模后,基坑四周及时分层回填夯实,每层回填厚度控制在 30 cm 内。

(2)安全距离内基础开挖

安全距离内的基坑开挖前,在靠营业线侧采用钢筋混凝土人工挖孔支护桩支护方案。

人工挖孔支护桩采用 C30 钢筋混凝土,桩径 1.25 m,锁口及护壁采用 C20 钢筋混凝土;每挖完 1 m 进行一节护壁施工,护壁厚度为 15 cm,每节护壁长 100 cm。

人工挖孔支护桩隔桩跳挖施工,现浇混凝土护壁,三角架配 0.5 t 卷扬机出渣。一次灌注桩身混凝土,待桩身混凝土强度达到 75%以上时,再分层开挖桩前土方至基坑底。

2. 营业线路基监控措施

(1)观测桩的制作及埋设

在每个承台中心位置对应的营业线路肩侧设置观测点。观测桩埋深 1 m,形成固定观测点。沉降、水平位移观测桩采用 ϕ28 mm 长 1.2 m 的钢杆。桩周上部 0.2 m 用混凝土浇筑固定。受影响的接触网立柱或营业线桥墩,观测点可直接标示在构筑物上。

(2)观测频次要求

观测桩埋设后,必须测试初始读数;施工前,必须对所有的桩位进行复测,作为正式起始读数。

承台施工时一般情况下 2 h 观测一次;当发现变形速度较快,持续变形时观测频次提高到 1 h 一次;施打完后观测频次一般情况下一天不少于两次,观测时间不少于 3 d。

(3)观测方法

水平观测桩标高采用水准仪观测,水平测量应达到二等水准测量标准,测量精度应达到±1 mm,读数取位至 0.1 mm。

位移观测采用全站仪利用已知稳固的基线边,采集坐标的形式进行位移监控。

(4)观测桩保护要求

设立专门小组,进行观测桩的埋设、测量和保护工作,小组人员分工明确,责任到人。所使用的仪器,固定观测人员,采用相同的观测路线和观测方法,在基本的环境和观测条件下工作。

(5)沉降、水平位移观测的控制标准

所有测试数据必须真实准确,记录清晰,不得涂改;记录数据签字齐全。所测数据必须当天及时输入计算机,核对无误后在计算机内保存。

路基水平变化和垂直位移量出现下述几种情况时,必须停止施工,与监理和设备管理单位共同分析原因,制定补强措施后方可继续施工:在营业线不限速的情况下,基坑邻近线路一侧单日位移达 2 mm 且不收敛时或累计位移达 10 mm;在营业线限速的情况下,基坑邻近线路一侧单日位移达 8 mm 且不收敛时或累计沉降大于 20 mm。

(二)墩身施工防护措施

(1)墩身模板安装或拆除时,吊装必须设专人指挥,吊装时在模板下口挂 2 根缆风绳,背向营业线方向人力牵引,防止模板摆动引起侵限事故。每块模板吊装固定好后,方可吊装下块模板。

(2)模板安装时,严格遵守先营业线侧再线路大小里程侧最后营业线外侧的顺序,同时派专职安全员现场防护;起重机吊装时应缓慢移动,防止吊装时起重机大臂或模板侵入营业线。

(3)模板安装完毕后,在顶口四个边角处设置 4 根缆风绳,固定模板不发生倾覆;同时质检员对模板进行检查验收,合格后现场挂设"模板安装验收合格"标牌,浇筑墩柱混凝土。

(4)脚手架、支架靠铁路一侧,设置安全网全封闭围护,严禁向铁路一侧抽穿钢管、钢筋。禁止从高空向铁路侧投掷物件。

(5)墩身混凝土浇筑采用汽车泵,在混凝土浇筑过程中,需设专人指挥。当有列车通过时,必须停止施工,所有作业人员到距营业线最远的架子上。

三、高墩施工

以安庆长江大桥主桥 5 号、6 号、7 号墩施工为例总结高墩施工关键技术。

安庆长江大桥主桥 5 号、6 号、7 号墩均为矩形实心墩、托盘式墩帽,墩高(含托盘和墩帽)分别为 46.5 m、41.5 m 和 36.5 m,托盘部分尺寸相同。墩宽 28 m、厚 4.5 m;托盘底宽 28 m、顶宽 42.5 m、厚 4.5 m;顶帽宽 43 m、高 3 m、厚 5 m。墩身(帽)四角设半径 50 cm 的圆倒角。墩身(帽)均采用 C40 混凝土。

墩身(帽)采用翻模支架法施工,分节浇筑,最大浇筑节段 12 m。现场施工如图 4-3-100、图 4-3-101 所示。

图 4-3-100 5 号墩墩身施工

图 4-3-101 7 号墩墩身施工

1. 模板加工

墩身模板采用厂制大块钢模板,标准块模板长 4～6 m,高 2 m。模板的面板厚度 6 mm;面板后方的竖肋为[10,间距 300 mm。模板接头采用螺栓连接,接头板法兰板厚 16 mm。模板加工完成,对接头面作刨边处理,以便接头缝平整不错台,为安装方便,模板接头处设置定位销。

2. 脚手架平台搭设

墩身施工脚手架采用 ϕ800 mm 钢管,分立于墩身两侧,距墩身表面 1.5 m,每侧 6 根,均匀布置,底口焊接在承台顶预埋件上。靠墩身一侧钢管上焊接三角形支撑牛腿,以便作为搭设人员作业用钢平台,平台宽 0.8 m,四周连通,外侧设有栏杆防护。支架和平台随墩身施工逐段接高,支架下端每隔一定间距与已完墩身拉结固定,保证稳定。支架在墩身施工完成后拆除。

3. 钢筋绑扎

墩身主筋采用直螺纹套筒连接,其他钢筋采用焊接。钢筋绑扎技术要点同一般墩台施工。

4. 浇筑方法

5 号墩墩身采用 1 台布料机和 1 台地泵进行灌注,布料机安装在围堰顶上,地泵管路顺支架铺设至各节段顶部,混凝土均由岸上拌和站供应,经由码头与墩身间的连接驳船上铺设的管路输送至灌注点;起吊设备采用 1 台安装在围堰顶的塔式起重机。6 号、7 号墩墩身采用 1 台汽车泵进行灌注,混凝土由岸上拌和站供应,起重设备采用门式起重机和汽车式起重机。

5. 温控措施

由于墩身为实体结构,混凝土级别高,内部水化热大,为减少混凝土内部水化热,降低墩身混凝土内外温差,避免墩身混凝土开裂,采取在墩身混凝土内设冷却水管通水降温措施。冷却水管每层 2 m,主输水管为 DN80,其余水管为 DN50,壁厚 3.5 mm,冷却水管在墩身浇筑完成后通水降温,当内部温度降低、内外温差不大于 25 ℃时停止通水。墩身冬季施工时,节段浇筑完成后顶面覆盖蓄热养护,模板四周包裹帆布保温,防止混凝土受冻或内外温差大造成开裂;如不在冬季施工,则每节墩身混凝土浇筑完成后顶面覆盖蓄水养护。墩身施工完成,对冷却水管压浆封闭。

6. 支承垫石

墩帽支承垫石混凝土为 C50,在墩帽混凝土完成并具有一定强度后单独浇筑。

四、斜拉桥主塔塔座、下塔柱及横梁结构施工

安庆长江大桥主桥采用钢桁梁斜拉桥,3 号、4 号墩为斜拉桥主塔墩。主塔墩布置情况及基础施工参见本章第一节。

(一)主塔塔座、下塔柱及横梁结构

3 号、4 号墩桥塔结构相同,均为钢筋混凝土结构,下塔柱为内收钻石型,上塔柱为倒“Y”型,承台面以上塔高 210 m。

塔座高 4.66 m,实心结构。塔座底部 1.34 m 高部分为等截面 36.26 m(横桥向)×30 m(顺桥向);塔座的上部呈棱台形,高 3.32 m,截面从 36.26 m×30 m 线性变化为 13.19 m×24 m。

下塔柱高 34.5 m,双箱室空心矩形截面,顺桥向边长 16.5~18 m,壁厚 1.5 m;横桥向边长 7.65~10 m,壁厚 1.5 m;中隔墙厚 0.8 m。塔柱竖向主筋采用 ϕ32 mm 钢筋,间距 15 cm,水平分布筋采用 ϕ20 mm 钢筋,间距 10 cm。塔柱壁外层主筋为双排布置,排距 25 cm,其余部位主筋为单排布置。下塔柱与中塔柱间设 12.0 m×1.0 m×1.0 m 进人孔,下塔柱支撑于塔座上。

横梁位于中、下塔柱交接位置处,包括中间部分的空腔段和两端与塔柱结合部的实体段。空腔段顺桥向宽 14 m,横桥向 28 m 长范围高 8 m,其余高 8~10 m(顶面、底面与塔柱设倒角连接),共对称布置 8 个箱室,箱室顶、底板厚 0.8 m,边腹板和中腹板厚 1.0 m,箱室间隔墙厚 2.0 m,箱室间开设 1 m×1 m 过人洞。横梁为预应力钢筋混凝土结构,共布置 184 束 19Φ^s15.2 预应力钢绞线。

塔座、下塔柱、横梁结构主要技术参数见表 4-3-12。

表 4-3-12 3 号、4 号主墩塔座、下塔柱、下横梁结构主要技术参数

部 位	顶面标高(m)	混凝土强度等级	混凝土方量(m^3)	钢筋(t)
塔座	−1.34	C40	3 670	47.38

续上表

部　　位	顶面标高(m)	混凝土强度等级	混凝土方量(m^3)	钢筋(t)
下塔柱	+31.5	C50	5 610	1 047.27
横梁	+41.5	C50	5 947	288.73

塔座、下塔柱、下横梁结构示意图如图 4-3-102 所示。

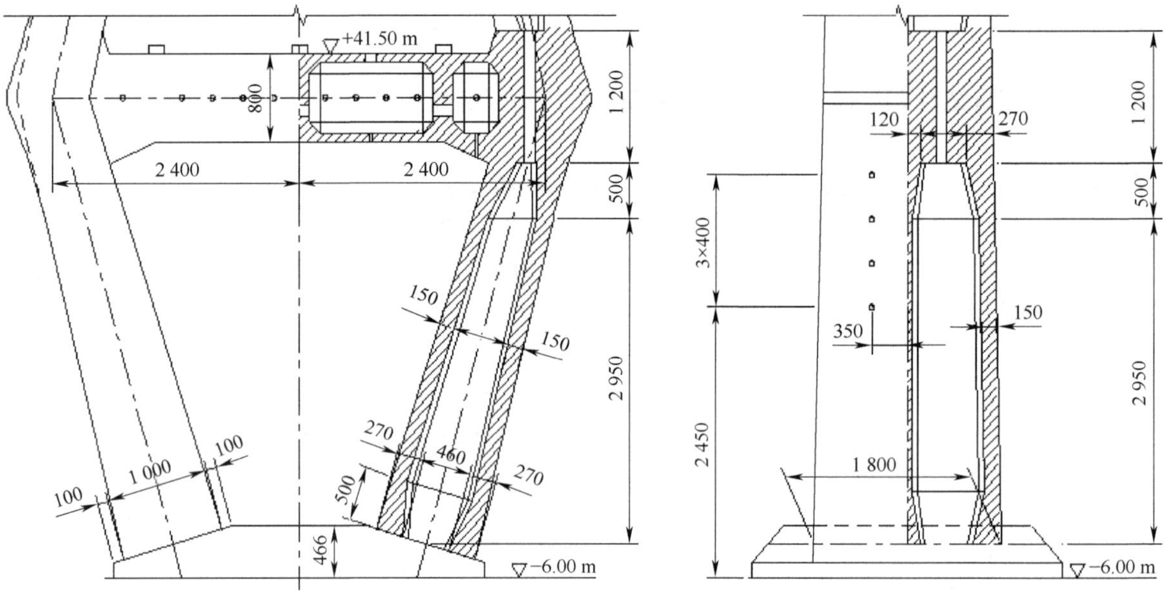

图 4-3-102　主墩塔座、下塔柱、横梁结构示意图(单位:cm)

(二)施工方案

塔座采用一次整体浇筑,按大体积混凝土进行施工,塔座内部设置有冷却水管。

下塔柱施工划分七段完成,顶部浇筑至与横梁下倒角位置处(标高+31.5 m),各段分界面水平设置。为靠模方便,确保下塔柱与塔柱结合良好,与塔座结合部的一段下塔柱(起始定位段)与塔座同步施工。

横梁采用钢管柱支架法施工,支架下端支承在承台上。因横梁为箱形结构,混凝土浇筑量大,预应力孔道密集,为使横梁结构整体性好,减小施工中支架压缩变形的影响,确保施工质量,方便操作、检查,横梁施工时高度上分 2 次浇筑完成。第一次浇筑高度 4.5 m,第二次浇筑 3.5 m。

横梁两端的第七、八节段塔柱模板采用爬模系统。横梁底模、侧模、内模采用木模,根据浇筑高度分上下两次立模。横梁设有预应力钢束,横梁首次混凝土浇筑后,待混凝土强度达到设计要求,张拉 10 根底板预应力束 N1。待第二层横梁混凝土浇筑完毕且混凝土强度及弹性模量均达到设计值 100%后张拉除 N4、N5 外所有预应力束,中塔柱施工至标高+71.5 m 后张拉 N4、N5 预应力束。

主墩塔座、下塔柱及下横梁分节浇筑示意如图 4-3-103、图 4-3-104 所示。

(三)主要施工方法及技术要点

1. 塔座施工

塔座纵、横向钢筋和下塔柱预埋钢筋均伸入承台内(塔座钢筋伸入长度 1.2 m,塔柱 ϕ32 mm 竖向主筋伸入承台的垂直高度 2 m),在承台浇筑时上述钢筋(包括下塔柱预埋钢筋的定位劲性骨架)均已安装完成,塔座施工时尚需进行冷却水管安装、塔座模板安装、下塔柱起始定位段模板安装以及今后横梁施工支架和钢梁架设时的墩旁托架预埋件安装。

塔座模板包括 1.34 m 高棱柱体侧模、台体斜面模板及塔柱起始定位段侧模等部分,塔座顶面不设模板,模板采用竹胶板大块模板。为防斜面模板上浮,斜面模板通过锚固于承台中的拉杆固定,拉杆与模板面垂直布置。塔座模板安装示意如图 4-3-105 所示,冷却水管的布置如图 4-3-106 所示。

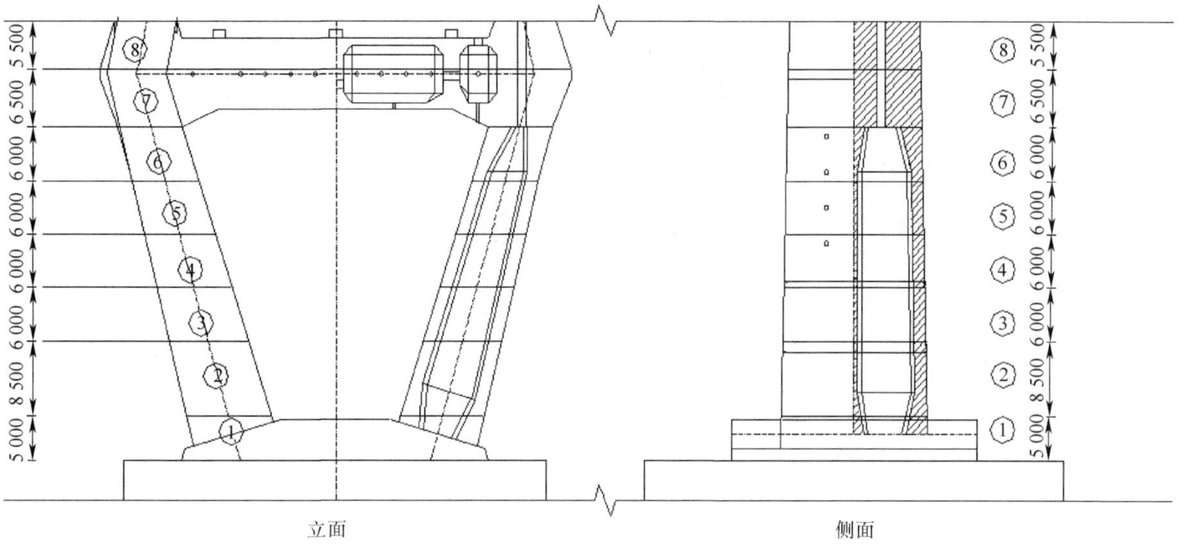

图 4-3-103　主墩塔座、下塔柱分节浇筑示意图(单位:mm)

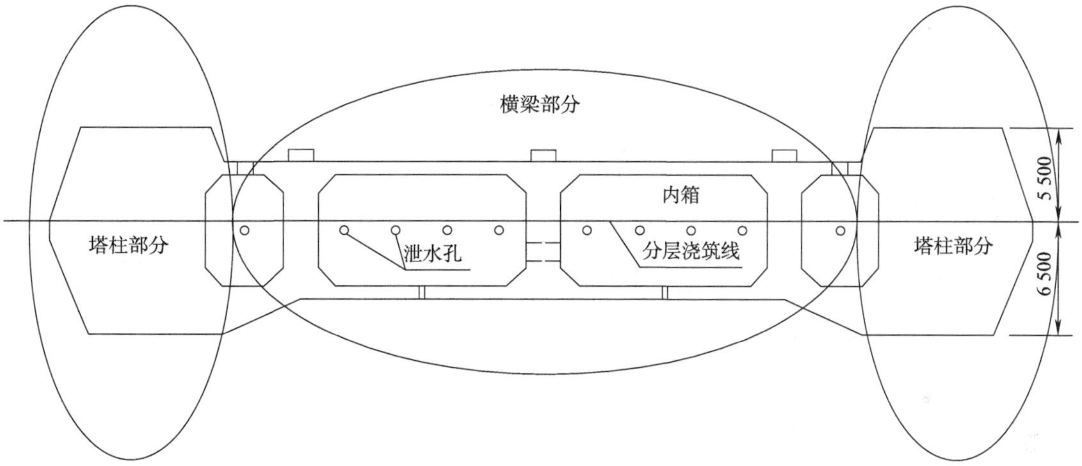

图 4-3-104　主墩下横梁分节浇筑示意图(单位:mm)

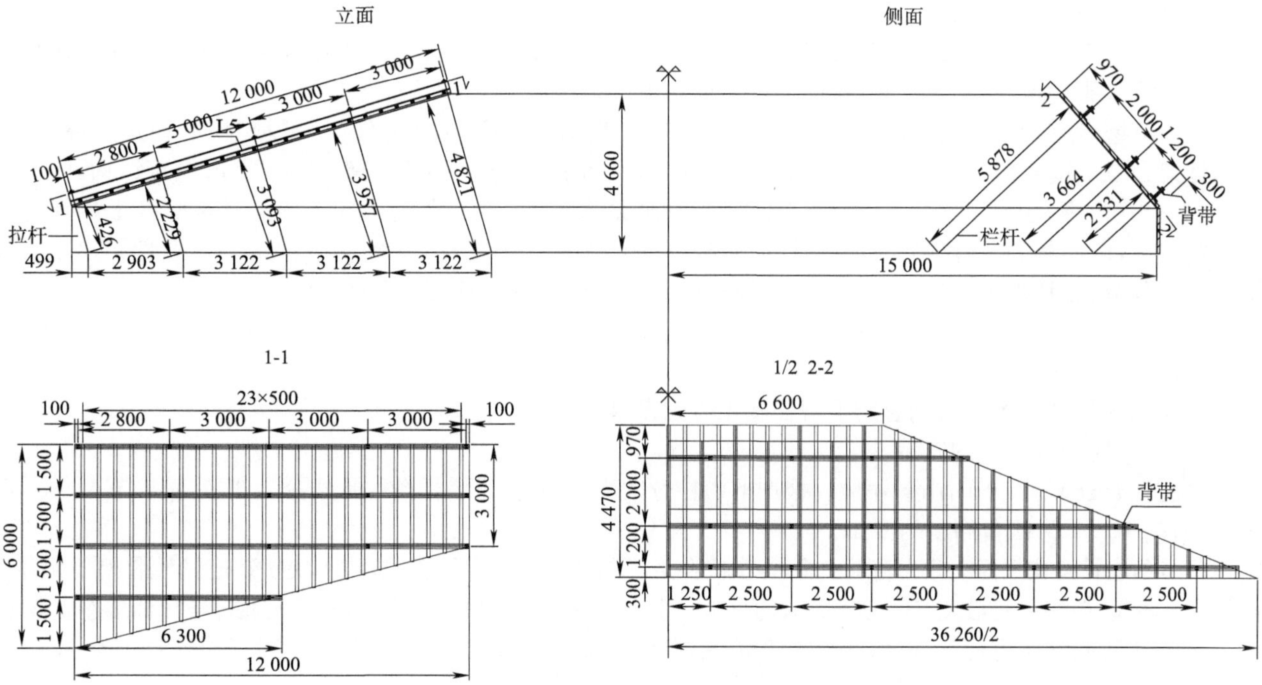

图 4-3-105　主墩塔座模板安装示意图(单位:mm)

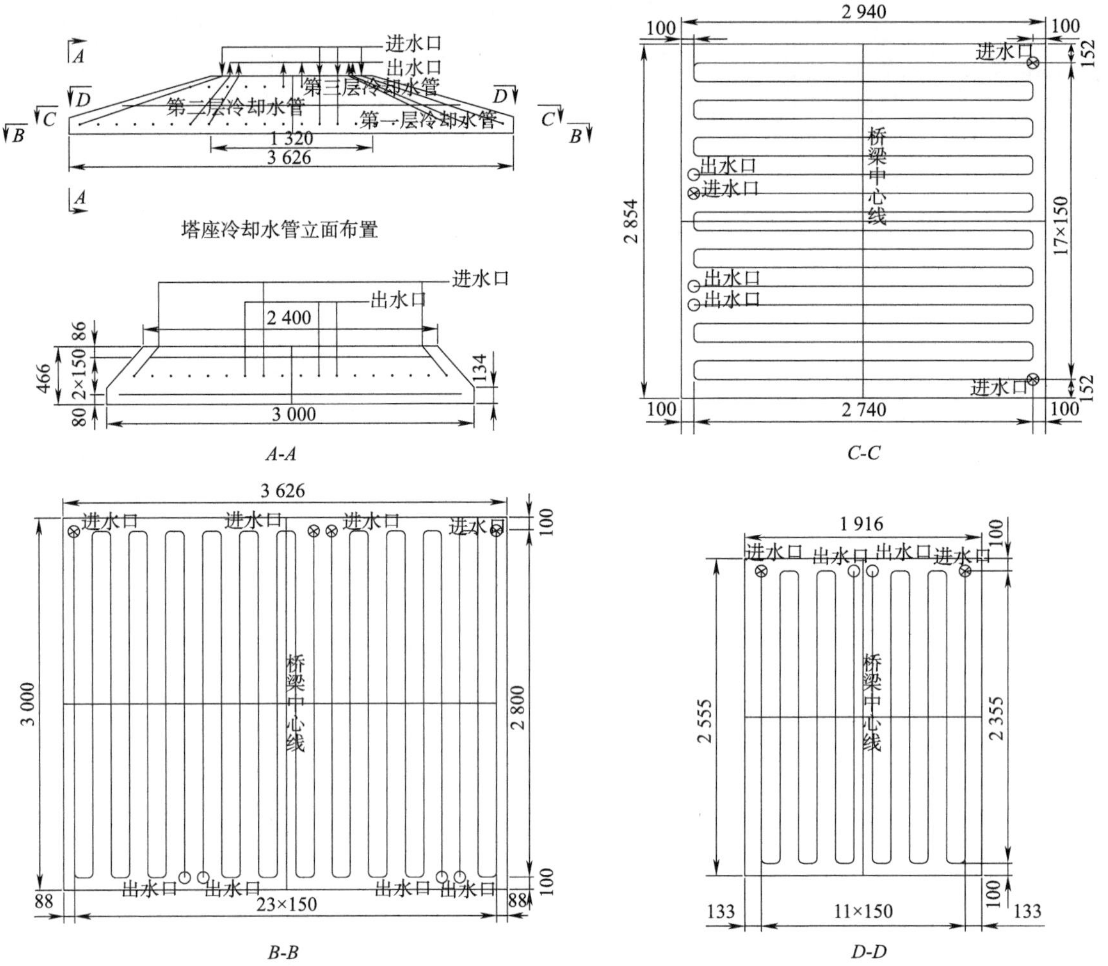

图 4-3-106　主墩塔座冷却水管布置图(单位:cm)

塔座灌注由四周向中间方向进行,采用布料机和滑槽进行灌注。塔座斜面模板顶部间隔开设有孔洞,以便下灰和振捣。塔座斜面部位混凝土是否灌注密实通过渗浆和敲击进行判断。塔座浇筑完成,保温保湿养护,模板在塔座内部温度下降后方可拆除。

2. 下塔柱施工

下塔柱第 1 段是爬模架体的附着段,采用支架法施工;第 2～6 节段采用液压爬模施工。塔柱主筋采用滚轧直螺纹接头连接,钢筋定尺长度 9 m,水平箍筋采用搭焊连接。

塔柱塔壁设有劲性骨架,以便定位、支承钢筋并支撑内腔模板,同时也作大节段爬模的稳定支撑结构。劲性骨架分节高度与施工节段高度匹配,其接头比节段缝高 0.8 m。劲性骨架为"米"字形焊接结构,竖杆采用∟100×10 角钢,水平横撑采用∟75×10 角钢,联结系采用∟63×6 角钢。各节劲性骨架竖杆上端焊有方形连接钢板,以便相邻节骨架安装时快速对位连接,每浇筑完一段塔柱,安装一节骨架。劲性骨架在岸上钢结构车间分节、分片加工制造,塔上分片吊装焊接,最后相邻各片焊连形成整体。

塔柱施工步骤:测量放样→劲性骨架安装→内排钢筋安装→外排钢筋安装→爬锥安装→模板安装就位→拉杆穿设→检查签认→混凝土浇筑、养护。

下面以 3 号墩下塔柱为例总结下塔柱施工方法及技术要点。

(1)下塔柱劲性骨架的安装

劲性骨架分单元、分节制造、吊装。根据下塔柱分次浇筑高度,下塔柱劲性骨架分为四节,第一节高 9 m,第二、三节高 12 m,第四节高度为 6 m。

每节劲性骨架在平面上分为若干小块,各小块在工厂制作。根据设计要求,将小块拼装成劲性骨架单元并运输起吊至墩位,单块单元最大重量为 2.61 t,通过承台上 16 t 塔式起重机起吊安装,各单元通过连接杆接连成整体。

下塔柱劲性骨架主桁片均为∟100×10 角钢,联结系为∟63×6 角钢,连接杆系为∟75×10 角钢。

承台施工时埋入第一节劲性骨架,并固定良好、定位准确。

塔座施工完毕进行塔柱施工阶段后，安装第二节段劲性骨架，与其下端已埋入混凝土中的第一节骨架对接，各劲性骨架单元之间采用型钢临时连接，作为钢筋安装成型的整体胎架和支撑结构。

劲性骨架具体形式如图 4-3-107 所示。

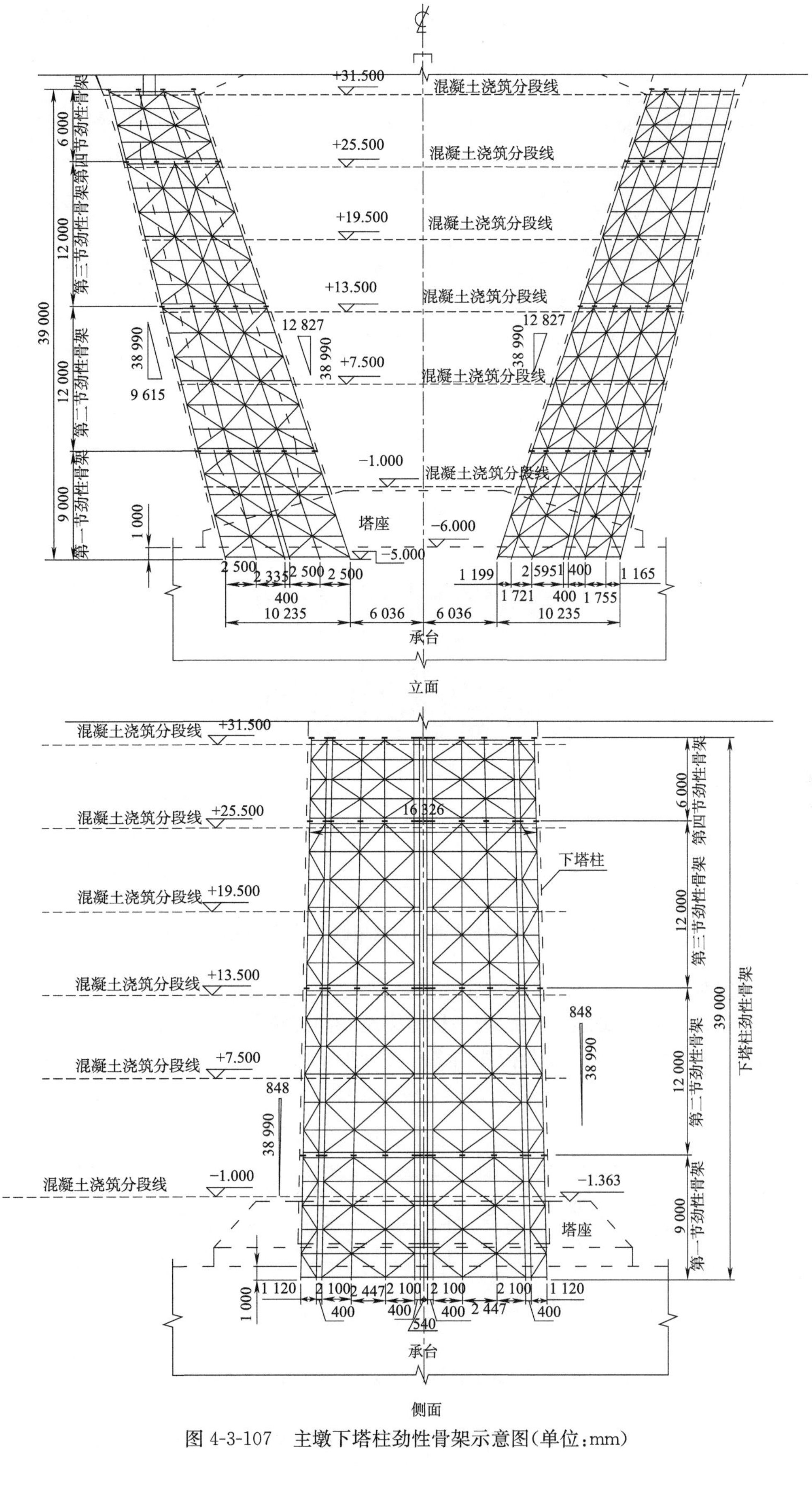

图 4-3-107　主墩下塔柱劲性骨架示意图(单位:mm)

(2)钢筋安装

为准确定位下塔柱预埋至承台内钢筋,在承台首次混凝土浇筑顶面(标高为－10.5 m)预埋钢板,将下塔柱第一层劲性骨架接长至标高为－10.5 m处并与预埋钢板焊接。下塔柱外壁双层 ϕ32 mm 钢筋中内层钢筋同劲性骨架固定,外层钢筋通过拉筋与内层及内壁单层钢筋固定牢靠。钢筋定位架安装如图 4-3-108、图 4-3-109 所示。

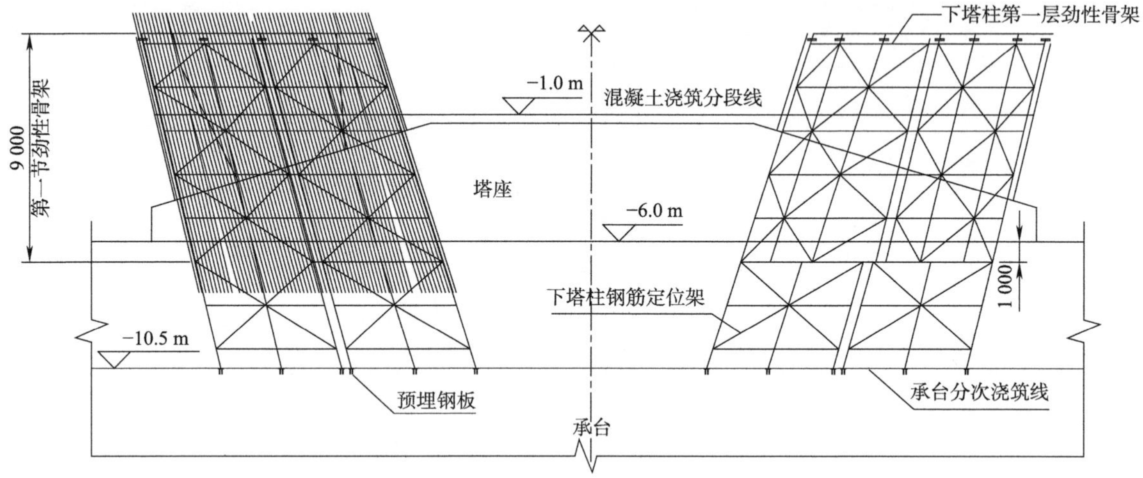

图 4-3-108　主墩下塔柱钢筋定位架立面示意图(单位:mm)

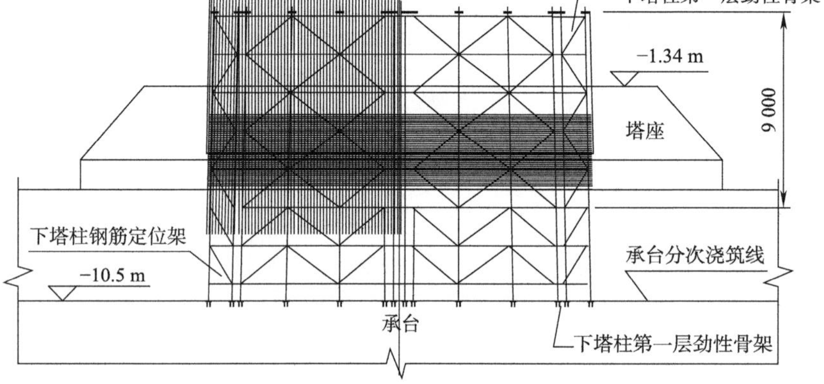

图 4-3-109　主墩下塔柱钢筋定位架侧面示意图(单位:mm)

(3)模板及支架安装

①下塔柱与塔座共同浇筑段现浇支架。下塔柱与塔座共同浇筑段外壁支架采用贝雷梁、底座、背肋及拉杆组成。每侧共设 19 个贝雷梁桁片,每个桁片由 2 片标准贝雷梁组成。支架形式如图 4-3-110 所示。

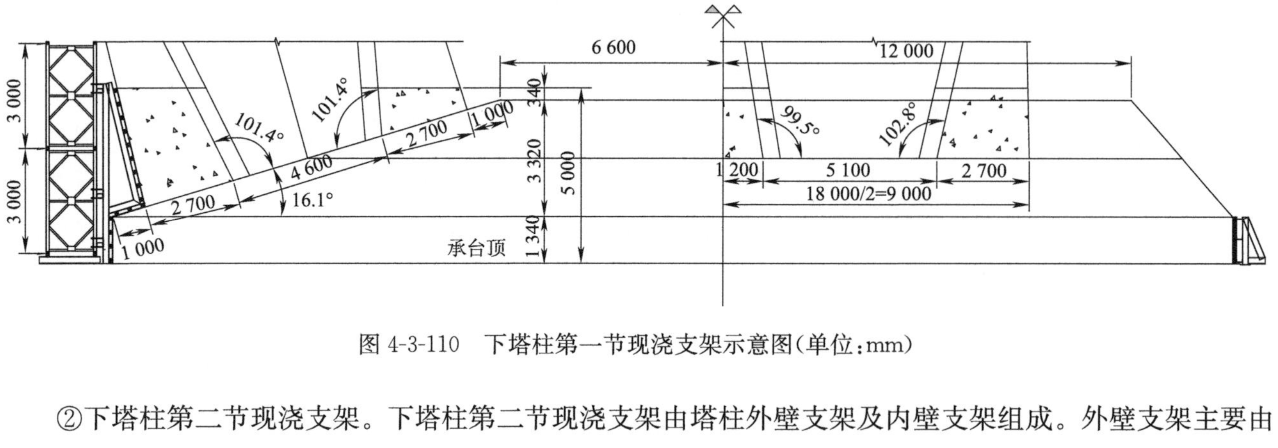

图 4-3-110　下塔柱第一节现浇支架示意图(单位:mm)

②下塔柱第二节现浇支架。下塔柱第二节现浇支架由塔柱外壁支架及内壁支架组成。外壁支架主要由

贝雷梁、底座、分配梁1、围堰上垫座、垫梁以及撑杆组成。每侧共设19个贝雷梁桁片，每个桁片由5片标准贝雷梁组成，垫座为2I50a组成，撑杆规格为ϕ325×6 mm钢管；内壁支架主要由分配梁2、分配梁3以及大拉杆组成，大拉杆通过连接板与下横梁现浇支架钢管连接。分配梁2为2[40a，分配梁3为2[45a，大拉杆为2[28a。支架形式如图4-3-111、图4-3-112所示。

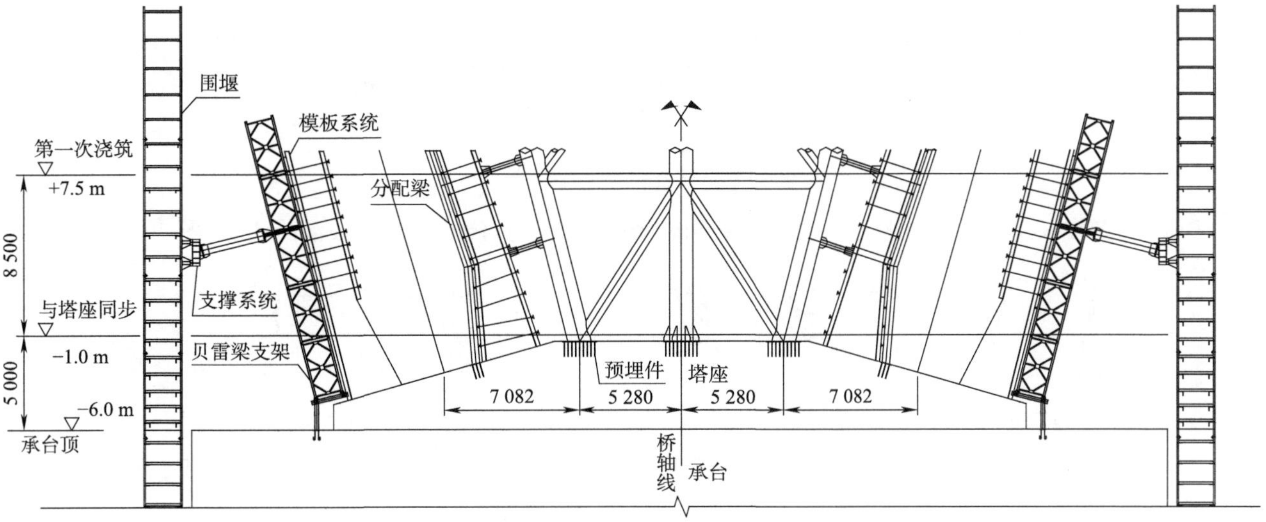

图4-3-111　下塔柱第二节现浇支架立面示意图(单位:mm)

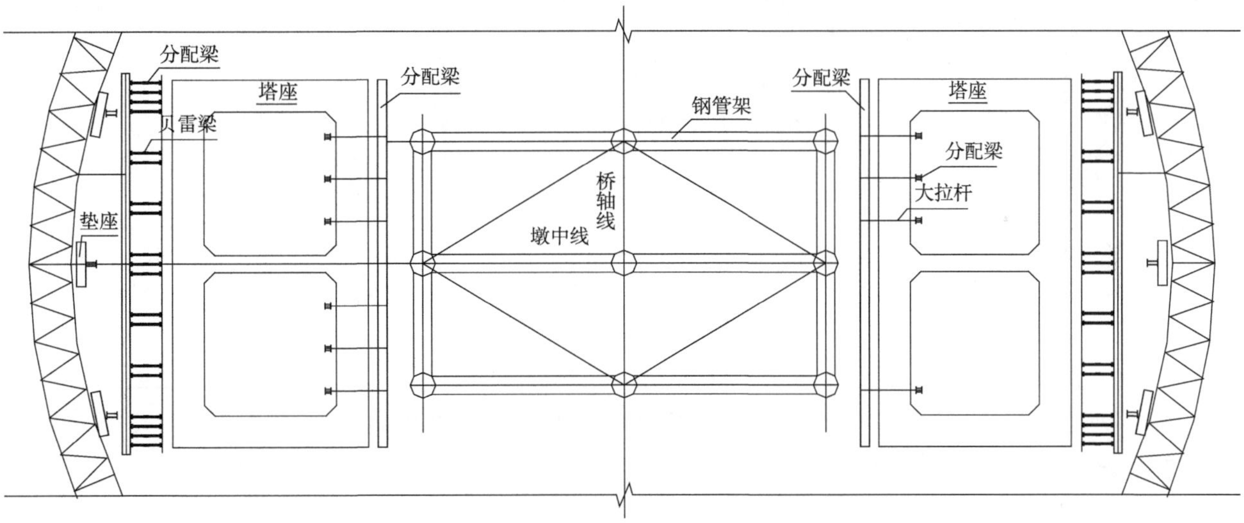

图4-3-112　下塔柱第二节现浇支架平面示意图

③模板安装。下塔柱1、2节内外模采用自制木模，第3～6节段采用液压爬模。

步骤一：施工下塔柱第2节时，预埋小爬锥，用于第3节段模板下口压紧，塔身两侧模板之间设置对拉螺杆，在模板上安装自爬模预埋件，如图4-3-113所示。

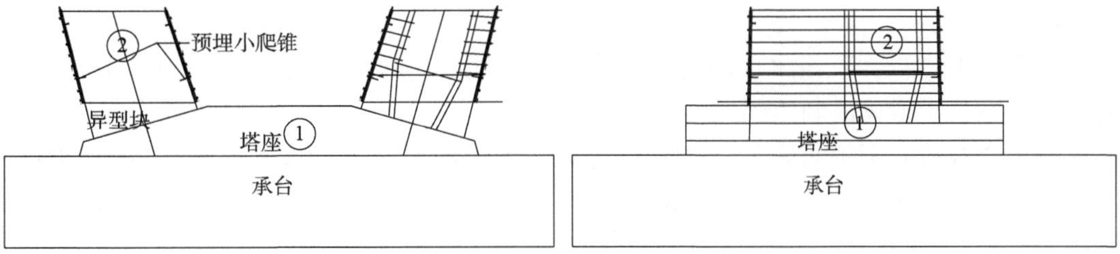

图4-3-113　下塔柱爬模施工步骤一示意图

步骤二:安装附墙系统,挂好承重主三角架,安装第三节模板,穿好拉杆,如图 4-3-114 所示。

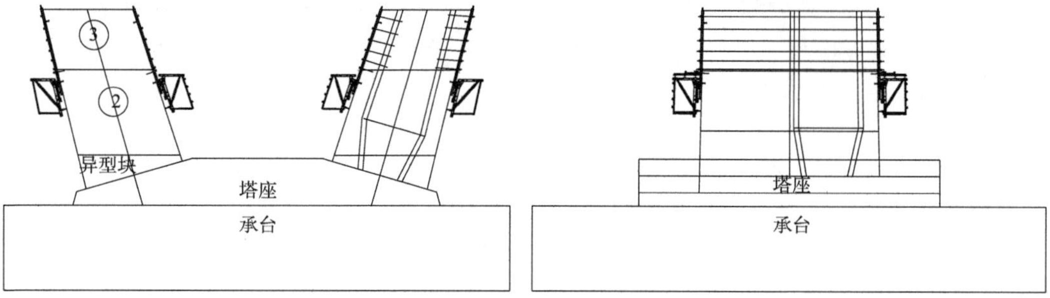

图 4-3-114 下塔柱爬模施工步骤二示意图

步骤三:安装好主平台及中平台,将上平台架体与模板连接好,浇筑第 3 节段混凝土,如图 4-3-115 所示。

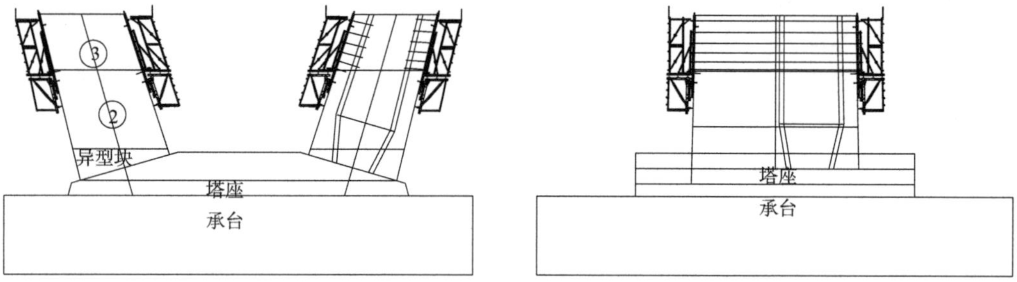

图 4-3-115 下塔柱爬模施工步骤三示意图

步骤四:安装第二层附墙挂座,用液压系统导轨进行初次加压,爬升至下个浇筑高度,如图 4-3-116 所示。

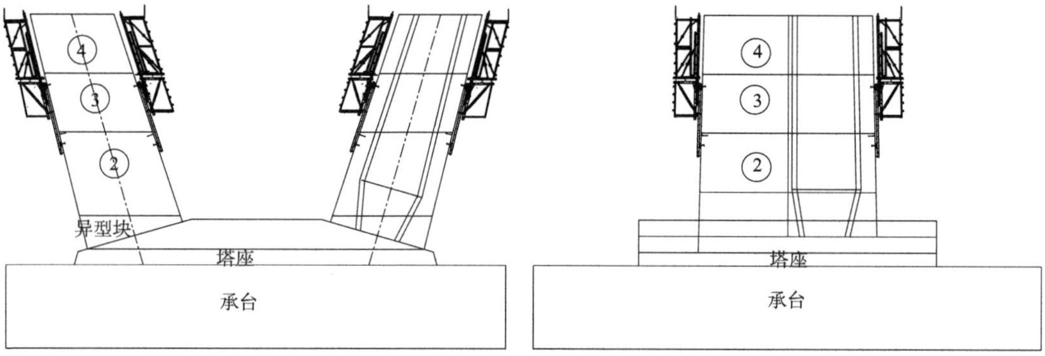

图 4-3-116 下塔柱爬模施工步骤四示意图

重复步骤一～四,完成其余节段施工。

(4)混凝土施工

下塔柱混凝土由岸上混凝土工厂和水上混凝土工厂联合供应,下塔柱混凝土强度等级为 C50,分 6 次浇筑,首节段同塔座共同浇筑,混凝土总方量 5 610 m^3。

3. 下横梁施工

(1)钢筋施工

横梁普通钢筋总计 288.724 t,分两次安装,竖向及水平钢筋均采用电弧焊连接。

(2)模板及支架施工

①下横梁现浇支架搭设。下横梁现浇支架底模系统采用 18 mm 竹胶板,120 mm×100 mm 方木,I45a 分配梁,钢箱梁(原钻机走道梁改制而成)组成。

下横梁混凝土浇筑荷载由钢箱梁通过垫座传递至钢管支架及边支点上,支点垫座共有三种类型,其中垫座 1、垫座 3 为新制全焊结构,垫座 2 为 2HN900×300 焊接成整体。边支点用 ϕ32 mm 精轧螺纹钢筋拉杆与下塔柱锚固,张拉力为 400 kN。

钢管支架主管为 ϕ1 400 mm×22 mm 钢管,其余联结系共有 ϕ800 mm×8 mm、ϕ630 mm×8 mm、ϕ480 mm×8 mm 三种类型。现浇支架具体布置如图 4-3-117、图 4-3-118 所示。

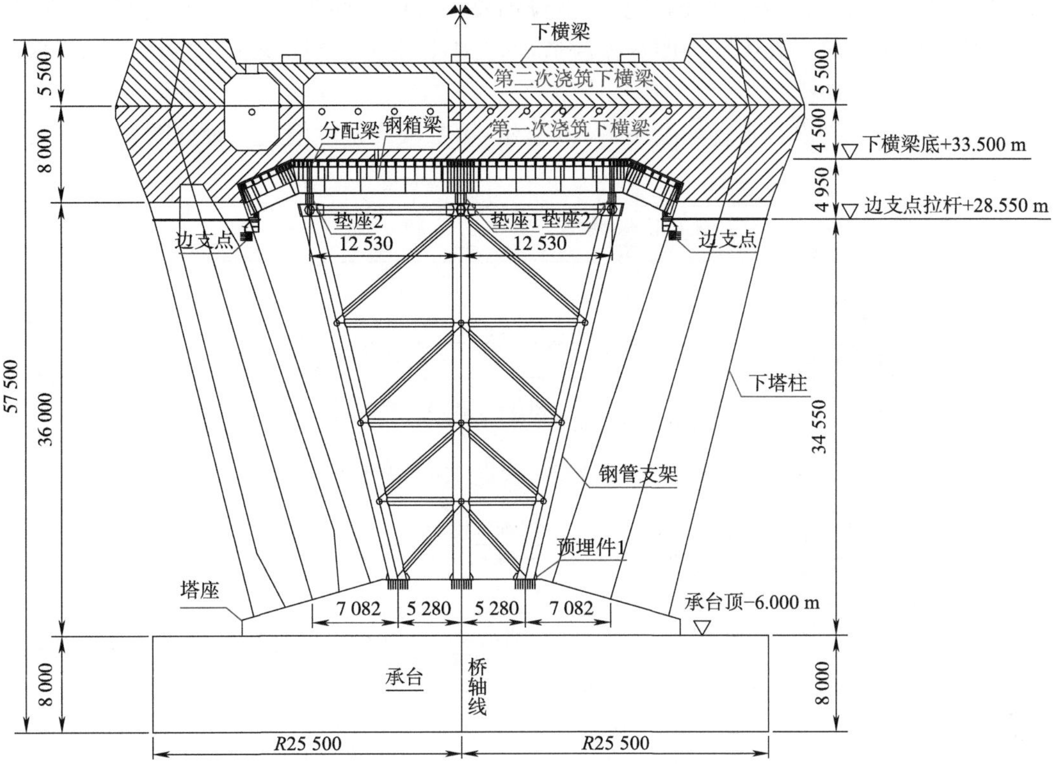

图 4-3-117　下横梁现浇支架立面布置图(单位:mm)

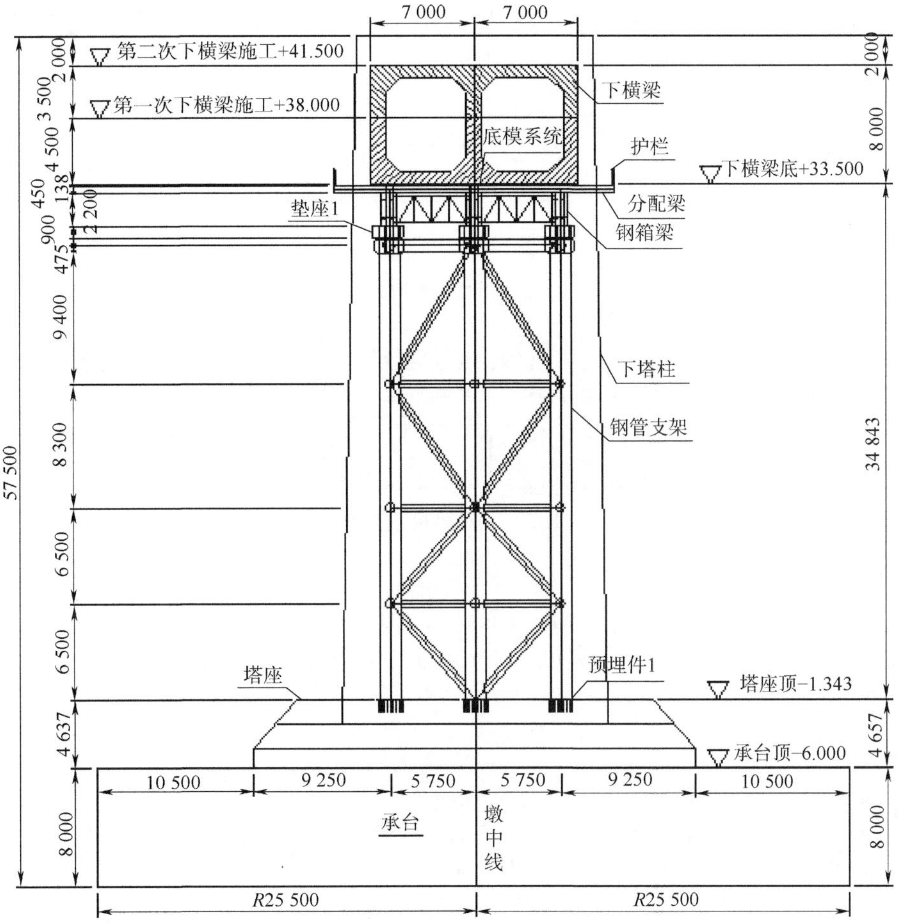

图 4-3-118　横梁现浇支架侧面布置图(单位:mm)

②模板安装。横梁区底模和外侧模倒用引桥墩身钢模。塔柱区仰爬面锯齿块为新制钢模，侧模采用爬模。第一次浇筑时，横梁区两个大腔室为旧钢模改造，两个小腔室为新制木模；第二次浇筑时，横梁区所有大腔室均为新制木模(含内腔顶模)。

模板布置：第一次浇筑段模板布置如图 4-3-119 所示；第二次浇筑段模板布置如图 4-3-120 所示。

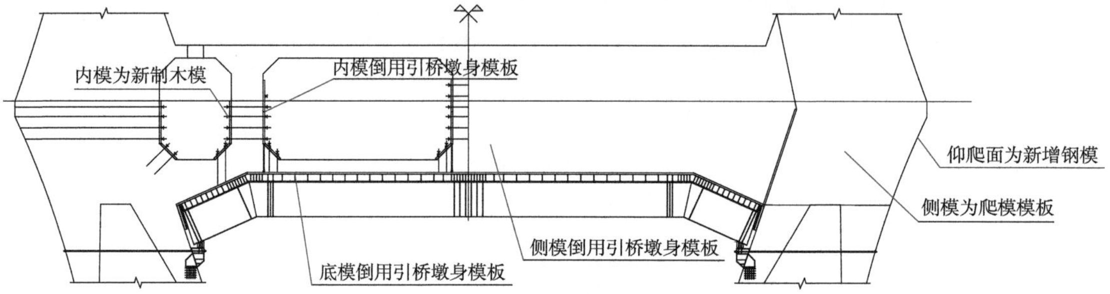

图 4-3-119　横梁第一次浇筑段模板布置图

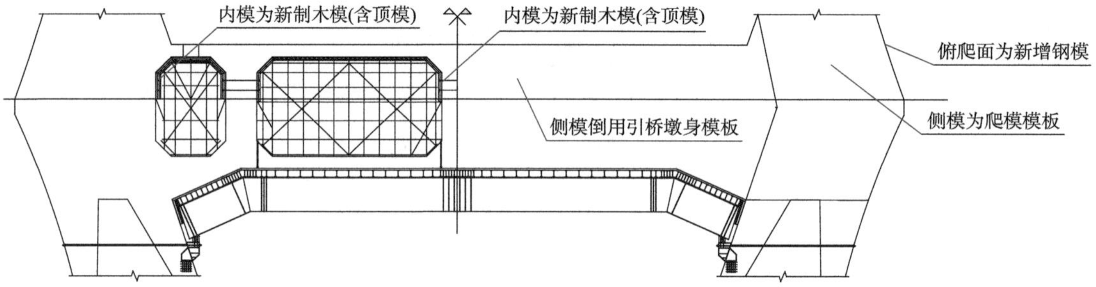

图 4-3-120　横梁第二次浇筑段模板布置图

拉杆设置：内外模设置 D20 mm 高强拉杆，布置间距 110 cm。在内模倒角处设置拉杆，拉于底板处，防内模整体上浮。下横梁模板拉杆布置如图 4-3-121 所示。

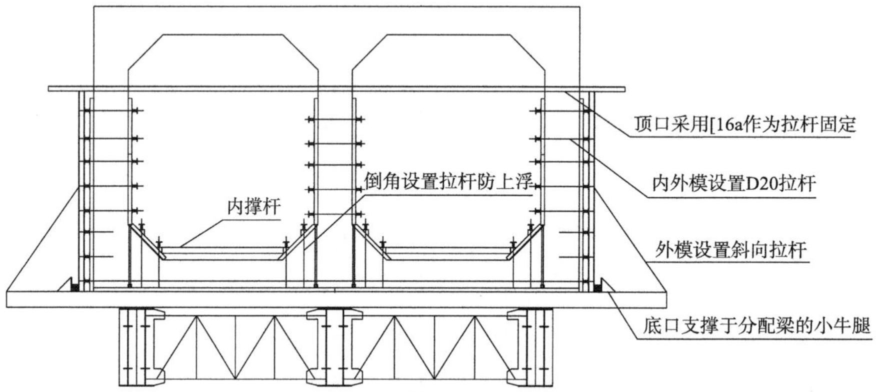

图 4-3-121　下横梁模板拉杆布置图

(3)混凝土施工

主塔墩横梁与其连接的下中塔柱结合段同步施工，分为两次浇筑混凝土，第一次浇筑高度 4.5 m(与其下塔柱结合段总高为 6.5 m)，第二次浇筑高度 3.5 m(与其中塔柱结合段总高为 5.5 m)。下横梁混凝土浇筑分界如图 4-3-122 所示。

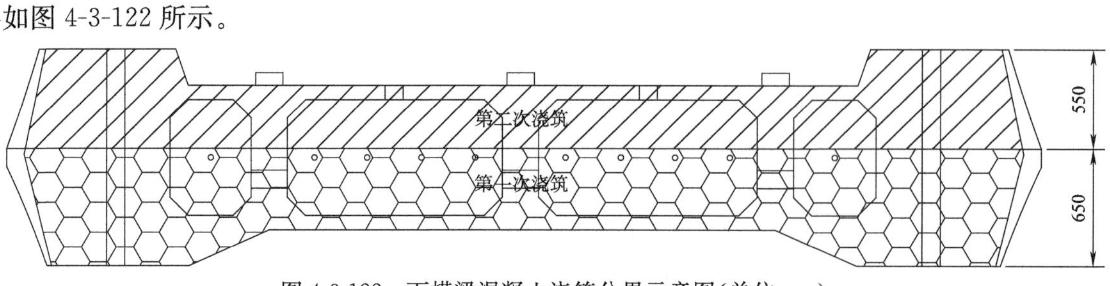

图 4-3-122　下横梁混凝土浇筑分界示意图(单位：cm)

①混凝土浇筑平台布置。混凝土浇筑时，塔柱区利用劲性骨架搭设浇筑平台，横梁区利用外模顶部型钢[16a 拉杆搭设浇筑平台。浇筑平台如图 4-3-123 所示。

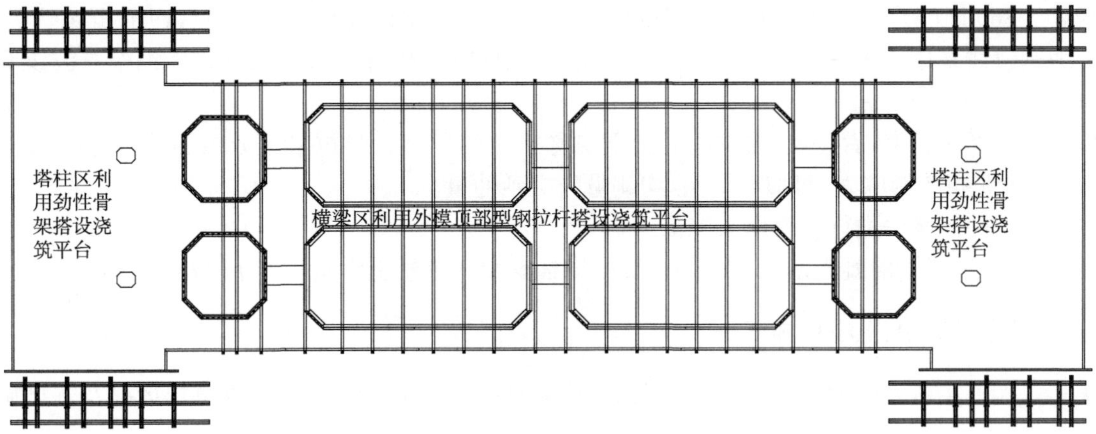

图 4-3-123　横梁混凝土浇筑平台示意图

②泵管及浇筑点布置。下横梁混凝土浇筑采用岸上混凝土工厂和水上混凝土工厂共同浇筑，岸上设置一套泵管，水上设置两套泵管。每套泵管设置 3 个三通，引出 4 个浇筑口，并接软管，共布置 12 个浇筑点。

浇筑区域如图 4-3-124 所示。

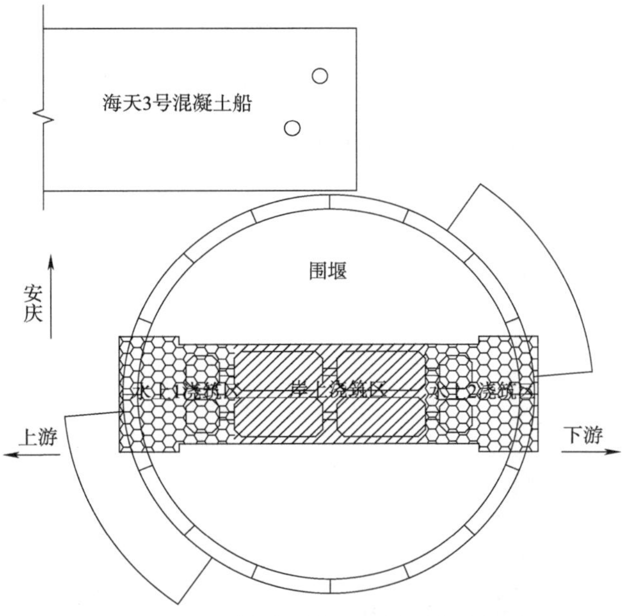

图 4-3-124　横梁混凝土浇筑区域示意图

混凝土泵管及浇筑点布置如图 4-3-125 所示。

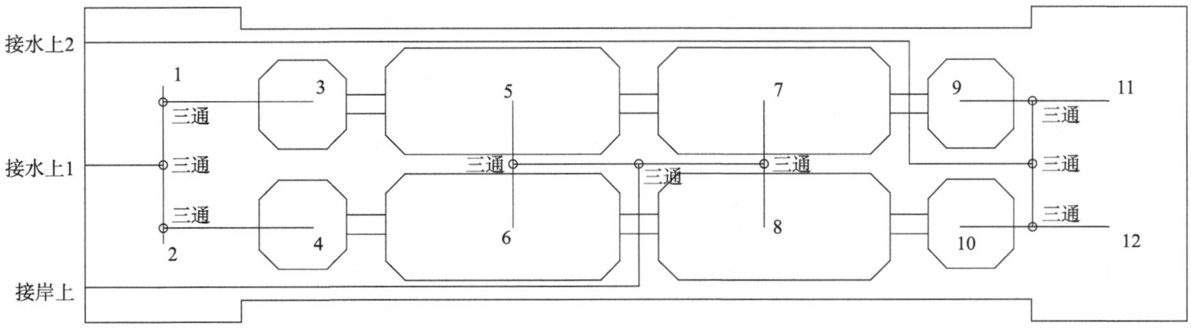

图 4-3-125　横梁混凝土泵管及浇筑点布置示意图(数字为测量点)

浇筑顺序总体原则：第一次浇筑先浇筑下塔柱结合段，然后浇筑横梁，横梁位置从中间往两边浇筑，每次浇筑不超过 30 cm；第二次浇筑先浇筑横梁，然后浇筑中塔柱结合段，横梁位置先浇筑腹板后浇筑顶板。

(4)预应力施工

纵向预应力为 $19\Phi^{s}15.2$ 钢绞线,锚具为 YM15-19,张拉控制应力 $\sigma_k=0.70R_m=1\ 302$ MPa(R_m为钢绞线标准强度 1 860 MPa),总束数为 184 束,钢绞线共 190 t,ϕ100 mm 波纹管 8 738 m,19 孔群锚锚具 368 套。

预应力钢绞线采用后张法张拉,在混凝土浇筑前穿入预应力孔道,穿束完成后,仔细检查波纹管破损情况,确保在混凝土灌注时孔道里不漏浆。

张拉顺序遵循先长束,后短束,先中间后上下对称张拉的原则。张拉采用分级加载,共分 3 级,即 0.1、0.2、1.0 的设计张拉控制应力,每加载一次,均测量一次延伸量。

采用真空辅助压浆法进行孔道压浆施工。

封锚施工流程:梁端混凝土凿毛→钢筋安装→模板安装→混凝土浇筑→养护→拆模。

五、斜拉桥主塔墩中、上塔柱施工

安庆长江大桥主桥采用钢桁梁斜拉桥,3 号、4 号墩为斜拉桥主塔墩。主塔墩布置情况及基础施工参见本章第一节。

(一)中、上塔柱结构

中、上塔柱为倒“Y”形,采用混凝土塔柱结构,两塔肢的交汇处设 $R=150$ cm 圆弧过渡连接。

中塔柱高 89.22 m,单箱单室截面,顺桥向塔壁厚度 1 m,横桥向塔壁厚度 1.5 m。

上塔柱高 73.28 m,单箱三室截面,预应力钢筋混凝土结构,顺桥向边长 9～12.2 m,壁厚 1.5 m,横桥向边长 9 m,壁厚 0.7 m,隔板厚 0.8 m,上塔柱底部 8.8 m 段为线性变化截面矩形结构,8.8～24.94 m 之间设 $R=8\ 000$ cm 圆弧过渡段。上塔柱横桥向内壁设外凸的锯齿块作为斜拉索的锚固支承点,塔壁内采用井字形布置 ϕ32 mm 预应力粗钢筋。

主塔结构如图 4-3-126 所示,主要技术参数见表 4-3-13。

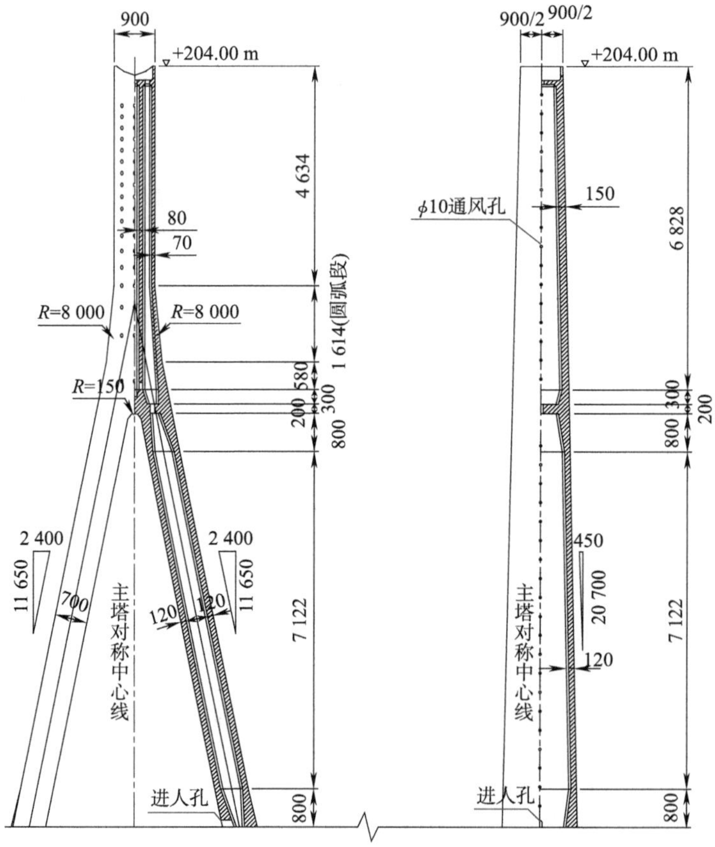

立面　　侧面

图 4-3-126 主塔中、上塔柱结构图(单位:cm)

表 4-3-13　3、4 号主墩中、上塔柱结构主要技术参数

部　　位	底标高(m)	混凝土强度等级	混凝土方量(m^3)	钢筋(t)
中塔柱	+41.5	C50	8 640	1 407
上塔柱	+130.72	C50	4 205	930

(二)主要施工设备及布置

1. 塔式起重机

中塔柱及上塔柱均采用分节段施工法，根据施工分段及塔柱结构特点，中塔柱采用两台型号为 TC7035B 的塔式起重机作为施工垂直起重设备，塔式起重机沿对角线方向布置在塔柱的东西两侧，其中 3 号墩塔式起重机 1 布置于上游池州侧，塔式起重机 2 布置于下游安庆侧；4 号墩塔式起重机布置与 3 号墩相反。3 号墩中塔柱施工完成后，拆除塔式起重机 2，留下塔式起重机 1 完成上塔柱及附属设施安装的施工；4 号墩因需塔梁同步施工，起吊工作量多，2 台塔式起重机均顶升至上塔柱顶部。塔式起重机平面布置如图 4-3-127 所示。

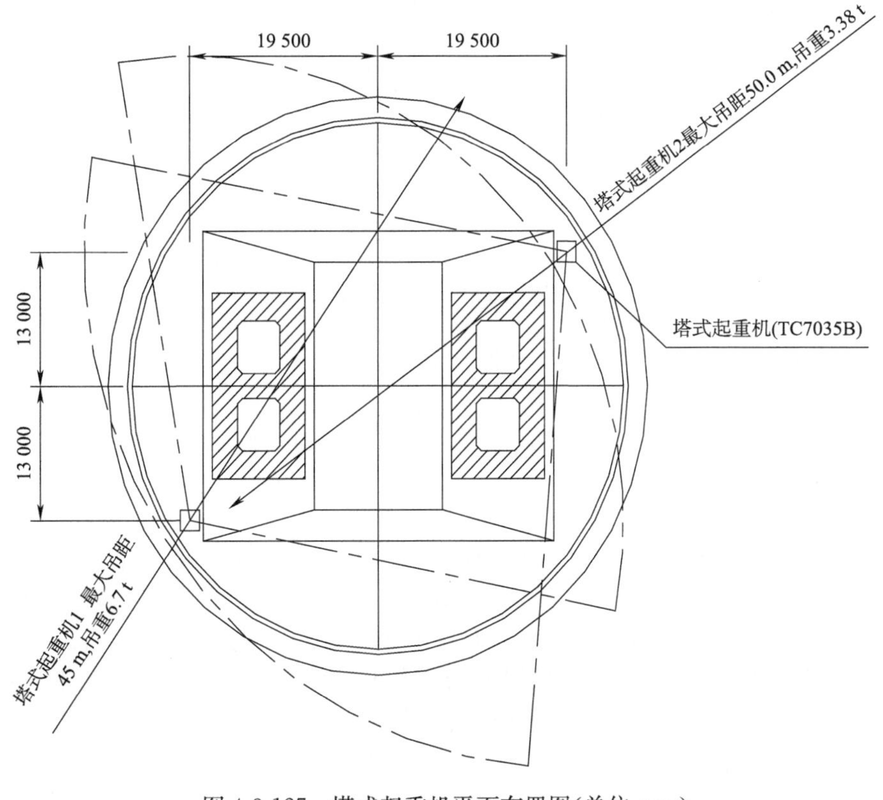

图 4-3-127　塔式起重机平面布置图(单位：mm)

2. 混凝土生产、输送设备

(1)混凝土生产设备

3 号墩塔柱混凝土由岸上 1 座 2×HZS60 型混凝土工厂生产供应，4 号墩塔柱混凝土由 1 座水上混凝土工厂供应。

(2)混凝土泵送设备

混凝土浇筑采用两台型号为 IPF-85B 的混凝土输送泵进行泵送(其中 1 台备用)。

(3)混凝土泵管

3 号泵管从高压地泵接出，沿浮桥上围堰后沿上下游塔柱外壁布置，泵管 1 布置于上游，泵管 2 布置于下游，中塔柱施工完成后，拆除泵管 1，泵管 2 保留继续接高，直至上塔柱施工完成。4 号墩水上混凝土工厂停靠在围堰旁，输送泵管从地泵处接出后先沿支架上至围堰顶，然后沿围堰壁再连接到塔柱上下游面上。中塔柱施工时上下游塔肢各布设 2 套管路(1 套备用)，上塔柱施工时用一套管路。3 号墩泵管布置如图 4-3-128 所示。

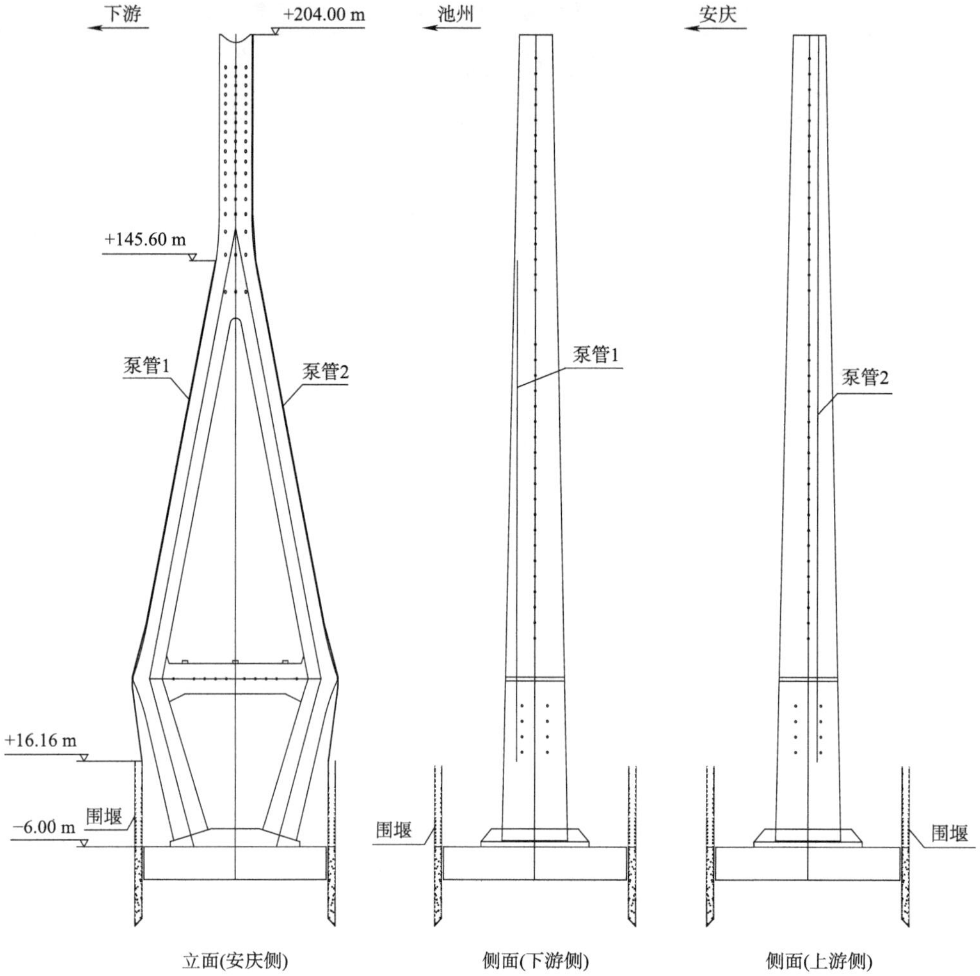

图 4-3-128　主塔泵管布置图

(4)施工电梯

中塔柱施工时设置 2 部升降电梯,1 台电梯从围堰顶开始安装(3 号墩为上游侧,4 号墩为下游侧),另 1 台电梯从横梁顶面附近处安装(3 号墩为下游侧,4 号墩为上游侧),电梯均布置在塔柱外侧,随塔柱升高逐步接长,直至中塔柱合龙段完成。上塔柱施工时保留自围堰顶面开始安装的电梯不动,拆除自横梁顶面开始安装的那台电梯,然后将其移装至中、上塔柱合龙段处的平台上,用于上塔柱施工,该电梯安装在未拆除电梯的对面侧,2 台电梯之间通过塔外设置的平台通道连接。塔柱施工过程中升降机顶部到达爬模的下吊挂平台处,爬模上移时相应进行电梯接长。

塔柱施工升降机布置如图 4-3-129 所示。

(三)主要施工方法及技术要点

1. 中塔柱施工

(1)主要施工技术方案

中塔柱分为 15 个施工节段,节段高度 6 m,如图 4-3-130 所示。其中,中塔柱第一节采用支架法施工,施工平台搭设在塔柱外侧,模板利用爬模自身模板。第 15 节段是中、上塔柱的结合段,实体结构,塔肢外侧 3 个塔柱面仍利用原有爬模继续施工,塔肢内侧的仰面及结合部圆弧段采用新制支架法施工,塔肢仰面爬模在第 14 节塔柱施工完成后拆除。中塔柱其余节段采用爬模施工。

中塔柱为内倾高耸结构,为平衡中塔柱内倾对塔柱线形的影响,中塔柱施工时塔肢间设置四层对撑装置,各层对撑间距 18 m,第 1 层对撑装置设在+65.5 m 高程处。对撑结构采用 ϕ1 200 mm×22 mm 钢管,每层 2 根,分别支撑在横桥向塔壁中心位置。各层横向支撑随塔柱施工进度依次安装。

(2)施工步骤

中塔柱施工步骤如图 4-3-131 所示。

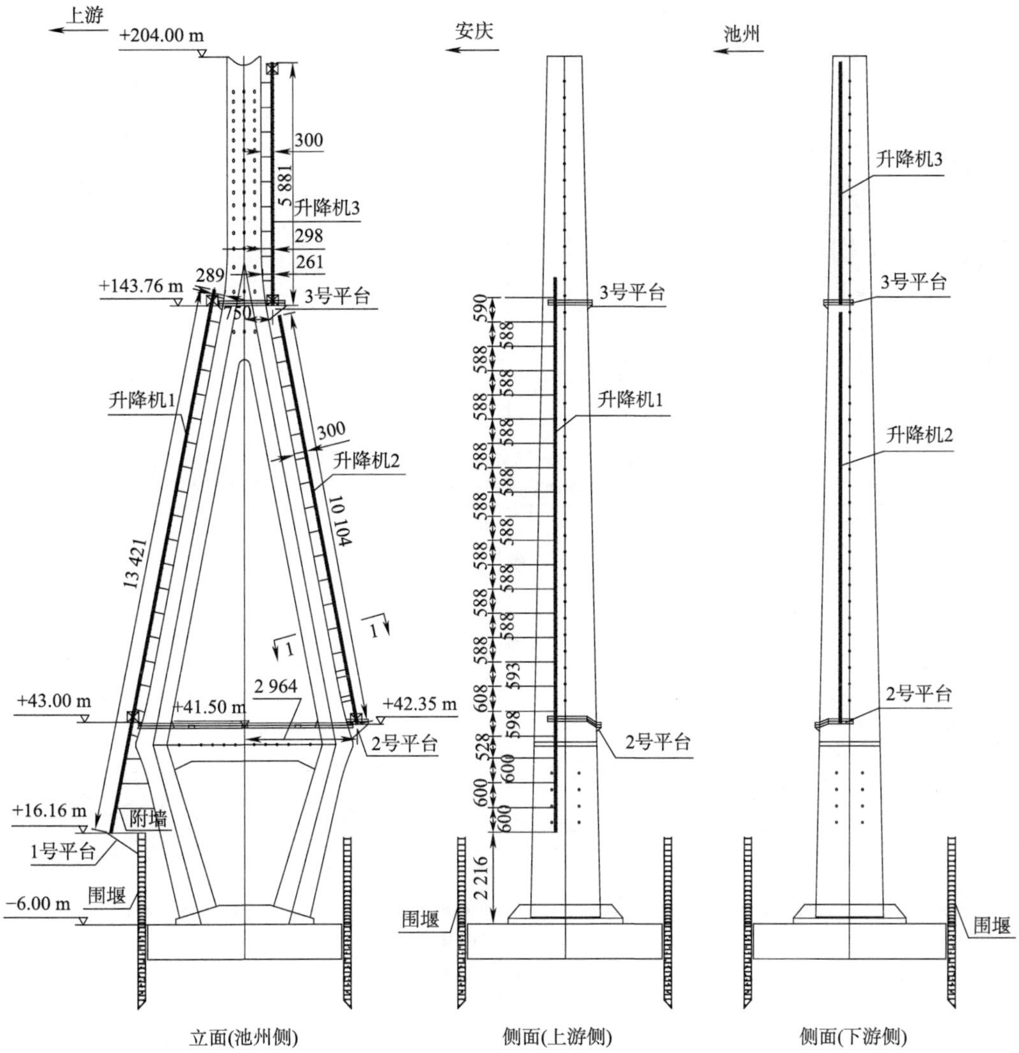

图 4-3-129　主塔柱升降机布置图(单位:cm)

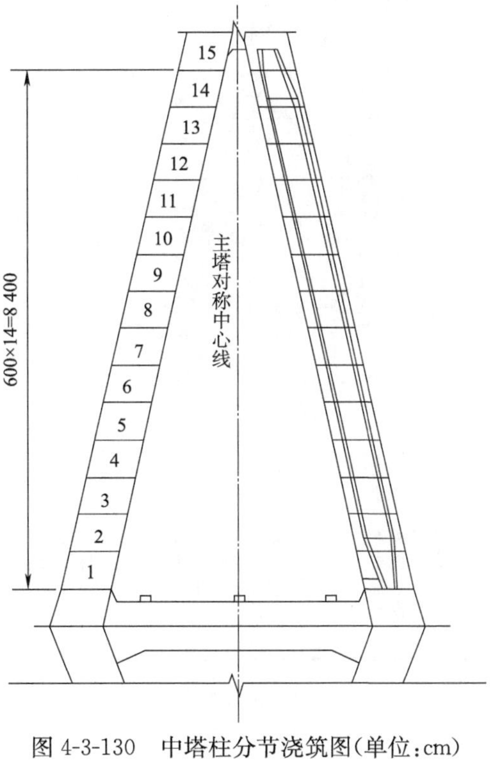

图 4-3-130　中塔柱分节浇筑图(单位:cm)

步骤一：中塔柱起步段安装劲性挂架并绑扎钢筋

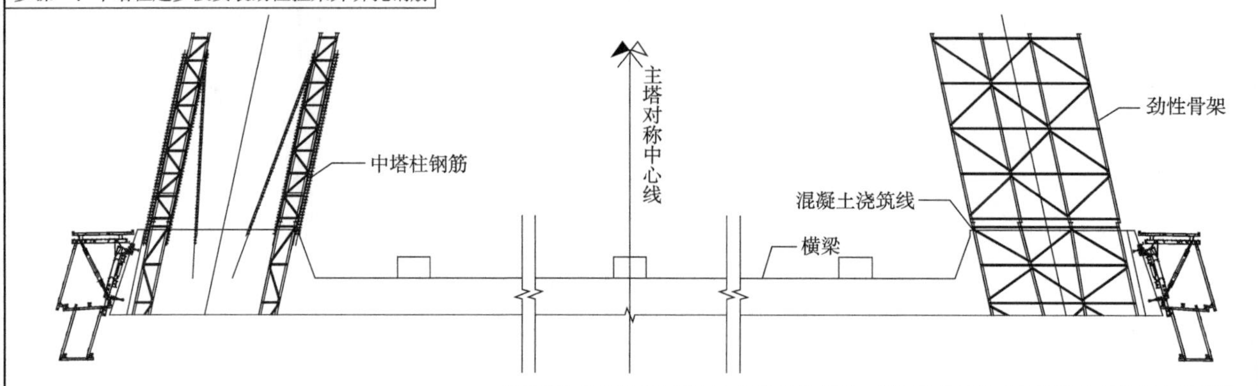

在横梁劲性骨架顶面接高中塔柱劲性骨架，根据劲性骨架走势安装中塔柱起步段钢筋。在塔柱俯面利用在横梁施工中预埋的爬锥安装爬架下架体及主平台。

步骤二：中塔柱起步段模板安装

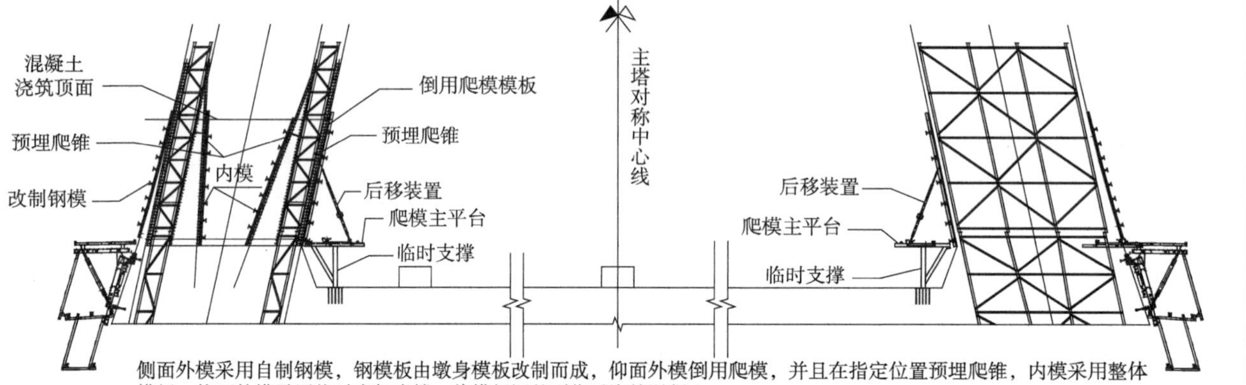

侧面外模采用自制钢模，钢模板由墩身模板改制而成，仰面外模倒用爬模，并且在指定位置预埋爬锥，内模采用整体模板，仰面外模需用临时支架支撑。待模板调整到位后浇筑混凝土。

步骤三：中塔柱第二节段劲性骨架及钢筋施工

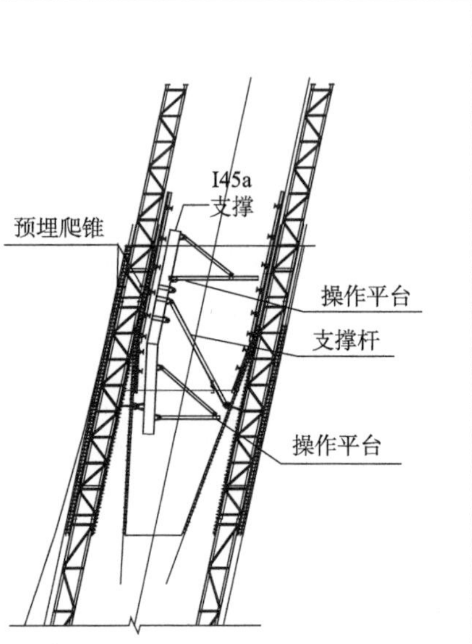

拆除仰面底节临时支撑架，接长劲性骨架及主塔钢筋，安装中塔柱第二节模板并在关模前预埋内爬架爬锥。安装内模仰面支撑系统及操作平台。内模板在底部倒角以上部分倒用爬模模板。

步骤四：中塔柱第二节模板及爬架施工

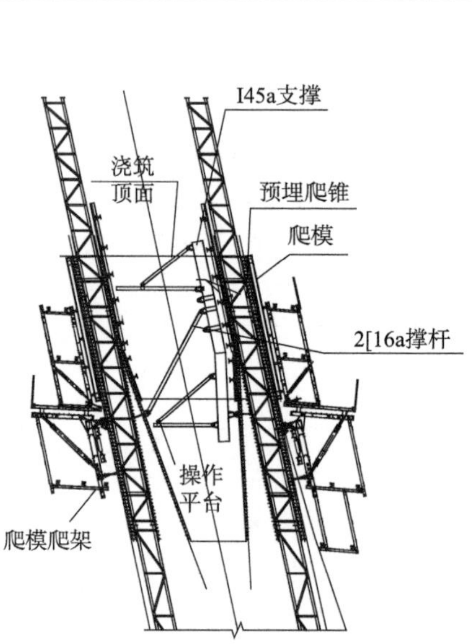

安装外俯面爬架上架体、爬模模板及外架体，安装仰面主爬架及上平台和模板系统，待模板调整到位，外侧爬模板检查无质量及安全隐患后浇筑塔身混凝土。

步骤五：中塔柱第三节施工

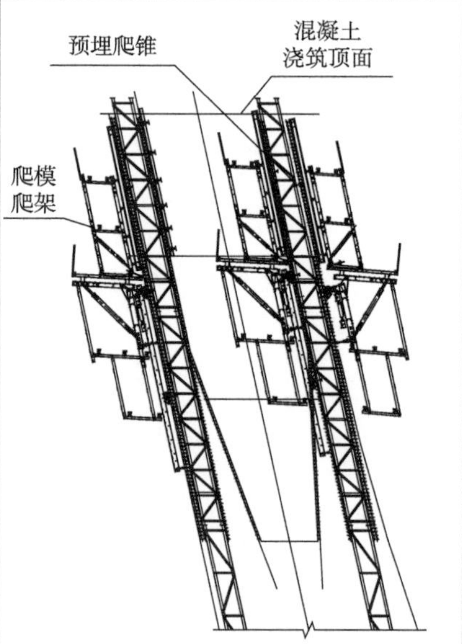

接长第三节段钢筋，安装仰面爬架下吊平台，拆除其他表面内外模，安装爬架各平台施工脚手，仰面内模不采用爬升系统顶升，每节段现场安装。合模预埋爬锥，固定模板，爬架后移装置固定牢固，检查无误浇筑混凝土。

图 4-3-131

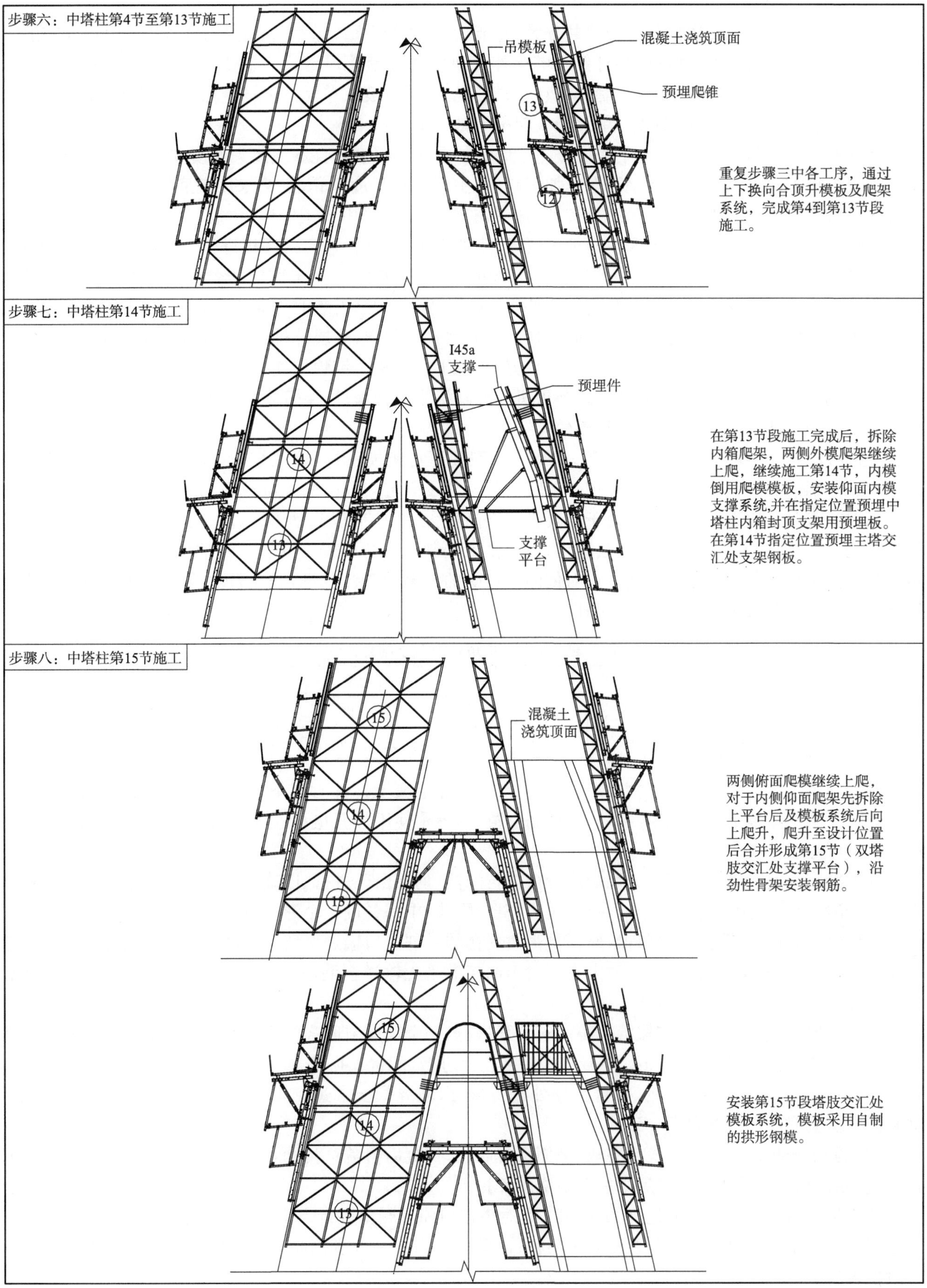

图 4-3-131　主墩中塔柱施工步骤

(3)关键工序及技术要点

①劲性骨架安装。中塔柱劲性骨架共分为10节,高度均为9 m。劲性骨架主桁片采用∟100×10角钢,联结系采用∟63×6角钢。劲性骨架外侧距塔壁外表面250 mm,距塔壁内表面130 mm。每节劲性骨架在平面上分为若干小块,各小块在工厂制作,然后根据施工需要拼装成单元并运输至墩位通过塔式起重机起吊安装,边安装边相互焊连形成整体。单元最大起吊重量4.187 t。

②钢筋施工。与下塔柱一样,中塔柱竖向ϕ32 mm主筋采用滚轧直螺纹接头连接方式,水平筋(箍筋)采用搭接焊连接方式。钢筋在岸上钢筋车间加工制造,主筋定尺长度9 m,主筋采用带底圆钢桶竖直兜起吊,每次起吊数量约12根;水平筋则采用打捆平吊。所有钢筋全部采用人工安装,主筋竖吊到爬架平台后靠放在劲性骨架上,然后由3~4人配合提起抽出,移至安装部位进行对位连接,逐根进行。主筋安装时下端先对位,然后转动主筋将其旋入套筒中,上端则用ϕ10 mm圆钢制作的U形卡固定于劲性骨架上。先安装塔壁内层钢筋,后安装外层的内排钢筋,最后安装外层的外排钢筋,钢筋安装时先装主筋,后装水平筋。塔壁外圈的双层内排ϕ32 mm钢筋和塔壁内圈钢筋同劲性骨架水平杆固定,双层外排钢筋通过临时水平定位架固定,临时水平定位架位置与劲性骨架顶层水平杆平齐,和水平杆用短角钢焊接连接。

塔柱钢筋安装的同时,还要安装塔式起重机及升降机附墙预埋件、泵管附墙预埋件、横撑预埋件、塔内爬梯及检修平台预埋件、电器预埋件及爬模的爬锥等。

③模板施工。中塔柱标准段采用ZL-ZPM100型液压自爬模系统,该系统包括模板系统和爬升系统两部分,系统安装完成后,模板的表面处理、安装就位、调整及固定均可由系统自身完成。

④混凝土配合比设计及拌制。由于混凝土泵送高度大,塔柱节段高达6 m,塔壁内钢筋、劲性骨架及拉杆等结构密集,灌注混凝土时人员无法进出,所以要求拌制出来的混凝土既有优良的可泵性,且能够经过长距离和高压泵送的混凝土在到达灌注点时依旧有良好的和易性和流动性,防止发生泵送堵管和灌注时出现蜂窝麻面现象。混凝土配合比见表4-3-14。

表4-3-14 中塔柱混凝土配合比

结构部位	强度等级	每平方米混凝土用料量(kg)						
		水泥	粉煤灰	水	砂	石子	外加剂	矿渣粉
中塔柱	C50	385	40	160	706	1085	6.00	75

塔柱混凝土为高强度等级高性能混凝土,生产时每盘混凝土搅拌时间不少于120 s,以确保能够快速搅拌均匀。夏季使用地下水或加冰冷水进行拌制混凝土,冬季使用加温热水进行拌制,使混凝土出机温度和入模温度均满足规范要求。

⑤混凝土浇筑。塔柱混凝土采用分配滑槽进行灌注,均在白天进行,以确保具有良好视线。每个塔柱断面设7个灌注点,长边塔柱壁2个灌注点,短边塔壁(隔墙)中间各设1个灌注点。集料槽安装在劲性骨架顶面,泵管送出的混凝土先进入集料槽,然后再由集料槽的底部出口输送至所需灌注点。集料槽出料口下方对应灌注点,布设7条下料滑槽,各灌注点设下料串筒将混凝土输送至灌注面,防止下料时混凝土冲击骨架和钢筋,造成浆石分离出现质量缺陷。

同一高度的上、下游塔肢节段混凝土浇筑分开进行,一个塔肢节段浇筑完成后再浇筑另一个。施工时按全断面分层连续浇筑,层厚0.3 m。混凝土振捣在顶面进行,配置长振捣棒进行振捣,振捣棒振捣间距0.5~1 m,振捣时设法将振捣棒靠近内、外排钢筋处进行振捣,使混凝土翻过密集钢筋,确保接头结合良好,无蜂窝麻面。振捣时间与常规要求一致。

⑥混凝土养护。每节塔柱浇筑完成,表面反复收浆,初凝后覆盖草袋洒水养护,当混凝土终凝,稍许松开拉杆,顶面蓄水带模养护。拆模后塔柱节段浇水养护。

⑦模板拆除。混凝土强度达到2.5 MPa后对塔柱顶面混凝土进行人工凿毛;混凝土强度达到25 MPa,且混凝土温度下降后,拆卸拉杆,外模脱离后移;内模则等到下一节段钢筋安装完成后再拆除并吊装至下一节段位置安装。

2. 横撑施工

横撑在爬架上移、安装位置空出时进行安装,先安设作业平台,后吊装、焊接横撑。底层横撑长,重量大,安装时由 2 台塔式起重机抬吊完成，其余横撑由 1 台塔式起重机吊装完成。横撑吊装就位，两端先用千斤顶给钢管施加所需的顶力后再同塔柱上预留的横撑预埋件焊接固定。各层横撑施加的顶推力(每根)分别为 300 t、250 t、250 t、200 t。

中塔柱横撑布置如图 4-3-132 所示。

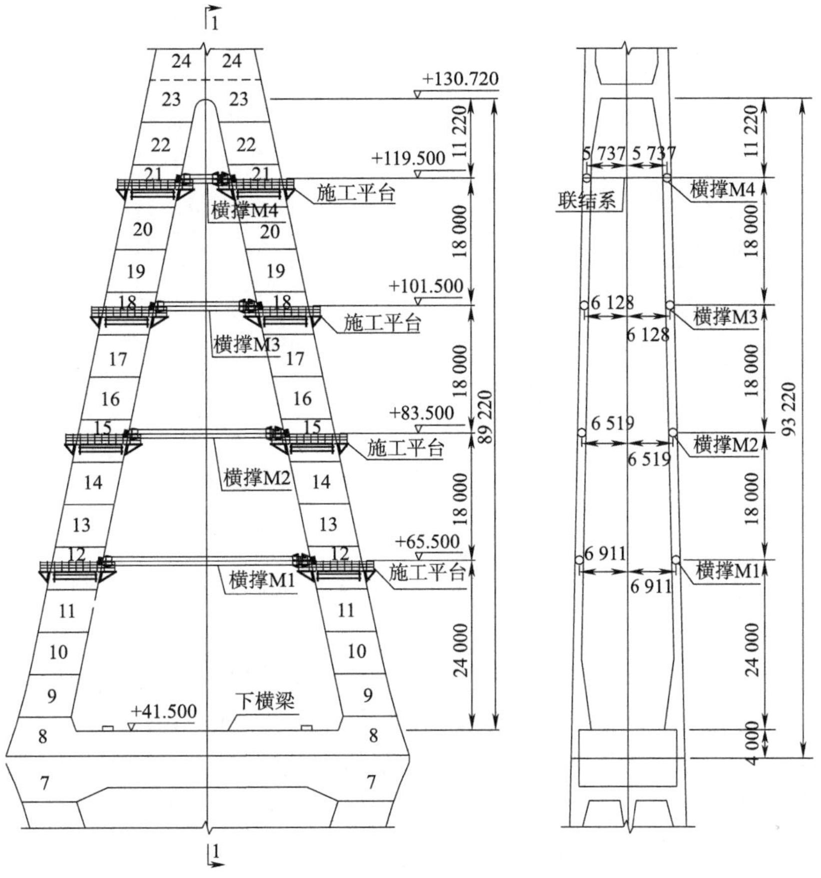

图 4-3-132　中塔柱横撑布置图(单位:mm)

3. 上塔柱施工

(1)主要施工技术方案

上塔柱高 71.28 m，采用四面爬模施工法。因 3 号、4 号墩塔柱分属不同分项目部负责，施工习惯不同，虽标准节段高度均为 6 m，但两墩上塔柱施工节段划分和节段数略有不同:3 号墩分成 13 个节段浇筑，其中第 2 节高度 2 m，第 12、13 节高度分别为 4.5 m 和 4 m;4 号墩分成 12 个节段浇筑，顶节浇筑高度 4.5 m，其余节段高度均为 6 m。

上塔柱为单箱三室截面，预应力钢筋混凝土结构，钢筋布置方式与中、下塔柱类似，塔壁外圈钢筋也是双层。但与中、下塔柱相比，其塔壁内增加了预应力钢筋和斜拉索锚固管，且预应力钢筋呈“井”字形交叉布置，在上塔柱的上段，预应力筋各层间距仅 15 cm，非常密集，因而上塔柱节段施工工序更多，难度更大。上塔柱分节浇筑示意图见图 4-3-133。

(2)关键工序及技术要点

1)劲性骨架索导管施工

①劲性骨架。上塔柱钢劲性骨架自中塔柱第 15 节顶面(＋133.5 m)开始设置，根据其结构形式不同分为 3 种类型:横桥向塔壁钢劲性骨架(有斜拉索锚固管)、顺桥向的外塔壁钢劲性骨架和中隔墙钢劲性骨架。每种类型骨架各有 2 组，每组骨架由 2 片“米”桁桁片组焊而成。骨架主桁片采用∟80×80×8 角钢，联结系横杆采用[10 和[8 槽钢，联结系斜杆采用∟63×63×6 角钢。骨架在钢结构车间按节段分组制造，然后分组吊至塔柱上焊连形成整体框架结构。上塔柱劲性骨架安装顺序:先顺桥向安装隔墙塔壁骨架组，后安装顺桥

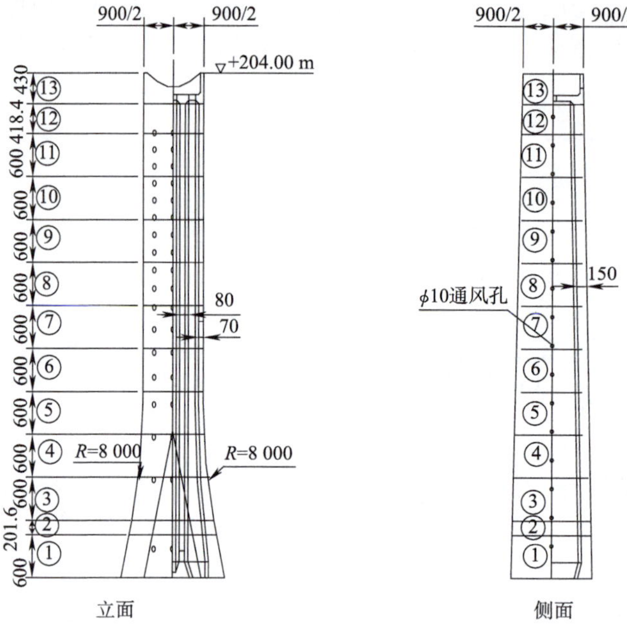

图 4-3-133　上塔柱分节浇筑图(单位:cm)

向外塔壁骨架组,最后安装横桥向塔壁钢劲性骨架组。

②索导管定位。索导管根据节段划分情况与横桥向塔壁劲性骨架连接在一起劲性安装,其位置调整分两个阶段进行。

初定位:根据各编号索道管的空间坐标在对应节段劲性骨架上测量放线,吊放索道管就位并据其位置焊接可调花篮螺栓,将索道管初步定位固定在骨架上。索道管平台初定位如图 4-3-134 所示。

精定位:将已初定位的索导管骨架组整体起吊与塔柱预留骨架对位,调整至符合要求后先临时点焊固定,然后测量检查索导管锚板及底口位置,根据测量结果利用可调螺栓微调索导管至满足坐标要求,经核实无误后将索导管与骨架焊接固定,以防混凝土浇筑时导管上浮。索导管塔柱精定位示意如图 4-3-135 所示。

图 4-3-134　上塔柱索导管平台初定位示意

图 4-3-135　索导管塔柱精定位示意

2)模板施工

①第 1、2 节段模板安装。塔柱钢筋绑扎完毕后,即可安装模板。内模系统通过利用钢管脚手架搭设操作平台进行安装施工。此时爬架系统不转换,仍然按照中塔柱爬架结构从中塔柱直接爬升至上塔柱 1 节段,并作为模板、钢筋等的施工平台。

1、2 节段顺桥向外模采用爬模模板，此区段横桥向尺寸为向上线性减小的结构，需按照实际单位新制外模，外模使用横梁及岸上墩身模板改制。塔内预应力粗钢筋锚固块使用木盒在外模上固定而成，内模采用整体木模。

②第 3、4、5 节段模板安装。此区段顺桥向为 $R=8\ 000$ cm 圆弧段，需在顺桥向爬模木方与面板间适当抄垫形成圆弧形模板，横桥向仍为非标准段外模，可使用 1、2 节段外模。为减少模板裁切修改工作，塔柱模板采用横桥向外模包顺桥向外模，在浇筑 5 节段时需预埋第 6 节段横桥向爬架爬锥。顺桥向内模仍采用整体制木模，横桥向内模(包括斜拉索张拉端锯齿块模板)需根据设计尺寸改制，并与顺桥向模板连接加固。塔柱预应力粗钢筋锚固块模板直接在爬模模板上钉木盒形成。

③第 6～12 节段斜拉索锚固齿块安装。此区段塔柱顺桥向外塔面线性变化，横桥向塔面为 9 m 等宽截面，塔柱采用四面爬模施工，横桥向和纵桥向塔壁各布置 4 个爬模机位。

④爬模平面布置如图 4-3-136 所示。

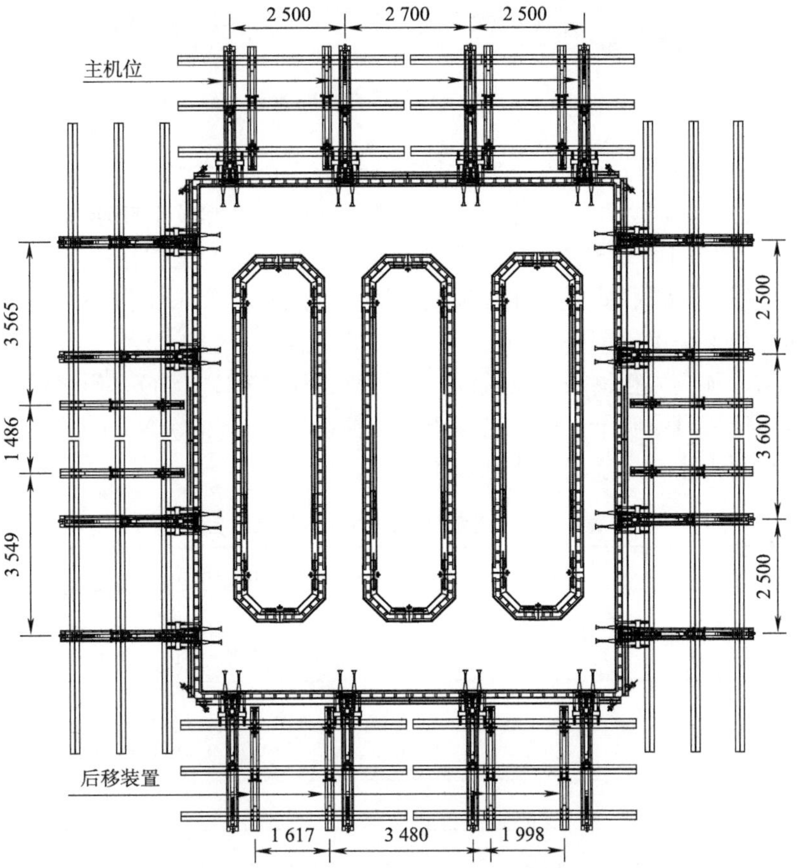

图 4-3-136 安庆长江大桥 3、4 号主墩上塔柱爬模平面布置图(单位:cm)

3)预应力施工

①预应力粗钢筋安装。上塔柱内设置了 2 936 根直径 32 mm 预应力高强精轧螺纹粗钢筋，井字形布置，张拉端与固定端交替布置，采用内径 45 mm、壁厚 2.5 mm 的钢管制孔。

预应力筋管道采用 ϕ10 mm 及 ϕ12 mm 钢筋进行定位。ϕ12 mm 钢筋用于搁置管道，与劲性骨架焊接固定；ϕ10 mm 钢筋弯成“U”形，与 ϕ12 mm 钢筋焊接，用于固定管道平面位置。管道定位间距不超过 1 m。

预应力粗筋与成孔管道、锚下螺旋筋、锚具等组装好后一起安装。先安装预应力筋，后绑扎钢筋。上塔柱预应力粗钢筋安装如图 4-3-137 所示。

②预应力粗钢筋张拉。张拉参数：粗钢筋标准强度 $f_{pk}=930$ MPa，锚下控制应力 $\sigma_k=0.90f_{pk}=837$ MPa，张拉力 $F=673$ kN。张拉采用 2 台 YC150 型千斤顶，配用油泵为 ZB4-500 型。

塔柱强度和弹性模量达到设计值的 90%时进行张拉作业，张拉前，核查相关试验结构。预应力粗钢筋采取单端张拉，张拉力与伸长量双控。

图 4-3-137 上塔柱预应力粗钢筋安装

张拉程序：0→10%σ_k(初应力)→20%σ_k→100%σ_k→持荷 2 min(锚固)。

张拉具体步骤：安装工作锚具，用扳手拧紧→将长 70 cm 的工具螺纹钢筋通过连接套筒与张拉端粗钢筋连接，并将螺钉旋具放入槽口中→将张拉撑脚及张拉千斤顶就位，马镫支撑在槽口两边的混凝土表面→在张拉千斤顶尾部安装工具锚具(垫板、螺帽)，准备张拉→按规范及设计要求张拉完毕后，转动螺钉旋具拧紧工作锚具中螺帽→回油张拉下一束粗钢筋。

③孔道压浆及封锚。预应力粗钢筋张拉后及时进行管道压浆(24 h 内)。压浆前，将待压浆孔道冲洗干净，采用压力水冲洗，再使用风泵吹干。压浆过程中压力控制在 0.6～0.7 MPa，直到确认出浆孔排出的浆体与规定的水泥浆稠度相同为止。压浆配合比见表 4-3-15。

表 4-3-15 上塔柱预应力孔道压浆配合比

项目	材料		
	水泥	压浆料	拌和水
产地规格	P·O 42.5	北京邦福德 GJ-11	长江水
理论配合比	1	0.11	0.37
理论用料(kg/m³)	1 348	148	499
水胶比	0.33		

孔道压浆结束后，用砂轮切割机在距螺母 1 cm 位置处将预应力粗钢筋切除，然后先将锚具周围清洗干净，并将张拉槽口周围混凝土凿毛，最后封锚。封锚混凝土强度等级为 C50。

第三节 T 型简支梁的架设

铜九改线、池州疏解线部分桥梁采用 T 型梁，其中铜九改线 32 m T 梁 4 孔；池州疏解线 32 m T 梁 28 孔。

一、施工方案

T 梁架设采用一台 JQ160 型架桥机施工，采用一班制作业，每天架设 2～3 孔。先进行铜九改线桥 T 梁的架设，后进行池州疏解线桥 T 梁的架设。

T 梁梁片由外购运至铺轨基地，在铺轨基地编组后，运至施工现场。为保证梁片供应，不影响架梁工作的正常进行，根据架梁进度，利用离架梁现场最近的铜陵车站停放编组后的运梁车，并保证至少两天的用量。

为了加快架梁速度，梁上上砟整道分两步走，即架梁之前在铺架基地预上底砟，上砟由人工配合起重机作业；架梁之后梁上剩余道砟利用 K 车上砟，并及时进行整道作业。

梁体的横向张拉、湿接缝由 T 梁架设工班负责施工。

二、施工工艺流程

T 梁架设程序：组装架桥机和换装龙门架→编组架梁列车→架梁准备→架桥机桥头对位→2 号车行驶至龙门架前方→梁车到龙门架将梁倒装至 2 号车→2 号车送梁与架桥机联挂→喂梁、捆梁、吊梁→对位、落梁→横移梁就位、安装支座→重复以上顺序架第二片梁→电焊连接板→铺设桥面轨道→重复架设以后各孔至桥架完→架梁收尾。

施工工艺流程如图 4-3-138 所示。

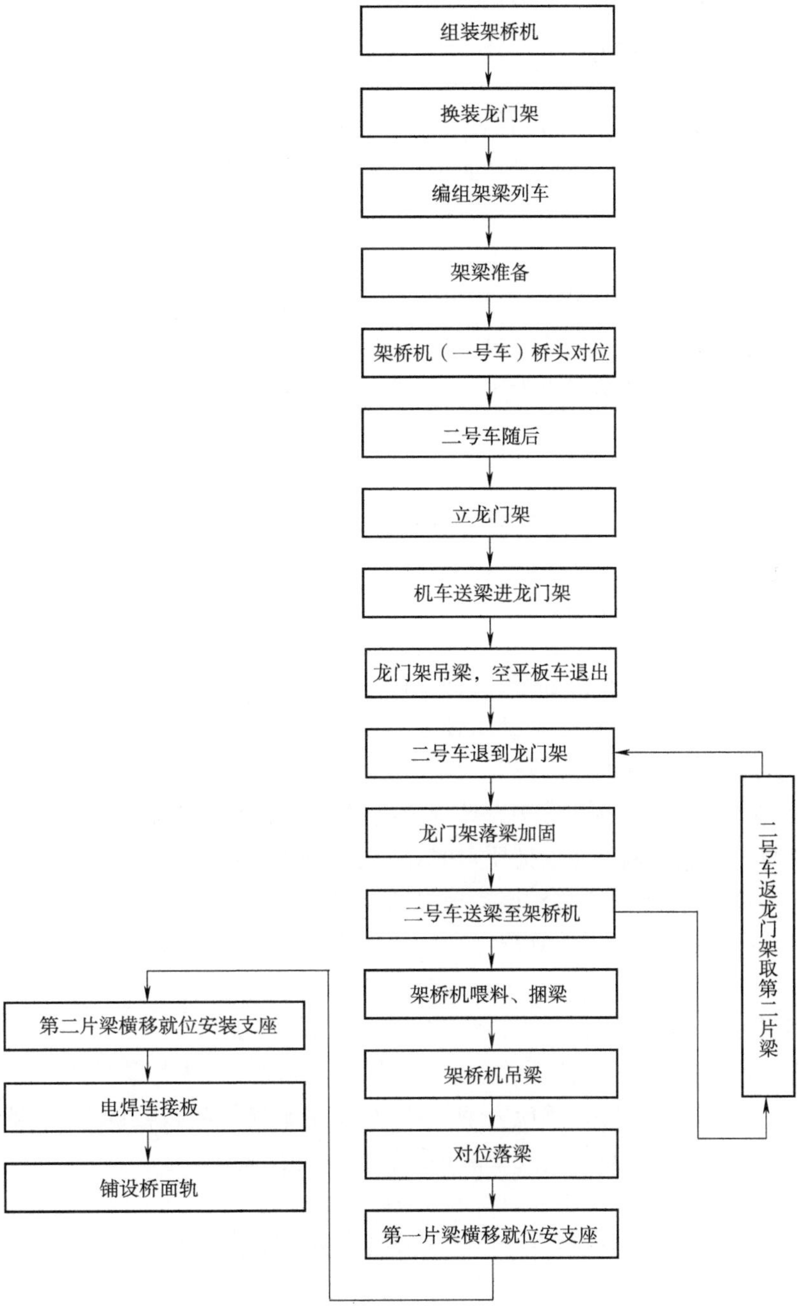

图 4-3-138　T 梁施工工艺流程图

三、关键工序及技术要点

1. 压道

架梁前要对路基质量和密实度进行检查,尤其桥头路基回填情况不可忽视,压道必须采用压道车进行。

压道范围为前方压上桥台 1 m,后方压到大轴重停留处 50 m 以外,遇曲线桥等情况需要拨道架梁时,除正线压道外,还需要对拨道架梁地段进行压道。

压道速度采用 1～3 km/h,压到无明显下沉、最后三个往返左右偏差小于 2 mm、总下沉量不大于 3 mm,并不得少于 3 个往返。松软路基、大雨、阴雨长期浸泡路基、压道后长期未架的路基都应采取重新压道或捣固、加固等措施。

2. 一号车对位

桥头作业完成后,一号车前行对位,主要包括:对位、伸大臂、支垫和落实 0 号柱,使 0 号柱前后左右保持竖直状态,不得偏斜。T 型桥台架梁时,桥台耳墙要加固。

3. 换装梁片及二号车送梁

在一号车对位的同时,进行换装桥梁的作业。首先,机车推送梁片到龙门架处,检查梁上防水盖板、工具、材料等的高度是否超出挡砟墙顶,超过时及时处理,保证梁片能顺利通过架桥机的一、二号柱。梁车前进至龙门架下适当位置停下。桥梁由龙门架吊起,然后拉出装梁空平板车。二号车进入龙门架,在桥梁的下方对好位,把梁倒装到二号车上。

桥梁装上二号车时,梁前端悬出二号车升降横梁的长度符合规范要求,悬出端最低处距轨面净高度不小于 1.8 m,不足时用垫木调整。桥梁落实后及时加设支撑,拖梁小车与轨面间打木楔制动,防止桥梁窜动。

二号车载梁运行速度根据线路条件可采用 10～20 km/h,接近一号车时降速到 0.5 km/h。慢慢与对好位的一号车联挂,严防冲撞。

4. 喂梁、捆梁、吊梁

二号车与一号车联挂后,利用二号车前端两个液压千斤顶的升降和一号车的拖梁小车运动,完成喂梁、捆梁及吊梁工作。

5. 出落梁、墩顶移梁、顶落梁、安支座

吊梁小车沿大臂吊梁运行到规定位置,使梁片落放到移梁设备上,将第一片梁移到墩顶外侧安全位置,然后重复以上程序使第二片梁能安全落到桥墩、台顶设计位置,最后将第一片梁回移到设计位置。采用千斤顶顶梁,取下移梁设备,安放支座,使桥梁架设达到规范要求。

6. 收 0 号柱、退架桥机、铺桥面轨

梁片全部落位后,在桥面铺设的同时,按设计规定电焊连接板,将两片桥梁连成整体;当左右两片梁的连接角钢相互错动很大使用原配接板不能保证质量时,应在现场另行配置钢板,板厚不得小于原设计厚度,长度应不大于连接角钢的长度,并须使两相对连接板之间至少保持 30 mm 净距宽度,板上挖孔直径不宜大于 50 mm。电焊可用交流或直流焊机,焊条应符合现行国家规定标准,焊缝厚度不小于8 mm,并不得有裂缝、气孔等缺陷。

7. 重复架其余各孔梁,收龙门架及完成架梁收尾工作,退架桥机

当一座桥用多孔时,为提高架桥机使用效率,对已就位的两片梁可先焊接梁端及跨中的横隔板,其余中间隔板可临时连接。具体方法是先穿上预应力钢筋,同时使用木撑将隔板处的上、下翼缘支撑好,然后扣上螺母,以保证架梁时的稳定性,待全桥架设完毕后再进行横向连接施工。

第四节　简支箱梁的制运架

本节以 DK40+000～DK60+238 范围内的简支箱梁施工为例总结简支箱梁的制运架施工技术。由于该段范围内的桥头及桥尾不具备设置梁场条件,只能在桥的中部 DK48+360 处设置梁场(雨山梁场)。该范围内包括七座桥梁共计 440 孔箱梁预制和架设任务,其中 32 m 整孔箱梁 411 孔,24 m 整孔箱梁 29 孔。

一、箱梁预制

箱梁在台座预制并初张拉后用移梁车移至存梁区堆放，终张拉和灌浆在存梁区完成。出运安装时用跨墩提梁机把梁吊到桥位下方喂梁台座上，利用两台跨线提梁机提梁上桥，并放置在运梁车上出运铺架。

钢筋卸料在钢筋存放区，由 2 台 10 t 18 m 跨的门式起重机吊卸；在钢筋加工棚里完成制作。钢筋的绑扎分底腹板和顶面板钢筋，钢筋笼在绑扎台座处绑扎成型后，用两台 80 t 门式起重机配合吊具吊到制梁台座安装。

箱梁底模内模用卷扬机拖拉进出。

混凝土在拌和站拌和后，通过混凝土罐车运输至制梁台座，通过混凝土泵和布料机把混凝土送入模板内，高频振捣器振捣配合人工振捣棒振捣密实。混凝土冬季施工时采用蒸汽养护。

(一)施工工艺流程

整孔式箱梁预制施工工艺流程如图 4-3-139 所示。

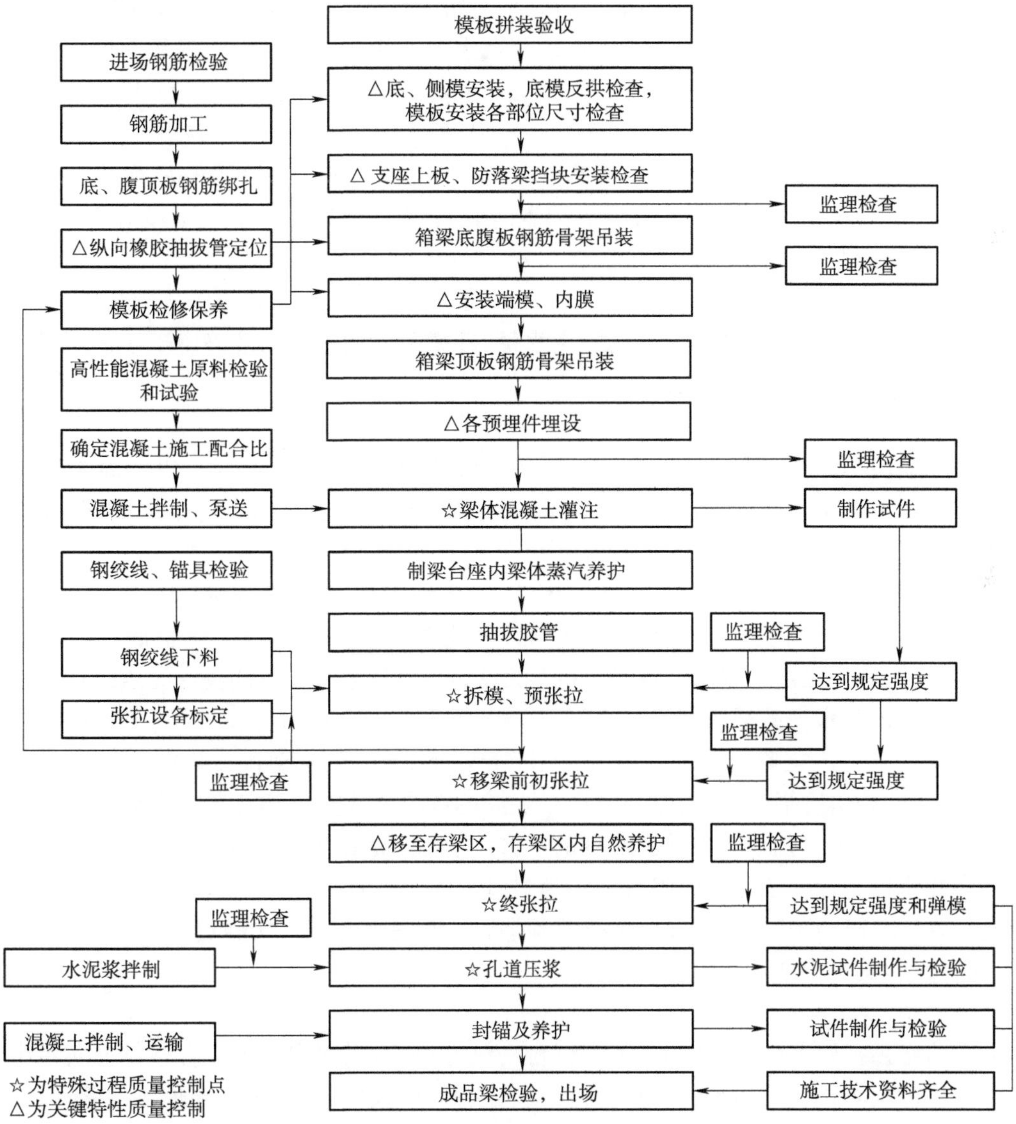

图 4-3-139　整孔式箱梁预制施工工艺流程图

(二)混凝土配合比设计

1. 试配强度的确定

C50 混凝土施工配制强度要求≥60 MPa，计算公式：

$$f_{cu0}=f_{cuk}+1.645\sigma$$

式中 f_{cu0}——混凝土的施工配制强度(MPa);

f_{cuk}——混凝土的设计配制强度(MPa);

σ——施工单位的混凝土强度标准差,如无近期同一品种混凝土的取 6 MPa。

2. 水胶比的确定

混凝土的水胶比[水/(水泥+矿物微细粉)]一般不大于 0.4。严格制约水胶比是保证高性能混凝土质量的关键之一,低水胶比能降低混凝土的孔隙率并减小孔隙尺寸,通过混凝土的低渗透性来保证其耐久性。C50 混凝土宜采用 0.30、0.32、0.34、0.36、0.38 五个水胶比进行试拌来确定最佳水胶比,通常采用 0.34 作为基准水胶比。

3. 浆集比

水泥浆与骨料(亦称集料)的比例为浆集比。采用适宜的集料时,固定浆集体积比为 35∶65 可以很好地解决强度、工作性和体积稳定性之间的矛盾,配制出理想的混凝土。

4. 用水量的确定

C50 混凝土中由于掺入高效减水剂,坍落度的大小在很大程度上可通过高效减水剂的性质和掺量来制约。因此,用水量需要根据石料的粒径、高效减水剂的减水率及掺量来确定。一般坍落度为 75～90 mm 时,用水量宜制约在 145～160 kg/m^3;坍落度在 170～200 mm 时用水量宜制约在 160～170 kg/m^3。

5. 砂率

砂率主要影响混凝土的工作性。当水胶比不同时,混凝土中的最优砂率也有所变化。C50 混凝土的砂率可根据胶凝材料总量、粗细骨料的颗粒级配等因素,由经验确定砂率,一般坍落度在 75～90 mm 时宜取 0.28%～0.33%,坍落度在 170～200 mm 时宜取 0.37%～0.40%。

6. 砂、石用量

按绝对体积法计算。可根据确定的水胶比、用水量、砂率及砂的表观密度确定砂子的用量;1 000 L 混凝土中除去干砂浆和水的体积则为石子的体积。

7. 试拌调整

使用搅拌机前运用与试配时混凝土配合比相同的水胶比及灰砂比进行涮膛,以免尚未试拌时水泥砂浆粘附桶壁。试拌量应不小于搅拌机额定量的 1/4,混凝土的搅拌方式及加料宜与生产时使用的策略相同,特别是外加剂的掺法是同时掺还是后掺。

试拌得出的拌和物坍落度不能满足要求或黏聚性、保水性不好时,应保证水胶比不变的条件下,相应的调整用水量和外加剂的掺量或砂率,用水量调整的幅度不能过大。如通过以上调整混凝土拌和物仍不能满足混凝土运输、泵送等施工工艺的要求或混凝土的性能要求,则要考虑重新选择水泥或外加剂或联系减水剂生产厂家调整好减水剂与水泥的适应性。

混凝土拌和物坍落度的检验应测定 0、30 min、60 min、90 min 的坍落度。因拌出的混凝土要经过运输才入模,如果混凝土的坍落度损失过大,则导致运至现场的混凝土无法入模浇筑。因此配合比设计时要考虑混凝土在运输、泵送等施工工艺过程中的坍落度的损失,确保混凝土入模时的坍落度。

当拌和物实测密度与计算值之差的绝对值不超过计算值 2%时,可不调整;大于 2%时,按《普通混凝土配合比设计规程》(JGJ 55—2011)规定进行相应的调整。C50 混凝土配合比确定后应对配合比进行 6～8 次的重复试验进行验证,其平均值不应低于配制的强度值,确保其稳定性。

(三)原材料控制

原材料采购前必须按照 ISO 9000 的要求进行合格供方评价,供应商必须在合格供方名录中。所有原材料应有供应商提供的出场检验合格证,并应按有关检验项目、批次规定,严格实施进场检验。

(四)模板安装及设置

1. 模板安装流程

模板安装流程如图 4-3-140 所示。

2. 底模安装

底模预制箱梁采用固定钢底模。32/24 m 共用底模,24 m 底模跨中预设反拱 7 mm,32 m 底模跨中预设反拱 18 mm,按二次抛物线布置,预设梁体压缩量 14 mm。

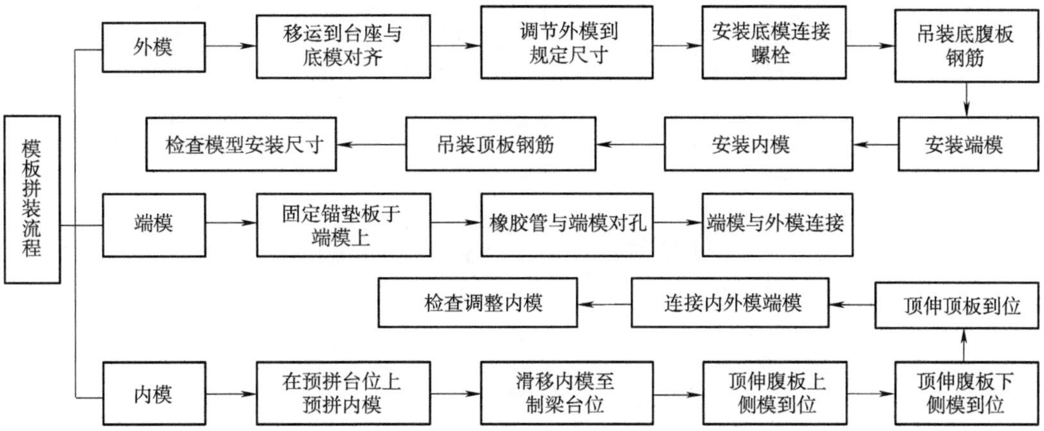

图 4-3-140　模板安装流程图

先将底模吊到条形台座上进行调平，采取分段拼装，底模拼接时需要注意保证各段的中心线在同一直线上。

预制首批箱梁时，每生产完一孔梁，都必须对底模标高进行测量监控并及时调整，等沉降稳定后可以减少检查的频次。

3. 侧模安装

侧模由面板、纵向劲肋、龙桁、骨架、底部连接螺栓等组成。侧模分节制造，经试拼合格后再焊接成整体。单侧侧模按照整体移动、整体安装、整体脱模的方式设计和制作，一侧侧模配备两套移模小车。

安装侧模时，慢速卷扬机牵引移模小车将侧模运送到指定的台座与底模相对应的地方（为保证精确对位，卷扬机司机要和指挥人员密切联系，听从指挥人员的指挥。当小范围对位时，可利用螺旋顶作业），螺旋顶两端同步推动侧模沿运模小车上的横移轨道滑移至与底模接触。横向就位后，利用螺旋顶调整侧模高度，顶升侧模至设计高度，用连接螺栓固定侧模与底模。通过测量使侧模线形与梁体线形一致，上紧所有的螺栓和螺杆。

螺旋顶顶升侧模时注意事项：

(1)移模小车就位后，螺旋顶就位，螺旋顶安置于侧模立柱下方，每侧共计 32 个顶位。

(2)待侧模与底模接触后，32 个螺旋顶同步作业，待所有油顶受力时，方可同时顶升。

(3)螺栓连接顺序先跨中后两端。

4. 内模安装

钢筋吊装就位后，开始安装内模。

安装内模时，慢速卷扬机牵引移模小车将内模运送到指定的台座。为保证精确对位，卷扬机司机要和指挥人员密切联系，听从指挥人员的指挥。

5. 端模安装

端模板进场后对其进行全面检查，保证其预留孔偏离设计位置不大于 3 mm。

端模安装前，先检查板面是否平整光洁，有无凹凸变形及残余黏浆，端模管道孔眼是否清除干净。用门式起重机使端模板就位，依次将橡胶抽拔管穿过相对的端模孔慢慢就位，因管道较多，安装模型时应特别注意不要将橡胶抽拔管挤弯，否则会造成端部有死弯。端模安装完成后，再次逐根检查橡胶管是否处于设计位置。另一方面要注意锚垫板在对位时避免顶撞钢筋骨架，以免引起支座板移位。

当侧模、端模、内模安装并绑扎完顶板钢筋后，严格检查各部连接构件，复核各部截面尺寸。

6. 模板拆除

模板拆除流程如图 4-3-141 所示。

(1)拆模时，先松开内模，整体滑移出台座，拆除端模再进行预张拉，预张拉不应对梁体压缩造成阻碍。待梁体进行初张拉后移出内模，侧模可在吊梁时拆除。

(2)拆模时的混凝土强度应达到设计强度的 60%以上（图纸要求）；梁体混凝土芯部与表层、箱内与箱

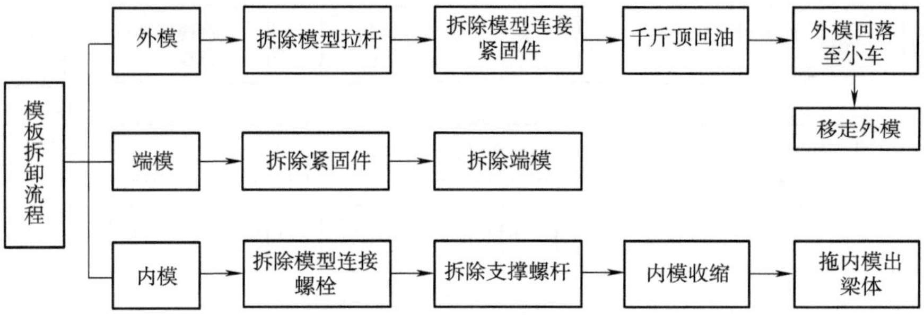

图 4-3-141 模板拆除流程图

外、表层与环境温差均不宜大于 15 ℃,并应保证梁体棱角完整。

(3)气温急剧变化时不宜拆模。

(五)钢筋加工及安装

1. 钢筋施工总体方案

整孔式箱梁钢筋施工采用钢筋整体预扎,整体吊装至制梁台座上连接。梁场设钢筋预扎区四个,配备专用钢筋吊架两个。钢筋工程施工工艺流程如图 4-3-142 所示。

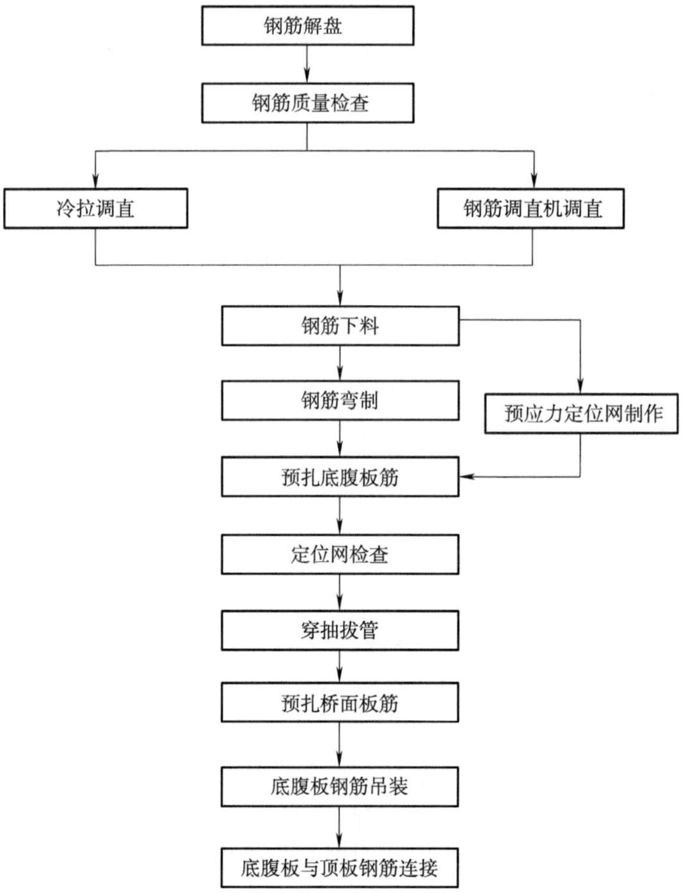

图 4-3-142 钢筋工程施工工艺流程图

2. 原材料检验

原材料进场按程序向监理工程师报验,复验合格后方可使用。

3. 钢筋下料及连接

(1)调直

盘条钢筋和由于运输过程中发生弯折现象的直条钢筋使用前均应调直。

(2)钢筋下料

钢筋下料时要去掉钢材外观有缺陷的地方;不弯钩的长钢筋下料长度误差为±10 mm;弯钩及弯折钢筋下料长度误差为±1d(d 为钢筋直径)。

钢筋下料前的准备工作:外观检查、除锈调直、下料长度的确定、钢筋切断。

直径小于 10 mm 的盘条钢筋采用冷拉调直。首先将钢筋搁放在圈架上,用卷扬机将钢筋拉到一定长度切断,分别将钢筋两端夹在地锚和拉伸机(卷扬机)的夹具上,开动电机,将钢筋基本拉直,调直拉伸率不超过 2%。

断料前,首先应该认真识图,确定钢筋种类、直径、尺寸及根数,复核钢筋配料单是否正确。

钢筋配料是钢筋加工前的必要步骤,其目的是根据整孔式箱梁施工图,将各个编号的钢筋分别计算出钢筋切断时的直线长度及钢筋根数。配料中关键是钢筋下料长度的确定,计算下料长度应考虑混凝土保护层厚度、钢筋搭接长度等。

(3)钢筋连接

钢筋接头采用闪光对焊连接,闪光对焊要求按照现行规范的规定执行,要求接头熔接良好,完全焊透,且不得有钢筋烤伤及裂纹等现象。焊接后应按规定经过接头冷弯和抗拉强度试验。钢筋闪光对焊接头:同一级别、规格、同一焊接参数的钢筋接头,每 200 个为一验收批,不足 200 个亦按一验收批计。每一验收批取一组以上试样(三个拉力试件、三个弯曲试件)。

4. 钢筋预扎

(1)钢筋预扎区

为了减少台座占用时间,提高工作效率,保证绑扎质量,配备钢筋预扎区 2 个。根据设计图纸钢筋位置、位置,在预扎台座 50 角钢上做好刻槽,预留 35 mm 保护层,顶板顶层钢筋保护层为 30 mm。

(2)梁体钢筋绑扎

将梁体钢筋按照设计图位置放入预扎台座刻槽内并绑扎,先放置横桥向钢筋,再放置纵桥向钢筋。

钢筋的交叉点用钢丝绑扎牢固。箍筋的末端应向内弯曲,箍筋转角与钢筋的交接点均需绑扎牢固。箍筋的接头(弯钩接头处)在梁中应沿纵向线方向交叉布置。绑扎钢筋用的钢丝要向内弯曲,不得伸向保护层内。

(3)梁体定位网筋绑扎

按照设计图纸加工抽拔管定位网片,与梁体底腹板筋连成整体。

(4)预应力管道成型

预应力钢束通过的混凝土管道,采用橡胶管成型。钢筋骨架绑扎完毕后才可以穿橡胶管。穿管采用前面一人牵引,穿过相应的网眼,后面有人推进的方法。穿管过程中要注意防止管壁破裂。穿管前如发现有微小裂纹应及时修补,在得到监理工程师的签字认可后进行下一道工序。

(5)各种预埋件、预埋孔洞定位

根据设计图纸,对支座板预埋件、底板泄水孔、腹板通风孔、桥面泄水孔、通信电缆过轨预留孔进行定位。注意绑扎各预埋孔洞螺旋筋及加强筋。

5. 钢筋吊装

(1)钢筋吊架

钢筋吊装采用专门制作的吊架,吊架具有足够强度和刚度,以保证在吊运过程中不会发生变形及扭曲。吊具为桁架结构,由 120 方钢组焊而成。

在起吊及移运过程中,严禁急速升降和快速制动,以免钢筋骨架扭曲变形,同时注意保护预应力管道在吊运过程中不会受到损坏。

(2)梁体钢筋吊装

为使吊装时钢筋骨架整体受力,在每一吊点下设一钢管做扁担梁,将扁担梁与钢筋骨架用钢丝扎紧;将钢筋上下层钢筋网用架立筋点焊连接。

(六)混凝土浇筑

1. 施工工艺流程

混凝土浇筑施工工艺流程如图 4-3-143 所示。

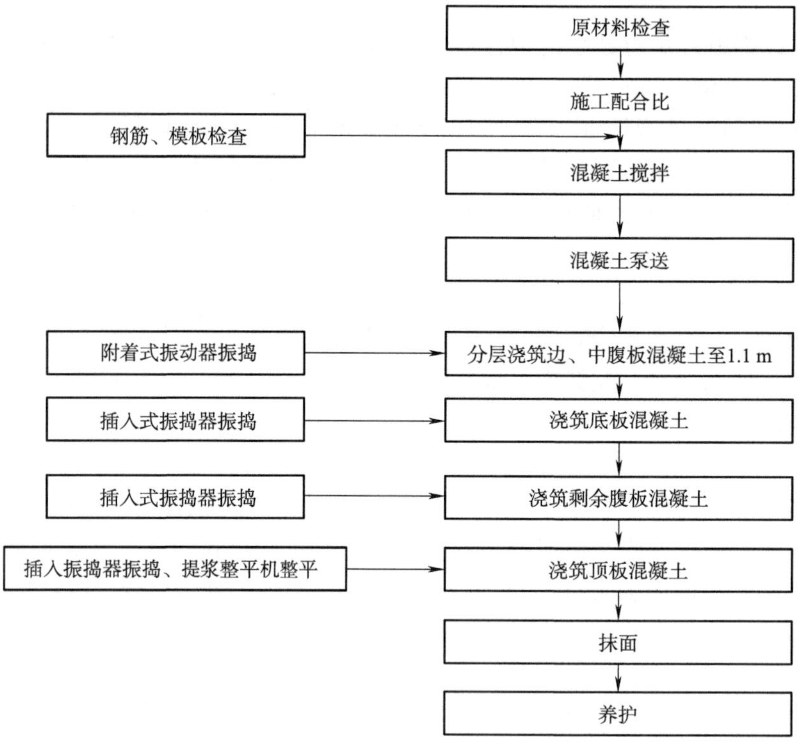

图 4-3-143 混凝土浇筑施工工艺流程图

2. 关键工序及技术要点

(1)混凝土原材料检验

所选用的原材料均要满足《铁路混凝土工程施工技术指南》《铁路混凝土工程施工质量验收补充标准》及《铁路混凝土结构耐久性设计规定》经试验室检验后方可使用。

(2)混凝土搅拌

每次搅拌作业前,试验应测定粗、细骨料的含水率,及时调整施工配合比。

搅拌混凝土前先搅拌一盘砂浆润滑输送管道。搅拌时先投入细骨料、水泥和矿物掺合料搅拌 30 s,随后加水将其搅拌成砂浆,再向搅拌机投入粗骨料充分搅拌后,最后加入外加剂搅拌均匀为止。

(3)混凝土输送

将混凝土通过混凝土罐车运送至布料机,与布料机输送管道相连。

布料机或混凝土泵在泵送混凝土前,先泵一些水润湿管道,再泵一盘砂浆润滑管壁。正常泵送时,注意防止堵管,出现异常及时处理,更换混凝土泵保证连续作业。

(4)混凝土灌注

①振捣方法。附着式振捣器布置及振捣方法:在侧模位置布置附着式振捣器,在两端头处,沿梁高方向垂直向上 0.4 m,水平方向每隔 0.7 m 布置,共 20 台;中部沿梁高方向垂直向上 0.7 m,水平方向每隔 2.0 m 布置,共 22 台;共计 42 台。每相邻两台附着式振捣器连通,每次振动时间不得超过 2 min。

插入式振捣棒布置及振捣方法:每台布料机桥面配备 6 台插入式振捣棒,箱内配备 4 台插入式振捣棒。采用插入式振捣棒振捣混凝土时,插入式振捣棒的移动间距不宜大于振捣棒作用半径的 1.5 倍,且插入下层混凝土内的深度 50～100 mm,与侧模应保持 50～100 mm 的距离。当振动完毕需变换振捣棒在混凝土拌和物中的水平位置时,边振动边竖向缓慢提出振捣棒,不得将振捣棒放在拌和物内平拖。不得用振捣棒驱赶混凝土。每一振点的振捣延续时间为 20～30 s,以混凝土不再沉落,不出现气泡,表面呈现浮浆为度,防止过振、漏振。

提浆整平机提浆整平:借助安装于侧模上的走行轨道,通过附着式振捣器对梁体桥面板顶面进行提浆整平。

混凝土振捣过程中,要避免重复振捣,防止过振。加强检查模板支撑的稳定性和接缝的密合情况,防止在振捣混凝土过程中产生漏浆。对于箱梁腹板与底板及顶板连接处、预应力筋锚固区以及施工缝处等其他钢筋密集部位,要特别注意振捣。

②浇筑顺序。高性能混凝土灌注通过对称布置的两台 HJY3 布料机分别从两端开始向中间对称布料,水平分层(分层厚度为 30 cm)、斜向分段,从两端向跨中对称浇筑,顺序为边腹板→底板→边腹板→顶板,如图 4-3-144、图 4-3-145 所示。

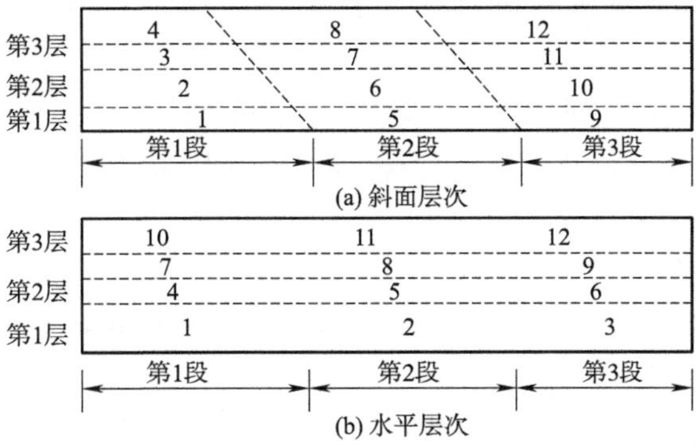

图 4-3-144　混凝土分层浇筑顺序

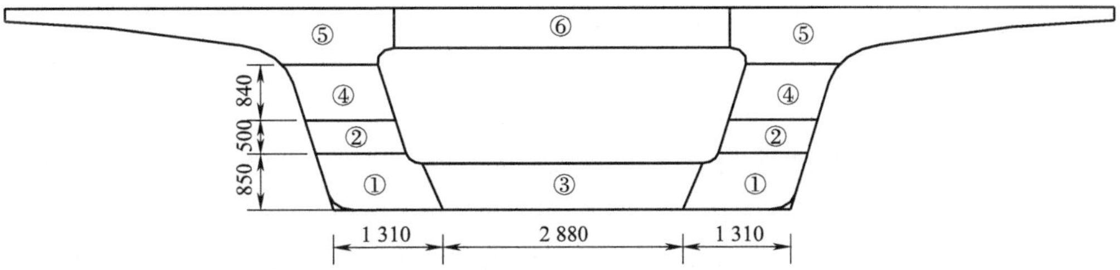

图 4-3-145　底、腹板混凝土灌注顺序示意图(单位:mm)

通过软管向①②区域布料灌注,为防止底板混凝土超厚,灌注完①②区域后,稍作停顿,再通过内模顶板上天窗灌注区域③内的混凝土;灌注完后关闭天窗,随后分层灌注区域④;桥面灌注先灌注区域⑤,再灌注区域⑥;待区域⑥灌注完毕后,开始用整平机大致整平,人工抹面。

①②区域时采取三种措施控制混凝土严重翻浆:严格控制混凝土的坍落度,坍落度过大造成底部混凝土翻浆严重,无法振捣;坍落度过小造成混凝土无法下到底部拐角处;采用附着式振捣器和插入式振捣棒联合振捣的方式,并派专人在箱内用小锤敲打模板,以检查其密实程度,特别是下拐角处;第一层水平分层厚度与边腹板截面底板高度平齐,同时在内模安放压浆板,避免内模处翻浆严重。

自④及其以上区域振捣采用插入式振捣棒振捣。

③收浆抹面。混凝土振捣完成后,应及时修整、抹平混凝土裸露面,待定浆后再抹第二遍。抹面时严禁洒水,并应防止过度操作影响表层混凝土的质量。

箱内底板处的混凝土采用人工抹面;桥面上先用提浆整平机大致提浆整平,再采用人工抹面。

(七)混凝土养护

当箱梁混凝土灌注完毕,在混凝土初凝过程中,应特别注意加强表面的保湿工作。当温度较高、气候干燥时应用喷雾保湿,不允许用水管直接冲混凝土表面。拆模后应注意对桥面的养护,特别是端边墙比较薄弱,拆完模后应立即将其覆盖,以防风吹干裂。派专人负责混凝土早期养护,养护时间应能满足混凝土硬化和强度增长的要求,使混凝土强度满足设计要求。

1. 自然养护

自然养护采用草袋或麻袋覆盖洒水,并在其上覆盖塑料薄膜养护。洒水养护采用自动喷水系统和喷雾器进行,保证养护不间断。洒水次数以能保持混凝土表面充分潮湿为度。一般气候条件下白天 1～2 h 洒水一次,晚上 4 h 洒水一次,天气炎热时要增加洒水次数,当环境相对湿度小于 60%时,养护不少于 28 d;相对湿度在 60%以上时,养护不少于 14 d;当环境温度低于 5 ℃时,预制梁表面应喷涂养护剂,并采取保温措施,不得对混凝土洒水。

2. 蒸汽养护

蒸汽养护采用1台4 t的蒸汽锅炉进行。

蒸汽养护分静停、升温、恒温、降温四个阶段,静停期间应保持棚内温度不低于5 ℃,灌注完4 h后开始升温,升温速度不应大于10 ℃/h;恒温时蒸汽温度不宜超过45 ℃,梁体芯部混凝土温度不超过60 ℃;降温速度不大于10 ℃/h。蒸养其间及撤除保温设施时,未预张拉前梁体混凝土芯部与表层、表层与环境温差不超过15 ℃。

蒸汽养护每小时进行一次记录。蒸汽养护结束后,立即进入洒水养护。

整个养护过程由专人测温,分别对养护棚内、棚外,梁体箱内、箱外,梁体芯部温度进行监测记录。

(八)张拉、压浆及封端

1. 钢绞线下料

(1)将验收合格的成捆钢绞线吊到桥梁预制台座边,放进固定的钢架笼里,然后剪断捆扎的铁皮,并将表层的包装塑料纸清理干净。

(2)钢绞线下料长度按照施工图要求。下料时首先将钢绞线拉直,然后用钢卷尺丈量进行下料。下料应在平直的场地进行,按下料长度在地面上做好标记,在标记的切割点处两头用铁线扎牢,用切割机或氧气切割,严禁用电焊条切割。钢绞线两端不得散头。

(3)按箱梁类型确定钢绞线总根数,每个台次应该使用同一钢号、同一规格、同一炉号的同一批钢绞线。

(4)钢绞线下料完后按梁型分号成束绑扎,每1~1.5 m用16号钢丝绑扎一道,扎丝头扣向束里,采用专用牵引器套好。

(5)穿钢绞线时由专人指挥,用卷扬机牵引,严格按施工图穿束,每束两端露出长度能满足施工要求时停止牵引。

(6)穿束完毕,切口毛刺要及时清除,以便下道工序露出梁体钢绞线长度为工作锚高、限位板高、定位圈高、工具锚高、过渡套长、YDCW3000B型千斤顶长度的总和。

2. 预张拉

(1)为防止箱梁产生初裂缝,先松开内模,将其整体滑移出台座,拆除端模再进行预张拉。

(2)进行预张拉时,梁体混凝土强度必须达到33.5 MPa(60%梁体设计强度+3.5 MPa),且不允许有影响承载能力的缺陷。工程技术部接到试验室出具的梁体同条件养护试块强度报告单后,下发张拉通知书进行张拉作业。

(3)钢绞线预张拉控制应力采用公称抗拉极限强度的50%,其不足部分在正式张拉时补足,QVM锚的预张拉程序:0→σ_0(量伸长量)→0.5R_{yj}(量伸长量)→锚固。

(4)张拉采用四台YDC2500型千斤顶,两端同时张拉,并左右对称进行,最大不平衡束不超过一束,严格按照施工图张拉束顺序进行。张拉操作应严肃认真,准确控制油表读数。张拉应力值以油表读数为主,以钢绞线伸长值作校核,实测伸长值与预张拉理论伸长值相差不大于±6%。

(5)预张拉操作步骤:将工作锚的锚环穿入钢绞线束,按钢绞线自然状态插入夹片,夹片孔周围垫上塑料薄膜(以利第二次张拉),用小锤或镀锌水管将夹片打入锚环内,两块夹片间空隙要均匀,端头要齐平。按钢绞线自然状态穿上限位板,并摆好过渡套,将千斤顶安装到位。理顺钢绞线并安装工具锚,在工具锚与夹片之间垫塑料薄膜以便退锚。工具锚夹片外露值之差不应大于3 mm。

(6)张拉前使千斤顶与管道中心线相重合,张拉顺序应严格按图纸张拉顺序要求。预张拉过程中应做好原始记录,张拉完毕应清理现场。

3. 初张拉

(1)梁体无影响承载能力的缺陷,且混凝土强度达到43.5 MPa(梁体强度设计值的80%+3.5 MPa)后,可进行初张拉。也可以在梁体强度达到80%+3.5 MPa后,预张拉、初张拉一并进行。

(2)钢绞线初张拉控制应力采用公称抗拉极限强度的50%,QVM锚的张拉程序:0→σ_0(量伸长量)→0.5R_{yj}(量伸长量)→锚固(其中,σ_0为张拉初应力,$\sigma_0=20\%\sigma_{con}$;$R_{yj}$为张拉极限抗拉强度;$\sigma_{con}$为张拉控制应力)。

(3)张拉采用四台 YDCW3000B 型千斤顶,两端同时张拉,并左右对称进行,最大不平衡束不超过一束,严格按照施工图张拉束顺序进行。张拉操作应严肃认真,准确控制油表读数。张拉应力值以油表读数为主,以钢绞线伸长值作校核,实测伸长值与初张拉理论伸长值相差不大于±6%。

(4)初张拉操作步骤与预张拉一致。

4. 终张拉

(1)进行终张拉时,梁体混凝土强度必须达到 53.5 MPa(梁体设计强度 100%+3.5 MPa),弹模达到设计弹性模量的 100%且龄期不少于 10 d。

(2)进行终张拉时,QVM 锚张拉程序:

①对于已预张拉束:0→0.5R_{yj}(量伸长量)→σ_{con}(量伸长量并静停 5 min)→补拉 σ_{con}(量伸长量)→锚固。

②对于未初张拉束:0→σ_0(量伸长量)→0.5R_{yj}(量伸长量)→σ_{con}(量伸长量并静停 5 min)→补拉 σ_{con}(量伸长量)→锚固。

(3)每束张拉至控制应力后,一端先缓慢卸荷,测回缩量;另一端再补足应力,缓慢卸荷,测回缩量。

(4)张拉采用四台型号为 YDCW3000B 的千斤顶,两端同时张拉,并左右对称进行,最大不平衡束不超过一束,严格按照施工图张拉束顺序进行。张拉操作应严肃认真,准确控制油表读数。张拉应力值以油表读数为主,以钢绞线伸长值作校核,实测伸长值与终张拉理论伸长值相差不大于±6%。

(5)终张拉操作步骤与初张拉一样。

(6)终张拉完毕,进行桥梁上拱度的测量,经检查合格并静停 12 h 后,用砂轮切割机切割钢绞线(预留 35 mm),不得损伤锚具。

(7)安装真空罩,灌注与梁体同等强度的混凝土,锚固及封闭钢铰线和锚具夹片处等周围的缝隙,并在混凝土初凝后拆下真空罩,检查是否有裂缝渗漏空气,如果发现必须及时修补。

5. 预应力张拉施工验收

张拉完成后,检查全部钢绞线束是否符合设计要求。

在张拉过程中出现以下情况,需换锚或钢绞线重新张拉:终张拉时发现预/初张拉的锚具中有夹片断裂者;同一锚具内夹片断裂超过两片者;锚环裂纹损坏者;切割钢绞线或压浆时发生滑丝者。

6. 真空辅助压浆

(1)压浆前按照设计浆体配合比,将辅助添加外加剂,水泥分袋装好备用,水用桶称量。

(2)真空泵及压浆机安装:在待压浆的管道两端安装短管接头,梁体一端预留接口上安装压浆管及压浆机,另一端预留接口上安装抽真空机;灌浆梁体孔道次序是以从最下端及底板依次向上的顺序进行压浆,并且挨个压入的水泥浆饱满密实。

(3)压浆机、真空泵及附件连接好后,对孔道试抽真空,检查及确保孔道无漏气现象。

(4)开启压浆机前,将压浆胶管里的水排掉等待正式压浆。

(5)开启真空泵使孔道内真空度达到−0.06~−0.10 MPa。

(6)开始压浆:初始压浆时,须使用慢速挡,发现压力无异常时,可立即换快速挡进行压浆。

(7)当水泥浆从透明真空管流出时,应关闭通向该真空泵的阀门,关闭真空泵,同时打开排废管的阀门,让水泥浆从排废管流出。当流出的浆稠度合适时,关闭抽真空端的阀门。

(8)当压浆端的压力逐渐上升到 0.5~0.6 MPa 时,开始保压,保压时间为 2 min,保压结束后点动压浆泵,以便压力保持在 0.5 MPa 以上,即可关闭压浆端的阀门,并打开安全阀卸压。

(9)关掉压浆泵,关闭压浆口钢管阀门。

(10)拆下真空泵的两个活接头且卸下真空泵,连同压浆泵、搅拌机、橡胶管和阀门清洗干净,待孔道内浆体初凝后拆下两端的短管接头,再将管头处封好。

(11)压浆结束后,将承压板表面的浆体和锚具周围铲除干净,并对锚具和锚垫板交接缝进行防水处理,同时检查无漏压管道,然后将原混凝土表面凿毛,并焊上钢筋网片浇筑混凝土,混凝土为 C50 微膨胀混凝土。

(12)对压浆孔道进行自然养护。

7. 封锚

(1)孔道压浆完毕,经检查无不饱满情况,浆体已凝固后,及时进行梁体封锚作业。

(2)封端的钢筋骨架绑扎前,将锚穴侧边的原梁体混凝土表面凿毛,同时将支承垫板上的浮浆及油污全部清除。

(3)凿毛、清理工作之后,在锚具的四周及钢绞线端部涂以聚氨酯防水涂料进行防水处理。

(4)防水处理后利用一端带钩一端带有螺纹的短钢筋安装于锚垫板螺栓孔,与设计锚穴钢筋网片绑扎在一起,保证封锚混凝土与梁体连为一体。

(5)封锚混采用 C50 无收缩混凝土,混凝土要加强捣固,要求混凝土密实,无蜂窝麻面,与梁端面平齐,封锚混凝土及时抹面压光,封锚后混凝土面与梁体混凝土的错台不超过 2 mm。

(6)加强养护,充分保持混凝土湿润,防止封端混凝土与梁体之间产生裂纹。

(7)堵头混凝土表面须经三次抹压,养护方法采用表面用塑料薄膜覆盖密封自养。拆摸后即可浇水养护。

(8)封端混凝土养护结束后,应采用聚氨酯防水涂料对封端混凝土与梁体混凝土之间的交接缝进行防水处理。

(9)评定混凝土 28 d 强度及检验混凝土实际强度试件:每天从拌制封锚混凝土(不超过 5 m^3)中随机取样,σ 未知法制作 5 组(σ 已知法制作 4 组)试件进行 28 d 标养。

(九)移　　梁

箱梁在制梁场内运输、存梁及出场装运、落梁均应采用联动液压装置或三点平面支撑方式,运输和存梁时均应保证每支点实际反力与四支点的反力平均值相差不超过 10%或四支点不平整量不大于 2 mm。

箱梁在制梁台座预张拉后,混凝土强度达到设计要求的移梁条件后,采用 900 t 轮轨式提梁机提梁,移梁至存梁台座;在存梁台座上进行初张拉、终张拉和压浆封锚,并达到设计要求 100%强度后,采用 900 t 轮轨式提梁机将箱梁运输至喂梁台座;2 台 450 t 跨线提梁机从喂梁台座上将箱梁提升,并放置在 900 t 运梁车,由运梁车运输至架梁点。

(十)箱梁静载试验

静载试验按《预应力混凝土铁路桥简支梁静载弯曲试验方法及评定标准》(TB/T 2092—2003)的规定进行。试验结束后,整理资料,填写静载抗裂试验报告。

如被抽检的梁试验不合格,查明原因,并加倍抽验,仍不合格时,慎重研究,找出问题所在,并在作出妥善改进措施后,才能继续生产,对该批或该期间生产的梁,则需逐片进行检验。

二、箱梁架设

简支箱梁架设主要采取的作业方式为提梁机装梁、运梁车运梁、架桥机架梁。由于梁场位于施工区段的中部,因此采用四台 450 t 跨线门式起重机提梁、两台 TLC900 型轮胎式运梁车运梁、两台 TLJ900 t 架桥机架梁。

(一)架梁方案

本段架梁线路位于安徽省马鞍山境内,制梁场建设在马鞍山市 205 国道旁。共架设桥梁 7 座(按小里程到大里程排列):慈湖特大桥、跨向山专用线特大桥、采石河特大桥、黄梅山特大桥、襄城河特大桥、跨 314 省道特大桥、姑溪河特大桥。架梁线路上有隧道 2 座,分别为大金山隧道(全长 470 m)、白紵山隧道(全长 993 m);站场两个,分别为马鞍山东站和当涂东站;路基 5 段。

架梁方案:首先架设采石河特大桥,往小里程方向架设直到慈湖特大桥完毕后,运梁车驮运架桥机回雨山梁场调头场地调头,然后继续架设大里程方向剩余箱梁。架桥机转向调头在梁场设置一个 110 m×80 m 平整硬化的调头区(110 m 为顺喂梁台座方向),用 450 t 门式起重机将运梁车和架桥机(高位)吊到指定调头场地通道,之后运梁车驮运架桥机进行调头,之后继续架设采石河特大桥 24 号墩直至姑溪河特大桥 25 号墩,采石河特大桥 20 号墩至 24 号墩最后架设。

(二)运架设备

运架设备采用 TLJ900 t 架桥机和 TLC900 型轮胎式运梁车。TLJ900 t 架桥机可以完成 32 m、24 m、20 m 箱梁的等跨架设,32 m 向 24 m、20 m 变跨,24 m 向 20 m 变跨,20 m 向 24 m、32 m 变跨以及 24 m 向 32 m 变跨作业。架桥机能够顺利进行首跨和最后一跨的架设,能够方便地进行桥间转移。

TLC900 型轮胎式运梁车用于将混凝土箱梁从制梁场运往架桥机后部。

（三）架桥机组装

TLJ900 t 架桥机主要由前后 2 台吊梁小车（前、后吊梁小车）、箱型主梁 2 根及横联、前支腿 1 套、后支腿 1 套、后支腿台车及顶升装置、辅助支腿及台车、悬臂梁、下导梁、下导梁天车、轨道、电气控制系统、液压系统和动力系统等组成。

TLJ900 t 桥机拼装方案：架桥机主梁有两根箱形梁以及三根连系梁组成，每根主梁分 5 段运至拼装现场进行分段拼装。先进行主梁后三段（主梁 1 号节、主梁 2 号节、主梁 3 号节）的拼接，在铺设好的枕木垛上将主梁 2 号节与主梁 3 号节进行拼装，然后将主梁 1 号节与主梁 2 号节进行拼装。另一根主梁的拼装方法和顺序与之相同，两根主梁的拼接可以交叉同时进行。主梁拼装完成后将主梁的三根连系梁拼装完成，再将前后天车、动力机组等吊装上主梁，电气、液压全部安装好后，利用提梁机吊起架桥机拼装前后支腿、辅助支腿等，拼装完成后用提梁机吊装上桥。

TLJ900 t 架桥机拼装方案如图 4-3-146 所示。

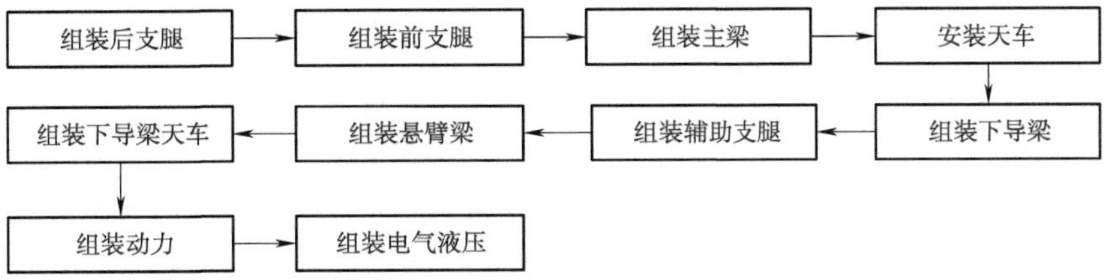

图 4-3-146　TLJ900 t 架桥机拼装方案

（四）TLJ900 t 架桥机箱梁架设

采用"跨线门式起重机提梁、运梁车运梁、双导梁简支架设、一跨式下导梁移位过孔"工艺进行箱梁的运输和架设，即跨线门式起重机连续架设 3 孔箱梁后，将架桥机和运梁车提到已架设的桥面上，然后利用跨线门式起重机提梁并配合运梁车装梁、运梁车桥面运梁，到达架桥机尾部后，配合架桥机喂梁；架桥机通过前、后吊梁行车将箱梁吊运前行，落梁对位，将箱梁放到四个临时测力千斤顶（根据设计标高已调好千斤顶标高）上，再进行支座底灌浆，完成箱梁的架设作业。

1. 架设工艺流程

TLJ900 t 架桥机架梁工艺流程如图 4-3-147 所示。

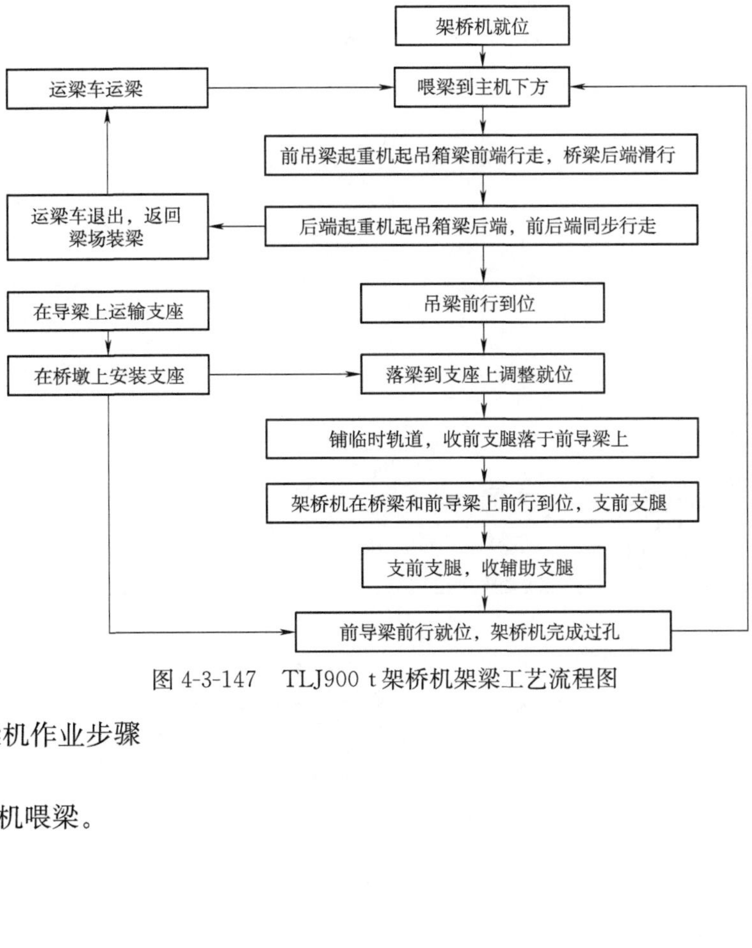

图 4-3-147　TLJ900 t 架桥机架梁工艺流程图

2. TLJ900 t 架梁机作业步骤

(1)喂梁

运梁车辅助架桥机喂梁。

喂梁步骤:运梁车运梁到架桥机尾部→箱梁第一吊点距离车前端 1.3 m,供架桥机前起升小车吊运→后活动枕梁与架桥机前起升小车共同推动箱梁前进→后活动枕梁行进到终点,箱梁第二吊点距离运梁车前端 3.9 m,供架桥机后起升小车吊运。如图 4-3-148 所示。

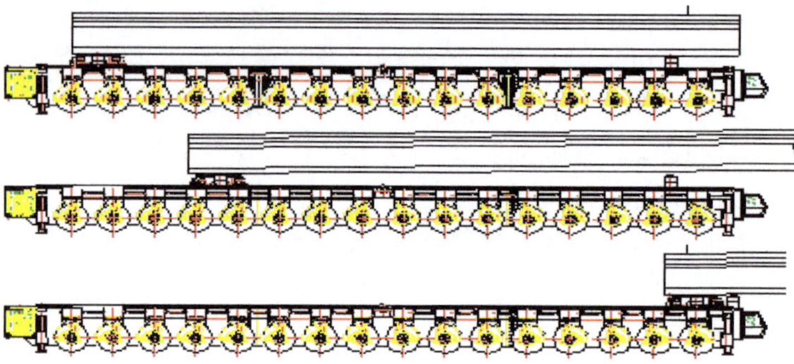

图 4-3-148 喂梁工况示意图

(2)架设

根据工作需要,架设工况分为架梁、过孔、架设最后一跨和桥间转移等施工作业流程。

1)架梁前准备。调查制梁场的位置、地形、引入线及附近交通运输情况;对运梁车、架桥机通过路基、高压线、电力线、广播通信线等影响走行和工作净空的障碍物进行调查、测量并提出解决办法;根据设计提供的运梁车检算资料,对线下路基、桥梁工程进行实际调查,并制定相应的处理措施;在已架梁上拼装架桥机及下导梁;对成品箱梁进行检查,主要检查梁体、桥面、压浆封端混凝土强度,箱梁的全长、跨度、梁高等外形尺寸,预埋件位置、螺栓孔、中心线、板面平整度,吊装孔位置、孔径。

2)架梁。

①首孔梁架设。首孔梁架设工序:移梁机将箱梁移至喂梁台座→安装支座→跨线门式起重机运行至该喂梁台座吊梁上桥、对位(箱梁的里程线、中线与桥墩的架梁工作线对位)→灌浆。如图 4-3-149 所示。

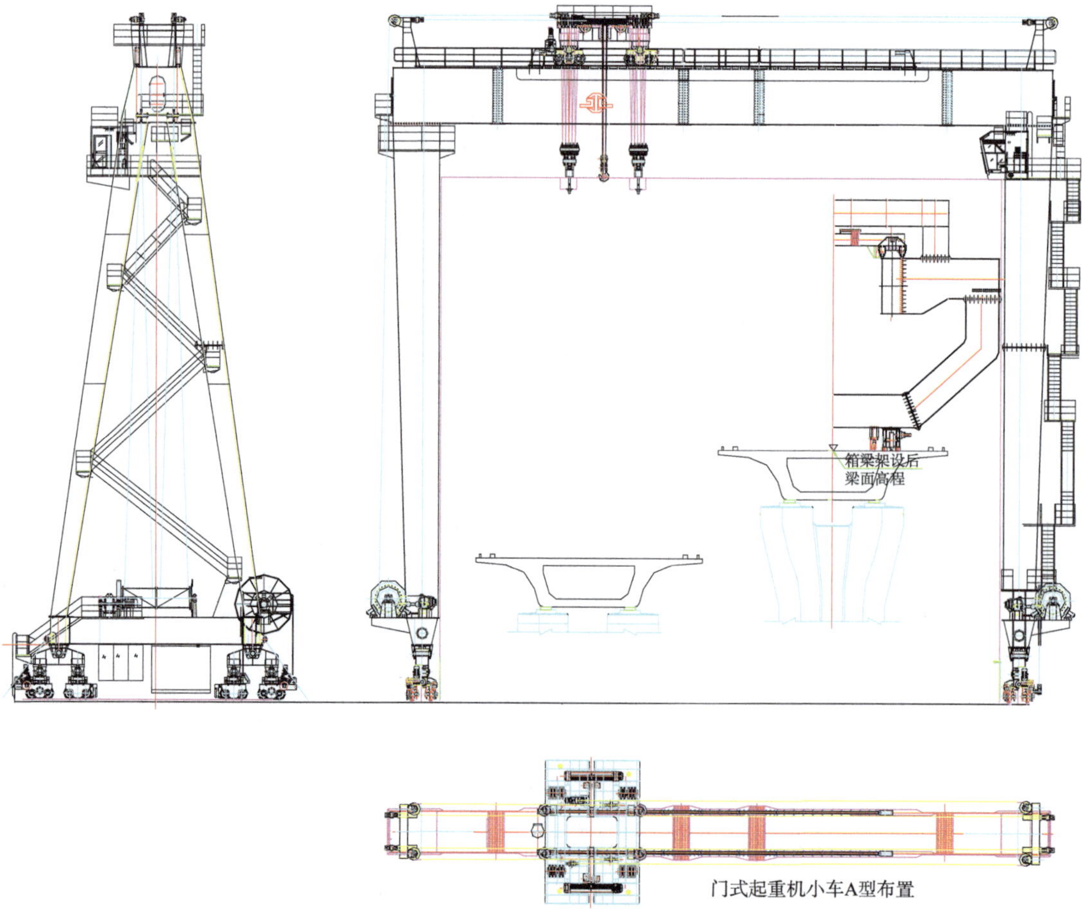

图 4-3-149 首孔梁架设示意图

②其他梁架设。

a. 运梁车运梁：架桥机准备工作完毕→运梁平车喂梁→运梁平车载梁行至架桥机尾部停止制动→前吊梁小车捆吊梁体前端。如图 4-3-150 所示。

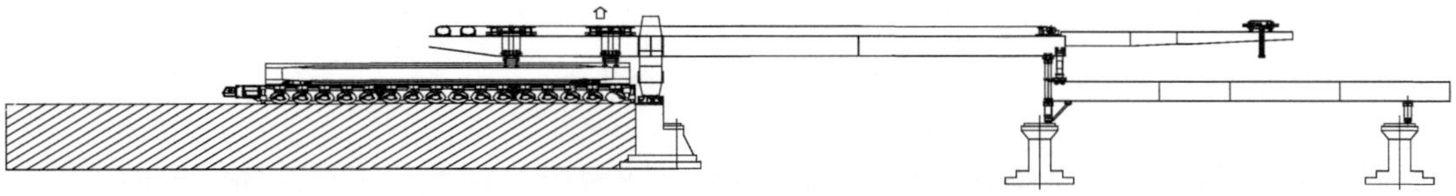

图 4-3-150　运梁车桥头喂梁

b. 前吊梁小车吊梁前行：前吊梁小车拖梁和运梁平车上后台车配合前移梁体→梁体前端行至架桥机主梁 1/2 处。如图 4-3-151 所示。

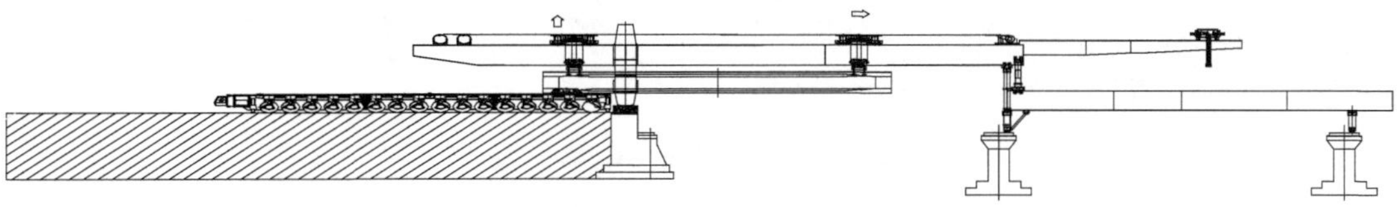

图 4-3-151　前吊梁小车吊梁前行

c. 前后吊梁小车共同吊梁前行：梁体继续前移，梁体后端至架桥机尾部→后吊梁小车捆吊梁体后端→前后吊梁小车共同配合前移梁体。如图 4-3-152 所示。

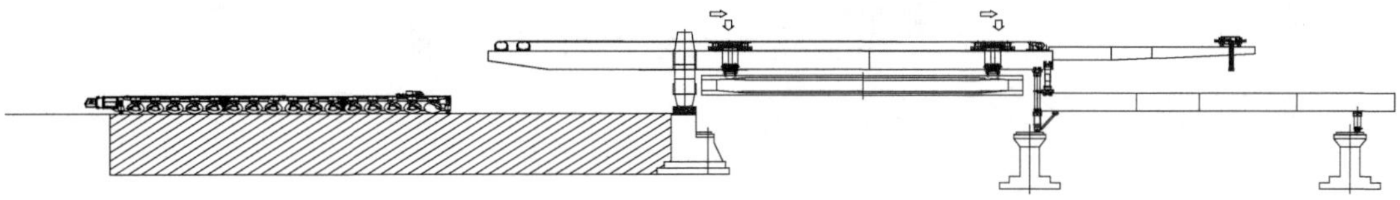

图 4-3-152　前后吊梁小车共同吊梁前行

d. 前后吊梁小车于架梁段落梁：前后吊梁小车载梁行至架桥机架梁段→低梁体高度距离墩面 200 mm→前后、左右调整梁体位置，就位梁体→架桥机准备过孔。如图 4-3-153 所示。

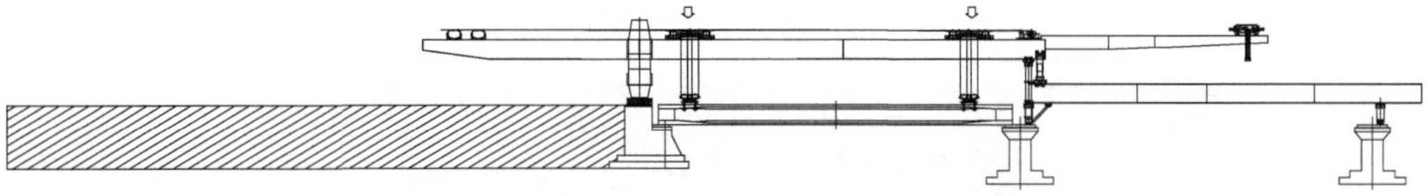

图 4-3-153　前后吊梁小车于架梁段落梁

(3)架桥机过孔

①架桥机准备过孔：架桥机架设该孔完毕→于桥面铺设架桥机临时轨道→解除架桥机后支腿台车下部 2 个机械顶，台车轮落于轨面上→利用辅助支腿和前支腿油缸交替动作，使前支腿下调整节离开墩面。如图 4-3-154 所示。

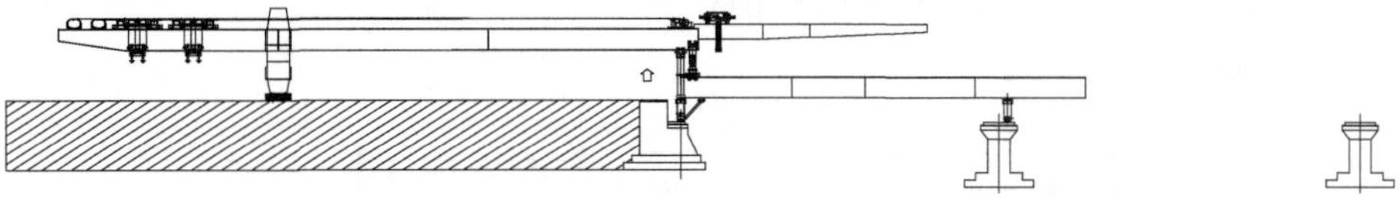

图 4-3-154　架桥机准备过孔

②架桥机前移：开动后支腿台车电机，使架桥机前移→架桥机前移至设计位置→安装后支腿台车机械顶下部 4 个调整垫块→利用辅支腿油缸调整前支腿，支平主梁。如图 4-3-155 所示。

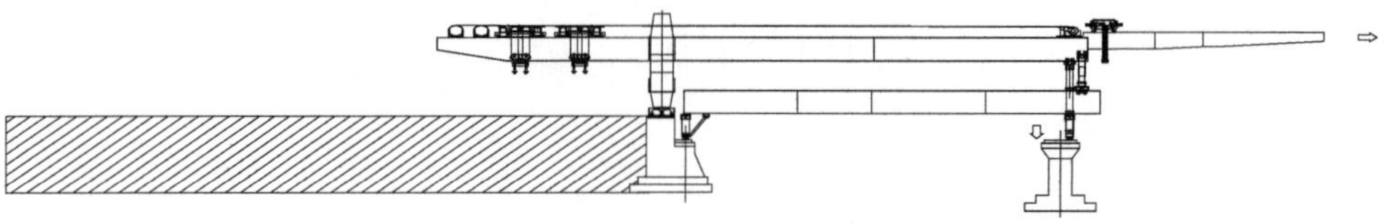

图 4-3-155 架桥机前移

③调运下导梁:前吊梁小车前移吊起下导梁后端,辅支腿台车吊轮吊起下导梁前端→前吊梁小车前移,推动下导梁前移→下导梁行至其中心稍后辅支腿 1 m 处停止,下导梁天车捆吊下导梁→前吊梁小车和下导梁天车吊下导梁同时前移。如图 4-3-156 所示。

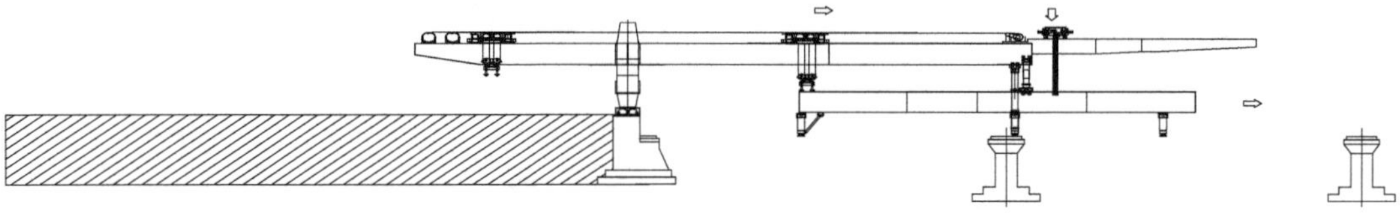

图 4-3-156 架桥机调运下导梁

④架桥机过孔完毕:前吊梁小车行至前支腿附近停止→解除前吊梁行车捆吊→下导梁天车继续拖动下导梁前移→下导梁天车拖动下导梁至设计位置→支平、调整、稳固下导梁→拆除架桥机临时轨道→全面检查,架桥机准备架梁。如图 4-3-157 所示。

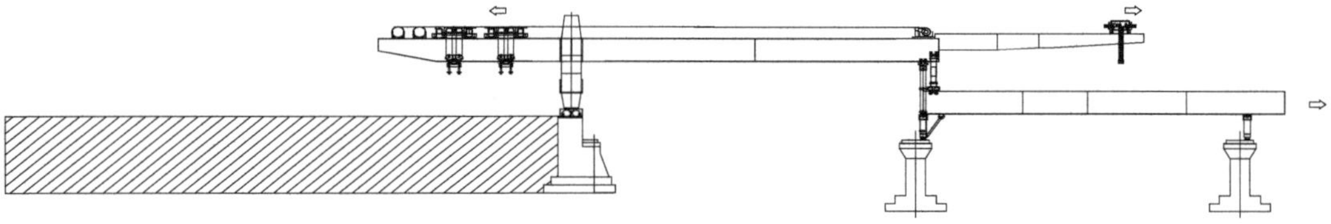

图 4-3-157 架桥机过孔固定

(4)末孔梁架设

架设最后一孔时,摘除下导梁前后支撑,并将下导梁置于路基上;同时折叠前支腿下部折叠节,并支撑于桥台上,架设最后一孔。如图 4-3-158 所示。

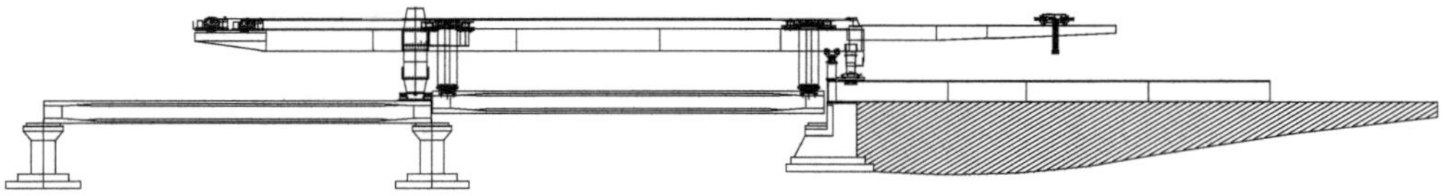

图 4-3-158 架桥机末孔架设

(5)架桥机变跨

①32 m 跨变 24 m 跨:32 m 梁体架设完毕→铺设临时轨道,后支腿台车轮落于轨道上→收起前支腿,辅支腿支于下导梁上,如图 4-3-159 所示→架桥机向前纵移 8 m→前支腿后退 8 m,固定,如图 4-3-160 所示→辅支腿后移 8 m,固定,如图 4-3-161 所示→架桥机前移到设计位置,如图 4-3-162 所示→吊运下导梁到位,准备架梁,如图 4-3-163 所示。

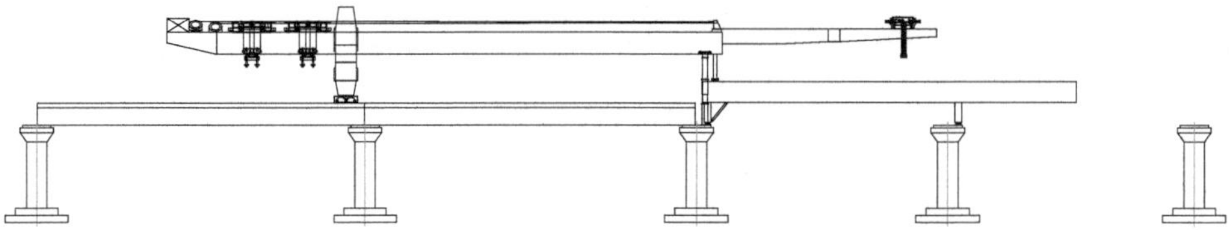

图 4-3-159 桥面铺设轨道

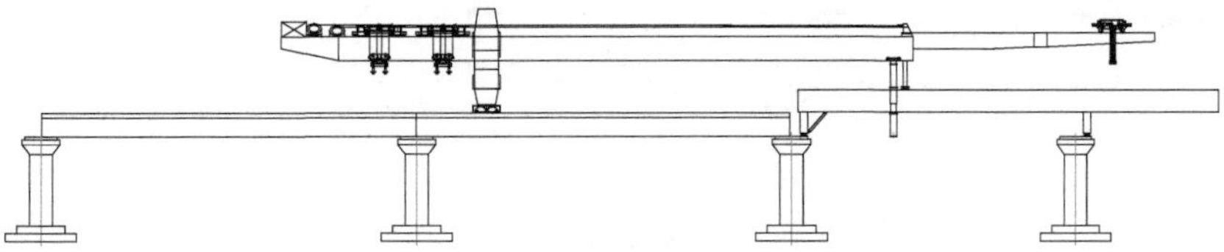

图 4-3-160　架桥机前移

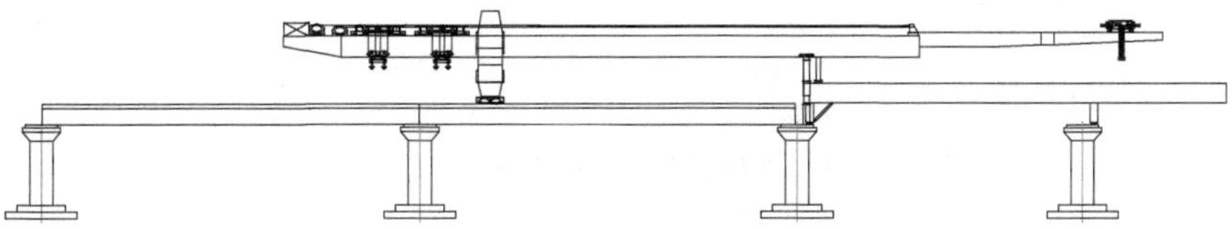

图 4-3-161　架桥机支腿移动

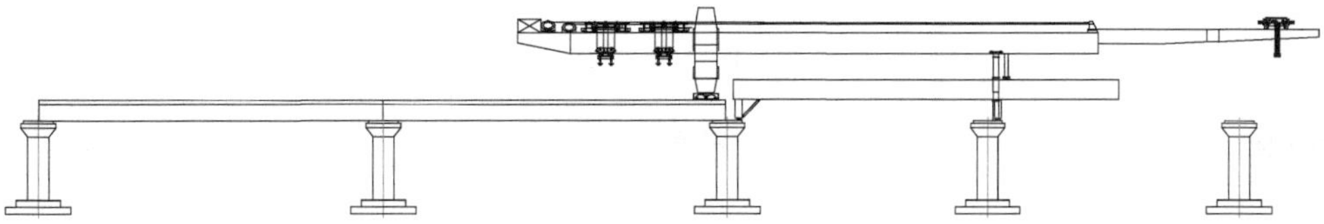

图 4-3-162　架桥机移动到 24 m 孔墩

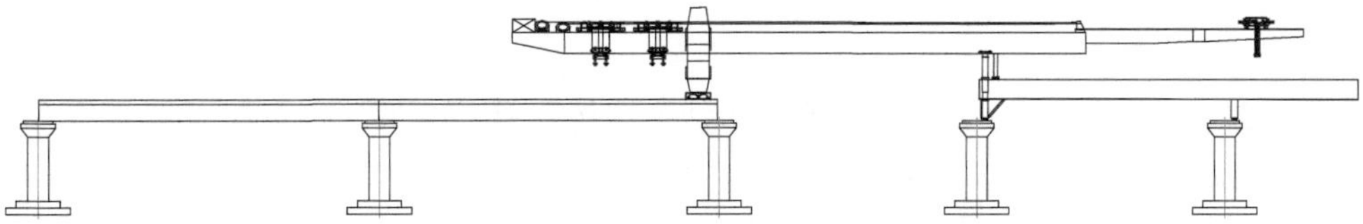

图 4-3-163　架桥机前导梁吊运到位

②24 m 跨变 32 m 跨：24 m 梁体架设完毕→桥面铺设轨道，如图 4-3-164 所示→收起辅支腿，并辅助支腿前移 8 m，支撑，如图 4-3-165 所示→前支腿前移 8 m，固定，如图 4-3-166 所示→架桥机前移到达设计位置，如图 4-3-167 所示→吊运下导梁到位，准备架梁，如图 4-3-168 所示。

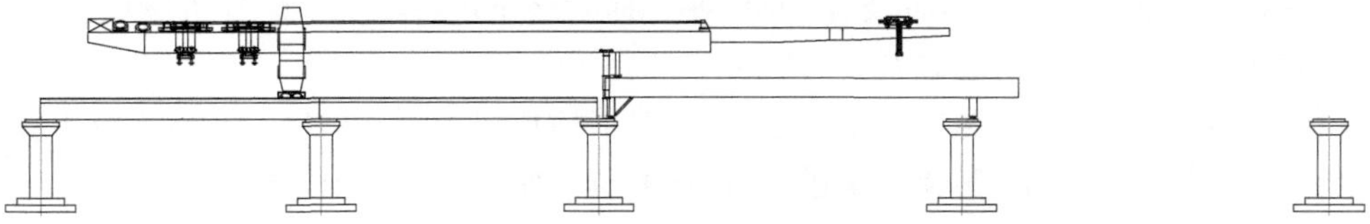

图 4-3-164　桥面铺设轨道

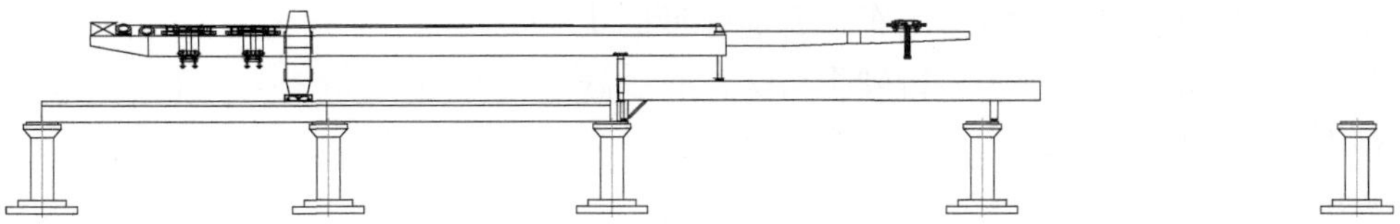

图 4-3-165　架桥机前移

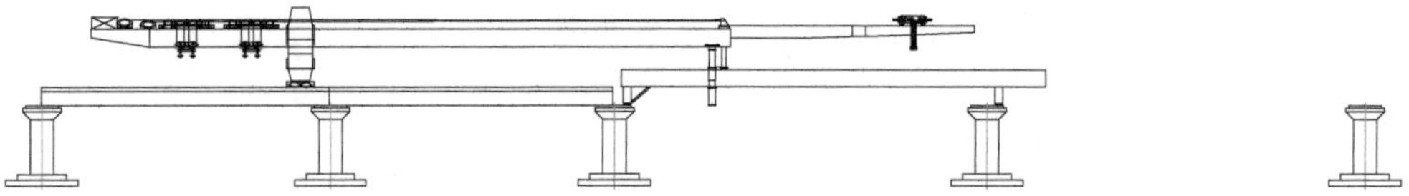

图 4-3-166 架桥机支腿移动

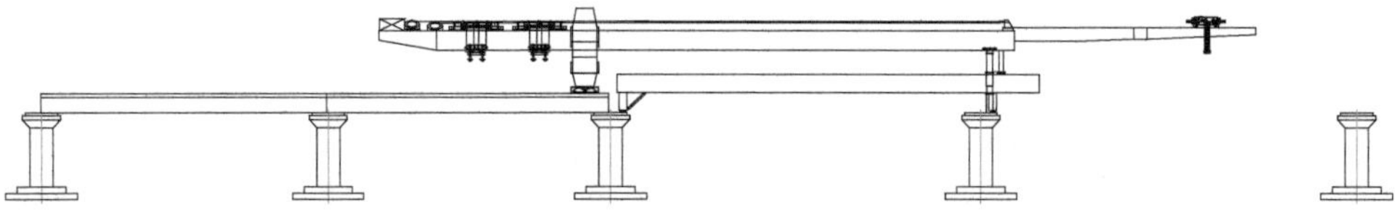

图 4-3-167 架桥机移动到 32 m 孔墩

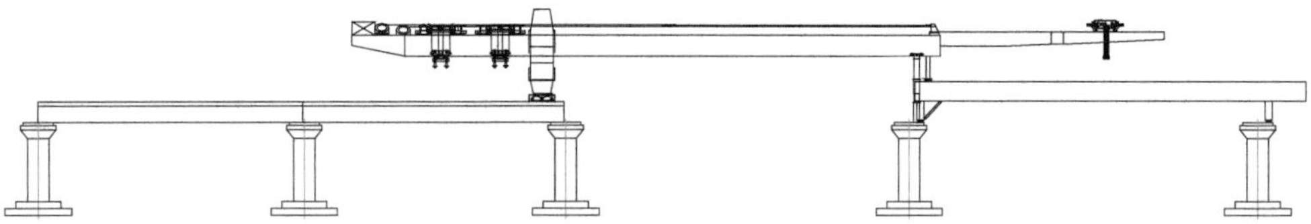

图 4-3-168 架桥机前导梁吊运到位

(6)支座安装、落梁、灌注高强度砂浆

架桥机前后行车同步前移到位,箱梁纵向、横向精确对位后,在桥墩顶部安装临时千斤顶,用其调节到规定的标高位置,箱梁即可就位。等砂浆强度达到 20 MPa 后,即可进行架桥机过孔或桥间转移工作。

3. 技术要点

(1)架桥机驮运

1)启动液压系统,顶升后支腿支撑油缸,用方木抄垫架桥机驮运支架。作业时,油缸下应放置 5 cm 厚硬质防滑木板;驮运支架下应密排两层方木,并用木板抄垫平整密实。

2)拆除运梁车驮梁台车上的橡胶垫活动板,在两台小车上密排两层方木。活动板拆除后应平放在运梁车上,方木可先放在驮梁小车两侧。

3)导梁机自行后退至架桥机腹内,安装吊具和导梁的连接,拆除最前端一节的连接螺栓。最前端拆除前应用 5 t 倒链进行固定;拆除后连接板和螺栓应归类存放。

4)两台吊梁桥式起重机同时将导梁机提升 4 m ,将两根支撑横梁放下,并在导梁上定位。两根横梁纵向中心距为 19 m;横梁和主梁底板间需要加垫 5 cm 厚的防滑木板。

5)拆除后支腿下横梁连接螺栓,收回支撑油缸,使下横梁落于走行轨上。螺栓拆除应按自上而下的顺序进行;油缸收回应保证同步,不得出现倾斜。

6)拆除后支腿支撑油缸液压管路,开动走行电机,使下横梁自行后退 1 m,用倒链将下横梁提升 4 m。液压管路拆除后,应及时盖上堵头,避免灰尘进入,倒链悬挂应牢固,提升应同步匀速。

7)将运梁车整体降至最低,沿中心线驶入架桥机腹内并定位。运梁车对位应准确,不得出现偏离或倾斜,使运梁车和架桥机中心线重合。

8)将驮梁小车和导梁机之间抄垫密实,运梁车整体顶升 150 mm,使架桥机前后支腿脱空。方木应满铺密排,方木与导梁之间应用木板抄实;运梁车顶升应保证同步。

9)运梁车驮运架桥机沿路基中心线行驶至桥头。行驶速度不超过 5 km/h,距桥台 75 m 处应采用自动驾驶,中心误差不超过 50 mm。

(2)架桥机桥头定位

1)运梁车驮运架桥机走行至架桥机前支腿预定位置,启动电动葫芦,将前支腿下节放下,并连接螺栓。前支腿纵向距离垫石中心线 800 mm;连接螺栓紧固力矩应符合要求。

2)在架桥机驮运支架下方密排方木,将运梁车整体降低,使架桥机前支腿立在桥台垫石上,驮运支架落于方木上，方木支撑应牢固可靠；前支腿在桥台垫石上需要用 3 cm 厚板抄垫。

3)运梁车退出架桥机腹内，安放架桥机走行轨，将架桥机后支腿横梁落于走行轨上。走行轨中心距为 6.4 m，且中心必须和架桥机中心线重合。

4)连接后支腿下横梁电机，驱动下横梁自行至安装位置，顶升支撑油缸，安装下横梁连接螺栓。下横梁走行时必须保证同步，必要时用导链辅助和导向，螺栓紧固应符合要求。

5)两台吊梁桥式起重机同时下落，使导梁和最前一段连接，安装连接板螺栓，导梁后端用方木抄垫，解除吊具和导梁的连接。连接板必须按编号安装；吊杆解除后应随即将其调整为架梁位置；桥式起重机下落应有专人看守。

6)安装导梁起重机和吊翅的连接，缩回导梁起重机和辅助支腿油缸，驱动导梁起重机和辅助支腿下托轮，使导梁前行 16 m。导梁走行过程中，必须有专人观察导梁起重机和辅助支腿状况；导梁支腿不得碰撞桥台。

7)安装导梁桥式起重机和导梁的连接，导梁桥式起重机提升。驱动导梁起重机和导梁桥式起重机，使导梁前行至待架桥墩并定位。导梁桥式起重机连接应牢固；走行时应有专人看护。

8)在导梁前后支腿下方抄垫 5 cm 木板，启动导梁内卷扬机将导梁前后支腿放下落于木板上，安装导梁后支腿法兰连接，安装后支腿斜撑。导梁前支腿距离垫石中心线 700 mm；后支腿法兰连接应牢固；导梁水平和前后支腿垂直度应符合要求。

9)解除导梁起重机、导梁桥式起重机与导梁的连接，将导梁起重机退回到架桥机尾端并固定，将导梁桥式起重机退回到架桥机前支腿处并固定。导梁起重机、导梁桥式起重机走行时应有专人看护，锁定应可靠。

(3)首跨架设准备

1)拖拉走行轨至桥台边，调整轨距，安装轨距拉杆。轨距为 6.4 m，中心应与桥台中心重合。

2)缩回架桥机后支腿油缸，使走行轮落于走行轨上，同时，顶升辅助支腿油缸，使支腿与垫石脱离 5～10 cm。油缸下应用木板抄垫；辅助支腿顶升后应穿上销子。

3)驱动后支腿走行电机和辅助支腿上压轮电机，同步使架桥机过孔到预定位置并定位。走行时应保证同步，并有专人看护；前支腿距离垫石中心线 800 mm。

4)缩回辅助支腿油缸，使前支腿落于垫石上，顶升后支腿油缸，使走行轮和走行轨脱离。后支腿油缸下方应用木板抄垫；油缸顶升高度不得超过 100 mm。

5)解除轨距拉杆，将两根走行轨分别向外拨移至间距超过 7.5 m，清理现场，调整吊具，进入正常架梁程序。吊具起升高度应保证箱梁通过；现场清理完毕后，方可发出对位指令。

(4)运梁车对位

1)架桥机给出允许对位指令，运梁车指挥人员指挥运梁车中速自动驾驶至距离架桥机 5 m 处停车。运梁车需要在得到对位指令后方可动车；自动驾驶时，应加强观察。

2)将运梁车前端操作室旋转 90°，运梁车操作人员离开操作室，通过线控操作运梁车微动行驶至前端与过渡轨桥靠拢。操作室旋转，应保证对位进空需要；对位时，运梁车不得碰撞过渡轨桥。

3)在运梁车前两排轮胎前后用斜木抄死，防止溜车。将运梁车整体降低至前端支点压力为零。运梁车降低应同步，必要时可单点调整；下降时，应尽量避免车体后退。

4)顶升运梁车支腿油缸，将运梁车切换为喂梁编组，连接前后驮梁小车电缆。解除前驮梁小车锁定销。支腿油缸下应垫木板；电缆连接应可靠；编组切换必须进行。

5)安装运梁车和架桥机之间的过渡轨桥，轨桥安装后应保证轨道平顺。

(5)喂梁

1)启动两台驮梁小车，同步驮梁前行至架桥机腹内并定位。驮梁小车走行前应点动观察，运行中应有专人看护，电缆有专人收放。

2)两台吊具同时下落至梁面，遥控操作单独调整使吊杆穿入吊梁孔，调整两台吊具水平。穿吊具前应确认吊杆和吊梁孔对应；穿孔时，吊具应保持水平。

3)分别安装八根吊杆的垫块和螺帽，使垫块与梁体间的间隙为 1 cm。垫块和梁面间的距离应控制在 10 mm，且均匀；螺帽出丝必须达到三扣以上。

(6)架梁

1)两台桥式起重机同步将箱梁提升 100 mm,两台驮梁小车同步退回到运梁车并定位,将前端驮梁小车锁定。箱梁提升时,应先点起试钩;驮梁小车退回时应有专人看守,电缆专人收放,驮梁小车定位应符合下孔梁运输要求。

2)收回运梁车支腿油顶,整体顶升运梁车至正常运梁高度。除去轮胎下的防溜斜木。运梁车退出前,应全面检查车辆状况;油顶垫板、防溜斜木,应装车。

3)解除驮梁小车电缆,并收回至卷线盘上,安装导梁起重机和吊翅的连接。运梁车退出。电缆收放时,宜采用专人看守。

4)缩回辅助支腿油缸和导梁起重机油缸,使导梁前后支腿脱空 5~10 cm。连接板必须按编号安装;吊杆解除后应随即将其调整为架梁位置;桥式起重机下落应有专人看守。

5)同步驱动导梁起重机和辅助支腿下托轮,使导梁前行 16 m,安装导梁桥式起重机和导梁的连接,提升导梁桥式起重机。导梁走行过程中,必须有专人观察导梁起重机和辅助支腿状况;导梁支腿不得碰撞桥台。

6)同步驱动导梁起重机和导梁桥式起重机,使导梁前行至待架桥墩并定位,在前后支腿下方抄垫 5 cm 板。导梁桥式起重机连接应牢固;走行时应有专人看护。

7)两台桥式起重机同时落梁至距离测力油顶上垫板 2~3 cm 处。落梁时应有专人看守桥式起重机。

(7)桥梁定位

1)在梁缝中部放置一根 ϕ40 mm 圆钢,利用短钢丝绳将倒链固定在圆钢下方,通过钢丝绳将测力油顶从已架梁底拖出。取放垫板时应确保安全;钢丝绳与油顶连接应牢固;拖拉时,用滚杠辅助。

2)通过倒链将测力油顶从箱梁检查口拉出,放在运输油顶的平车上,将平车推到已架梁端,通过倒链将油顶挂在两侧前支腿上。倒链提升时应防止油顶磕碰;油顶收放时应拴安全绳;油顶悬挂应牢固。

3)架桥机过孔后,将测力油顶放置在木板上,通过滚杠将油顶移动到预先放置的下垫板上,同样,利用滚杠将另一端两个油顶在桥墩上移动到待架桥位。拨移时应防止撬棍打滑伤人;滚杠布置应均匀;油顶位置应符合技术要求。

4)两端油顶放置完毕后,连接泵站电源,按照测量组提供的油顶高度逐个进行预调平,放上油顶的上垫板。同时进行锚栓孔清理和垫石凿毛作业。油顶操作必须按规范进行;管路拆装时应防止灰尘进入;调平后需用水平尺复测;锚栓孔必须清理干净;凿毛必须符合要求。

5)落梁后,首先利用桥式起重机进行纵向调整,在保证支座十字线不超标的前提下调整梁缝,使两端梁缝均匀。桥式起重机调整可以采用遥控器进行,实行定量控制,不得反复调整。在跨度线符合要求的情况下,尽量以梁缝均匀为准。

6)随后进行箱梁前端横向调整,以梁边为准,用横向中心线进行检验,梁边超标时,两侧进行均分处理。桥式起重机调整可以采用遥控器进行,实行定量控制,不得反复调整。

7)进行箱梁后端横向调整,在保证支座十字线不超标的前提下调整梁边对齐,使端与已架梁圆顺平直。桥式起重机调整可以采用遥控器进行,实行定量控制,不得反复调整。

8)纵横向调整完毕后,两台桥式起重机将箱梁落于预先调整好的测力油顶上,检查梁高误差和测力油顶反力,不符合要求时进行单独调整,以达到规范要求的灌注高度。落梁必须一次到位,不得反复起降;油顶调整必须按程序进行;反力误差不超过 5%。

9)拆除吊具,收起吊钩。收吊钩卷扬机时应有人查看钢丝绳的收缴状况。

(8)支座灌浆

1)桥梁定位完成后,首先用水将垫石湿润,以支座中心为准,将灌注钢模安装好。垫石湿润后,不得留有明水;钢模连接必须牢固,下方应垫上防漏橡胶。

2)按照锚栓孔尺寸和灌注高度计算需用砂浆量,按要求配合比进行称重,启动搅拌机,将砂浆倒入料斗中,再加入水,进行搅拌 5 min。砂浆量计算应稍微留有余量;配合比必须符合规范要求;搅拌时间须严格控制,砂浆搅拌不得中断。

3)将搅拌好的砂浆,通过送料管放出,首先进行锚栓孔的填充,填满后,再填充支座与垫石间的空隙,在灌注过程中应用铁钎进行搅动,手锤进行敲击模板,以保证砂浆密实均匀。灌注顺序必须符合要求;灌注高度不得高于支座底板底面；灌注时间不得超过 30 min。

4)注浆材料灌注 2 h，并强度达到 20 MPa 后，方可拆除支座的连接板及钢模板，撤去测力油顶，使支座承载。同时清理墩台顶面，安装支座围板。拆模、等强时间必须符合技术要求；撤去测力油顶后，必须将所有尾工全部处理完毕。

5)待四个支座砂浆强度均达到 20 MPa 以上后，方可进行架桥机过孔作业。根据等条件试验数据，及时调整等强时间。

(9)架桥机过孔

1)进行导梁机定位，调整纵横向误差，保证导梁机前端上翘和横向水平，解除导梁吊机和导梁天车与导梁的连接，并将二者退回到规定位置。导梁机前端上翘不得大于 100 mm；横向水平误差不得大于 20 mm；退回时，应有专人看护。

2)通过后支腿上的拖拉卷扬机和前支腿的导向滑轮，垫上滚杠，将走行轨拖拉走行一孔，到位后复核中线和轨距，安装轨距拉杆。轨距为 6.4 m，中心应与待架桥墩中心重合；滚杠布置应均匀，拖拉过程中及时进行方向调整。

3)缩回架桥机后支腿油缸，使走行轮落于走行轨上，同时，顶升辅助支腿油缸，使支腿与垫石脱离 5～10 cm。油缸下应用木板抄垫；辅助支腿顶升后应穿上销子。

4)同时驱动后支腿轮箱和辅助支腿上压轮，架桥机沿导梁和走行轨道，自行过孔到位，在架桥机前支腿下方抄垫 5 cm 木板。走行时应保证同步，并有专人看护；前支腿距离垫石中心线 800 mm。

5)顶升后支腿油缸，缩回辅助支腿油缸，使架桥机受力体系转换为前支腿和后支腿油缸受力，提升架桥机吊具，进行架梁准备。后支腿油缸和前支腿下需要垫木板，吊具起升高度应满足箱梁进入，确认无误后指挥人员才能发出对位指令。

(10)运梁车装梁

1)检查运梁车状况，驾驶运梁车进入指定的装梁区域，尽量贴近存梁区一侧行驶，检查路基状况，发出装梁指令。装梁时，箱梁不得碰撞运梁车或提梁机。

2)提梁机将箱梁吊运到运梁车上方，将箱梁落至支撑垫块上方 50 cm 后，确认纵横移范围内没有障碍物，即可开始装梁作业。装梁过程中必须观察轮胎和路基的受力变化。

3)装梁时，首先通过运梁车自行以对准箱梁的纵向位置，再将箱梁落低至 10 cm 后进行横向调整，指挥提梁机使箱梁两端中心线与运梁车中心线重合。箱梁装运横向误差不得大于 10 cm，纵向误差不得大于 20 cm，支撑垫块必须均匀受力。

4)纵横向调整完毕后，指挥提梁机将箱梁落于驮梁小车上，再次检查复核箱梁的纵横向误差，确认无误后，方可通知解除吊具。落梁后，轮胎不得出现部分受力变形过大，三组支点的受力误差不得大于 10%，各项参数不得出现异常。

(11)运梁车运梁

1)装梁完成后，启动运梁车，沿装梁通道、运梁便道进入正线路基，运行过程中，指挥和引导人员应一前一后观察运梁车的运行状况。运行过程中，必须观察道路和运梁车本身的情况，遇有道口必须进行防护。遇有特殊情况可以按紧急按钮。

2)运梁车运行至距离架桥机 75 m 处启动自动驾驶功能，沿预先设置的中心线按中速进行自动驾驶至距离架桥机 30 m 左右的一度停车处停止。启动自动驾驶后，必须随时注意观察；运行到一度停车位置时，必须停车等待，直至架桥机给出信号。

3)在得到架桥机允许对位的指令后，启动运梁车，按中速自动驾驶至距离架桥机 5 m 处，将前端操作室旋转 90°，采用线控进行微动对位。操作室旋转，应保证对位净空需要；对位时，运梁车不得碰撞过渡轨桥。

(五)跨河跨道路箱梁架设要点

(1)箱梁架设跨越县级以上道路时需要进行道路封锁，与相关交通部门签订安全协议，协助交通部门对道路实施封锁。封锁施工前，选拔培训合格的防护员担任工地防护工作。

(2)架梁作业严格按照国家现行的《铁路架桥机架梁规程》要求和国家有关安全操作规程执行。要充分做好施工组织指挥人员、技术、材料、机具、防护、抢险等准备工作，合理安排、精心组织、严格按计划施工，不得扩大施工范围,做到分工明确、责任落实、措施具体、管理到位,确保人员安全。

(3)在跨公路架梁施工期间,在离施工点 20 m 的位置,上、下行来车前方各设一名专业防护员,配备对讲机,对超过防护范围的任何施工情况提出警示,对行人和汽车接近施工地段发出警告。防护使用的携带电话、对讲机和信号设备,妥善保管,经常检查试用,保证在使用时性能良好。

(4)加强对运架设备的维修与保养,防止在架梁过程中出现设备故障。

(5)加强对施工现场的机具和材料的管理,严禁将机具和材料放在靠近公路的一侧,防止物品掉落。

(6)加强对现场施工人员的行为约束,禁止向公路一侧扔任何东西。

(7)高空作业人员必须穿戴好劳动保护用品。跨越河道架梁作业,在梁面及桥墩上的作业人员均需要穿上救生衣作业。

(8)技术人员跟班作业,随时检查架桥机各部位是否正常工作,以便及时采取有效措施。

(9)架梁过程严格遵守各项安全操作规程,确保架梁作业能及时顺利地完成。

(10)桥下设置两个专职的防护人员,密切注意观察,有任何意外情况,应立即采取措施进行处理。如有特殊情况处理不了,应立即上报,延长封锁时间,确保行人安全。

(六)邻近既有线架设箱梁要点

(1)架桥机到接触网回流线空间距离小于 5 m 的架梁施工以及邻近既有线线路中心 30 m 范围内的架梁施工,施工前与供电设备管理单位以及机械设备管理单位签订安全协议,施工中供电设备管理单位现场进行安全监控把关。

(2)架桥机在平行既有线架设箱梁前必须进行严格全面的检修和检查,按照平行既有线架设箱梁施工的作业程序步骤进行演练和人员培训。架梁过程中,每一个步骤完成后要对架桥机进行检查并签字验收,建立机械设备施工安全管理制度。

(3)架梁施工时架桥机后支腿靠近回流线一侧用绝缘布覆盖。架梁施工中,架桥机等设备必须接地良好。接地铜线电缆规格不小于 35 mm^2,接地电阻不大于 4 Ω,接地系统符合规范要求。

(4)平行既有线架梁严禁一切材料设备侵入既有线限界,严禁材料杂物坠落,防止轻材料被风吹落。

(5)雨天施工时,架桥机必须采取相应引流措施,以防止水流流向接触网设备;同时按夜间施工的安全措施和防台风措施进行实施。

(6)施工时必须设置驻站联络员和现场专职防护员,驻站联络员架梁时进驻附近车站,与现场防护员用对讲机或电话联络,现场防护人员设置在既有线护栏外,架桥机前后各一名。同时要明确车站行车室电话。

(7)每班派 2 名安全防护员在架桥机邻近回流线一侧进行防护、监测回流线安全距离,监督制止违章操作情况,避免出现操作人员的不安全行为发生。

(8)现场派一名安全员监控,现场总指挥进行全面监控,并安排两名专业电气工人在整个施工过程中全程紧盯防护。

(9)架桥机架梁作业时,必须严格执行架桥机架梁作业安全操作规程,防止发生箱梁滑落、架桥机倾覆、高处坠物事故。架梁作业人员必须佩戴安全帽、穿绝缘鞋、戴绝缘手套、系安全带,非施工人员不得进入架梁施工现场。作业人员严禁用长于 2 m 的竹竿及金属物击碰回流线,或向回流线抛投杂物。架桥机作业人员严禁打手机,严格按照操作规程作业,严禁违章作业。

(10)如遇恶劣天气停止架桥作业;如遇突发事件,启动邻近既有线施工应急预案,进行补救。

(七)运架设备的拆卸

TLJ900 t 架桥机架完采石河特大桥 24 号跨后,通过 450 t 提梁机将导梁吊下就地进行解体并利用汽车式起重机吊离拆机场地;架桥机后支腿下横梁由架桥机前起重小车将其吊装至运梁车倒运至梁场用提梁机卸下;架桥机利用提梁机整体吊装吊至桥下,然后架桥机再通过转场支架伸缩装置降至低位状态,利用汽车式起重机将架桥机前支腿下部、后支腿、辅助支腿、辅助桥式起重机、前/后起重小车、卷扬装置、发电机组、操作室、前后拱门及其他部件尽可能地全部拆除;再通过伸缩装置转换受力由架桥机前支腿及门式架受力支撑起架桥机主纵梁,伸缩装置回收,再通过伸缩装置将架桥机主纵梁降至地面摆放好的枕木跺上;利用汽车式起重机将主梁一节一节拆除。

（八）箱梁架设安全控制要点及经验

1. 运梁车与架桥机对位及喂梁

(1)对位之前要先对导梁机和提梁机主梁进行测量，保证其前后基本水平，或者前面略高于后面。

(2)过渡轨桥与导梁对接要平直，保证连接板装上之后轨道基本处于同一直线。用撬棍时要注意周围人员，撬动幅度不能过大，防止将轨桥和连接板撬落到导梁底下。

(3)运梁车与导梁机的对接，要求运梁车缓慢走行过程中完成，防止运梁车与提梁机发生碰撞。

(4)对位前将驾驶室摆到侧面，观察运梁车的高度是否满足要求，确保有足够的高度后再微动前行。

(5)对位时，指挥人员与运梁车司机必须信号明确统一，要确保运梁车顶面轨道与导梁顶面轨道基本处于同一直线上。运梁车走行快到位时应报出大约距离，让运梁车司机提高警惕。运梁车停止后，在运梁车前面一组轮胎后面垫厚木板，防止运梁车后退。

(6)运梁车到位后，应降低运梁车高度，靠提梁机后支腿支撑，保证轨道衔接平顺。

(7)驮梁小车载梁走行前，必须将驮梁小车与运梁车之间的锁定解除；并且检查供给运梁车电源的电缆线插头是否插牢固。在驮梁小车行走过程中有人收放卷筒电缆（左侧收放电缆的人员属于临边作业，要选好有利位置，并抓好扶手，防止高空坠落）。

(8)在驮梁小车载梁上导梁机时，要求导梁起重机与导梁机之间的连接解除，防止导梁起重机的吊挂油缸拉坏。

(9)驮梁前行时，前后小车必须有人观察走行状况，走行轮行至过渡轨桥时应观察连接板是否有异常。

(10)导梁机上指挥人员在前驮梁小车快行驶到位时应提前通知驮梁小车控制人员，小车必须点动行驶到位，防止驮梁小车与提梁机前支腿发生碰撞。

(11)喂梁阶段提梁机辅助支腿的销轴可以不安装，导梁机与提梁机辅助支腿上下滚轮之间保持一定距离，防止压坏走行轮。

(12)喂梁时，必须派人观察导梁机前后支腿状况，观察人员严禁站在导梁机底下。

2. 架桥机提梁

(1)安装吊具托盘人员应相互配合，托盘装上之后立即将垫圈和螺母装上、拧紧。

(2)托盘应紧贴梁体，保证四点受力平衡。

(3)吊具装好之后，应反复起吊几次，以试卷扬机刹车性能。

(4)梁体在起落过程中需要有专人在前后吊梁桥式起重机上查看，避免出现卷扬机制动器没有打开以及滚筒上错乱排绳等意外情况发生。

3. 导梁机过孔

(1)吊梁桥式起重机吊梁离驮梁小车约 5 cm，驮梁小车退出时应注意观察前后小车是否行走同步。

(2)驮梁小车退回到位后，必须用插销锁死。

(3)拆过渡轨桥时，底下桥墩上严禁站人；过渡轨桥拆离之后应平稳放在提梁机后支腿下横梁上；使用电动葫芦时应点动操作。

(4)导梁机吊翅吊杆保证基本垂直，且吊杆螺母应拧紧。

(5)过孔前检查各行走电机是否运转正常。

(6)导梁机过孔第二阶段，需要利用导梁起重机和导梁桥式起重机完成导梁机的过孔移位，此时注意导梁桥式起重机吊装导梁机使其脱开辅助支腿的反滚轮 100 mm 左右（如果太大有可能造成导梁机与辅助支腿上走行轮顶死，继续起升导梁桥式起重机会造成意外情况发生），在过孔走行过程中时刻观察导梁机与辅助支腿上走行轮和反滚轮之间的间隙，通过调整导梁起重机、导梁桥式起重机或者辅助支腿高度来满足导梁机上下保持一定间隙的要求。

(7)导梁机过孔到位后，调整导梁机前后支腿高度，使导梁机主梁基本处于水平状态（或前支腿处略高于后支腿处 50 mm）。

(8)导梁机过孔快要到位时，采用低速缓慢前移，避免导梁机与提梁机前支腿发生碰撞。导梁机第一阶段过孔时，辅助支腿销轴必须安装，否则将出现危及人身和设备安全的事故。为了保证辅助支腿走行轮箱和反滚轮箱的轮踏面与导梁机保持一定距离(该处净距为 150 mm,至少保证上下净距不小于 50 mm),避免对轮箱或者辅助支腿油缸造成破坏,导梁机第二阶段过孔时辅助支腿插销可以不安装,而且在走行过程中可以调整辅助支腿高度来满足这一要求。

(9)导梁机过孔时,桥墩上应有人观察导梁机前后支腿是否会碰到桥墩上的栏杆,并且负责观察导梁机支腿到位情况并及时向指挥人员汇报。

(10)过孔时,导梁桥式起重机必须有专人照看,导梁机快要到位时,导梁桥式起重机必须慢速前移,防止导梁桥式起重机走出行走范围造成严重后果。

4. 落梁、梁对位、灌浆、拆模

(1)落梁过程应缓慢进行,必须派人观察梁体下落情况,有异常情况时必须及时通知驾驶室操作人员立即停止落梁。

(2)下落箱梁与已架箱梁不得相碰,并保持梁底水平度偏差 10°以内,必要时可单边落梁调整。

(3)落梁时,梁底下严禁站人。

(4)落梁时,采用测力千斤顶作为临时支点,应保证每支点反力与四个支点的平均值相差不超过 5%后才能进行支座灌浆作业。同端的千斤顶油压管路应采用串联,以保证同端的支座受力一致。

(5)进行梁对位时,前后桥墩上作业人员应保持信息通畅,并及时将对位情况汇报至指挥人员。

(6)桥式起重机横移时禁止连续起、停点动,以免架桥机横向晃动过大。

(7)箱梁对位时应利用架桥机进行纵、横向微调,并精确对位,确保箱梁的对位误差不超过允许范围。

(8)箱梁架设后,应对外观进行检查,保证梁端面平齐,梁缝符合要求,两侧外缘平直圆顺。如不符合要求,应将箱梁提升,重新进行对位落梁。

(9)砂浆搅拌人员必须严格控制好砂浆配合比,必须将砂浆搅拌均匀。

(10)灌浆时,导流管应固定好,灌浆人员应听从负责人的指挥。

(11)灌浆作业时,桥墩上两梁缝之间严禁站人。

(12)砂浆拆模必须等砂浆达到一定强度,方可进行;拆模时不能用力过猛,防止将砂浆模块损坏。

(13)用电动葫芦吊油顶及钢板时,桥墩上作业人员必须站在安全位置,上下作业人员必须配合密切,防止油顶及钢板撞到人。

5. 提梁机过孔

(1)用卷扬机拖钢轨之前,应先检查卷扬机的钢丝绳是否损坏;拖钢轨前,钢丝绳旁边严禁站人。

(2)钢轨拖到位后,必须将钢轨调平调直,且保证两钢轨中心距约为 7 078 mm。桥面行走轨道铺设偏差:横向间距±1 cm,横向偏差±1 cm,接头处高差 ±1 mm。

(3)用撬棍拨钢轨过程中,作业人员必须配合好,并且撬棍对面严禁站人。

(4)辅助支腿走行轮必须调整好,且落在导梁机顶面轨道上;辅助支腿中立柱与内立柱销轴必须插上并且要用开口销锁住。

(5)提梁机过孔走行前,检查前后支腿支承油缸是否处于收空状态。

(6)提梁机过孔走行前,必须将导梁机尾部与已架箱梁用钢丝绳进行连接。

(7)架桥机走行过孔时,后支腿走行轮和辅助支腿走行轮必须有专人照看,防止走行轮偏离轨道,发生异常情况必须立即向驾驶室操作人员做出指示。

(8)架桥机过孔时,桥墩上必须有人观察架桥机前支腿是否会碰到桥墩栏杆,并且负责前支腿的定位。

(9)提梁机过孔到位后调整前后支腿高度,使提梁机主梁基本处于水平状态(或前支腿处略高于后支腿处 50 mm)。

第五节 简支、连续梁的桥位现浇

桥位现浇主要用于大跨度连续梁、刚构连续梁桥和钢筋混凝土框架桥等的施工,主要采用支架法和挂篮悬灌法。

一、支架现浇施工技术

(一)支架法箱梁施工工艺流程

支架法箱梁施工工艺流程如图 4-3-169 所示。

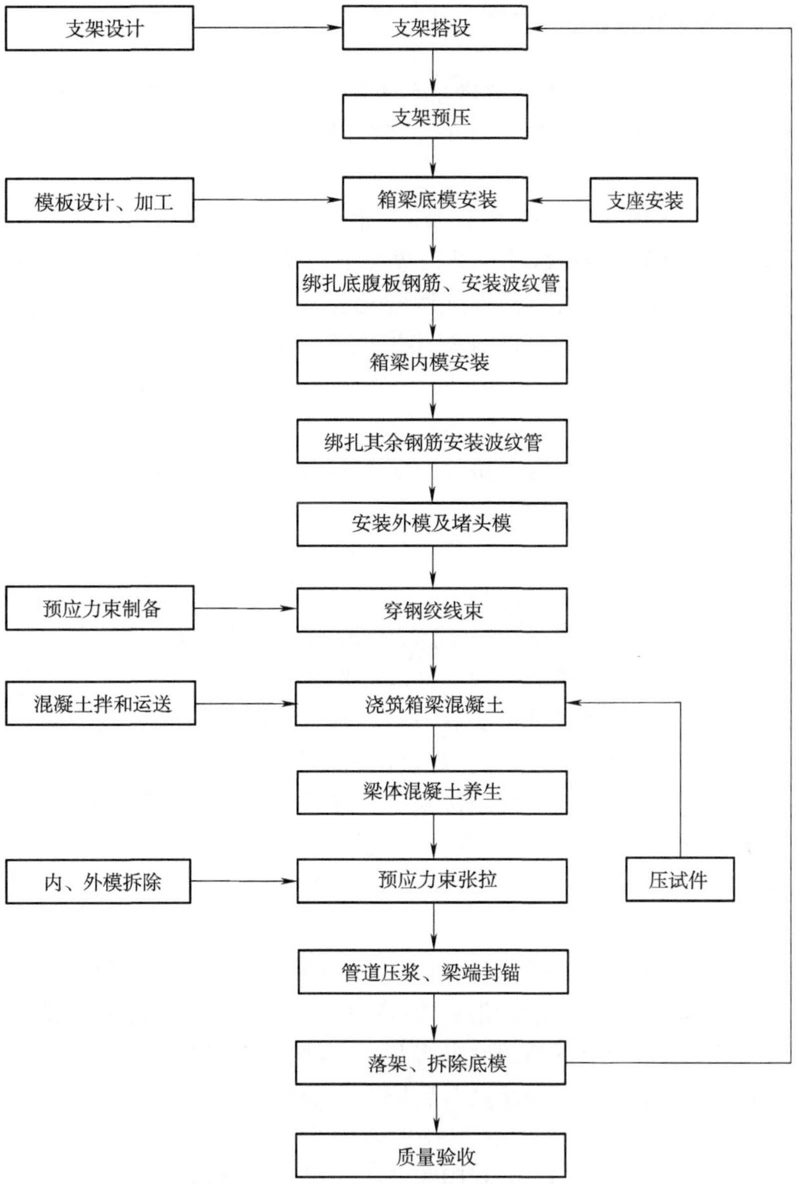

图 4-3-169 支架法现浇箱梁施工工艺框图

(二)支架搭设

支架法施工前,首先进行支承体系的设计及检算,方案经审批通过后方可实施。根据审批的方案对支架基础进行加固处理,搭设支架,安装钢管支墩、贝雷片、工字钢和方木,最后立模板。支架施工完成后,进行预压。

1. 地基加固处理

为确保支架地基承载力,减小地基变形沉降,根据原地基的承载力情况按照支架设计方案进行相应处理。桥址地形、地质条件较好,地基承载较大的,采用地基换填,并在其表面浇筑 30 cm 素混凝土进行找平。桥址范围地质条件差、地基承载力低,采用满堂支架很难满足要求,则采用预应力混凝土管桩、钻孔桩、钢板桩基础,桩基础上面设置承台。

2. 支架搭设

(1)脚手架支撑体系

简支、连续梁的桥位现浇支架的脚手架梁主要采用贝雷梁式支架。贝雷梁式支架主要由基础、钢管临时墩、墩身牛腿、工字钢横梁、贝雷片纵梁、钢管桩架等组成。地基采用钻孔桩或钢管桩基础。跨越公路位置,在脚手架下方设置防护棚,防止物体坠落。

支架结构传力途径:模板→方木→钢管桩架→贝雷片纵梁→工字钢横梁→钢管临时墩(墩身牛腿)→基础。

支架的拆除应待整联连续梁预应力钢索按设计张拉完成后方可进行。

(2)局部满堂脚手架支撑体系

仅在桥梁翼缘板处的支架体系之上以及桥墩承台上辅以满堂支架,辅助的满堂支架拼装采取碗式扣件组拼成型。满堂脚手架采用 ϕ48 mm、壁厚 3.0 mm 的钢管作支架,其长度根据支架空间高度确定,通过碗口组合形成立杆。

箱梁腹板范围内,立杆布置间距 0.30 m×0.60 m,其余部分间距采用 0.60 m×0.90 m、0.60 m×0.60 m,水平杆步距 0.9 m。水平剪刀撑隔步布置,垂直剪刀撑在纵向外侧与中间共设三道,横向隔排搭设。排架搭设用扣件连接,双立杆及双水平杆采用"夹花"方式间隔相扣。竖撑顶端插"U"形顶托,承托梁底模横梁,作轴心传力,并具有调整标高的功能。顶托上的分配梁采用 15 cm×18 cm 方木,和顶托相连的立杆顶端的螺扣悬出长度不得超过 20 cm。

(3)型钢门洞支架

为了保证施工期间交通畅通,慈湖河特大桥设计采用(17+25+25+17)m 连续刚构跨越旅游大道、扁担河特大桥设计采用(18+24+18)m 连续刚构跨越清河路,为保证交通不受影响,在有交通要求的地段采用了型钢门洞支架现浇施工。

在钢管立柱范围首先挖除条形基础范围内的软土,然后换填碎石土至条形基础基底标高,条形基础下方地基压实度不小于 0.96 m。条形基础宽 1.0 m,高 1.0 m,垂直于线路方向,长 15.0 m,采用 C20 混凝土浇筑。条形基础浇筑时,在混凝土顶面预埋间距为 200 cm、平面尺寸为 73 cm×73 cm、厚 2 cm 的钢板,钢板底设锚固钢筋。条形基础混凝土强度达到设计强度 70%后,开始进行门洞钢管立柱安装。钢管立柱型号 ϕ273×10 mm,安装间距 200 cm,与条形基础的预埋钢板焊接,钢管间连接采用等边角钢,钢管上设砂箱,砂箱上铺设双拼 I45a 工字钢,纵梁采用 I63c 工字钢,间距按 0.5 m 布置。纵梁工字钢上铺设间距为 30 cm 的 10 cm×10 cm 方木,方木上安装厚 1.8 cm 竹胶板底模,形成支架结构体系。

支架搭设、模板、钢筋、混凝土工程等与一般支架施工工艺相同。

3. 支架预压

为消除支架的非弹性变形,测出支架的弹性变形,检测支架的刚度、强度和稳定性,支架搭设完毕后进行预压。选择第一跨,采用平铺砂袋进行加载预压,加载重量不小于(梁体自重+模板自重+施工荷载)×120%,加载时间不小于 2 d。在钢管上下两端设置观测点,观测其沉降量和变形,据此确定底模的反拱设置。在施工第一片梁后,根据实测的沉降和张拉起拱对后期施工的桥位现浇梁线形进行修正。

(1)加载

采用汽车式起重机提升砂袋至底模上部,利用起重机自带的称量器记录砂袋重量。施工前,先用磅秤校核起重机上称量器的准确性,误差在 3%范围内方可使用。砂袋堆放时应根据箱梁结构形式、每次的加载数量、混凝土的重量比例等均匀布置。吊装时安排专人全过程旁站,并记录好每袋的重量。

加载及卸载按荷载总重的 0→25%→50%→100%→120%→100%→50%→25%→0 顺序进行,并测得各级荷载下的观测点变形值。预压时各点压重要均匀对称,防止出现反常情况。

加载顺序按混凝土浇筑的工况进行,即先底板,后腹板,再顶板;先低处,后高处,分层进行。

(2)稳定、观测

分段设置沉降观测点,每个断面沉降观测点布置 3 个点。梁中心线上一个点、两边腹板下各一个点;每个断面测三层,模板顶一层、贝雷底一层、钢管支墩底部一层。荷载施加至 120%后,前 4 h 每 2 h 观测一次,以后白天每 4 h 观测一次,其中天黑前必须观测一次,早上天亮时必须观测一次,夜间因考虑到人员安全不予观测。每次观测时必须做好各测点的原始记录数据。

按照加载及卸载步骤分别测得各级荷载下的模板下沉量及地面下沉量,并在每次卸载后全面测得各个测点的回弹量。

(3)卸载

加载 48 h 后，当观测的沉降值小于 2 mm/d 时，即可认为沉降趋于稳定，按荷载总重的 120%→100%→50%→25%→0 进行卸载。

为了使梁在施工完成后达到规定的标高，模板调整时要考虑设置预拱度。设置预拱度时除了考虑预压产生的变形外，通常要考虑以下因素：梁自重产生的弹性变形 δ_3；预应力钢绞线张拉后引起的箱梁上拱度 δ_4；预应力损失产生的变形 δ_5；二期恒载引起的变形 δ_6。每个点的预拱值$=\delta_1+\delta_3+\delta_5+\delta_6-\delta_4$($\delta_1$ 为预压产生的变形)。

注意事项：铺设底模板后测量前应加强对支架的全面检查，确保支架在荷载作用下无异常变形；加载过程中应安排专人加强对支架及地基变形情况的观测，如有异常变形，应及时通知现场施工管理人员立即停止加载，在采取足够的加固措施后方可继续加载，以免出现重大安全事故；加载及卸载过程应加强施工现场安全保卫工作，确保各方面的安全；断面上各点的堆载高度应与所在位置的混凝土厚度相符，尽量同实际工况；应对砂袋用防水帆布进行覆盖，防止砂袋进水，增加重量，而导致对支架产生安全隐患；预压完成后，根据支架变形情况及地基沉降程度，采取必要的措施对薄弱环节进行加强，确保施工安全和工程质量。

(三)模板制作与安装

模板分为底模、外模、内模、端头模几部分，模板必须有足够的强度和刚度。外模和内模均选择采用 15 mm 厚竹胶板，竹胶板拼装时用橡胶带塞紧缝隙。模板安装顺序为先铺设底模、侧模，待底板与腹板钢筋绑扎好后再安装内模。

1. 底模安装

竹胶板铺设，当支架安装并调整好后，横向铺设 12 cm×12 cm 方木，接着在分配梁上顺桥向铺设 8 cm×8 cm 方木，然后将已加工好的竹胶板铺设在方木上。调整后用小钉将竹胶板固定在纵向方木上，竹胶板接缝用玻璃胶密封抹平，保证接缝严密、平整无错台。

箱梁底模设置一定的预拱度，底模预拱度的设置待支架沉降稳定后，根据不同点测的变形量，分析后确定支架、地基弹性变形值，作为支架调整的预留拱度。梁底立模标高＝设计梁底标高＋设计预留拱度＋支架变形值。底模直接铺设在贝雷梁上的横梁上，横梁和方木间设木楔调整底模标高。面板之间接缝要求密贴，并加胶带密封。

对于沉降过大的点，要结合现场的具体情况，分析其原因，采取相应措施，确保梁在混凝土浇筑过程中不再发生超量沉降。

2. 侧模安装

外侧模主要包括侧模架、模板、支撑、楔形支垫和外模定位楔等部分。外模定位楔与底模相接；侧模架采用碗扣式脚手架，支撑在楔形支垫上；侧模上缘拉筋利用梁体翼缘板的横向构造筋焊接固定，下缘与底模通过外角模连接、定位。

首先进行箱梁边线测量放样，并在底模上用墨斗弹出边线，然后按照边线进行侧模安装。

侧模的加固采用撑拉结合的方式，在侧模外部的顶和底分别采用钢丝绳拉紧，同时在侧模外部的顶和底分别采用方木进行支撑，内、外侧模间用拉杆进行连接固定，保证侧模稳定、牢固。

为保证腹板的结构尺寸及防止胀模，应使用拉杆将腹板两侧模板拉紧，拉杆采用 ϕ14 mm 圆钢，外套 PVC 管，以便混凝土浇筑完毕后拔出，拉杆纵向间距为 50 cm，横向间距为 50 cm。

3. 内模安装

箱梁腹底板钢筋施工完毕后，进行内模安装。内模主要包括内模架、模板、支撑立柱等。

内模架采用方木制作，梁跨纵向每隔 80 cm 布设一组，内模架支撑于内模临时立柱上；内模临时立柱采用脚手架钢管，支撑在底板预制块上。

箱梁内模分段安装，事先按照现浇箱梁底板混凝土的设计厚度加工内模底板钢筋支架，按梅花状布置，将内模座落在该支架上，调整内模达到要求后，将其固定。

4. 端模安装

箱梁混凝土两端需制作端模板，端模板用竹胶模板。端模分块制作，用梁体纵向筋和拉筋相接固定端模。

(四)钢筋及预应力管道安装

钢筋加工及安装分别从钢筋原材试验(物理试验与化学试验)、钢筋加工、连接和安装四个方面控制质量。钢筋混凝土中的钢筋和预应力混凝土中非预应力钢筋必须符合现行《钢筋混凝土用钢　第1部分:热轧光圆钢筋》(GB 1499.1)、《钢筋混凝土用钢　第2部分:热轧带肋钢筋》(GB 1499.2)、《冷轧带肋钢筋》(GB 13788)、《低碳钢热轧圆盘条》(GB/T 701)的规定。环氧树脂涂层钢筋的标准可按照现行《环氧树脂涂层钢筋》(JC 3042)执行。

钢筋必须按不同钢种、等级、牌号、规格及生产厂家分批验收,分别堆存,不得混杂,且应设立识别标志。钢筋在运输过程中,应避免锈蚀和污染。钢筋宜堆置在仓库(棚)内,露天堆置时,应垫高并加遮盖。

钢筋验收时应具有出厂质量证明书和试验报告单,并按规范要求进行试验。

1. 钢筋加工

钢筋加工前应将钢筋调直并清除污锈,钢筋的表面应洁净;钢筋应平直,无局部弯折;钢筋采用冷拉方法调直时,HPB300钢筋的冷拉率不宜大于2%;HRB335钢筋的冷拉率不宜大于1%。钢筋的弯制和末端的弯钩应符合设计要求。

用HPB300钢筋制作的箍筋,其末端应做弯钩,弯钩的弯曲直径应大于受力主钢筋的直径,且不小于箍筋直径的2.5倍。弯钩平直部分的长度,一般结构不宜小于箍筋直径的5倍。

2. 钢筋连接

箱梁钢筋焊接前,必须根据施工条件进行试焊,合格后方可正式施焊。焊工必须持考试合格证上岗。受力钢筋焊接或绑扎接头应设置在内力较小处,并错开布置,对于绑扎接头,两接头间距离不小于1.3倍搭接长度。对于焊接接头,在接头长度区段内,同一根钢筋不得有两个接头,配置在接头长度区段内的受力钢筋,其接头的截面面积占总截面面积的百分率及绑扎接头截面面积占总截面面积的百分率,应符合相关要求。

焊接时,对施焊场地应有适当的防风、雨、雪、严寒设施。冬期施焊时应按冬期施工的要求进行,低于－20 ℃时,不得施焊。

3. 钢筋骨架和钢筋网的组成及安装

钢筋的交叉点应用钢丝绑扎结实,绑扎采用八字形,所有扎丝外露部分应偏向钢筋骨架里侧,必要时,亦可用点焊焊牢。所有箍筋应与主筋垂直。

钢筋与模板间设置垫块,垫块应与钢筋扎紧,并互相错开。保护层垫块采用塑料垫块,为保证保护层符合规范要求,每平方米垫块数量不少于4个。非焊接钢筋骨架的多层钢筋之间,应用短钢筋支垫,保证位置准确。

在浇筑混凝土前,对已安装好的钢筋及预埋件(钢板、锚固钢筋等)进行检查。

预应力钢筋混凝土连续梁中普通钢筋既有受力筋又有架立钢筋,形状复杂,数量多。所有钢筋均统一在加工厂下料、弯制、加工,现场绑扎焊接成型,组合成立体骨架。主筋骨架之间、骨架与斜筋之间采用双面焊,焊缝长度不小于设计要求的钢筋直径的5倍。

绑焊箱梁顶板钢筋时应注意预先确定箱梁顶板钢筋,设置进人孔的位置和数量及加固的方法;伸缩缝、护栏、泄水管等设施的预埋件准确、无遗漏。

钢筋在现场集中加工。钢筋绑扎严格按施工图纸和规范要求进行,钢筋主筋搭接焊、钢筋骨架绑扎固定后,绑扎其他钢筋。用混凝土垫块梅花状布置支垫钢筋,以确保底板和腹板钢筋的保护层厚度。箱梁支座预埋钢板、通气孔预埋管及伸缩缝预埋筋均与箱梁主筋点焊在一起,防止混凝土浇筑时位置偏移。

4. 预应力管道安装

钢筋绑扎过程中,按设计文件规定的空间坐标制作预应力波纹管定位钢筋、定位网片,穿入波纹管。锚垫板位置准确固定牢固,钢筋骨架底网钢筋制作好后,穿入钢绞线,以使预应力束自锚端锚入箱梁混凝土内。

(五)混凝土施工

梁体采用混凝土泵送连续灌筑、一次成型,灌筑时间控制在10 h以内。采用4台泵车同时浇筑,同时备用1台汽车泵和1台地泵。混凝土浇筑过程中安排专人随时检查支架、模板和预埋件的稳固情况,确保混凝土浇筑的顺利进行。同时,测量人员对支架下沉进行观测并做好记录,如遇特殊情况,要立刻加固处理。

1. 准备工作

浇筑混凝土前，应对支架、底模、腹板模板、钢筋和预埋件进行检查，同时复查底板(顶板)标高。模板及钢筋上的杂物、积水以及污垢应清理干净；模板若有缝隙，应堵塞严密。自检后报检合格方可开始浇筑混凝土。

2. 混凝土浇筑顺序及时间控制

同一断面内先施工箱梁底板混凝土，再施工腹板混凝土，最后施工顶板混凝土；纵向从墩顶向跨中浇筑，水平分层向上，底板浇筑时间控制在 3 h 内。

腹板混凝土采用水平分层的方法进行，水平分层厚度控制在 30 cm 左右，浇筑时间控制在 4 h。顶板混凝土浇筑从一端向另一端推进，每次浇筑宽度在 4.5 m 左右，两台泵车先浇筑两边 4.5 m，最后共同浇筑中心处混凝土，顶板混凝土浇筑时间控制在 3 h 内。

浇筑混凝土允许间隙时间根据表 4-3-16 执行。

表 4-3-16 浇筑混凝土允许间隙时间 (单位：min)

浇筑时气温(℃)	材料	
	普通硅酸盐水泥	矿渣、火山灰硅酸盐水泥
20～30	90	120
10～20	135	180
5～10	195	—

3. 混凝土振捣

安排专人分区负责混凝土振捣，根据箱梁平面尺寸分成 16 个浇筑区，每区指定 2 人负责，如图 4-3-170 所示。

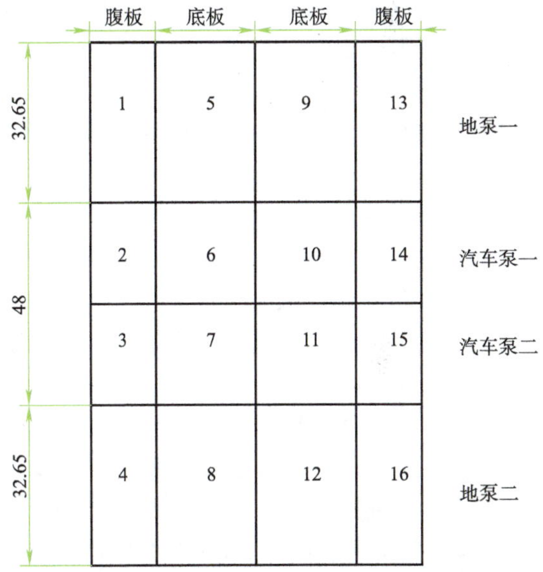

图 4-3-170 混凝土浇筑分区图(单位：m)

底板和顶板用平板振捣器和插入式振捣棒配合使用，腹板采用插入式振捣棒。振捣时间要适当，不要漏振也不要过振。箱梁底板和顶板连接处的承托、预应力筋锚固区和其他钢筋密集部位要特别注意振捣，避免振捣棒碰撞预应力筋管道和预埋件；应避免振捣棒击穿波纹管造成孔道阻塞。插入式振捣器的移动间距不宜超过振动作用半径的 1.5 倍，与侧模应保持 50～100 mm 的距离，插入下层混凝土 50～100 mm，每处振动完毕后应徐徐提出振捣棒。每一部位必须振捣到该处混凝土停止下沉、不再冒出气泡且表面平坦、泛浆为止。

4. 混凝土养护

混凝土浇筑完毕，在箱梁上覆盖塑料薄膜，然后采用草袋或麻袋覆盖，梁体洒水次数应能保持混凝土表面充分潮湿。当环境相对湿度小于 60%时，自然养护应不少于 14 d；相对湿度在 60%以上时，自然养护应不少于 10 d。当环境温度低于 5 ℃时，采取保温措施，禁止对混凝土洒水。

(六)模板拆除及落架

梁体混凝土强度达到设计强度的 50%时，即可拆除外侧模、内模；待梁体混凝土达到张拉强度后，进行预应力束的张拉，张拉完毕并压浆后，就可卸落支架，拆除底模。

1. 内模拆除

拆除临时立柱下的木楔，使顶模脱模，拆除模板，拆除钢管支撑。拆模时用力适当，单块传递。拆下后立即清洗干净、涂油，按规格分类堆放整齐。

早期张拉前内模只拆不移，待梁体早期张拉后移出内模。

2. 外模拆除

侧模在混凝土强度达到 50%以上，且其表面及棱角不因拆模而受损时，方可拆除。拆除临时支撑下的木楔以及挡块，使外模脱模，移出模板，并用起重机吊离支架，拆下后立即清洗干净，按规格分类堆放整齐。

3. 卸落支架、拆除底模

当预应力钢束张拉压浆完成后即可拆除底模和支架。在施工中拆除时要对称、均匀卸落砂箱使底模完全脱开梁底混凝土,并在其全过程进行梁体的竖向位移测量观察,然后将底模移出,用起重机吊离支架。拆下后立即清洗干净,按规格分类堆放整齐。最后用卷扬机配合起重机拆除支架和支墩。

拆模时,梁体混凝土芯部与表层、箱内与箱外、表层与环境温差均不宜大于 15 ℃,并应保证梁体棱角完整,在气温急剧变化时不宜拆模。

(七)预应力施工

1. 张拉准备工作

箱梁张拉采用后张法。成立专业的张拉组,指定专人负责,在张拉作业之前对张拉千斤顶、油压表及油泵由专业检测部门进行标定,并绘制标定曲线,张拉时按标定曲线配套使用。

张拉前检查锚具及预应力钢束安装是否正确。预应力钢束在使用前必须做张拉、锚固试验,进行管道摩阻、喇叭口摩阻等预应力瞬时损失试验,以确保预施应力的准确性。

2. 张拉

根据设计要求,分阶段一次张拉完成,张拉在混凝土强度及弹性模量达到 100%时,且必须保证张拉时混凝土龄期大于 10 d 后进行。钢绞线根据设计情况采取双端同时张拉(除一端张拉的钢束),并左右对称进行,最大不平衡束不能超过 1 束。张拉顺序按先腹板束,后顶、底板束,从外到内左右对称进行。

预应力张拉采用“双控”,以张拉应力(σ_k)和钢束的伸长量双重控制,进行比较、校核。实际值伸长量和理论值偏差应在±6%,否则应暂停张拉,待查明原因并采取措施予以调整后,方可继续张拉。

张拉程序:低松弛力筋→初应力→σ_{con}(持荷 2 min 锚固)。在张拉过程中,对每根钢束的伸长值进行实际测量。

张拉过程中注意安全,千斤顶后部严禁站人,不得踩踏高压油管,并加设预防措施,防止张拉意外事故时伤人。预应力张拉时,为尽量减少因摩阻造成的预应力损失,拟采用两端抽动,分头预紧的措施;摩阻损失由设计提供,现场测量、复核。

预应力钢绞线每束滑丝与断丝不超过 1 丝,且每个断面断丝之和不超过该断面钢丝总数的 1%。

3. 压浆及封锚

预应力完成后,宜在两天内进行管道压浆,压浆前管道内应清除杂物及积水。压浆用水泥浆水胶比、水泥浆稠度、泌水率、凝结时间、膨胀率应符合设计要求。预应力管道采用真空辅助压浆工艺,灌浆设备选用 SZ-2 真空灌浆泵及其配套设备。

压浆施工步骤:准备工作→抽真空→搅拌水泥浆→灌浆→清洗。

(1)施工准备

压浆前用水冲洗孔道,借以除尘和湿润孔壁,除掉孔内杂质,便于灰浆流动及孔壁有良好的黏结性。

(2)试抽真空

将灌浆阀、排气阀全都关闭,抽真空阀打开;启动真空泵抽真空,观察真空压力表读数,即管内的真空度,当管内的真空度在−0.09~−0.06 MPa(压力尽量低为好)时,停泵约 1 min 时间,若压力能保持不变即认为孔道能达到并维持真空。

(3)搅拌水泥浆

搅拌水泥浆之前,加水空转数分钟,将积水倒干净,使搅拌机内壁充分湿润。

首先将称量好的水、水泥、膨胀水泥、粉煤灰倒入搅拌机,搅拌 2 min;接着将溶于水的减水剂倒入搅拌机中,搅拌 3 min 出料;水泥浆出料后尽量马上进行泵送,否则要不停地搅拌。水泥浆搅拌结束至压入孔道的时间间隔不应超过 40 min。

(4)灌浆

将灰浆加到灌浆泵中,在灌浆泵的高压橡胶管出口打出浆体,待这些浆体浓度与灌浆泵中的浓度一样时,关掉灌浆泵,将此高压橡胶管接到孔道的灌浆孔上,扎紧。

关掉灌浆阀,启动真空泵,当真空度压力达到并维持在−0.09~−0.06 MPa 值时,启动灌浆泵,打开灌浆阀,开始灌浆,当浆体经过空气滤清器时,关掉真空泵及抽气阀,打开排气阀。

观察排气管的出浆情况，当浆体稠度和灌入之前稠度一样，关掉排气阀，仍继续灌浆 2～3 min，使管道内有一定的压力，最后关掉灌浆阀。

(5)清洗

拆下抽真空管的两个活接，卸下真空泵；拆下空气滤清器和灌浆胶管，清洗灌浆泵、搅拌机、阀门、空气滤清器以及粘有灰浆的工具。

(八)支架拆除

底模和支架待梁端张拉后可拆除，拆除的顺序：先拆除跨中间部分，然后由中间向两边(支座处)对称拆除，使箱梁逐渐受力，防止因突然受力引起裂纹等。待梁体张拉完压浆达到一定强度后，先落下两个中支点的砂箱，再下落两个边支点的砂箱，接着方可抽出底模竹胶板和方木，拆模时严禁抛扔模板和方木。

采用两台起重机配合吊装贝雷梁至地面。先吊装靠便道侧翼板下 4 片贝雷，2 片一组分别吊装；底板下贝雷先采用手拉葫芦将贝雷移至翼板下，移动时 4 个支点位置同时设手拉葫芦，并同时拉动，移动时必须 3 片以上同时进行，以保证稳定性，同时与其他贝雷连成一体，边移动、边松开，始终确保被移动的贝雷稳定。

(九)预埋件设置

在混凝土灌注过程中，设专人检查预埋件的位置，一旦位置发生移动，立即进行校正，做到预埋件位置准确、标高误差符合精度要求。

(1)综合接地设置

按照综合接地通用图要求，设置好每段的综合接地钢筋和梁面的接地端子，尤其在每节段间连接时要做好综合接地钢筋的焊接，测量综合接地系统电阻不得大于 1 Ω。

(2)锯齿形槽口及电缆爬架预埋槽道设置

1)每隔 500 m 电力电缆进入箱梁体内盘留，设置电缆从锯齿形槽口引下至箱梁的电缆爬架。

2)牵引供电电缆在 AT 所、分区所、开闭所、牵引变电所等设置在桥下时在梁体相应一侧设置电缆爬架。

3)所有信号、电气化所亭设置在区间桥梁下时，需在两孔桥梁端头相应位置设置锯齿形槽口，在相应梁体设置电缆爬架，同时设置配套的区间通信机械室引下的锯齿形槽口、电缆爬架。

(3)预埋防护墙、竖墙 A、竖墙 B 在梁体上的预埋钢筋，在预埋防护墙钢筋时，适当向梁的外侧移动 3～5 mm。

(4)注意每节段接触网立柱基础、下锚拉线基础的预留。当设计位置刚好和节段间分界线相互干扰无法预留时，可适当前后移动 0.5 m 位置，但要注意左右两个要与线路中心线垂直。

(5)预埋支座及防落梁措施。

(十)跨越公路施工技术措施

沿线桥梁多处跨越高速公路、国道、省道、城市道路等等级公路。支架形式采用碗扣式或者门式钢管支架，并在行车道上设置车辆通行门洞。

支架搭设后进行全面验收检查，并按施工规范进行堆载试验，以消除支架的非弹性变形，同时检验地基的承载能力。当桥梁跨越繁忙干线公路或者高速公路时，均需设置确保施工安全和道路行车安全的设施。

当跨越车道数量较多的高速公路时，车辆通行门洞跨径相应加大，采用型钢或者贝雷梁横梁跨越。横梁的设计应考虑桥梁混凝土自重荷载及模板、机器设备和人员的施工荷载。门洞立柱采用钢管立柱，可以埋入地下或采用混凝土扩大基础，并与两侧的落地支架进行有效连接，以确保其稳定性。

门洞的正上方悬挂规定的行车警示标志牌和最大通行净空牌；在距离支架前后规定距离处的行车路面上必须设置减速慢行标志线和警示牌。

现浇施工以及预应力未完全实施完前，支架设专人检查看护，防止被车辆冲撞。

安装完遮板并调整平顺焊接固定后，方可拆除桥下防护棚。

二、连续梁挂篮悬灌施工技术

以宁安铁路跨向山专用线特大桥为例，总结连续梁挂篮悬灌施工技术。跨向山专用线特大桥全长 4 804.67 m，第 60～63 号墩为(32＋48＋32)m 连续梁，主跨跨向山专用线，采用菱形挂篮悬灌施工工艺。0 号块支架采用脚手架结构，边跨现浇段支架采用碗扣式支架。中墩临时锚固措施采用钢管桩支墩、内灌

C40混凝土,钢管桩与梁底采用精轧螺纹钢锚固。

(一)墩顶现浇段(0号段)施工

墩顶现浇梁段(0号段)采用万能杆件拼装落地支架法或墩顶托架法施工,0号段在墩旁支架上分两次浇筑完成。

1. 施工工艺流程

墩顶0号段施工工艺流程如图4-3-171所示。

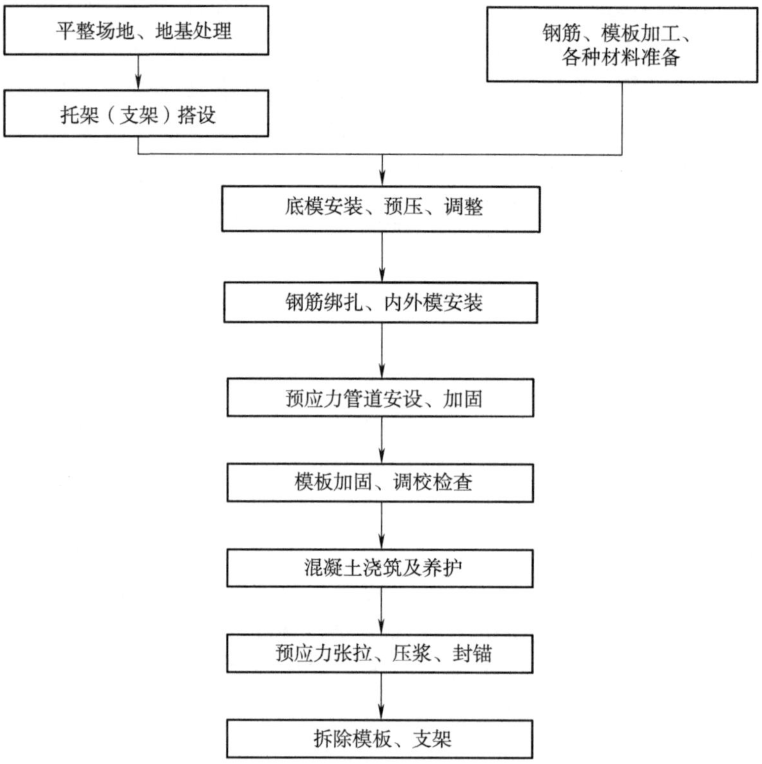

图4-3-171 墩顶0号段施工工艺流程框图

2. 主要工序及技术要点

(1)地基处理

连续箱梁0号段支架施工前,先将桥墩0号段处场地推平、碾压,压实度达到95%以上。软弱地基采用换填石灰土或砂砾,分层夯实。然后浇筑C15混凝土基础,以减小沉降量,同时做好地基排水,防止雨水或混凝土浇筑和养生过程中滴水对地基的影响。

(2)支架搭设

在墩身不高情况下,连续箱梁0号段支架采用万能杆件拼装而成,不足2 m高度采用短钢管调整。墩身高的情况下,在预留支腿上搭设托架。翼板及箱室内支架采用门式脚手架,间距可按1.2 m×1.2 m布置,同时与箱梁支撑连接以保证稳定性。

(3)支架预压

按估算预留拱度搭设底模,预压荷载按设计及规范要求对底模进行加载预压。采用砂袋、混凝土块或水箱作为加载物,使加载的荷载强度与梁的荷载强度分布一致。

当试压沉降稳定后,记录各测点的最终沉降值,从而推算出底模各测点的标高,然后卸载。卸载后,精确测出底模各测点的标高,此标高减去加载终了时的标高,即支架支撑的回弹值,余下的沉降值为支架系统不可恢复的塑性变形值。根据计算结果,对底模标高进行调整,使预留度值更加准确。

(4)模板安装

梁底模板采用大块钢模板,悬臂端梁底纵坡利用调模装置调整。

外侧模采用大块钢模板,在梁变宽部分利用调模装置调整立模宽度。隔墙模板及腹板内模板均采用定型组合钢模板现场拼装。内模板的紧固主要采用对拉螺杆，并用脚手架连接。倒角模板采用木模。内外侧模板拼装后用 ϕ18 对拉螺杆对拉，拉杆间距按水平 0.5 m，竖向 1.0 m 布置。顶板底模与外侧模连接处镶橡胶条塞紧，以防漏浆。

端模用自行加工的钢模板，与内外模及其骨架连接牢固，中间留进人洞方便捣固人员出入，待混凝土浇筑到位后再行补加。

隔墙人洞采用木模板、木支架；顶板临时人洞模板采用钢板焊接，支撑用 ϕ12 钢筋与梁顶板钢筋网片焊接。

(二)悬灌梁段施工

1. 施工工艺

悬灌梁段施工工艺流程如图 4-3-172 所示。

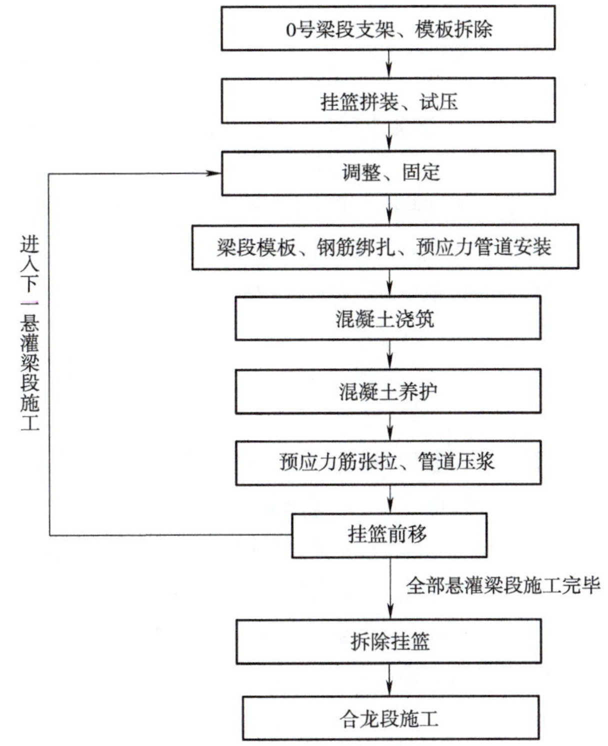

图 4-3-172 悬灌梁段施工工艺流程图

2. 主要工序及技术要点

(1)挂篮施工

①挂篮结构。施工挂篮采用自行设计制作的液压菱形挂篮，主要由主桁架、行走及锚固系统、吊带系统、底平台系统、模板系统五大部分组成，如图 4-3-173 所示。

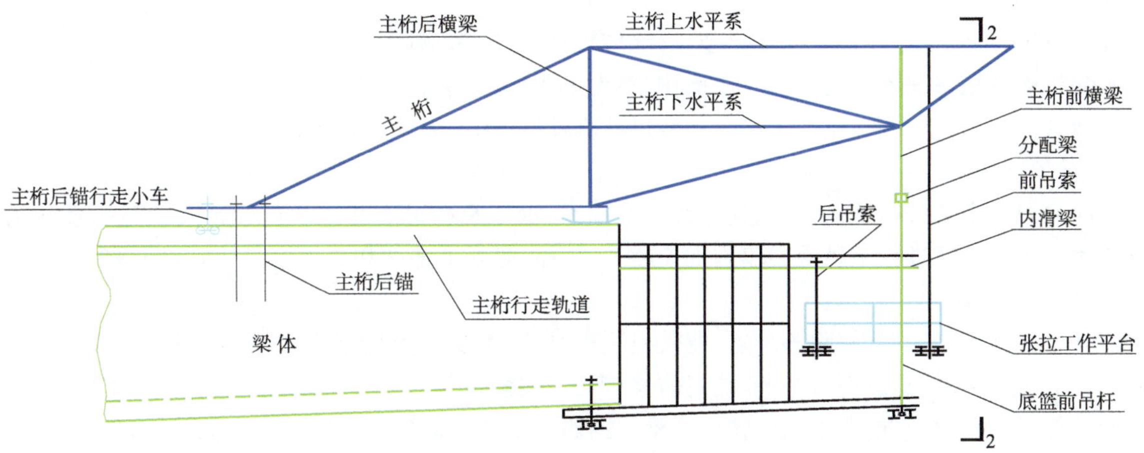

1-1

图 4-3-173

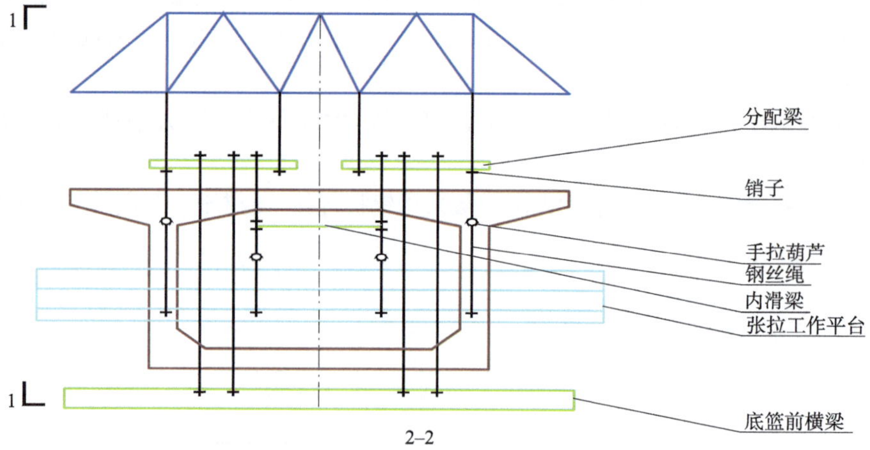

图 4-3-173 挂篮结构图

②挂篮拼装。挂篮结构构件运达施工现场后,利用塔式起重机或起重机吊至已浇梁段顶面,在已浇好的 0 号梁段顶面拼装,拼装完毕后,对挂篮施加荷载进行预压,充分消除挂篮产生的非弹性变形,悬灌施工过程中,将挂篮的弹性变形量纳入梁段施工预拱度计算。挂篮结构拼装流程如图 4-3-174 所示。

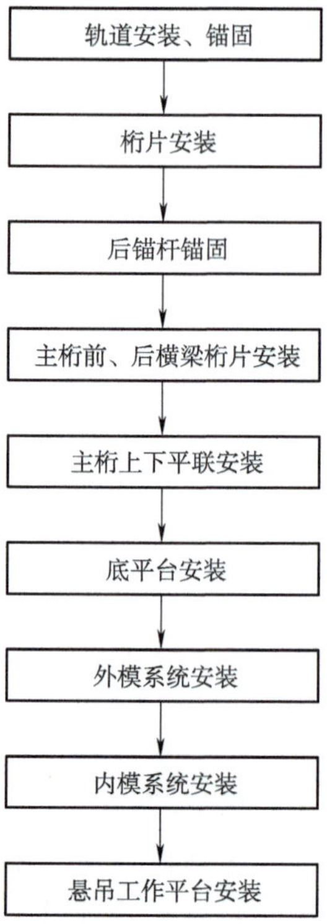

图 4-3-174 挂篮结构拼装流程图

③挂篮静载试验。挂篮拼装完毕后,进行荷载试验以测定挂篮的实际承载能力和梁段荷载作用下的变形情况。

荷载试验时,加载按施工中挂篮受力最不利的梁段荷载进行等效加载,测定各级荷载作用下挂篮产生的挠度和最大荷载作用下挂篮控制杆件的内力。

根据各级荷载作用下挂篮产生的挠度绘出挂篮荷载-挠度曲线,为悬臂施工的线性控制提供可靠的依据。根据最大荷载作用下挂篮控制杆件的内力,可以计算挂篮的实际承载能力,了解挂篮使用中的实际安全系数,确保安全可靠。

加载方法根据现场的实际条件可采取堆积砂包模拟加载或是采取通过千斤顶和锚固于承台内的锚碇对拉反压加载。

④挂篮移动与拆除。在每一梁段混凝土浇筑及预应力张拉完毕后,将挂篮沿行走轨道移至下一梁段位置进行施工,直到悬灌梁段施工完毕。

箱梁悬灌梁段施工完毕后,进行挂篮结构拆除。拆除顺序:箱内拱顶支架→侧模系统→底模系统→主桁架,吊带系统及行走锚固系统在其过程中交叉操作。箱内拱顶支架采取拆零取出,侧模、底模系统采用卷扬机整体吊放,主桁架采取先退至墩位附近再利用起重机进行拆零。

⑤挂篮拼装、拆装注意事项。挂篮拼装、拆除应保持两端基本对称同时进行;作业前对吊装机械及机具进行安全检查,在操作过程中地上、空中有专人进行指挥。挂篮的拼装、拆除是高空作业,每道工序务必经过认真检查,确认无误后方可进行下一道工序。

(2)悬臂灌注施工

悬臂灌注施工主要包括挂篮前移、挂篮调整及锚固、钢筋及孔道安装、混凝土灌注及养护、预应力施加、孔道压浆六个工序循环进行。悬灌梁段施工长度 3～5 m,混凝土强度和弹性模量达到设计要求后进行预应力张拉。

在前一梁段施工完毕后,解除各吊点,使模板脱离梁体,解除梁上后锚点,进行锚固转换,行走小车托力转换在滑道上,通过手拉葫芦拖拉主桁,挂篮前移至下一梁段位置。

挂篮就位后,先进行主桁梁上锚固转换给梁体的锚筋上和底篮后锚安装转换在梁体上,然后通过测量仪器进行中线、高程测量、定位,通过千斤顶进行标高调整,经过检查确定合格后,最后进行全面锚固。

钢筋及预应力孔道安装、内模安装、混凝土灌注及养护、预应力施加、孔道压浆等与前述支架法现浇施工类似，在此不再赘述。

3. 线形控制

为确保施工中结构的可靠性、安全性及保证桥梁线形及受力状态符合设计要求，对桥梁悬臂施工进行线形控制。

(1)线形控制相关参数的测定

挂篮的变形值：施工挂篮的变形通过挂篮荷载试验测定。在挂篮拼装后，采用反压加载法进行荷载试验，加载量按最不利梁段重量计算确定。分级加载，加载过程中测定各级荷载下挂篮前端变形值，得到挂篮的荷载与挠度关系曲线。

施工临时荷载测定：施工临时荷载包括施工挂篮、人员、机具等。

箱梁混凝土容重和弹性模量的测定：混凝土弹性模量和容重的测量通过现场取样，采用试验室的常规方法进行测定。混凝土弹性模量的测试主要是为了测定混凝土弹性模量 E 随时间的变化规律，即 E-t 曲线。采用现场取样通过万能试验机进行测定，分别测定混凝土在 7 d、14 d、28 d、60 d 龄期的 E 值，以得到完整的 E-t 曲线。

预应力损失测定：预应力损失主要测定纵向预应力钢绞线的管道摩阻损失，以验证设计参数取值和实际是否相符，并根据有效预应力计算由预应力施工引起的悬臂挠度。测定时，在预定的测点位置，将波纹管开孔，采用电阻应变片和电阻应变仪测量钢绞线的实际管道摩阻损失。

温度观测：为了摸清箱梁截面内外温差和温度在截面上的分布情况，在梁体上布置温度观测点进行观测，以获得准确的温度变化规律。

(2)施工预拱度计算

施工预拱度的计算是桥梁悬臂施工控制关键工作之一，根据现场测定的各项参数由专业程序计算得出。

(3)施工挠度控制

根据预拱度及设计标高，确定待悬灌梁段立模标高，严格按立模标高立模。

挠度观测资料是控制成桥线形最主要的依据。在现场成立专门的观测小组，加强观测每个节段施工中混凝土浇筑前后、预应力张拉前后 4 种工况下悬臂的挠度变化。每节段施工后，整理出挠度曲线进行分析，及时准确地控制和调整施工中发生的偏差值，保证箱梁悬臂端的合龙精度和桥面线形。为了尽量减少温度的影响，挠度观测安排在早晨日出之前进行。

合龙前，合龙段两侧的最后 2～3 个节段在立模时进行联测，以保证合龙精度。

(4)高程监测

在每个箱梁节段上布设二个对称的高程控制点，以监测各段箱梁施工的挠度及整个箱梁施工过程中是否发生扭转变形。采用 S1 精密水准仪进行高程测量监控，采用主尺、辅尺观测读数，在一天内温度变化较小的时间段内观测。

箱梁悬灌段高程控制程序如图 4-3-175 所示。

(5)中线控制

0 号段施工完毕，用测距仪将箱梁的中心点放样在 0 号段上，并在箱梁段施工前对相邻两墩 0 号段上放样的箱梁中心点进行联测，确认各箱梁中心点误差在精度范围之内，方可进行下一步的箱梁施工测量。测量仪器采用 J2 级经纬仪。

箱梁中心线的施工测量，首先是将经纬仪安置在 0 号块的中心点，后视另一墩 0 号段中心点，测量采用正倒镜分中法。为使各箱梁段施工误差不累积，各箱梁施工段的拉距均以 0 号段中心点作为基点进行拉距，在距离超过钢尺的有效范围后，另选择基点。

(三)边跨现浇段施工

边跨现浇段施工参考 0 号段施工方法，施工工艺流程如图 4-3-176 所示。

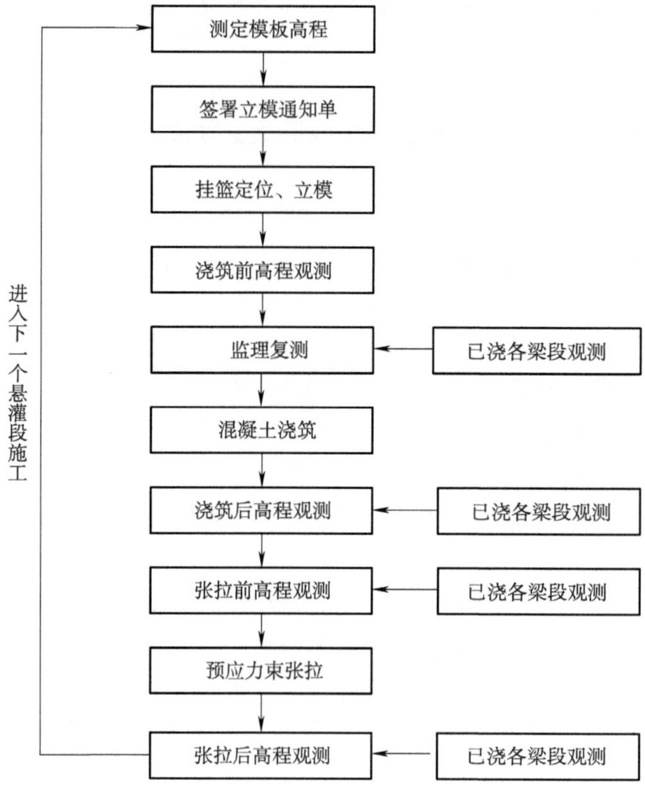

图 4-3-175 箱梁悬灌段高程控制程序图

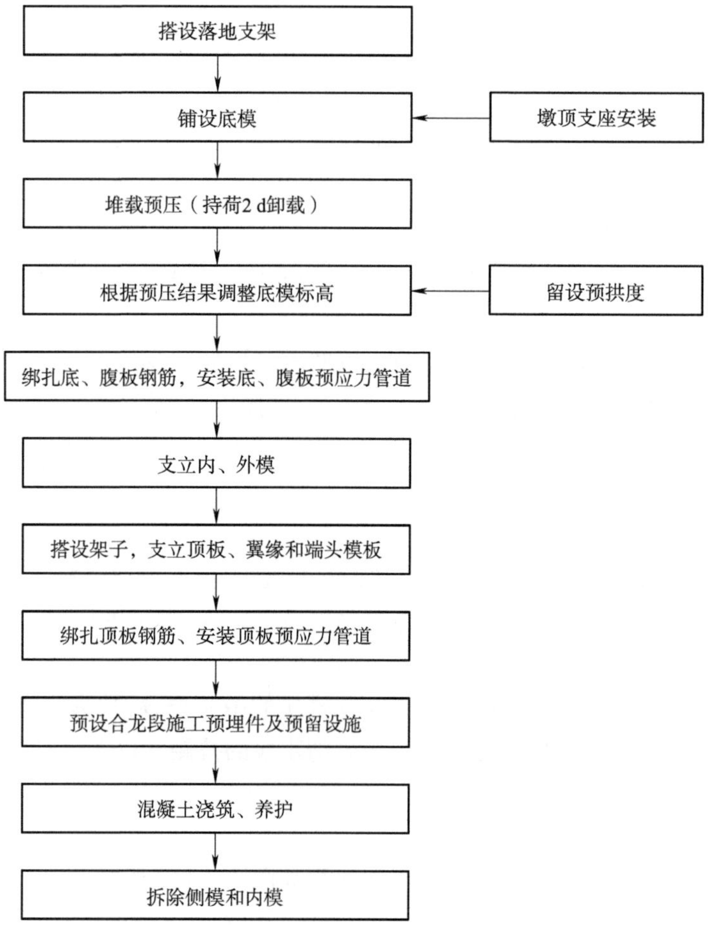

图 4-3-176 边跨现浇段施工工艺流程图

(四)合龙段施工及结构体系的转换

连续箱梁合龙施工时先合龙边跨,再合龙中跨。合龙温度符合设计要求,合龙段两端悬臂标高及轴线符合设计或规范要求。

1. 合龙段施工工艺流程

合龙段施工工艺流程如图 4-3-177 所示。

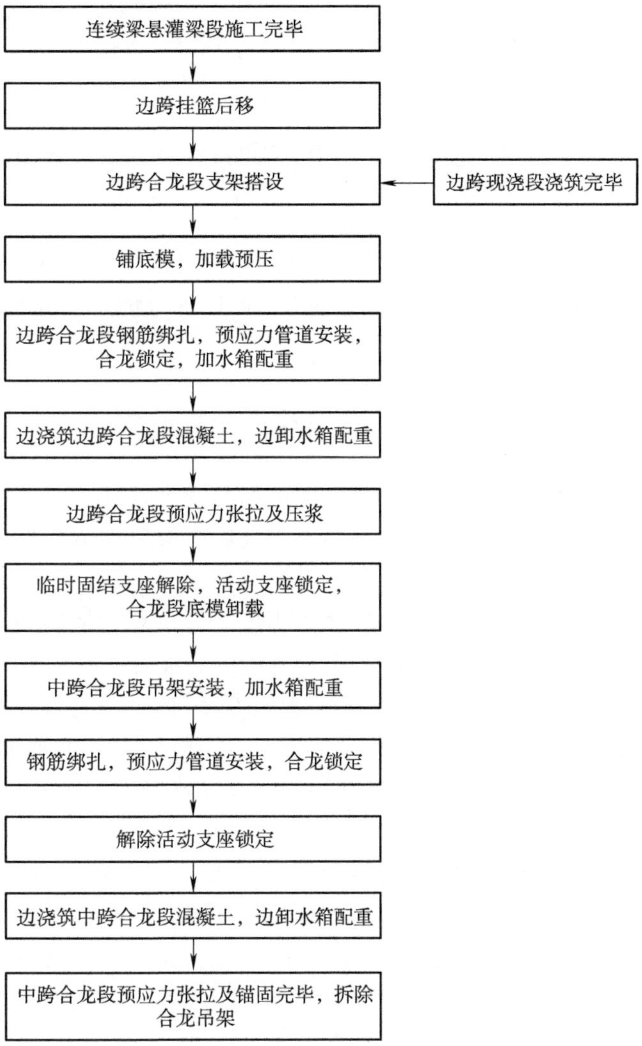

图 4-3-177　合龙段施工工艺流程图

2. 边跨合龙

(1)施工准备

悬臂梁段浇筑完毕,拆除悬臂挂篮;清除箱顶、箱内的施工材料、机具,用于合龙段施工的材料、设备有序放至墩顶;在“T 构”两悬臂端预备配重水箱。

(2)边跨合龙段支架及模板施工

边跨合龙段采用万能杆件支架或吊架立模施工。悬臂梁段浇筑完毕,拆除挂篮,接长边跨等高度现浇段支架,搭设合龙段支架或安装吊架,支架搭设同现浇段要求。外模及底模采用挂篮模板,内模采用组合钢模。

(3)平衡重设置

采用在悬臂端的水箱中加水的方法设平衡重,近端及远端所加平衡重吨位由施工平衡设计确定。配重及合龙步骤如图 4-3-178 所示。

(4)普通钢筋及预应力管道安装

普通钢筋在地面集中加工成型,运至合龙段绑扎安装。绑扎时将劲性骨架安装位置预留,等劲性骨架锁

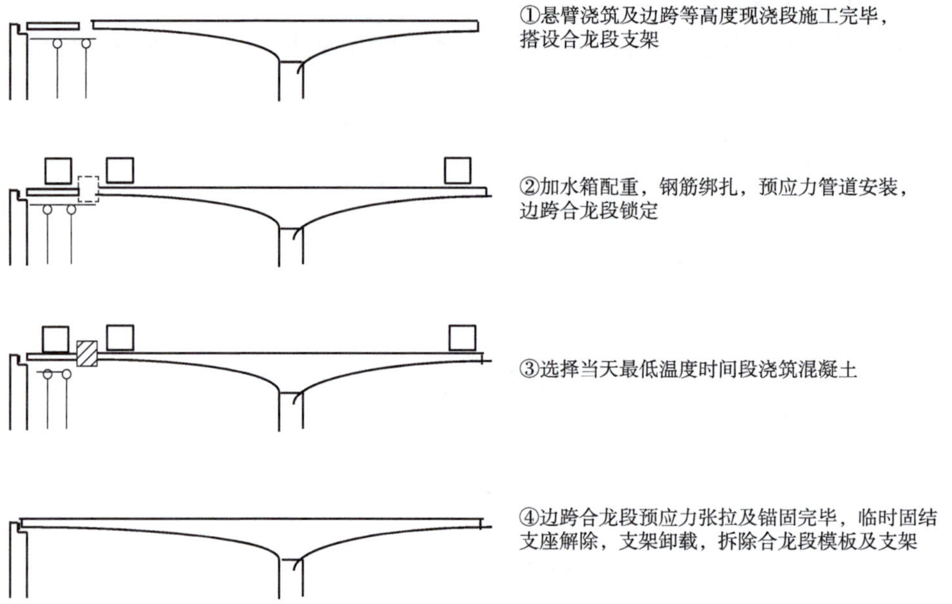

图 4-3-178 边跨合龙施工步骤

定后补充绑扎。底板束管道安装前，试穿所有底板束，发现问题及时处理。合龙段底板束管道采用钢管或双层波纹管，管道内穿入钢绞线芯模，以保证合龙段混凝土浇筑后底板束管道的畅通。

(5)合龙锁定

合龙前，临时连接悬臂端与边跨等高度现浇段，使其尽可能保持相对固定，以防止合龙段混凝土在浇筑及早期硬化过程中发生明显的体积改变。锁定时间按合龙段锁定设计执行。

合龙锁定中采用又拉又撑的方法，即用劲性骨架承受压力，用临时预应力束承受拉力。

支撑劲性骨架采用“预埋槽钢＋连接槽钢＋预埋槽钢”三段式结构，其断面面积及支承位置根据锁定设计确定，同时验算其压杆稳定性；合龙时，在两预埋槽钢之间设置连接槽钢，并由连接钢板将连接槽钢与预埋槽钢焊接成整体，同时注意焊缝设在不同截面处。

临时预应力应确保降温时劲性骨架中既不出现拉应力，又要满足升温时骨架不致受压过大而失稳，具体张拉吨位根据合龙期间可能出现的温度范围计算，合龙锁定温度选择在设计要求的合龙最佳温度范围内。按设计布置临时预应力束，劲性骨架顶紧后进行张拉，临时束张拉锚固后不压浆，合龙完毕后将拆除。合龙锁定布置如图 4-3-179 所示。

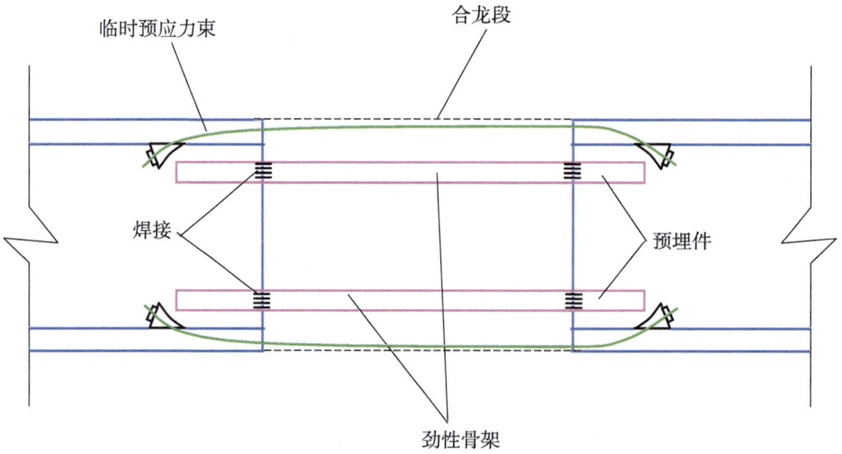

图 4-3-179 合龙段合龙锁定布置示意图

(6)浇筑合龙段混凝土

合龙段混凝土浇筑过程中，按新浇筑混凝土的重量分级卸去平衡重(即分级放水)，保证平衡施工。合龙段混凝土选择在一天中气温较低时段浇筑，可保证合龙段新浇筑混凝土处于气温上升的环境中，在受压的状态下达到终凝，以防混凝土开裂，混凝土的浇筑速度每小时 10 m^3左右，3～4 h 内浇筑完成。

(7)预应力施工

合龙段永久束张拉前，采取覆盖箱梁悬臂并洒水降温的措施以减小箱梁悬臂的日照温差。底板预应力束管道安装时要采取措施保证管道畅通。待合龙段混凝土达到设计规定强度和相应龄期后，先张拉边跨顶板预应力束，再张拉底板第一批预应力束，按照设计要求的张拉吨位及顺序双向对称进行张拉。合龙段施工完毕后，拆除临时预应力束并对其管道压浆。

(8)临时固结支座解除，永久活动支座锁定，合龙段底模卸载。

3. 中跨合龙

(1)吊架及模板安装

中跨合龙梁段采用合龙吊架施工，如图 4-3-180 所示。合龙吊架和模板采用施工挂篮的底篮及模板系统。

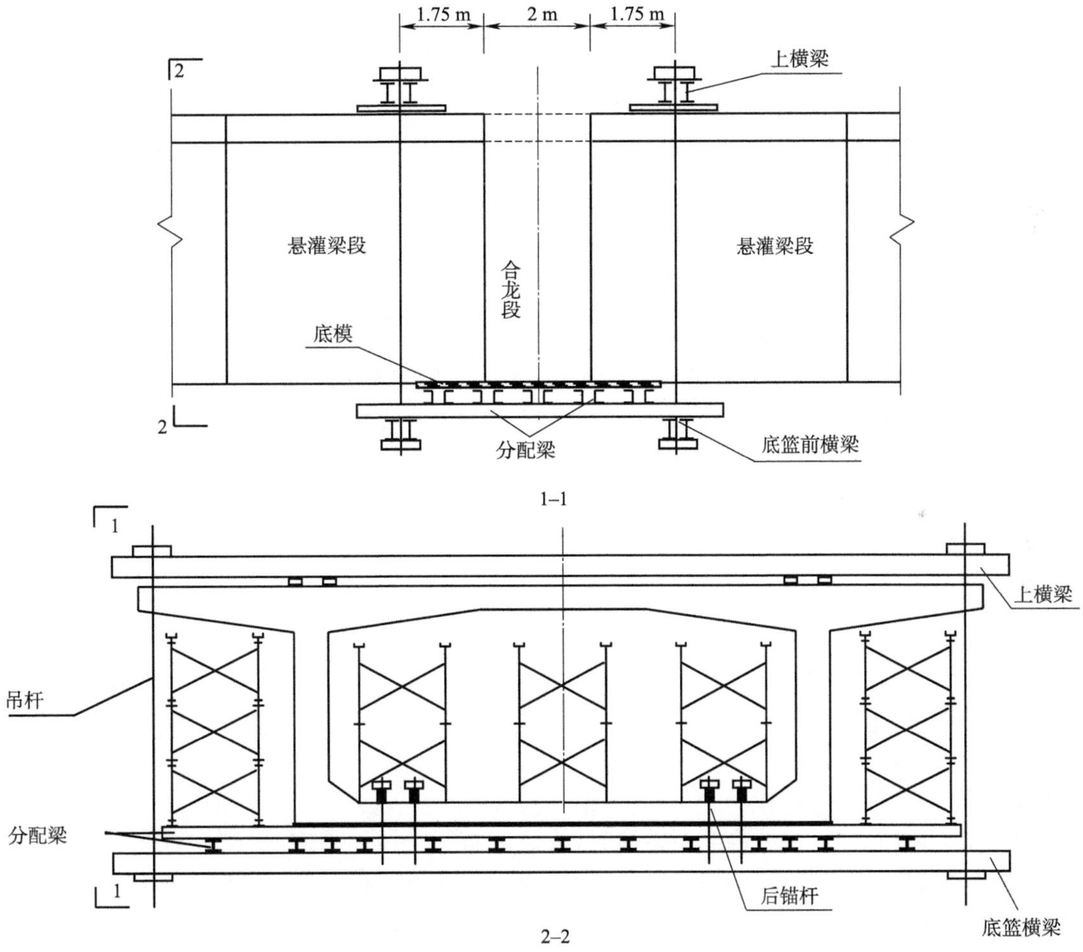

图 4-3-180　中跨合龙段吊架布置示意图

施工顺序：将挂篮的底篮整体前移至合龙段另一悬臂端→在悬臂端预留孔内穿入钢丝绳，用几组滑车吊起底篮前横梁及内外滑梁的前横梁→拆除挂篮前吊杆→用卷扬机调整所有钢丝绳，使底篮及内外滑梁移到相应位置，安装锚杆、吊杆和连接器将吊架及模板系统锚固稳定→将主桁系统退至 0 号梁段后拆除。

(2)平衡重设置

采用在悬臂端水箱中加水的方法设平衡重，近端及远端所加平衡重吨位由施工平衡设计确定。配重及合龙步骤如图 4-3-181 所示。

(3)合龙锁定

合龙前使合龙段两共轭悬臂端临时连接，尽可能保持相对固定，以防止合龙段混凝土在浇筑及早期硬化

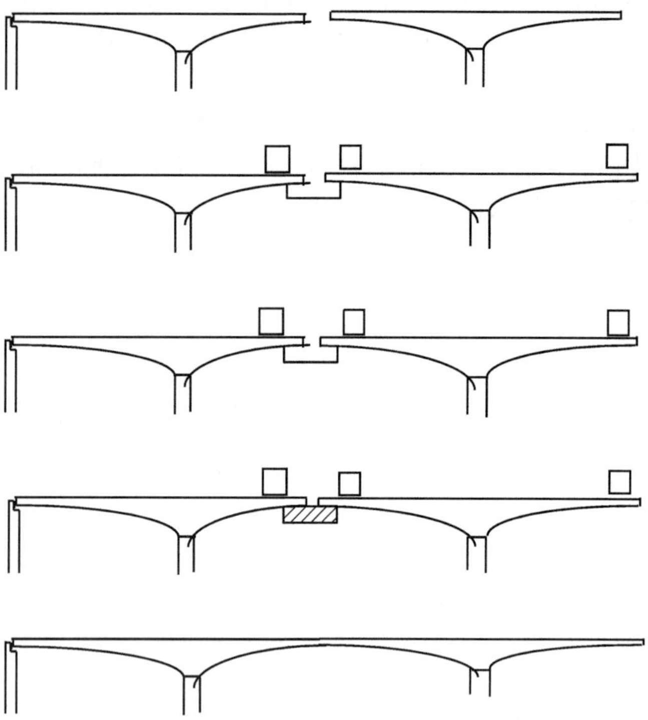

图 4-3-181 中跨合龙段施工过程示意图

过程中发生明显的体积改变。

合龙前除“T 构”悬臂端按平衡要求设置平衡重外，如施工控制有要求时还将对合龙段处采取调整措施。合龙段支撑劲性钢骨架施工及临时预应力束张拉施工同边跨合龙段施工。

(4)体系转换

解除连续梁墩顶的临时锁定，并切断该墩临时支座锚固钢筋，完成体系转换。

(5)浇筑合龙段混凝土

中跨合龙段混凝土浇筑与边跨合龙段施工相同。

(6)预应力施工

中跨合龙完成后，张拉中跨预应力束，再张拉边跨底板第二批预应力束，合龙段施工完毕后，拆除临时预应力束并对其管道压浆。

(7)拆除模板及吊架。

4. 结构体系转换施工注意事项

连续梁桥采用悬臂施工法，在结构体系转换时，为保证施工阶段的稳定，边跨先合龙，释放梁墩锚固，结构由双悬臂状态变成单悬臂状态，最后跨中合龙，形成连续梁受力状态。施工过程中存在梁的受力结构体系转换，施工时注意以下几点：

(1)结构由双悬臂状态转换成单悬臂受力状态时，梁体某些部位的弯矩方向发生转换。所以在拆除梁墩锚固前，按设计要求，张拉一部分或全部布置在梁体下部的正弯矩预应力束，对活动支座需保证解除临时固结后的结构稳定，采取措施限制单悬臂梁发生过大纵向水平位移。

(2)梁墩临时锚固的放松，均衡对称进行，确保逐渐均匀地释放。在放松前测量各梁段高程，在放松过程中，注意各梁段的高程变化，如有异常情况，立即停止作业，找出原因，以确保施工安全。

(3)对转换为超静定结构，需考虑钢束张拉、支座变形、温度变化等因素引起结构的次内力。按设计要求，需进行内力调整时，以标高、反力等多因素控制，相互校核。

(4)临时固结解除后，将梁落于正式支座上，并按标高调整支座高度及反力。支座反力的调整，以标高控制为主，反力作为校核。

(五)各施工阶段通用主要工序及技术要点

1. 钢筋工程

悬灌梁段及现浇段钢筋绑扎流程:先进行底板普通钢筋绑扎及竖向预应力钢筋梁底锚固端(包括垫板、锚固螺母及锚下螺旋筋)的安装,再进行腹板钢筋的绑扎、竖向波纹管及预应力钢筋的接长、腹板内纵向波纹管的安装,最后进行顶板普通钢筋的绑扎、顶板内纵向波纹管的安装、横向钢绞线及波纹管的安装。

2. 预埋件安装

预埋件分为结构预埋件和施工用预埋件。安装预埋件时先进行施工放样,在每次浇筑混凝土之前,仔细检查各预埋件的数量并复测其位置,确认无误后方可进行混凝土浇筑。

3. 混凝土工程施工

0 号段混凝土分两次水平分层浇筑,第一次浇筑底板及腹板,第二次浇筑顶板及翼缘板,由中间向两边浇筑;其他梁段分段一次浇筑成型,先底板,后腹板,再顶板,悬臂段浇筑时确保每个"T 构"对称进行,混凝土输送从中间向两端对称泵送,分层浇筑,每层 30 cm,从前端向后端浇筑,在前层混凝土初凝之前将次层混凝土浇筑完毕,保证层间无施工冷缝。

4. 预应力工程

三向预应力施工按先纵向后竖向再横向的顺序进行。

(1)预应力筋及其管道的安装

竖向预应力:为确保竖向预应力筋的位置准确、垂直,在中部采用定位钢筋、在顶面用角钢定位。竖向预应力筋锚固端与箱身钢筋位置发生矛盾时,应保证锚垫板和锚下螺旋筋的位置准确而调整箱身钢筋位置。竖向预应力钢筋用切割机切割,预应力筋要垂直,预先安装。

纵向预应力:纵向预应力管道,设置定位钢筋定位,管道中穿入 PVC 管保持管道顺直,在混凝土浇筑过程中,经常转动 PVC 管,以防预应力波纹管漏浆"凝死"PVC 管,在混凝土浇筑完毕初凝后抽出。纵向预应力钢绞线用穿束机穿短束,卷扬机整束牵引穿长束。

横向预应力:横向预应力钢绞线及波纹管在竖向和纵向预应力管道安装完毕后安装。

(2)预应力张拉及锚固

预应力张拉设备使用与锚具相配套的千斤顶及油泵,使用前应先进行标定,确保张拉质量。张拉时做到对称、平衡。

纵向预应力:纵向预应力采用 YCW400B、YCW350A、YCW150B、YDC240Q、YG70 型千斤顶张拉,张拉顺序为先腹板束,后顶板束,左右对称张拉。

横向预应力:横向预应力钢束为扁形锚具锚固,采用 YDC240Q 型千斤顶利用悬臂板的支架搭设工作平台,由 0 号段中心向两侧逐束双向张拉。

竖向预应力:竖向预应力钢筋在安装前均按设计张拉力在台位上进行预拉,其锚固端在施工前先将螺母及垫板用环氧树脂将螺母下端与粗钢筋固定,采用 YG70 型千斤顶由 0 号段向两边与桥轴线对称单向张拉。

预应力筋张拉采用张拉力与伸长量双控,以张拉力为主,实际伸长量与计算伸长量差值控在±6%以内,张拉时混凝土强度必须达到设计规定强度以上,张拉步骤严格按照设计或规范要求进行。对伸长量不足的查明原因,采取补张拉措施,并观察有无滑丝、断丝现象,做好张拉记录。

(3)压浆及封锚

压浆管的布置:纵向预应力在两端分别设置压浆孔和出浆孔,中间设接力压浆孔。横向和竖向预应力管道,每一段设压浆嘴、排气孔各一个。相邻两根竖向预应力管道下部采用钢管相连,上部一根为进口,一根为出口,上端排气孔采用在锚板上拉缝留孔的方法处理。

压浆:预应力管道压浆采用不低于设计等级的水泥浆,并按规定比例加入符合要求的膨胀剂,施工中采用真空压浆工艺。竖向预应力钢筋压浆时,由相连的一根向另一根压浆,纵、横向预应力管道由一端向另一端压浆。压浆前先用清水清洗预应力管道,然后用空压机将管内积水吹净。严格按规范要求配浆及压浆,压浆时注意观察有无串孔、漏浆,做好压浆记录。若串孔,立即检查原因,及时处理。

压浆完毕,采用不低于设计等级的水泥砂浆或混凝土封锚。

第六节　大跨度桥梁施工

全线大跨度桥梁主要采用连续箱梁结构形式，部分采用钢桁梁斜拉桥和提篮拱等结构形式。其中大跨度连续箱梁主要包括姑溪河特大桥跨主航道 1-(60＋100＋100＋60)m 连续梁、青弋江特大桥跨主航道 1-(72＋136＋72)m 连续梁、漳河特大桥跨漳河主航道 1-(60＋100＋60)m 连续梁、青通河特大桥跨主航道 1-(40＋4×60＋40)m 连续梁与秋浦河特大桥跨主航道 1-(60＋100＋60)m 连续梁等，均采用挂篮悬臂灌注法施工。

本节以青弋江特大桥(72＋136＋72)m 连续箱梁为例总结大跨度桥梁施工技术，其他结构形式大跨度桥梁施工技术详见本章第七节。

一、工程概况

青弋江特大桥(72＋136＋72)m 连续梁里程为 DK089＋630.285～DK089＋911.743 m，全长 281.4 m，为四线预应力混凝土连续梁，线间距(4.6＋6＋4.6)m。主跨位于直线上，边跨位于缓和曲线上，跨越青弋江，上部结构为(72＋136＋72)m 预应力混凝土连续梁，箱梁顶宽 22.8 m，底宽 16.5 m，横截面为单箱三室直腹板。顶板厚 55 cm、45 cm，腹板厚 45 cm、75 cm、95 cm，底板厚由跨中的 50 cm 按圆曲线渐变至中支点梁根部的 125 cm，中支点处加厚到 155 cm；梁体各控制截面梁高分别为端支座处及边跨直线段和跨中截面特征点处 5.5 m，中支点截面特征点处 11 m。全桥共设 5 道横隔梁，分别设置于边支点、中支点及中跨跨中截面处。全桥共分 59 个节段：0 号段 2 个，长 28 m；边跨现浇段 2 个，长 3.7 m；边跨及中跨合龙段 3 个，长 2 m；对称段 13 个，编号分别为 A1～A13、B1～B13，长度为(1×3＋4×3.5＋4×4＋4×4.5)m。

青弋江特大桥与青弋江呈 82°交角，青弋江目前处于通航状态，连续梁采用挂篮悬臂法浇筑施工。

二、施工方案

连续梁总体施工工序：0 号块浇筑→悬浇段施工(边跨现浇段施工)→边跨合龙段施工→跨中合龙段施工→桥面系施工。

1. 0 号块施工

0 号块总长 28 m，顶板宽 22.8 m，底板宽 16.5 m，中支点处梁高 11 m，端部梁高 9.148 m，两端各悬臂 11.5 m，0 号块混凝土采用 C55 纤维混凝土。

0 号块采用在钢管支架上整体浇筑完成。支架采用钢管桩、型钢施工，侧模采用大块钢模板，混凝土采用泵送入模。内模采用木模，以碗扣、方木为内支架。因梁高达 11 m，钢筋、预应力管道密集，混凝土采用两次浇筑成型，第一次浇筑高度为 8 m(0～8 m 段)，第二次浇筑高度为 3 m(8～11 m 段)。

0 号块具体施工工序：搭设支架→墩顶设置临时锚固→铺设底模→安装调整底模及侧模→钢筋及预应力管道安装→混凝土浇筑→张拉→拆除模板及支架。

2. 悬浇段施工

本桥悬浇段共 2 个 T 构，每个 T 构共 13 个对称段，分 4 个挂篮于 2 个主墩同时向两端悬浇，各浇筑 13 个节段。

具体施工工序：挂篮拼装、试压→梁段模板、钢筋绑扎、预应力管道安装→混凝土浇筑→混凝土养护→钢筋及预应力管道安装→预应力筋张拉、管道压浆→挂篮前移→下一悬浇梁段施工→悬浇段施工完毕。

3. 边跨现浇段施工

边跨现浇梁段长 3.7 m，采用钢管支架施工，基础利用边墩承台。其施工工艺流程：搭设支架→搭设作业平台→支架预压→安装支座→安装底外模→绑扎钢筋及安装预应力管道→浇筑混凝土→养生→拆除内外模板及端模。混凝土一次浇筑成型。

4. 边跨合龙段施工

悬臂梁段浇筑完毕后，拆除悬臂挂篮，在合龙段两端截面间设钢支撑，并在顶、底板上分别张拉临时索，以锁定梁体，浇筑合龙段混凝土。合龙段混凝土强度达到设计值的 95%，弹性模量达到设计值的 100%，且张拉时梁体混凝土龄期大于 10 d，张拉边跨纵向索。合龙段施工完毕后，拆除临时预应力束并对其管道压浆。

5. 跨中合龙段施工

中跨合龙梁段采用合龙吊架施工，合龙吊架和模板采用施工挂篮的底篮及模板系统组装施工。

跨中合龙段施工工艺流程：吊架及模板安装→设平衡重→合龙锁定→解除临时固结→浇筑合龙段混凝土→预应力施工。

三、施工工艺

连续梁悬臂灌注施工工艺流程如图 4-3-182 所示。

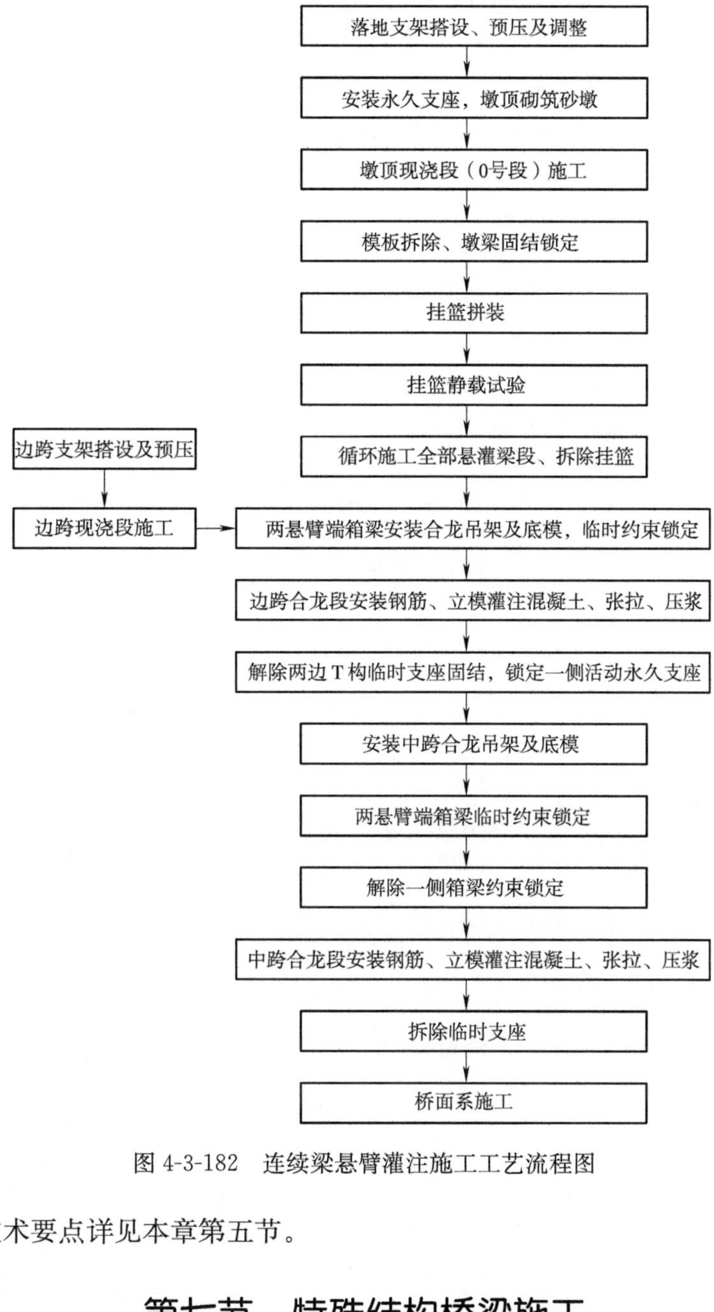

图 4-3-182　连续梁悬臂灌注施工工艺流程图

具体施工步骤及技术要点详见本章第五节。

第七节　特殊结构桥梁施工

全线的特殊结构桥梁主要包括安庆长江大桥主跨 1-580 m 钢桁梁斜拉桥、江宁特大桥 1-128 m 提篮拱等。

一、安庆长江大桥主跨1-580 m钢桁梁斜拉桥施工

(一)钢桁梁制造

安庆长江大桥全长2 996.8 m,主桥采用跨度为(101.5+188.5+580+217.5+159.5+116)m的钢桁梁斜拉桥。主梁采用厚板焊接,整体节点,板桁结合,上弦接头式拉板钢锚箱结构等新技术。全桥钢梁共计4.85万t。

钢梁构件生产后均采用水路运输至桥位。

1. 焊接工艺

(1)焊接工艺评定

斜拉桥钢桁梁主要结构采用Q370qE、Q420qE、Q345qD钢材制造,其中主桁上弦、竖杆、斜杆采用Q370qE钢材,平联及横联杆件采用Q345qD钢材,主桁下弦及桥面板采用Q370qE和Q420qE两种钢材,对杆件板厚方向承受拉力的部位钢材还采用了Q420qE-Z35和Q370qE-Z35钢。各结构中存在多种不同规格的对接、熔透或坡口角接及T型角接接头,根据钢梁的设计图纸及相关技术文件要求,结合全桥钢梁的结构形式,根据《铁路钢桥制造规范》(TB 10212—2009)的相关规定,从各种形式接头所有的板厚规格中选择有代表性的板厚组合进行焊接工艺评定试验。

①接头选择。结合各部分结构形式,整理了结构中存在的各种不同材质、不同板厚、不同焊接方法和不同施焊工位的各类主要对接、熔透或坡口角接及T型角接接头,并从所有的接头形式中选择了41组有代表性和针对性的板厚和接头组合进行焊接工艺评定试验。其中包括14组对接接头,11组坡口角接接头,9组熔透角接接头和7组T型角接接头。

②焊接方法、焊接设备与焊接材料见表4-3-17。

表4-3-17 焊接方法与焊接材料

焊接方法	焊接材料			
	Q370qE焊接	Q420qE焊接	Q370qE与Q420qE焊接	Q345qD焊接
埋弧自动焊(ZD5-1000型)	纵向加劲肋坡口角接焊缝采用CJQ-3(ϕ5.0)焊丝,其余焊缝采用H08Mn2E(ϕ5.0)焊丝,均配合SJ101q焊剂	对接焊缝采用H60Q(ϕ5.0)焊丝,其余坡口角接焊缝采用WQ-1(ϕ5.0)焊丝,均配合SJ105q焊剂	同Q370qE焊接	箱形杆件主角焊缝采用H08Mn2E(ϕ5.0)焊丝,工字形杆件主角焊缝采用H08MnA(ϕ5.0)焊丝,均配合SJ101q焊剂
气体保护焊(KR500型)	实芯焊丝选用ER50-6(ϕ1.2),药芯焊丝选用E501T-1(ϕ1.2),均采用CO_2气体保护,气体纯度不小于99.5%	选用WER60(ϕ1.2)焊丝配合CO_2气体	同Q370qE焊接	同Q370qE焊接
手工电弧焊(SS630直流焊机)	焊条选用J507Ni(ϕ3.2/4.0)	焊条选用CJ607Q(ϕ3.2/4.0)		焊条选用J507(ϕ3.2/4.0)

以上所选用焊材除H08Mn2E、CJQ-3和Q420qE采用专用技术条件外,其余均符合表4-3-18的规定。

表4-3-18 焊接材料选用标准

焊材名称	标准名称	标准号
埋弧焊丝	《熔化焊用钢丝》	GB/T 14957—94
CO_2实芯焊丝	《气体保护电弧焊用碳钢、低合金钢焊丝》	GB/T 8110—1995
CO_2药芯焊丝	《碳钢药芯焊丝》	GB/T 10045—2001
埋弧焊剂	《埋弧焊用低合金钢焊丝和焊剂》	GB/T 12470—2003
焊条	《低合金钢焊条》	GB/T 5188—1995

③焊接检验及力学性能试验。试件焊后进行外观检查,质量应符合《铁路钢桥制造规范》(TB 10212—2009)的规定;对接焊缝、熔透角焊缝应沿焊缝全长进行Ⅰ级超声波探伤,坡口及T型角焊缝应沿焊缝全长

进行Ⅱ级超声波探伤，U 肋接头采用Ⅱ级磁粉探伤；焊接接头机械性能试验按照焊接接头机械性能试验取样作业指导书进行取样；接头力学试验项目及试样数量依据《铁路钢桥制造规范》(TB 10212—2009)及图纸设计要求按表 4-3-19 执行。

表 4-3-19　焊接接头试验项目及数量

试件形式	试验项目	试件数量(个)
对接接头	接头拉伸(拉板)试验	1
	焊缝拉伸(拉棒)试验	1
	接头侧弯试验(弯曲 180°)	1
	V 型缺口低温冲击试验	6
	接头硬度试验	1
	宏观断面腐蚀试验	1
熔透及坡口角接接头	焊缝拉伸(拉棒)试验	1
	V 型缺口低温冲击试验	6
	接头硬度试验	1
	宏观断面腐蚀试验	1
T 型接头	焊缝拉伸(拉棒)试验	1
	接头硬度试验	1
	宏观断面腐蚀试验	1

注：1. Q345qD 冲击温度为－20 ℃；Q370qE 和 Q420qE 冲击温度为－40 ℃。
2. 缺口开在焊缝中心和熔合线外 1 mm 处各 3 件；如果接头为异种材质组合，熔合线外 1 mm 分别取样。
3. 熔透角接接头不进行力学性能试验，进行宏观断面腐蚀试验。

④圆柱头焊钉焊接工艺评定试验。对直径 19 mm，材质 ML15 的圆柱头焊钉进行焊接工艺评定试验，钢板选用板厚 16 mm 的 Q370qE 材质钢。试验按照《电弧螺柱焊用圆柱头焊钉》(GB/T 10433—2002)执行。

⑤其他事项。试验的过程必须严格按照《铁路钢桥制造规范》(TB 10212—2009)进行。试件均可采用火焰切割开坡口，火焰切割坡口尺寸允许偏差：坡口角度±2.5°，钝边±1 mm。

(2)普遍采用的焊接工艺

1)焊接材料：焊接材料的储存温度应在 5 ℃以上，相对湿度不超过 60%；当班未使用完的焊丝应回收，不得外露存放过夜；所有焊接材料必须经复检合格方能使用。

2)焊接环境：焊接区域必须防风、雨，否则须加设防风、雨设施或停止施焊；焊接施工环境温度不得低于 5 ℃，环境相对湿度不得高于 80%，否则采用火焰烘烤或其他必要的工艺措施除湿。

3)接头准备：焊接前应认真清理焊缝区域，不得有水、锈、氧化皮、油污、油漆或其他杂物，要求在其周围 50 mm 范围内打磨见金属光泽(上下及拼装端面)；加工不整齐的坡口要求打磨光顺，不得有大的凸起和凹陷；焊接前应检查并确认所使用的设备工作状态正常，仪表工具良好、齐全可靠，方可施焊；所有使用自动焊焊接的焊缝两端均应设引、熄弧板，所有引、熄弧板的材质、板厚和坡口形式都必须与正式杆件相同，引熄弧板长度应不小于 80 mm。

4)定位焊：定位焊采用手工电弧焊，焊条采用 E5015(ϕ3.2)，工艺基本参数：电流 I=120～160 A，电压 U=20～22 V。定位焊焊缝长度 50～100 mm，间距 400～600 mm(厚板可适当加长加密)，定位焊应距焊缝端部 30 mm 以上，焊缝高度不小于 4 mm，不大于焊缝高度的一半。板厚大于 40 mm 的定位焊两端不小于 150 mm 焊长，并及时打磨起熄弧处。在焊接开始前，所有的定位焊缝都应打磨，并在起弧和熄弧处倒角。定位焊应进行外观检查，不得有裂纹、夹渣、气孔、焊瘤等缺陷。定位焊如出现开裂，须先查明原因，然后采用碳弧气刨清除、打磨光顺，再由装配人员重新定位施定位焊。

5)焊接工艺。焊前预热：要求层间温度必须高于预热温度。T 型角焊缝竖板侧预热温度比水平板高 50 ℃。详见表 4-3-20 的规定。

表 4-3-20 不同板厚焊接时预热温度及层间温度

材质	板厚(mm)	预热温度(℃)	预热范围(mm)	层间温度(℃)	
		定位焊、手弧焊、气体保护焊、埋弧焊		对接	棱角接头
Q345qD Q370qD	≤28	≥5	≥80	≤200	≤200
	28～40	60～100	≥100	60～200	60～200
	>40	80～120	≥100	80～200	60～200

采用 CO_2 气体保护焊焊接主桁各连接板时，严格执行预热和层温控制程序，并一次性焊完。

对引、熄弧板必须采用火焰切除或机械切除的方法，火焰切除必须留 3～5 mm，多余部分采用磨光机修磨光顺，不允许伤及主梁，严禁锤击敲落引熄弧板。

埋弧自动焊缝焊接过程中不应断弧，如有断弧则必须将停弧处刨成 1∶5 斜坡，并搭接 50 mm 再引弧施焊，焊后搭接处应修磨匀顺。

T 型角焊缝两边焊角应一致，不得偏焊。

6)焊接检验。焊接完毕，应按自检、互检、专检程序进行检验；所有焊缝都必须在冷却后在全长范围内进行外观检查，并按焊缝编号做好检查记录；焊缝外观检验合格并待焊缝冷却至室温 24 h 后进行无损检测，检验范围和检验方法按有关规范执行；对经超声波探伤检验不合格者，必须对该梁上的同类焊缝全部进行探伤检查。并对有超标缺陷的焊缝进行返修，返修部位仍需进行 100%的无损探伤，且符合相关规定。

7)焊缝返修。焊缝外观检查应符合相关技术文件的规定，不符者应进行返修。

返修焊的焊缝应修磨匀顺，并按原质量要求进行复检。返修次数不宜超过两次，超过两次时应报总工程师批准，并做好标记。焊缝裂纹缺陷的修补必须先查明原因，经质检人员和主管技术人员确认后进行，并应做好记录。为彻底清除裂纹，应在其两端各外延 50 mm 进行返修焊。焊缝缺陷较长(L>400 mm)时，采用自动焊按原工艺参数进行焊接；焊缝缺陷较短(L≤400 mm)时，采用手工电弧焊焊接之后用砂轮打磨匀顺。对焊缝修补及切伤处修补前必须预热至 100～150 ℃方可进行修补。

8)焊后超声波锤击处理。对一些构件的重要焊缝应打磨匀顺，并按设计文件要求进行超声波锤击处理，对锤击处理完毕后的焊缝禁止进行再处理。主要包括：下弦杆槽口槽底 150 mm U 形疲劳区；下弦杆横肋翼缘接头板焊缝全长；上弦杆平联接头板焊缝端部；上弦杆锚箱拉板与面板焊缝端部。

9)注意事项。焊工施焊前应调整好焊接设备的状态和工艺参数，操作中尽量保证一条焊缝一次焊完，减少焊接中熄弧的情况；焊接后清理焊缝表面的焊渣及两侧的飞溅物；焊接过程中不允许在焊缝以外的母材上随意引弧，自动焊必须使用引、熄弧板；焊接过程中如果发现焊缝出现裂纹，应及时通知技术人员，查明原因并制订方案后才能继续施工。

2. 材料

(1)钢材

本桥钢板总需 47 292 t，无缝钢管 31 t。钢板技术条件执行《宁安铁路安庆长江大桥桥梁钢板供货技术条件》；无缝钢管技术条件按《结构用无缝钢管》(GB/T 8162—2008)执行。

钢板分批供货，到场后由各制造厂按照《宁安铁路安庆长江大桥钢梁制造规则》的规定，对来料进行检验和标识。施工中共取样 235 组，全部合格。

(2)焊接材料

依据国家有关标准及供货厂家与工厂工艺所签订的技术协议，进行表面质量、几何尺寸、化学成分、机械性能复验。

(3)涂装材料、圆柱头焊钉

涂装材料、圆柱头螺钉标准见表 4-3-21。

表 4-3-21 涂装材料、圆柱头螺钉标准

材料名称	材质(牌号)	标准号
油漆	环氧富锌底漆	TB/T 2772—1997
	环氧云铁中间漆	TB/T 2773—1997
	氟碳面漆	TB/T 1527—2011

续上表

材料名称	材质(牌号)	标准号
铝 材	LF2 防锈铝丝	GB/T 3190—1996
圆柱头焊钉	ML15	GB/T 10433—2002

涂装材料及圆柱头焊钉工厂验收依据《宁安铁路安庆长江大桥钢梁制造规则》及表 4-3-21 中各标准进行,各制造厂对各自所用材料逐批进行性能指标测试复验。

3. 技术准备工作

(1)编制钢梁制造规则

《宁安铁路安庆长江大桥钢梁制造规则》以《铁路钢桥制造规范》(TB 10212—2009)及宁安铁路安庆桥长江大桥钢桁梁设计文件为依据,由中铁宝桥集团有限公司主编、中铁九桥工程有限公司及中铁山桥集团有限公司参编完成,2010 年 6 月 29 日通过专家评审予以实施。

(2)工装设计制造

工装设计分为五部分,分别为主桁杆件边、中桁制造工装设计,连接系杆件制造工装设计,桥面板制造拼装工装设计,工厂预拼装工装设计,部件加工工装设计。部件加工工装设计包括整体节点拼装胎型、整体节点修整划线平台、锚箱组装胎型等。关键工装明细见表 4-3-22。

表 4-3-22 关键工装明细

钢桁梁杆件制造	桥面板块制造	桥上焊接
整体节点上弦杆组装胎	U 形肋压型模具	焊接涂装工作平台
整体节点下弦杆组装胎	板单元自动定位组装胎	防风、防雨棚
立体划线平台	板单元焊接反变形胎	
焊接平台	板单元检测平台	
校正平台	板单元接宽胎架	
船位焊接胎架	桥面板块制造及试拼装胎架	
T 型杆件组焊胎	测量坐标系统	
各类钻孔样板		
下弦杆件钻孔平台		
试拼装胎架		
系列工具、卡具		

各型工装平台的技术要点:综合考虑整体节点的杆件重量,设计不同形式的平台。同时要考虑各种加工设备及作业人员等荷载,确保工装平台有足够的强度和刚度,确保生产过程的精度及安全。划线平台用专用高精度钢尺并经相关部门检定合格,定期对平台上的布线控制点进行检查、复验、修正。设计专用角尺用于平台向杆件过线,并用经纬仪对过线和平台的基准线进行校核、修正。

整体节点杆件用整体覆盖式钻孔模板的技术要求:根据杆件的结构特点、孔群的布置情况及精度要求,整体覆盖式样板设计时采取多种控制措施,保证钻孔工艺的顺利实施。整体节点与斜杆连接的孔群位置采用组合式样板。组合样板设置定位孔,采用定位冲钉进行定位。样板上设置对线口,确保随时校核划线的精度或组合样板的组合状态。为保证盖腹板四面孔群的同心度,在整体节点杆件(样板)长度中心附近位置设置中心十字线,避免和均分端部对线的误差。为防止对线错误,在杆件(样板)端部另设置检查线。在纵横向对向线及检查线两端设置对线器,提高对线精度。

4. 制造工艺要求

(1)准备工作

钢板进厂复验合格后,进行钢板预处理,喷涂车间底漆;钢梁制造用钢板材质有多种规格,为防止混料,对钢板采取色带标识,并实施涂料色带转移,色带标识的每种颜色宽度不小于 50 mm;下料前实行半成品加工工艺、传送单、材料单三对照复核流程,对照无误后方可下料。

(2)下料

零件使用样条、样杆及样板号料,并按工艺要求预留余量;不规则板件按照套料图下料;主要零件下料,应注意钢材的轧制方向与其主应力方向一致;不规则板件下料,如节点板、拼接板等采用数控切割;横梁腹板、横肋腹板采用数控等离子切割;条料采用多嘴精密切割;剪切仅用于次要零件或边缘需进行机加工的零件;当工形、箱形杆件盖板(竖板)厚度大于 24 mm 时,下料后需要测厚,填写测厚记录。

(3)校正与弯曲

下料后钢板需经过赶平工序处理。

零件变形较小时校正宜采用冷校,冷校环境温度不宜低于-12 ℃;零件变形较大时校正宜采用热校,校正后的钢材表面不应有明显的凹痕或损伤。

采用热校正时,热校正温度应控制在 600~800 ℃,严禁过烧。校正后零件温度应慢慢冷却,降至室温以前,不得直击零件表面或用水急冷。

主要零件冷作弯曲时,环境温度不宜低于-5 ℃,内侧弯曲半径不得小于板厚的 15 倍,小于者必须热煨,热煨温度应控制在 600~800 ℃。弯曲后的零件边缘不得产生裂纹。

U 形肋采用辊式冷压成型或弯曲成型,U 形肋成型后圆角外边缘不得有裂纹。

零件校正应符合“零件校正允许偏差” 的规定;U 形肋应符合“U 形肋尺寸允许偏差”的规定。

(4)边缘加工

零件划线后,检测垂直度、直线度偏差。如不满足工艺图要求应铣边,重新划线。不等厚对接厚板铣斜面,按工艺图及焊接工艺坡口要求开对接坡口。

零件刨(铣)加工深度不应小于 3 mm,加工面的表面粗糙程度 Ra 不得大于 25 μm。

坡口可采用机加工或精密切割,坡口尺寸及允许偏差应由焊接工艺确定。

大节点板铣斜面,铣斜面按 1∶8 坡度进行。内外侧节点板应对称铣斜面。下弦杆与桥面板连接分 1∶8、1∶10、1∶12 三种坡度进行铣斜面。

隔板是箱形杆件组焊的内胎,是保证弦杆宽度、高度及箱体对角线的关键部件,因此隔板应四周铣边,铣边后公差及垂直度应满足要求。

杆件顶板为先拼装板,是保证杆件开挡尺寸、插入间隙的关键零件;杆件底板为嵌入式,为保证组拼的顺利,其尺寸应严格控制,铣两长边;坡口是保证焊接质量的前提,开坡口可采用机加工或精密切割,并满足精度要求;对于特殊部位的坡口允许偏差应根据焊接工艺确定。

(5)制孔

杆件钻孔选用龙门数控钻床钻孔和卡模样板钻孔两种工艺;板件钻孔首选平板数控钻床钻孔和卡模样板钻孔两种工艺;构成批量的零部件采用卡模样板钻孔工艺。

采用不同的工装、工艺钻制出的第一根杆件或零件,经专检人员检查合格后方可继续钻制。

对线钻孔或卡样钻孔的杆件或板件,均需采用划针进行划线,划线误差<0.5 mm;对边卡样钻孔的板件,需保证板件与样板边对齐且与水平成 90°,板束厚度不大于 80 mm。

板件接钻孔用特制平头冲钉定位;杆件接钻孔用特制异径冲钉定位,每孔群定位冲钉不得少于 3 个;小于 4 mm 板件钻孔时,底部加设工艺板,防止孔边缘出现反口;为易于区分各类板件,钻孔后打钢印;钻制好的栓孔应成正圆柱形,孔壁表面粗糙度 Ra 不得大于 25 μm,孔缘无损伤不平,无刺屑。

(6)腹板板料对接、大板件划系统线

①板料对接。腹板对接均在专门的对接拼焊胎架上进行,必须保证胎架的平面度<1 mm。胎架报检合格后方能投入使用。

在对接组拼时,以系统线为拼装基准,以基准边对齐,并调整远端系统点尺寸,保证系统线的直线度。对接组拼点焊固定检查合格后,按焊接工艺进行对接焊缝的埋弧自动焊。对接焊缝用砂带磨光机顺应力方向打磨平顺,焊缝余高控制在-0.3~+0.5 mm,不等厚对接焊缝应从薄板向厚板方向打磨。

板料对接拼焊完后,采用热校的方法调校对接部位的焊接变形和板料的旁弯。板料的旁弯以基准边作为检测边,保证旁弯控制在 2 mm 以内。对接处板料不平度控制在每米 1 mm 范围内。焊缝施焊 24 h 后,经外观检验合格后,进行无损检验。

②大板件划系统线。腹板对接后形成的大板件须划系统线，划线在专门的划线平台上进行。划线前应对划线区域进行打磨去除影响划线精度的杂质，划线误差＜0.2 mm。安排专人进行划线，制造期间不应随意更换划线人员，划线完成后应复核。经质检部门对各尺寸进行精确测量，在允许的误差范围内方可转至下道工序。

③杆件腹板对接。大节点板 N1 和方形长板 N2 分别开对接坡口，划系统线，以节点中心为基准，延伸系统线，通过调整杆件远端系统点的距离偏差＜1 mm，来精确保证大节点板与长板对接的精确度。在对接胎架内按焊接工艺对接。

对接后对不等厚的对接部位进行打磨，从薄板向厚板顺应力方向打磨；对接后重新划系统线，进行尺寸检测，并刷漆编号。

(7)加劲肋组拼、焊接成板单元

加劲肋板与主板的焊缝为双面角焊缝。

腹板、底板、顶板加劲肋的组拼均在刚性组拼平台上进行。组拼前以板基准边及系统线为基准划出组装定位线。

组装前必须彻底清除待焊区域的铁锈、氧化铁皮、油污、水分、车间底漆等有害物，使其表面显露出金属光泽。清除范围应符合规定，然后按组装线组拼加劲肋并点焊固定。

加劲肋的组焊按焊接工艺执行。为了克服加劲肋焊接产生的腹板角变形，可采用刚性约束法，腹板、底板、顶板两两背靠背用 U 形卡卡固，中间垫一定厚度的垫板，以减少焊接变形量。

加劲肋焊后产生的角变形采用热校的方法校正，角变形控制在 0.5 mm 以内；焊后对焊缝进行打磨，并进行焊缝检查。

5. 组装工艺要求

(1)准备工作

检查核实需组装的零部件(含对接料)与施工图及工艺文件是否相符，确认无误后方可组装。不合格的半成品不得进行组装，对变形超差的零部件，不得强行就位组装。组装前必须彻底清除待焊区域的铁锈、氧化皮、油污及水分等有害物，使其表面显露出金属光泽。

(2)组装要求

本桥斜杆、竖杆与整体节点弦杆连接分对拼式和插入式两种。三类杆件宽度公差各不相同，应严格按构件组装允许偏差执行。对要求配装的零部件，应按工艺要求进行配装，严格控制组装公差。组装时应将相邻板件的接料焊缝错开，错开的最小距离应符合规定。

采用先孔法的杆件，组装时必须以孔定位，用胎型组装时每一定位孔群不得少于 2 个冲钉，冲钉直径不得小于设计孔径 0.1 mm。采用后孔法的杆件在胎型或平台上组装，板单元采用 U 形肋自动定位组装胎组装。采用先孔与后孔相结合的杆件，需在精确划线后，在胎位上对线组装。

组装变宽(高)度杆件需根据两端高度差设支墩垫平。焊在杆件上的连接件一般在杆件出孔后组装，组装连接件时以孔为基准划线组装。大型杆件，如整体节点弦杆等超长、超重构件，组焊时需铺设足够面积的平台。

上、下弦杆等大型组焊件采用分步组装法，即零部件→单元件→单元件组成整体→组装附属件，每一组装、焊接、修整过程均应以减少累积误差为前提，以保证整体组装精度。桥面板 U 形肋组装时，U 形肋端头以横基线为基准定位，用无马板组装胎组装。

采用埋弧焊焊接的焊缝，应在焊缝端部组焊引弧板，引弧板的材质、坡口与正式杆件相同。产品随桥试板应在焊缝端部连接，试板材质、厚度、轧制方向及坡口必须与所焊对接板材相同，其长度应大于 600 mm，宽度每侧不得小于 150 mm。

箱形杆件扣盖前需进行隐蔽工程检查签认。

大型超重或外形不规则的杆件吊运、翻身、打吊，应使用专用吊具、翻转胎具。

6. 杆件校正

杆件组装、焊接后进行校正工序。

工形杆件、T 形杆件晕状变形、水平弯曲宜采用冷校，冷校环境温度不宜低于－12 ℃，校正后的钢材表面不应有明显的凹痕或损伤,其他变形可采用热校正。

箱形杆件变形宜采用热校,热校正温度应控制在 600～800 ℃,严禁过烧。校正后杆件温度应缓慢冷却,降至室温以前,不得直击杆件表面或用水急冷。个别杆件可采用胎型校正与火焰校正相结合的方法。采用热校的杆件均在热校平台上进行。

7. 普遍采用的制造方案

主桥钢梁主要构件为主桁、铁路桥面系(桥面板)、上平联、横联和桥门架。各部分杆件中,最具特色、制造难度最大的杆件是主桁的整体节点弦杆。其他类型杆件,如规则箱形、H 形、T 形断面杆件大多数为普通杆件。普遍采用的制造方案见表 4-3-23。

表 4-3-23 普遍采用的制造方案

方案一	钢板在切割前,采用钢板校平机进行校正,以消除钢板内应力,防止进场的钢板因弯曲、翘曲等因素影响切割质量。对于钢板的表面缺陷,根据《铁路钢桥制造规范》(TB 10212—2009)的有关规定进行修补和处理
方案二	全桥杆件半成品的尺寸主要通过数控火焰切割机、数控水下等离子切割机和机加工来保证。对于绝大多数重要零件的边缘或需开坡口的零件边缘应进行机加工(如工形和箱形杆件的腹板),对于次要零部件或带有曲线边缘的零部件可采用数控切割
方案三	正桥所有杆件均采用胎型组装,并针对不同的杆件确定不同的组装方法和定位基准。采用先孔法的杆件组装时以孔定位,配合组装胎定位组装。无孔组装时应优先采用胎型或在平台上划线组装
方案四	全桥主要杆件主焊缝优先采用埋弧自动焊,这样可以稳定控制焊接质量;次要焊缝采用 CO_2气体保护焊,以提高生产效率,减小焊接变形。焊接时要严格按照焊接工艺中的规范参数、焊接顺序及方向进行焊接
方案五	弦杆部分整体节点的上、下弦杆及部分普通箱形、工形杆件组焊修整后,按制孔工艺进行制孔

(1)杆件制造方案

组焊完毕的板单元必须检验合格方能转入组拼工序,对超过允许偏差的单元件必须进行调校。

1)组拼顺序。上弦杆和下弦杆组拼顺序为倒拼;腹杆等箱形杆件组拼顺序为铺设下盖板→点焊固定横隔板→点焊固定加强肋→焊接→按磨光顶紧原则点固上盖板→焊接;其他平联横联等工形杆件,按照工形杆件组焊胎架,船形位焊接;少量“王”字形杆件,除腹板需先焊接加劲板组成腹板单元外,其调校后组焊与工形杆件同。

2)上弦杆组焊工艺流程:在组拼胎架内以大节点端为基准铺设顶板单元,焊接区域打磨,划横隔板装配线→按装配线组装横隔板→组拼完毕用钢字码对杆件进行编号→按焊接工艺顺序及参数进行焊接,先焊接隔板三面焊缝(先立焊,后平焊),再焊接腹板与顶板箱体内部的角焊缝→焊接完成后对弦杆内部进行隐蔽项目检查→磨光顶紧封盖底板并进行焊接→杆件组焊成型,经焊缝检测,几何尺寸检测报检合格后进行钻孔→安装上弦杆锚箱拉板。

3)下弦杆制造工艺流程:在组拼胎架内以大节点端为基准铺设顶板单元,焊接区域打磨,划横隔板装配线→按线组装横隔板→组拼完毕用钢字码对杆件进行编号→焊接前在面板开口端加装工艺胎模,预防面板在应力作用下的上下漂移→按焊接工艺顺序及参数进行焊接,先焊接隔板三面焊缝(先立焊,后平焊),再焊接腹板与顶板箱体内部的角焊缝→焊接完成后对弦杆内部进行隐蔽项目检查→磨光顶紧封盖底板并进行焊接→杆件组焊成型,经焊缝检测,几何尺寸检测报检合格后进行钻孔(各厂钻孔工艺同上弦杆件)→安装副连件接头(副连件接头制造工序:下料→划孔群系统线→布模钻孔→组拼→焊接→完成)。

4)腹杆杆件、上平联、横联、桥门架制造工艺流程。腹杆杆件有工形杆件及箱形杆件两种,上平联、横联、桥门架均为工形杆件,其制造工艺流程较为简单,不再赘述。

(2)锚箱组拼

本桥斜拉索梁端采用上弦杆接头拉板式锚箱锚固结构,锚箱为独立式结构,锚箱节点板与上弦杆的上翼缘熔透焊接,两块锚箱节点板与下弦杆锚箱连接板采用对拼式高强度螺栓连接。锚箱节点板上为 $\phi33$ 孔,配 M30 的高强度螺栓,单个箱重 2.5～5.9 t。

①各板件下料。承压板、封闭板、锚垫板、定位板、锚箱盖板按要求铣边、开坡口,锚管采用锯床下料,一端预留铣边量。

②拼装必须在拼装平台上进行(拼装平台一定要保证水平度)。

③拼装工艺流程如图 4-3-183 所示。

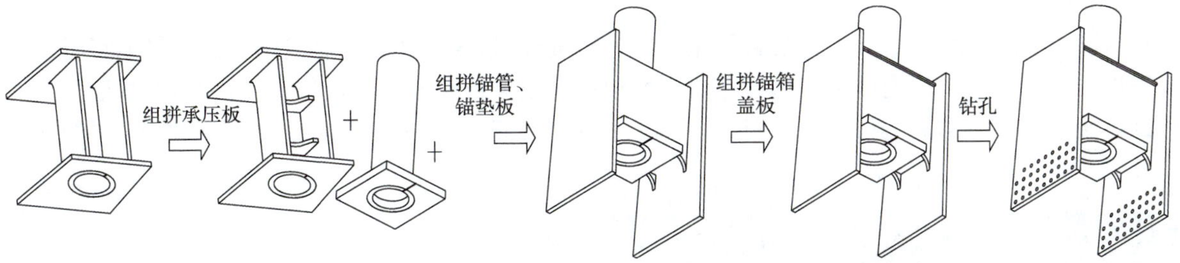

图 4-3-183　锚箱组拼工艺流程图

④在平台上划定位线组焊承压板总成。

⑤在锚垫板下端面沿锚管加工 2 mm 深的凹面圆槽；锚垫板平面开制 ϕ8 mm 深 4 mm 的半圆形排水槽，安装时注意凹面朝下，排水槽口位于锚箱最低点，即与锚管异侧。在平台上将锚垫板与锚管组焊成总成，并确保焊接完成后锚垫板与锚管的垂直度。

⑥拼焊锚垫板与锚管总成于锚箱主体上，合格后按焊接工艺进行焊接。

⑦焊接完成后对锚箱内部隐蔽项目检查。

⑧盖锚箱定位板并进行焊接。

⑨以斜拉索系统线及孔群系统线为基准划孔群定位线，覆盖模板钻孔（模板系统线须与孔群系统线重合）。

(3)桥面板制造

安庆桥桥面板分为两种，分别为标准节间桥面板(图 4-3-184)和压重区桥面板(图 4-3-185)，桥面板采用整体性好、刚度大的正交异性板结构。即由纵肋（梁）、横肋（梁）及其加劲的钢桥面板组成。桥面板分块制造。钢桥面板上设有焊接栓钉与现浇混凝土道砟槽板结合。

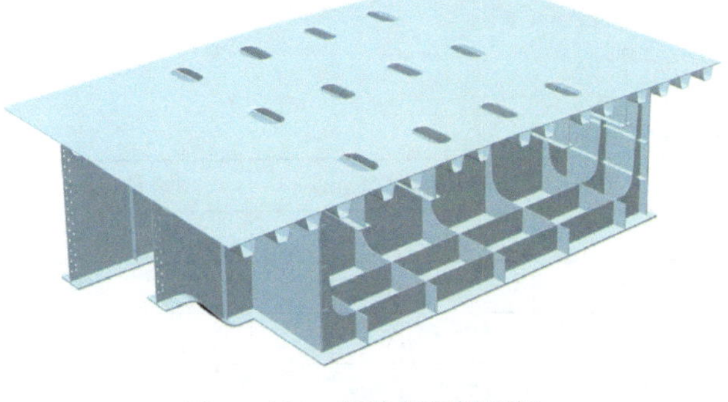

图 4-3-184　标准节间桥面板

图 4-3-185　压重区桥面板

①标准节间桥面板制造工艺流程：以横梁定位板为定位基准，组装横梁，连接横梁拼接板→以横肋定位板为定位基准，组装横肋，同时复测横梁(肋)与横肋开挡间距及对角线→以纵向基准标识为基准从中间往两侧依次插入纵梁，调整纵梁对角线及垂直度，连接纵梁拼接板→组装横梁(肋)腹板上的加劲肋→以桥面板板单元纵向基准标识及横梁安装标识为基线分别组装双拼桥面板单元件→拼装汇水井挡水板→尺寸检测→按焊接工艺对组拼焊缝进行施焊→切割泄水孔→火焰调校→焊缝检测→尺寸检测→拆除(桥面板单元进行大拼前划出纵向系统线及横梁、横肋拼装线)。

②压重区桥面板制造工艺流程。钢梁 E0～E4、E6～E8、E74～E76 节间范围为压重区。压重段结构是用钢板封闭桥面底板，使其成为封闭的钢箱。

压重采用在钢箱内灌注高容重混凝土的方法。桥面板制造时顶面开设混凝土灌注孔，灌注完后焊接封闭灌注孔，使钢箱内部达到气密防腐的效果。

总体制造方案为桥面板与 U 肋组焊成板单元件，横梁、横肋和纵梁组焊成倒 T 形单元件，工厂总拼时将横梁、横肋，纵梁、底板、腹板等与桥面板单元组焊成型，运至总拼现场架设装焊。

8. 试拼装

为了检验钢梁的制造工艺、工艺装备及施工图的准确性,根据《宁安铁路安庆长江大桥钢梁制造规则》的要求,需进行厂内试装。厂内试装均选择有代表性包括上弦伸长和缩短节段进行试拼装,试拼装长度为 5 个节间,试拼装具体内容包括:边桁的主桁、上平联、桥面系、横联及桥门架进行平面试拼装,如图 4-3-186、图 4-3-187 所示。

图 4-3-186 九桥厂钢梁试拼现场图

图 4-3-187 宝桥厂钢梁试拼现场图

试拼装完毕,对试拼装结果进行评价和验收。评审验收内容主要包括:各厂试拼装总结报告、主桁工厂试拼装检测报告、试拼装复测报告说明;审阅试拼装工艺及相关资料;现场检测主桁的节间长度、试装长度、试装全长、桁高、拱度等几何尺寸、板层缝隙、支承节点磨光顶紧及过孔率等。经验收小组现场检验,钢梁试拼装结果(数据)满足《宁安铁路安庆长江大桥钢梁制造规则》和设计要求,所使用的制造工艺及配套工装正确可行,可以满足钢桁梁批量生产的质量技术标准要求。

9. 钢梁工厂涂装

工厂涂装具体要求见表 4-3-24。

表 4-3-24 工厂涂装具体要求

序号	项点	名称	道数	每道厚度(μm)	合计(μm)
1	钢梁外露表面	环氧富锌底漆	二	40	80
		环氧云铁中间漆	二	40	80
		氟碳面漆	一	35	35
		在工厂涂装总厚度大于 210 μm			
2	高强螺栓连接面	热喷铝涂层		140～195	
3	桥面板顶面	环氧富锌底漆	一	40	40
		在工厂涂装总厚度大于 40μm			

10. 成品标识、包装发运

(1)杆件标识

钢梁杆件在出厂前在下列规定位置用油漆编号标识:杆件为两侧腹板靠近杆件端头对角位置;桥面板为外侧的横梁或横肋腹板处,对角标识;正面或板厚方向;构件捆扎或打包发运还需以包/捆为单位标签标明构件种类和数量;统一采用黑色油漆标示。

(2)杆件发运

杆件(主桁、腹杆、桥面板)裸装发运,喷铝面用彩条布覆盖;桥面板适配的拼接板直接用螺栓带在桥面板上发运;拼接板包装发运。喷铝面用彩条布覆盖,发运时两层杆件间用草垫隔离,防止损伤涂装面。

叠码原则:拼接板与配套杆件同时发运,同一节点间杆件拼接板规格相近的一起叠码、捆扎。

捆扎吨位:单捆拼接板捆扎吨位不得超过 3 000 kg。

捆扎方式:拼接板与拼接板间用三合板隔开,叠码整齐后用钢丝对角捆扎,以保证在捆扎过程中不会散包,再在外面包上彩条布,捆扎前在彩条布的底部抄垫木条。

包装件号:在彩条布高度方向上用黑色记号笔直接编写捆扎编号。

清单:列出相应清单并打印后过塑,悬挂在捆扎的钢丝上,确保在装吊、发运过程不会被损坏。

(二)钢桁梁架设

1. 钢梁构件的运输

主塔3号、4号墩墩顶4个节间的钢梁杆件由船运至墩位处,用浮式起重机直接起吊架设,其余杆件由架梁起重机架设。

3号墩设置提升站,将钢梁杆件转运至主桥面,通过运梁道运输钢梁杆件。4号墩主塔区边跨钢梁通过栈桥上的运梁通道至码头,由码头起重机吊运下船运至墩位处安装,主跨钢梁则由边跨的架梁起重机负责提升钢梁杆件至主桥面,经桥面运输道完成主跨钢梁运输。

无索区上游侧钢桁梁由存梁厂通过运梁车直接运至待架钢桁梁位置的栈桥上,浮式起重机起吊架设;下游侧钢桁梁则通过运梁车先运至码头,然后利用120 t码头桅杆式起重机起吊至铁驳船上,再运至下游钢桁梁待架位置,利用浮式起重机起吊架设。

2. 钢梁构件的存放

钢梁存放场地及预拼场必须平整,道路畅通,具有良好的排水系统。存放场和预拼场存放临时支垫及固定台座要牢固,防止不均匀下沉导致杆件扭曲和失稳。按规定设置紧固件库房、油漆及工具库、试验室等。

装卸吊装作业时,防止碰撞钢梁杆件。严禁锤击杆件损伤钢梁焊缝,不得损坏和污染杆件栓群摩擦面。为防止整体节点杆件在装卸、倒运翻身过程中操作不当引起杆件的变形,必须设计专用吊具,制订详细操作细则,并严格执行。

杆件除分类存放外,并按安装顺序排列,杆件应置于垫木或轨枕上。

3号墩和4号墩钢梁存放和预拼场均设在安庆岸,一分部钢梁预拼场占地面积约为14 650 m^2,可同时存放10个节间的钢梁,场内布设有1台80 t门式起重机,预拼场布置如图4-3-188所示。

二分部预拼场占地面积约为4 797 m^2,可同时存放5个节间的钢梁,场内布设有1台35 t门式起重机和一台65 t门式起重机,预拼场布置如图4-3-189所示。

3. 构件预拼

为便于钢梁安装,架设前在预拼场将部分可整体吊装零散杆件组拼成大部件。按照预拼图及安装顺序图进行单元组拼,待安装的钢梁杆件和组合单元用油漆标出质量和重心位置,便于捆扎钢丝绳。同时也在拼接板上标出桥上拼装的螺栓长度、数量、拼装方向。

上、下弦杆预拼时,拼接板及有关填板带在后端,只穿4个高强螺栓,不拧紧。斜杆及竖杆两端拼接板及填板用4个螺栓带在杆件拼接端头的根部。多板束预拼时,先按板的内外先后次序水平叠放对孔,不与预拼弦杆连接的一端用少量螺栓夹紧,再将整组板束和弦杆连接,禁止使用分块拼贴,避免分块逐层拼贴容易产生错孔。

下弦杆与桥面板横梁连接底面及侧面拼接板带在横梁上,底面上拼接板及侧面拼接板在预拼场用螺栓带上时先转一角度以便在桥上和下弦杆拼接。

上平联杆件预拼时,上平联撑杆无连接板无需预拼,上平联斜杆需将两端与上弦杆连接处拼接板及填板用4个螺栓带在杆件端头。

普通横向连接、竖直桥门架、斜向桥门架先预拼成整体,与上弦杆、竖杆相连接处拼接板带在整体边缘。拼接板及杆件于钢梁设计位置处组拼时,先均匀打入钉孔总数25%的冲钉,再上50%的高强度螺栓进行初拧,再安装25%的高强度螺栓初拧,然后将高强度螺栓依顺序进行终拧,终拧后用红色油漆标记。

4. 钢梁架设大临设施

(1)无索区钢梁支架

安庆侧无索区钢梁共12个节间,6～7号墩之间设8个节间,其余4个节间位于6号墩前方。

1)支架结构。拼装支架共设置P1～P7七个临时支墩,对应每个钢桁梁节点设置,钢桁梁的重量均匀地

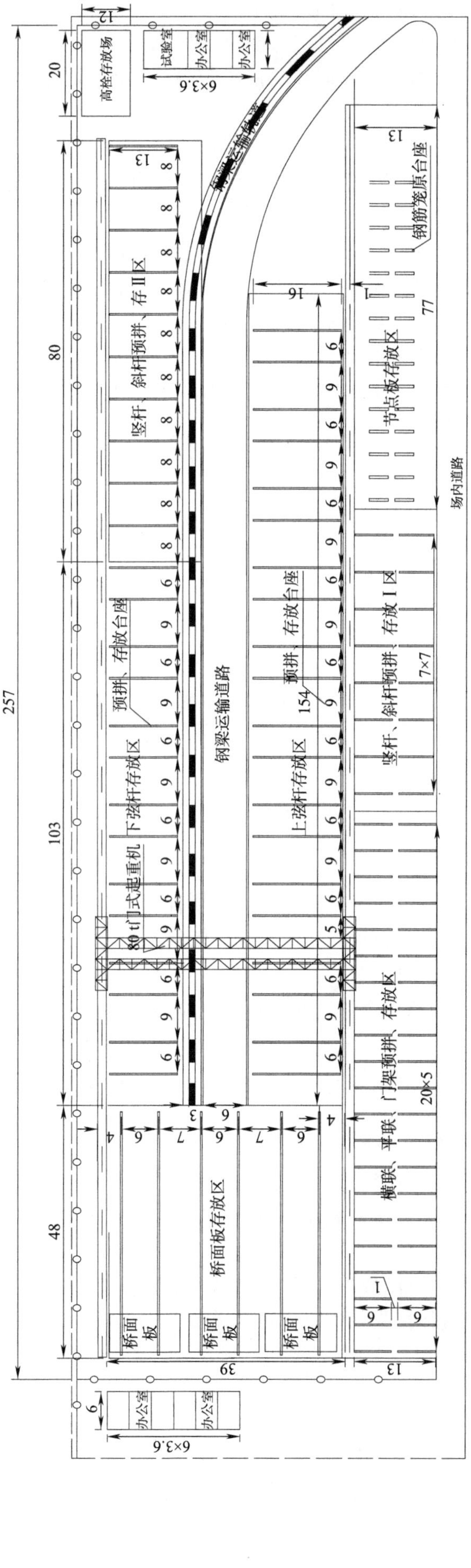

图 4-3-188　一分部钢梁预拼场布置说明（单位:m）

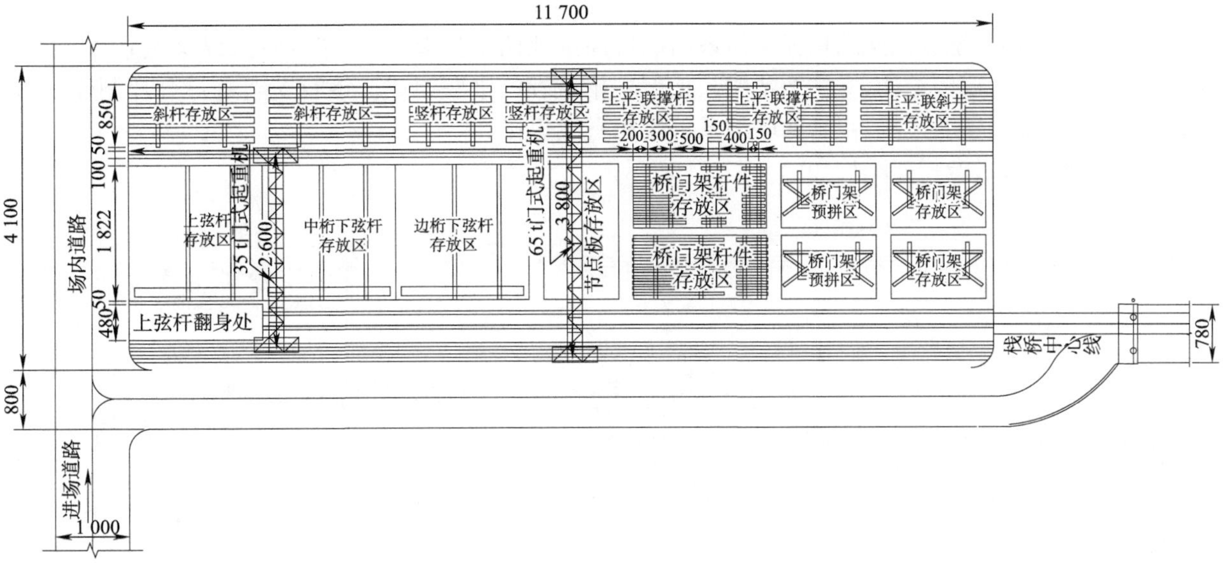

图 4-3-189　二分部钢梁预拼场布置说明(单位:cm)

分布在各个支架上。P1～P7 均采用 ϕ1.2 m、壁厚为 16 mm 钢管,钢管入土深度约 31 m,单桩承载力在 150 t 以上,临时支墩联结系采用 ϕ600 mm 及 ϕ400 mm 的螺旋钢管。支架立面如图 4-3-190 所示。

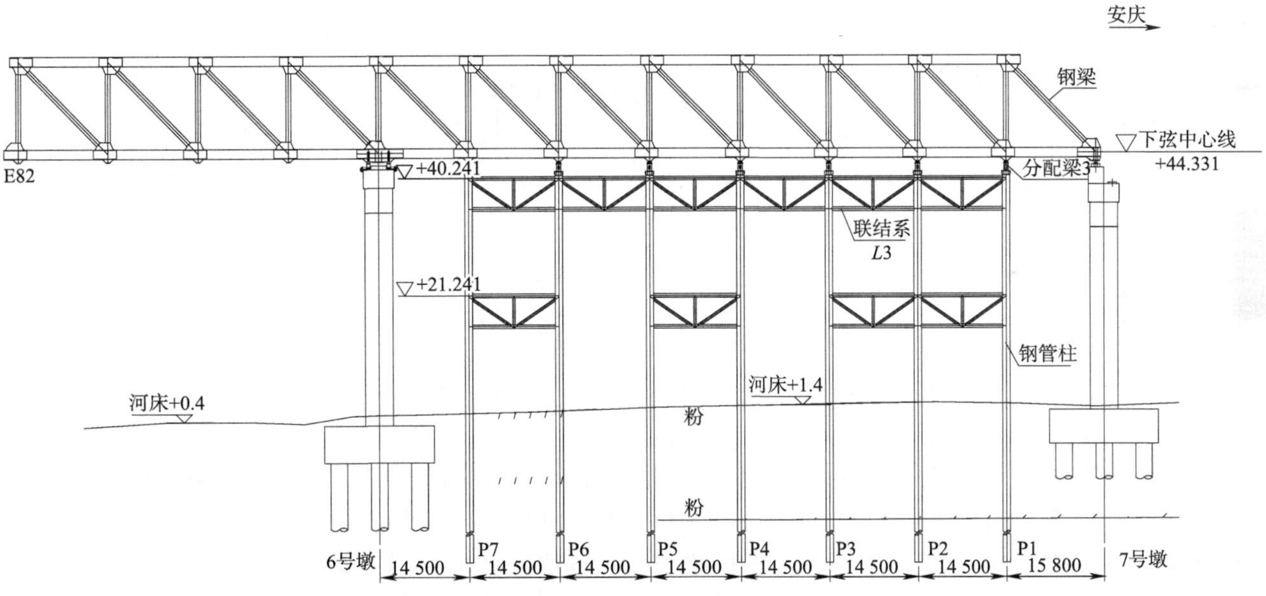

图 4-3-190　安庆侧无索区钢梁支架整体布置图(单位:mm)

2)支架安装。

①钢管桩插打。管桩为 ϕ1.2 m、壁厚 16 mm 钢管,利用 150 t 浮式起重机和履带式起重机接长或插打,采用贯入度和入土深度双控标准。管桩高约 70 m,分为 2 节安装,单节约 35 m,中间采用法兰盘连接。

钢管桩加工制作完成后,由 150 t 浮式起重机船和履带式起重机共同接长和插打,依次由 7 号墩向 6 号墩方向进行施工,利用 DZ-150 振动打桩锤插打定位钢管桩。

②焊接安装联结系。管桩联结系采用 ϕ600 mm 及 ϕ400 mm 的螺旋钢管。联结系预先在钢结构场地拼装成整体一片,再整体起吊安装焊接。

③安装分配梁。分配梁高度为 1.2 m,待管桩接高完成后,放置于管桩柱头顶,并抄垫平齐。

(2)墩旁托架

墩旁托架是双悬臂对称架设钢桁梁斜拉桥时的最重要和最关键的大型临时设施,它既是墩顶四节间钢梁安装所需支承平台,更重要的是要承担钢梁伸臂架设过程中桁梁的重量和悬臂架梁到达边墩前的风荷载作用所产生的水平荷载。

1)墩旁托架结构。墩旁托架结构托架体系由顺桥向南北两个托架、滑道梁、滑座、纵移装置和横移装置组成,主要结构体系由底座结构(立柱及垫梁)、托架主桁、横联、平联组成。钢管支架进行分片制作,分片安装,两片主管之间采用法兰连接,主管间联结系采用相贯线焊接。

3 号、4 号桥塔墩墩旁托架结构如图 4-3-191 所示。

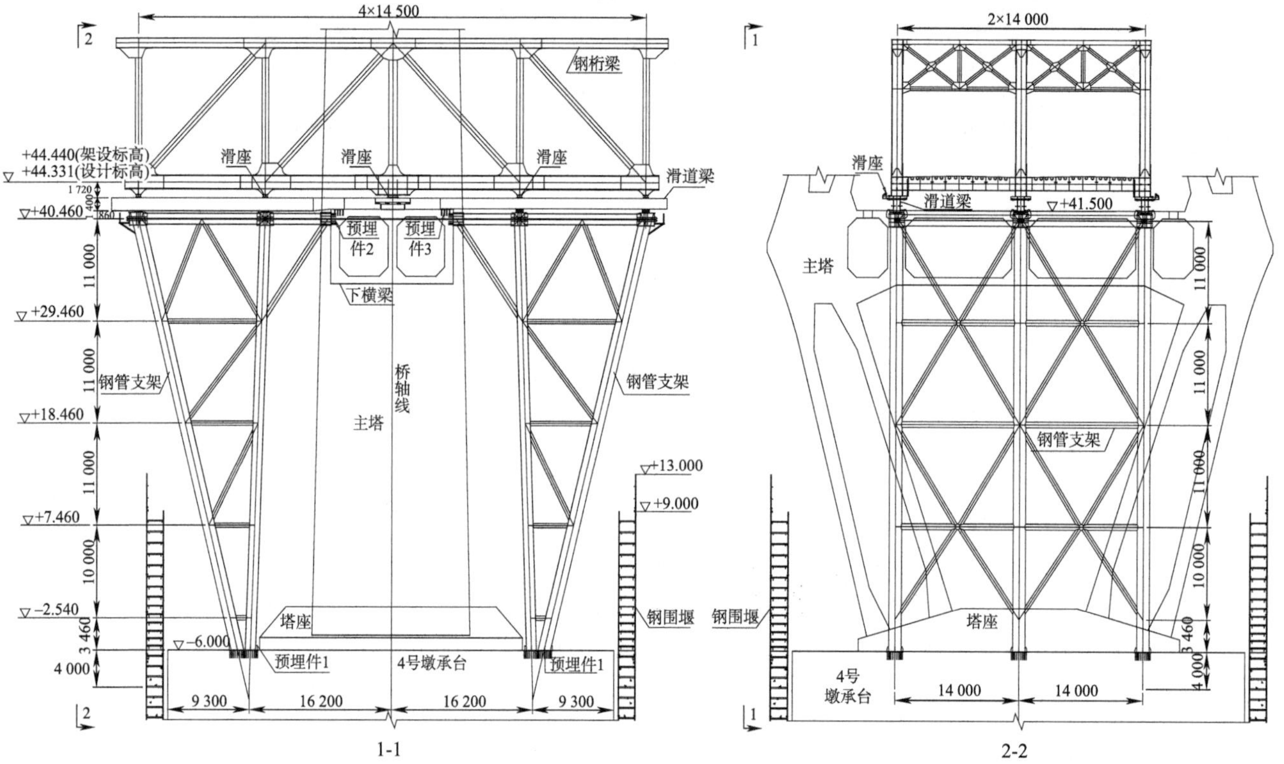

图 4-3-191 墩旁托架布置图(单位:mm)

2)墩旁托架制造及安装。

①墩旁托架制造。墩旁托架在钢结构场地焊接制作,主钢管柱 A1、A2 节段完成后,运至栈桥安装钢管联结系和法兰盘预拼,完成两个节段后,将第一节段运至 4 号墩准备安装,继续安装和预拼其他节段。

②墩旁托架安装。利用浮式起重机吊装立柱对位、焊接,完成之后安装联结系。墩旁托架底节钢管立柱施工完毕后,对 6 根钢管柱进行平面位置和立柱顶标高精确测量,并调整施工误差,之后安装纵横向联结系。墩旁托架安装完成后在桩头节点内灌注混凝土,然后将桩顶抄垫至设计位置,安庆侧各节点顶部抄垫标高统一为+41.320 m。桩头混凝土浇筑完成后,进行预应力钢绞线穿束,用钢绞线两端张拉形成整体受力体系,张拉力为 3 750 kN。

③滑道梁制造及安装。滑道梁在钢结构场地按照施工图纸制造完成后,根据组装图在栈桥码头进行组拼,完成后运至 4 号墩,直接用浮式起重机起吊进行安装。

滑道顶布置 4 mm 厚不锈钢板,并安装纵向滑移用牛腿及千斤顶。墩旁托架现场拼装完成情形如图 4-3-192 所示。

(3)钢梁提升站

由于 3 号墩在主航道上,江面过往船只较多,钢梁架设采用运输船上吊取架设的方法极不安全,且 3 号墩靠近岸边,边跨钢梁运输道路不便,不能采取边跨钢梁上桥方案。因此在下游侧 E23～E24 节间设置提升站,运输船先将待架设的杆件运输到提升站下方,提升站从船上将钢梁杆件提升并装到钢梁内的运输台车上,运输台车将钢梁杆件纵向运输到梁端,架梁起重机再从运输台车上吊取钢梁杆件进行架设。

提升站立面及上平面布置如图 4-3-193 所示,提升钢梁情形如图 4-3-194 所示。

图 4-3-192　墩旁托架现场拼装图

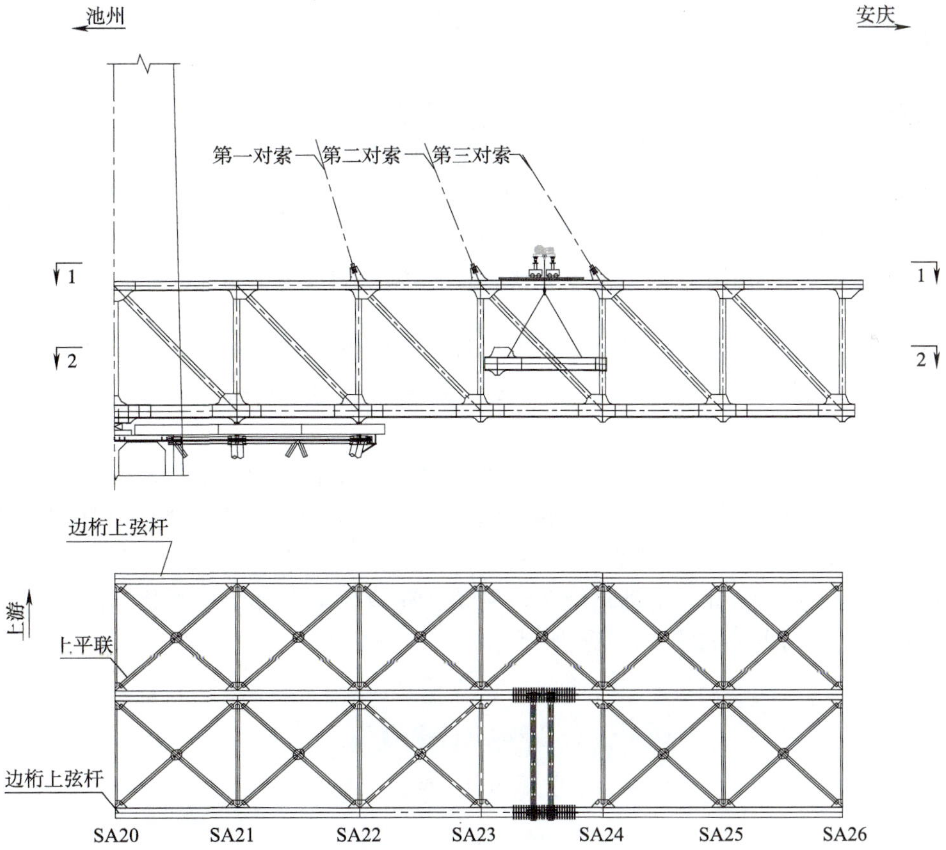

1-1

图 4-3-193　提升站立面及上平面布置图

提升站门式起重机主梁走行轨道铺设于在 E23～E24 节间上弦杆，门式起重机主梁在 E23～E24 上弦杆顺桥向 13.5 m 范围内纵向移动，起吊结构在门式起重机主梁上横桥向移动。提升站门式起重机主梁上弦杆处走行系统如图 4-3-195 所示。

图 4-3-194　提升站提升钢梁

图 4-3-195　提升站门式起重机主梁上弦杆处走行系统

在钢梁 E23～E24 节间下游侧桥面板留空,E23～E24 节间下游侧上平联暂不安装,桥面板留空处设置活动式钢梁运输走道梁,钢梁杆件从桥面板留空处提升至钢梁内,再装到梁内走道梁上的钢梁运输台车上被运到架梁起重机起吊范围。

根据桥面板实际尺寸(长 11.4 m,宽 7.3 m),为保证桥面板平稳入梁,将 E23～E24 节间钢梁运输轨道与梁端轨道断开,考虑桥面板自重较大,采用鱼腹梁结构支撑此处活动轨道,鱼腹梁利用 3 号墩钻孔平台分配梁 1 改制,梁端支撑在 E22～E23 节间桥面板 QM1 小肋及 E23～E24 桥面板 QM1 大肋上。

鱼腹梁通过桥面板上设置 4 mm 滑动钢板实现滑动。在鱼腹梁端部焊接耳板,通过倒链拖拉完成鱼腹梁横桥向滑动。提升站滑动主梁如图 4-3-196 所示。

图 4-3-196　提升站滑动主梁

(4)下河码头

钢梁上岸、下河码头均设在江边,共设置 2 座钢梁上下河码头,一座在桥轴线下游 360 m 处,负责池州岸钢梁上下河，采用 150 t 浮式起重机做起重设备；另一座在桥轴线上游，紧挨栈桥，用 120 t 桅杆式起重机做起重设备。码头布置如图 4-3-197 所示。

图 4-3-197　钢梁下河码头

(5)架梁起重机

3 号墩架梁起重机为半旋转式起重机，最大吊重为 76.6 t；4 号墩架梁起重机为单臂架全回转式起重机，最大吊重为 70 t，均具有提升、变幅、整机前移及锚固的功能，采用卷扬机在钢桁梁上弦牵引走行，在纵向走行到工作位置后，通过八个支顶油缸将整机调平并利用锚固装置将起重机锚定在已架设的钢桁梁上弦杆上，从而达到吊重作业状态。

墩顶四节间安装完成后，利用 200 t 浮式起重机和主塔塔式起重机分片拼装架梁起重机，拼装完成后进行静载和动载试验。

3 号、4 号墩架梁起重机安装大样如图 4-3-198 所示。

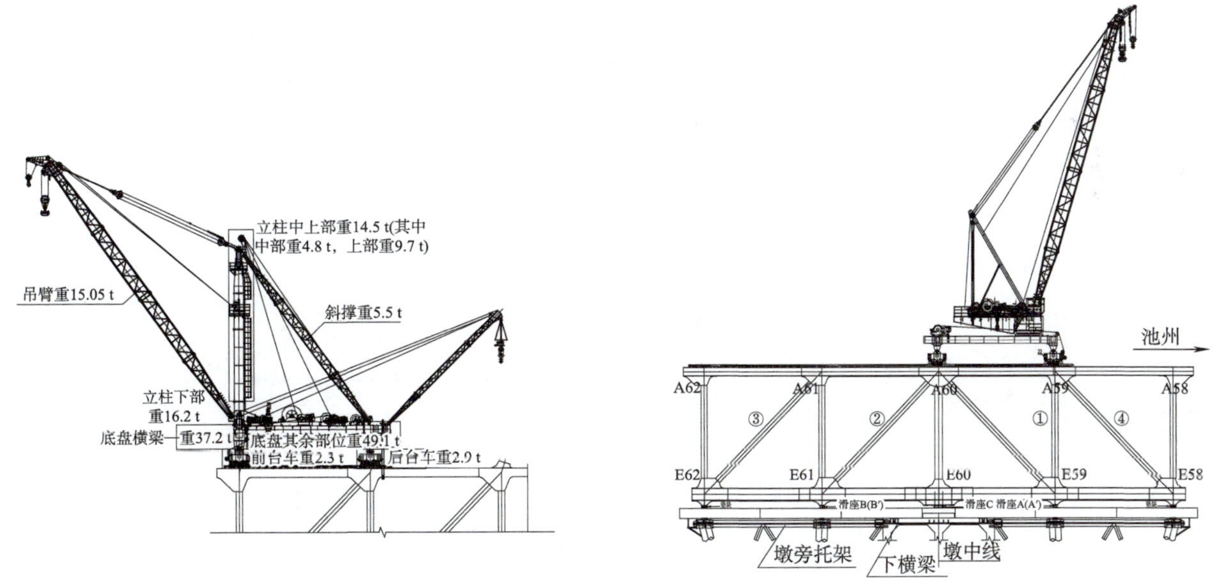

图 4-3-198　3 号墩和 4 号墩架梁起重机

5. 无索区钢梁架设

无索区 12 个节间钢桁梁采用脚手架施工，散拼法安装，自 7 号墩向 5 号墩方向架设，吊装设备为 200 t 浮式起重机。架设无索区上游桁或中桁时浮式起重机站位上游，架设下游桁或中桁时浮式起重机站位下游。上游侧钢桁梁由存梁厂通过运梁车直接运至待架钢桁梁位置的栈桥上，浮式起重机起吊架设；下游侧钢桁梁则通过运梁车先运至码头，然后利用 120 t 码头桅杆式起重机起吊至铁驳船上，再运至下游钢桁梁待架位置，利用浮式起重机起吊架设。最终通过浮式起重机反复站位上、下游的方法完成无索区 E82～E94 节间钢桁梁架设施工。

无索区脚手架搭设高度高,管桩长度达 70 m,河床面以上高达 40 m。在临时脚手架上拼装钢桁梁时,除保证支架有足够的承载力和预留压缩下沉量外,更要特别注意钢桁梁的拼装拱度曲线。拼装主桁钢桁梁时需在自由状态下进行,即下弦杆前端拼至前一脚手架的支点时,不得受力,与支架支点保持间隙。主桁杆件闭合,节点高强度螺栓 100%终拧后,下弦杆前端节点底面与支架支点垫块之间才能用钢板抄垫顶紧。该节间高强度栓全部终拧后,再拼装下一节间。

在支架上拼装钢桁梁时,冲钉和高强度螺栓总数不得少于孔眼总数的 1/3,其中冲钉占 2/3;孔眼较少的部位,冲钉和螺栓数量不得少于 6 个。架设至 6 号墩悬臂拼装状态时,主桁杆件上足 50%冲钉和 35%高强度螺栓,其他杆件上足 30%冲钉和 30%高强度螺栓并作一般拧紧,且杆件终拧不应落后杆件拼装作业 2 个节间。为方便 6 号、7 号墩墩顶布置及在自由状态下拼装主桁前一节间,6 号墩和 7 号墩墩顶位置支座均暂不安装,且采用型钢和钢垫块抄垫至高出设计标高 5 cm。

无索区钢桁梁架设顺序:6 号至 7 号墩间 E86～E94 节间,下弦杆→桥面板→竖杆→斜杆→上弦杆→横联→上平联;5 号至 6 号墩间 E82～E86 节间,下弦杆→桥面板→斜杆→竖杆→上弦杆→横联→上平联。

无索区钢桁梁架设主要施工步骤如下:

(1)利用 200 t 浮式起重机拼装无索区 E93～E94、E92～E93 下游侧两个节间钢梁。无索区 E86～E94 节间钢梁杆件拼装顺序:下弦杆→桥面板→竖杆→斜杆→上弦杆→横联→上平联。详见图 4-3-199。

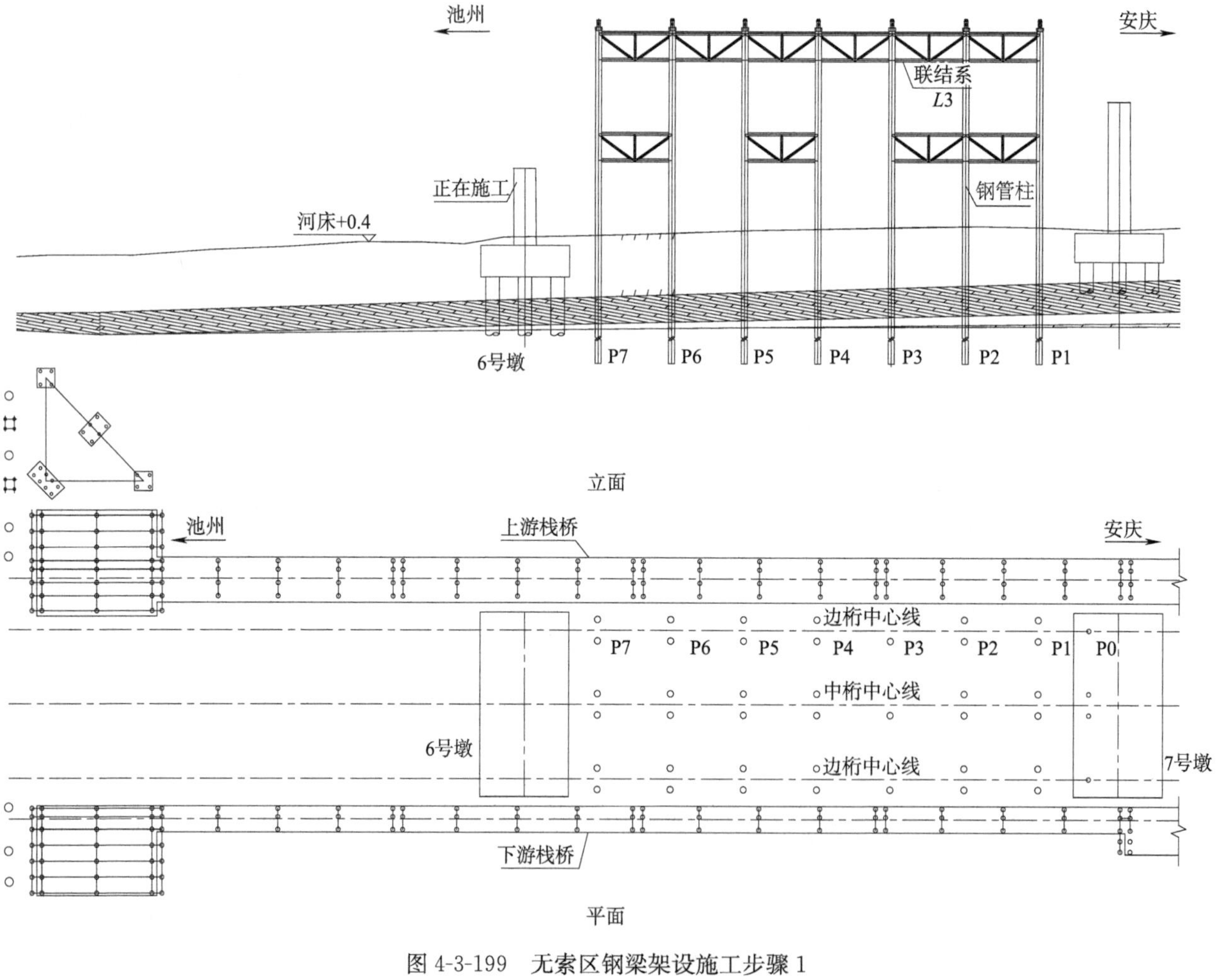

图 4-3-199 无索区钢梁架设施工步骤 1

(2)200 t 浮式起重机移到栈桥上游,拼装 E90～E94 上游侧 4 个节间钢梁。钢梁杆件通过运梁车直接运到待架钢梁位置栈桥,浮式起重机起吊拼装。详见图 4-3-200。

(3)将 200 t 浮式起重机移到栈桥下游,拼装 E88～E92 下游侧 4 个节间钢梁。

(4)将 200 t 浮式起重机移到栈桥上游,拼装 E86～E90 上游侧四个节间钢梁。详见图 4-3-201。

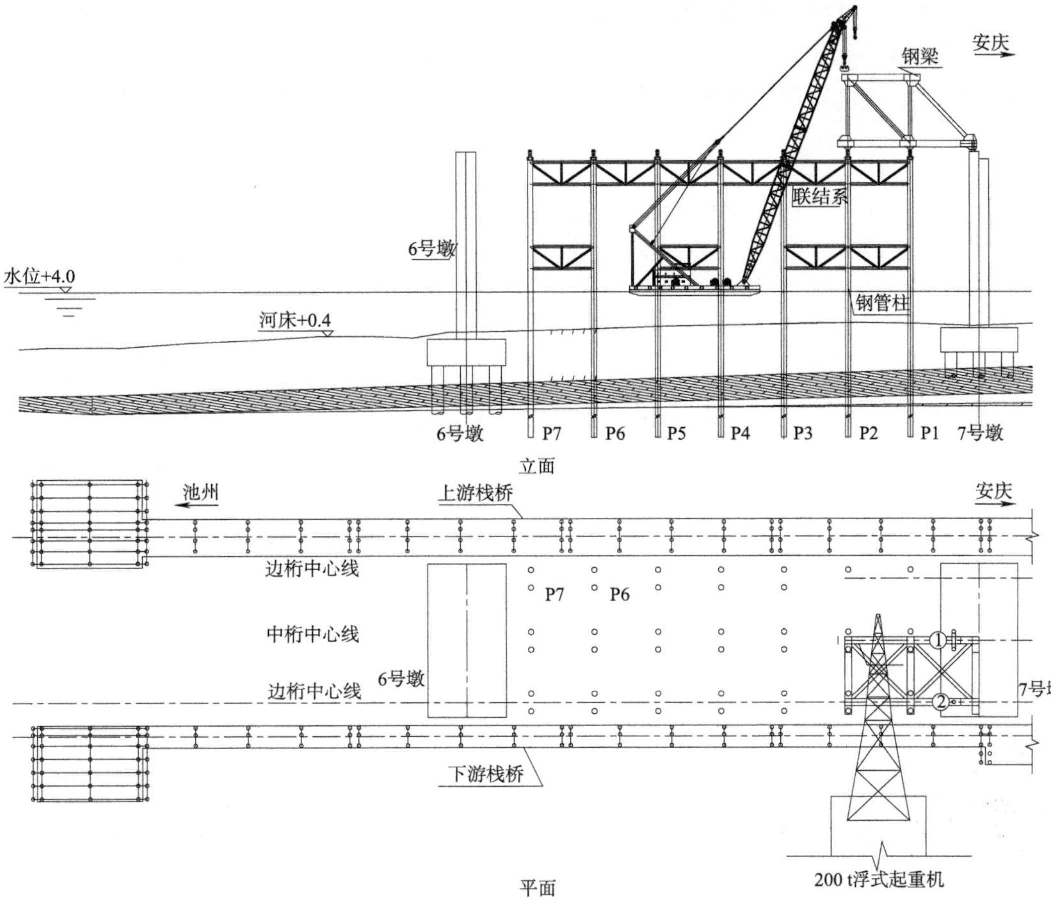

图 4-3-200　无索区钢梁架设施工步骤 2

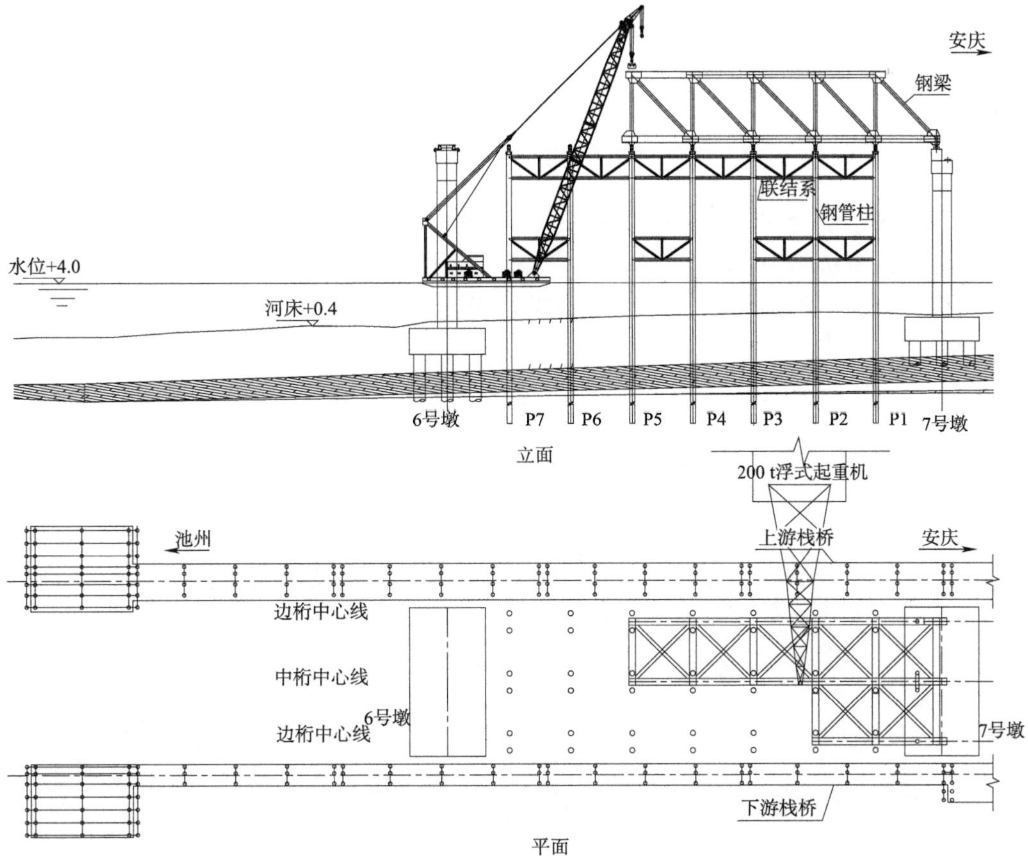

图 4-3-201　无索区钢梁架设施工步骤 4

(5)将 200 t 浮式起重机移到栈桥下游拼装 E85～E88 下游侧三个节间。无索区 E82～E86 节间钢梁拼装顺序:下弦杆→桥面板→斜杆→上弦杆→竖杆→横联→上平联。

(6)将 200 t 浮式起重机移到栈桥上游,拼装 E84～E86 上游侧两个节间钢梁。详见图 4-3-202。

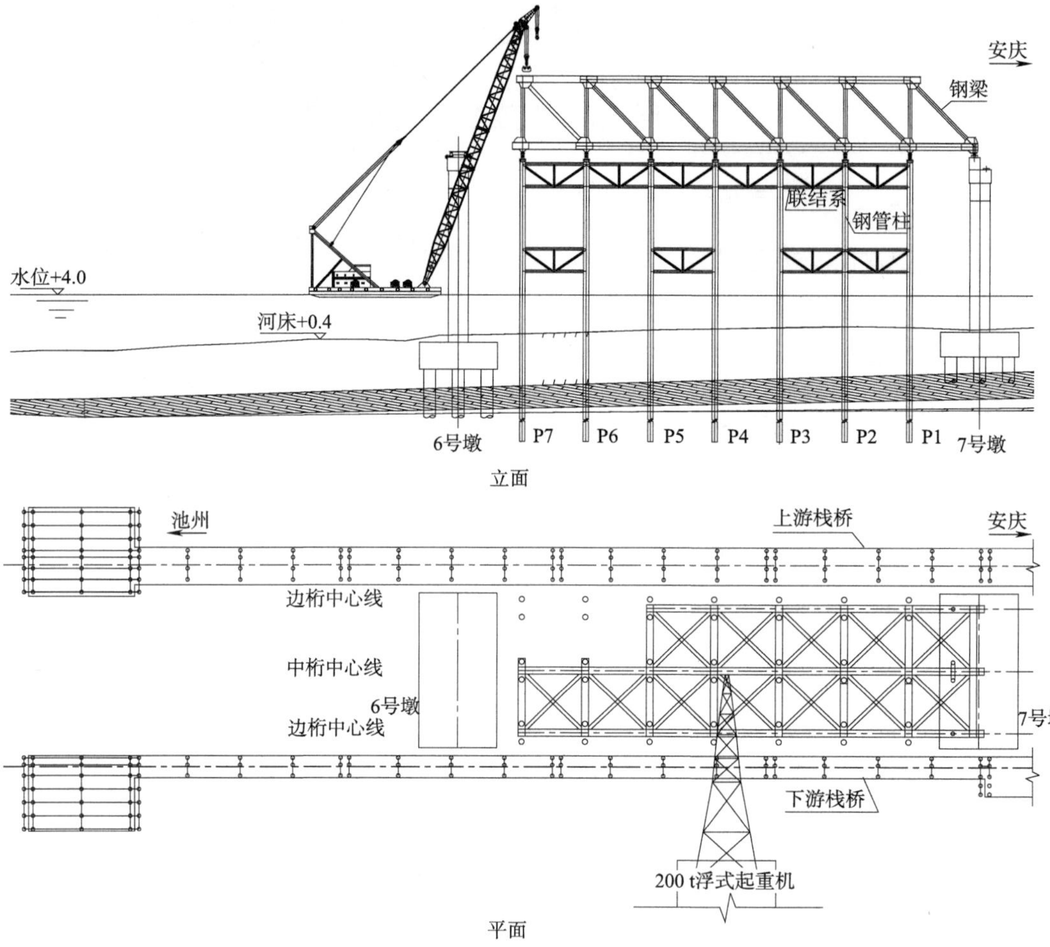

图 4-3-202 无索区钢梁架设施工步骤 6

(7)将 200 t 浮式起重机移到栈桥下游,拼装 E83～E85 下游侧两个节间钢梁。

(8)将 200 t 浮式起重机移到栈桥上游侧,完成无索区上游侧最后两个节间 E84～E86 钢梁拼装。

(9)将 200 t 浮式起重机移到栈桥下游侧,完成无索区下游侧最后一个节间 E82～E83 钢梁拼装。详见图 4-3-203。

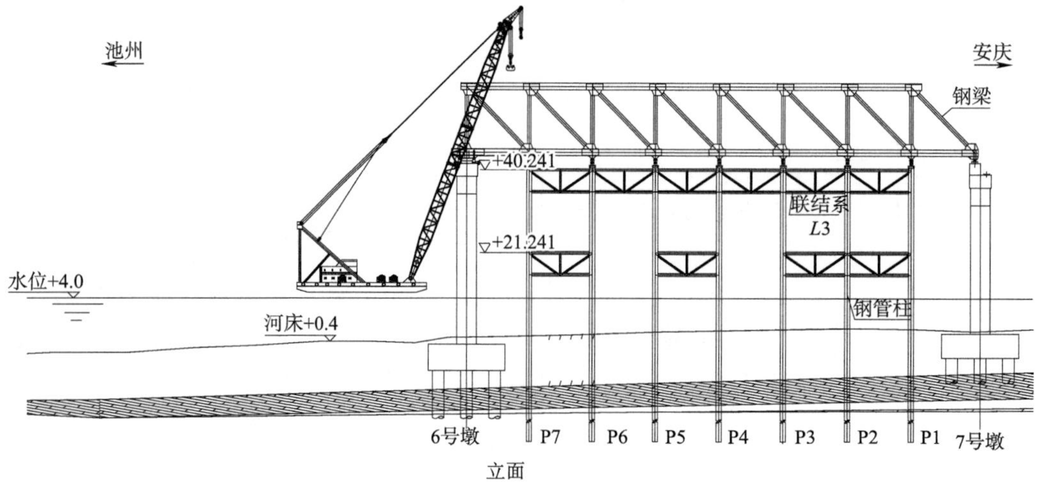

图 4-3-203

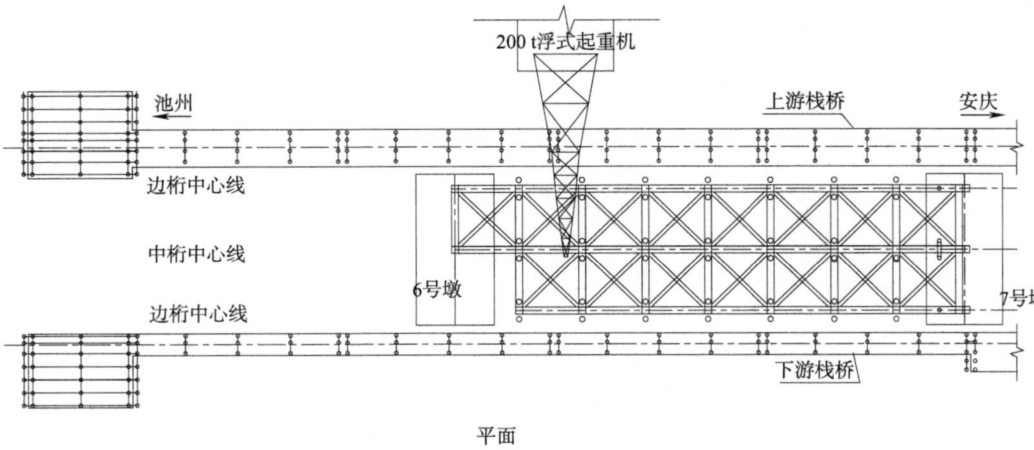

图 4-3-203 无索区钢梁架设施工步骤 9

无索区钢桁梁从 2011 年 3 月开始钢管桩插打施工，到 5 月初开始钢桁梁架设，10 月 15 日钢桁梁全部架设结束。该桥无索区钢桁梁施工克服了汛期水位高涨、水流急的不利因素，平均每个月架设两个半节间。最终经检测无索区钢桁梁的线形及应力均符合设计要求。

6. 墩顶四节间钢梁架设

(1)施工方案

墩顶四节间采用 200 t 浮式起重机散拼架设，并逐节间滑移安装就位的方法施工。3 号墩四节间为 E18～E22，浮式起重机先站在墩旁的池州侧，安装 E20～E21 节间钢梁；4 号墩四节间为 E58～E62，浮式起重机先站位墩旁的安庆侧，安装 E59～E60 节间钢梁。完成后将拼装好的节间纵桥向滑移一个节间距离，接着吊装紧邻中支点近侧的第二个节间钢梁(3 号墩为 E19～E20，4 号墩为 E60～E61)，完成后再纵移一个节间距离，之后再接着拼装该侧与已装钢梁相邻的第 3 个节间钢梁(3 号墩为 E18～E19，4 号墩为 E61～E62)，此时横梁顶墩中线其中一侧的 2 个节间钢梁安装工作完成。最后，浮式起重机转移至墩位另一侧，依次进行第 4 个节间钢梁安装(最后一个节间，3 号墩为 E21～E22，4 号墩为 E58～E59)。

四节间钢梁安装完成后，调整钢梁位置，使其纵、横中心位置与设计位置重合，然后落梁，使钢梁中支点支承并连接在支座上，其余支点支承在托架上，设置锁定措施，防止被外力作用发生移动。至此，横梁顶四节间钢梁安装完成。

(2)架梁步骤

步骤一：施工准备，拼装墩旁托架，检查、签认→安装滑道，滑道顶布置 4 mm 厚不锈钢板→安装纵向滑移用牛腿及千斤顶→布置滑座，滑座与滑道间均匀涂抹硅脂→钢桁梁杆件下河运至墩位，浮式起重机吊装，拼装墩顶第一个节间。钢梁拼装时，下弦中心线比设计标高高 109 mm。如图 4-3-204 所示。

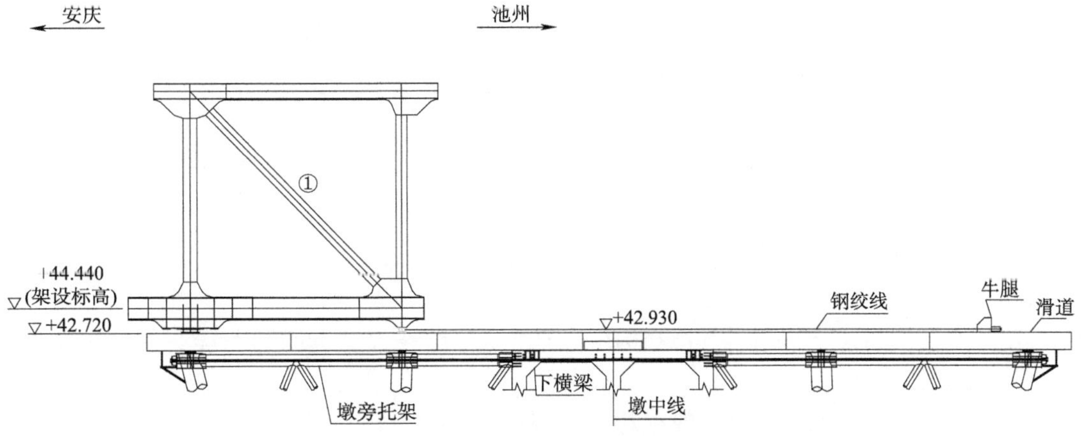

图 4-3-204 墩旁四节间架设步骤一

步骤二:第一个节间拼装完成后,安装钢绞线,千斤顶拖拽钢桁梁纵移 14.5 m→第二个节间钢桁梁杆件下河、拼装。如图 4-3-205 所示。

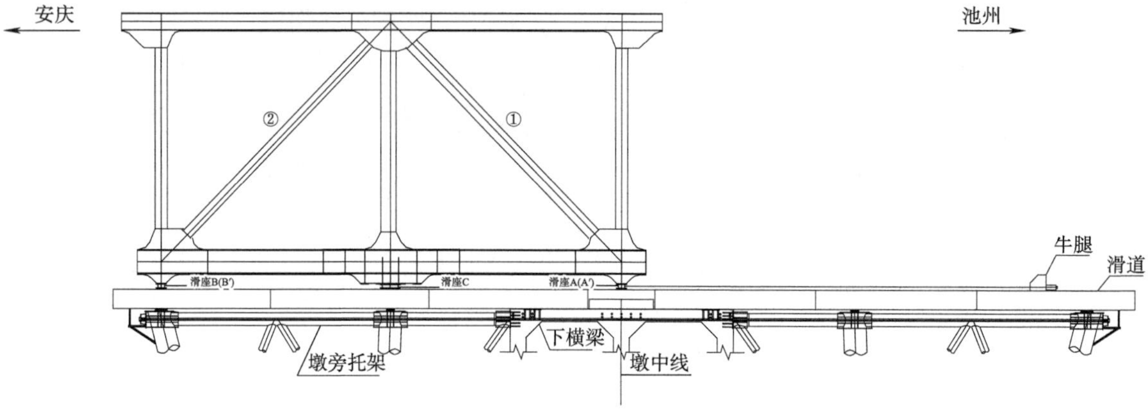

图 4-3-205 墩旁四节间架设步骤二

步骤三:第二个节间拼装完成后,安装钢绞线,千斤顶拖拽钢桁梁纵移 14.5 m,在主桁下弦杆相应位置布设千斤顶,调整钢梁纵横向位移偏差。如图 4-3-206 所示。

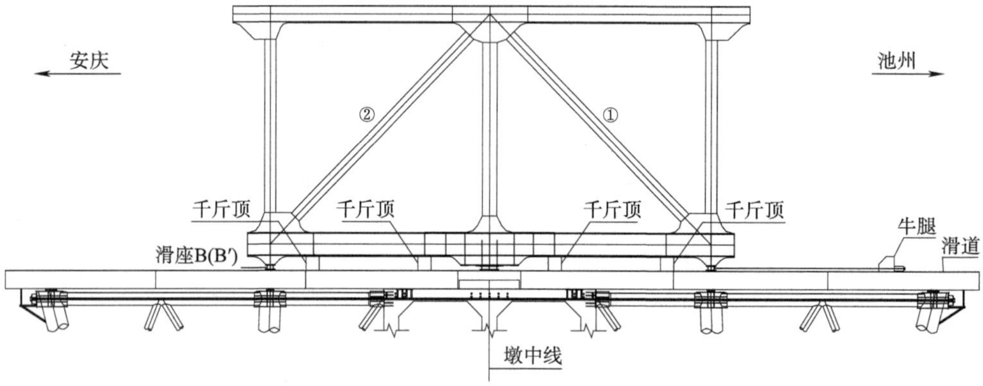

图 4-3-206 墩旁四节间架设步骤三

步骤四:拼装第三个节间钢桁梁杆件。如图 4-3-207 所示。

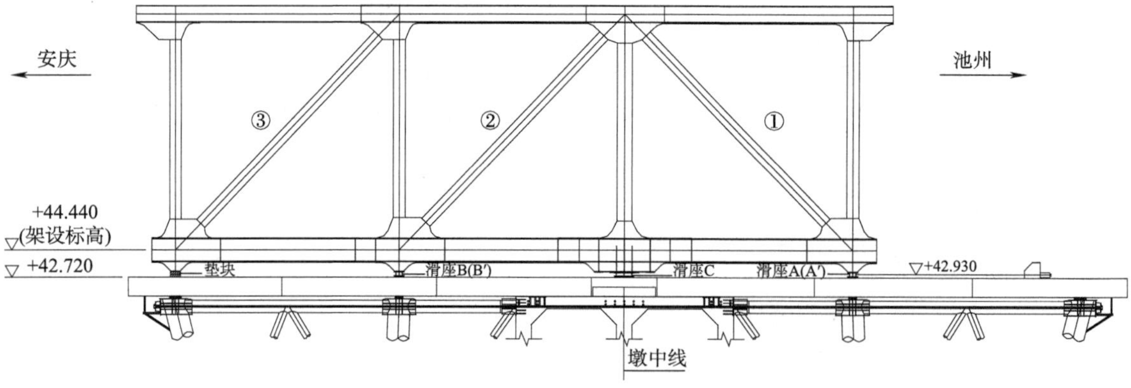

图 4-3-207 墩旁四节间架设步骤四

步骤五:第三个节间拼装完成后,拆除纵移用千斤顶及牛腿→浮式起重机行至另一侧安装第四节间杆件。如图 4-3-208 所示。

步骤六:安装千斤顶,起顶,钢梁进行纵横移偏差调整,微调至符合设计要求后,拆除中间节点滑座及中间部分滑道,钢梁临时抄垫→安装 4 号墩顶垫石上的永久支座,灌浆→待支座灌浆强度达到 100%后,千斤

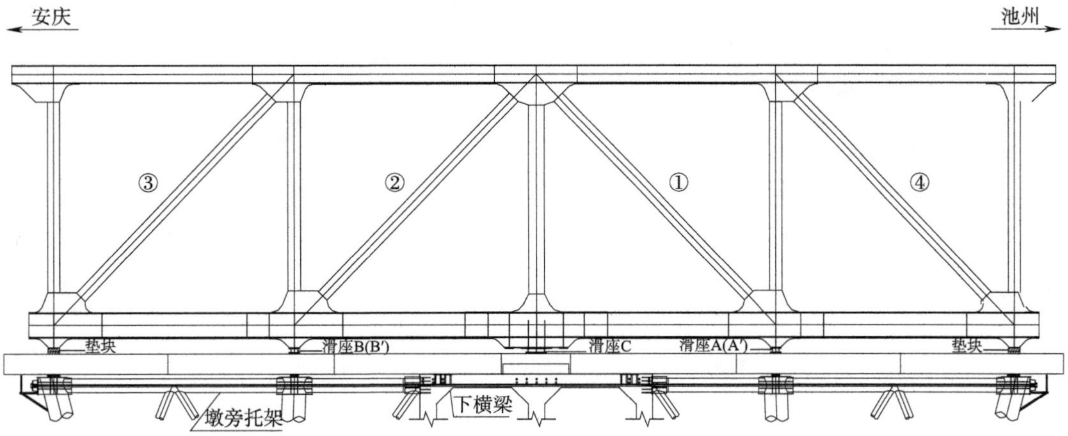

图 4-3-208 墩旁四节间架设步骤五

顶落顶，中间节点钢桁梁落于永久支座上，其余节点临时抄垫。

7. 有索区钢梁架设

(1)普通节间架设

当桥塔墩横梁顶四节间钢梁安装完成，并且架梁起重机拼装、试吊等工作完成后即开始进行主塔墩有索区钢梁安装架设，架设时以墩中心为对称轴，分别同时对称地向两侧进行，每架一个节间，挂设张拉一对斜拉索，逐节间进行。架梁时起重机先完成一个节间共 24 次吊装任务(12 根主桁杆件，4 块桥面板，6 根上平联杆件，2 个横联)，所有接头 50％螺栓初拧后，架梁起重机先前移一个节间，然后挂设 6 根斜拉索，待 6 根斜拉索对称张拉同步完成后方准开始进行下一个节间钢梁的架设。依次一边架梁，一边挂设张拉斜拉索，直至到达中跨合龙口位置结束。这种架设方法适用于 3 号墩及 4 号墩非超重节间钢梁架设，架梁方法如图 4-3-209 所示。

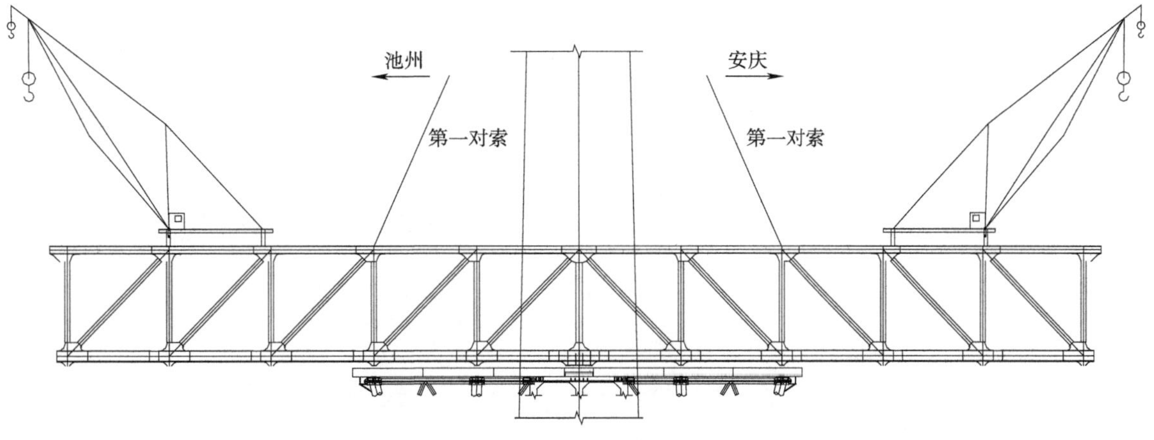

图 4-3-209 有索区正常节间钢梁双悬臂架设示意图

架梁过程中，钢梁从桥面运输供给，即将待架杆件用车运至待架点，起重机再将杆件吊至安装位置栓接固定完成安装工作。3 号墩钢梁从主跨侧墩旁专用提升站上桥，4 号墩钢梁用架梁起重机提升，从安庆侧边跨水面上桥。

节间钢梁安装顺序：下弦杆→斜腹杆→桥面板→竖杆→上弦杆→上平联→横联。架设如图 4-3-210 所示。

(2)池州岸钢梁架设步骤

步骤一：墩顶四节间架设完毕，钢梁调整至设计位置，利用浮式起重机拼装架梁起重机，检查、签认。

架梁起重机拼装完成后的情形如图 4-3-211 所示。

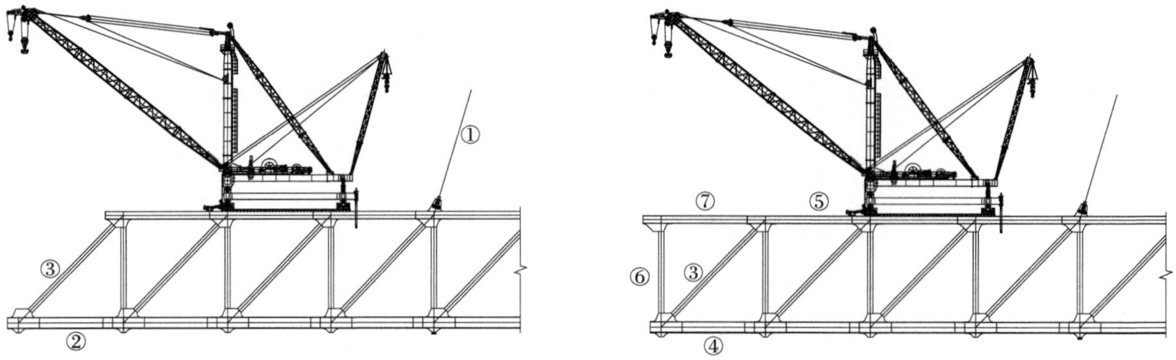

图 4-3-210　正常节间钢梁架设顺序示意图

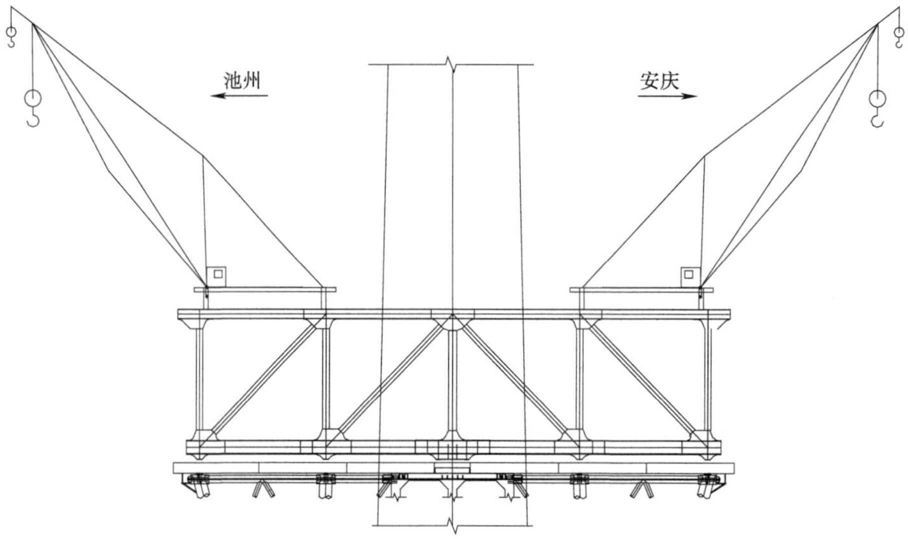

图 4-3-211　池州侧钢梁架设步骤一

步骤二:驳船运输钢梁至待架设位置,架梁起重机对称架梁,架设完成墩顶六个节间钢梁,第七、第八个节间主桁杆件→下游侧 23～24 号节间桥 QM1b、QM1c、QM2 不安装→下游侧 23～24 号节间上平联不安装→架梁起重机行走至图 4-3-212 所示位置。

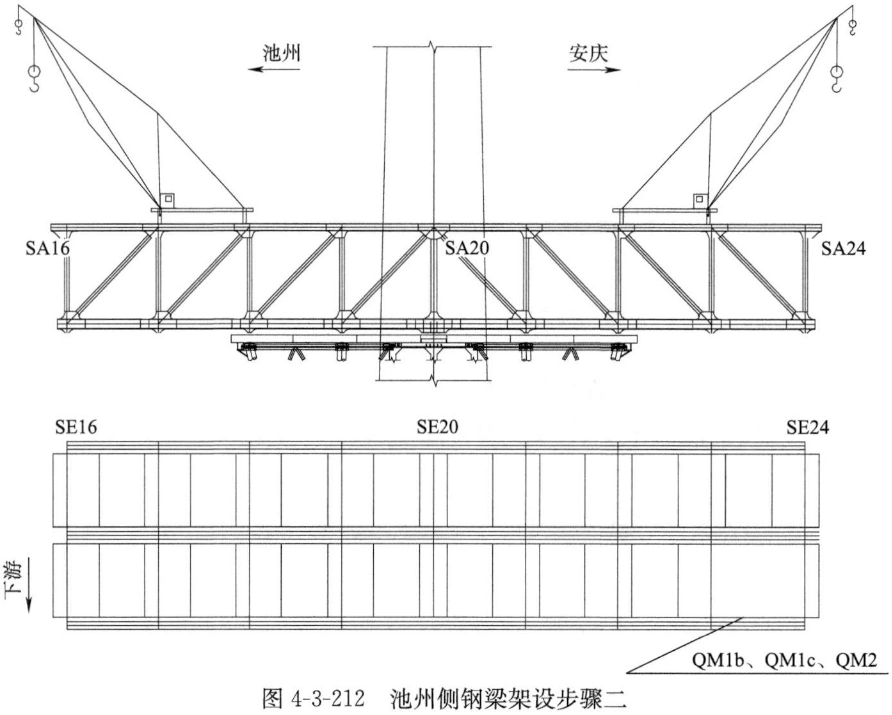

图 4-3-212　池州侧钢梁架设步骤二

步骤三：除预留不安装杆件外，十节间架设完毕，架梁起重机行走至图示位置挂设第一对斜拉索，如图 4-3-213 所示。

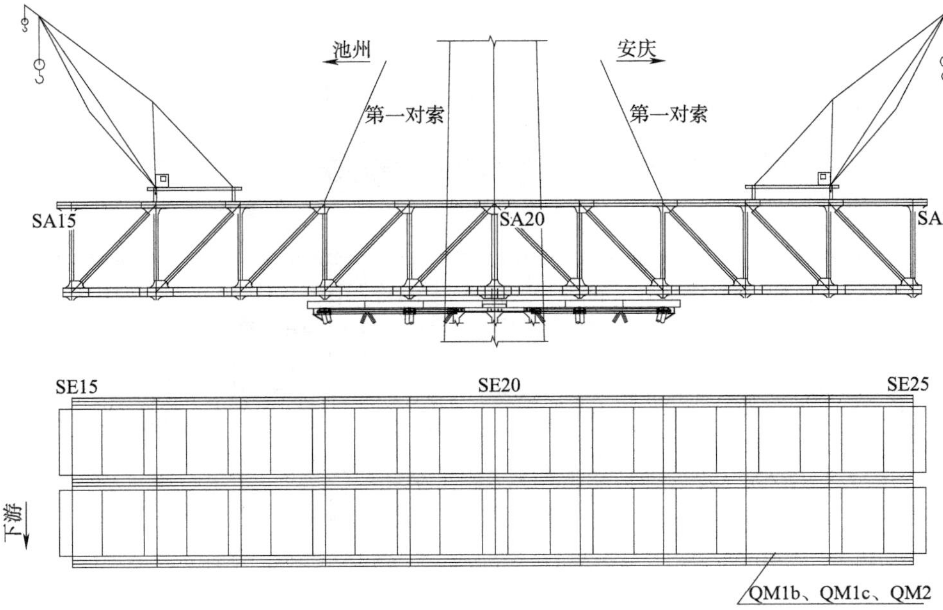

图 4-3-213　池州侧钢梁架设步骤三

步骤四：利用架梁起重机逐步架梁，除预留不安装杆件外，十四节间架设完毕，架梁起重机行走至图示位置逐步完成三对斜拉索挂设，如图 4-3-214 所示。

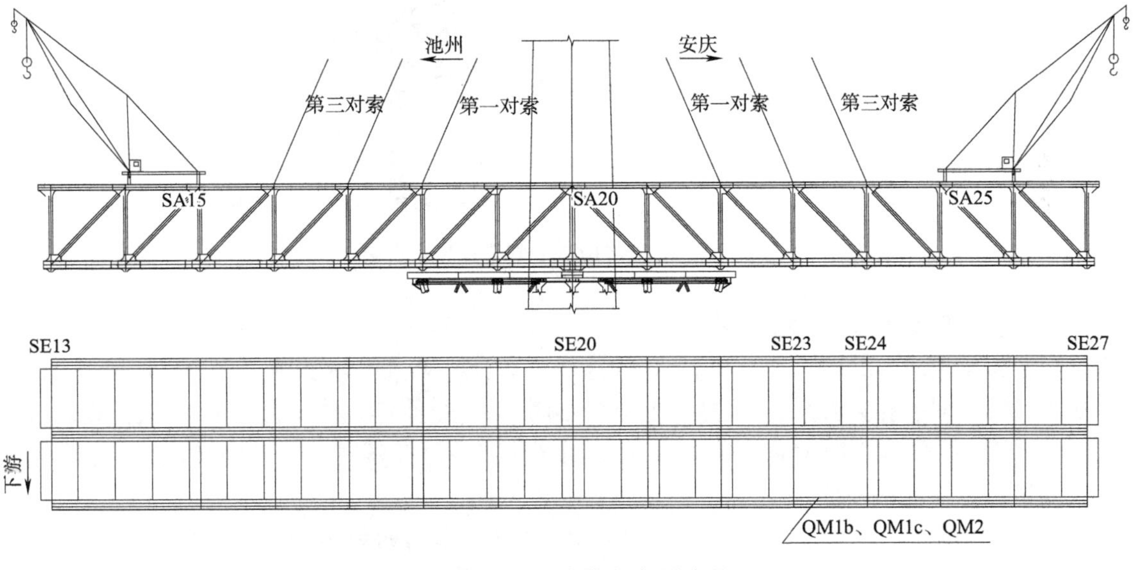

图 4-3-214　池州侧钢梁架设步骤四

步骤五：安装提升站，检查、签认，后续钢梁架设利用提升站竖向起吊，运梁小车纵向运输至架梁工作面，由架梁起重机起吊架设。如图 4-3-215 所示。

8. 4 号墩前期超重钢梁架设

4 号墩钢梁采用 70 t 全回转起重机进行架梁，部分节间钢梁超重，这部分节间钢梁采取起重机只吊装其站位处前方一个节间的钢梁，架设一个节间前移一个节间，直至这部分超重节间钢梁架设完成。因每次只能吊装前面节间钢梁，起重机取梁不能从其前方完成，改为从起重机后方取梁，架梁时在起重机后方宁安线或阜景线上平联暂不安装（交错预留缺口），以留出取梁通过进出口，该缺口在起重机前移一个节间后吊臂后转进行补装。当超重节间钢梁完成，重新按照起重机架设站位处前面两个节间的方法进行架梁，起重机后方上

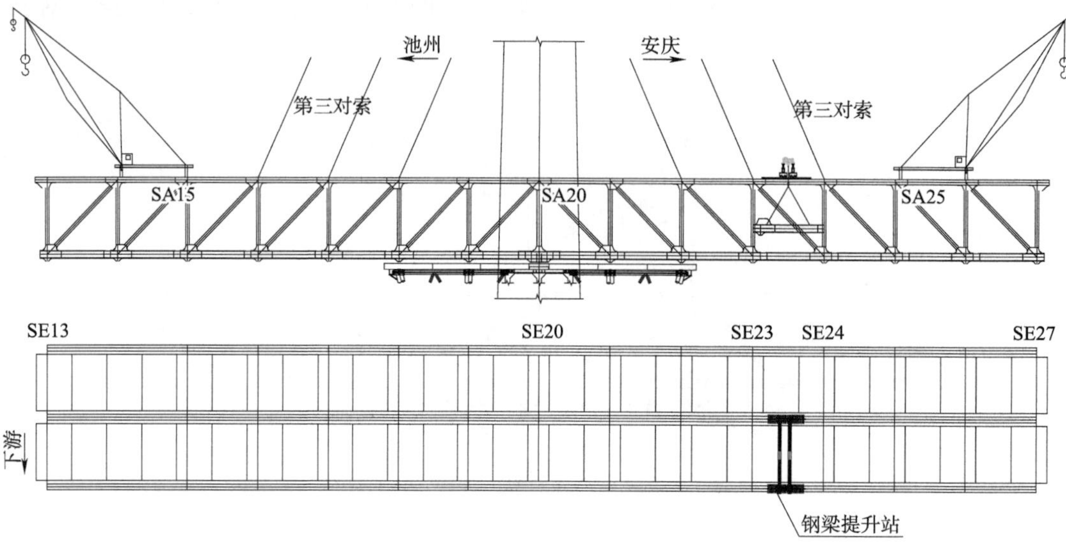

图 4-3-215 池州侧钢梁架设步骤五

平联不再预留缺口。

4 号墩超重钢梁架设示意图如图 4-3-216 所示。

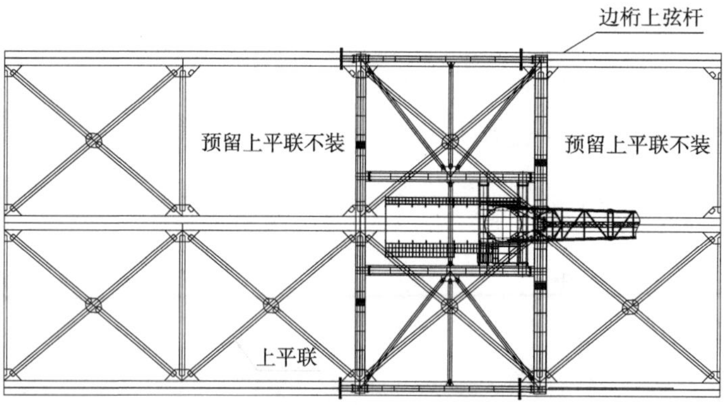

图 4-3-216 4 号墩超重钢梁架设示意图

9.4 号墩大悬臂架梁状态下的塔梁同步施工

为满足同步架梁要求,减少钢梁长时间大悬臂等待的安全风险,4 号墩实施了多节段塔梁同步施工,即 4 号墩塔柱从挂设第 1 对斜拉索开始,一边施工上塔柱锚固区,一边伸臂对称安装钢梁,一边挂设斜拉索,直至第 10 对斜拉索挂设完成。第 10 对索安装完成后,其余钢梁在塔柱已经封顶完成的情况下架设,第 11～18 对斜拉索改为塔顶吊架起吊安装。

4 号墩塔梁同步施工的塔柱节段数为 6 个节段(第 30～35 节段),钢梁架设 10 个节间(主跨 E46～E56 节间,边跨 E64～E74),赢得时间多达 120 多天,效果显著,实现两岸钢梁按期合龙。

4 号墩实施塔梁同步施工,采取以下施工技术措施确保塔柱线形符合设计和规范要求:

(1)上塔柱索道管完成 5 对索后方准开始进行塔梁同步施工,且需始终保持上方已完塔柱节段所含索道管数超出下方拟挂设斜拉索 5 对以上。

(2)制定先进、可靠的塔柱测量控制方案并报上级管理部门评审后方能实施,采用先进的高精度测量仪器设备和方法进行塔柱测量放线。

(3)塔柱放线或索道管定位工作在日出前或阴天进行,防止日照影响。

(4)两岸测量队定期换手互相校核对方测量成果,防止出错。

(5)设置全长劲性钢骨架定位钢筋、索道管、模板,索道管实施塔下初定位,塔上精定位,节段立模前核实定位测量点。

(6)设置刚性平台防护(图 4-3-217),确保塔梁交叉作业施工的绝对安全。

塔梁同步施工现场如图 4-3-218 所示。

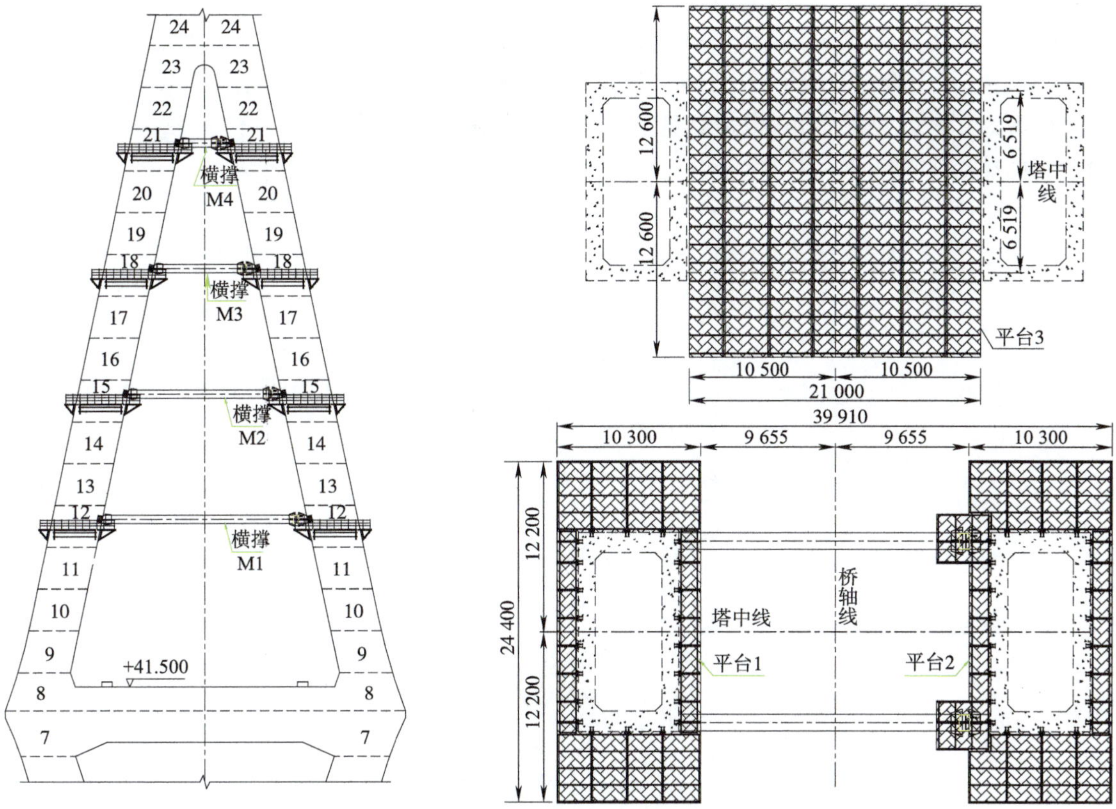

图 4-3-217 塔梁同步施工防护平台布置(单位:mm)

图 4-3-218 4 号墩塔梁同步施工

10. 中跨合龙施工

(1)中跨合龙特点

钢桁梁刚度大:主桁为三桁结构,整体钢桥面,杆件断面尺寸较大,比两桁结构大很多,给合龙节点坐标调整增加了难度。

合龙点多:钢桁梁合龙点为 9 处,其中弦杆 6 根,斜杆 3 根。要保证 9 个点都能准确对位,空间形状无误,施工控制难度很大。

合龙点空间坐标影响因素多:顺桥 X 方向钢梁长度的偏差,受温度、钢梁制造与架设偏差的影响。铅垂 Z 方向的偏差,受架设荷载、日照的影响。钢梁中线上下游 Y 方向的偏差,受日照、架设顺序、起吊荷载的影响。X、Z 向相互制约,合龙点的位置较难控制。

合龙精度要求高:合龙杆件尺寸按设计图纸预先在工厂制造好,架设如同其他杆件一样,工地使用 ϕ32.8 mm 的冲钉打入,施工过程不扩孔,这样高的精度要求对三桁结构、整体钢桥面钢梁合龙难度相当大。

(2)中跨合龙前状态

3 号墩和 4 号墩主跨钢梁分别架设完成 E38～E39、E40～E41 节间,边跨分别架设至 E1～E2、E79～E80 节间后,开始进行中跨合龙段 E39～E40 节间的架设施工。测量出 E39 节点和 E40 节点的三桁相对中线偏差、高程、节点里程及梁端转角,根据测量情况进行必要调整。

中跨合龙前状态如图 4-3-219～图 4-3-221 所示。

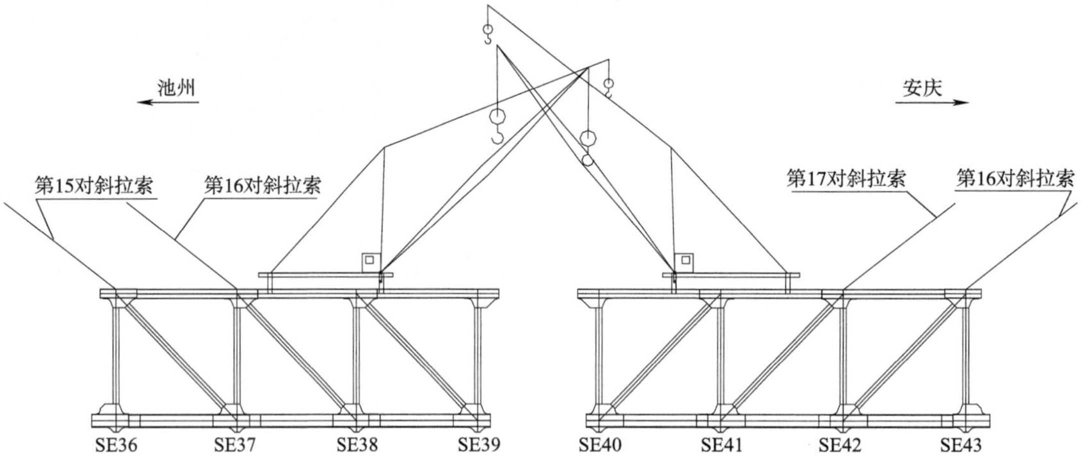

图 4-3-219　钢梁中跨合龙前状态

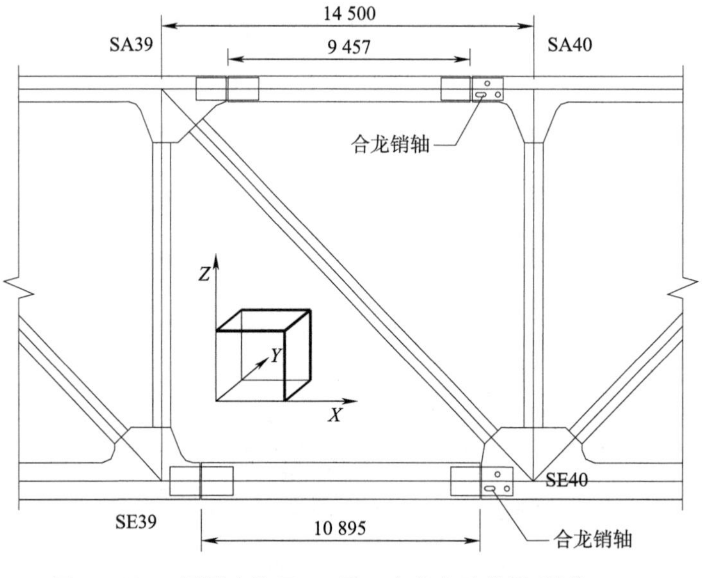

图 4-3-220　钢梁中跨 E39～E40 合龙点示意图(单位:mm)

(X:纵桥向;Y: 横桥向;Z:竖方向)

(3)调整方法

主要调整方法如下:

X 方向:通过在需要合龙的梁端进行顶、拉实现梁端调整。

Y 方向:采用倒链对拉的方式进行上下游方向上的调整。

Z 方向:利用最外侧第 15、16 号斜拉索(3 号墩)、第 16、17 号斜拉索(4 号墩)和合龙口安装顶拉设施对钢梁进行调整。

转角:通过调整最外两对斜拉索索力或梁端增减荷载实现。

通过以上调整将需要合龙梁端距离及转角调整到设计的尺寸范围,再按安装顺序架设合龙口杆件。合

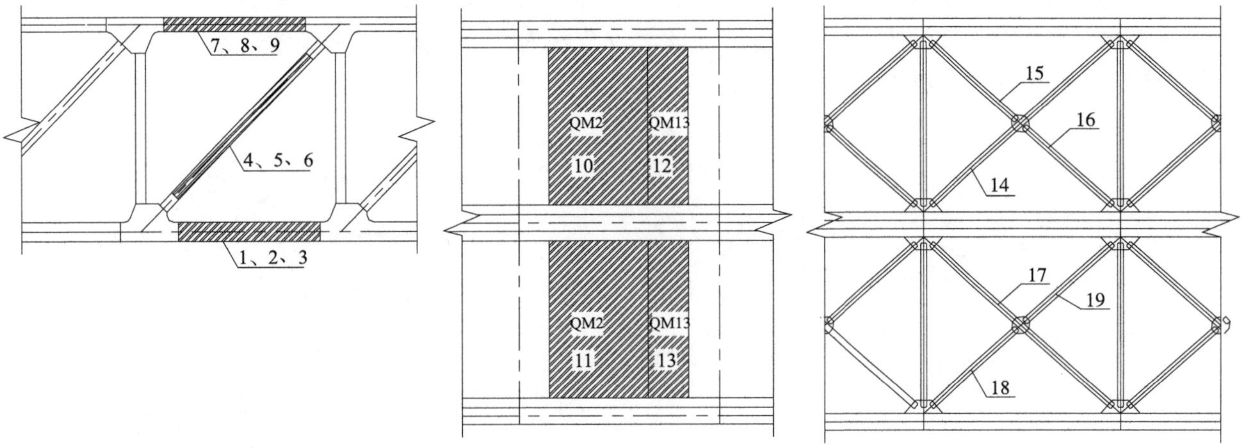

主桁架设顺序　　桥面板架设顺序　　上平联架设顺序

图 4-3-221　钢梁中跨合龙段杆件架设顺序

龙时，先合龙下弦杆，再合龙斜杆，最后合龙上弦杆，全部合龙完成后安装桥面板及上平联。

(4)施工工艺流程

钢梁中跨合龙施工工艺流程如图 4-3-222 所示。

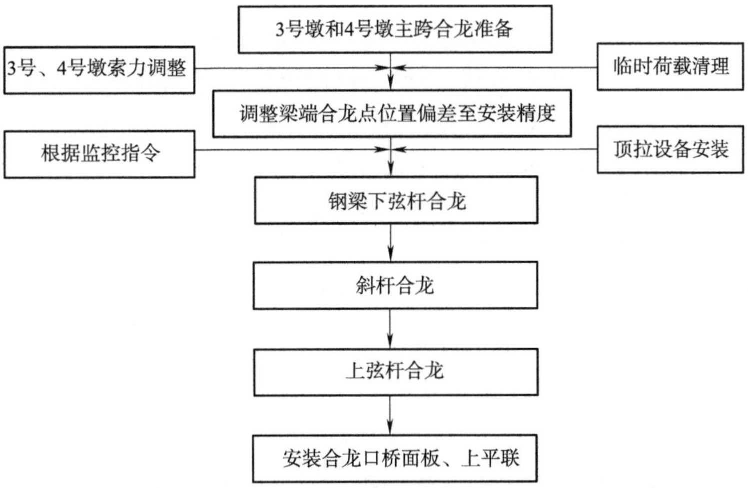

图 4-3-222　钢梁中跨合龙施工工艺流程

(5)合龙口调整方法

利用 Midas 有限元软件对合龙口进行敏感性分析，计算工况包括索升温 1 ℃、梁升温 1 ℃、最外侧索力增加 50 t、压重 50 t、下弦杆水平顶 50 t、下弦杆水平拉 50 t、横向作用 5 t，分别计算上述工况下边桁上弦、边桁下弦、中桁上弦和中桁下弦的位移，根据计算结果分析合龙口调整方法。

①竖向(Z 方向)。精确测量出 E39、E40 节点处梁端竖向挠度及竖向转角，由监控单位精确计算 15 号、16 号(3 号塔)、16 号、17 号(4 号塔)斜拉索须调整索力，由监控单位给出 E39、E40 节点处需增加配重情况，在架设合龙口 E39、E40 杆件前考虑 E39、E40 节点适当预抬值，确保合龙杆件架设过程中梁体合龙口保持竖直状态，消除梁端竖向转角。

②横桥向(Y 方向)。利用合龙口栓孔做反力架安装倒链对拉来调整轴向偏差，根据计算结果可知，利用横向 50 kN 的力可使钢梁偏移 10.5 mm，现场采用 100 kN 倒链进行对拉，可使单个合龙点相对横向调整 42 mm，满足调整要求。

③顺桥向(X 方向)。合龙口对拉装置：合龙口接缝实测尺寸大于设计尺寸需采用对拉方式实现纵向调整，经计算，最大顶推力按 2 000 kN 控制。对拉采用 2 000 kN 液压千斤顶提供，并由精轧螺纹钢筋配合反力座及支撑梁完成。合龙口对拉装置结构如图 4-3-223 所示。

3 号墩顶纵向顶推装置:为配合对拉装置有效使用,保证钢梁整体向安庆方向移动,在 3 号墩横梁上滑道梁处焊接反力装置使钢梁在 3 号墩顶实现整体移动(3 号墩支座为活动支座),动力装置采用 4 台 2 000 kN 千斤顶(上下游边桁各 2 台)。钢梁纵向移动如图 4-3-224 所示。

图 4-3-223 钢梁中跨合龙口纵向调整对拉

图 4-3-224 钢梁纵向移动

(6)中跨合龙步骤

①3 号墩调整第 15、16 号斜拉索索力,使 E39 节点钢梁合龙点的位移偏差调整到安装精度要求之内。

②4 号墩调整第 16、17 号斜拉索索力,使 E40 节点钢梁合龙点的位移偏差调整到安装精度要求之内。

③利用 76.6 t 架梁起重机安装合龙口下弦 E39～E40 杆件,将杆件 E40 节点端拼接板安装好,按规定打入冲钉,穿上螺栓。

④调整下弦合龙口的横向 Z 方向偏差,穿长圆孔铰轴。先合龙中桁下弦,再合龙边桁。先穿长圆孔铰轴,再穿圆孔铰轴,穿圆孔铰轴时可利用温差法、下弦节点对拉法、斜拉索微调法等方法完成。圆孔铰轴安装完成后,则可均匀打入 50%冲钉和 35%高强螺栓并作一般拧紧。

⑤安装合龙口斜杆及上弦杆。先合龙斜杆,再合龙上弦杆,合龙过程均按照先中桁后边桁的原则。待斜杆及上弦杆 A39 端头安装完成后,将上弦杆长圆孔铰轴穿上,再利用上弦杆顶拉设备,消除斜杆纵向位移,斜杆栓孔重合后,打入 50%冲钉和 35%高强螺栓并做一般拧紧。斜杆合龙完成后,调整顶拉装置作用力,完成上弦杆圆孔铰轴穿入,接着均匀穿入 50%冲钉和 35%高强螺栓并作一般拧紧。

⑥最后安装桥面板及上平联。安庆长江铁路大桥主桥中跨合龙口主桁杆件从安装到合龙历时 10 d,其中 6 个合龙点精确合龙仅用时 48 h,实现了高精度合龙,经检测合龙处的拱度曲线圆顺,无明显折角,合龙点中线偏差 8 mm,质量优异。

11. 边跨合龙

在中跨合龙后,边跨钢梁利用架梁起重机继续架设 E80～E81 节间后,即开始进行边跨合龙段 E81～E82 节间的架设。

(1)边跨合龙前全梁状态

边跨合龙前全梁状态如图 4-3-225 所示。

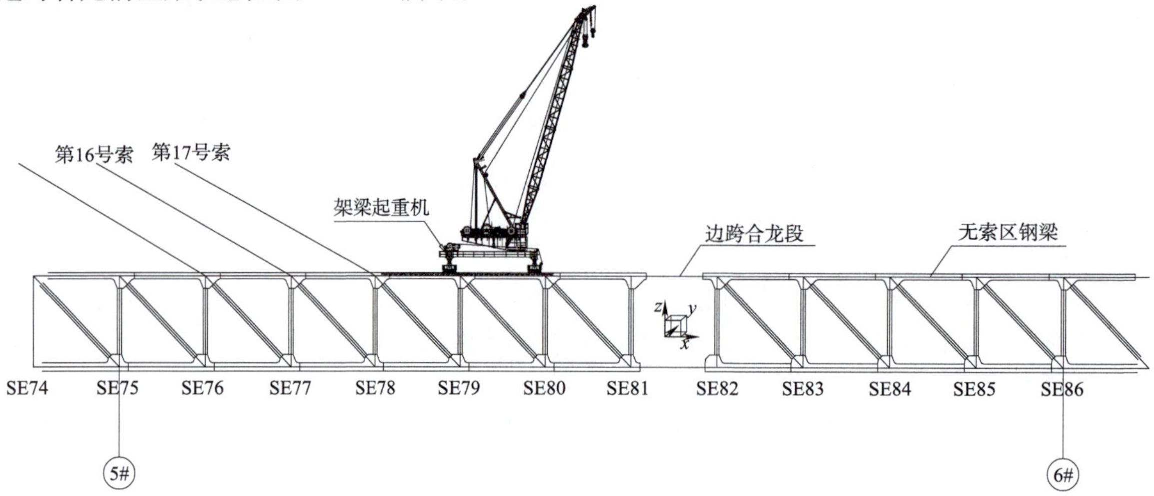

图 4-3-225 钢梁边跨合龙前状态

①中跨钢梁合龙完成，3 号墩第 17 号、18 号斜拉索未挂设，4 号墩第 18 号斜拉索未挂设，3 号墩架梁起重机位于 E2～E3 及 E37～E38 节间，4 号墩架梁起重机位于 E40～E41 及 E79～E80 节间。

②3 号墩支座灌浆完成，纵向临时约束已解除，2 号墩处支座暂未安装，由临时抄垫支承，1 号墩钢梁完全脱空；4 号墩支座(固定支座)灌浆完成，5 号墩墩顶支座暂未安装，由临时抄垫支承。

③E80～E81 节间的桥面板、上平联及横联安装完成，主桁杆件上足 50％冲钉和 35％螺栓初拧完成。

钢梁边跨合龙点位置如图 4-3-226 所示。

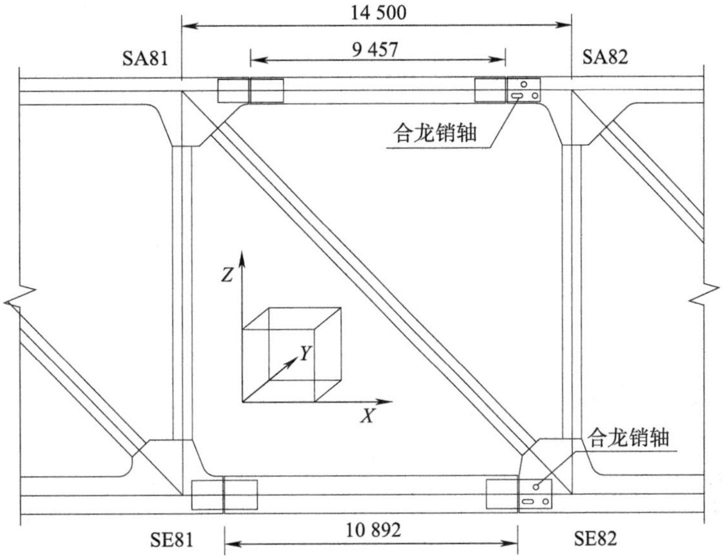

图 4-3-226 钢梁边跨 E81～E82 合龙点(单位：mm)
(X：纵桥向；Y：横桥向；Z：竖方向)

(2)边跨合龙特点

由于该桥采用非对称桥跨结构，跨度大，边跨合龙具有下列特点：

①5～6 号墩跨(l_p＝159.5 m)钢梁通过杆件上弦杆伸长实现预拱度，使得合龙口处转角很大，合龙对位困难。

②边跨合龙之前中跨已经合龙完成，中跨侧钢梁已完成体系转换，钢梁纵向偏差等合龙控制因素，只能通过边跨侧钢梁调整实现，因此调整手段有限。

③由于 4 号塔侧第 18 号斜拉索未挂设，合龙口处距离 17 号斜拉索有 3 个节间钢梁处于悬臂状态，还有架梁起重机站位，使得 4 号塔侧合龙口竖向挠度及转角很大，而 5 号墩处顶梁高度有限，合龙口靠主跨侧钢梁挠度及转角调整范围有限。

(3)合龙方法

合龙端钢梁安装前及时测量上、下弦的三桁中线偏差、相对高差及节间距离，详细记录气温、日照对测量资料的影响，有关实测数据及时上报监控领导小组，以决定钢梁调整指令。当合龙口位移达到精度要求后，准备立即合龙。合龙时，先合龙下弦杆，再合龙上弦杆，最后合龙斜杆，所有主桁杆件闭合后，安装桥面板、上平联。

边跨合龙架设顺序如图 4-3-227 所示。

(4)合龙准备工作

①5 号墩墩顶布置。主塔区钢梁架设的过程中，严格监控三桁相对高差，中线偏差，及时调整，至 5 号墩 E75～E76 节间时，在 5 号墩墩顶设置反力装置，对钢梁 Z 方向偏差进行调整，并采用限位设施临时进行 Y 方向锁定，同时在墩顶安装千斤顶，调整 Z 方向偏差，起顶并抄垫三桁至设计标高，使得三桁的相对高差控制在 5 mm 以内，同时通过千斤顶来调整合龙口上弦和下弦之间的转角。5 号墩顶顶推设备布置如图 4-3-228 所示。

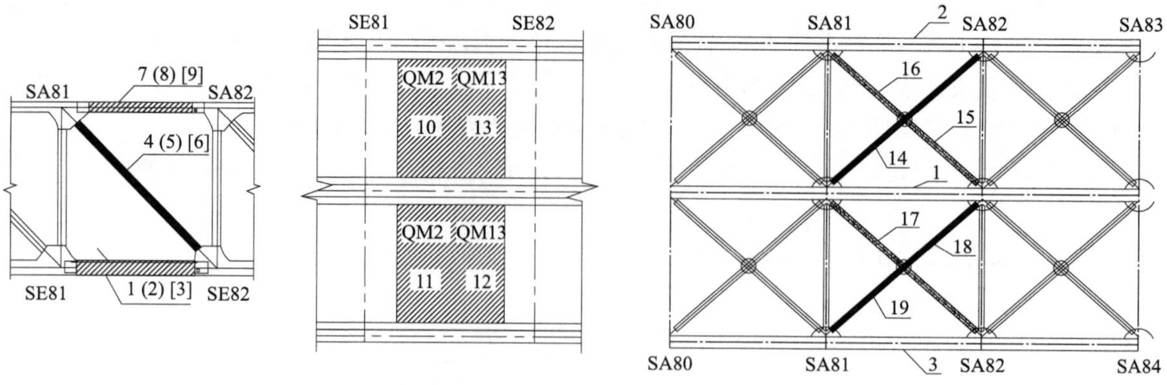

图 4-3-227 边跨钢梁合龙架设顺序图

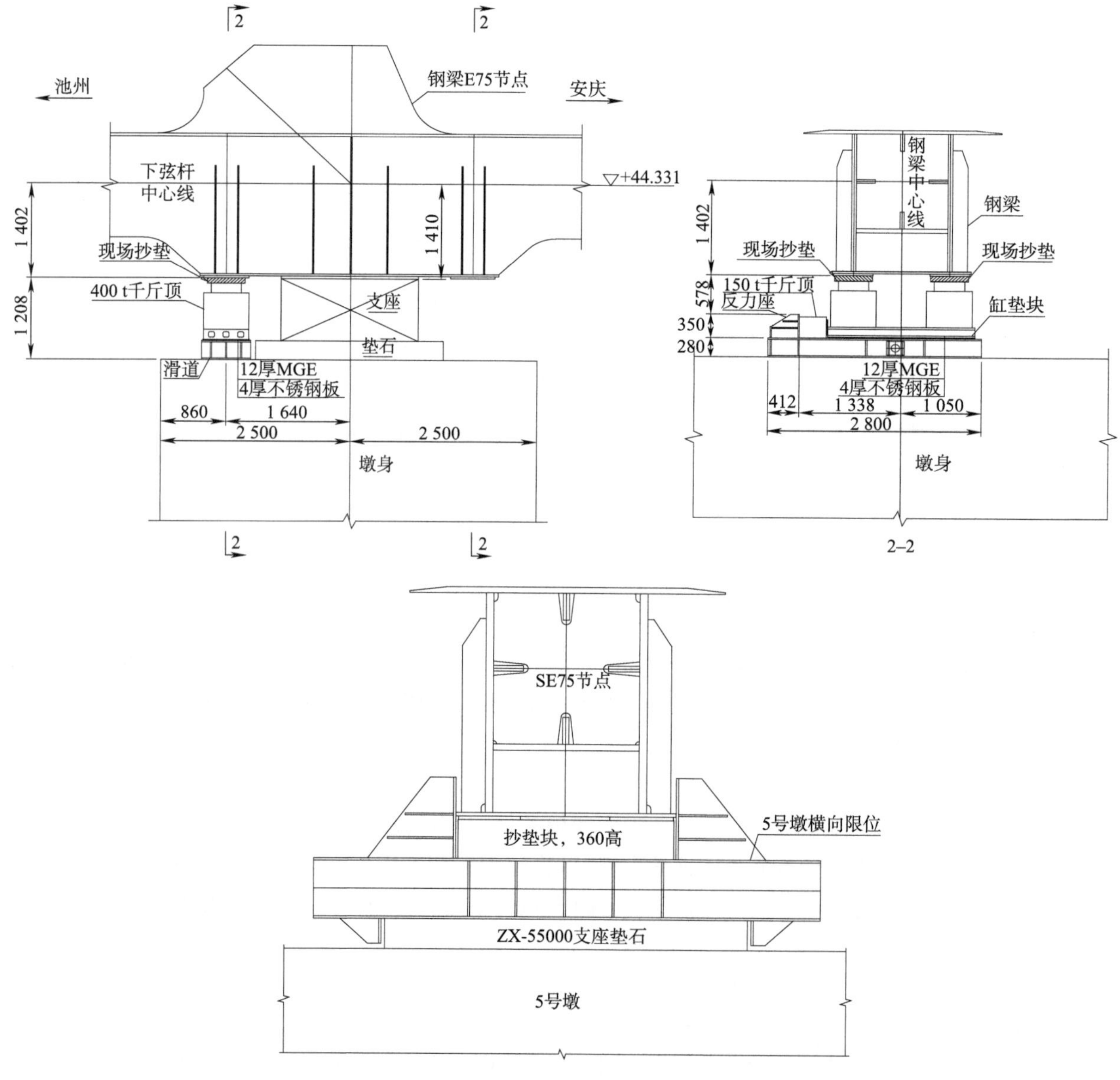

图 4-3-228 5 号墩墩顶设备布置图(单位:mm)

②6 号墩墩顶布置。在 6、7 号墩墩顶位置布设好纵横移装置,分别布置 12 台竖向千斤顶和 6 台横向千斤顶,对应钢梁三片桁腹板起顶位置。6 号墩顶顶推设备布置如图 4-3-229 所示。

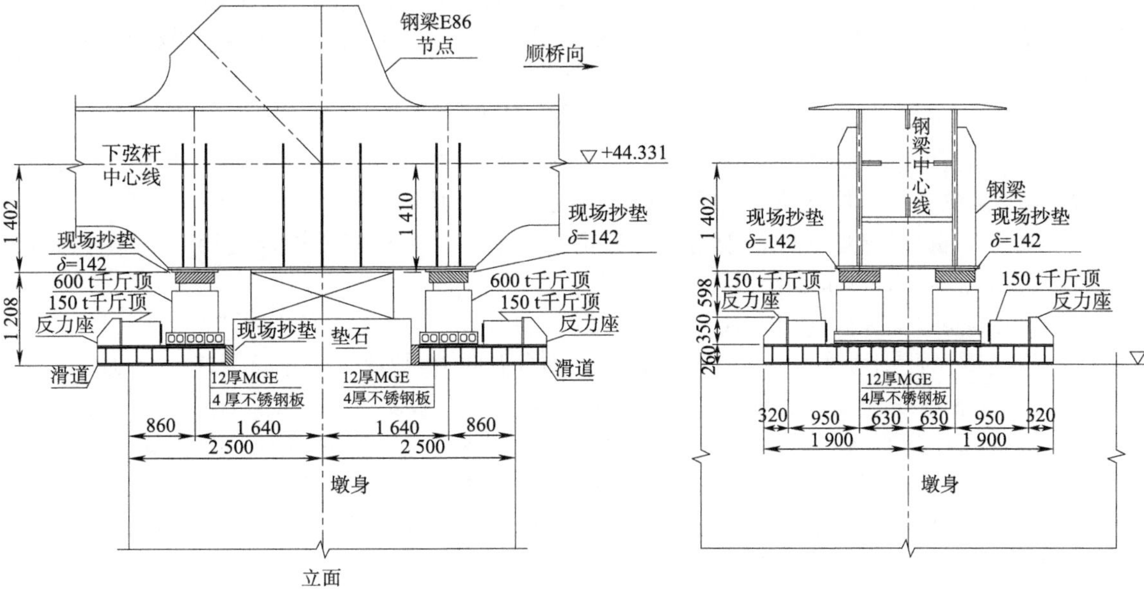

图 4-3-229　6 号墩墩顶顶推设备布置图(单位:mm)

(5)合龙敏感性分析

1)边跨无索区钢梁架设变形。边跨无索区钢梁采用支架法架设,架设完成后,起顶钢梁,托空支架,此时,对钢梁在边跨合龙口处变形情况进行计算分析,分析工况包括自重下变形、钢梁升温 1 ℃、6 号墩墩顶起顶钢梁 1 cm(单片桁最大反力 1 800 t)和 7 号墩墩顶落梁 1 cm(单片桁最大反力 617 t)。

2)边跨合龙口敏感性分析。钢梁中跨钢梁合龙后,进行边跨钢梁合龙。边跨合龙前,计算以下 6 种工况下合龙口的变形:斜拉索升温 1 ℃;钢梁升温 1 ℃;靠合龙口最外侧索力增加 50 t(每桁);合龙口压重 50 t(每桁);合龙口下弦杆水平对顶 50 t(每桁);合龙口下弦杆水平对拉 50 t(每桁)。并根据计算结果分析合龙调整与控制措施。

①竖向(Z 方向)。精确测量出 E81、E82 节点处梁端挠度及竖向转角,由监控单位精确计算第 17 号斜拉索须调整索力,5 号墩起顶高度及 6、7 号墩顶梁及落梁的高度,确保合龙口对接杆件在同一平面上,无相对折角。通过监控计算,边跨有索区 5 号墩顶梁 250 mm,第 17 号斜拉索张拉至 680 t,同时边跨无索区 6 号墩起顶 50 mm,7 号墩落梁 700 mm,即可达到合龙口无折角的施工状态。

②横桥向(Y 方向)。利用中边桁合龙口栓孔做反力装置安装钢绞线或倒链对拉来调整轴向偏差,满足调整要求。

③顺桥向(X 方向)。合龙口接缝距离按照实际里程测量采用对拉或对顶的方式,最大顶推力按 200 t 控制。顶拉采用 300 t 液压千斤顶提供,配合顶拉装置完成。边跨合龙口纵向顶推示意如图 4-3-230 所示。

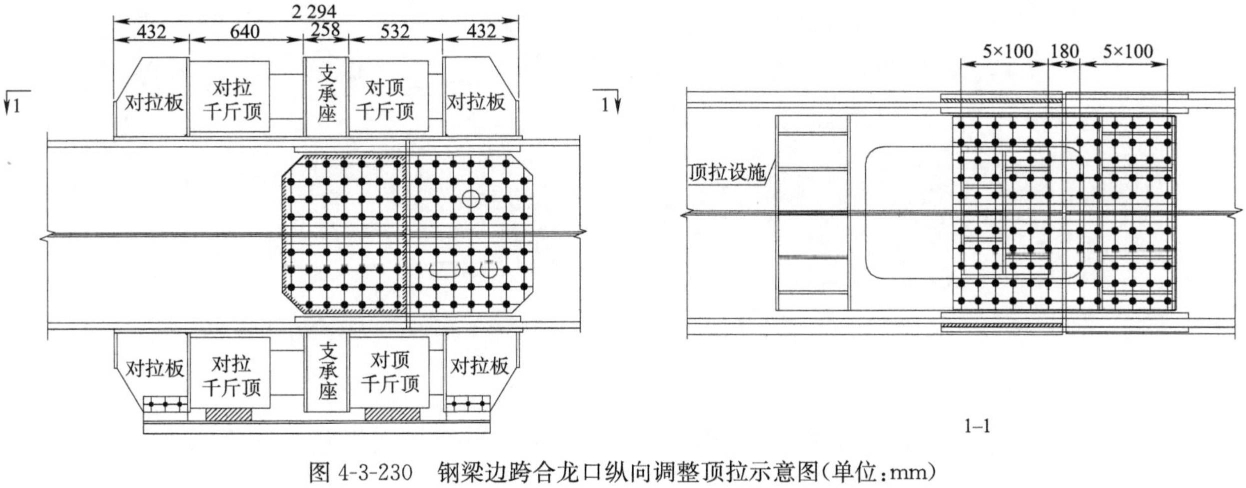

图 4-3-230　钢梁边跨合龙口纵向调整顶拉示意图(单位:mm)

④无索区 6、7 号墩墩顶调整。6 号墩钢梁起顶,同时 7 号墩落梁。先测量合龙口两边的标高,然后根据测量值顶落梁,对应 E81 节点处的各项偏差值,进行顶梁及落梁的措施,同时可根据墩顶纵横移进行轴线和里程方向的调整。

(6)具体合龙步骤

1)调整第 17 号斜拉索索力,同时对 5 号墩墩顶进行顶梁措施,先调整 E81 节点轴线偏差,再进行顶梁,使 E81 节点钢梁合龙点的轴线及位移偏差调整到安装精度要求之内。

2)6 号墩钢梁起顶,同时 7 号墩落梁。采用 6、7 号墩墩顶横移设施对钢梁轴线进行调整,调整到位后,再根据测量值顶落梁,以对应 E81 节点处的高程及转角。

3)利用 70 t 架梁起重机安装合龙口 E81～E82 下弦杆、斜杆及上弦杆,在安装完成后,及时进行合龙口的测量,以便重新进行微调,使上弦杆、斜杆和下弦杆均达到合龙要求,彼此之间净间距基本一致。

4)下弦杆合龙。调整下弦合龙口的横向 Z 方向偏差,穿长圆孔铰轴。先合龙中桁下弦,再合龙边桁。先穿长圆孔铰轴,再穿圆孔铰轴,穿圆孔铰轴时可利用温差法,下弦节点对拉法,无索区钢梁纵移微调法等方法完成。圆孔铰轴安装完成后,则可均匀打入 50%冲钉和工作螺栓并作一般拧紧。

5)上弦杆合龙。待下弦杆合龙完成后,利用架梁起重机微抬法、顶拉装置纵移及温差法将上弦杆圆孔铰轴穿入,接着均匀穿入 50%冲钉和工作螺栓并作一般拧紧。

6)斜杆合龙。上弦和下弦杆均合龙完成后,在形成铰接的情况下,斜杆采用倒链对拉,同时边跨 6、7 号墩可适当进行微调,达到精度要求后,及时对孔打入冲钉,并穿上部分工作螺栓做一般拧紧。

7)最后安装桥面板及上平联。部分现场施工图片如图 4-3-231～图 4-3-233 所示。

图 4-3-231　边跨下弦杆纵移、合龙长圆孔

图 4-3-232　边跨上弦杆合龙完成

图 4-3-233　边跨主桁杆合龙完成

(7)合龙技术措施

1)在 5 号墩设置起顶设施,辅助斜拉索调整合龙口的转角及高程,同时调整钢梁轴线,使得与边跨钢梁线形及转角一致。

2)在 6 号墩和 7 号墩墩顶设置位移调整系统,即在墩顶钢梁的起顶点下布置千斤顶及垫座。千斤顶分为竖向千斤顶及水平千斤顶,需要对钢梁位置进行调整时,先起顶竖向千斤顶将钢梁顶起,再启动水平千斤顶顶动竖向千斤顶,往需要的方向移动,竖向千斤顶下面布置有 MGE 板滑动面。

3)5 号墩钢梁起顶和 6、7 号墩顶落梁需同步分级施工,避免合龙口产生较大的高差,且钢梁三桁之间顶落梁要同步,三桁高差控制在设计范围之内。5 号墩顶梁的同时必须严密监控主塔的偏移,防止主塔偏位过大。

4)控制安装荷载处于对称、平衡、均匀状态,除了为调整位移在桥上按规定坐标堆放预定荷载外,其他位置不得乱堆乱放荷载,尤其应清理钢梁悬臂端不必要的临时荷载,并严格控制架梁起重机的站位。

5)原则上先合龙中桁,再合龙边桁,但由于日照、温度、风力等影响,可适当进行调整,根据杆件温差变化和偏差进行合龙架设。

6)钢梁架设过程中,必须测量中线高程和合龙口节间尺寸及平面对角线尺寸,以及钢梁杆件内力等,发现偏差及时分析原因,作出对策,迅速调整。

7)对影响合龙处高程、中线旁弯、合龙节间距离、断面扭转等因素,如日照、温度、荷载等,广泛进行测试,收集资料,寻找规律,以便适时采取有效措施。

8)请索力测试单位定时测试索力,严格控制索力误差。对千斤顶及油表等,合龙调整前必须校正完好。

9)请监控计算单位提供边跨钢梁安装合龙调整时各种可能偏差的计算作用力资料,用以适时决定调整方法,确定作用力的大小及其所用的工具。根据计算资料和现场测试的结果,找出针对 X、Y、Z 方向最有效的调整措施。

10)结构上采用长圆孔加圆孔合龙铰的措施,先调整 Z 方向位置,然后调整 Y 方向,在长圆孔内穿入 ϕ79 mm 锥形销栓,使 Y 方向受到约束,再调整 X 方向距离,在圆孔内穿入 ϕ99 mm 锥形销栓,抽去长圆孔铰轴。

钢梁合龙架设完成后,经检测合龙处无明显转角,质量优异。继续挂设张拉第 18 对斜拉索,接着 7 号墩顶梁及 5、6 号墩落梁至设计位置,使其达到设计高程,同时调整轴线偏差至符合要求,最后安装 1、2、5、6、7 号墩墩顶支座。经最终测量,墩支点三桁高差为 1 mm,高程差值为 2 mm,均符合设计要求。

12. 高强度螺栓施拧

(1)高强度螺栓规格

主桥上部结构为栓焊钢桁梁,工地连接除桥面板接头有焊接外,其余均为高强度螺栓连接。本桥采用了 M22、M24、M30 共 3 种规格的螺栓,主桁节点为 M30 高强度螺栓,上平联、横梁、桥面板横肋为 M24 高强度螺栓,桥面板纵肋为 M22 高强度螺栓。

高强度螺栓符合《钢结构用高强度大六角头螺栓》(GB/T 1228—2006)、《钢结构用高强度大六角螺母》(GB/T 1229—2006)、《钢结构用高强度大六角头螺栓、大六角螺母、垫圈技术条件》(GB/T 1231—2006)规定中的 10.9S 级,钢梁杆件栓接面采用厂内电弧喷铝。高强度螺栓施拧采用扭矩法施工。

本桥使用的三种高强度螺栓有关参数见表 4-3-25。

表 4-3-25 高强度螺栓有关参数

项　　目	M22	M24	M30
螺杆材质	20MnTiB	20MnTiB	35VB
螺母材质	45 钢	45 钢	45 钢
垫圈材质	45 钢	45 钢	45 钢
设计预拉力(轴力)	200 kN	240 kN	360 kN
扭矩系数	0.12～0.14	0.12～0.14	0.12～0.14

(2)高强度螺栓验收及储存管理

高强度螺栓质量复验:生产厂应以批为单位,提供产品质量检验报告(含扭矩系数)及出厂合格证,施工现场根据 GB/T 1228—2006、GB/T 1229—2006、GB/T 1231—2006 的规定,对高强度螺栓连接进行外形尺寸、形位公差、表面缺陷、螺纹参数、机械性能、螺纹脱碳、扭矩系数、标记与包装等检查和复验,并做好记录,不合格产品不使用。

螺栓、螺母及垫圈入库时应核查数量,分批号、分规格、分厂家存放,并做好防潮、防尘工作,下面应以木板垫高,通风,防止锈蚀和表面状态改变,影响螺栓的扭矩系数。

螺栓、螺母、垫圈清理后应成套配好,每套为一个螺杆、一个螺母、两个垫圈。垫圈放置时要注意将45°斜坡面贴向螺杆头和螺母支承面。

(3)螺栓施拧准备工作

高强度螺栓施拧方法采用扭矩法施工,施工前做好施拧工艺性试验,主要包括:高强度螺栓的扭矩系数试验;施拧扭矩及检查扭矩试验;温度与湿度对扭矩系数的影响试验;复合应力作用下屈服轴力和破坏轴力试验;板面滑动摩擦系数试验及群栓试验。

高强度螺栓扭矩系数在专用轴力计上测定,设备的精度、测试方法和测试时的环境温度及相对湿度等都会对测试结构造成影响。根据《钢结构用高强度大六角头螺栓、大六角头螺母、垫圈技术条件》(GB/T 1231—2006)中规定:10.9S级高强度大六角头螺栓连接副必须保证扭矩系数供货,同批连接副的扭矩系数平均值为0.120~0.140,扭矩系数标准差应小于或等于0.010。每一连接副包括一个螺栓、一个螺母、两个垫圈,并应分属同批制造。同批次高强度螺栓连接副最大数量为3 000套,连接副试验扭矩按批抽取8套。

板面之间的摩擦系数是影响栓接强度的一个重要因素。摩擦系数试验通过万能试验机进行,架梁前在要对板面进行摩擦系数试验,满足$f \geq 0.45$才能架梁。试件随钢梁杆件发运到工地后,立即取一组进行复验,另一组在架梁前夕进行复验。

(4)高强度螺栓施拧及检查

高强度螺栓施拧方法采用扭矩法施工。检查验收方法采用紧扣法检查、验收。高强度螺栓的初拧值取终拧值的50%,每个螺栓初拧后须及时在螺栓丝扣端头部做点标记,之后对已初拧完螺栓做划线标记(做点或划线均用白色油漆)。终拧采用扭矩法,采用电动螺钉旋具(不能使用电动螺钉旋具的部位可用带响螺钉旋具或数显螺钉旋具),自中间向四周将初拧后的螺栓拧至终拧值,终拧并检查合格的螺栓群,在螺栓丝扣端头部划线做出标记(红色油漆),以便检查有无漏拧情况。考虑到螺栓预应力损失及施工误差,实际施拧扭矩应按设计预拉力提高10%确定。

初拧检查:采用0.3 kg小锤敲击螺母一侧,手按住相对的另一侧,如颤动较大者为不合格,应再初拧。

终拧检查:根据试验资料,采用紧扣法检查。首先检查初拧划线,再看在终拧后螺母的转动角度,即可判断是否漏拧,同时也可发现垫圈、螺杆是否转动,然后用标定好的指针螺钉旋具(或数显电动螺钉旋具),再拧紧螺栓读取螺母刚刚转动时扭矩值。超拧、欠拧值均不得大于实际规定值的10%。

13. 钢梁现场涂装

(1)防腐体系

钢桥主体结构的防腐应符合《铁路钢桥保护涂装》(TB/T 1527—2004)办理,采用第七套涂装体系,并根据本桥特点作相应的补充和调整。

(2)涂装材料

涂装材料满足《铁路钢桥用防锈底漆供货技术条件》(TB/T 2772—1997)和《铁路钢桥用面漆、中间漆供货技术条件》(TB/T 2773—1997)的要求,无机硅酸锌底漆满足《船用车间底漆》(GB/T 6747—2008)的要求,氟碳面漆满足《铁路钢桥保护涂装 》(TB/T 1527—2004)附录D的要求。另外,环氧富锌底漆中不挥发成分中的锌含量不小于75%,氟碳面漆中氟含量不小于22%。

(3)涂装工艺

涂装前钢板预处理:涂装前应对构件自由边进行倒角,倒角圆弧半径1~2 mm。

涂装环境要求:环氧富锌底漆温度不得低于10 ℃,其余涂装环境温度在5~38 ℃之间,相对湿度80%以下(当与油漆说明书不符时,应执行油漆相应产品施工说明书)。构件表面结露不得涂装,金属表面温度高于露点3 ℃以上方可施工,涂装后4 h内应保护免受雨淋。

涂装施工前,制造厂和油漆供应商应进行专项涂装工艺试验,涂装工艺试验报监理工程师确认,工艺试验合格后方可进行正式涂装施工。试板按钢梁外表面涂装体系进行涂装施工和检查。

按图纸规定涂层配套进行喷涂,涂装材料、工艺及性能要求等亦应符合图纸要求。涂装的油漆应按批次送国家检验机构进行抽样检验。施工方案必须符合油漆厂商提供的使用说明所规定的要求。

涂装前仔细确认涂料的种类、名称、质量及施工位置,制造厂应对批量油漆的主要性能指标进行检验。

对双组份涂料要明确混合比例,并搅拌均匀、熟化后使用。混合后如超过使用期,则不得使用。

(三)斜拉索施工

斜拉索采用PESC7-211、PESC7-241、PESC7-283、PESC7-313、PESC7-349、PESC-367六种规格,全桥共

216 根斜拉索。斜拉索为整股钢丝，用高强缠包带缠紧后外挤双层双螺旋线 HDPE 护套，材质为热挤聚乙烯热镀锌钢丝，钢丝的抗拉标准强度为 1 670 MPa，最长索 301.750 m，最短索 89.199 m，单根索最大重量 37.3 t(含 PE、锚具重量)，两端锚具均采用张拉端冷铸锚具，张拉端设在塔内，同索号六根斜拉索同时对称张拉。平行钢丝斜拉索的构造如图 4-3-234 所示。

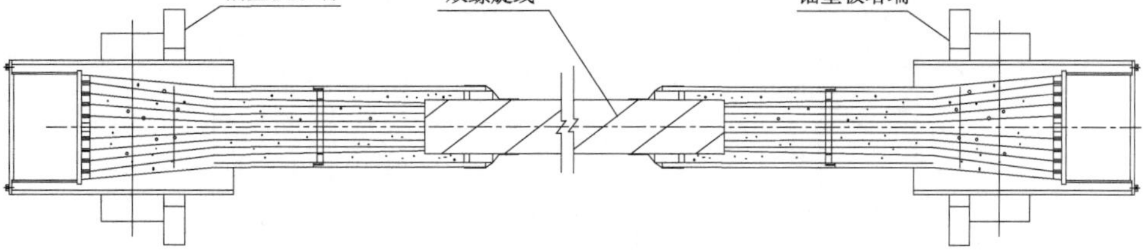

图 4-3-234　平行钢丝斜拉索构造示意图

1. 斜拉索运输与存放

斜拉索存放时索体下端铺设方木支垫，并在方木与索体间加一定厚度的软质隔离物，索体周围 10 m 内严禁存在火源，斜拉索按编号分开摆放。

斜拉索起吊上桥：3 号墩 1～4 号斜拉索(自重小于 12.2 t)利用塔式起重机上桥，5～18 号斜拉索(自重 13.3～37.2 t)利用钢梁提升站上桥；4 号墩 1～4 号斜拉索(自重小于 12.2 t)利用塔式起重机上桥；5～18 号斜拉索(自重 13.3～37.2 t)利用安庆侧架梁起重机上桥。

斜拉索各状态下起重重量见表 4-3-26。

表 4-3-26　斜拉索各状态下起吊重量统计

索　　号	ES1	ES2	ES3	ES4	ES5	ES6	ES7	ES8	ES9
斜拉索自重(t)	6.83	8.65	9.46	10.29	13.15	14.21	15.31	16.44	19.43
塔端安装起吊重量(t)	6.83	8.65	10.86	11.49	14.21	14.50	14.78	15.06	16.78
桥面脱空起吊重量(t)	3.56	4.66	5.29	5.97	7.89	8.81	9.76	10.75	13.00
索　　号	ES10	ES11	ES12	ES13	ES14	ES15	ES16	ES17	ES18
斜拉索自重(t)	20.72	22.02	26.11	27.60	29.10	32.25	33.87	35.49	37.13
塔端安装起吊重量(t)	17.07	17.34	19.53	19.83	20.14	21.47	21.79	22.12	22.46
桥面脱空起吊重量(t)	14.14	15.31	18.42	19.76	21.11	23.67	25.12	26.58	28.04

2. 辅助设施安装

(1)塔顶吊架安装

塔顶吊架为 11～18 号斜拉索塔端挂索的起重设备，其结构采用焊接。吊架由立柱、主梁、主桁(含联结系)、定滑轮、动滑轮及卷扬机组成。工厂加工各部件并组装验收合格，在施工现场拼装。塔顶吊架结构形式如图 4-3-235 所示。

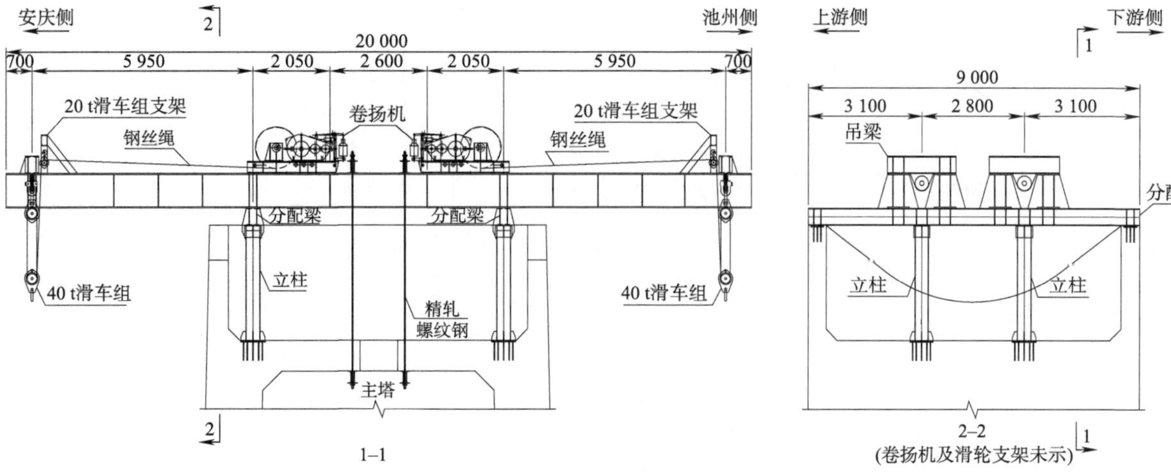

图 4-3-235　塔顶吊架结构图(单位：mm)

(2)塔内脚手架

塔内施工平台采用普通钢管脚手架在上塔柱内通长搭设,在塔、梁同步施工的塔内卷扬机承载平台上方额外设置一防护平台。脚手架各种杆件采用外径 48 mm、壁厚 3.5 mm 的 3 号钢焊接钢管。塔内脚手架布置如图 4-3-236 所示。

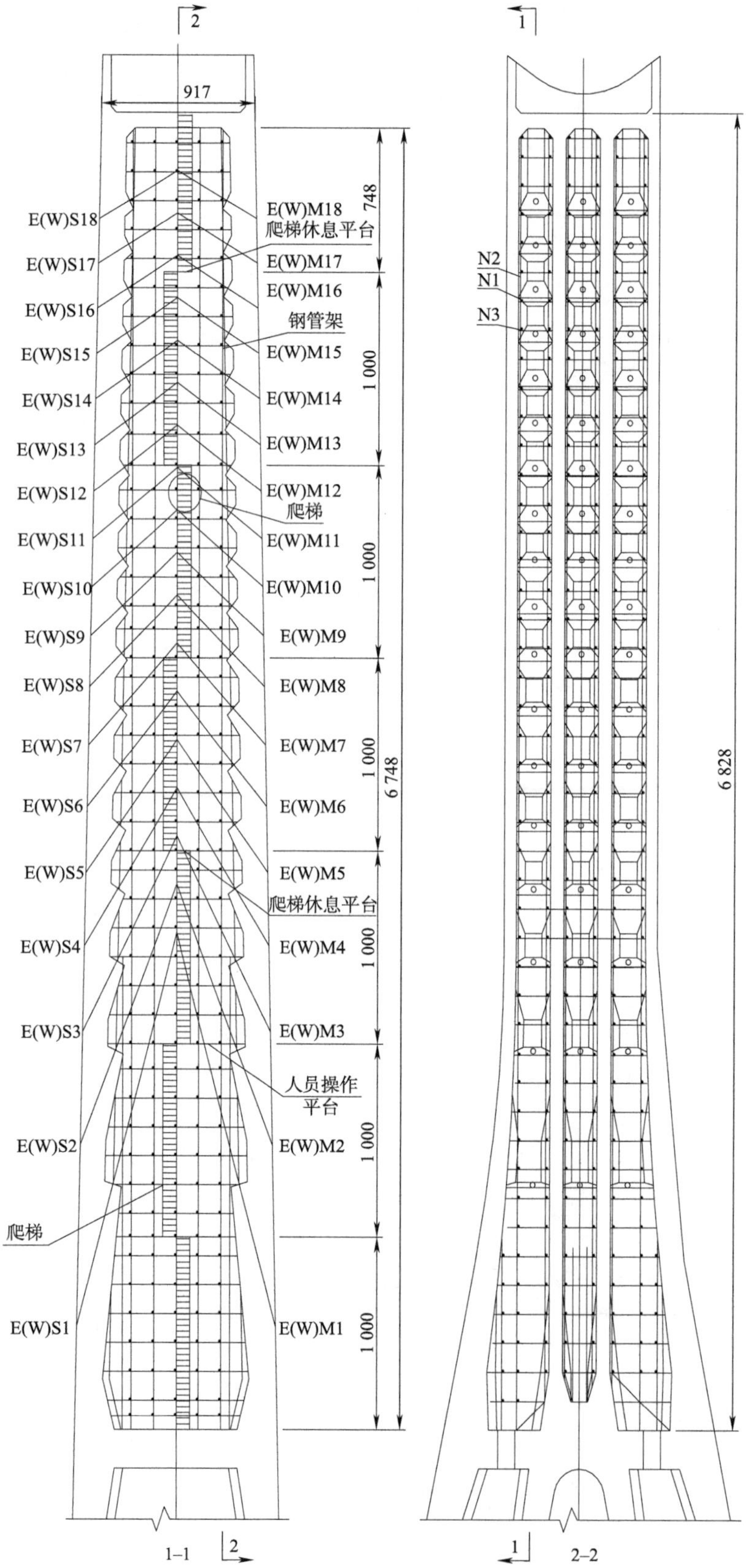

图 4-3-236 塔内脚手架示意图(单位:mm)

3. 斜拉索塔端挂设

(1)短索 1～4 号斜拉索

用塔式起重机将置于 20 t 放索盘上的索体拉出 6～8 m 长度放置在梁面上，在斜拉索锚杯后端旋入连接板(满丝扣)。塔内 5 t 卷扬机上的 21 mm 钢丝绳从塔内放下，穿过塔内对应齿块处转向滑轮、锚垫板上的锚杯螺母，从索道管内向下引出，下放至铁路面并与锚杯上连接板连接。在距锚杯 7 m 处，索体上用 20 t 专用软质吊装设置吊点，塔式起重机吊钩放下吊起吊装带。在吊起的同时，塔内 5 t 卷扬机启动，与塔式起重机相互配合将斜拉索张拉端锚杯牵进塔端索道管并引出锚垫板 20 cm，停止牵引，及时将锚杯螺母旋入锚杯至平扣，塔端挂设完成。斜拉索起吊如图 4-3-237 所示。

第一对斜拉索塔端挂设情况如图 4-3-238 所示。

图 4-3-237　斜拉索起吊挂设

图 3-3-238　第一对斜拉索塔端挂设

(2)中索 5～10 号斜拉索

利用桥面卷扬机先将梁端放索盘上的索体拉出牵引至塔端桥面，锚杯上安装变接套与 1 200 t 张拉杆。在距锚杯 5～7 m 处索体上用 20 t 专用软质吊装带设置吊点。在吊起的同时，塔内 50 kN 卷扬机启动，双塔式起重机与塔内 5 t 卷扬机相互配合将斜拉索锚杯安装至进入索导管一定位置，锚杯张拉杆副螺母锁紧，塔端挂设完成。斜拉索挂设步骤如图 4-3-239 所示。

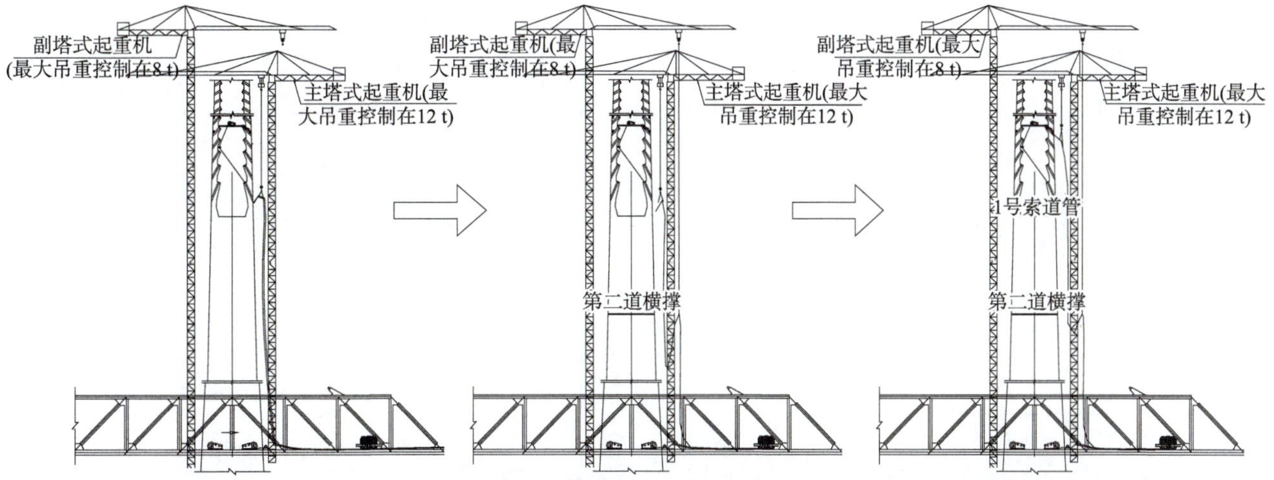

首先主塔式起重机起吊斜拉索

斜拉索挂设步骤一

接着主塔式起重机不动，副塔式起重机吊索起吊至第二道横撑位置

斜拉索挂设步骤二

最后副塔式起重机不动，主塔式起重机吊索起吊至设计索道管口

斜拉索挂设步骤三

图 4-3-239　双塔式起重机挂设斜拉索步骤

(3)长索 11～18 号斜拉索

用塔顶吊架将置于 50 t 放索盘上的索体展开 6～8 m 长度放置在梁面上，安装连接套与 1 200 t 张拉杆。塔端 5 t 卷扬机钢丝绳放绳，穿过塔内转向滑车、张拉杆副螺母、垫圈、锚具螺母，然后从索道管穿出。距锚

杯 4～6 m 处索体上,用 20 t 专用软质吊装带设置双吊点。塔顶吊架与塔内 5 t 卷扬机相互配合将斜拉索索头牵引至进入索道管,张拉杆副螺母锁紧。塔顶吊架上的吊点不拆除,继续吊着索体,以防吊点解除后因塔外悬空索体过重引起索体折损,锚杯丝扣变形,塔端挂设完成。

4. 梁面展索

钢梁上桁面上三桁各设置 3 m 宽通长的展索平台,使斜拉索锚杯能顺利牵引至钢梁锚箱处,展索平台现场情况如图 4-3-240 所示。

图 4-3-240 钢梁上桁面展索平台

具体斜拉索上桁面展索施工如下:

(1)1～4 号斜拉索

塔端挂设完毕,20 t 放索盘上还存有部分拉索,在放索盘上散开的索体上用 10 t 软质吊带设置单吊点,塔式起重机提起索体,直至梁端锚杯脱离放索盘并高出上弦杆 1 m,停止提升。桥面塔柱处 5 t 卷扬机钢丝绳与锚杯牵引板连接,在展索通道上梁端对应位置设转向滑车,5 t 卷扬机收绳与塔式起重机放下索体同步,直到摘除吊点,梁端锚杯临时固定,桥面展索完毕。

(2)5～18 号斜拉索

塔端挂设完毕,50 t 放索盘上还存有部分拉索,在放索盘上散开的索体上用 20 t 软质吊装带设置双吊点,塔顶吊架提起索体,直至梁端锚杯脱离放索盘并高主梁上桁面 1 m,停止提升。桥面塔柱处 5 t 卷扬机钢丝绳与锚杯牵引板连接,在展索通道上梁端对应位置设转向滑车,5 t 卷扬机收绳与塔式起重机放下索体同步,直到摘除吊点,梁端锚杯临时固定,桥面展索完毕。

梁面展索通道结构形式如图 4-3-241 所示。

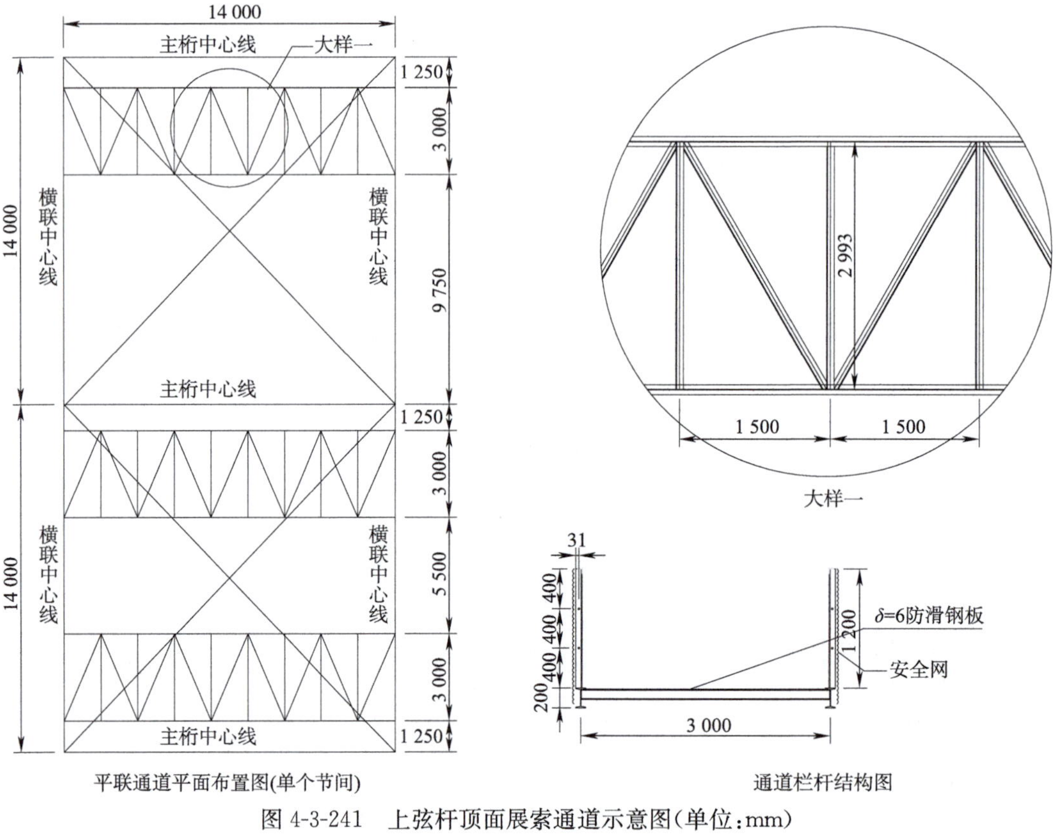

图 4-3-241 上弦杆顶面展索通道示意图(单位:mm)

5. 梁端安装

(1)中、短索(1～10 号)

启动梁面卷扬机牵引系统,当锚杯牵引到距梁面索道管口 2～3 m 时,在索体上安装 5 t 软质吊装带,门式吊架缓慢提升索体，锚杯沿着导向架进入索道管上端部的导向管内，利用梁面门式吊架提升索体来逐步提高锚杯的倾角，使其与索道管轴线一致。当锚杯及延长筒全部进入索道管时，在索导管下端口上铺设橡胶皮或麻布袋，严防牵引后期索体与索道管下端口直接接触造成损伤。当锚杯外露出梁下锚垫板 5～10 cm 时，停止牵引，将锚固螺母旋入锚杯上 2～3 丝扣，继续卷扬机牵引，同时旋紧锚固螺母，直至将锚杯牵引至设计位置。

中、短索梁端牵引如图 4-3-242 所示。

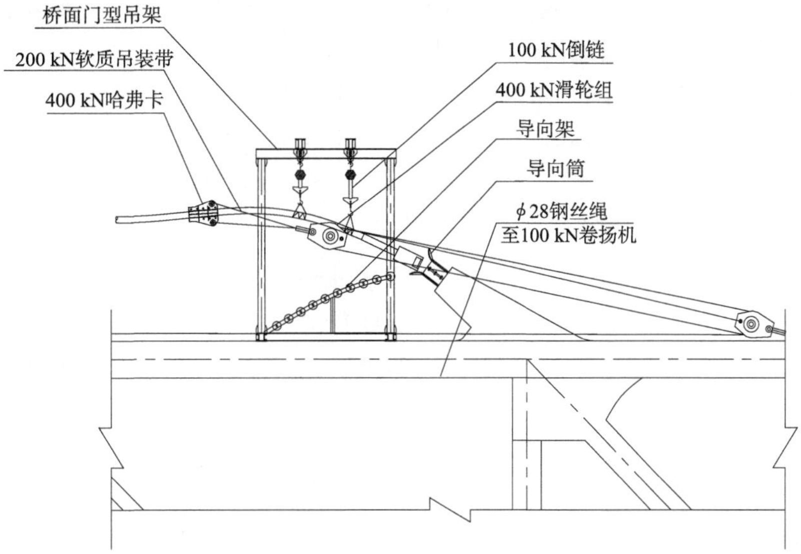

图 4-3-242　中、短索牵引示意图

(2)长索(11～18 号)

在梁端距固定端锚杯 6 m 处的索体安装 40 t 专用哈弗夹，与 40 t 梁面牵引系统相连。启动梁面卷扬机牵引系统，在锚杯牵引到距梁面索道管口 5 m 时，设置软牵引体系，根据安装的斜拉索索号对照计算的软牵引吨位选取一定根数与长度的钢绞线，钢绞线单端挤成 P 锚，每根钢绞线上以 P 锚处为起点，以 1 m 为单位做上标记线，便于多根钢绞线的等长控制。并将钢绞线逐根穿入梁上的锚杯连接器。

启动梁下软牵引系统，循环牵引。在锚杯牵引到距梁面门式吊架 1 m 时，在索体上安装 10 t 软质吊装绳，通过门式吊架缓慢提升索体，利用梁面门式吊架提升索体来逐步提高锚杯的倾角，使其与索道管轴线一致。当锚杯及延长筒全部进入索道管时，在管导管下端口上铺设橡胶皮或麻布袋，严防牵引后期索体与索道管下端口直接接触造成损伤。当锚杯外露出梁下锚垫板 5～10 cm 时，停止牵引，将锚固螺母旋入锚杯上 2～3 丝扣，以保证后期牵引安全。继续软牵引，同时旋紧锚固螺母，直至将锚杯牵引至设计位置。

长索梁端牵引如图 4-3-243 所示。

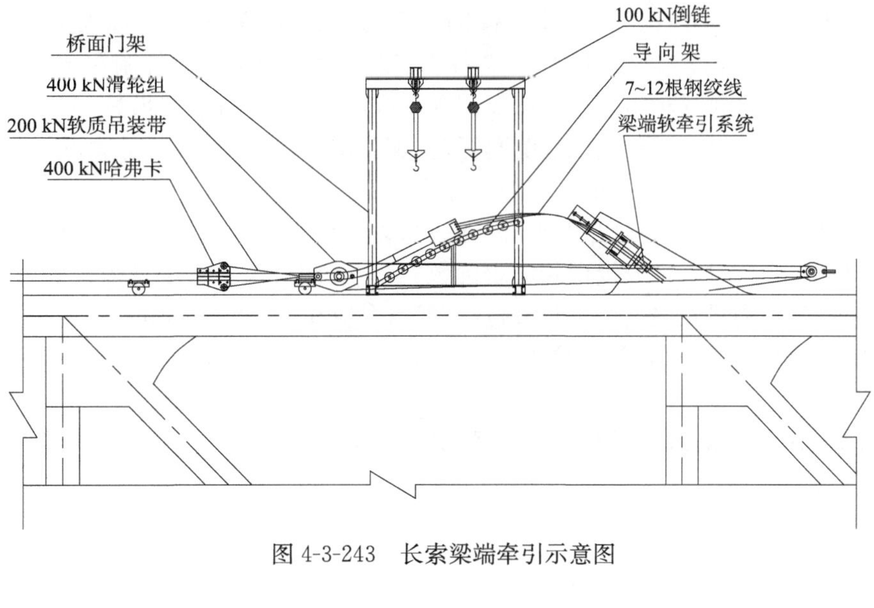

图 4-3-243　长索梁端牵引示意图

梁端软牵引锚杯戴帽现场情况如图 4-3-244 所示。

6. 塔端硬性牵引

同一索号 6 根斜拉索梁端安装到位之后,塔端 6 根斜拉索开始同步、对称进行硬性牵引。当 12 000 kN 张拉杆拉出千斤顶后端面 15～20 cm(7～18 号索)时,锁紧锚垫板处 12 000 kN 张拉杆副螺母,拆除 6 500 kN 张拉杆,在千斤顶后端将 12 000 kN 张拉杆锚固螺母旋上并锁紧,塔端初步硬牵引结束。接着进行正式牵引,当锚杯外露出锚垫板 5～10 cm 时,停止张拉,将锚杯锚固螺母旋入锚杯上 2～4 丝扣,此时不回油,继续张拉,锚杯锚固螺母在锚杯上戴平时,塔端硬性牵引结束。

塔端硬性牵引的过程中,控制好六套张拉机具的同步性。如某一套机具在牵引过程中出现问题,另五套机具应立即停止牵引,等问题处理好后进行同步牵引。塔外索体上的吊点在牵引过程中视索体垂度的减少适当下落,直至摘除吊点。

塔端硬牵引情况如图 4-3-245 所示。

图 4-3-244 梁端软牵引锚杯戴帽

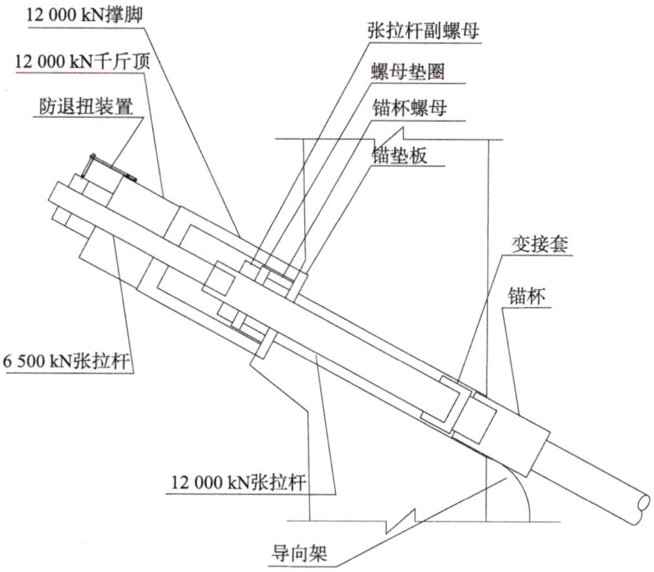

图 4-3-245 索塔端硬牵引示意图

7. 斜拉索张拉及调索

斜拉索张拉按照设计院分析计算的实际所需监控索力进行施工。斜拉索张拉分索力张拉和调索两部分。当主塔一组(6 根)斜拉索全部牵引到位后,根据张拉指令要求进行斜拉索张拉。斜拉索张拉的基本原则是六根斜拉索六台千斤顶同步对称分四级张拉,分别为监控指令要求张拉力的 25%、50%、75%、100%,考虑到不均衡性,应先开始中索对称、同步张拉,基本做到其余四根边索同步、对称张拉。每根不同步张拉力控制在 3%以内,索力调整须在监控指令下进行,全桥竣工时的索力终值误差控制在±2%以内。

斜拉索张拉时,根据监控领导小组下达的张拉指令分级同步对称张拉,并做好伸长量记录,张拉顺序按设计要求办理,张拉所需千斤顶、油泵、油表应配套标定、配套使用,张拉记录应完整齐全。

斜拉索张拉以设计规定的张拉应力值或监控领导小组的指令值控制,伸长量作为校核。

张拉过程中,详细记录油表读数-索力-伸长量-索头相对锚垫板的位置,便于相互校核,张拉前后量取索头与锚垫板的相对位置;张拉过程中分级记录油表读数、索力及伸长量。斜拉索张拉前后,对桥梁和索塔的应力和变位进行监控,索力测量在温度均匀时进行,一般情况应在日出前测量完毕。

斜拉索张拉机具如图 4-3-246 所示;斜拉索张拉过程如图 4-3-247 所示。

8. 索力调整

调索遵循的原则:调整后索力满足设计或规范要求。调索前做好索力检测和其他各种观测的准备工作。

图 4-3-246　斜拉索张拉机具

图 4-3-247　斜拉索张拉示意图

本桥索力调整在主桥钢梁道砟槽混凝土施工完毕后进行，3 号、4 号主塔同时对称张拉，调索的顺序为先长索后短索，从第 18 对斜拉索开始调整，调整至第 3 对索后暂停，待主桥道砟施工完毕后，再进行最后两对斜拉索索力调整。

调索按预定级次的相应张拉力，计算出相应的斜拉索伸长量为锚杯的调整依据，通过进油或回油旋进、退后螺母来完成调整索力。降低索力时，则先进油拉动斜拉索，使锚杯锚固螺母能够松动，按对应伸长量旋开锚固螺母即可降低斜拉索索力。

9. 减振设施安装

斜拉索二恒调索完成后，及时进行减振器、管口密封件、防水罩锚杯保护罩及索导管内聚氨酯发泡等配套材料的安装。

(四)施工监控监测

安庆长江大桥监控监测组于 2010 年 12 月进驻现场开展工作，主要针对主塔进行施工过程控制，于 2014 年 5 月完成所有的施工监控监测任务。

结合斜拉桥施工方案，在一个标准的桁段拼装与斜拉索张拉循环工序中，规定桁段拼装完成及斜拉索初张拉完成两个状态作为监控工况，监控监测小组利用无线监测系统，在实时监测数据分析的基础上，对钢桁梁线形、索力偏差原因及时进行分析并采取有效调整措施，确保中、边跨的顺利合龙。

1. 施工监控工作主要流程

(1)施工单位及监控单位监测部门根据上阶段监控指令进行测量测试，得出反映斜拉桥现有状态的真实、完整的数据，并由监理单位确认。

(2)数据存档并以专用表格形式转发监控单位。

(3)监控单位计算分析部门根据数据判定斜拉桥结构是否安全，施工状态是否偏离设计值。如果结构安全，施工状态偏离设计值在允许范围内，监控单位将发下一阶段正常施工的指令。如果结构不安全或施工状态偏离设计值过大，监控单位将发出调整指令，对现有结构进行调整。

(4)施工单位根据监控指令进行施工。

为确保监控工作的正常顺利进行，由业主组织参建各方的主要技术负责人成立一个高效运转的施工控制系统，该系统主要工作流程如图 4-3-248 所示，监控组织实施如图 4-3-249 所示。

为提高监控工作的效率，数据传递和指令下达，各方签字时应注明签字日期和具体时间。监控系统中各部门要经常联络和传递信息，并负责整理各自资料，以专用表格形式汇集结果，以便随时讨论、分析并明确下

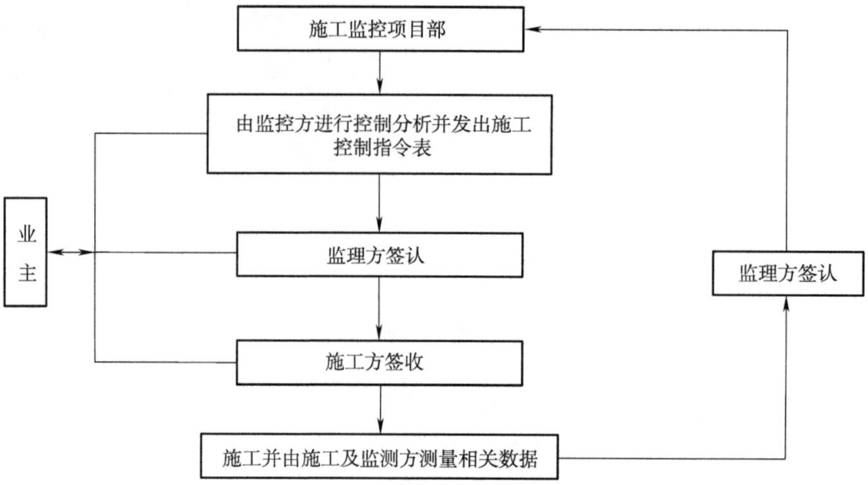

图 4-3-248 施工监控工作流程图

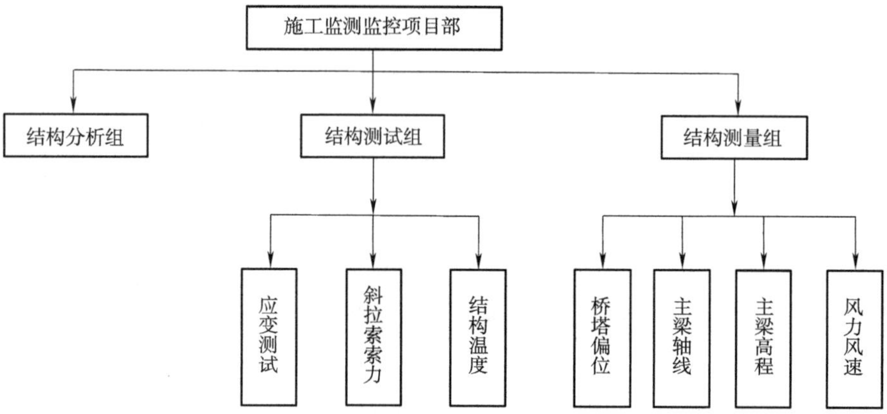

图 4-3-249 监控组织实施图

一步指令。在必要时可提议召开会议,会议由业主或业主委托监理主持,参建各方参加。

2. 施工监控目的

斜拉桥属高次超静定结构,成桥后主梁线形及内力状态与施工方法和安装顺序有密切的关系,且施工过程中结构体系及荷载条件不断变化,结构的内力和线形也随之不断变化。同时由于桥梁结构的实际参数(如材料属性等)与设计值存在一些差异,加上本桥采用三桁三索面结构、正交异性板、铁路道砟桥面,并采用大量的现场焊接,施工控制难度远高于一般的斜拉桥,加上现场施工荷载及环境变化的不确定性将会使结构的应力状态和线形偏离设计值,这种偏离不仅影响桥梁的合龙,还会危及施工过程中结构的安全。因此,不仅要在施工之前对斜拉桥的每一施工工况进行详尽的分析和验算,从理论上保证结构在施工及运营阶段的安全;还要在施工过程中,对结构的反应进行跟踪监测,并根据实测数据采取相应的措施进行不断调整,以保证斜拉桥在施工过程中结构的受力及变形状态始终处于设计所要求的范围之内,实现顺利合龙,同时成桥后的主梁内力和线形达到设计期望值。

结合工程实际,充分考虑其大跨度、双塔、三索面、三片主桁梁、四线铁路荷载等特点,采用合理有效的控制系统,在精确仿真分析计算的基础上,结合大量的现场实测数据,对大桥的施工过程进行严格、全面的施工控制。在施工期间通过对线形、索力、应力等内容有效的控制与调整,保证施工过程结构安全,成桥时线形、索力与设计目标相吻合。同时,通过施工过程的数据采集、参数识别及优化控制,在施工中逐步做到把握现在、预估未来,避免施工差错,缩短工期,节省投资。

3. 施工监控内容

斜拉桥施工过程复杂,影响参数多。如:结构刚度、梁段的重量、斜拉索张拉力、施工荷载、混凝土的收缩徐变、温度等。求施工控制参数的理论设计值时,都假定这些参数值为理想值。为了消除因设计参数取值的不确切所引起的施工中设计与实际的不一致性，在施工过程中对这些参数进行识别和预测。对于重大的设计参数误差，要进行理论设计值的修改，对于常规的参数误差，通过优化进行调整。

(1)设计参数识别

通过在典型施工状态下对状态变量(索力、位移和应力应变)实测值与理论值的比较，以及设计参数影响分析，识别出设计参数误差量。

(2)设计参数预测

根据已施工梁段设计参数误差量，采用合适的预测方法预测未来梁段的设计参数可能误差量。

(3)优化调整

施工控制主要以控制主梁标高、控制截面内力和斜拉索索力为主，优化调整也就以这些因素建立控制目标函数和约束条件。通过设计参数误差对桥梁变形和受力的影响分析，应用优化方法，调整本梁段的安装索力，使成桥状态最大限度地接近理想设计成桥状态，并且保证施工过程中受力安全。必要时还可对已施工梁段的索力进行调整。

(4)监控计算

根据钢梁架设实施方案，进行逐步监控计算，提供阶段性的监控成果报告。

(5)监控成果报告

监控成果报告内容包括钢梁受力状态与线形计算的理论值，后续架设过程中钢梁关键部分杆件应力监测要求等。

(6)监控与监测结果的对比分析

对比分析理论计算与实测结果之间的差异，分析差异在结构参数、制造误差等方面的原因，并修正误差，提供后续架设过程的预测结果与施工预备实施。

4. 施工监控计算

采用"无应力索长法"理论，利用中铁大桥院研制开发的空间梁元程序 3D Bridge 进行施工监控计算。按照施工和设计所确定的施工工序以及设计所提供的基本参数，对施工过程进行实时仿真，得到各施工状态以及成桥状态下的结构受力和变形等控制数据。

主要监控计算内容：

①钢桁梁和主塔应力。计算每个节间拼装前后关键杆件应力；计算斜拉索张拉前后关键杆件应力；计算钢桁梁和主塔合龙及体系转换前后的关键杆件应力；计算成桥状态下的关键杆件应力；计算二恒铺装完成后的关键杆件应力。

②钢桁梁和主塔的线形。计算每个节间拼装前后的标高和线形；计算斜拉索张拉前后的标高和线形；计算钢桁梁和主塔合龙及体系转换前后的标高和线形；计算成桥状态下主梁和主塔的标高和线形；计算二恒铺装完成后主梁和主塔的标高和线形。

③斜拉索索力。计算每个阶段斜拉索安装索力及需调整的索力；计算钢梁安装前后斜拉索的索力；计算合龙调索索力；计算成桥索力。

④其他。计算关键施工步骤的支座位移及反力；计算支座起顶量及纵横向位移量；计算索力及相关施工措施对杆件悬臂拼装的敏感性；计算施工过程中风荷载的影响；计算温度荷载对施工的影响；其他临时荷载的计算。

5. 施工监测内容

施工监测主要内容：斜拉索索力测试、线形监测(主梁高程、轴线偏差、塔顶偏位及主塔沉降)、钢梁及索塔应力监测以及结构温度场监测。

(1)索力测试

索力测试主要采用频谱分析法，利用紧固在缆索上的高灵敏度传感器，拾取索在环境振动激励下的振动信号，经过滤波、放大、谱分析，得出缆索的自振频率，根据自振频率与索力的关系，来迅速确定索力。

(2)线形监测

由于斜拉桥是高次超静定结构体系，它的每个节点坐标位置变化与偏离都会在不同程度上引起结构内力重新分配，甚至造成合龙困难，影响最终成桥线形。本桥钢桁梁主要采用节间悬臂拼装的方法进行施工，施工过程中结构的线形和内力状态也在不断变化，而线形的变化是最直观的，最容易测量出来的。施工过程中结构线形变化不仅能直接反映结构的安全状况，而且施工过程的线形决定能否最终达到成桥设计线形，为了了解各阶段结构的线形与设计线形的差距,保证最后顺利合龙,必须在主梁施工过程中进行线形控制。

①主梁高程测量。主梁临时挠度测点布置在每个块段的分界点处,和永久挠度测点横向布设相同,每个断面横向布设 4 个测点。临时挠度测点均采用 20 mm 直径圆钢制作,上部加工磨圆并涂上红漆,高约 1 cm,周围用红油漆标记,焊接于钢桥面板表面。永久挠度测点可进行专项设计。所有挠度测点,从安装至上部结构监控完成,应注意保护,不得覆盖或损坏。

主桥测量工况包括:主梁节段安装完毕及斜拉索张拉完成后对前端 5 个节段梁标高进行测量;大范围调索前后、合龙及铺装前后。

②主梁中线偏位与里程测量。在主梁前端中心点处架设棱镜,利用全站仪测出其平面坐标,与设计值进行对比,便可以得出实际偏差值。轴线测量在每个节段安装就位时进行。测点布置如图 4-3-250 所示。

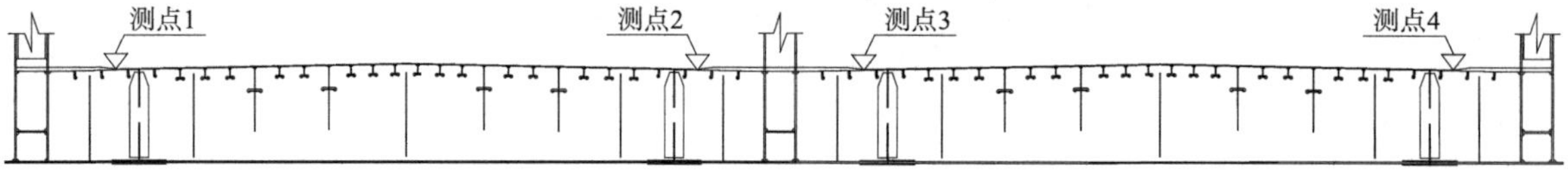

图 4-3-250 钢桁梁挠度测点横向布置图

③三片主桁纵向压缩变形量监测。安庆长江大桥主桥是斜拉桥结构,在主桥架设的过程中,钢桁梁会产生纵向压应力,靠近塔的钢桁梁应力在主桥架设过程中不断地增大,钢桁梁在纵向压应力作用下产生纵向压缩变形。纵向压缩变形采用测量钢桁梁长度的变化来测量,仪器架设在主塔中心处节点上,在未挂 1 号索之前的钢梁节间长度测量值作为初值测量,在挂索之后的测量值与初值的差即为钢桁梁的纵向压缩变形。在施工到主跨 1/4 跨、主跨合龙前、边跨合龙前进行测量相应节间的压缩变形量测量。

(3)应力监测

①钢桁应力监测。在每孔钢梁的悬臂架设过程中,根据计算结果,选取悬臂根部(支座附近)的高应力控制杆件进行监测。在主桁上共布置 8 个应力测试断面(即 A～H),三片桁均设测点。应力测试断面主要布置在主梁悬臂架设过程中主梁应力包络图幅值的较大位置,即:边跨由 2 号墩向 3 号墩的第 6 个节间;主跨 3 号墩处节间;主跨第 11 个节间;主跨第 31 个节间;主跨 4 号墩处节间;边跨由 4 号墩向 5 号墩的第 8 个节间;次边跨由 5 号墩向 6 号墩的第 7 个节间;2 号墩压重截面(E6～E8)。8 个应力测试断面均尽量布置在节点中部的两小横梁之间。

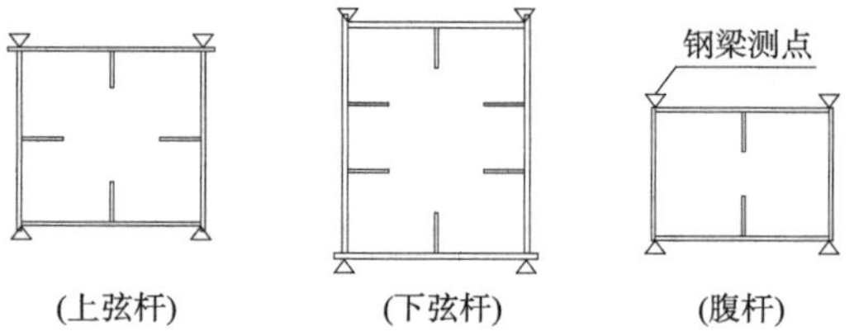

图 4-3-251 钢桁梁应力测点布置图

②主桁杆件应力监测。对上述钢梁 8 个应力监测断面中应力测点主要布置在主桁及竖腹杆杆件上,测点布置如图 4-3-251、图 4-3-252 所示。

对上述钢梁 8 个应力监测断面中压重区的 H 断面(了解安装前、后,压重混凝土灌注后应力的变化情况)各主桁的弦杆及桥面板鱼腹梁处均设应力测点,测点布置如图 4-3-253、图 4-3-254 所示。

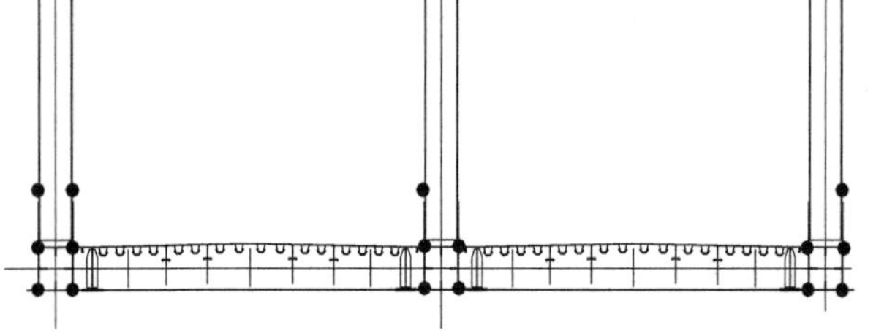

图 4-3-252 主桁应力测点布置图(A、B 横断面测点)

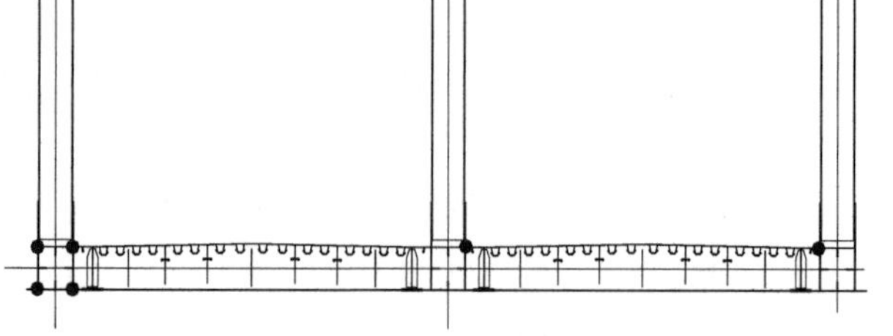

图 4-3-253 钢桁梁应力测点布置图(H 横断面弦杆测点)

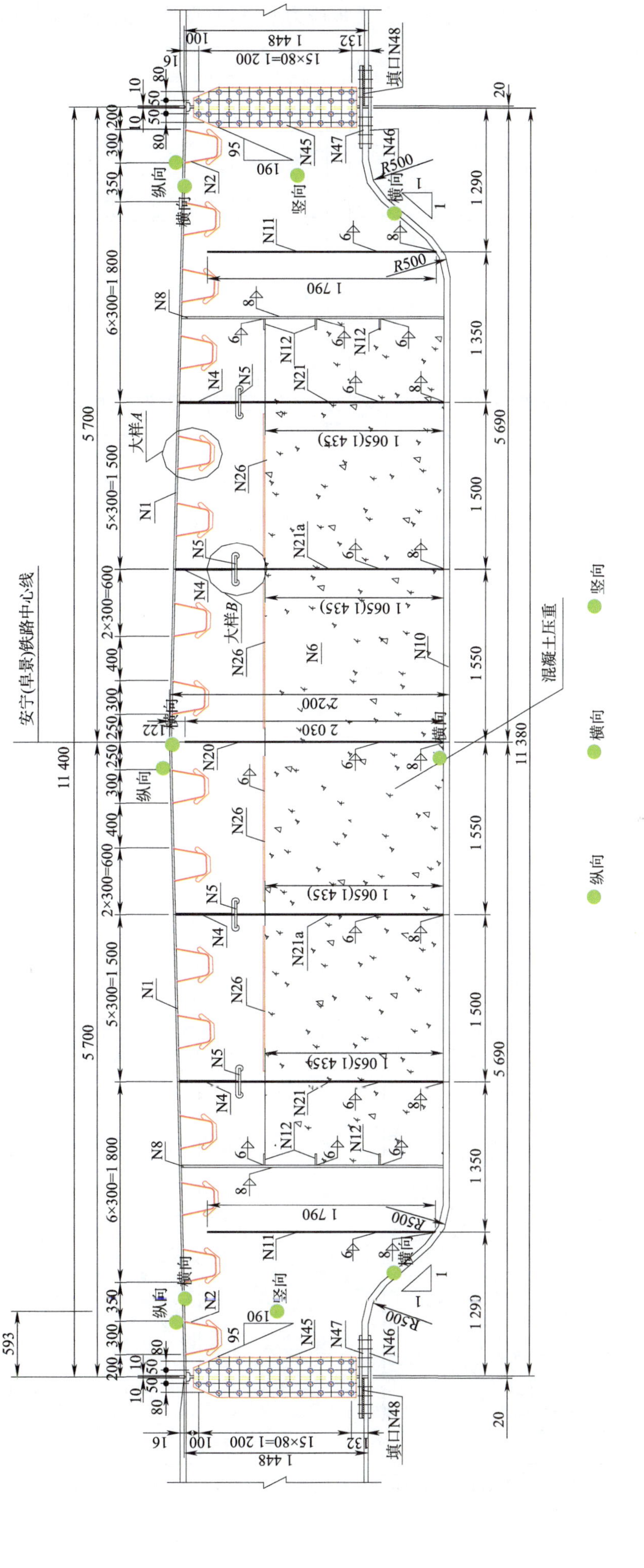

图 4-3-254　正交异性板应力测点布置（单位：mm）

③桥面板应力监测。对 A、B 断面进行正交异性板应力监测,测点沿正交异性板横向布置,正交异性板应力测点布置如图 4-3-255 所示。

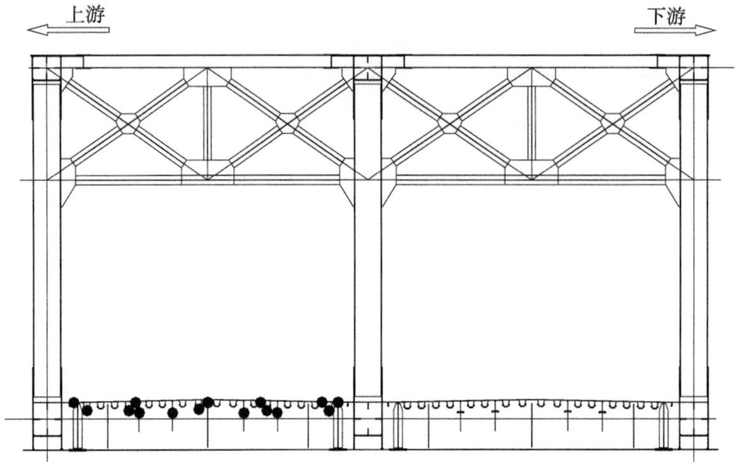

图 4-3-255 正交异性板应力测点布置(A、B 横断面测点)

④主塔应力监测。根据主塔结构和受力状况,每个主塔沿其高度方向布置 5 个应力测试断面,如图 4-3-256 所示,上下游塔柱测点布置如图 4-3-257 所示。

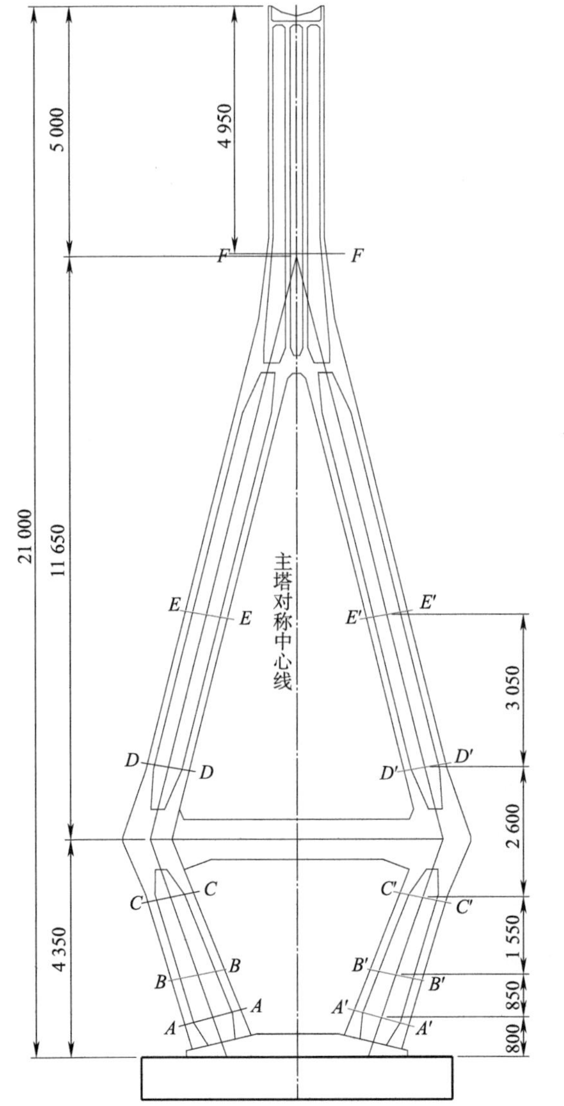

图 4-3-256 主塔应力温度测试断面布置图(单位:mm)

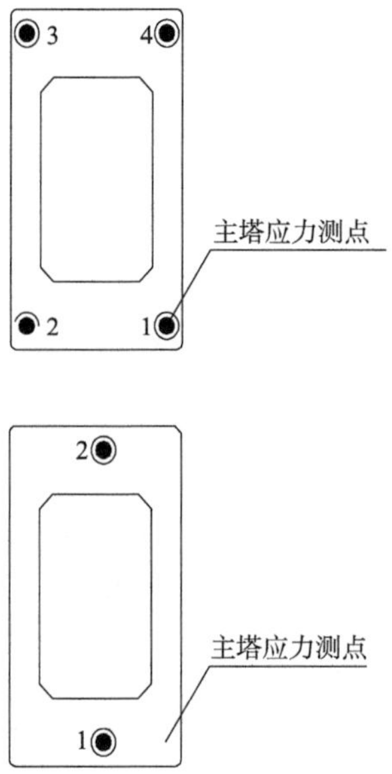

图 4-3-257 各断面应力测点示意图

(4)结构温度场监测

温度场是指桥梁结构在桥位处各种环境因素的影响下各部位的温度状态,其主要体现在长期季节温差和短期体系温差两种形式的作用上。由于安庆长江铁路大桥为多次超静定结构,两种形式的温差均将对斜拉桥的内力及线形产生重要影响。

选择主梁、主塔具有代表性的截面(与应力测试断面对应)布置传感器,通过测量了解主梁、主塔温度场情况。温度测试断面及测点布置如图 4-3-258～图 4-3-262 所示。

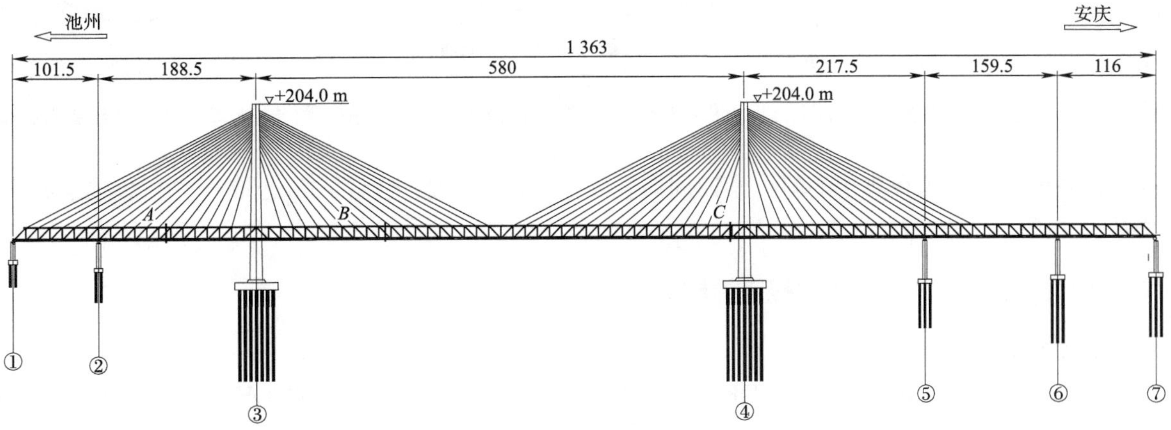

图 4-3-258　钢桁梁温度测试断面布置图(单位:m)

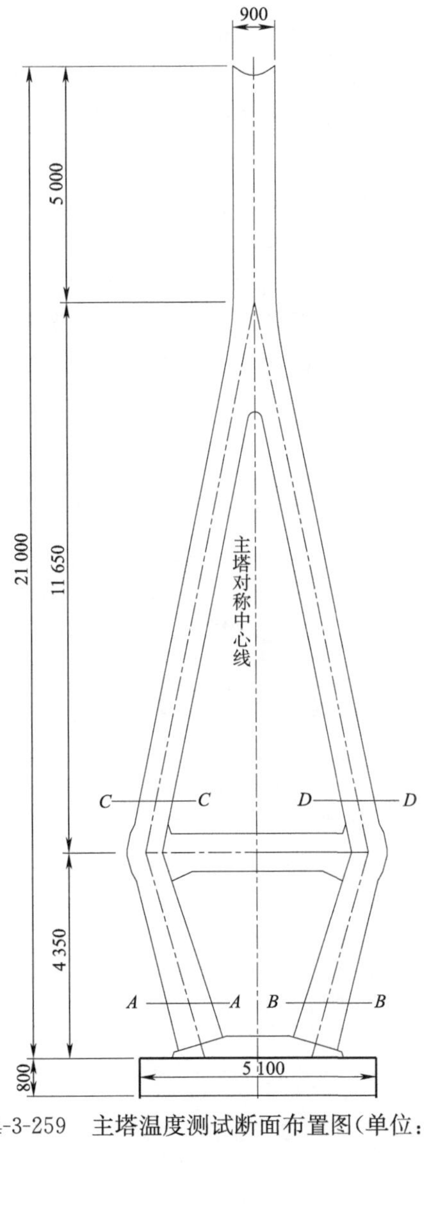

图 4-3-259　主塔温度测试断面布置图(单位:mm)

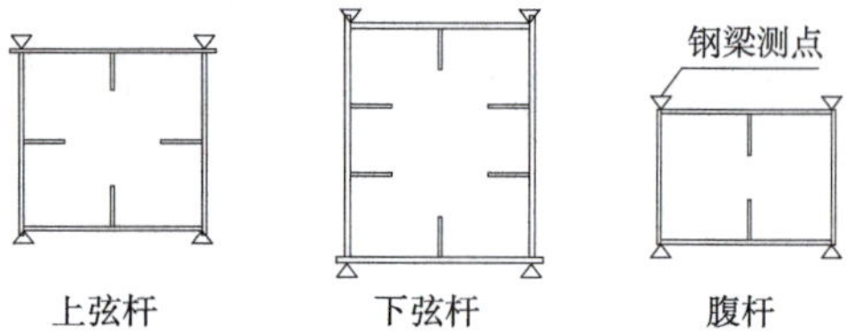

图 4-3-260 钢桁梁温度测点布置图

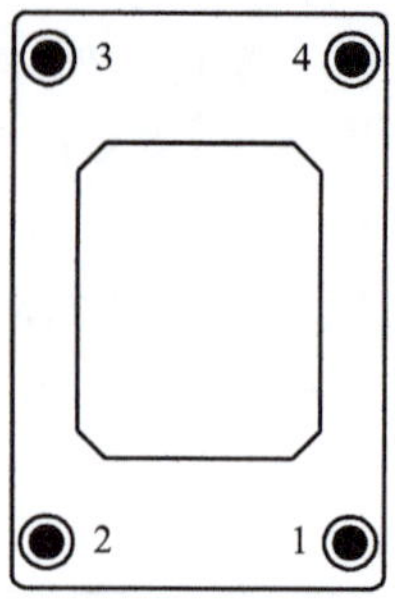

图 4-3-261 主塔断面温度测点示意图

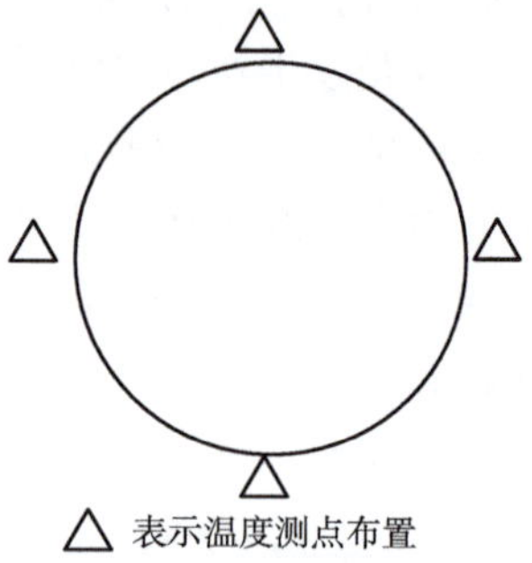

图 4-3-262 斜拉索温度测点布置图

斜拉索温度测量采用在典型的斜拉索四周布置 4 个温度传感器进行测试，选取长、中、短拉索各一根进行表面温度测试。

二、江宁特大桥 1-128 m 下承式提篮拱施工

(一)工程概况

江宁特大桥全长 132 m(起讫里程 DK021＋656.96～DK021＋789.26)，在 DK21＋729 处的 43～44 号墩采用 1-128 m 下承式提篮拱上跨宁马高速公路。43 号墩高 10 m，44 号墩高 11 m，两墩均采用钻孔桩基础，共设置 36 根，直径为 1.5 m，其中 43 号墩桩长 25.5 m，44 号墩桩长 31 m。采用双层矩形承台，第一层尺寸为 22.1 m×10.6 m×3.0 m，第二层尺寸为 20.6 m×7.25 m×1.5 m。

桥梁上部结构采用刚性系梁刚性拱，施工顺序为先梁后拱。提篮拱拱脚顺桥向 8.0 m 范围内为实心段，宽度 18.8 m，其余部分为空心段，宽度为 17.8 m。系梁底板、顶板厚 0.3 m，边腹板厚 0.35 m，中腹板厚 0.3 m。

宁马高速公路为预留双向六幅车道，如图 4-3-263 所示，单幅路面宽 3.75 m，中央分隔带宽 2 m，分隔带两侧设宽 0.75 m 的水沟，行车道外侧均有 5.5 m 宽辅道；与铁路线路最大夹角为 32°，最小夹角为 29°，沿宁安铁路方向的宽度约为 100 m；路面距梁底净高 8.9 m。提篮拱的两个主墩距宁马高速公路两侧路肩的距离为 0～12 m(其中安庆侧已邻近国道路肩，南京侧距路肩 12 m，均为到承台边的距离)。

该桥区段内地质表层 0～3 m 为杂弃土，褐黄色～褐灰色，松散状；其下部为粗圆砾土，褐黄色、杂色，中密～密实，局部夹卵、漂石，黏性土、细圆砾土及中粗砂充填，σ=450 kPa 不等。

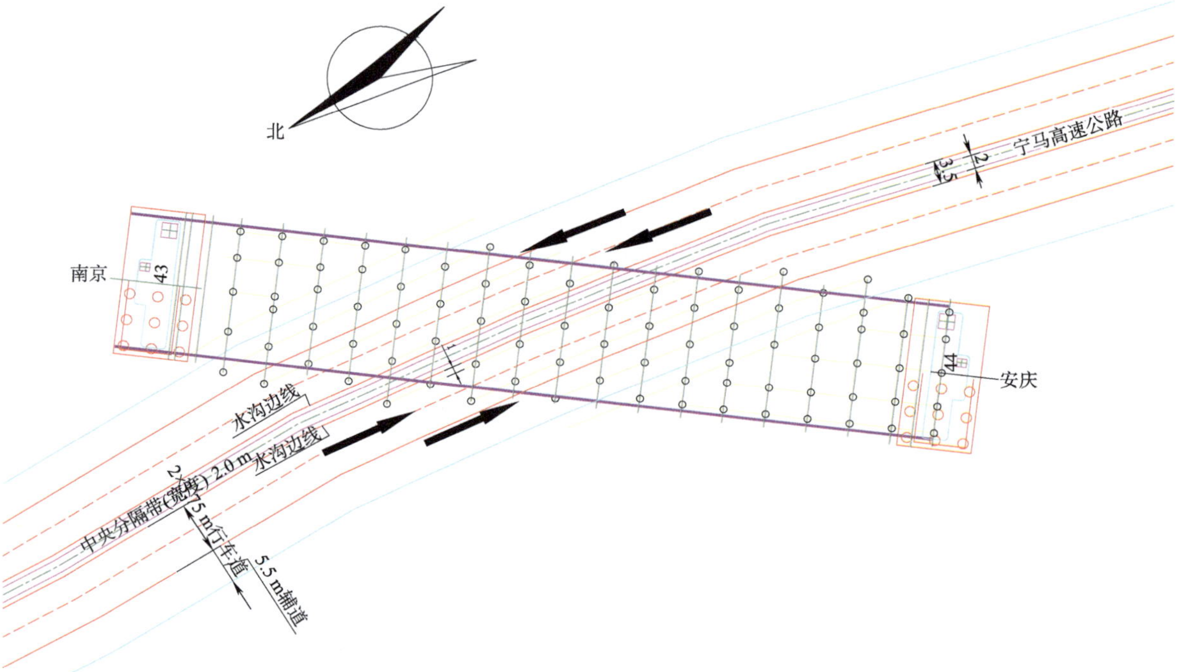

图 4-3-263 提篮拱施工场地平面布置图

（二）支架布置形式

支架采用条形基础搭设钢管支架法施工，跨越宁马高速公路部分采用在中央分隔带两侧设置 1 m 宽条形基础，条形基础平行国道行车道，其上支墩采用 ϕ800、δ=16 mm 螺纹钢管，钢管上下设置 1 m×1 m 厚 1 cm 钢板，以增大承压面积，并与条形基础固结，钢板四周设支撑加劲板，钢管顶部设直径 50 cm 高 30 cm 的落架砂箱，钢管支墩间设置横撑及剪刀撑。条形基础四周涂刷反光漆，保证公路车辆通行安全。

钢管立柱的砂箱顶部横桥向并排布设 3 根 I56 工字钢，铁路顺桥向梁宽度范围内采用一层标准贝雷架搭设，其单片长度 3 m，高度 1.5 m，贝雷架间距在边、中腹板位置为 5 cm，其余位置均为 30 cm，贝雷架顶部设一层 1.2 mm 厚钢板，防止施工中杂物的掉落，横桥向铺设 10 cm×15 cm 硬质松木。

国道路面范围以外的条形基础需挖除换填级配碎石，分层振动压实，处理后的地基承载力不小于 220 kPa。

内模支架采用碗口脚手架，间距 0.9 m×0.9 m，横杆间距 1.2 m，上分配梁采用 10 cm×5 cm 的方木，间距 30 cm。下分配梁采用 10 cm×10 cm 的方木。

梁顶支撑拱肋节段平台采用 4 根 ϕ529 钢管搭设，支墩间距 2 m×2 m。

（三）提篮拱结构

1. 拱肋

桥计算跨度为 128 m，拱肋采用悬链线线形，矢跨比为 $f/l=1/5$，拱肋平面内矢高 25.6 m。拱肋横截面采用哑铃形钢管混凝土截面，截面高度 $h=3.4$ m，沿程等高布置，钢管直径为 1 200 mm，由厚 18 mm 的钢板卷制而成，每根拱肋的两钢管之间用 δ=16 mm 的腹板连接。每隔一段距离，在圆形钢管内设加劲环，在两腹板中焊接拉筋。拱肋在横桥向内倾 9°，形成提篮式，拱顶处两拱肋中心距 7.846 m，拱脚处两拱肋中心距 9.40 m。

2. 系梁

系梁全长 132 m，按整体箱形梁布置，采用单箱三室预应力混凝土箱形截面，桥面箱宽 17.8 m，梁高 2.5 m，如图 4-3-264 所示。底板厚度 30 cm，顶板厚度 30 cm，边腹板厚度 35 cm，中腹板厚度 30 cm。底板在 3.0 m 范围内上抬 0.50 m 以减小风阻力。吊点处设横梁，横梁厚度为 0.4～0.6 m。系梁纵向设 76 束 12-7ϕ5 预应力筋，横向在底板上设 3-7ϕ5、4-7ϕ5 的横向预应力筋，横隔板上设 4 束 9-7ϕ5 预应力筋。

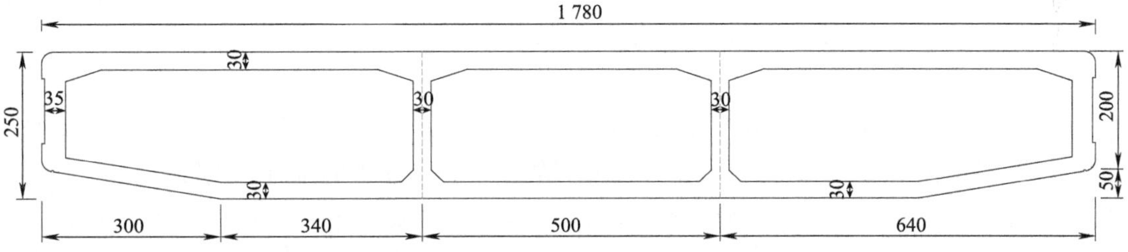

图 4-3-264　系梁横截面图（单位：cm）

3. 拱脚

拱脚顺桥向 8.0 m 范围内设成实体段，横桥向宽度由 17.8 m 增至 18.8 m，截面渐变处设倒角或过渡段。实体段内设 9-7ϕ5 的横向预应力筋，分上下两排布置分批张拉完成。

拱脚混凝土分两次现浇，在现浇第一次混凝土前，应将拱肋钢管、加劲钢材等安放到位，二期恒载施工完成后浇筑第二次混凝土。

4. 吊杆

吊杆布置采用尼尔森体系，在吊杆平面内，吊杆水平夹角在 52.39°～71.18°之间；横桥向水平夹角为 81°。吊杆间距为 8 m，两交叉吊杆之间的横向中心距为 341 mm。吊杆均采用 127 根 ϕ7 高强低松弛镀锌平行钢丝束，冷铸镦头锚，索体采用 PES(FD)低应力防腐索体，并外包不锈钢防护。吊杆张拉设置于拱肋端。吊杆内设磁通量传感器，对施工过程中及后期吊杆应力进行长期监测。计算吊杆的疲劳应力幅值为 124.1 MPa，在主+附作用下的最大应力幅值为 148 MPa。

5. 横撑

两拱肋之间共设五道横撑，拱顶处设 X 形撑，拱顶至两拱脚间设 4 道 K 形横撑。横撑由 ϕ600 mm、ϕ500 mm 和 ϕ360 mm 的圆形钢管组成，钢管内部不填混凝土，其外表面需作防腐处理。

6. 桥梁限位及支座

拱桥设四个 LQZ37 500 kN 支座，由两个单向活动支座，一个多向活动支座和一个固定支座组成，单向活动支座设在下坡端(44 号)桥墩上，多向、固定支座设置在上坡端 43 号墩。在桥梁两端对应简支梁固定支座侧设置横向限位装置——剪力榫(距梁中央 2.5 m 处)，以适应轨道横向要求。

7. 桥面系及检查设备

拱肋上部设检查人行步梯和护栏。系梁在靠近拱脚的箱梁中室底板设 80 cm×80 cm 进人孔，在中腹板上设 ϕ80 cm 检查孔，在横梁中部设 80 cm×100 cm 检查孔并贯通主梁，系梁底板采用活动检查设备检查。

(四)施工主要工序及技术要点

1. 支架基础施工

1-128 m 下承式提篮拱跨越宁马高速公路部分利用行车道及两侧辅道路面做 1 m 宽 C30 钢筋混凝土条形基础。在基础顶部预埋钢管立柱支撑钢板，基础与行车道平行，并保证行车道净宽不小于 3.75 m。此方案不占用中央分隔带(有预埋管线)，施工过程中尽量保证宁马高速公路混凝土路面不被破坏。

2. 支架搭设

支架采用 ϕ800 mm 螺纹钢管，壁厚 12 mm，钢管上下均焊接一块 1 000 mm(长)×1 000 mm(宽)×10 mm(厚)的钢板，钢板四周焊接支撑加劲板。钢管顶部设直径 50 cm 高 30 cm 落架砂箱。条形基础四周涂刷反光漆，保证公路车辆通行安全。

支架布置如图 4-3-265 所示，钢管立柱的砂箱顶部横桥向并排布设 3 根 I63a 工字钢，顺桥向梁宽度范围内采用一层标准贝雷架搭设，其单片长度 3 m，高度 1.5 m，贝雷架间距在边、中腹板位置为 30 cm，其余位置均为 50 cm，贝雷架顶部设一层 1.2 mm 厚钢板，防止施工中杂物的掉落，横桥向铺设 10 cm×15 cm 硬质松木。

3. 模板施工

模板外模采用 15 mm×1 220 mm×2 440 mm 的竹胶板作为面板，圆弧段采用定制模板，内模采用 15 mm×1 220 mm×2 440 mm 的竹胶板。内模支架采用 0.9 m×0.9 m 碗扣式脚手架搭设，横杆间距 120 cm。梁底部分设置 0.15 m×0.15 m×0.3 m 的同强度混凝土垫块，下分配梁采用 10 cm×10 cm 松木，上分配梁采用 10 cm×5 cm 松木。

底模板与支座缝连接处用乳胶拌和水泥抹密实不漏浆。内模分 2 次支设，先支设腹板内模，再支顶板内模。箱梁的顶板内模留设天窗洞，作为拆除箱梁内模板的预留孔。模板的接缝必须密合，如有缝隙须堵塞严密，以防漏浆。配板时将模板的长边沿着梁的长度方向，以增大模板的支承跨度。模板安装前，首先按箱梁的轮廓尺寸设计，绘制装配图，并对不足模数的空缺部位和非直角转角处按符合设计尺寸的小模板配补。

4. 支架预压与标高调整

支架搭设完毕，底模超前预压段铺装 30 m。为防止堆载砂袋时破坏底板光洁度，底模采用旧竹胶板，卸载后重新铺设新竹胶板作为底模。堆载预压分六次完成，从 14 号墩开始预压至 13 号墩结束然后卸载，每预压段搭接 2 m。预压重量为梁体自重的 1.2 倍，按照混凝土浇筑顺序以 0.25、0.5、0.75、1.0、1.2 倍的梁体自重循序预压。

(1)支架变形观测

底板纵向范围内边跨、1/4 跨、跨中、3/4 跨设置观测点，横向设三排测点，在预压前先将测点标出，并记录好标高，作为沉降观测的基准。用水准仪每隔 12 h 观测一次模板上各测点标高，计算出支架沉降量，预压过程中根据加载重量和压载时间进行观测记录并分析，作为调整模板标高的有效数据。

(2)预压卸载

支架结构沉降稳定、不再有沉降后开始卸载。支架卸载时按加载的相反顺序进行，分级卸载、分次观测。

(3)支架标高调整

支架预压前按照设计标高搭设，确保支架各杆件均匀受力。预压后，架体已基本消除预压荷载作用、支

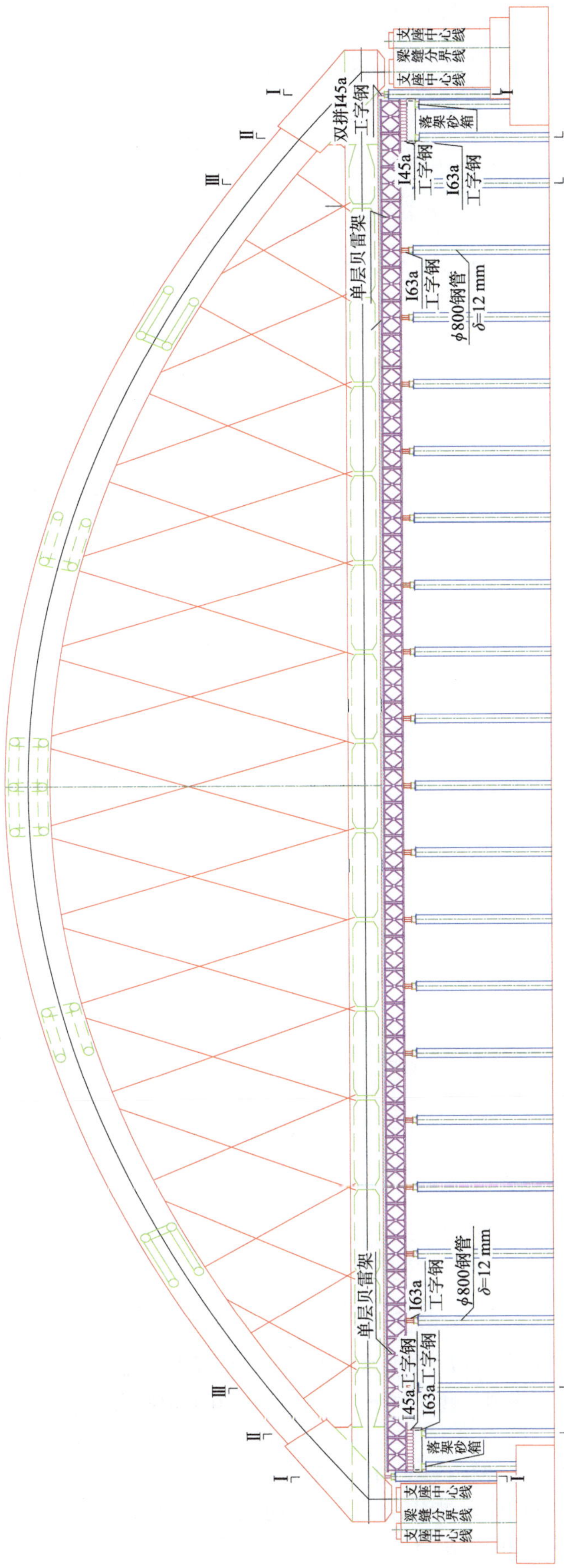

双拼I45a工字钢
单层贝雷架
I45a工字钢
I63a工字钢
落架砂箱
φ800钢管 δ=12 mm
支座中心线
梁缝分界线
I
II
III

图 4-3-265

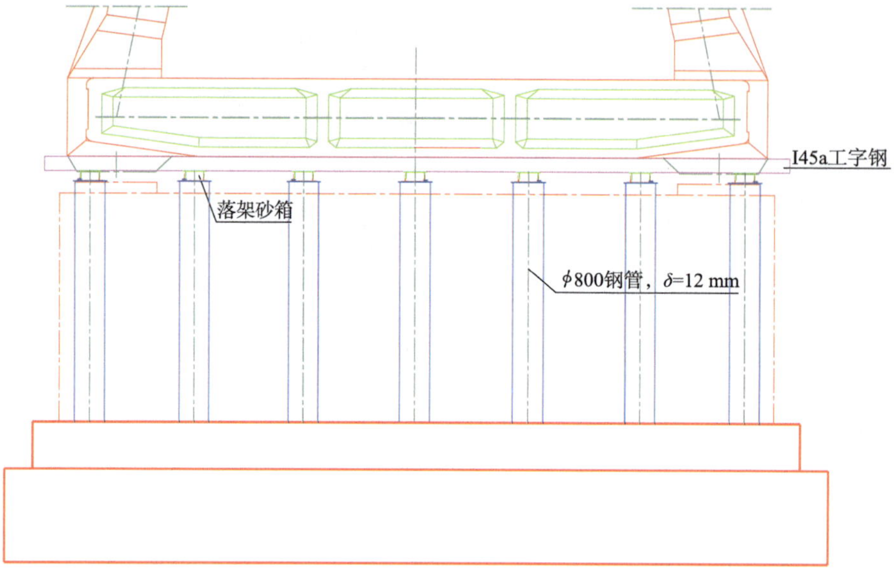

Ⅰ－Ⅰ断面

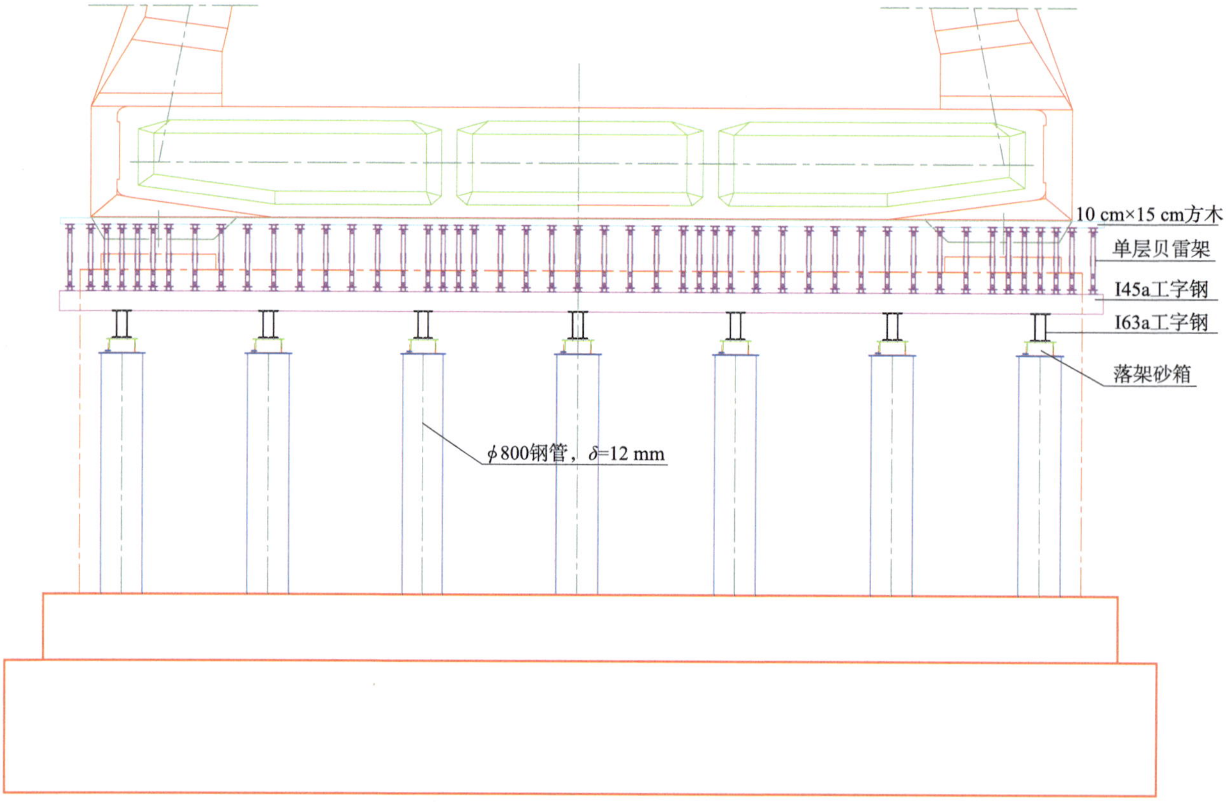

Ⅱ－Ⅱ断面

图 4-3-265　江宁特大桥 1-128 m 提篮拱支架布置示意图

架各杆件的间隙及非弹性变形。预压卸载后的回弹量即是箱梁在混凝土浇筑过程的下沉量，因此，支架顶的标高值最后调整为设计标高值＋预拱值＋预压回弹量＋张拉后中间起拱值。

5. 预拱度设置

由于箱梁在浇筑施工和卸架后，会发生一定的下沉和产生一定变形，因此，为使箱梁在卸架后能获得满意的设计线形，在模板安装时，应按设计要求设置一定数值的预拱度。预拱度设在箱梁跨径的中点，以中点预拱度为最大值，以梁的两端为零(即墩支承点为零)。预拱度计算公式为 $f=f_1+f_2+f_3$，其中，f_1 为支架弹性变形，f_2 为梁体挠度，f_3 为预应力张拉起拱值。

6. 支座安设

系梁支座采用球型支座：2 套 LQZ-Ⅱ-37500-HX-100 支座、1 套 LQZ-Ⅱ-37500-DX-100 支座和 1 套 LQZ-Ⅱ-37500-GD-100 支座。横向支座安装在桥梁下坡端 44 号墩，多向、固定支座设置在上坡端 43 号墩，剪力榫对应设于每墩右线中心与支座横向中心位置。在支座安装前先复核垫石位置、标高及预偏量，符合要求后方可进行安装。

安装前认真检查支座连接是否正常，但不得随意松动上、下座板连接螺栓，并按设计要求调节好多向支座的纵向预偏心值。

(1)首先复测垫石高程，合格后凿毛垫石顶面支座范围内混凝土，并弹上支座中心线和预留螺栓孔中心线，检查预留螺栓孔位置、直径、深度，清除预留锚栓孔中的杂物，并用水将凿毛的支撑垫石表面浸湿。垫石顶面四角高差不大于 1 mm。

(2)安装支座，垫平、复测高程，保证支座顶面水平。支座顶面标高以支座中心里程处梁底的设计标高为准。为方便支座检查，支座位移刻度指针朝向两支承垫石内侧，梁底按预设高程控制。

(3)在支座下板周围安装用角钢制成的模板，模板每边尺寸较支座下钢板尺寸大 5 cm，模板安放后，在支座底面与支承垫石之间留 20～30 mm 空隙，用砂浆将垫石与模板间缝隙塞填密实。然后采用重力灌浆方式灌注支座下部及锚栓孔处空隙，灌浆过程从支座中心部位向四周注浆，直至从钢模与支座底板周边间隙观察到灌浆材料全部灌满为止，最少等强两小时。灌浆材料终凝后，拆除模板及四周钢楔块，检查是否有漏浆处，必要时对漏浆处进行补浆，并用砂浆填堵钢楔块抽出后的空隙。拧紧下支座板锚栓，待灌注梁体混凝土后，及时拆除各支座的上、下支座连接钢板及螺栓。

7. 钢筋加工与安装

钢筋加工在现场附近设置的钢筋加工厂集中下料弯制成型后，汽车运输到现场。骨架钢筋按分段加工，钢筋主筋接头采用闪光对焊和搭接焊。采用同强度等级混凝土垫块呈梅花状布置支垫钢筋，以保证底板和腹板钢筋的混凝土保护层厚度。

拱脚预埋段底板钢筋先绑扎，然后安装拱脚预埋件，再绑扎其他底板钢筋，绑扎底板钢筋前在底模上按设计图纸弹出骨架型钢位置线，根据弹线布置钢筋，保证型钢与系梁边缘的相对位置。然后绑扎腹板钢筋，安装纵向波纹管并穿束。绑扎钢筋过程中凡与波纹管冲突的钢筋，或将其扳弯，或将其移移位置，即确保波纹管坐标准确。内模安装就位后，最后绑扎顶板钢筋，安装波纹管并穿束。绑扎钢筋时重点检查受力筋的位置，一定要保证其间距和布置与设计相符；护栏预埋件的位置，泄水管的位置，要仔细检查和调整。

8. 预应力束安装

(1)波纹管的安装

波纹管外观要求清洁，内外表面无油污、无孔洞和有不规则的褶皱，咬口无开裂，无脱扣。波纹管接头长度 200 mm，并用密封胶带封口，保证接头不变形，无渗漏现象。

波纹管的定位钢筋采用焊接钢筋定位网片与普通钢筋共同绑扎，保证在水平方向误差≤5 mm，竖向误差≤5 mm，间距 50 cm，平弯和竖弯处定位钢筋间距加密到 25 cm。安装波纹管后在其邻近部位施焊时，在安装好的波纹管上覆盖薄钢板，防止电火花烧伤管壁。波纹管与锚垫板间接触部位采用海绵进行封堵，防止混凝土进入。

除设计图纸规定的压浆出口外，在每束钢绞线竖向最高点增加一个排气孔。

安装预应力管道一定要保证坐标位置准确，管道平直顺畅；穿束、电焊、振捣以及其他相关作业时，均应避免损伤预应力管道(波纹管)。预应力管道安装完成后，要注意保护，不得踩踏、碰撞，以免破坏管道或改变管道位置。

(2)穿预应力束

骨架钢筋绑扎结束后，先穿入波纹管；按给定坐标固定好位置，然后穿入钢绞线。穿束时分根进行编号，且钢绞线头用塑料套头套住，避免钢束将波纹管刨破。

9. 混凝土施工

桥梁混凝土底板、腹板及顶板一次浇筑成型。采用两台混凝土泵车两端对称浇筑，混凝土由自动计量拌和站集中统一拌制，混凝土罐车运输，输送泵泵送浇筑，混凝土振捣采用插入式振捣器。

(1)混凝土浇筑前,用高压气枪吹净模板表面。

(2)浇筑底板时,预留适量的混凝土空间,以便腹板浇筑时,混凝土从腹板流入箱内底板。

(3)底板和腹板浇筑时,采用插入式振捣棒振捣,在钢筋密的地方用小型振捣棒,确保混凝土振捣密实。

(4)存在施工缝处理时,将已经浇筑的混凝土表面凿毛,剔除浮动石子,并用高压水枪冲洗干净,先洒一层同等级的水泥净浆,以保证新旧混凝土结合紧密。

(5)由于拱脚与系梁的连接钢筋密集,浇筑拱脚混凝土时,采用预留拱脚剪力槽的办法,拱脚混凝土分2次浇筑,既可保证拱脚的位置准确,又可保证拱脚混凝土的浇筑质量。

(6)浇筑过程中必须制作标准养护试件,作为拆模、张拉工序的强度控制依据。

(7)振捣过程中,振捣棒避开波纹管,派专人进行监督检查。加强锚垫板附近混凝土的振捣。在混凝土浇筑期间,设专人检查支架、模板、钢筋和预埋件等稳固情况,发现有松动、变形、移位时,及时处理。

10. 张拉与压浆施工

(1)准备工作

对钢绞线的机械性能做取样试验,对张拉机具进行标定。检查压力表与千斤顶是否配套,测定千斤顶内摩阻力、锚圈口摩阻率,检验板体混凝土质量,控制张拉前混凝土强度不小于设计强度,弹性模量、龄期达到要求。

(2)张拉

根据设计要求,系梁预应力分两次张拉,第一次张拉索在系梁混凝土浇筑完成并养护至少15 d且混凝土强度达到设计强度的95%以上进行张拉,第二次张拉剩余索,在二期恒载上桥前张拉完成。预应力张拉前,根据孔道摩阻试验结果确定钢索与管道孔壁摩阻系数μ、管道局部偏差系数κ以及锚圈口应力损失,确定合理的张拉控制力。

纵向预应力索采用OVM15-12锚具,锚下张拉控制应力采用1 209 MPa,除系梁实体段局部预应力索G1采用一端张拉外,其余均采用两端张拉,并左右对称进行,最大不平衡束不超过1束。第一批张拉预应力索:顶板索(T1)18束、底板索(B1)10束、(B3～B8)12束、局部索(G1)。剩余索在二期恒载上桥前张拉完成,包括:顶板索(T1)6束、底板索(B1)16束、(B2)2束;腹板索(W1)6束。

横向预应力索N1、N2、N3采用OVM15-12圆形锚具,N4、N5采用OVM15-9圆形锚具,N6采用OVM BM15-3扁式锚具,N7采用OVM BM15-4扁式锚具。N1锚下张拉控制应力采用1 265 MPa,N2～N7锚下张拉控制应力采用1 300 MPa。N1～N5横向所有预应力索采用两端张拉,并左右对称进行,N6、N7扁式锚具采用一端张拉,张拉端与梁两端交错设置,最大不平衡索不超过1束。第一批张拉预应力索为N1、N2、N4～N6,剩余N3、N7索在二期恒载上桥前张拉完成。

在混凝土强度、弹性模量、龄期达到设计强度要求后,进行张拉。施工准备步骤:锚具支撑→垫板清理→锚圈中心与管道中心对齐→机具就位→初始张拉。预应力钢绞线张拉程序:0→0.1σ_k(测伸长值初值)→σ_k(持荷5 min,测伸长值终值)→回油锚固(测回缩量)。张拉值的大小以油压表的读数为主,用预应力钢绞线的伸长值加以校核,实行双控。实际张拉伸长值与理论伸长值之差控制在±6%范围内。张拉钢绞线时,采用两边同时给千斤顶充油,荷载分级,两端伸长基本保持一致。允许断丝或滑丝的数量不得超过预应力筋总数的0.5%,并不得位于梁体的同一截面,且一束内断丝不得超过1根。当一切正常后,再进行割丝、压浆封端等工序。

(3)压浆

管道压浆在终张拉后的24 h内完成;管道压浆一次完成,若中间有中止压浆情况,采用压力水将管道内的浆液立即清除干净,再连续一次完成管道压浆。根据真空辅助吸浆施工工艺,选用HB6-3型吸浆泵配以UJW3灰浆拌和机进行吸浆。

孔道吸浆时水泥浆抗压强度不小于图纸的强度等级,同时水胶比低于本体混凝土且不大于0.35;水泥浆要求流动性好,不泌水、无收缩;在1.725 L的漏斗中,水泥浆的稠度不大于25 s并不小于16 s;吸浆时两端必须密封;抽真空时真空度(负压)控制在－0.06～－0.1 MPa之间;28 d的抗压强度大于50 MPa;严格控制用水量,对未及时使用而且降低了流动性的水泥浆予以弃用。

张拉施工完成后,切除外露的钢绞线,进行封锚;同时将锚垫板表面清理干净平整,在保护罩底面与橡胶密封圈表面均匀涂一层玻璃胶，装上橡胶密封圈，将保护罩与锚垫板上的安装孔对正，用螺栓拧紧。清理锚垫板上的灌浆孔，保证通道通畅。

启动真空泵，使系统负压能达到 0.09～0.1 MPa，当孔道内的真空度保持稳定时，停泵 1 min，若压力降低小于 0.02 MPa，即可认为孔道基本达到真空，如果不满足此要求，则表示孔道未能完全密封，需在灌浆前进行检查及处理。

拌浆前先加水空转数分钟，使搅拌机内壁充分湿润，将积水倒干净。将称量好的水倒入搅拌机，之后边搅拌边倒入水泥，再搅拌 3～5 min，保证水泥浆均匀稳定。将外加剂和其他液态外加剂倒入搅拌机，搅拌 5～15 min，然后倒入盛浆筒。倒入盛浆筒的水泥浆尽量马上泵送，否则不停地搅拌。搅拌好的浆体每次全部卸尽，在浆体全部卸出之前，不得投入未拌和的材料，更不能采取边出料边进料的方法。

启动真空泵，当真空度达到并维持在负压 0.08 MPa 左右时，打开阀门，启动灌浆泵，开始灌浆。当浆体经过透明高压管并准备到达三通接头时，打开排浆阀门并关闭负压容器阀们，关闭真空泵。透明高压管管长大于 10 m 以便控制。观察废浆筒处的出浆情况，当出浆流畅、稳定且稠度与盛浆筒浆体基本一样时，关闭灌浆泵，关闭另一端阀门。再次启动灌浆泵，使灌浆压力达到 0.5～0.6 MPa，持压 2 min，最后关掉灌浆泵，关闭灌浆端的阀门。接通水，打开阀门清洗，拆下透明高压管。

(4)封端

封端模板尺寸加工准确，支立模板时安装牢靠，以防变形影响美观；端隔板的钢筋网焊接牢固，准确定位，浇筑混凝土振捣密实。封锚混凝土采用无收缩混凝土，抗压强度不应低于 50 MPa 要求。先将锚垫板表面粘浆和锚环上的封锚砂浆铲除干净，安装封锚钢筋，横向预应力索张拉槽口处截断的钢筋搭接好，凿毛接触面混凝土后，捣固封锚混凝土。要求混凝土密实，无蜂窝麻面，与梁端面平齐，封端混凝土各处与梁体混凝土的错台不超过 2 mm。

混凝土浇筑后加强养护，充分保持混凝土湿润，防止封端混凝土与梁体之间产生裂纹。养护结束后，采用聚氨酯防水涂料对接缝处进行防水处理。

11. 拆模及养护

当混凝土抗压强度达到 2.5 MPa 后，即可拆除侧模及内模；待箱梁混凝土达到设计强度 100%，并且吊杆施工完成后，拆除箱梁底模。底模拆除顺序为先拆跨中，后拆两端。

箱梁混凝土浇筑完成后，及时进行养护。在养护期间，保持湿润，对混凝土外露面，在表面收浆、凝固后即用无纺布进行覆盖，并经常在模板、无纺布上洒水，混凝土养护期间或未达到一定强度之前，严禁受力扰动，并设置明显的警示牌。

12. 拱部支架施工

为防止拱部加载造成系梁变形开裂，拱支架采用万能杆件搭设组合门式承重支架，如图 4-3-266 所示。支架顶安装 50 cm 长的可调座，以便卸架和标高调整，如图 4-3-267 所示。支架搭设前按照拱圈坐标在主梁上确定出拱架钢管位置，人工拼装拱架。钢管架搭设的同时，安装好人行道侧面的安全网设施。

13. 主拱肋钢管加工

拱结构采用工厂分节制造、分段吊装上桥的方法安装。考虑分段长度尽量减少且满足公路运输条件的分段原则，全桥拱肋钢管共分 9 段(包括合龙段)。

钢管分段加工好后，在工厂胎架上进行整个拱肋预拼装，检查拱轴线线形及预拱度的设置是否与设计图纸一致，无误后按设计要求进行涂装，合格后运至桥位施工现场。为防止拱肋节段在运输过程中发生变形，节段运至现场后，在现场设置胎架进行二次预拼装，不满足设计要求时要作出调整。在现场根据每段拱肋的设计平面位置及高度，采用型钢或制式器材在系梁上搭设支架，支架上设置拱肋的固定装置及微调设施。支架搭设完毕后，采用两台 200 t 浮式起重机(或根据拱肋钢管分段的实际重量选择起重机)分段吊装拱肋在支架上就位，由千斤顶进行微调精确定位后焊接成拱。拱肋起吊位置宜事先设计好。钢管拱节段安装从拱座处向上进行，拱顶节段预留一定的嵌补段，最后安装拱顶节段时，由施工监控单位提供的长度来调整拱顶节段的长度。

(1)节段划分

单片拱肋划分为拱脚预埋段、中间节段、拱顶节段 3 部分共 9 个阶段。每个吊装节段长分别为：预埋拱

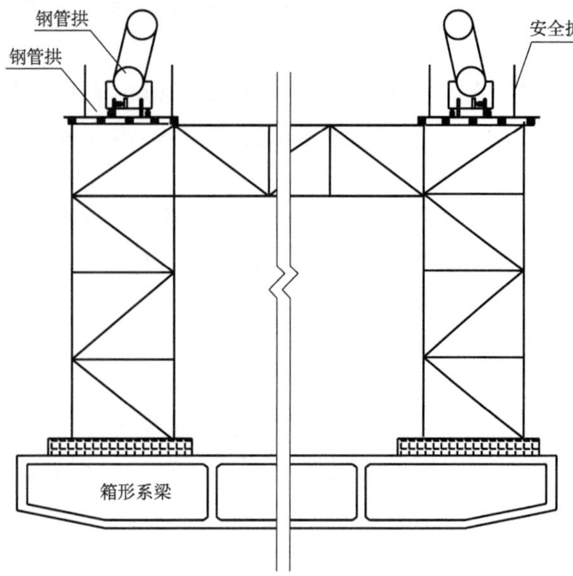

图 4-3-266 拱肋支架布置示意图

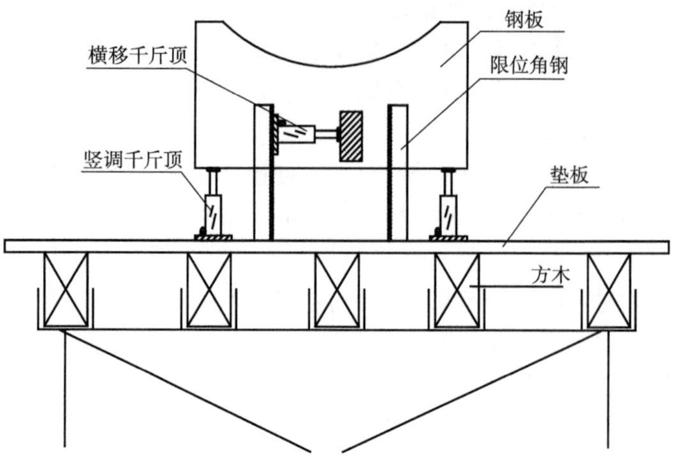

图 4-3-267 拱肋钢管座支撑布置图

脚段 7.671 m,重 10.902 t;第一节段长 23.421 m,重 33.285 t;第二节段 21.165 m,重 30.079 t;第三节段 16.136 m、重 22.932 t;拱顶节段 4 m,重 5.685 t。工厂制造,现场组拼。

(2)钢管拱吊装施工

待万能杆件拱架架设后,将拼装成段的钢管拱运到起吊位置上,用 200 t 浮式起重机将钢管拱吊装至拱架上焊接成拱,并按照从拱脚到拱顶的顺序,同时对称吊装焊接成型。合龙时选择与设计合龙温度(年平均温度±3 ℃)相适应的时机进行,钢管接头焊接前进行刚性固定,否则焊接时接头间发生相对位移,将会影响焊接质量。钢管拱节段接头焊接前固定如图 4-3-268 所示。两拱肋间横向支撑在拱肋安装时同时进行。横撑根据设计预先加工成型,运输到施工现场后,通过汽车式起重机吊高至横撑与拱肋相贯位置,然后对中、调整、检查、焊接,斜撑按同样的施工方法进行。

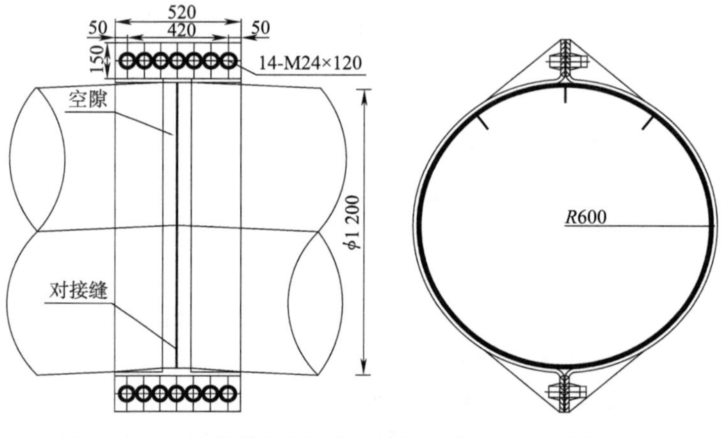

图 4-3-268 钢管拱节段接头焊接前固定示意图(单位:mm)

拱肋的安装步骤:起吊→就位→连接→精确调整→点焊固接→焊接→探伤检测。

14. 拱脚、拱顶节段定位

拱脚节段长 7.671 m,重 10.902 t。采用 25 t 起重机吊装,吊装前按照设计图纸要求,安装型钢定位架。根据设计图纸提供的坐标值放设预埋拱脚位置,在系梁底部模板上画线定位,型钢支架定位完毕,用全站仪复测型钢支架顶的限位板,精度满足要求后,固定型钢支架。吊装预埋拱脚,对拱脚外露面圆心和拱轴线进行复核,反复调整拱脚位置,直到满足设计要求为止。焊接固定预埋拱脚。

15. 拱顶节段合龙

拱顶节段合龙考虑温度的影响，厂内预拼时按照南京年平均气温 15.6 ℃进行合龙段的预拼装，现场吊装就位后，采用千斤顶进行微调精确定位，选在(15.6±3)℃的时间段进行固定、焊接。

16. 拆除拱肋安装支架

待拱肋合龙后即可拆卸拱部支架。卸架从拱顶向两侧拱脚顺序同步卸落，拱架卸落仅将支架脱离拱肋10～15 cm，不全部拆除支架，以便于吊杆等构件安装，卸落后的拱架不再与拱肋接触。

17. 拱肋混凝土压注

拱肋混凝土压注 C55 微膨胀混凝土，浇筑前清除管内与设计结构无关的焊接物，最大限度减小混凝土顶升时的阻力。钢管内混凝土的泵送采用由拱脚向拱顶的"连续顶升"施工，即采用一级泵送一次到顶，拱顶弦管内以隔舱板隔开。施工时准备 6 台 HBT80C 地泵(4 台施工、2 台备用)及 1 台 1 250 kW 发电机(作为停电时备用)。泵送混凝土灌注顺序先下管、后上管、再腹腔。泵送速度尽量协调一致，严格按对称均匀加载原则。

两条拱肋安装成型并经检查验收合格后，尽快灌注拱肋钢管内的混凝土。

管内采用 HBT85.16-162RS 混凝土输送泵(最大理论混凝土输送量 98 m^3/h，混凝土输送压力 16 MPa)压注 C55 无收缩混凝土，对称顶升压注法施工。拱肋混凝土分三次进行压注，即拱肋下管、拱肋上管、最后灌注拱腹板，每道工序待上道工序混凝土强度达到设计强度的 95%后进行。

拱肋混凝土顶升施工工艺流程：焊接泵送插管、拱顶排气管→安装截流阀→安装混凝土输送泵及泵送管→混凝土的拌制及运输→湿润混凝土泵送管→浇筑插管以下区段混凝土→压注钢管内混凝土→排气孔流出混凝土→关闭截流阀→拆除混凝土泵送管完成泵送。

拱脚混凝土为第一部分混凝土，拱肋每次浇筑的混凝土分为两部分，泵送插管以下为第二部分，泵送插管以上为第三部分，第二部分混凝土自由落体进入拱肋内，第三部分混凝土靠泵送压力至设计位置。插管与钢管采用焊接形式连接，设在拱脚向上 1 m 位置处，拱肋上下管、拱肋腹腔的混凝土压注孔在拱肋法线方向上错开，管道插入至拱肋中心位置处，与拱肋钢管轴线约成 30°角，与拱肋的连接部位焊接牢固。

拱肋混凝土的压注需从四个拱脚处同时对称进行，混凝土泵布置在拱脚附近同时水平管道有一定长度，减小泵送压力。泵送开始后需连续进行，直至拱顶排气孔流出合格混凝土为止。

在灌注混凝土的前进方向上每隔 30 m 设一个排气孔。当排气孔中的混凝土质量达到要求后，混凝土的顶升暂停 15 min 左右，此时排气孔中混凝土有可能下沉，再次启动混凝土输送泵顶升混凝土至排气孔顶再次溢出合格混凝土为止，此时可进行泵送管道的拆除。在灌注孔位置处设 1 个混凝土截流阀，混凝土泵送完毕关闭截流阀，拆除泵送管后用木塞塞紧。截流阀制作时不仅要考虑混凝土灌注完毕后堵塞灌注孔，同时要求截流阀对混凝土的顶升阻力不能太大。

顶升施工结束后，待管内混凝土初凝后，将截流阀拆除重复利用。

混凝土内部质量的控制：顶升过程中，采用人工敲击的方法判断管内混凝土填充情况，如有空隙应及时用体外加振方法解决。灌注完成后的管内混凝土应采用超声波探查填充情况，不符合规范要求的必须在拱管上开孔采用压浆等方法加以补强。拱管内混凝土浇筑完毕后，管壁外覆盖棉毡，洒水养护，消除混凝土升温对钢管的负面影响。

拱肋线形监测：观测布置在拱肋上测点的纵向位移及竖向位移。拱肋内混凝土达到设计强度后，利用超声波检测拱肋钢管与混凝土之间是否有脱空同时检查管内混凝土质量是否匀质。在拱肋 1/8、1/4、1/2、3/4处设观察点，观察拱肋在混凝土顶升时纵向及侧向位移。

18. 吊杆安装

吊杆采用 OVMLZM7-127(I)型吊杆系统，吊杆索体为 PES(FD)低应力防腐索体，高强低松弛镀锌钢丝，产品符合国家对该类产品的相关规定，采用厂家提供的成套产品。成品吊杆在出厂前进行吊杆的抗拉强度、弹性模量试验、静载和动载试验。

待钢管拱内混凝土达到设计强度的 90%后，拱架脱离拱肋 10～15 cm。吊杆的安装及施工过程中的索力调整，严格按设计要求进行。吊杆的张拉必须上下游、桥跨两侧同时对称进行，张拉控制应力应符合设计值。

吊杆安装张拉顺序及初应力值：2 号、2′号(1 200 kN)→4 号、4′号(1 150 kN)→6 号、6′号(1 100 kN)→

8 号、8′号(1 000 kN)→10 号、10′号(1 000 kN)→12 号、12′号(900 kN)→3 号、3′号(750 kN)→5 号、5′号(700 kN)→7 号、7′号(700 kN)→9 号、9′号(700 kN)→11 号、11′号(700 kN)→13 号、13′号(700 kN)→14 号、14′号(650 kN)→1 号、1′号(950 kN)。

吊杆安装及施工过程中的索力调整,原则上按施工步骤进行,并结合施工监控情况按监控指令进行调整。

吊杆在运输及安装过程中应保持顺直,无扭弯;保护好外层 PE 套管,保护好冷铸镦头锚的螺纹及螺帽不受损伤,以免在张拉调索时带来麻烦。吊杆的张拉顺序及张拉力严格按设计和监控要求进行。

吊杆张拉是成桥最关键的工序,吊杆张拉必须严格按设计规定的张拉力和规定顺序,用两台千斤顶(配工具拉杆及撑脚)张拉一片拱肋吊杆对应钢束。吊杆安装完毕后安装减振装置,并按设计要求安装防护结构。

19. 张拉系梁的第二批预应力束并压浆、封锚

在二期横载上桥前,用 YCW-250 型千斤顶完成第二批预应力索的张拉:横向 N3、N7 预应力索张拉,第一批剩余的纵向预应力索张拉。

张拉钢束及张拉顺序按设计要求,具体程序同第一批钢束张拉,然后对预应力孔道进行压浆并封锚。

20. 二期恒载及拱脚二次混凝土施工

系梁的第二批预应力张拉完成后,拆除系梁支架,安装桥面线上设备,然后对吊杆进行检测并调整吊杆力至设计值。

以上调整完毕,经检测符合设计及规范要求后,安装拱脚模板,浇筑拱脚二次混凝土。钢管外表面涂装,完成系杆拱桥施工。

21. 成桥状态测定

对成桥状态进行全面测定,以确定施工的成桥状态最大限度地接近设计成桥状态。成桥状态的测量安排在结构温度趋于稳定的夜间进行,测定的项目主要包括:拱肋控制截面恒载应力、拱肋轴线、系杆永存张力、主墩墩顶残留位移和墩身根部控制截面恒载张力、吊杆恒载张力及桥面线形等。

22. 梁体支架拆卸

梁体支架在钢管拱安装后、梁体张拉完毕且吊杆最后调索张拉完成后,落架拆除。支架拆除注意安全施工,确保国道交通畅通并及时清理现场,恢复公路各种设施,对路基和路面的损坏进行维护处理,并做好环境保护措施。

第八节 桥面系工程施工

桥面系施工包括桥面防水层、保护层铺设,遮板的预制安装,防撞墙、电缆槽施工,栏杆(声屏障)、电缆槽盖板的预制和安装,伸缩缝安装,桥面排水和泄水孔安装,电化立柱基础施工、综合接地施工等项目。现浇梁施工完成后,预留 6 个月以上的徐变上拱期,通过检测保证满足工后沉降的要求后,进行桥面及其附属工程施工。

桥面系施工可按照架梁区段划分为五个施工单元,在确保架梁工效的情况下,桥面系遮板、电缆槽、排水管、防撞墙及外侧防水层、电化立柱基础的施工利用运架梁的间隙,紧跟架梁进行流水作业。架梁完成后,开始施工桥梁伸缩缝。防撞墙内侧的防水层、保护层在无砟轨道完成后进行施工。电缆槽盖板在敷设电缆后进行安装。现浇梁桥面铺装由专业班组进行施工。

现浇梁施工完成后,预留 6 个月以上的徐变上拱期,通过检测保证满足工后沉降的要求后,进行桥面及其附属工程施工。

现场施工的材料运输利用原有的施工便道,利用就近的拌和站供应混凝土,采用混凝土搅拌车运输,混凝土泵车泵送入模。钢筋加工利用附近的钢筋加工场进行加工,用平板运输车运至施工现场,现场绑扎成型,模板采用定型钢模板。桥面系遮板、栏杆(声屏障)、电缆槽盖板等混凝土预制构件采用预制场集中预制,现场安装按架梁顺序分期进行。

一、桥面系施工流程

桥面系施工工艺流程如图 4-3-269 所示。

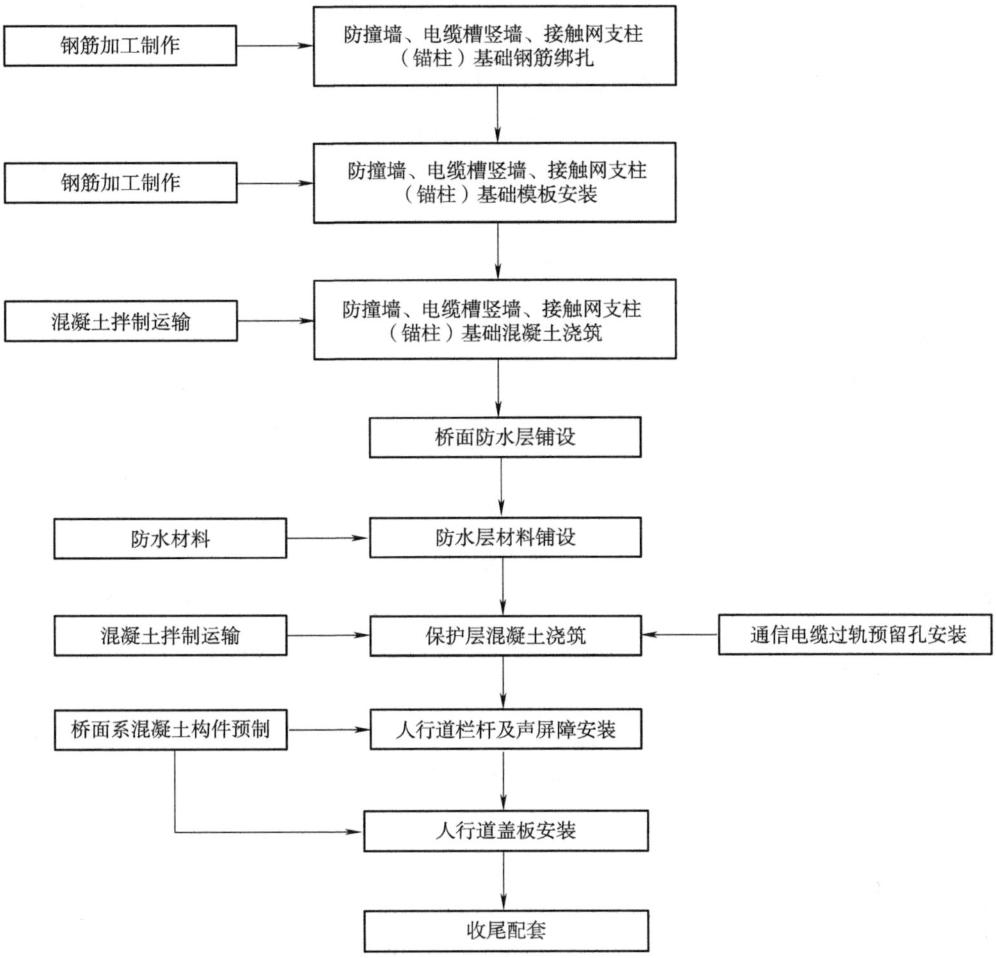

图 4-3-269　桥面系施工工艺流程图

二、主要工序及技术要点

（一）防撞墙施工

防撞墙设计为钢筋混凝土结构，预埋筋在梁体浇筑混凝土预埋。防撞墙纵向每 2 m 设置一道伸缩缝，缝宽 10 mm，在与泄水口相对应的位置设置方形排水通道，尺寸 200 mm×150 mm。为便于作业人员通过，在每孔梁的梁端防撞墙上设置过人槽口。防撞墙不管是直线段、缓和曲线段还是圆曲线段，墙顶标高均与相应的轨顶标高平齐，因此在缓和曲线段，防撞墙高度是渐变的。防撞墙混凝土均采用整体定型钢模浇筑。

1. 施工前准备

（1）清除防撞墙与桥面接茬部分混凝土的松散颗粒。在防撞墙钢筋绑扎前，做好防撞墙全断面内梁面混凝土的凿毛，凿毛必须露出新鲜混凝土面。

（2）用螺钉旋具调整防撞墙预埋筋的位置、间距，确保钢筋间距、保护层满足要求；清除附在钢筋表面的混凝土残渣，并进行除锈处理。

（3）用鼓风机将防撞墙基层吹干净，清理完浮渣才可进行钢筋绑扎作业。

2. 钢筋加工与绑扎

（1）使用经试验合格且有出厂合格证的钢筋进行下料加工、绑扎，未经检验或检验结果不符规定的钢筋不得进行钢筋下料。

（2）将钢筋按设计图纸要求制作标尺，量好长度后，准确放入切断机内，启动切断机将钢筋切断，切断后的钢筋按不同编号和供料尺寸长短,分开堆放并标识。

(3)钢筋弯曲时,HRB335 的 ϕ12、ϕ16 钢筋用钢筋弯曲机进行弯曲,末端需做 90°弯钩时,其弯曲直径不小于此钢筋直径的 2.5 倍,钩端末端应留有不少于钢筋直径 3 倍的直线段。

(4)防撞墙钢筋在钢筋加工场制作成型后,由汽车经便道运至梁下,起重机运输至梁面,再进行绑扎。

(5)严格按照设计图纸进行钢筋绑扎,确定箍筋的绑扎高度,按照预先量好的尺寸每间隔 4～6 m 绑扎骨架筋。防撞墙钢筋绑扎时,注意预留出顶面钢筋的保护层厚度。

(6)根据绑扎好的骨架筋挂线绑扎其他钢筋,整条防撞墙钢筋的线形、高度应该一致、整齐。

(7)钢筋的交叉点用钢丝绑扎结实,箍筋应保持竖直,绑扎钢丝尾端要向墙中心弯曲,不得伸向保护层一侧。

(8)钢筋与模板间设置 C40 梅花形混凝土垫块,防撞墙的侧面每平方米设置不少于 4 个,确保混凝土保护层尺寸不超限。

3. 混凝土浇筑

(1)对已经现场监理工程师复检合格的防撞墙,由现场技术员与监理办理好相应检验批及施工记录的签认手续,搅拌站做好开盘前的准备工作。现场提前支立好混凝土泵车,相关振捣设备及人员到位,做好混凝土灌注前的准备工作,待机具准备齐全后,通知拌和站开盘进行混凝土生产。防撞墙灌注混凝土时,现场技术员做好旁站记录,现场试验员做好混凝土坍落度、含气量、入模温度的检测,控制入模混凝土的质量,保证混凝土供应及时,尽可能减少等待和放料时间,严禁浇筑过程在混凝土中加水。

(2)混凝土的振捣采用插入式振捣棒,其移动距离不得大于 30 cm,且插入下层混凝土内的深度不小于 10 cm,捣固时,振捣棒要快插慢提,以排除混凝土中的空气,减少混凝土表面的气泡,每一振点的振捣延续时间为 20～30 s,以混凝土不再沉落、不出现气泡、表面呈浮浆为度。

(3)浇筑防撞墙混凝土时,混凝土的坍落度不得过大。先灌注一部分混凝土至防撞墙拐角上口 10 cm 处,振动后再灌注另一部分,确保不漏振。灌注混凝土的时间间隔不得超过混凝土的初凝时间,否则要按施工缝处理,若灌注过程有中断,则要特别注意上下两层混凝土接茬处的振捣。

(4)灌注混凝土过程中,安排专人负责观察模板有无变形、防撞墙模板有无松动,出现异常情况要立即组织有关人员进行检查、处理。

(5)防撞墙顶面钢筋保护层厚度一般控制在 3 cm 左右。在混凝土灌注至设计标高后,应将防撞墙顶面抹平,待混凝土初凝前就进行防撞墙二次赶光、抹面,保证防撞墙顶面平整、光滑。

4. 防撞墙断缝施工

(1)防撞墙每 2 m 设 10 mm 宽断缝,采用三层钢板(3 mm＋4 mm＋3 mm),接触面之间涂油,在设计时考虑断缝钢板与防撞墙大块钢模配套加工,既可用作防撞墙两块大钢模之间连接的垫板,又充当了内外两侧模板的拉杆及断缝的形成,确保断缝在横竖两个方向的垂直。

(2)合理控制拆模时间,按混凝土强度不低于 2.5 MPa 并经试件试验、拆模效果试验后确定防撞墙拆模时间,防撞墙拆模前先进行断缝处钢板的拆除,拆除时间要灵活掌握好,拆除过早易破坏防撞墙混凝土,过晚则会增加钢板拆除的困难。

(3)拆除断缝钢板时,向上的拉力与断缝竖向重合,以防损坏混凝土边角或引起钢板变形加大,慢慢加力,缓缓抽出钢板,放到远离防撞墙一侧,切勿抽速过快,带掉混凝土棱角。

(4)混凝土的养护、拆模

①当防撞墙混凝土灌注完成后,采用覆盖土工布洒水的方式进行养护,确保养护期间混凝土表面湿润,养护期不少于 14 d。

②当混凝土强度达到 2.5 MPa 时方允许拆模,拆模时严禁生拉硬拽和重锤敲击,防止防撞墙硬伤、掉角和模板变形,应特别注意保护防撞墙外侧的台阶不破坏。

③拆模后应及时对防撞墙混凝土表面的气泡、局部砂溜、底脚漏浆进行修补,保证防撞墙的平直、光滑、色泽一致、外形美观。

(5)其他注意事项

①施工前做好综合接地钢筋焊接及接地端子的预埋和检测，电阻值小于 1 Ω。接地端子平面位置随梁顶预埋的接地钢筋位置布设；端子外侧粘贴一小块双面胶，方便混凝土拆模后直接找出端子位置。

②排水孔设置方式：采用方便装拆的钢盒设置，做好与侧模的连接设计。钢筋绑扎时注意伸缩缝处的特殊处理，做好与四电专业的匹配，保证防撞墙排水孔对应设置。

③做好施工过程中对成品的保护工作。

(二)竖墙施工

遮板安装并焊接固定好后进行竖墙施工。竖墙分竖墙 A 和竖墙 B 两种类型，竖墙 A 浇筑后与遮板连接成一体，竖墙 B 起到分割电缆槽、连接遮板和支撑电缆槽盖板的作用。竖墙 A 高 412 mm，无声屏障不设电缆槽冗长腔的宽为 250 mm，有声屏障或设电缆槽冗长腔的宽度为 150 mm；竖墙 B 高度与防撞墙和竖墙 A 的 50 mm 台阶一致宽度 100 mm，每 2 m 设一道断缝，间隔 2 m 竖墙 B 在底部设置 100 mm×150 mm(宽×高)过水孔。

1. 施工前准备

(1)清除竖墙 A、B 与桥面接茬部分混凝土的松散颗粒，并凿除超限部分的混凝土。

(2)用螺钉旋具调整竖墙 A、B 预埋筋的位置、间距，确保钢筋间距、保护层满足要求；清除附在上面的残渣混凝土，并进行除锈处理。

(3)用鼓风机将竖墙 A、B 基层吹干净，才可进行钢筋绑扎作业。

2. 钢筋绑扎

竖墙 A 钢筋绑扎时，注意 ϕ12 mm 螺纹钢与遮板预埋钢筋相互穿插，严禁将 N1 钢筋绑在预埋竖墙 A 钢筋外侧。其他钢筋加工、绑扎工艺同防撞墙钢筋加工与绑扎一致。

竖墙 A、B 混凝土灌注同防撞墙混凝土灌注一致。

(三)接触网支柱与下拉锚线基础施工

接触网支柱分为 QJ-A2、QJ-B、QJ-C 型接触网支柱，下拉锚线基础为 QJLX-1 型下拉锚线基础。QJ-A2 型接触网支柱基础预埋 6 根 M39 锚栓，锚栓外露基础面 190 mm；QJ-B 型接触网支柱基础预埋 8 根 M39 锚栓，锚栓外露基础面 190 mm，QJ-C 型接触网支柱基础预埋 10 根 M39 锚栓，锚栓外露基础面 190 mm，QJLX-1 型下拉锚线基础预埋 4 根 M24 锚栓，锚栓外露基础面 100 mm。灌注混凝土待遮板安装到位后，与竖墙 A 进行整体浇筑，混凝土的生产、浇筑、振捣及成型质量符合上述防撞墙施工要求。接触网支柱、下拉锚线基座预埋螺栓位置应准确，预埋螺栓的间距及垂直度，基座平整，外形尺寸应满足设计要求。预埋螺栓外面预埋螺栓的间距及垂直度应符合设计要求。

(四)遮板的预制与安装

遮板为预制构件，为方便栏杆板的安装，长度一般为 0.5 m，梁端遮板长度按图纸要求适当加长，采用 C40 钢筋混凝土，预制后现场安装。遮板分栏杆遮板及声屏障遮板两大类。施工时，遮板预留钢筋与桥面竖墙 A 钢筋牢固绑扎在一起后，浇筑竖墙 A 混凝土。

1. 遮板的预制

栏杆遮板分为 A、B、C、D、E 五种型号，有声屏障分为 F1、F2、F3、F4、F5、F6、F7 七种型号。

栏杆遮板模板先用刷子将其污迹清理干净，再满刷脱模剂，脱模剂刷涂均匀，颜色一致。声屏障遮板用组合钢模板，钢筋装模前，先对钢模内的铁锈、污渍、混凝土残渣，用电动刷进行除锈，直至看不见铁锈，呈光亮为止，再刷脱模剂，脱模剂应该涂刷均匀不留死角。

栏杆遮板、声屏障遮板的钢筋均采用闪光对焊固定钢筋位置，HPB235 的 ϕ8 钢筋末端应做 180°弯钩，其弯曲直径不得小于钢筋直径的 2.5 倍，钩末端应留有不小于钢筋直径 3 倍的直线段。HRB335 的 ϕ12、ϕ16 钢筋用钢筋弯曲机进行弯曲，末端需做 90°弯钩时，其弯曲直径不小于此钢筋直径的 2.5 倍，钩端应留有不少于钢筋直径 3 倍的直线段。

螺栓的预埋应该位置准确、牢固，并防止灌注混凝土时发生位移。螺栓应与预埋钢板焊接牢固。

栏杆遮板、声屏障遮板均采用 C40 混凝土，浇筑混凝土时，采用振捣棒进行振捣，确保混凝土面呈现浮浆为度，才能进行振捣下一块栏杆遮板。声屏障遮板采用两根 ϕ30 的小振捣棒进行振捣，每一点持续

20～30 s,确保混凝土面呈现浮浆为度。

遮板浇筑完成后,待混凝土强度达到 2.5 MPa 时,即可拆模,做好成品保护和养护工作。

2. 遮板的运输与安装

(1)遮板运输

养护到期后的栏杆遮板和声屏障遮板,经过吊装汽车运输到桥面或桥下,再经过起重机吊运上桥。吊运期间一定要注意遮板外观的完整、干净,不得磕碰掉角、划痕,若出现掉角,必须马上在遮板厂进行调换。

栏杆遮板、声屏障遮板安装前仔细检查成品尺寸,各部分尺寸最大误差不得超过 2 mm,对角线误差不得超过 4 mm。要求表面不得露筋、掉角、缺损、开裂、有蜂窝麻面,棱角清晰、色泽一致,发现不合格的不得使用。在吊运过程中应绑扎牢固,预制件与装运设施、绑扎器材间的接触摩擦处,应加衬垫保护,防止损伤预制件。如需堆放时,应码放整齐,集中堆放时不得超过 2 层,注意保护预埋的挡砟墙和竖墙钢筋,不得将遮板卸在码放预埋钢筋架上。

(2)栏杆遮板、声屏障遮板安装

先检查安装遮板处是否平直,若有凹凸不平,需在安装遮板处的桥面基层抹一层 1 cm 左右厚的砂浆。

根据设计位置挂上通线。安装上遮板,调整其高度至符合要求后将遮板上的预埋筋与竖墙 A 预埋筋焊接成一个整体,严禁用细扎丝绑扎作为遮板线形调整后的固定措施。安装时,用 10 mm 厚的木板夹在两块遮板之间,保证安装的缝隙均匀一致;用水平尺控制遮板顶面水平,保证外轮廓线一致、优美。

(五)栏杆预制与安装

栏杆由立柱、扶手、栏片、柱帽组成。栏杆采取厂制,现场安装。

1. 桥面系栏杆预埋件处理

施工前预埋螺栓面清洗干净,法兰钢板采用 200～300 mm,预埋件的位置要准确,确保现场安装顺利进行。

2. 测量放样

测量每孔梁之间的尺寸。每个预埋螺栓的尺寸及伸缩缝的尺寸,根据图纸和现场实测数据进行统计预制构件的型号及数量,两跨梁缝处扶手部分伸出立柱,两侧伸出部分保证间距为 4 cm。梁缝值需要现场核实。

3. 栏杆预制的模板及钢筋

(1)模具安装

将模型在厂房内进行装配,安装完毕后根据设计图纸核对组装模型尺寸,组装好后将模型安置在指定区域。

(2)钢筋骨架加工时钢筋交叉处处理

栏杆内钢筋由 ϕ12 螺纹钢筋及 ϕ8 热轧钢筋组成。钢筋纵横向交叉点采用电焊焊接。

(3)钢筋骨架制作

①立柱钢筋骨架制作时,先将 ϕ12 纵向钢筋准确安放在胎具定位槽内,再根据钢筋胎具上的定位槽口,放置 ϕ4.5 横向钢筋后,交叉处采用电焊焊接牢固。立柱截面尺寸为 120 mm×120 mm,高度 1 180 mm;底端设置法兰钢板,钢板与内置钢筋 U 形双边焊接(不得有单根直接与底座钢板焊接),要求立柱构件预制前焊接完成,焊接长度必须要满足 80 mm,焊缝要饱满,不得有漏焊现象,而且焊接处不允许破坏防腐保护层及法兰钢板变形;箍筋必须满足规范锚固要求,不得在平直断面搭接;下端两侧设置 260 mm×40 mm×30 mm 特制槽钢牛腿,连接托梁。

②拖梁、扶手钢筋骨架制作时,先将 ϕ4.5 的冷拉丝箍筋穿入 ϕ10 主筋内,放在胎膜上定位,把预埋件焊接在主筋上,焊接长度 20 mm,交叉处焊接牢固。

③栏片钢筋网片制作时,把 ϕ8 的钢筋纵横杆件放在胎膜上定位,交叉处焊接牢固。

(4)钢筋骨架入模及塑料垫块的安装

将钢筋骨架放入栏杆模型中,放入塑料垫块,确保混凝土的保护层符合设计图纸要求。

4. 栏杆混凝土浇筑与养护

(1)混凝土浇筑

栏杆混凝土均采用无机复合型混凝土基材，强度等级不低于C50。混凝土浇筑时，先将钢筋骨架放入模型内，检查混凝土的保护层，混凝土的保护层厚度控制在35 mm±3 mm。确定无误后浇筑混凝土，模型放在振动平台上振动，分成三次上料。边振动边上料，振动至表面浮浆，没有气泡后停止振动，如果欠振会造成混凝土表面不实，过振则会导致混凝土浆上泛，表面无浆而麻面。

(2)栏杆混凝土养护

栏杆预制完成后，混凝土采用蒸汽养护，加热升温幅度控制在5 ℃/h以内，升温时间在4 h，恒温温度控制在26～30 ℃，时间8 h，降温幅度控制在5 ℃/h以内，降温时间控制在4 h，栏杆蒸汽养护时间控制16 h。

5. 栏杆脱模

(1)栏杆脱模时，把模型翻动180°放在专用托架上，开动振动托架，用橡胶手锤敲打模型，构件自动脱落。把栏杆吊入产品存放区进行后期养护。

(2)模具清理及脱模油喷涂

为保证栏杆混凝土外观质量、强度和耐久性，在混凝土灌注入模前，必须将模具清理干净，并喷涂脱模剂。

(3)栏杆脱模后，把模型放入专用清洗池内浸泡3～5 min后，用清水冲洗干净，用毛巾擦干，放入模型堆码场。

6. 栏杆成品质量要求

立柱截面长度、宽度及高度误差不大于3 mm；立柱中预埋件位置偏差不大于3 mm；立柱垂直度小于$h/100$(h为柱高，mm计)；栏杆扶手高度矢度不大于10 mm/10 m。

7. 栏杆存放、吊装运输

(1)存放要求

存放场地应平整；各种构件存放时可单独存放也可以拼装成榀后存放，构件及成榀栏杆要垂直存放，单独扶手、托梁可以堆放；上层交错布置，层层之间接触面加垫板或缓冲材料，最高层数不得大于15层；在距端头40 cm处用垫木垫起成为支点。

(2)吊装要求

吊装应成榀吊装，一次起吊一榀，吊点位置可设在两立柱顶或扶手两端40 cm以内。

(3)运输要求

运输的码放要求同存放场地要求；防止运输过程中颠簸，以免造成对构件的冲击作用；在存放、吊装、运输过程中扶手、托梁尽量保持垂直放置状态，不得乱堆乱放以免构件开裂。

8. 栏杆安装

①栏杆运输前，在栏杆厂把栏杆构件半成品成批绑扎，再运输到要安装的桥梁底下，用起重机吊装上桥。在桥上码放整齐。

②栏杆安装前应先对遮板内的预埋螺栓进行除锈，露出螺纹，预埋钢板处凹槽内的混凝土残渣、垃圾，清理干净。有歪斜的再进行调直处理。栏杆在桥上工地组装，所有螺帽应该用螺钉旋具拧紧，牢固。立柱左右两侧扶手在立柱顶通过立柱预埋钢筋连接，并现浇基材封闭，托梁通过牛腿与立柱连接。

③栏杆安装后，用砂浆填补遮板内预埋钢板处的凹槽，扶手与立柱缝隙，柱帽顶处的凹槽。修补砂浆的色泽应该与遮板、栏杆色泽一致，不能出现颜色不一致、偏色现象。

④栏杆安装完成后，应该整齐、平直、色泽一致、外形美观。

(六)声屏障安装

声屏障立柱及单元板在加工厂里加工完成后，运输到桥梁下面，经过吊装上桥。

1. 声屏障安装施工流程

声屏障安装施工流程如图4-3-270所示。

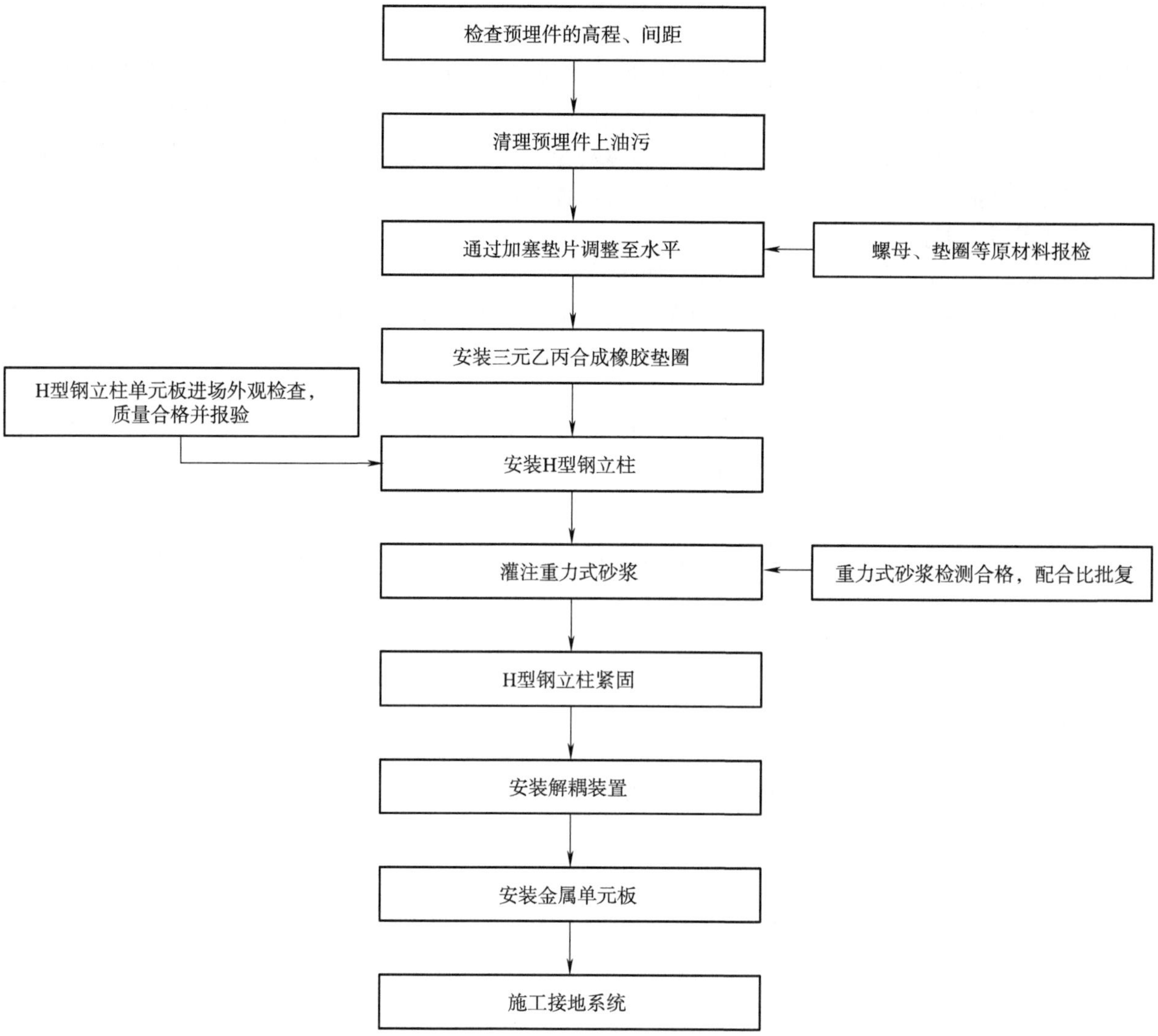

图 4-3-270 声屏障安装施工流程图

2. 主要工序及技术要点

(1)预埋螺栓检查

声屏障安装前,认真检查预埋螺栓间距是否符合要求,螺栓是否弯曲等问题,在安装前整改完成。螺栓间距检查可根据设计图纸中螺栓间距,采用 5 mm 厚钢板制作一个卡具,卡具孔位严格按照图纸制作,孔径尺寸略大于预埋螺栓 2 mm,如卡具能正常放入预埋件中,说明预埋螺栓位置正确。如无法放入,需将影响的螺栓做好标识,进行调整。如螺栓尺寸偏差在 5 mm 以内,调整采用将螺帽旋在螺杆上,再采用略大于螺帽直径 2～4 mm 的长钢管,插入预埋螺帽后,慢慢施力将螺栓调整至合适位置。如螺栓偏差超出 5 mm,需将原螺栓凿除后,重新植入锚固螺栓处理,锚固螺栓深度 29 cm,锚固力控制在 14 MPa,并对锚固螺栓进行拉拔试验,合格后方可进行安装。

螺栓原施工中涂刷的凡士林在安装前采用钢丝刷清理干净。

螺栓高程也需认真检查,偏差满足不了设计要求时需采用重新锚固螺栓的处理方案处理。

(2)H 型钢立柱安装

H 型钢立柱采用汽车式起重机垂直运输至桥面,统一放于防撞墙外侧,水平运输采用简易轨道车进行运输。立柱安装时,人工扶立柱的中下部将立柱下钢板的孔位与预埋螺栓位置对正后放下,施工人员必须佩戴安全带,安全带一端与轨道或扣件工牢固栓接。立柱放下后,将四个角的 4 根预埋螺栓螺母安装上,并施拧至紧固即可。采用线锤及钢尺测量立柱的垂直度、轴线、高程等是否满足设计要求,如满足设计要求,进行重力砂浆灌注施工。如不满足要求，则需要重新调整到位。

单个立柱安装调整完成后，要将至少一孔梁范围长度的立柱进行轴线调整，保证轴线线形顺直。

(3)灌注重力式砂浆

立柱标高、轴线等均调整到位后，灌注重力式砂浆。砂浆进场后在现场监理的见证下，委外试验，并报送配合比选定报告。配合比批复后，按照批复的配比进行砂浆拌和。

重力砂浆拌和采用手提式电钻(转速约 400 r/min，功率约 800 W)拌和，正常使用水胶比为 0.15～0.17，搅拌时间 2～3 min，搅拌后静置约 1 min，使搅拌时产生的气泡消失。灌注前首先洒水湿润柱槽，保证槽内清洁湿润，且不得积水。沿柱槽外侧采用竹胶板及胶带封堵，避免漏浆。采用重力式自流由一侧灌入，灌注高差宜 1～2 cm，采用漏斗接塑料管灌入。直至另一侧有砂浆溢出为止，待砂浆接近初凝时将表面多余的砂浆刮掉，抹平、压光。

重力砂浆灌注完成后，采用棉被覆盖养护 1～3 d。重力砂浆在灌注完成后 1 d 强度达到约 30 MPa，其初凝时间约 45 min，终凝时间约 90 min。在施工时注意控制施工拌和用量，在初凝之前完成灌注工作。

重力砂浆灌注完成 1 d 后，将螺栓上的临时螺母施拧下来，然后在下部安装防松动垫圈，防松动垫圈由两片组成一套，相对安装。

防松动垫圈安装完成后，进行高强螺母的施拧，高强螺母施拧需制作专用套筒，保证套筒有足够长度进行施拧。M30 单个高强螺母的预紧力为 100 kN，采用螺钉旋具施拧时，扭矩为 360 N・m。施工时不得漏拧、欠拧或超拧。第 1 个螺栓施拧到位后，再进行第 2 个螺栓的施拧。桥梁声屏障六个螺栓中中间的两个螺栓不需要施加预紧力，只要拧紧即可。

(4)安装解耦装置

立柱安装完成后，在两个立柱间铺设一根三元乙丙橡胶解耦装置。解耦装置铺设应平整，中心对准轴线，避免在单元板安装后产生外露现象。

(5)安装单元板

单元板采取自上而下逐块插入的方式插入 H 型钢立柱之间，插入时注意避免破坏单元板与 H 型钢分割的单管橡胶垫。插入时自上而下两侧同时水平插入，避免倾斜插入时损坏单元板。局部地段如单元板与立柱间缝隙较小，无法插入，可采用橡胶锤轻敲缓慢插入。

单元板安装注意颜色自上而下由浅变深，同时注意将单元板之间的弹性垫铺设平整。

同时非标段，需提前认真测量后，由厂家根据非标段尺寸加工非标插板，根据立柱间测量间距不同，做好标识及编号，厂家在加工时贴上同样标识，以保证现场安装正确。

(6)安装接地

单元板安装完成后，安装接地设施。桥梁接地采用 50 mm×4 mm 镀锌扁钢与每根立柱的 1 个地脚螺栓相连后接入每孔梁的接地系统。5 块单元板之间通过 M8 T 形螺栓固定 50 mm^2 铜导线相连。

声屏障接地扁钢焊接时注意搭接尺寸及焊接质量，焊缝处涂刷防锈漆处理。

(七)电缆槽盖板安装

盖板在工厂预制，养护完成后运输到桥梁下面，经过吊装上桥。

1. 电缆槽盖板预制

电缆槽盖板为预制结构，采用钢筋混凝土盖板，分别为通信、信号电缆槽盖板和电力电缆槽盖板两大类，厚度 25 mm，盖板顺桥向尺寸 259～494 mm，横桥向尺寸 294～744 mm，设 6 mm 断缝。电缆槽盖板分为 C1、C2、C3、C4、C5、C6、D1、D2、D3、E1、E2、E3、E4 型 13 种。在接触网基础时，设置整体盖板，一端支撑于电缆槽上，一端支撑于接触网基础上，盖板一般 0.5 m 一块，设 6 mm 缝，板宽 494 mm，梁端处根据桥跨长度及梁缝大小需要设置配板。

在盖板顶板设置横向波纹或凹槽，起防滑和标识盖板方向的作用，在盖板各方向的交角处应设置倒角，以免盖板损坏。

2. 盖板安装

安装时盖板下部须用砂浆抄垫密实，不得形成翘板现象，盖板之间的厚度误差不大于 2 mm。同时要严格控制盖板顶面的标高(与遮板顶面标高一致)，盖板间的缝隙要均匀一致，使安装好后两个电缆槽的横向缝隙处在一条直线上，盖板间错台不大于 1 mm，特别是要防止盖板在铺设过程中形成的翘板现象。

(八)伸缩缝施工

伸缩缝在浇筑梁体混凝土时预埋耐候钢部分，伸缩缝安装时应保证耐候钢顶面与两边梁面平齐，伸缩缝中线与梁缝中线基本重合。

由于有声屏障地段伸缩缝延梁宽通长布置，为便于伸缩缝安装，在有声屏障地段梁端防撞墙和竖墙 B 处均预留 100 mm×200 mm 的槽口。

伸缩缝构造及施工方法具体安装要求如下：

(1)安装前将安装区清扫干净，并清除伸缩缝型钢凹槽部分的杂物。

(2)吊装伸缩缝装置，调整伸缩缝中心线与梁端间隙中心基本重合，型钢通过拉线调直。

(3)按要求嵌装橡胶条，嵌装部位必须完全嵌入到型钢的凹槽内。

(九)桥面防水层施工

桥面防水层根据位置分为防撞墙内侧防水层和电缆槽防水层，防撞墙内侧防水层分为底座板下防水层和底座板以外防撞墙以内防水层。

1. 桥面处理

梁面验收应满足《高速铁路桥涵工程施工质量验收标准》(TB 10752—2010)以及无砟轨道设计对桥梁面的要求。

桥面基层(包括防撞墙根部)应平整、清洁，不得有空鼓、松动、蜂窝麻面、浮渣、浮土、脱模剂和油污，宜干燥。

2. 无砟轨道底座板下防水层喷涂聚脲施工

(1)抛丸

底座板范围内的基面粗糙度采用抛丸机处理，底座板范围外的基面不适合机械抛丸，采用手持式角磨机进行粗糙处理。抛丸机控制行走速度为 10 m/min，电流为 18 A。要求沿线路纵向匀速行走，抛丸机掉头时应注意保持作业宽度与重叠，重叠宽度 5～10 cm，避免漏抛。

(2)底涂施工

施工底涂时要注意施工现场的温度和湿度，施工时基面温度不能低于 5 ℃，空气湿度不能高于 75%，基面含水率不能高于 7%。

底涂施工采用人工利用平整的木条均匀刮涂。将 A、B 组料按指定配合比混合均匀，使用电动搅拌机搅拌 2～3 min。配料前须检查涂料包装桶是否完好，若包装桶损坏则不能使用。底涂材料混合后在 1 h 内必须使用完毕。

底涂施工完毕后，需在表干之后实干之前进行下一道工序，4～8 h。具体时间视现场温湿度环境而定。现场用手指按压底涂表面已经没有粘性即为表干，用有机溶剂擦去即为实干。因特殊情况未能及时进行下一道工序时，在下次施工前应对表面进行打磨。

点补混凝土表面气孔、凹坑等缺陷。使用刮刀粘上腻子材料，点补混凝土表面大的气孔和凹坑，如凹坑过大可在腻子材料中加入细石英砂予以修补。实际操作时也可以在底涂中加入石英砂对基面予以修补。

(3)腻子层施工

使用石英砂作为填充料，石英砂与底涂的配比至少达到 1.5∶1，以达到更好地填充孔洞的目的。完成第一遍腻子。

完成第一遍满刮腻子后，对基面局部轻度打磨处理，除去颗粒、刀痕等，并进行清洁。刮腻子后，以打磨机磨去基面上存在的颗粒、刀痕以及点补留下的喇叭边等，再满刮第二遍腻子(刮涂完腻子层后，最佳的聚脲喷涂时间即为表干之后实干之前，如果腻子层已经完全干透则需对整个腻子层表面进行打磨处理，再喷涂聚脲)。

(4)喷涂聚脲防水层施工

为了有效控制防水层施工的质量，喷涂施工设备必须具备以下基本要求：物料输送平稳、计量精确、混合均匀、雾化良好、清洁方便。目前采用的为美国生产的喷涂设备，辅助设备有空压机、冷冻式油水分离器、保温车、加长搅拌器、硅胶空气干燥过滤器和料桶等。

喷涂聚脲防水涂料的施工为机械化自动喷涂。

聚脲施工前应保证基面温度高于露点温度 3 ℃，聚脲材料必须在 10～40 ℃干燥环境下储存。喷涂过程中必须保持材料包装桶密封，开桶后的材料应尽快使用完毕，因特殊情况未能用完的应灌入干燥氮气再密封储存，并在短时间内使用。

施工前需将 B 料搅拌 15 min 以上，并使之均匀。施工过程中应保持连续搅拌。喷涂时基面温度需达到 10 ℃以上，并且喷涂完毕后需保持至少一天以上对防水层进行养护。

喷涂聚脲使用专用的喷涂机械施工，聚脲涂层分两遍喷涂完成。完成第一遍喷涂后，用刀片处理掉突起的颗粒与针孔，处理第一遍喷涂现场的时候，切记必须戴鞋套进入施工区域，以免带入新的杂质，影响第二遍施工效果。处理完毕，喷涂第二遍聚脲防水材料。为避免出现脱层现象，两道喷涂间隔时间不宜超过 30 min，当间隔时间超过 6 h 时，必须使用层间黏结剂才可以进行第二道喷涂。

喷涂机参数设置：加热温度，65～70 ℃，喷涂机压力，2 500～3 000 psi(施工过程中 A、B 组分管道压力差不能超过 200 psi，超过 200 psi 时需停止施工，进行设备调试，直到压力平衡为止。1 psi＝6.895 kPa)。

以下特殊部位需进行处理：

①防撞墙、侧向挡块的封边处理。防撞墙的侧面应先用角磨砂轮机打磨混凝土表面，清除浮浆和毛边。防撞墙、侧向挡块根部应设置 30 mm×30 mm 倒角，后期修补采用聚合物进行处理，之后再做底涂处理。

②泄水孔的处理。泄水管内刷涂底涂约 10 cm，然后手工向孔内壁喷涂聚脲防水材料。

③混凝土面裂缝等残缺的处理。如桥面有小裂缝或其他残缺，则应先对残缺进行修补，然后进行底涂施工、加强层和喷涂聚脲施工。

④防水层收边处理。在桥面混凝土喷涂聚脲防水材料时应连续施工，在梁端处应先做收边处理，使用角磨机将聚脲喷涂层边缘修平。

3. 防撞墙内侧底座板以外防水层喷涂聚脲施工

防撞墙内侧底座板以外防水层喷涂聚脲施工除底层施工、腻子层施工、喷涂聚脲防水层施工同底座板下防水层喷涂聚脲施工方法一致外，还有脂肪族聚氨酯面层施工。

(1)脂肪族聚氨酯面层宜在聚脲防水层施工完毕后 6 h 内完成。

(2)脂肪族聚氨酯面层施工前，应对相应区域聚脲防水层表面进行清洁处理，保证聚脲防水层表面干燥，无灰尘、油污和其他污染物。如果与聚脲防水层施工间隔时间超出规定，应采用 SP-7885 层间黏合剂做预处理或现场做黏结拉拔试验，然后确定。

(3)脂肪族聚氨酯面层施工可采用辊涂或喷涂工艺，边角沟槽辅以刷涂施工。面漆黏度过大时，可加入专用配套稀释剂以求达到最佳的施工黏度。面漆总厚度要求大于 200 μm(0.2 mm)。一道施工难以达到指定厚度，一般分两道施工。

4. 搭接施工

(1)对于桥面喷涂聚脲防水层两次施工间隔在一周以上，需要搭接连成一体的部位，第一次施工应预留出 15～20 cm 的操作面以便和后续防水层进行可靠搭接。

(2)施工后续防水层，应对已施工的防水层边缘 20 cm 宽度内的涂层表面进行处理，保证原有防水层表面清洁、干燥、无油污及其他污染物。

(3)采用层间黏剂对原有防水层表面 15 cm 范围内做预处理，并在 4～24 h 之内喷涂后续防水层与原有防水层搭接宽度至少 10 cm。

5. 电缆槽防水层施工

电缆槽防水层包括电缆槽聚氨酯防水层施工和电缆槽纤维混凝土保护层施工。

(1)电缆槽聚氨酯防水层施工工艺

电缆槽内聚氨酯防水层最小厚度 2 mm，包裹防撞墙及竖墙边高 8 cm；涂刷之前，应清理干净电缆槽内的杂物、混凝土小块、浮浆，割除外露的钢筋头，保证混凝土基面光洁平整、干燥，竖墙及防撞墙根部要连接圆顺，不得有突起或者孔洞等现象。

通常情况将 B 组份先倒入搅拌桶中，在按 1∶1 的配比加入 A 组份，然后搅拌 1～2 min 开始涂刷，一般涂刷 4～5 次，每次涂刷厚度根据现场涂刷试验确定，总涂刷厚度不小于 2 mm，每平方米用量 2.4 kg 左右。喷涂到固化前，应保证没有杂物灰尘吹落到聚氨酯涂层上。

每天在梁面基层清理合格后方能报检,经监理验证合格后马上进行涂刷,避免久置后重新清理杂物灰尘。

(2)纤维混凝土保护层施工方法

电缆槽防护层采用纤维混凝土保护层,最小厚度为 4 cm。保护层为聚丙烯纤维混凝土,纤维网掺量不小于 1.8 kg/m^3。纤维混凝土在拌和站集中拌和,运输至桥下,由混凝土泵车泵送至桥上灌注铺设。

①将石子、砂子、水泥倒入搅拌机中预混 1 min,然后加入水、减水剂及纸袋包装好的纤维网(连同纸袋一起加入),拌和 3～5 min。

②将拌和均匀的纤维网混凝土均匀铺在梁体的防水层上,用平板振捣器捣实,直到无可见的空洞为止,然后用抹刀抹平。纤维网混凝土的厚度应控制在 40 mm。

③按设计要求设置保护层混凝土断缝。最后用聚氨酯防水涂料将断缝垫实、垫满。

④纤维网混凝土面层做好后,应采取必要的保水养护措施(同一般混凝土养护),避免失水太快。

⑤在梁端部应支立模板,确保梁端纤维网混凝土外形及尺寸正确,待混凝土施工完拆模后,再在混凝土端部涂上防水涂料。

⑥纤维混凝土质量检查。聚丙烯纤维网混凝土在搅拌和浇筑过程中应按照下列规定进行检查:检查聚丙烯纤维网混凝土组成材料的质量或用量,每一工作班不少于两次;在拌制及浇筑地点用坍落度筒或倒置坍落度筒法检查聚丙烯纤维网混凝土的稠度;随时检查聚丙烯纤维网混凝土的搅拌时间;检查聚丙烯纤维网混凝土质量应做抗压强度及抗折强度(或抗拉强度)试验;评定试验的质量,应符合国家标准以及现行有关规范的规定。

6. 修补

(1)如果涂层有鼓泡、破损、遗漏等缺陷,需要对涂层缺陷进行修补。

(2)如果缺陷部位涂层喷涂时间较短(小于 4 h),则可对缺陷涂层表面进行打磨、清理后直接进行二次喷涂聚脲;如果缺陷部位涂层喷涂时间较长(大于 4 h),则应在缺陷涂层表面并向外扩展 5～10 cm,打磨、清理后,涂刷层间黏合剂,然后进行二次喷涂聚脲。

(3)每天应随时查看已经涂刷完毕的电缆槽,是否有鼓包脱落等现象。

(4)电缆槽防水层成品外观应光滑平整,无针孔气泡脱落等现象,对喷涂不合格(主要是起泡鼓包,大面积针孔等现象)及时进行处理,严重的进行揭掉重涂。

(5)电缆槽内浇筑 5 cm 厚的 C40 纤维混凝土保护层,纤维混凝土浇筑应厚度均匀,粘结良好。

第九节 涵洞工程施工

全线涵洞全部采用钢筋混凝土框架涵。以下以马鞍山东站内 3.5 m×4.0 m 钢筋混凝土框架箱涵施工为例总结框架涵施工技术。

马鞍山东站内正线涵身基础采用预应力管桩加筏板,站线涵身基础采用 CFG 桩加桩帽处理形成复合地基,出入口翼墙及涵身基础为 C30 混凝土,涵身为 C35 钢筋混凝土,出入口边坡、垂裙、沟床为 M10 水泥砂浆砌片石。

(一)施工工艺流程

钢筋混凝土框架箱涵施工工艺流程如图 4-3-271 所示。

(二)关键工序及技术要点

1. 基础开挖

涵洞开工前根据设计资料,结合现场实际地形、地质情况,对其位置、方向、长度、出入口高程以及与排灌系统的连接等进行核对。

(1)降水

马鞍山东站内 6 座涵洞大部分为排水涵洞或过管线涵洞,涵洞位于原始地面以下 2～4 m,因此采用放坡开挖。坑内排水采用明沟排水与集水井收集、抽水井抽排方式。

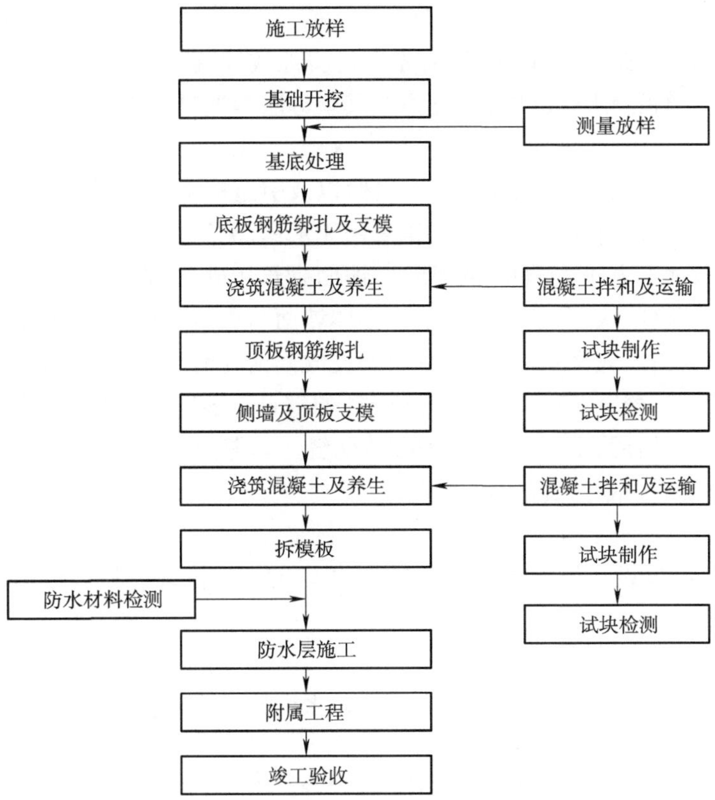

图 4-3-271　钢筋混凝土框架箱涵施工工艺流程图

(2)基坑开挖

基坑开挖前,测设地面标高,按照放坡及放宽要求计算基坑的实际开挖尺寸,并用木桩和白灰作标示。开挖基坑土方立即用车运走。

涵洞基础采用小型挖掘机配合人工开挖,按 1∶1 放坡,并在开挖约 1.7 m 深处设 1.5 m 宽平台后再按 1∶1 放坡开挖至基底。涵洞左右方向按 1∶0.75 放坡开挖,挖掘机从便道一侧开始在基坑内部向前开挖,拉土车跟在挖掘机后边及时将基坑土运出。开挖过程中注意对管桩的保护,挖掘机不允许碰到管桩。开挖过程中需同时安排人员截桩,边坡和基底需人工配合清理。施工过程中对管桩位移进行监测,观测点设置在涵洞左右两侧的管桩桩顶上。

基坑开挖后,四周作 2%排水坡,以防地表水排入基坑内。基坑四周挖设 0.3 m×0.3 m 排水沟和 0.5 m×0.5 m×0.5 m 集水坑,并备泥浆泵,下雨天气利用泥浆泵抽水。

2. 涵身施工

涵身施工前需先完成涵洞筏板施工。涵洞筏板的沉降缝设置应与涵洞底板的沉降缝位置对应。涵洞筏板与路基筏板仅沉降缝设置不同,其余均相同。

涵洞筏板施工完毕,按设计用墨线弹出涵洞模板支撑线、钢筋铺设线、沉降缝等,经复核无误后,绑扎箱涵底板钢筋和涵身钢筋,立底板及涵身模板。内侧和外侧模板采用组合模板拼装,背肋采用槽钢双拼,楞木采用 10 cm×10 cm 方木,面板采用 15 mm 竹胶板。两层模板用 ϕ16 拉杆配以钢管架固定,调正支撑牢固,端模安装后经检查合格,浇筑底板及涵身混凝土,涵身混凝土浇筑高度到顶板底部倒角处。待底板混凝土达到一定强度后,搭设顶板支架,安装顶板底模,顶板底模经检查合格后,安装顶板钢筋,顶板钢筋经检验合格后,安装顶板端模板,模板安装加固支撑牢固后,一次性分层浇筑顶板混凝土。

箱涵钢筋在钢筋加工棚按设计图规格、编号下料加工,运至现场安装。混凝土在拌和站集中拌和,混凝土输送车运至现场注入模内,机械振捣成型。涵身混凝土对称水平分层浇筑,分层厚度不大于 30 cm,上、下层浇筑的间隔时间不超过混凝土初凝时间。底板和顶板混凝土先用插入式振捣器振捣,后用平板振捣器将表面混凝土振捣密实,人工用铁抹子在混凝土终凝前按设计标高收面抹平。

3. 出入口翼墙施工

出入口翼墙及基础采用 C30 混凝土,施工前先进行实地放样,确认放样正确后方可施工。外露部分及背部掩埋部分均采用组合模板,钢管支架搭设支撑。其余方法同涵身施工。

4. 浆砌片石

根据设计图纸,出入口垂裙、边坡、沟床、锥体、台阶以及引道挡土墙采用 M10 浆砌片石砌筑。砌体土方开挖经检验合格后,自下而上进行片石砌筑。砌筑采用无水锈、无风化、最小厚度大于 15 cm 的片石;外露面选择块大面平的片石大致加工方正、丁顺相间砌筑。镶面砌筑用砂浆,在现场按施工配合比过磅计量,采用砂浆搅拌机拌和;组砌采用挤浆法,严禁灌浆砌筑。砌体坡面与边坡一致,线形平顺圆滑,力求较好的外观质量。砌体砌筑过程中,每天由专人浇水养生,浇水次数视气候情况而定,保持砌体砂浆表面湿润为度。

护坡砌体统一勾平凹缝,缝宽 2 cm,深 3～5 mm。勾缝前,先将砌体灰缝修凿至 2～3 cm 宽、2～3 cm 深;灰缝修凿完毕,经检验合格后,采用 M10 水泥砂浆勾缝。勾缝前先将砌体喷洒适量水充分湿润。勾缝自上而下进行,勾缝砂浆终凝后,由专人浇水养生 7 d。

5. 沉降缝施工

涵洞沉降缝缝宽 2 cm,按设计位置布设,并按图纸规定的填塞嵌缝材料进行填塞嵌缝。施工结束前,集中对沉降缝进行描直处理。

6. 防水层施工

箱身混凝土需按设计要求做防水层。涵洞有两种防水设计,一种为“二布三涂”冷作施工,另一种为涂刷防水涂料二道。

为保证质量,混凝土面和防水材料铺装面基层必须平整、干净、干燥,无凹凸不平、蜂窝及麻面。对蜂窝、麻面作填补前,应清除蜂窝、麻面中的松散层、浮渣、浮灰、油污等,并使之湿润,再用水泥砂浆填补平整。对蜂窝、麻面的填补,均应在水泥砂浆、水泥净浆中添加适量类似 107 胶的水溶性胶黏剂以增强水泥砂浆、水泥净浆与基层面的连接。

防水涂料的配比应准确,搅拌均匀、涂刷均匀,无漏刷现象。防水卷材的粘贴应在防水涂料涂刷完毕后 20 min 内完成,卷材应按结构面坡度顺向搭接,纵、横向接茬处至少搭接 8 cm。纵、横向搭接层防水卷材涂刷厚度为 1.5 mm。两幅防水卷材铺贴完毕,用防水涂料进行封边,封边宽度 8 cm,其涂刷厚度均不得低于 1.5 mm。第二层涂料的涂刷,须在第一层涂料具有一定强度后方可进行。

防水卷材应粘贴密实,表面平整,无歪斜、无皱折、鼓泡、接口不严或边缘翘起现象。防水层铺设完毕 24 h 后,方可进行保护层的施工。防水层不得冒雨施工。

7. 涵背回填

涵洞两侧设置涵路过渡段,过渡段回填料采用级配碎石+5%水泥,过渡段长度为 20 m。涵洞过渡段的填筑必须待涵洞结构物的混凝土强度达到设计强度,地基加过工程验收合格后方能施工。

第十节 沉降变形控制与评估

高速铁路无砟轨道对桥涵等线下工程的工后沉降要求严格、标准高。施工期必须按设计要求,进行系统的沉降变形动态观测。通过对沉降观测数据系统综合分析评估,验证或调整设计措施,使桥涵工程达到规定的变形控制要求。分析、推算出最终沉降量和工后沉降,合理确定无砟轨道开始铺设时间,确保无砟轨道结构铺设质量。

一、变形控制

1. 沉降变形控制

施工时根据工程地质资料及桩长、桩径选择钻机并彻底清孔。对有可能沉降超标的墩台钻孔桩基础,采用设压降管进行桩底压降固结的措施。

墩台施工阶段严格控制工程质量,分阶段对沉降差进行调整,以设计理论值控制标高,分时段消除施工阶段的结构沉降值。

对线路沉降实施分阶段监控，按照下部结构、上部结构及各施工节点，分别对线路的水平及高程位移进行监控，将桥梁墩台的工后沉降量控制在规范规定的范围内。

2. 现浇梁梁体徐变控制

(1)弹性模量控制：优化混凝土配合比设计，以最大限度提高混凝土的弹性模量为设计原则，以保证收缩徐变上拱量不超标。

(2)混凝土现浇控制：梁体混凝土浇筑过程中采用插入式振捣器和附着式振捣器相结合的方式进行振捣，确保混凝土振捣密实。

(3)预应力张拉控制：在施加预应力前，检验混凝土强度及弹性模量，在两者满足设计要求后再施加预应力；对预应力筋的管道摩阻进行实测并对其张拉应力进行修正；施加预应力严格按照要求方式张拉，严格实行"双控"，严禁超张拉，以确保满足预应力徐变上拱限值的要求；预应力张拉完成后及时压浆；管道压浆应密实。

(4)加强监控：梁体施工时在设计部位埋设徐变观测标作为监测张拉前后的徐变量观测点，严格按照要求的观测频次用电子水准仪进行观测。根据观测曲线分析梁体上拱量的发展规律，确保铺设无砟轨道后梁体上拱值不大于设计值。

二、评估方法与标准

桥涵主体工程完工后沉降观测期不少于 6 个月后，进行无砟轨道铺设条件评估。处于岩石地基等良好地质的桥梁，观测期大于 3 个月。

(1)一般地质地段架梁完成后观测期大于 6 个月，其沉降增量在±2 mm 之内；架梁完成后观测期大于 6 个月，无异常波动且沉降波动幅度在 3.0 mm 之内；最后四期(且观测时间不少于 1 个月)沉降观测数据未见持续下沉，可判定满足无砟轨道铺设条件。

(2)岩石地基等良好地质的桥梁，当主体工程完工后观测期大于 3 个月且沉降波动幅度在 5.0 mm 之内、沉降增量在±2 mm 之内、最后 4 次(且观测时间不少于一个月)观测数据未出现连续下沉现象时，可判定为"通过"本次评估，不予曲线拟合，可进行无砟轨道施工，但必须继续观测验证；对于按前述标准评估不能通过的测点，在主体工程完工后，在观测时间不小于 3 个月的时间范围内，沉降曲线总体呈现收敛状水平发展趋势，则认为该测点通过评估，不予曲线拟合，但必须继续观测验证。

(3)采用曲线回归方法预测工后沉降时，回归预测分析结果应满足以下标准：曲线回归的相关系数应不低于 0.92；沉降预测的可靠性应经过验证，间隔不少于 3 个月(对于岩石地基等良好地质的桥涵，不应少于 1 个月)的两次预测最终沉降的差值不应大于 8 mm；预测得到的工后沉降小于 15 mm；测点当前沉降量与预测最大沉降量比值不小于 75%；无砟桥面静定结构相邻墩台工后沉降量之差小于 5 mm；同一断面的预测最终沉降值与设计沉降值之差不宜大于 10 mm。

(4)根据实测沉降观测资料推算的工后沉降应符合下列标准：桥墩台均匀沉降量≤20 mm；相邻墩台沉降量之差≤5 mm。涵洞基础工后沉降不应大于 15 mm。

(5)预应力混凝土桥梁上部结构的变形评估标准：终张拉完成时，梁体跨中弹性变形不宜大于设计值的 1.05 倍；扣除各项弹性变形、终张拉 60 d 后，$L\leqslant 50$ m 梁体跨中徐变上拱度实测值不应大于 7 mm；$L>50$ m 梁体跨中徐变变形实测值不应大于 $L/7\ 000$ 或 14 mm。

不能满足上述要求时，应根据梁体变形的实测结果，确定梁体的实际弹性变形及徐变系数，并按下式估算无砟轨道的最早铺设时间 t：

$$[\Phi(\infty)-\Phi(t)]\cdot\Delta_{弹性}\leqslant\Delta_{允许}$$

式中　$\Phi(\infty)$——根据实测结果确定的混凝土徐变系数终极值；

$\Phi(t)$——根据实测结果确定的铺设无砟轨道时混凝土徐变系数；

$\Delta_{弹性}$——实测梁体终张拉后的弹性变形；

$\Delta_{允许}$——$L\leqslant 50$ m 为 10 mm，$L>50$ m 为 $L/5\ 000$ 或 20 mm。

三、评估数据分析

本部分以安庆长江大桥沉降变形评估为例进行总结。

(一)无砟轨道区段沉降评估

安庆长江大桥无砟轨道区段共设置9个观测断面、18个墩身观测标。架梁完成后按规定的观测频次对摩擦桩沉降进行观测,观测时间大于6个月。

1. 工作基点稳定性判断

评估区段按沉降变形监测二等水准测量精度进行沉降变形观测,按照国家二等水准测量的技术要求加密水准点,与设计院提交的CPⅠ、CPⅡ点间距200 m左右,满足变形监测网的观测要求。

沉降变形观测期间,工作基点分别在2011年1月、7月,2012年1月、7月,2013年1月、7月共复测6次,通过对比复测前后的工作数据可见,工作基点(含加密工作基点)相邻点高差之差均小于高差之差限差要求,据此可判定测量期间本段工作基点处于相对稳定阶段。

2. 累计沉降分析

累计沉降从变形观测原点开始统计,桥墩总沉降量范围0.55~4.76 mm(表4-3-27),典型断面沉降曲线如图4-3-272、图4-3-273所示。

表4-3-27 无砟轨道区段桥梁观测数据 (单位:mm)

观测断面里程	测点编号	总沉降量	测点编号	总沉降量
DK244+263	0244263D1	1.36	0244263D2	0.55
DK244+296	0244296D1	2.39	0244296D2	0.72
DK244+328	0244328D1	1.21	0244328D2	0.98
DK244+361	0244361D1	2.2	0244361D2	1.19
DK244+394	0244394D1	2.14	0244394D2	1.9
DK244+426	0244426D1	1.15	0244426D2	1.58
DK244+459	0244459D1	2.46	0244459D2	2.45
DK244+492	0244492D1	1.02	0244492D2	1.95
DK244+525	0244525D1	4.76	0244525D2	3.09

注:桩基类型为摩擦桩;观测时长991 d。

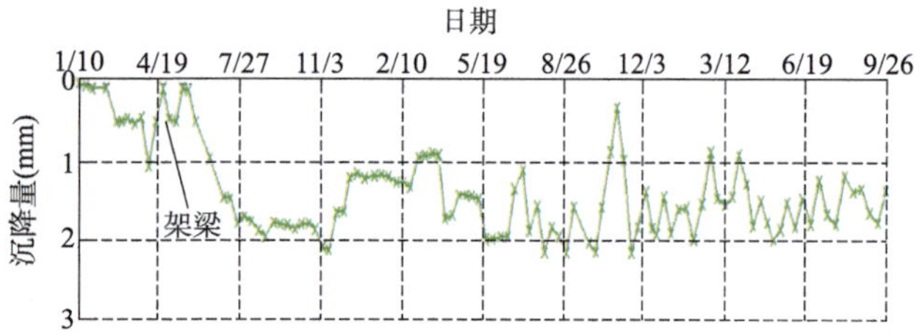

图4-3-272 0244263D1沉降曲线

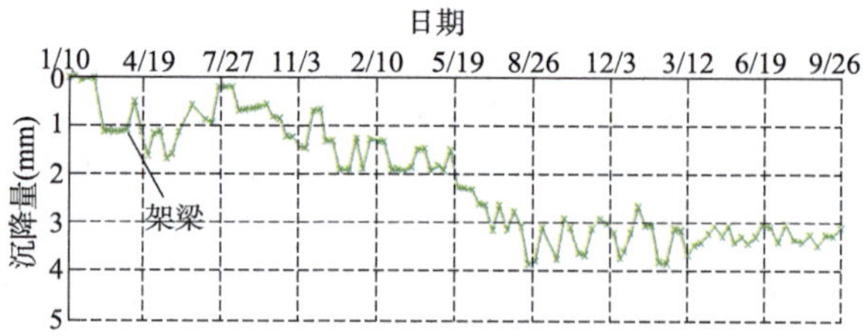

图4-3-273 0244525D2沉降曲线

由上述观测数据可知,桥涵累计沉降具有沉降量较小的特点。主要原因是该桥梁基础采用桩基础,且区段地质条件相对较好(结砾岩、泥岩)。

3. 墩台工后沉降分析

(1)架梁完成后沉降增量统计分析

统计显示,6个月沉降变形观测期,墩台测点沉降增量为-0.25~1.97 mm(表4-3-28)。

表 4-3-28　无砟轨道区段桥梁观测标沉降统计　（单位:mm）

测点编号	架梁后增量	波动幅度
0244263D1	0.85	1.71
0244263D2	−0.25	0.66
0244296D1	1.88	1.6
0244296D2	−0.16	0.85
0244328D1	0.66	1.38
0244328D2	0.01	0.97
0244361D1	1.58	2.05
0244361D2	0.18	1.16
0244394D1	1.44	1.23
0244394D2	0.92	1.38
0244426D1	0.47	1.16
0244426D2	0.59	1.54
0244459D1	1.74	1.47
0244459D2	1.4	1.62
0244492D1	0.28	1.1
0244492D2	0.86	1.28
0244525D1	1.72	1.68
0244525D2	1.97	1.1

注:桩基类型为摩擦桩。

(2)架梁完成后沉降波动幅度统计分析

统计显示,6个月沉降变形观测期,墩台测点沉降波动幅度为0.66～2.05 mm。

(3)最后四期观测数据(且观测时间不少于一个月)统计

统计显示该区段所有测点,最后四期(且观测时间不少于1个月)沉降观测数据未见持续下沉。

(4)结论

直接判定其沉降变形满足无砟轨道铺设条件,推算桥梁测点工后沉降0.21～0.26 mm,见表4-3-29,代表性曲线如图4-3-274、图4-3-275所示。

表 4-3-29　无砟轨道区段桥梁工后沉降

测点编号	墩身高度(m)	架梁后沉降增量(mm)	轨道荷载引起的附加沉降(mm)
0244263D1	18.1	0.85	0.26
0244263D2	18.1	−0.25	0.26
0244296D1	20	1.88	0.25
0244296D2	20	−0.16	0.25
0244328D1	21.4	0.66	0.24
0244328D2	21.4	0.01	0.24
0244361D1	24.4	1.58	0.23
0244361D2	24.4	0.18	0.23
0244394D1	25.8	1.44	0.22
0244394D2	25.8	0.92	0.22
0244426D1	26.6	0.47	0.22
0244426D2	26.6	0.59	0.22
0244459D1	27.1	1.74	0.21

续上表

测点编号	墩身高度(m)	架梁后沉降增量(mm)	轨道荷载引起的附加沉降(mm)
0244459D2	27.1	1.4	0.21
0244492D1	27.1	0.28	0.21
0244492D2	27.1	0.86	0.21
0244525D1	27.4	1.72	0.21
0244525D2	27.4	1.97	0.21

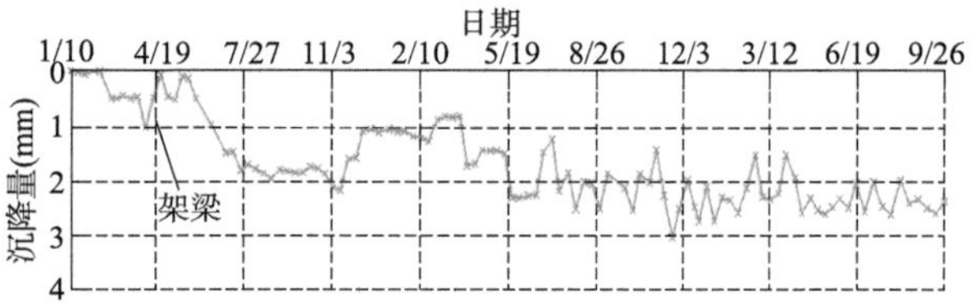

图 4-3-274 0244296D1 沉降曲线

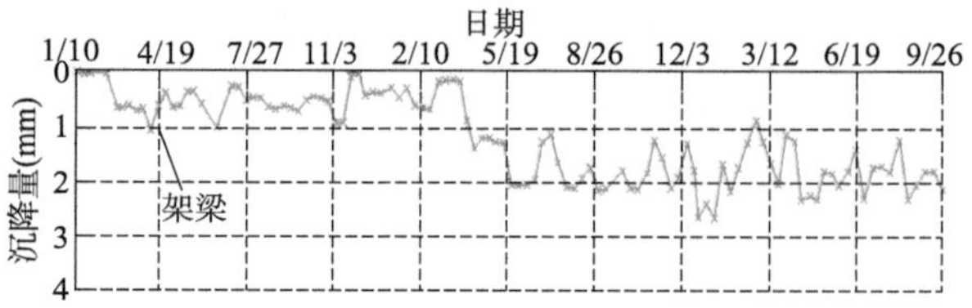

图 4-3-275 0244394D1 沉降曲线

4. 桥梁相邻墩台差异沉降

根据得到的工后沉降值(同一断面取左右两侧较大值),对该评估区段的差异沉降开展统计分析(表 4-3-30)。桥梁相邻墩台差异沉降量范围 0～0.01 mm,小于 5 mm,满足相关规范要求。

表 4-3-30 无砟轨道区段相邻墩台差异沉降 (单位:mm)

断面里程	DK244+263	DK244+296	DK244+328	DK244+361	DK244+394	DK244+426	DK244+459	DK244+492	DK244+525
相邻墩台差异沉降	—	0.01	0.01	0.01	0.01	0.00	0.00	0.00	0.00

5. 结论

(1)该区段桥梁观测标累计沉降量 0.55～4.76 mm,桥梁测点工后沉降 0.21～0.26 mm,采用桥梁直接判断标准分析,可以满足无砟轨道铺设条件。

(2)桥梁相邻墩台差异沉降量范围 0～0.01 mm,满足评估技术指南要求。

综上所述,该评估区段 DK244+263～DK244+525 沉降变形满足无砟轨道系统铺设条件,可开展无砟轨道系统施工。

(二)有砟轨道区段沉降评估

安庆长江大桥(DK244+532～DK247+260)段均采用摩擦桩基础,桩长 21～75 m,桩径 1 m;桥梁上部结构为斜拉桥,桥上铺设有砟轨道。架梁完成后进行沉降变形观测,共设 40 个观测断面、80 个墩身观测标,观测时间均大于 6 个月,观测频次满足要求。

1. 工作基点稳定性判断

评估区段按沉降变形监测二等水准测量精度进行了沉降变形观测,按照国家二等水准测量的技术要求加密水准点,与设计院提交的 CPⅠ、CPⅡ点间距 200 m 左右,满足变形监测网的观测要求。

沉降变形观测期间,工作基点分别在 2010 年 10 月、2010 年 12 月、2011 年 1 月、2011 年 3 月、2011 年 4 月、2011 年 5 月、2011 年 6 月、2011 年 9 月、2012 年 1 月、2012 年 2 月、2012 年 8 月、2013 年 2 月、2013 年 8 月,复测 13 次,通过对比复测前后的工作数据可见,工作基点(含加密工作基点)相邻点高差之差均小于高差之差限差要求,据此可判定测量期间本段工作基点处于相对稳定阶段。

2. 累计沉降分析

累计沉降从变形观测原点开始统计,桥墩总沉降量范围－0.54～7.6 mm(表 4-3-31)。

表 4-3-31 有砟轨道区段桥梁观测数据 (单位:mm)

观测断面里程	观测时长(d)	测点编号	总沉降量	测点编号	总沉降量
DK244+557	973	0244557D1	2.78	0244557D2	2.07

续上表

观测断面里程	观测时长(d)	测点编号	总沉降量	测点编号	总沉降量
DK244+590	973	0244590D1	1.68	0244590D2	2.34
DK244+623	973	0244623D1	1.93	0244623D2	1.54
DK244+655	973	0244655D1	1.7	0244655D2	1.91
DK244+688	973	0244688D1	2.07	0244688D2	1.43
DK244+721	973	0244721D1	1.85	0244721D2	1.92
DK244+753	973	0244753D1	2.29	0244753D2	2.67
DK244+787	973	0244787D1	2.14	0244787D2	1.68
DK244+889	973	0244889D1	1.08	0244889D2	1.71
DK245+078	291	0245078D1	−0.1	0245078D2	0.2
DK245+658	311	0245658D1	−0.3	0245658D2	−0.4
DK245+875	759	0245875D1	7.6	0245875D2	7.3
DK246+035	759	0246035D1	6.1	0246035D2	4.9
DK246+152	855	0246152D1	6.7	0246152D2	6.1
DK246+216	855	0246216D1	4.9	0246216D2	6.1
DK246+280	855	0246280D1	5.2	0246280D2	7.2
DK246+344	264	0246344D1	0.01	0246344D2	0.14
DK246+408	264	0246408D1	2.14	0246408D2	1.19
DK246+472	264	0246472D1	0.58	0246472D2	0.17
DK246+536	264	0246536D1	2.07	0246536D2	1.83
DK246+585	264	0246585D1	1.53	0246585D2	1.82
DK246+671	264	0246671D1	0.38	0246671D2	−0.22
DK246+719	264	0246719D1	0.22	0246719D2	0.27
DK246+752	264	0246752D1	0.06	0246752D2	0.62
DK246+785	264	0246785D1	0.11	0246785D2	−0.54
DK246+818	264	0246818D1	−0.07	0246818D2	0.29
DK246+851	264	0246851D1	−0.21	0246851D2	0.79
DK246+883	212	0246883D1	0.18	0246883D2	−0.33
DK246+916	264	0246916D1	1.04	0246916D2	0.28
DK246+949	264	0246949D1	0.76	0246949D2	0.19
DK246+981	264	0246981D1	1.34	0246981D2	0.39
DK247+014	264	0247014D1	0.47	0247014D2	0.56
DK247+047	264	0247047D1	1.37	0247047D2	1.59
DK247+079	264	0247079D1	1.37	0247079D2	1.74
DK247+104	264	0247104D1	1.82	0247104D2	1.66
DK247+129	264	0247129D1	1.89	0247129D2	1.56
DK247+162	264	0247162D1	1.38	0247162D2	1.54
DK247+194	264	0247194D1	1.51	0247194D2	1.69
DK247+227	264	0247227D1	1.16	0247227D2	1.71
DK247+260	264	0247260D1	0.99	0247260D2	1.65

注：桩基类型为摩擦桩。

经分析，桥墩测点具有以下特点：

(1)累计沉降量较小，累计沉降量−0.54～2.78 mm，主要原因为桥梁基础均采用摩擦桩基础，持力层为微风化泥岩,地质情况较好。

(2)DK245+875～ DK246+280 范围四个桥墩 8 个测点累计沉降量 4.9～7.6 mm,上述 8 个测点位于斜拉桥索塔两侧,架梁前后沉降突变 5～7 mm,架梁后沉降快速趋于稳定,代表性曲线如图 4-3-276～图 4-3-284 所示。

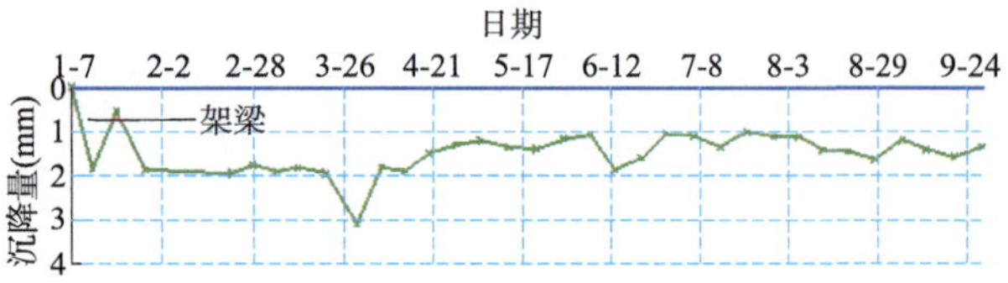

图 4-3-276 测点 0247014D1 沉降曲线

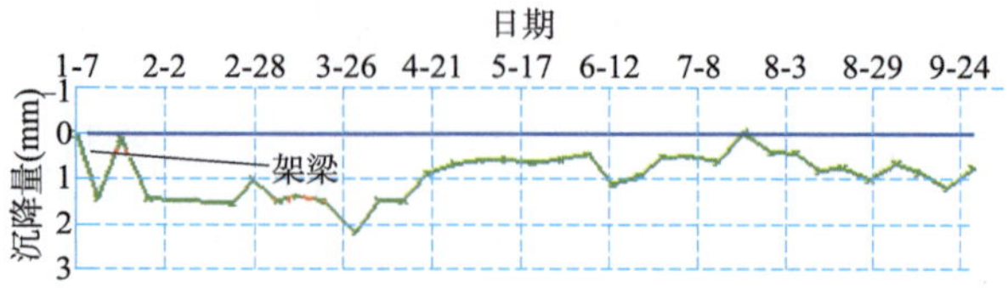

图 4-3-277 测点 0246949D1 沉降曲线

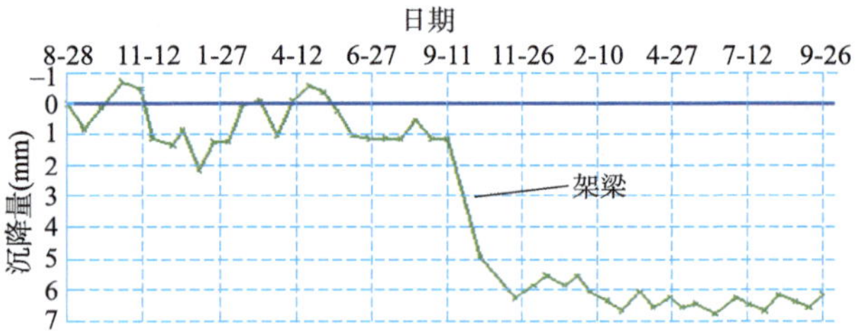

图 4-3-278 测点 0246035D1 沉降曲线

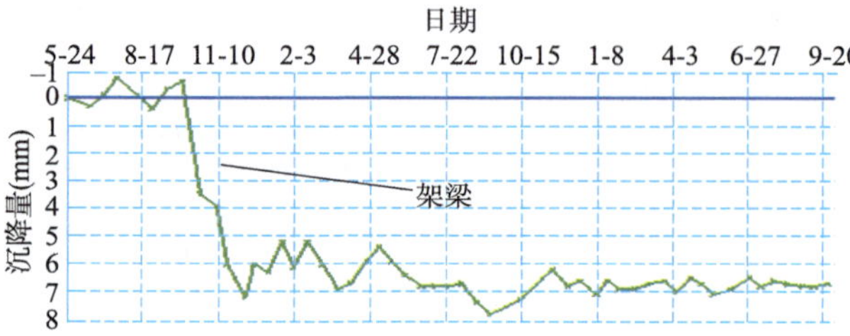

图 4-3-279 测点 0246152D1 沉降曲线

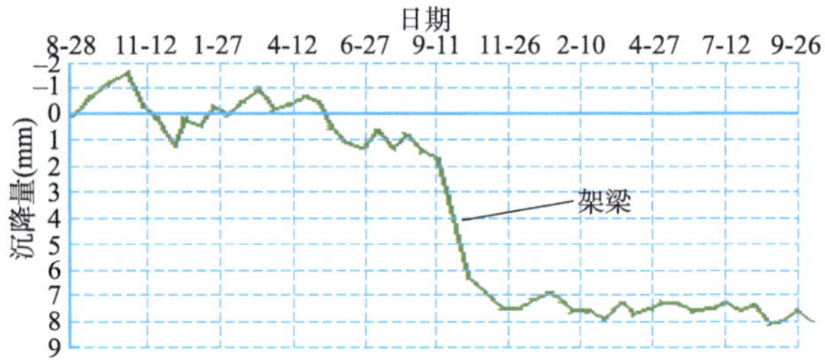

图 4-3-280 测点 0245875D1 沉降曲线

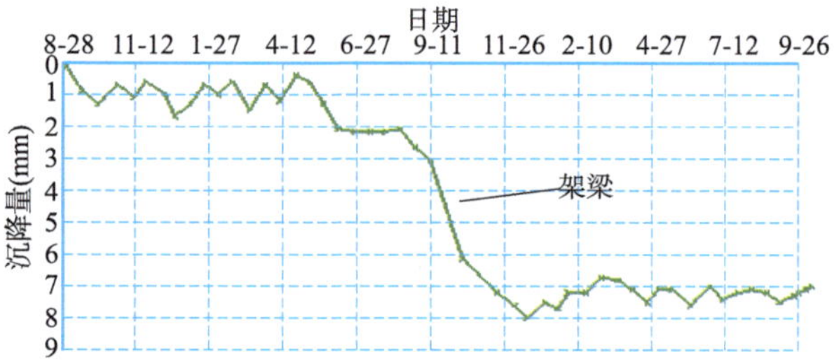

图 4-3-281 测点 0245875D2 沉降曲线

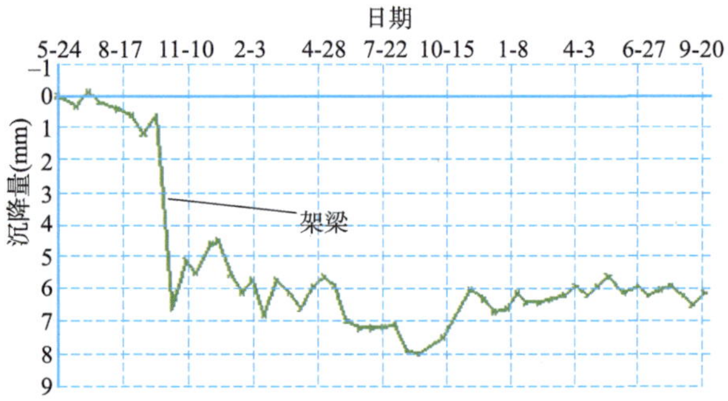

图 4-3-282 测点 0246152D2 沉降曲线

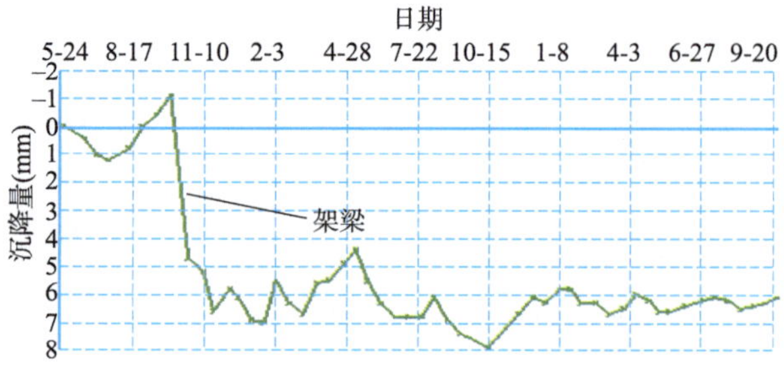

图 4-3-283 测点 0246216D2 沉降曲线

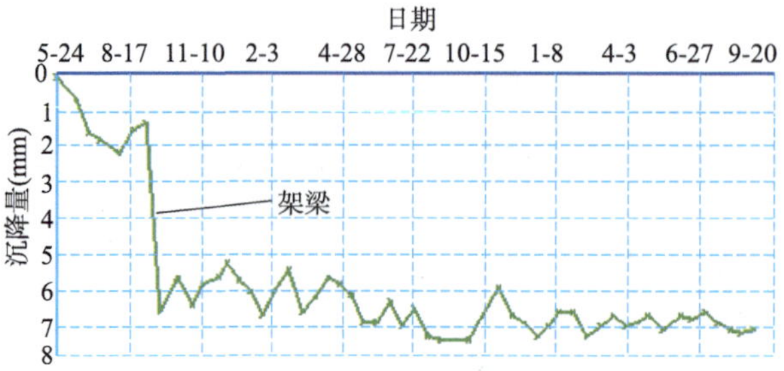

图 4-3-284 测点 0246280D2 沉降曲线

3. 工后沉降预测分析

该区段内测点均不能采用曲线拟合分析，采用直接判定标准，进行沉降变形统计分析。

(1)架梁完成后沉降增量统计分析

6 个月沉降变形观测期墩台测点沉降增量为－1.5～1.94 mm，见表 4-3-32。

(2)架梁完成后沉降波动幅度统计分析

6 个月沉降变形观测期墩台测点沉降波动幅度为 0.46～2.91 mm，见表 4-3-32。

表 4-3-32　有砟轨道区段桥梁观测标沉降统计　(单位:mm)

断面里程	架梁后增量		波动幅度	
	左　侧	右　侧	左　侧	右　侧
DK244＋557	1.52	1.04	1.21	0.96
DK244＋590	0.75	1.94	1.49	0.91
DK244＋623	0.74	1.37	1.45	0.95
DK244＋655	0.38	0.73	1.13	1.1
DK244＋688	1.01	0.93	1.29	1.55
DK244＋721	1.3	1.33	1.56	1.03
DK244＋753	1.57	1.49	1.14	0.9
DK244＋787	1.76	0.86	1.1	1.2
DK244＋889	0.15	0.71	0.9	1.41
DK245＋078	－0.1	0.2	1.2	1.1
DK245＋658	－0.3	－0.4	2.54	2.15
DK245＋875	0.1	0.1	1.2	1.9
DK246＋035	－0.1	－1.5	1.3	1.2
DK246＋152	1.83	－0.5	1.57	2.58
DK246＋216	－0.7	1.4	2.91	2.84
DK246＋280	0.4	0.5	2.19	2.88
DK246＋344	0.01	0.14	0.77	0.87
DK246＋408	1.81	1.19	2.13	1.55
DK246＋472	0.58	0.17	1.9	0.6
DK246＋536	1.91	1.83	1.9	1.61
DK246＋585	1.53	1.82	1.9	1.84
DK246＋671	0.38	－0.22	1.08	0.76
DK246＋719	0.22	0.27	1	0.87
DK246＋752	0.06	0.62	0.51	0.94
DK246＋785	0.11	－0.54	0.46	0.65
DK246＋818	－0.07	0.29	0.64	1
DK246＋851	－0.21	0.79	1.1	1.07
DK246＋883	0.18	－0.33	0.57	0.64
DK246＋916	1.04	0.28	1.46	1.44
DK246＋949	0.76	0.19	1.43	1.23
DK246＋981	1.34	0.39	1.83	2.51
DK247＋014	0.47	0.56	1.41	1.89
DK247＋047	1.37	1.59	1.04	1.5
DK247＋079	1.37	1.74	1.14	1.72
DK247＋104	1.82	1.66	1.26	1.17

续上表

断面里程	架梁后增量		波动幅度	
	左　侧	右　侧	左　侧	右　侧
DK247+129	1.89	1.56	1.42	1.07
DK247+162	1.38	1.54	1.52	1.22
DK247+194	1.51	1.69	1.68	1.72
DK247+227	1.16	1.71	0.99	1.05
DK247+260	0.99	1.65	0.84	1.04

注:桩基类型为摩擦桩。

(3)最后四期观测数据(且观测时间不少于一个月)统计

统计显示该区段所有测点,最后四期(且观测时间不少于1个月)沉降观测数据未见持续下沉,可直接判定其沉降变形满足有砟轨道铺设条件,推算桥梁测点工后沉降0.42～0.47 mm,见表4-3-33,代表性曲线如图4-3-285、图4-3-286所示。

表4-3-33　有砟轨道区段桥梁工后沉降一览

测点编号	墩身高度(m)	架梁后沉降增量(mm)	轨道荷载引起的附加沉降(mm)	测点编号	墩身高度(m)	架梁后沉降增量(mm)	轨道荷载引起的附加沉降(mm)
0244557D1	8.50	1.52	0.43	0246585D1	13.50	1.53	0.43
0244557D2	8.50	1.04	0.44	0246585D2	13.50	1.82	0.42
0244590D1	8.50	0.75	0.44	0246671D1	13.00	0.38	0.45
0244590D2	8.50	1.94	0.42	0246671D2	13.00	−0.22	0.46
0244623D1	8.50	0.74	0.44	0246719D1	12.50	0.22	0.45
0244623D2	8.50	1.37	0.43	0246719D2	12.50	0.27	0.45
0244655D1	8.50	0.38	0.45	0246752D1	12.50	0.06	0.45
0244655D2	8.50	0.73	0.44	0246752D2	12.50	0.62	0.44
0244688D1	8.50	1.01	0.44	0246785D1	12.50	0.11	0.45
0244688D2	8.50	0.93	0.44	0246785D2	12.50	−0.54	0.47
0244721D1	8.50	1.3	0.43	0246818D1	9.50	−0.07	0.46
0244721D2	8.50	1.33	0.43	0246818D2	9.50	0.29	0.45
0244753D1	9.50	1.57	0.43	0246851D1	3.00	−0.21	0.46
0244753D2	9.50	1.49	0.43	0246851D2	3.00	0.79	0.44
0244787D1	10.50	1.76	0.42	0246883D1	2.50	0.18	0.45
0244787D2	10.50	0.86	0.44	0246883D2	2.50	−0.33	0.46
0244889D1	10.50	0.15	0.45	0246916D1	9.50	1.04	0.44
0244889D2	10.50	0.71	0.44	0246916D2	9.50	0.28	0.45
0245078D1	11.50	−0.1	0.46	0246949D1	12.00	0.76	0.44
0245078D2	11.50	0.2	0.45	0246949D2	12.00	0.19	0.45
0245658D1	13.00	−0.3	0.46	0246981D1	11.50	1.34	0.43
0245658D2	13.00	−0.4	0.46	0246981D2	11.50	0.39	0.45
0245875D1	13.50	0.1	0.45	0247014D1	11.00	0.47	0.45
0245875D2	13.50	0.1	0.45	0247014D2	11.00	0.56	0.45
0246035D1	13.00	−0.1	0.46	0247047D1	12.50	1.37	0.43
0246035D2	13.00	−1.5	0.49	0247047D2	12.50	1.59	0.43
0246152D1	13.00	1.83	0.42	0247079D1	12.50	1.37	0.43
0246152D2	13.00	−0.5	0.47	0247079D2	12.50	1.74	0.42

续上表

测点编号	墩身高度(m)	架梁后沉降增量(mm)	轨道荷载引起的附加沉降(mm)	测点编号	墩身高度(m)	架梁后沉降增量(mm)	轨道荷载引起的附加沉降(mm)
0246216D1	13.00	−0.7	0.47	0247104D1	12.50	1.82	0.42
0246216D2	13.00	1.4	0.43	0247104D2	12.50	1.66	0.43
0246280D1	13.50	0.4	0.45	0247129D1	12.50	1.89	0.42
0246280D2	13.50	0.5	0.45	0247129D2	12.50	1.56	0.43
0246344D1	14.00	0.01	0.46	0247162D1	12.50	1.38	0.43
0246344D2	14.00	0.14	0.45	0247162D2	12.50	1.54	0.43
0246408D1	14.00	1.81	0.42	0247194D1	12.50	1.51	0.43
0246408D2	14.00	1.19	0.43	0247194D2	12.50	1.69	0.43
0246472D1	14.00	0.58	0.44	0247227D1	12.50	1.16	0.43
0246472D2	14.00	0.17	0.45	0247227D2	12.50	1.71	0.43
0246536D1	14.00	1.91	0.42	0247260D1	12.50	0.99	0.44
0246536D2	14.00	1.83	0.42	0247260D2	12.50	1.65	0.43

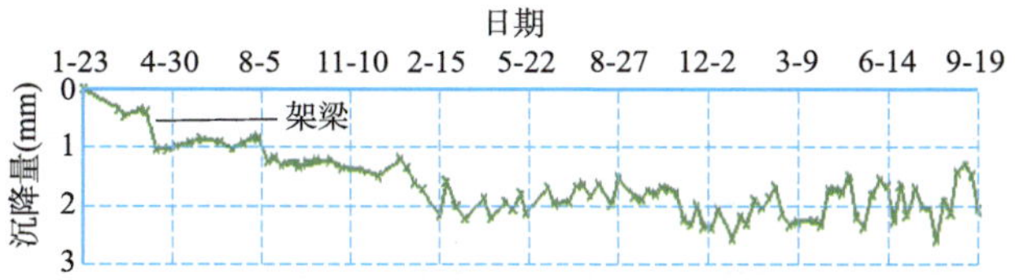

图 4-3-285 0244557D2 沉降变形曲线

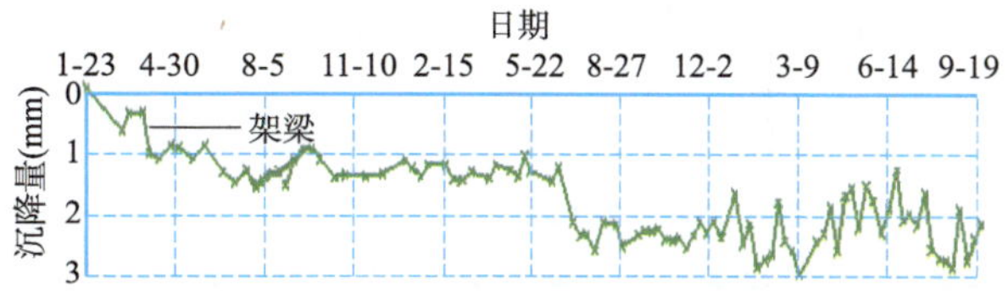

图 4-3-286 0244787D1 沉降变形曲线

4. 桥梁相邻墩台差异沉降

根据得到的工后沉降值(同一断面取左右两侧较大值),对该评估区段的差异沉降开展统计分析(表 4-3-34)。桥梁相邻墩台差异沉降量范围 0~0.09 mm,小于 5 mm,满足相关规范要求。

表 4-3-34 有砟轨道区段相邻墩台差异沉降 (单位:mm)

断面里程	相邻墩台差异沉降	断面里程	相邻墩台差异沉降
DK244+557	—	DK246+585	0.02
DK244+590	0.01	DK246+671	0.01
DK244+623	0.01	DK246+719	0.02
DK244+655	0	DK246+752	0
DK244+688	0	DK246+785	0
DK244+721	0	DK246+818	0
DK244+753	0.01	DK246+851	0
DK244+787	0	DK246+883	0
DK244+889	0.04	DK246+916	0
DK245+078	0.05	DK246+949	0
DK245+658	0.02	DK246+981	0
DK245+875	0.09	DK247+014	0
DK246+035	0.01	DK247+047	0
DK246+152	0.01	DK247+079	0
DK246+216	0.01	DK247+104	0
DK246+280	0.01	DK247+129	0.01
DK246+344	0.01	DK247+162	0

续上表

断面里程	相邻墩台差异沉降	断面里程	相邻墩台差异沉降
DK246+408	0.01	DK247+194	0
DK246+472	0.01	DK247+227	0
DK246+536	0.02	DK247+260	0

5. 梁体徐变

梁体终张拉后对梁体徐变进行观测，观测时间大于2个月，观测数据见表4-3-35，代表性曲线如图4-3-287、图4-3-288所示。

表4-3-35 有砟轨道区段梁体徐变统计 (单位:mm)

梁号	梁体类型/跨度	终张拉后观测天数	终张拉后的变形值	终张拉60 d后变形值	最终观测变形值	终张拉60 d后累计徐变
W02-W03	现浇梁/64 m	93	26.71	32.44	35.24	5.73
W03-W04	现浇梁/64 m	142	23.47	29.43	28.06	5.97
W04-W05	现浇梁/64 m	171	32.45	38.05	38.65	5.6
W05-W06	现浇梁/64 m	94	35.85	38.77	38.57	2.92
W08-W09	现浇梁(48+86+48)m	112	1.61	3.5	3.73	1.89
W07-W08			33.41	33.78	39.09	0.37
W06-W07			1.81	3.83	3.93	2.02
E01	现浇梁(32+32)m	311	6.97	9.41	9.93	2.44
Z1			7.19	9.7	9.94	2.51

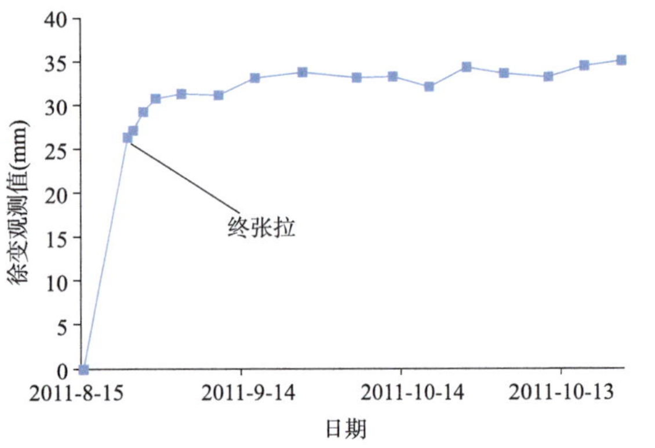

图4-3-287 安庆长江大桥W02-W03梁体徐变

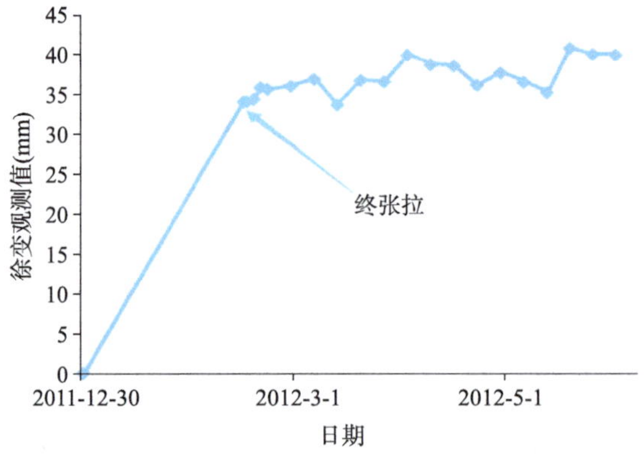

图4-3-288 安庆长江大桥W06-W07梁体徐变

分析观测数据可知，扣除各项弹性变形、终张拉60 d后，梁体跨中累计徐变值为0.37～5.97 mm，后期徐变已趋于稳定，满足评估技术指南中$L\leqslant50$ m梁体跨中徐变上拱实测值不应大于7 mm，$L>50$ m梁体跨中徐变变形实测值不应大于$L/7\ 000$或14 mm的要求。

综上所述，该评估区段DK244+532～DK247+260沉降变形满足轨道系统铺设条件。

第十一节 新工艺、新工法、新装备、新材料的应用及效果

施工中遵循“科技是第一生产力”的原则，注重新工艺、新工法、新装备、新材料“四新”成果的应用，充分发挥科技在施工生产中的先导、保障作用，有效地促进了生产力的提高、降低了工程成本、减轻了工人的劳动强度、提高工人的操作水平和工程质量。

江宁特大桥在DK021+722.41处43～44号墩采用1-128 m下承式钢管混凝土提篮系杆拱桥上跨宁马高速公路，全长132 m(起讫里程DK021+656.26～DK021+788.56)，是当时国内跨度最大的下承尼尔森体系钢管混凝土提篮式系杆拱桥，施工难度大。综合施工现场的施工条件、地形条件、工期要求、施工的便利条

件和可利用资源，确定提篮拱采用“先梁后拱”的施工方法。近几年，在客运专线大跨度下承钢管混凝土提篮式系杆拱桥施工中采用“先梁后拱”方法施工的较多，大部分系梁现浇施工中现浇支架均采用满堂支架。而本桥位于水中，不适宜采用满堂支架，因此需对不采用满堂支架的系梁现浇施工技术进行研究。同时，作为当时客运专线上最大跨度的下承尼尔森体系钢管混凝土提篮式系杆拱桥的拱肋拼装技术问题、拱肋内不设隔舱板将拱肋混凝土一级泵送一次到顶的施工技术问题等都需要进一步研究。

一、新工艺、新工法、新装备的应用

施工中，采用以下新技术、新工法等解决了上述难题，提高了施工效率，保证了施工质量。

1. 跨高速公路支架现浇系梁及安全防护新技术

在大跨度下承尼尔森体系钢管混凝土提篮式系杆拱桥“先梁后拱”施工方法中，系梁位于高速公路上不适宜采用满堂支架的方法进行现浇时，采用临时支墩方法解决临高速公路大跨度系梁的现浇施工问题，保证了系梁现浇施工时减少分段长度，分三大段进行现浇，缩短了施工工期，设置临时支墩高速公路的顺利畅通。

系梁分段现浇施工过程中，在每段系梁相应的一个横断面内均设置智能型混凝土应变计（JMZX-215AT），对系梁分段现浇过程及后期工况变化时进行混凝土应力测试监控，迅速掌握混凝土系梁的结构受力状态，及时判断系梁应力是否超限以掌握拱桥施工过程中的安全状况。混凝土系梁的应力监测贯穿全桥的整个施工过程。同时，在梁顶面设置线形及位移观测点进行观测，作为施工过程中控制成桥线形的主要依据。

2. 拱肋钢管安装及精度控制新技术

（1）本桥“先梁后拱”施工过程中，拱肋拼装施工是在系梁顶面搭设钢管支架进行原位拼装。拱肋拼装过程中，在拱肋几个相应的横断面设置智能弦式应变传感器（JMZX-212AT），对拱肋拼装过程及后期工况变化时进行拱肋应力测试监控，迅速掌握拱肋的结构受力状况，及时判断拱肋在施工过程中的安全状况。拱肋应力监测同样贯穿整个施工过程。同时，在拱肋顶面设置线形及位移观测点进行观测，作为施工过程中控制成桥线形的主要依据。

（2）建立施工测量控制系统。拱肋在安装时，按规定设置拱肋中轴线及标高控制的标志点和标尺，在两侧各设一台全站仪，选择合适地点布置无障碍观测站。三台全站仪均以不同点为后视点，所测数据相互比较，以避免发生测量差错。

（3）拱肋钢管内混凝土压送。在拱肋混凝土泵送施工过程中，尝试取消拱肋上下弦管、腹腔内的隔舱板，由拱脚至拱顶四分之一范围内在腹板中心线上增加一排对拉钢筋，在拱脚至拱顶三分之一处设置备用灌注孔，在拱顶设置冒浆孔和出气孔。拱肋混凝土泵送采用由拱脚向拱顶的“连续顶升”、一级泵送一次到顶的施工，节省了因设置隔舱板而增加更换泵管的时间，确保了拱肋内混凝土的整体性，节省了工期，加快了施工进度。

（4）吊杆张拉。拱肋混凝土泵送完拆除钢管支架后，安装张拉拱肋吊杆。吊杆安装时采用起重机和卷扬机配合进行。吊杆张拉按设计顺序对称的 4 根同时张拉，严格控制张拉油表读数；根据最后的索力检测情况决定是否调索。

二、应用效果

江宁特大桥作为宁安铁路的重要控制性工程之一，它的建成，对宁安铁路的顺利通车、对我国沿海铁路的交通运输意义重大，加速了我国东部沿海周边地区的经济发展。同时，江宁特大桥 1-128 m 下承尼尔森体系钢管混凝土提篮式系杆拱桥也为南京市增添了一道亮丽的风景，社会经济意义重大。上述新技术、新工艺的应用填补了国内大跨度下承尼尔森体系钢管混凝土提篮式系杆拱桥施工技术在这方面空白，为今后类似工程的建设积累了宝贵的施工经验和技术储备，有利于此种桥型的大规模推广应用。

第四章　隧 道 工 程

第一节　一般隧道施工

一般隧道按新奥法原理组织施工。一般隧道施工的步骤：边仰坡开挖→洞口暗洞超前预支护→洞口段明洞施工→暗洞施工。暗洞施工顺序为超前支护→开挖→初喷封闭→支护（钢架、钢筋网、锚杆、喷混）→仰拱及填充层→布设防水材料（盲管、土工布防水板）→衬砌钢筋骨架施工→就位台车施工二衬混凝土→水沟及电缆槽施作。

施工前做好隧道的实地现场调查工作，核实地形、地物，必要时设置观察点。对施工中可能发生的地质灾害予以充分估计，制定相应的处理预案，实施动态设计和信息化施工，采用先进的监控量测技术取得围岩状态参数，优化施工方案。

一、隧道开挖

Ⅴ级围岩一般采用三台阶临时仰拱开挖法、双侧壁导坑法或中隔壁 CD 法；Ⅳ级围岩隧道采用三台阶法，Ⅲ级围岩段采用台阶法。

石质围岩地段开挖采用光面爆破，隧道土质围岩地段开挖采用机械开挖的方式。对于较破碎岩石地段，严格控制每循环爆破进尺，利用激光断面仪等较为先进高效的测量手段，适时调整钻爆参数，严格控制隧道开挖超欠挖。

对于长度小于 500 m 的隧道，按单口单方向安排施工，长隧道按进出口双口掘进组织施工，隧道主攻方向结合进出口条件、渣场位置及施工通风、排水考虑。施工工法根据围岩级别、地质条件及地下水发育情况确定。

隧道采用无轨运输，采用装载机配合挖掘机挖装，隧道出渣则利用自卸汽车运输至弃渣场。

（一）明 挖 法

部分隧道洞口段、洞口明洞段采用明挖法施工，如白紵山隧道 DK59＋189～DK59＋405 和红旗隧道 DK63＋750～DK63＋880 段。洞口明洞段施工时岩体采用手风钻钻孔，小药量松动爆破，非电毫秒雷管网络起爆；人工整修边仰坡，按设计要求一次到位，挖掘机配合自卸车装运弃渣。开挖一层，按设计进行加固、防护一层，直至全部开挖完成。

洞口段、洞口明洞段开挖支护完成后及时进行衬砌施工。先全幅施工仰拱基础及仰拱，然后采用全断面衬砌台车进行衬砌，采用人工绑扎明洞钢筋，泵送混凝土，机械捣固。明洞衬砌时，按设计要求预留排水盲沟；衬砌完成后，按要求做好明洞防水、洞顶回填。明洞回填完成后施工方格式浆砌片石截水骨架护坡，并对其进行喷播植草。

（二）台 阶 法

台阶法适用于Ⅲ级围岩深埋隧道。如红旗隧道里程 DK63＋510～DK63＋625，共 115 m，埋深 50～60 m 为Ⅲ级围岩，采用台阶法开挖。上台阶由人工或简易凿岩台架车实施钻孔，周边采用光面爆破减少对围岩的振动以及控制成形。挖掘机扒渣到下断面，下台阶凿岩台车（架）钻孔，下断面出渣利用装载机装渣，自卸汽车运渣至指定的弃渣场地。

1. 掏槽方式

采取楔形掏槽。炮眼深度：上台阶钻眼深度 2.3 m，掏槽眼深度 2.5 m，循环进尺约 2.0 m；下台阶炮眼深度为 3.5 m，循环进尺约 3.0 m。

2. 上台阶开挖

准备工作：测出轨道中心线和轨面水平线，画出开挖轮廓，标出炮眼位置（地质条件变化时，适当调整钻孔位置)。

钻孔:采用液压凿岩台车或采用 YT-28 风钻钻眼。

装药:装药前将炮眼内泥浆、石粉吹干净,检查炮眼达到设计要求后装药,装药时严格按设计药量进行,装药后,所有炮眼均堵塞炮泥。

周边眼采用间隔装药,导爆管连接,掏槽眼采用集中装药,底部 30%长度加强装药,其他眼采用集中装药。

起爆:爆破网络采用微差、非电毫秒雷管起爆,非电毫秒雷管插入药卷内,反向装入眼孔内,导爆管引线连接采用一把抓形式。

连接雷管采用低毫秒段,同组连接雷管采用同种毫秒段。

3. 下台阶开挖

上台阶掘进一定距离后,进行下台阶的开挖爆破。采用凿岩台车(架)钻孔,人工装药,非电毫秒雷管微差控制爆破。

(三)三台阶法

三台阶法适合于Ⅳ级围岩隧道。上台阶由人工或简易凿岩台架车实施钻孔,周边采用光面爆破减少对围岩的振动以及控制成型。三台阶法施工工序如图 4-4-1 所示,施工时首先施作上导坑①,其次施工中导坑②,最后施工下导坑③,各导坑一次开挖长度为 2～3 m。

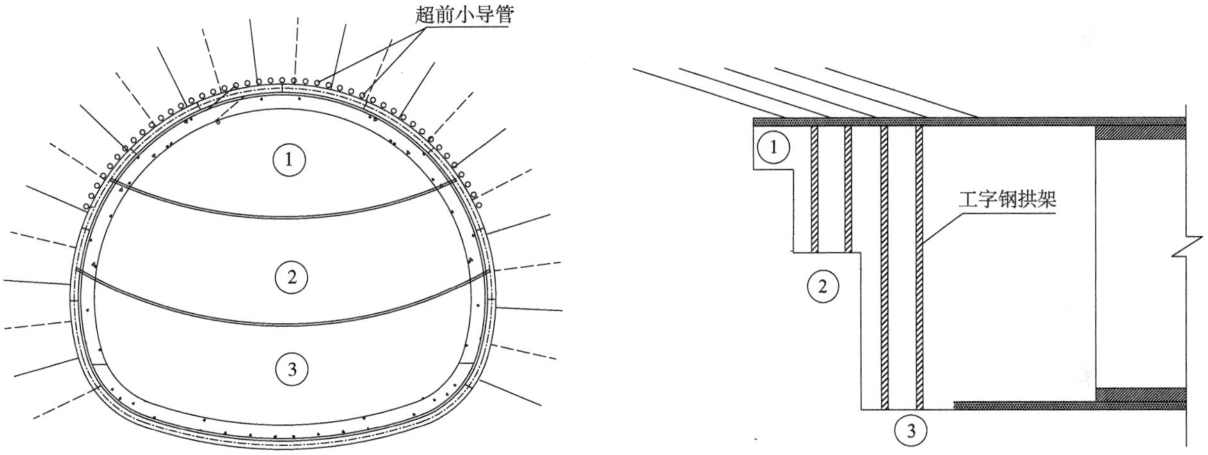

图 4-4-1　三台阶法施工工序图

1. 上导坑开挖

(1)测量班精确测放出隧道开挖各部轮廓线,然后施作隧道大管棚。

(2)人工浅眼弱爆破开挖上导坑。上导坑采用斜眼掏槽,掏槽眼孔距为 200 mm,辅助眼距为 700 mm,均匀布置在周边眼与掏槽眼孔之间,周边眼应沿设计轮廓线布置,采取小孔距、小直径药卷,间隔装药,周边眼孔距取 600 mm,炮眼深度平均取 1 500 mm。

(3)施作上导坑周边的初期支护,即初喷 4 cm 厚混凝土、挂网、架立拱架 A 单元三片,并设锁脚钢管(ϕ50 钢管 5 m 长)。钢架采用定位系筋定位(ϕ16 钢筋 1 m 长)。拱脚处如有超挖脱空时,应用同强度等级混凝土浇筑密实,使钢架支撑在混凝土上,防止拱脚受力过大,钢架下沉。

(4)钻设系统锚杆 ϕ22 中空注浆锚杆 4 m 长后,复喷聚酯纤维混凝土至设计厚度。

2. 中导坑开挖

(1)在滞后上导坑 3 m 后,采用浅眼弱爆破开始施作中导坑。中导坑采用排眼、少药、松动法施工,施工断面与上导坑保持 3 m 间距。周边眼沿设计轮廓线布置,间距为 600 mm,辅助眼以临时仰拱方向间距为 1 000 mm,垂直间距为 1 000 mm,梅花形布置,炮眼深度为 1 500 mm。

(2)开挖完毕后,导坑周边部分初喷 4 cm 厚混凝土,架立拱架 B 单元两片,并设锁脚钢管(ϕ50 钢管、5 m 长)。拱脚处如有超挖脱空时,应用同强度等级混凝土浇筑密实,使钢架支撑在混凝土上,防止拱脚受力过大,钢架下沉。

(3)钻设 ϕ22 砂浆锚杆 4 m 长后,复喷聚酯纤维混凝土至设计厚度。

3. 下导坑开挖

(1)在滞后于中导坑 2～3 m 后,人工浅眼弱爆破开挖下导坑。下导坑采用排眼、少药、松动法爆破,施工断面与中导坑保持 2～3 m 间距;周边眼沿设计轮廓线布置间距为 600 mm;隧底周边眼沿设计轮廓线布置,间距为 800 mm;辅助眼以临时仰拱方向间距为 1 200 mm,垂直间距为 1 000 mm;炮眼梅花形布置,深度为 1 500 mm。

(2)开挖完毕,初喷 4 cm 厚混凝土并架立 I20a 拱架 C 单元两片,同时安设锁脚钢管(ϕ50 钢管 5 m 长)。若拱脚处有超挖脱空时,应用同强度等级混凝土浇筑密实,使钢架支撑在混凝土上,防止拱脚受力过大,钢架下沉。

(3)隧底周边初喷 4 cm 厚混凝土并架立拱架 D 两片、E 单元三片。

(4)钻设 ϕ22 砂浆锚杆 4 m 长后,边墙、抑拱复喷聚酯纤维混凝土至设计厚度。

(四)三台阶临时仰拱法施工

Ⅴ级围岩隧道、Ⅳ级围岩偏压或浅埋隧道采用三台阶临时仰拱法施工。开挖采用人工风镐或打眼弱爆破破碎围岩,分步开挖成型。根据断面情况采用机械出渣或人力倒运弃渣,由自卸车运至洞外弃渣场。喷射混凝土用料由洞外搅拌站提供,混凝土搅拌运输车运送,湿喷机施作。三台阶临时仰拱开挖施工工序详见图 4-4-2。

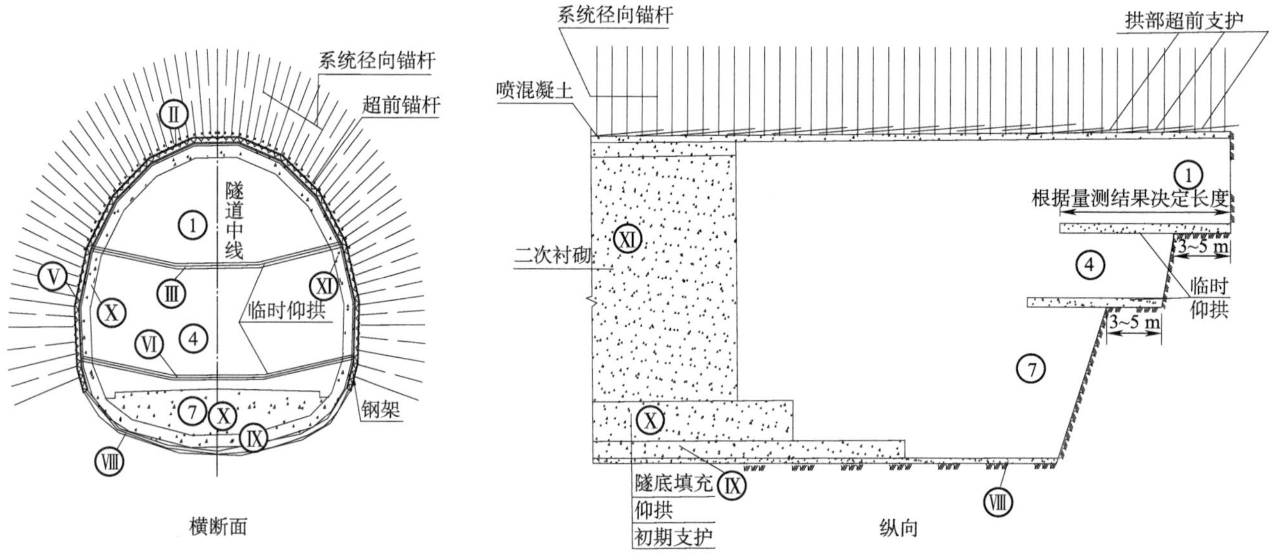

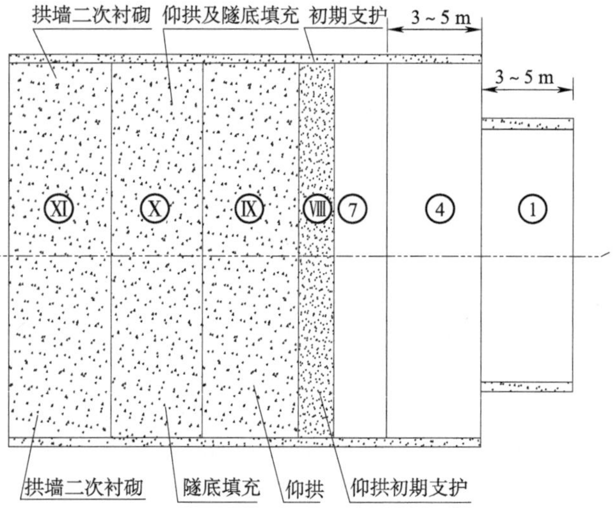

三台阶临时仰拱法施工工序说明

序号	施工工序说明
1	(1)利用上一循环架立的钢架施作超前小导管。 (2)弱爆破开挖上导①部。 (3)施作Ⅱ部初期支护:初喷4 cm厚混凝土,架立钢拱架,钻设径向锚杆,挂钢筋网,复喷混凝土至设计厚度。 (4)施作临时仰拱Ⅲ部
2	(1)弱爆破开挖上导④部。 (2)施作Ⅴ部初期支护:初喷4 cm厚混凝土,架立钢拱架,钻设径向锚杆,挂钢筋网,复喷混凝土至设计厚度。 (3)施作临时仰拱Ⅵ部
3	(1)弱爆破开挖上导⑦部。 (2)施作Ⅷ部初期支护:初喷4 cm厚混凝土,架立钢拱架,钻设径向锚杆,挂钢筋网,复喷混凝土至设计厚度
4	(1)浇筑Ⅸ部仰拱混凝土。 (2)浇筑Ⅹ部仰拱填充混凝土
5	根据监控量测结果分析,拆除临时仰拱,待初期支护收敛稳定后,一次性灌注Ⅺ部拱墙二次衬砌

图 4-4-2　三台阶临时仰拱法开挖方法及施工工序流程图

1. 上导坑开挖

上导坑开挖步骤同三台阶法上导坑开挖。导坑底部喷 10 cm 厚混凝土，施作上部临时仰拱，临时仰拱采用 I18a 型钢。钻设系统锚杆 ϕ22 中空注浆锚杆 4 m 长后，复喷聚酯纤维混凝土至设计厚度。

2. 中导坑开挖

中导坑开挖步骤同三台阶法中导坑开挖。导坑底部喷 10 cm 厚混凝土，施作中部临时仰拱，临时仰拱采用 I18a 型钢。钻设 ϕ22 砂浆锚杆 4 m 长后，复喷聚酯纤维混凝土至设计厚度。

3. 下导坑开挖

同三台阶法中下导坑开挖。

(五)双侧壁导坑法

九华隧道全长 146 m，其中暗挖段 103 m，最大埋深仅 16 m，Ⅴ级围岩，强风化，岩体极破碎，设计采用双侧壁导坑法施工，施工工序如图 4-4-3 所示。

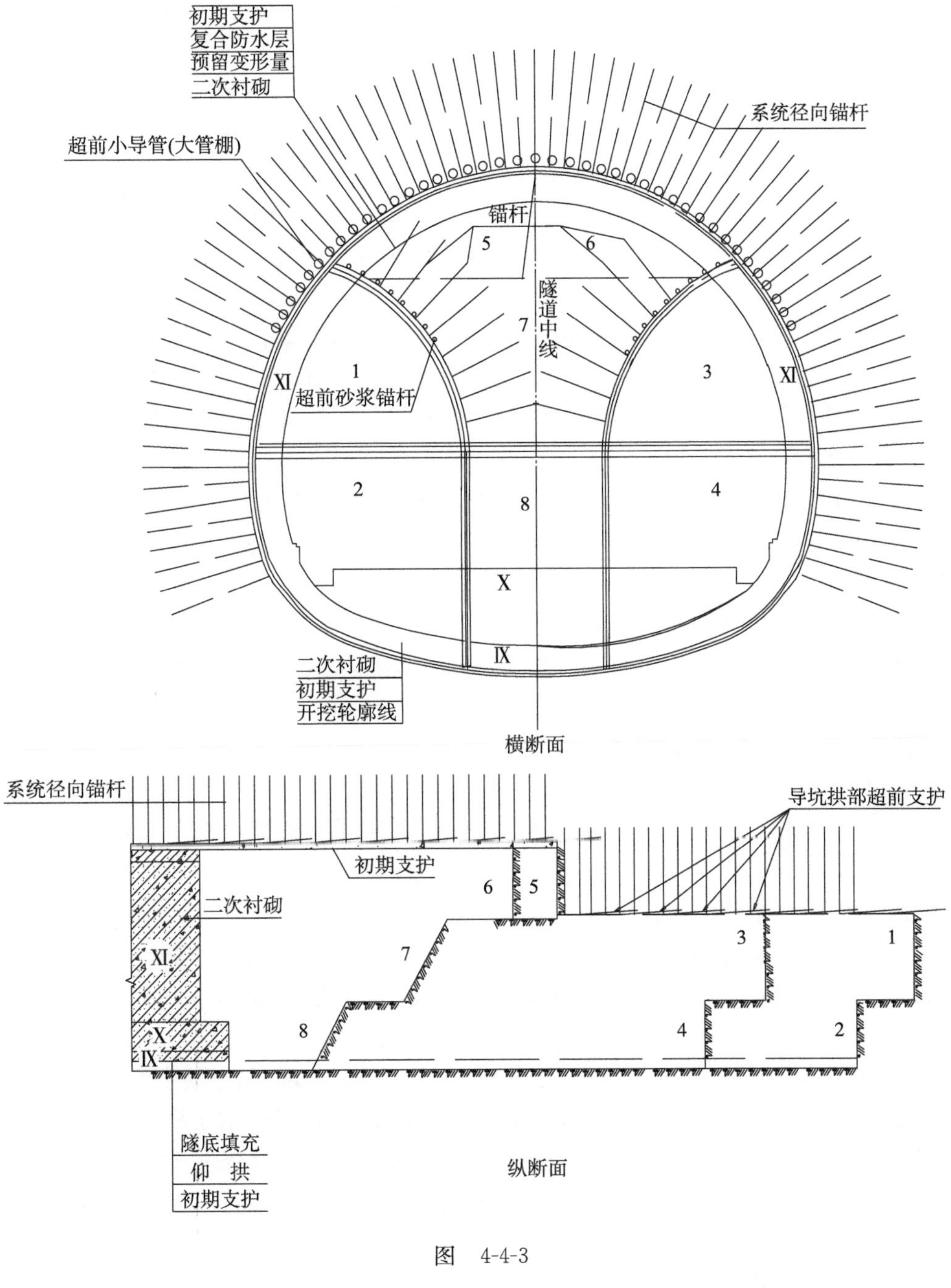

图　4-4-3

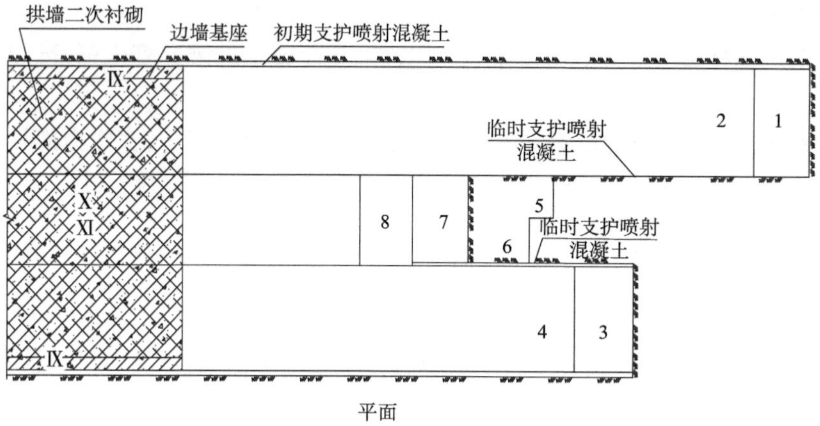

图 4-4-3 双侧壁导坑法施工工序图

(1)利用洞口导向措施或上循环已架钢架施作隧道超前支护。人工风镐开挖(必要时弱爆破)1 部;喷 8 cm 厚混凝土封闭掌子面;施作 1 部导坑周边的初期支护和临时支护,即初喷 4 cm 厚混凝土,架立钢架和临时钢架及横撑,并设锁脚锚杆、布置钢筋网;钻设洞身锚杆后复喷混凝土至设计厚度。

(2)人工风镐开挖(必要时弱爆破)2 部,喷 8 cm 厚混凝土封闭掌子面。导坑周边部分初喷 4 cm 厚混凝土。接长钢架,并设锁脚锚杆,施作临时钢架、布置钢筋网。钻设径向锚杆后复喷混凝土至设计厚度。

(3)施作 3 部隧道周边超前支护,开挖 3 部并施作导坑周边的初期支护和临时支护,步骤及工序同(1)。

(4)开挖 4 部并施作导坑周边的初期和临时支护,步骤及工序同(2)。

(5)利用洞口导向措施或上一循环架立的钢架施作 5 部超前支护,人工风镐开挖 5 部。初喷 8 cm 厚混凝土封闭掌子面(下一循环拱部超前支护掌子面处)。拱部初喷 4 cm 厚混凝土,架设拱部钢架、布设钢筋网,钻设径向锚杆后复喷混凝土至设计厚度。

(6)利用洞口导向措施或上一循环架立的钢架施作 6 部超前支护,人工风镐开挖 6 部。初喷 8 cm 厚混凝土封闭掌子面(下一循环拱部超前支护掌子面处)。拱部初喷 4 cm 厚混凝土,架设拱部钢架、布设钢筋网,钻设径向锚杆后复喷混凝土至设计厚度。

(7)开挖 7 部。喷 8 cm 厚混凝土封闭掌子面。

(8)开挖 8 部。喷 8 cm 厚混凝土封闭掌子面。导坑底部初喷 4 cm 厚混凝土,安设仰拱钢架使钢架封闭成环,布设钢筋网,复喷混凝土至设计厚度。

(9)逐步拆除临时钢架,灌注Ⅸ部仰拱。

(10)灌注Ⅹ部仰拱填充。

(11)根据监控量测结果分析,待初期支护收敛稳定后,利用衬砌模板台车一次性灌注Ⅺ部全断面衬砌(拱墙衬砌同时施作)。

(六)中隔壁 CD 法

钟鸣 2 号隧道洞身Ⅴ级围岩采用中隔壁 CD 法开挖,开挖时采用多功能作业台架配凿岩机钻眼。软弱围岩段采用机械配合人工开挖、人工持风镐开挖及微振爆破,围岩较完整地段采用光面爆破。

1. 施工步骤

中隔壁 CD 法施工步骤如图 4-4-4 所示。首先分台阶开挖 1、2、3 部,同时逐步施作导坑周边的主体结构的初期支护和中隔壁临时支护,即初喷混凝土,架立隧道钢架和临时钢架,钻设径向系统锚杆后复喷混凝土至设计厚度,同时对开挖掌子面喷射 8 cm 混凝土,并设锁脚锚管。然后分台阶开挖 4、5、6 部,施工步骤除中隔壁临时支护施工完成后,其他施工步骤与 1、2、3 部基本相同。

2. 施工工艺流程

中隔壁 CD 法施工工艺流程如图 4-4-5 所示。

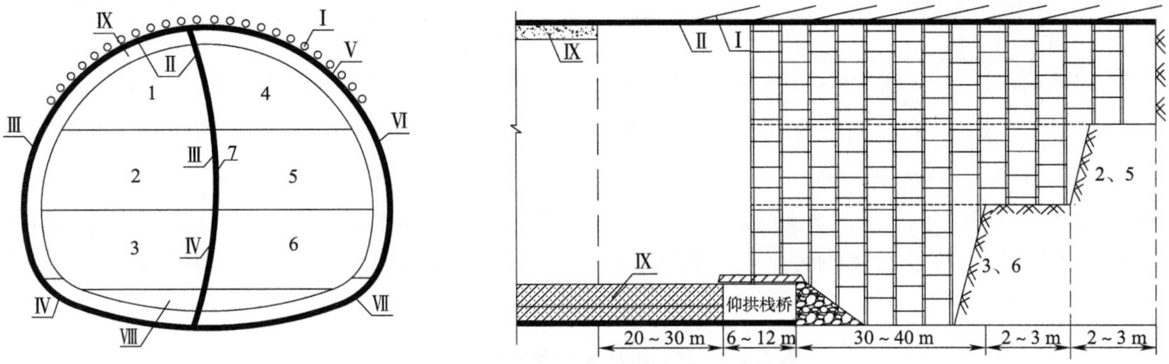

图 4-4-4　中隔壁 CD 法施工步骤示意图

Ⅰ—超前支护；1—左侧上部开挖；Ⅱ—左侧上部初期支护；2—左侧中部开挖；Ⅲ—左侧中部初期支护；3—左侧下部开挖；Ⅳ—左侧下部初期支护；4—右侧上部开挖；Ⅴ—右侧上部初期支护；5—右侧中部开挖；Ⅵ—右侧中部初期支护；6—右侧下部开挖；Ⅶ—右侧下部初期支护；7—拆除中隔墙；Ⅷ—仰拱及填充混凝土；Ⅸ—拱墙二次衬砌

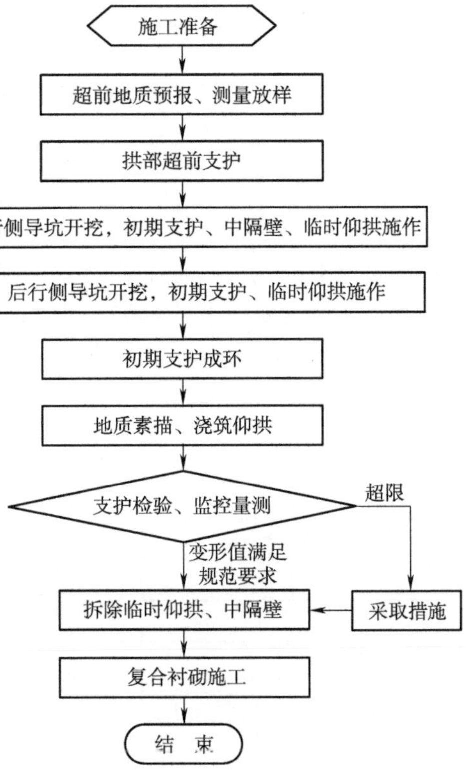

图 4-4-5　中隔壁 CD 法施工工艺流程图

二、支护与预加固措施

初期支护紧跟开挖面。支护形式根据围岩级别不同，分别采用喷射混凝土支护、喷锚网支护、钢架喷射混凝土支护和超前长管棚支护、超前小导管支护、注浆锚杆支护等措施，部分断层破碎带地段采用径向注浆加固。拱部系统锚杆采用带排气装置的普通中空锚杆，边墙采用普通砂浆锚杆，喷射混凝土采取湿喷工艺。详见表 4-4-1。

表 4-4-1　支护方法

围岩级别	开 挖 方 法	支 护 方 法
Ⅲ	台阶法	ϕ25 中空注浆锚杆或 ϕ22 砂浆锚杆、网喷混凝土或素喷混凝土

续上表

围岩级别	开挖方法	支护方法
Ⅳ、Ⅴ	三台阶法	ϕ42 超前小导管或 ϕ25 超前中空注浆锚杆、ϕ22 砂浆锚杆、格栅钢架或型钢钢架、网喷混凝土
Ⅴ	三台阶临时仰拱法	ϕ108 超前长管棚、ϕ42 超前小导管或 ϕ25 超前中空注浆锚杆、ϕ22 砂浆锚杆、格栅钢架或型钢钢架、网喷混凝土

对浅埋、偏压等地形、地质条件较差的隧道洞口、洞身段应先预加固围岩后再开挖,采用网喷混凝土或砂浆锚杆等加固边仰坡,并根据具体围岩情况设置 10～40 m 长管棚、超前小导管、超前锚杆等超前支护措施,适用条件见表 4-4-2。

表 4-4-2 软弱围岩地段预加固措施表

项目	主要作用	主要设计参数	适用条件
洞口段长管棚	加固周边一定范围围岩,与钢架组合成预支护系统,防止洞口软弱围岩坍塌,创造进洞条件	ϕ108 热轧无缝钢管,长 10～40 m,外插角 1°～3°,压注水泥浆液	洞口Ⅴ级及以下围岩,无自稳能力,或洞口段地表有重要建筑物
单层小导管	加固洞壁一定范围围岩,与钢架组合成预支护系统,控制软弱围岩变形量	ϕ42 热轧无缝钢管,每环长 4.5 m,外插角 5°～10°,压注水泥浆液	断层破碎带,软弱浅埋地段
超前锚杆	与钢架共同作用支托上部临空面松动岩体	ϕ25 中空注浆锚杆,每环长 4.5 m,外插角 10°～15°	Ⅴ级围岩、Ⅳ级围岩地段
掌子面加固	对掌子面采用网喷、喷锚或注浆等措施进行加固,防止坍塌	喷混凝土、网喷混凝土、锚网喷,导管注浆,深孔注浆	软弱围岩,掌子面不能自稳地段

(一)喷锚支护

1. 施工工艺流程

喷锚支护采用的钢架、钢筋网和锚杆在洞外构件厂加工,人工安装钢架,挂设钢筋网,锚杆台车或风动凿岩机施作系统锚杆,湿喷机喷射混凝土。喷锚支护工艺流程如图 4-4-6 所示。

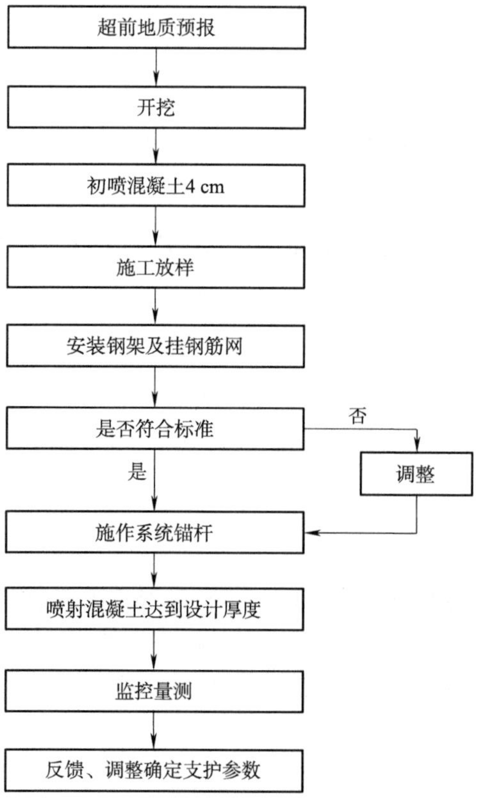

图 4-4-6 喷锚支护施工工艺流程图

2. 锚杆施工

(1)中空注浆锚杆施工

中空注浆锚杆施工工艺流程如图 4-4-7 所示。

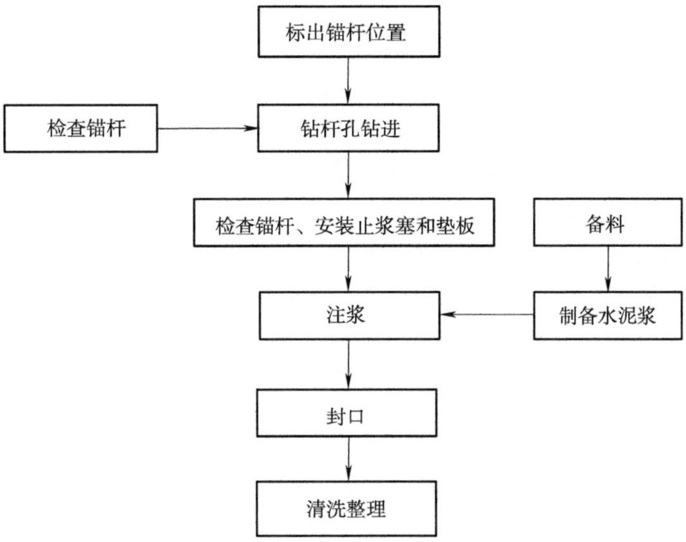

图 4-4-7　中空注浆锚杆施工工艺流程图

①锚杆安装。采用锚杆台车或凿岩机钻孔,钻进至设计深度后高压风清孔;检查锚杆孔中是否有异物堵塞,若有,应清除干净后再将锚杆插入孔内,锚杆外露孔口长度以满足安装止浆塞、垫板螺栓为宜;将止浆塞通过锚杆外露端打入孔口 10 cm 左右,安装垫板及螺母,此时不宜上紧。

②锚杆注浆。首先检查注浆泵及其零件是否齐备和正常,熟悉有关泵的操作程序。配制浆液,使水胶比、和易性符合设计和规范要求。用水或风检查孔体是否畅通,孔口返水或风即可;然后迅速将锚杆和注浆管及泵用快速接头连接好;开动泵注浆,整个过程应连续不停顿,一次完成,观察到浆液从止浆塞边缘流出或压力表达到设计值,即可停泵。

当完成一根锚杆注浆后,应迅速卸下注浆软管并安装至另一根锚杆,进行注浆。完成整个注浆后,及时清洗及保养注浆泵。在灰浆达到初始设计强度后,方可上紧垫板及螺母。

施工注意事项:在软岩土层中施作时,需环向隔开一定距离隔孔钻进,避免岩体注水太多可能导致围岩面滑坍。浆液应严格按配合比配制,并随用随配。为保证注浆效果,止浆塞打入孔口不应小于 10 cm,而且待排完气后应立即用快凝水泥砂浆封闭止浆塞以外的孔隙,保证在规定压力下浆液不致窜出。

(2)自钻式锚杆

自钻式锚杆施工工艺流程如图 4-4-8 所示。

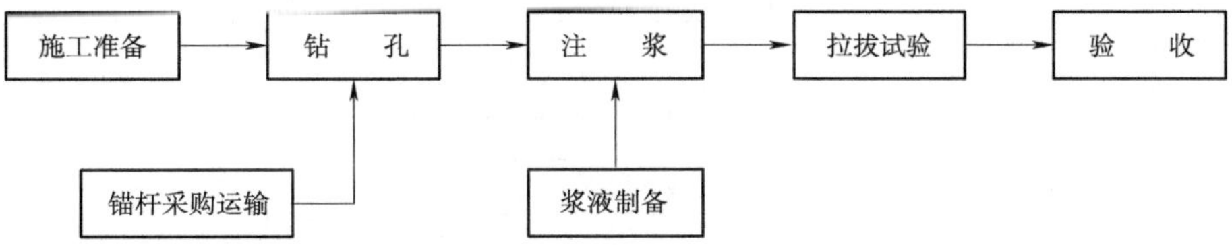

图 4-4-8　自钻式锚杆施工工艺流程图

自钻式锚杆是集钻进、注浆、锚固为一体的锚杆结构。采用锚杆凿岩机直接打入,锚杆的加长连接采用专用套筒在钻孔过程中套接,锚杆与钻机通过专用接头连接,机械注浆。

①锚杆安装。按施工图布置的孔位钻孔,控制孔位偏差不大于 100 mm。深度必须达到施工图的规定,孔深偏差值不大于 50 mm。锚杆体钻进至设计深度后,应用水和空气洗孔,直至孔口返水或返气,方可将钻机和连接套卸下,并及时安装垫板及螺母,临时固定杆体。

②注浆。在确认达到施工图或监理工程师指示的钻孔要求后,采用灌浆泵从锚杆中空孔进行注浆锚固。

浆液采用 NJ-500 型制浆机制浆。

锚杆灌浆料宜采用纯水泥浆或 1∶1 水泥砂浆，水胶比宜为 0.4～0.5。采用水泥砂浆时，砂子粒径不应大于 1.0 mm。浆液应由杆体中孔灌入，浆体强度达 5.0 MPa 后，可上紧螺母。

注浆后，在砂浆凝固前，不得敲击、碰撞和拉拔锚杆。

(3)砂浆锚杆

砂浆锚杆施工工艺流程如图 4-4-9 所示。

①锚杆安装。检查锚杆、钻头是否畅通，若有堵塞应及时清理干净。将锚杆体和凿岩机连接，锚杆对准设计孔位开始钻进。在软岩中钻进时，钻头孔容易堵塞，应放慢钻速，多回转少冲击，并注意孔内水流状况，发现堵塞，应将锚杆后退 50 cm 左右，反复清孔使孔畅通，再缓慢进尺直至设计深度。钻至规定深度，用高压风清孔，保持杆体及钻头孔畅通，然后卸下连接套，锚杆外露长度 10～15 cm。将止浆塞通过锚杆外露端打入孔口 10 cm，安装垫板及螺母，但螺母不急于上紧。

②锚杆注浆。检查注浆泵及其零部件是否备齐并能正常运转。检查水泥和砂的粒径、比例、湿度是否符合要求，砂粒粒径通常为 1.0 mm，水胶比 0.45～0.5。将锚杆和注浆管接头连好。开始注浆，整个过程应连续不停，观察浆液从孔口边缘流出或压力表达到规定值即可停止。完成一根锚杆注浆后，立即卸下接头，清洗后移至另一根注浆。全部锚杆注完，及时清洗保养注浆泵。浆液强度达到规定值时，再上紧垫板及螺母。锚杆注浆应进行效果试验，根据试验结果调整有关参数。

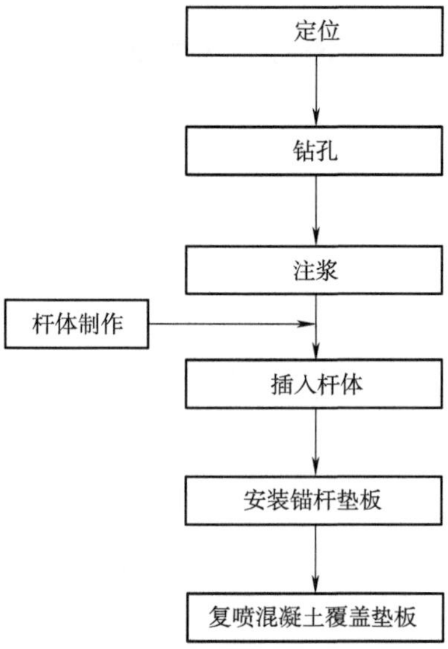

图 4-4-9 砂浆锚杆施工工艺流程图

3. 钢筋网制作与安装

隧道钢筋网预先在洞外钢结构厂加工成型。钢筋类型及网格间距按设计要求施作。钢筋冷拉调直后使用，钢筋表面不得有裂纹、油污、颗粒或片状锈蚀。安装搭接长度为 1～2 个网格，采用焊接。砂层地段先铺挂钢筋网，沿环向压紧后再喷混凝土。钢筋网随受喷面起伏铺设，与受喷面的间隙一般不大于 3 cm，与锚杆或其他固定装置连接牢固。开始喷射时，缩短喷头至受喷面的距离，并调整喷射角度，钢筋保护层厚度不得小于 5 cm。喷射中如有脱落的石块或混凝土块被钢筋网卡住时，应及时清除。

4. 格栅(型钢)钢架制作与安装

格栅钢架施工工艺流程如图 4-4-10 所示。

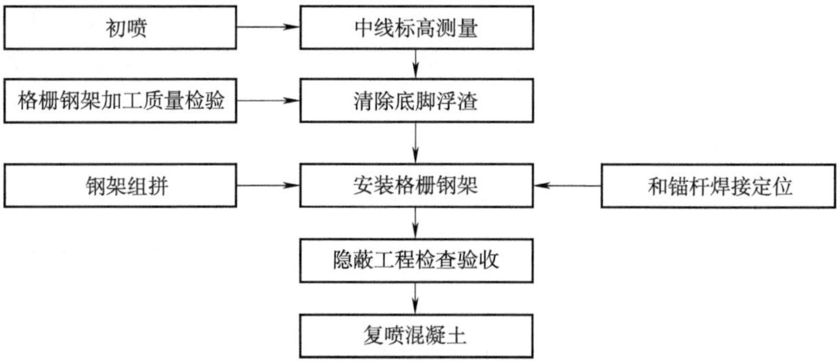

图 4-4-10 格栅钢架施工工艺流程图

钢架按设计预先在洞外加工厂加工成型，在洞内用螺栓连接成整体。

(1)制作加工

格栅钢架在洞外加工厂钢板作业平台上，先按设计钢格栅放出大样图，然后沿放出的大样焊接短钢筋，制作出格栅加工大样。再将已弯制好的钢筋放入格栅加工大样焊接成钢格栅。钢架加工的焊接不得有假焊，焊缝表面不得有裂纹、焊瘤等缺陷。每榀钢架加工完成后放在水泥地面上试拼，周边拼装允许误差为±3 cm，平面翘曲小于 2 cm。钢架在开挖或喷混凝土后及时架设。

(2)钢架架设

安装前清除底脚下的虚渣及杂物。钢架安装允许偏差:钢架间距、横向位置和高程与设计位置的偏差不超过±5 cm,垂直度误差为±2°。

钢架拼装可在开挖面以外进行,各节钢架间以螺栓连接,连接板密贴。沿钢架外缘每隔 2 m 用钢楔或混凝土预制块楔紧。钢架底脚置于牢固的基础上。钢架尽量密贴围岩并与锚杆焊接牢固,钢架之间按设计纵向连接。

分部开挖法施工时,钢拱架拱脚打设锁脚锚杆(管),锚杆(管)长度不小于 4 m,数量为 2～4 根。下半部或三台阶的下台阶开挖后钢架及时落底接长,封闭成环。

钢架与喷混凝土形成一体,钢架与围岩间的间隙用喷混凝土充填密实;各种形式的钢架全部被喷射混凝土覆盖,保护层厚度不得小于 50 mm。

5. 喷射混凝土

喷射混凝土采用洞外自动计量拌和站拌和,湿式喷射混凝土施工,湿喷混凝土可减少回弹量,降低粉尘,提高工作效率和施工质量。

湿喷混凝土施工工艺流程如图 4-4-11 所示。

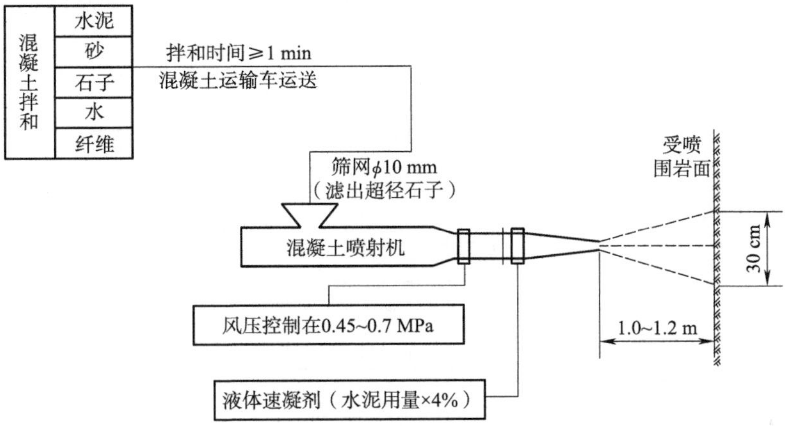

图 4-4-11　湿喷混凝土施工工艺流程图

(1)施工准备

喷射支护前撬去表面松土和欠挖部分,用高压风清除杂物;遇开挖面水量大时,采取措施将水集中引排。喷前对设备进行检查和试运转;在受喷面、各种机械设备操作场所配备充足照明及通风设备。按照设计厚度利用原有部件如锚杆外露长度等,也可在岩面上打入短钢筋,标出刻度,作为标记。

(2)喷射料配置

喷射纤维混凝土中的石子最大粒径不宜大于 10 mm,骨料级配宜采用连续级配。混凝土喷射机安装调试好后,在料斗上安装振动筛(筛孔 10 mm),以避免超粒径骨料进入喷射机。细骨料应堆放在防雨料库,以控制含水量。

喷混凝土的原材料、配合比(包括速凝剂的添加量)不仅要满足要求,而且速凝剂的凝结时间、与水泥的相容性、对强度的影响都要达到要求。

喷射混凝土的现场配比应适当提高其强度等级,以确保附着在围岩面上的喷混凝土层的设计强度。

(3)混凝土搅拌

混凝土搅拌宜优先采用将纤维、水泥、骨料先干拌后加水湿拌的方法,且干拌时间不得少于 1.5 min。

(4)喷射

喷射混凝土紧跟开挖掌子面进行,当围岩破碎、稳定性差时,一般采用小药量的松动爆破,初喷(厚 4 cm 以上)、锚杆、钢筋网、钢架、复喷(二喷、三喷)等作业可以连续进行,直到达到设计要求。架设好格栅钢架后,迅速用喷射混凝土封填,使之发挥支护能力。围岩较完整、稳定时间较长时,初喷、锚杆、钢筋网等施工后即可进行开挖作业,待下一循环初期支护时间再复喷,可将设计厚度的喷层厚分两、三次完成,由于每层间隔为一循环时间,每层因爆破产生的裂纹在下一次喷混凝土时被填充,而新喷层距掌子面渐远,所受的爆破振动亦越小,使喷混凝土层的支护能力更强。

喷射时,送风之前先打开计量泵,送风后调整风压,使之控制在 0.45～0.70 MPa 之间。若风压过大,粗骨料碰围岩后会回弹;风压小,喷射动能小,粗骨料冲不进砂浆层而脱落,都将导致回弹量增大。以混凝土回弹量小、表面湿润有光泽、易粘着为度来控制喷射压力。

喷射方向与受喷面垂直,工作中喷头与受喷面采用计算机自动控制,与岩面方向垂直、等距喷射;若受喷面被钢架、钢筋网覆盖时可将喷嘴稍加偏斜,但不宜小于 70°。

一次喷射厚度不宜超过 5～6 cm,过大会削弱混凝土颗粒间的凝聚力,使喷层因自重过大而大片脱落,或使拱顶处喷层与围岩面形成空隙;过小,则粗骨料容易弹回。分次喷至设计厚度,两层喷射的时间间隔为 15～20 min。影响喷层厚度的主要原因是速凝剂作用效果和气温。

为提高工效和保证质量,喷射作业应分片进行。为防止回弹物附着在未喷岩面上影响喷层与岩面间的黏结力,按照从下往上施喷,呈"S"形运动;喷前先找平受喷面的凹处,再将喷头成螺旋形缓慢均匀移动,保证混凝土层面平顺光滑。

(二)管棚施工

在隧道出口明暗洞分界处采用超前长管棚支护,支护完成后进行暗洞洞身开挖。

1. 施工工艺流程

超前长管棚施工工艺流程如图 4-4-12 所示。

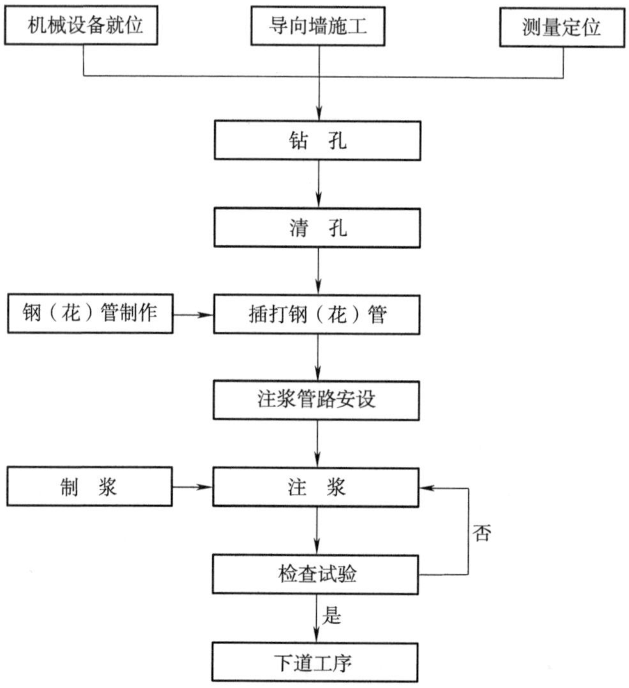

图 4-4-12 管棚施工工艺流程图

2. 关键工序及技术要点

(1)管棚导向墙施工

洞口段边仰坡开挖支护至明暗洞交界处满足管棚施作高度时,形成台阶,作为超前长管棚施作平台,然后在台阶上沿拱部开挖轮廓线支立管棚导向墙模板,安装定位型钢,预埋 ϕ140×5 mm 套管(间距与设计对应),浇筑管棚导向墙混凝土。

(2)钻孔及管棚安装

管棚在隧道拱部范围内环向布设,采用 ϕ108×6 mm 钢(花)管,钢管接头用内外车丝扣的方法连接,管棚长度及环向间距按设计要求施工。

钻进采用一次成孔法。钻机采用地质钻机,选用比管棚直径大 20～30 mm 钻头。开孔时,低速低压,待成孔 1.0 m 后，适当加压，在土质层中钻孔采用低压钻进。

钻孔测斜采用精密水平陀螺仪检测偏斜，随测随调整。

钢管节采用丝扣连接，为确保同一横断面内接头数量不超过 50%，相邻钢管的接头错开量不小于 1 m，施工前先确定本次顶入长度，编排好每孔管节顶入顺序，并做详细交底。孔深阻力大时，采用机械顶进。

(3)管内注浆

注浆前，在洞外将管路全部接通，进行试压，试压可用清水进行。在试压时，如管路不通或接头有漏水现象，予以排除，保持管路系统各部件完好畅通。

管棚钢管安装好后，检查管内有无充填物。如有充填物，用吹管吹出或掏钩钩出；用 M7.5 水泥砂浆封堵导管周围及孔口；使用注浆泵将浆液输入至孔口混合器，经分浆器流入钢管压入地层。注浆材料、参数根据设计要求和规范确定，一般采用水泥浆液，水胶比 1∶1，注浆压力 0.5～3 MPa，施工时，现场试验调整参数。

注浆完毕，清除管内浆液，用水泥砂浆紧密充填，以增强管棚的强度和刚度。认真清洗干净所有的机具设备，特别是搅拌机、注浆管、接头、阀门、贮浆桶等，以备下阶段注浆时使用。

(三)超前小导管施工

1. 施工工艺流程

超前小导管预注浆施工工艺流程如图 4-4-13 所示。

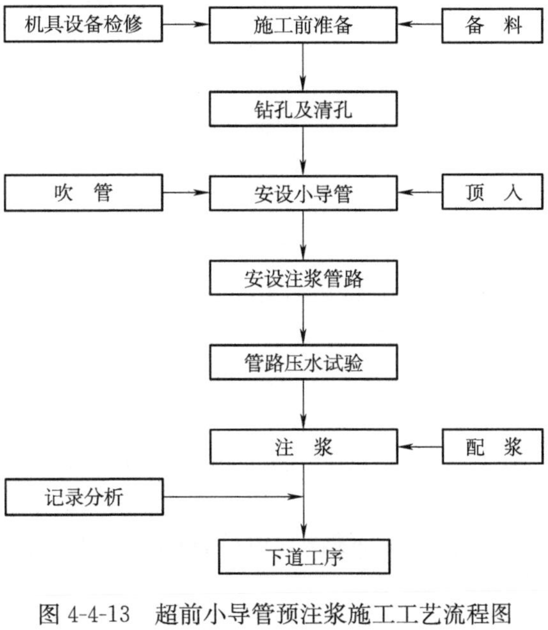

图 4-4-13　超前小导管预注浆施工工艺流程图

2. 关键工序及技术要点

(1)小导管制作

小导管采用 ϕ42×3.5 mm 或 ϕ50×5 mm 热轧钢管制成，沿杆体每 15 cm 钻 ϕ10 mm 孔，四周梅花形布置出浆孔，端封闭并制成尖状。

(2)钻孔及小导管安设

用风钻或钻机按设计长度和间距钻孔，开孔直径、深度符合设计要求，并用吹管将砂石吹出。用带冲击的风钻或钻机将小导管顶入孔中，也可直接用锤击插入钢管。用塑胶泥封堵导管周围及孔口，工作面上的裂缝也同时封堵。导管外露 20 cm，以便安装注浆管路。

(3)注浆

采用注浆泵注浆，注浆口最高压力严格控制在 0.5～1.0 MPa 以内，以防压裂工作面。

控制进浆速度，一般每根导管浆液总进量控制在 30 L/min 以内。每根导管内注浆量由计算确定，若压力上升，流量减少，虽然注浆量未达到计算值，但孔口压力已达到要求时结束注浆。

三、衬砌施工

二次衬砌按仰拱超前、一次立模灌注的原则组织施工。Ⅲ、Ⅳ、Ⅴ级围岩地段采用曲墙加仰拱的结构形式,仰拱采用仰拱栈桥(采用移动式栈桥)全幅超前施工,仰拱及仰拱回填分开施工,分段整体灌注。拱墙衬砌在洞内采用整体式模板衬砌台车施作,在洞门段采用以整体式模板衬砌台车为主骨架,拼装台架配定型钢模板衬砌。混凝土由拌和站集中搅拌,混凝土罐车运输,泵送入模,插入式振捣器捣固。

1. 施工方法及工艺流程

衬砌施工方法及工艺流程如图 4-4-14 所示,全断面衬砌台车结构如图 4-4-15 所示。

2. 关键工序及技术要点

(1)仰拱施工

隧道Ⅲ、Ⅳ、Ⅴ级围岩段采用仰拱超前拱墙混凝土施工。混凝土浇筑采用泵送浇筑,全幅一次灌注成型。人工摊铺,振捣器捣固,初凝之前抹平压光。为保证仰拱曲率,采用纵向挂线控制。

为保证洞内车辆和机械的通行,在施工地段设可移动的仰拱栈桥。仰拱栈桥采用工字钢制作,设置行走系统,走行到位后一端支撑在枕木垛上;另一端支撑在已浇筑完的混凝土上,下垫钢板保证行走系统不承重,钢板下面设橡胶垫对混凝土面进行保护。栈桥下预留满足仰拱、填充及铺底钢筋绑扎或混凝土浇筑施工需要的空间。

混凝土浇筑前,对隧底进行清理,经监理工程师检查合格后方可浇筑。

(2)仰拱填充

仰拱和填充分次施工,待仰拱混凝土强度达规定要求后方可进行。为提高仰拱混凝土的早期强度,仰拱混凝土在拌制时可按试验确定的配合比掺加外加剂或其他材料,以提高混凝土的早期强度和抗磨性能。

仰拱填充施工后,针对无轨运输的特点,对隧底混凝土尤其是表面采取保护措施,利用仰拱栈桥保证施工的正常进行。

(3)拱墙衬砌施工

隧道二衬混凝土采用在搅拌站集中拌制、混凝土搅拌运输车运输、混凝土输送泵泵送入模的施工方法。

在模筑衬砌施工时,按设计要求准确埋设各种预埋件并预留压浆孔。衬砌台车就位后,按测设位置准确支立拱墙架,拱墙架之间牵线校核,复合中线水平、加固拱墙架。

混凝土灌注采用两侧对称灌注、插入式振捣器捣。振捣过程中防止过捣和漏捣,保证混凝土密实、表面光滑、无蜂窝麻面。输送泵供混凝土时尽量保持连续运转,输送管宜直,转弯宜缓,接头严密,泵送前润滑管道。

灌注后清理现场,及时检修、保养输送泵和清洗管道,以备下一循环使用。

混凝土灌注完成后,及时按规定进行养生。

(4)回填注浆

衬砌施工完成强度达到 80%后要对衬砌拱顶背后进行注浆施工,以确保衬砌密实。

衬砌时预埋聚乙烯回填注浆管,管间距 8~10 m,设于拱顶模筑衬砌边缘、防水板内侧。

回填注浆材料采用 1∶1 水泥浆,配合比现场试验确定。注浆采用隔孔注浆方式,当发生各孔串浆现象时,采用群孔注浆方式。注浆压力采用 0.05~0.1 MPa。

注浆工艺严格按设计和施工规范进行。注浆材料、注浆方式及注浆压力等参数根据注浆试验结果及现场情况调整。达到设计注浆压力即可停止注浆,过一定的时间后再接着重注浆,如此反复多次以确保衬砌混凝土密实。

注浆过程中随时观察注浆压力和注浆机排量变化,防止堵管、跑浆、漏浆。

四、弃渣利用及弃置方案

可利用的隧道弃渣加工用作路堤填料、施工场地的填筑及填补沟壑造田,以减少弃渣数量减少占地,降低工程成本;不能利用的弃渣,按照指定的弃渣场地弃渣。控制弃渣堆放高度,确保挡护工程质量。

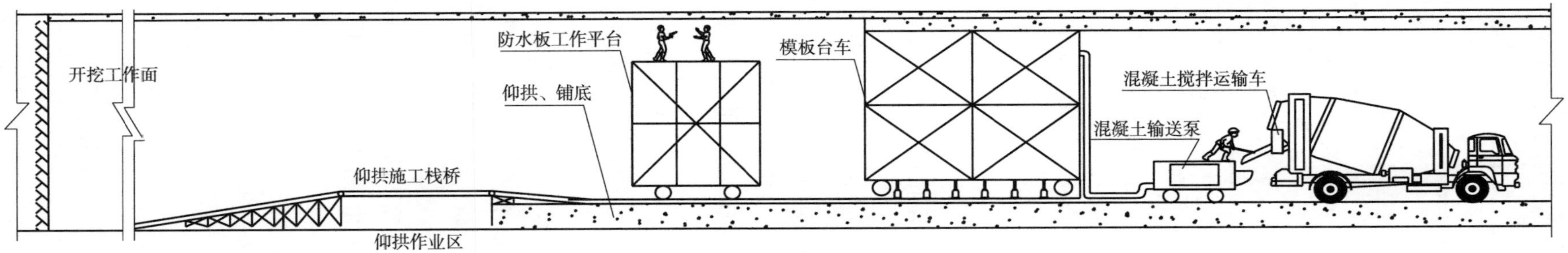

衬砌施工

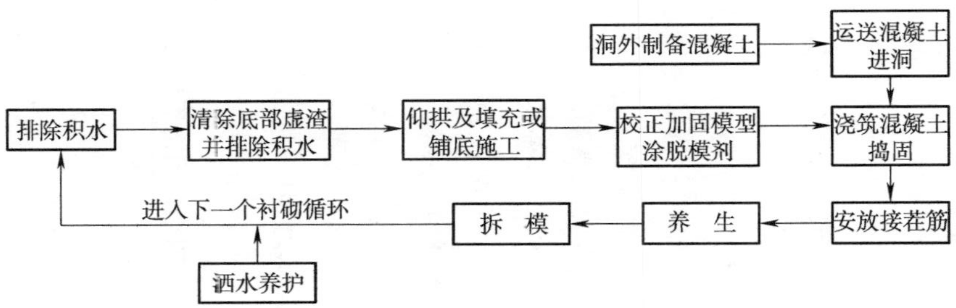

仰拱及填充衬砌工艺

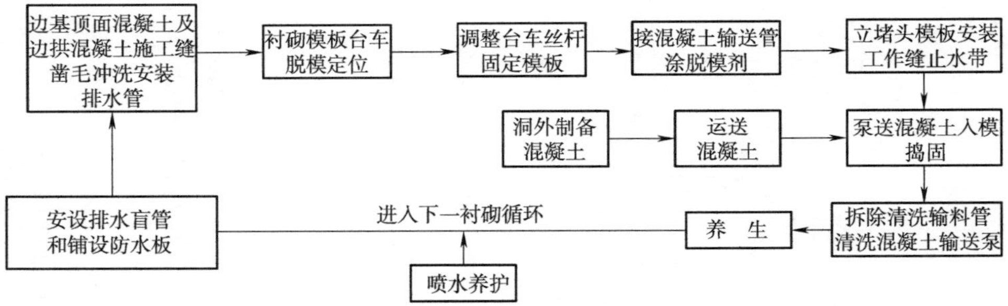

拱墙衬砌工艺

说明：

1. 衬砌施工顺序：仰拱、填充—边墙基础—拱墙—沟槽。
2. 利用多功能作业台架进行排水盲沟安装、处理超欠挖和铺设防水板。
3. 侧沟及边墙基础部位与隧道开挖一道爆松，混凝土施工时清除虚渣及局部欠挖处理。
4. 拱墙衬砌一次完成，利用全断面衬砌模板台车衬砌，洞外设自动计量混凝土拌和站生产混凝土，用混凝土输送泵泵送混凝土入模。
5. 仰拱施工由仰拱中心向两侧对称浇筑。

图4-4-14　衬砌施工方法及工艺流程图

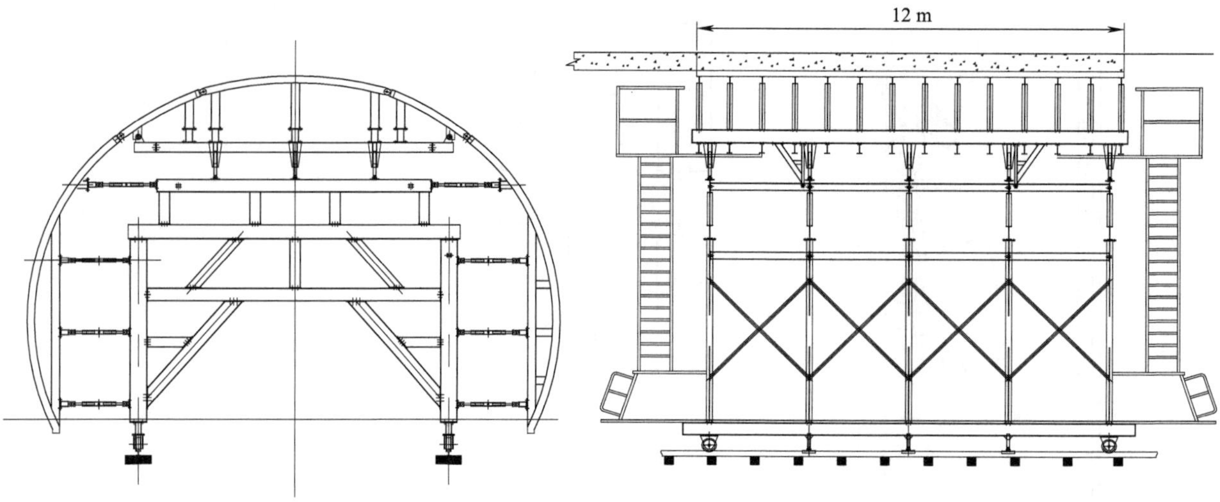

图 4-4-15 全断面衬砌台车结构示意图

弃渣场按设计指定地点设置,渣场坡脚设浆砌片石挡砟墙防护,并做好渣场排水系统,确保排水畅通,完工后及时平整渣顶、填土复耕、绿化。

五、超前地质预报

施工中,把超前地质预报、监控量测严格纳入工序管理,充分发挥监控量测的指导作用,适时调整施工方法,合理确定二次衬砌的施作时间,加强过程控制,合理安排工序。

(一)地质调查

首先对已开挖地段进行地质调查,调查的主要依据为隧道开挖面地质素描、岩石结构面调查和涌水观测记录。

地质素描采用图表形式形象记录开挖面地质情况,主要内容包括:岩性、地质年代、岩层产状、软弱夹层、岩脉穿插情况;断层及破碎带的形态、产状、宽度、填充物特征;主要节理裂隙的形态、产状、规模及相互切割关系;围岩岩体结构类型、完整性、围岩的物理力学性能。

岩石结构面调查内容包括:围岩的岩石结构产状、物理力学属性、节理的延伸性、粗糙起伏情况、张开程度;地下水出露情况、水量大小等;地下水的分布形态、大小、位置走向等;围岩节理内含水情况。

(二)超前地质预测预报

采用地面预报和洞内超前预报相结合、洞内超前预报为主的模式。洞内超前预报主要通过 TSP203 地质超前预报系统、超前钻孔等手段进行。认真做好日常地质素描、地质调查,综合分析掌子面及已开挖隧道围岩的岩性、结构、构造和地下水情况,通过物探、钻探方法,对掌子面前方围岩的工程地质、水文地质特征进行预报,采取相应对策措施,避免出现突发性坍塌等事故。

组建超前地质预报专业小组,进行超前地质探测预报,制定不良地质条件下的施工预案。以常规地质综合分析法为基础,TSP203 地质超前探测预报系统做长距离宏观控制,地质雷达做近距离判断,超前水平探孔做中近距离取芯判断等,形成综合地质超前预报系统。

TSP203 预报系统是目前最先进的方式,准确率高,适用范围广,适用于极软岩至极硬岩的任何地质情况;预报距离长,能准确预报掌子面前方 100～200 m 范围地质情况。地质雷达能判断短距离(10～40 m 以内)的精细岩性结构变化情况,作为 TSP203 超前地质预报的补充。

超前地质预报工作范围及作业方式见表 4-4-3。

表 4-4-3 超前地质预报工作范围及作业方式

预报方式	工作范围	作业方式
TSP203	隧道全长范围内	围岩较好段 100～200 m/次,较差段 50～100 m/次
地质雷达	接近和通过不良地段时使用,以准确推断隧道四周及底部的水体形态	短时间占用掌子面施工时间,接近断层、水体等之前开始施测,有水岩层 10 m/次,无水岩层＜20 m/次

续上表

预报方式	工作范围	作业方式
超前水平钻孔	在地下水发育地段必须作较长距离的钻探，确定其性质、流量、压力等	停止掌子面施工12～24 h，探测深度30～100 m时，水平钻机使用ZYG-150钻机；探测深度小于30 m时，使用凿岩台车
	短距离水平钻孔探测为日常监测项目，在地质较差地段进行	不单独占用施工时间，在每循环钻孔时，将若干辅助眼加深1～5 m，直觉确定围岩变化情况
常用地质法	开挖面均进行地质素描	不占用施工时间，每次爆破后进行素描，绘制展示图，进行推测

超前钻孔探测采用凿岩台架钻孔探测，钻孔深度以30 m为限，30 m以内出现异常情况时，按预定方案实施，钻孔出水，安装压力表及水表，测定地下水的压力和流量；30 m以内无异常情况时，改用ZYG-150钻机探测，继续钻孔，深度为100 m，无异常情况，按正常程序施工，出现异常按预案实施并测定水压和水量。100 m以后的探测则由下一循环钻孔探测完成。在每次钻孔过程中，指定在拱顶、两侧拱腰、两侧边墙脚及仰拱底部附近的1～2个辅助眼加深1～5 m，依靠对钻孔速度变化的直觉，判断前方围岩的变化。

（三）地质预测

根据开挖面地质素描、岩石结构面调查记录采用前推法预测前方地质情况。首先按1∶100的比例作出开挖面前方一定长度的展开图，逐一将开挖面地质素描和岩石结构面的记录资料，按其产状、节理轨迹线绘制到展示图上，最后按其节理走向和轨迹延伸，结合TSP203预报成果、地质雷达预报成果和超前钻孔的钻芯地质资料画出前方地质情况。

六、测量和监控量测

现场监控量测是判断围岩和隧道的稳定状态、保证施工安全、指导施工生产、进行施工管理和提供设计信息的重要手段。按照《铁路隧道监控量测技术规程》（TB 10121—2007）的要求进行监控量测，以量测资料为基础及时修正支护参数，使支护参数与地层相适应并充分发挥围岩的自承能力，围岩与支护体系达到最佳受力状态，并在施工中进行信息化动态管理，达到确保工程质量、施工安全和进度，合理控制投资的目的。在隧道正洞洞身支护完成后，尤其是仰拱施工完毕后，喷锚支护已闭合成环，及时进行全断面监控量测，随时掌握初期支护的工作状态，指导和确定二次衬砌施作时间。

（一）量测项目

根据工程地形地质条件、支护类型和施工方法等特点，常用监控量测必测项目和选测项目见表4-4-4和表4-4-5。

表4-4-4 监控量测必测项目

序号	监测项目	测试方法和仪表	测试精度	备注
1	洞内、外观察	现场观察、地质罗盘		
2	衬砌前净空变化	隧道净空变化测定仪（收敛计、隧道激光断面仪、全站仪）	0.1 mm	全站仪采用非接触观测法
3	拱顶下沉	水准测量方法，水准仪、钢尺	1 mm	一般进行水平收敛量测
4	地表下沉	水准测量方法，水准仪、塔尺	1 mm	浅埋隧道必测（$H\leqslant 2B$）
5	二次衬砌后净空变化	隧道净空变化测定仪（收敛计）	0.01 mm	
6	沉降缝两侧底板不均匀沉降	三等水准测量	1 mm	沉降缝两侧底板（或仰拱填充层面）沉降
7	洞口段与路基过渡段不均匀沉降观测	三等水准测量	1 mm	洞口底板（或仰拱填充层面）与洞口过渡段的沉降

注：H为隧道埋深；B为隧道最大开挖宽度。

表4-4-5 监控量测选测项目

序号	监测项目	测试方法和仪表	测试精度	备注
1	地表下沉	水准测量方法，水准仪、塔尺	1 mm	$H>2B$时

续上表

序号	监测项目	测试方法和仪表	测试精度	备注
2	隧底隆起	水准测量方法,水准仪、塔尺	1 mm	
3	围岩内部位移	多点位移计	0.1 mm	

注:H 为隧道埋深;B 为隧道最大开挖宽度。

(二)量测断面间距、断面布置

按照设计文件设置量测断面并布点。结合隧道具体情况,必测项目净空收敛和拱顶下沉量测断面间距与每断面测点数量见表 4-4-6;对于地表下沉量测,当 $H>2B$ 时,量测断面距 20~50 m,当 $B<H\leqslant 2B$ 时,量测断面距 10~20 m,当 $H\leqslant B$ 时,量测断面距 10 m(H 表示隧道埋置深度,B 表示隧道开挖宽度,地表无建筑物时取断面距的上限值)。为掌握各级围岩位移变化规律,在各级围岩起始地段增设量测断面;量测断面布置严格按照设计要求布置。

表 4-4-6　必测项目量测断面间距和每断面测点数量

围岩级别	断面间距(m)	每断面测点数量	
		净空变化	拱顶下沉
Ⅴ(浅埋)	5	4 条基线	3 点
Ⅴ(深埋)	10	2 条基线	1 点
Ⅳ(浅埋)	10~15	4 条基线	3 点
Ⅳ(深埋)	20~30	2 条基线	1 点
Ⅲ	50	2 条基线	1 点

注:洞口及浅埋地段断面间距取小值;软岩隧道的观测断面适当加密;量测点埋设宜尽量靠近开挖工作面,不超过 2 m,保证爆破 24 h 内及下一次爆破之前测初读数。

(三)量测频率

洞内外观察分开挖工作面观察、已施工工区观察及地表观察。开挖工作面观察应在每次开挖后进行一次,内容包括节理裂隙发育情况、工作面稳定状态、围岩变形等;当地质情况基本无变化时,可每天进行一次;观察后应绘制开挖工作面略图并做好地质素描,填写工作面状态记录表及围岩级别判定卡。对已施工工区的观察每天至少一次,观察内容包括喷射混凝土、锚杆、钢架的状况,以及施工质量是否符合规定的要求。洞外观察包括洞口地表情况,地表沉陷,边坡及仰坡的稳定,地表水渗透的观察。

净空水平收敛量测和拱顶下沉量测及地表下沉量测采用相同的量测频率,量测频率见表 4-4-7。实际量测频率从表中根据变形速度和距开挖工作面距离选择较高的一个量测频率。

表 4-4-7　量测频率

量测频率	变形速度(mm/d)	量测断面距开挖工作面距离
1~2 次/d	≥5	(0~1)B
1 次/d	1~5	(1~2)B
1 次/2 d	0.5~1	(1~2)B
1 次/2 d	0.2~0.5	(2~5)B
1 次/周	<0.2	>5B

注:B 为隧道开挖宽度。

(四)监测方法

监测方法与要求见表 4-4-8。

表 4-4-8　监控量测方法及要求

序号	监测项目	测点布置	监测方法及要求	仪器
1	洞内外观察	开挖及支护后进行	目测:地质观察在爆破后初喷前进行,绘制地质素描图,填写开挖工作面地质调查记录表;检查喷射混凝土有无开裂及发展,锚杆有无松动,钢架支护状态等,并做好相应记录;查看边仰坡有无开裂、起壳,地表有无裂纹;地表水位有无异常变化	地质罗盘

续上表

序号	监测项目	测点布置	监测方法及要求	仪器
2	地表沉降监测	隧道洞口进行地表沉降量测，横断面方向沿隧道中心及两侧间距 2～5 m 处设地表下沉测点（测点间距 2～5 m），在同一断面内应取 7～11 点，监测范围在隧道开挖影响范围以外	地表下沉量测和拱顶下沉及净空水平收敛的频率相同；地表下沉量测在开挖工作面前方，隧道埋深与隧道开挖高度之和处开始，直到衬砌结构封闭、下沉基本停止时为止	精密水准仪、因瓦尺
3	水平收敛量测	左右两侧对称布置量测点，量测断面间距根据围岩级别确定	采用激光断面仪或收敛计进行量测，开挖后按要求迅速安装测点并编号，初读数应在开挖后 12 h 内读取，测点应牢固可靠，易于识别并妥当保护	激光断面仪、收敛计
4	拱顶下沉量测	与水平收敛断面对应拱顶设量测点	喷射混凝土后迅速在拱顶设点，采用激光断面和仪精密水准仪和收敛计、因瓦尺进行量测	精密水准仪和收敛计、因瓦尺

采用无接触围岩量测技术对隧道拱顶下沉和水平收敛进行量测，观测方案如图 4-4-16 所示。测量人员按量测频率要求对隧道断面上布设的观测点进行全自动多测回全圆观测。

（五）监测资料整理、数据分析及反馈

取得监测数据后，专业监测人员及时整理分析监测数据。结合围岩、支护受力及变形情况，进行分析判断，将实测值与允许值进行比较，绘制各种变形或应力-时间关系曲线，预测变形发展趋向及围岩和隧道结构的安全状况，及时向项目总工程师及监理工程师汇报。

（六）监控量测管理

1. 监测控制标准

根据有关规范、规程、设计资料及类似工程经验，监控量测变形管理等级见表 4-4-9。

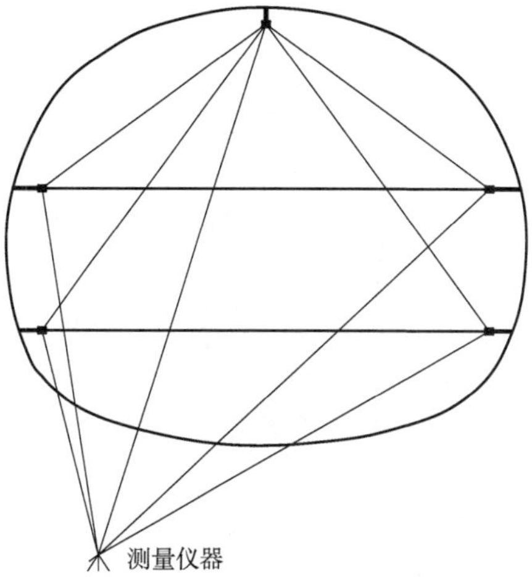

图 4-4-16　无接触围岩量测观测方案示意图

表 4-4-9　监控量测变形管理等级

管理等级	管理位移	施工状态
Ⅲ	$U<U_0/3$	可正常施工
Ⅲ	$U_0/3\leqslant U\leqslant 2U_0/3$	应加强支护
Ⅰ	$U>2U_0/3$	停工，采取特殊措施后方可施工

注：U 为实测位移值；U_0 为最大允许位移值。

观察及量测发现异常时，应及时修改支护参数。一般正常状态须同时满足以下条件：当位移、周边收敛、拱顶下沉量达到最终预测值的 80%～90%，净空变化速度小于 0.1～0.2 mm/d 时，拱顶下沉速率小于 0.07～0.15 mm/d 时，喷射混凝土表面无裂缝或仅有少量微裂缝，可认定围岩基本稳定，可施作二次衬砌；另位移速度除在最初 1～2 d 允许有加速外，应逐渐减少；当净空变化速度持续大于 1.0 mm/d 时，应加强初期支护；二次衬砌混凝土施作时间应满足《铁路隧道喷锚构筑法技术规范》要求。

2. 监控量测体系

施工监测管理流程如图 4-4-17 所示。

（1）监控量测计划

工程施工前，根据现场实际情况及施工进度，编制详细的监测实施计划，并确定监测技术标准，报监理工程师及业主批准。

（2）监控量测小组

为了真实反映监测结果，施工监测由工程管理部组成专门监测小组，具体负责各项监测工作。

（3）监测管理

积极配合监理工程师做好对监测工作的检查、监督和指导，工程完成后，根据监测资料整理出的监测分

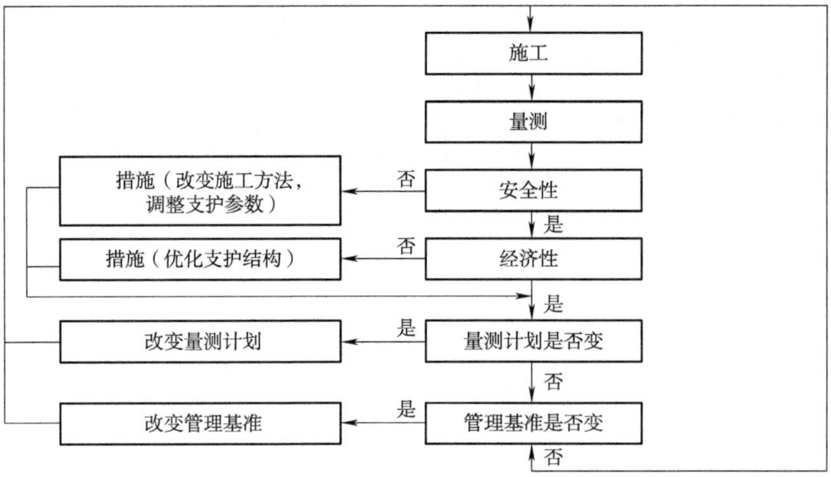

图 4-4-17　施工监测管理流程图

析总报告纳入竣工资料中。

(4)现场量测要求

净空变化、拱顶下沉量测应在每次开挖后 12 h 内取得初读数,最迟不得大于 24 h,且在下一循环开挖前必须完成。

测试前检查仪表设备是否完好,发现故障及时修理或更换;确认测点是否松动或人为损坏,当测点状态良好时方可进行测试工作。

测试中按各项量测操作规程安装好仪器仪表,每测点一般测读三次,取算术平均值作为观测值;每次测试都要认真做好原始数据记录,并记录开挖里程、支护施工情况以及环境温度等,保持原始记录的准确性。

测试完毕后检查仪器、仪表,做好养护、保管工作。及时进行资料整理及信息反馈。

(5)技术措施

将监测管理及监测实施计划纳入施工生产计划中,作为一个重要的施工工序来抓,并保证监测有确定的时间和空间。制定切实可行的监测实施方案和相应的测点埋设保护措施,并将其纳入工程的施工进度控制计划。

施工监测紧密结合施工步骤,监控每一施工步骤对周围环境、围岩、支护结构、变形的影响,据此优化施工方案。监测组与监理工程师密切配合工作,及时向监理工程师报告情况和问题,并提供有关切实可靠的数据记录。

量测项目人员要相对固定,保证数据资料的连续性。量测仪器专人使用、专业机构保养、专业机构检校。量测设备、元器件等在使用前均经过检校,合格后方可使用。各监测项目在监测过程中必须严格遵守相应的实施细则,量测数据均要经现场检查、室内两级复核后方可上报。量测数据的存储、计算、管理均采用计算机系统进行。

针对施工各关键问题开展相应的 QC 小组活动,及时分析、反馈信息,指导设计和施工。

七、施工通风、防尘与排水

洞内布置管线主要有动力线、照明线、高压水管、排水管、通风管、高压风管等。洞内风、水管线布置在掘进方向的右侧墙壁,照明线、动力线布置在掘进方向的左侧墙壁,施工通风管路悬吊于拱顶或侧壁。

施工风、水、电等管线布置如图 4-4-18 所示。

1. 施工通风

施工通风主要采用长管路独头压入式通风方案,利用风管对掘进工作面供风,通风系统简单。隧道洞口外设 1×55 kW 轴流通风机。风筒采用 ϕ1 400 mm 柔性风筒。

因隧道开挖断面大、运输洞内污染大,成立通风技术班组,加强通风管理,负责风管的接长、检查、补漏、顺直、开机及其他管理工作,确保管道漏风率及内摩阻力,保证洞内掌子面风速在 0.21 m/s 以上。配置相应

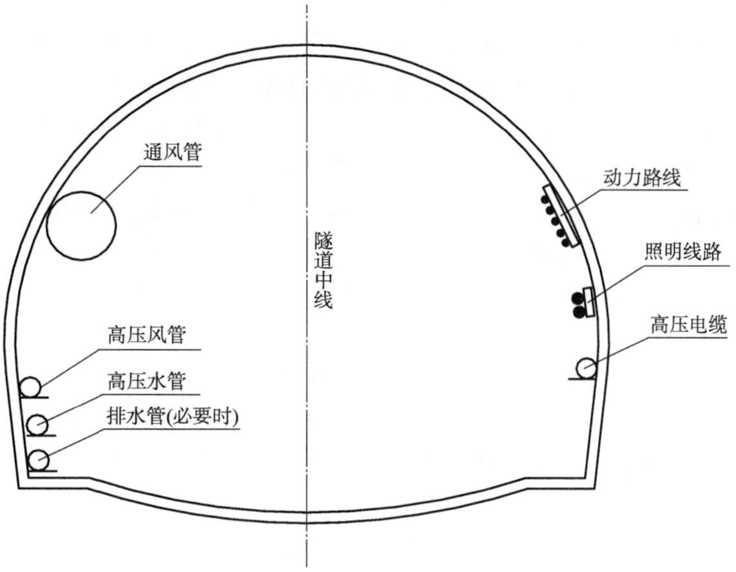

图 4-4-18　洞内三管、两线总体布置图

检测设备，随时进行洞内环境监测，掌握通风情况及环境情况，确保洞内空气清新，创造良好的劳动环境。

2. 施工排水

反坡排水施工段排水需在掌子面设集水坑，设移动泵站并铺设排水管道将水引排出洞外，随着掘进长度的增加，在隧底侧沟位置增设集水坑，设固定泵站接力排水。

地下水处理：隧道富水地段，应利用地质超前预报探明前方水文地质情况，做好提前疏排措施，预备足够抽水设施，做到出现情况能迅速排水，确保施工安全。对于一般地下水不发育的隧道地段，地下水排放不影响生态环境时，采用"防、排、堵、截结合，因地制宜，综合治理"的措施。

洞口防排水：洞口有沟渠通过或洞前反坡排水有困难时，采取引排和防渗、防冲淤措施，洞顶设截水天沟，形成完善的防排水系统。

3. 施工用电方案

在洞口安装 1 台 800 kVA 变压器，经变压后直接供洞内施工及照明用电，隧道施工班备用两台 300 kW 发电机。距离掌子面 100 m 范围内，采用 24 V 安全电压供电。经照明变压器隔离降压后为照明提供电源。

八、隧道安全施工控制要点

(一)隧道的防灾、减灾和救灾

隧道施工阶段的灾害特征，结合实际情况可能出现的方式有坍塌、火灾等。

1. 坍塌处理

坍方原因多种多样，但地质因素起决定作用，因此对裂缝较发育、岩体较破碎、浅埋、进口仰坡危岩、落石，必须以预防坍方为主安排施工。小型坍方处理时，充分利用喷混凝土，对坍穴及时喷护封闭，限制坍方扩大。大型坍方，坍塌情况经常一时难于掌握，此时人员不能冒然进行处理，因此要先采用各种注浆方式对坍体进行固结和封闭，然后再进行开挖施工。

2. 火灾预防

施工前根据洞口情况、工作面安排情况以及正洞断面等情况，详细安排紧急处理预案。

预案中将充分考虑不同火源、不同事发地点、不同火情等情况的处理，包括疏散路线、车辆行驶路线、物资供应方式、事后清场通风方式等。

(二)开挖安全技术措施

(1)贯彻"不坍就是进度"的指导思想，"安全第一，预防为主"指导方针，正确处理好进度、质量、安全三者之间关系，做好开挖面施工安全保证措施，杜绝塌方。

(2)在洞口段、断层破碎带、浅埋段及其他Ⅳ、Ⅴ级围岩地段，施工前制定详细的切实可行的施工方案和作业指导书。

(3)做好超前地质预报工作,采用超前钻孔、地质雷达等综合预报手段对开挖面前方的地质情况做出详细预报。每个开挖工班配一名工程师跟班,确保各种措施、技术交底的落实,保证标准化作业。开挖过程中,配备有经验的地质工程师,24 h 轮流值班,及时掌握地质变化,监控指导现场施工。

(4)根据设计图纸的要求做好超前注浆加固围岩或起到注浆堵水的作用。

(5)不良地质段隧道施工时,严格遵循“先治水,短开挖、弱爆破、强支护、勤量测、早封闭”的施工原则,防止坍方。

(6)施钻人员到达工作面后,首先检查工作面是否处于安全状态,支护、拱顶是否稳定,如有松动危石予以清除后再进行作业。

(7)操作人员必须互相配合,并保持必要的安全操作距离。

(8)司钻工钻孔前,对风钻和工具作如下检查,不符合要求的立即修理或更换:机身、螺栓、卡套、弹簧和支架是否正常完好;管路是否良好,连接是否牢固;钻杆是否弯曲、带伤,防止作业时断钎伤人;湿式凿岩的供水装置是否良好。

(9)风钻钻孔时,将支架安置稳妥。在钻孔台架上打眼时,先检查台架及斜撑是否稳定,平台上是否铺满板,外侧的防护栏杆是否牢固,防止高处坠落。

(10)严禁在残眼中继续钻孔,严禁在打眼的同时装药。不得在工作面拆卸、修理风钻。风钻打眼,开孔时用较短的钻杆,其长度不超过 0.8~1 m。钻头未入岩壁前,风门不宜开大。操作时做到退钎子与凿岩机一条线,司钻工要在风钻的左侧方,严禁骑着气腿操作风钻,钻眼时先开水后开风,停钻时先关风后关水。

(11)用风镐开挖时工作前检查气压及风镐的连接。工作中,要防止空打,卡钎时不可猛摇风镐,及时更换磨钝的镐钎,发现滤风网被污物堵塞,需及时排除。

(三)爆破作业安全技术措施

(1)爆破作业时统一指挥;根据施工条件,洞内每日放炮次数,开挖作业循环时间明确规定;警戒要统一行动;起爆顺序应由里向外,里面的人员未撤出前,外面禁止放炮。

(2)爆破时所有人员撤至不受有害气体、振动飞石伤害的地点,其安全距离:半断面开挖不少于 400 m,全断面开挖不少于 500 m。

(3)爆破器材加工,在洞外远离洞口 50 m 以外的加工房工作台上操作。除洞外土石方用电雷管外,洞内用非电雷管。装配起爆管时必须先试验,计算引线长度,每批分卷进行。导爆管凡管径有过粗、管体压扁、破损锈蚀、加强帽歪斜者,严禁使用。加工好的起爆管分段装入木箱内,防止混段(不准把段数标签失落)。

(4)人工运送炸药每人一次运送量不超过 20 kg 或原包装一箱。运送爆破器材前后 30 m 专人防护,严禁中途逗留。

(5)汽车运送爆破器材时遵守下列规定:炸药与雷管分别由木板车厢运入洞内,车厢垫橡胶,只准平放一层;必须由爆破工专人护送,其他人员不得搭乘;运送途中要显示红灯与鸣笛;汽车排气孔加防火罩;炸药与雷管不准同车运送。

(6)装药时严禁火种,无关人员和机具等均撤离到安全地点。周边眼间隔装药,用胶布包扎在竹片上固定牢靠。

(7)洞内大断面开挖,雷管段数多、装药量大时,爆破指挥人员先明确分工,自上而下分区分段装药各负其责,防止混段和漏装,禁止超量装药。

(8)遇有下列情况禁止装药:作业面照明不足;工作面岩面破碎未及时支护;可能有大量涌水的地段。

(9)装药完毕,工作面所有的机具、材料撤离,经检查无漏装,炮口堵塞完后进行网络连接,网络连接好后,专人检查是否合格,经确认连接无误即可起爆。

(10)其他注意事项。洞内严禁明火点炮,洞内所有爆破、导爆索长度均不少于 2.0 m。起爆后必须通风排烟 30 min 后才准工作人员进入工作面,并经下列各项检查和处理后,其他工作人员才准进入工作面:有无瞎炮及可疑现象;有无残余炸药及雷管;顶部、两端有无损坏及变形。进行爆破器材加工和爆破作业的人员,严禁穿化纤衣服;爆破器材的领取必须由有合格证的人员办理,一定要账物相符,双方签字。每次装药完毕后未用完的爆破器材立即退回库房,并办理清库签字手续。

(四)装渣及运输安全技术措施

(1)各种运输设备不得人货混装,装载机不准载人。

(2)机械装渣时,坑道断面尺寸满足装载机安全运转。

(3)装渣时,运渣车辆停稳并制动,启动前鸣笛。

(4)洞内运输车辆限速行驶。作业地段正常时 10 km/h,成洞地段行驶速度小于 20 km/h,会车时小于 10 km/h。

(5)在衬砌台车(或作业台架)作业地段设置"慢行"标志,台车(台架)两端设置红色显示灯。

(6)洞内车辆行驶遵守下列规定:严禁超车,会车时空车让重车,重车减速行驶,两车厢间距离不小于 0.5 m;同向行驶,前后两车间距离至少为 20 m,洞内能见度差时,加大间距;洞内车辆相遇或发现有行人时,改用小光灯或近光灯;车辆启动前瞭望或鸣笛,进出隧道口时鸣笛;洞内车辆倒车必须开灯、鸣笛或专人指挥;车辆在使用前详细检查,不带病行驶。

(7)洞内车辆行驶时,施工人员遵守下列规定:行人走两侧人行道,不与机械车辆抢道;不扒车追车和强行搭车。

(8)随时养护运输道路路面,做好排水及维修工作。

(9)进洞车辆及内燃机选用带净化装置或低污染的柴油机,汽油车辆及机械不得进洞作业。

(10)洞外卸渣场地按设计要求修建和管理,并在渣堆边缘内 80 cm 处设置挡木,以防车辆翻沟。

(11)车辆运行前保持良好机况、照明刹车良好;确认前后无人并给一次信号,方可启动。

(12)在洞口、交叉路口,设置"缓行"标志,必要时专人指挥交通。洞内车辆、机械停放处,设置有足够的照明,并设置红色警戒灯。

(13)机械设备建立严格的"管、用、养、修"制度,并切实执行,实行奖罚,使设备经常处于良好状态。

(14)汽车及走行机械,严格执行"三不超(不超速、不超载、不超劳)、五不开(无证、无令、带病、病车、酒后不开)""三勤、三检"制度。

(15)工地设专职机械管理和维修人员,分工负责机械设备各项工作。

(16)在施工中保证道路质量,由综合班按标准养护。安排调度值班,统一指挥,保证出渣、进料运输畅通无阻,洞外既有公路或便道转弯处或陡坡处设置醒目、温馨的安全标识。在弃渣场安排推土机或装载机经常推渣,推渣时渣场尽端留适当的渣堆,并安排人员对自卸汽车进行卸渣指挥,确保自卸汽车卸渣安全。

(17)为保证运输作业能正常、安全进行,特别制定提高机械设备完好率的具体措施。

(18)编制机械安全技术操作规程,组织专人深入现场,督促检查机械设备安全工作情况,发现问题及时纠正,消除隐患,使机械设备能安全、优质、高效、低耗地运行。杜绝违章指挥、违章操作,违反劳动纪律等行为。

(19)严格执行交接班制度,认真填写交接班记录,做到力保"十字作业"。交班清楚后,接班人检查移交的运转、维修、油耗等记录情况及设备情况,并开车试运转,确认正常后方能进行工作。

(20)施工人员先进行岗前安全培训并经考核合格后上岗。对施工中违反操作规程的人员不仅要进行安全处罚,责令其重新学习,并进行考核。

(21)施工人员配足安全防护设施,施工中检查佩戴情况,不按要求佩戴时,进行安全处罚。

(22)加强日常对驾驶人员的教育培训,加强作息时间的管理,加强各种管理制度的落实,保证装渣、运输安全。

(五)支护、衬砌安全技术措施

(1)隧道开挖后及时进行支护。支护质量达到设计规定标准。

(2)施工期间,现场值班负责人员每天同安全质检人员对开挖面地质以及各部支护情况进行一次检查。不良地质地段每班检查一次,当发现支护变形或损坏时立即加固处理并做详细记录。

(3)量测人员发现量测数据有突变或异变时,及时向技术负责人或现场负责人汇报,并采取应急措施或通知施工人员暂时撤离危险地段。

(4)钢拱架不架立于虚渣或活动石上,软弱围岩地段基底夯实加设垫板或加设木楔楔紧。锚杆支护,孔深、间距、方位必须满足设计要求,注浆要饱满,初喷混凝土的厚度不少于 40 mm。

(5)洞内支护,坚持"随挖随支护"的原则,支护紧跟开挖面;如遇石质破碎、风化严重时,采取先护后挖措施,并尽量缩小支护工作面。

(6)喷射支护前,清除危石及松动石块,喷射人员佩戴防护用品;机械各部完好正常,保持压力正常,喷浆管喷嘴严禁对人放置。

(7)随着隧道各部开挖工作的推进,及时进行衬砌,特别是洞门口段衬砌尽早施工,地质不良地段的衬砌尽早完成。

(8)机械转动部分设置防护罩,电动机必须有接地装置,移动或修理机器及管线管路时,先停电,并切断电源、风源。

(9)加强洞内通风、照明管理,确保达到符合国家相关标准的工作环境。

(10)二次衬砌前铺设防水层。工作台架下净空必须符合设计要求,工作台架承载重量不超过要求。台车两端设不低于1 m的栏杆和上下人员的梯子。

(11)铺设防水层台架及模板台车距作业开挖面有足够的安全距离,齐头爆破时要防止空气波冲破防水层。工作台架、衬砌台车就位后,用卡轨器固定在轨道上,防止溜车。

(12)衬砌台车使用时遵守下列规定:台车上不得堆放料具。工作台上铺满木板,并设安全栏杆。拆除混凝土输送软管前,停止混凝土泵的运转。两端挡头板安装牢固。衬砌台车、工作台架上施工用照明用电线路每天要进行一次检查,确保电线绝缘良好,防止电线破损、漏电伤人。

(13)模板台车设计时考虑净空能保证运输车辆的顺利通行,混凝土灌注两侧对称进行。

(六)不良地质地段安全技术措施

1. 隧道断层破碎带施工安全保证措施

断层破碎带施工中可能出现围岩失稳、坍方、涌水等地质灾害,在施工中主要采取以下安全措施:

(1)施工中加强地质预报工作。认真进行超前地质预报和超前探水,杜绝突水。成立专职地质组,配备专职地质工程师,做好地质描述和超前地质预报,提出对策和措施。施工工程师指导和督促各种措施、技术交底的落实,保证标准化作业。开挖过程中,地质工程师轮流值班,及时发现地质变化情况,制订特殊地段的施工方法和可靠的措施并严格实施,监控指导现场施工,科学组织、合理安排,严格管理,确保安全。

(2)隧道开挖采用控制爆破方法,按《爆破安全规程》施工。加强监测,根据监测和地质情况及时调整爆破参数,保证爆破安全。

(3)通过超前地质预报、施工中地质素描、炮眼钻进速度变化、炮孔出水异常现象等对前方地质情况做出判断,制定相应的施工方法和合理的支护参数,围岩变形增大时加强支护。地质不良地段按照"早预报、深钻探、先治水、短进尺、弱爆破、强支护、早封闭、勤量测"的原则施工。

(4)加强施工监控量测信息反馈,为施工提供及时、准确的信息,及时对指导施工的技术方案进行调整,保证施工安全进行。

2. 隧道富水地段施工安全保证措施

(1)在施工隧道富水地段时,认真进行超前地质预报和超前探水,搞好动态施工,特别在断层带附近及向斜核部附近加强预测预报工作,通过试验选择最佳注浆参数,严格按注浆工艺施工,认真对注浆效果进行评定,杜绝涌水、突水。

(2)对注浆施工人员进行专门培训,实行岗位责任制,严格配合比计量,确保注浆质量。

(3)采用超前钻孔探测,随时测量涌水量及水压,化验水质,核实地质情况;如与设计不符时,及时提出,并配合设计做好水压试验。

(七)通风与防尘安全技术措施

(1)加强通风,以确保洞内氧气含量、风速、新鲜空气达到规定的卫生标准。把粉尘浓度、有害气体含量降低到允许标准以内。

(2)压入式通风进风口设在洞外,避免污染的空气进入洞内。洞内风管悬挂在侧壁上,安装平顺,接头严密,出风口距工作面不大于30 m。

(3)无论通风机运转与否,严禁人员在风管的进出口附近停留。

(4)通风机停止运转时任何人员不得扛木料、钻杆等靠近通风软管行走和在软管旁边停留,不得将任何物品放在风管或管口上。

(5)隧道施工中采取综合防尘措施,在凿岩和装渣工作面上做好防尘工作:放炮前后进行喷雾与洒水;出渣前用水淋透渣堆和喷湿岩壁；在吹入式的出风口，放置喷雾器；防尘用水保持清洁。

(八)洞内用电及照明安全技术措施

(1)施工用电除利用地方电源外，配备备用内燃发电机，以便当供电单位停电检修时，可供洞内抽水、照明和通风用电。

(2)洞内作业地段照明电压 36 V；成洞地段 220 V。

(3)洞内照明电力线路悬在两侧墙上，安装在同一侧时分层架设，电线悬挂高度距人行地面：400 V 以下不小于 2 m，6～10 kV 不小于 3.5 m。

(4)洞内作业面有足够的照明。开挖作业地段，每平方米不小于 15 W；未成洞地段每隔 6 m，成洞地段隔 10 m 安装 60W 灯一盏。

(5)洞内检修搬迁电器设备(包括电线电缆)时切断电源，并悬挂"有人工作，不准送电"的警告牌。

(6)操作洞内电器设备，符合下列规定：非专职值班电器人员，不得操作电器设备；操作高压电器主回路时，戴绝缘手套，穿绝缘靴并站在绝缘板上；手持高压电器设备的操作手柄和在工作中要接触的部分保持绝缘良好，使用前做绝缘检查；低压电器设备加触电保护器；电器设备的检查和调整，由专职维修电工进行操作。

(7)洞内外开关箱设在安全位置，并有防雨防水措施，有保护接零或接地装置，实行一机一闸。箱内无杂物，有门有锁。

(8)隧道内的照明灯光保证亮度充足、均匀但不闪烁，根据开挖断面的大小、施工工作面的位置确定高度。隧道内照明用电线路，均使用防潮绝缘导线，并按规定的高度用绝缘子悬挂在高处，不放在地上。隧道内的用电线路和照明设备设专人负责检修管理，检修电路与照明设备时切断电源。在潮湿及漏水隧道中的电灯使用防水灯口。

(九)洞内排水安全技术措施

断层破碎带是地下水储存的场所，可能会产生突泥涌水现象，对隧道围岩稳定性极为不利。施工中除采用超前地质预报、超前钻探、超前注浆堵水和正确的施工方法外，配备足够数量的抽水机和备用电源来保证充足的抽水能力。

抽水机设备采用电力机械，不使用内燃抽水机。

隧道开挖中通过探测证明要穿过涌水地层时，采用超前钻孔探水，查清含水层厚度、岩性、水量、水压等，为防治涌水提供依据。如发现工作面有大量涌水时，即令工人停止工作，撤至安全地点。

九、隧道施工质量控制要点

(一)洞身开挖施工质量控制

隧道不良地质地段施工坚持"短进尺、弱爆破、强支护、早封闭、勤量测"的原则。

开挖前，做好超前地质预报，根据预测结果采取合理的开挖方法和支护措施。在隧道开挖中随时核对围岩级别与地下水变化状态，并及时提出，以便修正设计。

采用光面爆破或预裂爆破，减少对周边围岩的扰动，开挖后及时支护，保证开挖成型质量。选择合理的爆破参数，周边眼采用光爆小药卷不耦合装药，选择合理周边眼间距和光面层厚度，以确保光面爆破。每次爆破由专业工程师值班检查监督爆破全过程，以保证钻爆作业按钻爆设计进行。

隧道施工过程中进行监控量测，及时掌握围岩动态和支护工作状态，保证围岩稳定和施工安全。每循环用断面仪对开挖面进行检查，并根据检查结果进行分析，及时将分析的信息反馈到施工中，不断优化设计，以进一步改进光面爆破质量。

派专人负责超欠挖控制。设备操作人员相对固定，以利于提高钻眼质量。

(二)初期支护施工质量控制

1. 湿喷混凝土施工质量控制

开挖后及时初喷，喷射混凝土前处理危石，检查开挖断面净空尺寸，如有欠挖及时处理后再喷；不良地质地段，设专人随时观察围岩变化情况，当受喷面有涌水、淋水、集中出水点时，进行径向注浆，按"以堵为主，限量排放"原则进行排水处理。

喷射前用高压风吹净岩面，并设置控制喷混凝土厚度的标志，检查电线路、设备和管路，使施工机具处于良好的状态。

在喷射混凝土达到初凝后方能喷射下一层。首次喷射混凝土厚度不小于 40 mm。喷射作业喷嘴与岩面垂直,距受喷面距离适中,并分段、分片、分层,由下而上顺序进行,有较大凹洼处,先喷射填平。速凝剂掺量准确,添加均匀。

掌握好风压,减少回弹和粉尘。施工中经常检查出料弯头、输料管和管路接头,处理故障时断电、停风,发现堵管时立即停风关机。

2. 锚杆施工质量控制

初喷混凝土后尽快按设计位置钻孔,安设锚杆,然后复喷混凝土至设计厚度。锚杆原材料规格、长度、直径符合设计要求,锚杆杆体除油污、除锈。

锚杆孔位、孔深及布置形式符合设计要求,砂浆锚杆用的水泥砂浆,其强度不低于设计强度,水泥用普通硅酸盐水泥,砂用中砂。中空式注浆锚杆、自进式锚杆用的注浆材料、配比、注浆终压满足设计要求。

钻锚杆孔:测量组按设计要求画出位置,孔距控制在允许误差范围之内;保持锚孔顺直;钻孔深度及直径与杆体相匹配。

锚杆安装:杆体插入锚杆孔时,保持位置居中,砂浆水胶比和注浆浆液配合比符合设计要求;有水地段先引出孔内的水或在附近另行钻孔再安装锚杆;锚杆孔内砂浆饱满密实,砂浆内添加适量的微膨胀剂;锚杆垫板与孔口混凝土密贴。随时检查锚杆头的变形情况,紧固垫板螺帽。

3. 钢筋网施工质量控制

钢筋网在初喷混凝土后铺设,钢筋网随岩面起伏铺设,与受喷面间隙不大于 3 cm,与锚杆连接牢固,且钢筋保护层厚度大于 2 cm。

软弱地层地段先加铺钢筋网,沿环向压紧后再初喷混凝土。

喷射中如有脱落的石块或混凝土块被钢筋网卡住,及时清除后再喷射混凝土,保证其背后密实。

4. 钢架施工质量控制

(1)钢架加工时特别加强对型钢(或钢筋)与连接钢板之间的焊接质量。

(2)钢架安装时,严格控制其内轮廓尺寸,且预留沉降量,防止侵限。

(3)钢架安装好后,用锁脚锚杆(或锁脚锚管)固定,防止其发生移位。

(4)在开挖及初喷混凝土后及时安装。钢架与围岩之间的间隙用垫块或喷混凝土喷密实。

(5)钢架要全部被喷射混凝土覆盖,保护层厚度不小于 4 cm。

5. 超前小导管施工质量控制

超前小导管按照设计要求进行加工制作。超前小导管外插角控制在设计和规范要求的范围内,尾部与钢架焊接牢固,与线路中线方向大致平行。孔深大于导管长,钢管顶入长度不小于管长的 90%,并用高压风将钢管内的砂石吹出。注浆时采用压力和注浆量双控。

6. 管棚施工质量控制

在出口明洞进入暗洞时设置长管棚,进行暗洞长管棚施工前,对洞口衬砌外 1～3 m 范围内的边仰坡进行锚喷(网)加固。然后进行长管棚套拱的施作,严格控制套拱内导向钢管设置及倾角,确保长管棚外插角控制在设计和规范要求的范围内。

(三)预防衬砌开裂施工质量控制

混凝土结构开裂的原因主要由于混凝土所固有的干缩性和混凝土温差收缩效应所致。

施工中做到隧道基底无虚渣、无废物、无积水,以保证隧道边墙基底处于稳定状态,防止衬砌开裂;施工中将施工缝进行凿毛,以保证相邻混凝土的密切结合;施工后及时对已拆模混凝土进行洒水养护工作,以保证混凝土不开裂;严格选定混凝土的配合比,特别是水胶比的控制,防止出现水胶比不当而引起混凝土收缩产生裂纹。

衬砌结构工程,为减少混凝土开裂,在二衬混凝土中掺入适量的抗裂复合防水剂。

设立专人对混凝土衬砌段进行养生。

(四)施工缝和接茬面施工质量控制

墙体纵向施工缝不留设在剪力与弯矩最大处或底板与侧壁的交接处,留在高出底板顶面不小于 30 cm 的墙体上。

纵向施工缝施工前，将表面凿毛，清除浮粒和杂物，用水冲洗干净，保持湿润，涂刷混凝土界面剂后及时浇筑混凝土。

变形缝嵌填材料嵌填密实，与两侧粘接牢固。

每环施工缝间设止水带，进行凿毛并加接茬钢筋进行连接，施工缝在浇筑混凝土前经充分润湿。拱墙立模前先检查断面、渗漏水情况、中线水平、排水盲管和防水板安装质量。泵送混凝土自下而上，从已灌注段接头处向未灌注方向，分层对称浇灌，防止偏压使模板变形。

第二节　洞口工程施工

全线除岱岭 1 号出口、岱岭 2 号进口两处洞门为挡墙式洞门外，其余隧道进、出口均采用帽檐斜切式洞门，C35 钢筋混凝土整体浇筑。

一、洞口处理措施

1. 清表

对洞口植被茂盛或有虚土、危石的必须对地表进行清理。在清表的过程中，注意控制好清表的厚度，尽量少破坏山体原有的植被，保护好生态环境，减少对山体的扰动。如洞口为超浅埋或负浅埋地段进洞较难时，需对特殊地段进行反压回填。

2. 施工放样

清表工作结束后，用全站仪将洞门以及边、仰坡的开口线放样出来，打好木桩。

隧道洞外控制测量采用 GPS 结合全站仪进行。进场后复核设计院提供的 CPⅠ、CPⅡ后，根据需要在洞口布设 CPⅢ点，并进行全线联测、平差。

3. 截水沟施工

边仰坡施工前先人工开挖并施作洞顶截水沟，截水沟距洞门边仰坡刷方线距离一般为 5～10 m，待进洞后及时施作洞门和两侧排水沟，与洞顶截水沟相连形成完整排水系统。洞顶截水沟一般采用浆砌 C20 混凝土预制块结构。以钟鸣 2 号隧道洞顶截水沟为例，截水沟的沟身和沟底厚度均为 30 cm，水沟内底宽为 60 cm，如图 4-4-19 所示。

(1)施工工艺流程

洞口截水沟施工工艺流程如图 4-4-20 所示。

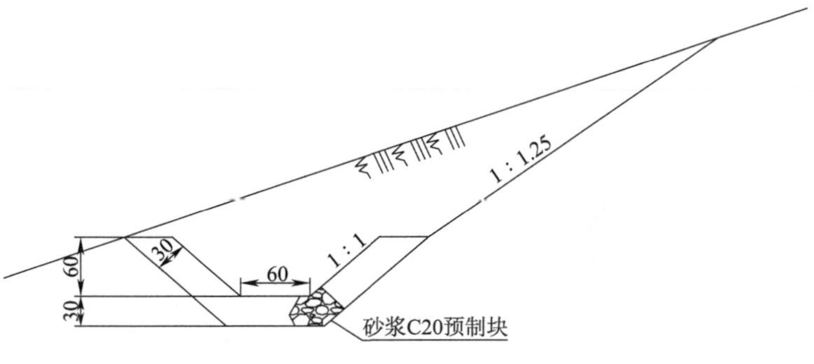

图 4-4-19　洞顶截水沟断面图(单位：cm)

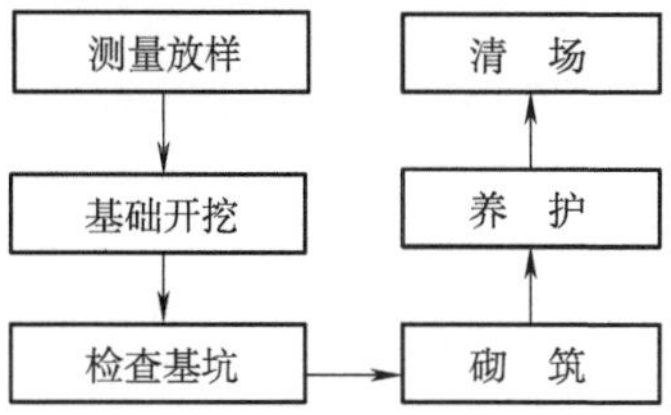

图 4-4-20　洞口截水沟施工工艺流程图

(2)施工技术要点

根据地形，放出截水沟的边线，每隔 20 m 做一个断面，在地形变化位置增加断面。

水沟基础应位于稳定的地层中。若遇软地基，应对软地基进行夯实处理。水沟的沟底坡度随地形变化，保证水沟流水通畅。

水沟砌筑时要求挂线施工。砂浆采用机械拌制，配合比由试验室确定。砂浆要求饱满、无通缝。砂浆随拌随用，停留时间不得超过 2 h。从高处向低处运砂浆时，必须采用梭槽，防止砂浆被土或其他杂物污染。每 10 m 设置一道伸缩缝，用沥青麻筋填塞饱满。

4. 洞口边、仰坡开挖

边仰坡开挖前,清除洞顶上方的危石或孤石,采用人工开挖并施作截水沟。

在洞口范围内放出边仰坡开挖轮廓线,清除开挖范围内植被,按照“分层、分段,自上而下,边开挖、边防护”的原则,采用挖掘机开挖,台阶高度一般为 2~3 m。人工配合精确刷坡,并及时按设计要求进行边仰坡播植草防护或其他设计防护。

对隧道线路左右侧边坡不符合设计以及要求的部位进行弱爆破,挖掘机、装载机装渣,自卸汽车运渣。开挖过后及时对边坡进行“锚网喷”支护,并预留出锚端,作为下部模板施工支撑的受力点。

明洞开挖与仰坡开挖同步进行。

二、明洞施工

以下以钟鸣 2 号隧道明洞施工为例总结。

(一)施工方法

明洞开挖分层、分段进行。分层高度一般控制在 3 m 左右,远离边仰坡处明洞开挖深度可以达到 4 m。每段开挖长度为 8~10 m,可根据衬砌台车的长度进行适当调整。根据明洞工程特点和地质条件,钟鸣 2 号隧道明洞分层开挖示意图如图 4-4-21、图 4-4-22 所示。

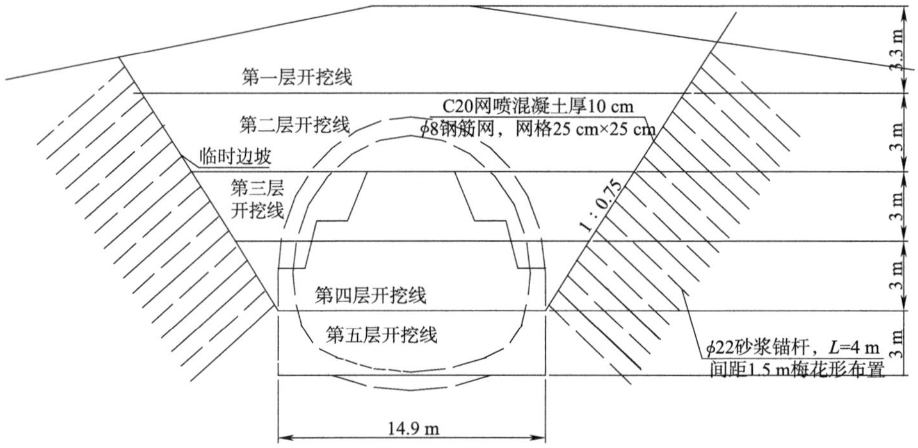

图 4-4-21 钟鸣 2 号隧道明暗洞分界断面分层开挖示意图

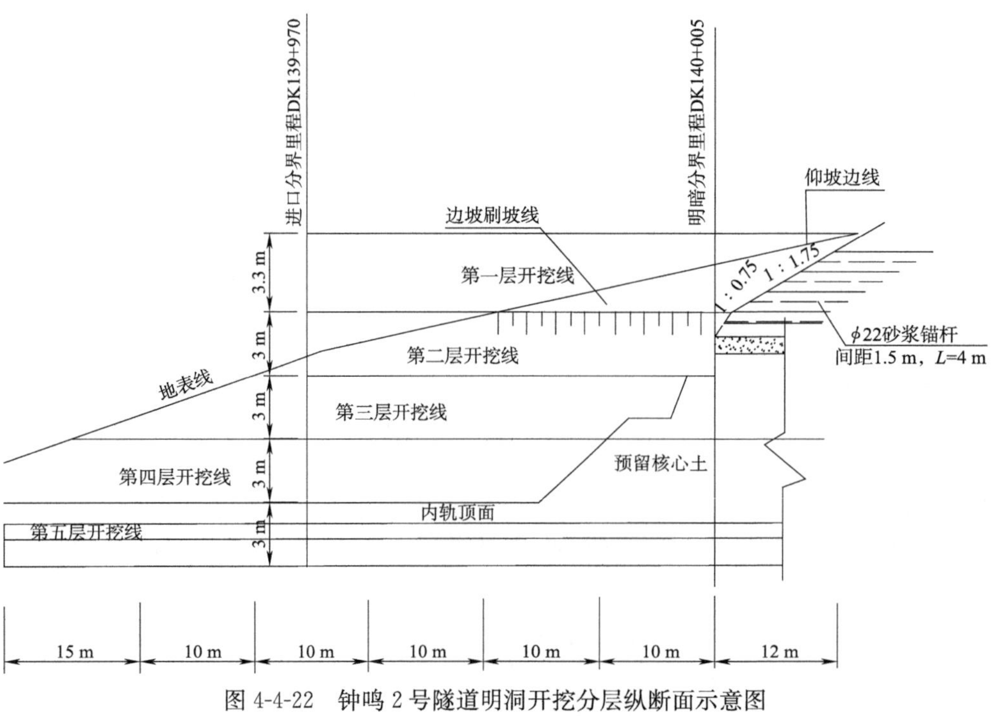

图 4-4-22 钟鸣 2 号隧道明洞开挖分层纵断面示意图

开挖必须保证边仰坡的稳定，边仰坡符合设计要求。

(二)施工工艺流程

明洞施工工艺流程如图 4-4-23 所示。

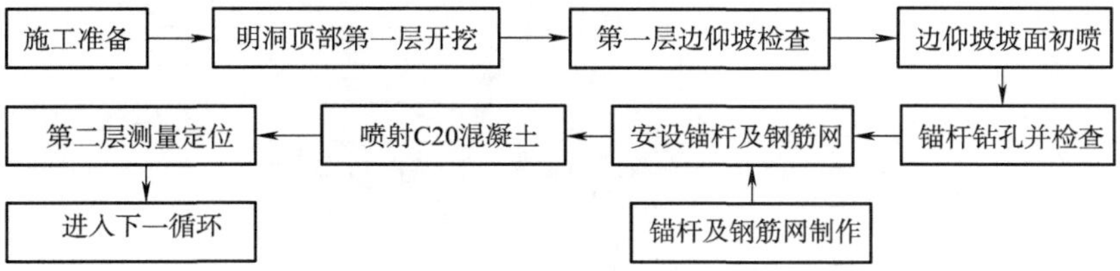

图 4-4-23　明洞开挖施工工艺流程图

(三)主要工序及技术要点

1. 分层分段开挖

(1)测量组精确放出隧道中线及明暗分界里程，并在地表放出刷坡边线，做出明显标志。

(2)挖掘机到位清理地表杂物，并为装载机、出渣车等修理出作业平台。

(3)按照技术交底要求分层开挖。挖掘机开挖，人工进行修理。遇到基底较硬围岩，采用弱爆破松动围岩。装载机倒渣至合适位置后，出渣车运输至指定位置。

(4)分层开挖至要求高度后及时进行封闭，并按照设计要求进行支护。报监理工程师验收合格后喷射混凝土至设计厚度，然后准备下层开挖。明挖至暗洞掌子面附近预留核心土，为进洞时施作导向墙提供平台。

2. 二次衬砌施工

二次衬砌采用 C40 钢筋混凝土结构，环向钢筋采用 $\phi25$ 螺纹钢筋，间距 15 cm；纵向钢筋采用 $\phi16$ 螺纹钢筋，间距 25 cm；箍筋采用 $\phi8$ 盘条加工制作，间距 25 cm。

明洞衬砌总体施工工序：明洞开挖，施作临时坡面防护→基底地质核对→仰拱钢筋混凝土施作→仰拱填充→拱墙钢筋混凝土浇筑。

(1)仰拱衬砌：仰拱钢筋安装、透水盲管安装、综合接地钢筋焊接及预留→堵头板以及环向施工缝或沉降缝止水带安装→内模安装→仰拱 C40 防水钢筋混凝土浇筑。

(2)仰拱填充施工：仰拱混凝土表面清理→模板立设→中心排水管安装定位→仰拱填充混凝土采用 C20 混凝土一次浇筑到位。

(3)拱、墙衬砌钢筋和混凝土施工：台车就位调试→拱墙钢筋绑扎安装、预留→预留槽道、预埋接地钢筋焊接→堵头板、环向施工缝止水带安装→台车中线水平复核→外模安装固定→拱墙 C40 防水钢筋混凝土浇筑→混凝土脱模养护。

(4)水沟电缆槽施工：水沟电缆槽钢筋定位安装、接地端子等接地施工→排水盲管接长、固定→模板安设→沟槽混凝土浇筑→电缆槽填砂→沟槽盖板铺设。

3. 明洞外防水层施工及明洞回填

明洞衬砌混凝土强度达到设计值 70%后拆除外模，及时施作防水层铺砌和排水设施。

将混凝土表面的外露钢筋头等杂物清理干净，将凹凸不平处修凿平整，用 M10 水泥砂浆将衬砌外表涂抹平顺，厚度 1～2 cm，以免损坏防水层。防水层沿隧道环向铺设，与衬砌外表面粘贴紧密，相互搭接错缝，搭接长度不小于 20 cm。为防止明洞与隧道防水板在回填土时被破坏，应在防水层外涂抹 3 cm 厚的水泥砂浆作保护层。

采用墙底开挖时，明洞衬砌边墙脚背后设置纵向坡度不小于 2‰的纵向 HDPE107/93 双壁打孔波纹管，墙底设泄水管；采用墙顶开挖时，明洞衬砌拱脚背后设置纵向坡度不小于 2‰的纵向 HDPE107/93 双壁打孔波纹管，边墙衬砌背后每隔 4 m 设置竖向 HDPE50 单壁打孔波纹管，衬砌外汇水通过竖向排水管和与之相接的纵向排水管，由泄水管、边墙背后纵向排水管与竖向排水管引入洞内侧沟。墙顶和墙底开挖排水管布置如图 4-4-24、图 4-4-25 所示。

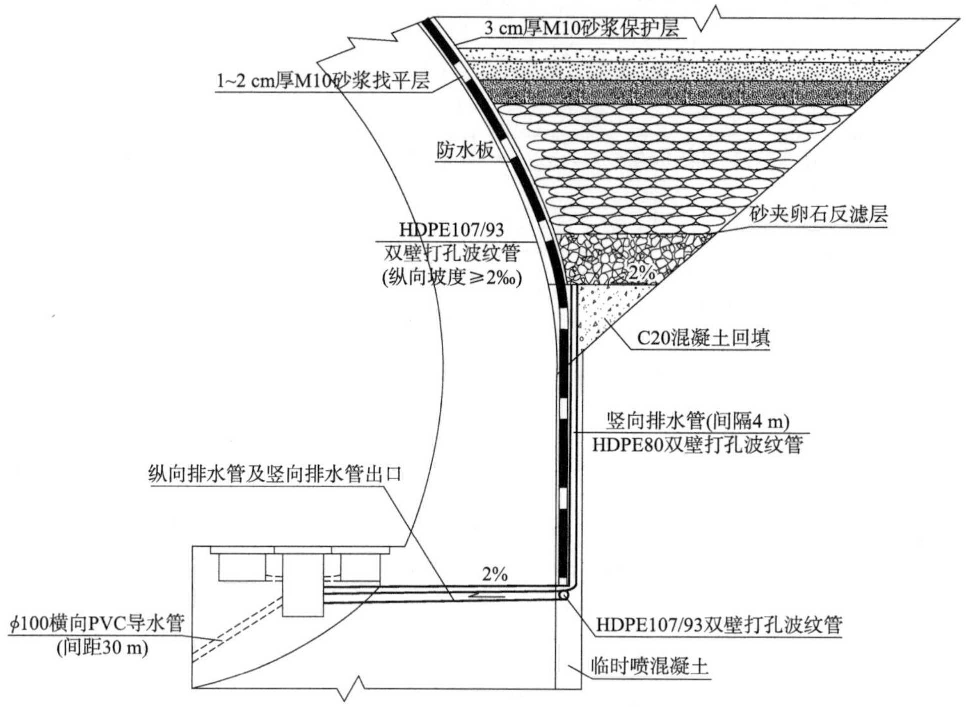

图 4-4-24 墙顶开挖排水管布置详图

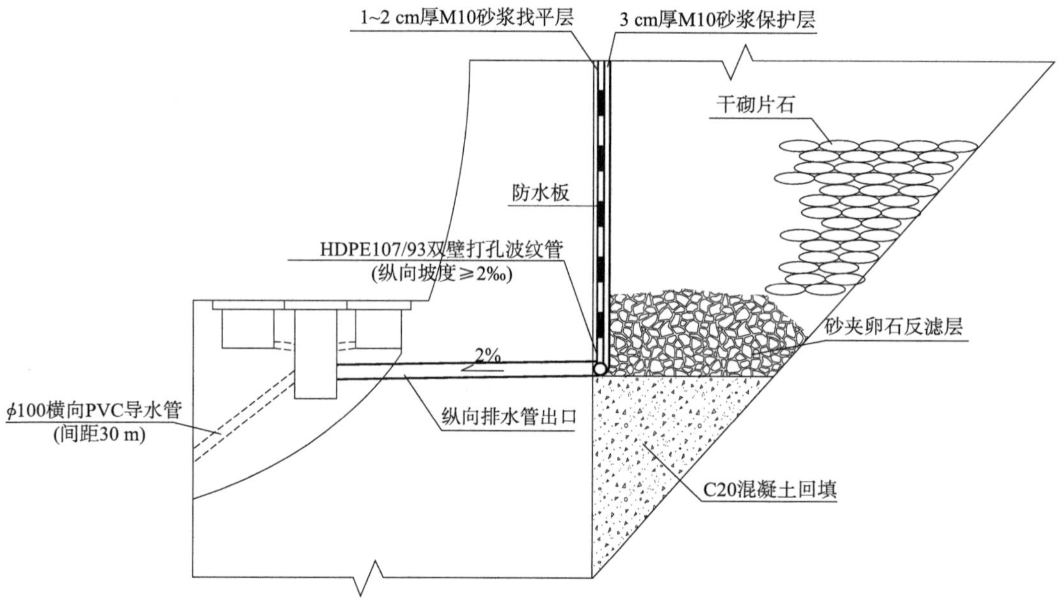

图 4-4-25 墙底开挖排水管布置详图

明洞拱背回填应对称分层夯填密实,每层厚度不大于 0.3 m,其两侧回填的土面高度不得大于 0.5 m。

洞顶回填时,纵横应做成顺坡,顺接坡度应与地面坡度基本平行,洞顶覆土厚度应符合设计要求。

拱部回填应从下至上对称回填,分层填筑和夯实,每层厚度不宜大于 0.3 m,其两侧回填土表面高差不宜大于 0.5 m;回填至拱顶后,即应满铺分层向上填筑。回填粗颗粒粒径不大于 15 cm,含量不大于 10%,压实度不小于 0.8,采用机械回填时应在人工夯填超过拱顶 1.0 m 以上进行。施工过程中应严格保护防水层不被破坏。

明洞结构在土石方回填后,应铺设隔水层,隔水层应优先选用黏土层,黏土层与边坡的搭接、防水层与边坡的搭接均应良好,接缝材料的延伸性应良好,以形成弹性连接。当明洞顶填土面汇水必须排向洞口时,应设置纵向水沟。

三、洞门施工

在进洞施工正常后，适时安排洞门施工，洞门采用钢筋混凝土整体浇筑，浇筑采用钢管搭设脚手架，大块钢模板并结合斜切式洞门形式定制加工异形模板，泵送混凝土浇筑。

1. 施工工艺流程

洞门基础施工→制作帽檐内外模和端模→确定内模的上口安装线和下口安装线→根据上下口安装线安装内模→绑扎帽檐钢筋→根据上下口安装线安装外模→对称浇筑混凝土。

2. 关键工序

(1)基础挖到设计标高，检查地基承载力、基坑尺寸。

(2)按设计要求绑扎斜切式洞门钢筋。

(3)用钢管搭设脚手架，支立组合模型。

(4)凿除二衬及基础表面浮浆，并于混凝土浇筑前用水冲洗，以使洞门与正洞拱墙混凝土连成一体。

(5)泵送混凝土入模，浇筑时在模型上预留窗口，插入式振捣棒振捣。

洞门完成后及时对洞顶回填至密实，修筑洞顶排水沟和边仰坡防护工程，保证洞口稳定和排水顺畅，防止雨季来临时冲刷边坡。

第三节　洞内设施工程施工

隧道洞内设施施工包括排水沟、电缆槽、综合洞室、隧道内照明灯具、配电箱、控制箱安装及电缆和光缆敷设等。附属工程施工不得影响正洞工作面正常作业。

一、排水沟、电缆槽施工

洞内排水沟沿隧道两侧墙脚通长布置，隧道内双侧均设置电力电缆槽、通信信号电缆槽，各电缆槽均采取分槽设置。洞内排水沟、电缆槽在洞内其他工程项目完成后展开全线统一施工，能够更好地控制其线形和几何尺寸。

隧道两侧边沟基座和两侧电缆沟基座与侧壁现场立模浇筑，盖板采用预制安装的方法施工。

洞内排水沟、电缆槽根据洞内主体工程项目施工情况适时安排，沟槽施工要准确、精心立模，用心捣固控制好其线形和几何尺寸。

二、综合洞室施工

施工至综合洞室位置时，按综合洞室开挖轮廓打超前小导管预注浆支护，正洞初期支护完成后，综合洞室开口破除正洞初期支护前，贴焊预制的加强格栅钢架环框，满喷混凝土后在综合洞室入口开挖面上方形成一个拱部钢筋混凝土加强环，以利综合洞室入口开挖。综合洞室加强环框构造示意如图 4-4-26 所示。

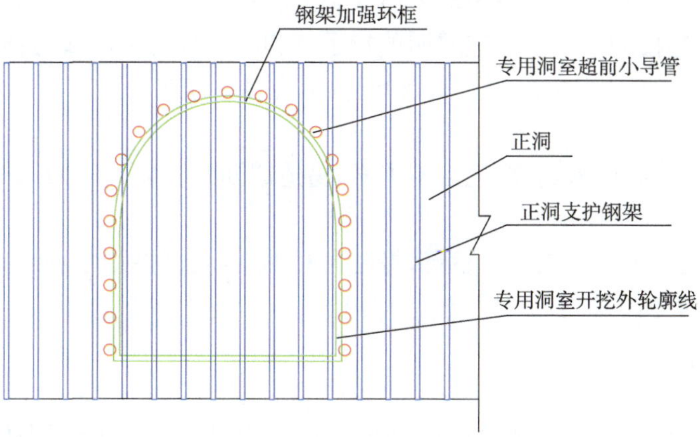

图 4-4-26　综合洞室加强环框构造示意图

综合洞室处铺设防水卷材时,先按照综合洞室的大小和形状加工防水卷材,铺挂工艺同正洞施工并与边墙防水卷材焊接成一个整体。

洞室混凝土衬砌采用钢拱架配组合钢模板立模,混凝土输送泵泵送入模,插入式和附着式振捣器振捣。

三、照明设施施工

隧道照明工程施工顺序:测量→钻孔→安装不锈钢电缆挂件→展放电缆→安装灯具→安装电源箱、控制箱→灯具、箱体配线→地线安装→送电试验。

1. 线路测量

组建线路测量小组,配齐工机具(如塔尺、标杆、测量绳等)和材料(如标桩、油漆、记号笔等),根据设计图纸确定线路控制点(线路起点、灯位置点、终点),结合现场地形条件,确定线路走向。

取隧道洞室中心为基准点,距中心 20 m 为第一盏灯的位置,同侧灯间距 20 m,电缆挂架间距为 80 cm,并做好标记和记录。

根据洞室实际情况,可对极个别灯具位置进行合理调整。

定测时应注意保证线路在同一水平面上。

2. 电缆测试、配盘

电缆及其附件到货后及时按下述内容进行检查:规格、型号、长度符合订货要求;附件、技术资料齐全;电缆外观无损坏;电缆密封严密;绝缘、导通测试合格。

由技术人员根据测量台账和每盘电缆长度进行电缆配盘,精心计算,合理配盘,减少接头,避免浪费。

3. 电缆沟开挖

依据测量台账,沿路径进行电缆沟划线。依照划好的沟线,使用锹和镐进行挖掘,做到沟槽直,沟底平,保证转角处电缆弯曲半径符合设计要求。

直埋电缆表面距地面不小于 0.7 m,在困难地段,依据设计要求采取必要的保护措施。电缆沟开挖完成后,应及时通知监理工程师,会同现场监理工程师对电缆沟进行检查,在监理工程师签字认可后,方可进行敷缆。做好隐蔽工程记录,所有施工数据应做好完整记录以备监理工程师查阅签认。

4. 电缆敷设及回填

依据电缆敷设位置,合理布置电缆盘位置。统一敷设方向,保证中间头制作时相位统一、不交叉;电缆从盘的上端引出,避免电缆在支架上及地面摩擦拖拉。电缆到位后,锯断电缆,电缆头做防潮、防磨处理,临时固定。

电缆沟回填,直埋电缆的上、下部铺以不小于 100 mm 厚的软土或砂层,并加盖保护板,回填土分层夯实。

隧道内电缆的动力缆均在电缆槽内,应先将电缆槽盖板掀开放平稳以后再进行电缆敷设。

隧道内电缆的控制缆为壁挂明敷设,应先将电缆展放在地上然后挂在挂架上,再锁死。

5. 箱体配线

所有控制箱的前面 3 个端子(黄绿红)为动力引入和控制箱连接的端子,中间的为动力箱电源引入,后面的为动力箱和后面动力箱连接的端子。洞室照明的指示灯和防腐灯的引出线为插座的端子。

动力箱、控制箱的 PE 保护线引出以后并联,和洞室综合接地连接。所有的箱体门上的密封条配好线以后要密封好。

箱体配电箱接线时,若绝缘层未剥够、连接不牢靠,易造成断路。应采取两人配线,一人复查。

6. 灯具安装

灯具安装时,穿刺线夹安装以后连接不稳定,灯时亮时不亮,应严格按穿刺线夹的操作规程进行施工,防止拧不到位或拧力过大造成损坏。

四、隧道工程接地措施

隧道内接地系统的综合地线、接地极优先利用隧道衬砌结构钢筋,衬砌内钢筋笼的横向钢筋与纵向钢筋可靠焊接后再与隧道贯通地线可靠焊接。

为保证全线贯通地线的接地电阻符合设计要求，贯通地线需在适当地方安装接地极来进行降阻处理。每隔一定距离安装一处接地极对贯通地线接地性能加强，接地极深度大于 3 m。

在钢筋绑扎、浇筑混凝土过程中要注意保护预埋接地钢筋使其定位准确，尤其注意不得使其断开。在混凝土施工前要进行测试接地电阻，满足设计要求后方可开盘。

第四节　防排水施工

一、结构防排水施工

全隧道二次衬砌拱部、边墙及仰拱(底板)用防水混凝土，其抗渗等级不低于 P8。暗作段初期支护与二次衬砌之间拱部及边墙部位铺设防水板加无纺布防水，防水板接缝与隧道各环向施工缝错开不小于 1 m；全隧道纵、环向施工缝设中埋式橡胶止水带及遇水膨胀止水胶两道防水措施；环向盲沟管数量按 10 m 一道计(特殊地段增加环向透水盲管数量)，纵向盲沟数量按两道计算；明暗分界衬砌连接处设置变形缝一道，变形缝宽 1 cm，变形缝填充沥青木丝板并加设中埋遇水膨胀橡胶止水带，变形缝外缘设置外贴式橡胶止水带；仰拱部位二次衬砌内设 ϕ50 双层抗剪钢筋，钢筋环向间距 50 cm，每隔 8～10 m 预留回填注浆孔，待混凝土达到设计强度后，进行充填注浆。

结构防排水施工工艺流程如图 4-4-27 所示。

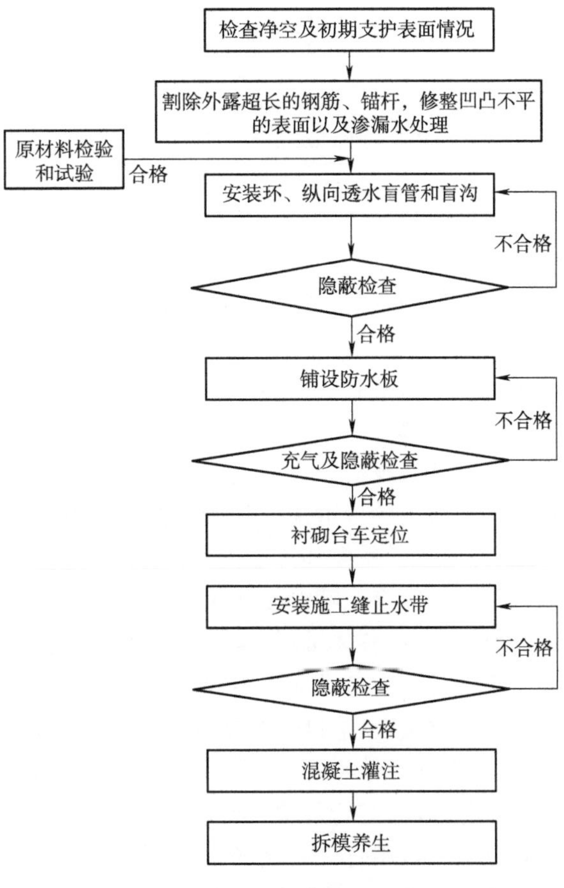

图 4-4-27　结构防排水施工工艺流程图

(一)防水板铺设

一般地段拱墙初期支护与二次衬砌间铺设厚度不小于 1.5 mm 的 EVA 防水板，防水板与初期支护间敷设 400 g/m^2 土工布防水，防水板接缝与隧道各环向施工缝错开。

1. 施工工艺流程

防水板铺设施工工艺流程如图 4-4-28 所示。

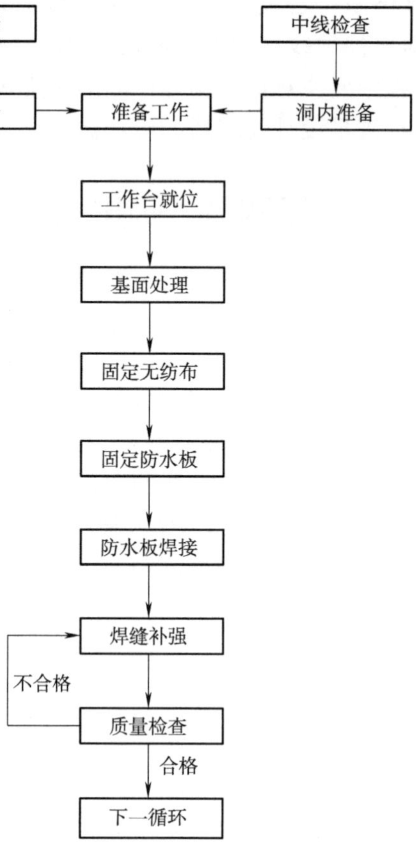

图 4-4-28 防水板铺设施工工艺流程图

2. 施工工艺要点

为保证防水可靠和便于施工,先将无纺布衬垫固定在喷混凝土基面上,然后用“热合”方法将防水板焊接在固定垫上,使防水板无机械损伤。

(1)基面清理:为保证防水板铺设质量,在铺设防水板前对喷射混凝土基面进行处理;要求基面平整,无明显的凸凹起伏;钢筋、钢丝及凸出的管件、突出物切断、铆平并用砂浆抹平;对初期支护的渗漏水情况进行检查,局部渗水处要采取埋管引排、局部注浆等措施进行处理。

(2)无纺布衬垫铺设:首先在喷射混凝土的隧道顶部正确标出隧道纵向中心线,再使裁剪好的无纺布衬垫中心线与喷射混凝土上的中心线标志重合,从拱顶开始向两侧下垂铺设。

(3)用射钉固定防水板垫片,将无纺布固定在喷混凝土面上。

(4)防水板铺设。防水板按断面横向一次整体铺设,纵向搭接密贴,接缝搭接方向做到“里低外高”,禁止颠倒。先在隧道拱顶部的无纺布上正确标出隧道纵向中心线,再使防水板的横向中心线与这一标志相重合,与无纺布衬垫一样从拱顶开始向两侧下垂铺设,边铺边与垫片热熔焊接。铺设时,防水板与喷射混凝土凸凹不平处密贴,并留出搭接余量(20 cm 左右)。防水板与垫层用热熔焊机对准垫片所在位置进行热合。

(5)焊接质量检查。防水板搭接用热焊器进行焊接,接缝为双焊缝,中间留出空腔以便充气检查。

检查方法:用 5 号注射针与压力表相接,用打气筒充气,当压力表达 0.25 MPa 时停止充气;保持该压力 15 min,压力下降在 10%以内,焊接合格;如压力下降过快,则用肥皂水涂在焊缝上,将产生气泡地方重新补焊,直到不漏为止。

(6)防水板保护。防水板做好后,及时灌注衬砌混凝土进行保护。对现场施工人员加强防水层保护意识的教育,焊接钢筋时在防水层周围用石棉水泥板进行遮挡以免烧坏防水板,在灌注衬砌混凝土时要特别注意振捣棒不得接触到防水层。

(7)防水层质量检查。用手托起防水板,检查其是否与喷混凝土密贴;检查防水板是否有划破、扯破等破损现象;检查焊接缝宽度是否符合要求,有无漏焊、假焊等现象。

（二）衬砌背后透水盲管施工

隧道拱墙防水层与初期支护间环向设 $\phi50$ mm 打孔波纹管盲沟，一般地段纵向间距为 8 m（可根据地下水情况调整）。隧道两侧边墙墙脚外侧泄水孔处设置 $\phi110$ mm 打孔波纹管；每段纵向盲沟中部设置一处 $\phi50$ mm 波纹管泄水孔连接到隧道侧沟。环向盲沟与纵向盲沟两端均直接与隧道侧沟连通，便于排水管路维护。

1. 施工工艺流程

透水盲管施工工艺流程如图 4-4-29 所示。

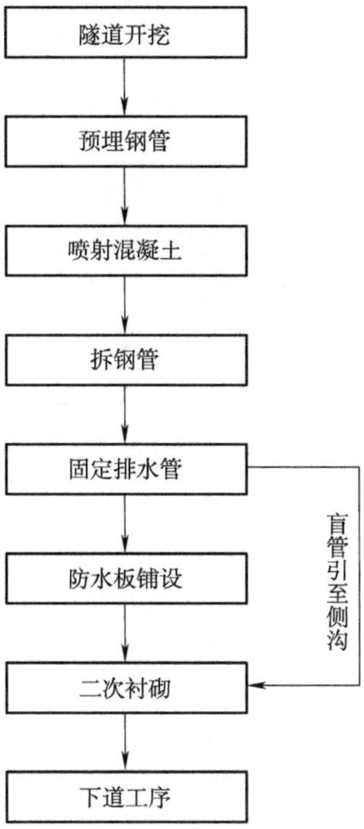

图 4-4-29　透水盲管施工工艺流程图

2. 施工工艺要点

（1）透水盲管安设

按设计位置布设盲管。为防止盲管侵占衬砌厚度，喷混凝土时预埋一根 $\phi100$ mm 钢管，喷射混凝土施工完毕后拆下钢管，在喷混凝土上形成一圆槽以利透水管安设。在围岩渗漏水处增加透水盲管，加强对环向透水盲管和纵向透水盲管连接处的质量检查。

（2）透水盲管固定

在盲管两侧混凝土面上用射钉枪打入钢钉，钢钉上系细钢丝固定透水管。

（3）施工注意事项

在后续工序中，特别是防水板铺设、混凝土灌注时，加强盲管的保护，防止拉断或堵塞透水盲管。

（三）变形缝、施工缝止水带施工工艺

隧道二次衬砌纵向施工缝设置遇水膨胀止水胶，并在混凝土面层涂以混凝土面剂。环向设置中埋式遇水膨胀橡胶止水带、遇水膨胀止水胶（纵向间距 12 m/环），变形缝在地层显著变化处、明暗分界处和断面明显变化处设置，用外贴式橡胶止水带加遇水膨胀止水胶。

止水带由拱顶向下环向布置，不断开。止水带对称安装，伸入模内和外露部分宽度相等，为保持止水带平直，沿环向每 0.5 m 设一 $\phi6$ mm 短钢筋托平。

止水带施工中采用专用夹具对止水带进行定位，避免其在混凝土浇筑过程中发生移位。衬砌拱架调整完毕，将止水带卡在堵头模板中间，堵头模板由两块模板拼成。浇筑混凝土时注意避免混凝土中的尖角石子和锐利的钢筋刺破止水带。在二次衬砌混凝土浇筑后的 12 h 内，拆除堵头模板，然后用钢丝刷将接缝处的混凝土刷毛，并将接缝处清理干净。

施工注意事项：安装止水带以细钢丝悬吊于钢筋上固定位置，在顶部水平安装时使止水带形成盆式，以避免止水带下的气体在混凝土浇筑时无法逸出，形成孔隙；止水带设置时不可翻转、扭曲，如发现破损立即更换。

二、防排水施工质量控制措施

1. 洞外防排水技术措施

明洞施工避开雨季，否则采取棚盖措施，避免雨水下渗造成不良影响。

明洞防排水采用多层防水措施，明洞圬工采用防水钢筋混凝土，结构外缘与填土面接触部分以外依次采用喷涂水泥基防水涂料、水泥砂浆保护层、防水板及水泥砂浆保护层。

明洞结构在土石回填后铺设黏土隔水层，黏土隔水层结合地形纵向贯通，不得出现断层或错台，隔水层纵坡做成人字坡，以利排水。

黏土隔水层与边坡的搭接、防水层与边坡的搭接均良好；环向施工缝、纵向施工缝、变形缝等薄弱环节加强防水。

在明洞衬砌拱脚背后（或边墙背后）设置坡度不小于 2‰的纵向排水盲沟，边墙衬砌背后按设计间距设置竖向塑料排水盲沟，墙底设泄水管，衬砌外汇水通过竖向盲沟和与之相接的纵向盲沟，由泄水管引入洞内侧沟。

2. 暗洞防排水技术措施

初期支护与二次衬砌间敷设 1.5 mm 防水板加土工布。

在初期支护与防水板间设置环向透水盲沟;在隧道两侧边墙脚外侧防水板底端设纵向 ϕ110 mm 塑料透水管盲沟;环纵向盲沟均直接与隧道侧沟连通,以便必要时维护;每段纵向盲沟中部设置一处泄水孔连接到隧道侧沟。

隧道二次衬砌混凝土抗渗等级满足设计要求等级,二次衬砌采用防水混凝土。

针对地下水发育、地下水无控制排放影响生态环境情况,采用开挖前预注浆或开挖后径向注浆等措施对地下水进行截堵,在隧道开挖线外一定范围内截断地下水与隧道之间的水流通路,达到限制地下水向洞内排放的目的。根据综合超前地质预报成果判定,水量丰富、导水性好的断层破碎带等地段当围岩无自稳能力,施工中可能产生突水、突泥时,采取超前预注浆措施;当在一般地段裂隙水较发育、围岩涌水量超过允许排放量、施工中围岩可自稳时,采用开挖后围岩径向注浆措施;对围岩自稳性好、局部面状淋水或局部渗流、渗水量超过允许排放量等状况,采用局部注浆。对于注浆材料,根据地质情况选择使用普通水泥、超细水泥及其他特殊材料,提高浆液材料的耐久性。

3. 初期支护防水施工质量控制

喷射混凝土施工前,视受喷面渗漏水情况,预先采用引排或封堵措施,受喷基面处理满足施工要求。

喷射混凝土配合比及外加剂掺量经试验确定,抗渗等级不小于设计要求,拌制喷射混凝土的原材料满足设计和规范要求。

初期支护确保施工质量,保证喷射混凝土的均匀、密实性。喷射混凝土局部表面低洼处用防水砂浆填平,外露钢筋头、钢管头切掉后用防水砂浆补平,喷射混凝土表面局部渗水严重处进行注浆堵漏处理,然后在初期支护表面全环采用防水砂浆抹平,确保在防水层施工时无水作业和基面平整。

4. 结构防水施工质量控制

(1)系统盲管施工技术措施

按规定划线,以使盲管位置准确合理,划线时注意盲管尽可能走基面的低凹处和有出水点的地方。

集中出水点沿水源方向钻孔,然后将单根集中引水盲管插入其中,并用速凝砂浆将周围封堵,以使地下水从管中集中引出。盲管用无纺布包裹。

(2)防水板施工技术措施

防水板铺设前,先割除混凝土衬砌表面外露的锚杆头,钢筋尖头等硬物,凸凹不平处需先喷平,使混凝土表面平顺;局部漏水处需先进行处理。

防水板,特别是在凸凹较大的基面上,要预留足够的松散系数,使其留有余地,并在断面变化处增加悬挂点,保证缓冲面与混凝土表面密贴。同时做好防水板与泄水孔的密闭性连接。

衬砌混凝土灌注前检查防水板质量。灌注衬砌混凝土时,不损坏塑料防水板。

防水板是易燃物品,一旦引燃,将造成火灾,因此工作区内禁止烟火,并设消防设施和高压水管备有。

(3)止水带施工技术措施

止水带防止被刮伤、刺破,如发现及时修补。止水带安装顺直,防止扭曲。在固定止水带和灌注混凝土过程中防止止水带偏移。加强混凝土振捣,排除止水带底部气泡和空隙,使止水带和混凝土结合紧密。

第五节 沉降变形控制与评估

客运专线无砟轨道对隧道等线下工程的工后沉降要求严格、标准高。施工期必须按设计要求,进行系统的沉降变形动态观测。通过对沉降观测数据系统综合分析评估、验证或调整设计措施,使隧道工程达到规定的变形控制要求。分析、推算出最终沉降量和工后沉降,合理确定无砟轨道开始铺设时间,确保无砟轨道结构铺设质量。

一、沉降观测数据采集、收集情况

线下工程沉降变形观测工作以结构物的垂直位移观测为主,水平位移监测根据工点具体要求确定。沉降变形测量一般按沉降变形等级三等的要求(国家二等水准测量)施测,根据沉降变形测量精度要求高的特点,以及标志的作用和要求不同,垂直位移监测网用分级布网等精度观测逐级控制的方法布设。

隧道的沉降变形观测具体参考有关规范及《宁安铁路线下工程沉降变形观测及评估实施细则》和相关规定,详见第三篇第六章第八节。

(1)各标段隧道沉降变形观测情况

全线各隧道均进行了沉降变形观测,观测资料齐全;各标段监理项目部进行了平行观测,满足10%平行观测要求。各标段的观测情况见表4-4-10。

表 4-4-10　各标段隧道变形观测统计

标　段	隧道总长度(km)	已观测隧道长度(km)	所占比例
一标段	1.6	1.6	100%
二标段	—	—	100%
三标段	0.375	0.375	100%
四标段	1.455	1.455	100%
五标段	1.83	1.83	100%
六标段	—	—	100%
合计	5.989	5.989	100%

注:表中隧道长度为实际参与评估的长度。

(2)隧道观测时间统计

隧道观测持续时间统计见表4-4-11。

表 4-4-11　隧道观测标观测时间汇总统计

0～3月(测点个数)	3～6月(测点个数)	6～12月(测点个数)	12～24月(测点个数)	24～36月(测点个数)	>36月(测点个数)
0	0	146	134	18	30

二、隧道沉降变形特点

1. 隧道累计沉降

隧道观测点累计沉降值统计见表4-4-12。

表 4-4-12　当前沉降汇总统计(隧道)

沉降量分布	−2～0 mm	0～5 mm
测点个数	80	248
分项比例	24.39%	75.61%

由表4-6-12可知,隧道累计沉降量均小于5 mm;24.39%隧道观测标沉降量为负值,出现"负变形"是因隧道开挖卸荷引起回弹变形及测量误差对观测成果影响较大。

2. 典型沉降曲线

典型沉降曲线如图4-4-30～图4-4-33所示。

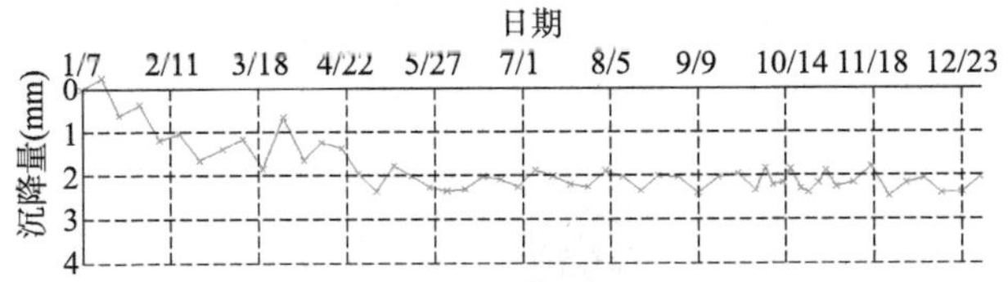

图 4-4-30　0052553S1 沉降曲线图

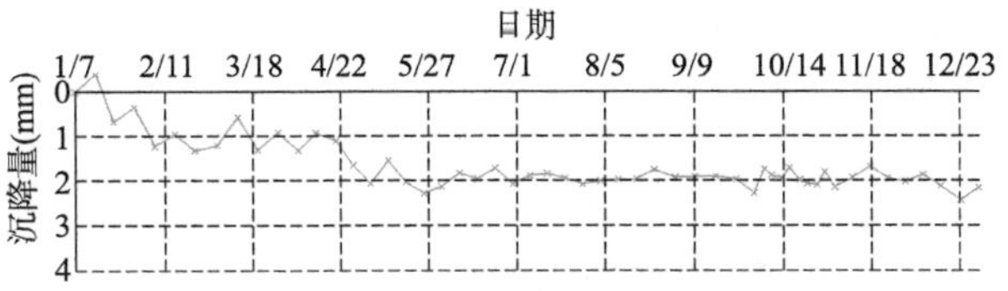

图 4-4-31　0052553S2 沉降曲线图

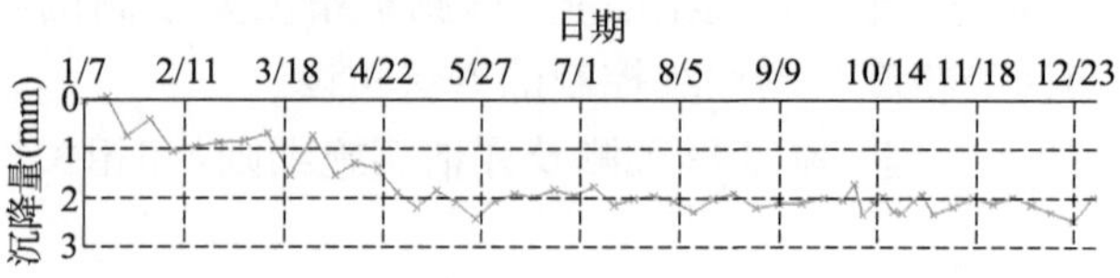

图 4-4-32 0052612S1 沉降曲线图

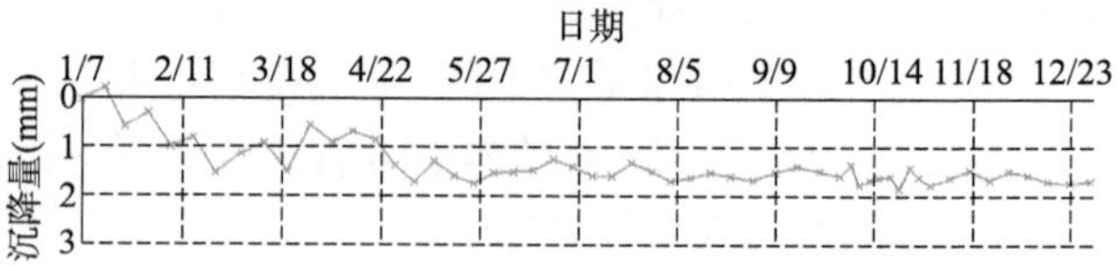

图 4-4-33 0052612S2 沉降曲线图

3. 沉降特征分析

分析上述沉降数据可知,隧道在主体工程完工后沉降的主要特征:上浮值在－3 mm 以上的测点为零;沉降在小于 0 的占 24.39%;沉降在 0～5 mm 之间占 75.61%。数据主要表现为小量级波动的特征,即在－2～0 mm(上浮值)和 0～5 mm(下沉量)之间波动。

第五章　轨 道 工 程

第一节　有砟轨道道床施工

K2＋269～K4＋488、芜湖站(K83＋051～K87＋681)、铜陵站(K160＋611～K165＋424)、安庆长江大桥至安庆站(K237＋955～K258＋479)计32.186 km为有砟轨道。马鞍山东、池州站非邻靠正线的到发线采用有砟轨道，芜湖宁安场、铜陵宁安场、安庆站到发线均采用有砟轨道。

一、总体施工方法

道砟采用汽车运输，左右线同时由大里程向小里程进行摊铺，压路机进行碾压；轨枕和工具轨采用汽车运输上道，人工配合挖机进行轨枕铺设和工具轨安装；然后进行上砟整道，整道采用人工配合液压捣固机、起拨道机进行作业；最后进行换铺长轨，轨道精细调整(大机养作业)，达到通车要求。

有砟轨道基本工艺流程如图4-5-1所示。

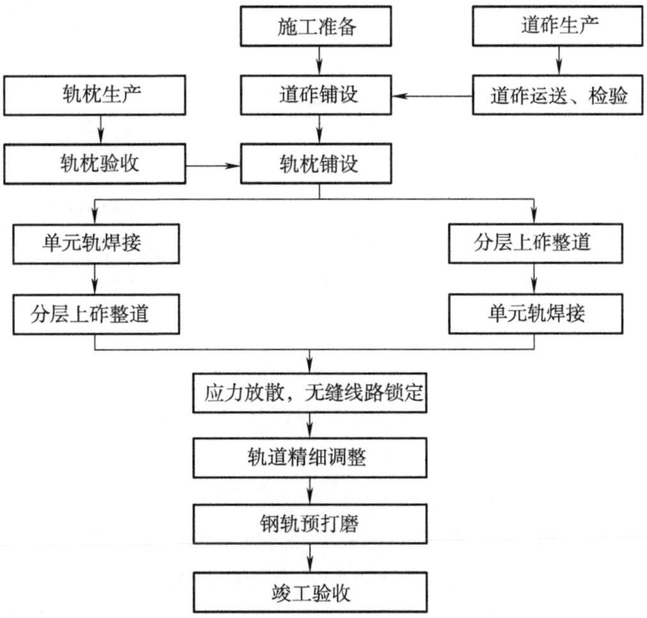

图4-5-1　有砟轨道基本工艺流程

二、道砟铺设

(一)施工准备

(1)上砟前对桥梁及路基高程、平整度、中线进行检查验收，符合要求后再进行铺砟作业。

(2)配置摊铺、碾压机械以及各种检测设备，对机械进行安装调试，对检测设备进行检定。

(3)道砟符合《铁路碎石道砟》(TB/T 2140—2008)中特级及Ⅰ级碎石道砟的材质要求。检验方法：查验道砟场建场检验证书、生产检验证书和产品合格证。

(4)道砟进场时的粒径级配、颗粒形状及清洁度符合《铁路碎石道砟》(TB/T 2140—2008)的相关规定。检验方法：采用筛分、专用量规检测或特定检验。每5 000 m^3为一批，不足5 000 m^3时亦按一批计，每批抽检一次。

(5)道砟运至场地时清洁度达不到《铁路碎石道砟》(TB/T 2140—2008)要求的，清洗合格后上道。

(二)道砟铺设

道砟直接运至工地,道砟运输车每次装车前都要清扫干净,防止有残留泥土、灰尘等杂物,并做好运输道砟的车辆表面覆盖。道砟运输至工作面时,由装载机与挖掘机配合进行摊铺,压路机进行碾压。机械工作时要注意时常检查机械工作状况,防止机械漏洒油料污染道砟。

1. 施工工艺流程

道砟铺设工艺流程如图 4-5-2 所示。

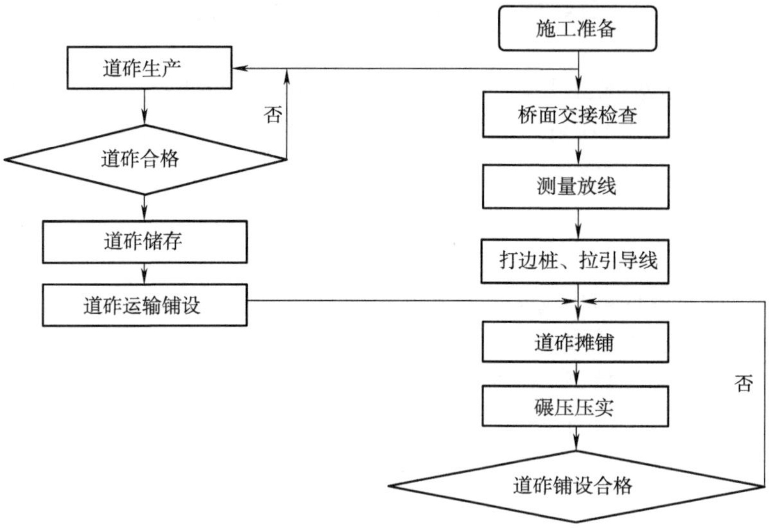

图 4-5-2 道砟铺设工艺流程图

2. 关键工序及技术要点

(1)精确测量线路中线控制桩,测设标准为直线上每 50 m 一点,并把中线点外移到线路外侧。

(2)完成平面测量后,测设预铺底层道砟面高程控制线,并将数据引测到挡砟墙上。

(3)提前计算出线路各个区段卸砟方量,采用自卸汽车将道砟按计算方量卸放至线路中心,道砟双线同时进行卸放。

(4)根据砟面高程控制线初步用挖掘机将道砟散开降至低位,先从砟堆中心纵向向前匀砟,然后再将两侧堆积的道砟铲运至线路两侧均匀布砟。匀砟过程中应避免泥土和粉尘铲入,人工用扒子等小型机具配合挖掘机散砟。

(5)道床的摊铺压实按照设计的厚度分层进行。

(6)平地机平砟时从线路中心向两侧进行。根据砟面高程控制线,将平地机刮平装置降至距计划预铺砟面控制线略高位置,以高出 20 mm 为宜(虚铺道砟厚度控制在 27 cm 左右)。每次平整横向接头应重叠 0.6～0.8 m,前后相邻两区段间纵向重叠 1.0～1.2 m,确保横向及纵向高度顺接。

(7)平整后的道砟应目视平坦,虚铺道砟面高程宜高出预铺道砟高程控制线 20 mm。

(8)虚铺道砟平整完成后,采用压强不小于 160 kPa 的压路机进行机械碾压。压路机作业速度以 3～4 km/h 为宜,碾压时由两边向中央纵向进退式进行,往返一次为一遍,宜碾压 3 遍。采用 20 t 以上的压路机碾压时可不开启振动。

(9)碾压时,横向接头应重叠 0.4～0.5 m,前后相邻两区段间纵向重叠 0.8～1.0 m。做到压实均匀,没有死角,尤其是线路两边应碾压到位,避免两侧虚砟堆高。

(10)预铺道砟(压实)厚度为 250 mm,砟面平整度要求 20 mm/3 m,砟面中间不得凸起,可压出凹槽。预铺道砟铺轨前道床密度不应低于 1.6 g/cm^3。

三、轨枕铺设及工具轨安装

(一)施工准备

(1)底层道砟铺设完后进行相关的各项试验指标的检验以及对线路中线测设检验。

(2)根据设计及规范对轨枕及其扣配件类型、规格、质量以及对轨枕的外观质量和各部尺寸进行检验。检验方法：查验产品合格证和质量证明文件，用刻度 1 mm 的钢尺及其他专用工具测量，观察检查。

(二)轨枕铺设

道砟摊铺完成后，用自卸汽车将轨枕沿线路均匀卸放。机械配合人工散布轨枕，根据中线桩及设计轨枕间距人工排摆，方正轨枕，并与轨道中心线垂直。轨枕间距为 600 m，允许偏差为±20 mm，连续 6 根轨枕的距离为 3 m±30 mm。

(三)工具轨安装

对安装工具轨现场线路情况做详细调查，采用 25 m 工具轨和部分短轨调节使用，建立测量控制网，精确核查预铺工具轨位置，预算出线路工具轨轨缝连接位置，然后标识出线路中线和水平桩，每 10 m 一处。

首先安放扣件垫板，安放时应注意将垫板按设计位置摆放到轨枕的承轨槽中；然后用吊轨架和撬棍将钢轨分别吊放到轨枕的承轨槽中；再安装扣件轨距挡板，安装时两人为一组，一人持撬棍，一人持轨距挡板，拨动钢轨，将轨距挡板安放到位。轨距挡板安放完毕后，枕位是否准确，垫板是否到位，轨距挡板是否按号码、内外次序摆放到位，钢轨两端是否齐平、纵向位置是否均匀，以上工作全部完成且无误后再安装弹条。对已经安装好的轨排进行复查，合格后进行下组轨排安装，并连接好工具轨。工具轨安装好后及时进行粗调作业，对已粗调好轨枕进行防护。

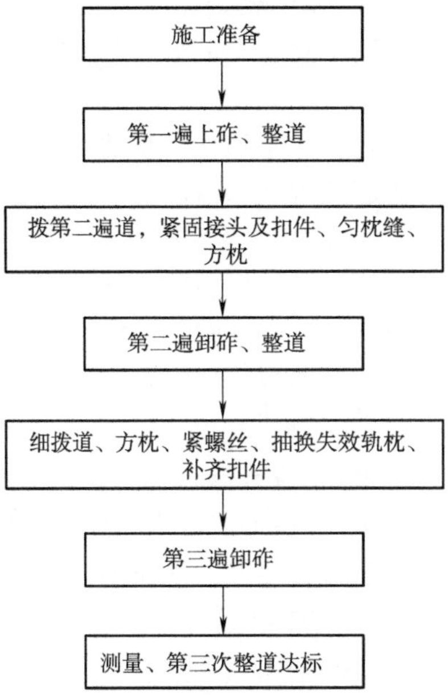

图 4-5-3 上砟整道施工工艺流程图

四、上砟整道

(一)总体施工工艺

上砟整道施工工艺流程如图 4-5-3 所示。

1. 施工工艺及方法

(1)第一遍上砟整道

上砟：将道砟均匀地散布到轨道内。

起道：将每节轨道在几个点抬高并用道砟垫实，抬高后的轨面应大致平顺，没有显著的凹凸和反超高。抬高后应同时方正轨枕位置。

串砟：全轨节抬起后立即向轨枕下面串砟，要求串满串实，没有空吊板。

拨道：在上述工作完成一定长度后进行一次拨道，即将线路拨到中心线位置，达到直线顺直、曲线圆顺。拨道前应检查要拨的线路地段的轨缝是否合适，必要时应进行调整，以防发生胀轨。

填盒：补填轨枕盒内道砟。

(2)第二遍上砟整道

上砟：与第一遍上砟整道相同。

匀轨缝：在进行该项作业时须同时拧松螺旋道钉的螺帽，以便抬道后细方轨枕。

起道：将轨道抬高至比设计标高略高，线路中线基本吻合，留待大型机械整道。曲线外股钢轨按规定超高抬够。起道后的轨道前后高低、左右水平均应符合规范要求。

细方轨枕：按轨腰上的标记整正轨枕。

串砟：钢轨两侧 40～50 cm 范围内串满道砟。

填盒：向轨枕盒内填补一部分道砟，供捣固用。

捣固：将钢轨外侧 40 cm、内侧 45 cm 范围内的道砟捣实，使能承受列车通过时的荷载，但轨枕中部 60 cm 范围内严禁捣实。

拨道：按照线路中线细拨轨道。拨道前可将轨枕端部的道砟扒开一部分，以减小拨道时的阻力。

整道：包括小量的拨道、校正线路平面位置、整修道床、补足轨枕盒内道砟，拍实道床边坡及顶面并使之保持稳定。

(3)第三遍整道(沉落整修)

作业后达到规定开通速度，再由人工对线路方向、水平、高低进行细拨细调以及对道床边坡、砟肩等进行整理,使线路外观达到 6 条线 2 个面,平直美观。

2. 施工技术要点

(1)铺轨过后应随即重点整道,保证铺轨工程列车能按 15 km/h 的速度安全运行。作业重点:方正轨枕,补足并紧固配件和扣件,拨顺轨道方向,串实承轨处的枕下道砟,消灭反超高和三角坑。

(2)每次上砟整道,应先补充枕盒内部分道砟,然后起道、方枕、串砟、捣固道床、拨正轨道方向、回填清理道砟,稳定轨道。

(3)轨道各主要尺寸,应在第三遍整道后,逐步整正至验收要求。轨距、轨缝符合验标规定,轨枕正位,扣件按规定上紧,空吊板率不得大于 8%。清理路肩上道砟,整理道床断面与设计相符。

(二)施工工艺

1. 施工测量

在工具轨安装后,对原线路控制中桩及水准点再次进行贯通复测,确认满足精度要求,并加密中桩及水准点。

在每次整道作业前进行起拨道量测量,直线段每 20 m、曲线段每 10 m、曲线变坡段起止点等处测量轨道的起拨道量,并标记在轨枕上。

2. 起拨道及配砟整形

用起拨道机将轨道抬高至设计位置,人工将道砟(道砟预铺时,将多余道砟均匀卸放两侧)均匀散至轨枕下,轨面上的道砟清扫至枕下。

起道:将每节轨道在几个点抬高并用道砟垫实,抬高后的轨面应大致平顺,没有显著的凸凹和反超高,抬高后同时方正轨枕位置,用小型液压捣固机具进行捣固。

串砟:轨节抬起后立即向轨枕下面串砟,要求串满串实,没有空吊轨枕。

拨道:在上述工作完成一定长度后进行一次拨道,即将线路拨到中心线位置,达到直线顺直、曲线圆顺。拨道前检查要拨的线路地段的轨缝是否合适,必要时应进行调整,以防发生胀轨。

3. 道砟捣固

道砟采用汽油捣固机进行作业,应在铺设轨温的−20 ℃~15 ℃范围内进行,严禁超温作业。

捣固作业结束前,在作业终点划上记号,并以此开始按不大于 2.5‰的坡度开始递减顺坡,达到安全行车的要求。

桥梁地段枕下道砟厚度不足 150 mm 时不能进行捣固作业。桥头、焊缝等薄弱地段应加强捣固。质检员随机对作业后线路进行检查。

(三)轨道质量检测

上砟整道后,全面地对线路进行检测,检测主要项目有轨面标高、中线偏位、轨道几何尺寸、道床参数、竖曲线等。由于要换铺长钢轨,所以检测项目均须达到最终稳定状态标准的 1.5 倍范围内,否则需继续整道直至合格。

五、大型机养

(一)总体施工方法

根据计划安排养护机械先由左线开始依次施工至右线,每线计划一天。正式施工前先进行测量控制系统的建网工作,然后在大机养开始前将所需机养线路平面及高程实测偏差结果每隔 3 m 标注于轨枕顶面,最后大型机械根据所标注数据进行线路的养护。

(二)施工准备

大型养路机械作业前,应完成上砟整道作业,线路应达到安全行车要求。轨缝、轨枕间隔、钢轨及扣配件和线路的方向、水平及道床等基本符合《验标》要求,具体要求如下:

(1)道砟由小型机捣或人工捣固密实,确保枕下道砟密实、轨枕盒内道砟均匀饱满。一般地段的道砟面应略高于轨枕面 40 mm 左右,并保证枕下道砟厚度必须达到 150 mm 以上。道床中的大石块必须移至线路外。

(2)轨道基本平顺,最大起道预留量控制在 150 mm 以内;轨道方向基本拨正,最大拨道预留量不得超过

50 mm;轨道纵向水平和横向水平基本平整,不得有明显的三角坑和严重的扭曲现象。

(3)损坏的轨枕先行更换,轨缝达标,扣配件、接头配件齐全,紧固;道口要先行拆除,不影响机养作业;线路上不能机养作业的部位(道岔岔区以及位于电缆敷设处)要用"×"在道心前进方向的右侧标注清楚;影响标注的枕面道砟要清除干净,标注数据和记号要清晰可见。

(4)大机作业1日前将测算好的起、拨道作业技术资料(坡度表、曲线表、桥梁表、隧道表、道口表、线间距表、线路及站场平面图、纵断面图、中线拨道量和高程起道量一式两份)移交机养单位,用两种颜色的油漆将起、拨道数据标注于道心前进方向的右侧(如遇雨水冲刷等自然灾害,作业当日要补标),每遍作业前标注数据时要用区别于上遍颜色的油漆标注,并和机养单位的技术人员共同复查线路后进行交接。交接中发现的问题要立即整改,以免影响机养作业。

(5)精确标定捣固车的起道、抄平系统、拨道系统(含激光拨道),各项误差均在可控范围内。

(三)大机操作

派1~2名熟悉测量情况的技术人员随机配合机养作业,以便随时核对和补标技术数据;并派遣人工在捣固车前配合作业,清除轨腰、轨顶余砟。机养作业后,要立即测量下遍作业数据并及时回填道砟。

1. 捣固车

(1)捣固车按"1X"自动作业模式作业,每次捣固夹持时间为0.6 s。基本起道量按10 mm(实际起道量)设置,实际起道量超过20 mm时,按分层起道处理。

(2)捣固车必须按照桩点标准的起拨道量精确法作业,当没有起拨道桩点时,捣固车根据车上的自动抄平系统进行近似法作业。直线地段必须进行激光作业。

(3)捣固作业时,在无障碍区段必须同步进行砟肩夯拍作业,夯拍器激振器必须打开。

(4)应全过程使用捣固车的记录仪,监视作业质量,作业记录数据作为静态验收的技术资料。

(5)及时更换磨耗量超过20%的镐掌。直、弯全镐镐掌的标准尺寸为:140 mm(底)×70 mm(高),直半镐镐掌的标准尺寸为:120 mm(底)×70 mm(高),弯半镐镐掌的标准尺寸为:100 mm(底)×70 mm(高)。

(6)捣固车捣镐下插深度,镐掌上沿须达到枕木底以下15 mm;捣固装置夹持压力和夹持幅度必须达到规定要求;1号位操作人员须精确对准下镐位置,保证捣镐下插夹持时不打、夹枕木,检验标准为:下插后与枕木面平齐的位置必须在镐掌上沿248 mm(轨枕端部的实际高度加15 mm)以上;夹持幅度的标准为夹持油缸的伸出量必须达到50 mm以上;作业后的枕木面没有插痕。

(7)为保证捣固作业质量,步进式捣固车捣固频率每分钟不得超过18次,连续式捣固车捣固频率每分钟不得超过22次。

2. 稳定车

(1)根据施工地段的起道量不同,合理安排稳定车的位置,应安排在大起道量的捣固车后面。捣固车作业后稳定车同步稳定线路,采用慢速重稳,垂直预加载10.0 MPa,预置下沉量10~20 mm,振动频率28~35 Hz,作业速度:第一遍为0.6 km/h,第二、第三遍为0.8 km/h,第四遍及以后为1 km/h。

(2)作业模式:采用跟进式捣固作业模式,第一台车预留10 mm左右的起道量给第二台捣固车,以保证第二台车拨道系统和起道性能达到最好、最稳定。

(3)工位控制:按测点资料进行对点起道和拨道,起拨道桩点均设3 m一点。2号位在大机作业中是整车的关键,要加强2号位的操作,特别是坡度、变坡点、竖曲线资料需输入到ALC(若高程数据设计了竖曲线高度,则直接输入高程数据);之后就是拨移数据输入到ALC进行精确拨道。由于线路长,数据资料多,要每50 m和下面的3、4号位联系,进行数据复核、误差刷新,以保证拨道和起道的正确性与精确性。

(4)桥梁有砟道床进行动力稳定作业遵守以下规定:桥上道砟深度不小于150 mm;在桥上严禁起振,不得停振,作业频率应避开桥梁自振频率,稳定荷载适当减小;桥梁上稳定速度为1.1 km/h;调整稳定作业参数在距桥台耳墙外10~30 m范围内路基上进行。

(5)每天施工结束前捣固车和稳定车均施行顺坡作业,顺坡地段不得位于曲线内。顺坡坡度不得大于4‰,顺坡地段慢行。

(四)大机作业步骤

(1)第一遍大机作业,按照分层起道原则进行;作业完成后标高预留80 mm,中线控制在10 mm以内。

(2)第二遍大机作业前,安排稳定车全程进行稳定。

(3)第三遍大机作业,严格采用测量组提供的CPⅢ网和3 m点偏差资料进行绝对值精确法作业。采用双机跟进式捣固+稳定的作业模式;作业完成后标高预留40 mm,中线控制在5 mm以内。

(4)第四遍大机作业时,采用双机跟进式捣固+稳定的作业模式;作业完成后标高预留10 mm,中线控制在5 mm以内。

(5)根据轨检小车资料有计划性地对薄弱区段进行大机作业。

(五)人工配合大机施工

(1)提前30 min到达施工现场,人员工机具进入大机作业起始地点,在安全防护范围以内待命。

(2)接到封锁命令后,立即安排人员进行职责分工范围内大机作业各项配合作业。

(3)大机开始作业后,安排人员及时进行道床补充及平整工作,巩固大机作业质量,作业后外观同步达标。

(4)同工务段把关人员进行大机作业验收,对不达标项进行返工,直至达标。

第二节 无砟轨道施工

一、CRTS Ⅰ型板式无砟轨道施工

(一)轨道板预制

1. 制板工艺流程

制板工艺流程如图4-5-4所示。

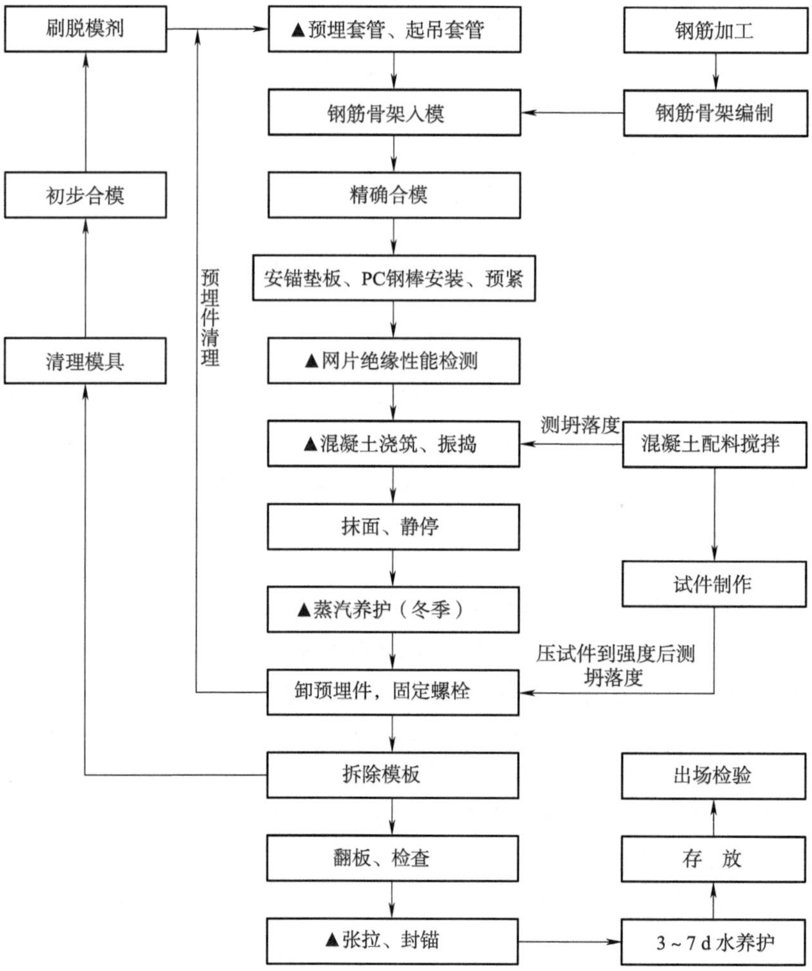

图4-5-4 制板工艺流程图

2. 关键工序及技术要点

(1)轨道板模型检查与安装

模具进场后由质管部对每块模具的外观质量、外形尺寸及数量进行检验,并检查合格证等附件资料。如检验不合格或资料不齐全,不得接收。

在使用过程中对模具进行检查,检查分定期检查和日常检查两部分,并将检查结果记录在模具检查记录表中。在模具使用过程中,每次脱模完成后必须进行日常检查,日常检查包括模具的外观、平整度。在生产过程中,每个月对所有模具进行一次检查,检查采用全站仪、电子水准仪、特殊工装、游标卡尺、球形棱镜、钢板尺等仪器工装,检查主要内容有:模具长度、宽度、厚度、直线度、平整度及模具间高度偏差等。

混凝土浇筑前必须将模具清理干净,并均匀喷涂脱模剂,特别是模型底板、侧模、锚穴口成型器部位。

(2)钢筋下料、加工

钢筋切断机固定刀片与冲切刀片间必须有间隙(以 1～2 mm 为合适),刀刃磨成一定的角度。将要切断钢筋的长度用石笔标志在工作台上,沿标志设置限位挡板,将钢筋端头顶齐,如有弯折部分,先将弯折部分切断再顶齐。钢筋端头要顶到活动挡板,将钢筋落入切断机切断,为防止差错,应先试断一根,检查合格后,再成批切断。一次切断钢筋根数严禁超过机械性能规定范围。

钢筋加工工艺流程:施工准备→划线→试弯→成批弯曲→堆放。

施工准备:钢筋在弯曲成型前,首先须熟悉要进行弯曲加工钢筋的规格、形状和各部分尺寸,以便确定弯曲操作步骤和准备机具等。

划线:根据钢筋表上标明的尺寸,用石笔将各弯曲点位置在工作台上划出。

试弯:在进行成批钢筋弯曲操作前,各类型的弯曲钢筋都要试弯一根,然后检查其弯曲形状、尺寸是否和施工图纸要求相符,并校对钢筋弯曲的顺序、划线、所定的弯曲标志、板距等是否合适,经过调整后,再进行成批生产。

成批弯曲:机械弯曲时,不得用小直径心轴弯曲大直径钢筋。

(3)钢筋焊接

接地端子与光圆钢筋焊接在专用胎具上加工,接地焊接采用单面焊接,焊缝长度不得小于 100 mm,纵向光圆钢筋与横向钢筋采用 ϕ16 光圆钢筋进行焊接相连,采用单面焊接,焊缝长度不得小于 100 mm。

(4)摆、绑钢筋

摆、绑钢筋顺序:底面横向钢筋→纵向钢筋→圆弧钢筋→纵向端头箍筋→顶面横向钢筋→箍筋的架立筋(由外向里绑)→绑箍筋接头→垫块。

钢筋骨架绑扎在专用的绑扎胎具上进行,钢筋交点采用绝缘夹进行绝缘绑扎。

轨道板钢筋绑扎点的要求为:箍筋与主筋垂直,箍筋与底板筋交点逐点绑扎。箍筋弯折处与架立筋交点逐点绑扎,箍筋接头叠合处逐点绑扎。绑扣形式以不易松脱为准,绑点如有松脱,应紧扣或重绑。垫块应呈梅花形交错布置,设置数量为每平方米 4 块,钢筋骨架易变形处可适当增加垫块数量。

防止骨架侧、端部钢筋弯钩部位接触,采用橡胶套管或绝缘胶带进行包裹。

(5)混凝土浇筑

灌注前要检查预埋套管、锚垫板、起吊套管等预埋件是否全部安放齐全牢固和准确(所有预埋件必须与固定位置的钢模表面密贴,不允许有缝隙存在),同时检查箍筋、螺旋筋安放是否正确。检查侧模上附着式振捣器是否完好,并做好记录,检查人员签字认可后方可进入下道工序。

混凝土灌注时每套模型安装 6 个振捣器,灌注采取一端向另一端摊铺的办法。混凝土浇筑分两层连续进行,第一层 100 mm 厚,第二层 90 mm 厚。严禁浇筑间隔超过初凝时间的混凝土。

对浇筑温度必须进行严格控制。混凝土浇筑时,模板温度宜为 5 ℃～35 ℃,混凝土拌和物入模温度应控制在 5 ℃～30 ℃,当昼夜平均气温低于 5 ℃或最低气温低于－3 ℃时,应采取保温措施,并按冬季施工处理。

混凝土灌注,下料时操作人员注意控制混凝土布料斗下料的摆动,以确保下料均匀,并保证安全。下料量要适度,以振动后混凝土平齐钢模顶面为准。浇筑过程中,随混凝土的灌注,第一层浇筑完成后开动振捣器直至浇筑结束,振捣时间约为 7～8 min,以混凝土表面无气泡或少量气泡、表面泛浆且无显著下沉为准。

混凝土浇筑完成后，用铁铲扒平上表面，使轨道板上表面与模型高度一致，如果不一致要及时对缺少的地方进行添加，多余的混凝土清出模型。

(6)蒸养

轨道板蒸汽养护分为静置、升温、恒温、降温四个阶段，通过温控系统调节蒸汽量进行控制。养护期间蒸汽温度最高不得超过 45 ℃，恒温时板体芯部混凝土温度不超过 55 ℃。

(7)轨道板脱模、运输

脱模前依次拆除锚垫板固定螺栓、板体各预埋件锁紧螺栓。起吊前检查并确认所有的锁紧螺栓已全部拆除。

端模和侧模拆除后，安装固定起吊吊耳。之后采用四个 5 t 千斤顶放置在起吊吊耳下面，以模型为支撑点，千斤顶缓慢顶起轨道板直至轨道板完全脱离绝缘套管定位销。轨道板采用专用的轨道板吊具进行吊装作业。轨道板起吊时应保持水平起吊，缓慢进行，吊装过程中必须有操作人员扶稳板体，防止轨道板摇摆受到振动和撞击。

轨道板脱模后，吊装放置在运板汽车上运至张拉封锚区临时存放，运板汽车必须安放垫木将轨道板垫起，防止轨道板运输过程受损。轨道板存放在张拉封锚区，采用水平放置，每垛存放不超过 4 块，板与板之间采用 50 mm×50 mm×2 500 mm 木条隔开。轨道板水平放置不超过 7 d。

(8)轨道板张拉

混凝土强度不低于 48 MPa、弹性模量达到 80%时，方可施加预应力。横向、纵向预应力单根张拉力分别为 127 kN、122 kN。

张拉千斤顶在使用前应与油压表配套标定，千斤顶的校正系数不得大于 1.05，油压表精度不得低于 0.4 级。

预施应力值采用双控，以油压表读数为主，以预应力钢棒伸长值作校核，实测伸长值与设计伸长值的差值不得超过 1 mm，实际伸长值以 10%张拉力作为测量的初始点。

(9)轨道板封锚

封锚砂浆分层填压。采用空气锤对砂浆进行振捣，频率不小于 1 000 Hz，振捣力不小于 3 kg，振捣次数不得少于 3 次，每次不少于 20 s。封锚砂浆表面较轨道板表面下凹 2 mm 以内。

为防止轨道板锚穴处混凝土薄弱处开裂，采用在锚穴成孔器上加设硅胶条成槽工艺(图 4-5-5)。

图 4-5-5 锚穴成孔器加硅胶条示意图

封锚砂浆填压过程中，可对砂浆进行二次搅拌，但严禁二次加水。封锚砂浆与板体混凝土应密贴，不得出现缝隙。封锚砂浆填压时的环境温度宜为 5 ℃～35 ℃。当昼夜平均气温低于 5 ℃或最低气温低于－3 ℃时，应采取保温措施，保温时间不少于 24 h。避免在阳光直射、雨、雪和大风环境下进行封锚作业。封锚砂浆拌制完成后须在砂浆初凝前使用完，如果超过允许时间，砂浆不得继续使用。封锚完成的轨道板应立即用干净抹布、灰刀将锚穴周围擦拭干净，然后均匀涂刷养护剂，严禁对轨道板面造成二次污染。

封锚砂浆填压过程中，随机取样制作 1 d、7 d 和 28 d 的抗压强度试件，试件制作按每工班一次，试件采用与封锚砂浆相同的成型条件，试件脱模后进行标准养护。

封锚砂浆填压完毕后应立即在砂浆表面喷涂养护剂，静置时间不少于 2 h，方可进行入池水养。

(10)轨道板水养

轨道板在张拉封锚完成 2 h 后在水池中养护，养护时间不少于 3 d，养护水温不低于 5 ℃。轨道板入水时，水温与轨道板表面温度差不大于 15 ℃。当冬季水温低于 5 ℃时采取冬季施工措施，在水养池里通入蒸汽提高水的温度。

(11)轨道板存放

轨道板水养结束后，通过龙门吊吊装至存放区竖直(长边着地)存放，垫木设置在两起吊套管之间，且上下处于同一位置；用连接螺栓板和连接螺栓将紧邻两块轨道板连接，使轨道板堆放成一整体；轨道板堆放端头应有良好的防倾倒支撑架，第一块轨道板连接在支撑架上。存放场地基础要求坚固、平整，无沉陷。

轨道板储存时，用胶带或塑料塞对预埋件孔眼进行封堵，防止雨水或杂物进入。

(二)现场施工

1. 施工工艺流程

CRTSⅠ型板式无砟轨道总体施工工艺流程如图 4-5-6 所示。

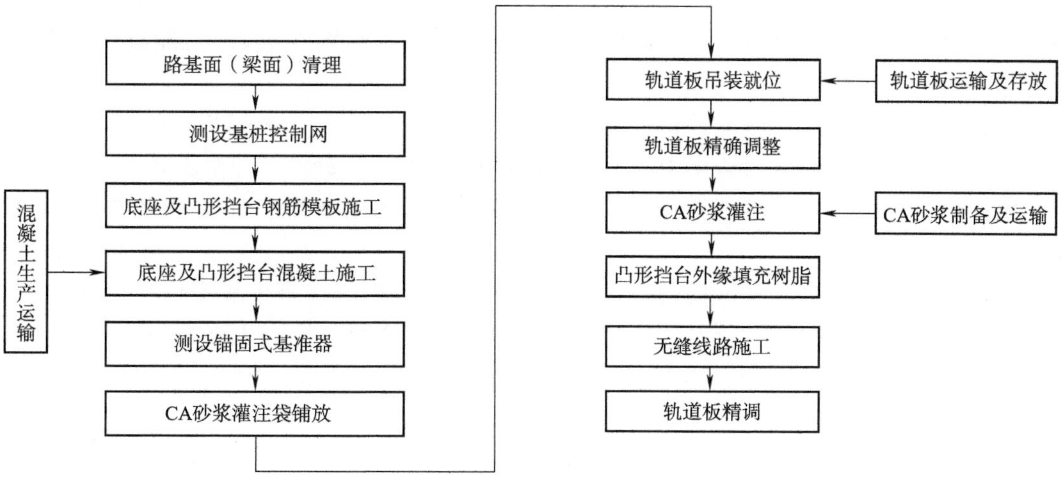

图 4-5-6　无砟轨道施工工艺流程图

2. 关键工序及技术要点

(1)作业面清理及准备

路基基床表层清理：路基基床表层采用空气压缩机配合人工清除浮渣，清理完毕的地段限制通行。

桥梁梁面清理：采用空气压缩机配合人工清除梁面浮渣；清理梁面预埋连接套筒，按设计要求安装桥面与底座之间的连接钢筋；个别地方如果需要植筋，则按照植筋工艺处理。清理完毕的地段限制通行。

测设基桩控制网：平面控制网按三级布置，分级控制；全部工程测量工作实行分级管理，精测组负责控制测量，施工测量组负责日常施工测量，实行相互复核制度。无砟轨道施工基桩控制网(CPⅢ)布设完成后，按照施工工艺设置加密基桩，加密基桩采用强制对中方式。

(2)底座混凝土及凸形挡台施工

①钢筋加工与绑扎

底座钢筋采用购买厂家集中定型制作的钢筋网片，由汽车运至工作面，人工配合汽车吊散放就位，现场进行钢筋网片铺设及安装。凸台及其他钢筋采用钢筋加工厂集中下料制作，现场安装及绑扎。凸台钢筋绑扎时，钢筋交叉点处采用安装绝缘卡进行绝缘处理，并对绝缘性能进行检查确认。

②支立底座模板

底座模板采用定型钢模板，底座模板加工时按比设计底座高 5 cm 加工，模板上另加设可调高角钢来控制底座混凝土高程。施工前按设计位置测设模板立模线于梁面和路基面上，按测设位置与高程支立模板，模板外侧支撑在固定设施上，确保模板稳定。

根据底座板设计顶面高程及实测底座模板顶标高，通过调节安装于底座模板顶上的可调高角钢，使角钢底面位于底座设计顶面高程。

③伸缩缝设置

路基地段，底座板按 3～4 块轨道板对应的底座长度设置一个宽 20 mm 的横向伸缩缝。桥梁地段，每块轨道板对应的底座长度设置一个 20 mm 宽伸缩缝，伸缩缝对应凸形挡台中心位置，在凸台处按行车方向向前绕过凸台。底座处的伸缩缝采用聚乙烯泡沫塑料板或泡沫橡胶板填缝，采用聚氨酯或沥青软膏密封，其填充厚度不小于 30 mm。安装底座板伸缩缝泡沫板时，为保证伸缩缝顺直，可用钢筋定位伸缩缝底部位置，顶部可用钢板制作卡具定位，待混凝土浇筑完成后拆除卡具即可。

④底座混凝土浇筑

底座混凝土施工均由拌和站集中生产混凝土,混凝土运输车运输,通过施工便道及另一线临时通道保证混凝土运输车的行驶和混凝土注入,第二线施工时采用泵送入模。每块底座板混凝土均应一次连续浇筑完成,不得中断。混凝土强度未达到设计强度80%之前,严禁各种车辆在底座上通行。

冬季施工时,尽可能缩短混凝土的运输时间,且在运输机具上采取保温措施。炎热天气运输时,应采取降温措施,严格控制入模温度。混凝土在运送途中,运输车应保持每分钟2～4转的慢速转动,为减少混凝土坍落度损失,保持混凝土必要的工作性,运输延续时间不得超过规定时间。运输过程应控制车速,保持匀速行驶;同时,应提前观察前方路段状况,及早做出应对措施。防止急刹车、猛转弯、突提速,造成混凝土局部离析,使其工作性降低。

底座板混凝土施工前,在底座顶面轨道板铺设范围外埋设预埋套筒,供轨道板进行CA砂浆灌注时安装扣压装置使用,防止轨道板在灌注过程中上浮。直线段按每块轨道板安装4个扣压装置考虑,左右各2个,位置设于距轨道板两端40 cm处;曲线段按每块轨道板安装6个扣压装置考虑,左右各3个,位置设于轨道板中部和距两端40 cm处。

混凝土施工步骤:再次对底座范围内的杂物、积水进行彻底清理→检查模板定位是否准确、牢固→混凝土入模前对底板喷水雾湿润→检查混凝土温度、坍落度→混凝土浇筑→混凝土终凝前对表面拉毛→混凝土终凝后采用土工布和塑料膜覆盖,洒水养生→强度满足施工图要求后拆除模板。

⑤凸形挡台施工

凸形挡台分为圆形和半圆形两种形式,直径均为520 mm,高度为260 mm。路基段在路基端部采用半圆形凸形挡台,其他部位均采用圆形凸形挡台。桥梁段在梁跨两端采用半圆形凸形挡台,其他部位均采用圆形凸形挡台。

底座混凝土灌注完成24 h后,支立凸形挡台模板(采用定型钢模板),浇筑凸形挡台。凸形挡台纵向间距直接影响板缝大小,因此在立模之前,必须在梁面上精确测定凸形挡台中心点位,并以此点为控制模板的安装位置,使其高程、距离的偏差及与线路中心的偏差均小于±2 mm。

凸形挡台混凝土浇筑方法同底座混凝土浇筑。

(3)GRP点的测设

作业内容:底座和凸形挡台混凝土施工完毕,依据相邻CPⅢ控制点或者前期测定的基准点的法线护点,设置加密基桩(基准器)。采用光学准直法和精密水准测量方法,在每个凸形挡台上沿线路中线方向上逐一测定加密基桩(基准点)的位置和高程,并标定点位。

施工步骤:采用锚固式基准器,两次测设完成。首先利用相邻CPⅢ控制点或者前期测定的基准点的法线护点测定好基准器安放位置(事先计算好的基准点三维位置),然后在凸台中心范围内合适位置打孔(参照基准器底板尺寸打孔),孔内注入胶体用于牢固地粘接锚固螺栓,这样就可以将基准器初步定位在凸台上。基准器安装的最后一个工作就是利用全站仪通过CPⅢ控制点或者前期测定的基准点的法线护点测定线路中线位置,按照事先计算好的基准点三维位置在基准器顶面打上形如"×"的标记。

(4)轨道板粗铺

采用汽车吊配以人工辅助,将轨道板铺设误差控制在5 mm之内。在底座板两侧钻眼安装预防轨道板上浮的装置。每块板两侧各安装2个防上浮装置,对称设置。

为了加速无砟轨道的施工进程,根据施组安排,部分轨道板需事先运输到桥下存放,存放台座需根据地质及结构受力情况做出专门设计,在存板过程中要加强观测,不得出现不均匀沉降导致轨道板出现变形,轨道板立面存放,板与板之间要设置螺栓连接,板端要设置足够强度的挡板,防止倾覆。

轨道板由运输车运送至汽车吊下,汽车吊吊装轨道板放置在混凝土底座上,吊装时要精细操作,避免损坏。

轨道板在线路上的吊装、运输、铺设,必须设专人监护。铺设时,有专人负责检查轨道板的型号和就位情况,填写铺板记录。

(5)轨道板精调

轨道板粗铺就位后,依据凸形挡台上的基准器精确调整轨道板的位置和高低。精调测量采用无线控制,由专业测量人员操作,严格按测量操作规程进行作业,按棱镜的编号进行测量,确保数据编号与棱镜编号一一对应，防止出现误操作，导致测量数据误差。棱镜底座要擦干净，并保证棱镜面正对全站仪。

用钢尺精确测量两相邻凸形挡台间的纵向距离，将轨道板调整至两凸形挡台的中间位置，保证轨道板与两凸形挡台之间的间距相同。轨道板与凸形挡台的间隙不得小于 30 mm。

利用三角规，通过凸形挡台上的基准器调整轨道板的方向和轨道板 4 个点的高低。测量位置宜在轨道板支撑螺栓孔位置，且位于钢轨中心线上。曲线地段要调整好每块轨道板的偏角（并用弦测法校核）和轨道板高低。曲线地段的调整要满足设计超高的要求。

T 形标架必须轻拿轻放，严禁磕碰、抛摔，并定期校验，发现变形超标的标架不得使用。安装标架时，必须仔细小心地使标架和凹槽正确接触，各接触点全部落入槽内，严禁强拉硬拽。安装好的标架要防止滑动，特别是在超高地段，要采取辅助的固定措施，防止因滑动或倾倒对标架造成损坏。

精调人员根据显示器给出的调整值，按技术人员的口令进行同步精调作业。尤其是横向调整，不同步时容易使精调爪整体移动，造成精调作业失败。一块板调整完成并进行固定后，要进行严格认真的复测检查，确保各项指标全部合格，对不合格的项目要分析原因，重新进行调整。

按上述步骤反复调整，直至满足要求。

轨道板的状态精确对位后，用木楔楔入轨道板与凸形挡台的缝隙中，使轨道板平面位置固定，并将支撑螺栓拧入轨道板的预埋螺栓孔内，支承在底座混凝土上。单块板调整完毕后，采用三角规校核相邻板高差，使其满足验收标准要求。

精调完成的轨道板要尽快灌注 CA 砂浆，不允许再有人为干扰。存在以下情况时应重新复测：一是精调和灌注 CA 砂浆时差超过 6 h；二是气温急剧变化幅度超过 15 ℃；三是轨道板受力干扰。CA 砂浆灌注前复测轨道板状态，不合格时，调整支撑螺栓，直至符合要求。

(6)CA 砂浆灌注

CA 砂浆在正式上道灌注前，必须进行揭板试验，且经过 CA 砂浆咨询单位评估通过后方可上道施工，每辆砂浆车均需事先做揭板试验。

轨道板精调达到要求后，固定精调爪（不得碰撞），安装轨道板防上浮装置，用木楔将轨道板与凸形挡台楔紧（楔紧时两侧必须同步均匀受力，防止一边受力过大导致轨道板受力变形，并保证板与凸台间距离均匀），复测检查合格后撤出精调系统，将 CA 砂浆灌注袋平整、调整位置精确，准备进行 CA 砂浆灌注。CA 砂浆采用砂浆搅拌车进行搅拌，搅拌好后放入中转料斗，再由吊车或三轮车运至灌注工作面。CA 砂浆灌注前，每一盘均应通过流动度试验，进行流动时间测量，并进行含气量检测，不在规定范围内时，不能灌注。施工中应进行流动度、含气量、温度试验，及时采集试样进行膨胀率、泛浆、强度试验并记录结果。

在灌注口安装控制阀门，灌注时派相关人员在轨道板四角进行监控，防止轨道板受力偏斜。灌注过程中缓慢连续灌注，防止产生气泡，并且由专人观测轨道板状态，避免出现起拱、上浮现象。当灌注到灌注袋另一侧接近出料口位置时，应放缓灌注速度，直至灌注袋砂浆充分填充。灌注结束后 20～45 min 内，将灌注口内的砂浆挤入灌注袋，挤浆结束后，使用专用袋口夹夹住灌注口根部。待砂浆硬化后将注入口切除。

灌注前应根据现场实际尺寸计算砂浆用量，每块板的 CA 砂浆应连续灌注，不得中断。注入口砂浆液面尽量接近轨道板面，以减小 CA 砂浆的落差，一般不高于 50 cm，避免因落差较大引起轨道板上浮。曲线或纵坡地段，应由低侧向高侧进行灌注。曲线地段超高过大时，CA 砂浆灌注分 2～3 次进行，防止板块受力漂浮，但每次灌注应在前次注入砂浆未硬化前进行。根据现场环境温度及 CA 砂浆强度来确定精调器及防上浮装置的拆除时间，当 CA 砂浆强度达到 0.1 MPa 时，一般情况下为 24 h，现场就可以进行拆除。当温度较低，在 5 ℃～15 ℃时，砂浆的强度增长比较慢，在 30 h 之后方可进行拆除。

根据现场施工经验，为减少砂浆的泌水、不均匀气泡产生以及提高砂浆的均匀性，把流动度尽量控制在 23～26 s 范围之内以减少泌水，含气量控制在 8%～10%以避免大量的不均匀气泡产生。

当现场环境温度比较高时砂浆可工作时间比较短，这时可以把流动度增大以增大可工作时间，确保顺利灌注。若测得含气量偏小，可以适当延长快速搅拌时间，或者适当加大引气剂的用量；若测得含气量偏大，可以延长慢搅时间，使砂浆中的气泡部分释放，以使含气量满足要求。

在 CA 砂浆灌注过程中，现场环境温度和原材料的变化都对砂浆有很大的影响。当环境温度逐渐升高时，砂浆流动度会随温度的升高而减小，因此温度升高时可以适当增加用水量来保证流动性，等温度降低时也要适当地减少用水量。尽量避免在雨天灌注，施工过程中若遇到下雨，应采取遮雨措施。

CA 砂浆灌注完成后，需要经过 28 d 后才能进行长钢轨铺设施工。

(7)凸台树脂灌注

在 CA 砂浆灌注完成 24 h 后，安放凸形挡台树脂灌注袋。凸形挡台和轨道板的间距不足 20 mm 时，应汇报后另作研究处理。每 1 000 m 轨道长度抽取 3 个样品(100 mm×100 mm×25 mm)进行强度试验，提交试验结果。

①施工准备

凸台树脂灌注前轨道板 CA 砂浆垫层须达到 0.1 MPa，原材料经检测合格；搅拌机械准备到位(电钻改装，加特殊搅拌头)；根据超高以及凸台与轨道板间的间隙准备灌注袋及粘接剂；将轨道板两边半圆及凸台清理干净，保证施工面干燥、清洁。

②灌注袋安装

灌注前，选择相应型号的灌注袋，检查灌注袋尺寸、外观，有破损或尺寸偏差较大的不允许使用。检查轨道板底部 CA 砂浆充填层灌注后端面是否侵入凸台树脂型腔底部，如有，则应切割修正袋下泡沫垫的高度和角度，确保凸台树脂填充截面不减少。然后将泡沫聚乙烯衬垫塞入灌注袋底部夹套，将整个袋体塞入凸台填充的型腔内，并将底部的泡沫衬垫与基座平面紧密贴合，用手拉紧灌注袋两边的侧面，使其完全展开铺平。

在轨道板凹面和凸台侧面中部以上刷涂专用粘合剂，充分展开袋子，将袋子的两侧面分别与板和台的水泥粘接，用钢尺压实，粘接时要避免出现褶皱，一旦出现褶皱，应用刀具划破再粘贴至轨道板和凸台上。待粘接牢固后，用刀具平行切除轨道板自倒角下端至上面露出的袋体部分，随后在两侧轨道板空隙中塞入泡沫挡板。安装袋体时不能刺破底部和两侧，同时在全粘贴部位及切除褶皱的部位，一定要粘贴牢固，否则会造成“漏浆”。

③配置灌注料

采用(10±2)MN/m 聚氨酯系或者环氧树脂系合成树脂。

将凸台树脂 A 组分开盖后，用手持电动搅拌机进行预搅拌 6 min，上下、左右充分搅拌，将桶底的沉淀物全部搅起、搅匀，尤其注意桶底边角沉淀也要搅匀分散；然后按配合比加入配套的凸台树脂 B 组分，采用专用搅拌设备上下、左右充分搅拌，搅拌 2～3 min 使之分散混合均匀。搅拌过程中要避免混入水、空气。搅拌好的混合液分装到灌注容器内，由灌注容器进行灌注施工。

树脂 A、B 组分混合后，应在 20～25 min 内尽快用完，以免黏度太高影响灌注效果。树脂混合后的可使用期随温度不同而有很大差异，温度越高，可使用期越短，超过 30 ℃以上时应少配快用，控制在 20 min 内用完。当室外温度较低(10 ℃以下)、树脂黏度较大时，可将 A 组分进行预热至 25 ℃～30 ℃后再用。

④树脂灌注

为保护凸台周围的轨道板不受树脂污染，灌注前应以聚乙烯薄膜覆盖施工区域周围。

树脂搅拌好后立即灌注，灌注时应缓慢、连续注入，尽量保持低位灌注作业，防止带入空气，保证灌注密实，直至灌注至轨道板倒角下边缘为止(灌注高度宜低于轨道板面 5～10 mm)。

曲线超高地段，树脂宜一次灌注到位。特殊情况下需进行二次灌注或多次灌注时，最好在上次树脂未固化前进行，且应避免任何杂物和水分混入；已经固化的树脂可采用插入螺钉(长 40 mm，以 10 mm 间隔插入 25 mm 以上)或打磨的方式(用研磨机等对表面进行全面打磨)增加黏结力。判断超高地段树脂是否灌满时，要以曲线外侧轨道板倒角下端为准，树脂灌满时曲线内侧的树脂会高于轨道板，需等树脂固化后，用刀具将多余的树脂清除。

施工作业中断时，应对搅拌器进行清洗(可用丙酮、酒精)，废罐、废液应妥善处理，防止污染环境。

(三)施工注意事项

1. 底座板施工

(1)底座板施工要特别注意凸形挡台的方向要与列车行驶的方向一致，避免凸台方向错误给施工造成损失。

(2)曲线段由于存在外轨超高，底座板浇筑混凝土后进行收面时要严格控制好轨道板底座顶面的标高，避免因为收面过早，超高侧混凝土下滑造成轨道板顶面标高不足。

2. 凸形挡台施工

(1)在施工底座板的同时，要预埋凸形挡台的预埋筋。底座板的钢筋不进行绝缘处理，但是凸形挡台的预埋筋与环形筋之间要进行绝缘处理，同一根环形筋上面的接头处也要进行绝缘处理。

(2)凸形挡台的预埋筋进行预埋时，要注意预埋筋是与轨道板底座顶面垂直，而不是与梁顶面垂直。同时检测钢筋的绝缘情况，绝缘电阻值必须满足设计及相关规定。

3. 轨道板铺设

(1)铺设前，对轨道板底座的标高进行检查，如果超出规范规定的偏差范围的，必须进行返工处理。

(2)轨道板铺设时，注意梁端处板的型号及接地端子的位置，防止轨道板位置放错；尽量控制轨道板到两边凸形挡台的距离，使之距离的差值不大于 5 mm，便于轨道板的精调。

4. CA 砂浆灌注

(1)选择合适的灌注袋进行施工，灌注袋不得太大，也不得太小。每块板的 CA 砂浆灌注时间在 4～6 min 之间。灌注时要做好灌注的记录。

(2)超高地段 CA 砂浆灌注时要做好轨道板防下滑工作，避免因为 CA 砂浆灌注使轨道板上浮、下滑。

5. 凸形挡台树脂灌注

(1)树脂灌注袋的尺寸要满足要求。如果 CA 砂浆灌注袋的尺寸稍大，则将导致树脂灌注袋无法接触底座板顶面，应将树脂灌注袋下方放的橡胶条的厚度减少或者不放，以保障树脂灌注的厚度。

(2)粘贴树脂灌注袋时，一定不得有褶皱，否则灌注袋的端部不能与轨道板端齐平。

(3)灌注树脂时，应该做好防污染工作。

6. 轨道板灌注完成后

(1)按照业主规定的频次，进行现场揭板试验，对揭板不合格的要向前后扩大揭板范围。

(2)在成段落轨道板灌注完成且强度达到设计值后，要按《高速铁路轨道工程施工质量验收标准》检测相邻轨道板间的平顺性，对不符合要求者，立即进行返工。

二、CRTSⅠ型双块式无砟轨道工程

正线个别地段及长枕埋入式道岔前后顺接段以及部分邻近正线的到发线采用 CRTSⅠ型双块式无砟轨道。

(一)施工工艺流程

CRTSⅠ型双块式无砟轨道施工工艺流程如图 4-5-7 所示。

(二)底座板施工

1. 测量放样

(1)清除路基或桥梁表面浮渣、灰尘和其他遗留物。

(2)利用 CPⅢ控制网采用全站仪自由设站进行模板及轨道中心线平面放样，偏差不超过 2 mm；并对每个标记点进行高程测量，作为立模依据；桥上混凝土底座还需测量凹槽位置。

(3)标出混凝土底座纵向模板和横向模板、凹槽模板位置，并用墨斗弹线标记。

2. 钢筋加工、绑扎和存放

(1)成品钢筋需按使用工程部位、名称、编号、加工时间挂牌存放，不同号的钢筋成品不宜堆放在一起，防止混号和造成成品钢筋变形。

(2)成品钢筋的存放应按当地气候情况采取有效的防锈措施，支垫方木及采取雨花布遮盖。

(3)钢筋加工工艺要求：

①桥上混凝土底座简支梁部分按设计要求采用钢筋网片，钢筋网片采用工厂化加工。

②纵、横向接地钢筋采用搭接焊，单面焊接长度不小于 200 mm，双面焊接长度不小于 100 mm，焊缝厚度不小于 4 mm；纵向钢筋搭接长度不得小于 700 mm，同一连接区段内纵向钢筋焊接接头面积百分率不大于 50%。除接地钢筋外，所有纵、横向钢筋交叉点均采用绝缘卡进行绝缘，混凝土灌注前，应进行绝缘检测，任意两根钢筋的电阻值不小于 1×10^{10} Ω，合格后方可施工。

③钢筋保护层垫块采用同等级混凝土预制，其布置密度为不少于 4 个/m^2。

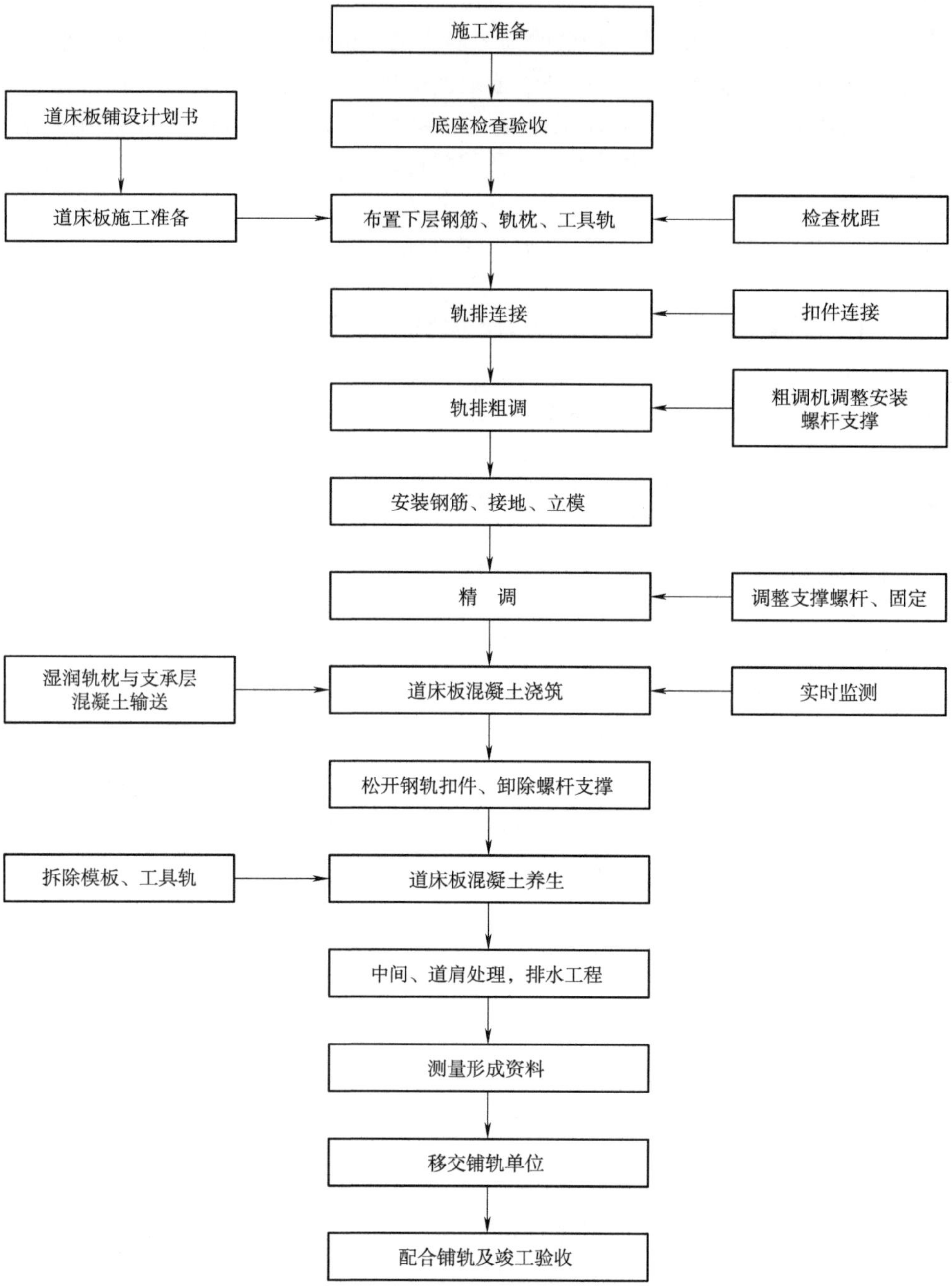

图 4-5-7 CRTSⅠ型双块式无砟轨道施工工艺流程图

3. 混凝土施工

(1)混凝土浇筑

根据弹出的模板边线，精确安装侧模板、结构缝端模板和凹槽模板。两侧模板连续设置，在结构缝处安装横向模板。模板安装应稳固牢靠，接缝不得漏浆。彻底清理模板范围内的杂物。混凝土入模前应对路基表面或桥梁表面喷水雾湿润。

混凝土浇筑时，对前三盘混凝土坍落度和含气量进行测试，坍落度控制在(180±20)mm，含气量控制在3%～4%；以后每 50 m^3测试一次。拌和物入模温度宜在 10 ℃～30 ℃，模板温度宜在 5 ℃～35 ℃，当模板温度低于 0 ℃或高于 40 ℃时，应对模板采取升、降温措施。混凝土采用混凝土运输车运输，通过汽车泵进行混凝土灌注。混凝土在运输过程中要保持匀质性，不得离析。

在混凝土浇筑过程中，派专人守漏，负责观察浇筑过程中模板及钢筋的情况，发现螺栓和支撑松动时及时采取措施，发现漏浆及时堵严，钢筋如有变形及时整修，保证其位置正确。混凝土振动采用振捣棒插入式振捣，应振捣密实并防止过振、漏振，振捣时不得碰撞模板、钢筋和预埋部件。操作插入式振捣器插入下层混凝土的深度为 5～10 cm，每点振动时间约 20～30 s，确保混凝土密实。

混凝土底座宽出轨道板部分及底座板顶面按设计要求设置一定的双面横向排水坡，曲线地段按底座超高设置一面坡。

混凝土浇筑完毕，表面要尽快多次抹面，使其表面平整美观。混凝土强度达到设计强度 75%之前不得在混凝土表面行车和碰撞。

(2)拆模

底座板混凝土强度大于 5 MPa 后拆除底座模板，清洗、涂油后集中存放，以便下次利用。

(3)混凝土养护

轨道板范围内的底座板混凝土表面初凝前进行拉毛处理，每 5 m 切割一道深度为 105 mm 的人工假缝，并灌注改性乳化沥青。

混凝土浇筑完毕，对混凝土进行全面覆盖保湿养护，一般在 8～12 h 开始洒水(温度低于 5 ℃时不洒水)养护，土工布覆盖。湿润养护时间不得少于 7 d，且浇筑完成的混凝土 7 d 内不得受冻；当温度低于 0 ℃时，需要采取保温措施。

(三)道床板施工

1. 施工工艺流程

混凝土道床板施工采用工具轨法，其施工工艺流程如图 4-5-8 所示。

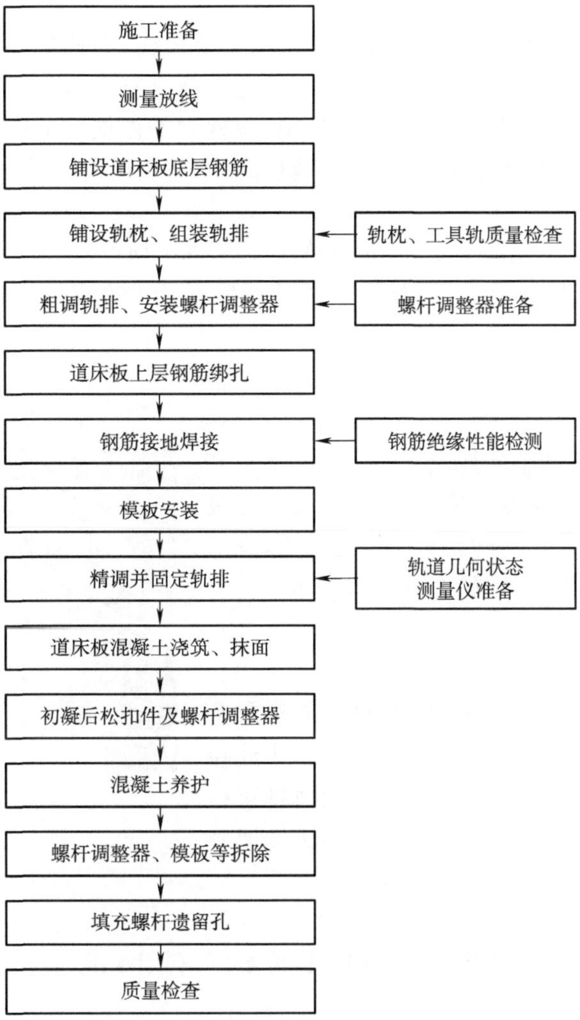

图 4-5-8 道床板施工工艺流程

2. 底层钢筋绑扎和上层钢筋摆放

(1)双块式道床板钢筋由底层钢筋和上层钢筋组成。底层钢筋绑扎和上层钢筋摆放均在布枕之前完成,上层钢筋绑扎则在轨排进行粗调后完成。道床板纵、横向接地钢筋采用搭接焊的方式进行连接,非接地钢筋纵、横向交叉点采用绝缘卡绑扎。底层钢筋下部设置和道床板同等级的混凝土预制垫块,垫块设置密度不小于 4 个/m^2(此操作在轨道粗调后绑扎上层钢筋完成后进行)。

(2)完成底层钢筋的绑扎后,将上层钢筋按设计要求数量进行提前摆放,如图 4-5-9 所示。

图 4-5-9 底层钢筋绑扎和保护层垫块

3. 散布轨枕

道床板底层钢筋绑扎完毕,绝缘测试合格后,根据测设的轨枕中线控制桩位置摆放轨枕。为方便轨枕的调整,以及避免调整轨枕对已绑扎的钢筋结构和绝缘措施的破坏,摆放轨枕前在轨枕下方两头各垫放一根长、宽、高适中的方木。

从道岔交接位置按顺序进行轨枕摆放,4 人一组人工摆放轨枕,轨枕中心位置通过中线控制,间距用卷尺控制,人工方枕。

散枕过程中应避免磕碰损坏,受损轨枕按要求更换;散枕时不得损坏下层混凝土、中间分隔层和钢筋结构及绝缘措施;散枕时尽量保持与线路垂直,控制好轨枕间距,避免组装轨排时方枕量过大。

4. 组装轨排

轨枕散布完成后,采用吊车或运轨小车将 P60 新轨倒装至施工地点,人工配合机械将钢轨放置于轨枕承轨台上,并人工安装扣件,采用 T 型扳手配合内燃扳手紧固扣件;采用 P60 夹板连接轨排并形成一个整体。

5. 安装螺杆调整器托盘

扣件安装完成后,使用起道器起道,在直线地段每隔 3 根(曲线地段 2 根)轨枕对称安装一对螺杆调整器托盘,同时在轨排端头轨枕间安装一对螺杆调整器托盘。

螺杆调整器托盘安装前应清理干净并确保托盘伸缩灵活、居中。托盘安装时应检查插销与插孔对应位置正确,确保托盘与轨底密贴,各部螺栓紧固到位,如图 4-5-10 所示。

图 4-5-10 螺杆调整器托盘

6. 轨排粗调

(1)基本原则

人工粗调时,应遵循“先中线、后高程”的原则,轨排起升应两侧同时进行。轨顶标高允许偏差为 0～－5 mm,中线位置允许偏差为 5 mm。利用起道器和螺杆精调器对轨排进行粗调。通过竖向螺杆调整轨排高低,通过水平调整螺栓调整轨排方向,使之满足轨道线形几何位置要求。

(2)安装竖向支撑螺杆,对轨排标高进行调整

先使用全站仪和人工配合起道器将轨排拨到设计位置,再利用水准仪对轨排进行逐点检测,确定轨排高程调整值。

安装竖向调节螺杆时,在螺杆底部放置铁垫片(图 4-5-11),并在螺杆外侧安装塑料套筒(图 4-5-12)。每根轨枕两端各安装一个,可与横向支撑同时安装,但不受力,待横向全部调节好后利用竖向调节器进行轨面水平调节。

图 4-5-11 螺杆下垫铁片

图 4-5-12 螺杆外套塑料筒

在 12.5 m 轨道范围内均匀布置 4 对起道器，将钢轨一次均匀顶起，利用水准仪测量配合精调器进行高程调整，然后采用道尺配合起道调整另一股钢轨。

轨道高程调整好后，安装并拧紧螺杆精调器使之受力并拆除起道器。

(3)安装横向支撑，利用液压式起道机进行横向调整

间隔一根轨枕在轨枕一端安设地锚式横向支撑，地锚采用 ϕ25 钢筋，锚固深度不小于 200 mm，采用锚固剂锚固牢固；横向采用直径为 16 mm 的螺纹钢与岔枕桁架钢筋水平焊接牢固(此操作在精调达到设计要求后才执行)。

通过人工拨道对轨道进行横向粗调，使用液压式起道机配合横向调节装置对轨道进行横向调整，使轨道中线偏差不超过 5 mm，且轨道线形符合相关要求。

7. 绑扎上层钢筋、接地焊接和测试

(1)绑扎上层钢筋

轨排粗调完成后，按照设计绑扎道床板上层钢筋。

严格控制钢筋间距，对纵向钢筋与横向钢筋交叉处用绝缘带绑扎，绑扎后剪掉扎带多余部分。绑扎过程中不得扰动粗调过的轨排，上层钢筋混凝土保护层最小厚度 40 mm；上层钢筋绑扎完成后，在底层钢筋下部设置预制混凝土垫块，设置密度大于 4 个/m^2。

(2)接地焊接和测试

纵、横向接地钢筋采用搭接焊，单面焊接长度不小于 200 mm，双面焊接长度不小于 100 mm，焊缝厚度不小于 4 mm；纵向钢筋搭接长度不得小于 700 mm，同一连接区段内纵向钢筋焊接接头面积百分率不大于 50%。

除接地钢筋外，所有纵、横向钢筋交叉点均采用绝缘卡进行绝缘，混凝土灌注前，采用 UT-512 兆欧表进行绝缘检测，任意两根钢筋的电阻值不小于 1×10^{10} Ω，合格后方可施工。

道床板内设置接地钢筋和接地端子(图 4-5-13)，接地单元长度不得大于 100 m。

图 4-5-13 接地端子设置

8. 立模和轨道精调

(1)立模

模板安装前清理干净道床内杂物，并检查模板无变形。

模板与混凝土接触面必须清理干净并涂刷脱模剂;模板安装后调整模板几何尺寸符合要求;模板安装应顺直且与下部结构物垂直,无错台、错牙现象,并加固牢靠。封堵好模板缝隙,防止混凝土浇筑时漏浆。检查钢筋的保护层厚度是否符合设计要求,允许偏差为 0～+10 mm。

模板固定装置在支承层为植筋式,在桥上则采取防撞墙锁定方式。

(2)轨道精调

采用轨道几何状态测量仪配合全站仪和螺杆调整器进行轨排方向、高低、水平精调。

使用至少 4 对 CPⅢ控制点自由设站,设站间距不得大于 70 m,两次设站至少重叠观测 2 对 CPⅢ点;自由设站点应尽量靠近轨道中线,并宜设于相邻两对 CPⅢ控制点中部位置。

每次精调时需与上次或前一站重叠至少 8 根轨枕,同一点位的横向和高程的相对偏差均不应超过 2 mm。精调过程中,先调整偏差较大处,相邻几对螺杆调整器同时调整,调整时步调协调一致。曲线地段调整时竖直和水平方向同时调整。

轨排精调到位后(图 4-5-14),拧紧竖向螺杆精调器,并将横向调节装置与轨枕桁架钢筋焊接牢固;采用保护套或防护罩对钢轨、扣件和轨枕进行防护(图 4-5-15);严禁任何轨排上进行任何作业或行走。

图 4-5-14 轨道精调

图 4-5-15 成品保护

轨排精调后及时浇筑混凝土。间隔超过 24 h 或环境温度变化超过 15 ℃,必须重新进行精调。

9. 混凝土浇筑和养护

(1)混凝土浇筑

混凝土浇筑前必须提前报检,经现场监理检查确认满足浇筑条件后方可进行浇筑。

混凝土浇筑应当从一侧向另一侧连续进行,当混凝土从轨枕下自动漫流至下一根轨枕后,方可前移至下一根轨枕继续往前浇筑。采用振动棒进行振捣,轨枕底部位置应加强振捣,确保混凝土密实,避免漏振和欠振。振捣时避免碰撞轨排和螺杆调整器。混凝土浇筑过程(图 4-5-16)中随时监测轨排几何形位的变化,发现问题及时调整。

图 4-5-16 混凝土浇筑

混凝土浇筑完成后及时收面。收面分三次进行:入模振捣后及时用木抹完成粗平,随后用钢抹抹平,混凝土初凝前进行第三次抹面、压光。按照设计要求设置排水坡,严格控制道床板顶面的标高和平整度。

混凝土初凝后,及时松开螺杆调整器、扣件,释放钢轨温度压力。扣件松开时成对同时松开,扣件松开 1/2 圈。

混凝土浇筑完成 24 h 并终凝后，拆除螺杆调整器、模板，并采用同强度无收缩混凝土及时封堵拆除螺杆后留下的孔洞；对道床的缺棱掉角及局部混凝土缺陷进行修补和整修；及时上紧扣件，防止丢失。

(2)混凝土养护

混凝土浇筑完成后及时覆盖洒水养护(图 4-5-17)，养护时间不少于 7 昼夜。

图 4-5-17　混凝土养护

(3)遗留孔填充及成品保护

在取出调整装置之后，遗留孔必须使用高强度无收缩砂浆进行封堵。

已完成的道床板表面应清洁、美观、无污染、无磕碰。进行松扣件、拆模板操作时注意不要扰动轨排，避免混凝土受到损伤。混凝土强度达到设计强度的 75%前，禁止在道床板上行车及碰撞轨枕。

第三节　跨区间无缝线路施工

铺设无缝线路是高速铁路施工的最后一道关键工序。随着我国近年来高速铁路建造技术的迅速发展，新工艺、新技术、新材料的应用使铁路施工形式趋于多样化，施工工艺趋于简单化、机械化。本线无砟轨道区段运用"拖拉法"、有砟轨道区段运用"推送法"进行长钢轨铺设工作，对无缝线路铺设工艺及设备进行科学改进，铺设质量和效率显著提高，为今后无砟轨道铺设无缝线路积累了经验。

一、无缝线路长钢轨铺设

无缝线路铺设前，需建设铺轨基地，铺轨基地连接着既有线与新建铁路线路，铺轨基地内需设有装卸、存储 500 m 长轨条的主要工程生产线及配套设施，利用长轨运输车进行工程材料(厂焊 500 m 长轨条)装卸及运输，利用专用长钢轨铺设机组一次性铺设，采用移动焊轨机对已铺设的长轨条进行焊接，采用"滚筒法"或"拉伸器滚筒法"对单元轨节进行放散锁定，最后对铺设好的轨道进行精调，达到验收标准。

(一)施工准备工作

铺轨前，宁安公司召开铺轨协调会，组织监理、线下单位及铺轨项目部专职人员共同对线路情况进行验收，并督导处理存在的问题，使其达到铺轨条件，下达铺轨令。

检查内容包括：侧向挡块不得在铺轨前施工，以保证铺轨车导向轮正常行走；线路扣配件齐全无缺漏；承轨槽干净无灰渣(派专人清扫)；线路畅通无物体侵限；影响铺轨作业的临时道口已清理完毕；有砟轨道需在铺轨到达前 7 d 达到满足铺轨条件(有砟线路需调整、捣固 2 遍以上，线路标高低于设计 5 cm、方向小于设计 2 cm，并且养护至铺轨通过无下沉)；无砟轨道现场揭板频次满足要求；轨道板的平顺性满足验收标准要求；线下单位内业资料齐备完善。

施工人员做好施工准备，检查牵引车及推送车机械性能，检查内燃扳手及各项施工机具，保证铺轨顺利进行。长钢轨运输车按照施工手册及轨节表在铺轨基地装车完毕，机车推送长钢轨运输车进入施工现场。

(二)主要机具设备配备

无缝线路铺设主要机具设备配备见表 4-5-1。

表 4-5-1 机具设备配备表

序 号	设 备 名 称	规 格 型 号	单 位	数 量
1	铺轨机组	WZ-500	组	1
2	长轨运输车	CGY	列	1
3	机车	DF4	台	2
4	牵引车		台	1
5	内燃扳手		台	10
6	"丁"字扳手		把	20
7	小平车		辆	6
8	大撬棍		根	60
9	摇臂压机		台	12
10	大辊轮		个	300
11	轨温表		个	5

(三)无缝线路铺设施工工艺

以下以无砟轨道区段铺轨为例。

1. 施工工艺流程

机车推送铺轨列车进入施工现场,当钢轨推送车前轮距已铺钢轨前端 7 m 时停车。长轨运输车对位停车打好铁鞋后,进行长轨铺设作业。施工工艺流程如图 4-5-18 所示。

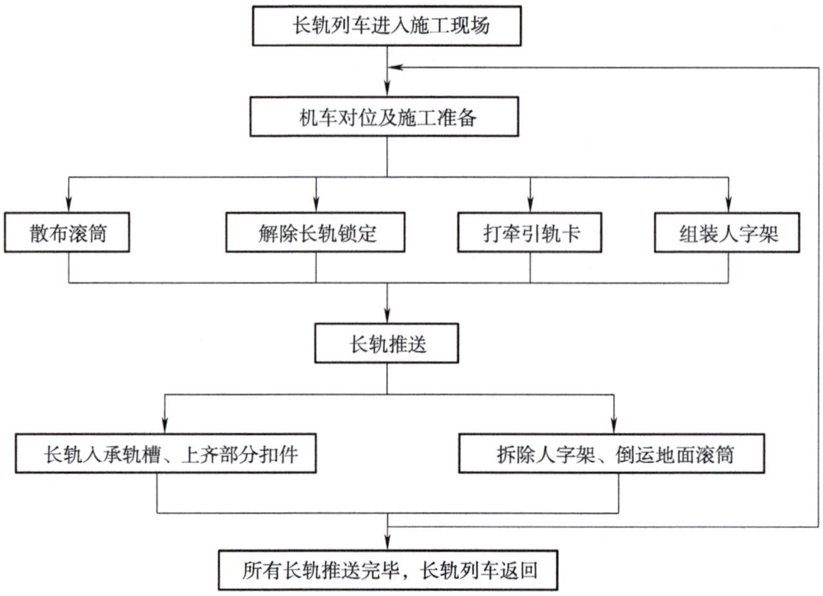

图 4-5-18 无缝线路长钢轨铺设施工工艺框图

2. 关键工序及技术要点

(1)钢轨解锁

钢轨锁定车位于长轨运输车的中间,作业人员松开上层一对待拖拉钢轨的锁轨装置。从钢轨中心距最接近 1 508 mm 的一对开始拖拉钢轨,再逐步向外成对拖拉钢轨,最后向内成对拖拉钢轨。先拖拉上层钢轨,后拖拉下层钢轨。

长钢轨出轨顺序如图 4-5-19 所示。

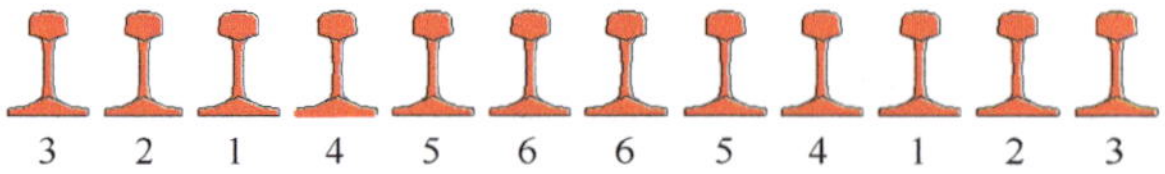

图 4-5-19 长钢轨出轨顺序示意图

注意事项:作业时要站稳,只松待拖拉钢轨的锁定装置;钢轨尾端离开锁定支架后,将锁定装置归位。

(2)卷扬机拖拉钢轨

解锁钢轨的同时,摆开上层钢轨的挡轨装置→开动卷扬机反转,把卷扬机钢丝绳从换向轮处牵引至离钢轨前端 4 m 处安装钢轨夹具(距离大于等于 4 m)→在钢轨前端安装鱼头→开动卷扬机正转,当钢轨前端穿过推送机辊轮 0.5 m 时,停止卷扬取下钢轨夹具和鱼头→启动推送马达推送钢轨至钢轨前端离推送辊轮 15 m时停止推送,如图 4-5-20 所示→在既有轨前端 10 m 处放置枕木头→在枕木头前放置第一对地面辊轮。

图 4-5-20 推送车推送长钢轨

注意事项:拖拉钢轨前必须确认钢丝绳和钢轨夹具是否完好,检查推送装置夹紧油缸是否处于松开位置,确认安全后方可进行拖拉。在此拖拉过程中,钢轨可能会偏离辊轮,作业人员应及时用大撬棍拨正钢轨。

(3)牵引车牵引钢轨(图 4-5-21)

图 4-5-21 牵引车牵引长钢轨

将牵引车退至悬臂钢轨的前端,将钢轨前端穿入牵引车夹轨装置中,在其前后安装钢轨夹具,并打好楔铁→启动牵引车牵引钢轨,5 s 后启动推送装置推送钢轨→在距离第一对地面辊轮 10 m 的位置放置第二对地面辊轮,以此每隔 10 m(15 个轨枕)放置一对地面辊轮→当钢轨末端离过渡升降装置前端辊轮 0.5 m 时停止牵引→降下过渡装置,使过渡装置最低处略高于钢轨顶面,列车后退,直到钢轨落到枕木头上→用摇臂压机撤出枕木头,缓慢将钢轨放置在地面辊轮上。

注意事项:在作业过程中,过渡升降装置下严禁站人,枕木头要放置稳当;地面辊轮要放正,位置偏的要及时用大撬棍拨正;使用摇臂压机要正确,防止倾覆伤人。

(4)对轨及落槽(图 4-5-22)

图 4-5-22 对轨及落槽

利用牵引车倒退来对轨→在牵引车后 10 m 处放置枕木头→拆除钢轨夹具,牵引车向前走行,使钢轨缓慢脱离过渡装置落在枕木头上→用摇臂压机撤出枕木,缓慢将钢轨落入槽中→撤出地面辊轮,将钢轨落入槽中→沿线收回地面辊轮,放置在小平车上→用液压内燃扳手进行隔五紧一,曲线段隔三紧一,上紧各部扣件。

注意事项:摇臂压机要正确使用,防止倾覆伤人;撤出及收回地面辊轮速度要快,使用液压扳手要正确熟练;铺轨作业过程中,技术人员对铺轨质量进行严格控制,接头相错量不大于 100 mm,正确预留轨缝,及时向铺轨基地反馈铺轨信息,对钢轨落槽时,记录轨温、长轨编号及铺轨里程等,做好施工记录。

二、长钢轨焊接

(一)长钢轨焊接工艺

长钢轨焊接采用移动闪光焊接技术。移动闪光焊接施工工艺如图 4-5-23 所示。

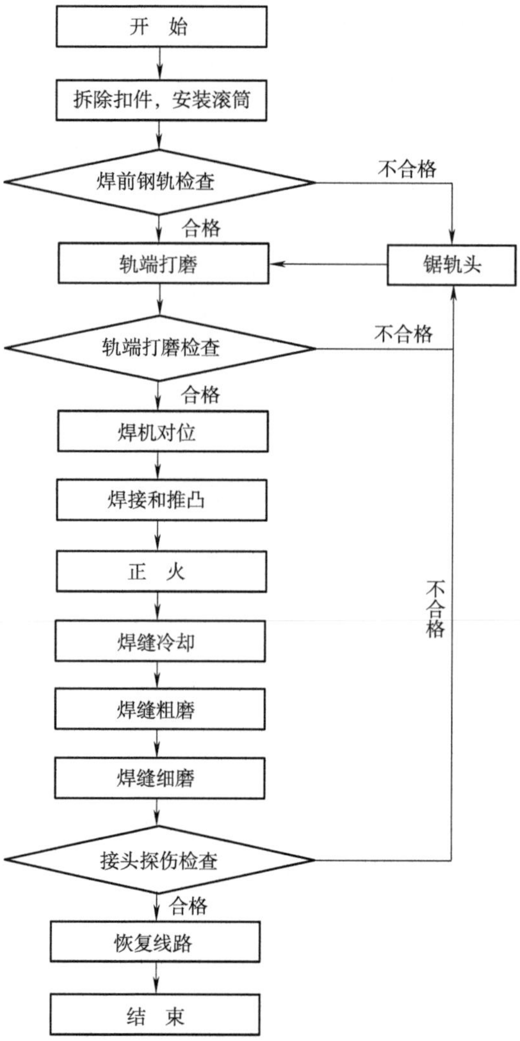

图 4-5-23 移动闪光焊接施工框图

(二)关键工序及技术要点

1. 拆卸扣件、垫滚轮

(1)拆除待焊钢轨接头前方全部长钢轨及后方的扣配件,后方拆除扣配件长度为 5 m,应满足焊轨要求。拆卸后的扣配件要有规律地放在轨道板的内侧,不得遗失。

(2)根据轨枕和扣件类型适当垫高待焊钢轨接头后方的钢轨,以确保接头顶面平直度。

(3)待焊钢轨接头前方长钢轨下每隔 12 m 安放一个滚轮,减少钢轨纵向移动阻力。在曲线段或长大坡道处焊接时,减少滚轮垫放间距,保证钢轨纵向移动顺畅。

注意：滚轮中心线必须与钢轨承轨槽中心线保持在同一直线上，以确保滚轮的同步性。

2. 钢轨焊前除锈(图 4-5-24)

焊接前对钢轨接头轨腰部位使用角向磨光机打磨除锈，除锈长度应符合所用焊机的要求，除锈后的表面应防止被污染；焊机电极夹持钢轨部位的热轧凸起标志应打磨平整。

图 4-5-24 钢轨除锈打磨

轨腰除锈打磨质量要求如下：①钢轨除锈部位需要打磨至露出金属本色，轨腰处如有凸出的钢轨生产标识必须打磨平整；②轨腰打磨除锈时，打磨砂轮不能停在同一部位打磨，避免打磨位置温度过高，形成淬火层(即温度瞬间升高，又马上降低)；③除锈打磨后不允许存在明显的凹凸面及划痕，打磨时对母材的磨削量不得超过 0.2 mm；④待焊钢轨除锈打磨后的放置时间超过 24 h 或者打磨部位已生锈，应重新进行打磨。

打磨后经检查合格的钢轨接头，才能进行焊接，填写焊前生产记录表。

3. 焊轨机对位、焊接(图 4-5-25)

图 4-5-25 焊轨机对位焊接

(1)焊前检查焊机，应确认焊机状态正常，电压正常，油位、油温正常，焊机无报警。

(2)焊接前查看设备运转记录、焊接记录表，查验焊接程序号，确认无误后方可焊接。禁止私自改动焊接参数，如需改动应经过主管工程师批准。

(3)以 3～5 km/h 的速度推进移动焊轨机初定位，载有移动焊机的轨道车第一个轮对中心距焊接位置 2.8 m 左右，对位完成后应迅速装好止轮器，保证车辆不会发生溜车现象。对位之后应放下液压支腿顶升起焊轨作业车。在接头对接过程中，应注意必须以轨顶面和工作面为基准，轨顶面和工作面错位偏差不应大于 0.2 mm，轨底边缘错位偏差不应大于 1 mm。

(4)焊机电极表面应平整、光洁，无油、水、铁渣等污染物。

(5)勿将焊渣挤入母材；防止焊渣划伤母材。

(6)左右股轨节接头相错量不能超过 100 mm。

(7)焊缝区域冷却到 400 ℃以下时，焊轨作业车方可通过钢轨焊头。

(8)每焊接一个接头，焊接作业人员应清扫焊机，检查接头表面质量、推凸质量、接头错边量、有无电极灼伤、焊接记录曲线，完成接头标识，查看钢轨炉号，填写焊接生产记录表。

注意：如果出现电极灼伤必须切掉重焊。

(9)接头标识应与钢轨标记、焊接记录或报表对应。标识代码字体中心应在钢轨中性轴上，宜标记在钢轨非工作面一侧，标识应在焊接接头前方 1～5 m 处的轨腰部位。

(10)接头表面应无裂纹；推凸过程中没有损伤钢轨母材，推凸余量：轨头不大于 1 mm，轨腰不大于 2 mm，轨底不大于 1 mm。

(11)在未经打磨处理的情况下检查接头错边量，接头顶面不大于 0.2 mm，轨头工作边不大于 0.2 mm，轨脚边缘水平方向不大于 1 mm，接头错边量超标的接头不应使用打磨方法纠正，应切掉重新焊接。

(12)对错边量不合格接头，应在焊缝两侧各 100 mm 位置切掉接头，重新焊接，并填写不合格焊头处置记录表。

4. 粗磨作业(图 4-5-26)

(1)粗磨部位：焊接接头轨头非工作边、距轨脚边缘 35 mm 范围内的上下表面、轨脚边缘、轨底。

(2)粗磨后的表面应平整、光洁，与母材过渡圆顺，轨脚边缘上下棱角应倒成圆角。

(3)打磨时应沿钢轨方向纵向打磨，不允许横向打磨。

图 4-5-26 焊接接头打磨

(4)打磨时砂轮不应在钢轨上剧烈跳动,不应冲击钢轨,钢轨打磨表面不应出现打磨灼伤。

(5)粗磨后应检查接头表面质量,不应有裂纹、夹渣等缺陷,否则切掉接头重新焊接。

(6)粗磨不允许损伤钢轨母材,不应将接头磨亏。

(7)对于推凸余量超标的个别接头,可以采用粗磨方式打磨平整,但应特别注意不要损伤钢轨母材。推凸余量连续超标时,应调整或更换推凸刀具。

5. 接头热处理

(1)钢轨焊接接头必须进行热处理,本段施工焊后热处理采用正火处理。

(2)焊接接头热处理时应对钢轨接头进行全断面加热。

(3)加热前焊接接头温度应低于 500 ℃(轨头表面)。

(4)加热温度为 850 ℃~950 ℃,钢轨顶面加热温度不应高于 950 ℃,轨脚加热温度不应低于 850 ℃。

(5)记录加热起始温度及轨头、轨脚加热温度,填写钢轨热处理工位记录表。

6. 焊接接头矫直作业

以焊缝为中心 1 m 范围内,将平尺放在顶面纵向中心线上,按住尺子一端,如果尺子另一端与钢轨顶面之间有间隙,说明接头的平直度是向上,用塞尺检测间隙距离。如果尺子的中间与钢轨顶面之间有间隙,说明接头是低接头,需切掉重焊。将平尺放在轨端的轨头侧面工作边上距轨顶面 16 mm 处的纵向线上,按住尺子一端,如果尺子另一端与钢轨顶面之间有间隙,说明接头不合格,应继续打磨。如果尺子的中间与钢轨顶面之间有间隙,用塞尺检测间隙距离。调直检测结果以最终结果满足铁标要求确定。

7. 焊接接头精磨作业

(1)精磨前接头温度应低于 50 ℃。

(2)精磨后应保持轨头轮廓形状,不应使焊接接头或钢轨产生任何机械损伤或热损伤。

(3)精磨长度不应超过焊缝中心线两侧各 450 mm 限度,打磨长度越短越好;母材打磨深度不超过 0.5 mm(不包括推凸余量)。

(4)精磨后接头平直度应满足:以焊缝为中心 1 m 范围内,钢轨顶面的平直度为 δ+(0~0.2 mm);轨头侧面工作边的平直度为 0~0.2 mm(凹进)。δ 为沉降量,应根据长轨模拟焊接试验确定。

(5)精磨后接头表面不平度应满足:焊缝中心线两侧各 100 mm 范围内表面不平度不大于 0.2 mm。

(6)检查焊接接头表面,应无裂纹、明显压痕、划伤、碰伤等伤损。

(7)不应使用外形精整的方法纠正超标的平直度偏差和超标的接头错边。

(8)焊后接头精磨合格后,填写钢轨精磨记录表。

8. 焊接接头探伤作业(图 4-5-27)

(1)探伤人员应熟悉设备的性能和操作方法。探伤人员应持有铁道部门无损检测人员技术资格鉴定考核委员会颁发的Ⅱ级及以上级别的技术资格证书,并经过钢轨焊缝探伤技术培训方能独立上岗作业。

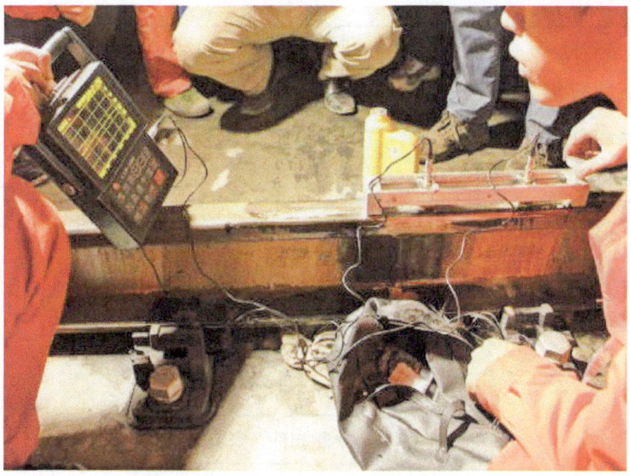

图 4-5-27　钢轨接头探伤

(2)每班作业前,应用标准试块测试探伤仪及探头并填写测试记录,用对比试块校准探伤灵敏度并填写校准记录。测试、校准记录应妥善保存。

(3)应对每个接头进行超声波探伤检查,做好记录与数据分析,对钢轨焊缝的探伤是否存在缺陷作出正确的判断,并详细填写《钢轨焊接接头超声波探伤记录》,记录信息应至少包括施工单位、焊接类型、接头编号、仪器设备、缺陷数据、探伤结果、处理意见等。探伤记录应按有关规定妥善保存。

(4)如果出现焊缝有超标伤损,要求现场人员对接头锯切重新焊接,再次进行探伤工作。在探伤结束后要填好探伤记录表。

三、长钢轨应力放散锁定施工

(一)施工前的准备

按上海铁路局下发的文件确定锁定轨温,制定施工方案。对长钢轨母材进行型式试验,确定焊接参数。对钢轨焊接及应力放散锁定的工机具进行准备。对焊接现场的条件进行综合评定,清除会导致火灾或安全事故的隐患。

(二)机械设备配置

具体配置情况见表 4-5-2。

表 4-5-2　应力放散锁定机械设备配置表

序　号	设备名称	规格型号	单　　位	数　　量
1	移动焊机	YHG-1200TH	台	2
2	轨道车	GC-270	台	1
3	轨道车	GCY-300	台	1
4	普通平板车	N17	辆	4
5	液压拉轨器	70 t	台	6
6	内燃切轨机	NQG-5	台	6
7	汽油发电机	5 kW	台	2
8	内燃液压双头螺栓扳手	扭力可调	台	36
9	撞轨器		套	4
10	发电机组	30 kW	台	2
11	放散滚筒	非标	个	1 300
12	小平车	非标	台	12

续上表

序　号	设备名称	规格型号	单　　位	数　　量
13	收轨车		辆	1
14	手摇起道机		台	12
15	对讲机		台	80

(三)施工工艺流程

应力放散锁定施工工艺流程如图 4-5-28 所示。

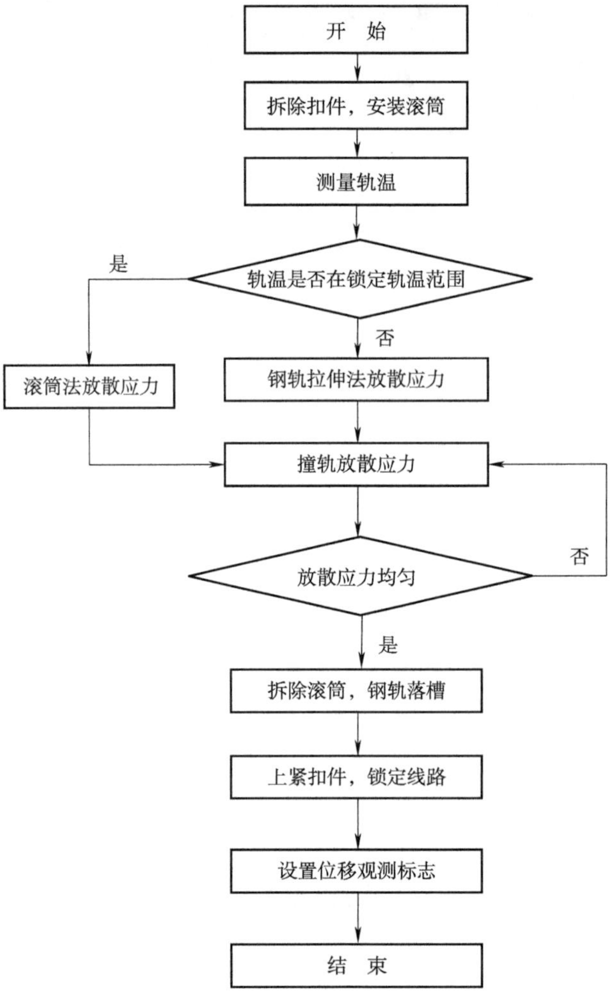

图 4-5-28　长钢轨应力放散锁定施工工艺框图

(四)关键工序及技术要点

应力放散和锁定作业前，道床应达到初期稳定并已按设计要求设置钢轨位移观测桩，锁定作业时的温度应在设计锁定轨温范围以内或以下。

1. 单元轨节布置

放散锁定的单元轨节每 1 000～2 000 m 为一个单元轨节，最短长度不应小于 500 m。无缝道岔中单组或相邻多组一次锁定的道岔及其间线路组成一单元轨节。

2. 锁定轨温

(1)无缝线路应在设计锁定轨温范围内锁定，且相邻单元轨节间的锁定轨温差不应大于 5 ℃，同一单元轨节左右股钢轨的锁定轨温差不应大于 3 ℃，同一区间内单元轨节的最高与最低锁定轨温差不应大于 10 ℃。

(2)无砟轨道正线地段均按(26±2)℃放散锁定；有砟轨道正线地段均按(31±2)℃放散锁定；有砟轨道

联络线按(31±2)℃放散锁定；相邻正线无砟轨道的站线按(28±2)℃放散锁定；有砟轨道的站线按(31±2)℃放散锁定。

(3)无缝道岔的设计锁定轨温应与两端区间无缝线路的设计锁定轨温一致。

(4)隧道内距隧道口200 m范围无缝线路的设计锁定轨温宜与两端区间无缝线路的设计锁定轨温一致；隧道口轨温过渡区段应根据计算加强锁定。

(5)容许锁定轨温上下限及范围按最小曲线上最不利条件计算。

3. 应力放散及锁定施工

(1)放散方法

应力放散与线路锁定方法有滚筒放散法、拉伸放散法两种，根据施工放散现场的轨温值及轨温变化趋势采用相应的放散方法。根据测量轨温判定，当轨温在设计锁定轨温范围内时采用“滚筒放散法”；当轨温在设计锁定轨温范围以下时采用“拉伸放散法”。

(2)伸缩区设置

放散本次单元轨节时考虑上一单元轨节的伸缩区100 m。

(3)轨道状态检测

在应力放散前对长轨铺设、现场焊接等工序施工质量、线路状态进行全面检测，重点检测弹条扣压力、道床刚度及横向阻力、现场闪光焊焊接质量、锁定焊接轨道几何尺寸、轨面标高、线路中线位置，要确认线路已经达到初期稳定状态，方可准备进行线路锁定施工。

(4)轨温调查

通过现场调查，了解近期轨温的变化情况，决定应力放散与线路锁定的作业时间。

(5)位移观测桩设置

按照要求，埋设钢轨永久位移观测桩并编号。

(6)标记临时位移观测点

根据设置好的位移观测桩，在钢轨上标记，并根据现场条件适当加密观测点，每100 m设1处临时位移观测点，作为钢轨应力放散时的临时位移观测点。通过对钢轨位移的观测，以判定应力放散是否彻底。

(7)选择应力放散方法

到达施工现场后，测量轨温，选择应力放散方法。

(8)标记临时位移观测零点

在本次放散单元轨节和上一放散单元轨节100 m范围内标记临时位移观测零点。

(9)卸扣件、顶起钢轨

在本次放散单元轨节和上一放散单元轨节100 m范围内，每隔10 m放置一滚筒，将钢轨扣件卸除，用起道机顶起钢轨落于滚筒上，钢轨顶面高出承轨面5 cm左右。

(10)串轨、临时位移观测

由于长轨铺设时轨温与正在进行的作业轨温不一致，弹条卸除、钢轨顶起后，钢轨的束缚解除，钢轨将产生位移，但由于钢轨内部应力及滚轮摩擦阻力等影响，此时钢轨内部应力仍不为零，用两端的拉轨器来回串动钢轨，观察位移直至基本呈线性增长，且单元轨节终点处最大位移$L_{测}$与计算值$L_{算}$基本一致，此时钢轨内部应力判定为零。$L_{算}$按下式计算：

$$L_{算}=\alpha\times L\times(t_1-t_2) \tag{4-5-1}$$

式中　α——钢轨的线膨胀系数，取0.011 8 mm/℃；

L——单元轨节长度，取100 m；

t_1——此时轨温；

t_2——长轨换铺落轨时轨温。

$L_{算}$为正时钢轨伸长，$L_{算}$为负时钢轨缩短。

(11)记录轨温、拉轨

记录钢轨应力放散为零时的轨温，若此时轨温正好符合设计锁定轨温，则锁定钢轨；若此时轨温低于设计锁定轨温，记录轨温，按下式计算拉伸量进行拉轨：

$$\Delta l=\alpha\times L\times(T_{锁}-t) \tag{4-5-2}$$

式中 t——作业轨温(℃);

$T_{锁}$——设计锁定轨温(℃);

Δl——单元轨节拉伸量(mm)。

(12)落轨、上扣件锁定

轨温合适或钢轨拉伸到位时,按锁定方向依次去除支垫在钢轨下的滚轮,将钢轨落到轨枕上,按照扣件安装说明上好扣件,紧固钢轨,在拉轨器前后各 50 m 范围内的钢轨锁定完成后,方可松掉拉轨器的液压油门,拆除拉轨器。

(13)标记钢轨位移零点

钢轨锁定后,立即进行位移零点的标记。在设有位移观测桩处的左右股钢轨轨头外侧面胶粘一段小钢尺,小钢尺刻度为－50～50 mm,零刻度与位移观测桩拉线竖向重合。

(14)锁定焊接

采用闪光焊焊接工艺,将本次放散单元轨节与上一放散单元轨节焊连起来。

(15)位移观测

单元轨节放散的第一个月内每星期观测一次钢轨位移,以后每月观测一次,当钢轨位移超出允许范围时,要查找原因,并重新放散锁定钢轨位移超标区段。

(16)无缝线路标记编号

对轨道的单元焊焊缝、锁定焊焊缝、位移观测桩、钢轨位移零点、单元轨节、锁定轨温、锁定日期等数据,按照设计文件规定的形式和标准,标注于钢轨上。

4. 不同轨温铺设无缝线路应符合的要求

(1)在设计锁定轨温范围内正式锁定,严禁用撞轨、强制拨入的办法改变长轨长度。

(2)轨温低于设计锁定轨温范围时,用拉伸设备将长轨拉长至设计锁定轨温的长度,并正式锁定;或用临时缓冲轨(必要时用短轨或短轨头)暂时锁定,先行通车。

(3)轨温高于设计锁定轨温范围时,可用临时缓冲轨(必要时用短轨或短轨头)暂时锁定,先行通车。

(4)暂时锁定的无缝线路,应在轨温达到设计锁定轨温范围时放散长轨应力,将临时缓冲轨换铺为正式缓冲轨并重新锁定,以达到设计要求。

第四节 道 岔 施 工

一、施工准备工作

施工前,根据道岔铺设施工特点,组织技术人员认真学习有砟道岔铺设技术与质量管理制度;掌握有砟道岔设计和技术标准情况,完善有砟道岔铺设技术和质量的管理标准。依据工管中心组织编制的《客运专线铁路道岔铺设手册》,结合项目特点形成有砟道岔铺设作业指导书、作业要点卡片等技术文件,制定施工安全保护措施,对施工人员下发技术交底,开展对有砟道岔施工各工序操作人员的岗前培训,测量、道岔组装与精调、焊接、装卸、运输等特殊工种人员需持证上岗。

二、道岔测量

道岔测量包括道岔位置测量和道岔内部线路几何形位测量。道岔区测量,应以轨道控制网(CPⅢ控制点)为基准,根据站场设计图进行道岔区控制基桩测量,确认无误后进行道岔桩位放样,形成道岔区测量基标网。站场内的各组道岔宜一次测设完成,并复核道岔间相互位置。

1. CPⅢ点交接及复测

由宁安公司主持,从线下施工单位接收站场范围内的 CPⅢ点。公司组织测量人员对 CPⅢ点进行复核,当 CPⅢ点复核测量结果与从线下施工单位接收的 CPⅢ测量成果满足技术条件的限差要求时,直接采用线下施工单位交接的测量成果;如不满足限差要求,则再和线下施工单位组成联合测量组,对 CPⅢ点进行复测。

2. 道岔定位测设

利用CPⅢ点测量成果，采用徕卡全站仪自由测站，后视8点棱镜测放道岔控制桩。每组道岔在直股的岔首、岔心、岔尾及尖轨根端以及辙叉前端设置控制桩，并在控制桩位置，垂直直股线路在道岔两侧分别设置外移桩。道岔铺设位置应符合设计要求。站场内各组道岔中心控制基桩宜与站线轨道一次测设完成，并复核道岔间相互位置，误差的调整应在站线测量中消除，放样精度保证在0.7 mm以内。

三、道岔运输、装卸、存放

1. 道岔运输

道岔运输采用公路运输，将道岔从道岔场运至施工现场存料场暂时存放，再利用吊车及小型机具倒运至相应岔位。为了确保道岔散件在运输过程中不受任何外力的作用，避免道岔散件产生受力变形，在运输过程中必须注意以下问题：采用公路运输应尽量避免多次倒运；在曲线上行驶时应尽量控制速度，在没有特殊情况下，严禁运输车辆紧急刹车；运输过程中，随时检查散件的加固装置是否失效，如失效，应及时处理。

2. 道岔产品装卸

(1)道岔轨料装卸作业时，应轻起慢放，减小起落冲击，防止道岔产生损伤变形。

(2)道岔尖轨与基本轨组装件、可动心轨辙叉组装件、长度大于12 m的配轨及箱装零件，使用大型起重机械装卸。根据厂家提供的设计吊点进行吊挂，必须使用尼龙吊索配合吊装扁担来进行吊装，不得随意改变或减少吊挂位置，预先做好垫楞。先进行道岔组件的试吊，要轻吊轻放，确保道岔的几何形位。起吊时缓缓起落，防止工件碰摔。

(3)混凝土岔枕使用起重机械装卸，装卸时起吊慢放，避免互相碰撞，避免发生磕角、掉块、碰伤或折断等现象。

(4)对于尖轨与基本轨组装件、可动心轨辙叉组装件，落地点必须是工件的底平面，防止工件侧面先着地致使工件变形。

3. 道岔轨料存放

(1)道岔轨料存放场地要硬化、平整坚实、排水畅通，地面设支垫材料，支垫顶面高差不超过10 mm。存放场地位置尽量靠近道岔铺设现场，并设专人看守。

(2)道岔钢轨件严格按规定存放，不得随意堆放，以免产生变形，造成较大质量变化。出厂时临时固定零件不得随意拆除。如需堆码，堆码层数不得超过厂家规定，每层构件间应设垫木，支点位置正确。尖轨与基本轨组装件、可动心轨辙叉组装件不得堆码存放。

4. 道岔轨料进场前复检

道岔零部件进场前必须进行质量复检。清点复检后道岔零部件数量，须确保合格产品进场数量与要求数量一致，丢失或复检不合格的零部件型号、数量须经收货单位与交货单位共同签字确认，并由交货单位提供补充措施。

四、有砟道岔铺设

(一)施工工艺流程

有砟道岔铺设工艺流程：道岔中心及方向确定→道床平整压实→摆枕→基本轨尖轨组件就位→摆放扣件→辙叉组件就位→安装其他钢轨→初调→轨道状态全面检查→精细调整→钢轨焊接→转换设备安装→工务联调→静动态检测。

(二)关键工序及技术要点

1. 道床摊铺

(1)道砟材料及级配应符合《铁路碎石道砟》(TB/T 2140—2008)中特级碎石道砟标准。

(2)提前测量道床摊铺位置、长度、宽度，按照道床摊铺要求，采用人工或机械分层铺设，采用压强大于160 kPa的压路机分层碾压，上道砟厚度至低于轨道设计标高50 mm为止，同时测量道床的密度，不低于1.7 g/cm³。

(3)砟面平整度用3 m直尺检查不应大于10 mm，预留起道量不应大于50 mm，道岔前后各30 m范围应做好顺坡并碾压。

2. 搭设组装平台

在摊铺好的道床上,放好台位线,按照平台尺寸要求组装好平台,要求稳固、便于拆卸,并在平台上按照岔枕间距要求临时标注岔枕位置。

3. 摆放岔枕

(1)人工配合两台汽车吊从道岔两端按岔枕编号吊卸排布岔枕。吊、卸、排布岔枕应使用专用吊具,确保不散垛,防止岔枕相互砸碰。

(2)以直股为基准股,岔枕编号牌端放在基准股一侧(道岔后的短岔枕的编号端放置在曲股的内侧),或者右开道岔的岔枕面上的箭头指向岔前方向(左开岔枕上箭头指向岔后方向),岔枕垂直于基准股(道岔后的短岔枕垂直于曲股中线)。

(3)岔枕以道岔直股侧的岔枕螺栓孔进行定位,在道岔直股方向分别拉 100 m 钢卷尺确定岔枕间距位置,汽车吊配合将岔枕一次准确排布到位,使岔枕严格方正并调整岔枕直股端顺直取齐,以免多次吊挪移动破坏道床和损坏岔枕。

(4)岔枕排布结束,应再一次检查边线及岔枕间距,确保方向顺直,间距偏差为±5 mm(牵引点两侧和心轨部分为±3 mm),间距的累积误差不得影响道岔配件的正确安装。

4. 道岔连接

配置钢轨结束后,应再一次检查岔头、岔尾轨端的长度和方正后再行连接。连接钢轨时钢轨轨缝按 5 mm 考虑,待道岔焊接时再根据铝热焊的焊缝要求锯切钢轨。铝热焊接缝预留量为 28 mm。连接顺序为:可动心辙叉、尖轨、中间连接钢轨。

5. 补砟整道

待车站一端岔区道岔铺设完毕应立即组织岔区卸砟,采用铲车装砟和卸砟。卸砟后立即组织劳动力人工匀砟,并配合整理道床及边坡、砟肩。轨枕盒内道砟要上满并夯实。人工清扫岔枕面及岔枕盒,进行道岔整道。

6. 道岔精调

采用起道机将道岔整体抬至相应标高(一般低于设计 3 cm 左右),尖轨及可动心辙叉部分用防护布料做好防护,回填道砟,边回填边用小型捣固机捣固,调整高低、方向、水平。采用轨检小车通过事先设置的 CPⅢ坐标点,对道岔的高低、方向、水平进行精确调整使其满足规范要求。

7. 布设观测桩

道岔整道作业后设置位移观测桩,此时,道床应饱满密实、顶面平整、边坡整齐。

(1)道岔位移观测桩埋设要求

①位移观测桩截面为 200 mm×200 mm 正方形,高为 700 mm,其基准轴为 ϕ18 圆钢,做成十字架形式,十字架钢筋一个方向垂直于线路中线,另一个方向平行于线路中线。埋设时位于砟脚外 300 mm。

②在不能埋桩的地段,应特殊设计,满足牢固、可靠、不易被破坏和易于观测的要求。

③位移观测桩按列车运行方向顺序编号。编号方法为“X-Y-Z”,X 为铺架单位编号,Y 为单元轨节编号,Z 为单元轨节内长轨条编号。编号以阿拉伯数字标注,并在桩号右上方标“#”号。现场的编号应清晰、耐久。

(2)道岔位移观测桩质量要求

位移观测桩应按设计的对数、位置牢固设置,式样、规格和材料应符合规定,标记正确齐全。每单位工程内的位移观测桩应按同一高度设置,其基准轴应与线路中线垂直,并且编号正确,字体端正、清晰。

8. 应力放散

(1)应力放散前应把道岔岔区轨道方向、水平、前后高低、道床断面等整理到规定标准。

(2)将所要焊接的道岔及两端各 100 m 伸缩区的钢轨扣件全部松开,调整好道岔内钢轨接头的轨缝(25 mm±2 mm),上好无孔接头夹板,计算好放散量;在长钢轨及道岔钢轨轨底每隔 10 m 垫入一个滚筒,使轨底与轨枕离开,先将钢轨放至“零应力”状态(一般不辅用撞轨器),然后进行锁定,紧固长轨伸缩区及道岔扣件。可先隔两根枕紧一根枕扣件,然后再及时补紧扣件。道岔内以先直股后曲股的顺序紧固扣件并及时记录“锁定轨温”。

9. 道岔内部焊接

道岔接头按先焊道岔内部及道岔前后渡线的中间接头、再焊道岔前后渡线与道岔的连接接头、最后施焊尖轨跟端两股钢轨的顺序进行焊接。

道岔内部钢轨焊接顺序如图 4-5-29 所示。

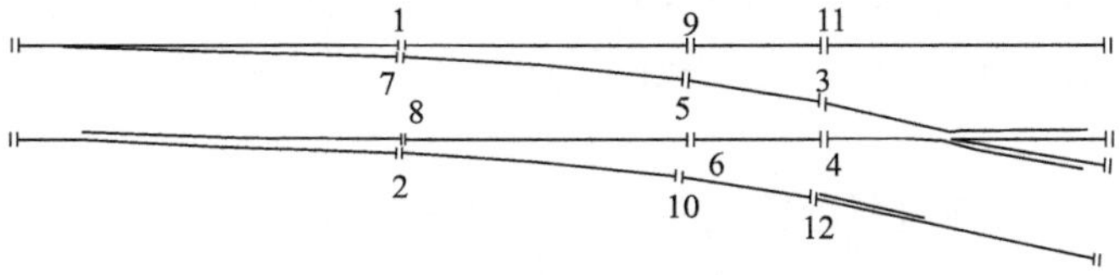

图 4-5-29　道岔内部焊头焊接顺序

无缝道岔内部钢轨焊接及锁定应符合下列规定：必须在设计锁定轨温范围焊接和锁定，并准确记录实际锁定轨温；采用铝热焊时，应先调整好道岔全长及各焊缝，道岔全长允许偏差±10 mm，各焊缝宽度允许偏差±2 mm；焊接及锁定过程中应采取措施始终保持限位器子、母块位置居中，尖轨方正；道岔与两端无缝线路焊接应在轨面高程、轨向和水平已达到设计标准时，方可施焊。

10. 道岔终调及验交前的整修

道岔焊接锁定后，对整组道岔包括前后过渡段进行最终的精细调整。调整后的道岔必须满足设计和列车高速运营要求，同时完全满足规范中道岔铺设验收基本项点中的各项要求。

11. 成品保护

道岔铺设要建立严格的成品保护制度，实现铺设优质，保护优良，使用无损。编制作业指导书和作业要点卡片要明确各工序的成品保护措施，并严格执行。道岔铺设完成后要立即做好尖轨、心轨的保护，防止工程列车对钢轨的擦伤。

五、长枕埋入式无砟道岔施工

CRTSⅠ型板地段的正线无砟道岔以及站线道岔设计为长枕埋入式无砟轨道。

（一）施工工艺流程

长枕埋入式道岔施工工艺流程如图 4-5-30 所示。

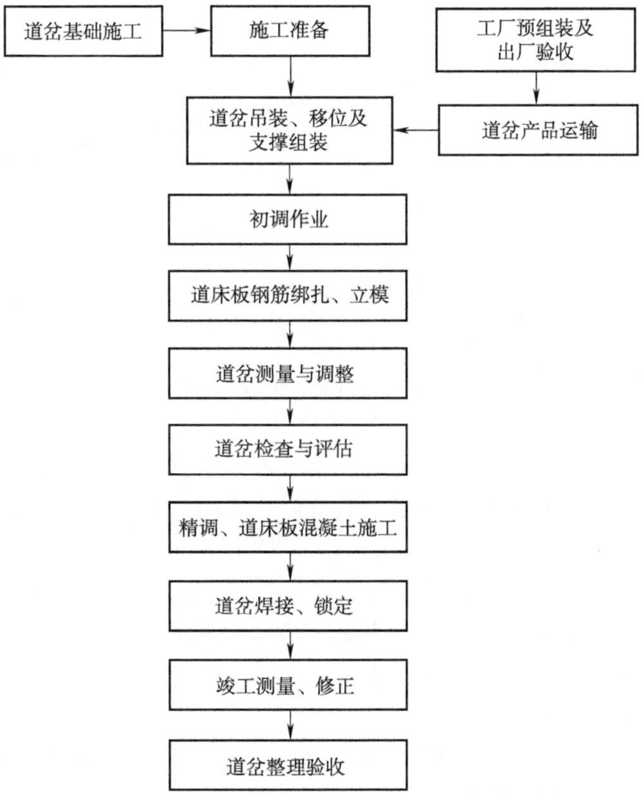

图 4-5-30　长枕埋入式道岔施工工艺流程图

(二)关键工序及技术要点

1. 道床板钢筋布设与绝缘处理

(1)按照设计和规范要求布设道床板下层钢筋,道床上层纵向钢筋布设可在底层钢筋铺设后进行。

(2)道床板钢筋按设计进行绝缘处理,道床板内纵向钢筋与横向钢筋、岔枕桁架钢筋交点处及纵向钢筋搭接处均设置绝缘卡。

(3)道床板钢筋网架设完毕,应进行绝缘性能测试,详细记录测试数据。

2. 组装调试平台

(1)道岔原位组装调试平台安装前,先根据道岔线路中心线控制,放样定出组装平台纵梁位置,然后在纵梁上按岔枕间隔做标记,根据道岔的道岔始端、道岔中心、道岔终端的控制点,定出各个无砟岔枕的位置,依此布置道岔的组装调试平台。

(2)组装平台直股一侧的边线应与道岔直股的中心线平行,并应预留岔枕的调整量。

3. 道岔组装

(1)岔枕安放

在道岔原位组装平台上按照设计顺序安放岔枕,拉钢弦线控制道岔中线,确保1号岔枕的位置和方向,调整组装平台限位调整机构,使岔枕安装到位;按照从前至后的顺序对号摆放岔枕,以水准仪测量控制,初调每根岔枕高低,消除明显高低差;以钢尺控制,按设计调整岔枕间隔。

(2)垫板安装

先按照装配号码配齐零部件,再由下至上依次组装垫板,最后整体安装到岔枕设计位置。组装道岔垫板时须严格区分不同使用部位的静刚度、左右开向及安装方向。当确认套管对中,并按标记位置确定内外股摆放方向正确后,才可用螺栓连接垫板和岔枕。连接岔枕螺栓时,先用手入扣,然后采用专用扳手拧入套管中。

(3)道岔钢轨件铺设

道岔钢轨按图4-5-31顺序进行铺设,从前至后依次完成,每段吊装顺序按照先直向后侧向、先外股后里股进行,再逐段拨正钢轨,使钢轨落槽,然后进行方向、轨距、密贴调整。

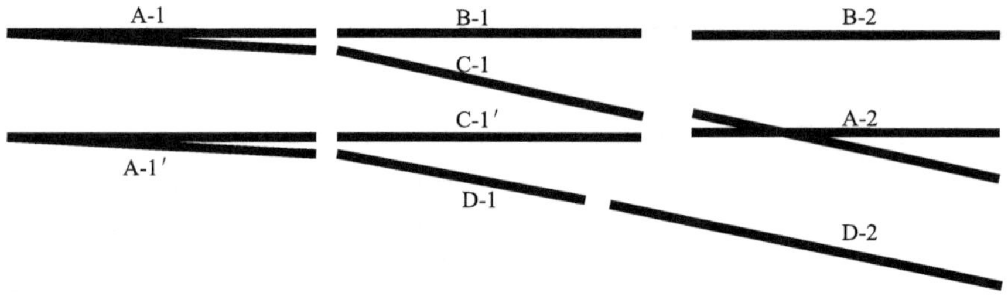

图4-5-31 道岔分解图

①安放尖轨、基本轨组合件A-1、A-1′,要求对中方正,固定A-1、A-1′,上紧扣件。

②安放辙叉组合件A-2,基本对中,方向也要基本正确。

③铺设B-1、B-2连接轨,轨缝严格按设计预留轨缝值进行预留,上紧扣件,并在外直轨外侧打点,进行匀枕、方枕作业。

④连接C-1、C-1′连接轨,轨缝严格按设计预留轨缝值进行预留,固定钢轨及辙叉组合件A-2,上紧扣件。

⑤连接D-1、D-2钢轨,轨缝严格按设计预留轨缝值进行预留,固定钢轨,上紧扣件。

4. 道岔一次精调

无砟轨道道岔区的精调和固定采用道岔竖向/侧向支撑调整系统实现,该系统包括竖向支撑调整装置和侧向辅助拉杆调整装置,以上装置同道岔区专用测量系统配合使用。支撑体系安装完成后,拆除岔枕安装平台,调整支撑体系使道岔轨排达到初步精调的水平。

5. 转换设备预安装与调试

整组道岔组装、调整完毕后,应严格按照设计图,安装道岔电务转换设备。道岔转辙机安装前,应对电气、机械性能进行测试,满足设备设计性能指标后,才可安装。安装时应注意以下几项:以垂直于道岔直股基本轨定位，在各牵引点分别安装转换装置和锁闭装置；以各牵引点动程控制，调整连接杆件定位；各部螺栓应紧固，开口销应齐全；各部绝缘安装正确，不遗漏，不破损；电动转辙机通电后，检测各牵引点动程和牵引力，检查转换机构工作状态，检查锁闭装置锁闭到位和表示状态，分别调试到位；安装完毕后应进行各项密贴和行程指标检查、调试。

6. 道岔二次精调

道床板混凝土浇筑施工前，需对道岔系统进行二次精调。

(1)采用轨检小车及其他检测工具检测道岔方向、高低、水平、轨距等几何形位指标，根据轨检小车检测数据确定精调数值。随轨检小车移动，根据检测反馈数值逐点对道岔水平、方向进行微调定位。

(2)调整后的道岔须由监理单位会同施工单位按照道岔铺设技术条件中的检测验收项点逐项检测，混凝土浇筑前的道岔须完全满足道岔铺设验收的要求。

7. 道床板混凝土浇筑及养护

(1)道岔二次精细调整到位并固定后，进行混凝土浇筑准备。

(2)道床板混凝土边模板采用定型钢模板，相邻模板拼缝保证密贴。模板安装前，清理道床板钢筋网片内遗留的杂物。安装并固定模板，将模板固定装置同基础层预埋件牢固连接，防止跑模。混凝土浇筑前和浇筑过程中，须对模板加固状态进行检查，确保混凝土浇筑施工顺利进行。

(3)混凝土浇筑完毕及时覆盖保湿棉垫，覆盖养生，保证混凝土表面湿润，且不受阳光直射和风吹。在道床板混凝土养生期间，施工区严格封闭，严禁行人车辆在道岔上通过。

(4)道床板混凝土浇筑 2～4 h 达到初凝后，松开扣件螺栓(辙叉部分除外)，拆除竖向支撑螺杆，遗留孔洞以同级砂浆填充密实。

(5)道床板混凝土养生结束后，进行后续清理工作。按设计要求采用锯缝机在基础层表面锯切伸缩缝，伸缩缝间距、深度及宽度符合设计，填充材料质量、密实度符合要求；拆除道岔钢轨部件、垫板、滑床垫板、扣件上的临时防护膜，清洗遗留水泥砂浆。

8. 道岔内部焊接

道岔接头按先焊道岔内部及道岔前后渡线的中间接头、再焊道岔前后渡线与道岔的连接接头、最后施焊尖轨跟端两股钢轨的顺序进行焊接。

9. 道岔终调及验交前的整修

(1)无砟道岔道床板混凝土浇筑完成后，经自检、电务互检合格后，电务应及时安装转辙及锁闭装置。安装转辙机时，工务、电务部门应配合施工，并调试到最佳工作状态。道岔焊接不得影响转辙机拉杆与道岔钢轨的连接。

(2)道岔焊接锁定后，对整组道岔包括前后过渡段进行最终的精细调整。调整后的道岔必须满足设计和列车高速运营要求，同时完全满足《高速铁路轨道工程施工技术指南》中道岔铺设验收基本项点中的各项要求。

第五节　轨道及道岔精调

长钢轨及道岔精调的目的是及时发现和处理道岔铺设中存在的一系列问题，确保全线按设计时速开通。客运专线具有高安全性、高平顺性、高稳定性、高可靠性及高精确度五个突出特点，因此建成后的轨道是否具有满足列车高速运行的高平顺性，即成为客运专线建设成败的关键因素之一。通过轨道静态精密检测，可以对铺轨后的轨道平顺性进行量化评价，其评价指标包括轨距、超高、扭曲、平面及高程位置、长短波平顺性等，并针对轨道不平顺的地方给出调整方案，进而保证线路开通前的轨道处于最佳几何状态。因此，对于建成具有高平顺性的轨道线路，对于客运专线按照设计运营速度的顺利开通，轨道静态精密检测具有十分重要的意义。

轨道精调分为静态调整和动态调整两个阶段。静态调整阶段主要根据轨检小车静态测量数据对轨道几何状态进行调整，包括对轨道线形(轨向和高低)进行优化调整、合理控制轨距变化率和水平变化率，使轨道静态精度满足规范要求。动态调整阶段主要通过对动检车的数据进行分析，利用静态调整的方式对轨道进行调整。通过两个阶段的调整,最终使轨道状态满足动车组高速运行的舒适性和安全性要求。

一、轨道及道岔线形精调工艺流程

轨道及道岔线形精调工艺流程如图 4-5-32 所示。

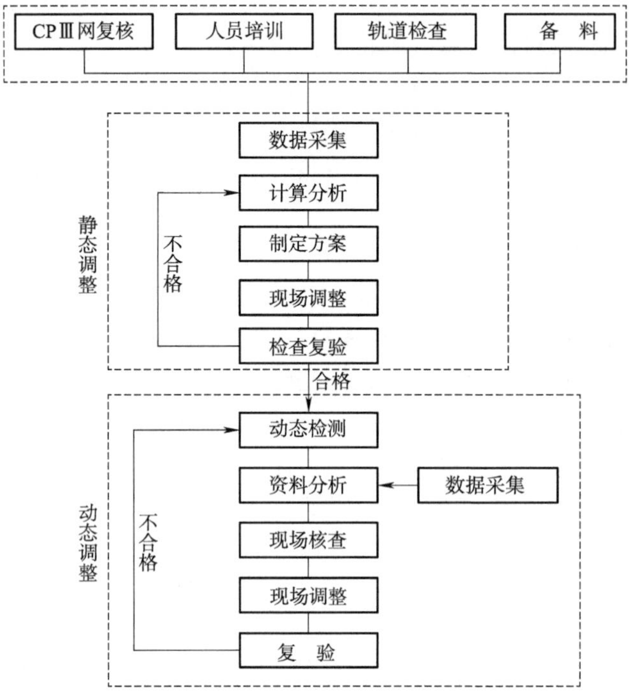

图 4-5-32 轨道及道岔线形精调流程图

二、关键工序及技术要点

(一)精调作业前准备

(1)鉴定和校准精调仪器设备,并保证其在检定有效期内。

(2)复测 CPⅢ控制网,通过评估后方可使用。对于被破坏无法使用的 CPⅢ点,必须重新埋设和测量并纳入确认后的 CPⅢ网进行平差。及时更新相关数据,使用前认真核对数据的可靠性和输入的正确性。

(3)认真核对设计资料,确保设计线形等资料输入正确。重点核对平面曲线要素、变坡点位置和竖曲线要素、曲线超高等。确定基准轨,平面位置以高轨为基准,高程以低轨为基准,直线区间上的基准轨参考大里程方向的曲线。

(二)数据采集

(1)全站仪依据 CPⅢ点在靠近中线位置设站,使用至少 8 个控制点对全站仪进行设站。在全站仪搬站并重新设站、检核设站后,对枕木上扣件螺栓对应位置进行逐点测量。全站仪测量范围宜为 5～60 m,重复测量上一次设站已经测量过的 5～10 个点,如果偏差大于 2 mm,需重新设站,重复测量区应避开转辙器及辙叉区。

(2)利用轨检小车测量道岔线形,测量范围包括道岔前后各 30 m 范围。

(3)对轨检小车采集的数据进行检测,主要检测内容如下:

①轨距检测。轨距的标称值为 1 435 mm。轨检小车通过轨距传感器进行轨距测量,轨检小车的横梁长度须事先严格标定,则轨距可由横梁的固定长度加上轨距传感器测量的可变长度而得到,进而进行实测轨距与设计轨距的比较。

②轨道里程检测。根据不同项目工程验收检测要求,可以采用以下两种里程检测方案:当全线设计里程贯通时,可用全站仪实测出轨检小车上棱镜中心的三维坐标,将该点投影到设计平曲线上,以投影点的里程为小车当前检定位置的里程;当全线设计里程不贯通时,可根据轨检小车测量的中线绝对坐标和轨面高程反

算两点之间的空间距离，进行全线精确的里程贯通。

③中线坐标及轨面高程检测。在进行轨道中线坐标和轨面高程检测时，使用高精度全站仪实测出轨检小车上棱镜中心的三维坐标，然后结合事先严格标定的轨检小车的几何参数、定向参数、水平传感器所测横向倾角及实测轨距，即可推算出对应里程处的中线位置和左右轨的轨面高程。进而与该里程处的设计中线坐标和设计轨面高程进行比较，得到实测的线路绝对位置与理论设计之间的差值。

④超高检测。由轨检小车上搭载的水平传感器测出小车的横向倾角，再结合两股钢轨顶面中心间的距离，即可求出线路超高，进而进行实测超高与设计超高的比较。

⑤轨向检测。实测中线平面坐标得到以后，在给定弦长的情况下，可计算出任一实测点的平面正矢值；该实测点向设计平曲线投影，则可计算出投影点的设计平面正矢值，继而可进行轨向检测。

⑥高低检测。实测轨面高程得到以后，在给定弦长的情况下，任一实测点的正矢可通过计算得到，该里程处的基于竖曲线的设计正矢同样可计算得到，继而可进行高低检测。测量时要经常对全站仪进行校准测量，每次设站精度严格控制在容许范围以内。

⑦测量时应逐根轨枕采集数据，道岔前、后至少采集 50～100 m 与道岔连接段的正线轨道数据，待道岔整体线形基本平顺后，再进行岔区与前、后 300 m 范围内线路的联合测量，以确定道岔 300 m 长波弦线形平顺。

⑧先测量直线段线形，后测量曲线段线形。

(4)测量误差控制措施：

①采用满足精度要求的全站仪和轨检小车，并定期检定。

②安装棱镜时要对准全站仪，采集数据时要缓慢平稳。

③测量时尽量保证工作的连续性，恶劣天气条件禁止作业。

④全站仪设站的位置应靠近线路中线，而不是在两侧控制点的外侧。

⑤全站仪进行设站之前要进行温度和气压的设置，连续设站时保证 CPⅢ控制点的相互搭接，以保证相邻设站能满足相同数据精度。

(三)数据分析及调整量计算

道岔精调数据分析要根据采集的道岔前、后段正线数据一起分析。道岔数据报表中平面轨以内侧轨(通过活动心轨那一侧轨)为基准轨，高程以外侧轨(道岔外侧运行轨)为基准轨。

1. 轨检小车作业时基准轨的定义

(1)方向基准轨的定义，如图 4-5-33 所示。

(2)高低基准轨的定义，如图 4-5-34 所示。

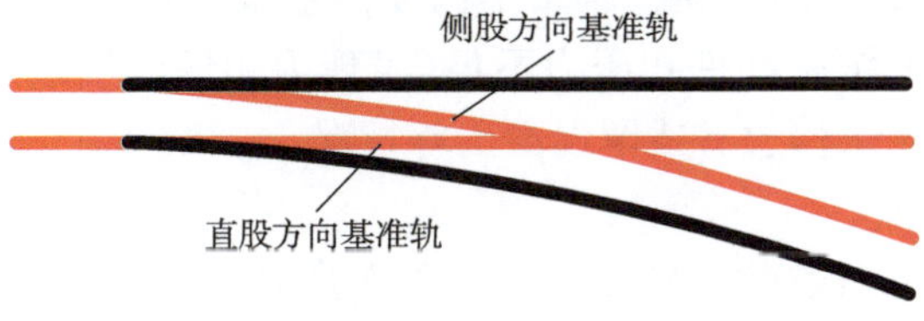

直股：以直尖轨为基准轨；侧股：以曲尖轨为基准轨

图 4-5-33 方向测量时基准轨的定义示意图

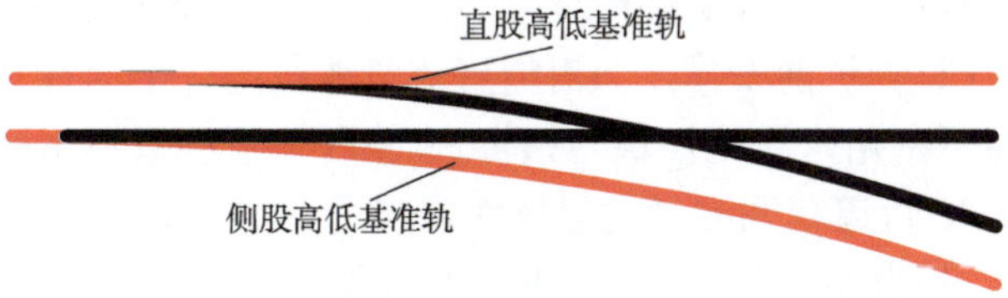

直股：以直基本轨为基准轨；侧股：以曲基本轨为基准轨

图 4-5-34 高低测量时基准轨的定义示意图

2. 数据评估原则

道岔线形几何状态可通过测量数据进行评估；道岔转辙器区线路实测的轨距和轨向值与设计值之差，以优先直股兼顾曲股的原则单独评估。

3. 调整量计算原则

调整量计算应遵循“先保证直股，再兼顾曲股；转辙器及辙叉区少动，两端线路顺接”的原则。

(四)道岔精调

1. 精调作业原则

道岔精调作业应遵循“先方向，后水平；先直股，后曲股；先整体，后局部”的原则。

2. 第一次精调步骤

(1)按照调整量优先调整道岔直基本轨的岔前缝及与导轨相连的位置,为道岔转辙器调整确定基本方向。

(2)沿道岔直基本轨外侧在转辙器全长范围张拉 30 m 以上的弦线,对偏差大于 1 mm 的点通过更换偏心锥的方式予以调整。

(3)对照设计图,用支距尺检查曲基本轨与直基本轨间距,对偏差大于 1 mm 的点通过更换偏心锥的方式调整曲基本轨轨向。

(4)用塞尺检查曲尖轨与直基本轨、直尖轨与曲基本轨间隔铁间隙,对间隙大于 1 mm 的点进行调整。

(5)用轨距尺或轨道几何状态测量仪检查转辙器区段直向轨距,对偏差超过 1 mm 的通过更换偏心锥的方式调整曲基本轨及直尖轨轨向。

(6)以直向轨距控制尖轨后导轨方向的调整,以支距控制曲向尖轨后导轨轨向的调整,以曲向轨距控制曲向基本轨后导轨轨向的调整。

(7)直向调整完成后,同时完成道岔前 10 m 及道岔后 30 m 线路轨向的调整。直向调整完成后,将道岔尖轨、心轨转到曲向位置。以轨距控制辙叉区段曲向基本轨后导轨轨向的调整。辙叉区原则上不作调整。

(8)调整完成后,用轨检小车复测道岔轨道线形数据,并评估和计算新的线形调整量,准备进行二次调整。

3. 第二次精调步骤

(1)对照调整量清单,按直接更换偏心锥的方式完成拟定的轨距、轨向超差点调整,通过 30 m 弦线、支距尺和轨距尺检查调整效果。

(2)每调整完成一次,用轨道几何状态测量仪复测道岔轨道线形数据,重新评估和计算线形调整量,再重新调整和复测,重复以上过程直到评估结果显示道岔轨距、轨向合格。

(3)高程调整时,以尖轨侧向为基准轨,对照调整量清单直接更换调高垫板,以水平变化值控制调整量,用电子道尺复测调整效果,不合格处重复调整及复测,再以水平控制另一股钢轨高程的调整。

4. 轨道内部几何状态检查及调整

(1)道岔轨道内部几何状态检查和调整项目是尖轨与基本轨密贴,尖轨与滑床板密贴,尖轨跟端限位器位置等。

(2)尖轨与滑床板间存在较大间隙的调整,应优先使用调高垫板,然后用滚轮调整片调整。

(3)轨道内部几何状态的检查和调整应在道岔线形调整的后期同步进行。

(五)轨道几何状态测量

1. 测量前准备

(1)用轨检小车作业前,认真核对 CPⅢ坐标及轨道设计线形要素输入是否正确,重点核对平面曲线要素、变坡点位置和竖曲线要素、曲线超高等。确保测量仪器校核无误,轨检小车结构和传感器自检合格。

(2)测量前安排专人对需要测量地段进行全面检查,主要消除扣件扣压力不足(表现为扣件与轨距挡块中间不密贴),轨距挡块与钢轨、钢轨和轨下垫板不密贴,钢轨工作边有残留混凝土等情况。

2. 轨道精调测量主要技术要求

(1)自由设站观测的 CPⅢ控制点不应少于 4 对,全站仪宜设在线路中线附近,位于所观测的 CPⅢ控制点的中间。更换测站后,相邻测站重叠观测的 CPⅢ控制点不应少于 2 对。

(2)自由设站点精度符合表 4-5-3 的要求。

表 4-5-3 CPⅢ自由设站精度表

项　目	X	Y	H	方向
中误差	≤0.7 mm	≤0.7 mm	≤0.7 mm	≤2″

(3)完成自由设站后,CPⅢ控制点的坐标不符值应满足表 4-5-4 的要求。

表 4-5-4 CPⅢ自由设站后控制点余差表

项　目	X	Y	H
控制点余差	≤2 mm	≤2 mm	≤2 mm

当 CPⅢ点坐标 X、Y、H 不符值大于表 4-5-4 的规定时，该 CPⅢ点不应参与平差计算。每一测站参与平差计算的 CPⅢ控制点不应小于 6 个。

(4)轨检小车离全站仪距离应该控制在 7～70 m 范围内，最大测量距离不应大于 80 m。

(5)无砟轨道铺设精度见表 4-5-5。

表 4-5-5　无砟轨道静态铺设精度标准表

序　号	项　　目	容许偏差	备　　注
1	轨距	±1 mm	相对于标准轨距 1 435 mm
		1/1 500	变化率
2	轨向	2 mm	弦长 10 m
		2 mm/测点间距 $8a$(m)	基线长 $48a$(m)
		10 mm/测点间距 $240a$(m)	基线长 $480a$(m)
3	高低	2 mm	弦长 10 m
		2 mm/测点间距 $8a$(m)	基线长 $48a$(m)
		10 mm/测点间距 $240a$(m)	基线长 $480a$(m)
4	水平	2 mm	不包含曲线、缓和曲线上的超高值
5	扭曲	2 mm	基长 3 m，包含缓和曲线上由于超高顺坡所造成的扭曲量
6	与设计高程偏差	10 mm	站台处的轨面高程不应低于设计值
7	与设计中线偏差	10 mm	

注：1. a 为扣件节点间距(m)。
　　2. 站台处的轨面高程不应低于设计值。

3. 数据采集

(1)按测量技术要求自由设站架设全站仪，全站仪架设在线路中线，距轨检小车 70 m。

(2)精调小车停于螺杆调节器对应位置后，对超高传感器进行校准，一般每天校准一次，如气温变化迅速，可再次校准，校准后可在同一点进行正反两次测量，测量差值之和应在 0.3 mm 以内。

(3)全站仪测量轨道精调小车顶端棱镜，检查通信并锁定。

(4)轨检小车由远至近逐扣件测量钢轨数据，并存储。

(5)每站测量结束时，下一测站要与上一测站搭接 6～10 根轨枕(承轨台)，避免测量误差出现错台现象。

4. 测量数据模拟及调整量计算

(1)钢轨调整原则及思路

①首先明确基准轨。平面位置以高轨(外轨)为基准，高程以低轨(内轨)为基准，直线区间上的基准轨参考大里程方向的下一个曲线。

②“先轨向后轨距”，轨向的优化通过调整高轨的平面位置来实现，低轨的平面位置利用轨距及轨距变化率来控制。

③“先高低后超高(水平)”，高低的优化通过调整低轨的高程来实现，高轨的高程利用超高和超高变化率(三角坑)来控制。

④“先整体、后局部，先轨向、后轨距，先高低、后水平”，优先保证参考轨的平顺性，另外一股钢轨通过轨距和水平控制。

(2)数据模拟及调整

测量数据模拟调整前，必须保证数据的真实、可靠性。一般轨距控制在±1 mm 以内；水平控制在 1 mm 以内；轨向和高低控制在 2 mm 以内，连续两个扣件各指标的变化率控制在 0.5～0.7 mm。特殊情况下，对于调整量突然变化较大的地段，需现场核对或重新测量后再做调整。

钢轨数据确认无误后，采用专用软件进行处理。以 AMBERG 小车处理为例：

①生成的报表中，导向轨为“－1”表示右转曲线，平面位置以左轨(高轨)为基准，高程以右轨(低轨)为基准；导向轨为“1”表示左转曲线，平面位置以右轨(高轨)为基准，高程以左轨(低轨)为基准。

②"先整体后局部"。可首先基于整体曲线图,大致标出期望的线路走线或起伏状态,先整体上分析区间调整量,再局部精调。

③"先轨向后轨距",轨向的优化通过调整高轨(基准轨)的平面位置来实现,低轨的平面位置利用轨距及轨距变化率来控制。

④"先高低后水平",高低的优化通过调整低轨(基准轨)的高程来实现,高轨的高程利用超高和超高变化率来控制。

⑤在 DTS 轨道精调软件中,平顺性指标可通过对主要参数(平面位置、轨距、高程、水平)指标曲线图的"削峰填谷"原则来实现,目的:直线顺直,曲线圆顺。

⑥符号法则。以面向大里程方向定义左右;平面位置:实际位置位于设计位置右侧时,调整量为负,反之为正;轨面高程:实际位置位于设计位置上方时,调整量为负,反之为正;水平:外轨(名义外轨)过超高时,调整量为负,欠超高时调整量为正;轨距:以大为正,实测轨距大于设计轨距时,调整量为负,反之为正。

数据模拟调整分为平面调整和高程调整,调整图如图 4-5-35、图 4-5-36 所示。

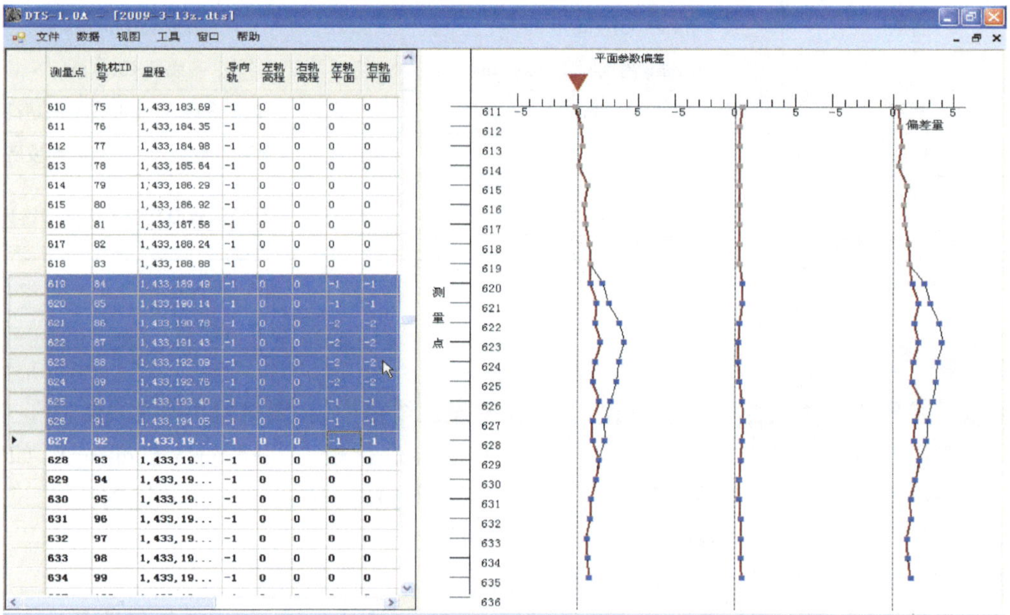

图 4-5-35 平面调整图

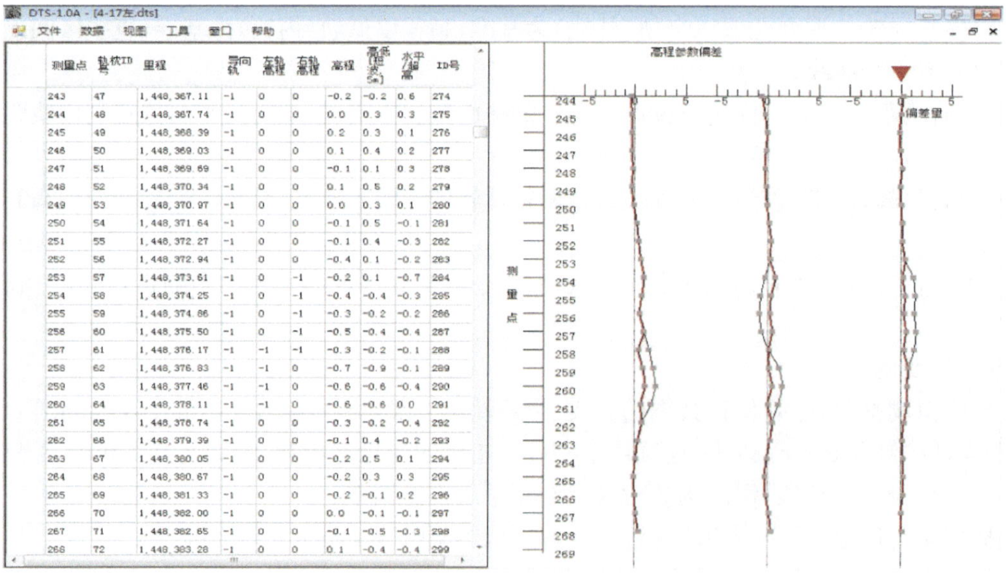

图 4-5-36 高程调整图

调整完成经技术负责人审核，再输出报表，交现场技术员。同时统计调整扣件种类和数量，物资部门落实组织进货。材料进场以后，技术人员先核对规格和数量，并熟悉不同规格调整件的辨别方法，然后组织作业人员进行交底，确保所有参与调整作业的人员能迅速辨别不同规格的调整件。

5. 现场调整

现场技术员根据提供的调整报表，准确找出需要更换扣件的位置(按扣件编号找出位置，并用道尺和弦绳复核)，并用石笔标出起点和终点(左、右股分别标注)，并在枕木头位置标识出平面的调整量和方向，在钢轨顶面标识出高程或水平的调整量。一切检查无误后，现场领工员组织线路工拆换扣件。高程调整件更换需使用起道器将钢轨稍微抬起，平面个别轨距挡块需要使用小撬棍辅助更换。同一股钢轨上扣件时，直线地段一般先紧固调整量为正的一侧，再紧固调整量为负的一侧；曲线地段先紧固曲线内侧扣件(低的一侧)，再紧固另外一侧(高的一侧)。

更换扣件时，每次拆除扣件不得连续超过两块板的扣件(防止胀轨)，并且在更换扣件区段两端各松开1～2 个扣件(只是松开，不拆除)，确保扣件更换能达到预期目的和平滑过渡。

扣件更换结束后，再次核对调整量和扣件规格，确认无误后按规定力矩上紧螺栓，回收调整下来的扣件，打扫干净道床表面。现场技术员做好详细记录，以便编制竣工资料和日后备查。

对于只是个别更换扣件地段，可以用弦绳和道尺复核即可；对于长大区段调整的，用轨检小车测量检查比较高效。轨检小车测量与轨道几何状态测量的测量方法、技术要求相同。

(六)数据归档

精调完成后，对长钢轨及道岔整体前后过渡段采集数据，并将采集合格的数据经监理签字确认后存档备查。

三、施工方案

(一)线路状态检查确认

(1)检查并清理钢轨，确保无污染，无低塌、掉块、硬弯等缺陷。

(2)检查扣件，安装正确，无缺少、损坏、污染，且扭矩达到设计标准，弹条中部前端下颏与轨距挡块间隙不大于 0.5 mm，轨底外侧边缘与轨距挡块间隙不大于 0.3 mm，轨枕挡肩与轨距挡块间隙不大于 0.3 mm。

(3)检查垫板，安装正确，无缺少、损坏、偏斜、污染、空吊(间隙不大于 0.3 mm)。

(4)检查焊缝平顺性，顶面 0～+0.2 mm，工作边 0～−0.2 mm，圆弧面 0～−0.2 mm。

(5)检查道床板，清理扣件内部、承轨槽内混凝土残留杂物、灰尘等。

(二)数据采集程序与技术要求

(1)在现场数据采集之前，CPⅢ控制点坐标必须录入轨检小车。

(2)在现场数据采集之前，建立设计线形参数文件，然后导入轨检小车。

(3)每次开始测量之前，应用 0 级道尺对轨检小车进行现场标定。

(4)全站仪自由设站的位置应靠近轨道中线，每次联测 4 ～ 6 对 CPⅢ控制点，并且测站位于联测的 CPⅢ控制点中间。自由设站的精度要求见表 4-5-6。

表 4-5-6　自由设站点精度要求

项　目	精度要求	项　目	精度要求
X	≤0.7 mm	H	≤0.7 mm
Y	≤0.7 mm	方向	≤2″

自由设站完成之后，CPⅢ控制点的坐标不符值应满足要求。当 CPⅢ点坐标(X,Y,H)不符值大于规定(表 4-5-4)时，该 CPⅢ点不应参与平差计算。每站参与平差的 CPⅢ点数不少于 6 个。

(5)每站测量距离不宜超过 70 m，测量过程中轨检小车应逐渐靠近全站仪，最近不少于 5 m。

(6)相邻测站应有一定的重叠区域，一般不少于一块轨道板的距离。相邻精调作业区间之间应至少重叠测量一站。

(三)数据分析处理

(1)高低和轨向调整均以内轨为基准轨。

(2)模拟调整应坚持“先整体、后局部”“先轨向、后轨距;先高低、后水平”的基本原则。

“先整体、后局部”:根据采集的数据生成的波形,以“削峰填谷”的方式确定总体调整方案,控制调整量。

“先轨向、后轨距;先高低、后水平”:先调整基准轨轨向,后调整非基准轨轨距;先调整基准轨高低,后调整非基准轨水平。

(3)根据采集的数据对轨道线形进行综合分析和评价,生成各参数波形图,确定需要调整的区段。

(4)制定模拟轨道调整方案,将轨道几何参数调整到允许范围之内,再对模拟调整后波形图进行进一步检查和优化,确保直线顺直、曲线圆顺、过渡顺畅。

(5)在制定模拟调整方案时,轨距偏差宜按照－1～0.5 mm进行控制。

(6)在缓直、直缓点处不得出现反超高;相邻精调作业单元之间重叠区的模拟调整方案应保持一致。

(7)根据模拟调整方案,确定调整部位和扣件规格,形成调整量表。

(四)现场调整作业

(1)根据模拟调整量表准备各类调整件,备有余量。

(2)将模拟调整量全部在轨脚进行初标识。

(3)对基准轨利用弦线进行核对后将正确的轨向调整量标识于挡肩上,高低调整量标识于轨顶上。依据核查后的轨向和高低调整量,确认更换扣件规格,调整完毕后用弦线核查。

(4)对非基准轨用道尺对轨距和水平调整量进行核对后,将正确的轨距调整量标识于挡肩上,水平调整量标识于轨顶上。依据核查后的轨距和水平调整量,确认更换扣件规格,调整完毕后用道尺核查。

(5)两股轨道调整完毕后,记录现场实际调整件的部位、规格和数量,建立台账;用道尺复测,并记录实际轨距和水平偏差值。

(6)按照“摆(调整件)、松(螺栓)、拆(扣件)、顶(钢轨)、清(杂物)、装(调整件)、紧(螺栓)、查(扭矩)、记(台账)”九个步骤更换扣件;更换扣件时,每次连续松开不宜超过6个扣件。

(五)轨道复测

(1)用相对小车对调整后的轨道进行检测,快速了解调整后的轨道基本几何状态。

(2)用绝对小车对调整后的轨道进行静态复测和验收。

(六)资料整理

精调数据文件按照相关要求进行整理和组织。

第六章　站场及运营设备工程

第一节　一般中间站施工

一、地下旅客通道施工

(一)弋江站地下旅客通道施工

1. 工程概况

弋江站进出站地道(DK98+350)洞身净空为 8 m(宽)×3.9 m(高),顶部与侧墙设置 30 cm×90 cm 倒角。进出站地道采用 C35 防水混凝土,防水混凝土抗渗等级不小于 P8;结构外采用 3 mm 厚单面自粘防水卷材全包防水。主钢筋采用 HRB335 钢筋,构造钢筋采用 HPB300 钢筋。

弋江站设计两个站台,每个站台各设两个出入口,单个出入口长 27.7 m,净空为 4.8 m(宽)×3.8 m(高),坡度为 23.2°,采用四级行走梯道。为防止雨水流入地道,出入口路面高于邻接站台面最高点 1 cm,其间用 C25 少筋混凝土在 2 m 的范围内顺坡连接。地道内采用 0.15 m 厚(含装修层)路面,路面横坡按不小于 3‰计,路面两侧各设一宽 20 cm 的侧沟;洞身集水井处设一宽 20 cm 的横向水沟,将冲洗水引入集水井,由泵抽排至站场股道间排水沟排出。

2. 施工方法

弋江站地下旅客通道为路基填筑后开挖施工。

总体施工工艺流程:基坑开挖→地基处理→垫层施工→洞身施工→防水体系施工→回填→进出口梯道施工→出入口防水层施工→附属工程。

施工中注意雨棚支柱基础预埋件、出入口栏杆预埋件及预埋孔洞、电力照明预埋件等施工。

3. 关键工序及技术要点

(1)基坑开挖

由于地下通道施工前路基已全部填筑到位,地下通道施工必须把原路基断面 AB 填料挖除。开挖前先进行施工放样确定基础的准确位置,根据开挖深度、回填范围及防护类型确定开挖边线,撒上白灰线,采用机械开挖为主,人工配合修整,自卸汽车水平运输。开挖全过程用水准仪配合机械以便控制基底高程。机械开挖至距基础底面 20 cm 时,再用人工清理至基础底面。

基坑开挖前应做好地面排水工作,防止地面水向基坑流动而影响坑边稳定。基坑开挖过程中应注意观察基坑边缘顶面地面是否有裂缝、坑壁有无松散塌落现象,如有则应立即采取加固措施进行加固。基坑边缘应尽量减小静荷载数量,动荷载应距基坑边缘 1 m 以上,静荷载距坑边不小于 0.5 m。

为了避免基坑在雨天积水及渗水,在基坑四周开挖排水沟(30 cm×30 cm)并汇集到小里程右侧的集水坑,集水坑坑深 2 m,采用水泵抽水,水抽至排水沟流入地方排水系统,同时此处地下水丰富,水位较高,筏板破除后积水较多,边坡滑塌严重,为了确保施工安全,采取筏板切割部位浇筑 C25 防水混凝土止水墙的措施,确保施工的安全和工期。

(2)地基处理

由于地下通道洞身基础位于原筏板下,施工前先破除原筏板,重新浇筑筏板后才能施工。首先破除管桩外侧筏板,即确定管桩位置后,在管桩边缘外侧弹线切割分块,采用混凝土凿除机械破除管桩外筏板。清理至管桩需切除标高后,采用环切法破除管桩位置筏板。

原筏板破除后,采用挖掘机清理碎渣,基坑开挖至设计筏板底标高,平整场地,按《路基工程设计与施工参考图集》[宁安图集施(路)]重新铺填 20 cm 碎石后浇筑 C30 钢筋混凝土筏板。注意破除或重新浇筑筏板时,保持管桩位置及完整性,不得随意挖断或弯斜。

地道出入口基础位于填方部分,应夯实基底使其承载力不小于 150 kPa。现场经试验检测合格,并经监理工程师同意后方可进行下道工序。

(3)通道底板垫层施工

地基处理完成后,在其上铺设 20 cm 厚 C20 混凝土垫层,垫层混凝土由拌和站集中拌和,混凝土罐车运输至现场,通过混凝土泵车将混凝土送入模内,振动棒振捣密实。根据沉降缝构造要求,垫层混凝土分块进行浇筑。混凝土浇筑时连续进行,一次性浇筑完成,并确保混凝土振捣密实。施工完成后应检测其平整度,符合要求后应进行收浆抹光处理。

垫层混凝土采用土工布覆盖洒水养护,待达到 50%强度后再铺设 2 cm 厚 M10 水泥砂浆找平层,并要求表面平整密实。找平层施工完成后即可进行洞身底部 3 mm 厚高分子单面自粘防水卷材铺设,注意在角隅处附加一层自粘性防水卷材。在铺好的防水材料表面抹 5 cm 厚 M10 水泥砂浆保护层,待达到 70%强度后方可进行底板施工。

部分站台雨棚柱基础及集水井位于地道底板以下,在垫层施工时应注意雨棚柱基础预埋件的预埋及集水井位置处理。

(4)洞身施工

1)底板施工

根据沉降缝位置,洞身分 5 个单位体,底板施工时注意沉降缝位置。将已场外加工好的钢筋运输至工地绑扎,然后立模加固,确保沉降缝板不变形。

模板均采用竹胶板组拼。

底板浇筑前将侧墙上部竖向主筋提前绑扎预埋,以便下一步施工侧墙上部时方便施工。底板浇筑时注意沉降缝位置预埋钢边橡胶止水带及 30 mm 厚中密度聚氯乙烯泡沫板。施工缝不得留在底板与侧墙交接处,应留在底板以上 50 cm 处为宜,施工缝仅允许留水平缝,不得留垂直缝,同时在侧墙预埋 3 mm 厚、30 cm 宽钢边止水带。

底板施工时注意集水井位置,集水井与底板同时浇筑施工。

2)侧墙及顶板施工

底板混凝土强度达到设计强度的 50%后,方可搭设支架、立模、绑扎钢筋,每个单位体一次性浇筑侧墙及顶板混凝土。施工工艺为:测量放线→制作安装侧墙钢筋→立侧墙模→搭设支架→顶板模板安装→制作安装顶板钢筋→浇筑混凝土→养护→支架及模板拆除→防水体系施工。

①支架搭设

扣件式钢管支架体系由支架基础、ϕ48×3.5 mm 碗扣立杆、横杆、斜撑杆(剪刀撑)、可调节顶(底)托、5 cm×10 cm 方木作分配梁组成,侧墙及顶板模板全部采用桥梁专用竹胶板。

洞身内立杆布置为 90 cm(横距)×90 cm(纵距)×120 cm(步距)。扫地杆距地 20 cm 左右,同时每隔 6 道立杆搭设剪刀撑,增加支架稳定性。

②钢筋制作及安装

钢筋在钢筋场制作,平板车运到现场,现场绑扎成型。

钢筋加工配料时,准确计算钢筋长度,减少钢筋的断头废料和焊接量。接头用搭接焊,焊缝长度和质量要符合设计和规范要求。箍筋的定位做到与设计图纸保持一致。侧墙、顶板及底板两端部箍筋需加密,加密范围均为结构长度的 1/4,加密区箍筋间距缩小一半。

洞身施工时注意各预埋件安装。沉降缝处设置止水带,可将有影响的钢筋缩短,取消沉降缝处最外排的箍筋。

同时,结合雨棚柱基础图纸,在钢筋绑扎过程中,对雨棚柱基础钢筋进行绑扎,同时与洞身一起浇筑混凝土。

③模板安装

内外模模板采用竹胶板和方木(板)组装而成,面板及主要杆件禁止使用有缺陷的材料,施工过程中派专人负责模板的使用,模板应保证有足够的强度、刚度、稳定性,定位稳固,安装时按外模板→端模板→内模板顺序施工。

模板选用15 mm厚桥梁专用竹胶板作面板，采用5 cm×10 cm红松木背楞(净间距20 cm)，顶板处采用5 cm×10 cm红松木背楞(净间距20 cm)。考虑资源利用，顶板内模可以采用承台钢模板铺设。为了防止漏浆，用铁腻子将面板之间的缝隙堵严并打磨光滑。

内外模采用外拉内撑加固，采用ϕ12钢筋作拉杆，用蝴蝶卡及钢管进行固定。拉杆间距为80 cm(竖向间距)×80 cm(纵向间距)。拉杆外用PVC管作套管，拆模后，用同标号同颜色水泥堵塞拉杆孔。

模板安装必须稳固牢靠，接缝严密，不得漏浆。模板与混凝土的接触面必须清理干净并涂刷隔离剂。浇筑混凝土前，模型内的积水和杂物应清理干净。

模板安装过程中，严格仔细核对图纸中的消防预留洞室、消防管道及排水管道穿墙处钢套管的预埋平面位置及标高，提前做好预埋工作，防止遗漏。

④混凝土浇筑

模板安装经监理工程师检验合格后开始灌注混凝土。浇筑混凝土期间，设专人检查支架、模板、钢筋和预埋件的稳固情况，当发现有松动、变形、移位时，及时处理。

混凝土灌注入模时下料均匀，注意与振捣相配合，混凝土的振捣与下料交错进行，每次振捣按混凝土所灌注的部位使用相应区段上的振捣器。

混凝土分层浇筑(层厚不大于40 cm)。浇筑时注意两边侧墙对称均衡进行，侧墙混凝土通过串筒浇筑，插入式振捣器振实，底板、顶板混凝土采用插入式振动棒振实。注意防止漏振或过振。混凝土浇筑工作宜连续进行，一次浇完，并应在前层所浇的混凝土尚未初凝以前，即将此层混凝土浇筑捣实完毕。

混凝土浇筑完毕后，对混凝土裸露表面应及时进行修整、抹平，待定浆后再抹光。用土工布覆盖洒水养护，养护时间不得少于14 d。

⑤支架拆除

侧墙混凝土强度达到2.5 MPa以上可拆除侧模，但顶板混凝土强度必须达到100%后，方可拆除模板及支撑。将钢管支架顶托下调5～10 cm脱模，竹胶板逐块撬开，然后倒至支架上运出，方木根据现场实际情况拆除，然后拆除支架。

支架拆除统一指挥，并有相应的安全防护措施，拆除后的模板立即组织人员进行清理，涂刷隔离剂并按类别规格编号堆放整齐。拆除过程中，凡已松开连接的杆配件应及时拆除运走，避免误扶或误靠已松脱连接的杆件。

3)灌注封闭端板

通道左侧洞口设置封闭端板，封闭端板采用现浇，注意与洞身用配件连接。封闭端板邻接处洞身顶、底板及侧墙须预留防水凹槽，顶板及侧墙端头安设配件。拆模后，在其端头刷涂一层石油沥青玛蹄脂，使洞身与封闭端板分隔开并防水，然后再灌注封闭端板。

4)顶部挡土墙施工

顶部挡土墙设置在线路右侧洞顶处，挡土墙与洞身同时施工。

(5)防水体系施工

1)沉降缝止水带施工

地下通道洞身设置四道沉降缝，进出入口通道与洞身相接处各设置一道沉降缝。沉降缝正截面缝宽3 cm，沉降缝从底板、侧墙及顶板通长隔开。沉降缝处设计防水材料从洞身内侧至洞身外侧依次为镀锌钢板接水盒、中密度聚苯乙烯板、钢边橡胶止水带、保护层。镀锌钢板接水盒用水泥钉固定在洞身内侧，侧墙处宽度为30 cm，顶板处宽度为24 cm。接水盒两侧采用聚硫双组分密封膏封堵。

钢边橡胶止水带施工注意事项：橡胶止水带在混凝土浇筑过程中应部分或全部埋进混凝土中；在浇埋混凝土以前要先使其在界面部位保持平展，接头部分粘接牢固，再以适当的力充分振捣、振荡混凝土定位止水带，使其与混凝土良好结合，以免影响止水效果；由于混凝土中有许多尖角的石子和锐刃的钢筋，所以在振捣和定位止水带时，应注意浇捣的冲击力，以免力量过大而刺破橡胶止水带；如发现有破裂现象应及时修补，否则，在接缝变形和受水压时橡胶止水带所能抵抗外力就会大幅度降低；定位橡胶止水带时，一定要使其在界面部位保持平展，更不能让止水带翻滚、扭结，如发现有不平展现象应及时调整；固定止水带时，不能在止水带上打孔，不得破坏本体部分，并应防止止水带偏移，以免单侧缩短，影响止水效果；止水带接头必须粘接良好,一般采用热硫化连接的方法,不加任何处理的所谓“搭接”是不允许的。

2)防水层施工

出入口封闭段及洞身防水层分底板防水、侧墙外侧防水及顶板顶部防水三种形式。底部防水层在底板施工前必须完成。

侧墙外侧自侧墙防水混凝土起依次为 2 cm 厚 M10 水泥砂浆找平层、3 mm 厚高分子单面自粘防水卷材,防水卷材外侧采用 120 mm 厚砖护墙保护层,保护层与过渡段区采用 30 cm 厚黏土隔水层。顶板顶部防水层先在顶板顶铺设一层 M10 砂浆找平层(砂浆铺设厚度:洞身边缘 2 cm,中部 4 cm),后铺设 3 mm 厚高分子单面自粘防水卷材,并在其上设置 5 cm 厚 M10 水泥砂浆保护层。保护层与路基填料间设置 10 cm 厚 C15 素混凝土保护层。

施工防水层时应注意:涂刷防水涂料处应平整、无凹凸不平、蜂窝麻面及浮渣、浮灰和油污等现象,基层应干燥。洞身角隅处防水卷材再附加一层宽 40 cm 防水卷材,以保护边角防水卷材完整性。

(6)墙外砌砖保护层

地道侧墙外防水卷材铺设后,在卷材外侧砌筑 12 cm 厚砖墙以保护防水卷材,砌筑过程中,注意对卷材的保护,不得破坏卷材。

(7)基坑回填

待桥涵结构物混凝土强度达到设计要求后,采用级配碎石掺 5%水泥回填基坑至原始地面。原地面以上部分基坑回填参照《路基工程设计与施工参考图集》[宁安图集施(路)] 过渡段施工方法,采用掺入 3%水泥级配碎石(基床表层掺入 5%水泥)分层填筑,回填至洞顶。洞顶路基表层间采用级配碎石满铺,过渡段分层厚度在 20~25 cm 之间,夯实后内摩擦角不小于 30°。靠近洞身 1 m 处采用人工配合小型打夯机夯实。单侧基床底层回填范围不小于 20 m,基床表层回填范围不小于 25 m。

回填分两次进行,第一次回填至出入口梯道位置,等出入口梯道施工后,才进行第二次回填,直至回填完成。洞身及出入口两侧应对称回填,回填注意内嵌台阶设置,设置台阶高度为 50 cm,内嵌水平距离不小于 1 m。

(8)出入口施工

基本站台与 2 号站台上洞身两侧各一道出入口,单个出入口长 27.7 m,纵断面上出入口坡度为 23.2°,行走梯道采用四级分设。出入口先进行框架施工,其施工工艺与洞身相同,出入口行走梯道框架与踏步同时施工。

出入口施工注意雨棚基础预埋件及电梯等预埋件的预埋,若雨棚基础位于其底板下,应先施工雨棚基础后再施工出入口底板。

(二)明挖法地道施工

1. 开挖方法

在开挖深度小于 5 m 的区段采用放坡开挖的形式;在开挖深度大于 5 m 的区段采用先放坡开挖 3~5 m,然后设置一个约 3 m 的工作平台,再采用钢管桩、钢轨、钢管作基坑支护,最后挖至设计标高。

地下 5 m 分两个台阶开挖,每个台阶高度为 2.5 m,开挖后及时对坡面喷射混凝土。在第一层开挖完成后,再开挖第二层至设计标高。基坑开挖采用挖掘机开挖,自卸式汽车运输。

弃土安排:第一层土方开挖后的土方堆在基坑两侧的临时弃土场,用于回填,剩余土方全部运到联系好的弃土场。

2. 基坑开挖方法及技术措施

(1)开挖前的准备工作

根据已提供的地下管线,采用槽探方法,进一步查明和核实管线的类型、规格、埋深,经有关部门同意后确定拆迁、改移的措施。

开挖前准确放样,定出开挖尺寸,尽量减少超挖。在坡顶地界处做一个 50 cm×50 cm 的截水沟,防止雨水流入基坑。

(2)开挖深度小于 5 m 的开挖方法

坑深小于 5 m 时,采用放坡的形式开挖,边坡坡度 1∶1.5,采用挖掘机挖土,自卸式汽车运输,分两个台阶开挖到位，如图 4-6-1 所示。

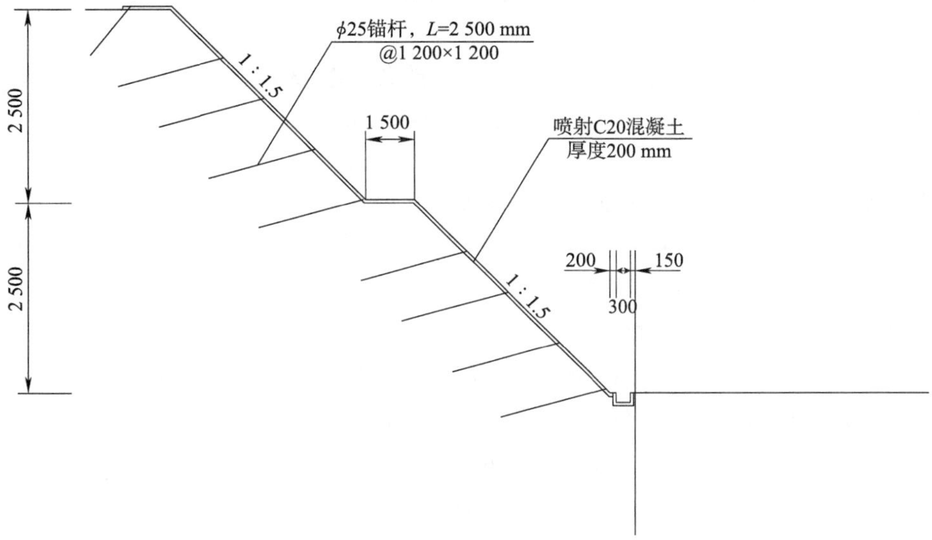

图 4-6-1　明挖基坑深度小于 5 m 放坡兼土钉支护(单位:mm)

(3)开挖深度 5 m<h<8 m 时的开挖方法

基坑开挖深度 5 m<h<8 m 时，上部 5 m 采用放坡形式开挖，上部基坑支护完成后，再开挖下部。

首先分两层开挖 5.0 m 以内的土方，然后采用钢管桩进行加固，最后开挖下部至设计标高。

钢管桩断面的形式采用槽形，锁口为套形锁口，此种钢管桩截面模量大，防水防土压性能好。

钢板插打垂直、不偏斜是钢管桩施工的关键。插打钢管桩，从第一块(组)起，应保持不歪斜。在插好打稳第一块(组)或最先几块(组)后，安设导向框。在插打桩时，每插打一块(组)都要挂垂球检查，如有倾斜及时纠正。

3. 主体结构施工

主体结构施工与框架涵施工方法相同。

二、站台施工

下面以弋江站站台施工为例进行总结。

弋江站共设 2 个站台，均为中间站台，站台之间 4 股道为宁安线专用，站台外侧部分为皖赣铁路和合杭铁路预留。站台起始里程为 DK98＋125，终点里程为 DK98＋575，弋江站单侧站台墙长度 450 m。站台顶面宽度为 10.5 m，站台面距离相邻轨顶高差为 1.25 m。站台两侧设置现浇 C25 钢筋混凝土站台墙，站台内填筑普通土填料，站台面采用花岗岩镶面，站台两端 2.7 m 范围内采用台阶过渡至基床表层。

(一)站台墙施工

站场路基填筑至基床表层下，即可进行站台墙施工。

站台墙采用 C25 钢筋混凝土现浇，每 20 m 设伸缩缝 1 道，伸缩缝缝宽 20 mm，缝内塞聚乙烯泡沫塑料，外封密封膏。站台墙边缘距离相邻的 3 股道、4 股道均为 1 750 mm，站台墙边缘距离相邻的 5 股道、6 股道两端为曲墙段，中间为直墙段，站台墙高度为 2.12 m。

站台墙墙体按照图纸要求每 3 m 设置 1 处泄水孔，泄水孔距离站台面 1.3 m，泄水孔采用直径为 100 mm 的 PVC 管，长度为 20 cm，墙身模板支立前按照图纸进行预埋。

1. 施工工艺流程

测量放样→基坑开挖及排水→浇筑基础垫层→绑扎站台墙基础钢筋及接地钢筋焊接→支立基础模板→浇筑基础混凝土→绑扎墙身及站台帽钢筋及接地钢筋焊接→支立模板→浇筑站台墙、站台帽混凝土→混凝土养护→拆模→墙背回填。

2. 关键工序及技术要点

(1)测量放样

由技术人员测量放线,确定站台墙位置,打木桩并撒白灰线,准备开挖站台墙基坑。

(2)基坑开挖

基坑采用挖掘机开挖,人工配合清底。在基坑开挖中,严禁超挖、欠挖,基础底面地基承载力 $f_k \geqslant 100$ kPa,并在站台墙基础内侧设置临时排水沟,通过涵洞顶面的竖井将水引入附近的涵洞。

(3)浇筑基础垫层

清除基底表面杂物及积水,支立侧模浇筑 10 cm 厚 C10 素混凝土垫层。浇筑前沿垫层模板顶部四角设标高控制点并设拉线,浇筑时用以控制混凝土表面标高。浇筑时人工使用插入式振动棒进行振捣,人工收面。混凝土垫层浇筑完成后及时覆盖洒水养护。

(4)绑扎站台墙钢筋及接地钢筋焊接

对垫层顶面标高复核无误后,绑扎基础钢筋。钢筋在钢筋加工场地集中下料、制作,装载机运至现场,人工现场绑扎。应在钢筋与模板间设置与保护层同厚度、与站台墙同等级混凝土垫块,地下与土体相连处钢筋保护层厚度为 40 mm,其余均为 25 mm。垫块应与钢筋扎紧,并互相错开。

站台墙顶面靠近线路侧 60 cm 范围内的纵向结构钢筋纳入综合接地系统,钢筋采用直径 16 mm 的螺纹钢,接地钢筋纵向须贯通,在沉降缝两侧,在站台墙内侧每侧预埋一个桥梁型接地端子,并与顶面 3 根接地钢筋用一根直径 16 mm 的螺纹钢进行横向焊接,横向钢筋与纵向钢筋间采用"L"型焊接,浇筑后接地端子用连接线进行连接;在每个站台墙靠钢轨一侧的侧墙下部,每 90 m 设置 1 个桥隧型接地端子,并与站台墙顶面的接地钢筋进行有效连接,端子孔朝向线路。

(5)支立模板

站台墙基础采用分段施工,每 20 m 为一段。墙身分两次浇筑,第一次浇筑至底部倒角以上 30 cm 处,第二次浇筑至顶面。模板采用木模板组拼而成,模板四周采用 60 mm×90 mm 方木及钢管支撑,人工拼装。模板拼装时在接缝处加设密封条,避免在混凝土浇筑时出现漏浆形成砂线影响外观质量。模板拼装完成后,模板内清洁无杂物,内模应平顺、无错台,模板表面刷涂隔离剂,模板四周支撑稳固。

(6)浇筑混凝土

站台墙基础混凝土采用拌和站集中拌制。使用混凝土运输车将混凝土运输至工地作业地点。浇筑前接缝处必须凿毛处理,并清除表面杂物及积水,溜槽配合罐车使混凝土入模。灌注应水平分层进行,灌注层厚度应符合规定。混凝土浇筑宜连续进行,如必须间断,间歇时间不宜超过 2 h。否则应待前层混凝土获得不少于 1.2 MPa 的抗压强度后,按照施工缝处理,再进行混凝土浇筑。

(7)混凝土养护

混凝土浇筑后 12 h 内用土工布覆盖其表面并进行洒水养护,浇水次数以能保持混凝土面湿润为准。养护时间不得少于 7 d。

(8)拆模

拆模宜待混凝土强度达到 2.5 MPa 以上时方可拆除。

拆模时应自上往下逐层拆除,其间不得损坏混凝土表面结构。拆下的模板严禁抛掷,且应分类堆放、修整、涂油。

站台墙为悬臂结构,拆模后未达设计强度之前不得堆积重物及车辆碾压。

(二)站台回填

站台回填前结合站台修改图、给排水专业图纸,要求相关单位在站台内按照设计的相应位置预埋好排水管道及雨水检查井。

自站台内基底至站台面花岗岩下填筑 A、B 组填料,按压实厚度 20 cm 一层分层碾压夯填,如遇窄小部位不能碾压施工,每层按 20 cm 厚用振动夯夯填密实。填料中不能含树根、植皮、建筑垃圾、生活垃圾等杂物,不允许使用膨胀土、淤泥及粉质黏土等不合格填料。

填筑过程严格控制土方含水率,每三层做一次 K_{30} 试验进行自检,地基系数不小于 120 MPa/m。

站台内填筑前,用油漆在站台内侧每 20 m 一个断面按照 20 cm 一层划好线,填筑时拉线检查控制好层厚，顶面按设计由中心向两侧做好 1%横坡，保证表面密实、平整、不积水。

(三)站台面铺装

站台面施工主要包括站台垫层混凝土施工、顶面板材铺装、端部防护栅栏施工、上下站台端部踏梯施工和玻璃栏板施工。

1. 施工方案

站台内填料填筑到设计顶面后，检查顶面标高，并根据设计站台中心向两侧设置 1%排水坡。旅客通道出入口部分与站台面做纵向 1%反坡，防止水流入通道内。

垫层采用 18 cm 厚 C20 混凝土，混凝土浇筑采用泵送入模。垫层施工前必须对站台范围内的雨水检查井及管道、消防管道、消火栓及电力管线进行检查，各预埋管线及地下管道均施工完毕方可进行垫层施工。

站台顶面花岗石板分块设置，站台墙翼缘板外侧至站台中线依次铺设：1 000 mm 宽、50 mm 厚天山红花岗岩，100 mm 宽白色面砖警戒线，600 mm 宽中黄色陶瓷盲道砖，30 mm 厚灰麻色毛面花岗岩石材。站台墙内侧间结构依次为：180 mm 厚 C20 混凝土垫层＋30 mm 厚干硬水泥砂浆＋30 mm 厚花岗石板；站台翼缘板及墙身部位结构层为：30 mm 厚干硬水泥砂浆＋50 mm 厚花岗石板。

板材铺装方法：在垫层上人工抹 3 cm 厚 1∶4 干硬性水泥砂浆，面上撒素水泥，人工铺设板材，找平并用橡皮锤拍实。板材铺装前需根据设计断面分块进行尺寸设计，保证拼缝整齐美观，并在侧面及背面满涂防污剂，板材缝隙勾凹缝，在板块铺砌后 7 d 进行擦缝处理。站台面根据要求每 9.0 m 左右设置一道伸缩缝，伸缩缝尽量与雨棚柱对齐，缝宽 8 mm。铺设后用灰色聚氨酯进行填缝处理。

站台墙端部采用混凝土台阶方案。站台中心处 1.6 m 宽范围内采用 C25 混凝土台阶，台阶高度 156 mm，台阶宽度 3 000 mm，台阶施工时要按照图纸进行防护栅栏的预埋，防护栅栏钢管安装时与预埋件进行焊接。

站台铺装结构示意如图 4-6-2 所示，端部防护栏杆安装示意如图 4-6-3 所示。

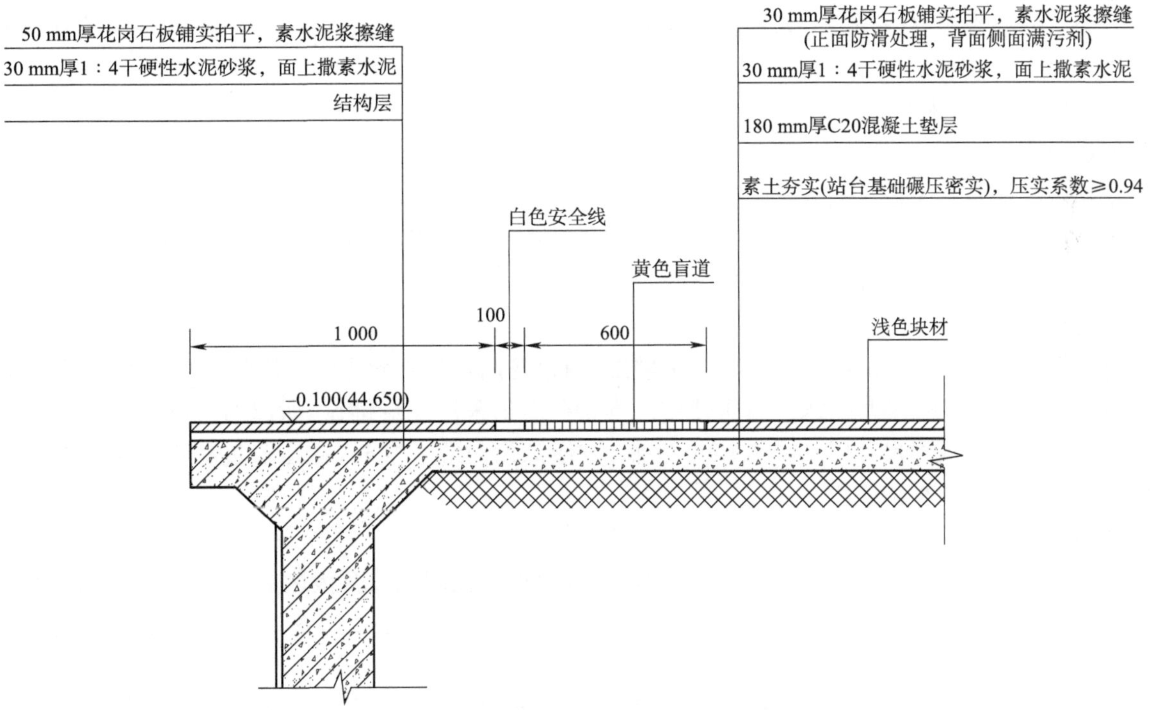

图 4-6-2　站台铺装结构示意图(单位：mm)

2. 垫层混凝土浇筑

垫层混凝土施工时注意以下事项：垫层混凝土顶面设置由站台中线向两侧的 1%横坡，以利于站台面排水；垫层混凝土顶面标高必须严格控制，控制在设计标高以下 2.0～3.0 cm 为宜，尤其是站台帽石边缘地带，严禁标高侵入限界；垫层边线距离站台中线需要比设计值小 2～3 cm 为宜，严禁水平侵限；垫层混凝土强度达到 1.2 MPa 后，按照每隔 9 m 切割沉降缝，沉降缝应与铺装层板材缝对应。

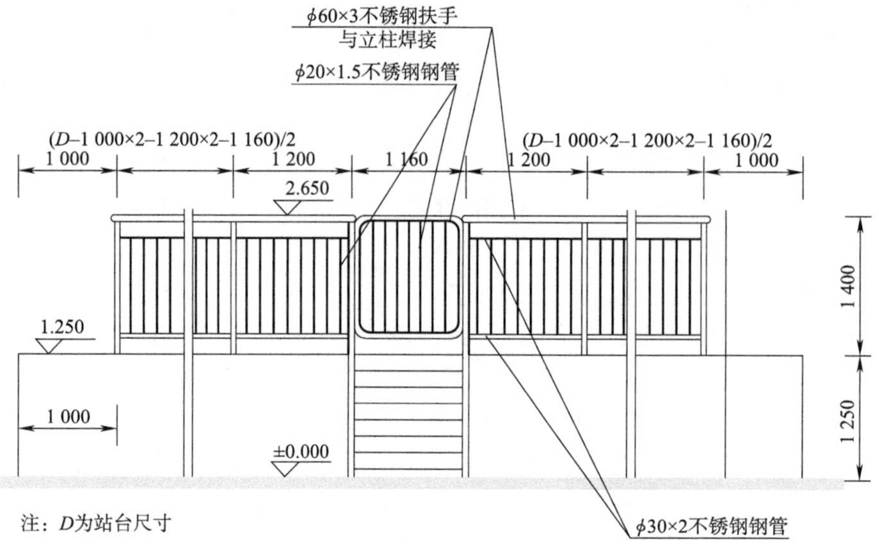

图 4-6-3 混凝土台阶及端部防护栏杆安装图(单位:mm)

3. 板材铺设

板材铺设先选取有代表性的 3～4 个雨棚柱作为试验段。试验段完成后,经过监理单位、建设单位现场验收合格后,再大面积推广。根据《铁路客站细部设计》,对重点区域如地下通道出入口、雨棚柱周围、地下井室等部位,提前进行规划设计,以满足验收要求。

(1)施工工艺流程

熟悉图纸→检查板材→弹线→基层清理→铺砂浆→试排→铺花岗石板→灌缝、擦缝→清洁→地面石材养护。

(2)关键工序及技术要点

①区域设置

根据站台断面宽度及设计对各个功能区范围内板材颜色、宽度、材质的要求,把各个空间分区域对板材的尺寸进行设计,并画出整体铺设平面图,熟悉了解各部位尺寸和做法,弄清轴线、柱、伸缩缝等部位之间的关系,确定地面各区域石材排版的详细方案。

②板材检查

板材进场后,需要根据要求对外观尺寸、平整度,白色花岗岩是否做了六边防护,有防滑要求的对抗滑指标、抗压强度等进行检测,满足要求后方可使用。本站台由于采用无缝铺设,所以对板材的平面尺寸要求较高,通过铺设发现,各板材尺寸以(0,−1)mm 控制,方便铺设对缝。同时,在运输过程中必须对板材加以保护,对缺棱掉角的板材,杜绝使用。

③弹线

在站台主要部位弹出互相垂直的控制十字线,用以检查和控制花岗石板块的位置,十字线可以弹在混凝土垫层上,并引至站台侧面。校对站台石材地面与站房交接处地面、楼梯、扶梯、垂直电梯的地面标高。

④铺砂浆

在铺砌花岗石板之前将混凝土垫层清扫干净(包括试排用的干砂及花岗石板),然后洒水湿润,扫一遍素水泥浆。

⑤花岗石板试排

在站台的两个相互垂直的方向,铺两条干砂,其宽度大于板块,厚度不小于 3 cm。根据图纸要求把花岗石板块排好,以便检查板块之间的缝隙,核对板块与柱、中线等的相对位置。

⑥花岗石板铺设

铺贴按 1.0 mm 留缝;石材伸缩缝处按 6～8 mm 留缝。中间站台横向应先两边后中间,纵向单侧向前推进进行铺设。铺前在铺好的干硬性水泥砂浆上先试铺合适后,翻开石板,在石板背面及侧面上抹一层防污剂,然后正式镶铺。安放时四角同时往下落，用橡皮锤或木锤轻击木垫板(不得用木锤直接敲击花岗石板)，根据水平线用水平尺找平，铺完第一块向两侧和后退方向顺序镶铺，如发现空隙应将石板掀起用砂浆补实再行铺贴。

⑦灌缝、擦缝

站台面石材板块伸缩缝勾凹缝处理。伸缩缝采用在板块铺砌后用灰色聚氨酯进行填缝处理。块材缝隙根据花岗石颜色，勾兑专用擦缝材料进行擦缝(可分几次进行)。擦缝完毕后将板面清理干净，使花岗石面层的表面洁净、平整、坚实。

⑧清洁

当各工序完工不再上人时清洁站台面。

⑨地面石材养护

石材铺贴完毕后，需经过不少于 7 d 的防护和自然养护，防护采用搭设硬质护栏的形式进行。

(3)施工注意事项

①顶面铺设的板材，加工时要注意比设计尺寸小 1 mm，以防止板材加工时出现偏差不能完全对接，施工时板材间留 2 mm 缝隙，并勾填缝剂。

②站台石材伸缩缝为 6～8 mm，用灰色硅酮耐候建筑胶满填，伸缩缝留设在站台墙结构伸缩缝处以及雨棚柱对应处，一般间距 9.0 m。

③板材顶面按照设计要求采用两侧 1%的横坡，以利于排水；面层邻接处的板材尺寸应符合设计要求，边角整齐、光滑。

④铺设过程中，经常检查标高及水平限界，发现侵限，及时更正，杜绝侵限。

4. 端部防护栅栏安装

站台端部及检查台阶两侧设置不锈钢管防护栅栏。栅栏高度 1.4 m，栅栏每隔 1.2 m 按照图纸设置立杆，立杆采用 ϕ30 mm×2 mm 不锈钢钢管，中间立杆采用 ϕ20 mm×1.5 mm 不锈钢钢管，并用 2 根 ϕ30 mm×2 mm 钢滚进行横向焊接，扶手采用 ϕ60 mm×3 mm 不锈钢钢管与栅栏横杆焊接。对应台阶处设置一道 1 160 m 宽栅栏门，并上锁，上面悬挂“非铁路作业人员禁止进入”警示牌。栅栏立杆与预埋件进行焊接。

5. 站台出入口玻璃栏板

出入口采用双层钢化玻璃栏板进行防护，栏板高度 1.3 m。栏杆立柱采用不锈钢扁钢，玻璃与立柱间采用不锈钢爪件进行固定，扶手及防撞护栏均采用不锈钢钢管。

安装前，需现场量测预埋件间距，并根据实际情况定制玻璃尺寸，同时注意玻璃边角采取钝化处理，安装后，玻璃栏板距离地面 1.0 cm，缝隙采用灰色硅酮胶进行密封。

三、站台雨棚施工

以铜陵东站站台雨棚改造施工为例总结。

(一)工程概况

铜陵东站现有旅客临时站台 2 座，站台长度为 500 m，现有站房到二站台之间无股道，站房到二站台边(3 道一侧)35.7 m、三站台 10.5 m。现有雨棚为 H 型钢双柱钢结构有站台柱雨棚，需改造为圆管桁架结构无站台柱雨棚。在既有二站台和三站台为高站台的基础上，将现有一站台改为一、二站台，现有二站台改为三站台，股道数由 4 道扩充到 7 道。站台面全部改为花岗岩板铺贴地面。

新建雨棚长约 450 m，宽 69.6 m；基础采用冲击钻孔灌注桩，桩径 1 000 mm，桩长约 25 m。雨棚为单层圆钢管桁架体系，桁架上弦中心线高度 14.35 m(相对轨顶)。站台雨棚新建工程主体结构为单跨倒三角形钢管桁架，跨度为 19.75 m+49.6 m，截面高最高 4.0 m，宽 2.5 m。分别由两根上弦杆和一根下弦杆组成，上弦杆采用 ϕ245×16 mm 无缝钢管，下弦杆采用 ϕ426×20 mm、ϕ351×16 mm 无缝钢管对接而成，下弦杆下面采用 ϕ273×16 mm 的斜撑杆与钢柱上部连接，弦杆之间由 ϕ89 ～ϕ203 腹杆相贯焊接。钢管混凝土柱为双肢柱，柱规格 ϕ800×20，最大开间 24 m，最小开间 18 m。主桁架共 20 榀；主桁架梁之间设有次桁架梁。雨棚屋面檩条采用 H500×250×6×10 的焊接 H 型钢，间距约 2 m，檩条通过檩托板安装在桁架梁上弦管上。车站现有 1 座进站天桥，天桥主体采用桁架式钢梁，上空采用楔形钢梁。雨棚全长范围内设置 1 道伸缩缝。雨棚面板采用 0.6 mm 厚镀铝锌板，银灰色；包檐口板采用 3.0 mm 厚铝板；采光板采用 2.0 mm 厚彩钢板复合边 FRP 聚氨酯采光板。天沟采用 3.0 mm 厚不锈钢板。雨棚顶面采用虹吸排水,排水立管设于钢筋混凝土立柱中。

(二)施工方案

1. 加工场地及吊装方案

在铜陵二货场租用约 6 400 m^2场地作为主桁架加工场地和材料堆放场地,钢柱拼装以及主桁架梁、次桁架梁的拼装、焊接均安排在铜陵二货场制作。进场材料的卸车、弦杆和腹杆的拼装就位、构件下胎架和装车运输利用 2 台 25 t 汽车吊进行;构件加工完毕,由此装车经铁路运输至铜陵东站安装现场。根据站内吊装要求和各轴线钢柱中心距、站台宽度,将主桁架梁分成 3 段吊装,N 轴线悬挑采用整体吊装,N～P 跨主桁架分段吊装。主桁架由轨道平板车运输至站内,N 轴悬挑、N～P 跨主桁架梁各段均使用 1 台 75 t 吊车(QY75 型汽车起重机)吊装安装和 1 台 25 t 吊车(QY25A 型汽车起重机)托底。

其他构件如 H 型檩条在合肥的生产车间进行加工,加工完毕采用汽车运输至安装现场,此部分构件均采用 1 台 25 t 吊车吊装。

2. 雨棚总体施工顺序

雨棚总体施工顺序如图 4-6-4 所示。

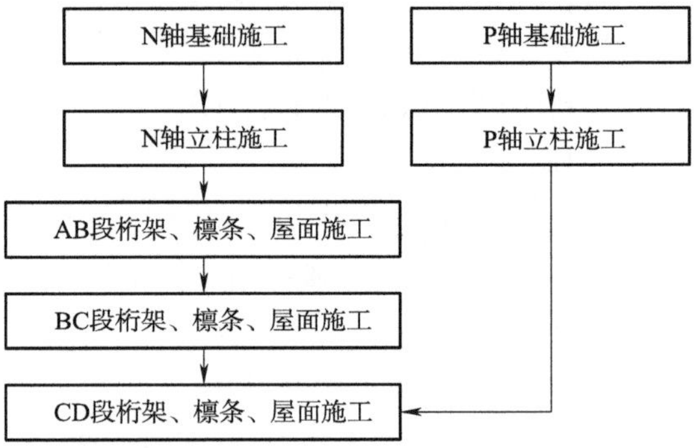

图 4-6-4 无柱雨棚总体施工顺序

3. 施工封锁

整个工程的基础、立柱两条轴线同步施工,施工完成后,整个桁架梁和屋面系统从基本站台向三站台推进,用一个循环结束。施工封锁顺序见表 4-6-1。

表 4-6-1 施工封锁顺序表

序 号	项 目 名 称	施 工 内 容	封 锁 内 容
1	N 轴基础	桩、承台、地脚螺栓	封锁部分基本站台
2	P 轴基础	桩、承台、地脚螺栓	封锁三站台的一半、拆除 7 股道
3	N 轴立柱	钢柱	封锁部分基本站台
4	P 轴立柱	钢柱	封锁三站台的一半、拆除 7 股道、恢复 7 股道
5	AB 段桁架、檩条、屋面	主桁架、次桁架、水平支撑、檩条、屋面、吊顶	封锁部分基本站台
6	BC 段桁架、檩条、屋面		封锁基本站台、二站台和 3、4 股道
7	CD 段桁架、檩条、屋面		封锁三站台和 6、7 股道

4. 涂漆方案

立柱安装完毕后涂刷防火面漆,考虑主桁架梁、次桁架梁及系杆、檩条安装后,高空作业难度大,施工不安全,防锈底漆、中间漆及面漆均在制作现场涂刷完毕后再安装,安装现场只进行补漆。

5. 既有线安全防护

施工中,严格遵守既有线作业安全防护相关规定,保证既有线设备和运营安全。

(三)施工工艺流程

施工准备→测量放线→桩基施工→钢柱胎具测量放线、制作→钢柱制作→地脚螺栓预埋、尺寸复测→钢柱运输→钢柱安装→钢管混凝土的灌注→钢柱防火涂料面漆的涂刷→主桁架梁胎具测量放线、制作→主桁架梁制作→防锈底漆、中间漆、面漆涂刷→主桁架梁运输→主桁架梁安装→系杆、檩条及附件制作→防锈底漆、中间漆、面漆涂刷→次桁架梁、系杆、檩条和附件运输及安装→构件防锈底漆、中间漆、面漆补刷。

(四)关键工序及技术要点

1. 相贯线接口加工

腹杆相贯线切割采用三维数控相贯线切割机进行加工。首先依据钢柱和主桁架梁施工图纸,对钢柱和主桁架梁进行 AutoCAD 三维建模，根据建模数据再使用专业相贯线编程软件进行编程输入到数控相贯线切割机的主控计算机中。

2. 胎具制作

根据设计文件及现场条件制作桁架柱和桁架梁胎具。首先对钢管桁架结构形式进行分解，根据桁架梁柱主要尺寸设置控制点(定位夹紧点)。

桁架柱胎具由钢板和型钢组焊成钢平台，在钢板上按照钢柱杆件中心距挖取小半圆，直径与钢柱弦杆直径相等，钢柱组装时，弦杆直接放置在钢板切割的凹处，完成定位，提高桁架柱装配速度(图 4-6-5)。

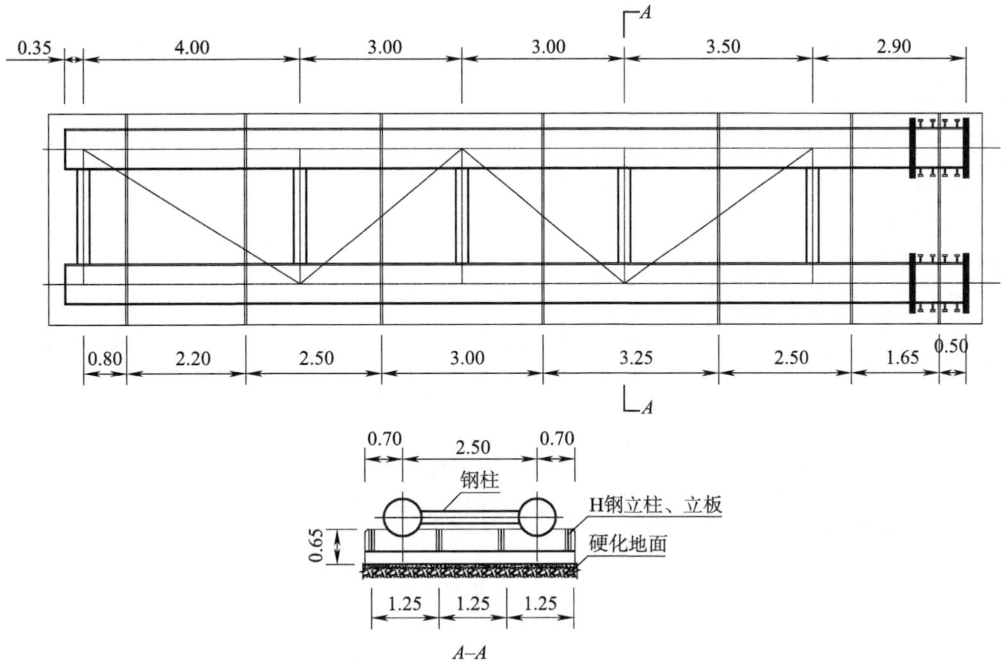

图 4-6-5 钢柱胎具工装图(单位：m)

桁架梁胎具用型钢作地梁，上部焊接垂直的型钢桁架柱作为站柱，站柱上设置牛腿作为弦杆支撑点，并在胎具两侧设置固定测量定位点。为保证站柱的垂直度，防止立柱变形，用角钢作斜撑(图 4-6-6)。

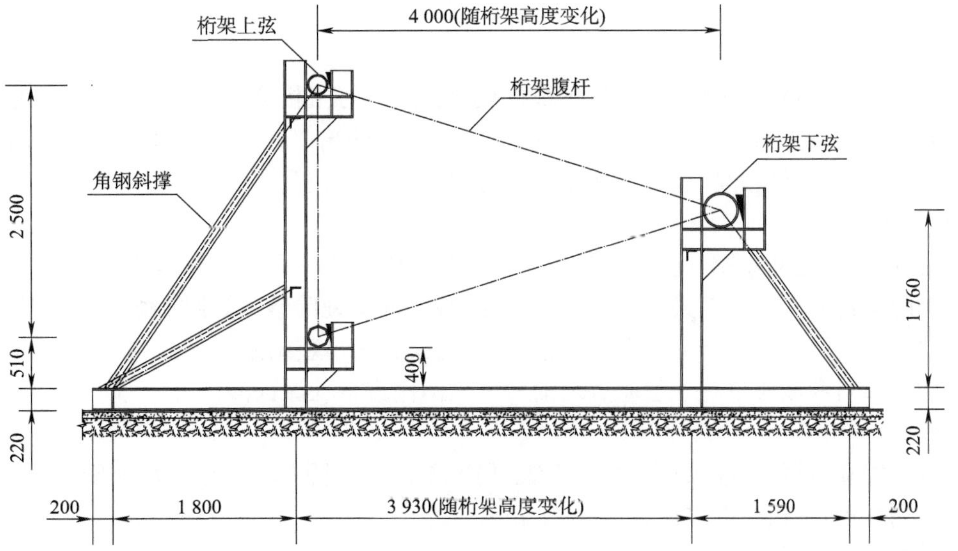

图 4-6-6 主桁架胎具工装图(单位：mm)

3. 主桁架柱制作

(1)钢柱组装

为了保证钢柱制作精度，在制作钢柱之前须根据钢柱形状在加工平台上放样制作定位胎具，同一类型的构件在同一胎模上加工制作。钢柱组装顺序:主管对接→腹杆拼对→柱环形板焊接→加劲板组焊→柱顶封板焊接→剪力钉焊接。

(2)钢柱焊接

主管对接:对接口加内衬管,为全熔透焊接,焊缝等级为一级。

钢柱腹杆的焊接多为圆管相贯焊缝,设计要求此部分焊缝采用部分焊透的组合焊缝,允许在内侧的 2～3 mm 不焊透,但需在外侧增加 3 mm 角焊缝,焊缝须沿全周连续焊接并平滑过渡。

钢柱环形板、柱底板焊接为开坡口角焊缝,焊缝等级设计要求为二级,采用手工电弧焊或 CO_2 气保焊都可以。

钢柱加劲板、柱顶板焊接为角焊缝,焊缝等级设计要求为三级,采用手工电弧焊或 CO_2 气保焊都可以,角焊缝焊接类似于环形板、柱底板焊接。

剪力钉焊接:为保证其焊接质量,应结合制作现场的实际情况,预先进行剪力钉焊接的工艺试验,并编制焊接工艺指导书,指导工人进行剪力钉的焊接作业。

4. 主桁架梁制作

(1)弦杆、腹杆组装

所有主桁架梁都必须在胎具上进行加工制作。拼焊时同钢柱一样,焊接前必须对接口打磨处理,检查合格后方可施焊。弦、腹杆拼接好后,对主桁架整体几何尺寸和对口情况进行检查,正确后进行定位点焊,如有偏差,采用千斤顶、手拉葫芦等工具进行微量调整或对接口进行必要的修整,调整好后用楔形铁将上、下弦杆定位夹紧。

腹杆安装时,由于所有腹杆之间都存在空间角度,为方便拼装工作,在上、下弦杆相贯节点处用全站仪在胎具上打出中心线,并用样冲在胎具上打点,确保腹杆对位准确。各杆件拼装后,采用水准仪、铅坠和钢卷尺对各点尺寸进行检验,合格后施焊,焊后进行复检。

主桁架梁组装顺序:上弦杆就位→下弦杆就位→水平腹杆→斜腹杆(→主桁架梁端头封板)→次桁架连接板。

(2)焊接

主桁架拼装完毕,几何尺寸及接口检查合格后进行全面焊接。焊接时先焊接上、下弦杆对接口,再焊接腹杆相贯口。焊接顺序:由桁架中心向两侧施焊,先主管后腹杆,先水平腹杆后斜腹杆。焊接同钢柱焊接一样,弦杆对接分层多道施焊,腹杆焊接为组合焊缝焊接,相贯焊缝按焊接技术规程及设计要求分区施焊,确保各区焊接质量。

(3)分段

主桁架梁焊接完毕,检查各尺寸,合格后再根据技术交底进行主桁架梁的分段,分段尺寸须同时满足运输和现场安装要求。分段采用自动爬管切割机进行,分段后弦杆端口开坡口,分段处的斜腹杆不需要焊接,吊装时跟随下一节主桁架梁一起拉至吊装现场再进行拼焊。

5. 钢结构涂装

涂装工艺流程:表面抛丸除锈→检查验收→防锈底漆→中间漆→面漆→总体验收。

涂装分四个阶段:钢柱、主桁架梁等腹杆、弦杆在组装之前抛丸除锈、涂刷防锈底漆→钢柱、主桁架梁等组装焊接好后,涂刷中间漆、防火涂料和面漆→钢柱、主桁架梁等吊装结束后,对吊装接口焊缝进行补涂防锈底漆、中间漆、防火涂料和面漆→在工程验收之前对整个雨棚进行补涂面漆。

(1)表面处理

构件采用机械抛丸除锈,等级须达到 Sa2.5 级,局部采用手工除锈,等级须达到 St3.0 级。处理后的钢构件表面露出金属本色,其粗糙度应达到 40～55 μm。

(2)涂刷防锈底漆、中间漆

在涂装前,彻底清除构件表面的油污、灰尘、水分等杂物,经检验合格后,应在 2～3 h 内涂刷防锈底漆。

涂刷工艺流程:擦拭浮尘→涂刷防锈底漆→检查漆膜外观→干燥→检查漆膜厚度→合格后喷涂中间漆。

施工环境温度:气温 4 ℃～49 ℃;钢材表面 4 ℃～60 ℃,相对湿度不超过 85%。

防锈底漆涂刷后最少干燥 2 h 才可以涂刷中间漆,中间漆复涂前最少干燥 7 h。涂刷作业操作前对油漆进行稀释,按照说明书要求配置稀释剂与油漆的体积比。

(3)涂刷防火涂料

涂刷工艺流程:底漆及中间漆报检→合格后涂刷防火涂料→检查漆膜外观→干燥→涂刷第二遍防火涂料→涂刷第三遍防火涂料(直至达到所需漆膜厚度)。

构件的防火漆膜厚度与设计要求的耐火时间及涂料品种有关。本工程中钢柱耐火时间为 2.5 h。

防火涂料必须有国家检测机构检定的耐火极限检测报告和理化性能检测报告,必须有防火监督部门核发的生产许可证和生产厂方的产品合格证,并有防火涂料与防腐漆的化学反应检验报告。

防火涂料施工前人工清除构件表面浮灰,采用辊涂和刷涂相结合的办法进行涂装,涂装施工前后必须详细了解天气情况和天气趋势,以避开不利天气。

(4)涂刷面漆

因现场桁架安装后净空高,高空作业难,面漆在加工场地统一涂装,现场再补刷焊缝部位及碰损部位的面漆。

面漆的粘稠度调制应按其说明书上的比例要求掺兑稀释剂,面漆使用前应充分搅拌,保持色泽均匀。其工作粘稠度应保证涂装时不流坠,不显刷纹。

面漆在使用过程中应不断搅和,涂刷方法和方向与上述工艺相同。

(5)涂层质量检查

涂层外观检查:涂层表面均匀一致,无流挂、皱纹、鼓泡、针孔、裂纹、小颗粒、麻点等缺陷。

涂层厚度检测:用漆膜测厚仪测定涂装过程中湿膜厚度,待漆膜干燥、固化后再测干膜厚度。应保证干膜厚度 85%以上的测点达到设计指标,其最小厚度不小于设计厚度的 85%。干膜厚度的控制通过湿膜来控制,配备专职质检员,做到随做随测,认真记录,便于汇总存档。

(6)涂装注意事项

调配好的涂料要充分搅拌混合均匀,不得有沉淀;在喷涂过程中,如发现涂料有结皮、结块、不配合等异常现象时,要立即停止喷涂,同时报废该涂料;调配好的涂料,如超过使用时间,则涂料必须报废;漆膜在干燥过程中要防止雨淋,防止泥砂、粉尘、油脂以及其他污染物的附着和污染;如果漆膜被污染,则必须用稀释剂擦拭干净。

6. 焊缝检查

焊缝检测分外观检查和无损检测。外观检查采用焊缝规和 10 倍放大镜进行。内部缺陷检测采用超声波探伤仪进行,焊缝超声波探伤采用自检和专检两种方式进行,自检为本单位无损检测人员随时跟踪检测,专检为聘请有资质的检测单位进行检测。

钢管拼接必须等强度连接,桁架弦杆、腹杆及钢柱主管接长应加衬管施焊,焊缝为全焊透的剖口焊缝,对接焊缝质量为一级,并做 100%超声波探伤,非拼接处对接焊缝质量等级应达到二级,按 20%比例抽检。角焊缝按三级外观质量检验。

7. 大型构件的运输

所有钢管的相贯线切割在合肥加工基地进行,采用汽车运输至车站的基本站台加工现场,构件加工成型后在站内倒运至安装位置。

(1)N 轴钢柱、梁、悬挑梁和檩条运输

N 轴钢柱、主次桁架梁加工位置设在一站台侧加工区,加工制作完毕,用吊车吊至汽车平板车上,用钢丝绳绑扎牢固,经站台内临时道路运输至安装位置。本区域檩条由合肥加工基地制作完成后,直接卸车至安装位置。

(2)P 轴钢柱、梁和檩条运输

P 轴钢柱、主次桁架和檩条加工完成后,用 100 t 吊车直接由一站台侧 1～5 轴和 20～22 轴的构件跨股道吊运区吊至 2 道与 3 道之间的空地或 3 道平板车上(檩条可以直接吊至平板上),吊运到 2～3 道空地的构件,用 2 台 75 t 吊车倒运上二站台或 3 道平板车上,绑扎紧固完毕用人工推拉至安装区域。跨道吊运如图 4-6-7 所示。

(3)铁路平板车运输绑扎要求

在平板车上安装运输固定架,绑扎牢固,运输过程中不得有激烈晃动。首先,将平板车推至制作现场专用线,桁架梁根据实际长度分别采用 D22G 与 NX17B 平板车运输。构件长度在 20 m 以内的采用 D22G(车长为 20.4 m)平板车;超长时用 NX17B(车长为 15.4 m)作游车进行运输。运输桁架梁前将运输支架用扒钉(或焊接)固定于平板车上,再用 8 号铁丝将运输支架与平板车绑扎牢固;然后将需装车的桁架梁段用吊车吊

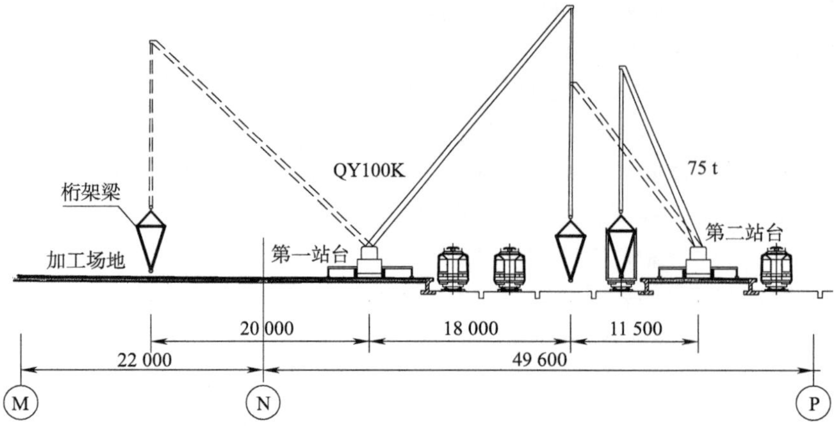

图 4-6-7 P 轴跨道吊运图(单位:mm)

到平板车上,用 5 根下压 ϕ22 钢丝绳加 5 t 手拉葫芦紧固,每根钢丝绳配 1 个手拉葫芦,增加钢立柱与平板车之间的抗滑移力;并在平板车两端头各加一根防窜钢丝绳,用手拉葫芦紧固。

(4)具体装车方法

准用货车:D22G 系列木(或铁)地板平车 3 辆,NX17B 系列木地板平车 3 辆。

加固材料:ϕ20 钢丝绳(最小破断拉力不小于 248 kN),钢丝绳夹头,枕木,挡木,扒锔钉,支架。

装载方法:沿平车纵横中心线顺装 1 件,一车负重,两端均衡突出,两端各加挂一辆 NX17B 平车作游车。在负重车放支架 3 副,货物固定于支架上。货物突出端的底部与游车车地板间的距离不小于 200 mm。

加固方法:货物用 ϕ22 钢丝绳整体下压绑在车侧丁字铁或支柱槽上;货物与平板车直接接触主管两侧用枕木固定牢固;依据构件重量、外形尺寸及形状设计不同的运输支架,保证在运输过程中构件稳定、减少变形,防止构件松动超出铁路运输装载的限界尺寸规定以及方便装卸,提高装卸效率。

8. 钢柱锚栓预埋

铜陵东站改造工程共 44 榀钢柱,N、P 轴各 22 榀,每榀钢柱是由 2 根钢管和腹杆焊接而成的格构柱,通过柱脚地板的预埋锚栓和钢柱上的剪力钉与混凝土连接而成。

柱脚螺栓的安装涉及对轴线的控制、轴线间钢柱柱间距的控制、标高的控制以及钢柱本身螺栓之间相对位置的控制等。由于每个锚栓都是对立的,所以锚栓预埋就比较重要,要求的测量精度相对较高。为了保证锚栓的预埋精度,从测量上我们把每根钢柱的轴线控制点以及标高点引测到钢柱的基础附近,以便预埋前和浇筑混凝土过程中对锚栓位置的准确控制。除了测量控制外,从技术上我们做了钢柱锚栓的整体套模,这样有力地保证了钢柱锚栓的相对位置,整体上也方便了轴线和标高控制,给以后的钢柱准确安装提供了有力保证。

9. 主构件安装

根据构件重量,N 轴钢柱、梁吊装选用 50 t 吊车,檩条吊装选用 25 t 吊车;P 轴钢柱、主次梁吊装选用 75 t 吊车,檩条吊装选用 25 t 吊车。各构件吊装位置如图 4-6-8 所示。

(1)钢柱吊装

①吊索的选取

吊索选取 6×37+1 钢丝绳 2 根,长度 10 m 对折捆绑。

②钢柱安装顺序

安装从天桥开始向两侧同时进行,现场根据吊车实际站位确定局部轴线立柱的吊装先后顺序。

③N 轴钢格构柱吊装

N 轴线钢柱在现场利用汽车平板车倒运,吊车上基本站台,用 50 t 吊车将平卧于平板车上的格构柱垂直缓慢吊起,使柱身呈垂直状态,再旋转主臂至 N 轴线地脚螺栓基础顶面上,吊车缓慢落钩,使柱脚准确对位。

④P 轴格构柱吊装

吊车在封闭施工前从一站台上平板倒运至二站台,P 轴钢柱利用吊车吊至平板车上,人工推至安装位置,75 t 吊车上二站台,将格构柱吊起,使柱身垂直,再旋转主臂至 P 轴线基础顶面,吊车落钩,使柱脚与柱底板准确对位。

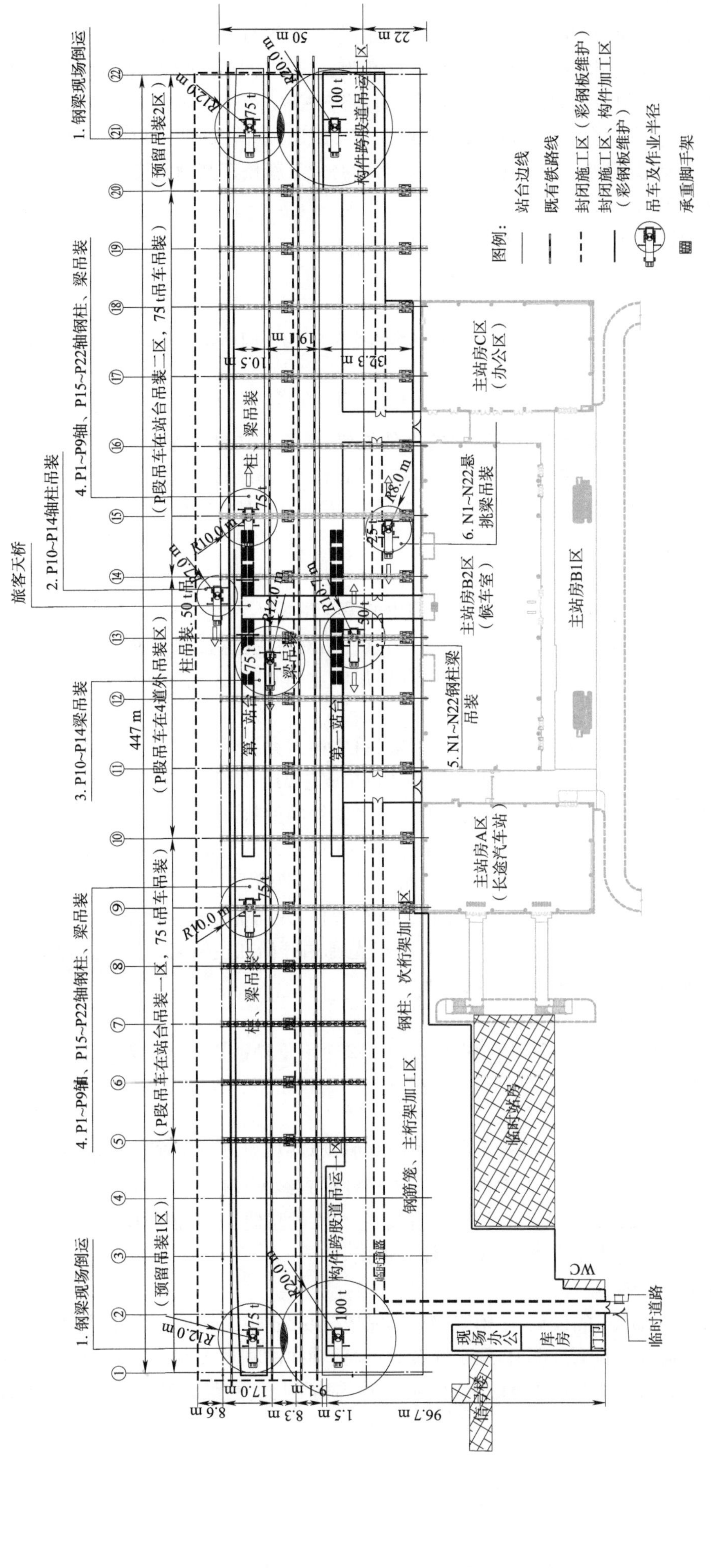

图 4-6-8　构件吊装位置和吊车站位图

⑤钢柱的对位及校正

当柱脚离地脚螺栓顶面约 30～50 mm 时,由吊车吊着人工进行对位。对位时,通过纵、横两个互为 90°方向上的全站仪或经纬仪控制轴线和立柱垂直度,标高由已安装好且测量过标高的调节锚栓来控制。当两个方向上的轴线及垂直度偏差在规范要求的范围内时,将钢柱落下,用缆风绳固定钢柱位置。钢柱垂直度的校正采用全站仪、经纬仪在纵横两个轴线上同时观测。全站仪、经纬仪的架设位置,应使其视线与柱面垂直。在进行柱垂直度检查时,其偏差值应满足规范要求,否则必须重新校正其垂直度。

⑥钢柱的最后固定

钢柱校正后立即进行固定,用缆风绳固定钢柱位置。

(2)桁架梁吊装

①吊具选择

按照最重的构件计算(10 t)。直径为 19 mm 钢丝绳选 6×37+1 钢丝绳 4 根,其中 2 根长为 9 m,另 2 根长为 8 m,对折绑扎在桁架上悬杆的 4 个节点上。

②吊车型号选择及吊车位置

根据各个构件的重量,在安装现场能达到的最佳位置,在承受构件重量下的回转半径内选择合适的吊车。主跨 P 轴段主、次桁架梁吊装采用 75 t 吊车,在二站台进行吊装;N 轴侧主跨桁架主、次梁采用 50 t 吊车进行吊装,吊车站位在现有雨棚边,N 轴悬挑桁架梁采用 25 t 吊车立在桁架下方附近进行吊装。

③吊装方法及措施

a. 主桁架梁吊装

吊装采用四点吊装,将钢丝绳绑扎在预先标识出的吊点位置。

绑扎:桁架起吊时,起重机吊钩对准上弦中心,吊索左右对称,并保证水平面夹角不小于 45°。绑扎点选在上弦节点处,防止吊索滑移,且减少吊装变形。如因吊装重心原因,绑扎点不在节点处,加焊挡块以防止吊索滑移。

吊装:将桁架梁吊起后与承重脚手架相平行,然后将主桁架梁缓缓放在承重脚手架的小钢架上,安装人员在起重工的指挥下,用夹板包箍迅速将主桁架梁在承重脚手架上做临时固定,并在两侧各设置四道缆风绳拉牢。吊装过程中注意测量主桁架梁分段点处的标高和轴线的偏差。

主桁架吊装就位后利用 U 托调整其下弦杆的标高,并将弦杆的端部对准柱中心,然后检查相贯线的接口是否满足要求,若有问题,采用手工气割进行修整,直至满足要求。

对主桁架梁分段点处的标高和轴线的偏差再次进行校核,并同甲方和监理单位联合检查,确认在允许偏差(标高偏差 0～+15 mm,水平偏差-10～+10 mm)范围内开始在主桁架梁连接处焊接作业,焊牢固后松钩。松钩后用全站仪监测分段处标高的变化情况。

b. 主桁架梁的高空作业

承重脚手架:主桁架梁安装时每个桁架在两端设置 2 个承重脚手架。承重脚手架采用可拆卸式结构,安装拆卸方便,施工速度快。承重脚手架上设夹板抱箍及桁架校正器。夹板抱箍的作用是临时固定和调整桁架在承重脚手架上的位置。

主桁架梁高空拼装:主桁架梁在承重脚手架上拼装时,要严格对准上下弦杆件的钢管接口,反复调整夹板抱箍和桁架校正器,用全站仪监测。主桁架上下弦杆件的直线度、杆件的扭曲,用全站仪监测分段处端头轴线及标高。焊接接头完成后,须重新对杆件的直线度、杆件的扭曲、上下弦的拱高及标高参数等进行检测,合格后方可将主桁架梁与钢柱相贯线(支撑管)焊接连接。

c. 桁架梁吊装的测量控制

测量标识和永久性观测点的设置:主桁架梁制作完毕,根据主桁架梁分段图进行分段,在上下弦杆分段口正下方做出主桁架梁各段的测量标识,便于安装时标高、轴线的测量控制。另外根据设计要求,轴主桁架梁须设置永久性观测点,在施工过程中及竣工后进行主体结构下挠度的跟踪观察、测量。测量标识如图 4-6-9、图 4-6-10 所示。

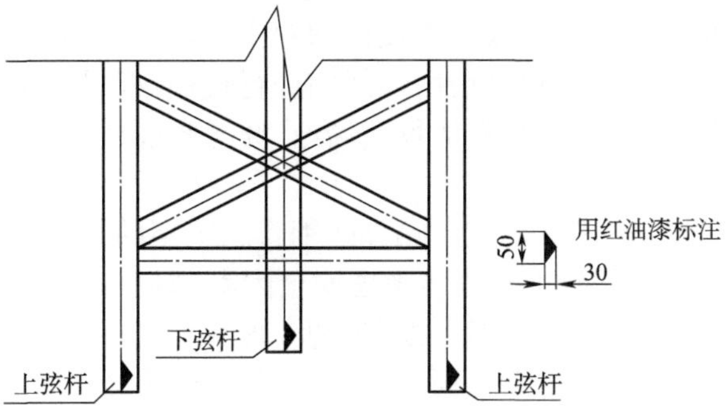

图 4-6-9　断点位置测量标识图(单位:mm)

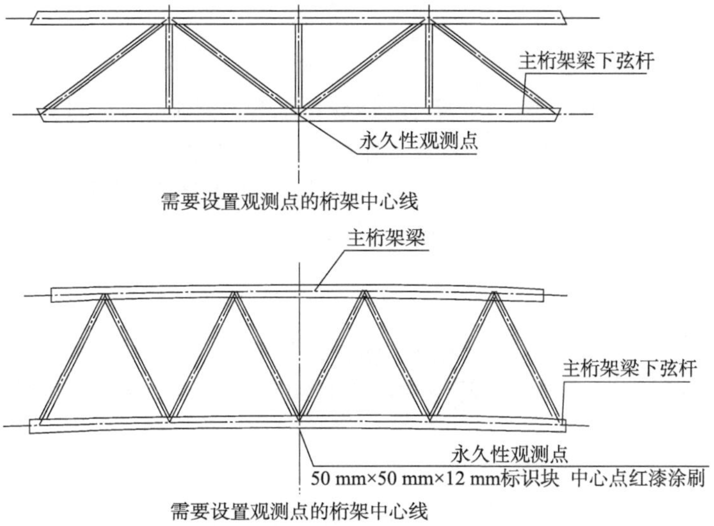

图 4-6-10　永久性标识设置图

吊装测量控制:主桁架梁吊装前,根据技术交底,将支撑桁架断点位置的承重脚手架调整到分段断点理论高度(一般比理论高度高 20 mm),吊装后再进行跟踪观测,如有变化,通过断点处设置的千斤顶来进行调整。吊装时主桁架梁与钢柱主管相贯位置,通过架设全站仪于控制网交点上,后视远方控制点,转角 90°固定仪器,望远镜上仰,打开激光投点,吊装人员指挥吊机轻微移动主桁架梁,使主桁架梁下弦杆底部与激光投点重合即可。吊装时应同时保证分段点处两根下弦杆相对标高一致,以保证桁架东西轴向平顺。在主桁架梁吊装完毕后,联合甲方和监理单位复测轴线的偏差及桁架分段点标高情况,并及时跟踪测量,以便做适当的调整。全部主桁架梁吊装完毕后,全面复测主桁架梁标高及下挠情况,为次桁架梁及檩条安装提供数据。主桁架梁测量仪器布置如图 4-6-11 所示。

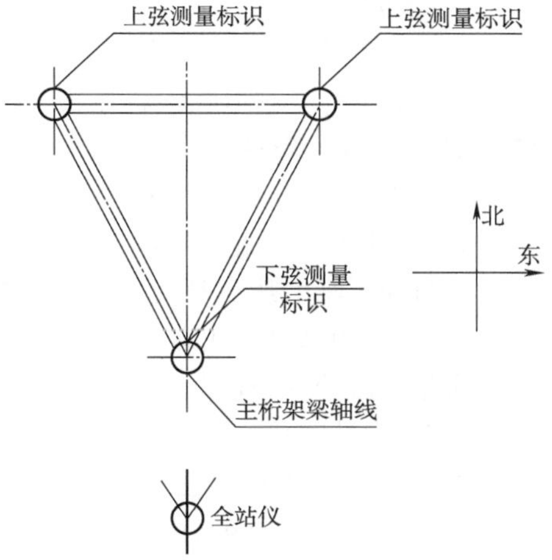

图 4-6-11　主桁架梁测量仪器布置图

10. 次桁架梁、系杆、檩条及附件吊装

次桁架梁、系杆、檩条均采用 25 t 吊车上站台进行吊装;重量轻的附件,如水平支撑、节点板等,可以直接用麻绳绑扎好拉上去。吊装工艺流程:次桁架梁→檩条→系杆→附件(水平支撑等)。

次桁架梁为倒三角形结构,当主桁架梁吊装好后,用 25 t 吊车吊装次桁架梁,将次桁架梁下弦两端头与主桁架梁下弦杆焊接。次桁架梁吊装焊接好后,用 25 t 吊车进行 H 型檩条吊装,檩条架设在桁架梁上弦杆檩托上,将檩条与檩托用高强度螺栓连接在一起。檩条吊装焊接的同时,采用人工吊拉系杆,进行系杆的安装,系杆与 H 型檩条之间采用高强度螺栓铰接方式连接且进行调整。

11. 屋面、吊顶制作安装

吊顶龙骨、吊顶板及屋面板选择专业厂家根据设计和业主要求加工制作,成品须用保护膜加以保护,根据施工进度安排,运至场内进行安装。材料进场后要仔细进行检验,板材规格、尺寸在规范允许偏差范围内且外观无变形方可使用。进场前须规划各材料的堆放场地,场地要求平整,并距离施工现场近,方便施工。

12. 桁架梁安装承重脚手架

二站台设计脚手架为 6 m×4 m,不设基础。扣件式钢管脚手架的设计和验算按照最重的一榀进行(重量为 20 t);分段后脚手架实际承受重量约为 10 t,考虑安全因素,脚手架验算按照 13 t 计算。

脚手架搭设时,立杆下部铺设 20 mm 厚脚手板作垫板,底部离地面 100 mm 设扫地杆,搭设一定高度后加剪刀撑。立管通过下部脚手板将荷载传至地面,因 6 m×4 m 脚手架截面尺寸足够,稳定性能够保障,脚手架无须再采取其他措施进行稳定性加固。

在主桁架梁焊接完成后,主桁架梁之间次桁架梁吊装完毕后将相应主桁架梁下脚手架拆除。拆除时,利用可调 U 型托管降低枕木高度,直至枕木与主桁架梁管完全脱离。

四、站场排水沟施工

排水沟按设计强度、尺寸、纵坡、沉降缝间距、沉降缝止水等要求施工,尽量采用顺坡排水,困难地段亦可采用反坡排水,保证沟底不出现常年积水的现象。排水沟起点深度不小于 20 cm,平均深度不大于设计深度。沟底、沟壁采用混凝土现浇。每 1.5~2 m 预留一条自然缝,防止出现不规则裂缝。沟顶不得高出两侧自然地面,防止出现"沟外沟",造成冲刷和水土流失现象。

五、站场标志桩(牌)、栏杆施工

站场应设置标志牌、栏杆,具体参见技术规范。防护栅栏采用全线封闭设置,防护栅栏支柱集中预制,现场埋设。栅栏集中制作,现场安装。栅栏底部与地面之间无空隙,个别凹凸处填平或挖除。

六、综合管沟工程施工

管路工程施工工艺流程:测量、打桩、放线→管沟开挖→管道基础处理→管材、管件、阀件检验→金属管的防腐处理→管子运至管沟边→管子承插口的处理→下管→初步对口、就位→挖工作坑→对口、调整坡度、临时固定→捻口、接口→养护→部分覆土→试压检漏→井室砌筑→覆土→交工验收。

1. 沟槽开挖

由于给排水管线长、挖沟土石方量较大,所以管沟开挖以机械开挖为主,人工配合施工;在受地形、场地限制的地段,采用人工开挖。管沟开挖分段进行,并由低处向高处施工,顺沟每 100 m 设一集水坑。弃土尽量堆于管沟的一侧,坡脚距沟边不少于 80 cm,高度不大于 1.5 m。开挖的管沟如不能及时铺管覆盖,应留有 0.15~0.2 m 的基础保护层。

2. 管材运输及管口处理

管材在运输时应放在两侧钉有木楔的垫木上,两层之间用草垫隔开。管材装卸采用吊车或人工装卸。用吊车装卸时,捆绑管材用绳索兜底平吊或套捆立吊,严禁从管膛穿过;用人工装卸管材时,为防止下滑,严禁管子之间互相碰撞和自由滚落,更不得向地面抛掷。管子敷设前,应清除承插口部分的粘砂、毛刺、沥青等杂物。

3. 下管及连接

管子可用人工压绳法下管,明设钢管管道在管基础或管支架上直接焊接。下管时,除保证管道不与沟壁等剧烈碰撞外,承口的方向必须布放正确,一般情况承口朝向来水方向,从下游开始铺设;对于管路在坡度较陡处,承口朝向高处,从低处向高处铺设。管子连接按设计及规范要求进行管口处理,管子和配件在使用前必须按标准进行质量检查,不合格材料不得使用。铸铁管使用前应进行接口清理,下沟前应进行防腐处理。

4. 管子的临时固定与部分覆土

管子在安装完毕试压检漏前,压力管道为防止管内水流通过弯头、三通、管堵顶端等处产生拉力而使接头松动脱节,应根据管径大小、管内水压、土质情况设置支墩。管道两侧和管顶以上 500 mm 内回填土时,用人工从管道两旁同时分层填土夯实,注意不得使管口移动和损坏管子防腐层。

5. 管路的试压检漏

管路铺设完毕后,应分段进行质量检查,即压力管道进行水压试验,无压管道进行漏水试验。压力管道用水压试验检查管道的强度和严密性。在进行试验时，环境温度应在5 ℃以上。地下压力管道进行两次压力试验：在管顶以上500 mm范围内已回填土(管口部分露出)和管子已加固好时进行第一次试验；在全部回填土完成和其余各项工作完成后进行第二次试验。

明装管道及非隐蔽性管道(如安装在地沟中的管道)应在外观检验合格后，进行一次性压力试验。

6. 管道附属物的砌筑

管道附属物按设计及规范要求砌筑。雨季砌筑井室，一次砌起，防止雨水、泥土流入井室和管内造成堵塞。多雨季节还应防止雨水经过土壤空隙和井壁流入井室。

7. 覆土回填、竣工验收

管路质量检查合格后，进行大面积土方回填。在长大管沟及地势平坦地段采用机械回填，蛙式打夯机夯实；在地形窄小及偏僻地段采用人工回填，蛙式打夯机或人工用木夯配合夯实。

七、站场绿化

临时占地使用后，取土还田恢复原貌或造田、造地，对建筑垃圾科学有序处理。根据水土保持法的规定，对取土场和弃土场的裸露面，采取相应的土地整治措施及绿化措施，防止水土流失。

第二节 主要客运站施工

本节以安庆站为例总结。安庆站为既有站改扩建车站。

既有安庆站规模为5股道两站台，其中正线1条(Ⅱ道)，到发线4条；改扩建后的安庆站规模为7股道三站台，其中正线2条，到发线5条。在安庆站北侧新增2股到发线，既有4、5道变为新建线正线Ⅰ、Ⅱ道。北端咽喉原则上不做大改动，预留增建第二线、调整正线位置条件；南端咽喉尽量向南布置，其道岔按照改建车站标准选用12号道岔。既有安庆电厂专用线在末端引出，改造后仍在南京端顺接。

改造后设基本站台1座、中间站台2座。基本站台尺寸为450 m×12 m×1.25 m，两中间站台尺寸分别为450 m×10 m×1.25 m和450 m×10.5 m×1.25 m，并设长度为450 m的站台雨棚；设8 m宽的进站天桥和10 m宽地道各1处；新建涵洞3座及增设相关综合管沟等；站内设各式排水纵横沟合计46条。

一、路基施工方案

既有4、5道拆除后，改建为宁安正线Ⅰ、Ⅱ道，路基按宁安正线路基施工，其中DK263+787.50～DK264+737.5段正线对基床表层下采用水泥土挤密桩加固处理，挤密桩按正方形布置，横向间距0.6 m，纵向间距0.6 m，桩径0.24 m，填料夯实后扩大为0.3 m，单根桩长4.0 m，桩长合计11万m^3；DK264+737.5～DK264+775.0段正线基底挖除人工填土换填A、B组填料；DK265+020～DK265+055段为水塘，水塘路基基底抽水清淤后夯填渗水土。宁安正线基床以下路堤及基床底层采用A、B组填料填筑，填筑厚度为2.3 m；基床表层填筑级配碎石，厚度为0.7 m。路基基床表层及底层的底部均做成向两侧倾斜4%的横向排水坡。

既有3道拆除后，改建为3道，同时对路基进行填筑加高处理，加高高度为0.9～1.2 m。其中基床底层采用A、B组填料填筑；基床表层厚0.6 m，采用A组填料填筑。路基基床表层及底层的底部均做成向两侧倾斜4%的横向排水坡。

新增4、6道基床以下路堤填料为A、B组填料；基床底层厚1.9 m，采用A、B组填料填筑；基床表层厚0.6 m，采用A组填料填筑。路基基床表层及底层的底部均做成向两侧倾斜4%的横向排水坡。

既有1、2道拆除后，改建为5、7道，同时对路基进行填筑加高处理，加高高度为0.9～1.2 m。其中基床底层采用A、B组填料填筑；基床表层厚0.6 m，采用A组填料填筑。路基基床表层及底层的底部均做成向两侧倾斜4%的横向排水坡。

DK263+394.54前接龙眠山路立交桥安庆台，正线及站线(不含单独的电厂专用线)设桥路过渡段；DK263+704.6、DK264+135、DK264+575.00正线及站线(不含单独的电厂专用线)涵洞两侧设涵路过渡段，过渡段长度不小于25 m。宁安正线Ⅰ、Ⅱ道过渡段内填筑掺3%普通硅酸盐水泥的级配碎石，基床表层填筑级配碎石掺5%水泥，基床表层厚0.7 m；其余站线过渡段内填筑A组填料，基床表层填筑级配碎石掺3%水泥。

A、B组填料合计填方量为8.32万m^3，级配碎石合计填方量为2.93万m^3。站场改造后轨面标高平均高于既有轨面标高 0.9～1.2 m,新旧线连接段按照设计坡度抬道顺接。

二、新建出站地道施工

施工前熟悉图纸及设计要求;迁移出影响施工的各种管线,对要求防护的,防护好各种管线。

1. 施工顺序

2 号站台北侧:拆除既有 3、4、5 道(2 号站台一部分)→地基处理→打入防护桩(高压旋喷桩)→开挖地道基坑→基础施工→地道底板施工→地道侧墙和顶板施工→地道出入口施工。

2 号站台南侧:拆除既有 1、2 道(2 号站台剩余部分)→地基处理→打入钢板桩→开挖地道基坑→基础施工→地道底板施工→地道侧墙和顶板施工→地道出入口施工。

2. 地基处理及防护施工

(1)地基处理

按设计要求进行地基处理。

(2)防护桩施工

地道施工位于安庆站内,基坑放坡开挖对营业线路稳定有一定影响,且影响行人及施工人员的安全,放坡开挖影响正线下的挤密桩施工,需采用防护桩对线路进行加固。

防护桩桩身设计为直径 1.2 m 的钢筋混凝土圆桩,混凝土等级为 C30。桩身主筋采用 20 根 HRB335 $\phi16$ 螺纹钢筋,箍筋采用 $\phi8@200$。桩中心距 1.4 m。采用人工挖孔,钢筋混凝土护壁,护壁厚度为 10 cm,设置 $\phi8@100$ mm 护壁钢筋。护壁混凝土采用木模施工,在灌注完成 24 h 后拆除,在上节护壁混凝土终凝后进行下节开挖。防护桩施工完毕,即可进行地道基坑的开挖。

防护桩施工注意事项:防护桩应采取跳跃式开挖,避免同时开挖对周围土的稳定造成影响;孔桩开挖结束后应及时进行桩身混凝土灌注,避免暴露时间过长影响桩背抗滑力;施工过程中,井口必须设专人看守防护,避免料具及石块落井伤人;经常检查已施工完的护壁支护情况,若发现护壁变形较大时应及时撤出工作人员;装料时吊斗不能装得太满;每班操作前应认真检查起吊架子、安全栅、绳索、滑轮、辘轳及其他机具等,发现问题及时处理;施工期间,在地道沿线路两侧设置安全防护人员,列车通过时工作人员要及时从井内撤出,避免列车振动过大造成坍孔。

(3)钢板桩施工

钢板桩施工采用单根插打法。该法施工速度快,导向架高度相对较低。位于斜坡上的钢板桩需采用二次打桩,必要时采用氧割切断钢板桩。为防止钢板桩倾斜,在一根桩打入后,应与前一根焊牢,避免先打入的钢板桩被后打的桩带入土中。打桩前需对钢板桩逐根检查,对锈蚀、变形的应及时调整,以减小钢板桩锁口阻力。在软土中打桩时,由于锁口处阻力大于钢板桩周围的土体阻力,使钢板桩向前进方向倾斜,当钢板桩发生倾斜时需及时调整,或采用特制的异型钢板桩纠偏。钢板桩施工程序为:开挖施工平台,安装施工导向架,沿导向架插打钢板桩,拆除施工导向架至另一工作面。钢板桩的安装和插打均采用导向架。施工导向架安装完毕后,便可进行钢板桩的拼装工作,采用起重机吊起振动锤连续作业。钢板桩预先用平板车运到现场,堆放于临时场地。

吊桩前,按设计桩深取料,深度不够的钢板桩需要电焊补长至设计深度。长度大于设计深度的钢板桩裁短至设计深度,最后按槽形钢板桩的套接顺序逐一插打入地基,形成完整的钢板桩防渗墙。

3. 地道主体施工

(1)底板施工

垫层施工完毕,绑扎钢筋前,先在垫层上放出钢筋位置线,按线摆放钢筋能有效地控制钢筋间距的误差,符合要求后方可灌注底板混凝土。底板下层钢筋保护层采用混凝土垫块,每平方不少于 4 个。底板上层钢筋采用钢筋马镫控制,与受力筋垂直。制作专门的高马镫、铺垫脚手板,供浇筑混凝土使用,防止因踩踏造成保护层偏差。

安装底板模板并设置施工缝,浇筑前将模板内的杂物和钢筋上的油污等清除干净;混凝土灌注过程中采用振捣棒分层振捣,每一振点的延续时间宜为 20～30 s,插入下层混凝土内的深度宜为 30 cm,与侧模应保持 5～10 cm 的距离,以混凝土不再沉落、不出现气泡、表面呈现浮浆为度,防止过振、漏振。当混凝土强度未达到 1.2 MPa 前,不得在其表面来往行走或架设上层结构用的支撑和模板等设施。

(2)洞身、顶板施工

底板强度达到 1.2 MPa 后，绑扎侧墙钢筋，搭设内部满堂红脚手架，支立侧墙以及顶板模板。模板采用竹胶板，绑扎顶板钢筋，将墙身、顶板标高引到模板上，并做好标记，检查模板尺寸、刚度、稳定性良好后灌注侧墙、顶板混凝土。

(3)混凝土养护

混凝土振捣完成后，应及时修整、抹平混凝土裸露面，待定浆后再抹第二遍并压光或拉毛，抹面时禁止洒水。混凝土灌注完成后，应在收浆后 12 h 内采取塑料薄膜封闭覆盖措施进行养护。

(4)拆模

混凝土拆模时的强度应符合规范要求，做同条件混凝土试块抗压强度试验，强度达到 75%后方可拆除侧墙模板。顶板内模在混凝土达到 100%的施工图标示强度后方可承受全部荷载。

(5)防水层、保护层施工

混凝土强度达到施工图示强度并通过验收后，方可按图纸施工防水层、保护层。

4. 基坑回填

防水层及保护层施工完毕后再进行墙身两侧回填混凝土或级配碎石，按 30 cm 厚对称水平摊铺压实。在上述填筑时只可采用小型压实机具进行压实。

5. 既有线沉降观测

开挖基坑前应做好既有线侧的沉降观测桩，每 5 m 布设一个。施工期间派专人每隔 2 h 观测一次，做好观测记录。水平位移不超过 2 mm/d 或累计位移不超过 10 mm，若超出规定时必须停止施工，并采用路基填土回填基坑，同时与监理和设备管理单位(工务段)共同分析原因，制定补强措施。

三、站台施工

1. 技术准备

站台边线为直线，按照与线路平行控制边线，边线距线路中心线 1 750 mm。边线顶高出轨顶标高 1 250 mm，站台顶面设 1%排水坡，以此计算站台坐标和控制站台顶标高。

2. 施工机具准备

挖掘机 2 台，自卸车 6 辆，枕木 20 根，钢板 300 m，发电机 2 台，电焊机 4 台，ϕ50 振捣棒 2 台，ϕ30 振捣棒 2 台，模板切割机 1 台，手持石材切割机 8 台，200 型破碎机 1 台，定型模板 400 m^2，扣件式脚手架 800 m。

3. 施工工艺

施工工艺流程：测量放线→拆除既有废弃设施→地基处理→开挖基础→垫层混凝土→绑扎钢筋→支设模板→浇筑混凝土→养护→填筑站台土方。

(1)根据施工图，放出实地位置。

(2)人工开挖至设计标高，人工清理、找平。

(3)找平后浇筑垫层混凝土时，严格控制标高。

(4)在垫层上精确定位，按图纸要求绑扎钢筋，摆放好钢筋位置。

(5)支设模板，检查模板平面位置、标高、垂直度。

(6)浇筑混凝土时，用振动棒捣固密实。

(7)待混凝土达到强度后，分层回填碾压墙背土石方。

四、站台铺面施工

站台墙顶面外侧铺设 50 mm 厚天山红花岗岩，内侧设置 100 mm 宽白色面砖警戒线和 600 mm 宽中黄色陶瓷盲道砖，站台中间直至站台右边线顶面则铺设 30 mm 厚灰麻色毛面花岗岩石材。

1. 技术准备

站台墙及土方填筑完毕之后，在台面做好控制点，每 10 m 距离一个断面，每个断面按左、中、右布置 3 个点。用水平仪测定每个点的高程，根据设计推算出各个控制点设计高程，反算出各点距铺面石材的顶高程的高度。用方格法规划好整体铺设，每个方格 10 m 大小以内，根据实际尺寸定制铺面石材。

2. 施工机具准备

发电机 2 台，手持石材切割机 8 台，铁锹 10 把，强制性搅拌机 2 台，水泵 2 台，磅秤 2 台，其他小型机具。

3. 施工工艺

施工工艺流程:测量放线→既有站台面混凝土凿毛→填筑 150 mm 厚二八灰土→70 mm 厚 C20 混凝土现浇并找坡(双向配筋 ϕ8@250)→30 mm 厚 1∶3 干硬性砂浆粘结层→撒素水泥面→铺花岗岩石材→养护。

(1)站台面按照实际尺寸在站台用墨线弹出实地位置。

(2)方格法定出控制桩、控制边线和标高。

(3)对既有站台面混凝土进行凿毛处理,凿见新鲜混凝土即可。

(4)填筑 150 mm 厚二八灰土应严格控制配比,压路机静压 6～7 遍。

(5)根据控制桩标高,定出各个方格角点处的找平层混凝土顶标高,采用 C20 混凝土做结构找坡。

(6)铺面石材采用 1∶3 干硬性砂浆作粘结层,厚度不小于 30 mm。

(7)铺装完石材后用稀水泥擦缝,洒水养护 7 d,禁止堆压。

第三节 引入枢纽工程施工

根据设计,整个南京南站京沪高速场、沪汉蓉宁杭场、宁安场均列入南京枢纽大胜关长江大桥南京南站及相关工程,一次性同步建成。宁安铁路引入枢纽南京南站,其接轨处为南京南站(宁安场)上行进站信号机外方约 15 m 处,根据《上海铁路局关于公布新建铁路路局调度所调度台设置优化调整方案的通知》(上铁运函〔2015〕193 号),因宁安铁路接入南京南站宁安场、并接入上海铁路局调度所宁杭台开通运营,信号工程施工时需对接入南京南站(枢纽站)引起的宁杭调度台及关联调度台、车站(含南京南动车所)等信号联锁、CTC、列控等软件实施修改,详见第四篇第九章“信号工程”。

第四节 接轨站过渡施工

安庆站为在既有安庆站上改扩建车站,需进行过渡施工。

既有安庆站规模为 5 股道两站台,其中正线 1 条(Ⅱ道),到发线 4 条;改扩建后的安庆站规模为 7 股道三站台,其中正线 2 条,到发线 5 条。在安庆站北侧新增 2 股到发线,既有 4、5 道变为新建线正线Ⅰ、Ⅱ道。北端咽喉原则上不做大改动,预留增建第二线、调整正线位置条件;南端咽喉尽量向南布置,其道岔按照改建车站标准选用 12 号道岔。既有安庆电厂专用线在末端引出,改造后仍在南京端顺接。

安庆站占线改造施工共分 7 步:

第 1 步:停用、拆除既有 4、7 号道岔,停用 3、4、5 道线路,施工Ⅰ、Ⅱ、3、4、6 道线下工程及相关客运设施改建施工。过渡施工示意如图 4-6-12 所示。

(1)封锁安庆站Ⅱ道 K39+831～K41+003 处线路(3 号道岔至 2 号道岔间),拆除 4 号、7 号道岔,停用 3、4、5 道线路,封锁点毕达到开通条件,开通封锁的线路。开通 3 号、2 号道岔直股、钉闭曲股。

信号:拆除 4 号、7 号道岔,停用 3、4、5 道线路及相关信号设备。

设备变化:停用 3、4、5 道线路,3 号、2 号道岔开通直股、钉闭曲股。

(2)停用并部分拆除 2 号站台。保留既有 1、2 道和基本站台,即保留既有“2 线 1 台”维持安庆站的行车和旅客乘降,旅客由基本站台乘降。施工时间为 3 个月。

(3)在 2 号站台靠南侧站台边缘 2 m 位置设置硬隔离。隔离高度不小于 1.8 m,确保稳固。拆除靠既有 3 道侧的站台帽、站台,按设计修建 2 号站台上靠既有 3 道侧的站台墙,地道上方预留暂不施工。同步新建 2 号～3 号站台间的旅客地道及 3 号站台。

(4)Ⅰ、Ⅱ、3、4、6 道路基填筑施工,同时配套施工综合管沟、接触网立柱基础等。

(5)同步施工既有 2 号站台以北部分同安路下穿地道(既有 2 道北侧防护桩防护)。

(6)封闭原 K40+721 平过道,站场全封闭施工。

第 2 步:Ⅰ、Ⅱ、3、4、6 道线路及道岔铺设、抬道及相关客运设施改建施工。过渡施工示意如图 4-6-13 所示。

(1)安庆站Ⅰ、Ⅱ、3、4、6 道及相关客运设施的施工完成。

(2)按照设计位置铺设西咽喉 4 号、6 号、8 号、10 号、12 号、16 号和东咽喉 1 号、3 号、5 号、7 号、9 号、11 号、13 号、15 号、17 号、19 号、21 号、25 号、27 号等 19 组道岔,连接相关线路,并整修到开通标准。将 2 号道岔预铺在线路路基右侧,并调试合格。

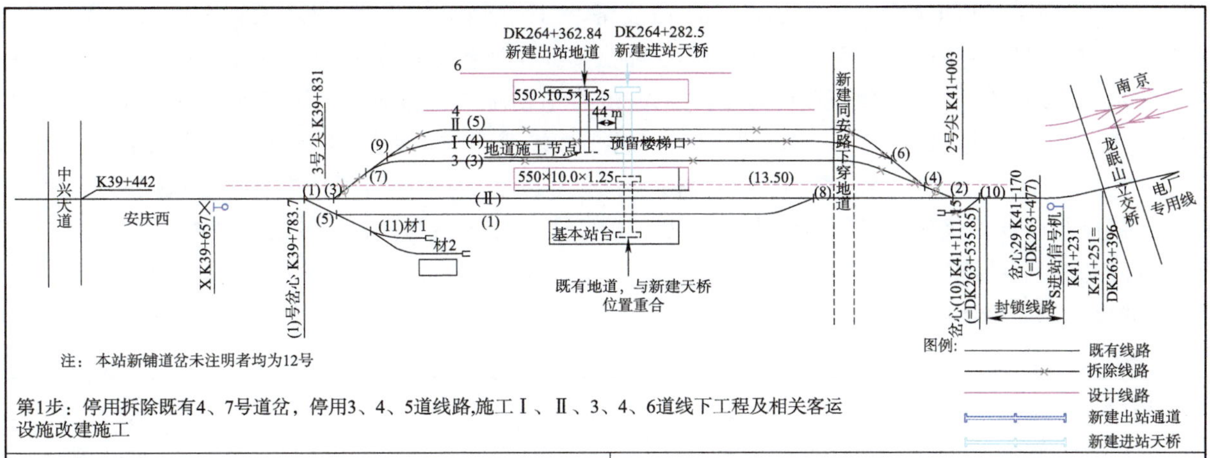

一、施工内容

1. 2014年5月1日封锁安庆站Ⅱ道K39+831~K41+003处线路（3号道岔至2号道岔间）120 min，拆除4号、7号道岔，停用3、4、5道线路，封锁点毕达到开通条件，开通封锁的线路。开通3号、2号道岔直股、钉闭曲股。

信号：拆除4号、7号道岔，停用3、4、5道线路及相关信号设备。

设备变化：停用3、4、道线路，3号、2号道岔开通直股、钉闭曲股。

作业设备：无。

限速条件：无。

2. 2014年5月1日~8月30日共计3个月，停用并部分拆除2号站台。保留既有1、2道和基本站台，即保留既有“2线1台”维持安庆站的行车和旅客乘降，旅客由基本站台乘降。施工时间为3个月。

3. 在2号站台靠南侧站台边缘2 m位置设置硬隔离（高度不小于1.8 m确保稳固）拆除靠既有3道侧的站台帽、站台，按设计修建2号站台上靠既有3道侧的站台墙(地道上方预留暂不施工)。同步新建2号～3号站台间的旅客地道及3号站台。

4. Ⅰ、Ⅱ、3、4、6道路基填筑施工，同时配套施工综合管沟、接触网立柱基础等。

5. 同步施工既有2号站台以北部分同安路下穿地道。

6. 封闭原K40+721平过道，站场全封闭施工。

二、配合单位施工

1. 新建2号站台上靠既有3道侧天桥基础、立柱，新建2号、3号站台间天桥；在天桥安庆西方向对应Ⅰ-3道间预留楼梯口，并修建旅客乘降楼梯，供转场后旅客乘降使用。

2. 因2号站台的天桥施工而影响的新建3道作业面在7月10日前交出，以便施工该段路基、线路及其他相关工程。

图 4-6-12　安庆站施工过渡方案平面示意图(第 1 步)

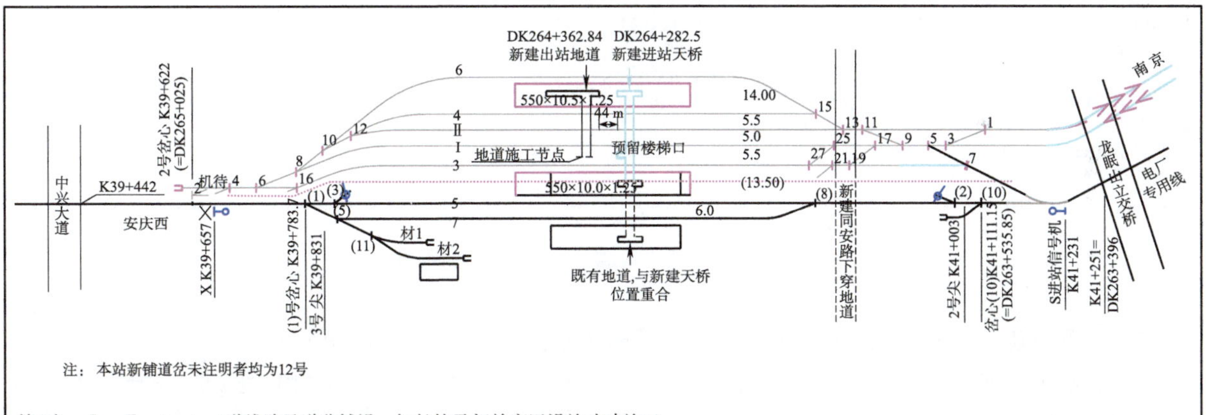

第2步：Ⅰ、Ⅱ、3、4、6道线路及道岔铺设、卸长轨及相关客运设施改建施工

一、施工内容

2014年7月30日~8月30日共计1个月，2号站台上天桥基础、立柱施工完毕，在2号站台中间位置设置硬隔离（高度不小于1.8 m，确保稳固）距离2道侧的站台帽不小于4.5 m。恢复2号站台临2道侧的半幅站台面，即恢复“2线2台”使用，旅客由基本站台经既有地道进入2号站台，满足安庆站的行车和旅客乘降。

1. 安庆站Ⅰ、Ⅱ、3、4、6道及相关客运设施的施工完成，其中，3号站台7月30日前完成，综合管沟及接触网基础8月15日前完成。

2. 7月30日前按照设计位置铺设西咽喉4号、6号、8号、10号、12号、16号和东咽喉1号、3号、5号、7号、9号、11号、13号、15号、17号、19号、21号、25号、27号等19组道岔，连接相关线路，并整修到开通标准；将2号道岔预铺在线路路基右侧，并调试合格。

3. 7月30日前利用原拆除旧钢轨在4道、6道线位铺设工程线，采用人工上砟，人工铺设枕木和钢轨，并整修到开通标准。

4. 2014年8月5日封锁安庆站Ⅱ道K41+128~K41+231段线路，拨接线路与工程线连接，长轨车进入工程线进行卸长轨作业。8月6日长轨车出工程线，封锁点毕线路恢复原位达到开通条件，开通封锁的线路。

设备变化：无。

作业设备：长轨车。

限速条件：封锁点毕线路开通后第一列限速35 km/h，第二列限速45 km/h不少于4 h，其后恢复常速。

5. 继续其他工程的施工。

6. 同步施工同安路下穿地道。

二、配合单位施工

电务对应安装道岔设备及轨道电路设备并调试。

图 4-6-13　安庆站施工过渡方案平面示意图(第 2 步)

(3)利用原拆除旧钢轨在 4 道、6 道线位铺设工程线，采用人工上砟，人工铺设枕木和钢轨，并整修到开通标准。

(4)封锁安庆站Ⅱ道 K41＋128～K41＋231 段线路，拨接线路与工程线连接，长轨车进入工程线进行卸长轨作业。作业完毕后要点出工程线，封锁点毕线路恢复原位达到开通条件，开通封锁的线路。

第 3 步：拨接线路连接工程线开通工程线、铺设 29 号道岔施工。过渡施工示意如图 4-6-14 所示。

(1)封锁安庆站Ⅱ道 K41＋128～K41＋231 段线路，拨接线路与工程线连接，捣固车进入工程线，进入新铺Ⅰ、Ⅱ、3、4、6 道捣固作业(三捣两稳)。就位铺设新 29 号道岔及安全线，两端进站信号机同时按设计位置外移。封锁点起至计算机联锁换装前停用安庆站Ⅱ道 K41＋128～K41＋231 段线路及电厂专用线，按工程线使用，捣固完成后捣固车返回电厂专用线停放。

(2)继续其他剩余工程的施工。

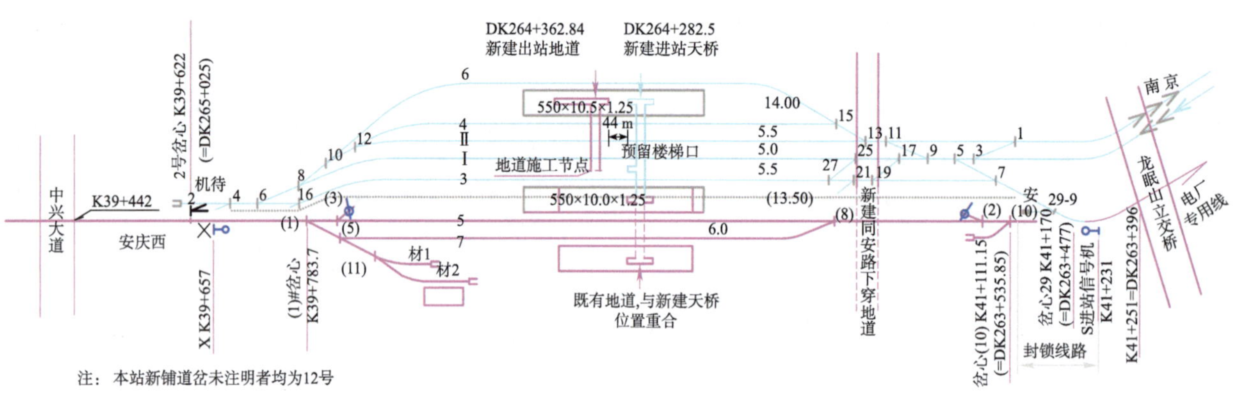

第3步：拨接线路连接工程线开通工程线，捣固、铺设29号道岔施工

一、施工内容 1. 2014年8月24日~30日，封锁安庆站Ⅱ道K41+128~K41+231段线路120 min，拨接线路与工程线连接，捣固车进入工程线，进入新铺Ⅰ、Ⅱ、3、4、6道捣固作业。就位铺设新29号道岔及安全线,两端进站信号机同时按设计位置外移。封锁点起至计算机联锁换装前停用安庆站Ⅱ道K41+128~K41+231段线路及电厂专用线，按工程线使用，捣固完成后捣固车返回电厂专用线停放。 2. 继续其他剩余工程的施工。	

图 4-6-14 安庆站施工过渡方案平面示意图(第 3 步)

第 4 步：插铺新 2 号道岔，转场换边施工。过渡施工示意如图 4-6-15 所示。

(1)封锁安庆线 K39＋657～K41＋231 处线路施工，插铺新 2 号道岔，连接相关线路，捣固机车捣固，达到开通条件。施工点毕开通启用新建 4、6 道线路以及安全线、电厂专用线及相关道岔，大机捣固车作业完毕返回电厂专用线；其中 2/4、6、8、5、9、11、13 号道岔开通曲股、直股钉闭，7、12 号道岔开通直股、曲股钉闭。新 29 号曲股岔后设车挡，同时拆除既有 1 号、10 号道岔。

信号：利用既有设备改造进行计算机联锁换装及全站轨道电路和信号设备联锁调试，点毕按新的 LKJ 数据启用安庆站新的联锁设备，开通 4、6 道线路、安全线及相关道岔轨道电路和相关信号设备及新移设的进站信号机。

设备变化：开通启用安庆站新 4 道、6 道线路、安全线、电厂专用线及相关道岔。同时停用既有Ⅰ、Ⅱ道及相关道岔。

(2)启用 2 号～3 号站台间新建天桥和 3 号站台，使用“2 线夹 1 台”维持安庆站的行车和旅客乘降；停用既有 1、2 道和 2 号站台。

(3)站场北侧按设计封闭完成，同时在距新 4 道中心 3 m 南侧设置物理隔离(高度不小于 1.8 m，确保稳固)。

(4)封锁安庆线 K39＋600～K39＋700 处线路，进行新 2 号道岔焊接，施工点毕开通封锁的线路。电务配合施工。

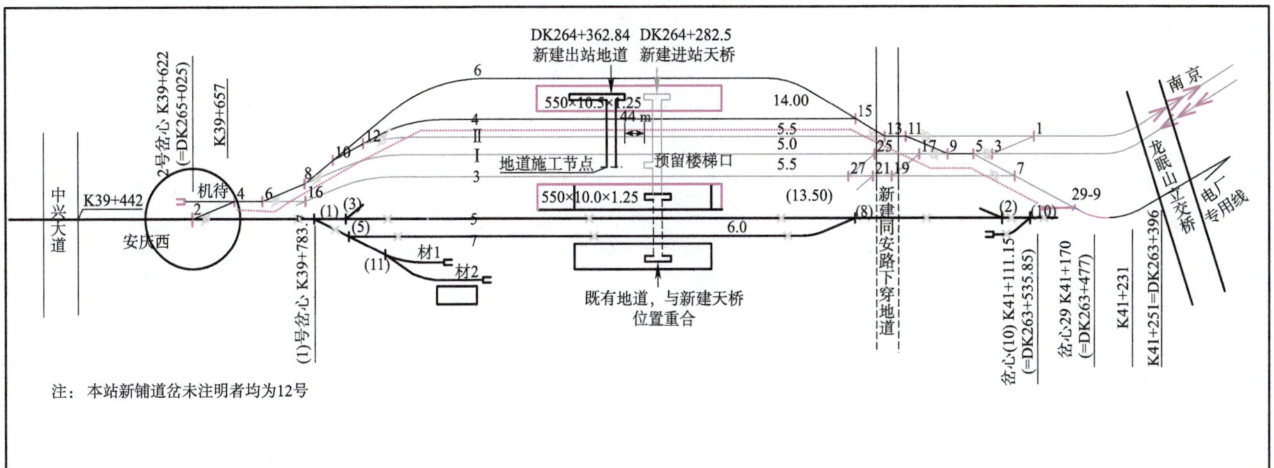

第4步：插铺新2号道岔，转场换边施工

一、施工内容

1. 2014年8月30日封锁安庆线K39+657~K41+231处线路300 min施工，插铺新2号道岔,连接相关线路，捣固机车捣固，达到开通条件。施工点毕开通启用新建4、6道线路、安全线、电厂专用线及相关道岔，大机捣固车作业完毕返回电厂专用线；其中2/4、6、8、5、9、11、13号道岔开通曲股、直股钉闭，7、12号道岔开通直股、曲股钉闭。新29号曲股岔后设车挡，同时拆除既有1号、10号道岔。

信号：利用既有设备改造进行计算机联锁换装及全站轨道电路和信号设备联锁调试，点毕按新的LKJ数据启用安庆站新的联锁设备，开通4、6道线路、安全线及相关道岔轨道电路和相关信号设备及新移设的进站信号机。

设备变化：开通启用安庆站新4道、6道线路、安全线、电厂专用线及相关道岔。同时停用既有Ⅰ、Ⅱ道及相关道岔。

作业设备：大机捣固车两组。

限速条件：封锁点毕线路开通后第一列限速35 km/h，其后恢复常速（45 km/h）(提报LKJ全站限速45 km/h）。

2. 启用2号~3号站台间新建天桥和3号站台，使用"2线夹1台"维持安庆站的行车和旅客乘降；停用既有1、2道和2号站台。

3. 站场北侧按设计封闭完成，同时在距新4道中心3 m南侧设置物理隔离（高度不小于1.8 m，确保稳固）。

4. 2014年8月31日，封锁安庆线K39+600~K39+700处线路，进行新2号道岔焊接，施工点毕开通封锁的线路。电务配合施工。

设备变化：无。

作业设备：无。

限速条件：无。

二、配合单位施工

1. 电务提前45天上报新的LKJ数据。

2. 点毕按新的LKJ数据启用新的LKJ数据，开通4、6道线路、相关道岔轨道电路和相关信号设备及新移设的进站信号机。

图 4-6-15　安庆站施工过渡方案平面示意图(第 4 步)

第 5 步：转场施工：启用新建天桥、4、6 道和 3 号站台，停用既有 1、2 道，改建安庆站 5、7 道及相关客运设施。过渡施工示意如图 4-6-16 所示。

(1)继续保留基本站台和既有地道，部分保留既有 2 号站台。旅客乘降径路(绿色部分短期过渡)为：临时站房↔基本站台↔2 号站台↔旅客通道↔天桥临时楼梯入口↔天桥↔3 号站台。

(2)拆除既有 1、2 道及相关线路和 2 号站台可拆除部分。同时在原行包平过道位置修筑临时站房经基本站台安庆西方向尾部修筑 4 m 宽旅客平过道(进出站分离各 2 m)接入天桥临时楼梯入口，旅客通道路面为硬化路面，且两侧用彩钢瓦封闭，修筑完成后启用临时旅客通道，停用基本站台和既有地道。此后旅客乘降径路为：临时站房↔旅客通道↔天桥临时楼梯入口↔天桥↔3 号站台。

(3)全部拆除 2 号站台、基本站台。

(4)施工新 5、7 道路基；同时配套施工综合管沟、接触网立柱基础等。

(5)利用既有管道设施在新建 4 道为机车补充给水。

(6)同步施工同安路下穿地道(新建 3 道南侧防护桩防护)。

(7)就位铺设 14 号、18 号、20 号、22 号、23 号道岔，并连接相关线路，小型液压捣固机捣固，并整修到开通标准；同时利用原拆除钢轨在 5 道、7 道线位铺设线路，采用人工上砟，人工铺设枕木和钢轨，并整修到开通标准。

第 6 步：转场施工：2 号站台、地道和 5、7 道线路及相关客运设施施工。过渡施工示意如图 4-6-17 所示。

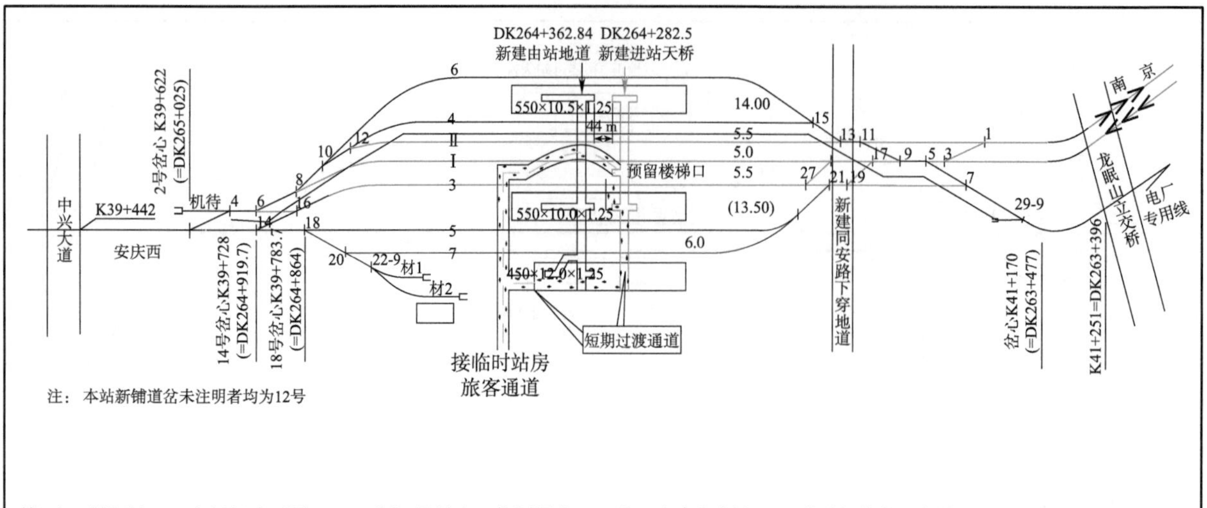

第5步：转场施工：启用新建天桥、4、6道和3号站台，停用既有1、2道，改建安庆站5、7 道及相关客运设施

一、施工内容 2014年8月30日~11月30日共计3个月，启用新建天桥、4、6道和3号站台，使用“2线夹1台”维持安庆站的行车和旅客乘降。 1. 8月30日~9月5日继续保留基本站台和既有地道，部分保留既有2号站台。旅客乘降径路（绿色部分短期过渡）为：临时站房↔基本站台↔2号站台↔平过道↔天桥临时楼梯入口↔天桥↔3号站台。 2. 9月6日~11月30日快速拆除既有1、2道及相关线路和2号站台可拆除部分。同时在原平过道位置修筑临时站房经基本站台安庆西方向尾部修筑5 m宽旅客平过道（进出站分离各2.5 m）接入天桥临时楼梯入口，平过道路面为硬化路面，且两侧用彩钢瓦封闭，修筑完成后启用临时平过道，停用基本站台和既有地道。此后客乘降径路为：临时站房↔旅客通道↔平过道↔天桥临时楼梯入口↔天桥↔3号站台。	3. 全部拆除2号站台、基本站台，11月30日前完成2号站台剩余站台墙及2号站台内填土及铺面。 4. 施工新5、7道路基；同时配套施工综合管沟、接触网立柱基础等 5. 利用既有管道设施在新建4道为机车补充给水。 6. 同步施工同安路下穿地道。 7. 11月30日前就位铺设14号、18号、20号、22号、23号道岔，并连接相关线路，小型液压捣固机捣固，并整修到开通标准；同时利用原拆除钢轨在5道、7道线位铺设线路，采用人工上砟，人工铺设枕木和钢轨，并整修到开通标准。

图 4-6-16 安庆站施工过渡方案平面示意图(第 5 步)

(1)2 号站台及 2 号站台上天桥设施修建完成后，改用 2 号站台及 2 号站台上地道设施，拆除 2 号站台北侧旅客通道和天桥临时楼梯入口，完成Ⅰ、3 道剩余工程施工，此时旅客乘降径路为：临时站房↔旅客通道↔2 号站台↔地道↔3 号站台。

(2)封锁安庆站 2 号道岔，连接相关线路。封锁点毕达到开通条件，开通 2 号道岔，其中 2 号道岔直股按工程线开通，准工程车辆进出。

信号：连接相关轨道电路，并对相关信号设备进行安装调试。封锁点毕，开通相关轨道电路及信号设备。

(3)分次要点封锁安庆站 2 号道岔，长轨车从安庆北站进入安庆站 5、7 道卸长轨作业。

(4)基本站台施工完成后，拆除旅客通道，完成旅客通道占用的路基及轨道施工，根据地道和天桥的施工进度，此时计划旅客乘降径路为：临时站房↔基本站台↔行包地道↔地道↔3 号站台。

(5)要点封锁安庆站 2 号道岔，捣固车经 2 号道岔进入新铺 5、7、材 1、材 2 股道进行捣固作业(三捣两稳)。

第 7 步：计算机换装，全站开通。过渡施工示意如图 4-6-18 所示。

(1)开通启用全站线路、道岔及信号设备。

(2)启用新建地道、天桥、基本站台、2 号站台、3 号站台。

(3)启用新站房；旅客由站房经天桥进站，地道出站。

(4)四电配套工程同步实施。

(5)按照新建宁安铁路标准，实施无缝线路换铺与锁定。

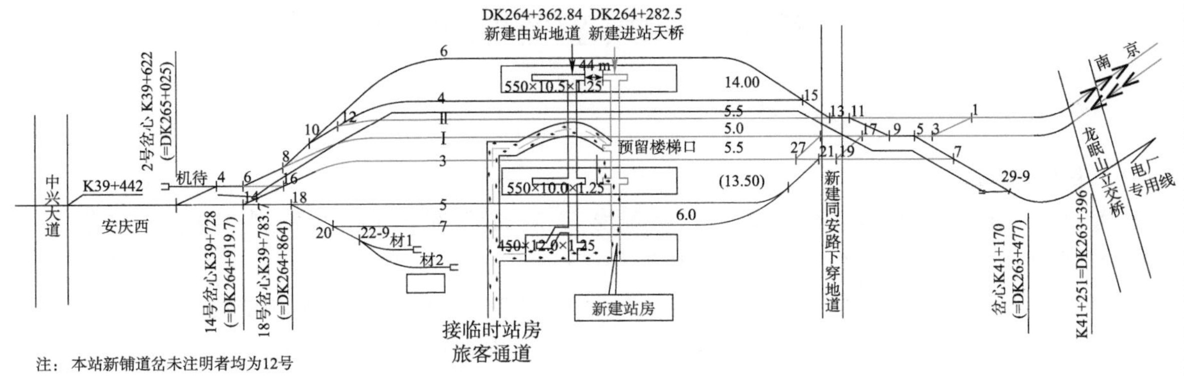

注：本站新铺道岔未注明者均为12号

第6步：转场施工：2号站台地道和5、7道线路及相关客运设施施工

一、施工内容

1. 12月1日~10日，2号站台及2号站台上天桥设施修建完成后，改用2号站台及2号站台上地道设施，拆除2号站台北侧平过道和天桥临时楼梯入口，完成Ⅰ、3道剩余工程施工，此时旅客乘降径路为：临时站房↔平过道↔2号站台↔地道↔3号站台。

2. 12月10日封锁安庆站2号道岔60 min，连接相关线路。封锁点毕达到开通条件，开通2号道岔，其中2号道岔直股按工程线开通，准工程车辆进出。(工程线5、7道需在12月5日前验收达到开通条件)

信号：连接相关轨道电路，并对相关信号设备进行安装调试。封锁点毕，开通相关轨道电路及信号设备。

设备变化：2号道岔直股按工程线开通。

作业设备：无。

限速条件：无。

3. 12月11日~12日，分次要点封锁安庆站，长轨车从安庆北进入安庆站5、7道卸长轨作业。

4. 12月20日~31日基本站台施工完成后，拆除平过道，完成平过道占用的路基及轨道施工，根据地道和天桥的施工进度，此时计划旅客乘降径路为：临时站房↔基本站台↔行包地道↔地道↔3号站台。

5. 12月25日，捣固车经2号道岔进入新铺5、7、材1、材2股道进行捣固作业。

6. 继续进行剩余工程的施工

二、配合单位施工

电务点内连接相关轨道信号。

图 4-6-17　安庆站施工过渡方案平面示意图(第 6 步)

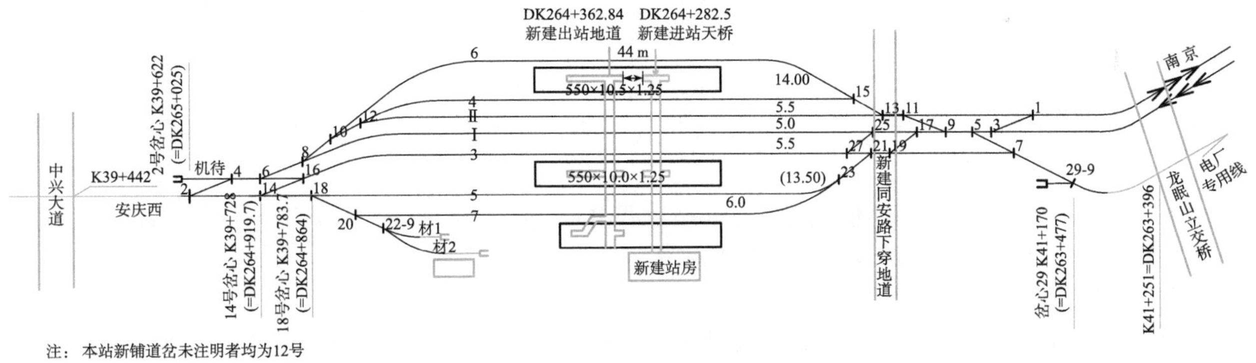

注：本站新铺道岔未注明者均为12号

第7步：计算机换装，全站开通

一、施工内容

2014年12月30日全站封锁300 min，全站LKJ数据换装，点毕：

1. 开通启用全站线路、道岔及信号设备。
2. 启用新建地道、天桥、基本站台、2号站台、3号站台。
3. 启用新站房；旅客由站房经天桥进站，地道出站。
4. 四电配套工程同步实施。
5. 按照新建宁安城际标准，实施无缝线路换铺与锁定。
6. 同安路下穿地道施工完成。

二、配合单位施工

1. 提前45天上报新的LKJ数据。
2. 点毕启用新的计算机联锁、LKJ数据、微机监测设备。

图 4-6-18　安庆站施工过渡方案平面示意图(第 7 步)

第五节　动车整备基地施工

一、南京南动车所动车整备基地存车线施工

(一)工程概况

南京南动车运用所总规模:检查库线 8 条、存车线 53 条、走行部诊断线 1 条、外皮清洗线 2 条、临修库线 1 条、不落轮镟库线 1 条;占地 673 亩,房屋面积 56 400 m^2。

宁安铁路项目工程设计内容为 2 线检查库线、6 条存车线,动车组检修工装相应配套。宁安铁路乘务员公寓、办公综合楼、食堂浴室等辅助设施分别按批复规模纳入上述京沪高速铁路、沪汉蓉快速铁路通道、宁安铁路、宁杭铁路等工程统一设计、一并实施。本工程主要工程数量包括:D212、D220、D242、D248、D250、D52、D254 七组道岔,D42G 检查库、D43G 检查库,D56G、D57G、D58G、D59G、D60G、D61G 六条存车线及相关连接线及其信号配套工程。

(二)施工过程

1. 2011 年 3 月 2 日,宁安公司与京沪高速铁路股份有限公司商讨南京南动车所宁安铁路公司动车所工程施工情况,并形成《关于宁安铁路南京南动车运用所相关工程建设协商会议纪要》(京沪高铁、宁安铁路纪要〔2011〕46 号)。

2. 本工程实际施工主要工程数量

(1)站前工程:前期因宁杭施工时将 D212、D220、D242 三组道岔和 D42G 检查库、D43G 检查库线铺设完毕。目前剩余的主要工程量为 D248、D250、D252、D254 四组道岔,6 股存车线,车挡等。

(2)四电工程:因三电和接触网施工招标时南京南动车所为一个整体,所以本工程四电工程为本次轨道工程范围内的信号同步配套站前工程、接触网精调工程等。

3. 编制施工方案报批及施工

按照营业线和邻近营业线施工安全管理有关规定,编制施工方案报审和按计划施工。

(1)2013 年 6 月 18 日,宁安公司组织本工程施工方案预审,详见《宁安公司关于南京南动车运用所宁安存车线工程施工方案预审会议纪要》(宁安纪要〔2013〕77 号)。

(2)2013 年 6 月 25 日,宁安公司报请上海铁路局建设处组织对本工程施工方案审查,详见《上海铁路局建设处关于印发〈南京南动车运用所宁安存车线工程施工方案审查会议纪要〉的通知》(建工函〔2013〕165 号)。

(3)按照施工计划精心组织站前工程施工和站后四电(信号、接触网)施工,施工单位按照路局批准的施工方案,于 2013 年 10 月 10 日基本完成施工任务。

4. 验收及开通启用

(1)2013 年 10 月 10 日,宁安公司组织召开了南京南动车所宁安存车场轨道工程专业验收会议,详见《宁安公司关于南京南动车所宁安存车场轨道工程专业验收的会议纪要》(宁安纪要〔2013〕150 号)。

(2)2013 年 10 月 18 日,宁安公司组织召开了宁安铁路南京南动车所存车线信号、接触网及相关设备验收暨开通协调会议,详见《关于宁安铁路南京南动车所存车线信号、接触网及相关设备验收暨开通协调会议纪要》(宁安纪要〔2013〕159 号)。

(3)2013 年 10 月 25 日,宁安公司报请上海铁路局批准,南京南动车所 51～56 道、242、244、246、248 号道岔及相关信号、接触网设备,根据设备管理单位南京桥工段、南京电务段、南京供电段登记及申请,并经宁安公司按规定组织相关部门检查、验收,符合开通要求,自 2013 年 10 月 28 日 18:00 起开通启用,详见《关于公布南京南动车所 51～56 道及相关设备开通启用的通知》(运电〔2013〕210 号)。

5. 2013 年 12 月 19 日,上海铁路局提出在本工程增设人工清洗线设备及设施,要求宁安铁路对本工程实施设计并施工,详见《上海铁路局车辆处、总师室、建设处关于印发南京南动车所改建人工清洗线协调会会议纪要的通知》(辆综函〔2013〕12 号)。为此,宁安公司按照变更设计管理规定及流程,组织设计研究编制南京南动车所新增人工洗车线Ⅱ类变更设计文件,报上海铁路局审批。按照营业线和邻近营业线施工安全管

理有关规定和流程，按照编制施工方案报批及施工、工程验收及开通启用等建设管理规定及流程，于2015年11月20日，宁安公司组织召开了南京南动车所宁安存车线改建人工洗车线工程验收会议，详见《关于南京南动车所宁安存车线改建人工洗车线工程验收会议纪要》(宁安纪要〔2013〕200号)，按照上海铁路局施工计划批准的开通时间开通启用。

二、安庆北动车存车线施工

（一）既有安庆北客车整备所概况

现有6条存车线，按照普速客车整备功能配置相关设备及设施；连接6股道线路的道岔为非联锁道岔，非电化挂网。

（二）改建为宁安动车存车线的设计情况

将既有安庆北客整所存车线6条改造整治为宁安铁路安庆北动车组存车线(以下称本工程)，对其线路现状实施电气化挂网；连接6股道线路的道岔纳入安庆北站微机联锁集中控制；按照6条动车存车线标准配置相关设备及设施。

（三）施工过程

1. 施工方案编制和审查

(1)2014年8月11日，宁安公司组织对安庆北站场改造与信号配套以及安庆(不含)至安庆北(含)四电等工程营业线(邻近)施工方案预审，详见《关于安庆北站场改造与信号配套以及安庆(不含)至安庆北(含)四电等工程营业线(邻近)施工方案预审会议纪要》(宁安纪要〔2014〕140号)。

(2)2014年9月3日，宁安公司报请上海铁路局建设处组织对本工程施工方案审查，详见《上海铁路局建设处关于印发〈安庆北站场改造与信号配套、安庆(不含)至安庆北(含)四电等工程营业线、邻近营业线施工方案审查会会议纪要〉的通知》(建安函〔2014〕294号)。

(3)施工单位按照路局批准的施工方案，按照施工计划精心组织站前工程施工和站后四电(通信、信号、电力、接触网)施工。在施工过程中，因设备管理单位考虑6条存车线上仍有普速客车进行整备作业及人身安全等因素，对挂网数量有争议并认为减少2条线挂网数量。为此，宁安公司报请上海铁路局建设处组织上海铁路局业务主管处室、设备管理单位协调挂网数量专题协调会，详见《上海铁路局建设处关于印发〈宁安铁路安庆北动车存车线接触网挂网范围设计方案协调会会议纪要〉的通知》(建工函〔2014〕395号)。宁安公司据此建工函〔2014〕395号文，仅对K2～K5道4条存车线挂网进行变更设计和施工，于2015年5月28日基本完成施工任务。

2. 验收及开通启用

(1)2015年9月19日，进行接触网通电热滑试验，继之投入宁安铁路联调联试，于2015年12月6日开通运营使用。

(2)2016年3月，上海铁路局根据宁安铁路开通运营实际需要，提出对剩余K1、K6道2条存车线仍需挂网，并于2016年3月11日组织现场研究推进会，详见《关于研究安庆北站客整所K1、K6道增加电化挂网现场推进会纪要》(上海铁路局会议纪要〔2016〕27号)。宁安公司据上海铁路局会议纪要〔2016〕27号，根据既有线施工安全管理规定及管理程序，重新组织实施K1、K6道2条存车线挂网的再变更设计和施工，于2016年6月30日基本完成施工任务。

(3)2016年6月30日、7月21日，宁安公司分别组织召开安庆北K1、K6道电化挂网工程验收会议，详见《关于宁安铁路安庆北K1、K6道电化挂网工程验收会议纪要》(宁安纪要〔2016〕81号)。

(4)2016年7月26日，按照施工计划进行接触网通电热滑试验，继之投入宁安铁路运营使用。

第七章　房屋建筑及给排水工程

第一节　一般站房施工

宁安客运专线站房工程包括江宁西站、马鞍山东站、当涂东站、芜湖站、弋江站、繁昌西站、安庆站7个车站的新建旅客站房。以下主要以芜湖站、安庆站为例总结一般站房施工。

一、工程概况

（一）芜 湖 站

芜湖站车站规模为14台20线（正线6条，到发线14条），其中宁安场规模为6台8线（含正线2条），宁芜场规模为2台4线（含正线2条），合杭场规模为6台8线（含正线2条）。东、西站房侧基本站台尺寸均为450 m×12 m×1.25 m，宁安、合杭高速场站台尺寸均为450 m×10.5 m×1.25 m，宁芜普速场所在的4个站台面为550 m×10.5 m×1.25 m，所有站台面为高站台面。芜湖站设计最高聚集人数3 000人；预计2020年，高峰小时发送量为3 570人；到2030年，旅客高峰小时发送量为4 740人。芜湖站站房建筑面积49 988 m^2，站台面积41 180 m^2，站台雨棚结构投影面积32 480 m^2，出站地道含社会通廊面积6 000 m^2。

芜湖站采用东西对称双站房进站＋跨线式高架候车室候车站房结构形式，站台雨棚采用贴近站房两侧无站台柱钢结构雨棚＋有站台柱钢结构雨棚的组合形式；出站地道与贯通社会通廊结合的出站形式。

站房及高架候车室：采用钻孔钢筋混凝土灌注桩＋桩基承台＋筏板基础；劲性钢骨钢筋混凝土柱＋钢筋混凝土框架结构＋空间钢桁架屋盖结构；外幕墙为全幕墙系统，由干挂花岗岩、铝单板、明框玻璃幕墙（LOW-E中空钢化玻璃）组成；室内公共区域墙面由干挂花岗岩、铝单板、烤漆玻璃组成，吊顶由铝条板和铝单板组成，地面由花岗岩铺贴；其他办公设备房间为普通装修；屋盖钢结构上做工字钢檩条上覆铝镁锰金属屋面。

出站地道含社会通廊：采用钻孔钢筋混凝土灌注桩＋桩基承台＋纵横基础梁＋筏板基础；钢筋混凝土柱＋钢筋混凝土剪力墙＋单向混凝土预应力框架梁＋现浇混凝土板结构；墙面由干挂花岗岩组成，吊顶有铝单板、铝条板和铝筛网板组成，地面由花岗岩铺贴。

有站台柱雨棚：采用钻孔钢筋混凝土灌注桩＋桩基承台基础；钢管柱＋钢结构主次梁＋压型金属板钢筋混凝土组合屋面结构；站台面上可见钢结构部分用乳白色氟碳漆喷涂；组合屋面上覆盖SBS防水卷材防水。

安装工程主要包括站房10 kV配电室及10/0.4 kV变电、站房及雨棚低压配电、站房电力及控制、站房及雨棚照明、站房及雨棚防雷、接地、火灾自动报警、电话及计算机网络综合布线等系统，进站广厅、售票厅、普通候车室、办公用房等设集中空调系统，贵宾候车室以及部分通信、信号等工艺设备用房采用变制冷剂流量多联商用空调系统。

站房填充墙体采用加气混凝土砌块。站房主体采用全幕墙系统，石材、铝板等非透明幕墙内保温采用100 mm厚岩棉保温板，透明玻璃幕墙采用断热桥型双层LOW-E玻璃幕墙；铝镁锰金属屋面保温采用150 mm厚玻璃纤维保温棉带单层铝箔防潮层；轨道上方高架候车室地面采用膨胀玻化微珠保温砂浆保温层；天、地、墙空间立体全方位保温隔热，使芜湖站整体的保温隔热性能大大提高。芜湖站房屋顶采光设置有聚酯板天窗、公共空间四周围护采用玻璃幕墙，自然光线充足的情况下基本不用灯具照明；室内外绝大部分灯具采用节能型LED灯具，使整个芜湖站房的节能效果进一步提升。

工程自2013年8月19日开工，2014年6月15日站房地下结构及社会通廊顺利封顶，2014年10月16日东站房及高架候车室土建结构封顶，2015年1月20日东站房及高架候车室屋面空间桁架钢结构完成吊装，2015年1月13日完成东站房内15间四电房屋装饰装修顺利交接给后续设备单位，2015年3月31日完成金属屋面工程施工。2015 年 11 月 27 日新建芜湖站东站房及宁芜普速场正式开通运营，2015 年 12 月 7 日新建芜湖站宁安高速场正式开通运营。

(二)安 庆 站

安庆站设到发线 5 条(正线 2 条)，中间站台 2 座(分别为 550 m×10.0 m×1.25 m、550 m×10.5 m×1.25 m)，基本站台 1 座(450 m×12.0 m×1.25 m)。站台与站前广场地面相平，站房采用 线侧平式布局，铁路旅客采用“上进下出”流线模式，采用天桥进站、地道出站(设出站地道及行包地道 1 座)，地道平接站前广场地下室。车站旅客高峰小时发送量为 2 230 人。

车站建筑规模：中型车站。层数：地上 2 层(站台层、站台夹层)为高架候车层、高架候车夹层，地下 1 层为地下出站层。车站高度：站房屋顶至落客平台高度为 21.500 m(屋面结构高度)；檐口高度：25.50 m。客运站房建筑面积：19 984 m^2，站台雨棚建筑面积：14 625 m^2，进站天桥建筑面积：941 m^2，建筑基底面积：8 291 m^2。既有车站位于安庆市城区边沿，距安庆市中心约 3 km。车站地处安庆经济开发区两条城市主干道迎宾大道(即站南路，红线宽度 40 m)与湖心北路(红线宽度 60 m)交叉口正北面。地面标高 20.8 m 左右。

客运站房：中部候车大厅采用预应力钢筋混凝土结构，两侧办公及设备用房采用钢筋混凝土框架结构，站房金属屋面采用钢结构网架。站台雨棚及进站天桥：钢管混凝土柱、H 型钢梁、压型钢板非组合混凝土屋面。

本工程抗震设防类别为标准设防类(丙类)，通信信号房屋所在范围自基础面标高至屋面部分抗震设防类别为乙类，抗震设防烈度为六度。耐火等级：地上二级，地下一级，站房结构安全等级：二级；站台雨棚、天桥结构安全等级：一级，防水等级：Ⅰ级。

二、施工难点

(一)大面积深基坑支护施工

芜湖东站房和社会通廊均为地下结构，基坑深约 7 m，原设计基坑支护体系(图 4-7-1)为钢筋混凝土内支撑，如按照原设计施工，将会有以下几个难点：钢筋混凝土内支撑密集，土方施工过程中大型机械无法正常作业；钢筋、模板、木枋等材料无法直接到达作业面；地道结构底板及部分墙体施工完成后，拆除混凝土内支撑对已完结构造成破坏，拆除的建筑垃圾清运困难，部分垃圾无法清理；地下结构节点工期无法保证。

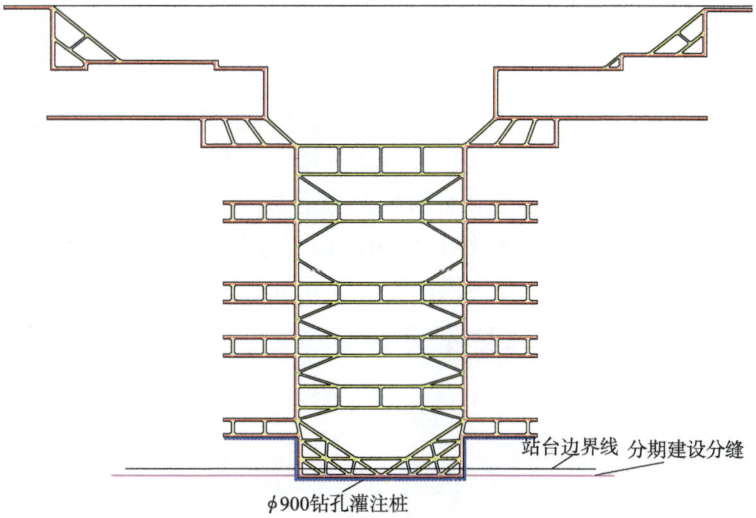

图 4-7-1　原基坑支护设计

为了保证地下结构的节点工期，施工过程中组织了主要技术力量分析研究方案，与设计单位沟通并最终确定将原设计基坑支护体系变更为预应力锚索拉锚。变更后的支护体系充分释放了工作面，更加利于土方开挖及运输，同时利于后续结构施工。通过对基坑支护体系的合理方案变更，不仅节约了成本，还在保证基坑支护体系安全的前提下大大缩短了施工时间,提前15 d完成了任务。现场施工实景如图4-7-2所示。

图4-7-2 芜湖站基坑支护优化设计后现场施工实景图

(二)高大模板支撑架施工

在保证主体结构的施工安全和质量前提下,为确保节点工期的顺利实现,在选定模板支撑体系前,认真仔细地对比了目前建筑市场上常用的几种支撑体系材料的经济性、安全性和适用性,最终确定采用最新型的支撑体系——承插型盘扣式脚手架(图4-7-3)。虽然此种材料的价格偏高,但它具有搭拆效率高、安全度高等其他架体所不具备的优势。采用此类型支撑体系是保证芜湖站主体结构能够提前封顶的重要手段。

图4-7-3 新型承插型盘扣式模板支撑架现场搭设实景图

芜湖站主体结构施工共需搭设架体约30万m^3,其中支撑架最大高度为10.35 m,最大跨度为29.2 m,集中线荷载最大为137.28 kN/m,均超过了建设部87号文件中关于模板支架需要专家论证范围的规定。施工过程中严格按照文件要求,提前编制方案,提前组织专家论证,并在架体搭设过程中安质部和工程部对每个区域搭设的架体均进行了全过程盯控,确保架体的搭设质量及验收,保证结构施工安全和质量。

(三)大跨度空间管桁架屋盖钢结构施工

芜湖站站房一期钢结构屋面桁架设计总数量为168榀,共计2 800 t。桁架呈倒三角形,宽高均为4 m,最大跨桁架长63 m,单榀桁架最重为45 t。针对桁架的超高超宽导致运输困难、现场作业场地狭窄无法拼装焊接等实际情况,施工过程中组织相关人员进行了多次讨论,并最终确定采用在芜湖站附近选定两个拼装焊接场地,将在工厂相贯线切割完成的杆件运输至选定场地进行拼装焊接,再改造租用2台平板车利用夜间将成品运输至施工现场进行吊装;针对桁架超长、现场场地限制等多方面制约因素,在结构施工期间就进行了多次方案比选,最终在考虑经济性、安全性和可行性前提下选定了分段吊装+局部高空原位拼装方案,即采用两台400 t履带吊分段吊装黄色桁架,粉红色桁架搭设支撑架作业平台进行高空原位拼装焊接。屋盖桁架平面布置如图4-7-4所示,桁架吊装施工实景如图4-7-5所示。

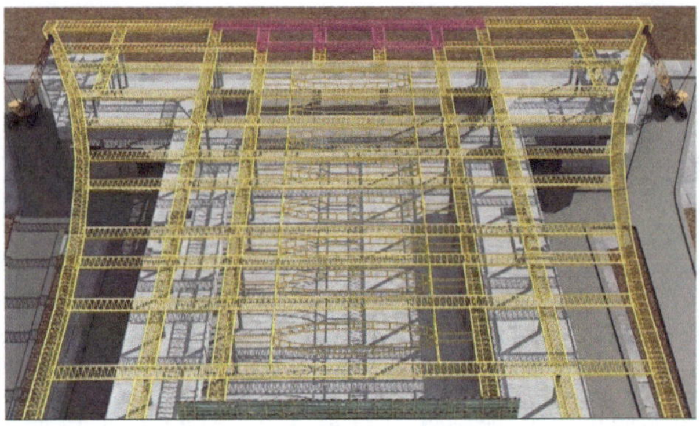
图4-7-4 屋盖桁架平面布置图

图4-7-5 63 m跨度桁架吊装施工实景图

芜湖站整体屋盖不设置变形缝，桁架结构的施工技术难度大，主要体现在异型钢结构制作难度大、屋盖结构安装技术要求高、卸载成形工艺复杂。同时钢桁架结构施工过程是一个结构体系及地学特性随施工过程非线性变化的复杂过程，对结构的受力状态有着不可忽视的影响。因此针对项目施工过程的难点、关键点与合肥工业大学联合进行了支座智能监测关键技术研究，对整个施工过程进行模拟分析以及关键部位的监测，有力地保证了芜湖站屋面桁架安装过程中的安全和质量。应变花布设及应变片安装如图 4-7-6 和图 4-7-7 所示。

图 4-7-6　应变花的布设形式

图 4-7-7　应变片现场安装

(四)大面积曲面石材、曲面铝板加工安装施工

为表达出芜湖站正立面两江交汇及皖江明珠等造型设计理念，在正立面幕墙深化设计时决定采用双曲面石材及铝板装修。施工前，就幕墙结构的安全性进行了计算并对龙骨进行了专项设计，同时采用 BIM 相关软件建立了芜湖站房，尤其是曲面石材、曲面铝板的三维模型(图 4-7-8)。施工过程中严格比选装修材料，过程中控制测量和施工工艺，最终克服了施工中的种种困难，顺利完成了施工。

图 4-7-8　BIM 三维曲面石材、曲面铝板模型

安庆站站房外装立面幕墙面积大，质量控制难度大，正立面为满足建筑造型效果，线条多，曲线复杂，施工较为复杂。施工前委托设计分公司对幕墙图纸进一步深化，并通过设计单位审核。对一些复杂立面由设计分公司和经理部向队伍进行明确交底，提前与铝板加工厂家对接，确认铝板排版及异型铝板的加工工艺；测量人员根据施工需要进行三维测量控制，保证立面建筑造型效果；坚持“样板引入”，在正式施工前进行样板段施工，请监理与业主对装饰效果进行确认后再进入大面积施工，保证了外立面的装修效果。部分实景如图 4-7-9、图 4-7-10 所示。

三、施工亮点

(一)芜 湖 站

1. 站房外部装饰效果

芜湖站房整体呈工字形，采用白色铝板＋白麻花岗岩＋玻璃幕墙组成的全幕墙系统，体现了客运站房的

图 4-7-9　曲面铝板安装完成后实景

图 4-7-10　站房南立面实际效果图

现代化效果。芜湖站立面造型中,两侧奔涌的线条,如滔滔江水,仿佛长江和青弋江向中央融汇。江水流淌形成的江面曲线体现出芜湖的俊秀和柔美,形成具有徽州意向的画框,隐喻着皖中的兴起。马头墙元素的融入更是体现了徽派建筑的重要特色。整个造型向世人展现芜湖已发展成为中部特色鲜明、具有竞争力的新型现代化城市,芜湖站各方面实景如图 4-7-11～图 4-7-13 所示。

图 4-7-11　芜湖站房东侧鸟瞰俯视实景

图 4-7-12　芜湖站房东侧正立面实景

2. 站房内部公共区域精装修

站房内部公共区域采用简洁明亮的装修风格,吊顶采用白色铝条板,墙面采用灰白色背漆玻璃,地面采

图 4-7-13　芜湖站房东南斜立面实景

用白麻花岗岩。

进站广厅、候车大厅石材地面色泽均匀协调，石材拼缝清晰顺畅。板块铝板与条板吊顶安装精确，排列有序，柱子与吊顶交接采用暗槽装修方式，巧妙规避拼缝难题。灯具排布整齐，整体感观自然细腻。墙、柱阳角采用圆弧砖，无缺棱掉角现象，砖缝宽窄深浅一致，接缝平顺。进站广厅实景如图 4-7-14 所示，候车大厅实景如图 4-7-15 所示。

图 4-7-14　芜湖站房东进站广厅实景

图 4-7-15　芜湖站房内部高架候车厅实景

社会通廊广告灯箱与墙面安装平齐；动静态标识安装牢固、标识清晰，整体美观协调；铝板网吊顶饰面平整、间距均匀、拼缝顺直、安装牢固、灯具成排成线，如图 4-7-16 所示。

商务 VIP 候车室新西米大理石墙面采用竖向线条分隔排版合理、色泽均匀、光润；主位两侧对称一致；2.4 m×3.0 m 内门居中设置突显精致美观的高品质要求；石膏板装饰吊顶线条细腻，灯具居中，6 380 mm×2 900 mm×1 400 mm 巨型水晶花灯安装精美，如图 4-7-17 所示；羊绒地毯平整、图案规整，与主宾位后方的芜湖非物质文化遗产铁画《百里皖江》相呼应，传承历史文脉。

图 4-7-16　芜湖站房社会通廊实景

图 4-7-17　芜湖站房商务 VIP 候车厅

公共卫生间整体设计,墙、地铺贴拼缝协调一致,相互对应;卫生器具安装牢固、排列整齐、布局合理;各种管线隐蔽设置、简洁实用,如图 4-7-18 所示。

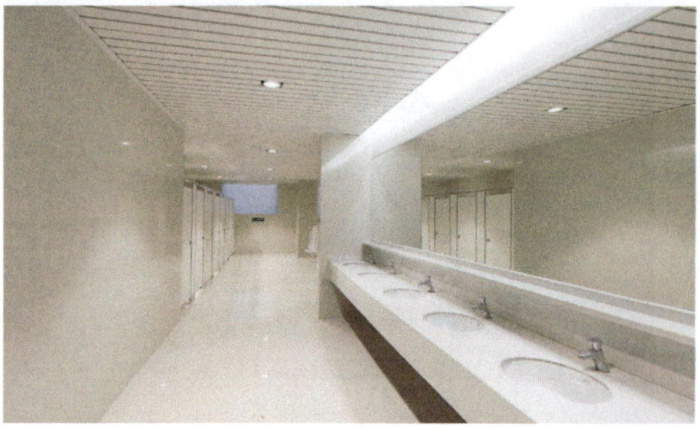

图 4-7-18 芜湖站房公共卫生间

3. 屋面工程施工

芜湖站房屋盖采用大跨度空间管桁架屋盖,空间管桁架上架(图 4-7-19)设工字钢转换檩条再布置金属屋面板系统。

屋面工程采用质量轻、强度高、耐腐蚀、环保节能的铝镁锰金属板,板材安装牢固,防风卡、防坠落等设施配置符合设计要求,搭接严密、防水有效,经历多次大风无脱落,如图 4-7-20 所示。

图 4-7-19 芜湖站房屋盖空间管桁架吊装

图 4-7-20 芜湖站房金属屋面系统实景

4. 安装工程施工

高架候车厅球形风口单独成排居中布置,铝单板幕墙与烤漆玻璃幕墙严格对缝,监控探头、旅服广播、车次显示屏、消火栓等均居中对称布置。球形喷口实景如图 4-7-21 所示。

图 4-7-21 芜湖站房球形喷口实景

空调泵房管线采用综合布置技术优化排布，管道层次分明、间距均匀，保护壳安装规范、施工精细、标识清晰、横成排竖成行。空调泵房实景如图 4-7-22 所示。

消防泵房设备布局合理，阀门仪表安装规范，操作指示清晰，管道支架安装美观牢固，管道层次分明，穿墙、板收口严密封堵，吊顶器具成排成线。消防泵房实景如图 4-7-23 所示。

图 4-7-22 芜湖站房空调泵房实景

图 4-7-23 芜湖站房消防泵房实景

5. 曲面装饰块材设计、加工、安装

为了更好地体现芜湖站房立面装饰效果，幕墙深化设计时采用了大面积弧形块材，并在施工之前建立了 BIM 三维模型，更好地指导加工生产及现场安装。

曲面石材幕墙弧度准确、安装牢固，表面平整、洁净、色泽均匀统一、大角挺拔，布局合理。铝板、墙面石材、地面石材对缝处理，大气美观。曲面石材实景如图 4-7-24 所示。

曲面铝板幕墙弧度准确、美观，表面平整、胶封饱满、密实、连续、均匀、无气泡，四性试验达到规范要求，历经风雨无渗漏。曲面铝板实景如图 4-7-25 所示。

图 4-7-24 芜湖站房曲面石材实景

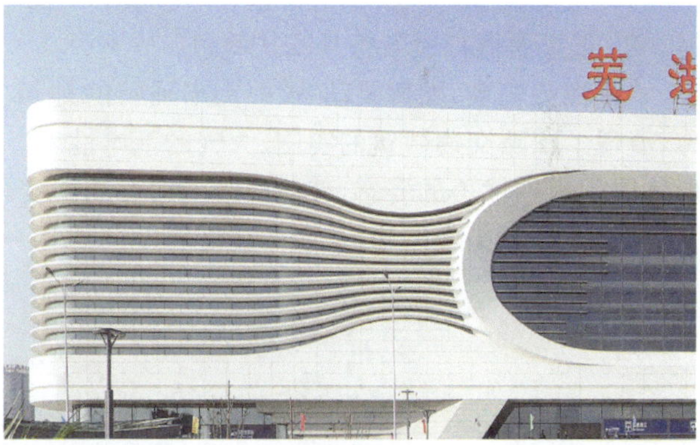

图 4-7-25 芜湖站房曲面铝板实景

6. 光影效果设计、施工

为了更好地体现芜湖站立面设计效果，在立面仿江水流畅的铝板线条上装 LED 彩色灯管，在夜间形成七彩霓虹的景观效果，更加突出了芜湖站房地标性建筑的特征。芜湖站房七彩霓虹实景如图 4-7-26 所示。

图 4-7-26 芜湖站房七彩霓虹实景

(二)安 庆 站

1. 外墙装饰施工

本工程设计造型新颖，站房外墙由铝板幕墙和玻璃幕墙组成，中段采用大面积的灰黑色玻璃幕墙，通透开放，采光充足；两侧中部采用白色铝板幕墙为主的实体墙面,站房正立面两侧为黄梅戏中水袖的艺术造型,中间为双曲面铝板造型。站房南立面实际效果如图4-7-27所示,站房北立面实际效果如图4-7-28所示。

图 4-7-27 曲面铝板安装完成后实景(站房鸟瞰实际效果)

图 4-7-28 曲面铝板安装完成后实景(站房北立面实际效果)

2. 正立面檐口设置极具安庆特色

“黄梅戏之乡,袖舞灵动”——突出独特的地域文化及山水园林的城市气质,建筑整体形态方正简洁对称,展现了铁路交通建筑的实用、大气的基本性质。我们提炼黄梅戏中水袖的戏剧特点,以流畅简洁的建筑形体展现水袖优美的姿态,玻璃幕墙上通过韵律变化的竖向线条形成与墙面相呼应的曲线,不仅展现黄梅戏之韵,又能喻示山水倒影,从而构成舒展而又别具一格的火车站形态,如图4-7-29所示。

图 4-7-29 站房侧立面实际效果

3. 大面积铝条板吊顶整齐和谐统一

候车大厅采用大面积铝条板吊顶,为保证内部大空间的视觉效果,白色铝条板之间的灯带采用云纹灯槽板,灯槽板两侧采用灰色铝条板分隔。灯槽板与框架柱的中心对应,施工中严格控制平顶标高及铝板对缝,格栅间距一致,整体效果和谐统一。线侧站房候车大厅天棚造型体现江南水乡的柔美形象,运用条形铝板做弧形造型,增加大厅的现代感。线侧站房吊顶效果如图4-7-30所示,线下站房吊顶效果如图4-7-31所示。

图 4-7-30　高架层吊顶效果

图 4-7-31　云纹板吊顶装饰效果

4. 梁下水平吊顶均用仿石材纹理铝板处理

安庆站站房墙体干挂石材原设计为光面石材，为提高室内整体的装饰效果与白色铝条板呼应，深化设计改为“两光一毛”，即两个光面石材一个毛面石材，整体效果美观整洁。

为旅客的安全考虑，所有梁下及洞口上方水平装饰板采用仿石材纹理的铝板，考虑线下站房整体装饰风格的美观，铝板面层滚涂大理石纹，用电脑进行多次调漆，最终与石材颜色基本一致，用 Z 型特制龙骨及铝板折边固定于骨架上。铝板安装采用密缝施工，滚涂大理石纹和密缝施工是此节点施工成功的关键。仿石材纹理铝板水平吊顶及细部如图 4-7-32、图 4-7-33 所示。

图 4-7-32　仿石材纹理铝板水平吊顶

图 4-7-33　仿石材纹理铝板水平吊顶细部

5. 所有阳角进行圆润处理，美观、大方、实用

本工程所有阳角均采用磨圆角的圆润处理，避免旅客进出时磕碰撞伤，体现了“以人为本”的建筑理念，给旅客带来了方便和安全。所有立面阳角和柱子均采用“法国边”，如图 4-7-34 和图 4-7-35 所示。

图 4-7-34　立面阳角的“法国边”

图 4-7-35　柱子的“法国边”

6. 细部

(1)细部节点处理事先策划,并按照《铁路旅客车站细部设计》的细则要求进行施工,卫生间小便斗、蹲便位置与玻化砖对应中心与砖缝对应。卫生间内男卫生间如图4-7-36所示,女卫生间如图4-7-37所示。

图4-7-36 男卫生间

图4-7-37 蹲便器

(2)站台层候车大厅空调球形出风口采用整块铝板压制成格栅线条,现场铝板拼装相接成整体线条,格栅间距一致,且上下、水平对称。空调出风口特写如图4-7-38所示。

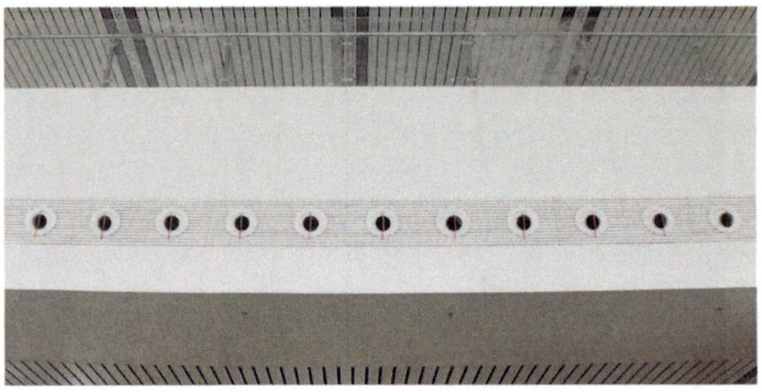

图4-7-38 空调出风口

(3)墙与顶板交接处节点处理美观、大方。墙体交接处如图4-7-39所示,玻璃幕墙与铝板样式如图4-7-40所示。

图4-7-39 室内墙与吊顶交接处

图4-7-40 玻璃幕墙与铝板

(4)其他部位按照标准美观的做法进行施工,达到观感整洁漂亮、使用功能便捷的目的。沉降观测点设置如图4-7-41所示。

(5)安装工程不仅重视内在质量,同时十分注意外观视觉效果。管道合理布局,横平竖直,流向标识明显;喷淋头、灯具、风口等安装成排成线。管上口穿吊顶装饰圈处理如图4-7-42所示,消防阀门涂黄油用

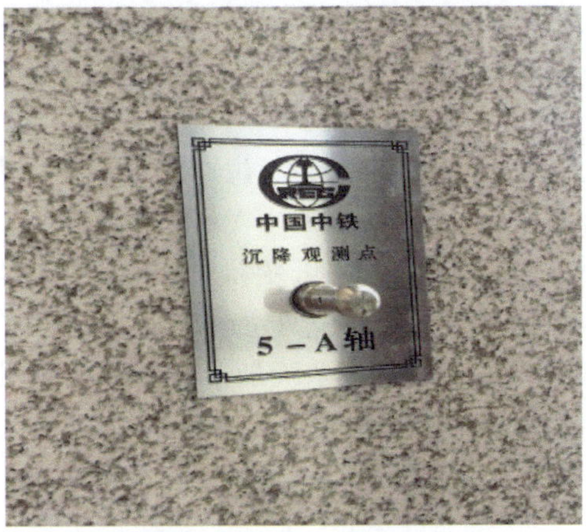

图 4-7-41　沉降观测点

PVC 套管保护如图 4-7-43 所示。消防水泵房如图 4-7-44 所示，空调泵房如图 4-7-45、图 4-7-46 所示。整个安装通电、通水、通风、通气、电话局域网等测试均一次成功。

图 4-7-42　管上口穿吊顶装饰圈处理

图 4-7-43　消防阀门涂黄油用 PVC 套管保护

图 4-7-44　消防水泵房

图 4-7-45　空调泵房(一)

图 4-7-46　空调泵房(二)

第二节 采暖与通风施工

中央空调负担区域为候车厅、售票厅、客服，售票室、生产管理用房以及通信信号设备用房、客运控制等空调时段要求较长和基于独立运行管理要求的区域采用 VRV 空调系统。候车厅、售票厅、客服等大空间按防火分区和功能分区，夏季设置中央空调系统，采用可变新风比的一次回风全空气系统；过渡季节采用自然通风或采用全新风空调运行方式，充分利用室外冷源对室内尤其进深较大的内部区域进行降温和通风换气。办公、休息等人员经常停留的区域设计 VRV 空调系统加全热新风换气机满足对新风量的卫生需求。综合值班室、材料值班室、消防控制室、公安用房采用商用空调分体机组。

一、空调水系统施工

(一)管道支架制作与安装

1. 安装流程

管道支架安装流程如图 4-7-47 所示。

图 4-7-47 管道支架安装流程

2. 施工方法及要领

(1)管道支架设置的位置、数量及形式应结合其他专业施工图及深化后的综合布线图进行，与其他专业管线并排走时应尽量考虑使用联合支架。

(2)管道支架加工制作前应根据管道的材质、管径大小等按标准图集选定支架的形式，并结合现场测量确定支架的高度，同时通过与其他专业的协调，避免与其他专业的管线发生“冲突”。

(3)管道支架的设置和选型必须满足管道的稳定和安全正确，符合管道补偿移位和设备推力的要求，防止管道振动，允许管道自由伸缩并符合安装高度。

(4)需使用联合支架的部位，应根据各专业管线并结合现场的情况，对联合支架进行设计，经各专业会审后方可施工。

(5)管道支架采用集中式加工制作，形成选型、测量、绘制支架图、加工制作、现场安装的流水工序，加工质量必须符合规范要求，制作成形后应进行除锈和防腐处理。

(6)大件管道与水泵、冷水机组等设备的接头处须安装辅助支架，以防止过大的应力，临近亦须安装落地支架以免设备受力。对于机房内压力管道及其他可把振动传给建筑物的压力管道，必须安装弹簧支架并垫橡胶垫圈以达到减振的目的。

(7)垂直安装的总干管，其下端应设置承重固定支架，上部末端设置防晃支架固定。管道的干管三通与管道弯头处应加设支架固定，管道支吊架应固定牢固，垂直安装较高的总干管应在中间部位适当增加承重固定支架。

(8)总干管的支架安装应配合结构进行铁件预埋。

(二)空调供回水管道安装

1. 安装流程

空调供回水管道安装流程如图 4-7-48 所示。

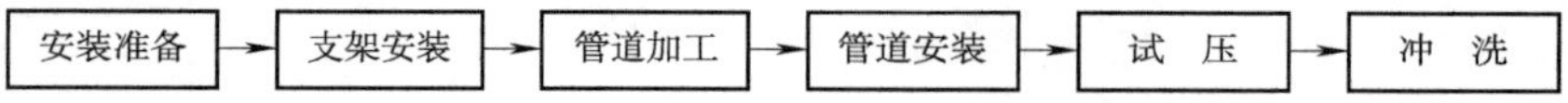

图 4-7-48 空调供回水管道安装流程

2. 空调供回水管道安装要求及注意事项

(1)按设计要求，本工程的空调供回水管小于 DN50 采用镀锌钢管，丝扣连接；大于 DN50 采用无缝钢管，焊接或法兰连接。空调供回水立管及水平管翻高形成气囊的最高处均设置排气阀，在吊顶内的排气阀采用手动型，在机房、管道井等处采用自动放气型。立管及水平管翻低的最低处均设置排水阀，立管底部排水阀前应有不小于 100 mm 的集污管段的长度。

(2)管道穿墙或楼板处设置套管，其内径比管道或保温层外径大 20～30 mm。安装在墙体内的套管，其两端应与墙面相平；穿楼板的套管应比建筑面层高 30 mm。管道的接头焊缝不得设在套管内。在保温工程竣工后，套管与保温层外径之间的空隙用不燃保温材料塞紧。

(3)机房和走廊内管道大而密集，管道的排列布置尤为重要。同时，综合协调空调、给排水、消防及供电等相关专业的施工。通过综合管线图、机电三维模型的制作，在二维图纸和三维空间上清楚表现各专业管道的空间位置和走向。通过制定详细的施工方案，解决管道安装的技术问题，如管道的支撑、提升、焊接等。通过协调结构、建筑与各机电专业以及各机电专业之间的施工顺序，保证工程紧张有序地进行，减少相互干扰和冲突。

(4)凡经过建筑的沉降缝位置，必须使用不锈钢金属软管；管道穿越外墙、内墙、楼板和屋面必须选择相应类型的套管；对于空调末端设备的凝结水管，必须设置水封；管道与设备连接必须加装相应规格的软接头；管道要保持适当的坡度，便于排水和通气；管道分支或汇合时只可以使用三通，禁止使用四通；管道施工完毕按技术规范的要求对管道进行色带标识。

3. 空调供回水无缝钢管管道安装

(1)管道安装前，施工班组先熟悉设计图纸，同时了解施工现场情况，做好管道安装前的准备工作。无缝钢管在安装前需做除锈刷漆处理，并将管内的杂物和铁锈清除干净，保持内外壁干燥。

(2)管道上的所有阀门在安装前必须先试压，试压合格后方可运至现场安装。

(3)管道安装过程中，如遇到管道安装位置相互交叉时，按“小管让大管，有压管让无压管”的原则进行协调。

(4)管壁厚 $\delta \leqslant 4$ mm 的钢管焊接时可不开坡口，但焊接时两管之间应有 2～3 mm 的间隙。钢管壁厚 $\delta > 4$ mm 时，要开单边坡口或 V 形坡口，坡口为 65°左右，焊接时两管之间应有 2～3 mm 的间隙。

(5)管道的切割可采用管道切割机，并用自动开口机开坡口。切管机及开口机应调整其切割刀口的间距，使之与相应切割的管径相符合。

(6)管道对口时外壁必须平齐，用钢直尺紧靠一侧管道外表面，在距焊口 200 mm 另一侧管道外表面处测量，管道与管件之间的对口也要做到外壁平齐。

(7)钢管的焊接应做到焊口平直度、焊缝加强面等符合施工验收规范要求，其焊缝不得有“未焊透”现象，焊口表面无烧穿、裂纹、结瘤、夹渣和气孔等缺陷，焊缝应平整、饱满，焊波均匀一致，焊高、焊宽及错口符合规范规定，焊瘤、飞溅药渣等及时处理，并刷两道防锈漆。

(8)管道与法兰焊接连接时，插入法兰盘的管子端部距法兰盘内端面为管壁厚度的 1.3～1.5 倍，便于焊接。焊接法兰时，保证管子与法兰端面垂直，用法兰靠尺从相隔 90°两个方向度量，里外施焊。法兰的衬垫不得突入管内，其外圆到法兰螺栓孔为好。紧固螺栓要按对称十字形顺序，分两次或三次拧紧，保证法兰衬垫受力均匀，同时保证法兰的严密性。拧紧后以露出螺母两扣螺纹为宜。

二、空调风系统施工

(一)金属风管及其部件制作

1. 工艺流程

风管施工工艺流程如图 4-7-49 所示。

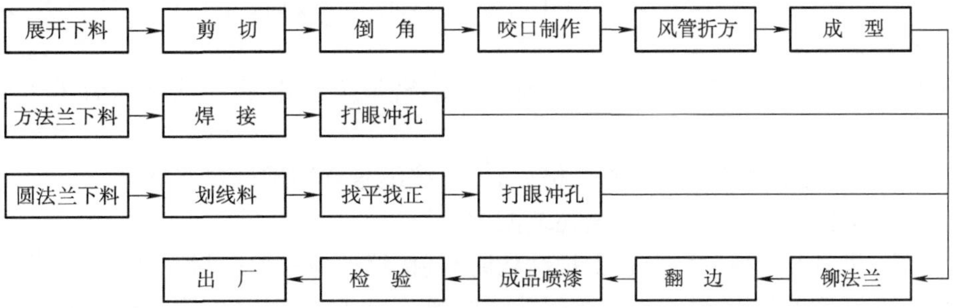

图 4-7-49 风管施工工艺流程

2. 风管制作

(1)风管不得有横向拼接缝,尽量减少纵向拼缝。矩形风管底边宽度等于或小于 800 mm 时,其底边不得有纵向拼接缝。

(2)当矩形风管边长大于或等于 630 mm 和保温风管边长大于或等于 800 mm 且其管段长度大于 1 250 mm 时,均应采取加固措施。

(3)法兰制作应该核对几何尺寸,找好平整度,对于相同尺寸的法兰,统一制作,统一钻孔,保证法兰具有互换性。

(4)金属风管与法兰连接时,风管的翻边要平整,并紧贴法兰,风管翻边宽度不小于 7 mm;风管的咬口缝、翻边四角处、周边、铆钉缝部位均涂密封胶密封。

(5)法兰螺钉孔和铆钉孔的间距不大于 100 mm。矩形法兰四角设螺栓孔。螺钉、螺母、垫片和铆钉采用镀锌材料,且不得使用空心铆钉。

(6)送风管法兰铆钉缝处涂密封胶,涂密封胶前首先要清除风管表面的尘土和油污。

(7)空调系统管径大于 500 mm 的风管设风量、风压测定孔,过滤器前后设测压孔,安装后将孔口封闭。

(8)风管、静压箱和部件要保持清洁,制作完毕后用中性清洗液将内表面油膜和污物清除干净,干燥后经检查达到要求即用塑料薄膜及胶带封口,清洗后立即安装的可不封口。

(9)风管与部件制作质量检查:风管的规格、尺寸必须符合设计要求;风管的咬口必须紧密、宽度均匀、无孔洞、半咬口和胀裂等缺陷。

(10)基本项目的检查:风管外观质量应达到折角平直,圆弧均匀,两端面平行,无翘角,表面凹凸不大于 5 mm;风管与法兰连接牢固,翻边平整,宽度不小于 7 mm,紧贴法兰,螺孔具备互换性;风管加固可靠、整齐,间距均匀对称。

(11)风管制作要在干净、专门的预制车间内进行;制作场地要随时保持清洁,制作时手套不许有油污,镀锌板、风管不允许在地面上拖行。

(12)制作法兰和吊架底座,切割、焊接场地应和风管制作场地隔开。铁构件刷油干燥后,才能进行装配安装。

(13)成品风管需用塑料薄膜和胶带封住开口处,风管分系统码放在成品库,安装时运入现场后拆开封口,如发现风管内有灰尘,应再次清扫干净后安装。未安装完的风管,对于本段风管的开口处,应用镀锌板加封条封住,防止现场灰尘进入风管。

(14)对于进入风管内的施工,必须有干净的工作服、工作手套、工作帽,最后出来时应顺原路线退出,并擦净风管内部的污迹。

(15)风管搬运装卸应轻拿轻放,防止损坏成品。

3. 风管安装

(1)风管安装应按先主管、后支管、再立管的顺序进行。安装前应把风管内外表面的污物清除干净。根据现场情况,采用分段吊装法,即先在地面上将风管连成 10～12 mm 左右,吊点处用两个手动葫芦进行吊装。为防止风管变形,吊点应设置在风管长度 1/3 及 2/3 处,吊点处风管底部应垫以角钢加固,吊装时两个葫芦应同时起吊、均匀受力。调节阀及防火阀应单独设置吊架。保温风管与支架横担应垫以与保温层同厚的硬木方。每条风管应至少设置两个防摆动的固定支架。安装后的风管应表面平整,不得错位及扭曲。

(2)风管安装前,先检查风管穿墙孔洞的尺寸、标高和支吊架的位置等是否符合要求,如出现预留洞偏差,应及时联系土建单位寻求解决。

(3)风管及部件安装前,在施工现场将风管及部件两端密闭膜打开,再一次将风管内未清理干净的灰尘擦拭干净。

(4)风管安装前,必须经过预组装并检查合格后,方可按编号顺序进行安装就位。

(5)风管与配件的可拆卸接口不允许安装在墙洞内。

(6)风管、静压箱、风口及设备安装穿过围护结构时,其接缝处应采取密封措施,做到清洁、严密。

(7)法兰填料一般风管采用厚 3～5 mm 的闭孔海绵橡胶板;防火阀的法兰垫圈采用厚 3～5 mm 石棉橡胶板,接头采用梯形或企口连接。

(8)经清洗干净包装密封的风管及其部件,安装时拆开端口封膜后,随即连接好,如安装中间停顿,应将端口重新封好。

(9)消声器安装的方向应正确,不得损坏和受潮。消声器应单独设支架,其重量不得由风管承受。

(10)防火阀安装前,检查其型号和位置是否符合设计要求、有无产品合格证。防火阀易熔片要迎气流方向安装,为防止易熔片脱落,易熔片在系统安装后再装,安装后做动作试验。

(11)所有风口、散流器、防火阀在安装前均应检查其外观质量和灵活性、密封性,合格后方可安装就位。

(12)风口安装时将其清扫干净,保证风口与风管连接的严密、牢固;风口的边框与建筑装饰面贴实,其接隙加密封垫料或填密封胶;安装完毕的风口外表面保证其平整不变形,调节灵活。

(二)消声器安装

(1)消声器外表面应平整,不应有明显的划痕及锈蚀。

(2)吸声片外包玻纤布应平整无破损,两端设置的导风条应完好。

(3)紧固消声器部件的螺钉应分布均匀,接缝平整,不得松动、脱落。

(4)穿孔板表面应清洁,无锈蚀及孔洞堵塞。

(5)消声器安装的方向应正确,不得损坏和受潮。

(6)消声器应单独设支架,其重量不得由风管承受。

(三)风阀安装

(1)安装防火阀时,应先对其外观质量和动作灵活性、可靠性进行检验,确认合格后方能安装,并务必保证阀体上的箭头标志方向与气流方向一致。

(2)防火阀必须单独配置支吊架,保证阀板转动灵活,连接风管不变形,阀柄操作方便。在吊顶内的防火阀下面应留检查口。

(3)与防火阀连接的过墙(楼板)风管应设预埋管,预埋管采用厚度不小于 1.6 mm 的钢板制作。

(四)风口安装

(1)风口与风管的连接应严密、牢固,与装饰面紧贴,表面平整、不变形,调节灵活可靠。

(2)明装无吊顶的风口,安装位置和标高偏差不应大于 10 mm。

(3)风口水平安装,水平度的偏差不应大于 3/1 000。

(4)风口垂直安装,垂直度的偏差不应大于 2/1 000。

(5)同房间内的相同风口的安装高度应一致,排列应整齐。

(五)风管安装防振动和噪声措施

(1)风机、空调机组基础按设计要求或施工规范要求减振。

(2)风机、空调机组与风管采用软管连接,风机吸入口处的软管安装要做到松紧适度,避免因软接过松减小进出风口面积而引起噪声和振动。

(3)风管制作、安装及与部件连接,连接严密,无漏风现象,以免产生漏风噪声。

(4)为防止风管振动,在每个系统风管的转弯处、与空调设备和风口的连接处设固定支架。

(六)风管严密性试验

风管安装完毕,需进行漏风量测试。依据规范规定,风管的漏风量检测采用漏光法定性检测和漏风量测试定量检测相结合的方式,漏光法适合于中、低压空调系统的严密性检验。本风系统采用漏光法。

漏光法检测是利用光线对小孔的强穿透力,对系统风管严密程度进行定性检测的方法。其试验方法是在一定长度的风管上,在黑暗的环境下,在风管内用一个电压不高于 36 V、功率在 100 W 以上的带保护罩的灯泡,从风管的一端缓缓移向另一端,试验时若在风管外能看到光线,则风管有漏风,并对漏风处进行修补。

系统风管的漏光法检测采用分段检测、汇总分析的方法,被测系统的风管不允许有多处条缝形的明显漏光,低压系统风管每 10 m 接缝,漏光点不超过 2 处,100 m 接缝平均不大于 16 处;中压系统风管每 10 m 接缝,漏光点不超过 1 处,100 m 接缝平均不大于 8 处为合格。风管的漏光法检测如图 4-7-50 所示。

(七)风管保温

所有保温及其辅助材料采用不燃或难燃型产品,穿越防火墙的保温风管在防火墙两侧 2 m 范围内采用不燃材料保温。所有非保温材料制作的空调送、回风管及经冷热处理的新风管都要保温,空调系统风管采用

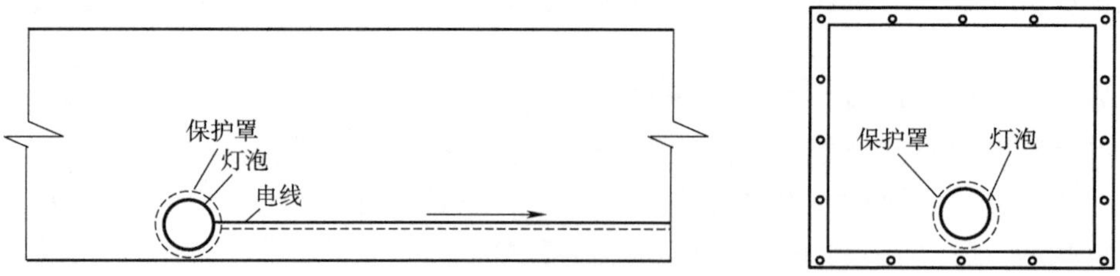

图 4-7-50 风管的漏光法检测

难燃(B1 级)型闭泡橡塑绝热材料保温,在 0 ℃时保温材料的导热系数应不大于 0.032 W/(m·K)。空调风管保温厚度为 30 mm 。

1. 保温要求

(1)粘贴保温钉前要将风管壁上的尘土、油污擦净,将粘贴剂分别涂抹在管壁的粘贴面上,稍后再将其粘上。

(2)保温风管穿越墙体和楼板时,保温层不能间断。

(3)暴露在室外的风管,外包钢丝网水泥保护壳,再刷色漆二度。

(4)风管与空调设备的接合处以及产生凝结水的部位必须保温良好、严密、无缝隙。

(5)保温材料与风管之间必须密实、平整。

2. 成品保护

(1)保温材料现场堆放一定要有防水措施,尽可能存放于库房中或用防水材料遮盖并与地面架空。

(2)镀锌钢丝、保温钉及保温胶等材料应放在库房内保管。

(3)保温用料应合理使用,尽量节约用材,收工时未用尽的材料应及时带回保管或堆放在不影响施工的地方,防止丢失和损坏。

(八)管道保温

空调冷热水管、冷凝水管及部件(阀门、法兰盘)等均需保温。供回水管采用难燃型闭泡橡塑绝热材料保温,在 0 ℃时保温材料的导热系数应不大于 0.037 W/(m·K)。

1. 保温准备工作

(1)全面检查管道与墙面及其他管道、设备间的距离,发现不够保温位置时,需立即整改。

(2)清理管道表面的灰尘等杂物,要选择符合管径要求的管套。

(3)管道已经通过试压、清洗、充水试验、水循环正常,非镀锌钢管除锈、刷二度防锈漆且油漆已经干燥。

2. 管道保温工序

(1)将橡塑保温管套沿纵向轻轻剖开,套入水管后,用手进行紧逼,然后用胶水密封管套纵缝。

(2)管套与管套之间连接时,必须在管套的端面(环缝)上涂上保温胶水,管套的纵缝要求错开,且纵缝一般不得垂直向下,管套与管套之间用胶水将接缝密封。

(3)管套与木环之间连接时,必须在管套端面和木环端面分别涂上保温胶水,进行紧逼。

三、暖通空调工程主要设备安装

(一)冷水机组安装

冷水机组安装包含一台水冷螺杆式冷水机组,一台水冷螺杆式地源热泵机组。

1. 设备本体安装

(1)起吊前应全面检查吊点位置和加固结构的刚性,使其在起吊过程中不致产生永久变形,发生设备损坏事故或人身安全事故。

(2)起吊前应进行试吊,即将设备起吊到离开 200～300 mm 高度。检查各钢丝绳受力是否均匀,持续 5 min,再看有无下沉现象,如果情况良好,则可正式起吊。

(3)运用平板车或汽车将设备运至靠近冷冻机房的室外地坪。利用事先加工制作好的龙门架(与设备重量相匹配)将设备本体一次性起吊,启动汽车缓慢驶离悬空设备下方,将预先准备好的拖排或滚筒放置在悬空设备正下方，将设备慢慢放下置于拖排或滚筒上，然后用卷扬机将设备拖至混凝土基础上，并用千斤顶取出拖排或滚筒，然后用千斤顶找准、找平、找正。

2. 设备本体管道的安装

(1)安装前应对管子、阀门、管件进行仔细的检查，对不合格的材料必须进行更换，以确保质量要求。设备本体管道及工艺管道的安装应严格按设备本体管道图和工艺管道设计图及相关的规范、规程进行。

(2)管道安装前应核对与管道连接的部件、设备是否安装合格，管口方向、管径规格、法兰规格是否符合设计要求。管道安装时应按设计要求材质使用材料，使用前应进行外观检查，无材质证明的管材、管件不得使用。

(3)阀门安装前都要进行清洗检查，并经严密性试验合格后方可安装。低压阀门可按主干管阀门 100% 试压，支管阀门抽 10%试压。

(4)阀门安装前必须按设计要求的规格、型号、压力范围进行核实，阀门安装过程中应注意介质流向，安装位置应正确并便于操作。

(5)管道安装前应清除管内杂物，安装时应严格按设计规定的坡度、坡向施工，管子的对接口应符合规范的要求，严禁强力对口。

(6)设备本体管道及工艺管道安装焊接完毕后，应按各管道系统(以材质、工作压力、工作温度为参数)所属类别，按有关规范要求进行 *X* 射线检查。

(二)冷却塔安装

(1)冷却塔由生产厂家配合安装，施工时要注意冷却塔各部件的装卸和运输。冷却塔各部件在地面上可直接用吊车装卸，用卡车或叉车运输。

(2)施工要点：

①冷却塔基础应与设备基础要求对应，标高和形式符合设计要求，并与屋面防水配合。

②设备配带的浮球阀等附件保管妥善，系统调试时再安装，确保动作灵活。

③安装完毕灌水前应对设备托水盘做好清理，防止异物堵塞过滤网格。

④妥善安装防护网罩，确保电机风扇运行安全。

⑤系统高点安装排气点阀门，防止泄水不畅引起真空抽吸的事故。

⑥冷却塔安装应注意对冷却塔各支撑及基础进行找平找正，以保证各冷却塔积水盘水位相同；布水器的孔眼不能堵塞和弯曲变形，旋转部分必须灵活；喷水出口应水平、方向一致，不能垂直向下；拼接处平整、严密、牢固。

(三)风机安装

(1)开箱检查时，核对通风机叶轮、机壳和其他部件的主要尺寸，进风口、出风口的位置等要与设计相符；叶轮旋转方向应符合设备技术文件的规定。检查外观和外露部分各加工面及转子有无碰伤、变形或锈蚀等情况；手动盘动叶轮有无卡滞现象。

(2)搬运和吊装过程中绳索要固定在承力吊环上，不得捆缚在转子和外壳或轴承盖的吊环上。绳索与外壳接触时要垫一衬垫，保护机件表面和其他处。

(3)减振器安装要求基础面平整，平整度符合设备技术文件要求。安装时按设计要求选择和布置，安装后各减振器受负荷的压缩量要均匀，不得偏心，若有压缩量不均或受力不均匀，要根据实际情况移动到适当的位置调整。通风机的地脚螺栓固定时，地脚螺栓处加垫圈和防松螺母，防止风机运行时振动将螺母振脱。

(4)风机吊装时，严禁采用膨胀螺栓，必须采用预埋件作为固定点。

(5)为减小风机的压头损失，提高风机效率，根据现场条件，安装时保证风机的出口至弯管的距离为风机出口长边的 1.5～2.5 倍，如现场条件不允许，在弯管内设导流叶片予以弥补。

(6)通风机与风管连接处，进风口连接长度为 100 mm，出风口软接长度为 150 mm。软接头接缝处做到严密和牢固，并且不允许软接头变径。管道风机安装时采用减振支吊架。

(7)通风机的进、出口风管直通大气处加装防鸟丝网。

(四)新风机及空调机组安装

1. 落地式安装(图 4-7-51)

安装前先按设计图纸的尺寸放纵横安装基准线和基础几何中心线，如安装基准线与基础几何中心线偏差不大,则按基础几何中心线进行设备就位;设备就位后,用千斤顶顶高至一定高度,安装橡胶减振垫;减振垫安装牢固后,用加减薄钢片的方法精调水平度和垂直度,要求偏差不大于 0.1/1 000。安装时应平整、牢固。就位尺寸正确,连接严密,四角垫弹簧减振器,各组减振器承受荷载应均匀,运行时不得移位。

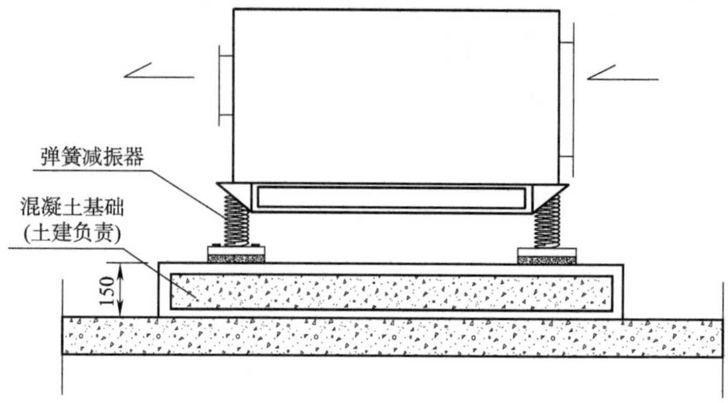

图 4-7-51 落地式安装(单位:mm)

2. 吊装式安装

吊杆用 $\phi10\sim\phi16$ 圆钢制作,四个吊装固吊点(严禁采用膨胀螺栓)在土建结构施工时预埋铁构件。设备用手动液压车运至安装现场,支吊架准备就绪后,用手动葫芦把设备吊至安装高度,安装减振吊杆。设备安装牢固后,调整吊杆螺丝使设备的安装水平度、垂直度符合规范要求。安装时尽量提高其标高,以免影响天花高度(如有吊顶)。

(五)VRV 系统室内机安装

1. 开箱检查及试验

盘管安装前应逐台检查电机壳体及表面交换器,不得有损伤、锈蚀、缺件等,之后应对盘管做单机通电及水压试验。通电试验时,机械部分不得摩擦,电气部分不得漏电,整机不得抖动不稳,水压试验时,试验压力为系统工作压力的 1.5 倍,定压观察 2~3 min,不漏、稳压为合格。

2. 室内机安装

(1)应由单独支吊架固定,并应便于拆卸和维修,支吊架吊杆与盘管相连处采用双螺母紧固,吊装后保持水平,保证冷凝水畅通地流到指定位置,暗装室内机下部的吊顶应留有活动检查口。风管、回风箱及风口与风机盘管机组连接处应严密、牢固。

(2)室内机吊装吊筋采用 8 号圆钢,吊杆与楼板连接采用 40×4 角钢,角钢与圆钢满焊连接,用 M10×85 膨胀螺栓固定在楼板上。吊装前,先确定室内机的安置位置及吊装高度,然后确定风机盘管吊杆的高度,吊杆一端要套丝,套丝不宜过长,吊杆与室内机采用螺栓固定连接。为减少室内机运行时因振动而产生噪声,在室内机吊装孔处需加橡胶减振垫及垫圈。

(六)泵类设备安装

1. 泵的安装就位

(1)用液压叉车将泵运至设备基础上。

(2)泵就位后,首先要通过垫铁调整,以泵轴中心线为基准找正,以进、出口法兰面为基准找平,使之符合技术要求,保证纵向安装水平偏差不大于 0.1/1 000,横向安装水平偏差不大于 0.2/1 000。

(3)泵安装后要注意保护,配管时不允许管道与泵法兰接口强制连接,法兰面要采用盲板进行保护,防止杂物进入泵体内。配管的管子内部和管端要清除杂物,并清洗干净,配管中要注意保护密封面,以保证连接处的气密性。管道与泵连接有各自的支架,以承受重量,连接后要复查泵的找正精度,发现偏差及时纠正。

2. 泵的单机试车

(1)试运转前,各紧固件连接部位不松动;手动盘动泵轴转子,转动应灵活自由、无卡滞现象;润滑油充注符合要求;与泵相连的管道通畅,并吹扫检验合格。

(2)脱开联轴器点动电机,查看电机叶轮转向是否正确。然后启动电机进行试运行,运转 2 h,运转稳定无异常现象为合格。

(3)重新连接并校对好联轴器,打开泵进水阀门,使泵和管路充满水,排尽空气后,点动电机,叶轮正常运转后再正式启动电动机,待泵出口压力稳定后,缓慢打开出口阀门调节流量。泵在额定负荷下运行 4 h 后,做好试车记录,当温升、泄漏、振动均符合要求且无异常现象即为合格。

(4)泵体水平度的测试:用框式水平仪在法兰面或精加工面上测量。

(5)泵体同轴度的测试:用百分表架在联轴节上,测量横向(径向)偏差,用塞尺测量轴向间隙。

(6)机泵试运转测试:机泵试运转时,用表面温度计测量机泵的轴承温升,用转速表测量电机的转速,用测振仪测量泵体的振动。

四、空调系统调试及试运行

(一)空调系统调试及试运行流程

空调系统调试及试运行流程如图 4-7-52 所示。

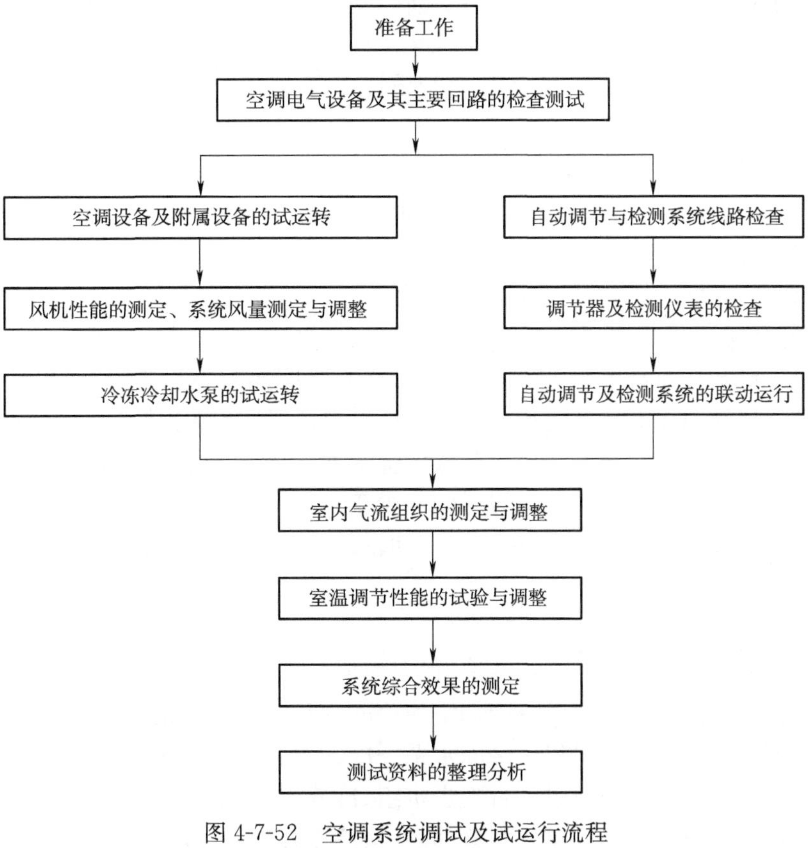

图 4-7-52　空调系统调试及试运行流程

(二)单机试运转

1. 水泵的试运转

水泵启动应经一次启动立即停止运转,检查叶轮与机壳有无摩擦及其他异常声音,并观察旋转方向是否正确。若一切正常可继续试运转。水泵启动时用钳形电流表测量电机启动电流,待运转正常后再测量电机运转电流,保证电机运转电流不超过额定值。水泵运转过程中应常用螺丝刀抵在轴承外套上,仔细倾听轴承有无杂声以判断运转状态。测量轴承温度不超过 70 ℃,填料温度正常,基本无渗漏现象,振动仪测定水泵的径向振动符合技术文件要求,即振幅≤0.08 mm(电机转速为 1 450 r/min),读取水泵进、出口压力表显示值,应与水泵扬程相符。

水泵运转正常后可进行不少于 2 h 的连续运转,若无问题,即水泵电机试运转合格,填写《设备机组试车运转记录》。若运转中出现异常,应立即停车,找出原因,排除故障,继续试运转直至合格。

2. 冷却塔的试运转

试运转时应检查风机运转状态及循环系统工作状态,记录运转中的有关数据,如无异常,连续运行时间应不少于 2 h,检查冷却塔供、回水是否平衡,补给水及集水池水位是否符合要求,测量电机启动及运转电流,控制其不超过额定值。运转完毕应清洁集水池,清扫沉积物。

3. 冷水机组的试运转

冷水机组的试运转工作由供货商派工程师执行,我方配合工作。但运转前应达到如下条件:

(1)冷冻站内的送、排风系统已能正常运转,并已调试符合设计要求。

(2)冷冻水管道保温工作已完成,并已交工验收。

(3)在确定供货商来现场调试的具体日期前 1～2 d,征得供货商同意后,将冷水机组、柜式空调器的进、出水阀门都打开,管道充水,启动冷冻(却)水泵运转 2 h 后,停泵清洗 Y 形过滤器滤芯,反复 2～3 次,直至检查合格。通过膨胀水箱对冷冻水系统充水加水,并加通过软化器处理的水,充满整个系统。

(4)所有空调设备自控调节系统、供电系统均已安装、调试完毕。

4. 通风机的试运转

通风机的试运转包括离心风机、轴流风机的试运转,主要都是试验风机。

(1)准备工作

①核对风机、电动机型号规格以及皮带轮是否与设计相符。

②检查轴承处是否有足够的润滑油。

③用手盘车,风机叶轮应无卡碰现象。

④检查风机调节阀门启闭是否灵活,定位装置是否牢靠。

⑤检查电动机、风机接地线连接是否可靠。

⑥送、回风口的调节阀和管道内的防火阀全部打开。

(2)风机的启动与运转

风机初次启动应先经几次点动运转,检查叶轮与机壳有无摩擦或不正常声音,旋转方向是否正确,确认无异常后方可试运转。启动时用钳形电流表测量电机启动电流,待运转正常后再测试运转电流,若运转电流超过额定值,应通过调节总风量调节阀,直至达到额定值为止。若运转过程中发现不正常现象,应立即停车检查,查明原因,消除故障后再运转。连续运转时间不少于 2 h,并做好《通风机试运转与通风系统风量测量调整记录》,测量风机轴承温升、最高温度的参数。滚动轴承外壳最高温度不得超过 70 ℃,滚动轴承不得超过 80 ℃。

5. 空调水系统的调试

(1)空调水系统的调试必须在管道试压、冲洗、保温完成后进行。

(2)水系统试运行开机程序:冷却水泵→冷却塔→冷冻水泵→冷水机组。

(3)水系统试运行关机程序:冷水机组→冷冻水泵→冷却水泵→冷却塔。

(4)冷冻水系统试运行,应尽量使通过各台冷水机组、冷冻水泵的水量接近相同,注意观察压力表、温度计,调节阀门使通过各台冷水机组、冷冻泵的水量、温差保持在合理范围。

(5)冷却水系统试运行,应尽量使通过各台冷水机组、冷却水泵、冷却塔的水量接近相同,注意观察压力表、温度计,调节阀门使通过各台冷水机组、冷冻泵、冷却塔的水量、温差保持在合理范围。

(6)风柜的水系统试运行,按不同的设计工况进行试运行,测定与调整室内的温度和湿度,使之符合设计规定参数,注意观察压力表、温度计,调节阀门使通过各风柜、风机盘管的水量、温差保持在合理范围。

(三)风系统的调试

1. 系统风量的调整

在进行通风机的试运转及对其性能进行综合测定之后,即可进行系统风量的测定和调整。目前使用的风量调整方法有流量等比分配法、基准风口调整法、逐段分支调整法等,具体根据实际情况确定。

柜式空调器风量调整:先调整各送风口风量(方形散流器调整人字闸,铝线形散流器调节导流板,百叶风口调节导流板)比例符合要求,再调各支管三通调节阀;最后调节各机房的新风防火阀开度,使新风量、回风量均等于设计值,即总风量与设计值相等,再实测一遍各送风口风量作为最后核实。在调整过程中,注意机房门必须关好,严密不漏风;用风速仪测新风口、回风口风速时应在距风阀 5～10 cm 处放风速仪,并使它与气流流向垂直。由于风门开启呈一定角度,气流截面有所缩小,所以在计算风量时宜将风门外框乘以系数

$\cos\alpha$(其中 α 为阀门叶片与水平线夹角)。

2. 室内正压的测定和调整

空调房间一般需要保持正压。如无特殊要求，室内正压宜在 5 Pa 左右，当过渡季节大量使用新风时，室内正压不得大于 5 Pa。

(1)测定方法

先试验是否处于正压状态。将燃着的香烟放在微开启的门缝处，若烟飘向室外，即为正压。将微压差计放在室内，其一端接橡皮管引至室外，读取室内静压即为正压值。

(2)调整方法

对于测量结果为负压的房间，有两种可能性：一是新风量比排气扇排风量少；二是门、窗渗漏比较严重。查出原因，进行调整即可。

3. 空调器性能的测定与调整

(1)风量的测定

空调器风量的测定与风机测定方法相同，并且在单机试运转时已调整好，可不必再测。

(2)送、回、新风干湿球温度的测定

送风干湿球温度的测定可用干湿球温度计测送风口的干湿球温度值作为空调器送风参数，回风干湿球温度可在回风口测定，至于新风干湿球温度，即为室外参数。

4. 空调自动调节系统控制线路检查

(1)核实敏感元件、调节仪表或检测仪表和调节执行机构的型号、规格和安装的部位是否与设计图纸要求相符。

(2)根据接线图纸，对控制盘下端子的接线(或接管)进行核对。

(3)根据控制原理图和盘内接线图，对上端子的盘内接线进行核对。

(4)核对自动调节系统的联锁、信号、远距离检测和控制等装置及调节环节是否正确，是否符合设计要求。

5. 敏感元件和测量元件的装设地点要求

(1)要求全室性控制时，应放在不受局部热源影响的区域内；局部区域要求严格时，应放在要求严格的地点；室温元件应放在空气流通的地点。

(2)在风管内，宜放在气流稳定的管段中心。

(3)“露点”温度的敏感元件和测量元件宜放在挡水板后有代表性的位置，并应尽量避免二次回风的影响。不应受辐射热、振动或水滴的直接影响。

6. 调节器及检测仪表单体性能校验

(1)敏感元件的性能试验，根据控制系统所选用的调节器或检测仪表所要求的分度号必须配套，应进行刻度误差校验和动特性校验，均应达到设计精度要求。

(2)调节仪表和检测仪表应做刻度特性校验、调节特性校验及动作试验与调整，均应达到设计精度要求。

(3)调节阀和其他执行机构的调节性能，全行程距离、全行程时间的测定，限位开关位置的调整，标出满行程的分度值等均应达到设计精度要求。

7. 自动调节系统及检测仪表联动校验

(1)自动调节系统在未正式投入联动之前，应进行模拟试验，以校验系统的动作是否正确、是否符合设计要求，无误时，可投入自动调节运行。

(2)自动调节系统投入运行后，应查明影响系统调节品质的因素，进行系统正常运行效果的分析，并判断能否达到预期的效果。

(3)自动调节系统各环节的运行调整，应使空调系统的“露点”、二次加热器和室温的各控制点经常保持所规定的空气参数，符合设计精度要求。

8. 空调系统综合效果测定

空调系统综合效果测定是在各分项调试完成后，测定系统联动运行的综合指标是否满足设计与生产工艺要求，如果达不到规定要求时，应在测定中做进一步调整。

(1)确定经过空调器处理后的空气参数和空调房间工作区的空气参数。

(2)检验自动调节系统的效果,各调节元件设备经过长时间的考核,应达到系统安全可靠的运行要求。

(3)在自动调节系统投入运行条件下,确定空调房间工作区内可能维持的给定空气参数的允许波动范围和稳定性。

(4)空调系统连续运转时间,一般舒适性空调系统不得少于 8 h。

9. 资料整理编制交工调试报告

将测定和调整后的大量原始数据进行计算和整理,包括下列内容:

(1)通风空调工程概况。

(2)电气设备及自动调节系统设备的单体试验及检测、信号联锁保护装置的试验和调整数据。

(3)空调处理性能测定结果。

(4)系统风量调整结果。

(5)房间气流组织调试结果。

(6)自动调节系统的整定参数。

(7)综合效果测定结果。

(8)对空调系统作出结论性的评价和分析。

第三节 给排水工程施工

给排水工程包括给水、排水、消防水、雨水处理等系统。主要内容有站房室内给水及排水系统、热水及饮水供应、空调循环冷却水系统、雨水排水系统,站房内室外给排水管网(包括进站通道内的给排水系统)、室内外消防给水系统及消防炮系统等。站房雨水系统采用虹吸和重力流排水方式,站台雨棚雨水采用重力流排水方式。排水采用雨、污分流排水系统,含油废水经隔油池处理后排放。雨水、污水经管道汇流后进入城市排水系统。

一、预留预埋施工

(1)认真核对施工图,确定预留孔洞、预埋件的坐标、标高和尺寸。预留预埋工作进行之前应会同监理及所有施工单位就预留孔洞、预埋件、给排水管道等的走向标高讨论研究,力求做到既符合规范和设计要求,又符合实际情况、避免交叉,如发现问题,专业人员应与土建技术人员进行及时沟通且联系设计协商解决。

(2)根据已进行设计交底、会审后的图纸,核对预埋件的数量、尺寸、位置是否准确,尤其应注意穿梁、穿地下室外墙及生活水池等防水要求高的部位的预埋件。在确认没有问题的前提下,配合土建进度进行预留、预埋。套管设置应符合以下要求:给水、排水、雨水穿楼板及穿墙要设置套管,所有穿外墙的管道应设置钢制防水套管,套管与墙饰面齐平。穿墙套管与墙饰面齐平,穿楼板套管其上端面应高出完成后地面。卫生间及防水要求较高的地方要求高出完成后地面 50 mm,其下端面与楼板底部平。根据设计要求,所有预留预埋的套管内径均要大于管子外径一级,管道安装好以后,管道空隙用油麻填实,并用沥青灌平。

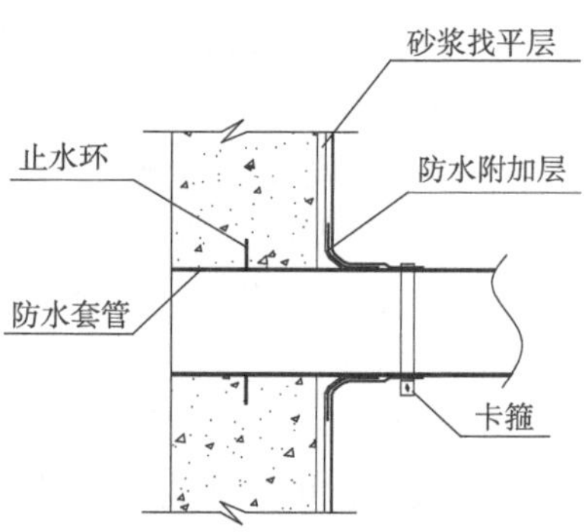

图 4-7-53 外墙穿墙套管防水层示意图

(3)外墙穿墙套管周围应增加防水附加层,如图 4-7-53 所示。

二、给水管道安装

(一)管道支吊架制作安装

管道支吊架选用型钢(角钢、槽钢)现场加工制作。

管道支吊架最大间距要求见表 4-7-1。

表 4-7-1　管道支、吊架最大间距

管径(mm)	15	20	25	32	40	50	65	80
间距(m)	1.5	2.0	2.5	3.0	4.0	4.5	5	5.5

支吊架制作集中在加工场进行，以方便控制支吊架的制作质量。加工时要求用氧气、乙炔或砂轮切割机切料。如支架较大，支架的膨胀螺栓孔和抱箍穿孔要用钻床钻孔，不能用氧割开孔。支吊架连接采用焊接方法，焊接要求应符合焊接的质量标准。对同一直线上要求支吊架采用同一规格，对同层管道支吊架安装时，除要求坡度外，支吊架底线保持同一平面。支吊架制作好后，要进行除锈和刷漆处理并按要求刷面漆。

(二)管道连接

1. 管道丝接

消防用钢塑管、镀锌钢管直径小于或等于 50 mm 时，采用丝接。管道丝接工序：断管→套丝→管件配装→管段调直。

(1)断管

管道丝扣连接安装施工时，管材量取长度确定后，用钢锯或无齿锯切割。砂轮锯断管时，应将管材放在砂轮锯卡钳上，对准划线卡牢，进行断管，断管时用力要均匀，断管后要将断口的铁膜、毛刺清除干净；使用手锯断管时，应将管材固定在压力案的压力钳内，将锯条对准划线，双手推锯。锯条要保持与管轴线垂直，推拉锯用力要均匀，锯口要锯到底，不许扭断或折断，以防断口变形。切割后应两端保持平整，用半圆锉除去毛刺，禁止使用气割下料。

(2)套丝

将断好的管材，按管径尺寸分次套制丝扣，一般管径 15～32 mm 者套两次，40～50 mm 者套三次。用套丝机套丝，将管材夹在套丝机卡盘上，留出适当长度将卡盘卡紧；对准板套号码，上好板牙，按管径对好刻度的适当位置；紧住固定板机，将润滑剂管对准丝头，开机推板，待丝扣套到适当长度，轻轻松开板机。用手工套丝时，先松开固定板机，把套丝板盘退到零度，按顺序上好板牙，把板盘对准所需刻度，拧紧固定板机，将管材放在压力案的压力钳内预留适当长度卡紧，将套丝板轻轻套入管材，使其松紧适度，然后两手推套丝板，带上 2～3 扣再站到侧面扳动套丝板，用力要均匀，待丝扣套成时，轻轻松开板机开退机板，保持丝扣应有的锥度。加工的管螺纹应平整，如有断丝、缺丝，其程度不得大于螺纹全扣数的 10%。

(3)配装管材、件

将已套好丝扣的管材，配装管件。配装管件时应将所需管件带入管丝扣，试试松紧度，在丝扣处缠生料带或麻后带入管件，然后用管钳将管件拧紧，接口紧固后，宜露出 2～3 扣丝，对于接口管道内壁被挤出的填料及接口处外露麻丝要清除干净，并在外露丝扣上及时刷红丹防锈漆一道。编号放到适当位置等待调直。调直好后现场装配。

2. 管道卡箍式、卡压式连接

在保证规范要求的前提下，根据现场情况，与各个专业协调管线安装位置、标高、轴线。候车大厅建筑面积较大，因此布置的管线、灯具、风口都非常多，且错综复杂。为解决以上难题，保证尽量减少管线、灯具等的重复安装，避开各个专业交叉情况，达到节约成本的目的，由专业技术主管确定，专业之间进行一次设计、现场综合布线。其总体原则确定如下：小管道让大管道，自动喷淋管道走最上层(贴楼顶板、结构梁布置)，主管道布置在大厅中间顶部南北穿越，支管两边分布；桥架布置在喷淋管下层，其布置位置错开喷淋管道；风管布置在最底层。这样布置的目的是可以最大程度地节约大管径配件、节约风管支管，有足够空间安装灯具、风口、喷头。

3. 塑料管道热熔连接

为保证施工质量，塑料管道采用热熔连接。

(1)熔接弯头或三通时，按设计图纸要求，应注意其方向，在管件和管材的直线方向上，用辅助标志标出其位置。

(2)连接时，无旋转地把管段导入加热套内，插入到所标志的深度，同时，无旋转地把管件推到加热头上，达到规定标志处，加热时间也可按热熔工具生产厂家的规定施工。

(3)达到加热时间后,立即把管材与管件从加热套的加热头上同时取下,迅速、无旋转地、直线均匀地插入到所标深度,使接头处形成均匀凹凸缘。在规定的加工时间内,刚熔接好的接头还可校正,但严禁旋转。

三、排水管道安装

(一)排水 UPVC 管道粘接

1. 断管与试插

根据施工图纸或施工现场测量的尺寸对管道进行下料,然后根据所需要长度进行断管。断管时,断口要平整,并垂直于管轴线;用铁刀或刮刀除掉断口的飞刺和毛边,并倒角。粘接前应对承插口进行试插,自然试插深度以承口深度的 1/2～2/3 为宜,并作出标记。

2. 管道粘接

(1)管道粘接不宜在湿度很大的环境下进行,操作场所应远离火源、防止撞击和阳光直射。在−20 ℃以下的环境中不得操作。

(2)涂抹胶粘剂应使用鬃刷或尼龙刷。在涂抹胶粘剂之前,应先用干布将承、插口处粘接表面擦净,用于擦拭承插口的干布不得带有油腻及污垢。若粘接表面有油污,可用酒精或者丙酮等清洁剂将其擦洗干净。粘接表面不得有尘埃、水迹及油污。

(3)涂抹胶粘剂时,必须先涂承口,后涂插口;涂抹承口时,应由里向外。胶粘剂应涂抹均匀,并适量。

(4)涂抹胶粘剂后,应在 20 s 内完成粘接。若操作过程中胶粘剂出现干涸,应在清除干涸的胶粘剂后,重新涂抹。

(5)粘接时,应将插口轻轻插入承口中,对准轴线,迅速完成。插入深度至少应超过标记。插接过程中,可稍做旋转,但不得超过 1/4 圈。不得插到底后进行旋转。

(6)粘接完毕,应即刻将接头处多余的胶粘剂擦拭干净。

(7)初粘接好的接头,应避免受力,需静置固化一定时间,牢固后方可继续安装。

(8)在零度以下粘接操作时,不得采用明火或电炉等加热装置加热胶粘剂。

3. UPVC 管道的支、吊架

UPVC 管道支、吊架的间距以及结构形式应符合设计规定,且在管道与支、吊架接触处设置 3 mm 厚的软质垫块。

(二)室外排水管道安装

室外管道安装流程如图 4-7-54 所示。

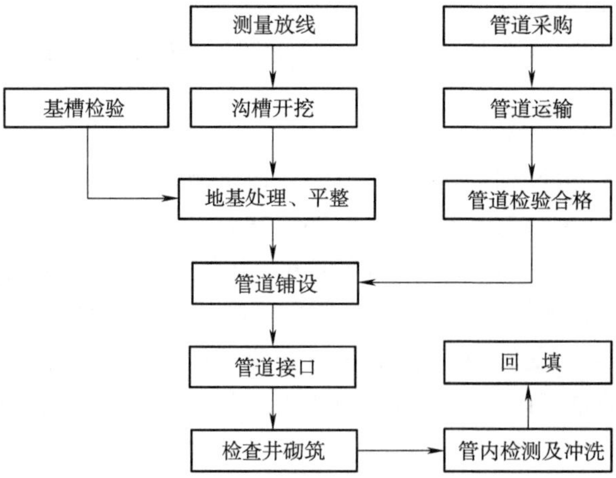

图 4-7-54　室外排水管道安装流程

四、卫生洁具、地漏等安装

(一)地漏安装

地漏安装深度、坡度须符合规范要求;地漏低于安装处排水间 5 mm;地漏连接处严密不漏;其坐标允许偏差小于10 mm。同时在地面施工时,应临时封堵好,以防水泥等其他进入而堵塞地漏,在地面竣工后打开,将污物清净;应督促土建施工时严格按要求灌严,确保地面坡度,以防地漏周围漏水。

(二)蹲式大便器安装

(1)将胶皮碗套在蹲便器进水口上,要套正、套实,用成品喉箍紧固。

(2)将预留排水管口周围清扫干净,把临时管堵取下,同时检查管内有无杂物。找出排水管口的中心线,并划在墙上。用水平尺(或线坠)找好竖线。将下水管承口内抹上油灰,蹲便器位置下铺垫白灰膏,然后将蹲便器排水口插入排水管承口内稳好。同时用水平尺放在蹲便器上沿,纵横双向找平、找正,使蹲便器进水口对准墙上中心线。同时蹲便器两侧用砖砌好抹光,将蹲便器排水口与排水管承口接触处的油灰压实、抹光。最后将蹲便器排水口临时堵封好。

(3)稳装多联蹲便器时,应先检查排水管口标高、甩口距墙尺寸是否一致。找出标准地面标高,向上测量好蹲便器需要的高度,找好墙面距离,然后按上述方法逐个进行稳装。

(4)延时自闭冲洗阀的安装:冲洗阀的中心高度按规范要求;根据冲洗阀至胶皮碗的距离,断好90°弯的冲洗管,使两端合适;将冲洗阀锁母和胶圈卸下,分别套在冲洗管直管段上,将弯管的下端插入胶皮碗内40～50 mm,用喉箍卡牢,再将上端插入冲洗阀内,推上胶圈,调直找正,将锁母拧至松紧适度;扳把式冲洗阀的扳手应朝向右侧,按钮式冲洗阀的按钮应朝向正面。

(三)坐式大便器安装

(1)将坐式大便器预留排水管口周围清理干净,取下临时管堵,检查管内有无杂物。

(2)将坐便器出水口对准预留排水口放平找正,在坐便器两侧固定螺栓眼处划好印记后,移开坐便器,将印记做好十字线。

(3)在十字线中心处用电锤打孔,栽好ϕ10膨胀螺栓,将坐便器试稳,使固定螺栓与坐便器吻合,移开坐便器。坐便器排水口及排水管口周围抹上油灰后将便器对准螺栓放平、找正,螺栓上套好胶皮垫、眼圈上螺母拧至松紧适度。

(4)对准坐便器尾部中心,在墙上划好垂直线,在距地平相应高度划水平线。根据水箱背面固定孔眼的距离,在水平线上划好十字线。在十字线中心处用电锤打孔,栽好ϕ10膨胀螺栓。将背水箱挂在螺栓上放平、找正。与坐便器中心对正,螺栓上套好胶皮垫,带上眼圈、螺母拧至松紧适度(坐便器为联体水箱无此施工工序)。

(四)立式小便器安装

(1)立式小便器安装前应检查给、排水预留管口是否在一条垂线上,间距是否一致。符合要求后按照管口找出中心线。将下水管周围清理干净,取下临时管堵,抹好油灰,在立式小便器下铺垫水泥、白灰膏的混合灰(比例为1∶5)。将立式小便器稳装找平、找正。立式小便器与墙面、地面缝隙嵌入白水泥浆抹平、抹光。

(2)将八字水门丝扣抹铅油、缠麻、带入给水口,用扳手上至松紧适度。其护口盘应与墙面靠严。八字水门出口对准鸭嘴锁口,量出尺寸,断好钢管,套上锁母及扣碗,分别插入鸭嘴和八字水门出水口内。缠油盘根绳拧紧锁母拧至松紧适度,然后将扣碗加油灰按平。

(五)消防水系统安装

(1)消火栓的栓口应朝外,并不应安装在门轴一侧。阀门中心距箱侧面为140 mm,距箱后内表面为100 mm,允许偏差为±5 mm,其箱体安装的垂直度允许偏差为3 mm。安装消火栓其阀门距地面、箱壁的尺寸符合施工规范的规定,水龙带与消火栓和快速接头的绑扎紧密,并卷折挂在托盘或支架上,消防水枪竖放在箱体内侧,自救式水枪和软管应放在挂卡上。暗装消火栓栓口根部应用水泥砂浆填塞、抹平,不得污染消火栓箱壁、底。

(2)消火栓箱按设计要求标高固定在墙面上或墙洞内,要求箱底横平竖直固定牢固。对暗装消火栓箱,需将消火栓箱门预留在装饰墙面的外部。单出口消火栓箱的水平支管,应从箱的端部经箱底由下而上引入,栓口朝外。

(3)消火栓门开启灵活,有明显标志,不应被装饰物遮掩,消火栓门四周的装饰材料颜色与消火栓门的颜色有明显的区别。消火栓箱在土建专业堵洞前应进行固定,采取四角固定方法,以免箱体产生变形。

(4)室内各消火栓阀门中心距地1.1 m,快速接头用喉箍卡加一道铅丝。

(5)消防水泵接合器的组装应按接口、本体、连接管、止回阀、安全阀、放空管、控制阀的顺序进行。止回阀的安装方向应使消防用水能从消防水泵接合器进入系统。地上消防水泵接合器应设置与消火栓区别的固定标志。

(六)喷洒头支管及喷洒头安装

(1)喷洒头支管安装指吊顶型喷洒头的末端一段支管,这段管不能与分支干管同时完成,要与吊顶装修同步进行。支管管径为 25 mm,末端用 25 mm×15 mm 的异径管箍口,管箍口采用临时丝堵封堵,管箍口与吊顶装修层平。支管末端的弯头处 100 mm 以内应加管卡固定。支管安装完毕,应进行系统试压。

(2)喷淋头安装:吊顶内净空大于 800 mm 且有可燃物者应设上下喷头,上下喷头的型号和规格根据设计选择。各层平面图中所绘喷头定位,为下喷头位置,上喷头根据吊顶情况避开各类设备管道安装。如室内装修时需对喷头位置进行调整,必须符合国家有关规范的要求。消防喷淋喷头安装:有吊顶的下喷头带装饰盘;装饰盘与吊顶平,装在吊顶内的上喷头距楼板 100~150 mm。在宽度大于 1.2 m 的风管下应增设喷头。

第八章　通 信 工 程

第一节　工 程 概 况

一、通信工程概况

1. 通信线路

宁安铁路全线沿线路两侧预留的槽道各敷设一条 32 芯单模光缆。

2. 通信设备

通信承载网：采用 STM-64 、STM-16 ADM 及 STM-4 组成的传输及接入系统，数据网采用核心层、汇聚层、接入层的三层组网结构。

通信业务网：固定通信业务网（包括区段调度、站场通信及公务通信系统）、移动通信业务网（包括无线调度、公务移动通信）、综合视频监控系统、应急通信系统等。

通信支撑网：数字同步系统以及通信综合网管系统。

3. 传输信息

传输的信息类别有语音、数据、图像等。

二、主要工程数量

通信工程的主要工程量详见表 4-8-1。

表 4-8-1　宁安客运专线通信工程主要数量

序　号	设 备 名 称	单　　位	数　　量
1	（一）长途通信		
2	1. 传输及接入通信系统		
3	SDH 10 Gb/s 分插复用器（ADM）	套	4
4	SDH 622 Mb/s 分插复用器（ADM）车站	套	12
5	SDH 622 Mb/s 分插复用器（ADM）区间基站	套	39
6	SDH 622 Mb/s 分插复用器（ADM）区间其他	套	25
7	SDH 622 Mb/s 分插复用器（ADM）站内	套	7
8	155M 传输及接入设备	套	5
9	扩容 SDH 2.5 Gb/s 分插复用器（ADM）	套	4
10	扩容 SDH 622 Mb/s 分插复用器（ADM）	套	4
11	接入网　局端设备	套	1
12	接入网　网络单元设备　车站 ONU	套	7
13	接入网　网络单元设备　其他 ONU	套	24
14	既有程控交换机扩容	套	3
15	SDH 网管系统	套	1
16	SDH 网管系统终端	套	3
17	SDH 本地维护终端	套	5
18	接入网网络管理系统	套	1
19	接入网网管复式终端	套	1

续上表

序 号	设 备 名 称	单 位	数 量
20	接口转换设备管理系统	套	3
21	光纤配线架	套	19
22	数字配线架	套	12
23	音频/网络配线柜	套	8
24	2. 数据网系统		0
25	IP 数据网设备　核心路由器　扩容	套	2
26	IP 数据网设备　汇聚路由器	套	2
27	IP 数据网设备　汇聚路由器　扩容	套	2
28	IP 数据网设备　接入路由器	套	8
29	IP 数据网设备　三层交换机	台	8
30	数据通信网网管设备　管理中心 扩容	系统	1
31	数据通信网网管设备　监视终端	台	2
32	3. 时钟与同步系统		
33	定时设备 BITS 分配系统	台	2
34	同步管理系统网管	套	2
35	(二)区段及站场通信		
36	1. 数调系统		
37	数字调度(FAS)车站设备	套	11
38	扩容区段数字调度电话　调度所调度交换机	套	2
39	区段数字调度电话　调度交换机触摸屏操作台	套	14
40	区段数字调度电话　调度交换机按键式操作台	套	7
41	扩容区段数字调度电话　调度交换机网管	套	2
42	扩容区段数字调度电话　车站调度交换机	套	9
43	调度所数字录音设备扩容	台	2
44	调度所数字录音设备	台	9
45	调度所数字网管设备	套	3
46	运转室设备桌	架	21
47	光电综合柜含机柜	架	69
48	自动电话机	台	265
49	共电电话机	台	37
50	2. 会议电视系统		
51	扩容会议电视中心设备含网管	套	1
52	会议电视系统分会场设备 含各种终端	系统	8
53	3. 应急通信系统		0
54	应急通信中心设备 扩容	套	1
55	应急通信现场设备	套	2
56	4. 综合视频监控系统		
57	综合视频中心站设备　区域中心	站	1
58	综合视频中心站设备　车站接入点	系统	8
59	综合视频中心网管系统及终端	站	1
60	视频监控采集点综合柜	架	68
61	综合视频监控工作站设备	站	3

续上表

序　号	设备名称	单　　位	数　　量
62	视频监控终端	台	26
63	存储阵列	TB	270
64	交换机　企业级　二层交换	台	73
65	交换机　企业级　三层交换	台	9
66	编码器	路	856
67	编码器　带行为分析	路	8
68	软件 License	路	864
69	电视监控解码器	路	16
70	光端机　单路	台	110
71	2 口视频光端机	套	0
72	照明触发器	个	63
73	摄像头室内半球	套	205
74	室内摄像头含支架	套	35
75	室外摄像头含支架	套	96
76	(三)地区通信		
77	扩容马鞍山通信站程控交换机	处	1
78	扩容芜湖通信站程控交换机	处	1
79	扩容安庆通信站程控交换机	处	1
80	(四)电源设备		
81	通用配电设备　交流配电屏	台	10
82	通用配电设备　直流配电屏	台	2
83	开关电源设备　400 A	架	1
84	开关电源设备　250 A	架	6
85	开关电源设备　90 A	架	40
86	开关电源设备　60 A	组	31
87	蓄电池 48 V　阀控式　500 Ah	组	2
88	蓄电池 48 V　阀控式　300 Ah	组	12
89	蓄电池 48 V　阀控式　100 Ah	组	82
90	蓄电池 48 V　阀控式　50 Ah	组	58
91	蓄电池抗震铁架　双层　单列	架	14
92	其他配电换流设备　不停电电源　5 kVA 含蓄电池	套	69
93	其他配电换流设备　不停电电源　20 kVA 含蓄电池	套	7
94	通用配电设备　防雷装置 380 V	台	16
95	通用配电设备　防雷装置 220 V	台	140
96	(五)GSM-R 移动通信		
97	GSM-R 移动通信　基站天线	副	93
98	GSM-R 移动通信　直放站天线	副	12
99	GSM-R 移动通信设备　BSC/PCU 设备	套	1
100	GSM-R 移动通信设备　TRAU 设备	套	1
101	OMC-R 无线网管远程终端	套	2
102	OMC-T 直放站网管系统	套	3
103	OMC-T 直放站网管操作终端	套	3

续上表

序　号	设 备 名 称	单　　位	数　　量
104	GSM-R 移动通信基站设备　车站基站设备 03	套	7
105	GSM-R 移动通信基站设备　车站基站设备 02	套	40
106	GSM-R 移动通信直放站近端机设备	套	9
107	GSM-R 移动通信直放站远端机设备	套	11
108	大型车站室内覆盖	站	1
109	架设 GSM-R 通信铁塔	座	72
110	(六)无线列调		
111	无线列调车站电台	处	1
112	无线列调电台设备柜	处	1
113	无线列调备用蓄电池(12 V)	组	1
114	无线列调调度命令车站设备	处	1
115	无线列调车站无线车次号设备	处	1
116	无线列调光纤直放站近端机	处	2
117	无线列调光纤直放站远端机	处	2
118	(七)其他通信		
119	1. 动力环境监控		
120	电源及环境监控设备　中心站	套	1
121	电源及环境监控网管系统及终端含软件	套	3
122	动环远程复视终端	套	5
123	电源及环境监控设备　分站	套	82
124	2. 综合网管		
125	综合网管中心设备增容	套	1
126	3. 综合布线		
127	双口面板及暗盒	10 个	13.9
128	数据配线架 24 口	架	15
129	落地式主配线架≤600 对	架	5
130	理线架	架	18
131	标准机架	架	4

三、工程施工质量控制技术标准

(1)《铁路通信施工规范》(TB 10205—99)。

(2)《铁路运输通信工程施工质量验收标准》(TB 10418—2003)。

(3)《固定电话交换设备安装工程验收规范》(YD/T 5077—2005)。

(4)《高速铁路通信工程施工技术指南》(铁建设〔2010〕241 号)。

(5)《高速铁路通信工程施工质量验收标准》(TB 10755—2010)。

(6)国家及中国铁路总公司、上海铁路局现行有关施工规范、技术标准和文件等。

第二节　主要施工方案、工艺及方法

一、传输系统施工

(一)设计概况

传输系统采用华为技术有限公司的传输设备,10 Gb/s ADM MSTP 传输设备采用 OSN3500;车站

622 Mb/s ADM MSTP 传输设采用 OSN3500;区间 622 Mb/s ADM MSTP 传输设备采用 OSN2500;网元管理系统采用 U2000 网管。

传输系统采用骨干层、接入层二层网络结构。骨干层采用 STM-64 ADM 和 STM-16 ADM 设备组建多业务传输平台(MSTP);接入层采用 STM-4 ADM 设备组建多业务传输平台(MSTP)。

1. 骨干层

骨干层节点包括沿线各车站。在各骨干层节点分别设置 1 套 STM-16 ADM 设备。利用本线线路两侧不同物理径路的两条光缆中的各两芯光纤组织链型 MSP 1+1 复用段骨干层多业务传输系统。其中南京南 2.5 Gb/s ADM 设备配置 2 块 10 Gb/s 光接口板,接入南京南既有京沪高 STM-64 ADM 设备、沪汉蓉 STM-64 ADM 设备、宁杭客专 STM-64 ADM 设备组建的 10 Gb/s 光传输环。

2. 接入层

接入层节点包括沿线车站内节点、无线基站、牵引变电所、AT 所、开闭所、分区所、电力变配电所、信号中继站、线路所、保养点、动车所等。

区间接入点在相邻的两个站之间利用本线沿线 2 条光缆中的 4 芯光纤开设 2 个 STM-4 传输系统,与汇聚层 STM-4 传输系统构成共享光纤虚拟路径保护环。站内节点根据业务组建接入层两纤复用段保护环。

多业务传输接入系统提供 2 Mb/s 通道、10M/100M 宽带数据的接入,兼顾区间应急通信的接入。

(二)施工工艺

1. 施工流程

传输系统施工流程如图 4-8-1 所示。

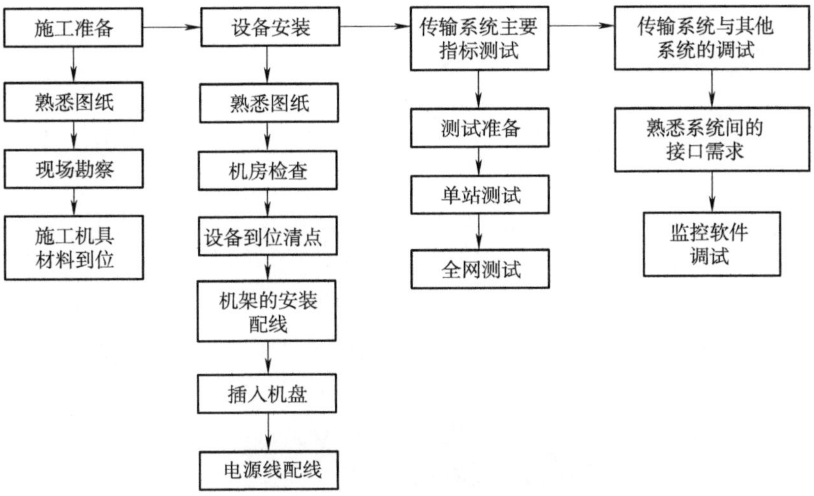

图 4-8-1 传输系统施工流程

2. 常见问题分析及处理方法

(1)设备板件安装错误。设备安装人员要参加厂家的技术培训,熟悉传输、接入设备的结构,具备设备基本硬件知识,且施工中要求厂家督导现场指导。

(2)线缆错接。认真阅读设计文件中的缆线台账,严格按照施工规范对每根缆线贴好标签,做好标识。

3. 质量卡控点及控制措施

传输系统施工质量卡控点及控制措施见表 4-8-2。

表 4-8-2 传输系统施工质量卡控点及控制措施

序 号	工 序	质量控制点	预 控 措 施
1	缆线布放	缆线布放时抽、拉、弯曲	拉线时用力均匀,禁止强拉造成缆线拉伤或刮伤,线缆的转弯处应放松,不得拉紧,避免线缆的根部、插头受到拉力,线缆转弯半径符合要求。配线完成后必须要用数字万用表进行导通性测试
2	线缆头制作	2M 头、铜鼻子、水晶头、音频线卡接	施工前要做专业培训,根据步骤规范操作

二、电话交换及接入系统施工

(一)设计概况

接入系统采用华为技术有限公司的设备,OLT 设备采用 HONET OLT4S; ONU 设备采用 HONETF02AV-U。HONET 综合业务接入网可支持多种不同类型的用户,远端可连接普通电话终端、数据终端、ISDN 终端、音频终端、CATV 用户等多种用户设备,真正实现话音、数据、图像三网合一。

组网方式如下:

1. 程控交换系统

利用既有程控电话交换机提供本线自动电话接入。

2. 接入网系统

接入网在芜湖站设置 OLT 设备,OLT 通过 V5.2 接入当地既有铁路电话交换实现互通。利用南京南既有 OLT 设备。

沿线各站、区间节点设置 ONU 设备,全线 ONU 设备自动电话用户分段接入既有程控电话交换机。

3. 网管设置

利用南京南既有接入网系统网元管理中心,芜湖新设接入网系统网元管理中心,完成全线接入网设备的性能、故障、配置及安全方面的管理。

(二)施工工艺

电话交换及接入系统施工流程如图 4-8-2 所示。

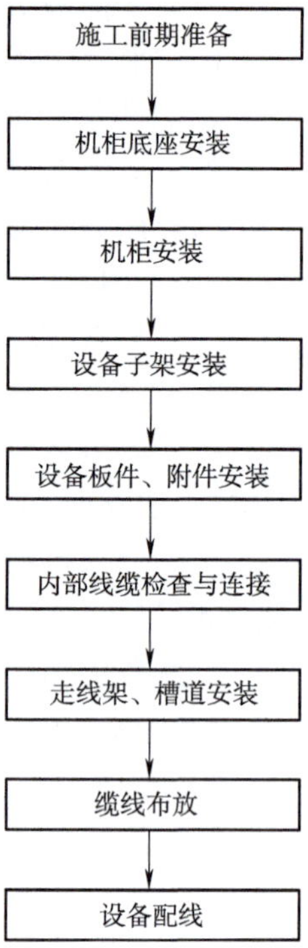

图 4-8-2 电话交换及接入系统施工流程图

1. 音频线

自 ONU 音频出线板接口至光电综合柜 VDF 配线架,ONU 侧自带专用插头,VDF 侧卡接,如图 4-8-3 所示。

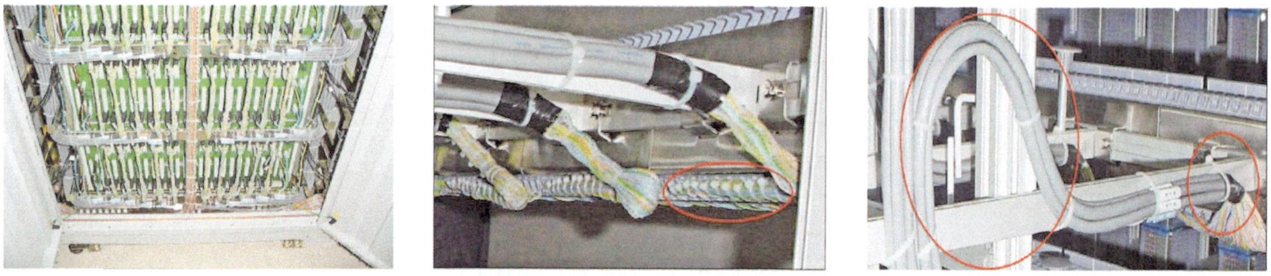
图 4-8-3 音频线连接

2. 2M 数据线

自光电综合柜 DDF 架对应端口至 ONU 数据板接口,两端都制作 2M 头连接。

三、数据网系统施工

(一)设计概况

宁安铁路按核心层、汇聚层、接入层分层组建 IP 数据网络,同时利用 MSTP 多业务传输平台提供 IP 数据网的承载通道。

核心层对既有上海调度所核心节点设备扩容,负责本线 IP 业务跨域数据的汇聚、转发。汇聚层在本线安庆配置中端路由交换设备,负责本线 IP 业务数据的汇聚、转发。接入层在各车站设置节点,配置中端路由交换设备,汇聚车站内部的数据业务并提供转发服务。

(二)施工工艺

数据网系统施工流程如图 4-8-4 所示。

数据网系统施工质量卡控点及控制措施见表 4-8-3。

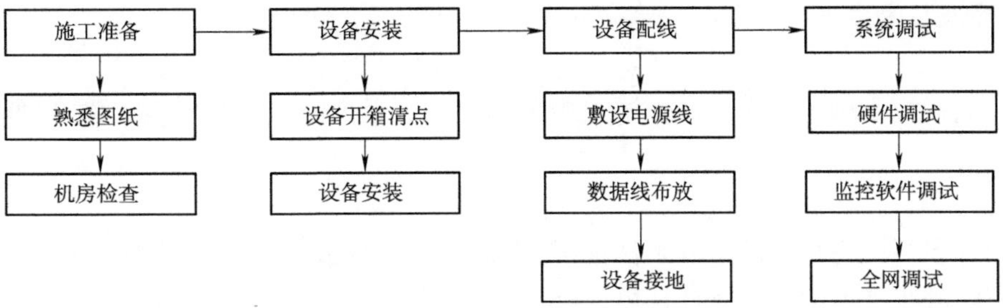

图 4-8-4　数据网系统施工流程图

表 4-8-3　数据网系统施工质量卡控点及控制措施

工　　序	质量控制点	预 控 措 施
技术交底	技术交底	人员培训
材料报验	材料报验	核实数据网设备型号、出厂质量合格证、出厂测试记录
线缆敷设及端接	线缆敷设及端接	按色谱要求进行端接，线缆敷设按照综合布线要求规范进行

危险源分析及安全控制措施见表 4-8-4。

表 4-8-4　危险源分析及安全控制措施

危　险　源	危　　害	防 范 措 施
电	触电	专职监护人员监护
火灾	烧伤、生命安全	配备足够灭火器材。严禁使用非生产电器设备，机房严禁堆放易燃物品，禁止吸烟
机盘	机盘受损	检查设备电源连线正确无误后，按通电顺序逐级加电检查

四、专用移动通信系统施工

宁安铁路 GSM-R 系统在芜湖设基站控制器 BSC/PCU 设备，在上海移动交换机 MSC 所在地（虹桥核心网机房）设置 1 套 TRAU 设备，分别接入上海移动交换机 MSC，铁路沿线根据车站分布和场强覆盖设置 GSM-R 基站；每个 BTS 与 BSC 之间的连接采用 E1 环连接方式，每 3～5 个基站组成一个 E1 环路。本工程扩容利用上海局既有 OMC-R 服务器，新设 OMC-T 服务器以及 OMC-R/OMC-T 终端设备。

（一）施工工艺流程

专用移动通信系统施工工艺流程如图 4-8-5 所示。

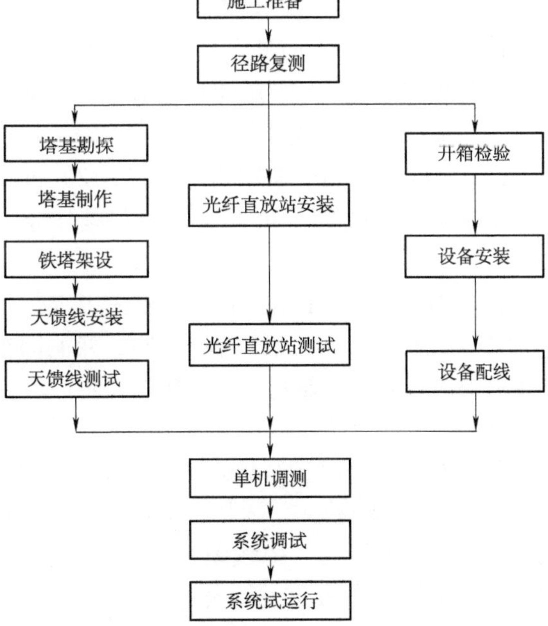

图 4-8-5　专用移动通信系统施工工艺流程图

(二)关键工序及技术要点

1. 施工准备

人员进场后,前期应安排相关人员展开施工现场调查和一系列的定测和复查工作,以便掌握现场的实际情况。

(1)调查主要内容

施工条件:内容包括设备材料的运输条件情况,设备材料的堆放存储条件情况,施工时生产工具的临时用电条件情况,应能满足基本的施工条件许可。

线路建筑的调查:应踏测线路路径,了解关键工序情况,排除施工中干扰和障碍的措施。线路建筑主要包括漏泄同轴电缆、光缆线路和区间机房等方面。

设备机房及房屋建筑状况的调查:主要查看既有机房装修(电磁环境、温度等环境要求)、设备电源、进出机房管道、馈线窗等情况,应符合室内通信设备安装要求;新建机房的选址、地基、周围环境等调查,应符合通信设备安装要求。

铁塔选址的调查:主要是勘查铁塔的位置、铁塔基础周围的土质、周围地面环境、周边空间环境是否符合设计要求。

施工环境的调查:主要包括施工当地的气候情况,施工过程中可能对当地环境存在影响的环节以及现场施工环境对工程施工质量的影响。

电磁干扰的复查:主要针对现场的实际情况,通过专用的仪器仪表进行实地的电磁调查,复查现场电磁环境是否与原设计方案一致,有无其他新突发的电磁干扰。

防雷、接地的调查:主要包括铁塔防雷、建筑房屋防雷、贯通地、联合地、防雷地的情况。

(2)复测

施工前应根据设计图和铁路公里标进行复测,复测应包括以下主要内容:隧道外架挂漏泄同轴电缆区段电杆位置、杆距、杆高及漏泄同轴电缆长度;隧道内漏泄同轴电缆架挂位置、长度;区间机房位置、供电方式及供电线路径路。

2. 漏泄同轴电缆施工

(1)漏泄同轴电缆单盘测试

测试前进行开盘检验,检查标识、盘号、盘长、包装有无破损,漏泄同轴电缆有无压扁损坏等现象并做好记录;收集好漏泄同轴电缆出厂记录、合格证,根据出厂测试记录审查漏泄同轴电缆的电特性和物理性能(低烟、无卤、阻燃、防紫外线)是否满足设计要求;在现场做漏泄同轴电缆的直流特性单盘测试(驻波比、环阻、绝缘等),确认满足设计和施工规范要求。

(2)隧道内漏泄同轴电缆支架的安装

支架孔的位置及孔距应符合设计要求,距钢轨面的高度应为 4.8~4.9 m,孔距宜为 0.8~1.5 m;支架孔施工宜采用打眼作业车,保证施工精度和质量;支架孔的直径宜为 19 mm,孔深应为(70±3)mm,孔应平直不得呈喇叭状;洞内吊夹的安装需每隔 30 m 安装防火吊夹一处;隧道内无衬砌面时,应采用钢丝承力索吊挂电缆方式,支架宜采用 40 mm×40 mm×4 mm 角钢,孔深应为 120 mm,角钢间距不宜大于 15 m;电气化区段隧道内打眼,只有在关闭该段接触网供电情况下,方许进行吊挂作业,两端还应设防护人员。

(3)隧道内漏泄同轴电缆敷设

漏泄同轴电缆吊挂应在隧道侧壁,槽口向下,距钢轨面的吊挂高度应为 4.5~4.8 m ;电气化区段隧道内吊挂漏泄同轴电缆应在接触网回流线的另侧,不得已设在同侧时,漏泄同轴电缆与回流线、接地母线的距离不应小于 0.6 m;电气化区段隧道内吊挂漏泄同轴电缆,只有在关闭该段接触网供电情况下,方许进行吊挂作业,两端还应设防护人员。

隧道内漏泄同轴电缆宜采用机械施工,施工时运载轨道车不得猛起动或急刹车。当采用人工抬放、展放时人员间隔不超过 5~7 m,以免漏泄同轴电缆拖地。漏泄同轴电缆在敷设施工过程中严禁急剧弯曲,弯曲半径符合要求。漏泄同轴电缆敷设时,尽可能不与其他线缆交叉,如无法避免时,漏泄同轴电缆布设在其他线缆之上,弯曲半径也要满足漏泄同轴电缆最小弯曲半径表的要求。

(4)隧道外漏泄同轴电缆敷设

隧道外漏泄同轴电缆主要采用电杆支撑和钢丝承力索吊挂方式；电气化区段可架设在接触网支柱上。

钢丝承力索宜采用 7 ×ϕ2.2 mm 镀锌钢绞线；漏泄同轴电缆吊挂高度应距钢轨面 4.5～ 4.8 m，与回流线的距离不应小于 0.6 m，与牵引供电设备带电部分的距离不应小于 2 m；漏泄同轴电缆上吊夹前，钢丝承力索应加(300±30)kg 的张紧力，吊挂后漏泄同轴电缆垂度应保持在 20 ℃时 0.15～0.2 m 范围内；漏泄同轴电缆过轨时应换接阻抗相同的射频电缆。

(5)漏泄同轴电缆连接器安装

漏泄同轴电缆连接器安装应包括：固定连接器、阻抗转换连接器、功率分配器及终端匹配负载。漏泄同轴电缆连接器安装严格按工艺标准操作，其主要技术要求如下：固定接头必须保持原电缆结构开槽间距不变；终端接头不考虑距开槽尺寸；接头应保证电特性指标，对于驻波比过大、阻值过大、绝缘不良、衰耗偏大的接头应锯断重接。

连接器装配完毕应进行质量检查：用万用表进行通电试验，检查内、外导体装接情况，并轻敲连接器，看万用表有否变化，判断装配接触质量；用摇表进行绝缘电阻测量，判断装接质量；检查各零部件螺栓是否旋紧。

连接器装配后接头外部应进行防护。连接器应可靠地固定在承力索或电杆上。

3. 光缆线路施工

光缆线路按照直埋和架空通信线路施工作业指导书施工。

4. 区间机房施工

(1)区间机房应尽量设置在漏泄同轴电缆、光缆的同侧，区间机房不宜设置在浮土、垃圾土、流质土和易受雨水冲刷、易塌方地带。

(2)区间机房除应考虑必要的供电和照明设备外，还应考虑防水、防盗、防寒、散热等要求。

(3)区间机房设置时应考虑进出线从两侧进入，预留引入洞口并预埋墙上支撑。

(4)区间机房应严格按照设计图进行施工，同时应符合相应的房建施工规范。

(5)区间机房与铁塔的位置关系：尽量与铁塔靠近。

(6)隧道内避车洞用于安装 GSM-R 的设备时，必须做好隔断和封闭处理。

(7)区间机房采用整体机房时，整体机房必须建基础，基础高度不低于洪水水位，基础要符合设计要求。

5. 基站和中继设备安装与调测

(1)一般规定

1)配线焊接过程中宜用松香酒精溶液，严禁使用焊油。

2)射频信号测试过程中，设备或仪表严禁过载，精密仪器仪表应专人操作。

3)设备运输宜采用厢式货车，设备堆放整齐，并采取相应的运输保护措施。

4)设备一次运输、二次运输后应外观完好，数量符合设计或订货合同的规定。

5)设备开箱检查应符合下列要求：

①设备型号、规格、质量及数量应符合设计或订货合同的规定，设备所附带的产品出厂文件和图纸、产品合格证和检验报告、附件及备品等应按装箱单数量详细清点、做好记录，文件和图纸、合格证和检验报告、附件及备品在完工移交时，应移交给运营维护单位。

②设备和附备件、设备内部所有部件以及机内布线应齐全完整，机体无弯曲变形，无元件脱落或螺栓松脱，布线绑扎整齐无散落，无活动和断头现象，机体无受潮发霉及锈蚀现象，镀层和漆饰应完整。

(2)基站和直放站设备安装

1)线缆敷设时信号线缆与交流电源线缆应分开排放，间距应大于 50 mm。

2)线缆插接位置正确，接触应紧密、牢靠，电气性能良好，插接端子应完好无损。

3)射频同轴电缆与连接器的连接应符合设计要求或相关产品标准的规定。

4)设备的安装位置及安装方式应符合设计要求。

5)设备机架底部应对地加固，安装应垂直，允许垂直偏差不应大于 1.0‰。同一列机架的设备面板应成一直线，相邻机架的缝隙不应大于 3 mm。设备上的各种零件、部件及有关标志应正确、清晰、齐全。

6)信号线缆敷设应按顺序出线，布放应顺直、整齐；线缆拐弯应均匀、圆滑一致，其弯曲半径不应小于

60 mm;线缆在走线架的每根横铁上均应绑扎(或用尼龙锁紧扣卡固),绑扎线扣(或卡固点)应松紧适度;线缆两端应有明确的标志。

7)机架地线必须连接良好。在安装有防静电要求的单元板时,应穿上防静电服或防静电接地手腕。

8)光跳纤在槽道或铁架内布放时应加套管或线槽防护。

9)同轴线布放的起止路由应合理,机架内穿线分线绑扎应均匀顺直;同轴线端子收发排列要一致,每一排端子应编扎线把,分线清晰并留有一定余量。

10)同轴线焊接后的芯线绝缘应无烫伤、开裂及后缩现象,绝缘层离开端子边缘露铜不得大于 1 mm,内、外导体必须接在对应的同轴端子上。

6. 铁塔基础施工

(1)施工工艺流程

铁塔基础施工工艺流程如图 4-8-6 所示。

(2)关键工序及技术要点

①基础施工

天然地基施工工艺流程:确定开挖顺序和坡度→沿灰线切出槽边轮廓线→分层开挖→修整槽边→清底→打垫层→支外框模板→办预检→支模板→划钢筋位置线→放箍筋→穿圈梁受力筋→绑扎箍筋→槽底或模板内清理→混凝土拌制→混凝土浇筑→混凝土振捣→混凝土找平→混凝土养护→基坑底地坪上清理→检验土质→分层铺土、耙平→夯打密实→检验密实度→修整找平验收。

换填基础施工工艺流程:确定开挖的顺序和坡度→沿灰线切出槽边轮廓线→分层开挖→换填→打垫层→支外框模板→办预检→支模板→划钢筋位置线→放箍筋→穿圈梁受力筋→绑扎箍筋→槽底或模板内清理→混凝土拌制→混凝土浇筑→混凝土振捣→混凝土找平→混凝土养护→基坑底地坪上清理→检验土质→分层铺土、耙平→夯打密实→检验密实度→修整找平验收。

桩基施工工艺流程:平整场地→泥浆制备→埋设护筒→铺设工作平台→安装钻机并定位→钻进成孔→清孔并检查成孔质量→下放钢筋笼→灌注水下混凝土→拔出护筒→检查质量。

②铁塔安装

先立最下一段塔身,根据基础的高低、场地情况和工机具配备条件确定铁塔安装方案,先将四角主材分别吊立在基础上固定,然后依次在高空组装其余构件。

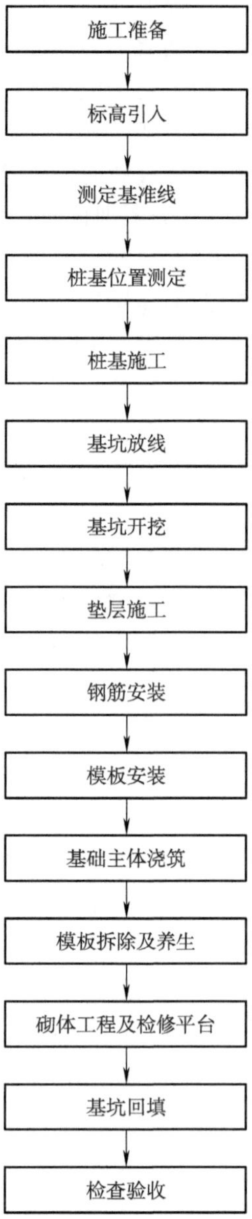

图 4-8-6 铁塔基础施工工艺流程图

a. 竖立抱杆:最下一段塔组装完毕后,开始竖立抱杆。抱杆应竖立在塔身外一定距离内,没有障碍物或障碍物影响较小的一侧,以便于外拉线的操作。竖立抱杆前,先在竖立抱杆一角的顶部挂一开口起吊滑轮,下端另挂一个开口转向滑轮。每根牵引绳自抱杆中上部,经起吊滑轮、转向滑轮,最后至绞磨,在用绞磨牵引竖起抱杆以后,用临时拉线稳住抱杆,再将牵引绳在抱杆上的结扎点下移,转动绞磨即可将抱杆升至所要求的高度。抱杆有效高度可按 $L_1 \geqslant 2/3(H+1)$ 计算,且应满足 $L \geqslant 1.4L_1$;式中,L_1—有效高度;H—塔段最大起吊高度;L—抱杆自身长度。将抱杆根部的短头钢丝绳捆扎在塔身主材上。考虑安全因素和起吊方便,抱杆与地面的倾斜角度一般不小于 50°。竖起的两根抱杆应在塔身的同一侧。

b. 将牵引绳从提升抱杆的滑轮内取出,放入抱杆顶部起重滑轮内,即可开始用牵引绳进行起吊。

c. 起吊过程中,随起吊高度的变化而不断调整控制绳,以免让被吊构件(或片)与塔身相撞或离塔身太远。待被吊构件(或片)起吊至所要求的高度时,停止绞磨转动,由人工登塔并随时调整控制绳进行组装就位。单面就位以后,下一步应起吊相对的面,并尽力做到对称就位,使塔身受力平衡。

d. 每段组装结束以后,需在升抱杆时,和第一次提升抱杆的方法相同,在已组立好的抱杆腿主材角顶挂一开口起升滑轮,仍将牵引绳放入滑轮内,并将牵引绳的一端改接在抱杆根部稍上的部位,用绞磨牵引使抱杆提升至所要求的高度,此时应注意临时拉线的协调松紧,保持抱杆不歪。抱杆提升至所要求的高度后,将抱杆根部在铁塔上固定，调整临时拉线并接牢，将牵引绳从塔身上滑轮内取出，放入抱杆顶部起重滑轮内，继续用牵引绳起吊次段塔身。

e. 随着塔身安装高度的升高，跟开越来越小。当根开减小到一定程度时，即可用一根抱杆吊起塔身四面的塔材。此时为减少人工和便于指挥操作，可将其中一根抱杆拆除，拆除抱杆时，利用牵引设备放松牵引绳，将抱杆从塔身空格内取出，放倒在地面上拆卸。

f. 利用一根抱杆起吊的吊装工序与前面完全相同。

g. 平台和避雷针的吊装先后顺序应是先吊平台后吊避雷针。有几层平台的，按从上到下的顺序进行，每一层分两次起吊，每次吊起一个面在塔身上对接就位。避雷针吊装就位后，必须及时调整其垂直度在允许偏差范围内。

h. 最后一件塔材吊装完毕以后，经检查，确认无缺件和错件以后，方可拆卸抱杆。抱杆的拆卸方法与前面完全相同。

五、调度通信系统施工

本线设一个行调台，调度内设置各种业务调度台（运输计划、列车运行、动车底、旅客服务、牵引供电和电力调度、综合维护救援、防灾报警等专用调度）、沿线各车站（段）及相关用户设置相应的车站台、远程调度台或调度电话分机。利用既有上海调度所调度交换机与相应节点的 GSM-R 交换机的互连，实现有线、无线调度电话的互通。综合维修工区、信号线路所、牵引变电所（有人值守）、电力配电所（有人值守）、联络线节点的调度电话通信采用 ONU 用户延伸方式解决。

1. 施工工艺流程

调度通信系统施工流程：施工准备→设备安装→设备配线→系统调试。

2. 质量标准

调度通信系统执行下列标准：《铁路通信施工规范》（TB 10205—99）；《铁路通信工程质量检验规程》（TB 10418—2000）。

3. 质量控制措施

（1）施工人员先培训后上岗，掌握设备原理，熟悉设备的安装、调试及开通方法。

（2）加强施工全过程的质量控制，严格执行“三检”制度，并及时做好记录。

（3）因各种原因而中断施工时，需做好各种防护标识并记录，做好材料、设备的绝缘、防潮和防尘工作。

（4）在单机调测及系统调试过程中，严格按事先设定的顺序进行，无论何时发现故障都应及时排除。

（5）利用网管系统对各点进行实时检测，发现故障立即排除。

4. 安全控制措施

施工中除执行《铁路通信施工技术安全规则》（TBJ 405—87）外，还须注意以下事项：机房要配备足够的有效消防器材；设备加电前，要特别注意检测电源电压、接地及零地电压；坚持安全教育，使“安全第一，预防为主”的安全管理方针深入人心。

六、会议电视系统施工

宁安铁路未新设会议电视中心设备，利用其他工程在上海调度所设置的会议电视系统中心设备，进行扩容后提供本线各会议电视终端接入。

在各车站各设置 1 套终端。会议型终端主要由编解码器、大屏幕彩电（或显示器）、摄像机（或摄像头）、扬声器、麦克风等组成。

七、应急救援指挥系统施工

应急通信系统由铁路总公司、调度所、综合维修段三级应急指挥系统及事故现场应急通信系统构成，为运营管理机构各级领导提供话音、数据和图像服务。在芜湖、安庆综合维工区各配置 1 套现场应急接入设备。现场应急接入设备采用 5.8 GHz 宽带无线接入方式接入临近的区间、车站接入点（备用方式采用临时敷设轻便抢修光缆开设 PDH 8 Mb/s 系统），再通过 MSTP 多业务传输平台，接入上海指挥中心的应急局端设备。

八、电源系统施工

铁路通信设备用电类型主要有两种:一种是-48 V直流用电设备,另一种是220 V/380 V交流用电设备。

-48 V直流电源系统由整流器模块、交流配电屏(盘)、直流配电屏(盘)、监控模块、机柜、后备蓄电池组及蓄电池柜(厂家根据需要配置)组成。高频开关电源整流模块采用$N+1$备份。车站、通信站、区间基站蓄电池组按2组,其余区间站内接入点蓄电池组按1组配置,容量配置按照区间点满足后备时间3 h、车站及通信站满足后备时间1 h的要求。

不间断交流电源由UPS设备及后备蓄电池组组成,后备电池容量按照区间点满足后备时间3 h、车站及通信站满足后备时间1 h的要求。

(一)施工工艺流程

电源系统施工流程如图4-8-7所示。

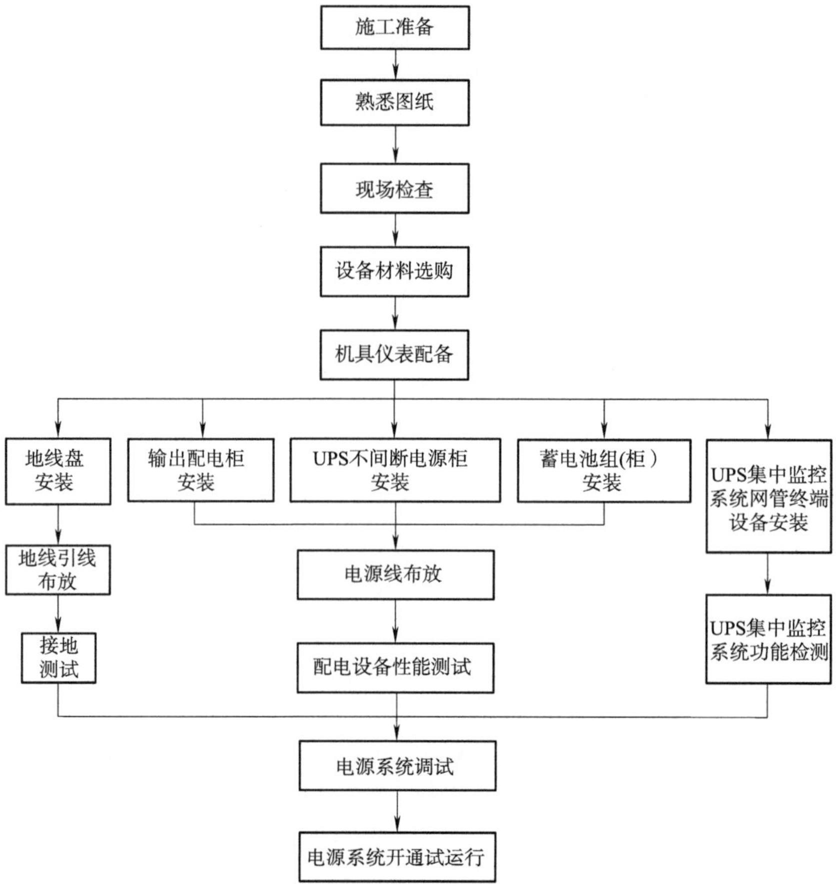

图4-8-7 电源系统施工流程图

(二)关键工序及技术要点

1. 施工准备

检查各车站与设备安装有关的建筑物土建工程施工标高、尺寸、结构及工程质量是否符合设计要求;检查墙面、顶棚喷浆是否完毕、有无漏水,门窗玻璃安装完否、门是否可上锁;检查室内地面工程是否结束,试通暗配管道,核对预留孔、预埋件的技术条件与施工图纸是否一致;检查安装场地是否干净、道路是否畅通。

2. 开箱检验

为了安装工作的顺利进行,对设备必须进行严格的开箱检验。只有货物到达安装现场后,才容许拆开包装箱进行验货,验货由用户方代表和生产厂家代表、监理单位代表共同完成。验货时,首先拆开贴有装箱单存放箱的包装箱,取出装箱单,对照装箱标签进行符合性检验,内容包括:客户名称、客户地址、机器编号、总件数、箱号、合同号等。

开箱验货：拆开包装箱后，按照装箱标签上的装箱货物清单对包装箱内货物逐项清点。验货要求检验内容包括：按系统装箱数，检验箱体标识的数量和序号；按装箱清单，检验设备装箱的正确性；按附件清单，检验附件的数量和类型；按系统配置，检验设备配置的完备性；通过观察检验物品的完好性，如机柜、机箱有无变形，机柜、机箱有无严重回潮；轻轻振动整流模块，检查是否有因运输而松动的元器件及连接。

3. 电源柜安装

安装电源柜在稳固设备支座的混凝土达到规定强度后进行，先按图纸规定顺序将柜做好标记，然后放置到安装位置上。设备安装位置符合设计规定，其偏差应不大于 10 mm；机架加固牢固，加固方式应符合设计规定；机架的机面必须平直，倾斜度每米不大于 3 mm，机架顶面平齐，电源机架与其他通信设备间隔必须大于 30 mm。

电源柜单独安装时，找好正面和侧面的垂直度。成列柜安装时，先把每个柜调到大致的位置上，就位后再精确地调整第一面柜，再以第一面柜的柜面为标准逐台进行调整。调整次序可以从左到右，柜找正时，柜与型钢之间采用 0.5 mm 铁片进行调整，但每处垫片最多不能超过 3 片。找平找正后，盘面一致，排列整齐，柜与柜之间及柜体与侧挡板均用螺栓拧紧，柜之间接缝处的缝隙小于 2 mm。机架接地电阻符合设计规定；接线正确，无碰地、短路等情况，对地绝缘电阻不小于 2 MΩ。

在设备支座上安装柜体，采用螺栓连接，紧固件必须是镀锌制品，并采用标准件。根据柜底固定螺孔尺寸，在设备支座上用手电钻钻 ϕ12.5 孔，用 M12 镀锌螺栓固定。电源柜按设计要求采取防震措施。电源柜固定好后，进行内部清扫，用抹布将各种设备擦干净。柜内无杂物，同时检查机械活动部分是否灵活，导线连接是否紧固。

UPS 不间断电源柜的型号、电气性能、技术指标、安装位置、安装方法、电源相序符合设计规定。UPS 安装符合下列要求：安装平稳、漆层无损伤；冷风口保持清洁，使冷却空气循环通畅；设备面板和内部仪表、表示灯指示正确；主开关、控制开关及旁路开关动作灵活、可靠，接触点压力适当；设备外壳接地良好。

4. 蓄电池组安装

蓄电池的型号、容量、蓄电池组的电压和排列位置符合设计和产品技术条件；蓄电池柜符合设计要求；蓄电池安装及馈电线连接符合设计规定与验收规范；蓄电池排列整齐，距离均匀一致；蓄电池完整无损坏；蓄电池连接接触良好，馈电母线与蓄电池垂直连接，并标明极性，"+"极为红色，"−"极为蓝色；蓄电池外壳无破裂，电池液无外溢，密封阀无松动；指示电池的浮充电压小于产品技术指标时、紧急放电后电池需要在短时间内充电时、单体电池的电压值参差不齐时，均衡充电后达到产品技术条件。

浮充：通信组合电源系统以浮充电压给蓄电池充电，以补充蓄电池因自放电而损失的容量，同时给负载供电的工作状态。蓄电池浮充充电单体电压为 2.20～2.27 V(25 ℃)，浮充电压一般为 53.5 V(25 ℃)。

均充：通信组合电源系统以均充电压给蓄电池充电，快速补充蓄电池因大电流放电而损失的容量，同时给负载供电的工作状态。蓄电池均衡充电单体电压为 2.30～2.35 V(25 ℃)，均充电压一般为 56.4 V (25 ℃)。

5. 敷设电源线

电源线的规格、程式、数量符合设计规定；铜鼻子、螺丝等主要材料的规格、数量符合设计规定。电源线的敷设路由及截面符合设计规定。直流电源线与交流线宜分开敷设，避免捆在同一线束内；沿地敷设的电缆不宜直接和水泥地面接触。

敷设电源线应平直靠拢、整齐，不得有急剧弯曲和凹凸不平现象；在走线架上敷设电源线的绑扎间隔符合设计规定，绑扎线扣整齐、松紧合适、结扣在两条电缆的中心线上，麻线在横铁下不交叉，麻线接头蕴藏而不露于外侧。

电源线转弯时，弯曲半径符合设计规定，电缆不得小于其半径的 6 倍，电源线穿钢管应符合设计规定；钢管管口光滑，管内清洁、干燥，接头紧密，不得使用螺丝接头；钢管管径及钢管位置符合设计规定；穿入管内的电源线不得有接头，穿线管在穿线后按设计规定将管口密封；非同一级电压的电力电缆不得穿在同一管内；室外直埋电缆按隐蔽工程处理，遇有障碍物或穿过马路时敷设穿线钢管，在中间接头或终端处留有 2～3 m 的余长。

6. 电源线与设备连接

电源线剖头部分均缠塑料带,缠扎厚度与绝缘外皮一致,各电源线缠扎长度应一致;截面 10 mm^2 及以下的单芯电源线打接头圈连接时,线头弯曲的方向应与紧固螺丝方向一致,并在导线与螺母间装垫圈,每处接线端最多允许两根芯线,且在两根芯线间加装垫圈,所有接线螺丝均应拧紧;截面 10 mm^2 及以上的多股电源线应加装铜鼻子,其尺寸应与导线相配合;线鼻子与设备的接触部分应平整、洁净,接触处涂一薄层中性凡士林,安装平直端正,螺丝紧固;电源线与设备接线端子连接时,不应使端子受到机械应力。

一般来说,三相输入或备用输出的交流电缆采用四芯电缆(3+1),单相输入或备用输出的电缆采用双芯电缆(1×2)或两根单芯电缆。三相交流电缆的 A 相、B 相、C 相和零线 N 分别与黄、绿、红、蓝色对应。单相交流电缆的相线选用红色,零线选用蓝色。当电缆线采用统一颜色时,应选用黑色。

九、综合视频监控系统施工

(一)设计概况

综合视频监控系统主要由视频区域节点、视频接入节点、现场前端三级组成。视频区域节点至视频接入节点采用本线 IP 数据网互连,现场前端至视频接入节点采用 MSTP 传输系统提供通道。综合视频监控系统与 SCADA 平台、通信电源及环境监控系统实现联动。

利用上海调度所既有视频区域节点设备扩容。

沿线车站新视频接入节点设备由图形工作站、网络交换机、存储服务器、磁盘阵列、编码器等设备构成,主要实现对所管辖区域的视频监控。根据专业分工,站房监控显示大屏、站房及站台前端设备由信息专业负责设计,通信设置编码器及网络设备容量配置根据各车站站房规模考虑、客运服务视频监控系统的接入条件。车站公安派出所设置图形工作站。

在沿线各车站、综合维修工区、牵引变电所、分区所、AT 所、电力配电所、信号中继站、区间无线基站等地的通信机房内设置现场前端设备,实现对沿线重点设施(含车站重点部位,区间公跨铁桥、隧道口、通信、信号机房内、牵引供电、配电所内外等)的实时监控。

系统网管应完成标准管理信息的交换及安全管理、配置管理、故障管理和性能管理,并提供与通信综合网管的接口。

(二)施工工艺

1. 施工工艺流程

施工准备→管路敷设→箱、盒安装→线缆敷设→前端设备安装→机房设备安装→设备接线→设备调试。

2. 设备安装注意事项

(1)安装设备的机架、机柜、电视墙、UPS 电源、电池等可直接安装在水泥地面上,并做好固定。如果机房已安装防静电地板,上述设备尽量不安装在活动地板上,而应安装在相应的底座上,底座高度与活动地板高度一致。

(2)为便于设备检修,机架、电视墙背面与墙距离不小于 0.8 m,侧面与墙之间距离不小于 0.6 m。

(3)控制台、机柜内要有良好通风,所有进出机柜、控制台的电缆、光缆、控制线、电源线均应按序排列,捆扎整齐、美观,加有永久性标识牌(标识牌最好用中文标注)。

3. 监控中心选择注意事项

(1)监控中心宜设置在一楼,不宜设置在地下室,要方便设备搬运、防水、排水、紧急疏散等。

(2)监控中心设备上部不能有下水管、消防水管、消防喷淋头。

(3)监控中心要求有本体接地,阻值小于 1 Ω,建议制作独立接地体,阻值小于 4 Ω,并在控制中心做均压环,与设备做等电位连接。

(4)监控中心应配备温度控制、防火、应急照明等设施。

4. 控制中心设备安装、接线

(1)外围进控制中心线缆预留至最远安装位置,其中视频线多预留 50~100 cm。

(2)监控系统矩阵主机、视频信号分配器、控制信号分配器宜靠近安装,尽量减少设备之间的跳线距离,上下安装间距不能小于 200 mm,以便线缆捆扎和固定。

(3)监视柜和操作台横向走线尽量从底部托架穿过;监视柜的底部托架上不能直接放设备,以便二次走线和检修。

(4)周界管理电脑与矩阵操作键盘和报警主机操作键盘靠近安装,报警后方便调用监控图像和处理警情。

(5)接线全部采用压线端子,走线横平竖直,线缆标识清楚。

(6)设备外壳、监视柜、操作台采用 4 mm^2 接地线接地,并采用螺杆与中心汇流排连接,接线采用 O 型压线端子 5-6 连接。

(7)防雷接地汇总至汇流排,再用 16 mm^2 接地线与建筑本体接地体连接,采用 10-16 O 型压线端子压接,用 M6×30 螺杆连接。

5. 常见问题分析及处理方法

(1)监视器出现木纹状干扰

监视器上出现木纹状干扰现象,产生的原因较多也较复杂,大致有如下几种原因:视频传输线的质量不好,特别是屏蔽性能差(屏蔽网不是质量很好的铜线网,或屏蔽网过稀而起不到屏蔽作用);视频线的线电阻过大,造成信号产生较大衰减;视频线的特性阻抗不是 75 Ω,以及分布参数超出规定等。

(2)视频不通

检查链路指示灯(SYNC)是否正常,如不正常参照链路故障排除;检查发射机视频指示灯是否亮,如不亮检查摄像机是否有输出,如有其他正常工作的光端机可交叉视频,如指示灯还不亮与销售员联系;检查接收机视频指示灯是否亮,如不亮数据不受控。

若接收机视频指示灯不亮,则需确认矩阵或 DVR 的数据码和速率是否与解码器的一致、参照光端机说明书确认数据接口是否正确、参照光端机说明书确认数据接线是否正确(注意:数据是从接收机发往发射机);若不存在上述三种情况,则用万用表测量两根数据线之间的电压,当不控制的时候是一个恒定的电压(根据解码器的不同,电压值不一样),当控制时数据线间的电压应在 0～5 V 之间跳变。

(3)云台自转或乱转

云台自转或乱转的原因一般有以下 4 种:解码器损坏;光衰减太大造成数据误码;一个数据源连接太多光端机,负载太大造成驱动力不够;光端机数据损坏。

(4)音频不通

确认接光端机的音源工作正常;确认音源的输出电压在 3 V 以内;根据说明书检查音频接线;用小音箱接音频输出测试音频工作是否正常。

(5)以太网不通

光端机为 DTE 设备,与计算机相连要压反线,与 HUB、交换机相连压正线、反线均可;确认相连的计算机的 IP 地址在同一网段;用命令 c:\\>pingIP 地址 - t 检查是否连通。

十、通信电源及环境监控系统施工

(一)设计概况

全线安装通信电源及通信、信号机房环境监控系统,对无人值守的通信机房组合开关电源设备及通信、信号、信息机房环境进行集中监控,系统具备与 SCADA 系统、综合视频监控系统及照明等系统联动功能。

监控中心设备由系统服务器、前置服务器、操作终端、打印机、网络交换机等设备组成,远端监测单元(RTU)由智能一体化采集器及环境传感器(温/湿度、烟雾、水浸、门禁、空调控制等)等构成。

在芜湖站设置通信电源及通信、信号、信息机房环境监控系统中心站设备,在无人值守的各中间站/段、站内/区间接入点处设置监控分站设备。对机房温度、湿度、烟雾、水浸、门禁、开关电源、UPS 设备、蓄电池组、机房空调等进行监测,从而实现对通信交、直流电源设备,通信、信号、信息机房空调的工作运行状况,机房环境的监控。

远端监测单元(RTU)至监控中心的数据传送采用 2M 环网方式、数据网等方式连接,监控中心之间以及远程显示终端与监控中心采用点对点 2M 通道方式连接。

(二)施工工艺流程

通信电源及环境监控系统施工流程如图 4-8-8 所示。

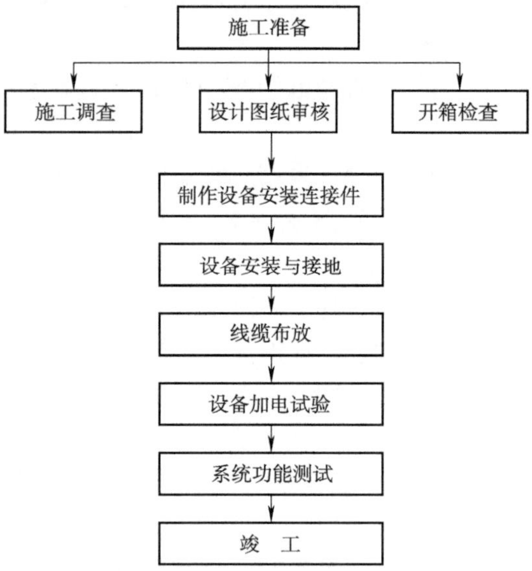

图 4-8-8　通信电源及环境监控系统施工流程图

(三)系统监控的主要对象及内容

1. 通信电源

各站电源设备监控数据均由新设电源设备监控模块提供,监控对象及内容为:

交流配电盘:输入电压和电流测量及告警。

整流模块:直流输出电压和电流、交流输入电压和电流测量;整流器的故障、过载、整流输出过压、欠压、启动、关闭、复位等工作状态的告警。

蓄电池:单体电压、单体温度、单体内阻、电池组总电压、总电流、电池组充放电状态。

2. 空调设备

对专业空调应通过协议转换实现遥控、遥信。对民用分体空调也应实现远程遥控,如开/关机、制冷、调温等操作。并监测空调的工作状态,对空调的遥控应不受生产厂家及型号的限制。

3. 环境信息

环境信息包括温度、湿度、烟雾、门禁、水浸、窗破、非法入侵等信息。

(四)系统功能的技术要求

(1)监控系统应由监控中心的监控设备与沿线站点的现场监控设备组成。

(2)监控中心须采集现场监控设备传送的各类信息,进行数据分析处理、存储显示打印,并用多种方式示警,出现故障后随时进行相关处理工作,发布派班命令,记录处理结果。须完成发布控制命令给现场监控设备,完成对被控设备的控制。监控中心具有与高层管理中心联网的功能。

(3)短消息告警功能。当监测系统出现告警时可以用手机短信方式实时向相关工作人员的手机报警,告警内容显示方式为:“编号”“告警地点”“告警内容”“告警参数”“告警等级”。具有告警时段屏蔽功能,即只有在该时间范围内发生报警,才进行告警联动发送告警短消息。

(4)现场监控设备是整个监控系统最基本单元,监控终端、智能环境监测、智能空调监控、通信电源监测、系统配线等均应装在一个机柜内,结构紧凑,可壁挂安装。完成对站点内的各种数据采集处理,并将采集的数据传递至监控中心,又将接受监控中心的控制命令,按控制命令完成相关的控制工作。

(5)监控系统的网络结构采用链型结构。

(6)监控系统的可靠性:系统硬件平均无故障间隔时间(MTBF)大于 100 000 h;系统硬件平均故障修复时间(MTTR)小于 0.5 h;监控系统应具有比被监控设备更高的安全性、可靠性,即被监控设备的故障不应影响到监控设备的正常运行。

(7)监控系统的安全性:监控系统中心及现场设备的安全性要有保障;系统要有多重密码机制,密码可由系统维护人员维护;监控系统应有系统工作日志,详细记录所有的操作过程。

(8)系统的易用性:监控系统不论在中心还是小站,均应具有良好的人机界面,每一步操作应有交互式汉字提示;系统应为全汉化、Windows 图形界面,支持简体中文;系统操作应提供在线帮助。

(9)系统的容错性:系统不应因个别模块或部件的故障导致整个系统的故障。

(10)系统的可维护性:系统应提供使维护人员迅速了解和排除系统故障的手段;当维护人员进入机房时,系统应不发出门禁告警或管理中心可知此门禁告警由维护人员引发。

(11)监控系统的独立性:监控系统应完全独立于其监控对象,投标方在投标时应注明在组网及设备配置等方面所采取的措施和要求。

(12)监控系统的可扩展性:监控系统应具有良好的扩展性,可随着通信系统的扩展而扩展,如通信设备的增加、站房的变化等。投标商应能提出监控系统的具体扩展方式和方法以及所支持的最大扩展容量。

(13)具有一定的作业管理功能，系统提供诸如固定资产管理、巡查计划、包机等管理功能。

(14)系统界面分层显示：系统总图，局站界面，设备界面。

(15)可根据招标方要求设定实现：实时报警打印、交接班记录打印、报表打印和曲线打印。

(五)系统主要技术指标的技术要求

(1)符合相关技术标准的规定。

(2)硬件接口：通用标准接口。

(3)多点多事件可同时报警，报警准确率：100%。

(4)从报警信号发生到上报到监测中心的时间不大于10 s。

(5)系统重要数据可存2年，重要统计数据可存5年以上。

(6)数据采集精度：电流电压优于0.2%，其他电量优于1.3%，其他非电量优于2.5%。

(7)系统MTTR：小于0.5 h。

(8)系统MTBF：大于100 000 h。

(9)监控中心可监控站单元数目：不小于200个。

(10)储运温度：−25 ℃～+65 ℃。

(11)数据采集模块工作温度：−10 ℃～+45 ℃。

(12)监控中心工作温度：+10 ℃～+35 ℃。

(六)质量卡控点及控制措施

1. 质量控制

(1)所有设备材料到达现场进行进场检验，其型号、规格及质量符合设计要求和相关技术标准的规定。

(2)监控中心设备安装位置、安装方式及安装强度应符合设计要求和相关技术标准的规定。

(3)设备配线用线缆的型号、规格及质量应符合设计要求，配线前应进行测试，指标达到相关技术标准的要求。

(4)所用仪表经过计量检验合格在有效期内使用。

(5)监控中心、中间站被监控机房的建筑装饰、暗配管道、预留孔、预埋件的技术条件与施工设计图纸一致。中间站各类传感器/变送器、探测器的安装地点、环境应满足设计要求。

(6)被监控的电源设备、空调设备及其他自动开关在手动操作状态下运行正常，并能接收中间站环境及电源监控系统的指令。

(7)电量传感器安装时严禁电压传感器输入端短路和电流传感器输出端开路；烟雾探测器至空调送风口边的水平距离不应小于1.5 m。

(8)监控系统功能应符合设计要求，适应于铁路运输通信提供的多种通信通道。

(9)设备调试前应对硬件设备进行全面检查，检查正常后方可通电。系统调试应在保证传输通道、供电以及单机设备正常的情况下进行。

2. 检验

根据《铁路运输通信工程施工质量验收标准》(TB 10418—2003)的要求和相关技术标准的规定会同监理单位共同进行检验。

十一、通信线路施工

(一)施工工艺流程

通信线路施工流程如图4-8-9所示。

(二)关键工序及技术要点

1. 径路复测

(1)根据设计交底、现场调查情况和有关施工安全的规定，核对设计文件、设计图纸，与设备管理单位共同调查确认各类设备设施、地下管线的隐蔽位置、各类建筑物的限界现状，确定光、电缆线路的具体开挖位置。

(2)确定过桥、过涵的具体位置及长度。

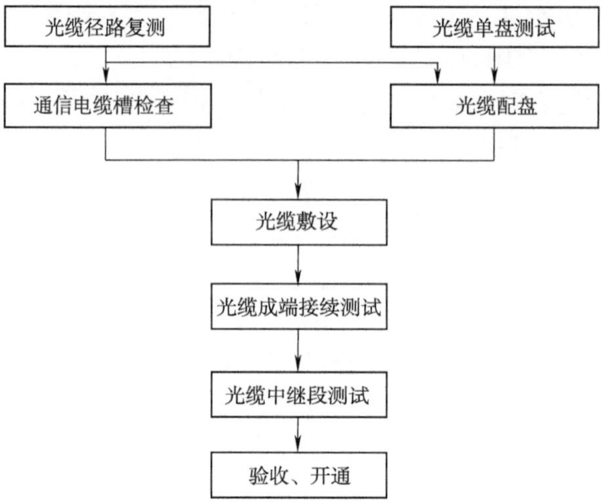

图 4-8-9 通信线路施工流程图

(3)统计土质情况和防护材料数量。

(4)确定机房引入位置及施工方案。

2. 光、电缆配盘

(1)同一区间内宜采用同一生产厂家、同一批次的光、电缆。

(2)直埋光、电缆敷设前应按长度及环境条件进行配盘,选择合适的接头位置。

(3)直埋光、电缆宜整盘敷设,不得任意切断光、电缆。直埋光、电缆接头位置宜安排在地势平坦和地基稳固地段。桥上、水底应避免有接头。

3. 工具与材料准备

(1)根据线路复测提供的数量,按照设计提供的水泥预制件图纸加工预制件(主要是水泥槽、盖板、标桩等)。

(2)根据线路复测提供的数量,按照设计要求购买钢管、硅芯管等防护材料。

(3)根据线路复测提供的数量,按照设计提供的光、电缆型号购买光、电缆。

(4)根据工程需要,购买辅助材料(彩条布、滑石粉、铁线等)。

4. 光、电缆单盘测试

(1)检查单盘包装标记、端别、盘号、盘长。对包装有严重损坏或外护层有损伤的,应在光、电缆测试时重点检查。

(2)根据光、电缆出厂合格证和测试记录,光缆要复核光纤的几何、光学、传输特性和机械物理性能等是否符合设计要求;电缆要对号检查所有芯线有无断线、混线等故障,每一根芯线对其他所有芯线及金属护套之间的绝缘电阻是否符合要求。

(3)测试单盘光纤的衰减和长度是否符合要求。

5. 有碍施工事项处理

根据线路复测和调查,提前处理好下列有碍施工事项:

(1)涉及其他单位的设备搬迁、穿越铁路和公路、通过桥隧和河流时,应按书面协议,取得主管单位的配合再进行施工。

(2)需砍伐或毁坏树木和禾苗时,应事先征得有关单位或物主的同意后再进行施工,并妥善处理好赔偿问题。

(3)在路肩或路基范围内施工时,应事先与工务段联系,签订协议后再施工。

(4)开挖过轨和道口前,应事先与工务段联系,签订协议后再施工。

(5)新旧设备倒替、新旧线路割接或改建工程项目,应与运营单位商定施工方案,并采取必要的安全措施后再施工。

6. 光、电缆线路施工

(1)线路开挖

光、电缆沟开挖前,以批准的施工图为依据,进行线路复测和线路调查,确定光、电缆防护的施工方法,核对地下管线和障碍点情况，确认土质情况并用滑石粉标出开挖位置。

光、电缆的埋深应符合规定。沟深较埋深应增加 0.1 m，光、电缆埋深误差不应超过－0.05 m，同沟敷设的光、电缆在沟内平行距离不应小于 0.1 m。

(2)直埋光、电缆敷设

光、电缆沟的深度应符合规定，沟底应平整无碎石；石质、半石质沟应铺 20～30 cm 厚的细土或砂土；特殊地段无法满足深度要求时，可采用钢管或水泥槽防护。

光缆敷设前要根据之前的复测记录准备好防护材料，如钢管、硅芯管、水泥槽等摆放到位，并在需要防护的位置和过轨处安排专人防护，确保缆线的安全。

机械牵引时，应采用地滑轮，牵引最大速度应为 15 m/min。人工抬放时，合理安排间距，同步进行，不能集中一起使劲拉拽，确保光缆不受损伤。光缆敷设过程中，缆盘位置要有人看护，缆头位置要有人领头负责穿管及障碍物。中间要安排人员来回走动进行现场盯控。同时通过对讲机联系，保持同步。同沟敷设的光、电缆，不得交叉、重叠，宜采用分别牵引同时布放的方式。

光、电缆不应出现小于规定曲率半径(电缆护套外径的 15 倍，光缆护套外径的 20 倍)的弯曲以及拖地、牵引过紧等现象。光、电缆必须平放于沟底并保持一定的松紧度，不得腾空和拱起；光、电缆敷设在护坡上时，宜采用“S”形敷设或按设计要求的措施处理；放线过程中或布放后，应及时检查光、电缆外皮，一般采取手摸式检查法，如有破损应立即修复；直埋光、电缆敷设后应对光、电缆进行测试，确保敷设后光、电缆没有问题。光缆要测试衰耗，测试时要接一盘 2 km 的裸纤，保证测试的精准度。电缆要测试绝缘和环阻。

(3)光、电缆沟回填

先回填 15 cm 厚的碎土或细土，严禁将石块、砖头、树叶等推入沟内，并应人工踏平夯实。光、电缆必须再次进行测试检查，确认符合质量验收标准后，方可全沟回填土。

接头位置要挖好接头坑，光缆预留整理好平放，盖上少许土，并做好记录，方便接续人员施工。接头点的预留光、电缆应妥善地置于接头坑中，端头必须做密封防潮处理，防止光、电缆浸水或人为损伤。

回填土应高出地面 10 cm，防止下雨或时间久了缆沟下沉。

(4)直埋式光、电缆的防护措施

过桥、过涵两侧要防护，一般采用钢管或水泥槽包封防护；部分开挖不了的路段要用水泥、砖砌沟包封防护；临时过渡地段一般采用浅埋或硅芯管/钢管防护方式，并在附近做好警示牌。

(5)光、电缆预留

光、电缆接头处预留 5～10 m；电缆接头处重叠 0.8～1.5 m；车站通信机械室引入口外各预留 5～10 m，通信站每侧引入口外各预留 3～51 m；桥、涵两端各预留 3～5 m；在滑坡、塌方、穿越铁路及有展宽公路规划地段应适当预留。

(6)光、电缆线路标石埋设

光、电缆接头处应设置接头标桩；光、电缆拐弯点，同沟敷设光、电缆的起止点，光、电缆特殊预留点，上下桥涵处，穿越障碍物地点以及直线段每隔 50 m，应设置普通标石；标石埋深 60 cm，出土 40 cm，标石周围土壤应夯实。

普通标石应埋设在光、电缆的正上方。接头处的标石应埋设在光、电缆线路的路由上，标石有字的一面应面向光、电缆接头。转弯处的标石应埋设在光、电缆线路转弯的交点上，标石朝向光、电缆弯角较小的一面，路徽要对着铁路。

标石用坚石或钢筋混凝土制作，规格有两种：一般地区使用短标石，规格应为 100 cm×14 cm×14 cm；土质松软及斜坡地区用长标石，规格为 150 cm×14 cm×14 cm。标石编号为白底红(或黑)漆正楷字，字体端正，表面整洁。编号应根据传输方向，自 A 端至 B 端方向编排。一般以一个中继段为独立编号单位。

十二、综合布线施工

(一)施工工艺流程

综合布线施工工艺流程如图 4-8-10 所示。

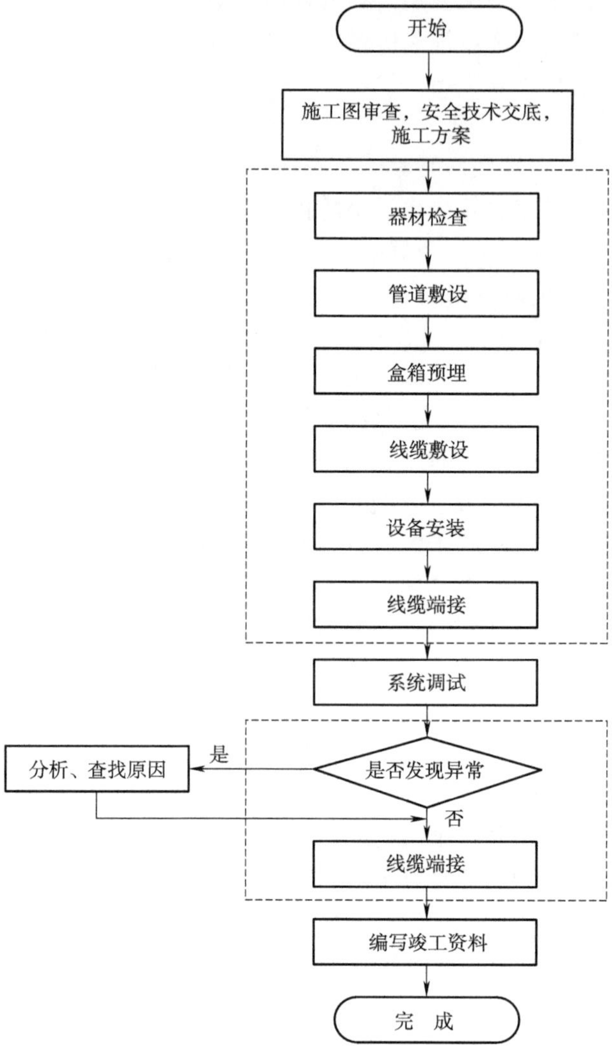

图 4-8-10 综合布线施工工艺流程

(二)施工工艺要点

1. 线缆布放(线缆包括信号线、视频线、电源线)

(1)线缆完好无损，外皮完整，中间严禁有接头和打结的地方。

(2)线缆布放时，连接正确，保持其顺直、整齐，布放时线缆按一定顺序。

(3)线缆拐弯应均匀、圆滑一致，弯弧外部保持垂直或水平成直线。

(4)线缆布放绑扎整齐，绑扎的线扣间距均匀，松紧适度，不得绑扎过紧。

(5)线缆走线方便、美观，每期工程线缆沿线缆走道一侧布放，尽量留出扩容空间，以便于维护和将来扩容。

(6)布放线缆时，每条线缆的两端有明显标志，以便于连接和检查，线缆标签应贴(绑)于线缆两端的明显处且不易脱落。

(7)信号线与电源线分开敷设，不互相缠绕，平行走线，并避免在同一线束内。在同一线缆走道上布放时，间距不小于 200 mm。信号线及电源线在机架内布放时，分别在两侧走线。

(8)线缆穿越上、下层或水平穿墙时，用防火封堵材料将洞孔堵实。

2. 线缆绑扎

(1)插头处的线缆应按布放顺序进行绑扎，防止电缆互相缠绕，电缆绑扎后应保持顺直，水平电缆的扎带绑扎位置高度应相同，垂直线缆绑扎后应能保持顺直，并与地面垂直，如图 4-8-11 所示。

(2)应视具体情况选择合适的扎带规格，尽量避免使用多根扎带连接后并扎，以免绑扎后强度降低。扎带扎好后应将多余部分齐根平滑剪齐，在接头处不得带有尖刺。扎带的绑扎形式如图 4-8-12 所示。

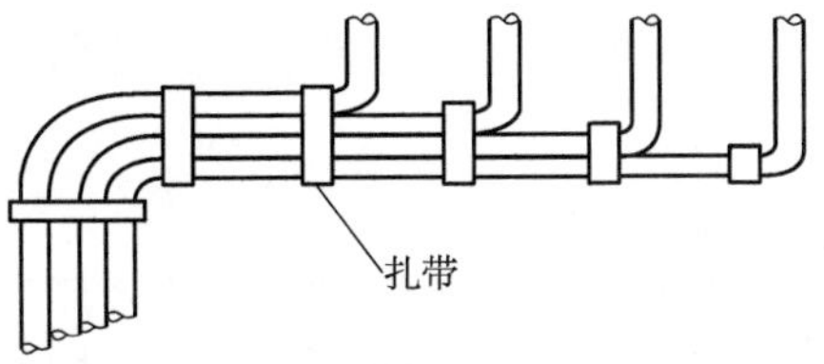

图 4-8-11　插头附近的扎带绑扎示意图

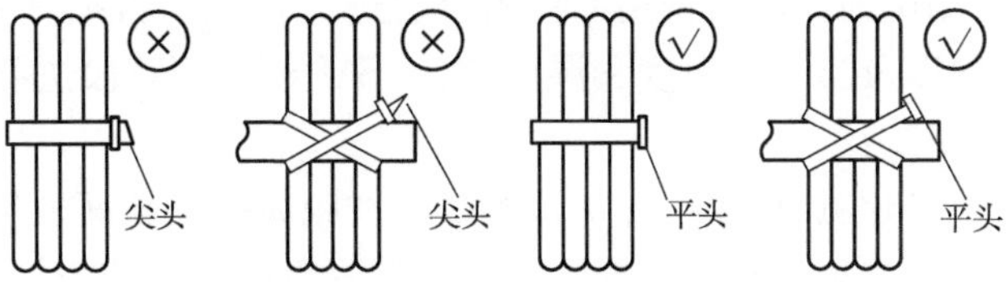

注：图中打√的为正确的绑扎形式，打×的为错误的绑扎形式

图 4-8-12　扎带的绑扎形式

(3)电缆绑扎成束时，一般是根据线缆的粗细程度来决定两根扎带之间的距离。扎带间距应为电缆束直径的 3～4 倍，如图 4-8-13 所示。

(4)绑扎成束的电缆转弯时，扎带应扎在转角两侧，如图 4-8-14 所示，以避免在电缆转弯处用力过大造成断芯的故障。

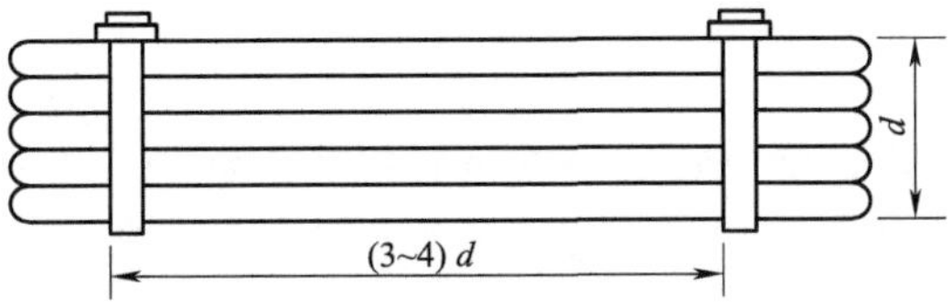

图 4-8-13　电缆绑扎成束时的扎带示意图

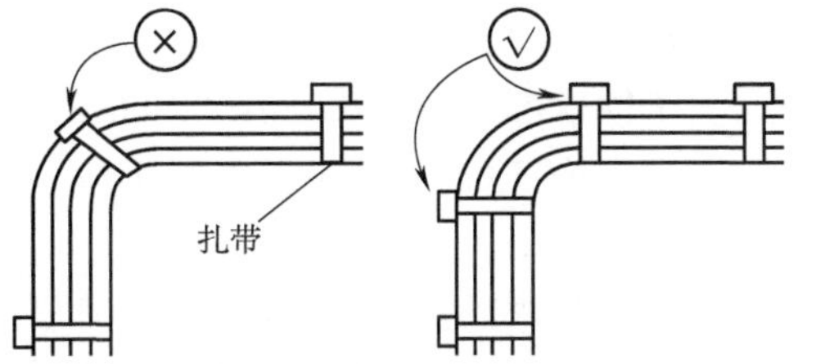

注：图中打√的为正确的绑扎形式，打×的为错误的绑扎形式

图 4-8-14　绑扎成束的电缆转弯

(5)机柜内电缆应由远及近顺次布放，即最远端的电缆应最先布放，使其位于走线区的底层，布放时尽量避免线缆交错，如图 4-8-15 所示。

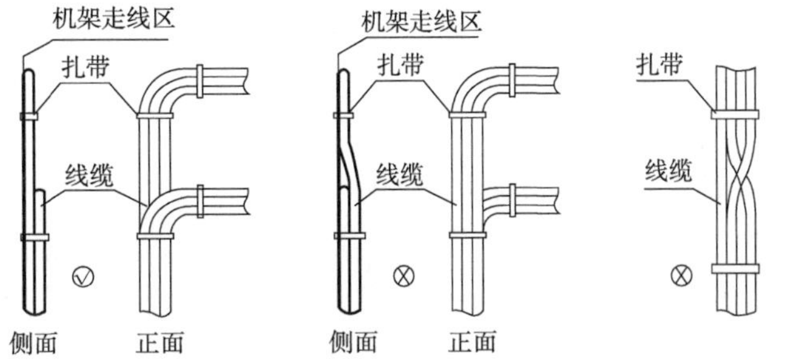

图 4-8-15　机柜内电缆的布放要求示意图

十三、通信清频

1. 检测依据和判决标准

测试引用标准包括下列六个文件：

(1)《数字微波接力站电磁环境保护要求》(GB/T 13616—2009)。

(2)《关于铁路专用 GSM-R 移动通信系统使用频率及有关问题的函》(信部无函〔2007〕394 号)。

(3)《关于铁道部和中国移动共用 900 MHz 移动通信网频率资源问题的函》(信部无函〔2007〕136 号)。

(4)《关于印发〈GSM-R 无线网络覆盖和服务质量(QoS)测试方法(V1.0)的通知》(科技运〔2008〕170 号)。

(5)《铁路 GSM-R 数字移动通信系统工程设计暂行规定》(铁建设〔2007〕92 号)。

(6)铁路 GSM-R 和中国移动 GSM 系统共享频段信号电平测试方案(草案)。

2. 测试频段

测试频段为 885～889 MHz 和 930～934 MHz。

3. 测试方法

在测试前对准备使用的仪器仪表进行校核。根据选定测试区域,到达预定的测试点,记录测试点的纬度、经度以及当时的温度和湿度,对 GSM-R 占用频段进行全频段扫描,并把频谱图记录下来。按照下列步骤进行测试:

(1)搭建测试系统,并记录测试天线距离铁路轨面及地面高度。

(2)首先采用定向标准天线对 885～889 MHz /930～934 MHz 频段进行全方位扫描,检波方式选用峰值检波,采用最大保持的方式,选择最大保持方式测试 20 min,如果没有发现问题即可结束测试;如果发现有频点超过门限值,则应进行详细测试,并统计这些频点信号特征、信号源方位,并进行以下(3)、(4)、(5)测试项目。

(3)分析测试频谱图各频点信号是否为本线路 GSM-R 基站信号,如为本线路 GSM-R 信号,利用测试手机测试各频点的 C/I,判断各信道的干扰程度。

(4)根据干扰信号特征适当扩展频谱仪扫描范围,进一步确定信号类型及与其他信号的关系。

(5)根据干扰信号特征初步判断干扰是否为 GSM-R 信号或外部干扰信号。

4. 判决标准

根据《关于铁道部和中国移动共用 900 MHz 移动通信网频率资源问题的函》(信部无函〔2007〕136 号)的规定,判别准则为:EGSM 在铁路轨道上方 4.5 m 处的电平统计值小于－105 dBm。

5. 测试结果分析

GSM-R 系统要求外部干扰不超过－105 dBm,系统天线增益为 9 dBi,馈线及转接头损耗为 1.0 dB,不考虑带宽折算、天线高度及温湿度对信号的影响,超过－105＋9－1＝－97 dBm 则可能对 GSM-R 系统产生影响。

测试单位于 2012 年 9 月 18 日～23 日进行了初测,共测试了 79 个位置点,其中在 9 个测试点检出其他线路的 GSM-R 信号,分别为测试点 1～9,在 44 个测试点检出外部干扰信号,分别为测试点 8～13、17～26、36～41、43～45、47～51、53～55、64～66、73～79。在安徽移动进行整改后,于 2015 年 6 月 24 日～26 日对上述存在干扰信号的 44 个测试点进行了复测,该 44 处干扰点均未检出外部干扰信号,干扰信号已全部清除。

十四、网络优化

在联调联试期间结合实际情况对通信系统网络进行了优化。

第九章　信　号　工　程

一、信号系统概况

宁安铁路信号系统从南京南宁安场引出，经宁安中继 1、江宁西、马鞍山东、当涂东、宁安中继 2、芜湖站宁安场、弋江站（皖赣线引入）、宁安中继 3、繁昌西、铜陵北线路所（将引入合福线铜陵北站）、铜陵、宁安中继 4、宁安中继 5、池州、宁安中继 6、宁安中继 7、安庆，终到安庆北站，如图 4-9-1 所示。

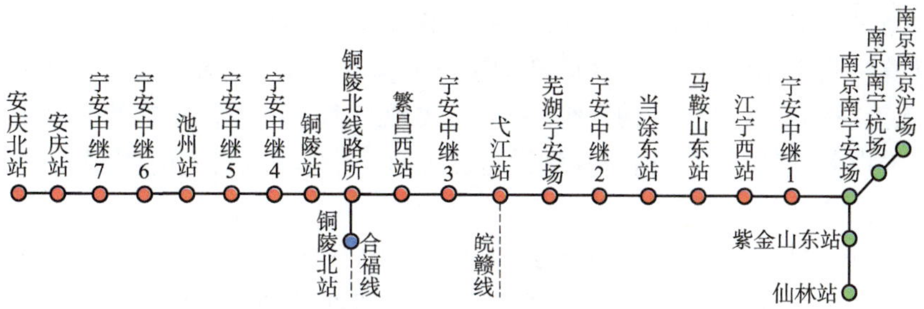

图 4-9-1　宁安铁路信号系统设置示意图

信号系统施工包含信号系统的设备供货、施工安装、调试试验、技术服务等内容。主要工程数量见表 4-9-1。

表 4-9-1　信号系统施工主要工程数量

序　号	内 容 描 述	单　　位	合　　计
1	敷设电缆	km	9 028
2	安装各种箱盒	个	7 468
3	安装信号机	架	615
4	安装三相单路电源防雷箱	台	21
5	安装防雷分线柜	架	35
6	安装列控系统	系统	10
7	安装微机联锁系统	系统	11
8	安装微机监测系统	系统	15
9	安装 CTC 系统	系统	13
10	安装智能电源屏	架	17
11	安装移频柜	架	84
12	安装 ZPW-2000 轨道区段	区段	784
13	安装 ZPW-2000 网络接口柜	架	32
14	安装扼流变压器	个	1390
15	安装点式应答器 LEU 设备	台	109
16	安装应答器	台	822
17	安装道岔转辙机	组	171
18	安装安全数据通信网	系统	11

二、施工质量控制技术标准

(1)《铁路信号施工规范》(TB 10206—99)。
(2)《高速铁路信号工程施工技术指南》(铁建设〔2010〕241 号)。
(3)《高速铁路信号工程施工质量验收标准》(TB 10756—2010)。
(4)《铁路信号工程施工质量验收标准》(TB 10419—2003)。
(5)《客运专线铁路信号工程室外设备安装规程》(TB 10216—2009)。
(6)《ZPW-2000 自动闭塞施工安装工艺标准》。

三、信号系统的集成方案

宁安铁路信号系统包括:运输调度指挥系统、闭塞系统、列车运行控制系统(简称列控系统)、车站联锁系统、信号微机监测系统等。其中,列车运行控制系统采用 CTCS-2 级制式,满足新建正线 250 km/h 高速设计要求;新建车站计算机联锁系统采用 2×2 取 2 的硬件安全冗余结构,满足铁道部有关运营要求;正线车站设 CTC 系统,并纳入上海调度所宁安行调台统一指挥,实现对客专正线各车站的调度集中控制;全线设信号集中监测系统,对列控设备、联锁设备、信号基础设备及 LEU 断线等进行实时监测。

1. 运输调度指挥系统

宁安客运专线运输调度指挥系统采用分散自律调度集中系统(CTC),采用分散自律的控制方式,在阶段计划的控制下,解决列车作业与调车作业在空间与时间上的冲突,实现列车作业和调车作业的集中控制。调度集中系统符合相关规范的要求。分散自律 CTC 系统由调度中心子系统、车站子系统、调度中心与车站及车站与车站网络子系统三部分构成。CTC 系统设备和传输通道采用双套冗余结构。

2. 闭塞系统

宁安客运专线正线满足设计速度 250 km/h 及以上。采用 CTCS-2 级技术条件的列控系统,区间轨道电路采用 ZPW-2000 型无绝缘轨道电路。

宁安客运专线正线区间设区间信号标志牌,设地面区间通过信号机,列车运行以列控车载设备显示及信号显示作为行车凭证,双线双方向运行,反方向按自动站间闭塞行车。

3. 列控系统

宁安铁路列控系统采用连续速度(目标—距离)控制模式,系统满足最高运行速度和双线双向运行,正向追踪满足需求,反向按站间闭塞运行。满足《客运专线 CTCS-2 级列控系统列控中心技术规范》(科技运〔2010〕138 号)、《CTCS-2 级列控系统应答器应用原则(V2.0)》(科技运〔2010〕136 号)、《客运专线信号系统安全数据网技术规范(V3.0)》(运基信号〔2014〕353 号)、《客运专线列控系统临时限速技术规范(V1.0)》(科技运〔2008〕151 号)、《临时限速服务器技术规范(暂行)》(铁运〔2012〕213 号)及其他铁道部相关列控系统的规范规定。

列控地面设备由临时限速服务器 TSRS、列控中心、ZPW-2000A 轨道电路、点式应答器、地面电子单元(LEU)、列控中心/联锁安全数据通信局域网区间、通过信号机等设备组成。

4. 联锁系统

正线车站(所)新设车站计算机联锁设备共 11 套,计算机联锁系统以计算机为主要技术手段实现车站联锁,采用硬件安全冗余结构系统,且联锁计算机每系都采用安全性软件结构。该系统保证行车安全,提高运输效率,改善劳动条件,并为管理现代化创造条件。计算机联锁系统满足《计算机联锁技术条件》(TB/T 3027),满足各种站场规模和运输作业的需要。同时计算机联锁系统设备需通过铁路总公司规定的权威机构测试认可,系统工作可靠并符合故障—安全原则。

5. 电源系统

各站设智能电源屏。新设的客专智能电源屏(不含提速屏)配置双套大容量 UPS,UPS 的容量负荷按除转辙机以外的所有用电量考虑。有人值守车站 UPS 供电时间按不少于 30 min 考虑,无人值守车站按 UPS 供电时间不少于 2 h 考虑,线路所按 UPS 供电时间不少于 2 h 考虑。

南京南宁安场、江宁西站、当涂东站、马鞍山东站、芜湖宁安场、繁昌西站、铜陵站、池州站、安庆北站按有岔车站有维修人员值守。

6. 信号计算机监测

正线车站(所)、中继站新设计算机集中监测车站设备共计17套,信号集中监测系统设备配置满足《铁路信号集中监测系统技术条件》(运基信号〔2010〕709号)、《铁路信号集中监测系统安全要求》(运基信号〔2011〕377号)和《客运专线铁路信号产品暂行技术条件汇编》(科技运〔2008〕36号)的技术要求。信号集中监测系统能够监测信号设备的主要电气性能,当电气性能偏离预定界限时及时报警。信号集中监测系统应能及时记录监测对象的异常状况,具有板级故障诊断功能和运基信号〔2010〕709号文规定的预警、报警功能,并自动生成记录表。

在南京南宁安场、江宁西站、当涂东站、马鞍山东站、芜湖宁安场、繁昌西站、安庆站设7个综合维修工区设置监测终端设备。

本线按属地化管理方式,由南京电务段管理。南京电务段主机利用既有主机,本线接入即可,南京电务段主机在既有基础上扩容改造。

四、主要施工方案、工艺及方法

(一)宁安铁路引入南京南枢纽信号工程施工

1. 南京南枢纽现状

南京南枢纽是京沪高铁、宁杭客专、合宁客专、沪宁城际、宁安铁路的交汇处,其中京沪高铁、宁杭客专、沪宁城际采用CTCS-3级列车运行控制系统,合宁客专、宁安铁路和南京南动车走行线均采用CTCS-2级列车运行控制系统。京沪高铁、宁杭客专、合宁客专、沪宁客专、动车走行线均已开通运营,宁安铁路将引入南京南枢纽。

南京南宁安场由京沪高铁工程代建,室内外设备已经安装到位,目前仅开通了往沪宁城际方向SC、SCF口进入南京南宁杭场的进路和进路上相关信号机、道岔、轨道电路等设备,其余部分包括左咽喉去往动车走行D线和C线的XDD和XDC口相关接发车进路均未开通。

南京南枢纽示意如图4-9-2所示。

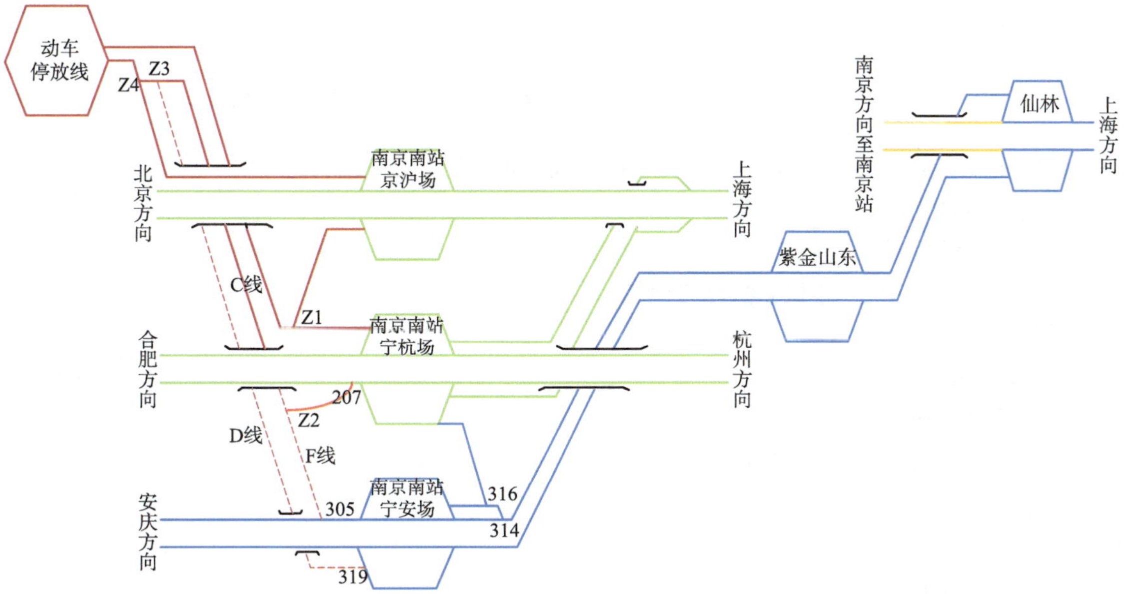

图4-9-2　南京南枢纽示意图

2. 涉及范围及既有设备现状

宁安铁路引入南京南站宁安场引起的相关信号系统改造涉及范围有:仙林站、南京南宁安场、南京南宁杭场、南京南动车所、紫金山东站、江宁站、南京南线路所、上海客专调度中心、宁杭高铁TSRS及京沪高铁TSRS3。

目前南京南枢纽各站设备现状见表 4-9-2。

表 4-9-2 南京南枢纽各站设备现状

系统名称	仙林站	南京南宁安场	南京南宁杭场	南京南动车所	紫金山东站
联锁系统	DS6-K5B	DS6-K5B	DS6-K5B	DS6-K5B	DS6-K5B
列控系统	LKD2-T2	LKD2-T2	LKD2-T2	LKD2-T2	LKD2-T2
行车指挥系统	FZk-CTC	FZk-CTC	FZk-CTC	FZk-CTC	FZk-CTC
信号集中监测系统	铁大 2006 型	TJWX-2006-hh	TJWX-2006-hh	TJWX-2006-hh	TJWX-2006-hh

另外,为沟通宁安线与宁杭临时限速服务器间通信,需修改南京南线路所、江宁站安全数据网交换机路由配置。

3. 施工内容

(1)安全数据网贯通。按照《客运专线信号系统安全数据网技术规范(V3.0)》的要求,安全数据网不同子网间需采取错接方式进行连接。本工程宁安线安全数据网中继 1、江宁西站将分别与南京南宁杭场、南京南宁安场对接,网络连接结构示意如图 4-9-3 所示。

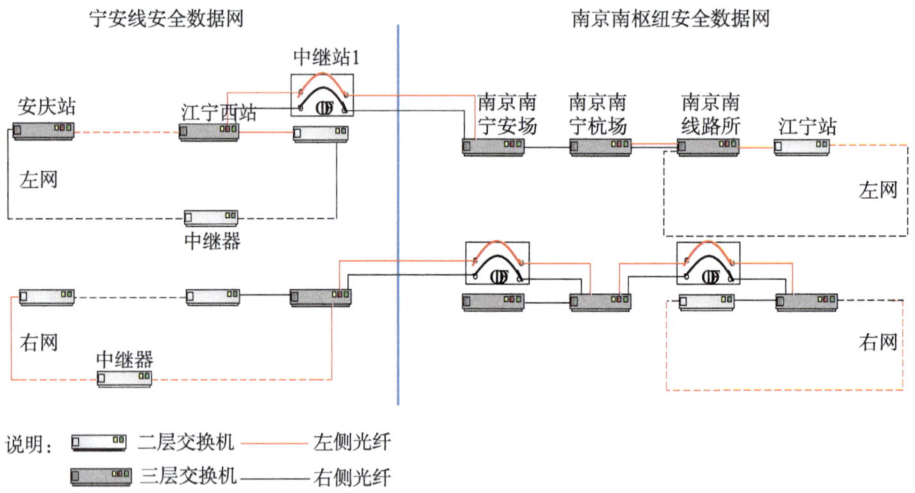

图 4-9-3 宁安线安全数据网接入南京南宁安场及宁杭场结构示意图

(2)南京南宁安场联锁、列控中心、CTC、微机监测软件修改。

(3)南京南宁杭场列控中心软件修改。

(4)南京南动车所列控中心软件修改。

(5)紫金山东站列控中心、微机监测软件修改。

(6)仙林站列控中心软件修改。

(7)TSRS 软件修改。

(8)应答器报文修改。

(9)调度中心及相关车站 CTC 软件修改。

(10)宁安线正式纳入宁杭高铁台。

(11)联调联试。

4. 工程重点和施工技术难点

工程重、难点主要是系统软件修改调试均为已开通运营车站,点内施工多,持续时间长,影响范围广;同时,宁安场、紫金山东站、仙林站列控中心软件必须同步修改。因此,在施工及调试时均严格执行营业线施工安全管理规定及要求。

5. 施工总体流程

信号系统施工主要是集中在南京南枢纽各站列控中心软件修改、京沪高铁 TSRS3、宁杭高铁 TSRS、上海客专调度中心以及仙宁线应答器报文修改、调试等。施工管理流程如图 4-9-4 所示。

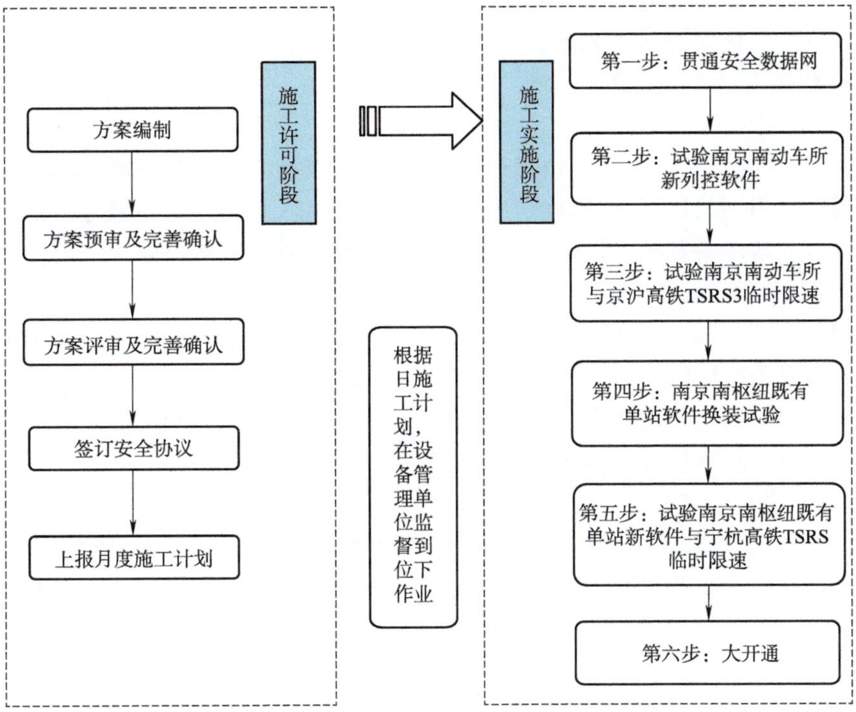

图 4-9-4　信号系统施工管理流程图

6. 施工方案

第一步:贯通安全数据网。

第二步:试验南京南动车所新列控软件。

第三步:试验南京南动车所与京沪高铁 TSRS3 临时限速。

第四步:南京南枢纽既有单站软件换装试验。

第五步:试验南京南枢纽既有单站新软件与宁杭高铁 TSRS 临时限速。

第六步:大开通。

(二)电缆工程施工

1. 电缆测试

电缆在敷设前进行单盘测试,接续前进行电气测试,电缆工程结束后进行综合测试。在进行铁路内屏蔽数字信号电缆单盘测试时,屏蔽四线组应进行导线直流电阻、工作线对导体电阻不平衡、绝缘电阻及工作电容的测试;普通四线组、对绞线及单芯线可进行直流电阻和绝缘电阻的测试。

2. 电缆敷设

敷设电缆时应配备足够的人力,防止拉伤电缆,室外电缆敷设时每端要留有充足的备用量。电缆敷设后测试电缆钢带对地绝缘电阻值不低于 2 MΩ·km,并及时封端,防止潮气进入电缆而影响电缆电气特性。

3. 电缆接续

电缆接续采用地下接续方式,操作人员必须持有《铁路内屏蔽数字信号电缆施工工艺培训合格证》,按相关的操作规程进行接续工作,接续完成后必须进行相关测试,并按规定填写接续卡。

箱盒安装及电缆配线实行“首件定标”制度,即先结合类似工程的工艺要求,安装首件箱盒并配线,经各方认可后,按认可后的首件定标的标准进行施工。

电缆在箱盒内严禁盘成环状,电缆芯线上端子后应预留 3 次做头量,备用芯线长度应到端子最远端,电缆配线要做到整齐美观。

由于内屏蔽数字信号电缆采用皮泡皮结构,绝缘层强度较低,施工时需防止损坏芯线的绝缘层。为提高电缆的绝缘性能,必须对电缆的始、终端进行做头、接地、密封处理,即电缆成端。

内屏蔽数字信号电缆引入箱盒、电缆间后采用电缆的成端制作工艺。电缆成端能够阻止内屏蔽数字信号电缆的潮气进入,从而保持电缆的绝缘性能长期处在良好状态。同时将内屏蔽、铝护套、钢带连接封闭在胶体内,防止连接部位因氧化而引起接触不良。

(三)ZPW-2000 轨道电路工程施工

1. 电气绝缘节设备安装

根据施工图纸对所安装调谐区的地点位置进行定测,然后以空心线圈为基准,根据调谐区的长度和调谐区设备布置,在所属线路用钢尺进行测量,确定出其他设备的位置,并用红油漆做好标记。

对应所做的标记,安装设备基础。调谐单元与匹配变压器背对背安装在同一基础桩上,调谐单元靠近线路侧。

调谐单元与匹配变压器间的连接线采用长度为 250 mm、500 mm,截面积为 10 mm^2 的带绝缘护套的多股铜线;与设备的连接采用冷压线环、螺栓固定,接线端子为 $\phi 6$。

调谐单元、空心线圈与钢轨的连接采用专用带绝缘护套的钢包铜线;与钢轨的连接采用冷压塞钉式,与设备侧的连接采用冷压线环、螺栓固定连接。

2. 机械绝缘节处设备的安装

根据施工图纸对所安装机械绝缘节的地点位置进行定测,确定设备的位置,并用红油漆做好标记。

对应所做的标记,安装设备基础。调谐单元与空心线圈背对背安装在同一基础桩上,调谐单元靠近线路侧。匹配变压器应面向大地立式安装在基础桩的固定板上。

空芯线圈及调谐单元的钢包铜引接线安装在同一塞钉上,并与钢轨连接。

3. 冷挤压塞钉的安装

钢包铜引接线在钢轨上的固定紧固与否、冷挤压塞钉与钢轨接触是否良好是保证设备安装质量的重点。

在红油漆标记处钻孔。钻孔应选用专用的钻具和钻头,以免造成钻孔过大或钻孔不规则,避免塞钉安装后因接触不良留下难以查找的隐患和增加维护人员的工作量;从施工安排上不宜提前钻好孔,隔一段时间后安装冷挤压塞钉,避免钻孔生锈造成塞钉与钢轨接触不良,钻孔完成后,杜绝使用黄油涂于钻孔处。

塞钉在连接线与钢轨之间提供一个简单而又可靠的连接。塞钉由螺尾锥销、膨胀栓、压紧垫圈、锁紧螺母组成。

操作规程如下:

(1)将装有膨胀栓的螺尾锥销旋入拉头的内螺纹中。

(2)将塞钉推入钻好的孔内。

(3)扳动手动液压阀,使液压钳回到零位。

(4)将拉头放入液压钳的钳口中。

(5)扳动液压钳操纵手柄加压;液压钳行程到位,达到标定的压力。

(6)手动卸钳,取下液压钳。

4. 电气绝缘节调谐区禁停标志牌安装

区间信号点停车标和轨道电路禁停标应分别安装在所属线路列车运行方向的左、右侧。

5. 补偿电容

补偿电容采用等间距安装,其安装步长应符合下列公式:

$$\Delta = L_{调}/N_c \tag{4-9-1}$$

式中 $L_{调}$——轨道电路两端调谐单元间的距离;

Δ——补偿电容的等间距长度(步长),允许公差为±0.5 m;轨道电路两端调谐单元与第一个电容距离为 $\Delta/2$,允许公差为±0.25 m;

N_c——补偿电容数量。

根据补偿电容等间距及半间距,用线路里程走行测距车(或钢尺)从进站(或出站)口开始测量(以调谐单元钢轨连接线安装位置为起点)。

在确定的钻孔位置用直尺、角尺量出钢轨轨腰中部并用红油漆及画笔做好标记。钢轨轨腰中部计算和测量方法如下:60 kg 钢轨钻孔位置距轨面为 97 mm(或距轨底底面 79 mm)。

当钻孔位置确定后,核查孔眼是否在两轨枕中间。若不在两轨枕中间,可进行如下调整:半间距($\Delta/2$)

为±0.25 m,等间距(Δ)为±0.5 m,以保证钻孔位置在两轨枕中间,以利于钻孔和安装电容。

按规定的操作方法在钢轨上打孔;将塞钉用力钉入钢轨上的孔内,塞钉塞牢后,涂上防锈漆封闭;电容放入电容枕中或固定在道床上,要确保电容的上平面不高于道砟的水平面。

(四)应答器施工

应答器安装应稳固,并不得侵入限界。

应答器的设置位置、采用电缆的型号及有效长度、交叉距离应符合设计要求。电缆的敷设、接续、成端参照电缆施工的相关规定,干线电缆的金属护层(钢带、铝护套、泄流线)用接地连接卡连通后应与应答器尾缆中的金属屏蔽网线焊接。应答器尾缆应利用套管等进行防护,并且固定在应答器支架或枕木上。

应答器安装前应按照设计图纸定测,确定安装位置和安装方式。

应答器横向安装时,应以 X 轴(与钢轨纵向平行的方向)、Y 轴(与钢轨纵向垂直的方向)、Z 轴(与钢轨平面垂直的方向)调整、定位,如图 4-9-5 所示。

基准标记作为应答器安装的参考点,一般标记在应答器的表面及侧面。

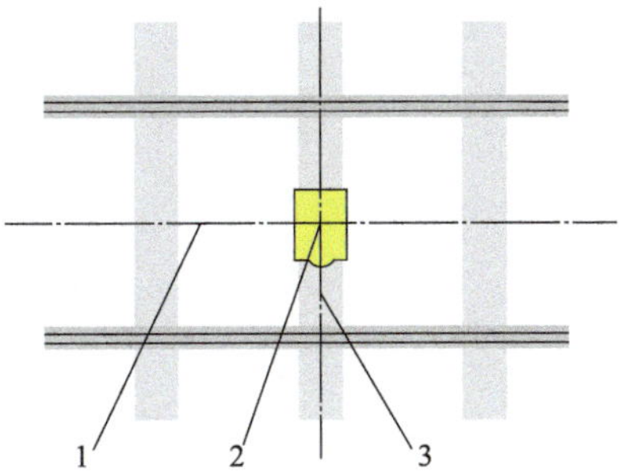

图 4-9-5　应答器安装示意图

1—轨道中心线;2—应答器;3—轨枕中心线

(五)转辙装置施工

1. 施工准备

在开工前组织技术人员认真学习实施性施工组织设计,阅读、审核施工图纸,澄清有关技术问题,熟悉规范和技术标准。制定施工安全保证措施,提出应急预案。对施工人员进行技术交底,对参加施工人员进行上岗前技术培训,考核合格后持证上岗。同时要对所安装的道岔进行现场调查,核对道岔的钢轨型号、安装方式、定位开通位置是否与图纸相符。

由于正线道岔为无砟道岔,道床是全部浇筑的,为了做好转辙机的安装,需在站前单位将道岔枕木铺设完毕未浇筑前对转辙机进行初步试安装,安装完成后,用固定枕木卡具将需安装转辙机的枕木之间的距离固定牢靠,然后拆除转辙机,由站前单位进行浇筑。浇筑完成后,等道岔铺设完毕后再进行道岔的重新安装及调试。

2. S700K 电动转辙机安装步骤

S700K 电动转辙机如图 4-9-6 所示。安装步骤为:打开开关锁,此时手摇把可以插入摇把齿轮→打开机盖锁→将转辙机安装于稳固的水平基础之上→用 4 个六角螺栓(M20×105)可靠地将转辙机固定在安装装置上。

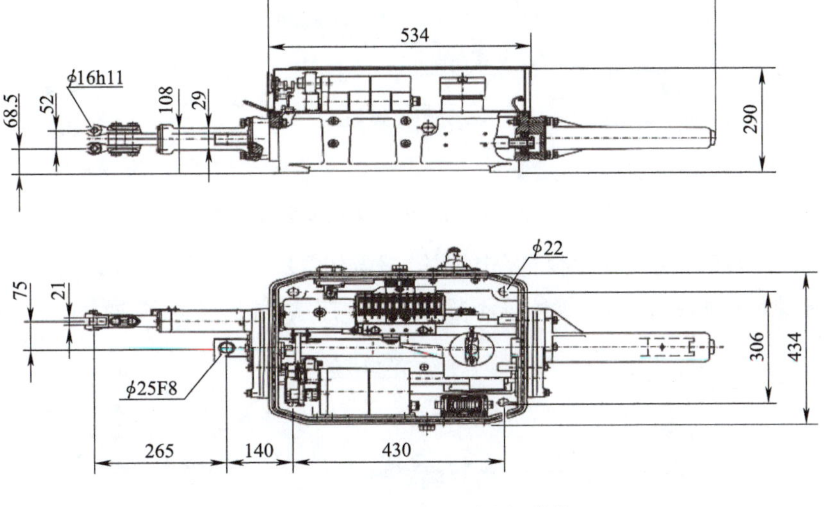

图 4-9-6　S700K 转辙机示意图(单位:mm)

3. 转辙机具体安装方法

(1)外锁闭的安装

①尖轨部分

a. 将两侧的锁闭框和尖轨连接铁分别安装在两侧的基本轨和尖轨上,如图 4-9-7 所示,安装前需将安装侧的尖轨剥离基本轨。锁闭框安装螺栓应大约在锁闭框安装长孔的中心位置,并暂不拧紧,便于随后调整。高速铁路用外锁闭装置需要在锁闭框上安装挡板。

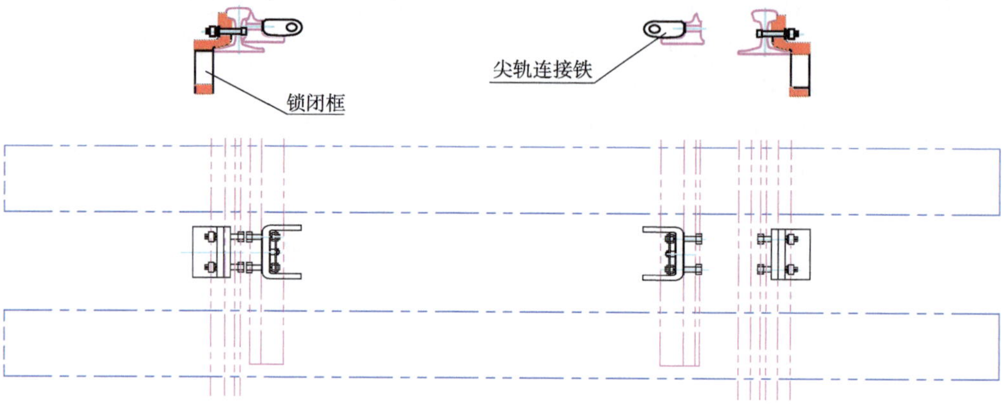

图 4-9-7 外锁闭安装平面示意图

b. 将锁闭杆按图 4-9-8 所示位置装入锁闭框内。锁闭杆为两段式,中间为绝缘连接,先将两段进行中间连接,再穿入锁闭框内,调整锁闭框使锁闭杆在锁闭框内摆放平顺,不别卡。

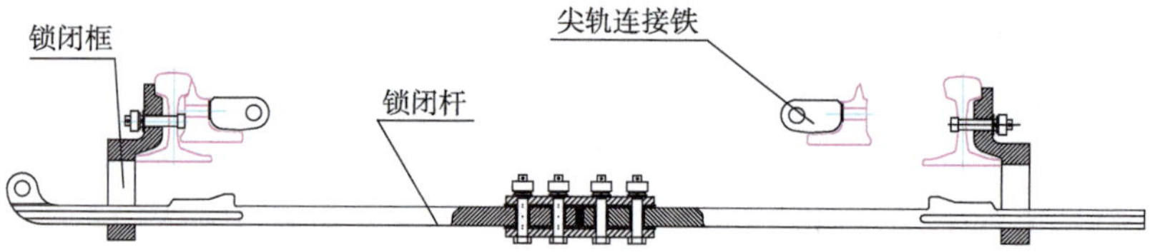

图 4-9-8 外锁闭锁闭杆安装示意图

c. 将尖轨连接铁上销轴事先取出,注意保持销轴表面清洁。将即将安装锁钩的一侧尖轨剥离基本轨,取掉锁钩挡板的对穿螺栓和最下方套管后,将锁钩放在锁闭杆上,锁闭杆卡在两挡板中间,锁钩缺口卡在锁闭杆的凸起处,恢复挡板最下方的对穿螺栓和套管,如图 4-9-9 所示。过程中保持锁钩孔内清洁无异物并润滑油均匀。拨动锁闭杆,当锁钩孔对上尖轨连接铁的销轴孔时,穿上销轴,销轴一端带上平垫、弹垫、螺母并拧紧,穿入开口销。高速铁路用外锁闭装置需要最后安装锁钩挡板。

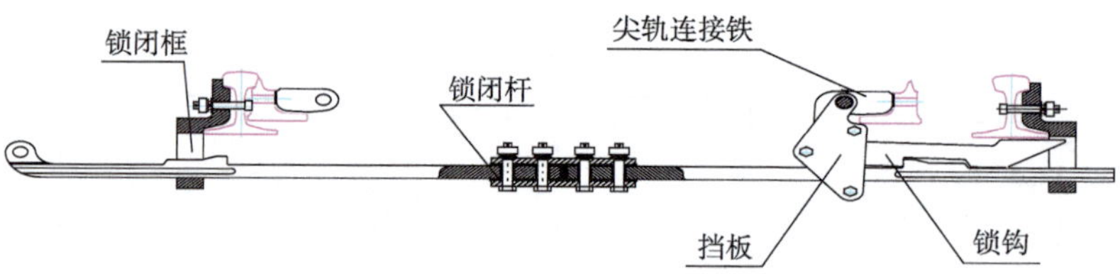

图 4-9-9 外锁闭挡板及锁钩安装示意图

d. 将锁闭铁插入锁闭框方孔内,同时将固定螺栓一端钩住基本轨,另一端穿入锁闭框和锁闭铁安装孔内,带上平垫、弹垫和螺母使固定螺栓和锁闭铁不松动,暂不拧紧,如图 4-9-10 所示。

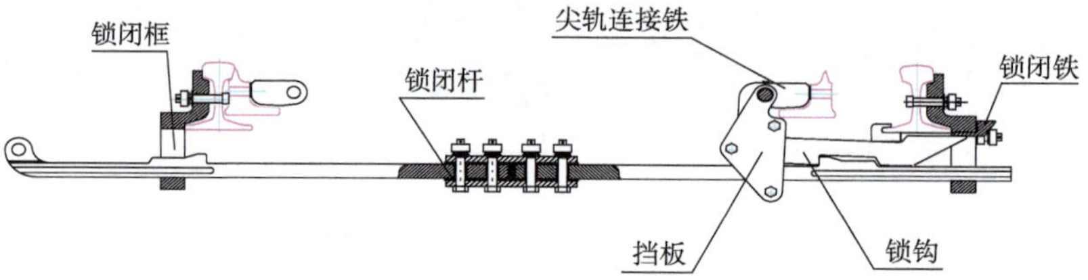

图 4-9-10 外锁闭锁闭铁安装示意图

e. 撬动本侧尖轨使尖轨与基本轨处于密贴状态，另一侧尖轨处于自开状态，用手托起锁钩，拨动锁闭杆至图 4-9-11 所示位置，按照上述步骤 c、步骤 d 安装另一侧的锁钩、锁闭铁、固定螺栓。

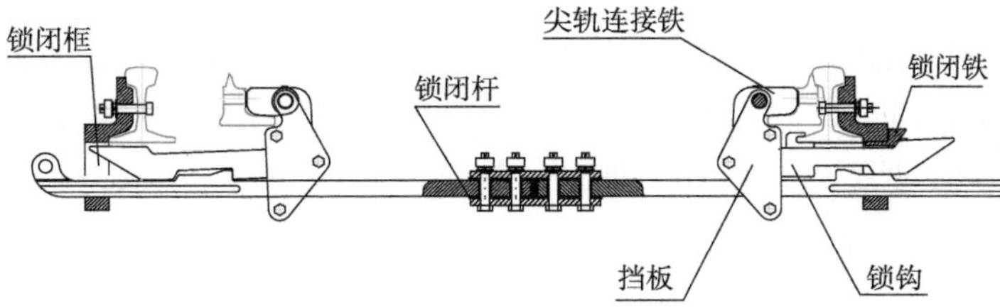

图 4-9-11 外锁闭装置挡板安装示意图

f. 插入锁闭框下部两侧的导向销，导向销应有效地插入到锁闭杆两侧的导向槽内，不得松脱，不得接触锁闭杆。高速铁路用外锁闭装置没有导向销，采用挡板形式。

其他牵引点按照上述步骤进行。

也可以采取下面的方法进行安装：先安装尖轨连接铁、锁钩及销轴，锁闭杆组装后将锁闭杆的凸台部分穿入到锁钩的凹槽内，将锁闭杆及锁钩抬起后将锁闭框安装到位，穿入锁闭框的紧固螺栓，带上螺母，不要紧固；然后准备安装另一侧，拨动尖轨使另一侧的锁闭杆的凸台部分落入到锁钩的凹槽内，将锁闭杆及锁钩抬起后将锁闭框安装到位，穿入锁闭框的紧固螺栓，带上螺母，不要紧固；最后安装锁闭铁及紧固螺栓等零件。

②心轨部分

外锁闭装置及其安装装置上道前应先检查相应道岔及轨枕，确保其各尺寸符合相关技术要求。

a. 锁闭杆钩置于心轨下，使锁钩中间缺口对准心轨。

b. 安装锁闭框，将锁闭杆钩抬起，穿入锁闭框方孔内，将锁闭框用螺栓固定在翼轨上，移动心轨及锁闭钩杆，使心轨接头落入锁钩缺口内；然后在锁闭杆钩另一侧穿入另一锁闭框。

c. 穿入固定导向销的开口销，安装两侧锁闭铁，用螺栓紧固。

安装后，心轨在定位和反位均应密贴良好；转换过程中，锁钩应动作平稳，在锁闭处锁钩准确到位。

(2)安装装置的安装

安装装置出厂时，除部件托板及尖端铁未组装外，其他零件已经组装成部件，便于现场安装。

安装顺序：安装托板、电转机→安装动作连接杆→安装表示杆。

托板的安装：安装时要注意用螺栓将托板连接后先不要完全紧固，将转辙机垫板安装以后再完全紧固，以便于电转机的安装。

动作连接杆的安装：电转机固定后，用动作连接杆将电转机动作杆与外锁闭锁闭杆连接，注意安装好绝缘管。

表示杆的安装：在道岔尖轨部分表示杆通过尖端铁与尖轨连接，在心轨部分表示杆直接与心轨连接。表示杆连接后，要在道岔调整好密贴和开口后再紧固有扣轴套和无扣轴套。

安装后各杆连接要平顺，无别卡现象；连接销置入或退出容易，不用手锤强行敲击；各部绝缘件安装正确，不得有遗漏、破损等现象；各紧固件达到规定紧固力矩；安装完毕必须保证在定位或反位时尖轨与基本轨密贴、心轨和翼轨密贴。

(3)调试

首先使转辙机在手操状态下调整道岔符合要求，包括尖轨开口调整、尖轨密贴调整、转辙机表示缺口调整；然后使转辙机在电操状态下对道岔机械参数进行复检和一致性检查。

①尖轨开口调整(图 4-9-12)

分动外锁闭装置要求尖轨在第一牵引点处的动程为(160±3)mm，第二牵引点为(70±3)mm。

首先通过调整动作连接杆与转辙机动作杆连接的活动接头使两侧尖轨在道岔锁闭状态时的开口接近 160 mm，并且相差不超过 3 mm，然后检查道岔开口是否符合规定要求，若一侧开口大于要求值，可通过增加尖轨连接铁与尖轨间的调整片进行调整，反之则通过减少尖轨连接铁与尖轨间的调整片进行调整，调整片的增减量一般与开口的需调整量相当。当本侧开口调整达到要求时，转换道岔，以同样方式进行另一侧开口的调整。两侧开口值在规定范围内应尽量一致。

第二牵引点的开口调试过程与第一牵引点相同。

②尖轨密贴调整(图 4-9-13)

通过逐步增减锁闭铁和锁闭框之间的密贴调整片保证尖轨和基本轨密贴。若道岔锁闭状态时尖轨与基本轨有明显缝隙,可增加密贴调整片进行调整;若转换过程中尖轨与基本轨已经密贴但道岔无法锁闭或明显感到锁闭非常吃力,说明密贴过紧,可减少密贴调整片进行调整。

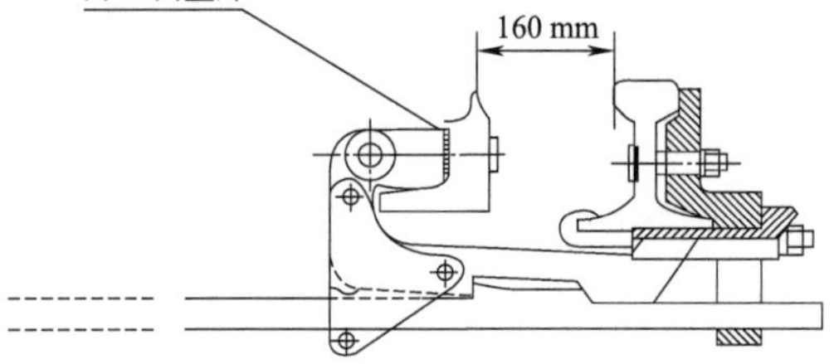

图 4-9-12 尖轨开口调整示意图

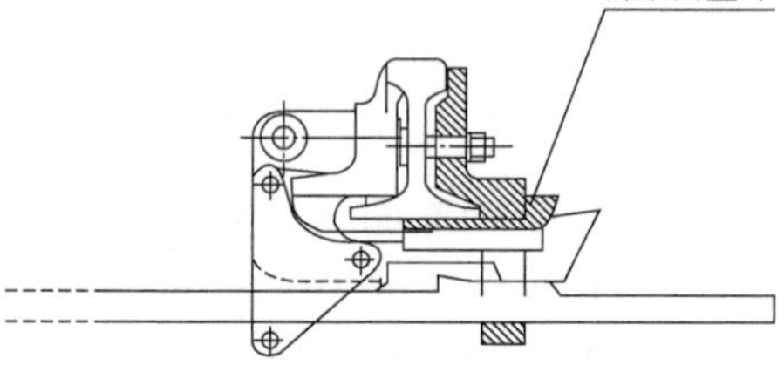

图 4-9-13 尖轨密贴调整示意图

③转辙机表示缺口调整

将长、短表示杆连接到转辙机检测杆上。将道岔转换为转辙机在伸出状态并且道岔锁闭时,通过调整长表示杆的伸缩量使转辙机内的指示标对准伸出检测杆的缺口中心(指示标距缺口两边有 1 mm 以上空间);将道岔转换为转辙机在缩入状态并且道岔锁闭时,通过调整短表示杆的伸缩量使转辙机内的指示标对准缩入检测杆的缺口中心。

(六)轨道电路施工方法

(1)轨道电路的送、受电端的变压器,扼流变压器其型号、规格、设置位置应符合设计文件要求,元器件安装应符合设计规定。

(2)设备固定牢固,变压器箱内器材排列整齐,间距均匀;轨道电路的限流装置应调整适当,严禁拆除电阻器的止挡;分路电流不得大于送电端限流装置的额定电流值。

(3)轨旁设备配线采用 BVR 7×0.52 mm^2 多股铜芯塑料绝缘软线,绝缘软线不得有破损、老化、中间接头,绝缘软线两端芯线用铜线绕制线环,绝缘软线在箱盒内部绑扎整齐。

(4)牵引连接线和横向连接线的规格应符合设计规定;牵引连接线和横向连接线打入钢轨后应用双螺母固定。

(5)扼流变压器不得侵入限界,距轨缝中心不得大于 325 mm。两台扼流变压器中心距离不得大于 650 mm。

(6)钢轨绝缘的安装:进站信号机处的钢轨绝缘,可装在信号机前方 1 m 或后方 1 m 的范围内;出站(含出站兼调车)、区间通过信号机处的钢轨绝缘,可装在信号机前方 1 m 或后方 6.5 m 的范围内;调车信号机处的钢轨绝缘,可装在信号机前方或后方 1 m 的范围内;交叉渡线应按设计图加装钢轨绝缘,将相邻两轨道电路隔开;钢轨、槽形绝缘、鱼尾板之间应吻合;绝缘管、垫圈等齐全、无损伤,绝缘垫圈与铁垫圈安装正确;两螺栓应相对应(辙岔根除外)平直,紧固;轨端绝缘顶面应与钢轨顶面平。

(7)钢轨引接线的安装要求如下:

①引接线截面积不得小于 42 mm^2,引接线塞钉孔距鱼尾板端部 100 mm。

②引接线应油润。钢绞线与塞钉焊接牢固,不得断股、锈蚀。塞钉不得打弯,打入深度为露出钢轨 1～4 mm,塞钉与塞钉孔接触紧密并涂漆封闭。

③小混凝土枕不得有裂缝,埋设牢固、方正,与道砟面平。

④引接线螺栓的绝缘管、垫圈等部件应齐全,螺扣无损伤,绝缘垫圈与铁垫圈安装正确,螺母紧固。

⑤固定引接线的卡钉或卡具不得与钢轨垫板等接触。

(8)钢轨接续线的安装要求如下:

①钢轨接续线安装在钢轨外侧,与鱼尾板上部密贴,塞钉孔距鱼尾板两端应均匀。

②接续线与塞钉不得脱焊、锈蚀。塞钉不得打弯,打入深度为露出钢轨 1～4 mm,塞钉与塞钉孔接触紧

密并涂漆封闭。

(9)道岔跳线安装

①施工要求:道岔跳线截面积不得小于 42 mm^2;道岔跳线应按规定位置安装,跳线敷设应平直;跳线应无断股和腐蚀现象,焊接牢固;安装后的跳线涂机械油,塞钉与塞钉孔缘应涂漆封闭;道岔跳线穿越钢轨时,距轨底不应小于 30 mm,并不得被道砟埋没;单开道岔的长跳线,宜安装在道岔绝缘节后第三、第四轨枕间距处。

②信号钢轨引接线固定(图 4-9-14):钢轨引接线采用宽式带绝缘护套的防盗卡进行固定,引接线对应每一套信号设备均为直线。

图 4-9-14　信号引接线固定现场图

(七)信号机安装方法

(1)信号机的设置符合设计规定,信号机建筑接近限界符合设计要求。

(2)信号机构的型号、规格和灯光配列符合设计规定。部件齐全,不得有破损、裂纹现象。

(3)信号机配线符合下列规定:多股铜芯塑料绝缘软线截面积不得小于 1.5 mm^2;绝缘软线不得有破损、老化、中间接头现象;绝缘软线两端芯线采用铜线绕制线环或冷压接线端子压接等方式做头并接触紧密,线头固定良好;绝缘软线在电线引入管进出口处加防护;采用橡皮电缆或塑料绝缘时,可不加防护;绝缘软线在箱盒内、机构内部,绑扎整齐。

(4)信号机安装后根据电缆接线盒位置确定引线长度,集中预配线把,施工完成后如图 4-9-15 所示。

图 4-9-15　信号机安装完成

(八)室内设备安装施工方法

根据《高速铁路信号工程施工技术指南》的要求,机柜(架)底部应安装金属底座,底座应与防静电地板等高并进行防锈处理等,底座采用膨胀螺栓直接固定在房屋的地面。在施工前,应先了解各型机柜的尺寸和准备好各型机柜的底座,在加工底座时,一般采用角钢,其宽 50 mm,厚 10 mm,高度根据地面与防静电地板的距离确定。

1. 机柜防震底座安装

(1)确定机柜安装位置:根据设备平面设计图纸核实机房尺寸并确定设备安装的准确位置。

(2)试安装机柜底座:将机柜底座安装在已确定的位置上,用钢卷尺核准,可采用激光仪进行瞄准,但大多项目不具备此设备,一般先用一条细线拉出安装的位置,方便以后施工。

(3)描眼(膨胀螺丝固定点):用水彩笔准确划出膨胀螺丝固定点,有些地面混凝土质量不好,容易掉灰,一定要擦干净了才划。

(4)打眼(膨胀螺丝固定点):撤掉移走机柜底座,用冲击钻打眼,在混凝土地面的安装孔位置,用冲击钻打 4 个圆孔。

(5)固定膨胀螺丝:清除地面泥灰后,将 4 个膨胀螺栓垂直钉入孔中,并进行膨胀固定。

(6)机柜底座安装:将安装基座摆放到待安装位置,使安装基座底部的安装孔对准安装好的膨胀螺栓,用平垫圈、弹簧垫圈、螺母紧固底座,调整高度与静电地板水平,用激光水平仪观测,保证底座表面水平。

2. 机柜安装

(1)确定连接孔的位置:将机柜移至底座上,确保机柜水平后,根据机柜连接孔的位置用油性彩笔在底座上划出 4 个连接孔的位置。为了机柜搬移和安装的方便,可以根据安装说明将机柜进行分解。

(2)打孔:根据连接螺丝的大小选择钻头,用电钻在确定好的位置上打出 4 个连接孔。打孔时注意孔距偏差控制在 2 mm 以内,否则会影响机柜水平。

(3)绝缘板安装:将绝缘板裁切成宽为 5 cm(长度依据底座长度确定)的矩形薄板,用胶带固定在底座上。

(4)机柜安装:将机柜搬放到安装基座上,使机柜底部的安装孔对准基座顶部的安装孔,并用六角绝缘螺栓、平垫圈、弹簧垫圈和螺母将机柜与安装基座连接拧紧,用激光水平仪观测调整,保证设备在对应空间内横平竖直。若不平时,在底座相应脚加垫绝缘板加以调整。

3. 地上走线架安装

布置线缆的时候,从电源屏到机柜的电源线和组合架到微机监测的机柜的线缆都采用下走线的方式,下走线采用地面走线架进行防护,这种走线架布置在防静电地板的下面,根据机械室的条件和最近的走线距离进行布置,安装时需要注意以下几点:

(1)规划走线架的布局。

(2)确定走线架与机柜之间的距离,给安放立式空调基座和静电地板支架预留位置。

(3)摆放走线架支脚,并描孔。

(4)用冲击钻钻孔,并用膨胀螺丝固定支脚。

(5)将走线架固定在支脚上,并调整高度。在布置线缆前,应考虑走线架的高度,加上所配线缆的层数乘以线缆直径的高度,不能影响静电地板的安装。

4. 配线工艺

(1)配线颜色

按照不同配线位置采用不同颜色的线缆,见表 4-9-3。

表 4-9-3 配线颜色

序 号	配 线 位 置	线 缆 颜 色
1	组合柜本架及内部配线	蓝色
2	组合柜架间配线	绿色
3	防雷分线柜外部配线	红色
4	接口柜外部配线	黄色
5	微机监测采集柜配线	紫色
6	熔丝报警环线	正电:红色;负电:蓝色;报警输出线:绿色
7	组合柜零层电源环线	正电:红色;负电:蓝色
8	接地连接线	黄绿相间

按照表 4-9-3 要求的颜色布线,使得线缆用途一目了然。组合柜上走线槽布线效果如图 4-9-16 所示。

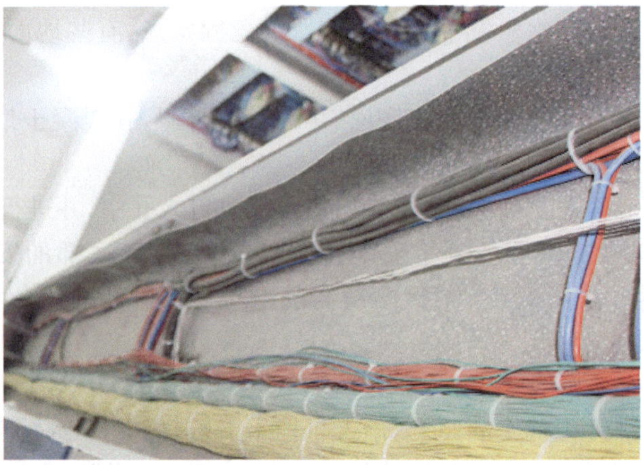

图 4-9-16 组合柜上走线槽布线效果图

(2)配线线型

根据流过电流的大小,不同用途的线缆使用线型也不一样,信号室内配线线型根据表 4-9-4 确定。

表 4-9-4　信号室内配线线型

序号	配 线 位 置	线 缆 型 号
1	防雷配电箱至电源屏、电源屏至组合柜零层/设备机柜	多股铜芯电力电缆,线径按照《电源屏间及室内电源电缆配线图》
2	组合柜间零层电源环线	多股铜芯软电缆,线径按照《电源屏间及室内电源电缆配线图》
3	组合柜零层 4 柱端子至断路器/18 柱小端子及断路器至 18 柱小端子	ZRBRV-7×0.52
4	移频柜发送、接收	SBVVPZR 23×0.15×2
5	组合柜侧面电源环线、道岔动作电源线	ZRBRV-42×0.15
6	普通配线	ZRBRV-23×0.15
7	同排机柜/同排走线架接地连接	10 mm^2多股铜线
8	室内机柜、设备与等电位汇集排连接	50 mm^2多股铜线

(3)配线基本流程

配线流程如图 4-9-17 所示,由于电源线的直径及硬度都远远大于其他线料,在配线时会优先考虑放电源线,以免其他线料在后期由于电源线的挤压受到损伤。

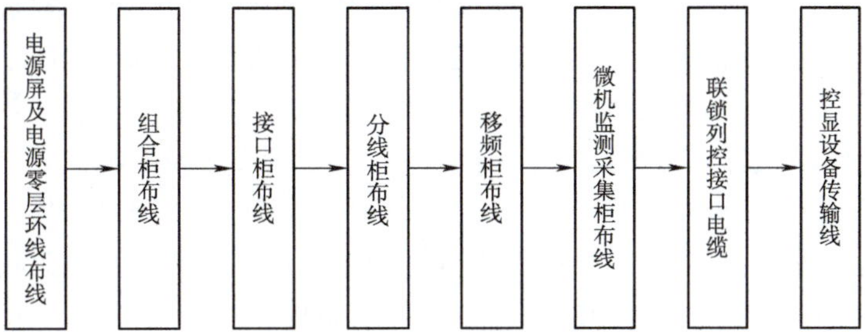

图 4-9-17　配线流程示意图

(4)配线工艺操作要点

配线工作是一项细致的工作,想要将其整齐美观的布置需要做好前期一系列准备工作。

①端子上线。电源屏端子上线是要求上线时电源线呈鹅头弯状,且所做弧度大体一致,组合柜大四柱上线要求:首先在黑色橡胶层剥线处用热缩管做防护;其次芯线与橡胶层处用热缩管再次防护;最后套上套管,并做 90°直角弯上线。

②柱侧面端子焊线时线型呈半圆弧线,且弧线拱起高度一致,各个组合柜的线型高度也需要一致,侧面端子布线看起来整齐、美观。现场施工完成后如图 4-9-18、图 4-9-19 所示。

图 4-9-18　电源线配线效果图

图 4-9-19　组合柜侧面端子配线效果

第十章 信 息 工 程

一、总体施工方案

根据招标文件对工程的总体要求，充分考虑工程施工的不同地段、不同结构节点工期安排，并预测到前期工程有可能存在滞后的风险因素，对整个架子队进行了周密安排和部署，原则上采用"逐站、逐段按序推进，但当客观条件发生变化而影响前期工程进度时，则需作跳跃式随机交叉调整"的施工办法。条件成熟一站，施工一站；成熟一段，施工一段。这样做既能提高施工效率，更有工期调整的回旋余地。

(一)施工准备

1. 技术准备

合同签订后，由工程指挥部向建设单位领取各专业图纸，由资料员负责施工图纸的收发，并建立管理台账；由总工程师组织工程技术人员认真审图，做好图纸会审的前期工作，针对有关施工技术和图纸存在的疑点做好记录；工程开工前及时与设计单位联系，做好设计交底及图纸会审工作；根据施工图纸，配备与本工程相关的规范、规程，并分发给工程指挥部相关人员；工程技术人员认真了解施工环境情况，明确其具体实施对象位置；根据工程的特点，经过详细的技术论证，按期编制缜密、合理的施工组织设计及各分部(子分部)分项工程施工方案，要求施工组织设计和方案必须经审批后实施，技术交底及时准确并有针对性。

2. 现场准备

做好施工通道、场地及临时库房准备；做好施工现场用电及通信工作，建立好设备管理及保管措施，专人到位；办理进场许可证；进场前仔细进行现场勘查，确定施工条件；申报开工报告，办理进场许可证；进场安全教育；进行职业健康安全教育，树立"安全第一、预防为主、综合治理"的意识，由安全员组织培训，进场前进行三级教育，包括国家法规相关要求、安全目标等知识，强化队伍安全意识，把安全工作当作头等大事来抓。

3. 人员准备

(1)集结精干的架子队，组织好人员进场。根据结构特点、建设单位工期要求及工程指挥部承诺条件，合理组织一支强有力的项目管理团队及架子队进场。要求该队伍自身管理水平高，施工能力强，有利于施工生产的连续，又可保证工程的工期及施工质量。

(2)做好队伍的入场教育培训，搞好全员的各项交底工作。培训应按各自的工作任务，区分不同层次的培训内容，使其有适当的知识基础(包括高效率完成其各项任务的方法和技能)，以确保员工对现行有效法规要求、内部标准、组织方针、目标的认识；此外应学习国家地方各项规定以及工程指挥部的各项规章制度，教育学习文明公约，做文明市民，激励职工的积极性。

(3)落实各级人员的岗位责任制。对项目人员进行施工组织设计及架子队工程施工方案的集体交底工作，使全体架子队人员都能掌握技术及质量标准；对关键部位除做详细交底外，还应做现场示范，确保交底完整、准确。

4. 施工物资准备

做好自购设备材料的采购计划，签订自购设备材料采购合同；做好设备材料的进场检验、开箱检验；工程主要设备材料的采购，必须经建设单位审查并同意后进行。

(二)施工阶段安排

根据项目特点，将项目实施过程分为四个阶段。

第一阶段：室外及室内预埋件、吊挂件、壁挂件、支架、托架的加工及安装。根据中标厂家提供的加工图纸及安装方案，报设计审批，审批后加工需要安装的吊挂件、壁挂件、支架、托架等。根据设计的设备布点图纸，在指定位置安装设备的吊挂件、壁挂件、支架、托架。实施过程中需要与土建相关施工项目同步进行。对此，工程指挥部将加大与土建相关各专业的配合与协调，配备足够的施工力量，确保与土建相关施工项目同步进行。

第二阶段:各系统终端设备的安装和配线。设备到货以后,根据设计图纸及厂家提供的安装图纸,在吊挂件、壁挂件、支架、托架的位置上安装终端设备及设备配线。

第三阶段:机械室及配线间内集成设备的安装及配线。工程指挥部将安排经过专门培训的技术工人负责该部分的施工,确保施工质量和工期。

第四阶段:系统调试。由各专业工程师完成各子系统调试并完成整个系统联调联试,使系统具备试运行条件。

(三)施工流程

信息工程施工流程如图 4-10-1 所示。

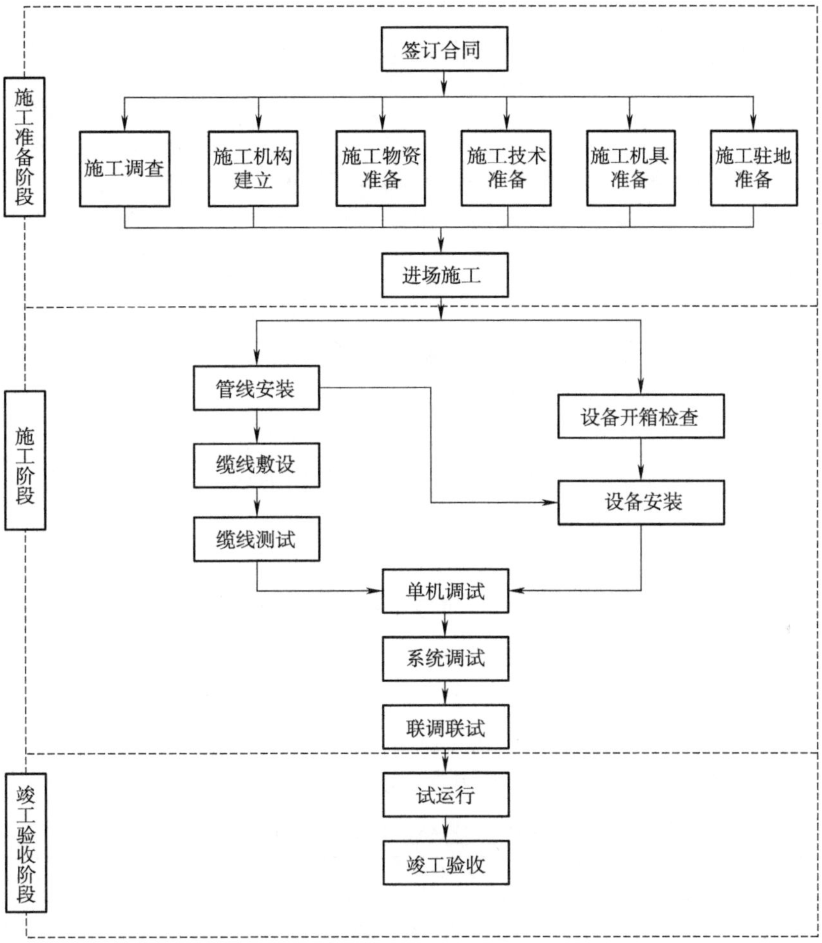

图 4-10-1　信息工程施工流程图

1. 设备材料验收、卸车、保管

(1)对进场材料进行严格检查,必须符合设计要求。

(2)材料在使用前按设计要求核对其规格、材质、型号,材料必须有制造厂商的合格证明书或质保书。

(3)材料的运输、入库、保管过程中,实施严格的控制措施,每道工序均有交接制度。搬运或开箱时小心操作,不得损伤设备、备品备件,也不得将包装箱倒置。开箱后,认真做好设备外观检查和记录。

(4)由于工程涉及材料种类多,因此材料入库后要进行标识和分类、分规格堆放及管理,同时采取防止变形、防止受潮霉变等措施,对材料出库验证并办理相关的领用手续。

(5)材料出库后,在施工现场妥善保管,存放地点安全可靠,如材料堆放的场地可能产生积水,在下面必须垫上枕木,室外堆放的材料必须用塑料布遮挡严实,避免日晒雨淋。材料堆放要求整齐,并挂上标识牌。

(6)材料使用前进行严格检查,包括外形检查、附着物的清除。

(7)由于本工程具有工程量大的特点,因此工程中使用的各种材料都要实现挂牌标识建档制度,根据材料的使用专业、材料材质、规格型号及生产厂家建立材料档案,使材料从进货到使用部位的确定都具有可追溯性,以保证本工程材料合理、规范的使用。

2. 过程施工

(1)在每一工序开始前,做好首段定标,定标工艺或标准贯穿于施工全过程。

(2)掌握施工过程不同阶段的施工进度、安全质量、物资供应情况,适时修订施工作业计划。

(3)随时协调、解决过程施工中出现的新情况、新问题,保证施工能力满足施工需求。

(4)做好必要的过程检验。

(5)出席由建设单位召开的各种协调会并实施会议精神。

(6)收集并整理各种施工记录,为竣工文件编制积累资料。

3. 设备调试

系统调试及联调,首先进行电源系统测试,为其他各子系统调试提供电源;然后再分别进行各子系统调试及系统联调。

(1)单机调试

加电试验前,重新对设备线路电气特性进行检查测试,特别是对电源线绝缘特性进行测试,区分火线和零线,确保供电安全。进行通电时,随时监测供电电压情况和设备状态,做好应急处理。

(2)设备接线调试

接线前,将已布放的线缆再次进行对地与线间绝缘摇测;机房设备采用专用导线将各设备进行连接,各支路导线线头压接好,设备及屏蔽线应压接好保护地线,接地电阻采用联合接地;接线时应严格按照设备接线图接线,接完再进行校对,直至确认无误。

(3)测试

检查各设备及配线是否牢固;检查系统电压和电池的正负极方向,确保安装正确;检查接地和通风是否符合要求。

4. 工程竣工

进行最终检验,在最终检验合格的基础上,向建设单位提出工程竣工验收申请;提交工程竣工文件(包括竣工图纸、施工记录、测试资料、设备出厂资料等);在工程验收合格的基础上,办理验收交接程序。

二、重点施工环节注意事项

为确保工程实施质量,各系统重点施工环节注意事项见表 4-10-1。

表 4-10-1 重点施工环节注意事项

系统	施工准备	现场测量定位	设备安装	线缆成端测试	设备加电调试
票务系统	审核设计图纸,进行安全、技术交底	确定机房内的安装位置和环境	开箱检验,设备应无碰撞凹陷、锈蚀及螺丝脱落现象,说明书、合格证完整齐全后进行安装	对网线及光纤进行成端后测试,并做好标签	安装完成,对所有设备进行通电调试,检测各种票务系统设备功能
电源及防雷接地系统	审核设计图纸,进行安全、技术交底	确定安装位置和环境,协调装修专业预留孔洞	开箱检验,设备应无碰撞凹陷、锈蚀及螺丝脱落现象,说明书、合格证完整齐全后进行安装	接地导线连接符合验收规范以及设计要求;线缆两端做好线缆标识	检查测量设备供电电压,然后进行加电调试及功能试验
办公自动化系统	审核设计图纸,进行安全、技术交底	确定安装位置和环境,协调装修专业预留孔洞	开箱检验,设备应无碰撞凹陷、锈蚀及螺丝脱落现象,说明书、合格证完整齐全后进行安装	线缆在端接前,必须检查标签颜色和数字的含义,并按顺序端接;线缆中间不得产生接头现象;线缆端接处必须卡接牢靠,接触良好;线缆端接处应符合设计和厂家安装手册要求;双绞电缆与连接硬件连接时,应认准线号、线位色标, 不得颠倒和错接	检查测量设备供电电压,然后进行加电调试及功能试验

续上表

系　统	施工准备	现场测量定位	设备安装	线缆成端测试	设备加电调试
公安管理信息系统	审核设计图纸，进行安全、技术交底	确定安装位置和环境，协调装修专业预留孔洞	开箱检验，设备应无碰撞凹陷、锈蚀及螺丝脱落现象，说明书、合格证完整齐全后进行安装	线缆在端接前，必须检查标签颜色和数字的含义，并按顺序端接；线缆中间不得产生接头现象；线缆端接处必须卡接牢靠，接触良好；线缆端接处应符合设计和厂家安装手册要求；双绞电缆与连接硬件连接时，应认准线号、线位色标，　不得颠倒和错接	检查测量设备供电电压，然后进行加电调试及功能试验
综合布线系统	审核设计图纸，进行安全、技术交底	确定安装位置和环境，协调装修专业预留孔洞		电缆的规格、路由等应符合施工设计规定，电缆排列必须整齐；各种线缆的接续应符合设计和规范要求	检查测量设备供电电压，然后进行加电调试及功能试验

三、分项施工方案、流程及工法

(一)控制机房

1. 施工准备

现场调查和测量，结合实际情况做好施工图纸会审，确定设备的布置，联合厂家做好效果图。

2. 方案确认

根据设计图纸，及时调整设备的安装位置，综合考虑装修效果。提交设计院审核，确定最终实施方案。

3. 现场技术交底

指派专业技术工程师对技术工人进行现场技术交底。

4. 设备安装

根据审批方案，严格按照施工工艺安装。

设备机柜应严格按照设备平面设计图进行安装，安装时充分利用水平尺、定位仪反复比较保证垂直度、水平度在设备安装规范范围内，机柜内元器件安装应考虑防滑和加固处理，以防造成位移。机柜底部采用绝缘处理，保证设备的整体绝缘效果。

使用钻孔定位模板进行钻孔、安装螺栓。根据车站的具体情况，抽测螺栓强度。设备安装时，要轻搬轻放，设备水平偏差、垂直偏差应符合设计要求。

独立设备安装完毕及时进行检查，检查设备的水平偏差、垂直偏差、安装强度等。设备安装完毕，会同建设单位、供货商、驻地监理进行设备安装检查验收，做好检查记录。

设备安装总体原则是设备型号、规格符合设计及供货合同规定，内部设备接(插)件(盘)完整，符合施工图设计要求。设备安装必须小心轻放，避免振动及划漆，交叉施工时必须具有防尘设施。机房设备以及各系统终端设备安装时，统一考虑安装位置，做到协调一致，避免位置冲突。

设备配线时，应遵照设备内部配线图及设备连接图的规定。进行防水处理，用防水胶密封终端盒、出线管孔、设备底座。线缆绑扎必须平直、扎把方正、标识清晰、弯度适中。

5. 子系统调试

在设备加电之前，仔细检查各回路、支路线缆的连接，确认无误后方可合闸加电。设备正常运行以后，配合做好设备的性能测试及参数试验。当出现意外情况时应及时采取应急方案，以保证设备的安全。

(二)网络系统

对机房条件进行确认，检查机房面积、机房高度、沟、槽、管、洞等是否符合设计要求，是否具备设备安装条件。确定设备的安装位置和安装方式。检查机房交流电源是否到位，交流电源是否满足设备使用要求，设备用电与空调用电是否分开，电源电压是否稳定。检查地线是否已经引入，阻值是否符合要求。落实确定各种配线的长度和布线方式。

1. 设备安装

设备机架固定方式应符合设计或厂家规定，防震加固措施符合设计要求，各紧固部分应牢固无松动现象，各种零件不得脱落或碰坏。机架安装采用整体连接固定方法，即制作与设备机架相符和与静电地板高度相等的安装底座以及采用调平调直导轨进行安装、连接和固定,如此可对设备前后、左右、高矮平面进行调整,保证设备整体稳固和整齐美观。

2. 缆线布放

电缆的规格、路由等应符合施工设计规定,电缆排列必须整齐,外皮无损伤,电缆转弯均匀圆滑,弯弧外部保持垂直或水平成直线,电缆转弯的最小曲率半径大于 60 mm。布放走道电缆必须绑扎,绑扎后的电缆应互相紧密靠拢,外观平直整齐,线扣间距均匀,松紧适度;布放槽道电缆时可以不绑扎,但要求槽内电缆顺直,尽量不交叉,电缆不溢出槽道,在电缆进出槽道部位和电缆转弯处应进行绑扎或用塑料卡捆扎固定。电缆两侧均应在距同端头 2.0 cm 处粘贴标识标签,标明去向和用途。

3. 缆线接续

信息模块的压接采用打线工具进行压接模块。对信息模块压接时应注意以下几个问题:双绞线是成对相互拧在一起的,按一定距离拧起的导线可提高抗干扰的能力,减少信号的衰减,压接时一对一对拧开放入与模块相对的端口上;在双绞线压接处不能拧、撕开,并防止有断线的伤痕;使用压线工具压接时,要压实,不能有松动的地方;双绞线开绞不能超过要求;其他各种线缆的接续应符合设计和规范要求。

(三)票务系统

1. 施工流程

票务系统施工流程如图 4-10-2 所示。

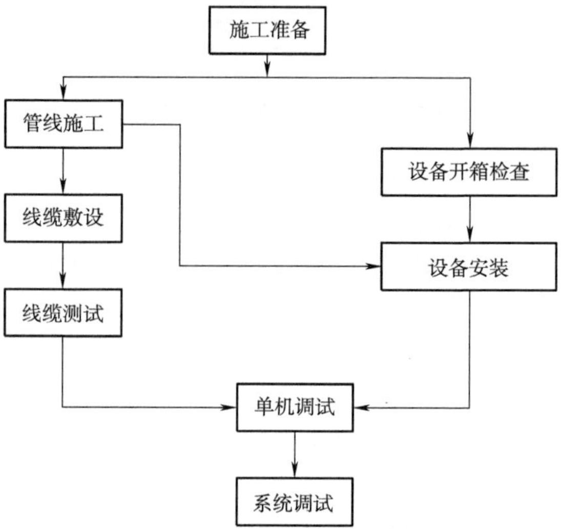

图 4-10-2 票务系统施工流程图

2. 关键工序及技术要点

(1)管线施工

根据施工图纸及设计要求,对顶棚和墙壁上的外露管线做到横平竖直,外观美观;对站厅内地面售检票预埋管线要经过放线、切割、开凿和预埋管道施工工序施工,做到预埋管线接地符合招标文件及国标要求,地面恢复与原地面一致,并做好隐蔽工程的拍照记录归档。

(2)线缆敷设

根据施工图纸,确定沟、槽、管线内所敷设电缆、电线型号规格;测量线路长度确定敷设缆线长度;剪裁好的缆线由设备始端放到设备终端,绑扎电缆并做好标识。

(3)缆线测试

线缆敷设完毕,用仪表测试缆线电气性能是否良好,并做好记录归档。

(4)开箱检查

组织相关单位进行设备开箱检查,对有缺损的设备要进行拍照,并做好记录归档。

(5)电缆配线

电力电缆和通信电缆配线符合设计要求;绝缘电阻符合设计要求,并做好记录;配线焊接牢固;接地装置种类、接地电阻阻值、用材规格引入方式符合设计要求。

(6)票务系统机房设备安装

服务器机柜、网络设备机柜、电源设备机柜机架安装符合设计要求,计算机终端设备的安装符合设计要求,并满足计算机系统安装的有关现行规范和标准的规定。

(7)设备调试

设备配线,检查接线无误后,设备送电,然后进行单台设备试验和系统调试。

(四)电源及防雷接地系统

1. UPS 电源系统

(1)开箱检验

设备开箱检验由建设单位、监理工程师、施工单位和设备生产厂家共同进行,并做好检查记录;按照设备清单、施工图纸及设备技术资料,核对设备及附件的规格型号是否符合设计要求产品合格证、技术资料等是否齐全；检查 UPS 的整流器、充电器、逆变器、静态开关，其规格性能必须符合设计要求，内部接线连接正确、标志正确清晰、紧固件可靠无松动、焊接牢固无脱落。

（2）基础制作、安装

①设备安装准备

将安装处的防静电地板及地板支架拆除，首先进行地面平整、清理，检查底座支架的平直度。

②底座支架安装

根据设计图纸划线，确定底座支架安装位置，测量基准线以房屋的轴线为准，用水平尺或水准仪测量底座支架安装位置的平整度，一般测量三点，测量误差满足《电气化装置安装工程施工及验收规范》的要求。

机架的底座应与地面固定。安装底座支架固定膨胀螺栓，摆放支架。机架安装应竖直平稳，垂直偏差不得超过 1‰，用经纬仪或长水平尺确定各底座支架整体水平，如不水平则采取增减垫铁方式使之水平，然后再复核一次。注意加垫铁不宜太多。几个机架并排在一起，面板应在同一平面上并与基准线平行，前后偏差不得大于 3 mm；两个机架中间缝隙不得大于 3 mm，对于相互有一定间隔而排成一列的设备，其面板前后偏差不得大于 5 mm。

根据产品技术文件，确定设备的实际安装尺寸和固定螺栓安装孔距尺寸，测量出型钢的几何尺寸。基础型钢安装的偏差应符合成套配电柜、控制柜（屏、台）安装工艺；型钢先调直找正后，焊接成框架，再根据设备固定螺栓的间距，钻出固定孔；框架加工完毕，配合土建确定地面基准线后，进行框架安装，用水平尺、水准仪找平，再固定牢固，基础型钢应将地线焊接好，保证接地可靠；对焊接部位除锈并做防腐处理。

（3）设备安装

根据施工图纸，用人力及滚杠将设备就位到基础型钢上，找平、找正后将设备固定牢固，其垂直度、水平度的允许偏差应符合成套配电柜、控制柜（屏、台）安装工艺；分别敷设 UPS 主回路、控制回路的线缆，并与设备进行连接，具体工艺应符合电缆敷设工艺标准；将 UPS 输出端的中性线（N 极）与由接地装置直接引来的接地干线相连接，做重复接地；UPS 的可接近裸露导体应接地（PE）或接零（PEN），连接可靠且有标识。

（4）蓄电池组安装

蓄电池组安装前应检查以下内容：蓄电池槽或蓄电池外壳应无裂纹、损伤、变形、漏液等现象，透明的槽盖板应密封良好；蓄电池的正、负端柱必须极性正确，并无变形；滤气帽或气孔塞的通气性能良好；连接板、螺栓及螺母应齐全，无锈蚀。

蓄电池组安装：蓄电池安装应平稳、间距均匀；同排的蓄电池应高度一致，排列整齐；根据厂家提供的说明书和技术资料，固定列间和层间的蓄电池的连接板，操作人员必须戴胶布手套并使用厂家提供的专用扳手连线；并联的电池组各组到负载的电缆应等长，以利于电池充放电时各组电池的电流均衡；极板之间相互平齐、距离相等，每只电池的极板片数符合产品技术文件的规定；UPS 与蓄电池之间应设手动开关，并应采用专用电缆连接，线端应加接线端子，并压接牢固可靠；有抗震要求时，其抗震措施应符合有关规定，并牢固可靠。

2. 防雷系统

（1）供电系统的防雷施工工艺

在主配电箱、各终端分配电箱、各重要的子系统信号设备前端安装电源避雷器，在重要设备终端安装 D 级电源浪涌防雷器，选用电源防雷插座产品。对于固定式电源防雷器 SPD，常规安装应遵循下述步骤：确定放电电流路径→标记在设备终端引起的额外电压降的导线→为避免不必要的感应回路，应标记每一设备的 PE 导体。如果不可能进行单一接地则需要两个防雷器 SPD→设备与防雷器 SPD 之间建立等电位连接→要进行多级防雷器 SPD 的能量协调。

（2）信号系统的防雷施工工艺

对机房内部信号线（与室外设备相连的部分）进行过电压的保护，并安装信号防雷器。信号防雷器的安装要求如下：

①安装在信号线路与被保护设备相应端口之间，串联连接。注意不要将同一根信号线未被保护电缆与保护电缆并行敷设。

②接地导线尽可能短，并尽量避免与其他导线并行走线。主地线要求就近与建筑物的主钢筋相连。要

求导线截面为 2.5 mm^2以上。地线连于信号防雷箱中地线接线排处。

③室内所有设备金属外壳做等电位连接,同时沿室内四周设置闭合的接地母线(紫铜带),将此接地母线通过引下线连接到地网上,将室内设备的电气接地以最短的距离与网格相连。

设备安装后的效果如图 4-10-3 所示。

图 4-10-3 设备安装后的效果图

(五)其他系统

其他系统包括:办公自动化系统、公安管理信息系统和综合布线系统等。

1. 机架安装工艺

(1)机架垂直度误差为机架高度的 0.1%,可用吊线锤测量;各机架之间缝隙前后偏差不大于 3 mm,几个机架排列在一起,面板应在同一平面、同一直线上。

(2)设备子架安装。子架框安装时,将子架框先置于机架上,小心导入机架,到位后用螺钉、垫圈固定在机架上;后背需要安装插座时应对照图纸正确安装。

(3)机盘安装。机盘由面板、拔板器、印制板组成。印制板装有插头应与架后背上插座相对应。面板上有板名、固定螺钉、接口、指示灯。安装时必须先戴上防静电手环,再检查机盘有无机械性损伤,在插入光接口板时,要特别注意不损伤光纤接口,要一一对应插入。插入机盘时注意后插座与机盘的插头配套,不能强行插入,以免损伤插头和造成信号的不通。

(4)配线架安装的垂直度误差不大于 0.1%,底座水平误差每米不大于 2 mm;如果有垫高防静电地板,需安装支架垫高机柜使底部与地板平行,支架要有地脚螺丝锚定,打膨胀螺栓与水泥地固定;如果无垫高地板,则会有上走线导轨,机架可直接站立于水泥地上,机柜应与上走线导轨机械连接;机架、列架需按施工图抗震要求加固,一般为了使机柜站立牢固,上方应安装吊顶,即机柜上空加横梁或导轨与机柜进行机械连接。

(5)底座安装。底座上加绝缘垫片,膨胀螺栓加绝缘套,防静电地板类型包括 330 mm 和 300 mm 两种。

(6)注意事项:一般机架前至少留出 1~1.5 m 的距离,方便开门及维护;一排机架与另一排机架间距离不小于 1 m;机架侧面与墙距离不小于 0.8 m(符合安装工程设计平面图);一排机柜正面与另一排机柜正面之间距离不少于 1.5 m;机柜侧面与墙壁不少于 0.8 m;机柜调测面与墙距不少于 1 m;机房应留有不少于 1.0 m 的通道;机架安装垂直度偏差应不大于 3 mm,用吊锤测量;大列主走道侧必须对齐成直线,误差不得大于 5 mm,相邻机架应紧密靠拢铆紧连成整体,整列机架正面应在同一平面上,无凹凸现象;各种螺栓拧紧,同类螺丝露出螺帽长度要一致,一般在 2~3 扣;机架上的各种零件不得脱落或碰坏,漆面如有脱落应予补漆;各种文字符号标志应正确、清晰、齐全、干净、整洁;机架保护地线应连接牢固,线径符合设计要求;告警显示单元安装位置标示清楚,位置合理;尾纤的弯曲半径不少于尾纤外径的 20 倍,暂时不使用的尾纤连接器应盖上塑料帽。

2. 线缆布放

(1)布放的线缆应平直,不得产生扭绞、打圈等现象,不应受到外力挤压和损伤。

(2)在布放前,线缆两端应贴有标签,标明起始和终端位置以及信息点的标号,标签书写应清晰、端正和正确。

(3)信号电缆、电源线、双绞线缆、光缆及建筑物内其他弱电线缆应分离布放。

(4)布放线缆应有冗余。在二级交接间、设备间双绞电缆预留长度一般为 3～6 m,工作区为 0.3～0.6 m。特殊要求的应按设计要求预留。

(5)布放线缆,在牵引过程中吊挂线缆的支点相隔间距不应大于 1.5 m。

(6)线缆布放过程中为避免受力和扭曲,应制作合格的牵引端头。如果采用机械牵引,应根据线缆布放环境、牵引的长度、牵引张力等因素选用集中牵引或分散牵引等方式。

3. 端接

(1)线缆在端接前,必须检查标签颜色和数字的含义,并按顺序端接。

(2)线缆中间不得产生接头现象。

(3)线缆端接处必须卡接牢靠,接触良好。

(4)线缆端接处应符合设计和厂家安装手册要求。

(5)双绞电缆与连接硬件连接时,应认准线号、线位色标,不得颠倒和错接。

4. 终端安装工艺

(1)桌椅主要是放置网管终端、方便维护用,一般桌子高度在 80 cm 左右,椅高在 40 cm 左右。

(2)机台位置安装正确,台列整齐,机台边缘应成一直线,相邻机台紧密靠拢,台面保持水平,衔接处应无明显高低不平现象。

(3)终端设备配备完整,标志齐全正确。

5. 电源线安装

(1)直流电源线的安装路由、路数及布放位置应符合施工图的规定,线径规格、熔丝容量应符合设计要求。

(2)电源线必须采用整段线料,中间无接头。

(3)直流电源线的成端接续连接牢固,接触良好,电压降指标及对地电位符合设计要求。

(4)机房的每路直流馈电线连同所接的列内电源线和机架引入线两端腾空时,用 500 V 兆欧表测试正负线间和负线对地间的绝缘电阻均不得小于 1 MΩ。

(5)采用胶皮绝缘线作直流馈电线时,每对馈电线应保持平行,正负线两端应有统一红蓝标志;安装好的电源线末端必须有胶带等绝缘物封头,电缆剖头处必须用胶带和护套封扎。

(6)交流电源线必须有接地保护线。

6. 设备安装

交换机、服务器采用 19″机柜安装。机柜安装的位置应符合设计要求,注意机柜垂直度、水平度、稳定度、设备间隙等应符合规范要求。系统设备安装依照经批准的设计文件设备布置图,合理分配柜内空间,在插拔电路板、单元盘时应戴防静电手环。

7. 设备配线

配线时应争取一次性敷设完所有的配线电缆;应根据机柜内设备布置情况合理安排配线走向;配线前电缆必须进行对号,配线完成后芯线必须进行复测;配线完成后应加注明显清晰的线缆标识,标明线缆用途、起始位置等。

配线后的效果如图 4-10-4 所示。

(六)动力及环境监控系统

1. 系统构成

覆盖范围包括各站所有信息机房及信息配线间,并纳入电源与环境监控主系统统一管理。主要工作量包括:信息机房、公安信息机房以及各配线设备间均设置分站设备,包括智能一体化采集器及环境传感器(温/湿度、烟雾、水浸、门禁、空调控制等)等。

2. 施工方法

(1)施工准备

熟悉施工图纸和相关规范,施工前应详细理解施工图和相关适用规范及文件;提前发现问题,及时与建筑装饰、水电承包商达成理解,协调一致;根据施工设计图纸对现场核查,发现不符处立即通知设计和监理工

图 4-10-4 配线后的效果图

程师,并及时了解现场其他各专业的施工进度,以便工作安排;主要设备的开箱检验、库存、运输等准备工作,常用、专用工机具的准备。

(2)预埋管安装,电缆穿放

预埋管安装时,按照规范进行支撑物安装、钢管安装、特殊部位处理、标识、地线连接等工作,安装时注意平直、美观、牢固等工艺要求。电缆应均匀穿放,做好管口防护措施,做好各种箱盒的恢复工作,缆线标识清楚、正确,缆线敷设完成后需进行测试工作,缆线的绑扎要美观整齐。

(3)设备安装调试

设备严格按照设备平面设计图进行安装,安装时充分利用水平尺、定位仪反复比较保证垂直度、水平度在设备安装规范范围内,安装要考虑防滑和加固处理,以防造成位移。配套的安检桌椅摆放到指定位置。固定好之后按照产品说明将线缆接好进行调试,对照合同对各项功能进行检测。

四、经验体会和建议

(一)经验体会

1. 设备安装种类多、数量大,施工工艺复杂

信息工程包括票务系统、旅客服务信息系统、其他系统等,这三个系统又各包括很多子系统,系统复杂,设备种类多、数量大。由于设备种类多,施工工艺各不相同,特别是外场设备,每个车站的平面布置、装修材料、高度、类型各不相同,设备安装过程中要根据实际情况采用不同的安装工艺和方法,既要考虑承重、美观,又要考虑使用效果、维修等多种因素。

2. 交叉施工多,施工协调工作量大

系统工程与房建、装修、照明、空调、消防、供电、信号等多个专业存在交叉施工。在车站这个特定施工环境,装修、照明、空调、消防等专业在同一作业空间施工,必然相互影响。

3. 管线工程量大,施工干扰多

施工中管线众多,包括钢管、槽道、托架、桥架、托盘、支架等,管线敷设主要集中在车站站台、站厅和区间,施工困难,施工干扰大,且管线工程制约着缆线的敷设以及后续阶段施工。

4. 线缆数量多,敷设难度大

站厅、站台缆线穿放在钢管、桥架、槽道内。站台、站厅内缆线种类多、数量大,敷设位置、长度不一,缆线穿放困难、速度慢,且受其他施工专业及现场条件的限制和影响。

(二)建　议

1. 做好详细的施工调查和准备工作

开工前对铺架、土建、房建、通风、信号等专业施工单位的工程进度和进度计划进行详细的调查，制定详细的区间缆线、车站管线工程的进度计划和与其他专业施工单位的工作界面及协调计划，报监理工程师，由监理工程师、相关专业施工单位和投标人共同协商站内、区间施工的衔接表和相应的时间。

做好详细的施工准备工作，包括人员、机械、材料等，随时准备进行突击性施工。

2. 加强协作，减少干扰

施工中，服从招标人的统一协调与安排，积极与铺架、接触网、水暖、房建、装修、信号等各相关专业施工单位保持联系，互通施工进度信息，共同协商创造互利的施工环境，并严格按照协调结果组织施工，做到最佳配合。

3. 增加投入，扩大作业面

根据工程实施具体情况增加相应的施工机械和人员，有效扩大作业面，确保施工进度。如条件允许，可同时进行多站、多区间缆线、管线以及外围设备的安装。

4. 理顺工序，合理安排

精心组织，理顺工序，合理安排区间光电缆、车站管线和缆线以及外场设备安装工程的施工，确保在车站装修前完成管线及设备安装支架工程的施工，减少干扰；施工中，可将整个安装工程细分为若干个小项目，并成立相应的小组，实现流水化作业，提高安装工程工作效率，减少返工率，缩短施工周期。

研究制定区间缆线、车站管线的施工方案和施工方法，并在实际施工中进行验证，通过一个区段或一个车站的实践，总结并借鉴相关施工单位先进的施工方法，对制定的施工方案和施工方法进行修订，并按修订后的方案和方法实施。

5. 加强管理，确保进度

充分利用项目管理软件及网络计划技术，按总工时不变的原则，合理安排资源，有效提高施工机具、人员的管理和利用，保障总体施工进度。合理组织，建立相关的奖惩制度，充分调动所有参建人员的积极性。

6. 加强工序检验制度，避免返工

加强区间光电缆、车站管线、外场设备安装等工程的技术管理工作。特别是车站缆线敷设过程，要详细了解从机械室到每个设备的缆线种类、规格、程式，对要敷设的缆线在敷设前进行标识确认，避免漏放或错放，造成返工。

严格工序检验制度，避免由于材料、施工质量不达标准而造成返工。特别施工车站缆线均采用穿管防护，如漏放或缆线故障，则需重新布放，耗功、费时同时对装修工程也有影响。

7. 物资供应及时

材料的及时供应是确保工程顺利进行的关键，物资部门利用信息管理系统软件编制与施工计划相应的月、旬、周、日物资供应计划，提前组织物资供应，保证各项工程的顺利进行。督促供货商按时供货，加快物资的保管和检验，避免不合格品进场，避免造成返工，影响施工进度。

8. 确保人员、机具充足

储备充足的人力、物力资源，在工期紧张的情况下，可迅速调派到现场，增加作业面。配备足够的性能良好的施工机械和设备，定期进行检验，并在施工前进行试运转，对主要的、关键的施工机械配备一定比例的备用数量。

第十一章　电 力 工 程

一、施工方案

电力专业施工工作量主要集中在区间贯通线电缆敷设及设备安装、站房变配电所设备安装、外电源引入三部分。

根据宁安客运专线整个施工组织安排及先期具备的施工条件，以电力变、配电所施工为电力工程区段内的关键工程，沿线箱变和贯通线路数量大，受站前预留工程电缆槽的制约，可平行施工，最后通过贯通线路向沿线电力负荷供电。

电力工程的外部电源实施是工程开通的主要制约因素，不具备外部电源，系统不能按时调试，属于客专重难点工程。针对该制约因素，施工单位相应成立外电协调部门，设专门领导负责，安排专人与供电、规划部门对接。待 10 kV 配电所、区间设备都安装调试完毕之后，可将外电源引入，给铁路电力系统供电。

二、施工安装执行的主要技术标准

(1)《高速铁路电力工程施工质量验收标准》(TB 10757—2010)。

(2)《高速铁路设计规范(试行)(2011 年局部修订)》(TB 10621—2009)。

(3)《高速铁路电力工程施工技术指南》(铁建设〔2010〕241 号)。

(4)《铁路通信、信号、电力、电力牵引供电工程施工安全技术规程》(TB 10306—2009)。

三、总体施工流程

铁路 10 kV 电力工程施工项目主要分为三个部分，分别是 10 kV 贯通线路施工、10 kV 外电源架空电力线路、10 kV 配电所内设备安装调试。

电力工程施工流程如图 4-11-1 所示。

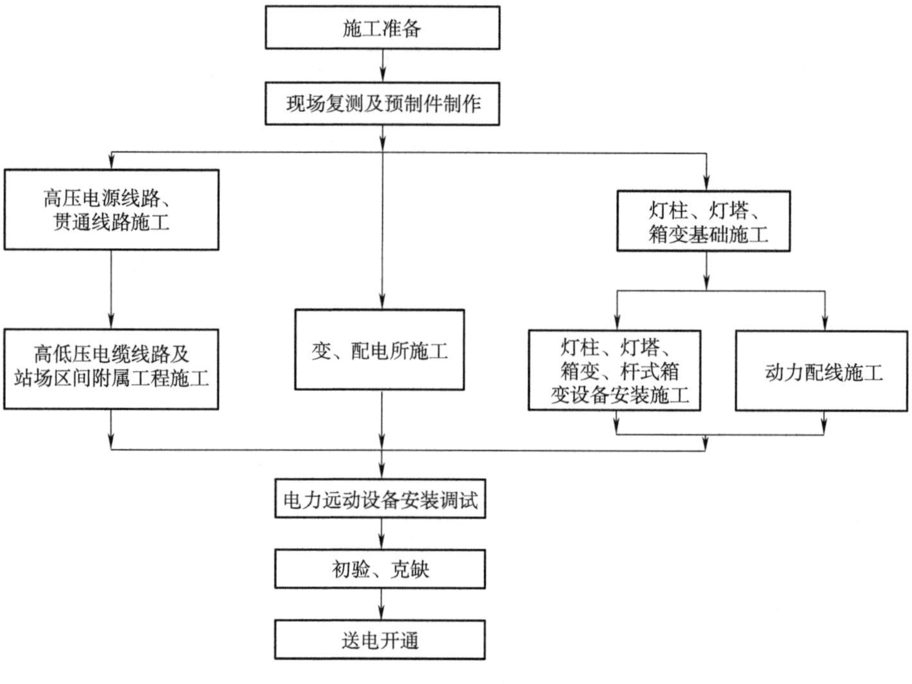

图 4-11-1　电力工程总体施工流程图

四、关键工艺及施工方法

(一)电缆线路施工测量及电缆配盘

1. 主要工序

施工准备→控制点测定→线路定测→测量资料整理→电缆配盘。

2. 技术要求

(1)测定控制点:根据站前征地情况,初步确定设备点位置,找准接触网支柱号,通过接触网平面图,推算出设备点的里程。

(2)测量路径的选择一定要依据设计施工图纸,按设计提供的施工图的技术要求制定施工工艺并经审定能达到设计要求。在全面开展施工测量作业前,应将确定的工艺报监理单位确认。

(3)电缆配盘:各控制点的间距不同及电缆路径的选择不同,造成电缆长度也不同,按一定的要求将每盘电缆进行编组、配盘,把长度不等的电缆安排在预定的段落内,以保证合理的经济效果。这种选盘配放电缆的工作叫"配盘"。电缆配盘必须以电缆线路图、电缆控制点的分布等为依据。

3. 施工要求

(1)测量准备

检查清点线路测量所用的仪器和工具应齐全,仪器状态良好,如测量绳、木桩、自喷漆、记号笔等;参与施工测量的人员全部经过培训及技术交底。

(2)控制点定测

在设计提出的线路控制点(线路起点、终点、转角点、设备安装点)的桩位上,钉上测量标桩或做好测量标记,当附近有永久性建筑时,需测出二者之间的距离;若没有时,要设置辅助标记。

(3)线路定测

进行线路测量时,必须对作为控制点的标桩进行复核测量,当检测结果表明桩点正确可靠时方可进行后续的测量工作。

路基、桥梁、隧道的接合处及电缆上下桥等重要部位,均应标记为线路的重要控制点,在以上重要地段的测量长度要考虑适当的余量,一般要在每处根据实际测量确定的长度加 5 m。

(4)测量资料整理

对线路测量采集的数据进行整理,建立详细的线路定测台账,作为指导施工、物资申请、工程预算的基础资料。

测量原始记录、资料、计算书、图表必须真实完整,并应由专人妥善保管,同时测量记录必须规范。

(5)电缆配盘

由工程技术人员根据测量结果编制电缆物资申请计划并编制电缆配盘计划;电缆配盘计划中应明确:电缆型号、电缆长度、电缆敷设地点及电缆相序等;在下一步的电缆敷设工作中,应严格要求按电缆配盘计划进行相应的电缆敷设工作,以免增加电缆接头制作等额外工作。

4. 测量注意事项

(1)由于四电房屋征地滞后,电缆配盘时,根据实际情况做出合理预留,部分关键点做好标记(下护坡、锯齿口位置、到围墙距离标识等)。

(2)电缆敷设前,时刻关注站前四电房屋征地进度(基站、直放站位置是否移动),必要时对电缆长度进行复测,做好调整。

(3)电缆配盘,不能完全借助接触网精确测量的数据,特别是有弯道的地方及长短链,需要实际测量核对。

(4)电缆测量时,注意做好预留,电缆井、上下桥墩、桥隧过渡段等,特别是一贯、综贯进箱变路径不同、长短不一,建议进箱变时,电缆适当多预留一些。

(5)电缆敷设前,特别需做好过轨管、锯齿口预留位置调查,过轨管、锯齿口位置移动将对电缆配盘产生重大影响。

(二)电力设备基坑开挖及基础浇筑

1. 施工工艺流程

电力设备基坑开挖及基础浇筑工艺流程如图 4-11-2 所示。

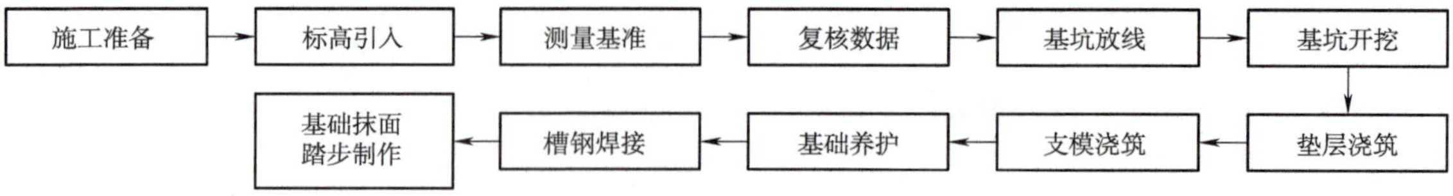

图 4-11-2 电力设备基坑开挖及基础浇筑工艺流程

2. 技术要求

(1)在混凝土施工前,应根据设计规定的强度等级进行混凝土配合比试验,并取得配合比试验报告;基础浇筑前的钢筋配合比应符合设计要求;基础混凝土强度等级应符合设计要求并有试验报告。

(2)基础采用整体混凝土浇筑,箱变基础检修平台大于 1 m;基础位置、尺寸及其顶面高程应符合设计要求;基础型钢安装允许偏差应符合规定。

(3)养护

浇制好的混凝土基础要进行养护,防止因干燥而龟裂。必须在浇完后 12 h 内开始,炎热或有风天气 3 h 后开始,浇水养护用湿的草袋或席子、稻草等盖在混凝土上,经常浇水、保持湿润,直到拆模。拆模后如不立即回填基坑,对外露部分仍继续遮盖保护。

试块应为边长 15 cm 的立方体,每组三块。应采用专用模具制作,捣固应密实,表面平整。试块与基础在同等条件下养护 28 d。

(4)拆模

基础拆模时要求强度不低于设计强度的 25%,拆模时间随养护的环境温度及所有水泥的品种不同而有所不同,拆模应自上而下进行,敲击要得当,应保证混凝土基础表面平整,不应有蜂窝、麻面、棱角损坏或露筋现象。局部的表面缺陷应进行修整。

3. 施工质量控制点

(1)配筋规格必须符合设计图纸,混凝土强度等级满足设计标号。

(2)基础位置、尺寸及其顶面高程应符合设计要求,允许偏差符合规定。

(3)基础槽钢安装水平度允许偏差必须满足设计及设备安装要求。

(4)混凝土浇筑前必须检查复核基础的位置、形式、尺寸、标高及钢筋规格、数量等是否无误,排除基础坑内的积水及杂物。

(5)检查所组立的模板是否符合设计规定尺寸,并且垂直不倾斜。模板的支撑要均匀合理,并支撑牢固。

(6)在浇筑混凝土时模板不变形,钢筋与模板之间有一定的保护距离,底板的钢筋应垫起一定的高度。

(7)在浇筑混凝土时,应同时制作混凝土试块并与基础同等条件养护。所有混凝土在白天浇筑,不应在雨天或雪天进行。当室外日均气温连续 5 d 稳定低于 5 ℃时,应采用冬季施工措施。

4. 施工现场

施工现场部分照片如图 4-11-3~图 4-11-9 所示。

图 4-11-3 箱变基础垫层混凝土浇筑

图 4-11-4 基础底圈梁钢筋绑扎

图 4-11-5 箱变基础支模完成效果图

图 4-11-6 箱变基础槽钢焊接完成效果图

图 4-11-7 技术人员正在核对槽钢焊接尺寸

图 4-11-8 混凝土下料与捣固

图 4-11-9 箱变浇筑完成

(三)贯通线电缆敷设

1. 施工程序

施工准备→电缆敷设→电缆整理固定→电缆换相→电缆引入箱变(远动房、分支箱)。

2. 关键工序及技术要点

(1)施工准备

施工前按设计及厂家提供的技术要求进行首件示范，确定施工工艺能达到设计要求。编制电缆敷设明细表,确定电缆的型号规格、编号、敷设顺序及引入箱变(远动房、分支箱)电缆预留长度;规划电缆敷设路线图,根据路线图结合现场实际情况安排部署人员到位,在电缆的起点和终点或者关键部位上安排专业电工操作,其他地方由其他非电专业工人员操作,由专业技术人员现场统一指挥。电缆敷设人员到达施工现场,作业人员全员必须接受施工技术交底并办理交底签证手续。

(2)电缆敷设

桥梁段两侧电缆槽位于接触网支柱内侧,且两股道之间空间较平坦,便于电缆拖车运行,采用电缆拖车敷设电缆是最佳选择。路基地段因电缆槽位于接触网支柱外侧,采用人工敷设较宜。搬运电缆时,不应使电缆松散及受伤,电缆盘应按电缆盘上箭头所指方向滚动。若用人工牵引搬运,搬运人员要站在电缆的同一侧。电缆搬运时,一定要听统一号令,统一步伐,速度要均匀,严禁奔跑。有明显机械损伤的电缆严禁敷设,电缆敷设时应防止电缆之间及电缆与其他硬物之间的摩擦。

①电缆拖车敷设

电缆拖车由牵引车(一般为拖拉机)、拖车斗及固定在车斗上的电缆放线支架组成。电缆放线支架可为1组或3组。敷设电缆设指挥员1人,负责电缆敷设的统一指挥。

敷设步骤:将电缆拖车及电缆盘运抵至电缆敷设起点处;架设电缆盘,将要敷设的电缆盘吊放到电缆拖车上,电缆盘要牢固固定在电缆拖车放线架上,电缆要从盘上引出;放线前,先从盘上拉出一定长度作缓冲段,其端头固定在地面坚固物上,指挥员要与牵引车司机约定好信号,根据电缆敷设情况指挥车辆的开动、停止及运行速度,电缆拖车开动后,1～2人在车上转动电缆盘,使其在敷设时保持动态平衡,车速与电缆展放速度做良好配合(车速约1.8 km/h),电缆展放在地面上;电缆展放完毕后,再用人工将电缆放置到电缆槽内,并做好引下桥贯通线电缆的预留。

②人工敷设

路基地段因电缆槽位于接触网支柱外侧,采用人工敷设贯通线,如图4-11-10所示。

将电缆放线支架固定于电缆敷设起点处,将电缆盘架放在支架上,注意电缆头要从电缆盘上引出;将电缆从盘上引出适当距离,3～4人牵引电缆终端徐徐前进;在电缆支架处设作业人员3人以电缆抽出方向滚动电缆盘,减小对盘及电缆的牵引力;敷设人员跟随电缆引出长度加入(加入密度根据电缆重量确定),沿线路每隔一定距离设通信指挥人员并及时用报话机通知电缆支架处及敷设人员电缆敷设状况;电缆拉出一段后,安排作业人员安放地滚滑轮,尽量防止电缆在地面上摩擦而损坏电缆外皮(图4-11-11)。

图4-11-10 施工人员一字排开,敷设贯通线电缆

图4-11-11 接触网支柱上,挂滑轮减少敷设阻力

③采用绞磨机敷设

若现场施工情况较好,电缆槽路径较直、弧度较小,可采用以绞磨机为动力牵引,辅以滑轮,进行贯通线电缆敷设,如图4-11-12～图4-11-16所示。

图 4-11-12 绞磨机敷设电缆示意图

图 4-11-13 施工人员将绞磨机固定好

图 4-11-14 电缆头用牵引套绑扎牢固

图 4-11-15 安放滑轮减小摩擦

图 4-11-16 路基段电缆敷设效果图

(3)电缆整理、固定及标识

电缆敷设完后，要将电缆排列整齐，按设计要求进行固定(图 4-11-17、图 4-11-18)，并由专人在电缆的两端进行挂牌。电缆标牌上要标明电缆规格型号、回路编号以及另一端的配电箱编号。单芯 10 kV 电缆敷设完后，应按品字形进行固定(按设计及设备管理单位的要求)，将电缆每隔 5 m 左右用绑扎带进行绑扎。

(4)贯通线换相

宁安铁路一级、综合贯通线单芯电缆采用并列敷设，在两个高压负荷(如箱变)点电缆接头范围内，三相在平面位置上采用全换位周期敷设方式，且三段长度宜相同。现场施工如图 4-11-19 所示。

图 4-11-17　桥梁段，电缆做蛇形敷设预留

图 4-11-18　贯通线电缆过轨电缆预留图

图 4-11-19　贯通线电缆换相图

(5)贯通线物理隔离

一贯、综贯及电源电缆敷设在同一沟内，采用铺沙以及铺隔离板隔离。线路上电缆井过渡采用隔离槽隔离。贯通线与电源线之间，先铺沙隔离(图 4-11-20)，然后铺石棉板做物理隔离。

(6)10 kV 单芯、三芯电缆终端头及中间接头制作

凡使用的电缆及附件，均应符合现行国家或行业的技术标准，并有合格证件；端头或接头的连接位置应符合设计要求；端头或接头制作完毕，应进行电气性能试验；剥切电缆铠状带时，应使用钳子或专用工具，不得直接用手；剥切电缆护层、铠装带和屏蔽层时不得损伤主绝缘，屏蔽层的端部要平整，不得有毛刺；收缩材料如要切割时，切割面要平整，不得有尖角或裂口；雨雪及大雾天气不得进行施工；连续作业时，要防止汗水滴入绝缘材料内，防止受潮，而且要确保施工场地清洁、干燥、光线充足，操作人员需戴棉线手套。

图 4-11-20　贯通线与电源线同沟，先铺沙

（四）变、配电所设备安装

1. 施工工艺流程

变配电所设备安装工艺流程如图 4-11-21 所示。

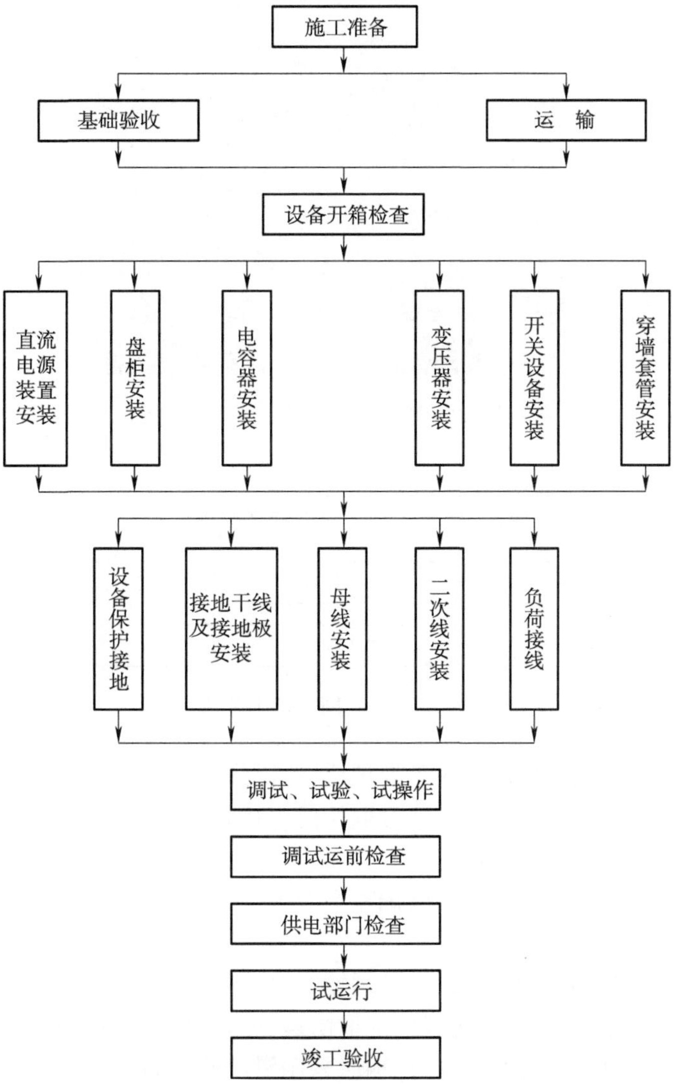

图 4-11-21　变配电所设备安装工艺流程图

2. 关键工序及技术要点

（1）预埋件施工

因 10 kV 配电房设备基础由土建单位预留，在设备基础槽钢、孔洞预留时，做好接口对接工作。基础型钢安装后，其顶部宜高出抹平地面 5 mm；还应与室内接地网做可靠明显的连接。现场施工完毕的高压柜设备基础如图 4-11-22 所示。

（2）接地网施工

接地网施工工艺流程如图 4-11-23 所示。

水平、垂直接地体埋深均达到设计要求，为减少施工难度，在保证接地电阻的前提下，尽可能多用水平接地体，减少垂直接地体的用量。根据图纸对接地网进行测量放线，在场坪内测出接地网位置，并用熟白石灰作记号后开挖。水平接地扁钢平直后沿沟内预排敷设，敷设时与垂直接地角钢一面密贴。接地体的焊接符合搭接长度和焊接面要求，并确保施焊质量。水平接地体十字交叉焊接处、水平接地体与垂直接地体焊接处均加焊“L”型连接条，“L”型连接条由水平接地扁钢制作。接地体敷设回填后应分层夯实。主接地网按设计要求引入室内，确保高压侧与主接地网可靠连接。电缆沟内接地母线与电缆支架多面施焊后，牢固焊于预埋

图 4-11-22 高压柜设备基础现场施工图片

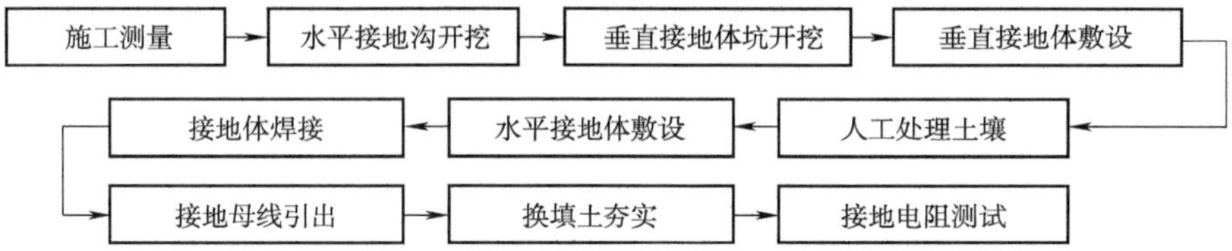

图 4-11-23 接地网施工工艺流程图

件上。如土壤电阻率较大的,在接地体周围人工处理土壤,以降低土壤电阻率。

接地电阻的测试采用三角形布线法,多次测量取均值。接地电阻值要达到设计要求。

(3)基础验收

设备就位前对基础进行验收,基础型钢高度偏差不应大于+5 mm,并填写“设备基础验收记录”。

(4)设备运输

根据设备特点制定可行的运输方案,确保设备运输安全。设备运输时,对运输路径及两端的装卸条件进行充分的调查,并制定安全运输措施,运输过程中采取防震、防潮、防止框架变形和漆面受损的措施,必要时将装置性设备和易损元件拆下单独搬运。二次运输时采用滑动法,制定安全防范措施,确保人员、设备安全。

(5)设备开箱检查

加强电气设备的进货检验,确保到货电工产品的实用性符合设计要求。核对设备制造厂提供的产品说明书、合格证、试验报告、安装图纸等技术文件和资料,确认其规格、型号、质量必须符合设计的规定。设备到达现场后进行开箱检查,并填写“设备开箱检查记录”。

(6)变(调)压器安装

变(调)压器安装工艺流程如图 4-11-24 所示。

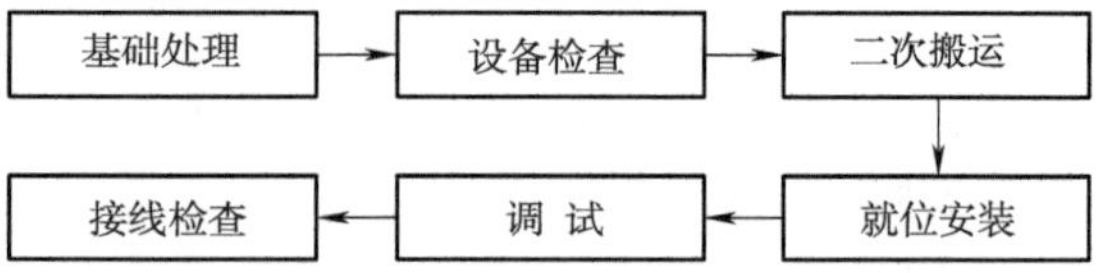

图 4-11-24 变(调)压器安装工艺流程图

变(调)压器检查:变(调)压器安装前先进行检查,并进行电气试验,合格后就位安装。变(调)压器到达现场后,应及时进行下列外观检查:油箱及所有附件应齐全,无锈蚀及机械损伤;油箱箱盖或钟罩法兰及封板的连接螺栓应齐全,紧固良好无渗漏;瓷套管应完好无损。

变(调)压器运输就位安装:变(调)压器在装卸和运输过程中不应有严重冲击或振动;利用机械牵引时,牵引着力点应在设备重心以下。运输倾斜角不得大于 15°。搭设运输临时轨道,用吊车将变(调)压器吊至临时轨道上,再用吊链对变(调)压器进行牵引,将变(调)压器逐步移至室内,并将变(调)压器就位于基础上。调整器身使变(调)压器中心线与安装中心线相吻合。将调整后的变(调)压器予以固定并对接地系统按要求进行完善。

接线：完成变（调）压器接线，防护栏的制作安装，各种标识制作安装。

变（调）压器调试：对变（调）压器进行安装后的电气交接试验。

（7）盘柜安装

安装时，校正盘柜的水平度和垂直度及盘柜间的接缝，安装后应垂直、牢固、排列整齐，盘、柜等基础预埋型钢的安装允许偏差应符合规定，其顶部宜高出抹平的地面 10 mm。盘柜拼装完毕后，先初步固定，反复调整后，再焊接固定。盘柜间用螺栓固定紧密，使盘柜连成一个整体。控制盘、保护盘及自动装置盘等与基础型钢间宜采用压板固定。

盘、柜的接地应牢固良好；装有电器的可开启的门，应以裸铜软线与接地的金属构架可靠地连接。

成套柜的安装要求：防止电气误操作的“五防”功能齐全，闭锁装置动作灵活、准确、可靠；动触头与静触头的中心线应一致，触头接触紧密；柜内设备与各构件间的连接应牢固；柜内照明齐全。

盘、柜的漆层应完整，固定电器的支架应刷漆。安装于同一室内且经常监视的盘、柜，其盘面颜色宜和谐一致。

盘、柜上电器的安装要求：型号、规格符合设计要求，质量合格，外观完好，且附件齐全；排列整齐，固定牢固，密封良好；熔断器的熔体规格、自动开关的整定值应符合设计要求；电流试验柱及切换压板应接触良好，切换时不应碰及相邻的压板；对于仅一端带电的切换压板，断开时活动端不应带电；信号灯、光字牌、电铃、电笛、事故电钟等应显示准确，工作可靠；装置性设备的外壳应可靠接地。

端子排的安装要求：端子排应无损坏，固定牢固，绝缘良好；端子排应有序号，且便于接线及更换；强、弱电端子宜分开布置；当有困难时，应有明显标志并设加强绝缘的隔板或用空端子隔开；电流回路应经过试验端子连接；试验端子应接触可靠；接线端子应与导线截面匹配。

盘、柜的正面及背面各电器、端子排等应标明编号、名称、用途及操作位置；字迹应清晰，且不易脱色。盘、柜上的小母线应采用直径不小于 6 mm 的铜棒或铜管，小母线两侧应标明代号或名称。

二次回路接线要求：二次回路的连接件均应采用铜质制品，丝扣应良好；按图施工，接线正确；导线与电器的连接（螺栓连接、插接、焊接或压接等）应牢固可靠；电缆芯线和所配导线的端部均应标明其回路编号，编号应正确，字迹清晰且不易脱色；配线整齐、清晰、美观，导线绝缘及线芯应无损伤；盘、柜内的导线不应有接头；每个接线端子的一侧接线不得超过 2 根，螺栓式端子在两导线间应加垫片；插接式端子不得插入两根不同截面的导线。

盘、柜内的配线应采用电压不低于 500 V 的铜芯塑料线，其电流回路截面不应小于 2.5 mm^2；电子元件回路及弱电回路采用锡焊连接时，可采用不小于 0.5 mm^2 的绝缘导线。

（8）柜内母线连接

在高压开关柜安装完毕且调整到位，并经检验合格后，方可进行高压开关柜内母线的连接，具体要求如下：母线紧固螺栓应由厂家配套供应，横平竖直，牢固；接头连接应紧密，相序应正确，外壳接地连接应紧密、无遗漏；母线安装完毕后，应对母线进行全面的清扫及整理。现场安装图片如图 4-11-25、图 4-11-26 所示。

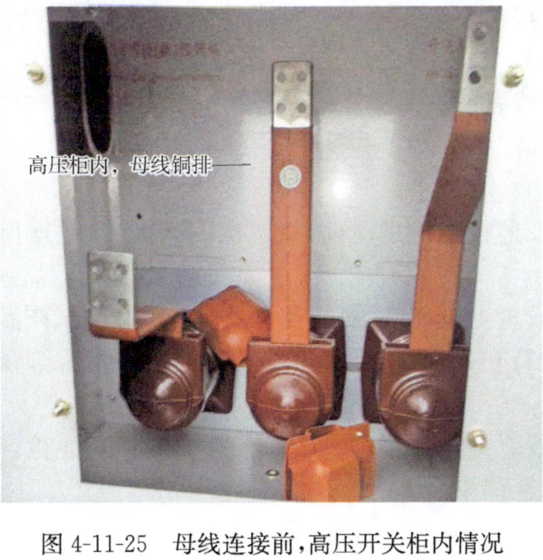

图 4-11-25　母线连接前，高压开关柜内情况

图 4-11-26　高压开关柜内母排连接示意图

(9)微机保护设备安装

设备到达现场应进行检查,设备及其附件齐全,外表完好,无破损,规格、型号、质量符合设计要求及有关产品的技术规定。监控系统各个模块单元的安装应符合产品说明书和设计规定。设备间的连接正确。监控主机及其外设的配置方案和安装位置正确。根据产品技术要求安装系统软件和应用软件。

(10)所内电缆敷设(图 4-11-27、图 4-11-28)

控制电缆敷设时认真核对电缆型号、规格,检查电缆表面有无损伤,并用兆欧表检测电缆的绝缘情况。合格后,制定好编排计划,按顺序编号排放。电缆在沟内呈蛇形敷设,严格控制电缆转弯半径,对较长电缆应充分考虑预留量。

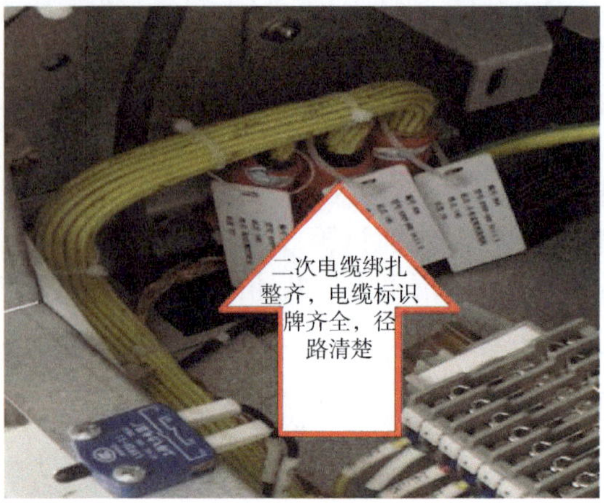

图 4-11-27 二次电缆绑扎整齐,电缆标识牌齐全

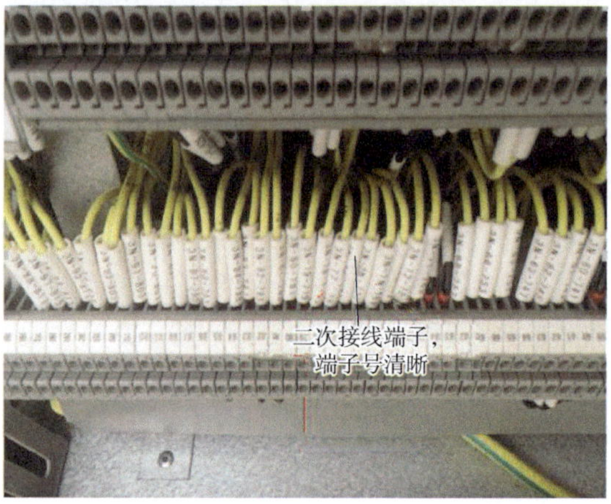

图 4-11-28 二次接线端子,端子号标识清晰

电缆敷设后,在各有关支架上将电缆绑扎牢固,并将电缆标识牌分层整理,统一形式和所挂部位,以便及时查找和核对。电缆芯线或导线端部的回路编号牌采用电脑印号机在套管上编写,认真审核图纸,仔细编写回路编号,确保二次接线正确。

二次回路接线每个端子上的每侧接线宜为一根,不超过两根。对于螺栓连接端子,当接两根导线时,中间加平垫片;对于插接式端子,不同截面的两根导线不接在一个端子上。

引入盘、柜内的电缆应符合下列要求:排列整齐、固定牢固、编号清晰、避免交叉;铠装电缆的钢带切断处的端部应扎紧后接地;电缆屏蔽层应按设计要求的接地方式接地;橡胶绝缘的芯线应外套绝缘管保护;盘、柜内的电缆芯线应按垂直或水平有规律地配置。备用芯长度应留有适当余量;强、弱电回路的电缆应分别成束分开排列。

(11)设备接地

配电、控制、保护屏及操作台等的金属框架和底座,控制电缆的金属护层,设备的传动装置均采用专用的接地线牢固接地。设备的保护和工作接地应单独与接地母线按要求相连。

(12)接地极、接地干线安装

在穿越楼板、墙壁和地坪等处采用钢管保护,明敷接地线表面涂黑漆。接地干线在不同的两点与接地网相连接。接地体采用搭接焊连接,达到规范要求。

(13)微机保护系统调试

调试前应确认调试条件已经具备。向控制柜、保护柜及监控主机送电前,对二次回路配线、数据传输电缆进行详细检查和相关绝缘测试,确认合格后,方可送电。

监控主机受电后,按照监控系统软件规定的运行条件设置主机环境,安装系统操作软件并测试产品规定的检测项目;控制柜和保护柜受电后,应先对各模块单元进行初始化,检查其内部安装的软件是否符合设计规定。

根据产品的技术规定,分别对每一个间隔内的电气装置进行单体传动试验及相互的闭锁功能检查。综合自动化系统应能自动接受并正确执行电力调度所下达的全部指令。

(14)试验、试操作

按《电气装置安装工程电气设备交接试验标准》的规定进行试验。各项功能、指标均达到设计要求后，进行送电前最后检查，然后请建设单位、运营单位配合邀请供电部门检查，最后按配电所启动程序完成受电启动。

试运行前，由建设单位组织有关单位对工程进行检查验收，并接受地方供电部门的检查，及时处理存在的问题。

试运行前，测试各馈线的绝缘电阻符合规定后，分别向各馈线进行三次冲击合闸供电，并监视电压和电流的变化情况；调整有载变压器的变化，确保供电电压满足需要。

（五）配电所内控制电缆的施工方法及注意事项

电缆测试：对所需敷设的电缆绝缘进行测试，并检查电缆型号、规格、电压等级是否符合设计要求。

布放电缆：将与拟敷设电缆对应的电缆牌拴在该电缆端头上，由引导员引导布放；在每层支架上并排敷设的电缆，其走向应一致；在电缆沟分支处，按每层并排的电缆之间不得交叉的原则确定电缆敷设的顺序；每层支架最里侧敷设至最远处配电装置的电缆，由里向外逐渐缩短敷设长度，避免在同一层支架上出现敷设方向不同的电缆；在电缆终端头及电缆中间接头处、电缆竖井的进出口两端以及电缆维护井内的电缆上挂设标识牌，标识牌上注明电缆编号或注明电缆型号、规格及起始地点。

电缆整理绑扎固定：敷设工作全部完成后，水平敷设的电缆在电缆首尾两端、转弯和中间接头处两端，垂直敷设的电缆在每一个支架上把电缆绑扎固定牢靠，同时还应将在电缆竖井等处加挂的电缆标识牌分层整理，统一形式和所挂部位，以利查找或核对；对于需要跨沟转向进入另一侧电缆支沟的电缆，应在其转向的悬空部分增加 2～3 道绑扎固定，以免该部位的电缆散乱。

电力电缆和控制电缆不敷设在同一层支架上。高低压电力电缆，强电、弱电控制电缆应按顺序分层配置，一般由上而下配置。

（六）二次接线的施工方法及注意事项

施工准备：准备好施工工具及材料，如号码烫印机、胶木头、压接端子、烫印管、电缆绑扎线、电缆标牌等。

电缆芯线校核：用校线器对所要校核电缆进行校核；每根电缆所用芯线都确定后，再将所有芯线重新校对一遍。

电缆束固定：按配线顺序把所有的电缆头排列整齐，在电缆头以下 100 mm 处用细绑线把所有的电缆绑扎成一束；按电缆束尺寸，制作电缆固定卡子，把电缆固定在盘、柜固定电缆的支架上；将铠装电缆接地线编成一束压接铜接线端子连接在接地铜排上。

电缆芯线绑扎：将芯线理顺全部放入塑料线槽中；将线槽内的芯线每隔 400 mm 用塑料绑扎带进行一次绑扎固定。准备好相应的芯线标号牌（PVC 管），对所内二次配线电缆芯线逐一核校确认同一电缆两端的同一芯线编号，确认好后套上标号牌，将芯线弯一小钩，以防标号牌脱落。电缆芯线标号牌打印采用电子标签数码打印机，以保证醒目、整齐、美观、不退色。将校好的芯线逐根理顺、理直，按芯线编号、端子排的高低顺序进行排线，端子排高处的放在里层，依次将所有芯线排完，并依次将芯线从线槽边孔穿出至端子排接线位置排列好，每根芯线的预留部分留在线槽内，然后每隔 20 mm 对线槽内的芯线用塑料绝缘线捆绑后，盖上线槽。

电缆标识牌采用统一的工艺制作，即根据电缆清册中所标注的电缆代号、规格、走向、始终端等文字用微机打印，经过过塑成型。接完芯线立即进行调整，按垂直或水平配置，不应随意或交叉连接，每根芯线的预留要一致，以使其美观。备用芯线预留在线槽顶端，连接时，每个端子的一侧只能接一根，确实需接两根的必须采用可连接端子处理，每个端子排的两侧接线不允许接在端子的一侧，以确保设备和人身安全。端子箱的配线要采取线槽配线，配线要用同一颜色的塑料线，接地或接零则用黑色加以区别。线槽至端子排上接线端子应有 50 mm 的距离。电流型端子压接后全部采用烫锡法使端子与电缆芯线紧密、牢靠连接。接线完毕后，所有芯线的标号牌应齐全、清晰、正确，并将线号（回路编号）统一向外。

（七）站场照明工程施工方案

室外照明工程须按照设计要求和设计图纸进行施工。灯塔、灯柱的位置确立应不影响机车信号瞭望和站场内道路上其他机动车辆的安全行驶，不得侵入到铁路规定的施工安全限界范围之内。灯塔、灯柱采用的材料构件应具备良好的组装条件，施工安装须稳定和牢固；与其他架空电力线路保持一定的安全距离，确保检修时施工人员的人身安全;灯塔、灯柱的塔身金属构件与接地装置可靠连接接地,其接地电阻值满足设计规定的技术要求。灯塔、灯柱安装完成后,应进行控制线路的调试和灯光的测试,以检验照明工程施工是否满足设计标准和达到铁路正常运输生产运行的要求与功能。

投光灯塔施工安装方法及注意事项:安装前核对材料,检查基础表面、高程、底座孔距和地脚螺栓的距离是否相符,铁滑轮在杉木杆上的固定要牢固,并且转动灵活。安装配电箱时,将电缆线通过基础预埋钢管引入配电箱,将投光灯电缆线保护管固定在铁塔的一角,在安装钢管前应在钢管内穿入细铁丝,钢管固定好后,利用细铁丝牵引将电缆线穿入钢管内,然后安装投光灯、接线。投光灯底座安装要牢固,布置合理、美观。然后安装升降架并进行调整,升降架调整应先用手动方式,抬起防护门内的离合器把手,向后拉动,使蜗轮减速与摇轮脱离,将摇把通过摇把支架套在摇轮上,转动摇把,升降架上下移动,通过观察升降架的升降情况调整升降架上法兰螺栓及小橡胶滑轮来使升降架升降平稳。手动调整后,撤下摇把,抬起防护门内的离合器把手,向前推动,使蜗轮减速与摇轮闭合,用电机带动升降架升降,调整升降架运行情况,直至达到要求。最后进行投光灯通电试验和基础防雨帽制作,防雨帽制作要美观、整齐,排水要通畅。

(八)电力系统远动调试

1. 电力系统远动概况

远动系统调试主要涉及对电力远动系统的监控主站(上海铁路局电力调度所)、远动终端(监控终端、监测终端、其他终端)、远动通信三方面检测调试,包括 10 kV 配电所、10/0.4 kV 综合变电所及通信信号变电所、电力线路的远动箱变现场信息的采集处理和监控功能的调试等。调度中心远动主站,设置在上海铁路局上海电力调度所,由计算机网络组成;通信数据通道,基于铁路专用 MSTP 构建,采用通信专业提供的 FE 接口,构建双环形通道,远动被控站通过快速以太网,经通信接口,与远动主站通信。

2. 技术要求

遥控、遥信、遥测试验,相关测试结果符合设计或产品技术文件要求;模拟在线机(通道、外设)故障,应自动和手动切换,离线机(备用通道、备用外设)投入运行;调度台画面显示、打印制表和显示器画面硬拷贝功能良好等。

3. 调试方法及步骤

铁路电力远动终端设备调试流程如图 4-11-29 所示。

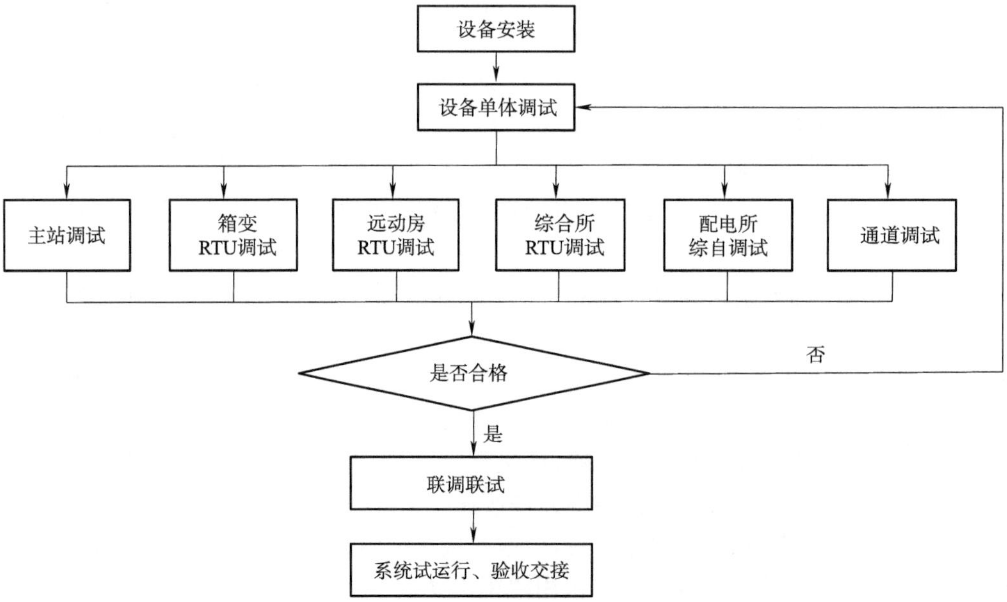

图 4-11-29 铁路电力远动设备调试流程图

(1)设备单体调试

①主站及通道调试

设备安装完成后,首先进行通道检查,然后加电完成 SCADA 功能的单体调试,内容包括主站及被控设备的地址设置(IP 地址分配)、数据库的定义、通信单元测试;主站系统全部功能测试,如遥信单元测试、遥测单元测试、遥控单元按控制对象逐一进行测试等。确保单体设备运行正常。

②远动箱变 RTU 调试

RTU 装置接入试验电源,检查开关状态,三(单)相电压、电流数据,手动动作高、低压开关等遥控信号;手动高压负荷开关、低压开关位置信号(开关分、合、就地、远方)等遥信信号;检查电压、电流数值(备用开关,通过给水壶加热),观察后台(手提电脑显示屏)与仪表读数是否一致,测试合格后,恢复开关原状态,做好调试记录。

③远动房 RTU 调试

完成高低压柜与 RTU 装置之间的二次接线后,校验二次接线的正确性。接通电源检查开关状态,模拟环网柜 SF_6负荷开关分合、低压开关分合等遥控信号;手动高压负荷开关、低压开关位置信号(开关分、合、就地、远方)等遥信信号;检查电压、电流数值(备用开关,通过给水壶加热)遥测信号,观察后台(手提电脑显示屏)与仪表读数是否有偏差,测试合格后,恢复开关原状态,做好调试记录。

④综合变电所 RTU 调试

综合变电所 RTU 调试与远动房 RTU 调试类似,只是调试开关遥测、遥信、遥测信号数目点多、工作量大。

⑤10 kV 配电所综合自动化系统调试

a. 遥控调试

配电所通常有多面高压柜带综自装置,在遥控操作前,分合闸前需与设备管理单位联系,确保分合闸不造成事故。遥控分为两部分:一部分是在高压柜本体操作(如断路器分合闸);另一部分是在微机保护装置下操作(如手合同期软压板)。通常将高压柜柜面遥控操作全部执行结束后,再进行微机保护装置遥控操作。

对于交直流屏开关编号,设计图纸提供了具体接线端子,部分因新增需要,对接线端子进行了适当调整;在遥控调试前,一定要核对开关和控制对象是否一一对应,并按照铁路局编号管理办法进行编号,尤其遥控对象名称和回路名称需对应,否则会出现失控现象。如若现场和调度台不一致,需重新调整保持一致。

b. 遥信操作

遥信是在进行遥控等各项操作时,在后台或调度台查看开关的当前位置、通信是否正常、储能完成情况等重要状态量。

由于诸多高压柜均含有相同的遥信量,在操作时分为三类完成:第一类是在操作柜体开关时,在后台微机保护装置或者调度台查看反馈信号量的正确性;第二类是在柜体综自装置操作,在后台微机保护装置或者调度台查看反馈信号量的正确性;第三类是在微机保护装置进行操作,在后台微机保护装置或者调度台查看反馈信号量的正确性。

根据这一特点,遥信调试时,将按类别进行操作,这样减少了在高压室来回走动次数,避免因长时间走动引起的误操作,也缩短了调试时间。因综自装置功能比较全面,部分功能在配电所未使用,对此,可以在微机保护装置上进行模拟操作,检验遥信是否正确,为后期预留做准备。

c. 遥测调试

遥测调试主要采集交流输入电压,监视开关两侧馈线的供电情况,采集线路的电压、流过开关的负荷电流和有功、无功功率等模拟量。

在调试过程中,一种是利用继电保护测试仪进行加量调试,另一种是利用微机保护装置模拟加量调试。在单体就地调试时,试验检测人员已经利用继电保护测试仪进行逐个加量调试。为了保证调试的正确性和严谨性,先利用微机保护装置的模拟加量法进行遥测试验,然后再利用继电保护测试仪进行加量试验,两种方案测试得出的结论均相同。第一种方法调试时,进度比较慢,准确性高,测试结果可靠;第二种方法调试时,进度快,因用模拟量进行操作,未经过电流互感器等二次设备,可靠性相对较低,但能反映微机保护装置的灵敏性。

(2)电力远动设备联调联试

调试前做好准备工作,调度台至各远动终端间的远动通信通道应符合相关技术标准的规定,并提供使用;调度台、远动终端(如箱变 RTU、通信管理机、综自等)的电源稳定可靠;成立联调联试组织机构,做好人员分工。

①检查通信通道

根据设计文件对通信专业提供的通信数据通道进行指标复核，符合要求后，对系统进行测试。

②对远动箱变 RTU 进行调试

现场与主站(上海调度所)核对遥测电压、电流数据，同时核对遥信高压负荷开关、低压开关状态显示正确。遥控试验由现场人员进行当地电动分、合测试(一般一分一合)正确后，由调度组相关人员进行箱变开关的遥控分合调试(一般三分三合)，同时观察、记录相关的数据，遥控动作应正确无误。按此方式进行下一个箱变的调试，直到完成本环内所有远动箱变 RTU 终端的调试。

③对远动房及综合所 RTU 设备进行调试

首先，由电力调度提前做好相关远动房及综合变电所的电力供电运行方式，保证远动房通信信号及综合变电所的二路电源供电；其次是远方测试，远动主站(上海电力调度所)对该远动房(或综合变电所)进行遥测、遥信、遥控的测试，主要是检查、复核遥测电流、电压是否与现场一致，遥信的开关状态显示是否与现场一致，遥控的开关分合动作是否准确无误。

④对 10 kV 配电所综合自动化系统进行调试

配电所远方测试，远动主站(调度所)对配电所进行遥测、遥信、遥控的测试，主要是检查、复核遥测电流、电压是否与现场一致；遥信的开关状态显示是否与现场一致；遥控的开关分合动作是否准确无误等(具体操作步骤参见配电所单体调试)。

⑤调试基本要求及注意事项

重视远动设备单体调试，针对设备遥控、遥测、遥信试验均应做好确认，避免联调时同类问题出现；加强技术人员培训，避免调试过程中过于依赖设备供应商；做好设备供应商之间的接口联络，避免设备接口不兼容。

第十二章　电气化工程

一、施工安装技术标准

电气化工程施工安装技术标准见表 4-12-1。

表 4-12-1　接触网专业施工安装技术标准

序　号	名　　称	编　　号
1	《电气化铁道牵引供电远动系统技术条件》	TB/T 2831
2	《铁路电力牵引供电设计规范》	TB 10009
3	《铁路电力牵引变电所所用电系统设计规范》	TB 10080
4	《铁路电力牵引供电远动系统技术规范》	TB 10117
5	《高速铁路电力牵引供电工程施工技术指南》	铁建设〔2012〕241 号
6	《高速铁路电力牵引供电工程施工质量验收标准》	TB 10758—2010

二、接触网工程施工

（一）施工组织

为保证工期，接触网工程各工序需采取平行与流水作业相结合的办法进行施工。

接触网上部工程推行适合高速的组织模式——程序化施工。在施工组织上，打破传统综合性作业班组的组成模式，根据操作人员的技艺、能力特点等重新组合为以工序划分的专业化作业班组，班组的职责、工作内容、工作量等经测定后重新予以界定。在施工程序上，打破传统的“全面开花，见缝插针”的随机性施工方式，根据资源（劳力、机械、物资等）情况，集中在一个作业面（可以是一个区间或几个锚段）开展程序化施工。施工时以每个锚段作为一个基本单元，各专业化作业班组根据工艺流程按流水程序表进行程序化作业，从而实现各锚段垂直方向的工序循环和一个作业面内水平方向的工序流水。

建立接触网零配件物流配送网络。接触网零配件繁多，多数材料（特别是接触悬挂部分材料）进行预装配可减少安装现场的变数，保证安装质量和提高一次到位率。物流配送是以工程项目部及中心库物资管理为核心的物资配货和施工现场送货过程。物流配送是现代化的物资供应方式，特别是高速接触网施工更需要这种物资供应和管理方式。

（二）关键工序及技术要点

接触网施工工艺流程：预埋件检查→支柱和吊柱安装→底座、肩架、腕臂及拉线安装→附加线架设→承力索、接触线架设→悬挂调整→设备安装→冷滑试验→送电开通→克服缺点→系统集成试验→试运行测试和验收。

1. 支柱安装

支柱的安装流程如图 4-12-1 所示。

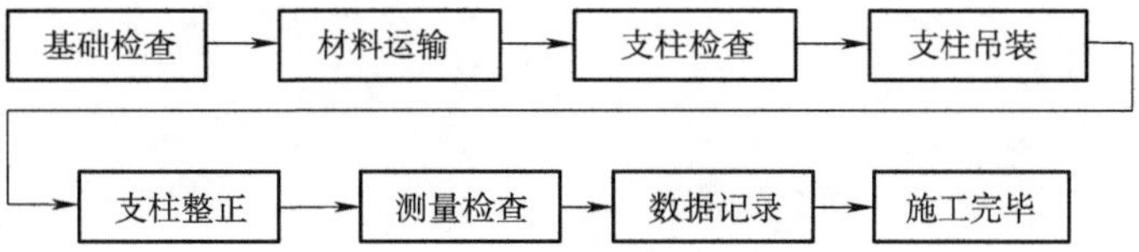

图 4-12-1　支柱的安装流程图

(1)柱底调整螺母调整(图 4-12-2)

支柱安装前,提前将柱底调整螺母拧上,并根据支柱斜率要求精确调整到位,安装垫片。应注意,柱底调整螺母至少有一个与基础顶面相接触。

图 4-12-2 柱底调整螺母调整

(2)支柱装卸

支柱装卸时,用吊带采用两吊点法,两吊点距离不小于 2 m,保证钢柱重心在吊点内,严禁使用钢丝绳;严禁用人工从车皮上推下钢柱的方式卸车;钢柱堆放时,现场堆放场地应平整坚实、无积水,踩底放垫木,防止水泡或泥土污染。堆码时,底层点,垫木采用高 180 mm、宽 80 mm 规格;中间层垫木可采用高 50 mm、宽 80 mm 规格。为避免支垫物污染钢柱,严禁施工稻草垫,堆码时 H 型钢柱翼缘面朝向垫木。堆放层数不超过 6 层,如图 4-12-3 所示。

图 4-12-3 H 型钢柱堆放整齐

(3)支柱检查

准备安装的钢柱基础面应清理干净;基础螺栓螺纹部分清理干净涂抹机油;配齐螺母、垫片。

(4)支柱吊装与组立

钢柱吊立需根据现场条件,桥梁区段可在桥上吊立(图 4-12-4),也可直接从桥下吊立(图 4-12-5),注意防止磨耗支柱表面镀锌层。

图 4-12-4 桥上吊立

图 4-12-5 桥下吊立

支柱吊立施工时，避免损坏整体道床、防撞墙等设施。在高压线附近进行支柱吊立施工时，施工队长、技术员、安全员需在现场盯控，严格控制吊臂与高压线间距离，确保现场施工安全。

支柱组立前应对接触网基础类型、基础侧面限界、基础外观质量、螺栓间距、螺栓外露长度等进行复核，确认基础符合要求。

(5)支柱整正

支柱整正前，必须掌握线路资料(如线路中心、外轨超高、线路坡度)；先对支柱顺线路方向和横(垂直)线路方向斜率进行检查，对不满足表 4-12-2 要求的进行调整。调整时先松动主螺母，用撬棍抬动支柱，根据斜率要求，有目的地调整柱底调整螺母。支柱斜率测量如图 4-12-6 所示。

表 4-12-2　支柱整正斜率表

测量方向	测量区段	支 柱 类 型	支柱整正斜率
横(垂直)线路方向	直线区段	一般中间柱、对向下锚柱、关节中心柱、中锚下锚柱	5 mm(向田野侧)
		锚柱	2 mm (向田野侧)
		转换柱、中锚中心柱	2 mm(向线路侧)
	曲外区段	一般中间柱、对向下锚柱、中锚下锚柱、关节中心柱	3 mm(向田野侧)
		转换柱、中锚中心柱	2 mm(向线路侧)
	曲内区段	一般中间柱、锚柱、对向下锚柱、中锚下锚柱、关节中心柱	0‰
		转换柱、中锚中心柱	0‰
顺线路方向		补偿下锚柱	7 mm(拉线侧)
		一般中间柱、对向下锚柱、中锚中心柱、转换柱、关节中心柱	0‰
		硬锚锚柱、中锚锚柱	5 mm(拉线侧)

图 4-12-6　支柱斜率测量

对于有拉线的支柱，其调整方式不能简单地通过理论数据得出调整高差，但可以分析出哪两个螺帽为最高和最低，在整正时可以先调整好这两个螺帽，再细调其他螺帽来满足斜率要求。现场利用水平尺检查抬高差。紧固螺母时应对角循环进行，使受力均匀，且力矩符合设计要求。

支柱基础每根地脚螺栓配三个螺母和两个垫圈，法兰盘下设一个螺母及一个垫圈，用于调节支柱倾斜度，法兰盘上设两个螺母及一个垫圈，用于固定和防松。螺母和垫圈均应采用热浸镀锌防腐。支柱整正完毕，应对基础螺栓、螺母涂黄油进行防腐，并用塑料薄膜或其他包装物包装好，如图 4-12-7 所示。

图 4-12-7 支柱整正后螺栓包扎完成

2. 隧道锚栓安装

(1)施工测量

隧道内后置锚栓基础各参数符合《高速铁路电力牵引供电工程施工质量验收标准》(TB 10758—2010)及设计要求。

中间吊柱及关节内吊柱(腕臂吊柱)中心对非悬挂侧的限界要求必须严格按照“$D=D'+$(实测线间距－4 600)/2”测量,即悬挂左线的吊柱 D 值为对应右线的线路中心,测量误差为±10 mm。D'值选用参见表 4-12-3。

表 4-12-3 D'值选用表

曲线半径(mm)		最小线间距(mm)	设计 D'值(mm)
直线		4 600	2 110
曲外	4 500	4 600	2 400
	5 500	4 600	2 300
	7 000	4 600	2 300
	9 000	4 600	2 200
曲内	−4 500	4 600	1 700
	−5 500	4 600	1 800
	−7 000	4 600	1 800
	−9 000	4 600	1 900

隧道内所有吊柱需加设吊柱斜撑,斜撑与吊柱间间距为 900 mm。AF 线吊柱中心对悬挂侧的限界为 1 500 mm。PW 线采用与吊柱合架的方式安装,跨中增加一套 PW 线支柱,锚栓间距 100 mm。

中心锚结下锚吊柱后置锚固测量时,吊柱中心距相邻线路中心外侧水平距离为 1 500 mm,测量误差为±10 mm。如果在曲线上,线路中心应铅垂于轨面连线的垂直投影。AF 线下锚吊柱在距离隧道口 1 000 mm 的位置,距本线线路中心 1 500 mm;PW 线下锚在侧壁,距 AF 线下锚吊柱 2 000 mm,高 5 500 mm(距轨面)位置。

隧道内后置锚栓施工测量流程如图 4-12-8 所示。

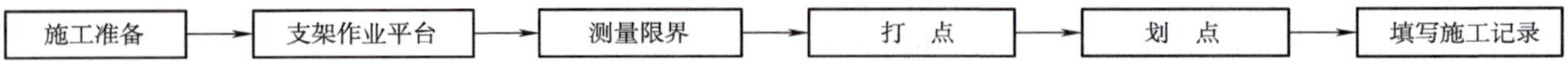

图 4-12-8 隧道内后置锚栓施工测量流程图

工艺标准:将测量仪架于线路中心点位置,并调整水平;根据吊柱中心侧面限界表,确定吊柱中心限界位置,打点后再使用模板标记出各个螺栓对应位置。

(2)锚栓打灌安装

①施工流程

隧道内后置锚栓打灌安装流程如图 4-12-9 所示。

②工艺标准

施工准备 → 定位测量 → 打孔作业 → 灌注作业 → 完工检查 → 填写施工记录

图 4-12-9 隧道内后置锚栓打灌安装流程图

对隧道内纵向及横向进行测量，确认每一个安装点的里程位置及对应线路中心的限界位置正确；站前单位隧道施工完成；检查打灌用模型板，各种工具达到要求。

③操作要点

施工准备：作业指导书编制完成后，组织全员进行作业指导书交底，全面掌握作业程序及施工方法，理解技术标准，并经考核合格后才能上岗作业；编制好施工作业表，经技术负责人审核后下发到各作业班组；各种工机具必须准备到位，并检查完好；打灌用的作业架搭设完成，并加固到位；检查材料准备到位，符合要求；发电机设备、电缆等符合临时用电规范的要求。

④施工工艺

首先测量各种吊柱的限界，限界符合设计要求，吊柱的纵向位置（跨距）符合设计要求。根据限界确定吊柱中心点的位置，利用模型板定位后置化学锚栓安装位置。测量定位完成后，开始进行打灌作业。打灌时，注意电锤必须垂直于隧道圆弧的切线。

打孔深度必须严格控制，如隧道二衬出现孔洞打穿情况，需待隧道灌浆整改后再行打灌施工。锚栓埋设位置距离隧道伸缩缝必须大于 600 mm 以上，当在伸缩缝位置时，吊柱位置应做相应调整。打孔完成后，严格按化学锚栓操作说明书要求进行锚栓灌注。化学锚栓完全凝固后，按试验要求进行拉拔试验。

具体施工步骤如图 4-12-10～图 4-12-14 所示。

说明：开孔后，毛刷刷孔，气筒吹孔，反复三次以上，直至孔内无灰尘

图 4-12-10 隧道内锚栓打灌安装步骤 1

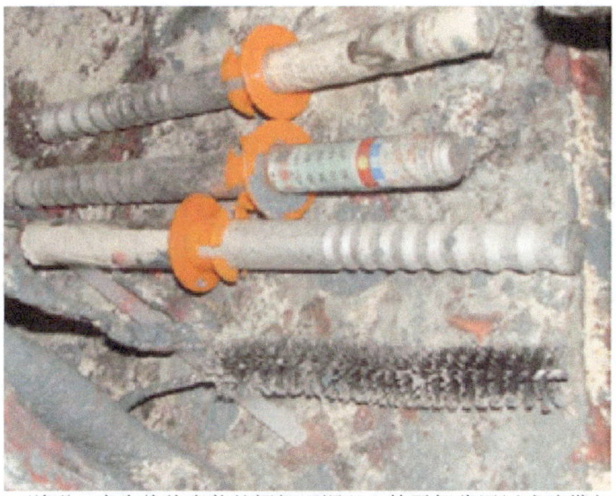

说明：事先将待安装的螺杆埋深以上外露部分用纸或胶带包上，以防止流下的胶体粘在螺杆上导致螺母不能拧上。将准备好的锚栓套上防溢帽，至埋深线位置

图 4-12-11 隧道内锚栓打灌安装步骤 2

说明：将胶枪抵入锚栓孔最根部缓慢注胶。注胶量约为孔深的2/3，现场需根据实际情况进行注胶量调整

图 4-12-12 隧道内锚栓打灌安装步骤 3

说明：将套上防溢帽的锚栓缓慢同一方向旋转插入已注胶孔中(如遇孔不规则或孔径过大而导致挡环支撑不住锚栓，请及时与辛普森工程师联系)

图 4-12-13 隧道内锚栓打灌安装步骤 4

说明：胶体从防溢帽四周稍有溢出，说明锚栓孔内胶体饱满充实，待胶体固化后即可安装

图 4-12-14　隧道内锚栓打灌安装步骤 5

(3)锚栓拉拔试验

①施工流程

施工准备→安装液压数字拉力计→操作液压装置达到拉力值→显示仪稳定后读数→检查化学锚栓状态→拆除液压数字拉力计→记录→结束。

②工艺标准

连接转换器时一定要多拧一些丝扣,以免拉坏试验螺栓的螺牙。

千斤顶要与基材全面紧密接触,且要保证千斤顶与螺栓基本平行,以保证螺栓所受力值为单独拉力。若无法满足此要求时,应在千斤顶与基材之间垫一些斜铁进行调平处理。

油管与千斤顶及油管与油缸要完全连接,避免加压时油泄露。

加压时油缸要保持水平;加压时压力把手不要抬得过高,并应轻抬轻压。拉力计严禁超载使用。

③操作要点

施工准备:作业指导书编制完成后,应组织全员进行作业指导书交底,全面掌握作业程序及施工方法,理解技术标准,并经考核合格后才能上岗作业;隧道内后置锚栓按要求打灌完成 24 h 后,化学药剂已完全凝固;各种工机具必须准备到位,并检查完好;试验用的作业架搭设完成,并加固到位;检查材料准备到位,符合要求;发电机设备、电缆等符合临时用电规范的要求。

仪器的主要组成部分:油缸、力值显示仪表、油管、千斤顶、转换螺杆(包括一个大垫片、一个螺母)、三角支架或钢管、扳手,如图 4-12-15 所示。

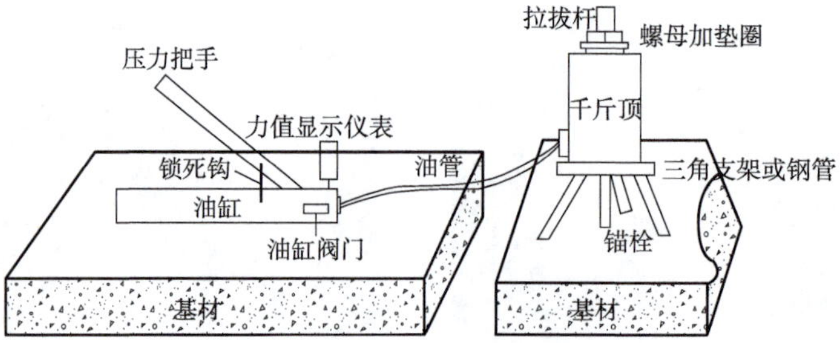

图 4-12-15　仪器示意图

④试验的主要步骤

将螺栓转换器旋转装在即将拉拔的螺栓上,再将转换螺杆拧在转换器上,以延长要拉拔的螺栓;将千斤顶固定在要拉拔的螺栓上,安装时千斤顶平的一面紧贴隧道壁,严禁装反;之后将大垫片套在转换螺杆上,再

用螺母拧死；安装油管使千斤顶和油缸连接；拧紧油缸阀门，打开油缸锁死钩，反复压油缸压力把手对螺栓加力；观察力值显示仪表，待显示力值等于或大于螺栓设计力值时停止加压；连续匀速加载，荷载持续 2 min，记录试验力值；之后关闭力值显示仪表的开关，打开油缸阀门，卸去油压；待千斤顶完全落回后，拆下千斤顶及转换器，试验完成。

⑤施工质量控制点

后置化学锚栓螺纹无损伤，表面无裂纹及损伤现象；拉拔后化学锚栓植入处混凝土无裂纹、无破损，化学锚栓无松动、无脱落现象；对所有的锚栓全部做拉拔试验，拉拔力为 50 kN，必须待数字显示稳定后再进行记录。

3. 腕臂安装

(1)施工流程

腕臂预配应一次性到位，各个组装件方向和位置应准确；腕臂预配完成后，应有专门负责人进行检查并做好记录。施工流程如图 4-12-16 所示。

施工准备 → 测量计算 → 领　料 → 预　配 → 安　装 → 填写施工记录

图 4-12-16　底座、肩架及腕臂安装流程图

(2)标准化工厂腕臂预配安装

采用接触网计算软件进行腕臂预配安装。通过软件对原始数据进行计算，导出数据结果和图形，据此完成接触网腕臂、吊弦、软横跨等的加工制作。

工厂化配套车间内接触网施工用材料按类别分层次摆放，合理布局，并张贴、悬挂物资标识标牌，车间内材料取用方便快捷，如图 4-12-17 所示。

图 4-12-17　工厂内材料库材料堆放区

1)预配安装步骤

①根据软件计算得出的数据确定接触网腕臂切割部位，在腕臂传动测量及切割平台上完成切割作业，如图 4-12-18 所示。

②完成腕臂切割作业后，运用腕臂预配平台(图 4-12-19)进行接触网各部位连接件的组装，在平台上实现零部件紧固。

图 4-12-18 腕臂传动测量切割平台

图 4-12-19 腕臂预配平台

③根据软件计算得出的数据,在吊弦预制平台(图 4-12-20～图 4-12-22)进行测量、切割,完成吊弦制作和连接零部件的拼装,成品完成后可直接运送到施工现场进行安装。

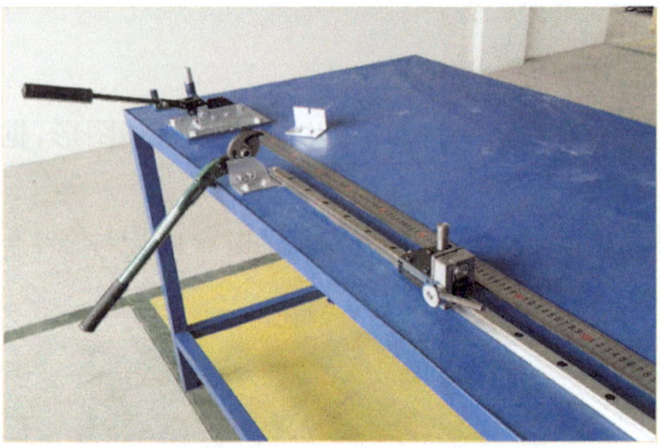

图 4-12-20 手动吊弦预配平台

图 4-12-21 电动吊弦预配平台

④腕臂、吊弦预配拼装完成后,通过腕臂模拟仿真平台(图 4-12-23)进行场内抽查,以及不同形式标准的复核仿真。

图 4-12-22 吊弦预配平台配套材料及粘贴标

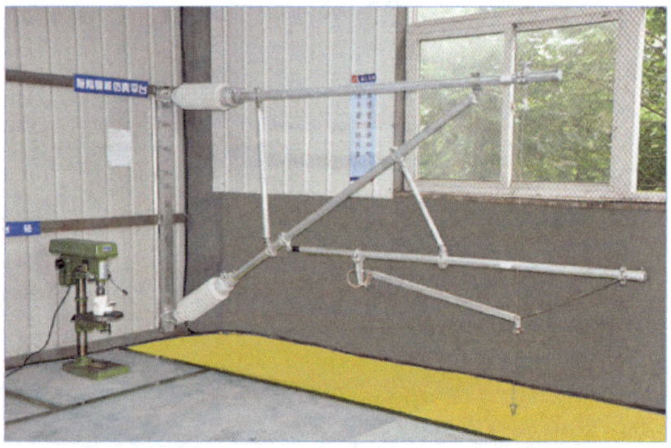

图 4-12-23 腕臂模拟仿真平台

2)一体化生产加工与标准化管理

操作人员管理标准化:实行计算、配套生产一体化,工厂化预配车间以流水线的方式运转,实行批量生产,选派专人参与腕臂、吊弦预配加工制作,对参与加工人员实行“先培训、后上岗”的制度,明确分工,将每一道工序落实到人,定岗、定责,确保预配人员“熟工序,精业务”,优质、高效地完成预配加工任务。

安全质量风险防控标准化:腕臂预配流程、预配要求及注意事项、技术标准、质量卡控措施等挂图上墙,各工序技术标准一目了然,坚持“一图四表”管理机制,对安全、质量风险进行公示,实行安全、质量风险识别登记,施工安全、质量风险动态管理监控,施工安全质量风险应对计划责任公示以及处置结果评价,严格控制施工安全质量。

工厂化流水线作业部分施工图片如图 4-12-24～图 4-12-28 所示。

图 4-12-24　腕臂预配切割作业

图 4-12-25　腕臂连接件力矩、锁片固定作业

图 4-12-26　预配完成的定位装置

图 4-12-27　预配完成的腕臂

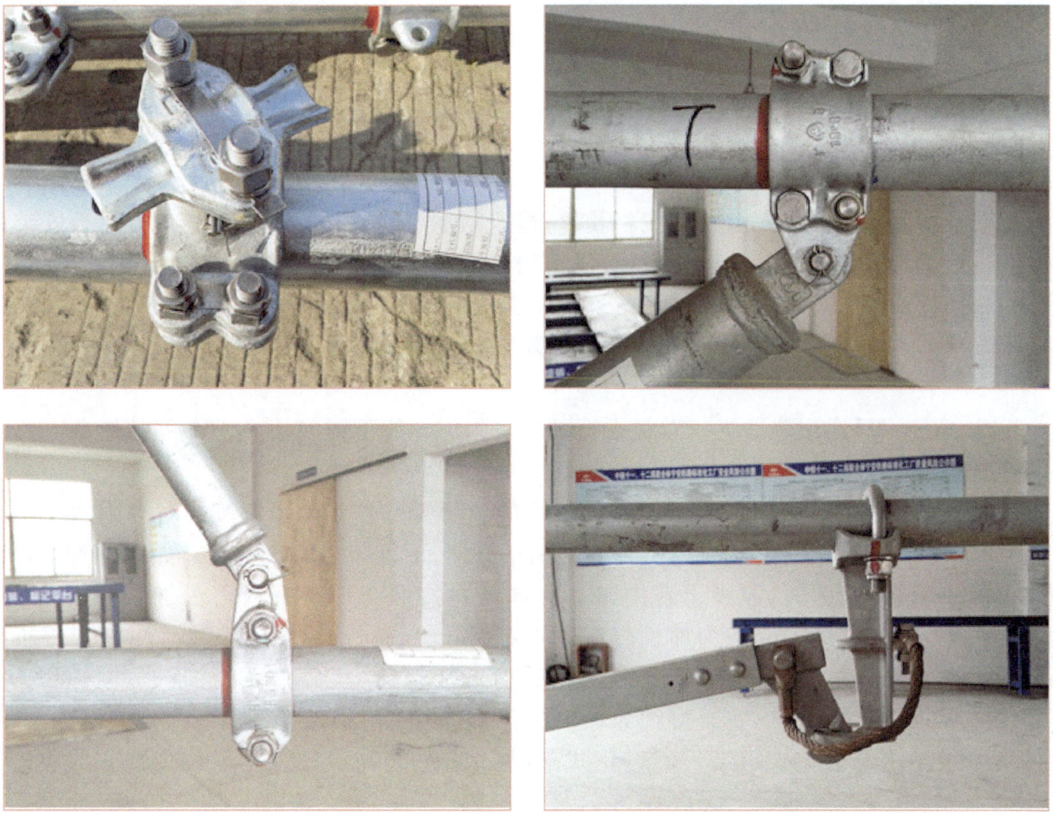

图 4-12-28　腕臂预配力矩、锁片固定完成后的效果图

3)使用效果分析

传统接触网施工,在完成接触网腕臂、定位、吊弦等工序后都需进行二次调整,锁片、力矩需等调整完成后,通过人的高空作业进行锁紧,因此施工效率慢,重复施工、返工现象较多。经过工厂化批量预配加工的接触网腕臂、吊弦等,与现场安装配套,运送到现场后可直接进行安装作业,所有安装均一次性安装到位,减少了大量的调整工作量,避免了重复施工、返工等现象,可在组立接触网钢柱后紧跟站前铺轨进度,开展高空安装作业,减少了站前铺轨进度对接触网施工的影响,有效提高了施工效率。

通过软件工厂化配套现场安装,紧跟铺轨专业进度施工,现场放线、定位安装一次到位,施工安全风险大大降低。实行电脑软件计算和工厂化预配后,由于腕臂预配、吊弦制作以及其他零部件加工、组装均在工厂内进行,在现场可进行一次性安装,同时所有腕臂均是依据软件计算导出的数据结果进行预配加工,在室内依靠腕臂模拟仿真平台就可以进行抽查、复核,各部位数据均能达到设计值范围,避免了现场安装的反复调整和多频次的高空作业安全隐患,施工安全风险大幅降低。

工艺质量标准可控。接触网高空作业的螺栓紧固、腕臂调整、锁片固定,是通过软件计算得出的结果,均在工厂内实现安装预配,在工艺和技术标准上可以得到优质、可靠的保障。腕臂固定平台的使用,其目的是使腕臂各部位连接件的位置摆放自然,避免了腕臂连接偏斜、力矩不达标、固定锁片不到位等情况。运用工厂化进行的整体吊弦制作,将现场的测量参数通过软件计算,依据数据结果进行吊弦的数据长度切割、固定、压接、组装、捆扎作业。整体吊弦在工厂内即可实现吊弦的标准机械压接,吊弦平台的使用,确保了吊弦长度的有效控制和制作工艺的标准性。软件计算和配套工厂化生产,保证了接触网架设后数据误差均在设计值范围内,使得现场施工一步到位,避免了重复调整和返工现象。

4. 附加线架设

(1)施工流程

附加线架设施工流程如图 4-12-29 所示。

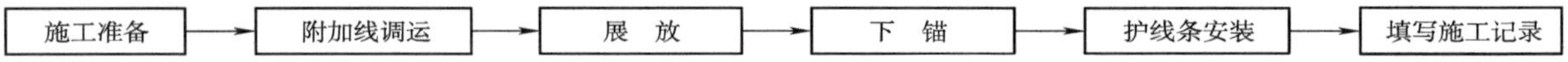

图 4-12-29 附加线架设施工流程图

附加导线架设前现场核对线材长度;附加导线架设完成后弛度应符合设计要求。

(2)操作要点

①施工准备

根据施工图及材料计划表核对并检查线材长度;检查附加导线悬挂支柱上悬挂肩架是否安装;检查附加导线下锚支柱拉线是否安装,拉线安装是否符合施工质量要求;向站前单位申报施工计划。

②下锚材料连接顺序

AF 线下锚:预绞式导线耐张线夹+单双耳悬式复合绝缘子+双环杆+双板平行挂板+附加导线下锚底板。

PW 线下锚:预绞式导线耐张线夹+双板平行挂板+附加导线下锚底板+ PW 线接续条。

③隧道外对向下锚跳线安装

隧道外对向下锚跳线安装处 AF 线、PW 线每边均应预留 5 m 作为两个锚段线对接用,对接采用接续条将其连接,接续条均背向来车方向安装(即上行装在南京方向,下行装在安庆方向),如图 4-12-30 所示。

AF 线对向下锚进行裁剪时,原则上背向来车方向线材按照 1 850 mm(若为加长肩架为 1 900 mm)长、来车方向线材按照 4 650 mm(若为加长肩架为 4 700 mm)长进行裁剪;PW 线背向来车方向线材按照 1 300 mm 长、来车方向线材按照 2 800 mm 长进行裁剪。裁剪前先将两端线材临时并接,以复核裁剪长度满足现场安装要求,裁剪完毕后安装接续条。做好后,将支柱两边的弛度调成一致,保证 AF 线与 PW 线之间的最小绝缘距离大于 450 mm。注意:正式落锚时,PW 线与 AF 线的预绞式耐张线夹心形环都平行于地面。

所有的接续条安装前,在安装接续条位置的线材上,接续条里面,均匀涂导电膏,涂完后才进行安装。

④检查

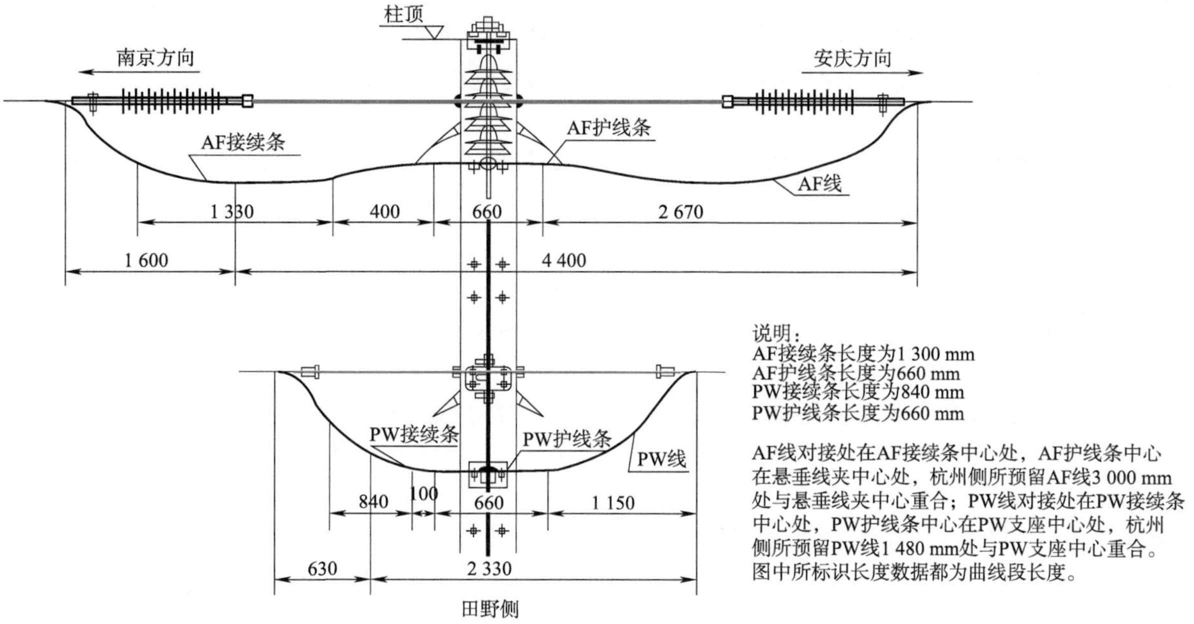

图 4-12-30　隧道外对向下锚跳线安装示意图(单位:mm)

对照安装图、平面图,计算数据确认各部尺寸及材料与设计是否相符,安装位置是否正确;检查各部螺栓紧固垫片、弹簧垫片、螺帽是否齐全,各零件受力是否良好;检查各螺栓穿向是否按照要求进行安装。首次安装时,相关负责技术人员必须到现场进行指导,防止出错,保证工艺要求统一。

5. 承力索架设

(1)施工流程

承力索架设施工流程如图 4-12-31 所示。

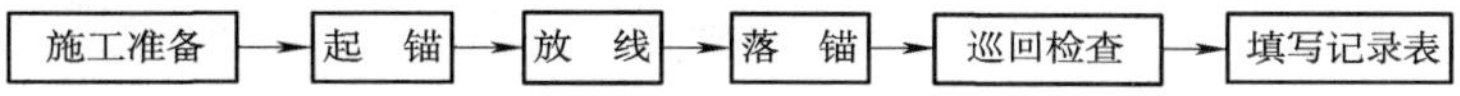

图 4-12-31　承力索架设施工流程图

承力索型号、长度应符合设计要求,外观良好;棘轮安装应符合设计要求。

(2)操作要点

①施工准备

复核腕臂是否安装完毕及腕臂安装是否正确。承力索架设前,应将腕臂安装完毕,并复核安装腕臂支柱斜率、承力索高度、拉出值是否符合设计要求,对于不满足要求的腕臂装置,及时更换,支柱斜率不满足要求的,及时整改。

从中锚中心柱向下锚方向,每隔一根支柱,将上下行腕臂用铁线对拉连接(铁线稍微受力),以防止展放承力索时腕臂发生大角度偏移(如 1 号支柱对拉后,再将 3 号支柱对拉),如不具备条件,可采用有效的方式达到同样的效果。起锚及落锚处的转换柱,必须上下行对拉连接,防止落锚处由于线索下锚折角引起转换柱腕臂大角度偏移。

②安装承力索中锚

按照现场具体测量长度裁剪中锚绳,承力索中锚为承力索本线;承力索中锚的弛度必须按照工程部下发的标准进行严格控制;安装时,中锚的螺栓紧固力矩符合要求,工艺统一。

③安装承力索棘轮等下锚装置

承力索下锚棘轮安装,按照技术部下发的标准执行。

棘轮大轮、小轮的补偿绳长度按照下发的技术交底执行。棘轮安装时,补偿绳必须按照设计要求缠绕好,不允许现场棘轮缠绕圈数与设计不符。放线时补偿绳受力后,补偿绳必须在棘轮上排列整齐,从棘轮上楔子处开始向外一圈一圈整齐排列。

坠铊安装时码放整齐,提坠铊时要有详细方案,防止坠铊提起后坠铊杆变形。坠铊限制架的安装符合要求,限制架上的限制管必须竖直,保证坠铊安装后,坠铊能很好地上下滑动。

④提坠铊

起锚落锚的坠铊同时提起。承力索棘轮补偿绳按照设计要求在大轮上将圈数缠好,然后让补偿绳受力,坠铊在什么位置,就将坠铊提至什么高度,然后有效固定。

⑤起锚

架线车到达起锚柱后,看线防护人员等共同将起锚坠砣安装好。数量按计算加至等效数量,起下锚间用报话机联络。架线车平台上人员将补偿装置用大绳拴好,平台上人员将补偿装置拉上来与承力索终锚线夹相连。

起锚需要穿线时,架线车停在需穿线位置然后穿线。穿线后起锚人员将承力索拉至锚柱与补偿装置连接。

⑥架线(图 4-12-32)

起锚完成后,派 1 人并带一台对讲机看护线盘,操作放线架的张力控制装置,使承力索的张力均控制在 5～10 kN,听从作业负责人的指挥,保证线盘张力恒定。作业平台升到适合操作高度,在每一悬挂点处停车,将承力索通过铁丝套放线滑轮悬挂在腕臂头上。每隔 400 m 左右,设一人观察已架设的承力索。站场架线通过道岔以后,应进行临时扪线,扪线张力以保证承力索弛度对轨面高度大于 5 m。承力索原则上按配盘使用。接触网架线车继续向前放线并进行依次悬挂,至超过落锚锚柱 8～10 m 处停车。

图 4-12-32 架线施工图

⑦落锚

与起锚人员联系,当起锚人员准备就绪后,加大线盘的张力,利用作业车开始预紧线,使各跨承力索对轨面高度大于 5 m。当作业架转向柱距下锚 3～4 m 时,将架线车一次停车到位。将放线平板打好铁鞋后,架线车与放线平板解体。架线车行至距落锚柱 10 m 处,安装紧线器,紧线器的钢丝套子和架线车上紧线装置钢丝绳连接,紧线装置开始紧线。此时,其他落锚人员将坠砣堆码好。紧线装置紧线时,落锚处与起锚处应及时取得联系。当起锚坠砣受力并提到适当位置时,停止紧线。

在设定计算条件的位置(即距离支柱中心 2 倍的 AD 处)断线做头,然后和补偿装备连接好。紧线装备松线,拆除紧线器,作业车平台旋转恢复到正常位置,将架线车放线平板连接,取下铁鞋。人工将起、落锚两端坠砣抬起,帮助克服锚段内各悬挂点的摩擦力,并使两端坠砣等高。

落锚时,如需穿线,按人工紧线方式方法进行。

⑧巡回检查

落锚完毕,落锚处全部人员上架线车,架线车沿架线方向返回。车上人员观察各悬挂点及曲线处已架承力索有无过低或脱落现象,直至起锚柱,如安全无误,架线车退回车站。

6. 接触线架设

(1)工器具准备

接触架设用工器具见表 4-12-4。

表 4-12-4　工器具准备

序号	名　称	规　格	单　位	数　量	备　注
1	恒张力放线轨道车		辆	1	
2	小货车	5 t	辆	1	运输线盘及材料
3	放线滑轮		个	100	
4	对讲机		台	6	
5	断线钳		把	1	
6	手锤		把	1	
7	紧线器		套	2	根据线材确定
8	链条葫芦(3 t)		套	1	
9	链条葫芦(1.5 t)		套	2	
10	温度计		个	1	
11	钢丝套子		个	3	
12	大绳	15 m，ϕ20	根	5	
13	脚扣		把	4	
14	多功能激光测量检测仪		台	1	
15	铁线	ϕ4.0	m	若干	
16	扭矩扳手		套	2	
17	钢卷尺	5 m	把	1	
18	安全带		条	若干	每人一套
19	安全帽		顶	若干	

(2)材料领取

根据接触网平面布置图、下锚安装图和线材配盘表提出用料计划，领料。对所领取的材料、零配件进行外观质量检查，不合格产品禁止使用。材料选用见表 4-12-5。

表 4-12-5　材料选用表

序号	名　称	规　格	单　位	数　量	备　注
1	接触线	按施工图	km	按需	按施工图配盘长度
2	接触线终锚线夹	楔形	套	2	先用楔形过渡
3	单耳悬式复合绝缘子	按施工图	套	2	
4	旋转单双耳	按施工图	套	2	
5	坠铊	25 kg/块	个	按需	
6	镀锌铁线	ϕ1.6	kg	若干	
7	镀锌铁线	ϕ4.0	kg	若干	

(3)施工流程

接触线架设施工流程如图 4-12-33 所示。

图 4-12-33　接触线架设施工流程图

(4)操作要点

①起锚准备

封锁点开始后，架线车到达起锚柱，架线车平台上人员将大绳放下，起锚人员将补偿装置用大绳拴好，平台上人员将补偿装置拉上来与接触线终锚线夹相连。在连接过程中应防止补偿绳跳槽和绞合。连接完毕施工负责人通知张力控制的操作人员收线，直至坠砣刚好受力后停止操作，设定放线张力并进入自动放线模式，开始放线。

起锚需要穿线时，架线车停在需穿线位置然后穿线。穿线后起锚人员将接触线拉至锚柱与补偿装置连接。补偿滑轮应转动灵活，铁坠砣排列整齐，缺口方向错开 180°，重量标示处于正确位置，并保证坠砣不被支柱或其他物件卡滞。

②架线

起锚后，恒张力放线车组以 5 km/h 的速度行驶，张力控制在额定张力的 70%～80%。放线人员直接利用“S”钩＋放线滑轮将接触线悬挂固定在承力索上(图 4-12-34)。在起、落锚两端的转换柱处、由于线索的拐角较大，为避免接触线产生硬弯，在两转换柱加挂滑轮悬挂固定，悬挂接触线时，每跨均匀悬挂 3 个“S”钩＋放线滑轮。放线过程中张力控制操作人员应时刻监视张力情况并做好记录，遇有异常情况应立即通知司机停车进行处理。

图 4-12-34 架线施工现场图片

挂线的放线滑轮轮径应和接触线线材配套，以免刮伤接触线。看管线盘人员认真看管好线盘，当线盘卡住、散股或线索剩余几圈时，要及时通知施工负责人。

③落锚

放线车组至终端锚柱时停车，利用恒张力车上的紧线柱进行紧线，如图 4-12-35 所示。紧线开始时，施工负责人通知各作业人员注意观察，尤其是起锚人员应注意观察坠砣的情况。一旦坠砣受力后应通知负责人停止紧线。紧线完毕，作业人员应迅速利用导链葫芦或滑轮组将线索和落锚柱的补偿装置连接，并逐渐将负载由紧线柱转向导链葫芦上。导链葫芦完全受力后紧线柱卸载，断线并做终端。

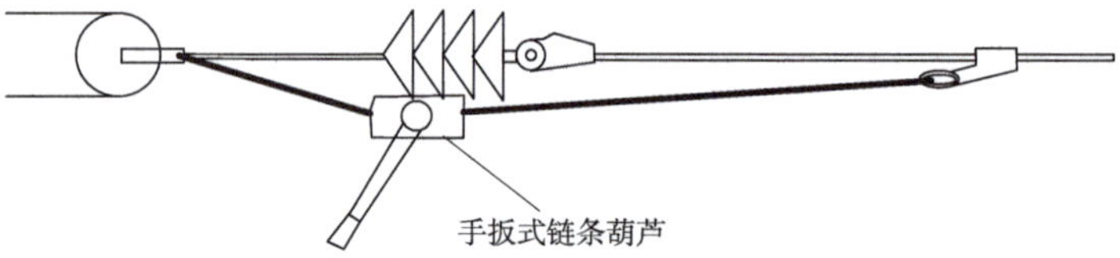

图 4-12-35 紧线下锚示意图

复核环境温度，若与开始放线时的温差较大，需按无载承力索安装曲线增减坠砣。坠砣堆码标准与起锚相同。检查补偿绳是否在滑轮槽内，拉线是否合乎要求，否则进行处理；两端坠砣高度，如紧线时未经超拉，应考虑新线伸长预留量。

④中心锚结安装

终端制作完毕应将起、落锚处的导链葫芦卸载，让坠砣完全受力，并拆除所有导链葫芦。线索完全受力后，车组退回至中锚处，进行中锚安装，防止接触网来回窜动。

(5)施工质量控制点

①预设张力的选定

预设张力选择的合理与否直接影响放线质量甚至安全。张力预设过大(大于额定张力)的话，一则直接构成线索的破坏张力，稍有不慎则对线索直接造成损伤；二则由于张力过大，其通过线索对下锚处坠砣产生的拉力直接将坠砣拉起或来回窜动。为此，应选择合理的预设张力并保持其恒定。根据经验，铜绞线放线的预设张力一般为设计额定张力的 40%～60%，锡铜(银铜)合金放线的预设张力一般为设计额定张力的 70%～80%。

②新线初伸长的处理

关于新线初伸长，各国都进行了大量的研究，而且对新线初伸长的处理方法，各国都不尽相同。我国基本都参照德国的方法采取额定张力自然伸长的方法进行处理。

线索的预留长度过长及解决方案：恒张力放线是通过张力盘向线索施加张力的，放线过程前，须将线索在张力盘上缠绕6圈，然后穿过抬拨线柱进行展放，并且线盘和张力盘之间的线索必须始终处于受力状态。这就要求在线材订货配盘时必须在原锚段的基础上增加一定的预留长度(此长度为线盘到张力盘之间的长度+张力盘上缠绕的长度，一般约为80 m)。如果线材的价格按50 000元/吨计算的话，这样每个锚段接触线共增加了约5 000元的成本。为解决这一技术难题，根据以往施工经验，采用了接触线接续延长线的架设方案：准备一盘约为200 m的承力索线盘专门用作延长线，固定在放线平板上最远处的一个线盘支架上，待接触线即将展放完毕时，将线材断线，并利用滑靴连接器和延长线相连，连接牢靠后继续进行展放直至紧线落锚。

7. 接触悬挂安装调整

悬挂安装调整内容主要包括整体吊弦、组合定位装置、线岔、分段分相关节和电连接等安装调整工作。子系统集成商应采用接触悬挂安装调整钟表化、计算微机化、预配工厂化、安装专业化和程序化的一次到位技术和工艺，确保安装质量。

三、变电所施工

(一)施工工艺流程

变电工程的主要施工工序有：基础施工；接地网敷设；构支架安装；网栅安装；防雷接地装置安装；集中接地箱及回流母排安装；主变安装；自耦变压器安装；断路器安装、调整；隔离开关、负荷开关安装；互感器安装；软母线制安；电缆桥架安装；电缆敷设；27.5 kV电缆头制安；所内盘柜安装；安全监控安装；电缆二次配线。

施工工艺流程如图4-12-36所示。

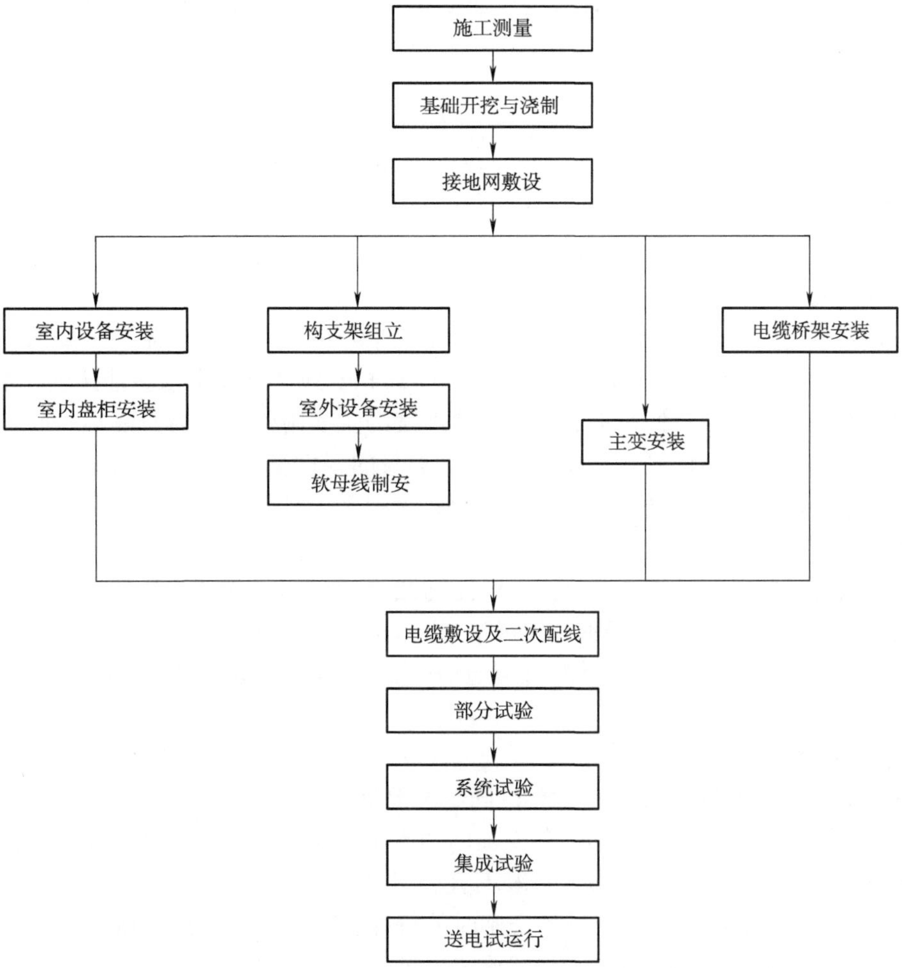

图4-12-36　变电工程施工工艺流程图

(二)关键工序及技术要点

1. 基础、架构安装

混凝土符合设计标号;内部钢筋型号和绑扎符合设计要求;支模、浇制、捣固、养护符合工艺要求;基础的位置、标高及外形尺寸符合设计要求;预埋件位置误差符合设计要求;同一安装中心线上的构架基础应位于同一中心线上,施工偏差不大于 10 mm;钢结构电杆及其金属配件的规格应符合设计文件要求,杆塔长大结构的弯曲度不应大于 1‰,且表面平整光洁,无变形,防腐层良好。

2. 接地网敷设

水平、垂直接地体所采用材料的规格和型号符合设计要求;水平、垂直接地体的位置和埋设深度符合设计要求;接地电阻值符合设计要求;扁铜的放热焊符合规范,焊接牢固,且焊接表面光滑。

3. 防雷接地装置安装

避雷针应安装牢固;倾斜度符合规范;各接地引下线、连接线与主接地网的连接牢固可靠;连接焊接无裂纹、气孔或假焊;螺栓连接齐全、牢固。避雷针接地线与主接地网连接距变压器和主接地网的连接点、35 kV 及以下设备的连接点的距离符合规范。

避雷器应安装垂直、牢固;瓷件无裂纹;三相并列安装的避雷器,其中心线在同一垂直平面;节间接触紧密;放电计数器安装位置正确,计数器动作可靠、密封良好;设备连接线连接可靠,防腐涂层完好;母线引下线与避雷器的连接可靠;均压环的安装水平。

4. 集中接地箱、回流母排安装

柜体外观不变形;没有漆层脱落或损伤现象;柜内设备及配件齐全;柜体安装平稳、接地可靠;柜体门锁良好;柜内密封良好。回流母排安装牢固、连接可靠;母排防腐涂层完好。

回流线规格和截面符合设计要求;回流线与变压器中性点、扼流变中间端子连接牢固;回流线保护管及固定夹具不构成闭合磁路。

5. 牵引变压器安装

牵引变压器规格型号符合设计要求,器身完整、无锈蚀、铭牌齐全、油位正常、色相标志正确;油路通畅无杂物;调压切换装置动作正确,分接头与远动指示器指示位置一致;器身本体、附件及阀门不漏油,阀门的开闭灵活、指示正确;冷却装置及测温的动作准确可靠;法兰连接处密封良好,连接面平整清洁,无渗油现象;高压套管顶部密封结构安装正确,连接面密封良好,连接母线后,顶部结构无松动现象;吸湿器、净油器内吸附干燥剂干燥,管道通畅。

牵引变压器必须采用真空注油,当器身内的真空度达到 0.101 MPa 或产品规定要求之后,应停机持续保持真空度在 8 h 内无变化,即可开始按速度不大于 100 L/min 或产品规定的注油速度注油,注油全过程应保持器身内规定的真空度;抽真空时,凡不能承受机械强度的主变附件应与器身隔离;允许承受真空强度的附件应与器身同时抽真空;在抽真空过程中应注意观察器身的弹性变化,其最大值不得超过壁厚的 2 倍;测量及保护回路接线正确,应能及时准确反映设备的状态。

6. 自耦变压器安装

自耦变压器规格型号符合设计要求,器身完整、无锈蚀、铭牌齐全、油位正常、色相标志正确;油路通畅无杂物;器身本体、附件及阀门不漏油,阀门的开闭灵活、指示正确;法兰连接处密封良好,连接面平整清洁,无渗油现象;吸湿器、净油器内吸附干燥剂干燥,管道通畅;绝缘垫安装牢固,变压器外壳可靠接地,流互连接正确;温度计指示正确。

7. 断路器安装、调整

SF_6断路器内部气体压力符合产品设计要求;同组断路器安装后底座平面水平误差小于 2 mm;相间支架或传动机构中心线的误差不应大于 5 mm;各支架间的水平高度误差应符合产品说明书的规定,且必须固定牢固;当采用垫片调整支架的水平高度时,一般不宜超过 3 片,总厚度不应大于 10 mm,且应该将垫片与支架焊接为一个整体,并进行防腐处理;断路器合闸时的行程、超行程及相间同期应符合产品的技术规定;断路器传动试验正常,传动部位无卡阻;所有连接螺栓按规定的力矩紧固。

8. 隔离开关、负荷开关安装

隔离开关的相间距离误差符合相关规定;支持绝缘子的安装垂直、连接牢固;合闸同期值符合有关规定;

传动机构灵活；辅助开关转动灵活；主触头与接地刀间的闭锁可靠、灵活、正确。

负荷开关的安装、调整、传动试验符合产品的技术规定；开关的辅助接点转换灵活、准确、可靠，二次回路接线正确，当地及远方操作性能均能满足有关规定。

9. 互感器安装

变比分接头位置和极性符合设计要求；二次接线完整、正确；接线端子连接可靠、绝缘良好、标志清晰；油位正常；法兰连接处不漏油；紧固件齐全、无松动，附件完好；接地良好。

10. 软母线制安

软母线的安装没有损伤、扭结、松股和断股现象；所用金具零件齐全、表面光滑、无裂纹、沙眼及锌层脱落现象；软母线与压接型线夹连接时，导线端头伸入耐张线夹或设备线夹的长度达到规定的长度；安装弛度、相间及对地距离符合设计要求。

11. 电缆桥架安装

电缆桥架的规格必须符合设计要求和有关规范规定。电缆桥架两端必须进行可靠接地，直线距离超过30 m必须增加接地点。电缆桥架应紧贴建筑物表面，固定牢靠，横平竖直，布置合理，盖板无翘角，接口严密整齐，拐角、转角、丁字连接、转弯连接正确严实，电缆桥架内外无污染。可用金属膨胀螺栓固定或焊接支架与吊架，也可采用万能卡具固定电缆桥架，支架与吊架应布置合理、固定牢固、平整。缆线路穿过梁、墙、楼板等处时，电缆桥架不应被抹死在建筑物上；跨越建筑物变形缝处的电缆桥架底板应断开。

12. 电缆敷设

电缆出口处用防渗水和防火材料封堵；电缆的最小牵拉半径和最小安装半径符合产品的技术要求；电缆牵拉力必须小于最大允许牵拉力；电缆敷设排列整齐；电缆头的制作符合技术和工艺要求；电缆之间及电缆与建筑物之间的距离符合有关规定；电缆保护管及其他金属夹具之间的距离符合有关规定。

13. 所内盘柜安装

盘柜安装位置与设计图纸相符，排列正确、整齐美观、放置平稳、固定牢固；二次配线工艺美观，接线正确；盘柜接地符合设计要求，接地连接充分、牢固。

14. 视频安全监控安装

设备安装位置符合设计要求，与高压设备的安全净距符合设计要求；设备安装应严格按照设备说明书进行；管线布线正确、美观，安全距离满足规范要求。

第十三章　综合接地系统

一、综合接地施工原则标准及技术要求

(一)综合接地施工原则标准

(1)综合接地系统根据铁路等级、不同地区、不同设备,因地制宜地采取防护措施,达到保护人身安全和设备安全的要求,遵循以人为本、系统优化、综合防护的原则,加强总体协调、全面规划、统筹考虑。

(2)综合接地系统以沿线两侧敷设的贯通地线为主干,充分利用沿线桥梁、隧道、路基地段构筑物设施内的装置作为接地体,形成低阻等电位综合接地平台。

(3)综合接地系统由贯通地线、接地装置及引接线等构成。距接触网带电体 5 m 范围以内的金属构件和需要接地的设施、设备应接入综合接地系统。

(4)距线路两侧 20 m 范围以内的铁路设备房屋的接地装置应接入综合接地系统。

(5)不便与铁路综合接地系统等电位连接的第三方设施(路外公共建筑物、公共电力系统、金属管线等设施)必须采取可靠的隔离或绝缘等措施。

(6)在综合接地系统中,建筑物、构造物及设备在贯通地线接入处的接地电阻不应大于 1 Ω。

(二)综合接地施工技术要求

(1)接地端子的设置应便于设备、设施就近接入综合接地系统和工程实施。在工程允许的情况下,接地端子应根据设备、设施的接地需要来确定设置里程,以达到最佳接地性能并方便工程实施和管理。

(2)桥梁、隧道、无砟轨道、接触网支柱基础等结构物内的接地装置应优先利用结构物中的非预应力结构钢筋作为自然接地体;当没有结构钢筋可以利用时,可增加专用的接地钢筋;当自然接地体的接地电阻达不到要求时,应增加人工接地体。

(3)为防止对预应力钢筋的影响,预应力钢筋不应接入综合接地系统。

(4)接地装置应通过结构物内预埋的接地端子与贯通地线可靠连接。接地端子应直接浇筑在混凝土结构内,表面与结构面齐平。

(三)综合接地系统施工工艺及材料要求

(1)接地端子应直接灌注在电缆槽或其他混凝土制品中。接地端子采用不锈钢制造,不锈钢材料的成分应满足:$w(Cr)\geqslant 16\%$、$w(Ni)\geqslant 5\%$、$w(Mo)\geqslant 2\%$、$w(C)\leqslant 0.08\%$,如 GB00Cr17Ni14Mo2。接地端子的端子孔规格为 M16,并应配置防异物堵塞的端子孔塞,方便开启。

(2)接地端子的不锈钢头部分长度不小于 45 mm,外径不小于 30 mm,其中端子头前端加工 M16 内螺纹,螺纹深度不小于 25 mm,M16 螺孔加装塑料封头;不锈钢端子头后端连接一段长度不小于 150 mm 的 $\phi 16$ 钢筋,连接钢筋分为直杆和直角杆连接两种,钢筋必须与部分螺纹腔隔离,隔离长度不小于 5 mm。连接钢筋的长度可以根据实际情况确定,每两个接地端子采用 2 m 不锈钢连接。

(3)接地连接线宜采用不锈钢连接线,由钢丝绳、两个线鼻以及两个配套的防盗螺栓(每个螺丝上应配一个平垫圈和一个弹簧垫圈)组成。钢丝绳采用直径不大于 0.65 mm 的不锈钢丝制造,总截面不小于 200 mm^2($I_k>25$ kA)或 120 mm^2($I_k\leqslant 25$ kA)。线鼻与钢丝绳的连接处应能承受 5 000 N 的拉力且 3 min 不得松动和断股。如接地设备有特殊规定,应根据相关设备要求选用接地连接线。

(4)贯通地线要求尽可能直,禁止形成环状;隧道、路堤、路堑、桥梁间的过渡段贯通地线应平顺连接,贯通地线应在环境温度不低于−10 ℃时敷设。

二、综合接地贯通地线施工

(一)路基综合接地施工

路基地段的贯通地线、分支引接线的埋设与路基工程同步实施。

1. 路基地段贯通地线埋设

(1)一般路基地段沿线路两侧各设一根贯通地线,位于通信信号电缆槽外侧内壁正下方的基床底部,接地极充分利用接触网支柱基础设置。

(2)路堤、土质及软质岩石路堑地段的贯通地线埋深距基床底层顶面－30～－40 cm(图 4-13-1);硬质岩路堑地段,将贯通地线埋设于通信信号电缆槽下方约 20 cm,沟中回填细砂粒(图 4-13-2)。

图 4-13-1 贯通地线埋深距基床底层顶面

图 4-13-2 沟中回填细砂粒

(3)路基填筑并压实至高于贯通地线埋设深度约 60 mm 的同时,预留出 60 mm 深、宽度略大于贯通地线直径的"小槽",以敷设贯通地线。先向"小槽"内回填 40 mm 粒径不大于 5 mm 的土壤,敷设贯通地线,再次回填 40 mm 粒径不大于 5 mm 的土壤后,进行人工夯实;人工夯实后,必须在"小槽"上方覆盖不少于 100 mm 粒径不大于 5 mm 的土壤,才能进行正常的路基填筑和机械压实作业。

(4)涵洞地段的贯通地线在通信信号电缆槽安装前,将其敷设在电缆槽靠线路侧面的下部位置。

(5)贯通地线纵向通过路基地段电缆井(不含过渡段电缆井)时,应从手孔下约 20 cm 通过,在手孔施作时,应避免机械对贯通地线的损伤。

2. 分支引接线的埋设

(1)贯通地线通过分支引接线侧向水平引至路基边坡,沿护肩底以及电缆槽底引至通信信号电缆槽靠线路侧内壁位置,与电缆槽侧壁预留的接地端子引接线压接。贯通地线的分支引接线采用与贯通地线相同的工序和工艺埋设,施工边坡防护前,将引接线埋设于边坡防护层下并与灌注在电缆槽中的接地端子尾端 C 型压接。

(2)每个接触网支柱处、跨线建筑物及桥梁与路基、隧道与路基过渡段处各埋设一根分支引接线,材质同贯通地线。

(3)分支引接线与贯通地线压接需采用 2 个 C 型卡反扣压接(图 4-13-3),间距在 40～50 mm 左右。需对接续好的贯通地线进行防水防腐处理,采用 FSJD 复合绝缘防水胶带进行螺旋缠绕。

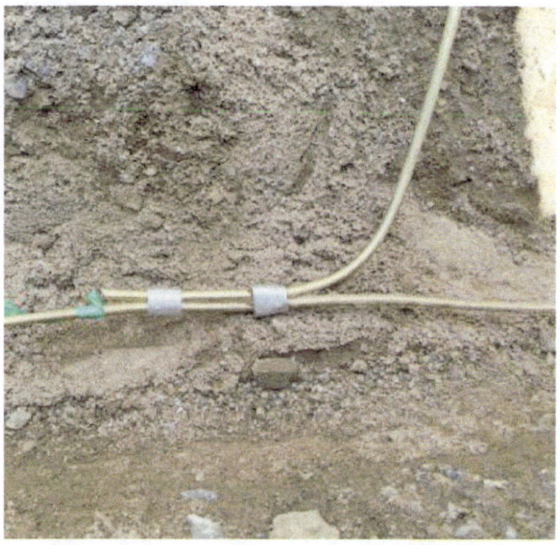

图 4-13-3 C 型卡反扣压接

3. 路基与桥梁、路基与隧道过渡段贯通地线连接

(1)在邻近过渡段的路基通信信号电缆槽侧壁处预留接地端子,并预埋分支引接线将接地端子与贯通地线连接。

(2)桥梁、隧道地段的贯通地线沿通信信号电缆槽敷设至路基段,采用 L 形连接器将贯通地线与路基段通信信号电缆槽预留的接地端子连接。

4. 两侧贯通地线间的横向连接

(1)长度超过 1 000 m 的路基地段,每间隔 500 m 左右将上、下行贯通地线连接一次。贯通地线的横向连接线约 500 m 路基设一处,其规格、埋设深度、埋设工序及工艺与贯通地线相同。

(2)长度为 500～1 000 m 的路基地段,在路基段中间将上、下行贯通地线连接一次,其横向连接线规格、埋设深度、埋设工序及工艺与贯通地线相同。

(3)长度小于 500 m 的路基地段,不考虑贯通地线的横向连接。

5. 路基地段接地极、接地端子设置

(1)路基地段利用接触网支柱基础作为接地极使用。在施工接触网支柱基础时,在基础沿线路方向小里程侧面预制接地端子,接地端子的连接钢筋要求与基础内结构钢筋和至少两根接触网基础螺栓可靠焊接;接地端子供轨旁设备及无砟轨道板等设施接地;接地极通过不锈钢连接线与通信信号电缆槽内的接地端子连接。

(2)每个接触网基础处的通信信号电缆槽内侧壁预制接地端子,同时在端子上方 40～50 mm 处设一孔,用 PVC 管连至路基上供轨旁设备接地连接,如图 4-13-4、图 4-13-5 所示。

图 4-13-4 电缆槽内侧壁预制接地端子上方设孔

图 4-13-5 电缆槽内侧壁预制接地端子

(3)电力电缆槽接地端子原则上约 1 000 m 设置一处,小于 1 000 m 的路基地段不设置,大于 1 000 m 的地段等分设置,间隔以不大于 1 000 m 为原则;接地端子与接触网支柱间距不应小于 20 m(图 4-13-6),供电力设施接地。接地端子尾端应与贯通地线分支引接线压接。

图 4-13-6 接地端子与接触网支柱间距示意图

(4)接触网支柱基础上的接地端子采用桥隧型接地端子,并与接触网基础内结构钢筋可靠焊接。电缆槽内的接地端子采用路基型接地端子。

6. 跨线桥处的路基地段分支引接线

跨线桥处的路基地段,在桥墩处预留分支引接线,在电力槽内预留路基型接地端子,就近与路基电缆槽或接触网基础预留的接地端子连接。

7. 路基地段声屏障综合接地

由导电材料制成的声屏障及支架应在结构内预留接地端子，就近与路基电缆槽或接触网基础预留的接地端子连接，如图 4-13-7、图 4-13-8 所示。

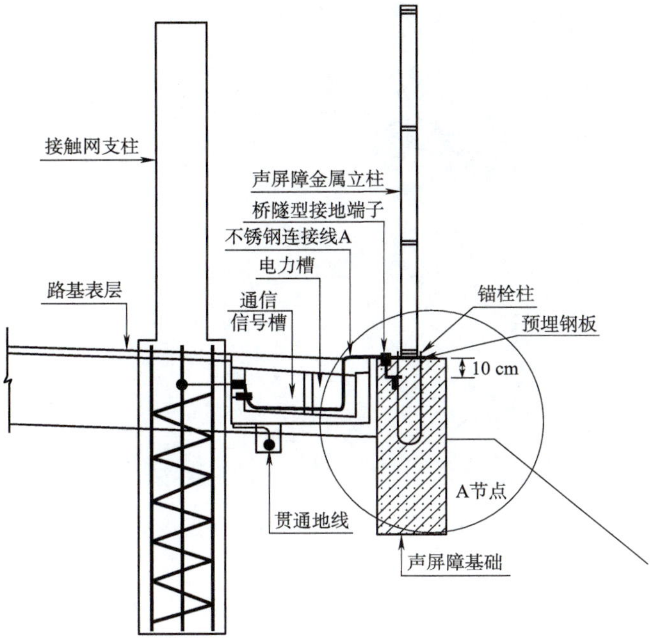

图 4-13-7　路基插板式屏障断面图

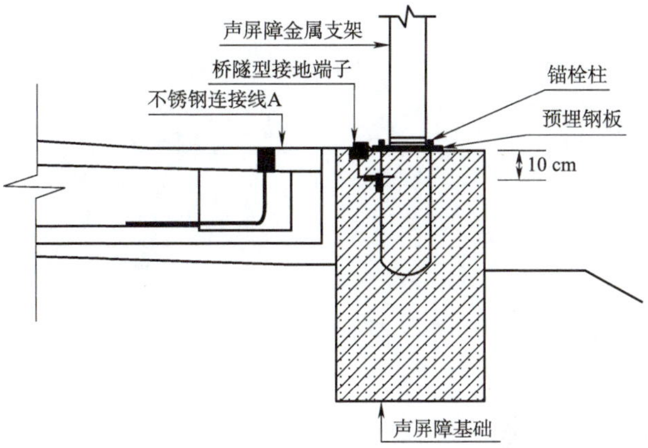

图 4-13-8　A 节点详图

（二）桥梁综合接地施工

（1）桥梁地段贯通地线敷设在两侧的通信信号电缆槽内，接地极充分利用桥墩基础设置，如图 4-13-9 所示。

图 4-13-9　贯通地线敷设在电缆槽内

（2）贯通地线埋设于保护层内，贯通地线敷设施工于桥面防水层涂刷后，贯通地线与接地端子连接后进行保护层的施工。在桥梁伸缩缝处，综合贯通地线应考虑余量，并采用橡胶套管防护，如图 4-13-10、图 4-13-11 所示。

（3）桥梁地段综合接地均采用桥隧型接地端子。

（4）有砟轨道桥梁接地设置要求：利用梁端的横向结构钢筋作为接地钢筋并与梁底的接地端子连接。

（5）跨线桥上部应预留接地端子（图 4-13-12），供桥上金属护栏等接地。跨线桥的主跨梁体底面应利用表层结构钢筋形成一个钢筋网（图 4-13-13），用于桥下接触网线的闪络保护。梁体钢筋网接地端子与墩帽接地端子间、桥墩下部接地端子与路基电力槽接地端子间采用不锈钢连接线连接。

图 4-13-10 贯通地线采用橡胶套管防护

图 4-13-11 贯通地线与接地端子连接示意图

图 4-13-12 跨线桥上部预留接地端子

图 4-13-13 跨线桥的主跨梁体

(6)桥梁声屏障接地设置:桥上由导电材料制成的声屏障及支架应在其结构内预留接地端子,就近与桥上预留的接地端子连接。

(三)隧道综合接地施工

(1)隧道地段贯通地线铺设在两侧通信信号电缆槽内靠线路侧,并采用混凝土砂浆防护。

(2)在两侧通信信号电缆槽的线路侧外缘各设一根纵向接地钢筋,每 100 m 断开一次,用于隧道内接地极、接触网断线保护接地及接地钢筋的等电位连接。

(3)接地端子设置(图 4-13-14、图 4-13-15):

①隧道内接地装置均采用桥隧型接地端子。

②从隧道进口 2 m 处开始,在两侧电力电缆槽底部,每间隔 100 m 设置一个接地端子,小于 100 m 的隧道在中部设一处,接地端子供隧道接地装置与贯通地线的连接。

③从隧道进口 2 m 处开始,在两侧通信信号电缆槽靠线路侧壁,每间隔 50 m 设置一个接地端子,小于 50 m 的隧道在中部设一处,接地端子供轨旁设备、设施接地。

④在每个专用洞室、变压器洞室两侧壁下部设置接地端子,供洞室内设备、设施接地。

⑤接触网槽道基础采用预埋方式时,需将基础与二衬内的环向或纵向接地钢筋焊接;当基础采用后植入安装方式时,需要在安装基础的位置预埋接地端子,并与二衬的环向或者纵向接地钢筋焊接。

图 4-13-14　隧道内设置接地端子

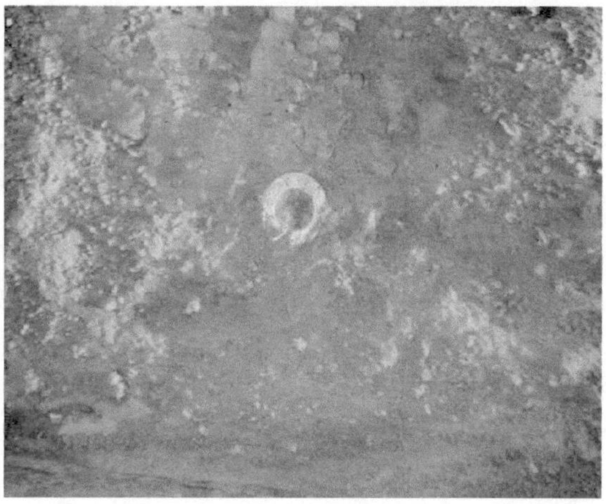

图 4-13-15　接地端子口

(四)车站综合接地系统施工

1. 车站咽喉区路基地段综合接地施工

(1)贯通地线、分支引接线、横向连接线的埋设及施工工艺要求与区间路基地段相同。

(2)每个接触网支柱处的通信信号电缆槽内设 2 个路基型接地端子,端子间隔 0.5 m,供与接触网支柱基础连接及轨旁设备、设施接地。

(3)车站咽喉区进站、出站信号机位置处的电力电缆槽侧壁分别设置 1 个路基型接地端子,供电力设施接地。

(4)每个接触网支柱基础上预置 2 个桥隧型接地端子。

2. 站台区综合接地施工

(1)贯通地线及分支引接线的敷设

①站台范围内的贯通地线与咽喉区贯通地线同径路敷设,自站台墙一侧纵向贯穿整个站台区。

②分支引接线约每 100 m 设置一处,一端与贯通地线 C 型压接,另一端与站台墙预留的接地端子拴接。

(2)站台墙接地钢筋及接地端子设置

①在每个站台墙靠钢轨一侧的侧墙下部,约每 100 m 设置 1 个桥隧型接地端子,并与站台墙接地装置相连接,端子孔朝向线路,采用分支引接线与贯通地线连接。

②在基本站台墙靠信号楼(或室)一侧的上部预留 4 个接地端子,以便于信号楼(或室)的环形地网接入综合接地系统。接地端子与站台墙内的接地钢筋可靠焊接。

③中间站台两侧站台墙的接地装置通过接地连接线与相邻站台的站台墙接地装置在站台两端实现等电位连接。

(3)接触网基础接地

①侧线铺轨前,在线间碎石层下方敷设热镀锌扁钢(规格 50 mm×4 mm,厚度不小于 4 mm),将接触网基础上的接地端子与站台墙靠钢轨侧预留的接地端子连接起来。

②当正线为无砟轨道区段或线间有客车上水设施等金属物时,在线间敷设一根热镀锌扁钢,将线间接触网基础的接地端子等电位连接,无砟轨道板及相关金属设施的接地均可就近与扁钢连接。

(4)信号楼(或综合站房)等建筑物接地与综合接地系统的等电位连接

①距铁路 20 m 范围内铁路建筑物的接地装置应与综合接地系统预留的接地端子可靠连接。

②综合接地系统在信号楼上、下行两端应分别与其环形接地体连接,每端设 2 根连接线,2 根连接线的间隔为 2～3 m。

③其他建筑物的地网应与综合接地系统预留的接地端子可靠连接。

④与建筑物地网连接的接地干线,可用铜排或热镀锌扁钢埋地敷设,铜排的截面积不小于 54 mm^2,热镀锌扁钢的截面积不小于 200 mm^2,厚度均不小于 4 mm。

(5)其他接地

站台范围内旅客可接触的建筑物及金属构件等应采取等待电位或分设接地等措施。条件具备时,可与综合接地系统预留的接地端子可靠连接,具体连接可参考信号楼环形接地体与综合接地系统的连接方式。

第十四章　防灾安全监控工程

第一节　防灾监控工程施工

一、工程概况

防灾系统施工包含防灾系统的设备供货、施工安装、调试试验、技术服务等内容。主要工程数量见表 4-14-1。

表 4-14-1　防灾系统施工工程数量表

序　号	内容描述	单　位	合　计
1	敷设电缆	km	146
2	风速风向计(双套)安装	套	22
3	雨量计	套	12
4	公跨铁异物侵限监测装置	处	11
5	现场控制箱	架	52
6	接线箱盒	个	44
7	监控单元	个	29
8	安装防灾系统	系统	29
9	调度所防灾安全监控终端	套	2
10	工务段/通信段监视终端	套	3
11	中心处理设备	套	1

工程执行的主要技术标准为:《铁路自然灾害及异物侵限监测系统工程设计暂行规定》(铁总建设〔2013〕86 号);《铁路总公司关于印发高速铁路自然灾害及异物侵限监测系统维护试行办法的通知》(铁总运〔2013〕142 号);《关于完善高速铁路桥梁附属检查设施和改进异物侵限现场检测装置安装方式的通知》(铁总运〔2014〕127 号);《上海铁路局关于公布宁安自然灾害及异物侵限监测系统技术资料的通知》(上铁工函〔2015〕1779 号)等。

二、设备安装

(一)室外电缆铺设

1. 电缆敷设准备

根据施工设计图,核实电缆径路范围内地下管线、障碍及土质情况。确定电缆与其他管线平行、交叉距离,编制防护措施;确定电缆引入位置;确定电缆的存盘位置、运输、敷设方案。准备电缆线路施工的工机具,测量工具如皮尺、钢卷尺、测量绳、标桩、红油漆等,施工工具如锹、镐、钢钎、大锤、电缆支架、电缆滑车等,材料如电缆标志桩、电缆保护钢管、管口封堵材料等。

2. 电缆单盘测试及配盘

电缆单盘测试,检查电缆型号、规格、电压等级是否符合设计要求,检查电缆是否存在铠装压扁,护层折断等未消除的机械损伤。验证电缆的主要电气特性是否符合要求;根据电缆出厂测试记录,进行电气特性测试,测试结束后,用热缩帽封头,并在电缆盘上标明自编盘号、A 端(或 B 端),整理测试记录;根据电缆型号、长度按照设计文件进行电缆配盘,对配盘后的电缆加以标识。

3. 电缆沟开挖及砌制

电缆沟开挖采用铁镐、铁锹,电缆沟开挖时,保护好施工可能危及的道床、路基,施工完毕后,按照原样进行恢复。直线部分开挖时保持其直线性，以免出现电缆径路偏移。电缆沟垂直开挖，挖出的泥土放置于距沟边 0.3 m 以外。电缆过轨、过公路必须埋设电缆保护管保护。电缆保护管按电缆外径的 1.5～1.7 倍选择镀锌钢管。电缆沟深度不能满足规范和标准要求时，采用保护管或水泥电缆槽的方式进行保护。

4. 电缆铺设与恢复盖板

敷设时首先检查电缆外观，核对盘号及 A、B 端，在引入处、转弯处、预留处、防护处设专人监护，保证电缆的预留量和最小弯曲半径。电缆敷设若采用人力牵引的方式，敷设较长电缆前，在电缆行经的路线上每隔 20 m 放一个电缆滑车，在路面摩擦太大的地方每隔 10 m 放一个电缆滑车，在转弯处放万向转弯滑车，以防磨坏电缆的外绝缘层或受到机械性损伤。穿钢管时，钢管端口要加强保护，防止损伤电缆。

5. 电缆沟回填

在电缆上下部铺不小于 100 mm 厚的软土或细砂层作为电缆的保护层，并加盖保护板或砖块防护，然后进行回填，将回填土一直回填至高于原地面 0.3 m，并及时恢复被损坏的道床、路基和植被，按规定设置电缆标桩。

6. 电缆接续

电缆接续应 A 端与 B 端对接，相同的芯组内颜色相同的芯线相接；电缆接续完毕，及时进行芯线对地、线间绝缘电阻值测试。

7. 电缆防护

电缆穿越过道时，防护钢管两端各延伸出轨端长度不得小于 500 mm，钢管内径大于电缆外径的 1.5 倍，管口处用麻袋片堵严。

8. 电缆引入

电缆引入电缆井转弯时，均匀圆滑、整齐美观，不得出现硬弯或背扣现象；引入电缆，排列整齐并分段固定，备用芯线安装在端子上；电缆终端有标明去向的铭牌；电缆引入工作结束后，将电缆引入孔及引入管道口密封。

9. 室外电缆测试

对电缆进行绝缘电阻、芯线对地电阻、芯线直流电阻等电气参数测试。

(二)异物侵限设备安装

公跨铁异物侵限双电网传感器安装在公路跨铁路桥防护栏外，铁路征地范围内。安装步骤包括植入化学锚栓、T 型支架安装、竖直监测网安装、双电网配线、电缆及地线的引下防护、轨旁控制器安装、综合接地等。安装方案示意如图 4-14-1 所示，异物侵限监控子系统现场结构示意如图 4-14-2 所示。

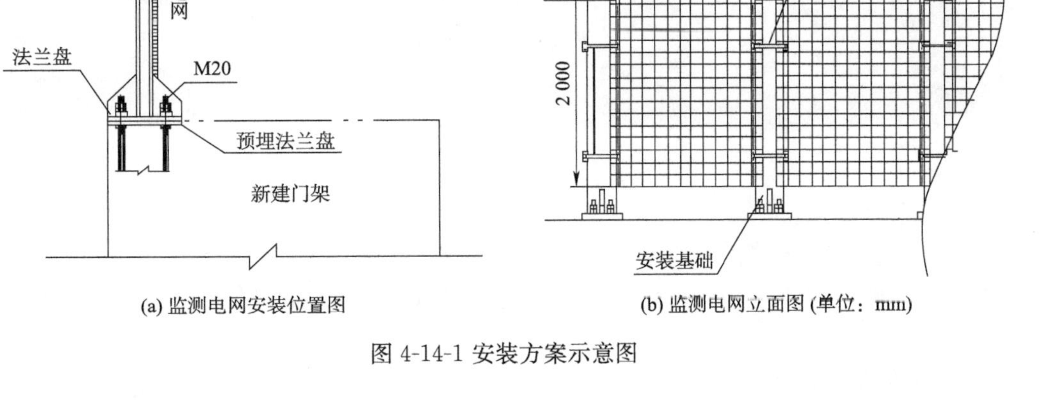

(a) 监测电网安装位置图　　(b) 监测电网立面图 (单位：mm)

图 4-14-1 安装方案示意图

1. 公跨铁双电网传感器安装

采用吊车或专用作业车进行施工，安装工具材料主要包括：发电机、电锤(含钻头)、化学锚栓(及胶水)、T 型支架、平弹垫片、双螺母、螺丝防松动胶、套筒扳手、吹风机、水平承重网、竖直监测网、接线盒、U 型卡、

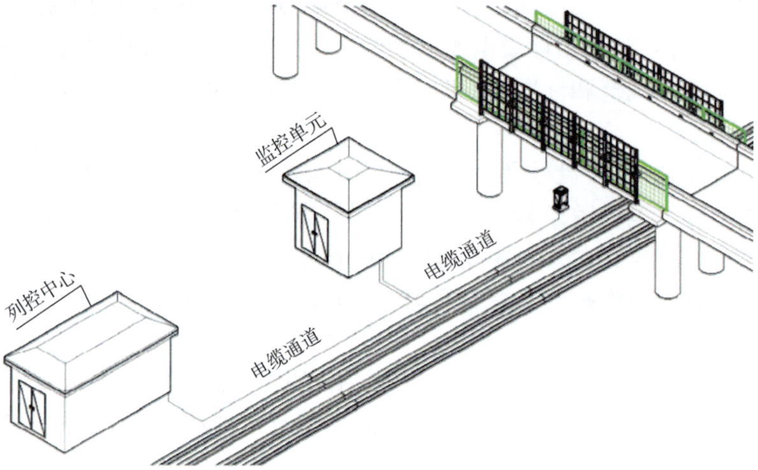

图 4-14-2 异物侵限双电网传感器结构示意图

扁铁、防护管及配件、50 mm^2 接地线、电缆、梯子及安全带、反光背心等必需的劳保用品等。安装前观察公跨铁桥是否有预埋螺栓，并测量预埋螺栓的范围、尺寸是否符合设计图纸的要求，根据铁道部运技基础〔2010〕739 号文的要求进行接口检查，若发现生锈、腐蚀或锚栓直径(锚栓直径为 M20)不合格的，应及时向监理等单位反馈，由站前土建单位进行整改。

安装工艺流程：安装悬臂梁→安装水平网→安装双电网传感器(竖网)→安装轨旁控制箱→电缆敷设及电缆防护→接线。

(1)T 型支架的安装

在已经预埋螺栓的情况下，需先用 T 型支架底座模板纠正一下孔的间距便于安装 T 型支架(每个 T 型支架的间距必须符合设计院标准，并保证在同一水平线和竖直线上)。安装 T 型支架后要统一进行水平、竖直调整。同一侧的 T 型支架要进行水平、竖直方向的校准，保证在同一水平面上和竖直面上；每个 T 型支架法兰固定必须采用平、弹垫片和双螺母，涂抹螺丝防松动胶。

T 型支架安装完成后如图 4-14-3 所示。

图 4-14-3 T 型支架安装完成

(2)T 型支架的接地扁铁连接

用扁铁把桥每一侧所有 T 型支架的法兰盘进行连接，接地，经过测试，保证设备正常监测。接地扁铁连接如图 4-14-4 所示。

(3)竖直监测网的接线及导通测试

安装完竖直监测网后需要将相邻网格的双电网电缆芯线采用压接方式接续，屏蔽层连接。

单侧所有接线完成后，在竖直监测网与电缆连接处用万用表分别测量电网 1、电网 2 的电阻值并记录，根据防护范围通过电阻值确认导通性(单侧 30 m 的电阻值约为 40～60 MΩ)；线间及对地绝缘电阻应大于

图 4-14-4 接地扁铁连接示意图

500 MΩ，测试合格后在接续盒灌注冷放胶密封，并加注不锈钢防护罩保护。

接线盒如图 4-14-5 所示，在接线后应做好相应的防水措施。

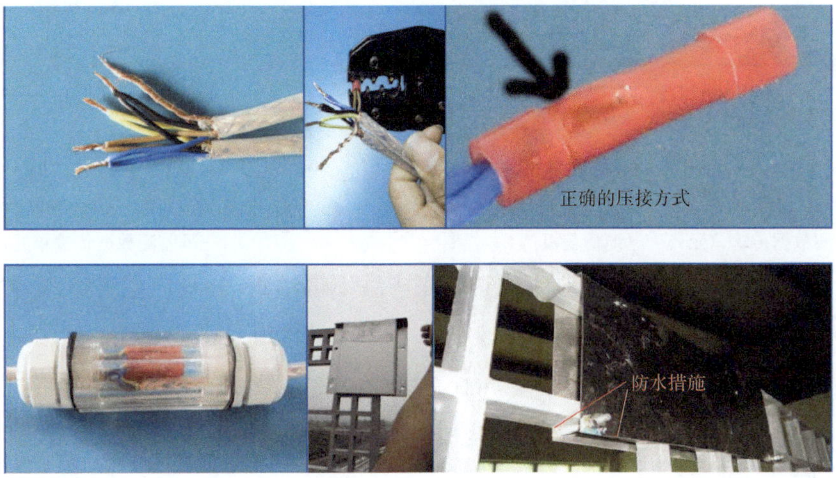

图 4-14-5 接线盒

2. 轨旁控制器的安装

轨旁控制器在出厂前，其功能和电气性能已经检验合格，在安装过程中严防摔倒、碰撞，以免箱内器件、电路受损，造成其功能和电气性能丢失、下降。轨旁控制器安装主要分为以下三步：

(1)轨旁控制器的安装：轨旁控制器安置在轨道旁，采用专用安装装置安装在接触网 H 型钢柱上或地面上。

(2)电缆安装：轨旁控制器就位后，从控制箱下方将电缆、接地线引入箱内，并加装高强度保护管防护。

(3)端子连接：控制箱设备接地采用 50 mm^2 接地铜缆接入到贯通地线上。

异物侵限轨旁控制器安装完成后如图 4-14-6 所示。

图 4-14-6 异物监测现场控制箱安装完成图

3. 电缆防护

双电网传感器与轨旁控制器之间通过电缆连接，电缆采用钢管或高强度软管防护，通过走线槽架设在桥体上，再引入基站。

(三)风、雨监测计安装

风速计设于线路的迎风侧，安装于接触网杆距离轨面(4±0.1)m 高处，采用抱箍安装的形式，具有防水、防尘等功能。雨量计主要安装于路基地段，安装高度及注意事项与风速计安装一致，条件具备时，可以与风速计同址安装。

风、雨远程数据传输单元安装高度原则上确保箱体中心距离电缆槽盖板 1.5 m,采用抱箍安装的形式,具有防水、防尘等功能,箱体开门朝向主线路外侧。

所有现场设备不得侵入线路限界,现场设备接地采用 50 mm^2 地缆接入贯通地线,数字电缆与电力电缆交叉时采用钢管、砂砖等物理防护措施。

桥梁地段风速计安装图如图 4-14-7 所示,路基地段风速计安装图如图 4-14-8 所示。

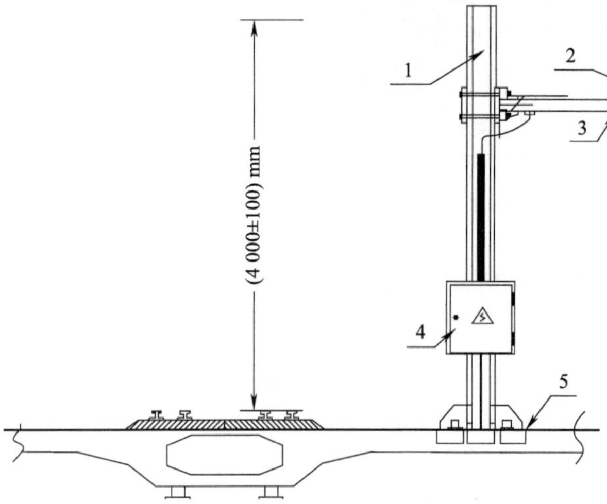

图 4-14-7 桥梁地段风速计安装图

1—接触网支柱;2—风传感器;3—风传感器安装托架;
4—风监测数据传输单元;5—电缆槽盖板

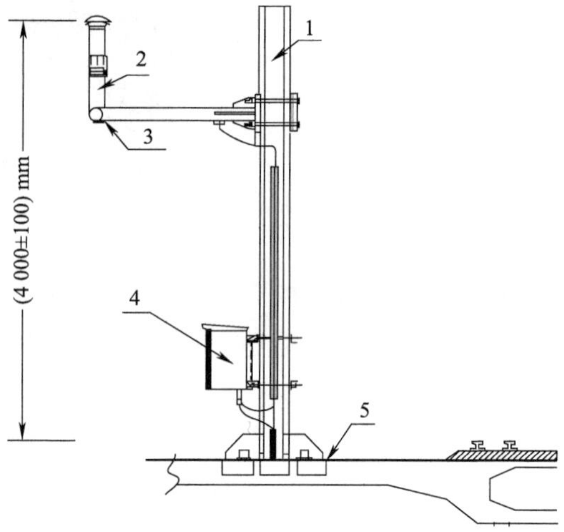

图 4-14-8 路基地段风速计安装图

1—接触网支柱;2—风传感器;3—风传感器安装托架;
4—风监测数据传输单元;5—电缆槽盖板

风速计安装示意如图 4-14-9 所示。风速计安装完毕后不得倾斜,外观应整齐美观,如图 4-14-10 所示。

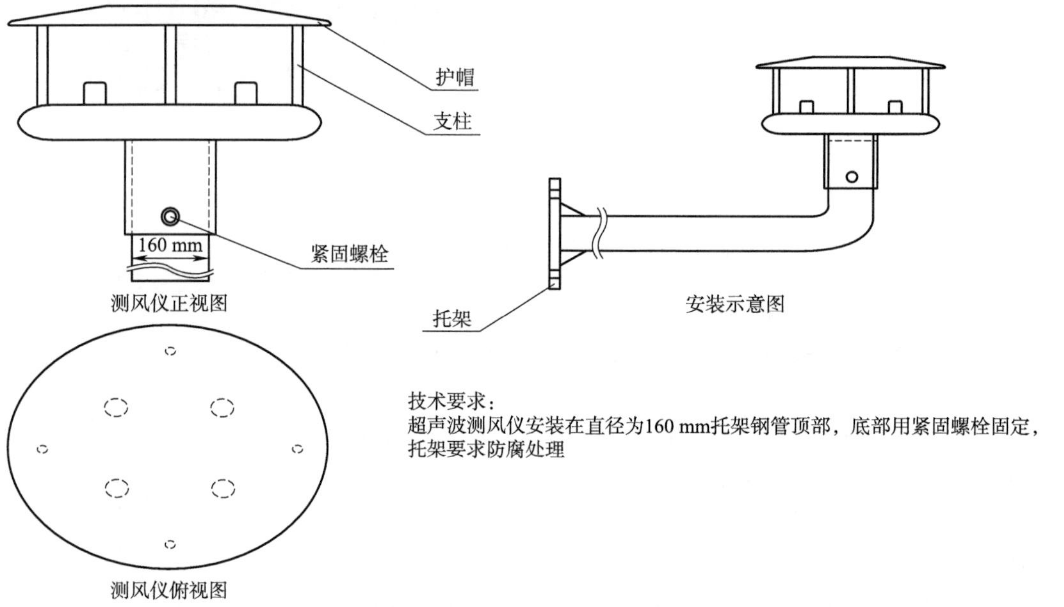

图 4-14-9 风速计安装示意图

图 4-14-10 风速计安装完毕

雨量计一般与风速计同址设置，综合宁安铁路的雨量计测点设置，一般均安装在大桥上。安装高度与风速计一致。雨量计安装示意如图 4-14-11 所示。安装完成后如图 4-14-12 所示。

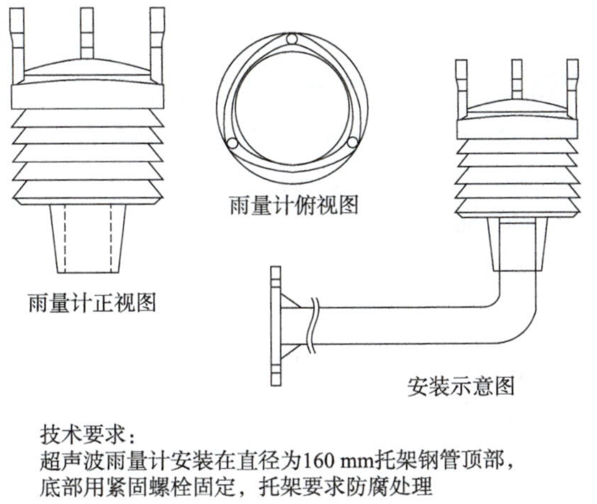

图 4-14-11 雨量计安装示意图

图 4-14-12 雨量计施工完毕

风雨控制箱安装完成后如图 4-14-13 所示。

图 4-14-13 风雨现场控制箱安装完成图

三、设备试验及系统调试

(一)单机调试

1. 风雨点设备单机调试

(1)调试所需工器具

风雨点设备单机调试所需工器具见表 4-14-2。

表 4-14-2 风雨点设备单机调试所需工器具

序 号	工器具名称	型 号	数 量	备 注
1	笔记本电脑		1	带基站测试软件
2	一字螺丝刀	5 mm	1	
3	十字螺丝刀	5 mm	1	

续上表

序号	工器具名称	型号	数量	备注
4	万用表		1	
5	兆欧表		1	

(2)调试内容及方法

①用万用表检查自投自复电源箱电压情况,确保电源箱至 UPS 之间电缆电气性能合格。

②设备开机,将监控单元零层的 2 个外电输入开关和 UPS1/UPS2 的输入、输出开关打开。

③观察 UPS1/UPS2 的指示灯状态是否能正常显示。

④将 2 路外电同时断掉,观察 2 个 UPS 是否能自动转为电池供电。

⑤观察监控单元主机各子板的指示灯状态是否正常。将各子板的主板拔掉,观察是否自动转换到备板运行。

⑥将监控单元主机自带的网线(LAN1 或 LAN2)连接到笔记本电脑;打开笔记本电脑的基站测试软件,输入对应的 LAN1 或 LAN2 对应的子板的 IP 地址,然后点击 CONNECT。观察各设备是否工作正常,能否收到相应的风速风向的气象数据。

2. 异物点监控单元单机调试

(1)调试所需工器具

异物点监控单元单机调试所需工器具见表 4-14-3。

表 4-14-3 异物点监控单元单机调试所需工器具

序号	工器具名称	型号	数量	备注
1	笔记本电脑		1	带基站测试软件
2	一字螺丝刀	5 mm	1	
3	十字螺丝刀	5 mm	1	
4	万用表	指针式	1	
5	兆欧表		1	

(2)调试内容及方法

①设备开机,将监控单元零层 2 个外电输入开关和 UPS1/UPS2 的输入、输出开关打开。

②观察 UPS1/UPS2 的指示灯状态是否正常。

③将 2 路外电同时断掉,观察 2 个 UPS 是否能自动转为电池供电。

④观察监控单元主机、电源模块各子板的指示灯状态是否正常。将各子板的主板拔掉,观察是否自动转换到备板运行。

⑤在室外双电网传感器正常状态下,监控单元主机的 X1/X2 指示灯不亮,断线的情况下亮红灯。

⑥观察异物继电组合内部各个继电器的状态是否正常。正常状态下,列控 2 个继电器状态均为吸起状态。

⑦将监控单元自带的网线(LAN1 或 LAN2)连接笔记本电脑;打开笔记本电脑的基站测试软件,输入对应的 LAN1 或 LAN2 对应的子板的 IP 地址,然后点击 CONNECT。观察各设备是否工作正常,双电网的状态是否正常。

(二)子系统调试

1. 风雨系统

(1)设备开机,将监控单元零层的 2 个外电输入开关和 UPS1/UPS2 的输入、输出开关打开。

(2)将监控单元主机与室外风雨传感器连接电缆芯线拆除,并通过 USB 转串口工具与笔记本电脑相连。

(3)在笔记本电脑通过自带测试软件按设定值依次输入相应的风速值和雨量值。

(4)此时在调度终端会弹出相应的报警对话框,提示相关区段进行限速或停运。

2. 异物监控系统

(1)正常状态下轨旁控制器内部 2 个电网工作灯绿灯亮,异物侵限灯红灯不亮,现场恢复灯黄灯不亮,监控单元主机子板 X1/X2 灯不亮，列控中心 2 个继电器（上行、下行）均应保持吸起状态，调度终端界面上电网和对应轨道区段均应显示绿色。

（2）在轨旁控制器内任意转动电网 1 或电网 2 试验按钮并保持 5 s，对应电网工作灯灭，监控单元主机子板 X1/X2 灯依次会变红然后灭掉，列控中心 2 个继电器（上行、下行）仍保持吸起状态，调度终端界面上电网应显示为黄色，对应轨道区段显示绿色。

（3）同时转动两个电网试验按钮并保持 5 s，2 个电网工作灯绿灯都灭，异物侵限灯红灯亮，现场恢复灯黄灯不亮。此时观察监控单元主机子板 X1/X2 灯会变红，继电组合中各个继电器会有相应的状态变化，列控中心 2 个继电器（上行、下行）为落下状态，调度终端界面上电网及对应轨道区段均显示红色。

（4）在调度终端先后点击上、下行临时通车按钮，此时列控中心 2 个继电器（上行、下行）依次吸起，对应轨道区段上、下行依次变为黄色，此时观察监控单元主机子板 X1/X2 灯不亮。

（5）转动现场恢复按钮，电网工作灯绿灯亮，异物侵限灯红灯亮，现场恢复灯黄灯亮。在调度终端点击调度恢复按钮，此时轨旁控制器内电网工作灯绿灯亮，异物侵限灯红灯不亮，现场恢复灯黄灯灭；监控单元异物继电组合恢复最初状态；此时列控中心 2 个继电器（上行、下行）保持吸起状态；调度终端电网和对应轨道区段均显示绿色。

（三）异物侵限供电联合调试（轨旁控制器内模拟进行）

1. 调试步骤

异物侵限供电联合调试步骤如图 4-14-14 所示。

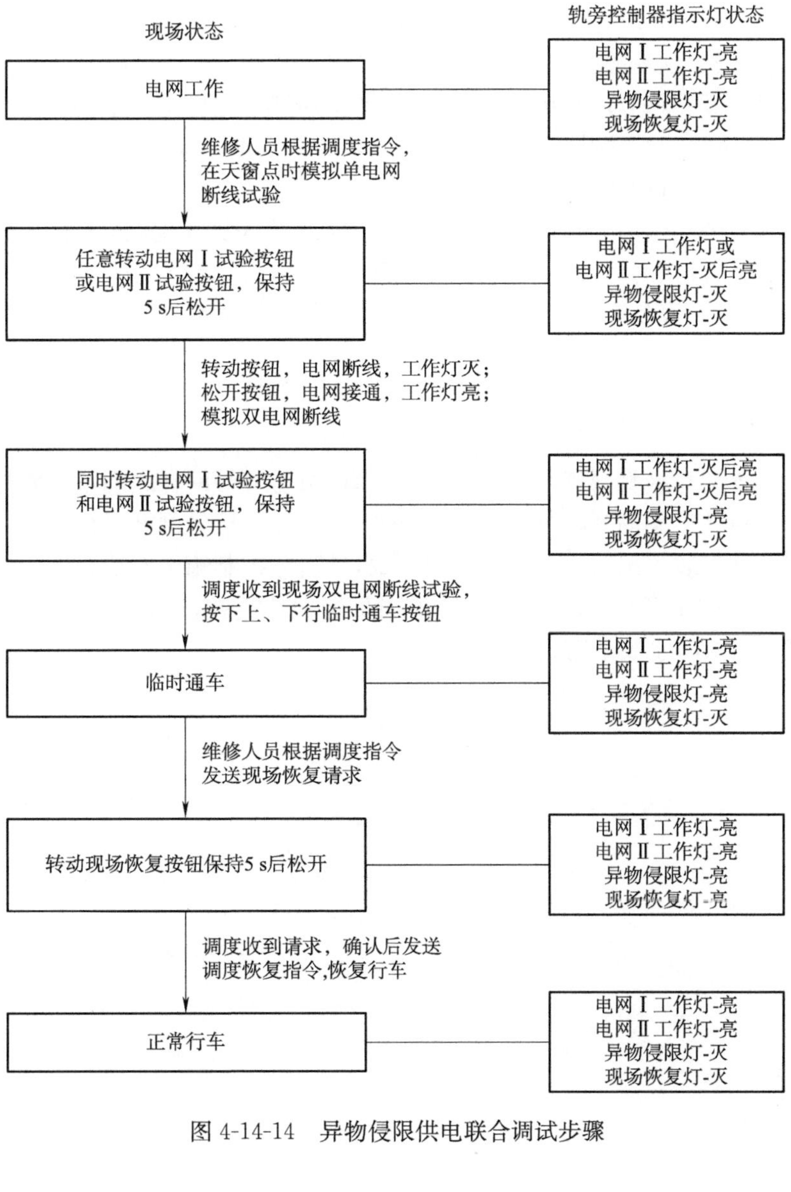

图 4-14-14　异物侵限供电联合调试步骤

2. 调试内容

(1)在异物监测网正常工作状态下轨旁控制器内电网工作灯亮,其他灯灭,调度终端界面显示公跨铁电网及对应轨道区段均为绿色,列控中心 2 个继电器(上行、下行)均保持吸起状态。

(2)轨旁控制器内任意转动一个现场试验按钮,模拟单电网断线,轨旁控制器状态无变化,在调度终端界面公跨铁电网颜色变为黄色,列控中心 2 个继电器(上行、下行)仍保持吸起状态。

(3)同时转动两个现场试验按钮并保持,模拟双电网断线,此时电网工作灯灭、电网断线灯亮,在调度终端界面显示其电网颜色及对应轨道区段变为红色,并弹出报警对话框,此时列控中心 2 个继电器(上行、下行)处于落下状态。

(4)在调度终端先后点击上、下行临时通车按钮,此时列控中心 2 个继电器(上行、下行)应依次吸起,对应轨道区段上、下行依次变为黄色。

(5)在轨旁控制器内转动现场恢复按钮后,调度终端的调度恢复按钮由灰色变为黄色,此时点击调度恢复按钮,终端界面显示电网颜色及对应轨道区段变为绿色,轨旁控制器内现场恢复灯灭,此时列控中心 2 个继电器(上行、下行)保持吸起状态。

第二节 防灾监控工程质量控制

一、异物侵限设备安装质量卡控要点

施工时严格执行工艺标准要求,重点质量卡控点:

(1)采用后植入化学锚栓预埋的要进行拉拔试验。

(2)所有安装装置须采用双螺母、双垫片(一平垫一弹垫)固定,螺栓露头不小于 5 mm。

(3)双电网接续采用压接或焊接并灌胶的方式进行,实行实名制档案管理。

(4)电网接续完成后须进行导通、绝缘测试。

(5)异物监测设备、轨旁控制箱分别采用 50 mm^2 接地铜缆接入贯通地线,接地点不能在同一位置,连接方法采用双点压接方式,压接点间距 40～50 mm,压接后做防护处理(防水胶带密封)。

(6)公跨铁异物侵限监测设备中,公路两侧异物侵限电网片防护范围是 18～45 m。严格按照设计规范施工,保证铁路运行防护。

二、风雨监测设备安装质量卡控要点

(1)风速仪、雨量计支架与接触网杆固定处采用钢板,钢板与接触网杆之间垫橡胶垫片。

(2)固定风速仪、雨量计支架的螺母统一朝向线路外侧,螺栓与接触网杆不得接触,间距大于 5 mm。

(3)风、雨数据采集器安装方向与列车来车方向一致,其轨旁控制箱中心线距地面 1.5 m。

(4)风、雨现场控制箱接地用 50 mm^2 地线与槽道内贯通地线连接。采用双点压接式,压接点间距 40～50 mm,压接后做防护处理(防水胶带密封)。

第十五章　客运服务系统

一、施工组织机构

工程施工接口较多,在施工安排上要始终坚持"突出重点,兼顾一般"的指导思想。凡具备进场施工条件的工点,抓紧做好前期施工准备,争取早日开工。

接到中标通知书后,项目指挥长提前进场,关键人力资源根据需要逐步进场,尽快地做好开工准备工作,组织有关人员熟悉施工图,并到现场实地测量调查,安排工程材料、设备采购,随之架子队、设备、机具仪表按时进场(进场日期可按建设单位要求进行修正)。工程指挥部随即组织劳动力,组织施工人员进行质量、安全教育,同时向有关部门申办与施工有关的手续,技术部门认真审核施工图,并做好前期基础性工作。

根据环境条件、工程特点和工期要求,编制施工组织设计方案。总的思路是结合项目各种前期条件和工程数量,以及建设单位对工程质量、工期要求,合理组织施工;通号通信信息集团有限公司组织一流的技术和施工力量,配备先进的工机具装备投入施工,确保工程形象进度和节点工期要求。在施工过程中合理地进行各项目施工安排,做到井然有序,张弛结合。工程指挥部组织机构图如图 4-15-1 所示。

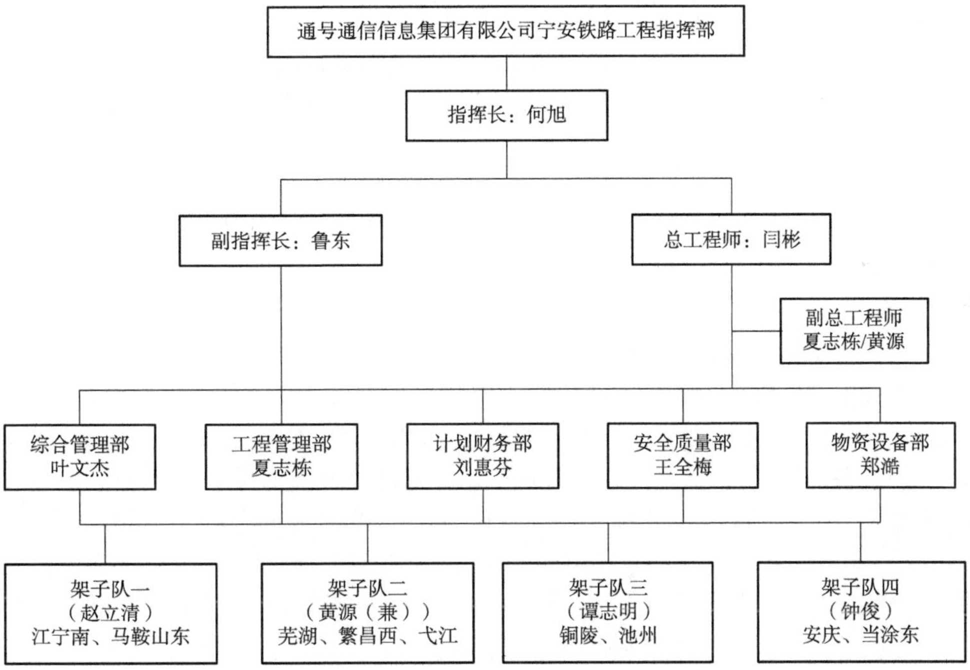

图 4-15-1　工程指挥部组织机构图

二、总体施工方案

根据招标文件对工程的总体要求,充分考虑工程施工的不同地段、不同结构节点工期安排,并预测到前期工程有可能存在滞后的风险因素,对整个架子队进行了周密安排和部署,原则上采用"逐站、逐段按序推进,但当客观条件发生变化而影响前期工程进度时,则需作跳跃式随机交叉调整"的施工办法。条件成熟一站,施工一站,成熟一段,施工一段。这样做既能提高施工效率,更有工期调整的回旋余地。

(一)施工准备

1. 技术准备

合同签订后,由工程指挥部向建设单位领取各专业图纸,由资料员负责施工图纸的收发,并建立管理台账;由总工程师组织工程技术人员认真审图,做好图纸会审的前期工作,针对有关施工技术和图纸存在的疑点做好记录;工程开工前及时与设计单位联系,做好设计交底及图纸会审工作;根据施工图纸,配备与本工程相关的规范、规程,并分发给工程指挥部相关人员;工程技术人员认真了解施工环境情况,明确其具体实施对象位置;根据工程的特点,经过详细的技术论证,按期编制缜密、合理的施工组织设计及各分部(子分部)分项工程施工方案,要求施工组织设计和方案必须经审批后实施,技术交底及时准确并有针对性。

2. 现场准备

做好施工通道、场地及临时库房准备;做好施工现场用电及通信工作,建立好设备管理及保管措施,专人到位;办理进场许可证;进场前仔细进行现场勘查,确定施工条件;申报开工报告,办理进场许可证;进场安全教育;进行职业健康安全教育,树立"安全第一、预防为主、综合治理"的意识,由安全员组织培训,进场前进行三级教育,包括国家法规相关要求、安全目标等知识,强化队伍安全意识,把安全工作当作头等大事来抓。

3. 人员准备

(1)集结精干的架子队,组织好人员进场。根据结构特点、建设单位工期要求及工程指挥部承诺条件,合理组织一支强有力的项目管理团队及架子队进场。要求该队伍自身管理水平高,施工能力强,有利于施工生产的连续,又可保证工程的工期及施工质量。

(2)做好队伍的入场教育培训,搞好全员的各项交底工作。培训应按各自的工作任务,区分不同层次的培训内容,使其有适当的知识基础(包括高效率完成其各项任务的方法和技能),以确保员工对现行有效法规要求、内部标准、组织方针、目标的认识;此外应学习国家地方各项规定以及工程指挥部的各项规章制度,教育学习文明公约,做文明市民,激励职工的积极性。

(3)落实各级人员的岗位责任制。对项目人员进行施工组织设计及架子队工程施工方案的集体交底工作,使全体架子队人员都能掌握技术及质量标准;对关键部位除做详细交底外,还应做现场示范,确保交底完整、准确。

4. 施工物资准备

做好自购设备材料的采购计划,签订自购设备材料采购合同;做好设备材料的进场检验、开箱检验;工程主要设备材料的采购,必须经建设单位审查并同意后进行。

(二)施工阶段划分

根据本项目特点,将本项目实施过程分为四个阶段。

第一阶段:室外及室内预埋件、吊挂件、壁挂件、支架、托架的加工及安装。根据中标厂家提供的加工图纸及安装方案,报设计审批,审批后加工需要安装的吊挂件、壁挂件、支架、托架等。根据设计的设备布点图纸,在指定位置安装设备的吊挂件、壁挂件、支架、托架。实施过程中需要与土建相关施工项目同步进行。对此,工程指挥部将加大与土建相关各专业的配合与协调,配备足够的施工力量,确保与土建相关施工项目同步进行。

第二阶段:各系统终端设备的安装和配线。设备到货以后,根据设计图纸及厂家提供的安装图纸,在吊挂件、壁挂件、支架、托架的位置上安装终端设备及设备配线。

第三阶段:机械室及配线间内集成设备的安装及配线。工程指挥部将安排经过专门培训的技术工人负责该部分的施工,确保施工质量和工期。

第四阶段:系统调试。由各专业工程师完成各子系统调试并完成整个系统联调联试,使系统具备试运行条件。

(三)总体施工流程

客运服务系统总体施工流程如图 4-15-2 所示。

三、各系统施工工艺

(一)票务系统

1. 施工流程

票务系统施工流程如图 4-15-3 所示。

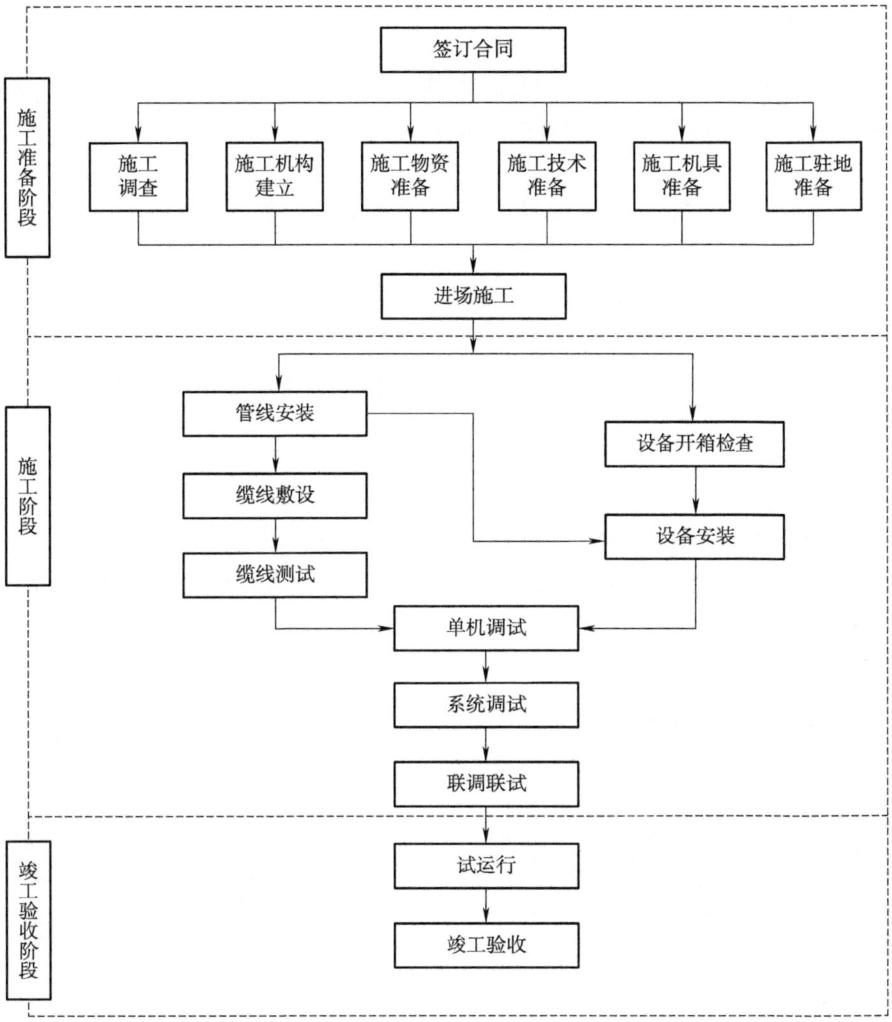

图 4-15-2　客运服务系统施工流程图

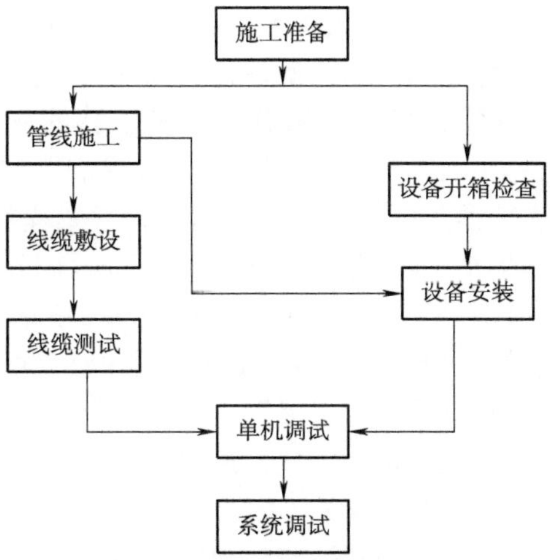

图 4-15-3　票务系统施工流程图

2. 关键工序及技术要点

(1)管线施工

根据施工图纸及设计要求,对顶棚和墙壁上的外露管线做到横平竖直,外观美观;对站厅内地面售检票预埋管线要经过放线、切割、开凿和预埋管道施工工序施工,做到预埋管线接地符合招标文件及国标要求,地面恢复与原地面一致,并做好隐蔽工程的拍照记录归档。

(2)线缆敷设

根据施工图纸,确定沟、槽、管线内所敷设电缆、电线型号规格;测量线路长度确定敷设缆线长度;剪裁好的缆线由设备始端放到设备终端,绑扎电缆并做好标识。

(3)缆线测试

线缆敷设完毕,用仪表测试缆线电气性能是否良好,并做好记录归档。

(4)开箱检查

组织相关单位进行设备开箱检查,对于有缺损的设备要进行拍照,并做好记录归档。

(5)设备安装

各类终端设备周围应留足够的操作和维护空间,设备、底座安装牢固,底座与地面间应做防水处理;设备安装应垂直水平。

安装实际效果如图 4-15-4、图 4-15-5 所示。

图 4-15-4 进站检票机

图 4-15-5 自动售票机

①自动检票机安装

用粉笔在地面上定位闸门阵列安放的位置,准确定位第一个闸门位置,其他闸门定位根据第一个闸门进行。在闸门位置安放闸门钻孔模板;使用在闸门模板上的孔口,为模板的锚栓在地面上选择 4 个参照点,左边 2 个右边 2 个;用锤钻通过钻孔模板向地面钻孔,确保每个锚栓进入混凝土至少 120 mm(根据现场情况,如果达不到 120 mm 应该与闸机厂家确认后调整打孔深度);清除孔的灰土,移除钻孔模板,安放闸门,用化学锚栓物质填充孔并把螺纹棒放入孔中;检测闸门是否平衡,如果需要加钢质垫片,垫片不能超过 9.5 mm 厚,而且必须放在地面与闸门框架底部顶角处,等待 20 min,待化学锚栓物质变干后,使用扳手拧上螺母,确保闸门与地面安全固定;使用密封剂将每个闸门底部封好。

线缆安装:闸门供电采用单相 230 VAC(−10%)3 线电缆,频率为 50/60 Hz(−10%),最大功率 2 400 W;控制和信号线离电源线至少 0.3 m。闸门的服务电源插座为 230 VAC、6 A 带分离的断路开关。火线接到 L,零线接到 N,地线—安全的地线必须连接到一个系统地线上。地线电阻必须遵守国际和本地工业安全规则或电气规程的要求。所有地线连接的完整性应进行阶段性的检查。为了安全,地线连接点必须连接到邻近的建筑物钢铁上(如钢桁的支架、托梁)。

质量控制要点:进、出站闸机设备进场的外包装及外观应无损伤;设备质量证明文件及技术资料应完整、正确;设备型号、规格、质量符合设计要求及相关产品标准的规定;内部器材应无损伤,安装牢固;设备外框应无损伤、变形,规格尺寸符合设计要求;闸机的安装位置应符合设计要求,确保设备稳固可靠,无晃动;一组闸机在安装时一定要保证设备的前沿和后端都是在同一水平线上;设备在安装过程中要注意宽通道是 900 mm,标准通道是 650 mm,其安装(前后、左右)误差不能超过 3 mm;单组闸机设备边框垂直度、单个箱体的水平度、箱体和箱体之间的平行度小于 1‰;闸机设备、管线等均应接地良好,接地采用车站内综合接地网,接地电阻不得大于 1 Ω。

②自动售票机安装

进场设备的外包装及外观应无损伤;设备质量证明文件及技术资料应完整、正确;设备型号、规格、质量符合设计要求及相关产品标准的规定;内部器材应无损伤,安装牢固;设备外框应无损伤、变形,规格尺寸符合设计要求;自动售票机设备、管线等均应接地良好,接地采用车站内综合接地网,接地电阻不得大于 1 Ω。

自动售票系统终端的安装位置和方式应符合设计要求,固定牢靠;前方无障碍物,位置明显,垂直偏差度不应大于 1‰。自动售票机后方预留设备维护空间且不小于 1 000 mm,保证保险箱顺利地从自动售票机的后面取出。

自动售票系统设备的配线应平整无交叉,有适度预留,标记清晰。线缆插接位置正确,接触应紧密、牢靠,插接端子应完好无损。自动售票机安装完成后,应在与地面接触的四周用硅胶或其他密封材料密封,防止进水。

(6)设备调试

设备配线,检查接线无误后,设备送电,然后进行单台设备试验和系统调试。

(二)视频监控系统

1. 施工流程

视频监控系统施工流程如图 4-15-6 所示。

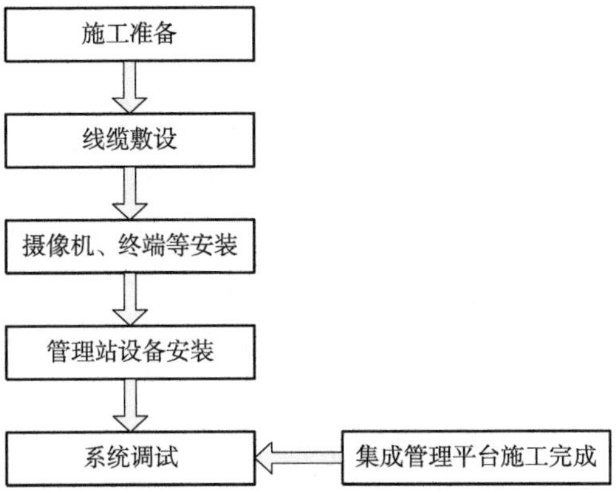

图 4-15-6　视频监控系统施工流程图

2. 关键工序及技术要点

(1)施工准备

熟悉施工图纸和相关规范,施工前应详细了解施工图和相关适用规范及文件;提前发现问题,及时与建筑装饰、水电施工方达成理解,协调一致;根据施工设计图纸对现场核查,发现不符处立即通知设计和监理工程师,并及时了解现场其他各专业的施工进度,以便工作安排;主要设备的开箱检验、库存、运输等准备工作,各种电缆的单盘测试工作,常用、专用工机具的准备。

(2)钢管安装、电缆布放

监控系统线缆主要包括光纤、双屏蔽视频同轴电缆、控制电缆、超五类屏蔽双绞线以及电源线。摄像机到配线间之间的视频传输根据设计要求采用光纤或同轴电缆,一般站台等干扰比较大的地区建议采用光纤传输,其他地方采用视频同轴电缆;客服主机房与客服控制室的控制计算机与网络交换机之间以及所有配线间视频编码器与网络交换机之间的连接至少采用五类屏蔽双绞线,RJ45 接口。

线缆的品种、规格、质量必须符合设计要求和相关施工规范及验收标准的规定。各种线缆敷设前要先进行测试,线缆合格后才能进行敷设。在敷设线缆之前,先检查所有沟、槽、管、孔是否已经完成并符合要求,路由以及位置是否与设计相符,确定有无遗漏。

布放线缆应排列整齐,不拧绞,尽量减少交叉,交叉处粗线在下、细线在上,不同电压的线缆应分类绑扎。管内穿入多根线缆时,线缆之间不得相互拧绞,管内不得有接头。引至摄像机终端的线缆应留有 1 m 的余量,以免影响摄像机的转动;摄像机的同轴电缆、控制线及电源线均应进行固定,不能用摄像机的插头承受电缆自重。

各类线缆的施工应严格执行相关的施工规范及验收标准,线缆敷设完成后两端必须做好标记,其中控制线应做好极性标记。监控室内线缆的敷设应符合下列要求:采用地槽或墙槽时,电缆应从机架、控制台底部引入,线路应理直,按次序放入槽内;拐弯处应符合电缆弯曲半径要求。线缆在防静电地板下布放应理顺放直,线路两端应留适度余量,并标示明显的永久性标记。

所有线缆敷设完成后要进行测试,以检查敷设过程中是否对线缆造成损伤等。

(3)前端摄像机安装

摄像机宜安装在监视目标附近不易受外界损伤的地方,安装位置不应影响现场设备运行和人员正常活动。

摄像机安装前应按下列要求进行检查:将摄像机逐个通电进行检测和粗调,在摄像机处于正常工作状态后,方可安装;检查云台的水平、垂直转动角度,并根据设计要求定准云台转动起点方向;检查摄像机防护罩的雨刷动作;检查摄像机在防护罩内紧固情况;检查摄像机机座与支架或云台的安装尺寸。

在搬动、架设摄像机过程中,不得打开镜头盖。

摄像机安装分专用支架安装和摄像机安装。专用支架一般安装高度在 2.5～3.5 m 之间，室外应距地面 3.5～10 m,并不得低于 3.5 m,应安装牢固平直,支架固定螺丝外露部位用金属圆头螺丝进行防护处理。摄像机的安装一般由螺栓固定在支架上,站台摄像机安装要平衡,根据需要镜头向下倾斜 5°～12°,以保证最佳图像效果。摄像机方向的调节有一定的范围,调整方向时可松开方向调节螺栓进行,调好后旋紧螺栓,摄像机的方向就固定下来。

摄像机镜头应避免强光直射,保证摄像管靶面不受损伤,镜头视场内,不得有遮挡监视目标物体。摄像机镜头应从光源方向对准监视目标,并应避免逆光安装,当需要逆光安装时,应降低监视区域的对比度。同一区域内摄像机标高不一致。在安装前应找准位置,如标高的差距超出允许偏差范围应调整到规定范围。从摄像机引出的电缆宜留有 1 m 的余量,不得影响摄像机的转动。摄像机的电缆和电源线均应固定,并不得和插头承受电缆的自重。

先对摄像机进行初步安装,经通电试看、细调,检查各项功能,观察监视区域的覆盖范围和图像质量,符合要求后方可固定。按摄像监视范围来决定云台的旋转方位,其旋转死角应处在支、吊架和引线电缆的一侧,要保证支架安装牢固可靠,并应考虑电动云台的转动惯性,在其旋转时不应发生抖动现象。应根据产品技术条件和系统设计要求,检查云台的转动角度范围是否满足要求。安装完成后必须做好临时性保护措施和醒目标志。

(4)预埋支架、加工底座

机房设备在防静电地板上安装机柜时,采用 50 mm×50 mm×5 mm 标准角钢制作底座,几台机架成排安装时应制作连体底座。

(5)机房设备安装

机房内机架安装应平稳、牢固,机架垂直偏差不得超过机身高度的 1‰;几个机架并排在一起,前面板应在同一平面上并与基准线平行;机架内的设备、部件的安装,应在机架定位完毕并加固后进行,安装在机架内的设备应牢固、端正;机架上的固定螺丝、垫片和弹簧垫圈均应按要求紧固,不得遗漏。

(6)控制室设备安装

设备及基础、活动地板支柱要做接地连接。机架在活动地板上安装时,可选用 50 mm×50 mm×50 mm 角钢制作机架支架,几台机架成排安装时应制作连体支架。支架与活动地板应相互配合进行施工。

设备机柜应严格按照设备平面设计图进行安装,安装时充分利用水平尺,反复比较保证垂直度、水平度在设备安装规范范围内,机柜内维护监视器安装应考虑防滑和加固处理,以防造成位移;设备底座、机架安装严格按照《铁路通信工程质量检验评定标准》(TB 10418—2000)中相应规定,控制设备安装的水平度、垂直度、设备间缝隙。机架内的设备、部件的安装,应在机架定位完毕并加固后进行,安装在机架内的设备应牢固、端正;机架上的固定螺丝、垫片和弹簧垫圈均应按要求紧固,不得遗漏。

控制台安装应符合下列规定:控制台位置符合设计要求,控制台应安放竖直,台面水平,附件完整,无损伤,螺丝紧固,台面整洁无划痕,台内接插件和设备接触应可靠,安装应牢固,内部接线应符合设计要求,无扭曲脱落现象。

控制台后面与墙的净距不应小于 1.2 m,侧面与墙或其他设备的净距,在主要走道不应小于 1.5 m,次要走道不应小于 0.8 m。机架背面和侧面距离墙的净距不应小于 0.8 m。

监控室内电缆的敷设应符合下列要求:采用地槽或墙槽时,电缆应从机架、控制台底部引入,线路应理直,按次序放入槽内;拐弯处应符合电缆曲率半径要求。线路离开机架和控制台时,应在距起弯点 10 mm 处捆绑,根据线路的数量应每隔 100～200 mm 捆绑一次。当为活动地板时,线路在地板下可灵活布放,并应理直,线路两端应留适度余量,并标示明显的永久性标记。

监视器的安装应符合下列要求:监视器可装设在固定的机架或台上,监视器的安装位置使屏幕不受外来光直射,当不可避免时,应当加遮光罩遮挡,监视器的外部可调节部分应暴露在便于操作的位置,并可加保护盖。

电视墙安装效果如图 4-15-7、图 4-15-8 所示,站房内摄像机效果如图 4-15-9 所示,站台上摄像机安装效果如图 4-15-10 所示。

图 4-15-7　电视墙安装效果(一)

图 4-15-8　电视墙安装效果(二)

图 4-15-9　站房内摄像机安装效果

图 4-15-10　站台上摄像机安装效果

(三)广播系统

1. 施工流程

广播系统施工流程如图 4-15-11 所示。

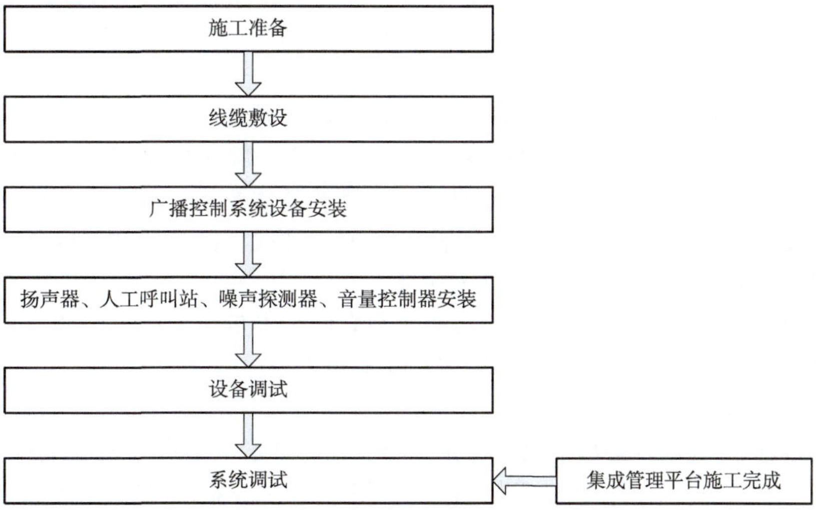

图 4-15-11　广播系统施工流程图

2. 关键工序及技术要点

(1)施工准备

施工图纸到位,包括广播系统广播管线安装图纸、相关专业安装图纸资料;针对现场实际情况核查各类预留孔洞、沟槽是否与设计图纸相符合,了解车站其他相关施工单位的进度;钢管及配件到货检验、点收、进场,线缆、扬声器等到货点收、检验测试、分类存放;相关工具、设备准备,自制专用工具的加工。

(2)现场测量定位

了解现场、车站内的特殊要求;了解车站房建及其他相关单位的施工进度;根据设计图纸,核查各类预留沟、槽、管、洞是否满足要求;对广播终端设备安装位置根据设计图纸及现场实际情况进行准确定位,并测量广播电缆的实际敷设长度;确定电缆敷设方式和广播终端设备安装方式,调查中还需要考虑到各种灯的位置、消防喷头的位置、空调出风口,以及天花板封顶的造型等对广播终端设备安装的影响。

(3)缆线穿放

广播系统线缆敷设主要分为两个部分:一是控制室和主机房及各分配线间之间的网络布线;二是扬声器布线和其他终端布线。网络布线根据设计要求可采用多模光纤或至少五类屏蔽双绞线。

扬声器布线:扬声器全部采用高电压输出。扬声器布线距离为 0～250 m 时,采用 ZR-RVS2×1.5 的音箱线;布线距离为 250～500 m 时,采用 ZR-RVS2×2.5 的音箱线;呼叫站布线采用 ZR-RVVP2×1.0。

各种广播线缆在敷设前要先进行测试,线缆合格后才能进行敷设。广播线缆的规格、质量、路由、截面和位置应符合施工图的要求和相关施工规范及验收标准的规定。

两端设备处的线缆应根据实际情况留有足够的冗余。线缆的两端均须粘贴标签,以标明走线的去向与来源线缆的走向,标识以系统信源下行为去向,即以机房内设备点为起始端,现场扬声器或噪声探测器为最终端。

线缆的布放应自然平直,不得产生扭绞、打结等现象,不应受到外力的挤压和损伤。在线缆进出线槽部位、转弯处应绑扎固定,不同类型的线缆应分束绑扎。在防静电地板下可以将线缆直接布放在地板上,但应注意顺直不凌乱,尽量避免交叉,并适当用扎带固定,布线要整齐美观,不得堵住送风通道。

线缆敷设完成后还应进行测试,以检验敷设过程中缆线是否有损伤,为设备的安装及调试打好基础。

(4)设备安装施工准备

根据现场情况,核查系统施工图纸,准备好系统设计图、系统管线图、设备间连接图、设备内部配线图等,了解施工现场进度,必须在通信机房及相关控制盒安装房间的装修工程完工后方可进行安装工作,并注意考虑设备安装后安全问题。

设备到货后进行检验、点收,按照施工顺序的先后分类存放或运输,并收集好各类设备软件、合格证明文件、质量证明操作手册等随机文件,并做好开箱检查记录。运输过程严格按照安全施工规范进行,对特殊设备制定专门运输方案,充分保障设备运输过程的安全;设备安装所需专用工、机具准备。

(5)扬声器安装

①吸顶扬声器安装

吸顶扬声器的安装要与车站装修单位密切配合,尽量在车站顶棚开始封顶时进行扬声器的安装。

扬声器必须安装牢固、美观,还需要考虑到各种灯的位置、消防喷头的位置、空调出风口,以及天花板封顶的造型等。安装孔要使用专用开孔器开孔,不要破坏顶棚的整体效果。开孔直径按照扬声器说明书中规定的开孔尺寸,但在实际施工中,可以稍微大一点点,这样安装和取出扬声器会更容易,尤其是石膏天花板,扬声器安装过紧,安装和取出时很容易破坏石膏天花板。

安装时将现场布线与扬声器线进行连接;将扬声器左右两个卡爪向上掰开后放入天花板预先开好的安装孔中,卡爪上的弹簧使其恢复原位,将扬声器固定在天花板上。

②室内壁挂扬声器安装

直接安装:根据设计要求找好标高,严格按照扬声器后面标注的安装孔位置在墙壁上打眼,直接利用膨胀螺丝进行安装。在墙壁上打眼使用专用的冲击钻,不要破坏墙壁。把现场布线与扬声器线连接,将余留线缆整理好;将扬声器固定在安装挂件上。膨胀螺丝、扬声器上的螺丝等一定要拧紧,以防扬声器掉落。

利用托架及预埋件进行安装:当建筑物不能直接打眼安装时,先在建筑物上预埋挂件,利用扬声器的托架和螺栓螺母进行安装。

③明装声柱

根据设计要求的高度和角度位置预先设置胀管螺栓或预埋吊挂件。具有不同功率和阻抗比的成套喇叭，事先按设计要求将所需接用的线间变压器的端头焊出引线，剥去 10～15 mm 绝缘外皮待用。明装壁挂式分线箱、端子箱或声柱箱时，找准标高进行钻孔，埋入胀管螺栓进行固定，要求箱底与墙面平齐。大型组合声柱箱安装时，应按图挂装并有一定的倾斜角度。

外接插座面板安装前盒子应收口平齐，内部清理干净，导线接头压接牢固，面板安装平整。

④吊顶内嵌入式喇叭安装

引线用端子与盒内导线接好，再用手托着喇叭使其与顶棚贴紧，用螺丝将喇叭固定在吊顶支架板上。当采用弹簧固定喇叭时，将喇叭托入吊顶内再拉伸弹簧，将喇叭罩勾住并使其紧贴在顶棚上，并找正位置。

⑤扬声器网交流阻抗测试

扬声器安装完成后对扬声器网进行交流阻抗测试。

(6)机房设备安装

机房设备包括监控室设备和客服主机房及配线间设备。监控室内安装系统管理设备、语音合成设备、信源设备、监听设备及操作员终端；客服主机房及配线间安装数字功率放大器、相关的控制/检测及切换设备等。

大型机柜采用槽钢基础时，先检查槽钢基础是否平直，其尺寸是否满足机柜要求。多台排列时，从一端开始安装，逐台对准孔位，用镀锌螺栓固定。机架固定后应端正、稳固；机架前后及左右倾斜偏差应小于机身高度的 1‰，每列机柜的正面应在同一直线上。不满足要求时，可用铁垫片加以校正，校正完毕后对安装螺栓进行紧固。

机柜安装时，底座背板应与墙壁距离 0.8 m，当广播机柜与其他机柜同时摆放时，与其他机柜保持整体协调。

CD 机、收扩音机、录音机等组合音响设备安装在机柜内时，根据设计要求及设备说明书逐台装入机柜，上好螺栓，固定平整。

设备安装完后，调试前应将电源开关置于断开位置，各设备采取单独试运转后，对整个系统进行统调。

(7)设备安装调试

设备安装包括设备机柜安装、设备配线、各类控制台(含话筒)安装及配线、设备间配线。

参照安装手册安装各类设备内部模块，安装时必须戴好防静电护腕；设有收扩音机、录音机、电唱机、激光唱机等组合音响设备系统时，应根据提供设备的厂方技术要求，逐台将各设备装入机柜，上好螺栓，固定平整。

采用专用导线将各设备连接好，各支路导线线头压接好，设备及屏蔽线应压接好保护地线。当扩音机等设备为桌上静置式时，先将专用桌放置好，再进行设备安装，连接各支路导线。各类控制台安装在便于操作维护的位置，接线保证正确性。

设备安装完后，调试前应将电源开关置于断开位置，各设备采取单独试运转后，对整个系统进行统调，调试完毕后应经过有关人员进行验收后交付使用，并办理验收手续。

(四)综合显示系统

1. 施工流程

综合显示系统施工流程如图 4-15-12 所示。

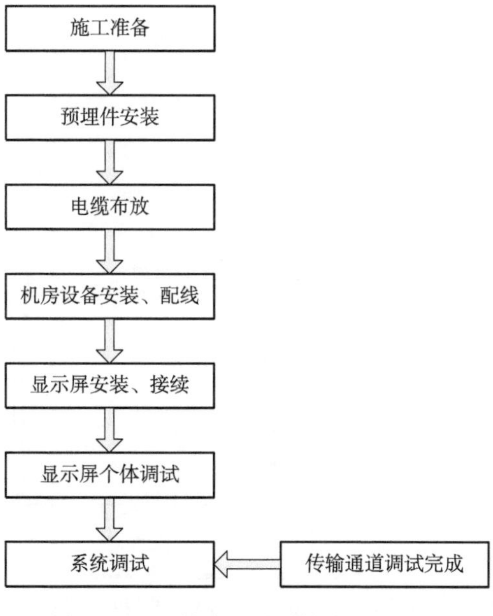

图 4-15-12　综合显示系统施工流程图

2. 关键工序及技术要点

(1)施工准备

审核设计文件、施工图纸，熟悉设备技术资料。根据施工图设计，认真进行现场测量定位，确定显示屏安装位置和环境，显示屏承重钢构及预埋件的结构及安装方式等；测量机房内防静电地板高度，绘制设备底座加工图;测量计算各种缆线的长度及工作量,确定缆线敷设方式;对照施工图设计,找出施工参照物,尤其是施工轴线,为显示屏及构件的安装准确定位。在保证系统功能质量的前提下,提高工艺标准要求,确保施工质量。设备装卸运输应符合《铁路通信施工技术安全规则》的规定。设备材料到货后及时清点、验收及库存;光电缆单盘测试并做记录。

(2)预埋件制作及缆线敷设

在取得施工图纸后,根据批准的设计文件和基本建设计划开始进行施工现场调查,核对设计图纸文件,进行施工复测。检查沟槽、管、洞、电缆桥架、托架等的预留情况,发现与设计不符的,及时提出,并与相关承包商联系解决;缆线敷设前检查预埋管线安装是否完成,管线出线位置是否正确,发现与设计不符的,及时提出,并与相关承包商联系解决;缆线敷设时根据设计管位穿放,进入机房后注意绑扎整齐、美观,标识清楚、正确。

(3)吊挂式显示屏安装

①在无柱雨棚站台上的安装方式

无柱雨棚站台显示屏安装,要考虑包括显示设备重量、附属设备重量及维护结构重量等各种荷载,按照所有荷载的最不利组合进行屏体结构设计。

②双杆安装方式

显示屏吊挂固定件采用抱箍形式与雨棚的钢管梁连接,固定件和吊杆的连接采用螺栓,可以使吊杆自然垂直于地面。吊杆顶部示意如图 4-15-13 所示。

吊杆分为上、下两部分,可以调节高度;与显示屏的连接件与前面所述相同。吊装示意如图 4-15-14 所示,实际安装效果如图 4-15-15 所示。

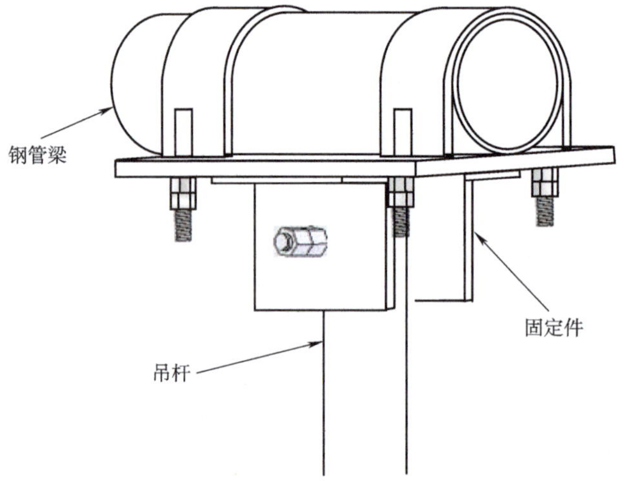

图 4-15-13 吊杆顶部示意图

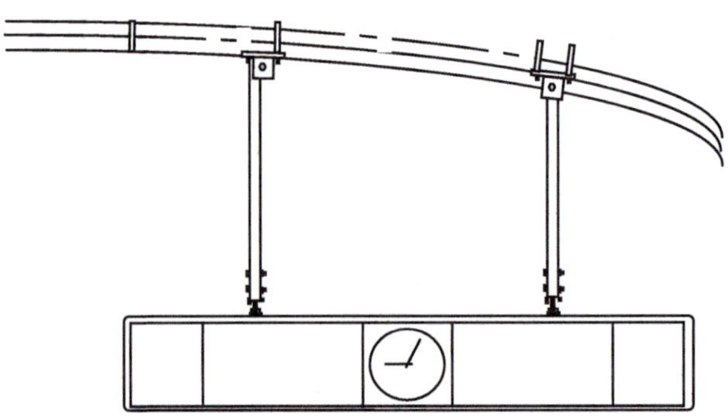

图 4-15-14 吊装示意图

图 4-15-15 实际安装效果图

③安装注意事项

吊挂式显示屏的安装与房建及装修等施工单位牵扯较多,一定要做好与相关单位的密切配合,掌握他们的施工工期计划，尤其是吊顶安装的时间和步骤，合理安排我们的施工计划。吊挂件的安装要在吊顶施工之前完成，待吊顶完成后进行显示屏的安装。

(4)壁装式大型显示屏安装

由于大型显示屏的重量很大，因此显示屏外框架上部应吊挂固定在建筑物的主梁上，而安装位置正上方一般不会恰好有建筑物主梁，所以采取在建筑物主梁上固定悬梁，在悬梁的前端连接吊杆来吊挂显示屏外框架，显示屏外框架下部在建筑物龙骨上用角钢进行固定的方式。

首先进行悬梁安装。悬梁采用槽钢制作，利用膨胀螺栓将槽钢固定在建筑物混凝土主梁上(若建筑物为钢梁，采用焊接方式固定槽钢悬梁)，悬梁的间距一般为 2 300 mm，在悬梁的顶端焊接法兰用以连接显示屏吊杆。吊杆可采用 $\phi60$ 和 $\phi50$ 钢管制作，上部吊杆为 $\phi60$ 钢管，顶部焊接法兰，用以连接悬梁；下部吊杆为 $\phi50$ 钢管，底部焊接螺杆用以吊挂显示屏。上部吊杆法兰与槽钢悬梁顶端法兰利用螺栓连接，法兰连接孔开成长圆形，以利于吊杆位置的调节，下部吊杆插入上部吊杆内用螺栓连接，下部吊杆顶部开多个调节孔，用以调节吊杆长度。槽钢悬梁及吊杆要进行防锈处理，槽钢悬梁示意如图 4-15-16 所示。

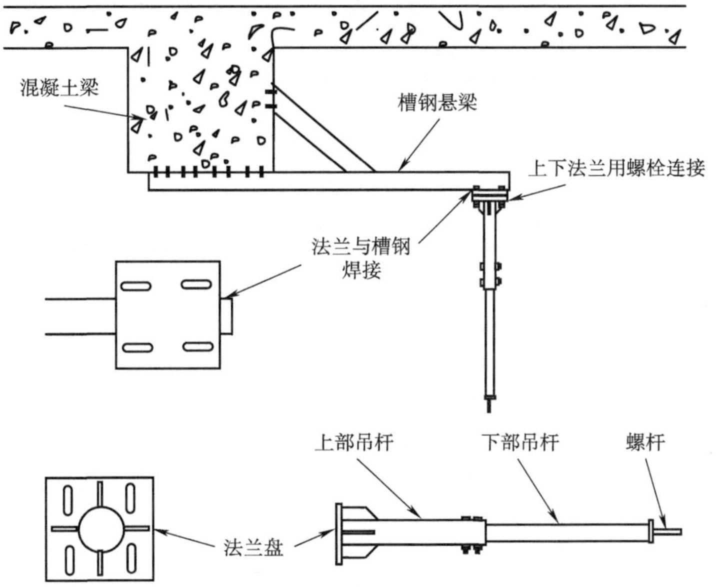

图 4-15-16　槽钢悬梁示意图

制作安装显示屏维修马道。维修马道采用 40 mm×40 mm×3 mm 角钢及 40 mm×40 mm×3 mm 方形钢管焊接而成，表面需进行防锈处理。为安全起见，维修马道需铺设钢丝网。马道的安装采用膨胀螺栓与混凝土顶部直接相连。维修马道距显示屏背部的距离以 200 mm 为宜。马道示意如图 4-15-17 所示。

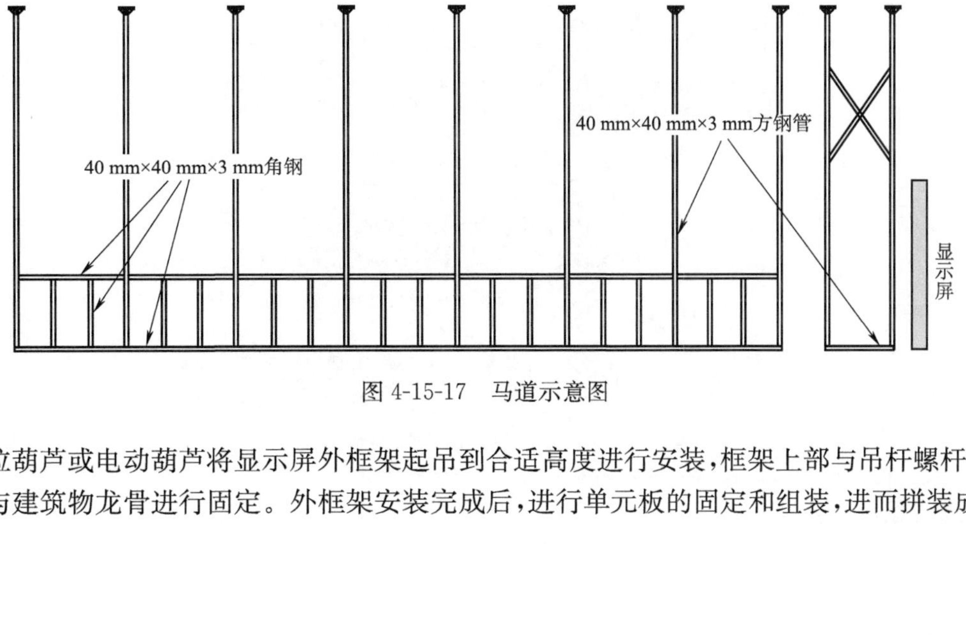

图 4-15-17　马道示意图

利用手拉葫芦或电动葫芦将显示屏外框架起吊到合适高度进行安装，框架上部与吊杆螺杆进行连接，下部利用角钢与建筑物龙骨进行固定。外框架安装完成后，进行单元板的固定和组装，进而拼装成大屏。安装完成后屏体显示面与墙体装修面平齐,上部与房屋吊顶平齐,所有吊杆隐藏在吊顶以上。施工过程中要探明建筑物主体结构钢筋位置,避开主体钢筋进行施工,保证建筑物安全。

大型显示屏安装侧面示意如图 4-15-18 所示,正面示意如图 4-15-19 所示,实际安装效果如图 4-15-20 所示。

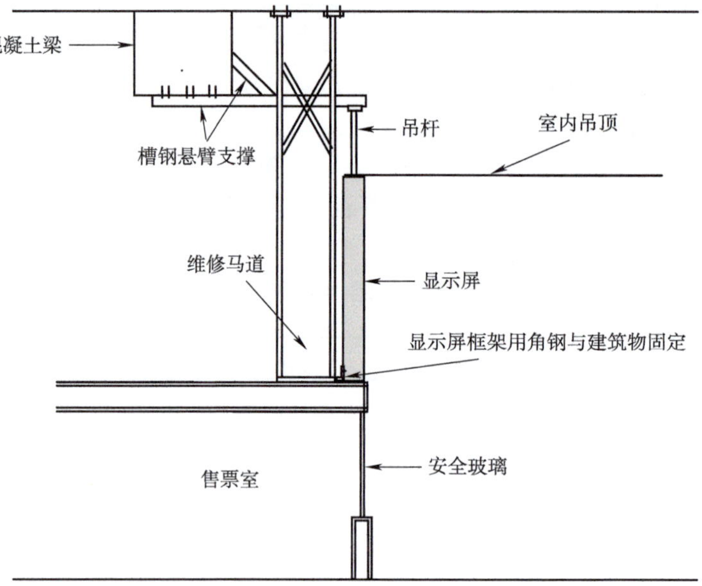

图 4-15-18 大型显示屏安装侧面示意图

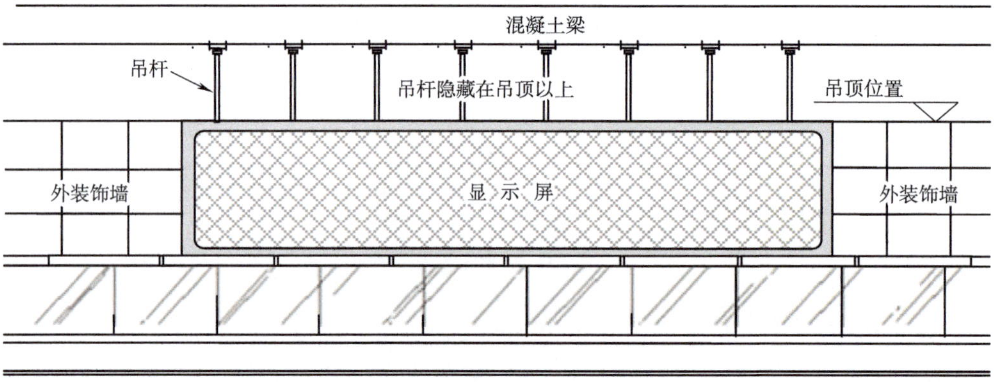

图 4-15-19 大型显示屏安装正面示意图

图 4-15-20 大型显示屏实际安装效果图

(5)到发通告显示屏安装

到发通告显示屏相对于其他显示屏的安装比较简单，首先根据设计要求制作安装 PDP 显示屏支架，待前期的房建、装修工程施工结束后，将到发通告显示屏安装于支架之上，进行接线通电试验即可。

支架的安装根据设计要求和现场实际情况采用膨胀螺栓固定或焊接的方式。不管采取哪种方式，支架的承重能力应不小于实际承载重量的 4 倍。当安装面为建筑物的墙壁或屋顶时，必须是混凝土或与其强度等效的安装面。如果安装面为材质疏松的安装面(如木质、实心砖墙等)，或安装表面装饰层过厚，其强度明显不足时，应采取相应的加固、支撑措施。

到发通告显示屏在支架上安装固定要确保使用显示屏背面的四个 M8 螺丝孔进行。

安装后的到发通告显示屏应稳固，重心稳定，左右水平度相差小于 1°；到发通告显示屏垂直法线与视线夹角小于 15°；注意安装时不要堵塞到发通告显示屏背部的散热孔。

到发通告显示屏安装实际效果如图 4-15-21、图 4-15-22 所示。

图 4-15-21 到发通告显示屏实际安装效果图(一)

图 4-15-22 到发通告显示屏实际安装效果图(二)

(6)显示屏安装调试

首先是设备定位，应按照设计文件要求进行定位，同时应考虑躲避喷淋头、风口位置，还应与装饰导向牌、CCTV 系统、广播系统相互协调，以避免相互影响重复施工。其次是设备支架安装，设备支架应安装牢固可靠，并垂直于水平面。

显示屏的安装方式一般有吊装、壁装和立柱式安装三种方式，根据现场调查结果，设计显示屏安装方式并报请设计审批后，加工安装显示屏安装所需的吊挂件、壁挂的结构件、立柱等。各种钢构件按照设计要求焊接，焊缝表面不得有裂纹、未焊透、未熔合、焊瘤、气孔、夹渣等缺陷，焊缝高度 6 mm 满焊。焊接时应采取有效措施防止钢结构构件变形。同一块屏的钢构在 x 轴和 z 轴方向要保持一致，y 轴方向垂直，误差在钢构可调节范围以内。焊好后的结构件要根据现场装修风格进行相应颜色的烤漆处理。支架颜色应与装饰环境相协调。

结构件安装完成后，进行显示屏的安装。显示屏的安装位置及方式应符合设计要求，固定牢靠，显示屏像素管安装应一致，无松动及管壳破裂现象。安装显示屏按照统一标准，安装时兼顾美观与牢固；设备安装应配置足够的人力和机械，统一指挥协调工作，防止设备滑落或碰伤。火、零、地线应分别对应设备相应的接线端子，严禁错接，严格按照设计文件要求进行施工。

电源及信号线引线应隐蔽安装。管路两端设备处导线应根据实际情况留有足够的冗余。导线两端应按照图纸提供的线号用标签进行标识，根据线色来进行端子接线，并应在图纸上进行标识，作为施工资料进行存档。

在显示屏安装完成，确认线缆接续无误后，对供电电压进行复测，为设备加电，并安装相应的软件。遵照招标文件及合同要求，进行功能、性能调试。

(7)系统调试

系统调试是在传输系统调试完成的基础上进行；控制中心维护管理终端实时反映设备运行状态，系统自诊断，对全系统设备工作状态、故障状态显示、记录，对系统设备的控制等各项功能检测；系统网络的管理配置功能检验。

(五)旅客携带物品安全检查系统

1. 施工流程

旅客携带物品安全检查系统施工流程如图 4-15-23 所示。

图 4-15-23 安全检查系统施工流程图

2. 关键工序及技术要点

(1)施工准备

熟悉施工图纸和相关规范,施工前应详细了解施工图和相关适用规范及文件;提前发现问题,及时与建筑装饰、水电承包商达成理解,协调一致;根据施工设计图纸对现场核查,发现不符处立即通知设计和监理工程师,并及时了解现场其他各专业的施工进度,以便工作安排;主要设备的开箱检验、库存、运输等准备工作,常用、专用工机具的准备。

(2)预埋管安装,电缆穿放

预埋管安装:按照规范进行支撑物安装、钢管安装、特殊部位处理、标识、地线连接等工作,安装时注意平直、美观、牢固等工艺要求。

电缆穿放:电缆应均匀穿放,做好管口防护措施,做好各种箱盒的恢复工作,缆线标识清楚、正确,缆线敷设完成后须进行测试工作,缆线的绑扎要美观整齐。

(3)设备安装调试

设备严格按照设备平面设计图进行安装,安装时充分利用水平尺、定位仪反复比较,保证垂直度、水平度在设备安装规范范围内,安检仪安装要考虑防滑和加固处理,以防造成位移。安检仪配套的安检桌椅摆放到指定位置。

四、各系统重点施工环节注意事项

为确保工程实施质量,各系统重点施工环节注意事项见表 4-15-1。

表 4-15-1 各系统重点施工环节注意事项

系统	施工准备	现场测量定位	设备安装	线缆成端测试	设备加电调试
票务系统	审核设计图纸,进行安全、技术交底	确定安装位置和环境,加工设备预埋件,协调装修专业预留检票闸机及自动售票机安装孔洞	开箱检验,设备应无碰撞凹陷、锈蚀及螺丝脱落现象,说明书、合格证完整齐全后进行安装	对网线及光纤进行成端后测试,并做好标签	安装完成,对所有设备进行通电调试,检测各种票务系统设备功能
视频监控系统	审核设计图纸,进行安全、技术交底	确定安装位置和环境,加工设备吊挂件,协调装修专业预留孔洞	开箱检验,设备应无碰撞凹陷、锈蚀及螺丝脱落现象,说明书、合格证完整齐全后进行安装	同轴缆成端的 BNC 头焊接时不能出现虚焊、假焊,混线、断线,焊接完成后线的绝缘性能良好。控制缆的正负极性应接正确,不能接反。光纤接续后要使用 OTDR 进行测试	安装完成,对所有设备进行通电调试,检测各设备功能及摄像效果,完全达到功能和视觉效果要求后,方可投入使用
时钟系统	审核设计图纸,进行安全、技术交底	确定安装位置和环境,加工设备吊挂件,协调装修专业预留孔洞	开箱检验,设备应无碰撞凹陷、锈蚀及螺丝脱落现象,说明书、合格证完整齐全后进行安装	设备配线之前首先对敷设好的缆线进行检查和测试,合格后进行设备配线。用 500 V 兆欧表测试配线绝缘电阻	设备安装完成,检查测量供电电压,然后进行加电调试
广播系统	审核设计图纸,进行安全、技术交底	确定安装位置和环境,加工设备吊挂件,协调装修专业预留孔洞	开箱检验,设备应无碰撞凹陷、锈蚀及螺丝脱落现象,说明书、合格证完整齐全后进行安装	线缆敷设严禁有绞、拧和压扁,保护层断裂和表面严重划伤缺陷,与各种管路距离要符合设计要求。配线的绝缘电阻:线间应大于 30 MΩ;电源配线应大于 1 MΩ(不带端子)。电源零线与火线间绝缘电阻应符合设计要求	设备安装完成,线缆连接完毕,检查测量供电电压,然后进行加电调试,功能试验应正常。系统的输出电平、输出信噪比、声压级和频响等指标要符合设计要求

续上表

系统	施工准备	现场测量定位	设备安装	线缆成端测试	设备加电调试
综合显示系统	审核设计图纸，进行安全、技术交底	确定安装位置和环境，显示屏承重钢构及预埋件的结构及安装方式等	开箱检验，设备应无碰撞凹陷、锈蚀及螺丝脱落现象，说明书、合格证完整齐全后进行安装	配线前使用500 V兆欧表对配线进行测试，配线线间绝缘电阻应大于30 MΩ，电源配线应大于1 MΩ（不带端子）。电源零线与火线间绝缘电阻应符合设计要求。若使用光纤传输，光纤熔接后要使用OTDR进行测试	安装完成后，对所有设备进行通电调试，检测系统各项功能及显示效果，完全达到要求后，方可投入使用
安检系统	审核设计图纸，进行安全、技术交底	确定安装位置和环境，协调装修专业预留孔洞	开箱检验，设备应无碰撞凹陷、锈蚀及螺丝脱落现象，说明书、合格证完整齐全后进行安装	设备配线之前首先对敷设好的缆线进行检查和测试，合格后进行设备配线。用500 V兆欧表进行测试，电源配线的绝缘电阻应大于1 MΩ	安装工作完成后，对所有设备进行通电调试，检测系统各项功能

五、经验体会和建议

（一）经验体会

1. 施工工艺繁杂

由于设备种类多，施工工艺各不相同。特别是外场设备，由于每个车站的平面布置、装修材料、高度、类型不一，设备安装过程中要根据现场情况采用不同的安装工艺和方法，既要考虑承重、美观，又要考虑使用效果、维修等多种因素。

2. 交叉施工多，施工协调工作量大

本次系统工程与房建、装修、照明、空调、消防、供电、信号等多个专业存在交叉施工。在车站这个特定施工环境，装修、照明、空调、消防等专业在同一作业空间施工，必然相互影响。

3. 设备安装种类多、数量大

本次工程包括票务系统、旅客服务信息系统、其他系统等，这三个系统又各包括很多子系统，系统复杂，设备种类多、数量大。

4. 管线工程量大

本项目的管线有钢管、槽道、托架、桥架、托盘、支架等，管线敷设主要集中在车站站台、站厅和区间，施工困难，施工干扰大，且管线工程制约着缆线的敷设以及后续阶段施工。

5. 线缆数量多，敷设难度大

站厅、站台缆线穿放在钢管、桥架、槽道内。站台、站厅内缆线种类多、数量大，敷设位置、长度不一，缆线穿放困难、速度慢，且受其他施工专业及现场条件的限制和影响。

（二）建　　议

1. 做好详细的施工调查和准备工作

开工前对铺架、土建、房建、通风、信号等专业施工单位的工程进度和进度计划进行详细的调查，制定详细的区间缆线、车站管线工程的进度计划和与其他专业施工单位的工作界面及协调计划，报监理工程师，由监理工程师、相关专业施工单位和投标人共同协商站内、区间施工的衔接表和相应的时间。

做好详细的施工准备工作，包括人员、机械、材料等，随时准备进行突击性施工。

2. 加强协作，减少干扰

施工中，服从招标人的统一协调与安排，积极与铺架、接触网、水暖、房建、装修、信号等各相关专业施工单位保持联系，互通施工进度信息，共同协商创造互利的施工环境，并严格按照协调结果组织施工，做到最佳配合。

3. 增加投入，扩大作业面

根据工程实施具体情况增加相应的施工机械和人员，有效扩大作业面，确保施工进度。如条件允许，可同时进行多站、多区间缆线、管线以及外围设备的安装。

4. 理顺工序，合理安排

精心组织,理顺工序,合理安排区间光电缆、车站管线和缆线以及外场设备安装工程的施工,确保在车站装修前完成管线及设备安装支架工程的施工,减少干扰;施工中,可将整个安装工程细分为若干个小项目,并成立相应的小组,实现流水化作业,提高安装工程工作效率,减少返工率,缩短施工周期。

研究制定区间缆线、车站管线的施工方案和施工方法,并在实际施工中进行验证,通过一个区段或一个车站的实践,总结并借鉴相关施工单位先进的施工方法,对制定的施工方案和施工方法进行修订,并按修订后的方案和方法实施。

5. 加强管理,确保进度

充分利用项目管理软件及网络计划技术,按总工时不变的原则,合理安排资源,有效提高施工机具、人员的管理和利用,保障总体施工进度。

合理组织,建立相关的奖惩制度,充分调动所有参建人员的积极性。

6. 加强工序检验制度,避免返工

加强区间光电缆、车站管线、外场设备安装等工程的技术管理工作。特别是车站缆线敷设过程,要详细了解从机械室到每个设备的缆线种类、规格、程式,对要敷设的缆线在敷设前进行标识确认,避免漏放或错放,造成返工。

严格工序检验制度,避免由于材料、施工质量不达标准而造成返工。特别施工车站缆线均采用穿管防护,如漏放或缆线故障,则需重新布放,耗功、费时同时对装修工程也有影响。

7. 物资供应及时

材料的及时供应是确保工程顺利进行的关键,物资部门利用信息管理系统软件编制与施工计划相应的月、旬、周、日物资供应计划,提前组织物资供应,保证各项工程的顺利进行。

督促供货商按时供货,加快物资的保管和检验,避免不合格品进场,避免造成返工,影响施工进度。

8. 确保人员、机具充足

储备充足的人力、物力资源,在工期紧张的情况下,可迅速调派到现场,增加作业面。

配备足够的性能良好的施工机械和设备,定期进行检验,并在施工前进行试运转,对主要的、关键的施工机械配备一定比例的备用数量。

第十六章　工 程 接 口

接口管理是客运专线建设管理的一项重点内容，要制定接口管理实施细则，做好事前控制工作。要细化接口管理工作流程和责任，确保综合接地、电缆过轨和上桥、接触网滑槽、接触网支柱基础等接口工程质量，实现工程接口协调统一零缺陷。

设计单位按照系统工程原理和客运专线技术要求，研究提出接口设计措施，保证路堤、路堑、桥梁、隧道过渡段基础刚度和沉降变形变化均匀；注重各专业之间接口界面的协调，保证站前工程与站后工程的系统集成优化，确保客运专线成为有机的整体；提出保证接口施工质量管理的指导意见，做好设计交底工作。

施工单位认真领会设计文件，细化接口工程界面和施工技术措施，研究采用保证接口质量的施工组织方案和施工方法，并认真组织施工。

一、主要接口内容和施工安排

各专业、各标段间主要接口内容和施工安排见表 4-16-1。

表 4-16-1　专业接口内容和施工安排

项　目	接 口 内 容	负责施工专业	施工图设计配合	质量交接验收方式
电缆槽	贯通槽道使用	路基、桥梁、隧道、站场	设计院负责方案设计，反映在站前各专业图纸上	施工专业监理
综合接地	路堤、路堑地段接头引出，隧道壁接头引出，桥梁墩台预留接头	路基、桥梁、隧道，其他待定	设计院负责方案设计，反映在站前各专业图纸上	监理、信号专业（系统集成方）提前配合
接触网支柱基础	接触网基础及锚栓基础的位置	桥梁、路基、隧道	设计院提文件，路、桥、隧等专业纳入施工图	监理、电气化专业施工配合
过轨管线	管径、位置	线下专业	相关设计院负责对接	监理、信号专业（系统集成商）提前配合
站场道岔	工电联合安装与调试	道岔制造、轨道、信号	前期工作轨道专业为主	联合施工，信号专业最终负责
生产房屋接口	沟槽管线和室内装修	房建专业	专业互提资料时间安排	通信、信号、电力专业提前介入
综调与子系统	软、硬件标准	各子系统对应专业	系统集成方案确定	由综合调度主体施工单位协调
声屏障	路基支柱基础、桥梁预留条件	线下各专业	设计院负责	监理、环保专业

二、信息工程接口管理

信息系统接口管理贯穿于铁路客运专线建设的各个阶段，随着工程的不断推进而逐步的深化、量化，并在各个工程阶段逐步得到落实和实施。

信息系统接口主要分子系统内部接口和外部接口。内部接口主要是合同范围内的各子系统与集成管理平台的接口以及与上海路局端的接口；外部接口主要是指合同范围外与各专业工程间的接口，主要包含：房建、机电、给排水、消防系统、内部装修、楼宇自控(BAS)、静态标识、四电集成、运营商室内覆盖等。

信息工程接口工程常见问题及解决方案见表 4-16-2。

表 4-16-2　信息工程接口工程

序　号	外部接口	可能出现冲突	解决方案
1	房建	相关机房进度迟缓，影响设备安装	敦促房建单位加快施工进度
		墙体、地面进度影响综合布线管线施工	敦促房建单位加快施工进度 修正施工方案，更改施工顺序

续上表

序　号	外部接口	可能出现冲突	解决方案
2	机电	安装位置冲突,影响综合布线桥架管线施工	实施前与对方进行管线综合
		安装位置冲突,影响终端安装位置	图纸会审时与设计、施工单位修正图纸
3	给排水	安装位置冲突,影响综合布线桥架管线施工	实施前与对方进行管线综合
		安装位置冲突,影响终端安装位置	图纸会审时与设计、施工单位修正图纸
		试水试压,造成终端设备短路等	提前沟通实施时间,做好设备保护
4	消防系统(FAS)	安装位置冲突,影响综合布线桥架管线施工	实施前与对方进行管线综合
		安装位置冲突,影响终端安装位置	图纸会审时与设计、施工单位修正图纸
		试水试压,造成终端设备短路等	提前沟通实施时间,做好设备保护
5	装修	机房装修进度缓慢,影响设备安装	敦促装修单位加快施工进度
		吊顶方案影响预埋件、吊挂件安装	及时沟通,修正施工方案
		地面大理石、玻璃幕墙施工未预留孔洞	图纸会审时进行开孔、预留交底
6	楼宇自控(BAS)	机房设备安装位置冲突	图纸会审时与设计、施工单位修正图纸
7	静态标识	安装位置冲突,影响终端设备安装	图纸会审时与设计、施工单位修正图纸
		电缆管线与综合布线桥架管线位置冲突	实施前与对方进行管线综合
8	四电集成	接触网带电影响雨棚、吊顶内施工	提前沟通,带电前完成相关部位施工
		通信主干网络未贯通影响系统调试	敦促相关单位加快施工进度
9	运营商室内覆盖	机房设备安装位置冲突	深化设计时预先预留对方安装位置
		光、电缆管线与综合布线桥架管线位置冲突	图纸会审时与设计、施工单位修正图纸

信息工程接口管理的主要工作内容包括:

(1)协调及管理合同范围内外之间的接口及相关事宜,满足建设单位要求,在整个工程中确保与其他接口方的接口问题予以圆满解决;所有相关工程、设备的供货、安装及测试充分协调;提供的设备,与外部运营商及相关工程承包人充分兼容。

(2)遵守建设单位接口管理相关规定,联络信息系统集成技术人员、其他工程承包人以及既有线运营公司,确认设计及工程物理接口,负责与所有接口方落实相关接口并符合一定的作业程序。

(3)与建设单位和接口涉及单位积极有效的沟通,将接口相关风险减至最低,寻求最佳接口解决方案,确保所有接口计划的适用性和准确性。

(4)充分了解工程进展情况,并派员及时跟踪各系统之间的接口,确保接口功能的实现。与接口方协调并商定接口测试日期,对已完成的土建预埋件、部件等设计进行确认,对已实施的和正在实施的工程进行确认,并派员到现场确认安装质量。

(5)与其他施工单位及相关机构主动联络,协调解决所有接口问题。

三、路基接口工程施工

(一)电 缆 槽

电缆槽在路肩级配碎石施工完成后开槽施工,采用专门切割机划线切槽,安装电缆槽预制构件。电缆槽基础采用人工整平,小型冲击夯夯实,然后铺设透水卵石或碎石并压实后,再安装电缆槽。电缆槽与路基竖向接触面间的缝隙按设计采取防水材料填塞处理,电缆槽不得影响路基的稳定和防排水功能。

1. 施工流程

预制电缆槽施工工艺流程如图 4-16-1 所示。

2. 工艺要点

(1)测量定位

当基床表层填筑完成后,利用全站仪根据设计位置、尺寸每 10 m 为一测点精确测量定位。

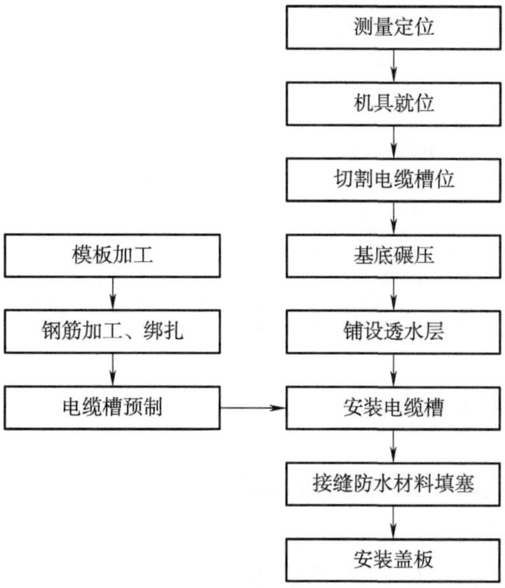

图 4-16-1　预制电缆槽施工工艺流程图

(2)机械切割

根据施工能力,每 500 m 路段安排一套专用机械设备进行切割,每套机械设备配备 3 人,2 人负责机具操作,1 人负责基槽修整。

(3)基底碾压

基槽切割完成后,人工配合将电缆槽底部整平,然后采用小型振动压路机碾压密实。

(4)铺设透水层

电缆槽安装前首先在基槽底部铺设透水卵石或碎石,采用小型冲击夯夯实。

(5)安装电缆槽

上述工序施工完毕,安装电缆槽。电缆槽的结构尺寸、构件混凝土强度符合设计要求,不得缺棱掉角。拼装的电缆槽线必须平顺,注意排水设施的安放。电缆槽与路基衔接处缝隙利用设计的防水材料填塞密实。

(6)勾缝施工

预制电缆槽安装完成后,以 M10 水泥砂浆勾缝。

3. 质量控制与要求

(1)电缆槽采用专用切割机械施工,与路基接触面按设计处理。

(2)不同线路形式的电缆槽应平顺连接,弯曲角度符合设计要求。

(3)电缆槽混凝土采用厂拌混凝土,强度必须符合设计要求。

(4)电缆槽下的透水卵石或碎石垫层含泥量符合规范、设计要求。

(5)电缆槽排水孔要保持排水畅通,综合接地孔的填塞方式和质量要满足设计要求。

(6)预制电缆槽安装应平顺,接缝咬合完好,侧面与路基间按设计防水材料填塞缝隙,盖板铺设平稳。每 50 m 抽样检验 3 处。

(7)电缆槽不得影响路基的稳定和防排水功能。

(8)电缆槽及手孔的安装应在接触网立柱基础施工完成后进行,测量放出电缆槽的准确位置,采用专门切割机切割电缆槽位基床表层级配碎石,再安装预制电缆槽。

(9)电缆槽基础底部采用人工整平,小型振动压路机碾压密实,电缆槽底部铺设透水层并采用小型压实机械压实后,再安装电缆槽,电缆槽预留孔内出水口选用干净碎石填充。电缆槽与路基接触面间的缝隙按设计采取防水材料填塞处理。电缆槽泄水孔采用 PVC 塑料管制作。

(二)接触网支柱基础

接触网支柱设于路基两侧,接触网支柱基础在路基基床表层施工完成后施工。采用旋挖钻机干钻成孔,为防止基坑内积水,成孔后立即浇筑混凝土,确保施工不损坏、危及路基的稳固、安全和防排水功能。

1. 施工流程

接触网支柱基础施工工艺流程如图 4-16-2 所示。

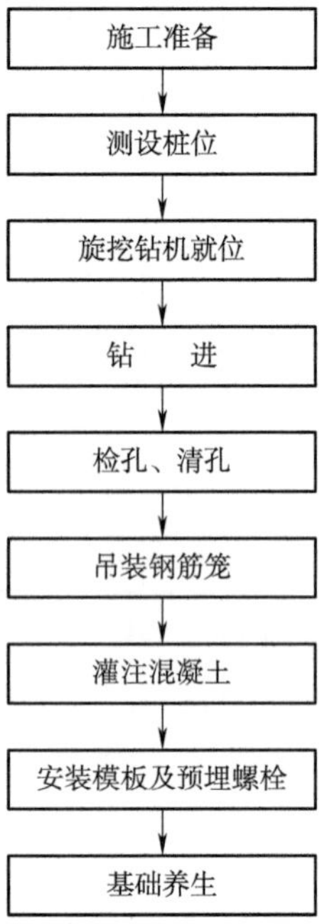

图 4-16-2 接触网支柱基础施工工艺流程图

2. 工艺要点

(1)测量定位

根据设计位置利用全站仪进行精确施工放样,做好护桩。

(2)钻孔

采用旋挖钻机成孔施工。

(3)清孔

钻至设计标高后,停止钻进,采用人工将孔底部浮(渣)土清理干净。

(4)检孔

检查钻孔桩的孔深、孔径、倾斜度是否符合设计要求。

(5)吊装钢筋笼

运输、起吊、焊接、安装、固定,确保预埋件位置准确。

(6)浇筑混凝土

混凝土采用集中拌和,混凝土罐车运输,人工辅助入仓,振动棒捣固。

3. 质量控制与要求

(1)接触网支柱基础应按设计要求位置、形状尺寸、深度进行施工,基坑施工时不得破坏路基及防护工程结构;不得因其施工而损坏、危及路基的稳固与安全,如有破坏,应用混凝土补齐。

(2)接触网基础平面位置应符合设计要求,下锚拉线的下锚环方向应在支柱基础中心与拉线基础中心连线上。

(3)接触网支柱基础混凝土强度必须符合设计要求。

(4)接触网支柱基础采用旋挖钻机干钻成孔。为防止基坑内积水,基坑挖好后立即浇筑混凝土,确保施工不损坏、危及路基的稳固与安全。

(三)过轨钢管

埋设于路基上的过轨钢管与路基同步施工,根据各过轨钢管设计的埋设高程,在路基填筑压实到高于钢管顶部高度后,人工在路基内挖一条与过轨钢管尺寸相当的横沟,将钢管铺设在沟内,按设计用中粗砂回填管周并夯实。每根过轨钢管均穿两根铁丝,并在钢管两端留一定的余量,以备后续工序施工使用。预埋过轨钢管两端用麻布包裹保护。

1. 施工流程

过轨钢管施工工艺流程如图 4-16-3 所示。

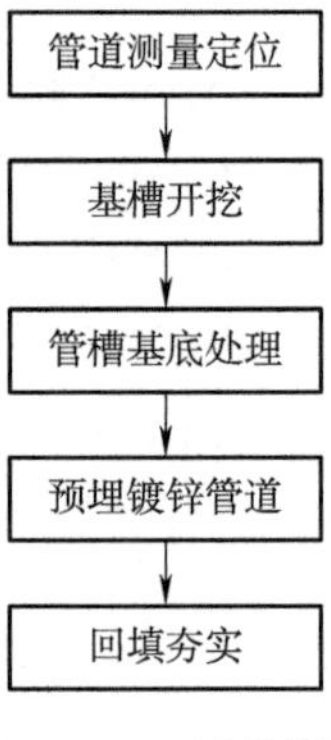

图 4-16-3 过轨钢管施工工艺流程图

2. 工艺要点

(1)通信、信号、电力的连通管道设置在不同的位置,施工前按设计文件规定的位置测量定位。

(2)根据连通管道测定的位置截取管道长度,打磨钢管头部,消除毛刺,两端用棉纱堵孔。

(3)根据各连通管道设计的埋设高程,在基床填筑压实到钢管设计高度顶部后,人工在基床内挖一条与钢管尺寸相当的横沟,将钢管铺设在沟内,用中粗砂回填管周、压实。施工不得损坏、危及路基的稳固与安全。

(4)严格控制铺设高程,以保证与电缆槽的预留孔对齐。

3. 质量控制与要求

(1)连通管道的材质、尺寸、管径、埋设根数及埋设位置、方式符合设计要求。

(2)根据设计位置进行测量放样,与路基同步修建完成,不得因其施工而损坏、危及路基的稳固与安全。

(3)修筑于路基上的连通管道与路基同步施工,根据各连通管道设计的埋设高程,在基床表层(底层)填筑压实到高于钢管顶部高度后,用小型轮胎式挖掘机(小齿型)在基床内挖一条与钢管尺寸相当的横沟,将钢管铺设在沟内,用中粗砂回填管周、压实。

第十七章　高性能混凝土及耐久施工

高性能混凝土是一种新型高技术混凝土，是在大幅提高普通混凝土性能的基础上，采用现代混凝土技术制作的混凝土，它以耐久性作为设计的主要指标。针对不同用途要求，对耐久性、工作性、适用性、强度、体积稳定性和经济性等性能重点予以保证。为此，高性能混凝土在配置上的特点是采用低水胶比，选用优质原材料，且必须掺加足够数量的掺合料（矿物细掺料）和高效外加剂。

一、混凝土的耐久性

混凝土的耐久性是指混凝土在实际使用条件下抵抗各种破坏因素的作用，长期保持强度和外观完整性的能力。耐久性指标一般是指混凝土的抗裂性、护筋性、耐蚀性、抗冻性、耐磨性及抗碱—骨料反应性等。具体的混凝土耐久性指标应根据结构的设计使用年限、所处的环境类别及作用等级等确定。

二、高性能混凝土的原材料

（一）水　　泥

水泥宜选用硅酸盐水泥或普通硅酸盐水泥，混合材宜为矿渣或粉煤灰。有耐硫酸盐侵蚀要求的混凝土也可选用中抗硫酸盐硅酸盐水泥或高抗硫酸盐硅酸盐水泥，不宜使用早强水泥。

当使用加有混合材的水泥时，往往不清楚所加入的混合材的数量和细度，所以为了保证混凝土的质量并充分发挥矿物质材料的作用，在配置耐久性混凝土时宜采用硅酸盐水泥或普通硅酸盐水泥，并将矿物质材料以掺合料的形式作为配置混凝土的组分加入拌和料中。特别需要说明的是，配制高性能混凝土不一定必须使用高强度水泥。因为在我国强度等级是按照规定的水灰比成型水泥砂浆，养护至规定龄期来确定的。而在高强混凝土中水胶比一般只有 0.30 左右，和水泥强度等级检验时的水灰比相比，有了明显的减小，这时不同强度等级水泥强度发展情况、水化产物结构与水泥强度检验水灰比条件下完全不一样。化学外加剂和矿物掺合料的使用，使得用较低强度等级水泥配置适当的高抗压强度混凝土有了可能。

（二）矿物掺合料

矿物掺合料，指以氧化硅、氧化铝为主要成分，在混凝土中可以代替部分水泥、改善混凝土性能，且掺量不小于 5% 的具有火山灰活性的粉体材料。矿物掺合料是混凝土的主要组成材料，它起着根本改变传统混凝土性能的作用。在高性能混凝土中加入较大量的磨细矿物掺合料，可以起到降低温升、改善工作性、增进后期强度、改善混凝土内部结构、提高耐久性、节约资源等作用。其中某些矿物细掺合料还能起到抑制碱—骨料反应的作用。可以将这种磨细矿物掺合料作为胶凝材料的一部分。矿物掺合料应选用品质稳定的产品。典型的矿物掺合料有硅粉、粉煤灰、粒化高炉矿渣、固硫渣等。

矿物掺合料对高性能混凝土的影响和作用主要有以下几方面：(1)改善混凝土的孔结构和界面性质；(2)改善新拌混凝土的工作性；(3)降低混凝土的温升；(4)改进混凝土的后期强度；(5)提高混凝土的抗化学侵蚀能力；(6)减少混凝土的收缩徐变。

（三）外 加 剂

混凝土外加剂，是指在拌制混凝土过程中掺入用以改善混凝土性质的物质。外加剂是混凝土除水泥、砂、石、水之外的第五大组分，是继钢筋混凝土、预应力混凝土之后混凝土技术的第三次突破。随着混凝土技术的发展和进步，混凝土外加剂，特别是高性能混凝土外加剂，是提升混凝土性能、提高混凝土耐久性、实现混凝土可持续发展最经济、最有效的技术途径之一。

外加剂应采用减水率高、坍落度损失小、适量引气、能明显提高混凝土耐久性且质量稳定的产品。外加剂与水泥之间应有良好的相容性。高性能混凝土主要应用的高效外加剂的种类主要有减水剂、减缩剂、引气剂等。

1. 减水剂

减水剂是一种在维持混凝土坍落度不变的条件下,能减少拌和用水量的混凝土外加剂。加入混凝土拌和物后对水泥颗粒有分散作用,能改善其工作性,减少单位用水量,改善混凝土拌和物的流动性;或减少单位水泥用量,节约水泥。

2. 减缩剂

混凝土的收缩开裂问题不仅影响混凝土的外观质量,还会影响结构安全,解决的办法通常是掺入膨胀剂等,但是这种方法也有局限性,还具有不确定性,因此急需寻找一种更好的办法。在 20 世纪 80 年代,日本和美国针对该问题开展研究,开发出了第一代可减轻混凝土收缩的新型外加剂,称减缩剂——一种基于减少水溶液表面张力的混凝土外加剂。与膨胀剂相比,聚羧酸系高效减水剂不会对混凝土干缩性能带来负影响,还可能有一定程度的改善作用。在隧道工程实践中,用聚羧酸系原料代替 UEA 类膨胀剂是合理可行的,对混凝土结构的耐久性有利。

三、高性能混凝土施工及过程控制

高性能混凝土在施工过程中,首先注意对原材料的把关过程,所有进场的原材料均应附制造厂家的合格证明书或复检报告单,且必须按规定复检,合格后方可使用。在使用过程中,必须按试验合格通知单核对后使用。进场原材料必须挂标识牌,严防混杂。

(一)混凝土配合比设计

设计合理的混凝土配合比至关重要。合理的混凝土配合比由实验室通过试验确定,除满足强度、耐久性要求和节约材料外,还应该具有施工要求的和易性。

在进行混凝土配合比试验前,按规定的要求对进场原材料进行复检,然后采用合格的原材料,参照国家标准 JGJ 55 进行设计,同时配制多种配合比作为拟试验配合比,并对拟试验配合比混凝土的总碱量和 Cl^- 含量进行计算,考察二者是否满足规定要求;不满足规定要求时,重新调整原材料或配合比参数。

(二)高性能混凝土的搅拌和运输

混凝土配制拌和之前,对所用机械设备、工具、材料应全面认真地进行检查、核实,确保混凝土的拌制和浇筑正常连续进行。

搅拌混凝土前,应严格测定粗、细骨料的含水率,准确测定因天气变化而引起的粗、细骨料含水率变化,以便及时调整施工配合比。搅拌时,宜先向搅拌机投入细骨料、水泥、矿物掺合料和专用复合外加剂,搅拌均匀后再加入所需用水,待砂浆充分搅拌后再投入粗骨料,并继续搅拌至均匀为止。上述每一阶段的搅拌时间不少于 30 s,总搅拌时间不宜少于 2 min,也不宜超过 3 min。

混凝土运输应选用能确保浇筑工作连续进行、运输能力与混凝土搅拌机的搅拌能力相匹配的运输设备。不得采用机动翻斗车、手推车等工具长距离运输混凝土。

运输混凝土过程中,应保持运输混凝土的道路平坦畅通。用以运输及存放混凝土的容器应不渗漏、不吸水,必须在每天工作后或浇筑中断超过 30 min 时清洗干净。保证混凝土在运输过程中保持均匀性,运到浇筑地点时不分层、不离析、不漏浆,并具有要求的坍落度和含气量等工作性能。应尽量减少混凝土的转载次数和运输时间。从搅拌机卸出混凝土到混凝土浇筑完毕的延续时间以不影响混凝土的各项性能为限。从加水拌和到入模的最长时间,应由试验根据水泥初凝时间及施工气温确定。

(三)高性能混凝土的浇筑和振捣

浇筑混凝土前,应针对工程特点、施工环境条件与施工条件事先设计浇筑方案,包括浇筑起点、浇筑进展方向和浇筑厚度等;混凝土浇筑过程中,不得无故更改事先确定的浇筑方案。

浇筑前,要对所有操作人员进行详细的技术交底,检查孔洞、预埋件位置是否正确并加固,使之不至于因混凝土振捣而移位;仔细检查钢筋保护层垫块的位置、数量及其紧固程度,并指定专人做重复性检查,以提高钢筋保护层厚度尺寸的质量保证率,构件侧面和底面的垫块至少应为 4 个/m^2,绑扎垫块和钢筋的铁丝头不得伸入保护层内,保护层垫块的尺寸应保证钢筋混凝土保护层厚度的准确性,其形状(宜为工字形或锥形)应有利于钢筋等定位,不得使用砂浆垫块。当采用细石混凝土垫块时,其抗腐蚀能力和抗压强度应高于构件本体混凝土,且水胶比不大于 0.4;对模板和钢筋及预埋件进行一次全面的检查,符合要求并经监理工程师批准后方可施工。

混凝土入模前，应测定混凝土的温度、坍落度和含气量等工作性能，只有拌和物性能符合要求的混凝土方可入模浇筑。混凝土浇筑时的自由倾落高度不得大于 2 m，当大于 2 m 时，应采用滑槽、串筒、漏斗等器具辅助输送混凝土，以保证混凝土不出现分层离析现象。混凝土的浇筑应采用分层连续推移的方式进行，浇筑间隙时间不得超过 90 min，不得随意留施工缝。

混凝土振捣可采用插入式高频振捣棒、附着式平板振捣棒、表面平板振捣器等振捣设备。振捣时不得碰撞模板、钢筋及预埋件。混凝土振捣应按事先规定的工艺路线和方式进行，应在混凝土浇筑过程中及时将浇筑的混凝土均匀振捣密实，不得随意加密振点或漏振，每点的振捣时间以表面泛浆或不冒大气泡为准，一般不超过 30 s，避免过振。

（四）高性能混凝土养护

混凝土振捣完毕，应及时采取适当的保温保湿措施对混凝土进行养护。当新浇混凝土具有暴露面时，应先将暴露面混凝土抹平，再用麻布、草帘将暴露面覆盖，并及时采取喷雾洒水等措施对混凝土进行保湿养护 14 d 以上。待喷雾洒水养护 14 d 以上且水泥水化热峰值过后，若需撤除麻布或草帘，应再用塑料薄膜将暴露面紧密覆盖 14 d 以上（塑料薄膜与混凝土表面之间不得留有空隙），或蓄水养护 14 d 以上，直至下道施工工序为止。

当混凝土采用带模养护方式时，应保证模板接缝处混凝土不失水干燥。新浇立面混凝土振捣 24～48 h 且强度发展至对结构安全性无不利影响时，可略微松开模板，并对模内混凝土进行浇水养护，直至下道施工工序为止。

第五篇　科研与技术创新

第一章　科研与技术创新工作管理

为贯彻落实铁路总公司、上海铁路局科研创新相关文件、会议精神，全面落实科技发展规划和科研创新规划，坚持“科技创新、工程技术和队伍建设”并重三原则，按照相互学习、相互促进、相互提高的发展思路，以安庆长江大桥施工技术（结合四新技术）、“四化”建设、复杂地质施工、邻近营业线隧道、爆破等施工项目为重点，结合宁安公司信息化系统建设，立足自身研究创新和实践积累，积极寻求专家参与创新及开发，塑造宁安世界客专品牌，展示宁安精品亮点、企业风采。

一、指导思想

积极引进、消化、吸收国内外先进技术，突出自主创新，开发具有自主知识产权的成果；做到“原始创新、集成创新，引进消化吸收再创新”，掀起“在学习中追赶，在创新中超越”，力争“人无我有、人有我优、人优我新”，追求“更好、更快、更省、更环保、更人性、更安全”。

二、总体目标

1. 创世界一流创新成果

瞄准世界科学发展前沿，原始创新、集成创新和引进消化吸收再创新结合起来，确保路局进步奖、省部级进步奖，力争国家级成果奖。

2. 造就一批高铁人才

通过科研项目开发、技术难题攻关、组织专业培训、开展学术交流等方式，培养造就具有世界水平的一批铁路高铁人才。

3. 推进六大创新体系建设

在铁路建设标准化管理体系、成套技术体系、施工安全保障体系、信息化管理体系、节能环保技术体系、技术标准体系等六大方面开展系统地研究和攻关。

4. 建宁安精品客专

塑造宁安世界客专品牌，展示宁安精品亮点、企业风采，力求形成宁安自己的特色。

第二章　科研项目、成果及奖励

一、科研项目及成果

（一）大跨度铁路斜拉桥抗震性能及减震措施研究

1. 立项情况

本课题为2009～2010年铁道部科技司年度科技开发计划项目，课题承担单位为同济大学。

2. 主要研究内容

针对安庆长江大桥和沪通长江大桥的建桥条件，对大桥进行抗震设计，其中抗震概念设计着重对结构体系和抗震策略的深入研究；抗震结构设计采用反应谱理论和时程分析法进行计算、验算结构的抗震能力；抗震构造设计应着重结构的细部构造措施的深入研究；并对结构主要部位进行延性抗震设计。

3. 研究结论

在100年超越概率10%地震作用下，安庆桥主桥主塔、桥墩及桩基础抗震性能满足相关要求，结构体系安全。

（二）大跨度铁路斜拉桥抗风性能及抗风措施试验研究

1. 立项情况

本课题为2009～2010年铁道部科技司年度科技开发计划项目，课题承担单位为西南交通大学。

2. 主要研究内容

针对安庆长江大桥和沪通长江大桥的建桥条件，对大桥进行风洞试验和抗风措施研究。主要包括：结构动力特性计算，桥址处风场的特性分析，斜拉桥桥塔结构静力系数的测量与计算，主梁的三分力试验，主梁的节段模型的颤振试验，主梁的节段模型的涡激振试验，成桥状态全桥气动弹性模型试验，最大单、双伸臂阶段气动弹性模型试验，施工阶段裸塔的抗风性能研究，风致响应计算分析以及斜拉索风雨振动与参数共振研究。

3. 研究结论

安庆长江大桥结构抗风性能优良，成桥及各施工状态风载强度和稳定性满足规范要求，斜拉索存在发生风雨振动的可能，建议设置阻尼器及在拉索表面采用螺旋肋条，以确保其安全。

（三）新型钢结构焊接构造疲劳性能试验研究

1. 立项情况

本课题为2009～2010年铁道部科技司年度科技开发计划项目，课题承担单位为中国铁道科学研究院。

2. 主要研究内容

根据设计文件进行全桥计算模型受力计算分析，得到研究构造细节的疲劳受力规律。分析已有成果，研究确定本次试验模型方案和疲劳试验加载方案。根据分析结果，设计疲劳试件，进行疲劳 S-N 曲线试验。根据试验结果提出研究构造细节抗疲劳 S-N 曲线方程和设计参数，以及保证疲劳性能的工艺措施。

3. 研究结论

安庆长江大桥的钢结构各类焊接构造疲劳性能优良，满足运营期间安全运行的要求。

（四）铁路斜拉桥结构构造单元受力性能研究

1. 立项情况

本课题为2009～2010年铁道部科技司年度科技开发计划项目，由中铁大桥勘测设计院有限公司牵头，联合西南交通大学、中南大学和武汉桥梁科学研究院三家单位参加。课题分为三个子课题：斜拉桥索梁锚固构造受力性能分析、斜拉桥索塔锚固构造受力性能分析、整体桥面连接构造受力性能研究。

2. 主要研究内容

根据设计文件对构造进行仿真计算，研究构造受力性能及传力机理；设计足尺或缩尺模型，进行静力和疲劳加载试验；根据试验结果对构造受力性能和安全作出评价，同时提出合理的设计原则及优化方案。

3. 研究结论

安庆长江大桥采用的特殊构造受力性能均满足规范要求，设计合理，性能优良。

（五）大位移钢轨伸缩调节器与梁端轨道伸缩装置研究

1. 立项情况

本课题为 2009～2010 年铁道部科技司年度科技开发计划项目，课题承担单位为中国铁道科学研究院。

2. 主要研究内容

根据安庆长江大桥和沪通长江大桥梁端及轨道伸缩值，结合长大跨度铁路桥梁的特点，研究适合上述两座大桥的有砟轨道用调节器和梁端伸缩装置的结构方案；进行轨道温度伸缩调节器和梁端伸缩装置的设计；对调节器和伸缩装置进行动力仿真计算分析。

3. 研究成果

安庆长江大桥梁端伸缩装置已设计完成，设计图纸及技术要求已提供；轨道温度调节器方案设计已完成。

（六）安庆长江大桥主塔墩基础施工技术研究

1. 研究背景

安庆长江大桥在主河槽中的水中墩多，即便是在枯水期，仍有 7 个桥墩位于水中，其中 3～7 号墩位于长江航道上，非通航孔桥 W01～W02 墩位于岸边浅水区。该桥的主桥为控制性工程，3 号、4 号主塔墩必须先行施工，其桩基及承台在洪水期施工，存在以下施工难点：

(1)3 号墩位于深泓区的下水航道上，枯水期水深约 30 m，洪水期水深达 40 m 以上。根据设计资料提示及进场后河床复测结果，3 号墩上下游及左右两侧河床覆盖层浅，墩位范围局部无覆盖层，河床岩面高低不平，施工平台搭建困难。

(2)3 号、4 号墩设计为高桩承台基础，规模庞大，墩位处水深流急，基础施工方案涉及安全、质量、工期、投入等诸多方面问题。

(3)变径桩结构，桩径粗，桩身长，平台以下钻孔深度达 140 m 以上，设计要求桩底沉渣厚度不超过 50 mm，桩身倾斜度不超过 500 mm，质量要求严格，施工难度大；钢筋笼采用双层结构，主筋直径为 40 mm，双肢布置，钢筋密集，施工中不能出现断桩事故，否则无法处理。

2. 主要研究内容

根据 3 号、4 号主墩基础的规模和施工环境及施工难点，结合安庆长江大桥开展了以下子课题研究：

(1)3 号、4 号墩深水环境下超大规模高桩承台基础施工方案研究

研究主墩基础是采用先搭建平台后下围堰的施工方案还是先下围堰后利用围堰本身构建施工平台的施工方案。

(2)巨型围堰结构研究及围堰下河、水上接高定位研究

在确定 3 号、4 号墩基础采用钢围堰施工方案的基础上确定围堰结构尺寸，研究解决首节围堰整体下河问题和首节围堰下河后其余各节围堰在水中接高过程中的围堰定位问题以及围堰着床、下沉问题。

①围堰结构研究、工况计算，完成图纸设计：拟定围堰直径大小及壁厚；根据围堰受力工况，拟定并计算围堰结构受力，根据受力情况选用材料和构件规格；确定围堰高度及分节考虑，进行围堰图纸设计。

②底节围堰整体下河方案研究：根据承台尺寸及施工方案，围堰直径最终确定为 56 m，壁厚 2 m，其中底节围堰需整体下河。研究解决的主要问题有两个：一是超大、超重尺寸的围堰采取什么方式完成整体下河；二是围堰下河地点调查选定。

③围堰水上接高方法及定位方式研究：除底节以外，其他各节围堰是在墩位接高还是在其他地点（如码头）接高；是采取分块散拼法接高还是采取整体节段吊装接高；围堰锚碇系统设计（导向船及前后定位船设置、锚碇受力计算、锚碇大小选择、锚链及锚绳选择、边锚收放平台设置及边锚马口转向结构设计等），其中 3 号墩边锚结构、边锚收放方式是重点需要研究解决的问题。

(3)水上超大围堰封底方案研究

3 号、4 号墩围堰内径为 52 m,由于封底面积巨大,研究解决封底混凝土所需的庞大原材料连续供应问题,同时,结合国内现有装备情况和技术水平解决混凝土生产、输送等难题,研究如何确保封底质量万无一失。

(4)深水泥岩地层环境下超深钻孔桩施工质量控制研究

安庆长江大桥主墩钻孔桩直径大、桩身长,地处泥岩地层环境,4 号墩河床还存在松散细砂覆盖层,桩孔垂直度和沉渣厚度控制是施工的难点和重点,坍孔、掉钻、断桩等风险需努力设法避免,否则难以补救和处理。因此,对以下内容进行研究:钻机选型及数量配置,确保成孔速度和孔型满足设计要求;根据地质环境研究所采用的成孔工艺,设法减少沉渣,使成孔后桩底沉渣厚度满足设计要求;通过技术措施,创建稳定的钻孔环境,防止意外坍孔,确保安全钻孔,快速成孔,桩身灌注顺利进行。

3. 研究成果及创新点

(1)3 号、4 号墩深水环境下超大规模高桩承台基础施工方案

无论是覆盖层少、岩面高低不平的 3 号墩,还是有覆盖层的 4 号墩,其基础施工均有以下四种方案可以选择:先定位桩平台后吊箱围堰方案、浮式吊箱围堰平台方案、浮式吊箱围堰+定位桩平台方案、双壁钢围堰方案。定位桩平台方案的实施不仅周期长,而且工程量巨大,费工耗时,尤其是河床无覆盖层、岩面高低不平的 3 号墩,用定位桩作支承的施工平台搭设更是困难;其次在深水承台施工中,围堰是必用的结构,对于足够大的围堰,应设法利用围堰本身兼作前期钻孔施工平台,避免另外打设定位桩。经比选分析,从技术可行性、施工投入及工期等方面综合考虑,最终决定 3 号、4 号桥塔墩基础均采用双壁钢围堰施工方案,先围堰后平台。3 号墩围堰沉至岩面后,吊装护筒群,然后封底,使围堰与岩盘结合成整体,形成钻孔平台;4 号墩围堰在覆盖层中沉至设计位置,然后插打钢护筒,之后封底,利用覆盖层、护筒、围堰、封底混凝土形成钻孔平台。当钻孔桩施工完成后,拆除平台,围堰抽水进行承台和下塔柱施工。

(2)巨型圆形围堰快速整体下河技术

①3 号墩底节围堰断缆气囊法整体下河技术

3 号墩河床无覆盖层,其底节围堰采取气囊法下河,围堰下河高度为 20.08 m。为满足气囊法下河条件,围堰内设置两条平行边承重梁(后期作为封底隔仓)作为围堰下河滑道,承重梁高 8 m,宽 2 m,尖底封闭空腔结构,两端与围堰内壁采用焊接连接。在气囊和承重梁之间设置承托结构,以支承围堰随气囊滚动快速送入水中自浮。围堰下河地点选在距桥位下游约 21 km 的某修船厂,下河重量近 3 000 t(含隔仓、部分随底节下河钢护筒),围堰下河后浮运至墩位。

依托该课题研发的“无平行边围堰气囊下河方法”,解决了直径 56 m 超重巨型圆形围堰快速整体下河难题,“无平行边围堰气囊下河方法”获得国家发明专利。

②4 号墩围堰整体起吊下河技术

4 号墩墩位有覆盖层,围堰需穿过近 16 m 厚粉砂层才能下沉到位,与 3 号墩的施工环境不同。如果围堰内存在隔仓及隔仓间联接系等结构物,会干扰围堰吸泥下沉,造成困难;若有泥砂沉积在隔仓中,也很难清除干净,会给后续隔仓封底带来隐患和受力影响;围堰下沉时一旦隔仓被支搁造成破坏,将对封底施工造成难以预计的后果,桩位护筒也无法顺利插打。因此,气囊下河方法不适合 4 号墩围堰。4 号墩底节围堰采用浮式起重机整体起吊方案下河。围堰在桥位下游 500 m 处的铁驳平台上组拼,选用 1 200 t 浮式起重机起吊下河。围堰高度为 10.3 m,内部不设任何支撑,重量约 1 000 t。隔仓在最后围堰下沉到位、护筒插打完成再安装。安庆长江大桥无内支撑 56 m 直径围堰整体起吊下河,创造了圆形围堰整体起吊尺寸之最。

(3)活动插板自动封堵围堰底河床缺口技术

通过事先在围堰底部外侧设置上下环向挡梁及插板,每块插板事先由固定在挡梁上的导向滑杆限位保持相互垂直并用控制钢索拴挂固定。插板随围堰下河浮运至墩位着床就位后解开控制绳,插板即顺导向滑杆自动落下,瞬间完成围堰和河床间的缺口封堵。活动插板堵漏法不受水深限制,解决了 3 号墩汛期深水无覆盖层、高低不平河床快速封堵难题,避免和减少了大量潜水员水下堵漏的工作量和时间,有效降低了水下作业风险,确保了深水围堰水下封底混凝土质量。

依托该课题研究的“一种钢套箱围堰底部与河床间缺口的封闭方法”获得国家发明专利。

(4)围堰防渗漏技术

该技术是在3号、4号墩围堰内壁和护筒外壁设置通长抗剪凸块结构，达到减小封底混凝土厚度和有效止水目的，使得巨型深水围堰在高水位抽水时也几乎没有渗漏水，有效加快了施工速度，也确保了承台施工质量。“一种减小钢围堰封底混凝土厚度和防止渗漏的方法”获得国家发明专利。

(5)深水环境下大直径变径超深嵌岩钻孔桩清水法钻孔技术

通过人工创建稳定的钻孔施工环境，桩基施工时采取无泥浆护壁的清水法钻孔工艺成孔。

3号墩在围堰下沉就位后用吸泥机将围堰内淤积层彻底清吸干净，确保封底混凝土和岩面结合良好，避免存在夹层，防止施工时桩孔和围堰外内外连通泥砂流入造成埋钻或断桩事故；4号墩护筒设法打入岩层0.5 m左右，在覆盖层与岩面交界处设置防护圈隔离桩孔外覆盖层，防止钻孔时局部塌孔形成内外涌砂通道。

依托该课题研究的“一种桥梁钻孔桩孔壁口防护方法”获得国家发明专利。

(6)无导向船围堰水上接高时边锚收放方法及大直径锚绳转向装置

3号、4号主墩围堰接高下沉过程中，边锚收放问题采取两种方式解决：顶节围堰完成后，在围堰顶顺桥向两侧设置收锚平台进行边锚收放；其余节围堰边锚引至前后定位船上进行收放，待顶节围堰接高完成后，部分边锚再从前后定位船转换至围堰顶收锚平台收放。

围堰边锚采用多向转动的辊轴式马口(导缆器)以实现大直径锚绳多转向和轻松自由跟随移动，解决大直径边锚锚绳转向困难难题以及因马口不能自由转动导致边锚绳磨断失效难题。

(7)使用2 000 kN超大重量及超大尺寸混凝土锚碇

3号墩安庆侧河床无覆盖层，其围堰边锚采用6个2 000 kN空腔钢筋混凝土蛙式锚进行锚碇，确保了围堰汛期安全施工，并实现围堰精确定位。

(8)桩孔水下灌注导管成像检测技术

应用导管视频检查技术检测导管拔球后导管内情况，该法突破了过去传统使用的下放低压探灯或投石听音方法检查导管有无漏水、进水等异常情况，使依靠光照用肉眼观察远距离景物或通过落石声音的模糊判断方法变成近距离清晰直观辨别判断，不受深度影响，快速准确，确保深水水下混凝土首盘灌注质量，可有效防范因导管进水(漏水)未被发现所导致的断桩事故发生。

依托该课题研究的“一种水下混凝土灌注导管的检查系统”获得国家实用新型专利。

(七)安庆长江大桥主桥上部结构施工技术研究

1. 研究背景

(1)主桥因通航原因采用非对称桥跨布置形式，池州岸河床覆盖层浅，且岸坡陡峭，搭设支架困难；桥位地处长江中下游河段，船运繁忙，无法采用架梁点下方停船取梁方案进行架梁。该岸主桥钢梁采用何种架设方案，事关钢梁制造、运输、安装等环节所需各种设备，也关系钢梁能否精确合龙，需认真研究和确定。

(2)3号桥塔墩边跨12个节间钢梁在岸上，受地形限制，岸上钢梁无法采用驳船运输至架梁吊机下方进行架设，主跨为航运繁忙的主航道，也无法停船取梁，需研究解决3号桥塔钢梁上桥难题。

(3)非通航孔桥有6孔共12片双线64 m跨预应力混凝土现浇简支箱梁，为国内最大跨度的双线铁路预应力混凝土简支箱梁，在距地面30余米高的环境中一次浇筑成型，国内罕见。因其跨度大、荷载重，无法采用整孔预制架设或模架法施工。节段预制胶拼施工方案可行，但需额外增加预制场、大吨位门式起重机和提升站等，而且节段胶拼时所用架桥机规模庞大，一次性投入大，重复利用可能性小，对于梁片数量极少的情况，代价极为高昂，需研究寻找技术可行、投入代价相对较小的方案来完成64 m箱梁施工任务。

2. 主要研究内容

(1)三桁整体桥面结构斜拉桥总体架设方案。

(2)散拼法施工的三桁整体桥面结构斜拉桥架设时桁间高差、轴线偏差及桁长偏差的影响因素及控制。

(3)3号墩钢梁提升上桥方案。

(4)非对称桥跨结构的多合龙口三桁整体桥面斜拉桥精确合龙方案。

(5)大跨度三索面斜拉桥塔梁同步施工可能性、施工方法、影响因素、线形控制措施。

(6)高墩环境下64 m跨双线预应力混凝土箱梁原位现浇施工防裂措施。

3. 研究成果及创新点

(1)散拼法安装的大跨度三桁整体桥面结构斜拉桥施工技术

①三桁整体桥面斜拉桥桁间高差、轴线偏差及桁长偏差控制技术

采用散拼法安装的三桁整体桥面结构钢梁架设,受焊接桥面板及空间拉索作用,施工过程中桁片长度偏差不易测控;由于是三片主桁,桥面板先栓后焊,各桁片承载不同,存在桁间高差;焊接整体桥面结构的三桁桥梁轴向变形难以准确预测,且刚度大,调整不易。因此,三桁整体桥面板结构斜拉桥架设时,桁长偏差、桁间高差及轴线偏差控制是关键。通过杆件尺寸制造精度和制孔精度控制、现场冲钉规格偏差控制及节点穿入数量控制、随时纠偏轴线和控制调整桁间高差、改变杆件及桥面板安装顺序、及时栓焊横联和桥面板等技术措施并实施内控,确保钢梁安装线形符合要求。该技术是多桁结构桁梁精确合龙的关键。

②多合龙口多点快速精确合龙技术

通航孔桥设中跨、边跨两个合龙口,且均在大悬臂状态下进行,由于是整体桥面,且无宽敞便利的公路面,可采取的合龙手段相对较少,合龙难度更大。安庆长江大桥采用长圆孔加圆孔合龙方案,大悬臂状态下合龙,先中跨后边跨。主跨通过调整 4 号墩主跨侧外排斜拉索、合龙口设置顶拉装置和提拉措施、纵向顶推 3 号墩等措施,顺利完成合龙;边跨通过调整 4 号墩边跨侧外排斜拉索和起顶 5 号墩、合龙口设置顶拉装置和提拉措施、边跨无索区顶落梁和纵横移等措施,顺利完成合龙。主跨、边跨两个合龙口用时仅 12 d,开创快速合龙先河,合龙口的所有合龙杆件各面厂制栓孔全部对位重合,冲钉打入,实现精确合龙,主跨合龙口轴线偏差仅 30 mm,线形良好。

③墩旁桁内开启式钢梁提升上桥装置

该装置设在 3 号墩主跨侧下游线第 4 节间位置,桥面板和上弦平联暂不安装,以该节间上弦作承重支承梁设置可纵横移动的起吊提升设施,下弦铁路面设置横桥向能滑移的鱼腹式活动承重平台,以便运梁车停放此处装运提升上桥的钢梁构件至架设地点。起吊桥面板时平台滑至一边让出更大空间使宽尺寸的桥面板通过孔洞,然后再将鱼腹式活动承重平台复位以便运梁车装运桥面板;其他杆状构件提升装运时鱼腹式活动承重平台保持不动。该装置直接以上弦作起重设施承重梁在桁内进行钢梁提升,无须额外设置庞大高耸的桁外悬挑提升承重桁梁,结构简便,不影响斜拉索安装,用钢量少,开创了三桁结构钢梁提升上桥新方法。

依托该课题研究的"钢桁梁架设系统、方法及提升站"获得国家发明专利。

(2)塔梁同步施工技术

安庆长江大桥 4 号墩河床较为复杂,桩长比 3 号墩大,基础施工期间又遭遇沉船以及遗留铁锚、锚链等水下障碍物,塔柱施工进度滞后于 3 号墩。为满足同步架梁要求,减少钢梁长时间大悬臂等待的安全风险,4 号墩实施了塔梁同步施工。4 号墩实施塔梁同步施工,使得其能提前 60 d 开始架梁,确保了 4 号墩架梁与 3 号墩同步进行,按期完成架梁任务。

塔梁同步施工的技术要点主要有三个:一是准确测定塔柱的施工线形;二是塔柱施工进度应有超前,通常应比挂索进度超前 5 对索导管;三是同步对称挂设张拉斜拉索,减小偏载对塔柱测量造成影响。

(3)64 m 跨双线简支箱梁现浇施工技术

64 m 跨箱梁采用支架现浇施工方案,一次浇筑成型,由岸上朝岸边逐片、逐孔进行。其主要技术要点如下:

①在梁体强度达 50%时,对梁体施加部分预应力,防止梁体收缩开裂。预张拉束为腹板 6 束、底板 4 束,预张拉力为设计张拉力的 30%。

②采用打入钢桩基础和通长支墩结构,减少地基沉降和消除支架非弹性变形。对支墩及支架进行压重试验,验证计算结果和实际变形值,以便确定参数调整与否。

③配置和易性良好的混凝土,确保有足够长的初凝时间,并设法延迟水化热上升速度。

④确保足够的混凝土供应能力,采取多点同步对称浇筑,初凝前完成。

⑤保温保湿养护。

(八)CRTSⅠ型轨道板生产关键技术研究

本课题由中铁十二局集团第四工程有限公司承担。

1. 研究背景

宁安铁路于 2010 年 1 月开工建设，原设计为有砟轨道，后变更为无砟轨道，轨道板设计采用了带凸台的 CRTSⅠ型轨道板，板厚 20 cm，凸台（承台）厚度 2 cm，承台出板总高度 220 mm，是原引进 CRTSⅠ型轨道板的改进型。轨道板外形示意如图 5-2-1 所示。

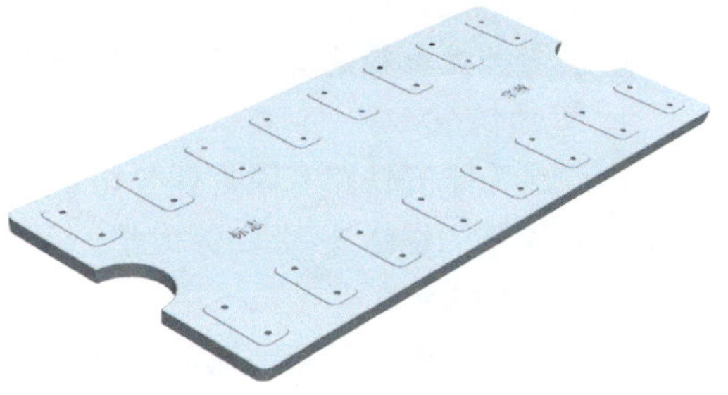

图 5-2-1　带凸台的 CRTSⅠ型轨道板

改进型 CRTSⅠ轨道板正在我国多条高速铁路、城际铁路中使用，我国通过引进、消化、吸收和再创新的模式对无砟轨道板进行了一系列的研究，也取得了一定的研究成果，但是在不同环境、不同气候条件下，规模化生产预制改进型 CRTS Ⅰ轨道板没有一套成熟完善的施工工艺和工装设备。

2. 主要研究内容

规模化生产 CRTSⅠ型轨道板的生产物流规划、设备与土建匹配优化设计，质量控制、工效等。

3. 研究成果

（1）采用顶部双层侧面单层的岩棉厂房保温解决了外部温度控制难、不可连续生产轨道板的技术问题。影响轨道板生产的最大因素就是温度、温差控制，在夏季高温多雨、冬季干旱少雨的情况下，经过比较比选，顶面采用双层岩棉保温、侧面采用单层岩棉的施工厂房，基础采用扩大基础形式、高度与单梁桁吊匹配，实现夏季降温、冬季升温的目的，确保了轨道板的施工质量。

（2）利用场地现有条件，解决了轨道板养护水池自动连续供水的技术问题。CRTSⅠ型轨道板水池养护是质量保证的关键工序之一，利用既有环境，修建二级蓄水池，蓄水池截流山上自然水，并备用外接自来水管，蓄水池用三路水管接入施工厂房，一路接入拌和站，一路接入养护池，另一路接入混凝土施工养护水池，实现了施工过程和养护期全自动供水功能。

（3）实现了预应力钢棒护套精确下料和轨道板整体张拉技术。预应力钢棒护套精确下料和轨道板整体张拉预应力控制是影响轨道板质量最关键因素。通过对影响护套伸缩量的温度、时间、长度、油脂数量等参数的总结对比，发明了一个可实现无级可调的切割剪刀专利，对钢棒护套进行准确下料，下料精度可控制在 1 mm（含伸缩量）以内；采用新型工装用一拖 16 的方法对轨道板进行整体张拉，确保了轨道板张拉质量。

（4）研制了轨道板成品绝缘检测工装，优化了绝缘材料使用方式，减少了施工成本。规模化施工轨道板，需要配套成品板绝缘检测技术，通过对轨道板成品绝缘检测方式方法的研究，研制出快速检测成品轨道板绝缘工装，系统地进行绝缘检测，并对影响绝缘因素的钢筋涂层与垫片使用进行对比，交叉使用，减少绝缘材料的同时加强了绝缘效果，电阻绝缘偏差控制在 6%以内，电感偏差控制在 2%以内，远小于电阻偏差 15%、电感偏差±3%的规范要求。

（5）结合轨道板技术规范要求，研制配备了一整套 CRTSⅠ型轨道板检测工装和软件，快速进行轨道板各种指标检测，自动生成检测结果并提示纠偏，大大降低了检测强度和检测人力。

（6）运用工业工程的基本知识，找出了影响施工生产的主要原因，并对其进行分析和改进，对各工序的调配和整合，优化生产系统，以较低的成本实现较高的产出，达到提高效率的目标。

4. 创新点

（1）根据施工场地实际地形、环境温度，优化了施工厂房形式并配以相应的设备；车间内运输物流采用单向方式，配以纵向小车，减少了机械设备的投入和施工占地，很好地解决了临时施工用地少的难题，大大提高了场地利用率。

（2）发明研制的 CRTSⅠ型轨道板绝缘检测车，实现了 CRTSⅠ型轨道板绝缘检测系统的连续性及规模化轨道板检测功能。

（3）研制的轨道板预应力钢棒护套剪刀装置，实现了预应力钢棒的精确下料，确保了施工质量，为快速进行批量生产创造了条件，既提高了工效，又减少了大量人力。

（4）建立了冬季和夏季施工温控系统的配置参数，有效解决了轨道板顶面龟裂和端头混凝土薄弱处的开裂问题。

(5)总结了一套完整的CRTSⅠ型轨道板测量检测方法,并配备了相应的检测工具,测量精度满足要求,施工进度满足工厂化生产要求,减少了人力,节约了成本。

(九)青弋江大跨度四线高铁客运专线预应力混凝土连续梁关键技术研究

1. 立项情况

本课题为宁安铁路有限责任公司2014年科研计划项目,课题承担单位为宁安铁路有限责任公司、中国路桥宁安铁路工程指挥部、江苏大学。

2. 研究背景

青弋江特大桥是目前已建的中国最大的曲线四线高速铁路客运专线预应力混凝土连续梁桥(单箱三室),0号块长28 m,宽22.8 m,墩顶支点处梁高11 m,混凝土体积2 271 m^3,重达5 905 t,其体积之大、结构之重皆为同类型桥梁之最,其大型三角挂篮设计及施工也为国内罕见。桥梁在施工中存在许多技术难点,施工风险大、困难多,施工技术要求高,关键技术研究不够成熟,因此对以下关键技术进行研究探讨,对保证桥梁施工质量、安全和工期具有非常重要的现实意义。

3. 主要研究内容

(1)0号块浇筑过程中支架系统结构应力变化现场测试监控与分析研究。

(2)挂篮系统控制分析与研究。

(3)各施工段施工线形控制研究与分析。

(4)主桥关键部位应力分析。

(5)0号块箱梁的温度场变化规律及降低水化热措施研究。

(6)桥梁收缩和徐变发展变化规律研究及其对桥梁挠度和预应力损失影响研究,降低桥梁收缩和徐变对桥梁挠度和预应力损失影响的措施研究及探讨。

4. 研究成果及创新点

2014年7月31日,上海铁路局对该项目进行了验收。课题取得的主要成果及创新点如下:

(1)通过对0号块施工关键技术研究,解决了C55高性能混凝土的优化、大方量超重混凝土的支撑体系、多箱室结构线形控制、高密度钢筋及波纹管条件混凝土振捣、大体积混凝土施工及高温条件下养护以及混凝土分层浇筑间隙时间掌控等难题。

(2)采取初张拉腹板纵向束作为临时预应力束,分担支架体系承重,避免二次浇筑造成不均匀沉降使梁体产生裂纹,对浇筑各阶段支架体系关键点进行应力监测并与理论分析进行对比,为今后同类型0号块临时支架系统设计和监测提供依据和参考。成功申请发明和实用新型专利各1项。

(3)针对四线高速铁路连续梁悬臂浇筑施工节段重的特点,研制了新型三角形轻型挂篮,挂篮自重与最大节段混凝土重量比为0.34,安全系数高,操作简便,比同类型挂篮约轻1/3,实现了连续梁的顺利合龙,保证了施工安全和质量。成功申请发明专利1项。

(4)通过大型有限元软件对连续梁各节段施工进行模拟计算分析及监测控制技术研究,指导了高速铁路大跨度四线连续梁施工,解决了夏季施工过程中大桥合龙难度大的问题,有效控制了结构的应力和变形,保证了成桥符合设计要求。

该成果已成功应用于宁安铁路青弋江特大桥工程施工,取得了显著的社会效益和经济效益。

(十)高速铁路建设工程质量风险管理研究

1. 课题承担单位

本课题由宁安铁路有限责任公司建设管理处、宁安铁路有限责任公司、上海交通大学承担。

2. 主要研究内容

在对高速铁路建设工程中的质量风险问题进行深入分析、归纳与总结的基础上,研究提出高速铁路建设工程质量风险预防性管理思想,构建高速铁路建设工程质量风险的三维空间管理体系,建立相应的"一图四表"分层管理方法,形成一套适用于高速铁路建设工程质量风险管理的标准化、规范化、可视化方法与工具。

3. 研究成果

2014年8月1日,上海铁路局组织对该课题进行了验收。课题取得的主要成果如下:

(1)通过实地调研、现场访谈、专家会议、问卷调查、文献资料检索等研究方法,总结了当前高速铁路建设工程质量风险具有的特点，以及高速铁路建设工程质量风险管理中的难点，提出了高速铁路建设工程质量管理引入创新型风险管理技术的思想。

(2)针对高速铁路建设工程质量风险的特征与管理难点，基于系统工程理论，研究构建了由涵盖建设全过程的时间维、管理步骤的逻辑维、影响因素及其关联关系的(6M)2 维共同构成的高速铁路建设工程质量风险的三维空间管理体系，实现了系统化、动态化、集成化的质量风险管理。

(3)按照标准化、规范化、可视化的原则，依托高速铁路建设工程质量风险的三维空间管理体系，研究建立了以质量风险公示、质量风险识别分析登记、质量风险应对计划责任展开、质量风险动态过程监控、质量风险处置结果评定为核心的"一图四表"分层管理方法，为高速铁路建设工程质量风险管理提供了沟通顺畅、信息共享、表现直观、管理规范、动态实时的管理抓手。

(4)结合宁安铁路工程建设具体情况，研究提出了"一图四表"分层管理的一整套应用规则与方法，有机衔接并系统整合了识别、分析、评估、应对、监控、后评估等质量风险管理的各个环节，管理手段和方法更高效、便捷、规范。

(5)将新型质量风险管理思想、体系和方法在铁路建设工程中进行了实践运用和完善，实现了铁路建设工程质量风险全员、全过程、全方位的有效管控，确保高速铁路建设项目的顺利进行，取得了良好的经济效益、社会效益与风险效益，为今后在高速铁路建设工程中推广本课题研究成果打下了坚实的基础。

4. 创新点

(1)根据我国高速铁路建设工程的特点和管理特性，研究了高速铁路建设工程质量风险的本质特点，针对质量风险潜伏期长、隐蔽性强、难以测度的特殊性，将风险管理思想引入到质量管理之中，有针对性地提出了质量预防性管理的思想——高速铁路建设工程质量风险管理思想，从而在质量风险管理思想上进行了创新。

(2)按照系统工程理论，基于霍尔三维结构模型，创造性地构建了高速铁路建设工程质量风险三维空间管理体系，从系统化、动态化、集成化的角度在质量风险管理理论上进行了创新。其中，时间维覆盖了高速铁路工程项目建设的全过程，逻辑维包括了解决高速铁路建设工程质量风险问题的所有管理步骤，(6M)2 维则涵盖了高速铁路建设工程质量风险管理的"人、机、料、法、环、测"等各个影响因素及其相互影响的关联关系。

(3)运用高速铁路建设工程质量风险三维空间管理体系，从建设阶段、影响因素和逻辑思维及其相互作用 3 个层面上，创造性地建立了"一图四表"分层管理方法，包括质量风险公示、质量风险识别分析登记、质量风险应对计划责任展开、质量风险动态过程监控、质量风险处置结果评定等方面，具有沟通顺畅、信息共享、表现直观、管理规范、强化质量意识、动态实时管理等特色，是管控高速铁路工程建设项目质量风险和保证高速铁路建设工程质量的有效方法。

(4)结合我国高速铁路建设工程质量风险管理的实际情况，分别从质量风险的识别、分析、评估、应对、监控和后评估等环节出发，对"一图四表"分层管理方法进行了实践应用，进一步明确了应用条件、操作步骤流程、关键操作点、模型建立、参数选择与定量化、计算方法、结果综合分析、填写注意事项等一整套应用规则与方法。

该项目获 2014 年度上海铁路局科学技术进步奖一等奖。

(十一)宁安铁路客运专线 CRTSⅠ型轨道板制造及铺设创新技术研究

1. 立项情况

本项目为上海铁路局计划外研究课题。承担单位为宁安铁路有限责任公司、上海交通大学、中铁十七局集团第三工程有限公司、中铁十二局集团第四工程有限公司。

2. 主要研究内容

课题以宁安铁路江宁制板场建设为工程背景，以解决 CRTSⅠ型轨道板场合理建设、轨道板制造和铺设过程中的主要技术难题为目标，对影响轨道板制造、铺设质量的关键工序进行详细的分析，采用理论攻关与试验研究相结合的方式，参照目前的新技术，以解决技术问题为出发点，总结推广成果为落脚点的思路，对 CRTSⅠ型轨道板制造关键技术展开研究，对铺设技术应用进行全面总结，通过生产实践检验研究成果的成效及存在问题，并对研究成果进行修正和补充。

具体研究内容包括:

(1)建场规划及生产线设计技术。通过对CRTSⅠ型轨道板场进行详尽规划,合理布置生产线,改进制造工艺流程,优化工装设备配备数量、使用方法,提高有效利用率,从而建立板场工装设备配套模型,确定设备配备的最佳数量和最佳经济效果

(2)轨道板制造技术工艺流程研究。

(3)钢筋骨架绝缘检测技术研究。钢筋骨架绝缘电阻的大小直接决定了轨道板绝缘性能的优劣,混凝土灌注前钢筋骨架绝缘电阻需逐块检测和调整。

(4)高性能混凝土开裂机理研究及防控措施。开裂是影响轨道板耐久性的主要因素。经过研究分析轨道板开裂诱因、开裂机理,分别从模具改进、混凝土性能控制、增加养护措施等几个方面入手,提高混凝土的耐久性。

(5)高性能混凝土施工技术。轨道板混凝土配合比设计、灌注是整个制造技术的重点。配合比设计要满足一天内一套模具实现一次周转的目的;其次,扩大混凝土原材料来源,尝试采用海螺PⅡ42.5水泥替代PO52.5水泥,满足CRTSⅠ型轨道板对混凝土胶凝材料掺量、拌和物和混凝土性能的要求。

(6)轨道板张拉关键技术。研究张拉过程各个环节对张拉效果的影响因素,探索采用整体张拉设备克服这些不利影响,实现整体同步张拉。

3. 研究成果及创新点

2013年4月8日,上海铁路局组织对该成果进行了验收。课题取得的主要成果及创新点如下:

(1)创新研制了CRTSⅠ型轨道板的生产工器具。自主研发了轨道板钢筋骨架焊接胎具、锚穴成孔器助拉拆除工具和一种预埋套管垂直度检测工装,提高了制板精度及效率。

(2)建立了CRTSⅠ型轨道板建场工装配套规划流程和主要设备参数的计算模型,提出了高效生产线组建模式和设备选用原则,提高了设备利用率和生产效能。

(3)探索研究轨道板钢筋骨架绝缘检测方法,创新了检测思路。研究了影响钢筋骨架绝缘的主要影响要素,将检测点数量由原来的104个优化到58个,减少了42%,提出了钢筋骨架的绝缘控制方案,对类似工程和行业指南的修订有较强的借鉴意义。

(4)合理调整了张拉传感器位置,使张拉过程控制指标得到量化,加强了控制手段。采用传感器、控制器实现轨道板预应力张拉控制,对拉力传感器位置进行了调整,保证力的测量数据与实际作业完全一致,并能够直观有效地反映锚固螺母的锁紧状态,实现了双向张拉时对称张拉自动控制。

(5)探索出了配置高性能混凝土的新材料,扩大了材料来源范围。成功实现采用PⅡ42.5水泥配制C60高性能混凝土,使高性能混凝土原材料选择多样化,为高性能混凝土结构配合比提供了多方案选择。

(6)改进了施工模具,将固定锚穴改为活动施作方式,有效控制了锚穴孔周边混凝土的开裂。

(7)依托该课题取得的专利

①一种轨道板钢筋骨架焊接胎具(ZL 201120376347.8);

②一种切割轨道板预应力钢棒护套的剪刀装置(ZL 201120281062.6)。

③轨道板封锚锤(ZL 201320489570.2)。

④锚穴成孔器助拉拆除工具(ZL 201120379939.5)。

⑤一种板式无砟轨道混凝土轨道板的绝缘检测车装置(ZL 201120109616.4)。

⑥一种混凝土浇筑的运输料斗装置(ZL 201220463177.1)。

⑦轨道板孔距专用检具(ZL 201320402307.5)。

⑧一种预埋套管垂直度检测工装(ZL 201120376459.3)。

(8)依托该课题发表的论文

①孙健家.无砟轨道板制造新工艺的经济环境效益[J].低温建筑技术,2014(6):148-150.

②汪水清.高铁建设管理数字化集成信息平台的建设[J].低温建筑技术,2013(6):153-156.

③王猛.浅谈高性能混凝土配合比的计算方法[J].铁道建筑技术,2009(4):83-85.

④栾永平.现浇双块式无砟轨道板裂缝控制机理和预防措施[J].铁道建筑,2010(1):21-22.

⑤刘宝庆.高速铁路Ⅱ型板式无砟轨道平顺性控制技术[J].中国新技术新产品,2011(11):169-170.

⑥汪水清. CRTSⅠ型轨道板铺设 CA 砂浆垫层的施工质量控制[J]. 铁道建筑，2013(10)：118-119.

（十二）宁安城际铁路建设工程项目管理信息系统

1. 立项情况

本项目为 2011 年上海铁路局科研开发、示范性推广项目（第一批）计划（上铁师函〔2011〕739 号）课题。承担单位为宁安铁路有限责任公司、上海交通大学、中铁十七局集团第三工程有限公司。

2. 研究背景

随着高速铁路的大规模建设，铁路工程项目日趋大型化、复杂化和国际化，存在着任务重、工期短以及涉及的行业多、专业多、交叉作业多等难题，对建设工程项目管理提出了更高的要求。如何在确保安全质量的前提下，推动工程有序进行，降低成本，保证工期，具有重大的意义。

3. 主要研究内容

本课题以宁安铁路建设工程为应用背景，对高速铁路工程项目施工过程的信息化、精细化和标准化管理进行研究，以“先进、实用、简便、全覆盖”为原则，利用现代信息技术，引进先进的管理理念、体制、方法和手段，实现各类建设管理信息的集成、传递、共享，对工程的安全、质量、成本、工期进行有效控制。

(1)系统主要性能指标要求

①系统硬件

服务器配置（Web 及数据库服务）：Xeon 双核 2.4G，内存 4G，硬盘 SCSI 146GB；客户端配置（办公网 PC 机）Pentium 3 及以上。

②系统软件

服务器端：数据库 SQL server2000 SP4 及以上；

操作系统：Windows Server 2008 ；

运行环境：NET Framework 2.0 SDK；

客户端操作系统：Windows 98/2000/XP；

运行环境：IE6.0 及以上。

(2)研究内容

对系统的 8 大功能模块进行研究，以实现下述功能：

①集成看板模块：各参建单位将安全、质量、投资控制及环保风险点和关键工期节点等录入系统中，系统自动分析临近程度，进行预警，并自动发短信通知有关负责人。

②安全风险模块：各参建单位将各类安全风险源及时上传到管理模块中，并根据工程进展及时进行动态更新，实现各参建单位共同对风险源进行监控。

③影像档案模块：各监理单位录入问题照片和隐蔽工程照片，实现对隐蔽工程的监控及对现场发现的问题进行闭环管理。

④工程问题模块：相关单位及时将检查发现的各类问题录入子模块中，以便相关单位检查整改，达到闭环管理。

⑤质量标准模块：对人员、大型机械设备和材料等管理要素进行管理，动态掌握要素情况，对混凝土搅拌站进行动态网络监控；对工程施工进行网络化工序签认。

⑥监理管理模块：监理单位录入需要上报的相关规划和计划，同时具有网上审核功能，有关人员能够随时查阅。

⑦视频服务模块：利用视频会议服务，参建各方随时随地召开会议，解决现场问题；通过远程视频监控服务，对关键施工部位和重大风险源进行 24 h 实时监控。

⑧工程报表模块：各负责人每周将工程进度、工程小结录入工程周报子模块；将施工进度上传到形象进度子模块中，系统自动绘制形象进度图。

4. 研究成果

2012 年 8 月 31 日，上海铁路局对课题研究成果进行了验收。课题取得的主要成果如下：

(1)系统采用简单实用的工程结构分解体系以及统一灵活的分级授权管理模式，有效地将建设单位、施工单位和监理单位关联起来构成组织结构树，建立了多层次、多方面的管理系统，为工程建设信息化、精细化和标准化管理提供了保障。

(2)综合应用网络看板平台、智能短信预警和电子屏幕展示技术，进行建设工程项目施工的集成看板管理，实现了对建设工程安全、质量、工期、投资、环保、创新、施工计划、监督计划和廉政建设进行集成管理的目标。

(3)利用数码成像技术、多媒体数据库和信息化管理方法，构造建设工程项目施工安全质量问题库，对于隐蔽工程进行影像化管理，留下痕迹，实现可追溯；对于工程问题整改，利用网络管理平台进行问题跟踪流转，实现了全过程信息化闭环管理。

(4)利用 Ajax 技术形象直观地在电子地图上对风险源进行定位及展示，并根据相应的风险期对风险源进行预警；利用网络化远程视频监控、信息化工程数据采集和计算机智能分析预警进行风险自动管理。

(5)利用基于网络平台的混凝土搅拌站管理方法，实现了混凝土搅拌站的实时动态监控、智能纠偏和主动控制，对岩溶注浆工艺和工序进行电子化管理，实现了网络化工序签认，并对施工台账进行统计分析，实现成本核算、控制和预警。

(6)实现了基于客户端服务器模式的建设工程形象进度管理，通过重新定义路基进度施工报表和形象化进度模板，自主开发了路基形象进度管理模块，实现了路基进度形象展示和可视化管理。

(十三)软弱浅埋隧道施工风险控制与管理研究

1. 立项情况

本项目为上海铁路局计划外课题。课题承担单位为宁安铁路有限责任公司、中国路桥宁安铁路工程指挥部、同济大学。

2. 主要研究内容

软弱浅埋隧道埋深较浅，岩体风化破碎，渗漏水严重，围岩自身承载力较弱，属于典型的高风险隧道，塌方冒进、围岩大变形、工作面失稳等工程事故在隧道掘进过程中频繁发生，施工安全风险控制十分迫切。课题以宁安铁路钟鸣 1 号和 2 号隧道为工程背景，通过分析软弱浅埋隧道地质特征及风险因素影响机理，研究提出典型风险因素及事故的识别方法和评估标准，总结施工风险应对措施和控制效果，揭示软弱浅埋隧道低等级围岩的变形规律，建立不同风险等级情况下围岩变形的风险控制指标和体系，形成一套适用于同类隧道工程风险管理的方法。

具体研究内容如下：

(1)定性分析软弱浅埋隧道工程地质特征以及不同地质条件对其围岩稳定性的影响效应，结合其地质特征，选取合适的围岩分级指标，建立定性与定量相结合的软弱浅埋隧道低等级围岩亚分类方法。

(2)针对典型风险因素，采用风险识别、分析、评价和应对的方法，建立软弱浅埋隧道风险评估程序和风险评估体系，提出适用于软弱浅埋隧道的改进模糊层次分析模型，指导钟鸣 1 号、2 号隧道风险评估和风险应对。

(3)根据钟鸣 1 号、2 号隧道典型地层条件特征，对软弱浅埋隧道围岩变形规律进行系统的数值计算研究，结合典型断面围岩变形现场测试数据，比较分析适用于软弱浅埋隧道较低等级围岩的施工工法、支护参数和施工参数，并建立相应的围岩变形风险控制量化指标体系。

(4)结合宁安铁路钟鸣 1 号、2 号隧道工程，综合铁道部、上海路局、宁安铁路及既有行业规范标准，分析并总结宁安铁路隧道工程规划、设计和施工阶段采用的风险管理技术及方法，提出以标准化管理为主导、以信息化管理为特色、以动态化管理为依据、以全过程化管理为保障的软弱浅埋隧道“四化”风险管理模式，最终形成宁安工程隧道工程风险控制与管理机制。

3. 研究成果及创新点

2013 年 8 月 23 日，上海铁路局对课题研究成果进行了验收。课题取得的主要成果及创新点如下：

(1)定性分析了软弱浅埋隧道的工程地质特征以及不同地质条件对其围岩稳定性的影响效应，根据特殊环境所提炼的控制要素建立了软弱浅埋隧道低等级围岩亚分类标准和方法。

(2)建立了软弱浅埋隧道风险评估程序和风险评估体系，提出改进了模糊层次分析模型，并成功应用到钟鸣 1 号、2 号等隧道工程。

(3)结合软弱浅埋隧道工程地质条件和施工具体情况，对隧道不同施工工法及特殊施工条件区段进行围岩变形监控分析，建立了相应的围岩变形风险控制量化指标体系，采用风险动态化管理的方法对软弱浅埋隧道施工和设计提供指导。

(4)提出了以标准化管理为主导、以信息化管理为特色、以动态化管理为依据、以全过程化管理为保障的软弱浅埋隧道“四化”风险管理模式，形成了软弱浅埋隧道工程风险控制和管理手段，为今后同类工程提供了借鉴和参考。

(十四)安庆长江铁路大桥施工关键技术研究

1. 立项情况

本课题为上海铁路局2014年科研计划项目，课题任务书编号：2014086。

课题承担单位：上海铁路局建设管理处、宁安铁路有限责任公司、中铁大桥局宁安铁路安庆长江大桥工程指挥部、合肥工业大学。

2. 主要研究内容

安庆长江铁路大桥主跨跨度580 m，是目前世界铁路桥梁最大跨度斜拉桥。课题以该桥架设为工程背景，以解决安庆长江铁路大桥三片主桁和钢正交异形板整体桥面结构以及64 m大跨度铁路混凝土简支箱梁现浇施工关键技术难题为目标，对影响桥梁合龙、线形的关键工序进行详细分析，采用理论攻关与试验研究相结合的方式，对安庆长江铁路大桥关键技术进行研究，并通过生产实践检验研究成果的成效及存在问题，对研究成果进行修正和补充。

具体研究内容如下：

(1)探索“三桁整体桥面斜拉桥桁间高差、轴线偏差及桁长偏差控制技术”，安全、顺利完成安庆桥非对称布置的三桁整体桥面结构斜拉桥架设，实现大跨三桁整体桥面结构斜拉桥精确合龙；总结经验教训，为今后更大跨度三桁整体桥面结构斜拉桥设计、施工的可行性研究提供借鉴。

(2)研制大跨三桁斜拉桥安装施工系列装备，开发复杂环境下安全便捷的钢梁上桥新方法，丰富钢桁梁斜拉桥施工手段。

(3)研究塔梁同步施工的可能性及相关计算方法、影响因素、线形控制措施，实现塔梁同步施工，确保塔柱线形良好，满足规范要求。

(4)针对安庆长江铁路大桥引桥中64 m跨度的简支梁桥部分，解决现浇高支架基础施工的方法；完成水上和长江滩地高支架施工工作，掌握相关施工技术，取得有关施工参数指标；验证高支架结构设计计算理论的正确性，对验证数据整理、分析，完善结构设计计算理论，安全优质、快速高效完成铁路大跨度64 m简支箱梁一次现浇施工。

3. 研究成果及创新点

(1)大跨度三桁整体桥面斜拉桥架设及多合龙口多点快速精确合龙技术

研发了大跨度三桁整体桥面斜拉桥散拼法架设技术及多合龙口多点精确合龙技术，并成功应用于安庆长江铁路大桥建设中，保证了施工质量和进度。施工中设主跨和边跨2个合龙口，均在大悬臂状态下进行合龙，采用先合龙中跨、后合龙边跨的施工方案，自中跨开始合龙至边跨合龙完成，历时仅短短12 d时间，所有合龙口杆件厂制栓孔全部对位重合，冲钉顺利打入，合龙后轴线偏差仅30 mm，质量优良。

(2)首创钢梁桁内开启式提升上桥装置

以往钢桁梁桥架设时钢梁上桥采取架梁吊机从水面直接提升或在墩旁桁外设置悬挑装置提升上桥再运至架设点安装的方法，架梁点下方水面直接取梁受航道限制且不安全，而桁外悬挑提升装置结构庞大，临时用钢量多，装拆困难，也影响该处斜拉索挂设。本桥研发使用的墩旁桁内开启式钢梁提升装置充分发挥主体结构作用，在桥墩顺桥向任一侧最近节间的主桁之间进行钢梁提升，无须额外设置庞大复杂的提升站，用钢量极少，结构简洁，受力明确，不影响斜拉索安装，钢梁上桥也不受环境限制，开创了三桁结构钢梁提升上桥新方法，属国内首创。

(3)大跨度三桁整体桥面斜拉桥基准有限元模型

首次建立了大跨度三桁整体桥面斜拉桥基准有限元模型，并经过现场试验验证，能够反映结构空间行为。该模型可作为各种不利荷载分析的基础，还可为大跨桥梁结构后期的运营和维护提供依据。

(4)发明专利

依托该课题,中铁大桥局集团有限公司完成发明专利 1 项:钢桁梁架设系统、方法及提升站(ZL 201210220810.9)。

(十五)铁路站房蒸压加气混凝土砌体外墙开裂及防渗漏试验

1. 立项情况

本课题为上海铁路局 2015 年科研计划项目,任务书编号:2015100。

课题承担单位:宁安铁路有限责任公司、上海铁路局建设管理处、中铁十二局宁安铁路工程指挥部、上海交通大学。

2. 主要研究内容

(1)从蒸压加气混凝土砌块墙体产生裂缝的机理出发,分析蒸压加气混凝土砌块墙体产生裂缝的原因,并重点对砌体墙的收缩导致的墙体裂缝原因进行研究。

(2)从材料层次上展开试验,对砂浆、砌块和受框架约束的砌体墙进行试验,考察砂浆、砌块、边界约束、饰面等对砌体墙收缩变形产生的影响及规律,并基于试验提出了蒸压加气混凝土砌块墙体裂缝防治措施。

(3)从墙体层次上展开试验,研究不同种类砂浆、不同施工工艺、有无保温饰面、不同边界约束等对试验墙体各个位置收缩的影响规律,从而为墙体抗收缩开裂措施的提出提供依据。

(4)基于文献研究和试验结果,提出适当的抗收缩开裂措施。

3. 研究成果及创新点

2015 年 9 月,上海铁路局对该课题成果进行了验收。课题主要研究成果及创新点如下:

(1)蒸压加气混凝土砌体墙开裂的原因主要有以下几方面:墙体材料的材性影响、施工工艺的影响、结构设计及构造的影响和人为因素的影响等。

(2)砌块产生收缩的控制因素是其含水率,欲控制砌块的收缩值小于 0.5~0.8 mm/m,则砌块含水率需在 15%以下,不得超过 30%;在现有自拌砂浆基础上配制的改进砂浆的抗收缩性能及和易性,比现场自拌砂浆有较大提高;砂浆和砌块的组合试件收缩规律,与两者材料的单独收缩规律稍有不同,主要在于单独材料的收缩边界条件与组合试件不同,而且组合后还有两种材料的相互影响。

(3)现场自拌砂浆墙体的收缩性能较其他砂浆所砌墙体差,抹压工艺可以提高灰缝的抗收缩能力,保温防水饰面对提高墙体抗收缩能力有较明显的作用,柔性边界是较好的释放墙体收缩内应力的构造措施,对抵抗砌体墙开裂有行之有效的作用。

(4)从原材料的性能控制、砌块的养护运输和堆放、砌筑方法控制、设计构造控制及施工工艺环节控制等方面,提出了相应的控制蒸压加气混凝土砌体墙开裂的相关措施。

(十六)宁安铁路成套创新技术研究系列课题

为贯彻落实中国铁路总公司、上海铁路局科研创新精神,宁安铁路公司组织开展铁路建设管理创新、铁路设计技术创新和铁路施工技术创新研究。

1. 宁安铁路建设管理创新研究课题

课题 1:宁安铁路建设工程质量风险管理研究,承担单位为宁安公司、上海交通大学。

2. 宁安铁路设计技术创新研究课题

课题 1:宁安铁路轨道工程系统设计技术与应用,承担单位为铁四院宁安公司。

课题 2:客运专线四电施工图招标研究,承担单位为宁安公司、铁四院和中铁十一局。

课题 3:宁安城际路基表层填料优化研究,承担单位为宁安公司、铁四院。

3. 宁安铁路施工技术、工艺创新研究课题

课题 1:宁安铁路绿色通道研究,承担单位为中铁十二局。

课题 2:无砟轨道精密测量技术与精度分析,承担单位为中铁十七局。

课题 3:客运专线富水浅埋下穿隧道施工技术研究,承担单位为中铁十七局。

课题 4:136 m 四线客运专线铁路连续梁施工关键技术,承担单位为中国路桥、江苏大学。

课题 5:膨胀软岩浅埋客运专线双线铁路隧道综合施工技术,承担单位为中国路桥。

课题 6:屋面采光板与屋面板的对接技术研究,承担单位为中铁电气化局宁安铁路工程指挥部。

课题 7:候车大厅灯具检修技术,承担单位为中铁电气化局宁安铁路工程指挥部。

课题 8:抗震铰接钢支座研究,承担单位为中铁电气化局宁安铁路工程指挥部。

课题 9:高铁站房大型金属屋面防渗漏技术研究,承担单位为中铁十二局宁安铁路九标工程指挥部。

课题 10:外墙填充加气混凝土砌块防渗漏技术性研究,承担单位为中铁十二局宁安铁路九标工程指挥部。

课题 11:高速铁路 42 号道岔施工工艺研究,承担单位为中铁十二局。

(十七)宁安铁路安庆长江大桥成套创新技术研究课题

1. 立项单位

宁安铁路公司。

2. 研究内容及承担单位

(1)课题 1:宁安铁路安庆长江大桥建维一体数字化管理研究,承担单位为宁安公司、中铁大桥局和合肥工业大学。

(2)课题 2:安庆长江大桥工程关键建造技术研究,承担单位为宁安公司、中铁大桥局和合肥工业大学。

子课题 1:安庆长江大桥监控技术创新研究,承担单位为宁安公司、大桥院。

子课题 2:大跨度三主桁整体桥面钢桁梁架设线形控制及合龙技术研究,承担单位为中铁大桥局。

子课题 3:客运专线 64 m 现浇简支箱梁设计施工技术研究,承担单位为宁安公司、中铁大桥局。

子课题 4:安庆长江大桥上轨道设计研究,承担单位为铁四院。

子课题 5:安庆长江大桥上无缝线路设计技术研究,承担单位为铁四院。

子课题 6:宁安铁路安庆长江大桥主墩深水基础施工关键技术研究,下分两个子课题,分别为:无支撑大直径围堰建造深水基础关键技术研究与应用,承担单位为宁安公司、中铁大桥局;深水条件下,大直径变径超长嵌岩钻孔桩施工技术,承担单位为中铁大桥局。

二、科研奖励

在各方的共同努力之下,宁安铁路建设过程中取得了丰硕的科研成果,并获多项科研奖励,详见表 5-2-1。

表 5-2-1　科研奖励情况一览表

项目/成果名称	主要完成单位	奖　项
宁安铁路铺轨基地方案优化	上海铁路局建设处、宁安公司	2012 年度上海铁路局合理化建议和技术改进奖二等奖
宁安客专中低压缩性黏土地基的沉降特性及沉降控制方法研究	上海铁路局建设处、宁安公司	2012 年度上海铁路局合理化建议和技术改进奖二等奖
芜湖站无砟改有砟轨道,节约投资成本	上海铁路局建设处、宁安公司	2012 年度上海铁路局合理化建议和技术改进奖一等奖
宁安铁路采石河特大桥跨采石河路连续梁优化为简支梁方案	上海铁路局建设处、宁安公司	2012 年度上海铁路局合理化建议和技术改进奖四等奖
改进型 CRTSⅠ型无砟轨道板规模化生产关键技术的研究和应用	中铁十二局宁安铁路一标工程指挥部	2013 年度中国施工企业管理协会科学技术奖二等奖
高速铁路路基岩溶注浆施工技术研究	中铁十二局宁安铁路一标工程指挥部	2013 年度中国铁道学会科技进步奖三等奖
安庆长江铁路大桥正桥上部结构施工关键技术	中铁大桥局宁安铁路工程指挥部	2013 年度中铁大桥局集团公司一等奖
高速铁路桥梁深水基础施工关键技术	中铁大桥局宁安铁路工程指挥部	2013 年度上海市科技进步奖三等奖
高速铁路 CRTSⅠ型轨道板制造及铺设技术	中铁十七局宁安铁路工程指挥部	2013 年度上海铁路局科技进步奖三等奖
软弱浅埋隧道风险控制与管理研究	中国路桥公司宁安铁路工程指挥部	2013 年度上海铁路局科技进步奖三等奖
时速 300 公里及以上高速铁路深水基础长大跨度桥梁建造技术	宁安铁路有限责任公司	2013 年度上海市科学技术奖三等奖
芜湖东站Ⅵ场改造方案研究与实施	上海铁路局建设管理处、宁安公司	2013 年度上海铁路局合理化建议和技术改进成果奖四等奖

续上表

项目/成果名称	主要完成单位	奖　项
宁安铁路繁昌特大桥跨321省道设计方案优化	上海铁路局建设管理处、宁安公司	2013年度上海铁路局合理化建议和技术改进成果奖一等奖
宁安铁路钟鸣1号隧道明挖段设计方案优化	宁安公司、上海铁路局建设管理处	2014年度上海铁路局合理化建议和技术改进成果奖三等奖
高速铁路建设工程质量风险管理研究	上海铁路局建设管理处、宁安公司、上海交通大学	2014年度上海铁路局科学技术进步奖一等奖
青弋江大跨度四线高速铁路预应力混凝土连续梁施工关键技术	宁安公司、中国路桥宁安铁路工程指挥部、江苏大学	2014年度上海铁路局科学技术进步奖三等奖
安庆长江铁路大桥施工关键技术研究	上海铁路局建设管理处、宁安公司、中铁大桥局宁安铁路安庆长江大桥工程指挥部、合肥工业大学	2015年度上海铁路局科学技术进步奖一等奖

鉴于宁安公司在科研管理方面的成就,公司先后获得2014年度上海铁路局科学技术进步奖、2015年上海铁路局科技先进单位等奖项。宁安公司职工汪水清获2015年上海铁路局优秀科技工作者称号。

三、著作及论文

依托该建设项目,公开发表的著作和论文(非完全统计)分别见表5-2-2、表5-2-3。

表5-2-2　著作一览表

著　作	作　者	出　版　社	出版日期
高速铁路轨道板制造与铺设	宁安公司　汪水清	上海交通大学出版社	2013.10
铁路工程建设信息化管理	宁安公司　汪水清,孙健家	上海交通大学出版社	2013.11
铁路岩溶路基与注浆技术	宁安公司　孙健家,汪水清	中国铁道出版社	2014.4

表5-2-3　公开发表论文一览表

论　文	作　者	发表刊物
无砟轨道板制造新工艺的经济环境效益	宁安公司　孙健家	低温建筑技术
高铁建设管理数字化集成信息平台的建设	宁安公司　汪水清	低温建筑技术
贝雷片拼装挂篮在连续箱梁悬臂施工中的应用	宁安公司　陈国宝	中国科技博览
小半径曲线箱梁架设安全质量控制技术	宁安公司　陈国宝	中国科技博览
软弱浅埋隧道围岩大变形控制技术研究	宁安公司　孙健家	安徽建筑
CRTSⅠ型轨道板铺设CA砂浆垫层的施工质量控制	宁安公司　汪水清	铁道建筑
岩溶路基工厂化注浆施工试验研究	宁安公司　汪水清	铁道建筑
现浇双块式无砟轨道板裂缝控制机理和预防措施	中铁十七局　栾永平	铁道建筑
高速铁路Ⅱ型板式无砟轨道平顺性控制技术	中铁十七局　刘宝庆	中国新技术新产品
浅谈高性能混凝土配合比的计算方法	中铁十七局　王猛	铁道建筑技术
客运专线CRTSⅠ型板式无砟轨道板布板方法的计算与探讨	中铁十二局　马捷	铁道建筑技术
隧道扩孔施工要点及施工方法分析	中铁十二局　王毅松	城市建设
营业线路基爆破工程施工要点探究	中铁十二局　王毅松	建材与装饰
高速铁路的无砟轨道施工技术的应用论述	中铁十二局　杨辉	城市建设理论研究
略谈膨胀土地区铁路路基施工	中铁十二局　哈斯白音	城市建设理论研究
试述高速铁路路基涵洞施工技术	中铁十二局　杨辉	建筑与文化
CA砂浆施工质量的影响因素分析	中铁十二局　张宜鑫	城市建设理论研究

续上表

论 文	作 者	发表刊物
高速铁路路基施工技术探讨	中铁十二局 朱志军	城市建设理论研究
浅议透水模板布对铁路混凝土性能影响	中铁十二局 孟晓龙	城市建设理论研究
关于我国铁路客站站房建设的思考	中铁十二局 余永升	建筑工程技术与设计
房屋建筑现场施工质量管理的几点思考	中铁十二局 邓顺富	城市建设理论研究
浅谈安全质量风险管理标准化与信息化结合运用	中铁十二局 李茂	中国信息化
安庆长江铁路大桥主墩基础围堰边锚改进	中铁大桥局 范学梅,农代培	桥梁建设
安庆长江铁路大桥主桥上部结构施工关键技术	宁安公司 汪水清,中铁大桥局 刘爱林	桥梁建设
安庆长江铁路大桥总体施工方案	中铁大桥局 农代培,季跃华,徐炳法	桥梁建设
安庆长江铁路大桥主桥桥塔施工关键技术	中铁大桥局 刘爱林,王剑峰	桥梁建设
安庆长江铁路大桥主桥无索区钢桁梁架设技术	中铁大桥局 童林鸿,王林	桥梁建设
深水大直径超深钻孔桩施工质量控制	中铁大桥局 范学梅,农代培,曹士运	世界桥梁
安庆长江铁路大桥4号墩斜拉索挂设施工	中铁大桥局 童林鸿,肖江文,王林	桥梁建设
安庆长江铁路大桥桥塔墩钻孔桩施工关键技术	中铁大桥局 刘爱林	桥梁建设
扁担河特大桥桩基旋挖钻钻孔施工技术	中国安能公司 李广	水利水电技术

第三章 技术创新

在宁安铁路建设中，公司按照安全、质量、工期、投资、环保、稳定“六位一体”的目标和要求，加强对自主创新的组织、指导和协调，积极推进新技术、新工艺、新材料、新设备的运用，不断推进技术创新，取得了累累硕果。

一、桥梁工程

（一）安庆长江大桥工程

安庆长江大桥为全线控制性工程，设计难度大、施工技术复杂。大桥建设中，按照管理制度标准化、人员配备标准化、现场管理标准化、过程控制标准化的建设思路，坚持标准化管理和科技攻关，通过不断探索，取得了一些有益的创新成果。

1. 设计创新

先后开展了大跨度铁路斜拉桥抗震性能及减震措施研究、大跨度铁路斜拉桥抗风性能及抗风措施试验研究、新型钢结构焊接构造疲劳性能试验研究、铁路斜拉桥结构构造单元受力性能研究、大位移钢轨伸缩调节器与梁端轨道伸缩装置研究；有效解决了结构设计中遇到的技术难题，拥有了一批有创新、可推广的技术成果，拓宽了大跨度铁路桥梁设计理念。

2. 施工创新

系统地进行了主塔墩基础施工技术研究、主桥上部结构施工技术研究、无覆盖层斜岩面大直径双壁围堰建造深水超大尺寸高承台基础技术研究、大跨度三主桁整体桥面非对称结构连续钢桁梁斜拉桥散拼法伸臂安装及合龙技术研究、墩旁桁内开启式钢梁提升上桥装置研制等施工关键技术研究；取得了多项拥有自主知识产权的发明专利和工法，满足了大桥安全、优质、快速施工的需要。

(1)无覆盖层斜岩面大直径双壁围堰建造深水超大尺寸高承台基础技术

大桥3号、4号主墩高承台基础施工改变了传统的无覆盖层环境建造桥梁基础方法（植桩建造施工平台或浮式吊箱围堰平台）和有覆盖层环境建造桥梁基础方法（先定位桩平台后下围堰方法），研发了超重巨型圆形围堰断缆气囊法整体下河技术、活动插板自动封堵围堰底河床缺口技术、水上接高的无导向船围堰边锚转向装置及收放方法、围堰封底混凝土承载力提高和防渗漏技术，克服了深水光板岩环境植桩法施工周期长、风险高的缺点，利用围堰结构作为施工平台，节省了大量定位桩用钢量及其装拆工作量，不但解决了3号墩汛期深水无覆盖层斜岩面庞大基础施工平台搭建难题，也确保了主墩工程施工安全、工程质量和施工进度。包括以下关键技术：

①超重巨型圆形围堰断缆气囊法整体下河技术：解决了直径56 m超重巨型圆形围堰快速整体下河难题，开创了圆形围堰断缆气囊法下河先例，丰富了断缆气囊法托载围堰下河技术的手段和方法。

②活动插板自动封堵围堰底河床缺口技术：解决了3号墩汛期深水无覆盖层高低不平河床快速封堵难题，避免和减少了大量潜水员水下堵漏工作量和时间，有效降低了水下作业风险，确保了深水围堰水下封底混凝土质量。活动插板法不受水深限制，能快速完成深水围堰堵漏，在今后深水基础施工中具有很好的推广应用前景。

③水上接高的无导向船围堰边锚转向装置及收放方法：3号墩围堰在安庆侧光板岩河床上首次使用了6个重达2 000 kN的混凝土梳齿锚进行锚碇，研制采用能适应各向角度锚绳通过的辊轴式多向马口结构，解决了大直径锚绳转向收放困难难题，使与马口接触处锚绳能自由跟随辊轴转动，避免了锚绳在多向外力作用下因马口不能自如转动造成死磨受损崩断失效，确保了围堰定位安全。围堰接高时，边锚通过转向马口引至前、后定位船上绞锚收放；围堰接高完成后，在围堰顶设置收锚平台，各层边锚通过马口全部转换至围堰顶收锚平台绞锚收放。

(2)围堰封底混凝土承载力提高和防渗漏技术

通过在封底混凝土厚度范围内的围堰内壁和桩位护筒上设置一种特殊结构装置,改变以往封底混凝土支承模式,一方面提高了封底混凝土承载能力,减少了封底厚度,另一方面彻底封堵和延长了渗水通道,有效解决了围堰渗漏水问题。

(3)大跨度三主桁整体桥面非对称结构连续钢桁梁斜拉桥散拼法伸臂安装及合龙技术

针对大跨度三索面三主桁整体桥面非对称连续钢桁梁斜拉桥结构特点,系统研究了吊装、运输、拼装、合龙等施工技术,实现了三主桁整体桥面非对称连续钢桁梁斜拉桥的散拼架设,仅用 12 d 就完成了中跨和边跨两个合龙口多点精确快速合龙。

(4)墩旁桁内开启式钢梁提升上桥装置

根据三主桁结构特点,改变过去梁面桁外悬挑式提升站取梁或用架梁吊机在待架点下方水面直接取梁的传统钢梁提升方式,设置以钢桁梁上弦作起重设施的走行承重梁,在桁内进行钢梁提升,无须额外设置复杂的提升站,结构简便,不影响斜拉索安装,用钢量少,开创了三桁结构钢梁提升上桥新方法。

3. 管理创新

针对性地开展了大桥建设管理信息系统、大桥建设质量风险管理等工程建设管理专题研究,提出了“先进、实用、简便、全覆盖”的建设管理方法,科学地解决了大跨度铁路桥梁建设管理问题,有力地促进了我国桥梁建设管理模式的创新。

(二)宁安铁路青弋江特大桥(72+136+72)m 预应力混凝土四线连续梁

宁安铁路青弋江特大桥(72+136+72)m 预应力混凝土四线连续梁主墩钻孔桩桩径 2.5 m,桩长 86 m,采用 CK2500 型冲击钻成孔。施工中为提高钻进效率,分别采用重型钻头及套打的方式成孔,钻进过程中严格控制泥浆指标,以提高浮渣效率,成孔后及时清孔灌注以防塌孔。该钻孔桩钢筋笼主筋共计 100 根(直径 25 mm),采用焊接方式施工量大,焊接耗时长,增加塌孔的风险,施工中采用直螺纹套筒连接的方式,大大缩短了安装钢筋笼的时间。

施工中解决了 C55 高性能混凝土的优化、大方量超重混凝土的支撑体系、多箱室结构线形控制、高密度钢筋及波纹管条件混凝土振捣、大体积混凝土施工以及高温条件下养护以及混凝土分层浇筑间隙时间掌控等难题。

该连续梁挂篮悬臂施工最长节段长 5 m,最重节段混凝土重 520 t,节段宽 22.8 m,为同类型桥梁之最。通过对整个挂篮系统进行模拟计算和分析研究,成功设计了结构轻、构造简单、走行便捷的三角挂篮,挂篮自重与最大节段混凝土重量比为 0.341,比同类型挂篮约轻 1/3,实现了连续梁的顺利合龙,保证了施工安全和质量。

线形控制影响桥梁的美观效果,对桥梁的内力重新分配以及截面内力变化有影响。施工中利用灰色理论及自适应控制方法结合进行线形控制,针对横截面、跨度大的特点,从测点布置、测量时间、精度方面对每个节段标高进行控制分析,避免标高差异引起箱梁截面和整桥内力出现异常和突变等情况。对关键部位进行应力监测。

根据桥梁的收缩和徐变随时间而不断发展的规律,通过设置桥梁预拱度消除下挠引起的线路标高变化,并对收缩、徐变、预应力损失效应导致的桥梁挠度变化进行长期监测。

(三)预制箱梁钢筋整体绑扎施工技术

随着箱梁设计的改进,外观结构尺寸的更改和优化对施工方案提出了更高的要求,针对圆弧形曲线箱梁腹板,施工中采取整体绑扎技术,提高了施工质量,加快了施工进度,形成一套高速高效、经济合理的施工方法。

根据钢筋设计图时间,结合场地布置形式、设备配套的特点,设计了整体绑扎胎具,胎具采用角钢和槽钢作为侧模支撑,可有效控制钢筋位置、间距;箱内支撑采用钢管和连接杆件支撑顶板钢筋。胎具加工简易,固定牢靠,拆卸简单。

二、路基工程

(一)三维排水柔性生态边坡工程

系统取代加筋土挡土墙混凝土模块,可对墙体进行绿色防护,美化环境。

三维排水柔性生态边坡工程系统是一种新型环保材料，其组件间能够彼此契合为有机稳定的整体系统。该系统材料组件主要为生态袋和三维排水联结扣。生态袋具有抗紫外、抗老化、无毒、不助燃、裂口不延伸的特点，并永不降解，同时具有目标性透水不透土的过滤功能，既能防止填充物(土壤和营养成分混合物)流失，又能实现水分在土壤中的正常交流，对植物非常友善，而且植物可以穿过袋体自由生长。三维排水联结扣则可最大限度地将生态袋紧密相连，并将集中应力合理分散。该生态系统可适用于混播、压播、插播、铺种草皮及围坑栽植等多种植被方式。

(二)土工合成材料

土工合成材料作为一种新型复合材料，具有加筋补强、反滤、排水、隔离、防渗、防护等功能，其应用已渗透到岩土工程及其他工程的各个角落，广泛运用于世界各国及地区。全线路基工程分别在四个方面应用了土工合成材料：软弱土地基加固垫层中铺设土工格栅，以增强地基稳定、均布应力、减小地基沉降；选用土工格栅作为加筋土挡土墙的拉筋材料；在路堤边坡 3.0 m 范围内每填筑两层(一般为 0.5～0.6 m)铺设一层土工格栅，可防止边坡浅层坍溜；挡土墙及护坡地段使用土工排水材料作为反滤层。

三、站房工程

(一)芜湖高铁站房钢桁架结构施工过程模拟及支座监测关键技术研究

随着高铁项目的规模建设，一些具有跨度大、高度高、面积大、结构复杂特点的站房钢桁架结构屋盖系统在投用后出现一些共性问题，例如：屋盖系统温度变形过大、屋面变形缝处漏雨水、桁架整体位移和变形较大、屋盖在风载荷下抗震性能差等。鉴于此，在建设单位的组织下，施工单位与合肥工业大学、衡水逸海工程橡胶有限公司建立了合作关系，研究站房钢桁架结构支座施工过程模拟及支座监测关键技术，利用抗震铰接钢支座，较好地解决了站房大型钢结构无伸缩缝屋盖系统温度变形问题，从而为较好地处理大型屋盖体系的伸缩变形和改善屋盖整体抗震效果提供理论依据与实践经验。

(二)宁安铁路芜湖站站房 MQWH350/35 型幕墙养维一体化设备

芜湖站房结构形式为高架跨线式结构，线路上方有约 7 500 m^2 玻璃、铝板幕墙。玻璃采用 6＋1.52PVB＋6(LOW－e)＋12A＋8 中空钢化夹胶玻璃，且板块分隔较大，每块重量约 300 kg。线路开通运营后，此部分幕墙的检查、维修、保养存在很大的安全隐患。为此，开发了幕墙养维一体化设备，该设备可以水平垂直移动，方便了线路上方幕墙等设备的检查、维修、保养工作，提高了安全度，大大减少了线路上方作业的安全隐患，为作业及运营安全性提供了保障。

该设备研制过程中获得两项国家实用新型专利，分别为钢桁架结构支座监测装置和履带吊防撞装置。钢桁架结构支座监测装置可在完成后对支座进行监控，实时了解支座的使用状态；履带吊防撞装置能提前预警危险，避免碰撞安全事故。

四、高性能混凝土的研究与应用

高性能混凝土是当前建设耐久性结构采用的主要材料，解决了高性能混凝土问题就解决了结构的耐久性、长久性问题。宁安铁路所用材料较其他项目有其特殊性，主要是地材、粉煤灰和外加剂的相互匹配性需要多次研究解决，并需要在实体结构中应用得到证实。

施工中对各种材料从材质、物理性能、化学性能等方面进行了全面检测，对它们的相容性、匹配性进行试配研究，解决了高效减水剂的使用、如何减少水泥用量、如何提高掺合料的用量、如何提高混凝土的各项指标等问题；通过实体结构的应用进行全面分析，确定了高性能混凝土的配合比等重要指标，确保了施工质量和耐用性。

五、车站给排水工程

1. 生产生活给水管网与室外消防管网分开设置

各站均接用城镇自来水，采用生产生活给水管网与室外消防管网分开设置的系统，生活用水由无负压设备加压后供给，室外消防用水采用消防泵加压后供给。这种给水方式与传统的生产生活与消防共用变频设备供水方式相比，既能保证供水水质，又大幅度降低了工程造价和运营成本，大大降低了能耗。

2. 铁路中小车站污水人工湿地处理新技术

桥梁工区、警务区、牵引变电所等生活供水点所排污水均采用了人工湿地处理新技术，处理后的污水达到地方排放标准后就近排放。

人工湿地是由人工建造及控制运行并与自然湿地类似的场地、对接纳的生活污水进行处理的一种新技术。污水在沿一定方向流动的过程中，主要利用人工湿地中土壤、人工介质、植物、微生物的物理、化学、生物三重协同作用，通过吸附、滞留、过滤、氧化还原、沉淀、微生物分解转化、植物遮蔽等各类作用，对污水中的污染物进行拦截从而达到净化污水的目的。

采用潜流式人工合成湿地，其优点是占地面积较其他形式湿地小，处理效率高，整个系统完全建在地下，地面可以建成绿地及配合景观使用，现场实际效果较佳。

六、通信工程

（一）南京南站通信接入工程

1. 干线光缆引入

自宁安场正线 25、26 股道过轨点（宁杭场 K310＋800）处布放 2 条 32 芯干线光缆横穿宁杭场、京沪场至南京南站沪汉蓉场通信机械室。其中，宁安铁路 B 缆自该过轨点沿前期工程预留过轨管引至 11 股道（宁杭场），沿 11 股道电缆槽道敷设至站台下方引下竖井，引至夹层管廊，管廊内的光缆引至沪汉蓉场信号电缆间；宁安铁路 A 缆自该过轨点沿前期工程预留过轨管引至 2 股道（京沪场），沿 2 股道电缆槽道敷设至站台下方引下竖井，引至夹层管廊，管廊内的光缆引至沪汉蓉场信号电缆间。

宁安 A、B 两条 32 芯光缆在沪汉蓉电缆间内利用既有室内槽道引至沪汉蓉场通信机械室，在通信机械室内宁安设置的 ODF 架上成端。

2. 宁安 DK8＋500 基站接入既有京沪 CJ-NJN17 基站

宁安线与已开通的京沪、沪汉蓉高铁在南京南车站存在并行区段，为减少相互影响，将王府山隧道口 DK8＋500 原基站改成直放站远端机，增设 1 条 12 芯光缆至既有京沪 CJ-NJN17 基站，既有基站内增设光纤直放站近端机 1 套，与既有 BTS 设备相连，解决并线区段场无线信号强覆盖问题，如图 5-3-1 所示。

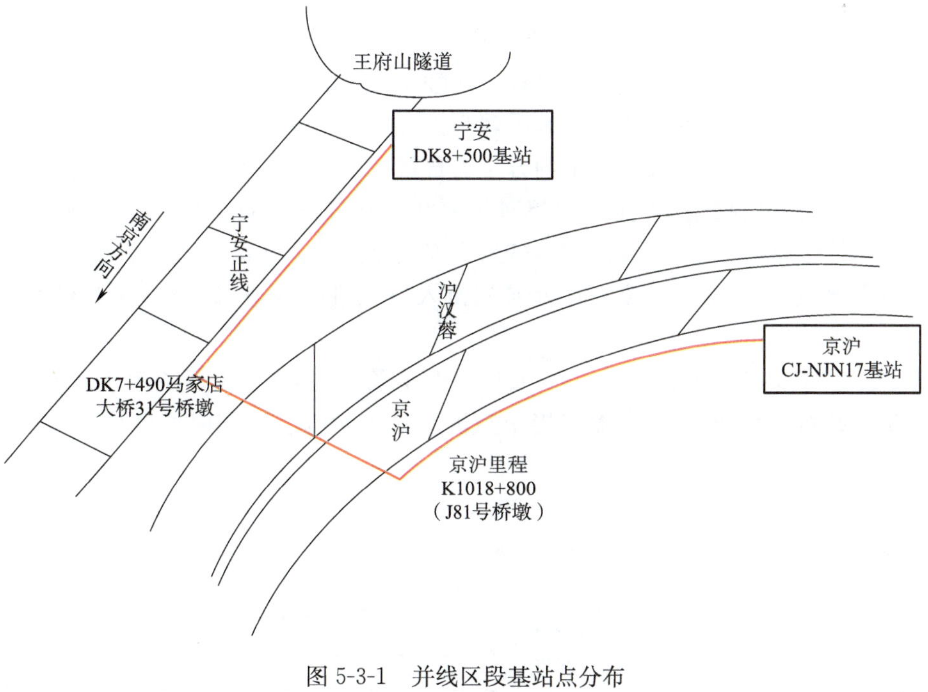

图 5-3-1　并线区段基站点分布

3. 既有沪汉蓉通信机房设备安装

按设计要求，本线接入南京南站需新设 STM-16/STM-4 传输设备 2 套，－48 V 电源设备 1 套（含蓄电池组 1 套），ODF 配线架 2 套，DDF 配线架 1 套，在既有车间网管室安装传输接入、GSM-R、动环、直放站、数字录音仪网管共计 6 套。

经现场调查,影响既有设备的范围有:南京南引入线路施工时横穿宁杭场、京沪场,需揭电缆井、槽道盖板,利用既有槽道和既有管廊进行布放,不影响站场既有光电缆及设备的正常使用;既有京沪基站增设直放站近端机及光缆引入施工时需揭京沪线电缆槽盖板,基站内增设耦合器,影响既有天线正常工作;既有沪汉蓉通信机房设备安装配线不影响既有设备正常工作。

为解决上述问题,新设机柜靠近宁杭客专设备机柜组立,设备机柜间缆线走线采用下走线方式,新设走线钢槽与既有线槽连通,新设－48 V 电源设备外电源接入在既有配电箱输出端子上并接,设备接地利旧,如图 5-3-2 所示。

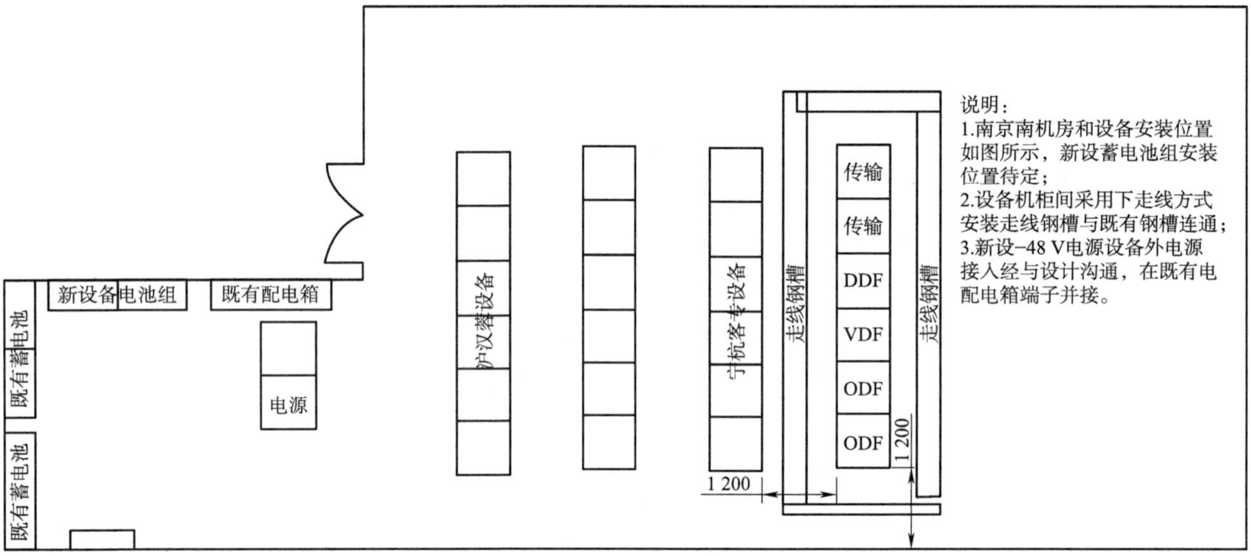

图 5-3-2　南京南城际场和沪汉蓉通信机械室(单位:mm)

(二)高速铁路枢纽区段 GSM-R 系统基站接入

新建南京至安庆铁路全长 257.522 km,是长三角客运网的延伸线,地处江苏省、安徽省境内,全线设南京南、江宁南、马鞍山东、当涂东、芜湖、弋江、繁昌西、铜陵东、池州、安庆 10 个车站,设计时速 250 km。本线接入南京南站部分线路与已开通运行的京沪、沪汉蓉高铁存在并行区段(长度约 8 km),该区段 GSM-R 系统设计已按单网交织覆盖组成,其余区段无线组网方案为普通单网覆盖,承载 CTCS-2 级列控数据。

南京南枢纽区段已有 8 条高铁线路接入,GSM-R 系统存在频率资源紧张、新增基站接入引起的同频干扰等问题。为满足列控数据对无线覆盖的要求,减少宁安线基站接入对既有线路无线信号的影响,避免因基站频率干扰引发行车事故,需从施工角度对该处基站接入方式进行改进,研究出一套科学合理的优化解决方案。

该方案将原 DK8＋500 基站改成直放站远端机,敷设 1 条 12 芯光缆至既有京沪高铁基站,在京沪高铁基站内增设直放站近端机 1 套,利用耦合器连接至京沪基站 BTS 设备,同时原铁塔高度由设计 40 m 改成 30 m,隧道内设备保持不变,如图 5-3-3 所示。

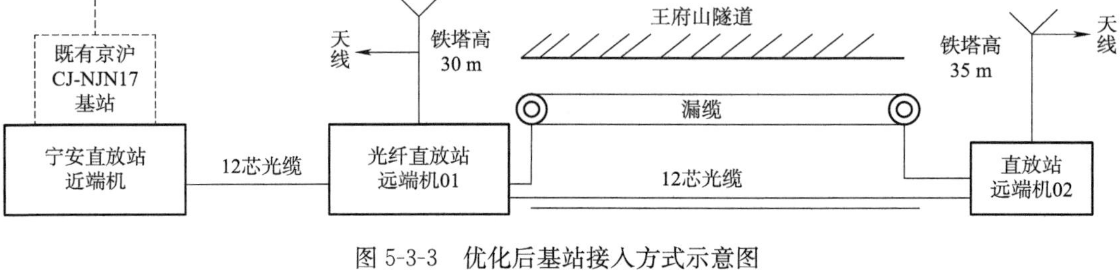

图 5-3-3　优化后基站接入方式示意图

（三）GSM-R 无线系统

本线 GSM-R 系统除了要满足覆盖要求的场强值，还要满足应用对于服务质量的特殊要求，比如 CTCS-3 对于 GSM-R 网络提出的一些具体 QoS 要求。

采用的基站和直放站设备均具备集成度高、功耗低、可靠性高的特点。在业务上，GSM-R 系统实现了与通信调度交换系统的密切配合，提供调度通信业务，取消了通信区间长途电缆、区间通话柱。

新技术方案和高性能设备的采用使本工程全线车站和区间无线覆盖、QoS 指标良好，均达到规范要求，在极短的安装调试时间内，顺利完成调试和开通，并为运营作业提供服务。

（四）光传输系统

采用华为公司 OSN 系列传输系统产品，该产品继承了 MSTP 技术的全部特点，与传统 SDH、MSTP 网络保持兼容，融 SDH、PDH、Ethernet、WDM、RPR 等多种业务和技术为一体。

OSN 系列传输系统产品从设备级、网络级、业务级三个层面进行了全方位的可靠性设计和考虑。在设备级别，提供重要板件和部件的 1+1 热备份和支路业务板件的 1∶N 的 TPS 保护；在网络层面，系统除支持 MSTP 所有类型的保护之外，还支持华为独有的多种网络保护专利技术，保证故障状态下，业务快速保护倒换（业务无感知）从而提高系统的抗毁性；业务层面提供多种保护机制，保护了业务的安全可靠运行。

OSN 系列设备通过网管可快速定位线路故障，有效提高维护效率。

（五）基站、直放站场坪及铁塔接地系统

根据《铁路通信设备雷电综合防护实施指导意见》（铁运〔2011〕144 号）的要求，在沿线设有 GSM-R 基站、直放站场坪设置阻值不大于 1 Ω 的场坪接地系统和铁塔地网。

机房地网由机房建筑基础（含地桩）和外围环形接地体组成。环形接地体沿机房建筑物散水点外（距机房建筑物不小于 1 m）敷设，并与机房建筑物基础横竖梁内 2 根以上主钢筋焊接连通。为防止遭受雷击时，不同接地装置之间产生电位差、造成地电位反击，当机房外环形接地体与铁塔地网之间的距离小于 15 m 时，采用 40 mm×4 mm 的热镀锌扁钢，在地下将铁塔地网与机房外环形接地体焊接连通。电力变压器设置在距机房地网边缘 30 m 以内时，用水平接地体将变压器地网与机房地网焊接连通。

七、电力工程

（1）10 kV 一级负荷贯通线和综合负荷贯通线采用中性点经低电阻接地方式。

（2）10 kV 贯通线的电缆电容采用区段固定 10 kV 箱式电抗器分散补偿，10 kV 配电所设置 10 kV 动态无功补偿。

（3）10 kV 电力贯通线电缆金属层采用单点接地方式。

附　　录

附录一　大　事　记

2007 年度

●11 月 6 日，宁安铁路建设工作协商会议在上海铁路局召开，决定联合成立宁安铁路有限公司筹备组，着手开展宁安铁路建设前期工作。铜九铁路建设指挥部指挥孙健家兼任宁安铁路有限公司筹备组组长。

2008 年度

●7 月 21 日～25 日，宁安铁路初步设计预评审会在合肥召开。

●9 月 18 日，宁安铁路建设用地预审获国土资源部批复（国土资预审字〔2008〕315 号）。

●9 月 25 日，宁安铁路环境影响报告书获环境保护部批复（环审〔2008〕362 号）。

●11 月 14 日，宁安铁路可行性研究报告获国家发改委批复（发改基础〔2008〕3072 号）。

●11 月 18 日，宁安铁路开工建设协调会在合肥召开，安徽省常务副省长孙志刚出席并主持会议。

●11 月 22 日、23 日，宁安铁路修改初步设计审查会在北京召开。

●12 月 18 日，铁道部、江苏省、安徽省联合在铜陵召开宁安铁路开工动员大会。

●12 月 18 日，安徽省发改委在铜陵召开宁安铁路安徽段征地拆迁协调推进会，布置宁安铁路安徽段征地拆迁工作。

2009 年度

●2 月 1 日、2 日，宁安铁路修改初步设计审查会在北京召开。

●2 月 25 日，宁安铁路指导性施工组织设计审查会在北京举行。

●3 月 14 日、15 日，宁安铁路铜陵东至池州段及安庆长江大桥工程的施工与监理在铁道部招标中心开标。

●3 月 20 日，全线重点控制工程安庆长江大桥先行开工建设。

●4 月 9 日，宁安铁路有限责任公司名称通过国家工商管理总局预先核准。

●4 月 30 日下午，宁安铁路有限责任公司第一次股东会暨一届一次董事会监事会在上海召开。会议由上海铁路局安路生局长主持，王峰常务副局长、合资办丛庆滋主任等参加了会议。会上，安路生局长当选为公司董事长，安徽省投资集团有限责任公司董事长杜长棣当选为公司副董事长，江苏交通控股有限公司翟刚当选为公司监事会主席。

●5 月 18 日，宁安铁路有限责任公司领取《企业法人营业执照》，注册芜湖，公司挂牌。

●6 月 1 日、2 日，宁安铁路修改初步设计审查会再次在北京召开。

●6 月 5 日，宁安铁路安庆长江大桥 3 号主墩钢套箱围堰顺利下水。至此，安庆长江大桥主墩围堰已全部顺利下水。

●9 月 14 日～16 日，铁道部工程设计鉴定中心在芜湖组织召开宁安铁路芜湖站、江宁南站、马鞍山东站、当涂东站、弋江站、繁昌西站、安庆站项目介绍会。

●9 月 24 日，宁安铁路国家审计进点会在芜湖召开。

●9 月 30 日，新建站房暨广场落成典礼在铜陵东站举行。

●10 月 19 日，铁道部、安徽省、江苏省批复宁安铁路全线初步设计和总概算。

●10 月 22 日，铁道部总工会、工管中心领导到公司检查调研，并组织召开客运专线劳动竞赛评比办法宣贯会。

●11月17日，上海铁路局在建设处会议室组织召开了宁安铁路铜陵东站无站台柱雨棚施工方案审查会。

●11月20日，上海铁路局建设处在铜陵组织了新建铜九铁路工程(安徽段)铜陵东站房及相关客运设施初步验收会议。

●12月27日，宁安铁路宁铜段、池安段工程在北京开标。

●12月29日、30日，公司由孙健家总经理带队组织赴沪宁、沪杭客专观摩学习。

2010年度

●1月11日，宁安公司在芜湖举行南京南至铜陵东、池州至安庆段施工监理合同签字仪式。孙健家总经理传达学习全路年度工作会议精神，就全线开工做动员报告。

●1月25日，公司在铜陵中铁十二局一标指挥部召开宁安铁路捍卫质量保卫安全推进暨协调会，公司总经理孙健家就贯彻部、局有关会议精神，学习先进单位经验，做好当前重点工作提出要求。

●2月5日，公司召开2010年度创“双优”活动工作会议。党工委书记、总经理孙健家对2009年公司创“双优”活动进行了全面的回顾总结，对2010年深入推进创“双优”活动的开展进行部署。

●4月6日～9日，铁道部质量安全监督总站上海站常务副站长张文波在公司组织召开新进场的施工、监理单位宁安铁路监督交底会议。

●4月14日，国家发展改革委员会基础产业司司长黄民率领铁路建设调研组到宁安铁路安庆长江大桥工地调研并指导工作。一同参加调研的有国家发改委基础产业司副司长高旭、铁道部发展计划司副司长严贺祥等一行6人。安徽省发改委副主任张天培，安徽省投资集团副总经理杨俊社，安庆市委常委、常务副市长汪莹纯，副市长万士其，宁安铁路公司总经理孙健家，中铁大桥局副总经理季跃华等陪同调研。

●5月13日、14日，公司总经理孙健家带队到沪杭客专余杭南站、嘉兴南站、嘉兴轨道板场、跨沪杭高速公路转体桥以及横潦泾特大桥等施工现场进行观摩学习。

●6月14日～18日，铁道部质监总站一处王显进副处长及上海质监站张文波常务副站长等一行5人，先后深入宁安二标、一标、五标指挥部各工点现场检查，督导调研，并与公司交换了检查意见。

●6月30日，公司总经理孙健家在南京就宁安工程概况、施工组织设计、安全机制运作、质量保证措施、工期及投资控制、征地拆迁大临用地及下一步重点工作等方面向铁道部副部长卢春房做了专题汇报。

●7月15日，公司副总经理汪水清与赛思达(上海)技术咨询有限公司、宁安铁路建设外方首席质量代表Audard(欧达德)见面，并就确立工作指导思想和计划、履行项目合同、尽快开展工程质量监控咨询、实现建设一流客专目标达成一致。

●7月31日，上海铁路局常务副局长王峰、侯文玉及芜湖市杨敬农市长、副市长洪建平等领导到宁安公司看望全体员工。

●8月1日，上海铁路局常务副局长王峰督导调研宁安铁路建设工作。

●8月14日、15日，铁道部总工会、工管中心领导来公司检查调研建功立业劳动竞赛活动开展情况，到安庆大桥施工现场检查和慰问大桥建设者。

●8月28日，中铁大桥局安庆长江大桥工程指挥部在工地隆重举行全桥桩基施工全面完成暨主墩承台灌注仪式。

●9月9日，宁安铁路第一孔箱梁、铜陵南特大桥第一孔32 m箱梁精确落位。

●10月25日，公司组织各参建单位负责人、项目经理和部门负责人到宁杭指挥部观摩学习。

●11月3日、4日，由中纪委监察部执法监察室副主任孙怀新带队的中纪委检查组一行8人，到公司进行铁路工程建设领域突出问题专项治理检查调研。

●11月12日，公司组织宁安铁路科技创新研讨会。

●12月29日，公司在大桥局安庆长江大桥指挥部组织召开宁安铁路2010年总结表彰暨2011年工作会议。

2011 年度

●1 月 24 日,芜湖市洪建平副市长等一行到公司指导工作,开展春节前慰问,总经理孙健家还与芜湖市洪建平副市长共同签署了《关于合作建设芜湖弋江火车站站房工程投资协议书》。

●1 月 18 日、19 日,卢春房副部长率领建设司、工管、鉴定中心领导在上海铁路局常务副局长王峰、建设处处长金武和宁安公司总经理孙健家等陪同下视察宁安铁路建设工作。

●2 月 19 日,上海铁路局副局长李迎九到安庆桥检查指导工作。

●3 月 3 日,公司在宁安三标组织召开宁安铁路 2011 年物资设备管理工作会议暨现场会,并与各施工单位主要负责人签订了《物资设备管理责任书》。

●3 月 10 日,公司组织相关设计、施工单位召开宁安铁路车站地道防水措施研讨会。

●3 月 21 日~23 日,以铁道部工管中心副主任盛黎明为组长的质量安全检查组,对宁安铁路 6 个标段的安庆长江大桥及其他路基、桥梁、隧道、梁场、板场、小型构件预制场等 12 处施工现场进行了质量安全检查。上海铁路局建设处处长金武、公司总经理孙健家等陪同检查。

●3 月 30 日,上海铁路局党委创建学习型领导班子检查考核到公司通过听取汇报、民主测评、召开座谈会、个别谈话、查看台账等形式对公司创建学习型领导班子活动进行了检查考核,原上海铁路局副局长应慧刚参加检查考核。

●3 月 30 日,宁芜还建线的开通,为又好又快推进宁安铁路建设创造了条件。

●4 月 19 日、20 日,公司在芜湖组织召开了 2011 年计划财务工作会议。

●4 月 28 日,池州站过渡工程按期竣工投入使用。

●5 月 18 日、27 日,经封锁施工,湾里站改及芜湖、铜陵站过渡工程分别安全顺利开通,标志着涉及宁安铁路全线建设的控制性工程得以顺利完成,为宁安铁路宁安站场创造了施工条件。

●6 月 13 日、14 日,上海铁路局党委副书记、纪委书记蒋辉率上海铁路局纪委执法监察室、案件审理室及建设处有关部门人员到宁安公司检查调研指导工作听取了公司总经理孙健家关于宁安铁路物资采购招标及廉政协议签订履约情况的汇报。

●6 月 30 日,公司在芜湖组织开展宁安铁路营业线施工安全质量知识考试竞赛活动。各施工、监理单位 79 名选手参赛。

●7 月 1 日~3 日,公司组织全体党员及员工群众、特邀职工家属到江西庐山、安徽泾县革命老区观摩学习。

●7 月 5 日~9 日,由铁道部工管中心副主任王晓洲带队的 5 人标准化管理巡查组来宁安铁路检查督导工作。

●8 月 23 日,国务院高铁安全(工务建设组)检查组督导宁安铁路建设工作。上海铁路局副局长李迎久、建设处处长金武、公司总经理孙健家、副总经理汪水清等陪同检查。

●9 月 14 日,公司邀请以设计大师史玉新为组长的有关地质、隧道专家在芜湖组织召开钟鸣 1 号、2 号隧道施工安全专家咨询会。

●10 月 18 日、19 日,全局铁路建设工程质量现场会在宁安铁路(安庆)召开。上海铁路局常务副局长王峰作重要讲话。

●12 月 16 日,由铁道部工管中心邹振华副主任带队的铁道部维稳督导组一行 4 人检查指导宁安公司贯彻铁道部《关于对铁路建设项目稳定质量安全进行包保的通知》电报的执行情况。上海铁路局建设处金武处长、公司总经理孙健家等陪同检查。

2012 年度

●1 月 10 日,公司在池州组织召开宁安铁路 2011 年度总结暨表彰动员大会。孙健家总经理简要回顾了 2011 年宁安铁路建设所取得的成绩,并就围绕 2012 年度完成年投资、打造品牌线、管理上台阶、实现安全年"四大目标"作出部署。

●5 月 17 日、18 日,水利部长江水利委员会水土保持局处长张小林、副处长胡玉华、调研员郭念森、安徽省水利厅水土保持处调研员黄光谱、省水土保持监测总站副主任浦慎远等领导和专家到宁安铁路检查督导水土保持工作。

● 5月24日，公司组织中国路桥公司宁安工程指挥部、北京铁城监理公司宁安监理站和铁四院宁安工程配合指挥部在钟鸣1号出口举行隧道坍塌事故应急演练。

● 6月19日～21日，上海铁路局建设管理高级研修班在宁安铁路(池州)举办。

● 6月29日，在纪念建党91周年之际，公司党工委举行"庆七一、创双优、保安全、促廉洁"座谈会，部分职工家属代表受邀参加了会议。

● 7月3日，上海铁路局党委书记黄殿辉调研督导宁安铁路建设工作。

● 7月10日，公司在中铁十二局宁安一标指挥部组织召开宁安铁路创"双优"工作现场会。

● 8月30日、31日，由上海铁路局总师室牵头在宁安公司召开"铁路建设工程项目管理信息系统"科技成果验收会。

● 9月19日、20日，铁道部第三督导组在监督总站王群伟处长带队下，监督总站杜立新、工管中心高京喜、唐志强、上海监督站陆雨抗站长、张文波副站长、杨继光科长等一行7人，分别到宁安铁路检查督导安全大检查活动开展情况。

● 10月23日，上海铁路局在芜湖召开由公司提出的"芜湖站无砟轨道改有砟轨道的合理优化"的合理化建议和技改成果验收会。

● 12月1日，随着安庆长江大桥中跨合龙段最后一根杆件对接完成，标志着安庆长江大桥中跨胜利合龙。

● 12月7日，铁道部工管中心席宁、于海亭到宁安铁路就征地拆迁工作进行调研座谈，在听取副总经理汪水清工作汇报后，提出了指导意见。

● 12月2日，中国路桥宁安五标天井湖特大桥道岔梁简支段第四片梁浇筑完成，标志着宁安铁路与京福高铁的联络线道岔梁线下工程全部顺利完工。

● 12月11日～14日，由上海铁路局建设处金武处长，张骏、何志超副处长，上海质监站副站长张文波带队一行18人组成的检查组对宁安铁路全面开展"管理诊断、问题整治"检查。

● 12月19日，安庆长江大桥边跨合龙段最后一根杆件顺利对接，这标志着世界最大跨度的四线铁路斜拉桥——宁安铁路安庆长江大桥实现全桥精确合龙。

● 12月22日、23日，由铁道部工程管理中心副主任郭福安、线路部部长顾秋来等一行10位专家组成的无砟轨道首件工程评估小组对宁安铁路CRTSⅠ型板式无砟轨道首件工程进行了评估验收。首件工程评估通过，标志着宁安铁路全面进入无砟轨道施工阶段，是宁安铁路建设过程中的一座里程碑，为后期施工生产奠定了坚实的基础。

● 12月28日9:40～16:00，宁安铁路芜湖东Ⅴ场信号楼搬迁微机联锁设备改造Ⅱ级施工顺利完成，较计划提前10 min开通启用了新的微机联锁设备。

● 12月30日，宁安铁路有限责任公司第四次股东会暨一届四次董事会在上海召开。

● 12月，中铁十七局宁安三标指挥部被安徽省环境保护产业协会授予"安徽省环境保护优秀施工示范单位"荣誉称号。这也是该标段第三年获此殊荣。

2013年度

● 1月6日，公司在十二局一标指挥部组织宁安铁路无砟轨道施工首件工程成果推广与培训会。

● 1月21日，公司在铜陵分别组织宁安铁路2012年总结表彰大会、党风廉政建设座谈会暨2012年度创"双优"检查考评会。

● 1月26日，铁道部财务司副司长张群、基建科冯晓振一行到宁安铁路督导检查维稳工作。公司总经理孙健家介绍了宁安铁路建设情况及当前维稳方面存在的问题。

● 1月26日，安庆桥钢梁桥面压重混凝土开始浇筑。

● 3月18日，公司组织召开2013年度宁安铁路科技创新大会。

● 4月11日，50根500 m的长钢轨运抵中铁十二局宁安一标铜陵铺轨基地，为落实7月1日开始铺轨的施工计划提供了先决条件。

●5月16日,天井湖特大桥4号墩～5号墩简支梁架设完成,为合福线的下一步施工创造了有利条件。

●5月24日,公司在中铁十二局宁安一标指挥部铜陵铺轨基地成功举办长钢轨卸车标准化作业暨安全应急演练。

●5月30日,由中铁十一、十二局联合体宁安铁路工程七标指挥部负责施工的宁安铁路四电集成工程,在安庆市成功组立起了接触网的“第一杆”,标志着宁安铁路四电工程建设正式拉开序幕。

●5月30日、31日,中铁十二局宁安一标指挥部首件无砟高速道岔在宁安铁路率先通过铁路总公司工管中心评估。

●6月20日,公司在中铁十二局宁安六标指挥部召开防护工程标准化现场推进暨安全大检查动员布置会。

●6月29日,公司党工委组织广大党员及部分家属代表赴中国革命摇篮井冈山,开展“传承革命传统,增强风险意识,争创廉洁家庭”主题教育活动。

●7月3日,公司在芜湖举行宁安铁路站房NAS2-8/9标段合同签订仪式。

●7月8日～12日,铁路总公司质监总站盛智平副站长带队一行6人到宁安铁路检查督导工作。

●7月18日,由中国路桥宁安五标施工的钟鸣1号隧道顺利贯通。

●7月23日、24日,铁路总公司工管中心工程技术部吴蓓副部长、建设协调部魏林处长到宁安铁路调研督导。

●8月7日,国家铁路局设备监督管理司司长褚飞跃一行6人到宁安铁路开展安全生产大检查。上海铁路局建设处处长金武、宁安公司总经理孙健家等陪同检查督导。

●8月8日、9日,铁路总公司工管中心副主任张景耀等一行4人到宁安铁路开展安全检查督导,检查组听取公司领导及指挥部负责人开展安全大检查情况汇报。

●8月14日、15日,铁路总公司工管中心建设管理部马春生处长以及鉴定中心、计划司和建设司等领导一行4人到宁安铁路检查调研工作,实地检查安能四标白紵山隧道等工点施工安全质量情况,并对建设状况进行调研。

●8月18日,由中国路桥宁安五标指挥部承建的宁安铁路青弋江特大桥主桥中跨合拢段顺利完成混凝土浇筑。标志着主桥完成了主体结构施工,为该桥的后续架梁提供了时间保证。

●8月23日,铁路总公司工管中心副主任孙贵江等一行3人到宁安检查督导工作。公司总经理孙健家、总会计师朱鹏飞陪同检查督导。

●9月16日、17日,中国铁路总公司工管中心和质监总站联合检查组由伍林主任带队一行5人,检查督导宁安铁路隧道、路基工程质量专项整治工作。

●9月23日,公司组织学习《招标人代表及工作人员廉政告知书》及《评标工作“十不准”》等规定,并签订《招标人代表及工作人员廉政承诺书》。

●9月29日,由中国路桥宁安五标承建的宁安铁路青弋江特大桥主桥和芜湖仓津路跨青弋江公路桥主桥全面合龙,转入桥面、挡墙等附属设施施工阶段。宁安铁路青弋江特大桥是目前国内最大跨度的四线铁路混凝土连续梁大桥。

●10月16日、17日,铁路总公司工管中心常务副主任武汛、建设协调部部长张超美、片区主管魏林对宁安铁路征地拆迁工作进行督导调研,并同江苏省铁办和宁安公司进行了座谈。原上海铁路局建设处金武处长参加督导调研。

●10月20日,芜南路右线特大桥连续梁桥合龙段顺利完工。

●10月24日、25日,由上海铁路局工务处张杰处长带队,工务处及芜湖工务段、合肥工务段、南京桥工段领导参加的工作组深入宁安铁路进行现场调查摸底并召开座谈会。

●10月29日、30日,上海铁路局建设处来宁安铁路开展管理诊断问题整治,检查了公司内业资料、施工组织、技术及成本控制等管理情况,并组织座谈会征求意见。

●11月6日,为开展以“认识火灾、学会逃生”为主题,宁安铁路举办第一届消防运动会。

●12月2日14:00,还建芜湖站存车线、牵出线安全正点开通,实现了节点目标,同时为芜湖站改造工程顺利施工开辟了通道。

● 12月25日，中共中央委员、江苏省省委书记、省人大常委会主任罗志军到宁安铁路江宁特大桥、江宁制梁场工地视察，亲切看望慰问参建的干部职工，感谢参建人员的努力和贡献，并寄予新年的期望。上海铁路局党委书记黄殿辉、宁安铁路公司总经理孙健家等领导陪同视察。

● 12月27日，宁安公司第五次股东会暨一届五次董事会在南京召开。

2014年度

● 1月16日，由中国铁路总公司工管中心副主任何志军率领的第四检查组，在上海铁路局常务副局长王峰陪同下检查宁安铁路春运期间建设安全及维稳工作。

● 1月20日，公司组织召开宁安铁路2013年总结表彰暨2014年工作会议。孙健家总经理简要回顾了2013年所做工作，并就做好2014年工作提出要求。

● 2月11日，新建南京至安庆站站房及相关工程NASZ-10标段合同在芜湖签订。

● 3月10日，公司召开党的群众路线教育实践活动动员大会。

● 4月8日，公司组织召开有公司领导班子成员、各部门负责人和相关人员，以及各施工、设计、监理、第三方检测检算单位负责人参加的首次施组专题推进会。

● 4月14日，中国路桥宁安五标指挥部赭山路框构桥顶板混凝土施工顺利结束，这标志着赭山路框构桥节点工期顺利完成，同时也为后续九华中路桥拆除创造了有利条件。

● 4月30日，宁安铁路信息系统工程NASZ-11标合同在公司签订。

● 5月12日、13日，总公司监督总站李强处长、史常青、潘志刚高工，上海监督站陆雨抗站长、田川岭副科长等一行7人到宁安铁路检查指导工作。

● 5月15日，铁总工程管理中心副主任孔文亚、上海铁路局副局长李迎九一行到宁安铁路检查督导芜湖站房、当涂东站及314国道立交桥、马鞍山站路基填筑、宁芜下穿隧道及定坊桥架梁等工点开展督导调研。

● 5月20日，公司组织召开宁安铁路绿色通道工程现场推进暨安全质量工作会。

● 5月21日，随着运架一体机将最后一榀760多吨的箱梁稳稳地放落在定坊特大桥26号、27号桥墩上，宣告中铁十七局宁安三标上跨南京南动车所架梁取得圆满成功。

● 7月1日，根据党的群众路线教育实践活动安排，宁安公司组织召开民主生活会。总经理孙健家简要报告了民主生活会筹备情况，并汇报领导班子对照检查材料。

● 7月21日、22日，宁安铁路站后四电专业首件工程评估会在池州召开，宣布站后四电专业首件工程一次性顺利通过评估。

● 8月6日、7日，上海铁路局李迎九副局长带队检查督导宁安铁路建设工作。

● 8月28日、29日，由上海铁路局监察、计统、财务、审计、建设处和质监站等部门人员组成的2014年工程建设项目专项执法监察组对宁安铁路进行执法监察。

● 9月13日，铁路总公司工程管理中心孔文亚副主任一行等6人对宁安铁路建设和施组执行情况进行专项检查。

● 9月22日，公司在中铁电化局宁安八标指挥部组织召开宁安铁路推进建设攻坚动员会。

● 10月10日，公司总经理孙健家带队再次组织督导铜池示范段建设。

● 10月15日，公司组织召开铁路总公司审计工作进场进点会。

● 10月28日、29日，上海铁路局李迎九副局长带队检查督导宁安铁路建设工作。

● 10月30日18:00，芜湖站站房工程第一榀钢桁架安全顺利吊装就位，标志站房施工正式进入屋面钢桁架吊装施工阶段。

● 11月18日，公司在中铁电化局宁安八标指挥部芜湖站东站房工地组织举办第二届“119”消防运动会。

● 11月25日，安庆站站改新建4道、5道及3号高站台启用，安庆站站改工程顺利转场。

● 12月11日、12日，孙健家总经理带队对宁安铁路南京至铜陵区段54处四电房屋逐个进行平推检查和现场办公。

● 12 月 25 日，由中铁十二局宁安铁路一标承担施工的池州站铜九场改造工程顺利开通。

2015 年度

● 1 月 8 日，由中铁十二局一标承担施工的铜陵站新建铜九场工程顺利开通。

● 1 月 20 日，随着最后一榀钢桁架吊装就位，由中国中铁电气化局宁安八标承建的宁安铁路芜湖站一期东站房及高架主体钢结构安全顺利封顶，提前 10 d 实现节点工期目标，为芜湖站一期施工全面转入装饰装修及室内设备安装阶段创造了有利条件。

● 3 月 5 日，上海铁路局副局长李迎九检查指导宁安铁路工作。

● 3 月 31 日～4 月 2 日，上海铁路局工会主席孙曙光检查指导宁安铁路综合维修及生活设施补强建设情况。

● 4 月 14 日～16 日，铁路总公司工程管理中心副主任孔文亚、上海铁路局副局长李迎九一行检查督导宁安铁路轨道、路桥附属与绿色防护、站房、安防、四电用房及四电安装等工程。

● 4 月 21 日、22 日，铁路总公司工程管理中心副主任徐尚奎、上海铁路局副局长李迎九等一行检查督导宁安铁路站房建设工作。

● 4 月 29 日，上海铁路局建设系统防护和绿化工程现场会在宁安铁路召开。

● 5 月 9 日，中铁十一局、十二局联合体七标指挥部将通信干线光缆顺利引入南京南站。该工程的顺利完成保证了传输通道的畅通，为 6 月份实现静态验收目标，以及为下一步如期联调联式奠定了坚实基础。

● 5 月 25 日，克服用地阻工困难，宁安铁路铺轨任务全部完成。

● 6 月 12 日～16 日，由商富咸处长、王显进副处长带队的铁路总公司监督总站检查组，深入宁安全线检查四电、站房、客服、隧道、路基等工点，同时抽检道砟原材料和内业资料管理情况，并与公司交换意见。

● 6 月 26 日，安庆站站改工程顺利开通。

● 6 月 30 日，上海铁路局组织召开新建南京至安庆铁路静态验收工作部署会。

● 7 月 2 日，李迎九副局长从南京南站出发添乘督导宁安铁路。

● 7 月 16 日，上海铁路局纪委(监察处)在宁安铁路验收临时指挥部组织宁安公司、宁安铁路参建各施工单位以及宁安铁路设备接管单位召开廉政建设协调互控工作部署会。

● 7 月 22 日，张杰副局长检查督导宁安铁路建设工作。

● 7 月 28 日，宁安铁路全线接触网送电。

● 8 月 6 日、7 日，公司与上海铁路局总师室在南京联合举办宁安铁路联调联试培训班。

● 8 月 18 日，常务副局长周红云率上海铁路局业务处室、参建单位集团、设备管理单位和各参建单位的领导和负责人从南京南站至安庆站全线添乘宁安铁路，检查线桥、四电、站房、安防等设备设施情况。

● 8 月 25 日，由公司与合肥公安处联合组织的宁安铁路物防建设推进暨联调联试安保部署会议在铜陵召开。

● 8 月 26 日，上海铁路局在南京召开宁安铁路联调联试第一次工作例会，标志着宁安铁路联调联试正式启动。

● 9 月 8 日、9 日，由上海铁路局宣传部副部长虞晓带队，拜访了安庆、池州、铜陵三市的宣传部门，就协调配合宁安铁路开通的正面宣传，做好舆论引导，根据特点“点亮” 宁安铁路主题，为新线新站开通顺利开通运营营造良好的舆论环境进行了广泛交流和深入探讨。

● 9 月 11 日，宁安铁路联调联试指挥部在南京召开联调联试第一阶段表彰会和工作例会。

● 9 月 24 日，铁路总公司安全总监黄钢往返添乘平推检查宁安铁路。

● 9 月 28 日，铁路总公司党组成员、副总经理卢春房添乘检查宁安铁路，听取原上海铁路局和参建、参试单位关于工程建设、问题整改、运营准备等工作汇报。铁路总公司有关司局负责人，原上海铁路局郭竹学局长，李迎九、张杰副局长，上海铁路局有关站段、部门负责人，公司总经理孙健家等领导和参建单位、部门负责人参加添乘检查。

● 9 月 30 日，宁安铁路全线拉通试验顺利完成。

● 10 月 13 日，上海铁路局在南京组织召开宁安铁路运行试验动员部署会。

● 10 月 15 日，宁安铁路运行试验顺利进行。

● 10 月 26 日，江苏省人大常委会副主任、党组副书记史和平检查指导宁安铁路工作，添乘试验动车全线检查轨道、站房、绿化、外部环境等设备设施。上海铁路局副局长李迎九、姜曦辉，公司总经理孙健家、副总经理孙俊康等陪同检查。

● 11 月 22 日～24 日，中国铁路总公司对宁安铁路工程进行初步验收。上海铁路局副局长李迎九和上海铁路局相关处室负责人，宁安公司总经理孙健家，副总经理汪水清、汪永平，副总工程师刘建华和各参建单位负责人等参加。

● 11 月 27 日，芜湖新客站(一期)正式投入使用。

● 11 月 27 日～30 日，中国铁路总公司安全评估组对新建南京至安庆铁路工程进行全线检查和安全评估。上海铁路局副局长侯文玉、宁安公司总经理孙健家参加并作了表态发言。

● 12 月 6 日，宁安铁路正式开通运营。

● 12 月 15 日，国家铁路局党组成员郑健一行 7 人添乘检查宁安铁路全线运营安全情况，听取宁安公司总经理孙健家开通之前静态验收、联调联试、初步验收、安全评估以及外部环境整治等情况介绍。上海铁路局副局长侯文玉陪同检查督导。

附录二　项目批复等重要文件目录

1. 2007 年 8 月 14 日《国家发展和改革委员会关于新建南京至安庆铁路项目建议书的批复》(发改交运〔2007〕349 号)

2. 2007 年 12 月江苏省国土资源厅《关于宁安铁路(江苏段)工程项目压覆矿产资源情况的复函》(苏国土资函〔2007〕1041 号)

3. 2008 年 1 月 22 日安徽省地质调查与环境监测中心《宁安铁路工程地质灾害危险性评估报告》(皖地调环函〔2008〕6 号)

4. 2008 年 1 月 28 日江苏省地震局《关于南京至安庆铁路(江苏段)工程场地地震安全性评价报告的批复》(苏震安评〔2008〕16 号)

5. 2008 年 7 月 4 日中国地震局《对南京至安庆铁路(安徽段)工程场地地震安全性评价报告的批复》(中震安评〔2008〕67 号)

6. 2008 年 9 月 18 日国土资源部《关于南京至安庆铁路建设用地预审意见的复函》(国土预审字〔2008〕315 号)

7. 2008 年 9 月 25 日环境保护部《关于新建南京至安庆铁路环境影响报告书的批复》(环审〔2008〕362 号)

8. 2008 年 11 月 14 日《国家发展和改革委员会关于新建南京至安庆铁路可行性研究报告的批复》(发改基础〔2008〕3072 号)

9. 2008 年 12 月 21 日铁道部《关于新建南京至安庆铁路铜陵东至池州段及安庆长江大桥初步的批复》(铁鉴函〔2008〕1547 号)

10. 2009 年 2 月 3 日水利部《关于新建南京至安庆铁路水土保持方案的复函》(水保函〔2009〕29 号)

11. 2009 年 3 月 2 日水利部长江水利委员会《关于安庆长江铁路大桥工程涉河建设方案的批复》(长许可〔2009〕23 号)

12. 2009 年 5 月 31 日交通部《关于南京至安庆城际铁路安庆长江大桥通航净空尺度和技术要求的批复》(交水发〔2009〕259 号)

13. 2009 年 7 月 23 日铁道部《关于新建南京至安庆铁路南京南至铜陵东池州至安庆段初步设计及全线总概算的批复》(铁鉴函〔2009〕1401 号)

14. 2009 年 8 月安徽省国土资源厅《安徽段压覆矿产资源调查评估报告评审意见书的复函》(皖国土资函〔2009〕1343 号)

15. 2009 年 9 月 24 日《国土资源部办公厅关于新建南京至安庆铁路工程控制工期的单体工程先行用地的批复》(国土资厅函〔2009〕871 号)

16. 2009 年 11 月 13 日铁道部《关于开工建设宁安铁路铜陵至池州段及安庆长江大桥控制工期的铜陵南特大桥铜九改线等 4 处单体工程的批复》(铁计函〔2009〕1548 号)

17. 2009 年 11 月 20 日安徽省水利厅《关于宁安铁路青通河特大桥工程涉河建设方案的批复》(皖水管函〔2009〕1234 号)

18. 2009 年 11 月 23 日安徽省水利厅《关于宁安铁路扁担河特大桥工程涉河建设方案的批复》(皖水管函〔2009〕1251 号)

19. 2009 年 11 月 24 日安徽省水利厅《关于宁安铁路黄浒河特大桥工程涉河建设方案的批复》(皖水管函〔2009〕1253 号)

20. 2010 年 5 月 14 日安徽省国土资源厅《关于新建南京至安庆铁路安庆段工程建设用地的批复》(皖政地〔2012〕99 号)

21. 2010 年 7 月 21 日安徽省国土资源厅《关于新建南京至安庆铁路(安徽省段)土地复垦方案审核意见的函》(皖国土资函〔2010〕1381 号)

22. 2010 年 8 月 5 日水利部长江水利委员会《关于宁安铁路青山河特大桥工程涉河建设方案的批复》(长许可〔2009〕143 号)

23. 2010 年 8 月 5 日水利部长江水利委员会《关于宁安铁路姑溪河特大桥工程涉河建设方案的批复》(长许可〔2009〕144 号)

24. 2010 年 11 月 12 日江苏省国土资源厅《江苏段土地复垦方案评审表》

25. 2011 年 3 月 15 日江苏省林业局《使用林地审核同意书》(苏林林地审字〔2011〕010 号)

26. 2011 年 5 月 31 日国家林业局《使用林地审核同意书》(林资许准〔2011〕106 号)、《关于批准新建南京至安庆铁路项目临时占用林地的行政许可决定》(林资许准〔2011〕107 号)

27. 2011 年 6 月 3 日《国土资源部办公厅关于南京至安庆铁路(南京段)控制工期单体工程先行用地的复函》(国土资厅〔2011〕468 号)

28. 2011 年 8 月 15 日铁道部《关于开工建设新建南京至安庆铁路控制工期的白浪湖特大桥等 9 处单体工程的批复》(铁计函〔2011〕556 号)

29. 2011 年 12 月 3 日《国土资源部关于新建南京至安庆铁路安庆段工程建设用地的批复》(国土资函〔2011〕928 号)

30. 2012 年 4 月 19 日《国土资源部关于新建南京至安庆铁路南京段工程建设用地的批复》(国土资函〔2012〕302 号)

31. 2012 年 5 月 21 日《国土资源部关于新建南京至安庆铁路池州段工程建设用地的批复》(国土资函〔2012〕380 号)

32. 2012 年 5 月 21 日《国土资源部关于新建南京至安庆铁路铜陵段工程建设用地的批复》(国土资函〔2012〕382 号)

33. 2012 年 6 月 11 日《国土资源部关于新建南京至安庆铁路芜湖段工程建设用地的批复》(国土资函〔2012〕405 号)

34. 2012 年 6 月 11 日安徽省国土资源厅《关于新建南京至安庆铁路池州段工程建设用地的批复》(皖政地〔2012〕153 号)

35. 2012 年 6 月 11 日安徽省国土资源厅《关于新建南京至安庆铁路芜湖段工程建设用地的批复》(皖政地〔2012〕154 号)

36. 2012 年 6 月 14 日安徽省国土资源厅《关于新建南京至安庆铁路铜陵段工程建设用地的批复》(皖政地〔2012〕156 号)

37. 2012 年 7 月 24 日《国土资源部关于新建南京至安庆铁路马鞍山段工程建设用地的批复》(国土资函〔2012〕596 号)

38. 2012 年 8 月 20 日安徽省国土资源厅《关于新建南京至安庆铁路马鞍山段工程建设用地的批复》(皖政地〔2012〕422 号)

39. 2012 年 8 月 23 日铁道部《关于新建南京至安庆铁路芜湖等 6 座车站站房修改初步设计的批复》(铁鉴函〔2012〕1060 号)

40. 2012 年 9 月 4 日安徽省林业厅《使用林地审核同意书》(皖林地审〔2012〕280 号)

41. 2012 年 12 月 13 日铁道部党组会议纪要《研究 2013 年拟开通项目及部分在建项目线路设计速度和运营初期速度有关问题》

42. 2013 年 3 月 22 日《中国铁路总公司关于新建南京至安庆铁路安庆站站房及相关工程修改初步设计的批复》(铁总办函〔2013〕239 号)

43. 2014年3月20日江苏省国土资源厅《转发〈国土资源部关于新建南京至安庆铁路南京段工程建设用地的批复〉的通知》(苏国土资函〔2014〕217号)

44. 2015年4月1日安徽省林业厅《使用林地审核同意书》(皖林地审〔2015〕30号)

45. 2015年6月17日环境保护部《关于新建南京至安庆铁路工程变更补充环境影响报告书的批复》(环审〔2015〕144号)

46. 2015年4月1日安徽省林业厅《使用林地审核同意书》(皖林地审〔2015〕30号)

47. 2015年6月11日中国铁路总公司《关于宁安铁路联调联试、动态检测及运行试验大纲的批复》(铁总工管函〔2015〕624号)